WANDER **GARCIA**, ANA PAULA **DOMPIERI**
E RENAN **FLUMIAN**
COORDENADORES

**2023**
**DÉCIMA PRIMEIRA EDIÇÃO**

# CONCURSOS
# CEBRASPE
# CESPE
# 4.000
QUESTÕES COMENTADAS

**2.524 QUESTÕES IMPRESSAS**
**1.564 QUESTÕES ON-LINE**

## COMO PASSAR

ESTUDE PELAS QUESTÕES DO CEBRASPE

### DISCIPLINAS

Língua **Portuguesa** | **Redação** | Raciocínio **Lógico**
Matemática **Básica** | Matemática **Financeira**
**Estatística** | **Informática** | Administração **Pública**
Administração **Financeira e Orçamentária**
**Arquivologia** | Lei **8.112/90** | Lei **8.666/93**
Direito **Constitucional** | Direito **Administrativo**
Direito **Civil** | Direito **Processual Civil**
Direito **Penal** | Direito **Processual Penal**
Direito **Empresarial** | Direito **Tributário**
Direito do **Trabalho**
Direito **Processual do Trabalho**
Direito do **Consumidor** | Direito **Ambiental**
**ECA** | Processo **Coletivo** | Direito **Financeiro**
Direito **Econômico** | Direito **Previdenciário**
Direito **Internacional** | Direitos **Humanos**
Direito **Eleitoral** | Direito **Educacional**
Direito **Agrário** | Recursos **Hídricos**
Medicina **Legal** | Direito **Urbanístico**
Direito **Sanitário**

2023 © Editora FOCO

**Coordenadores:** Wander Garcia, Ana Paula Dompieri e Renan Flumian

**Organizadora:** Paula Morishita

**Autores:** Wander Garcia, Adolfo Mamoru Nishiyama Alice Satin, Ana Paula Dompieri, André Barbieri, André Braga Nader Justo, André de Carvalho Barros, André Fioravanti, André Nascimento, Anna Carolina Bontempo, Ariane Wady, Arthur Trigueiros, Bruna Vieira, Eduardo Dompieri, Elson Garcia, Enildo Garcia, Fabiano Melo, Fábio Tavares, Felipe Maciel, Fernanda Franco, Fernando Castellani, Filipe Venturini, Flavia Barros, Gabriela R. Pinheiro, Georgia Renata Dias, Gustavo Nicolau, Helder Satin, Henrique Subi, Hermes Cramacon, Ivo Shigueru Tomita, José Antonio Apparecido Junior, José Renato Camilotti, Leni M. Soares, Licínia Rossi, Luiz Dellore, Luiz Fabre, Luiz Felipe Nobre Braga, Magally Dato, Marcos Destefenni, Paula Morishita, Pedro Sloboda, Renan Flumian, Ricardo Quartim de Moraes, Roberta Densa, Robinson Barreirinhas, Rodrigo Bordalo, Rodrigo Ferreira de Lima, Rodrigo Saber, Savio Chalita, Sebastião Edilson Gomes, Tatiana Subi, Teresa Melo e Vanessa Trigueiros

**Editor:** Roberta Densa

**Diretor Acadêmico:** Leonardo Pereira

**Revisora Sênior:** Georgia Dias

**Capa:** Leonardo Hermano

**Diagramação:** Ladislau Lima

**Impressão miolo e capa:** META BRASIL

---

**Dados Internacionais de Catalogação na Publicação (CIP) de acordo com ISBD**

---

C735

Como passar em concursos CESPE / coordenado por Wander Garcia, Ana Paula Dompieri, Renan Flumian. - 11. ed. - Indaiatuba, SP : Editora Foco, 2023.

776 p. ; 17cm x 24cm. – (Como passar)

   ISBN: 978-65-5515-753-6

   1. Metodologia de estudo. 2. Concursos Públicos. 3. Centro de Seleção e de Promoção de Eventos - CESPE. I. Garcia, Wander. II. Dompieri, Ana Paula. III. Flumian, Renan. IV. Título. V. Série.

2023-654                                                                                      CDD 001.4       CDU 001.8

---

**Elaborado por Vagner Rodolfo da Silva - CRB-8/9410**

**Índices para Catálogo Sistemático:**

1. Metodologia de estudo 001.4      2. Metodologia de estudo 001.8

---

**Direitos autorais:** É proibida a reprodução parcial ou total desta publicação, por qualquer forma ou meio, sem a prévia autorização da Editora Foco, com exceção do teor das questões de concursos públicos que, por serem atos oficiais, não são protegidas como Direitos Autorais, na forma do Artigo 8º, IV, da Lei 9.610/1998. Referida vedação se estende às características gráficas da obra e sua editoração. A punição para a violação dos Direitos Autorais é crime previsto no Artigo 184 do Código Penal e as sanções civis às violações dos Direitos Autorais estão previstas nos Artigos 101 a 110 da Lei 9.610/1998.

**Atualizações e erratas:** A presente obra é vendida como está, sem garantia de atualização futura. Porém, atualizações voluntárias e erratas são disponibilizadas no site www.editorafoco.com.br, na seção *Atualizações*. Esforçamo-nos ao máximo para entregar ao leitor uma obra com a melhor qualidade possível e sem erros técnicos ou de conteúdo. No entanto, nem sempre isso ocorre, seja por motivo de alteração de software, interpretação ou falhas de diagramação e revisão. Sendo assim, disponibilizamos em nosso site a seção mencionada (*Atualizações*), na qual relataremos, com a devida correção, os erros encontrados na obra. Solicitamos, outrossim, que o leitor faça a gentileza de colaborar com a perfeição da obra, comunicando eventual erro encontrado por meio de mensagem para contato@editorafoco.com.br.

Impresso no Brasil (03.2023) – Data de Fechamento (03.2023)

**2023**

Todos os direitos reservados à

Editora Foco Jurídico Ltda.

**Avenida Itororó, 348 – Sala 05 – Cidade Nova**

**CEP 13334-050 – Indaiatuba – SP**

E-mail: contato@editorafoco.com.br

www.editorafoco.com.br

## Acesse JÁ os conteúdos *on-line*

  ATUALIZAÇÃO em PDF e VÍDEO para complementar seus estudos*

Acesse o link:
**www.editorafoco.com.br/atualizacao**

CAPÍTULOS ON-LINE

Acesse o link:
**www.editorafoco.com.br/atualizacao**

\* As atualizações em PDF e Vídeo serão disponibilizadas sempre que houver necessidade, em caso de nova lei ou decisão jurisprudencial relevante.
\* Acesso disponível durante a vigência desta edição.

# APRESENTAÇÃO

A experiência também diz que aquele que quer ser aprovado deve cumprir três objetivos: a) entender a teoria; b) ler a letra da lei, e c) treinar. A teoria é vista em cursos e livros à disposição do candidato no mercado. O problema é que este, normalmente, para nessa providência. A leitura da lei e o treinamento acabam sendo deixados de lado. E é nesse ponto que está o grande erro. Em média, mais de 90% das questões são respondidas a partir do texto da lei. Além disso, as questões de prova se repetem muito.

É por isso que é fundamental o candidato contar com a presente obra. Com ela você poderá ler a letra da lei e treinar. Cada questão vem comentada com o dispositivo legal em que você encontrará a resposta correta. Com isso você terá acesso aos principais dispositivos legais que aparecem no Exame CESPE, de uma maneira lúdica e desafiadora. Além disso, você começará a perceber as técnicas dos examinadores, as 'pegadinhas' típicas de prova e todas as demais características da Banca Examinadora, de modo a ganhar bastante segurança para o momento decisivo, que é o dia da sua prova.

É importante ressaltar que essa obra é única no mercado, pois somente ela traz tamanho número de questões do CESPE, questões estas que estão classificadas e comentadas, sendo que o comentário é feito, sempre que necessário, para cada alternativa de cada questão.

Esta obra traz ainda uma grande novidade para nossos leitores: atualização em PDF ou vídeo para complementar os estudos.

É por isso que podemos afirmar com uma exclamação que esta obra vai demonstrar a você COMO PASSAR EM CONCURSOS CESPE!

# AUTORES

**Wander Garcia – @wandergarcia**
É Doutor, Mestre e Graduado em Direito pela PUC/SP. É professor universitário e de cursos preparatórios para Concursos e Exame de Ordem, tendo atuado nos cursos LFG e DAMASIO. Neste, foi Diretor Geral de todos os cursos preparatórios e da Faculdade de Direito. Foi diretor da Escola Superior de Direito Público Municipal de São Paulo. É um dos fundadores da Editora Foco, especializada em livros jurídicos e para concursos e exames. É autor *best seller* com mais de 50 livros publicados na qualidade de autor, coautor ou organizador, nas áreas jurídica e de preparação para concursos e exame de ordem. Já vendeu mais de 1,5 milhão de livros, dentre os quais se destacam "Como Passar na OAB", "Como Passar em Concursos Jurídicos", "Exame de Ordem Mapamentalizado" e "Concursos: O Guia Definitivo". É também advogado desde o ano de 2000 e foi procurador do município de São Paulo por mais de 15 anos. É *Coach* Certificado, com sólida formação em *Coaching* pelo IBC e pela *International Association of Coaching*.

**Adolfo Mamoru Nishiyama**
Advogado. Possui graduação em Ciências Jurídicas pela Universidade Presbiteriana Mackenzie (1991) e mestrado em Direito do Estado pela Pontifícia Universidade Católica de São Paulo (1997). Doutorado em Direito do Estado pela Pontifícia Universidade Católica de São Paulo (2016). Atualmente é professor titular da Universidade Paulista

**Alice Satin Calareso**
Advogada. Mestre em Direitos Difusos pela PUC/SP. Especialista em Direito Processual Civil pela PUC/SP. Palestrante e Professora Assistente na Graduação e Pós-Graduação em Direito da PUC/SP.

**Ana Paula Dompieri**
Procuradora do Estado de São Paulo, Pós-graduada em Direito, Professora do IEDI, Escrevente do Tribunal de Justiça por mais de 10 anos e Assistente Jurídico do Tribunal de Justiça. Autora de diversos livros para OAB e concursos

**André Barbieri**
Mestre em Direito. Professor de Direito Público com mais de dez anos de experiência. Professor em diversos cursos pelo País. Advogado.

**André Braga Nader Justo**
Economista formado pela UNICAMP.

**André de Carvalho Barros – @ProfAndreBarros**
Mestre em Direito Civil Comparado pela PUC/SP. Professor de Direito Civil e de Direito do Consumidor exclusivo da Rede LFG. Membro do IBDFAM. Advogado.

**André Fioravante**
Mestre em Engenharia Elétrica pela Universidade Estadual de Campinas (UNICAMP). Doutor pela Universidade de Paris XI. Pesquisador associado à Faculdade de Engenharia Elétrica da UNICAMP. Autor do livro "H8 Analysis and Control of Time-Delay Systems - Methods in Frequency Domain". Vencedor do concurso de programação Matlab em 2011.

**André Nascimento**
Advogado e Especialista em Regulação na Agência Nacional do Petróleo, Gás Natural e Biocombustíveis. Coautor de diversas obras voltadas à preparação para Exames Oficiais e Concursos Públicos. Coautor do livro Estudos de Direito da Concorrência, da Editora Mackenzie, e de artigos científicos. Graduado em Direito pela Universidade Presbiteriana Mackenzie/SP. Graduando em Geografia pela Universidade de São Paulo. Frequentou diversos cursos de extensão nas áreas de Direito, Regulação, Petróleo e Gás Natural e Administração Pública. Instrutor de cursos na ANP, tendo recebido elogio por merecimento pela destacada participação e dedicação.

**Anna Carolina Bontempo**
Professora e Gerente de Ensino a Distância no curso IEDI. Pós-graduada em Direito Público na Faculdade de Direito Prof. Damásio de Jesus. Advogada

**Ariane Wady**
Especialista em Direito Processual Civil (PUC-SP). Graduada em Direito pela PUC-SP (2000). Professora de pós-graduação e curso preparatório para concursos - PROORDEM - UNITÁ Educacional e Professora/Tutora de Direito Administrativo e Constitucional - Rede LFG e IOB. Advogada.

**Arthur Trigueiros – @proftrigueiros**
Pós-graduado em Direito. Professor da Rede LFG, do IEDI e do PROORDEM. Autor de diversas obras de preparação para o Exame de Ordem e Concursos Públicos. Procurador do Estado de São Paulo.

**Bruna Vieira – @profa_bruna**
Pós-graduada em Direito. Professora do IEDI, PROORDEM, LE-GALE, ROBORTELLA e ÊXITO. Professora de Pós-graduação em Instituições de Ensino Superior. Palestrante. Autora de diversas obras de preparação para Concursos Públicos e Exame de Ordem, por diversas editoras. Advogada.

**Eduardo Dompieri – @eduardodompieri**
Pós-graduado em Direito. Professor do IEDI. Autor de diversas obras de preparação para Concursos Públicos e Exame de Ordem.

**Elson Garcia**
Professor e Engenheiro graduado pela Universidade Federal do Rio de Janeiro - UFRJ.

**Enildo Garcia**
Especialista em matemática pura e aplicada (UFSJ). Professor-tutor da Pós-Graduação em Matemática (UFSJ-UAB). Professor de Matemática e Física em curso pré-vestibular comunitário. Aluno especial do Mestrado em Engenharia Elétrica do PPGEL-UFSJ. Integrante do Grupo de Estudos de Matemática Avançada - GEMA (UFSJ), do Grupo de Estudos de Temas Polêmicos em Biologia (UFSJ) e do Grupo de Estudos para a OBMEP. Analista de Sistemas Sênior (PUC/RJ).

**Fabiano Melo**
Professor dos cursos de graduação e pós-graduação em Direito e Administração da Pontifícia Universidade Católica de Minas Gerais (PUC/Minas). Professor de Direito Ambiental e Direitos Humanos da

Rede LFG/Kroton. Professor convidado em cursos de pós-graduação no país. Apresentador do Programa Prova Final da TV Justiça. Conferencista e autor de obras jurídicas. (Twitter: @fabiano_prof)

### Fábio Tavares Sobreira – @fabiottavares
Advogado atuante nas áreas de Direito Público. Professor Exclusivo de Direito Constitucional, Educacional e da Saúde da Rede de Ensino LFG, do Grupo Anhanguera Educacional Participações S.A. e do Atualidades do Direito. Pós-Graduado em Direito Público. Especialista em Direito Constitucional, Administrativo, Penal e Processual Civil. Palestrante e Conferencista. Autor de obras jurídicas.

### Felipe Maciel – @Felipemaciel
Pós-graduado em Direito Constitucional pela UFRN. Graduado pela UFRN. Professor Universitário (UFRN e UnP). Professor de Cursos Preparatórios para Exame de Ordem e Concursos Públicos do IEDI. Assessor Jurídico concursado do Município de Natal. Advogado.

### Fernanda Franco
Professora de Língua Portuguesa no Colégio São Luís em São Paulo. Formada em Letras pela Universidade de São Paulo (FFLCH-USP) com habilitação em Português e Linguística e é graduanda em Filosofia também pela USP.

### Fernando Castellani – @ffcastellani
Coordenador do LLM do IBMEC. Professor de Direito Tributário e Empresarial. Professor do COGEAE/ PUCSP, do IBET, da Rede LFG e Praetorium. Advogado.

### Filipe Venturini
Advogado e consultor jurídico. Professor. Especialista em ciências criminais e docência superior, mestrando em Direito Administrativo, pela Pontifícia Universidade Católica de São Paulo-SP.

### Flavia Barros
Mestre em Direito pela PUC/SP. Doutoranda em Direito pela USP. Professora de Direito Administrativo. Procuradora do Município de São Paulo.

### Gabriela R. Pinheiro
Pós-Graduada em Direito Civil e Processual Civil pela Escola Paulista de Direito. Professora Universitária e do IEDI Cursos On--line e preparatórios para concursos públicos exame de ordem. Autora de diversas obras jurídicas para concursos públicos e exame de ordem. Advogada.

### Georgia Renata Dias
Especialista em Direito Penal pela Faculdade de Direito Professor Damásio de Jesus. Autora e organizadora de diversas obras publicadas pela Editora Foco. Advogada.

### Gustavo Nicolau – @gustavo_nicolau
Doutor e Mestre pela Faculdade de Direito da USP. Professor de Direito Civil da Rede LFG/ Praetorium. Advogado.

### Helder Satin
Graduado em Ciências da Computação, com MBA em Gestão de TI. Professor do IEDI. Professor de Cursos de Pós-graduação. Desenvolvedor de sistemas Web e gerente de projetos.

### Henrique Romanini Subi – @henriquesubi
Agente da Fiscalização Financeira do Tribunal de Contas do Estado de São Paulo. Mestrando em Direito Político e Econômico pela Universidade Presbiteriana Mackenzie. Especialista em Direito Empresarial pela Fundação Getúlio Vargas e em Direito Tributário pela UNISUL. Professor de cursos preparatórios para concursos desde 2006. Coautor de mais de 20 obras voltadas para concursos, todas pela Editora Foco.

### Hermes Cramacon – @hermescramacon
Pós-graduado em Direito. Professor do Complexo Damásio de Jesus e do IEDI. Advogado.

### Ivo Shigueru Tomita – @ivoshigueru
Especialista em Direito Tributário pela PUC/SP – Cogeae. Autor e organizador de obras publicadas pela Editora FOCO. Advogado.

### José Antonio Apparecido Junior
Procurador do Município de São Paulo. Consultor em Direito Urbanístico. Especialista em Direito Público pela Escola Superior do Ministério Público do Estado de São Paulo. Mestre em Direito Urbanístico pela PUC/SP. Doutorando em Direito do Estado pela USP.

### José Renato Camilotti
Especialista em Direito Tributário pela PUC-SP, Mestrando em Direito do Estado PUC-SP, Professor universitário e de Cursos Preparatórios para Carreiras Jurídicas, autor de diversas obras jurídicas.

### Leni Mouzinho Soares
Assistente Jurídico do Tribunal de Justiça do Estado de São Paulo. Advogado.

### Licínia Rossi – @liciniarossi
Mestre em Direito Constitucional pela PUC/SP. Especialista em Direito Constitucional pela Escola Superior de Direito Constitucional. Professora Exclusiva de Direito Administrativo e Constitucional na Rede LFG de Ensino. Professora de Direito na UNICAMP. Advogada.

### Luiz Carlos Michele Fabre
Procurador do Trabalho e Professor de Cursos Preparatórios para Concursos.

### Luiz Dellore – @dellore
Doutor e Mestre em Direito Processual Civil pela USP. Mestre em Direito Constitucional pela PUC/SP. Professor do Mackenzie, EPD, IEDI, IOB/Marcato e outras instituições. Advogado concursado da Caixa Econômica Federal. Ex-assessor de Ministro do STJ. Membro da Comissão de Processo Civil da OAB/SP, do IBDP (Instituto Brasileiro de Direito Processual), do IPDP (Instituto Panamericano de DerechoProcesal) e diretor do CEAPRO (Centro de Estudos Avançados de Processo). Colunista do portal jota.info.

### Luiz Felipe Nobre Braga
Mestre em Direito Constitucional pela Faculdade de Direito do Sul de Minas (FDSM). Professor de Direito Constitucional e Filosofia do Direito na Faculdade Santa Lúcia em Mogi Mirim/SP.

### Magally Dato
Professora de Língua Portuguesa. Agente de Fiscalização do Tribunal de Contas do Município de São Paulo.

### Marcos Destefenni – @destefenni
Doutor e Mestre pela PUC/SP. Mestre pela PUC de Campinas e Mestre em Direito Penal pela UNIP. Professor da Rede LFG. Promotor de Justiça em São Paulo.

### Paula Morishita
Editorial jurídico, autora e organizadora de diversas obras na Editora Foco. Bacharel em Direito pela Pontifícia Universidade Católica de Campinas. Especialista em Direito Previdenciário. Advogada.

### Pedro Sloboda
Diplomata de carreira e professor de Direito Internacional do Instituto de Desenvolvimento e Estudos de Governo (IDEG). Doutorando em Direito Internacional pela Universidade de São

Paulo (USP). Mestre em Direito Internacional pela Universidade do Estado do Rio de Janeiro (UERJ). Especialista em Direito Internacional pelo Centro de Direito Internacional (CEDIN). Bacharel em Direito pela Universidade Federal Fluminense (UFF). Foi professor de Direito Internacional da Universidade Federal do Rio de Janeiro (UFRJ).

**Renan Fluminan – @renanflumian**
Professor e Coordenador Acadêmico do IEDI. Mestre em Filosofia do Direito pela *Universidad de Alicante*, cursou a *Session Annuelle D'enseignement* do *Institut International des Droits de L'Homme*, a Escola de Governo da USP e a Escola de Formação da Sociedade Brasileira de Direito Público. Autor e coordenador de diversas obras de preparação para Concursos Públicos e o Exame de Ordem. Advogado.

**Ricardo Quartim de Moraes – riquamo@gmail.com**
Graduado em Direito pela USP, Procurador Federal.

**Roberta Densa**
Doutora em Direitos Difusos e Coletivos. Professora universitária e em cursos preparatórios para concursos públicos e OAB. Autora da obra "Direito do Consumidor", 9ª edição publicada pela Editora Atlas.

**Robinson Sakiyama Barreirinhas – robinson.barreirinhas@gmail.com**
Secretário Municipal dos Negócios Jurídicos da Prefeitura de São Paulo. Professor do IEDI. Procurador do Município de São Paulo. Autor e coautor de mais de 20 obras de preparação para concursos e OAB. Ex-Assessor de Ministro do STJ.

**Rodrigo Bordalo**
Doutor e Mestre em Direito do Estado pela Pontifícia Universidade Católica de São Paulo (PUC-SP). Professor de Direito Público da Universidade Presbiteriana Mackenzie (pós-graduação). Professor de Direito Administrativo e Ambiental do Centro Preparatório Jurídico (CPJUR) e da Escola Brasileira de Direito (EBRADI), entre outros. Procurador do Município de São Paulo, atualmente lotado na Coordenadoria Geral do Consultivo da Procuradoria Geral do Município. Advogado. Palestrante.

**Rodrigo Ferreira de Lima**
Mestre em Literatura e Cultura Russa pela Universidade de São Paulo e bacharel em Letras com habilitação em Russo e Português também pela USP. Sua formação conta ainda com diversas participações em congressos e simpósios de estudos em Língua Portuguesa.

**Rodrigo Santamaria Saber**
Defensor Público do Estado de Santa Catarina. Professor de Cursos Preparatórios para Concursos Públicos. Graduado em Direito pela PUC de São Paulo e Especialista em Direito Processual Civil pela UNESP de Franca. Coautor de livros publicados pela Editora Foco.

**Savio Chalita**
Mestrando em Direitos Sociais. Professor de cursos preparatórios para Exame de Ordem e Concursos Públicos. Editor do blog *www.comopassarnaoab.com*. Advogado.

**Sebastião Edilson Gomes**
Mestre em Direito Público. Especialista em Direito Civil. Coautor do Livro Lei de Responsabilidade Fiscal comentada e anotada. 5ª Ed. Professor Universitário nas disciplinas de Direito Administrativo e Direito Civil.

**Tatiana Creato Subi**
Bacharel em Direito pela Pontifícia Universidade Católica de Campinas. Professora em diversos cursos preparatórios para concursos. Coautora do livro "Como passar em Concursos Bancários", da Ed. Foco.

**Teresa Melo**
Professora do IEDI. Procuradora Federal. Assessora de Ministro do STJ.

**Vanessa Tonolli Trigueiros**
Pós-graduada em Direito Processual Civil pela UNISUL e em Direito Processual Civil e Civil pela UCDB. Graduada em Direito pela PUC-Campinas. Analista de Promotoria. Assistente Jurídico do Ministério Público do Estado de São Paulo.

# SUMÁRIO

| AUTORES | VII |
| --- | --- |

| COMO USAR O LIVRO | XXI |
| --- | --- |

| 1. LÍNGUA PORTUGUESA | 1 |
| --- | --- |
| 1. VERBO | 1 |
| 2. PONTUAÇÃO | 5 |
| 3. REDAÇÃO, COESÃO E COERÊNCIA | 11 |
| 4. CONCORDÂNCIA | 19 |
| 5. CONJUNÇÃO | 20 |
| 6. PRONOMES | 22 |
| 7. CRASE | 26 |
| 8. SEMÂNTICA | 27 |
| 9. ORTOGRAFIA | 32 |
| 10. REGÊNCIAS VERBAL E NOMINAL | 32 |
| 11. ORAÇÃO SUBORDINADA | 33 |
| 12. PARTÍCULA SE / PRONOME SE | 34 |
| 13. USO DA VÍRGULA E DOIS-PONTOS | 34 |
| 14. ANÁLISES SINTÁTICA E MORFOLÓGICA | 36 |
| 15. INTERPRETAÇÃO DE TEXTO E TEMAS COMBINADOS | 39 |

| 2. RACIOCÍNIO LÓGICO | 59 |
| --- | --- |
| 1. INTRODUÇÃO E ESTRUTURAS LÓGICAS | 59 |
| 2. COMPREENSÃO E ELABORAÇÃO DA LÓGICA DAS SITUAÇÕES POR MEIO DE RACIOCÍNIO MATEMÁTICO | 63 |
| 3. CONCEITOS BÁSICOS DE RACIOCÍNIO LÓGICO | 67 |
| 4. IMPLICAÇÕES LÓGICAS | 72 |

| 3. MATEMÁTICA BÁSICA, FINANCEIRA E ESTATÍSTICA | 75 |
| --- | --- |
| 1. MATEMÁTICA BÁSICA | 75 |
| 2. MATEMÁTICA FINANCEIRA | 81 |
| 3. ESTATÍSTICA | 82 |

| 4. INFORMÁTICA | 85 |
| --- | --- |
| 1. *HARDWARE* | 85 |
| 2. INTERNET | 85 |
| 3. SISTEMAS OPERACIONAIS | 89 |
| 4. SEGURANÇA | 90 |
| 5. BANCO DE DADOS | 93 |
| 6. GESTÃO DE TECNOLOGIA DA INFORMAÇÃO | 94 |

**www.** Acesse o conteúdo on-line. Siga as orientações disponíveis na página III.

# 5. DIREITO ADMINISTRATIVO    97

1. PRINCÍPIOS DO DIREITO ADMINISTRATIVO ....97
2. PODERES DA ADMINISTRAÇÃO PÚBLICA ....101
3. ATOS ADMINISTRATIVOS ....107
4. ORGANIZAÇÃO ADMINISTRATIVA ....116
5. SERVIDORES PÚBLICOS ....121
6. IMPROBIDADE ADMINISTRATIVA ....126
7. BENS PÚBLICOS ....135
8. INTERVENÇÃO DO ESTADO NA PROPRIEDADE ....138
9. RESPONSABILIDADE DO ESTADO ....143
10. CONTRATOS ADMINISTRATIVOS ....149
11. SERVIÇOS PÚBLICOS ....150
12. PROCESSO ADMINISTRATIVO ....154
13. CONTROLE DA ADMINISTRAÇÃO PÚBLICA ....157
14. REGIME DA LEI ANTICORRUPÇÃO (LEI 12.846/2013) ....159
15. OUTROS TEMAS E TEMAS COMBINADOS DE DIREITO ADMINISTRATIVO ....159

# 6. LEI 8.112/1990    163

1. PROVIMENTO, VACÂNCIA, REMOÇÃO, DISTRIBUIÇÃO E SUBSTITUIÇÃO ....163
2. DIREITOS E VANTAGENS ....164
3. REGIME DISCIPLINAR ....165
4. PROCESSO DISCIPLINAR ....166
5. TEMAS COMBINADOS ....167

# 7. LICITAÇÕES E CONTRATOS ADMINISTRATIVOS    169

1 PRINCIPAIS PONTOS DA NOVA LEI DE LICITAÇÕES E CONTRATOS ADMINISTRATIVOS (LEI 14.133/2021) ....169
2. LICITAÇÃO ....171
3. CONTRATOS ....178
4. PREGÃO ....179
5. TEMAS COMBINADOS E OUTROS TEMAS ....179

# 8. DIREITO CONSTITUCIONAL    183

1. PODER CONSTITUINTE ....183
2. TEORIA DA CONSTITUIÇÃO E PRINCÍPIOS FUNDAMENTAIS ....186
3. HERMENÊUTICA CONSTITUCIONAL E EFICÁCIA DAS NORMAS CONSTITUCIONAIS ....192
4. DO CONTROLE DE CONSTITUCIONALIDADE ....195
5. DOS DIREITOS E GARANTIAS FUNDAMENTAIS ....203
6. DIREITOS SOCIAIS ....214
7. NACIONALIDADE ....214
8. DIREITOS POLÍTICOS ....215
9. ORGANIZAÇÃO DO ESTADO ....216
10. ORGANIZAÇÃO DO PODER EXECUTIVO ....224
11. ORGANIZAÇÃO DO PODER LEGISLATIVO. PROCESSO LEGISLATIVO ....224
12. DA ORGANIZAÇÃO DO PODER JUDICIÁRIO ....227
13. DAS FUNÇÕES ESSENCIAIS À JUSTIÇA ....230
14. DEFESA DO ESTADO ....232
15. TRIBUTAÇÃO E ORÇAMENTO ....233
16. ORDEM ECONÔMICA E FINANCEIRA ....234
17. ORDEM SOCIAL ....234
18. TEMAS COMBINADOS ....236

## 9. DIREITO ELEITORAL — 245

1. FONTES E PRINCÍPIOS DE DIREITO ELEITORAL ................................................................. 245
2. DIREITOS POLÍTICOS, ELEGIBILIDADE E ALISTAMENTO ELEITORAL ............................ 245
3. INELEGIBILIDADE ................................................................................................................... 247
4. CANCELAMENTO E EXCLUSÃO DE ELEITOR ..................................................................... 249
5. PARTIDOS POLÍTICOS, CANDIDATOS ................................................................................. 250
6. ELEIÇÕES, VOTOS, APURAÇÃO, QUOCIENTES ELEITORAL E PARTIDÁRIO ................. 253
7. PROPAGANDA ELEITORAL E RESTRIÇÕES NO PERÍODO ELEITORAL ......................... 255
8. PRESTAÇÃO DE CONTAS, DESPESAS, ARRECADAÇÃO, FINANCIAMENTO DE CAMPANHA ...... 257
9. COMPETÊNCIA E ORGANIZAÇÃO DA JUSTIÇA ELEITORAL E MP ELEITORAL ............. 257
10. AÇÕES, RECURSOS, IMPUGNAÇÕES ................................................................................. 259
11. CRIMES ELEITORAIS ............................................................................................................. 263
12. TEMAS COMBINADOS E OUTRAS MATÉRIAS ................................................................... 264

## 10. DIREITO CIVIL — 267

1. LINDB ...................................................................................................................................... 267
2. GERAL ..................................................................................................................................... 269
3. OBRIGAÇÕES ......................................................................................................................... 282
4. CONTRATOS ........................................................................................................................... 287
5. RESPONSABILIDADE CIVIL .................................................................................................. 296
6. COISAS .................................................................................................................................... 302
7. FAMÍLIA ................................................................................................................................... 312
8. SUCESSÕES ........................................................................................................................... 316
9. REGISTROS PÚBLICOS ......................................................................................................... 320
10. QUESTÕES COM TEMAS COMBINADOS ........................................................................... 320
11. LEIS ESPARSAS ..................................................................................................................... 329
12. QUESTÕES CONJUGADAS ................................................................................................... 330

## 11. DIREITO PROCESSUAL CIVIL — 331

1. PRINCÍPIOS DO PROCESSO CIVIL ...................................................................................... 331
2. PARTES, PROCURADORES, MINISTÉRIO PÚBLICO E JUIZ ............................................. 332
3. PRAZOS PROCESSUAIS. ATOS PROCESSUAIS ................................................................ 334
4. LITISCONSÓRCIO E INTERVENÇÃO DE TERCEIROS ....................................................... 336
5. JURISDIÇÃO E COMPETÊNCIA ............................................................................................ 337
6. PRESSUPOSTOS PROCESSUAIS E CONDIÇÕES DA AÇÃO ............................................ 339
7. FORMAÇÃO, SUSPENSÃO E EXTINÇÃO DO PROCESSO. NULIDADES .......................... 339
8. TUTELA PROVISÓRIA ............................................................................................................ 339
9. PROCESSO DE CONHECIMENTO ........................................................................................ 340
10. TEMAS COMBINADOS DE PARTE GERAL / PROCESSO DE CONHECIMENTO ............. 344
11. TEORIA GERAL DOS RECURSOS ........................................................................................ 350
12. RECURSOS EM ESPÉCIE ...................................................................................................... 351
13. PROCEDIMENTOS ESPECIAIS ............................................................................................. 354
14. EXECUÇÃO, CUMPRIMENTO DE SENTENÇA E DEFESA EXECUTADO .......................... 358
15. TEMAS COMBINADOS ........................................................................................................... 360

## 12. DIREITO PENAL — 365

1. CONCEITO, FONTES E PRINCÍPIOS ..................................................................................... 365
2. APLICAÇÃO DA LEI NO TEMPO ........................................................................................... 367
3. APLICAÇÃO DA LEI NO ESPAÇO .......................................................................................... 368

# XIV COMO PASSAR CONCURSOS CEBRASPE/CESPE

4. CONCEITO E CLASSIFICAÇÃO DOS CRIMES ........................................................................................................... 369

5. FATO TÍPICO E TIPO PENAL ................................................................................................................................... 369

6. CRIMES DOLOSOS, CULPOSOS E PRETERDOLOSOS ............................................................................................ 372

7. ERRO DE TIPO, DE PROIBIÇÃO E DEMAIS ERROS ................................................................................................ 372

8. TENTATIVA, CONSUMAÇÃO, DESISTÊNCIA, ARREPENDIMENTO E CRIME IMPOSSÍVEL ................................... 373

9. ANTIJURIDICIDADE E CAUSAS EXCLUDENTES ..................................................................................................... 375

10. CONCURSO DE PESSOAS ....................................................................................................................................... 376

11. CULPABILIDADE E CAUSAS EXCLUDENTES .......................................................................................................... 379

12. PENAS E SEUS EFEITOS ......................................................................................................................................... 380

13. APLICAÇÃO DA PENA .............................................................................................................................................. 382

14. *SURSIS*, LIVRAMENTO CONDICIONAL, REABILITAÇÃO E MEDIDAS DE SEGURANÇA ....................................... 389

15. AÇÃO PENAL ........................................................................................................................................................... 390

16. EXTINÇÃO DA PUNIBILIDADE EM GERAL ............................................................................................................. 390

17. PRESCRIÇÃO ........................................................................................................................................................... 391

18. CRIMES CONTRA A PESSOA ................................................................................................................................... 392

19. CRIMES CONTRA O PATRIMÔNIO .......................................................................................................................... 397

20. CRIMES CONTRA A DIGNIDADE SEXUAL .............................................................................................................. 400

21. CRIMES CONTRA A FÉ PÚBLICA ............................................................................................................................ 402

22. CRIMES CONTRA A ADMINISTRAÇÃO PÚBLICA ................................................................................................... 404

23. OUTROS CRIMES DO CÓDIGO PENAL ................................................................................................................... 411

24. LEGISLAÇÃO EXTRAVAGANTE ............................................................................................................................... 411

25. TEMAS COMBINADOS DE DIREITO PENAL ............................................................................................................ 431

## 13. DIREITO PROCESSUAL PENAL — 445

1. FONTES, PRINCÍPIOS GERAIS, EFICÁCIA DA LEI PROCESSUAL NO TEMPO E NO ESPAÇO .............................. 445

2. INQUÉRITO POLICIAL E OUTRAS FORMAS DE INVESTIGAÇÃO CRIMINAL ......................................................... 448

3. AÇÃO PENAL ........................................................................................................................................................... 457

4. AÇÃO CIVIL ............................................................................................................................................................. 462

5. JURISDIÇÃO E COMPETÊNCIA. CONEXÃO E CONTINÊNCIA ............................................................................... 463

6. QUESTÕES E PROCESSOS INCIDENTES ................................................................................................................ 469

7. PRERROGATIVAS DO ACUSADO ............................................................................................................................. 471

8. PROVAS ................................................................................................................................................................... 471

9. SUJEITOS PROCESSUAIS ....................................................................................................................................... 481

10. CITAÇÃO, INTIMAÇÃO E PRAZOS .......................................................................................................................... 483

11. PRISÃO, MEDIDAS CAUTELARES E LIBERDADE PROVISÓRIA ............................................................................. 484

12. PROCESSO E PROCEDIMENTOS ............................................................................................................................ 495

13. PROCESSO DE COMPETÊNCIA DO JÚRI ............................................................................................................... 498

14. JUIZADOS ESPECIAIS ............................................................................................................................................. 502

15. SENTENÇA, PRECLUSÃO E COISA JULGADA ........................................................................................................ 506

16. NULIDADES ............................................................................................................................................................. 507

17. RECURSOS .............................................................................................................................................................. 507

18. *HABEAS CORPUS*, MANDADO DE SEGURANÇA E REVISÃO CRIMINAL ............................................................. 509

19. LEI DE EXECUÇÃO PENAL ...................................................................................................................................... 511

20. LEGISLAÇÃO EXTRAVAGANTE ............................................................................................................................... 514

21. TEMAS COMBINADOS E OUTROS TEMAS ............................................................................................................. 521

## 14. DIREITO EMPRESARIAL — 531

1. TEORIA GERAL ........................................................................................................................................................ 531

2. DIREITO SOCIETÁRIO .............................................................................................................................................. 535

3. DIREITO CAMBIÁRIO ........................................................................................................................................................ 541

4. DIREITO FALIMENTAR – FALÊNCIA E RECUPERAÇÃO ........................................................................................................ 546

5. INTERVENÇÃO E LIQUIDAÇÃO EXTRAJUDICIAL ................................................................................................................. 549

6. CONTRATOS EMPRESARIAIS .......................................................................................................................................... 550

7. PROPRIEDADE INDUSTRIAL ........................................................................................................................................... 552

8. DIREITO DO CONSUMIDOR, CONCORRENCIAL, LEI ANTITRUSTE ........................................................................................ 554

9. TEMAS COMBINADOS E OUTROS TEMAS ......................................................................................................................... 554

## 15. DIREITO PREVIDENCIÁRIO — 559

1. PRINCÍPIOS E NORMAS GERAIS ...................................................................................................................................... 559

2. CUSTEIO ..................................................................................................................................................................... 562

3. SEGURADOS DA PREVIDÊNCIA E DEPENDENTES ............................................................................................................... 564

4. BENEFÍCIOS PREVIDENCIÁRIOS ...................................................................................................................................... 568

5. PREVIDÊNCIA DOS SERVIDORES PÚBLICOS ..................................................................................................................... 575

6. PREVIDÊNCIA PRIVADA COMPLEMENTAR ........................................................................................................................ 577

7. ACIDENTES E DOENÇAS DO TRABALHO ........................................................................................................................... 579

8. ASSISTÊNCIA SOCIAL E SAÚDE ...................................................................................................................................... 580

9. AÇÕES PREVIDENCIÁRIAS ............................................................................................................................................. 581

10. TEMAS COMBINADOS ................................................................................................................................................... 582

## 16. DIREITO DO TRABALHO — 589

1. INTRODUÇÃO, FONTES E PRINCÍPIOS ............................................................................................................................... 589

2. CONTRATO INDIVIDUAL DE TRABALHO E ESPÉCIES DE EMPREGADOS E TRABALHADORES ..................................................... 589

3. TRABALHO DA MULHER E DO MENOR .............................................................................................................................. 589

4. ALTERAÇÃO, INTERRUPÇÃO E SUSPENSÃO DO CONTRATO DE TRABALHO .......................................................................... 589

5. REMUNERAÇÃO E SALÁRIO ........................................................................................................................................... 590

6. JORNADA DE TRABALHO ............................................................................................................................................... 591

7. EXTINÇÃO DO CONTRATO DE TRABALHO ......................................................................................................................... 591

8. FGTS .......................................................................................................................................................................... 592

9. SEGURANÇA E MEDICINA DO TRABALHO ........................................................................................................................ 592

10. DIREITO COLETIVO DO TRABALHO .................................................................................................................................. 592

11. TEMAS COMBINADOS ................................................................................................................................................... 593

## 17. DIREITO PROCESSUAL DO TRABALHO — 597

1. JUSTIÇA DO TRABALHO E MINISTÉRIO PÚBLICO DO TRABALHO ......................................................................................... 597

2. COMPETÊNCIA ............................................................................................................................................................. 597

3. NULIDADES ................................................................................................................................................................. 598

4. PROVAS ...................................................................................................................................................................... 598

5. PROCEDIMENTO (INCLUSIVE, ATOS PROCESSUAIS) ........................................................................................................... 599

6. EXECUÇÃO .................................................................................................................................................................. 600

7. RECURSOS .................................................................................................................................................................. 600

8. QUESTÕES COMBINADAS .............................................................................................................................................. 601

## 18. DIREITO DO CONSUMIDOR — 605

1. CONCEITO DE CONSUMIDOR E RELAÇÃO DE CONSUMO .................................................................................................... 605

2. PRINCÍPIOS E DIREITOS BÁSICOS ................................................................................................................................... 606

3. RESPONSABILIDADE PELO FATO DO PRODUTO OU DO SERVIÇO E PRESCRIÇÃO ................................................................... 608

4. RESPONSABILIDADE POR VÍCIO DO PRODUTO OU DO SERVIÇO E DECADÊNCIA ................................................................... 609

5. DESCONSIDERAÇÃO DA PERSONALIDADE JURÍDICA. RESPONSABILIDADE EM CASO DE GRUPO DE EMPRESAS ....................... 610

# COMO PASSAR CONCURSOS CEBRASPE/CESPE

6. PRESCRIÇÃO E DECADÊNCIA ..... 611
7. PRÁTICAS COMERCIAIS ..... 612
8. PROTEÇÃO CONTRATUAL ..... 616
9. RESPONSABILIDADE ADMINISTRATIVA ..... 618
10. RESPONSABILIDADE CRIMINAL ..... 618
11. DEFESA DO CONSUMIDOR EM JUÍZO ..... 621
12. SNDC E CONVENÇÃO COLETIVA ..... 624
13. TEMAS COMBINADOS E OUTROS TEMAS ..... 625

## 19. DIREITO AMBIENTAL — 633

1. HISTÓRICO E CONCEITOS BÁSICOS ..... 633
2. PATRIMÔNIO CULTURAL BRASILEIRO ..... 634
3. DIREITO AMBIENTAL CONSTITUCIONAL ..... 636
4. PRINCÍPIOS DO DIREITO AMBIENTAL ..... 638
5. COMPETÊNCIA EM MATÉRIA AMBIENTAL ..... 641
6. LEI DE POLÍTICA NACIONAL DO MEIO AMBIENTE ..... 643
7. INSTRUMENTOS DE PROTEÇÃO DO MEIO AMBIENTE ..... 647
8. PROTEÇÃO DA FLORA. CÓDIGO FLORESTAL ..... 656
9. PROTEÇÃO DA FAUNA ..... 660
10. RESPONSABILIDADE CIVIL AMBIENTAL E PROTEÇÃO JUDICIAL DO MEIO AMBIENTE ..... 660
11. RESPONSABILIDADE ADMINISTRATIVA AMBIENTAL ..... 665
12. RESPONSABILIDADE PENAL AMBIENTAL ..... 666
13. BIOSSEGURANÇA E PROTEÇÃO DA SAÚDE HUMANA ..... 669
14. BIODIVERSIDADE ..... 670
15. RECURSOS MINERAIS ..... 670
16. MUDANÇAS CLIMÁTICAS ..... 671
17. GESTÃO DE FLORESTAS PÚBLICAS E CONCESSÃO FLORESTAL (LEI 11.284/2006) ..... 671
18. TEMAS COMBINADOS E OUTROS TEMAS ..... 672

## 20. DIREITO DA CRIANÇA E DO ADOLESCENTE — 677

1. CONCEITOS BÁSICOS E PRINCÍPIOS ..... 677
2. DIREITOS FUNDAMENTAIS ..... 677
3. PREVENÇÃO ..... 685
4. POLÍTICA E ENTIDADES DE ATENDIMENTO ..... 685
5. MEDIDAS DE PROTEÇÃO ..... 687
6. MEDIDAS SOCIOEDUCATIVAS E ATO INFRACIONAL – DIREITO MATERIAL ..... 690
7. ATO INFRACIONAL – DIREITO PROCESSUAL ..... 694
8. CONSELHO TUTELAR ..... 697
9. CONSELHO MUNICIPAL DA CRIANÇA E DO ADOLESCENTE ..... 700
10. MINISTÉRIO PÚBLICO ..... 700
11. ACESSO À JUSTIÇA ..... 701
12. INFRAÇÕES ADMINISTRATIVAS ..... 705
13. CRIMES ..... 706
14. DECLARAÇÕES E CONVENÇÕES ..... 707
15. TEMAS COMBINADOS E OUTROS TEMAS ..... 708

## 21. PROCESSO COLETIVO — 715

1. INTERESSES DIFUSOS, COLETIVOS E INDIVIDUAIS HOMOGÊNEOS E PRINCÍPIOS ..... 715
2. COMPETÊNCIA, CONEXÃO, CONTINÊNCIA E LITISPENDÊNCIA ..... 716

3. LEGITIMAÇÃO, LEGITIMADOS, MINISTÉRIO PÚBLICO E LITISCONSÓRCIO ...... 717

4. COMPROMISSO DE AJUSTAMENTO ...... 719

5. AÇÃO, PROCEDIMENTO, TUTELA ANTECIPADA, MULTA, SENTENÇA, COISA JULGADA, RECURSOS, CUSTAS E QUESTÕES MISTAS ...... 719

6. EXECUÇÃO ...... 720

7. AÇÃO POPULAR E IMPROBIDADE ADMINISTRATIVA ...... 721

8. OUTROS TEMAS E TEMAS COMBINADOS ...... 723

## 22. DIREITO DA PESSOA COM DEFICIÊNCIA — 725

1. POLÍTICA NACIONAL PARA INTEGRAÇÃO DAS PESSOAS COM DEFICIÊNCIA (LEI 7.853/1989 E DEC. 3.298/1999) ...... 725

2. ACESSIBILIDADE (LEIS 13.146/2015, 10.048/2000, 10.098/2000 E DEC. 5.296/2004) ...... 726

3. SAÚDE MENTAL ...... 728

4. ACESSO À JUSTIÇA ...... 729

5. TUTELA PENAL DA PESSOA COM DEFICIÊNCIA ...... 729

6. TEMAS COMBINADOS E OUTROS TEMAS DE PESSOAS COM DEFICIÊNCIA ...... 729

## 23. DIREITO AGRÁRIO — 733

1. CONCEITOS E PRINCÍPIOS DO DIREITO AGRÁRIO ...... 733

2. CONTRATOS AGRÁRIOS ...... 733

3. USUCAPIÃO ESPECIAL RURAL ...... 733

4. AQUISIÇÃO E USO DA PROPRIEDADE E DA POSSE RURAL ...... 733

5. DESAPROPRIAÇÃO PARA A REFORMA AGRÁRIA ...... 735

6. OUTROS TEMAS E TEMAS COMBINADOS ...... 736

## 24. MEDICINA LEGAL — 741

1. TANATOLOGIA ...... 741

2. EMBRIAGUEZ E ALCOOLISMO ...... 743

3. SEXOLOGIA ...... 743

4. TRAUMATOLOGIA ...... 745

5. PSICOPATOLOGIA FORENSE ...... 747

6. PERÍCIAS MÉDICO-LEGAIS E PROCEDIMENTO NO INQUÉRITO POLICIAL ...... 748

7. TOXICOLOGIA ...... 748

# CAPÍTULOS *ON-LINE*

## 25. DIREITO TRIBUTÁRIO — 187

1. COMPETÊNCIA TRIBUTÁRIA ...... 187

2. PRINCÍPIOS ...... 189

3. IMUNIDADES ...... 196

4. DEFINIÇÃO DE TRIBUTO E ESPÉCIES TRIBUTÁRIAS ...... 198

5. LEGISLAÇÃO TRIBUTÁRIA – FONTES ...... 203

6. VIGÊNCIA, APLICAÇÃO, INTERPRETAÇÃO E INTEGRAÇÃO ...... 204

7. FATO GERADOR E OBRIGAÇÃO TRIBUTÁRIA ...... 207

8. LANÇAMENTO E CRÉDITO TRIBUTÁRIO ...... 209

9. SUJEIÇÃO PASSIVA, CAPACIDADE E DOMICÍLIO ...... 211

10. SUSPENSÃO, EXTINÇÃO E EXCLUSÃO DO CRÉDITO ...... 216

11. IMPOSTOS E CONTRIBUIÇÕES EM ESPÉCIE ...... 222

12. TEMAS COMBINADOS DE IMPOSTOS E CONTRIBUIÇÕES ...... 233

13. GARANTIAS E PRIVILÉGIOS DO CRÉDITO ...... 236

XVIII  COMO PASSAR CONCURSOS CEBRASPE/CESPE

14. ADMINISTRAÇÃO TRIBUTÁRIA, FISCALIZAÇÃO .................................................................................................. 237
15. DÍVIDA ATIVA, INSCRIÇÃO, CERTIDÕES ........................................................................................................... 238
16. REPARTIÇÃO DE RECEITAS ............................................................................................................................. 239
17. AÇÕES TRIBUTÁRIAS ...................................................................................................................................... 240
18. PROCESSO ADMINISTRATIVO FISCAL .............................................................................................................. 244
19. SIMPLES NACIONAL – MICROEMPRESAS – ME E EMPRESAS DE PEQUENO PORTE – EPP ................................... 245
20. CRIMES TRIBUTÁRIOS ..................................................................................................................................... 246
21. TEMAS COMBINADOS E OUTRAS MATÉRIAS .................................................................................................... 246

## 26. ADMINISTRAÇÃO PÚBLICA — 253

1. TEORIAS E CORRENTES DOUTRINÁRIAS ............................................................................................................ 253
2. RECURSOS HUMANOS ...................................................................................................................................... 256
3. GESTÃO E LIDERANÇA ..................................................................................................................................... 266
4. ESTRUTURAS ORGANIZACIONAIS ..................................................................................................................... 269
5. FERRAMENTAS E TÉCNICAS GERENCIAIS .......................................................................................................... 272
6. CULTURA E CLIMA ORGANIZACIONAL ............................................................................................................... 276
7. PROJETOS E PROCESSOS .................................................................................................................................. 277
8. GESTÃO DE QUALIDADE ................................................................................................................................... 279
9. COMUNICAÇÃO E INFORMAÇÃO ....................................................................................................................... 279
10. ADMINISTRAÇÃO DE MATERIAIS ..................................................................................................................... 281
11. OUTRAS MATÉRIAS E TEMAS COMBINADOS .................................................................................................... 282

## 27. DIREITO ECONÔMICO — 283

1. ORDEM ECONÔMICA NA CONSTITUIÇÃO. MODELOS ECONÔMICOS ................................................................... 283
2. INTERVENÇÃO DO ESTADO NO DOMÍNIO ECONÔMICO ..................................................................................... 285
3. SISTEMA FINANCEIRO NACIONAL ..................................................................................................................... 286
4. SISTEMA BRASILEIRO DE DEFESA DA CONCORRÊNCIA – SBDC. LEI ANTITRUSTE ............................................... 286
5. DIREITO ECONÔMICO INTERNACIONAL ............................................................................................................. 288

## 28. DIREITO FINANCEIRO — 291

1. PRINCÍPIOS E NORMAS GERAIS ........................................................................................................................ 291
2. LEI ORÇAMENTÁRIA ANUAL – LOA, LEI DE DIRETRIZES ORÇAMENTÁRIAS – LDO E PLANO PLURIANUAL – PPA .... 293
3. LEI DE RESPONSABILIDADE FISCAL – LRF .......................................................................................................... 294
4. RECEITAS ........................................................................................................................................................ 296
5. DESPESAS ........................................................................................................................................................ 298
6. DESPESAS COM PESSOAL ................................................................................................................................. 300
7. EXECUÇÃO ORÇAMENTÁRIA, CRÉDITOS ADICIONAIS ........................................................................................ 301
8. OPERAÇÕES DE CRÉDITO, DÍVIDA PÚBLICA ...................................................................................................... 302
9. PRECATÓRIOS .................................................................................................................................................. 302
10. CONTROLE, FISCALIZAÇÃO, TRIBUNAIS DE CONTAS .......................................................................................... 303
11. OUTROS TEMAS E COMBINADOS ..................................................................................................................... 303

## 29. DIREITO INTERNACIONAL PÚBLICO E PRIVADO — 307

1. DIREITO INTERNACIONAL PÚBLICO ................................................................................................................... 307
2. DIREITO INTERNACIONAL PRIVADO .................................................................................................................. 326

## 30. RECURSOS HÍDRICOS — 333

1. POLÍTICA NACIONAL DE RECURSOS HÍDRICOS ................................................................................................... 333
2. SISTEMA NACIONAL DE GERENCIAMENTO DE RECURSOS HÍDRICOS ................................................................... 334
3. TEMAS COMBINADOS ...................................................................................................................................... 334

# CAPÍTULOS ON-LINE XIX

## 31. DIREITO URBANÍSTICO — 337

1. PARCELAMENTO DO SOLO URBANO ........................................................................................................................ 337
2. ESTATUTO DAS CIDADES E INSTRUMENTOS DA POLÍTICA URBANA ........................................................... 337
3. QUESTÕES COMBINADAS ........................................................................................................................................ 340

## 32. DIREITO SANITÁRIO — 343

1. DIREITO SANITÁRIO INTERNACIONAL ................................................................................................................... 343
2. LEI COMPLEMENTAR 141/2012 (GASTO MÍNIMO NA SAÚDE) ......................................................................... 344
3. LEI 8.080/1990 (LEI ORGÂNICA DA SAÚDE/SUS) .............................................................................................. 344
4. LEI 10.216/2001 (SAÚDE MENTAL) ....................................................................................................................... 344
5. OUTROS TEMAS E TEMAS COMBINADOS ............................................................................................................ 345

## 33. DIREITO DE TRÂNSITO — 347

1. CÓDIGO DE TRÂNSITO BRASILEIRO (LEI Nº 9.503/1997) ................................................................................. 347

## 34. LEGISLAÇÃO INSTITUCIONAL DE CARREIRAS — 351

## 35. ADMINISTRAÇÃO FINANCEIRA E ORÇAMENTÁRIA — 359

1. PRINCÍPIOS E NORMAS GERAIS ............................................................................................................................. 359
2. LEI ORÇAMENTÁRIA ANUAL – LOA, LEI DE DIRETRIZES ORÇAMENTÁRIAS – LDO E PLANO PLURIANUAL – PPA ... 359
3. LEI DE RESPONSABILIDADE FISCAL – LRF ......................................................................................................... 360
4. RECEITAS ..................................................................................................................................................................... 361
5. DESPESAS .................................................................................................................................................................... 362
6. EXECUÇÃO ORÇAMENTÁRIA E FINANCEIRA ...................................................................................................... 363
7. OUTROS TEMAS E COMBINADOS .......................................................................................................................... 364

## 36. ARQUIVOLOGIA — 367

1. CONCEITOS FUNDAMENTAIS DE ARQUIVOLOGIA ............................................................................................. 367
2. O GERENCIAMENTO DA INFORMAÇÃO E A GESTÃO DE DOCUMENTOS – DIAGNÓSTICOS – ARQUIVOS CORRENTES E INTERMEDIÁRIO – PROTOCOLOS – AVALIAÇÃO DE DOCUMENTOS – ARQUIVOS PERMANENTES ............................................................................................ 370
3. TIPOLOGIAS DOCUMENTAIS E SUPORTES FÍSICOS – MICROFILMAGEM – AUTOMAÇÃO – PRESERVAÇÃO – CONSERVAÇÃO E RESTAURAÇÃO DE DOCUMENTOS ....................................................................................................... 377

## 37. DIREITOS HUMANOS — 379

1. TEORIA GERAL E DOCUMENTOS HISTÓRICOS ................................................................................................... 379
2. SISTEMA GLOBAL DE PROTEÇÃO DOS DIREITOS HUMANOS ........................................................................ 381
3. SISTEMA GLOBAL DE PROTEÇÃO ESPECÍFICA DOS DIREITOS HUMANOS ................................................ 385
4. SISTEMA REGIONAL DE PROTEÇÃO DOS DIREITOS HUMANOS .................................................................... 388
5. DIREITOS HUMANOS NO BRASIL .......................................................................................................................... 396
6. DIREITO HUMANITÁRIO ........................................................................................................................................... 399
7. COMBINADAS E OUTROS TEMAS DE DIREITOS HUMANOS ........................................................................... 400

# COMO USAR O LIVRO

Para que você consiga um ótimo aproveitamento deste livro, atente para as seguintes orientações:

1ª Tenha em mãos **livros e anotações** que normalmente utiliza ou **um computador** no qual você possa acessar e aprofundar as citações constantes das respostas.

2ª Se você estiver estudando a teoria (fazendo um curso preparatório ou lendo resumos, livros ou apostilas), faça as questões correspondentes deste livro na medida em que for avançando no estudo da parte teórica.

3ª Se você já avançou bem no estudo da teoria, leia cada capítulo deste livro até o final, e só passe para o novo capítulo quando acabar o anterior; vai mais uma dica: alterne capítulos de acordo com suas preferências; leia um capítulo de uma disciplina que você gosta e, depois, de uma que você não gosta ou não sabe muito, e assim sucessivamente.

4ª Iniciada a resolução das questões, tome o cuidado de ler cada uma delas **sem olhar para o gabarito e para os comentários**; se a curiosidade for muito grande e você não conseguir controlar os olhos, tampe os comentários e os gabaritos com uma régua ou um papel; na primeira tentativa, é fundamental que resolva a questão sozinho; só assim você vai identificar suas deficiências e "pegar o jeito" de resolver as questões; marque com um lápis a resposta que entender correta, e só depois olhe o gabarito e os comentários.

5ª **Leia com muita atenção o enunciado das questões**. Ele deve ser lido, no mínimo, duas vezes. Da segunda leitura em diante, começam a aparecer os detalhes, os pontos que não percebemos na primeira leitura.

6ª **Grife as palavras-chave, as afirmações e a pergunta formulada.** Ao grifar as palavras importantes e as afirmações você fixará mais os pontos-chave e não se perderá no enunciado como um todo. Tenha atenção especial com as palavras "correto", "incorreto", "certo", "errado", "prescindível" e "imprescindível".

7ª Leia os comentários e também se aprofunde em relação aos temas que desconhecia; não tenha preguiça; leia as informações que explicam as alternativas corretas, como as que explicam o porquê de ser incorreta dada alternativa; mesmo que você já tenha entendido determinada questão, reforce sua memória e leia nos seus livros, anotações ou computador o tema indicado nos comentários.

8ª Leia também os **outros aspectos do tema que não foram abordados** na questão; por exemplo, se aparecer, em Direito Internacional, uma questão cujo comentário remete ao instituto extradição, aproveite para ler também os outros institutos que cuidam da exclusão do estrangeiro; se aparecer uma questão, em Direito Constitucional, que trate da composição do Conselho da República, leia também as outras regras que regulamentam esse conselho.

9ª Depois de resolver sozinho a questão e de ler cada comentário, você deve fazer uma **anotação ao lado da questão**, deixando claro o motivo de eventual erro que você tenha cometido; conheça os motivos mais comuns de erros na resolução das questões:

DT – "desconhecimento da teoria"; quando a questão só puder ser resolvida com o conhecimento da teoria;

DL – "desconhecimento da lei"; quando a questão puder ser resolvida apenas com o conhecimento do texto de lei;

DJ – "desconhecimento da jurisprudência"; quando a questão só puder ser resolvida com o conhecimento da jurisprudência;

FA – "falta de atenção"; quando você tiver errado a questão por não ter lido com cuidado o enunciado e as alternativas;

NUT – "não uso das técnicas"; quando você tiver se esquecido de usar as técnicas de resolução de questões objetivas, tais como as da **repetição de elementos** ("quanto mais elementos repetidos existirem, maior a chance de a alternativa ser correta"), das **afirmações generalizantes** ("afirmações generalizantes tendem a ser incorretas" – reconhece-se afirmações generalizantes pelas palavras *sempre, nunca, qualquer, absolutamente, apenas, só, somente exclusivamente* etc.), dos **conceitos compridos** ("os conceitos de maior extensão tendem a ser corretos"), entre outras.

**Obs:** se você tiver interesse em fazer o Curso de "Técnicas de Resolução de Questões Objetivas", entre no site www.iedi.com.br.

10ª Confie no **bom-senso**. Normalmente, a resposta correta é a que tem mais a ver com o bom-senso e com a ética. Não ache que todas as perguntas contêm uma pegadinha. Se aparecer um instituto que você não conhece, repare bem no seu nome e tente imaginar o seu significado.

11ª Faça um levantamento do **percentual de acertos de cada disciplina** e dos **principais motivos que levaram aos erros cometidos**; de posse da primeira informação, verifique quais disciplinas merecem um reforço no estudo; e de posse da segunda informação, fique atento aos erros que você mais comete, para que eles não se repitam.

12ª Uma semana antes da prova, faça uma **leitura dinâmica** de todas as anotações que você fez.

13ª Para que você consiga ler o livro inteiro, faça um bom **planejamento**. Por exemplo, se você tiver 30 dias para ler a obra, divida o número de páginas do livro pelo número de dias que você tem, e cumpra, diariamente, o número de páginas necessárias para chegar até o fim. Se tiver sono ou preguiça, levante um pouco, beba água, masque chiclete ou leia em voz alta por algum tempo.

14ª Desejamos a você, também, muita **energia, disposição, foco, organização, disciplina, perseverança, amor** e **ética**!

**Wander Garcia, Ana Paula Dompieri e Renan Flumian**
Coordenadores

# 1. Língua Portuguesa

Fernanda Franco, Henrique Subi, Magally Dato e Rodrigo Ferreira de Lima*

## 1. VERBO

Texto CG1A1-II

1      Segundo a Lei Geral de Proteção de Dados (Lei n.º 13.709/2018), dados pessoais são informações que podem identificar alguém. Dentro desse conceito, foi criada

4 uma categoria chamada de "dado sensível", que diz respeito a informações sobre origem racial ou étnica, convicções religiosas, opiniões políticas, saúde ou vida sexual. Registros

7 como esses, a partir da vigência da lei, passam a ter nível maior de proteção, para evitar formas de discriminação. Todas as atividades realizadas no país e todas as pessoas que estão no

10 Brasil estão sujeitas à lei. A norma vale para coletas operadas em outro país, desde que estejam relacionadas a bens ou serviços ofertados a brasileiros. Mas há exceções, como a

13 obtenção de informações pelo Estado para a segurança pública.      Ao coletar um dado, as empresas deverão informar a finalidade da coleta. Se o usuário aceitar repassar suas

16 informações, o que pode acontecer, por exemplo, quando ele concorda com termos e condições de um aplicativo, as companhias passam a ter o direito de tratar os dados

19 (respeitada a finalidade específica), desde que em conformidade com a legislação. A lei prevê uma série de obrigações, como a garantia da segurança das informações e a

22 notificação do titular em caso de um incidente de segurança. A norma permite a reutilização dos dados por empresas ou órgãos públicos, em caso de "legítimo interesse".

25      Por outro lado, o titular ganhou uma série de direitos. Ele pode, por exemplo, solicitar à empresa os dados que ela tem sobre ele, a quem foram repassados (em situações com a

28 de reutilização por "legítimo interesse") e para qual finalidade. Caso os registros estejam incorretos, ele poderá cobrar a correção. Em determinados casos, o titular terá o direito de se

31 opor a um tratamento. A lei também prevê a revisão de decisões automatizadas tomadas com base no tratamento de dados, como as notas de crédito ou os perfis de consumo.

Internet: <www.agenciabrasil.ebc.com.br> (com adaptações).

**(Analista Judiciário – TJ/PA – 2020 – CESPE)** Sem prejuízo da correção gramatical e do sentido original do texto CG1A1-II, a forma verbal "há" (l.12) poderia ser substituída por

**(A)** existem.
**(B)** existe.
**(C)** ocorre.
**(D)** têm.
**(E)** tem.

O verbo "haver", na passagem indicada, foi usado como sinônimo de "existir". Atente-se apenas para o fato de que, no sentido original, o verbo "existir" deve ser flexionado em número, diferente do "haver", que é impessoal.
Gabarito "A".

**(Analista Judiciário – TJ/PA – 2020 – CESPE)** Mantendo-se a coerência e a correção gramatical do texto CG1A1-II, o verbo "aceitar" (l.15) poderia ser substituído por

**(A)** consentir.
**(B)** prescindir.
**(C)** assistir.
**(D)** obstar.
**(E)** enjeitar.

"Aceitar" é sinônimo de "consentir", "concordar", "referendar".
Gabarito "A".

---

\* **Henrique Subi** comentou as questões dos concursos Policiais, de Enfermagem e Bancários, **Fernanda Franco** comentou as questões de Assistente de Chacelaria, **Fernanda Franco e Rodrigo Ferreira de Lima** comentaram as questões dos concursos Federais e **Magally Dato** comentou as demais questões.

```
1   O direito tributário brasileiro depara-se com
    grandes desafios, principalmente em tempos de globalização
    e interdependência dos sistemas econômicos. Entre  esses
4   pontos de atenção, destacam-se três. O primeiro é a guerra
    fiscal ocasionada pelo ICMS. O principal tributo em vigor,
    atualmente, é estadual, o que faz contribuintes e advogados
7   se debruçarem sobre vinte e sete diferentes legislações
    no país para entendê-lo. Isso se tornou um atentado contra
    o princípio de simplificação, contribuindo para o incremento
10  de uma guerra fiscal entre os estados, que buscam alterar
    regras para conceder benefícios e isenções, a fim de atrair
    e facilitar a instalação de novas empresas. É, portanto, um dos
13  instrumentos mais utilizados na disputa por investimentos,
    gerando, com isso, consequências negativas do ponto
    de vista tanto econômico quanto fiscal.
16  A competitividade gerada pela interdependência
    estadual é outro ponto. Na década de 60, a adoção do imposto
    sobre valor agregado (IVA) trouxe um avanço importante
19  para a tributação indireta, permitindo a internacionalização
    das trocas de mercadorias com a facilitação da equivalência
    dos impostos sobre consumo e tributação, e diminuindo as
22  diferenças entre países. O ICMS, adotado no país, é o único
    caso no mundo de imposto que, embora se pareça com
    o IVA, não é administrado pelo governo federal — o que
25  dá aos estados total autonomia para administrar, cobrar
    e gastar os recursos dele originados. A competência estadual
    do ICMS gera ainda dificuldades na relação entre as vinte
28  e sete unidades da Federação, dada a coexistência dos
    princípios de origem e destino nas transações comerciais
    interestaduais, que gera a já comentada guerra fiscal.
31  A harmonização com os outros sistemas tributários é
    outro desafio que deve ser enfrentado. É preciso integrar-se aos
    países do MERCOSUL, além de promover a aproximação
34  aos padrões tributários de um mundo globalizado e
    desenvolvido, principalmente quando se trata de Europa.
    Só assim o país recuperará o poder da economia e poderá
37  utilizar essa recuperação como condição para intensificar
    a integração com outros países e para participar mais
    ativamente da globalização.
```

André Pereira. Os desafios do direito tributário brasileiro. *In*: DCI – Diário Comércio, Indústria e Serviços. 2/mar./2017. Internet: <www.dci.com.br> (com adaptações).

**(Auditor Fiscal – SEFAZ/RS – 2019 – CESPE/CEBRASPE)** Mantendo-se a correção gramatical e o sentido original do trecho "O direito tributário brasileiro depara-se com grandes desafios" (R. 1 e 2), do texto 1A1-I, o segmento "depara-se com" poderia ser substituído por

(A) depara-se a.
(B) confronta com.
(C) depara-se diante de.
(D) confronta-se a.
(E) depara com.

O verbo "deparar", com sentido de "encontrar", "ficar subitamente face a face", pode ser pronominal ou não, transitivo direto ou indireto. É correto dizer: "depara grandes desafios", "depara-se com grandes desafios" ou "depara com grandes desafios". Anote-se que "deparar" **não é sinônimo** de "confrontar" – esse significa "combater", "enfrentar". HS

Gabarito "E".

```
1    – Você pensou bem no que vai fazer, Paulo?
2    – Pensei. Já estou decidido. Agora não volto atrás.
3    – Olhe lá, hein, rapaz...
4    Paulo está ao mesmo tempo comovido e surpreso com os três amigos. Assim que souberam do seu
5    divórcio iminente, correram para visitá-lo no hotel. A solidariedade lhe faz bem. Mas não entende aquela
6    insistência deles em dissuadi-lo. Afinal, todos sabiam que ele não andava muito contente com seu
7    relacionamento.
8    – Pense um pouco mais, Paulo. Reflita. Essas decisões súbitas...
9    – Mas que súbitas? Estamos praticamente separados há um ano!
10   – Dê outra chance ao seu casamento, Paulo.
11   – A Margarida é uma ótima mulher.
12   – Espera um pouquinho. Você mesmo deixou de frequentar nossa casa por causa da Margarida, depois
13   que ela chamou vocês de bêbados e quase expulsou todo mundo.
14   – E fez muito bem. Nós estávamos bêbados e tínhamos que ser expulsos.
```

# 1. LÍNGUA PORTUGUESA

```
15    – Outra coisa, Paulo. O divórcio. Sei lá.
16    – Eu não entendo mais nada. Você sempre defendeu o divórcio!
17    – É. Mas quando acontece com um amigo...
18    – Olha, Paulo. Eu não sou moralista. Mas acho a família uma coisa importantíssima. Acho que a família
19    merece qualquer sacrifício.
20    – Pense nas crianças, Paulo. No trauma.
21    – Mas nós não temos filhos!
22    – Nos filhos dos outros, então. No mau exemplo.
23    – Mas isto é um absurdo! Vocês estão falando como se fosse o fim do mundo. Hoje, o divórcio é uma
24    coisa comum. Não vai mudar nada.
25    – Como, não muda nada?
26    – Muda tudo!
27    – Você não sabe o que está dizendo, Paulo Muda tudo.
28    – Muda o quê?
29    – Bom, pra começar, você não vai poder mais frequentar as nossas casas.
30    – As mulheres não vão tolerar.
31    – Você se transformará num pária social, Paulo.
32    – Como é que é?
33    – Fora de brincadeira. Um reprobo.
34    – Puxa. Eu nunca pensei que vocês...
35    – Pense bem, Paulo. Dê tempo ao tempo.
36    – Deixe pra decidir depois. Passado o verão.
37    – Reflita, Paulo. É uma decisão seriíssima. Deixe para mais tarde.
38    – Está bem. Se vocês insistem...
39    Na saída, os três amigos conversam:
40    – Será que ele se convenceu?
41    – Acho que sim. Pelo menos vai adiar.
42    – E no "solteiros contra casados" da praia, neste ano, ainda teremos ele no gol.
43    – Também, a ideia dele. Largar o gol dos casados logo agora. Em cima da hora. Quando não dava mais
44    para arranjar substituto.
45    – Os casados nunca terão um goleiro como ele.
46    – Se insistirmos bastante, ele desiste definitivamente do divórcio.
47    – Vai aguentar a Margarida pelo resto da vida.
48    – Pelo time dos casados, qualquer sacrifício serve.
49    – Me diz uma coisa. Como divorciado, ele podia jogar no time dos solteiros?
50    – Podia.
51    – Impensável.
52    – É.
53    – Outra coisa.
54    – Fala.
55    – Não é reprobo. É réprobo. Acento no "e".
56    – Mas funcionou, não funcionou?
```

Adaptado de VERISSIMO, Luis Fernando. "Os Moralistas". Disponível em www.releituras.com/lfverissimo_moralistas.asp.
Acessado em 12 de novembro de 2014.

**(Procurador do Estado – PGE/RS – Fundatec – 2015)** Assinale a alternativa que apresenta a versão INCORRETA de uma das falas dos amigos de Paulo, caso estivesse escrita em discurso indireto.

**(A)** O amigo de Paulo perguntou a ele se ele tinha pensado bem no que iria fazer (linha 01).

**(B)** O amigo de Paulo pediu para que Paulo desse outra chance ao seu casamento (linha 10).

**(C)** O amigo de Paulo disse que Margarida era uma ótima mulher (linha 11).

**(D)** O amigo de Paulo disse que os casados nunca teriam um goleiro como ele (linha 45).

**(E)** O amigo de Paulo disse que se insistirmos bastante, ele desiste definitivamente do divórcio (linha 46).

Todas as alternativas transpuseram corretamente o texto para o discurso indireto, com exceção da letra "E", que deve ser assinalada. O uso do verbo na primeira pessoa do plural ("insistirmos") não mantém o sentido do texto. Deveria constar "insistissem". **HS**

Gabarito "E".

```
1    A fim de solucionar o litígio, atos sucessivos
     e concatenados são praticados pelo escrivão. Entre eles, estão os
     atos de comunicação, os quais são indispensáveis para que os
4    sujeitos do processo tomem conhecimento dos atos acontecidos
     no correr do procedimento e se habilitem a exercer os direitos
     que lhes cabem e a suportar os ônus que a lei lhes impõe.
```

Internet: <http://jus.com.br> (com adaptações).

**(Escrivão de Polícia Federal – 2013 – CESPE)** No que se refere ao texto acima, julgue o item seguinte.

**(1)** O trecho "os sujeitos (...) lhes impõe" (L.3-6) poderia ser corretamente reescrito da seguinte forma: cada um dos sujeitos do processo tome conhecimento dos atos acontecidos no correr do procedimento e se habilite a exercer os direitos que lhes cabe e a suportar os ônus que a lei lhes impõe.

**1: incorreta.** Há erro de concordância na conjugação do verbo "caber". O correto seria: "exercer os direitos que lhes cabem".

Gabarito 1E

## Pavio do destino

Sérgio Sampaio

1  O bandido e o mocinho
    São os dois do mesmo ninho
    Correm nos estreitos trilhos
4  Lá no morro dos aflitos
    Na Favela do Esqueleto
    São filhos do primo pobre
7  A parcela do silêncio
    Que encobre todos os gritos
    E vão caminhando juntos
10  O mocinho e o bandido
    De revólver de brinquedo
    Porque ainda são meninos
13  Quem viu o pavio aceso do destino?
    Com um pouco mais de idade
    E já não são como antes
16  Depois que uma autoridade
    Inventou-lhes um flagrante
    Quanto mais escapa o tempo
19  Dos falsos educandários
    Mais a dor é o documento
    Que os agride e os separa
22  Não são mais dois inocentes
    Não se falam cara a cara
    Quem pode escapar ileso
25  Do medo e do desatino
    Quem viu o pavio aceso do destino?
    O tempo é pai de tudo
28  E surpresa não tem dia
    Pode ser que haja no mundo
    Outra maior ironia
31  O bandido veste a farda
    Da suprema segurança
    O mocinho agora amarga
34  Um bando, uma quadrilha
    São os dois da mesma safra
    Os dois são da mesma ilha
37  Dois meninos pelo avesso
    Dois perdidos Valentinos
    Quem viu o pavio aceso do destino?

**(Agente de Polícia/DF – 2013 – CESPE)** A respeito dos sentidos do texto de Sérgio Sampaio, que constitui a letra de uma música, julgue os itens seguintes.

**(1)** O trecho "Quanto mais escapa o tempo / Dos falsos educandários / Mais a dor é o documento / Que os agride e os separa" (v.18-21) poderia, sem prejuízo para a correção gramatical, ser reescrito da seguinte forma: À medida que escapa o tempo dos falsos educandários, a dor vai se tornando o documento que os agride e os separa.

**(2)** O termo "ileso" (v.24) está empregado como sinônimo de **incólume.**

**(3)** Infere-se da leitura dos versos "O bandido veste a farda / Da suprema segurança / O mocinho agora amarga / Um bando, uma quadrilha" (v.31-34) que houve uma inversão: o menino que fazia o papel de mocinho na brincadeira virou bandido quando adulto, e o que fazia o papel de bandido se tornou policial. Na mesma estrofe, os termos "surpresa" (v.28), "ironia" (v.30) e "avesso" (v.37) ratificam essa interpretação.

**(4)** O texto, pertencente a um gênero poético, faz um relato biográfico sobre duas crianças em uma localidade periférica, contrastando a inocência e o ludismo da infância com a aspereza e a ironia do destino na vida adulta.

**(5)** Os termos "ninho" (v.2) e "safra" (v.35) foram empregados em sentido denotativo e correspondem, respectivamente, ao local e à época de nascimento dos meninos.

**1:** incorreta. Para mantermos a correção e o sentido original do texto deveria constar "a dor se torna o documento..."; **2:** correta. São também

sinônimos de indene, intacto, inteiro; **3:** correta. A história dos dois meninos teve um desfecho inesperado em relação às brincadeiras da infância; **4:** correta. Essa é justamente a mensagem que o eu-lírico quer transmitir: que o destino nos reserva muitas vezes um futuro que não decorre das nossas atitudes; **5:** incorreta. Ao utilizar as palavras "ninho" e "safra" para indicar o local e a época de nascimento dos personagens, o autor se valeu do sentido conotativo das palavras, seu sentido figurado.

Gabarito 1E, 2C, 3C, 4C, 5E

**(Agente de Polícia/DF – 2013 – CESPE)** Acerca de aspectos linguísticos do texto, julgue o item a seguir.

**(1)** O sentido original do texto seria alterado, mas a sua correção gramatical seria preservada caso o trecho "Pode ser que haja no mundo / Outra maior ironia" (v.29-30) fosse assim reescrito no plural: Podem ser que hajam no mundo / Outras maiores ironias.

**1:** incorreta. No trecho, o verbo "haver" foi usado no sentido de "existir", portanto é impessoal, não se flexiona para o plural. O correto seria: "Pode ser que haja no mundo outras maiores ironias".

Gabarito 1E

1    Balanço divulgado pela Secretaria de Segurança
    Pública do Distrito Federal (SSP/DF) aponta redução de 39%
    nos casos de roubo com restrição de liberdade, o famoso
4    sequestro-relâmpago, ocorridos entre 1.º de janeiro e 31 de
    agosto deste ano, em comparação com o mesmo período do
    ano passado — foram 520 ocorrências em 2012 e 316 em
7    2013.
        Em agosto deste ano, foram registrados 39 casos de
    sequestro-relâmpago em todo o DF, o que representa redução
10   de 32% do número de ocorrências dessa natureza criminal em
    relação ao mesmo mês de 2012, período em que 57 casos
    foram registrados. Entre as 39 vítimas, 11 foram abordadas no
13  Plano Piloto, região que lidera a classificação de casos, seguida
    pela região administrativa de Taguatinga, com oito ocorrências.
    Segundo a SSP, o cenário é diferente daquele do mês de julho,
16  quando as duas e Ceilândia e Gama tinham o maior número de casos.
    "38% dos crimes foram cometidos nos fins de semana, no
    período da noite, e quase 70% das vítimas eram do sexo
19  masculino, o que mostra que a escolha da vítima é baseada no
    princípio da oportunidade e aleatória, não em função do
    gênero."
22    Ao todo, 82% das vítimas (32 pessoas) estavam
    sozinhas no momento da abordagem dos bandidos, por isso as
    forças de segurança recomendam que as pessoas tomem alguns
25  cuidados, entre os quais, não estacionar em locais escuros e
    distantes, não ficar dentro de carros estacionados e redobrar a
    atenção ao sair de residências, centros comerciais e outros
28  locais.

**DF registra 316 ocorrências de sequestro-relâmpago nos primeiros oito meses deste ano**. R7, 6/9/2013.
Internet: <http://noticias.r7.com> (com adaptações).

**(Agente de Polícia/DF – 2013 – CESPE)** Julgue o próximo item, relativos aos sentidos e aos aspectos linguísticos do texto acima.

**(1)** A correção gramatical e o sentido da oração "Em agosto deste ano, foram registrados 39 casos de sequestro-relâmpago em todo o DF" (L.8-9) seriam preservados caso se substituísse a locução verbal "foram registrados" por registrou-se.

**1:** incorreta. A transformação para a voz passiva sintética fica: "registraram-se", para concordar com o sujeito paciente "casos".

Gabarito 1E

# 1. LÍNGUA PORTUGUESA

## 2. PONTUAÇÃO

Texto CG4A1-II

1     Na década de cinquenta, cresceu a participação
feminina no mercado de trabalho, especialmente no setor de
serviços de consumo coletivo, em escritórios, no comércio ou
4 em serviços públicos. Surgiram então mais oportunidades de
emprego em profissões como as de enfermeira, professora,
funcionária burocrática, médica, assistente social, vendedora,
7 as quais exigiam das mulheres certa qualificação e, em
contrapartida, tornavam-nas profissionais remuneradas. Essa
tendência demandou maior escolaridade feminina e provocou,
10 sem dúvida, mudanças no *status* social das mulheres.
Entretanto, eram nítidos os preconceitos que cercavam o
trabalho feminino nessa época. Como as mulheres ainda eram
13 vistas prioritariamente como donas de casa e mães, a ideia da
incompatibilidade entre casamento e vida profissional tinha
grande força no imaginário social. Um dos principais
16 argumentos dos que viam com ressalvas o trabalho feminino
era o de que, trabalhando, a mulher deixaria de lado seus
afazeres domésticos e suas atenções e cuidados para com o
19 marido: ameaças não só à organização doméstica como
também à estabilidade do matrimônio.

Carla Bassanezi. Mulheres dos anos dourados. *In:* História das mulheres no Brasil. 8.ª ed. São Paulo: Contexto, 2004 (com adaptações).

**(Auxiliar Judiciário – TJ/PA – 2020 – CESPE)** Na linha 19 do texto CG4A1-II, os dois-pontos foram utilizados para introduzir uma

(A) ressalva.
(B) enumeração.
(C) enunciação.
(D) hipótese.
(E) explicação.

Os dois-pontos sinalizam o início do aposto, estrutura sintática que enuncia uma explicação sobre um termo ou fato abordado anteriormente no texto.

Gabarito: "E".

1     O direito tributário brasileiro depara-se com
grandes desafios, principalmente em tempos de globalização
e interdependência dos sistemas econômicos. Entre esses
4 pontos de atenção, destacam-se três. O primeiro é a guerra
fiscal ocasionada pelo ICMS. O principal tributo em vigor,
atualmente, é estadual, o que faz contribuintes e advogados
7 se debruçarem sobre vinte e sete diferentes legislações
no país para entendê-lo. Isso se tornou um atentado contra
o princípio de simplificação, contribuindo para o incremento
10 de uma guerra fiscal entre os estados, que buscam alterar
regras para conceder benefícios e isenções, a fim de atrair
e facilitar a instalação de novas empresas. É, portanto, um dos
13 instrumentos mais utilizados na disputa por investimentos,
gerando, com isso, consequências negativas do ponto
de vista tanto econômico quanto fiscal.
16 A competitividade gerada pela interdependência
estadual é outro ponto. Na década de 60, a adoção do imposto
sobre valor agregado (IVA) trouxe um avanço importante
19 para a tributação indireta, permitindo a internacionalização
das trocas de mercadorias com a facilitação da equivalência
dos impostos sobre consumo e tributação, e diminuindo as
22 diferenças entre países. O ICMS, adotado no país, é o único
caso no mundo de imposto que, embora se pareça com
o IVA, não é administrado pelo governo federal — o que
25 dá aos estados total autonomia para administrar, cobrar
e gastar os recursos dele originados. A competência estadual
do ICMS gera ainda dificuldades na relação entre as vinte
28 e sete unidades da Federação, dada a coexistência dos
princípios de origem e destino nas transações comerciais
interestaduais, que gera a já comentada guerra fiscal.
31 A harmonização com os outros sistemas tributários é
outro desafio que deve ser enfrentado. É preciso integrar-se aos
países do MERCOSUL, além de promover a aproximação

34 aos padrões tributários de um mundo globalizado e
desenvolvido, principalmente quando se trata de Europa.
Só assim o país recuperará o poder da economia e poderá
37 utilizar essa recuperação como condição para intensificar
a integração com outros países e para participar mais
ativamente da globalização.

André Pereira. Os desafios do direito tributário brasileiro. In: DCI – Diário Comércio, Indústria e Serviços. 2/mar./2017. Internet: <www.dci.com.br> (com adaptações).

**(Auditor Fiscal – SEFAZ/RS – 2019 – CESPE/CEBRASPE)** No texto 1A1-I, o emprego de vírgulas para isolar as expressões "adotado no país" (R.22) e "embora se pareça com o IVA" (R. 23 e 24) é

(A) facultativo em ambas as expressões.
(B) obrigatório apenas na primeira expressão.
(C) apenas uma escolha estilística do autor.
(D) justificado por regras distintas de pontuação.
(E) necessário devido ao deslocamento dessas expressões dentro do período.

No primeiro caso, as vírgulas são obrigatórias para isolar o aposto da oração. No segundo caso, as vírgulas são obrigatórias para separar a oração subordinada adverbial deslocada da ordem direta da oração. Logo, os sinais de pontuação se justificam por regras diferentes. HS

Gabarito "D".

1 O trem que naquela tarde de dezembro de 1909 trazia de volta a Santa Fé o dr. Rodrigo Terra
2 Cambará passava agora, apitando, pela frente do cemitério da cidade. Com a cabeça para fora da janela, o
3 rapaz olhava para aqueles velhos paredões, imaginando, entre emocionado e divertido, que os mortos, toda
4 vez que ouviam o apito da locomotiva, corriam a espiar o trem por cima dos muros do cemitério. Imaginava
5 que ali estavam sua mãe, o capitão Rodrigo, a velha Bibiana, outros parentes e amigos. Sorriam, e era-lhe
6 agradável pensar que o saudavam: "Bem-vindo sejas, Rodrigo Temos esperanças em ti!" Havia apenas um
7 que não sorria. Era o Tito Chaves, que Rodrigo vira pela última vez estendido sem vida no barro da rua, na
8 frente do Sobrado, o peito ensanguentado, os olhos vidrados. Corria à boca miúda que fora o coronel
9 Trindade quem o mandara matar por questões de política, mas ninguém tinha coragem de dizer isso em voz
10 alta. E agora ali estava Tito encarapitado no muro do cemitério, a bradar: "Vai e me vinga, Rodrigo. És moço,
11 és culto, tens coragem e ideais! Em Santa Fé todo o mundo tem medo do coronel Trindade. Não há mais
12 justiça. Não há mais liberdade. Vai e me vinga!"
13 O trem ainda apitava tremulamente, como se estivesse chorando. Mas quem, enternecido,
14 chorava de verdade era Rodrigo. As lágrimas lhe escorriam pelo rosto, a que a poeira dava uma cor de tijolo.
15 Maneco Vieira tocou-......... o braço. "Que foi que houve, moço?", perguntou, com um jeito protetor. Rodrigo
16 levou o lenço aos olhos, dissimulando: "Esta maldita poeira..."
17 No vagão agora os passageiros começavam a arrumar suas coisas, erguiam-se, baixavam as
18 malas dos gabaritos, numa alegria alvoroçada de fim de viagem. Rodrigo foi até o lavatório, tirou o chapéu,
19 lavou o rosto, enxugou-......... com o lenço e por fim penteou-se com esmero. Observou, contrariado, que
20 tinha os olhos injetados, o que lhe dava um ar de bêbedo ou libertino. Não queria logo de chegada causar
21 má impressão aos que o esperavam. Piscou muitas vezes, revirou os olhos, umedeceu o lenço e tornou a
22 passá-lo pelo rosto. Pôs a língua para fora e quedou-se por algum tempo a examiná-la. Ajeitou a gravata,
23 tornou a botar o chapéu, recuou um passo, lançou um olhar demorado para o espelho e, satisfeito, voltou
24 para seu lugar. Maneco Vieira sorriu, dizendo-lhe: "Enfim chegamos, com a graça de Deus... e do
25 maquinista."
26 O trem diminuiu a marcha ao entrar nos subúrbios de Santa Fé. Rodrigo sentou-se de novo junto à
27 janela e logo viu, surpreso, os casebres miseráveis do Purgatório e suas tortuosas ruas de terra vermelha.
28 Aqueles ranchos de madeira apodrecida, cobertos de palha; aquela mistura desordenada e sórdida de
29 molambos, panelas, gaiolas, gamelas, lixo; aquela confusão de cercas de taquara, becos, barrancos e
30 quintais bravios – lembraram-......... uma fotografia do reduto de Canudos que vira estampada numa revista.
31 Na frente de algumas das choupanas viam-se mulheres – chinocas brancas, pretas, mulatas, cafuzas – a
32 acenar para o trem; muitas delas tinham um filho pequeno nos braços e outro no ventre. Crianças seminuas
33 e sujas brincavam na terra no meio de galinhas, cachorros e ossos de rês. Lá embaixo, no fundo dum
34 barranco, corria o riacho, a cuja beira uma cabocla batia roupa numa tábua, com o vestido arregaçado acima
35 dos joelhos. Em todas as caras Rodrigo vislumbrava algo de terroso e doentio, uma lividez encardida que a
36 luz meridiana tornava ainda mais acentuada. "Quanta miséria!", murmurou desolado.

Adaptado de: Érico Veríssimo, *O Tempo e o Vento, Parte II: o Retrato, vol. I.* 3ª ed. São Paulo: Companhia das Letras, 2004. p.92-93.

**(Procurador do Estado – PGE/RS – Fundatec – 2015)** Considere as propostas abaixo de alteração de sinais de pontuação do texto (com os devidos ajustes de maiúsculas e minúsculas):

I. Substituição do ponto final da linha 19 por ponto e vírgula seguido da conjunção **mas**.
II. Substituição do ponto final da linha 21 por vírgula, com introdução da conjunção ***Como*** antes de ***Não queria*** (l.20).
III. Substituição do segundo ponto final da linha 22 por dois--pontos.

Quais propostas são corretas e preservam o sentido do texto?

(A) Apenas I.
(B) Apenas I e II.
(C) Apenas I e III.
(D) Apenas II e III.
(E) I, II e III.

I: correta. O adjetivo "contrariado" demonstra que o uso da conjunção adversativa "mas" não iria alterar o sentido do texto; II: correta. A alteração mantém o sentido e a correção gramatical do texto; III: incorreta. Os dois-pontos introduziriam uma oração explicativa ou um aposto, o que não é o caso do texto. HS

Gabarito "B".

# 1. LÍNGUA PORTUGUESA

1 A expressão caos aéreo já faz parte da linguagem
corrente quando o assunto é a aviação comercial brasileira.
A rigor, toda essa crise latente no sistema de terminais
4 aeroportuários — que aflora nos momentos de pico de viagens
e a qualquer maior instabilidade meteorológica em regiões chave
— já foi prevista há muito tempo. Não era preciso ser
7 médium para, mesmo antes do desastre com avião na
Amazônia no final de 2006, perceber que a leniência das
autoridades federais diante dos gargalos no setor iria, cedo ou
10 tarde, desembocar na atual situação: pistas saturadas, salas de
espera repletas, infraestrutura dos aeroportos, principalmente
os maiores, sobrecarregada.

> Nó dos aeroportos poderá ser desatado.
> *In:* **O Globo**, 5/12/2010 (com adaptações).

**(STM – 2011 – CESPE)** Acerca dos aspectos estruturais e dos
sentidos do texto acima, julgue o item a seguir.

(1) A omissão do trecho isolado por travessões não acarretaria
prejuízo para a correção gramatical do texto.

**1:** o travessão isola a oração complementar "que aflora nos momentos
de pico de viagens e a qualquer maior instabilidade meteorológica em
regiões chave". A omissão desses termos intercalados não acarretaria
prejuízo para compreensão ou para a correção gramatical do texto.
Gabarito 1C

## Texto para a próxima questão

1 Deixei os braços pousarem na madeira inchada e
úmida, abri um pouco a janela a pensar que isso de olhar a
chuva de frente podia abrandar o ritmo dela, ouvi lá embaixo,
4 na varanda, os passos da avó Agnette, que se ia sentar na
cadeira da varanda a apanhar ar fresco, senti que despedir-me
da minha casa era despedir-me dos meus pais, das minhas
7 irmãs, da avó e era despedir-me de todos os outros: os da minha
rua, senti que rua não era um conjunto de casas mas uma
multidão de abraços, a minha rua, que sempre se chamou
10 Fernão Mendes Pinto, nesse dia ficou espremida numa só
palavra que quase me doía na boca se eu falasse com palavras
de dizer: infância.
13 A chuva parou. O mais difícil era saber parar as
lágrimas.
O mundo tinha aquele cheiro da terra depois de
16 chover e também o terrível cheiro das despedidas. Não gosto de
despedidas porque elas têm esse cheiro de amizades que se
transformam em recordações molhadas com bué de lágrimas.
19 Não gosto de despedidas porque elas chegam dentro de mim
como se fossem fantasmas mujimbeiros* que dizem segredos
do futuro que eu nunca pedi a ninguém para vir soprar no meu
22 ouvido de criança.
Desci. Sentei-me perto, muito perto da avó Agnette.
Ficamos a olhar o verde do jardim, as gotas a
25 evaporarem, as lesmas a prepararem os corpos para novas
caminhadas. O recomeçar das coisas.
— Não sei onde é que as lesmas sempre vão, avó.
28 — Vão pra casa, filho.
— Tantas vezes de um lado para o outro?
— Uma casa está em muitos lugares — ela respirou
31 devagar, me abraçou. — É uma coisa que se encontra.
**\*Mujimbeiro:** fofoqueiro.

> Ondjaki. **Os da minha rua.** Rio de Janeiro: Língua Geral, 2007, p.
> 145-6 (com adaptações).

**(Diplomacia – 2011 – CESPE)** A respeito do texto, julgue (**C** ou **E**)
os itens que se seguem.

(1) No trecho "Não gosto de despedidas porque elas chegam
dentro de mim como se fossem fantasmas mujimbeiros que
dizem segredos do futuro que eu nunca pedi a ninguém para
vir soprar no meu ouvido de criança" (l.19-22), o narrador
apresenta, por meio de uma comparação, uma das razões
de não gostar de despedidas, caracterizando, de forma
restritiva, o elemento com que compara as despedidas.

(2) Os sentidos e a correção gramatical do primeiro parágrafo
do texto seriam mantidos e as relações sintáticas estariam
bem identificadas caso o autor tivesse adotado, nesse
trecho, a seguinte pontuação: Deixei os braços pousarem
na madeira inchada e úmida; abri um pouco a janela, a
pensar que isso de olhar a chuva de frente podia abrandar
o ritmo dela; ouvi, lá embaixo, na varanda, os passos da
avó Agnette, que se ia sentar na cadeira da varanda a
apanhar ar fresco; senti que despedir-me da minha casa
era despedir-me dos meus pais, das minhas irmãs, da avó e
era despedir-me de todos os outros: os da minha rua; senti
que rua não era um conjunto de casas, mas uma multidão
de abraços; a minha rua, que sempre se chamou Fernão
Mendes Pinto, nesse dia, ficou espremida numa só palavra
que quase me doía na boca se eu falasse com palavras de
dizer: infância.

(3) Do trecho "a minha rua, que sempre se chamou Fernão
Mendes Pinto, nesse dia ficou espremida numa só palavra
que quase me doía na boca se eu falasse com palavras
de dizer: infância" (l.9-12) depreende-se que a rua em que
o narrador morava passou a ter, para ele, sentido mais
significativo.

(4) O fato de o texto ter sido escrito na primeira pessoa do
singular justifica o emprego da linguagem sinestésica em
trechos como "O mundo tinha aquele cheiro da terra depois
de chover e também o terrível cheiro das despedidas"
(l.15-16), recurso inviável em textos escritos na terceira
pessoa.

**1:** Certo (Pontuação) A locução conjuntiva "como se" introduz uma
oração comparativa hipotética que caracteriza, por similaridade, o modo
pelo qual as despedidas afetam o narrador. O fato de a oração adjetiva
que se subordina ao termo "fantasmas mujimbeiros" vir sem vírgula
lhe confere valor restritivo;
**2:** Certo (Pontuação) Segue a transcrição do trecho da questão com um
comentário entre parênteses das justificativas das alterações na pontuação: "Deixei os braços pousarem na madeira inchada e úmida; (ponto
e vírgula entre orações coordenadas) abri um pouco a janela, (vírgula
separando oração subordinada adverbial temporal reduzida de infinitivo)
a pensar que isso de olhar a chuva de frente podia abrandar o ritmo
dela; (ponto e vírgula entre orações coordenadas) ouvi, (vírgula isolando
adjunto adverbial intercalado) lá embaixo, na varanda, os passos da avó
Agnette, que se ia sentar na cadeira da varanda a apanhar ar fresco;
(ponto e vírgula entre orações coordenadas) senti que despedir-me
da minha casa era despedir-me dos meus pais, das minhas irmãs, da
avó e era despedir-me de todos os outros: os da minha rua; (ponto e
vírgula entre orações coordenadas) senti que rua não era um conjunto
de casas, (vírgula entre orações coordenadas) mas uma multidão de
abraços; (ponto e vírgula entre orações coordenadas) a minha rua, que
sempre se chamou Fernão Mendes Pinto, nesse dia, (vírgula isolando
adjunto adverbial intercalado) ficou espremida numa só palavra que
quase me doía na boca se eu falasse com palavras de dizer: infância;
**3:** Certo (Interpretação) A rua em que morou até aquele momento
deixa de ser apenas um espaço físico e passa representar o conjunto
de experiências e relacionamentos que até então vivera, por isso que
passa a ser designada como "infância";
**4:** Errado (Figuras de linguagem) Não há relação entre a escolha do
foco narrativo e o emprego de figuras de linguagem.
Gabarito 1C, 2C, 3C 4E

# FERNANDA FRANCO, HENRIQUE SUBI, MAGALLY DATO E RODRIGO FERREIRA DE LIMA

1 Estereótipos não são, necessariamente, étnicos. É bom lembrar que, basicamente, o estereótipo
é uma camisa de força, uma forma de controle social. Pode, por isso, aplicar-se a classes sociais em uma
comunidade nacional, não importando se essas classes estão definidas etnicamente. Na verdade, a
4 definição de estereótipo como noção ligada a questões étnicas serve apenas para reforçar e justificar
preconceitos. Por exemplo, na Inglaterra, o estereótipo do elemento oriundo da classe operária que
enriquece tem suas raízes no preconceito social existente na burguesia inglesa, enquanto, no Brasil, o
7 estereótipo do novo-rico pode ser aplicado como uma expressão de preconceito social e racial, um
reforçando o outro na mentalidade da burguesia brasileira. Isso tudo não altera o fato de que, seja quem
for a vítima e seja qual for o motivo, os estereótipos congelam a personalidade do receptor e apagam sua
10 individualidade, dotando-o com características que se adaptam ao ponto de vista a priori do percebedor
em relação à classe social ou étnica, ou, ainda, à categoria sexual de sua vítima.
O ser estereotipado é, assim, a corporificação física de um mito baseado, imediatamente, na
13 visão que o percebedor tem do papel sociocultural de seu receptor e do seu próprio. Mais precisamente,
o mito deve ser visto no contexto de uma dialética na qual o receptor corporifica uma negação do
percebedor e, portanto, uma negação de padrões socioculturais aceitáveis. Em lugar nenhum tal fato é
16 mais aparente do que na situação de colonialismo, do qual a escravatura africana no Novo Mundo foi
somente uma variante.

D. Brookshaw. **Raça e cor na literatura brasileira**. Marta Kirst (Trad.).
Porto Alegre: Mercado Aberto, 1983, p. 10 (com adaptações).

**(Bolsa-Prêmio/Itamaraty – 2010 – CESPE)** Acerca das ideias expressas no texto, julgue os itens que se seguem.

**(1)** Depreende-se do texto que o estereótipo resulta da forma pela qual o sujeito percebe o outro. Assim, conclui-se que a formação de estereótipos decorre da observação objetiva da realidade social em que esses sujeitos estão inseridos.

**(2)** O texto estende o conceito de estereótipo a categorias outras que a étnica, explorando os efeitos negativos dos estereótipos sobre aqueles que o sofrem.

**(3)** Infere-se do texto que o conceito de estereótipo origina-se de questões e conflitos coloniais.

**(4)** O autor estabelece uma relação entre o preconceito de classe existente na Inglaterra e aquele observado no Brasil, ambos de fundamentação essencialmente racial.

**(5)** A experiência colonial é apresentada como elemento que, ao mesmo tempo, exemplifica e corrobora os argumentos desenvolvidos ao longo do texto.

**1:** Errado (Interpretação de texto) Pode-se depreender do texto que o estereótipo é resultado da forma como o sujeito percebe o outro. No entanto, isso não é decorrente de observação objetiva da realidade social, mas sim de conceito pré formado, ou preconceitos, dos observadores, como justificam os trechos "dotando-o com características que se adaptam ao ponto de vista a priori do percebedor" e "O ser estereotipado é, assim, a corporificação física de um mito baseado (..)"

**2:** Certo (Interpretação de texto) A justificativa de como o texto estende o conceito de estereótipo fica clara no trecho "os estereótipos congelam a personalidade do receptor e apagam sua individualidade, dotando-o com características que se adaptam ao ponto de vista a priori do percebedor em relação à classe social ou étnica, ou, ainda, à categoria sexual de sua vítima". Ainda fica claro nesse mesmo trecho a definição do conceito de estereótipo como algo negativo, já que aqueles estereotipados são "vítimas" da ausência de individualidade e da adaptação preconceituosa da visão do percebedor.

**3:** Errado (Interpretação de texto) Não é possível inferir do texto a origem do conceito de estereótipo. O texto apenas traz como exemplo irrefutável da aplicação desse conceito a organização social do período colonial, em particular com relação ao estereótipo racial e a escravidão, como se lê no trecho "Em lugar nenhum tal fato *é mais aparente do que na situação de colonialismo*, do qual a escravatura africana no Novo Mundo *foi somente uma variante.*"

**4:** Errado (interpretação de texto) Apesar de estabelecer uma relação entre os estereótipos preconceituosos da burguesia sobre aquele que sai ascende de uma classe social mais baixa, o texto estabelece a origem do estereótipo inglês em questões fundamentalmente sociais e o brasileiro em questões sociais e raciais, como se lê no trecho "Por exemplo, na Inglaterra, o estereótipo do elemento oriundo da classe operária que enriquece tem suas raízes no *preconceito social* existente na burguesia inglesa, enquanto, no Brasil, o estereótipo do novo-rico pode ser aplicado como uma expressão de *preconceito social e racial*, um reforçando o outro na mentalidade da burguesia brasileira."

**5:** Certo (Interpretação de texto) A organização da sociedade colonial encerra o texto trazendo elementos que agrupam toda a argumentação desenvolvida anteriormente. Como observado no item 3, é um fato histórico que demonstra propriamente os conceitos de estereótipo.

Gabarito 1E, 2C, 3E, 4E, 5C

1 A questão de uma identidade latino-americana tornou-se não apenas atual, mas premente,
sobretudo ao longo do século XX. Sua origem está em uma experiência marcante de contraste e de
contradição com a memória do regime colonial, com os projetos nacionais e liberais decorrentes dos
4 processos de autonomia política, com os mecanismos de dependência econômica e financeira e,
principalmente, com a pluralidade da composição social de suas populações.
Uma das características do esforço de autodefinição das sociedades latino-americanas
7 desenvolve-se mais particularmente na segunda metade do século, com a grande variedade de ensaios de
cunho literário e com os resultados das ciências sociais obtidos por latino-americanos, que passam a
desempenhar papel relevante no cenário mundial. A América que vinha sendo dita latina por terceiros
10 quer proclamar-se América e latina por si própria. A simples contraposição com a Europa (em especial
com as antigas metrópoles coloniais) ou com a América de língua inglesa tem grandes lacunas. O
sentimento generalizado de pertencimento à história da expansão da cultura europeia é necessário, mas
13 não suficiente para consolidar a legitimidade social e cultural da composição e da pluralidade social na
América de fala espanhola e portuguesa. E isso mesmo se essas Américas receberam significativa
contribuição de correntes migratórias renovadas. Os caminhos percorridos nos Estados Unidos da
16 América (EUA) e no Canadá foram — e são — bem distintos dos que percorrem as Américas latinas.
Assim, são os próprios latino-americanos ou brasileiros que procuram ser latino-americanistas
ou brasilianistas, não apenas por sorte de ousadia política, mas por força de abordagem científica da

# 1. LÍNGUA PORTUGUESA

19 constituição eventual de uma latino-americanidade alçada dos traços de formação social e cultural de suas
sociedades. O objetivo de conceber e redigir uma história em que o tom fosse dado por latinoamericanos,
não em uma espécie de etnocentrismo que substitua outros etnocentrismos, como o europeu
22 ou o norte-americano, mas que sirva de substrato a uma síntese da pluralidade real das Américas Latinas,
é uma contribuição relevante para a concepção, a construção e a consolidação de uma identidade
macrorregional latino-americana.

E. C. R. Martins. América Latina: cultura histórica e identidade. In: C. B. Carmona e H. Sewierski (Orgs.).
**Heranças e desafios da América Latina: Brasil e Chile**. Brasília: Universidade de Brasília,
Oficina Editorial do Instituto de Letras: Plano Editora, 2003. p. 29-30 (com adaptações).

---

**(Bolsa-Prêmio/Itamaraty – 2010 – CESPE)** Com base no texto, julgue os itens subsequentes.

**(1)** Depreende-se do texto que são os latino-americanos que devem construir o significado de latino-americanidade, pondo fim a uma era em que esse sentido era definido pelo olhar estrangeiro do estudioso europeu ou estadunidense, por exemplo.

**(2)** O texto apresenta uma crítica àqueles que alicerçam sua visão de América Latina na diferença ou na oposição entre essa região e a Europa ou a América de colonização britânica.

**(3)** O texto deixa transparecer a relação entre literatura e questões de identidade, o que permite vincular o fazer literário a temas como pertencimento e ideologia culturais.

**(4)** O texto tem natureza essencialmente descritiva, uma vez que informa o leitor a respeito das mudanças paradigmáticas e epistemológicas no estudo de questões ligadas à identidade de cada nação latino-americana.

**1:** Certo (Interpretação de texto) O texto apresenta uma série de comparações teóricas, não apenas na constituição do conceito de América Latina, mas também das diferentes concepções de identidades das regiões devido às diferenças sociais entre as elas, definindo as concepções europeia e norte-americana como etnocêntricas, enquanto a latino-americana deve privilegiar a pluralidade. Defende, portanto, que, por terem diferentes histórias, não é possível que outros povos definam corretamente e com resultados positivos a América Latina. Tal concepção lê-se no trecho "O objetivo de conceber e redigir uma história em que o tom fosse dado por latinoamericanos, não em uma espécie de etnocentrismo que substitua outros etnocentrismos, como o europeu ou o norte-americano, mas que sirva de substrato a uma síntese da pluralidade real das Américas Latinas, é uma contribuição relevante para a concepção, a construção e a consolidação de uma identidade macrorregional latino-americana." "A América que vinha sendo dita latina por terceiros quer proclamar-se América e latina por si própria."
**2:** Certo (Interpretação de texto) Como visto no item anterior conceber a América Latina a partir dos moldes europeu e norte-americano gera falhas na definição do que a América Latina. Concebê-la como extensão da história europeia levaria ao mesmo erro, uma vez que a América Latina seria apenas uma continuação da história europeia. Essa crítica aparece de forma mais clara no trecho "A simples contraposição com a Europa (em especial com as antigas metrópoles coloniais) ou com a América de língua inglesa tem grandes lacunas. O sentimento generalizado de pertencimento à história da expansão da cultura europeia é necessário, mas não suficiente para consolidar a legitimidade social e cultural da composição e da pluralidade social na América de fala espanhola e portuguesa", inclusive pela restrição da caracterização europeia na América Latina pelas línguas faladas, porque a má colonização, desmerecendo esta como pilar da formação social e abrindo margem para a pluralidade dessa formação.
**3:** Certo (Interpretação de texto) O trecho que transparece a importância da produção literária na reformulação da identidade latino-americana é "Uma das características do esforço de autodefinição das sociedades latino-americanas desenvolve-se mais particularmente na segunda metade do século, com a grande variedade de ensaios de cunho literário e com os resultados das ciências sociais obtidos por latino-americanos", trecho que, além de colocar a literatura como auto definidora da identidade social, associa a produção literária a conquistas das ciências sociais.
**4:** Errado (Interpretação de texto) O texto é majoritariamente analítico e não descritivo. Propõe uma argumentação e reflexão acerca da forma como se estuda e concebe a sociedade latino-americana, deixando

---

evidente seu posicionamento com relação ao tema. A própria análise do item 2 comprova esse poder analítico do texto, uma vez que apresenta uma crítica do autor com relação à concepção da identidade latino-americana em padrões pré-formulados.

Gabarito 1C, 2C, 3C, 4E

### Texto para as duas questões abaixo.

1 Quando começa a modernidade? Bem antes que
tentassem me convencer de que a data de nascimento da
modernidade era um espirro cartesiano, ou então novo interesse
4 empírico pela natureza que transpira das páginas do *Novum
Organum* de Bacon, ou ainda a abertura dos primeiros bancos
— bem antes de tudo isso, quando era rapaz, se ensinava que
7 a modernidade começou em outubro de 1492. Nos livros da
escola, o primeiro capítulo dos tempos modernos eram e são as
grandes explorações. Entre elas, a viagem de Colombo ocupa
10 um lugar muito especial. Descidas Saara adentro ou
intermináveis caravanas por montes e desertos até a China de
nada valiam comparadas com a aventura do genovês. É preciso
13 conceber o alcance simbólico do pulo além de Gibraltar, não
pela costa, mas reto para frente. É preciso, em outras palavras,
evocar o mar Mediterrâneo — esse pátio comum navegável e
16 navegado por milênios, espécie de útero vital compartilhado —
para entender por que a viagem de Colombo acabou e continua
sendo uma metáfora para o fim do mundo fechado, do
19 abandono da casa materna e paterna.
Havia duas ordens de explicações para as grandes
descobertas e para a viagem de Colombo. A materialista não
22 faltava nunca: procura de novas riquezas e necessidade de
conquistas. Outra, mais ideológica, ou mesmo idealizada,
também sempre presente, atribuía o empreendimento ao
25 indomável desejo de saber e conhecer novas coisas. Aqui,
Dante era regularmente convocado em sua descrição da última
viagem de Ulisses que, apesar de ter tanto desejado voltar para
28 sua casa e família, toma de novo o caminho do mar aberto.
Dante escreve quase um século e meio antes da
viagem de Colombo, logo quando o espírito da modernidade
31 produzia a dita segunda Renascença. E ele é certamente um dos
ideólogos da modernidade. A visão dantesca de Ulisses é quase
uma declaração de intenções do sujeito moderno e, portanto,
34 uma espécie de explicação antecipada da viagem de Colombo.
O herói de Homero volta para seu lugar após os longos anos do
sítio de Troia e 10 anos de Odisseia; ele volta para o lugar onde
37 sua legitimidade de rei, esposo e pai é atributo eterno de seu ser
e onde, apesar da longa ausência e dos usurpadores, ele sempre
será reconhecido. Já o Ulisses moderno de Dante se cansa
40 desse lugar demasiado "seu" e deixa reino e família para
embarcar com poucos amigos em uma viagem sem destinação
e sem volta. Ulisses retoma a estrada ou, melhor dito, o oceano
43 para, segundo o poeta italiano, conhecer o mundo, os vícios
humanos e o valor. Esse objetivo pode ser entendido de duas
maneiras.
46 Por um lado, tem-se a paixão de descobrir vícios e
valores de outros homens — uma espécie de curiosidade
antropológica especificamente moderna. Por outro lado, os

49 vícios e o valor atrás dos quais correm Ulisses e seus
companheiros podem ser seus próprios. Nesse caso, Ulisses
abandona o lugar que a tradição lhe garante (como rei e pai)
52 para descobrir algo de si mesmo que estaria além de suas
funções sociais garantidas e que estaria menos no passado e no
presente e mais em um futuro a ser inventado.

C. Calligaris. **A psicanálise e o sujeito colonial**.*In:* E. L. A. Susa (Org.).
**Psicanálise e colonização: leituras do sintoma social no Brasil**.
Porto Alegre: Artes e Ofícios, 1999, p. 11-3 (com adaptações).

**(Bolsa-Prêmio/Itamaraty – 2010 – CESPE)** Julgue os itens a seguir,
referentes às relações semânticas e discursivas do texto.

(1) A expressão "espirro cartesiano" (l.3) pode ser interpretada
como crítica à visão da modernidade como manifestação
do cientificismo e racionalismo.
(2) Com o trecho entre travessões nas linhas 15 e 16, o autor
quer enfatizar o caráter xenofóbico e de isolamento cultural
associado a "mar Mediterrâneo" (l.15).
(3) Segundo o texto, há controvérsias quanto à data fundacional
da modernidade. Essa discordância é o ponto de partida da
argumentação do autor.
(4) Na linha 1, uma função da pergunta é prender a atenção
do leitor, o ponto de interrogação pode ser corretamente
substituído por ponto-final ou dois-pontos.

**1:** Certo (Interpretação de texto) Ao utilizar o termo "espirro" para
caracterizar a corrente filosófica cartesiana, o autor atribui caráter
pejorativo ao termo, uma vez que um espirro é associado a doenças
e secreções. A interpretação desse item exige do leitor conhecimento prévio das bases da filosofia de Descartes, como associada
aos conceitos de razão e ciência, e seu status como símbolo da
filosofia moderna.
**2:** Errado (Interpretação de texto) Lê-se no trecho entre travessões:
"esse pátio comum navegável e navegado por milênios, espécie de útero
vital compartilhado". Os termos "comum" e "compartilhado" mostram
que o mar Mediterrâneo não é fonte de isolamento pátrio, mas sim de
contato entre os povos da região, um local onde todas as nações que
o circundam dividiram a navegação durante milênios e partiram em
buscas comuns de novos espaços.
**3:** Certo (Interpretação de texto) O autor inicia o texto mostrando
que já teve contato com diversas datações do início da modernidade, a saber, espirro cartesiano, o Novum Organum de Bacon, a
abertura dos primeiros bancos, outubro de 1492 (representando as
navegações). Essas possibilidades são respostas à pergunta inicial
do texto e é a partir desse disparador pergunta-respostas que o
autor analisa o tema.
**4:** Errado (Interpretação de texto/pontuação) O uso da interrogação é
fundamental para que as respostas que se seguem sejam compreendidas como contextualizadoras da questão a ser discutidas. Se fosse
feita a substituição da pontuação, seria necessário alterar o formato
das respostas e da estrutura do parágrafo como um todo para que
houvesse coerência entre as partes do texto.

Gabarito 1C, 2E, 3C, 4E

**(Bolsa-Prêmio/Itamaraty – 2010 – CESPE)** Com relação ao texto,
julgue os itens seguintes.

(1) Na linha 22, o sinal de dois-pontos introduz uma explicação
para a motivação materialista das viagens marítimas associadas às grandes descobertas dos séculos XV e XVI.
(2) Nos dois primeiros períodos do terceiro parágrafo, o autor
reconhece o papel de Cristóvão Colombo na construção do
conceito de modernidade que se concretiza com o domínio
colonial: Colombo é incluído entre os "ideólogos da modernidade" (l.32).
(3) O adjetivo "dantesca" (l.32) é utilizado metaforicamente para
designar algo assustador, uso que remete à visão que se
tinha das viagens por mar na Antiguidade.

(4) O fragmento "apesar da longa ausência e dos usurpadores" (l.38) pode ser deslocado para o final do período sem
prejuízo para a correção gramatical do trecho, desde que
mantida a vírgula antes de "apesar" e omitida a vírgula logo
após "usurpadores".
(5) O gênero textual predominante no texto consiste em tratado
científico, conforme se conclui da presença de vocabulário
especializado e de linguagem objetiva, literal e impessoal.
(6) Segundo o texto, a descoberta da América sobrepõe-se
a quaisquer outras atividades exploratórias dos europeus
realizadas até então.

**1:** Certo (Interpretação de texto/pontuação) O termo "materialista" é
associado a "explicação, do período anterior, por intermédio do artigo
"a", que funciona como elemento de coesão, deixando claro que o
trecho se refere às causas das viagens. Os dois pontos introduzem
um aposto da oração "a materialista não faltava nunca", e, como tal,
explicita o sentido do termo "materialista", explicando e exemplificando
(riquezas e conquistas).
**2:** Errado (Interpretação de texto) O ideólogo da modernidade é Dante,
que explica antecipadamente as razões da viagem de Colombo. A
confusão pode decorrer do uso do pronome "ele" ao início do segundo
período do parágrafo, no entanto a construção textual posterior e o uso
de conceitos e vocabulários não deixam margem para ambiguidade.
Colombo é apenas exemplo prático da teorização de Dante, como se lê
em "A visão dantesca de Ulisses é quase uma declaração de intenções do
sujeito moderno e, portanto, 34 uma espécie de explicação antecipada
da viagem de Colombo"
**3:** Errado (Interpretação de texto/vocabulário) Apesar de o termo
"dantesco" ser popularmente usado e conhecido como sinônimo
de horror (a caracterização do inferno, talvez a mais assustadora da
literatura, proposta por Dante em "A Divina comédia" é a origem da
associação de significado), no trecho em questão ele é usado como
aquilo que é ideia desenvolvida pelo autor em seus escritos. Trata-se
de outra referência textual clara que não diretamente "o Inferno", mas
sim o personagem que remete ao viajante de Homero, Ulisses: "Já o
Ulisses moderno de Dante se cansa desse lugar demasiado "seu" e deixa
reino e família para embarcar com poucos amigos em uma viagem sem
destinação e sem volta."
**4:** Certo (Coesão/pontuação) O trecho "apesar da longa ausência e
dos usurpadores" é uma locução adverbial de concessão e, devido à
circunstância que expressa e sua relação com o conteúdo do período,
deve vir isolada por vírgulas do restante da oração. Ao ser transposta
para o fim do período, deve-se, portanto, manter a vírgula anterior,
que isola a expressão, mas não se deve manter a final, uma vez que
haveria dupla pontuação (.,.)
**5:** Errado (Interpretação de texto/gênero textual) O gênero predominante
é de opinião. Há traços de subjetividade e pessoalidade, como se vê pela
presença do pronome de primeira pessoa no trecho "Bem antes que
tentassem me convencer de que a data de nascimento da modernidade
era um espirro cartesiano", e em geral o texto possui diversas marcas
de argumentação literária, com referências históricas e textuais, referências usadas numa construção de argumentação bastante distante
do discurso científico, na criação de hipóteses com embasamento
especulativo apenas, sem qualquer demonstração empírica, como se
nota pelo uso do verbo no futuro do pretérito no trecho "Nesse caso,
Ulisses abandona o lugar que a tradição lhe garante (como rei e pai)
52 para descobrir algo de si mesmo que estaria além de suas funções
sociais garantidas e que estaria menos no passado e no presente e
mais em um futuro a ser inventado."
**6:** Certo (Interpretação de texto) A importância da descoberta da América é demonstrada em duas frentes: primeiro, na anterioridade dela
como definidora da modernidade em relação às outras possibilidades.
Segundo, por ser a representação máxima da busca do homem da
descoberta de si mesmo longe do lugar seguro, como demonstrada na
analogia do Ulisses de Dante. Além disso, pode-se ver resumida toda
a importância da viagem de Colombo para o conceito de modernidade
no trecho "viagem de Colombo acabou e continua sendo uma metáfora
para o fim do mundo fechado", uma vez que é colocada como metáfora
das mudanças advindas da modernidade.

Gabarito 1C, 2E, 3E, 4C, 5E, 6C

# 1. LÍNGUA PORTUGUESA

## 3. REDAÇÃO, COESÃO E COERÊNCIA

1 O direito tributário brasileiro depara-se com
grandes desafios, principalmente em tempos de globalização
e interdependência dos sistemas econômicos. Entre esses
4 pontos de atenção, destacam-se três. O primeiro é a guerra
fiscal ocasionada pelo ICMS. O principal tributo em vigor,
atualmente, é estadual, o que faz contribuintes e advogados
7 se debruçarem sobre vinte e sete diferentes legislações
no país para entendê-lo. Isso se tornou um atentado contra
o princípio de simplificação, contribuindo para o incremento
10 de uma guerra fiscal entre os estados, que buscam alterar
regras para conceder benefícios e isenções, a fim de atrair
e facilitar a instalação de novas empresas. É, portanto, um dos
13 instrumentos mais utilizados na disputa por investimentos,
gerando, com isso, consequências negativas do ponto
de vista tanto econômico quanto fiscal.
16 A competitividade gerada pela interdependência
estadual é outro ponto. Na década de 60, a adoção do imposto
sobre valor agregado (IVA) trouxe um avanço importante
19 para a tributação indireta, permitindo a internacionalização
das trocas de mercadorias com a facilitação da equivalência
dos impostos sobre consumo e tributação, e diminuindo as
22 diferenças entre países. O ICMS, adotado no país, é o único
caso no mundo de imposto que, embora se pareça com
o IVA, não é administrado pelo governo federal — o que
25 dá aos estados total autonomia para administrar, cobrar
e gastar os recursos dele originados. A competência estadual
do ICMS gera ainda dificuldades na relação entre as vinte
28 e sete unidades da Federação, dada a coexistência dos
princípios de origem e destino nas transações comerciais
interestaduais, que gera a já comentada guerra fiscal.
31 A harmonização com os outros sistemas tributários é
outro desafio que deve ser enfrentado. É preciso integrar-se aos
países do MERCOSUL, além de promover a aproximação
34 aos padrões tributários de um mundo globalizado e
desenvolvido, principalmente quando se trata de Europa.
Só assim o país recuperará o poder da economia e poderá
37 utilizar essa recuperação como condição para intensificar
a integração com outros países e para participar mais
ativamente da globalização.

André Pereira. Os desafios do direito tributário brasileiro. *In*: DCI – Diário Comércio, Indústria e Serviços. 2/mar./2017. Internet: <www.dci.com.br> (com adaptações).

**(Auditor Fiscal – SEFAZ/RS – 2019 – CESPE/CEBRASPE)** O texto 1A1-I

(A) carece de uma introdução para o assunto que aborda.
(B) é composto de três parágrafos vinculados a uma temática principal.
(C) é organizado de forma progressiva, partindo do problema menos relevante ao mais relevante.
(D) concentra no parágrafo final a conclusão geral dos argumentos apresentados.
(E) é pautado integralmente na temática da tributação excessiva.

---

**A:** incorreta. O trecho entre as linhas 1 e 4 forma a introdução do texto dissertativo; **B:** correta. São três parágrafos tratando do tema "desafios tributários do Brasil"; **C:** incorreta, o autor não dá nenhum sinal de que os desafios estão em ordem crescente ou decrescente de relevância; **D:** incorreta. O último parágrafo tem como ideia central o terceiro desafio: a necessidade de aproximação do direito tributário brasileiro com o de outros países; **E:** incorreta. O autor não trata de excesso de tributação, mas de desafios para a evolução do direito tributário no Brasil, com enfoque na simplificação. HS

Gabarito: "B".

---

### Texto 1A11-I

1 Pixis foi um músico medíocre, mas teve o seu dia
de glória no distante ano de 1837.
Em um concerto em Paris, Franz Liszt tocou uma
4 peça do (hoje) desconhecido compositor, junto com outra,
do admirável, maravilhoso e extraordinário Beethoven
(os adjetivos aqui podem ser verdadeiros, mas — como se
7 verá — relativos). A plateia, formada por um público refinado,
culto e um pouco bovino, como são, sempre, os homens
em ajuntamentos, esperava com impaciência.
10 Liszt tocou Beethoven e foi calorosamente aplaudido.
Depois, quando chegou a vez do obscuro e inferior Pixis,

# FERNANDA FRANCO, HENRIQUE SUBI, MAGALLY DATO E RODRIGO FERREIRA DE LIMA

manifestou-se o desprezo coletivo. Alguns, com ouvidos
13 mais sensíveis, depois de lerem o programa que anunciava
as peças do músico menor, retiraram-se do teatro, incapazes
de suportar música de má qualidade.
16 Como sabemos, os melômanos são impacientes com
as obras de epígonos, tão céleres em reproduzir, em clave
rebaixada, as novas técnicas inventadas pelos grandes artistas.
19 Liszt, no entanto, registraria que um erro tipográfico
invertera, no programa do concerto, os nomes de Pixis e Beethoven...
22 A música de Pixis, ouvida como sendo de Beethoven,
foi recebida com entusiasmo e paixão, e a de Beethoven,
ouvida como sendo de Pixis, foi enxovalhada.
25 Esse episódio, cômico se não fosse doloroso,
deveria nos tornar mais atentos e menos arrogantes a respeito
do que julgamos ser arte.
28 Desconsiderar, no fenômeno estético, os mecanismos
de recepção é correr o risco de aplaudir Pixis como se fosse
Beethoven.

Charles Kiefer. O paradoxo de Pixis. *In*: Para ser escritor. São Paulo: Leya, 2010 (com adaptações).

**(Auditor Fiscal – SEFAZ/RS – 2019 – CESPE/CEBRASPE)** No segundo parágrafo do texto 1A11-I, o termo "adjetivos" remete às palavras

**(A)** "verdadeiros" e "relativos".

**(B)** "refinado", "culto" e "bovino".

**(C)** "admirável", "maravilhoso" e "extraordinário".

**(D)** "desconhecido" e "compositor".

**(E)** "hoje" e "sempre".

O substantivo "adjetivos" exerce função anafórica para manter a coesão do texto. Ele retoma as palavras "admirável", "maravilhoso" e "extraordinário", utilizados antes. HS

Gabarito "C".

1 O trem que naquela tarde de dezembro de 1909 trazia de volta a Santa Fé o dr. Rodrigo Terra
2 Cambará passava agora, apitando, pela frente do cemitério da cidade. Com a cabeça para fora da janela, o
3 rapaz olhava para aqueles velhos paredões, imaginando, entre emocionado e divertido, que os mortos, toda
4 vez que ouviam o apito da locomotiva, corriam a espiar o trem por cima dos muros do cemitério. Imaginava
5 que ali estavam sua mãe, o capitão Rodrigo, a velha Bibiana, outros parentes e amigos. Sorriam, e era-lhe
6 agradável pensar que o saudavam: "Bem-vindo sejas, Rodrigo Temos esperanças em ti!" Havia apenas um
7 que não sorria. Era o Tito Chaves, que Rodrigo vira pela última vez estendido sem vida no barro da rua, na
8 frente do Sobrado, o peito ensanguentado, os olhos vidrados. Corria à boca miúda que fora o coronel
9 Trindade quem o mandara matar por questões de política, mas ninguém tinha coragem de dizer isso em voz
10 alta. E agora ali estava Tito encarapitado no muro do cemitério, a bradar: "Vai e me vinga, Rodrigo. És moço,
11 és culto, tens coragem e ideais! Em Santa Fé todo o mundo tem medo do coronel Trindade. Não há mais
12 justiça. Não há mais liberdade. Vai e me vinga!"
13 O trem ainda apitava tremulamente, como se estivesse chorando. Mas quem, enternecido,
14 chorava de verdade era Rodrigo. As lágrimas lhe escorriam pelo rosto, a que a poeira dava uma cor de tijolo.
15 Maneco Vieira tocou-.......... o braço. "Que foi que houve, moço?", perguntou, com um jeito protetor. Rodrigo
16 levou o lenço aos olhos, dissimulando: "Esta maldita poeira..."
17 No vagão agora os passageiros começavam a arrumar suas coisas, erguiam-se, baixavam as
18 malas dos gabaritos, numa alegria alvoroçada de fim de viagem. Rodrigo foi até o lavatório, tirou o chapéu,
19 lavou o rosto, enxugou-.......... com o lenço e por fim penteou-se com esmero. Observou, contrariado, que
20 tinha os olhos injetados, o que lhe dava um ar de bêbedo ou libertino. Não queria logo de chegada causar
21 má impressão aos que o esperavam. Piscou muitas vezes, revirou os olhos, umedeceu o lenço e tornou a
22 passá-lo pelo rosto. Pôs a língua para fora e quedou-se por algum tempo a examiná-la. Ajeitou a gravata,
23 tornou a botar o chapéu, recuou um passo, lançou um olhar demorado para o espelho e, satisfeito, voltou
24 para seu lugar. Maneco Vieira sorriu, dizendo-lhe: "Enfim chegamos, com a graça de Deus... e do
25 maquinista."
26 O trem diminuiu a marcha ao entrar nos subúrbios de Santa Fé. Rodrigo sentou-se de novo junto à
27 janela e logo viu, surpreso, os casebres miseráveis do Purgatório e suas tortuosas ruas de terra vermelha.
28 Aqueles ranchos de madeira apodrecida, cobertos de palha; aquela mistura desordenada e sórdida de
29 molambos, panelas, gaiolas, gamelas, lixo; aquela confusão de cercas de taquara, becos, barrancos e
30 quintais bravios – lembraram-.......... uma fotografia do reduto de Canudos que vira estampada numa revista.
31 Na frente de algumas das choupanas viam-se mulheres – chinocas brancas, pretas, mulatas, cafuzas – a
32 acenar para o trem; muitas delas tinham um filho pequeno nos braços e outro no ventre. Crianças seminuas
33 e sujas brincavam na terra no meio de galinhas, cachorros e ossos de rês. Lá embaixo, no fundo dum
34 barranco, corria o riacho, a cuja beira uma cabocla batia roupa numa tábua, com o vestido arregaçado acima
35 dos joelhos. Em todas as caras Rodrigo vislumbrava algo de terroso e doentio, uma lividez encardida que a
36 luz meridiana tornava ainda mais acentuada. "Quanta miséria!", murmurou desolado.

Adaptado de: Érico Veríssimo, O Tempo e o Vento, Parte II: o Retrato, vol. I. 3ª ed. São Paulo: Companhia das Letras, 2004. p.92-93.

## 1. LÍNGUA PORTUGUESA    13

**(Procurador do Estado – PGE/RS – Fundatec – 2015)** Considere as afirmações abaixo, acerca dos estados e características de alma do personagem Rodrigo Cambará, tal como se apresentam no texto.

I.   Quando chega a Santa Fé, e o trem passa pelo cemitério, está alegre e fica comovido.
II.  É homem que possui autoestima, mas preocupa-se com o que se possa pensar dele.
III. Quando o trem passa pelos subúrbios de Santa Fé, fica abalado e triste.

Quais estão corretas?

(A) Apenas I.
(B) Apenas II.
(C) Apenas I e II.
(D) Apenas II e III.
(E) I, II e III.

---

I: correta. O personagem inicia sua mirada ao cemitério "entre emocionado e divertido" (linha 3) e termina chorando (linha 14); II: correta. É o que se pode deduzir pelas palavras que o personagem imagina que o falecido falaria dele (linhas 10-12); III: correta. A descrição da paisagem demonstra o estado de espírito que se instala no personagem, que termina triste pela miséria que vê. HS

Gabarito "E".

**(Procurador do Estado – PGE/RS – Fundatec – 2015)** Considere o seguinte período, extraído e adaptado das linhas 10 a 11:

E agora lá estava Tito a bradar: "Vai e me vinga, Rodrigo. És moço, tens coragem e ideais."

Qual das alternativas completa a frase abaixo, convertendo adequadamente o período para o discurso indireto?

E então lá estava Tito a bradar para Rodrigo...

(A) que vá e o vingue; que seja moço, tenha coragem e ideais.
(B) que vá e o vingue; que é moço, tem coragem e ideais.
(C) que vá e o vingue; que era moço, tinha coragem e ideais.
(D) que fosse e o vingasse; que era moço, tinha coragem e ideais.
(E) que fosse e o vingasse; que fosse moço, tivesse coragem e ideais.

---

A transição para o discurso indireto demanda atenção para o tempo verbal empregado na oração principal. No caso, temos "estava a bradar", ou seja, o pretérito imperfeito do indicativo, que deve ser seguido na segunda parte do período. Assim, "vai" e "vinga" são transportados para o pretérito imperfeito do subjuntivo ("fosse" e "vingasse"), enquanto "és" vai para o pretérito imperfeito do indicativo ("era"). HS

Gabarito "D".

---

Instrução: As 2 questões seguintes referem-se ao texto abaixo.

1   Qual a situação política .................. se defrontava Jango com a retomada do regime
2   presidencialista, com o fim do parlamentarismo em 1963? O fundamental é que a política de compromisso
3   se tornava cada vez mais difícil. De cada extremo do espectro, grupos radicais insistiam em soluções
4   antidemocráticas, compartilhando a crença de que cada um estava em condições de ganhar mais com o
5   desmoronamento da democracia.
6   À direita, o grupo mais importante era o dos antigetulistas tradicionais. Chocados pela súbita
7   renúncia de Jânio em 1961, mas impossibilitados de impedir a posse de Jango, caíram num desespero que
8   lembrava seu mal-estar após a eleição de Juscelino em 1955. Estavam, no entanto, melhor organizados e
9   mais decididos. As manobras populistas de Jango, em 1962, para obter a antecipação do plebiscito sobre o
10  regime de governo .................. de que estavam tratando com o mesmo Jango .................. renúncia os
11  coronéis forçaram em 1954. Em princípios de 1962, começaram a conspirar para derrubar o presidente.
12  Entre seus líderes militares estavam o marechal Odílio Denys e o almirante Sílvio Heck, ex-ministros de
13  Jânio. O principal chefe civil era Júlio de Mesquita Filho, proprietário do influente jornal *O Estado de S.*
14  *Paulo*.
15  Os radicais anti-Jango dispunham de uma conhecida reserva de doutrinas antidemocráticas. Como
16  em 1950 e em 1955, alegavam que não se podia confiar no eleitorado brasileiro. Somente sob uma
17  cuidadosa tutela poderia ser impedido de cair nas malhas de políticos "demagógicos" novamente. A
18  moralidade e o anticomunismo eram suas palavras de ordem. Contavam, ainda, com o apoio de um bem
19  financiado movimento de homens de negócio paulistas, que tinha como centro o Instituto de Pesquisas e
20  Estudos Sociais (IPES), fundado em 1961.
21  À esquerda, os radicalizantes tentavam capitalizar qualquer crise política ........ fim de provocar uma
22  abrupta transferência de poder. Seu propósito era influenciar a opinião pública, até o ponto em que os
23  árbitros estabelecidos do poder fossem desacreditados ou vencidos. A esquerda radical incluía grupos
24  operários como o Pacto Sindical de Unidade de Ação (PUA) e o Comando Geral dos Trabalhadores (CGT),
25  e organizações populares como as Ligas Camponesas e a União Nacional de Estudantes (UNE). O Partido
26  Comunista Brasileiro trabalhava para forçar um governo mais "nacionalista e democrático", dentro da
27  estrutura existente. O líder político mais preeminente da esquerda radical era Leonel Brizola, agora
28  deputado federal pelo PTB da Guanabara. Brizola era dado ao uso de linguagem violenta contra os inimigos;
29  frequentemente ameaçava recorrer à ação extraparlamentar – por exemplo, incentivar greves generalizadas,
30  como na crise de 19 para obter concessões do Congresso. É importante notar aqui a ênfase nos
31  métodos diretos para combater "golpistas", "entreguistas" e "reacionários". Nenhum desses grupos de
32  esquerda era francamente revolucionário por volta de fins de 1962; mas todos tinham sérias dúvidas quanto
33  ........ possibilidade de satisfazer seus desejos de mudanças radicais dentro da estrutura constitucional
34  existente.
35  A despeito do crescimento da opinião extremista, em princípios de 1963 a maioria dos brasileiros
36  ainda se encontrava no centro. Pró-democráticos, preferiam uma economia mista que utilizasse o capital
37  estrangeiro sob cuidadoso controle nacional. A opinião do centro aceitava ampliar o sistema político, mas
38  somente com cautela. Sua base social era primordialmente liberal, mas também reconhecia a necessidade
39  da industrialização, conquanto resistisse ........ qualquer ideologia definida com relação ao processo de
40  industrialização. Contudo, estes pontos-de-vista cautelosos não eram claramente formulados, e na verdade
41  continham seu próprio espectro de opinião – desde a "esquerda positiva" até os "industrialistas
42  esclarecidos".

Adaptado de: Thomas Skidmore, "O Espectro Político e os Extremistas", in Brasil: de Getúlio a Castelo, 4ª ed., trad. coord. por I. T. Dantas, p.273-279. Rio de Janeiro: Paz e Terra, 1975.

**(Procurador do Estado – PGE/RS – Fundatec – 2015)** Assinale a alternativa que contém um acontecimento histórico que NÃO ocorreu no período de 1962-1963, segundo o texto.

(A) Manobras de Jango para obter a aprovação do plebiscito sobre o regime de governo.

(B) Ação extraparlamentar da esquerda radical para obter concessões do Congresso.

(C) Retorno do regime presidencialista de governo.

(D) Obtenção da renúncia de Jango por parte de militares.

(E) Início da conspiração de direita cujo objetivo era a derrubada de Jango da presidência.

Todas as alternativas mencionam fatos históricos ocorridos no período de 1962-63, com exceção da letra "D", que deve ser assinalada. Com efeito, a renúncia de Jango ocorreu em 1954 (linha 11). HS

Gabarito "D".

**(Procurador do Estado – PGE/RS – Fundatec – 2015)** Assinale a alternativa que está de acordo com o texto.

(A) Quando acontece a retomada do regime presidencialista, Jango passa a enfrentar dificuldades porque grupos radicais exigem medidas antidemocráticas em troca de apoio no Congresso.

(B) Embora já esperassem pela renúncia de Jango e estivessem melhor preparados, os radicais antigetulistas não conseguiram impedir a posse de Jango em 1961 porque estavam indecisos.

(C) Os radicais de direita que planejavam derrubar Jango eram liderados por ex-ministros militares e por lideranças civis que incluíam gente ligada à imprensa nacional bem como parlamentares com muita influência no Congresso.

(D) O propósito dos radicais de esquerda era influenciar a opinião pública e desacreditar os árbitros estabelecidos do poder, buscando criar condições para desencadear um processo revolucionário.

(E) Em princípios de 1963, a maioria dos brasileiros tinha uma posição de centro, a favor da democracia e da economia mista sob controle do estado, e, ainda que cautelosamente, admitia alterações no sistema político vigente.

**A:** incorreta. O texto não afirma a razão pela qual os extremistas exigiam as medidas antidemocráticas; **B:** incorreta. O texto afirma, ao contrário, que estavam "melhor organizados e mais decididos"; **C:** incorreta. O texto não menciona parlamentares neste grupo; **D:** incorreta. Segundo o texto, nenhum movimento de esquerda era propriamente revolucionário nesta época; **E:** correta. A alternativa resume com preci-são uma das ideias centrais do texto. HS

Gabarito "E".

Instrução: As 2 questões seguintes referem-se ao texto abaixo.

1 – Você pensou bem no que vai fazer, Paulo?
2 – Pensei. Já estou decidido. Agora não volto atrás.
3 – Olhe lá, hein, rapaz...
4 Paulo está ao mesmo tempo comovido e surpreso com os três amigos. Assim que souberam do seu
5 divórcio iminente, correram para visitá-lo no hotel. A solidariedade lhe faz bem. Mas não entende aquela
6 insistência deles em dissuadi-lo. Afinal, todos sabiam que ele não andava muito contente com seu
7 relacionamento.
8 – Pense um pouco mais, Paulo. Reflita. Essas decisões súbitas...
9 – Mas que súbitas? Estamos praticamente separados há um ano!
10 – Dê outra chance ao seu casamento, Paulo.
11 – A Margarida é uma ótima mulher.
12 – Espera um pouquinho. Você mesmo deixou de frequentar nossa casa por causa da Margarida, depois
13 que ela chamou vocês de bêbados e quase expulsou todo mundo.
14 – E fez muito bem. Nós estávamos bêbados e tínhamos que ser expulsos.
15 – Outra coisa, Paulo. O divórcio. Sei lá.
16 – Eu não entendo mais nada. Você sempre defendeu o divórcio!
17 – É. Mas quando acontece com um amigo...
18 – Olha, Paulo. Eu não sou moralista. Mas acho a família uma coisa importantíssima. Acho que a família
19 merece qualquer sacrifício.
20 – Pense nas crianças, Paulo. No trauma.
21 – Mas nós não temos filhos!
22 – Nos filhos dos outros, então. No mau exemplo.
23 – Mas isto é um absurdo! Vocês estão falando como se fosse o fim do mundo. Hoje, o divórcio é uma
24 coisa comum. Não vai mudar nada.
25 – Como, não muda nada?
26 – Muda tudo!
27 – Você não sabe o que está dizendo, Paulo Muda tudo.
28 – Muda o quê?
29 – Bom, pra começar, você não vai poder mais frequentar as nossas casas.
30 – As mulheres não vão tolerar.
31 – Você se transformará num pária social, Paulo.
32 – Como é que é?
33 – Fora de brincadeira. Um reprobo.
34 – Puxa. Eu nunca pensei que vocês...
35 – Pense bem, Paulo. Dê tempo ao tempo.
36 – Deixe pra decidir depois. Passado o verão.
37 – Reflita, Paulo. É uma decisão seriíssima. Deixe para mais tarde.
38 – Está bem. Se vocês insistem...
39 Na saída, os três amigos conversam:
40 – Será que ele se convenceu?
41 – Acho que sim. Pelo menos vai adiar.
42 – E no "solteiros contra casados" da praia, neste ano, ainda teremos ele no gol.
43 – Também, a ideia dele. Largar o gol dos casados logo agora. Em cima da hora. Quando não dava mais

44 para arranjar substituto.
45 – Os casados nunca terão um goleiro como ele.
46 – Se insistirmos bastante, ele desiste definitivamente do divórcio.
47 – Vai aguentar a Margarida pelo resto da vida.
48 – Pelo time dos casados, qualquer sacrifício serve.
49 – Me diz uma coisa. Como divorciado, ele podia jogar no time dos solteiros?
50 – Podia.
51 – Impensável.
52 – É.
53 – Outra coisa.
54 – Fala.
55 – Não é reprobo. É réprobo. Acento no "e".
56 – Mas funcionou, não funcionou?

Adaptado de VERISSIMO, Luis Fernando. "Os Moralistas". Disponível em www.releituras.com/lfverissimo_moralistas.asp.
Acessado em 12 de novembro de 2014.

**(Procurador do Estado – PGE/RS – Fundatec – 2015)** Assinale a alternativa que apresenta sinônimos para as palavras *iminente* (linha 05), *pária* (linha 31) e *réprobo* (linha 55), respectivamente, tal como foram empregadas no texto.

**(A)** inesperado – excluso – insensível.
**(B)** impensado – exilado – reprovado.
**(C)** impendente – excluído – infame.
**(D)** próximo – mau exemplo – retrógrado.
**(E)** rápido – expulso – solteirão.

Iminente é sinônimo de impendente, imediato, próximo, urgente; pária é sinônimo de excluído, marginal, proscrito, exilado; réprobo é sinônimo de infame, execrado, perverso, odiado. HS

Gabarito "C."

**(Procurador do Estado – PGE/RS – Fundatec – 2015)** Assinale a alternativa que apresenta uma versão modificada da frase *Você mesmo deixou de frequentar nossa casa por causa da Margarida, depois que ela chamou vocês de bêbados e quase expulsou todo mundo* (linhas 12-13), sem alteração significativa de sentido dos termos e de suas funções sintáticas.

**(A)** Mesmo você deixou de frequentar nossa casa por causa da Margarida, depois que ela chamou vocês de bêbados e quase expulsou todo mundo.
**(B)** Até você deixou de frequentar nossa casa por causa da Margarida, depois que ela chamou vocês de bêbados e expulsou quase todo mundo.
**(C)** Você até deixou de frequentar nossa casa por causa da Margarida, depois que ela chamou vocês de bêbados e quase expulsou todo mundo.
**(D)** Depois que a Margarida chamou vocês de bêbados e quase expulsou todo mundo, você próprio deixou de frequentar nossa casa por causa dela.
**(E)** Depois que a Margarida chamou vocês de bêbados e expulsou todo mundo, você mesmo quase deixou de frequentar nossa casa por causa dela.

A, B e C: incorretas. As alterações nas colocações dos termos alteram o sentido do período, passando a transparecer que as condutas não eram esperadas do amigo; D: correta. Houve apenas a inversão das orações e a substituição de "mesmo" por "próprio", que, nesse caso, atuam como sinônimos; E: incorreta. A nova colocação do advérbio "quase" faz com que ele deixe de se referir a "expulsar" e passe a alterar o sentido de "deixar". HS

Gabarito "D".

1   O que tanta gente foi fazer do lado de fora do tribunal onde foi julgado um dos mais famosos casais acusados de assassinato no país? Torcer pela justiça, sim: as evidências
4   permitiam uma forte convicção sobre os culpados, muito antes do encerramento das investigações. Contudo, para torcer pela justiça, não era necessário acampar na porta do tribunal, de
7   onde ninguém podia pressionar os jurados. Bastava fazer abaixo-assinados via Internet pela condenação do pai e da madrasta da vítima. O que foram fazer lá, ao vivo? Penso que
10  as pessoas não torceram apenas pela condenação dos principais

suspeitos. Torceram também para que a versão que inculpou o pai e a madrasta fosse verdadeira.
13   O relativo alívio que se sente ao saber que um assassinato se explica a partir do círculo de relações pessoais da vítima talvez tenha duas explicações. Primeiro, a fantasia de
16  que em nossas famílias isso nunca há de acontecer. Em geral temos mais controle sobre nossas relações íntimas que sobre o acaso dos maus encontros que podem nos vitimar em uma
19  cidade grande. Segundo, porque o crime familiar permite o lenitivo da construção de uma narrativa. Se toda morte violenta, ou súbita, nos deixa frente a frente com o real
22  traumático, busca-se a possibilidade de inscrever o acontecido em uma narrativa, ainda que terrível, capaz de produzir sentido para o que não tem tamanho nem nunca terá, o que não tem
25  conserto nem nunca terá, o que não faz sentido.

Maria Rita Khel. **A morte do sentido**. Internet:
<www.mariaritakehl.psc.br> (com adaptações).

**(Escrivão de Polícia Federal – 2013 – CESPE)** Com base no texto acima, julgue os itens abaixo.

**(1)** As expressões nominais "os culpados" (L.4), "os jurados" (L.7), "principais suspeitos" (L.10-11) e o "o pai e a madrasta" (L.12) formam uma cadeia coesiva, referindo-se a "um dos mais famosos casais acusados de assassinato no país" (L.2-3).

**(2)** O emprego dos elementos "onde" (L.2) e "de onde" (L.6-7), no texto, é próprio da linguagem oral informal, razão por que devem ser substituídos, respectivamente, por **no qual** e **da qual**, em textos que requerem o emprego da norma padrão escrita.

**1:** incorreta. "Os jurados" não fazem parte dessa cadeia coesiva, porque não se referem aos acusados pela prática do crime, mas aos cidadãos que os julgarão; **2:** incorreta. "Onde" e "de onde" exercem corretamente a função de advérbio de lugar. Não há qualquer desvio no padrão culto da língua em aplicá-los como no texto.

Gabarito 1E, 2E

**(Escrivão de Polícia Federal – 2013 – CESPE)** Com relação à função e à linguagem das correspondências oficiais, julgue os itens seguintes.

**(1)** Formas de tratamento como **Vossa Excelência** e **Vossa Senhoria**, ainda que sejam empregadas sempre na segunda pessoa do plural e no feminino, exigem flexão verbal de terceira pessoa; além disso, o pronome possessivo que faz referência ao pronome de tratamento também deve ser o de terceira pessoa, e o adjetivo que remete ao pronome de tratamento deve concordar em gênero e número com a pessoa – e não com o pronome – a que se refere.

**(2)** Para comunicação entre unidades de um mesmo órgão, emprega-se o memorando, expediente cuja tramitação apresenta como principais características a rapidez e a simplicidade.

**(3)** O emprego do padrão culto da língua em expedientes oficiais é justificado pelo alto nível de escolaridade daqueles que os redigem e daqueles a quem se destinam.

**(4)** A formalidade de tratamento empregada para se dirigir ao destinatário de uma comunicação oficial varia de acordo com a relação existente entre quem a expede e quem a recebe. Isso equivale a dizer que a hierarquia presente entre os interlocutores é determinante para a escolha adequada dos pronomes de tratamento adotados no texto.

**1:** correta. O que a alternativa diz, de forma bastante complexa, é que a conjugação do verbo será feita na terceira pessoa do singular: "Vossa Senhoria está muito cansada"; que ao nos referirmos à pessoa tratada de forma respeitosa devemos usar o pronome possessivo da terceira pessoa e não o da segunda: "não ouse desafiar o comando de Sua Excelência", ou ainda "Vossa Excelência pode deixar suas coisas aqui"; e que o adjetivo deve ser flexionado de acordo com o gênero (masculino ou feminino) e com o número (singular ou plural) da pessoa a que se refere e não ao pronome em si: "Vossa Senhoria é muito bonito"; **2:** correta. O memorando é o documento ágil e simples destinado a comunicações internas da organização; **3:** incorreta. Ainda que o grau de escolaridade de remetente e destinatário não sejam altos, devem os documentos oficiais serem redigidos no padrão culto da língua para que se obtenha o máximo de clareza na mensagem e se mantenha a impessoalidade dos atos administrativos; **4:** incorreta. A forma de tratamento decorre do cargo exercido pelo destinatário e não de eventual superioridade hierárquica que exista entre ele e o remetente. Caso o Presidente da República queira remeter um documento para o Presidente do Congresso Nacional (cargos de mesma estatura institucional e desvinculados de qualquer relação hierárquica), deverá usar o pronome de tratamento "Vossa Excelência".

Gabarito 1C, 2C, 3E, 4E

1     Leio que a ciência deu agora mais um passo definitivo. É claro que o definitivo da ciência e transitório, e não por deficiência da ciência (e ciência demais), que se supera a si
4     mesma a cada dia... Não indaguemos para que, ja que a própria ciência não o faz — o que, alias, e a mais moderna forma de objetividade de que dispomos.
7     Mas vamos ao definitivo transitório. Os cientistas afirmam que podem realmente construir agora a bomba limpa. Sabemos todos que as bombas atômicas fabricadas ate hoje são
10 sujas (alias, imundas) porque, depois que explodem, deixam vagando pela atmosfera o ja famoso e temido estrôncio 90. Ora, isso e desagradável: pode mesmo acontecer que o próprio
13 pais que lançou a bomba venha a sofrer, a longo prazo, as conseqüências mortíferas da proeza. O que e, sem duvida, uma sujeira.
16     Pois bem, essas bombas indisciplinadas, mal-educadas, serão em breve substituídas pelas bombas *n*, que cumprirão sua missão com lisura: destruirão o inimigo,
19 sem riscos para o atacante. Trata-se, portanto, de uma fabulosa conquista, não?

Ferreira Gullar. *Maravilha. In: A estranha vida banal.*
Rio de Janeiro: José Olympio, 1989, p. 109.

**(Polícia Rodoviária Federal – 2013 – CESPE)** No que se refere aos sentidos e as estruturas linguísticas do texto acima, julgue o item a seguir.

**(1)** O objetivo do texto, de caráter predominantemente dissertativo, e informar o leitor a respeito do surgimento da "bomba limpa" (L.8).

**1:** incorreta. O objetivo do texto é tecer críticas ao uso da ciência para criar novas armas de destruição em massa. O texto é literário, cheio de figuras de linguagem e feito em tom irônico, o que o afasta da dissertação.

Gabarito 1E

1     Todos nos, homens e mulheres, adultos e jovens, passamos boa parte da vida tendo de optar entre o certo e o errado, entre o bem e o mal. Na realidade, entre o que
4 consideramos bem e o que consideramos mal. Apesar da longa permanência da questão, o que se considera certo e o que se considera errado muda ao longo da historia e ao redor do globo
7 terrestre.
    Ainda hoje, em certos lugares, a previsão da pena de morte autoriza o Estado a matar em nome da justiça. Em outras
10 sociedades, o direito a vida e inviolável e nem o Estado nem ninguém tem o direito de tirar a vida alheia. Tempos atrás era tido como legitimo espancarem-se mulheres e crianças,
13 escravizarem-se povos. Hoje em dia, embora ainda se saiba de casos de espancamento de mulheres e crianças, de trabalho escravo, esses comportamentos são publicamente condenados
16 na maior parte do mundo.
    Mas a opção entre o certo e o errado não se coloca apenas na esfera de temas polêmicos que atraem os holofotes
19 da mídia. Muitas e muitas vezes e na solidão da consciência de cada um de nos, homens e mulheres, pequenos e grandes, que certo e errado se enfrentam.
22 E a ética e o domínio desse enfrentamento.

Marisa Lajolo. *Entre o bem e o mal. In: Histórias sobre a ética.*
5.ª ed. São Paulo: Ática, 2008 (com adaptações).

**(Polícia Rodoviária Federal – 2013 – CESPE)** A partir das ideias e das estruturas linguísticas do texto acima, julgue os itens que se seguem.

**(1)** O trecho "Tempos atrás era tido como legitimo espancarem-se mulheres e crianças, escravizarem-se povos" (L.11-13) poderia ser corretamente reescrito da seguinte forma: Ha tempos, considerava-se legitimo que se espancassem mulheres e crianças, que se escravizassem povos.

**(2)** Sem prejuízo para o sentido original do texto, o trecho "esses comportamentos são publicamente condenados na maior parte do mundo" (L.15-16) poderia ser corretamente reescrito da seguinte forma: publicamente, esses comportamentos consideram-se condenados em quase todo o mundo.

**1:** correta. A paráfrase atente a todas as determinações do padrão culto da língua; **2:** incorreta. O termo "condenados", que na oração original exerce função sintática de predicativo do sujeito, ao ser tratado como predicativo do objeto na paráfrase perdeu seu sentido. Melhor seria substituí-lo por "condenáveis".

Gabarito 1C, 2E

1     O respeito às diferentes manifestações culturais é fundamental, ainda mais em um país como o Brasil, que apresenta tradições e costumes muito variados em todo o seu
4 território. Essa diversidade é valorizada e preservada por ações da Secretaria da Identidade e da Diversidade Cultural (SID), criada em 2003 e ligada ao Ministério da Cultura.
7 Cidadãos de áreas rurais que estejam ligados a atividades culturais e estudantes universitários de todas as regiões do Brasil, por exemplo, são beneficiados por um dos
10 projetos da SID: as Redes Culturais. Essas redes abrangem associações e grupos culturais para divulgar e preservar suas manifestações de cunho artístico. O projeto é guiado por
13 parcerias entre órgãos representativos do Estado brasileiro e as entidades culturais.
    A Rede Cultural da Terra realiza oficinas de
16 capacitação, cultura digital e atividades ligadas às artes plásticas, cênicas e visuais, à literatura, à música e ao artesanato. Além disso, mapeia a memória cultural dos
19 trabalhadores do campo. A Rede Cultural dos Estudantes promove eventos e mostras culturais e artísticas e apoia a

# 1. LÍNGUA PORTUGUESA

criação de Centros Universitários de Cultura e Arte.
22 Culturas populares e indígenas são outro foco de
atenção das políticas de diversidade, havendo editais públicos
de premiação de atividades realizadas ou em andamento, o que
25 democratiza o acesso a recursos públicos.
O papel da cultura na humanização do tratamento
psiquiátrico no Brasil é discutido em seminários da SID. Além
28 disso, iniciativas artísticas inovadoras nesse segmento são
premiadas com recursos do Edital Loucos pela Diversidade.
Tais ações contribuem para a inclusão e socializam o direito à
31 criação e à produção cultural.
A participação de toda a sociedade civil na discussão
de qualquer política cultural se dá em reuniões da SID com
34 grupos de trabalho e em seminários, oficinas e fóruns, nos
quais são apresentadas as demandas da população. Com base
nesses encontros é que podem ser planejadas e desenvolvidas
37 ações que permitam o acesso dos cidadãos à cultura e a
promoção de suas manifestações, independentemente de cor,
sexo, idade, etnia e orientação sexual.

**Identidade e diversidade**. Internet: <www.brasil.gov.br/
sobre/cultura/> (com adaptações).

**(Escrivão de Polícia/BA – 2013 – CESPE)** Considerando as ideias
e aspectos linguísticos do texto apresentado, julgue os itens
a seguir.

**(1)** Mantêm-se as informações originais e a correção gramatical
do texto caso o primeiro parágrafo seja assim reescrito:
Em 2003, ligada ao Ministério da Cultura, com a finalidade
de preservar e de valorizar as diferentes manifestações
culturais, principalmente no Brasil, que têm tradições e
costumes diversos, foi criada a Secretaria da Identidade e
da Diversidade Cultural (SID).

**(2)** A retirada da expressão de realce "é que" (L.36) e a colocação de vírgula após o segmento "Com base nesses
encontros" (L.35-36) não acarretariam prejuízo gramatical
ao período.

**(3)** A expressão "Tais ações" (L.30) está empregada em referência à discussão acerca do papel da cultura na humanização do tratamento psiquiátrico e à premiação a iniciativas
artísticas inovadoras nesse segmento.

**(4)** O termo "nesse", em "iniciativas artísticas inovadoras nesse
segmento" (L.28), refere-se à Secretaria da Identidade e da
Diversidade Cultural.

**(5)** A substituição do segmento "de toda a" (L.32) por da não
causaria prejuízo semântico ao texto.

**1:** incorreta. Não há acento circunflexo na conjugação do verbo "ter" na
passagem "que tem tradições e costumes diversos". O verbo concorda
com "Brasil", portanto é conjugado na terceira pessoa do singular e
não leva acento; **2:** correta. A expressão "é que" exerce somente função
retórica, para realçar o argumento. Sua substituição por vírgula não
afetaria a correção do texto; **3:** correta. A palavra "tais" exerce função de
pronome catafórico, recuperando os conceitos tratados anteriormente
e evitando a repetição dos termos; **4:** incorreta. "Nesse" refere-se à
humanização do tratamento psiquiátrico; **5:** correta. A aglutinação da
preposição "de" com o artigo definido "a" (d + a = da) transmite a ideia
de totalidade da sociedade civil, tal qual o texto original.

Gabarito 1E, 2C, 3C, 4E, 5C.

## Pavio do destino

Sérgio Sampaio

1 O bandido e o mocinho
São os dois do mesmo ninho
Correm nos estreitos trilhos
4 Lá no morro dos aflitos
Na Favela do Esqueleto
São filhos do primo pobre
7 A parcela do silêncio
Que encobre todos os gritos
E vão caminhando juntos

10 O mocinho e o bandido
De revólver de brinquedo
Porque ainda são meninos
13 Quem viu o pavio aceso do destino?
Com um pouco mais de idade
E já não são como antes
16 Depois que uma autoridade
Inventou-lhes um flagrante
Quanto mais escapa o tempo
19 Dos falsos educandários
Mais a dor é o documento
Que os agride e os separa
22 Não são mais dois inocentes
Não se falam cara a cara
Quem pode escapar ileso
25 Do medo e do desatino
Quem viu o pavio aceso do destino?
O tempo é pai de tudo
28 E surpresa não tem dia
Pode ser que haja no mundo
Outra maior ironia
31 O bandido veste a farda
Da suprema segurança
O mocinho agora amarga
34 Um bando, uma quadrilha
São os dois da mesma safra
Os dois são da mesma ilha
37 Dois meninos pelo avesso
Dois perdidos Valentinos
Quem viu o pavio aceso do destino?

**(Agente de Polícia/DF – 2013 – CESPE)** A respeito dos sentidos do
texto de Sérgio Sampaio, que constitui a letra de uma música,
julgue o item seguinte.

**(1)** O trecho "Quanto mais escapa o tempo / Dos falsos educandários / Mais a dor é o documento / Que os agride e os
separa" (v.18-21) poderia, sem prejuízo para a correção
gramatical, ser reescrito da seguinte forma: À medida que
escapa o tempo dos falsos educandários, a dor vai se
tornando o documento que os agride e os separa.

**1:** incorreta. Para mantermos a correção e o sentido original do texto
deveria constar "a dor se torna o documento...".

Gabarito 1E.

1 A prisão, em vez de devolver à liberdade indivíduos
corrigidos, espalha na população delinquentes perigosos. A
prisão não pode deixar de fabricar delinquentes. Fabrica-os
4 pelo tipo de existência que faz os detentos levarem: que fiquem
isolados nas celas, ou que lhes seja imposto um trabalho para
o qual não encontrarão utilidade, é de qualquer maneira não
7 "pensar no homem em sociedade; é criar uma existência contra
a natureza inútil e perigosa"; queremos que a prisão eduque os
detentos, mas um sistema de educação que se dirige ao homem
10 pode ter razoavelmente como objetivo agir contra o desejo da
natureza? A prisão fabrica também delinquentes impondo aos
detentos limitações violentas; ela se destina a aplicar as leis, e
13 a ensinar o respeito por elas; ora, todo o seu funcionamento se
desenrola no sentido do abuso de poder. A prisão torna
possível, ou melhor, favorece a organização de um meio de
16 delinquentes, solidários entre si, hierarquizados, prontos para
todas as cumplicidades futuras.

Michel Foucault. **Ilegalidade e delinquência**. *In*: Michel Foucault.
**Vigiar e punir: nascimento da prisão**. 33.a ed. Petrópolis:
Vozes, 1987, p. 221-2 (com adaptações).

**(Agente de Polícia/DF – 2013 – CESPE)** O item seguinte apresenta
proposta de reescritura de trechos do texto acima. Julgue-
-o quanto à correção gramatical e à manutenção do sentido
original do texto.

**(1)** "A prisão (...) fabricar delinquentes" (L.2-3): Não é permitido que a prisão deixe de forjar delinquentes.

**1:** incorreta. Melhor seria "Não se concebe que a prisão deixe de formar delinquentes".
Gabarito 1E

1     O problema intercultural não se resolve, como pretendem os multiculturalistas, pelo simples reconhecimento da isonomia axiológica entre culturas distintas, mas,
4     fundamentalmente, pelo diálogo interpessoal entre indivíduos de culturas diferentes e, mais ainda, pelo acesso individual à própria diversidade cultural, como condição para o exercício
7     da liberdade de pertencer a uma cultura, de assimilar novos valores culturais ou, simplesmente, de se reinventar culturalmente. Aliás, o reconhecimento da isonomia axiológica
10    entre culturas é importante não porque limita a individualidade a uma estrita visão antropológica que projeta a condição humana ao círculo concêntrico da cultura do agrupamento
13    familiar e social a que pertence o indivíduo, mas porque o liberta, ao lhe dar amplitude de opção cultural, que, transcendendo a esfera da identidade individual como simples
16    parte de uma cultura, dimensiona a individualidade no campo da liberdade — da liberdade de criar a si mesmo. Por fim, a passagem para a democracia não totalitária, ou seja,
19    democracia na e para a diversidade, decorre, justamente, da sensibilização do político e da democratização do espaço pessoal, antes preso à teia indizível do monismo cultural
22    ocidental, tornando-se papel do Estado o oferecimento das condições de acessibilidade à diversidade cultural, ambiente imprescindível à autogestão da identidade pessoal.

Miguel Batista de Siqueira Filho. **Democracia, direito e liberdade**. Goiânia: Editora da PUC Goiás, 2011, p. 95-6 (com adaptações).

**(Escrivão de Polícia/DF – 2013 – CESPE)** Em relação ao texto acima, julgue o seguinte item.

**(1)** A última oração do texto poderia ser reescrita, sem prejuízo das ideias veiculadas e da correção gramatical, da seguinte forma: o que torna papel do Estado oferecer às condições de acessibilidade da diversidade cultural o ambiente indispensável de autogestão da identidade pessoal.

**1:** incorreta. A paráfrase diz que o Estado deve oferecer o "ambiente indispensável" para as "condições de acessibilidade". O texto original diz que o Estado deve fornecer condições de acesso à diversidade cultural, sendo essa o ambiente indispensável à autogestão da identidade.
Gabarito 1E

**(Analista – STM – 2011 – CESPE)** Nos itens a seguir, são apresentados trechos de correspondências oficiais. Julgue-os com relação à língua portuguesa padrão e à forma e ao estilo requeridos na redação oficial.

**(1)** Senhor Coronel José Silva, Vossa Senhoria está convidado a comparecer ao ato solene em 30 de janeiro de 2010.
**(2)** Requeiro informação sobre o processo licitatório dos equipamentos de informática do tribunal.

**1:** "Senhor Coronel José Silva, convidamos o senhor a comparecer";
**2:** "Requeremos informação" ou "O Departamento de Informática da Cidade X – DIX requer informação". Não se utiliza a 1ª pessoa do singular. De qualquer modo, lembrar que o verbo *requerer* na 1ª pessoa do singular do presente do indicativo tem a forma: requeiro.
Gabarito 1E; 2E

### Texto para a próxima questão

1     Poucos depoimentos eu tenho lido mais emocionantes que o artigo-reportagem de Oscar Niemeyer sobre sua experiência em Brasília. Para quem conhece apenas o arquiteto,
4     o artigo poderá passar por uma defesa em causa própria — o revide normal de um pai que sai de sua mansidão costumeira para ir brigar por um filho em quem querem bater. Mas, para
7     quem conhece o homem, o artigo assume proporções

dramáticas. Pois Oscar é não só o avesso do causídico, como um dos seres mais antiautopromocionais que já conheci em
10 minha vida.
    Sua modéstia não é, como de comum, uma forma infame de vaidade. Ela não tem nada a ver com o conhecimento
13 realista — que Oscar tem — de seu valor profissional e de suas possibilidades. É a modéstia dos criadores verdadeiramente integrados com a vida, dos que sabem que não há tempo a
16 perder, é preciso construir a beleza e a felicidade no mundo, por isso mesmo que, no indivíduo, é tudo tão frágil e precário. Oscar não acredita em Papai do Céu, nem que estará
19 um dia construindo brasílias nas verdes pastagens do Paraíso. Põe ele, como um verdadeiro homem, a felicidade do seu semelhante no aproveitamento das pastagens verdes da
22 Terra; o exemplo do trabalho para o bem comum e na criação de condições urbanas e rurais, em estreita intercorrência, que estimulem e desenvolvam este nobre fim: fazer o homem feliz
25 dentro do curto prazo que lhe foi dado para viver.
    Eu acredito também nisso, e quando vejo aquilo em que creio refletido num depoimento como o de Oscar
28 Niemeyer, velho e querido amigo, como não me emocionar?

Vinicius de Moraes. **Para viver um grande amor**. Rio de Janeiro: J. Olympio, 1982, p. 134-5 (com adaptações).

**(Diplomacia – 2011 – CESPE)** Acerca dos mecanismos de coesão empregados no texto, julgue (C ou E) os itens subsequentes.

**(1)** A elipse em "nem que estará" (l.18) e o emprego do pronome anafórico "ele" (l.20) são mecanismos de coesão utilizados para referenciar o substantivo "Oscar" (l.18).
**(2)** Na linha 3, o vocábulo "arquiteto" retoma por substituição o nome próprio "Oscar Niemeyer", empregado na linha 2, mecanismo que corresponde a uma variedade de metonímia e por meio do qual se evita a repetição de vocábulo.
**(3)** O período que finaliza o primeiro parágrafo está na ordem inversa, como indica o emprego inicial da conjunção "Pois", que introduz uma oração subordinada anteposta à oração principal.
**(4)** Dada a propriedade que assume o pronome "este" nos mecanismos coesivos empregados no trecho "que estimulem e desenvolvam este nobre fim" (l.23-24), não é facultada a seguinte reescrita: que estimulem este nobre fim e o desenvolvam.

**1:** Certo (Coesão) No trecho "nem que estará", a retomada do termo "Oscar" é feita pela elipse do sujeito;
Em "põe ele", pelo emprego do pronome pessoal do caso reto "ele";
**2:** Errado (Coesão e Figuras de Linguagem) Não se pode considerar "arquiteto" como uma metonímia de Oscar Niemeyer, pois cumpre função diferente da de mero anafórico, a de distinguir facetas diferentes dele: o "arquiteto", ou seja, sua figura pública;
E o "homem", ou seja, o indivíduo na sua vida privada;
**3:** Errado (Análise sintática) Na verdade, o período iniciado pela conjunção "pois" está subordinado ao período anterior;
**4:** Certo (Coesão) Uma vez que pronome "este" faz parte do fundamental da oração apositiva, que vem após os dois pontos, a sua explicitação no primeiro verbo e retomada por pronome oblíquo distanciaria o aposto do seu fundamental.
Gabarito 1C; 3E; 3E; 4C

**(Enfermeiro – TJ/AL – 2012 – CESPE)** Com base no exemplo de documento oficial apresentado, assinale a opção correta acerca da redação de correspondências oficiais.

**(A)** A referência à data atende às normas estabelecidas para a redação de correspondências oficiais.
**(B)** O vocativo está corretamente empregado, dado que a correspondência é endereçada a autoridade do Poder Executivo.
**(C)** O documento apresenta as características de um ofício, expediente a ser utilizado para a comunicação entre autoridades de mesma hierarquia.

# 1. LÍNGUA PORTUGUESA — 19

(D) O fecho empregado no documento está adequado, considerando-se os cargos ocupados pelo seu emissor e pelo seu destinatário.

(E) O emprego da primeira pessoa em "Convido-o" não atende a exigência de impessoalidade que deve caracterizar os expediente oficiais.

**A:** correta. A data deve estar escrita por extenso, antecedida pelo local de emissão do documento, e alinhada à direita; **B:** incorreta. O termo "excelentíssimo" deve ser usado apenas para se dirigir a chefes de poder, como o Presidente da República, Presidente do Congresso Nacional ou do Supremo Tribunal Federal; **C:** incorreta. O documento segue o "padrão ofício", mas é um **aviso,** espécie de comunicação emitida exclusivamente por Ministros de Estado para autoridades de mesma hierarquia; **D:** incorreta. Quando o destinatário tem a mesma hierarquia do emissor (ou menor), deve ser usado o fecho "Atenciosamente"; **E:** incorreta. Por se tratar de um convite para um compromisso oficial, admite-se certa pessoalidade no documento.

Gabarito "A".

(Enfermeiro – TJ/AL – 2012 – CESPE) Entre as ações necessárias para a adequação ou manutenção do documento apresentado às normas gerais e específicas das correspondências oficiais se inclui

(A) o detalhamento do teor do documento, que foi expresso de forma muito resumida no item "Assunto", em desacordo, portanto, com os princípios que orientam a redação de correspondências oficiais.

(B) o deslocamento do fecho, de modo a alinhá-lo com o início do parágrafo do corpo do texto.

(C) a substituição de "A Sua Excelência o Senhor" por **A Vossa Excelência o Senhor**.

(D) a substituição de FIFA, no corpo do texto, por **fifa**.

(E) a inserção, ao final do texto, do local e da data em que o documento foi assinado, com a seguinte forma: Em 10 de junho de 2012.

**A:** incorreta. O resumo do conteúdo foi elaborado no tamanho ideal. Ele não pode ser extenso, sob pena de se confundir com o próprio texto do documento; **B:** correta. O fecho deve estar alinhado como um novo parágrafo e não escrito continuamente; **C:** incorreta. O endereçamento está correto. Utilizamos "Vossa Excelência" apenas quando nos dirigimos diretamente à autoridade, o que não ocorre nessa passagem; **D:** incorreta. FIFA é uma sigla, portanto deve ser grafada em letras maiúsculas; E; incorreta. Nos documentos iniciais, o local e a data devem seguir ao número do expediente, alinhados à direita, tal qual foi feito no exemplo.

Gabarito "B".

## 4. CONCORDÂNCIA

Instrução: As 2 questões seguintes referem-se ao texto abaixo.

1   O trem que naquela tarde de dezembro de 1909 trazia de volta a Santa Fé o dr. Rodrigo Terra
2   Cambará passava agora, apitando, pela frente do cemitério da cidade. Com a cabeça para fora da janela, o
3   rapaz olhava para aqueles velhos paredões, imaginando, entre emocionado e divertido, que os mortos, toda
4   vez que ouviam o apito da locomotiva, corriam a espiar o trem por cima dos muros do cemitério. Imaginava
5   que ali estavam sua mãe, o capitão Rodrigo, a velha Bibiana, outros parentes e amigos. Sorriam, e era-lhe
6   agradável pensar que o saudavam: "Bem-vindo sejas, Rodrigo Temos esperanças em ti!" Havia apenas um
7   que não sorria. Era o Tito Chaves, que Rodrigo vira pela última vez estendido sem vida no barro da rua, na
8   frente do Sobrado, o peito ensanguentado, os olhos vidrados. Corria à boca miúda que fora o coronel
9   Trindade quem o mandara matar por questões de política, mas ninguém tinha coragem de dizer isso em voz
10   alta. E agora ali estava Tito encarapitado no muro do cemitério, a bradar: "Vai e me vinga, Rodrigo. És moço,
11   és culto, tens coragem e ideais! Em Santa Fé todo o mundo tem medo do coronel Trindade. Não há mais
12   justiça. Não há mais liberdade. Vai e me vinga!"
13   O trem ainda apitava tremulamente, como se estivesse chorando. Mas quem, enternecido,
14   chorava de verdade era Rodrigo. As lágrimas lhe escorriam pelo rosto, a que a poeira dava uma cor de tijolo.
15   Maneco Vieira tocou-.......... o braço. "Que foi que houve, moço?", perguntou, com um jeito protetor. Rodrigo
16   levou o lenço aos olhos, dissimulando: "Esta maldita poeira..."
17   No vagão agora os passageiros começavam a arrumar suas coisas, erguiam-se, baixavam as
18   malas dos gabaritos, numa alegria alvoroçada de fim de viagem. Rodrigo foi até o lavatório, tirou o chapéu,
19   lavou o rosto, enxugou-.......... com o lenço e por fim penteou-se com esmero. Observou, contrariado, que
20   tinha os olhos injetados, o que lhe dava um ar de bêbedo ou libertino. Não queria logo de chegada causar
21   má impressão aos que o esperavam. Piscou muitas vezes, revirou os olhos, umedeceu o lenço e tornou a
22   passá-lo pelo rosto. Pôs a língua para fora e quedou-se por algum tempo a examiná-la. Ajeitou a gravata,
23   tornou a botar o chapéu, recuou um passo, lançou um olhar demorado para o espelho e, satisfeito, voltou
24   para seu lugar. Maneco Vieira sorriu, dizendo-lhe: "Enfim chegamos, com a graça de Deus... e do
25   maquinista."
26   O trem diminuiu a marcha ao entrar nos subúrbios de Santa Fé. Rodrigo sentou-se de novo junto à
27   janela e logo viu, surpreso, os casebres miseráveis do Purgatório e suas tortuosas ruas de terra vermelha.
28   Aqueles ranchos de madeira apodrecida, cobertos de palha; aquela mistura desordenada e sórdida de
29   molambos, panelas, gaiolas, gamelas, lixo; aquela confusão de cercas de taquara, becos, barrancos e
30   quintais bravios – lembraram-.......... uma fotografia do reduto de Canudos que vira estampada numa revista.
31   Na frente de algumas das choupanas viam-se mulheres – chinocas brancas, pretas, mulatas, cafuzas – a
32   acenar para o trem; muitas delas tinham um filho pequeno nos braços e outro no ventre. Crianças seminuas
33   e sujas brincavam na terra no meio de galinhas, cachorros e ossos de rês. Lá embaixo, no fundo dum
34   barranco, corria o riacho, a cuja beira uma cabocla batia roupa numa tábua, com o vestido arregaçado acima
35   dos joelhos. Em todas as caras Rodrigo vislumbrava algo de terroso e doentio, uma lividez encardida que a
36   luz meridiana tornava ainda mais acentuada. "Quanta miséria!", murmurou desolado.

Adaptado de: Érico Veríssimo, O Tempo e o Vento, Parte II: o Retrato, vol. I. 3ª ed. São Paulo: Companhia das Letras, 2004. p.92-93.

**(Procurador do Estado – PGE/RS – Fundatec – 2015)** Considere as seguintes afirmações, relativas a propostas de alteração no texto:

I. A substituição de **dava** (l.14) por **cobria com** não exigiria qualquer outra alteração no mesmo período.

II. A substituição de **o que** (l.20) pelo pronome **que** exigiria a alteração do pronome **lhe** para **lhes** no mesmo período.

III. A substituição de **a cuja beira** (l.34) por **à beira do qual** não exigiria qualquer outra alteração no mesmo período.

Quais afirmações são corretas?

(A) Apenas I.
(B) Apenas II.
(C) Apenas III.
(D) Apenas I e II.
(E) Apenas II e III.

I: incorreta. Seria necessário substituir "a que" por "que"; II: incorreta. Seria necessário, na verdade, passar o verbo "dar" para o plural; III: correta, pois a estrutura sintática se manteria a mesma. **HS**
Gabarito "C".

**(Procurador do Estado – PGE/RS – Fundatec – 2015)** Considere o trecho abaixo, extraído e adaptado das linhas 06 a 09, e sua conversão temporal tendo o presente como referência.

*Havia apenas um que não sorria. Era o Tito Chaves, o moço que Rodrigo vira estendido sem vida no barro da rua, na frente do Sobrado. Corria à boca miúda que o coronel Trindade o mandara matar por questões de política.*

Há apenas um que não sorri. .............. o Tito Chaves, o moço que Rodrigo .............. estendido sem vida no barro da rua, na frente do Sobrado. .............. à boca miúda que o coronel Trindade o ............. matar por questões de política.

Assinale a alternativa que preenche correta e respectivamente as lacunas do trecho acima, conservando a ordem temporal das ações.

(A) É – vira – Corria – mandara.
(B) É – viu – Corre – mandou.
(C) É – viu – Corre – mandara.
(D) Foi – vira – Corria – mandara.
(E) Foi – vira – Corria – mandou.

Para passar o trecho para o tempo presente, precisamos substituir os verbos no pretérito imperfeito pelos seus correspondentes do presente e os verbos no pretérito mais-que-perfeito pelo pretérito perfeito (todos do modo indicativo). Portanto, "era" vira "é", "vira" vira "viu", "corria" vira "corre" e "mandara" vira "mandou". **HS**
Gabarito "B".

## 5. CONJUNÇÃO

Texto 1A3-II

1   Entre os maiores poderes concedidos pela sociedade
    ao Estado, está o poder de tributar. A tributação está inserida
    no núcleo do contrato social estabelecido pelos cidadãos
4   entre si para que se alcance o bem comum. Desse modo,
    o poder de tributar está na origem do Estado ou do ente
    político, a partir da qual foi possível que as pessoas deixassem
7   de viver no que Hobbes definiu como o estado natural
    (ou a vida pré-política da humanidade) e passassem a
    constituir uma sociedade de fato, a geri-la mediante um
10  governo, e a financiá-la, estabelecendo, assim, uma relação
    clara entre governante e governados.
        A tributação, portanto, somente pode ser
13  compreendida a partir da necessidade dos indivíduos
    de estabelecer convívio social organizado e de gerir a coisa
    pública mediante a concessão de poder a um soberano.
16  Em decorrência disso, a condição necessária (mas não
    suficiente) para que o poder de tributar seja legítimo é que
    ele emane do Estado, pois qualquer imposição tributária
19  privada seria comparável a usurpação ou roubo.

Internet: <www.receita.fazenda.gov.br> (com adaptações).

**(Auditor Fiscal – SEFAZ/RS – 2019 – CESPE/CEBRASPE)** A correção gramatical e os sentidos do texto 1A3-II seriam preservados se o termo "Em decorrência disso" (R.16) fosse substituído pela seguinte expressão.

(A) Devido isso
(B) Em suma
(C) Por conseguinte
(D) Consoante isso
(E) Para tanto

"Em decorrência disto" é locução conjuntiva consecutiva, sinônima de "por conseguinte", "consequentemente", "portanto". **HS**
Gabarito "C".

Texto 1A16AAA

1   Para muitos, o surgimento da civilização decorreu da
    renúncia social ao uso da força física como forma de reparar
    injustiças. Fazer justiça com as próprias mãos passou a ser
4   considerado, assim, um ato de barbaridade.
    O sentimento de justiça, muito arraigado no ser
    humano, aparece em diversas espécies animais, tendo origens
7   antigas na escala evolutiva: de ratos a gorilas, punir infrações
    parece ser útil há muitas eras. Deslealdade e desobediência, por
    exemplo, despertam no ser humano o senso de certo e errado
10  e despertam automaticamente desejos de vingança ou de
    reparação. Para conviver em sociedade, é necessário,
    entretanto, conter tais impulsos, franqueando-se ao Estado a
13  efetivação da justiça.
    Quando as pessoas reservam-se o direito de usar a
    força física, sob a argumentação de que estão fazendo justiça,
16  transmitem a mensagem de que não creem mais no pacto
    social. Alegando a falta de ação efetiva do Estado, elas
    afirmam que seu senso de justiça não está satisfeito e, por isso,
19  resolvem agir por si mesmas. Produz-se, assim, um círculo
    vicioso no qual as pessoas sentem-se injustiçadas, não creem
    na ação do Estado e, por isso, rompem o pacto social, o que
22  gera mais injustiça.

Daniel Martins de Barros. Justiça com as próprias mãos. Internet:
<www.emais.estadao.com.br> (com adaptações).

**(Promotor de Justiça/RR – 2017 – CESPE)** Mantendo-se o sentido original e a correção gramatical do texto 1A16AAA, o vocábulo "entretanto" (R.12) poderia ser substituído por

(A) ainda.
(B) mas.
(C) sobretudo.
(D) todavia.

"Entretanto" é conjunção adversativa, logo é sinônimo de "mas", "porém", "contudo", "todavia". **HS**
Gabarito "D".

1       O que tanta gente foi fazer do lado de fora do tribunal
    onde foi julgado um dos mais famosos casais acusados de
    assassinato no país? Torcer pela justiça, sim: as evidências
4   permitiam uma forte convicção sobre os culpados, muito antes
    do encerramento das investigações. Contudo, para torcer pela
    justiça, não era necessário acampar na porta do tribunal, de
7   onde ninguém podia pressionar os jurados. Bastava fazer
    abaixo-assinados via Internet pela condenação do pai e da
    madrasta da vítima. O que foram fazer lá, ao vivo? Penso que
10  as pessoas não torceram apenas pela condenação dos principais
    suspeitos. Torceram também para que a versão que inculpou
    o pai e a madrasta fosse verdadeira.
13      O relativo alívio que se sente ao saber que um
    assassinato se explica a partir do círculo de relações pessoais
    da vítima talvez tenha duas explicações. Primeiro, a fantasia de
16  que em nossas famílias isso nunca há de acontecer. Em geral

temos mais controle sobre nossas relações íntimas que sobre o
acaso dos maus encontros que podem nos vitimar em uma
19 cidade grande. Segundo, porque o crime familiar permite o
lenitivo da construção de uma narrativa. Se toda morte
violenta, ou súbita, nos deixa frente a frente com o real
22 traumático, busca-se a possibilidade de inscrever o acontecido
em uma narrativa, ainda que terrível, capaz de produzir sentido
para o que não tem tamanho nem nunca terá, o que não tem
25 conserto nem nunca terá, o que não faz sentido.

> Maria Rita Khel. **A morte do sentido**. Internet:
> <www.mariaritakehl.psc.br> (com adaptações).

**(Escrivão de Polícia Federal – 2013 – CESPE)** Com base no texto
acima, julgue o item abaixo.

**(1)** A substituição da expressão "ainda que terrível" (L.23) por
senão que terrível preservaria a correção gramatical e o
sentido original do texto.

**1:** incorreta. "Ainda que" tem valor concessivo, enquanto "senão que"
é locução adversativa: equivale a "mas antes", "entretanto". Logo, a
alteração produziria mudança no sentido do texto.
Gabarito 1E

1        Leio que a ciência deu agora mais um passo definitivo.
E claro que o definitivo da ciência e transitório, e não por
deficiência da ciência (e ciência demais), que se supera a si
4 mesma a cada dia... Não indaguemos para que, ja que a própria
ciência não o faz — o que, alias, e a mais moderna forma de
objetividade de que dispomos.
7        Mas vamos ao definitivo transitório. Os cientistas
afirmam que podem realmente construir agora a bomba limpa.
Sabemos todos que as bombas atômicas fabricadas ate hoje são
10 sujas (alias, imundas) porque, depois que explodem, deixam
vagando pela atmosfera o ja famoso e temido estrôncio 90.
Ora, isso e desagradável: pode mesmo acontecer que o próprio
13 pais que lançou a bomba venha a sofrer, a longo prazo, as
conseqüências mortíferas da proeza. O que e, sem duvida, uma
sujeira.
16        Pois bem, essas bombas indisciplinadas,
mal-educadas, serão em breve substituídas pelas bombas *n*, que
cumprirão sua missão com lisura: destruirão o inimigo,
19 sem riscos para o atacante. Trata-se, portanto, de uma fabulosa
conquista, não?

> Ferreira Gullar. *Maravilha. In: A estranha vida banal.*
> Rio de Janeiro: José Olympio, 1989, p. 109.

**(Polícia Rodoviária Federal – 2013 – CESPE)** No que se refere aos
sentidos e as estruturas linguisticas do texto acima, julgue os
itens a seguir.

**(1)** Mantendo-se a correção gramatical e a coerência do texto, a
conjunção "e", em "e não por deficiência da ciência" (L.2-3),
poderia ser substituída por mas.

**(2)** Tendo a oração "que se supera a si mesma a cada dia"
(L.3-4) caráter explicativo, o vocábulo "que" poderia ser
corretamente substituído por pois ou porque, sem prejuízo
do sentido original do período.

**1:** correta. A conjunção "mas" pode ter excepcionalmente valor aditivo,
como no caso proposto; **2:** incorreta. "Que", nesse caso, é pronome
relativo, de forma que poderia ser substituído apenas por outro pronome
relativo, como "a qual".
Gabarito 1C, 2E

1 Todos nos, homens e mulheres, adultos e jovens,
passamos boa parte da vida tendo de optar entre o certo e o
errado, entre o bem e o mal. Na realidade, entre o que
4 consideramos bem e o que consideramos mal. Apesar da longa
permanência da questão, o que se considera certo e o que se
considera errado muda ao longo da historia e ao redor do globo
7 terrestre.

Ainda hoje, em certos lugares, a previsão da pena de
morte autoriza o Estado a matar em nome da justiça. Em outras
10 sociedades, o direito a vida e inviolável e nem o Estado nem
ninguém tem o direito de tirar a vida alheia. Tempos atrás era
tido como legitimo espancarem-se mulheres e crianças,
13 escravizarem-se povos. Hoje em dia, embora ainda se saiba de
casos de espancamento de mulheres e crianças, de trabalho
escravo, esses comportamentos são publicamente condenados
16 na maior parte do mundo.
Mas a opção entre o certo e o errado não se coloca
apenas na esfera de temas polêmicos que atraem os holofotes
19 da mídia. Muitas e muitas vezes e na solidão da consciência de
cada um de nos, homens e mulheres, pequenos e grandes, que
certo e errado se enfrentam.
22 E a ética e o domínio desse enfrentamento.

> Marisa Lajolo. *Entre o bem e o mal. In: Histórias sobre a ética.*
> 5.ª ed. São Paulo: Ática, 2008 (com adaptações).

**(Polícia Rodoviária Federal – 2013 – CESPE)** A partir das ideias e
das estruturas linguisticas do texto acima, julgue o item que
se segue.

**(1)** Dado o fato de que nem equivale a e não, a supressão da
conjunção "e" empregada logo apos "inviolável", na linha
10, manteria a correção gramatical do texto.

**1:** incorreta. No trecho, trata-se de locução conjuntiva alternativa "nem...
nem" ("nem o Estado nem ninguém"). Destarte, a substituição de um
dos termos prejudicaria a correção e a coerência do texto.
Gabarito 1E

1        Balanço divulgado pela Secretaria de Segurança
Pública do Distrito Federal (SSP/DF) aponta redução de 39%
nos casos de roubo com restrição de liberdade, o famoso
4 sequestro-relâmpago, ocorridos entre 1.º de janeiro e 31 de
agosto deste ano, em comparação com o mesmo período do
ano passado — foram 520 ocorrências em 2012 e 316 em
7 2013.
Em agosto deste ano, foram registrados 39 casos de
sequestro-relâmpago em todo o DF, o que representa redução
10 de 32% do número de ocorrências dessa natureza criminal em
relação ao mesmo mês de 2012, período em que 57 casos
foram registrados. Entre as 39 vítimas, 11 foram abordadas no
13 Plano Piloto, região que lidera a classificação de casos, seguida
pela região administrativa de Taguatinga, com oito ocorrências.
Segundo a SSP, o cenário é diferente daquele do mês de julho,
16 em que Ceilândia e Gama tinham o maior número de casos.
"38% dos crimes foram cometidos nos fins de semana, no
período da noite, e quase 70% das vítimas eram do sexo
19 masculino, o que mostra que a escolha da vítima é baseada no
princípio da oportunidade e aleatória, não em função do
gênero."
22        Ao todo, 82% das vítimas (32 pessoas) estavam
sozinhas no momento da abordagem dos bandidos, por isso as
forças de segurança recomendam que as pessoas tomem alguns
25 cuidados, entre os quais, não estacionar em locais escuros e
distantes, não ficar dentro de carros estacionados e redobrar a
atenção ao sair de residências, centros comerciais e outros
28 locais.

> **DF registra 316 ocorrências de sequestro-relâmpago**
> **nos primeiros oito meses deste ano**. R7, 6/9/2013.
> Internet: <http://noticias.r7.com> (com adaptações).

**(Agente de Polícia/DF – 2013 – CESPE)** Julgue o próximo item, relativos aos sentidos e aos aspectos linguísticos do texto acima.

**(1)** O trecho "por isso as forças de segurança recomendam que
as pessoas tomem alguns cuidados" (L.23-25) expressa
uma ideia de conclusão e poderia, mantendo-se a correção
gramatical e o sentido do texto, ser iniciado pelo termo
porquanto em vez da expressão "por isso".

**1:** incorreta. "Por isso" introduz a ideia de consequência, ao passo que "porquanto", sinônimo de "porque", tem valor causal, exprime a causa do fato.

Gabarito 1E

1 A prisão, em vez de devolver à liberdade indivíduos corrigidos, espalha na população delinquentes perigosos. A prisão não pode deixar de fabricar delinquentes. Fabrica-os
4 pelo tipo de existência que faz os detentos levarem: que fiquem isolados nas celas, ou que lhes seja imposto um trabalho para o qual não encontrarão utilidade, é de qualquer maneira não
7 "pensar no homem em sociedade; é criar uma existência contra a natureza inútil e perigosa"; queremos que a prisão eduque os detentos, mas um sistema de educação que se dirige ao homem
10 pode ter razoavelmente como objetivo agir contra o desejo da natureza? A prisão fabrica também delinquentes impondo aos detentos limitações violentas; ela se destina a aplicar as leis, e
13 a ensinar o respeito por elas; ora, todo o seu funcionamento se desenrola no sentido do abuso de poder. A prisão torna possível, ou melhor, favorece a organização de um meio de
16 delinquentes, solidários entre si, hierarquizados, prontos para todas as cumplicidades futuras.

Michel Foucault. **Ilegalidade e delinquência**. *In*: Michel Foucault. **Vigiar e punir: nascimento da prisão**. 33.a ed. Petrópolis: Vozes, 1987, p. 221-2 (com adaptações).

**(Agente de Polícia/DF – 2013 – CESPE)** O item seguinte apresenta proposta de reescritura de trecho do texto acima. Julgue-o quanto à correção gramatical e à manutenção do sentido original do texto.

**(1)** "A prisão (...) delinquentes perigosos" (L.1-2): Conquanto devolva indivíduos corrigidos à liberdade, a prisão dissemina delinquentes perigosos na população.

**1:** incorreta. "Conquanto" é conjunção concessiva, sinônimo de "embora". No caso, a paráfrase deveria ser: "A prisão, porque não retorna à sociedade indivíduos corrigidos, espalha pela sociedade delinquentes perigosos.

Gabarito 1E

1 O problema intercultural não se resolve, como pretendem os multiculturalistas, pelo simples reconhecimento da isonomia axiológica entre culturas distintas, mas,
4 fundamentalmente, pelo diálogo interpessoal entre indivíduos de culturas diferentes e, mais ainda, pelo acesso individual à própria diversidade cultural, como condição para o exercício
7 da liberdade de pertencer a uma cultura, de assimilar novos valores culturais ou, simplesmente, de se reinventar culturalmente. Aliás, o reconhecimento da isonomia axiológica
10 entre culturas é importante não porque limita a individualidade a uma estrita visão antropológica que projeta a condição humana ao círculo concêntrico da cultura do agrupamento
13 familiar e social a que pertence o indivíduo, mas porque o liberta, ao lhe dar amplitude de opção cultural, que, transcendendo a esfera da identidade individual como simples
16 parte de uma cultura, dimensiona a individualidade no campo da liberdade — da liberdade de criar a si mesmo. Por fim, a passagem para a democracia não totalitária, ou seja,
19 democracia na e para a diversidade, decorre, justamente, da sensibilização do político e da democratização do espaço pessoal, antes preso à teia indizível do monismo cultural
22 ocidental, tornando-se papel do Estado o oferecimento das condições de acessibilidade à diversidade cultural, ambiente imprescindível à autogestão da identidade pessoal.

Miguel Batista de Siqueira Filho. **Democracia, direito e liberdade**. Goiânia: Editora da PUC Goiás, 2011, p. 95-6 (com adaptações).

**(Escrivão de Polícia/DF – 2013 – CESPE)** Em relação ao texto acima, julgue o seguinte item.

**(1)** O segmento "Aliás, o reconhecimento (...) limita a individualidade" (L.9-10) poderia ser reescrito, sem prejuízo do sentido e da correção gramatical do texto, da seguinte forma: Contudo, reconhecer a isonomia axiológica entre culturas não é importante, vez que limita a individualidade.

**1:** incorreta. "Contudo" tem valor adversativo, indica que aquilo que se expressará em seguida não concorda com o antecedente. No texto original, a ideia transmitida é de explicação: porque a isonomia axiológica entre culturas é importante.

Gabarito 1E

## 6. PRONOMES

### Texto CG1A1-I

1 "Família, família/ vive junto todo dia/ nunca perde essa mania" — os versos da canção Família, composta por Arnaldo Antunes e Tony Belotto na década de 80 do século
4 passado, no Brasil, parece que já não traduzem mais a realidade dos arranjos familiares. Observa-se que a solidez dos lugares ocupados por cada uma das pessoas, nos moldes da
7 família nuclear, não se adéqua à realidade social do momento, em que as relações são caracterizadas por sua dinamicidade e pluralidade. De acordo com o médico e psicanalista Jurandir
10 Freire Costa, "família nem é mais um modo de transmissão do patrimônio material; nem de perpetuação de nomes de linhagens; nem da tradição moral ou religiosa; tampouco é a
13 instituição que garante a estabilidade do lugar em que são educadas as crianças".
 Então, o que é a família? Como defini-la,
16 considerando-se que uma de suas marcas na pós-modernidade é justamente a falta de definição? Para a cientista social e política Elizabete Dória Bilac, a variabilidade histórica da
19 instituição família desafia qualquer conceito geral de família.
 A centralidade assumida pelos interesses individuais no mundo contemporâneo é um dos aspectos que influenciam
22 a singularidade de cada família e distinguem os propósitos que justificam a escolha de duas pessoas ou mais viverem juntas, compartilhando regras, necessidades e obrigações. Se não é
25 fácil definir a família, é legítimo o esforço de tentar decifrar quem é o homem pós-moderno e quais as necessidades emergentes que o impulsionam ao encontro com o outro, seja
28 no espaço social, seja no interior da família, produzindo significados e razões que o lançam na busca de realização.
 Segundo o filósofo francês Dany-Robert Dufour, a
31 pós-modernidade produz um sujeito não engendrado, o que significa um sujeito que se vê na posição de não dever mais nada à geração precedente. Trata-se de uma condição que
34 comporta riscos pois, segundo Dufour, desaparece o motivo geracional. No que tange à família, a consequência é o surgimento de relações pautadas em trocas reais e carentes de
37 valores simbólicos que se contraponham à lógica do consumo. Assim, assiste-se a uma ruptura na ordem da transmissão, o que gera indivíduos desprovidos de identidade sólida, condição esta
40 que acarreta a redução de sua capacidade crítica e dificulta o estabelecimento de compromisso com a causa que lhe precede.

Fernanda Simplício Cardoso e Leila Maria Torraca de Brito. Reflexões sobre a paternidade na pós-modernidade. Internet:<www.newpsi.bvs--psi.org.br> (com adaptações).

**(Analista Judiciário – TJ/PA – 2020 – CESPE)** No terceiro parágrafo do texto CG1A1-I, a forma pronominal "o", em "o lançam" (l.29), faz referência a

**(A)** "esforço" (l.25).
**(B)** "homem" (l.26).
**(C)** "outro" (l.27).
**(D)** "espaço" (l.28).
**(E)** "interior" (l.28).

O pronome foi usado como elemento de coesão para se evitar a repetição do termo "homem".

Gabarito "B".

# 1. LÍNGUA PORTUGUESA    23

1    O direito tributário brasileiro depara-se com
grandes desafios, principalmente em tempos de globalização
e interdependência dos sistemas econômicos. Entre esses
4    pontos de atenção, destacam-se três. O primeiro é a guerra
fiscal ocasionada pelo ICMS. O principal tributo em vigor,
atualmente, é estadual, o que faz contribuintes e advogados
7    se debruçarem sobre vinte e sete diferentes legislações
no país para entendê-lo. Isso se tornou um atentado contra
o princípio de simplificação, contribuindo para o incremento
10   de uma guerra fiscal entre os estados, que buscam alterar
regras para conceder benefícios e isenções, a fim de atrair
e facilitar a instalação de novas empresas. É, portanto, um dos
13   instrumentos mais utilizados na disputa por investimentos,
gerando, com isso, consequências negativas do ponto
de vista tanto econômico quanto fiscal.
16   A competitividade gerada pela interdependência
estadual é outro ponto. Na década de 60, a adoção do imposto
sobre valor agregado (IVA) trouxe um avanço importante
19   para a tributação indireta, permitindo a internacionalização
das trocas de mercadorias com a facilitação da equivalência
dos impostos sobre consumo e tributação, e diminuindo as
22   diferenças entre países. O ICMS, adotado no país, é o único
caso no mundo de imposto que, embora se pareça com
o IVA, não é administrado pelo governo federal — o que
25   dá aos estados total autonomia para administrar, cobrar
e gastar os recursos dele originados. A competência estadual
do ICMS gera ainda dificuldades na relação entre as vinte
28   e sete unidades da Federação, dada a coexistência dos
princípios de origem e destino nas transações comerciais
interestaduais, que gera a já comentada guerra fiscal.
31   A harmonização com os outros sistemas tributários é
outro desafio que deve ser enfrentado. É preciso integrar-se aos
países do MERCOSUL, além de promover a aproximação
34   aos padrões tributários de um mundo globalizado e
desenvolvido, principalmente quando se trata de Europa.
Só assim o país recuperará o poder da economia e poderá
37   utilizar essa recuperação como condição para intensificar
a integração com outros países e para participar mais
ativamente da globalização.

André Pereira. Os desafios do direito tributário brasileiro. *In*: DCI – Diário Comércio, Indústria e Serviços. 2/mar./2017. Internet: <www.dci.com.br> (com adaptações).

**(Auditor Fiscal – SEFAZ/RS – 2019 – CESPE/CEBRASPE)** No texto 1A1-I, o pronome que inicia o trecho "Isso se tornou um atentado contra o princípio de simplificação" (R. 8 e 9) remete

**(A)** à oração "guerra fiscal ocasionada pelo ICMS" (R. 4 e 5).
**(B)** à ideia de que o ICMS é "O principal tributo em vigor" (R.5).
**(C)** ao argumento de que "O direito tributário brasileiro depara--se com grandes desafios" (R. 1 e 2).
**(D)** ao fato de "contribuintes e advogados se debruçarem sobre vinte e sete diferentes legislações no país" (R. 6 a 8) para entender o ICMS.
**(E)** à crítica do autor à recorrência das mesmas regras tributárias em "vinte e sete diferentes legislações no país" (R. 7 e 8).

O pronome "isso", com função anafórica, retoma a expressão entre as linhas 6 e 8: o fato das pessoas necessitarem de extremo esforço para entender a 27 legislações tributárias diferentes.
Gabarito "D".

1    Entre os maiores poderes concedidos pela sociedade
ao Estado, está o poder de tributar. A tributação está inserida
no núcleo do contrato social estabelecido pelos cidadãos
4    entre si para que se alcance o bem comum. Desse modo,
o poder de tributar está na origem do Estado ou do ente
político, a partir da qual foi possível que as pessoas deixassem
7    de viver no que Hobbes definiu como o estado natural
(ou a vida pré-política da humanidade) e passassem a

constituir uma sociedade de fato, a geri-la mediante um
10   governo, e a financiá-la, estabelecendo, assim, uma relação
clara entre governante e governados.
     A tributação, portanto, somente pode ser
13   compreendida a partir da necessidade dos indivíduos
de estabelecer convívio social organizado e de gerir a coisa
pública mediante a concessão de poder a um soberano.
16   Em decorrência disso, a condição necessária (mas não
suficiente) para que o poder de tributar seja legítimo é que
ele emane do Estado, pois qualquer imposição tributária
19   privada seria comparável a usurpação ou roubo.

Internet: <www.receita.fazenda.gov.br> (com adaptações).

**(Auditor Fiscal – SEFAZ/RS – 2019 – CESPE/CEBRASPE)** A correção gramatical e os sentidos do texto 1A3-II seriam preservados se o termo "Em decorrência disso" (R.16) fosse substituído pela seguinte expressão.

**(A)** Devido isso
**(B)** Em suma
**(C)** Por conseguinte
**(D)** Consoante isso
**(E)** Para tanto

"Em decorrência disto" é locução conjuntiva consecutiva, sinônima de "por conseguinte", "consequentemente", "portanto".
Gabarito "C".

# 24 FERNANDA FRANCO, HENRIQUE SUBI, MAGALLY DATO E RODRIGO FERREIRA DE LIMA

1 O trem que naquela tarde de dezembro de 1909 trazia de volta a Santa Fé o dr. Rodrigo Terra
2 Cambará passava agora, apitando, pela frente do cemitério da cidade. Com a cabeça para fora da janela, o
3 rapaz olhava para aqueles velhos paredões, imaginando, entre emocionado e divertido, que os mortos, toda
4 vez que ouviam o apito da locomotiva, corriam a espiar o trem por cima dos muros do cemitério. Imaginava
5 que ali estavam sua mãe, o capitão Rodrigo, a velha Bibiana, outros parentes e amigos. Sorriam, e era-lhe
6 agradável pensar que o saudavam: "Bem-vindo sejas, Rodrigo Temos esperanças em ti!" Havia apenas um
7 que não sorria. Era o Tito Chaves, que Rodrigo vira pela última vez estendido sem vida no barro da rua, na
8 frente do Sobrado, o peito ensanguentado, os olhos vidrados. Corria à boca miúda que fora o coronel
9 Trindade quem o mandara matar por questões de política, mas ninguém tinha coragem de dizer isso em voz
10 alta. E agora ali estava Tito encarapitado no muro do cemitério, a bradar: "Vai e me vinga, Rodrigo. És moço,
11 és culto, tens coragem e ideais! Em Santa Fé todo o mundo tem medo do coronel Trindade. Não há mais
12 justiça. Não há mais liberdade. Vai e me vinga!"
13 O trem ainda apitava tremulamente, como se estivesse chorando. Mas quem, enternecido,
14 chorava de verdade era Rodrigo. As lágrimas lhe escorriam pelo rosto, a que a poeira dava uma cor de tijolo.
15 Maneco Vieira tocou-.......... o braço. "Que foi que houve, moço?", perguntou, com um jeito protetor. Rodrigo
16 levou o lenço aos olhos, dissimulando: "Esta maldita poeira..."
17 No vagão agora os passageiros começavam a arrumar suas coisas, erguiam-se, baixavam as
18 malas dos gabaritos, numa alegria alvoroçada de fim de viagem. Rodrigo foi até o lavatório, tirou o chapéu,
19 lavou o rosto, enxugou-.......... com o lenço e por fim penteou-se com esmero. Observou, contrariado, que
20 tinha os olhos injetados, o que lhe dava um ar de bêbedo ou libertino. Não queria logo de chegada causar
21 má impressão aos que o esperavam. Piscou muitas vezes, revirou os olhos, umedeceu o lenço e tornou a
22 passá-lo pelo rosto. Pôs a língua para fora e quedou-se por algum tempo a examiná-la. Ajeitou a gravata,
23 tornou a botar o chapéu, recuou um passo, lançou um olhar demorado para o espelho e, satisfeito, voltou
24 para seu lugar. Maneco Vieira sorriu, dizendo-lhe: "Enfim chegamos, com a graça de Deus... e do
25 maquinista."
26 O trem diminuiu a marcha ao entrar nos subúrbios de Santa Fé. Rodrigo sentou-se de novo junto à
27 janela e logo viu, surpreso, os casebres miseráveis do Purgatório e suas tortuosas ruas de terra vermelha.
28 Aqueles ranchos de madeira apodrecida, cobertos de palha; aquela mistura desordenada e sórdida de
29 molambos, panelas, gaiolas, gamelas, lixo; aquela confusão de cercas de taquara, becos, barrancos e
30 quintais bravios – lembraram-.......... uma fotografia do reduto de Canudos que vira estampada numa revista.
31 Na frente de algumas das choupanas viam-se mulheres – chinocas brancas, pretas, mulatas, cafuzas – a
32 acenar para o trem; muitas delas tinham um filho pequeno nos braços e outro no ventre. Crianças seminuas
33 e sujas brincavam na terra no meio de galinhas, cachorros e ossos de rês. Lá embaixo, no fundo dum
34 barranco, corria o riacho, a cuja beira uma cabocla batia roupa numa tábua, com o vestido arregaçado acima
35 dos joelhos. Em todas as caras Rodrigo vislumbrava algo de terroso e doentio, uma lividez encardida que a
36 luz meridiana tornava ainda mais acentuada. "Quanta miséria!", murmurou desolado.

Adaptado de: Érico Veríssimo, *O Tempo e o Vento, Parte II: o Retrato, vol. I.* 3ª ed. São Paulo: Companhia das Letras, 2004. p.92-93.

**(Procurador do Estado – PGE/RS – Fundatec – 2015)** Assinale a alternativa que preenche, correta e respectivamente, as lacunas das linhas 15, 19 e 30.

(A) lhe – o – lhe.
(B) lhe – lhe – no.
(C) lhe – o – no.
(D) o – o – lhe.
(E) o – lhe – no.

Na linha 15, o verbo "tocar" é transitivo direto e indireto, devendo ser complementado pelo pronome oblíquo próprio dos objetos preposicionados, "lhe". Na linha 19, "enxugar" é verbo transitivo direto, complementado, portanto, por "o", elemento de coesão para o termo "rosto". Por fim, na linha 30, temos também "lhe", por se tratar de objeto indireto. HS

Gabarito "A".

1 Qual a situação política .................. se defrontava Jango com a retomada do regime
2 presidencialista, com o fim do parlamentarismo em 1963? O fundamental é que a política de compromisso
3 se tornava cada vez mais difícil. De cada extremo do espectro, grupos radicais insistiam em soluções
4 antidemocráticas, compartilhando a crença de que cada um estava em condições de ganhar mais com o
5 desmoronamento da democracia.
6 À direita, o grupo mais importante era o dos antigetulistas tradicionais. Chocados pela súbita
7 renúncia de Jânio em 1961, mas impossibilitados de impedir a posse de Jango, caíram num desespero que
8 lembrava seu mal-estar após a eleição de Juscelino em 1955. Estavam, no entanto, melhor organizados e
9 mais decididos. As manobras populistas de Jango, em 1962, para obter a antecipação do plebiscito sobre o
10 regime de governo .................. de que estavam tratando com o mesmo Jango .................. renúncia os
11 coronéis forçaram em 1954. Em princípios de 1962, começaram a conspirar para derrubar o presidente.
12 Entre seus líderes militares estavam o marechal Odílio Denys e o almirante Sílvio Heck, ex-ministros de
13 Jânio. O principal chefe civil era Júlio de Mesquita Filho, proprietário do influente jornal O Estado de S.
14 Paulo.
15 Os radicais anti-Jango dispunham de uma conhecida reserva de doutrinas antidemocráticas. Como
16 em 1950 e em 1955, alegavam que não se podia confiar no eleitorado brasileiro. Somente sob uma
17 cuidadosa tutela poderia ser impedido de cair nas malhas de políticos "demagógicos" novamente. A
18 moralidade e o anticomunismo eram suas palavras de ordem. Contavam, ainda, com o apoio de um bem
19 financiado movimento de homens de negócio paulistas, que tinha como centro o Instituto de Pesquisas e

# 1. LÍNGUA PORTUGUESA

20 Estudos Sociais (IPES), fundado em 1961.
21 À esquerda, os radicalizantes tentavam capitalizar qualquer crise política ........ fim de provocar uma
22 abrupta transferência de poder. Seu propósito era influenciar a opinião pública, até o ponto em que os
23 árbitros estabelecidos do poder fossem desacreditados ou vencidos. A esquerda radical incluía grupos
24 operários como o Pacto Sindical de Unidade de Ação (PUA) e o Comando Geral dos Trabalhadores (CGT),
25 e organizações populares como as Ligas Camponesas e a União Nacional de Estudantes (UNE). O Partido
26 Comunista Brasileiro trabalhava para forçar um governo mais "nacionalista e democrático", dentro da
27 estrutura existente. O líder político mais preeminente da esquerda radical era Leonel Brizola, agora
28 deputado federal pelo PTB da Guanabara. Brizola era dado ao uso de linguagem violenta contra os inimigos;
29 frequentemente ameaçava recorrer à ação extraparlamentar – por exemplo, incentivar greves generalizadas,
30 como na crise de 19 para obter concessões do Congresso. É importante notar aqui a ênfase nos
31 métodos diretos para combater "golpistas", "entreguistas" e "reacionários". Nenhum desses grupos de
32 esquerda era francamente revolucionário por volta de fins de 1962; mas todos tinham sérias dúvidas quanto
33 ......... possibilidade de satisfazer seus desejos de mudanças radicais dentro da estrutura constitucional
34 existente.
35 A despeito do crescimento da opinião extremista, em princípios de 1963 a maioria dos brasileiros
36 ainda se encontrava no centro. Pró-democráticos, preferiam uma economia mista que utilizasse o capital
37 estrangeiro sob cuidadoso controle nacional. A opinião do centro aceitava ampliar o sistema político, mas
38 somente com cautela. Sua base social era primordialmente liberal, mas também reconhecia a necessidade
39 da industrialização, conquanto resistisse ........ qualquer ideologia definida com relação ao processo de
40 industrialização. Contudo, estes pontos-de-vista cautelosos não eram claramente formulados, e na verdade
41 continham seu próprio espectro de opinião – desde a "esquerda positiva" até os "industrialistas
42 esclarecidos".

Adaptado de: Thomas Skidmore, "O Espectro Político e os Extremistas", in *Brasil: de Getúlio a Castelo*, 4ª ed., trad. coord. por I. T. Dantas, p.273-279. Rio de Janeiro: Paz e Terra, 1975.

**(Procurador do Estado – PGE/RS – Fundatec – 2015)** Assinale a alternativa que preenche, correta e respectivamente, a lacuna da linha 01, bem como a primeira e a segunda lacunas da linha 10.

(A) que – convencera-os – a cuja.
(B) com que – convenceram-nos – cuja.
(C) que – convenceram-nos – cuja.
(D) com que – convencera-os – cuja.
(E) com que – convenceram-nos – a cuja.

O verbo pronominal "defrontar-se" rege a preposição "com" (quem se defronta, defronta-se com alguma coisa). Na primeira lacuna da linha 10, o verbo "convencer" deve ser conjugado na terceira pessoa do plural para concordar com "manobras"; por fim, a última lacuna deve ser preenchida por "cuja", para concordar com "renúncia", não havendo qualquer palavra que determine a presença da preposição "a". **HS**
Gabarito "B".

1    O processo penal moderno, tal como praticado atualmente nos países ocidentais, deixa de centrar-se na finalidade meramente punitiva para centrar-se, antes, na
4 finalidade investigativa. O que se quer dizer é que, abandonado o sistema inquisitório, em que o órgão julgador cuidava também de obter a prova da responsabilidade do acusado (que
7 consistia, a maior parte das vezes, na sua confissão), o que se pretende no sistema acusatório é submeter ao órgão julgador provas suficientes ao esclarecimento da verdade.
10    Evidentemente, no primeiro sistema, a complexidade do ato decisório haveria de ser bem menor, uma vez que a condenação está atrelada à confissão do acusado. Problemas de
13 consciência não os haveria de ter o julgador pela decisão em si, porque o seu veredito era baseado na contundência probatória do meio de prova "mais importante" — a confissão. Um dos
16 motivos pelos quais se pôs em causa esse sistema foi justamente a questão do controle da obtenção da prova: a confissão, exigida como prova plena para a condenação, era o
19 mais das vezes obtida por meio de coações morais e físicas.
    Esse fato revelou a necessidade, para que haja condenação, de se proceder à reconstituição histórica dos fatos,
22 de modo que se investigue o que se passou na verdade e se a prática do ato ilícito pode ser atribuída ao arguido, ou seja, a necessidade de se restabelecer, tanto quanto possível, a verdade
25 dos fatos, para a solução justa do litígio. Sendo esse o fim a que se destina o processo, é mediante a instrução que se busca a mais perfeita representação possível dessa verdade.

Getúlio Marcos Pereira Neves. **Valoração da prova e livre convicção do juiz**. *In: Jus Navigandi*, Teresina, ano 9, n.º 401, ago./2004 (com adaptações).

**(Escrivão de Polícia Federal – 2013 – CESPE)** No que se refere às ideias e aos aspectos linguísticos do texto acima, julgue o item que se segue.

**(1)** Seriam mantidas a correção gramatical e a coesão do texto, caso o pronome "os", em "não os haveria de ter" (L.13), fosse deslocado para imediatamente depois da forma verbal "ter", escrevendo-se **tê-los**.

**1: correta.** Como há o verbo auxiliar "haver" na construção oracional, a próclise não é obrigatória apesar da presença do advérbio de negação. É possível, portanto, deslocar o pronome oblíquo para depois do verbo principal sem prejuízo à correção ou coesão textuais.
Gabarito 1C

1    Todos nos, homens e mulheres, adultos e jovens, passamos boa parte da vida tendo de optar entre o certo e o errado, entre o bem e o mal. Na realidade, entre o que
4 consideramos bem e o que consideramos mal. Apesar da longa permanência da questão, o que se considera certo e o que se considera errado muda ao longo da historia e ao redor do globo
7 terrestre.
    Ainda hoje, em certos lugares, a previsão da pena de morte autoriza o Estado a matar em nome da justiça. Em outras
10 sociedades, o direito a vida e inviolável e nem o Estado nem ninguém tem o direito de tirar a vida alheia. Tempos atrás era tido como legitimo espancarem-se mulheres e crianças,
13 escravizarem-se povos. Hoje em dia, embora ainda se saiba de casos de espancamento de mulheres e crianças, de trabalho escravo, esses comportamentos são publicamente condenados
16 na maior parte do mundo.
    Mas a opção entre o certo e o errado não se coloca apenas na esfera de temas polêmicos que atraem os holofotes
19 da mídia. Muitas e muitas vezes e na solidão da consciência de cada um de nos, homens e mulheres, pequenos e grandes, que certo e errado se enfrentam.
22 E a ética e o domínio desse enfrentamento.

Marisa Lajolo. *Entre o bem e o mal. In: Histórias sobre a ética*. 5.ª ed. São Paulo: Ática, 2008 (com adaptações).

**(Polícia Rodoviária Federal – 2013 – CESPE)** A partir das ideias e das estruturas linguisticas do texto acima, julgue os itens que se seguem.

**(1)** Devido a presença do advérbio "apenas" (L.18), o pronome "se" (L.17) poderia ser deslocado para imediatamente após a forma verbal "coloca" (L.17), da seguinte forma: coloca-se.

**(2)** No trecho "o que consideramos bem" (L.3-4), o vocábulo "que" classifica-se como pronome e exerce a função de complemento da forma verbal "consideramos".

**1:** incorreta. A próclise é obrigatória no caso por força da presença do advérbio de negação "não"; **2:** correta. É pronome relativo e objeto direto do verbo "considerar".
Gabarito 1E, 2C

## 7. CRASE

1 Qual a situação política .................. se defrontava Jango com a retomada do regime
2 presidencialista, com o fim do parlamentarismo em 1963? O fundamental é que a política de compromisso
3 se tornava cada vez mais difícil. De cada extremo do espectro, grupos radicais insistiam em soluções
4 antidemocráticas, compartilhando a crença de que cada um estava em condições de ganhar mais com o
5 desmoronamento da democracia.
6 À direita, o grupo mais importante era o dos antigetulistas tradicionais. Chocados pela súbita
7 renúncia de Jânio em 1961, mas impossibilitados de impedir a posse de Jango, caíram num desespero que
8 lembrava seu mal-estar após a eleição de Juscelino em 1955. Estavam, no entanto, melhor organizados e
9 mais decididos. As manobras populistas de Jango, em 1962, para obter a antecipação do plebiscito sobre o
10 regime de governo .................. de que estavam tratando com o mesmo Jango .................. renúncia os
11 coronéis forçaram em 1954. Em princípios de 1962, começaram a conspirar para derrubar o presidente.
12 Entre seus líderes militares estavam o marechal Odílio Denys e o almirante Sílvio Heck, ex-ministros de
13 Jânio. O principal chefe civil era Júlio de Mesquita Filho, proprietário do influente jornal *O Estado de S.*
14 *Paulo.*
15 Os radicais anti-Jango dispunham de uma conhecida reserva de doutrinas antidemocráticas. Como
16 em 1950 e em 1955, alegavam que não se podia confiar no eleitorado brasileiro. Somente sob uma
17 cuidadosa tutela poderia ser impedido de cair nas malhas de políticos "demagógicos" novamente. A
18 moralidade e o anticomunismo eram suas palavras de ordem. Contavam, ainda, com o apoio de um bem
19 financiado movimento de homens de negócio paulistas, que tinha como centro o Instituto de Pesquisas e
20 Estudos Sociais (IPES), fundado em 1961.
21 À esquerda, os radicalizantes tentavam capitalizar qualquer crise política ........ fim de provocar uma
22 abrupta transferência de poder. Seu propósito era influenciar a opinião pública, até o ponto em que os
23 árbitros estabelecidos do poder fossem desacreditados ou vencidos. A esquerda radical incluía grupos
24 operários como o Pacto Sindical de Unidade de Ação (PUA) e o Comando Geral dos Trabalhadores (CGT),
25 e organizações populares como as Ligas Camponesas e a União Nacional de Estudantes (UNE). O Partido
26 Comunista Brasileiro trabalhava para forçar um governo mais "nacionalista e democrático", dentro da
27 estrutura existente. O líder político mais preeminente da esquerda radical era Leonel Brizola, agora
28 deputado federal pelo PTB da Guanabara. Brizola era dado ao uso de linguagem violenta contra os inimigos;
29 frequentemente ameaçava recorrer à ação extraparlamentar – por exemplo, incentivar greves generalizadas,
30 como na crise de 19 para obter concessões do Congresso. É importante notar aqui a ênfase nos
31 métodos diretos para combater "golpistas", "entreguistas" e "reacionários". Nenhum desses grupos de
32 esquerda era francamente revolucionário por volta de fins de 1962; mas todos tinham sérias dúvidas quanto
33 ........ possibilidade de satisfazer seus desejos de mudanças radicais dentro da estrutura constitucional
34 existente.
35 A despeito do crescimento da opinião extremista, em princípios de 1963 a maioria dos brasileiros
36 ainda se encontrava no centro. Pró-democráticos, preferiam uma economia mista que utilizasse o capital
37 estrangeiro sob cuidadoso controle nacional. A opinião do centro aceitava ampliar o sistema político, mas
38 somente com cautela. Sua base social era primordialmente liberal, mas também reconhecia a necessidade
39 da industrialização, conquanto resistisse ........ qualquer ideologia definida com relação ao processo de
40 industrialização. Contudo, estes pontos-de-vista cautelosos não eram claramente formulados, e na verdade
41 continham seu próprio espectro de opinião – desde a "esquerda positiva" até os "industrialistas
42 esclarecidos".

Adaptado de: Thomas Skidmore, "O Espectro Político e os Extremistas", in Brasil: de Getúlio a Castelo, 4ª ed., trad. coord. por I. T. Dantas, p.273-279. Rio de Janeiro: Paz e Terra, 1975.

**(Procurador do Estado – PGE/RS – Fundatec – 2015)** Assinale a alternativa que preenche, correta e respectivamente, as lacunas das linhas 21, 33 e 39.

(A) à – a – à.
(B) a – à – à.
(C) à – à – a.
(D) a – à – a.
(E) à – à – à.

Na linha 21, não ocorre crase na expressão "a fim de", pois é locução adverbial formada por palavra masculina; na linha 33, ocorre crase, pela regência da preposição "a" (quanto a alguma coisa) antes de palavra definida feminina; por fim, na linha 39, não ocorre crase antes de pronome indefinido. **HS**
Gabarito "D".

1 O respeito às diferentes manifestações culturais é
fundamental, ainda mais em um país como o Brasil, que
apresenta tradições e costumes muito variados em todo o seu
4 território. Essa diversidade é valorizada e preservada por ações
da Secretaria da Identidade e da Diversidade Cultural (SID),
criada em 2003 e ligada ao Ministério da Cultura.
7 Cidadãos de áreas rurais que estejam ligados a
atividades culturais e estudantes universitários de todas as
regiões do Brasil, por exemplo, são beneficiados por um dos
10 projetos da SID: as Redes Culturais. Essas redes abrangem
associações e grupos culturais para divulgar e preservar suas
manifestações de cunho artístico. O projeto é guiado por
13 parcerias entre órgãos representativos do Estado brasileiro e as
entidades culturais.
A Rede Cultural da Terra realiza oficinas de

16 capacitação, cultura digital e atividades ligadas às artes
plásticas, cênicas e visuais, à literatura, à música e ao
artesanato. Além disso, mapeia a memória cultural dos
19 trabalhadores do campo. A Rede Cultural dos Estudantes
promove eventos e mostras culturais e artísticas e apoia a
criação de Centros Universitários de Cultura e Arte.
22 Culturas populares e indígenas são outro foco de
atenção das políticas de diversidade, havendo editais públicos
de premiação de atividades realizadas ou em andamento, o que
25 democratiza o acesso a recursos públicos.
O papel da cultura na humanização do tratamento
psiquiátrico no Brasil é discutido em seminários da SID. Além
28 disso, iniciativas artísticas inovadoras nesse segmento são
premiadas com recursos do Edital Loucos pela Diversidade.
Tais ações contribuem para a inclusão e socializam o direito à
31 criação e à produção cultural.
A participação de toda a sociedade civil na discussão
de qualquer política cultural se dá em reuniões da SID com
34 grupos de trabalho e em seminários, oficinas e fóruns, nos
quais são apresentadas as demandas da população. Com base
nesses encontros é que podem ser planejados e desenvolvidas
37 ações que permitam o acesso dos cidadãos à cultura e a
promoção de suas manifestações, independentemente de cor,
sexo, idade, etnia e orientação sexual.

Identidade e diversidade. Internet: <www.brasil.gov.br/sobre/cultura/>
(com adaptações).

**(Escrivão de Polícia/BA – 2013 – CESPE)** Considerando as ideias
e aspectos linguísticos do texto apresentado, julgue o item a
seguir.

**(1)** O emprego do sinal indicativo de crase é obrigatório em "às
diferentes manifestações" (L.1) e facultativo em "às artes
plásticas" (L.16-17), "à literatura" (L.17) e "à música" (L.17).

**1:** incorreta. Todos são casos de crase obrigatória.
Gabarito 1E

1 O problema intercultural não se resolve, como
pretendem os multiculturalistas, pelo simples reconhecimento
da isonomia axiológica entre culturas distintas, mas,
4 fundamentalmente, pelo diálogo interpessoal entre indivíduos
de culturas diferentes e, mais ainda, pelo acesso individual à
própria diversidade cultural, como condição para o exercício
7 da liberdade de pertencer a uma cultura, de assimilar novos
valores culturais ou, simplesmente, de se reinventar
culturalmente. Aliás, o reconhecimento da isonomia axiológica
10 entre culturas é importante não porque limita a individualidade
a uma estrita visão antropológica que projeta a condição
humana ao círculo concêntrico da cultura do agrupamento
13 familiar e social a que pertence o indivíduo, mas porque o
liberta, ao lhe dar amplitude de opção cultural, que,
transcendendo a esfera da identidade individual como simples
16 parte de uma cultura, dimensiona a individualidade no campo
da liberdade — da liberdade de criar a si mesmo. Por fim, a
passagem para a democracia não totalitária, ou seja,
19 democracia na e para a diversidade, decorre, justamente, da
sensibilização do político e da democratização do espaço
pessoal, antes preso à teia indizível do monismo cultural
22 ocidental, tornando-se papel do Estado o oferecimento das
condições de acessibilidade à diversidade cultural, ambiente
imprescindível à autogestão da identidade pessoal.

Miguel Batista de Siqueira Filho. **Democracia, direito e liberdade**.
Goiânia: Editora da PUC Goiás, 2011, p. 95-6 (com adaptações).

**(Escrivão de Polícia/DF – 2013 – CESPE)** Em relação ao texto acima,
julgue o seguinte item.

**(1)** No trecho "agrupamento familiar e social a que pertence
o indivíduo" (L.12-13), a substituição de "o indivíduo" por
a pessoa tornaria obrigatório o emprego do acento grave,

indicativo de crase, no "a" que antecede "que": à que
pertence a pessoa.

**1:** incorreta. Não ocorre crase nessa hipótese, porque o "a" que antecede
o "que" é preposição pura. O artigo definido feminino, necessário para
ocorrer a crase, é colocado depois do verbo "pertence".
Gabarito 1E

## 8. SEMÂNTICA

Texto CG4A1-I

1 O peso de Eurídice se estabilizou, assim como a rotina
da família Gusmão Campelo. Antenor saía para o trabalho, os
filhos saíam para a escola e Eurídice ficava em casa, moendo
4 carne e remoendo os pensamentos estéreis que faziam da sua
vida infeliz. Ela não tinha emprego, ela já tinha ido para a
escola, e como preencher as horas do dia depois de arrumar as
7 camas, regar as plantas, varrer a sala, lavar a roupa, temperar
o feijão, refogar o arroz, preparar o suflê e fritar os bifes?
Porque Eurídice, vejam vocês, era uma mulher brilhante. Se lhe
10 dessem cálculos elaborados, ela os projetaria pontes. Se lhe
dessem um laboratório, ela inventaria vacinas. Se lhe dessem
páginas brancas, ela escreveria clássicos. No entanto, o que lhe
13 deram foram cuecas sujas, que Eurídice lavou muito rápido e
muito bem, sentando-se em seguida no sofá, olhando as unhas
e pensando no que deveria pensar. E foi assim que concluiu
16 que não deveria pensar, e que, para não pensar, deveria se
manter ocupada todas as horas do dia, e que a única atividade
caseira que oferecia tal benefício era aquela que apresentava o
19 dom de ser quase infinita em suas demandas diárias: a
culinária. Eurídice jamais seria uma engenheira, nunca poria os
pés em um laboratório e não ousaria escrever versos, mas essa
22 mulher se dedicou à única atividade permitida que tinha um
certo quê de engenharia, ciência e poesia. Todas as manhãs,
depois de despertar, preparar, alimentar e se livrar do marido
25 e dos filhos, Eurídice abria o livro de receitas da Tia Palmira.

Martha Batalha. A vida invisível de Eurídice Gusmão. 1.ª ed. São Paulo:
Companhia das Letras, 2016 (com adaptações).

**(Auxiliar Judiciário – TJ/PA – 2020 – CESPE)** No trecho "e que a
única atividade caseira que oferecia tal benefício era aquela que
apresentava o dom de ser quase infinita em suas demandas
diárias: a culinária" (l. 17 a 20), do texto CG4A1-I, o vocábulo
"demandas" foi empregado no sentido de

**(A)** diligência.
**(B)** exigência.
**(C)** determinação.
**(D)** desígnio.
**(E)** busca.

Demanda" é sinônimo de "exigência", "pedido", "necessidade".
Gabarito "B".

1 O direito tributário brasileiro depara-se com
grandes desafios, principalmente em tempos de globalização
e interdependência dos sistemas econômicos. Entre esses
4 pontos de atenção, destacam-se três. O primeiro é a guerra
fiscal ocasionada pelo ICMS. O principal tributo em vigor,
atualmente, é estadual, o que faz contribuintes e advogados
7 se debruçarem sobre vinte e sete diferentes legislações
no país para entendê-lo. Isso se tornou um atentado contra
o princípio de simplificação, contribuindo para o incremento
10 de uma guerra fiscal entre os estados, que buscam alterar
regras para conceder benefícios e isenções, a fim de atrair
e facilitar a instalação de novas empresas. É, portanto, um dos
13 instrumentos mais utilizados na disputa por investimentos,
gerando, com isso, consequências negativas do ponto
de vista tanto econômico quanto fiscal.
16 A competitividade gerada pela interdependência
estadual é outro ponto. Na década de 60, a adoção do imposto
sobre valor agregado (IVA) trouxe um avanço importante

19 para a tributação indireta, permitindo a internacionalização
das trocas de mercadorias com a facilitação da equivalência
dos impostos sobre consumo e tributação, e diminuindo as
22 diferenças entre países. O ICMS, adotado no país, é o único
caso no mundo de imposto que, embora se pareça com
o IVA, não é administrado pelo governo federal — o que
25 dá aos estados total autonomia para administrar, cobrar
e gastar os recursos dele originados. A competência estadual
do ICMS gera ainda dificuldades na relação entre as vinte
28 e sete unidades da Federação, dada a coexistência dos
princípios de origem e destino nas transações comerciais
interestaduais, que gera a já comentada guerra fiscal.
31 A harmonização com os outros sistemas tributários é
outro desafio que deve ser enfrentado. É preciso integrar-se aos
países do MERCOSUL, além de promover a aproximação
34 aos padrões tributários de um mundo globalizado e
desenvolvido, principalmente quando se trata de Europa.
Só assim o país recuperará o poder da economia e poderá
37 utilizar essa recuperação como condição para intensificar
a integração com outros países e para participar mais
ativamente da globalização.

André Pereira. Os desafios do direito tributário brasileiro. *In*: DCI – Diário
Comércio, Indústria e Serviços. 2/mar./2017. Internet: <www.dci.com.
br> (com adaptações).

**(Auditor Fiscal – SEFAZ/RS – 2019 – CESPE/CEBRASPE)** A correção
gramatical e os sentidos originais do texto 1A1-I seriam preservados se, no trecho "A competência estadual do ICMS gera
ainda dificuldades na relação entre as vinte e sete unidades da
Federação" (R. 26 a 28), o vocábulo "ainda" fosse substituído
pela seguinte expressão, isolada por vírgulas.

(A) até então
(B) ao menos
(C) além disso
(D) até aquele tempo
(E) até o presente momento

Nesta construção, "ainda" é palavra denotativa, sinônima de "além
disso", "também". HS
Gabarito "C".

Texto 1A11-I

1 Pixis foi um músico medíocre, mas teve o seu dia
de glória no distante ano de 1837.
Em um concerto em Paris, Franz Liszt tocou uma
4 peça do (hoje) desconhecido compositor, junto com outra,
do admirável, maravilhoso e extraordinário Beethoven
(os adjetivos aqui podem ser verdadeiros, mas — como se
7 verá — relativos). A plateia, formada por um público refinado,

culto e um pouco bovino, como são, sempre, os homens
em ajuntamentos, esperava com impaciência.
10 Liszt tocou Beethoven e foi calorosamente aplaudido.
Depois, quando chegou a vez do obscuro e inferior Pixis,
manifestou-se o desprezo coletivo. Alguns, com ouvidos
13 mais sensíveis, depois de lerem o programa que anunciava
as peças do músico menor, retiraram-se do teatro, incapazes
de suportar música de má qualidade.
16 Como sabemos, os melômanos são impacientes com
as obras de epígonos, tão céleres em reproduzir, em clave
rebaixada, as novas técnicas inventadas pelos grandes artistas.
19 Liszt, no entanto, registraria que um erro tipográfico
inverteria, no programa do concerto, os nomes de Pixis e Beethoven...
22 A música de Pixis, ouvida como sendo de Beethoven,
foi recebida com entusiasmo e paixão, e a de Beethoven,
ouvida como sendo de Pixis, foi enxovalhada.
25 Esse episódio, cômico se não fosse doloroso,
deveria nos tornar mais atentos e menos arrogantes a respeito
do que julgamos ser arte.
28 Desconsiderar, no fenômeno estético, os mecanismos
de recepção é correr o risco de aplaudir Pixis como se fosse
Beethoven.

Charles Kiefer. O paradoxo de Pixis. *In*: Para ser escritor. São Paulo:
Leya, 2010 (com adaptações).

**(Auditor Fiscal – SEFAZ/RS – 2019 – CESPE/CEBRASPE)** No texto
1A11-I, a palavra "medíocre" (R.1) foi empregada com o mesmo
sentido de

(A) carente.
(B) tímido.
(C) humilde.
(D) inexpressivo.
(E) despretensioso.

"Medíocre" é sinônimo, principalmente em sua acepção etimológica,
de "inexpressivo", "mediano". Com o passar do tempo ganhou também
o sentido de "péssimo", "horroroso". HS
Gabarito "D".

**(Auditor Fiscal – SEFAZ/RS – 2019 – CESPE/CEBRASPE)** A correção
e os sentidos do texto 1A11-I seriam preservados se a palavra
"enxovalhada" (R.24) fosse substituída por

(A) desassistida.
(B) desagravada.
(C) afamada.
(D) aplaudida.
(E) desdenhada.

"Enxovalhada" é sinônimo de "desdenhada", "criticada", "humilhada".
HS
Gabarito "E".

1 O trem que naquela tarde de dezembro de 1909 trazia de volta a Santa Fé o dr. Rodrigo Terra
2 Cambará passava agora, apitando, pela frente do cemitério da cidade. Com a cabeça para fora da janela, o
3 rapaz olhava para aqueles velhos paredões, imaginando, entre emocionado e divertido, que os mortos, toda
4 vez que ouviam o apito da locomotiva, corriam a espiar o trem por cima dos muros do cemitério. Imaginava
5 que ali estavam sua mãe, o capitão Rodrigo, a velha Bibiana, outros parentes e amigos. Sorriam, e era-lhe
6 agradável pensar que o saudavam: "Bem-vindo sejas, Rodrigo Temos esperanças em ti!" Havia apenas um
7 que não sorria. Era o Tito Chaves, que Rodrigo vira pela última vez estendido sem vida no barro da rua, na
8 frente do Sobrado, o peito ensanguentado, os olhos vidrados. Corria à boca miúda que fora o coronel
9 Trindade quem o mandara matar por questões de política, mas ninguém tinha coragem de dizer isso em voz
10 alta. E agora ali estava Tito encarapitado no muro do cemitério, a bradar: "Vai e me vinga, Rodrigo. És moço,
11 és culto, tens coragem e ideais! Em Santa Fé todo o mundo tem medo do coronel Trindade. Não há mais
12 justiça. Não há mais liberdade. Vai e me vinga!"
13 O trem ainda apitava tremulamente, como se estivesse chorando. Mas quem, enternecido,
14 chorava de verdade era Rodrigo. As lágrimas lhe escorriam pelo rosto, a que a poeira dava uma cor de tijolo.
15 Maneco Vieira tocou-.......... o braço. "Que foi que houve, moço?", perguntou, com um jeito protetor. Rodrigo
16 levou o lenço aos olhos, dissimulando: "Esta maldita poeira..."

1. LÍNGUA PORTUGUESA    29

17  No vagão agora os passageiros começavam a arrumar suas coisas, erguiam-se, baixavam as
18  malas dos gabaritos, numa alegria alvoroçada de fim de viagem. Rodrigo foi até o lavatório, tirou o chapéu,
19  lavou o rosto, enxugou-.......... com o lenço e por fim penteou-se com esmero. Observou, contrariado, que
20  tinha os olhos injetados, o que lhe dava um ar de bêbedo ou libertino. Não queria logo de chegada causar
21  má impressão aos que o esperavam. Piscou muitas vezes, revirou os olhos, umedeceu o lenço e tornou a
22  passá-lo pelo rosto. Pôs a língua para fora e quedou-se por algum tempo a examiná-la. Ajeitou a gravata,
23  tornou a botar o chapéu, recuou um passo, lançou um olhar demorado para o espelho e, satisfeito, voltou
24  para seu lugar. Maneco Vieira sorriu, dizendo-lhe: "Enfim chegamos, com a graça de Deus... e do
25  maquinista."
26  O trem diminuiu a marcha ao entrar nos subúrbios de Santa Fé. Rodrigo sentou-se de novo junto à
27  janela e logo viu, surpreso, os casebres miseráveis do Purgatório e suas tortuosas ruas de terra vermelha.
28  Aqueles ranchos de madeira apodrecida, cobertos de palha; aquela mistura desordenada e sórdida de
29  molambos, panelas, gaiolas, gamelas, lixo; aquela confusão de cercas de taquara, becos, barrancos e
30  quintais bravios – lembraram-.......... uma fotografia do reduto de Canudos que vira estampada numa revista.
31  Na frente de algumas das choupanas viam-se mulheres – chinocas brancas, pretas, mulatas, cafuzas – a
32  acenar para o trem; muitas delas tinham um filho pequeno nos braços e outro no ventre. Crianças seminuas
33  e sujas brincavam na terra no meio de galinhas, cachorros e ossos de rês. Lá embaixo, no fundo dum
34  barranco, corria o riacho, a cuja beira uma cabocla batia roupa numa tábua, com o vestido arregaçado acima
35  dos joelhos. Em todas as caras Rodrigo vislumbrava algo de terroso e doentio, uma lividez encardida que a
36  luz meridiana tornava ainda mais acentuada. "Quanta miséria!", murmurou desolado.

Adaptado de: Érico Veríssimo, O Tempo e o Vento, Parte II: o Retrato, vol. I. 3ª ed. São Paulo: Companhia das Letras, 2004. p.92-93.

**(Procurador do Estado – PGE/RS – Fundatec – 2015)** As alternativas abaixo apresentam substituições para as palavras vidrados (l.08), encarapitado (l.10) e sórdida (l.28), respectivamente. Assinale a alternativa que contém as substituições mais adequadas para elas no texto.

**(A)** sem brilho – empoleirado – imunda.
**(B)** fixo – encolhido – imunda.
**(C)** sem brilho – encolhido – torpe.
**(D)** fixo – encolhido – torpe.
**(E)** sem brilho – empoleirado – torpe.

Note que, se soubermos que "encarapitado" é sinônimo de "empoleirado", "debruçado", só precisamos nos preocupar com o sinônimo de "sórdida", porque automaticamente está respondido que "vidrados" equivale a "sem brilho" ("fixos" também está correto, mas daí não há alternativa que substitua corretamente as demais palavras). "Sórdida", no caso, foi usado no sentido de "imunda", "suja", porque se refere ao cenário da pobreza da periferia ("sórdida" também pode ser sinônimo de "torpe", "mesquinho", mas não é o caso aqui).

Gabarito "A".

1   Qual a situação política .................. se defrontava Jango com a retomada do regime
2   presidencialista, com o fim do parlamentarismo em 1963? O fundamental é que a política de compromisso
3   se tornava cada vez mais difícil. De cada extremo do espectro, grupos radicais insistiam em soluções
4   antidemocráticas, compartilhando a crença de que cada um estava em condições de ganhar mais com o
5   desmoronamento da democracia.
6   À direita, o grupo mais importante era o dos antigetulistas tradicionais. Chocados pela súbita
7   renúncia de Jânio em 1961, mas impossibilitados de impedir a posse de Jango, caíram num desespero que
8   lembrava seu mal-estar após a eleição de Juscelino em 1955. Estavam, no entanto, melhor organizados e
9   mais decididos. As manobras populistas de Jango, em 1962, para obter a antecipação do plebiscito sobre o
10  regime de governo .................. de que estavam tratando com o mesmo Jango ................. renúncia os
11  coronéis forçaram em 1954. Em princípios de 1962, começaram a conspirar para derrubar o presidente.
12  Entre seus líderes militares estavam o marechal Odílio Denys e o almirante Sílvio Heck, ex-ministros de
13  Jânio. O principal chefe civil era Júlio de Mesquita Filho, proprietário do influente jornal O Estado de S.
14  Paulo.
15  Os radicais anti-Jango dispunham de uma conhecida reserva de doutrinas antidemocráticas. Como
16  em 1950 e em 1955, alegavam que não se podia confiar no eleitorado brasileiro. Somente sob uma
17  cuidadosa tutela poderia ser impedido de cair nas malhas de políticos "demagógicos" novamente. A
18  moralidade e o anticomunismo eram suas palavras de ordem. Contavam, ainda, com o apoio de um bem
19  financiado movimento de homens de negócio paulistas, que tinha como centro o Instituto de Pesquisas e
20  Estudos Sociais (IPES), fundado em 1961.
21  À esquerda, os radicalizantes tentavam capitalizar qualquer crise política ........ fim de provocar uma
22  abrupta transferência de poder. Seu propósito era influenciar a opinião pública, até o ponto em que os
23  árbitros estabelecidos do poder fossem desacreditados ou vencidos. A esquerda radical incluía grupos
24  operários como o Pacto Sindical de Unidade de Ação (PUA) e o Comando Geral dos Trabalhadores (CGT),
25  e organizações populares como as Ligas Camponesas e a União Nacional de Estudantes (UNE). O Partido
26  Comunista Brasileiro trabalhava para forçar um governo mais "nacionalista e democrático", dentro da
27  estrutura existente. O líder político mais preeminente da esquerda radical era Leonel Brizola, agora
28  deputado federal pelo PTB da Guanabara. Brizola era dado ao uso de linguagem violenta contra os inimigos;
29  frequentemente ameaçava recorrer à ação extraparlamentar – por exemplo, incentivar greves generalizadas,
30  como na crise de 19 para obter concessões do Congresso. É importante notar aqui a ênfase nos

# 30   FERNANDA FRANCO, HENRIQUE SUBI, MAGALLY DATO E RODRIGO FERREIRA DE LIMA

31   métodos diretos para combater "golpistas", "entreguistas" e "reacionários". Nenhum desses grupos de
32   esquerda era francamente revolucionário por volta de fins de 1962; mas todos tinham sérias dúvidas quanto
33   ......... possibilidade de satisfazer seus desejos de mudanças radicais dentro da estrutura constitucional
34   existente.
35   A despeito do crescimento da opinião extremista, em princípios de 1963 a maioria dos brasileiros
36   ainda se encontrava no centro. Pró-democráticos, preferiam uma economia mista que utilizasse o capital
37   estrangeiro sob cuidadoso controle nacional. A opinião do centro aceitava ampliar o sistema político, mas
38   somente com cautela. Sua base social era primordialmente liberal, mas também reconhecia a necessidade
39   da industrialização, conquanto resistisse ........ qualquer ideologia definida com relação ao processo de
40   industrialização. Contudo, estes pontos-de-vista cautelosos não eram claramente formulados, e na verdade
41   continham seu próprio espectro de opinião – desde a "esquerda positiva" até os "industrialistas
42   esclarecidos".

Adaptado de: Thomas Skidmore, "O Espectro Político e os Extremistas", in Brasil: de Getúlio a Castelo, 4ª ed., trad. coord. por I. T. Dantas, p.273-279. Rio de Janeiro: Paz e Terra, 1975.

**(Procurador do Estado – PGE/RS – Fundatec – 2015)** Assinale a alternativa que contém um adjetivo cuja eliminação NÃO é possível no texto, pois alteraria as relações entre referentes designados pelos substantivos do trecho correspondente.

(A) *súbita* (l.06).
(B) *civil* (l.13).
(C) *influente* (l.13).
(D) *sérias* (l.32).
(E) *cuidadoso* (l.37).

Todas as alternativas apresentam adjetivos que, se excluídos, não alterariam o sentido do texto, com exceção da letra "B", que deve ser assinalada. "Civil", nesse caso, é essencial para que se entenda que Júlio de Mesquita Filho não era militar e destacar que o movimento de extrema direita contava com apoiadores influentes nos dois grupos (civis e militares). HS

Gabarito "B".

1   – Você pensou bem no que vai fazer, Paulo?
2   – Pensei. Já estou decidido. Agora não volto atrás.
3   – Olhe lá, hein, rapaz...
4   Paulo está ao mesmo tempo comovido e surpreso com os três amigos. Assim que souberam do seu
5   divórcio iminente, correram para visitá-lo no hotel. A solidariedade lhe faz bem. Mas não entende aquela
6   insistência deles em dissuadi-lo. Afinal, todos sabiam que ele não andava muito contente com seu
7   relacionamento.
8   – Pense um pouco mais, Paulo. Reflita. Essas decisões súbitas...
9   – Mas que súbitas? Estamos praticamente separados há um ano!
10   – Dê outra chance ao seu casamento, Paulo.
11   – A Margarida é uma ótima mulher.
12   – Espera um pouquinho. Você mesmo deixou de frequentar nossa casa por causa da Margarida, depois
13   que ela chamou vocês de bêbados e quase expulsou todo mundo.
14   – E fez muito bem. Nós estávamos bêbados e tínhamos que ser expulsos.
15   – Outra coisa, Paulo. O divórcio. Sei lá.
16   – Eu não entendo mais nada. Você sempre defendeu o divórcio!
17   – É. Mas quando acontece com um amigo...
18   – Olha, Paulo. Eu não sou moralista. Mas acho a família uma coisa importantíssima. Acho que a família
19   merece qualquer sacrifício.
20   – Pense nas crianças, Paulo. No trauma.
21   – Mas nós não temos filhos!
22   – Nos filhos dos outros, então. No mau exemplo.
23   – Mas isto é um absurdo! Vocês estão falando como se fosse o fim do mundo. Hoje, o divórcio é uma
24   coisa comum. Não vai mudar nada.
25   – Como, não muda nada?
26   – Muda tudo!
27   – Você não sabe o que está dizendo, Paulo. Muda tudo.
28   – Muda o quê?
29   – Bom, pra começar, você não vai poder mais frequentar as nossas casas.
30   – As mulheres não vão tolerar.
31   – Você se transformará num pária social, Paulo.
32   – Como é que é?
33   – Fora de brincadeira. Um reprobo.
34   – Puxa. Eu nunca pensei que vocês...
35   – Pense bem, Paulo. Dê tempo ao tempo.
36   – Deixe pra decidir depois. Passado o verão.
37   – Reflita, Paulo. É uma decisão seriíssima. Deixe para mais tarde.
38   – Está bem. Se vocês insistem...
39   Na saída, os três amigos conversam:

# 1. LÍNGUA PORTUGUESA

40  – Será que ele se convenceu?
41  – Acho que sim. Pelo menos vai adiar.
42  – E no "solteiros contra casados" da praia, neste ano, ainda teremos ele no gol.
43  – Também, a ideia dele. Largar o gol dos casados logo agora. Em cima da hora. Quando não dava mais
44  para arranjar substituto.
45  – Os casados nunca terão um goleiro como ele.
46  – Se insistirmos bastante, ele desiste definitivamente do divórcio.
47  – Vai aguentar a Margarida pelo resto da vida.
48  – Pelo time dos casados, qualquer sacrifício serve.
49  – Me diz uma coisa. Como divorciado, ele podia jogar no time dos solteiros?
50  – Podia.
51  – Impensável.
52  – É.
53  – Outra coisa.
54  – Fala.
55  – Não é reprobo. É réprobo. Acento no "e".
56  – Mas funcionou, não funcionou?

Adaptado de VERISSIMO, Luis Fernando. "Os Moralistas". Disponível em www.releituras.com/lfverissimo_moralistas.asp. Acessado em 12 de novembro de 2014.

**(Procurador do Estado – PGE/RS – Fundatec – 2015)** Assinale V, se verdadeiras, ou F, se falsas nas afirmações a seguir:

( ) A palavra *decidido* (linha 02) está sendo empregada como adjetivo.
( ) A palavra *absurdo* (linha 23) está sendo empregada como adjetivo.
( ) A palavra *bem* (linha 35) está sendo usada como um substantivo.
( ) A palavra *ano* (linha 42) está sendo usada como advérbio.
A sequência correta de preenchimento dos parênteses, de cima para baixo, é:

(A) F – F – V – V.
(B) F – V – V – V.
(C) V – F – F – F.
(D) V – V – V – F.
(E) V – F – F – V.

I: verdadeira. É adjetivo que atua como predicativo do sujeito oculto "eu"; II: falsa. Na oração, o termo "absurdo" tem valor de substantivo; III: falsa. É advérbio que interage com o verbo "pensar"; IV: falsa. É substantivo. **HS**
Gabarito "C".

1       Leio que a ciência deu agora mais um passo definitivo.
       E claro que o definitivo da ciência e transitório, e não por
       deficiência da ciência (e ciência demais), que se supera a si
4      mesma a cada dia... Não indaguemos para que, ja que a própria
       ciência não o faz — o que, alias, e a mais moderna forma de
       objetividade de que dispomos.
7          Mas vamos ao definitivo transitório. Os cientistas
       afirmam que podem realmente construir agora a bomba limpa.
       Sabemos todos que as bombas atômicas fabricadas ate hoje são
10     sujas (alias, imundas) porque, depois que explodem, deixam
       vagando pela atmosfera o ja famoso e temido estrôncio 90.
       Ora, isso e desagradável: pode mesmo acontecer que o próprio
13     pais que lançou a bomba venha a sofrer, a longo prazo, as
       conseqüências mortíferas da proeza. O que e, sem duvida, uma
       sujeira.
16         Pois bem, essas bombas indisciplinadas,
       mal-educadas, serão em breve substituídas pelas bombas
       *n*, que
       cumprirão sua missão com lisura: destruirão o inimigo,
19     sem riscos para o atacante. Trata-se, portanto, de uma fabulosa
       conquista, não?

Ferreira Gullar. *Maravilha. In: A estranha vida banal.*
Rio de Janeiro: José Olympio, 1989, p. 109.

**(Polícia Rodoviária Federal – 2013 – CESPE)** No que se refere aos sentidos e as estruturas linguísticas do texto acima, julgue os itens a seguir.

(1) A forma verbal "podem" (L.8) esta empregada no sentido de têm autorização.
(2) O emprego do acento nas palavras "ciência" e "transitório" justifica-se com base na mesma regra de acentuação.

**1:** incorreta. O verbo conjugado "podem" foi usado no sentido de "conseguem", "têm aptidão"; **2:** correta. Ambas são paroxítonas terminadas em ditongo crescente.
Gabarito 1E, 2C

## Pavio do destino

Sérgio Sampaio

1    O bandido e o mocinho
     São os dois do mesmo ninho
     Correm nos estreitos trilhos

4    Lá no morro dos aflitos
     Na Favela do Esqueleto
     São filhos do primo pobre

7    A parcela do silêncio
     Que encobre todos os gritos
     E vão caminhando juntos

10   O mocinho e o bandido
     De revólver de brinquedo
     Porque ainda são meninos

13   Quem viu o pavio aceso do destino?
     Com um pouco mais de idade
     E já não são como antes

16   Depois que uma autoridade
     Inventou-lhes um flagrante
     Quanto mais escapa o tempo

19   Dos falsos educandários
     Mais a dor é o documento
     Que os agride e os separa

22   Não são mais dois inocentes
     Não se falam cara a cara
     Quem pode escapar ileso

25   Do medo e do desatino
     Quem viu o pavio aceso do destino?
     O tempo é pai de tudo

28   E surpresa não tem dia
     Pode ser que haja no mundo
     Outra maior ironia

31   O bandido veste a farda
     Da suprema segurança
     O mocinho agora amarga

34   Um bando, uma quadrilha
     São os dois da mesma safra
     Os dois são da mesma ilha

37   Dois meninos pelo avesso
     Dois perdidos Valentinos
     Quem viu o pavio aceso do destino?

**(Agente de Polícia/DF – 2013 – CESPE)** A respeito dos sentidos do texto de Sérgio Sampaio, que constitui a letra de uma música, julgue o item seguinte.

**(1)** O termo "ileso" (v.24) está empregado como sinônimo de incólume.

1: correta. São também sinônimos de indene, intacto, inteiro.
Gabarito 1C

## 9. ORTOGRAFIA

1 SOLDADO DESCONHECIDO. Após a Primeira Guerra
Mundial, autoridades dos países aliados verificaram que os
corpos de muitos soldados mortos em combate não podiam ser
4 identificados. Os governos da Bélgica, França, Grã-Bretanha,
Itália e Estados Unidos da América decidiram homenagear, de
forma especial, a memória desses soldados. Cada governo
7 escolheu um soldado desconhecido como símbolo, enterrou
seus restos mortais na capital nacional e ergueu um monumento
em honra do soldado.
10 A Bélgica colocou seu soldado desconhecido em um túmulo na
base da Colunata do Congresso, em Bruxelas. A França
enterrou seu soldado desconhecido embaixo do Arco do
13 Triunfo, no centro de Paris. A Grã-Bretanha enterrou o seu na
abadia de Westminster. O soldado desconhecido da Itália jaz
defronte ao monumento a Vítor Emanuel I, em Roma.
16 No Brasil, os 466 mortos brasileiros integrantes da Força
Expedicionária que haviam sido enterrados, após a Segunda
Guerra Mundial, no cemitério militar de Pistoia, na Itália,
19 foram transportados em urnas para o Brasil, em aviões da
Força Aérea Brasileira, em 11 de dezembro de 1960. As urnas
chegaram ao Rio de Janeiro em 16 do mesmo mês, ficando
22 expostas à visitação pública no Palácio Tiradentes. No dia 22
de dezembro, os restos mortais dos heróis foram trasladados
para o Monumento Nacional aos Mortos da Segunda Guerra
25 Mundial.

Enciclopédia Delta Universal. Rio de Janeiro: Editora Delta,
s/d, v. 13, p. 7.384 (com adaptações).

**(Soldado da Polícia Militar/CE – 2012 – CESPE)** Com relação à grafia e a aspectos morfossintáticos e semânticos do texto apresentado, julgue os itens que se seguem.

**(1)** No contexto em que ocorrem, as palavras "embaixo" (L.12) e "defronte" (L.15) podem ser substituídas, respectivamente, por **debaixo** e **enfronte**, sem prejuízo ortográfico.

**(2)** A frase "os corpos de muitos soldados mortos em combate não podiam ser identificados" (L.2-4) não contém o agente da ação de identificar.

**(3)** Caso o verbo **decidir** seja suprimido da expressão "decidiram homenagear" (L.5), o verbo **homenagear**, que se conjuga pelo modelo de **odiar** deverá ser grafado **homenagiaram**.

**1:** incorreta, porque a palavra escolhida 'enfronte' não se encaixa no contexto em questão, pois ela é verbo e não tem o mesmo significado de 'em frente'; **2:** correta, porque o agente da passiva não está descrito na frase, portanto sem agente aparente, sendo ele indeterminado no trecho. Há somente o sujeito paciente da ação verbal; **3:** incorreta, porque não se grafa homenagearam com a letra 'i' e sim com a letra 'e', portanto errado.
Gabarito 1E, 2C, 3E

1 Já adulto pela covardia, eu fazia o que todos fazemos,
quando somos grandes, e há diante de nós sofrimentos e
injustiças: não queria vê-los; subia para soluçar lá no alto da
4 casa, numa peça ao lado da sala de estudos, sob os telhados,
uma salinha que cheirava a íris, também aromada por uma
groselheira silvestre que crescia do lado de fora entre as pedras
7 do muro e passava um ramo florido pela janela entreaberta.

Destinada a uma utilidade mais especial e mais vulgar, essa
peça serviu por muito tempo de refúgio para mim, sem dúvida
10 por ser a única que me permitia fechasse à chave, para todas as
minhas ocupações que exigissem solidão inviolável: a leitura,
o devaneio, as lágrimas e a volúpia.

Marcel Proust. No caminho de Swann.
Internet: <vestibular.uol.com.br> (com adaptações).

**(Enfermeiro – TJ/AL – 2012 – CESPE)** Assinale a opção correta a respeito do texto apresentado.

**(A)** A palavra "covardia" (l.1) poderia ser substituída por **pusilanimidade**, sem alterar o sentido original do texto.
**(B)** As palavras "sofrimentos" (l.2) e "injustiças" (l.3) designam acontecimentos antagônicos necessariamente decorrentes um do outro.
**(C)** Na linha 5, o termo "íris" alude contextualmente a uma cor.
**(D)** A substituição da forma verbal "cheirava" (l.5) por cheirasse prejudicaria a correção gramatical do texto.
**(E)** Na linha 2, o vocábulo "grandes" é empregado como sinônimo de altos.

**A:** correta. "Covardia" e "pusilanimidade" são sinônimas; **B:** incorreta. Os ideias contidas em "sofrimentos" e "injustiças" não são antagônicas (contrárias), mas análogas (similares); **C:** incorreta. "Íris" é uma planta, por isso o autor se refere ao "cheiro de íris"; **D:** incorreta. Haveria uma mudança de sentido (da afirmação de que "a salinha efetivamente tinha cheiro de íris" para a possibilidade de que "talvez houvesse esse cheiro"), mas gramaticalmente estaria tudo correto; **E:** incorreta. "Grandes" foi empregado como sinônimo de "adultos".
Gabarito A

## 10. REGÊNCIAS VERBAL E NOMINAL

1 O respeito às diferentes manifestações culturais é
fundamental, ainda mais em um país como o Brasil, que
apresenta tradições e costumes muito variados em todo o seu
4 território. Essa diversidade é valorizada e preservada por ações
da Secretaria da Identidade e da Diversidade Cultural (SID),
criada em 2003 e ligada ao Ministério da Cultura.
7 Cidadãos de áreas rurais que estejam ligados a
atividades culturais e estudantes universitários de todas as
regiões do Brasil, por exemplo, são beneficiados por um dos
10 projetos da SID: as Redes Culturais. Essas redes abrangem
associações e grupos culturais para divulgar e preservar suas
manifestações de cunho artístico. O projeto é guiado por
13 parcerias entre órgãos representativos do Estado brasileiro e as
entidades culturais.
A Rede Cultural da Terra realiza oficinas de
16 capacitação, cultura digital e atividades ligadas às artes
plásticas, cênicas e visuais, à literatura, à música e ao
artesanato. Além disso, mapeia a memória cultural dos
19 trabalhadores do campo. A Rede Cultural dos Estudantes
promove eventos e mostras culturais e artísticas e apoia a
criação de Centros Universitários de Cultura e Arte.
22 Culturas populares e indígenas são outro foco de
atenção das políticas de diversidade, havendo editais públicos
de premiação de atividades realizadas ou em andamento, o que
25 democratiza o acesso a recursos públicos.
O papel da cultura na humanização do tratamento
psiquiátrico no Brasil é discutido em seminários da SID. Além
28 disso, iniciativas artísticas inovadoras nesse segmento são
premiadas com recursos do Edital Loucos pela Diversidade.
Tais ações contribuem para a inclusão e socializam o direito à
31 criação e à produção cultural.
A participação de toda a sociedade civil na discussão
de qualquer política cultural se dá em reuniões da SID com
34 grupos de trabalho e em seminários, oficinas e fóruns, nos
quais são apresentadas as demandas da população. Com base
nesses encontros é que podem ser planejadas e desenvolvidas

## 1. LÍNGUA PORTUGUESA    33

37 ações que permitam o acesso dos cidadãos à cultura e a
promoção de suas manifestações, independentemente de cor,
sexo, idade, etnia e orientação sexual.

> Identidade e diversidade. Internet: <www.brasil.gov.br/sobre/cultura/>
> (com adaptações).

**(Escrivão de Polícia/BA – 2013 – CESPE)** Considerando as ideias e
aspectos linguísticos do texto apresentado, julgue o item a seguir.

**(1)** A correção gramatical do texto seria mantida caso as formas
verbais "promove" e "apoia" (L.20) fossem flexionadas no
plural, para concordar com o termo mais próximo, "dos
Estudantes" (L.19).

**1:** incorreta. O verbo "promover" deve concordar com "Rede Cultural",
singular, que é o núcleo do sujeito da oração.
Gabarito 1E

1 A prisão, em vez de devolver à liberdade indivíduos
corrigidos, espalha na população delinquentes perigosos. A
prisão não pode deixar de fabricar delinquentes. Fabrica-os
4 pelo tipo de existência que faz os detentos levarem: que fiquem
isolados nas celas, ou que lhes seja imposto um trabalho para
o qual não encontrarão utilidade, é de qualquer maneira não
7 "pensar no homem em sociedade; é criar uma existência contra
a natureza inútil e perigosa"; queremos que a prisão eduque os
detentos, mas um sistema de educação que se dirige ao homem

10 pode ter razoavelmente como objetivo agir contra o desejo da
natureza? A prisão fabrica também delinquentes impondo aos
detentos limitações violentas; ela se destina a aplicar as leis, e
13 a ensinar o respeito por elas; ora, todo o seu funcionamento se
desenrola no sentido do abuso de poder. A prisão torna
possível, ou melhor, favorece a organização de um meio de
16 delinquentes, solidários entre si, hierarquizados, prontos para
todas as cumplicidades futuras.

> Michel Foucault. **Ilegalidade e delinquência.** In: Michel Foucault.
> **Vigiar e punir: nascimento da prisão.** 33.a ed. Petrópolis: Vozes,
> 1987, p. 221-2 (com adaptações).

**(Agente de Polícia/DF – 2013 – CESPE)** O item seguinte apresenta
proposta de reescritura de trecho do texto acima. Julgue-o
quanto à correção gramatical e à manutenção do sentido
original do texto.

**(1)** "Fabrica-os pelo (...) inútil e perigosa'" (L.3-8): Fabrica-os
pelo tipo de existência que impõem aos detentos: que
fiquem isolados nas celas, ou que sejam compelidos a um
trabalho para o qual não encontrarão utilidade, é de qualquer
maneira não "pensar no homem em sociedade; é criar uma
existência que vai de encontro à natureza inútil e perigosa".

**1:** incorreta. O verbo "impor" deveria estar no singular "impõe" para
concordar com o sujeito oculto "a prisão".
Gabarito 1E

## 11. ORAÇÃO SUBORDINADA
Texto CG1A1-II

1 Segundo a Lei Geral de Proteção de Dados
(Lei n.º 13.709/2018), dados pessoais são informações que
podem identificar alguém. Dentro desse conceito, foi criada
4 uma categoria chamada de "dado sensível", que diz respeito a
informações sobre origem racial ou étnica, convicções
religiosas, opiniões políticas, saúde ou vida sexual. Registros
7 como esses, a partir da vigência da lei, passam a ter nível maior
de proteção, para evitar formas de discriminação. Todas as
atividades realizadas no país e todas as pessoas que estão no
10 Brasil estão sujeitas à lei. A norma vale para coletas operadas
em outro país, desde que estejam relacionadas a bens ou
serviços ofertados a brasileiros. Mas há exceções, como a
13 obtenção de informações pelo Estado para a segurança pública.
Ao coletar um dado, as empresas deverão informar a
finalidade da coleta. Se o usuário aceitar repassar suas
16 informações, o que pode acontecer, por exemplo, quando ele
concorda com termos e condições de um aplicativo, as
companhias passam a ter o direito de tratar os dados
19 (respeitada a finalidade específica), desde que em
conformidade com a legislação. A lei prevê uma série de
obrigações, como a garantia da segurança das informações e a
22 notificação do titular em caso de um incidente de segurança. A
norma permite a reutilização dos dados por empresas ou órgãos
públicos, em caso de "legítimo interesse".
25 Por outro lado, o titular ganhou uma série de direitos.
Ele pode, por exemplo, solicitar à empresa os dados que ela
tem sobre ele, a quem foram repassados (em situações como a
28 de reutilização por "legítimo interesse") e para qual finalidade.
Caso os registros estejam incorretos, ele poderá cobrar a
correção. Em determinados casos, o titular terá o direito de se
31 opor a um tratamento. A lei também prevê a revisão de
decisões automatizadas tomadas com base no tratamento de
dados, como as notas de crédito ou os perfis de consumo.

> Internet: <www.agenciabrasil.ebc.com.br> (com adaptações).

**(Analista Judiciário – TJ/PA – 2020 – CESPE)** No período em que se insere no texto CG1A1-II, a oração "Ao coletar um dado" (l.14)
exprime uma circunstância de

**(A)** causa.
**(B)** modo.

# 34 — FERNANDA FRANCO, HENRIQUE SUBI, MAGALLY DATO E RODRIGO FERREIRA DE LIMA

(C) finalidade.

(D) explicação.

(E) tempo.

A oração indicada classifica-se como oração subordinada adverbial temporal, ou seja, expressa uma noção de tempo.

Gabarito "E".

### Texto 1A3-I

1   A política tributária não se restringe ao objetivo
    de abastecer os cofres públicos, mas tem também objetivos
    econômicos e sociais. Se fosse aumentada a tributação
4   sobre um produto considerado nocivo para o consumidor ou
    para a sociedade, o seu consumo poderia ser desestimulado.
    Caso a intenção fosse promover uma melhor distribuição
7   de renda, o Estado poderia reduzir tributos incidentes sobre
    os produtos mais consumidos pela população de renda mais
    baixa e elevar os tributos sobre a renda da classe mais alta.
10  Por outro lado, se o Estado reduzisse a tributação
    de determinado setor da economia, os custos desse setor
    diminuiriam, o que possibilitaria a queda dos preços de seus
13  produtos e poderia gerar um crescimento das vendas.
    Outro efeito viável dessa política seria o aumento do lucro
    das empresas, favorecendo-se, assim, a elevação dos seus
16  investimentos — e, consequentemente, da produção —
    e o surgimento de novas empresas, o que provavelmente
    resultaria no crescimento da produção, bem como no
19  acirramento da concorrência, com possíveis reflexos sobre
    os preços. Em qualquer um desses cenários, o setor seria
    estimulado.

Internet: <https://politicaspublicas.almg.gov.br> (comadaptações).

**(Auditor Fiscal – SEFAZ/RS – 2019 – CESPE/CEBRASPE)** No texto 1A3-I, a oração "se o Estado reduzisse a tributação de determinado setor da economia" (R. 10 e 11) apresenta, no período em que se insere, noção de

(A) concessão, uma vez que representa uma exceção às regras de tributação do país.

(B) explicação, uma vez que esclarece uma ação que diminuiria os custos do referido setor.

(C) proporcionalidade, uma vez que os custos do referido setor diminuiriam à medida que se diminuísse a tributação.

(D) tempo, uma vez que a diminuição dos custos do referido setor ocorreria somente após a redução da tributação sobre ele.

(E) condição, uma vez que a diminuição dos custos do referido setor dependeria da redução da tributação sobre ele.

A oração destacada é inaugurada pela conjunção condicional "se", demonstrando que uma coisa depende de outra dentro do raciocínio proposto. No caso, temos que os custos sobre um setor da economia só diminuiriam na hipótese de o Estado reduzir os tributos sobre ele.

Gabarito "E".

1   Um Brasil com desemprego zero. Um Brasil bem
    distante das estatísticas que apontam para uma taxa de
    desocupação em torno de 9%. E um Brasil que coloca o seu
4   mercado de trabalho nas mãos de empreendedores locais,
    formais e informais. Cerca de 30 cidades devem integrar esse
    Brasil fora das estatísticas. São exceções e prova viva da
7   força empreendedora do interior e de seu papel empregador.
    E representam, ainda, a força do agronegócio, o avanço ao
    consumo da classe C e os efeitos na economia dos programas
10  de transferência de renda, afirmou Luiz Carlos Barboza,
    diretor do SEBRAE Nacional.

**O Globo**, 6/4/2008, p. 33 (com adaptações).

**(Técnico Judiciário – STF – 2008 – CESPE)** Com relação ao texto acima, julgue o item a seguir.

(1) A oração que se inicia com "que" (l.2) é adjetiva explicativa.

1: a oração "que apontam para uma taxa de desocupação" é adjetiva restritiva.

Gabarito 1E.

## 12. PARTÍCULA SE / PRONOME SE

1       A última reforma eleitoral no país ocorreu na
    década passada e abrangeu três mudanças:
    • uma nova lei de inelegibilidade (Lei Complementar
4     n.º 64/1990);
    • uma nova lei dos partidos políticos (Lei n.º 9.096/1995,
      alterada pela Lei n.º 9.259/1996);
7   • a denominada Lei das Eleições (Lei n.º 9.504/1997).
        Verifica-se que o âmbito das reformas eleitorais
    cinge-se a três aspectos: as eleições, os partidos políticos
10  e as inelegibilidades. Esses três aspectos decorrem do
    nosso direito constitucional legislado. Por isso,
    inquestionavelmente, consideram-se reformas eleitorais as
13  propostas de mudanças que a eles dizem respeito.
        Ao contrário das eleitorais, as reformas políticas
    incluem aspectos mais amplos que extrapolam o que se
16  refere apenas aos sistemas eleitorais e aos sistemas
    partidários.
        Quando e por que a reforma dos sistemas se torna inevi-
19  tável? A constatação empírica é que os sistemas tendem
    a ser reformados quando já não cumprem os fins para os
    quais foram instituídos. Em outras palavras, quando o des-
22  gaste por eles sofrido exige a mudança do paradigma em
    vigor.

Marco Maciel. Folha de S.Paulo, 21/4/2009
(com adaptações).

**(Técnico Judiciário – TRE/MA – 2009 – CESPE)** No texto acima, o pronome "se", em

(A) "Verifica-se" (l.8), indica voz reflexiva.

(B) "cinge-se" (l.9), é objeto indireto.

(C) "consideram-se" (l.12), indica que o verbo está na voz passiva.

(D) "se refere" (l.15-16), indica sujeito indeterminado.

(E) "se torna" (l.18), exerce função de predicativo do sujeito.

**A:** o pronome se em "Verifica-se que o âmbito" é pronome apassivador; **B:** o pronome se em "cinge-se a três aspectos" é parte integrante do verbo; **C:** assertiva correta. O pronome se é apassivador; **D:** o pronome se em "o que se refere" é parte integrante do verbo; **E:** o pronome em "se torna inevitável" é parte integrante do verbo.

Gabarito "C".

## 13. USO DA VÍRGULA E DOIS-PONTOS

1       O que tanta gente foi fazer do lado de fora do tribunal
    onde foi julgado um dos mais famosos casais acusados de
    assassinato no país? Torcer pela justiça, sim: as evidências
4   permitiam uma forte convicção sobre os culpados, muito antes
    do encerramento das investigações. Contudo, para torcer pela
    justiça, não era necessário acampar na porta do tribunal, de
7   onde ninguém podia pressionar os jurados. Bastava fazer
    abaixo-assinados via Internet pela condenação do pai e da
    madrasta da vítima. O que foram fazer lá, ao vivo? Penso que
10  as pessoas não torceram apenas pela condenação dos principais
    suspeitos. Torceram também para que a versão que inculpou
    o pai e a madrasta fosse verdadeira.
13      O relativo alívio que se sente ao saber que um
    assassinato se explica a partir do círculo de relações pessoais

# 1. LÍNGUA PORTUGUESA    35

da vítima talvez tenha duas explicações. Primeiro, a fantasia de
16 que em nossas famílias isso nunca há de acontecer. Em geral
temos mais controle sobre nossas relações íntimas que sobre o
acaso dos maus encontros que podem nos vitimar em uma
19 cidade grande. Segundo, porque o crime familiar permite o
lenitivo da construção de uma narrativa. Se toda morte
violenta, ou súbita, nos deixa frente a frente com o real
22 traumático, busca-se a possibilidade de inscrever o acontecido
em uma narrativa, ainda que terrível, capaz de produzir sentido
para o que não tem tamanho nem nunca terá, o que não tem
25 conserto nem nunca terá, o que não faz sentido.

Maria Rita Khel. **A morte do sentido**. Internet:
<www.mariaritakehl.psc.br> (com adaptações).

**(Escrivão de Polícia Federal – 2013 – CESPE)** Com base no texto
acima, julgue os itens abaixo.

**(1)** Sem prejuízo do sentido original do texto, os dois-pontos
empregados logo após "sim" (L.3) poderiam ser substituídos
por vírgula, seguida de dado que ou uma vez que.

**(2)** Sem prejuízo da correção gramatical e do sentido do texto,
a oração "que inculpou o pai e a madrasta" (L.11-12) poderia
ser isolada por vírgulas, sendo a opção pelo emprego desse
sinal de pontuação uma questão de estilo apenas.

**1:** correta. Os dois-pontos marcam a entrada do aposto. Sua substituição por vírgula, seguida das locuções conjuntivas sugeridas, ambas
com valor explicativo, mantém o mesmo sentido da formatação original;
**2:** incorreta. A separação da oração por vírgulas transformá-la-ia em
oração subordinada adjetiva explicativa. Sem os sinais de pontuação,
entendemos do texto que existem várias versões para o crime e estamos
falando daquela que culpa o pai e a madrasta (oração subordinada
adjetiva restritiva). Se a transformarmos em explicativa, o sentido muda:
só existe a versão que culpa o pai e a madrasta. Logo, não se trata de
mera questão de estilo, e sim de transmitir a mensagem correta ao leitor.
Gabarito 1C, 2E

1      O processo penal moderno, tal como praticado
atualmente nos países ocidentais, deixa de centrar-se na
finalidade meramente punitiva para centrar-se, antes, na
4 finalidade investigativa. O que se quer dizer é que, abandonado
o sistema inquisitório, em que o órgão julgador cuidava
também de obter a prova da responsabilidade do acusado (que
7 consistia, a maior parte das vezes, na sua confissão), o que se
pretende no sistema acusatório é submeter ao órgão julgador
provas suficientes ao esclarecimento da verdade.
10     Evidentemente, no primeiro sistema, a complexidade
do ato decisório haveria de ser bem menor, uma vez que a
condenação está atrelada à confissão do acusado. Problemas de
13 consciência não os haveria de ter o julgador pela decisão em si,
porque o seu veredito era baseado na contundência probatória
do meio de prova "mais importante" — a confissão. Um dos
16 motivos pelos quais se pôs em causa esse sistema foi
justamente a questão do controle da obtenção da prova: a
confissão, exigida como prova plena para a condenação, era o
19 mais das vezes obtida por meio de coações morais e físicas.
Esse fato revelou a necessidade, para que haja
condenação, de se proceder à reconstituição histórica dos fatos,
22 de modo que se investigue o que se passou na verdade e se a
prática do ato ilícito pode ser atribuída ao arguido, ou seja, a
necessidade de se restabelecer, tanto quanto possível, a verdade
25 dos fatos, para a solução justa do litígio. Sendo esse o fim a
que se destina o processo, é mediante a instrução que se busca
a mais perfeita representação possível dessa verdade.

Getúlio Marcos Pereira Neves. **Valoração da prova e
livre convicção do juiz**. *In*: **Jus Navigandi**, Teresina,
ano 9, n.º 401, ago./2004 (com adaptações).

**(Escrivão de Polícia Federal – 2013 – CESPE)** No que se refere às
ideias e aos aspectos linguísticos do texto acima, julgue o item
que se segue.

**(1)** O segundo período do primeiro parágrafo do texto estaria
gramaticalmente correto se fosse reescrito da seguinte
forma: Quer-se dizer que, não mais vigorando o sistema
inquisitório (no qual o órgão julgador cuidava também de
obter a prova da responsabilidade do acusado — a qual
consistia, no mais das vezes, na sua confissão), o que se
almeja no sistema acusatório é fornecer ao órgão julgador
provas bastantes ao esclarecimento da verdade.

**1:** correta. A oração subordinada adjetiva explicativa que está entre vírgulas
no texto original pode ser deslocada para dentro dos parênteses sem
qualquer prejuízo à correção textual. Expor ideias que complementem os
conceitos utilizados no texto é justamente uma das funções dos parênteses.
Gabarito 1C

1      O respeito às diferentes manifestações culturais é
fundamental, ainda mais em um país como o Brasil, que
apresenta tradições e costumes muito variados em todo o seu
4 território. Essa diversidade é valorizada e preservada por ações
da Secretaria da Identidade e da Diversidade Cultural (SID),
criada em 2003 e ligada ao Ministério da Cultura.
7 Cidadãos de áreas rurais que estejam ligados a
atividades culturais e estudantes universitários de todas as
regiões do Brasil, por exemplo, são beneficiados por um dos
10 projetos da SID: as Redes Culturais. Essas redes abrangem
associações e grupos culturais para divulgar e preservar suas
manifestações de cunho artístico. O projeto é guiado por
13 parcerias entre órgãos representativos do Estado brasileiro e as
entidades culturais.
A Rede Cultural da Terra realiza oficinas de
16 capacitação, cultura digital e atividades ligadas às artes
plásticas, cênicas e visuais, à literatura, à música e ao
artesanato. Além disso, mapeia a memória cultural dos
19 trabalhadores do campo. A Rede Cultural dos Estudantes
promove eventos e mostras culturais e artísticas e apoia a
criação de Centros Universitários de Cultura e Arte.
22 Culturas populares e indígenas são outro foco de
atenção das políticas de diversidade, havendo editais públicos
de premiação de atividades realizadas em andamento, o que
25 democratiza o acesso a recursos públicos.
O papel da cultura na humanização do tratamento
psiquiátrico no Brasil é discutido em seminários da SID. Além
28 disso, iniciativas artísticas inovadoras nesse segmento são
premiadas com recursos do Edital Loucos pela Diversidade.
Tais ações contribuem para a inclusão e socializam o direito à
31 criação e à produção cultural.
A participação de toda a sociedade civil na discussão
de qualquer política cultural se dá em reuniões da SID com
34 grupos de trabalho e em seminários, oficinas e fóruns, nos
quais são apresentadas as demandas da população. Com base
nesses encontros é que podem ser planejadas e desenvolvidas
37 ações que permitam o acesso dos cidadãos à cultura e a
promoção de suas manifestações, independentemente de cor,
sexo, idade, etnia e orientação sexual.

**Identidade e diversidade**. Internet: <www.brasil.gov.br/sobre/cultura/>
(com adaptações).

**(Escrivão de Polícia/BA – 2013 – CESPE)** Considerando as ideias e
aspectos linguísticos do texto apresentado, julgue o item a seguir.

**(1)** A retirada da vírgula após "Brasil" (L.2) manteria a correção
gramatical e os sentidos do texto, visto que, nesse caso, o
emprego desse sinal de pontuação é facultativo.

**1:** incorreta. A vírgula nessa passagem é obrigatória, pois separa a
oração subordinada adjetiva explicativa da oração principal. Suprimi-la
acarretaria erro gramatical, porque a oração seguinte seria lida como
oração adjetiva restritiva.
Gabarito 1E

1     Balanço divulgado pela Secretaria de Segurança
Pública do Distrito Federal (SSP/DF) aponta redução de 39%
nos casos de roubo com restrição de liberdade, o famoso
4 sequestro-relâmpago, ocorridos entre 1.º de janeiro e 31 de
agosto deste ano, em comparação com o mesmo período do
ano passado — foram 520 ocorrências em 2012 e 316 em
7 2013.

    Em agosto deste ano, foram registrados 39 casos de
sequestro-relâmpago em todo o DF, o que representa redução
10 de 32% do número de ocorrências dessa natureza criminal em
relação ao mesmo mês de 2012, período em que 57 casos
foram registrados. Entre as 39 vítimas, 11 foram abordadas no
13 Plano Piloto, região que lidera a classificação de casos, seguida
pela região administrativa de Taguatinga, com oito ocorrências.
Segundo a SSP, o cenário é diferente daquele do mês de julho,
16 em que Ceilândia e Gama tinham o maior número de casos.
"38% dos crimes foram cometidos nos fins de semana, no
período da noite, e quase 70% das vítimas eram do sexo
19 masculino, o que mostra que a escolha da vítima é baseada no
princípio da oportunidade e aleatória, não em função do
gênero."
22     Ao todo, 82% das vítimas (32 pessoas) estavam
sozinhas no momento da abordagem dos bandidos, por isso as
forças de segurança recomendam que as pessoas tomem alguns
25 cuidados, entre os quais, não estacionar em locais escuros e
distantes, não ficar dentro de carros estacionados e redobrar a
atenção ao sair de residências, centros comerciais e outros
28 locais.

**DF registra 316 ocorrências de sequestro-relâmpago
nos primeiros oito meses deste ano.** R7, 6/9/2013.
Internet: <http://noticias.r7.com> (com adaptações).

**(Agente de Polícia/DF – 2013 – CESPE)** Julgue os próximos itens,
relativos aos sentidos e aos aspectos linguísticos do texto
acima.

**(1)** A expressão "o famoso sequestro-relâmpago" (L.3-4) está
entre vírgulas porque explica, em termos populares, a
expressão "roubo com restrição de liberdade" (L.3).

**(2)** A correção gramatical e o sentido do texto seriam preservados caso a vírgula imediatamente após o termo "quais"
(L.25) fosse substituída pelo sinal de dois-pontos.

**1:** correta. Trata-se de aposto e, portanto, deve vir entre vírgulas; **2:**
correta. A vírgula no texto marca o início de uma enumeração, função
que pode ser exercida pelos dois-pontos.
Gabarito 1C, 2C

1 A prisão, em vez de devolver à liberdade indivíduos
corrigidos, espalha na população delinquentes perigosos. A
prisão não pode deixar de fabricar delinquentes. Fabrica-os
4 pelo tipo de existência que faz os detentos levarem: que fiquem
isolados nas celas, ou que lhes seja imposto um trabalho para
o qual não encontrarão utilidade, é de qualquer maneira não
7 "pensar no homem em sociedade; é criar uma existência contra
a natureza inútil e perigosa"; queremos que a prisão eduque os
detentos, mas um sistema de educação que se dirige ao homem
10 pode ter razoavelmente como objetivo agir contra o desejo da
natureza? A prisão fabrica também delinquentes impondo aos
detentos limitações violentas; ela se destina a aplicar as leis, e
13 a ensinar o respeito por elas; ora, todo o seu funcionamento se
desenrola no sentido do abuso de poder. A prisão torna
possível, ou melhor, favorece a organização de um meio de
16 delinquentes, solidários entre si, hierarquizados, prontos para
todas as cumplicidades futuras.

Michel Foucault. **Ilegalidade e delinquência**. *In*: Michel Foucault.
**Vigiar e punir: nascimento da prisão**. 33.a ed. Petrópolis: Vozes,
1987, p. 221-2 (com adaptações).

**(Agente de Polícia/DF – 2013 – CESPE)** O item seguinte apresenta
proposta de reescritura de trecho do texto acima. Julgue-o
quanto à correção gramatical e à manutenção do sentido
original do texto.

**(1)** "A prisão (...) por elas" (L.11-13): Ao impor limitações violentas aos detentos, a prisão cria também delinquentes. Ela é
destinada a aplicação das leis e ao ensino do respeito por
elas.

**1:** incorreta. A colocação do ponto final separando os dois períodos
trouxe graves prejuízos à coerência do texto. O segundo período não
faz sentido frente ao primeiro.
Gabarito 1E

## 14. ANÁLISES SINTÁTICA E MORFOLÓGICA

### Texto 1A16AAA

1 Para muitos, o surgimento da civilização decorreu da
renúncia social ao uso da força física como forma de reparar
injustiças. Fazer justiça com as próprias mãos passou a ser
4 considerado, assim, um ato de barbaridade.
O sentimento de justiça, muito arraigado no ser
humano, aparece em diversas espécies animais, tendo origens
7 antigas na escala evolutiva: de ratos a gorilas, punir infrações
parece ser útil há muitas eras. Deslealdade e desobediência, por
exemplo, despertam no ser humano o senso de certo e errado
10 e despertam automaticamente desejos de vingança ou de
reparação. Para conviver em sociedade, é necessário,
entretanto, conter tais impulsos, franqueando-se ao Estado a
13 efetivação da justiça.
Quando as pessoas reservam-se o direito de usar a
força física, sob a argumentação de que estão fazendo justiça,
16 transmitem a mensagem de que não creem mais no pacto
social. Alegando a falta de ação efetiva do Estado, elas
afirmam que seu senso de justiça não está satisfeito e, por isso,
19 resolvem agir por si mesmas. Produz-se, assim, um círculo
vicioso no qual as pessoas sentem-se injustiçadas, não creem
na ação do Estado e, por isso, rompem o pacto social, o que
22 gera mais injustiça.

Daniel Martins de Barros. Justiça com as próprias mãos. Internet:
<www.emais.estadao.com.br> (com adaptações).

**(Promotor de Justiça/RR – 2017 – CESPE)** Assinale a opção em
que a proposta de reescrita apresentada mantém o sentido
original e a correção gramatical do período "Alegando a falta
de ação efetiva do Estado, elas afirmam que seu senso de
justiça não está satisfeito e, por isso, resolvem agir por si
mesmas." (l. 17 a 19).

**(A)** Devido ao fato delas alegarem a falta de ação efetiva do
Estado, afirmam que seu senso de justiça não está satisfeito
e, por fim, resolvem agir por si.

**(B)** Com base na alegação de que falta ação efetiva do Estado,
elas afirmam que seu senso de justiça não está satisfeito
e, portanto, resolvem agir por conta própria.

**(C)** À medida em que alegam a falta de ação efetiva do Estado,
elas afirmam que seu senso de justiça está insatisfeito e,
assim, resolvem agir por si.

**(D)** Apesar de elas alegarem de que há falta de ação efetiva do
Estado, afirmam que seu senso de justiça não está satisfeito
e, logo resolvem agir por si próprias.

A questão cobra do candidato conhecimento sobre a ampliação da
oração subordinada reduzida de gerúndio que inicia o período e a
substituição da conjunção "por isso" por outra equivalente, sem
romper o padrão culto da linguagem. Essa combinação aparece
somente na letra "B", que deve ser assinalada. Todas as demais
alternativas ou alteram o sentido do trecho original ou possuem
erros de pontuação. HS
Gabarito "B".

## 1. LÍNGUA PORTUGUESA    37

Instrução: As 3 questões seguintes referem-se ao texto abaixo.

1    Qual a situação política .................. se defrontava Jango com a retomada do regime
2    presidencialista, com o fim do parlamentarismo em 1963? O fundamental é que a política de compromisso
3    se tornava cada vez mais difícil. De cada extremo do espectro, grupos radicais insistiam em soluções
4    antidemocráticas, compartilhando a crença de que cada um estava em condições de ganhar mais com o
5    desmoronamento da democracia.
6    À direita, o grupo mais importante era o dos antigetulistas tradicionais. Chocados pela súbita
7    renúncia de Jânio em 1961, mas impossibilitados de impedir a posse de Jango, caíram num desespero que
8    lembrava seu mal-estar após a eleição de Juscelino em 1955. Estavam, no entanto, melhor organizados e
9    mais decididos. As manobras populistas de Jango, em 1962, para obter a antecipação do plebiscito sobre o
10    regime de governo .................. de que estavam tratando com o mesmo Jango .................. renúncia os
11    coronéis forçaram em 1954. Em princípios de 1962, começaram a conspirar para derrubar o presidente.
12    Entre seus líderes militares estavam o marechal Odílio Denys e o almirante Sílvio Heck, ex-ministros de
13    Jânio. O principal chefe civil era Júlio de Mesquita Filho, proprietário do influente jornal O Estado de S.
14    Paulo.
15    Os radicais anti-Jango dispunham de uma conhecida reserva de doutrinas antidemocráticas. Como
16    em 1950 e em 1955, alegavam que não se podia confiar no eleitorado brasileiro. Somente sob uma
17    cuidadosa tutela poderia ser impedido de cair nas malhas de políticos "demagógicos" novamente. A
18    moralidade e o anticomunismo eram suas palavras de ordem. Contavam, ainda, com o apoio de um bem
19    financiado movimento de homens de negócio paulistas, que tinha como centro o Instituto de Pesquisas e
20    Estudos Sociais (IPES), fundado em 1961.
21    À esquerda, os radicalizantes tentavam capitalizar qualquer crise política ........ fim de provocar uma
22    abrupta transferência de poder. Seu propósito era influenciar a opinião pública, até o ponto em que os
23    árbitros estabelecidos do poder fossem desacreditados ou vencidos. A esquerda radical incluía grupos
24    operários como o Pacto Sindical de Unidade de Ação (PUA) e o Comando Geral dos Trabalhadores (CGT),
25    e organizações populares como as Ligas Camponesas e a União Nacional de Estudantes (UNE). O Partido
26    Comunista Brasileiro trabalhava para forçar um governo mais "nacionalista e democrático", dentro da
27    estrutura existente. O líder político mais preeminente da esquerda radical era Leonel Brizola, agora
28    deputado federal pelo PTB da Guanabara. Brizola era dado ao uso de linguagem violenta contra os inimigos;
29    frequentemente ameaçava recorrer à ação extraparlamentar – por exemplo, incentivar greves generalizadas,
30    como na crise de 19 para obter concessões do Congresso. É importante notar aqui a ênfase nos
31    métodos diretos para combater "golpistas", "entreguistas" e "reacionários". Nenhum desses grupos de
32    esquerda era francamente revolucionário por volta de fins de 1962; mas todos tinham sérias dúvidas quanto
33    ........ possibilidade de satisfazer seus desejos de mudanças radicais dentro da estrutura constitucional
34    existente.
35    A despeito do crescimento da opinião extremista, em princípios de 1963 a maioria dos brasileiros
36    ainda se encontrava no centro. Pró-democráticos, preferiam uma economia mista que utilizasse o capital
37    estrangeiro sob cuidadoso controle nacional. A opinião do centro aceitava ampliar o sistema político, mas
38    somente com cautela. Sua base social era primordialmente liberal, mas também reconhecia a necessidade
39    da industrialização, conquanto resistisse ........ qualquer ideologia definida com relação ao processo de
40    industrialização. Contudo, estes pontos-de-vista cautelosos não eram claramente formulados, e na verdade
41    continham seu próprio espectro de opinião – desde a "esquerda positiva" até os "industrialistas
42    esclarecidos".

Adaptado de: Thomas Skidmore, "O Espectro Político e os Extremistas", in Brasil: de Getúlio a Castelo, 4ª ed., trad. coord. por I. T. Dantas, p.273-279. Rio de Janeiro: Paz e Terra, 1975.

**(Procurador do Estado – PGE/RS – Fundatec – 2015)** As alternativas abaixo apresentam relações de referência entre um elemento anafórico e aquilo a que se refere no texto. Qual alternativa contém a relação correta?

**(A)** sujeito oculto de *começaram a conspirar* (l.11) – coronéis (l.11).
**(B)** sujeito oculto de *poderia ser impedido* (l.17) – sujeito de *não se podia* confiar (l.16).
**(C)** *suas* (l.18) – políticos "demagógicos" (l.17).
**(D)** *sua* (l.38) – sistema político (l.37).
**(E)** *seu* próprio (l.41) – pontos de vista cautelosos (l.40).

Elemento anafórico é aquele que resgata um termo que foi utilizado antes dele no texto. A: incorreta. O sujeito oculto de "começaram a conspirar" se refere a "antigetulilstas tradicionais"; B: incorreta. O sujeito oculto de "poderia ser impedido" se refere a "eleitorado brasileiro"; C: incorreta. "Suas" se refere a "radicais anti-Jango"; D: incorreta. "Sua" se refere a "maioria dos brasileiros"; E: correta. A correlação entre os termos é exatamente a que ocorre no texto. HS

Gabarito "E".

**(Procurador do Estado – PGE/RS – Fundatec – 2015)** As alternativas abaixo apresentam substituições para os segmentos *cada um estava* (l.04), *não se podia* (l.16) e *conquanto resistisse* (l.39), respectivamente. Assinale a alternativa que contém as substituições adequadas ao sentido do texto.

**(A)** todos os lados estavam – não era possível – mesmo resistindo.
**(B)** seu próprio lado estava – não podiam – até mesmo resistindo.
**(C)** seu próprio lado estava – não era possível – mesmo resistindo.
**(D)** todos os lados estavam – não podiam – mesmo resistindo.

**(E)** seu próprio lado estava – não podiam – até mesmo resistindo.

No primeiro caso, "todos os lados estavam" alteraria o sentido do texto, que pretende reforçar a posição de cada um dos lados da polarização política. Assim, não se pode reuni-los sob uma única expressão. No segundo caso, o uso do sujeito indeterminado em "não se podia" implica o afastamento entre a opinião expressada e a pessoa que a expressou – logo, não se pode substituir por "**não podiam**" diante da alteração de sentido (ficaria evidente que os "radicais anti-Jango" não podiam confiar no eleitorado). No terceiro caso, "conquanto" é conjunção concessiva, sinônimo de "mesmo", "embora". **HS**

Gabarito "E".

**(Procurador do Estado – PGE/RS – Fundatec – 2015)** Considere as seguintes propostas de alteração de períodos do texto (com os devidos ajustes de maiúsculas e minúsculas):

I. Substituição de *compartilhando* (l.04) por pois compartilhavam.

II. Substituição do ponto da linha 22 por ponto e vírgula, seguido de por isso e vírgula.

III. Inserção de Embora imediatamente antes de Nenhum (l.31); substituição de *era* (l.32) por fosse; substituição do ponto e vírgula (l.32) por vírgula; e eliminação de mas (l.32).

Quais propostas são corretas e NÃO alteram o significado original do texto?

**(A)** Apenas I.
**(B)** Apenas II.
**(C)** Apenas I e II.
**(D)** Apenas I e III.
**(E)** I, II e III.

**I:** não há alteração de sentido, porque se trata apenas do desenvolvimento da oração reduzida de gerúndio; **II:** indicada como incorreta pelo gabarito oficial, porque haveria alteração de sentido, com o que não concordamos. O texto original fica com melhor técnica e clareza do que a redação substituta, mas não há alteração de sentido. Note: o objetivo da esquerda era provocar uma abrupta transferência de poder, por isso seu propósito era influenciar a opinião pública para desacreditar os árbitros estabelecidos. É exatamente a mesma mensagem; **III:** não há alteração de sentido, apenas maior ênfase em algumas ideias. **HS**

Gabarito "D".

## Pavio do destino

Sérgio Sampaio

```
1   O bandido e o mocinho
    São os dois do mesmo ninho
    Correm nos estreitos trilhos
4   Lá no morro dos aflitos
    Na Favela do Esqueleto
    São filhos do primo pobre
7   A parcela do silêncio
    Que encobre todos os gritos
    E vão caminhando juntos
10  O mocinho e o bandido
    De revólver de brinquedo
    Porque ainda são meninos
13  Quem viu o pavio aceso do destino?
    Com um pouco mais de idade
    E já não são como antes
16  Depois que uma autoridade
    Inventou-lhes um flagrante
    Quanto mais escapa o tempo
19  Dos falsos educandários
    Mais a dor é o documento
    Que os agride e os separa
22  Não são mais dois inocentes
    Não se falam cara a cara
```

```
    Quem pode escapar ileso
25  Do medo e do desatino
    Quem viu o pavio aceso do destino?
    O tempo é pai de tudo
28  E surpresa não tem dia
    Pode ser que haja no mundo
    Outra maior ironia
31  O bandido veste a farda
    Da suprema segurança
    O mocinho agora amarga
34  Um bando, uma quadrilha
    São os dois da mesma safra
    Os dois são da mesma ilha
37  Dois meninos pelo avesso
    Dois perdidos Valentinos
    Quem viu o pavio aceso do destino?
```

**(Agente de Polícia/DF – 2013 – CESPE)** Acerca de aspectos linguísticos do texto, julgue os itens a seguir.

**(1)** O termo "amarga" (v.33) corresponde a uma característica que, no texto, qualifica "quadrilha" (v.34).

**(2)** Nos versos 25 e 26, os termos "Do medo", "do desatino" e "do destino" exercem a mesma função sintática.

**(3)** O sujeito da forma verbal "viu", nos versos 13, 26 e 39, é indeterminado, pois não se revela, no texto, quem pratica a ação de ver.

**1:** incorreta. "Amarga", no trecho, é conjugação da terceira pessoa do singular do presente do indicativo do verbo "amargar", que tem sentido de "aguentar", "suportar". **2:** incorreta. "Do medo" e "do destino" exercem função sintática de objeto indireto do verbo "escapar". "Do destino" é adjunto adnominal; **3:** incorreta. O sujeito é o pronome interrogativo "quem".

Gabarito 1E, 2E, 3E

```
1    Leio que a ciência deu agora mais um passo definitivo.
     E claro que o definitivo da ciência e transitório, e não por
     deficiência da ciência (e ciência demais), que se supera a si
4    mesma a cada dia... Não indaguemos para que, ja que a própria
     ciência não o faz — o que, alias, e a mais moderna forma de
     objetividade de que dispomos.
7    Mas vamos ao definitivo transitório. Os cientistas
     afirmam que podem realmente construir agora a bomba limpa.
     Sabemos todos que as bombas atômicas fabricadas ate hoje são
10   sujas (alias, imundas) porque, depois que explodem, deixam
     vagando pela atmosfera o ja famoso e temido estrôncio 90.
     Ora, isso e desagradável: pode mesmo acontecer que o próprio
13   pais que lançou a bomba venha a sofrer, a longo prazo, as
     conseqüências mortíferas da proeza. O que e, sem duvida, uma
     sujeira.
16   Pois bem, essas bombas indisciplinadas,
     mal-educadas, serão em breve substituídas pelas bombas *n*, que
     cumprirão sua missão com lisura: destruirão o inimigo,
19   sem riscos para o atacante. Trata-se, portanto, de uma fabulosa
     conquista, não?
```

Ferreira Gullar. *Maravilha. In: A estranha vida banal.*
Rio de Janeiro: José Olympio, 1989, p. 109.

**(Polícia Rodoviária Federal – 2013 – CESPE)** No que se refere aos sentidos e as estruturas linguísticas do texto acima, julgue o item a seguir.

**(1)** A oração introduzida por "porque" (L.10) expressa a razão de as bombas serem sujas.

**1:** correta. A conjunção "porque" inaugura a oração subordinada adverbial causal.

Gabarito 1C

# 1. LÍNGUA PORTUGUESA

**Texto para a próxima questão**

1 Ainda que se soubessem todas as palavras de cada
figura da Inconfidência, nem assim se poderia fazer com o
seu simples registro uma composição da arte. A obra de arte
4 não é feita de tudo — mas apenas de algumas coisas
essenciais. A busca desse essencial expressivo é que constitui
o trabalho do artista. Ele poderá dizer a mesma verdade do
7 historiador, porém de outra maneira. Seus caminhos são
outros, para atingir a comunicação. Há um problema de
palavras. Um problema de ritmos. Um problema de
10 composição. Grande parte de tudo isso se realiza, decerto,
sem inteira consciência do artista. É a decorrência natural da
sua constituição, da sua personalidade — por isso, tão difícil
13 se torna quase sempre a um criador explicar a própria
criação. No caso, porém, de um poema de mais objetividade,
como o Romanceiro, muitas coisas podem ser explicadas,
16 porque foram aprendidas, à proporção que ele se foi
compondo.
Digo "que ele se foi compondo" e não "que foi
19 sendo composto", pois, na verdade, uma das coisas que pude
observar melhor que nunca, ao realizá-lo, foi a maneira por
que um tema encontra sozinho ou sozinho impõe seu ritmo,
22 sua sonoridade, seu desenvolvimento, sua medida.
O Romanceiro foi construído tão sem normas
preestabelecidas, tão à mercê de sua expressão natural que
25 cada poema procurou a forma condizente com sua
mensagem. A voz irreprimível dos fantasmas, que todos os
artistas conhecem, vibra, porém, com certa docilidade, e
28 submete-se à aprovação do poeta, como se realmente, a cada
instante, lhe pedisse para ajustar seu timbre à audição do
público. Porque há obras que existem apenas para o artista,
31 desinteressadas de transmissão; outras que exigem essa
transmissão e esperam que o artista se ponha a seu serviço,
para alcançá-la. O Romanceiro é desta segunda espécie.
34 Quatro anos de quase completa solidão — numa
renúncia total às mais sedutoras solicitações, entre livros de
toda espécie relativos ao especializadamente século 18 —
37 ainda pareceram curtos demais para uma obra que se
desejava o menos imperfeita possível, porque se impunha,
acima de tudo, o respeito por essas vozes que falavam, que se
40 confessavam, que exigiam, quase, o registro da sua história.
E era uma história feita de coisas eternas e
irredutíveis: de ouro, amor, liberdade, traições...
43 Mas porque esses grandiosos acontecimentos já
vinham preparados de tempos mais antigos e foram o
desfecho de um passado minuciosamente construído — era
46 preciso iluminar esses caminhos anteriores, seguir o rastro do
ouro que vai, a princípio como o fio de um colar, ligando
cenas e personagens, até transformar-se em pesada cadeia que
49 prende e imobiliza num destino doloroso.

> Cecília Meireles. **Como escrevi o Romanceiro da Inconfidência.**
> *In:* **Romanceiro da Inconfidência.** 3.ª ed., Rio de Janeiro:
> Nova Fronteira, 2005, p. XVI-XVII (com adaptações)

**(Diplomacia – 2011 – CESPE)** Considerando as relações mor-
fossintáticas no texto bem como os recursos estilísticos nele
empregados, julgue (C ou E) os itens subsequentes.

**(1)** No texto, as formas verbais "encontra" (l.21), "falavam" (l.39)
e "prende" (l.49) são intransitivas.

**(2)** Os termos "uma composição da arte" (l.3) e "a mesma
verdade do historiador" (l.6-7) exercem, na oração em que
se inserem, função de complemento verbal.

**(3)** Os vocábulos "decorrência" (l.11), "condizente" (l.25) e
"irreprimível" (l.26) regem termos que lhes complementam,
necessariamente, o sentido.

**(4)** O trecho "uma obra que se desejava o menos imperfeita
possível" (l.37-38) poderia ser reescrito, sem prejuízo gramatical ou de sentido para o texto, da seguinte maneira:
uma obra que era desejada a menos possível imperfeita.

**1:** Errado (Análise sintática) O verbo "encontra" é transitivo direto, e seu
objeto "seu ritmo" está elíptico por aparecer na oração subsequente;
**2:** Errado (Análise sintática) O termo "mesma verdade do historiador"
é complemento verbal , objeto direto, da locução verbal "poderá dizer".
O termo "uma composição de arte", contudo, é sujeito paciente da
locução verbal "poderia fazer", que, por estar acompanhada de partícula
apassivadora, está na voz passiva sintética;
**3:** Errado (Análise sintática) O adjetivo "irreprimível" tem no texto
significação intransitiva, ou seja, não requer complemento e, portanto,
não é termo regente. Tanto ele quanto o termo preposicionado que lhe
segue, "dos fantasmas", subordinam-se, como adjuntos adnominais, ao
termo "voz". O substantivo "decorrência" e o adjetivo "condizente" são
complementados, respectivamente, pelos termos "da sua constituição"
e "com sua mensagem";
**4:** Errado (Análise sintática) No trecho "obra que se desejava", a leitura
mais coerente com o contexto leva a se considerar, em termos semânticos, o termo "obra" como o sujeito agente da forma verbal "desejava",
configurando-se uma personificação. Nessa perspectiva, o pronome
"se" é um objeto direto reflexivo (não uma "partícula apassivadora"
como quer dar a entender a afirmação da questão) e a oração não pode
ser reescrita na voz passiva analítica.

Gabarito 1E, 2E, 3E, 4E

## 15. INTERPRETAÇÃO DE TEXTO E TEMAS COMBINADOS

**Texto CG1A1-I**

1 "Família, família/ vive junto todo dia/ nunca perde
essa mania" — os versos da canção Família, composta por
Arnaldo Antunes e Tony Belotto na década de 80 do século
4 passado, no Brasil, parece que já não traduzem mais a
realidade dos arranjos familiares. Observa-se que a solidez dos
lugares ocupados por cada uma das pessoas, nos moldes da
7 família nuclear, não se adéqua à realidade social do momento,
em que as relações são caracterizadas por sua dinamicidade e
pluralidade. De acordo com o médico e psicanalista Jurandir
10 Freire Costa, "família nem é mais um modo de transmissão do
patrimônio material; nem de perpetuação de nomes de
linhagens; nem da tradição moral ou religiosa; tampouco é a
13 instituição que garante a estabilidade do lugar em que são
educadas as crianças".
Então, o que é a família? Como defini-la,
16 considerando-se que uma de suas marcas na pós-modernidade
é justamente a falta de definição? Para a cientista social e
política Elizabete Dória Bilac, a variabilidade histórica da
19 instituição família desafia qualquer conceito geral de família.
A centralidade assumida pelos interesses individuais
no mundo contemporâneo é um dos aspectos que influenciam
22 a singularidade de cada família e distinguem os propósitos que
justificam a escolha de duas pessoas ou mais viverem juntas,
compartilhando regras, necessidades e obrigações. Se não é
25 fácil definir a família, é legítimo o esforço de tentar decifrar
quem é o homem pós-moderno e quais as necessidades
emergentes que o impulsionam ao encontro com o outro, seja
28 no espaço social, seja no interior da família, produzindo
significados e razões que o lançam na busca de realização.
Segundo o filósofo francês Dany-Robert Dufour, a
31 pós-modernidade produz um sujeito não engendrado, o que
significa um sujeito que se vê na posição de não dever mais
nada à geração precedente. Trata-se de uma condição que
34 comporta riscos, pois, segundo Dufour, desaparece o motivo
geracional. No que tange à família, a consequência é o
surgimento de relações pautadas em trocas reais e carentes de
37 valores simbólicos que se contraponham à lógica do consumo.
Assim, assiste-se a uma ruptura na ordem da transmissão, o que
gera indivíduos desprovidos de identidade sólida, condição esta
40 que acarreta a redução de sua capacidade crítica e dificulta o
estabelecimento de compromisso com a causa que lhe precede.

> Fernanda Simplício Cardoso e Leila Maria Torraca de Brito. Reflexões
> sobre a paternidade na pós-modernidade. Internet:<www.newpsi.bvs-
> -psi.org.br> (com adaptações).

**(Analista Judiciário – TJ/PA – 2020 – CESPE)** As autoras do texto CG1A1-I consideram que

(A) o fato de duas ou mais pessoas viverem juntas é bastante para que sejam consideradas uma família.

(B) a família, na atualidade, define-se como instituição cujos membros não se comprometem uns com os outros.

(C) a família concebida nos moldes tradicionais não existe no século XXI.

(D) o conceito geral de família sempre esteve em constante mudança.

(E) a definição de família constitui um grande desafio.

Conforme se depreende dos dois primeiros parágrafos do texto, ele explora justamente o grande desafio que se tornou a definição de família na pós-modernidade, pelas variadas formas que ela passou a assumir.
Gabarito "E".

**(Analista Judiciário – TJ/PA – 2020 – CESPE)** Seria mantida a correção gramatical do texto CG1A1-I se o segmento "em que", nas linhas 8 e 13, fosse substituído, respectivamente, por

(A) onde e onde.

(B) onde e que.

(C) a qual e o qual.

(D) no qual e onde.

(E) que e no qual.

Na primeira passagem, "em que" exerce função de pronome relativo, sendo equivalente a "no qual". Na segunda passagem, transmite a noção de lugar, então pode ser substituída pelo advérbio "onde".
Gabarito "D".

**(Analista Judiciário – TJ/PA – 2020 – CESPE)** De acordo com o último parágrafo do texto CG1A1-I, um sujeito não engendrado

(A) inverte a ordem de transmissão familiar existente.

(B) sente-se isento de dívidas para com a geração precedente.

(C) relaciona-se com os demais a partir da construção de vínculos sólidos.

(D) é mais envolvido com a geração vindoura do que com a geração precedente.

(E) tem capacidade crítica reduzida e não demonstra compromisso com os laços familiares.

Segundo as autoras, um sujeito não engendrado é aquele que acredita que não tem nenhuma relação de obrigação ou dívida com as gerações que o antecederam, que também será um sujeito sem senso crítico e sem compromissos com as causas sociais a que está vinculado.
Gabarito "B".

Texto CG1A1-II

1　　Segundo a Lei Geral de Proteção de Dados (Lei n.º 13.709/2018), dados pessoais são informações que podem identificar alguém. Dentro desse conceito, foi criada
4　uma categoria chamada de "dado sensível", que diz respeito a informações com origem racial ou étnica, convicções religiosas, opiniões políticas, saúde ou vida sexual. Registros
7　como esses, a partir da vigência da lei, passam a ter nível maior de proteção, para evitar formas de discriminação. Todas as atividades realizadas no país e todas as pessoas que estão no
10　Brasil estão sujeitas à lei. A norma vale para coletas operadas em outro país, desde que estejam relacionadas a bens ou serviços ofertados a brasileiros. Mas há exceções, como a
13　obtenção de informações pelo Estado para a segurança pública.
　　Ao coletar um dado, as empresas deverão informar a finalidade da coleta. Se o usuário aceitar repassar suas
16　informações, o que pode acontecer, por exemplo, quando ele concorda com termos e condições de um aplicativo, as companhias passam a ter o direito de tratar os dados
19　(respeitada a finalidade específica), desde que em conformidade com a legislação. A lei prevê uma série de obrigações, como a garantia da segurança das informações e a
22　notificação do titular em caso de um incidente de segurança. A norma permite a reutilização dos dados por empresas ou órgãos públicos, em caso de "legítimo interesse".

25　　Por outro lado, o titular ganhou uma série de direitos. Ele pode, por exemplo, solicitar à empresa os dados que ela tem sobre ele, a quem foram repassados (em situações como a
28　de reutilização por "legítimo interesse") e para qual finalidade. Caso os registros estejam incorretos, ele poderá cobrar a correção. Em determinados casos, o titular terá o direito de se
31　opor a um tratamento. A lei também prevê a revisão de decisões automatizadas tomadas com base no tratamento de dados, como as notas de crédito ou os perfis de consumo.

Internet: <www.agenciabrasil.ebc.com.br> (com adaptações).

**(Analista Judiciário – TJ/PA – 2020 – CESPE)** Segundo as ideias veiculadas no texto CG1A1-II,

(A) questões relativas a origem racial ou étnica, convicções religiosas, opiniões políticas, saúde ou vida sexual são as que mais motivam atos de discriminação, e, por isso, os dados sensíveis devem ter maior nível de proteção.

(B) a Lei Geral de Proteção de Dados prevê obrigações tanto para as empresas que coletam os dados quanto para o titular desses dados, de forma proporcional.

(C) a norma legal é válida em caso de bens e serviços ofertados a brasileiros, independentemente do país onde a coleta dos dados pessoais for feita.

(D) o Estado é autorizado a coletar e a tratar dados pessoais de brasileiros da forma que julgar mais adequada.

(E) o Brasil é pioneiro na edição de uma lei acerca da coleta e do uso de dados sensíveis.

**A:** incorreta. O texto não afirma que tais questões são as que mais motivam discriminação, mas sim que esses dados são sensíveis e merecem maior proteção porque podem gerar discriminação; **B:** incorreta. As obrigações recaem somente sobre as empresas; **C:** correta, conforme se lê no primeiro parágrafo; **D** e **E:** incorretas. Não se pode deduzir tais informações de qualquer passagem do texto.
Gabarito "C".

Texto CG4A1-II

1　　Na década de cinquenta, cresceu a participação feminina no mercado de trabalho, especialmente no setor de serviços de consumo coletivo, em escritórios, no comércio ou
4　em serviços públicos. Surgiram então mais oportunidades de emprego em profissões como as de enfermeira, professora, funcionária burocrática, médica, assistente social, vendedora,
7　as quais exigiam das mulheres certa qualificação e, em contrapartida, tornavam-nas profissionais remuneradas. Essa tendência demandou maior escolaridade feminina e provocou,
10　sem dúvida, mudanças no *status* social das mulheres. Entretanto, eram nítidos os preconceitos que cercavam o trabalho feminino nessa época. Como as mulheres ainda eram
13　vistas prioritariamente como donas de casa e mães, a ideia da incompatibilidade entre casamento e vida profissional tinha grande força no imaginário social. Um dos principais
16　argumentos dos que viam com ressalvas o trabalho feminino era o de que, trabalhando, a mulher deixaria de lado seus afazeres domésticos e suas atenções e cuidados para com o
19　marido: ameaças não só à organização doméstica como também à estabilidade do matrimônio.

Carla Bassanezi. Mulheres dos anos dourados. *In:* História das mulheres no Brasil. 8.ª ed. São Paulo: Contexto, 2004 (com adaptações).

**(Auxiliar Judiciário – TJ/PA – 2020 – CESPE)** Infere-se do texto CG4A1-II que, na década de cinquenta, as mulheres

(A) começaram a ingressar no mercado de trabalho remunerado.

(B) começaram a ser bem remuneradas no mercado de trabalho.

(C) conquistaram o direito de exercer determinadas profissões.

(D) começaram a seguir determinado caminho que influenciou a sua relação com a vida doméstica.

**(E)** superaram os preconceitos que as impediam de ingressar no mercado de trabalho remunerado.

O primeiro parágrafo do texto destaca que, nesta época, as mulheres ampliaram sua participação no mercado de trabalho, o que levou a uma nova forma de relação com o trabalho doméstico e a própria relação matrimonial
*"D." otírabaG*

Texto CG4A1-I

1     O peso de Eurídice se estabilizou, assim como a rotina da família Gusmão Campelo. Antenor saía para o trabalho, os filhos saíam para a escola e Eurídice ficava em casa, moendo
4    carne e remoendo os pensamentos estéreis que faziam da sua vida infeliz. Ela não tinha emprego, ela já tinha ido para a escola, e como preencher as horas do dia depois de arrumar as
7    camas, regar as plantas, varrer a sala, lavar a roupa, temperar o feijão, refogar o arroz, preparar o suflê e fritar os bifes? Porque Eurídice, vejam vocês, era uma mulher brilhante. Se lhe
10   dessem cálculos elaborados, ela projetaria pontes. Se lhe dessem um laboratório, ela inventaria vacinas. Se lhe dessem páginas brancas, ela escreveria clássicos. No entanto, o que lhe
13   deram foram cuecas sujas, que Eurídice lavou muito rápido e muito bem, sentando-se em seguida no sofá, olhando as unhas e pensando no que deveria pensar. E foi assim que concluiu
16   que não deveria pensar, e que, para não pensar, deveria se manter ocupada todas as horas do dia, e que a única atividade caseira que oferecia tal benefício era aquela que apresentava o
19   dom de ser quase infinita em suas demandas diárias: a culinária. Eurídice jamais seria uma engenheira, nunca poria os pés em um laboratório e não ousaria escrever versos, mas essa
22   mulher se dedicou à única atividade permitida que tinha um certo quê de engenharia, ciência e poesia. Todas as manhãs, depois de despertar, preparar, alimentar e se livrar do marido
25   e dos filhos, Eurídice abria o livro de receitas da Tia Palmira.

Martha Batalha. A vida invisível de Eurídice Gusmão. 1.ª ed. São Paulo: Companhia das Letras, 2016 (com adaptações).

**(Auxiliar Judiciário – TJ/PA – 2020 – CESPE)** Infere-se do texto CG4A1-I que a personagem Eurídice dedicava-se à culinária porque

**(A)** essa atividade era um meio de expressar suas potencialidades.
**(B)** ela alimentava aversão aos estudos acadêmicos.
**(C)** essa atividade consistia em uma das suas habilidades natas.
**(D)** ela tinha receio de fazer um curso superior.
**(E)** essa atividade permitia expandir suas relações interpessoais.

O texto enaltece a complexidade da culinária, demonstrando que, por exigir muito tempo e dedicação para ser dominada, era a única atividade doméstica que poderia auxiliar Eurídice a expressar todo o seu potencial.
*"A." otírabaG*

**(Auxiliar Judiciário – TJ/PA – 2020 – CESPE)** A personagem Eurídice é expressamente caracterizada no texto CG4A1-I como uma mulher

**(A)** introspectiva.
**(B)** ousada.
**(C)** infeliz.
**(D)** proativa.
**(E)** brilhante.

O enunciado pede a característica de **Eurídice** que está **expressa** no texto, por isso a resposta correta é "brilhante". Há de se ter cuidado com a letra "B" – "infeliz" – porque o adjetivo é usado na linha 5 para caracterizar a vida de Eurídice, e não a própria Eurídice.
*"E." otírabaG*

**(Auxiliar Judiciário – TJ/PA – 2020 – CESPE)** A correção gramatical e o sentido original do texto CG4A1-I seriam preservados caso

I   os dois-pontos imediatamente após "diárias" (l.19) fossem substituídos por uma vírgula.

II   o vocábulo "estéreis" (l.4)      fosse substituído por **desnecessários**.

III   se inserisse, no trecho "nunca poria os pés em um laboratório e não ousaria escrever versos" (l. 20 e 21), uma vírgula logo após "laboratório" e o vocábulo "não" fosse substituído por **nem**.

Assinale a opção correta.

**(A)** Nenhum item está certo.
**(B)** Apenas o item I está certo.
**(C)** Apenas o item II está certo.
**(D)** Apenas o item III está certo.
**(E)** Todos os itens estão certos.

I: correto. Apesar de pouco usual, é possível lançar mão da vírgula para anunciar o aposto; II: incorreto. "Estéreis" é sinônimo de "sem resultado", "sem objetivo"; III: incorreta. Para que a proposta ficasse correta, seria necessário também suprimir a conjunção aditiva "e".
*"B." otírabaG*

**(Auxiliar Judiciário – TJ/PA – 2020 – CESPE)** A correção gramatical e o sentido do texto CG4A1-I seriam mantidos caso se suprimisse do texto

**(A)** a partícula "se" (l.24).
**(B)** a vírgula imediatamente após "para não pensar" (l.16).
**(C)** o vocábulo "já" (l.5).
**(D)** o vocábulo "ela", em "ela já tinha ido para a escola" (l. 5 e 6).
**(E)** o acento do vocábulo "quê" (l.23).

A única possibilidade de ser suprimida sem alteração de sentido ou correção gramatical é a palavra "ela" na linha oração "ela já tinha ido para a escola". isso porque, logo antes, na oração "ela não tinha emprego", o pronome já aparece, de maneira que pode ficar elíptico na oração coordenada seguinte sem prejuízo ao sentido da mensagem.
*"D." otírabaG*

Texto CG1A1-I

1     Grandes companhias globais falam muito em sustentabilidade ambiental e descarbonização de sua produção, mas o que fazem na prática é insuficiente. A implementação de
4    programas de sustentabilidade corporativa tem sido lenta, conforme estudo de dois professores do International Institute for Management Development (IMD), instituto de
7    administração sediado na cidade suíça de Lausanne.
       Dos executivos consultados em outra pesquisa realizada pelo IMD, 62% consideram estratégias de
10   sustentabilidade necessárias para serem competitivos atualmente, e outros 22% dizem que isso será importante no futuro. Sustentabilidade é vista como uma abordagem de
13   negócios para criar valor a longo prazo, levando-se em conta como uma companhia opera nos ambientes ecológico, social e econômico.
16      Em pesquisa com dez setores industriais ao longo de três anos, os dois professores do IMD concluíram que, ao contrário do otimismo gerado pelo Acordo de Paris para
19   combater a mudança climática e pelos Objetivos de Desenvolvimento Sustentável das Nações Unidas, as iniciativas nas empresas deixam a desejar. Na pesquisa, eles constataram
22   que menos de um terço das companhias desenvolveram casos de negócios claros ou proposições de valor apoiadas em sustentabilidade. Além disso, apenas 10% das empresas estão
25   conseguindo captar o valor total da sustentabilidade, enquanto muitas companhias restam presas na "divulgação". Alguns setores têm melhores resultados na implementação de
28   programas de sustentabilidade, como o setor de material de construção, em comparação ao de telecomunicações.
       Os professores alertam que o tempo está esgotando.
31   Estudos mostram que a poluição de carbono precisa ser cortada quase pela metade até 2030 para evitar 1,5 grau de aquecimento do planeta. Isso requer revisões ainda mais
34   drásticas das indústrias globais e dos governos.
       Os dois professores destacam que os investidores reconhecem cada vez mais o impacto, para a sociedade, das

37 empresas nas quais investem. Eles notam que a necessidade de desenvolver modelos de negócios mais sustentáveis está aumentando tão rapidamente quanto os níveis de dióxido de
40 carbono na atmosfera. E sugerem um forte senso de foco que chamam de "vetorização", que inclui programas de sustentabilidade corporativa mais acelerados.
43     Os pesquisadores alertam que companhias que trabalham em boas causas sem relação com seus negócios centrais tendem a ser menos efetivas.

Assis Moreira. Valor econômico, 18/3/2019. Internet: <valor.globo.com>
(com adaptações).

**(Auditor Fiscal – SEFAZ/DF – 2020 – CESPE/CEBRASPE)** Considerando as informações veiculadas no texto CG1A1-I, julgue os itens seguintes.

**(1)** Os resultados da pesquisa realizada pelos dois professores do IMD refletem a atitude dos executivos quanto à sustentabilidade, conforme comprovam as informações do segundo parágrafo do texto.

**(2)** De acordo com as informações do texto, setores econômicos distintos apresentam resultados diferentes em termos de ações voltadas para a sustentabilidade.

**(3)** O texto informa que os investidores levam em consideração o impacto social das empresas nas quais investem, o que é comprovado pelo estudo mencionado no segundo parágrafo.

**(4)** Conclui-se da noção de sustentabilidade presente no texto que ser sustentável é incompatível com criar valor.

**1:** incorreta. O texto sugere que os estudos atestam exatamente o contrário: existe divergência entre o que os executivos afirmam e o que as empresas realizam em termos de sustentabilidade. **2:** correta. O que está afirmado no item pode ser comprovado neste trecho do texto: "Alguns setores têm melhores resultados na implementação de programas de sustentabilidade, como o setor de material de construção, em comparação ao de telecomunicações". **3:** incorreta. Essa informação encontra-se no penúltimo parágrafo do texto, associada ao estudo dos dois professores. O segundo parágrafo trata dos resultados de outra pesquisa. **4:** incorreta. O texto afirma que "Sustentabilidade é vista como uma abordagem de negócios para criar valor a longo prazo" (l. 12 e 13).
Gabarito 1E, 2C, 3E, 4E

**(Auditor Fiscal – SEFAZ/DF – 2020 – CESPE/CEBRASPE)** Considerando os aspectos linguísticos do texto CG1A1-I, julgue os itens a seguir.

**(1)** O texto é um artigo de opinião, em que predomina o tipo argumentativo, haja vista a presença de diversos argumentos para sustentar a ideia defendida por seu autor.

**(2)** Sem prejuízo da correção gramatical e do sentido original do texto, a forma verbal "restam" (l.26) poderia ser substituída por **mantém-se**.

**(3)** A substituição da forma verbal "desenvolveram" (l.22) por **desenvolveu** manteria a correção gramatical do texto.

**(4)** Dada a regência do verbo **tender**, é facultativo o emprego do sinal indicativo de crase no vocábulo "a" em "tendem a ser menos efetivas" (l.45).

**(5)** Sem prejuízo da correção gramatical e da coerência do texto, o período "Sustentabilidade é vista como uma abordagem de negócios para criar valor a longo prazo, levando-se em conta como uma companhia opera nos ambientes ecológico, social e econômico." (l. 12 a 15) poderia ser reescrito da seguinte forma: Vê-se sustentabilidade como uma abordagem de negócios para criar valor a longo prazo, considerando-se como uma companhia opera no ambiente ecológico, no social e no econômico.

**(6)** No trecho "os investidores reconhecem cada vez mais o impacto, para a sociedade, das empresas nas quais investem" (l. 35 a 37), a substituição de "nas quais" por **aonde** prejudicaria a correção gramatical do texto.

**1:** incorreta. O texto é predominantemente dissertativo, uma vez que se estrutura em termos de apresentação de resultados e conclusões de estudos realizados sobre o tema da sustentabilidade; **2:** incorreta. A forma verbal sugerida apresenta flexão de singular (mantém-se) em vez de plural (mantêm-se), o que implica erro de concordância verbal no período; logo, a correção gramatical ficaria prejudicada com a substituição; **3:** correta. O sujeito da oração em apreço é o coletivo partitivo "menos de um terço das companhias" (R.22). Nesse caso, o verbo pode ir tanto para o plural, como consta no texto, quanto para o singular, como consta na substituição proposta na assertiva; **4:** incorreta. Considerando o termo a que se liga a expressão "tendem a", o emprego do acento grave indicativo da crase seria inadequado em termos de correção gramatical; **5:** correta. A reescrita em questão apresenta três alterações que preservam a correção gramatical e a coerência do texto. Na primeira alteração, nota-se a substituição de uma construção na voz passiva analítica ("Sustentabilidade é vista") pela forma sintética ("Vê-se sustentabilidade"). Em seguida, o trecho "levando-se em conta" foi substituído por "considerando-se". Uma das acepções do verbo considerar é justamente "ter ou levar em conta; tomar em consideração; atentar para". Por fim, houve a substituição do trecho "nos ambientes ecológico, social e econômico" por "no ambiente ecológico, no social e no econômico". Neste caso, passou-se o substantivo "ambientes" para o singular, e tal termo está elidido nos demais membros da coordenação (no ambiente ecológico, no [ambiente] social e no [ambiente] econômico); **6:** correta. Com a substituição, haveria erro de regência verbal em razão do uso da preposição "a" no termo regido pela forma verbal "investem", que exige a preposição "em".
Gabarito 1E, 2E, 3C, 4E, 5C, 6C

1     O direito tributário brasileiro depara-se com grandes desafios, principalmente em tempos de globalização e interdependência dos sistemas econômicos. Entre esses
4 pontos de atenção, destacam-se três. O primeiro é a guerra fiscal ocasionada pelo ICMS. O principal tributo em vigor, atualmente, é estadual, o que faz contribuintes e advogados
7 se debruçarem sobre vinte e sete diferentes legislações no país para entendê-lo. Isso se tornou um atentado contra o princípio de simplificação, contribuindo para o incremento
10 de uma guerra fiscal entre os estados, que buscam alterar regras para conceder benefícios e isenções, a fim de atrair e facilitar a instalação de novas empresas. É, portanto, um dos
13 instrumentos mais utilizados na disputa por investimentos, gerando, com isso, consequências negativas do ponto de vista tanto econômico quanto fiscal.
16     A competitividade gerada pela interdependência estadual é outro ponto. Na década de 60, a adoção do imposto sobre valor agregado (IVA) trouxe um avanço importante
19 para a tributação indireta, permitindo a internacionalização das trocas de mercadorias com a facilitação da equivalência dos impostos sobre consumo e tributação, e diminuindo as
22 diferenças entre países. O ICMS, adotado no país, é o único caso no mundo de imposto que, embora se pareça com o IVA, não é administrado pelo governo federal — o que
25 dá aos estados total autonomia para administrar, cobrar e gastar os recursos dele originados. A competência estadual do ICMS gera ainda dificuldades na relação entre as vinte
28 e sete unidades da Federação, dada a coexistência dos princípios de origem e destino nas transações comerciais interestaduais, que gera a já comentada guerra fiscal.
31     A harmonização com os outros sistemas tributários é outro desafio que deve ser enfrentado. É preciso integrar-se aos países do MERCOSUL, além de promover a aproximação
34 aos padrões tributários de um mundo globalizado e desenvolvido, principalmente quando se trata de Europa. Só assim o país recuperará o poder da economia e poderá
37 utilizar essa recuperação como condição para intensificar a integração com outros países e para participar mais ativamente da globalização.

André Pereira. Os desafios do direito tributário brasileiro. In: DCI – Diário Comércio, Indústria e Serviços. 2/mar./2017. Internet: <www.dci.com. br> (com adaptações).

**(Auditor Fiscal – SEFAZ/RS – 2019 – CESPE/CEBRASPE)** Os três aspectos que representam desafios para o direito tributário brasileiro, na ordem em que aparecem no texto 1A1-I, são

(A) a alteração de regras para benefícios e isenções, a competitividade propiciada pela interdependência dos estados e a recuperação do poder econômico do país.

(B) o conflito fiscal proporcionado pelo ICMS, a competitividade produzida pela interdependência dos estados e a recuperação do poder econômico do país.

(C) a alteração de regras para benefícios e isenções, a competitividade gerada pela interdependência dos estados e a recuperação do poder econômico do país.

(D) o afinamento com outros sistemas tributários, a adoção do IVA e o conflito fiscal favorecido pelo ICMS.

(E) o conflito fiscal propiciado pelo ICMS, a competitividade gerada pela interdependência dos estados e o afinamento com outros sistemas tributários.

É importante atentar para o fato que o enunciado pede que se elenque os desafios do direito tributário **na ordem em que foram apresentados no texto.** Sendo assim, temos no primeiro parágrafo a criação de um conflito entre os estados conhecido como "guerra fiscal"; no segundo, a questão da interdependência; e no terceiro, a necessidade de aproximação com outros sistemas tributários. HS

Gabarito "E".

**(Auditor Fiscal – SEFAZ/RS – 2019 – CESPE/CEBRASPE)** Infere-se das ideias do texto 1A1-I que o autor é contrário

(A) ao modelo tributário europeu.

(B) à aplicação do IVA em nível federal.

(C) ao sistema tributário do MERCOSUL.

(D) à competência estadual para o ICMS.

(E) aos padrões tributários do mundo globalizado.

É possível concluir pela leitura atenta do texto que o autor é contra a competência estadual em relação ao ICMS. Além de destacar os problemas enfrentados no dia a dia com o imposto, ainda afirma que tributos similares ao IVA em todos os demais países são de competência federal. HS

Gabarito "D".

Texto 1A11-I

1  Pixis foi um músico medíocre, mas teve o seu dia
   de glória no distante ano de 1837.
   Em um concerto em Paris, Franz Liszt tocou uma
4  peça do (hoje) desconhecido compositor, junto com outra,
   do admirável, maravilhoso e extraordinário Beethoven
   (os adjetivos aqui podem ser verdadeiros, mas — como se
7  verá — relativos). A plateia, formada por um público refinado,
   culto e um pouco bovino, como são, sempre, os homens
   em ajuntamentos, esperava com impaciência.
10 Liszt tocou Beethoven e foi calorosamente aplaudido.
   Depois, quando chegou a vez do obscuro e inferior Pixis,
   manifestou-se o desprezo coletivo. Alguns, com ouvidos
13 mais sensíveis, depois de lerem o programa que anunciava
   as peças do músico menor, retiraram-se do teatro, incapazes
   de suportar música de má qualidade.
16 Como sabemos, os melômanos são impacientes com
   as obras de epígonos, tão céleres em reproduzir, em clave
   rebaixada, as novas técnicas inventadas pelos grandes artistas.
19 Liszt, no entanto, registraria que um erro tipográfico
   invertera, no programa do concerto, os nomes de Pixis e
   Beethoven...
22 A música de Pixis, ouvida como sendo de Beethoven,
   foi recebida com entusiasmo e paixão, e a de Beethoven,
   ouvida como sendo de Pixis, foi enxovalhada.
25 Esse episódio, cômico se não fosse doloroso,
   deveria nos tornar mais atentos e menos arrogantes a respeito
   do que julgamos ser arte.
28 Desconsiderar, no fenômeno estético, os mecanismos
   de recepção é correr o risco de aplaudir Pixis como se fosse
   Beethoven.

Charles Kiefer. O paradoxo de Pixis. *In*: Para ser escritor. São Paulo:
Leya, 2010 (com adaptações).

**(Auditor Fiscal – SEFAZ/RS – 2019 – CESPE/CEBRASPE)** Infere-se do texto 1A11-I que, na ocasião do concerto em Paris, em 1837,

(A) Pixis tocou uma composição de Beethoven como se fosse de sua autoria.

(B) Liszt equivocou-se na leitura do roteiro de composições que deveria executar.

(C) a plateia revoltou-se contra Liszt, por ele ter confundido uma composição de Pixis com uma de Beethoven.

(D) o público julgou as composições apenas com base nas designações equivocadas no programa do concerto.

(E) as peças de Pixis e Beethoven foram executadas de modo tão semelhante que o público não foi capaz de distingui-las.

**A:** incorreta. Quem fazia o concerto era Liszt e o erro foi na impressão do folheto; **B:** incorreta, conforme comentário anterior; **C:** incorreta, conforme comentário à alternativa "A"; **D:** correta, esta é a ideia central do texto; **E:** incorreta. Não se pode deduzir isso da narrativa. Segundo o autor, a confusão se deu unicamente por conta do erro na impressão do folheto. HS

Gabarito "D".

**(Auditor Fiscal – SEFAZ/RS – 2019 – CESPE/CEBRASPE)** No texto 1A11-I, com o emprego da expressão "(hoje)" (R.4) entre parênteses, o autor

(A) destaca que Pixis é desconhecido na atualidade, mas que não o era em 1837.

(B) indica que, a partir da data do concerto, Pixis deixou de ser desconhecido.

(C) enfatiza o "dia de glória" (R. 1 e 2) de Pixis.

(D) ressalta que se trata do dia do concerto de Franz Liszt.

(E) revela desprezo pela popularidade de Pixis em 1837.

A inserção do advérbio "hoje" entre parênteses indica que se trata de um comentário do autor paralelo à narração que está realizando. Ele sinaliza que Pixis é desconhecido nos dias atuais, mas na data da história que conta todos sabiam quem era o músico. HS

Gabarito "A".

**(Auditor Fiscal – SEFAZ/RS – 2019 – CESPE/CEBRASPE)** O autor do texto 1A11-I apresenta a narrativa do concerto de Liszt com o propósito de

(A) reconhecer que Pixis era tão genial quanto Beethoven.

(B) criticar o modo como algumas pessoas consomem arte.

(C) dar notoriedade à carreira de Pixis.

(D) alertar o público de que não se deve confiar em tudo que se lê.

(E) incentivar o público a ampliar seu repertório musical.

A verdadeira intenção do autor é criticar a forma como a maior parte das pessoas consome arte, ou seja, sem atentar para o que estão apreciando/analisando, mas sim partindo unicamente de conceitos pré-concebidos sobre o autor. HS

Gabarito "B".

**(Auditor Fiscal – SEFAZ/RS – 2019 – CESPE/CEBRASPE)** No trecho "aplaudir Pixis como se fosse Beethoven" (R. 29 e 30), do texto 1A11-I, observa-se a figura de linguagem

(A) catacrese.

(B) metonímia.

(C) eufemismo.

(D) pleonasmo.

(E) personificação.

Trata-se de metonímia, figura de linguagem que se expressa na substituição de um termo por outro que lhe seja conexo (nesse caso, da obra pelo seu autor). HS

Gabarito "B".

## Texto 1A3-II

1   Entre os maiores poderes concedidos pela sociedade
    ao Estado, está o poder de tributar. A tributação está inserida
    no núcleo do contrato social estabelecido pelos cidadãos
4   entre si para que se alcance o bem comum. Desse modo,
    o poder de tributar está na origem do Estado ou do ente
    político, a partir da qual foi possível que as pessoas deixassem
7   de viver no que Hobbes definiu como o estado natural
    (ou a vida pré-política da humanidade) e passassem a
    constituir uma sociedade de fato, a geri-la mediante um
10  governo, e a financiá-la, estabelecendo, assim, uma relação
    clara entre governante e governados.
        A tributação, portanto, somente pode ser
13  compreendida a partir da necessidade dos indivíduos
    de estabelecer convívio social organizado e de gerir a coisa
    pública mediante a concessão de poder a um soberano.
16  Em decorrência disso, a condição necessária (mas não
    suficiente) para que o poder de tributar seja legítimo é que
    ele emane do Estado, pois qualquer imposição tributária
19  privada seria comparável a usurpação ou roubo.

Internet: <www.receita.fazenda.gov.br> (com adaptações).

**(Auditor Fiscal – SEFAZ/RS – 2019 – CESPE/CEBRASPE)** O texto
1A3-I organiza-se de forma a apresentar

**(A)** argumentos em favor dos objetivos do Estado com relação
à política tributária, para convencer o leitor.
**(B)** possíveis consequências sociais e econômicas da política
tributária.
**(C)** procedimentos da atividade de tributação, destacando sua
natureza fiscal.
**(D)** defesa de ações governamentais mais efetivas no que se
refere à política tributária.
**(E)** razões para a diminuição de impostos ser considerada mais
benéfica que o aumento destes.

A ideia central do texto é esclarecer para o leitor que as políticas
tributárias não se resumem à arrecadação, mas influenciam também
diretamente fatores econômicos e sociais. HS
Gabarito "B".

**(Auditor Fiscal – SEFAZ/RS – 2019 – CESPE/CEBRASPE)** Infere-se
do texto 1A3-I que a ação do Estado, com relação à política
tributária, visa

**(A)** ao provimento de receitas e também a finalidades econômicas e sociais.
**(B)** à redução de tributos sobre empresas comprometidas com
o desenvolvimento social.
**(C)** ao aumento do lucro de empresas, com impacto sobre o
crescimento do país.
**(D)** ao estímulo do setor empresarial pela concessão de isenção
do pagamento de impostos.
**(E)** ao crescimento da livre concorrência, com aumento dos
impostos aplicados a empresas.

A resposta é a mesma da questão anterior, apenas alterando a forma
de expressá-la. A ideia central do texto é esclarecer para o leitor que as
políticas tributárias não se resumem à arrecadação, mas influenciam
também diretamente fatores econômicos e sociais. HS
Gabarito "A".

## Texto 1A3-II

1   Entre os maiores poderes concedidos pela sociedade
    ao Estado, está o poder de tributar. A tributação está inserida
    no núcleo do contrato social estabelecido pelos cidadãos
4   entre si para que se alcance o bem comum. Desse modo,
    o poder de tributar está na origem do Estado ou do ente
    político, a partir da qual foi possível que as pessoas deixassem
7   de viver no que Hobbes definiu como o estado natural
    (ou a vida pré-política da humanidade) e passassem a
    constituir uma sociedade de fato, a geri-la mediante um

10  governo, e a financiá-la, estabelecendo, assim, uma relação
    clara entre governante e governados.
        A tributação, portanto, somente pode ser
13  compreendida a partir da necessidade dos indivíduos
    de estabelecer convívio social organizado e de gerir a coisa
    pública mediante a concessão de poder a um soberano.
16  Em decorrência disso, a condição necessária (mas não
    suficiente) para que o poder de tributar seja legítimo é que
    ele emane do Estado, pois qualquer imposição tributária
19  privada seria comparável a usurpação ou roubo.

Internet: <www.receita.fazenda.gov.br> (com adaptações).

**(Auditor Fiscal – SEFAZ/RS – 2019 – CESPE/CEBRASPE)** De acordo
com o texto 1A3-II, o poder de tributar é uma

**(A)** competência conferida pelos cidadãos ao Estado, com
vistas ao bem comum da sociedade.
**(B)** condição para a construção de uma relação hierárquica
entre governantes e governados.
**(C)** obrigação criada pelo Estado para a sua manutenção,
mas que, gradativamente, passou a gerar benefícios à
sociedade.
**(D)** forma de submissão dos cidadãos ao Estado assemelhada
a usurpação ou roubo.
**(E)** relação anterior à constituição do Estado e da própria
sociedade.

O texto defende a teoria contratualista da sociedade, uma corrente
filosófica segundo a qual as pessoas viviam em um chamado "estado
de natureza" ou "pré-social", onde não havia o Estado nem leis postas,
e, em algum momento, resolvem abrir mão de parte de sua liberdade
e igualdade para compor o Estado e permitir que ele gerisse esta nova
sociedade recém-criada. Filósofos como Thomas Hobbes, John Locke
e Jean-Jacques Rousseau são adeptos desta teoria. Partindo dessa
premissa, o poder de tributar é uma parcela desta soberania pessoal
que foi conferida pelos cidadãos ao Estado pelo contrato social. HS
Gabarito "A".

1   A jurisdição constitucional na contemporaneidade
    apresenta-se como uma consequência praticamente natural do
    Estado de direito. É ela que garante à Constituição ganhará
4   efetividade e que seu projeto não será cotidianamente rasurado
    por medidas de exceção desenhadas atabalhoadamente. Mais
    do que isso, a jurisdição é a garantia do projeto constitucional,
7   quando os outros poderes buscam redefinir os rumos durante
    a caminhada.
        Nesses termos, a jurisdição constitucional também se
10  apresenta como medida democrática. Por meio dela, as bases
    que estruturaram democraticamente o Estado são conservadas,
    impedindo que o calor dos fatos mude a interpretação
13  constitucional ou procure fugir de sua incidência sempre que
    os acontecimentos alegarem certa urgência.
        Ademais, é a garantia hodierna de que os ventos da
16  mudança não farão despencar os edifícios que sustentam as
    bases constitucionais, independentemente das maiorias
    momentâneas e dos clamores populares.

Emerson Ademir Borges de Oliveira. Jurisdição constitucional: entre
a guarda da Constituição e o ativismo judicial. *In*: Revista Jurídica da
Presidência. Brasília, v. 20, n.º 121, jun.-set./2018, p. 468-94 (com
adaptações).

**(Procurador do Município – Campo Grande/MS – 2019 – CESPE/
CEBRASPE)** A respeito das ideias e dos aspectos linguísticos
do texto precedente, julgue os itens que se seguem.

**(1)** A jurisdição constitucional está relacionada à conservação
das bases estruturantes do Estado democrático.
**(2)** Os sentidos e a correção gramatical do texto seriam mantidos caso se substituísse a forma verbal "garante" (R.3) por
assegura.

## 1. LÍNGUA PORTUGUESA 45

(3) A supressão da vírgula empregada logo após a palavra "constitucional" (R.6) prejudicaria a correção gramatical do texto.

(4) Seria incorreto o emprego da forma quotidianamente em lugar de "cotidianamente" (R.4), pois aquela forma foi abolida do vocabulário oficial da língua portuguesa.

(5) A supressão do vocábulo "do", em "Mais do que isso" (R. 5 e 6), comprometeria a coesão e a correção gramatical do texto.

**1:** correta. Segundo o autor, cumpre à jurisdição constitucional garantir a integridade dos princípios que alicerçaram a construção do Estado; **2:** correta. As expressões são sinônimas; **3:** incorreta. A vírgula é facultativa, sua supressão não acarretaria incorreção ou alteração de sentido; **4:** incorreta. Ambas as grafias ainda são consideradas corretas pelo Vocabulário Ortográfico da Língua Portuguesa; **5:** incorreta. É uma partícula denotativa, sem função sintática específica, usada muito mais por hábito linguístico do que por correção gramatical. Sua supressão não traria qualquer prejuízo. **HS**

Gabarito 1C, 2C, 3E, 4E, 5E

1 O Departamento de Atendimento a Grupos
Vulneráveis (DAGV) da Polícia Civil de Sergipe atende a
um público específico, que frequentemente se torna vítima
4 de diversos tipos de violência. Idosos, homossexuais,
mulheres, crianças e adolescentes têm recebido atenção
constante no DAGV, onde o atendimento ganha força e se
7 especializa diariamente
A unidade surgiu como delegacia especializada em
setembro de 2004. Agentes e delegados de atendimento a
10 grupos vulneráveis realizam atendimento às vítimas,
centralizam procedimentos relativos a crimes contra o
público vulnerável registrados em outras delegacias, abrem
13 inquéritos e termos circunstanciados e fazem investigações
de queixas.

Internet: <www.ssp.se.gov.br> (com adaptações).

**(Delegado – PC/SE – 2018 – CESPE/CEBRASPE)** Com relação aos sentidos e a aspectos linguísticos do texto precedente, julgue os itens que se seguem.

(1) Predomina no texto a tipologia narrativa, a qual é adequada ao propósito comunicativo de apresentar ao leitor um relato linear e objetivo da história do DAGV desde o seu surgimento até os dias atuais.

(2) De acordo com o segundo período do texto, o DAGV é um espaço destinado a alojar grupos vulneráveis, como idosos, homossexuais, mulheres, crianças e adolescentes, dando-lhes refúgio e proteção constante.

(3) A correção gramatical e o sentido do texto seriam preservados se, no trecho "a um público específico" (ℓ. 2 e 3), a preposição "a" fosse suprimida.

(4) Os termos "a crimes contra o público" (ℓ. 11 e 12) e "de queixas" (ℓ.14) complementam, respectivamente, os termos "relativos" e "investigações".

**1:** incorreta. Trata-se de texto majoritariamente informativo, cuja intenção é instruir o leitor sobre as atividades do DAGV, agregando-lhe conhecimento; **2:** incorreta. O texto não diz que o DAGV fornece refúgio e alojamento, mas atenção a pessoas vulneráveis, isto é, tais grupos podem ali narrar os delitos de que foram vítimas sem medo de serem ridicularizados; **3:** correta. O verbo "atender" pode ser tanto transitivo direto quanto indireto. O uso da preposição "a" é facultativo; **4:** correta. as relações de coesão estão perfeitamente indicadas. **HS**

Gabarito 1E, 2E, 3C, 4C

(...)
1 Às vezes eu falo com a vida
Às vezes é ela quem diz
Qual a paz que eu não quero
4 Conservar para tentar ser feliz

As grades do condomínio
São para trazer proteção
7 Mas também trazem a dúvida
Se é você que está nessa prisão
Me abrace e me dê um beijo
10 Faça um filho comigo
Mas não me deixe sentar
Na poltrona no dia de domingo.
(...)

O Rappa. **Minha Alma** (A Paz Que Eu Não Quero). In: **Álbum Lado B Lado A**. Warner Music Group, 1999 (com adaptações).

**(Delegado – PC/SE – 2018 – CESPE/CEBRASPE)** Com relação aos sentidos e aos aspectos linguísticos do trecho da letra de música anteriormente apresentado, julgue os itens que se seguem.

(1) No trecho apresentado, a associação de "As grades do condomínio" (v.5) com as palavras "proteção" (v.6) e "prisão" (v.8) remete a uma solução encontrada pelos cidadãos que, para se proteger da violência, se privam de sua liberdade, tornando-se prisioneiros em seus lares.

(2) No verso "Às vezes é ela quem diz" (v.2), a supressão de "é" e "quem" prejudicaria a coerência do trecho.

(3) Em "Mas não me deixe sentar" (v.11), a colocação do pronome "me" após a forma verbal "deixe" — **deixe-me** — prejudicaria a correção gramatical do trecho.

**1:** correta. A interpretação apresentada da poesia é totalmente condizente com a mensagem por ela transmitida; **2:** incorreta, pois não haveria prejuízo. Tais palavras foram inseridas pelo autor para fins de adequação da quantidade de sílabas do verso à canção, sendo também correto dizer: "às vezes ela diz"; **3:** correta. A presença do advérbio de negação "não" torna a próclise obrigatória, de maneira que a colocação do pronome posposto ao verbo seria gramaticalmente incorreta. **HS**

Gabarito 1C, 2E, 3C

### Texto 1A16AAA

1 Para muitos, o surgimento da civilização decorreu da
renúncia social ao uso da força física como forma de reparar
injustiças. Fazer justiça com as próprias mãos passou a ser
4 considerado, assim, um ato de barbaridade.
O sentimento de justiça, muito arraigado no ser
humano, aparece em diversas espécies animais, tendo origens
7 antigas na escala evolutiva: de ratos a gorilas, punir infrações
parece ser útil há muitas eras. Deslealdade e desobediência, por
exemplo, despertam no ser humano o senso de certo e errado
10 e despertam automaticamente desejos de vingança ou de
reparação. Para conviver em sociedade, é necessário,
entretanto, conter tais impulsos, franqueando-se ao Estado a
13 efetivação da justiça.
Quando as pessoas reservam-se o direito de usar a
força física, sob a argumentação de que estão fazendo justiça,
16 transmitem a mensagem de que não creem mais no pacto
social. Alegando a falta de ação efetiva do Estado, elas
afirmam que seu senso de justiça não está satisfeito e, por isso,
19 resolvem agir por si mesmas. Produz-se, assim, um círculo
vicioso no qual as pessoas sentem-se injustiçadas, não creem
na ação do Estado e, por isso, rompem o pacto social, o que
22 gera mais injustiça.

Daniel Martins de Barros. Justiça com as próprias mãos. Internet: <www.emais.estadao.com.br> (com adaptações).

**(Promotor de Justiça/RR – 2017 – CESPE)** Conclui-se das ideias expressas no texto 1A16AAA que a atuação do Estado na reparação de injustiças é

(A) desnecessária, já que o cidadão garante a justiça pelo emprego da força física quando a ação estatal não é efetiva.

(B) necessária, porque o uso da força pelo cidadão redunda em mais injustiça.

(C) desnecessária, já que, a exemplo de diversas espécies animais, o ser humano é capaz de definir as condutas sociais passíveis de punição.

(D) necessária, pois, anteriormente à constituição do Estado, os agrupamentos humanos eram caracterizados por uma situação de barbárie social.

A ideia central do texto é transmitir a importância de se confiar o sistema de reparação das injustiças ao estado, porque ao fazê-lo com as próprias mãos, ao contrário do que parece de início, a pessoa somente estará produzindo mais injustiça. **HS**

Gabarito "B".

**(Promotor de Justiça/RR – 2017 – CESPE)** De acordo com o último parágrafo do texto 1A16AAA,

(A) o direito de utilizar força física para reparar injustiças restringe-se ao Estado.

(B) o poder de utilizar a força física para garantir a efetivação da justiça é atribuído ao Estado pelo pacto social.

(C) os cidadãos conferem ao Estado direito de preferência para atuar na reparação de injustiças e na manutenção do pacto social.

(D) o sentimento de falta de ação estatal resulta no uso da força física e no rompimento do pacto social, o que agrava a injustiça.

A única proposta que pode ser inferida do último parágrafo do texto, como requer o enunciado, é a alternativa "D", que, aliás, é quase transcrição literal do trecho original. **HS**

Gabarito "D".

---

1   O trem que naquela tarde de dezembro de 1909 trazia de volta a Santa Fé o dr. Rodrigo Terra
2   Cambará passava agora, apitando, pela frente do cemitério da cidade. Com a cabeça para fora da janela, o
3   rapaz olhava para aqueles velhos paredões, imaginando, entre emocionado e divertido, que os mortos, toda
4   vez que ouviam o apito da locomotiva, corriam a espiar o trem por cima dos muros do cemitério. Imaginava
5   que ali estavam sua mãe, o capitão Rodrigo, a velha Bibiana, outros parentes e amigos. Sorriam, e era-lhe
6   agradável pensar que o saudavam: "Bem-vindo sejas, Rodrigo Temos esperanças em ti!" Havia apenas um
7   que não sorria. Era o Tito Chaves, que Rodrigo vira pela última vez estendido sem vida no barro da rua, na
8   frente do Sobrado, o peito ensanguentado, os olhos vidrados. Corria à boca miúda que fora o coronel
9   Trindade quem o mandara matar por questões de política, mas ninguém tinha coragem de dizer isso em voz
10  alta. E agora ali estava Tito encarapitado no muro do cemitério, a bradar: "Vai e me vinga, Rodrigo. És moço,
11  és culto, tens coragem e ideais! Em Santa Fé todo o mundo tem medo do coronel Trindade. Não há mais
12  justiça. Não há mais liberdade. Vai e me vinga!"
13  O trem ainda apitava tremulamente, como se estivesse chorando. Mas quem, enternecido,
14  chorava de verdade era Rodrigo. As lágrimas lhe escorriam pelo rosto, a que a poeira dava uma cor de tijolo.
15  Maneco Vieira tocou-.......... o braço. "Que foi que houve, moço?", perguntou, com um jeito protetor. Rodrigo
16  levou o lenço aos olhos, dissimulando: "Esta maldita poeira..."
17  No vagão agora os passageiros começavam a arrumar suas coisas, erguiam-se, baixavam as
18  malas dos gabaritos, numa alegria alvoroçada de fim de viagem. Rodrigo foi até o lavatório, tirou o chapéu,
19  lavou o rosto, enxugou-.......... com o lenço e por fim penteou-se com esmero. Observou, contrariado, que
20  tinha os olhos injetados, o que lhe dava um ar de bêbedo ou libertino. Não queria logo de chegada causar
21  má impressão aos que o esperavam. Piscou muitas vezes, revirou os olhos, umedeceu o lenço e tornou a
22  passá-lo pelo rosto. Pôs a língua para fora e quedou-se por algum tempo a examiná-la. Ajeitou a gravata,
23  tornou a botar o chapéu, recuou um passo, lançou um olhar demorado para o espelho e, satisfeito, voltou
24  para seu lugar. Maneco Vieira sorriu, dizendo-lhe: "Enfim chegamos, com a graça de Deus... e do
25  maquinista."
26  O trem diminuiu a marcha ao entrar nos subúrbios de Santa Fé. Rodrigo sentou-se de novo junto à
27  janela e logo viu, surpreso, os casebres miseráveis do Purgatório e suas tortuosas ruas de terra vermelha.
28  Aqueles ranchos de madeira apodrecida, cobertos de palha; aquela mistura desordenada e sórdida de
29  molambos, panelas, gaiolas, gamelas, lixo; aquela confusão de cercas de taquara, becos, barrancos e
30  quintais bravios – lembraram-.......... uma fotografia do reduto de Canudos que vira estampada numa revista.
31  Na frente de algumas das choupanas viam-se mulheres – chinocas brancas, pretas, mulatas, cafuzas – a
32  acenar para o trem; muitas delas tinham um filho pequeno nos braços e outro no ventre. Crianças seminuas
33  e sujas brincavam na terra no meio de galinhas, cachorros e ossos de rês. Lá embaixo, no fundo dum
34  barranco, corria o riacho, a cuja beira uma cabocla batia roupa numa tábua, com o vestido arregaçado acima
35  dos joelhos. Em todas as caras Rodrigo vislumbrava algo de terroso e doentio, uma lividez encardida que a
36  luz meridiana tornava ainda mais acentuada. "Quanta miséria!", murmurou desolado.

Adaptado de: Érico Veríssimo, O Tempo e o Vento, Parte II: o Retrato, vol. I. 3ª ed. São Paulo: Companhia das Letras, 2004. p.92-93.

**(Procurador do Estado – PGE/RS – Fundatec – 2015)** Associe a Coluna 1 à Coluna 2 de acordo com a função que as ocorrências do pronome lhe possuem no texto:

Coluna 1
1.  Objeto indireto de verbo.
2.  Complemento nominal de adjetivo.
3.  Pronome com valor possessivo.
Coluna 2
( ) *lhe* (l.05)
( ) *lhe* (l.14)

# 1. LÍNGUA PORTUGUESA

( ) *lhe* (l.20)
( ) *lhe* (l.24)

Assinale alternativa que preenche, correta e respectivamente, os parênteses, de cima para baixo:

(A) 2 – 2 – 3 – 1.
(B) 2 – 3 – 2 – 2.
(C) 2 – 3 – 1 – 1.
(D) 1 – 2 – 2 – 3.
(E) 1 – 2 – 3 – 2.

---

Linha 5: a partícula "lhe" tem função de complemento nominal do adjetivo "agradável"; Linha 14: é pronome com valor possessivo, porque equivale a "seu rosto"; Linha 20: é objeto indireto do verbo "dar" (equivale a "a ele"); Linha 24: idem (equivale a "a ele" também). **HS**

*Gabarito "C".*

1   A fim de solucionar o litígio, atos sucessivos
    e concatenados são praticados pelo escrivão. Entre eles, estão os
    atos de comunicação, os quais são indispensáveis para que os
4   sujeitos do processo tomem conhecimento dos atos acontecidos
    no correr do procedimento e se habilitem a exercer os direitos
    que lhes cabem e a suportar os ônus que a lei lhes impõe.

Internet: <http://jus.com.br> (com adaptações).

**(Escrivão de Polícia Federal – 2013 – CESPE)** No que se refere ao texto acima, julgue os itens seguintes.

(1) Não haveria prejuízo para a correção gramatical do texto nem para seu sentido caso o trecho "A fim de solucionar o litígio" (L.1) fosse substituído por **Afim de dar solução à demanda** e o trecho "tomem conhecimento dos atos acontecidos no correr do procedimento" (L.4-5) fosse, por sua vez, substituído por **conheçam os atos havidos no transcurso do acontecimento**.

(2) Na linha 3, a correção gramatical do texto seria mantida caso a expressão "os quais" fosse substituída por **que** ou fosse suprimida, desde que, nesse último caso, fosse suprimida também a forma verbal "são".

**1:** incorreta. O problema está na primeira alteração sugerida. "A fim de" é locução prepositiva que estabelece uma relação de finalidade entre os termos da oração. Denota o motivo pelo qual o agente pratica o ato. "Afim", que não rege preposição, é sinônimo de "parecido", "similar"; **2:** correta. Tanto "os quais" como "que" exercem função de pronome relativo. Sua supressão juntamente com o verbo "são" não traria prejuízo para a compreensão do texto, porque sua presença implícita pode ser facilmente deduzida (figura de linguagem conhecida como elipse).

*Gabarito 1E, 2C.*

---

1   O respeito às diferentes manifestações culturais é
    fundamental, ainda mais em um país como o Brasil, que
    apresenta tradições e costumes muito variados em todo o seu
4   território. Essa diversidade é valorizada e preservada por ações
    da Secretaria da Identidade e da Diversidade Cultural (SID),
    criada em 2003 e ligada ao Ministério da Cultura.
7   Cidadãos de áreas rurais que estejam ligados a
    atividades culturais e estudantes universitários de todas as
    regiões do Brasil, por exemplo, são beneficiados por um dos
10  projetos da SID: as Redes Culturais. Essas redes abrangem
    associações e grupos culturais para divulgar e preservar suas
    manifestações de cunho artístico. O projeto é guiado por
13  parcerias entre órgãos representativos do Estado brasileiro e as
    entidades culturais.
    A Rede Cultural da Terra realiza oficinas de
16  capacitação, cultura digital e atividades ligadas às artes
    plásticas, cênicas e visuais, à literatura, à música e ao
    artesanato. Além disso, mapeia a memória cultural dos
19  trabalhadores do campo. A Rede Cultural dos Estudantes
    promove eventos e mostras culturais e artísticas e apoia a
    criação de Centros Universitários de Cultura e Arte.
22  Culturas populares e indígenas são outro foco de
    atenção das políticas de diversidade, havendo editais públicos
    de premiação de atividades realizadas ou em andamento, o que

25  democratiza o acesso a recursos públicos.
    O papel da cultura na humanização do tratamento
    psiquiátrico no Brasil é discutido em seminários da SID. Além
28  disso, iniciativas artísticas inovadoras nesse segmento são
    premiadas com recursos do Edital Loucos pela Diversidade.
    Tais ações contribuem para a inclusão e socializam o direito à
31  criação e à produção cultural.
    A participação de toda a sociedade civil na discussão
    de qualquer política cultural se dá em reuniões da SID com
34  grupos de trabalho e em seminários, oficinas e fóruns, nos
    quais são apresentadas as demandas da população. Com base
    nesses encontros é que podem ser planejadas e desenvolvidas
37  ações que permitam o acesso dos cidadãos à cultura e a
    promoção de suas manifestações, independentemente de cor,
    sexo, idade, etnia e orientação sexual.

Identidade e diversidade. Internet: <www.brasil.gov.br/sobre/cultura/>
(com adaptações).

**(Escrivão de Polícia/BA – 2013 – CESPE)** Considerando as ideias e aspectos linguísticos do texto apresentado, julgue o item a seguir.

(1) No período "Essas redes abrangem associações e grupos culturais para divulgar e preservar suas manifestações de cunho artístico." (L.10-12), duas orações expressam finalidades das "Redes Culturais" (L.10).

**1:** correta. São elas: "para divulgar" e "(para) preservar suas manifestações de cunho artístico". Para evitar a repetição desnecessária dos termos, os verbos compartilham o complemento ("suas manifestações...") e foi suprimida, pela figura de linguagem conhecida como zeugma, a preposição "para" antes de "preservar".

*Gabarito 1C.*

1   A democracia há muito deixou de dizer respeito às
    regras do jogo político para se transformar na força viva de
    construção de um mundo vasto e diferenciado, apto a conjugar
4   tempos passados e futuros, afinidades e diferenças, meios
    sociais imprescindíveis ao desenvolvimento da autenticidade
    e da individualidade de cada pessoa. O espírito democrático
7   desenvolve-se na diversidade e estabelece o diálogo na
    pluralidade. Diversidade é a semente inesgotável da
    autenticidade e da individualidade humana, que se expressam
10  na subjetividade da liberdade pessoal. Mas a condição de
    ser livre, ou seja, de desenvolver a autenticidade e a
    individualidade, pressupõe o contexto da diversidade, somente
13  atingível, em termos políticos, no âmbito do espírito
    democrático, círculo que demonstra a intimidade e
    interdependência entre democracia e liberdades fundamentais.
16  A liberdade deve ser entendida em duplo sentido: como o
    respeito e a aceitação das diferenças individuais e coletivas e
    como dever de solidariedade e compromisso com as condições
19  para a liberdade de todos, o que implica a garantia do direito
    à não discriminação e do direito a políticas afirmativas, como
    formas de manifestação do direito à diversidade, que
22  representam novos padrões de proteção jurídica, ensejadores
    da acessibilidade às condições materiais, sociais, culturais e
    intelectivas, imprescindíveis à autodeterminação individual,
25  denominadas direitos de acessibilidade, requisito primeiro para
    o pleno exercício das liberdades de escolhas.

Idem, p. 97 (com adaptações).

**(Escrivão de Polícia/DF – 2013 – CESPE)** Julgue os itens que se seguem, relativos às ideias e estruturas linguísticas do texto acima.

(1) Estaria garantida a correção gramatical do texto caso fosse suprimida a vírgula empregada após "individualidade" (L.12), evitando-se a separação, por vírgula, do sujeito e do predicado da oração.

(2) Não haveria prejuízo do sentido geral do texto nem das relações sintáticas nele estabelecidas caso à os elementos

da enumeração presente no segmento "ensejadores da acessibilidade às condições materiais, sociais, culturais e intelectivas" (L.22-24) fossem reorganizados da seguinte forma: ensejadores da acessibilidade às condições materiais, sociais e culturais intelectivas.

(3) No trecho "que se expressam na subjetividade da liberdade pessoal" (L.9-10), o emprego do pronome átono "se" após a forma verbal — expressam-se — prejudicaria a correção gramatical do texto, dada a presença de fator de próclise na estrutura apresentada.

(4) Na linha 9, "que" é elemento de coesão empregado em referência a "autenticidade [humana]" e "individualidade humana", razão por que a forma verbal "expressam" está flexionada no plural.

**1**: incorreta. Não se pode tirar essa vírgula, porque ela isola a oração subordinada substantiva apositiva – portanto não se trata de sujeito e predicado; **2**: incorreta. A colocação do adjetivo "intelectivas" depois de "culturais" implica que esse adjetivo se refere somente ao termo "culturais", o que não ocorre no texto. Lá, "intelectivas" se refere a "condições"; **3**: correta. A próclise é obrigatória na presença do pronome relativo "que"; **4**: correta. A palavra "que", nesse caso, é pronome relativo, elemento de coesão utilizado para recuperar conceitos utilizados anteriormente sem precisar repeti-los.

Gabarito 1E, 2E, 3C, 4C

**(Escrivão de Polícia/DF – 2013 – CESPE)** Nos itens a seguir, são apresentados trechos, adaptados, de texto publicado em jornal de grande circulação. Julgue-os de acordo com a prescrição gramatical.

(1) É importante consolidar, por meio da educação, principalmente da educação básica, além do domínio das letras e dos números, o cultivo, entre os estudantes, de laços de amizades genuínas, da cooperação, da solidariedade, do espírito comunitário e do exercício da plena cidadania, como contraponto à hipertrofia do ego, à violência generalizada e à banalização da vida.

(2) No Brasil, as diferentes formas de violência provém de fenômeno histórico: da catequização dos índios a escravidão africana, seguir-se-ão com a colonização mercantilista, o coronelismo, as oligarquias, amparado por um Estado autoritário e burocrático, e manifesta por meio da tirania, da opressão, do abuso de força e da criminalidade.

**1**: correta. O período, apesar de longo, respeita todas as normas gramaticais; **2**: incorreta. Há diversos erros: o verbo "provir", na terceira pessoa do plural do presente do indicativo, conjuga-se "provêm" (com acento circunflexo); há acento grave indicativo da crase antes de "escravidão"; o verbo "seguir" no futuro do presente do indicativo causa incoerência, melhor seria "seguindo-se"; e o particípio do verbo "manifestar" deveria estar no plural para concordar com "formas".

Gabarito 1C, 2E

Texto para as próximas duas questões.

1 (...) na questão de se o mundo é mais digno de riso ou de pranto, e se à vista do mesmo mundo tem mais razão quem ri, como ria Demócrito, ou quem chora, como chorava
4 Heráclito, eu, para defender, como sou obrigado, a parte do pranto, confessarei uma coisa e direi outra. Confesso que a primeira propriedade do racional é o risível: e digo que a maior
7 impropriedade da razão é o riso. O riso é o final do racional, o pranto é o uso da razão. (...)
Mas se Demócrito era um homem tão grande entre os
10 homens e um filósofo tão sábio, e se não só via este mundo, mas tantos mundos, como ria? Poderá dizer-se que ele ria não deste nosso mundo, mas daqueles seus mundos.
13 E com razão, porque a matéria de que eram compostos os seus mundos imaginados, toda era de riso. É certo, porém, que ele ria neste mundo e que se ria deste mundo.
16 Como, pois, se ria ou podia rir-se Demócrito do mesmo mundo ou das mesmas coisas que via e chorava Heráclito? A mim, senhores, mo parece que Demócrito não ria, mas que

19 Demócrito e Heráclito ambos choravam, cada um ao seu modo. Que Demócrito não risse, eu o provo. Demócrito ria sempre: logo não ria. A consequência parece difícil e evidente.
22 O riso, como dizem todos os filósofos, nasce da novidade e da admiração, e cessando a novidade ou a admiração, cessa também o riso; o como Demócrito se ria dos ordinários
25 desconcertos do mundo, o que é ordinário e se vê sempre, não pode causar admiração nem novidade; segue-se que nunca ria, rindo sempre, pois não havia matéria que motivasse o riso.

Padre Antônio Vieira. **Sermão da sexagésima**.
*In:* J. Verdasca (Org. e coord.).
Sermões escolhidos. São Paulo: Martin Claret, 2006, p. 190-2.

**(Diplomacia – 2012 – CESPE)** Com relação à análise linguística de passagens do texto, assinale opção correta.

(A) No trecho "A mim, senhores, mo parece que Demócrito não ria" (l.17-18), evidenciam-se três características estilísticas da linguagem textual: obviedade, barbarismo e concisão.
(B) No primeiro e no segundo parágrafos, o autor utiliza a coordenação para ligar orações substantivas introduzidas pelo conectivo subordinativo "se".
(C) Dada a dependência sintático-semântica do trecho "porque a matéria de que eram compostos os seus mundos imaginados, toda era de riso" (l.13-14) à expressão "com razão" (l.13), o período iniciado à linha 13 poderia ser reescrito, sem prejuízo do sentido ou da correção gramatical do texto, da seguinte forma: Eis a razão por que a matéria que eram compostos os seus mundos imaginados era toda de riso.
(D) Constitui proposta de reescrita coerente e gramaticalmente correta para o trecho "Confesso que a primeira propriedade do racional é o risível: e digo que a maior impropriedade da razão é o riso" (l.5-7) a seguinte: O que eu confesso é que a primeira propriedade do racional é o risível; e o que eu digo é que a maior impropriedade da razão é o riso.
(E) O autor explora as possibilidades semânticas da palavra "mundo" no trecho "É certo, porém, que ele ria neste mundo e que se ria deste mundo" (l.14-15), em que o vocábulo tem como referente, em ambas as ocorrências, "mundos imaginados" (l.14).

**A:** (Vícios de linguagem: obviedade e barbarismo) A obviedade e o barbarismo constituem vícios de linguagem e estão ambos ausentes do texto. A concisão pode ser um aspecto positivo, mas também está ausente do texto pelo fato de nele ter sido empregado pleonasmo dos dois objetos.
**B:** (ASPC) No primeiro parágrafo, as orações subordinadas "*se o mundo é mais digno de riso ou de pranto*" e "*se à vista do mesmo mundo tem mais razão*" são de fato substantivas – constituem complementos nominais do termo "questão" – e coordenam-se entre si pela conjunção "e". No segundo parágrafo, as orações subordinadas "*se Demócrito era um homem tão grande entre os homens e um filósofo tão sábio*" e "*se não só via este mundo*" também se coordenam entre si, mas são adverbiais.
**C:** (Regência com relativo) Na reescrita, há um desvio de regência, falta a preposição "de" que deveria acompanhar o relativo: *Eis a razão por que a matéria (de) que eram compostos os seus mundos imaginados era toda de riso*.
**D:** (Interpretação) A substituição das formas verbais "confesso" e "digo" pelas estruturas "o que eu confesso é que" e "o que eu digo é que" não altera o sentido nem constitui desvio de norma, apenas enfatiza os significados dos verbos.
**E:** (Coesão) Em ambos os casos, o referente da palavra "mundo" é o mundo real em que os seres humanos vivem.

Gabarito "D"

**(Diplomacia – 2012 – CESPE)** Considerando a estrutura textual, a consistência argumentativa e as estruturas linguísticas do texto, julgue (C ou E) os itens que se seguem.

(1) Com o propósito explícito de tratar da "questão de se o mundo é mais digno de riso ou de pranto" (l.1-2), o autor argumenta em favor da conclusão de que o mundo, devido aos seus "ordinários desconcertos" (l.24-25), é mais digno de riso.

# 1. LÍNGUA PORTUGUESA    49

**(2)** No período "Que Demócrito não risse, eu o provo" (l.20), o verbo **provar** complementa-se com uma estrutura em forma de objeto direto pleonástico, com uma oração servindo de referente para um pronome.

**(3)** O verbo **rir**, empregado com regências diferentes no trecho "É certo, porém, que ele ria neste mundo e que se ria deste mundo" (l.14-15), tem, em ambas as ocorrências, o sentido de **tratar ou considerar (alguém ou algo) com desdém; ridicularizar; zombar**.

**(4)** No período "Demócrito ria sempre: logo não ria." (l.20-21), a "consequência" (l.21), à primeira vista ilógica, sustenta-se no emprego do advérbio "sempre", o que se constata pelas explicações que se seguem no mesmo parágrafo.

**1:** Errado (Interpretação) Ao contrário, ao tentar provar que o riso de Demócrito frente aos "*desconcertos do mundo*" não era de fato um riso, o autor quer provar que o mundo é mais digno de pranto.

**2:** Certo (ASPC) O verbo "provar" possui como complemento a oração subordinada substantiva objetiva direta "*Que Demócrito não risse*", a qual é retomada pelo demonstrativo "o", o que constitui um caso de pleonasmo de função sintática.

**3:** Anulada (Regência) No primeiro caso, ele é intransitivo e tem o sentido de "achar graça"; no segundo caso, ele é transitivo indireto e tem o sentido de "zombar".

**4:** Anulada (Interpretação) Segundo o argumento do texto, o riso nasce da novidade e da admiração, como o advérbio "sempre" invalida ambas as situações, a conclusão é que o riso em questão não é verdadeiramente um riso.

Gabarito 1E, 2C, 3 Anulada, 4 Anulada

> 1   As críticas, de um modo geral, não me fazem bem. A
>     do Álvaro Lins (...) me abateu e isso foi bom de certo modo.
>     Escrevi para ele dizendo que não conhecia Joyce nem Virginia
> 4   Woolf nem Proust quando fiz o livro, porque o diabo do
>     homem só faltou me chamar de representante comercial deles.
>     Não gosto quando dizem que tenho afinidades com Virginia
> 7   Woolf (só li, aliás, depois de escrever o meu primeiro livro):
>     é que não quero perdoar o fato de ela se ter suicidado. O
>     horrível dever é ir até o fim.

Clarice Lispector. **Carta a Tania LispectorKaufmann**. *In*: Olga Borelli. Clarice Lispector: esboço para um possível retrato. 2.ª ed., Rio de Janeiro: Nova Fronteira, 1981, p. 45.

**(Diplomacia – 2012 – CESPE)** Julgue (C ou E) os itens seguintes, relativos ao fragmento de texto acima, extraído de carta escrita por Clarisse Lispector.

**(1)** Admite-se como forma alternativa de reescrita da expressão coloquial "o diabo do homem só faltou me chamar de" (l.4-5) a estrutura **só faltou o diabo do homem me chamar de**, na qual o verbo **faltar** é empregado como impessoal e, portanto, integra uma oração sem sujeito.

**(2)** Infere-se do texto que Clarice Lispector postergou a leitura da obra de Virginia Woolf devido à sua dificuldade em desculpar suicidas, que, segundo ela, são pessoas que manifestam fraqueza ao interromper um dever existencial, ainda que um "horrível dever".

**(3)** No terceiro período do texto, a oração iniciada pelo conector "quando" (l.4) e a iniciada pelo conector "porque" (l.4) indicam, respectivamente, as circunstâncias de tempo e causa relacionadas ao fato expresso na oração "que não conhecia Joyce nem Virginia Woolf nem Proust" (l.3-4).

**(4)** A organização sintática do trecho "Não gosto quando dizem que tenho afinidades com Virginia Woolf (só li, aliás, depois de escrever o meu primeiro livro)" (l.6-7), em que são desprezadas prescrições de regência verbal, caracteriza registro linguístico adequado à escrita de uma carta informal, como é o caso do texto apresentado.

**1:** Errado (ASPC) O verbo "faltar" na reescrita proposta é pessoal, seu sujeito é a oração reduzida "*o diabo do homem me chamar de*".

**2:** Anulada (Interpretação) A dificuldade da autora em perdoar suicidas explica sua aversão a que a comparem com Virginia Woolf, não se pode daí inferir que ela tenha postergado a leitura da obra dessa escritora e que, se isso de fato ocorreu, tenha sido por esse motivo.

**3:** Errado (ASPC) A oração iniciada por "quando" indica circunstância de tempo para a oração "*não conhecia Joyce nem Virginia Woolf nem Proust*"; já oração iniciada por "porque" indica circunstância de tempo para a oração "*Escrevi para ele*".

**4:** Anulada (Regência) A ausência de preposição diante de uma oração subordinada substantiva objetiva indireta ou completiva nominal não constitui necessariamente um desprezo das prescrições de regência verbal, já que tal fato, além de muito recorrente, é validado por muitos gramáticos.

Gabarito 1E, 2 Anulada, 3E, 4 Anulada

> 1   Estou tão perdida. Mas é assim mesmo que se vive:
>     perdida no tempo e no espaço.
>     Morro de medo de comparecer diante de um Juiz.
> 4   Emeretíssimo, dá licença de eu fumar? Dou, sim senhora, eu
>     mesmo fumo cachimbo. Obrigada, Vossa Eminência. Trato
>     bem o Juiz, Juiz é Brasília. Mas não vou abrir processo contra
> 7   Brasília. Ela não me ofendeu. (...)
>     Eu sei morrer. Morri desde pequena. E dói, mas a
>     gente finge que não dói. Estou com tanta saudade de Deus.
> 10  E agora vou morrer um pouquinho. Estou tão
>     precisada.
>     Sim. Aceito, my Lord. Sob protesto.
> 13  Mas Brasília é esplendor.
>     Estou assustadíssima.

Clarice Lispector. **Para não esquecer**. São Paulo: Círculo do Livro, 1981, p. 106-7.

**(Diplomacia – 2012 – CESPE)** No que concerne a aspectos gramaticais do texto acima, julgue (C ou E) os itens a seguir.

**(1)** A inadequação no emprego do pronome de tratamento em "Emeretíssimo, dá licença de eu fumar?" (l.4) é sanada pela escritora no período "Obrigada, Vossa Eminência." (l.5), o que evidencia o deliberado desrespeito a padrões normativos da língua portuguesa.

**(2)** Na frase "Dou, sim senhora, eu mesmo fumo cachimbo." (l.4-5), a escolha vocabular e o emprego do advérbio de afirmação seguido, sem pausa, do vocativo "senhora" caracterizam a fala formal de um juiz, a qual contrasta com o conteúdo intimista e o coloquialismo, predominantes no texto.

**(3)** No período "Mas é assim mesmo que se vive: perdida no tempo e no espaço." (l.1-2), o particípio do verbo **perder**, empregado em estrutura de indeterminação do sujeito da oração, poderia, conforme regra de concordância nominal, estar na forma masculina, regra da qual, no entanto, a obra literária prescinde, dada a liberdade que preside a criação artística.

**(4)** Da combinação inusitada do verbo **morrer**, flexionado no pretérito perfeito do indicativo, com a expressão adverbial "desde pequena" (l.8) infere-se uma compreensão da morte diferente da que estaria implícita caso tivesse sido empregada a locução verbal **Venho morrendo**.

**1:** Errado (Emprego de pronomes) O emprego da forma "Emeretíssimo" no lugar de "meritíssimo" de fato constitui um equívoco, mas o pronome "Vossa Eminência" não sana a incorreção, pois ele é destinado a cardeais.

**2:** Errado (Variações linguísticas) Nem a escolha vocabular feita na frase nem a ausência de pausa entre o advérbio e o vocativo constituem marcas de uma fala formal.

**3:** Certo (Concordância) O emprego do pronome "se" como índice de indeterminação do sujeito confere generalização à afirmação feita. Com isso, seria esperado o masculino que teria valor neutro, valendo para homens e mulheres. A opção feito pelo feminino, uma espécie de silepse de gênero, é de fato uma liberdade frente à prescrição de concordância.

**4:** Certo (Verbo: emprego dos tempos e modos) O emprego da locução "venho morrendo" sugere um morte gradual. A forma "*morri desde pequena*", no contexto em que ocorre, dá a ideia de repetidas mortes.

Gabarito 1E, 2E, 3C, 4C

1 É certo que, de modo geral, toda obra literária deve
ser a expressão, a revelação de uma personalidade. Há, porém,
nos temperamentos masculinos, uma maior tendência para
4 fazer do autor uma figura escondida por detrás das suas
criações, operando-se um desligamento quando a obra já esteja
feita e acabada. Isto significa que um escritor pode colocar
7 toda a sua personalidade na obra, contudo nela se diluindo de
tal modo que o espectador só vê o objeto e não o homem.

Álvaro Lins. **Os mortos de sobrecasaca**. Rio de Janeiro:
Civilização Brasileira, 1963, p. 27.

**(Diplomacia – 2012 – CESPE)** Com relação ao fragmento de texto
acima, assinale a opção correta.

(A) O fato de o texto expressar uma generalização a respeito
da produção de obras literárias justifica o tom assertivo e
imperativo predominante no texto, evidenciado, por exemplo, no emprego do predicado "É certo" (l.1).

(B) Pelos elementos textuais presentes no texto, infere-se que
o autor considera as escritoras — os "temperamentos" (l.3)
femininos — incapazes de produzir obras em que seja atendido o postulado de distanciamento entre autor e conteúdo
expresso na obra literária.

(C) No último período do texto, a referência do sujeito elíptico
da oração "contudo nela se diluindo de tal modo" (l.7-8)
recupera o termo "um escritor" (l.6), o que possibilitaria,
mantendo-se a mesma referência, a seguinte estrutura
alternativa: que, contudo, se dilui de tal modo.

(D) Sem alteração da informação expressa no primeiro período
do texto, a expressão adverbial "de modo geral" (l.1) poderia
ser deslocada, com as vírgulas, para imediatamente depois
da locução verbal "deve ser" (l.1-2) ou, eliminando-se as
vírgulas que a isolam, para imediatamente após o núcleo
nominal "personalidade" (l.2).

(E) No último período do fragmento de texto apresentado, o
autor indica, por meio de relação de causa e efeito, o modo
como se opera o distanciamento de um escritor ao produzir
uma obra literária, ou seja, o processo por meio do qual o
enunciador se torna "uma figura escondida por detrás das
suas criações" (l.4-5).

**A:** (Interpretação) Não há tom imperativo no texto: já que se faz mais a
constatação de um fato do que a imposição de um modelo.
**B:** (Interpretação) O fato de se afirmar que os temperamentos masculinos possuem uma maior tendência para algo não permite afirmar que
os femininos sejam incapazes disso.
**C:** (ASPC) A substituição proposta faria com que o verbo "diluir-se"
passasse a ter como sujeito o relativo "que", o que geraria uma ambiguidade, pois seria possível considerar-se como antecedente desse
relativo tanto "*escritor*"/"*sua personalidade*" quanto "*obra*".
**D:** (ASPS) A primeira alteração proposta não causaria alteração de
sentido. A segunda, contudo, faria com que a expressão passasse a se
referir ao termo "*personalidade*", de modo a qualificá-lo, tornando-se
assim uma expressão adjetiva.
**E:** (ASPC) A estrutura "de tal modo que" estabelece entre as orações
que liga uma relação de causa e efeito. No trecho em questão, a causa
seria a diluição, e o efeito seria o de o espectador só ver o objeto, e
não o homem.
Gabarito "E".

1 Nas narrativas que produziu nos últimos anos de sua
vida, Clarice Lispector problematiza alguns mitos ou
pressupostos literários. Segundo seus termos em **Relatório da**
4 **Coisa**, ela buscou "desmistificar a ficção". O uso de certas
estratégias que apagam o limite entre o autobiográfico e o
ficcional revela um desejo de questionar a noção da ficção
7 como espaço autônomo em relação à realidade exterior. Além
disso, o gosto por certos modos de composição (a montagem
e, em outros casos, a aproximação da escrita à estrutura casual
10 de uma conversa) parece igualmente indicar esse intento de
desmistificar a ficção. Para a autora, nos últimos anos, a escrita

literária seria uma prática sem sentido (e, às vezes, até mesmo
13 imoral) se fosse puramente estética, ou seja, se permanecesse
presa a certos decoros literários. Vários textos de suas
coletâneas dos anos 70 produzem ou estão destinados a
16 produzir um efeito de "mau gosto", também descrito pela
autora como um "susto de constrangimento".

Sônia Roncador. **Poéticas do empobrecimento: a escrita
derradeira de Clarice**. São Paulo: Annablume, 2002,
p. 135-6 (com adaptações).

**(Diplomacia – 2012 – CESPE)** Assinale a opção correta a respeito
do texto acima.

(A) A expressão "decoros literários" (l.14) significa, no texto, o
mesmo que aceitação de mitos e de pressupostos literários
arcaicos que impedem o avanço no emprego de elementos
estéticos.

(B) Privilegiando-se a concisão textual e sem prejuízo para o
sentido original do texto, a oração adjetiva "que produziu
nos últimos anos de sua vida" (l.1-2) poderia ser substituída
tanto pelo adjetivo **derradeiras** quanto pelo adjetivo **longe-
vas**.

(C) O verbo **parecer** (l.10) poderia, corretamente, ter sido
flexionado na 3.ª pessoa do plural, dado que o núcleo do
sujeito da oração em que ele se insere é ampliado com
elementos apositivos.

(D) Sugere-se, no texto, que é na obra **Relatório da Coisa**
que Clarice Lispector passa a incorporar à narrativa dados
autobiográficos como estratégia de desmistificação do
preceito de autonomia da ficção.

(E) A ambiguidade presente no trecho "produzir um efeito de
'mau gosto', também descrito pela autora como um 'susto
de constrangimento'" (l.16-17) seria desfeita com a seguinte
reescrita: produzir, conforme descrito pela autora, um efeito
de "mau gosto" ou um "susto de constrangimento".

**A:** (Interpretação) O texto trata de certos "decoros literários", a questão
apresenta-os como se fossem algo sempre uniforme. Os que são
mencionados no texto dizem respeito a uma escrita literária puramente
estética, não a uma escrita que impeça o avanço de elementos estéticos.
**B:** (Vocabulário) O substituição por "*longevo*" acarretaria alteração de
sentido, pois ele significa "duradouro".
**C:** (Concordância) Os elementos apositivos, que aparecem entre
parênteses, referem-se não ao núcleo do sujeito "*gosto*", mas ao seu
complemento nominal "*por certos modos de composição*".
**D:** (Interpretação) Segundo o texto, na obra Relatório de Coisas ela
discuta metalinguisticamente a sua ficção dos últimos anos e dá um
nome para o que vem tentando fazer: "*desmistificar a ficção*". Não se pode
pressupor que esses procedimentos surjam apenas a partir dessa obra.
**E:** (Interpretação) A escrita original possui a seguinte ambiguidade: a
atribuição de "mau-gosto" ao efeito produzido por algumas obras pode
ser um julgamento feito pela autora do texto ou ser o desejo de Clarice
sobre esse efeito. Com a reescrita, o adjunto adverbial de conformidade "*conforme descrito pela autora*" deixa claro que o "mau-gosto"
é desejado por Clarice.
Gabarito "E".

(...)
1 Língua do meu Amor velosa e doce,
que me convences de que sou frase,
que me contornas, que me vestes quase,
4 como se o corpo meu de ti vindo me fosse.
Língua que me cativas, que me enleias
os surtos de ave estranha,
7 em linhas longas de invisíveis teias,
de que és, há tanto, habilidosa aranha...
Língua-lâmina, língua-labareda,
10 língua-linfa, coleando, em deslizes de seda...
Força inféria e divina
faz com que o bem e o mal resumas,
13 língua-cáustica, língua-cocaína,
língua de mel, língua de plumas?...

# 1. LÍNGUA PORTUGUESA    51

Amo-te as sugestões gloriosas e funestas,
16 amo-te como todas as mulheres
te amam, ó língua-lama, ó língua-resplendor,
pela carne de som que à ideia emprestas
19 e pelas frases mudas que proferes
nos silêncios de Amor!...

Gilka Machado. **Lépida e leve.** In: **Poesias completas.**
Rio de Janeiro: Cátedra/INL, 1978, p. 179.

**(Diplomacia – 2012 – CESPE)** Com relação às ideias e aos aspectos linguísticos do poema acima, assinale a opção correta.

(A) Na primeira estrofe, tanto "ave" (v.6) quanto "aranha" (v.8) referem-se a "Língua" (v.5).

(B) Na segunda estrofe, a linguagem poética é intensificada por metáforas representadas, entre outras formas, por palavras compostas por justaposição.

(C) Nos versos 4 e 16, o conector "como" introduz estruturas com sentido comparativo e conformativo, respectivamente.

(D) Em "que me vestes quase" (v.3), "que me enleias" (v.5) e em "Amo-te as sugestões gloriosas e funestas" (v.15), os pronomes oblíquos átonos estão empregados com valor possessivo.

(E) Na segunda estrofe, a língua é considerada uma força que, antagônica ao amor, sintetiza o bem e o mal.

**A:** (Coesão) Apenas "*aranha*" é metáfora de "*língua*", "*ave*" qualifica metaforicamente os surtos do eu lírico.
**B:** (Formação de palavras) Entre elas estão "*língua-lâmina*" e "*língua--labareda*".
**C:** (ASPC: como) Em ambos os casos, a conjunção "como" introduz orações comparativas.
**D:** (Emprego dos pronomes) No primeiro caso, o "me" é objeto direto e indica o paciente da ação de "vestir". Nos dois outros casos, possui de fato valor possessivo: "*que me enleias os surtos de ave estranha*" = que enleias meus surtos de ave estranha / "*Amo-te as sugestões gloriosas e funestas*" = Amo as tuas sugestões gloriosas e funestas
**E:** (Interpretação) Não há nada na segunda estrofe que permita afirmar que a "'língua" é antagônica ao amor.

Gabarito "B".

Texto para as duas próximas questões

1 Ainda que se soubessem todas as palavras de cada
figura da Inconfidência, nem assim se poderia fazer com o
seu simples registro uma composição da arte. A obra de arte
4 não é feita de tudo — mas apenas de algumas coisas
essenciais. A busca desse essencial expressivo é que constitui
o trabalho do artista. Ele poderá dizer a mesma verdade do
7 historiador, porém de outra maneira. Seus caminhos são
outros, para atingir a comunicação. Há um problema de
palavras. Um problema de ritmos. Um problema de
10 composição. Grande parte de tudo isso se realiza, decerto,
sem inteira consciência do artista. É a decorrência natural da
sua constituição, da sua personalidade — por isso, tão difícil
13 se torna quase sempre a um criador explicar a própria
criação. No caso, porém, de um poema de mais objetividade,
como o Romanceiro, muitas coisas podem ser explicadas,
16 porque foram aprendidas, à proporção que ele se foi
compondo.
Digo "que ele se foi compondo" e não "que foi
19 sendo composto", pois, na verdade, uma das coisas que pude
observar melhor que nunca, ao realizá-lo, foi a maneira por
que um tema encontra sozinho ou sozinho impõe seu ritmo,
22 sua sonoridade, seu desenvolvimento, sua medida.
O Romanceiro foi construído tão sem normas
preestabelecidas, tão à mercê de sua expressão natural que
25 cada poema procurou a forma condizente com sua
mensagem. A voz irreprimível dos fantasmas, que todos os
artistas conhecem, vibra, porém, com certa docilidade, e

28 submete-se à aprovação do poeta, como se realmente, a cada
instante, lhe pedisse para ajustar seu timbre à audição do
público. Porque há obras que existem apenas para o artista,
31 desinteressadas de transmissão; outras que exigem essa
transmissão e esperam que o artista se ponha a seu serviço,
para alcançá-la. O Romanceiro é desta segunda espécie.
34 Quatro anos de quase completa solidão — numa
renúncia total às mais sedutoras solicitações, entre livros de
toda espécie relativos ao especializadamente século 18 —
37 ainda pareceram curtos demais para uma obra que se
desejava o menos imperfeita possível, porque se impunha,
acima de tudo, o respeito por essas vozes que falavam, que se
40 confessavam, que exigiam, quase, o registro da sua história.
E era uma história feita de coisas eternas e
irredutíveis: de ouro, amor, liberdade, traições...
43 Mas porque esses grandiosos acontecimentos já
vinham preparados de tempos mais antigos e foram o
desfecho de um passado minuciosamente construído — era
46 preciso iluminar esses caminhos anteriores, seguir o rastro do
ouro que vai, a princípio como o fio de um colar, ligando
cenas e personagens, até transformar-se em pesada cadeia que
49 prende e imobiliza num destino doloroso.

Cecília Meireles. **Como escrevi o Romanceiro da Inconfidência.**
In: **Romanceiro da Inconfidência.** 3.ª ed., Rio de Janeiro:
Nova Fronteira, 2005, p. XVI-XVII
(com adaptações).

**(Diplomacia – 2011 – CESPE)** Acerca das ideias e das estruturas linguísticas do texto, extraído da obra de Cecília Meireles, na qual a autora explica a criação do *Romanceiro da Inconfidência*, julgue (**C** ou **E**) os itens que se seguem.

**(1)** No trecho "o rastro do ouro que vai, a princípio como o fio de um colar, ligando cenas e personagens, até transformar-se em pesada cadeia que prende e imobiliza num destino doloroso" (l.46-49), verifica-se gradativa intensificação das ações nele relatadas, expressa pelo emprego da locução com verbo no gerúndio e de preposição que denota limite, e, tal como ocorre no trecho "que falavam, que se confessavam, que exigiam, quase, o registro da sua história" (l.39-40), pela ordem em que se apresentam os núcleos verbais que constituem as orações adjetivas.

**(2)** Da leitura do primeiro parágrafo do texto depreende-se que, para a autora, não foi tão difícil explicar a criação do *Romanceiro da Inconfidência* quanto geralmente é difícil para os artistas explicar a criação de suas obras menos objetivas. Isso se explica porque o *Romanceiro da Inconfidência*, dado o tema, apresenta não só o "essencial expressivo", mas também aspectos objetivos.

**(3)** São pertinentes as seguintes inferências a partir da pontuação e dos mecanismos de coesão empregados no período entre as linhas 26 e 30: entre todos os fantasmas, alguns são conhecidos por todos os artistas, e o poeta harmoniza, a todo momento, o timbre de sua voz à audiência.

**(4)** Depreende-se da leitura do texto que a autora colocou-se a serviço da obra, cabendo-lhe adequar a mensagem à forma, uma vez que o tema impunha seu próprio desenvolvimento.

**1:** Certo (Análise sintática – Figuras de linguagem) A intensificação das ações do primeiro trecho citado está sobretudo na transformação de "fio de um colar" em "pesada cadeia", pois, enquanto aquele apenas ligava as personagens, este as prende e imobiliza. Para dar a ideia de aumento gradual nessas três ações, foram empregadas a locução com verbo no gerúndio "vai ligando" e a preposição denotadora de limite "até". No segundo trecho, a intensificação é mais facilmente perceptível, pois, no contexto, facilmente se percebe, entre as ideias de "falar", "confessar" e "exigir o registro da sua história" presentes nas orações adjetivas que qualificam "vozes", um aumento de intensidade do desejo que essas vozes (metonímia de inconfidentes) têm de que sua trágica história seja contada;
**2:** Certo (Interpretação) Segundo o trecho, é difícil para um literato explicar sua obra, pois grande parte dos aspectos puramente estéticos que a

constituem se fazem sem a sua plena consciência. No caso de obras em que os aspectos objetivos – no caso do Romanceiro, a própria história da Inconfidência Mineira – avultam, a sua explicação é mais fácil, pois tais aspectos são fruto de pesquisa e reflexão e, portanto, conscientes; **3:** Errado (Pontuação) O fato de, no texto, a oração adjetiva "que todos os artistas conhecem" vir entre vírgulas faz que ela seja uma explicativa e que a informação que encerra valha para a totalidade do termo a que está subordinada, ou seja, dá a ideia de que todos os fantasmas são conhecidos pelos artistas, e não apenas uma parte como está na questão. Com relação à harmonização do timbre da voz à audição do público, há dois erros: primeiro, a voz é do fantasma e não do poeta, como pode dar a entender a afirmação; segundo, a harmonização, ainda que seja pedida "a cada instante", não necessariamente é realizada sempre ("a todo momento"), pois, segundo o texto, "há obras que existem apenas para o artista, desinteressadas de transmissão";
**4:** Errado (Interpretação) Pelo seguinte trecho "O Romanceiro foi construído tão sem normas preestabelecidas, tão à mercê de sua expressão natural que cada poema procurou a forma condizente com sua mensagem.", fica claro que a forma se adequou à mensagem e não o oposto, como diz a questão.

Gabarito 1C, 2C, 3E 4E

**(Diplomacia – 2011 – CESPE)** Assinale a opção em que os dois trechos extraídos do texto apresentam, respectivamente, linguagem predominantemente denotativa e linguagem predominantemente conotativa.

**(A)** "Quatro anos de quase completa solidão — numa renúncia total às mais sedutoras solicitações, entre livros de toda espécie relativos ao especializadamente século 18 — ainda pareceram curtos demais para uma obra que se desejava o menos imperfeita possível" (l.34-38) / "Mas porque esses grandiosos acontecimentos já vinham preparados de tempos mais antigos e foram o desfecho de um passado minuciosamente construído" (l.43-45)

**(B)** "A obra de arte não é feita de tudo — mas apenas de algumas coisas essenciais" (l.3-5) / "Grande parte de tudo isso se realiza, decerto, sem inteira consciência do artista" (l.10-11)

**(C)** "porque se impunha, acima de tudo, o respeito por essas vozes que falavam, que se confessavam, que exigiam, quase, o registro da sua história" (l.38-40) / "É a decorrência natural da sua constituição, da sua personalidade — por isso, tão difícil se torna quase sempre a um criador explicar a própria criação" (l.11-14)

**(D)** "A voz irreprimível dos fantasmas, que todos os artistas conhecem, vibra, porém, com certa docilidade, e submete-se à aprovação do poeta, como se realmente, a cada instante, lhe pedisse para ajustar seu timbre à audição do público" (l.26-30) / "E era uma história feita de coisas eternas e irredutíveis: de ouro, amor, liberdade, traições" (l.41-42)

**(E)** "No caso, porém, de um poema de mais objetividade, como o Romanceiro, muitas coisas podem ser explicadas" (l.14-15) / "era preciso iluminar esses caminhos anteriores, seguir o rastro do ouro que vai, a princípio como o fio de um colar, ligando cenas e personagens, até transformar-se em pesada cadeia que prende e imobiliza num destino doloroso" (l.45-49)

**A:** Errado (Denotação e Conotação) O primeiro trecho possui passagem conotativa na personificação decorrente de se atribuir à obra o desejo de ser perfeita. / O segundo trecho é predominantemente denotativo;
**B:** Errado (Denotação e Conotação) Os dois trechos são predominantemente denotativos;
**C:** Errado (Denotação e Conotação) O primeiro trecho é conotativo pelo emprego metonímico do termo "vozes": a parte (vozes) pelo todo (os inconfidentes). / segundo trecho é predominantemente denotativo;
**D:** Errado (Denotação e Conotação) O primeiro trecho é conotativo pelo emprego metafórico do termo "fantasmas": no lugar de algo como inspiração poética. / O segundo trecho pode ser visto como conotativo pelo emprego hiperbólico dos adjetivos "eterno" e "irredutível";
**E:** Certo (Denotação e Conotação) O primeiro trecho é predominantemente denotativo. / O segundo apresenta metáforas para representar a sucessão de fatos que levaram gradualmente os inconfidentes a se incriminarem: "rastro de ouro", "fio de um colar", "pesada cadeia".

Gabarito "E"

**Texto para a próxima questão**

1   Poucos depoimentos eu tenho lido mais emocionantes
    que o artigo-reportagem de Oscar Niemeyer sobre sua
    experiência em Brasília. Para quem conhece apenas o arquiteto,
4   o artigo poderá passar por uma defesa em causa própria — o
    revide normal de um pai que sai de sua mansidão costumeira
    para ir brigar por um filho em quem querem bater. Mas, para
7   quem conhece o homem, o artigo assume proporções
    dramáticas. Pois Oscar é não só o avesso do causídico, como
    um dos seres mais antiautopromocionais que já conheci em
10  minha vida.
    Sua modéstia não é, como de comum, uma forma
    infame de vaidade. Ela não tem nada a ver com o conhecimento
13  realista — que Oscar tem — de seu valor profissional e de suas
    possibilidades. É a modéstia dos criadores verdadeiramente
    integrados com a vida, dos que sabem que não há tempo a
16  perder, é preciso construir a beleza e a felicidade no mundo,
    por isso mesmo que, no indivíduo, é tudo tão frágil e precário.
    Oscar não acredita em Papai do Céu, nem que estará
19  um dia construindo brasílias angélicas nas verdes pastagens do
    Paraíso. Põe ele, como um verdadeiro homem, a felicidade do
    seu semelhante no aproveitamento das pastagens verdes da
22  Terra; no exemplo do trabalho para o bem comum e na criação
    de condições urbanas e rurais, em estreita intercorrência, que
    estimulem e desenvolvam este nobre fim: fazer o homem feliz
25  dentro do curto prazo que lhe foi dado para viver.
    Eu acredito também nisso, e quando vejo aquilo em
    que creio refletido num depoimento como o de Oscar
28  Niemeyer, velho e querido amigo, como não me emocionar?

Vinicius de Moraes. **Para viver um grande amor.** Rio de Janeiro: J. Olympio, 1982, p. 134-5 (com adaptações).

**(Diplomacia – 2011 – CESPE)** Julgue (C ou E) os itens a seguir, relativos às estruturas linguísticas do texto.

**(1)** Ao empregar as expressões "Papai do Céu" (l.18) e "verdes pastagens do Paraíso" (l.19-20), o autor do texto demonstra neutralidade em relação ao universo de crenças que elas representam.

**(2)** O emprego de adjetivos no grau superlativo absoluto, como "mais emocionantes" (l.1), "mais antiautopromocionais" (l.9), "tão frágil e precário" (l.17), produz o efeito de exaltação da superioridade dos atributos técnico e criativo de Oscar Niemeyer em relação a outros brasileiros notáveis.

**(3)** O uso da expressão "mais antiautopromocionais" (l.9) indica a opção do autor do texto por forma prolixa, dada a presença de dois prefixos no vocábulo adjetivo, em detrimento da concisão que seria proporcionada pela escolha da forma equivalente menos autopromocional, a qual manteria o efeito retórico desejado.

**(4)** No texto, a linguagem foi empregada predominantemente em suas funções emotiva e poética.

**1:** Errado (Denotação e Conotação) O emprego de "papai do céu" em lugar de "deus" confere à fé religiosa um caráter de ingenuidade, o que no texto pode ser visto como negativo, pois ela dá a entender que essa fé pode levar o indivíduo a se desinteressar da busca da melhoria da condição humana, esperando em vez disso a justiça divina;
**2:** Errado (Morfologia – flexão de grau do adjetivo) Apenas os adjetivos "frágil" e "delicado" estão no superlativo absoluto. O "emocionantes" está no grau comparativo de superioridade; o "antiautopromocionais", no superlativo relativo;
**3:** Errado (Estrutura de palavras) A expressão "menos autopromocional" dá a ideia de que, em alguma medida, se é autopromocional. Já a "mais antiautopromocional", ao contrário, dá a ideia de que se combate a "autopromoção". A mudança, portanto, alteraria o efeito retórico pois, no mínimo, se perderia a ênfase;
**4:** Certo (Funções da linguagem) A função emotiva caracteriza-se pelo envolvimento emocional do enunciador na mensagem, fato confessado pelo próprio autor do texto no início e final do texto. A função poética caracteriza-se por uma elaboração estilística que se vale de recursos de

# 1. LÍNGUA PORTUGUESA

expressividade como as figuras de linguagem. É exemplo desse recurso o emprego de uma visão infantil da crença em deus para valorizar o engajamento de Niemeyer num ideal de melhoria das condições de vida do ser humano.

Gabarito 1E, 2E, 3E 4C

## Texto I

1 Não é o ângulo reto que me atrai
   nem a linha reta, dura, inflexível,
   criada pelo homem.
4 O que me atrai é a curva livre e sensual,
   a curva que encontro nas montanhas do meu país,
   no curso sinuoso dos seus rios,
7 nas ondas do mar,
   no corpo da mulher preferida.
   De curvas é feito todo o universo
10 o universo curvo de Einstein.

> Oscar Niemeyer. **Minha arquitetura – 1937-2005.**
> Rio de Janeiro: Editora Revan, 2005, p. 339.

## Texto II

### Autodefinição

1 Na folha branca do papel faço o meu risco.
   Retas e curvas entrelaçadas,
   E prossigo atento e tudo arrisco.
4 Na procura das formas desejadas.
   São templos e palácios soltos pelo ar.
   Pássaros alados, o que você quiser.
7 Mas se os olhar um pouco devagar,
   Encontrará, em todos, os encantos da mulher.
   Deixo de lado o sonho que sonhava.
10 A miséria do mundo me revolta.
   Quero pouco, muito pouco, quase nada.
   A arquitetura que faço não importa.
13 O que eu quero é a pobreza superada,
   A vida feliz, a pátria mais amada.

> *Idem*, p. 347.

**(Diplomacia – 2011 – CESPE)** Com referência às estruturas linguísticas e aos sentidos dos textos I e II, assinale a opção correta.

**(A)** No texto II, os adjetivos "branca" (v.1) e "atento" (v.3) exercem a mesma função sintática que os adjetivos "superada", "feliz" e "amada", empregados na última estrofe.

**(B)** No primeiro verso do texto I, o pronome "que" retoma a expressão "o ângulo reto" e introduz oração adjetiva que restringe o sentido dessa expressão.

**(C)** Com base no emprego dos sinais de pontuação no texto I, depreende-se que, para o autor do poema, toda linha reta criada pelo homem é dura e inflexível, e nem toda curva é livre e sensual.

**(D)** No texto I, o arquiteto esclarece que as curvas estão presentes em qualquer universo, inclusive no universo abstrato da ciência, conforme formulação de Einstein.

**(E)** No poema Autodefinição, o arquiteto expressa sua recusa em detalhar elementos relevantes para a interpretação de sua obra, como evidencia o trecho "o que você quiser" (v.6), e confidencia que a revolta diante da miséria fez que ele abandonasse o devaneio, a utopia.

**A:** Errado (Análise sintática) O adjetivo "branca" subordina-se ao termo "folha" como seu adjunto adnominal. O adjetivo "atento", ao sujeito do verbo "prossigo" como predicativo. Já os adjetivos "superada", "feliz" e "amada" são predicativos, respectivamente, dos objetos "pobreza", "vida" e "pátria".

**B:** Errado (Análise sintática – partícula de realce) O termo "que" do primeiro verso constitui, junto com a forma verbal "é" que o antecede, uma partícula expletiva cuja finalidade é realçar o termo que se encontra entre eles: "o ângulo reto". Uma prova dessa análise é que ele pode ser retirado sem prejuízo do sentido ou da estrutura, sendo apenas

necessário reordenar a colocação do advérbio "não" que ele deslocou: "Não é o ângulo reto que me atrai" – "O ângulo reto não me atrai";

**C:** Certo (Pontuação – OSAdj) O fato de os adjetivos "reta" e "dura" que se subordinam ao termo "linha reta" estarem isolados por vírgula permite que se atribua a eles valor explicativo, ou seja, eles valeriam para a todas as linhas retas que foram criadas pelo homem. No caso dos adjetivos "livre" e "sensual", a ausência de virgulação lhes atribuiria, ao contrário, valor restritivo, ou seja, nem todas as curvas possuem tais características. **Nota:** A interpretação de valor explicativo citada acima não é pacífica, mas, apesar disso, é possível se chegar a essa alternativa pela exclusão das demais, que apresentam incorreções inquestionáveis;

**D:** Errado (emprego do indefinido "todo" – OSAdj) No trecho "todo o universo", a presença de artigo após o indefinido "todo" confere a esse trecho o sentido de "no universo inteiro", ou seja, é mencionado apenas um universo e ele é o universo curvo de Einstein. A afirmação está errada, portanto, pois sugere a existência de mais de um universo, entre os quais estaria o formulado por Einstein.

**E:** Errado (Interpretação) O trecho "o que quiser" deve ser interpretado como um convite ao espectador da obra a desfrutá-la livremente na interpretação dos traços que a compõem. Já, em "o abandono do sonho", o sonho deve ser entendido como o reconhecimento de que a preocupação estética cede espaço à questão da miséria; a utopia, portanto, não é abandonada, mas sim afirmada, quando declara, nos dois últimos versos, seus desejos de superação dos problemas humanos.

Gabarito "C"

## Texto para a próxima questão

1 Deixei os braços pousarem na madeira inchada e
   úmida, abri um pouco a janela a pensar que isso de olhar a
   chuva de frente podia abrandar o ritmo dela, ouvi lá embaixo,
4 na varanda, os passos da avó Agnette, que se ia sentar na
   cadeira da varanda a apanhar ar fresco, senti que despedir-me
   da minha casa era despedir-me dos meus pais, das minhas
7 irmãs, da avó e era despedir-me de todos os outros: os da minha
   rua, senti que rua não era um conjunto de casas mas uma
   multidão de abraços, a minha rua, que sempre se chamou
10 Fernão Mendes Pinto, nesse dia ficou espremida numa só
   palavra que quase me doía na boca se eu falasse com palavras
   de dizer: infância.
13 A chuva parou. O mais difícil era saber parar as
   lágrimas.
   O mundo tinha aquele cheiro da terra depois de
16 chover e também o terrível cheiro das despedidas. Não gosto de
   despedidas porque elas têm esse cheiro de amizades que se
   transformam em recordações molhadas com bué de lágrimas.
19 Não gosto de despedidas porque elas chegam dentro de mim
   como se fossem fantasmas mujimbeiros* que dizem segredos
   do futuro que eu nunca pedi a ninguém para vir soprar no meu
22 ouvido de criança.
   Desci. Sentei-me perto, muito perto da avó Agnette.
   Ficamos a olhar o verde do jardim, as gotas a
25 evaporarem, as lesmas a prepararem os corpos para novas
   caminhadas. O recomeçar das coisas.
   — Não sei onde é que as lesmas sempre vão, avó.
28 — Vão pra casa, filho.
   — Tantas vezes de um lado para o outro?
   — Uma casa está em muitos lugares — ela respirou
31 devagar, me abraçou. — É uma coisa que se encontra.
   **\*Mujimbeiro:** fofoqueiro.

> Ondjaki. **Os da minha rua.** Rio de Janeiro: Língua Geral, 2007,
> p. 145-6 (com adaptações).

**(Diplomacia – 2011 – CESPE)** Acerca do vocabulário, das ideias e das estruturas linguísticas do texto, julgue (C ou E) os próximos itens.

**(1)** Como a frase "O recomeçar das coisas" (l.26) resume o que o narrador depreendeu da situação relatada na frase anterior a ela, seriam preservados a correção gramatical e os sentidos do trecho se o ponto final após "caminhadas"

# 54 FERNANDA FRANCO, HENRIQUE SUBI, MAGALLY DATO E RODRIGO FERREIRA DE LIMA

fosse substituído por dois-pontos ou por travessão, com o devido ajuste na inicial maiúscula.

**(2)** O vocábulo "bué" (l.18), formado a partir da reprodução aproximada do som natural do choro, evidencia uso de linguagem informal no texto.

**(3)** Seriam mantidos o sentido e a correção gramatical do texto se os infinitivos flexionados fossem substituídos pelas respectivas formas do infinitivo não flexionado no segmento "as gotas a evaporarem, as lesmas a prepararem os corpos para novas caminhadas" (l.24-26).

**(4)** Da leitura do texto depreende-se que, para o narrador, o sentido de casa, no momento da despedida, incluía a sua infância, os pais, as irmãs e a avó.

**1:** Certo (Pontuação) A frase nominal constitui um resumo e uma interpretação do que o narrador afirma que ele e sua avó viram: portanto, pode ser interpretada como um aposto resumidor e ligar-se ao trecho anterior por dois-pontos ou travessão;

**2:** Anulada (Tipo de linguagem) Embora a palavra "bué" no português do Brasil possa ser interpretada como uma onomatopeia de choro, ela significa "muito" na variante de Angola, na qual foi escrito o texto. O gabarito provisório dava essa afirmação como certa; no definitivo, poderia considerá-la errada, mas preferiu anulá-la, o que é mais justo, pois não é esperado que um falante brasileiro tenha que conhecer tal variante;

**3:** Certo (Emprego do infinitivo) Os infinitivos pessoais "evaporarem" e "prepararem" constituem orações adjetivas cujo sujeito, embora oculto, se dá a conhecer pelos antecedentes das orações: "gotas" e "lesmas". Como o emprego da forma impessoal não acarreta prejuízo na informação, continuando inequívocos os sujeitos desses verbos, o emprego da forma flexionada do infinitivo é uma questão estilística;

**4:** Certo (Interpretação) Isso fica claro no seguinte trecho: "senti que despedir-me da minha casa era despedir-me dos meus pais, das minhas irmãs, da avó e era despedir-me de todos os outros: os da minha rua, senti que rua não era um conjunto de casas mas uma multidão de abraços, a minha rua, que sempre se chamou Fernão Mendes Pinto, nesse dia ficou espremida numa só palavra que quase me doía na boca se eu falasse com palavras de dizer: infância."

Gabarito 1C, 2 Anulada, 3C, 4C

---

1   A montagem do espetáculo Calabar – **O Elogio da**
    **Traição** estava pronta, quando, em outubro de 1974, foi
    censurada e a exibição do espetáculo foi proibida nos palcos
4   brasileiros. A repressão era tamanha que nem a notícia da
    proibição pôde ser divulgada. Escrita por Ruy Guerra e Chico
    Buarque, a peça recupera a saga histórica das invasões
7   holandesas do século XVII. Domingos Fernandes Calabar
    (1600-1635), o protagonista, posiciona-se a favor da Holanda,
    o país invasor, contra os colonizadores portugueses. Os
10  autores, no entanto, não têm uma visão negativa do episódio.
    Ao contrário, veem em Calabar um libertador da opressão
    portuguesa. A censura da ditadura militar enxergou na
13  montagem um alto teor subversivo, por acreditar que o texto
    atentava contra os bons costumes e, principalmente, promovia
    uma inversão dos valores da história do Brasil ao mostrar um
16  traidor como salvador da pátria. A suspeita dos censores não
    estava totalmente errada: após o fim da ditadura, os escritores
    confirmaram a analogia com a época vivida, em que Calabar
19  representava a resistência ao autoritarismo do governo militar.

**O bom traidor.** In: **Revista de História**, ano 7, n.º 73, out./2011
(com adaptações).

---

**(Bolsa-Prêmio/Itamaraty – 2011 – CESPE)** Com relação aos aspectos gramaticais e interpretativos do texto acima, julgue os itens a seguir.

**(1)** O emprego da voz passiva, tal como em "foi censurada" (l.2-3) e "a exibição do espetáculo foi proibida" (l.3), e a atribuição de "censura" (l.12) e de "autoritarismo" (l.19) a referentes genéricos — tal como em, respectivamente, à "ditadura militar" (l.12) e ao "governo militar" (l.19) — são recursos linguísticos utilizados para se evitar a atribuição da responsabilidade das ações expressas pelos verbos a indivíduos específicos.

**(2)** Caso as formas verbais "recupera" (l.6), "posiciona-se" (l.8), "têm" (l.10) e "veem" (l.11) fossem substituídas, respectivamente, pelas formas **recuperava**, **posicionava-se**, **tinham** e **viam**, não seriam necessários ajustes gramaticais no restante do texto.

**(3)** O principal objetivo do texto é descrever como heroica a figura histórica de Domingos Fernandes Calabar, suposto traidor da coroa portuguesa.

**(4)** Entre as orações do período "A repressão era tamanha que nem a notícia da proibição pôde ser divulgada" (l.4-5) estabelece-se uma relação de proporcionalidade.

**1:** Certo **(Vozes verbais)** A voz verbal é um recurso da língua que permite ao mesmo tempo evidenciar certas informações e evitar outras. A escolha da voz passiva coloca em destaque o que foi feito e permite não nomear o agente da ação. No texto em questão, a informação mais relevante é "o espetáculo" e por isso ele aparece como sujeito paciente. Os referentes genéricos dos responsáveis corroboram com tal escolha: o foco do texto está no objeto censurado e não nos censuradores. Essas escolhas linguísticas demonstram a intenção já indicada na primeira frase: trata-se de um texto sobre a peça.

**2:** Certo **(conjugação verbal/ valor semântico)** Típico do discurso jornalístico, o uso dos verbos no presente do indicativo confere atualidade ao assunto do texto e coloca o leitor mais próximo dos acontecimentos, uma vez que transmite a ideia de que o fato ocorre no momento da leitura. No entanto, por se tratarem de eventos ocorridos no passado, todos os outros elementos linguísticos estão de acordo com o tempo cronológico da narrativa. A alteração do tempo verbal para o pretérito imperfeito não prejudicaria a construção geral do texto, apenas distanciaria os fatos da realidade do leitor.

**3:** Errado **(Interpretação de texto)** Já na primeira frase do texto é declarada sua intenção: mostrar como a montagem do espetáculo foi censurada por abordar um tema incômodo à ditadura (*A montagem do espetáculo Calabar – O Elogio da Traição estava pronta, quando, em outubro de 1974, foi censurada e a exibição do espetáculo foi proibida nos palcos brasileiros*). A retomada histórica de Calabar é feita para contextualizar o leitor no assunto e tornar claras as razões da ditadura para a censura, bem como a revelação final de que existia de fato um paralelo entre a história do holandês e a resistência à ditadura militar. Sem a informação, o entendimento do texto exigiria conhecimento prévio do leitor ou pesquisa externa.

**4:** Errado **(Período composto – orações adverbiais)** A oração principal "a repressão era tamanha" e a sua subordinada adverbial "que nem a notícia da proibição pôde ser divulgada" é consecutiva, ou seja, oração subordinada apresenta qual a consequência direta de a repressão ser tão forte. A conjunção "que", usada para unir as orações estabelece entre elas que a primeira, a principal, originou os fatos da segunda, a subordinada. Para que exista relação de proporcionalidade, seria necessário que ambas as coisas, a saber, repressão e proibição, ocorressem concomitantemente.

Gabarito 1C, 2C, 3E, 4E

# 1. LÍNGUA PORTUGUESA    55

1 No estudo da história, tem-se a impressão de que, quanto
   mais se recua no tempo, mais dura parece ter sido a vida das
   crianças do passado — e mais privilegiada parece a da garotada de
4 hoje. Quando se pensa em como era a infância séculos atrás, uma
   das primeiras imagens que vêm à cabeça é a de meninos dando duro
   em minas ou limpando chaminés. A ideia de que essa fase da vida
7 era simplesmente ignorada e de que as pessoas passavam de bebês
   a trabalhadores, do dia para a noite, é reforçada por inúmeras
   pinturas antigas retratando crianças sérias, tristemente vestidas como
10 miniadultos. As fontes de informações medievais, entretanto,
   quando analisadas de perto, não oferecem evidência alguma de que
   as pessoas daquela época tivessem, com relação às crianças, atitudes
13 muito diferentes das de hoje — com exceção, talvez, apenas do uso
   em excesso de castigos físicos, que, de qualquer modo, também
   eram aplicados em adultos. Apesar de o estilo de vida da época ser
16 muito diferente do nosso, as crianças medievais cresciam, em muitos
   aspectos, de maneira semelhante à de seus "primos" modernos.

> Nicholas Orme e Fernanda M. Bem. Pequenos na Idade Média.
> In: **BBC História**, ano 1, ed. nº 4 (com adaptações).

**(Bolsa-Prêmio/Itamaraty – 2011 – CESPE)** A respeito das estruturas linguísticas e das ideias do texto acima, julgue os itens que se seguem.

**(1)** Nas sequências "a da" (l.3), "a de" (l.5) e "das de" (l.13), sem núcleo nominal expresso, pode-se depreender que os artigos definidos "a", "a" e "as", na ordem das sequências, são portadores de propriedades anafóricas e retomam os seguintes referentes, respectivamente: "vida", "imagem" e "crianças".

**(2)** Na linha 17, é facultativo o emprego do acento indicativo de crase, dada a possibilidade contextual de emprego, apenas, da preposição a, exigida pela regência de "semelhante".

**(3)** Na linha final do texto, as aspas duplas dão sentido particular ou figurado ao vocábulo por elas destacado.

**(4)** O vocábulo "entretanto" (l.10) é um elemento coesivo que introduz uma relação de adversidade entre a informação expressa no período de que faz parte e as informações expressas nos períodos anteriores.

**1:** Errado **(Artigo/coesão textual)** O artigo definido tem função definidora do termo que acompanha, restringindo aquele de que se fala de outros de um grupo de semelhantes. Por exemplo, ao se dizer "as crianças da Idade Média" o artigo colabora com a definição das crianças como desse tempo específico. No português esse fato contribui para a possibilidade da retomada do termo definido em outro momento apenas pelo artigo apoiado no contexto, (há caráter de pronome demonstrativo atribuído ao artigo, e há divergências entre os teóricos quanto à classificação do termo. Esse comentário segue a análise de BECHARA, 2006, em que o artigo recebe valor de pronome demonstrativo). É necessário, portanto, que se observe os referentes do artigo para que exista conexão entre as partes do texto, de forma a evitar a repetição e colaborar com a construção de sentido. Observa-se que o primeiro caso "a da" (l.3) o artigo retoma-se a "vida" em "mais dura parece ter sido a **vida** das crianças do passado", em forma de comparação com a vida de crianças atuais. O segundo caso, "a de" (l.5) tem referência no termo "imagem" em 'uma das primeiras **imagens** que vem à cabeça". Já no terceiro caso, o referente do artigo de "das de" encontra seu referente no termo "atitudes", como se lê na frase "**atitudes** muito diferentes das de hoje"

**2:** Errado **(Crase)** A presença da crase no trecho é obrigatória devido, primeiramente, à presença do artigo "a", que, a exemplo do item anterior, retoma o termo anterior na frase "maneira", estabelecendo relação de sentido e evitando a repetição do termo. Nesse caso, o artigo não aparece acompanhando diretamente o substantivo, mas como elemento de coesão. Um segundo aspecto que torna a crase obrigatória é a regência do adjetivo "semelhante", que, para fins de comparação entre dois termos, exige a presença da preposição "a". Da união desses elementos, resulta, necessariamente, o acento indicativo de crase.

**3:** Certo **(Pontuação)** O uso das aspas pode indicar que um termo está usado em sentido figurado. A comparação entre as crianças da época atual e medieval não é uma relação de familiaridade direta de primos, mas sim de semelhança de experiências. O termo "primos" é, portanto,

usado para evidenciar essas semelhanças em alguns aspectos, o que justifica o uso das aspas.

**4:** Certo **(Conjunção)** A função da palavra "entretanto" é de estabelecer uma relação de sentido entre as informações anteriores do texto e as que virão dali em diante. Uma conjunção, ao funcionar como elemento de coesão entre as partes do texto, também estabelece uma relação de sentido entre essas partes. No texto a informação introduzida pela conjunção é contrária àquilo que foi estabelecido pelo que veio antes, portanto, há uma relação de contrariedade, ou adversidade, estabelecida por ela.

> Gabarito 1E, 2E, 3C, 4C

1 As práticas judiciais e penais mobilizaram boa parte do
   debate sobre a Inquisição dos séculos XVI, XVII e XVIII. O Santo
   Ofício afirmou-se desde cedo como um tribunal que se sobrepunha
4 a todos os privilégios de jurisdição existentes, mas a afirmação do
   seu poder contra os interesses de Estados particulares suscitou
   protestos, nomeadamente em Veneza, em Nápoles e nos Países
7 Baixos. A prática de condenação na base de testemunha singular
   deflagrou a grande controvérsia penal do século XVIII.

> Francisco Bethencourt. **Muito além do catolicismo.** In: **Revista de História**, ano 7, nº 73, out./2011 (com adaptações).

**(Bolsa-Prêmio/Itamaraty – 2011 – CESPE)** Acerca dos sentidos e dos aspectos gramaticais do texto acima, julgue os próximos itens.

**(1)** A substituição de "deflagrou" (l.8) **por tornou pública**, embora não implique prejuízo estritamente gramatical para a estrutura da oração em que esse termo se insere, acarreta mudança no sentido do trecho.

**(2)** A expressão "todos os privilégios" (l.4) poderia ser substituída por **todas as prerrogativas**, sem prejuízo para o sentido do período em questão e sem a necessidade de ajustes gramaticais no texto.

**1:** Certo **(Vocabulário)** O verbo "deflagrar" tem sua origem ligada à ideia de combustão ou chamas. O seu sentido estendido ao contexto por derivação figurada é de "fazer aparecer ou surgir repentinamente; incitar, provocar, irromper" (dicionário Houaiss). Ao se substituir o verbo pela expressão "tornar pública", ainda que garantidas as questões gramaticais de concordância e regência, perde-se o caráter semântico de surgimento e provocação do verbo original.

**2:** Certo **(Concordância)** A expressão original "todos os privilégios" não vem acompanhada dos termos "de jurisdição" e "existentes", ambos termos de dupla concordância com feminino e masculino. Portanto, feita a substituição, não haveria qualquer necessidade de alterações no texto. Quanto ao sentido dos termos, "prerrogativa" (privilégio ou vantagem que possuem os indivíduos de uma determinada classe ou espécie; apanágio, regalia, segundo o dicionário Houaiss) aparece como sinônimo direto do termo "privilégio" no contexto.

> Gabarito 1C, 2C

1  Olinda é conhecida no mundo inteiro pela fama
   dos seus mamulengos e bonecos carnavalescos gigantes,
   que, sendo tão populares, também participam dos festejos
4  da Semana Santa. A origem da arte de fazer bonecos
   gigantes em Olinda remete à Europa de séculos atrás,
   onde, durante a Idade Média, eram criadas figuras
7  enormes e malignas para criticar a repressão da
   Inquisição. A criação e a execução dos bonecos
   constituem uma arte que, passada de geração para geração
10 familiar, é preservada por iniciativas como a do Museu do
   Mamulengo. Esse museu, além de realizar apresentações
   diárias, conta com cerca de mil e quinhentas peças em seu
13 acervo.

> Priscila Gorzoni. **Olinda e a tradição dos bonecos.**
> In: **Língua Portuguesa**, ed. 21 (com adaptações).

**(Bolsa-Prêmio/Itamaraty – 2011 – CESPE)** No que concerne à estrutura linguística e às ideias do texto acima, julgue os itens a seguir.

**(1)** A oração "que (...) é preservada por iniciativas como a do Museu do Mamulengo" (l.9-11) restringe o sentido do vocábulo "arte" (l.4).

**(2)** O primeiro período do texto — "Olinda é conhecida (...) da Semana Santa." — poderia ser reescrito, sem prejuízo gramatical para o texto, da seguinte maneira: A fama de seus mamulengos e bonecos carnavalescos gigantes, que, sendo tão populares, também participam dos festejos da Semana Santa, faz com que Olinda seja conhecida no mundo inteiro.

**(3)** Na linha 5, a presença do acento indicativo de crase em "à Europa" justifica-se pela regência de "remete" e pela relação de restrição estabelecida entre o vocábulo "Europa" e a expressão "de séculos atrás"; caso seja retirada do texto essa expressão, deve-se também suprimir o acento grave em " à Europa".

**(4)** Na oração "onde, durante a Idade Média, eram criadas figuras enormes e malignas" (l.6-7), o sujeito está explícito.

**(5)** No segundo período do texto, ao se empregar, entre outros termos, a expressão "a repressão da Inquisição" (l.7-8), possibilita-se que o leitor recorra a conhecimentos intertextuais referentes a acontecimentos históricos da Idade Média.

**1:** Anulada – (Período composto/oração adjetiva) A oração subordinada "que, passada de geração para geração familiar, é preservada por iniciativas como a do Museu do Mamulengo" é uma oração subordinada adjetiva restritiva do termo "arte", ou seja, ao mesmo tempo em que qualifica o sentido do termo a que se refere, também restringe seu significado em relação às outras artes. No entanto, é importante notar que a construção gramatical do trecho torna sua interpretação confusa, uma vez que o trecho "passada de geração para geração familiar" encaixado ao meio da oração subordinada, torna confuso o sentido da preservação da arte. É confuso definir o que de fato garante a preservação desse tipo de arte: as iniciativas de museus ou a tradição familiar.

**2:** Certo (Coesão) – A reescrita do trecho original baseia-se principalmente na alteração da ordem dos termos, destacando como termo principal os Mamulengos em oposição à cidade, como aparece na escrita original. A razão de Olinda ser conhecida é a fama dos bonecos, relação estabelecida no trecho original por meio da preposição "por" em contração com o artigo (per+a = pela), "Olinda é conhecida no mundo inteiro pela fama(...)". No trecho reescrito, essa mesma relação de causa é feita com a expressão "faz com que".

**3:** Errado (Crase) A crase é indicativo da presença do "a" preposição", exigido pela regência do verbo "remeter", e do "a" artigo que acompanha o substantivo feminino "Europa", que aceita o artigo. Há casos em que topônimos femininos repelem a presença do artigo como acompanhante e apenas o aceitam em caso de o substantivo vir acompanhado de um determinante. É o caso de "Portugal", que repele o artigo feminino, a menos que tenha seu sentido delimitado por uma expressão (ex. Voltei a Portugal/Voltei à Portugal de meus pais). É importante ressaltar que "Europa" não segue essa regra, sendo o uso do acento grave no texto validado pelas regras gerais de uso da crase ("a" preposição + "a" artigo), independentemente do determinante posterior.

**4:** Certo (Análise sintática – sujeito) A oração "eram criadas figuras enormes e malignas" está na voz passiva, ou seja o seu sujeito é o que foi criado (paciente da ação) e não o criador (agente da ação). O sujeito é, portanto, "figuras enormes e malignas". Como é comum em casos de voz passiva, o sujeito aparece posposto ao verbo, sem qualquer prejuízo gramatical ou de significado.

**5:** Certo (Interpretação de texto) A origem dos bonecos está na Europa da Idade Média e na crítica à inquisição do período. O texto, no entanto, não apresenta qualquer explicação de como era a repressão combatida ou em que contexto os bonecos apareciam no período. O texto delega ao leitor a responsabilidade de conhecer historicamente os elementos referidos para entender a origem dos bonecos.

Gabarito 1 Anulada, 2C, 3E, 4C, 5C

1  É fato reconhecido que a semelhança ou mesmo a
   similitude perfeita entre pares de coisas não faz de uma a
   imitação da outra. As imitações contrastam com a realidade,
4  mas não posso usar na análise da imitação um dos termos que
   pretendo esclarecer. Dizer "isto não é real" certamente
   contribui para o prazer das pessoas com as representações
7  imitativas, de acordo com um admirável estudo de psicologia
   escrito por Aristóteles. "A visão de determinadas coisas nos
   causa angústia", escreve Aristóteles na Poética, "mas
10 apreciamos olhar suas imitações mais perfeitas, sejam as
   formas de animais que desprezamos muito, sejam cadáveres".
   Esse tipo de prazer pressupõe o conhecimento de que seu
13 objeto é uma imitação, ou, correlativamente, o conhecimento
   de que não é real. Há, portanto, uma dimensão cognitiva nessa
   forma de prazer, assim como em muitos outros prazeres,
16 inclusive os mais intensos.
   Suponho que o prazer de comer determinadas coisas
   pressupõe algumas crenças, como a de que elas são realmente
19 o que pensamos estar comendo, mas a comida pode se tornar
   um punhado de cinzas quando se descobre que isso não é
   verdade — que é carne de porco, para um judeu ortodoxo, ou
22 carne de vaca, para um hindu praticante, ou carne humana, para
   a maioria de nós (por mais que o sabor nos agrade). Não é
   preciso sentir a diferença para haver uma diferença, pois o
25 prazer de comer é geralmente mais complexo, pelo menos entre
   os seres humanos, do que o prazer de sentir o gosto. Saber que
   algo é diferente pode fazer diferença para o gosto que
28 sentimos. Se não o fizer, é que a diferença de gostos talvez não
   seja uma coisa que preocupe o bastante para que as respectivas
   crenças sejam um requisito do prazer.

> Arthur C. Danto. **A transfiguração do lugar-comum: uma filosofia da arte.** Trad. Vera Pereira. São Paulo: Cosac Naify, 2005, p. 49-50 (com adaptações).

**(Enfermeiro – TJ/AL – 2012 – CESPE)** No que se refere aos aspectos gramaticais do texto, assinale a opção correta.

**(A)** O último período do primeiro parágrafo do texto poderia ser corretamente reescrito da seguinte forma: Assim como em outros muitos prazeres inclusive os mais intensos, logo há uma dimensão cognitiva nessa forma de prazer.

**(B)** A introdução de vírgula imediatamente antes de "que pretende esclarecer" (l.4-5) não alteraria as relações sintático-semânticas do período.

**(C)** O ponto final empregado imediatamente antes de "Dizer" (l.5) poderia ser corretamente substituído por dois-pontos, com a devida alteração no emprego de maiúsculas e minúsculas.

**(D)** A correção gramatical do texto seria prejudicada se o trecho 'nos causa' (l.8-9) fosse substituído por **causa-nos**.

**(E)** O pronome possessivo 'suas' (l.10) refere-se às 'formas de animais' (l.11).

**A:** incorreta. A redação proposta está incoerente e com falhas na pontuação. Melhor seria: "assim como em muitos outros prazeres, inclusive os mais intensos, há uma dimensão cognitiva nessa forma

# 1. LÍNGUA PORTUGUESA    57

de prazer"; **B:** incorreta. Haveria alteração com a colocação da vírgula: a oração subordinada adjetiva deixaria de ser restritiva para ter valor explicativo; **C:** correta. Como a oração iniciada por "dizer" esclarece os termos da oração anterior, os dois-pontos dariam a ela o valor de aposto, sem qualquer prejuízo à correção ou coerência do texto; **D:** incorreta. Trata-se de próclise facultativa, a qual pode ser substituída sem qualquer incorreção pela ênclise; **E:** incorreta. "Suas" refere-se a "imitações".
Gabarito "C".

**(Enfermeiro – TJ/AL – 2012 – CESPE)** Com relação aos sentidos do texto e às suas estruturas linguísticas, assinale a opção correta.

(A) O emprego do acento gráfico nos vocábulos "análise" (l.4), "Aristóteles" (l.8) e 'cadáveres' (l.11) justifica-se pela mesma regra de acentuação.

(B) O trecho "contribui para o prazer das pessoas com as representações imitativas" (l.6-7) poderia ser corretamente substituído por: contribui ao prazer que as pessoas tem pelas representações imitativas.

(C) Verifica-se a ocorrência de dígrafos nos vocábulos "pressupõe" (l.12) e "ortodoxo" (l.21).

(D) A forma verbal "contrastam" (l.3) está sendo empregada no texto como sinônimo de **assemelham**.

(E) No contexto, o verbo "usar" (l.4) poderia ser substituído pela locução verbal **fazer uso**, sem prejuízo da correção gramatical do texto.

**A:** correta. Todas as palavras são proparoxítonas; **B:** incorreta. O verbo "contribuir" não pode reger a preposição "a"; **C:** incorreta. Chama-se dígrafo o fenômeno no qual duas letras têm valor de apenas um fonema. Ocorre em "pressupõe", mas não em "ortodoxo"; **D:** incorreta. "Contrastar" é antônimo de "assemelhar", ou seja, têm sentidos opostos; **E:** incorreta. Primeiro, porque "fazer uso" não é locução verbal (não é formada por dois verbos); segundo, porque a substituição imporia a colocação da preposição "de" antes de "um".
Gabarito "A".

1  Já adulto pela covardia, eu fazia o que todos fazemos, quando somos grandes, e há diante de nós sofrimentos e injustiças: não queria vê-los; subia para soluçar lá no alto da
4  casa, numa peça ao lado da sala de estudos, sob os telhados, uma salinha que cheirava a íris, também aromada por uma groselheira silvestre que crescia do lado de fora entre as pedras
7  do muro e passava um ramo florido pela janela entreaberta. Destinada a uma utilidade mais especial e mais vulgar, essa peça serviu por muito tempo de refúgio para mim, sem dúvida
10  por ser a única que me permitia fechasse à chave, para todas as minhas ocupações que exigissem solidão inviolável: a leitura, o devaneio, as lágrimas e a volúpia.

Marcel Proust. **No caminho de Swann**.
Internet: <vestibular.uol.com.br> (com adaptações).

**(Enfermeiro – TJ/AL – 2012 – CESPE)** Com relação à estrutura morfossintática e à coerência interna do texto apresentado, assinale a opção correta.

(A) Na linha 10, o emprego de acento grave indicativo de crase em "à chave" justifica-se pela regência da forma verbal "fechasse" e pela presença do artigo definido feminino.

(B) O trecho "não queria vê-los" (l.3) poderia ser corretamente reescrito da seguinte forma: não os queria ver.

(C) Na linha 3, a preposição "para" introduz uma expressão que indica direção, lugar onde o personagem "subia".

(D) A oração "Destinada a uma utilidade mais especial e mais vulgar" (l.8) poderia ser deslocada para imediatamente após a forma verbal "serviu" (l.9), sem prejuízo para a correção gramatical do texto.

(E) O vocábulo "peça", na linha 9, possui um referente diverso do referente do vocábulo "peça" na linha 4.

**A:** incorreta. A crase, nesse caso, ocorre por ser uma locução adverbial formada por palavra feminina; **B:** correta. O advérbio de negação deter-

mina a próclise; **C:** incorreta. A preposição, nesse caso, indica finalidade (subia com o objetivo de chorar); **D:** incorreta. O deslocamento da oração subordinada deveria ser acompanhado de sua colocação entre vírgulas para manter a correção gramatical; **E:** incorreta. Ambos referem-se à salinha que se localizava ao lado da sala de estudos.
Gabarito "B".

1  Os livros de história natural descritiva e assuntos congêneres, cujos autores observaram a natureza com os seus próprios olhos, tendo por isso o relato das suas descobertas e
4  o interesse de narrativas pessoais, à parte o caráter exato dos fatos que referem, podem ser considerados verdadeiras poesias em prosa, por assim dizer, que vão beber a sua inspiração
7  diretamente à natureza e trasladam para o papel alguma coisa da sua frescura e novidade. Levam o leitor para além dos bosques e fazem-no cuidar que é ele que faz as descobertas. O
10  que eles viram tem o primor de observações individuais, a superioridade do específico sobre o genérico. Esses escritos, pois, têm certo valor permanente do ponto de vista literário:
13  como no apreço em que são tidos vem mais da forma do que do assunto, são verdadeiras obras de arte; por outro lado, ninguém lhes atribuiria mais do que um pequeno lugar entre as obras de
16  arte, isso porque, por perfeitas que sejam no seu gênero, não têm senão a diminuta importância do gênero a que pertencem. São livros para as horas de ócio, e longe ficam dos pináculos
19  ou das profundezas da emoção.

Henry Smith Williams. **A literatura na ciência**.
Internet: <www.logoslibrary.eu> (com adaptações).

**(Enfermeiro – TJ/AL – 2012 – CESPE)** Assinale a opção correta a respeito da estrutura linguística e dos sentidos do texto apresentado.

(A) A expressão "Esses escritos" (l.11) exerce a função de sujeito da oração cujo núcleo é "são tidos" (l.13).

(B) O pronome "eles" (l.10) retoma "leitor" (l.8).

(C) Na linha 7, o emprego de sinal indicativo de crase em "à natureza" deve-se à presença, no período, de "diretamente".

(D) Seria mantida a correção gramatical do texto se o pronome a fosse introduzido imediatamente antes de "trasladam" (l.7), caso em que esse pronome retomaria "sua inspiração" (l.6).

(E) A expressão "alguma coisa da sua frescura e novidade" (l.7-8) complementa o sentido da forma verbal "trasladam" (l.7).

**A:** incorreta. "Esses escritos" é o sujeito da oração cujo núcleo verbal é "têm"; **B:** incorreta. O termo remete a "autores", na linha 2; **C:** incorreta. A crase ocorre por força da regência do verbo "beber" e da presença do artigo definido feminino singular "a"; **D:** incorreta. A inserção do pronome afrontaria as normas de regência. Seria necessário, por exemplo, lançar mão da preposição "com" antes de "alguma"; **E:** correta. Trata-se do objeto direto do verbo.
Gabarito "E".

1  A possibilidade de alguém sair às ruas do Cairo para protestar contra o presidente Hosni Mubarak em 1998, ano em que o jornalista norte-americano de origem egípcia Abdalla
4  Hassan se mudou para a cidade, era, nas palavras dele, "simplesmente impensável". "No máximo, culpava-se o primeiro-ministro, jamais o presidente", disse Hassan,
7  enquanto os protestos se espalhavam pelas ruas da capital egípcia. Seu depoimento dá a dimensão do medo imposto pelo ditador, que permaneceu 30 anos no poder — e quão
10  espetaculares e inesperados foram os eventos no Cairo e em cidades como Suez e Alexandria. Multidões sublevadas saíram pelas ruas clamando por melhores condições de vida, emprego
13  e, sobretudo, pelo fim do regime de Mubarak. Para deter as manifestações, o ditador desativou a Internet, cortou a telefonia celular e ocupou estações de rádio e TV. Decretou toque de

16 recolher. Não adiantou. Os protestos continuaram. A semana
terminou sem que estivesse claro o futuro político do maior
aliado dos Estados Unidos da América (EUA) no mundo árabe.
19 Se Mubarak caísse, o que viria em seu lugar — uma
democracia moderna ou uma teocracia islâmica como a do Irã?
A resposta a essa pergunta é crucial para toda a região.

Juliano Machado e Letícia Sorg. O grito árabe pela democracia. In:
**Época**, 31/1/2011, p. 32 (com adaptações).

**(Enfermeiro – TJ/ES – 2011 – CESPE)** Considerando as ideias e estruturas linguísticas do texto acima, julgue os próximos itens.

**(1)** No desenvolvimento da argumentação do texto, a oração "sem que estivesse claro o futuro político do maior aliado dos Estados Unidos da América (EUA)" (l.17-18) expressa circunstância de causa em relação à oração que a antecede.
**(2)** No trecho "Se Mubarak caísse, o que viria em seu lugar" (l.19), estaria mantida a correção gramatical do texto caso se substituíssem as formas verbais "caísse" e "viria" por **cair** e **virá**, respectivamente.
**(3)** Depreende-se do texto que o regime sob o qual viveram os egípcios durante as manifestações mencionadas, apesar de não ser considerado moderno, era mais democrático que o governo existente em 1998.
**(4)** Subentende-se da argumentação apresentada no texto que as sublevações da população decorreram de pressão religiosa oculta contrária ao apoio político oferecido pelos EUA ao Egito.
**(5)** No trecho "enquanto os protestos se espalhavam pelas ruas da capital egípcia" (l.7-8), a próclise do pronome "se" justifica-se pela natureza subordinada da oração, explicitada pela conjunção temporal "enquanto".

**1:** incorreta. Trata-se de oração subordinada adverbial modal, ou seja, estabelece a forma, o modo como a semana terminou; **2:** correta. A substituição não acarreta mudança de sentido ou erro gramatical. Muda apenas a intensidade do condicional ("cair" e "virá" expressam um futuro mais distante); **3:** incorreta. As manifestações se levantaram justamente contra o governo ditatorial de Hosni Mubarak, que permaneceu no poder por 30 anos; **4:** incorreta. Não se pode depreender essa informação de nenhuma passagem do texto; **5:** correta. Trata-se de hipótese facultativa da próclise.
Gabarito 1E, 2C, 3E, 4E, 5C

1 Os países com economias pujantes e estáveis e uma
distribuição de renda relativamente equitativa entre seus
habitantes tendem a ser menos vulneráveis — social e
4 politicamente — que os países pobres, economicamente
instáveis e com distribuição interna de riquezas fortemente
desigual. O aumento significativo da desigualdade econômica
7 e social dentro dos países ou entre eles reduzirá as
possibilidades de paz. Evitar ou controlar a violência armada
interna depende ainda mais, contudo, dos poderes e da
10 efetividade do desempenho dos governos nacionais e da sua
legitimidade perante a maioria dos habitantes dos respectivos
países. Nenhum governo pode, hoje, dar por garantida a
13 existência de uma população civil desarmada ou o grau de
ordem pública há tanto tempo vigente em grande parte da
Europa. Nenhum governo está, hoje, em condições de ignorar
16 ou eliminar minorias internas armadas. No entanto, o mundo
está cada vez mais dividido em países capazes de administrar
seus territórios e seus cidadãos — mesmo quando afetados,
19 como estava o Reino Unido, durante décadas, por ações
armadas efetuadas por um inimigo interno — e um número
crescente de territórios cujo entorno é demarcado por fronteiras
22 oficialmente reconhecidas, com governos nacionais que

flutuam entre a debilidade, a corrupção e a não existência.
Essas áreas produzem lutas internas sangrentas e conflitos
25 internacionais, como o que temos visto na África central. Não
há, apesar de tudo, perspectivas imediatas de melhoras
duradouras nessas regiões, e a continuação do enfraquecimento
28 dos governos centrais nos países instáveis assim como o
prosseguimento da balcanização do mapa do mundo sem
dúvida provocarão um aumento do perigo de conflitos
31 armados.
Um prognóstico possível: no século XXI, as guerras
provavelmente não serão tão mortíferas quanto o foram no
34 século XX. Mas a violência armada, gerando sofrimentos e
perdas desproporcionais, persistirá, onipresente e endêmica —
ocasionalmente epidêmica —, em grande parte do mundo.
37 A perspectiva de um século de paz é remota.

Eric Hobsbawm. **Globalização, democracia e terrorismo**. São Paulo:
Companhia das Letras, 2007, p. 34-5 (com adaptações).

**(Enfermeiro – TJ/ES – 2011 – CESPE)** No que se refere à organização das ideias e a aspectos linguísticos e gramaticais do texto acima, julgue os itens subsequentes.

**(1)** Subentende-se, pelas relações de sentido que se estabelecem no texto, que a expressão "Essas áreas" (l.24) retoma, por coesão, "territórios cujo entorno é demarcado por fronteiras oficialmente reconhecidas, com governos nacionais que flutuam entre a debilidade, a corrupção e a não existência" (l.21-23).
**(2)** No trecho "Mas a violência armada, gerando sofrimentos e perdas desproporcionais, persistirá, onipresente e endêmica — ocasionalmente epidêmica —, em grande parte do mundo" (l.34-36), estariam mantidos o sentido e a correção gramatical do texto caso fosse suprimida a vírgula que precede a expressão "em grande parte do mundo".
**(3)** Subentende-se da argumentação do texto que, no século XX, a violência atingiu de forma indiscriminada países economicamente estáveis e instáveis, mas, no século XXI, ela será agravada e restrita às regiões balcanizadas de países economicamente instáveis.
**(4)** Infere-se da leitura do texto que a garantia de paz resulta da capacidade de os governos se certificarem do desarmamento da população civil.
**(5)** Os vocábulos "países" e "áreas" são acentuados de acordo com a mesma regra de acentuação gráfica.
**(6)** No trecho "Nenhum governo pode, hoje, dar por garantida a existência de uma população civil desarmada ou o grau de ordem pública" (l.12-14), estaria mantido o sentido do texto caso o termo "garantida" fosse substituído por **garantidos**.

**1:** correta. A expressão "essas áreas", notadamente por seu pronome demonstrativo "essas", funciona como elemento de coesão que retoma a expressão destacada sem precisar repeti-la; **2:** incorreta. A questão é polêmica. Há autores que defendem que não se deve usar a vírgula após o travessão que separa o aposto explicativo. A maioria, porém, reputa como correta e indispensável tal prática; **3:** incorreta. O autor defende que as guerras são mais fáceis de serem evitadas em países de economia instável, bem como que o século XXI será uma época de embates menos mortíferos; **4:** incorreta. O autor afirma justamente o contrário, que os governos não têm condições de eliminar o armamento interno de determinadas minorias; **5:** incorreta. "Países" é acentuado por conta da vogal "i" em hiato, ao passo que "áreas" é paroxítona terminada em ditongo crescente; **6:** correta. A concordância, nesse caso, pode ser feita tanto por atração (como no texto original), quanto pelo gênero masculino plural (como proposto na alternativa) sem incidir em erro.
Gabarito 1C, 2E, 3E, 4E, 5E, 6C

# 2. RACIOCÍNIO LÓGICO

Enildo Garcia, Elson Garcia, André Braga Nader Justo e André Fioravanti*

## 1. INTRODUÇÃO E ESTRUTURAS LÓGICAS

**(Auditor Fiscal - SEFAZ/DF - 2020 - CESPE/CEBRASPE)** Considerando a proposição P: "o servidor gosta do que faz, então o cidadão-cliente fica satisfeito", julgue os itens a seguir. Se

**(1)** A proposição "O servidor não gosta do que faz, ou o cidadão-cliente não fica satisfeito" é uma maneira correta de negar a proposição P.

**1ª solução**
Sejam as proposições do enunciado
p: o servidor gosta do que faz
q: o cidadão-cliente fica satisfeito
Em Lógica Matemática tem-se, então,
P: $p \rightarrow q$
Pede-se a negação de P, ~P, que é
$\sim P = p \wedge \sim q$, ou seja,
o servidor gosta do que faz **e** o cidadão-cliente **não** fica satisfeito.
Resposta: Errado

**2ª solução**
JUSTIFICATIVA CESPE: errado. A proposição P tem a estrutura $p \rightarrow q$, em que p e q são, respectivamente, as proposições simples "o servidor gosta do que faz" e "o cidadão-cliente fica satisfeito". Se essas proposições simples assumem ambas o valor lógico F, então tanto a proposição P quanto a proposição apresentada no item são ambas verdadeiras, não podendo, pois, a proposição do item ser negação da proposição P.
Gabarito 1E

**(2)** A proposição P é logicamente equivalente à seguinte proposição: "Se o cidadão-cliente não fica satisfeito, então o servidor não gosta do que faz".

**1ª solução**
Tem-se
$\sim q \rightarrow \sim p$
que é a contrapositiva da condicional P, e que são logicamente equivalentes como pode ser observado pela tabela-verdade

| p | ~p | q | ~q | $p \rightarrow q$ | $\sim q \rightarrow \sim p$ |
|---|----|----|----|----|----|
| V | F | V | F | V | V |
| V | F | F | V | F | F |
| F | V | V | F | V | V |
| F | V | F | V | V | V |

       ↑         ↑

Resposta: Certo

**2ª solução**
JUSTIFICATIVA CESPE: certo. A proposição do item é a contrarrecíproca ou contrapositiva da proposição condicional P, equivalentes entre si.
Gabarito 2C

**(3)** P é uma proposição composta formada por duas proposições simples, de modo que sua tabela-verdade possui 2 linhas.

Resolução
JUSTIFICATIVA CESPE: errado. Se n indica o número de proposições simples de uma proposição composta, então o número de linhas de sua tabela é $2^n$. A proposição P é composta por n = 2 proposições simples, possuindo, pois, $2^2 = 4$ linhas.
Gabarito 3E

**(Agente de Polícia Federal – 2004 – CESPE)** Quando Paulo estuda, ele é aprovado nos concursos em que se inscreve. Como ele não estudou recentemente, não deve ser aprovado neste concurso.

Em cada um dos itens a seguir, julgue se o argumento apresentado tem estrutura lógica equivalente à do texto acima.

**(1)** Quando Paulo gosta de alguém, ele não mede esforços para oferecer ajuda. Como Maria gosta muito de Paulo, ele vai ajudá-la a responder as questões de direito constitucional.

r: Paulo gosta
s: Paulo ajuda Então $r \rightarrow s$.
Mas a questão não diz que Paulo gosta de Maria. Logo não podemos concluir $r \rightarrow s$. = > Item errado.
Gabarito 1E

**(2)** Quando os críticos literários recomendam a leitura de um livro, muitas pessoas compram o livro e o leem. O livro sobre viagens maravilhosas, lançado recentemente, não recebeu comentários favoráveis dos críticos literários, assim, não deve ser lido por muitas pessoas.

A negação não implica que nenhum ou poucos livros serão lidos. Pode implicar que exista algum livro que será lido por muitos. = > Item errado.
Gabarito 2E

**(3)** Sempre que Paulo insulta Maria, ela fica aborrecida. Como Paulo não insultou Maria recentemente, ela não deve estar aborrecida.

p: Paulo insulta
q: Maria fica aborrecida
$p \rightarrow q$ : V e $\neg p \rightarrow \neg q$. Item correto.
Gabarito 3C

**(4)** Toda vez que Paulo chega a casa, seu cachorro late e corre a seu encontro. Hoje Paulo viajou, logo seu cachorro está triste.

p: Paulo chega em casa
q: cachorro late
$p \rightarrow q$ : V e $\neg p \rightarrow \neg q$.
Então o cachorro não latiu, mas não quer dizer que está triste.
Gabarito 4E

---

\* As questões dos concursos de ministérios, agências reguladoras e autarquias federais, bem como dos concursos bancários e da Petrobras foram comentadas pelo autor **André Fioravanti**. As questões dos concursos fiscais e policiais, pelo autor **Enildo Garcia**. As questões de Técnico do STF foram comentadas por **Elson Garcia e Enildo Garcia**. E as demais, pelos autores **Enildo Garcia e André Justo**.

(Escrivão de Polícia Federal – 2004 – CESPE) Pedro, candidato ao cargo de Escrivão de Polícia Federal, necessitando adquirir livros para se preparar para o concurso, utilizou um *site* de busca da Internet e pesquisou em uma livraria virtual, especializada nas áreas de direito, administração e economia, que vende livros nacionais e importados. Nessa livraria, alguns livros de direito e todos os de administração fazem parte dos produtos nacionais. Além disso, não há livro nacional disponível de capa dura.

Com base nas informações acima, é possível que Pedro, em sua pesquisa, tenha

(1) encontrado um livro de administração de capa dura.
(2) adquirido dessa livraria um livro de economia de capa flexível.
(3) selecionado para compra um livro nacional de direito de capa dura.
(4) comprado um livro importado de direito de capa flexível.

Solução das quatro questões.
Ao fazer o diagrama de Venn, obtemos (Economia, Direito, Administração)

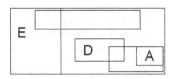

c. dura     c. flexível     nacional

1. Errado: não há livro de administração de capa dura.
2. Certo: há livro de economia de capa flexível.
3. Errado: não há livro nacional de direito de capa dura.
4. Certo: há livro importado de direito de capa flexível.
Gabarito 1E, 2C, 3E, 4C

(Escrivão de Polícia/AC – 2008 – CESPE) Uma proposição é uma afirmação que pode ser julgada como verdadeira — V —, ou falsa — F —, mas não como ambas. Uma proposição é denominada simples quando não contém nenhuma outra proposição como parte de si mesma, e é denominada composta quando for formada pela combinação de duas ou mais proposições simples.

De acordo com as informações contidas no texto, julgue os itens a seguir.

(1) A frase "Você sabe que horas são?" é uma proposição.
Errado porque a pergunta não pode ser julgada como verdadeira ou falsa, isto é, não é uma proposição.
Gabarito 1E

(2) A frase "Se o mercúrio é mais leve que a água, então o planeta Terra é azul", não é considerada uma proposição composta.
Errado porque temos a composta de duas proposições.
Gabarito 2E

(Agente de Polícia/ES – 2009 – CESPE) Julgue os itens a seguir, acerca de raciocínio lógico.

(1) Considere que em um canil estejam abrigados 48 cães, dos quais:
24 são pretos;
12 têm rabos curtos;
30 têm pelos longos;
4 são pretos, têm rabos curtos e não têm pelos longos;
4 têm rabos curtos e pelos longos e não são pretos;
2 são pretos, têm rabos curtos e pelos longos.
Então, nesse canil, o número de cães abrigados que são pretos, têm pelos longos mas não têm rabos curtos é superior a 3 e inferior a 8.

Façamos a árvore binária
I: pretos
J: não pretos
K,M: rabo curto
L,N: rabo longo
A,C,E,G: pelos longos
B,D,F,H: pelos curtos

I = 24

K = 6
 A = 4
 B = 2
 C
L = 18
 D = 18 – C

J = 24

M = 6
 E = 2
 F = 4
 G

N = 18
 H = 18 – G

Total     48

Pede-se o valor de C, cães abrigados que são pretos, têm pelos longos e rabos longos.
Então, como cães com pelos curtos, B + D + F + H = 48 – 30 = 18, temos
2 + D + 4 + H = 18 => D + H = 12 => D = 12 – H => D < 12 ou
18 – C < 12 => C > 6 e também C + D = 18 ou C < 18.
Daí,
6 < C < 18. => Item correto.
Gabarito 1C

(2) Na sequência numérica 23, 32, 27, 36, 31, 40, 35, 44, X, Y, Z, ..., o valor de Z é igual a 43.
Notamos que o segundo número é o primeiro mais 9 e o terceiro é o segundo menos cinco e assim por diante. Isto é,
23,23 + 9 = 32,32 – 5 = 27,27 + 9 = 36,36 – 5 = 31,31 + 9 = 40, 40 – 5 = 35, 35 + 9 = 44, 44 – 5 = 39, 39 + 9 = 48, 48 – 5 = 43, ... => Correto.
Gabarito 2C

(3) Considere que o delegado faça a seguinte afirmação para o acusado: "O senhor espanca a sua esposa, pois foi acusado de maltratá-la". Nesse caso, é correto afirmar que o argumento formulado pelo delegado constitui uma falácia.
Como maltratar uma pessoa não significa, necessariamente, que que ela seja espancada, o argumento do delegado é uma falácia.
Gabarito 3C

(Analista – TRT/9ª – 2007 – CESPE) Em um tribunal, tramitam três diferentes processos, respectivamente, em nome de Clóvis, Sílvia e Laerte. Em dias distintos da semana, cada uma dessas pessoas procurou, no tribunal, informações acerca do andamento do processo que lhe diz respeito. Na tabela a seguir estão marcadas com V células cujas informações da linha e da coluna correspondentes e referentes a esses três processos sejam verdadeiras. Por exemplo, Sílvia foi procurar informação a respeito do processo de sua licença, e a informação sobre o processo de demissão foi solicitada na quinta-feira. Uma célula é marcada com F quando a informação da linha e da coluna correspondente é falsa, isto é, quando o fato correspondente não ocorreu. Observe que o processo em nome de Laerte não se refere a contratação e que Sílvia não procurou o tribunal na quarta-feira.

| | Demissão | contratação | licença | terça-feira | quarta-feira | quinta-feira |
|---|---|---|---|---|---|---|
| Clóvis | | | F | | | |
| Sílvia | F | F | V | | F | |
| Laerte | | F | F | | | |
| terça-feira | F | | | | | |
| quarta-feira | F | | | | | |
| quinta-feira | V | F | F | | | |

Com base nessas instruções e nas células já preenchidas, é possível preencher logicamente toda a tabela. Após esse procedimento, julgue os itens a seguir.

Para preencher a tabela o candidato deverá notar que existem informações sujeitas a confronto, e não deve haver contradição. Em primeiro lugar, o enunciado nos diz que cada uma das três pessoas foi em um dia distinto da semana; logo, se Sílvia foi ao tribunal na quarta-feira, ela não foi nos outros dias, e as outras duas pessoas não foram na quarta-feira. Podemos também concluir que o processo do Laerte refere-se a "demissão"; e como a primeira coluna da tabela nos diz que o processo de demissão foi verificado na quinta-feira, sabemos então que Laerte foi ao tribunal na quinta-feira. Desenvolvendo esse processo de inferência lógica para as células vazias restantes, chegamos ao seguinte quadro:

(1) O processo em nome de Laerte refere-se a demissão e ele foi ao tribunal na quinta-feira.

(2) É verdadeira a proposição "Se Sílvia não tem processo de contratação, então o processo de licença foi procurado na quarta-feira".

Se Sílvia não foi na 4ª feira, ela foi na 3ª ou na 5ª feira. Vamos supor numa primeira hipótese que ela foi na 3ª feira ( V1)

| | Demissão | contratação | licença | terça-feira | quarta-feira | quinta-feira |
|---|---|---|---|---|---|---|
| Clóvis | F1 | V1 | F | F1 | V1 | F1 |
| Sílvia | F | F | V | V1 | F | F1 |
| Laerte | V1 | F | F | F1 | F1 | V1 |
| terça-feira | F | F1 | V1 | | | |
| quarta-feira | F | V1 | F1 | | | |
| quinta-feira | V | F | F | | | |

Verdades: Clóvis – Contratação – 4ª feira, Sílvia – Licença – 3ª feira e Laerte – Demissão – 5ª feira
A 2ª hipótese seria Sílvia – 5ª feira, mas não precisa ser testada, pois a 1ª hipótese já foi confirmada.

Então:

1. O processo em nome de Laerte refere-se à demissão e ele foi ao tribunal na quinta-feira. Certo.

2. É verdadeira a proposição "Se Sílvia não tem processo de contratação, então o processo de licença foi procurado na quarta-feira". Errado.

Gabarito 1C, 2E

(Analista – TRT/21ª – 2010 – CESPE) Uma empresa incentiva o viver saudável de seus funcionários. Para isso, dispensa mais cedo, duas vezes por semana, aqueles envolvidos em alguma prática esportiva. Aproveitando a oportunidade, Ana, Bia, Clara e Diana decidiram se associar a uma academia de ginástica, sendo que escolheram atividades diferentes, quais sejam, musculação, ioga, natação e ginástica aeróbica. O intuito é manter a forma e, se possível, perder peso. No momento, o peso de cada funcionária assume um dos seguintes valores: 50 kg, 54 kg, 56 kg ou 60 kg. O que também se sabe é que:

a) Ana não faz musculação e não pesa 54 kg.
b) Bia faz ioga e não tem 50 kg.
c) A jovem que faz musculação pesa 56 kg e não é a Clara.
d) A jovem com 54 kg faz natação.

Com base nessas informações, é correto afirmar que

(1) Bia é mais pesada que Clara.
(2) o peso de Ana é 56 kg.
(3) Diana faz musculação.

1: Certo. A 2ª informação nos diz que Bia não tem 50 kg. E como ela faz ioga, nós concluímos pela 4ª informação que ela também não tem 54 kg (pois essa pessoa faz natação). Pela 3ª informação, concluímos que Bia também não pesa 56 kg (pois essa pessoa faz musculação, e não ioga). Logo, por exclusão, Bia pesa 60 kg e, portanto, é a mais pesada de todas, inclusive que Clara. 2: Errado. Ana não pesa 60kg (peso de Bia) e nem 54 kg, como afirma a 1ª informação. Como a 3ª informação nos diz que quem faz musculação pesa 56 kg, e a 1ª informação afirma que Ana não faz musculação, sabemos, portanto, que ela não tem 56 kg. Portanto, Ana pesa 50 kg. 3: Certo. A jovem que faz musculação pesa 56 kg e, portanto, não é a Bia (60 kg), nem Ana (50 kg) e nem Clara (como afirma a 3ª informação). Logo, por exclusão, Diana faz musculação.

Gabarito 1C, 2E, 3C

(Agente de Polícia Federal – 2004 – CESPE) Uma noção básica da lógica é a de que um argumento é composto de um conjunto de sentenças denominadas premissas e de uma sentença denominada conclusão. Um argumento é válido se a conclusão é necessariamente verdadeira sempre que as premissas forem verdadeiras. Com base nessas informações, julgue os itens que se seguem.

(1) Toda premissa de um argumento válido é verdadeira.

Premissas verdadeiras → conclusão V o que não implica a recíproca.
Gabarito 1E

(2) Se a conclusão é falsa, o argumento não é válido.

Não, as premissas tem de ser todas verdadeiras.
Gabarito 2E

(3) Se a conclusão é verdadeira, o argumento é válido.

Quando a conclusão, apesar de verdadeira, nada tiver a ver com com as premissas não torna o argumento válido.
Gabarito 3E

(4) É válido o seguinte argumento: Todo cachorro é verde, e tudo que é verde é vegetal, logo todo cachorro é vegetal.

p: todo cachorro é verde. V
q: tudo que é verde é vegetal V
$p \to q$ V.
Gabarito 4C

(Escrivão de Polícia Federal – 2009 – CESPE) Uma proposição é uma declaração que pode ser julgada como verdadeira — V —, ou falsa — F —, mas não como V e F simultaneamente. As proposições são, frequentemente, simbolizadas por letras maiúsculas: A, B, C, D etc.

As proposições compostas são expressões construídas a partir de outras proposições, usando-se símbolos lógicos, como nos casos a seguir.

A→B, lida como "se A, então B", tem valor lógico F quando A for V e B for F; nos demais casos, será V;

A∨B, lida como "A ou B", tem valor lógico F quando A e B forem F; nos demais casos, será V;

A∧B, lida como "A e B", tem valor lógico V quando A e B forem V; nos demais casos, será F;

¬A é a negação de A: tem valor lógico F quando A for V, e V, quando A for F.

Uma sequência de proposições $A_1$, $A_2$, ..., $A_k$ é uma dedução correta se a última proposição, Ak, denominada conclusão, é uma consequência das anteriores, consideradas V e denominadas premissas.

Duas proposições são equivalentes quando têm os mesmos valores lógicos para todos os possíveis valores lógicos das proposições que as compõem.

A regra da contradição estabelece que, se, ao supor verdadeira uma proposição P, for obtido que a proposição P∧(¬P) é verdadeira, então P não pode ser verdadeira; P tem de ser falsa.

A partir dessas informações, julgue o item que se segue.

(1) Considere que as proposições da sequência a seguir sejam verdadeiras.
Se Fred é policial, então ele tem porte de arma.
Fred mora em São Paulo ou ele é engenheiro.
Se Fred é engenheiro, então ele faz cálculos estruturais.
Fred não tem porte de arma.
Se Fred mora em São Paulo, então ele é policial.

Nesse caso, é correto inferir que a proposição "Fred não mora em São Paulo" é uma conclusão verdadeira com base nessa sequência.

---

Solução.

Sejam
p: ser policial; q: ter porte de arma; r: morar em são Paulo e s: engenheiro.
Temos
p→q
r → p Logo, r→p→q.
Como temos ¬q, teremos ¬r. Ou seja, Fred não mora em são Paulo.
Gabarito 1C

---

**(Auditor Fiscal/Vitória–ES – 2007 – CESPE)** Quatro amigos de infância — André, Bruno, Carlos e Davi — resolveram reunir--se novamente depois de muitos anos de separação. Todos têm profissões diferentes — advogado, arquiteto, engenheiro e médico —, moram em cidades diferentes — Brasília, Campinas, Goiânia e Vitória — e possuem diferentes passatempos — violão, xadrez, pintura e artesanato. Além disso, sabe-se que André mora em Goiânia, não é arquiteto e não joga xadrez como passatempo. Bruno tem por passatempo o violão, não mora em Brasília e é médico. Carlos não tem o artesanato como passatempo, é engenheiro e não mora em Campinas. Sabe-se que o passatempo do arquiteto é a pintura e que ele mora em Brasília.

Com base nessas informações, julgue os itens seguintes.

(1) André é advogado.
(2) Bruno mora em Vitória.
(3) Carlos tem o xadrez por passatempo.
(4) Davi é arquiteto.
(5) O advogado mora em Goiânia.

I) Façamos um quadro com as informações iniciais

| Nome | André | Bruno | Carlos | Davi |
|---|---|---|---|---|
| Profissão | - | Médico | Engenheiro | - |
| Cidade | Goiânia | - | - | - |
| Passatempo | - | Violão | - | - |

Sobram as profissões advogado e arquiteto.

1) Como André não é arquiteto, ele é advogado e Davi é, então, arquiteto. E gosta de pintura e mora em Brasília.

2) André não joga xadrez – seu passatempo é, então, o artesanato.
II) O quadro fica completo com o passatempo xadrez:

| Nome | André | Bruno | Carlos | Davi |
|---|---|---|---|---|
| Profissão | Advogado | Médico | Engenheiro | Arquiteto |
| Cidade | Goiânia | Campinas | Vitória | Brasília |
| Passatempo | Artesanato | Violão | Xadrez | Pintura |

(Como Carlos não mora em Campinas, ele mora em Vitória e Bruno mora em Campinas.)
Gabarito 1C, 2E, 3C, 4C, 5C

---

**(Agente Administrativo – Ministério do Esporte – 2008 – CESPE)** A etapa final de um torneio de futebol será disputada entre os times A e B, e o campeão será o time que vencer duas partidas seguidas ou um total de três partidas. Considerando que os jogos que terminarem empatados serão decididos nos pênaltis, de forma que sempre haja um vencedor, julgue o item que se segue.

(1) Realizados 4 jogos entre as equipes A e B, o campeão será necessariamente conhecido.

Se a equipe A ganhar, por exemplo, a $1^a$ e a $3^a$ partidas, e a equipe B a $2^a$ e a $4^a$, será necessário um $5^o$ jogo para decidir o campeão.
Gabarito 1E

---

**(Analista – ANAC – 2009 – CESPE)** Em determinado dia, em um aeroporto, os aviões A, B, C, D e E estavam esperando o momento da decolagem, que, por más condições de tempo, iria começar às 10 horas daquele dia. Ficou determinado que cada voo ocorreria cinco minutos após o anterior, que A decolaria após C e que E decolaria 5 minutos antes de B.

Com base nessas informações, o item a seguir.

(1) Se B decolar antes de A e após C, então C decolará antes de E.

Das premissas sabemos que A decola após C, com ou sem decolagem entre eles. Sabemos também que E decola exatamente antes de B, sem outras decolagens intercaladas. Se B decola antes de A e após C, temos _C_B_A_, onde o subtração indica a possível presença de outras decolagens. Mas bem, como E decola exatamente antes de B, temos _C_EB_A_, então, obrigatoriamente, C decola antes de E.
Gabarito 1C

(2) Se, às 10h12 min, os aviões A e D já estiverem voando, então a próxima decolagem, marcada para as 10h15min, será do avião C.

Às 10h12min, temos que três aviões já estão voando. Como A decola após C, se A já estiver voando, então certamente C também está, e, portanto, não pode ser o próximo a decolar.
Gabarito 2E

(3) Se o avião D decolar antes dos aviões B ou de C, então ele deverá ser o primeiro dos cinco a decolar.

Supondo que D decole antes de B, temos _D_B_. Mas E decola 5 minutos antes de B, então temos _D_EB_. Finalmente, A decola após C, então temos três possibilidades para a decolagem de D, na $1^a$, $2^a$ ou $3^a$ posições (DCAEB, CDAEB e CADEB são todas configurações de decolagem válidas). Supondo agora que D decole antes de C. Temos então _D_C_. Novamente, como A decola depois de C, temos que _D_C_A. Como E decola exatamente antes de B, D pode decolar na $1^a$ ou na $3^a$ posição (DEBCA e DEBCA são duas das configurações válidas).
Gabarito 3E

**(Analista – Ministério do Meio Ambiente – 2008 – CESPE)** O Programa Água Doce constitui iniciativa do governo federal no sentido de garantir acesso a água de qualidade para todos. Coordenado pela Secretaria de Recursos Hídricos e Ambiente Urbano do MMA, o programa tem como objetivo estabelecer uma política pública permanente de acesso à água potável, com foco na população de baixa renda do semiárido brasileiro. Para isso, promove a implantação, a recuperação e a gestão de sistemas de dessalinização da água, minimizando os impactos ambientais, captando a água subterrânea salobra, extraindo dela os sais solúveis e tornando-a adequada para o consumo humano.

Com base nessas informações e no texto de definições precedentes, julgue os itens subsequentes.

**(1)** Infere-se das informações acima que a proposição **O Programa Água Doce estabelece uma política permanente de acesso à água potável e não promove a gestão de sistemas de dessalinização da água** tem valor lógico V.

Dado que o programa promove a captação de água salobra e extração dos sais solúveis, ela promove a gestão de sistemas de dessalinização, e, portanto, a proposição é falsa.
Gabarito 1E

**(2)** Considere como premissas de um argumento as seguintes proposições.

I. Se a Secretaria de Recursos Hídricos e Ambiente Urbano do MMA não coordenasse o Programa Água Doce, então não haveria gestão dos sistemas de dessalinização.

II. Há gestão dos sistemas de dessalinização. Nesse caso, ao se considerar como conclusão a proposição **A Secretaria de Recursos Hídricos e Ambiente Urbano do MMA coordena o Programa Água Doce**, obtém-se um argumento válido.

Se $(\neg A) \rightarrow (\neg B)$ então, uma expressão equivalente, é $B \rightarrow A$. Seja A a proposição "a Secretaria de Recursos Hídricos e Ambiente Urbano do MMA coordena o Programa Água Doce", e B a proposição "há gestão dos sistemas de dessalinização". Portanto, a proposição dada em I. é $(\neg A) \rightarrow (\neg B)$, que é equivalente a $B \rightarrow A$, ou seja, se há gestão dos sistemas de dessalinização então a Secretaria de Recursos Hídricos e Ambiente Urbano do MMA coordena o Programa Água Doce, confirmando II.
Gabarito 2C

**(3)** Toda proposição da forma $(P \rightarrow Q) \vee (\neg Q)$ tem somente valores lógicos V.

Construindo a tabela verdade, temos

| P | Q | $P \rightarrow Q$ | $\neg Q$ | $(P \rightarrow Q) \vee (\neg Q)$ |
|---|---|---|---|---|
| V | V | V | F | V |
| V | F | F | V | V |
| F | F | V | V | V |
| F | V | V | F | V |

O que mostra que essa proposição é uma tautologia.
Gabarito 3C

## 2. COMPREENSÃO E ELABORAÇÃO DA LÓGICA DAS SITUAÇÕES POR MEIO DE RACIOCÍNIO MATEMÁTICO

Os funcionários de uma repartição foram distribuídos em sete grupos de trabalhos, de modo que cada funcionário participa de exatamente dois grupos, e cada dois grupos têm exatamente um funcionário em comum.

**(Auditor Fiscal – SEFAZ/RS – 2019 – CESPE/CEBRASPE)** Nessa situação, o número de funcionários da repartição é igual a

(A) 7.
(B) 14.
(C) 21.

(D) 28.
(E) 35.

---

1ª solução (enumeração do s casos)
Sejam A, B, C, D, E, F e G os 7 grupos.
Ao selecionar 1 funcionário de cada 2 grupos obtém-se a distribuição e quantidade:

| | |
|---|---|
| AB AC AD AE AF AG | 6 |
| BC BD BE BF BG | 5 |
| CD CE CF CG | 4 |
| DE DF DG | 3 |
| EF EG | 2 |
| FG | 1 |
| Total | 21 |

2ª solução

Ao escolher 2 grupos distintos sem levar em consideração a ordem pois tanto faz o funcionário estar nos grupos A e, tem-se a combinação

$$C_{7,2} = \frac{7 \times 6}{2 \times 1} = 21$$

Gabarito "C"

---

Texto 1A10-I

No exercício de suas atribuições profissionais, auditores fiscais sempre fazem afirmações verdadeiras, ao passo que sonegadores sempre fazem proposições falsas.

Em uma audiência para tratar de autuações, formou-se uma fila de 200 pessoas, constituída apenas de auditores fiscais e sonegadores. A primeira pessoa da fila afirma que todos os que estão atrás dela são sonegadores. Todas as demais pessoas da fila afirmam que a pessoa que está imediatamente à sua frente é sonegadora.

**(Auditor Fiscal – SEFAZ/RS – 2019 – CESPE/CEBRASPE)** Nessa situação hipotética, de acordo com o texto 1A10-I, a quantidade de sonegadores que estão nessa fila é igual a

(A) 0.
(B) 99.
(C) 100.
(D) 199.
(E) 200.

---

Resolução
Suponha que a fila comece com um Auditor.
Como ele sempre diz a verdade, então todos atrás dele seriam Sonegadores.
Porém, diversos desses Sonegadores diriam a verdade ao relatar que a pessoa à sua frente é Sonegadora, o que não pode ocorrer pois Sonegadores sempre são falsos.
Assim, a fila começa com um Sonegador.
Como as pessoas da fila afirmam que a pessoa que está imediatamente à sua frente é sonegadora, então a segunda pessoa da fila é um Auditor.
A próxima diz que a pessoa que está imediatamente à sua frente é Sonegadora, o que é mentira, então a próxima é Sonegadora.
Tem-se: SAS...
Essa sequência vai se repetir até o final da fila.
A fila consiste, então, de 100 Auditores e 100 Sonegadores.
Gabarito "C"

---

Saulo, sonegador de impostos, fez a seguinte afirmação durante uma audiência para tratar de sua eventual autuação: "como sou um pequeno comerciante, se vendo mais a cada mês, pago meus impostos em dia".

**(Auditor Fiscal – SEFAZ/RS – 2019 – CESPE/CEBRASPE)** Nessa situação hipotética, considerando as afirmações estabelecidas no texto 1A10-I, assinale a opção que apresenta uma afirmação verdadeira.

(A) "Saulo não é um pequeno comerciante".
(B) "Saulo vende mais a cada mês".
(C) "Saulo não vende mais a cada mês".
(D) "Saulo paga seus impostos em dia".
(E) "Se Saulo vende mais em um mês, paga seus impostos em dia".

Resolução
Sejam as afirmações:
p: sou um pequeno comerciante
q: vendo mais a cada mês
r: pago meus impostos em dia
e as condicionais equivalentes à afirmação de Saulo

P1: (p $\wedge$ q) → r, ou

P2: p → (q → r)
Tem-se que, segundo o texto, sonegadores sempre fazem proposições falsas, as condicionais acima são falsas.

Para P1 ser falsa deve-se ter antecedente V e consequente Falso.

O antecedente (p $\wedge$ q) é V se p e q forem V:
p: sou um pequeno comerciante → V
q: vendo mais a cada mês → V

Para P2 ser falsa deve-se ter antecedente V e consequente Falso.
O consequente (q → r) é F se q é V e r é F:
r: pago meus impostos em dia → F
p: sou um pequeno comerciante → V
q: vendo mais a cada mês → V

Gabarito "B".

Durante uma audiência para tratar da autuação da empresa X, um auditor fiscal fez as seguintes afirmações sobre essa empresa:
• A1: "Se identifiquei erro ou inconsistência na declaração de imposto da empresa X, eu a notifiquei".
• A2: "Se o erro não foi sanado, eu a autuei".
• A3: "Se a empresa não recorreu da autuação, eu a multei".

(Auditor Fiscal – SEFAZ/RS – 2019 – CESPE/CEBRASPE) Nessa situação hipotética, à luz da premissa estabelecida no texto 1A10-I, assinale a opção que apresenta uma proposição necessariamente verdadeira.
(A) "A empresa X errou em sua declaração de imposto".
(B) "A empresa X apresentou inconsistência em sua declaração de imposto".
(C) "A empresa X foi notificada, autuada e multada".
(D) "A empresa X não sanou o erro identificado e foi autuada".
(E) "A empresa X recorreu da autuação ou foi multada".

1ª solução
Segundo o texto, os auditores fiscais sempre fazem afirmações verdadeiras. Logo a afirmação
A3: "Se a empresa não recorreu da autuação, eu a multei" é verdadeira.

Pela equivalência da condicional e da disjunção, tem-se
A empresa X recorreu da autuação ou foi multada.

2ª solução

Sejam as afirmações:
p: a empresa não recorreu da autuação
q: eu a multei
e a condicional
~p → q
Pela equivalência da condicional e da disjunção, tem-se

~p → q ≡ p $\vee$ q
Ou seja
A empresa X recorreu da autuação ou foi multada.

Gabarito "E".

(Auditor Fiscal – SEFAZ/RS – 2019 – CESPE/CEBRASPE) João pretende completar as casas de um tabuleiro 3×3, utilizando as letras A, B ou C. Cada casa é formada por um quadrado, conforme apresentado na figura a seguir.

| A | B |   |
|---|---|---|
| C |   |   |
|   |   |   |

Para completar o tabuleiro, preenchendo cada casa com apenas uma dessas letras, de modo que casas com lados adjacentes não sejam preenchidas com a mesma letra, João deverá escrever na casa destacada na figura

(A) somente a letra A.
(B) somente a letra B.
(C) somente a letra C.
(D) somente a letra B ou a letra C.
(E) qualquer uma das letras A, B ou C.

Resolução
Numerando as casas que faltam tem-se

| A | B | 1 |
|---|---|---|
| C | 2 | 3 |
| 4 | 5 | 6 |

A casa 2 só pode conter a letra A devido às adjacências superior e lateral. A casa 1 pode conter a letra A
(i)

| A | B | A |
|---|---|---|
| C | A | 3 |
| 4 | 5 | 6 |

A casa 3 pode conter a letra B ou C, e a 6 então A
A casa 4 pode conter a letra A ou B e a 5 então C
(ii) ou a letra C:

| A | B | C |
|---|---|---|
| C | A | 3 |
| 4 | 5 | 6 |

A casa 3 só pode conter a letra B e a 6 então A
A casa 4 pode conter a letra A ou B e a 5 então C
Logo, em resumo, tem-se

só A   A ou C   A ou B

Ou seja, qualquer uma das letras A, B ou C.

Gabarito "E".

Em determinada cidade, foram fiscalizadas 20 empresas, classificadas quanto ao porte e quanto ao setor de atividade econômica em que atuam. Quanto ao porte, cada empresa recebe uma única classificação: microempresa (ME), pequena (P), média (M) ou grande (G). Quanto ao setor, cada empresa também recebe uma única classificação: 1, 2, 3, 4 ou 5. Não há empresa que receba, simultaneamente, a mesma classificação de porte e de setor que outra empresa já recebe. Para a realização dessa fiscalização, tais empresas foram distribuídas igualmente e designadas a quatro auditores fiscais, Aldo, Bruno,

Carlos e Dário. Cada empresa foi fiscalizada por apenas um desses auditores. Após a conclusão do trabalho, os auditores fizeram as seguintes afirmações:

I. Aldo: "Fiscalizei cinco empresas de porte médio".
II. Bruno: "Fiscalizei quatro empresas de um mesmo setor".
III. Carlos: "Fiscalizei cinco empresas cujo porte recebe uma classificação que começa com a letra M".
IV. Dário: "Fiscalizei três empresas de um setor e duas empresas de outro setor".

**(Auditor Fiscal – SEFAZ/RS – 2019 – CESPE/CEBRASPE)** Considerando que, nessa situação hipotética, somente uma das afirmações feitas pelos auditores seja falsa, assinale a opção que apresenta o maior número de empresas de porte G que podem ser fiscalizadas por um mesmo auditor.

(A) 1
(B) 2
(C) 3
(D) 4
(E) 5

Resolução
Tem-se que
I) Caso Aldo fiscalize as cinco empresas de porte médio, Bruno não pode fiscalizar quatro empresas de um mesmo setor pois um dos setores já estará com Aldo;
II) Caso Bruno fiscalize as quatro empresas do mesmo setor, Aldo não pode fiscalizar as cinco empresas de porte médio, pois uma dessas já estará com Aldo.
Assim, as afirmações de Aldo e Bruno estão conflitantes e não podem ser ambas verdadeiras – uma delas é falsa – o que torna as afirmações de Carlos e Dário verdadeiras pois só se tem uma falsa.

Suponha que Aldo diz a verdade.
Então Carlos fiscalizou as 5 microempresas(ME) pois começam com a letra M
Nesse caso, porém, Dário não pode fiscalizar rês empresas de um setor pois só restarão as empresas P e G e com, no máximo, um setor em comum.

Logo, Aldo não diz a verdade e, portanto, é Bruno quem diz a verdade, ou seja,
Bruno fiscalizou quatro empresas de um mesmo setor, sendo, portanto, uma delas Grande.
Restam, assim, quatro empresas porte Grande para outro auditor.

Logo, o maior número de empresas de porte G que podem ser fiscalizadas por um mesmo auditor é de 4.
Gabarito "D".

**(Analista – TRT/5ª – 2008 – CESPE)** Em uma universidade, setorizada por cursos, os alunos de cada curso podem cursar disciplinas de outros cursos para integralização de seus currículos. Por solicitação da diretoria, o secretário do curso de Matemática informou que, dos 200 alunos desse curso, 80 cursam disciplinas do curso de Física; 90, do curso de Biologia; 55, do curso de Química; 32, dos cursos de Biologia e Física; 23, dos cursos de Química e Física; 16, dos cursos de Biologia e Química; e 8 cursam disciplinas desses três cursos. O secretário informou, ainda, que essa distribuição inclui todos os alunos do curso de Matemática.

Com relação a essa situação, julgue os itens seguintes.

(1) Se as informações do secretário acerca das matrículas dos alunos em disciplinas estiverem corretas, então, dos alunos que cursam disciplinas de apenas um desses cursos, a maior concentração de alunos estará no curso de Física.

(2) Considerando corretas as informações do secretário acerca das matrículas dos alunos, mais de 50 desses alunos cursam disciplinas de apenas dois dos cursos mencionados.

(3) De acordo com os dados da situação em apreço, as informações do secretário estão realmente corretas.

Do enunciado, sabemos que 8 alunos cursaram disciplinas dos três cursos, ou seja, Biologia, Química e Física. Sabemos também que 32 alunos cursaram disciplinas de Biologia e Física. Desta forma, 32 – 8 = 24 alunos cursaram apenas disciplinas de Biologia e Física, mas não Química. De forma semelhante, 23 – 8 = 15 alunos cursaram disciplinas de Química e Física, mas não de Biologia, e 16 – 8 = 8 alunos cursaram disciplinas de Biologia e Química mas não de Física. Como sabemos que 80 alunos cursaram disciplinas de Física, temos que a quantidade de alunos que cursaram apenas Física é 80 – 24 (Biologia e Física) – 15 (Química e Física) – 8 (Química, Biologia e Física) = 33 alunos. De forma semelhante, 90 – 24 – 8 – 8 = 50 alunos cursaram apenas disciplinas de Biologia e 55 – 15 – 8 – 8 = 24 alunos cursaram apenas disciplinas de Química. O diagrama de Venn referente a este problema pode ser dado portanto como:

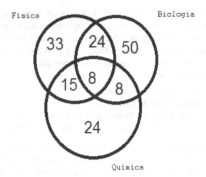

Desta forma, temos:
**1.** Errado. Dos alunos que cursaram apenas uma disciplina, a maior concentração estará em Biologia (50 alunos).
**2.** Errado. Temos que 24 + 15 + 8 = 47 alunos cursaram duas e apenas duas disciplinas.
**3.** Errado. Observamos um total de 33 + 24 + 50 + 15 + 8 + 8 + 24 = 162 alunos. Portanto, como o curso possui 200 alunos, 38 alunos não devem ter feito disciplinas destes cursos, o que não condiz com o secretário.
Gabarito 1E, 2E, 3E.

**(Analista – MPU – 1996 – CESPE)** Paulo, Gabriel e Francisco concorreram em um processo para a escolha do diretor de uma escola pública. Cada eleitor votou em exatamente dois candidatos de sua preferência. Houve 70 votos para a dupla Paulo e Francisco, 100 votos para a dupla Paulo e Gabriel e 80 votos para a dupla Gabriel e Francisco. Com base nessa situação, assinale a opção correta.

(A) Gabriel e Francisco empataram em 1º lugar.
(B) Paulo ficou em 2º lugar, com 34% dos votos.
(C) Gabriel venceu com 72% dos votos.
(D) Francisco venceu com 60% dos votos.
(E) Houve eleitor que não votou em Paulo nem em Francisco.

Seja "P" o Paulo, "F" o Francisco e "G" o Gabriel:
P e F = 70
P e G = 100
G e F = 80
Portanto, Paulo recebeu 170 votos (70+100), Francisco recebeu 150 votos e Gabriel recebeu 180 votos. Como o número total de VOTOS foi 500 ( = 170+150+180), concluímos que Gabriel ficou em 1º lugar, com 36% dos votos ( = $\frac{180}{500}$ = 0,36), Paulo ficou em 2º lugar com 34% e Francisco ficou em 3º lugar com 30%.
Gabarito "B".

**(Escrivão de Polícia/AC – 2008 – CESPE)** Com relação às operações com conjuntos, julgue o item abaixo.

**(1)** Considere que os candidatos ao cargo de programador tenham as seguintes especialidades: 27 são especialistas no sistema operacional Linux, 32 são especialistas no sistema operacional Windows e 11 desses candidatos são especialistas nos dois sistemas. Nessa situação, é correto inferir que o número total de candidatos ao cargo de programador é inferior a 50.

i) Como 27 sabem Linux temos que 27 – 11(sabem os dois) = 16 só sabem Linux .
ii) Como 32 sabem Windows temos que 32-11(sabem os dois) = 21 só sabem Windows.
iii) Temos, então o total de 16 + 21 + 11 = 48 programadores. Correto.

Gabarito 1C

**(Técnico – ANAC – 2009 – CESPE)** As equipes A, B e C disputaram as finais de um torneio de futebol, jogando cada equipe contra as outras duas uma vez. Sabe-se que a equipe B ganhou da equipe A por 2×1; a equipe A marcou 3 gols; e cada equipe ficou com saldo de gols zero. As regras do torneio para a classificação final são, nessa ordem:

- maior número de vitórias;
- maior número de gols feitos;
- se as três equipes ficarem empatadas segundo os critérios anteriores, as três serão consideradas campeãs.

Se uma equipe for campeã ou 3ª colocada e as outras duas equipes ficarem empatadas segundo os critérios anteriores, será considerada mais bem colocada a equipe vencedora do confronto direto entre as duas.

A respeito dessa situação hipotética e considerando que os três critérios listados foram suficientes para definir a classificação final das três equipes, julgue os itens seguintes quanto aos valores lógicos das proposições apresentadas.

**(1)** Se **a equipe B fez 3 gols, então a equipe C foi campeã** é uma proposição falsa.

Como a equipe A marcou 3 gols, então ela marcou 2 gols contra a equipe C. Além do mais, como a equipe B fez 3 gols, esta marcou 1 gol contra a equipe C. Dessa forma, para que todas as equipes tenham saldo zero, temos que:

| Equipe A | 1 | 2 | Equipe B |
| --- | --- | --- | --- |
| Equipe A | 2 | 1 | Equipe C |
| Equipe B | 1 | 2 | Equipe C |

A partir dessa tabela, todas as equipes têm 3 pontos com 1 vitória cada e 3 gols marcados. A partir das regras, as 3 equipes são campeãs. Portanto, a equipe C foi de fato campeã.

Gabarito 1E

**(2)** A equipe B foi campeã e a equipe A ficou em último lugar é uma proposição falsa.

Se considerarmos a tabela do item anterior, que é uma possibilidade factível, então a equipe A foi campeã, e, portanto não ficou em último lugar. Ou seja, a proposição é falsa.

Gabarito 2C

**(3)** O número de gols marcados pelas equipes nas finais foi maior que 6 é uma proposição verdadeira.

Correto. A tabela de resultados que retorna o mínimo de gols marcados, e que ainda satisfazem as condições fornecidas é:

| Equipe A | 1 | 2 | Equipe B |
| --- | --- | --- | --- |
| Equipe A | 2 | 1 | Equipe C |
| Equipe B | 0 | 1 | Equipe C |

Ou seja, o número mínimo de gols nas finais é 7.

Gabarito 3C

**(4)** Se a equipe A foi campeã então a equipe C foi campeã ou 2ª colocada é uma proposição falsa.

Dos termos dados, temos que, em termos gerais

| Equipe A | 1 | 2 | Equipe B |
| --- | --- | --- | --- |
| Equipe A | 2 | 1 | Equipe C |
| Equipe B | N | N+1 | Equipe C |

com N inteiro, maior ou igual a 0. Dessa forma, todas as equipes têm 1 vitória, com 3 pontos cada. A equipe A marcou 3, a equipe B marcou 2 + N e a equipe C também marcou 2 + N gols. Dessa forma, para a equipe A ser campeã, N = 0 ou N = 1. Se N = 1, então todas as equipes são campeãs. Se N = 0, então a Equipe A foi a única campeã. Como as equipes B e C marcaram o mesmo número de gols, a classificação depende do confronto direto, com vantagem para a Equipe C. Ou seja, observamos que para todos os casos, a proposição é correta.

Gabarito 4E

**(5)** A equipe A foi campeã ou a equipe C foi campeã é uma proposição verdadeira.

Correto. Considerando a tabela anterior. Para N = 0 ou N = 1, a equipe A é campeã. Para N maior ou igual a 2, a Equipe A é 3ª colocada, e, portanto, a campeã é decidida por confronto direto, com vantagem para a Equipe C. Portanto, para todo N, ou a Equipe A ou a Equipe C é campeã.

Gabarito 5C

**(Agente Administrativo – Ministério do Esporte – 2008 – CESPE)** Um casal tem 3 filhos, cujas idades em anos são números inteiros distintos que, multiplicados, correspondem a 132. A soma das idades dos 3 filhos, em anos, é um número cujos únicos divisores positivos são a unidade e a própria soma. Com base nessas informações, julgue o item subsequente.

**(1)** Um dos filhos tem 3 anos de idade.

Seja x, y e z a idade dos filhos desse casal. Então $x \times y \times z = 132$. Observamos que $132 = 2^2 \times 3 \times 11$. Portanto, supondo que um dos filhos tem 3 anos, as idades dos outros filhos são, necessariamente, (1,44), (2,22) ou (4,11), Temos também que $x + y + z$ é primo. Porém, 1+3+44 = 48, que não é primo. Também 2+3+22 = 27 que não é primo. Finalmente 3+4+11 = 18 que não é primo. Portanto, a premissa que um dos filhos tem 3 anos de idade está errada.

Gabarito 1E

**(Analista – ANAC – 2009 – CESPE)** Paulo, Mauro e Arnaldo estão embarcando em um voo para Londres. Sabe-se que:

- os números de suas poltronas são C2, C3 e C4;
- a idade de um deles é 35 anos e a de outro, 22 anos;
- Paulo é o mais velho dos três e sua poltrona não é C4;
- a poltrona C3 pertence ao de idade intermediária;
- a idade de Arnaldo não é 22 anos.

Com base nessas informações, julgue os itens seguintes.

**(1)** Se a soma das idades dos três passageiros for 75 anos, então as idades de Paulo, Mauro e Arnaldo serão, respectivamente, 35, 22 e 18 anos.

Inicialmente, as idades dos três somam 75 anos. Como um tem 35 e o outro 22 anos, o último tem 75 – 35 – 22 = 18 anos. Como a poltrona

C3 pertence ao de idade intermediária, e Paulo, o mais velho não está na poltrona C4, então Paulo tem 35 anos e está na poltrona C2. Como Arnaldo não tem 22 anos, ele tem 18 anos, e está, portanto, na poltrona C4. Finalmente, Mauro tem 22 anos e está na poltrona C3. Logo, as idades de Paulo, Mauro e Arnaldo serão, em ordem, 35, 22 e 18 anos.
Gabarito 1C.

**(2)** Se a soma das idades dos três passageiros for igual a 100 anos, então a poltrona de numero C4 pertencerá a Mauro, que terá 35 anos.

Se a idade dos três passageiros for igual a 100 anos, então o último passageiro tem 100 – 35 – 22 = 43 anos, sendo portanto Paulo, o mais velho, na poltrona C2. Dessa forma Arnaldo, que não tem 22 anos, terá 35 anos e ficará na poltrona C3 e finalmente Mauro terá 22 anos, possuindo a poltrona C4.
Gabarito 2E.

## 3. CONCEITOS BÁSICOS DE RACIOCÍNIO LÓGICO

**(Técnico – STF – 2013 – CESPE)** Julgue os itens seguintes, relativos à lógica proposicional.

**(1)** A sentença "um ensino dedicado à formação de técnicos negligencia a formação de cientistas" constitui uma proposição simples.

**(2)** A sentença "A indicação de juízes para o STF deve ser consequência de um currículo que demonstre excelência e grande experiência na magistratura" pode ser corretamente representada na forma P → Q, em que P e Q sejam proposições simples convenientemente escolhidas.

**1:** Correta. Esta sentença é constituída por somente uma proposição e não apresenta nenhum conectivo. Portanto, é uma proposição simples.
**2:** Errada, pois a seta → é um conectivo condicional, que simboliza "se"... "então". Portanto a sentença poderia ser representado na forma P → Q se fosse redigida da forma abaixo ou de forma similar: "**Se** um juiz possuir um currículo que demonstre excelência e grande experiência na magistratura **então** poderá ser indicado para o STF".
Mara, Júlia e Lina são assessoras em um tribunal. Uma delas ocupa a função de cerimonialista, outra, de assessora de assuntos internacionais e a outra, de analista processual. Uma dessas assessoras ocupa a sua função há exatos 11 anos, outra, há exatos 13 anos, e a outra, há exatos 20 anos. Sabe-se, ainda, que:
• Mara não é a cerimonialista e não é a assessora que exerce a função há exatos 11 anos;
• a analista processual ocupa a função há exatos 20 anos;
• Júlia não é a assessora de assuntos internacionais nem é a assessora que ocupa a função há exatos 13 anos;
• Lina ocupa a função há exatos 13 anos.
Gabarito 1C, 2E.

**(Técnico – STF – 2013 – CESPE)** Com base nessa situação hipotética, julgue os itens subsequentes.

**(1)** A assessora de assuntos internacionais ocupa a função há exatos 11 anos.

**(2)** Mara é a assessora que ocupa essa função há mais tempo.

**(3)** Lina é a cerimonialista.

Vamos construir uma tabela, com base nas informações:
1ª) Mara não é a cerimonialista**(1)** e não é a assessora que exerce a função há exatos 11 anos**(2)**:

| | Cerimo--nialista | Assuntos Interna-cionais | Analista Processual | 11 anos | 13 anos | 20 anos |
|---|---|---|---|---|---|---|
| Mara | **(1)Não** | | | **(2)Não** | | |
| Júlia | | | | | | |
| Lina | | | | | | |

3ª) Júlia não é a assessora de assuntos internacionais**(3)** nem é a assessora que ocupa a função há exatos 13 anos**(4)** e 4ª) Lina ocupa a função há exatos 13 anos**(5)**:

| | Cerimo--nialista | Assuntos Interna-cionais | Analista Processual | 11 anos | 13 anos | 20 anos |
|---|---|---|---|---|---|---|
| Mara | Não | | | | Não | |
| Júlia | | **(3)Não** | | | **(4)Não** | |
| Lina | | | | | **(5)Sim** | |

Como Lina obrigatoriamente ocupa sua função há 13 anos, concluímos que Mara não pode ocupar a sua função há 13 anos **(6)** e, portanto, ela só pode ocupar sua função há 20 anos**(7)**. Lina não ocupa função nem há 11**(8)** e nem há 13 anos**(9)**.

Portanto, Julia ocupa a função há 11 anos**(10)** e não há 20**(11)**.

| | Cerimo--nialista | Assuntos Interna-cionais | Analista Proces-sual | 11 anos | 13 anos | 20 anos |
|---|---|---|---|---|---|---|
| Mara | Não | | | Não | **(6)** Não | **(7)** Sim |
| Júlia | | Não | | **(10)** Sim | Não | **(11)** Não |
| Lina | | | | **(8)** Não | Sim | **(9)** Não |

2ª) A analista processual ocupa a função há exatos 20 anos e, portanto, esta função é ocupada por Mara **(12)**. Podemos assinalar que Mara não se encarrega de assuntos internacionais **(13)**, mas Lina, por outro lado, sim**(14)**. Podemos também descartar as opções de que a analista processual seja Júlia **(15)** ou a Lina **(16)**.
Conclui-se ainda, que Júlia é a cerimonialista **(17)** e, portanto,Lina não pode ser **(18)**.

| | Cerimo--nialista | Assuntos Internacio-nais | Analista Processual | 11 anos | 13 anos | 20 anos |
|---|---|---|---|---|---|---|
| Mara | Não | **(13)Não** | **(12)Sim** | Não | Não | Sim |
| Júlia | **(17)Sim** | Não | **(15)Não** | Sim | Não | Não |
| Lina | **(18)Não** | **(14)Sim** | **(16)Não** | Não | Sim | Não |

Julgando os itens.
**1.** Errado, pois a assessora de assuntos internacionais ocupa a função há exatos 20 anos.
**2.** Correto, pois a Mara é a assessora que ocupa essa função há mais tempo (20 anos).
**3.** Errado, pois a Lina cuida de assuntos internacionais.
Gabarito 1E, 2C, 3E.

**(Escrivão de Polícia Federal – 2013 – CESPE)** Suspeita-se de que um chefe de organização criminosa tenha assumido as despesas de determinado candidato em curso de preparação para concurso para provimento de vagas do órgão X.
P1: Existe a convicção por parte dos servidores do órgão X de que, se um chefe de organização criminosa pagou para determinado candidato curso de preparação para concurso, ou o chefe é amigo de infância do candidato ou então esse candidato foi recrutado pela organização criminosa para ser aprovado no concurso;
P2: Há, ainda, entre os servidores do órgão X, a certeza de que, se o candidato foi recrutado pela organização criminosa para ser aprovado no concurso, então essa organização deseja obter informações sigilosas ou influenciar as decisões do órgão X.

Diante dessa situação, o candidato, inquirido a respeito, disse o seguinte:

P3: Ele é meu amigo de infância, e eu não sabia que ele é chefe de organização criminosa;

P4: Pedi a ele que pagasse meu curso de preparação, mas ele não pagou.

Considerando essa situação hipotética, julgue os itens subsecutivos.

**(1)** Com fundamento nas proposições P1, P2, P3 e P4, confirma-se a suspeita de que o chefe de organização criminosa tenha custeado para o candidato curso de preparação para o concurso.

**(2)** A negação da proposição P4 é equivalente a "Não pedi a ele que pagasse meu curso, mas ele pagou".

**(3)** Com base nas proposições P1, P2, P3 e P4, é correto concluir que "A organização deseja obter informações sigilosas ou influenciar as decisões do órgão X".

---

Inicialmente faremos uma análise das proposições P1, P2, P3 e P4.

A premissa P1 é uma proposição composta do tipo se P, então (Q ou R), onde
- P: um chefe de organização criminosa pagou para determinado candidato curso de preparação para concurso;
- Q: o chefe é amigo de infância do candidato;
- R: esse candidato foi recrutado pela organização criminosa para ser aprovado no concurso

A premissa P2 é uma proposição composta do tipo (se S então (T ou U), onde
- S: o candidato foi recrutado pela organização criminosa para ser aprovado no concurso
- T: essa organização deseja obter informações sigilosas
- U: influenciar as decisões do órgão X.

A premissa P3 é uma proposição composta do tipo (V e X), onde:
- V: Ele é meu amigo de infância
- X: eu não sabia que ele é chefe de organização criminosa

A premissa P4 é uma proposição composta do tipo (Y e Z), onde:
- Y: Pedi a ele que pagasse meu curso de preparação
- Z: ele não pagou

As tabelas verdade citadas na resolução dos itens são:

CONDICIONAL:

| P | Q | se P então Q |
|---|---|---|
| V | V | V |
| V | F | F |
| F | V | V |
| F | F | V |

(Se P então Q) só é valorada como "F" quando P for valorada como "V" e Q for valorada como "F". Nos demais casos, o resultado é sempre "V".

CONJUNÇÃO:

| P | Q | P e Q |
|---|---|---|
| V | V | V |
| V | F | F |
| F | V | F |
| F | F | F |

(P e Q) só é valorada como "V" quando P for valorada como "V" e Q for valorada como "V". Nos demais casos, o resultado é sempre "F".

**1.** Errado, conforme abaixo:

Observaremos se a conclusão é consequência das premissas, supondo que essas premissas sejam simultaneamente verdadeiras, independente dos respectivos conteúdos.

---

Desta forma, para que se confirme a suspeita de que o chefe de uma organização criminosa tenha custeado para o candidato curso de preparação para o concurso, seria necessário que, na premissa P1, a proposição P fosse valorada como "V".

No entanto, não se pode afirmar que a proposição P é "V" uma vez que, para que a premissa P1 seja valorada como "V", tanto faz necessário que a proposição P for "V" ou "F" (veja a tabela verdade do se P então Q ).

Além disso, para que premissa P4 seja valorada como "V", tanto Y quanto Z devem ser valoradas como "V" (veja a tabela verdade de conjunção) e a proposição Z afirma o seguinte: "ele não pagou"

**2.** Errado, pois já sabemos que, a premissa P4 é do tipo (Y e Z) e que a negação de (Y e Z) é equivalente a (não Y) ou (não Z) e que a proposição P4 é equivalente a não pedi a ele que pagasse meu curso de preparação ou ele pagou.

**3.** Errado, pois assim como no item (1) devemos observar se a conclusão é consequência das premissas, supondo que essas premissas sejam simultaneamente verdadeiras, independente dos respectivos conteúdos.

Então, para concluir-se que "A organização deseja obter informações sigilosas ou influenciar as decisões do órgão X" é necessário que, na premissa P2, a proposição composta (T ou U) seja valorada como "V".

Para isso, na mesma premissa P2, a proposição S tem que ser valorada como "V" (o que obrigaria que a proposição (T ou U) também fosse valorada como "V"). No entanto, não se pode concluir na premissa P1 que "o candidato foi recrutado pela organização criminosa para ser aprovado no concurso". Logo, na premissa P2, a proposição S pode ser tanto "V" quanto "F".

Nota: Este item (3) foi anulado.

Gabarito 1E, 2E, 3 Anulada

**(Escrivão de Polícia/DF – 2013 – CESPE)** Em uma pescaria, os pescadores Alberto, Bruno e Carlos colocavam os peixes que pescavam em um mesmo recipiente. Ao final da pescaria, o recipiente continha 16 piaus e 32 piaparas. Na divisão dos peixes, cada um deles afirmou que teria pescado mais peixes que os outros dois.

Julgue os itens a seguir, a respeito dessa situação.

**(1)** Considere que, a um amigo comum, cada um dos pescadores afirmou ter pescado mais peixes que os outros dois e que, além disso, eles fizeram as seguintes afirmações: Alberto: — Bruno ou Carlos está mentindo. Bruno: — Carlos está mentindo. Carlos: — Alberto está mentindo. Nessa situação, é correto afirmar que apenas Carlos está mentindo.

**(2)** Na situação dada, se 2 peixes fossem retirados do recipiente, aleatoriamente, a probabilidade de que pelo menos um fosse um piau seria maior que $\frac{1}{2}$.

**(3)** Considere que, a um amigo comum, além de afirmar que pescou mais peixes que os outros dois, cada um dos pescadores afirmou que os outros dois estariam mentindo. Nessa situação, é correto afirmar que dois deles estão mentindo.

**(4)** Na situação dada, se, mediante um acordo, cada pescador ficasse com a mesma quantidade de peixes — 16 peixes — e, do total de peixes de Alberto, 3 fossem piaus, então a quantidade de maneiras de se dividir os peixes entre Bruno e Carlos, de modo que cada maneira resultasse em uma quantidade diferente de piaparas para Carlos, seria menor que 15.

**(5)** Considere que a discussão tenha sido assistida por 9 amigos de Alberto; 8 amigos de Bruno; e 8 amigos de Carlos; dos quais 3 eram amigos apenas de Alberto; 1 era amigo apenas de Bruno; 2 eram amigos apenas de Carlos; 2 eram amigos apenas de Alberto e Carlos. Nessa situação, é correto afirmar que, entre os que assistiram à discussão, a quantidade de amigos de Bruno e Carlos era superior à quantidade de amigos de Alberto ou Bruno.

---

Analisando as afirmativas:
**1.** Incorreto, pois:
Alberto disse: Bruno ou Carlos está mentindo.
Bruno disse: Carlos está mentindo.
Carlos disse: Alberto está mentindo.
Se Bruno está mentindo, então Carlos está dizendo a verdade e, por-

tanto, Alberto também. Analogamente, é incorreto afirmar que apenas Carlos está mentindo, pois é impossível que duas pessoas diferentes dentre os três tenham pescado mais que os outros dois:

| Hipótese | Alberto | Bruno | Carlos | Total |
|---|---|---|---|---|
| 01 | 22 | 14 | 12 | 48 |
| 02 | 15 | 24 | 9 | 48 |
| 03 | 11 | 10 | 27 | 48 |
| 04 | 15 | 15 | 18 | 48 |

Percebam que podemos tentar várias outras hipóteses. Porém, em todas elas somente um indivíduo poderá ter pescado mais que os outros dois. Sendo assim, apenas um fala a verdade e os outros mentem.
**2.** Correto, pois a probabilidade: Evento /Espaço amostral é maior do 1/2. Espaço amostral: Todas as possibilidades de escolher aleatoriamente dois peixes dois a dois em meio aos 48. Ou seja, a combinação 48 peixes dois a dois.
$C^{n,p} = [n!]/[(n-p)!(p!)] = C^{48,2} = [48!]/[(48-2)!(2)!] = [(48\times47\times46!]/[46!x2!] = 48\times47/2 = 1.128$.
Logo, o tamanho do nosso espaço amostral é 1.128. Para sabermos o evento onde temos, pelo menos, um Piau, retiramos do espaço amostral todas as possibilidades em que estão presentes apenas os Piaparas, ou seja, combinação de 32 peixes 2 a dois: $C^{32,2} = (32!)/(30!.2!) = 496$. Assim, o evento desejado será o espaço amostral 1.128 subtraído do evento 496. O resultado é 632. E este é o evento no qual pelo menos 1 Piau encontra-se presente.
Assim: Espaço amostral: 1.128. Evento desejado: 632 e Probabilidade : 632/1128 = 0,56 > ½.
**3.** Correto, pois nunca teremos mais de um pescador pescando mais que os outros dois. Como todos afirmaram isto , temos que, dos três pescadores, dois estão mentindo.
**4.** Correto, pois:
– A quantidade de cada peixe de Alberto já está definida:

|  | Piaus | Piaparas | Total |
|---|---|---|---|
| Alberto | 3 | 13 | 16 |

- Verificando de quantas maneiras podemos distribuir os 13 Piaus e 19 Piaparas que sobraram entre Bruno e Carlos, de modo que a quantidade de Piapara seja sempre menor do que 15.

| Hipótese | Bruno Piaus | Bruno Piaparas | Bruno Total | Carlos Piaus | Carlos Piaparas | Carlos Total |
|---|---|---|---|---|---|---|
| 01 | 13 | 3 | 16 | 0 | 16 | 16 |
| 02 | 12 | 4 | 16 | 1 | 15 | 16 |
| 03 | 11 | 5 | 16 | 2 | 14 | 16 |
| 04 | 10 | 6 | 16 | 3 | 13 | 16 |
| 05 | ]9 | 7 | 16 | 4 | 12 | 16 |
| 06 | 8 | 8 | 16 | 5 | 11 | 16 |
| 07 | 7 | 9 | 16 | 6 | 10 | 16 |
| 08 | 6 | 10 | 16 | 7 | 9 | 16 |
| 09 | 5 | 11 | 16 | 8 | 8 | 16 |
| 10 | 4 | 12 | 16 | 9 | 7 | 16 |
| 11 | 4 | 13 | 16 | 10 | 6 | 16 |
| 12 | 2 | 14 | 16 | 11 | 5 | 16 |
| 13 | 1 | 15 | 16 | 12 | 4 | 16 |
| 14 | 0 | 16 | 16 | 13 | 3 | 16 |

Portanto, respeitando as condições imposta pelo problema, teremos 14 formas diferentes de distribuir os peixes. Como a quantidade é menor que 15 o item está correto.

**5.** Errado, pois nessa situação, não é correto afirmar que, entre os que assistiram à discussão, a quantidade de amigos de Bruno e Carlos era superior à quantidade de amigos de Alberto ou Bruno. Utilizando os conhecimentos de conjuntos numéricos no Diagrama de Venn conforme distribuímos abaixo, temos:

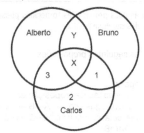

A quantidade X vale X = 8-(3+2+1) = 2. Não há informações suficientes para o cálculo de Y e, deste modo, não é possível definir a quantidade de amigos de Alberto e Bruno. Também não é possível afirmar que a quantidade de amigos de Bruno e Carlos é superior à quantidade de amigos de Alberto ou Bruno, conforme enunciado no item.
A: Amigo de Carlos e apenas de Alberto.
B: Amigo Carlos e apenas de Bruno.
C: Amigo somente de Carlos

**(Agente Administrativo – Ministério do Esporte – 2008 – CESPE)**
Uma proposição é uma declaração que pode ser afirmativa ou negativa. Uma proposição pode ser julgada verdadeira ou falsa. Quando ela é verdadeira, atribui-se o valor lógico V e, quando é falsa, atribui-se o valor lógico F. Uma proposição simples é uma proposição única, como, por exemplo, "Paulo é engenheiro". As proposições simples são representadas por letras maiúsculas A, B, C etc. Ligando duas ou mais proposições simples entre si por conectivos operacionais, podem-se formar proposições compostas. Entre os conectivos operacionais, podem-se citar: "e", representado por ∧; "ou", representado por ∨; "se, ..., então", representado por →; e "não", representado por ¬. A partir dos valores lógicos de duas (ou mais) proposições simples A e B, pode-se construir a tabela-verdade de proposições compostas. Duas proposições são equivalentes quando possuem a mesma tabela-verdade. A seguir, são apresentadas as tabelas-verdade de algumas proposições.

| A | B | A∧B | A∨B | A→B | ¬A |
|---|---|---|---|---|---|
| V | V | V | V | V | F |
| V | F | F | V | F | F |
| F | V | F | V | V | V |
| F | F | F | F | V | V |

Com base nessas informações, julgue os itens a seguir.

**(1)** Considere as seguintes proposições.
A: Maria não é mineira.
B: Paulo é engenheiro.

Nesse caso, a proposição "Maria não é mineira ou Paulo é engenheiro", que é representada por A∨B, é equivalente à proposição "Se Maria é mineira, então Paulo é engenheiro", simbolicamente representada por (¬A)→B.

Temos a tabela-verdade

| A | B | A∨B | A → B | (¬A) → B |
|---|---|-----|-------|----------|
| V | V | V | V | V |
| V | F | V | F | V |
| F | F | F | V | F |
| F | V | V | V | V |

Portanto, como as duas proposições fornecidas possuem a mesma tabela-verdade, elas são equivalentes.

Gabarito 1C

**(2)** Considere as seguintes proposições.

A: Está frio.
B: Eu levo agasalho.
Nesse caso, a negação da proposição composta "Se está frio, então eu levo agasalho" — A→B — pode ser corretamente dada pela proposição "Está frio e eu não levo agasalho" — A∧(¬B).

Construindo a tabela-verdade

| A | B | A → B | ¬(A → B) | A ∧ (¬B) |
|---|---|-------|----------|----------|
| V | V | V | F | F |
| V | F | F | V | V |
| F | F | V | F | F |
| F | V | V | F | F |

Da tabela observamos que a negação da primeira proposição é equivalente à segunda.

Gabarito 2C

**(3)** O número de linhas da tabela-verdade de uma proposição composta (A∧B)∨C é igual a 6.

Como temos três proposições (A,B,C), o número de linhas é $2^3 = 8$.

Gabarito 3E

**(4)** Uma proposição composta é uma tautologia quando todos os seus valores lógicos são V, independentemente dos valores lógicos das proposições simples que a compõem. Então, a proposição [A∧(A→B)]→B é uma tautologia.

Correto. Construindo a tabela-verdade, lembrando que X → Y é sempre verdadeiro salvo se X é falso e Y verdadeiro, temos que

| A | B | A → B | A ∧ (A → B) | [ A ∧ (A → B) ] → B |
|---|---|-------|-------------|---------------------|
| V | V | V | V | V |
| V | F | F | F | V |
| F | F | V | F | V |
| F | V | V | F | V |

Portanto, a proposição dada é uma tautologia.

Gabarito 4C

Uma proposição é uma frase a respeito da qual é possível afirmar se é verdadeira (V) ou se é falsa (F). Por exemplo: "A Terra é plana"; "Fumar faz mal à saúde". As letras maiúsculas A, B, C etc. serão usadas para identificar as proposições, por exemplo:

A: A Terra é plana;
B: Fumar faz mal à saúde.

As proposições podem ser combinadas de modo a representar outras proposições, denominadas proposições compostas. Para essas combinações, usam-se os denominados

conectivos lógicos: ∧ significando "e" ∨; significando "ou"→; significando "se ... então"; ↔ significando "se e somente se"; e ¬ significando "não". Por exemplo, com as notações do parágrafo anterior, a proposição "A Terra é plana e fumar faz mal à saúde" pode ser representada, simbolicamente, por A∧B. "A Terra é plana ou fumar faz mal à saúde" pode ser representada, simbolicamente, por A∨B. "Se a Terra é plana, então fumar faz mal à saúde" pode ser representada, simbolicamente, por A→B. "A Terra não é plana" pode ser representada, simbolicamente, por ¬A. Os parênteses são usados para marcar a pertinência dos conectivos, por exemplo: (A∧B) → ¬A, significando que "Se a Terra é plana e fumar faz mal à saúde, então a Terra não é plana".

Na lógica, se duas proposições são tais que uma é a negação de outra, então uma delas é F. Dadas duas proposições em que uma contradiz a outra, então uma delas é V. Para determinar a valoração (V ou F) de uma proposição composta, conhecidas as valorações das proposições simples que as compõem, usam-se as tabelas abaixo, denominadas tabelas-verdade.

| A | ¬A | A | B | A∧B | A | B | A∨B | A | B | A→B |
|---|----|---|---|-----|---|---|-----|---|---|-----|
| V | F | V | V | V | V | V | V | V | V | V |
| F | V | V | F | F | V | F | V | V | F | F |
|   |   | F | V | F | F | V | V | V | F | F |
|   |   | F | F | F | F | F | F | F | V | V |

Uma proposição composta que é valorada sempre como V, independentemente das valorações V ou F das proposições simples que a compõem, é denominada tautologia. Por exemplo, a proposição A∨ (¬A) é uma tautologia.

**(Agente Administrativo – Ministério da Previdência – 2010 – CESPE)** Julgue os itens que se seguem, acerca de tautologia, proposições e operações com conjuntos.

**(1)** Considerando as proposições P e Q e os símbolos lógicos: ¬(negação); ∨ (ou); ∧ (e); → (se,... então), é correto afirmar que a proposição (¬P) ∧ Q → (¬P)∨Q é uma tautologia.

Podemos construir a tabela-verdade das proposições desejadas lembrando que X → Y só é falso quando X for verdadeiro e Y falso

| P | Q | (¬P)∧Q | (¬P)∨Q | (¬P)∧Q → (¬P)∨Q |
|---|---|--------|--------|-----------------|
| V | V | F | V | V |
| V | F | F | F | V |
| F | F | F | V | V |
| F | V | V | V | V |

Portanto, como a última coluna é sempre verdadeira, a expressão é uma tautologia.

Gabarito 1C

**(2)** Se A for um conjunto não vazio e se o número de elementos do conjunto A∪B for igual ao número de elementos do conjunto A∩B, então o conjunto B terá pelo menos um elemento.

Se A é um conjunto não vazio, então o conjunto A∪B é não vazio também. Portanto, como sabemos que o número de elementos de A∪B é o mesmo de A∩B, então A∩B é não vazio, o que implica que B é não vazio.

Gabarito 2C

**(3)** A negação da proposição "Pedro não sofreu acidente de trabalho ou Pedro está aposentado" é "Pedro sofreu acidente de trabalho ou Pedro não está aposentado".

Seja P a proposição "Pedro sofreu acidente de trabalho" e Q a proposição "Pedro está aposentado". Dessa forma, "Pedro não sofreu acidente de trabalho ou Pedro está aposentado" pode ser descrita por (¬P)∨Q, com sua negação sendo ¬( (¬P)∨Q ). A proposição "Pedro sofreu acidente de trabalho ou Pedro não está aposentado" é dada por P∨(¬Q). Construindo a tabela-verdade, vemos

| P | Q | (¬P)∨Q | ¬( (¬P)∨Q ) | P∨(¬Q) |
|---|---|--------|-------------|--------|
| V | V | V | F | V |
| V | F | F | V | V |
| F | F | V | F | V |
| F | V | V | F | F |

E portanto a negação da proposição desejada e a proposição fornecida não são equivalentes. A negação correta seria "Pedro sofreu acidente de trabalho **e** Pedro não está aposentado"

Gabarito 3E

**(Agente Administrativo – Ministério da Saúde – 2008 – CESPE)** Tendo como referência as informações apresentadas no texto, julgue os seguintes itens.

(1) Considere que a proposição "O Ministério da Saúde cuida das políticas públicas de saúde do Brasil e a educação fica a cargo do Ministério da Educação" seja escrita simbolicamente na forma P∧Q. Nesse caso, a negação da referida proposição é simbolizada corretamente na forma ¬P∧¬Q, ou seja: "O Ministério da Saúde não cuida das políticas públicas de saúde do Brasil nem a educação fica a cargo do Ministério da Educação".

Podemos construir a tabela-verdade abaixo, de onde observamos que ¬(P∧Q), a negação da proposição desejada, não é equivalente a ¬P∧¬Q.

| P | Q | P∧Q | ¬(P∧Q) | ¬P∧¬Q |
|---|---|-----|--------|-------|
| V | V | V | F | F |
| V | F | F | V | F |
| F | F | F | V | V |
| F | V | F | V | F |

Gabarito 1E

(2) Se A e B são proposições, completando a tabela abaixo, se necessário, conclui-se que a proposição ¬(A∨B) → ¬A∧¬B é uma tautologia.

Construímos a tabela abaixo, de onde observamos que a proposição a ser analisada é sempre verdadeira, portanto, uma tautologia.

| A | B | A∨B | ¬A | ¬B | ¬(A∨B) | ¬A∧¬B | ¬(A∨B) → ¬A∧¬B |
|---|---|-----|----|----|--------|-------|----------------|
| V | V | V | F | F | F | F | V |
| V | F | V | F | V | F | F | V |
| F | F | F | V | V | V | V | V |
| F | V | V | V | F | F | F | V |

Gabarito 2C

(3) Se A e B são proposições simples, então, completando a coluna em branco na tabela abaixo, se necessário, conclui-se que a última coluna da direita corresponde à tabela-verdade da proposição composta A → (B→A).

| A | B | B→A | A → (B→A) |
|---|---|-----|-----------|
| V | V | | V |
| V | F | | V |
| F | F | | V |
| F | V | | F |

Errado. Lembrando que X → Y só é falso quando X for verdadeiro e Y falso, temos que

| A | B | B→A | A → (B→A) |
|---|---|-----|-----------|
| V | V | V | |
| V | F | V | |
| F | F | V | |
| F | V | F | |

Dessa forma, podemos completar a última coluna por

| A | B | B→A | A → (B→A) |
|---|---|-----|-----------|
| V | V | V | V |
| V | F | V | V |
| F | F | V | V |
| F | V | F | V |

O que difere da última coluna fornecida.

Gabarito 3E

**(Agente Administrativo – Ministério da Saúde – 2008 – CESPE)** Raul, Sidnei, Célio, João e Adélio, agentes administrativos do MS, nascidos em diferentes unidades da Federação: São Paulo, Paraná, Bahia, Ceará e Acre, participaram, no último final de semana, de uma reunião em Brasília – DF, para discutir projetos do MS. Raul, Célio e o paulista não conhecem nada de contabilidade; o paranaense foi almoçar com Adélio; Raul, Célio e João fizeram duras críticas às opiniões do baiano; o cearense, Célio, João e Sidnei comeram um lauto churrasco no jantar, e o paranaense preferiu fazer apenas um lanche.

Com base na situação hipotética apresentada acima, julgue o item a seguir. Se necessário, utilize a tabela à disposição no espaço para rascunho.

(1) A proposição "Se Célio nasceu no Acre, então Adélio não nasceu no Ceará", que pode ser simbolizada na forma A → (¬B), em que A é a proposição "Célio nasceu no Acre" e B, "Adélio nasceu no Ceará", é valorada como V.

Errado. De "o cearense, Célio, João e Sidnei comeram um lauto churrasco no jantar, e o paranaense preferiu fazer apenas um lanche" temos que Célio, João e Sidnei não são cearenses nem paranaenses, portanto:

| | Raul | Sidnei | Célio | João | Adélio |
|---|---|---|---|---|---|
| S. Paulo | | | | | |
| Paraná | | X | X | X | |
| Bahia | | | | | |
| Ceará | | X | X | X | |
| Acre | | | | | |

De "o paranaense foi almoçar com Adélio" sabemos que Adélio não é paranaense, e assim:

| | Raul | Sidnei | Célio | João | Adélio |
|---|---|---|---|---|---|
| S. Paulo | X | | | | X |
| Paraná | 0 | X | X | X | X |
| Bahia | X | | | | X |
| Ceará | X | X | X | X | 0 |
| Acre | X | | | | X |

A partir de " Raul, Célio e João fizeram duras críticas às opiniões do baiano", temos que:

| | Raul | Sidnei | Célio | João | Adélio |
|---|---|---|---|---|---|
| S. Paulo | X | X | | | X |
| Paraná | O | X | X | X | X |
| Bahia | X | O | X | X | X |
| Ceará | X | X | X | X | O |
| Acre | X | X | | | X |

E finalmente de "Célio e o paulista não conhecem nada de contabilidade" temos;

| | Raul | Sidnei | Célio | João | Adélio |
|---|---|---|---|---|---|
| S. Paulo | X | X | X | O | X |
| Paraná | O | X | X | X | X |
| Bahia | X | O | X | X | X |
| Ceará | X | X | X | X | O |
| Acre | X | X | O | X | X |

Portanto Célio nasceu no Acre e Adélio nasceu no Ceará, de forma que A → (¬B) é falsa.

Gabarito 1E

**(Analista – PREVIC – 2011 – CESPE)** Considere que P, Q e R sejam proposições simples que possam ser julgadas como verdadeiras (V) ou falsas (F). Com relação às operações lógicas de negação (~), conjunção (∧), disjunção (∨) e implicação (→), julgue os itens subsecutivos.

**(1)** A proposição (P ∨ Q) → (Q ∧ P) é uma tautologia.

1) Lembrando que X → Y só é falso se X for verdadeiro e Y falso, temos a seguinte tabela-verdade.

| P | Q | P ∨ Q | Q ∧ P | (P ∨ Q) → (Q ∧ P) |
|---|---|---|---|---|
| V | V | V | V | V |
| V | F | V | F | F |
| F | F | F | F | V |
| F | V | V | F | F |

Como a última coluna não é totalmente verdadeira, a proposição não é uma tautologia.

Gabarito 1E

**(2)** O número de linhas da tabela-verdade da proposição (P ∧ Q → R) é inferior a 6.

2) O número de linhas dessa tabela-verdade, dado que ela possui 3 proposições simples, será de $2^3$ = 8 linhas.

Gabarito 2E

**(3)** Se a proposição P for falsa, então a proposição P → (Q ∨ R) será uma proposição verdadeira.

3) Se P é falso, então independentemente de Q e R, P → (Q ∨ R) é sempre verdadeira.

Gabarito 3C

## 4. IMPLICAÇÕES LÓGICAS

**(Agente de Polícia Federal – 2009 – CESPE)** Uma proposição é uma declaração que pode ser julgada como verdadeira — V —, ou falsa — F —, mas não como V e F simultaneamente. As proposições são, frequentemente, simbolizadas por letras maiúsculas: A, B, C, D etc.

As proposições compostas são expressões construídas a partir de outras proposições, usando-se símbolos lógicos, como nos casos a seguir.

A → B, lida como "se A, então B", tem valor lógico F quando A for V e B for F; nos demais casos, será V;

A ∨ B , lida como "A ou B", tem valor lógico F quando A e B forem F; nos demais casos, será V;

A ∧ B , lida como "A e B", tem valor lógico V quando A e B forem V; nos demais casos, será F;

¬A é a negação de A: tem valor lógico F quando A for V, e V, quando A for F.

Uma sequência de proposições A1, A2, ..., Ak, é uma dedução correta se a última proposição, Ak, denominada conclusão, é uma consequência das anteriores, consideradas V e denominadas premissas.

Duas proposições são equivalentes quando têm os mesmos valores lógicos para todos os possíveis valores lógicos das proposições que as compõem.

A regra da contradição estabelece que, se, ao supor verdadeira uma proposição P, for obtido que a proposição

Pv (¬P) é verdadeira, então P não pode ser verdadeira; P tem de ser falsa.

A partir dessas informações, julgue os itens os itens subsequentes.

**(1)** Considere as proposições A, B e C a seguir.

A: Se Jane é policial federal ou procuradora de justiça, então Jane foi aprovada em concurso público.

B: Jane foi aprovada em concurso público.

C: Jane é policial federal ou procuradora de justiça.

Nesse caso, se A e B forem V, então C também será V.

Por #A sabemos que Jane é policial federal ou procuradora de justiça e que foi aprovada em concurso público.
Porém se A e B forem V não implica C pois, por B, ela foi aprovada em concurso público mas pode ter sido para outro cargo. = > Item Errado.

Gabarito 1E

**(2)** As proposições "Se o delegado não prender o chefe da quadrilha, então a operação agarra não será bem--sucedida" e "Se o delegado prender o chefe da quadrilha, então a operação agarra será bem-sucedida" são equivalentes.

Para que as proposições sejam equivalentes devem ter os mesmos valores lógicos para todos os possíveis valores lógicos das proposições que as compõem, isto é, suas tabelas-verdade devem possuir valores iguais. No caso temos

| ¬A ¬B | ¬A → ¬B | A B | A→B | |
|---|---|---|---|---|
| V V | V | V V | V | **A:** prender o chefe da quadrilha |
| V F | V    e | V F | F | **B:** operação bem-sucedida |
| F V | F | F V | V | |
| F F | V | F F | V | |

Conclusão: as proposições não são equivalentes. = > Item Errado.

Gabarito 2E

**(3)** Considere que um delegado, quando foi interrogar Carlos e José, já sabia que, na quadrilha à qual estes pertenciam, os comparsas ou falavam sempre a verdade ou sempre mentiam. Considere, ainda, que, no interrogatório, Carlos disse: José só fala a verdade, e José disse: Carlos e eu somos de tipos opostos. Nesse caso, com base nessas declarações e na regra da contradição, seria correto o delegado concluir que Carlos e José mentiram.

i) Carlos disse que José V:
Se Carlos V então José V.
Se Carlos F então José F.

ii) Se o que José disse é V então Carlos F → não pode ser pois ambos são de mesmo tipo.
Se o que José disse é F então Carlos V → não pode ser pois ambos

são de mesmo tipo.
Conclusão: ambos mentiram. = > Item correto.

Outra solução

José disse: Carlos e eu somos de tipos opostos: mentira porque são do mesmo tipo conforme o enunciado.
Logo José é F e também Carlos é F.
Daí, os dois mentiram. = > Item correto.

Gabarito 3C

**(4)** Se A for a proposição "Todos os policiais são honestos", então a proposição ¬A estará enunciada corretamente por "Nenhum policial é honesto".

A negação de Todos não é Nenhum e sim Nem Todos, isto é , existe algum policial que não é honesto. Item errado.

Gabarito 4E

**(5)** A sequência de proposições a seguir constitui uma dedução correta.
Se Carlos não estudou, então ele fracassou na prova de Física.
Se Carlos jogou futebol, então ele não estudou.
Carlos não fracassou na prova de Física.
Carlos não jogou futebol.

p: estudar
q: passar na prova de Física

r: jogar futebol

Proposições:
¬p → ¬q Verdadeira
r → ¬p V
q → ¬r V pois p → q e p → ¬r. = > Item correto.

Gabarito 5C

**(Escrivão de Polícia/AC – 2008 – CESPE)** Uma proposição simples é representada, frequentemente, por letras maiúsculas do alfabeto. Se A e B são proposições simples, então a expressão AVB representa uma proposição composta, lida como "A ou B", e que tem valor lógico F quando A e B são ambos F e, nos demais casos, é V. A expressão ¬A representa uma proposição composta, lida como "não A", e tem valor lógico V quando A é F, e tem valor lógico F quando A é V. Com base nessas informações e no texto, julgue o item seguinte.

**(1)** Considere que a proposição composta "Alice não mora aqui ou o pecado mora ao lado" e a proposição simples "Alice mora aqui" sejam ambas verdadeiras. Nesse caso, a proposição simples "O pecado mora ao lado" é verdadeira.

**A:** Alice mora aqui
**B:** o pecado mora ao lado
Façamos a Tabela-verdade
A ¬AouB = > ¬A B
V    V        V V = > O item está correto.

Gabarito 1C

# 3. MATEMÁTICA BÁSICA, FINANCEIRA E ESTATÍSTICA

Elson Garcia, Enildo Garcia, André Braga Nader Justo e André Fioravanti*

## 1. MATEMÁTICA BÁSICA

**(Auditor Fiscal – SEFAZ/RS – 2019 – CESPE/CEBRASPE)** Os quadrados A, B e C foram colocados lado a lado, de modo que uma reta contém os três vértices superiores, como mostra a figura a seguir.:

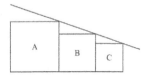

Se a área do quadrado A for 24 cm², e a área do quadrado C for 6 cm², então a área do quadrado B será igual a

(A) 9 cm².
(B) 10 cm².
(C) 12 cm².
(D) 15 cm².
(E) 18 cm².

**1ª solução**
Áreas de figuras semelhantes (A ~B~V~c~C) são proporcionais ao quadrado de uma constante k:

$$\frac{\text{área de } A}{\text{área de } B} = \frac{\text{área de } B}{\text{área de } C} = k^2$$

$$\frac{24}{\text{área de } B} = \frac{\text{área de } B}{6}$$

(área de B)² = 144
área de B = 12 cm².

**2ª solução**
Os triângulos t1, t2 e t3, acima dos quadrados são semelhantes:

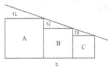

$$\frac{\text{altura } t2}{\text{base } t2} = \frac{\text{altura } t3}{\text{base } t3}$$

$$\frac{\sqrt{24} - b}{b} = \frac{b - \sqrt{6}}{\sqrt{6}}$$

$\sqrt{144} - b\sqrt{6} = b^2 - b\sqrt{6}$
$b^2 = \sqrt{144}$

Área de B:
b² = 12 cm².

Gabarito "C".

**(Auditor Fiscal – SEFAZ/RS – 2019 – CESPE/CEBRASPE)** Para construir uma rampa de acesso a uma garagem, foi feito um projeto conforme a figura a seguir.

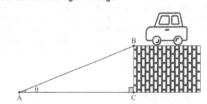

No projeto, a rampa é a hipotenusa AB do triângulo retângulo ABC. A altura da rampa, representada pelo cateto BC, deverá medir 2 m. A distância AC, representada pelo outro cateto do triângulo, deverá ser tal que a inclinação da rampa, dada pelo ângulo θ no vértice A, não seja superior a 30°.

Nessa situação, sabendo-se que $tg 30° = \frac{\sqrt{3}}{3}$, o comprimento do cateto AC, em metros, deverá ser tal que

(A) $AC < \frac{\sqrt{3}}{4}$

(B) $\frac{\sqrt{3}}{4} \le AC < \frac{\sqrt{3}}{2}$.

(C) $\frac{\sqrt{3}}{2} \le AC < \sqrt{3}$.

(D) $\sqrt{3} \le AC < 2\sqrt{3}$.

(E) $AC \ge 2\sqrt{3}$.

**Resolução**

Tem-se

$tg \Theta = \frac{BC}{AC}$ com $\Theta \le 30°$.

Uma vez que a tangente é crescente no primeiro quadrante segue que

$tg \Theta \le tg 30°$

$\frac{BC}{AC} \le \frac{\sqrt{3}}{3}$

$\frac{2}{AC} \le \frac{\sqrt{3}}{3}$

ou

$\frac{AC}{2} \ge \frac{3}{\sqrt{3}}$

---

* As questões dos concursos de ministérios, agências reguladoras e autarquias federais, bem como dos concursos bancários e da Petrobras foram comentadas pelo autor **André Fioravanti**. As questões dos concursos fiscais e policiais, pelos autores **Enildo Garcia** e **Elson Garcia**. E as demais, pelos autores **Enildo Garcia** e **André Justo**.

$AC \geq \dfrac{6}{\sqrt{3}}$

$AC \geq \dfrac{6\sqrt{3}}{3}$

$AC \geq 2\sqrt{3}$

**(Auditor Fiscal – SEFAZ/RS – 2019 – CESPE/CEBRASPE)** Um banco empresta $V$ reais a uma empresa, que são entregues no ato e sem prazo de carência. O empréstimo deverá ser quitado em $n$ prestações mensais e consecutivas, pelo sistema de amortização constante. A taxa mensal de juros é de $I\% = I/100 = i$. Se, no mês $k$, em que $k = 1, 2, \textrm{p}, n$, $P_k$ for o valor da prestação, $A_k$ for o valor da amortização, e $J_k$ for o valor dos juros pagos, em reais, então $P_k = A_k + J_k$, isto é,

$$P_k = \dfrac{V}{n} + \dfrac{V \times i}{n}(n - k + 1), \quad 1 \leq k \leq n.$$

Nesse caso, assinale a opção que mostra o comportamento das amortizações $A_k$, dos juros $J_k$ e das prestações $P_k$ em cada mês $k$.

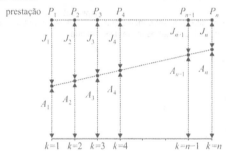
(A)

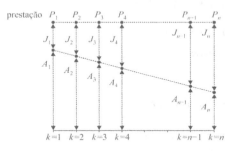
(B)

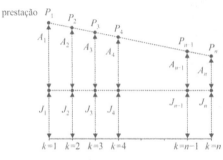
(C)

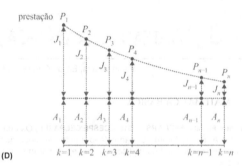
(D)

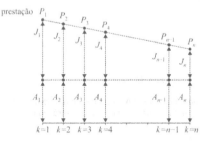
(E)

---

**1ª solução**
As amortizações são constantes e os juros são decrescentes, o que ocasiona prestações também decrescentes formando uma progressão aritmética.
O decaimento é linear para as prestações.

**2ª solução**

Uma vez que as amortizações são constantes, as opções de resposta A, B e C estão incorretas.
Como as prestações e os juros são lineares, a opção D também está errada.

**(Auditor Fiscal – SEFAZ/RS – 2019 – CESPE/CEBRASPE)** A soma das soluções reais da equação $\dfrac{2x^2 - 20x}{x^2 - 6x} = 2x$, em que $x \neq 0$, é igual a

(A) - 7.
(B) 2.
(C) 5.
(D) 7.
(E) 10.

**1ª solução**
Tem-se, simplificando o primeiro membro por x,

$\dfrac{2x - 20}{x - 6} = 2x$

$2x - 20 = 2x^2 - 12x$
$2x^2 - 14x + 20 = 0$
$x^2 - 7x + 10 = 0$ (*)

$x = \dfrac{7 \pm \sqrt{49 - 40}}{2}$

$x = \dfrac{7 \pm 3}{2}$

x1 = 5
x2 = 2

Logo,
x1 + x2 = 7

2ª solução
Na equação (*)
$x^2 - 7x + 10 = 0$
Sabe-se que a soma das raízes é dada por
$$\frac{-b}{a}$$
ou seja,
soma das raízes = $\frac{-(-7)}{1}$ = 7.

Gabarito "D".

Em uma fábrica de doces, 10 empregados igualmente eficientes, operando 3 máquinas igualmente produtivas, produzem, em 8 horas por dia, 200 ovos de Páscoa. A demanda da fábrica aumentou para 425 ovos por dia. Em razão dessa demanda, a fábrica adquiriu mais uma máquina, igual às antigas, e contratou mais 5 empregados, tão eficientes quanto os outros 10.

(Auditor Fiscal – SEFAZ/RS – 2019 – CESPE/CEBRASPE) Nessa situação, para atender à nova demanda, os 15 empregados, operando as 4 máquinas, deverão trabalhar durante

(A) 8 horas por dia.
(B) 8 horas e 30 minutos por dia.
(C) C 8 horas e 50 minutos por dia.
(D) D 9 horas e 30 minutos por dia.
(E) E 9 horas e 50 minutos por dia.

Resolução
Seja a disposição prática para a Regra de Três Composta

| Empregados | Máquinas | horas/dia | ovos de Páscoa |
|---|---|---|---|
| 10 ↑ | 3 ↑ | 8 ↓ | 200 ↓ |
| 15 | 4 | x | 425 |

No entanto, o número de empregados é inversamente proporcional ao número de horas/dia e, igualmente, o número de máquinas porque mais empregados ou mais máquinas implicam menos horas/dia.
Assim invertem-se os valores desses dois grupos e o dispositivo fica

| Empregados | Máquinas | horas/dia | ovos de Páscoa |
|---|---|---|---|
| 15 ↓ | 4 ↓ | 8 ↓ | 200 ↓ |
| 10 | 3 | x | 425 |

Logo,
$$\frac{8}{x} = \frac{15}{10} \cdot \frac{4}{3} \cdot \frac{200}{425}$$
$$\frac{8}{x} = \frac{400}{425}$$

x = 8,5 horas/dia

x = 8h 30 min por dia
Gabarito "B".

Um grupo de 256 auditores fiscais, entre eles Antônio, saiu de determinado órgão para realizar trabalhos individuais em campo. Após cumprirem suas obrigações, todos os auditores fiscais retornaram ao órgão, em momentos distintos. A quantidade de auditores que chegaram antes de Antônio foi igual a um quarto da quantidade de auditores que chegaram depois dele.

(Auditor Fiscal – SEFAZ/RS – 2019 – CESPE/CEBRASPE) Nessa situação hipotética, Antônio foi o

(A) 46.º auditor a retornar ao órgão.
(B) 50.º auditor a retornar ao órgão.
(C) 51.º auditor a retornar ao órgão.
(D) 52.º auditor a retornar ao órgão.
(E) 64.º auditor a retornar ao órgão.

Resolução
Seja X a quantidade de auditores que chegaram antes de Antônio e que foi igual a um quarto da quantidade de auditores que chegaram depois dele.
Ou seja,
$$X = \frac{255 - X}{4}$$
4X = 255 − X
5X = 255
X = 51

Logo, 51 auditores chegaram antes de Antônio e ele foi, assim, o 52.º auditor a retornar ao órgão.
Gabarito "D".

Texto 1A10-II
O relógio analógico de Audir danificou-se exatamente à zero hora (meia-noite) de certo dia, e o ponteiro dos minutos passou a girar no sentido anti-horário, mas com a mesma velocidade que tinha antes do defeito. O ponteiro das horas permaneceu funcionando normalmente, girando no sentido horário.

(Auditor Fiscal – SEFAZ/RS – 2019 – CESPE/CEBRASPE) Considerando as informações do texto 1A10-II, assinale a opção que apresenta a relação entre os arcos x e y percorridos, respectivamente, pelos ponteiros dos minutos e das horas do relógio de Audir entre duas sobreposições consecutivas.

(A) $x - y = 90°$
(B) $x - y = 180°$
(C) $x + y = 180°$
(D) $x + y = 360°$
(E) $x = y$

Resolução
Os ponteiros percorrem uma volta completa, ou seja
x + y = 360°.
Gabarito "D".

(Auditor Fiscal – SEFAZ/RS – 2019 – CESPE/CEBRASPE) A partir das informações do texto 1A10-II, assinale a opção que apresenta a quantidade de vezes que os ponteiros do relógio de Audir se sobrepuseram no intervalo de zero hora às 23 horas e 59 minutos (marcado por um relógio sem defeito) do dia em que seu relógio quebrou.

(A) 26
(B) 25
(C) 24
(D) 23
(E) 22

Resolução
A velocidade com que o ponteiro dos minutos anda é de 6° por minuto, pois ele dá uma volta (360°) em 60 minutos = 360°/60 = 6°/min.
O ponteiro das horas anda 360° em 12 horas = 12×60 minutos = 720.
Ou seja, 360°/720 = 0,5°/min.
Seja T o tempo para primeiro encontro dos ponteiros.

Em T minutos tem-se que os arcos x e y valem
x = 6 T
y = 0,5T

Como x + y =360°, resulta que
6T + 0,5T = 360°
ou
6,5T = 360
T = 360/6,5 ≈ 55,4 min
Portanto há encontro dos ponteiros a cada 55 minutos, aproximadamente.

Assim, a quantidade de vezes que os ponteiros do relógio de Audir se sobrepuseram no intervalo de zero hora às 23 horas e 59 minutos ou 1.439 min, é de

$$\frac{1.439}{360/6,5} \approx \frac{1.439}{55,4} \approx 25,97 \text{ sobreposições.}$$

Em termos de números inteiros tem-se 25 encontros que, somados ao momento inicial em que os ponteiros estavam sobrepostos, perfazem o total de 26 vezes. **EG**

Gabarito "A".

Ao organizar uma prova de concurso público com 24 questões, uma instituição estabeleceu o seguinte critério de correção:

• o candidato receberá 4 pontos por cada resposta correta (ou seja, em concordância com o gabarito oficial);

• o candidato perderá 1 ponto por cada resposta errada;

• o candidato não ganhará nem perderá pontos por questões deixadas por ele em branco (ou seja, sem resposta) ou por questões anuladas.

**(Auditor Fiscal – SEFAZ/RS – 2019 – CESPE/CEBRASPE)** Nessa situação hipotética, a quantidade máxima de respostas corretas que podem ser dadas por um candidato que obtiver 52 pontos na prova é igual a

(A) 14.
(B) 15.
(C) 16.
(D) 17.
(E) 18.

Resolução
Sejam C, E e B, respectivamente, as quantidades de questões certas, erradas e deixadas em branco.
Tem-se o total de 24 questões na prova,
Assim,
C + E + B = 24
Um candidato que obtiver 52 pontos fará
4C – E = 52.
Somando as duas equações, obtém-se
5C + B = 76
ou
B = 76 – 5C
Como o número de questões em branco não pode ser negativo, tem-se
B = 76 – 5C ≥ 0
ou
76 ≥ 5C
C ≤ 15,2
E o maior número inteiro C que satisfaz essa inequação é 15. **EG**
Gabarito "B".

Uma repartição com 6 auditores fiscais responsabilizou-se por fiscalizar 18 empresas. Cada empresa foi fiscalizada por exatamente 4 auditores, e cada auditor fiscalizou exatamente a mesma quantidade de empresas.

**(Auditor Fiscal – SEFAZ/RS – 2019 – CESPE/CEBRASPE)** Nessa situação, cada auditor fiscalizou

(A) 8 empresas.
(B) 10 empresas.
(C) 12 empresas.
(D) 14 empresas.
(E) 16 empresas.

Resolução
Uma vez que cada empresa foi fiscalizada por exatamente 4 auditores, houve
4x18 = 72 fiscalizações.
Assim, ao dividir igualmente entre os 6 auditores fiscais da repartição, cada auditor fiscalizou

$$\frac{72}{6} = 12 \text{ empresas.}$$

**EG**
Gabarito "C".

**(Técnico – STF – 2013 – CESPE)** O colegiado do Supremo Tribunal Federal (STF) é composto por 11 ministros, responsáveis por decisões que repercutem em toda a sociedade brasileira. No julgamento de determinados processos, os ministros votam pela absolvição ou pela condenação dos réus de forma independente uns dos outros. A partir dessas informações e considerando que, em determinado julgamento, a probabilidade de qualquer um dos ministros decidir pela condenação ou pela absolvição do réu seja a mesma, julgue os itens seguintes.

(1) A probabilidade de todos os 11 ministros votarem pela absolvição do réu é superior à probabilidade de que os votos dos 6 primeiros ministros a votar sejam pela condenação do réu e os votos dos 5 demais ministros sejam pela absolvição do réu.

(2) Se, no julgamento de determinado réu, 8 ministros votarem pela absolvição e 3 ministros votarem pela condenação, a quantidade de maneiras distintas de se atribuir os votos aos diferentes ministros será inferior a 170.

(3) Se os votos dos 5 primeiros ministros a votar forem pela condenação do réu, a probabilidade de o voto do sexto ministro a votar também ser pela condenação do réu será inferior a 0,02.

**1:** Está incorreto. Considerando os cálculos de PI e PII, conforme:

PI: Probabilidade de todos os ministros votarem pela absolvição

O espaço amostral S é igual a: {Condenação (C), Absolvição (A)}. Portanto, a probabilidade de que cada ministro vote pela condenação, Pc, é igual a ½ e a de votar pela absolvição também é igual a ½ .
Portanto, a probabilidade de todos os ministros votarem pela absolvição é: PI = (½).(½).(½).(½).(½).(½).(½).(½)..(½).(½).(½) = (½)$^{11}$.

PII: Probabilidade de que os votos dos 6 primeiros ministros sejam pela condenação do réu e os votos dos 5 demais ministros sejam pela absolvição do réu.

Queremos: C e C e C e C e C e C          e     A e A e A e A e A.
                 ½  ½  ½  ½  ½  ½                    ½  ½  ½  ½  ½
O produto das probabilidades para o cálculo de PII será também igual a (½)$^{11}$. Portanto, PI =PII ( e não PI > PII) . **Item incorreto**.
**2:** Está correto, pois queremos:
     A A A A A A A A e C C C  A = 8 vezes e C = 3 vezes, o que é uma permutação com repetição, tipo anagrama.

Portanto, o cálculo da quantidade de maneiras distintas de se atribuir os votos aos diferentes ministros será feito pela fórmula de combinação simples dada pela seguinte equação:

$$C_{n,p} = \frac{n!}{(n-p)!\,p!}$$

Nesta fórmula n = 11 e p = 8 . Portanto: P = [11!]/[(8!).(3!)] = [11.10.9.8!]/[(8!)(3.2)] = 165. Portanto P < 170 – Item Correto.

**3:** Está errado, pois cada ministro vota pela absolvição ou condenação de forma independente dos outros.
Gabarito 1E, 2C, 3E.

**(Escrivão de Polícia Federal - 2013 – CESPE)** Dos 5.000 candidatos inscritos para determinado cargo, 800 foram eliminados pelos procedimentos de investigação social; 4.500 foram desclassificados na primeira etapa; 50 foram reprovados no curso de formação (segunda etapa), apesar de não serem eliminados na investigação social; 350 foram nomeados; todos os classificados na primeira etapa e não eliminados na investigação social até o momento da matrícula no curso de formação foram convocados para a segunda etapa; todos os aprovados no curso de formação e não eliminados na investigação social foram nomeados.

## 3. MATEMÁTICA BÁSICA, FINANCEIRA E ESTATÍSTICA    79

Tendo como referência esses dados hipotéticos, julgue os itens a seguir.

(1) Infere-se das informações apresentadas que 50 candidatos foram reprovados no curso de formação e também eliminados no processo de investigação social.

(2) Se um candidato inscrito para o referido cargo for selecionado ao acaso, então a probabilidade de ele ter sido eliminado no processo de investigação social será inferior a 20%.

(3) Menos de 130 candidatos foram classificados na primeira etapa e eliminados na investigação social.

Como o total de candidatos foi de 5.000 e 4.500 foram eliminados na 1ª etapa, conclui-se que 500 passaram para a 2ª etapa. Na 2ª etapa, restaram 450 candidatos, pois 50 foram reprovados no curso de formação. Dos 450 restante, foram nomeados 350 candidatos. Portanto, 100 candidatos foram eliminados na investigação social.
Como foram eliminados na investigação social, no total, 800 candidatos e 100 deles foram eliminados na 2ª etapa, podemos concluir que, na 1ª etapa foram eliminados 700 candidatos.
Analisando as afirmativas:
**1:** Errada, pois não há informações para deduzir quantos candidatos dos 100 reprovados na 2ª etapa foram eliminados nesta etapa pela investigação social.
**2:** Correta, pois se os candidatos inscritos forem selecionados ao acaso, a probabilidade de serem eliminados no processo de investigação social é de (800)(100)/(5.000) = 16%, ou seja, inferior a 20%.
**3:** Correta, pois dos 500 classificados na 1ª etapa e que, portanto, passaram para a segunda etapa, apenas 100 foram eliminados na investigação social, ou seja, menos de 130 candidatos.
Gabarito 1E, 2C, 3C

**(Polícia Rodoviária Federal – 2013 – CESPE)** Considerando que uma equipe de 30 operários, igualmente produtivos, construa uma estrada de 10 km de extensão em 30 dias, julgue os próximos itens.

(1) Se a tarefa estiver sendo realizada pela equipe inicial de 30 operários e, no início do quinto dia, 2 operários abandonarem a equipe, e não forem substituídos, então essa perda ocasionara atraso de 10 dias no prazo de conclusão da obra.

(2) Se, ao iniciar a obra, a equipe designada para a empreitada receber reforço de uma segunda equipe, com 90 operários igualmente produtivos e desempenho igual ao dos operários da equipe inicial, então a estrada será concluída em menos de $\frac{1}{5}$ do tempo inicialmente previsto.

Analisando as afirmativas:
**1:** Errada, pois o atraso será de 1,89 dias:

| Item | Número operários | Número dias | km construídos | Cálculos | Total km/dias |
|---|---|---|---|---|---|
| 1 | 30 | 30 | 10 | - | 10 km |
| 2 | 1 | 1 | - | [10]/[(30)(30)] | 1/90=0,0111 km |
| 3 | 30 | 4 | - | (30)(4)(0,0111) | 1,33 km |
| 4 | 28 | 26 | - | (28)(26)(0,0111) | 8,08 km |
| 5 | km faltantes | - | - | 10– 1,33 - 8,08 | 0,59 km |
| 6 | 28 | X | 0,59 | 0,59 =(X)(28)(0,0111) | X = 1,89 dias |

**2:** Errada, pois serão necessários 7,5 dias, que é maior que 1/5 de 30 = 6 dias.

| Item | Número operários | Número dias | km construídos | Cálculos | Total km/dias |
|---|---|---|---|---|---|
| 1 | 30 | 30 | 10 | - | 10 km |
| 2 | 120 | Y | - | Y =(1/4)(30) | Y = 7,5 dias |

Gabarito 1E, 2E

**(Agente de Polícia/DF – 2013 – CESPE)** O Instituto de Pesquisa Econômica Aplicada (IPEA) divulgou, em 2013, dados a respeito da violência contra a mulher no país. Com base em dados do Sistema de Informações sobre Mortalidade, do Ministério da Saúde, o instituto apresentou uma estimativa de mulheres mortas em razão de violência doméstica.

Alguns dos dados apresentados nesse estudo são os seguintes:

- mais da metade das vítimas eram mulheres jovens, ou seja, mulheres com idade entre 20 e 39 anos: 31% estavam na faixa etária de 20 a 29 anos e 23% na faixa etária de 30 a 39 anos;
- 61% das vítimas eram mulheres negras;
- grande parte das vítimas tinha baixa escolaridade: 48% cursaram até o 8.º ano.

Com base nessas informações e considerando que V seja o conjunto formado por todas as mulheres incluídas no estudo do IPEA; A ⊂ V, o conjunto das vítimas jovens; B ⊂ V, o conjunto das vítimas negras; e C ⊂ V, o conjunto das vítimas de baixa escolaridade — vítimas que cursaram até o 8.o ano —, julgue os itens que se seguem.

(1) Se V\C for o conjunto complementar de C em V, então (V\C) ∩ A será um conjunto não vazio

(2) Se 15% das vítimas forem mulheres negras e com baixa escolaridade, então V = B ∩ C.

(3) Se V\A for o conjunto complementar de A em V, então 46% das vítimas pertencerão a V\A.

Seja:
A: jovens no total de 54%, sendo 31% entre 20 a 29 anos e 23% entre 30 e 39 anos.
B: negras, 61%
C: baixa escolaridade, 48%

Analisando as afirmativas:
**1:** Correta, pois:
Se V\C for o conjunto complementar de C em V, então (V\C) A será um conjunto não vazio.
Complementar de C em V é o que complementa C para totalizar V, ou seja, V – C
100% – 48% = 52%
Temos agora que verificar se há intersecção entre este conjunto e o conjunto A, que totaliza 54%.
Basta somar. Se o resultado for maior de 100%, deve haver intersecção.
52% + 54% = 106%. Ocorre intersecção entre eles e, portanto, não é conjunto vazio.

**(2)** Incorreta, pois:
Se 15% das vítimas forem mulheres negras e com baixa escolaridade, então V= B ∩ C.
B união com C = B + C – (B intersecção com C)
B união com C = 61% + 48% – 15% - B união com C = 94% e V = 100%.

**(3)** Correto, pois se V\A for o conjunto complementar de A em V, então 46% das vítimas pertencerão a V\A.
Complementar de A em V é o que complementa A para totalizar V, ou seja, é V – A.
100% – 54% = 46%.
Gabarito 1C, 2E, 3C

**(Agente de Polícia/DF – 2013 – CESPE)** Considere que a empresa X tenha disponibilizado um aparelho celular a um empregado que viajou em missão de 30 dias corridos.

O custo do minuto de cada ligação, para qualquer telefone, é de R$ 0,15. Nessa situação, considerando que a empresa tenha estabelecido limite de R$ 200,00 e que, após ultrapassado esse limite, o empregado arcará com as despesas, julgue os itens a seguir.

(1) Se, ao final da missão, o tempo total de suas ligações for de 20 h, o empregado não pagará excedente.

(2) Se, nos primeiros 10 dias, o tempo total das ligações do empregado tiver sido de 15 h, então, sem pagar adicional, ele disporá de mais de um terço do limite estabelecido pela empresa.

(3) Se, ao final da missão, o empregado pagar R$ 70,00 pelas ligações excedentes, então, em média, suas ligações terão sido de uma hora por dia.

(4) Considere que, em uma nova missão, o preço das ligações tenha passado a depender da localidade, mesma cidade ou cidade distinta da de origem da ligação, e do tipo de telefone para o qual a ligação tenha sido feita, celular, fixo ou rádio. As tabelas abaixo mostram quantas ligações de cada tipo foram feitas e o valor de cada uma:

|  | celular | fixo | rádio |
|---|---|---|---|
| mesma cidade | 6 | 3 | 1 |
| cidade distinta | 7 | 1 | 3 |

Tabela I: número de ligações realizadas por tipo de telefone

|  | mesma cidade | cidade distinta |
|---|---|---|
| celular | 0,20 | 0,50 |
| fixo | 0,15 | 0,30 |
| rádio | 0,20 | 0,20 |

Tabela II: preço de cada ligação, em reais

Nessas condições, se $A = \begin{bmatrix} 6 & 3 & 1 \\ 7 & 1 & 3 \end{bmatrix}$ for a matriz formada pelos dados da tabela I, e B $= \begin{bmatrix} 0,20 & 0,50 \\ 0,15 & 0,30 \\ 0,20 & 0,20 \end{bmatrix}$ for a matriz formada pelos dados da tabela II, então a soma de todas as entradas da matriz A × B será igual ao valor total das ligações efetuadas.

Analisando as afirmativas:

**1:** Correto, pois cada hora de ligação custa (0,15)(60) = R$ 9,00 e como o empregado utilizou 20 horas em suas ligações o valor destas ligações é de R$ 180,00, inferior ao limite de R$ 200,00 pago pela empresa X.

**2:** Incorreto, pois o tempo limite dado pela empresa será de: (R$200)/(R$ 9/h) = 200/9 =22,22 horas. Se em 10 dias ele gastou 15 h e sobraram (22,22 -15,00) = 7,22 horas, que corresponde à 7,22/22,22 = 0,325 do limite estabelecido pela empresa. Como 0,325 é menor que 1/3 do tempo, a afirmativa está incorreta.

**3:** Correto, pois se o empregado pagou R$ 70,00 de ligações excedentes, então o total de gastos nesse mês foi de: R$ 200,00 + R$ 70,00 = R$ 270,00. Como 1 hora custa: (0,15)(60) = R$9,00, o número total de horas desse emprego foi de: (270)/(9) = 30 horas /mês ou de 1 hora por dia.

**4:** O valor total das ligações será dado pela seguinte relação entre os valores das tabelas acima:
Mesma cidade: Celular: 6x0,20 = R$ 1,20
Fixo: 3x0,15 = R$ 0,45
Rádio: 1x0,20 = R$ 0,20
Total = R$ 1,20 + R$ 0,45 + R$ 0,20 = R$ 1,85
Cidade distinta: Celular: 7x0,50 = R$ 3,50
Fixo: 1x0,30 = R$ 0,30
Rádio: 3x0,20 = R$ 0,60
Total = R$ 3,50 + R$ 0,30 + R$ 0,60 = R$ 4,40
Total entre as cidades: R$ 1,85 + R$ 4,40 = R$ 6,25
Fazendo o produto A × B, entre as matrizes, teremos:

$$\begin{bmatrix} 6 & 3 & 1 \\ 7 & 1 & 3 \end{bmatrix}_{2x3} \times \begin{bmatrix} 0,20 & 0,50 \\ 0,15 & 0,30 \\ 0,20 & 0,20 \end{bmatrix}_{3x2} = $$

$$\begin{bmatrix} 6 \times 0,20 + 3 \times 0,15 + 1 \times 0,20 & 6 \times 0,50 + 3 \times 0,30 + 1 \times 0,20 \\ 7 \times 0,20 + 1 \times 0,15 + 3 \times 0,2 & 7 \times 0,50 + 1 \times 0,30 + 3 \times 0,20 \end{bmatrix}_{2x2}$$

$$= \begin{bmatrix} 1,85 & 4,40 \\ 2,15 & 4,40 \end{bmatrix}_{2x2}$$

Portanto, o total a ser pago corresponde somente à soma dos valores encontrados na 1ª linha (R$ 1,85 + R$ 4,40) da matriz resultante da matriz produto de A × B, e não de todas as entradas da matriz A × B. Logo, esse item está errado.

Gabarito: 1C, 2E, 3C, 4E

**(Agente de Polícia/DF – 2013 – CESPE)** Considerando que P e Q representem proposições conhecidas e que V e F representem, respectivamente, os valores verdadeiro e falso, julgue os próximos itens.

(1) As proposições Q e P → (¬ Q) são, simultaneamente, V se, e somente se, P for F.

(2) A proposição [P∨Q] → Q é uma tautologia.

(3) Se P for F e P∨Q for V, então Q é V.

Analisando as afirmativas:

**1:** Observando a tabela-verdade da proposição composta "P -> (¬ Q)", em função dos valores lógicos de "P" e "Q", temos:

| P | Q | ¬ Q | P →(¬ Q) | P→(¬ Q) |
|---|---|---|---|---|
| V | V | F | V → F | F |
| V | F | V | V → V | V |
| F | V | F | F → F | V |
| F | F | V | F → V | V |

Observando-se a 3ª linha da tabela-verdade acima, "Q" e "P -> (¬ Q) são, simultaneamente, V se, e somente se, "P" for falso. Portanto, esse item está correto.

**2:** Construindo a tabela-verdade da proposição composta [P v Q] -> Q, teremos como solução:

| P | Q | P v Q | [P∨Q] → Q | $(p \wedge \sim q) \leftrightarrow (\sim p \vee q)$ |
|---|---|---|---|---|
| V | V | V | V → V | V |
| V | F | V | V → F | F |
| F | V | V | V → V | V |
| F | F | F | F → F | V |

P(P;Q) = VFVV (solução verificada na última coluna)
Portanto, essa proposição composta é uma contingência ou indeterminação lógica.
Logo, esse item está errado.

**3:** Lembramos que uma disjunção simples, na forma: "P v Q", será verdadeira (V) se, pelo menos, uma de suas partes for verdadeira (V). Nesse caso, se "P" for falsa e "P v Q" for verdadeira, então "Q" será, necessariamente, verdadeira.

$$\underbrace{P}_{F} \vee \underbrace{Q}_{} : \underbrace{V}_{V}$$

Logo, esse item está CERTO.

Gabarito: 1E, 2E, 3C

**(Agente de Polícia/DF – 2013 – CESPE)** Considerando que 300 pessoas tenham sido selecionadas para trabalhar em locais de apoio na próxima copa do mundo e que 175 dessas pessoas sejam do sexo masculino, julgue os seguintes itens.

(1) Se, em um dia de jogo, funcionarem 24 postos de apoio e se cada posto necessitar de 6 mulheres e 6 homens, então a quantidade de pessoas selecionadas será suficiente.

(2) É impossível dividir as 300 pessoas em grupos de modo que todos os grupos tenham a mesma quantidade de mulheres e a mesma quantidade de homens.

**(3)** Considere que 50 locais de apoio sejam espalhados pela cidade. Considere ainda que cada um deles necessite, para funcionar corretamente, de 3 pessoas trabalhando por dia, independentemente do sexo. Nessa situação, se todas as pessoas selecionadas forem designadas para esses locais de apoio e se cada uma delas intercalar um dia de trabalho com um dia de folga ou vice-versa, então os postos funcionarão da forma desejada.

Analisando as afirmativas:

**1:** Incorreto, pois das 300 pessoas, 175 são homens e 125 são mulheres, portanto faltarão mulheres conforme abaixo:

Em dia de jogo, funcionarem 24 postos de apoio e se cada posto necessitar de 6 mulheres e 6 homens, então teremos que ter, no mínimo: 6 homens por posto x 24 postos = 144 homens disponíveis, e 6 mulheres por posto x 24 postos = 144 mulheres disponíveis.

A quantidade total de homens (175 homens disponíveis) atende a necessidade para esses 24 postos, porém a quantidade de mulheres disponíveis (125 mulheres) não é suficiente para preencher as 144 vagas para os 24 postos.

**2:** Incorreto, pois é possível dividir as 300 pessoas em grupos de modo que todos os grupos tenham a mesma quantidade de mulheres e a mesma quantidade de homens, conforme abaixo:

O MDC (Máximo Divisor Comum) entre 125 e 175 é:

125 e 175 (Divisor comum:5)

25 35 (Divisor comum:5)

5 7 MDC (125 ; 175) = 5 x 5 = 25 Portanto, podemos formar: 5 grupos de 25 mulheres e 7 grupos de 25 homens.

**3:** Correto, pois se em cada posto são necessários 3 funcionários por dia, então teremos que ter, por dia, 50 x 3 = 150 pessoas. Se cada pessoa trabalhar um dia e folgar 1 dia, poderemos ter o possível arranjo: No 1º dia de trabalho, teremos as 150 primeiras pessoas trabalhando e, se todas folgarem no 2º dia de trabalho as outras 150 pessoas ocuparão suas respectivas vagas.

Para o 3º dia, as 150 primeiras pessoas voltarão ao trabalho, possibilitando que o segundo grupo folgue1.

Gabarito 1E, 2E, 3C

**(Escrivão de Polícia/DF – 2013 – CESPE)** Com base nos conceitos de probabilidade, julgue os itens seguintes.

**(1)** Considere três eventos (A, B e C), de modo que A depende de B, mas não de C, e B depende de C. Nessa situação, se

$P(A \cap B \cap C) = \dfrac{1}{4}$, $P(B) = \dfrac{3}{5}$ e $P(C) = \dfrac{5}{8}$ então $P(A \mid B) = \dfrac{2}{3}$

**(2)** Considerando que a probabilidade de um investigador de crimes desvendar um delito seja igual a $\dfrac{2}{3}$ e que, nas duas últimas investigações, ele tenha conseguido desvendar ambos os delitos relacionados a essas investigações, é correto afirmar que a probabilidade de ele não desvendar o próximo delito será igual a 1.

**(3)** Se três eventos (A, B e C) formam uma partição do espaço amostral com $P(A) = P(B) = \dfrac{1}{4}$, então $P(C) > \dfrac{1}{3}$

Analisando as alternativas:

**1:** Correto, pois:

– Evento A depende do Evento B e não depende do Evento C.

– Evento B depende do Evento C.

A dependência ou independência entre eventos pode ser ilustrada a partir do experimento envolvendo um conjunto de bolas numeradas no interior de uma urna. Este experimento aleatório pode ser feito com ou sem reposição das bolas. Quando existe dependência entre dois eventos, é porque, neste contexto, não há reposição. Quanto os eventos são independentes, é porque existe reposição evento após evento.

A intersecção entre eventos dependentes é dada por:

P(A e B) = P(A∩B) = P(A)P(B A) ou P(A∩B) = P(B)P(A B)

Então:

P(A∩B∩C) = P(A∩B)∩P(C)

P(A∩B∩C) = P(B)P(A|B)P(C)

$\dfrac{1}{4} = \dfrac{3}{5} \, P(A|B) \, \dfrac{5}{8}$

$\dfrac{1}{4} = \dfrac{15P(A|B)}{40}$

$\dfrac{10}{15} = P(A|B)$

$P(A|B) = \dfrac{2}{3}$

**2:** Errado, pois estamos tratando de eventos independentes. A cada investigação a probabilidade É a mesma (2/3). O fato de ter desvendado dois delitos em sequência não tem implicações sobre a probabilidade de desvendar ou não a próxima investigação.

**3:** Correto, pois:

$P(A) - P(B) - \dfrac{1}{4}$, então $P(C) > \dfrac{1}{3}$.

Se os três eventos formam o espaço amostral, com certeza a soma dos três deve ser igual a 1. Assim temos:

P(A) + P(B) + P(C) = 1

$\dfrac{1}{4} + \dfrac{1}{4} + P(C) = 1$

$P(C) = 1 - \dfrac{2}{4}$

$P(C) = \dfrac{1}{2} = 0,5$

Afirma-se que P(C)>1/3, como 1/3~0,3 portanto 0,5>0,3.

Gabarito 1C, 2E, 3C

## 2. MATEMÁTICA FINANCEIRA

Em determinada loja, uma bicicleta é vendida por R$ 1.720 a vista ou em duas vezes, com uma entrada de R$ 920 e uma parcela de R$ 920 com vencimento para o mês seguinte. Caso queira antecipar o crédito correspondente ao valor da parcela, o lojista paga para a financeira uma taxa de antecipação correspondente a 5% do valor da parcela.

**(Auditor Fiscal - SEFAZ/DF - 2020 - CESPE/CEBRASPE)** Com base nessas informações, julgue os itens a seguir.

**(1)** Considere que um comprador sabe que o preço da bicicleta não irá aumentar durante 1 mês e tem a possibilidade de investir suas economias em uma aplicação com rendimento líquido de 5% ao mês. Nessa situação, o comprador poderá realizar a compra à vista da bicicleta investindo nessa aplicação uma quantia inferior a R$ 1.650, independentemente de o regime de capitalização da aplicação ser simples ou composto.

1ª solução

Tem-se, pelo regime de capitalização da aplicação, para 1 mês e rendimento de 5% a.m.,

simples: 1.720 = C + Cx0,05x1          (M = C + Cit)

1.720 = 1,05C

C = 1.630,09

ou

composto: $1.720 = C + Cx0,05^1$          $(M = C + C\,i^t)$

1.720 = 1,05C

C = 1.630,09

correto, porque deve investir nessa aplicação uma quantia inferior a R$ 1.650, independentemente do regime de capitalização.

2ª solução

JUSTIFICATIVA CESPE: certo. Para obter um montante de R$ 1.720,00 o capital C aplicado, tanto no regime de capitalização simples quanto no

composto, deve obedecer a seguinte equação: R$ 1.720,00 = Cx1,05. Portanto, C = R$ 1.720,00/1,05 = R$ 1.638,10 < R$ 1.650,00.
Gabarito 1C

**(2)** Na compra a prazo, o custo efetivo da operação de financiamento pago pelo cliente será inferior a 14% ao mês.

1ª solução
A parcela a ser paga (1.720 – 920 = 800) tem o custo efetivo de
920 = 800(1 + i)
1 + i = 920/800
1 + i = 1,15
i = 0,15 = 15% > 14%.
Resposta: Errado

2ª solução

JUSTIFICATIVA CESPE: errado. Fazendo a equivalência de capitais sob o ponto de vista do cliente e indicando por *i* a taxa que representa o custo efetivo da operação de financiamento, tem-se a seguinte equação: R$ 1.720,00 = R$ 920,00 + R$920,00/(1+*i*). Resolvendo-a para i, tem-se
*i* = R$ 920,00/R$ 800,00 = 920,00/(1+*i*) =
800/920 = 1/(i +1)
i +1 = 1,15
i = 0,15 = 15% > 14%.
Gabarito 2E

**(3)** No caso de uma venda a prazo em que o lojista optasse pela antecipação do crédito correspondente à parcela que só seria paga no mês seguinte, o valor total que ele receberia (entrada mais antecipação) seria superior a R$ 1.790.

1ª solução
Com a taxa de antecipação correspondente a 5% do valor da parcela, ou seja, 5% de 920 = 46,
o lojista receberia
920 + (920 – 46 = 874) = 1.794.
Valor superior a 1.790.
Resposta: Correto

2ª solução

JUSTIFICATIVA CESPE: CERTO. O lojista receberia R$ 920,00 de entrada e R$ 874,00 (R$ 920,00 × 0,95) como antecipação, perfazendo um total de R$ 1.794,00.
Gabarito 3C

**(Auditor Fiscal - SEFAZ/RS - 2019 - CESPE/CEBRASPE)** Um título com valor nominal de R$ 2.250 foi descontado 4 meses antes do seu vencimento à taxa de desconto comercial simples de 36% ao ano. Nesse caso, o valor atual (valor descontado comercial) foi igual a

**(A)** R$ 1.710.
**(B)** R$ 1.980.
**(C)** R$ 1.992.
**(D)** R$ 1.999.
**(E)** R$ 2.009.

Resolução
Sabe-se que o desconto comercial simples d tem por fórmula

d = N(1 – it)
onde N é o valor nominal do título
i é a taxa de desconto, e
t o tempo.

Assim,
t = 36% a.a. = 3% a.m.

d = 2.250 (1 – 0,03x4)

d = 2.250 (1 – 0,12)

d = 2.250 (0,88)

d = 1.980
Gabarito "B".

**(Auditor Fiscal - SEFAZ/RS - 2019 - CESPE/CEBRASPE)** A tabela a seguir mostra as taxas de rendimentos de um fundo de previdência privada em cada um dos primeiros 4 meses do ano de 201X.

| Mês | taxa |
|---|---|
| Janeiro | 2,11% |
| fevereiro | 1,7% |
| Março | – 0,5% |
| Abril | 1,6% |

Nessa situação, no regime de juros compostos, a taxa de rendimentos acumulada nesse período é expressa por

**(A)** [(2,11 + 1,7 ! 0,5 + 1,6) ! 1] × 100%.
**(B)** [(1,0211 × 1,017 × 0,995 × 1,016) ! 1] × 100%.
**(C)** [(2,11 × 1,17 × 0,995 ×1,6) ! 1] × 100%.
**(D)** (1,0211 + 1,017 ! 1,005 + 1,016)%.
**(E)** (2,11 + 1,7 + 0,5 + 1,6)%

Resolução
A taxa acumulada tem por fórmula
**iacum** = (1 +i1) (1 +i2) (1 +i3) (1 +i4) – 1
com os dados do enunciado,
**iacum** = (1 + 0211) (1 + 0,017) (1 – 0,005) (1 + 0,016) - 1
**iacum** = (1,0211) (,0217) (0,995) (1,016) - 1
Transforma-se em porcentagem multiplicando-se por 100%:
**iacum** = [(1,0211) (,0217) (0,995) (1,016) – 1]x100%
EG
Gabarito "B".

**(Auditor Fiscal - SEFAZ/RS - 2019 - CESPE/CEBRASPE)** Uma dívida de R$ 5.000 foi liquidada pelo valor de R$ 11.250, pagos de uma única vez, dois anos após ter sido contraída. Nesse caso, no regime de juros compostos, a taxa anual de juros empregada nesse negócio foi de

**(A)** 5%.
**(B)** 12,5%.
**(C)** 25%.
**(D)** 50%.
**(E)** 62,5%.

Resolução
Sabe-se que a fórmula do montante com juros compostos é
$M = C(1 + i)^n$
Assim,
$11.250 = 5.000(1 + i)^2$
$2,25 = (1 + i)^2$
$1,5 = (1 + i)$
i = 0,50 = 50 %
EG
Gabarito "D".

## 3. ESTATÍSTICA

**(Escrivão de Polícia/DF – 2013 – CESPE)** Julgue o item a seguir, acerca de estatística descritiva.

**(1)** Em uma amostra com assimetria positiva, observa-se que a média é igual à moda e que a mediana está deslocada à direita da média.

**1:** Errado, pois uma amostra com assimetria positiva apresenta a média maior do que a mediana e a mediana maior do que a moda.
Gabarito 1E

# 3. MATEMÁTICA BÁSICA, FINANCEIRA E ESTATÍSTICA

**(Escrivão de Polícia/DF – 2013 – CESPE)** Julgue o item abaixo, a respeito de técnicas de amostragem.

(1) Em uma amostragem sistemática cuja fração de seleção seja igual a 3 e o tamanho resultante da amostra seja igual a 125.000 observações, o tamanho da população será superior a 300.000 elementos.

**1:** Correto, pois a amostragem sistemática é aquela na qual, através de um sistema, se escolhe uma determinada parcela de indivíduos entre subgrupos. Esta estratégia é empregada devido à inviabilidade de amostrar toda população.
Exemplo: A cada 7 indivíduos escolhe-se três.

Este intervalo é definido pela quantidade total que se deseja consultar.
Intervalo = População/Consulta pretendida.
Neste caso, a consulta pretendida era de 125.000.
Intervalo = População/125.000 e (Intervalo)(125.000) = População
Note que a quantidade de elementos do intervalo deve ser no mínimo igual à quantidade de elementos a serem escolhidos nos intervalos. Assim o intervalo pode ser composto por 3,4,5, n elementos. Pois o item deixou claro que se escolherá 3 elementos por intervalo.
Sendo assim, pegando o menor intervalo, que é 3, a população já seria maior que 300.000 elementos, como afirma o item. Para um intervalo igual a 3 temos: 3 x 125.00 = 375.000
Gabarito 1C

# 4. INFORMÁTICA

Helder Satin e André Fioravanti*

## 1. HARDWARE

**(Analista – TRT/21ª – 2010 – CESPE)** Julgue o item a seguir relativo a conceitos e modos de utilização da Internet e de intranets, assim como a conceitos básicos de tecnologia e segurança da informação.

(1) Um *hub* é um equipamento que permite a integração de uma ou mais máquinas em uma rede de computadores, além de integrar redes entre si, com a característica principal de escolher qual é a principal rota que um pacote de dados deve percorrer para chegar ao destinatário da rede.

**1:** Errada, o *hub* não realiza a escolha de rotas, ele apenas retransmite os pacotes recebidos para todos os segmentos da rede nele conectados.

Gabarito 1E

**(Delegado/PB – 2009 – CESPE)** Acerca dos conceitos de *hardware* e *software*, assinale a opção correta.

(A) Para se fazer cópia de segurança, procedimento fundamental para proteger os dados contra infecção de vírus, são necessários *hardware* e *software* específicos para *backup*.

(B) A expansão da memória ROM, que armazena os programas em execução temporariamente, permite aumentar a velocidade de processamento.

(C) USB (*universal serial bus*) é um tipo de barramento usado para conectar facilmente ao computador várias categorias de dispositivos, como teclados, *mouses*, monitores, escâneres, câmeras e outros.

(D) Multimídia é um *software* que executa músicas compactadas com qualidade.

(E) A informação Intel core duo indica que o computador possui dupla memória RAM, o que acelera o processamento dos dados.

**A:** Errada, não é necessário um *software* ou *hardware* específico para a realização de *backups*, basta que possua uma mídia confiável (CD, DVD, HD externo, etc.). **B:** Errada, a memória que armazena os programas em execução é a memória RAM, a memória ROM não permite leitura e é apenas auxiliar na inicialização do computador. **C:** Correta, o barramento USB é o mais utilizado atualmente para conexão de diversos tipos de periféricos. **D:** Errada, multimídia é a combinação, controlada por computador, de pelo menos um tipo de média estática (texto, fotografia, gráfico), com pelo menos um tipo de média dinâmica (vídeo, áudio, animação). **E:** Errada, Intel Core Duo especifica um tipo de processador e não de memória.

Gabarito "C"

**(Delegado/RN – 2009 – CESPE)** Entre os dispositivos de entrada de dados em informática, incluem-se

(A) o teclado e o *mouse*.
(B) o *mouse* e a memória ROM.
(C) o teclado e a impressora.
(D) o monitor e a impressora.
(E) a impressora e o *mouse*.

**A:** Correta, teclado e *mouse* são dispositivos de entrada de informações para o computador. **B:** Errada, a memória ROM é um dispositivo de armazenamento. **C:** Errada, a impressora é um dispositivo de saída. **D:** Errada, monitor e impressora são dispositivos de saída (a menos que o monitor seja do tipo Touchscreen). **E:** Errada, impressora é um dispositivo de saída.

Gabarito "A"

**(Agente de Polícia Federal – 2009 – CESPE)** Julgue os itens a seguir, acerca de *hardware* e de *software* usados em computadores pessoais.

(1) ROM é um tipo de memória não volátil, tal que os dados nela armazenados não são apagados quando há falha de energia ou quando a energia do computador é desligada.

(2) Existem dispositivos do tipo *pendrive* que possuem capacidade de armazenamento de dados superior a 1 bilhão de *bytes*. Esses dispositivos podem comunicar-se com o computador por meio de porta USB.

**1:** Correta, a memória ROM é uma memória que não permite escrita e que mantém seu conteúdo mesmo quando o computador está desligado. **2:** Correta, 1 bilhão de *bytes* equivale a menos de 1 Gigabyte, os *pendrives* atuais possuem capacidade em geral superior a este valor e possuem como interface de comunicação uma entrada USB.

Gabarito 1C, 2C

## 2. INTERNET

### 2.1. REDE, INTERNET E INTRANET

**(Técnico Judiciário – TRE/BA – 2010 – CESPE)** Acerca de navegação, correio eletrônico, grupos de discussão, ferramentas de busca e pesquisa na Internet, julgue os itens que se seguem.

(1) Ao verificar a caixa postal de correio eletrônico, na realidade, o usuário acessa o servidor central de e-mail da Internet, chamado de cliente de e-mail, o qual direciona as mensagens que possuem o endereço do usuário reconhecido por sua senha pessoal e intransferível.

(2) Uma das formas de busca de informações na Internet utilizando os sítios de busca, como o Google, é por meio da utilização de operadores booleanos, os quais podem variar dependendo da ferramenta de busca utilizada.

(3) Um sítio de *chat* ou de bate-papo é um exemplo típico de grupo de discussão em que os assuntos são debatidos em tempo real. Para essa finalidade, a comunicação pode ser de forma assíncrona, o que significa que é desnecessária a conexão simultânea de todos os usuários.

**1:** Errada, ao verificar a caixa postal de correio eletrônico, o usuário acessa o servidor que está hospedando seu domínio de correio; **2:** Correta, os operadores booleanos ajudam a refinar as buscas feitas em sites de busca, melhorando o resultado da pesquisa; **3:** Errada, os sites de *chat* ou bate-papo são comunicadores instantâneos que requer a conexão simultânea de seus participantes.

Gabarito 1E, 2C, 3E

**(Técnico Judiciário – MPU – 2010 – CESPE)** A respeito de Internet e intranet, julgue os itens subsequentes.

(1) O acesso autorizado à intranet de uma instituição restringe-se a um grupo de usuários previamente cadastrados, de modo que o conteúdo dessa intranet, supostamente, por vias normais, não pode ser acessado pelos demais usuários da Internet.

---

* **André Fioravanti** comentou todas as provas de concursos bancários e **Helder Satin** comentou todas as demais provas.

**(2)** Um modem ADSL permite que, em um mesmo canal de comunicação, trafeguem sinais simultâneos de dados e de voz. Por isso, com apenas uma linha telefônica, um usuário pode acessar a Internet e telefonar ao mesmo tempo.

**1:** Correta, as intranets possuem conteúdo restrito e não podem ser acessadas pela Internet; **2:** Correta, os modens ADSL modulam o sinal de forma que possam trafegar conjuntamente com voz sem que um interfira no outro.
Gabarito 1C, 2C

**(Delegado/RN – 2009 – CESPE)** O envio e o recebimento de mensagens de correio eletrônico contendo documentos e imagens anexos podem ser realizados por meio do *software*

(A) Microsoft Publisher.
(B) Hyper Terminal.
(C) Skype.
(D) Adobe Acrobat.
(E) Microsoft Outlook.

**A:** Errada, o Microsoft Publisher tem como objetivo criar e manter publicações na web. **B:** Errada, o Hyper Terminal é um *software* de acesso remoto. **C:** Errada, o Skype é um programa de comunicação instantânea. **D:** Errada, o Adobe Acrobat é um programa de apresentação de documentos em formato PDF. **E:** Correta, o Microsoft Outlook é um programa gerenciador de e-mail e tem a capacidade de enviar e receber mensagens de correio eletrônico.
Gabarito "E".

**(Agente de Polícia Federal – 2009 – CESPE)** Julgue os itens subsequentes, a respeito de Internet e intranet.

**(1)** As intranets, por serem redes com acesso restrito aos usuários de empresas, não utilizam os mesmos protocolos de comunicação usados na Internet, como o TCP/IP.

**(2)** Um *cookie* é um arquivo passível de ser armazenado no computador de um usuário, que pode conter informações utilizáveis por um *website* quando este for acessado pelo usuário. O usuário deve ser cuidadoso ao aceitar um cookie, já que os navegadores da Web não oferecem opções para excluí-lo.

**1:** Errada, a intranet é baseada nos mesmos protocolos utilizados para a Internet, principalmente o TCP/IP. **2:** Errada, todo navegador permite a exclusão dos *cookies* por meio de função interna.
Gabarito 1E, 2E

**(Agente de Polícia Federal – 2009 – CESPE)** Com relação a conceitos de Internet, julgue o item abaixo.

**(1)** A sigla FTP designa um protocolo que pode ser usado para a transferência de arquivos de dados na Internet.

**1:** Correta, o protocolo FTP trata do envio de arquivos em rede.
Gabarito 1C

**(Escrivão de Polícia Federal – 2009 – CESPE)** Com relação à Internet, julgue o item abaixo.

**(1)** Na tecnologia TCP/IP, usada na Internet, um arquivo, ao ser transferido, é transferido inteiro (sem ser dividido em vários pedaços), e transita sempre por uma única rota entre os computadores de origem e de destino, sempre que ocorre uma transmissão.

**1:** Errada, os arquivos são divididos em várias partes quando transferidos e nem sempre fazem o mesmo caminho, tomando sempre o caminho mostrado pelo roteador onde os pacotes passam.
Gabarito 1E

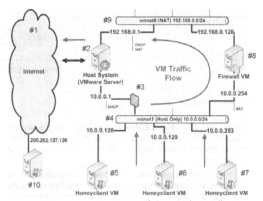

Internet: <honeyclient.org>.

**(Escrivão de Polícia Federal – 2009 – CESPE)** Considerando a figura acima, que apresenta o esquema de uma rede de computadores conectada à Internet, na qual se destacam elementos nomeados de 1 a 10, julgue os itens a seguir, a respeito de redes de computadores, segurança de redes e segurança da informação.

**(1)** Caso uma aplicação em execução no elemento 10 envie com sucesso um pedido http para um servidor web em funcionamento em 6 e receba como resposta uma página HTML com centenas de kilobytes, o fluxo de pacotes estabelecido entre os dois hosts será filtrado obrigatoriamente pelo dispositivo 3.

**(2)** O endereço IP 10.0.0.253 deve ser usado na URL inserida em um browser em funcionamento em 10 para viabilizar a comunicação entre esse browser e um servidor http em funcionamento na porta 80 do dispositivo 7, caso não seja possível usar um servidor de DNS em 10.

**(3)** Se uma aplicação cliente de correio eletrônico, em funcionamento em 5, recupera o conjunto de e-mails de um usuário de serviço de e-mail do tipo POP3 localizado em 10, então o fluxo de pacotes UDP deve ser estabelecido entre esses computadores.

**1:** Errada, o tráfego entre a internet e os servidores é filtrado no dispositivo 8 e não no dispositivo 3, este segundo apenas encaminha os dados. **2:** Errada, o IP 10.0.0.253 é um IP interno, não possuindo acesso direto pela internet, apenas na rede local em que se encontra. **3:** Errada, o tipo de pacote utilizado pelo protocolo POP3 é o TCP e não o UDP, pois ele precisa garantir a entrega da informação ao host requisitante.
Gabarito 1E, 2E, 3E

**(Técnico – ANATEL – 2009 – CESPE)** A respeito da Internet e de *intranets*, julgue os itens subsequentes.

**(1)** As *intranets* possuem as características e fundamentos semelhantes aos da Internet e baseiam-se no mesmo conjunto de protocolos utilizados na Internet. Entre outros, são exemplos de protocolos para *intranets*: *transmission control protocol* (TCP) e *internet protocol* (IP).

**(2)** As máquinas na Internet comunicam-se entre si por meio do conjunto de protocolos TCP/IP, o qual permite que sistemas heterogêneos operem por meio de redes inteiramente diversas. O *domain name system* (DNS) pode ser compreendido como um esquema de atribuição de nomes que possui estrutura hierárquica e natureza distribuída.

**1:** Correta, tanto a Internet quanto a Intranet são baseadas nos mesmos preceitos, o que faz a diferenciação entre elas é o tipo de acesso que os usuários possuem, sendo a Internet pública e a Intranet privada; **2:** Correta, o DNS permite a tradução dos nomes de URLs de serviços e máquinas em endereços de IP, que são usados no roteamento das informações na rede. Todo este processo é suportado pelo protocolo TCP/IP, que é a base da Internet.
Gabarito 1C, 2C

# 4. INFORMÁTICA    87

**(Agente Administrativo – Ministério da Educação – 2009 – CESPE)** Com relação a Internet e intranet, julgue os itens seguintes.

(1) Os usuários que desejam trocar mensagens de e-mail pela Internet precisam estar cadastrados em um provedor de caixas postais de mensagens eletrônicas, pelo qual o usuário tem o direito de utilizar um endereço de e-mail particular, com nome e senha exclusivos.

(2) No Internet Explorer 7, o acesso a páginas em HTML é feito por meio do protocolo HTTP. O nome da página, por exemplo, http://www.cespe.unb.br, deve ser obrigatoriamente digitado no campo endereço para que o sistema identifique o protocolo do serviço em uso.

(3) A *intranet* é uma tecnologia utilizada nas grandes empresas apenas para a disponibilização de documentos internos de interesse exclusivo da própria empresa; logo, essa ferramenta não pode disponibilizar nenhuma informação que já esteja na Internet, a fim de que não haja duplicidade de informações.

**1:** Correta, provedores de e-mail permitem, por meio de usuário e senha exclusivos, que pessoas cadastradas realizem o envio e recebimento de mensagens eletrônicas; **2:** Errada, caso o protocolo não seja informado o navegador adota o http como padrão, portanto o endereço www.cespe. unb.br também é válido, **3:** Errada, a intranet pode ser usada para a disponibilização de qualquer tipo de conteúdo, inclusive de algum que já esteja na Internet.
Gabarito 1C, 2E, 3E

**(Técnico – TCU – 2009 – CESPE)** Acerca de conceitos e tecnologias relacionados à Internet, julgue os itens subsequentes.

(1) A Internet é controlada no Brasil pela ANATEL, órgão governamental regulamentador de telecomunicação no país.

(2) Intranet e extranet são redes de computadores em que se utiliza a tecnologia da Internet para o fornecimento de serviços.

**1:** Errada, a ANATEL apenas dita as regras pelas quais os provedores devem se basear para definir os serviços prestados; **2:** Correta, ambas são baseadas nos mesmo protocolos e permitem o fornecimento de serviços em redes.
Gabarito 1E, 2C

**(Analista – ANATEL – 2009 – CESPE)** Com referência ao funcionamento da Internet e das *intranets*, julgue os itens a seguir.

(1) O funcionamento da Internet depende de três camadas de protocolos base: o protocolo de Internet IP, definidor de datagramas que carregam dados de um nó a outro da rede; os protocolos TCP, UDP e ICMP, responsáveis pela transmissão de dados; e, na camada final, os protocolos definidores de mensagens específicas e de formatos digitais, como os DNS, POP3 e HTTP, entre outros.

(2) Baseada nos padrões de comunicação da Internet, uma intranet pode ser caracterizada como uma rede privada de computadores, acessível apenas a membros de uma mesma organização. Mesmo assim, sua utilização requer componentes básicos, como sistemas de proteção e servidores web, sem, no entanto, ser obrigatório o uso do protocolo TCP/IP.

**1:** Correta, essas três camadas dão base ao funcionamento das redes e por consequência à Internet. O protocolo IP se encarrega da localização na transmissão dos dados, os protocolos TCP, UDP e ICMP fazem a transmissão dos pacotes e os protocolos de camada superior gerenciam os serviços utilizados; **2:** Errada, a Intranet, assim como a Internet, é baseada no protocolo TCP/IP, portanto seu uso é indispensável.
Gabarito 1C, 2E

**(Analista – PREVIC – 2011 – CESPE)** Julgue os itens subsecutivos, referentes a conceitos de Internet e intranet.

(1) Apesar de o HTTP (Hypertext Transfer Protocol) ser normalmente utilizado para acessar páginas web, em alguns casos ele também é usado na transferência de mensagens de correio eletrônico do computador do usuário final para o servidor de correio eletrônico.

(2) Por meio do uso de certificados digitais, é possível garantir a integridade dos dados que transitam pela Internet, pois esses certificados são uma forma confiável de se conhecer a origem dos dados.

(3) Para que as aplicações disponibilizadas na intranet de uma empresa possam ser acessadas por usuários via Internet, é suficiente incluir tais usuários no grupo de usuários com acesso autorizado à intranet.

**1:** Correta, por meio de sistemas de Webmail a mensagem pode ser enviada do computador do usuário até o servidor de e-mail por meio do protocolo HTTP. **2:** Errada, quem pode garantir a origem de um documento é a assinatura digital por meio de chave privada. **3:** Errada, para que Intranets sejam acessadas por meio da Internet é necessário o uso de uma rede virtual privada (VPN).
Gabarito 1C, 2E, 3E

## 2.2. FERRAMENTAS E APLICATIVOS DE NAVEGAÇÃO

**(Analista – TRE/BA – 2010 – CESPE)** Com relação ao uso seguro das tecnologias de informação e comunicação, julgue os itens subsequentes.

(1) No acesso à Internet por meio de uma linha digital assimétrica de assinante (ADSL), a conexão é feita usando-se uma linha de telefone ligada a um modem e os dados trafegam em alta velocidade.

(2) Firewall é um recurso utilizado para a segurança tanto de estações de trabalho como de servidores ou de toda uma rede de comunicação de dados. Esse recurso possibilita o bloqueio de acessos indevidos a partir de regras preestabelecidas.

**1:** Correta, as conexões ADSL utilizam um modem que codifica os dados que trafegam pela linha telefônica convencional, sua velocidade é muito superior à de conexões do tipo *dial-up*; **2:** Correta, o Firewall é um dos principais itens de segurança de uma rede ou computador pessoal, ele permite bloquear o acesso a portas específicas e assim garantir a integridade da rede.
Gabarito 1C, 2C

**(Analista – TRE/MT – 2010 – CESPE)** Assinale a opção que apresenta um protocolo responsável pelo envio de mensagens eletrônicas na Internet.

(A) UDP

(B) POP3

(C) SNMP

(D) SMTP

(E) RTP

**A:** Errada, UDP designa um tipo de pacote sem confirmação de entrega que transita em redes de computador. **B:** Errada, o POP3 é um protocolo destinado ao recebimento de mensagens eletrônicas. **C:** Errada, o SNMP é um protocolo de monitoramento de rede utilizado para controle e gestão de redes de computadores. **D:** Correta, o protocolo SMTP é o protocolo utilizado no envio de mensagens eletrônicas. **E:** Errada, o RTP é um protocolo utilizado em aplicações em tempo real como transmissão de vídeo ou áudio via rede.
Gabarito "D".

**(Analista – TRE/MT – 2010 – CESPE)** Considerando os conceitos básicos de tecnologias e ferramentas associadas à Internet e intranet, assinale a opção correta.

(A) Para se acessar a Internet ou uma intranet, é suficiente que o usuário tenha o Internet Explorer instalado em seu computador.

(B) A tecnologia 3G disponibiliza serviços de telefonia e transmissão de dados a longas distâncias, em um ambiente móvel, incluindo o acesso a Internet.

(C) O Outlook Express possui mais funcionalidades do que o Microsoft Outlook, como, por exemplo, Agenda e Contatos.

(D) A intranet disponibiliza serviços semelhantes aos da Internet dentro de uma rede local, mas não permite que esses serviços sejam acessados de outros locais.

**(E)** ADSL é um serviço implementado pelo Internet Explorer que permite aumentar a velocidade de acesso a Internet.

**A:** Errada, é necessária também uma conexão de rede com a Internet ou com a intranet desejada. **B:** Correta, a conexão 3G permite que a transmissão de dados e telefonia seja feitos com maior velocidade. **C:** Errada, o Outlook Express é uma versão com menos funcionalidades que o Microsoft Outlook. **D:** Errada, uma intranet pode ser acessada de outros locais por meio de uma VPN por exemplo. **E:** Errada, ADSL é um tipo de conexão de banda larga que utiliza a linha telefônica como meio de transmissão.
Gabarito "B".

**(TJ/SC – 2010)** Assinale a alternativa que NÃO INDICA um recurso disponível no navegador Internet Explorer:

**(A)** Bloqueador de *pop-ups*.
**(B)** Navegação com guias.
**(C)** Barra de favoritos.
**(D)** Botões de avançar e retroceder páginas.
**(E)** Função "User Location". Trata-se de um botão que, ao ser clicado, mostra automaticamente o mapa da cidade onde se encontra o computador.

**A:** Errada, o bloqueador de *pop-ups* é um recurso disponível no Internet Explorer. **B:** Errada, a navegação com guias é um recurso disponível nas versões mais atuais do Internet Explorer. **C:** Errada, a barra de favoritos também é um recurso disponível no Internet Explorer. **D:** Errada, o Internet Explorer possui botões de avançar e retroceder páginas durante a navegação. **E:** Correta, a função "User Location" não é um recurso presente no Internet Explorer.
Gabarito "E".

**(Analista – TRE/MA – 2009 – CESPE)** Acerca das ferramentas de navegação na Internet, assinale a opção correta.

**(A)** É possível configurar qual será o navegador padrão usado para navegação na Web, caso haja mais de um *software* com essa finalidade instalado no computador.
**(B)** O Firefox é um browser que não precisa de *plug-ins* para executar arquivos de som ou vídeo.
**(C)** O Internet Explorer é uma ferramenta utilizada para navegar na Internet que também disponibiliza opções de edição de arquivos e tratamento de imagens no formato HTML.
**(D)** Os *pop-ups* são janelas adicionais abertas automática e obrigatoriamente pelo browser para apresentar ao usuário recursos como confirmar senha, imprimir ou enviar uma página por e-mail.
**(E)** O Outlook Express é um *software* de webmail do sistema Windows que pode ser usado para gerenciar caixas de correio eletrônico e acessar páginas HTML e que também permite o envio destas a destinatários incluídos no catálogo de endereços do usuário.

**A:** correta, existindo mais de um navegador instalado no computador o usuário pode definir qual será o navegador-padrão. **B:** errada, são necessários *plug-ins* para a execução de alguns arquivos de som ou vídeo. **C:** errada, ele não disponibiliza opções de edição de arquivos e tratamento de imagens no formato HTML. **D:** errada, os recursos apresentados pelos *pop-ups* para o usuário não se limitam a confirmação de senha, impressão ou envio de página por e-mail. **E:** errada, o Outlook Express é um gerenciador de e-mails e não um *software* de webmail.
Gabarito "A".

**(Analista – TRT/21ª – 2010 – CESPE)** Julgue os itens a seguir, relativos a conceitos e modos de utilização da Internet e de intranets, assim como a conceitos básicos de tecnologia e segurança da informação.

**(1)** Considere a estrutura do seguinte URL hipotético: www.empresahipotetica.com.br. Nessa estrutura, os caracteres br indicam que o endereço é de uma página de uma organização brasileira e os caracteres com indicam que o sítio web é de uma empresa especializada no comércio e(ou) na fabricação de computadores.
**(2)** O protocolo SMTP permite que sejam enviadas mensagens de correio eletrônico entre usuários. Para o recebimento

de arquivos, podem ser utilizados tanto o protocolo Pop3 quanto o IMAP.
**(3)** Se um usuário enviar um *e-mail* para outro usuário e usar o campo cc: para enviar cópias da mensagem para dois outros destinatários, então nenhum destinatário que receber a cópia da mensagem saberá quais outros destinatários também receberam cópias.
**(4)** No sítio web google.com.br, se for realizada busca por "memórias póstumas" — com aspas delimitando a expressão memórias póstumas —, o Google irá realizar busca por páginas da Web que contenham a palavra memórias ou a palavra póstumas, mas não necessariamente a expressão exata memórias póstumas. Mas se a expressão memórias póstumas não foi delimitada por aspas, então o Google irá buscar apenas as páginas que contenham exatamente a expressão memórias póstumas.

**1:** Errada, por meio dos caracteres com não é possível especificar o ramo de atuação da empresa detentora do domínio; **2:** Correta, o protocolo SMTP realiza o envio de mensagens de correio eletrônico, enquanto os protocolos POP3 e IMAP fazem o recebimento destas mensagens; **3:** Errada, para que nenhum destinatário tenha conhecimento do envio de cópias deve-se utilizar o campo Bcc; **4:** Errada, a realização de uma busca no sítio web google.com.br com a utilização de aspas faz com que o resultado contenha a expressão na forma como foi digitada, neste caso ela deve conter as palavras memórias póstumas, escritas desta forma e nesta mesma ordem.
Gabarito 1E, 2C, 3E, 4E

**(Técnico Judiciário – TRE/MA – 2009 – CESPE)** Acerca de conceitos relacionados à Internet e intranet, assinale a opção correta.

**(A)** A Internet é uma rede mundial de computadores, administrada pelo governo norte-americano, para disponibilizar informações do mundo inteiro.
**(B)** *Intranet* é a mesma coisa que Internet, só que ela foi criada para ser acessada apenas por usuários externos a determinada instituição.
**(C)** Para se acessar a Internet, basta ter um computador conectado na rede elétrica, pois, com o advento das redes sem fio, atualmente não são mais necessários cabos ou fios de telefonia para o acesso.
**(D)** Fazer parte da Internet significa usufruir de diversos serviços, como correio eletrônico, acesso a conteúdo livre ou pago, sendo necessário, para tanto, utilizar o protocolo TCP/IP.
**(E)** O endereço **www.minhaempresa.com.br** identifica uma intranet que só pode ser acessada por usuários comerciais no Brasil.

**A:** errada, a Internet não é administrada pelo governo norte-americano. **B:** errada, Intranet é uma rede local interna, a Internet é uma rede de alcance global. **C:** errada, é necessário um meio específico de conexão para se acessar a Internet. **D:** correta, fazer parte da Internet significa poder utilizar vários serviços, pagos ou livres, utilizando o protocolo TCP/IP. **E:** errada, o endereço www.minhaempresa.com.br é um endereço da Internet que pode ser acessado por qualquer usuário no mundo.
Gabarito "D".

**(Analista – TRE/MA – 2009 – CESPE)** Com relação às ferramentas de busca na Internet, assinale a opção correta.

**(A)** O Mozzila é uma ferramenta de busca avançada na Internet que oferece acesso a páginas que não são apresentadas pelo Google.
**(B)** Na opção de páginas em português do Google, o usuário poderá ter acesso apenas a conteúdos disponíveis no domínio .pt, de Portugal.
**(C)** O Google é uma ferramenta de busca para acesso a páginas indexadas pelo sítio Wikipedia em qualquer idioma.
**(D)** As ferramentas de busca disponíveis na Internet evoluíram para permitir o acesso aos arquivos armazenados em máquinas pessoais de todos os usuários que estejam, no momento da busca, conectados à rede.

# 4. INFORMÁTICA — 89

**(E)** As opções avançadas de busca do Google permitem a combinação de diversas palavras para formar um nome, seja com todas as palavras informadas no campo de busca, seja com qualquer uma das palavras ou até sem uma palavra específica que se deseja utilizar para filtrar a pesquisa.

**A:** errada, o Mozzila é um navegador, e não uma ferramenta de busca. **B:** errada, na opção de páginas em português do Google, o usuário terá como resposta da busca websites em português. **C:** errada, o Google não se limita a pesquisa de páginas do sítio Wikipedia. **D:** errada, não é possível acessar arquivos armazenados em qualquer computador pessoal da internet. **E:** correta, as opções avançadas de busca do Google permitem refinar a busca para qualquer uma das palavras, todas as palavras ou até sem uma certa palavra informada pelo usuário.
Gabarito "E".

## 2.3. CORREIO ELETRÔNICO

**(Analista – TRE/BA – 2010 – CESPE)** Acerca de navegação, correio eletrônico, grupos de discussão e ferramentas de busca e pesquisa, julgue o próximo item.

**(1)** A caixa postal de correio eletrônico é um diretório criado no servidor de e-mail, o qual fica localizado no computador do usuário. Ao ser ligada à máquina, esse servidor recebe da Internet, via provedor de acesso, as mensagens que foram enviadas para o endereço do usuário.

**1:** Errada, a caixa postal não fica no computador do usuário, mas sim no servidor da empresa que hospeda este e-mail. Ao ligar o computador o usuário apenas recebe as mensagens lá armazenadas.
Gabarito 1E

**(Analista – TJ/ES – 2011 – CESPE)** Com referência a aplicativos e conceitos relacionados à Internet, julgue os itens que se seguem.

**(1)** O Microsoft Outlook é uma ferramenta de correio eletrônico que facilita o gerenciamento de mensagens por meio de opções avançadas. Porém, sua desvantagem é a necessidade de o computador estar conectado à Internet ou à *intranet* da organização quando for preciso acessar as pastas de mensagens recebidas.

**(2)** O Mozilla Thunderbird é um programa livre e gratuito de *e-mail* que, entre outras funcionalidades, possui um recurso de *anti-spam* que identifica as mensagens indesejadas. Essas mensagens podem ser armazenadas em uma pasta diferente da caixa de entrada de *e-mail* do usuário.

**(3)** No Internet Explorer, a opção Adicionar a Favoritos permite armazenar localmente uma página visitada frequentemente. Assim, em acessos futuros, essa página adicionada a Favoritos estará disponível, mesmo que o computador não esteja conectado à Internet.

**1:** Errada, as mensagens que já foram recebidas pelo Outlook podem ser acessadas normalmente sem a necessidade de uma conexão com a internet ou qualquer outra rede. **2:** Correta, o Mozilla Thundebird é o gerenciador de e-mails do projeto Mozilla, que produz uma série de produtos gratuitos para uso na internet. **3:** Errada, a opção Adicionar ao Favoritos apenas cria um link para fácil acesso a página adicionada, não ficando ela salva no computador local.
Gabarito 1E, 2C, 3E

## 3. SISTEMAS OPERACIONAIS

**(Analista – TRT/21ª – 2010 – CESPE)** Acerca dos sistemas operacionais, dos aplicativos de edição de textos, das planilhas e apresentações nos ambientes Windows e Linux, julgue os itens abaixo.

**(1)** Arquivos no formato txt têm seu conteúdo representado em ASCII ou UNICODE, podendo conter letras, números e imagens formatadas. São arquivos que podem ser abertos por editores de textos simples como o bloco de notas ou por editores avançados como o Word do Microsoft Office ou o Writer do BrOffice.

**(2)** No Windows, um arquivo ou pasta pode receber um nome composto por até 255 caracteres quaisquer: isto é, quaisquer letras, números ou símbolos do teclado. Além disso, dois ou mais objetos ou arquivos pertencentes ao mesmo diretório podem receber o mesmo nome, pois o Windows reconhece a extensão do arquivo como diferenciador.

**1:** Errada, em função de sua simplicidade, arquivos txt não suportam a utilização de imagens formatadas; **2:** Errada, nem todo símbolo é permitido na nomenclatura de pastas ou arquivos para evitar conflitos no sistema.
Gabarito 1E, 2E

**(Analista – TRT/21ª – 2010 – CESPE)** Acerca dos sistemas operacionais, dos aplicativos de edição de textos, das planilhas e apresentações nos ambientes Windows e Linux, julgue o item abaixo.

**(1)** No Linux, o diretório raiz, que é representado pela barra /, e o diretório representado por /dev servem para duas funções primordiais ao funcionamento do ambiente: o primeiro é onde fica localizada a estrutura de diretórios e subdiretórios do sistema; o segundo é onde ficam os arquivos de dispositivos de *hardware* do computador em que o Linux está instalado.

**1:** Correta, o diretório raiz contém toda a estrutura de pastas do sistema operacional, enquanto o /dev armazena drives e outros arquivos de dispositivos de *hardware*.
Gabarito 1C

**(Analista – TRE/MA – 2009 – CESPE)** Entre as diferentes distribuições do sistema operacional Linux estão

**(A)** Debian, Conectiva, Turbo Linux e Slackware.
**(B)** Fedora, RedHat, Kurumim e Posix.
**(C)** Conectiva, OpenOffice, StarOffice e Debian.
**(D)** GNU, Conectiva, Debian e Kernel.
**(E)** KDE, Blackbox, Debian e Pipe.

**A:** correta, todos os nomes mencionados são diferentes distribuições do sistema operacional Linux. **B:** errada, Posix refere-se a normas que garantem portabilidade de código. **C:** errada, OpenOffice se refere à suíte de programas de escritório. **D:** errada, Kernel refere-se ao núcleo do sistema operacional. **E:** errada, Pipe refere-se ao redirecionamento da saída padrão de um programa para a entrada padrão de outro.
Gabarito "A".

**(Técnico Judiciário – TRE/MA – 2009 – CESPE)** A respeito da organização e gerenciamento de arquivos e pastas, assinale a opção correta.

**(A)** No Windows, o Internet Explorer é o programa utilizado para acesso às pastas e arquivos, assim como aos programas instalados.
**(B)** No Windows, para se excluir definitivamente um arquivo do computador, deve-se removê-lo para a lixeira a partir do gerenciador de arquivos e, em seguida, deve-se também removê-lo da lixeira.
**(C)** Para se criar um novo arquivo ou diretório, o usuário deve, antes, estar certo do que vai fazer, pois não é possível alterar o nome de um arquivo criado.
**(D)** Para se remover programas do computador, basta excluir a pasta inteira que os contém, por meio do comando Delete, contido no diretório **Arquivos de programas**, do Windows.
**(E)** O usuário que deseja criar um novo diretório deve selecionar uma área no computador, clicar no arquivo que deseja guardar e salvá-lo com outro nome, para não haver sobreposição.

**A:** errada, o Internet Explorer é um navegador de páginas web. **B:** correta, para que um arquivo seja excluído definitivamente ele deve ser excluído também da lixeira. **C:** errada, é possível alterar o nome de um arquivo após sua criação. **D:** errada, para se remover um programa de computador é necessário utilizar a função Adicionar ou Remover Programas contida no Painel de Controle. **E:** errada, para criar um novo diretório o usuário deve selecionar uma área onde ele deseja criar o diretório, clicar com o botão direito do *mouse* e escolher a opção Novo e depois Pasta.
Gabarito "B".

**(Técnico Judiciário – TRE/BA – 2010 – CESPE)** Quanto ao uso seguro das tecnologias de informação e comunicação, julgue os itens que se seguem.

(1) As intranets são estruturadas de maneira que as organizações possam disponibilizar suas informações internas de forma segura, irrestrita e pública, sem que os usuários necessitem de autenticação, ou seja, de fornecimento de nome de login e senha.

(2) Uma das formas de bloquear o acesso a locais não autorizados e restringir acessos a uma rede de computadores é por meio da instalação de firewall, o qual pode ser instalado na rede como um todo, ou apenas em servidores ou nas estações de trabalho.

**1:** Errada, intranets funcionam como a internet porém limitado à organização, podendo haver áreas restritas; **2:** Correta, os firewalls permitem aplicar uma camada de segurança, limitando o acesso a serviços ou locais específicos da rede.
Gabarito 1E, 2C

**(Delegado/RN – 2009 – CESPE)** O sistema operacional Linux não é

(A) capaz de dar suporte a diversos tipos de sistema de arquivos.
(B) um sistema monousuário.
(C) um sistema multitarefa.
(D) capaz de ser compilado de acordo com a necessidade do usuário.
(E) capaz de suportar diversos módulos de dispositivos externos.

**A:** Errada, o Linux tem suporte a vários tipos de sistemas de arquivos. **B:** Correta, o Linux não é um sistema monousuário, ele permite que mais de um usuário se conecte a ele de forma simultânea. **C:** Errada, o Linux é um sistema monotarefa, onde cada usuário pode realizar apenas uma tarefa por acesso. **D:** Errada, o Linux é um sistema de código aberto, portanto pode ser modificado de acordo com as necessidades do usuário. **E:** Errada, o Linux tem suporte a vários módulos de dispositivos externos assim como qualquer outro sistema operacional.
Gabarito "B".

**(Agente Administrativo – Ministério da Educação – 2009 – CESPE)** A respeito de sistemas operacionais e de editores de texto, de apresentações e de planilhas eletrônicas, julgue os itens a seguir.

(1) No BrOffice Writer, a opção Salvar tudo permite salvar todos os arquivos correntemente abertos, e a opção Recarregar permite desfazer as alterações feitas em um documento, recuperando o estado original de quando ele foi aberto.

(2) O BrOffice Calc é um aplicativo que possui as mesmas funcionalidades do Microsoft Excel e apresenta os mesmos símbolos de botões para facilitar a utilização por usuários que fazem uso simultâneo desses aplicativos.

(3) O BrOffice Impress é um programa utilizado para a criação de apresentações em slides que, ao contrário de outros *software* da suíte BrOffice, não possui um assistente para auxiliar o usuário na criação do documento.

**1:** Correta, o Writer possui a opção Salvar tudo, onde todos os arquivos que estão atualmente abertos são salvos e a opção Recarregar faz com que todas as alterações feitas desde que o arquivo foi salvo sejam desfeitas; **2:** Errada, nem todos os símbolos de botões nos programas mencionados são idênticos; **3:** Errada, o Impress também possui um assistente que ajuda o usuário durante a criação de uma apresentação.
Gabarito 1C, 2E, 3E

**(Agente Administrativo – Ministério da Previdência – 2010 – CESPE)** A respeito do sistema operacional Linux, julgue o item abaixo.

(1) No Linux, os comandos rm e cp permitem, respectivamente, remover e copiar um ou mais arquivos.

**1:** Correta, o comando rm permite a exclusão de arquivos e o comado cp realiza a cópia de arquivos dentro de um ambiente Linux.
Gabarito 1C

Sistema Linux já é coisa de gente grande: cresce a adoção do *software* nas empresas brasileiras

O Linux, principal concorrente do Microsoft Windows, já serve de base a um mercado bilionário no país e dá suporte a atividades essenciais de gigantes nacionais. O uso do Linux é tranquilo, estável e confiável. Além disso, permite reduções de 30% a 40% nos investimentos em equipamentos. Os terminais não têm disco rígido e carregam os programas diretamente dos servidores. Com essa configuração rodando Linux, as redes varejistas podem usar computadores bem mais simples e baratos como terminais, reduzindo os custos das máquinas e de sua manutenção.

**O Estado de S. Paulo**, 13/4/2004 (com adaptações).

**(Analista – ANATEL – 2009 – CESPE)** Tendo o texto acima como referência inicial, julgue os itens seguintes, a respeito do sistema operacional Linux.

(1) O sistema operacional Linux é considerado um *software* livre, o que significa que não é propriedade exclusiva de nenhuma empresa e que a seu usuário é assegurada a liberdade de usá-lo, manipulá-lo e redistribuí-lo ilimitadamente e sem restrições.

(2) A redução de gastos com investimentos em equipamentos, a que se refere o texto, pode ser relacionada ao fato de o Linux ser um *kernel* modular, o que significa que as suas funções de agendamento de processos, gerenciamento de memória, operações de entrada e saída, acesso ao sistema de arquivos entre outras, são executadas no espaço *kernel*.

**1:** Correta, o Linux é distribuído de forma gratuita e pode ser livremente usado, manipulado e distribuído por seus usuários; **2:** Errada, o Linux necessita de um *hardware* menos robusto para ser executado e também economiza com a aquisição de licenças de uso.
Gabarito 1C, 2E

## 4. SEGURANÇA

**(Analista – TRT/21ª – 2010 – CESPE)** Julgue o item a seguir, relativo a conceitos e modos de utilização da Internet e de intranets, assim como a conceitos básicos de tecnologia e segurança da informação.

(1) No governo e nas empresas privadas, ter segurança da informação significa ter-se implementada uma série de soluções estritamente tecnológicas que garantem total proteção das informações, como um firewall robusto que filtre todo o tráfego de entrada e saída da rede, um bom *software* antivírus em todas as máquinas e, finalmente, senhas de acesso a qualquer sistema.

**1:** Errada, a segurança de dados também envolve conceitos de disponibilidade (garantir que a informação esteja disponível sempre que necessário), integridade dos dados (eles não podem sofrer modificações não autorizadas), sua confidencialidade (não estará disponível ou divulgada a indivíduos, entidades ou processos sem autorização) e autenticidade (a informação provém das fontes anunciadas e que não foi alvo de mutações ao longo de um processo).
Gabarito 1E

**(Analista – TRE/BA – 2010 – CESPE)** Com relação ao uso seguro das tecnologias de informação e comunicação, julgue o item subsequente.

(1) Confidencialidade, disponibilidade e integridade da informação são princípios básicos que orientam a definição

# 4. INFORMÁTICA 91

de políticas de uso dos ambientes computacionais. Esses princípios são aplicados exclusivamente às tecnologias de informação, pois não podem ser seguidos por seres humanos.

1: Errada, a confidencialidade (garantia que a informação não estará disponível ou divulgada a indivíduos, entidades ou processos sem autorização), a disponibilidade (manter um serviço disponível o máximo de tempo possível) e a integridade (garantia que algo não pode sofrer modificações não autorizadas) são princípios aplicáveis também ao ser humano.

Gabarito 1E

**(Analista – TRE/MT – 2010 – CESPE)** Considerando conceitos de segurança da informação, assinale a opção correta.

(A) A segurança das informações que transitam pela Internet é de total responsabilidade do administrador de rede.

(B) Instalar e utilizar antivírus em um computador é uma ação preventiva que elimina completamente a possibilidade de ataques a arquivos e pastas.

(C) Ao se utilizar firewall é garantido o bloqueio de vírus e worms, pois a sua principal função é identificar e eliminar arquivos corrompidos.

(D) Recursos e instalações de processamento de informações críticas ou sensíveis do negócio devem ser mantidas em áreas seguras, protegidas por um perímetro de segurança definido, com barreiras de segurança apropriadas e controle de acesso.

(E) Os sistemas operacionais modernos possuem mecanismos que evitam a propagação de vírus e cavalos de troia. Tais mecanismos devem ser ativados por meio do gerenciador de arquivos ou pelo gerenciador de aplicativos.

A: Errada, administradores de rede possuem controle dos dados apenas enquanto eles trafegam em seu segmento de rede, após irem para a Internet ele não possui controle sobre eles. B: Errada, o antivírus é uma ferramenta reativa, ela funciona após a infecção, para evitá-la deve-se utilizar um Firewall e medidas de segurança. C: Errada, a principal função do Firewall é bloquear o acesso a portas e garantir que a política de segurança da rede seja cumprida. D: Correta, toda e qualquer informação crítica dentro do negócio deve estar protegida por barreiras e medidas de segurança a fim de garantirem sua integridade e confiabilidade. E: Errada, nem todo sistema operacional possui um sistema de defesa em sua configuração-padrão, estando este a cargo do usuário.

Gabarito "D".

**(Analista – TRF/1ª – 2011 – FCC)** Dispositivo que tem por objetivo aplicar uma política de segurança a um determinado ponto de controle da rede de computadores de uma empresa. Sua função consiste em regular o tráfego de dados entre essa rede e a internet e impedir a transmissão e/ou recepção de acessos nocivos ou não autorizados. Trata-se de

(A) antivírus.

(B) *firewall*.

(C) *mailing*.

(D) *spyware*.

(E) *adware*.

A: Errada, o antivírus tem por função remover ou bloquear vírus que tenha sido instalados ou detectados no computador. B: Correta, o firewall aplica as políticas de segurança de uma rede ou computador, bloqueando portas ou serviços e garantindo a segurança da rede. C: Errada, *mailing* é uma forma de envio de mensagens eletrônicas. D: Errada, o *spyware* é um tipo de ameaça de computador. E: Errada, o *adware* é um tipo de ameaça de computador.

Gabarito "B".

**(Analista – TJ/ES – 2011 – CESPE)** Julgue os itens subsecutivos, referentes a conceitos de tecnologia da informação.

(1) Tecnologias como a biometria por meio do reconhecimento de digitais de dedos das mãos ou o reconhecimento da íris ocular são exemplos de aplicações que permitem exclusivamente garantir a integridade de informações.

(2) Um filtro de *phishing* é uma ferramenta que permite criptografar uma mensagem de *e-mail* cujo teor, supostamente, só poderá ser lido pelo destinatário dessa mensagem.

(3) O conceito de confidencialidade refere-se a disponibilizar informações em ambientes digitais apenas a pessoas para as quais elas foram destinadas, garantindo-se, assim, o sigilo da comunicação ou a exclusividade de sua divulgação apenas aos usuários autorizados.

1: Errada, esse tipo de tecnologia garante a segurança do sistema como um todo, limitando o acesso as informações apenas a pessoas autorizadas. 2: Errada, o filtro de phishing tem como função atacar as mensagens e sites que tem como intenção enganar o usuário a fim de obter dados confidenciais. 3: Correta, a confidencialidade é a característica que garante que os dados estão disponíveis apenas àqueles que tenham autorização para acessá-los.

Gabarito 1E, 2E, 3C

**(Técnico Judiciário – MPU – 2010 – CESPE)** Acerca de conceitos básicos de segurança da informação, julgue os itens seguintes.

(1) É recomendável que, entre as medidas de segurança propostas para gerenciar um ambiente automatizado, seja incluída a instalação, em rede, de ameaças que possam servir de armadilhas para usuários mal-intencionados, como criptografia, algoritmos, assinatura digital e antivírus.

(2) Cavalo de Troia é exemplo de programa que atua na proteção a um computador invadido por *hackers*, por meio do fechamento de portas, impedindo o controle remoto do sistema.

(3) De acordo com o princípio da disponibilidade, a informação só pode estar disponível para os usuários aos quais ela é destinada, ou seja, não pode haver acesso ou alteração dos dados por parte de outros usuários que não sejam os destinatários da informação.

1: Errada, as medidas mencionadas na verdade são ações de segurança contra ameaças e não armadilhas contra usuários mal-intencionados; 2: Errada, o Cavalo de Troia é um programa que uma vez no computador, mantém uma porta de conexão aberta para que um invasor possa operar a máquina a distância; 3: Errada, o princípio da disponibilidade diz que um arquivo deve estar sempre disponível para ser acessado a quem lhe é de direito.

Gabarito 1E, 2E, 3E

**(Delegado/PB – 2009 – CESPE)** A respeito de segurança e proteção de informações na Internet, assinale a opção incorreta.

(A) Embora o uso de aplicativo antivírus continue sendo importante, grande parte da prevenção contra os vírus depende dos usuários, porque as infecções ocorrem em função do comportamento do usuário, como abrir anexo de e-mail, clicar em um link ou fazer download de arquivo.

(B) Uma forma de evitar infecções no computador é manter o antivírus ativado e atualizado e deixar agendadas varreduras periódicas.

(C) Uma forma de proteção contra vírus eletrônicos é a troca periódica de senhas sensíveis.

(D) Usuários devem atentar para e-mail desconhecido e evitar propagar correntes com o objetivo de minimizar infecções por vírus.

(E) Os vírus surgem cada vez mais rapidamente, mas a instalação de antivírus é suficiente para eliminá-los, por meio do reconhecimento da assinatura do vírus.

A: Errada, a afirmativa está correta. B: Errada, a afirmativa está correta. C: Errada, a afirmativa está correta. D: Errada, a afirmativa está correta. E: A afirmativa está incorreta, ou seja, os antivírus utilizam várias técnicas para reconhecer e remover vírus, mas mesmo assim, por mais atualizado que esteja não é possível garantir que ele removerá todos e quaisquer vírus.

Gabarito "E".

**(Técnico – ANATEL – 2009 – CESPE)** Com o desenvolvimento da Internet e a migração de um grande número de sistemas especializados de informação de grandes organizações para sistemas de propósito geral acessíveis universalmente, surgiu a preocupação com a segurança das informações no ambiente da Internet. Acerca da segurança e da tecnologia da informação, julgue os itens a seguir.

(1) A disponibilidade e a integridade são itens que caracterizam a segurança da informação. A primeira representa a garantia de que usuários autorizados tenham acesso a informações e ativos associados quando necessário, e a segunda corresponde à garantia de que sistemas de informações sejam acessíveis apenas àqueles autorizados a acessá-los.

(2) Em uma organização, a segurança da informação é responsabilidade corporativa do gerente e deve ser mantida no âmbito particular desse gerente.

**1:** Errada, a integridade garante que a informação estará disponibilizada da maneira como foi originada, sem alterações não autorizadas em sua forma e conteúdo; **2:** Errada, em uma organização todos são responsáveis pela segurança dos dados, porém cabe ao gerente disponibilizar diretrizes de segurança e juntamente com sua equipe criar meios que ajudem no cumprimento destas diretrizes.
Gabarito 1E, 2E.

**(Agente Administrativo – Ministério da Educação – 2009 – CESPE)** Com referência à segurança da informação, julgue os itens subsequentes.

(1) Uma das principais preocupações com relação a ambientes eletrônicos, a segurança deve ser considerada sob diversos aspectos, como de conscientização dos usuários, regras e cuidados de acesso, uso, tráfego de dados em uma rede, além da utilização correta de *software* autorizados, que devem ser legalmente adquiridos.

(2) O acesso seguro a um ambiente eletrônico deve ser feito por meio de firewall, que é um sistema que reconhece o nome e a senha do usuário, elimina os vírus que podem estar na máquina cliente e no servidor e impede o envio de informações sem criptografia.

(3) Os arquivos recebidos anexados a mensagens eletrônicas devem ser abertos imediatamente, a fim de se descobrir se contêm vírus. Para tanto, basta ter um programa de antivírus instalado, que vai automaticamente eliminar a mensagem, caso seja identificado um vírus dentro dela.

(4) Vírus, spywares, worms e trojans são conhecidas ameaças aos ambientes eletrônicos que devem ser monitoradas por meio de *software* de segurança específicos para cada tipo de ameaça.

**1:** Correta, a segurança de ambientes eletrônicos é feita não só com medidas digitais mas também com a conscientização por parte dos usuários com um correto acompanhamento pelo setor de segurança, mantendo as diretrizes de segurança sempre ativas; **2:** Errada, o Firewall é um sistema que protege o computador contra invasão, deixando aberta apenas as portas de comunicação usadas por programas reconhecidamente seguros; **3:** Errada, arquivos só devem ser abertos após verificados por um *software* antivírus, caso ela seja aberta antes disso corre-se o risco de infecção; **4:** Correta, as ameaças mencionadas podem afetar o correto funcionamento do sistema operacional, é recomendado que o computador possua programas de detecção como antivírus e antispywares para que se mantenha sempre protegido.
Gabarito 1C, 2E, 3E, 4C.

**(Analista – ANATEL – 2009 – CESPE)** Acerca da segurança da informação, julgue os itens a seguir.

(1) Segurança da Informação é a proteção contra um grande número de ameaças às informações, de forma a assegurar a continuidade dos negócios, minimizando danos comerciais e maximizando o retorno de investimentos. Ela pode ser garantida fazendo-se uso de controles físicos da informação, de mecanismos de controle de acesso, como firewalls e proxies, entre outras medidas.

(2) Uma organização, ao estabelecer seus requisitos de segurança da informação, deve avaliar riscos, a partir da vulnerabilidade e da probabilidade de ocorrência de eventos de ameaça, sempre obtidas por meio de dados históricos de incidentes e problemas registrados nos bancos de dados da central de serviços.

**1:** Correta, a segurança da informação é responsável por manter toda a estrutura digital disponível e livre de ameaças, para isso são usados controle tanto de *hardware* quanto de peopleware; **2:** Errada, não apenas dados da central de serviços devem ser levados em consideração mas sim todas as possibilidades que possam porventura afetar o funcionamento da empresa.
Gabarito 1C, 2E.

**(Auditor Fiscal – SEFAZ/RS – 2019 – CESPE/CEBRASPE)** Para o estabelecimento de padrões de segurança, um dos princípios críticos é a necessidade de se verificar a legitimidade de uma comunicação, de uma transação ou de um acesso a algum serviço. Esse princípio refere-se à

(A) confidencialidade.
(B) autenticidade.
(C) integridade.
(D) conformidade.
(E) disponibilidade.

**A:** Errada, a confidencialidade é a garantia de que uma informação só será acessada por aqueles com a devida permissão. **B:** Correta, a autenticidade é a característica que garante que um documento ou informação veio de uma determinada fonte. **C:** Errada, a integridade é a garantia de que uma determinada informação ou documento não sofreu alterações, não foi corrompido ou comprometido de alguma forma. **D:** Errada, a conformidade é a garantia que atesta o cumprimento de determinada normal. **E:** Errada, a disponibilidade é garantia de que determinado serviço ou informação estará disponível sempre que necessário. HS
Gabarito "B".

**(Auditor Fiscal – SEFAZ/RS – 2019 – CESPE/CEBRASPE)** Julgue os itens a seguir, acerca de segurança da informação.

I. São exemplos de ameaças as contas sem senhas ou configurações erradas em serviços DNS, FTP e SMTP.
II. Não repúdio indica que o remetente de uma mensagem não deve ser capaz de negar que enviou a mensagem.
III. Vulnerabilidade é a fragilidade de um ativo ou de um grupo de ativos que pode ser explorada.
IV. Pessoas não são consideradas ativos de segurança da informação.

Estão certos apenas os itens

(A) I e III.
(B) I e IV.
(C) II e III.
(D) I, II e IV.
(E) II, III e IV.

As afirmativas **I** e **IV** estão incorretas, embora contas sem senha sejam uma ameaça, configurações erradas em serviços como DNS, FTP e SMTP nem sempre apresentam riscos de segurança, este só seria o caso quando o erro consistir na utilização de servidores inseguros que possam ser manipulados por usuários maliciosos, porém, nem todo erro de configuração incorre em uma falha de segurança. Além disso, pessoas são um dos ativos mais importantes na segurança da informação, uma vez que são independentes e suas ações impactam de forma direta nas garantias de segurança. Portanto, apenas a alternativa C está correta. HS
Gabarito "C".

**(Auditor Fiscal – SEFAZ/RS – 2019 – CESPE/CEBRASPE)** A respeito dos métodos de criptografia, assinale a opção correta.

(A) Esses métodos classificam-se em cifragem e decifragem de chaves.
(B) Na criptografia simétrica, as chaves utilizadas para criptografar uma mensagem possuem o mesmo tamanho, todavia são diferentes na origem e no destino.

(C) Na utilização de chaves públicas, a chave é dividida em duas partes complementares, uma das quais é secreta, eliminando-se, dessa forma, o processo de geração e distribuição de chaves de cifragem.

(D) A cifragem é suficiente para garantir a integridade dos dados que são transmitidos, por isso é dispensável o uso de chaves de autenticação e de assinaturas digitais.

(E) Independentemente da técnica de criptografia empregada, a transmissão das chaves de cifragem do emissor para o receptor é desnecessária.

**A:** Errada, os métodos de criptografia são divididos em simétricos (a mesma chave é usada pelo emissor e receptor) ou assimétricos (é usado um conjunto de chaves, pública e privada). **B:** Errada, na criptografia simétrica a mesma chave é usada pelo emissor e pelo receptor para cifrar e decifrar a informação. **C:** Correta, na criptografia de chave pública ou assimétrica a chave do receptor é secreta e só conhecida por ele, as mensagens enviadas para o receptor são assinadas com sua chave pública que é amplamente disseminada. **D:** Errada, a assinatura digital, processo resultante da encriptação do resumo (*hash*) do conteúdo original com a chave privada, é essencial para garantir a integridade da informação, que pode ser verificada a partir da comparação do resumo do arquivo (seu *hash*) com o conteúdo descriptografado da assinatura digital pela chave pública do emissor. **E:** Errada, na criptografia simétrica o receptor deve possuir a mesma chave utilizada pelo emissor e na criptografia assimétrica o emissor deve possuir a chave pública do receptor. HS

Gabarito "C".

**(Auditor Fiscal – SEFAZ/RS – 2019 – CESPE/CEBRASPE)** Acerca de certificação digital, assinale a opção correta.

(A) Normalmente, cada certificado inclui a chave pública referente à chave privada de posse da entidade especificada no certificado.

(B) Certificado digital comprado não pode ser revogado.

(C) É função da autoridade certificadora identificar e cadastrar usuários presencialmente e, depois, encaminhar as solicitações de certificados, mantendo registros das operações.

(D) No Brasil, adota-se o modelo de certificação hierárquica com várias raízes; SERPRO, SERASA e CERTISIGN são exemplos de autoridades certificadoras raiz que credenciam os participantes e auditam os processos.

(E) A utilização do certificado digital em documentos ainda não dispensa a apresentação física destes documentos no formato impresso em órgãos públicos.

**A:** Correta, o certificado digital trabalha com autenticação de chave pública e privada, onde a chave privada fica armazenada na unidade certificadora e é usada para validar a informação com base na chave pública que acompanha o certificado. **B:** Errada, os certificados digitais podem ser revogados (em caso de perda, roubo, constatação de informação incorreta no certificado ou necessidade de atualização de informações) e possuem validade, que deve ser renovada periodicamente. **C:** Errada, a função descrita nesta alternativa na verdade se aplica as ARs (Autoridades de Registro) segundo o Art. 7º da Medida Provisória 2.200-2. **D:** Errada, SERPRO, SERASA e CERTISIGN não são autoridades certificadoras (ACs) raiz, elas são ACs de primeiro nível ou Normativas, que podem emitir certificados para outras autoridades certificadoras. No Brasil é usado um modelo de raiz única e não de várias raízes e a AC raiz do Brasil é chamada de AC-Raiz. **E:** Errada, documentos assinados com certificados digitais que fazem parte da estrutura do ICP-Brasil possuem validade jurídica e devem ser considerados como confiáveis, com amparo na MP 2.200-2. HS

Gabarito "A".

## 5. BANCO DE DADOS

**(Auditor Fiscal – SEFAZ/RS – 2019 – CESPE/CEBRASPE)** As funções de um sistema de gerenciamento de banco de dados (SGBD) incluem

(A) gerenciar a integridade de dados, o dicionário e o armazenamento de dados, bem como a memória do computador enquanto o SGBD estiver em execução.

(B) transformar e apresentar dados, controlar o acesso de multiusuário e prover interfaces de comunicação do banco de dados.

(C) gerenciar o becape e a recuperação dos dados, bem como o escalonamento de processos no processador por meio do banco de dados.

(D) gerenciar o sistema de arquivos e a segurança do banco de dados.

(E) gerenciar a entrada e saída de dispositivos, linguagens de acesso ao banco de dados e interfaces de programação de aplicações.

**A:** Errada, a gestão da memória do computador não é parte das tarefas de um SGBD, e sim do sistema operacional. **B:** Correta, o SGBD (Sistema de Gerenciamento de Banco de Dados) é responsável por garantir e gerenciar o acesso e a persistência dos dados assim como permitir sua manipulação, através de uma interface, e a organização dos dados. **C:** Errada, o escalonamento de processos no processador não é tarefa do SGBD. **D:** Errada, é papel do sistema operacional realizar o gerenciamento do sistema de arquivos do disco. **E:** Errada, gerenciar a entrada e saída de dispositivos é papel do sistema operacional. HS

Gabarito "B".

**(Auditor Fiscal – SEFAZ/RS – 2019 – CESPE/CEBRASPE)** No modelo relacional, a afirmação "Duas tuplas distintas, em qualquer estado da relação, não podem ter valores idênticos para os atributos na chave" é

(A) falsa.

(B) uma restrição de domínio do modelo.

(C) uma propriedade exclusiva do modelo objeto-relacional.

(D) uma condição que deverá estar explícita na representação dos atributos de uma tupla.

(E) uma propriedade de chave do modelo.

**A:** Errada, a afirmação é verdadeira, atributos chave devem possuir valores exclusivos, portanto, duas tuplas distintas não podem ter valores iguais para o atributo chave. **B:** Errada, na restrição de domínio um determinado atributo deve possuir um valor dentro de um conjunto preestabelecido, o que não se aplica a valores de chave primária. **C:** Errada, esta é uma propriedade também presente em bancos de dados relacionais. **D:** Errada, por definição valores de chaves primárias devem ser únicos e não nulos, logo, é uma condição implícita. **E:** Correta, uma chave primária deve ser sempre única para que uma tupla possa ser identificada de forma inequívoca. HS

Gabarito "E".

**(Auditor Fiscal – SEFAZ/RS – 2019 – CESPE/CEBRASPE)** No modelo relacional, variável corresponde a

(A) uma constante individual.

(B) um valor variável que não possui local no tempo nem no espaço.

(C) uma matriz de valores codificados e armazenados na memória.

(D) um recipiente para se armazenar um valor que pode ser atualizado.

(E) um valor que não admite substituição.

No modelo relacional, assim como em linguagens de programação, uma variável é um elemento que recebe um valor para ser armazenado por um determinado período de tempo, dentro de algum contexto, e cujo valor pode ser alterado durante sua existência, portanto apenas a alternativa D está correta. HS

Gabarito "D".

**(Auditor Fiscal – SEFAZ/RS – 2019 – CESPE/CEBRASPE)** Uma das regras de Codd para o modelo relacional consiste

(A) na independência de distribuição.

(B) na presença de uma linguagem de programação no SGBD que promova interface com o banco de dados, com a segurança e com a atualização dos dados.

(C) na subversão das regras de integridade ou restrições quando utilizada uma linguagem de baixo nível.

(D) no não tratamento das atualizações de visões de dados.

**(E)** na dependência de dados físicos (mudança na memória e no método de acesso).

**A:** Correta, a regra da independência de distribuição diz que aqueles que consomem a informação não devem ser afetados pela localização dos dados. **B:** Errada, a regra 5 trata da Sublinguagem ampla de dados, dizendo que o SGBD deve suportar uma linguagem declarativa bem definida que suporte definições e manipulações de dados, assim como a definição de visualizações, restrições de integridade, autorização e gerenciamento de transações. **C:** Errada, a regra 10 trata da Independência de Integridade, que diz que todas as restrições de integridade devem ser especificadas de forma separada das aplicações, de forma que alterações nestas regras não impliquem em alterações nas aplicações. **D:** Errada, a regra 6 trata da Atualização de Visualizações, que diz que todas as visualizações que são teoricamente atualizáveis devem ser atualizáveis pelo SGBD. **E:** Errada, pelo contrário, a regra 8 trata da independência física de dados, que diz que não deve haver alterações lógicas para aplicativos e recursos *ad hoc* em decorrência de mudanças nos métodos de acesso ou estruturas de armazenamento físicos. HS

Gabarito "A".

**(Auditor Fiscal – SEFAZ/RS – 2019 – CESPE/CEBRASPE)** Com relação aos modelos de dados multidimensionais, assinale a opção correta.

**(A)** A principal característica da tabela de fatos é a ausência de dados redundantes, o que melhora o desempenho nas consultas.

**(B)** Esses modelos são cubos de dados, sendo cada cubo representado por uma única tupla com vários atributos.

**(C)** Esses modelos proporcionam visões hierárquicas, ou seja, exibição *roll-up* ou *drill-down*.

**(D)** Os modelos de dados multidimensionais dão ênfase à coleta e às transações de dados.

**(E)** Esses modelos não utilizam processos de transferência de dados, mas sim acessos nativos do próprio SGBD utilizado.

**A:** Errada, uma tabela fato é uma tabela que contém medidas, métricas ou fatos que serão analisados a partir do modelo multidimensional, elas são descritas pelas tabelas dimensão, que se relacionam a estas e fornecem as qualificações dos dados, e a total ausência de redundância não é uma imposição. **B:** Errada, os cubos compreendem mais de uma dimensão de análise. **C:** Correta, os modelos multidimensionais permitem análises de forma a aumentar (processo de *drill-down*) ou diminuir (processo de *roll-up*) a granularidade da informação. **D:** Errada, essa descrição se encaixa melhor para os modelos transacionais. **E:** Errada, para estes modelos são utilizadas ferramentas de ETL para realizar a extração, tratamento e carregamento dos dados. HS

Gabarito "C".

**(Auditor Fiscal – SEFAZ/RS – 2019 – CESPE/CEBRASPE)** O *data warehouse* diferencia-se dos bancos de dados transacionais porque

**(A)** trabalha com dados atuais, mas não com dados históricos.

**(B)** faz uso intenso de operações diárias e de processamento de transações continuamente.

**(C)** possui milhares de usuários de diferentes níveis hierárquicos dentro da organização.

**(D)** tem dimensionalidade genérica e níveis de agregação ilimitados.

**(E)** utiliza ferramentas de prospecção e consulta de dados baseadas em OLTP (*on-line transaction processing*).

*Data warehouses* são repositórios de dados que concentram informações de diversas fontes diferentes, extraindo, organizando e centralizando-as de forma que possam, sem restrições de quantidades de dimensões ou níveis hierárquicos, serem analisados pela área de negócios. Dentre suas principais características podemos destacar a capacidade de gerenciar o histórico de grandes volumes de informações, permitindo a identificação de padrões auxiliando nas tomadas de decisão. Portanto apenas a alternativa D está correta. HS

Gabarito "D".

**(Auditor Fiscal – SEFAZ/RS – 2019 – CESPE/CEBRASPE)** A respeito do BI (*business intelligence*), assinale a opção correta.

**(A)** O BI consiste na transformação metódica e consciente das informações exclusivamente prestadas pelos tomadores de decisão em novas formas de conhecimento, para evolução dos negócios e dos resultados organizacionais.

**(B)** ETL é o processo de análise de dados previsto pela arquitetura de BI.

**(C)** As técnicas do BI objetivam definir regras para a formatação adequada dos dados, com vista a sua transformação em depósitos estruturados de informações, sem considerar a sua origem.

**(D)** O repositório de dados analíticos de BI é representado pelas diversas bases de dados relacionais e por repositórios de dados que utilizem modelagens relacionais.

**(E)** A camada de apresentação de uma arquitetura de BI é aquela em que as informações são organizadas e centralizadas.

**A:** Errada, o termo BI (*Business Inteligence*) engloba as diversas ferramentas, metodologias, processos e tecnologias usadas para analisar grandes conjuntos de dados, gerando novas informações e conhecimentos, fornecendo o suporte necessário para a tomada de decisões estratégicas. **B:** Errada, o ETL (sigla para *Extract, Transform, Load*, ou Extrair, Transformar e Carregar) é o processo de extração e organização dos dados para que possam ser usados nas análises desejadas. **C:** Correta, para que as análises de BI sejam possíveis é necessário extrair dados das diversas fontes possíveis, tratá-los de forma adequada, garantindo que sua extração ocorra sem problemas e posteriormente possam ser relacionados e interpretados corretamente. **D:** Errada, os modelos de BI não trabalham apenas com bases de dados ou modelagens relacionais, eles podem extrair informações de diversas fontes diferentes e organizá-las de forma que possam ser analisadas e gerar conhecimento. **E:** Errada, a camada de apresentação é aquela que trata da exibição dos dados para os usuários. HS

Gabarito "C".

# 6. GESTÃO DE TECNOLOGIA DA INFORMAÇÃO

Em determinado órgão, foi identificada a necessidade de solucionar os seguintes problemas:

A) ausência de gerenciamento dos *softwares* desenvolvidos internamente, quanto a versão, recursos e arquiteturas;

B) falhas na entrega de informações que deveriam ser precisas, na perspectiva de serem corretas, para a pessoa certa, no momento certo.

**(Auditor Fiscal – SEFAZ/RS – 2019 – CESPE/CEBRASPE)** De acordo com a ITIL v3, esses problemas podem ser resolvidos com a implantação

**(A)** da função gerenciamento de aplicativo, para (a), e do processo gerenciamento de conhecimento, para (b).

**(B)** do processo gerenciamento de problemas, para ambos.

**(C)** do processo gerenciamento de configuração, para (a), e da função central de serviço, para (b).

**(D)** do processo gerenciamento da liberação, para ambos.

**(E)** do processo gerenciamento de nível de serviço, para ambos.

**A:** Correta, a função do gerenciamento de aplicativos tem como objetivo suportar a gestão de uma aplicação durante todo seu ciclo de vida, auxiliando nos processos de *design*, teste, implementação, operação e otimização da aplicação, e o gerenciamento de conhecimento visa permitir a obtenção, análise, armazenamento e compartilhamento do conhecimento dentro da organização, melhorando a eficiência da resolução de problemas. **B:** Errada, o gerenciamento de problemas é o processo que visa administrar o ciclo de vida dos problemas em um ambiente de TI, com o objetivo de preveni-los quando possível e minimizar seus impactos quando não evitáveis. **C:** Errada, o gerenciamento de configuração visa garantir que os ativos necessários para a entrega dos serviços de TI sejam controlados e que estas informações estejam disponíveis sempre que preciso, como por exemplo detalhes sobre os ativos, como foram configurados e como se relacionam e a central de serviços é o ponto único de contato dos usuários para realizar demandas para a área de TI. **D:** Errada, o processo de gerenciamento de liberação visa prover garantias de que atualizações de *hardware* ou *software* possam ser realizadas sem gerar impactos negativos para a operação, por meio do planejamento, programação, testes e definição de rotinas de recuperação em caso de problemas. **E:** Errada, o processo de gerenciamento de nível de serviço visa garantir a qualidade do serviço prestado a partir da definição de prazos para a realização de ações dentro de um fluxo de trabalho. HS

Gabarito "A".

Em auditoria externa para analisar um serviço implementado em determinado órgão, o auditor observou que esse serviço seguia inicialmente as boas práticas da ITIL, mas passou a ficar inoperante ou com baixa *performance* em alguns momentos, durante picos de acesso de uso. O auditor constatou, ainda, que não havia tido avaliação prévia sobre picos de demanda.

**(Auditor Fiscal – SEFAZ/RS – 2019 – CESPE/CEBRASPE)** De acordo com a ITIL v3, esses problemas podem ser resolvidos com a implantação

(A) de incidentes, que, no caso descrito, ficaria limitado ao atendimento da inoperância e aos casos de baixa *performance* com a função central de serviços.

(B) da demanda do estágio estratégia, que visa gerenciar os ciclos de produção dos serviços e os ciclos de consumo dos serviços.

(C) de disponibilidade, especialmente no que se refere à métrica MTTR, que mede a *performance* dos serviços.

(D) de capacidade do estágio transição, especialmente no que se refere à quantidade de recursos necessários para o sistema funcionar sem interrupções.

(E) de mudança no estágio desenho, especialmente no que se refere à mensuração da capacidade prévia necessária para uso do serviço.

**A:** Errada, o gerenciamento de incidentes trata da resolução de problemas de forma que ocorra a retomada de um serviço ou funcionalidade da forma mais breve possível. **B:** Correta, é parte do gerenciamento de demanda entender a demanda dos usuários pelo serviço e aprovisionar a capacidade necessária para atender tais demandas, levando em conta questões de sazonalidade como no caso descrito. **C:** Errada, no gerenciamento de disponibilidade a métrica MTTR (Mean-Time-To-Repair ou Tempo médio de reparo) trata do tempo necessário para reparar um item de configuração ou serviço e não sua performance. **D:** Errada, além do gerenciamento de capacidade ser parte do estágio de Desenho e não de Transição. **E:** Errada, o gerenciamento de mudança faz parte do estágio de Transição e não de Desenho. HS

Gabarito "B".

No desenvolvimento de um produto, verificou-se que não havia identificação de precedência entre algumas atividades antes do início das execuções.

**(Auditor Fiscal – SEFAZ/RS – 2019 – CESPE/CEBRASPE)** De acordo com o PMBOK, a representação das relações lógicas entre as atividades do projeto é obtida com

(A) a técnica Delphi.

(B) a estrutura analítica do projeto (EAP).

(C) o diagrama de rede do cronograma do projeto.

(D) a matriz de rastreabilidade de requisitos.

(E) a linha de base do escopo.

**A:** Errada, a técnica Delphi é utilizada como ferramenta de gestão de conflitos para obtenção de um consenso entre um grupo de especialistas preservando o anonimato dos indivíduos através de uma pessoa que atua como facilitadora da comunicação. **B:** Errada, a EAP é uma decomposição hierárquica do escopo total do trabalho a ser executado pela equipe de um projeto a fim de atingir os objetivos deste e criar as entregas necessárias. **C:** Correta, o diagrama de rede do cronograma do projeto apresenta de uma forma gráfica as dependências entre as atividades do projeto. **D:** Errada, a matriz de rastreabilidade de

requisitos mostra a associação dos requisitos às suas origens e faz seu acompanhamento durante o ciclo de vida do projeto. **E:** Errada, a linha de base do escopo é composta pela declaração do escopo do projeto, a estrutura analítica do projeto e o dicionário da EAP, que tem como objetivo orientar a equipe do projeto em relação ao que deve ser entregue e os resultados esperados. HS

Gabarito "C".

**(Auditor Fiscal – SEFAZ/RS – 2019 – CESPE/CEBRASPE)** Assinale a opção que indica o documento que, no projeto de um novo serviço, é descrito na área de conhecimento integração no PMBOK e, apesar de não ser considerado um contrato, informa as necessidades do negócio, as premissas e os requisitos de alto nível do cliente.

(A) estrutura analítica do projeto (EAP)

(B) plano de gerenciamento da qualidade

(C) termo de abertura de projeto

(D) plano de gerenciamento do projeto

(E) registro das mudanças

**A:** Errada, a estrutura analítica do projeto é uma decomposição hierárquica do escopo total do trabalho a ser executado pela equipe de um projeto a fim de atingir os objetivos deste e criar as entregas necessárias. **B:** Errada, o plano de gerenciamento da qualidade é parte do plano de gerenciamento do projeto que detalha os procedimentos, políticas e diretrizes que serão usadas para atingir o nível de qualidade desejado, descrevendo os recursos e atividades necessárias para o cumprimento deste objetivo. **C:** Correta, o termo de abertura de projeto é uma autorização formal para o projeto emitido pelo patrocinador ou responsável pelo projeto e detalha as necessidades e objetivos que devem ser alcançados, garantindo o entendimento da equipe, definição dos papéis, responsabilidades e marcos do projeto. **D:** Errada, o plano de gerenciamento do projeto descreve a forma que o projeto será executado, controlado, monitorado e finalizado, consolidando os planos de gerenciamento e linhas de base do projeto. **E:** Errada, o registro de mudanças tem por finalidade documentar as mudanças ocorridas durante o projeto. HS

Gabarito "C".

**(Auditor Fiscal – SEFAZ/RS – 2019 – CESPE/CEBRASPE)** É dispensável que o gerenciamento de finanças como custos e orçamentos conste em guias e(ou) modelos de governança de TI, apesar de esse tipo de gerenciamento caracterizar ação associada à governança. Aliado ao gerenciamento de finanças, o orçamento

(A) é abordado na ITIL, no estágio estratégia, e no PMBOK, no gerenciamento de custos do projeto.

(B) é abordado no PMBOK, no gerenciamento financeiro do projeto, mas não na ITIL.

(C) é abordado na ITIL, no estágio desenho, e no PMBOK, na área de conhecimento gerenciamento do escopo do projeto.

(D) não é abordado na ITIL nem no PMBOK.

(E) é abordado na ITIL, no gerenciamento financeiro, mas não no PMBOK.

No ITIL o orçamento, assim como a contabilidade, é tratado no estágio inicial do ciclo de vida de serviço chamado de estratégia, que visa fornecer as diretrizes necessárias para os próximos estágios do ciclo de vida do serviço, através do Gerenciamento financeiro de serviços de TI e no PMBOK como parte do gerenciamento de custos do projeto, dividindo-o no planejamento de recursos, estimativa, orçamento e controle dos custos. Portanto apenas a alternativa A está correta. HS

Gabarito "A".

Ao rever a aplicação da ITIL em determinado órgão, um auditor verificou que os processos gerenciamento da mudança e gerenciamento da configuração e de ativos de serviço atuavam em outros estágios além daquele em que se encontram organizados na ITIL v3.

**(Auditor Fiscal – SEFAZ/RS – 2019 – CESPE/CEBRASPE)** À luz da ITIL v3, infere-se desse achado da auditoria

(A) irregularidade, pois todos os processos da ITIL atuam somente nos estágios aos quais eles pertençam.

**(B)** irregularidade, pois somente o processo gerenciamento da mudança pode atuar fora do seu estágio.

**(C)** irregularidade, pois somente o processo gerenciamento da configuração e de ativos de serviço pode atuar fora do seu estágio.

**(D)** ausência de irregularidade, pois todos os processos do estágio transição podem operar tanto nos respectivos estágios quanto no estágio operação.

**(E)** ausência de irregularidade, pois ambos os processos atuam em todo o ciclo de vida, apesar de descritos no estágio transição de serviços.

---

Durante o ciclo de vida de um serviço as mudanças devem ser registradas, avaliadas, documentadas e revisadas a todo tempo, isso gera a constante necessidade de manter controle sempre atualizado sobre os itens de configuração e ativos de serviço (que podem ser componentes de *hardware*, *software*, documentações etc.), logo, ainda que descritos no estágio de transição, o gerenciamento da mudança e das configurações e ativos de serviço acabam sendo atuantes por todo o ciclo de vida, cenário diferente por exemplo do processo de Validação e Testes do Serviço, que ocorre apenas durante o estágio de Transição de Serviço para fornecer evidências de que os serviços irão atender as necessidades de negócio. Portanto, não há irregularidades neste fato e assim apenas a alternativa E está correta. HS

Gabarito "E".

---

Ao final da implementação de uma aplicação de TI, um auditor verificou que houve falha no momento de priorizar e equilibrar programas e serviços com base nas demandas e nas restrições de financiamento.

**(Auditor Fiscal – SEFAZ/RS – 2019 – CESPE/CEBRASPE)** À luz do COBIT 5, é correto inferir que a falha decorreu de erro na aplicação do processo

**(A)** gerenciar portfólio, do domínio alinhar, planejar e organizar.

**(B)** gerenciar a estratégia, do domínio avaliar, dirigir e monitorar.

**(C)** garantir a otimização de recursos, do domínio alinhar, planejar e organizar.

**(D)** gerenciar riscos, do domínio construir, adquirir e implementar.

**(E)** garantir a otimização do risco, do domínio monitorar, avaliar e analisar.

---

**A:** Correta, dentre as responsabilidades do processo de gerenciar o portfólio podemos destacar a avaliação e priorização de programas e serviços, gerenciamento demanda dentro das restrições de recursos e orçamento com os objetivos estratégicos e de risco e execução das orientações estratégicas para os investimentos. **B:** Errada, o processo de gerenciar a estratégia pertence ao domínio Alinhar, Planejar e Organizar. **C:** Errada, o processo de garantir a otimização de recursos pertence ao domínio Avaliar, Dirigir e Monitorar. **D:** Errada, o processo de gerenciamento de riscos pertence ao domínio Alinhar, Planejar e Organizar. **E:** Errada, o processo de garantir a otimização do risco pertence ao domínio Avaliar, Dirigir e Monitorar. HS

Gabarito "A".

---

O diretor de TI de determinado órgão implantou, de acordo com a ITIL v3, os processos voltados para gerenciar mudanças, gerenciar problemas e gerenciar a continuidade de serviço.

**(Auditor Fiscal – SEFAZ/RS – 2019 – CESPE/CEBRASPE)** Nessa situação, a implantação do COBIT 5 para as mesmas finalidades mencionadas seria

**(A)** inviável, pois no COBIT há somente os processos gerenciar continuidade e gerenciar problemas.

**(B)** apropriada, pois o COBIT lida apenas com a governança de TI, o que não interfere nesses processos.

**(C)** inviável, pois no COBIT há somente o processo gerenciar continuidade.

**(D)** inviável, pois no COBIT há somente os processos gerenciar mudanças e gerenciar problemas.

**(E)** apropriada, pois esses processos também se encontram no COBIT.

---

Um dos princípios do COBIT é o de aplicar um framework único e integrado, fazendo com que sua utilização acabe por convergir com diversos outros frameworks como ITIL, PMBOK, Risk IT e muitos outros. Dentro deste contexto diversas ações do ITIL também são aplicáveis dentro do COBIT, neste caso destacamos os itens de Gestão de Mudança, presente no domínio BAI (Build, Acquire and Implement) e a Gestão de Problemas e Gestão de Continuidade, encontradas no domínio DSS (Deliver, Service and Support). Portanto apenas a alternativa E está correta. HS

Gabarito "E".

---

**(Auditor Fiscal – SEFAZ/RS – 2019 – CESPE/CEBRASPE)** No tocante à implantação de processos de governança, assinale a opção correta, acerca da gestão de recursos humanos e de pessoas, conforme as boas práticas descritas no COBIT 5, na ITIL v3 e no PMBOK.

**(A)** Somente o guia PMBOK inclui gestão de pessoas; a ITIL, por gerenciar serviços, não aborda os recursos humanos necessários.

**(B)** No COBIT, não há referência a gestão de pessoas; no PMBOK consta o processo gerenciamento de recursos humanos na área de conhecimento escopo do projeto.

**(C)** Na ITIL, as pessoas são consideradas habilidades e constituem um dos 4 Ps do desenho de serviço; no PMBOK, a área de conhecimento gerenciamento das partes interessadas do projeto lida com a gestão de pessoas.

**(D)** A ITIL lida com pessoas estritamente no estágio estratégia; o PMBOK lida com pessoas estritamente nos processos afetos à área de conhecimento integração.

**(E)** Nem a ITIL, nem o COBIT, nem o PMBOK mencionam a gestão de pessoas: todos eles constituem guias de boas práticas para governança de TI, exclusivamente.

---

Dentro do PMBOK a gestão de pessoas é tratada como parte da área de conhecimento gerenciamento das partes interessadas do projeto e visa identificar as pessoas, grupos e organizações que estarão envolvidas pelo projeto. Dentro do ITIL dentro do estágio de Desenho de serviço temos o conceito dos quatro Ps, que incluem Pessoas, Produtos, Processos e Parceiros; além disso o ITIL considera pessoas como um recurso e também como uma habilidade. Já em relação ao COBIT, a gestão de recursos humanos faz parte do domínio Alinhar, Planejar e Organizar. Portanto apenas a alternativa C está correta. HS

Gabarito "C".

---

O diretor de TI de uma empresa pública de pequeno porte deseja melhorar a governança e a gestão de TI dessa empresa.

**(Auditor Fiscal – SEFAZ/RS – 2019 – CESPE/CEBRASPE)** Nesse caso, a aplicação do COBIT 5

**(A)** é admissível apenas em relação à governança, mas não em relação à gestão.

**(B)** não é viável, pois o COBIT 5 não pode ser utilizado em empresa pública.

**(C)** não compete ao diretor de TI, mas somente à presidência da empresa, porque alterará a governança da empresa.

**(D)** é admissível, pois esse guia pode ser utilizado em empresa de qualquer natureza e porte.

**(E)** não é viável, por ser incompatível com empresa de pequeno porte.

---

O principal objetivo do COBIT é auxiliar na gestão e controle de todos os componentes que são pertinentes à gestão corporativa de TI, fornecendo um *framework* abrangente que integra o conhecimento dispersos em outros *frameworks*, criando uma linguagem comum entre TI e a área de negócio para a governança e gestão de TI corporativa, não havendo restrições quanto a natureza ou porte da organização que as aplicará. Portanto apenas a alternativa D está correta. HS

Gabarito "D".

# 5. Direito Administrativo

Wander Garcia, Ariane Wady, Flavia Barros, Georgia Renata Dias, Ivo Shigueru Tomita, Rodrigo Bordalo,
Marcos Destefenni e Sebastião Edilson Gomes*

## 1. PRINCÍPIOS DO DIREITO ADMINISTRATIVO

**(Delegado/RJ – 2022 – CESPE/CEBRASPE)** Os princípios constitucionais do direito administrativo

(A) podem ser aplicados diretamente pelo gestor público, mas não em sentido contrário à lei (*contra legem*), ainda que o interesse público aponte neste sentido.

(B) podem justificar decisões administrativas sem a intermediação da lei, tal como aconteceu com a interpretação feita pelo Conselho Nacional de Justiça acerca de nepotismo.

(C) são enumerados taxativamente no *caput* do art. 37 da CF, que define seus limites e possibilidades.

(D) não se limitam à lista do art. 37 da CF, embora impliquem, ontologicamente, comandos genéricos incapazes de vincular positivamente a ação administrativa.

(E) são imponderáveis, porquanto enunciam máximas fundamentais para a compreensão do direito administrativo.

Alternativa **A** incorreta (os princípios constitucionais podem ser aplicados *contra legem*, pois são normas hierarquicamente superiores). Alternativa **B** correta (trata-se da aplicação *per saltum* dos princípios constitucionais). Alternativa **C** incorreta (os princípios constitucionais do direito administrativo podem ser expressos ou implícitos). Alterativa **D** incorreta (de fato, os princípios constitucionais do direito administrativo não se limitam à lista do art. 37 da CF; no entanto, os seus comandos são capazes de vincular positivamente a ação administrativa). Alternativa **E** incorreta (os princípios constitucionais do direito administrativo estão sujeitos à técnica hermenêutica da ponderação, haja vista o caráter relativo dos princípios constitucionais). **RB**

Gabarito "B".

**(Delegado/RJ – 2022 – CESPE/CEBRASPE)** Paulo, servidor público estadual, verificou, durante pesquisas na Web, que seu contracheque encontrava-se acessível no sítio eletrônico do governo do estado, em que são divulgadas informações sobre a remuneração paga aos servidores públicos. Inconformado, Paulo ingressou com uma ação para a retirada de seu nome do sítio eletrônico, requerendo, ainda, reparação por danos morais, por violação do seu direito constitucional à privacidade e à intimidade.

Considerando essa situação hipotética, as normas sobre a transparência ativa e a Lei Geral de Proteção de Dados Pessoais (LGPD), assinale a opção correta.

(A) É legítima a publicação, em sítio eletrônico mantido pela administração pública, dos nomes dos seus servidores e do valor dos correspondentes vencimentos e vantagens pecuniárias, ressalvando-se os descontos de caráter pessoal.

(B) A divulgação nominalizada dos dados do servidor relacionados a seus vencimentos e vantagens fere o direito à privacidade e à intimidade dos agentes públicos, fragilizando a segurança física e pessoal do servidor.

(C) É ilegítima a publicação dos nomes dos servidores, pois a LGPD tem por objetivo proteger os direitos fundamentais de liberdade e de privacidade de qualquer pessoa natural ou pessoa jurídica de direito público ou privado.

(D) É possível a publicação dos vencimentos e das vantagens pecuniárias referentes aos cargos públicos, desde que não seja divulgado o nome real dos agentes públicos, em razão da LGPD.

(E) Em razão da prevalência do princípio da publicidade administrativa, é legítima a divulgação, na íntegra, dos comprovantes de pagamento dos servidores, pois tais documentos mostram informação de interesse coletivo ou geral.

A transparência ativa exige da Administração a divulgação de atos e de informações de interesse geral, entre os quais a remuneração de seus servidores. Confrontado com tal regramento, o STF reputou constitucional esta forma de publicidade, ausente qualquer ofensa ao direito à privacidade e à intimidade. De acordo com a Corte Maior, conforme tese fixada em sede de repercussão geral: "É legítima a publicação, inclusive em sítio eletrônico mantido pela Administração Pública, dos nomes dos seus servidores e do valor dos correspondentes vencimentos e vantagens pecuniárias." (ARE 652.777, Pleno, Rel. Min. Teori Zavaski, DJe 1/07/2015 – tema 483). Advirta-se que o mesmo STF ressalva a divulgação de informações estritamente pessoais, como os descontos em folha de pagamento de dívidas e por imposições de decisão judicial (RE 1.206.340, Rel. Min. Alexandre de Moraes, DJe 9/09/2020). Dessa forma, correta a alternativa A. **RB**

Gabarito "A".

**(Procurador do Município/Manaus – 2018 – CESPE)** Quanto às transformações contemporâneas do direito administrativo, julgue os itens subsequentes.

(1) Um dos aspectos da constitucionalização do direito administrativo se refere à releitura dos seus institutos a partir dos princípios constitucionais.

(2) O princípio da juridicidade, por constituir uma nova compreensão da ideia de legalidade, acarretou o aumento do espaço de discricionariedade do administrador público.

(3) A processualização do direito administrativo, a participação do cidadão na gestão pública e o princípio da transparência são elementos que contribuem para a democratização da administração pública.

**1:** correta – os princípios administrativos acabaram previstos de forma expressa na CF/1988 e de forma implícita, como decorrência de outros ditames constitucionais. Eles acabaram por remoldar princípios antigos e reestruturá-los para essa nova realidade. Tanto é assim que o princípio da supremacia do interesse público sobre o privado permanece vigente, mas não pode violar direitos individuais previstos na carta constitucional; **2:** incorreta – o princípio da juridicidade da administração, entendido como a subordinação ao direito como um todo, implica a submissão a princípios gerais de direito, à Constituição, a normas internacionais, a disposições de caráter regulamentar, a atos constitutivos de direitos etc. Daí porque implica em diminuição e não em aumento da discricionariedade administrativa; **3:** correta – essas são todas facetas do devido processo legal no processo administrativo e na própria Administração Pública, como resultado dos direitos constitucionais garantidos. **FB**

Gabarito 1C, 2E, 3C.

**(Delegado/PE – 2016 – CESPE)** Considerando os princípios e fundamentos teóricos do direito administrativo, assinale a opção correta.

---

\* **FB Flavia Barros; RB Rodrigo Bordalo; AW Ariane Wady** comentou as questões de Defensor Público/RN/16; **Georgia Renata Dias** comentou as questões de Analista/STF/13 e Analista/TRT/8/13; **Ivo Shigueru Tomita** comentou as questões de Analista/TJ/CE/14, Técnico/TRT/8/13 e Técnico/STF/13; **Wander Garcia** comentou as questões de Delegado/PE/16, Procurador do Estado/16, Juiz de Direito/16, Analis-ta/TRT/8/16, Analista TRE/PA/16, Analista TCE/PA/16, Analista TCE/PA/16, Analista TCE/PR/16, Promotor de Justiça/PI/14, Cartório/DF/14, Cartório/RR/13, Cartório/PI/13, Cartó-rio/ES/13, Defensoria/DF/13; **Wander Garcia, Flavia Barros, Marcos Destefenni e Sebastião Edilson Gomes** comentaram as demais questões.

**(A)** As empresas públicas e as sociedades de economia mista, se constituídas como pessoa jurídica de direito privado, não integram a administração indireta.

**(B)** Desconcentração é a distribuição de competências de uma pessoa física ou jurídica para outra, ao passo que descentralização é a distribuição de competências dentro de uma mesma pessoa jurídica, em razão da sua organização hierárquica.

**(C)** Em decorrência do princípio da legalidade, é lícito que o poder público faça tudo o que não estiver expressamente proibido pela lei.

**(D)** A administração pública, em sentido estrito e subjetivo, compreende as pessoas jurídicas, os órgãos e os agentes públicos que exerçam função administrativa.

**(E)** No Brasil, por não existir o modelo da dualidade de jurisdição do sistema francês, o ingresso de ação judicial no Poder Judiciário para questionar ato do poder público é condicionado ao prévio exaurimento da instância administrativa.

**A:** incorreta; primeiro porque elas sempre são pessoas jurídicas de direito privado, não havendo outra opção; segundo porque integram a administração indireta; **B:** incorreta, pois houve inversão das definições; ou seja, deu-se o nome de desconcentração ao que é descentralização e vice-versa; **C:** incorreta, pois esse sentido do princípio da legalidade só se aplica ao particular; ao poder público o princípio da legalidade impõe que este faça apenas o que a lei permitir; **D:** correta, pois esse sentido (subjetivo = sujeito) foca nas pessoas, aí incluída as pessoas jurídicas (e, por tabela, seus órgãos) e os agentes públicos; **E:** incorreta, pois o princípio constitucional da universalidade da jurisdição não condiciona o ingresso de ação judicial ao prévio exaurimento da instância administrativa (art. 5º, XXXV, da CF).

Gabarito "D".

## 1.1. PRINCÍPIOS ADMINISTRATIVOS EXPRESSOS NA CONSTITUIÇÃO

**(Procurador do Município – Prefeitura Fortaleza/CE – CESPE – 2017)** Acerca do direito administrativo, julgue o item que se segue.

**(1)** Considerando os princípios constitucionais explícitos da administração pública, o STF estendeu a vedação da prática do nepotismo às sociedades de economia mista, embora elas sejam pessoas jurídicas de direito privado.

**1: Correta.** Sendo as Sociedades de Economia Mista integrantes da Administração Indireta, são atingidas pela Súmula Vinculante 13, STF, que inclui todas as pessoas jurídicas da Administração Pública Direta e Indireta. AW

Gabarito 1C

**(Advogado União – AGU – CESPE – 2015)** Acerca do direito administrativo, julgue o item que se segue.

**(1)** Conforme a doutrina, diferentemente do que ocorre no âmbito do direito privado, os costumes não constituem fonte do direito administrativo, visto que a administração pública deve obediência estrita ao princípio da legalidade.

**1: Incorreta.** Conforme ensina Hely Lopes Meirelles, "No direito administrativo brasileiro o costume exerce ainda influência, em razão da deficiência da legislação. A prática administrativa vem suprindo o texto escrito, e, sedimentada na consciência dos administradores e administrados, a praxe burocrática passa a suprir a lei, ou atua como elemento informativo da doutrina."(Direito Administrativo Brasileiro, 38 ed, p.37). AW

Gabarito 1E

**(Advogado União – AGU – CESPE – 2015)** Com relação a processo administrativo, poderes da administração e serviços públicos, julgue o item subsecutivo.

**(1)** Situação hipotética: Um secretário municipal removeu determinado assessor em razão de desentendimentos pessoais motivados por ideologia partidária. Assertiva: Nessa situação, o secretário agiu com abuso de poder, na modalidade excesso de poder, já que atos de remoção de servidor não podem ter caráter punitivo.

**1: Incorreta.** O secretário agiu com abuso de poder na modalidade "desvio de poder ou de finalidade", eis que o excesso se configura quando o agente atua alem de sua competência. No caso, houve afronta ao princípio da impessoalidade, havendo atitude contrária ao interesse público, portanto. AW

Gabarito 1E

## 1.2. PRINCÍPIOS ADMINISTRATIVOS EXPRESSOS EM OUTRAS LEIS OU IMPLÍCITOS E PRINCÍPIOS COMBINADOS

**(Auditor Fiscal – SEFAZ/DF – 2020 – CESPE/CEBRASPE)** Em relação à organização do Estado e da administração pública, julgue os seguintes itens.

**(1)** O princípio da legalidade se aplica apenas ao Poder Executivo federal.

**(2)** Compete privativamente à União legislar sobre o sistema monetário e de medidas, títulos e garantia de valores.

Enunciado **1** errado (o princípio da legalidade está previsto no art. 37, "caput", da CF, que irradia efeitos à administração pública direta e indireta de qualquer dos Poderes da União, dos Estados, do Distrito Federal e dos Municípios. Nesse sentido, trata-se de princípio cuja aplicação não se restringe ao Executivo federal, abarcando a atuação administrativa dos demais Poderes e de todas as entidades federativas). Enunciado **2** certo (cf. art. 22, VI, CF). RB

Gabarito 1E, 2C

**(Analista Judiciário – STJ – 2018 – CESPE)** Em relação aos princípios aplicáveis à administração pública, julgue os próximos itens.

**(1)** Em decorrência do princípio da segurança jurídica, é proibido que nova interpretação de norma administrativa tenha efeitos retroativos, exceto quando isso se der para atender o interesse público.

**(2)** O servidor público que revelar a particular determinado fato sigiloso de que tenha ciência em razão das atribuições praticará ato de improbidade administrativa atentatório aos princípios da administração pública.

**(3)** O princípio da proporcionalidade, que determina a adequação entre os meios e os fins, deve ser obrigatoriamente observado no processo administrativo, sendo vedada a imposição de obrigações, restrições e sanções em medida superior àquelas estritamente necessárias ao atendimento do interesse público.

**(4)** A indicação dos fundamentos jurídicos que determinaram a decisão administrativa de realizar contratação por dispensa de licitação é suficiente para satisfazer o princípio da motivação.

**1:** incorreta – o princípio da segurança jurídica refere-se à relativa segurança que os indivíduos possuem de que as relações realizadas sob a égide de uma norma deve perdurar ainda que tal norma seja substituída. Daí a existência de expressa previsão legal no Art. 2º, parágrafo único, inciso XIII, da Lei 9.784/4999, vedando a aplicação retroativa de novas interpretações de dispositivos legais, sem exceção, no sentido de que nos processos administrativos serão adotados os critérios de "interpretação de norma administrativa de forma que melhor garanta o atendimento do fim público a que se dirige, vedada aplicação retroativa de nova interpretação"; **2:** correta – Art. 11, inciso III, da Lei 8.429/1992 (hipótese de improbidade mantida com a Lei 14.230/2021); **3:** correta – "*nos processos administrativos serão observados, entre outros, os critérios de adequação entre meios e fins, vedada a imposição de obrigações, restrições e sanções em medida superior àquelas estritamente necessárias ao atendimento do interesse público*" – Art. 2º, inciso VI, da Leu 9.784/1999; **4:** incorreta – não basta o fundamento que autoriza a contratação direta para que ela ocorra. Há que se justificar os motivos para tanto, devendo explicitar justificativas para a sua discricionariedade. Em atendimento ao interesse público, a fundamentação deve ser pormenorizada, demonstrando de forma indubitável os motivos que levaram o administrador a utilizar do seu juízo de oportunidade e conveniência. Ademais, nos casos de dispensa da licitação deve a Administração demonstrar as vantagens obtidas

## 5. DIREITO ADMINISTRATIVO

com esta opção, bem como justificar o preço, vez que este deve ser compatível com o de mercado. **FB**

Gabarito 1E, 2C, 3C, 4E

**(Analista Judiciário – STJ – 2018 – CESPE)** Considerando a doutrina e a jurisprudência dos tribunais superiores no tocante aos princípios administrativos e a licitação, julgue os itens que se seguem.

(1) Embora sem previsão expressa no ordenamento jurídico brasileiro, o princípio da confiança relaciona-se à crença do administrado de que os atos administrativos serão lícitos e, portanto, seus efeitos serão mantidos e respeitados pela própria administração pública.

(2) Após a efetivação do procedimento de registro de preços, o poder público ficará obrigado a contratar com o ofertante registrado.

(3) O poder público poderá promover treinamento de seus servidores mediante contratação direta, por dispensa de licitação, de profissional de notória especialização de natureza singular.

**1:** correta – o princípio da confiança legítima decorre da ideia de Estado de Direito e traz em si a necessidade de manutenção dos atos administrativos, ainda que antijurídicos, desde que haja a configuração de uma expectativa legítima do administrado quanto à estabilização dos efeitos decorrentes da conduta administrativa. Não se encontra expresso em nosso ordenamento, mas emana da interpretação sistemática dos princípios expressos; **2:** incorreta – o Sistema de Registro de Preços consiste em um contrato, resultante de procedimento licitatório específico, por meio do qual se estabelecem regras vinculantes entre a Administração Pública e o particular para contratações futuras com condições predeterminadas. Não gera a obrigação de contratar, mas o Poder Público fica vinculado pelos termos do resultado da licitação, devendo respeitar as condições ali previstas e que são formalizadas em um instrumento escrito denominado "ata de registro de preços". Essa Ata não produz diretamente um contrato de serviço ou de fornecimento, formalizando apenas um contrato preliminar, que disciplina eventuais futuras contratações entre as partes. **3:** incorreta – em se tratando de profissional de notória especialização de natureza singular não é o caso de dispensa de licitação, mas de inexigibilidade de licitação, por impossibilidade de estabelecimento de uma competição. **FB**

Gabarito 1C, 2E, 3E

**(Juiz – TJ/CE – 2018 – CESPE)** Considerando o entendimento doutrinário e jurisprudencial acerca dos princípios constitucionais e infraconstitucionais que regem a atividade administrativa, julgue os itens a seguir.

I. Em obediência ao princípio da legalidade, a vedação à prática do nepotismo no âmbito da administração pública é condicionada à edição de lei formal.

II. A publicidade é condição de eficácia dos atos administrativos, razão pela qual pode caracterizar prática de ato de improbidade administrativa a desobediência ao dever de publicação de atos oficiais.

III. Viola o princípio da isonomia a previsão de critérios discriminatórios de idade em certame de concursos públicos, ressalvados os casos em que a natureza das atribuições do cargo justificar.

IV. O princípio da proteção da confiança legítima não autoriza a manutenção em cargo público de servidor público empossado por força de decisão judicial de caráter provisório posteriormente revista, ainda que decorridos mais de cinco anos da investidura no cargo.

Estão certos apenas os itens

(A) I e II.
(B) I e III.
(C) III e IV.
(D) I, II e IV.
(E) II, III e IV.

**I:** incorreta – não há necessidade de edição de lei formal que vede a prática do nepotismo porque essa proibição decorre tanto do princípio da moralidade administrativa como do princípio da impessoalidade no trato da coisa pública; **II:** correta – constitui ato de improbidade administrativa que atenta contra os princípios da Administração Pública negar publicidade a atos oficiais – Art. 11, inc. IV, da Lei 8.429/1992

(hipótese de improbidade mantida com a Lei 14.230/2021); **III:** correta – O estabelecimento de limite de idade para inscrição em concurso público apenas é legítimo quando justificado pela natureza das atribuições do cargo a ser preenchido(Tese definida no ARE 678.112 RG, rel. min. Luiz Fux, P, j. 25.04.2013, DJE 93 de 17.05.2016, Tema 646.); **IV:** correta – não se trata no caso de proteção da segurança jurídica, mas de situação em que o caráter de provisoriedade se manteve durante todo o período de investidura no cargo. **FB**

Gabarito "E".

**(Procurador Municipal – Prefeitura/BH – CESPE – 2017)** A respeito dos princípios aplicáveis à administração pública, assinale a opção correta.

(A) Dado o princípio da autotutela, poderá a administração anular a qualquer tempo seus próprios atos, ainda que eles tenham produzido efeitos benéficos a terceiros.

(B) Apesar de expressamente previsto na CF, o princípio da eficiência não é aplicado, por faltar-lhe regulamentação legislativa.

(C) Ao princípio da publicidade corresponde, na esfera do direito subjetivo dos administrados, o direito de petição aos órgãos da administração pública.

(D) O princípio da autoexecutoriedade impõe ao administrador o ônus de adequar o ato sancionatório à infração cometida.

**A:** incorreta. A Administração poderá anular seus próprios atos, respeitados os direitos de terceiros de boa-fé, conforme disposto na Súmula 473, STF; **B:** incorreta. O princípio da eficiência consta de uma norma de eficácia plena (art. 37, "caput", CF), por isso independe de regulamentação; **C:** correta. O direito de petição (art. 5º, XXXIII e XXXIV, CF) só pode ser exercido se o ato for público, caso contrário, não será possível impugná-lo; **D:** incorreta. O princípio da autoexecutoriedade é o que determina que o administrador pode praticar seus atos independentemente de autorização judicial, não se relacionando à adequação à infração cometida, portanto. **AW**

Gabarito "C".

**(Procurador Municipal – Prefeitura/BH – CESPE – 2017)** Considerando as modernas ferramentas de controle do Estado e de promoção da gestão pública eficiente, assinale a opção correta acerca do direito administrativo e da administração pública.

(A) Em função do dever de agir da administração, o agente público omisso poderá ser responsabilizado nos âmbitos civil, penal e administrativo.

(B) O princípio da razoável duração do processo, incluído na emenda constitucional de reforma do Poder Judiciário, não se aplica aos processos administrativos.

(C) Devido ao fato de regular toda a atividade estatal, o direito administrativo aplica-se aos atos típicos dos Poderes Legislativo e Judiciário.

(D) Em sentido objetivo, a administração pública se identifica com as pessoas jurídicas, os órgãos e os agentes públicos e, em sentido subjetivo, com a natureza da função administrativa desempenhada.

**A:** correta. O art. 125, da Lei 8.112/1990 dispõe que as responsabilidades civil, comercial e administrativas são independentes entre si; **B:** incorreta. O art. 5º, LXXVIII, CF é expresso quanto à aplicação do princípio da razoabilidade também no âmbito administrativo; **C:** incorreta. O direito administrativo só se aplica aos atos atípicos dos demais Poderes, já que os atos típicos, no caso, são os de julgar (Poder Judiciário) e legislar (Poder Legislativo); **D:** incorreta. O conceito está invertido, pois em sentido objetivo a Administração Pública se identifica com a atividade administrativa, enquanto que em sentido subjetivo, com as pessoas, agentes e órgãos públicos. **AW**

Gabarito "A".

**(Analista Jurídico – TCE/PR – 2016 – CESPE)** Quando a União firma um convênio com um estado da Federação, a relação jurídica envolve a União e o ente federado e não a União e determinado governador ou outro agente. O governo se alterna periodicamente nos termos da soberania popular, mas o estado federado é permanente. A mudança de comando político não exonera o estado das obrigações assumidas. Nesse sentido, o Supremo Tribunal Federal (STF) tem entendido que a inscrição do nome de estado-membro em cadastro federal de inadim-plentes devido a ações e(ou) omissões de gestões anteriores não configura ofensa ao princípio da administração pública denominado princípio do(a)

(A) intranscendência.
(B) contraditório e da ampla defesa.
(C) continuidade do serviço público.
(D) confiança legítima.
(E) moralidade.

A questão diz respeito ao princípio da intranscendência, decorrente do art. 5º, XLV, da CF e pelo qual nenhuma pena passará da pessoa do apenado. Porém, a Administração Pública é impessoal e pouco importa a mudança de "governo" caso um ente público tenha sido apenado, devendo permanecer intacta a apenação. Assim, não há ofensa ao princípio na inscrição do nome de estado-membro em cadastro federal de inadimplentes devido a ações e/ou omissões de gestões anteriores. *Gabarito "A".*

(Procurador do Estado – PGE/BA – CESPE – 2014) Acerca do regime jurídico-administrativo e dos princípios jurídicos que amparam a administração pública, julgue os itens seguintes.

(1) O atendimento ao princípio da eficiência administrativa auto-riza a atuação de servidor público em desconformidade com a regra legal, desde que haja a comprovação do atingimento da eficácia na prestação do serviço público correspondente.
(2) De acordo com a jurisprudência do Supremo Tribunal Federal (STF), a administração pública está obrigada a nomear candidato aprovado em concurso público dentro do número de vagas previsto no edital do certame, ressal-vadas situações excepcionais dotadas das características de superveniência, imprevisibilidade e necessidade.
(3) Suponha que o governador de determinado estado tenha atribuído o nome de Nelson Mandela, ex-presidente da África do Sul, a escola pública estadual construída com recursos financeiros repassados mediante convênio com a União. Nesse caso, há violação do princípio da impes-soalidade, dada a existência de proibição constitucional à publicidade de obras com nomes de autoridades públicas.
(4) A prerrogativa de presunção de veracidade dos atos da administração pública autoriza a aplicação de penalidade disciplinar a servidor público com base na regra da verdade sabida.
(5) Suponha que, em razão de antiga inimizade política, o prefeito do município X desaproprie área que pertencia a Cleide, alegando interesse social na construção de uma escola de primeiro grau. Nessa situação hipotética, a con-duta do prefeito caracteriza desvio de poder.

1: Incorreta. Nunca é possível o descumprimento da lei para atender outro dispositivo legal ou um princípio. O Poder Público está adstrito ao que determina a lei, por isso não pode descumpri-la (princípio da estrita legalidade). 2: Correta. Trata-da súmula 15, do STF, que se coaduna com a seguinte jurisprudência: "Dentro do prazo de validade do concurso, a Administração poderá escolher o momento no qual se realizará a nomeação, mas não poderá dispor sobre a própria nome-ação, a qual, de acordo com o edital, passa a constituir um direito do concursando aprovado e, dessa forma, um dever imposto ao poder público. Uma vez publicado o edital do concurso com número específico de vagas, o ato da Administração que declara os candidatos aprovados no certame cria um dever de nomeação para a própria Administração e, portanto, um direito à nomeação titularizado pelo candidato aprovado dentro desse número de vagas." (RE 598099, Relator Ministro Gilmar Mendes, Tribunal Pleno, julgamento em 10.8.2011, DJe de 3.10.2011, com repercussão geral - tema 161)" 3: Incorreta. Não há afronta ao princípio da impessoalidade, tendo em vista que o ato administrativo não foi realizado com subjetividade, sendo o nome atribuído à escola um nome público, notoriamente reconhecido. 4: Incorreta. O atributo da presunção de legitimidade ou veracidade dos atos administrativos é relativo, ou seja, sempre admite prova em contrário. Por isso, não se admite condenação, nem mesmo qualquer outra decisão, com fundamento nessa regra da "verdade sabida", devendo-se sempre respeito ao princípio do contraditório e ampla defesa (art. 5º, LV, CF).

5: Correta. Houve desvio de finalidade ou de poder, ou seja, o Prefeito atuou contrariamente ao interesse público. **AW**
*Gabarito 1E, 2C, 3E, 4E, 5C*

(Promotor de Justiça/PI – 2014 – CESPE) Com relação aos prin-cípios que regem a administração pública, assinale a opção correta.

(A) Constatadas a concessão e a incorporação indevidas de determinada gratificação especial aos proventos de servidor aposentado, deve a administração suprimi-la em respeito ao princípio da autotutela, sendo desnecessária a prévia instauração de procedimento administrativo.
(B) Segundo o entendimento do STF, para que não ocorra violação do princípio da proporcionalidade, devem ser observados três subprincípios: adequação, finalidade e razoabilidade *stricto sensu*.
(C) O princípio da razoabilidade apresenta-se como meio de controle da discricionariedade administrativa, e justifica a possibilidade de correção judicial.
(D) O princípio da segurança jurídica apresenta-se como espé-cie de limitação ao princípio da legalidade, prescrevendo o ordenamento jurídico o prazo decadencial de cinco anos para a administração anular atos administrativos que favo-reçam o administrado, mesmo quando eivado de vício de legalidade e comprovada a má-fé.
(E) Ferem os princípios da isonomia e da irredutibilidade dos vencimentos as alterações na composição dos vencimentos dos servidores públicos, mediante a retirada ou modifica-ção da fórmula de cálculo de vantagens, gratificações e adicionais, ainda que não haja redução do valor total da remuneração.

A: incorreta, pois o STF impõe respeito ao contraditório e à ampla defesa no caso (MS 26.085/DF, DJ 13.06.2008); o STF também expressou esse entendimento ao editar a Súmula Vinculante 3; B: incorreta, pois os três subprincípios são adequação, necessidade e proporcionalidade em sentido estrito (STF, RE 466.343-1); C: correta, valendo salientar que o Judiciário pode controlar não só a legalidade em sentido estrito, como também a moralidade e a razoabilidade; D: incorreta, pois o prazo de 5 anos para anulação dos atos existe apenas quando o beneficiário do ato age de boa-fé, sendo que, quando se comprova que o beneficiário age de má-fé, não incide esse prazo (art. 54, *caput*, da Lei 9.784/1999); E: incorreta, pois, segundo o STF, desde que mantido montante global da remuneração, não há ofensa aos princípios citados em caso de alte-rações na composição dos vencimentos dos servidores públicos, não havendo direito adquirido a um determinado regime jurídico-funcional (ARE 678082/DF, DJ 14.09.2012). *Gabarito "C".*

(Analista – TJ/CE – 2014 – CESPE) No que se refere ao regime jurídico administrativo, assinale a opção correta.

(A) A criação de órgão público deve ser feita, necessariamente, por lei; a extinção de órgão, entretanto, dado não implicar aumento de despesa, pode ser realizada mediante decreto.
(B) A autotutela administrativa compreende tanto o controle de legalidade ou legitimidade quanto o controle de mérito.
(C) A motivação deve ser apresentada concomitantemente à prática do ato administrativo.
(D) De acordo como princípio da publicidade, que tem origem constitucional, os atos administrativos devem ser publicados em diário oficial.
(E) No Brasil, ao contrário do que ocorre nos países de origem anglo-saxã, o costume não é fonte do direito administrativo.

A: Incorreta, pois a criação ou extinção de órgãos públicos deve ser realizada por meio de Lei, conforme art. 84, VI, *a*, da CF; B: Correta, pois a autotutela administrativa abrange o controle dos atos tanto pelo mérito administrativo quanto pela legalidade; C: Incorreta, pois conforme lição de Celso Antônio Bandeira de Mello, "parece-nos que a exigência de a motivação dos atos administrativos, contemporânea à prática do ato, ou pelo menos anterior a ela, há de ser tida como uma regra geral (...)" (**Curso de Direito Administrativo**. 26. ed. São Paulo: Malheiros Editores, p. 396); D: Incorreta, pois a lei só poderá restringir a publicidade dos atos processuais quando a defesa da intimidade ou o interesse social o exigirem (art. 5º, LX, da CF); E: Incorreta, pois são fontes do direito administrativo o costume, juntamente com a jurisprudência, doutrina e os princípios gerais do direito.

Gabarito "B".

## 2. PODERES DA ADMINISTRAÇÃO PÚBLICA

Para resolver as questões deste item, vale citar as definições de cada poder administrativo apresentadas por Hely Lopes Meirelles, definições estas muito utilizadas em concursos públicos. Confira:

a) **poder vinculado** – "é aquele que o Direito Positivo – a lei – confere à Administração Pública para a prática de ato de sua competência, determinando os elementos e requisitos necessários à sua formalização";

b) **poder discricionário** – "é o que o Direito concede à Administração, de modo explícito, para a prática de atos administrativos com liberdade na escolha de sua conveniência, oportunidade e conteúdo";

c) **poder hierárquico** – "é o de que dispõe o Executivo para distribuir e escalonar as funções de seus órgãos, ordenar e rever a atuação de seus agentes, estabelecendo a relação de subordinação entre os servidores do seu quadro de pessoal";

d) **poder disciplinar** – "é a faculdade de punir internamente as infrações funcionais dos servidores e demais pessoas sujeitas à disciplina dos órgãos e serviços da Administração";

e) **poder regulamentar** – "é a faculdade de que dispõem os Chefes de Executivo (Presidente da República, Governadores e Prefeitos) de explicar a lei para sua correta execução, ou de expedir decretos autônomos sobre matéria de sua competência ainda não disciplinada por lei";

f) **poder de polícia** – "é a faculdade de que dispõe a Administração Pública para condicionar e restringir o uso e gozo de bens, atividades e direitos individuais, em benefício da coletividade ou do próprio Estado".

(**Direito Administrativo Brasileiro**, 26ª ed., São Paulo: Malheiros, p. 109 a 123)

### 2.1. PODER VINCULADO E DISCRICIONÁRIO

(**Analista – TJ/CE – 2014 – CESPE**) Em relação aos poderes administrativos, assinale a opção correta.

(A) O poder discricionário não é passível de controle pelo Poder Judiciário.

(B) O desvio de poder configura-se quando o agente atua fora dos limites de sua competência administrativa.

(C) Nenhum ato inerente ao poder de polícia pode ser delegado, dado ser expressão do poder de império do Estado.

(D) O poder hierárquico restringe-se ao Poder Executivo, uma vez que não há hierarquia nas funções desempenhadas no âmbito dos Poderes Legislativo e Judiciário.

(E) As prerrogativas do Poder Legislativo incluem a sustação dos atos normativos do Poder Executivo que exorbitem do poder regulamentar.

**A:** Incorreta. O STJ já solidificou entendimento de que cabe ao Poder Judiciário, apenas, o controle da legalidade dos atos administrativos: "é defeso ao Poder judiciário apreciar o mérito do ato administrativo, cabendo-lhe unicamente examiná-lo sob o aspecto de sua legalidade, isto é, se foi praticado conforme ou contrariamente à lei. Esta solução se funda no princípio da separação dos poderes, de sorte que a verificação das razões de conveniência ou de oportunidade dos atos administrativos escapa ao controle jurisdicional do Estado" (STJ, RO em MS 1288/91, 4ª T. rel. Min. Cesar Asfor Rocha, *DJ* 02.05.1994); **B:** Incorreta. O **abuso de poder** subdivide-se em **excesso de poder** e **desvio de poder**. Ocorre **excesso de poder** na hipótese em que há atuação fora dos limites de sua competência. Já no **desvio de poder**, o agente, em que pese atue nos limites de sua competência, se afasta do interesse público norteador do direito administrativo. Portanto, a descrição da

alternativa subsume-se à hipótese de excesso de poder. **C:** Incorreto. José dos Santos Carvalho Filho entende que "Indispensável, todavia, para a validade dessa atuação é que a delegação seja feita por lei formal, originária da função regular do Legislativo. Observe-se que a existência da lei é o pressuposto de validade da polícia administrativa exercida pela própria Administração Direta e, desse modo, nada obstaria que servisse também como respaldo da atuação de entidades paraestatais, mesmo que sejam elas dotadas de personalidade jurídica de direito privado. O que importa, repita-se, é que haja expressa delegação na lei pertinente e que o delegatário seja entidade integrante da Administração Pública (**Manual de Direito Administrativo**. 27. ed. São Paulo: Atlas, 2014, p. 80); **D:** Incorreta. O Poder Hierárquico está presente em todos os poderes da União e, também, no MP e nas Defensorias **E:** Correta, nos termos do art. 49, V, da CF.

Gabarito "E".

### 2.2. PODER HIERÁRQUICO

(**Técnico Judiciário – TRE/BA – 2010 – CESPE**) Julgue o seguinte item.

(1) A hierarquia é o escalonamento em plano vertical dos órgãos e agentes da administração. Desse modo, se, de um lado, os agentes de grau superior têm poderes de fiscalização e de revisão sobre os agentes de grau menor, os órgãos superiores, como os ministérios, exercem o controle sobre os demais órgãos de sua estrutura administrativa e sobre os entes a eles vinculados.

**1:** incorreta, pois os órgãos superiores exercem hierarquia, e não controle, sobre os demais órgãos de sua estrutura administrativa; o controle (ou supervisão ministerial) é exercido apenas em relação a outros entes (pessoas jurídicas); assim, o Ministério da Previdência, por exemplo, exerce hierarquia em relação a um órgão desse Ministério, e controle (ou supervisão ministerial) em relação ao INSS, que é uma pessoa jurídica.

Gabarito 1E

(**Defensor Público/BA – 2010 – CESPE**) Acerca dos poderes administrativos, julgue o seguinte item.

(1) Em decorrência do poder hierárquico, é permitida a avocação temporária de competência atribuída a órgão hierarquicamente inferior, devendo-se, entretanto, adotar essa prática em caráter excepcional e por motivos relevantes devidamente justificados.

**1:** correta (art. 15 da Lei 9.784/1999).

Gabarito 1C

### 2.3. PODER REGULAMENTAR

(**Juiz – TRF5 – 2017 – CESPE**) Acerca dos atos administrativos, do poder regulamentar e do poder de polícia, assinale a opção correta.

(A) Para o STJ, as balanças de pesagem corporal oferecidas gratuitamente a clientes por farmácias são passíveis de fiscalização pelo INMETRO, a fim de preservar as relações de consumo, sendo, portanto, legítima a cobrança de taxa decorrente do poder de polícia no exercício da atividade de fiscalização.

(B) Situação hipotética: Um servidor público efetivo indicado para cargo em comissão foi exonerado *ad nutum* sob a justificativa de haver cometido assédio moral no exercício da função. Posteriormente, a administração reconheceu a inexistência da prática do assédio, mas persistiu a exoneração do servidor, por se tratar de ato administrativo discricionário. Assertiva: Nessa situação, o ato de exoneração é válido por não se aplicar a teoria dos motivos determinantes.

(C) Conforme o STF, o Poder Judiciário não detém competência para substituir banca examinadora de concurso público para reexaminar o conteúdo das questões e os critérios de correção utilizados, admitindo-se, no entanto, o controle do conteúdo das provas ante os limites expressos no edital.

**(D)** A homologação é um ato administrativo unilateral vinculado ao exame de legalidade e conveniência pela autoridade homologante, sendo o ato a ser homologado passível de alteração, em virtude do princípio da hierarquia presente no exercício da atividade administrativa.

**(E)** Situação hipotética: Lei ordinária instituiu a criação de autarquia federal vinculada ao Ministério X, com o objetivo de atuar na fiscalização e no fomento de determinado setor. Publicada a referida lei, o ministro expediu decreto estabelecendo a estrutura organizacional e o funcionamento administrativo da nova autarquia. Assertiva: Esse caso ilustra a constitucionalidade do decreto regulamentar por delegação do presidente da República.

**A:** incorreta – As balanças disponíveis gratuitamente nas farmácias para uso do público não estão sujeitas à fiscalização periódica do Instituto Nacional de Metrologia, Qualidade e Tecnologia (Inmetro). Essa foi a decisão tomada pela Segunda Turma do Superior Tribunal de Justiça (STJ) ao negar, por unanimidade, recurso no qual o Inmetro buscava o reconhecimento da legitimidade da fiscalização e da cobrança de taxas de verificação dos equipamentos de peso corporal. No REsp 1655383, a segunda Turma do STJ concluiu que o poder de polícia do Inmetro para fiscalizar a regularidade de balanças visa a preservar precipuamente as relações de consumo, sendo imprescindível verificar se o equipamento objeto de aferição é essencial ou não à atividade mercantil. No caso das farmácias, as balanças não se integram à atividade econômica, pois são oferecidas aos clientes como cortesia, razão pela qual descabe falar em aferição periódica pelo Inmetro e, menos ainda, em possibilidade de autuação por eventual irregularidade nesse tipo de balança; **B:** incorreta – trata-se da teoria dos motivos determinantes, a qual dispõe que o motivo invocado para a prática do ato condiciona sua validade. Se se provar que o motivo é inexistente, falso ou mal qualificado, o ato será nulo. Os motivos devem, portanto, coincidir com a realidade, sob pena de o ato ser nulo, mesmo se a motivação não era necessária. É exatamente esse o caso: a motivação não era necessária, na medida em que a exoneração *ad nutum* de um servidor ocupante de cargo de confiança pode ocorrer sem necessidade de motivação, visto tratar--se de ato de natureza discricionária de *per se*, mas se o fundamento para a exoneração foi dado como sendo o assédio moral, aplicável a teoria dos motivos determinantes, de sorte que o ato seria inválido; **C:** correta – Eis o que diz o julgado com Repercussão Geral reconhecida: Recurso extraordinário com repercussão geral. 2. Concurso público. Correção de prova. Não compete ao Poder Judiciário, no controle de legalidade, substituir banca examinadora para avaliar respostas dadas pelos candidatos e notas a elas atribuídas. Precedentes. 3. Excepcionalmente, é permitido ao Judiciário juízo de compatibilidade do conteúdo das questões do concurso com o previsto no edital do certame. Precedentes. 4. Recurso extraordinário provido.(RE 632853, Relator(a): Min. Gilmar Mendes, Tribunal Pleno, julgado em 23.04.2015, acórdão eletrônico repercussão geral – Mérito DJe-125 divulg 26.06.2015 public 29.06.2015); **D:** incorreta – É ato unilateral e vinculado pelo qual se reconhece a legalidade de um ato, sendo, em regra, realizada *a posteriori*. Não pode haver a modificação do ato administrativo homologado, na medida em que isso implicaria a não aceitação do ato praticado pela autoridade anterior; **E:** incorreta – apenas o Presidente da República poderia expedir Decreto – Art. 84, VI, a CF/ 1988. **FB**

Gabarito "C".

**(Procurador Municipal – Prefeitura/BH – CESPE – 2017)** Em relação aos poderes e deveres da administração pública, assinale a opção correta.

**(A)** É juridicamente possível que o Poder Executivo, no uso do poder regulamentar, crie obrigações subsidiárias que viabilizem o cumprimento de uma obrigação legal.

**(B)** De acordo com o STF, ao Estado é facultada a revogação de ato ilegalmente praticado, sendo prescindível o processo administrativo, mesmo que de tal ato já tenham decorrido efeitos concretos.

**(C)** De acordo com o STF, é possível que os guardas municipais acumulem a função de poder de polícia de trânsito, ainda que fora da circunscrição do município.

**(D)** Do poder disciplinar decorre a atribuição de revisar atos administrativos de agentes públicos pertencentes às escalas inferiores da administração.

**A:** incorreta. O poder regulamentar é subsidiário, infralegal. Ele só pode atuar se houver lei, por isso é que, não sendo possível saber pelo enunciado se há lei anterior sobre a obrigação que se pretende regulamentar, não podemos afirmar que está correta a assertiva; **B:** incorreta. Não há prescindibilidade quanto à anulação de um ato ilegal. É dever do Poder Público anular os atos ilegais, havendo, portanto, dois erros, um quanto ao fato de que se trata de anulação, e outro, pelo fato dessa ser obrigatória; **C:** correta. O STF entende ser constitucional a atribuição às guardas municipais do exercício do poder de polícia, conforme RE 658570/MG, sendo que o art. 144, § 8°, CF dispõe que "Os Municípios poderão constituir guardas municipais destinadas à proteção de seus bens, serviços e instalações, conforme dispuser a lei; **D:** incorreta. O poder disciplinar é instrumento do Poder Público para aplicar penalidades. **AW**

Gabarito "C".

**(Procurador do Município – Prefeitura Fortaleza/CE – CESPE – 2017)** Com relação a processo administrativo, poderes da administração e serviços públicos, julgue o item subsecutivo.

**(1)** O exercício do poder regulamentar é privativo do chefe do Poder Executivo da União, dos estados, do DF e dos municípios.

**1:** Correta. O poder regulamentar só pode ser exercido pelo Chefe do Poder Executivo, que é o único que pode regulamentar as leis e outros atos normativos infraconstitucionais. O art. 84, VI, CF é um exemplo desse poder e de sua privatividade. **AW**

Gabarito 1C

## 2.4. PODER DE POLÍCIA

**(Delegado/RJ – 2022 – CESPE/CEBRASPE)** Conforme art. 144, § 4.°, da CF, "às polícias civis, dirigidas por delegados de polícia de carreira, incumbem, ressalvada a competência da União, as funções de polícia judiciária e a apuração de infrações penais, exceto as militares". Em face desse dispositivo e do regime jurídico do poder de polícia, é correto afirmar que

**(A)** lei pode delegar a pessoas jurídicas de direito privado parcelas do exercício do poder de polícia judiciária, segundo jurisprudência recente do Supremo Tribunal Federal.

**(B)** razões de interesse público — como urgência para preenchimento de vaga ou necessidade premente de certa investigação de grave crime contra direitos fundamentais — podem justificar a nomeação de comissionada de delegado de polícia.

**(C)** delegados de Polícia de carreira podem exercer polícia administrativa.

**(D)** a polícia judiciária não se confunde com a polícia administrativa, embora ambas decorram do exercício do poder de império tipicamente estatal, indelegável a entidades privadas.

**(E)** o poder de polícia administrativa vem sendo criticado na doutrina como uma reminiscência autoritária do direito administrativo. Por isso, há quem sustente que ele foi substituído pela ideia de regulação ou de ordenação. Esse entendimento foi vitorioso recentemente no caso BH Trans, julgado pelo Superior Tribunal de Justiça.

Alternativa **A** incorreta (a polícia judiciária é indelegável, sendo executada por órgãos de segurança pública, conforme já decidiu o STF no RE 633.782). Alternativa **B** incorreta (a função de delegado de polícia é exercida por agente público de carreira, sendo vedado o seu exercício por comissionado; nesse sentido o STF na ADI 2.427). Alternativa **C** correta (delegados de polícia podem exercer tanto a polícia judiciária quanto a administrativa). Alternativa **D** incorreta (de fato, a polícia judiciária não se confunde com a polícia administrativa, embora ambas decorram do exercício do poder de império tipicamente estatal; no entanto, algumas atividades do poder de polícia podem ser delegadas a particulares, como os atos de consentimento e de fiscalização; além disso, é possível a delegação genérica do poder de polícia para entidades privadas integrantes da Administração, cf. já decidiu o STF no RE 633.782). Alternativa **E** incorreta (o STF, no âmbito do RE 633.782 – caso BH Trans – considerou que o poder de polícia, embora envolva noção questionada por parcela da doutrina, "mostra-se como instru-

## 5. DIREITO ADMINISTRATIVO 103

mento de garantia da própria liberdade e do interesse da coletividade, sem desamparar os direitos fundamentais individuais"). RB

Gabarito "C".

**(Delegado/RJ – 2022 – CESPE/CEBRASPE)** Conforme a Lei da Liberdade Econômica (art. 1.º, § 6.º), se consideram "atos públicos de liberação a licença, a autorização, a concessão, a inscrição, a permissão, o alvará, o cadastro, o credenciamento, o estudo, o plano, o registro e os demais atos exigidos, sob qualquer denominação, por órgão ou entidade da administração pública na aplicação de legislação, como condição para o exercício de atividade econômica, inclusive o início, a continuação e o fim para a instalação, a construção, a operação, a produção, o funcionamento, o uso, o exercício ou a realização, no âmbito público ou privado, de atividade, serviço, estabelecimento, profissão, instalação, operação, produto, equipamento, veículo, edificação e outros". De acordo com o entendimento corrente de direito administrativo, os atos de liberação podem ser compreendidos como

(A) forma de fiscalização de polícia, por meio da qual agentes administrativos, ao tutelar o interesse público, decidem se certa atividade econômica pode ou não continuar a ser exercida.

(B) manifestações estatais indispensáveis para a prática de atividades econômicas.

(C) exemplos de atuação consensual da administração pública, que, cada dia mais, ganha espaço e substitui a postura autoritária de um direito administrativo incompatível com a CF.

(D) desdobramentos do princípio da eficiência administrativa, que pressupõe, em qualquer caso, a vinculação positiva do agir público à lei, com o menor custo possível, inclusive para a economia.

(E) espécies de atos de consentimento de polícia administrativa.

As medidas do poder de polícia podem ser dividias em quatro espécies (teoria do ciclo de polícia): normativa, de consentimento (preventiva), fiscalizatória e repressiva. Alternativa **A** incorreta (os atos públicos de liberação não representam uma forma de fiscalização de polícia, que ocorre durante o exercício da atividade). Alternativa **B** incorreta (entre os princípios que norteiam a Lei da Liberdade Econômica, estão a liberdade como uma garantia no exercício da atividade econômica e a intervenção subsidiária e excepcional do Estado sobre o exercício de atividades econômicas, cf. art. 2º, I e III, da Lei 13.874/2019). Alternativa **C** incorreta (os atos de liberação não são exemplos de atuação consensual da administração, pois são atos dotados de imperatividade). Alternativa **D** incorreta (a expressão "em qualquer caso" torna a afirmação genérica, sendo certo que há exceções nesse contexto de vinculação do agir público à lei). Alternativa **E** correta (os atos de liberação representam, no âmbito das medidas do poder de polícia apontadas acima, a espécie preventiva (de consentimento). RB

Gabarito "E".

**(Delegado/RJ – 2022 – CESPE/CEBRASPE)** Recebida denúncia de violência doméstica contra a mulher, a equipe de delegacia especializada de atendimento à mulher prendeu Jorge em flagrante delito, pela prática de tentativa de feminicídio, tendo sido apreendida a arma de fogo utilizada no crime. Após as diligências procedimentais do auto de prisão em flagrante e da apreensão da arma de fogo, o delegado adjunto lavrou o auto de infração pela apreensão da arma de fogo, aplicando multa em desfavor de Jorge.

Acerca dessa situação hipotética, assinale a opção correta.

(A) A autoridade policial exerceu, concomitantemente, o poder de polícia judiciária e o poder de polícia administrativa.

(B) A lavratura do auto de infração decorre do poder de polícia judiciária, pois é consequência da apreensão da arma de fogo utilizada no crime.

(C) A multa aplicada será graduada pela autoridade competente, de acordo com a conveniência e oportunidade.

(D) O delegado adjunto poderia ter deixado de aplicar a multa pela apreensão da arma de fogo, em razão da sua discricionariedade administrativa.

(E) É ilegítima a aplicação de multa pela apreensão da arma de fogo, pois depende de autorização judicial.

**A** correta (o contexto descrito abrange o exercício da *polícia judiciária*, associada à investigação/repressão de delitos penais, e da *polícia administrativa*, atinente à limitação da liberdade e da propriedade em favor do bem comum). Alternativa **B** incorreta (a lavratura de auto de infração decorre do poder de polícia administrativa, em sua modalidade repressiva). Alternativa **C** incorreta (a multa será graduada de acordo com a lei, ou seja, trata-se de competência vinculada, não havendo conveniência e oportunidade). Alternativa **D** incorreta (a aplicação da multa é um poder-dever, resultante de uma competência vinculada, não havendo discricionariedade em sua aplicação). Alternativa **E** incorreta (em razão do atributo da autoexecutoriedade, a aplicação da multa não depende de autorização judicial). RB

Gabarito "A".

**(Juiz de Direito - TJ/BA - 2019 - CESPE/CEBRASPE)** O poder de polícia administrativo

(A) limita ou disciplina direito, interesse ou liberdade individual, regulando e fiscalizando atos civis ou penais.

(B) inclui, no âmbito das agências reguladoras, a possibilidade de tipificar ineditamente condutas passíveis de sanção, de acordo com o STJ.

(C) pode ser delegado a sociedade de economia mista que explore serviço público, a qual poderá praticar atos de fiscalização e aplicar multas.

(D) possui autoexecutoriedade, princípio segundo o qual o ato emanado será obrigatório, independentemente da vontade do administrado.

(E) deve obedecer ao princípio da proporcionalidade no exercício do mérito administrativo e, por isso mesmo, é impassível de revisão judicial nesse aspecto.

**A:** incorreta – o poder de polícia consiste no dever-poder que possui a Administração Pública de, nos termos determinados pela lei, limitar a liberdade e a propriedade em prol do bem comum. Não possui relação com atos de natureza penal; **B:** correta – Vejamos ementa de julgado do STJ em que a questão é analisada: "PROCESSUAL CIVIL. ADMINISTRATIVO. MULTA ADMINISTRATIVA APLICADA PELA ANAC. PRINCÍPIO DA LEGALIDADE. LEGITIMIDADE PASSIVA DO ESTADO DE SANTA CATARINA. CONVÊNIO ADMINISTRATIVO ENTRE MUNICÍPIO DE CHAPECÓ E AERÓDROMO. 1. A análise que enseja a responsabilidade do Estado de Santa Catarina sobre a administração do aeródromo localizado em Chapecó/SC enseja observância das cláusulas contratuais, algo que ultrapassa a competência desta Corte Superior, conforme enunciado da Súmula 5/STJ. 2. Não há violação do princípio da legalidade na aplicação de multa previstas em resoluções criadas por agências reguladoras, haja vista que elas foram criadas no intuito de regular, em sentido amplo, os serviços públicos, havendo previsão na legislação ordinária delegando à agência reguladora competência para a edição de normas e regulamentos no seu âmbito de atuação. Precedentes. 3. O pleito de se ter a redução do valor da multa aplicada ao recorrente, por afronta à Resolução da ANAC e à garantia constitucional do art. 5º, XL, da CF/88 e arts. 4º. e 6º da LICC, bem como art. 106, III, alínea "c", c/c art. 112 do CTN, não merece trânsito, haja vista que a respectiva matéria não foi devidamente prequestionada no acórdão em debate. Agravo regimental improvido. (AgRg no AREsp 825.776/SC, Rel. Ministro HUMBERTO MARTINS, SEGUNDA TURMA, julgado em 05/04/2016, DJe 13/04/2016); **C:** incorreta – Trata-se da aplicação dos ciclos do poder de polícia, sendo delegáveis apenas a atividade de polícia de consentimento e fiscalização, e indelegáveis a aplicação de multas. Vejamos julgado a respeito do tema: ADMINISTRATIVO. PODER DE POLÍCIA. TRÂNSITO. SANÇÃO PECUNIÁRIA APLICADA POR SOCIEDADE DE ECONOMIA MISTA. IMPOSSIBILIDADE. 1. Antes de adentrar o mérito da controvérsia, convém afastar a preliminar de conhecimento levantada pela parte recorrida. Embora o fundamento da origem tenha sido a lei local, não há dúvidas que a tese sustentada pelo recorrente em sede de especial (delegação de poder de polícia) é retirada, quando o assunto é trânsito, dos dispositivos do Código de Trânsito Brasileiro arrolados pelo recorrente (arts. 21 e 24), na medida em que estes artigos tratam da competência dos órgãos de trânsito. O enfrentamento da tese pela instância ordinária também tem por consequência o cumprimento do requisito do prequestionamento. 2. No que tange ao mérito, convém assinalar que, em sentido amplo, poder de polícia pode ser conceituado como o dever estatal de limitar-se o exercício da propriedade e da

liberdade em favor do interesse público. A controvérsia em debate é a possibilidade de exercício do poder de polícia por particulares (no caso, aplicação de multas de trânsito por sociedade de economia mista). 3. As atividades que envolvem a consecução do poder de polícia podem ser sumariamente divididas em quatro grupo, a saber: (i) legislação, (ii) consentimento, (iii) fiscalização e (iv) sanção. 4. No âmbito da limitação do exercício da propriedade e da liberdade no trânsito, esses grupos ficam bem definidos: o CTB estabelece normas genéricas e abstratas para a obtenção da Carteira Nacional de Habilitação (legislação); a emissão da carteira corporifica a vontade o Poder Público (consentimento); a Administração instala equipamentos eletrônicos para verificar se há respeito à velocidade estabelecida em lei (fiscalização); e também a Administração sanciona aquele que não guarda observância ao CTB (sanção). 5. Somente os atos relativos ao consentimento e à fiscalização são delegáveis, pois aqueles referentes à legislação e à sanção derivam do poder de coerção do Poder Público. 6. No que tange aos atos de sanção, o bom desenvolvimento por particulares estaria, inclusive, comprometido pela busca do lucro - aplicação de multas para aumentar a arrecadação. 7. Recurso especial provido. (REsp 817.534/MG, Rel. Ministro MAURO CAMPBELL MARQUES, SEGUNDA TURMA, julgado em 10/11/2009, DJe 10/12/2009); **D:** incorreta. Autoexecutoriedade é a faculdade que possui a Administração de decidir e executar diretamente e por seus próprios meios suas decisões, sem precisar recorrer ao Judiciário para tanto; **E:** incorreta – a legalidade, a razoabilidade e a proporcionalidade são passíveis de análise pelo Poder Judiciário. (FB)
Gabarito "B".

**(Juiz de Direito - TJ/BA - 2019 - CESPE/CEBRASPE)** O Estado, no exercício do poder de polícia, pode restringir o uso da propriedade particular por meio de obrigações de caráter geral, com base na segurança, na salubridade, na estética, ou em outro fim público, o que, em regra, não é indenizável. Essa forma de exercício do poder de polícia pelo Estado corresponde a

(A) uma servidão administrativa.
(B) uma ocupação temporária.
(C) uma requisição.
(D) uma limitação administrativa.
(E) um tombamento.

**A:** incorreta. Servidão administrativa é ônus real de uso, de natureza pública, imposto pela Administração ao particular para assegurar a realização e conservação de obras e serviços públicos ou de utilidade pública, mediante indenização dos prejuízos efetivamente suportados pelo proprietário. Deve ser parcial, a fim de possibilitar a utilização da propriedade particular para uma finalidade pública sem a desintegração do domínio privado, e só se efetiva com o registro competente para que possa produzir efeitos *erga omnes*, nos termos do art. 167 I item 6 da Lei nº 6.015/73; **B:** incorreta. Ocupação temporária é a forma de limitação do Estado à propriedade privada que se caracteriza pela utilização transitória, gratuita ou remunerada, de imóvel de propriedade particular, para fins de interesse público; **C:** incorreta. Requisição de bens ou serviços *é o ato pelo qual o Estado determina e efetiva a utilização de bens ou serviços particulares, mediante indenização ulterior, para atender necessidades públicas urgentes e transitórias, ou seja, em caso de iminente perigo público.* O **requisito** para requisição de bens está previsto na CF, em seu artigo 5º, XXV: *no caso de iminente perigo público, a autoridade competente poderá usar de propriedade particular, assegurada ao proprietário indenização ulterior, se houver dano;* **D:** correta. Limitação administrativa é *a imposição unilateral, geral e gratuita, que traz os limites dos direitos e atividades particulares de forma a condicioná-los às exigências da coletividade.* Ex.: proibição de construir sem respeitar recuos mínimos; proibição de instalar indústria ou comércio em determinadas zonas da cidade; leis de trânsito, de obras e de vigilância sanitária; lei do silêncio; **E:** incorreta. O tombamento pode ser **conceituado** como o *ato do Poder Público que declara de valor histórico, artístico, paisagístico, turístico, cultural ou científico, bens ou locais para fins de preservação.* Trata-se de ato intervenção administrativa na propriedade pela qual o Poder Público sujeita determinados bens a limitações para sua conservação e preservação. É uma restrição parcial, que não impede o proprietário de exercer os direitos inerentes ao domínio, razão pela qual, em regra, não dá direito a indenização, de sorte que apenas enseja indenização quando comprovado ser ele ensejador de danos ao proprietário em razão da grande afetação por ele causada aos direitos de propriedade de seu titular. FB
Gabarito "D".

**(Auditor Fiscal - SEFAZ/RS - 2019 - CESPE/CEBRASPE)** O alvará de licença e o alvará de autorização concedidos pela administração pública constituem meio de atuação do poder

(A) disciplinar.
(B) regulamentar.
(C) hierárquico.
(D) de polícia.
(E) hierárquico e do disciplinar.

**A:** incorreta. O **poder disciplinar** é *aquele conferido ao agente público para aplicação de sanções ou penalidades aos demais agentes, dada a prática de uma infração disciplinar;* **B:** incorreta, poder regulamentar é a faculdade dada aos Chefes do Executivo de explicitar a lei para sua correta execução, ou de expedir decretos autônomos sobre matéria de sua competência ainda não disciplinada pela lei. Pode ser delegada apenas no tocante à fixação de normas de ordem técnica sobre matéria de competência das agências reguladoras; **C:** incorreta, poder hierárquico consiste no poder de que dispõe o Executivo para distribuir e escalonar as funções de seus órgãos, ordenar e rever a atuação de seus agentes, estabelecendo uma relação de subordinação entre servidores de seu quadro de pessoal; **D:** correta. Poder de polícia consiste na faculdade que possui a Administração Pública de estabelecer limitações à liberdade e à propriedade em prol do bem comum. Em geral, impõe um "non facere", isto é, impõe ao particular uma abstenção. As sanções aplicadas em decorrência da inobservância dessas limitações são de natureza repressiva, visando a punir o infrator. É indelegável, embora seja possível que certos aspectos meramente materiais sejam realizados por particulares ou mesmo por meio eletrônico. Ele atua em caráter geral, isto é, independentemente da existência de uma relação específica entre a Administração e determinada pessoa, abrangendo a todos nos limites previstos pela lei. Ele dá ensejo, para seu custeio, à cobrança de taxa. Todavia, é importante notar, apenas o regular **exercício** do poder de polícia pode ser remunerado por taxas, ao passo que a utilização efetiva ou potencial dos serviços público dá ensejo à sua cobrança. Vejamos o que diz o Código Tributário Nacional (Lei nº 5.172/1966): "Art. 77. As taxas cobradas pela União, pelos Estados, pelo Distrito Federal ou pelos Municípios, no âmbito de suas respectivas atribuições, têm como fato gerador o *exercício regular do poder de polícia*, ou a utilização, efetiva ou potencial, de serviço público específico e divisível, prestado ao contribuinte ou posto à sua disposição"; **E:** incorreta, a diferença entre o poder hierárquico e o poder disciplinar é que o primeiro diz respeito ao dia a dia das relações de subordinação (escalonamento de funções, ordens, revisão de atos), ao passo que o segundo só atua quando houver um ilícito disciplinar, possibilitando à Administração a aplicação de sanções disciplinares. O **poder hierárquico** é *aquele conferido ao agente público para organizar a estrutura da Administração e fiscalizar a atuação de seus subordinados, expressando-se na distribuição e orientação das funções, na expedição de ordens e na revisão dos atos dos demais agentes, numa relação de ampla subordinação.* O **poder disciplinar** é *aquele conferido ao agente público para aplicação de sanções ou penalidades aos demais agentes, dada a prática de uma infração disciplinar.* FB
Gabarito "D".

**(Delegado - PC/SE - 2018 - CESPE/CEBRASPE)** Acerca do poder de polícia — poder conferido à administração pública para impor limites ao exercício de direitos e de atividades individuais em função do interesse público —, julgue os próximos itens.

(1) São características do poder de polícia a discricionariedade, a autoexecutoriedade e a coercibilidade.
(2) A polícia administrativa propõe-se a restringir o exercício de atividades ilícitas e, em regra, tem caráter preventivo.
(3) O poder de polícia é indelegável.

**1:** correta – Trata-se de matéria que não se encontra pacificada na doutrina pátria, usando alguns autores o nome "atributos" e outros "características" do poder de polícia. Para autores como Hely Lopes Meirelles e Maria Sylvia Zanella Di Pietro são atributos do poder de polícia a discricionariedade, a autoexecutoriedade e a coercibilidade. A discricionariedade consiste na liberdade dada pela lei ao administrador para efetuar a escolha que melhor atinja a finalidade pública perseguida diante de um determinado caso concreto. A autoexecutoriedade consiste na possibilidade de que a Administração execute suas próprias decisões sem interferência do poder Judiciário. Ela existe quando se tem a necessidade de um contraditório diferido, pois para a garantia do interesse público confere-se o direito à defesa após a prática do ato. Coercibilidade, por sua vez, é o atributo que torna obrigatório, podendo a Administração Pública usar meios indiretos de coerção para cumprir a determinação; **2:** correta - Embora tanto a polícia administrativa como a polícia judiciária tenham traços repressivos, a primeira tem caráter mais preventivo do que propriamente repressivo, visando tão somente a impedir ou paralisar atividades antissociais. Já a polícia judiciária tem a função de reprimir a atividade dos delinquentes através da instrução criminal e aplicação da lei penal. Volta-se, destarte, à responsabilização dos infratores da ordem jurídica. Daí porque se pode afirmar que a polícia judiciária volta-se predominantemente para as pessoas, sendo preparatória para a repressão penal e ligada ao valor contido na liberdade de ir e vir, ao passo que a polícia administrativa volta-se para a atividade das pessoas, relacionando-se com os valores informadores dos interesses gerais, condicionando ou restringindo a liberdade e a propriedade em prol do bem comum; **3:** incorreta – o poder de polícia é parcialmente delegável, na medida em que é possível delegar aspectos materiais de seu exercício. Não por outro motivo alguns autores da doutrina nacional dividem a atividade de polícia em 4 ciclos: 1 – ordem de polícia (sua previsão em lei, decorrência da imperatividade, que incitamente é indelegável pois só por meio dela se tem a possibilidade de restringir a liberdade e a propriedade em prol do bem comum); 2 – consentimento de polícia (a lei autoriza o exercício de determinada atividade condicionada à aceitabilidade estatal); 3 – fiscalização de polícia ( decorre da possibilidade conferida à Administração Pública de controlar as atividades submetidas ao poder de polícia, com o intuito de verificar seu cumprimento e ensejando, em caso de descumprimento, a aplicação de penalidades, também chamada de 4 – sanção de polícia. Considera-se que tanto a atividade de polícia de consentimento como a fiscalização são delegáveis pois relativas ao poder de gestão do Estado (ao passo que a ordem de polícia e a sanção são manifestações do poder de império estatal). **FB**

Gabarito: 1C, 2C, 3E

**Delegado Federal – 2018 – CESPE)** Em relação aos poderes administrativos, julgue os itens seguintes.

(1) A demissão de servidor público configura sanção aplicada em decorrência do poder de polícia administrativa, uma vez que se caracteriza como atividade de controle repressiva e concreta com fundamento na supremacia do interesse público.

(2) Embora possam exercer o poder de polícia fiscalizatório, as sociedades de economia mista não podem aplicar sanções pecuniárias.

**1:** incorreta – o poder de polícia consiste em dever poder que possui a Administração Pública para, em caráter geral, limitar a liberdade e a propriedade em prol do bem comum e nos termos da lei. Dirige-se a todos e uma relação de sujeição geral. Não se confunde com o poder disciplinar que ela possui para com seus servidores, decorrente dessa relação de sujeição especial que possuem; **2:** correta, o poder de polícia não é delegável no que concerne ao aspecto de aplicação da sanção decorrente de seus descumprimento, razão pela qual falta às sociedades de economia mista tal poder. **FB**

Gabarito: 1E, 2C

**(Juiz – TRF5 – 2017 – CESPE)** Acerca da administração indireta, das formas de intervenção do Estado e do direito administrativo econômico, assinale a opção correta.

(A) Segundo o STF, o tratamento constitucional favorecido para empresas de pequeno porte resguarda o acesso aos programas de benefícios fiscais mesmo a empresas de pequeno porte que tenham débitos fiscais.

(B) Situação hipotética: A autarquia X, vinculada ao Ministério Y, foi instituída para fiscalizar as atividades desenvolvidas pelo setor Z. Assertiva: Nessa situação, a transferência de recursos do ente instituidor é vedada à autarquia X, visto que esta possui personalidade jurídica de direito público e autonomia administrativa e financeira.

(C) Situação hipotética: Em razão de grave crise hídrica que assola o estado X, o governo local instituiu empresa subsidiária da empresa de abastecimento primária para atuar nos problemas emergenciais de abastecimento de água. Assertiva: Nessa situação, houve descentralização do ser-

viço por delegação, sendo legal a instituição de subsidiária da empresa de abastecimento.

(D) Situação hipotética: Com base em competência constitucional, o Ministério X proibiu, por meio de portaria, a venda de combustíveis para transportadoras e revendedoras do tipo Y, com o objetivo de combater o transporte clandestino de combustíveis e regulamentar o mercado em defesa do consumidor. Assertiva: Conforme entendimento do STF, a referida portaria é inconstitucional, por ofensa ao princípio da livre-iniciativa.

(E) Conforme o STJ, embora seja permitido o exercício do poder de polícia fiscalizatório por sociedade de economia mista, é vedada a possibilidade de aplicação de sanções pecuniárias derivadas da coercitividade presente no referido poder.

**A:** incorreta – no RE 627.543/RS, de Repercussão Geral Reconhecida, restou entendido que o regime favorecido foi criado para diferenciar, em iguais condições, os empreendedores com menor capacidade contributiva e menor poder econômico, sendo desarrazoado que, nesse universo de contribuintes, se favoreçam aqueles em débito com os fiscos pertinentes, os quais participariam do mercado com uma vantagem competitiva em relação àqueles que cumprem pontualmente com suas obrigações. A condicionante do inciso V do art. 17 da LC 123/2006 não se caracteriza, *a priori*, como fator de desequilíbrio concorrencial, pois se constitui em exigência imposta a todas as pequenas e as microempresas (MPE), bem como a todos os microempreendedores individuais (MEI), devendo ser contextualizada, por representar também, forma indireta de se reprovar a infração das leis fiscais e de se garantir a neutralidade, com enfoque na livre concorrência; **B:** incorreta – com a passagem por lei de uma competência que antes era exercida por um ente da Administração Direta para a Indireta, com a criação de uma autarquia, é razoável supor que possam ser também transferidos recursos públicos para o exercício de tal mister; **C:** incorreta – na descentralização por serviço, a lei atribui ou autoriza que outra pessoa detenha a *titularidade* e a execução do serviço e fala-se em *outorga* do serviço. Na assertiva em tela, tem-se precisamente a descentralização do serviço por outorga e não por delegação; **D:** incorreta – trata-se de exercício de poder regulamentar em prol do direito do consumidor; **E:** correta – De acordo com a teoria do professor Diogo de Figueiredo, existem quatro ciclos do poder de polícia: a ordem de polícia, o consentimento de polícia, a fiscalização de polícia e a **sanção de polícia**. Tanto o primeiro, referente à ordem de polícia e à obrigatoriedade de que a limitação à liberdade e à propriedade seja prevista em lei; como a última, referente à sanção de polícia, com a submissão coercitiva do infrator a medidas inibidoras impostas pela Administração no caso de ocorrência de infração às ordens de polícia, são indelegáveis. **FB**

Gabarito: "E".

**(Delegado/PE – 2016 – CESPE)** A fiscalização ambiental de determinado estado da Federação verificou que a água utilizada para o consumo dos hóspedes de um hotel era captada de poços artesianos. Como o hotel não tinha a outorga do poder público para extração de água de aquífero subterrâneo, os fiscais lavraram o auto de infração e informaram ao gerente do hotel que lacrariam os poços artesianos, conforme a previsão da legislação estadual. O gerente resistiu à ação dos fiscais, razão pela qual policiais militares compareceram ao local e, diante do impasse, o gerente, acompanhado do advogado do hotel, e os fiscais foram conduzidos à delegacia local. O advogado alegou que os fiscais teriam agido com abuso de autoridade, uma vez que o poder público estadual não teria competência para fiscalizar poços artesianos, e requereu ao delegado de plantão a imediata liberação do gerente e o registro, em boletim de ocorrência, do abuso de poder por parte dos fiscais. A partir dessa situação hipotética, assinale a opção correta, considerando as regras e princípios do direito administrativo.

(A) Agentes de fiscalização não possuem poder de polícia, que é exclusivo dos órgãos de segurança pública. Por essa razão, os fiscais não poderiam entrar no hotel, propriedade privada, sem o acompanhamento dos policiais militares.

(B) A fiscalização estadual agiu corretamente ao aplicar o auto de infração: o hotel não poderia fazer uso de poço artesiano sem a outorga do poder público estadual. Contudo, os fiscais somente poderiam lacrar os poços se dispusessem

# 106 VÁRIOS AUTORES

de ordem judicial, razão pela qual ficou evidente o abuso de poder.

(C) As águas subterrâneas e em depósito são bens públicos da União, razão pela qual a fiscalização estadual não teria competência para atuar no presentecaso.

(D) Os estados membros da Federação possuem domínio das águas subterrâneas e poder de polícia para precaver e prevenir danos ao meio ambiente. Assim, a fiscalização estadual não só tinha o poder, mas também, o dever de autuar.

(E) Não é necessária a outorgado ente público para o simples uso de poço artesiano. Logo, a conduta dos fiscais foi intempestiva e abusiva.

**A:** incorreta, pois o poder de polícia relacionado à fiscalização de ilícitos administrativos e ambientais é, na verdade, atividade típica de agentes de fiscalização, e não é atividade típica de órgãos de segurança pública, que se direcionam para evitar e investigar outro tipo de ilícito, no caso o ilícito penal; **B:** incorreta, pois a possibilidade de a Administração, por si só, fazer executar suas ordens é comum e basta ter previsão legal ou situação de urgência que impossibilite buscar o Judiciário, que a fiscalização poderá impor materialmente o cumprimento da lei que estiver sendo violada; **C:** incorreta, pois as águas superficiais ou subterrâneas incluem-se entre os bens dos Estados (art. 26, I, da CF); **D:** correta, pois o domínio das águas subterrâneas pelos Estados está previsto no art. 26, I, da CF, e a competência para precaver e prevenir danos ambientais está prevista no art. 23, VI, da CF; **E:** incorreta, pois qualquer uso de recursos hídricos superficiais ou subterrâneos de depende de prévia autorização ou licença do órgão público estadual, por se tratar de um bem público pertencente ao Estado (art. 26, I, da CF).

Gabarito "D".

## 2.5. PODERES ADMINISTRATIVOS COMBINADOS

**(Técnico Judiciário – STJ – 2018 – CESPE)** Acerca dos poderes da administração pública e da responsabilidade civil do Estado, julgue os itens a seguir.

(1) O poder disciplinar, decorrente da hierarquia, tem sua discricionariedade limitada, tendo em vista que a administração pública se vincula ao dever de punir.

(2) Em razão da discricionariedade do poder hierárquico, não são considerados abuso de poder eventuais excessos que o agente público, em exercício, sem dolo, venha a cometer.

(3) É objetiva a responsabilidade do agente público em exercício que, por ato doloso, cause danos a terceiros.

(4) Força maior, culpa de terceiros e caso fortuito constituem causas atenuantes da responsabilidade do Estado por danos.

**1:** correta – quando a administração constata que um servidor público, ou um particular que com ela possua vinculação jurídica específica, praticou uma infração administrativa, ela é obrigada a puni-lo; não há discricionariedade quanto a punir ou não alguém que comprovadamente tenha praticado uma infração disciplinar; **2:** incorreta – a questão fala em poder hierárquico quando trata de poder disciplinar e, ainda, traz hipótese impossível, na medida em que todo abuso de poder, se tratar de situação em que o agente público se utiliza de seu cargo ou função pública para benefício próprio ou para exigir que sua vontade prevaleça sobre a de outrem não existe na modalidade culposa e, se eventualmente ocorrer, não deixa de ser como tal configurada; **3:** incorreta – a responsabilidade do Estado é objetiva e do agente público é subjetiva, ou seja, depende da caracterização de sua culpabilidade; **4:** incorreta – A Constituição Federal consagra a teoria da responsabilidade objetiva do Estado, estabelecendo que: "as pessoas jurídicas de direito público e as de direito privado prestadoras de serviços públicos responderão pelos danos que seus agentes, nessa qualidade, causarem a terceiros, assegurado o direito de regresso contra o responsável nos casos de dolo ou culpa" – art. 37, § 6º, CF/1988. Mas essa responsabilidade, ainda que objetiva, tem limites. O direito administrativo brasileiro não adota a teoria do risco integral, mas sim a do risco administrativo, o que implica a existência de excludentes da responsabilidade estatal, quais sejam: a culpa exclusiva da vítima, em caso fortuito ou de força maior.

Gabarito 1C, 2E, 3E, 4E

**(Delegado/PE – 2016 – CESPE)** Acerca dos poderes e deveres da administração pública, assinale a opção correta.

(A) A autoexecutoriedade é considerada exemplo de abuso de poder: o agente público poderá impor medidas coativas a terceiros somente se autorizado pelo Poder Judiciário.

(B) À administração pública cabe o poder disciplinar para apurar infrações e aplicar penalidades a pessoas sujeitas à disciplina administrativa, mesmo que não sejam servidores públicos.

(C) Poder vinculado é a prerrogativa do poder público para escolher aspectos do ato administrativo com base em critérios de conveniência e oportunidade; não é um poder autônomo, devendo estar associado ao exercício de outro poder.

(D) Faz parte do poder regulamentar estabelecer uma relação de coordenação e subordinação entre os vários órgãos, incluindo o poder de delegar e avocar atribuições.

(E) O dever de prestar contas aos tribunais de contas é específico dos servidores públicos; não é aplicável a dirigente de entidade privada que receba recursos públicos por convênio.

**A:** incorreta, pois esse é um atributo comum dos atos administrativos e, havendo permissão legal ou situação de urgência em que não se possa aguardar a apreciação pelo Judiciário, esse atributo pode ser aplicado pela Administração; **B:** correta, pois na definição de poder disciplinar está não só a aplicação de penalidades para servidores públicos típicos, como também para outros tipos de agentes públicos, como os tabeliães e registradores; **C:** incorreta, pois a definição em tela está associada ao *poder discricionário* e não ao *poder vinculado*; **D:** incorreta, pois a definição em tela está associada ao *poder hierárquico* e não ao *poder regulamentar*; **E:** incorreta, pois qualquer particular que gerencie recursos públicos por meio de instrumento dessa natureza (que se chamava *convênio* e cujo nome agora é *termo de colaboração* ou *termo de fomento*) tem o dever de prestar contas (art. 70, parágrafo único, da CF).

Gabarito "B".

**(Defensor Público – DPE/RN – 2016 – CESPE)** Com relação aos poderes da administração pública e aos poderes e deveres dos administradores públicos, assinale a opção correta.

(A) A cobrança de multa constitui exemplo de exceção à autoexecutoriedade do poder de polícia, razão por que o pagamento da multa cobrada não pode se configurar como condição legal para que a administração pública pratique outro ato em favor do interessado.

(B) A autorização administrativa consiste em ato administrativo vinculado e definitivo segundo o qual a administração pública, no exercício do poder de polícia, confere ao interessado consentimento para o desempenho de certa atividade.

(C) O desvio de finalidade é a modalidade de abuso de poder em que o agente público atua fora dos limites de sua competência, invadindo atribuições cometidas a outro agente.

(D) No exercício do poder regulamentar, é conferida à administração pública a prerrogativa de editar atos gerais para complementar a lei, em conformidade com seu conteúdo e limites, não podendo ela, portanto, criar direitos e impor obrigações, salvo as excepcionais hipóteses autorizativas de edição de decreto autônomo.

(E) Decorre do sistema hierárquico existente na administração pública o poder de delegação, segundo o qual pode o superior hierárquico, de forma irrestrita, transferir atribuições de um órgão a outro no aparelho administrativo.

**A:** Incorreta. O erro está em afirmar que a cobrança da multa não pode ser feita pela Administração Pública, sendo apenas vedada a essa a sua execução, que se faz por meio de ação judicial de execução fiscal. A cobrança em si pode ser feita, assim como vemos a todo o tempo, pela própria Administração Pública (autoexecutoriedade administrativa); **B:** Incorreta. A autorização é ato administrativo discricionário e precário, sendo esse o erro da assertiva; **C:** Incorreta. O desvio de finalidade é espécie de abuso de poder, mas é definido como atuação do agente contrariamente ao interesse público previsto em lei. O conceito da assertiva é o de excesso de poder; **D:** Correta. O Poder Regulamentar é o que o Chefe do Poder Executivo detém para complementar a lei, sendo esse o limite desse Poder. Há exceções no que diz respeito ao decreto autônomo, que é o infraconstitucional (art. 84, VI, CF), e por isso admite maior generalidade; **E:** Incorreta. O Poder Hierárquico é o de escalonar cargos e funções e órgãos, mas é restrito, limitado a determinadas hipóteses de atos delegáveis (art. 14, § 1º, da Lei 9.784/1999).

Gabarito "D".

**(Advogado União – AGU – CESPE – 2015)** Foi editada portaria ministerial que regulamentou, com fundamento direto no princípio constitucional da eficiência, a concessão de gratificação de desempenho aos servidores de determinado ministério.

Com referência a essa situação hipotética e ao poder regulamentar, julgue os próximos itens.

**(1)** A portaria em questão poderá vir a ser sustada pelo Congresso Nacional, se essa casa entender que o ministro exorbitou de seu poder regulamentar.

**(2)** As portarias são qualificadas como atos de regulamentação de segundo grau.

**(3)** Na hipótese considerada, a portaria não ofendeu o princípio da legalidade administrativa, tendo em vista o fenômeno da deslegalização com fundamento na CF.

**1:** Correta. Trata-se do disposto no art. 49, V, CF, ou seja, o Congresso poderia sustar atos normativos que exorbitem do poder regulamentar. **2:** Correta. As portarias são atos normativos infralegais e por estarem submetidas à lei, também se denominam de "segundo grau". **3:** Incorreta. Houve violação da hierarquia legal, eis que a portaria é ato administrativo infralegal e não poderia ser editada com fundamento direto no texto constitucional. AW

Gabarito 1C, 2C, 3E

**(Procurador do Estado – PGE/BA – CESPE – 2014)** Em relação aos poderes administrativos, julgue os itens subsecutivos.

**(1)** Constitui exemplo de poder de polícia a interdição de restaurante pela autoridade administrativa de vigilância sanitária.

**(2)** Ao secretário estadual de finanças é permitido delegar, por razões técnicas e econômicas e com fundamento no seu poder hierárquico, parte de sua competência a presidente de empresa pública, desde que o faça por meio de portaria.

**(3)** A aplicação das penas de perda da função pública e de ressarcimento integral do dano em virtude da prática de ato de improbidade administrativa situa-se no âmbito do poder disciplinar da administração pública.

**1:** Correta. Trata-se da polícia sanitária, que visa a limitar e condicionar essa atividade para preservar a qualidade da alimentação disponibilizada à população em geral. **2:** Incorreta. Não é possível essa delegação com fundamento no poder hierárquico, pois a empresa pública não é subordinada ao Ministério, havendo apenas uma relação de controle de legalidade entre aquele e essa. **3:** Incorreta. Não temos poder disciplinar nesse caso, e sim, atuação judicial, decorrente de um processo civil de improbidade administrativa. AW

Gabarito 1C, 2E, 3E

## 3. ATOS ADMINISTRATIVOS

### 3.1. CONCEITO, PERFEIÇÃO, VALIDADE E EFICÁCIA

**(Analista – TJ/CE – 2014 – CESPE)** No que se refere aos atos administrativos, assinale a opção correta.

**(A)** São convalidáveis tanto os atos administrativos vinculados quanto os discricionários.

**(B)** A autoexecutoriedade é um atributo presente em todos os atos administrativos.

**(C)** A autorização configura-se como ato discricionário e gratuito.

**(D)** As formas de extinção do ato administrativo incluem a cassação, a anulação e a reintegração.

**(E)** Os atos administrativos distinguem-se dos atos legislativos, entre outros fatores, por serem individuais, enquanto os atos legislativos são atos gerais.

**A:** Correta. O art. 55 da Lei 9.784/1999 dispõe que em decisão na qual se evidencie não acarretarem lesão ao interesse público nem prejuízo a terceiros, os atos [vinculados ou discricionários] que apresentarem defeitos sanáveis poderão ser convalidados pela própria Administração; **B:** Incorreta. O atributo da autoexecutoriedade só é aplicável aos atos administrativos quando previstos em lei (exemplo: art. 80, IV, da Lei 8.666/1993) ou, ainda, segundo Maria Sylvia Zanella Di Pietro, "quando se tratar de medida urgente que, se não adotada de imediato, possa ocasionar prejuízo maior para o interesse público; isso acontece no âmbito também da polícia administrativa, podendo-se citar, como exemplo, a demolição de prédio que ameaça ruir, o internamento de pessoa com doença contagiosa, a dissolução de reunião que ponha em risco a segurança de pessoas e coisas" (DI PIETRO, Maria Sylvia Zanella. **Direito Administrativo**. 25. ed. São Paulo: Atlas, 2012. p. 207 e 208). Importante lembrar a disposição do art. 5º, XXXV, da CF; **C:** Incorreta para a banca examinadora, pois a autorização, instrumento jurídico de outorga do uso privativo de bem público ao particular, poderá ser gratuito ou oneroso (exemplo: art. 4º, § 1º, da Lei 10.826/2003 - Estatuto do Desarmamento). É importante lembrar que o art. 131, § 1º, da Lei 9.472/1997 dispõe que "autorização de serviço de telecomunicações é o ato administrativo vinculado que faculta a exploração, no regime privado, de modalidade de serviço de telecomunicações, quando preenchidas as condições objetivas e subjetivas necessárias"; **D:** Incorreta. São formas de extinção do ato administrativo a cassação, a anulação e a revogação. A reintegração consiste em uma das formas de provimento expressamente prevista na Constituição (art. 41, § 1º, da CF); **E:** Incorreta. Hely Lopes Meirelles classifica **os atos administrativos**, quanto aos seus destinatários, em atos individuais (ou especiais) ou atos gerais (ou regulamentares).

Gabarito "A".

### 3.2. REQUISITOS DO ATO ADMINISTRATIVO (ELEMENTOS, PRESSUPOSTOS)

Para resolver as questões sobre os requisitos do ato administrativo, vale a pena trazer alguns elementos doutrinários. Confira:

Requisitos do ato administrativo (são requisitos para que o ato seja válido)

– Competência: é a atribuição legal de cargos, órgãos e entidades. São vícios de competência os seguintes: a1) usurpação de função: alguém se faz passar por agente público sem o ser, ocasião em que o ato será inexistente; a2) excesso de poder: alguém que é agente público acaba por exceder os limites de sua competência (ex.: fiscal do sossego que multa um bar que visita por falta de higiene); o excesso de poder torna nulo o ato, salvo em caso de incompetência relativa, em que o ato é considerado anulável; a3) função de fato: exercida por agente que está irregularmente investido em cargo público, apesar de a situação ter aparência de legalidade; nesse caso, s praticados serão considerados válidos, se houver boa-fé.

– Objeto: é o conteúdo do ato, aquilo que o ato dispõe, decide, enuncia, opina ou modifica na ordem jurídica. O objeto deve ser lícito, possível e determinável, sob pena de nulidade. Ex.: o objeto de um alvará para construir é a licença.

– Forma: são as formalidades necessárias para a seriedade do ato. A seriedade do ato impõe a) respeito à forma propriamente dita; b) motivação.

– Motivo: fundamento de fato e de direito que autoriza a expedição do ato. Ex.: o motivo da interdição de estabelecimento consiste no fato de este não ter licença (motivo de fato) e de a lei proibir o funcionamento sem licença (motivo de direito). Pela Teoria dos Motivos Determinantes, o motivo invocado para a prática do ato condiciona sua validade. Provando-se que o motivo é inexistente, falso ou mal qualificado, o ato será considerado nulo.

– Finalidade: é o bem jurídico objetivado pelo ato. Ex.: proteger a paz pública, a salubridade, a ordem pública. Cada ato administrativo tem uma finalidade. Desvio de poder (ou de finalidade): *ocorre quando um agente exerce uma competência que possuía, mas para alcançar finalidade diversa daquela para a qual foi criada*. Não confunda o excesso de poder (vício de sujeito) com o desvio de poder (vício de finalidade), espécies do gênero abuso de autoridade.

**(Auditor Fiscal - SEFAZ/RS - 2019 - CESPE/CEBRASPE)** Caso uma autoridade da administração pública, como forma de punição, determine, de ofício, a remoção de um agente público com quem tenha tido desavenças anteriormente, o ato administrativo em questão revelará vício

(A) no motivo, sendo passível de convalidação.
(B) na competência, sendo passível de convalidação.
(C) na forma, sendo inviável a convalidação.
(D) na finalidade, sendo inviável a convalidação.
(E) na competência, sendo inviável a convalidação.

Trata-se de típico caso de desvio de finalidade, consistente na pratica de um ato por agente competente para tanto, mas por motivos ou com fins diversos dos objetivados pela lei ou exigidos pelo interesse público. É ato impassível de convalidação, devendo gerar a nulidade do ato que o ensejou. FB

Gabarito "D".

**(Analista Judiciário – STJ – 2018 – CESPE)** Julgue os itens a seguir, relativos aos atos administrativos.

(1) No caso de vício de competência, cabe a revogação do ato administrativo, desde que sejam respeitados eventuais direitos adquiridos de terceiros e não tenha transcorrido o prazo de cinco anos da prática do ato.
(2) São exemplos de atos administrativos normativos os decretos, as resoluções e as circulares.
(3) O ato administrativo praticado com desvio de finalidade pode ser convalidado pela administração pública, desde que não haja lesão ao interesse público nem prejuízo a terceiros.

**1:** incorreta – quando se está diante de um vício, o caso é de anulação ou de convalidação, o que dependerá do vício do ato. Vícios relativos ao sujeito, como é o caso do vício de competência, admitem convalidação; **2:** incorreta – atos normativos são aqueles que possuem um comando geral da Administração Pública Executivo, visando à correta aplicação da lei. Exemplos de atos normativos: decreto regulamentar ou de execução (regulamento), regimento (ato administrativo normativo de atuação interna, dado que se destina a reger o funcionamento de órgãos colegiados e de corporações legislativas"), resolução e deliberação (conteúdo geral) etc. A pegadinha da questão refere-se à circular, que não é ato administrativo normativo, mas ordinatório, visando a disciplinar o funcionamento da Administração e a conduta funcional de seus agentes. **3:** incorreta – os vícios passíveis de convalidação são aqueles referentes ao sujeito e à forma, e desde que não haja lesão ao interesse público nem prejuízo a terceiros. Não cabe convalidação quando o vício seja relativo ao motivo, ao objeto ou **à finalidade**. FB

Gabarito 1E, 2E, 3E

**(Defensor Público – DPE/RN – 2016 – CESPE)** Acerca da disciplina dos atos administrativos, assinale a opção correta.

(A) Em nome do princípio da inafastabilidade da jurisdição, deve o Poder Judiciário apreciar o mérito do ato administrativo, ainda que sob os aspectos da conveniência e da oportunidade.
(B) Os atos administrativos são dotados dos atributos da veracidade e da legitimidade, havendo presunção absoluta de que foram editados de acordo com a lei e com a verdade dos fatos.
(C) O parecer administrativo é típico ato de conteúdo decisório, razão pela qual, segundo entendimento do STF, há possibilidade de responsabilização do parecerista por eventual prejuízo causado ao erário.
(D) São passíveis de convalidação os atos administrativos que ostentem vícios relativos ao motivo, ao objeto e à finalidade, desde que não haja impugnação do interessado.
(E) Segundo a teoria dos motivos determinantes, mesmo que um ato administrativo seja discricionário, não exigindo, portanto, expressa motivação, se tal motivação for declinada pelo agente público, passa a vinculá-la aos termos em que foi mencionada.

**A:** Incorreta. O ato administrativo discricionário, que é o praticado conforme critérios de conveniência e oportunidade não pode ter o seu mérito, composto por esses dois elementos, analisado pelo Poder Judiciário. O Poder Judiciário somente pode analisar a legalidade desses atos, não interferindo no poder decisório da Administração Pública, portanto; **B:** Incorreta. A presunção de legitimidade ou veracidade é relativa, ou seja, admite prova em contrário, sendo esse o erro dessa assertiva; **C:** Incorreta. Os pareceres são enunciados ou manifestações de órgãos técnicos sobre assuntos submetidos à sua consideração, tendo caráter apenas opinativo, nunca decisório; **D:** Incorreta. Os atos com vícios na competência (elemento sujeito) ou forma é que admitem convalidação, eis que esses elementos, quando viciados, produziriam nulidade relativa, conforme doutrina dominante, passível de saneamento ou convalidação; **E:** Correta. Os motivos do ato, quando expostos, transformam-se em motivação, que vinculam o ato.

Gabarito "E".

**(Defensor Público – DPE/ES – 2016 – FCC)** Sobre os elementos do ato administrativo,

(A) desde que atendido o interesse da Administração, fica descaracterizada a figura do desvio de finalidade.
(B) a inexistência do elemento formal não é causa necessária de invalidação do ato, em vista da teoria de instrumentalidade das formas.
(C) a noção de ilicitude do objeto, no direito administrativo, não coincide exatamente com a noção de ilicitude do objeto no âmbito cível.
(D) sujeito do ato é seu destinatário; assim, o solicitante de uma licença é o sujeito desse ato administrativo.
(E) havendo vício relativo ao motivo, haverá, por consequência, desvio de finalidade.

**A:** Incorreta. O desvio de finalidade ou de poder ocorre quando o agente pratica ato visando fim diverso da regra de competência prevista em lei. Assim, é possível que o interesse da Administração seja atendido, mas não o interesse público, a exemplo de um servidor que desapropria bem imóvel para perseguir um inimigo político, mesmo sabendo que o Poder Público poderá usufruir desse bem; **B:** Incorreta. A forma é elemento do ato. Sem ela o ato não se forma, sendo exigível e obrigatória a forma escrita, sem a qual o ato é nulo; **C:** Correta, pois o ato pode ser nulo para o direito administrativo, como na maioria o é, e anulável para o direito civil; **D:** Incorreta. O sujeito do ato é quem o pratica, e não o seu destinatário; **E:** Incorreta. O vício de motivo é o vício quanto ao fundamento do ato, ou seja, as razões de fato e/ou de direito que ensejam sua prática, não se confundindo e não influenciando na finalidade do ato (a finalidade pública prevista em regra de competência para a prática do ato).

Gabarito "C".

**(Juiz de Direito/AM – 2016 – CESPE)** Assinale a opção correta com referência aos atos administrativos.

(A) A finalidade reflete o fim mediato dos atos administrativos, enquanto o objeto, o fim imediato, ou seja, o resultado prático que deve ser alcançado.
(B) O silêncio administrativo consubstancia ato administrativo, ainda que não expresse uma manifestação formal de vontade.
(C) Autorização é o ato pelo qual a administração concorda com um ato jurídico já praticado por particular em interesse próprio.
(D) O objeto dos atos administrativos normativos é equivalente ao dos atos administrativos enunciativos.
(E) Motivação e motivo são juridicamente equivalentes.

**A:** correta, pois traz a exata diferença entre "finalidade" e "objeto"; **B:** incorreta, pois em Direito Administrativo o silêncio administrativo só produzirá efeito se houver lei expressa determinando isso; **C:** incorreta, pois a autorização é um ato unilateral, precário e discricionário da Administração, pela qual esta faculta, após pedido do particular, que este use um bem público ou exerça uma atividade; repare que o ato principal é o ato da Administração, pois ele quem produz efeitos jurídicos e outorga direitos, não se tratando de mera concordância da Administração com um ato já perfeito e acabado do particular; **D:** incorreta, pois os atos normativos prescrevem (determinam) condutas, ao passo que os atos enunciativos apenas atestam uma dada situação de fato ou de direito; **E:**

incorreta, pois a motivação integra a forma e significa a explicação que se dá para a prática de um ato administrativo, ao passo que o motivo é um requisito de validade autônomo do ato administrativo, tratando-se do específico fato que autoriza a prática de um dado ato administrativo.

Gabarito "A".

**(Advogado União – AGU – CESPE – 2015)** No item a seguir é apresentada uma situação hipotética seguida de uma assertiva a ser julgada, a respeito da organização administrativa e dos atos administrativos.

(1) Removido de ofício por interesse da administração, sob a justificativa de carência de servidores em outro setor, determinado servidor constatou que, em verdade, existia excesso de servidores na sua nova unidade de exercício. Nessa situação, o ato, embora seja discricionário, poderá ser invalidado.

**1:** Correta. O ato de remoção teve como motivação a "carência de servidores em outro setor", sendo comprovada, posteriormente, a sua falsidade (da motivação), razão pela qual o ato é nulo, eis que os motivos, quando declarados, vinculam o ato, conforme Teoria dos Motivos Determinantes. AW

Gabarito 1C.

**(Advogado União – AGU – CESPE – 2015)** O titular do Ministério da Ciência, Tecnologia e Inovação redigiu e submeteu à análise de sua consultoria jurídica minuta de despacho pelo indeferimento de pedido da empresa Salus à habilitação em dada política pública governamental. A despeito de não apresentar os fundamentos de fato e de direito para o indeferimento, o despacho em questão invoca como fundamento da negativa uma nota técnica produzida no referido ministério, cuja conclusão exaure matéria coincidente com aquela objeto do pedido da empresa Salus. A propósito dessa situação hipotética, julgue os itens que se seguem, relativos à forma dos atos administrativos.

(1) O ato em questão — indeferimento de pedido — deve ser prolatado sob a forma de resolução e não de despacho.
(2) Na hipótese considerada, a minuta do ato do ministro apresenta vício de forma em razão da obrigatoriedade de motivação dos atos administrativos que neguem direitos aos interessados.

**1:** Incorreta. As resoluções são atos normativos infralegais e só podem ser emitidos para complementar uma lei, o que não temos no problema, e sim, uma decisão a respeito de uma consultoria jurídica, sendo tipicamente um despacho (**despachos são atos administrativos praticados no curso de um processo administrativo**). **2:** Incorreta. Houve motivação, sendo essa remissiva a outra ato, denominada, portanto, de motivação "aliunde". AW

Gabarito 1E, 2E.

## 3.3. ATRIBUTOS DO ATO ADMINISTRATIVO

Para resolver as questões sobre os atributos do ato administrativo, vale a pena trazer alguns elementos doutrinários. Confira:

Atributos do ato administrativo (são as qualidades, as prerrogativas dos atos)

– Presunção de legitimidade é a qualidade do ato pela qual este se presume verdadeiro e legal até prova em contrário; ex.: uma multa aplicada pelo Fisco presume-se verdadeira quanto aos fatos narrados para a sua aplicação e se presume legal quanto ao direito aplicado, a pessoa tida como infratora e o valor aplicado.

– Imperatividade é a qualidade do ato pela qual este pode se impor a terceiros, independentemente de sua concordância; ex.: uma notificação da fiscalização municipal para que alguém limpe um terreno ainda não objeto de construção, que esteja cheio de mato.

– Exigibilidade é a qualidade do ato pela qual, imposta a obrigação, esta pode ser exigida mediante coação indireta; ex.: no exemplo anterior, não sendo atendida a notificação, cabe a aplicação de uma multa pela fiscalização, sendo a multa uma forma de coação indireta.

– Autoexecutoriedade é a qualidade pela qual, imposta e exigida a obrigação, esta pode ser implementada mediante coação direta, ou seja, mediante o uso da coação material, da força; ex.: no exemplo anterior, já tendo sido aplicada a multa, mais uma vez sem êxito, pode a fiscalização municipal ingressar à força no terreno particular, fazer a limpeza e mandar a conta, o que se traduz numa coação direta. A autoexecutoriedade não é a regra. Ela existe quando a lei expressamente autorizar ou quando não houver tempo hábil para requerer a apreciação jurisdicional.

Obs. 1: a expressão autoexecutoriedade também é usada no sentido da qualidade do ato que enseja sua imediata e direta execução pela própria Administração, independentemente de ordem judicial.

Obs. 2: repare que esses atributos não existem normalmente no direito privado; um particular não pode, unilateralmente, valer-se desses atributos; há exceções, em que o particular tem algum desses poderes; mas essas exceções, por serem exceções, confirmam a regra de que os atos administrativos se diferenciam dos atos privados pela ausência nestes, como regra, dos atributos acima mencionados.

**(Auxiliar Judiciário – TJ/PA – 2020 – CESPE)** O atributo ou característica do ato administrativo que assegura que o ato é verdadeiro, mesmo que eivado de vícios ou defeitos, até que se prove o contrário, denomina-se

(A) finalidade.
(B) exequibilidade.
(C) autoexecutoriedade.
(D) coercibilidade.
(E) presunção de legitimidade.

De acordo com a doutrina do direito administrativo, diversos são os atributos do ato administrativo, entre os quais a presunção de legitimidade, a coercibilidade e a autoexecutoriedade. A presunção de legitimidade significa que o ato deve ser reputado verdadeiro, até prova em contrário (presunção relativa de legitimidade). Nesse sentido, correta a alternativa E. RB

Gabarito "E".

**(Auxiliar Judiciário – TJ/PA – 2020 – CESPE)** A propriedade da administração de, por meios próprios, pôr em execução suas decisões decorre do atributo denominado

(A) exigibilidade.
(B) autoexecutoriedade.
(C) vinculação.
(D) discricionariedade.
(E) medidas preventivas.

De acordo com a doutrina do direito administrativo, diversos são os atributos do ato administrativo, entre os quais a presunção de legitimidade, a coercibilidade e a autoexecutoriedade. Esta última representa a prerrogativa pela qual a Administração pode executar os atos administrativos por seus próprios meios, independentemente da intervenção prévia do Poder Judiciário. É o exemplo da interdição de um comércio pelas autoridades sanitárias. RB

Gabarito "B".

**(Juiz de Direito – TJ/SC – 2019 – CESPE/CEBRASPE)** No âmbito do direito administrativo, segundo a doutrina majoritária, a autoexecutoriedade dos atos administrativos é caracterizada pela possibilidade de a administração pública

(A) anular seus próprios atos, quando eivados de vícios que os tornem ilegais, sem necessidade de controle judicial.
(B) assegurar a veracidade dos fatos indicados em suas certidões, seus atestados e suas declarações, o que afasta o controle judicial.
(C) impor os atos administrativos a terceiros, independentemente de sua concordância, por meio de ato judicial.
(D) executar suas decisões por meios coercitivos próprios, sem a necessidade da interferência do Poder Judiciário.
(E) executar ato administrativo por meios coercitivos próprios, o que afasta o controle judicial posterior.

De acordo com a doutrina do direito administrativo, diversos são os atributos do ato administrativo, entre os quais a presunção de legitimidade, a coercibilidade e a autoexecutoriedade. A autoexecutoriedade constitui a prerrogativa pela qual a Administração pode executar os atos administrativos por seus próprios meios coercitivos, independentemente da intervenção prévia do Poder Judiciário. Cite-se como exemplo a interdição de um comércio pelas autoridades sanitárias, dotada de autoexecutoriedade. RB

Gabarito "D".

**(Técnico Judiciário – STJ – 2018 – CESPE)** Julgue os itens que se seguem, a respeito dos atos da administração pública.

(1) Todos os fatos alegados pela administração pública são considerados verdadeiros, bem como todos os atos administrativos são considerados emitidos conforme a lei, em decorrência das presunções de veracidade e de legitimidade, respectivamente.

(2) A motivação do ato administrativo pode não ser obrigatória, entretanto, se a administração pública o motivar, este ficará vinculado aos motivos expostos.

**1:** correta – trata-se precisamente da presunção relativa de veracidade e legitimidade dos atos administrativos; **2:** correta – trata-se da teoria dos motivos determinantes, a qual dispõe que *o motivo invocado para a prática do ato condiciona sua validade*. Se se provar que o motivo é inexistente, falso ou mal qualificado, o ato será nulo. Em suma, tal teoria dispõe que os atos administrativos, quando forem motivados, ficam vinculados aos motivos expostos, para todos os fins de direito. Os motivos devem, portanto, coincidir com a realidade, sob pena de o ato ser nulo, mesmo se a motivação não era necessária.

Gabarito 1C, 2C

**(Procurador Municipal – Prefeitura/BH – CESPE – 2017)** No que tange a conceitos, requisitos, atributos e classificação dos atos administrativos, assinale a opção correta.

(A) Licença e autorização são atos administrativos que representam o consentimento da administração ao permitir determinada atividade; o alvará é o instrumento que formaliza esses atos.

(B) O ato que decreta o estado de sítio, previsto na CF, é ato de natureza administrativa de competência do presidente da República.

(C) Ainda que submetido ao regime de direito público, nenhum ato praticado por concessionária de serviços públicos pode ser considerado ato administrativo.

(D) O atributo da autoexecutoriedade não impede que o ato administrativo seja apreciado judicialmente e julgado ilegal, com determinação da anulação de seus efeitos; porém, nesses casos, a administração somente responderá caso fique comprovada a culpa.

**A:** correta. A licença e autorização são veiculados por meio de um alvará, que é um ato formal de aprovação para a realização de uma atividade (uma ordem do Poder Público para permitir ao particular o exercício de uma atividade); **B:** incorreta. Esse decreto previsto no art. 137, CF tem natureza político-administrativa, eis que é um ato hierarquicamente superior aos demais atos administrativos, por isso está incorreto equiparar aos atos administrativos como um todo; **C:** incorreta.Os atos praticados pelas concessionárias são de direito privado, nunca de direito público, porque são particulares contratados pelo Poder Público, não integrando esse Poder, portanto; **D:** incorreta. No caso de anulação de um ato administrativo pelo Poder Judiciário os efeitos dessa (anulação) incidem, independentemente do ato ser praticado com culpa ou dolo, eis que devem ser respeitados os direitos dos terceiros de boa-fé, conforme disposto na súmula 473, STF. AW

Gabarito "A".

**(Juiz de Direito/DF – 2016 – CESPE)** André recebeu auto de infração de trânsito, lavrado presencialmente por policial militar, em razão de conduzir o seu veículo sem cinto de segurança. No prazo legal, apresentou defesa prévia, alegando que houve equívoco na abordagem policial. Considerando essa situação hipotética, assinale a opção correta.

(A) A administração pública deve notificar o policial militar que lavrou o auto de infração para justificar o ato, demonstrando

sua condição funcional, seus motivos e aspectos formais, sem os quais a infração será anulada de ofício.

(B) O consentimento expresso do condutor autuado não é exigível, mas há impossibilidade da administração pública impor obrigações ao condutor sem a intervenção do Poder Judiciário.

(C) A penalidade de trânsito deve ser afastada pela autoridade competente, uma vez que a multa aplicada somente poderia ser exigível após ação judicial de cobrança julgada procedente.

(D) Se o condutor não apresentar elementos probatórios convincentes, demonstrando que usava o cinto de segurança na ocasião da abordagem, deve prevalecer o auto de infração lavrado pelo agente público.

(E) A aplicação de multa de trânsito dispensa a existência de lei tipificando-a, razão pela qual é possível que o agente público lavre auto de infração para a conduta que considerar nociva ao tráfego ou à segurança da via.

**A:** incorreta, pois os atos administrativos têm como um de seus atributos a *presunção de legitimidade*, pela qual se presume, até prova em contrário, que narra fatos verdadeiros e que apresenta decisões legais; portanto, não há que se falar em chamar o policial para justificar o seu ato, pois este se presume verdadeiro e legal até prova em contrário; **B:** incorreta, pois os atos administrativos têm como um de seus atributos a *imperatividade*, pela qual a Administração pode impor obrigações ao particular independentemente de sua concordância e de busca do Judiciário; **C:** incorreta, pois os atos administrativos têm como um de seus atributos a *exigibilidade*, pela qual a Administração pode compelir indiretamente o administrado a cumprir a lei, aplicando e exigindo multas, independentemente da concordância do particular e de busca do Judiciário; **D:** correta, pois a presunção de legitimidade dos atos administrativos é relativa, admitindo, portanto, prova em contrário; **E:** incorreta, pois o princípio da legalidade exige lei para que a Administração imponha obrigações aos particulares.

Gabarito "D".

## 3.4. VINCULAÇÃO E DISCRICIONARIEDADE

**(Procurador do Município - Campo Grande/MS - 2019 - CESPE/ CEBRASPE)** Acerca de atos administrativos, julgue os itens que se seguem.

(1) Ato administrativo vinculado que tenha vício de competência poderá ser convalidado por meio de ratificação, desde que não seja de competência exclusiva.

(2) A administração pública poderá revogar atos administrativos que possuam vício que os torne ilegais, ainda que o ato revogatório não tenha sido determinado pelo Poder Judiciário.

**1:** correta – Ato vinculado é aquele em que a lei já determina todos os elementos do ato administrativo (competência, finalidade, forma, motivo e objeto), não havendo qualquer margem de escolha ao administrador. São atos que não estão sujeitos à revogação. Os atos vinculados, diferente dos atos discricionários (que podem ser revogados ou anulados) só podem ser anulados, na medida em que a lei determinada de forma expressa todos os seus elementos, não havendo margem de liberdade para o mérito administrativo. Em caso de mero vício de competência, é possível sua convalidação mediante ratificação pela autoridade competente; **2:** incorreta. Revogação é o desfazimento de ato **lícito** e perfeito por razões de conveniência e oportunidade da Administração Pública, razão pela qual produz efeitos *ex nunc*, ou seja, sem retroagir ao momento de produção e formação do ato. É justamente porque se trata de ato administrativo legítimo e eficaz e, portanto, sem qualquer ilegalidade a maculá-lo, ele produz efeitos até o seu desfazimento via revogação, razão pela qual seus efeitos são *ex nunc*. Logicamente a revogação tem limites, não incidindo sobre atos: que geram direitos subjetivos a seus destinatários (em respeito aos direitos adquiridos), que exaurem desde logo seus efeitos ou, ainda, quando já tenham transcorrido os prazos dos recursos internos, tendo decaído o poder de a Administração Pública modificá-los ou revogá-los. Note-se que a Administração Pública tem, nesse ponto, poderes de invalidação mais amplos que os do Poder Judiciário: ela tanto pode revogar um ato legítimo e eficaz por não ser mais conveniente sua existência (revogação), como deve anular os atos administrativos ilegítimos ou ilegais. O Poder

Judiciário, de outra banda, não pode revogar os atos administrativos do Poder Executivo, mas tão somente anulá-los, quando eivados de vícios que afetem sua legalidade, nos termos da Súmula 473 STF. [FB]

Gabarito 1C, 2E

## 3.5. EXTINÇÃO DOS ATOS ADMINISTRATIVOS

Segue resumo acerca das formas de extinção dos atos administrativos

- Cumprimento de seus efeitos: como exemplo, temos a autorização da Prefeitura para que seja feita uma festa na praça de uma cidade. Este ato administrativo se extingue no momento em que a festa termina, uma vez que seus efeitos foram cumpridos.

- Desaparecimento do sujeito ou do objeto sobre o qual recai o ato: morte de um servidor público, por exemplo.

- Contraposição: extinção de um ato administrativo pela prática de outro antagônico em relação ao primeiro. Ex.: com o ato de exoneração do servidor público, o ato de nomeação fica automaticamente extinto.

- Renúncia: extinção do ato por vontade do beneficiário deste.

- Cassação: extinção de um ato que beneficia um particular por este não ter cumprido os deveres para dele continuar gozando. Não se confunde com a revogação – que é a extinção do ato por não ser mais conveniente ao interesse público. Também difere da anulação – que é a extinção do ato por ser nulo. Como exemplo desse tipo de extinção tem-se a permissão para banca de jornal se instalar numa praça, cassada porque seu dono não paga o preço público devido; ou a autorização de porte de arma de fogo, cassada porque o beneficiário é detido ou abordado em estado de embriaguez ou sob efeito de entorpecentes (art. 10, § 2º, do Estatuto do Desarmamento – Lei 10.826/2003).

- Caducidade. Extinção de um ato porque a lei não mais o permite. Trata-se de extinção por invalidade ou ilegalidade superveniente. Exs.: autorização para condutor de perua praticar sua atividade que se torna caduca por conta de lei posterior não mais permitir tal transporte na cidade; autorizações de porte de arma que caducaram 90 dias após a publicação do Estatuto do Desarmamento, conforme reza seu art. 29.

- Revogação. Extinção de um ato administrativo legal ou de seus efeitos por outro ato administrativo, efetuada somente pela Administração, dada a existência de fato novo que o torne inconveniente ou inoportuno, respeitando-se os efeitos precedentes (efeito ex nunc). Ex.: permissão para a mesma banca de jornal se instalar numa praça, revogada por estar atrapalhando o trânsito de pedestres, dado o aumento populacional, não havendo mais conveniência na sua manutenção.

O sujeito ativo da revogação é a Administração Pública, por meio da autoridade administrativa competente para o ato, podendo ser seu superior hierárquico. O Poder Judiciário nunca poderá revogar um ato administrativo, já que se limita a apreciar aspectos de legalidade (o que gera a anulação), e não de conveniência, salvo se se tratar de um ato administrativo da Administração Pública dele, como na hipótese em que um provimento do próprio Tribunal é revogado.

Quanto ao tema objeto da revogação, tem-se que este recai sobre o ato administrativo ou relação jurídica deste decorrente, salientando-se que o ato administrativo deve ser válido, pois, caso seja inválido, estaremos diante de hipótese que enseja anulação. Importante ressaltar que não é possível revogar um ato administrativo já extinto, dada a falta de utilidade em tal proceder, diferente do que se dá com a anulação de um ato extinto, que, por envolver a retroação de seus efeitos (a invalidação tem efeitos ex tunc), é útil e, portanto, possível.

O fundamento da revogação é a mesma regra de competência que habilitou o administrador à prática do ato que está sendo revogado, devendo-se lembrar que só há que se falar em revogação nas hipóteses de ato discricionário.

Já o motivo da revogação é a inconveniência ou inoportunidade da manutenção do ato ou da relação jurídica gerada por este. Isto é, o administrador público faz apreciação ulterior e conclui pela necessidade da revogação do ato para atender ao interesse público.

Quanto aos efeitos da revogação, esta suprime o ato ou seus efeitos, mas respeita os efeitos que já transcorreram. Trata-se, portanto, de eficácia ex nunc.

Há limites ao poder de revogar. São atos irrevogáveis os seguintes atos: os que a lei assim declarar; os atos já exauridos, ou seja, que cumpriram seus efeitos; os atos vinculados, já que não se fala em conveniência ou oportunidade neste tipo de ato, em que o agente só tem uma opção; os meros ou puros atos administrativos (exs.: certidão, voto dentro de uma comissão de servidores); os atos de controle; os atos complexos (praticados por mais de um órgão em conjunto); e atos que geram direitos adquiridos. Os atos gerais ou regulamentares são, por sua natureza, revogáveis a qualquer tempo e em quaisquer circunstâncias, respeitando-se os efeitos produzidos.

- **Anulação (invalidação):** *extinção do ato administrativo ou de seus efeitos por outro ato administrativo ou por decisão judicial, por motivo de ilegalidade, com efeito retroativo (ex tunc).* Ex.: anulação da permissão para instalação de banca de jornal em bem público por ter sido conferida sem licitação.

O sujeito ativo da invalidação pode ser tanto o administrador público como o juiz. A Administração Pública poderá invalidar de ofício ou a requerimento do interessado. O Poder Judiciário, por sua vez, só poderá invalidar por provocação no bojo de uma lide. A possibilidade de o Poder Judiciário anular atos administrativos decorre do fato de estarmos num Estado de Direito (art. 1º, CF), em que a lei deve ser obedecida por todos, e também por conta do princípio da inafastabilidade da jurisdição ("a lei não poderá excluir da apreciação do Poder Judiciário lesão ou ameaça de lesão a direito" – artigo 5º, XXXV) e da previsão constitucional do mandado de segurança, do "habeas data" e da ação popular.

O objeto da invalidação é o ato administrativo inválido ou os efeitos de tal ato (relação jurídica).

Seu fundamento é o dever de obediência ao princípio da legalidade. Não se pode conviver com a ilegalidade. Portanto, o ato nulo deve ser invalidado.

O motivo da invalidação é a ilegalidade do ato e da eventual relação jurídica por ele gerada. Hely Lopes Meirelles diz que o motivo da anulação é a ilegalidade ou ilegitimidade do ato, diferente do motivo da revogação, que é a inconveniência ou inoportunidade.

Quanto ao prazo para se efetivar a invalidação, o art. 54 da Lei 9.784/1999 dispõe "O direito da Administração de anular os atos administrativos de que decorram efeitos favoráveis para os destinatários decai em 5 (cinco) *anos, contados da data em que foram praticados, salvo comprovada má-fé*". Perceba-se que tal disposição só vale para atos administrativos em geral de que decorram efeitos favoráveis ao agente (ex.: permissão, licença) e que tal decadência só aproveita ao particular se este estiver de boa-fé. A regra do art. 54 contém ainda os seguintes parágrafos: § 1º: *"No caso de efeitos patrimoniais contínuos, o prazo de decadência contar-se-á da percepção do primeiro pagamento"*; § 2º: *"Considera-se exercício do direito de anular qualquer medida de autoridade administrativa que importe impugnação à validade do ato".*

No que concerne aos efeitos da invalidação, como o ato nulo já nasce com a sanção de nulidade, a declaração se dá retroativamente, ou seja, com efeito ex tunc. Invalidam-se as consequências passadas, presentes e futuras do ato. Do ato ilegal não nascem direitos. A anulação importa no desfazimento do vínculo e no retorno das partes ao estado anterior. Tal regra é atenuada em face dos terceiros de boa-fé. Assim, a anulação de uma nomeação de um agente público surte efeitos em relação a este (que é parte da relação jurídica anulada), mas não em relação aos terceiros que sofreram consequências dos atos por este praticados, desde que tais atos respeitem a lei quanto aos demais aspectos.

**(Delegado - PC/SE - 2018 - CESPE/CEBRASPE)** A respeito da extinção de atos administrativos, julgue os próximos itens.

(1) Tanto a anulação como a revogação retiram do mundo jurídico atos com defeitos e produzem efeitos prospectivos.

(2) A cassação de um ato administrativo corresponde a extingui-lo por descumprimento dos requisitos estabelecidos para a sua execução.

(3) A anulação de ato administrativo fundamenta-se na ilegalidade do ato, enquanto a revogação funciona como uma espécie de sanção para aqueles que deixaram de cumprir as condições determinadas pelo ato.

**1:** incorreta – A diferença entre a anulação e a revogação encontra-se precisamente no fato de que o primeiro refere-se ao um ato ilícito, ao passo que o segundo diz respeito a um ato lícito. Com efeito, a Revogação é o desfazimento de ato lícito e perfeito por razões de conveniência e oportunidade da Administração Pública, razão pela qual produz efeitos *ex nunc*, ou seja, sem retroagir ao momento de produção e formação do ato. É justamente porque se trata de ato administrativo legítimo e eficaz e, portanto, sem qualquer ilegalidade a maculá-lo, ele produz efeitos até o seu desfazimento via revogação, razão pela qual seus efeitos são *ex nunc*. Logicamente a revogação tem limites, não incidindo sobre atos: que geram direitos subjetivos a seus destinatários (em respeito aos direitos adquiridos), que exaurem desde logo seus efeitos ou, ainda, quando já tenham transcorridos os prazos dos recursos internos, tendo decaído o poder de a Administração Pública modificá-los ou revogá-los. Note-se que a Administração Pública tem, nesse ponto, poderes de invalidação mais amplos que os do Poder Judiciário: ela tanto pode revogar um ato legítimo e eficaz por não ser mais conveniente sua existência (revogação), como deve anular os atos administrativos ilegítimos ou ilegais. O Poder Judiciário, de outra banda, não pode revogar os atos administrativos do Poder Executivo, mas tão somente anulá-los, quando eivados de vícios que afetem sua legalidade, nos termos da Súmula 473 STF; **2:** correta. Cassação é forma de extinção do ato administrativo que ocorre quando o destinatário descumpriu condições que deveriam permanecer atendidas para que continuasse desfrutando de sua situação jurídica. Enquanto na anulação o vício se dá na formação do ato, na cassação o vício se dá em sua execução; **3:** incorreta. Anulação ou invalidação é o desfazimento do ato administrativo por razões de ilegalidade. A diferença entre a anulação e a revogação encontra-se precisamente no fato de que o primeiro refere-se ao um ato ilícito, ao passo que o segundo diz respeito a um ato lícito. Com efeito, a Revogação é o desfazimento de ato lícito e perfeito por razões de conveniência e oportunidade da Administração Pública, razão pela qual produz efeitos *ex nunc*, ou seja, sem retroagir ao momento de produção e formação do ato. É justamente porque se trata de ato administrativo legítimo e eficaz e, portanto, sem qualquer ilegalidade a maculá-lo, ele produz efeitos até o seu desfazimento via revogação, razão pela qual seus efeitos são *ex nunc*. Logicamente a revogação tem limites, não incidindo sobre atos: que geram direitos subjetivos a seus destinatários (em respeito aos direitos adquiridos), que exaurem desde logo seus efeitos ou, ainda, quando já tenham transcorridos os prazos dos recursos internos, tendo decaído o poder de a Administração Pública modificá-los ou revogá-los. Note-se que a Administração Pública tem, nesse ponto, poderes de invalidação mais amplos que os do Poder Judiciário: ela tanto pode revogar um ato legítimo e eficaz por não ser mais conveniente sua existência (revogação), como deve anular os atos administrativos ilegítimos ou ilegais. O Poder Judiciário, de outra banda, não pode revogar os atos administrativos do Poder Executivo, mas tão somente anulá-los, quando eivados de vícios que afetem sua legalidade, nos termos da Súmula 473 STF. **FB**
Gabarito 1E, 2C, 3E

**(Defensor Público/AL – 2017 – CESPE)** A prefeitura de determinado município concedeu licença a um comerciante para que o restaurante dele funcionasse em determinado imóvel. Alguns meses após a concessão da licença, o comerciante decidiu transformar seu restaurante em uma boate.

Considerando-se essa situação hipotética, a administração municipal deverá proceder à

(A) revogação da licença.
(B) cassação da licença.
(C) rescisão unilateral da licença.
(D) invalidação da licença.
(E) anulação da licença.

**A:** incorreta – a revogação de um ato administrativo ocorre quando, em um juízo de conveniência e oportunidade, entende-se ser melhor por fim a um ato lícito em prol do interesse público, com efeitos *ex nunc*. No caso em tela, a licença fora expedida para um determinado funcionamento, mas o requerente, cometendo um ilícito, usou o local para finalidade diversa; **B:** correta – licença é o ato vinculado, unilateral, pelo qual a Administração faculta a alguém o exercício de uma atividade, uma vez demonstrado pelo interessado o preenchimento dos requisitos legais exigidos. Quando se tem, como no caso em tela, o descumprimento das condições estabelecidas para a concessão do ato administrativo, tem-se a cassação do ato, como uma espécie de penalidade sancionada pelo Poder Público ao particular; **C:** incorreta – o ato administrativo que concede a licença não tem natureza contratual, razão pela qual descabe falar em rescisão; **D:** incorreta – não se trata de invalidação, na medida em que o ato da licença de funcionamento não apresentou qualquer invalidade: foi o particular que, detendo uma licença de funcionamento para restaurante houve por bem descumprir os termos da licença recebida e abrir uma boate; **E:** incorreta – não se trata de anulação, na medida em que o ato da licença de funcionamento não apresentou qualquer invalidade: foi o particular que, detendo uma licença de funcionamento para restaurante houve por bem descumprir os termos da licença recebida e abrir uma boate. **FB**
Gabarito "B".

**(Promotor de Justiça/RR – 2017 – CESPE)** Decreto de um governador estadual estabeleceu que determinado tema fosse regulamentado mediante portaria conjunta das secretarias estaduais A e B. Um ano depois de editada a portaria conjunta, nova portaria, editada apenas pela secretaria A, revogou a portaria inicial.

Nessa situação, considerando-se o entendimento do STJ,

I. a segunda portaria não poderia gerar efeitos revocatórios.
II. a revogação de ato complexo, ou seja, ato formado pela manifestação de dois ou mais órgãos, demanda a edição de ato igualmente complexo; vale dizer, formado pela manifestação dos mesmos órgãos subscritores do ato a ser revogado.

A respeito das asserções I e II, assinale a opção correta.

(A) A asserção I é falsa, e a II é verdadeira.
(B) As asserções I e II são falsas.
(C) As asserções I e II são verdadeiras, e a II é uma justificativa correta da I.
(D) As asserções I e II são verdadeiras, mas a II não é uma justificativa correta da I.

De acordo com o entendimento do STJ, tratando-se de ato administrativo complexo que, para sua formação, faz-se necessária a manifestação de dois ou mais órgãos para dar existência ao ato. Exige-se, nesse contexto, a expressão de vontade de ambos os órgãos, sendo a ausência de um destes circunstância de invalidação do ato, por deficiência de formação ou, em outras palavras, por não se caracterizar como um ato completo/terminado. A revogação do ato administrativo é expressão do poder discricionário, atrelado à conveniência e à oportunidade da Administração, não podendo atingir os atos já exauridos ou aqueles em que o Poder Público está vinculado à prática. Ainda para os atos discricionários cujo exaurimento não é imediato, há limites dispostos de maneira implícita ou explícita na lei, tais como a competência/ legitimidade para a revogação. Por regra de simetria, a revogação do ato, por conveniência e oportunidade, somente poderia advir de novo ato, agora desconstitutivo, produzido por ambas as Pastas. Ausente uma delas, não se considera completa a desconstituição (MS 14.731-DF, Rel. Min. Napoleão Nunes Maia Filho, por unanimidade, julgado em 14/12/2016, DJe 02.02/.2017). **FB**
Gabarito "C".

**(Procurador Municipal – Prefeitura/BH – CESPE – 2017)** No que concerne a revogação, anulação e convalidação de ato administrativo, assinale a opção correta.

(A) Assim como ocorre nos negócios jurídicos de direito privado, cabe unicamente à esfera judicial a anulação de ato administrativo.

(B) Independentemente de comprovada má-fé, após o prazo de cinco anos da prática de ato ilegal, operar-se-á a decadência, o que impedirá a sua anulação.

(C) O prazo de decadência do direito de anular ato administrativo de que decorram efeitos patrimoniais será contado a partir da ciência da ilegalidade pela administração.

(D) Um ato administrativo que apresente defeitos sanáveis poderá ser convalidado quando não lesionar o interesse público, não sendo necessário que a administração pública o anule.

**A:** incorreta. Tanto o Administração quanto o Poder Judiciário poderão anular os atos administrativos, não sendo exclusividade do Poder Judiciário, tendo o princípio da autoexecutoriedade dos atos administrativos; **B:** incorreta. Se comprovada a má-fé, a prescrição não correrá, conforme disposto no art. 54, da Lei 9.784/1999; **C:** incorreta. O prazo inicial para a contagem da decadência é o dia da prática do ato, conforme disposto no art. 54, da Lei 9.784/1999; **D:** correta. Trata-se do disposto no art. 55, da Lei 9.784/1999, que possibilita o saneamento dos atos quando não acarretarem lesão a terceiros, nem ao interesse público. 🔲
Gabarito "D".

**(Analista Jurídico – TCE/PR – 2016 – CESPE)** A revogação do ato administrativo é a supressão de um ato legítimo e eficaz, seja por oportunidade, seja por conveniência, seja por interesse público; entretanto, o poder de revogar da administração pública não é absoluto, pois há situações insuscetíveis de modificação por parte da administração. Tendo as considerações apresentadas como referência inicial, assinale a opção que apresenta ato suscetível de revogação.

(A) parecer emitido por órgão público consultivo

(B) ato de concessão de licença para exercer determinada profissão, segundo requisitos exigidos na lei

(C) ato de posse de candidato nomeado após aprovação em concurso público

(D) ato administrativo praticado pelo Poder Judiciário

(E) ato de concessão de licença funcional já gozada pelo servidor

**A:** incorreta, pois um parecer consultivo é uma mera opinião técnica sobre um determinado assunto, não havendo que se falar em revogação dessa opinião; **B:** incorreta, pois a licença é *ato vinculado* e esse tipo de ato; ao contrário do *ato discricionário*, não pode ser revogado; **C:** incorreta, pois a posse é a mera aceitação do cargo pelo candidato, não havendo que se falar em ato administrativo revogável; **D:** correta; os atos administrativos do Poder Judiciário tem o mesmo regime jurídico dos atos administrativos do Poder Executivo, o que inclui a possibilidade de serem revogados nos casos em que a revogação é admitida; **E:** incorreta, pois, se a licença já foi gozada, o ato administrativo em questão já se extinguiu pelo decurso de seus efeitos e, uma vez já extinto, não há que se falar em nova extinção pela revogação, que é uma forma de extinção do ato administrativo.
Gabarito "D".

**(Analista Jurídico –TCE/PA – 2016 – CESPE)** Em relação às formas de anulação de atos ou contratos administrativos e à perda de função pública, julgue os itens a seguir.

(1) Em se tratando de ação de improbidade, a perda da função pública é uma sanção administrativa decorrente de sentença de procedência dos pedidos.

(2) A revogação aplica-se a atos praticados no exercício da competência discricionária.

**1:** incorreta, pois as sanções não são cumulativas, podendo ser aplicadas isolada ou cumulativamente (art. 12, *caput*, da Lei 8.429/92); **2:** correta, pois a revogação é a extinção do ato pela existência de um motivo novo que o torne inconveniente ou inoportuno, e tal possibilidade só existe quando se trata de um ato discricionário, já que este é o tipo de ato que autoriza que a Administração tenha mais de uma

opção, podendo ora praticar o ato, ora não praticar, ora modificá-lo e ora extingui-lo.
Gabarito 1E, 2C.

## 3.6. CONVALIDAÇÃO E CONVERSÃO

**(Juiz – TJ/CE – 2018 – CESPE)** José, servidor público do estado do Ceará, por preencher os requisitos legais, requereu a concessão de sua aposentadoria por tempo de serviço, o que foi deferido pelo respectivo órgão público no qual era lotado. Após mais de cinco anos do ato concessivo, o Tribunal de Contas do Estado do Ceará julgou ilegal aquele ato, em procedimento no qual José não havia sido intimado a se manifestar.

Considerando o entendimento do STF acerca do ato concessivo de aposentadoria, o tribunal de contas estadual, na situação hipotética apresentada, agiu

(A) corretamente, pois se trata de ato administrativo complexo, o qual somente se aperfeiçoa pelo exame de legalidade do tribunal de contas, não havendo necessidade, portanto, de prévia intimação de José.

(B) incorretamente, pois, em que pese se tratar de ato administrativo complexo, transcorrido o prazo decadencial de cinco anos sem a apreciação da legalidade do ato pelo tribunal de contas, eventual ilegalidade existente deveria ser convalidada.

(C) incorretamente, pois, em que pese se tratar de ato administrativo complexo, transcorrido lapso temporal superior a cinco anos, em nome da segurança jurídica, deveria José ter sido previamente intimado a se manifestar.

(D) incorretamente, pois se trata de ato administrativo simples e, salvo comprovação de má-fé, o prazo decadencial de cinco anos para anulação de eventual ilegalidade existente já havia se operado.

(E) corretamente, pois se trata de ato administrativo simples e a autotutela administrativa autoriza o tribunal de contas a apreciar a legalidade do ato concessivo de aposentadoria a qualquer tempo.

Segundo a Súmula Vinculante 3 do STF, "Nos processos perante o Tribunal de Contas da União asseguram-se o contraditório e a ampla defesa quando da decisão puder resultar anulação ou revogação de ato administrativo que beneficie o interessado, excetuada a apreciação da legalidade do ato de concessão inicial de aposentadoria, reforma e pensão". Todavia, já tendo sido concedida a aposentadoria, a questão volta a exigir o contraditório, pois se trata de ato jurídico já perfeito. Vejamos julgado a respeito do tema: "(...) quando o Tribunal de Contas aprecia a legalidade de um ato concessivo de pensão, aposentadoria ou reforma, ele não precisa ouvir a parte diretamente interessada, porque a relação jurídica travada, nesse momento, é entre o Tribunal de Contas e a Administração Pública. Num segundo momento, porém, concedida a aposentadoria, reconhecido o direito à pensão ou à reforma, já existe um ato jurídico que, no primeiro momento, até se prove o contrário, chama-se ato jurídico perfeito, porque se perfez reunindo os elementos formadores que a lei exigia para tal. E, nesse caso, a pensão, mesmo fraudulenta – porque restou convencido, também, de que, na sua origem, ela foi fraudulenta –, ganha esse tônus de juridicidade. (MS 24.268, rel. min. Ellen Gracie, red. p/ o ac. Min. Gilmar Mendes, voto do min. Ayres Britto, P, j. 05.02-.004, *DJ* de 17.09.2004). 🔲
Gabarito "C".

**(Defensor Público/AC – 2017 – CESPE)** Acerca do ato administrativo de concessão de aposentadoria, assinale a opção correta de acordo com o entendimento do STF.

(A) Em nome da segurança jurídica, a não observância do prazo de cinco anos para o exame de legalidade do ato inicial concessivo de aposentadoria resulta na convalidação de eventual nulidade existente.

(B) Trata-se de ato administrativo simples, cujos efeitos se produzem a partir da sua concessão pelo órgão de origem do servidor, sujeitando-se a controle *a posteriori* pelo tribunal de contas competente.

(C) Trata-se de ato administrativo complexo, que somente se aperfeiçoa com o exame de sua legalidade e consequente registro no tribunal de contas competente.

(D) O exame de legalidade da concessão de aposentadoria, por ser este um ato administrativo concessivo de direitos ao destinatário, submete-se ao prazo decadencial de cinco anos, contado a partir da sua concessão, salvo comprovada má-fé.

(E) Em razão do devido processo legal, o exame de legalidade e registro do referido ato junto ao tribunal de contas necessita, impreterivelmente, da observância do contraditório e da ampla defesa do servidor público interessado.

Considera-se que o ato concessivo de aposentadoria, reforma e pensão tem natureza complexa (STF MS 3.881). Com isso, os efeitos da decadência só se operam com o crivo daquele Órgão de controle externo (STF MS 25.072), impedindo, assim, que o artigo 54 da Lei 9.784/1999 ("O direito da Administração de anular os atos administrativos de que decorram efeitos favoráveis para os destinatários decai em cinco anos, contados da data em que foram praticados, salvo comprovada má-fé") venha a ser acionado antes da publicação do registro na imprensa oficial (STF AgR-MS 30.830 e STF MS 24.781). Ao atribuir natureza complexa – e não composta – aos atos administrativos concessivos de aposentadorias, reformas e pensões temos importante impacto na aplicação do referido prazo decadencial, como bem observou o procurador-geral da República em manifestação formalizada em processo submetido ao instituto da repercussão geral (STF RE 636.553). É que, segundo a doutrina tradicional, o ato complexo "só se forma com a conjugação de vontades de órgãos diversos, ao passo que no ato composto é formado pela vontade única de um órgão, sendo apenas ratificado por outra autoridade". Sendo operante desde a concessão, a decadência passa a ter como termo inicial a publicação do ato e não o registro. **FB**

Gabarito "C".

## 3.7. CLASSIFICAÇÃO DOS ATOS ADMINISTRATIVOS E ATOS EM ESPÉCIE

Antes de verificarmos as questões deste item, vale trazer um resumo das principais espécies de atos administrativos.

Espécies de atos administrativos segundo Hely Lopes Meirelles:

– Atos normativos são aqueles que contêm comando geral da Administração Pública, com o objetivo de executar a lei. Exs.: regulamentos (da alçada do chefe do Executivo), instruções normativas (da alçada dos Ministros de Estado), regimentos, resoluções etc.

– Atos ordinatórios são aqueles que disciplinam o funcionamento da Administração e a conduta funcional de seus agentes. Ex.: instruções (são escritas e gerais, destinadas a determinado serviço público), circulares (escritas e de caráter uniforme, direcionadas a determinados servidores), avisos, portarias (expedidas por chefes de órgãos – trazem determinações gerais ou especiais aos subordinados, designam alguns servidores, instauram sindicâncias e processos administrativos etc.), ordens de serviço (determinações especiais ao responsável pelo ato), ofícios (destinados às comunicações escritas entre autoridades) e despacho (contém decisões administrativas).

– Atos negociais são declarações de vontade coincidentes com a pretensão do particular. Ex.: licença, autorização e protocolo administrativo.

– Atos enunciativos são aqueles que apenas atestam, enunciam situações existentes. Não há prescrição de conduta por parte da Administração. Ex.: certidões, atestados, apostilas e pareceres.

– Atos punitivos são as sanções aplicadas pela Administração aos servidores públicos e aos particulares. Ex.: advertência, suspensão e demissão; multa de trânsito.

Confira mais classificações dos atos administrativos:

– **Quanto à liberdade de atuação do agente**

Ato vinculado é aquele em que a lei tipifica objetiva e claramente a situação em que o agente deve agir e o único comportamento que poderá tomar. Tanto a situação em que o agente deve agir, como o comportamento que vai tomar são únicos e estão clara e objetivamente definidos na lei, de forma a inexistir qualquer margem de liberdade ou apreciação subjetiva por parte do agente público. Exs.: licença para construir e concessão de aposentadoria.

Ato discricionário é aquele em que a lei confere margem de liberdade para avaliação da situação em que o agente deve agir ou para escolha do melhor comportamento a ser tomado.

Seja na situação em que o agente deve agir, seja no comportamento que vai tomar, o agente público terá uma margem de liberdade na escolha do que mais atende ao interesse público. Neste ponto fala-se em mérito administrativo, ou seja, na valoração dos motivos e escolha do comportamento a ser tomado pelo agente.

Vale dizer, o agente público fará apreciação subjetiva, agindo segundo o que entender mais conveniente e oportuno ao interesse público. Reconhece-se a discricionariedade, por exemplo, quando a regra que traz a competência do agente traz conceitos fluídos, como bem comum, moralidade, ordem pública etc. Ou ainda quando a lei não traz um motivo que enseja a prática do ato, como, por exemplo, a que permite nomeação para cargo em comissão, de livre provimento e exoneração. Também se está diante de ato discricionário quando há mais de uma opção para o agente quanto ao momento de atuar, a forma do ato (ex.: verbal, gestual ou escrita), sua finalidade ou conteúdo (ex.: advertência, multa ou apreensão).

A discricionariedade sofre alguns temperamentos. Em primeiro lugar é bom lembrar que todo ato discricionário é parcialmente regrado ou vinculado. A competência, por exemplo, é sempre vinculada (Hely Lopes Meirelles entende que competência, forma e finalidade são sempre vinculadas, conforme vimos). Ademais, só há discricionariedade nas situações marginais, nas zonas cinzentas. Assim, se algo for patente, como quando, por exemplo, uma dada conduta fira veementemente a moralidade pública (ex.: pessoas fazendo sexo no meio de uma rua), o agente, em que pese estar diante de um conceito fluído, deverá agir reconhecendo a existência de uma situação de imoralidade. Deve-se deixar claro, portanto, que a situação concreta diminui o espectro da discricionariedade (a margem de liberdade) conferida ao agente.

Assim, o Judiciário até pode apreciar um ato discricionário, mas apenas quanto aos aspectos de legalidade, razoabilidade e moralidade, não sendo possível a revisão dos critérios adotados pelo administrador (mérito administrativo), se tirados de dentro da margem de liberdade a ele conferida pelo sistema normativo.

– **Quanto às prerrogativas da administração**

Atos de império são os praticados no gozo de prerrogativas de autoridade. Ex.: interdição de um estabelecimento.

Atos de gestão são os praticados sem uso de prerrogativas públicas, em igualdade com o particular, na administração de bens e serviços. Ex.: contrato de compra e venda ou de locação de um bem imóvel.

Atos de expediente são os destinados a dar andamentos aos processos e papéis que tramitam pelas repartições, preparando-os para decisão de mérito a ser proferida pela autoridade. Ex.: remessa dos autos à autoridade para julgá-lo.

A distinção entre ato de gestão e de império está em desuso, pois era feita para excluir a responsabilidade do Estado pela prática de atos de império, de soberania. Melhor é distingui-los em atos regidos pelo direito público e pelo direito privado.

– **Quanto aos destinatários**

Atos individuais são os dirigidos a destinatários certos, criando-lhes situação jurídica particular. Ex.: decreto de desapropriação, nomeação, exoneração, licença, autorização, tombamento.

Atos gerais são os dirigidos a todas as pessoas que se encontram na mesma situação, tendo finalidade normativa.

São diferenças entre um e outro as seguintes:

## 5. DIREITO ADMINISTRATIVO

- só ato individual pode ser impugnado individualmente; atos normativos, só por ADIN ou após providência concreta.
- ato normativo prevalece sobre o ato individual
- ato normativo é revogável em qualquer situação; ato individual deve respeitar direito adquirido.
- ato normativo não pode ser impugnado administrativamente, mas só após providência concreta; ato individual pode ser impugnado desde que praticado.
- **Quanto à formação da vontade**

Atos simples: decorrem de um órgão, seja ele singular ou colegiado. Ex.: nomeação feita pelo Prefeito; deliberação de um conselho ou de uma comissão.

Atos complexos: decorrem de dois ou mais órgãos, em que as vontades se fundem para formar um único ato. Ex.: decreto do Presidente, com referendo de Ministros.

Atos compostos: decorrem de dois ou mais órgãos, em que vontade de um é instrumental à vontade de outro, que edita o ato principal. Aqui existem dois atos pelo menos: um principal e um acessório. Exs.: nomeação do Procurador Geral da República, que depende de prévia aprovação pelo Senado; e atos que dependem de aprovação ou homologação. Não se deve confundir atos compostos com atos de um procedimento, vez que este é composto de vários atos acessórios, com vistas à produção de um ato principal, a decisão.

- **Quanto aos efeitos**

Ato constitutivo é aquele em que a Administração cria, modifica ou extingue direito ou situação jurídica do administrado. Ex.: permissão, penalidade, revogação e autorização.

Ato declaratório é aquele em que a Administração reconhece um direito que já existia. Ex.: admissão, licença, homologação, isenção e anulação.

Ato enunciativo é aquele em que a Administração apenas atesta dada situação de fato ou de direito. Não produz efeitos jurídicos diretos. São juízos de conhecimento ou de opinião. Ex.: certidões, atestados, informações e pareceres.

- **Quanto à situação de terceiros**

Atos internos são aqueles que produzem efeitos apenas no interior da Administração. Ex.: pareceres, informações.

Atos externos são aqueles que produzem efeitos sobre terceiros. Nesse caso, dependerão de publicidade para terem eficácia. Ex.: admissão, licença.

- **Quanto à estrutura.**

Atos concretos são aqueles que dispõem para uma única situação, para um caso concreto. Ex.: exoneração de um agente público.

Atos abstratos são aqueles que dispõem para reiteradas e infinitas situações, de forma abstrata. Ex.: regulamento.

Confira outros atos administrativos, em espécie:

- **Quanto ao conteúdo: a) autorização:** *ato unilateral, discricionário e precário pelo qual se faculta ao particular, em proveito deste, o uso privativo de bem público ou o desempenho de uma atividade, os quais, sem esse consentimento, seriam legalmente proibidos.* Exs.: autorização de uso de praça para festa beneficente; autorização para porte de arma; b) **licença:** *ato administrativo unilateral e vinculado pelo qual a Administração faculta àquele que preencha requisitos legais o exercício de uma atividade.* Ex.: licença para construir; c) **admissão:** *ato unilateral e vinculado pelo qual se reconhece ao particular que preencha requisitos legais o direito de receber serviço público.* Ex.: aluno de escola; paciente em hospital; programa de assistência social; d) **permissão:** *ato administrativo unilateral, discricionário e precário, pelo qual a Administração faculta ao particular a execução de serviço público ou a utilização privativa de bem público, mediante licitação.* Exs.: permissão para perueiro; permissão para uma banca de jornal. Vale lembrar que, por ser precária, pode ser revogada a qualquer momento, sem direito à indenização; e) **concessão:** *ato bilateral e não precário, pelo qual a Administração faculta ao particular a execução de serviço público ou a utilização privativa de bem público, mediante licitação.* Ex.: concessão para empresa de ônibus efetuar transporte remunerado de passageiros. Quanto aos bens públicos, há também a *concessão de direito real de uso,* oponível até ao poder concedente, e a *cessão de uso,* em que se transfere o uso para entes ou órgãos públicos; f) **aprovação:** *ato de controle discricionário.* Vê-se a conveniência do ato controlado. Ex.: aprovação pelo Senado de indicação para Ministro do STF; g) **homologação:** *ato de controle vinculado.* Ex.: homologação de licitação ou de concurso público; h) **parecer:** *ato pelo qual órgãos consultivos da Administração emitem opinião técnica sobre assunto de sua competência.* Podem ser das seguintes espécies: *facultativo* (parecer solicitado se a autoridade quiser); *obrigatório* (autoridade é obrigada a solicitar o parecer, mas não a acatá-lo) e *vinculante* (a autoridade é obrigada a solicitar o parecer e a acatar o seu conteúdo; ex.: parecer médico). Quando um parecer tem o poder de *decidir* um caso, ou seja, quando o parecer é, na verdade, uma decisão, a autoridade que emite esse parecer responde por eventual ilegalidade do ato (ex.: parecer jurídico sobre edital de licitação e minutas de contratos, convênios e ajustes – art. 38 da Lei 8.666/1993).

- **Quanto à forma a) decreto:** é a forma de que se revestem os atos individuais ou gerais, emanados do Chefe do Poder Executivo. Exs.: nomeação e exoneração (atos individuais); regulamentos (atos gerais que têm por objeto proporcionar a fiel execução da lei – art. 84, IV, da CF); b) **resolução e portaria:** são as formas de que se revestem os atos, gerais ou individuais, emanados de autoridades que não sejam o Chefe do Executivo; c) **alvará:** forma pela qual a Administração confere licença ou autorização para a prática de ato ou exercício de atividade sujeita ao poderes de polícia do Estado. Exs.: alvará de construção (instrumento da licença); alvará de porte de arma (instrumento da autorização).

**(Defensor Público/PE – 2018 – CESPE)** No que se refere à classificação dos atos administrativos e suas espécies, assinale a opção correta.

(A) Parecer é exemplo de ato administrativo constitutivo.

(B) Licença para o exercício de determinada profissão é exemplo de ato administrativo vinculado.

(C) Autorização administrativa é exemplo de ato de consentimento administrativo de caráter irrevogável.

(D) Decisão proferida por órgão colegiado é exemplo de ato administrativo complexo.

(E) Cobrança de multa imposta em sede de poder de polícia é exemplo de ato administrativo autoexecutório.

A: incorreta – parecer é ato administrativo enunciativo pelo qual os órgãos consultivos da Administração emitem opinião sobre assuntos técnicos ou jurídicos de sua competência; B: correta – licença é ato administrativo vinculado e definitivo, formalmente disposto em lei própria. Se o pretendente ao direito preenche os requisitos de lei, tem o direito de recebê-la, independentemente da vontade do administrador; C: incorreta – a precariedade é uma característica da autorização administrativa; D: incorreta – a decisão de um órgão colegiado forma-se mediante a sua manifestação da vontade, formando um único ato administrativo simples; E: incorreta – a cobrança de multa pela Fazenda Pública deve ser realizada mediante a devida inscrição em dívida ativa, seguida do ajuizamento de execução fiscal perante o Poder Judiciário. Carece, destarte, do atributo da autoexecutoriedade. FB
Gabarito "B".

**(Delegado/PE – 2016 – CESPE)** Acerca dos atos do poder público, assinale a opção correta.

(A) A convalidação implica o refazimento de ato, de modo válido. Em se tratando de atos nulos, os efeitos da convalidação serão retroativos; para atos anuláveis ou inexistentes tais efeitos não poderão retroagir.

**(B)** A teoria dos motivos determinantes não se aplica aos atos vinculados, mesmo que o gestor tenha adotado como fundamento um fato inexistente.

**(C)** Atos complexos resultam da manifestação de um único órgão colegiado, em que a vontade de seus membros é heterogênea. Nesse caso, não há identidade de conteúdo nem de fins.

**(D)** Atos gerais de caráter normativo não são passíveis de revogação, eles podem ser somente anulados.

**(E)** Atos compostos resultam da manifestação de dois ou mais órgãos, quando a vontade de um é instrumental em relação a do outro. Nesse caso, praticam-se dois atos: um principal e outro acessório.

**A:** incorreta, pois a convalidação atinge atos anuláveis (e não os nulos e os inexistentes) e é sempre retroativa; **B:** incorreta, pois caso o gestor tenha adotado como fundamento um fato inexistente tem-se a aplicação da teoria em questão, já que a existência do motivo invocado condiciona a validade do ato; **C:** incorreta, pois quando um ato é praticado por apenas um órgão, ainda que colegiado, tem-se o chamado ato simples; **D:** incorreta, pois nada impede a anulação; um exemplo é uma portaria normativa ou um regulamento que venha a ser revogado pela autoridade competente; é algo normal, do dia a dia da Administração; **E:** correta, pois nesse caso se tem o ato composto; já o ato complexo é aquele que decorrem de dois ou mais órgãos, mas que formam um ato apenas, não havendo, então, um ato principal e outro ato acessório.

Gabarito "E".

## 4. ORGANIZAÇÃO ADMINISTRATIVA

### 4.1. TEMAS GERAIS (ADMINISTRAÇÃO PÚBLICA, ÓRGÃOS E ENTIDADES, DESCENTRALIZAÇÃO E DESCONCENTRAÇÃO, CONTROLE E HIERARQUIA, TEORIA DO ÓRGÃO)

Segue um resumo sobre a parte introdutória do tema Organização da Administração Pública:

O objetivo deste tópico é efetuar uma série de distinções, de grande valia para o estudo sistematizado do tema. A primeira delas tratará da relação entre pessoa jurídica e órgãos estatais.

Pessoas jurídicas estatais são entidades integrantes da estrutura do Estado e dotadas de personalidade jurídica, ou seja, de aptidão genérica para contrair direitos e obrigações.

Órgãos públicos são centros de competência integrantes das pessoas estatais instituídos para o desempenho das funções públicas por meio de agentes públicos. São, portanto, parte do corpo (pessoa jurídica). Cada órgão é investido de determinada competência, dividida entre seus cargos. Apesar de não terem personalidade jurídica, têm prerrogativas funcionais, o que admite até que interponham mandado de segurança, quando violadas. Tal capacidade processual, todavia, só têm os órgãos independentes e os autônomos. Todo ato de um órgão é imputado diretamente à pessoa jurídica da qual é integrante, assim como todo ato de agente público é imputado diretamente ao órgão à qual pertence (trata-se da chamada "teoria do órgão", que se contrapõe à teoria da representação ou do mandato). Deve-se ressaltar, todavia, que a representação legal da entidade é atribuição de determinados agentes, como o Chefe do Poder Executivo e os Procuradores. Confiram-se algumas classificações dos órgãos públicos, segundo o magistério de Hely Lopes Meirelles:

Quanto à posição, podem ser órgãos independentes (originários da Constituição e representativos dos Poderes do Estado: Legislativo, Executivo de Judiciário – aqui estão todas as corporações legislativas, chefias de executivo e tribunais, e juízos singulares); *autônomos* (estão na cúpula da Administração, logo abaixo dos órgãos independentes, tendo autonomia administrativa, financeira e técnica, segundo as diretrizes dos órgãos a eles superiores – cá estão os Ministérios, as Secretarias Estaduais e Municipais, a AGU etc.), *superiores* (detêm poder de direção quanto aos assuntos de sua competência, mas sem autonomia administrativa e financeira – ex.: gabinetes, procuradorias judiciais, departamentos, divisões etc.) e *subalternos* (são os que se acham na base da hierarquia entre órgãos, tendo reduzido poder decisório, com atribuições de mera execução – ex.: portarias, seções de expediente).

Quanto à estrutura, podem ser simples ou unitários (constituídos por um só centro de competência) e *compostos* (reúnem outros órgãos menores com atividades-fim idênticas ou atividades auxiliares – ex.: Ministério da Saúde).

Quanto à atuação funcional, podem ser singulares ou unipessoais (atuam por um único agente – ex.: Presidência da República) e *colegiados* ou *pluripessoais* (atuam por manifestação conjunta da vontade de seus membros – ex.: corporações legislativas, tribunais e comissões).

Outra distinção relevante para o estudo da estrutura da Administração Pública é a que se faz entre desconcentração e descentralização. Confira-se.

Desconcentração é a distribuição interna de atividades administrativas, de competências. Ocorre de órgão para órgão da entidade Ex.: competência no âmbito da Prefeitura, que poderia estar totalmente concentrada no órgão Prefeito Municipal, mas que é distribuída internamente aos Secretários de Saúde, Educação etc.

Descentralização é a distribuição externa de atividades administrativas, que passam a ser exercidas por pessoa ou pessoas distintas do Estado. Dá-se de pessoa jurídica para pessoa jurídica como técnica de especialização. Ex.: criação de autarquia para titularizar e executar um dado serviço público, antes de titularidade do ente político que a criou.

Na descentralização por serviço a lei atribui ou autoriza que outra pessoa detenha a titularidade e a execução do serviço. Depende de lei. Fala-se também em outorga do serviço.

Na descentralização por colaboração o contrato ou ato unilateral atribui a outra pessoa a execução do serviço. Aqui o particular pode colaborar, recebendo a execução do serviço, e não a titularidade. Fala-se também em delegação do serviço e o caráter é transitório.

É importante também saber a seguinte distinção.

Administração direta compreende os órgãos integrados no âmbito direto das pessoas políticas (União, Estados, Distrito Federal e Municípios).

Administração indireta compreende as pessoas jurídicas criadas pelo Estado para titularizar e exercer atividades públicas (autarquias e fundações públicas) e *para agir na atividade econômica quando necessário (empresas públicas e sociedades de economia mista)*.

Outra classificação relevante para o estudo do tema em questão é a que segue.

As pessoas jurídicas de direito público são os entes políticos e as pessoas jurídicas criadas por estes para exercerem típica atividade administrativa, o que impõe tenham, de um lado, prerrogativas de direito público, e, de outro, restrições de direito público, próprias de quem gere coisa pública.[1] Além dos entes políticos (União, Estados, Distrito Federal e Municípios), são pessoas jurídicas de direito público as *autarquias, fundações públicas, agências reguladoras* e *associações públicas* (consórcios públicos de direito público).

As pessoas jurídicas de direito privado estatais são aquelas criadas pelos entes políticos para exercer atividade econômica, devendo ter os mesmos direitos e restrições das demais pes-

---

1. *Vide* art. 41 do atual Código Civil. O parágrafo único deste artigo faz referência às *pessoas de direito público com estrutura de direito privado*, que serão regidas, no que couber, pelas normas do CC. A referência é quanto às fundações públicas, aplicando-se as normas do CC apenas quando não contrariarem os preceitos de direito público.

# 5. DIREITO ADMINISTRATIVO    117

soas jurídica privadas, em que pese terem algumas restrições adicionais, pelo fato de terem sido criadas pelo Estado. São pessoas jurídicas de direito privado estatais as empresas públicas, as sociedades de economia mista, as fundações privadas criadas pelo Estado e os consórcios públicos de direito privado.

Também é necessário conhecer a seguinte distinção.

Hierarquia consiste no poder que um órgão superior tem sobre outro inferior, que lhe confere, dentre outras prerrogativas, uma ampla possibilidade de fiscalização dos atos do órgão subordinado.

Controle (tutela ou supervisão ministerial) *consiste no poder de fiscalização que a pessoa jurídica política tem sobre a pessoa jurídica que criou, que lhe confere tão somente a possibilidade de submeter a segunda ao cumprimento de seus objetivos globais, nos termos do que dispuser a lei.* Ex.: a União não pode anular um ato administrativo de concessão de aposentadoria por parte do INSS (autarquia por ela criada), por não haver hierarquia; mas pode impedir que o INSS passe a comercializar títulos de capitalização, por exemplo, por haver nítido desvio dos objetivos globais para os quais fora criada a autarquia. Aqui não se fala em subordinação, mas em vinculação administrativa.

Por fim, há entidades que, apesar de não fazerem parte da Administração Pública Direta e Indireta, colaboram com a Administração Pública e são estudadas no Direito Administrativo. Tais entidades são denominadas entes de cooperação ou entidades paraestatais. São entidades que não têm fins lucrativos e que colaboram com o Estado em atividades não exclusivas deste. São exemplos de paraestatais as seguintes: a) *entidades do Sistema S* (SESI, SENAI, SENAC etc. – ligadas a categorias profissionais, cobram contribuições parafiscais para o custeio de suas atividades); b) *organizações sociais* (celebram *contrato de gestão* com a Administração); c) *organizações da sociedade civil de interesse público* – OSCIPs (celebram *termo de parceria* com a Administração).

**(Delegado - PC/SE - 2018 - CESPE/CEBRASPE)** No que se refere aos institutos da centralização, da descentralização e da desconcentração, julgue os itens a seguir.

(1) A diferença preponderante entre os institutos da descentralização e da desconcentração é que, no primeiro, há a ruptura do vínculo hierárquico e, no segundo, esse vínculo permanece.

(2) Na administração pública, desconcentrar significa atribuir competências a órgãos de uma mesma entidade administrativa.

(3) A centralização consiste na execução de tarefas administrativas pelo próprio Estado, por meio de órgãos internos e integrantes da administração pública direta.

**1:** correta. A **descentralização** *é a distribuição externa de atividades administrativas, que passam a ser exercidas por pessoa ou pessoas distintas do Estado.* Com a criação de uma nova pessoa jurídica extingue-se a relação de vínculo hierárquico, formando-se um vínculo de tutela. Dá-se de *pessoa jurídica para pessoa jurídica* como técnica de especialização. A descentralização pode ser de duas espécies: a) na descentralização **por serviço**, a lei atribui ou autoriza que outra pessoa detenha a *titularidade* e a execução do serviço; repare que é necessária lei; aqui, fala-se em *outorga* do serviço; b) na descentralização **por colaboração**, o contrato ou ato unilateral atribui à outra pessoa a *execução* do serviço; repare que a delegação aqui se dá por contrato, não sendo necessária lei; o particular colabora, recebendo a execução do serviço e não a titularidade deste; aqui, fala-se também em *delegação* do serviço e o caráter é transitório; **2:** correta. A **desconcentração** *é a distribuição interna de atividades administrativas, de competências.* Ocorre de *órgão* para *órgão* da entidade; **3:** correta – Na centralização não há a criação de uma nova pessoa jurídica, e a organização administrativa se dá por meio da desconcentração, isto é, a execução de tarefas administrativas é realizada pelo próprio Estado, por meio de órgãos internos e integrantes da administração pública direta. **FB**
Gabarito: 1C, 2C, 3C

**(Defensor Público/AL – 2017 – CESPE)** Assinale a opção que apresenta a entidade da administração pública indireta que deve obrigatoriamente ser constituída com personalidade jurídica de direito público.

(A) sociedade de economia mista
(B) serviços sociais autônomos
(C) autarquia
(D) fundação pública
(E) empresa pública

Art. 41, IV c/c 44 do CC. **FB**
Gabarito "C".

**(Procurador Municipal – Prefeitura/BH – CESPE – 2017)** No que se refere a organização administrativa, administração pública indireta e serviços sociais autônomos, assinale a opção correta.

(A) Por execução indireta de atividade administrativa entende-se a adjudicação de obra ou serviço público a particular por meio de processo licitatório.

(B) É possível a participação estatal em sociedades privadas, com capital minoritário e sob o regime de direito privado.

(C) Desde que preenchidos certos requisitos legais, as sociedades que comercializam planos de saúde poderão ser enquadradas como OSCIPs.

(D) Desconcentração administrativa implica transferência de serviços para outra entidade personalizada.

**A:** incorreta. O erro dessa assertiva está no fato de que a execução indireta abrange também a execução da obra ou serviço pelas pessoas jurídicas integrantes da Administração Indireta, e não somente aos particulares; **B:** correta. Tratam-se das Sociedades de Economia Mista, que podem explorar atividade econômica, em regime tipicamente privado, conforme disposto no art. 173, CF; **C:** incorreta. O art. 2º, VI, da Lei 9.790/1999 dispõe ser vedado às OSCIP desenvolver atividades de comercialização de planos de saúde; **D:** incorreta. A desconcentração é a divisão interna da atividade administrativa em órgãos ou departamentos, tendo em vista o cumprimento do princípio da eficiência. **AW**
Gabarito "B".

**(Defensor Público – DPE/RN – 2016 – CESPE)** Com referência à administração pública direta e indireta e à sua organização, assinale a opção correta.

(A) As empresas públicas e a sociedade de economia mista, entidades da administração indireta com natureza jurídica de direito privado, devem constituir-se sob a forma jurídica de sociedade anônima.

(B) Por meio da descentralização, o Estado transfere a titularidade de certas atividades que lhe são próprias a particulares ou a pessoas jurídicas que institui para tal fim.

(C) Segundo a doutrina, pertinente à posição dos órgãos estatais, os órgãos superiores seriam aqueles situados na cúpula da administração, diretamente subordinados à chefia dos órgãos independentes, gozando de autonomia administrativa, técnica e financeira.

(D) Mediante contrato a ser firmado entre administradores e o poder público, tendo por objeto a fixação de metas de desempenho para órgão ou entidade, a autonomia gerencial, orçamentária e financeira dos órgãos e entidades da administração direta e indireta poderá ser ampliada.

(E) Como pessoas jurídicas de direito público instituídas por lei, às quais são transferidas atividades próprias da administração pública, as autarquias se submetem ao controle hierárquico da administração direta.

**A:** Incorreta. As sociedades de economia mista só podem ter a forma de sociedades anônimas. Já as empresas públicas podem ter qualquer forma societária, sendo esse o erro da assertiva; **B:** Incorreta. Na descentralização há apenas a transferência da execução do serviços (atividade estatal própria) aos particulares, nunca da titularidade, que não pode sair das "mãos" do Estado. A outorga, que é a transferência da titularidade e execução do serviço é admitida à pessoas de direito público integrantes da Administração Indireta, somente; **C:** Incorreta. Conforme Hely Lopes Meirelles, 38ªEd, pg.72: "Órgãos superiores são os que detêm poder de direção, controle, decisão e comando dos assuntos de sua competência específica, mas sempre sujeitos à subordinação e ao controle hierárquico de uma chefia mais alta.". Não estão, portanto, na "cúpula" da Administração, sendo inferiores hierárquicos em relação aos órgãos independentes e autônomos; **D:** Correta. Trata-se do Contrato de Gestão, fundamentado no art. 37, § 8º, CF, celebrado com Agencias Executivas para a ampliação de suas atividades e estabelecimentos de metas e melhor desempenho administrativo; **E:** Incorreta. Não existe hierarquia entre as pessoas jurídicas integrantes da Administração Direta e as da Administração Indireta. Há apenas a denominada "tutela" ou supervisão ministerial, que se trata de um controle de legalidade e finalidade dos objetivos contidos pela lei que as cria ou autoriza suas criações.

Gabarito "D".

**(Juiz de Direito/DF – 2016 – CESPE)** No que se refere a características e regime jurídico das entidades da administração indireta, assinale a opção correta.

(A) As agências reguladoras são fundações de regime especial, cuja atividade precípua é a regulamentação de serviços e de atividades concedidas, que possuem regime jurídico de direito público, autonomia administrativa e diretores nomeados para o exercício de mandato fixo.

(B) As autarquias são pessoas jurídicas de direito público com autonomia administrativa, beneficiadas pela imunidade recíproca de impostos sobre renda, patrimônio e serviços, cujos bens são passíveis de aquisição por usucapião e cujas contratações são submetidas ao dever constitucional de realização de prévia licitação.

(C) As sociedades de economia mista, cuja criação e cuja extinção são autorizadas por meio de lei específica, possuem personalidade jurídica de direito privado, são constituídas sob a forma de sociedade anônima e aplica-se ao pessoal contratado o regime de direito privado, com empregados submetidos ao regime instituído pela legislação trabalhista.

(D) As empresas públicas, que possuem personalidade jurídica de direito público, são organizadas sob qualquer das formas admitidas em direito, estão sujeitas à exigência constitucional de contratação mediante licitação e têm quadro de pessoal instituído pela legislação trabalhista, cuja contratação condiciona-se a prévia aprovação em concurso público.

(E) As agências executivas são compostas por autarquias, fundações, empresas públicas ou sociedades de economia mista que celebram contrato de gestão com órgãos da administração direta a que estão vinculadas, com vistas ao aprimoramento de sua eficiência no exercício das atividades-fim e à diminuição de despesas.

**A:** incorreta, pois as agências reguladoras não são fundações sob regime especial, mas autarquias sob regime especial; **B:** incorreta, pois as autarquias, em sendo pessoas de direito público, possuem bens públicos, que, por sua vez, não são passíveis de usucapião; **C:** correta, pois está de acordo com os arts. 4º, *caput*, da Lei 13.303/2016 e 173, § 1º, II, da CF; **D:** incorreta, pois as empresas públicas têm personalidade de direito privado e não de direito público (art. 3º, *caput*, da Lei 13.303/2016); **E:** incorreta, pois somente autarquias e fundações públicas podem receber o qualificativo de agência executiva (art. 51 da Lei 9.649/1998).

Gabarito "C".

**(Analista – TJ/CE – 2014 – CESPE)** A respeito de organização administrativa, assinale a opção correta.

(A) Os consórcios públicos sob o regime jurídico de direito público são associações públicas sem personalidade jurídica criadas para a gestão associada de serviços públicos de interesse de mais de um ente federativo.

(B) Tratando-se de órgão público, a competência é irrenunciável e intransferível.

(C) As autarquias são entidades criadas pelos entes federativos para a execução atividades que requeiram gestão administrativa e financeira descentralizada, porém, o ente federativo continuará titular do serviço, sendo responsável, dessa forma, pelos atos praticados pela autarquia.

(D) As organizações sociais são pessoas jurídicas de direito público que celebram contrato de gestão como poder público para a prestação de serviços públicos de natureza social.

(E) São consideradas agências executivas as autarquias, fundações, empresas públicas e sociedades de economia mista que apresentam regime jurídico especial que lhes concede maior autonomia em relação ao ente federativo que as criou.

**A:** Incorreta, pois o consórcio público adquirirá personalidade jurídica de direito público, no caso de constituir associação pública, mediante a vigência das leis de ratificação do protocolo de intenções (art. 6º, I, da Lei 11.107/2005); **B:** Correta, conforme arts. 11 a 15 da Lei 9.784/1999; **C:** Incorreta. Carvalho Filho entende que há descentralização por outorga e por delegação, entendendo-se que pela primeira o Poder **Público transfere a própria titularidade do serviço,** ao passo que pela segunda a transferência tem por alvo apenas a execução do serviço. Nesse caso, a delegação somente ocorreria quando o Estado firmasse negócio jurídico, **mas não quando criasse entidade para sua Administração Indireta** (Carvalho Filho, José dos Santos. **Manual de Direito Administrativo.** 27. ed. São Paulo: Atlas, 2014, p. 353); **D:** Incorreta, pois as Organizações Sociais são pessoas jurídicas de direito privado (art. 1º da Lei 9.637/1998); **E:** Incorreta, pois apenas as autarquias e fundações integrantes da Administração Pública federal poderão, observadas as diretrizes do Plano Diretor da Reforma do Aparelho do Estado, ser qualificadas como Agências Executivas (art. 1º do Decreto 2.487/1998).

Gabarito "B".

## 4.2. AUTARQUIAS

**(Auditor Fiscal - SEFAZ/RS - 2019 - CESPE/CEBRASPE)** A entidade da administração pública indireta criada por meio de lei para desempenho de atividades específicas, com personalidade jurídica pública e capacidade de autoadministração é a

(A) autarquia.

(B) fundação privada.

(C) sociedade de economia mista.

(D) empresa pública.

(E) empresa subsidiária.

**A:** correta – As autarquias podem ser **conceituadas** como *as pessoas jurídicas de direito público, criadas por lei específica, para titularizar atividade administrativa.* Realizam atividades próprias (típicas) da Administração Direta, as quais são passadas para as autarquias para agilizar, facilitar e principalmente especializar a prestação dos serviços públicos. São um prolongamento, um *longa manus* do Estado. Qualquer ente político (União, Estados-membros, Distrito Federal e Municípios) pode criar uma autarquia, desde que por lei específica e para realizar atividades típicas da Administração; **B:** incorreta – A fundação privada possui personalidade jurídica de direito privado. Não se pode confundir as fundações públicas com as fundações privadas criadas pelo Estado. Isso porque nada impede que o Estado crie fundações com personalidade de direito privado, sendo apenas necessário que haja autorização legal. Muitas vezes deseja-se criar uma pessoa jurídica, cujo elemento patrimonial terá caráter preponderante, para um fim de interesse público, mas que não trate de típica atividade administrativa. Em tal hipótese, cria-se uma fundação privada, com regime jurídico de direito privado. Nesse caso haverá fiscalização por parte do Ministério Público, na forma da lei civil. Portanto, o critério que diferencia uma *fundação pública de direito público* de uma *fundação privada criada pelo Estado* é a natureza da atividade da pessoa jurídica criada. Se se tratar de típica atividade administrativa, será uma fundação pública. Se não, uma fundação privada; **C:** incorreta. As **sociedades de economia mista** são pessoas jurídicas de direito privado, cuja criação foi autorizada em lei, constituídas necessariamente sob a forma de sociedade por ações e cujo capital majoritariamente deve ser formado por recursos de pessoas públicas de direito interno ou de pessoas integrantes de suas respectivas administrações indiretas, sendo possível que as demais ações sejam de propriedade privada. Portanto, são empresas estatais com as seguintes peculiaridades: a) constituídas somente pela forma de sociedade anônima (S/A); b) possuem necessariamente capital privado e público, sendo que a maioria das ações com direito a voto é do Poder Público; c) a Justiça Comum é o foro próprio de tais sociedades mesmo sendo federais; **D:** incorreta. As empresas públicas podem ser **conceituadas** como *pessoas jurídicas de direito privado especial, cuja criação se dá pelo Estado, autorizado por lei específica, com a finalidade de executar serviço público ou explorar atividade econômica não ligada*

## 5. DIREITO ADMINISTRATIVO    119

*a esse tipo de serviço, em caráter suplementar, desde que necessário aos imperativos da segurança nacional ou a relevante interesse coletivo.* Apresentam as seguintes características: a) constituídas por qualquer modalidade societária admitida (S/A, Ltda. etc.); b) com capital social formado integralmente por recursos de pessoas jurídicas de direito público (caso tenha participação da União, esta deve ter a maioria do capital votante);c) caso sejam da União, têm foro na Justiça Federal (art. 109, I e IV, da CF) na área cível e criminal, salvo quanto às contravenções penais, cujo julgamento é da competência da Justiça Comum; **E:** incorreta. Uma empresa subsidiária ou subordinada é uma empresa controlada ou pertencente a outra empresa. Aquela que possui ou controla a empresa subsidiária é chamada de empresa-mãe. FB

Gabarito "A".

**(Procurador do Estado – PGE/BA – CESPE – 2014)** Considerando a necessidade de melhorar a organização da administração pública estadual, o governador da Bahia resolveu criar autarquia para atuar no serviço público de educação e empresa pública para explorar atividade econômica.

Com base nessa situação hipotética, julgue os itens que se seguem.

**(1)** Observados os princípios da administração pública, a empresa pública pode ter regime específico de contratos e licitações, sujeitando-se os atos abusivos praticados no âmbito de tais procedimentos licitatórios ao controle por meio de mandado de segurança.

**(2)** De acordo com o que dispõe a Lei Complementar nº 34/2009 do estado da Bahia, as atividades do serviço técnico-jurídico de autarquias estaduais devem ser acompanhadas pela Procuradoria Geral do Estado (PGE), com vistas à preservação da uniformidade de orientação, no âmbito da administração pública.

**(3)** Desde que presentes a relevância e urgência da matéria, a criação da autarquia pode ser autorizada por medida provisória, devendo, nesse caso, ser providenciado o registro do ato constitutivo na junta comercial competente.

**1:** Correta. Tanto é verdade que hoje temos a Lei 13.306/2016, que estabelece um novo regime para essas empresas estatais, específico, a fim de conformá-las com suas atividades específicas de exploração econômica. **2:** Correta. Trata-se do disposto no art. 23, III, da Lei Complementar 34/2009. **3:** Incorreta. Somente por lei específica pode ser criada uma autarquia, conforme disposto no art. 37, XIX, CF. AW

Gabarito 1C, 2C, 3E

### 4.3. AGÊNCIAS REGULADORAS

**(Procurador do Estado/SE – 2017 – CESPE)** Acerca do poder regulamentar e do regime jurídico das agências reguladoras e executivas, assinale a opção correta.

**(A)** O STJ entende que a aplicação de multas previstas em resoluções editadas por agência reguladora do setor de aviação civil ofende o princípio da legalidade.

**(B)** A autonomia de gestão das agências executivas torna dispensável a celebração de contrato de gestão com o ministério supervisor para o seu funcionamento.

**(C)** O período de quarentena, que é condição legal para ex-dirigentes iniciarem o exercício de atividade na iniciativa privada, tem como objetivo evitar transtornos e prejuízos à fiscalização das agências reguladoras.

**(D)** Observada a especificidade de sua atuação, as agências reguladoras têm competência para instituir modalidades próprias para a licitação e contratação de obras e serviços.

**(E)** A existência de subordinação hierárquica das agências reguladoras ao governo é exemplificada pela possibilidade de o interessado interpor recurso na pasta ministerial competente.

**A:** incorreta – Segundo o STJ, havendo previsão na legislação ordinária delegando à agência reguladora competência para a edição de normas e regulamentos no seu âmbito de atuação, não há que se falar em ofensa ao princípio da legalidade. Vejamos julgado a respeito do tema: Processual civil. Administrativo. Multa administrativa aplicada pela Anac. Princípio da legalidade. Legitimidade passiva do Estado de

Santa Catarina. Convênio administrativo entre município de Chapecó e aeródromo.1. A análise que enseja a responsabilidade do Estado de Santa Catarina sobre a administração do aeródromo localizado em Chapecó/SC enseja observância das cláusulas contratuais, algo que ultrapassa a competência desta Corte Superior, conforme enunciado da Súmula 5/STJ. 2. *Não há violação do princípio da legalidade na aplicação de multa previstas em resoluções criadas por agências reguladoras, haja vista que elas foram criadas no intuito de regular, em sentido amplo, os serviços públicos, havendo previsão na legislação ordinária delegando à agência reguladora competência para a edição de normas e regulamentos no seu âmbito de atuação.* Precedentes. 3. O pleito de se ter a redução do valor da multa aplicada ao recorrente, por afronta à Resolução da ANAC e à garantia constitucional do art. 5º, XL, da CF/88 e arts. 4º. e 6º da LICC, bem como art. 106, III, alínea "c", c/c art. 112 do CTN, não merece trânsito, haja vista que a respectiva matéria não foi devidamente prequestionada no acórdão em debate. Agravo regimental improvido. (AgRg no AREsp 825.776/SC, Rel. Ministro Humberto Martins, Segunda Turma, julgado em 05.04.2016, DJe 13.04.2016); **B:** incorreta – Art. 37, § 8º, CF/1988; **C:** correta – "O ex-dirigente fica impedido para o exercício de atividades ou de prestar qualquer serviço no setor regulado pela respectiva agência, por um período de quatro meses, contados da exoneração ou do término do seu mandato. [...]" – Art. 8º da Lei 9.986/2000; **D:** incorreta – é certo que no que tange ao procedimento licitatório algumas leis criadoras das agências regulatórias tentaram esquivá-las da obediência às normas licitatórias na Lei 8.666/1993. A Lei 9.472/1997, denominada Lei Geral das Telecomunicações e que criou a Anatel, chegou até mesmo a estabelecer que tal agência não se submetia à Lei 8.666/1993 e que poderia inclusive adotar modalidades específicas como o pregão e a consulta. Todavia, essa disposição foi objeto da ADI 1.668, que em medida cautelar determinou a suspensão do artigo 119, proibindo a definição de procedimento administrativo pela própria Anatel tendo em vista a violação ao Art. 22, inc. XXVII, da CF/1988. No que tange ao pregão e à consulta, previstos no Art. 54 da Lei 9.472/2000, não houve a suspensão cautelar desses dispositivos e, atualmente, temos que o pregão encontra-se hoje regulado pela Lei 10.520/2002 e, no tocante à consulta, ela tem sido utilizada, embora na verdade dependesse da edição de uma lei que a instituísse de fato como modalidade licitatória; **E:** incorreta – as agências reguladoras possuem natureza jurídica de autarquias especiais, ou seja, são entes que compõem a chamada Administração Indireta. Não existe subordinação hierárquica entre o ente da Administração Pública Direta que deu ensejo à criação da agência reguladora e essa. Há somente um poder de tutela, a chamada supervisão ministerial. A Lei 13.848/2019 dispõe sobre a gestão e a organização das agências reguladoras. FB

Gabarito "C".

### 4.4. CONSÓRCIOS PÚBLICOS

**(Advogado da União/AGU – CESPE – 2012)** Julgue o item seguinte.

**(1)** O consórcio público com personalidade jurídica de direito público integra a administração indireta dos entes da Federação consorciados.

**1:** correta, pois de acordo com o disposto no art. 6º, § 1º, da Lei 11.107/2005.

Gabarito 1C

### 4.5. EMPRESAS ESTATAIS

**(Delegado/RJ – 2022 – CESPE/CEBRASPE)** De acordo com o entendimento doutrinário e jurisprudencial dos tribunais superiores, assinale a opção correta.

**(A)** As fundações instituídas pelo Estado ou mantidas pelo poder público não podem se submeter ao regime jurídico de direito privado.

**(B)** A Força Nacional de Segurança Pública implica cooperação federativa entre os entes estatais, somente podendo ser empregada em território de estado-membro com a anuência do seu governador.

**(C)** É constitucional determinação judicial que decreta a constrição de bens de sociedade de economia mista prestadora de serviços públicos, em regime não concorrencial, para fins de débitos trabalhistas.

**(D)** Os serviços sociais autônomos (Sistema S), que desempenham atividade de interesse público, em cooperação com ente estatal, estão sujeitos à observância da regra de concurso público, nos moldes da CF.

**(E)** A alienação do controle acionário de empresas públicas e sociedades de economia mista, assim como de suas subsidiárias e controladas, exige autorização legislativa e licitação.

Alternativa **A** incorreta (o regime jurídico das fundações governamentais é híbrido, ou seja, submetem-se a normas de direito público e privado). Alternativa **B** correta (cf. decidido pelo STF na ACO 3.427 Ref-MC). Alternativa **C** incorreta (empresa estatal que atuam em regime não concorrencial está submetida ao regramento dos precatórios, cf. entendimento do STF). Alternativa **D** incorreta (os serviços sociais autônomos não estão sujeitos à observância da regra de concurso público, cf. decidido pelo STF no RE 789.874). Alternativa **E** incorreta (segundo o STF, na ADI 5.624 MC-Ref, a alienação do controle acionário de empresas públicas e sociedades de economia mista exige autorização legislativa e licitação pública; no entanto, a transferência do controle de *subsidiárias* e *controladas* não exige a anuência do Poder Legislativo e poderá ser operacionalizada sem processo de licitação pública, desde que garantida a competitividade entre os potenciais interessados e observados os princípios da administração pública constantes do art. 37 da Constituição da República). RB

Gabarito "B".

**(Analista Judiciário – TJ/PA – 2020 – CESPE)** A administração indireta inclui as sociedades de economia mista, cujos agentes são

**(A)** empregados públicos regidos pela CLT e sujeitos às normas constitucionais relativas a concurso público e à vedação de acumulação remunerada de cargos públicos.

**(B)** empregados públicos regidos pela CLT que não se submetem às normas constitucionais relativas a concurso público nem à vedação de acumulação remunerada de cargos públicos.

**(C)** empregados públicos regidos pela CLT e sujeitos às normas constitucionais relativas a concurso público, mas não à vedação de acumulação remunerada de cargos públicos.

**(D)** servidores públicos estatutários sujeitos às normas constitucionais relativas a concurso público e à vedação de acumulação remunerada de cargos públicos.

**(E)** servidores públicos estatutários sujeitos às normas constitucionais relativas a concurso público, mas não à vedação de acumulação remunerada de cargos públicos.

As empresas estatais, entre as quais as sociedades de economia mista, são entidades da administração indireta. Considerando que representam pessoas jurídicas de direito privado, seus agentes estão regidos pela CLT (empregados públicos). É preciso destacar que, embora sejam pessoas privadas, incidem parcialmente sobre elas normas de direito público, como aquelas que impõem a realização de concurso público, nos termos do art. 37, II, CF, que faz alusão a cargos e empregos públicos. Igualmente se aplica a vedação de acumulação remunerada, que irradia efeitos sobre a administração direta e indireta (art. 37, XVI e XVII, CF). Nesse sentido, correta a alternativa A. RB

Gabarito "A".

**(Auditor Fiscal – SEFAZ/DF – 2020 – CESPE/CEBRASPE)** Considerando a Lei 13.303/2016, que dispõe sobre o estatuto jurídico da empresa pública, da sociedade de economia mista e de suas subsidiárias, no âmbito da União, dos estados, do Distrito Federal e dos municípios, julgue o próximo item.

**(1)** Ocorre superfaturamento quando os preços orçados para a licitação ou os preços contratados são expressivamente superiores aos preços referenciais de mercado.

Enunciado **1** errado. A Lei 13.303/16 (Estatuto das Empresas Estatais) traz a definição de superfaturamento e sobrepreço, cf. art. 31, § 1º. Sobrepreço verifica-se na situação em que "os preços orçados para a licitação ou os preços contratados são expressivamente superiores aos preços referenciais de mercado" (art. 37, § 1º, I). Já o superfaturamento envolve dano ao patrimônio das empresas estatais, nas situações exemplificadas no inciso II do mesmo art. 37, § 1º, como a deficiência na execução de obras e serviços de engenharia que resulte em dimi-

nuição da qualidade, da vida útil ou da segurança. Assim, conclui-se que a definição apresentada no enunciado da questão é de sobrepreço, e não de superfaturamento. RB

Gabarito 1E.

## 4.6. ENTES DE COOPERAÇÃO

**(Juiz de Direito – TJ/SC – 2019 – CESPE/CEBRASPE)** A respeito de organizações sociais, assinale a opção correta considerando o entendimento do STF em sede de controle concentrado.

**(A)** É inconstitucional a previsão legal de cessão de servidor público a organização social: essa hipótese configura desvio de função.

**(B)** O contrato de gestão não configura hipótese de convênio, uma vez que prevê negócio jurídico de natureza comutativa e se submete ao mesmo regime jurídico dos contratos administrativos.

**(C)** As organizações sociais, por integrarem o terceiro setor, integram a administração pública, razão pela qual devem submeter-se, em suas contratações com terceiros, ao dever de licitar.

**(D)** O indeferimento do requerimento de qualificação da organização social deve ser pautado pela publicidade, transparência e motivação, mas não precisa observar critérios objetivos, devendo ser respeitada a ampla margem de discricionariedade do Poder Público.

**(E)** A qualificação da entidade como organização social configura hipótese de simples credenciamento, o qual não exige licitação em razão da ausência de competição.

As organizações sociais representam uma entidade integrante do chamado Terceiro Setor. O STF apreciou o modelo das organizações sociais no âmbito da ADI 1923 (Pleno, Rel. Min. Luiz Fux, DJe 16/12/2015). Com base em tal julgado, pode-se avaliar o acerto ou a incorreção das alternativas. A alternativa A está incorreta (é constitucional a previsão legal de cessão de servidor público a organização social). Incorreta a alternativa B (as organizações sociais são baseadas no firmamento de contrato de gestão, que configura hipótese de convênio). A alternativa C, incorreta (conforme decidiu o STF, "as organizações sociais, por integrarem o Terceiro Setor, não fazem parte do conceito constitucional de Administração Pública, razão pela qual não se submetem, em suas contratações com terceiros, ao dever de licitar"). Alternativa D incorreta (o indeferimento do requerimento de qualificação, além de pautado pela publicidade, transparência e motivação, deve observar critérios objetivos). A alternativa E está correta (como decidiu o STF, "a atribuição de título jurídico de legitimação da entidade através da qualificação configura hipótese de credenciamento, no qual não incide a licitação pela própria natureza jurídica do ato, que não é contrato, e pela inexistência de qualquer competição"). RB

Gabarito "E".

**(Analista Judiciário – STJ – 2018 – CESPE)** Acerca das organizações da sociedade civil de interesse público (OSCIP) e dos atos administrativos, julgue os itens seguintes.

**(1)** A concessão, pelo poder público, da qualificação como OSCIP de entidade privada sem fins lucrativos é ato vinculado ao cumprimento dos requisitos legais estabelecidos para tal.

**(2)** Situação hipotética: Após celebrar termo de parceria com a União e receber recursos públicos, determinada OSCIP anunciou a contratação de terceiros para o fornecimento de material necessário à consecução dos objetivos do ajuste. Assertiva: Nessa situação, para efetivar a contratação de terceiros, a OSCIP deverá realizar licitação pública na modalidade concorrência.

**1:** correta – trata-se de ato vinculado, na medida em que, uma vez preenchidos os requisitos legais, não existe liberdade para a autoridade pública não conceder a qualificação de OSCIP – Art. 1º, § 2º, da Lei 9.790/1999; **2:** incorreta – a OSCIP é uma qualificação dada vinculadamente a um ente que não compõe a organização administrativa, de modo que a obrigatoriedade de licitação não lhe é aplicável. FB

Gabarito 1C, 2E.

# 5. DIREITO ADMINISTRATIVO

**(Promotor de Justiça/RR – 2017 – CESPE)** Determinado estado da Federação pretende propor a celebração de parceria com uma organização da sociedade civil na área de preservação do meio ambiente, visando à consecução de interesse público e recíproco. Tal parceria envolverá o repasse de recursos financeiros do estado para a organização.

Nessa situação, deverá ser firmado o instrumento denominado

(A) termo de parceria, realizado mediante prévio chamamento público.

(B) termo de colaboração, realizado mediante prévio chamamento público.

(C) convênio, que dependerá de prévia licitação.

(D) acordo de cooperação, que prescinde de licitação.

**A:** incorreta – Segundo os termos da Lei 13.019/2014, se a proposta partir da Administração Pública e envolver a transferência de recursos, teremos um caso de **termo de colaboração**; ao passo que se a proposta partir da organização da sociedade civil, também com transferência de recursos públicos, estar-se-á diante de uma parceria celebrada mediante termo de fomento. O "termo de parceria" não tem previsão nessa lei, mas na Lei 9.790/1999, que dispõe sobre as Organizações da Sociedade Civil de Interesse Público – OSCIP, em seu artigo 9º estabelece que "Fica instituído o Termo de Parceria, assim considerado o instrumento passível de ser firmado entre o Poder Público e as entidades qualificadas como Organizações da Sociedade Civil de Interesse Público destinado à formação de vínculo de cooperação entre as partes, para o fomento e a execução das atividades de interesse público" – Art. 9º da Lei 9.790/1999; **B:** correta – termo de colaboração, que é o "instrumento por meio do qual são formalizadas as parcerias estabelecidas pela administração pública com organizações da sociedade civil para a consecução de finalidades de interesse público e recíproco propostas pela administração pública que envolvam a transferência de recursos financeiros" – Art. 2º da Lei 13.019/2014; **C:** incorreta – após o advento da Lei 13.019/2014, se há o repasse de recursos financeiros e se há a presença de um particular, não há que se falar em convênio; **D:** incorreta – segundo o Art. 2º, inciso VIII-A, da Lei 13.019/2014, acordo de cooperação consiste no "instrumento por meio do qual são formalizadas as parcerias estabelecidas pela administração pública com organizações da sociedade civil para a consecução de finalidades de interesse público e recíproco que não envolvam a transferência de recursos financeiros. **FB**
Gabarito "B".

**(Defensor Público – DPE/RN – 2016 – CESPE)** Acerca dos serviços sociais autônomos, assinale a opção correta.

(A) Segundo entendimento jurisprudencial consolidado no âmbito do STF, os serviços sociais autônomos integrantes do denominado Sistema S estão submetidos à exigência de concurso público para a contratação de pessoal, nos moldes do que prevê a CF para a investidura em cargo ou emprego público.

(B) Por serem destinatários de dinheiro público arrecadado mediante contribuições sociais de interesse corporativo, os serviços sociais autônomos estão sujeitos aos estritos procedimentos e termos estabelecidos na Lei 8.666/1993.

(C) Assim como outras entidades privadas que atuam em parceria com o poder público, como as OSs e as OSCIPs, os serviços sociais autônomos necessitam da celebração de contrato de gestão com o poder público para o recebimento de subvenções públicas.

(D) Serviços sociais autônomos são pessoas jurídicas de direito privado integrantes do elenco das pessoas jurídicas da administração pública indireta e têm como finalidade uma atividade social que representa a prestação de um serviço de utilidade pública em benefício de certos agrupamentos sociais ou profissionais.

(E) Referidos entes de cooperação governamental, destinatários de contribuições parafiscais, estão sujeitos à fiscalização do Estado nos termos e condições estabelecidos na legislação pertinente a cada um.

**A:** Incorreta. Os Serviços Sociais Autônomos são pessoas jurídicas de direito privado que prestam assistência e ensino a certas categorias profissionais, sendo paraestatais, ou seja, atuam ao lado do Estado, não integrando, portanto, a estrutura da Organização da Administração Pública. Sendo assim, não se sujeitam às regras do art. 37, CF por completo, inclusive quanto à necessidade de concurso para ingresso de seu "quadro de pessoal", que pode ser livremente contratado; **B:** Incorreta. A doutrina e jurisprudência dominantes são unânimes no sentido de não ser necessária a licitação para os Serviços Sociais Autônomos, bastando que prestem contas aos Tribunais de Contas, em relação ao dinheiro estatal que recebem como subvenção e auxílio no desenvolvimento de suas atividades; **C:** Incorreta. Os Serviços Sociais Autônomos são instituídos por lei, não dependendo de Contrato de Gestão, como as Organizações Sociais, nem Termos de Parceria como as OSCIPs; **D:** Incorreta. Os Serviços Sociais Autônomos estão "fora" da estrutura administrativa, sendo paraestatais, ou seja, pessoas jurídicas que atuam "ao lado" do Estado, colaborando com este; **E:** Correta. Perfeita a assertiva, pois os Serviços Sociais Autônomos são denominados "Entes de Cooperação" e recebem dotações orçamentárias e contribuições parafiscais para o desempenho de suas atividades, sendo fiscalizados pelo Poder Público, quanto ao emprego desses recursos. **LF**
Gabarito "E".

**(Advogado União – AGU – CESPE – 2015)** Acerca da intervenção do Estado na propriedade, das licitações e dos contratos administrativos, julgue o seguinte item.

(1) No caso de parceria a ser firmada entre a administração pública e organização da sociedade civil, se não houver transferências voluntárias de recursos, deverá ser utilizado o instrumento jurídico estabelecido em lei denominado acordo de cooperação.

**1:** Correta. O art. 2º, VIII-A, da Lei 13.204/2015, dispõe que: "acordo de cooperação: instrumento por meio do qual são formalizadas as parcerias estabelecidas pela administração pública com organizações da sociedade civil para a consecução de finalidades de interesse público e recíproco que não envolvam a transferência de recursos financeiros." **AW**
Gabarito 1C.

## 5. SERVIDORES PÚBLICOS

### 5.1. CONCEITO E CLASSIFICAÇÃO

Para resolver as questões deste item, vale lembrar que há três grandes grupos de agentes públicos, que são os seguintes: a) **agentes políticos**, que são os que têm cargo estrutural no âmbito da organização política do País (exs.: chefes do Executivo, secretários estaduais e municipais, vereadores, deputados, senadores, juízes, entre outros); b) **agentes administrativos ou servidores públicos**, que são os que possuem cargo, emprego ou função na Administração Direta e Indireta, compreendendo os empregados públicos e servidores estatutários e temporários (exs.: professor, médico, fiscal, técnico, analista, delegado, procurador etc.); c) **particulares em colaboração com o Poder Público**, que são aqueles que, sem perder a condição de particulares, são chamados a contribuir com o Estado (ex.: *agentes honoríficos*, como os mesários das eleições e os jurados do Tribunal do Júri; *agentes credenciados*, como um advogado contrato para defender um Município numa ação judicial específica; *agentes delegados*, como o registrador e o tabelião, nos Cartórios). Assim, dentro da expressão *servidores públicos*, não estão contidos os *agentes políticos* e os *particulares em colaboração com o Poder Público*. Para alguns autores, como Maria Sylvia Zanella Di Pietro, os *militares* devem ser considerados uma espécie a mais de servidores públicos. Assim, para essa doutrina, há quatro grandes grupos de agentes públicos: a) agentes políticos; b) servidores públicos; c) militares; d) particulares em colaboração com a Administração.

**(Analista – Judiciário –TRE/PI – 2016 – CESPE)** A cidade de Parintins, no Amazonas, detém a maior proporção do Brasil de funcionários públicos em relação ao total de trabalhadores formais — lá são 3.971 servidores públicos, que correspondem a 62,71% desse total, considerados apenas os estatutários.

Internet: <http://exame.abril.com.br > (com adaptações).

Tendo o texto acima como referência inicial e supondo que a notícia apresentada tenha sido confirmada por diversos organismos renomados pelo elevado grau assertivo em suas pesquisas e que a realidade apresentada permaneça até o presente, assinale a opção correta acerca de aspectos diversos do direito administrativo.

(A) As contratações de agentes públicos para o exercício de cargo efetivo e permanente no referido município devem ocorrer mediante concurso, cuja validade inicial pode ser de até dois anos, prorrogável, uma vez, por igual período.

(B) A existência do elevado número de servidores públicos é suficiente para concluir que o chefe do Poder Executivo municipal, por utilizar a técnica administrativa da concentração, agiu contrariamente ao princípio da eficiência, estando, pois, sujeito à ação de improbidade, cuja prescrição ocorre no prazo de cinco anos, a contar da abertura do respectivo processo administrativo disciplinar.

(C) O mesário convocado para servir no dia das eleições é considerado servidor público estatutário.

(D) A administração pública, em sentido objetivo, compreende as pessoas jurídicas de direito público e seus agentes.

(E) Com base no entendimento do STF, é correto afirmar que o prefeito de Parintins pode nomear sobrinha para ocupar cargo de confiança em órgão da administração, uma vez que a vedação à nomeação de parentes alcança apenas aqueles em linha reta ou por afinidade.

**A:** correta (art. 37, II e III, da CF); **B:** incorreta, por vários motivos; primeiro porque o enunciado não diz que esses funcionários todos são municipais, podendo ser também estaduais e federais; segundo porque não se sabe se o Chefe do Executivo Municipal usou mesmo com exagero a técnica administrativa da concentração; terceiro porque essa técnica não é necessariamente causa de inchaço de servidores públicos; quarto porque o prazo prescricional no caso, se houvesse improbidade administrativa, seria de 5 anos contados do término do mandato do Prefeito e não no prazo indicado no enunciado; **C:** incorreta, pois o mesário é considerado particular em colaboração com a Administração; **D:** incorreta, pois o conceito dado no enunciado é de administração pública em sentido objetivo; **E:** incorreta, pois tal nomeação violaria a Súmula Vinculante STF n. 13, já que a sobrinha é parente em 3° grau do Prefeito.
Gabarito "A".

## 5.2. VÍNCULOS (CARGO, EMPREGO E FUNÇÃO)

**(Advogado – Correios – 2011 – CESPE)** Julgue o item abaixo, acerca da relação jurídica dos servidores e dos empregados públicos.

(1) Os ocupantes de cargo público ou de emprego público têm vínculo estatutário e institucional regido por estatuto funcional próprio, que, no caso da União, é a Lei n. 8.112/1990.

**1:** incorreta, pois o estatuto funcional próprio só se aplica aos ocupantes de cargos públicos (art. 1° c/c art. 2°, ambos da Lei 8.112/1990), sendo que, quanto aos ocupantes de emprego público, aplica-se a CLT.
Gabarito 1E.

## 5.3. PROVIMENTO

**(Auxiliar Judiciário – TJ/PA – 2020 – CESPE)** O retorno à atividade de servidor aposentado por invalidez quando junta médica oficial declara insubsistentes os motivos da aposentadoria configura

(A) reintegração.
(B) promoção.
(C) reversão.
(D) redistribuição.
(E) aproveitamento.

Existem diversas formas de provimento derivado, entre as quais a reintegração, a promoção, a reversão e o aproveitamento. A reversão representa uma categoria de provimento consistente no retorno do servidor cuja aposentadoria por invalidez foi declarada insubsistente por junta médica oficial. **RB**
Gabarito "C".

## 5.4. VACÂNCIA

**(Delegado/PE – 2016 – CESPE)** Assinale a opção correta a respeito de servidor público, agente público, empregado público e das normas do regime estatutário e legislação correlata.

(A) O processo administrativo disciplinar somente pode ser instaurado por autoridade detentora de poder de polícia.

(B) Nomeação, promoção e ascensão funcional são formas válidas de provimento de cargo público.

(C) Empregado público é o agente estatal, integrante da administração indireta, que se submete ao regime estatutário.

(D) A vacância de cargo público pode decorrer da exoneração de ofício de servidor, quando não satisfeitas as condições do estágio probatório.

(E) Para os efeitos de configuração de ato de improbidade administrativa, não se considera agente público o empregado de empresa incorporada ao patrimônio público municipal que não seja servidor público.

**A:** incorreta, pois o processo administrativo disciplinar deve ser instaurado pela autoridade detentora de competência legal para tanto, não se podendo confundir o *poder de polícia* com o *poder disciplinar*; **B:** incorreta, pois a ascensão funcional não é uma forma de provimento de cargo público; **C:** incorreta, pois o empregado público se submete ao regime celetista e não ao regime estatutário; vale informar também que há empregados públicos também na administração direta; **D:** correta (arts. 33, I, e 34, parágrafo único, I, da Lei 8.112/1990); **E:** incorreta, pois a Lei de Improbidade considera agente público o empregado mencionado (art. 1°, *caput*, c/c art. 2°, ambos da Lei 8.429/1992).
Gabarito "D".

## 5.5. ACESSIBILIDADE E CONCURSO PÚBLICO

**(Delegado de Polícia Federal – 2021 – CESPE)** Foi realizado concurso para o preenchimento de vagas para determinado cargo público, de natureza civil, da administração direta federal. Após a divulgação dos resultados, os aprovados foram nomeados.

Considerando essa situação hipotética e o que dispõe a Lei 8.112/1990, julgue os itens subsecutivos.

(1) É correto afirmar que o cargo público em questão foi criado por lei.

(2) Os aprovados no referido concurso público serão investidos em cargos em comissão mediante posse e somente adquirirão estabilidade se, após três anos de efetivo exercício, forem aprovados no estágio probatório.

(3) O concurso público seria desnecessário se a investidura se destinasse a emprego público na administração indireta federal.

**1:** Certo. A criação de cargos públicos deve ser feita por meio de lei. É o que dispõe expressamente a Lei 8.112/1990 em seu art. 3°, parágrafo único: "Os cargos públicos, acessíveis a todos os brasileiros, são criados por lei (...)". A própria Constituição Federal impõe a necessidade de lei para a criação de cargos, funções ou empregos públicos (art. 61, § 1°, inciso II, "a"). Assim, a afirmativa está correta. **2:** Errado. O item está errado. O provimento para cargo em comissão é livre, ou seja, independe de aprovação em concurso público. É o que estabelece a Constituição Federal: "a investidura em cargo ou emprego público depende de aprovação prévia em concurso público de provas ou de provas e títulos, de acordo com a natureza e a complexidade do cargo ou emprego, na forma prevista em lei, ressalvadas as nomeações para cargo em comissão declarado em lei de livre nomeação e exoneração" (art. 37, inciso II). Os cargos efetivos, por sua vez, são acessíveis mediante concurso público e conferem o direito à estabilidade se, após três anos de efetivo exercício, forem aprovados no estágio probatório (art. 41, "caput", CF). **3:** Errado. A assertiva está errada. Segundo o art. 37, inciso II, da Constituição Federal, a investidura em cargo ou *emprego público* depende de aprovação prévia em concurso público. Relevante assinalar que a obrigatoriedade de concurso abrange todas as entidades da Administração, seja a direta, seja a indireta, mesmo aquelas detentoras de personalidade jurídica de direito privado (empresas estatais, p.ex.) e independentemente da função exercida (prestação de serviço público ou exploração de atividade econômica). **RB**
Gabarito 1C, 2E, 3E.

**(Promotor de Justiça/RR – 2017 – CESPE)** De acordo com o entendimento do STF, no que se refere à inscrição de candidatos que possuam tatuagens gravadas na pele, não havendo lei que disponha sobre o tema, os editais de concursos públicos

(A) estão impedidos de restringi-la, com exceção dos casos em que essas tatuagens violem valores constitucionais.

(B) devem restringi-la com base na relação objetiva e direta entre tatuagem e conduta atentatória à moral e aos bons costumes.

(C) estão impedidos de restringi-la, para garantir o pleno e livre exercício da função pública.

(D) devem restringi-la, quando se tratar de cargo efetivo da polícia militar.

O plenário do STF entendeu no RE 898450, com repercussão geral reconhecida, ser inconstitucional a proibição de tatuagens a candidatos a cargo público estabelecida em leis e editais de concurso público, salvo situações excepcionais, em razão de conteúdo que viole valores constitucionais. O relator do RE, Ministro Luiz Fux, observou que a criação de barreiras arbitrárias para impedir o acesso de candidatos a cargos públicos fere os princípios constitucionais da isonomia e da razoabilidade. Qualquer obstáculo a acesso a cargo público deve estar relacionado unicamente ao exercício das funções como, por exemplo, idade ou altura que impossibilitem o exercício de funções específicas. A tatuagem, por si só, não pode ser confundida como uma transgressão ou conduta atentatória aos bons costumes, representando na atualidade, de modo geral, uma autêntica forma de liberdade de manifestação do indivíduo, pela qual não pode ser punido, sob pena de flagrante violação dos princípios constitucionais. O desejo de se expressar por meio de pigmentação definitiva não pode ser obstáculo a que um cidadão exerça cargo público. A exceção se dá apenas quando as tatuagens prejudiquem a disciplina e a boa ordem, sejam extremistas, racistas, preconceituosas ou que atentem contra a instituição devem ser coibidas. O Min. Luiz Fux observou em seu voto que, por exemplo, um policial não pode ostentar sinais corporais que signifiquem apologias ao crime ou exaltem organizações criminosas. Entretanto, não pode ter seu ingresso na corporação impedido apenas porque optou por manifestar-se por meio de pigmentação definitiva no corpo. **FB**

Gabarito "A".

## 5.6. EFETIVIDADE, ESTABILIDADE E VITALICIEDADE

**(Procurador Municipal – Prefeitura/BH – CESPE – 2017)** No que tange aos servidores públicos do Quadro Geral de Pessoal do Município de Belo Horizonte vinculados à administração direta, assinale a opção correta.

(A) Servidor habilitado em concurso público municipal e empossado em cargo de provimento efetivo adquirirá estabilidade no serviço público ao completar dois anos de efetivo exercício.

(B) Sem qualquer prejuízo, poderá o servidor ausentar-se do serviço por oito dias consecutivos em razão do falecimento de irmão.

(C) Posse é a aceitação formal, pelo servidor, dos deveres, das responsabilidades e dos direitos inerentes ao cargo público ou função pública, concretizada com a assinatura do respectivo termo pela autoridade competente e pelo empossado e ocorre no prazo de vinte dias contados do ato de nomeação, prorrogável por igual período, motivadamente e a critério da autoridade competente.

(D) Exercício é o efetivo desempenho, pelo servidor, das atribuições do cargo ou de função pública, sendo de quinze dias o prazo para o servidor empossado em cargo público no município de Belo Horizonte entrar em exercício, contados do ato da posse.

**A:** Incorreta. O prazo para se adquirir a estabilidade é de 3 anos, conforme disposto no art. 41, CF. Lei Municipal não pode contrariar o disposto em norma constitucional. Somente os titulares de cargos vitalícios é que podem adquirir esse direito em 2 anos (art. 95, CF); **B:** correta. É o que dispõe o art. 97, III, *b*, da Lei 8.112/1990: o prazo da licença "nojo" por falecimento de irmão é de 8 dias, sendo o mesmo nos demais estatutos funcionais de todas as esferas da federação, eis que a Lei 8.112/1990 é uma lei geral e se aplica a todos os demais

Entes Políticos; **C:** correta. Trata-se do disposto nos arts. 19 e 20, da Lei 7.169/1996; **D:** incorreta. O prazo é de 10 dias, conforme disposto no art. 24, § 1º, da Lei 7169/96. **AW**

Gabarito B e C estão corretas.

## 5.7. ACUMULAÇÃO REMUNERADA E AFASTAMENTO

**(Delegado Federal – 2018 – CESPE)** No que se refere aos servidores públicos e aos atos administrativos, julgue os itens que se seguem.

(1) Havendo compatibilidade de horários, é possível a acumulação remunerada do cargo de delegado de polícia federal com um cargo público de professor.

(2) Situação hipotética: Um servidor público efetivo em exercício de cargo em comissão foi exonerado *ad nutum* em razão de supostamente ter cometido crime de peculato. Posteriormente, a administração reconheceu a inexistência da prática do ilícito, mas manteve a exoneração do servidor, por se tratar de ato administrativo discricionário. Assertiva: Nessa situação, o ato de exoneração é válido, pois a teoria dos motivos determinantes não se aplica a situações que configurem crime.

**1:** correta – é possível a acumulação remunerada de cargos públicos, sendo um cargo de professor com outro técnico, desde que haja compatibilidade de horários , nos termos do Art. 37, inc. XVI, *b*, da CF/1988; **2:** incorreta – se o fundamento para a exoneração foi dado como sendo o cometimento do crime, aplicável a teoria dos motivos determinantes, de sorte que o ato seria inválido. Todavia, a exoneração *ad nutum* de um servidor ocupante de cargo de confiança pode ocorrer sem necessidade de motivação, visto tratar-se de ato de natureza discricionária de per se. **FB**

Gabarito 1C, 2E

## 5.8. REMUNERAÇÃO E SUBSÍDIO

**(Procurador do Estado/SE – 2017 – CESPE)** À luz do entendimento dos tribunais superiores, assinale a opção correta no que tange à disciplina normativa sobre os direitos e deveres dos servidores e empregados públicos, inclusive quanto ao regime previdenciário.

(A) A contratação temporária de pessoal por tempo determinado é possível, desde que sejam demonstrados o interesse público profissional e a imprescindibilidade da contratação, ainda que a excepcionalidade dos casos não esteja prevista em lei.

(B) Norma estadual que preveja a redução de vencimentos de servidores públicos afastados de suas funções enquanto estes responderem a processo criminal não violará a cláusula constitucional de irredutibilidade de vencimentos.

(C) Ocorre, em cinco anos, a prescrição do fundo do direito quanto à pretensão do servidor público de pleitear a cobrança de remuneração não paga pelo poder público.

(D) O candidato aprovado em concurso público cuja classificação entre as vagas oferecidas no edital se der em razão da desistência de candidatos mais bem classificados no certame não terá direito subjetivo à nomeação.

(E) A percepção do adicional de periculosidade por servidor público não constitui elemento suficiente para o reconhecimento do direito à aposentadoria especial.

**A:** correta – Em diversos julgados, o Supremo Tribunal Federal, estabeleceu os seguintes requisitos para a regularidade da contratação temporária pela Administração pública em todos os níveis da Federação: *1. Previsão legal da hipótese de contratação temporária, 2. Prazo predeterminado da contratação, 3. A necessidade deve ser temporária, 4. O interesse público deve ser excepcional.* Nesse sentido, o seguinte acórdão: Constitucional. Servidor público: contratação temporária. C.F., art. 37, IX. Lei 4.957, de 1994, art. 4º, do Estado do Espírito Santo. Resolução 1.652, de 1993, arts. 2º e 3º, do Estado do Espírito Santo. Servidor Público: Vencimentos: Fixação. Resolução 8/95 do Tribunal de Justiça do Estado do Espírito Santo. I. – A regra é a admissão de servidor público mediante concurso público. C.F., art. 37, II. As duas exceções à regra são para os cargos em comissão referidos no inc. II do art. 37, e a contratação de pessoal por tempo determinado para atender a necessidade temporária de excepcional interesse público. C.F., art. 37, IX. Nesta hipótese, **deverão** *ser atendidas as seguintes condições: a) previsão em lei dos casos; b) tempo determinado; c) necessidade temporária de interesse público; d) interesse público excepcional.* II. – Lei 4.957, de 1994, art. 4º, do Estado do Espírito Santo e arts. 2º e 3º da Resolução 1.652, de 1993, da Assembleia Legislativa do mesmo Estado: inconstitucionalidade. III. – Os vencimentos dos servidores públicos devem ser fixados mediante lei. C.F., art. 37, X. Vencimentos dos servidores dos Tribunais: iniciativa reservada aos Tribunais: CF, art. 96, II, *b*. IV. – Ação direta de inconstitucionalidade não conhecida relativamente ao artigo 1º da Resolução 1.652/1993 da Assembleia Legislativa e julgada procedente, em parte.(STF – ADI: 1500 ES , Relator: Carlos Velloso, Data de Julgamento: 19/06/2002, Tribunal Pleno, Data de Publicação: DJ 16.08.2002); **B:** incorreta – o STF entende que a redução de vencimentos de servidores públicos processados criminalmente viola os princípios da presunção de inocência e da irredutibilidade de vencimentos. Vejamos julgado a respeito do tema: "Ementa: Art. 2º da Lei Estadual 2.364/61 do Estado de Minas Gerais, que deu nova redação à lei estadual 869/52, autorizando a redução de vencimentos de servidores públicos processados criminalmente. dispositivo não recepcionado pela constituição de 1988. afronta aos princípios da presunção de inocência e da irredutibilidade de vencimentos. recurso improvido. I – *A redução de vencimentos de servidores públicos processados criminalmente colide com o disposto nos arts. 5º, LVII, e 37, XV, da Constituição, que abrigam, respectivamente, os princípios da presunção de inocência e da irredutibilidade de vencimentos.* II – Norma estadual não recepcionada pela atual Carta Magna, sendo irrelevante a previsão que nela se contém de devolução dos valores descontados em caso de absolvição. III – Impossibilidade de pronunciamento desta Corte sobre a retenção da Gratificação de Estímulo à Produção Individual – GEPI, cuja natureza não foi discutida pelo tribunal *a quo*, visto implicar vedado exame de normas infraconstitucionais em sede de RE.IV – Recurso extraordinário conhecido em parte e, na parte conhecida, improvido".(RE 482006/MG, Rel. Min. Ricardo Lewandowski, j. 07.11.2007); **C:** incorreta – o que prescreve não é o direito material em si, mas o direito de ação do servidor em face da Fazenda Pública – Art. 1º do Decreto 20.910/1932; **D:** incorreta – O Superior Tribunal de Justiça tem entendimento consagrado no sentido de que, em concurso público, a desistência de candidatos nomeados para a vaga existente gera ao candidato em classificação posterior o direito à nomeação, ainda que classificado fora do número de vagas. Segue ementa a respeito do tema: Administrativo. Agravo regimental no recurso especial. Mandado de segurança. Concurso público. Desistência de candidato convocado para preenchimento de vaga prevista no edital. Direito subjetivo do candidato classificado imediatamente após. Existência. Demonstração da necessidade e do interesse da administração. 1. A desistência de candidatos aprovados dentro do número de vagas previsto no edital do certame resulta em direito do próximo classificado à convocação para a posse ou para a próxima fase do concurso, conforme o caso. 2. É que a necessidade e o interesse da administração no preenchimento dos cargos ofertados está estabelecida no edital de abertura do concurso e a convocação do candidato que, logo após desiste, comprova a necessidade de convocação do próximo candidato na ordem de classificação. A respeito: RE 643674 AgR, Relator Min. Ricardo Lewandowski, Segunda Turma, DJe-168; ARE 675202 AgR, Relator Min. Ricardo Lewandowski, Segunda Turma, DJe-164. 3. Agravo regimental não provido. (STJ, AgRg no RMS 48.266/TO, Rel. Ministro Benedito Gonçalves, Primeira Turma, julgado em 18/08/2015); **E:** incorreta, aplicam-se ao servidor público, no que couber, as regras do regime geral da previdência social sobre aposentadoria especial de que trata o artigo 40, § 4º, inciso III, da Constituição Federal, até a edição de lei complementar específica – Súmula Vinculante 33 do STF. **FB**

Gabarito 'A'.

**(Procurador do Município – Prefeitura Fortaleza/CE – CESPE – 2017)** No item a seguir é apresentada uma situação hipotética seguida de uma assertiva a ser julgada, a respeito da organização administrativa e dos atos administrativos.

**(1)** Em razão de incorporações legais, determinado empregado público recebe uma remuneração que se aproxima do teto salarial constitucional. Nessa situação, conforme o entendimento do STF, a remuneração do servidor poderá

ser superior ao teto constitucional se ele receber uma gratificação por cargo de chefia.

**1:** Incorreta. A remuneração do servidor abrange o salário e as vantagens, sendo que as gratificações, no caso, são as vantagens. Por isso, sabendo-se que o art. 37, XI, CF dispõe que a remuneração, incluindo as vantagens dos servidores, não podem exceder ao teto geral, a assertiva se apresenta como incorreta. **AW**

Gabarito 1E

## 5.9. DIREITOS, VANTAGENS, DEVERES E PROIBIÇÕES DO SERVIDOR PÚBLICO

**(Juiz de Direito/DF – 2016 – CESPE)** São direitos sociais atribuídos pela CF aos servidores públicos estatutários

(A) o fundo de garantia por tempo de serviço.

(B) a remuneração do serviço extraordinário superior, no mínimo, em cinquenta por cento do valor normal.

(C) a participação, desvinculada da remuneração, nos lucros ou resultados e, excepcionalmente, a participação na gestão da organização pública.

(D) a proibição de distinção entre trabalho manual, técnico e intelectual ou entre os profissionais respectivos.

(E) o piso salarial proporcional à extensão e à complexidade do trabalho.

O artigo 39, § 3º, da CF estabelece os casos em que são estendidos aos servidores públicos direitos sociais dos demais trabalhadores e a única alternativa que traz um desses direitos estendidos é a que trata da remuneração do serviço extraordinário (hora extra) com no mínimo 50% do valor normal.

Gabarito 'B'.

## 5.10. INFRAÇÕES E PROCESSOS DISCIPLINARES. COMUNICABILIDADE DE INSTÂNCIAS

**(Delegado/RJ – 2022 – CESPE/CEBRASPE)** A Corregedoria-Geral de Polícia Civil recebeu denúncia anônima de que Paula, servidora estadual efetiva da Secretaria de Estado de Fazenda cedida à Polícia Civil, atuava, habitualmente, com insubordinação para com seus superiores e divulgava informações da instituição nas redes sociais, sem autorização.

Tendo como referência essa situação hipotética e as normas de direito disciplinar, assinale a opção correta.

(A) Dada a possibilidade de delegação do poder disciplinar, caberão ao órgão cessionário a apuração e eventual aplicação de penalidade à servidora cedida.

(B) Caberá ao órgão cedente apurar os fatos e, se for o caso, aplicar penalidade à servidora cedida.

(C) Não cabe a instauração de procedimento disciplinar contra a servidora cedida, em razão de a denúncia ter sido anônima.

(D) O órgão cessionário poderá instaurar processo administrativo disciplinar contra a servidora cedida, para apurar falta funcional, porém o julgamento e eventual aplicação de penalidade caberão ao órgão cedente.

(E) O órgão cessionário não possui competência para apuração de falta disciplinar de servidor cedido, se a falta não atingir o referido órgão.

Alternativa **A** incorreta (conforme já definido pelo STJ no MS 21.991, a instauração de processo disciplinar contra servidor efetivo cedido deve dar-se, preferencialmente, no órgão em que tenha sido praticada a suposta irregularidade, vale dizer, no órgão cessionário; contudo, o julgamento e a eventual aplicação de sanção só podem ocorrer no órgão ao qual o servidor efetivo estiver vinculado, ou seja, no órgão cedente). Alternativa **B** incorreta (cf. comentários da alternativa A). Alternativa **C** incorreta (desde que devidamente motivada e com amparo em investigação ou sindicância, é permitida a instauração de processo administrativo disciplinar com base em denúncia anônima, nos termos da Súmula 611 do STJ). Alternativa **D** correta (cf. comentário da alternativa A). Alternativa **E** incorreta (cf. comentário da alternativa A). **RB**

Gabarito 'D'.

**(Defensor Público/AC – 2017 – CESPE)** Em razão da prática de infração disciplinar tipificada como crime, foi instaurado procedimento administrativo disciplinar em desfavor de determinado servidor público, o qual já responde à ação penal relacionada aos mesmos fatos.

Acerca dessa situação hipotética, assinale a opção correta, de acordo com a jurisprudência dos tribunais superiores sobre o assunto.

**(A)** A independência das esferas administrativa e criminal não permite que a efetivação de penalidade de demissão imposta em sede administrativa ocorra anteriormente ao trânsito em julgado da ação penal.

**(B)** É aceita a utilização de prova emprestada no procedimento administrativo disciplinar em curso, desde que autorizada pelo juiz criminal e respeitados o contraditório e a ampla defesa.

**(C)** A absolvição criminal fundada na inocorrência de crime impede a imposição de penalidade em sede do procedimento administrativo disciplinar.

**(D)** A condenação criminal impõe a aplicação da penalidade administrativa em sede de procedimento disciplinar, independentemente da regularidade do procedimento administrativo instaurado.

**(E)** A fim de serem evitadas decisões contraditórias nas instâncias administrativa e penal, impõe-se o sobrestamento do procedimento administrativo disciplinar até o julgamento final da ação penal em tramitação.

**A:** incorreta – as instâncias civil, administrativa e penal são independentes entre si, de modo que é possível a ocorrência da demissão antes do trânsito em julgado da ação penal – Art. 125 da Lei 8.112/1990. Essa regra apresenta exceções: o caso de inexistência do fato e de negativa de autoria. Nessas hipóteses, transitada em julgado decisão nesse sentido, será efetuada a reintegração do servidor, nos termos do Art. 28 c/c 126 da Lei 8.112/1990; **B:** correta – "É permitida a "prova emprestada" no processo administrativo disciplinar, desde que devidamente autorizada pelo juízo competente e respeitados o contraditório e a ampla defesa" – Súmula 591 STJ; **C:** incorreta – as instâncias civil, administrativa e penal são independentes entre si, de modo que é possível a ocorrência de aplicação de penalidade no âmbito de processo administrativo disciplinar antes do trânsito em julgado da ação penal – Art. 125 da Lei 8.112/1990. Essa regra apresenta exceções: o caso de inexistência do fato e de negativa de autoria. Nessas hipóteses, transitada em julgado decisão nesse sentido, será efetuada a reintegração do servidor, nos termos do Art. 28 da Lei 8.112/1990; **D:** incorreta – as instâncias civil, administrativa e penal são independentes entre si – Art. 125 da Lei 8.112/1990; **E:** incorreta – as instâncias civil, administrativa e penal são independentes entre si – Art. 125 da Lei 8.112/1990. FB
Gabarito "B".

**(Promotor de Justiça/PI – 2014 – CESPE)** Acerca do entendimento do STJ sobre o processo administrativo disciplinar, assinale a opção correta.

**(A)** Não é obrigatória a intimação do interessado para apresentar alegações finais após o relatório final de processo administrativo disciplinar.

**(B)** Não é possível a utilização, em processo administrativo disciplinar, de prova emprestada produzida validamente em processo criminal, enquanto não houver o trânsito em julgado da sentença penal condenatória.

**(C)** No processo administrativo disciplinar, quando o relatório da comissão processante for contrário às provas dos autos, não se admite que a autoridade julgadora decida em sentido diverso do indicado nas conclusões da referida comissão, mesmo que o faça motivadamente.

**(D)** Considere que se constate que servidor não ocupante de cargo efetivo tenha-se valido do cargo comissionado para indicar o irmão para contratação por empresa recebedora de verbas públicas. Nessa situação, a penalidade de destituição do servidor do cargo em comissão só será cabível caso se comprove dano ao erário ou proveito pecuniário.

**(E)** Caso seja ajuizada ação penal destinada a apurar criminalmente os mesmos fatos investigados administrativamente,

deve haver a imediata paralisação do curso do processo administrativo disciplinar.

**A:** correta, pois não há previsão legal nesse sentido (MS 18.090-DF, DJ 08.05.2013); **B:** incorreta, pois o STJ admite a utilização dessa prova, em processo disciplinar, na qualidade de "prova emprestada", caso tenha sido produzida em ação penal, e desde que devidamente autorizada pelo juízo criminal e com a observância das diretrizes da Lei 9.296/1996 (MS 16.146, j. 22.05.2013); **C:** incorreta, pois, desde que o faça motivadamente, a autoridade não fica vinculada ao relatório da comissão processante; **D:** incorreta, pois aqui se tem violação aos arts. 117, IX, e 132, XIII, da Lei 8.112/1990, sujeito a demissão no caso de servidor ocupante de cargo público (art. 132, IV, da Lei 8.112/1990) e a destituição do cargo em comissão no caso de servidor ocupante deste (art. 135, *caput*, da Lei 8.112/1990); **E:** incorreta, pois as instâncias em questão são independentes entre si (art. 125 da Lei 8.112/1990).
Gabarito "A".

## 5.11. TEMAS COMBINADOS DE SERVIDOR PÚBLICO

**(Juiz de Direito – TJ/SC – 2019 – CESPE/CEBRASPE)** Tendo como referência as disposições da Lei Estadual 6.745/1985, do estado de Santa Catarina, assinale a opção correta.

**(A)** O regime de trabalho dos servidores públicos do estado de Santa Catarina será, em regra, de quarenta e quatro horas semanais, ressalvada previsão específica na legislação de regência de determinada carreira.

**(B)** A equivalência de vencimentos e a manutenção da essência das atribuições do cargo são requisitos que devem ser observados para fins de redistribuição.

**(C)** Readaptação implica em mudança de cargo e não tem prazo certo de duração, devendo ser observados os demais requisitos legais.

**(D)** O tempo de serviço público prestado à União, a estado, a município ou ao Distrito Federal é computado integralmente para efeito de aposentadoria do servidor, mas não para pagamento de adicional por tempo de serviço.

**(E)** O vencimento consiste na retribuição mensal paga ao servidor pelo exercício do cargo e corresponde ao valor da remuneração somado às vantagens pecuniárias.

A Lei Estadual 6.745/85 constitui o Estatuto dos Servidores Públicos Civis do Estado de Santa Catarina. Alternativa **A** incorreta (o regime de trabalho dos funcionários públicos do Estado, como regra, é de 40 horas semanais, cf. art. 23, "caput"). Alternativa **B** correta (cf. art. 32, II e III). Alternativa **C** incorreta (a readaptação não implica mudança de cargo e terá prazo certo de duração, cf. art. 35, § 1º). Alternativa **D** incorreta (o tempo de serviço público prestado à União, Estados, Municípios ou ao Distrito Federal é computado integralmente para efeito de aposentadoria, disponibilidade e adicional por tempo de serviço, cf. art. 42, "caput"). Alternativa **E** incorreta (remuneração é a retribuição mensal paga ao funcionário pelo exercício do cargo, correspondente ao vencimento e vantagens pecuniárias, cf. art. 81, "caput"). RB
Gabarito "B".

**(Analista Jurídico –TCE/PA – 2016 – CESPE)** Com base no disposto nas súmulas do Supremo Tribunal Federal relativas a direito administrativo, julgue os itens subsequentes.

**(1)** Tratando-se de processo administrativo disciplinar, se o acusado não tiver advogado, deve ser providenciado um *ad hoc* para formulação da sua defesa técnica, sob pena de nulidade do procedimento, por cerceamento de defesa.

**(2)** Insere-se na esfera de poder discricionário da administração pública a decisão de incluir o exame psicotécnico como fase de concurso para provimento de cargos públicos, o que pode ser feito mediante previsão em edital.

**1:** incorreta, pois a Súmula Vinculante STF n. 5 dispõe que a falta de defesa técnica por advogado no processo disciplinar não ofende a Constituição; **2:** incorreta, pois todo e qualquer requisito para ingresso de novos servidores nos quadros públicos depende de expressa previsão legal, nos termos do art. 37, I, da CF; ademais, a Súmula 686 do STF dispõe que só por lei se pode sujeitar a exame psicotécnico a habilitação de candidato a cargo público; nesse sentido é também a Súmula Vinculante STF n. 44: "Só por lei se pode sujeitar a exame psicotécnico a habilitação de candidato a cargo público".

Gabarito 1E, 2E

**(Procurador do Estado – PGE/BA – CESPE – 2014)** No que concerne às regras aplicáveis aos servidores públicos estaduais da Bahia, estabelecidas na Lei n.º 6.677/1994, julgue o item abaixo.

**(1)** Para obter licença para tratamento de saúde, o servidor deve submeter-se a inspeção médica, que poderá ser feita por médico do Sistema Único de Saúde (SUS) ou do setor de assistência médica estadual, caso o prazo da licença seja inferior a quinze dias.

**1:** Incorreta. O art. 125, da Lei 6.677/1994 dispõe que é preciso de um Laudo Médico de Medicina Especializada ratificado pela Junta Médica Oficial do Estado.

Gabarito 1E

## 6. IMPROBIDADE ADMINISTRATIVA

### Resumo do Novo Regime

**I. O regime jurídico da improbidade administrativa**

O regime jurídico da improbidade está previsto na CF (art. 37, § 4º) e na Lei 8.429/1992 (Lei de Improbidade Administrativa). Importante destacar que a Lei 8.429/1992 foi objeto de relevantes alterações pela Lei 14.230/2021!

Consideram-se atos de improbidade administrativa as condutas dolosas tipificadas nos arts. 9º, 10 e 11 da Lei 8.429/1992, ressalvando-se que leis especiais podem prever outros tipos, como, por exemplo, o Estatuto da Cidade (Lei 10.257/2001).

**II. Modalidades de improbidade administrativa. Aspectos gerais**

A Lei 8.429/1992 estabelece três modalidades de ato de improbidade administrativa. A primeira modalidade é a de **enriquecimento ilícito (art. 9º)**. Essa modalidade consiste em o agente auferir vantagem patrimonial indevida em razão do exercício da atividade pública. São exemplos de improbidade nessa modalidade os seguintes: receber comissão, propina; utilizar bem ou funcionário públicos em proveito próprio; adquirir bens desproporcionais à renda, dentre outros.

A segunda modalidade é a de atos que causam **prejuízo ao erário (art. 10)**. Essa modalidade consiste em o agente ensejar perda patrimonial, desvio, malbaratamento ou dilapidação dos bens das entidades. São exemplos de improbidade nessa modalidade os seguintes: permitir ou facilitar que bem público seja desviado para particular, ou que seja alienado por preço inferior ao de mercado; realizar operações financeiras sem observância das normas legais; conceder benefício fiscal sem observância da lei; frustrar licitação; ordenar ou permitir realização de despesas não autorizadas; dentre outros.

A terceira modalidade é que importa em **violação a princípios da Administração Pública (art. 11)**. Essa modalidade consiste em o agente violar deveres de honestidade, imparcialidade, legalidade e lealdade às instituições. De acordo com as alterações promovidas peal Lei 14.230/2021, e diferentemente das demais modalidades (que são exemplificativas), as hipóteses do art. 11 são taxativas, São exemplos de improbidade nessa modalidade os seguintes: revelar fato que deva permanecer em segredo, negar publicidade aos atos oficiais, deixar de prestar contas, nepotismo.

A jurisprudência do STF e do STJ afastou todas as teses de responsabilidade objetiva em qualquer das modalidades citadas.

**Atenção!** Antes das alterações promovidas no ano de 2021, prevalecia o entendimento, inclusive do STJ, de que a modalidade do art. 10 (prejuízo ao erário) pode se configurar tanto mediante conduta dolosa como mediante conduta culposa. Em relação às demais modalidades, somente mediante a caracterização do dolo. Ocorre que a Lei 14.230/2021 modificou o regime, dispondo que o elemento subjetivo da improbidade administrativa é **sempre o dolo**. Assim, não mais existe improbidade culposa.

Considera-se dolo a vontade livre e consciente de alcançar o resultado ilícito tipificado nos arts. 9º, 10 e 11 da Lei 8.429/1992, não bastando a voluntariedade do agente. Além disso, para que seja configurada a improbidade administrativa, há necessidade de comprovar a finalidade de obter proveito ou benefício indevido para si ou para outra pessoa ou entidade. Trata-se de dolo específico, portanto, e não de dolo genérico.

A lei expressamente prevê que não configura improbidade a divergência interpretativa da lei, baseada em jurisprudência, ainda que não pacificada, mesmo que não venha a ser posteriormente prevalecente nas decisões dos órgãos de controle ou do Poder Judiciário.

Esquematicamente, temos:

**III.** Sanções ou penas pela prática de improbidade administrativa

Aplicam-se ao sistema da improbidade os princípios constitucionais do direito administrativo sancionador.

A Lei 8.429/1992 estabelece as seguintes sanções para aquele que pratica o ato de improbidade (art. 12). Atente-se que a Lei 14.230/2021 modificou diversos aspectos relacionados às penalidades:

**a) suspensão dos direitos políticos:** até 14 anos (no caso de enriquecimento ilícito – art. 9º) ou até 12 anos (no caso de prejuízo ao erário – art. 10); **Atenção!** de acordo com o atual regime, não mais se aplica a suspensão de direitos políticos no caso de improbidade por violação aos princípios (art. 11);

**b) perda da função pública:** no caso de enriquecimento ilícito (art. 9º) e prejuízo ao erário (art. 10); **Atenção!** não mais se aplica a perda da função pública no caso de improbidade por violação aos princípios (art. 11); além disso, a sanção atinge apenas o vínculo de mesma qualidade e natureza que o agente público ou político detinha com o poder público à época do cometimento da infração (excepcionalmente, pode o magistrado, na hipótese de enriquecimento ilícito, estendê-la aos demais vínculos, consideradas as circunstâncias do caso e a gravidade da infração);

**c) indisponibilidade dos bens** (§ 4º do art. 37 da CF): finalidade de garantir a integral recomposição do erário ou do acréscimo patrimonial resultante de enriquecimento ilícito;

**d) ressarcimento ao erário:** a reparação do dano decorrente da improbidade deve deduzir o ressarcimento ocorrido nas instâncias criminal, civil e administrativa que tiver por objeto os mesmos fatos; para fins de apuração do valor do ressarcimento, devem ser descontados os serviços efetivamente prestados;

**e) perda de bens e valores acrescidos ilicitamente;**

**f) multa civil:** correspondente ao valor do acréscimo patrimonial (art. 9º); ao valor do dano (art. 10);  a até 24 vezes o valor da remuneração percebida pelo agente (art. 11); a multa pode ser aumentada até o dobro, se o juiz considerar que, em virtude da situação econômica do réu, o valor acima é ineficaz para reprovação e prevenção do ato de improbidade;

**g) proibição de contratar com a Administração Pública ou dela receber benefícios ou incentivos fiscais ou creditícios, direta ou indiretamente, ainda que por intermédio de pessoa jurídica da qual seja sócio majoritário:** prazo não superior a 14, 12 e 4 anos, para os arts. 9º, 10 e 11, respectivamente.

**Cuidado!** De acordo com as alterações promovidas pela Lei 14.230/2021, as sanções acima somente podem ser executadas após o **trânsito em julgado** da sentença condenatória.

As quatro primeiras sanções foram criadas expressamente pela CF, enquanto as demais foram criadas pela Lei 8.429/1992.

A aplicação das sanções independe de dano ao erário (salvo quanto à pena de ressarcimento e às condutas previstas no art. 10 da Lei 8.429/1992 ) e da aprovação ou rejeição de contas pelo órgão de controle interno ou Tribunal de Contas (art. 21, I e II).

Porém, **em casos em que não se demonstrar lesão ao erário,** como na contratação de servidores sem concurso ou de empresas sem licitação, mas que acabarem trabalhando ou prestando serviço, não cabe a aplicação da sanção de ressarcimento ao erário, não havendo dano, para que não haja enriquecimento sem causa da Administração, sem prejuízo da aplicação de outras sanções previstas no art. 12 da Lei 8.429/1992 (STJ, REsp 1.238.466-SP).

Quanto à **aprovação de contas pelo Tribunal de Contas,** a jurisprudência do STJ vem aplicando o dispositivo citado (REsp 593.522-SP), asseverando que a sua aprovação não inibe a atuação do Poder Judiciário para exame de sua legalidade e constitucionalidade, pois as cortes de contas não exercem jurisdição e não têm atribuição para anular atos lesivos ao patrimônio público, visto que exercem função auxiliar ao Legislativo (art. 5º, XXXV, c/c o art. 71, X, §§ 1º e 2º da CF/1988). Além disso, as provas produzidas perante os órgãos de controle e as correspondentes decisões devem ser consideradas na formação da convicção do juiz.

No tocante à **cumulação das sanções previstas no art. 12 da Lei 8.429/1992,** o STJ entendeu que estas não podem ser cumuladas de modo indistinto, em obediência ao princípio da proporcionalidade (REsp 626.204/RS, DJ 06.09.2007).

Na prática, somente em casos gravíssimos, como de enriquecimento ilícito do agente (art. 9º), justifica-se a cumulação de todas as sanções previstas no art. 12.

A aplicação das sanções por improbidade administrativa independe da aplicação de sanções nas esferas administrativa e penal, dada a independência das instâncias, claramente determinada no art. 12, *caput*, da Lei 8.429/1992. Assim, o fato de um agente público estar sofrendo um processo disciplinar que pode levá-lo à demissão não interfere na continuidade da ação de improbidade, que pode também levá-lo à perda do cargo.

IV.  Sujeitos do ato de improbidade administrativa

São **sujeitos passivos,** ou seja, podem ser vítimas do ato de improbidade as seguintes pessoas (art. 1º, §§5º a 7º, da Lei 8.429/1992):

**a)** Administração direta e indireta, no âmbito da União, dos Estados, dos Municípios e do Distrito Federal;

**Obs.:** abrange Poderes Executivo, Legislativo e Judiciário;

**b)** Entidade privada para cuja criação ou custeio o erário haja concorrido ou concorra no seu patrimônio ou receita atual;

**Obs.:** o ressarcimento ao erário limita-se à repercussão do ilícito sobre a contribuição dos cofres públicos;

**c)** Entidade privada que receba subvenção, benefício ou incentivo, fiscal ou creditício, de entes públicos ou governamentais.

São **sujeitos ativos,** ou seja, praticam atos de improbidade as seguintes pessoas (arts. 2º e 3º da Lei 8.429/1992):

**a)** *agentes públicos,* ou seja, o agente político, o servidor público e todo aquele que exerce, ainda que transitoriamente ou sem remuneração, por eleição, nomeação, designação, contratação ou qualquer outra forma de investidura ou vínculo, mandato, cargo, emprego ou função nas entidades mencionadas acima como sujeitos passivos; aqui temos os chamados agentes próprios de improbidade;

**b)** O particular, pessoa física ou jurídica, que celebra com a administração pública convênio, contrato de repasse, contrato de gestão, termo de parceria, termo de cooperação ou ajuste administrativo equivalente;

**c)** Aquele que, mesmo não sendo agente público, induza ou concorra dolosamente para a prática do ato de improbidade.

**Atenção!** Vale informar que o STJ tem entendimento de que "não é possível o ajuizamento de ação de improbidade administrativa exclusivamente em face de particular, sem a concomitante presença de agente público no polo passivo da demanda" (REsp 1.171.017-PA, j. 25.02.2014). Ou seja, para a configuração da improbidade, sempre é necessária a participação de agente público.

No tocante aos *sujeitos ativos* do ato de improbidade, observou-se acirrada polêmica em relação aos **agentes políticos.** Em um primeiro momento, o STF fixou entendimento de que os **agentes políticos** que respondam por crime de responsabilidade (exs.: Presidente, Ministros de Estado, desembargadores, entre outros) não estão sujeitos à incidência da Lei 8.429/1992 (RE 579.799, DJ 19.12.2008), dada a similitude das sanções nas duas esferas. A exceção aplicava-se aos Prefeitos, em relação a quem se admitia a responsabilização por improbidade (Rcl 6034, DJ 29/03/2008). No entanto, sobreveio alteração de entendimento, de modo que o STF passou a decidir que os agentes políticos, de modo geral – com exceção do Presidente da República –, encontram-se sujeitos a um duplo regime sancionatório, submetendo-se tanto à responsabilização civil pelos atos de improbidade administrativa quanto à responsabilização político-administrativa por crimes de responsabilidade (Pet 3240 AgR, Rel. Min. Roberto Barroso, DJe 22/08/2018). Relevante apontar que, com a Lei 14.230/2021, o agente político passou a constar expressamente no art. 2º, *caput*, da Lei 8.429/1992 como sujeito ativo.

Conforme as modificações introduzidas pela Lei 14.230/2021, os sócios, os cotistas, os diretores e os colaboradores de pessoa jurídica de direito privado não respondem pelo ato de improbidade que venha a ser imputado à pessoa jurídica, salvo se, comprovadamente, houver participação e benefícios diretos. Ademais, as sanções de improbidade não se aplicam à pessoa jurídica, caso o ato de improbidade administrativa seja também sancionado como ato lesivo à administração pública de que trata a Lei 12.846/2013 (lei anticorrupção). Há, portanto, a necessidade de observância do princípio constitucional do *non bis in idem.*

Quanto ao sucessor daquele que causar lesão ao patrimônio público ou se enriquecer ilicitamente, o art. 8º da Lei 8.429/1992, respeitando o princípio constitucional da intranscendência das sanções e restrições de direito (art. 5º, XLV, da CF), dispõe que aquele está sujeito apenas à obrigação de reparar o dano, até o limite do valor da herança ou do patrimônio transferido. **Atenção!** Com as alterações promovidas pela Lei 14.230/2021, restou ultrapassada a jurisprudência que vinha dominando, no sentido de que o sucessor teria de suportar não somente o ressarcimento ao erário, mas também a multa civil imposta ao falecido que tenha praticado improbidade.

Obs.: A responsabilidade sucessória do art. 8º da Lei 8.429/1992 aplica-se também na hipótese de alteração contratual, de transformação, de incorporação, de fusão ou de cisão societária.

### V. Processo

Antes da alteração promovida em 2021, eram legitimados ativos para a ação de improbidade o Ministério Público e a pessoa jurídica interessada (= pessoa jurídica lesada).

Com a Lei 14.230/2021, apenas o MP foi previsto como autor da ação (art. 17, "caput", cf. redação dada pelo novo diploma legal). No entanto, foram propostas perante o STF as ADINs 7.042 e 7.043, no âmbito das quais o Pleno da Corte restabeleceu a legitimidade da pessoa jurídica interessada para o ajuizamento da ação de improbidade.

**Conclusão!** Atualmente, por força da Lei 14.230/2021 e de decisão do STF, são legitimados ativos o Ministério Público e a pessoa jurídica interessada.

Quanto à medida cautelar de **indisponibilidade de bens**, o escopo é garantir a integral recomposição do erário ou do acréscimo patrimonial resultante de enriquecimento ilícito. As alterações promovidas pela Lei 14.230/2021 tornaram minucioso o respectivo regime. A sua decretação pelo Judiciário exige a demonstração do *fumus boni iuris* (probabilidade da ocorrência dos atos reputados como ímprobos) e do *periculum in mora*, de modo que a urgência não pode ser presumida. **Atenção!** O STJ entendia que a indisponibilidade requeria apenas o *fumus boni iuris*, estando o *periculum in mora* implícito na lei. No entanto, a recente alteração legislativa passou a exigir expressamente o perigo de dano irreparável ou de risco ao resultado útil do processo.

Essa tutela de urgência somente pode recair sobre bens que assegurem exclusivamente o integral ressarcimento do dano ao erário, sem incidir sobre os valores aplicados a título de multa civil ou sobre acréscimo patrimonial decorrente de atividade lícita. Nesse particular, a modificação trazida pela Lei 14.230/2021 tornou superada a jurisprudência do STJ, no sentido de que a medida incide sobre as bases patrimoniais da futura sentença condenatória, incluído o valor de eventual multa civil.

A indisponibilidade dos bens pode ser decretada sem a oitiva prévia do réu, sempre que o contraditório prévio puder comprovadamente frustrar a efetividade da medida. Ademais, é permitida a substituição da indisponibilidade por caução idônea, por fiança bancária ou por seguro-garantia judicial, a requerimento do réu. Se houver mais de um réu na ação, a somatória dos valores declarados indisponíveis não poderá superar o montante indicado na petição inicial como dano ao erário ou como enriquecimento ilícito.

Além disso, é vedada a decretação de indisponibilidade da quantia de até 40 salários mínimos depositados em caderneta de poupança, em outras aplicações financeiras ou em conta-corrente, bem como de bem de família do réu (salvo se comprovado que o imóvel seja fruto de vantagem patrimonial indevida relacionada a enriquecimento ilícito).

A Lei 14.230/2021 introduziu uma ordem de prioridade para a incidência da medida. Assim, a decretação de indisponibilidade de bens deve priorizar veículos de via terrestre, bens imóveis, bens móveis em geral, semoventes, navios e aeronaves, ações

e quotas de sociedades simples e empresárias, pedras e metais preciosos. Apenas na inexistência desses é que pode ser imposto o bloqueio de contas bancárias, de forma a garantir a subsistência do acusado e a manutenção da atividade empresária ao longo do processo.

O **procedimento** previsto pela lei é o comum (art. 17, "caput"). **Atenção!** Antes da alteração promovida pela Lei 14.230/2021, havia uma fase de defesa preliminar (o requerido era notificado para oferecer resposta em 15 dias). Atualmente, se a petição inicial estiver em devida forma, o juiz deve ordenar a citação dos requeridos para apresentação de contestação (prazo comum de 30 dias).

É importante ressaltar que a lei vedava expressamente qualquer tipo de transação, acordo ou conciliação na ação por improbidade. No entanto, a partir de 2019 houve modificação e agora a lei autoriza a celebração de "acordo de não persecução civil" (art. 17-B da Lei 8.429/92). Esse acordo deve contemplar, ao menos, o integral ressarcimento do dano e a reversão à pessoa jurídica lesada da vantagem indevida obtida pelos envolvidos. Para a apuração do valor do dano, deve ser realizada oitiva do Tribunal de Contas. Havendo a possibilidade de solução consensual, podem as partes requerer ao juiz a interrupção do prazo para a contestação, por prazo não superior a 90 dias. Sob o prisma formal, a sua celebração depende, entre outros, de homologação judicial, independentemente de o acordo ocorrer antes ou depois do ajuizamento da ação de improbidade administrativa. Além disso, o seu firmamento deve considerar a personalidade do agente, a natureza, as circunstâncias, a gravidade e a repercussão social do ato de improbidade, bem como as vantagens, para o interesse público, da rápida solução do caso. Relevante apontar, seguindo uma tendência geral de valorização do *compliance*, que o acordo poder contemplar a adoção de mecanismos internos de integridade. Aponte-se também que, em caso de descumprimento, o ímprobo fica impedido de celebrar novo acordo pelo prazo de 5 anos, contado do conhecimento pelo Ministério Público do efetivo descumprimento.

Quanto à **competência**, com o regramento trazido pela Lei 14.230/2021, a Lei 8.429/1992 passou expressamente a prever que a ação de improbidade administrativa deve ser proposta perante o foro do local onde ocorrer o dano ou da pessoa jurídica prejudicada (art. 17, §4º-A).

Ainda no que tange à competência, o STF fixou o entendimento de que "o foro especial por prerrogativa de função previsto na Constituição Federal em relação às infrações penais comuns não é extensível às ações de improbidade administrativa, de natureza civil", motivo pelo qual a competência é de primeira instância (Pet 3240 AgR, Rel. Min. Roberto Barroso, DJe 22/08/2018).

Uma novidade disposta pela nova lei de 2021 é a possibilidade de conversão da ação de improbidade em ação civil pública, caso se identifique a existência de ilegalidades administrativas a serem sanadas e sem que estejam presentes os requisitos para a imposição das sanções da Lei 8.429/1992.

A **sentença** aplicará as sanções e determinará o pagamento ou a reversão dos bens, conforme o caso, em favor da pessoa jurídica (art. 18). Não incide na ação de improbidade o reexame obrigatório da sentença de improcedência ou de extinção sem resolução de mérito (art. 17, §19, IV).

No que se refere à comunicabilidade de instâncias, as sentenças civis e penais produzem efeitos em relação à ação de improbidade quando concluírem pela inexistência da conduta ou pela negativa da autoria. Ademais, a absolvição criminal em ação que discuta os mesmos fatos, confirmada por decisão colegiada, impede o trâmite da ação de improbidade, havendo comunicação com todos os fundamentos de absolvição previstos no art. 386 do Código de Processo Penal.

### VI. Prescrição (art. 23)

No que diz respeito ao **prazo prescricional** para o exercício da pretensão de aplicar as sanções de improbidade administrativa, o STF, ao interpretar o art. 37, § 5º, da CF, consagrou a seguinte tese: são **imprescritíveis** as ações de **ressarcimento ao erário** fundada na prática de ato doloso tipificado na Lei de Improbidade Administrativa (RE 852475/SP, DJe 08.08.2018). Repare que a imprescritibilidade tem os seguintes requisitos: a) é só em relação ao ressarcimento ao erário (não atingindo a aplicação das demais sanções da Lei de Improbidade, que tem o prazo prescricional mantido, nos termos das regras expostas abaixo); b) depende do reconhecimento de que o ato praticado foi doloso; c) depende do reconhecimento de que o ato praticado é qualificado pela lei como ato de improbidade administrativa.

Quanto à aplicação das **demais sanções**, e de acordo com as alterações promovidas pela Lei 14.230/2021, o prazo prescricional é de **8 anos**, contados a partir da ocorrência do fato ou, no caso de infrações permanentes, do dia em que cessou a permanência. **Atenção!** Verifica-se que o novo regramento modificou de modo significativo o regime original da prescrição em improbidade, baseado na diferenciação da condição do agente público envolvido (se titular de mandato, se servidor efetivo etc).

A nova lei passou a dispor sobre a suspensão e a interrupção do prazo prescricional, nos seguintes moldes:

**a)** a instauração de inquérito civil ou de processo administrativo para apuração dos ilícitos suspende o curso do prazo prescricional por, no máximo, 180 dias corridos, recomeçando a correr após a sua conclusão ou, caso não concluído o processo, esgotado o prazo de suspensão;

**b)** interrompe-se o prazo prescricional: i) pelo ajuizamento da ação de improbidade administrativa; ii) pela publicação da sentença condenatória; iii) pela publicação de decisão ou acórdão de Tribunal de Justiça (ou Tribunal Regional Federal), do STJ ou do STF que confirma sentença condenatória ou que reforma sentença de improcedência;

**c)** interrompida a prescrição, o prazo recomeça a correr do dia da interrupção, pela metade do prazo de 8 anos;

**d)** o inquérito civil para apuração do ato de improbidade deve ser concluído no prazo de 365 dias corridos, prorrogável uma única vez por igual período.

VII. Lei 14.230/2021 e direito intertemporal. Posição do STF

Com a edição da Lei 14.230/2021, e diante das múltiplas alterações do regime da improbidade administrativa, surgiram dúvidas sobre a aplicação do novo regramento no tempo, especialmente nos casos anteriores à vigência do diploma legal de 2021. Nesse cenário, questionou-se acerca da ocorrência da retroatividade benéfica em sede de improbidade administrativa, nos mesmos moldes do regime penal, que detém consagração constitucional (art. 5º, inciso XL).

Ocorre que Supremo Tribunal Federal, no âmbito do ARE 843.989/PR, fixou as seguintes teses de repercussão geral (Pleno, Rel. Min. Alexandre de Morais, julgamento finalizado em 18/08/2022 – tema 1.199):

1) É necessária a comprovação de responsabilidade subjetiva para a tipificação dos atos de improbidade administrativa, exigindo-se – nos artigos 9º, 10 e 11 da LIA – a presença do elemento subjetivo – dolo;

2) A norma benéfica da Lei 14.230/2021 – revogação da modalidade culposa do ato de improbidade administrativa –, é irretroativa, em virtude do artigo 5º, inciso XXXVI, da Constituição Federal, não tendo incidência em relação à eficácia da coisa julgada; nem tampouco durante o processo de execução das penas e seus incidentes;

3) A nova Lei 14.230/2021 aplica-se aos atos de improbidade administrativa culposos praticados na vigência do texto anterior da lei, porém sem condenação transitada em julgado, em virtude da revogação expressa do texto anterior; devendo o juízo competente analisar eventual dolo por parte do agente.

4) O novo regime prescricional previsto na Lei 14.230/2021 é irretroativo, aplicando-se os novos marcos temporais a partir da publicação da lei.

Verifica-se, portanto, que o STF estabeleceu a irretroatividade benéfica nos casos já transitados em julgado. Por outro lado, nas hipóteses das ações em andamento, ainda não acobertados pela coisa julgada, incidente a retroação benéfica.

Ademais, no que concerne ao regime prescricional, a tese fixada pela Corte foi a da irretroatividade.

## 6.1. CONCEITO, MODALIDADES, TIPIFICAÇÃO E SUJEITOS ATIVO E PASSIVO

**(Delegado de Polícia Federal – 2021 – CESPE)** Um agente público foi condenado por ato de improbidade administrativa. Na sentença, determinou-se que o elemento subjetivo do réu, no caso, havia sido culpa grave. Não houve condenação à perda da função pública nem à perda dos direitos políticos.

Considerando essa situação hipotética e o disposto na Lei 8.429/1992 e suas alterações, julgue os itens a seguir.

**(1)** É correto afirmar que, nessa situação, a conduta do agente que levou à condenação causou dano ao erário.

**(2)** As penas de perda da função pública e de perda dos direitos políticos tivessem sido aplicadas somente podem ser efetivadas após o trânsito em julgado da sentença condenatória.

**(3)** Eventual decretação de indisponibilidade de bens poderá recair sobre os bens adquiridos pelo referido agente antes da prática do ato ímprobo, devendo-se considerar, ainda, o valor de possível multa civil como sanção autônoma.

---

**1:** Certo. A questão está desatualizada, à luz das modificações ocorridas na Lei 8.429/1992 em razão da Lei 14.230/2021. Atualmente, pelo novo regime, a improbidade administrativa somente admite o *dolo* como elemento subjetivo. O mero exercício da função ou desempenho de competências públicas, sem comprovação de ato doloso com fim ilícito, afasta a responsabilidade por ato de improbidade administrativa (art. 1º, § 3º, da Lei 8.429/1992). Antes da alteração legal promovida em 2021, era admitida a culpa nos casos de improbidade que acarretavam dano ao erário (art. 10 da Lei 8.429/1992). **2:** Anulada. A questão foi anulada, pois faz referência à perda dos direitos políticos. Na verdade, o ordenamento jurídico prevê a sanção de *suspensão dos direitos políticos* (art. 37, § 4º, CF e art. 12 da Lei 8.429/1992). Vale apontar que, de acordo com o regime atual da improbidade administrativa (decorrente da Lei 14.230/2021), as sanções somente podem ser executadas após o trânsito em julgado da sentença condenatória (art. 12, § 9º, da Lei 8.429/1992). **3:** Certo. A questão está desatualizada, à luz das modificações ocorridas na Lei 8.429/1992 em razão da Lei 14.230/2021. Atualmente, pelo novo regime, a indisponibilidade apenas pode recair sobre os bens que assegurem o integral ressarcimento do dano ao erário, sem incidir sobre os valores a serem eventualmente aplicados a título de multa civil (art. 16, § 10). Observe-se que esse novo regramento acabou por afastar a jurisprudência do STJ, cujo entendimento considerava, para fins de indisponibilidade, o valor de possível multa civil.

Gabarito 1C, 2Anulada, 3C

A Lei 8.429/1992

I.  aplica-se apenas aos servidores públicos da administração pública direta e fundacional.

II.  estabelece a necessidade de observância dos princípios da legalidade, da impessoalidade, da moralidade e da publicidade.

III.  prevê a indisponibilidade de bens como medida para assegurar o integral ressarcimento do dano causado ao erário.

IV.  excetua os atos omissivos como possíveis caracterizadores do ato de improbidade.

**(Auxiliar Judiciário – TJ/PA – 2020 – CESPE)** Estão certos apenas os itens

(A) I e II.

**(B)** I e IV.
**(C)** II e III.
**(D)** I, III e IV.
**(E)** II, III e IV.

Enunciado **I** errado (o regime da improbidade adota uma definição ampla de agentes públicos, abrangendo os que atuam não apenas na Administração direta e indireta, mas também nas entidades privadas que recebem, por exemplo, subvenção ou benefício de órgão público, cf. art. 2º c/c. art. 1º da Lei 8.429/92). Enunciado **II** correto (cf. art. 4º) Atenção! O art. 4º foi revogado pela Lei 14.230/2021.. Enunciado **III** correto (a indisponibilidade está prevista no art. 16 da Lei de Improbidade, bem como na própria CF, cf. art. 37, §4º). Enunciado **IV** errado (os atos administrativos abrangem condutas comissivas ou omissivas). **RB**
Gabarito "C".

Em uma ação de improbidade administrativa ajuizada pelo Ministério Público, foi proferida sentença de procedência dos pedidos, com aplicação da sanção de perda da função pública ao réu, que é servidor público.

**(Analista Judiciário – TJ/PA – 2020 – CESPE)** A respeito dessa situação hipotética, é correto afirmar que a imposição da referida sanção

**(A)** depende da comprovação de dano financeiro ao patrimônio público, sendo imprescindível, para aplicação da pena, aguardar o trânsito em julgado da sentença.

**(B)** depende da comprovação de efetivo dano financeiro ao patrimônio público, podendo a pena, por ter natureza política, ser efetivada antes do trânsito em julgado da sentença.

**(C)** independe de ter sido comprovado dano financeiro ao patrimônio público, sendo imprescindível, para a efetivação da pena, aguardar o trânsito em julgado da sentença.

**(D)** independe de ter sido comprovado dano financeiro ao patrimônio público, podendo a pena, por ter natureza administrativa, ser efetivada antes do trânsito em julgado da sentença.

**(E)** independe de ter sido comprovado dano financeiro ao patrimônio público, mas a pena, por ter natureza penal, só poderá ser efetivada após o trânsito em julgado da sentença.

O regime da improbidade administrativa está previsto na Lei 8.429/92. Relevante apontar que se trata de responsabilidade de natureza político-administrativa, não penal. Considerando que a norma prevê, como regra, três categorias autônomas de improbidade (enriquecimento ilícito, dano ao patrimônio público ou violação a princípios da Administração), a aplicação das respectivas penas independe de ter sido comprovada lesão financeira ao erário. Em relação à sanção de perda da função pública, somente pode ser aplicada após o trânsito em julgado (art. 20). **RB**
Gabarito "C".

**(Analista Judiciário – TJ/PA – 2020 – CESPE)** Conforme a Lei 8.429/1992, negar publicidade a ato oficial constitui ato de improbidade administrativa que

**(A)** atenta contra os princípios da administração pública.
**(B)** decorre de concessão indevida de benefício financeiro.
**(C)** importa enriquecimento ilícito.
**(D)** causa prejuízo ao erário.
**(E)** decorre de aplicação indevida de benefício tributário.

O regime da improbidade administrativa está previsto na Lei 8.429/92, que prevê, como regra, três modalidades de atos ímprobos: enriquecimento ilícito (art. 9º), prejuízo ao erário (arts. 10 e 10-A) e violação aos princípios da administração (art. 11). No que se refere à conduta de negar publicidade a ato oficial, trata-se de hipótese prevista no art. 11, IV, ou seja, de prática que atenta contra os princípios da administração. **RB**
Gabarito "A".

**(Analista Judiciário – TJ/PA – 2020 – CESPE)** Julgue os itens a seguir, considerando as disposições da Lei 8.429/1992.

**I.** A lei aplica-se a terceiro que, mesmo não sendo servidor público, induza ou concorra para a prática de ato de improbidade ou dele se beneficie.

**II.** Atos omissivos podem ser considerados para a configuração de lesão ao patrimônio público.

**III.** O Ministério Público deverá ser cientificado pela autoridade administrativa sobre os atos que ensejarem enriquecimento ilícito ou lesão ao patrimônio público.

**IV.** Constitui ato de improbidade administrativa revelar fato ou circunstância de que tem ciência em razão das atribuições e que deva permanecer em segredo.

Assinale a opção correta.

**(A)** Apenas os itens I, II e III estão certos.
**(B)** Apenas os itens I, II e IV estão certos.
**(C)** Apenas os itens I, III e IV estão certos.
**(D)** Apenas os itens II, III e IV estão certos.
**(E)** Todos os itens estão certos.

Enunciado I certo (art. 3º) Atenção! a atual redação do art. 3º (cf. Lei 14.230/2021) é a seguinte: "As disposições desta Lei são aplicáveis, no que couber, àquele que, mesmo não sendo agente público, induza ou concorra dolosamente para a prática do ato de improbidade.". Enunciado II certo (a improbidade pode decorrer de conduta comissiva ou omissiva). Enunciado III certo (art. 7º, "caput"). Enunciado IV certo (art. 11, III). **RB**
Gabarito "E".

**(Juiz de Direito - TJ/BA - 2019 - CESPE/CEBRASPE)** De acordo com a legislação pertinente e a jurisprudência dos tribunais superiores, na hipótese de o prefeito de determinado município desviar dolosamente recursos públicos obtidos pelo ente municipal mediante convênio com a União,

**(A)** a ação de ressarcimento ao erário será submetida ao prazo prescricional quinquenal.

**(B)** a ação de improbidade administrativa prescreverá em cinco anos, contados a partir da data do fato.

**(C)** ainda que o tribunal de contas local condene o prefeito ao ressarcimento ao erário, o Poder Judiciário também poderá condená-lo em ressarcimento ao erário em ação civil pública por improbidade administrativa.

**(D)** não será possível a configuração do ato de improbidade administrativa se o prefeito tiver agido culposamente.

**(E)** o magistrado, em ação de improbidade administrativa, será obrigado a aplicar todas as penalidades legalmente previstas para a conduta, submetendo-se à discricionariedade regrada somente a dosimetria da pena.

**A:** incorreta – O STF no RE 852475, por maioria, apreciando o tema 897 da repercussão geral, deu parcial provimento ao recurso para afastar a prescrição da sanção de ressarcimento e determinar o retorno dos autos ao tribunal recorrido para que, superada a preliminar de mérito pela imprescritibilidade das ações de ressarcimento por improbidade administrativa, aprecie o mérito apenas quanto à pretensão de ressarcimento. Vencidos os Ministros Alexandre de Moraes (Relator), Dias Toffoli, Ricardo Lewandowski, Gilmar Mendes e Marco Aurélio. Em seguida, o Tribunal fixou a seguinte tese: **"São imprescritíveis as ações de ressarcimento ao erário fundadas na prática de ato doloso tipificado na Lei de Improbidade Administrativa"**, vencido o Ministro Marco Aurélio. Redigirá o acórdão o Ministro Edson Fachin. Nesta assentada, reajustaram seus votos, para acompanhar a divergência aberta pelo Ministro Edson Fachin, os Ministros Luiz Fux e Roberto Barroso. Presidiu o julgamento a Ministra Cármen Lúcia. Plenário, 8.8.2018; **B:** incorreta – Eis o que diz a lei a respeito do tema: "Art. 23. A ação para a aplicação das sanções previstas nesta Lei prescreve em 8 (oito) anos, contados a partir da ocorrência do fato ou, no caso de infrações permanentes, do dia em que cessou a permanência." (cf. redação dada pela Lei 14.230/2021) ; **C:** correta – O STJ firmou entendimento pela possibilidade de dupla condenação ao ressarcimento ao erário pelo mesmo fato. Vale a pena transcrever uma ementa a respeito do tema: "ADMINISTRATIVO. RECURSO ESPECIAL. IMPROBIDADE ADMINISTRATIVA. CONDENAÇÃO DE RESSARCIMENTO DO PREJUÍZO PELO TCU E NA ESFERA JUDICIAL. FORMAÇÃO DE DUPLO TÍTULO EXECUTIVO. POSSIBILIDADE. RESSARCIMENTO AO ERÁRIO. PENALIDADE QUE DEVE SER NECESSARIAMENTE IMPOSTA QUANDO HÁ COMPROVADO PREJUÍZO AO ERÁRIO. APLICAÇÃO DE MULTA CIVIL. DESNECESSIDADE. SANÇÕES DEFINIDAS NA ORIGEM QUE SE MOSTRAM SUFICIENTES E PROPORCIONAIS. RECURSO ESPECIAL PARCIALMENTE PROVIDO, ACOMPANHANDO EM PARTE O RELATOR.

# 5. DIREITO ADMINISTRATIVO    131

(REsp 1413674/SE, Rel. Ministro OLINDO MENEZES (DESEMBAR-GADOR CONVOCADO DO TRF 1ª REGIÃO), Rel. p/ Acórdão Ministro BENEDITO GONÇALVES, PRIMEIRA TURMA, julgado em 17/05/2016, DJe 31/05/2016)" **Atenção!** De acordo com o art. 12, §6º: "Se ocorrer lesão ao patrimônio público, a reparação do dano a que se refere esta Lei deverá deduzir o ressarcimento ocorrido nas instâncias criminal, civil e administrativa que tiver por objeto os mesmos fatos." ; **D:** correta – De acordo com o atual regime da improbidade (cf. Lei 14.230/2021), não mais existe improbidade culposa; **E:** incorreta. O *caput* do art. 12 da Lei 8.429/92 infere-se que a aplicação cumulativa das sanções cominadas nos incisos I, II e III, exceto o ressarcimento dos danos, se sujeita ao juízo de necessidade e proporcionalidade do magistrado. FB

(Auditor Fiscal - SEFAZ/RS - 2019 - CESPE/CEBRASPE) De acordo com a Lei n.º 8.429/1992, constitui ato de improbidade administrativa que atenta especificamente contra os princípios da administração pública qualquer ação ou omissão que violar os deveres de honestidade, imparcialidade, legalidade e lealdade às instituições, e notadamente

(A) negar publicidade aos atos oficiais.
(B) facilitar para que terceiro se enriqueça ilicitamente.
(C) conceder indevidamente benefício administrativo ou fiscal.
(D) representar negligência na arrecadação de tributo e na conservação do patrimônio público.
(E) consistir em uso, em proveito próprio, de bens ou valores integrantes do acervo patrimonial da administração pública.

**A:** correta, Art. 11, IV da Lei 8.429/1992; **B:** incorreta, Art. 10, XII, da Lei 8.429/1992; **C:** incorreta, Art. 10, VII, da Lei 8.429/1992; **D:** incorreta - Art. 10, X, da Lei 8.429/1992; **E:** incorreta, Art. 9º, XII, da Lei 8.429/1992. FB

(Procurador do Município - Campo Grande/MS - 2019 - CESPE/CEBRASPE) Considerando as disposições da Lei de Improbidade Administrativa (Lei n.º 8.429/1992) e o processo administrativo disciplinar, julgue os itens seguintes.

(1) Servidor público que receber quantia em dinheiro para deixar de tomar providência a que seria obrigado em razão do cargo que ocupa estará sujeito, entre outras sanções, à suspensão dos seus direitos políticos por um período de oito anos a dez anos.

(2) A ação principal relativa a procedimento administrativo que apure a prática de ato de improbidade terá o rito ordinário e será proposta pelo Ministério Público ou pela pessoa jurídica interessada, dentro do prazo de sessenta dias no caso de efetivação de medida cautelar.

(3) Nos processos administrativos disciplinares, o uso de prova emprestada, ainda que haja autorização do juízo competente, é vedado em razão do direito de proteção à intimidade previsto na Constituição Federal de 1988.

**1:** correta – Art. 9º, I c/c Art. 12, I, da Lei 8.429/1992. **Atenção!** De acordo com o novo regime, a suspensão dos direitos políticos, em caso de enriquecimento ilícito, é de até 14 anos; **2:** incorreta. A ação principal relativa a procedimento administrativo que apure a prática de ato de improbidade terá o rito ordinário e será proposta pelo Ministério Público ou pela pessoa jurídica interessada, dentro do prazo de trinta dias no caso de efetivação de medida cautelar – Art. 17 da Lei 8.429/1992. **Atenção!** não há mais essa previsão de 30 dias após a efetivação da cautelar; **3:** incorreta, Súmula 591 STJ: É permitida a "prova emprestada" no processo administrativo disciplinar, desde que devidamente autorizada pelo juízo competente e respeitados o contraditório e a ampla defesa. FB

(Defensor Público/AL – 2017 – CESPE) Constitui ato de improbidade administrativa que importa enriquecimento ilícito

(A) concorrer, por qualquer forma, para a incorporação ao patrimônio particular, de pessoa jurídica, de bens integrantes do acervo patrimonial da administração direta estadual.

(B) permitir a utilização, em obra particular, de material que seja de propriedade de pessoa jurídica da administração direta estadual.
(C) doar à pessoa jurídica, ainda que sem fins patrimoniais, verbas do patrimônio de pessoa jurídica da administração direta estadual.
(D) permitir que pessoa física utilize renda integrante do acervo patrimonial de pessoa jurídica da administração indireta estadual.
(E) exercer atividade de consultoria para pessoa jurídica que tenha interesse suscetível de ser atingido por ação decorrente das atribuições do agente público, durante a atividade.

**A:** incorreta – trata-se de ato de improbidade administrativa que causa prejuízo ao Erário – Art. 10, inc. I, da Lei 8.429/1992; **B:** incorreta – trata-se de ato de improbidade administrativa que causa prejuízo ao Erário – Art. 10, inc. XIII, da Lei 8.429/1992; **C:** incorreta – trata-se de ato de improbidade administrativa que causa prejuízo ao Erário – Art. 10, inc. III, da Lei 8.429/1992; **D:** incorreta – trata-se de ato de improbidade administrativa que causa prejuízo ao Erário – Art. 10, inc. II, da Lei 8.429/1992; **E:** correta – Art. 9º, inc. VIII, da Lei 8.429/1992. FB

(Procurador do Município/Manaus – 2018 – CESPE) Considerando o entendimento do STJ acerca da improbidade administrativa, julgue os itens subsequentes.

(1) O ato de improbidade administrativa violador do princípio da moralidade não requer a demonstração específica de dano ao erário ou de enriquecimento ilícito, exigindo-se apenas a demonstração do dolo genérico.

(2) Não é permitida a utilização de prova emprestada do processo penal nas ações de improbidade administrativa.

**1:** correta – trata-se de ato de improbidade do tipo que atenta contra os princípios da Administração Pública, a qual é admissível apenas na modalidade dolosa (cf. precedentes do STJ). **Atenção!** De acordo com o atual regime, a configuração da improbidade depende da demonstração do dolo específico (art. 1º, §§1º e 2º). ; **2:** incorreta – Nas ações de improbidade administrativa é admissível a utilização da prova emprestada, colhida na persecução penal, desde que assegurado o contraditório e a ampla defesa. FB

(Procurador do Estado/AM – 2016 – CESPE) Por ter realizado contratação direta sem suporte legal, determinado agente público é réu em ação civil pública por improbidade administrativa, sob o argumento de violação ao princípio de obrigatoriedade de licitação, tendo-lhe sido imputado ato de improbidade previsto no art. 11 da Lei de Improbidade Administrativa (violação aos princípios da administração pública). A respeito dessa situação hipotética, julgue o item subsecutivo.

(1) Para que haja condenação, deverá ser comprovado o elemento subjetivo de dolo, mas não há necessidade de que seja dolo específico, bastando para tal o dolo genérico de atentar contra os princípios da administração pública.

**1:** correta, pois é pacífico na jurisprudência que essa modalidade de improbidade administrativa do art. 11 da Lei 8.429/1992 exige o elemento subjetivo dolo, mas basta o dolo genérico (STJ, REsp 765.212/AC, j. em 02.03.2010). **Atenção!** De acordo com o atual regime, a configuração da improbidade depende da demonstração do dolo específico (art. 1º, §§1º e 2º).

## 6.2. SANÇÕES E PROVIDÊNCIAS CAUTELARES

(Procurador do Município – Prefeitura Fortaleza/CE – CESPE – 2017) A respeito de bens públicos e responsabilidade civil do Estado, julgue o próximo item.

(1) Se, após um inquérito civil público, o MP ajuizar ação de improbidade contra agente público por ofensa ao princípio constitucional da publicidade, o agente público responderá objetivamente pelos atos praticados, conforme o entendimento do STJ.

**1:** Incorreta. Os agentes públicos só respondem pelos atos de improbidade que violarem os princípios administrativos (art. 11 da Lei 8.429/1992), de forma subjetiva, ou seja, se provado o dolo.

**(Procurador do Município – Prefeitura Fortaleza/CE – CESPE – 2017)** Um servidor da Procuradoria-Geral do Município de Fortaleza, ocupante exclusivamente de cargo em comissão, foi preso em flagrante, em operação da Polícia Federal, por fraudar licitação para favorecer determinada empresa. Com referência a essa situação hipotética, julgue os itens subsequentes tendo como fundamento o controle da administração pública e as disposições da Lei de Improbidade Administrativa e da Lei Municipal n.º 6.794/1990, que dispõe sobre o Estatuto dos Servidores do Município de Fortaleza.

**(1)** Mesmo que o servidor mencionado colabore com as investigações e ressarça o erário, não poderá haver acordo ou transação judicial em sede de ação de improbidade administrativa.
**(2)** Segundo o entendimento do STJ, caso o referido servidor faleça durante a ação de improbidade administrativa, a obrigação de reparar o erário será imediatamente extinta, dado o caráter personalíssimo desse tipo de sanção.
**(3)** No caso de ajuizamento de ação penal, o processo administrativo disciplinar ficará suspenso até o trânsito em julgado do processo na esfera criminal.
**(4)** Nesse caso, a sentença criminal absolutória transitada em julgado que negar a autoria vinculará, necessariamente, a esfera administrativa.
**(5)** Caso o referido servidor seja demitido por decisão de processo administrativo disciplinar, poderá o Poder Judiciário revogar esse ato administrativo se ficar comprovado o cerceamento de defesa, ainda que exista recurso administrativo pendente de decisão.

**1:** Errada. Deve-se destacar que houve uma importante alteração na Lei de Improbidade Administrativa, que passou a acolher a solução negocial, antes vedada. Assim, nos termos do art. 17, §1º, da Lei 8.429/1992 (cf. redação dada pela Lei 13.964/2019), admite-se em improbidade administrativa a celebração de acordo de não persecução cível. O mesmo regime foi mantido com a Lei 14.230/2021. . **2:** Incorreta. A Ação de Improbidade Administrativa corre também contra os herdeiros, que são legitimados passivos, conforme disposto no art. 8º, da Lei 8.429/1992. **3:** Incorreta. As esferas administrativa, cível e penal são independentes entre si (art. 125 da Lei 8.112/1990), por isso é que não é necessário aguardar o processo criminal, sendo somente afastada a responsabilidade administrativa se houver absolvição por inexistência do fato ou sua autoria, por isso, somente nesses casos é que seria prudente suspender o processo administrativo disciplinar, mas como o problema não traz essa informação, a resposta mais genérica é pena desnecessidade dessa suspensão. **4:** Correta. É o que dispõe o art. 126 da Lei 8.112/1990. **5:** Incorreta. O Poder Judiciário poderá anular o ato administrativo por cerceamento de defesa, já que ilegal. Não pode revogar o ato administrativo, porque a revogação é própria e exclusiva do Poder Executivo.

## 6.3. DECLARAÇÃO DE BENS

**(Defensor Público/AL – 2009 – CESPE)** Julgue o seguinte item.

**(1)** A posse e o exercício de agente público ficam condicionados à apresentação de declaração dos bens e valores que compõem o seu patrimônio privado. O agente público que se recusar a prestar declaração dos bens, dentro do prazo determinado, ou que a prestar falsa, será punido com a pena de demissão, a bem do serviço público, sem prejuízo de outras sanções cabíveis.

**1:** correta (art. 13, *caput* e § 3º, da Lei 8.429/1992). A nova redação do art. 13, "caput" (cf. Lei 14.230/2021), é a seguinte: "A posse e o exercício de agente público ficam condicionados à apresentação de declaração de imposto de renda e proventos de qualquer natureza, que tenha sido apresentada à Secretaria Especial da Receita Federal do Brasil, a fim de ser arquivada no serviço de pessoal competente."

Já o §3º do mesmo artigo prevê que o agente público que se recusar a prestar declaração dos bens, dentro do prazo determinado, ou que a prestar falsa, será punido com a pena de demissão, sem prejuízo de outras sanções cabíveis.

## 6.4. REPRESENTAÇÃO ADMINISTRATIVA

**(Procurador do Município/Boa Vista-RR – 2010 – CESPE)** Considerando a Lei de Improbidade – Lei n. 8.429/1992 – e os procedimentos administrativos, julgue os itens seguintes.

**(1)** O procedimento administrativo cabe à administração pública, mas a Lei de Improbidade permite ao Ministério Público designar um representante do órgão para acompanhar esse procedimento.
**(2)** As disposições da Lei n. 8.429/1992 não são aplicáveis àqueles que, não sendo agentes públicos, se beneficiarem, de forma direta ou indireta, com o ato de improbidade cometido por prefeito municipal.

**1:** correta (art. 15, parágrafo único, da Lei 8.429/1992); **2:** incorreto (art. 3º da Lei 8.429/1992).

## 6.5. QUESTÕES PROCESSUAIS

**(Delegado/RJ – 2022 – CESPE/CEBRASPE)** Delegacia fazendária recebeu denúncia anônima contra João, administrador de hospital público estadual, o qual teria adulterado, em 12/9/2015, documentos comprobatórios de capacidade técnica de empresa para auferir o objeto da licitação, consistente na administração da saúde pública no estado. O delegado titular da delegacia fazendária, após as investigações policiais, concluiu que havia ocorrido o crime de frustrar o caráter competitivo do procedimento licitatório, nos termos do Código Penal. Além dos aspectos penais, a autoridade policial identificou suposto dano ao erário público, em razão da conduta de João. Assim, sugeriu, em seu relatório final, a instauração da ação penal e a propositura de ação de reparação dos danos ao erário, fundada em ato tipificado como ilícito de improbidade administrativa.

Considerando essa situação hipotética, assinale a opção correta.

**(A)** Caberá a ação de ressarcimento ao erário, comprovando-se o dano, por qualquer ato ilícito do administrador do hospital, garantindo-se a ampla defesa ao réu.
**(B)** É possível ação de reparação de danos, observado o prazo prescricional previsto para os ilícitos na esfera cível.
**(C)** Caberá ação de reparação dos atos ilícitos dolosos e culposos tipificados em lei.
**(D)** Caberá ação de ressarcimento de danos ao erário, a qualquer tempo, desde que comprovado o ato ímprobo doloso do administrador do hospital.
**(E)** São imprescritíveis as sanções e ações de ressarcimento de danos ao erário público, como forma de se assegurar a integridade do patrimônio público e social, nos termos da lei.

Alternativa **A** incorreta (a afirmação está errada porque veicula enunciado genérico, pois não é "qualquer ato ilícito" que gera ação de ressarcimento ao erário). Alternativa **B** incorreta (as ações de ressarcimento fundadas em ato doloso de improbidade administrativa são imprescritíveis, cf. STF no RE 852.475). Alternativa **C** incorreta (de acordo com o regime inaugurado pela Lei 14.230/2021, cabe ação de reparação por improbidade em relação aos atos dolosos, não cabendo mais a improbidade culposa). Alternativa **D** correta (cf. STF no RE 852.475). Alternativa **E** incorreta (as sanções previstas na Lei de Improbidade estão submetidas ao prazo prescricional previsto no art. 23 da Lei 8.429/1992; somente são imprescritíveis as ações de reparação decorrentes de improbidade dolosa).

## 5. DIREITO ADMINISTRATIVO

**(Delegado Federal – 2018 – CESPE)** Com base nas disposições da Lei de Improbidade Administrativa e na jurisprudência do STJ acerca dos aspectos processuais da ação civil pública de responsabilização por atos de improbidade, julgue os itens a seguir.

(1) Constatado indício de ato ímprobo, fica autorizado o recebimento fundamentado da petição inicial, devendo prevalecer, no juízo preliminar, o princípio do *in dubio pro societate* e cabendo, contra a decisão que receber a petição inicial, o agravo de instrumento.

(2) Embora não haja litisconsórcio passivo necessário entre o agente público e os terceiros beneficiados com o ato ímprobo, é inviável que a ação civil por improbidade seja proposta exclusivamente contra os particulares, sem concomitante presença do agente público no polo passivo da demanda.

(3) Situação hipotética: Em uma ação de improbidade administrativa com pedido cumulado de ressarcimento ao erário, foi decretada a indisponibilidade de bens. Por ocasião da sentença, o juiz reconheceu a prescrição da pretensão de impor sanções decorrentes dos atos de improbidade. Assertiva: Nessa situação, a medida de indisponibilidade de bens deverá ser revogada.

1: correta – A presença de indícios de cometimento de atos ímprobos autoriza o recebimento fundamentado da petição inicial, devendo prevalecer, no juízo preliminar, o princípio do *in dubio pro societate*. ; 2: correta – É inegável que o particular sujeita-se à Lei de Improbidade Administrativa, porém, para figurar no polo passivo, deverá, como bem asseverou o eminente Min. Sérgio Kukina, "a) induzir, ou seja, incutir no agente público o estado mental tendente à prática do ilícito; b) concorrer juntamente com o agente público para a prática do ato; e c) quando se beneficiar, direta ou indiretamente do ato ilícito praticado pelo agente público" (REsp 1.171.017/PA, Rel. Min. Sérgio Kukina, Primeira Turma, julgado em 25.02.2014, Dje 06.03.2014.). Por essa razão, o STJ tem firme entendimento no sentido de que "os particulares não podem ser responsabilizados com base na LIA sem que figure no polo passivo um agente público responsável pelo ato questionado, o que não impede, contudo, o eventual ajuizamento de Ação Civil Pública comum para obter o ressarcimento do Erário" (REsp 896.044/PA, Rel. Min. Herman Benjamin, Segunda Turma, julgado em 16.9.2010, Dje 19.04.2011). 3: incorreta – A eventual prescrição das sanções decorrentes dos atos de improbidade administrativa não obsta o prosseguimento da demanda quanto ao pleito de ressarcimento dos danos causados ao erário, que é imprescritível em relação à improbidade dolosa. 🔲

Gabarito 1C, 2C, 3E

**(Defensor Público – DPE/RN – 2016 – CESPE)** Considerando os termos da responsabilidade administrativa, civil e criminal dos agentes públicos e a disciplina da improbidade administrativa, assinale a opção correta.

(A) O sistema punitivo na esfera administrativa se assemelha ao da esfera criminal, na medida em que as condutas são tipificadas com precisão, sendo cominadas sanções específicas para cada conduta infracional prevista.

(B) Se estiver em tramitação ação de improbidade contra servidor público pela prática de ato de improbidade administrativa, haverá que se aguardar o trânsito em julgado de referida ação para que seja editado ato de demissão oriundo de procedimento administrativo disciplinar.

(C) Segundo entendimento jurisprudencial já pacificado no âmbito do STJ, eventual prescrição das sanções decorrentes dos atos de improbidade administrativa não impede o prosseguimento de ação judicial visando ao ressarcimento dos danos causados ao erário, tendo em vista a imprescritibilidade de referida ação.

(D) É inadmissível, na aplicação da Lei 8.429/1992, a responsabilização objetiva do agente público por ato de improbidade administrativa, exceto em relação aos atos de improbidade que causem lesão ao erário.

(E) À luz da jurisprudência do STJ, em nome do princípio constitucional da vedação do anonimato, será nulo o processo administrativo disciplinar instaurado com fundamento em denúncia anônima.

**A:** Incorreta. A Lei de Improbidade determina, no que concerne às condutas dos artigos 9º (enriquecimento ilícito) e 10 (prejuízo ao erário), hipóteses exemplificativas. Já no que tange ao art. 11 (violação a princípios), o rol é taxativo, nos termos do novo regime da Lei 14.230/2021.; **B:** Incorreta. As instancias administrativas, cíveis e criminais são independentes, podendo o servidor ser demitido por meio de processo administrativo disciplinar, antes da sentença de improbidade, por exemplo (art. 12, da Lei 8.429/1992); **C:** Correta. Há entendimento já pacificado (STJ Resp 1.089492) de que há prescrição dos atos de improbidade, conforme também dispõe o art. 23, da Lei 8.429/1992, não havendo o mesmo para as Ações de Ressarcimento decorrentes do ato ímprobo (art. 37, § 5º, CF), desde que se trate de ato doloso (RE, 852475/SP, 08.08.2018). O ressarcimento do dano é independente dos ilícitos de improbidade, de forma que a Ação poderá continuar quanto ao ressarcimento, mesmo reconhecida a prescrição quanto ao ato de improbidade; **D:** Incorreta. Exige-se o dolo para a existência do Ato de Improbidade, qualquer que seja sua modalidade (arts. 9º, 10 e 11 da Lei 8.429/1992); **E:** Incorreta. O STF e STJ tem entendido que é possível a instauração de processo administrativo decorrente de denúncia anônima, desde que seja feita apuração prévia. (RMS 29198/DF e MS10419/DF).

Gabarito "C".

**(Analista Judiciário – TRT/8ª – 2016 – CESPE)** Maria praticou ato de improbidade administrativa em 5/3/2010, por violar os princípios da administração pública, sem ter causado dano ao erário, enquanto ainda ocupava exclusivamente cargo em comissão na administração direta da União. Depois da notícia do fato pela imprensa, em 6/3/2015, Maria foi exonerada do cargo em comissão e do serviço público. Com referência a essa situação hipotética, assinale a opção correta com base na Lei n.º 8.429/1992 (Lei de Improbidade Administrativa).

(A) A titularidade da ação civil por ato de improbidade administrativa, no caso, é exclusiva do Ministério Público Federal.

(B) A eventual aprovação das contas de Maria, como gestora pública, pelo Tribunal de Contas da União afasta a possibilidade de propositura da ação de improbidade administrativa.

(C) Antes do recebimento da ação de improbidade, o juiz competente deverá notificar Maria para apresentar defesa prévia, no prazo de quinze dias, e poderá rejeitar liminarmente a ação, se estiver convencido da inexistência da improbidade, da improcedência da ação ou da inadequação da via eleita.

(D) A eventual condenação de Maria por ato de improbidade administrativa não impede nova investidura em cargo público estadual ou municipal, dentro do prazo de suspensão dos direitos políticos.

(E) Na data da exoneração de Maria, já estava prescrita a pretensão condenatória por ato de improbidade administrativa, pois o ato ilícito fora cometido havia mais de cinco anos.

**A:** incorreta, pois a pessoa jurídica interessada (no caso, a União) também tem legitimidade ativa para a ação de improbidade (art. 17, *caput*, da Lei 8.429/92); **B:** incorreta, pois a aplicação das sanções da Lei de Improbidade independe da aprovação ou rejeição de contas pelo órgão de controle interno ou pelo Tribunal de Contas (art. 21, II, da Lei 8.429/92); **C:** incorreta, pois, nos termos do regime de improbidade decorrente da Lei 14.230/2021, não mais existe a fase de defesa prévia na respectiva ação (se a petição inicial estiver em ordem, o juiz determinará a citação do réu); **D:** incorreta, pois o gozo dos direitos políticos costuma ser requisito para o ingresso no serviço público também nos outros entes políticos, como o é na esfera da União (art. 5º, II, da Lei 8.112/90); **E:** incorreta, pois, quando o servidor que comete ato de improbidade detinha cargo em comissão, o prazo de 5 anos para aplicação das sanções da Lei de Improbidade é contado da data do término do exercício do cargo (art. 23, I, da Lei 8.429/92), o que se deu apenas em 2015, sendo que a questão é do ano de 2016. **Atenção!** Conforme o atual regime, o prazo prescricional para a aplicação das sanções decorrentes de improbidade é de 8 (oito) anos, contados a partir da ocorrência do fato ou, no caso de infrações permanentes, do dia em que cessou a permanência.

Gabarito "C" (gabarito desatualizado)

## 134 VÁRIOS AUTORES

### 6.6. PRESCRIÇÃO

**(Defensor Público/AC – 2012 – CESPE)** Antônio tomou posse, em seu primeiro mandato como prefeito municipal, em 01 /01/2009 e, embora tenha cometido ato de improbidade administrativa enquanto comandava a prefeitura, pretende candidatar-se para o mesmo cargo no pleito de 2012.

Nessa situação hipotética, admitindo-se que Antônio seja reeleito e que sua posse para o segundo mandato ocorra em 1/1/2013, a contagem do prazo prescricional para o ajuizamento de ação de improbidade administrativa contra o ato praticado por Antônio na vigência de seu primeiro mandato se inicia

(A) a partir do término do segundo mandato.

(B) na data da posse do segundo mandato.

(C) após cento e oitenta dias da data de posse do segundo mandato.

(D) a partir do término do primeiro mandato.

(E) na data da posse do primeiro mandato.

De acordo com o novo regime instituído pela Lei 14.230/2021, a ação para a aplicação das sanções previstas na Lei 8.429/1992 prescreve em 8 (oito) anos, contados a partir da ocorrência do fato ou, no caso de infrações permanentes, do dia em que cessou a permanência.

Gabarito "A" (gabarito desatualizado)

### 6.7. TEMAS COMBINADOS E OUTRAS QUESTÕES DE IMPROBIDADE ADMINISTRATIVA

**(Delegado Federal – 2018 – CESPE)** João, servidor público responsável pelo setor financeiro de uma autarquia federal, sem observar as formalidades legais necessárias, facilitou a incorporação, ao patrimônio particular de entidade privada sem fins lucrativos, de valores a ela repassados mediante a celebração de parceria.

Nessa situação hipotética, conforme a legislação e a doutrina a respeito de improbidade administrativa e regime disciplinar do servidor público federal,

(1) João poderá ser responsabilizado pela prática de ato de improbidade administrativa causador de prejuízo ao erário.

(2) a pena disciplinar máxima a que João estará sujeito é a suspensão por noventa dias.

(3) João poderá ser condenado, no âmbito judicial, ao ressarcimento integral do dano, à suspensão dos seus direitos políticos e ao pagamento de multa.

(4) a responsabilidade de João é objetiva, independentemente da demonstração de culpa ou dolo.

**1:** correta – Art. 10, inc. I, da Lei 8.429/1992; **2:** incorreta – as penas possível no caso de cometimento de ato de improbidade administrativa que causem dano ao erário são ressarcimento integral do dano, perda dos bens ou valores acrescidos ilicitamente ao patrimônio, se concorrer esta circunstância, perda da função pública, suspensão dos direitos políticos até 12 anos, pagamento de multa civil equivalente ao valor do dano e proibição de contratar com o Poder Público ou receber benefícios ou incentivos fiscais ou creditícios, direta ou indiretamente, ainda que por intermédio de pessoa jurídica da qual seja sócio majoritário, pelo prazo não superior a 12 (doze) anos – Art. 12, inc. II, da Lei 8.429/1992; **3:** correta – Art. 12, inc. II, da Lei 8.429/1992; **4:** incorreta – a responsabilidade do agente público tem sempre natureza subjetiva, dependendo da comprovação de seu dolo. **FB**

Gabarito 1C, 2E, 3C, 4E

**(Procurador Municipal – Prefeitura/BH – CESPE – 2017)** De acordo com o disposto na Lei de Improbidade Administrativa — Lei nº 8.429/1992 —, assinale a opção correta.

(A) A efetivação da perda da função pública, penalidade prevista na lei em apreço, independe do trânsito em julgado da sentença condenatória.

(B) A configuração dos atos de improbidade administrativa que importem em enriquecimento ilícito, causem prejuízo ao erário ou atentem contra os princípios da administração pública depende da existência do dolo do agente.

(C) O sucessor do agente que causou lesão ao patrimônio público ou que enriqueceu ilicitamente responderá às cominações da lei em questão até o limite do valor da sua herança.

(D) O responsável por ato de improbidade está sujeito, na hipótese de cometimento de ato que implique enriquecimento ilícito, à perda dos bens ou dos valores acrescidos ilicitamente ao seu patrimônio, ao ressarcimento integral do dano e à perda dos direitos políticos.

**A:** incorreta. A perda da função pública e suspensão dos direitos políticos dependem do trânsito em julgado da sentença condenatória, conforme disposto no art. 20, da Lei 8.429/1992; **B:** correta. O dolo é condição necessária para a configuração de improbidade administrativa (cf. o regime instituído pela Lei 14.230/2021); **C:** correta. Trata-se do disposto no art. 8º, da Lei 8.429/1992; **D:** incorreta. Conforme disposto no art. 12, I, da Lei 8.429/1992, a sanção aplicável é a suspensão dos direitos políticos (e não a perda). **AW**

Gabarito "C" (gabarito desatualizado)

**(Cartório/DF – 2014 – CESPE)** Em relação a improbidade administrativa e a proteção e a defesa do usuário de serviço público, assinale a opção correta.

(A) A aplicação, ao gestor público, das penalidades decorrentes da pratica de ato de improbidade administrativa depende da comprovação da ocorrência de dano ao erário e da não aprovação da prestação de contas pelo respectivo tribunal de contas.

(B) Para fins de aplicação das sanções de improbidade administrativa, não se considera agente público o servidor contratado por necessidade temporária de excepcional interesse público, dada a inexistência de vinculo estatutário deste com a administração pública.

(C) A participação do usuário de serviço público na administração pública direta e indireta e garantida pela CF, devendo a lei regulamentar mecanismos de aferição da qualidade do serviço como reclamações, serviços de atendimento do usuário e avaliação periódica, externa e interna.

(D) No que diz respeito a responsabilidade pela pratica de ato de improbidade administrativa, não vigora o princípio da individualidade da pena, podendo o sucessor daquele que causar lesão ao patrimônio público ou enriquecer ilicitamente estar sujeito as cominações da lei além do limite do valor da herança.

(E) O direito de acesso a informação dos usuários de serviço público aplica-se apenas aos casos de prestação direta do serviço pela administração pública.

**A:** incorreta, pois o art. 21 da Lei n. 8.429/92 determina o contrário; **B:** incorreta, pois o conceito de agente público é bastante amplo, no que diz respeito à responsabilidade por improbidade administrativa (vide art. 2º da Lei n. 8.429/92); **C:** correta, pois assim estabelece o art. 37, § 3º, da CF; **D:** incorreta, pois, além de ser necessária a individualização da sanção, a responsabilidade se limita ao valor da herança (art. 8º da Lei n. 8.429/92); **E:** incorreta, pois o art. 37, § 3º, da CF, estabelece que a lei disciplinará as formas de participação do usuário na administração pública direta e indireta.

Gabarito "C"

**(Cartório/DF – 2014 – CESPE)** Assinale a opção correta no que se refere à improbidade administrativa e à proteção e defesa do usuário de serviço público.

(A) De acordo com o princípio da continuidade do serviço público, a concessionária não poderá interromper o serviço, mesmo nos casos em que haja interesse da coletividade e inadimplemento do usuário.

(B) Tratando-se de prefeito, as ações de ressarcimento em virtude da prática de atos de improbidade administrativa prescrevem até cinco anos após o término do exercício do mandato.

(C) A aplicação da pena de multa e de ressarcimento integral do dano em virtude da prática de ato de improbidade administrativa exemplifica o exercício do poder de polícia da administração pública.

## 5. DIREITO ADMINISTRATIVO

**(D)** O MP, a pessoa jurídica de direito público interessada e as associações são os únicos legitimados a ingressar com a ação principal no Poder Judiciário para a responsabilização por ato de improbidade administrativa.

**(E)** Desde que observadas as restrições estabelecidas constitucionalmente, é assegurado o direito de acesso dos usuários de serviço público aos respectivos registros administrativos e às informações sobre atos de governo.

**A:** incorreta, pois, conforme já decidiu o STJ: "O princípio da continuidade do serviço público assegurado pelo art. 22 do CDC deve ser obtemperado, ante a exegese do art. 6º, § 3º, II, da Lei nº 8.987/95 que prevê a possibilidade de interrupção do fornecimento de energia elétrica quando, após aviso, permanecer inadimplente o usuário, considerado o interesse da coletividade. Precedentes." (REsp 805113 / RS); **B:** incorreta, pois a pretensão de ressarcimento ao erário, em decorrência de ato de improbidade administrativa, é imprescritível. O fundamento da imprescritibilidade é constitucional (art. 37, § 5º) e depende de o ato ser doloso (RE, 852475/SP, 08.08.2018); **C:** incorreta, pois a responsabilidade, no caso, é civil e só pode ser aplicada por órgão jurisdicional (reserva de jurisdição). Assim, não decorre do poder de polícia; **D:** incorreta, pois as associações não são legitimadas à propositura da ação de improbidade (*vide* art. 17, *caput*, da Lei n. 8.429/92); **E:** correta, pois assim estabelece o art. 37, § 3º, da CF.
*Gabarito "E".*

## 7. BENS PÚBLICOS

### 7.1. CONCEITO E CLASSIFICAÇÃO

**(Auditor Fiscal - SEFAZ/RS - 2019 - CESPE/CEBRASPE)** Um terreno pertencente ao Estado e anteriormente sem utilização passou a ser usado por um órgão público para o desempenho de determinadas tarefas. Trata-se de bem público que era de uso

**(A)** dominical e, após afetação, passou a ser bem de uso especial.

**(B)** especial e, após desafetação, passou a ser bem de uso comum do povo.

**(C)** especial e, após afetação, passou a ser bem dominical.

**(D)** dominical e, após desafetação, passou a ser bem de uso comum do povo.

**(E)** especial e, após afetação, passou a ser bem de uso comum do povo.

Tratando-se de bem público que não possuía qualquer destinação específica (que estava, portanto, desafetado), ele era do tipo dominical. Com a devida afetação do bem público a um fim, ele passou a ser um bem de uso especial. **FB**
*Gabarito "A".*

**(Defensor Público/AC – 2017 – CESPE)** Com referência à disciplina constitucional dos bens públicos, assinale a opção correta.

**(A)** As terras tradicionalmente ocupadas pelos índios são exemplos de bens de uso especial e pertencem aos estados.

**(B)** As terras devolutas, não se encontrando afetadas a nenhuma finalidade pública específica, são bens públicos dominiais.

**(C)** Salvo a hipótese de usucapião especial para fins de moradia prevista na CF, não é permitido usucapião de bens públicos.

**(D)** A utilização dos bens de uso comum do povo, os quais são destinados à utilização geral pelos indivíduos, não pode sofrer restrições por ato do poder público.

**(E)** Os bens de uso especial são aqueles que, por ato formal da administração pública, são destinados à execução dos serviços administrativos e serviços públicos em geral.

**A:** incorreta – são bens de uso especial, mas pertencem à União – Art. 20, XI, da CF/1988; **B:** correta – Terras devolutas são terras públicas não afetadas a qualquer finalidade pública, isto é, são terras tidas como bem dominical (art. 99, inc. III, do CC), as quais podem ser alienadas/vendidas desde que observadas as exigências legais; **C:** incorreta – os imóveis públicos não serão adquiridos por usucapião – Art. 191, parágrafo único, CF/ 1988; **D:** incorreta – os bens públicos podem ter seu uso devidamente regulamentado em ato do poder público, o qual pode

até mesmo prever o uso privado de bem público mediante autorização, permissão ou concessão de uso de bem público; **E:** incorreta – os bens de uso especial são aqueles usados para a prestação de serviço público pela administração pública ou conservados pelo Poder Público, mas não necessariamente por meio de ato formal como asseverado na assertiva. **FB**
*Gabarito "B".*

**(Defensor Público/AL – 2017 – CESPE)** Aparelho de ressonância magnética adquirido pela prefeitura de determinado município e localizado em hospital de mesma municipalidade classifica-se, quanto à sua destinação, como bem público

**(A)** dominical.

**(B)** desafetado.

**(C)** de uso especial.

**(D)** municipal.

**(E)** de uso comum do povo.

**A:** incorreta – **bens dominicais – ou do patrimônio disponível** – *são aqueles que não têm destinação específica, nem se encontram sujeitos ao uso comum do povo.* São bens que simplesmente integram o patrimônio do Estado e que, eventualmente, podem ser alienados: **B:** incorreta – bem público desafetado é aquele que, em virtude de lei ou de ato administrativo decorrente de autorização legislativa, teve sua destinação anterior retirada, com o consequente ingresso na categoria dos bens dominicais; **C:** correta – **bens de uso especial – ou do patrimônio administrativo indisponível** – *são aqueles destinados à execução dos serviços públicos ou a servirem de estabelecimento para os entes públicos;* **D:** incorreta – os bens tratados na assertiva são municipais, mas ela fala em classificação "quanto à destinação", de modo que aqui temos um bem público municipal de uso especial; **E:** incorreta – **bens de uso comum do povo – ou do domínio público** – *são os destinados a uso público, podendo ser utilizados indiscriminadamente por qualquer do povo. Ex.: mares, rios, estradas, ruas e praças.* **FB**
*Gabarito "C".*

**(Procurador Municipal – Prefeitura/BH – CESPE – 2017)** Com relação aos bens públicos, assinale a opção correta.

**(A)** Bens dominicais são os de domínio privado do Estado, não afetados a finalidade pública e passíveis de alienação ou de conversão em bens de uso comum ou especial, mediante observância de procedimento previsto em lei.

**(B)** Consideram-se bens de domínio público os bens localizados no município de Belo Horizonte afetados para destinação específica precedida de concessão mediante contrato de direito público, remunerada ou gratuita, ou a título e direito resolúvel.

**(C)** O uso especial de bem público, por se tratar de ato precário, unilateral e discricionário, será remunerado e dependerá sempre de licitação, qualquer que seja sua finalidade econômica.

**(D)** As áreas indígenas são bens pertencentes à comunidade indígena, à qual cabem o uso, o gozo e a fruição das terras que tradicionalmente ocupa para manter e preservar suas tradições, tornando-se insubsistentes pretensões possessórias ou dominiais de particulares relacionados à sua ocupação.

**A:** incorreta. O erro dessa assertiva está no fato de que os bens dominiais constituem patrimônio disponível do Poder Público, por isso, para que sejam alienados, não precisam ser convertidos em outras categorias de bens; **B:** incorreta. O domínio público é expressão própria para designar todos os bens públicos, sejam os bens integrantes do patrimônio próprio do Estado (domínio patrimonial), sejam os integrantes do patrimônio de interesse público, coletivo (domínio eminente), por isso está errado delimitar esses bens como sendo somente os localizados em um Município e afetados; **C:** incorreta. A autorização de uso é ato discricionário, unilateral e precário, sem licitação, sendo ato informal, portanto; **D:** correta. Trata-se do teor do art. 231, § 1º, CF, sendo reprodução deste dispositivo. **AW**
*Gabarito "D".*

**(Juiz de Direito/DF – 2016 – CESPE)** Acerca dos bens públicos, assinale a opção correta.

(A) Os bens privados do Estado, que não se submetem ao regime jurídico de direito público, são aqueles adquiridos de particulares por meio de contrato de direito privado.

(B) Bens dominicais são aqueles que podem ser utilizados por todos os indivíduos nas mesmas condições, por determinação de lei ou pela própria natureza do bem.

(C) Os bens de uso especial do Estado são as coisas, móveis ou imóveis, corpóreas ou não, que a administração utiliza para a realização de suas atividades e finalidades.

(D) Os bens de uso comum não integram o patrimônio do Estado, constituindo coisas que não pertencem ao ente público ou a qualquer particular, não sendo passíveis, portanto, de aquisição por pessoa física ou jurídica.

(E) Os bens dominicais são aqueles pertencentes ao Estado e afetados a uma finalidade específica da administração pública.

**A:** incorreta, pois os bens privados do Estado são aqueles adquiridos pelo próprio Estado, mas que não são afetados a qualquer utilidade de interesse público; são os chamados bens dominicais (art. 99, III, do CC); **B** e **E:** incorretas, pois esses bens são os que não têm qualquer destinação de interesse público, tratando-se de mero patrimônio estatal (art. 99, III, do CC); **C:** correta (art. 99, II, do CC); **D:** incorreta, pois tais bens pertencem, sim, ao Estado e têm como destinação pública o uso comum do povo (arts. 99, *caput* e I, e 103, ambos do CC).

Gabarito "C".

## 7.2. REGIME JURÍDICO (CARACTERÍSTICAS)

**(Defensor Público/PE – 2018 – CESPE)** Com relação à disciplina dos bens públicos, assinale a opção correta.

(A) À exceção dos bens dominiais não afetados a qualquer finalidade pública, os bens públicos são impenhoráveis.

(B) A ocupação irregular de bem público não impede que o particular retenha o imóvel até que lhe seja paga indenização por acessões ou benfeitorias por ele realizadas, conforme entendimento do Superior Tribunal de Justiça.

(C) Aos municípios pertencem as terras devolutas não compreendidas entre aquelas pertencentes à União.

(D) As terras tradicionalmente reservadas aos índios são consideradas bens públicos de uso especial da União.

(E) Bens de uso comum do povo, destinados à coletividade em geral, não podem, em nenhuma hipótese, ser privativamente utilizados por particulares.

**A:** incorreta – todos os bens públicos são impenhoráveis, mesmo os dominiais. O fato de um bem dominial não estar afetado a uma finalidade pública apenas permite que ele seja, mediante a devida motivação e presente o interesse público, alienado conforme dispõe a lei; **B:** incorreta – não se aplica, às hipóteses de ocupação irregular de bem público, o art. 1.219 do Código Civil, segundo o qual "o possuidor de boa-fé tem direito à indenização das benfeitorias necessárias e úteis, bem como, quanto às voluptuárias, se não lhe forem pagas, a levantá-las, quando o puder sem detrimento da coisa, e poderá exercer o direito de retenção pelo valor das benfeitorias necessárias e úteis". Tratando-se de ocupação irregular de bem público, não se configura a posse, mas apenas detenção, não podendo o mero detentor ser considerado possuidor de boa-fé. É "inadmissível que um particular retenha imóvel público, sob qualquer fundamento, pois seria reconhecer, por via transversa, a posse privada do bem coletivo, o que está em desarmonia com o Princípio da Indisponibilidade do Patrimônio Público. Entender de modo diverso é atribuir à detenção efeitos próprios da posse, o que enfraquece a dominialidade pública, destrói as premissas básicas do Princípio da Boa-Fé Objetiva, estimula invasões e construções ilegais e legitima, com a garantia de indenização, a apropriação privada do espaço público." (REsp 945.055/DF); **C:** incorreta – a CF/1988 no seu Art. 20, inc. II, inclui entre os bens pertencentes à União "as terras devolutas indispensáveis à defesa das fronteiras, das fortificações e construções militares, das vias federais de comunicação e à preservação ambiental". As demais terras devolutas pertencem aos Estados; **D:** correta – Art. 20, inc. XI, CF/1988; **E:** incorreta – é possível a utilização de bem de uso comum do povo por particular mediante autorização de uso, cessão de uso, permissão de uso, concessão de uso etc. FB

Gabarito "D".

**(Procurador do Município – Prefeitura Fortaleza/CE – CESPE – 2017)** A respeito de bens públicos e responsabilidade civil do Estado, julgue o próximo item.

Situação hipotética: Determinado município brasileiro construiu um hospital público em parte de um terreno onde se localiza um condomínio particular.

(1) Assertiva: Nessa situação, segundo a doutrina dominante, obedecidos os requisitos legais, o município poderá adquirir o bem por usucapião.

**1:** Correta. O Poder Público poderá usucapir como o particular, só não podendo os imóveis públicos serem adquiridos por usucapião (art. 183, § 3º, CF). AW

Gabarito 1C.

**(Procurador do Município – Prefeitura Fortaleza/CE – CESPE – 2017)** A respeito de bens públicos e responsabilidade civil do Estado, julgue o próximo item.

Situação hipotética: A associação de moradores de determinado bairro de uma capital brasileira decidiu realizar os bailes de carnaval em uma praça pública da cidade.

(1) Assertiva: Nessa situação, a referida associação poderá fazer uso da praça pública, independentemente de autorização, mediante prévio aviso à autoridade competente.

**1:** Incorreta. O uso de bens públicos depende de prévia autorização do Poder Público. A autorização é ato discricionário, unilateral e precário, por isso, o particular deverá solicitá-la à Prefeitura, que poderá ou não autorizá-la, conforme sua discrição (sua decisão "interna" enquanto pessoa jurídica administradora desses bens públicos). AW

Gabarito 1E.

**(Advogado União – AGU – CESPE – 2015)** Acerca dos serviços públicos e dos bens públicos, julgue os itens a seguir.

(1) De acordo com a doutrina dominante, caso uma universidade tenha sido construída sobre parte de uma propriedade particular, a União, assim como ocorre com os particulares, poderá adquirir o referido bem imóvel por meio da usucapião, desde que sejam obedecidos os requisitos legais.

(2) Se o Ministério da Saúde adquirir um grande lote de medicamentos para combater uma epidemia de dengue, essa aquisição, no que se refere ao critério, será classificada como serviço coletivo devido ao fato de esses medicamentos se destinarem a um número indeterminado de pessoas.

(3) Situação hipotética: Durante a realização de obras resultantes de uma PPP firmada entre a União e determinada construtora, para a duplicação de uma rodovia federal, parte do asfalto foi destruída por uma forte tempestade. Assertiva: Nessa situação, independentemente de o referido problema ter decorrido de fato imprevisível, o Estado deverá solidarizar-se com os prejuízos sofridos pela empresa responsável pela obra.

(4) Situação hipotética: A União decidiu construir um novo prédio para a Procuradoria-Regional da União da 2ª Região para receber os novos advogados da União. No entanto, foi constatado que a única área disponível, no centro do Rio de Janeiro, para a realização da referida obra estava ocupada por uma praça pública. Assertiva: Nessa situação, não há possibilidade de desafetação da área disponível por se tratar de um bem de uso comum do povo, razão por que a administração deverá procurar por um bem dominical.

**1:** Correta. Todos os entes políticos podem usucapir, sendo vedado aos bens públicos, somente, serem usucapidos, conforme disposto no art. 183, §3º, CF. **2:** Incorreta. Não temos esse critério de "serviço coletivo" elencado na Lei 8.666/1993, sendo apenas os critérios de julgamento ou tipos os de melhor preço, melhor lance ou oferta, melhor técnica e técnica e preço (art. 45, § 1º). **3:** Correta. Nas Parcerias Público-Privadas há repartição de riscos e prejuízos, conforme disposto no art. 4º,VI, da Lei 11.079/2005. **4:** Incorreta. As praças são bens de uso comum

# 5. DIREITO ADMINISTRATIVO

do povo, mas podem ser desafetadas para tornarem-se bens de uso especial e, aí sim, serem destinadas a uma finalidade específica como a construção da Procuradoria. **AW**

Gabarito 1C, 2E, 3C, 4E

## 7.3. USO DOS BENS PÚBLICOS

**(Promotor de Justiça/RR – 2017 – CESPE)** Considerando o entendimento do STJ, julgue as asserções seguintes.

I. É ilegal cobrar de concessionária de serviço público taxas pelo uso de solo, subsolo ou espaço aéreo.

II. A utilização do uso de bem público por concessionária de serviço público para a instalação de, por exemplo, postes, dutos ou linhas de transmissão será revertida em benefício para a sociedade.

A respeito dessas asserções, assinale a opção correta.

(A) As asserções I e II são falsas.

(B) As asserções I e II são verdadeiras, e a II é uma justificativa correta da I.

(C) As asserções I e II são verdadeiras, mas a II não é uma justificativa correta da I.

(D) A asserção I é falsa, mas a II é verdadeira.

A jurisprudência consolidada do STJ não deixa dúvidas a respeito do tema: Administrativo. Bens públicos. Uso de solo, subsolo e espaço aéreo por concessionária de serviço público. Cobrança. Impossibilidade. 1. Cinge-se a controvérsia no debate acerca da legalidade da cobrança de valores pela utilização do bem público, consubstanciado pela faixa de domínio da rodovia federal BR-493, por concessionária de serviço público estadual. 2. O Superior Tribunal de Justiça possui jurisprudência firme e consolidada no sentido de que a cobrança em face de concessionária de serviço público pelo uso de solo, subsolo ou espaço aéreo é ilegal (seja para a instalação de postes, dutos ou linhas de transmissão, por exemplo), uma vez que: a) a utilização, nesse caso, se reverte em favor da sociedade – razão pela qual não cabe a fixação de preço público; e b) a natureza do valor cobrado não é de taxa, pois não há serviço público prestado ou poder de polícia exercido. Nesse sentido: AgRg na AR 5.289/SP, Rel. Ministro Napoleão Nunes Maia Filho, Primeira Seção, DJe 19.09.2014; AI no RMS 41.885/MG, Rel. Ministro Benedito Gonçalves, Corte Especial, DJe 28.08.2015; AgRg no REsp 1.191.778/RS, Rel. Ministro Napoleão Nunes Maia Filho, Primeira Turma, DJe 26.10.2016; REsp 1.246.070/SP, Rel. Ministro Mauro Campbell Marques, Segunda Turma, DJe 18.6.2012; REsp 863.577/RS, Rel. Ministro Mauro Campbell Marques, Segunda Turma, DJe 10.09.2010; REsp 881.937/RS, Rel. Min. Luiz Fux, Primeira Turma, DJe 14.04.2008. 3. Agravo Interno não provido. Vistos, relatados e discutidos os autos em que são partes as acima indicadas, acordam os Ministros da Segunda Turma do Superior Tribunal de Justiça: ""A Turma, por unanimidade, negou provimento ao agravo interno, nos termos do voto do(a) Sr(a). Ministro(a)-Relator(a)." Os Srs. Ministros Og Fernandes, Mauro Campbell Marques, Assusete Magalhães (Presidente) e Francisco Falcão votaram com o Sr. Ministro Relator." (STJ – AgInt no REsp 1482422 / RJ 2014/0238746-0, Relator: Ministro Herman Benjamin (1132), Data do Julgamento: 22/11/2016, Data da Publicação: 30/11/2016, T2 – Segunda Turma). **FB**

Gabarito "B".

**(Analista Jurídico – TCE/PR – 2016 – CESPE)** Determinado órgão da administração pública pretende disponibilizar, mediante contrato por prazo determinado, uma área do prédio de sua sede – um bem público – para um particular instalar refeitório destinado aos servidores desse órgão. Nessa situação, de acordo com a doutrina pertinente, o instituto legalmente adequado para se disponibilizar o uso privativo do bem público por particular é a

(A) concessão de uso.

(B) cessão de uso.

(C) autorização de uso.

(D) concessão de direito real de uso.

(E) permissão de uso.

**A:** correta, pois esta tem natureza contratual e o investimento necessário para instalar um refeitório impõe que se proteja o particular concessionário com um instrumento com essa natureza, que lhe assegurará uma indenização na hipótese de a administração revogar o contrato antes do prazo; **B:** incorreta, pois esse nome em geral é utilizado para

passagem de um bem de um ente para outro da Administração Pública; **C:** incorreta, pois esse instituto é utilizado para uso muitíssimo curto de um bem público por um particular; um exemplo é uma autorização para alguém instalar uma barraquinha para vender bebidas numa festa em uma rua pública durante um final de semana; **D:** incorreta, pois não é necessário estabelecer um direito real em favor do particular num caso desses, bastando uma concessão comum, que já o protege caso a Administração queira revogar a concessão antes do término de seu prazo; **E:** incorreta, pois a permissão é um ato unilateral e, a qualquer tempo, revogável, não tendo natureza contratual, o que não é compatível com o investimento necessário para instalar um refeitório, que impõe que se proteja o particular interessado com um instrumento contratual, como é a concessão, garantindo-lhe uma indenização no caso de a administração revogar o contrato antes do prazo.

Gabarito "A".

**(Promotor de Justiça/PI – 2014 – CESPE)** No que se refere aos bens públicos, assinale a opção correta.

(A) Nas hipóteses em que a alienação de bens públicos imóveis depender da realização de procedimento licitatório, em regra, a modalidade será o leilão.

(B) Admite-se a aquisição, por usucapião, de bem público imóvel submetido a regime de aforamento, desde que a ação seja ajuizada em face de pessoa jurídica de direito público e do foreiro.

(C) A concessão de direito real de uso de bem público pode ser outorgada por prazo indeterminado, não sendo transmissível por ato *inter vivos* ou *causa mortis*.

(D) São bens públicos as florestas, naturais ou plantadas, localizadas nos entes públicos e nas entidades da administração indireta, excetuadas as que estejam sob o domínio das sociedades de economia mista.

(E) Como forma de compatibilizar o direito de reunião, previsto na CF, e o direito da coletividade de utilizar livremente dos bens públicos de uso comum, a administração, previamente comunicada a respeito do fato, pode negar autorização para a utilização de determinado bem público de uso comum, ainda que a finalidade da reunião seja pacífica, desde que o faça por meio de decisão fundamentada e disponibilize aos interessados outros locais públicos.

**A:** incorreta, pois em matéria de alienação de imóveis públicos, a regra é a realização de concorrência e a exceção é a possibilidade de realização de leilão (arts. 23, § 3º, e 19, III, da Lei 8.666/1993); **B:** incorreta, pois os bens públicos não são passíveis de usucapião (art. 102 do Código Civil); **C:** incorreta, pois pode ser transferida por ato *inter vivos* (art. 7º, § 4º, do Dec.-lei 271/1967); **D:** incorreta, pois bens públicos são os pertencentes às pessoas jurídicas de direito público (art. 98 do CC), sendo que os demais são privados; assim, bens de outras entidades da administração indireta que sejam pessoas jurídicas de direito privado, como é o caso das empresas públicas, são também bens privados; ou seja, são bens privados, ainda que sejam florestas, não só bens das sociedades de economia mista, como também os bens das empresas públicas; **E:** correta; o direito em questão não é absoluto, de modo que é possível, em circunstâncias excepcionais e devidamente motivadas, a providência mencionada na questão; aliás, a própria Constituição já traz uma exceção, ao dispor que esse direito cede se for frustrar outra reunião anteriormente convocada para o mesmo local (art. 5º, XVI, da CF).

Gabarito "E".

## 7.4. TEMAS COMBINADOS DE BENS PÚBLICOS

**(Juiz de Direito – TJ/SC – 2019 – CESPE/CEBRASPE)** As ilhas costeiras são bens públicos que pertencem

(A) aos estados, no caso de ilhas situadas nas águas interiores e na zona contígua, até o limite interior da plataforma continental, ou à União, no caso de ilhas situadas na plataforma continental.

(B) à União, com exceção das ilhas que contenham as sedes de capitais ou que possuam unidades de conservação estadual ou municipal.

(C) à União, ressalvadas as ilhas que contenham a sede de municípios, que podem ter áreas sob domínio municipal ou particular, e as áreas sob o domínio dos estados.

**(D)** aos municípios, no caso de ilhas situadas aquém das águas interiores, ou aos estados, no caso de ilhas situadas nas águas interiores até o fim da zona contígua.

**(E)** aos estados, salvo as que contenham a sede de municípios, as áreas afetadas ao serviço público dos demais entes e as unidades ambientais federais.

Nos termos do art. 20, IV, da CF, são bens da União as ilhas costeiras, excluídas as que contenham a sede de Municípios (exceto aquelas áreas afetadas ao serviço público e a unidade ambiental federal), bem como as referidas no art. 26, II, que indica como bens dos Estados as ilhas que estiverem no seu domínio, excluídas aquelas sob domínio da União, Municípios ou terceiros. A conjugação desses dispositivos permite concluir que as ilhas costeiras são bens públicos que pertencem à União, ressalvadas as ilhas que contenham a sede de Municípios, que podem ter áreas sob domínio municipal ou particular, e as áreas sob o domínio dos estados. Assim, correta a alternativa C. 🔲

Gabarito "C".

## 8. INTERVENÇÃO DO ESTADO NA PROPRIEDADE

### 8.1. DESAPROPRIAÇÃO

**(Delegado/RJ – 2022 – CESPE/CEBRASPE)** Insatisfeito com a falta de espaço para o exercício da polícia judiciária, delegado orienta servidores de delegacia a utilizar, como estacionamento de viaturas e depósito, imóvel privado, vizinho à delegacia em que está lotado. O delegado justificou sua ação no fato de que o imóvel estava abandonado há mais de cinco anos, que o interesse público prevalece sobre o interesse privado, que não havia sequer uma cerca protegendo o imóvel e que essa era a única forma de tutelar o patrimônio público que se deteriorava por falta de espaço. Alguns meses após tal iniciativa, o proprietário do imóvel ajuizou ação em face do Estado, pleiteando a retirada imediata.

Acerca dessa situação hipotética, é correto afirmar que

**(A)** o imóvel foi afetado ao serviço público, de modo que ao proprietário só restaria um pleito de desapropriação indireta, caso ainda houvesse prazo para tanto.

**(B)** o princípio da supremacia do interesse público sobre o particular justifica a destinação conferida ao bem pelo delegado, cujas intenções e ações afastam a possibilidade de sua punição.

**(C)** o delegado poderá eventualmente sofrer reprimenda disciplinar caso, após processo administrativo regular, verificar-se que seu erro foi grosseiro ou que sua ação foi dolosa, na forma da Lei de Introdução às Normas do Direito Brasileiro (LINDB).

**(D)** o particular não teria direito de resistir à pretensão pública, em face da incorporação do bem ao patrimônio da administração, haja vista terem se passado cinco anos de abandono evidente, bem como em respeito à função social da propriedade privada.

**(E)** o Estado, polo passivo da ação, por meio de sua procuradoria, diante da constatação da postura arbitrária do delegado, deverá promover a denunciação da lide, para que o delegado satisfaça eventual direito de regresso ao erário.

Alternativa **A** incorreta (o uso precário e temporário de imóvel privado para estacionamento e depósito não configura apossamento administrativo que justifique a caracterização de uma desapropriação indireta). Alternativa **B** incorreta (o princípio da supremacia do interesse público sobre o particular não justifica a adoção de medidas ilícitas pelo delegado). Alternativa **C** correta (nos termos do art. 28 da LINDB: "o agente público responderá pessoalmente por suas decisões ou opiniões técnicas em caso de dolo ou erro grosseiro"). Alternativa **D** incorreta (considerando que não houve incorporação do bem ao patrimônio público, o particular tem direito de resistir à pretensão pública; o fato de o imóvel estar abandonado há alguns anos não afasta a ilegalidade da ocupação que perdurou por alguns meses apenas). Alternativa **E** incorreta (como regra, somente se o Estado for condenado ao pagamento de indenização é que caberá o exercício do direito de regresso

em face do agente público causador do dano; nesse sentido, incabível a denunciação da lide). 🔲

Gabarito "C".

**(Analista Judiciário – STJ – 2018 – CESPE)** Tendo como referência a jurisprudência dos tribunais superiores relativa a desapropriação, improbidade administrativa e processo administrativo, julgue os seguintes itens.

**(1)** Conforme entendimento do Superior Tribunal de Justiça, o ente público desapropriante responderá pelos tributos incidentes sobre o imóvel desapropriado, mesmo que o período de ocorrência do fato gerador seja anterior ao ato de aquisição originária da propriedade.

**(2)** De acordo com o Superior Tribunal de Justiça, caso uma ação de improbidade administrativa seja julgada improcedente, a respectiva sentença deverá sujeitar-se à remessa necessária.

**(3)** Situação hipotética: João, ao ter completado cinquenta anos de idade, apresentou requerimento a órgão público federal, o que culminou na abertura de processo administrativo. No procedimento, ele anexou documento probatório da sua condição de portador de doença crônica grave no fígado e requereu à autoridade competente a declaração da prioridade de tramitação do feito. Assertiva: Nessa situação, o benefício de tramitação prioritária deverá ser deferido.

**1:** incorreta – a desapropriação é forma originária de aquisição da propriedade, razão pela qual o ente desapropriante não responde por tributos incidentes sobre o imóvel desapropriado, nas hipóteses em que o período de ocorrência do fato gerador é anterior ao ato de aquisição originária da propriedade. Vale a pena ler o recente julgado a respeito do tema: "A questão trazida à colação trata de sucessão tributária, em decorrência da desapropriação de imóvel pertencente à empresa privada pela União Federal, visto que os débitos, objetos de cobrança em execução fiscal promovida por fazenda municipal, tem como fundamento fatos geradores ocorridos em momento pretérito à ocorrência da imissão na posse, relativos aos Imposto Predial Territorial Urbano (IPTU) e Taxa de Limpeza Pública de Coleta de Resíduos Sólidos. Primeiramente, cumpre referir que o art. 34 do CTN considera contribuintes do IPTU o proprietário do imóvel, o titular do seu domínio útil ou o seu possuidor a qualquer título. Por seu turno, da análise dos artigos 130 e 131, I, do CTN, extrai-se que o comprador do imóvel se sub-roga nos direitos e obrigações que decorrem da aquisição, ou seja, se torna pessoalmente responsável pelos impostos referentes ao bem adquirido. No mesmo sentido, as taxas de limpeza pública de coleta de resíduos sólidos estão vinculadas ao imóvel, ou seja, são obrigações *propter rem*, independentemente de quem seja o proprietário, detentor do domínio útil ou possuidor. Noutra quadra, a desapropriação, de acordo com doutrina, "(...) *é forma originária de aquisição da propriedade, porque não provém de nenhum título anterior, e, por isso, o bem expropriado torna-se insuscetível de reivindicação e libera-se de quaisquer ônus que sobre ele incidissem precedentemente, ficando os eventuais credores sub-rogados no preço*". Extrai-se, portanto, que a propriedade adquirida em decorrência da desapropriação desvincula-se dos títulos dominiais pretéritos e não mantém nenhuma ligação com estes, o que impede a imposição de ônus tributário sobre o bem por quem quer que seja, nos termos do artigo 35 do Decreto-Lei 3.365/1941. À vista desse entendimento e considerando que à legislação tributária é vedado alterar a definição, o conteúdo e o alcance dos institutos, conceitos e formas de direito privado (art. 110 do CTN), conclui-se ser inexigível perante a União, os créditos tributários incidentes sobre o imóvel expropriado, devendo eventuais direitos creditórios em favor da exequente ser imputados ao expropriado. (STJ. REsp 1.668.058-ES, Rel. Min. Mauro Campbell Marques, por unanimidade, julgado em 08.06.2017, DJe 14.06.2017); **2:** incorreta – De acordo com o novo regime instituído pela Lei 14.230/2021, as sentenças proferidas em ações de improbidade não estão sujeitas à remessa necessária (art. 17-C, §3º, da Lei 8.429/1992). Superada, portanto, a jurisprudência do STJ, que aplicava às ações de improbidade administrativa o reexame necessário previsto no Art. 19 da Lei da Ação Popular.; **3:** correta – É o que estabelece o art. 69-A da Lei 9.784/1999, com a redação dada pela Lei 12.008/2009. 🔲

Gabarito 1E, 2C (desatualizado), 3C.

## 5. DIREITO ADMINISTRATIVO    139

**(Promotor de Justiça/RR – 2017 – CESPE)** Concluído determinado processo de desapropriação, com o pagamento integral do valor e a incorporação do bem ao patrimônio do poder público, este decidiu devolver o bem expropriado ao antigo dono, por não lhe ter sido atribuída a destinação prevista no decreto expropriatório nem qualquer outra destinação pública.

Essa reversão do procedimento expropriatório é denominada

(A) tredestinação lícita.
(B) desapropriação indireta.
(C) desistência da desapropriação.
(D) retrocessão.

**A:** incorreta – Na assertiva, não há a destinação do bem desapropriado para outra finalidade pública. A tredestinação lícita se dá quando o Administração Público dá ao bem finalidade diversa da que constava no ato declaratório, mas ainda assim de interesse público. Um exemplo seria a tredestinação de um imóvel, desapropriado para a instalação de uma repartição da Secretaria de Direitos Humanos para construção de um hospital; **B:** incorreta – desapropriação indireta é aquela decorrente de uma apossamento administrativo do bem pelo Poder Público sem seguir os trâmites previstos legalmente; **C:** incorreta – no caso em tela, a ação de desapropriação já se extinguiu e a desapropriação já foi realizada; **D:** correta – também conhecida como reversão ou reaquisição, a retrocessão é a devolução do domínio expropriado, para que se integre ou regresse ao patrimônio daquele de quem foi tirado, pelo mesmo preço da desapropriação. **FB**

Gabarito "D".

**(Procurador do Estado/SE – 2017 – CESPE)** À luz da doutrina e da jurisprudência sobre a intervenção do Estado na propriedade, assinale a opção correta.

(A) Situação hipotética: Determinada propriedade rural é produtiva e cumpre sua função social em metade de sua extensão, ao passo que, na outra metade, são cultivadas plantas psicotrópicas ilegais. Assertiva: Nessa situação, eventual desapropriação recairá somente sobre a metade que se destina ao cultivo de plantas psicotrópicas ilegais.

(B) Situação hipotética: Um estado emitiu decreto expropriatório para a construção de um hospital. Após a execução do ato expropriatório, a região foi acometida por fortes chuvas, que destruíram um grande número de escolas. Assertiva: Nessa situação, se determinar a alteração da destinação do bem para a construção de escolas, o estado não terá obrigação de garantir ao ex-proprietário o direito de retrocessão.

(C) Situação hipotética: Maria adquiriu um apartamento na cobertura de um edifício. Após a aquisição do imóvel, com a averbação do registro, Maria pleiteou indenização contra o estado, considerando a prévia existência de linha de transmissão em sua propriedade. Assertiva: Nessa situação, Maria terá direito a indenização, desde que o prejuízo alegado não recaia também sobre as demais unidades do edifício.

(D) Situação hipotética: Um imóvel com área efetivamente registrada equivalente a 90% da sua área real, de propriedade de Pedro, foi objeto de desapropriação direta. Assertiva: Nessa situação, o pagamento de indenização a Pedro deverá recair sobre a totalidade da área real do referido imóvel.

(E) Um imóvel rural produtivo, mas que não cumpre a sua função social, poderá ser desapropriado para fins de reforma agrária, segundo a CF.

**A:** incorreta – a parte do terreno destinada ao cultivo de plantas psicotrópicas ilegais não será objeto de desapropriação, mas de confisco, sem ensejar qualquer direito à indenização – Art. 243 CF/1988; **B:** correta – a retrocessão *importa no direito do ex-proprietário de reaver o bem expropriado que não foi utilizado em finalidade pública*. Mas isso depende de a tredestinação ser lícita ou ilícita. O requisito aqui é o desvio de finalidade, a chamada tredestinação, que nada mais é que a destinação em desconformidade com o inicialmente previsto, e que pode ser ilícita (quando então, dentre outras ações cabíveis, será possível ao ex-proprietário a retrocessão) ou lícita (quando, ainda que diverso, persiste o interesse público sobre o bem desapropriado, ou seja, quando a nova finalidade for também de interesse público); **C:** incorreta – caberá indenização apenas se a limitação administrativa

tiver o condão de afetar o conteúdo econômico do bem, o que deve ser aferido caso a caso; **D:** incorreta – O valor da indenização de um imóvel, em caso de desapropriação, deve ser estipulado levando-se em consideração a área registrada em cartório, ainda que a extensão real do terreno seja diferente do registro. Este é entendimento do Superior Tribunal de Justiça (STJ) sobre a matéria. Para a Corte, a indenização do imóvel deve limitar-se à área do decreto expropriatório constante do registro imobiliário. Se houver maior porção do terreno não inclusa no registro, porém ocupada pelo expropriante, o valor da indenização referente à porção deverá ser mantido em depósito até solução sobre a propriedade do terreno. Segue ementa sobre o tema: Processual civil e administrativo. Desapropriação para fins de reforma agrária. Divergência entre a área registrada e a planimetrada do imóvel. Justa indenização. Ofensa ao art. 535 do CPC não configurada. 1. Cuida-se de Ação de Desapropriação para fins de Reforma Agrária proposta pelo Incra contra Geraldo Xavier Grunwald e sua esposa, visando a desapropriar propriedade rural denominada "Fazenda Barreirão", com área registrada de 5.823,1246 hectares, localizada no Município de Nortelândia, Estado do Mato Grosso. 2. A solução integral da controvérsia, com fundamento suficiente, não caracteriza ofensa ao art. 535 do CPC. 3. Atende ao postulado da justa indenização o acórdão adequadamente fundamentado que fixa seu montante em conformidade com os critérios legais (art. 12 da Lei 8.629/1993). 4. Havendo divergência entre a área registrada e a medida, o expropriado somente poderá levantar o valor da indenização correspondente à registrada. O depósito indenizatório relativo ao espaço remanescente ficará retido em juízo até que o expropriado promova a retificação do registro ou seja decidida, em ação própria, a titularidade do domínio (art. 34 do DL 3.365/1941). 5. Recurso Especial parcialmente provido. (REsp 1286886/MT, Rel. Ministro Herman Benjamin, Segunda Turma, julgado em 06/05/2014, DJe 22.05.2014); **E:** incorreta – a propriedade produtiva é insuscetível de desapropriação para fins de reforma agrária – Art. 185, II, CF/1988. **FB**

Gabarito "B".

**(Procurador Municipal – Prefeitura/BH – CESPE – 2017)** Com relação à intervenção do Estado na propriedade, assinale a opção correta.

(A) Compete à União, aos estados e ao DF legislar, de forma concorrente, sobre desapropriação, estando a competência da União limitada ao estabelecimento de normas gerais.

(B) Expropriação ou confisco consiste na supressão punitiva de propriedade privada pelo Estado, a qual dispensa pagamento de indenização e incide sobre propriedade urbana ou rural onde haja cultura ilegal de psicotrópico ou ocorra exploração de trabalho escravo.

(C) Servidão administrativa é a modalidade de intervenção que impõe obrigações de caráter geral a proprietários indeterminados, em benefício do interesse geral abstratamente considerado, e afeta o caráter absoluto do direito de propriedade.

(D) Requisição é a modalidade de intervenção do Estado supressiva de domínio, incidente sobre bens móveis e imóveis, públicos ou privados, e, em regra, sem posterior indenização.

**A:** incorreta. Conforme dispõe o art. 22, III, CF, trata-se de competência privativa da União legislar sobre desapropriação, e não concorrente; **B:** correta. Trata-se da desapropriação – pena prevista no art. 243, CF; **C:** incorreta. Na servidão não há imposição de uma obrigação geral, e sim, de uma submissão de um imóvel dominante a outro serviente, ou, no caso da servidão administrativa, de um serviço ou obra em relação a um bem público; **D:** incorreta. A requisição administrativa determina indenização ulterior, se houver dano, conforme disposto no art. 5º, XXV, CF. **AW**

Gabarito "B".

**(Advogado União – AGU – CESPE – 2015)** Acerca da intervenção do Estado na propriedade, das licitações e dos contratos administrativos, julgue o seguinte item.

(1) Segundo o entendimento do STJ, ao contrário do que ocorre em desapropriação para fins de reforma agrária, é irregular, nos casos de desapropriação por utilidade pública, a imissão provisória na posse pelo poder público.

**1:** Incorreta . O STJ, súmula 652, entende que é constitucional a imissão provisória da posse na desapropriação para fins de reforma agrária, sendo o que determina o art. 15, § 1º, do Decreto-Lei 3.365/1941. Gabarito 1E

**(Advogado União – AGU – CESPE – 2015)** Julgue os próximos itens, referentes à utilização dos bens públicos e à desapropriação.

**(1)** De acordo com o STJ, ao contrário do que ocorre nos casos de desapropriação para fins de reforma agrária, é vedada a imissão provisória na posse de terreno pelo poder público em casos de desapropriação para utilidade pública.

**(2)** Se os membros de uma comunidade desejarem fechar uma rua para realizar uma festa comemorativa do aniversário de seu bairro, será necessário obter da administração pública uma permissão de uso.

**1:** O art. 15, § 1º, do Decreto-Lei 3.365/1941 dispõe que é possível a imissão provisória nos casos de desapropriação para utilidade pública. **2:** Incorreta. Para realizar uma "festa", os membros dessa comunidade devem obter uma autorização de uso de bem público, que é ato unilateral, discricionário e precário, pelo qual o Poder Público concede o uso do bem no interesse do particular. Gabarito 1E, 2E

**(Procurador do Estado – PGE/BA – CESPE – 2014)** No que se refere aos atos administrativos, julgue os itens subsequentes.

**(1)** Caso um governador resolva desapropriar determinado imóvel particular com o objetivo de construir uma creche para a educação infantil e, posteriormente, com fundamento no interesse público e em situação de urgência, mude a destinação do imóvel para a construção de um hospital público, o ato deve ser anulado, por configurar tredestinação ilícita.

**(2)** Os atos enunciativos, como as certidões, por adquirirem os seus efeitos por lei, e não pela atuação administrativa, não são passíveis de revogação, ainda que por razões de conveniência e oportunidade.

**(3)** Incorre em vício de forma a edição, pelo chefe do Executivo, de portaria por meio da qual se declare de utilidade pública um imóvel, para fins de desapropriação, quando a lei exigir decreto.

**(4)** O ato de exoneração do ocupante de cargo em comissão deve ser fundamentado, sob pena de invalidade por violação do elemento obrigatório a todo ato administrativo: o motivo.

**1:** Incorreta. Nesse caso, não temos mudança de finalidade pública, por isso o ato é ilícito, sendo realmente hipótese de tredestinação lícita. **2:** Correta. As certidões são atos vinculados, porque apenas certificam o que já consta de uma lei, por isso não admitem revogação. **3:** Correta, tendo em vista que viola a forma do ato o fato de ele ser um tipo diferente do que exige a lei. **4:** Incorreta. O ato de exoneração de servidor comissionado é livre, não necessitando de motivação. Pode ser motivado, mas a lei não exige esse requisito para a validade do ato. Gabarito 1E, 2C, 3C, 4E

**(Promotor de Justiça/PI – 2014 – CESPE)** O prefeito de determinado município realizou a desapropriação de um imóvel para fins de implantação de um parque ecológico, tendo a prefeitura instalado posteriormente, na área expropriada, um conjunto habitacional popular. Nesse caso hipotético,

**(A)** como a área expropriada não foi utilizada para a implantação do parque ecológico, cabe indenização dos expropriados por perdas e danos sofridos, desde que devidamente comprovados.

**(B)** não houve desvio de finalidade, dado o atendimento do interesse público, estando configurada a tredestinação lícita.

**(C)** embora tenha ocorrido desvio de finalidade, o bem expropriado foi incorporado ao patrimônio público, o que torna inviável a retrocessão, cabendo, entretanto, indenização por perdas e danos.

**(D)** houve desvio de finalidade, dado o descumprimento dos objetivos que justificaram a desapropriação, cabendo a retrocessão.

**(E)** houve desvio de finalidade, devendo ser decretada a nulidade do ato expropriatório com a reintegração dos expropriados na posse do imóvel e indenização em lucros cessantes.

**A:** incorreta, pois se a mudança de finalidade da desapropriação se dá para outra finalidade que também é de interesse público, essa mudança é considerada lícita, o que a doutrina e a jurisprudência denominam tredestinação lícita; **B:** correta, pois, preservada a atuação em prol do interesse público, o ato deve ser mantido, configurando o instituto da tredestinação lícita; **C e E:** incorretas, pois o ato da Administração é considerado regular (tredestinação lícita) e não cabe qualquer indenização em favor do expropriado ou pedido de anulação do ato. Gabarito "B".

## 8.2. REQUISIÇÃO DE BENS E SERVIÇOS

**(Juiz de Direito/AM – 2016 – CESPE)** A CF, em seu artigo 5.º, XXII, garante o direito de propriedade; no inciso XXIII do mesmo artigo, condiciona o exercício desse direito ao atendimento da função social. Acerca da intervenção do Estado na propriedade privada, assinale a opção correta.

**(A)** A ocupação temporária é direito real, uma vez que só incide sobre a propriedade imóvel.

**(B)** A limitação administrativa enseja ao pagamento de indenização em favor dos proprietários.

**(C)** As modalidades de intervenção supressiva incluem a desapropriação e a ocupação temporária.

**(D)** A requisição é modalidade de intervenção em que o Estado utiliza propriedade particular no caso de perigo público iminente.

**(E)** É exemplo de servidão administrativa a utilização temporária de terrenos particulares contíguos a estradas em construção ou em reforma, para, por exemplo, a alocação transitória de máquinas de asfalto.

**A:** incorreta, pois nem toda ocupação que se faz de um imóvel consiste em direito real, já que os direitos reais são tipificados expressamente pela lei e a ocupação temporária não é considerada um direito real, diferentemente da servidão administrativa por exemplo; **B:** incorreta, pois a limitação administrativa é um ato geral e indeterminado, que apenas delimita o direito das pessoas, não ensejando assim direito a indenização; **C:** incorreta, pois a ocupação temporária, como o próprio nome diz, não importa em supressão do direito do proprietário da coisa sobre esta; **D:** correta, sendo que o nome inteiro é requisição administrativa e o Estado deve pagar indenização ao particular, posteriormente ao uso da coisa, se este tiver prejuízo; **E:** incorreta, pois no caso tem-se o instituto autônomo da *ocupação temporária*, que não se confunde com *servidão administrativa*, já que a última é direito real e tem caráter duradouro. Gabarito "D".

## 8.3. OCUPAÇÃO TEMPORÁRIA

**(Defensor Público/AL – 2017 – CESPE)** Com o intuito de dar apoio logístico à obra de construção de um hospital municipal, o prefeito de determinada cidade exarou ato declaratório informando a necessidade de utilização, por tempo determinado, de um imóvel particular vizinho à obra, o qual serviria como estacionamento para as máquinas e como local de armazenamento de materiais.

Nessa situação hipotética, a modalidade de intervenção do ente público na propriedade denomina-se

**(A)** ocupação temporária.
**(B)** desapropriação.
**(C)** requisição administrativa.
**(D)** servidão administrativa.
**(E)** limitação administrativa.

**A:** correta – ocupação temporária ou provisória consiste no direito de uso do Poder Público sobre um bem particular não edificado, de forma transitória, remunerada ou gratuita, com o objetivo de executar obras, serviços ou atividades públicas. O artigo 36 do Decreto-lei 3.365/1941, que trata das desapropriações, prevê tal ocupação: é permitida a ocupação temporária, que será indenizada, a final, por ação própria, de terrenos não edificados, vizinhos às obras e necessários à sua realização; **B:** incorreta – desapropriação pode ser conceituada como o procedimento pelo qual o Poder Público, fundado em necessidade pública, utilidade pública ou interesse social, compulsoriamente adquire para si um bem certo, em caráter originário, mediante indenização prévia, justa e pagável em dinheiro, salvo no caso de imóveis em desacordo com a função social da propriedade, hipóteses em que a indenização far-se-á em títulos da dívida pública; **C:** incorreta – a requisição administrativa é o ato pelo qual o Estado determina e efetiva a utilização de bens ou serviços particulares, mediante indenização ulterior, para atender necessidades públicas urgentes e transitórias, ou seja, em caso de iminente perigo público. Seu fundamento legal encontra-se no 5º, XXV, da CF/1988: no caso de iminente perigo público, a autoridade competente poderá usar de propriedade particular, assegurada ao proprietário indenização ulterior, se houver dano; **D:** incorreta – servidão administrativa é o ônus real de uso imposto pela Administração a um bem alheio, particular ou público, nesse último caso desde que obedecida a mesma hierarquia aplicável às desapropriações, com objetivo de assegurar a realização de obras e serviços públicos, assegurada indenização ao particular, salvo se não houver prejuízo; **E:** incorreta – a limitação administrativa consiste na imposição unilateral, geral e gratuita, que traz os limites dos direitos e atividades particulares de forma a condicioná-los às exigências da coletividade. Ex.: proibição de construir sem respeitar recuos mínimos; proibição de instalar indústria ou comércio em determinadas zonas da cidade etc. **FB**

Gabarito "A".

### 8.4. SERVIDÃO ADMINISTRATIVA

**(Auditor Fiscal - SEFAZ/RS - 2019 - CESPE/CEBRASPE)** Se, na instalação de uma passagem de fios com a finalidade de distribuição de energia elétrica para a população local, apresentar-se como uma necessidade pública a utilização de parte de um terreno privado, caberá, sobre essa propriedade privada, a intervenção estatal na modalidade

(A) servidão civil.
(B) desapropriação.
(C) servidão administrativa.
(D) tombamento.
(E) requisição.

**A:** incorreta – servidão civil é um direito real, voluntariamente imposto a um prédio (serviente) em favor de outro (dominante), em virtude do qual o proprietário do primeiro perde o exercício de seus direitos dominiais sobre o seu prédio, ou tolera que dele se utilize o proprietário do segundo, tornando este mais útil; **B:** incorreta. Desapropriação é o procedimento administrativo pelo qual o Poder Público ou seus delegados, mediante prévia declaração de utilidade pública ou interesse social, impõe ao proprietário a perda de um bem, substituindo-o em seu patrimônio por justa indenização; **C:** correta, servidão administrativa é ônus real de uso, de natureza pública, imposto pela Administração ao particular para assegurar a realização e conservação de obras e serviços públicos ou de utilidade pública, mediante indenização dos prejuízos efetivamente suportados pelo proprietário. Deve ser parcial, a fim de possibilitar a utilização da propriedade particular para uma finalidade pública sem a desintegração do domínio privado, e só se efetiva com o registro competente para que possa produzir efeitos *erga omnes*, nos termos do art. 167, I, item 6 da Lei nº 6.015/73; **D:** incorreta, tombamento é a intervenção administrativa na propriedade pela qual o Poder Público sujeita determinados bens a limitações para sua conservação e preservação. É sempre uma restrição parcial, que não impede o proprietário de exercer os direitos inerentes ao domínio, razão pela qual, em regra, não dá direito a indenização, de sorte que apenas enseja indenização quando comprovado ser ele ensejador de danos ao proprietário em razão da grande afetada por ele causada aos direitos de propriedade de seu titular; **E:** incorreta. Requisição é a utilização coativa de bens ou serviços particulares pelo poder público por ato de execução imediata e direta da autoridade requisitante e indenização ulterior, para atendimento de necessidades coletivas urgentes e transitórias (que não necessariamente se caracterizam como perigo público iminente). **FB**

Gabarito "C".

**(Analista Judiciário – TRT/8ª – 2016 – CESPE)** Assinale a opção que indica a modalidade interventiva do Estado na propriedade que tenha como características natureza jurídica de direito real, incidência sobre bem imóvel, caráter de definitividade, indenização prévia e condicionada à existência de prejuízo e constituição mediante acordo ou decisão judicial.

(A) requisição
(B) tombamento
(C) servidão administrativa
(D) ocupação temporária
(E) desapropriação

**A:** incorreta, pois a requisição é *temporária*, pode incidir sobre imóvel ou *móvel*, *não* constitui direito real, é constituída por *ato administrativo* e a indenização, quando cabível, é *ulterior* (posterior); **B:** incorreta, pois o tombamento pode incidir sobre imóvel ou móvel, só em casos excepcionais enseja indenização e em geral é constituído por ato administrativo; **C:** correta, pois a servidão tem todas as características apontadas no enunciado, em especial o fato de que é direito real incidente apenas sobre imóvel, o que vai diferenciá-la da desapropriação, pois esta recai tanto sobre imóvel, como sobre bem móvel; **D:** incorreta, pois esta é temporária e é constituída por ato administrativo; **E:** incorreta, pois a desapropriação recai tanto sobre imóvel, como sobre bem móvel.

Gabarito "C".

### 8.5. TOMBAMENTO

**(Promotor de Justiça/RR – 2017 – CESPE)** O bem de propriedade particular tombado pelo Serviço do Patrimônio Histórico e Artístico Nacional poderá

(A) sair do país se houver transferência de domínio.
(B) sair do país, por prazo indeterminado, desde que autorizado.
(C) ser alienado, cabendo ao adquirente fazê-lo constar do devido registro.
(D) ser reparado ou restaurado sem prévia autorização do órgão competente.

O tombamento é o ato de reconhecimento do valor histórico de um bem, transformando-o em patrimônio oficial público e instituindo um regime jurídico especial de propriedade, levando em conta sua função social. É uma modalidade de intervenção estatal na propriedade e destina-se a proteger o patrimônio cultural brasileiro, incluído neste a memória nacional, bens de ordem histórica, artística, arqueológica, cultural, científica, turística e paisagística. Até o advento do Código de Processo Civil, que em seu Art. 1.072 revogou o Art. 22 do Decreto-Lei 25, de 30 de novembro de 1937, havia um direito de preferência da União, Estados e Municípios no caso de alienação onerosa de bens tombados. Agora ficou assim: Art. 889. Serão cientificados da alienação judicial, com pelo menos 5 (cinco) dias de antecedência: (...) VIII – a União, o Estado e o Município, no caso de alienação de bem tombado. A ciência prévia à alienação judicial, *permite que os entes públicos exerçam o direito de preferência no caso de leilão judicial do bem tombado*, conforme previsão do art. 892, § 3º, do NCPC: Art. 892. (...) § 3º No caso de leilão de bem tombado, a União, os Estados e os Municípios terão, nessa ordem, o direito de preferência na arrematação, em igualdade de oferta. **FB**

Gabarito "C".

**(Procurador do Estado/SE – 2017 – CESPE)** Com referência às formas de limitação da propriedade, à proteção do patrimônio histórico, artístico e cultural e à desapropriação, assinale a opção correta.

(A) Após o prazo fixado na lei que define a área sujeita ao direito de preempção, não viola o direito de preferência a venda de imóvel a particular mediante proposta diferente da apresentada ao poder público, ainda que sem previamente consultá-lo.
(B) Em virtude da aplicação do princípio da isonomia, incide o prazo prescricional de três anos à pretensão do proprietário para a reparação de prejuízos decorrentes da requisição.
(C) Enquanto a requisição administrativa pode ser gratuita ou remunerada, a ocupação temporária, devido ao seu caráter precário, será sempre gratuita.

**(D)** Admite-se a instituição de servidão administrativa de bem da União por município, desde que declarada a utilidade pública e observado o procedimento da desapropriação.

**(E)** Segundo o STJ, não incide o princípio da hierarquia federativa no exercício da competência concorrente para o tombamento de bens públicos, o que autoriza um município a tombar bens do respectivo estado.

**A:** incorreta – "Transcorrido o prazo mencionado no *caput* sem manifestação, fica o proprietário autorizado a realizar a alienação para terceiros, nas condições da proposta apresentada" – Art. 27, § 3º, da Lei 10.257/2001; **B:** incorreta – por aplicação analógica, tendo em vista que não se trata de um direito real mas pessoal, é possível a indenização por prejuízos decorrentes de limitações administrativas, tombamentos, requisições administrativas e etc. no prazo de 5 anos, conforme o Decreto 20.910/1932; **C:** incorreta – quanto às diferenças entre a ocupação e a requisição, a primeira incide sobre bens, enquanto a segunda sobre *bens e serviços*; a requisição é típica de situações de urgência, enquanto a ocupação não tem essa característica necessariamente; o exemplo de ocupação mais comum prevê que ela só se dá sobre terrenos não edificados e mediante caução (se instituída), enquanto a requisição incide sobre qualquer bem e sem caução. Por fim, a requisição gera ao proprietário direito a indenização se houver dano, ao passo que a ocupação temporária é sempre indenizada; **D:** incorreta – Tal como na desapropriação, embora de constitucionalidade questionável, entende-se que a União pode instituir servidão administrativa de bens dos Estados, Distrito Federal e Municípios, que os Estados podem instituir esse ônus real em relação aos municípios insertos em seu território, mas os municípios não poderão instituir servidão quer de imóveis federais, quer de imóveis estaduais. Assim, temos que a servidão administrativa é ônus real de uso imposto pela Administração a um bem alheio, particular ou público, nesse último caso desde que obedecida a mesma hierarquia aplicável às desapropriações, com objetivo de assegurar a realização de obras e serviços públicos, assegurada indenização ao particular, salvo se não houver prejuízo; **E:** correta – restou pacificado o entendimento no STF de que não incide para o tombamento o princípio da hierarquia federativa. **FB**

*Gabarito "E".*

**(Promotor de Justiça/RR – 2017 – CESPE)** Determinada pessoa física apresentou proposta para registro de manifestação musical no livro de registro de forma de expressão, e determinada associação civil, constituída havia seis meses, apresentou proposta para registro de uma praça no livro de registro de lugares. As propostas foram dirigidas ao presidente do IPHAN.

Com base no que determina o Decreto 3.551/2000, nas situações apresentadas, o presidente do IPHAN deverá

**(A)** indeferir as duas propostas de registro, por terem sido apresentadas por partes ilegítimas.

**(B)** submeter somente a proposta de registro proveniente da associação civil – parte legítima – ao Conselho Consultivo do Patrimônio Cultural.

**(C)** encaminhar as duas propostas ao ministro de estado da Cultura, autoridade responsável para instruir e deliberar sobre elas.

**(D)** submeter somente a proposta de registro proveniente da pessoa física – parte legítima – ao Conselho Consultivo do Patrimônio Cultural.

**A:** incorreta – A pessoa física não é parte legítima para a instauração do processo de registro, mas a associação civil sim – Art. 2º do Decreto 3.551/2000; **B:** correta – só a proposta da associação civil, por ser legitimada para tanto, pode ser submetida ao Conselho consultivo do Patrimônio Cultural – Art. 2º, inciso IV, e Art. 3º do Decreto 3.551/2000; **C:** incorreta – A pessoa física não é parte legítima para a instauração do processo de registro, mas a associação civil sim – Art. 2º do Decreto 3.551/2000. Ademais, as propostas para registro, acompanhadas de sua documentação técnica, serão dirigidas ao Presidente do Instituto do Patrimônio Histórico e Artístico Nacional – IPHAN, que as submeterá ao Conselho Consultivo do Patrimônio Cultural; **D:** incorreta – A pessoa física não é parte legítima para a instauração do processo de registro, mas a associação civil sim – Art. 2º do Decreto 3.551/2000. **FB**

*Gabarito "B".*

**(Juiz de Direito/DF – 2016 – CESPE)** Assinale a opção correta, segundo a qual a modalidade de intervenção na propriedade privada sujeita o bem, cuja conservação seja de interesse público, por sua importância histórica, artística, arqueológica, bibliográfica ou etnológica, a restrições parciais, mediante procedimento administrativo.

**(A)** tombamento

**(B)** ocupação temporária

**(C)** servidão administrativa

**(D)** limitação administrativa

**(E)** desapropriação

**A:** correta, tratando-se do tombamento, cujas regras estão previstas no Decreto-lei 25/37; **B:** incorreta, pois nesta apenas se tem o interesse do poder público em fazer uso de um imóvel particular enquanto realiza uma obra pública vizinha a esse imóvel; **C:** incorreta, pois o objetivo da servidão é ligado em geral à prestação de um serviço público, e não à defesa do patrimônio cultural; ademais, a servidão se constitui por acordo ou ação judicial, e não por procedimento administrativo; **D:** incorreta, pois a limitação administrativa é ato geral e atinge pessoas indeterminadas, ao passo que o tombamento recai sobre bem específico; **E:** incorreta, pois o objetivo da desapropriação é a aquisição de um bem e o do tombamento apenas a conservação de um bem de interesse cultural; ademais, a desapropriação se constitui por acordo ou ação judicial, e não por procedimento administrativo.

*Gabarito "A".*

## 8.6. LIMITAÇÃO ADMINISTRATIVA

**(Juiz – TJ/CE – 2018 – CESPE)** Conforme entendimento jurisprudencial do STJ, a limitação administrativa sobre determinado bem constitui modalidade de intervenção restritiva na propriedade de caráter

**(A)** exclusivo e pode dar ensejo a indenização de natureza jurídica de direito real em favor do proprietário, ainda que não seja demonstrada a efetiva redução do valor econômico do bem em função da referida limitação.

**(B)** geral e condição inerente ao exercício do direito de propriedade, inexistindo hipóteses de indenização.

**(C)** geral, mas que pode dar ensejo a indenização em favor do proprietário na hipótese de a limitação causar redução do valor econômico do bem, independentemente do momento em que tenha sido instituída a restrição.

**(D)** exclusivo e pode dar ensejo a indenização de natureza jurídica de direito real em favor do proprietário, desde que a aquisição do bem tenha ocorrido anteriormente à instituição da restrição.

**(E)** geral, mas que pode dar ensejo a indenização de natureza jurídica de direito pessoal, se a limitação causar redução do valor econômico do bem e a sua aquisição tiver ocorrido anteriormente à instituição da restrição.

A limitação administrativa é uma das espécies de intervenção do Estado da propriedade que institui restrição de caráter geral sobre o bem, com a imposição do Poder Público a proprietários indeterminados de obrigações positivas, negativas ou permissivas a fim de condicionar a propriedade ao interesse público, sem lhe atingir o conteúdo econômico, razão pela qual não gera como regra direito à indenização. Todavia, se houver redução do valor econômico do bem e se sua aquisição tiver ocorrido anteriormente à instituição da restrição, pode dar ensejo à indenização. **FB**

*Gabarito "E".*

**(Juiz – TRF5 – 2017 – CESPE)** Em cada uma das opções a seguir é apresentada uma situação hipotética acerca das formas de intervenção do Estado na propriedade, seguida de uma assertiva a ser julgada. Assinale a opção correspondente à assertiva correta.

**(A)** O comprador de um imóvel com restrição pretende ser indenizado por ter sofrido limitação administrativa preexistente constante em nota *non aedificandi* – proibição de construir – referente a parte do imóvel, em razão de normas ambientais. Nesse caso, é indevida a indenização pretendida, pois não há perda da propriedade, mas apenas restrições de uso.

## 5. DIREITO ADMINISTRATIVO 143

(B) Um imóvel de propriedade privada situado às margens de um rio navegável que atravessa todo o estado foi objeto de decreto expropriatório. Nessa situação, é devida ao proprietário a indenização de toda a propriedade, incluindo-se a área situada às margens do rio.

(C) Uma propriedade particular foi objeto de decreto expropriatório para a construção de um parque público no local. No entanto, o desabamento de uma escola pública situada em área de risco levou o estado a construir emergencialmente uma escola na referida propriedade. Nessa situação, o particular cujo bem foi expropriado poderá utilizar-se da retrocessão para readquirir a sua propriedade, considerando-se a alteração da finalidade do decreto expropriatório.

(D) Decreto do presidente da República instituiu estado de defesa em determinado estado da Federação, em razão de fortes chuvas que causaram destruição e fizeram muitos habitantes desabrigados em determinada região. Em virtude do decreto, foi possível a ocupação temporária de uma propriedade privada próxima ao local mais afetado. Nessa situação, considerando-se a relevância do interesse público e a urgência da situação, a União não responderá pelos custos decorrentes da ocupação temporária.

(E) Um imóvel de propriedade da União situa-se no centro histórico de um município e conserva todas as características históricas e arquitetônicas da época colonial. Nesse caso, o município é impedido de efetuar o tombamento desse imóvel, pois, apesar de se tratar de hipótese de exercício de competência concorrente, incide o princípio da hierarquia federativa.

A: correta – a limitação administrativa é a imposição unilateral, geral e gratuita, que traz os limites dos direitos e atividades particulares de forma a condicioná-los às exigências da coletividade. Ela não enseja indenização ao particular, visto que são imposições que atingem a todos igualmente, não prejudicando ninguém especificamente, mas apenas traçando os limites do direito que cada um de nós temos. A exceção, ou seja, o direito à indenização em razão de uma limitação administrativa só se dá caso reste comprovado que essa afetou o conteúdo econômico do direito de propriedade, o que deve ser analisado caso a caso; B: incorreta – "As margens dos rios navegáveis são de domínio público, insuscetíveis de expropriação e, por isso mesmo, excluídas de indenização" – Súmula 479 STF; C: incorreta – a retrocessão importa no direito do ex-proprietário de reaver o bem expropriado que não foi utilizado em finalidade pública. Mas isso depende da tredestinação ser lícita ou ilícita. O requisito aqui é o desvio de finalidade, a chamada tredestinação, que nada mais é que a destinação em desconformidade com o inicialmente previsto, e que pode ser ilícita (quando então, dentre outras ações cabíveis, será possível ao ex-proprietário a retrocessão) ou lícita (quando, ainda que diverso, persiste o interesse público sobre o bem desapropriado, ou seja, quando a nova finalidade for também de interesse público); D: incorreta – O artigo 36 do Decreto-lei 3.365/1941 (Lei de Desapropriação) prevê tal ocupação: é permitida a ocupação temporária, que será indenizada, a final, por ação própria, de terrenos não edificados, vizinhos às obras e necessários à sua realização. O expropriante prestará caução, quando exigida; E: incorreta – Segundo o STF, não incide o princípio da hierarquia federativa no exercício da competência concorrente para o tombamento de bens públicos, o que autoriza um município a tombar bens do respectivo Estado ou mesmo da União. Com efeito, no ACO 1208, restou consolidado o entendimento de que a legislação federal de fato veda a desapropriação dos bens da União pelos estados, segundo o Decreto-Lei 3.365/1941, mas não há referência a tal restrição quanto ao tombamento, disciplinado no Decreto-Lei 25/1937 e, ademais, a lei de tombamento apenas indica ser aplicável a bens pertencentes a pessoas físicas e pessoas jurídicas de direito privado e de direito público interno. **FB**

Gabarito "A".

### 8.7. TEMAS COMBINADOS DE INTERVENÇÃO NA PROPRIEDADE

(Defensor Público – DPE/RN – 2016 – CESPE) Acerca da intervenção do Estado na propriedade, assinale a opção correta.

(A) Limitações administrativas são determinações de caráter individual por meio das quais o poder público impõe aos proprietários determinadas obrigações, positivas, negativas ou permissivas, com o fim de condicionar as propriedades ao atendimento da função social.

(B) Compete à União e aos estados desapropriar por interesse social, para fins de reforma agrária, mediante prévia e justa indenização em títulos da dívida agrária, o imóvel rural que não estiver cumprindo a sua função social.

(C) Segundo entendimento do STF, a desapropriação-confisco, prevista no art. 243 da CF, incide sobre a totalidade da propriedade em que for forem cultivadas plantas psicotrópicas, e não apenas sobre a área efetivamente plantada.

(D) A servidão administrativa instituída por acordo com o proprietário do imóvel, ao contrário daquela instituída por sentença judicial, prescinde da declaração de utilidade pública do poder público.

(E) A instituição de requisição administrativa, quando recair sobre bens imóveis, não dispensa o prévio e necessário registro na matrícula do imóvel.

A: Incorreta. Limitações administrativas são determinações de caráter geral, feitas por meio de lei; B: Incorreta. A desapropriação por interesse social para fins de reforma agrária é privativa da União (art. 184, CF); C: Correta. Esse é o entendimento do STF, que considerou que "gleba" constante do art. 243, CF deve ser entendida como "propriedade" (RE 54.3974/MG, rel. Min. Eros Grau); D: Incorreta. Na servidão administrativa não existe a figura do "decreto ou declaração de utilidade pública", mesmo que seja promovida judicialmente, sendo esse o erro da assertiva; E: Incorreta. Não há necessidade de registro do imóvel, sendo a requisição um ato emergencial, conforme disposto no art. 5º, XXV, CF.

Gabarito "C".

(Procurador do Estado/AM – 2016 – CESPE) Acerca da intervenção do Estado no direito de propriedade, julgue os itens subsequentes.

(1) A limitação administrativa é instituída pela administração pública sobre determinado imóvel privado, para atendimento do interesse público, sem operar transferência de domínio, nem de posse, nem do uso total do bem a terceiros ou ao poder público.

(2) Tendo o direito de propriedade garantia constitucional, ao Estado só é lícito desapropriar mediante indenização prévia e se a propriedade não estiver cumprindo sua função social.

(3) A desapropriação para fins de reforma agrária, prevista na CF, incide sobre imóveis rurais que não estejam cumprindo sua função social, sendo o expropriante exclusivamente a União Federal, e a indenização paga por meio de títulos, e não em dinheiro.

(4) O tombamento pode ocorrer no âmbito federal, estadual ou municipal, sendo um de seus principais efeitos a impossibilidade de modificação do bem. Ele pode, ainda, acarretar restrições quanto à destinação e à alienabilidade do bem.

1: incorreta, pois a limitação administrativa é de caráter geral e indeterminado, e sobre determinado imóvel; 2: incorreta, pois, além da desapropriação por *interesse social* (para cumprimento da função social da propriedade), também é possível desapropriar em caso de *necessidade ou utilidade pública* (vide o inciso XXIV do art. 5º da CF); 3: correta (art. 184, *caput*, da CF); 4: correta, pois de acordo com o disposto no Decreto-lei 25/1937.

Gabarito 1E, 2E, 3C, 4C.

### 9. RESPONSABILIDADE DO ESTADO

### 9.1. EVOLUÇÃO HISTÓRICA E TEORIAS

(Técnico Judiciário – TRE/MA – 2009 – CESPE) Com relação à responsabilidade civil do Estado, assinale a opção correta.

(A) O fundamento da teoria da responsabilidade objetiva, trazida na CF/1988 e adotada atualmente no Brasil, é a teoria do risco administrativo.

(B) As pessoas jurídicas de direito privado prestadoras de serviços públicos estão sujeitas à responsabilidade subjetiva comum.

**(C)** Para configurar-se a responsabilidade objetiva do Estado, basta apenas a comprovação de dois pressupostos: o fato administrativo e o dano.

**(D)** De acordo com a responsabilidade objetiva consagrada na CF/1988, mesmo na hipótese de o poder público comprovar a culpa exclusiva da vítima, ainda assim persiste o dever de indenizá-la.

**(E)** As ações de ressarcimento propostas pelo Estado contra os seus agentes prescrevem no prazo de dez anos.

**A:** correta, pois adotamos a teoria do *risco administrativo* (que admite excludentes de responsabilidade do Estado), e não do *risco integral* (que não admite excludentes de responsabilidade do Estado); **B:** incorreta, pois tais pessoas, como são prestadoras de serviço público, também respondem objetivamente (art. 37, § 6º, da CF/1988); **C:** incorreta, pois além do *fato* e do *dano*, há de se demonstrar o *nexo de causalidade* entre o primeiro e o segundo; **D:** incorreta, pois adotamos a teoria do risco administrativo, que admite excludentes de responsabilidade do Estado, sendo que a *culpa exclusiva da vítima* é uma delas; **E:** incorreta, pois o prazo para ingressar com ação visando à reparação civil é de 3 anos (art. 206, § 3º, V, do CC).

Gabarito "A".

## 9.2. MODALIDADES DE RESPONSABILIDADE (OBJETIVA E SUBJETIVA). REQUISITOS DA RESPONSABILIDADE OBJETIVA

**(Delegado/RJ – 2022 – CESPE/CEBRASPE)** Maria trafegava em seu carro na Ponte Rio-Niterói, durante a manhã, a caminho do trabalho, sentido Rio de Janeiro, quando, em meio ao trânsito lento, foi surpreendida por uma viatura da polícia civil, que passou de forma brusca e acelerada ao lado de seu veículo, causando um leve abalroamento, que levou a motorista a colidir contra o veículo à sua frente, o que, afinal, causou graves danos a esses dois carros. Apesar do acidente e dos danos materiais aos dois veículos, não houve feridos. Após confeccionar a declaração de acidente de trânsito no site da Polícia Rodoviária Federal, Maria resolveu comparecer ao plantão da Corregedoria-Geral da Polícia Civil, para noticiar o ocorrido, tendo indicado o número da unidade policial inscrito na viatura, assim como o horário em que o abalroamento havia acontecido. Em sua apuração preliminar, a corregedoria identificou os policiais civis que estavam na viatura, assim como constatou que eles não se dirigiam a nenhuma diligência policial na ocasião, apenas buscavam fugir do engarrafamento. Após regular sindicância administrativa disciplinar, os policiais foram punidos. Ao tomar conhecimento do resultado da apuração da Corregedoria-Geral de Polícia Civil, Maria decidiu ajuizar ação para obter do Estado reparação civil, tendo em vista os danos causados ao seu veículo.

A partir dessa situação hipotética, assinale a opção correta, com relação à responsabilidade civil dos servidores públicos.

**(A)** Maria deverá ajuizar ação de responsabilidade civil em desfavor do policial que conduzia a viatura quando do abalroamento, já que foi apurado, no procedimento disciplinar, que ele atuou com dolo ou culpa.

**(B)** A ação por danos causados por agente público deve ser ajuizada contra o Estado, não sendo possível a responsabilização civil do servidor que causou o dano, nem mesmo em ação de regresso.

**(C)** Cabe à vítima do dano a escolha do polo passivo da demanda, podendo ela ajuizar ação contra o servidor policial civil que causou o dano ou contra o Estado, ente político.

**(D)** Ação por danos causados por agente público deve ser ajuizada contra o Estado ou contra pessoa jurídica de direito privado prestadora de serviço público, sendo parte ilegítima para a ação o autor do ato, em observância ao princípio da dupla garantia, assegurado o direito de regresso contra o responsável nos casos de dolo ou culpa.

**(E)** É cabível ação de regresso contra o agente responsável pelo dano somente nos casos de ato doloso.

Alternativa **A** incorreta (a ação de responsabilidade não poderá ser ajuizada em desfavor do agente público policial, pois o STF definiu a seguinte tese de repercussão geral no RE 1.027.633: "A teor do disposto no artigo 37, parágrafo 6º, da Constituição Federal, a ação por danos causados por agente público deve ser ajuizada contra o Estado ou a pessoa jurídica de direito privado, prestadora de serviço público, sendo parte ilegítima o autor do ato, assegurado o direito de regresso contra o responsável nos casos de dolo ou culpa"). Alternativa **B** incorreta (é possível a responsabilização do servidor, por meio do exercício do direito de regresso pelo Estado, cf. comentário da alternativa A). Alternativa **C** incorreta (cf. comentário da alternativa A). Alternativa **D** correta (cf. comentário da alternativa A). Alternativa **E** incorreta (também é cabível a ação de regresso nos casos de ato culposo do agente responsável, cf. art. 37, § 6º, CF). RB

Gabarito "D".

**(Delegado de Polícia Federal – 2021 – CESPE)** Acerca da responsabilidade civil do Estado, julgue os itens que se seguem.

**(1)** É subjetiva a responsabilidade civil do Estado decorrente de conduta omissiva imprópria, sendo necessária a comprovação da culpa, do dano e do nexo de causalidade.

**(2)** Conforme a teoria do risco administrativo, uma empresa estatal dotada de personalidade jurídica de direito privado que exerça atividade econômica responderá objetivamente pelos danos que seus agentes, nessa qualidade, causarem a terceiros, resguardado o direito de regresso contra o causador do dano.

**1:** Anulada. A questão foi anulada pela banca CESPE, que deu a seguinte justificativa: "Embora tenha sido citada no item a jurisprudência STJ, recentemente, o Supremo Tribunal Federal, em precedente com repercussão geral sinalizou – sem enfrentar propriamente o tema – que considera que a responsabilidade civil do estado por omissão imprópria também é objetiva. Sendo assim, o assunto abordado no item é controvertido no âmbito dos tribunais superiores". **2:** Errado. O fundamento da teoria do risco administrativo encontra-se no art. 37, § 6º, da Constituição Federal, que assim prescreve: "As pessoas jurídicas de direito público e as de direito privado prestadoras de serviços públicos responderão pelos danos que seus agentes, nessa qualidade, causarem a terceiros, assegurado o direito de regresso contra o responsável nos casos de dolo ou culpa". Verifica-se que estão submetidas à referida teoria as pessoas jurídicas de direito público (como as entidades federativas e as autarquias) e as pessoas jurídicas de direito privado (empresas estatais, p.ex.) caso prestem serviços públicos. Considerando que a questão expressamente assinala que a empresa estatal exerce atividade econômica, inaplicável o dispositivo constitucional e a teoria do risco administrativo. Assim, a afirmativa está errada. RB

Gabarito 1Anulada, 2E

**(Auditor Fiscal – SEFAZ/DF – 2020 – CESPE/CEBRASPE)** Acerca da responsabilidade civil do Estado, julgue o item a seguir.

**(1)** Uma vez que o ordenamento jurídico brasileiro adota a teoria da responsabilidade objetiva do Estado, com base no risco administrativo, a mera ocorrência de ato lesivo causado pelo poder público à vítima gera o dever de indenização pelo dano pessoal e(ou) patrimonial sofrido, independentemente da caracterização de culpa dos agentes estatais ou da demonstração de falta do serviço público. Não obstante, em caso fortuito ou de força maior, a responsabilidade do Estado pode ser mitigada ou afastada.

Enunciado **1** correto. O art. 37, § 6º, CF é o fundamento constitucional da responsabilidade civil do Estado, que se baseia na responsabilidade objetiva, com base na teoria do risco administrativo. Nesse sentido, o dever de indenizar independe da caracterização de dolo ou culpa dos agentes estatais ou da demonstração da falta do serviço público. Além disso, conforme já decidiu o STF, "o princípio da responsabilidade objetiva não se reveste de caráter absoluto, eis que admite o abrandamento e, até mesmo, a exclusão da própria responsabilidade civil do Estado, nas hipóteses excepcionais configuradoras de situações liberatórias – como o caso fortuito e a força maior" (RE 109.615, 1ª Turma, Rel. Min. Celso de Mello, DJ 02/08/96). RB

Gabarito 1C

# 5. DIREITO ADMINISTRATIVO — 145

**(Analista Judiciário – TJ/PA – 2020 – CESPE)** Quanto à responsabilidade civil por danos causados por seus agentes a terceiros, uma entidade da administração indireta, dotada de personalidade jurídica de direito privado e exploradora de atividade econômica estará sujeita

(A) ao regime da responsabilidade civil objetiva do Estado.

(B) ao regime jurídico da responsabilidade civil privada.

(C) à teoria do risco administrativo.

(D) à teoria da falta do serviço.

(E) à teoria do risco integral.

A responsabilidade civil do Estado baseia no regime da responsabilidade objetiva, mais precisamente na teoria do risco administrativo, nos termos do art. 37, § 6º, da CF, que faz alusão às pessoas jurídicas de direito público e as de direito privado prestadoras de serviços públicos. Verifica-se, portanto, que uma entidade da administrativa direta, pessoa jurídica de direito privado exploradora de atividade econômica, não se submete a este regime. Incide, a bem da verdade, o regramento da responsabilidade civil privada, nos termos do art. 173, § 1º, II, que impõe às empresas estatais exploradoras de atividade econômica a sujeição ao regime jurídico próprio das empresas privadas, inclusive quanto aos direitos e obrigações civis. **RB**

Gabarito "B".

**(Juiz de Direito – TJ/SC – 2019 – CESPE/CEBRASPE)** De acordo com o entendimento majoritário e atual do STJ, a responsabilidade civil do Estado por condutas omissivas é

(A) objetiva, bastando que sejam comprovadas a existência do dano, efetivo ou presumido, e a existência de nexo causal entre conduta e dano.

(B) objetiva, bastando a comprovação da culpa *in vigilando* e do dano efetivo.

(C) subjetiva, sendo necessário comprovar negligência na atuação estatal, o dano causado e o nexo causal entre ambos.

(D) subjetiva, sendo necessário comprovar a existência de dolo e dano, mas sendo dispensada a verificação da existência de nexo causal entre ambos.

(E) objetiva, bastando que seja comprovada a negligência estatal no dever de vigilância, admitindo-se, assim, a responsabilização por dano efetivo ou presumido.

Embora seja polêmico o tema da responsabilidade civil do Estado por omissão, o entendimento majoritário atual do STJ adota a teoria subjetiva. É o que se extrai da seguinte decisão: "A jurisprudência do STJ é firme no sentido de que a responsabilidade civil do Estado por condutas omissivas é subjetiva, sendo necessário, dessa forma, comprovar a negligência na atuação estatal, o dano e o nexo causal entre ambos." (AgInt no AREsp 1.249.851/SP, 1ª Turma, Rel. Min. Benedito Gonçalves, DJe 26/09/18). **RB**

Gabarito "C".

**(Juiz de Direito - TJ/BA - 2019 - CESPE/CEBRASPE)** A respeito da responsabilidade civil do Estado, julgue os itens a seguir.

I. O Estado é responsável pela morte de detento causada por disparo de arma de fogo portada por visitante do presídio, salvo se comprovada a realização regular de revista no público externo.

II. O Estado necessariamente será responsabilizado em caso de suicídio de pessoa presa, em razão do seu dever de plena vigilância.

III. A responsabilidade do Estado, em regra, será afastada quando se tratar da obrigação de pagamento de encargos trabalhistas de empregados terceirizados que tenham deixado de receber salário da empresa de terceirização.

Assinale a opção correta.

(A) Apenas o item I está certo.

(B) Apenas o item III está certo.

(C) Apenas os itens I e II estão certos.

(D) Apenas os itens II e III estão certos.

(E) Todos os itens estão certos.

I: incorreta – Não existe a excludente de ilicitude aventada na segunda parte da assertiva. Predomina o entendimento da jurisprudência, nas hipóteses de crimes comissivos cometidos por agentes públicos contra o detento, a responsabilização será na modalidade objetiva,

com fundamento no art. 37, § 6º, da Constituição Federativa, onde prevê que o ente público responderá, independentemente de culpa, por atos praticados por seus agentes no desempenho de suas funções. Nessa ótica, basta conferir o teor de alguns julgados: PROCESSUAL CIVIL. APELAÇÃO CÍVEL. AÇÃO DE INDENIZAÇÃO AJUIZADA PELA GENITORA DA VÍTIMA MENOR DE IDADE FALECIDA EM DELEGACIA POLICIAL. DANOS MATERIAIS E MORAIS. RESPONSABILIDADE CIVIL E OBJETIVA DO ESTADO – ART. 37, § 6º DA CF/88. RESPONSABILIDADE SUBJETIVA DA POLICIAL MILITAR – DIREITO DE REGRESSO. RECURSOS CONHECIDOS E IMPROVIDOS PARA MANTER A R. DO JUÍZO MONOCRÁTICO QUANDO A FIXAÇÃO DOS DANOS MATERIAIS – CONDENADO O ESTADO DO AMAZONAS AO PAGAMENTO DA PENSÃO MENSAL DE UM SALÁRIO MÍNIMO MENSAL, ATÉ A DATA EM QUE A VÍTIMA ALCANÇARIA A PROVÁVEL IDADE DE 65 (SESSENTA E CINCO) ANOS. CONDENAÇÃO EM *QUANTUM* RAZOÁVEIS DANOS MORAIS. RAZOABILIDADE NA FIXAÇÃO DE HONORÁRIO ADVOCATÍCIOS EM 10% (DEZ POR CENTO). RECONHECIMENTO DA PROCEDÊNCIA DE DENUNCIAÇÃO À LIDE. MANTIDO OS DEMAIS TERMOS DA R. DECISÃO DE 1º GRAU" (fl. 255). [...] Não merece prosperar a irresignação, uma vez que **a jurisprudência desta Corte firmou entendimento de que o Estado tem o dever objetivo de zelar pela integridade física e moral do preso sob sua custódia, atraindo então a responsabilidade civil objetiva**, razão pela qual é devida a indenização por danos morais e materiais decorrentes da morte do detento. Agravo regimental em recurso extraordinário. 2. Morte de preso no interior de estabelecimento prisional. 3. Indenização por danos morais e matérias. Cabimento. 4. **Responsabilidade objetiva do Estado. Art. 37, § 6.º, da Constituição Federal. Teoria do risco administrativo. Missão do Estado de zelar pela integridade física do preso.** 5. Agravo regimental a que se nega provimento. (STF. RE 418566 AgR, Relator(a): min. GILMAR MENDES, Segunda Turma, julgado em 26/02/2008). Desarte, vê-se que há entendimento consolidado pela Corte do Supremo no sentido de que o Estado tem o dever de zelar pela integridade física e moral do preso sob sua custódia por força do disposto no art. 5º, XLIX, ao imperar que "é assegurado aos presos o respeito à integridade física e moral". Desse modo, deve o Poder Público suportar o risco natural das atividades de guarda, ou seja, assume a responsabilidade por risco administrativo; II: incorreta – Trata-se de certa forma polêmico. O suicídio de detento dentro do sistema carcerário não exclui a responsabilidade estatal se caso houver inobservância do dever específico de guarda e proteção, principalmente dos direitos fundamentais. A CF/88 determina que o Estado se responsabiliza pela integridade física do preso sob sua custódia: Art. 5º (...) XLIX - é assegurado aos presos o respeito à integridade física e moral. Todavia, a responsabilidade civil neste caso, apesar de ser objetiva, é regida pela teoria do risco administrativo. Desse modo, o Estado poderá ser dispensado de indenizar se ficar demonstrado que ele não tinha a efetiva possibilidade de evitar a ocorrência do dano. Sendo inviável a atuação estatal para evitar a morte do preso, é imperioso reconhecer que se rompe o nexo de causalidade entre essa omissão e o dano. Entendimento em sentido contrário implicaria a adoção da teoria do risco integral, não acolhida pelo texto constitucional. A exceção se dá quando o Estado conseguir provar que a morte do detento não podia ser evitada. Rompendo-se o nexo de causalidade entre o resultado morte e a omissão estatal. Não havendo nexo de causalidade consequentemente não terá a responsabilidade civil estatal. Se o detento que praticou o suicídio já possuía indícios de que poderia se matar, e o Estado foi omisso ele deverá indenizar sua família e seus dependentes. Entendendo-se que o Estado deveria ter fornecido tratamento para que o mesmo não ocorresse. Porém existe uma outra situação que é quando o preso não apresenta sinais de que praticará suicídio, assim sendo o Estado não será responsabilizado civilmente, pois foi um ato totalmente imprevisível. Nas duas hipóteses caberá a administração pública demonstrar o ônus da prova que se enquadrará nas excludentes de responsabilidade; III: correta: Art. 71 da Lei 8.666/1993 **FB**

Gabarito "B".

**(Analista Judiciário – STJ – 2018 – CESPE)** Julgue os itens a seguir, relativos à responsabilidade civil do Estado.

(1) Excetuados os casos de dever específico de proteção, a responsabilidade civil do Estado por condutas omissivas é subjetiva, devendo ser comprovados a negligência na atuação estatal, o dano e o nexo de causalidade.

(2) As empresas prestadoras de serviços públicos responderão pelos danos que seus agentes, nessa qualidade, causarem

# VÁRIOS AUTORES

a terceiros, assegurado o direito de regresso contra o responsável exclusivamente no caso de dolo.

**(3)** A responsabilidade civil do Estado por atos comissivos abrange os danos morais e materiais.

**1:** correta – os atos omissivos ensejam, conforme pacífica jurisprudência, a responsabilidade subjetiva do Estado. Ela apenas é do tipo objetiva no caso de ato omissivo nos casos em que há um dever de proteção, com fundamento no Art. 5°, inciso XLIX, da Constituição Federal, como na morte de detento dentro de presídio. Nesse caso, a responsabilidade é do tipo objetiva, tal como consta do entendimento pacificado no SFT no julgamento do RE 841.526/RS, com repercussão geral reconhecida (Tema 592); **2:** incorreta – o Art. 37, § 6°, da CF/1988 estabelece que "as pessoas jurídicas de direito público e as de direito privado prestadoras de serviços públicos responderão pelos danos que seus agentes, nessa qualidade, causarem a terceiros, assegurado o direito de regresso contra o responsável nos casos de dolo ou culpa"; **3:** correta – o entendimento pacífico é no sentido de que a responsabilidade objetiva refere-se tanto a danos materiais como morais. **FB**

Gabarito 1C, 2E, 3C

**(Procurador do Município/Manaus – 2018 – CESPE)** A respeito do entendimento do STJ sobre a responsabilidade civil do Estado, julgue o item seguinte.

**(1)** A existência de causa excludente de ilicitude penal não impede a responsabilidade civil do Estado pelos danos causados por seus agentes.

**1:** correta – A Administração Pública pode responder civilmente pelos danos causados por seus agentes, ainda que estes estejam amparados por causa excludente de ilicitude penal (Acórdãos REsp 1266517/PR, Rel. Ministro Mauro Campbell Marques, Segunda Turma, Julgado em 04.12.2012, DJE 10.12.2012 REsp 884198/RO, Rel. Ministro Humberto Martins, Segunda Turma, Julgado em 10.04.2007, DJ 23.04.2007 REsp 111843/PR, Rel. Ministro José Delgado, Primeira Turma, Julgado em 24.04.1997, DJ 09.06.1997). **FB**

Gabarito 1C

**(Delegado Federal – 2018 – CESPE)** Acerca da responsabilidade civil do Estado, julgue os itens a seguir.

**(1)** A responsabilidade civil do Estado pela morte de detento sob sua custódia é objetiva, conforme a teoria do risco administrativo, em caso de inobservância do seu dever constitucional específico de proteção.

**(2)** O Estado não será civilmente responsável pelos danos causados por seus agentes sempre que estes estiverem amparados por causa excludente de ilicitude penal.

**1:** correta – os atos omissivos ensejam, conforme pacífica jurisprudência, a responsabilidade subjetiva do Estado. Ela apenas é do tipo objetiva no caso de ato omissivo nos casos em que há um dever de proteção, com fundamento no Art. 5°, inciso XLIX da Constituição Federal, como na morte de detento dentro de presídio. Nesse caso, a responsabilidade é do tipo objetiva, tal como consta do entendimento pacificado no SFT no julgamento do RE 841.526/RS, com repercussão geral reconhecida (Tema 592); **2:** incorreta – A Administração Pública pode responder civilmente pelos danos causados por seus agentes, ainda que estes estejam amparados por causa excludente de ilicitude penal (Acórdãos REsp 1266517/PR, Rel. Ministro mauro Campbell Marques, segunda turma, julgado em 04.12.2012, DJe 10.12.2012 Resp 884198/Ro, rel. Ministro Humberto Martins, segunda turma, Julgado em 10.04.2007, DJ 23.04.2007 REsp 111843/PR, Rel. Ministro José Delgado, Primeira Turma, Julgado em 24.04.1997, DJ 09.06.1997). **FB**

Gabarito 1C, 2E

**(Defensor Público/AL – 2017 – CESPE)** Caio, detento em unidade prisional do estado de Alagoas, cometeu suicídio no interior de uma das celas, tendo se enforcado com um lençol. Os companheiros de cela de Caio declararam que, mesmo diante de seus apelos, nada foi feito pelos agentes penitenciários em serviço para evitar o ato. A família de Caio procurou a Defensoria Pública a fim de obter esclarecimentos quanto à possibilidade de receber indenização do Estado.

Nessa situação hipotética, à luz da jurisprudência do Supremo Tribunal Federal, o defensor público responsável pelo atendimento deverá informar a família de Caio de que

**(A)** será necessário, para o ajuizamento de ação de reparação de danos morais, provar que as condições de cumprimento de pena eram desumanas.

**(B)** é cabível o ajuizamento de ação de reparação de danos morais em face do estado de Alagoas.

**(C)** não houve omissão estatal, pois o suicídio configura ato exclusivo da vítima.

**(D)** houve fato exclusivo de terceiro, pois o dever de evitar o ato cabia aos agentes penitenciários em serviço no momento.

**(E)** não cabe direito a reparação de qualquer natureza, por não ser possível comprovar nexo causal entre a morte do detento e a conduta estatal.

Os atos omissivos ensejam, conforme pacífica jurisprudência, a responsabilidade subjetiva do Estado. Todavia, ela é do tipo objetiva no caso de ato omissivo em que há um dever de proteção, com fundamento no Art. 5°, inciso XLIX, da Constituição Federal, como na morte de detento dentro de presídio. Foi esse o entendimento pacificado no SFT no julgamento do RE 841.526/RS, com repercussão geral reconhecida (Tema 592), de modo que, no caso em tela, é cabível o ajuizamento de ação de reparação de danos morais em face do estado de Alagoas. **FB**

Gabarito "B".

**(Defensor Público/AL – 2017 – CESPE)** Por imperícia, um policial militar disparou, acidentalmente, sua arma de fogo, ao manuseá-la em via pública, ferindo um transeunte.

No que tange à responsabilidade civil do Estado nessa situação hipotética, assinale a opção correta.

**(A)** A responsabilidade civil do Estado independe da análise da culpa da conduta estatal.

**(B)** A responsabilidade do Estado é objetiva, devendo ele e o policial figurar no polo passivo da demanda em litisconsórcio necessário.

**(C)** A responsabilidade do Estado é subjetiva, e há litisconsórcio facultativo.

**(D)** Não há responsabilidade civil do Estado, visto que o policial agiu com culpa, devendo, por isso, responder pessoalmente.

**(E)** O Estado responde civilmente em razão da conduta culposa de seu agente, fixando-se a responsabilidade civil subjetiva estatal.

A teoria do risco administrativo revela-se fundamento de ordem doutrinária subjacente à norma de direito positivo que instituiu, em nosso sistema jurídico, a responsabilidade civil objetiva do Poder Público, pelos danos que seus agentes, nessa qualidade, causarem a terceiros, por ação ou por omissão (CF, art. 37, § 6°). Essa concepção faz emergir, da mera ocorrência de lesão causada à vítima pelo Estado, o dever de indenizá-la pelo dano pessoal e/ou patrimonial sofrido, independentemente de caracterização de culpa dos agentes estatais ou de demonstração de falta do serviço público. Na linha da jurisprudência prevalecente no Supremo Tribunal Federal (RTJ 163/1107-1109, Rel. Min. Celso De Mello, v.g.), que os elementos que compõem a estrutura e delineiam o perfil da responsabilidade civil objetiva do Poder Público compreendem (a) a alteridade do dano, (b) a causalidade material entre o "eventus damni" e o comportamento positivo (ação) ou negativo (omissão) do agente público, (c) a oficialidade da atividade causal e lesiva imputável a agente do Poder Público, que, nessa condição funcional, tenha incidido em conduta comissiva ou omissiva, independentemente da licitude, ou não, do seu comportamento funcional (RTJ 140/636) e (d) a ausência de causa excludente da responsabilidade estatal (RTJ 55/503 – RTJ 71/99 – RTJ 91/377 – RTJ 99/1155 – RTJ 131/417). No caso da presente assertiva temos hipótese em que incide a responsabilidade objetiva do Estado, sem prejuízo de eventual ação regressiva desse contra o policial militar, cuja responsabilidade restará caracterizada em caso de comprovação de sua culpabilidade. **FB**

Gabarito 'A'.

**(Procurador do Município – Prefeitura Fortaleza/CE – CESPE – 2017)** A respeito de bens públicos e responsabilidade civil do Estado, julgue o próximo item.

**(1)** Situação hipotética: Um veículo particular, ao transpassar indevidamente um sinal vermelho, colidiu com veículo oficial da Procuradoria-Geral do Município de Fortaleza, que trafegava na contramão. Assertiva: Nessa situação, não

## 5. DIREITO ADMINISTRATIVO    147

existe a responsabilização integral do Estado, pois a culpa concorrente atenua o *quantum* indenizatório.

**1:** Correta. Havendo culpa recíproca ou concorrente, essa deve ser utilizada como excludente de responsabilidade civil ou, no mínimo, como atenuante. `AW`
Gabarito 1C

**(Analista Judiciário – TRT/8ª – 2016 – CESPE)** Marcos, motorista de um ônibus de transporte público de passageiros de determinado município, ao conduzir o veículo, por sua culpa, atropelou e matou João. A família da vítima ingressou com uma ação de indenização contra o município e a concessionária de transporte público municipal, que administra o serviço. Citada, a concessionária municipal denunciou à lide Marcos, por entender que ele deveria ser responsabilizado, já que fora o causador do dano. O município alegou ilegitimidade passiva e ausência de responsabilidade no caso. A respeito dessa situação hipotética, assinale a opção correta conforme o entendimento doutrinário e jurisprudencial relativamente à responsabilidade civil do Estado.

(A) A denunciação à lide, no caso, não será obrigatória para se garantir o direito de regresso da concessionária contra Marcos.

(B) A culpa exclusiva ou concorrente da vítima afasta a responsabilidade civil objetiva da concessionária.

(C) A reparação civil do dano pelo município sujeita-se ao prazo prescricional de vinte anos.

(D) A responsabilidade civil da concessionária, na hipótese, será subjetiva, pois João não era usuário do serviço público de transporte coletivo.

(E) A responsabilidade civil do município, no caso, será objetiva, primária e solidária.

**A:** correta, pois a jurisprudência já se pacificou no sentido de que a denunciação à lide não é obrigatória para se garantir o direito de regresso da concessionária de serviço público em face de seu funcionário; **B:** incorreta, pois a culpa concorrente da vítima não afasta a responsabilidade objetiva da concessionária; **C:** incorreta, pois o prazo prescricional para reparação civil em face do município é de 5 anos; **D:** incorreta, pois o STF pacificou o entendimento no sentido de que a responsabilidade do prestador de serviço público é objetiva tanto em favor do usuário do serviço quanto em favor do não usuário do serviço vítima de dano pela prestação do serviço público; **E:** incorreta, pois a responsabilidade do Município é *subsidiária*, devendo-se acionar a empresa concessionária e, caso esta não possa suportar o pagamento da indenização, o município deverá assumir esse pagamento.
Gabarito 'A'.

**(Procurador do Estado/AM – 2016 – CESPE)** Um motorista alcoolizado abalroou por trás viatura da polícia militar que estava regularmente estacionada. Do acidente resultaram lesões em cidadão que estava retido dentro do compartimento traseiro do veículo. Esse cidadão então ajuizou ação de indenização por danos materiais contra o Estado, alegando responsabilidade objetiva. O procurador responsável pela contestação deixou de alegar culpa exclusiva de terceiro e não solicitou denunciação da lide. O corregedor determinou a apuração da responsabilidade do procurador, por entender que houve negligência na elaboração da defesa, por acreditar que seria útil à defesa do poder público alegar culpa exclusiva de terceiro na geração do acidente. Considerando essa situação hipotética, julgue os próximos itens.

(1) Foi correto o corregedor quanto ao entendimento de que seria útil à defesa do poder público alegar culpa exclusiva de terceiro na geração do acidente, uma vez que, provada, ela pode excluir ou atenuar o valor da indenização.

(2) O procurador poderá defender-se pessoalmente, advogando em causa própria, se contra ele for instaurado processo administrativo disciplinar. Outras categorias de servidores, contudo, necessitariam contratar advogado, imprescindível para o exercício da ampla defesa no processo administrativo disciplinar.

(3) Diante da ausência de denunciação da lide, ficou prejudicado o direito de regresso do Estado contra o motorista causador do acidente.

**1:** correta, pois a culpa exclusiva de terceiro pode excluir a responsabilidade do Estado, de modo que o procurador foi desidioso ao não alegá-la diante de um caso em que o terceiro abalroou por trás e ainda estava alcoolizado; **2:** incorreta, pois, segundo a Sumula Vinculante STF 5, a falta de defesa técnica por advogado no processo disciplinar não ofende a Constituição; **3:** incorreta, pois o direito de regresso continua podendo ser exercido pelo Estado por haver previsão constitucional a esse respeito (art. 37, § 6º, da CF), não podendo uma lei processual eliminar esse direito do Estado se este não denunciar da lide seu agente público na própria ação promovida pela vítima em face do Estado.
Gabarito 1C, 2E, 3E

**(Advogado União – AGU – CESPE – 2015)** No que se refere à responsabilidade do parecerista pelas manifestações exaradas, julgue o próximo item.

Situação hipotética: Determinado ministério, com base em parecer opinativo emitido pela sua consultoria jurídica, decidiu adquirir alguns equipamentos de informática. No entanto, durante o processo de compra dos equipamentos, foi constatada, após correição, ilegalidade consistente em superfaturamento dos preços dos referidos equipamentos.

(1) Assertiva: Nessa situação, de acordo com o entendimento do STF, ainda que não seja comprovada a má-fé do advogado da União, ele será solidariamente responsável com a autoridade que produziu o ato final.

**1:** Incorreta. Conforme STF (STF, MS 24.631 ), os pareceres são apenas opinativos e, ainda que seja comprovada a má-fé do parecerista, ele não responde com a autoridade final do ato, sendo essa, integralmente responsável pelo uso do seu conteúdo. `AW`
Gabarito 1E

**(Advogado União – AGU – CESPE – 2015)** Com relação ao controle da administração pública e à responsabilidade patrimonial do Estado, julgue o seguinte item:

Situação hipotética: Um veículo oficial da AGU, conduzido por servidor desse órgão público, passou por um semáforo com sinal vermelho e colidiu com um veículo particular que trafegava pela contramão.

(1) Assertiva: Nessa situação, como o Brasil adota a teoria da responsabilidade objetiva, existirá a responsabilização indenizatória integral do Estado, visto que, na esfera administrativa, a culpa concorrente elide apenas parcialmente a responsabilização do servidor.

**1:** Incorreta. No caso, havendo culpa concorrente da vítima, a responsabilidade deverá ser atenuada. `AW`
Gabarito 1E

**(Procurador do Estado – PGE/BA – CESPE – 2014)** Suponha que viatura da polícia civil colida com veículo particular que tenha ultrapassado cruzamento no sinal vermelho e o fato ocasione sérios danos à saúde do condutor do veículo particular. Considerando essa situação hipotética e a responsabilidade civil da administração pública, julgue os itens subsequentes.

(1) No caso, a ação de indenização por danos materiais contra o Estado prescreverá em vinte anos.

(2) Sendo a culpa exclusiva da vítima, não se configura a responsabilidade civil do Estado, que é objetiva e embasada na teoria do risco administrativo.

**1:** Incorreta. A ação prescreverá em 5 anos, tendo em vista o art. 1º, do Decreto-Lei 20.910/1932. **2:** Correta. A culpa exclusiva da vítima é excludente de responsabilidade civil do Estado, pois rompe com o nexo causal entre a ação e o resultado, excluindo, também, a responsabilização do Estado. `AW`
Gabarito 1E, 2C

**(Promotor de Justiça/PI – 2014 – CESPE)** Acerca da responsabilidade civil do Estado, assinale a opção correta.

(A) Para que se configure a responsabilidade civil objetiva do Estado, o dano deve ser causado por agente público, não abrangendo a regra a categoria dos agentes políticos.

(B) Embora seja cabível a responsabilidade do Estado por atos praticados pelo Poder Judiciário, em relação a atos judiciais que não impliquem exercício de função jurisdicional, não é cabível responsabilização estatal.

(C) Segundo a CF, a responsabilidade civil do Estado abrange prejuízos causados pelas pessoas jurídicas de direito público e as de direito privado que integram a administração pública indireta, não abarcando atos danosos praticados pelas concessionárias de serviço público.

(D) Segundo entendimento do STJ, é imprescritível a pretensão de recebimento de indenização por dano moral decorrente de atos de tortura ocorridos durante o regime militar de exceção.

(E) De acordo com a jurisprudência do STJ, é objetiva a responsabilidade civil do Estado nas hipóteses de omissão, devendo-se demonstrar a presença concomitante do dano e do nexo de causalidade entre o evento danoso e o comportamento ilícito do poder público.

**A:** incorreta, pois a regra inclui os agentes políticos, que são espécies de agentes públicos; **B:** incorreta, pois os atos jurisdicionais geram responsabilidade civil estatal, ainda que em casos excepcionais, como em caso de erro judiciário; **C:** incorreta, pois o texto do art. 37, § 6º, da CF abarca a responsabilidade das pessoas jurídicas prestadoras de serviço público (ou seja, concessionárias de serviço público); **D:** correta (STJ, AgRg no REsp 1.424.680/SP, *DJ* 09.04.2014); **E:** incorreta, pois a questão da responsabilidade objetiva do Estado por condutas omissivas é ainda controversa, havendo decisões pela responsabilidade subjetiva no caso e também pela responsabilidade objetiva.
Gabarito "D".

## 9.3. RESPONSABILIDADE DAS CONCESSIONÁRIAS DE SERVIÇO PÚBLICO

**(Defensor Público/AC – 2017 – CESPE)** Após falecimento de Pedro, vítima de atropelamento em linha férrea, seus herdeiros compareceram à DP para que fosse ajuizada ação indenizatória por danos morais contra a empresa concessionária responsável pela ferrovia onde havia acontecido o acidente, localizada em área urbana. Na ocasião, seus parentes informaram que, apesar de Pedro ter atravessado a ferrovia em local inadequado, inexistia cerca na linha férrea ou sinalização adequada.

Com base nessa situação hipotética e no entendimento dos tribunais superiores acerca da responsabilidade civil do Estado, assinale a opção correta.

(A) O poder público concedente tem responsabilidade solidária para reparar os danos decorrentes do acidente, devendo vir a figurar no polo passivo da ação indenizatória.

(B) A responsabilização do agente responsável pela falha ao deixar de cercar ou sinalizar o local do acidente exigirá a denunciação da lide nos autos da ação indenizatória.

(C) A responsabilização civil da empresa concessionária independerá da demonstração da falha na prestação do serviço pela empresa, ante o risco inerente à atividade econômica desenvolvida.

(D) A conduta de Pedro, que atravessou a ferrovia em local inadequado, afastará a responsabilização civil da empresa concessionária, ainda que fique demonstrada a falha no isolamento por cerca ou na sinalização do local do acidente.

(E) A demonstração da omissão no isolamento por cerca ou na sinalização do local do acidente acarretará a responsabilização civil da empresa concessionária, embora possa haver redução da indenização dada a conduta imprudente de Pedro.

O caso é de responsabilidade objetiva da concessionária em razão de danos causados a terceiro não usuário. Com efeito, em repercussão geral foi reconhecida a responsabilidade objetiva das concessionárias pelos danos causados a terceiros não usuários. Eis o julgado que consolidou esse entendimento: Ementa: Constitucional. Responsabilidade do estado. Art. 37, § 6º, da Constituição. Pessoas jurídicas de direito privado prestadoras de serviço público. concessionário ou permissionário do serviço de transporte coletivo. responsabilidade objetiva em relação a terceiros não usuários do serviço. recurso desprovido. I – A responsabilidade civil das pessoas jurídicas de direito privado prestadoras de serviço público é objetiva relativamente a terceiros usuários *e não usuários do serviço,* segundo decorre do art. 37, § 6º, da Constituição Federal. II – A inequívoca presença do nexo de causalidade entre o ato administrativo e o dano causado ao terceiro não usuário do serviço público, é condição suficiente para estabelecer a responsabilidade objetiva da pessoa jurídica de direito privado. III – Recurso extraordinário desprovido (RE 591874 / MS, Relator: Min. RICARDO LEWANDOWSKI, j. 26.08.2009, Tribunal Pleno). De todo modo, cabe aqui ressaltar que a Constituição Federal consagra a teoria da responsabilidade objetiva do Estado, estabelecendo que: "as pessoas jurídicas de direito público e as de direito privado prestadoras de serviços públicos responderão pelos danos que seus agentes, nessa qualidade, causarem a terceiros, assegurado o direito de regresso contra o responsável nos casos de dolo ou culpa" – art. 37, § 6º, CF/88. Mas essa responsabilidade, ainda que objetiva, tem limites. O direito administrativo brasileiro não adota a teoria do risco integral, mas sim a do risco administrativo, o que implica a existência de excludentes da responsabilidade estatal, quais sejam: a culpa exclusiva da vítima, em caso fortuito ou de força maior. Destarte, na assertiva em comento, em razão da existência de culpa parcial e concorrente da vítima para a ocorrência do evento danoso, tal responsabilidade estatal pode ser minorada. **FB**
Gabarito "E".

**(Procurador do Município – Prefeitura Fortaleza/CE – CESPE – 2017)** A respeito de bens públicos e responsabilidade civil do Estado, julgue o próximo item.

(1) De acordo com o entendimento do STF, empresa concessionária de serviço público de transporte responde objetivamente pelos danos causados à família de vítima de atropelamento provocado por motorista de ônibus da empresa.

**1:** Correta. Está correta a assertiva, porque as concessionárias estão incluídas no disposto no art. 37, § 6º, CF, além do que determina o art. 25, da Lei 8.987/1995. **AW**
Gabarito 1C

## 9.4. RESPONSABILIDADE POR ATOS LEGISLATIVOS E JUDICIAIS

**(Juiz de Direito/DF – 2016 – CESPE)** Acerca da responsabilidade do Estado na doutrina pátria e na jurisprudência do STF, assinale a opção correta.

(A) A responsabilidade civil do Estado por atos legislativos incide nos mesmos termos da responsabilidade da administração pública, bastando que o ato legislativo produza danos ao lesado para que surja o dever de indenizar.

(B) O servidor público responderá por atos dolosos e culposos que causem danos ao administrado, e essa responsabilidade será apurada regressivamente em litígio que envolva o servidor e o ente público ao qual está vinculado, em caso de obrigação do Estado de ressarcir o dano causado ao lesado.

(C) O Estado responde, pelos atos jurisdicionais, nos casos de condenação errônea do jurisdicionado em processo criminal, prisão por prazo superior ao previsto no título condenatório, prisão preventiva seguida de posterior absolvição em processo criminal e dolo do magistrado na prática de ato jurisdicional danoso à parte.

(D) A responsabilidade objetiva do Estado, pela teoria do risco administrativo, indica ser suficiente a concorrência da conduta do agente público, do dano ao terceiro e do nexo de causalidade, não havendo causas excludentes da responsabilidade estatal.

**(E)** A responsabilidade do Estado pelos danos decorrentes de atos de seus agentes independente de culpa, exceto nos casos de culpa dativa do preposto do ente público.

**A:** incorreta, pois os atos legislativos apenas *delimitam* os direitos das pessoas, e não *tiram* os direitos destas; somente um ato legislativo de efeito concreto e que ferisse o princípio da igualdade e um ato legislativo inconstitucional são capazes de gerar indenização em favor do particular; **B:** correta, pois tratado corretamente da questão à luz do art. 37, § 6º, da CF; **C:** incorreta, pois o Estado somente responde por atos judiciais em caso de prisão além do tempo e de erro judiciário, sendo que este só se reconhece em revisão criminal em casos extremos de gravíssimo e patente erro jurisdicional, o que não se vem reconhecendo no simples fato de alguém ser preso preventivamente e depois absolvido; **D:** incorreta, pois a responsabilidade estatal pelo *risco administrativo* (diferentemente da responsabilidade estatal pelo *risco integral*) admite, sim, excludentes de responsabilidade; **E:** incorreta, pois a responsabilidade do Estado pelos atos de seus agentes independe de culpa em qualquer caso, pois é objetiva (art. 37, § 6º, da CF).

Gabarito "B".

## 10. CONTRATOS ADMINISTRATIVOS

### 10.1. CONCEITO, CARACTERÍSTICAS PRINCIPAIS, FORMALIZAÇÃO E CLÁUSULAS CONTRATUAIS NECESSÁRIAS

**(Procurador/DF – 2013 – CESPE)** Julgue o seguinte item.

**(1)** No contrato administrativo, é vedada a existência de cláusula compromissória que institua o juízo arbitral para dirimir conflitos relativos a direitos patrimoniais disponíveis pertencentes a sociedade de economia mista.

**1:** errada, pois, dado o regime de direito privado dessas entidades, o STJ admite a arbitragem na situação mencionada (MS 11.308/DF, DJ 19/05/2008).

Gabarito 1E

### 10.2. ALTERAÇÃO DOS CONTRATOS

**(Juiz de Direito – TJ/SC – 2019 – CESPE/CEBRASPE)** A alteração unilateral de contrato administrativo pela administração pública poderá

**(A)** ser qualitativa, se houver necessidade de modificar o projeto ou as especificações, ou quantitativa, se for necessária a modificação do valor em razão de acréscimo ou diminuição do seu objeto.

**(B)** ocorrer normalmente, desde que sejam atendidos os limites legais, mas não deverá servir para garantir o reequilíbrio econômico-financeiro do contrato.

**(C)** ocorrer comumente, porque é aceita pela doutrina e pela jurisprudência pátria, embora não esteja prevista expressamente na legislação aplicável.

**(D)** ser unicamente quantitativa, não sendo possível que o poder público diminua o montante contratual a valor inferior ao que foi acordado na licitação.

**(E)** implicar na modificação do regime de execução da obra ou do serviço ou na substituição da garantia de execução.

A Lei 8.666/93 prevê expressamente a possibilidade de alteração unilateral do contratado administrativo pela Administração, nos termos do art. 65, I. Essa prerrogativa pode ser ou qualitativa, quando houver modificação do projeto ou das especificações, para melhor adequação técnica aos seus objetivos (alínea "a"); ou quantitativa, quando necessária a modificação do valor contratual em decorrência de acréscimo ou diminuição quantitativa de seu objeto (alínea "b"). Em havendo alteração unilateral do contrato que aumente os encargos do contratado, a Administração deverá restabelecer o equilíbrio econômico-financeiro inicial (art. 65, § 6º). RB

Gabarito "A".

### 10.3. EXECUÇÃO DO CONTRATO

Um empregado de empresa contratada pelo poder público para prestar serviços ligados à atividade-fim do órgão contratante comprovou, em demanda trabalhista, o inadimplemento da empresa em relação ao pagamento de suas verbas rescisórias. Nessa ação, foi reconhecida a existência da dívida trabalhista.

**(Juiz de Direito – TJ/SC – 2019 – CESPE/CEBRASPE)** Com referência a essa situação, assinale a opção correta a partir do entendimento majoritário e atual do STF.

**(A)** O Estado possui culpa presumida e responde solidariamente pelos encargos trabalhistas inadimplidos, visto que a terceirização da atividade-fim constitui ato ilícito.

**(B)** O Estado possui responsabilidade solidária e de aplicação automática com relação às dívidas trabalhistas da empresa contratada.

**(C)** O Estado possui responsabilidade subsidiária, a qual independe de culpa, sendo suficiente a comprovação de que não foi possível realizar a cobrança em desfavor da empresa inadimplente.

**(D)** A responsabilidade pelo pagamento das dívidas trabalhistas não é transferida automaticamente da empresa contratada para o poder público, seja em caráter solidário ou subsidiário.

**(E)** A responsabilidade pelo pagamento das dívidas trabalhistas é transferida automaticamente da empresa contratada para o poder público, sendo suficiente, para tanto, a comprovação da inadimplência do empregador.

O tema referente à responsabilidade da Administração contratante pelo encargos trabalhistas do contratado está disciplinado no art. 71, § 1º, da Lei 8.666/93, além de contar com importante jurisprudência do STF. Nos termos do RE 760.931/DF (Pleno, Rel. Min. Rosa Weber, DJe 12/09/2017) a Corte Suprema fixou a seguinte tese: "O inadimplemento dos encargos trabalhistas dos empregados do contratado não transfere automaticamente ao Poder Público contratante a responsabilidade pelo seu pagamento, seja em caráter solidário ou subsidiário, nos termos do art. 71, § 1º, da Lei 8.666/93." Desta forma, correta a alternativa D. RB

Gabarito "D".

### 10.4. EXTINÇÃO DO CONTRATO

Uma empresa contratada pela administração pública não entregou bens em conformidade com o projeto básico, razão pela qual, após o regular processo administrativo, a contratante rescindiu unilateralmente o contrato e aplicou uma multa à citada empresa.

**(Juiz de Direito - TJ/BA - 2019 - CESPE/CEBRASPE)** Nessa situação hipotética,

**(A)** a multa deverá ser descontada, preferencialmente, dos pagamentos eventualmente ainda devidos pela administração pública.

**(B)** a multa deverá ser descontada, primordialmente, da garantia do respectivo contrato.

**(C)** a administração agiu equivocadamente, pois multa e rescisão unilateral são inacumuláveis quando motivadas pelo mesmo fato.

**(D)** a administração pública, em regra, não estará autorizada a reter unilateralmente pagamentos devidos à empresa para compensar os prejuízos sofridos.

**(E)** excepcionalmente, caso a multa aplicada seja superior ao saldo a pagar à contratada, a administração pública poderá reter o pagamento até a quitação da multa.

Eis o que diz a lei: "A multa, aplicada após regular processo administrativo, será descontada da garantia do respectivo contratado" – Art. 86, § 2º, da Lei 8.666/1993. FB

Gabarito "B".

**(Auditor Fiscal - SEFAZ/RS - 2019 - CESPE/CEBRASPE)** De acordo com a legislação pertinente, se o objeto de um contrato administrativo for a construção de uma estrutura essencial para um evento internacional a ser sediado pelo país e, injustificadamente, o contratado atrasar a execução desse contrato, de modo que a conclusão da obra não seja mais possível em tempo hábil para o evento, poderá a administração pública

**(A)** alterar unilateralmente o contrato, sem a possibilidade de aplicação de multa contratual.

**(B)** rescindir unilateralmente o contrato, com a possibilidade de aplicação de multa contratual.

**(C)** rescindir unilateralmente o contrato, sem a possibilidade de aplicação de multa contratual.

**(D)** alterar unilateralmente o contrato, com a possibilidade de aplicação de multa contratual.

**(E)** aplicar a multa contratual, o que exclui a possibilidade de rescisão unilateral do contrato.

Art. 86, § 1º, da Lei 8.666/1993. 🗎

Gabarito "B".

## 10.5. FIGURAS ASSEMELHADAS (CONTRATO DE GESTÃO, TERMO DE PARCERIA, CONVÊNIO, CONTRATO DE PROGRAMA ETC.)

**(Auditor Fiscal - SEFAZ/RS - 2019 - CESPE/CEBRASPE)** No âmbito administrativo, convênio caracteriza-se por ser

**(A)** um contrato administrativo, dada a oposição dos interesses envolvidos.

**(B)** uma cooperação, dado o estrito objetivo de lucro dos envolvidos.

**(C)** uma cooperação, dada a coincidência dos interesses dos envolvidos.

**(D)** um contrato administrativo, dado o caráter episódico da cooperação mútua.

**(E)** uma cooperação, dado o objetivo de alcançar resultados diversos.

Convênio é o acordo, ajuste ou qualquer outro instrumento que tenha como partícipe, de um lado, um órgão ou entidade da Administração Pública e, de outro, órgão da ou entidade da Administração Pública Direta ou Indireta, ou ainda, entidades privadas sem fins lucrativos, visando a execução de programas de governo, envolvendo a realização de atividade, serviço, aquisição de bens ou evento de interesse recíproco, em regime de mútua cooperação. 🗎

Gabarito "C".

## 11. SERVIÇOS PÚBLICOS

### 11.1. CONCEITO, CARACTERÍSTICAS PRINCIPAIS, CLASSIFICAÇÃO E PRINCÍPIOS

**(Juiz de Direito - TJ/BA - 2019 - CESPE/CEBRASPE)** O corte de energia elétrica pela administração pública é

**(A)** admissível em razão do inadimplemento contemporâneo do consumidor, desde que haja o aviso prévio de suspensão e que sejam respeitados o contraditório e a ampla defesa.

**(B)** admissível em detrimento do novo morador, por débito pretérito pelo qual este não era responsável, uma vez que a dívida é *propter rem*.

**(C)** admissível sem prévio aviso na hipótese de detecção de fraude no medidor cometida pelo consumidor.

**(D)** admissível em razão de fraude no medidor pelo consumidor, desde que o débito seja relativo ao período máximo de sessenta dias anteriores à constatação da fraude.

**(E)** inadmissível caso a dívida derivada de fraude no medidor cometida pelo consumidor seja relativa a período anterior a noventa dias precedentes à constatação da fraude.

Vale a pena replicar aqui a ementa do julgado que apreciou e decidiu diversas questões a respeito do corte no fornecimento de energia elétrica em sede de recurso repetitivo: ADMINISTRATIVO E PROCESSUAL CIVIL. RECURSO REPRESENTATIVO DE CONTROVÉRSIA. ART. 543-C DO CPC/1973 (ATUAL 1.036 DO CPC/2015) E RESOLUÇÃO STJ 8/2008. SERVIÇOS PÚBLICOS. FORNECIMENTO DE ENERGIA ELÉTRICA. FRAUDE NO MEDIDOR DE CONSUMO. CORTE ADMINISTRATIVO DO SERVIÇO. DÉBITOS DO CONSUMIDOR. CRITÉRIOS. ANÁLISE DA CONTROVÉRSIA SUBMETIDA AO RITO DO ART. 543-C DO CPC/1973 (ATUAL 1.036 DO CPC/2015) 1. A concessionária sustenta que qualquer débito, atual ou antigo, dá ensejo ao corte administrativo do fornecimento de energia elétrica, o que inclui, além das hipóteses de mora do consumidor, débitos pretéritos relativos à recuperação de consumo por fraude do medidor. *In casu*, pretende cobrar débito

oriundo de fraude em medidor, fazendo-o retroagir aos cinco anos antecedentes. TESE CONTROVERTIDA ADMITIDA 2. Sob o rito do art. 543-C do CPC/1973 (atualmente 1036 e seguintes do CPC/2015), admitiu-se a seguinte tese controvertida: "a possibilidade de o prestador de serviços públicos suspender o fornecimento de energia elétrica em razão de débito pretérito do destinatário final do serviço". PANORAMA GERAL DA JURISPRUDÊNCIA DO STJ SOBRE CORTE DE ENERGIA POR FALTA DE PAGAMENTO 3. São três os principais cenários de corte administrativo do serviço em decorrência de débitos de consumo de energia elétrica por inadimplemento: a) consumo regular (simples mora do consumidor); b) recuperação de consumo por responsabilidade atribuível à concessionária; e c) recuperação de consumo por responsabilidade atribuível ao consumidor (normalmente, fraude do medidor). 4. O caso tratado no presente recurso representativo da controvérsia é o do item "c" acima, já que a apuração de débitos pretéritos decorreu de fato atribuível ao consumidor: fraude no medidor de consumo. 5. Não obstante a delimitação supra, é indispensável à resolução da controvérsia fazer um apanhado da jurisprudência do STJ sobre a possibilidade de corte administrativo do serviço de energia elétrica. 6. Com relação a débitos de consumo regular de energia elétrica, em que ocorre simples mora do consumidor, a jurisprudência do STJ está sedimentada no sentido de que é lícito o corte administrativo do serviço, se houver aviso prévio da suspensão. A propósito: REsp 363.943/MG, Rel. Ministro Humberto Gomes de Barros, Primeira Seção, DJ 1º.3.2004, p. 119; EREsp 302.620/SP, Rel. Ministro José Delgado, Rel. p/ Acórdão Ministro Franciulli Netto, Primeira Seção, DJ 3.4.2006, p. 207; REsp 772.486/RS, Rel. Ministro Francisco Falcão, Primeira Turma, DJ 6.3.2006, p. 225; AgRg no Ag 1.320.867/RJ, Rel. Ministra Regina Helena Costa, Primeira Turma, DJe 19.6.2017; e AgRg no AREsp 817.879/SP, Rel. Ministro Humberto Martins, Segunda Turma, DJe 12.2.2016. 7. Quanto a débitos pretéritos, sem discussão específica ou vinculação exclusiva à responsabilidade atribuível ao consumidor pela recuperação de consumo (fraude no medidor), há diversos precedentes no STJ que estipulam a tese genérica de impossibilidade de corte do serviço: EREsp 1.069.215/RS, Rel. Ministro Herman Benjamin, Primeira Seção, DJe 1º.2.2011; EAg 1.050.470/SP, Rel. Ministro Benedito Gonçalves, Primeira Seção, DJe 14.9.2010; REsp 772.486/RS, Rel. Ministro Francisco Falcão, Primeira Turma, DJ 6.3.2006, p. 225; AgRg nos EDcl no AREsp 107.900/RS, Rel. Ministro Ari Pargendler, Primeira Turma, DJe 18.3.2013; AgRg no REsp 1.381.468/RN, Rel. Ministro Arnaldo Esteves Lima, Primeira Turma, DJe 14.8.2013; AgRg no REsp 1.536.047/GO, Rel. Ministro Humberto Martins, Segunda Turma, DJe 15.9.2015; AgRg no AREsp 273.005/ES, Rel. Ministro Humberto Martins, Segunda Turma, DJe 26.3.2013; AgRg no AREsp 257.749/PE, Rel. Ministro Humberto Martins, Segunda Turma, DJe 8.2.2013; AgRg no AREsp 462.325/RJ, Rel. Ministro Og Fernandes, Segunda Turma, DJe 15.4.2014; AgRg no AREsp 569.843/PE, Rel. Ministro Napoleão Nunes Maia Filho, Primeira Turma, DJe 11.11.2015; AgRg no AREsp 484.166/RS, Rel. Ministro Napoleão Nunes Maia Filho, Primeira Turma, DJe 8.5.2014; EDcl no AgRg no AREsp 58.249/PE, Rel. Ministro Napoleão Nunes Maia Filho, Primeira Turma, DJe 25.4.2013; AgRg no AREsp 360.286/RS, Rel. Ministro Mauro Campbell Marques, Segunda Turma, DJe 11.9.2013; AgRg no AREsp 360.181/PE, Rel. Ministro Benedito Gonçalves, Primeira Turma, DJe 26.9.2013; AgRg no AREsp 331.472/PE, Rel. Ministro Benedito Gonçalves, Primeira Turma, DJe 13.9.2013; AgRg no AREsp 300.270/MG, Rel. Ministro Sérgio Kukina, Primeira Turma, DJe 24.9.2015; AgRg no REsp 1.261.303/RS, Rel. Ministro Sérgio Kukina, Primeira Turma, DJe 19.8.2013; EDcl no REsp 1.339.514/MG, Rel. Ministro Sérgio Kukina, Primeira Turma, DJe 5.3.2013; AgRg no AREsp 344.523/PE, Rel. Ministra Eliana Calmon, Segunda Turma, DJe 14.10.2013; AgRg no AREsp 470/RS, Rel. Ministro Teori Albino Zavascki, Primeira Turma, DJe 4.10.2011; e AgRg no Ag 962.237/RS, Rel. Ministro Castro Meira, Segunda Turma, DJe 27.3.2008. CORTE ADMINISTRATIVO POR FRAUDE NO MEDIDOR 8. Relativamente aos casos de fraude do medidor pelo consumidor, a jurisprudência do STJ veda o corte quando o ilícito for aferido unilateralmente pela concessionária. A *contrario sensu*, é possível a suspensão do serviço se o débito pretérito por fraude do medidor cometida pelo consumidor for apurado de forma a proporcionar o contraditório e a ampla defesa. Nesse sentido: AgRg no AREsp 412.849/RJ, Rel. Ministro Humberto Martins, Segunda Turma, DJe 10.12.2013; AgRg no AREsp 370.548/PE, Rel. Ministro Humberto Martins, Segunda Turma, DJe 4.10.2013; AgRg no REsp 1.465.076/SP, Rel. Ministro Napoleão Nunes Maia Filho, Primeira Turma, DJe 9.3.2016; REsp 1.310.260/RS, Rel. Ministro Og

# 5. DIREITO ADMINISTRATIVO    151

Fernandes, Segunda Turma, DJe 28.9.2017; AgRg no AREsp 187.037/PE, Rel. Ministro Mauro Campbell Marques, Segunda Turma, DJe 8.10.2012; AgRg no AREsp 332.891/PE, Relator Min. Mauro Campbell Marques, Segunda Turma, DJe 13.8.2013; AgRg no AREsp 357.553/PE, Rel. Ministro Benedito Gonçalves, Primeira Turma, DJe 26.11.2014; AgRg no AREsp 551.645/SP, Rel. Ministro Benedito Gonçalves, Primeira Turma, DJe 3.10.2014; AgInt no AREsp 967.813/PR, Rel. Ministra Assusete Magalhães, Segunda Turma, DJe 8.3.2017; AgInt no REsp 1.473.448/RS, Rel. Ministra Assusete Magalhães, Segunda Turma, DJe 1º.2.2017; AgRg no AREsp 345.130/PE, Rel. Ministro Sérgio Kukina, Primeira Turma, DJe 10.10.2014; AgRg no AREsp 346.561/PE, Rel. Ministro Sérgio Kukina, Primeira Turma, DJe 1º.4.2014; AgRg no AREsp 448.913/PE, Rel. Ministra Regina Helena Costa, Primeira Turma, DJe 3.9.2015; AgRg no AREsp 258.350/PE, Rel. Ministro Gurgel de Faria, Primeira Turma, DJe 8.6.2016; AgRg no REsp 1.478.948/RS, Rel. Ministro Herman Benjamin, Segunda Turma, DJe 20.3.2015; AgRg no AREsp 159.109/SP, Rel. Ministra Eliana Calmon, Segunda Turma, DJe 18.4.2013; AgRg no AREsp 295.444/RS, Rel. Ministra Marga Tessler (Desembargadora Federal Convocada do TRF/4ª Região), Primeira Turma, DJe de 17.4.2015; AgRg no AREsp 322.763/PE, Rel. Ministra Diva Malerbi (Desembargadora Federal Convocada do TRF/3ª Região), Segunda Turma, DJe 23.8.2016; e AgRg AREsp 243.389/PE, Rel. Ministro Arnaldo Esteves Lima, Primeira Turma, DJe 4.2.2013. RESOLUÇÃO DA CONTROVÉRSIA 9. Como demonstrado acima, em relação a débitos pretéritos mensurados por fraude do medidor de consumo causada pelo consumidor, a jurisprudência do STJ orienta-se no sentido do seu cabimento, desde que verificada com observância dos princípios do contraditório e da ampla defesa. 10. O não pagamento dos débitos por recuperação de efetivo consumo por fraude ao medidor enseja o corte do serviço, assim como acontece para o consumidor regular que deixa de pagar a conta mensal (mora), sem deixar de ser observada a natureza pessoal (não *propter rem*) da obrigação, conforme pacífica jurisprudência do STJ. 11. Todavia, incumbe à concessionária do serviço público observar rigorosamente os direitos ao contraditório e à ampla defesa do consumidor na apuração do débito, já que o entendimento do STJ repele a averiguação unilateral da dívida. 12. Além disso, o reconhecimento da possibilidade de corte de energia elétrica deve ter limite temporal de apuração retroativa, pois incumbe às concessionárias o dever não só de fornecer o serviço, mas também de fiscalizar adequada e periodicamente o sistema de controle de consumo. 13. Por conseguinte e à luz do princípio da razoabilidade, a suspensão administrativa do fornecimento do serviço - como instrumento de coação extrajudicial ao pagamento de parcelas pretéritas relativas à recuperação de consumo por fraude do medidor atribuível ao consumidor - deve ser possibilitada quando não forem pagos débitos relativos aos últimos 90 (noventa) dias da apuração da fraude, sem prejuízo do uso das vias judiciais ordinárias de cobrança. 14. Da mesma forma, deve ser fixado prazo razoável de, no máximo, 90 (noventa) dias, após o vencimento da fatura de recuperação de consumo, para que a concessionária possa suspender o serviço. TESE REPETITIVA 15. Para fins dos arts. 1.036 e seguintes do CPC/2015, fica assim resolvida a controvérsia repetitiva: Na hipótese de débito estrito de recuperação de consumo efetivo por fraude no aparelho medidor atribuída ao consumidor, desde que apurado em observância aos princípios do contraditório e da ampla defesa, é possível o corte administrativo do fornecimento do serviço de energia elétrica, mediante prévio aviso ao consumidor, pelo inadimplemento do consumo recuperado correspondente ao período de 90 (noventa) dias anterior à constatação da fraude, contanto que executado o corte em até 90 (noventa) dias após o vencimento do débito, sem prejuízo do direito de a concessionária utilizar os meios judiciais ordinários de cobrança da dívida, inclusive antecedente aos mencionados 90 (noventa) dias de retroação. RESOLUÇÃO DO CASO CONCRETO 16. Na hipótese dos autos, o Tribunal Estadual declarou a ilegalidade do corte de energia por se lastrear em débitos não relacionados ao último mês de consumo. 17. Os débitos em litígio são concernentes à recuperação de consumo do valor de R$ 9.418,94 (nove mil, quatrocentos e dezoito reais e noventa e quatro centavos) por fraude constatada no aparelho medidor no período de cinco anos (15.12.2000 a 15.12.2005) anteriores à constatação, não sendo lícita a imposição de corte administrativo do serviço pela inadimplência de todo esse período, conforme os parâmetros estipulados no presente julgamento. 18. O pleito recursal relativo ao cálculo da recuperação de consumo não merece conhecimento por aplicação do óbice da Súmula 7/STJ. 19. Recurso Especial não provido. Acórdão submetido ao regime dos arts. 1.036 e seguintes do CPC/2015. (REsp 1412433/RS, Rel.

Ministro HERMAN BENJAMIN, PRIMEIRA SEÇÃO, julgado em 25/04/2018, DJe 28/09/2018). [FB]

Gabarito "E".

**(Defensor Público/AC – 2017 – CESPE)** Após prévia notificação pela empresa concessionária do serviço de fornecimento de energia elétrica, foi suspenso o fornecimento de luz na residência de Pedro, em consequência do não pagamento dos débitos contraídos pelo usuário anterior do imóvel.

Com relação à situação hipotética apresentada, é correto afirmar, com fundamento na jurisprudência do STJ, que a empresa prestadora do serviço público procedeu

**(A)** corretamente, pois o corte no fornecimento de serviço público essencial respeitou a necessidade de prévia notificação de Pedro.

**(B)** corretamente, pois os débitos têm natureza *propter rem*, sendo de responsabilidade de Pedro quando passou a ser usuário do imóvel.

**(C)** incorretamente, pois, como os referidos débitos têm natureza pessoal, não poderia Pedro ser responsabilizado pela dívida contraída pelo usuário anterior do imóvel.

**(D)** incorretamente, pois, por ser o fornecimento de energia elétrica serviço essencial, não é permitido o corte desse serviço por motivo de não pagamento.

**(E)** incorretamente, pois, por ser o fornecimento de energia elétrica serviço público essencial, o corte desse fornecimento somente poderia decorrer de determinação judicial.

É ilegítimo o corte no fornecimento de serviços públicos essenciais por débitos de usuário anterior, em razão da natureza pessoal da dívida. Vejamos julgado a respeito do tema: Processual civil e administrativo. Agravo regimental no agravo em recurso especial. Suspensão por débito pretérito de outro usuário. Serviço público essencial. Impossibilidade. Divergência não comprovada. Agravo regimental desprovido. 1. A jurisprudência desta Corte Superior pacificou o entendimento de que, em casos como o presente, em que se caracteriza a exigência de débito pretérito decorrente do inadimplemento de faturas, não deve haver a suspensão do serviço; o corte de água pressupõe o inadimplemento de dívida atual, relativa ao mês do consumo, sendo inviável a suspensão do abastecimento em razão de débitos antigos. 2. Além do mais, o art. 6º, § 3º, II, da Lei 8.987/95, fala, expressamente, em inadimplemento do usuário, ou seja, do efetivo consumidor do serviço (interrupção personalizada). É inviável, portanto, responsabilizar-se o atual usuário – adimplente com suas obrigações – por débito pretérito relativo ao consumo de água do usuário anterior (REsp 631.246/RJ, Rel. Min. Denise Arruda, DJ 23.10.2006). 3. Agravo Regimental da SABESP desprovido. (AgRg no AREsp 196.374/SP, Rel. Ministro Napoleão Nunes Maia Filho, Primeira Turma, julgado em 22.04.2014, DJe 06.05.2014). [FB]

Gabarito "C".

**(Analista Judiciário – Área Administrativa – TRT8 – 2013 – CESPE)** No que concerne à prestação de serviços públicos, assinale a opção correta.

**(A)** Considere que uma empresa concessionária do serviço de iluminação pública de determinado ente federativo, alegando inadimplência, tenha suspendido a prestação do serviço. Nessa situação, de acordo com a jurisprudência, o inadimplemento do ente federativo autoriza a suspensão do serviço essencial de iluminação pública, afastando legitimamente a aplicação do princípio da continuidade.

**(B)** A prestação de serviço público é orientada pelo princípio da obrigatoriedade, segundo o qual o Estado tem o dever jurídico, e não uma mera faculdade discricionária, de promover a prestação do serviço público.

**(C)** Dado o princípio da igualdade, os serviços públicos devem ser prestados de modo isonômico a todos os usuários, vedando-se, em qualquer caso, o estabelecimento de tarifas diferenciadas.

**(D)** O princípio da transparência, aplicável ao serviço público, não assegura ao usuário o direito de receber do poder concedente e da concessionária informações de caráter coletivo, mas apenas de interesse individual.

## VÁRIOS AUTORES

**(E)** O Estado pode delegar a prestação de serviços públicos a particulares, por meio de concessão ou permissão, porém eventuais prejuízos causados aos usuários pela prestação desses serviços são de responsabilidade direta e objetiva do Estado.

**A:** incorreta, "a suspensão do fornecimento de energia elétrica por motivo de inadimplência atinge o direito do usuário à prestação contínua dos serviços públicos essenciais (princípio da continuidade, CDC, art. 22), tanto quanto o uso desse meio coercitivo para efeito de compelir o usuário ao pagamento" (TJPA, 3ª Câm. Cível, j. 17.04.2006, rel. Geraldo de Moraes Correa Lima, *DJ* 15.04.2007); **B:** correta, "(...) através do princípio da obrigatoriedade o poder público ou seus delegados ficam sujeitos à prestação do serviço àqueles que deles reclamam (...)" (Willeman, Flávio Araújo. Princípios setoriais que regem a prestação dos serviços públicos – A aplicação do princípio da livre-iniciativa no regime dos serviços públicos. Rio de Janeiro, 2002. p. 143. Disponível em: [http://download.rj.gov.br/documentos/10112/781176/DLFE-46933.pdf/Revista56Sumario.pdf]. Acesso em: 17.09.2014]); **C:** incorreta, é possível o estabelecimento de tarifas diferenciadas (art. 13 da Lei 8.987/1995); Na jurisprudência: "Nenhuma ilegalidade há, portanto, em se cobrar a tarifa com base na progressividade, que leva em conta o estabelecimento de faixas de consumo, consoante prescreve o art. 13, da Lei 8.987/1995, que regula as concessões e permissões de serviços" (TJRJ, AP 01023693120048190001, 16ª Câm. Civ., j. 04.06.2013, rel. Des. Lindolpho Morais Marinho, *DJ* 29.11.2013); **D:** incorreta, assegura o recebimento de informações individuais e coletivas (art. 7º, II, da Lei 8.987/1995); **E:** incorreta, são de responsabilidade do concessionário ou permissionário (§ 6º do art. 37 da CF e art. 25 da Lei 8.987/1995).

Gabarito "B".

**(Analista – TJ/CE – 2014 – CESPE)** Acerca do regime jurídico dos serviços públicos, assinale a opção correta.

**(A)** O Estado pode transferir, eventualmente, mediante contrato, a titularidade do serviço público para empresa concessionária ou permissionário. Nessa situação, o serviço continuará sendo prestado sob o regime de direito público.

**(B)** A concessão de serviço público difere da permissão, entre outros fatores, pelo instrumento, haja vista que a concessão é formalizada mediante contrato e a permissão, mediante termo.

**(C)** São princípios que regem os serviços públicos: atualidade, universalidade, continuidade, modicidade das tarifas e cortesia na prestação.

**(D)** É vedada a subconcessão do contrato de concessão de serviços públicos, dado seu caráter personalíssimo, conforme expressa previsão legal.

**(E)** Enquadram-se no conceito de serviço público apenas as atividades de oferecimento de utilidade ou comodidade material à coletividade que o Estado desempenha por si próprio, com exclusividade, sob o regime de direito público.

**A:** Incorreta, pois a outorga do serviço, ou seja, a transferência da titularidade somente ocorrerá por meio de Lei. Já a delegação do serviço público, que consiste na transferência da execução do serviço, poderá ser realizada por meio de contrato; **B:** Incorreta, pois a concessão e a permissão serão formalizadas por meio de contrato (arts. 4º e 40 da Lei 8.987/1995); **C:** Correta, nos termos do § 1º do art. 6º da Lei 8.987/1995; **D:** Incorreta, pois é **admitida** a subconcessão, nos termos previstos no contrato de concessão, desde que expressamente autorizada pelo poder concedente (art. 26 da Lei 8.987/1995); **E:** Incorreta, pois, conforme Celso Antonio Bandeira de Mello, "serviço público é toda a atividade de oferecimento de utilidade ou comodidade material destinada à satisfação da coletividade em geral, mas fruível **singularmente pelos administrados, que Estado assume como pertinente a seus deveres e presta por si ou por quem lhe faça as vezes**, sob um regime de Direito Público - portanto, consagrador de prerrogativas de supremacia e de restrições especiais – instituído em favor dos interesses definidos como públicos no sistema normativo (**Curso de Direito Administrativo**. 26. ed. São Paulo: Malheiros Editores, p. 665).

Gabarito "C".

## 11.2. AUTORIZAÇÃO E PERMISSÃO DE SERVIÇO PÚBLICO

**(Auditor Fiscal - SEFAZ/RS - 2019 - CESPE/CEBRASPE)** A exploração de serviços de radiodifusão sonora bem como de sons e imagens pode ocorrer mediante

**(A)** autorização, apenas.

**(B)** permissão, apenas.

**(C)** concessão, apenas.

**(D)** autorização, permissão e concessão.

**(E)** autorização e concessão, apenas.

Art. 21, XI,I "a" CF/1988.

Gabarito "D".

## 11.3. CONCESSÃO DE SERVIÇO PÚBLICO

**(Auditor Fiscal – SEFAZ/DF – 2020 – CESPE/CEBRASPE)** Acerca da concessão de serviços públicos, julgue o item que se segue.

**(1)** Concessão de serviço público é um contrato administrativo pelo qual a administração pública delega a terceiro a execução de um serviço público, para que este o realize em seu próprio nome e por sua conta e risco, sendo assegurada ao terceiro a remuneração mediante tarifa paga pelo usuário, que é fixada pelo preço da proposta vencedora da licitação e não pode ser alterada unilateralmente pelo poder público ou pela concessionária.

Enunciado **1** errado. A concessão de serviço público tem a natureza jurídica de contrato administrativo, motivo pelo qual se submete ao regime das cláusulas exorbitantes, que confere à Administração (poder concedente) uma série de prerrogativas contratuais, entre as quais a possibilidade de alteração unilateral de certas cláusulas pelo poder público. É o que dispõe o art. 9º, § 4º, da Lei 8.987/95: "Em havendo alteração unilateral do contrato que afete o seu inicial equilíbrio econômico-financeiro, o poder concedente deverá restabelecê-lo, concomitantemente à alteração."

Gabarito 1E.

**(Juiz de Direito – TJ/SC – 2019 – CESPE/CEBRASPE)** De acordo com a Lei 8.987/1995 — que dispõe sobre o regime de concessão e permissão da prestação de serviços públicos previsto no art. 175 da Constituição Federal —, na hipótese de concessão de serviço público precedida de execução de obra pública,

**(A)** a subconcessão é juridicamente possível, situação que dispensa a realização de concorrência para a sua outorga.

**(B)** a concessionária não poderá contratar terceiros para o desenvolvimento de atividades inerentes, acessórias ou complementares ao serviço concedido.

**(C)** o julgamento da licitação deverá ser feito exclusivamente de acordo com o critério do menor valor da tarifa do serviço público a ser prestado.

**(D)** a concessão poderá ser feita a pessoa física ou jurídica que demonstre capacidade para o seu desempenho e a obra deverá ser realizada por conta e risco da concessionária.

**(E)** o investimento da concessionária será remunerado e amortizado mediante a exploração do serviço ou da obra por prazo determinado.

Alternativa **A** incorreta (a subconcessão deve ser precedida de concorrência, cf. art. 26, § 1º). Alternativa **B** incorreta (a concessionária poderá contratar com terceiros o desenvolvimento de atividades inerentes, acessórias ou complementares ao serviço concedido, cf. art. 25, § 1º). Alternativa **C** incorreta (a Lei 8.987/95 prevê diversos critérios para o julgamento da licitação, entre os quais o menor valor da tarifa do serviço a ser prestado, a melhor proposta técnica etc.). Alternativa **D** incorreta (somente cabível o firmamento de concessão com pessoa jurídica ou consórcio de empresas, e não com pessoa física, cf. art. 2º, II e III). Alternativa **E** correta (cf. consta no art. 2º, III).

Gabarito "E".

**(Procurador do Município - Campo Grande/MS - 2019 - CESPE/CEBRASPE)** A respeito do regime de concessão e permissão da prestação de serviços públicos, julgue o item subsecutivo.

# 5. DIREITO ADMINISTRATIVO 153

**(1)** A transferência de concessão ou de controle societário da concessionária sem a prévia anuência do poder concedente implicará a caducidade da concessão.

As sociedade empresárias que atuam em setores regulados ou ainda no caso de concessão de serviços públicos, para procederem à transferência de controle, dependem da concessão de anuência prévia por parte do poder concedente respectivo, em geral o órgão regulador da área de atuação, sob pena de caducidade – Art. 38 da Lei 8.987/1995.

*Gabarito 1C*

**(Defensor Público/AL – 2017 – CESPE)** Determinado município notificou uma concessionária de transporte público municipal por inadequação do serviço prestado e por paralisação do serviço sem justa causa, dando prazo para que as irregularidades fossem sanadas. Diante da inércia da concessionária, foi instaurado procedimento administrativo, com direito a ampla defesa, para a extinção do contrato administrativo de concessão.

Nessa situação hipotética, o contrato de concessão deverá ser

**(A)** extinto por caducidade, e o ente municipal deverá indenizar o concessionário proporcionalmente aos bens usados na prestação de serviço, descontados multa e eventuais danos causados.

**(B)** rescindido, de forma unilateral, pelo ente municipal, não sendo cabível indenização para o concessionário.

**(C)** extinto por encampação, e o ente municipal deverá indenizar o concessionário proporcionalmente aos bens usados na prestação de serviço, descontados multa e eventuais danos causados.

**(D)** extinto por caducidade, não cabendo indenização a ser paga ao concessionário.

**(E)** extinto por encampação, em razão do inadimplemento do concessionário.

A: correta – a assertiva trata de hipótese de rescisão unilateral do Poder Concedente por caducidade ou decadência, que consiste no encerramento da concessão antes do prazo, por inadimplência do concessionário. Depende de prévio processo administrativo, com direito a ampla defesa, para apuração da falta grave do concessionário, processo que só poderá ser acionado após comunicação detalhada à concessionária dos descumprimentos contratuais referidos no § 1° do art. 38 da Lei 8.987/95, dando-lhe prazo para regularização. A declaração de caducidade será feita por decreto do Poder Concedente. Só se indeniza a parcela não amortizada, uma vez que houve culpa daquele que exercia o serviço público. Da eventual indenização devida serão descontados os valores relativos a multas contratuais e danos causados pela concessionária; **B**: incorreta – a rescisão unilateral pelo poder concedente pode se dar por encampação, caducidade, anulação da concessão, falência da concessionária, extinção da empresa ou morte do concessionário; **C**: incorreta – no caso em tela houve a inadimplência do concessionário, de modo que não caracterizada a encampação ou resgate. Nessa, se dá o encerramento da concessão por ato do Poder Concedente, durante o transcurso do prazo inicialmente fixado, por motivo de conveniência e oportunidade administrativa (espécie de revogação) sem que o concessionário haja dado causa ao ato extintivo. Depende de lei específica que o autorize, como forma de proteção ao concessionário e também porque geralmente enseja grandes custos. É necessária prévia indenização, que compense o investimento ainda não amortizado, bem como que faça frente aos lucros cessantes pela extinção prematura do contrato de concessão, já que não há culpa do concessionário; **D**: incorreta – a caducidade se dá quando ocorre o encerramento da concessão antes do prazo em razão da inadimplência do concessionário e só se indeniza a parcela não amortizada, uma vez que houve culpa daquele que exercia o serviço público. Da eventual indenização devida serão descontados os valores relativos a multas contratuais e danos causados pela concessionária; **E**: incorreta – na encampação ou resgate se dá o encerramento da concessão por ato do Poder Concedente, durante o transcurso do prazo inicialmente fixado, por motivo de conveniência e oportunidade administrativa (espécie de revogação) sem que o concessionário haja dado causa ao ato extintivo.

*Gabarito "A"*

**(Delegado/PE – 2016 – CESPE)** Tendo como referência a legislação aplicável ao regime de concessão e permissão de serviços públicos e às parcerias público-privadas, assinale a opção correta.

**(A)** De acordo com a Lei 8.987/1995, as permissões de serviço público feitas mediante licitação não podem ser formalizadas por contrato de adesão.

**(B)** Em relação à parceria público-privada, entende-se por concessão administrativa o contrato de prestação de serviços de que a administração pública seja a usuária direta ou indireta, ainda que envolva execução de obra ou fornecimento e instalação de bens.

**(C)** As agências reguladoras não podem promover licitações que tenham por objeto a concessão de serviço público do objeto por ela regulado.

**(D)** É vedada a celebração de contrato de parceria público--privada cujo período de prestação do serviço seja superior a cinco anos.

**(E)** Por meio da concessão, o poder público delega a prestação de serviço público a concessionário que demonstre capacidade para seu desempenho, sendo esse serviço realizado por conta e risco do poder concedente.

A: incorreta, pois a Lei 8.987/1995 utiliza expressamente a expressão "contrato de adesão" para esse caso (art. 18, XVI); **B**: correta (art. 2°, § 2°, da Lei 11.079/2004); **C**: incorreta, pois essa é uma das principais competências das agências reguladoras, como no exemplo da ANATEL (arts. 19, VI, e 88 da Lei 9.472/1997); **D**: incorreta; é justamente o contrário; uma parceria público-privada só poderá existir se envolver prestação de serviço igual ou superior a cinco anos (art. 2°, § 4°, II, da Lei 11.079/2004); **E**: incorreta, pois o serviço é realizado por conta e risco do concessionário (pessoa jurídica ou consórcio de empresas) e não do poder concedente (art. 2°, II, da Lei 8.987/1995).

*Gabarito "B".*

**(Defensor Público – DPE/RN – 2016 – CESPE)** A respeito da prestação de serviço público por concessionárias ou permissionárias, assinale a opção correta.

**(A)** Ainda que motivada por situação de emergência, ou após aviso prévio, por motivos de ordem técnica ou de segurança das instalações, a interrupção no fornecimento de serviços públicos fere o princípio da continuidade dos serviços públicos.

**(B)** Tratando-se de obrigação propter rem, conforme entendimento do STJ, o corte no fornecimento de serviços públicos essenciais por débitos de usuário anterior é legítimo.

**(C)** Em nome do princípio da isonomia na prestação dos serviços públicos, é legítimo o corte no fornecimento de serviços públicos essenciais, quando se tratar de unidade prestadora de serviços de interesse público da coletividade.

**(D)** De acordo com entendimento do STF, é objetiva a responsabilidade das pessoas jurídicas de direito privado prestadoras de serviço público, em se tratando de danos causados a terceiros não usuários desse serviço.

**(E)** Segundo entendimento jurisprudencial do STJ, é legítimo o corte no fornecimento de serviços públicos essenciais quando o usuário for inadimplente quanto a débitos vencidos pretéritos, desde que precedido de prévia notificação do usuário.

A: Incorreta, pois o art. 6°, § 3°, da Lei 8.987/1995 dispõe que não se caracteriza descontinuidade do serviço a sua interrupção por motivos de urgência e após aviso prévio; **B**: Incorreta. O STJ entende que se trata de uma obrigação pessoal ou de pagar pela prestação desses serviços públicos, e não real ou "propter rem" (AgReg 1382326/SP); **C**: Incorreta. Somente é legítima a interrupção da prestação do serviços nas duas hipóteses do art. 6°, da Lei 8.987/1995 (razões de segurança das instalações ou ordem técnica e por inadimplemento, sendo considerado o interesse da coletividade); **D**: Correta. Esse é um entendimento modificado pelo STF, que igualou os usuários aos não usuários, de forma que se o dano ocorrer contra ambos, a responsabilidade será objetiva do Estado, sendo essa a mais ampla e irrestrita, conforme prevê o art. 37, § 6°, CF (RE 262.651/1 e 591.874/2); **E**: Incorreta. O art. 6°, § 6°, II, da Lei 8.987/1995 exige o interesse da coletividade para que o corte do serviço seja legítimo, mais ainda, não admite a suspensão às pessoas jurídicas e órgãos públicos, conforme se verifica no Ag Reg no Ag Reg 152296/12.

*Gabarito "D".*

**(Analista Jurídico – TCE/PR – 2016 – CESPE)** Após prévio e regular certame licitatório, um estado da Federação celebrou contrato de concessão de serviço público. No decorrer da execução do contrato, a administração, após a concessão do direito de ampla defesa, verificou que a empresa concessionária paralisou o serviço contratado sem motivo justificável. Nessa situação hipotética, com respaldo na Lei n.º 8.987/1995, o ente federativo poderá extinguir o contrato mediante o instituto da

(A) rescisão.
(B) reversão.
(C) encampação.
(D) anulação.
(E) caducidade.

**A:** incorreta, pois no caso incide especificamente o instituto da *caducidade*, nos termos do art. 38, § 1º, III, da Lei 8.987/95; **B:** incorreta, pois a reversão não é propriamente uma *hipótese* de extinção da concessão, mas, sim, o *efeito* da extinção da concessão consistente no retorno ao poder concedente dos bens utilizados na prestação do serviço público; **C:** incorreta, pois a encampação se dá quando o poder concedente deseja retomar o serviço público por motivo de interesse público (não relacionado a faltas contratuais da concessionária), nos termos do art. 37 da Lei 8.987/95; **D:** incorreta, pois a anulação se dá quando o ato de concessão da licitação é ilegal, o que não acontece no caso trazido no enunciado; **E:** correta (art. 38, § 1º, III, da Lei 8.987/95).
Gabarito "E".

**(Analista Judiciário – TRT/8ª – 2016 – CESPE)** A modalidade de extinção da concessão fundada na perda, pela concessionária de serviços públicos, das condições econômicas, técnicas ou operacionais para manter a adequada prestação do serviço concedido denomina-se

(A) encampação.
(B) caducidade.
(C) anulação.
(D) revogação.
(E) rescisão.

**A:** incorreta, pois a encampação se dá quando o poder concedente deseja retomar o serviço público por motivo de interesse público (não relacionado às faltas contratuais da concessionária), nos termos do art. 37 da Lei 8.987/95; **B:** correta (art. 38, § 1º, IV, da Lei 8.987/95); **C:** incorreta, pois a anulação se dá quando o ato de concessão da licitação é ilegal, o que não acontece no caso trazido no enunciado; **D:** incorreta, pois esse instituto não é aplicado em matéria de concessão de serviço público, sendo que o instituto que mais se aproxima da revogação na concessão é o da encampação (art. 37 da Lei 8.987/95); **E:** incorreta, pois no caso incide especificamente o instituto da caducidade, nos termos do art. 38, § 1º, IV, da Lei 8.987/95.
Gabarito "B".

## 11.4. PARCERIAS PÚBLICO-PRIVADAS (PPP)

**(Procurador do Município - Campo Grande/MS - 2019 - CESPE/CEBRASPE)** À luz das disposições da Lei n.º 11.079/2004 acerca das normas gerais para licitação e contratação de parceria público-privada no âmbito da administração pública, julgue os itens a seguir.

(1) A contratação de parceria público-privada deve ser precedida de licitação na modalidade de tomada de preço, estando a abertura do processo licitatório condicionada a autorização da autoridade competente, fundamentada em estudo técnico.
(2) É dispensável a realização de licitação para celebração de contratos de parceria público-privada.

**1:** incorreta – A contratação de parceria público-privada será precedida de licitação na modalidade de concorrência – Art. 10 da Lei 11.079/2004; **2:** incorreta. A contratação de parceria público-privada será precedida de licitação na modalidade de concorrência– Art. 10 da Lei 11.079/2004. **Atenção!** De acordo com a nova lei de licitações (Lei 14.133/2021), a contratação de parceria público-privada deve ser precedida de licitação na modalidade concorrência ou diálogo competitivo. FB
Gabarito: 1E, 2E

**(Defensor Público/PE – 2018 – CESPE)** Com relação a parceria público-privada (PPP), assinale a opção correta.

(A) Para a contratação de PPP, deverá ser realizada licitação, obrigatoriamente, na modalidade de concorrência ou na modalidade convite.
(B) A modalidade de PPP direcionada à prestação de serviços públicos ou obras públicas, que envolve, adicionalmente à tarifa cobrada dos usuários, contraprestação do parceiro público ao parceiro privado, classifica-se como concessão administrativa.
(C) É vedado o contrato de PPP que tenha como objeto único o fornecimento de mão de obra ou o fornecimento e a instalação de equipamentos.
(D) É cláusula essencial do contrato de PPP a repartição de riscos entre as partes, salvo aquelas referentes a caso fortuito, fato do príncipe ou a álea econômica extraordinária.
(E) É obrigatória a constituição prévia de sociedade de propósito específico incumbida de implantar e gerir o objeto da PPP, podendo a administração pública ser titular da maioria do capital votante da referida entidade.

**A:** incorreta – até pelo valor envolvido para que possa haver a celebração de uma parceria público privada, que não pode ser inferior a R$ 10.000.000,00 (dez milhões de reais), a contratação deve ser precedida de licitação na modalidade concorrência ou diálogo competitivo; **B:** incorreta – o conceito dado pela assertiva é o de concessão patrocinada – Art. 2º, § 1º, da Lei 11.079/2004; **C:** correta – Art. 2º, § 4º, inc. III, da Lei 11.079/2004; **D:** incorreta – a lei prevê como cláusula essencial a previsão de repartição de riscos entre as partes, inclusive os referentes a caso fortuito, força maior, fato do príncipe e álea econômica extraordinária – Art. 5º, inc. III, da Lei 11.079/2004; **E:** incorreta – é vedado à Administração Pública ser titular da maioria do capital votante das sociedades de propósito específico – Art. 9º, § 4º, da Lei 11.079/2004. FB
Gabarito "C".

**(Procurador do Município/Manaus – 2018 – CESPE)** Acerca dos instrumentos jurídicos que podem ser celebrados pela administração pública para a realização de serviços públicos, julgue os itens a seguir.

(1) Quando se tratar da prestação de serviços dos quais a administração pública seja a usuária direta ou indireta, poderá ser celebrado contrato de parceria público-privada na modalidade concessão patrocinada.
(2) O termo de fomento é o instrumento jurídico adequado para concretizar parceria proposta pela administração pública com organização da sociedade civil para o alcance de finalidades de interesse público e recíproco que envolvam a transferência de recursos financeiros.
(3) A União poderá celebrar convênio com consórcio público constituído por municípios para viabilizar a descentralização e a prestação de políticas públicas em escalas adequadas na área da educação fundamental.

**1:** incorreta – a assertiva trata da chamada concessão administrativa e não da concessão patrocinada – Art. 2º, § 2º, da Lei 11.079/2004; **2:** incorreta – a assertiva trata do conceito de termo de colaboração, uma vez que a proposta parte da Administração Pública – Art. 2º, inciso VII, da Lei 13.019/2014; **3:** correta – Art. 14 da Lei 11.107/2005. FB
Gabarito 1E, 2E, 3C

## 12. PROCESSO ADMINISTRATIVO

**(Delegado de Polícia Federal – 2021 – CESPE)** Determinado órgão público, por intermédio de seu titular, pretende delegar parte de sua competência administrativa para outro órgão com a mesma estrutura, seguindo os preceitos da Lei Federal 9.784/1999.

Com referência a essa situação hipotética, julgue os itens subsequentes.

(1) Nessa situação, o órgão delegante pertence necessariamente à administração pública federal, e não ao Poder Judiciário ou ao Poder Legislativo.

## 5. DIREITO ADMINISTRATIVO     155

**(2)** O órgão delegatário não precisa ser hierarquicamente subordinado ao delegante.

**(3)** O objeto do ato pode ser a edição de atos normativos.

**1:** Errado. A delegação de competências administrativas, cujo regime está previsto na Lei 9.784/1999 (Lei do Processo Administrativo no âmbito da Administração federal), pode ocorrer tanto no âmbito do Poder Executivo, quanto no do Poder Judiciário e do Legislativo (no exercício da função administrativa). É o que se extrai da própria Lei 9.784/1999, conforme o art. 1º, § 1º, segundo o qual "os preceitos desta Lei também se aplicam aos órgãos dos Poderes Legislativo e Judiciário da União, quando no desempenho de função administrativa". Assim, o exercício de determinadas competências administrativas no âmbito do Judiciário e do Legislativo (exemplo: nomeação de servidores do STF aprovados em concursos públicos) pode ser objeto de delegação. Dessa forma, a afirmativa está errada. **2:** Certo. A afirmativa está certa. A delegação da competência administrativa pode ocorrer dentro ou mesmo fora de uma estrutura hierarquizada. É o que se extrai do art. 12 da Lei 9.784/1999: "Um órgão administrativo e seu titular poderão, se não houver impedimento legal, delegar parte da sua competência a outros órgãos ou titulares, <u>ainda que estes não lhe sejam hierarquicamente subordinados</u>, quando for conveniente, em razão de circunstâncias de índole técnica, social, econômica, jurídica ou territorial". Cite-se um exemplo: possível a delegação de atribuições, desde que haja previsão legal, entre a União e uma autarquia federal, embora não haja hierarquia/subordinação entre tais entes. **3:** Errado. A afirmativa está errada. De acordo com a Lei 9.784/1999, não pode ser objeto de delegação a edição de atos de caráter normativo (art. 13, inciso I). Também não podem ser delegados: a decisão de recursos administrativos (inciso II) e as matérias de competência exclusiva do órgão ou autoridade (inciso III). **RB**

Gabarito 1E, 2C, 3E

**(Analista Judiciário – TJ/PA – 2020 – CESPE)** O processo administrativo pode ser iniciado e impulsionado sem qualquer provocação de particular. Além disso, adota formas simples, suficientes para propiciar adequado grau de certeza, segurança e respeito aos direitos dos administrados. Esses critérios, previstos na Lei 9.784/1999, refletem observância, respectivamente, aos princípios

**(A)** da eficiência e da finalidade.

**(B)** da verdade material e da segurança jurídica.

**(C)** do interesse público e da verdade formal.

**(D)** da finalidade e da instrumentalidade das formas.

**(E)** da oficialidade e do informalismo procedimental.

Diversos princípios do processo administrativo estão incorporados na Lei 9.784/99. O princípio da oficialidade (ou da impulsão de ofício) significa que o processo administrativo pode ser instaurado e tramitado por iniciativa da própria Administração, independentemente de qualquer provocação do particular. Dispõe o seu art. 2º, parágrafo único, XII, que o Poder Público deve promover a "impulsão, de ofício, do processo administrativo, sem prejuízo da atuação dos interessados". Já o art. 5º permite que o início do processo se dê por iniciativa administrativa. Já pelo princípio do informalismo procedimental, os atos do processo administrativo não dependem, como regra, de forma determinada (art. 22). Deve-se privilegiar a adoção de formas simples, suficientes para propiciar adequado grau de certeza, segurança e respeito aos direitos dos administrados (art. 2º, parágrafo único, IX). **RB**

Gabarito "E".

**(Procurador do Município/Manaus – 2018 – CESPE)** À luz da Lei 1.997/2015, do município de Manaus, e da Lei federal 9.784/1999, julgue os itens que se seguem, pertinentes aos processos administrativos.

**(1)** Considerando o que dispõe a lei municipal em apreço sobre a competência legal, as atribuições recebidas por delegação podem ser objeto de subdelegação, independentemente de autorização expressa.

**(2)** A indicação das circunstâncias fáticas supre a exigência de motivação do ato administrativo que decidir recurso administrativo.

**(3)** De acordo com a lei municipal em questão, a falta de correlação lógica entre o motivo e o objeto do ato administrativo

discricionário, tendo em vista a sua finalidade, implicará a invalidade desse ato.

**1:** incorreta – conforme o inc. III do art. 13 da Lei 1.997/2015 não é possível delegar "as atribuições re-cebidas por delegação, salvo autorização expressa e na forma por ela determinada"; **2:** incorreta – Vejamos o que diz o Art. 49 da Lei 1.997/2015: "Os atos administrativos serão motivados, com indicação dos fatos e dos fundamentos jurídicos. § 1º A motivação deverá ser explícita, clara e congruente, podendo consistir em declaração de concordância com fundamentos de pareceres, informações, decisões ou propostas, que, neste caso, serão parte integrante do ato. § 2º Na solução de vários assuntos da mesma natureza, poderá ser utilizado meio mecânico que reproduza os fundamentos das decisões. § 3º A motivação das decisões orais constará de termo escrito"; **3:** correta – Art. 53, parágrafo único, da Lei 1.997/2015. **FB**

Gabarito 1E, 2E, 3C

**(Juiz – TJ/CE – 2018 – CESPE)** Com relação aos princípios que regem os processos administrativos, assinale a opção correta.

**(A)** Conforme o princípio do formalismo moderado, os atos do processo administrativo não dependem de forma determinada, salvo por exigência legal.

**(B)** O princípio da ampla defesa impõe a participação de advogado em todas as fases do procedimento administrativo disciplinar.

**(C)** Por força do princípio da verdade material, admite-se a utilização, em processo administrativo, de provas obtidas por meio ilícito, desde que produzidas de boa-fé.

**(D)** A exigência de depósito de valores como condição de admissibilidade de recurso administrativo não viola o princípio da pluralidade de instâncias.

**(E)** A adoção da chamada fundamentação *per relationem* em atos administrativos viola o princípio da motivação.

**A:** correta – o princípio do formalismo moderado determina que a previsão de ritos e formas devem ser simples, suficientes para propiciar um grau de certeza, segurança, respeito aos direitos dos sujeitos, o contraditório e a ampla defesa. Ainda, deve possibilitar a interpretação flexível e razoável quanto a formas, para evitar que estas sejam vistas como fim em si mesmas, desligadas das verdadeiras finalidades do processo. Razão pela se pode entender que, salvo por exigência prevista em lei, os atos do processo administrativo não dependem de uma forma determinada; **B:** incorreta – A falta de defesa técnica por advogado no processo administrativo disciplinar não ofende a Constituição – Súmula Vinculante 5 STF; **C:** incorreta – Trata-se de exceção à regra do princípio da verdade material em processo administrativo. "São inadmissíveis no processo administrativo as provas obtidas por meios ilícitos" – Art. 30 da Lei 9.874/1999; **D:** incorreta: É inconstitucional a exigência de depósito ou arrolamento prévios de dinheiro ou bens para admissibilidade de recurso administrativo – Súmula Vinculante 21 STF; **E:** incorreta – a motivação aliunde é perfeitamente aceita no ordenamento brasileiro – Art. 50, § 1º, da Lei 9.784/1999. **FB**

Gabarito "A".

**(Defensor Público/AC – 2017 – CESPE)** A estrutura hierárquica da administração pública permite a

**(A)** delegação da competência para aplicação de sanções em sede de poder de polícia administrativa à pessoa jurídica de direito privado.

**(B)** revisão por agente de nível hierárquico superior de ato administrativo ou processo administrativo que contiver vício de legalidade.

**(C)** delegação de órgão superior a órgão inferior da atribuição para a edição de atos administrativos de caráter normativo.

**(D)** delegação a órgão diverso da competência para a decisão de recurso administrativo.

**(E)** avocação por órgão superior, em caráter ordinário e por tempo indeterminado, de competência atribuída a órgão hierarquicamente inferior.

**A:** incorreta – De acordo com a teoria do professor Diogo de Figueiredo, existem quatro ciclos do poder de polícia: a ordem de polícia, o consentimento de polícia, a fiscalização de polícia e a **sanção de polícia**. Tanto o primeiro, referente à ordem de polícia e à obrigatoriedade de que a limitação à liberdade e à propriedade seja prevista em lei; como a última, referente à sanção de polícia, com a submissão coercitiva do

infrator a medidas inibidoras impostas pela Administração no caso de ocorrência de infração às ordens de polícia, são indelegáveis; **B:** correta – Trata-se de reflexo do chamado dever poder de autotutela administrativa – Art. 63, § 2º, da Lei 9.784/1999; **C:** incorreta – a edição de atos de caráter normativo não pode ser objeto de delegação – Art. 13, inc. I, da Lei 9.784/1999; **D:** incorreta – Art. 13, inc. II, da Lei 9.784/1999; **E:** incorreta – a avocação é sempre temporário, em caráter excepcional e por motivos relevantes – Art. 15 da Lei 9.784/1999. **FB**
Gabarito "B".

**(Juiz – TJ/CE – 2018 – CESPE)** À luz da Lei 9.784/1999, assinale a opção correta com relação à competência administrativa e à relação hierárquica existente no âmbito da administração pública.

(A) A competência administrativa pode ser renunciada em hipótese de acordo entre os órgãos públicos envolvidos.
(B) A relação de subordinação hierárquica entre os órgãos públicos envolvidos é condição imprescindível para a delegação da competência administrativa.
(C) A delegação de competência de órgãos colegiados é possível, desde que não se trate de matéria de competência exclusiva, de decisão de recursos administrativos ou de edição de atos de caráter normativo.
(D) O ato de delegação retira a competência da autoridade delegante e confere competência exclusiva ao órgão delegado.
(E) A avocação temporária de competência é permitida, em caráter excepcional e por motivos justificados, entre órgãos da administração pública, independentemente da relação hierárquica estabelecida entre eles.

**A:** incorreta – a competência é irrenunciável e se exerce pelos órgãos administrativos a que foi atribuída como própria, salvo os casos de delegação e avocação legalmente admitidos. Um órgão administrativo e seu titular poderão, se não houver impedimento legal, delegar parte da sua competência a outros órgãos ou titulares, ainda que estes não lhe sejam hierarquicamente subordinados, quando for conveniente, em razão de circunstâncias de índole técnica, social, econômica, jurídica ou territorial – Art. 11 c/c 12 da Lei 9.784/1999; **B:** incorreta – Um órgão administrativo e seu titular poderão, se não houver impedimento legal, delegar parte da sua competência a outros órgãos ou titulares, ainda que estes não lhe sejam hierarquicamente subordinados, quando for conveniente, em razão de circunstâncias de índole técnica, social, econômica, jurídica ou territorial – Art. 12 da Lei 9.784/1999; **C:** correta – Art. 12, parágrafo único c/c Art. 13 da Lei 9.784/1999; **D:** incorreta – o ato de delegação é revogável a qualquer tempo pela autoridade delegante – Art. 14, § 2º, da Lei 9.784/1999; **E:** incorreta – "Será permitida, em caráter excepcional e por motivos relevantes devidamente justificados, a avocação temporária de competência atribuída a órgão hierarquicamente inferior" – Art. 15 da Lei 9.784/1999. **FB**
Gabarito "C".

**(Delegado/PE – 2016 – CESPE)** A permissão da empresa Alfa, permissionária de serviços públicos de transporte coletivo de passageiros, conforme contrato de delegação firmado com o governo estadual, foi unilateralmente revogada pelo poder público, por motivos de oportunidade e conveniência. A empresa interpôs pedido de reconsideração junto ao Departamento de Regulação de Transporte Coletivo, órgão da Secretaria Estadual de Transportes, responsável pelos contratos de permissão de transporte coletivo. O pedido foi indeferido por Caio, diretor do referido departamento, que alegou a existência de interesse público na revogação. Diante desse indeferimento, a empresa interpôs recurso administrativo. Caio manteve a decisão anterior e encaminhou o recurso ao secretário de transportes, autoridade hierarquicamente superior. Semanas após, Caio foi nomeado secretário estadual de transportes e, nessa qualidade, conheceu do recurso administrativo e negou-lhe provimento, mantendo a decisão recorrida. Com referência a essa situação hipotética, assinale a opção correta.

(A) O fato de Caio não ter reconsiderado a sua decisão não equivale a julgamento de recurso. Assim, houve uma única decisão administrativa em sede de recurso administrativo, sendo irrelevante que a autoridade julgadora tenha emitido uma decisão anterior sobre a questão.

(B) O recurso administrativo deveria ter sido apreciado por autoridade hierarquicamente superior e diferente daquela que decidira anteriormente o pedido de reconsideração. Como Caio estava impedido de julgar o recurso administrativo, há de se concluir que a decisão do recurso foi nula.
(C) No caso em tela, haveria a suspeição de Caio, razão pela qual ele não poderia julgar o recurso administrativo. Dessa forma, Caio deveria anular a decisão sobre o recurso e delegar a algum subordinado seu a competência para o julgamento.
(D) A permissão de serviço público é feita a título precário e, por esse motivo, a empresa permissionária não tem direito a recorrer administrativamente do ato administrativo que revogou a sua permissão.
(E) Em razão do princípio da intranscendência subjetiva, é juridicamente possível que uma mesma pessoa decida sobre o pedido de reconsideração e o recurso administrativo, uma vez que, legalmente, eles foram decididos por autoridades administrativas distintas.

**A:** incorreta, pois a autoridade julgadora inicial não pode julgar o recurso, pois a lei determina que o recurso seja julgado sempre a uma autoridade diversa e superior à autoridade julgadora inicial, regra que não pode ser ignorada mesmo que a autoridade julgadora inicial tenha sido promovida (art. 56, § 3º, da Lei 9.784/1999); **B:** correta (art. 56, § 3º, da Lei 9.784/1999); **C:** incorreta, pois não poderia participar do julgamento do recurso em função do disposto no art. 56, § 3º, da Lei 9.784/1999; **D:** incorreta; primeiro porque a permissão concedida em situação que reclama grandes investimentos do permissionário não é um permissão qualquer (precária) e sim uma permissão qualificada, que tem regime jurídico mais rigoroso, aproximado de uma concessão; segundo que recorrer é um direito de qualquer um prejudicado diretamente pela decisão, sendo incorreto dizer que alguém nessas condições não tem direito de recorrer; **E:** incorreta, pois o princípio da intranscendência não tem relação alguma com essa questão, mas sim com o fato de que a punição a alguém não pode ser estendida a outra pessoa que não tenha cometido o ilícito.
Gabarito "B".

**(Juiz de Direito/AM – 2016 – CESPE)** Conforme a Lei n.º 9.784 /1999, que trata dos atos administrativos, são indelegáveis

(A) a edição de atos normativos e as matérias de competência exclusiva do órgão.
(B) a elaboração de ofícios e a avaliação de recursos administrativos.
(C) a decisão de recursos administrativos e as matérias de competência privativa de autoridade.
(D) a revisão de atos administrativos e a edição de atos normativos.
(E) as matérias de competência exclusiva e a publicação de edital.

**A:** correta (art. 13, I e III, da Lei 9.784/99); **C:** incorreta, pois a decisão de recursos é indelegável (art. 13, II, da Lei 9.784/99), mas as matérias de competência *privativa* da autoridade são delegáveis; não se deve confundir competência *privativa* (delegável), com competência *exclusiva* (indelegável, nos termos do art. 13, III, da Lei 9.784/99); **D:** incorreta, pois apenas a *edição* de *atos normativos* é indelegável (art. 13, I, da Lei 9.784/99); a *revisão* de *atos administrativos*, não; **E:** incorreta, pois as matérias de competência exclusiva são indelegáveis (art. 13, III, da Lei 9.784/99), mas a publicação de edital não.
Gabarito "A".

**(Analista Jurídico – TCE/PR – 2016 – CESPE)** Acerca do recurso administrativo e tendo como base as disposições da Lei n.º 9.784/1999, assinale a opção correta.

(A) O recurso não será conhecido quando interposto em órgão incompetente, mas, nesse caso, terá de ser indicada ao recorrente a autoridade competente, sendo-lhe devolvido o prazo para recurso.
(B) É de trinta dias o prazo para a interposição de recurso administrativo, contado a partir da divulgação da decisão recorrida em diário oficial.
(C) O recurso administrativo terá, como regra geral, efeitos devolutivo e suspensivo.

## 5. DIREITO ADMINISTRATIVO

**(D)** Contra as decisões administrativas cabe recurso que verse sobre a legalidade, mas não sobre o mérito administrativo.

**(E)** O recurso administrativo tramitará por uma única instância administrativa, devendo ser interposto à autoridade superior àquela que tiver proferido a decisão.

**A:** correta (art. 63, § 1º, da Lei 9.784/99); **B:** incorreta, pois o prazo é de 10 dias (salvo disposição legal específica) e é contado da ciência ou divulgação oficial da decisão recorrida (art. 59, *caput*, da Lei 9.784/99); **C:** incorreta, pois em regra só terá efeito devolutivo (art. 61, *caput*, da Lei 9.784/99); **D:** incorreta, pois o recurso pode versar tanto sobre a legalidade, como sobre o mérito administrativo, sendo que, quanto a este último aspecto, a própria lei prevê que a autoridade competente para julgar o recurso pode modificar ou revogar a decisão recorrida (art. 64, *caput*, da Lei 9.784/99); **E:** incorreta, pois o recurso administrativo tramitará no máximo por três instâncias administrativas, salvo disposição legal diversa.

Gabarito "A".

**(Analista Judiciário – TRT/8ª – 2016 – CESPE)** Acerca dos atos administrativos e do processo administrativo, assinale a opção correta conforme a Lei n.º 9.784/1999.

**(A)** O direito da administração de anular os seus próprios atos decai em cinco anos, ainda que constatada a má-fé do destinatário do ato.

**(B)** A convalidação dos atos administrativos que apresentem defeitos sanáveis pode ser feita pela administração, desde que esses atos não acarretem lesão ao interesse público ou prejuízo a terceiros.

**(C)** O ato de exoneração do servidor público ocupante de cargo em comissão e os atos administrativos que decidam recursos administrativos dispensam motivação.

**(D)** A competência para a edição de atos normativos poderá ser delegada.

**(E)** A revogação do ato administrativo ocorre nas hipóteses de ilegalidade, devendo retroagir com efeitos *ex tunc* para desconstituir as relações jurídicas criadas com base no ato revogado.

**A:** incorreta, pois, em caso de má-fé do destinatário do ato, este não se beneficia desse curto prazo de 5 anos (art. 54, *caput*, da Lei 9.784/99); **B:** correta (art. 55 da Lei 9.784/99); **C:** incorreta, pois os atos administrativos que decidem recursos devem ser motivados (art. 50, V, da Lei 9.784/99); **D:** incorreta, pois não pode ser objeto de delegação a edição de atos de caráter normativo (art. 13, I, da Lei 9.784/99); **E:** incorreta, pois a definição dada é de *anulação*, e não de *revogação*, já que esta se dá no caso de *inconveniência* ou *inoportunidade* (e não de *ilegalidade*), não havendo retroação de efeitos (*ex nunc*).

Gabarito "B".

## 13. CONTROLE DA ADMINISTRAÇÃO PÚBLICA

### 13.1. CONTROLE DO LEGISLATIVO E DO TRIBUNAL DE CONTAS

**(Delegado/RJ – 2022 – CESPE/CEBRASPE)** Em 29/12/2021, Jairo, ex-secretário de estado de polícia civil, foi citado para pagamento referente a ação de execução interposta pelo estado, decorrente de multa aplicada em acórdão do tribunal de contas do estado (TCE), de 12/3/2015, em razão de a corte de contas ter identificado que, à época em que Jairo era o titular da pasta e ordenador de despesas, fora adquirido um aparelho de radiologia que não se mostrou necessário nem foi utilizado em benefício da instituição. Por esse motivo, o TCE concluiu pela ilegalidade da aquisição, aplicando multa ao ex-jurisdicionado, a qual até o momento não foi paga.

Considerando essa situação hipotética, assinale a opção correta.

**(A)** A ação não deve prosperar pela prescritibilidade da ação fundada no ressarcimento de danos ao erário estadual.

**(B)** A imputação de multa deveria ser direcionada ao órgão, e não à pessoa do administrador.

**(C)** É cabível a execução do título executivo extrajudicial, já que o TCE concluiu que o ex-jurisdicionado agiu com culpa na autorização para compra do aparelho de radiologia.

**(D)** Não é cabível a ação de execução, pois o acórdão do TCE não tem eficácia de título executivo.

**(E)** A natureza do dano torna imprescritível a ação de ressarcimento de danos ao erário estatal, observados o contraditório e a ampla defesa.

Alternativa **A** correta (segundo o STF, é prescritível a ação de ressarcimento ao erário baseada em decisão de Tribunal de Contas, merecendo incidir o prazo de 5 anos). Alternativa **B** incorreta (a multa aplicada pelo Tribunal de Contas é direcionada à pessoa do administrador, nos termos do art. 71, VIII, CF: cabe ao Tribunal de Contas "aplicar aos responsáveis, em caso de ilegalidade de despesa ou irregularidade de contas, as sanções previstas em lei, que estabelecerá, entre outras cominações, multa proporcional ao dano causado ao erário"). Alternativa **C** incorreta (o enunciado da questão não permite concluir que o ex-jurisdicionado agiu com culpa). Alternativa **D** incorreta (as decisões do Tribunal de que resulte imputação de débito ou multa terão eficácia de título executivo, nos termos do art. 71, § 3º, CF). Alternativa **E** incorreta (somente são imprescritíveis as ações de ressarcimento fundadas em ato doloso de improbidade administrativa, cf. definido pelo STF no RE 852.475). [RB]

Gabarito "A".

**(Delegado Federal – 2018 – CESPE)** Julgue os seguintes itens, relativos ao controle da administração pública.

**(1)** O exercício do controle judicial sobre os atos da administração pública abrange os exames de legalidade e de mérito desses atos, cabendo ao juiz anulá-los ou revogá-los.

**(2)** A fiscalização contábil, orçamentária, operacional e patrimonial da administração pública federal sob os aspectos de legalidade, legitimidade e economicidade integra o controle externo exercido pelo Poder Legislativo Federal com o auxílio do TCU.

**1:** incorreta – o controle judicial sobre os atos administrativos limita-se ao âmbito da legalidade, podendo ainda verificar, quanto ao mérito desses, sua razoabilidade e a proporcionalidade desses. Não pode de modo algum substituir o administrador público na apreciação da conveniência e oportunidade do mérito administrativo; **2:** correta – Art. 70 CF/1988. [FB]

Gabarito 1E, 2C.

**(Defensor Público – DPE/RN – 2016 – CESPE)** Tendo em vista que, relativamente aos mecanismos de controle da administração pública, a própria CF dispõe que os Poderes Legislativo, Executivo e Judiciário manterão, integradamente, sistemas de controle interno em suas respectivas esferas, assinale a opção que apresenta exemplo de meio de controle interno da administração pública.

**(A)** Fiscalização realizada por órgão de controladoria da União sobre a execução de determinado programa de governo no âmbito da administração pública federal.

**(B)** Controle do Poder Judiciário sobre os atos do Poder Executivo em ações judiciais.

**(C)** Sustação, pelo Congresso Nacional, de atos do Poder Executivo que exorbitem do poder regulamentar.

**(D)** Julgamento das contas dos administradores e dos demais responsáveis por dinheiro, bens e valores públicos da administração direta e indireta realizado pelos TCs.

**(E)** Ação popular proposta por cidadão visando à anulação de determinado ato praticado pelo Poder Executivo municipal, considerado lesivo ao patrimônio público.

**A:** Correta. O controle feito por um órgão do mesmo Poder (Executivo) é interno, tratando-se de Supervisão Ministerial a ele, estando correta a assertiva; **B:** Incorreta. O Poder Judiciário realiza controle "externo", sendo um Poder autônomo ao Poder Executivo; **C:** Incorreta. O Controle de Poder Legislativo é "externo", pelos mesmos motivos acima citados; **D:** Incorreta. Externo é o controle que se realiza por um Poder ou órgão constitucional independente funcionalmente sobre a atividade administrativa de outro Poder estranho à Administração responsável pelo ato controlado, como o feito pelos Tribunais de Contas (Tribunal

## 158 VÁRIOS AUTORES

independente e autônomo); **E**: Incorreta. A Ação Popular é decorrente de controle judicial, que é externo ao Poder Executivo.

Gabarito "A".

### 13.2. CONTROLE PELO JUDICIÁRIO

**(Procurador/DF – 2013 – CESPE)** Com referência ao controle jurisdicional, julgue o item abaixo.

(1) *O habeas corpus* é remédio cabível para o controle jurisdicional de ato da administração; contudo, salvo os pressupostos de legalidade, o referido remédio não será cabível em relação a punições disciplinares militares.

**1:** certa (art. 142, § 2º, da CF).

Gabarito 1C

**(Procurador/DF – 2013 – CESPE)** Julgue o seguinte item.

(1) Segundo o entendimento firmado no âmbito do STJ, quando se tratar de ato de demissão de servidor público, é permitido questionar o Poder Judiciário acerca da legalidade da pena a ele imposta, até porque, em tais circunstâncias, o controle jurisdicional é amplo, no sentido de verificar se há motivação para o ato de demissão.

**1:** certa, podendo o Judiciário verificar se o devido processo legal foi respeitado, inclusive quanto ao contraditório e à ampla defesa, bem como se a pena em si está de acordo com a lei, a moralidade e a razoabilidade.

Gabarito 1C

### 13.3. TEMAS COMBINADOS DE CONTROLE DA ADMINISTRAÇÃO

**(Delegado/RJ – 2022 – CESPE/CEBRASPE)** Assinale a opção correta acerca do controle da administração pública.

(A) Apenas a Constituição Federal de 1988 pode prever modalidades de controle externo da administração pública.

(B) As comissões parlamentares de inquérito possuem poder condenatório, sendo uma modalidade de controle legislativo, e estão aptas a investigar fatos determinados, em prazos fixados.

(C) A reclamação para anular ato administrativo que confronte súmula vinculante é uma modalidade de controle interno da atividade administrativa.

(D) Nas decisões das cortes de contas é facultativo o contraditório e a ampla defesa, não obstante a decisão provocar a anulação ou a revogação de ato administrativo que beneficie interessado.

(E) No exercício de sua função constitucional, o Tribunal de Contas, em processo de tomada de contas especial, pode decretar a indisponibilidade de bens, independentemente de fundamentação da decisão.

Alternativa **A** correta (somente a CF pode prever as hipóteses que delineiam o princípio da separação entre os poderes). Alternativa **B** incorreta (as CPI's não possuem poder condenatório, pois, nos termos do art. 58, § 3º, CF, as suas conclusões devem ser encaminhadas ao Ministério Público, para que promova a responsabilidade civil ou criminal dos infratores). Alternativa **C** incorreta (a reclamação para anular ato administrativo que confronte súmula vinculante é modalidade de controle externo da atividade, pois a sua apreciação é feita pelo STF). Alternativa **D** incorreta (em razão do princípio do devido processo legal, as decisões das Cortes de Contas que provoquem a anulação ou revogação de ato administrativo que beneficie interessados dependem de contraditório e ampla defesa). Alternativa **E** incorreta (a decretação de indisponibilidade de bens depende de fundamentação, haja vista o princípio da motivação). RB

Gabarito "A".

**(Analista Judiciário – TJ/PA – 2020 – CESPE)** Acerca do controle da administração pública, julgue os itens a seguir.

I. Em nenhuma hipótese é possível a revogação, pelo Poder Judiciário, de atos praticados pelo Poder Executivo.

II. A reclamação para anulação de ato administrativo em desconformidade com súmula vinculante é uma modalidade de controle externo da atividade administrativa.

III. Nenhuma lei pode criar uma modalidade inovadora de controle externo não prevista constitucionalmente.

Assinale a opção correta.

(A) Apenas o item I está certo.

(B) Apenas o item II está certo.

(C) Apenas os itens I e III estão certos.

(D) penas os itens II e III estão certos.

(E) Todos os itens estão certos.

Enunciado **I** certo (ao Poder Judiciário está absolutamente vedada a revogação de atos praticados pelo Executivo, pois não compete aos órgãos judiciais proceder ao controle de mérito da Administração, sob pena de violação ao princípio da separação entre os poderes). Enunciado **II** certo (a reclamação constitui medida judicial de competência do Supremo Tribunal Federal, destinada à preservação de sua competência e à garantia da autoridade das decisões da Corte, a exemplo da violação a uma Súmula Vinculante pela Administração Pública. Nesse sentido, a anulação do respectivo ato por meio da reclamação constitui uma modalidade de controle externo da atividade administrativa, já que realizada pelo órgão judicial externo à Administração). Enunciado **III** correto (os mecanismos de controle externo configuram o próprio regime da separação entre os poderes, o que somente pode ser regrado em âmbito constitucional, motivo pelo qual incabível uma norma abaixo da Carta Magna criar categoria não prevista na Constituição). RB

Gabarito "E".

**(Promotor de Justiça/RR – 2017 – CESPE)** Com referência ao controle exercido pela administração pública, julgue os seguintes itens.

I. Segundo o STJ, o acesso do MP a informações inseridas em procedimentos disciplinares em tramitação conduzidos pela OAB depende de prévia autorização judicial.

II. Segundo o STJ, o controle externo da atividade policial exercido pelo MP não lhe garante o acesso irrestrito a todos os relatórios de inteligência produzidos pela polícia, mas somente àqueles de natureza persecutório-penal relacionados com a atividade de investigação criminal.

III. Diante de razões de legalidade e de mérito, cabe recurso de decisões administrativas, o qual deverá ser dirigido à autoridade superior àquela que tiver proferido a decisão.

IV. Em se tratando de ação popular, o MP deverá acompanhar a ação, sendo-lhe facultado assumir a defesa de ato que eventualmente seja impugnado.

Estão certos apenas os itens

(A) I e II.

(B) I e IV.

(C) II e III.

(D) III e IV.

**I:** correta – O STJ entendeu que a obtenção de cópia dos processos ético-disciplinares que tramitam na OAB é matéria submetida à reserva de jurisdição, de modo que pessoas estranhas ao processo somente poderão ter acesso mediante autorização judicial. O poder de requisição do Ministério Público encontra limites nas hipóteses em que o legislador expressamente afirmou que somente poderia haver a quebra do sigilo por decisão judicial. O fundamento para esta decisão encontra-se no § 2º do art. 72 da Lei 8.906/1994, que estabelece que a obtenção de cópia dos processos ético-disciplinares é matéria submetida à reserva de jurisdição, de modo que somente mediante autorização judicial poderá ser dado acesso a terceiros (STJ. Corte Especial. REsp 1.217.271-PR, Rel. Min. Humberto Martins, julgado em 18.05.2016 – Info 589); **II:** correta – Vejamos ementa de julgado do STJ a respeito do tema: Processual civil e administrativo. Recurso especial. Violação ao art. 535 do CPC/1973. Arguição genérica. Ofensa a resoluções. Análise. Impossibilidade. Controle externo do ministério público. Relatórios avulsos de inteligência policial. Acesso irrestrito. Direito. Inexistência.1. O Plenário do STJ decidiu que "aos recursos interpostos com fundamento no CPC/1973 (relativos a decisões publicadas até 17 de março de 2016) devem ser exigidos os requisitos de admissibilidade na forma nele prevista, com as interpretações dadas até então pela jurisprudência do Superior Tribunal de Justiça" (Enunciado Administrativo n. 2). 2. Aplica-se o óbice da Súmula 284 do STF quando a alegação de ofensa ao art. 535 do CPC se faz de forma genérica, sem a demonstração exata dos pontos pelos quais o acórdão se fez omisso, contraditório ou obscuro. Precedentes. 3. É inviável o manejo do recurso especial

## 5. DIREITO ADMINISTRATIVO 159

para analisar eventual afronta a resoluções, portarias, instruções normativas, visto que tais atos normativos não estão compreendidos no conceito de lei federal. 4. Entre as funções institucionais atribuídas ao Ministério Público pela Constituição Federal está o controle externo da atividade policial (CF, art. 129, VII), o que abrange o acesso a quaisquer documentos relativos àquela atividade-fim (art. 9º da LC 75/1993).5. A atividade de inteligência, disciplinada pela Lei 9.883/1999, que instituiu o Sistema Brasileiro de Inteligência (SISBIN) e criou a Agência Brasileira de Inteligência (ABIN), consiste na "obtenção, análise e disseminação de conhecimentos dentro e fora do território nacional sobre fatos e situações de imediata ou potencial influência sobre o processo decisório e a ação governamental e sobre a salvaguarda e a segurança da sociedade e do Estado". 6. "O controle e fiscalização externos da atividade de inteligência serão exercidos pelo Poder Legislativo na forma a ser estabelecida em ato do Congresso Nacional" (art. 6º daquele diploma legal). 7. A inclusão do Departamento de Polícia Federal entre os órgãos integrantes do SISBIN (art. 4º do Decreto 4.376/2002) permitiu àquela unidade a elaboração de relatório de inteligência (RELINT), que, de acordo com a União, "pode transcender o âmbito policial". *8. O controle externo da atividade policial exercido pelo Parquet deve circunscrever-se à atividade de polícia judiciária, conforme a dicção do art. 9º, da LC 75/1993, cabendo-lhe, por essa razão, o acesso aos relatórios de inteligência policial de natureza persecutório-penal, ou seja, relacionados com a atividade de investigação criminal. 9. O poder fiscalizador atribuído ao Ministério Público não lhe confere o acesso irrestrito a "todos os relatórios de inteligência" produzidos pelo Departamento de Polícia Federal, incluindo aqueles não destinados a aparelhar procedimentos investigatórios criminais formalizados.* 10. O exercício de atividade de inteligência estranha às atribuições conferidas pela Constituição Federal à Polícia Federal (polícia judiciária) demanda exame de eventual contrariedade a preceitos constitucionais, o que não é possível na via do recurso especial. 11. Recurso especial conhecido em parte e, nessa extensão, provido para denegar a segurança.(REsp 1439193/RJ, Rel. Ministro Gurgel de Faria, Primeira Turma, julgado em 14/06/2016, DJe 09.08.2016); **III**: incorreta – o recurso deve ser dirigido à autoridade que proferiu a decisão – Art. 56, § 1º, da Lei 9.784/1999; **IV**: incorreta – o MP não é legitimado ativo para a propositura da ação popular. Ele exerce função auxiliar, não lhe sendo permitido defender o ato impugnado. Na execução, o MP é dotado de legitimidade extraordinária subsidiária, devendo promovê-la após o prazo de 60 dias da sentença condenatória transitada em julgado, caso dentro deste prazo, o autor da ação ou terceiro não tenha iniciado a execução. 🔲

Gabarito "A".

### 14. REGIME DA LEI ANTICORRUPÇÃO (LEI 12.846/2013)

**(Analista Judiciário – TJ/PA – 2020 – CESPE)** No que se refere ao acordo de leniência previsto na Lei 12.846/2013, assinale a opção correta.

(A) A proposta de acordo de leniência suspende o prazo prescricional dos atos ilícitos previstos na referida lei.
(B) O termo final para a prática dos atos infracionais pela pessoa jurídica é a celebração do acordo de leniência.
(C) A celebração do acordo de leniência isenta a pessoa jurídica da sanção de multa.
(D) O acordo de leniência não exime a pessoa jurídica da obrigação de reparar integralmente o dano causado.
(E) A celebração dos acordos de leniência no âmbito do Poder Executivo federal é de competência exclusiva do Ministério Público Federal.

A Lei 12.846/2013, também conhecida como Lei Anticorrupção, dispõe sobre a responsabilização administrativa e civil de pessoas jurídicas pela prática de atos contra a administração pública, nacional ou estrangeira. Esse diploma prevê a figura do acordo de leniência nos arts. 16 e 17. A alternativa **A** está incorreta (a celebração do acordo de leniência interrompe o prazo prescricional dos atos ilícitos previstos na referida lei, cf. art. 16, § 9º). A alternativa **B** está incorreta (um dos requisitos para a celebração de acordo de leniência é a cessação da prática da infração, cujo termo final é a data da propositura do acordo, cf. art. 16, § 1º, I). A alternativa **C**, incorreta (a celebração do acordo de leniência reduz em até 2/3 o valor da multa aplicada à pessoa jurídica, cf. art. 16, § 2º). Alternativa **D** correta (art. 16, § 3º). Alternativa **E** incorreta (a Controladoria-Geral da

União – CGU é o órgão competente para celebrar os acordos de leniência no âmbito do Poder Executivo federal, cf. art. 16, § 10).

Gabarito "D".

**(Analista Judiciário – TJ/PA – 2020 – CESPE)** Considerando o disposto na Lei 12.846/2013, assinale a opção correta.

(A) É vedada a delegação da competência para a instauração e o julgamento de processo administrativo de apuração de responsabilidade.
(B) A sanção de multa terá como limite mínimo o percentual de 0,2% do faturamento líquido do ano anterior à instauração do processo administrativo.
(C) O prazo prescricional será suspenso com o julgamento do processo administrativo.
(D) Pessoa jurídica estrangeira está imune à incidência das regras estabelecidas na referida lei.
(E) Comissão constituída para a apuração de responsabilidade poderá, cautelarmente, propor à autoridade instauradora que suspenda os efeitos do ato ou processo objeto da investigação.

Alternativa **A** incorreta (a competência para a instauração e o julgamento do processo administrativo de apuração de responsabilidade da pessoa jurídica poderá ser delegada, vedada a subdelegação, cf. art. 8º, § 1º). Alternativa **B** incorreta (a sanção de multa terá como limite mínimo o percentual de 0,1% do faturamento líquido do ano anterior à instauração do processo administrativo, cf. art. 6º, I). Alternativa **C** incorreta (a prescrição será interrompida com a instauração de processo que tenha por objeto a apuração da infração, cf. art. 25, parágrafo único). Alternativa **D** incorreta (pessoa jurídica estrangeira não está imune à incidência das regras estabelecidas na Lei 12.846/13, cf. art. 1º, parágrafo único). Alternativa **E** correta (art. 10, § 2º). 🔲

Gabarito "E".

**(Auxiliar Judiciário – TJ/PA – 2020 – CESPE)** Considerando o disposto na Lei 12.846/2013, assinale a opção correta.

(A) As regras da referida lei são inaplicáveis às fundações privadas.
(B) A responsabilização das pessoas jurídicas é subjetiva.
(C) Na hipótese de fusão, a sucessora poderá ser responsabilizada por ressarcir valores superiores ao montante total do patrimônio transferido.
(D) O limite para a sanção de multa será de 40% do faturamento líquido do ano anterior à instauração do processo administrativo sancionador.
(E) Os dirigentes ou administradores somente serão responsabilizados por atos ilícitos na medida da sua culpabilidade.

A Lei 12.846/2013, também conhecida como Lei Anticorrupção, dispõe sobre a responsabilização administrativa e civil de pessoas jurídicas pela prática de atos contra a administração pública, nacional ou estrangeira. A alternativa **A** está incorreta (a lei aplica-se a pessoas jurídicas, inclusive fundações, cf. art. 1º, parágrafo único). A alternativa **B**, incorreta (a responsabilidade é objetiva, cf. arts. 1º e 2º). A alternativa **C** está incorreta (nas hipóteses de fusão e incorporação, a responsabilidade da sucessora será restrita à obrigação de pagamento de multa e reparação integral do dano causado, até o limite do patrimônio transferido, cf. art. 4º, § 1º). Alternativa **D**: incorreta (o limite para a sanção de multa será de 20% do faturamento líquido do ano anterior à instauração do processo administrativo sancionador, cf. art. 6º, I). A alternativa **E** está correta (art. 3º, § 2º). 🔲

Gabarito "E".

### 15. OUTROS TEMAS E TEMAS COMBINADOS DE DIREITO ADMINISTRATIVO

**(Delegado/RJ – 2022 – CESPE/CEBRASPE)** O mandado de segurança é garantia constitucional, prevista no inciso LXIX do art. 5.º da Constituição Federal de 1988, regulada, no âmbito infraconstitucional, pela Lei n.º 12.016/2009. A respeito desse relevante instrumento de controle da administração pública por meio da atuação jurisdicional, assinale a opção correta.

(A) Havendo controvérsia sobre matéria de direito, fica impedida a concessão de mandado de segurança.

(B) É inconstitucional ato normativo que vede ou condicione a concessão de medida liminar na via mandamental.

(C) O pedido de reconsideração na via administrativa interrompe o prazo para mandado de segurança.

(D) No mandado de segurança coletivo, a liminar só poderá ser concedida após a audiência do representante judicial da pessoa jurídica de direito público, que deverá se pronunciar no prazo de 72 horas.

(E) A vítima de crime de ação penal pública tem direito líquido e certo de impedir o arquivamento do inquérito ou das peças de informação, sendo cabível, para tanto, o manejo de mandado de segurança.

Alternativa **A** incorreta (cf. Súmula 625 do STF: "controvérsia sobre matéria de direito não impede concessão de mandado de segurança"). Alternativa **B** correta (o STF julgou na ADI 4.296 a inconstitucionalidade do art. 7º, § 2º, da Lei 12.016/2009, sob o argumento de que é inconstitucional ato normativo que vede ou condicione a concessão de medida liminar na via mandamental). Alternativa **C** incorreta (cf. Súmula 430 do STF: "pedido de reconsideração na via administrativa não interrompe o prazo para o mandado de segurança."). Alternativa **D** incorreta (o STF julgou na ADI 4.296 a inconstitucionalidade do art. 22, § 2º, da Lei 12.016/2009, que condicionava a concessão de liminar em MS à audiência do representante judicial da pessoa jurídica de direito público). Alternativa **E** incorreta (conforme já decidiu o STJ no MS 21.081, a vítima de crime de ação penal pública incondicionada não tem direito líquido e certo de impedir o arquivamento do inquérito ou peças de informação, motivo pelo qual incabível o manejo de MS). 🆁🅱

Gabarito "B".

**(Auditor Fiscal – SEFAZ/DF – 2020 – CESPE/CEBRASPE)** Considerando as normas de direito administrativo, as disposições normativas relativas ao pregão e a Lei federal 9.784/1999, acerca de processo administrativo, julgue os itens seguintes.

(1) No processo administrativo, os cidadãos e as associações têm legitimidade para interpor recurso administrativo, quando se tratar de direitos ou interesses difusos.

(2) No pregão, a definição das exigências de habilitação no certame é feita durante a fase externa.

(3) É impedido de atuar em processo administrativo o servidor que tenha amizade íntima com algum dos interessados no processo.

Enunciado **1** certo (cf. art. 58, IV, da Lei 9.784/99). Enunciado **2** errado (o pregão é divido em fase preparatória e fase externa. A primeira é tratada no art. 3º da Lei 10.520/02, que disciplina uma série de procedimentos prévios à fase externa, entre os quais a necessidade de justificar as exigências de habilitação e os critérios de aceitação das propostas). Enunciado **3** errado (nos termos do art. 20 da Lei 9.784/99, a amizade íntima com algum interessado no processo é causa de suspeição da autoridade, e não de impedimento, disciplinado no art. 18 da mesma lei). 🆁🅱

Gabarito 1C, 2E, 3E.

**(Auditor Fiscal – SEFAZ/DF – 2020 – CESPE/CEBRASPE)** Cada um dos próximos itens apresenta uma situação hipotética seguida de uma assertiva a ser julgada, acerca de atos administrativos.

(1) Em um único ato administrativo, foram concedidas férias e licença a um servidor público da Secretaria de Estado de Economia do Distrito Federal. Na semana seguinte, publicou-se outro ato, que ratificava as férias desse servidor e retirava-lhe a licença concedida, por ter sido constatado que ele não fazia jus à licença. Nessa situação, realizou-se a convalidação do ato administrativo, por meio de reforma.

(2) Servidor público do Distrito Federal exerceu atividade remunerada durante o gozo de licença por motivo de doença em pessoa da família, o que se confirmou em processo disciplinar específico. Nessa situação, conforme a Lei Complementar 840/2011 e suas alterações, os dias em que o servidor efetivamente exerceu a atividade remunerada durante a licença serão considerados, para todos os efeitos legais, faltas justificadas ao serviço, caso a licença tenha sido concedida sem remuneração.

Enunciado **1** certo: De acordo com as lições de José dos Santos Carvalho Filho (Manual de direito administrativo, 31.ed., p. 170-171), convalidação representa o "processo de que se vale a Administração para aproveitar atos administrativos com vícios superáveis, de forma a confirmá-los no todo ou em parte". São três as modalidades de convalidação: ratificação, reforma e conversão. A reforma constitui a expedição de novo ato que suprime a parte inválida de ato anterior, com a manutenção da sua parte válida. O mesmo autor cita o seguinte exemplo de reforma: "ato anterior concedia licença e férias a um servidor; se se verifica depois que não tinha direito à licença, pratica-se novo ato retirando-se essa parte do ato anterior e se ratifica a parte relativa às férias". Trata-se a hipótese explorada na questão. Enunciado **2** errado: a Lei Complementar Distrital 840/2011 dispõe sobre o regime jurídico dos servidores públicos civis do Distrito Federal. Os seus arts. 134 e 135 disciplinam a licença por motivo de doença em pessoa da família. É vedado o exercício de atividade remunerada durante o usufruto de tal licença (art. 135, "caput"). Além disso, são considerados como faltas injustificadas (e não faltas justificadas, como consta no enunciado) ao serviço os dias em que for constatado, em processo disciplinar, o exercício de atividade remunerada durante essa licença, ainda que a licença se tenha dado sem remuneração (art. 135, parágrafo único). 🆁🅱

Gabarito 1C, 2E

**(Auditor Fiscal – SEFAZ/DF – 2020 – CESPE/CEBRASPE)** No que se refere à administração pública brasileira, julgue os itens a seguir.

(1) O modelo de administração pública gerencial respondeu à expansão das funções econômicas e sociais da sociedade com uma proposta de diminuição do tamanho do Estado.

(2) As políticas de *compliance* no âmbito da administração pública objetivam garantir que os servidores públicos prestem contas, aos órgãos de controle, das atividades exercidas no âmbito de suas funções.

Enunciado **1** certo (entre os modelos de administração públicas encontra-se o gerencial, resultado de forças sociais e políticas de inclinação liberal, em favor da diminuição do tamanho do Estado e do aumento da eficiência da atuação do Poder Público). Enunciado **2** errado (as políticas de *compliance* no âmbito da administração pública assumem o escopo de prevenir e combater a prática de corrupção e de outros atos ilícitos contra a administração pública, de modo a instaurar um ambiente pautado por condutas éticas, avessas a um ambiente em que haja propinas, subornos e outras práticas congêneres). 🆁🅱

Gabarito 1C, 2E

**(Auditor Fiscal – SEFAZ/DF – 2020 – CESPE/CEBRASPE)** Ciente de que seus atos, comportamentos e atitudes implicam a preservação da imagem da administração pública, o servidor público deve

(1) evitar ações que atrasem a prestação do serviço público.

(2) fazer uso dos recursos públicos com economicidade e clareza, no desempenho de suas atribuições.

Enunciado **1** certo (um dos deveres do servidor público é exercer as atribuições com eficiência e excelência, evitando ações que atrasem a prestação do serviço público, cf. art. 6º, III, do Código de Ética do Poder Executivo do DF). Enunciado **2** certo (outro dever do servidor é utilizar os recursos públicos disponíveis com responsabilidade, economicidade e clareza, cf. art. 6º, XXIII, do mesmo Código). 🆁🅱

Gabarito 1C, 2C

**(Juiz de Direito – TJ/SC – 2019 – CESPE/CEBRASPE)** Segundo entendimento do STJ, para a aplicação da teoria da encampação em mandado de segurança, é suficiente que se demonstrem nos autos, cumulativamente,

(A) a existência das informações prestadas pelo órgão de representação judicial, a manifestação a respeito do mérito nas informações prestadas e a ausência de modificação de competência estabelecida na Constituição Federal.

(B) o vínculo hierárquico entre a autoridade que prestou as informações e a que ordenou a prática do ato impugnado, a manifestação a respeito do mérito nas informações prestadas e a ausência de modificação de competência estabelecida na Constituição Federal.

**(C)** a manifestação do órgão de representação judicial da pessoa jurídica interessada e as informações prestadas pela autoridade indicada como coautora.

**(D)** o vínculo hierárquico entre a autoridade que prestou informações e a que ordenou a prática do ato impugnado e a não configuração de qualquer das hipóteses de incompetência absoluta estabelecidas na Constituição Federal.

**(E)** a manifestação a respeito do mérito nas informações prestadas nos autos e a não configuração de qualquer das hipóteses de incompetência absoluta estabelecidas na Constituição Federal.

A teoria da encampação em mandado de segurança é objeto da Súmula 628 do STJ, que apresenta o seguinte teor: "A teoria da encampação é aplicada no mandado de segurança quando presentes, cumulativamente, os seguintes requisitos: a) existência de vínculo hierárquico entre a autoridade que prestou informações e a que ordenou a prática do ato impugnado; b) manifestação a respeito do mérito nas informações prestadas; e c) ausência de modificação de competência estabelecida na Constituição Federal." Assim, de acordo com esta jurisprudência, está correta a alternativa B. 🔲

Gabarito "B".

# 6. Lei 8.112/1990

Wander Garcia, Ana Paula Dompieri, Ivo Shigueru Tomita, Georgia Renata Dias, Flavia Barros e Sebastião Edilson Gomes*

## 1. PROVIMENTO, VACÂNCIA, REMOÇÃO, DISTRIBUIÇÃO E SUBSTITUIÇÃO

### 1.1. PROVIMENTO

**(Técnico Judiciário – STJ – 2018 – CESPE)** Julgue os seguintes itens de acordo com as disposições constitucionais e legais acerca dos agentes públicos.

(1) A acumulação remunerada de cargos públicos é vedada, exceto quando houver compatibilidade de horários, caso em que será possível, por exemplo, acumular até três cargos de profissionais de saúde.

(2) Em regra, o servidor público da administração autárquica que estiver no exercício de mandato eletivo ficará afastado do seu cargo, emprego ou função, disposição também aplicável ao servidor da administração pública fundacional.

(3) A reversão constitui a reinvestidura do servidor estável no cargo anteriormente ocupado, e ocorre quando é invalidada a demissão do servidor por decisão judicial ou administrativa. Nesse caso, o servidor deve ser ressarcido de todas as vantagens que deixou de perceber durante o período demissório.

(4) A investidura em cargo, emprego ou função pública exige a prévia aprovação em concurso público de provas ou de provas e títulos, na forma prevista em lei.

**1:** incorreta – São cumuláveis apenas dois cargos ou empregos privativos de profissionais da saúde – Art. 37, inciso XVI, alínea "c", da CF/1988; **2:** correta – Art. 94 da Lei 8.112/1991; **3:** incorreta – a reversão consiste no retorno à atividade do servidor aposentado por invalidez, quando a junta médica considerar insubsistentes os motivos da aposentadoria ou no interesse da Administração, desde que tenha solicitado a reversão, a aposentadoria tenha sido voluntária, estável na atividade, que a aposentadoria tenha ocorrido nos cinco anos anteriores à solicitação e haja cargo vago – Art. 25 da Lei 8.112/1991; **4:** incorreta – Diz o Art. 37, inciso II, da CF/1988 que: "a investidura em cargo ou emprego público depende de aprovação prévia em concurso público de provas ou de provas e títulos, de acordo com a natureza e a complexidade do cargo ou emprego, na forma prevista em lei, ressalvadas as nomeações para cargo em comissão declarado em lei de livre nomeação e exoneração". **FB**
Gabarito 1E, 2C, 3E, 4E

**(Analista Judiciário – TRT/8ª – 2016 – CESPE)** De acordo com a Lei n.º 8.112/1990, que trata do regime jurídico dos servidores públicos federais, a reversão

(A) não se aplica ao servidor aposentado que já tiver completado setenta anos de idade.

(B) ocorrerá quando a demissão do servidor for anulada por decisão administrativa ou judicial.

(C) ocorre quando o servidor estável retorna ao cargo anterior, em decorrência de inabilitação em estágio probatório relativo a outro cargo.

(D) pode ocorrer no interesse do requerente aposentado, desde que haja solicitação nos últimos cinco anos.

(E) poderá ser aplicada quando o servidor aposentado por invalidez ou por tempo de contribuição tiver a sua aposentadoria anulada por decisão judicial.

---

**A:** de acordo com o gabarito, trata-se da alternativa correta (art. 27 da Lei 8.112/1990); no entanto, em razão da Emenda Constitucional n. 88/2015 e da Lei complementar n. 152/2015 (no sentido da fixação da aposentadoria compulsória por idade aos 75 anos), esta alternativa está desatualizada; **B:** incorreta, pois nesse caso tem-se a *reintegração* (art. 28, *caput*, da Lei 8.112/1990), e não a *reversão*; **C:** incorreta, pois nesse caso tem-se a *recondução* (art. 29, I, da Lei 8.112/1990), e não a *reversão*; **D:** incorreta, pois, mesmo que o aposentado tenha solicitado a reversão, está no interesse da Administração (art. 25, II, da Lei 8.112/1990); **E:** incorreta, pois esse caso não está previsto no art. 25 da Lei 8.112/1990.
Gabarito "A" (questão desatualizada)

**(Técnico Judiciário – STM – 2011 – CESPE)** Acerca do regime jurídico dos servidores públicos civis da União, julgue os itens a seguir.

(1) As formas de provimento de cargo incluem a readaptação, que consiste no retorno de servidor aposentado por invalidez à atividade, em decorrência de comprovação, por junta médica oficial, de cessação dos motivos da aposentadoria.

(2) Aplica-se suspensão em caso de reincidência de falta punida com advertência e de violação de proibição que não tipifique infração sujeita à penalidade de demissão, não podendo a suspensão exceder a noventa dias.

**1:** incorreta, pois embora a readaptação seja uma forma de provimento de cargo público (art. 8º, V, da Lei 8.112/1990), ela é "a investidura do servidor em cargo de atribuições e responsabilidades compatíveis com a limitação que tenha sofrido em sua capacidade física ou mental verificada em inspeção médica" (art. 24, *caput*, da Lei 8.112/1990); **2:** correta (art. 130 da Lei 8.112/1990).
Gabarito 1E, 2C

**(Analista – TRT/21ª – 2010 – CESPE)** No que se refere ao regime jurídico dos servidores públicos civis da União, julgue o item que se segue.

(1) Se determinado servidor não puder estar presente no dia da posse, ela poderá ocorrer mediante procuração específica.

**1:** correta, (art. 13, § 3º, da Lei 8.112/1990).
Gabarito 1C

**(Analista – TRE/MT – 2010 – CESPE)** Acerca da Lei n.º 8.112/1990 e suas alterações, assinale a opção correta em relação às formas de provimento de cargo público.

(A) Não se admite que a posse no cargo público ocorra mediante procuração específica.

(B) O prazo para o servidor empossado em cargo público entrar em exercício é de trinta dias, contados da data da posse.

(C) A reintegração é o retorno do servidor estável ao cargo anteriormente ocupado em decorrência de inabilitação em estágio probatório relativo a outro cargo.

(D) A reversão como forma de provimento em cargo público é o retorno à atividade do servidor público aposentado, no interesse da administração.

(E) O servidor em estágio probatório não pode exercer cargo de provimento em comissão, ainda que seja no seu órgão de lotação.

**A:** incorreta (admite-se a posse mediante procuração - art. 13, § 3º, da Lei 8.112/1990); **B:** incorreta (o prazo é de 15 dias - art. 15, § 1º, da Lei 8.112/1990); **C:** incorreta (art. 28, *caput*, da Lei 8.112/1990); **D:** correta (art. 25, II, da Lei 8.112/1990); **E:** incorreta (art. 20, § 3º, da Lei 8.112/1990).
Gabarito "D"

---

\* **FB Flavia Barros; Georgia Renata Dias** comentou as questões de Analista/STF/13 e Analista/TRT/8/13; **Ivo Shigueru Tomita** comentou as questões de Técnico/STF/13 e Técnico/TRT/8/13; **Wander Garcia** comentou a questão do concurso Analista/TRT/8/16; **Wander Garcia, Ana Paula Dompieri e Sebastião Edilson Gomes** comentaram as demais questões.

**(Analista – TRE/MT – 2010 – CESPE)** Acerca da Lei n.º 8.112/1990, assinale a opção correta.

(A) Todos os cargos públicos são acessíveis apenas aos brasileiros, sejam estes natos ou naturalizados.

(B) O servidor que não puder, após ocorrência de fato que lhe provoque limitações físicas ou mentais, atuar no seu cargo será declarado como desnecessário ao órgão ou à entidade e ficará sob tutela do Sistema de Pessoal Civil (SIPEC) até o seu adequado reposicionamento. Tal forma de provimento denomina-se aproveitamento.

(C) Os servidores públicos podem, além do vencimento, receber como vantagens indenizações, gratificações e adicionais. As indenizações referem-se a ajuda de custo, diárias e indenização de transporte. O auxílio-moradia é categorizado como vantagem adicional.

(D) A Lei n.º 11.770/2008 permite a prorrogação da licença-maternidade tão somente às servidoras gestantes, excluindo desse benefício as servidoras adotantes.

(E) O ato de posse refere-se ao ato administrativo solene e formal que torna válida a investidura em um cargo público de provimento efetivo ou não. No entanto, somente com a posse é que a nomeação se consolida, salvo nos casos de formas de provimento derivadas.

**A:** incorreta (art. 12, § 3º, da CF); **B:** incorreta, pois no caso de eventual limitação física ou mental o servidor será readaptado ou aposentado, conforme inspeção médica (art. 24 da Lei 8.112/1990); **C:** incorreta, pois o auxílio-moradia também é uma das formas de indenização (art. 51, IV, da Lei 8.112/1990); **D:** incorreta, pois o benefício se estende, na mesma proporção, à empregada e ao empregado que adotar ou obtiver guarda judicial para fins de adoção de criança (art. 1º, § 2º, da Lei 11.770/2008, com redação dada pela Lei 13.257/2016); **E:** correta, pois a alternativa conceitua corretamente o ato de posse (art. 13, § 4º, da Lei 8.112/1990).
Gabarito "E".

**(Analista – MPU – 2010 – CESPE)** Julgue o seguinte item, acerca dos agentes públicos.

(1) A vacância do cargo público decorre de: exoneração, demissão, promoção, ascensão, transferência, readaptação, aposentadoria, posse em outro cargo inacumulável e falecimento.

**1:** incorreta, pois a ascensão e a transferência não são mais formas de vacância do cargo público. Os incisos IV e V do art. 33 da Lei 8.112/1990, que previam essas duas formas de vacância, foram revogados pela Lei 9.527/1997.
Gabarito 1E.

## 1.2. REMOÇÃO, REDISTRIBUIÇÃO E SUBSTITUIÇÃO

**(Auditor Fiscal - SEFAZ/RS - 2019 - CESPE/CEBRASPE)** O deslocamento de servidor público, por interesse da administração, para o exercício em uma nova sede, com mudança de domicílio permanente, configura

(A) recondução, com direito a ajuda de custo para sua instalação.

(B) readaptação, com direito a ajuda de custo para sua instalação.

(C) remoção, com direito a ajuda de custo para sua instalação.

(D) readaptação, sem direito a ajuda de custo para sua instalação.

(E) remoção, sem direito a ajuda de custo para sua instalação.

Eis o que diz a lei: "Remoção é o deslocamento do servidor, a pedido ou de ofício, no âmbito do mesmo quadro, com ou sem mudança de sede. Parágrafo único. Para fins do disposto neste artigo, entende-se por modalidades de remoção: I – de ofício, no interesse da Administração – Art. 36, par. Único da Lei 8.112/1990
Gabarito "C".

**Técnico Judiciário – TRE/BA – 2010 – CESPE)** Julgue os itens que se seguem, acerca do regime jurídico dos servidores públicos, estabelecido na Lei nº 8.112/1990.

(1) A remoção a pedido ocorre apenas se houver interesse da administração.

(2) O servidor que faltar ao serviço sem motivo justificado perderá o dia de remuneração.

**1:** incorreta, pois a remoção a pedido pode ocorrer se houver interesse da Administração Pública e também pode ocorrer a pedido, para outra localidade, independentemente do interesse da Administração nas hipóteses descritas no art. 36, parágrafo único, III, da Lei 8.112/1990; **2:** correta (art. 44, I, da Lei 8.112/1990).
Gabarito 1E, 2C.

## 2. DIREITOS E VANTAGENS

### 2.1. VENCIMENTOS E REMUNERAÇÃO

**(Analista – MPU – 2010 – CESPE)** Com relação ao vencimento e à remuneração dos servidores públicos, julgue o próximo item.

(1) Assegura-se a isonomia de vencimentos para cargos de atribuições iguais ou assemelhadas do mesmo Poder, ou entre servidores dos três Poderes, ressalvadas as vantagens de caráter individual e as relativas à natureza ou ao local de trabalho.

**1:** correta (art. 41, § 4º, da Lei 8.112/1990).
Gabarito 1C

### 2.2. VANTAGENS[1]

**(Técnico Judiciário – Área Administrativa – TRT8 – 2013 – CESPE)** A propósito das vantagens previstas na Lei n.º 8.112/1990 que podem ser pagas ao servidor, assinale a opção correta.

(A) Ao servidor ocupante de cargo efetivo investido em função de chefia é devido o pagamento de adicional pelo seu exercício.

(B) A gratificação por encargo de curso ou concurso será devida ao servidor que, em caráter eventual, participar de banca examinadora para exames orais e somente será paga se a referida atividade for exercida sem prejuízo das atribuições de seu cargo, ou mediante compensação de carga horária, quando desempenhada durante a jornada de trabalho.

(C) As gratificações, os adicionais e as indenizações incorporam-se ao vencimento, nos casos e condições indicados em lei.

(D) É possível a concessão de auxílio-moradia para o servidor cujo deslocamento tenha ocorrido por força de alteração de lotação resultante de concurso de remoção a pedido.

(E) A ajuda de custo consiste em vantagem indenizatória que se destina a compensar as despesas de instalação do servidor que, no interesse do serviço, passar a ter exercício em nova sede, com mudança de domicílio em caráter transitório ou permanente.

**A:** Incorreta. Ao servidor ocupante de cargo efetivo investido em função de chefia é devida retribuição pelo seu exercício (art. 62 da Lei 8.112/1990); **B:** Correta, conforme art. 76-A, II, e § 2º, da Lei 8.112/1990; **C:** Incorreta. Apenas as gratificações e os adicionais incorporam-se ao vencimento ou provento, diferentemente das indenizações (art. 49, §§ 1º e 2º, da Lei 8.112/1990); **D:** Incorreta. O auxílio-moradia não será concedido se o deslocamento decorrer por força de alteração de lotação ou nomeação para cargo efetivo (art. 60-B, VIII, da Lei 8.112/1990); **E:** Incorreta. A ajuda de custo consiste em vantagem indenizatória que se destina a compensar as despesas de instalação do servidor que, no interesse do serviço, passar a ter exercício em nova sede, com mudança de domicílio em caráter permanente (art. 53, *caput*, da Lei 8.112/1990).
Gabarito "B".

---

1. Indenização, ajuda de custo, diária, indenização de transporte, auxílio-moradia, gratificações e adicionais, retribuição, gratificação natalina, adicionais, gratificação por encargo de cursos ou concurso

**(Analista – TRT/10ª – 2013 – CESPE)** Julgue os itens seguintes, a respeito da Lei n.º 8.112/1990.

**(1)** Ao servidor é facultado abater de suas férias as faltas injustificadas, de modo a preservar a remuneração referente aos dias em que deixar de comparecer ao serviço.
**(2)** O servidor público civil que fizer jus aos adicionais de insalubridade e periculosidade acumulará ambos os acréscimos sobre seu vencimento.

**1:** incorreta, pois não há previsão legal nesse sentido; aliás, mesmo quanto às faltas justificadas, estas só podem ser compensadas a critério da chefia imediata, em situações de caso fortuito ou de força maior (art. 44, parágrafo único, da Lei 8.112/1990); **2:** incorreta, pois o servidor que fizer jus aos adicionais de insalubridade e de periculosidade deverá optar por um deles (art. 68, § 1º, da Lei 8.112/1990).
*Gabarito 1E, 2E.*

**(Analista – TRE/BA – 2010 – CESPE)** Acerca do regime jurídico dos servidores públicos, estabelecido na Lei n.º 8.112/1990, julgue os itens que se seguem.

**(1)** Os substitutos dos servidores investidos em cargo ou função de direção ou chefia e dos ocupantes de cargo em natureza especial devem ser indicados no regimento interno ou, no caso de omissão, designados previamente pela chefia imediata do substituído.
**(2)** As diárias são devidas ao servidor que se ausenta a serviço da sede da repartição para outro ponto do território nacional em caráter eventual ou transitório. Se o deslocamento em caráter eventual ou transitório se der para o exterior, o servidor fará jus ao recebimento de ajuda de custo.

**1:** Errada, pois, no caso de omissão do regimento interno, os substitutos serão previamente designados pelo dirigente máximo do órgão ou entidade (art. 38, *caput*, da Lei 8.112/1990); **2:** Errada, pois no caso de deslocamento eventual ou transitório para o exterior também serão devidas diárias (art. 58, *caput*, da Lei 8.112/1990).
*Gabarito 1E, 2E.*

**(Analista – TRE/MT – 2010 – CESPE)** No que diz respeito aos direitos e às vantagens do servidor público consoante estabelece a Lei n.º 8.112/1990, assinale a opção correta.

**(A)** Podem ser pagas ao servidor, além do vencimento, indenizações, como as diárias, que se incorporam ao vencimento conforme estabelecido em lei.
**(B)** O servidor que, a serviço, afastar-se da sede, em caráter eventual ou transitório, para outro ponto do território nacional fará jus a ajuda de custo destinada a indenizar as parcelas de despesas com pousada, alimentação e locomoção urbana.
**(C)** As gratificações e os adicionais incorporam-se ao vencimento, nos casos e nas condições indicados em lei.
**(D)** Nada impede que o servidor exerça atividade remunerada durante o período da licença por motivo de doença em família.
**(E)** O servidor pode receber simultaneamente o adicional de insalubridade e o adicional de periculosidade, desde que trabalhe com habitualidade em locais insalubres ou em contato permanente com substâncias tóxicas, radioativas ou com risco de morte.

**A:** incorreta (art. 49, § 1º, da Lei 8.112/1990); **B:** incorreta, a alternativa trata do conceito de diária – art. 58, *caput*, da Lei 8.112/1990; **C:** correta (art. 49, § 2º, da Lei 8.112/1990); **D:** incorreta (art. 81, § 3º, da Lei 8.112/1990); **E:** incorreta (art. 68, § 1º, da Lei 8.112/1990).
*Gabarito "C".*

## 2.3. LICENÇAS

**(Técnico Judiciário – Área Administrativa – TRT8 – 2013 – CESPE)** No que tange às licenças e aos afastamentos disciplinados pela Lei n.º 8.112/1990, assinale a opção correta.

**(A)** Um dos requisitos necessários para a autorização de afastamento de servidor público, para estudo no exterior, destinado à realização de programa de doutorado, consiste na exigência de que o servidor titular de cargo efetivo esteja no respectivo órgão há pelo menos quatro anos, incluído o período de estágio probatório.
**(B)** O servidor público federal investido em mandato de deputado federal será afastado do cargo, sendo-lhe facultado optar pela sua remuneração.
**(C)** A licença para capacitação concedida dentro de noventa dias do término de outra da mesma espécie será considerada como prorrogação.
**(D)** O estágio probatório deve ser interrompido durante a licença para atividade política e será reiniciado a partir do término do impedimento.
**(E)** É assegurado ao servidor o direito a licença, sem prejuízo da remuneração, para o desempenho de mandato classista.

**A:** Correta, nos termos do art. 96-A, § 2º, da Lei 8.112/1990. **B:** Incorreta. Ao servidor investido em mandato eletivo federal, estadual ou distrital, a Lei menciona tão somente o afastamento do cargo. A possibilidade de optar pela remuneração decorrente do exercício do mandato eletivo ocorrerá apenas na hipótese de investidura no mandato de vereador, desde que não haja compatibilidade de horário, ocasião em que será afastado do cargo (art. 94, III, *b*, da Lei 8.112/1990); **C:** Incorreta. As licenças do art. 81 da Lei 8.112/1990 concedidas dentro do prazo de 60 (sessenta) dias do término da outra da mesma espécie serão consideradas como prorrogação (art. 82 da Lei 8.112/1990); **D:** Incorreta. O estágio probatório ficará **suspenso** durante a licença para atividade política e será retomado a partir do término do impedimento (art. 20, § 5º, da Lei 8.112/1990); **E:** Incorreta. À luz do art. 92, *caput*, é assegurado ao servidor o direito à licença **sem remuneração** para o desempenho de mandato classista. Sobre o tema, é importante analisar o art. 92 em sua integralidade, após a alteração pela Lei 12.998, de 18 de junho de 2014.
*Gabarito "A".*

**(Analista – STM – 2011 – CESPE)** A respeito dos servidores públicos e do regime estabelecido pela Lei n.º 8.112/1990, julgue os itens a seguir.

**(1)** Servidor público federal que esteja cumprindo o período de estágio probatório pode obter licença para exercer mandato classista em um sindicato.
**(2)** A remuneração de servidor público pode ser fixada ou alterada apenas mediante lei específica.

**1:** errada, pois o servidor público em estágio probatório não pode obter licença para exercer mandato classista (art. 20, § 4º, da Lei 8.112/1990); **2:** certa (art. 37, X, da CF).
*Gabarito 1E, 2C.*

## 2.4. DIREITO DE PETIÇÃO

**(Analista – TRT/21ª – 2010 – CESPE)** No que se refere a servidores públicos e ao regime jurídico dos servidores civis da União, julgue o item subsecutivo.

**(1)** É assegurado ao servidor o exercício do direito de petição, sendo cabível pedido de reconsideração à autoridade que houver expedido o ato ou proferido a primeira decisão; não se admite, contudo, a renovação do pedido de reconsideração.

**1:** certa (arts. 104 e 106 da Lei 8.112/1990).
*Gabarito 1C*

## 3. REGIME DISCIPLINAR

### 3.1 PROIBIÇÕES

**(Técnico Judiciário – TRE/BA – 2010 – CESPE)** Acerca do processo administrativo disciplinar, estabelecido na Lei nº 8.112/1990, julgue os itens seguintes.

**(1)** O servidor público é proibido de ausentar-se do serviço sem prévia autorização do chefe imediato.
**(2)** É cabível a aplicação da pena de demissão ao servidor que receber propina, comissão, presente ou vantagem de qualquer espécie.

**1:** correta (art. 117, I, da Lei 8.112/1990); **2:** correta (art. 132, XIII, e 117, XII, da Lei. 8.112/1990).
*Gabarito 1C, 2C*

## 3.2. PENALIDADES

**(Analista – TRE/MT – 2010 – CESPE)** Assinale a opção correta em relação ao regime disciplinar aplicável ao servidor público, conforme dispõe a Lei nº 8.112/1990.

(A) O servidor que estiver no gozo de licença para tratar de interesses particulares pode participar de gerência ou administração de sociedade privada, personificada ou não personificada, e exercer o comércio.

(B) No caso de reincidência em faltas punidas com advertência, pode ser aplicada ao servidor efetivo a suspensão, limitada a sessenta dias.

(C) A ação disciplinar prescreve em cinco anos quanto à suspensão.

(D) A abertura de sindicância contra o servidor não interrompe o curso do prazo prescricional da ação disciplinar.

(E) Instaurado o processo administrativo disciplinar, o servidor acusado pode ser afastado preventivamente por determinação da autoridade instauradora, por até quarenta dias após o término do processo e sem remuneração.

**A:** correta (art. 117, parágrafo único, II, da Lei 8.112/1990); **B:** incorreta, pois a suspensão fica limitada a noventa dias (art. 130, *caput*, da Lei 8.112/1990); **C:** incorreta, pois a ação disciplinar prescreve em dois anos quanto à suspensão (art. 142, II, da Lei 8.112/1990); **D:** incorreta (art. 142, § 3º, da Lei 8.112/1990); **E:** incorreta, pois o prazo do afastamento é de até sessenta dias, sem prejuízo da remuneração (art. 147 da Lei 8.112/1990).

*Gabarito "A".*

**(Analista – TRE/MT – 2010 – CESPE)** Com base na Lei n.º 8.112/1990, assinale a opção correta.

(A) A ascensão funcional é forma de provimento de cargo público atualmente vigente.

(B) A contagem do tempo de estágio probatório não será interrompida caso o servidor entre em gozo de licença por motivo de doença de cônjuge ou filhos, mas será interrompida caso ele entre em gozo de licença para participação em curso de formação.

(C) A licença por motivo de doença em pessoa da família será concedida ao servidor, sem prejuízo da remuneração, pelo prazo de três meses, podendo haver uma única prorrogação por igual prazo, mediante justificativa, sem a remuneração.

(D) As penalidades de advertência e de suspensão terão seus registros cancelados, após o decurso de três e cinco anos de efetivo exercício, respectivamente, se o servidor não houver, nesse período, praticado nova infração disciplinar, mas o cancelamento não surtirá efeitos retroativos.

(E) As sanções civis, penais e administrativas podem cumular-se e são independentes entre si, razão pela qual, ainda que haja absolvição criminal que negue a existência do fato ou sua autoria, poderá restar configurada a responsabilidade administrativa do servidor público.

**A:** incorreta, pois a ascensão funcional é forma de provimento que foi revogada pela Lei 9.527/1997; **B:** incorreta, pois a contagem do tempo de estágio probatório também será interrompida em caso de licença por motivo de doença de cônjuge ou filhos (art. 20, § 5º, da Lei 8.112/1990); **C:** incorreta (art. 83 da Lei 8.112/1990); **D:** correta (art. 131 da Lei 8.112/1990); **E:** incorreta, pois embora as sanções civis, penais e administrativas possam cumular-se e são independentes entre si (art. 125 da Lei 8.112/1990), no caso de absolvição criminal que negue a existência do fato ou sua autoria, a responsabilidade administrativa do servidor será afastada (art. 126 da Lei 8.112/1990).

*Gabarito "D".*

## 4. PROCESSO DISCIPLINAR

### 4.1. PROCESSO DISCIPLINAR (EM GERAL, INQUÉRITO, JULGAMENTO E REVISÃO)

**(Analista Judiciário – STJ – 2018 – CESPE)** Tendo como referência a jurisprudência dos tribunais superiores a respeito da organização administrativa e dos agentes públicos, julgue os itens a seguir.

(1) Situação hipotética: Luiz, servidor público federal aposentado, desviou recurso público quando foi gestor de uma fundação de natureza privada de apoio a instituição federal de ensino superior. Assertiva: Nesse caso, de acordo com o Superior Tribunal de Justiça, será legal a instauração de procedimento disciplinar, assim como a punição de Luiz, nos moldes do regime jurídico dos servidores públicos da União.

(2) O fato de a advocacia pública, no âmbito judicial, defender ocupante de cargo comissionado pela prática de ato no exercício de suas atribuições amolda-se à teoria da representação.

**1:** correta – Desde que dentro do prazo prescricional, pode e deve ser instaurado processo administrativo disciplinar para apuração de ato de servidor público cometido em razão do exercício da função pública, ainda que esteja ele aposentado. O Processo Administrativo Disciplinar (PAD) é um instrumento pelo qual se apura a responsabilidade de servidor que comete infração no exercício de suas atribuições, ou que tenha relação com as atribuições do cargo em que está investido (Lei 8.112/1990, art. 148). É um processo administrativo punitivo ou sancionador (para a aplicação de sanções) e interno, pois é dirigido aos servidores públicos. É exatamente por essa razão que se tem o previsto na Lei 8.112/1991, que determina que "Será cassada a aposentadoria ou a disponibilidade do inativo que houver praticado, na atividade, falta punível com a demissão" – Art. 134 da Lei 8.112/1991; **2:** incorreta – a advocacia pública não defende o agente público, seja ele ocupante de cargo comissionado ou não. Ela defende a legalidade, moralidade, razoabilidade e proporcionalidade dos atos administrativos por eles praticados. **FB**

*Gabarito 1C, 2E.*

**(Analista Judiciário – Área Administrativa – TRT8 – 2013 – CESPE)** Acerca do processo administrativo e dos servidores públicos, assinale a opção correta com base na legislação e na jurisprudência.

(A) É absoluta a regra que exige a divulgação oficial dos atos administrativos, assim como o que determina a motivação obrigatória dos atos administrativos.

(B) No âmbito do processo administrativo, além das formalidades essenciais à garantia dos direitos dos administrados, a interpretação da norma administrativa deve ser realizada da forma que melhor garanta o atendimento do fim público a que se dirige, vedada a aplicação retroativa da nova interpretação.

(C) A legislação de regência veda, em caráter absoluto, a cobrança de despesas processuais no processo administrativo.

(D) Quando a administração pública, ao interpretar erroneamente a lei, efetuar pagamentos indevidos ao servidor, os valores recebidos deverão ser restituídos, ainda que caracterizada a boa-fé do servidor.

(E) Como a natureza da vinculação estabelecida entre servidor e Estado é de caráter legal, a legislação posterior não pode alterar o regime jurídico originariamente estabelecido, tendo o servidor, de acordo com o STJ, direito adquirido ao regime jurídico estabelecido no ato da vinculação.

**A:** incorreta, as hipóteses de sigilo previstas na Constituição constituem exceção à regra da divulgação oficial dos atos administrativos (art. 2º, parágrafo único, V, da Lei 9.784/1999). No tocante à motivação, afirmam Marcelo Alexandrino e Vicente Paulo: "(...) nem sempre a lei exige que a administração declare expressamente os motivos que a levaram à prática do ato administrativo (...) ou seja, embora o motivo exista, não haverá motivação do ato" (*Direito Administrativo Descomplicado*. 19. Ed. São Paulo: Método, 2011. p. 461). Vide, também, art. 50 da Lei 9.784/1999; **B:** correta, em consonância com o art. 2º, parágrafo único, XIII, da Lei 9.784/1999. Vide, também: TRF 5.ª Reg., EI em AR 5045 RN 00276345320044050000002, Pleno, j. 17.10.2007, rel. Des. Margarida Cantarelli, *DJ* 04.12.2007; **C:** incorreta, não há essa vedação em caráter absoluto (art. 2º, parágrafo único, XI, da Lei 9.784/1999); **D:** incorreta, "3. Descabe restituição de valores recebidos de boa-fé pelo servidor em decorrência de errônea interpretação ou má aplicação da lei pela Administração Pública" (STJ, EDcl em RMS 32.706/SP, 1.ª T., j. 25.10.2011, rel. Min. Arnaldo Esteves Lima; **E:** incorreta, não existe direito adquirido a regime jurídico. Vide: STJ, AgRg no REsp 1226058 RS 2010/0229414-5, 6ª T., j. 21.05.2013, rel. Min. Og Fernandes, *DJ* 31.05.2013.

*Gabarito "B".*

**(Analista Judiciário – Área Administrativa – TRT8 – 2013 – CESPE)** Com base no regime disciplinar do servidor público, assinale a opção correta.

(A) A penalidade de demissão não poderá ser aplicada ao servidor caso não haja registro, em sua vida funcional, de imposição prévia de qualquer outra sanção disciplinar.

(B) Constitui penalidade administrativa a decisão que conclui pela inabilitação do servidor em razão do não preenchimento dos requisitos do estágio probatório.

(C) A conduta do servidor que se vale do cargo para lograr proveito pessoal em detrimento da função pública não enseja a aplicação da penalidade de demissão.

(D) Em decorrência do princípio da legalidade, é vedada a conversão da penalidade de suspensão em multa.

(E) Na hipótese de acumulação ilegal de cargos, a infração será apurada mediante processo administrativo disciplinar sumário conduzido por comissão disciplinar composta por apenas dois servidores estáveis.

**A:** incorreta, a demissão independe de imposição prévia de outra sanção disciplinar. Vide trecho de jurisprudência do STJ, MS 14.856/DF, 3ª Seção, j. 12.09.2009, rel. Min. Marco Aurélio Bellizze, *DJe* 25.09.2012: "(...)Servidor cuja vida funcional pregressa não registra imposição de nenhuma sanção disciplinar; Fato que, por si só, não impede a aplicação da pena de demissão, mormente em razão da gravidade da sanção (...)". Os casos em que será aplicada a penalidade de demissão estão previstos no art. 132 da lei 8.112/1990; **B:** incorreta, não constitui penalidade administrativa, tanto que não está elencada nas penalidades disciplinares do art. 127 da Lei 8.112/1990. O servidor é "desligado" (exonerado ou, se estável, reconduzido ao cargo anteriormente ocupado) do serviço público por não ter preenchido os requisitos do art. 20, I a V, da Lei 8.112/1990; **C:** incorreta, pois enseja a aplicação da penalidade de demissão (art. 132, XIII, c/c o art. 117, IX, da Lei 8.112/1990); **D:** incorreta, se houver conveniência para o serviço, é possível tal conversão (§ 2º do art. 130 da Lei 8.112/1990); **E:** correta, de acordo com o inc. I do art. 133 da Lei 8.112/1990.

*Gabarito "E".*

**(Técnico Judiciário – Área Administrativa – TRT8 – 2013 – CESPE)** Acerca das disposições da Lei n.º 8.112/1990 relacionadas ao processo administrativo disciplinar, assinale a opção correta.

(A) O processo disciplinar poderá ser revisto quando se aduzirem fatos novos suscetíveis de justificar a inadequação da penalidade aplicada, devendo o requerimento de revisão do processo ser dirigido ao ministro de Estado competente ou a autoridade equivalente.

(B) O processo disciplinar deve ser conduzido por comissão composta de três servidores estáveis e ocupantes de cargo efetivo de mesmo nível ou de nível superior ao do indiciado.

(C) Concluído o interrogatório do acusado, a comissão deverá promover a inquirição das testemunhas.

(D) Na hipótese de sugestão, pela comissão processante, em um mesmo processo administrativo disciplinar, de aplicação da penalidade de cassação de aposentadoria a um indiciado e da aplicação da penalidade de suspensão de vinte dias a outro indiciado, o julgamento, em cada caso, caberá ao chefe da repartição em que estiver lotado o indiciado.

(E) Da sindicância poderá resultar a aplicação de penalidade de suspensão de até sessenta dias.

**A:** Correta, nos termos dos arts. 174 e 176 da Lei 8.112/1990; **B:** Incorreta, pois o presidente da comissão deverá ser ocupante de cargo efetivo superior ou de mesmo nível, ou ter nível de escolaridade igual ou superior ao do indiciado. A referida comissão será composta de três servidores estáveis designados pela autoridade competente prevista no art. 143, § 3º, da Lei 8.112/1990 (art. 149 da Lei 8.112/1990); **C:** Incorreta. A ordem é inversa, pois, uma vez concluída a inquirição das testemunhas, a comissão promoverá o interrogatório do acusado (art. 159 da Lei 8.112/1990); **D:** Incorreta, pois apenas as penalidades disciplinares de advertência ou de suspensão até 30 dias serão aplicadas pelo chefe

da repartição (art. 141, III, da Lei 8.112/1990). Já a pena de cassação de aposentadoria será aplicada pelo Presidente da República, pelos Presidentes das Casas do Poder Legislativo e dos Tribunais Federais e pelo Procurador-Geral da República, quando se tratar de demissão e cassação de aposentadoria ou disponibilidade de servidor vinculado ao respectivo Poder, órgão, ou entidade (art. 141, I, da Lei 8.112/1990); **E:** Incorreta, pois da sindicância poderá resultar aplicação de suspensão até 30 dias (art. 145, II, da Lei 8.112/1990). É importante salientar que se o ilícito praticado pelo servidor ensejar a imposição da penalidade de suspensão por mais de 30 dias, será obrigatória a instauração de processo disciplinar (art. 146 da Lei 8.112/1990).

*Gabarito "A".*

**(Analista – TRE/BA – 2010 – CESPE)** No que se refere ao processo administrativo disciplinar, estabelecido na Lei nº 8.112/1990, julgue os itens subsequentes.

(1) É proibido ao servidor retirar, sem prévia anuência da autoridade competente, qualquer documento ou objeto da sua repartição.

(2) O servidor em gozo de licença para tratamento de assuntos particulares pode participar de gerência ou administração de sociedade privada, personificada ou não personificada, bem como exercer o comércio.

(3) O rito sumário do processo administrativo disciplinar aplica-se apenas à apuração das irregularidades de acumulação ilícita de cargos públicos, abandono de cargo e inassiduidade habitual.

**1:** Certa (art. 117, II, da Lei 8.112/1990); **2:** Certa (art. 117, p. único, II, da Lei 8.112/1990); **3:** Certa (arts. 133, *caput*, e 140, *caput*, da Lei 8.112/1990).

*Gabarito 1C, 2C, 3C.*

## 5. TEMAS COMBINADOS

**(Analista Judiciário – STJ – 2018 – CESPE)** Com base no disposto na Lei 8.112/1990, julgue os itens seguintes.

(1) Apesar de as instâncias administrativa e penal serem independentes entre si, a eventual responsabilidade administrativa do servidor será afastada se, na esfera criminal, ele for beneficiado por absolvição que negue a existência do fato ou a sua autoria.

(2) O servidor em estágio probatório não poderá afastar-se para servir em organismo internacional de que o Brasil participe ou com o qual coopere, ainda que com a perda total da remuneração.

(3) Será cassada a aposentadoria voluntária do servidor inativo que for condenado pela prática de ato de improbidade administrativa à época em que ainda estava na atividade.

(4) O auxílio-moradia poderá ser concedido a servidor público que resida com outra pessoa que receba o mesmo benefício.

**1:** correta. A responsabilidade administrativa do servidor será afastada no caso de absolvição criminal que negue a existência do fato ou sua autoria – Art. 126 da Lei 8.112/1991; **2:** incorreta – A lei não faz distinção entre o servidor estável ou em estágio probatório. Vejamos: "O afastamento de servidor para servir em organismo internacional de que o Brasil participe ou com o qual coopere dar-se-á com perda total da remuneração" – Art. 96 da Lei 8.112/1991; **3:** correta – Art. 132, inciso IV (que pune com demissão o cometimento de improbidade administrativa) c/ c Art. 134 da Lei 8.112/1991; **4:** incorreta – Art. 60-B, inciso IV da Lei 8.112/1991.

*Gabarito 1C, 2E, 3C, 4E.*

**(Analista – STF – 2013 – CESPE)** Com relação ao regime jurídico dos servidores públicos civis da União, julgue os itens a seguir.

(1) De acordo com a Lei n.º 8.112/1990, a aplicação das penalidades disciplinares advertência, suspensão, demissão, cassação de aposentadoria e disponibilidade deve ser precedida da garantia, ao servidor público, do direito ao exercício do contraditório e da ampla defesa, não se aplicando tal garantia aos casos de penalidades de destituição de

cargo em comissão e destituição de função comissionada, por serem de livre nomeação e exoneração.

(2) O cálculo de gratificações e outras vantagens do servidor público não deve incidir sobre o abono utilizado para se atingir o salário mínimo, pois tal prática equivaleria à utilização do salário mínimo como indexador automático de remuneração.

(3) Caso um servidor público atue frequentemente como instrutor em cursos de formação periódicos devidamente instituídos para a preparação dos novos servidores admitidos por concurso para seu órgão de lotação, as gratificações por encargo de curso ou concurso pagas periodicamente a esse servidor deverão ser utilizadas como base de cálculo de proventos e aposentadoria, haja vista a frequência com que ele presta esse serviço e o fato de que o valor pago pela gratificação é devidamente descontado para fins de contribuição previdenciária.

(4) A sindicância e o processo administrativo disciplinar (PAD), procedimentos administrativos de apuração de infrações, devem ser, obrigatoriamente, instaurados pela autoridade responsável sempre que esta tiver ciência de irregularidade no serviço público. O PAD, mais complexo do que a sindicância, deve ser instaurado em caso de ilícitos para os quais sejam previstas penalidades mais graves do que a suspensão por trinta dias.

**1:** incorreta. Aplica-se tal garantia também aos casos de destituição de cargo em comissão e de função comissionada. Vide: art. 5º, LV, da CF e arts. 127, 143 e 146 da Lei 8.112/1990; **2:** correta, conforme dispõe Súmula Vinculante 15 e RE 572921, j. 13.11.2008, rel. Min. Ricardo Lewandowski, *DJe* 06.02.2009; **3:** incorreta, "a gratificação por encargo de curso ou concurso não se incorpora ao vencimento ou salário do servidor para qualquer efeito e não poderá ser utilizada como base de cálculo para quaisquer outras vantagens, inclusive para fins de cálculo dos proventos da aposentadoria e das pensões" (§ 3º do art. 76-A da Lei 8.112/1990); **4:** correta (arts. 143 e 146 da Lei 8.112/1990).

Gabarito 1E, 2C, 3E, 4C

**(Analista – STF – 2013 – CESPE)** Com relação a dispositivos da Lei n.º 8.112/1990, julgue os itens a seguir.

(1) A responsabilidade do servidor público pode se dar na esfera civil, penal e administrativa, sendo afastada esta última no caso de absolvição criminal que negue a existência do fato ou de sua autoria.

(2) Em se tratando de processo administrativo disciplinar, a autoridade instauradora pode, como medida cautelar e para que não haja interferências na apuração da irregularidade, decretar o afastamento do servidor investigado, sem prejuízo da remuneração.

**1:** correta, conforme se depreende da leitura dos arts. 121 e 126 da Lei 8.112/1990; **2:** correta, corresponde ao disposto no art. 147 da Lei 8.112/1990.

Gabarito 1C, 2C

**(Técnico – STF – 2013 – CESPE)** A respeito do regime jurídico dos servidores públicos civis da União, das autarquias e das fundações públicas federais, julgue os itens que se seguem.

(1) Ao servidor é proibido recusar fé a documentos públicos.

(2) Cargo público é o conjunto de atribuições e responsabilidades previstas na estrutura organizacional que devem ser cometidas a um servidor.

(3) Invalidada por sentença judicial a demissão do servidor estável, deverá ele ser reintegrado, e o eventual ocupante da vaga, se for estável, deverá ser reconduzido ao cargo de origem, sem direito a indenização, aproveitado em outro cargo ou posto em disponibilidade com remuneração proporcional ao tempo de serviço.

**1.** Correta, nos termos do art. 117, III, da Lei 8.112/1990; **2.** Correta, segundo dispõe a literalidade do art. 3º da Lei 8.112/1990; **3.** Correta, nos termos do art. 28 da Lei 8.112/1990.

Gabarito 1C, 2C, 3C

**(Agente Administrativo – Ministério da Previdência – 2010 – CESPE)** Acerca da vacância e do regime disciplinar dos servidores públicos, previstos na Lei nº 8.112/1990, julgue os itens seguintes.

(1) É cabível a exoneração de ofício quando não satisfeitas as condições do estágio probatório.

(2) As vantagens pecuniárias não são computadas nem acumuladas para efeito de concessão de quaisquer outros acréscimos pecuniários ulteriores, sob o mesmo título ou idêntico fundamento.

(3) É cabível aplicação de pena de demissão a servidor que atue de forma desidiosa, isto é, que apresente conduta negligente de maneira reiterada.

(4) Uma das hipóteses de aplicação da pena de suspensão é a reincidência em faltas punidas com a pena de advertência.

**1:** correta conforme o art. 34, parágrafo único, I; **2:** assertiva correta, conforme disposto no art. 50; **3:** correta: art. 132, XIII, c/c art. 117, XV; **4:** assertiva correta, conforme determina no art. 130.

Gabarito 1C, 2C, 3C, 4C

# 7. LICITAÇÕES E CONTRATOS ADMINISTRATIVOS

Ana Paula Dompieri, Georgia Renata Dias, Ivo Shigueru Tomita, Sebastião Edilson Gomes, Flavia Barros e Wander Garcia*

## 1 PRINCIPAIS PONTOS DA NOVA LEI DE LICITAÇÕES E CONTRATOS ADMINISTRATIVOS (LEI 14.133/2021)

### 1.1 APLICABILIDADE DA NOVA LEI

Em 1º de abril de 2021 foi editada a Lei 14.133, a **nova lei de licitações e contratos administrativos**.

Importante esclarecer que a Lei 8.666/1993 não foi, de modo geral, imediatamente revogada pelo novo regime. A antiga norma vigorará por 2 anos, com revogação prevista para abril de 2023. Os únicos dispositivos da Lei 8.666/1993 que foram imediatamente revogados foram os arts. 89 a 108, que disciplinavam os crimes relacionados às licitações e aos contratos públicos. Agora o tema é tratado no próprio Código Penal (arts. 337-E a 337-P).

> **Importante!** Por conta disso, irão conviver por algum tempo os regimes tanto da Lei 14.133/2021 quanto da Lei 8.666/1993, bem como da Lei 10.520/2002 (Pregão) e Lei 12.462/2011 (Regime Diferenciado de Contratação - RDC). Até a revogação destas últimas, a Administração poderá optar por licitar (ou contratar diretamente) de acordo com o regime mais novo ou o antigo. A opção escolhida deverá ser indicada expressamente, vedada a aplicação combinada dos diplomas normativos.

### 1.2 ASPECTOS GERAIS

A Lei 8.666/1993 prevê os seguintes **objetivos** da licitação pública: (i) seleção da proposta mais vantajosa; (ii) tratamento igualitário entre os licitantes; (iii) desenvolvimento nacional sustentável. A Lei 14.133/2021, além de mantê-los, disciplina outros: (iv) evitar sobrepreço, preços inexequíveis e superfaturamento; (v) incentivo à inovação.

Em relação aos **princípios**, a nova lei igualmente preserva os princípios incorporados na Lei 8.666/1993, como a legalidade, impessoalidade, moralidade, vinculação ao instrumento convocatório, julgamento objetivo, entre outros. Além disso, insere postulados inéditos, merendo destaque os princípios do planejamento (fundamento da fase preparatória), da transparência (corolário da publicidade) e o da segregação de funções (é vedada a atuação simultânea do agente público nas funções sujeitas a risco).

A nova lei de licitações contempla uma série de regramentos relacionados a aspectos **ambientais**, como a possibilidade de estipulação de margem de preferência a bens reciclados, recicláveis ou biodegradáveis. No que se refere ao aspecto **social**, possível à Administração exigir a destinação de percentual mínimo de mão de obra a mulher vítima de violência doméstica.

Outra novidade relevante da nova lei é a valorização da implantação de **programas de integridade** (*compliance*) pelos contratados, podendo representar, entre outros: (a) condição à continuidade de contratações de grande vulto; (b) critério subsidiário de desempate; (c) critério para a dosimetria de sanções administrativas.

### 1.3. CONTRATAÇÃO DIRETA

Da mesma forma que a Lei 8.666/1993, o regime geral da contratação direta disciplinado pela Lei 14.133/2021 envolve, como categorias gerais mais relevantes, a *dispensa* e a *inexigibilidade*.

A **inexigibilidade** está prevista no art. 74 da nova lei de licitações, que elenca cinco hipóteses. Trata-se de rol exemplificativo (da mesma forma que o art. 25 da Lei 8.666/1993, que contempla três incisos). São elas:

• Fornecedor exclusivo (mesma hipótese da Lei 8.666/1993);

• Contratação de artista, desde que consagrado pela crítica ou pela opinião pública (mesma hipótese da Lei 8.666/1993);

• Serviço técnico especializado (ex.: projetos, perícias, estudos técnicos), desde que prestado por profissional de notória especialização (hipótese semelhante à da Lei 8.666/1993, pois a nova lei não prevê de modo expresso o requisito da singularidade do serviço);

• Credenciamento (hipótese não prevista expressamente na Lei 8.666/1993; trata-se de instrumento auxiliar);

• Aquisição ou locação de imóveis cujas características de instalações e de localização tornem necessária sua escolha. **Obs.:** relevante atentar que essa hipótese é tratada pela Lei 8.666/1993 como sendo licitação dispensável.

A **dispensa**, por sua vez, está prevista no art. 75 da nova lei de licitações. Trata-se de rol taxativo (da mesma forma que o art. 24 da Lei 8.666/1993). As peculiaridades trazidas pela Lei 14.133/2021 são:

• Pequeno valor: contratações inferiores a R\$ 100 mil para obras e serviços de engenharia, bem como as inferiores a R\$ 50 mil para outros serviços e compras (os valores, já corrigidos, da Lei 8.666/1993 são R\$ 33 mil e R\$ 17,6 mil, respectivamente);

• Licitação deserta (aquela em que não houve interessados): a nova lei passou a condicionar a contratação direta ao prazo de 1 ano da licitação deserta;

• Aquisição de produtos para pesquisa e desenvolvimento: no caso de obras e serviços de engenharia, há um limite de R\$ 300 mil;

• Aquisição de medicamentos destinados exclusivamente ao tratamento de doenças raras definidas pelo Ministério da Saúde (hipótese não prevista na Lei 8.666/1993);

• Em virtude de emergência ou calamidade pública: o prazo máximo do contrato deve ser de 1 ano, contado da data da ocorrência da situação excepcional (a Lei 8.666/1993 prevê o prazo de 180 dias); além disso, vedada a recontratação da empresa que firmou o contrato sem licitação.

### 1.4 MODALIDADES LICITATÓRIAS

As modalidades previstas na Lei 14.133/2021 são:

> **Atenção!** A nova lei de licitações não mais prevê as modalidades tomada de preço e convite (ambas previstas na Lei 8.666/1993), bem como o regime diferenciado de contratações-RDC (disciplinado na Lei 12.462/2011).

• **Pregão**: modalidade obrigatória para a aquisição de bens e serviços comuns (incluindo serviços comuns de engenharia); o critério de julgamento é o menor preço ou o maior desconto;

• **Concorrência**: utilizada para a contratação de: (a) obras, (b) de bens e serviços especiais ou (c) de serviços comuns e especiais de engenharia; podem ser utilizados os seguintes critérios de julgamento: (i) menor preço; (ii) maior desconto; (iii) melhor técnica ou conteúdo artístico; (iv) técnica e preço; (v) maior retorno econômico (este último é utilizado no contrato de eficiência, em que o contratado é remunerado com base em percentual da economia gerada).

• **Concurso**: o critério de julgamento utilizado é o de melhor técnica ou conteúdo artístico;

• **Leilão**: modalidade destinada à alienação de: (a) bens imóveis; (b) bens móveis inservíveis ou legalmente apreendidos; o critério de julgamento é o do maior lance.

• **Diálogo competitivo**: modalidade inédita no ordenamento brasileiro; pretende-se realizar diálogos com licitantes, no intuito de desenvolver alternativas capazes de atender às suas necessidades de contratação; aproveita-se, assim, a expertise do setor privado para desenvolver soluções eficientes; a condução dessa modalidade é feita por comissão de contratação (composta de pelo menos 3 agentes públicos efetivos/permanentes).

> **Importante!** O diálogo competitivo pode ser utilizado, além da modalidade concorrência, para a celebração de contrato de *concessão de serviço público* (cf. Lei 8.987/1995), inclusive *parceria público-privada*-PPP (cf. Lei 11.079/2004).

### 1.5 FASES

Nos termos da nova lei, o procedimento licitatório é conduzido, como regra, por um **agente de contratação**, auxiliado por uma equipe de apoio. Portanto, alterada a lógica da Lei 8.666/1993, em que prevalece a atuação de uma *comissão* de licitação.

Ademais, as licitações devem ser realizadas preferencialmente sob a forma eletrônica.

No âmbito do rito procedimental comum, as **fases** de uma licitação são: **1ª)** Fase preparatória; **2ª)** Divulgação do edital; **3ª)** Apresentação de propostas e lances; **4ª)** Julgamento; **5ª)** Habilitação; **6ª)** Recursos; **7ª)** Homologação.

> **Importante!** A Lei 14.133/2021 alterou a dinâmica procedimental da Lei 8.666/1993, em que a habilitação precedia a classificação e o julgamento. Assim, pelo novo regime, a habilitação é posterior à fase de julgamento, conferindo maior celeridade à licitação. Esta maneira de proceder já era aplicada, entre outras, na modalidade pregão (cf. Lei 10.520/2002) e agora foi generalizada.

A *disputa* entre os licitantes pode ser de dois modos: (i) modo aberto: possibilidade de lances públicos e sucessivos (como já utilizado no pregão, cf. Lei 10.520/2002); (ii) modo fechado: propostas sob sigilo até a data marcada para sua divulgação (mecanismo clássico da Lei 8.666/1993).

Em caso de *empate*, a nova lei de licitações estipulou os seguintes critérios de desempate: 1º) disputa final entre os licitantes empatados; 2º) avaliação de desempenho contratual prévio; 3º) desenvolvimento de ações de equidade entre homens e mulheres no ambiente de trabalho; 4º) implantação de programa de integridade. Caso persista o empate, estipula-se preferência, sucessivamente, às empresas: 1º) estabelecidas no Estado (ou no DF) do ente público estadual/distrital ou municipal licitante; 2º) brasileiras; 3º) que invistam em pesquisa e desenvolvimento tecnológico no País; 4º) que adotam mecanismos de mitigação na emissão de gases de efeito estufa.

A documentação de habilitação pode ser *dispensada* nas contratações: (a) para entrega imediata; (b) envolvendo valores inferiores a R$ 12,5 mil; (c) de produto para pesquisa e desenvolvimento até o valor de R$ 300 mil.

### 1.6 INSTRUMENTOS AUXILIARES

A Lei 14.133/2021 disciplina os instrumentos auxiliares às licitações e aos contratos públicos. São eles:

**1º) Credenciamento**: processo de chamamento público em que a Administração convoca interessados em prestar serviços ou fornecer bens; observe-se que a contratação é realizada com todos aqueles que pretendem firmar determinado negócio com a Administração, o que torna inviável a competição e, consequentemente, inexigível a licitação;

**2º) Pré-qualificação**: constitui procedimento seletivo prévio à licitação, convocado por meio de edital, destinado à análise das condições de habilitação, total ou parcial; trata-se de instrumento já previsto na Lei 8.666/1993, embora disciplinado de modo sucinto; seu prazo de validade é de 1 ano;

**3º) Procedimento de manifestação de interesse (PMI)**: procedimento pelo qual a Administração solicita à iniciativa privada o desenvolvimento de estudos e projetos que possam contribuir com aspectos da atuação do Poder Público; não encontra previsão na Lei 8.666/1993 e sim em outras normas, como a lei de concessões (Lei 8.987/1995) e das organizações da sociedade civil (Lei 13.019/2014); o PMI é, como regra, aberta a todos os eventuais interessados, embora pode ser restrito a *startups* (microempreendedores individuais, as microempresas e as empresas de pequeno porte, de natureza emergente e com grande potencial, que se dediquem à pesquisa, ao desenvolvimento e à implementação de novos produtos ou serviços baseados em soluções tecnológicas inovadoras que possam causar alto impacto);

**4º) Sistema de registro de preços (SRP)**: conjunto de procedimentos para realização, mediante contratação direta ou licitação (modalidades: pregão ou concorrência), de registro formal de preços relativos à prestação de serviços, a obras e a aquisição e locação de bens para contratações futuras; já encontrava previsão na Lei 8.666/1993, embora a Lei 14.133/2021 torne seu regramento mais minucioso; as características mais relevantes incorporadas na nova lei de licitações são: (a) possibilidade de SRP para obras e serviços de engenharia; (b) o prazo da vigência da ata de registro de preços é de 1 ano, podendo ser prorrogado por igual período, desde que se demonstre vantajosidade; (c) previsão expressa da figura do "carona" (adesão à ata de registro de preço por ente não participante);

**5º) Registro cadastral**: assentamento pelo qual se permite a qualificação prévia de interessados que desejam participar de licitações futuras promovidas pela Administração; a nova lei exige a utilização de um sistema de registro cadastral unificado, disponibilizado no Portal Nacional de Contratações Públicas.

### 1.7. CONTRATOS ADMINISTRATIVOS

Os contratos administrativos obedecem à **forma escrita**, sendo nulo e de nenhum efeito o contrato verbal. Exceção: admite-se *contrato verbal* para pequenas compras ou para a prestação de serviços de pronto pagamento, assim entendidos aqueles de valor não superior a R$ 10 mil.

O *instrumento de contrato* é obrigatório, admitindo-se a sua substituição por outros documentos hábeis (exemplo: nota de empenho) nas seguintes situações: (a) dispensa de licitação em razão de valor; (b) compras com entrega imediata e dos quais não resultem obrigações futuras, inclusive quanto a assistência técnica, independentemente de seu valor.

A **divulgação no Portal Nacional de Contratações Públicas** (PNCP) é condição indispensável para a *eficácia* do contrato. Deve ocorrer nos seguintes prazos, contados da data de sua assinatura: (i) 20 dias úteis, no caso de licitação; (ii) 10 dias úteis, no caso de contratação direta.

A Lei 14.133/2021 trouxe alterações em relação ao **prazo de duração** dos contratos administrativos. Assim, de modo exemplificativo: (a) contratos de serviços e fornecimento contínuos: prazo de até 5 anos, cabendo prorrogação até 10 anos; (b) contratos que geram receita e contratos de eficiência: até 10 anos, nos contratos sem investimento; e até 35 anos, nos contratos com investimento; (c) contratos em que a Administração seja usuária de serviço público (oferecido em regime de monopólio): prazo indeterminado (desde que haja existência de crédito orçamentário a cada exercício financeiro).

Um aspecto relevante da Lei 14.133/2021 é a **alocação de riscos**, os quais são objeto de distribuição ente contratante e contratado por meio da elaboração de uma matriz de riscos. Ela não é obrigatória, salvo na (a) contratação de obras e serviços de grande vulto (contrato cujo valor estimado supera R$ 200 milhões) ou (b) adoção dos regimes de contratação integrada ou semi-integrada.

No que tange aos **encargos do contratado**, a nova lei incorporou a jurisprudência do STF sobre o tema. Assim, como regra, a inadimplência do contratado em relação aos encargos trabalhistas, fiscais e comerciais *não* transfere à Administração a responsabilidade pelo seu pagamento. No entanto, nas contratações de serviços contínuos com regime de dedicação exclusiva de mão de obra (exemplo: contrato de serviço de limpeza), a Administração responde subsidiariamente pelos encargos trabalhistas, se comprovada falha na fiscalização do cumprimento das obrigações do contratado (culpa *in vigilando*).

Já no que se refere à **extinção** dos contratos, a Lei 14.133/2021 dispõe sobre as hipóteses em que o *contratado* tem direito à extinção ou à suspensão do negócio. São elas, entre outras: (a) suspensão de execução do contrato, por ordem escrita da Administração, por prazo superior a 3 meses; (b) repetidas suspensões que totalizem 90 dias úteis; (c) atraso no pagamento superior a 2 meses (na Lei 8.666/1993 o prazo é de 90 dias).

A **nulidade** do contrato administrativo pode dar ensejo: (a) ao *saneamento* da irregularidade; (b) à *suspensão* ou à *anulação* da avença (com base em critérios de interesse público); (c) à *continuidade* do contrato, de modo que a solução da irregularidade se dá pela indenização por perdas e danos. Além disso, a declaração de nulidade detém, como regra, efeito retroativo (*ex tunc*), podendo ser conferido efeito não retroativo (*ex nunc*), de modo que só tenha eficácia em momento futuro, suficiente para efetuar nova contratação, por prazo de até 6 meses, prorrogável uma única vez.

## 1.8 REGIME SANCIONATÓRIO

As **penalidades** previstas na Lei 14.133/2021 são:

• **Advertência**;

• **Multa**: a nova lei, em caráter inédito, definiu o limite mínimo e máximo dessa sanção pecuniária (0,5% a 30% do valor do contrato);

• **Impedimento de licitar e contratar**: vedação de licitação e contratação pelo prazo máximo de 3 anos; sua abrangência restringe-se ao ente federativo que tenha aplicado a sanção;

• **Declaração de inidoneidade**: vedação de licitação e contratação pelo prazo mínimo de 3 anos e máximo de 6 anos; seus efeitos abrange todas as esferas federativas.

• **Obs.**: no caso das últimas duas sanções (impedimento e declaração), o processo de responsabilização deve ser conduzido por comissão composta de 2 ou mais agentes públicos estáveis ou dos quadros permanentes (neste caso, com, no mínimo, 3 anos de tempo de serviço).

> **Atenção!** A Lei 14.133/2021 não prevê a sanção de suspensão temporária (contida na Lei 8.666/1993), cujo prazo máximo é de 2 anos.

A aplicação das penalidades não afasta a *obrigação de reparar* integralmente o dano causado.

Além disso, a nova lei disciplinou de modo pormenorizado a *reabilitação* daquele que foi sancionado. Os requisitos para tanto são: (a) reparação integral do dano; (b) pagamento da multa; (c) transcurso do prazo mínimo de 1 ano (contado da aplicação da penalidade), no caso de impedimento de licitar e contratar,

ou de 3 anos, no caso de declaração de inidoneidade; (d) cumprimento das condições definidas no ato punitivo; (e) análise jurídica prévia sobre o cumprimento dos presentes requisitos.

O *prazo prescricional* é de 5 anos, contados da ciência da infração pela Administração. Esse interregno é interrompido pela instauração do processo de responsabilização, bem como suspenso pela celebração de acordo de leniência ou por decisão judicial que inviabiliza a conclusão da apuração administrativa.

## 1.9 OUTROS ASPECTOS DA LEI 14.133/2021

• Criação do *Portal Nacional de Contratações* (sítio eletrônico oficial destinado, entre outras finalidades, à divulgação das licitações e contratos);

• Possibilidade de estabelecer *caráter sigiloso* ao orçamento que embasa a contratação pública; esse sigilo não abrange os órgãos de controle interno e externo;

• *Tramitação prioritária* das ações judiciais relacionadas à aplicação das normas gerais de licitações e contratos;

• Possibilidade de adoção de *meios alternativos* de prevenção e resolução de controvérsias (conciliação, mediação, comitê de resolução de disputas e arbitragem);

• Na contratação de obras, fornecimentos e serviços, inclusive de engenharia, pode ser estabelecida *remuneração variável* vinculada ao desempenho do contratado, com base em metas, padrões de qualidade, critérios de sustentabilidade ambiental e prazos de entrega;

• Regramento das figuras do *reajustamento* em sentido estrito (relacionado à correção monetária) e da *repactuação* (manutenção do equilíbrio econômico-financeiro resultante da variação dos custos contratuais);

• Possibilidade de *desconsideração da personalidade jurídica* em caso de abuso do direito para facilitar, encobrir ou dissimular a prática dos atos ilícitos previstos nesta Lei ou para provocar confusão patrimonial;

• *Representação* (judicial ou extrajudicial) pela *advocacia pública* dos agentes públicos que precisam se defender (nas esferas administrativa, controladora ou judicial) em razão de participação em licitações e contratos envolvendo atos praticados com estrita observância de orientação constante em parecer jurídico.

## 2. LICITAÇÃO

## 2.1. PRINCÍPIOS

**(Delegado/RJ – 2022 – CESPE/CEBRASPE)** No que diz respeito ao tema licitações e inovações trazidas pela Lei n.º 14.133/2021, assinale a opção correta.

(A) Entre os regimes de execução do contrato foi incluído o da contratação integrada e semi-integrada, em que o contratado elabora e desenvolve o projeto básico executivo, tendo sido vedados o fornecimento e a prestação de serviço associado.

(B) Quanto às modalidades de licitação, não mais são previstas a tomada de preços, convite e leilão.

(C) A utilização de meios alternativos de resolução de controvérsias, como a conciliação e a mediação, bem como a arbitragem, passaram a ser expressamente vedados.

---

\* FB **Flavia Barros**; **Georgia Renata Dias** comentou as questões de Analista/STF/13 e Analista/TRT/8/13; **Ivo Shigueru Tomita** comentou as questões de Técnico/TRT/8/13 e Técnico/TJ/CE/13; **Wander Garcia** comentou as questões de Juiz de Direito/DF/16, Delegado/PE/16, Analista TRE/PI/16, Analista TRT/8/16, Analista/TCE/PR/16 e Promotor de Justiça/PI/14 e **Ana Paula Garcia e Sebastião Gomes** comentaram as demais questões.

**(D)** Existe a previsão da criação do Portal Nacional de Contratações Públicas (PNCP) para divulgação centralizada e obrigatória dos atos exigidos por lei.

**(E)** A previsão da alocação de riscos tornou-se obrigatória no instrumento convocatório e no contrato.

Alternativa **A** incorreta (a Lei 14.133/2021 admite expressamente o regime do fornecimento e prestação de serviço associado, cf. art. 46, VII). Alternativa **B** incorreta (embora a Lei 14.133/2021 não mais preveja a tomada de preços e o convite, o leilão permanece na nova lei como modalidade licitatória). Alternativa **C** incorreta (a Lei 14.133/2021 admite expressamente a utilização de meios alternativos de resolução de controvérsias, cf. dispõe o art. 151). Alternativa **D** correta (cf. art. 174 da Lei 14.133/2021). Alternativa **E** (o edital e o contrato *poderão* contemplar matriz de riscos, nos termos dos arts. 22 e 103 da Lei 14.133/2021). **RB**

Gabarito "D".

**(Delegado/RJ – 2022 – CESPE/CEBRASPE)** Assinale a opção correta, consoante entendimento atual da doutrina e jurisprudência dos tribunais superiores.

**(A)** A União e os estados possuem competência concorrente para legislar sobre normas gerais de licitação, podendo os municípios adaptar tais normas gerais às suas realidades.

**(B)** Em regra, é desnecessária a prévia licitação para permissão da exploração de serviço público de transporte coletivo de passageiros, sendo a licitação imprescindível no que se refere à concessão do transporte público coletivo de passageiros.

**(C)** Sociedade empresária em recuperação judicial não pode participar de licitação, em razão de ser presumida sua inviabilidade econômica.

**(D)** A alienação do controle acionário de empresas públicas e sociedades de economia mista exige autorização legislativa e licitação.

**(E)** Dado o princípio da intranscendência subjetiva das sanções financeiras, os municípios só podem fazer jus a certidão positiva de débitos, com efeitos de negativa, quando a Câmara Municipal não possuir débitos com a Fazenda Nacional.

Alternativa **A** incorreta (a União tem competência para legislar sobre normas gerais em matéria de licitação, nos termos do art. 22, XXVII, CF). Alternativa **B** incorreta (de acordo com o STF, é imprescindível prévia licitação para a concessão ou permissão da exploração de serviços de transporte coletivo de passageiros). Alternativa **C** incorreta (segundo o STJ, sociedade empresária em recuperação judicial pode participar de licitação, desde que demonstre, na fase de habilitação, a sua viabilidade econômica). Alternativa **D** correta (cf. entendimento do STF na ADI 5.624). Alternativa **E** incorreta (o STF fixou no RE 770.149 a seguinte tese de repercussão geral: "É possível ao Município obter certidão positiva de débitos com efeito de negativa quando a Câmara Municipal do mesmo ente possui débitos com a Fazenda Nacional, tendo em conta o princípio da intranscendência subjetiva das sanções financeiras"). **RB**

Gabarito "D".

**(Procurador do Município – Prefeitura Fortaleza/CE – CESPE – 2017)** Acerca da intervenção do Estado na propriedade, das licitações e dos contratos administrativos, julgue o seguinte item.

Situação hipotética: A Procuradoria-Geral do Município de Fortaleza decidiu ceder espaço de suas dependências para a instalação de lanchonete que atendesse aos procuradores, aos servidores e ao público em geral.

**(1)** Assertiva: Nessa situação, por se tratar de ato regido pelo direito privado, não será necessária a realização de processo licitatório para a cessão de uso pelo particular a ser contratado.

**1:** Incorreta. A Procuradoria é um órgão público (art. 131, CF), por isso necessita realizar licitação para as suas contratações, cessões, como essa da lanchonete, conforme disposto no art. 37, XXI, CF, estando incorreta a assertiva, portanto. **AW**

Gabarito 1E.

**(Analista – TRT/10ª – 2013 – CESPE)** Com base na Lei de Licitações (Lei n.º 8.666/1993), julgue os próximos itens.

**(1)** Uma entidade controlada indiretamente por município da Federação que pretenda alugar um imóvel para nele funcionar estará dispensada da observância das normas gerais sobre licitações e contratos administrativos impostas pela lei em questão, devido ao fato de esta lei ser um diploma federal, não alcançando, portanto, a esfera da municipalidade.

**(2)** A licitação objetiva garantir o princípio constitucional da isonomia, selecionar a proposta mais vantajosa para a administração e promover o desenvolvimento nacional sustentável.

**1:** incorreto, pois a Administração Direta e Indireta de todos os entes da federação, inclusive dos municípios, está sujeita à Lei 8.666/1993 (art. 1º, parágrafo único, da Lei 8.666/1993); **2:** correto (art. 3º, *caput*, da Lei 8.666/1993). A Lei 14.133/2021 elenca, além desses, outros objetivos: (i) evitar sobrepreço, preços inexequíveis e superfaturamento; (ii) incentivo à inovação.

Gabarito 1E, 2C.

## 2.2. CONTRATAÇÃO DIRETA (LICITAÇÃO DISPENSADA, DISPENSA E INEXIGIBILIDADE)

**(Auxiliar Judiciário – TJ/PA – 2020 – CESPE)** A legislação prevê a inexigibilidade de licitação em caso de

**(A)** coleta, processamento e comercialização de resíduos sólidos recicláveis.

**(B)** impossibilidade jurídica de competição entre os participantes.

**(C)** compra de peças ou componentes durante o período de garantia.

**(D)** compra de navios, embarcações e aeronaves.

**(E)** compra de materiais de uso pelas Forças Armadas.

Uma das categorias de contratação direta sem licitação é a inexigibilidade, prevista no art. 25 da Lei 8.666/93 (e art. 74 da Lei n. 14.133/2021), caracterizada pela inviabilidade de competição (como consta no "caput" do mesmo artigo). Nesse sentido, correta a alternativa B. As demais alternativas da questão referem-se a hipóteses de licitação dispensável (art. 24 da Lei 8.666/93 e art. 75 da Lei 14.133/2021). **RB**

Gabarito "B".

**(Auditor Fiscal - SEFAZ/RS - 2019 - CESPE/CEBRASPE)** Um estado da Federação criou uma premiação como forma de reconhecimento pelos serviços prestados por agentes públicos de diversos órgãos. Assim, o estado contratou um artista plástico amplamente consagrado pela crítica especializada para elaborar os troféus e as medalhas, hipótese que configura

**(A)** inexigibilidade de licitação.

**(B)** dispensa de licitação.

**(C)** leilão.

**(D)** concorrência.

**(E)** tomada de preço.

Eis o que diz a lei: "Art. 25. É inexigível a licitação quando houver inviabilidade de competição, em especial: III – para contratação de profissional de qualquer setor artístico, diretamente ou através de empresário exclusivo, desde que consagrado pela crítica especializada ou pela opinião pública". **FB**

Gabarito "A".

**(Delegado Federal – 2018 – CESPE)** Considerando que determinado órgão público, visando aumentar sua eficiência na prestação de serviços, pretenda contratar empresa particular especializada para capacitar seus servidores, julgue os itens a seguir, com base nas disposições da legislação que regula a contratação de serviços na administração pública.

**(1)** Se o serviço for de natureza singular e a empresa possuir notória especialização, a contratação poderá ocorrer por inexigibilidade de licitação.

**(2)** Havendo os pressupostos fáticos e jurídicos para a realização de uma licitação, a administração pública poderá

# 7. LICITAÇÕES E CONTRATOS ADMINISTRATIVOS  173

selecionar a empresa a ser contratada por meio de pregão eletrônico, desde que o serviço seja qualificado como comum, isto é, seja um serviço cujo padrão de desempenho e qualidade possa ser objetivamente definido pelo edital.

**(3)** A empresa poderá ser contratada por dispensa de licitação se a capacitação custar entre R$ 18.000 e R$ 25.000.

**1:** correta – Art. 25, inc. II da Lei 8.666/1993 (observe-se que a Lei 14.133/2021 não mais prevê expressamente o requisito da singularidade do serviço); **2:** correta – Pregão é uma modalidade de licitação do tipo menor preço, para aquisição de bens e de serviços comuns, qualquer que seja o valor estimado, e a disputa é feita por propostas e lances sucessivos, em sessão pública, presencial ou eletrônica. Bens e serviços comuns são aqueles rotineiros, usuais, sem maiores complexidades e cuja especificação é facilmente reconhecida pelo mercado; **3:** incorreta – não se trata de hipótese de dispensa de licitação em razão do valor, mas de inexigibilidade de licitação em razão da natureza singular do serviço ou, não sendo assim considerado, de realização de pregão. **FB**

Gabarito 1C, 2C, 3E

**(Defensor Público/AC – 2017 – CESPE)** É hipótese de inexigibilidade de licitação

**(A)** a contratação de profissional do setor artístico, consagrado pela crítica especializada ou pela opinião pública, diretamente ou mediante empresário exclusivo.

**(B)** a venda direta de imóveis residenciais construídos, destinados ou efetivamente utilizados no âmbito de programas habitacionais ou de regularização fundiária de interesse social desenvolvidos por entidade da administração pública.

**(C)** a contratação, para obras e serviços de engenharia, de valor até 10% da importância limitadora da modalidade licitatória convite.

**(D)** a contratação de coleta, processamento e comercialização de resíduos sólidos urbanos recicláveis ou reutilizáveis, em áreas com sistema de coleta seletiva de lixo, efetuados por associações formadas por pessoas de baixa renda.

**(E)** o não atendimento, por parte de interessados, à licitação anterior, quando o procedimento não puder ser repetido sem prejuízo da administração pública.

**A:** correta – Art. 25, inc. III, da Lei 8.666/1993; **B:** incorreta – trata-se de hipótese de licitação dispensada e não de inexigibilidade de licitação – Art. 17, inc. I, alínea "f", da Lei 8.666/1993; **C:** incorreta – trata-se de hipótese de dispensa de licitação em razão do valor – Art. 24, inc. I, da Lei 8.666/1993; **D:** incorreta – trata-se de hipótese de dispensa de licitação – Art. 24, inc. XXVII, da Lei 8.666/1993; **E:** incorreta – trata-se de hipótese de dispensa de licitação no caso de licitação fracassada – Art. 24, inc. V, da Lei 8.666/1993. **FB**

Gabarito "A".

**(Juiz – TRF5 – 2017 – CESPE)** Acerca de licitações e contratações na administração pública, assinale a opção correta.

**(A)** No processo de licitação, a classificação é ato administrativo vinculado mediante o qual a comissão acolhe as propostas apresentadas nos termos e nas condições do edital e, se for constatada fraude nessa etapa, os membros da comissão respondem solidariamente, independentemente de posições individuais divergentes registradas em ata.

**(B)** Situação hipotética: Uma autarquia federal vinculada à área de educação pretende contratar pessoa jurídica de direito privado, sem fins lucrativos, para a prestação de serviços de educação. Assertiva: Nessa situação, a qualificação da futura contratada como organização social para as atividades de ensino contempladas no contrato de gestão possibilita a contratação com dispensa de licitação.

**(C)** Situação hipotética: Uma autarquia federal publicou edital para a contratação, pelo regime diferenciado de contratação (RDC), de empresa fornecedora de canetas da marca X. No entanto, um fornecedor de canetas similares, mas de outra marca, solicitou que o instrumento convocatório fosse impugnado. Assertiva: Nessa situação, a impugnação é indevida, já que a indicação da marca é legal, por se tratar de RDC.

**(D)** Situação hipotética: Lei estadual fixou normas para regular os procedimentos licitatórios em seu âmbito de atuação. Adotou os parâmetros gerais da Lei de Licitações e, de forma específica, estabeleceu que, para a aquisição de bens ou serviços, a empresa licitante deva ter fábrica no respectivo estado da Federação. Assertiva: Conforme entendimento do STF, tem caráter constitucional a referida exigência, devido às singularidades existentes no estado e ao interesse de fomentar o desenvolvimento industrial local.

**(E)** Na hipótese de uma empresa pública pretender vender imóvel desafetado a entidade pertencente ao terceiro setor, configura-se dispensa de licitação, considerando-se o interesse público presente na alienação e as características do imóvel.

**A:** incorreta – no procedimento licitatória, o julgamento e ulterior classificação consiste na fase em que ocorre a verificação objetiva da conformidade das propostas com os critérios previamente estabelecidos, bem como na sua ordenação em ordem da melhor para a pior para a Administração. Nessa fase, deve a Administração abrir os envelopes que contêm as propostas comerciais dos licitantes. As propostas devem ser analisadas, em primeiro lugar, quanto à sua aptidão. Havendo vícios na proposta, o licitante será desclassificado; **B:** correta – Art. 24, inc XXIV, da Lei 8.666/1993; **C:** incorreta – no caso em tela, simplesmente não caberá a realização de licitação por meio do Regime Diferenciado de Licitação, nos termos do que dispõe o Art. 1º da Lei 12.462/2011; **D:** incorreta – Na ADI 3.755, o STF definiu o entendimento de que somente a lei federal poderá, em âmbito geral, estabelecer desequiparações entre os concorrentes e o direito de participar de licitações em condições de igualdade. Ao direito estadual (ou municipal) somente será legítimo inovar neste particular se tiver como objetivo estabelecer condições específicas, nomeadamente quando relacionadas a uma classe de objetos a serem contratados ou a peculiares circunstâncias de interesse local; **E:** incorreta – não se trata de qualquer das hipótese de licitação dispensada na alienação de imóveis prevista no Art. 17 da Lei 8.666/1993. **FB**

Gabarito "B".

**(Delegado/PE – 2016 – CESPE)** Com base nas regras e princípios relativos à licitação pública e aos contratos administrativos, assinale a opção correta.

**(A)** É inexigível a licitação para aquisição de materiais, equipamentos, ou gêneros de determinada marca, quando essa só possa ser fornecida por representante comercial exclusivo.

**(B)** Na contratação direta de serviço de engenharia por dispensa ou inexigibilidade de licitação, se o valor da contratação for inferior a R$ 150.000,00, o instrumento de contrato não será obrigatório.

**(C)** De acordo com a Lei 10.520/2002 (modalidade de licitação denominada pregão, para aquisição de bens e serviços comuns), se a licitação for feita na modalidade de pregão, será obrigatória a exigência de garantia de proposta para a aquisição de serviços comuns.

**(D)** Admite-se a participação de bolsas de mercadorias para o apoio técnico e operacional ao pregão, desde que sejam constituídas na forma de cooperativas.

**(E)** É dispensável a licitação para a contratação de instituição que promoverá a recuperação social de presos. Para esse fim, o poder público pode contratar pessoa jurídica com ou sem fim lucrativo, desde que a instituição seja de inquestionável reputação ético-profissional.

**A:** incorreta, pois o caso só seria de inexigibilidade caso não houvesse "preferência de marca" (art. 25, I, da Lei 8.666/1993); **B:** correta; o instrumento de contrato só é obrigatório nas dispensas e inexigibilidades que se encaixariam em casos de tomada de preços e concorrência (art. 62, *caput*, da Lei 8.666/1993); no caso em tela temos uma dispensa ou inexigibilidade que se enquadra num caso de convite, pois esta modalidade é usada para a contratação de serviços de engenharia de até R$ 150.000,00 (art. 23, I, "a", da Lei 8.666/1993), sendo que, com o Decreto 9.412/2018, esse limite agora foi atualizado para valor ainda maior, no caso R$ 330.000,00; **C:** incorreta, pois na modalidade pregão é vedada a exigência de garantia de proposta (art. 5º, I, da Lei 10.520/2002); **D:** incorreta, pois nesse caso não se exige que tais bolsas sejam constituídas na forma de cooperativa, mas sim que estejam organizadas na forma de "sociedades civis sem fins lucrativos e com a participação plural de corretoras que operem sistemas eletrônicos unificados de pregões" (art. 2º, §§ 2º e 3º, da Lei 10.520/2002); **E:** incorreta, pois é necessário que a instituição não tenha fins lucrativos (art. 24, XIII, da Lei 8.666/1993).

Gabarito "B".

**(Juiz de Direito/DF – 2016 – CESPE)** A licitação é inexigível

(A) para a contratação de fornecimento ou suprimento de energia elétrica e gás natural com concessionário, permissionário ou autorizado.

(B) quando a União tiver de intervir no domínio econômico para regular preços ou normalizar o abastecimento.

(C) se houver possibilidade de comprometimento da segurança nacional, nos casos estabelecidos em decreto do presidente da República, ouvido o Conselho de Defesa Nacional.

(D) para a contratação de profissional de qualquer setor artístico, diretamente ou mediante empresário exclusivo, desde que o profissional seja consagrado pela crítica especializada ou pela opinião pública.

(E) para a aquisição ou a restauração de obras de arte e objetos históricos, de autenticidade certificada, compatíveis ou inerentes às finalidades do órgão ou da entidade.

**A:** incorreta, pois esse caso é de *dispensa* de licitação (art. 24, XXII, da Lei 8.666/1993), e não de *inexigibilidade* (art. 25 da Lei 8.666/1993); **B:** incorreta, pois esse caso é de *dispensa* de licitação (art. 24, VI, da Lei 8.666/1993), e não de *inexigibilidade* (art. 25 da Lei 8.666/1993); **C:** incorreta, pois esse caso é de *dispensa* de licitação (art. 24, IX, da Lei 8.666/1993), e não de *inexigibilidade* (art. 25 da Lei 8.666/1993); **D:** correta (art. 25, III, da Lei 8.666/1993); **E:** incorreta, pois esse caso é de *dispensa* de licitação (art. 24, XV, da Lei 8.666/1993), e não de *inexigibilidade* (art. 25 da Lei 8.666/1993).

Gabarito "D".

**(Analista Jurídico – TCE/PR – 2016 – CESPE)** Acerca da alienação de bens pela administração pública, assinale a opção correta.

(A) A alienação de bens imóveis desafetados da administração pública direta para outro órgão da administração pública far-se-á por contratação direta, uma vez que a licitação é inexigível.

(B) Não é possível a alienação de bens da administração pública direta.

(C) Não é possível a alienação de bens imóveis da administração pública direta, mesmo que desafetados.

(D) É possível a alienação de bens móveis e imóveis da administração pública direta, desde que haja autorização legislativa.

(E) É possível a alienação de bens móveis desafetados da administração pública direta se houver demonstração de interesse público, avaliação prévia do bem e prévia licitação.

**A:** incorreta, pois o caso não é de inexigibilidade (art. 25 da Lei 8.666/1993), mas de licitação dispensada (art. 17, I, "e", da Lei 8.666/1993); **B e C:** incorretas, pois é possível, desde que preenchidos os requisitos do art. 17 da Lei 8.666/1993; **D:** incorreta, pois não é necessário autorização legislativa na alienação de bens móveis (art. 17, II, da Lei 8.666/1993); **E:** correta (art. 17, *caput* e II, da Lei 8.666/1993).

Gabarito "E".

**(Técnico Judiciário – STM – 2011 – CESPE)** Julgue os itens subsecutivos, referentes à licitação.

(1) Após a homologação de licitação, ocorre a adjudicação, que consiste na atribuição, ao vencedor da licitação, do objeto da contratação.

(2) As diversas situações em que é possível aplicar a hipótese de dispensa de licitação prevista na Lei n.º 8.666/1993 incluem a caracterizada pela urgência concreta e efetiva de atendimento a situação decorrente de estado emergencial ou calamitoso, visando afastar risco de danos a bens, à saúde ou à vida das pessoas.

(3) Melhor técnica ou técnica e preço são tipos de licitação que não podem ser utilizados para serviços de natureza intelectual; na elaboração de projetos, cálculos, estudos

técnicos preliminares e projetos básicos e executivos; e na fiscalização, supervisão e gerenciamento de engenharia consultiva, em geral.

**1:** Certa (art. 43, VI, da Lei 8.666/1993), **2:** Certa (art. 24, IV, da Lei 8.666/1993), **3:** Errada, pois os tipos de licitação "melhor técnica" ou "técnica e preço" **serão utilizados exclusivamente para serviços de natureza predominantemente intelectual**, em especial na elaboração de projetos, cálculos, fiscalização, supervisão e gerenciamento e de engenharia consultiva em geral e, em particular, para a elaboração de estudos técnicos preliminares e projetos básicos e executivos (art. 46, *caput*, da Lei 8.666/1993).

Gabarito 1C, 2C, 3E

## 2.3. MODALIDADES

**(Delegado/RJ – 2022 – CESPE/CEBRASPE)** Recém-empossado no cargo, ministro de Estado do setor de segurança pública de estado da Federação, no intuito de demonstrar efetividade no combate ao crime, orientou que se desenvolvesse política pública de compra de equipamentos novos para delegacias de polícia em todos os estados. Após estudo preliminar em todos os estados da Federação, verificou-se que algumas delegacias nem sequer possuíam computadores. Diante disso, o ministro determinou a compra emergencial, sem licitação, de tais produtos para essas delegacias desguarnecidas. Ao mesmo tempo, orientou que se promovesse licitação, na modalidade pregão presencial, na forma da Lei federal n.º 10.520/2002, para que todas as demais unidades da polícia civil em questão recebessem computadores novos com a maior brevidade possível.

Nessa situação hipotética,

(A) a escolha da modalidade pregão presencial deve ser justificada, haja vista seu caráter excepcional e potencialmente mitigador da competitividade. Como regra, o pregão deve ser eletrônico para todas as compras de bens comuns pela administração pública federal, ainda que se destinem a outros entes federativos.

(B) a compra emergencial é ilícita. Ainda que seja premente a necessidade de aquisição dos bens, a urgência foi criada pela inação da própria administração pública. Trata-se, assim, de urgência criada, que não admite a hipótese de contratação direta.

(C) o pregão é modalidade de licitação que, conforme a Lei n.º 14.133/2021, implica leilão reverso, de modo que o critério de julgamento, obrigatoriamente, deverá ser o de menor preço ou menor desconto.

(D) a cooperação da União com os estados deve ser estimulada, inclusive para fins de segurança pública e compra de equipamentos e incremento do patrimônio público, respeitada a legislação de licitações e contratos. Nada obstante, uma vez que a compra foi feita pela União, os materiais não serão afetados ao patrimônio do estado, que deveria ter adquirido tais bens urgentes, ainda que sem licitação.

(E) a contratação emergencial é hipótese de inexigibilidade de licitação, tal como define a nova lei geral de licitações e contratos administrativos.

O gabarito oficial aponta como correta a alternativa **B**. No entanto, como será demonstrado a seguir, a alternativa correta é a **A**. Alternativa **A** correta (o regime do pregão impõe, como regra, a sua realização pela forma eletrônica, admitindo-se a forma presencial, excepcionalmente, desde que devidamente justificada; trata-se de regramento previsto tanto na Lei 10.520/2002 no regulamento federal do pregão eletrônico, quanto na Lei 14.133/2021). Alternativa **B** incorreta (a compra emergencial direta por dispensa de licitação é lícita, ainda que tenha decorrido de situação criada pela própria Administração; assim, a emergência criada – ou fabricada – admite a contratação direta por dispensa, embora seja necessário responsabilizar o agente que deu origem à situação emergencial). Alternativa **C** incorreta (no pregão, o critério de julgamento é o de menor preço ou *maior* desconto, cf. art. 6º, XLI, da Lei 14.133/2021). Alternativa **D** incorreta (embora a compra tenha sido feita pela União, os materiais serão afetados ao patrimônio do Estado). Alternativa **E** incorreta (a contratação emergencial é hipótese de dispensa de licitação, nos termos do art. 75, VIII, Lei n. 14.133/2021). **RB**

*Gabarito "A". (gabarito oficial da Cespe: "B".)*

**(Delegado/RJ – 2022 – CESPE/CEBRASPE)** Em matéria da modalidade de licitação pregão, assinale a opção correta.

(A) No pregão, assim como no regime diferenciado de contratações públicas, a fase da habilitação antecede a de julgamento.

(B) O pregão é a modalidade de licitação obrigatória para a aquisição de bens e serviços não comuns, cujos padrões de desempenho e qualidade não podem ser objetivamente definidos no edital.

(C) A modalidade de licitação pregão enseja maior celeridade, na medida em que apresenta fase em que são feitos lances verbais ou de forma eletrônica.

(D) O pregão admite apenas a disputa aberta, com propostas transmitidas por lances públicos e sucessivos, sendo vedada a disputa fechada.

(E) Com o advento da Lei n.º 14.133/2021 passaram a ser viáveis apenas de forma eletrônica contratações em que a modalidade pregão puder ser combinada com a modalidade diálogo competitivo.

Alternativa **A** incorreta (no pregão, a fase da habilitação sucede a de julgamento; esse o procedimento comum previsto na Lei 14.133/2021). Alternativa **B** incorreta (o pregão é modalidade de licitação obrigatória para a aquisição de bens e serviços comuns). Alternativa **C** correta (cf. o regime do pregão, tanto da Lei 10.520/2002 quanto da Lei 14.230/2021). Alternativa **D** incorreta (é permitido no pregão o modo de disputa misto, em que há a combinação de uma disputa aberta com uma fechada; ressalte-se, contudo, que é vedado no pregão o modo de disputa exclusivamente fechado). Alternativa **E** incorreta (as licitações serão realizadas, independentemente da modalidade, preferencialmente sob a forma eletrônica, cf. art. 17, § 2º, da Lei 14.133/2021). **RB**

*Gabarito "C".*

**(Analista Judiciário – TJ/PA – 2020 – CESPE)** Para aquisição de bens e serviços comuns, isto é, aqueles cujos padrões de desempenho e qualidade possam ser objetivamente definidos por edital, mediante especificações usuais no mercado, a licitação

(A) é dispensável.

(B) pode ser feita na modalidade de pregão.

(C) deve ser feita na modalidade de convite.

(D) pode ser feita na modalidade de leilão.

(E) deve ser feita na modalidade de tomada de preços.

O pregão é modalidade licitatória disciplinada pela Lei 10.520/02 (e pela Lei 14.133/2021). Trata-se de procedimento que pode ser utilizado para aquisição de bens e serviços comuns (art. 1º, "caput"), independentemente do valor da contratação pretendida. Consideram-se bens e serviços comuns aqueles cujos padrões de desempenho e qualidade possam ser objetivamente definidos pelo edital, por meio de especificações usuais no mercado (art. 1º, parágrafo único). **RB**

*Gabarito "B".*

Um bem imóvel, que foi adquirido pela administração pública em decorrência de procedimento judicial, deverá ser alienado.

**(Juiz de Direito – TJ/SC – 2019 – CESPE/CEBRASPE)** Nessa situação, à luz da Lei 8.666/1993, as modalidades de licitação que podem ser adotadas pela administração pública para alienação do referido bem são

(A) concorrência e leilão.

(B) concorrência e convite.

© leilão e pregão.

(D) convite e tomada de preço.

(E) tomada de preço e pregão.

Nos termos do art. 19, III, da Lei 8.666/93, os bens imóveis da Administração Pública, cuja aquisição haja derivado de procedimentos judiciais ou de dação em pagamento, poderão ser alienados sob a modalidade

de concorrência ou leilão. Já pela Lei 14.133/2021, o leilão pode ser utilizado para a alienação dos bens imóveis em geral. **RB**

*Gabarito "A".*

Um município deseja realizar obra de construção de uma ponte. Embora pequena, a obra é complexa, sem especificação usual, dada a peculiaridade do terreno, e está orçada em cerca de R$ 1,6 milhão.

**(Juiz de Direito - TJ/BA - 2019 - CESPE/CEBRASPE)** Nessa situação hipotética, o gestor poderá escolher, para a contratação, a licitação na modalidade

(A) convite.

(B) concorrência.

(C) pregão.

(D) leilão.

(E) concurso.

A assertiva apresenta dois dados essenciais para sua compreensão. O primeiro deles é a afirmação de que se trata de uma obra complexa e sem especificação usual, o que retira a possibilidade de uso da modalidade pregão, somente utilizável para bens e serviços comuns. O segundo é o valor da obra que, por se tratar de orçamento feito em torno de 1,6 milhões, torna necessário que a licitação seja realizada por meio da modalidade concorrência. Vejamos o que diz a lei: "Art. 23. As modalidades de licitação a que se referem os incisos I a III do artigo anterior serão determinadas em função dos seguintes limites, tendo em vista o valor estimado da contratação: c) concorrência: acima de R$ 1.500.000,00 (um milhão e quinhentos mil reais)". De acordo com a Lei 14.133/2021, a contratação de obras deve ser feita por meio de concorrência. **FB**

*Gabarito "B".*

**(Juiz – TJ/CE – 2018 – CESPE)** A modalidade licitatória restrita aos interessados devidamente cadastrados ou que atendam a todas as condições exigidas no cadastramento até o terceiro dia anterior à data do recebimento das propostas é denominada

(A) convite.

(B) tomada de preços.

(C) concorrência.

(D) pregão.

(E) registro de preços.

**A:** incorreta – Convite é a modalidade de licitação entre interessados do ramo pertinente ao seu objeto, cadastrados ou não, escolhidos e convidados em número mínimo de 3 (três) pela unidade administrativa, a qual afixará, em local apropriado, cópia do instrumento convocatório e o estenderá aos demais cadastrados na correspondente especialidade que manifestarem seu interesse com antecedência de até 24 (vinte e quatro) horas da apresentação das propostas – Art. 22, § 3º, da Lei 8.666/1993; **B:** correta – Tomada de preços é a modalidade de licitação entre interessados devidamente cadastrados ou que atenderem a todas as condições exigidas para cadastramento até o terceiro dia anterior à data do recebimento das propostas, observada a necessária qualificação – Art. 22, § 2º, da Lei 8.666/1993; **C:** incorreta – Concorrência é a modalidade de licitação entre quaisquer interessados que, na fase inicial de habilitação preliminar, comprovem possuir os requisitos mínimos de qualificação exigidos no edital para execução de seu objeto – Art. 22, § 1º, da Lei 8.666/1993; **D:** incorreta – Pregão é uma modalidade de licitação do tipo menor preço, para aquisição de bens e de serviços comuns, qualquer que seja o valor estimado, e a disputa é feita por propostas e lances sucessivos, em sessão pública, presencial ou eletrônica. Bens e serviços comuns são aqueles rotineiros, usuais, sem maiores complexidades e cuja especificação é facilmente reconhecida pelo mercado **E:** incorreta – O registro de preços é um sistema utilizado pelo Poder Público para aquisição de bens e serviços em que os interessados concordam em manter os preços registrados pelo "órgão gerenciador". Estes preços são lançados em uma "ata de registro de preços" visando as contratações futuras, obedecendo-se as condições estipuladas no ato convocatório da licitação. **Atenção!** De acordo com a Lei 14.133/2021, não mais existem as modalidades tomada de preço e convite. **FB**

*Gabarito "B".*

**(Procurador do Município – Prefeitura Fortaleza/CE – CESPE – 2017)** Acerca da intervenção do Estado na propriedade, das licitações e dos contratos administrativos, julgue o seguinte item.

**(1)** Caso, em decorrência de uma operação da Polícia Federal, venha a ser apreendida grande quantidade de equipamentos com entrada ilegal no país, a administração poderá realizar leilão para a venda desses produtos.

**1:** Correta. Trata-se do disposto no art. 22, § 5º, da Lei 8.666/1993, que dispõe sobre ser hipótese de Leilão para "produtos apreendidos legalmente ou penhorados". AW
Gabarito 1C

**(Analista Judiciário – TRT/8ª – 2016 – CESPE)** O órgão X, integrante da administração pública federal, lançou um edital de licitação do tipo técnica e preço, para a formação de regime de preços e a compra de 350 unidades de determinado equipamento para serem usadas em sua finalidade institucional. Compareceram ao certame as duas únicas empresas fabricantes desse tipo de equipamento. Embora a primeira empresa tenha apresentado a melhor proposta de preço, no valor unitário de R$ 45.000, a segunda empresa saiu-se vencedora, considerando-se que os equipamentos comercializados por essa empresa, no valor unitário de R$ 46.000, a despeito de serem importados, seriam mais apropriados ao objeto do contrato, já que teriam qualidade bem superior e um valor pouco acima do da concorrente. Por sua vez, uma autarquia do estado Y, com finalidade institucional semelhante à do órgão X, também demonstrou interesse nesse tipo de equipamento e resolveu usar o regime de preços daquele órgão e comprar 100 unidades do mesmo fabricante. Foi firmado o contrato de compra e venda, e os equipamentos foram montados e colocados no almoxarifado da autarquia estadual. Antes do recebimento do objeto do contrato, porém, o governador do estado, ciente do fato pela mídia, determinou a suspensão da licitação, em razão do não esclarecimento da necessidade de aquisição de um produto mais caro em detrimento de um mais barato.

Acerca dessa situação hipotética e do que estabelece a legislação relativamente a licitações e contratos e ao exercício do poder de polícia, assinale a opção correta.

**(A)** A modalidade de licitação no sistema de registro de preços deverá ser a concorrência, haja vista a adoção do julgamento por técnica e preço.

**(B)** Em vista dos fatos na situação hipotética em apreço, há direito subjetivo da autarquia estadual de rescindir unilateralmente o contrato, ao verificar que a aquisição dos equipamentos não é conveniente ou oportuna para a administração pública.

**(C)** No caso do estado Y, se for comprovada a ilegalidade no procedimento licitatório, sem culpa da contratada, o governador poderá anular o contrato e, consequentemente, a licitação, sem necessidade de indenizar o contratante pela montagem e pela entrega dos equipamentos.

**(D)** Se a finalidade institucional do órgão X fosse a atividade de policiamento de rodovias, seria correto relacioná-la com o conceito subjetivo de administração pública.

**(E)** A especificação de marcas de produtos em editais de licitação é permitida para compras pela administração pública, quando a licitação for do tipo técnica e preço.

**A:** correta (art. 15, § 3º, I, da Lei 8.666/1993); **B:** incorreta, pois a revogação da licitação é permitida e estabelecida em lei (art. 49, *caput*, da Lei 8.666/1993), mas no caso já se tem um contrato firmado e este deve ser respeitado, sendo que a exceção do art. 78, XII, da Lei 8.666/1993 requer também os requisitos "alta relevância" e "amplo conhecimento"; **C:** incorreta; primeiro porque a autarquia tem autonomia administrativa e em geral não há permissão legal para o ente político criador de uma autarquia determinar a anulação de atos administrativos desta; segundo porque a licitação foi feita pela esfera federal e a estadual não pode anulá-la; e terceiro porque, quando se anula a licitação por ilegalidade sem culpa da contratada, esta deve ser indenizada (art. 59, parágrafo único, da Lei 8.666/1993); **D:** incorreta, pois o conceito subjetivo de Administração Pública foca na *entidade*, no *sujeito*, e não na *atividade*

do ente; **E:** incorreta, pois nas compras não é permitida a indicação de marcas (art. 15, § 7º, I, da Lei 8.666/1993).
Gabarito 'A'.

**(Analista – Judiciário – TRE/PI – 2016 – CESPE)** Assinale a opção correta acerca do Sistema de Registro de Preços.

**(A)** A licitação para registro de preços de equipamentos eletrônicos essenciais à atividade finalística de determinada instituição, deve ser feita na modalidade tomada de preços, com julgamento do tipo técnica e preço.

**(B)** É admissível que um órgão ou entidade da administração pública, direta ou indireta, utilize o mesmo registro de preços para adquirir o dobro do quantitativo total publicado no edital, independentemente de anuência do órgão gerenciador.

**(C)** A ata de registro de preços deve ser assinada com validade de doze meses, prorrogável por igual período.

**(D)** Por se tratar de ato discricionário da autoridade competente, a adoção do Sistema de Registro de Preços deverá ser decidida unilateralmente pela administração pública, não havendo restrições legais que impeçam sua admissão.

**(E)** A existência de preços registrados não obriga a administração pública a contratar, devendo-se, no entanto, no caso de o objeto ser novamente licitado, dar-se preferência ao fornecedor registrado em igualdade de condições.

**A:** incorreta, pois no registro de preços deve ser utilizada a modalidade de licitação *concorrência ou pregão*; **B:** incorreta, pois as aquisições nesse caso não podem exceder, por órgão ou entidade, a 50% dos quantitativos dos itens do instrumento convocatório e registrados na ata de registro de preços para o órgão gerenciador e órgãos participantes (art. 22, § 3º, do Decreto 7.892/2013); **C:** incorreta, pois o prazo de validade da ata de registro de preços não será superior a 12 meses, incluídas eventuais prorrogações (art. 12, *caput*, do Decreto 7.892/2013 e art. 15, § 3º, III, da Lei 8.666/1993); **D:** incorreta, pois adoção desse registro deve obedecer aos requisitos legais (art. 15 da Lei 8.666/1993) .Atenção! Segundo a Lei 14.133/2021, o prazo da vigência da ata de registro de preços é de 1 ano, podendo ser prorrogado por igual período, desde que se demonstre vantajosidade; **E:** correta (art. 15, § 4º, da Lei 8.666/1993).
Gabarito 'E'.

**(Procurador do Município – Prefeitura Fortaleza/CE – CESPE – 2017)** Acerca da intervenção do Estado na propriedade, das licitações e dos contratos administrativos, julgue o seguinte item.

Situação hipotética: Pretendendo contratar determinado serviço por intermédio da modalidade convite, a administração convidou para a disputa cinco empresas, entre as quais apenas uma demonstrou interesse apresentando proposta.

**(1)** Assertiva: Nessa situação, a administração poderá prosseguir com o certame, desde que devidamente justificado.

**1:** Correta, tendo em vista o disposto no art. 22, § 7º, da Lei 8.666/1993, que possibilita o prosseguimento do certame, desde que justificado o ato. **Atenção!** a Lei 14.133/2021 não mais prevê a modalidade convite. AW
Gabarito 1C

**(Advogado União – AGU – CESPE – 2015)** A propósito das licitações, dos contratos, dos convênios e do sistema de registro de preços, julgue os itens a seguir com base nas orientações normativas da AGU.

**(1)** Na hipótese de nulidade de contrato entre a União e determinada empresa, a despesa sem cobertura contratual deverá ser reconhecida pela União como obrigação de indenizar a contratada pelo que esta houver executado até a data em que a nulidade do contrato for declarada e por outros prejuízos regularmente comprovados, sem prejuízo da apuração da responsabilidade de quem der causa à nulidade.

**(2)** Se, em procedimento licitatório na modalidade convite deflagrado pela União, não se apresentarem interessados, e se esse procedimento não puder ser repetido sem prejuízo para a administração, ele poderá ser dispensado, mantidas, nesse caso, todas as condições preestabelecidas.

# 7. LICITAÇÕES E CONTRATOS ADMINISTRATIVOS 177

(3) Se a União, por intermédio de determinado órgão federal situado em um estado da Federação, celebrar convênio cuja execução envolva a alocação de créditos de leis orçamentárias subsequentes, a consequente indicação do crédito orçamentário do respectivo empenho para atender aos exercícios posteriores dispensará a elaboração de termo aditivo, bem como a prévia aprovação pela consultoria jurídica da União no mencionado estado.

(4) Na licitação para registro de preços, a indicação da dotação orçamentária é exigível apenas antes da assinatura do contrato, sendo o prazo de validade da ata de registro de preços de, no máximo, um ano, no qual devem ser computadas as eventuais prorrogações, que terão de ser devidamente justificadas e autorizadas pela autoridade superior, devendo a proposta continuar sendo mais vantajosa.

**1:** Correta. Trata-se do disposto no art. 49, § 1º, da Lei 8.666/1993, que assim dispõe: "A anulação do procedimento licitatório por motivo de ilegalidade não gera obrigação de indenizar, ressalvado o disposto no parágrafo único do art. 59 desta Lei." **2:** Incorreta. O procedimento será dispensável (art. 24, V, da Lei 8666/93), e não dispensado. **3:** Correta. Trata-se da Orientação Normativa 40/2014, do AGU, que assim dispõe: "nos convênios cuja execução envolva a alocação de créditos de leis orçamentárias subsequentes, a indicação do crédito orçamentário e do respectivo empenho para atender à despesa relativa aos exercícios posteriores poderá ser formalizada, relativamente a cada exercício, por meio a apostila, tal medida dispensa o prévio exame e aprovação pela assessoria jurídica." **4:** Correta. Trata-se do disposto no art. 15, da Lei 8.666/1993, inclusive quanto à validade de 1 ano (art. 15, § 1º). AW

Gabarito 1C, 2E, 3C, 4C

**(Técnico Judiciário – Área Administrativa – TRT8 – 2013 – CESPE)** A respeito do conceito de licitação e das modalidades concorrência e tomada de preços, assinale a opção correta.

(A) Na hipótese de venda de um bem imóvel da administração pública a outro órgão público, a alienação, além de ter de ser subordinada à existência de interesse público devidamente justificado, deve ser precedida de avaliação e de licitação na modalidade concorrência.

(B) Licitação é o procedimento prévio à celebração dos contratos administrativos que tem por objetivo selecionar a proposta mais vantajosa para ambas as partes do contrato, promover o desenvolvimento nacional e garantir a isonomia entre os licitantes.

(C) Concorrência é a modalidade de licitação entre quaisquer interessados que, na fase inicial de habilitação preliminar, ou até o terceiro dia anterior à data do recebimento das propostas, comprovem possuir os requisitos mínimos de qualificação exigidos no edital para execução de seu objeto.

(D) Na hipótese de licitação feita por entidade da administração pública federal na modalidade tomada de preços, o aviso contendo o resumo do edital da tomada de preços deve ser publicado com antecedência, no mínimo por uma vez, no Diário Oficial da União.

(E) A seleção de licitantes, no sistema de registro de preços, deve ser feita por meio da modalidade tomada de preços.

**A:** Incorreta, pois a licitação, na modalidade concorrência, será dispensada nesses casos (art. 17, I, e, da Lei 8.666/1993); **B:** Incorreta, pois, conforme o art. 3º, caput, da Lei 8.666/1993, a licitação destina-se a garantir a seleção da proposta mais vantajosa para a administração e não para ambas as partes do contrato; **C:** Incorreta, pois a comprovação dos requisitos mínimos de qualificação ocorrerão apenas na fase inicial da habilitação preliminar (art. 22, § 1º, da Lei 8.666/1993); **D:** Correta, conforme art. 21, I, da Lei 8.666/1993); **E:** Incorreta, pois a seleção de licitantes deverá ser feita mediante concorrência (art. 15, § 3º, I, da Lei 8.666/1993). É importante mencionar que o art. 7º, caput, do Dec. 7.892/2013, prevê que a licitação para registro de preços será realizada na modalidade de concorrência, do tipo menor preço, nos termos da Lei 8.666, de 1993, ou na modalidade de pregão, nos termos da Lei nº 10.520, de 2002, e será precedida de ampla pesquisa de mercado. **Atenção!** A Lei 14.133/2021 não mais prevê a modalidade tomada de preço.

Gabarito "D".

**(Técnico – TJ/CE – 2013 – CESPE)** Assinale a opção em que se apresenta a ordem que caracteriza, respectivamente, as hipóteses de contratação direta quando 1) há discricionariedade da administração para que se decida realizar a contratação direta; 2) há hipóteses exemplificativas de contratação direta; e 3) a contratação direta decorre da inviabilidade de competição.

(A) licitação dispensável; inexigível; e inexigível

(B) licitação inexigível; inexigível; e dispensável

(C) licitação dispensável; inexigível; dispensável

(D) licitação inexigível; dispensável; e dispensável

(E) licitação dispensável; dispensável; e inexigível

**1.** Há discricionariedade da Administração em contratar diretamente, ou seja, a licitação é dispensável, nas hipóteses para obras e serviços de engenharia de valor até 10% (dez por cento) do limite previsto na alínea "a", do inciso I do art. 23, desde que não se refiram a parcelas de uma mesma obra ou serviço ou ainda para obras e serviços da mesma natureza e no mesmo local que possam ser realizadas conjunta e concomitantemente e, ainda, para outros serviços e compras de valor até 10% (dez por cento) do limite previsto na alínea "a", do inciso II do art. 23 e para alienações, nos casos previstos nesta Lei, desde que não se refiram a parcelas de um mesmo serviço, compra ou alienação de maior vulto que possa ser realizada de uma só vez (art. 24, I e II, da Lei 8.666/1993); **2.** Os casos de licitação inexigível é meramente exemplificativo, conforme se extrai do caput do art. 25 da Lei 8.666/1993; **3.** Hipótese de inexigibilidade de licitação, a teor do art. 25, caput, da Lei 8.666/1993.

Gabarito "A".

## 2.4. FASES/PROCEDIMENTO (EDITAL, HABILITAÇÃO, JULGAMENTO, ADJUDICAÇÃO E HOMOLOGAÇÃO)

**(Juiz de Direito/AM – 2016 – CESPE)** Com relação a licitação, assinale a opção correta.

(A) A empreitada por preço global refere-se à contratação de um empreendimento em sua integralidade, compreendidas todas as etapas da obra, serviços e instalações necessários, sob inteira responsabilidade da contratada.

(B) Para fins de julgamento das propostas de preços, será computada a atualização monetária das obrigações de pagamento como valor da obra ou serviço.

(C) O autor do projeto básico não poderá participar, ainda que indiretamente, do fornecimento de bens necessários à execução de obra.

(D) As margens de preferência por produto manufaturado e por serviços nacionais que atendam a normas técnicas brasileiras são definidas pelo Congresso Nacional, não podendo seu preço ultrapassar o montante de 50% do preço dos produtos manufaturados e serviços estrangeiros.

(E) Os conteúdos das propostas e todos os atos e procedimentos licitatórios são públicos.

**A:** incorreta, pois essa definição é de "empreitada integral", e não de "empreitada por preço integral" (art. 6º, VIII, "a" e "e", da Lei 8.666/1993); **B:** incorreta, pois a atualização monetária não será computada nesse caso (art. 7º, § 7º, da Lei 8.666/1993); **C:** correta (art. 9º, I, da Lei 8.666/1993); **D:** incorreta, pois serão definidas pelo Executivo, sendo que o limite é de 25%, e não 50% (art. 3º, § 8º, da Lei 8.666/1993); **E:** incorreta, pois, apesar de toda a licitação não ser sigilosa, o conteúdo das propostas é sigiloso até sua respectiva abertura (art. 3º, § 3º, da Lei 8.666/1993).

Gabarito "C".

**(Juiz de Direito/AM – 2016 – CESPE)** No que se refere a licitação e contratos, assinale a opção correta.

(A) A apresentação de documentos relativos à qualificação econômico-financeira pode ser dispensada, desde que seja notória a solidez do patrimônio líquido da empresa.

(B) Os registros cadastrais deverão ser revisados pela administração pública a cada cinco anos, ocasião em que se dará publicidade aos registros para atualização.

**(C)** O direito à revisão do contrato depende de previsão expressa no instrumento contratual.

**(D)** O edital de licitação pode ser alterado por qualquer meio, desde que se garanta ampla visibilidade da alteração aos participantes.

**(E)** Quando do pagamento de fatura, a administração pública não pode preterir a ordem cronológica de sua exigibilidade.

**A:** incorreta, pois a comprovação da boa situação financeira da empresa deve ser feita de forma objetiva, por meio de específicos cálculos contábeis previstos no edital (art. 31, § 5º, da Lei 8.666/1993); **B:** incorreta, pois os registros cadastrais serão válidos por no máximo 1 ano (art. 34, *caput*, da Lei 8.666/1993); **C:** incorreta, pois tal direito decorre também da lei, como nos casos dos parágrafos 5º e 6º do art. 65 da Lei 8.666/1993; **D:** incorreta, pois qualquer modificação no edital exige divulgação pela mesma forma que se deu com o texto original (art. 21, § 4º, da Lei 8.666/1993); **E:** correta (art. 5º, *caput*, da Lei 8.666/1993).
Gabarito "E".

## 3. CONTRATOS

### 3.1. DISPOSIÇÕES PRELIMINARES

**(Analista Judiciário – Área Administrativa – TRT8 – 2013 – CESPE)** No que se refere aos contratos administrativos e a aspectos do procedimento licitatório, assinale a opção correta.

**(A)** De acordo com a legislação aplicável, a administração pública pode alterar unilateralmente o regime de execução da obra ou do serviço contratado.

**(B)** De acordo com a legislação de regência, se a administração pública deixar de efetuar os pagamentos à empresa contratada por mais de noventa dias, o contratado poderá suspender a execução do contrato, mediante autorização judicial específica.

**(C)** Na hipótese de inexecução total ou parcial do contrato, a administração pública pode aplicar a penalidade de multa ao contratado, independentemente da instauração de procedimento administrativo destinado a assegurar o contraditório e a ampla defesa.

**(D)** A decisão administrativa a respeito da prorrogação do contrato cuja vigência tenha sido expirado tem natureza discricionária, pois a lei não assegura ao contratado direito subjetivo à manutenção do ajuste.

**(E)** A administração pode, ao término do prazo do contrato celebrado com a empresa vencedora do procedimento licitatório, contratar a segunda colocada no certame, com base no mesmo procedimento licitatório.

**A:** incorreta, *unilateralmente* a Administração não pode alterar o *regime* de execução da obra ou do serviço. Só pode alterar unilateralmente *o contrato* "a) quando houver modificação do projeto ou das especificações, para melhor adequação técnica aos seus objetivos; b) quando necessária a modificação do valor contratual em decorrência de acréscimo ou diminuição quantitativa de seu objeto, nos limites permitidos por esta Lei" (art. 65, I, *a* e *b*, da Lei 8.666/1993); **B:** incorreta, não precisa de autorização judicial específica, pois a lei já o autoriza (art. 78, XV, da Lei 8.666/1993). Atenção! De acordo com a Lei 14.133/2021, o contratado poderá suspender a execução do contrato por atraso no pagamento pela Administração superior a 2 meses; **C:** incorreta, é garantida a prévia defesa do contrato (art. 87, *caput*, II. Vide também art. 5º, LV, da CF); **D:** correta, "Inexiste direito subjetivo à prorrogação de contrato administrativo dotado de caráter contínuo. Decisão que recai ao âmbito de discricionariedade do administrador público, observados, ainda, os requisitos constitucionais e infraconstitucionais pertinentes" (TJRS, MS 70047528203/RS, 1º Grupo de Câmaras Cíveis, j. 11.05.2012, rel. Almir Porto da Rocha Filho, DJ 18.05.2012); **E:** incorreta, é necessário licitar novamente. O procedimento licitatório visa garantir a isonomia e melhor proposta para a administração, o que ficaria comprometido se ao fim de cada contrato, pudesse a administração contratar o segundo colocado.
Gabarito "D".

## 3.2. FORMALIZAÇÃO DOS CONTRATOS

**(Técnico Judiciário – Área Administrativa – TRT8 – 2013 – CESPE)** Assinale a opção correta com referência à formalização dos contratos administrativos.

**(A)** Para que o contrato administrativo tenha eficácia, é indispensável a publicação resumida do instrumento de contrato na imprensa oficial, sendo dispensável a adoção da mesma formalidade para os aditamentos contratuais.

**(B)** O instrumento de contrato não será obrigatório nas hipóteses em que a administração puder substituí-lo pela ordem de execução de serviço.

**(C)** É permitido a quaisquer licitantes ou interessados obter cópia autenticada gratuita do contrato administrativo.

**(D)** A administração deve convocar regularmente o interessado para assinar o termo de contrato, dentro do prazo e das condições estabelecidos, sem direito a prorrogação.

**(E)** A formalização adequada para os contratos administrativos relativos a direitos reais sobre imóveis se dá mediante a lavratura de instrumento na repartição interessada.

**A:** Incorreta, pois a condição de eficácia também se aplica aos aditamentos do instrumento de contrato, que deverão ser publicados na imprensa oficial (art. 61, parágrafo único, da Lei 8.666/1993); **B:** Correta, conforme a parte final do *caput* do art. 62 da Lei 8.666/1993; **C:** Incorreta, pois a obtenção de cópia autenticada está condicionada ao pagamento dos emolumentos devidos (art. 63 da Lei 8.666/1993); **D:** Incorreta, pois o prazo de convocação poderá ser prorrogado uma vez, por igual período, quando solicitado pela parte durante o seu transcurso e desde que ocorra motivo justificado aceito pela administração (art. 64, § 1º, da Lei 8.666/1993); **E:** Incorreta, pois a formalização dos contratos administrativos relativos a direitos reais sobre imóveis será lavrada em cartório de notas.
Gabarito "B".

## 3.3. EXECUÇÃO DOS CONTRATOS

**(Juiz de Direito/AM – 2016 – CESPE)** Os contratos administrativos regulam-se pelas suas cláusulas e pelos preceitos de direito público, aplicando-lhes, supletivamente, os princípios da teoria geral dos contratos e as disposições de direito privado. Com base na legislação de regência dos contratos administrativos, assinale a opção correta.

**(A)** São cláusulas implícitas de todos os contratos administrativos os direitos e as responsabilidades das partes.

**(B)** Não é condição indispensável para a eficácia do contrato a publicação, na imprensa oficial, do instrumento ou de seus aditamentos.

**(C)** É facultado ao contratado manter preposto, no local da obra ou serviço, para representá-lo na execução do contrato, estando a indicação desse preposto condicionada à aceitação da administração.

**(D)** É vedada a subcontratação de partes da obra, de serviço ou fornecimento.

**(E)** A declaração de nulidade do contrato administrativo susta os efeitos jurídicos que ele, ordinariamente, deveria produzir.

**A:** incorreta, pois os contratos devem trazer com clareza e precisão as condições para sua execução, com cláusulas expressas sobre os pontos levantados na alternativa (art. 54, § 1º, da Lei 8.666/1993); **B:** incorreta, pois a publicação é condição indispensável para a eficácia do contrato (art. 61, parágrafo único, da Lei 8.666/1993); **C:** incorreta, pois a indicação desse preposto não está condicionada à aceitação da administração (art. 68 da Lei 8.666/1993); **D:** incorreta, pois é permitida a subcontratação de partes da obra, serviço ou fornecimento, até o limite admitido pela Administração (art. 59, *caput*, da Lei 8.666/1993); **E:** correta (art. 59, *caput*, da Lei 8.666/1993).
Gabarito "E".

**(Analista – Judiciário – TRE/PI – 2016 – CESPE)** A empresa Alfa Ltda. firmou com a administração pública federal contrato de prestação de serviços comuns e contínuos, com vigência de quarenta e oito meses. Em dispositivo do edital havia sido fixado o preço global do contrato e o prazo improrrogável de implantação dos

## 7. LICITAÇÕES E CONTRATOS ADMINISTRATIVOS    179

serviços. O edital previa, ainda, a possibilidade de rescisão amigável do contrato, bastando, para tanto, a manifestação de uma das partes, com antecedência mínima de sessenta dias, sem prejuízo à execução dos serviços. A partir dessa situação hipotética, assinale a opção correta, considerando a legislação que trata das compras e contratações públicas.

(A) O prazo de implantação de serviços contínuos pode ser livremente alterado pelos executores ou fiscais do referido contrato, ainda que isso contrarie o disposto inicialmente no edital, uma vez que retrata momento ulterior à fase licitatória.

(B) Ao concordar com a rescisão amigável do contrato, a administração pública fica impedida de rescindi-lo unilateralmente.

(C) Nesse caso, para a contratação de serviços comuns mediante licitação, admite-se a modalidade pregão eletrônico.

(D) O referido contrato poderia ter sido firmado com vigência inicial de setenta e dois meses, caso representasse maior vantagem para a administração.

(E) O preço global fixado inicialmente poderá sofrer variações unilaterais por vontade do administrador, independentemente de limites e consentimento da contratada.

**A:** incorreta, pois há de se observar o princípio da vinculação ao instrumento convocatório (art. 3º, *caput*, da Lei 8.666/1993); **B:** incorreta, pois o poder de rescisão unilateral é estabelecido em lei e pode ser exercido pela Administração sempre que presentes os requisitos legais (art. 79, I, da Lei 8.666/1993); **C:** correta (art. 1º, *caput*, c/c o art. 2º, § 2º, da Lei 8.666/1993); **D:** incorreta, pois o limite inicial de prazo contratual para a prestação de serviços a serem executados de forma contínua é de 60 meses (art. 57, II, da Lei 8.666/1993); **E:** incorreta, pois devem ser respeitados os limites previstos em lei (art. 65, §§ 1º e 2º, da Lei 8.666/1993). **Atenção!** Questão baseada na Lei 8.666/1993 e não na Lei 14.133/2021 (nova lei de licitações e contratos).

Gabarito "C".

**(Técnico Judiciário – Área Administrativa – TRT8 – 2013 – CESPE)** Sobre a execução dos contratos administrativos, assinale a opção correta.

(A) A administração é solidariamente responsável pelos encargos comerciais resultantes da execução do contrato.

(B) Executado o contrato de locação de equipamentos, o objeto deverá ser recebido provisoriamente, após a verificação da qualidade e quantidade do material.

(C) Em regra, os testes exigidos por normas técnicas oficiais para a boa execução do objeto do contrato correm por conta da administração.

(D) Na hipótese de dano causado diretamente pelo contratado a terceiros, decorrente de sua culpa na execução do contrato, o contratado será responsável pelo dano, ainda que tenha ocorrido a fiscalização pelo órgão interessado.

(E) Não é permitida a contratação de terceiros para assistir o representante da administração designado para acompanhar e fiscalizar a execução do contrato.

**A:** Incorreta, pois a Administração Pública apenas responde solidariamente com o contratado pelos encargos previdenciários resultantes da execução do contrato, nos termos do art. 31 da Lei 8.212/1991 (art. 71, § 2º, da Lei 8.666/1993); **B:** incorreta, pois o objeto será recebido, em se tratando de locação de equipamentos, **definitivamente**, após a verificação da qualidade e quantidade do material e consequente aceitação (art. 73, II, *b*, da Lei 8.666/1993); **C:** Incorreta, pois os testes e demais provas exigidos por normas técnicas oficiais para a boa execução do objeto do contrato correm por conta do **contratado** (art. 75 da Lei 8.666/1993); **D:** Correta, conforme art. 70 da Lei 8.666/1993; **E:** Incorreta, pois é permitida a contratação de terceiros para assisti-lo e subsidiá-lo de informações pertinentes a essa atribuição (art. 67, *caput*, parte final, da Lei 8.666/1993). **Atenção!** Questão baseada na Lei 8.666/1993 e não na Lei 14.133/2021 (nova lei de licitações e contratos).

Gabarito "D".

## 4. PREGÃO

**(Analista – STF – 2013 – CESPE)** Com referência ao sistema de registro de preços e à modalidade de licitação denominada pregão, julgue os seguintes itens.

(1) Caso determinado órgão federal deseje realizar contratação de serviço comum pelo sistema de registro de preços, não será possível, nesse caso, a adoção da modalidade de pregão.

(2) É facultada aos órgãos da administração pública federal a adesão à ata de registro de preços gerenciada por órgão estadual.

**1:** incorreta, pois é possível a adoção da modalidade pregão (vide arts. 7º do Dec. 7.892/2013, 11 da Lei 10.520/2002 e 15 da Lei 8.666/1993; **2:** incorreta, tal adesão é vedada (§ 8º do art. 22 do Dec. 7.892/2013). No entanto, a Lei 14.133/2021 passou a admitir expressamente a adesão à ata de RP.

Gabarito 1E, 2E

## 5. TEMAS COMBINADOS E OUTROS TEMAS

**(Procurador do Município - Campo Grande/MS - 2019 - CESPE/CEBRASPE)** Após processo licitatório na modalidade de concorrência, determinada empresa foi contratada para reformar imóvel pertencente à administração pública; por enfrentar, no entanto, graves problemas financeiros, essa empresa deixou de realizar 30% da obra licitada, o que equivale a uma monta de R$ 250.000. Por isso, a administração pública pretende contratar outra empresa para finalizar a obra remanescente.

Considerando essa situação hipotética, julgue os próximos itens.

1. A situação narrada caracteriza hipótese legal de dispensa de licitação para a contratação de remanescente de obra, caso em que deve ser atendida a ordem de classificação da licitação anterior e devem ser aceitas as mesmas condições oferecidas pelo licitante vencedor.

2. Para a conclusão da obra, pode ser realizada nova licitação na modalidade de tomada de preços.

3. O princípio do julgamento objetivo visa afastar o caráter discricionário quando da escolha de propostas em processo licitatório, obrigando os julgadores a se ater aos critérios prefixados pela administração pública, o que reduz e delimita a margem de valoração subjetiva no certame.

**(Promotor de Justiça/RR – 2017 – CESPE)** Com referência aos crimes, às penas e ao processo judicial previstos na Lei de Licitações e Contratos, julgue os seguintes itens.

I. Dispensa de licitação em situação estranha às hipóteses taxativas previstas em lei constitui crime passível de punição com pena de detenção e multa fixada na sentença a ser revertida à fazenda federal, distrital, estadual ou municipal, conforme o caso.

II. Em casos de crimes previstos na lei em apreço, a ação penal é pública incondicionada e a sua promoção cabe ao MP.

III. Em relação aos crimes previstos na lei em questão, não será admitida ação penal privada subsidiária da pública.

IV. Quando os autores dos crimes previstos na referida lei forem ocupantes de cargo em comissão ou exercerem função de confiança em órgão da administração pública direta ou indireta, a pena imposta será acrescida da terça parte.

Assinale a opção correta.

(A) Apenas os itens III e IV estão certos.

(B) Apenas os itens I, II e III estão certos.

(C) Apenas os itens I, II e IV estão certos.

(D) Todos os itens estão certos.

**I:** correta – Art. 89 da Lei 8.666/1993; **II:** correta – Art. 100 da Lei 8.666/1993; **III:** incorreta – será admitida ação penal privada subsidiária da pública, se esta não for ajuizada no prazo legal, aplicando-se, no que couber, o disposto nos arts. 29 e 30 do Código de Processo Penal – Art. 103 da Lei 8.666/1993; **IV:** correta – Art. 84, § 2º, da Lei 8.666/1993.

Gabarito "C".

**(Defensor Público – DPE/RN – 2016 – CESPE)** No que concerne às licitações e aos contratos administrativos, assinale a opção correta com base na legislação e na doutrina.

(A) Em nome do princípio *pacta sunt servanda*, é vedado à administração modificar, sem prévia concordância do contratado, o contrato administrativo de concessão de serviço público.

(B) Segundo o instituto da encampação, ao término do contrato de concessão de serviços públicos, dá-se a incorporação dos bens da concessionária ao patrimônio do concedente, independentemente de indenização.

(C) Configura hipótese de licitação dispensável a contratação de profissionais do setor artístico consagrados pela crítica especializada.

(D) O pregão é a modalidade de licitação restrita ao âmbito da União Federal e destinada à aquisição de bens e à contratação de serviços comuns.

(E) A homologação da licitação não obsta a que a administração pública possa anulá-la, por ilegalidade, ou revogá-la, por motivos de interesse público superveniente.

**A:** Incorreta, Há possibilidade de alteração unilateral do contrato pelo Poder Público, em determinadas circunstâncias, conforme dispõe o art. 65, I, da Lei 8.666/1993; **B:** Incorreta. O art. 37, da Lei 8.987/1995 determina que a encampação deva ser precedida de indenização, sendo esse o erro da assertiva; **C:** Incorreta. Essa é uma hipótese de licitação inexigível (art. 25, III, da Lei 8.666/1993); **D:** Incorreta. O pregão pode ser utilizado por todos os Entes Federativos, sendo a Lei 10.520/2002 uma Lei Geral, portanto; **E:** Correta. A ilegalidade e a superveniência de motivos que ensejam a revogação de um procedimento, como é a licitação sempre podem ser reconhecidos. A homologação atesta a legiti-midade dos atos do procedimento, mas ela não é absoluta, podendo ser questionada, assim como os atos do procedimento por ela avaliados, isso tanto pelo Poder Judiciário (quanto à legalidade), quanto pela própria Administração Pública (quanto à legalidade e conveniência e oportunidade).

Gabarito "E".

**(Procurador do Estado – PGE/BA – CESPE – 2014)** Considerando as regras aplicáveis às licitações e aos contratos administrativos, julgue os itens que se seguem.

(1) Desde que o preço contratado seja compatível com o praticado no mercado, é possível a dispensa de licitação para a aquisição, por secretaria estadual de planejamento, de bens produzidos por autarquia estadual que tenha sido criada para esse fim específico em data anterior à vigência da Lei n.º 8.666/1993.

(2) Secretário estadual de saúde pretende construir hospital para atuar no âmbito do SUS. No caso, pode realizar licitação no regime diferenciado de contratação e utilizar a empreitada por preço global.

**1:** Correta. Trata-se do disposto no art. 23, VIII, da Lei 8.666/1993. **2:** Correta. A Lei 12462/12, art. 1º, V, enumera as ações de saúde relativas ao SUS como eletivas ao Regime Diferenciado de Contratação Pública. AW

Gabarito 1C, 2C

**(Promotor de Justiça/PI – 2014 – CESPE)** No que concerne à licitação e aos contratos administrativos, assinale a opção correta.

(A) A penalidade de suspensão e a de declaração de inidoneidade, em caso de irregularidades na execução do contrato administrativo, aplicadas pela União não produzem efeitos perante estado da Federação.

(B) Para fim de habilitação nas licitações, a administração pública não deve exigir dos licitantes a apresentação de certidão de quitação de obrigações fiscais, mas a mera prova de sua regularidade.

(C) No que se refere à documentação relativa à qualificação econômico-financeira para compras para entrega futura e

execução de obras e serviços, a administração não pode exigir das licitantes capital social mínimo, patrimônio líquido mínimo ou garantias que assegurem o adimplemento do contrato a ser celebrado.

(D) Segundo entendimento do STJ, deve-se reconhecer a nulidade, em processo licitatório, do julgamento de recurso administrativo por autoridade incompetente, ainda que tenha havido posterior homologação do certame pela autoridade competente.

(E) A CF autoriza a gestão associada de serviços públicos por meio de convênios, mas não a transferência total ou parcial de serviços, de pessoal e de bens essenciais à continuidade dos serviços transferidos.

**A:** incorreta; o art. 6º, XI e XII, da Lei 8.666/1993 traz as definições, para efeito da aplicação dessa lei, de "Administração Pública" (que abrange toda a Administração Direta e Indireta, de todas as esferas federativas) e de "Administração" (que diz respeito ao órgão ou entidade que atua no caso concreto); já o art. 87, III e IV, da Lei 8.666/1993 estabelece que a sanção de suspensão temporária de participação da licitação diz respeito à "Administração" e a sanção de inidoneidade para licitar ou contratar diz respeito à "Administração Pública"; assim, parte da doutrina entende que a penalidade de suspensão produz efeito apenas ao ente concreto que a tiver aplicado (no caso, a União) e a penalidade de declaração de inidoneidade produz efeito em relação à Administração Pública de todos os entes federativos; porém, o STJ tem decidido que as duas sanções se aplicam às diferentes esferas federativas (STJ, MS 19.657/DF, DJ 14.08.2013), entendimento com o qual concordamos, considerando a interpretação teleológica dos dispositivos à luz do princípio da moralidade administrativa; **B:** correta, estando de acordo com a Súmula TCU 283 ("Para fim de habilitação, a Administração Pública não deve exigir dos licitantes a apresentação de certidão de quitação de obrigações fiscais, e sim prova de sua regularidade"); **C:** incorreta, pois a Administração pode fazer essas exigências, conforme o art. 31, § 2º, da Lei 8.666/1993); **D:** incorreta, pois o STJ entendeu que "O vício na competência poderá ser convalidado desde que não se trate de competência exclusiva, o que não é o caso dos autos. Logo, não há falar em nulidade do procedimento licitatório ante o saneamento do vício com a homologação" (Resp 1.348.472/RS, DJ 28.05.2013); **E:** incorreta, pois o art. 241 da CF autoriza a gestão associada de serviços públicos por meio de convênios, inclusive com transferência total ou parcial de encargos, serviços, pessoal e bens essenciais à continuidade dos serviços transferidos.

Gabarito "B".

**(Analista Judiciário – Área Administrativa – TRT8 – 2013 – CESPE)** No que se refere ao instituto da licitação, assinale a opção correta.

(A) É inválido o ato de revogação de licitação fundamentado no comparecimento de um único licitante ao certame.

(B) Configura hipótese de inexigibilidade de licitação a contratação de fornecimento de energia elétrica e gás natural com concessionário autorizado.

(C) No pregão, assim como nas demais modalidades de licitação, a homologação antecede a adjudicação.

(D) O dever de realizar procedimento licitatório estende-se às instituições privadas quando suas compras, aquisições, serviços ou alienações envolverem recursos repassados voluntariamente pela União.

(E) Caso determinado administrador público, durante procedimento licitatório, não observe uma das formalidades previstas na lei, independentemente da natureza do ato formal inobservado, o procedimento deverá ser declarado nulo, em atenção ao princípio do formalismo procedimental, que norteia a atuação da administração pública nas licitações.

**A:** incorreta, pois a participação exclusiva de um só licitante poderia frustrar o princípio da competitividade. Além disso, a Administração Pública pode revogar a licitação em andamento por razões de interesse público superveniente, devidamente justificado. (TRF-2.ª Reg., Ap em MS 60792/RJ 2004.51.01.005931-6) **B:** incorreta, configura hipótese de *dispensa de licitação* (art. 24, XXII, da Lei 8.666/1993); **C:** incorreta, no pregão é o inverso das demais modalidades de licitação: a homologação ocorre depois da adjudicação (art. 4º, XXI e XXII, da Lei 8.666/1993); **D:** correta, por envolver dinheiro público, o particular não pode dele dispor livremente, devendo se sujeitar ao disposto na Lei 8.666/1993 (vide art. 37, XXI, da CF); **E:** incorreta. "(...) Não se deve exigir *excesso de formalidades capazes de afastar a real finalidade da licitação*, ou seja, a escolha da melhor proposta para a Administração em prol dos administrados (...)" (STJ, REsp 1190793/SC, 2ª T., j. 24.08.2010, rel. Min. Castro Meira, *DJe* 08.09.2010).

Gabarito "D".

**(Técnico Judiciário – Área Administrativa – TRT8 – 2013 – CESPE)** A propósito das modalidades de licitação convite, concurso e leilão, assinale a opção correta.

**(A)** O leilão pode ser cometido a leiloeiro indicado pelos interessados ou a servidor designado pela administração, procedendo-se na forma da legislação pertinente.

**(B)** O prazo mínimo até o recebimento das propostas é de dez dias úteis para a modalidade convite, contados a partir da expedição do convite.

**(C)** Quando, por manifesto desinteresse dos convidados, for impossível a obtenção de três licitantes e tal circunstância for devidamente justificada no processo, não será necessária a repetição do convite.

**(D)** Concurso é a modalidade de licitação realizada entre quaisquer interessados para escolha de trabalho técnico, científico ou artístico, mediante a instituição exclusiva de remuneração aos vencedores, conforme critérios constantes no edital.

**(E)** Deve ser adotada a modalidade de licitação leilão para a alienação de bens imóveis da administração pública cuja aquisição haja derivado de procedimentos administrativos ou de dação em pagamento.

**A:** Incorreta, pois o leilão pode ser cometido a **leiloeiro oficial** ou a servidor designado pela Administração, procedendo-se na forma da legislação pertinente (art. 53, *caput*, da Lei 8.666/1993); **B:** Incorreta, pois o prazo mínimo para recebimento das propostas para a modalidade convite é de cinco dias úteis (art. 21, § 2º, IV, da Lei 8.666/1993); **C:** Correta, conforme art. 22, § 7º, da Lei 8.666/1993); **D:** Incorreta, pois concurso é a modalidade de licitação entre quaisquer interessados para escolha de trabalho técnico, científico ou artístico, **mediante a instituição de prêmios** ou remuneração aos vencedores, conforme critérios constantes de edital publicado na imprensa oficial (...) (art. 22, § 4º, da Lei 8.666/1993); **E:** Incorreta, pois Os bens imóveis da Administração Pública, cuja aquisição haja derivado de procedimentos judiciais ou de dação em pagamento, poderão ser alienados por ato da autoridade competente, observada a adoção do procedimento licitatório, sob a modalidade de **concorrência ou leilão** (art. 19, *caput*, e inciso III, da Lei 8.666/1993). **Atenção!** Questão baseada na Lei 8.666/1993 e não na Lei 14.133/2021 (nova lei de licitações e contratos).

Gabarito "C".

**(Técnico – TJ/CE – 2013 – CESPE)** Acerca do procedimento licitatório, assinale a opção correta.

**(A)** Determinado bem imóvel adquirido pela União em decorrência de dação em pagamento pode ser alienado por meio de concorrência ou leilão, independentemente de seu valor.

**(B)** Sendo a adjudicação compulsória ato declaratório e vinculado, obriga-se a administração a celebrar contrato com o vencedor do certame.

**(C)** Nos casos em que couber leilão, a administração poderá utilizar a modalidade convite e, em qualquer caso, a modalidade concorrência.

**(D)** A empresa líder de um consórcio é responsável pelos atos praticados em consórcio tanto na fase de licitação quanto na de execução do contrato, de modo que as demais consorciadas respondem subsidiariamente.

**(E)** No âmbito da União, deve ser utilizada a licitação na modalidade pregão se o objeto da contratação for bens ou serviços comuns, desde que seja respeitado o valor estimado da contratação de R$1.500.000.

**A:** Correta (art. 19, III, da Lei 8.666/1993); **B:** Incorreta, Hely Lopes Meireles ensina que o princípio da adjudicação compulsória assegura ao vencedor que o objeto da licitação deverá ser obrigatoriamente adjudicado ao licitante cuja proposta for classificada em primeiro lugar, excetuado um justo motivo. A compulsoriedade veda também que se abra nova licitação enquanto válida a adjudicação anterior (**Direito Administrativo Brasileiro**. 33. ed. São Paulo: Malheiros, p. 245); **C:** Nos casos em que couber **convite**, a Administração poderá utilizar a tomada de preços e, em qualquer caso, a concorrência (art. 23, § 4º, da Lei 8.666/1993); **D:** Incorreta. Segundo o art. 33, V, da Lei 8.666/1993, quando permitida na licitação a participação de empresas em consórcio, os integrantes serão solidariamente responsáveis pelos atos praticados em consórcio, tanto na fase de licitação quanto na de execução do contrato; **E:** Incorreta, pois a Lei 10.520/2002, que instituiu a modalidade de licitação pregão, não faz alusão a limites de valores para aquisição de bens ou serviços comuns. **Atenção!** Questão baseada na Lei 8.666/1993 e não na Lei 14.133/2021 (nova lei de licitações e contratos).

Gabarito "A".

**(Agente Administrativo – Ministério da Previdência – 2010 – CESPE)** Acerca dos contratos administrativos e das licitações, julgue os itens que se seguem.

**(1)** A inexistência de orçamento detalhado em planilhas que expressem a composição de todos os custos unitários implica a nulidade dos atos ou contratos administrativos realizados e a responsabilidade de quem lhes tenha dado causa.

**(2)** Cabe apenas aos órgãos de controle e ao Ministério Público requerer à Administração Pública os quantitativos das obras e preços unitários de determinada obra executada.

**1: correta.** As obras e os serviços somente poderão ser licitados quando existir orçamento detalhado em planilhas que expressem a composição de todos os seus custos unitários. Destaque-se que a infringência do disposto no art. 26 da Lei de Licitações implica a nulidade dos atos ou contratos realizados e a responsabilidade de quem lhes tenha dado causa (art. 7º, § 2º, II e § 6º); **2: incorreta.** A afirmativa encontra-se incorreta, pois qualquer cidadão poderá requerer à Administração Pública os quantitativos das obras e preços unitários de determinada obra executada (art. 7º, § 8º).

Gabarito 1C, 2E

# 8. DIREITO CONSTITUCIONAL

Adolfo Mamoru Nishiyama, André Nascimento, André Barbieri, Bruna Vieira, Fábio Tavares, Eduardo Dompieri, Felipe Maciel, Georgia Renata Dias, Henrique Subi, Ivo Shigueru Tomita, Licínia Rossi e Teresa Melo*

## 1. PODER CONSTITUINTE

Quando o termo "povo" aparece em textos de normas, sobretudo em documentos constitucionais, deve ser compreendido como parte integrante plenamente vigente da formulação da prescrição jurídica (do tipo legal); deve ser levado a sério como conceito jurídico a ser interpretado *lege artis*.

Friedrich Müller. Quem é o povo? A questão fundamental da democracia. São Paulo: Revista dos Tribunais, 2009, p. 67 (com adaptações).

**(Juiz de Direito – TJ/BA – 2019 – CESPE/CEBRASPE)** Tendo o texto anterior como referência inicial, assinale a opção correta, relativamente ao poder constituinte originário, ao poder constituinte derivado e ao poder derivado estadual.

**(A)** O poder constituinte originário é uma categoria pré-constitucional que fundamenta a validade da nova ordem constitucional.

**(B)** Para resguardar os interesses do povo, cabe à jurisdição constitucional fiscalizar a ação do poder constituinte originário com base no direito suprapositivo.

**(C)** Como titular passivo do poder constituinte originário, o povo delega o seu exercício a representantes e, em seguida, exerce a soberania apenas de forma indireta.

**(D)** Os direitos adquiridos são oponíveis ao poder constituinte originário para evitar óbice ao retrocesso social.

**(E)** A limitação material negativa ao poder constituinte dos estados federados se manifesta no dever de concretizar, no nível estadual, os preceitos da CF.

**A:** correta, porque o poder constituinte originário é um poder político que antecede o Direito, inaugurando a ordem jurídica pela elaboração da nova Constituição. Assim, o poder constituinte originário é o fundamento de validade da nova ordem constitucional; **B:** incorreta, pois o poder constituinte originário é ilimitado, não sendo regido pela ordem jurídica precedente e não sendo limitado por ela. A esse respeito, o STF já decidiu: "*Na atual Carta Magna 'compete ao Supremo Tribunal Federal, precipuamente, a guarda da Constituição' (artigo 102, "caput"), o que implica dizer que essa jurisdição lhe é atribuída para impedir que se desrespeite a Constituição como um todo, e não para, com relação a ela, exercer o papel de fiscal do Poder Constituinte originário, a fim de verificar se este teria, ou não, violado os princípios de direito suprapositivo que ele próprio havia incluído no texto da mesma Constituição.*" (ADI 815, Relator: Min. Moreira Alves, Tribunal Pleno, julgado em 28/03/1996); **C:** incorreta, pois a soberania popular é exercida de forma indireta (por representantes eleitos pelo voto popular) e de forma direta (mediante plebiscito, referendo e Iniciativa popular), **D:** incorreta, pois os direitos adquiridos anteriormente ao surgimento de uma nova constituição não estão protegidos contra ela, salvo se o próprio poder constituinte originário assim o desejar. Nesse sentido, o STF já decidiu que "*a supremacia jurídica das normas inscritas na Carta*

Federal não permite, ressalvadas as eventuais exceções proclamadas no próprio Texto Constitucional, que contra elas seja invocado o direito adquirido" (ADI 248, Rel. Min. Celso de Mello, Tribunal Pleno, julgado em 18/11/1993); **E:** incorreta, pois a limitação material **positiva** ao poder constituinte decorrente dos estados federados se manifesta no dever de a Constituição Estadual concretizar os preceitos e os fins da Constituição Federal, ao passo que a limitação material **negativa** se manifesta no dever de a Constituição Estadual não contrariar a Constituição Federal. **AN**

Gabarito "A"

**(Delegado Federal – 2018 – CESPE)** A possibilidade de um direito positivo supraestatal limitar o Poder Legislativo foi uma invenção do constitucionalismo do século XVIII, inspirado pela tese de Montesquieu de que apenas poderes moderados eram compatíveis com a liberdade. Mas como seria possível restringir o poder soberano, tendo a sua autoridade sido entendida ao longo da modernidade justamente como um poder que não encontrava limites no direito positivo? Uma soberania limitada parecia uma contradição e, de fato, a exigência de poderes políticos limitados implicou redefinir o próprio conceito de soberania, que sofreu uma deflação.

Alexandre Costa. O poder constituinte e o paradoxo da soberania limitada. In: Teoria & Sociedade. n. 19, 2011, p. 201 (com adaptações).

Considerando o texto precedente, julgue os itens a seguir, a respeito de Constituição, classificações das Constituições e poder constituinte.

**(1)** A concepção de "soberania limitada", citada no texto, implica a divisão da titularidade do poder constituinte entre o povo e a assembleia constituinte que o representa.

**(2)** A ideia apresentada no texto reflete a Constituição como decisão política fundamental do soberano, o que configura o sentido sociológico de Constituição.

**(3)** Do caráter supraestatal do constitucionalismo, referido no texto, extraem-se a formalidade e a rigidez das Constituições modernas.

**(4)** A exigência de poderes políticos limitados após a manifestação do poder constituinte originário fundamenta tanto o sentido lógico-jurídico quanto o sentido jurídico-positivo da Constituição.

**(5)** Entende-se como limitação material implícita aos poderes instituídos pelo poder constituinte originário o agravamento dos processos de reforma da Constituição.

**1:** errada, porque a concepção de soberania limitada se refere ao paradoxo do constitucionalismo por admitir uma soberania popular absoluta (para fundamentar a validade da constituição) e ao mesmo tempo limitada (para respeitar a validade da constituição); ademais, a titularidade do poder constituinte pertence apenas ao povo; **2:** errada, pois a ideia de Constituição como decisão política fundamental configura o **sentido político** de Constituição (Carl Schmitt), enquanto o sentido sociológico se refere à ideia de somatória dos fatores reais do poder dento de uma sociedade (Ferdinand Lassale); **3:** certo, pois o estabelecimento de um direito positivo supraestatal – que deriva diretamente do exercício soberano do povo e, portanto, não está sujeito à alteração pelas autoridades políticas – foi materializado num conjunto de regras escritas que somente podem ser modificadas por um sistema rígido de emendas; **4:** certo, pois Hans Kelsen pressupõe que a validade de uma ordem jurídica somente pode ter como fundamento uma norma suprema, e não um poder político, de forma que a limitação de poderes políticos após a manifestação do poder constituinte originário advém de uma norma, o que fundamenta tanto o sentido lógico-jurídico (para o qual a Constituição é norma hipotética fundamental, fundamento lógico-transcendental de validade da ordem jurídica) quanto o sentido jurídico-

---

\* AMN Adolfo Mamoru Nishiyama; AB **André Barbieri**; AN **André Nascimento**; **Bruna Vieira** comentou as questões de Delegado/PE/16; **Eduardo Dompieri** comentou as questões de Promotor de Justiça/AC/14; **Georgia Renata Dias** comentou as questões de Analista/TJ/CE/13, Analista/STF/13 e Analista/TRT/8/13; **Ivo Shigueru Tomita** comentou as questões de Analista/TJ/CE/13, Técnico/TJ/CE/13, Técnico/STF/13 e Técnico/TRT/8/13; **Bruna Vieira e Teresa Melo** comentaram as questões de Procurador do Estado/AM/16, Analista/TRT/8/16, Analista TCE/PR/16, Analista TRE/PI/16, Juiz de Direito/AM/16, Juiz de Direito/DF/16; **Teresa Melo** comentou as questões de Analista TCE/PA/16 e Defensor Público/RN/16; **Bruna Vieira, Fábio Tavares, Felipe Maciel, Henrique Subi, Licínia Rossi e Teresa Melo** comentaram as demais questões.

-positivo da Constituição (para o qual a Constituição é norma positiva suprema, fundamento de validade de todo o sistema infraconstitucional); **5:** anulada devido a problemas de interpretação. Segundo a doutrina, entende-se como limitação material implícita ao poder reformador ou revisor a **atenuação ou abrandamento** dos processos de reforma da Constituição (emenda), admitindo-se, por sua vez, a dificultação ou agravamento desse processo (José Afonso da Silva, *Curso de Direito Constitucional Positivo*, 32. ed., São Paulo: Malheiros, 2009, p. 68). AN

Gabarito 1E, 2E, 3C, 4C, 5anulada

**(Procurador do Município – Prefeitura Fortaleza/CE – CESPE – 2017)** A respeito do poder constituinte, julgue os itens a seguir.

(1) Não foram recepcionadas pela atual ordem jurídica leis ordinárias que regulavam temas para os quais a CF passou a exigir regramento por lei complementar.

(2) De acordo com o STF, cabe ação direta de inconstitucionalidade para sustentar incompatibilidade de diploma infraconstituci-onal anterior em relação a Constituição superveniente.

(3) Os direitos adquiridos sob a égide de Constituição anterior, ainda que sejam incompatíveis com a Constituição atual, devem ser respeitados, dada a previsão do respeito ao direito adquirido no próprio texto da CF.

(4) O poder constituinte derivado reformador manifesta-se por meio de emendas à CF, ao passo que o poder constituinte deriva-do decorrente manifesta-se quando da elaboração das Constituições estaduais.

(5) Com a promulgação da CF, foram recepcionadas, de forma implícita, as normas infraconstitucionais anteriores de conteúdo compatível com o novo texto constitucional.

**1:** Incorreta. As normas anteriores à CF de 1988 que estivessem *materialmente* de acordo com a nova ordem constitucional foram recepcionadas, ainda que sua forma tenha sido alterada pela CF/88. **2:** Incorreta. Para a verificação da compatibilidade de normas pré-constitucionais (ou anteriores à Constituição) com a CF/88 cabe ADPF, não ADIn. **3:** Incorreta. As normas da constituição anterior, ainda que sobre direito adquirido, não são oponíveis ao Poder Constituinte Originário. Assim, não há falar em direito adquirido sob a égide da Constituição anterior, contra a Constituição atual. **4:** Correta. O poder constituinte derivado reformador manifesta-se por meio de emendas constitucionais ou de emendas de revisão. O Poder constituinte derivado decorrente manifesta-se tanto para a elaboração de constituições estaduais, quanto para a revisão dessas mesmas normas. **5:** Correta. Todas as normas infraconstitucionais que não confrontassem materialmente com a nova CF foram recepcionadas. TM

Gabarito 1E, 2E, 3E, 4C, 5C

**(Procurador Municipal – Prefeitura/BH – CESPE – 2017)** Assinale a opção correta, com relação ao direito constitucional.

(A) Expresso na CF, o direito à educação, que possui aplicabilidade imediata, é de eficácia contida.

(B) De acordo com a doutrina dominante, a possibilidade de o município de Belo Horizonte editar a sua própria lei orgânica provém do poder constituinte derivado decorrente.

(C) Conforme entendimento do STF, é vedada a aplicação de multa ao poder público nas situações em que este se negar a cumprir obrigação imposta por decisão judicial, sob o risco de violação do princípio da separação dos poderes.

(D) O poder constituinte difuso manifesta-se quando uma decisão do STF altera o sentido de um dispositivo constitucional, sem, no entanto, alterar seu texto.

**A:** incorreta. O STF tem jurisprudência no sentido de que se trata de norma constitucional de eficácia plena; **B:** incorreta. O Poder Constituinte Derivado Decorrente é atribuído aos Estados e ao DF, para organizar suas Constituições Estaduais e a Lei Orgânica do DF (não existe, para a maioria dos doutrinadores, para os Municípios e Territórios). Além disso, condiciona-se ao Poder Constituinte Originário, relacionando-se diretamente com ele; **C:** incorreta. O respeito às decisões do Poder Judiciário é garantia para a continuidade de seu funcionamento, conforme previsto pelo próprio princípio da separação dos Poderes; **D:** correta. Trata-se do fenômeno da mutação constitucional, sendo um poder de fato, não ilimitado, já que deve observar os limites impostos pela própria Constituição. TM

Gabarito "D"

**(Delegado/PE – 2016 – CESPE)** Acerca do poder de reforma e de revisão constitucionais e dos limites ao poder constituinte derivado, assinale a opção correta.

(A) Além dos limites explícitos presentes no texto constitucional, o poder de reformada CF possui limites implícitos; assim, por exemplo, as normas que dispõem sobre o processo de tramitação e votação das propostas de emenda não podem ser suprimidas, embora inexista disposição expressa a esse respeito.

(B) Emendas à CF somente podem ser apresentadas por proposta de um terço, no mínimo, dos membros do Congresso Nacional.

(C) Emenda e revisão constitucionais são espécies do gênero reforma constitucional, não havendo, nesse sentido, à luz da CF, traços diferenciadores entre uma e outra.

(D) Não se insere no âmbito das atribuições do presidente da República sancionar as emendas à CF, mas apenas promulgá-las e encaminhá-las à publicação.

(E) Se uma proposta de emenda à CF for considerada prejudicada por vício de natureza formal, ela poderá ser reapresentada após o interstício mínimo de dez sessões legislativas e ser apreciada em dois turnos de discussão e votação.

**A:** correta. De fato existem no texto constitucional limites explícitos e implícitos. Os primeiros vêm previstos no art. 60 da CF e se dividem em: materiais (cláusulas pétreas – art. 60, § 4º, I ao IV, da CF), formais (regras sobre o processo rígido de alteração da Constituição – art. 60, § § 2º, 3º e 5º, da CF) e circunstanciais (não possibilidade de alteração da Constituição na vigência de estado de sítio, estado de defesa e intervenção federal – art. 60, § 1º, da CF). Por outro lado, os **limites implícitos** decorrem do próprio sistema e um exemplo seria justamente o determinado pela impossibilidade de se fazer uma emenda constitucional que altere a forma rígida de se fazer emenda. Se isso fosse possível, a Constituição poderia, por meio de emenda, perder a sua supremacia e, dessa maneira, não haveria mais o controle de constitucionalidade. Enfim, os limites implícitos também protegem o texto constitucional; **B:** incorreta. Determina o art. 60, I, II e III, da CF que a Constituição poderá ser emendada mediante proposta: I – de **um terço, no mínimo, dos membros da Câmara dos Deputados ou do Senado Federal**; II – do Presidente da República e III – de mais da metade das Assembleias Legislativas das unidades da Federação, manifestando-se, cada uma delas, pela maioria relativa de seus membros; **C:** incorreta. Ao contrário do mencionado, há diferenças entre emenda e revisão. A **emenda** pode ser feita, desde que observadas as regras rígidas previstas no art. 60 da CF, por exemplo, aprovação por 3/5 dos membros, nas duas Casas do Congresso Nacional e em 2 turnos de votação. A **revisão**, por outro lado, só pôde ser feita uma única vez, após cinco anos da promulgação da Constituição, em sessão unicameral e pelo voto da maioria absoluta dos membros do Congresso Nacional. Seis emendas constitucionais de revisão foram fruto disso (1 a 6/1994). Hoje não há mais possibilidade de utilização desse instituto. Vejam que, no poder de revisão, não se exigiu o processo solene das emendas constitucionais. Por fim, vale lembrar que o poder derivado se divide em: decorrente (poder dos estados de se auto regulamentarem por meio das suas próprias Constituições – art. 25, *caput*, da CF), reformador (poder de alterar a Constituição por meio das emendas constitucionais – art. 60 da CF) e revisor (poder de fazer a revisão constitucional – art. 3º do ADCT); **D:** incorreta. O Presidente da República não sanciona ou veta, nem promulga as emendas constitucionais. De acordo com o art. 60, § 3º, da CF, as emenda contorcionais serão **promulgadas pelas Mesas da Câmara dos Deputados e do Senado Federal**, com o respectivo número de ordem; **E:** incorreta. Determina o art. 60, § 5º, da CF, que a matéria constante de proposta de emenda rejeitada ou havida por prejudicada não pode ser objeto de nova proposta na mesma sessão legislativa. Gabarito "A".

**(Defensor Público – DPE/RN – 2016 – CESPE)** Com relação ao poder constituinte, assinale a opção correta.

(A) Tendo em vista os limites autônomos ao poder constituinte derivado decorrente, devem as Constituições estaduais observar os princípios constitucionais extensíveis, tais como aqueles relativos ao processo legislativo.

## 8. DIREITO CONSTITUCIONAL 185

**(B)** A mutação constitucional é fruto do poder constituinte derivado reformador.

**(C)** De acordo com a CF, em razão das limitações procedimentais impostas ao poder constituinte derivado reformador, é de iniciativa privativa do presidente da República proposta de emenda à CF que disponha sobre o regime jurídico dos servi-dores públicos do Poder Executivo federal.

**(D)** Ao poder constituinte originário esgota-se quando se edita uma nova Constituição.

**(E)** Para a legitimidade formal de uma nova Constituição, exige--se que o poder constituinte siga um procedimento padrão, com disposições predeterminadas.

**A:** Correta. O art. 25 da CF afirma que os Estados têm capacidade de auto-organização, *obedecidos os princípios da Constituição*, o que demonstra o caráter derivado. Uadi Lammêgo Bulos defende que os referidos princípios são os sensíveis, os estabelecidos (organizatórios) e os extensíveis. Os sensíveis encontram-se listados no art. 34, VII, da CF. Os princípios estabelecidos (ou organizatórios) são os que limitam a ação indiscriminada do Poder Constituinte Decorrente (repartição de competências, sistema tributário, organização de Poderes, direitos políticos, nacionalidade, direitos fundamentais, sociais, da ordem econômica, dentre outros). Por fim, de acordo com Bulos, os extensíveis correspondem aos princípios "que integram a estrutura da federação brasileira, relacionando-se, por exemplo, com a forma de investidura em cargos eletivos (art. 77), o processo legislativo (art. 59 e s.), os orçamentos (arts. 165 e s.), os preceitos ligados à Administração Pública (art. 37 e s.) etc."; **B:** Errada. É fruto do poder constituinte *difuso*, já que é mecanismo informal de alteração da Constituição. Na mutação não há qualquer alteração formal das normas constitucionais, mas atribuição de novo sentido ou conteúdo ao texto, seja por interpretação ou por construção; **C:** Errada. Não se trata de exercício de poder constituinte, já que a matéria é tratada por lei (art. 61, § 1º, II, *c*, CF), sem necessidade de reforma da Constituição; **D:** Errada. Uma das características do poder constituinte originário é ser *permanente*, ou seja, não se esgota com a promulgação da nova Constituição, mas a ela sobrevive como expressão da liberdade; **E:** Errada. Segundo Pedro Lenza, o poder constituinte originário é inicial, autônomo, ilimitado juridicamente, incondicionado, soberano na tomada de decisões, um poder de fato e político, além de permanente.

*Gabarito "A"*

**(Analista Jurídico – TCE/PR – 2016 – CESPE)** A respeito do poder constituinte, assinale a opção correta.

**(A)** O caráter ilimitado do poder constituinte originário não impede o controle de constitucionalidade sobre norma constitucional originária quando esta conflitar com outra norma constitucional igualmente originária.

**(B)** Se não houver ressalva expressa no seu próprio texto, a Constituição nova atingirá os efeitos pendentes de situações jurídicas consolidadas sob a égide da Carta anterior.

**(C)** O poder constituinte originário não desaparece com a promulgação da Constituição, permanecendo em convívio estreito com os poderes constituídos.

**(D)** As assembleias nacionais constituintes são as entidades que titularizam o poder constituinte originário.

**(E)** O poder constituinte originário é incondicionado e, embora deva respeitar os direitos adquiridos sob a égide da Constituição anterior, ainda que esses direitos não sejam salvaguardados pela nova ordem jurídica instaurada.

**A:** incorreta. Não há controle de constitucionalidade em relação à norma advinda do poder constituinte originário, já que ela é o padrão de confronto. Sendo assim, se houver conflito entre normas constitucionais originárias, caberá ao intérprete da Constituição, em especial ao STF, compatibilizá-las, a fim de que tais normas permaneçam vigentes; **B:** correta. De fato, como a nova Constituição rompe por completo o ordenamento jurídico anterior, não havendo disposição sobre a não incidência de suas normas em relação a situações jurídicas consolidadas sob a égide da Carta anterior, os efeitos pendentes serão dados pela nova Constituição; **C:** incorreta. Após a promulgação da constituição, fruto do poder constituinte **originário**, seu texto pode ser alterado, mas por força do poder constituinte **derivado**. Sendo assim, não há falar em exercício do poder constituinte originário em concomitância com o poder constituinte derivado ou constituído; **D:** incorreta. O titular do

poder é o povo. Determina o art. 1º, parágrafo único, da CF que todo o poder emana do povo, que o exerce por meio de representantes eleitos ou diretamente, nos termos desta Constituição. Desse modo, o povo, detentor do poder, delega às assembleias nacionais constituintes a atribuição de elaborar uma nova Constituição, por meio da manifestação do poder constituinte originário; **E:** incorreta. Como mencionado, o poder constituinte rompe a antiga e existente ordem jurídica de forma integral, instaurando uma nova. É ele quem impõe uma nova ordem jurídica para o Estado. Tal poder é incondicionado e ilimitado porque não encontra condições, limitações ou regras preestabelecidas pelo ordenamento jurídico anterior. Portanto, os direitos adquiridos sob a égide da Constituição anterior, não salvaguardados pela nova ordem jurídica, não precisam ser respeitados. É o entendimento majoritário.

*Gabarito "B"*

**(Analista Judiciário – TRT/8ª – 2016 – CESPE)** Acerca do poder constituinte e dos princípios fundamentais da CF, assinale a opção correta.

**(A)** Nas relações internacionais, o Brasil rege-se, entre outros princípios, pela soberania, pela dignidade da pessoa humana e pelo pluralismo político.

**(B)** O preâmbulo da CF constitui vetor interpretativo para a compreensão do significado de suas prescrições normativas, de modo que também tem natureza normativa e obrigatória.

**(C)** O titular do poder constituinte é aquele que, em nome do povo, promove a instituição de um novo regime constitucional ou promove a sua alteração.

**(D)** Embora seja, em regra, ilimitado, o poder constituinte originário pode sofrer limitações em decorrência de ordem supranacional, sendo inadmissível, por exemplo, uma nova Constituição que desrespeite as normas internacionais de direitos humanos.

**(E)** O poder constituinte derivado reformador efetiva-se por emenda constitucional, de acordo com os procedimentos e limitações previstos na CF, sendo passível de controle de constitucionalidade pelo Supremo Tribunal Federal (STF).

**A:** incorreta. De acordo com o art. 4º da CF, o Brasil é regido nas suas relações internacionais pelos seguintes princípios: I – independência nacional; II – prevalência dos direitos humanos; III – autodeterminação dos povos; IV – não-intervenção; V – igualdade entre os Estados; VI – defesa da paz; VII – solução pacífica dos conflitos; VIII – repúdio ao terrorismo e ao racismo; IX – cooperação entre os povos para o progresso da humanidade; e X – concessão de asilo político. Por outro lado, a soberania, a dignidade da pessoa humana e o pluralismo político são considerados **fundamentos** da República Federativa do Brasil, conforme determina o art. 1º, I, III e V, da CF; **B:** incorreta. O preâmbulo, de fato, deve ser utilizado como vetor interpretativo para a busca do significado e compreensão de todo o texto constitucional. Todavia, embora o preâmbulo tenha de ser utilizado como alicerce, segundo o Supremo, ele não tem força normativa, não cria direitos e obrigações e não pode ser utilizado como parâmetro para eventual declaração de inconstitucionalidade. Por exemplo: uma lei que fira tão somente o preâmbulo não pode ser objeto de ação direta de inconstitucionalidade no STF, nem de outro mecanismo de controle de constitucionalidade; **C:** incorreta. O titular do poder constituinte é o povo. O fundamento é encontrado no parágrafo único do art. 1º da CF. Por outro lado, a manifestação e o exercício desse poder são delegados aos governantes que, em nome do povo, promovem a instituição de um novo regime constitucional e as suas alterações; **D:** incorreta. Alternativa polêmica, pois parte da doutrina entende dessa forma, embora não seja a doutrina majoritária. Como a questão não foi anulada, é bom lembrar que o poder constituinte originário é ilimitado juridicamente, pois no Brasil adota-se a teoria positivista; **E:** correta. De fato, o poder de reformar a Constituição se manifesta por meio do processo legislativo das emendas constitucionais, previsto no art. 60 da CF, e as normas advindas desse poder estão sujeitas ao controle de constitucionalidade (ao contrário das normas constitucionais originárias).

*Gabarito "E"*

**(Procurador do Estado/AM – 2016 – CESPE)** Julgue os itens que se seguem, acerca do poder de auto-organização atribuído aos estados-membros no âmbito da Federação brasileira.

**(1)** Dado o princípio majoritário adotado pela CF, pode a Constituição estadual prever que o pedido de criação de comissão parlamentar de inquérito efetuado por um terço dos deputados estaduais no âmbito da assembleia legislativa fique condicionado à vontade da maioria do plenário, que, se assim deliberar, poderá impedir a instalação da respectiva comissão.

(2) Ao instituir sistema estadual de controle abstrato de normas, o estado não estará obrigado a prever em sua Constituição um rol de legitimados para a ação necessariamente equivalente àquele previsto para o controle abstrato de normas no STF.

(3) A despeito do seu papel auxiliar em relação a algumas competências das assembleias legislativas, os tribunais de contas dos estados têm igualmente a atribuição de fiscalizá-las, não podendo as Constituições estaduais vedar-lhes tal incumbência.

(4) São de observância obrigatória para os estados, devendo ser reproduzidas nas Constituições estaduais, as normas constitucionais federais relativas às imunidades parlamentares, ao processo legislativo e ao regime dos crimes de responsabilidade e às garantias processuais penais do chefe do Poder Executivo federal.

**1:** errada. O § 3º do art. 58 da CF, ao tratar das Comissões Parlamentares de Inquérito, determina que elas sejam criadas pela Câmara dos Deputados e pelo Senado Federal, em conjunto ou separadamente, **mediante requerimento de um terço de seus membros** (garantia das minorias), para a apuração de fato determinado e por prazo certo. Tal regra deve ser aplicada, por simetria, nos âmbitos estadual e municipal. O STF já decidiu que deve ser estendida aos membros das Assembleias Legislativas estaduais a garantia das minorias, ou seja, as CPIs no âmbito estadual também devem ser criadas por um terço dos membros. Na ADI 3.619, o STF afirmou que "o modelo federal de criação e instauração das comissões parlamentares de inquérito constitui matéria a ser compulsoriamente observada pelas casas legislativas estaduais. A garantia da instalação da CPI **independe de deliberação plenária**, seja da Câmara, do Senado ou da Assembleia Legislativa. (...) Não há razão para a submissão do requerimento de constituição de CPI a qualquer órgão da Assembleia Legislativa. Os requisitos indispensáveis à criação das comissões parlamentares de inquérito estão dispostos, estritamente, no art. 58 da CB/1988"; **2:** correta. Determina o § 2º do art. 125 da CF que os Estados poderão instituir representação de inconstitucionalidade de leis ou atos normativos estaduais ou municipais em face da Constituição Estadual, **sendo vedada a atribuição da legitimação para agir a um único órgão.** Sendo assim, os estados não precisam prever em sua Constituição o mesmo rol de legitimados do âmbito federal. A única regra é a de que tal legitimação não pode ser atribuída a um único órgão; **3:** correta. De acordo com o *caput* do art. 75 da CF, as normas que regem o Tribunal de Contas da União (TCU) têm aplicação, no que couber, à organização, composição e **fiscalização** dos Tribunais de Contas dos Estados e do Distrito Federal, bem como dos Tribunais e Conselhos de Contas dos Municípios. De fato, os Tribunais de Contas Estaduais detêm atribuição de fiscalizar as assembleias legislativas e as Constituições estaduais não podem vedar essa incumbência; **4:** errada. Ao contrário do mencionado, tais normas não são de observância obrigatória nas Constituições Estaduais. Aliás, o STF já decidiu reiteradas vezes que as normas relativas ao regime dos crimes de responsabilidade e às garantias processuais penais do chefe do Poder Executivo federal **não podem ser estendidas** aos demais chefes do Executivo.

Gabarito 1E, 2C, 3C, 4E

## 2. TEORIA DA CONSTITUIÇÃO E PRINCÍPIOS FUNDAMENTAIS

**(Delegado/RJ – 2022 – CESPE/CEBRASPE)** O triunfo do liberalismo, movimento econômico, político e filosófico surgido durante o século XVIII, inspirado no Iluminismo, levou a uma significativa alteração nas feições do modelo estatal absolutista até então em vigor. Em especial no campo econômico, passou-se a difundir a não intervenção do Estado (*laissez-faire*), além de, na seara política, considerá-la como necessária, devendo o poder ser repartido e limitado com o objetivo de evitar quaisquer abusos em seu exercício. A respeito das diversas fases na evolução do constitucionalismo, assinale a opção correta.

(A) O constitucionalismo clássico não teve nenhuma vinculação com os ideais liberais, em especial no que se refere ao poder estatal, já que defendia as pautas impostas pelo Estado, que, adotando o modelo clássico greco-romano. Nessa fase inicial, chamada de constitucionalismo clássico, pregava-se a concentração do poder político com o objetivo de atender a nobreza detentora do poder econômico.

(B) Uma análise mais aprofundada dos movimentos sociais ocorridos no século XV, que deram sustentação política ao constitucionalismo, permite afirmar que o Estado decidiu assumir uma postura mais permissiva na fase de produção e distribuição de bens, buscando intervir nas relações laborais, econômicas e sociais, o que fez surgir a noção de Estado social.

(C) As chamadas revoluções burguesas se identificavam com o Estado absolutista, refutando a ideia de constituições escritas, que acabariam por comprometer suas pretensões, sintonizadas com a intervenção do Estado na economia.

(D) A Revolução Francesa pode ser considerada uma referência para o surgimento das constituições escritas, ao ter defendido, de maneira expressa, que o Estado estivesse formalizado em um documento escrito que previsse a separação do poder estatal e uma declaração de direitos do homem.

(E) A partir do século XX, em especial no pós-guerra, o constitucionalismo estabeleceu uma vinculação mais estreita como a ideologia absolutista, consolidando os postulados iluministas e resgatando ideais ainda mais conservadores.

Comentário: **A:** incorreta. Pelo contrário, o constitucionalismo clássico estava baseado nos ideais liberais. É o que os franceses chamavam de liberdades públicas negativas e pregavam a ideia do Estado mínimo, ou seja, o Estado não intervencionista. Constitui-se na primeira geração ou dimensão dos direitos fundamentais. Assim, o liberalismo era a base desta teoria; **B:** incorreta. O Estado do bem-estar social é um movimento que se iniciou no final do século XIX e ganhou força no século XX e está relacionado com a segunda geração ou dimensão dos direitos fundamentais. **C:** incorreta. Pelo contrário, as revoluções burguesas surgiram para combater o Estado absolutista e não pregavam a intervenção do Estado na economia, pois a sua base era o liberalismo clássico; **D:** correta. A Revolução Francesa foi o marco para o surgimento das constituições escritas, formalizando-se o Estado com documento escrito fazendo-se prever a separação do poder estatal e uma declaração de direitos do homem com o objetivo de limitar o poder absoluto dos monarcas; **E:** incorreta. A partir do século XX, em especial no pós-guerra, houve fortalecimento das constituições, em especial no tocante à consagração dos direitos fundamentais. AMN

Gabarito "D"

**(Delegado/RJ – 2022 – CESPE/CEBRASPE)** Conforme expressamente previsto no art. 1.º da Constituição Federal de 1988, "A República Federativa do Brasil, formada pela união indissolúvel dos Estados e Municípios e do Distrito Federal, constitui-se em Estado Democrático de Direito". Além de elencar os princípios republicano e federativo, o referido dispositivo constitucional aponta como um dos princípios fundamentais da Lei Maior o denominado princípio do Estado democrático de direito. Considerando os princípios que fundamentam o Estado brasileiro e aspectos relacionados a esse assunto, assinale a opção correta.

(A) Com o surgimento do liberalismo, os Estados passaram a ser criados por meio de constituições escritas, com fixação de mecanismos de repartição e limitação do poder estatal, dando-se especial atenção à proteção do indivíduo contra eventuais arbitrariedades; passou a ser comum aos Estados modernos a edição de normas estabelecidas tanto pela constituição quanto pelos diplomas infraconstitucionais, não apenas para reger as relações entre os particulares, mas também para vincular a atuação dos agentes públicos. Assim, é correto afirmar que o Estado de direito pode ser conceituado, sinteticamente, como aquele que se mantém baseado no império das leis.

(B) O Brasil é uma Federação, mas, em razão de dispor de soberania, pela classificação dada pela doutrina, é considerado um Estado unitário. Nesse modelo de classificação,

8. DIREITO CONSTITUCIONAL    187

compreende-se a existência de um único ente estatal, com centralização política, conforme se depreende do dispositivo constitucional que prevê que Brasília é a capital federal, onde está situado o Congresso Nacional, órgão responsável por centralizar as decisões políticas.

(C) A democracia direta pode ser considerada como aquela em que os representantes do povo tomam diretamente as decisões que consideram adequadas para consubstanciar o interesse público. Era o sistema de democracia adotado na Grécia antiga, em que os representantes dos cidadãos reuniam-se em assembleia com o objetivo de decidir sobre temas de interesse da *polis*.

(D) A democracia indireta pode ser considerada como aquela em que o povo exerce sua soberania por meio do plebiscito, do referendo e da iniciativa popular, conforme previsto no art. 14 da Constituição Federal de 1988. A participação popular, nesse caso, é de fundamental importância para que o Estado legitime suas decisões, efetivadas posteriormente pela administração pública, por intermédio de seus agentes.

(E) A democracia semidireta é considerada pela doutrina pátria como aquela que surge da atuação do Supremo Tribunal Federal, tendo como base o art. 102 da Constituição Federal de 1988, quando seus ministros adotam decisões diante de um caso concreto no chamado ativismo judicial. Nessas condições, o STF passa a ter protagonismo com o escopo de buscar efetividade para as normas constitucionais, pois seus ministros são os principais responsáveis pela guarda da Constituição.

Comentário: **A**: correta. A primeira geração ou dimensão dos direitos fundamentais está relacionada com o liberalismo e a proteção da pessoa em face do Estado por meio de um documento escrito que é a Constituição. Essa geração dos direitos fundamentais é pautada pelo princípio da legalidade ou estado de direito; **B**: incorreta. Se o Brasil é uma Federação, não pode ser um Estado unitário, este último é caracterizado pela concentração política e a primeira pela descentralização, com autonomia de cada ente federado e divisão de competências, sem haver hierarquia; **C**: incorreta. O direito brasileiro não adotou esse sistema. O art. 14, incisos I a III, da CF, estabelece a possibilidade de participação popular por meio do plebiscito, referendo e iniciativa popular; **D**: incorreta. A segunda parte da resposta está incorreta, pois está se referindo apenas ao plebiscito quando afirma: "(...) para que o Estado legitime suas decisões, efetivadas posteriormente pela administração pública (...)", não fazendo menção ao referendo. O art. 2º da Lei nº 9.709, de 18 de novembro de 1998, diferencia o plebiscito do referendo, nos seguintes termos: "Art. 2º Plebiscito e referendo são consultas formuladas ao povo para que delibere sobre matéria de acentuada relevância, de natureza constitucional, legislativa ou administrativa. § 1º O plebiscito é convocado com anterioridade a ato legislativo ou administrativo, cabendo ao povo, pelo voto, aprovar ou denegar o que lhe tenha sido submetido. § 2º O referendo é convocado com posterioridade a ato legislativo ou administrativo, cumprindo ao povo a respectiva ratificação ou rejeição."; **E**: incorreta. Na democracia semidireta "o povo não só elege, como legisla" (BONAVIDES, Paulo. *Ciência política*. 17. ed. São Paulo: Malheiros, 2010, p. 296). Assim, "a soberania está com o povo, e o governo, mediante o qual essa soberania se comunica ou exerce, pertence por igual ao elemento popular nas matérias mais importantes da vida pública. Determinadas instituições, como o *referendum*, a iniciativa, o veto e o direito de revogação, fazem efetiva a intervenção do povo, garantem-lhe um poder de decisão de última instância, supremo, definitivo, incontrastável" (BONAVIDES, Paulo. *Ciência política*. 17. ed. São Paulo: Malheiros, 2010, p. 296). **AMN**
Gabarito "A".

**(Delegado de Polícia Federal – 2021 – CESPE)** Acerca dos sentidos e das concepções de constituição e da posição clássica e majoritária da doutrina constitucionalista, julgue os itens que se seguem.

(1) A Constituição Federal brasileira pode ser considerada uma constituição-garantia, pois regulamenta, de forma analítica, os assuntos mais relevantes à formação, à destinação e ao funcionamento do Estado.

(2) Quanto ao objeto das constituições, são exemplos tradicionais o estabelecimento do modo de aquisição do poder e a forma de seu exercício.

(3) Sob a ótica da constituição política, um Estado pode ter uma constituição material sem que tenha uma constituição escrita que descreva a sua organização de poder.

**1**: Errado. Segundo Vicente Paulo e Marcelo Alexandrino, em Direito Constitucional Descomplicado, 20ª Ed, p. 16, a "Constituição-garantia, de texto reduzido (sintética), é Constituição negativa, que tem como principal preocupação a limitação dos poderes estatais, isto é, a imposição de limites à ingerência do Estado na esfera individual. Daí a denominação "garantia", indicando que o texto constitucional preocupa-se em garantir a liberdade, limitando o poder. Desse modo, ao contrário do mencionado na questão, a Constituição brasileira traz conteúdo extenso e em relação a sua finalidade é classificada como Constituição dirigente. Mais uma vez, os mencionados autores definem a dirigente como "aquela que define fins, programas, planos e diretrizes para a atuação futura dos órgãos estatais. É a Constituição que estabelece, ela própria, um programa para dirigir a evolução política do Estado, um ideal social a ser futuramente concretizado pelos órgãos estatais". **2**: Certo. De fato, o objeto das Constituições tradicionais gira em torno do poder, o que inclui, por exemplo, o modo de aquisição, a forma de seu exercício e os limites de atuação do poder do Estado. **3**: Certo. A ótica da constituição política foi defendida por Carl Schmitt e, de fato, essa concepção admite que um Estado tenha uma constituição material sem a existência de uma constituição escrita que descreva a sua organização de poder. Para Schmitt, a Constituição é a decisão política fundamental de um povo, visando sempre a dois focos estruturais básicos – organização do Estado e efetiva proteção dos direitos fundamentais. **BV**
Gabarito 1E, 2C, 3C

**(Auditor Fiscal – SEFAZ/RS – 2019 – CESPE/CEBRASPE)** À luz do disposto na CF, assinale a opção correta no que se refere aos princípios fundamentais da CF.

(A) O Legislativo, o Executivo e o Judiciário — poderes independentes e harmônicos entre si, integrantes da República Federativa do Brasil — não estão sujeitos ao princípio da indissolubilidade do vínculo federativo.

(B) A República Federativa do Brasil é composta pela união entre os estados federados, municípios e o Distrito Federal, não podendo ser nem mesmo objeto de deliberação uma proposta de emenda constitucional tendente a abolir a forma federativa.

(C) A independência nacional como princípio significa a manifestação da soberania na ordem interna com superioridade a todas as demais manifestações de poder em âmbito global.

(D) A solução pacífica dos conflitos é um dos objetivos fundamentais da República Federativa do Brasil.

(E) O Legislativo, o Executivo e o Judiciário são poderes harmônicos e preservam o equilíbrio no exercício das funções estatais essenciais, coibindo o sistema de freios e contrapesos.

**A**: incorreta, pois os Poderes Legislativo, Executivo e Judiciário **estão** sujeitos ao princípio da indissolubilidade do vínculo federativo previsto no art. 1º da CF; **B**: correta, nos termos do art. 1º, *caput*, c/c art. 60, § 4º, I, da CF; **C**: incorreta, porque o princípio da independência nacional significa que as relações internacionais de um país devem consolidar-se na soberania política e econômica, na de autodeterminação dos povos, repudiando a intervenção direta ou indireta nos negócios políticos de outros Estados. Ademais, não se pode falar em superioridade às demais manifestações de poder em âmbito global em face do princípio da igualdade entre os Estados (art. 4º, V, da CF); **D**: incorreta, a solução pacífica dos conflitos é um dos princípios que regem as relações internacionais da República Federativa do Brasil (art. 4º, VII, da CF); **E**: incorreta, pois a separação dos poderes é manifestação do sistema de freios e contrapesos, o qual serve para evitar que os poderes cometam abusos e tentem se sobrepor uns aos outros. **AN**
Gabarito "B".

**(Auxiliar Judiciário – TJ/PA – 2020 – CESPE)** Assinale a opção que apresenta um princípio que rege as relações internacionais do Brasil.

(A) prevalência dos direitos humanos

(B) garantia do desenvolvimento nacional
(C) valores sociais do trabalho e da livre-iniciativa
(D) pluralismo político
(E) construção de sociedade livre, justa e solidária

Correta é a letra **A**, nos termos do artigo 4º, inciso II, da CF. As demais alternativas estão erradas, pois apontam para os fundamentos e os objetivos da República Federativa do Brasil, conforme artigos 1º e 3º, da CF. **AB**

Gabarito "A".

**(Juiz de Direito – TJ/BA – 2019 – CESPE/CEBRASPE)** A concepção que compreende o texto da Constituição como não acabado nem findo, mas como um conjunto de materiais de construção a partir dos quais a política constitucional viabiliza a realização de princípios e valores da vida comunitária de uma sociedade plural, caracteriza o conceito de Constituição

(A) em branco.
(B) semântica.
(C) simbólica.
(D) dúctil.
(E) dirigente.

**A:** incorreta, pois constituição em branco é aquela que não traz limitações expressas ao Poder Constituinte reformador, de modo que as reformas ficam susceptíveis a uma margem de discricionariedade do Poder Constituinte Derivado de Reforma; **B:** incorreta, pois constituição semântica é aquela que visa formalizar a situação daqueles que detêm o poder no momento, servindo apenas para estabilizar e manter a intervenção da classe dominante em seu benefício exclusivo; **C:** incorreta, pois constituição simbólica, na acepção de Marcelo Neves, é aquela que dá maior importância à função simbólica (funções ideológicas, morais e culturais) do que à função jurídico-instrumental (força normativa), gerando um déficit de concretização das normas constitucionais em razão da maior importância dada ao simbolismo do que à efetivação da norma; **D:** correta, pois constituição dúctil ou suave, na acepção do jurista italiano Gustavo Zagrebelsky, é aquela cuja tarefa básica é assegurar as condições possíveis para a vida comum nas sociedades plurais atuais, dotadas de certo grau de relativismo e caracterizadas pela diversidade de interesses, ideologias e projetos. O adjetivo *dúctil* ou *suave* é utilizado com o intuito de expressar a necessidade de a constituição acompanhar a descentralização do Estado e refletir o pluralismo social, político e econômico; **E:** incorreta, pois constituição dirigente, na acepção de J. J. Canotilho, é aquela que estabelece fins, programas, planos e diretrizes para a atuação futura dos órgãos estatais, de modo que o legislador constituinte dirige a futura atuação do Estado por meio de programas e metas a serem perseguidos. **AN**

Gabarito "D".

**(Analista Judiciário – TJ/PA – 2020 – CESPE)** O conflito entre uma norma especial anterior e uma norma geral posterior classifica-se como

(A) antinomia de primeiro grau real e deve ser resolvido pelo critério hierárquico.
(B) antinomia de primeiro grau aparente e deve ser resolvido pelo critério temporal.
(C) antinomia de segundo grau real e somente pode ser resolvido por decisão de corte constitucional.
(D) antinomia de segundo grau aparente e deve ser resolvido pelo critério da especialidade.
(E) antinomia insuperável e somente pode ser resolvido por solução do Poder Legislativo.

Correta é a letra **D**, pois na existência de conflito entre duas normas, teremos que solucioná-lo a partir de critérios, quais sejam: cronológico (lei posterior prevalece sobre lei anterior), especialidade (lei especial prevalece sobre lei geral) e hierarquia (lei hierarquicamente superior prevalece sobre a inferior). Na existência de conflito entre normas com dois critérios envolvidos, logo, temos um conflito de segundo grau, razão pela qual as letras **A** e **B** estão erradas. No caso abordado, prevalecerá a norma especial sobre a norma geral, ainda que aquela seja anterior, por esse motivo a letra **D** está correta. Letra **C** está errada, pois não requer decisão de corte constitucional e, por sua vez, letra **E** está incorreta, pois o conflito é superável. **AB**

Gabarito "D".

O Estado constitucional, para ser um Estado com as qualidades identificadas com o constitucionalismo moderno, deve ser um Estado de direito democrático. Eis aqui as duas grandes qualidades do Estado constitucional: Estado de direito e Estado democrático. Estas duas qualidades surgem muitas vezes separadas. Fala-se em Estado de direito, omitindo-se a dimensão democrática, e alude-se a Estado democrático, silenciando-se a dimensão do Estado de direito. Essa dissociação corresponde, por vezes, à realidade das coisas: existem formas de domínio político em que esse domínio não está domesticado do ponto de vista de Estado de direito, e existem Estados de direito sem qualquer legitimação democrática. O Estado constitucional democrático de direito procura estabelecer uma conexão interna entre democracia e Estado de direito.

J. J. Gomes Canotilho. Direito constitucional e teoria da Constituição. 7.ª ed., Coimbra: Almedina, 2003, p. 93 (com adaptações).

**(Juiz de Direito – TJ/BA – 2019 – CESPE/CEBRASPE)** Tendo o texto precedente como referência inicial, assinale a opção correta, a respeito do Estado democrático de direito.

(A) A domesticação do domínio político pelo Estado de direito referida no texto não implica a sujeição dos atos do Poder Executivo ao Poder Legislativo.
(B) A existência do controle judicial de constitucionalidade das leis é garantia inerente ao Estado de direito.
(C) Por legitimação democrática entendem-se a eleição dos representantes do povo e a obrigatoriedade de participação deste na deliberação pública das questões políticas.
(D) No Brasil, as exceções ao princípio da legalidade no Estado de direito admitidas incluem o estado de defesa, o estado de sítio e a intervenção federal.
(E) No Estado constitucional, os direitos políticos implicam limites à maioria parlamentar.

**A:** incorreta. De acordo com José Joaquim Gomes Canotilho, a ideia de um Estado domesticado pelo direito alicerçou-se paulatinamente nos Estados ocidentais de acordo com as circunstâncias e condições concretas existentes nos vários países. Na Inglaterra, emergiu a ideia do *rule of law* (regra do direito ou império do direito); na França, surgiu o Estado de legalidade (*État légal*); nos Estados Unidos, o Estado Constitucional; e na Alemanha, o princípio do Estado de direito (*Rechtsstaat*). A sujeição de todos os atos do Poder Executivo à soberania dos representantes do povo (Parlamento) é uma das características da regra do direito; **B:** incorreta, pois a existência do **controle judicial** de constitucionalidade depende do arranjo institucional e normativo adotado pelo Estado, sendo possível que haja Estado de Direito sem controle judicial da atividade legislativa, como na Inglaterra. Há modelos de Estados de Direito em que o controle judicial é submetido à revisão parlamentar (ex. Canadá), ou que não possuem um controle judicial de constitucionalidade (ex. Inglaterra), ou que o possuem de forma mitigada e sujeito à fiscalização de órgão do próprio parlamento (ex. França); **C:** incorreta, porque a legitimação democrática também compreende a participação do povo por vias diretas (lei de iniciativa popular, referendo, plebiscito, ação popular), bem como a representatividade das minorias e o exercício do papel contramajoritário pelo Judiciário na defesa das regras da democracia e dos direitos fundamentais; **D:** incorreta, pois as exceções ao princípio da legalidade previstas na Constituição são a **medida provisória**, o estado de defesa e o estado de sítio. Vale esclarecer que o estado de defesa, o estado de sítio e a intervenção federal são mecanismos extraordinários previstos na Constituição Federal de 1988 para o gerenciamento de crises, não constituindo exceções ao Estado de Direito; **E:** correta, pois os direitos políticos, na condição de direitos fundamentais, implicam limites à maioria parlamentar, uma vez que a vontade da maioria, ainda que legitimada, não pode suprimir ou negligenciar o direito das minorias. Segundo Ingo Wolfgang Sarlet: "*Assim, os direitos políticos, ainda mais quando assumem a condição de direitos fundamentais (vinculando os órgãos estatais, incluindo o Poder Legislativo), exercem, nesse contexto, dúplice função, pois se por um lado são elementos essenciais (e garantes) da democracia no Estado Constitucional – aqui se destaca a função democrática dos direitos fundamentais –, por outro representam limites à própria* *maioria parlamentar, já que esta, no campo de suas opções políticas, há de respeitar os direitos fundamentais e os parâmetros estabelecidos pelos direitos políticos, de tal sorte que entre os direitos políticos e os direitos fundamentais em geral e a democracia se verifica uma relação de reciprocidade e interdependência, caracterizada por uma permanente e recíproca implicação e tensão"* (Ingo Wolfgang Sarlet, Luiz Guilherme Marinoni e Daniel Mitidiero. *Curso de Direito Constitucional*, 6. ed., São Paulo: Saraiva, 2017, p. 743).

Gabarito "E".

**(Juiz de Direito – TJ/BA – 2019 – CESPE/CEBRASPE)** Assinale a opção que indica o instrumento da democracia direta ou participativa que constitui consulta popular ao eleitorado sobre a manutenção ou revogação de um mandato político.

(A) *impeachment*
(B) referendo
(C) plebiscito
(D) *recall*
(E) moção de desconfiança

**A:** incorreta, porque *impeachment* é o instrumento do sistema presidencialista pelo qual o Parlamento pode destituir o presidente em razão do cometimento de crime de responsabilidade (infrações político--administrativas). Trata-se de um processo jurídico-político conduzido pelo Poder Legislativo com o intuito de julgar irregularidades jurídicas nas condutas do presidente e de outras autoridades; **B:** incorreta, pois referendo é o instrumento da democracia direta que consiste na consulta aos cidadãos convocada posteriormente a ato legislativo ou administrativo, cumprindo ao povo a respectiva ratificação ou rejeição (art. 2º, § 2º, da Lei 9.709/1998); **C:** incorreta, pois plebiscito é o instrumento da democracia direta que consiste na consulta aos cidadãos convocada anteriormente a ato legislativo ou administrativo, cabendo ao povo aprovar ou denegar o que lhe tenha sido submetido (art. 2º, § 1º, da Lei 9.709/1998); **D:** correta, visto que *recall* é o instrumento da democracia direta pelo qual os eleitores podem revogar mandatos eletivos. Segundo Paulo Bonavides, o *recall* é um instrumento por meio do qual o eleitorado fica autorizado a destituir agentes políticos cujo comportamento, por qualquer motivo, não lhe esteja agradando (*Ciência Política*. 17. ed. São Paulo: Malheiros, 2010, p. 313-316); **E:** incorreta, porque moção de desconfiança (ou moção de censura) é o instrumento do sistema parlamentarista pelo qual o Parlamento pode destituir o primeiro-ministro em razão da perda de confiança ou de apoio político. Trata-se de uma votação em que a maioria do Parlamento demonstra desconfiança em relação ao governo – não há necessidade de apontar irregularidades jurídicas nas condutas do chefe de governo – para que esse caia em uma crise de legitimidade, sendo forçado a abandonar seu gabinete.

Gabarito "D".

**(Juiz – TJ/CE – 2018 – CESPE)** No sentido moderno, o conceito de Constituição articula fundamentalmente a limitação de poder do Estado e a garantia de direitos dos cidadãos em textos dotados de supremacia que diferenciam normas de caráter formal das de caráter material. O conceito contemporâneo de Constituição, por sua vez, contempla aspectos diversos àqueles. Com relação a esses aspectos, assinale a opção correta.

(A) Constituição compromissória é o pacto político-jurídico celebrado pelo poder constituinte que não incorpora limites ao poder de reforma.
(B) Constituição plástica é aquela definida pelos fatores reais presentes nas disputas de poder na sociedade.
(C) Constituição unitextual consagra, em um único documento, emendas à Constituição, embora admita a existência de leis com valor normativo igual ao da Constituição.
(D) Constituição subconstitucional admite a constitucionalização de temas excessivos e o alçamento de detalhes e interesses momentâneos ao patamar constitucional.
(E) Constituição processual é aquela que define um programa e estabelece parâmetros para gerir a atividade estatal.

**A:** incorreta, pois **Constituição compromissória** é aquela que busca conciliar ideologias antagônicas presentes numa sociedade plural e complexa, assumindo compromissos constitucionais estabelecidos a partir da barganha, argumentação, convergências e diferenças resultantes da pluralidade de forças políticas e sociais. Por outro lado,

Constituição em branco é aquela que não possui limitações explícitas ao poder de reforma; **B:** incorreta, porque **Constituição plástica** é aquela dotada de certa maleabilidade que permite a adequação de suas normas às mudanças da realidade fática e oscilações da opinião pública, sem necessidade de alteração do seu texto. Em contrapartida, o sentido sociológico de constituição se refere à ideia de somatória dos fatores reais do poder dento de uma sociedade (Ferdinand Lassale); **C:** incorreta, pois **Constituição unitextual (unitária ou orgânica)** é aquela disposta num único documento, no qual todos os dispositivos estão organizados de forma lógica, coerente e sistematizada. Não admite a existência de leis com valor constitucional fora do texto da Constituição; **D:** correta, pois **Constituição subconstitucional (ou subconstituição)** é um conjunto de normas que, mesmo elevadas formalmente ao patamar constitucional, não o são, porque encontram-se limitadas nos seus objetivos, sendo fruto de detalhamentos inúteis, preocupações momentâneas e interesses esporádicos. Para Hild Krüger, a Constituição só deve trazer aquilo que diz respeito à comunidade, à nação e ao sistema político; o excesso de temas gera as subconstituições (Uadi Lammêgo Bulos, *Vinte anos da Constituição de 1988*. Revista Jus Navigandi, Teresina, ano 13, n. 1922, 5 out. 2008. Disponível em: <https://jus.com.br/artigos/11798>. Acesso em: 27 jan. 2019); **E:** incorreta, já que **Constituição processual (instrumental ou formal)** é um instrumento de governo definidor de competências, regulador de processos e limitador da ação política. Em contrapartida, Constituição dirigente (programática ou diretiva) é aquela que dirige a atuação do Estado por meio de programas de ação com o fim de concretizar determinados objetivos e finalidades a serem atingidos.

Gabarito "D".

**(Juiz – TJ/CE – 2018 – CESPE)** A preocupação com a implementação de dispositivos constitucionais e, em particular, de suas promessas sociais, não é central. As controvérsias constitucionais são decididas com base nos códigos da política e conforme conflitos de interesse. Nessa luta, acabam preponderando os interesses dos grupos mais poderosos, dos denominados "sobrecidadãos", que conseguem utilizar a Constituição e o Estado em geral como instrumento para satisfazer seus interesses. A juridicidade da Constituição fica comprometida pela corrupção da normatividade jurídica igualitária e impessoal, conforme o binômio legal-ilegal. As controvérsias constitucionais são decididas com base no código do poder.

S. Lunardi & D. Dimoulis. Resiliência constitucional: compromisso maximizador, consensualismo político e desenvolvimento gradual. São Paulo: Direito GV, 2013, p. 15 (com adaptações).

A concepção de Constituição a respeito da qual o texto precedente discorre denomina-se

(A) neoconstitucionalismo.
(B) Constituição chapa-branca.
(C) Constituição ubíqua.
(D) Constituição liberal-patrimonialista.
(E) Constituição simbólica.

**A:** incorreta. A teoria do **neoconstitucionalismo ou Constituição principiológica e judicialista** sustenta que as principais características da Constituição de 1988 são (i) a importância dos direitos fundamentais, incluindo os sociais; (ii) a centralidade dos princípios constitucionais, que adquirem relevância prática e aplicabilidade imediata; e (iii) a importância do Poder Judiciário, que se torna protagonista em razão da ampliação do controle de constitucionalidade e da incumbência de implementar o projeto constitucional mediante aplicação de métodos abertos de interpretação. A Constituição optou pelo fortalecimento do Judiciário enquanto agente primordial de transformação social, utilizando-se, para tanto, da abertura normativa do texto e do discurso relacionado aos direitos fundamentais. (Dimitri Dimoulis e Soraya Lunardi. *Resiliência Constitucional*: compromisso maximizador, consensualismo político e desenvolvimento gradual. 1. ed., São Paulo: Direito GV, 2013, pp. 12-13); **B:** incorreta. A teoria da **Constituição chapa-branca**, criada por Carlos Ari Sundfeld, destaca que o intuito principal da Constituição de 1988 foi tutelar interesses e privilégios tradicionais reconhecidos aos integrantes e dirigentes do setor público, bem como assegurar posições de poder a corporações e organismos estatais ou paraestatais. Apesar da retórica relacionada aos direitos fundamentais e das normas liberais e sociais, o núcleo duro do texto preserva interesses corporativos do setor público e estabelece formas de distribuição e de apropriação dos recursos públicos entre vários grupos (*Idem, ibidem*, pp. 14-15); **C:** incorreta. A teoria da **Constituição ubíqua**, criada por Daniel Sarmento, sustenta que a incorporação de uma infinidade de valores substanciais, princípios abstratos e normas concretas pela Constituição de 1988 gerou o fenômeno da "panconstitucionalização", isto é, a onipresença de normas e valores constitucionais no direito brasileiro. Esse fenômeno apresenta riscos, como (i) a ampliação do poder discricionário dos tribunais, que podem invocar normas constitucionais vagas para fundamentar decisões nos mais variados sentidos, e (ii) a falta de estabilidade e eficácia constitucional causada pelas contradições entre valores e princípios. A solução desses problemas virá mediante reformas constitucionais, que tornem seu texto menos prolixo e contraditório, e aumento do rigor argumentativo, que permita controlar a ampla margem de liberdade do Poder Judiciário, exigindo uma fundamentação rigorosa das opções interpretativas (*Idem, ibidem*, p. 16); **D:** incorreta. A teoria da **Constituição liberal-patrimonialista** defende que o principal objetivo da Constituição de 1988 foi garantir os direitos individuais, preservando o direito de propriedade e limitando a intervenção estatal na economia. Embora haja a proclamação de direitos sociais e a relevante atuação do Estado na economia, tais normas possuem caráter programático – ao contrário dos direitos individuais e patrimoniais, previstos em normas densas – e devem ser interpretadas de maneira restritiva e de forma a não atingir a tutela do patrimônio dos particulares (*Idem, ibidem*, p. 12); **E:** correta. A teoria da **Constituição simbólica**, criada por Marcelo Neves, preconiza que a Constituição de 1988, com suas promessas de mudança social e de tutela de interesses populares, tem valor tão somente simbólico. A corrupção do direito pela política fica, de certa forma, compensada pela generosidade das promessas constitucionais que desempenham uma "função hipertroficamente simbólica". A constitucionalização das demandas populares permanece no nível da simbolicidade, não objetivando a efetivação do texto constitucional. (*Idem, ibidem*, p. 15).

Gabarito "E".

**(Procurador Municipal – Prefeitura/BH – CESPE – 2017)** Acerca das Constituições, assinale a opção correta.

(A) De acordo com a doutrina, derrotabilidade das regras refere-se ao ato de se retirar determinada norma do ordenamento jurídico, declarando-a inconstitucional, em razão das peculiaridades do caso concreto.

(B) O neoconstitucionalismo, que buscou, no pós-guerra, a segurança jurídica por meio de cartas constitucionais mais rígidas a fim de evitar os abusos dos três poderes constituídos, entrou em crise com a intensificação do ativismo judicial.

(C) A concepção de Constituição aberta está relacionada à participação da sociedade quando da proposição de alterações politicamente relevantes no texto da Constituição do país.

(D) Devido às características do poder constituinte originário, as normas de uma nova Constituição prevalecem sobre o direito adquirido.

**A:** incorreta. A derrotabilidade das normas jurídicas (*defeasibility*, de Herbert Hart) refere-se à possibilidade de uma norma que preencha todas as condições para sua aplicação ao caso concreto seja, entretanto, afastada, por conta de uma exceção relevante não prevista de forma exaustiva. Dá-se como exemplo a decisão do STF sobre possibilidade de antecipação terapêutica do parto (aborto) em casos de gravidezes de fetos anencefálicos, exceção não prevista no Código Penal, mas relevante o suficiente para afastar a aplicação da sanção penal; **B:** incorreta. De acordo com Pedro Lenza, busca-se, dentro da realidade do neoconstitucionalismo, "não mais atrelar o constitucionalismo à ideia de limitação do poder político, mas, acima de tudo, buscar a eficácia da Constituição, deixando o texto de ter um caráter meramente retórico e passando a ser mais efetivo, especialmente diante da expectativa de concretização dos direitos fundamentais"; **C:** incorreta. A sociedade aberta dos intérpretes da Constituição opera não apenas quando da proposição de alterações politicamente relevantes, mas se dá a partir de uma participação mais ativa da população na interpretação da Constituição, independentemente da sua forma ou conteúdo; **D:** correta. Não há direito adquirido em face da nova Constituição, já que o Poder Constituinte Originário é inicial, autônomo, ilimitado e incondicionado.

Gabarito "D".

**(Defensor Público – DPE/RN – 2016 – CESPE)** A respeito da classificação e das concepções de Constituição, do conteúdo do direito constitucional e das normas constitucionais, assinale a opção correta.

(A) Consoante Hans Kelsen, a concepção jurídica de Constituição a concebe como a norma por meio da qual é regulada a produção das normas jurídicas gerais, podendo ser produzida, inclusive, pelo direito consuetudinário.

(B) No que tange ao conteúdo do direito constitucional e a seus aspectos multifacetários, denomina-se direito constitucional comunitário o conjunto de normas e princípios que disciplinam as relações entre os preceitos de Estados estrangeiros e as normas constitucionais de determinado país.

(C) As Constituições rígidas, também denominadas Constituições fixas, são aquelas que só podem ser modificadas por um poder de competência idêntico àquele que as criou.

(D) O preâmbulo da CF possui caráter dispositivo.

(E) De acordo com a concepção de Constituição trazida por Konrad Hesse, a força condicionante da realidade e a normatividade da Constituição são independentes. Nesse sentido, a Constituição real e a Constituição jurídica devem apresentar-se de forma autônoma.

**A:** Correta. Para Hals Kelsen a Constituição é norma pura, encontrando-se no mundo do dever-ser (normativo), sem fundamentação sociológica, política ou sociológica; **B:** Errada. Esse o conceito do direito constitucional internacional; **C:** Errada. As constituições rígidas podem ser modificadas pelo poder constituinte derivado, portanto diferente do poder que a criou (originário). São rígidas as constituições que preveem um processo qualificado para alteração de suas próprias normas, diverso do processo de alteração das leis ordinárias; **D:** Errada. O STF entende que o preâmbulo não tem força normativa, encontrando-se no âmbito da política; **E:** Errada. Justo o contrário. Em razão de a realidade e a normatividade serem dependentes, a constituição real e a constituição jurídica não se apresentam de forma autônoma.

Gabarito "A".

**(Analista Jurídico – TCE/PR – 2016 – CESPE)** Assinale a opção correta no que concerne às classificações das constituições.

(A) As Constituições cesaristas são elaboradas com base em determinados princípios e ideais dominantes em período determinado da história.

(B) Constituição escrita é aquela cujas normas estão efetivamente positivadas pelo legislador em documento solene, sejam leis esparsas contendo normas materialmente constitucionais, seja uma compilação que consolide, em um só diploma, os dispositivos alusivos à separação de poderes e aos direitos e garantias fundamentais.

(C) A classificação ontológica das Constituições põe em confronto as pretensões normativas da Carta e a realidade do processo de poder, sendo classificada como nominativa, nesse contexto, a Constituição que, embora pretenda dirigir o processo político, não o faça efetivamente.

(D) As Constituições classificadas como populares ou democráticas são materializadas com o tempo, com o arranjo e a harmonização de ideais e teorias outrora contrastantes.

(E) As Constituições semânticas possuem força normativa efetiva, regendo os processos políticos e limitando o exercício do poder.

**A:** incorreta. As Constituições **cesaristas**, também conhecidas como plebiscitárias, referendárias ou bonapartistas, são aquelas que, embora elaboradas de maneira unilateral e impostas, após sua criação são **submetidas a um referendo** popular; **B:** incorreta. As Constituições **escritas** são aquelas sistematizadas **num único texto**, criadas por um órgão constituinte. Esse texto único é a única fonte formal do sistema constitucionalista. Exemplo: Constituição Federal de 1988. Por outro lado, as não escritas não estão sistematizadas e codificadas num único texto, são baseadas em textos esparsos, jurisprudências, costumes, convenções, atos do parlamento etc. Há várias fontes formais do direito constitucional no país de constituição não escrita. Exemplo: Constituição Inglesa; **C:** correta. De fato, o critério ontológico leva em conta a correspondência com a realidade. Pedro Lenza, em Direito Constitucional Esquematizado, 19ª Ed.,

2015, Saraiva, p. 115, menciona que "Karl Loewenstein distinguiu as Constituições normativas, nominalistas (nominativas ou nominiais) e semânticas. Trata-se do critério ontológico que busca identificar a correspondência entre a realidade política do Estado e o texto constitucional" e continua "... Enquanto nas Constituições **normativas** a pretendida limitação ao poder se implementa na prática, havendo, assim, correspondência com a realidade, nas **nominalistas** busca-se essa concretização, porém, sem sucesso, não se conseguindo uma verdadeira normatização do processo real do poder. Nas **semânticas**, por sua vez, nem sequer se tem essa pretensão, buscando-se conferir legitimidade meramente formal aos detentores do poder, em seu próprio benefício"; **D:** incorreta. As Constituições promulgadas, populares ou democráticas são aquelas advindas de uma Assembleia Constituinte composta por representantes do povo. Sua elaboração se dá de maneira consciente e livre, diferentemente das Constituições outorgadas, que são impostas; **E:** incorreta. Como mencionado, as semânticas apenas buscam conferir "legitimidade meramente formal aos detentores do poder, em seu próprio benefício".

Gabarito "C".

**(Analista Judiciário – TRT/8ª – 2016 – CESPE)** Acerca do conceito de Constituição, da classificação das Constituições, da classificação das normas constitucionais e dos princípios estabelecidos na Constituição Federal de 1988 (CF), assinale a opção correta.

(A) Normas constitucionais de eficácia plena são autoaplicáveis ou autoexecutáveis, como, por exemplo, as normas que estabelecem o mandado de segurança, o *habeas corpus*, o mandado de injunção e o *habeas data*.

(B) Quanto à estabilidade, a CF classifica-se como super-rígida, porque, em regra, pode ser alterada por processo legislativo ordinário diferenciado, sendo, excepcionalmente, imutável em alguns pontos (cláusulas pétreas).

(C) A repristinação ocorre quando uma norma infraconstitucional revogada pela anterior ordem jurídica é restaurada tacitamente pela nova ordem constitucional.

(D) A CF, compreendida como norma jurídica fundamental e suprema, foi originalmente concebida como um manifesto político com fins essencialmente assistencialistas, tendo a atuação do constituinte derivado positivado direitos políticos e princípios de participação democrática no texto constitucional.

(E) Decorrem do princípio da supremacia das normas constitucionais tanto a exigência de que os estados-membros se organizam obedecendo ao modelo adotado pela União quanto a de que as unidades federativas estruturem seus governos de acordo com o princípio da separação de poderes.

**A:** correta. De fato, as normas de eficácia plena são autoaplicáveis ou autoexecutáveis. São aquelas que, por si só, produzem todos os seus efeitos no mundo jurídico e de forma imediata. Não dependem da interposição do legislador para que possam efetivamente produzir efeitos e não admitem que uma norma infraconstitucional limite ou reduza seu conteúdo. Os direitos fundamentais e os remédios constitucionais para sua tutela são de aplicabilidade direta e eficácia imediata (art. 5º, § 1º, CF). São também autoaplicáveis e autoexecutáveis, por exemplo: o 1º – que trata dos fundamentos da República Federativa do Brasil, o 2º – que trata da independência e harmonia que deve existir entre os poderes Legislativo, Executivo e Judiciário, o 13 – que diz que a língua portuguesa é o idioma oficial do Brasil, o 18, § 1º, que menciona que Brasília é a capital do Brasil, dentre outros; **B:** incorreta. Segundo a doutrina majoritária, a CF/88 é classificada como rígida, pois o seu processo de alteração depende de um procedimento mais solene, mais dificultoso que o processo de alteração das demais normas, ditas infraconstitucionais. O mecanismo hábil para essa alteração, processo legislativo das emendas constitucionais, vem previsto no art. 60 da CF. As cláusulas pétreas não são imutáveis, podendo ser editadas emendas constitucionais para ampliá-las. Uma emenda constitucional não pode, entretanto, diminuir-lhe a aplicabilidade ou eficácia; **C:** incorreta. A repristinação é o fenômeno jurídico pelo qual se restabelece a vigência de uma lei que foi revogada pelo fato de a lei revogadora ter sido posteriormente revogada. No Brasil não existe repristinação automática ou tácita. Se o legislador, porventura, quiser restabelecer a vigência de uma lei anteriormente revogada por outra, terá de fazê-lo expressamente, conforme dispõe o § 3º do art. 2º da Lei de Introdução

às Normas do Direito Brasileiro (Decreto-Lei 4657/1942); **D:** incorreta. Os direitos políticos e os princípios de participação democrática foram colocados no Texto Constitucional pelo constituinte originário; **E:** incorreta. Tais regras decorrem do princípio da simetria, que por sua vez tem fundamento no princípio federativo (simetria federativa). Os princípios e as normas trazidas pela Constituição Federal devem servir de diretrizes para os Estados quando da elaboração de suas Constituições, ou seja, deve haver um paralelismo entre a Constituição Federal e as Constituições Estaduais.

Gabarito "A".

**(Analista – Judiciário – TRE/PI – 2016 – CESPE)** Acerca do direito constitucional, assinale a opção correta.

(A) As várias reformas já sofridas pela CF, por meio de emendas constitucionais, são expressão do poder constituinte derivado decorrente.

(B) De acordo com a doutrina dominante, a CF, ao se materializar em um só código básico, afasta os usos e costumes como fonte do direito constitucional.

(C) O neoconstitucionalismo, ao promover a força normativa da Constituição, acarretou a diminuição da atividade judicial, dado o alto grau de vinculação das decisões judiciais aos dispositivos constitucionais.

(D) A derrotabilidade de uma norma constitucional ocorrerá caso uma norma jurídica deixe de ser aplicada em determinado caso concreto, permanecendo, contudo, no ordenamento jurídico para regular outras relações jurídicas.

(E) A interpretação da Constituição sob o método teleológico busca investigar as origens dos conceitos e institutos pelo próprio legislador constituinte.

**A:** incorreta. As várias reformas que o Texto Constitucional sofreu, por meio de emendas constitucionais, se deram por manifestação do poder constituinte derivado **reformador**. O poder constituinte derivado **decorrente** é poder que os Estados têm de se autorregulamentarem por meio da elaboração das suas próprias Constituições (e, também, de alteração de suas próprias normas constitucionais estaduais); **B:** incorreta. Os usos e costumes continuam sendo fontes de direito constitucional. A Constituição, materializada em um só documento básico, não afasta as demais fontes de direito constitucional, como os usos e costumes; **C:** incorreta. Com o neoconstitucionalismo, os valores constitucionais passam a ser priorizados e concretizados, há uma aproximação das ideias de direito e justiça. Ao contrário do mencionado, há no neoconstitucionalismo uma **ascensão do Poder Judiciário**, na medida que ao validar princípios e valores constitucionais, atribui-lhes força normativa. Segundo Ana Paula de Barcellos: "Do ponto de vista material, ao menos dois elementos caracterizam o neoconstitucionalismo e merecem nota: (i) a incorporação explícita de valores e opções políticas nos textos constitucionais, sobretudo no que diz respeito à promoção da dignidade humana e dos direitos fundamentais; e (ii) a expansão de conflitos específicos e gerais entre as opções normativas e filosóficas existentes dentro do próprio sistema constitucional"; **D:** correta. A **derrotabilidade** de uma norma constitucional, de fato, ocorre quando uma norma jurídica deixa de ser aplicada em um caso concreto, mas permanece no ordenamento jurídico para regular outras relações jurídicas. A ideia advinda da teoria é a de que não é possível que todos os acontecimentos sejam abarcados previamente pelo ordenamento jurídico, de modo que uma norma, em determinado caso, pode deixar de ser aplicada; **E:** incorreta. A interpretação da Constituição sob o método teleológico, ao contrário do mencionado, busca investigar o **fim pretendido** pela norma.

Gabarito "D".

**(Advogado União – AGU – CESPE – 2015)** Julgue os itens seguintes, que se referem ao Estado federal, à Federação brasileira e à intervenção federal.

(1) No federalismo pátrio, é admitida a decretação de intervenção federal fundada em grave perturbação da ordem pública em caso de ameaça de irrupção da ordem no âmbito de estado-membro, não se exigindo para tal fim que o transtorno da vida social seja efetivamente instalado e duradouro.

(2) Entre as características do Estado federal, inclui-se a possibilidade de formação de novos estados-membros

e de modificação dos já existentes conforme as regras estabelecidas na CF.

**1:** Incorreta. Não reflete o disposto no art. 34, III, CF. **2:** Correta. Art. 18 da CF. TM

Gabarito 1E, 2C

## 3. HERMENÊUTICA CONSTITUCIONAL E EFICÁCIA DAS NORMAS CONSTITUCIONAIS

**(Delegado/RJ – 2022 – CESPE/CEBRASPE)** O estudo dos princípios que regem a interpretação constitucional, em especial os da razoabilidade e da proporcionalidade, estabelece que as normas da Constituição Federal de 1988 devem ser analisadas e aplicadas de modo a permitir que os meios utilizados estejam adequados aos fins pretendidos, devendo o intérprete buscar conceder aos bens jurídicos tutelados uma aplicação justa. Considerando isso, assinale a opção correta.

(A) Com base nos princípios que dão sustentação a uma interpretação sistemática do texto constitucional, é correto afirmar que os direitos e garantias constitucionais devem ser considerados absolutos, sendo possível invocar a norma de maneira irrestrita, em razão do que dispõe a dignidade da pessoa humana, um dos fundamentos da República Federativa do Brasil.

(B) O princípio da harmonização tem por objetivo promover a harmonia entre os Poderes Legislativo, Executivo e Judiciário. Apesar dos Poderes serem independentes, a harmonia entre eles é de fundamental importância para que o Estado brasileiro realize seus objetivos, na forma do que estabelece o art. 3.º da Constituição Federal de 1988.

(C) Em razão do que preceitua o princípio da concordância prática, pode-se dizer que, na ocorrência de conflito entre bens jurídicos garantidos por normas constitucionais, o intérprete deve priorizar a decisão que melhor os harmonize, de forma a conceder a cada um dos direitos a maior amplitude possível, sem que um deles acabe por impor a supressão do outro.

(D) O princípio da harmonização permite afirmar que, em razão dos axiomas que fundamentam a República Federativa do Brasil, o intérprete da Constituição deverá sempre observar a supremacia do interesse público, evidenciado, nesse caso específico, o caráter absoluto dos direitos e garantias fundamentais.

(E) Em se tratando de conflito entre a liberdade de expressão na atividade de comunicação e a inviolabilidade da intimidade da vida privada, da honra e da imagem das pessoas, como quando um jornal impresso publica notícias que são de interesse público, mas que acabam por invadir a esfera privada de alguém, o intérprete do texto constitucional deverá sempre optar pelo interesse público, descartando o interesse privado.

Comentário: **A:** incorreta. Nenhum direito e garantia constitucional é absoluto. Nesse sentido: "direitos fundamentais não são absolutos e, como consequência, seu exercício está sujeito a limites; e, por serem geralmente estruturados como princípios, os direitos fundamentais, em múltiplas situações, são aplicados mediante ponderação. Os limites dos direitos fundamentais, quando não constem diretamente da Constituição, são demarcados em abstrato pelo legislador ou em concreto pelo juiz constitucional." (BARROSO, Luís Roberto. Curso de direito constitucional contemporâneo. 2. ed. São Paulo: Saraiva, 2010, p. 333); **B:** O princípio da harmonização ou da concordância prática prega a cedência recíproca e conduz à ideia de harmonização dos direitos em confronto. Esse princípio estabelece que: "os bens jurídicos constitucionalmente protegidos devem estar ordenados de tal forma **que a realização de uns não deve se sobrepor a outros**. Assim, buscam-se conformar as diversas normas em conflito no texto constitucional, de forma que se evite o sacrifício total de um ou alguns deles." (NISHIYAMA, Adolfo Mamoru; PINHEIRO, Flavia de Campos; LAZARI, Rafael. Manual de hermenêutica constitucional. 2. ed. Belo Horizonte: D'Plácido, 2020, p. 174, grifos no original); **C:** correta. Ver

o comentário B; **D:** incorreta. Ver os comentários A e B; **E:** incorreta. Ver os comentários A e B. AMN

Gabarito "C"

**(Delegado/RJ – 2022 – CESPE/CEBRASPE)** O direito constitucional reclama a existência de princípios específicos, que compõem a denominada metodologia constitucional, para que a Constituição Federal de 1988 seja interpretada. Um dos referidos princípios prevê que, sempre que possível, deve o intérprete buscar a interpretação menos óbvia do enunciado normativo, fixando-a como norma, de modo a salvar a sua constitucionalidade. Trata-se do princípio de

(A) concordância prática.
(B) proporcionalidade.
(C) interpretação conforme a Constituição.
(D) ponderação de interesses.
(E) supremacia constitucional.

Comentário: A: incorreta. O princípio da harmonização ou da concordância prática prega a cedência recíproca e conduz à ideia de harmonização dos direitos em confronto. Esse princípio estabelece que: "os bens jurídicos constitucionalmente protegidos devem estar ordenados de tal forma **que a realização de uns não deve se sobrepor a outros**. Assim, buscam-se conformar as diversas normas em conflito no texto constitucional, de forma que se evite o sacrifício total de um ou alguns deles." (NISHIYAMA, Adolfo Mamoru; PINHEIRO, Flavia de Campos; LAZARI, Rafael. Manual de hermenêutica constitucional. 2. ed. Belo Horizonte: D'Plácido, 2020, p. 174, grifos no original); **B:** incorreta. A doutrina ensina que: "O princípio da proporcionalidade é aquele que orienta o intérprete na busca da justa medida de cada instituto jurídico. Objetiva a ponderação entre os meios utilizados e os fins perseguidos, indicando que a interpretação deve pautar o menor sacrifício ao cidadão ao escolher dentre os vários possíveis significados da norma." (ARAUJO, Luiz Alberto David; NUNES JÚNIOR, Vidal Serrano. Curso de direito constitucional. 21. ed. São Paulo: Verbatim, 2016, p. 130); **C:** correta. Segundo a doutrina: "A supremacia das normas constitucionais no ordenamento jurídico e a presunção de constitucionalidade das leis e atos normativos editados pelo poder público competente exigem que, na função hermenêutica de interpretação do ordenamento jurídico, seja sempre concedida preferência ao sentido da norma que seja adequando à Constituição Federal. Assim sendo, no caso de normas com várias significações possíveis, deverá ser encontrada a significação que apresente *conformidade com as normas constitucionais*, evitando sua declaração de inconstitucionalidade e consequente retirada do ordenamento jurídico." (MORAES, Alexandre. Direito constitucional. 22. ed. São Paulo: Atlas, 2007, p. 11); **D:** incorreta. A ponderação de interesses é utilizada quando há conflito entre princípios constitucionais. A atividade do intérprete será mais complexa em relação à solução do conflito entre duas regras. O intérprete afere o peso de cada princípio, em face de um caso concreto, fazendo concessões recíprocas e valorações adequadas, de forma a preservar o máximo de cada um dos valores que estão em conflito, e fazendo escolhas sobre qual interesse deverá prevalecer naquele caso concreto; **E:** incorreta: Sobre esse princípio, a doutrina explica que: "O princípio da supremacia da Constituição, também denominado princípio da premência normativa, nada mais faz que identificar a Constituição Federal como o plexo de normas de mais alta hierarquia no interior de nosso sistema normativo." (ARAUJO, Luiz Alberto David; NUNES JÚNIOR, Vidal Serrano. Curso de direito constitucional. 21. ed. São Paulo: Verbatim, 2016, p. 124). AMN

Gabarito "C"

**(Auditor Fiscal – SEFAZ/RS – 2019 – CESPE/CEBRASPE)** Os itens a seguir apresentam proposições normativas a respeito da eficácia das normas constitucionais.

I. A lei disporá sobre a criação e a extinção de ministérios e órgãos da administração pública.

II. É direito dos trabalhadores urbanos e rurais, além de outros que visem à melhoria de sua condição social, o piso salarial proporcional à extensão e à complexidade do trabalho.

III. Cessado o estado de defesa ou o estado de sítio, cessarão também seus efeitos, sem prejuízo da responsabilidade pelos ilícitos cometidos por seus executores ou agentes.

IV. A organização político-administrativa da República Federativa do Brasil compreende a União, os estados, o Distrito

Federal e os municípios, todos autônomos, nos termos da Constituição Federal de 1988.
São normas de eficácia limitada apenas as proposições normativas apresentadas nos itens

**(A)** I e II.
**(B)** I e III.
**(C)** II e IV.
**(D)** I, III e IV.
**(E)** II, III e IV.

I: o art. 88 da CF é norma de eficácia limitada (declaratória de princípio institutivo ou organizativo), pois depende de lei para produzir todos os seus efeitos; II: o inciso V do art. 7º da CF é norma de eficácia limitada (declaratória de princípios programáticos), pois depende de regulamentação futura para produzir todos os seus efeitos; III: o art. 141 da CF é norma de eficácia plena já que, desde a entrada em vigor da Constituição, produz ou têm possibilidade de produzir todos os seus efeitos, independendo de norma regulamentadora; IV: o *caput* do art. 18 da CF é norma de eficácia plena já que, desde a entrada em vigor da Constituição, produz ou têm possibilidade de produzir todos os seus efeitos, independendo de norma regulamentadora. AN
Gabarito "A".

**(Juiz de Direito – TJ/SC – 2019 – CESPE/CEBRASPE)** A respeito da eficácia mediata dos direitos fundamentais, assinale a opção correta segundo a doutrina e a jurisprudência do STF.

**(A)** A eficácia mediata dos direitos fundamentais independe da atuação do Estado.
**(B)** De acordo com o STF, as normas de direitos fundamentais que instituem procedimentos têm eficácia mediata.
**(C)** Nas relações privadas, a eficácia dos direitos fundamentais é necessariamente mediata.
**(D)** A eficácia mediata desobriga o juiz de observar o efeito irradiante dos direitos fundamentais no caso concreto.
**(E)** A eficácia mediata dos direitos fundamentais dirige-se, primeiramente, ao legislador.

Correta é a letra **E**, uma vez que o legislador não poderá editar lei que viole tais direitos, bem como deverá editar leis que implemente tais direitos. A letra **A** está errada, pois requer sim uma atuação positiva do Estado (legislador). A letra **B** está incorreta, porque a eficácia é imediata (MI 107. Rel. Min. Moreira Alves. STF). A letra **C** também está errada, pois a eficácia é imediata. Por último, a letra **D** está errada uma vez que o Poder Judiciário deve sim observar o efeito irradiante dos direitos fundamentais ao caso concreto. AB
Gabarito "E".

**(Juiz de Direito – TJ/BA – 2019 – CESPE/CEBRASPE)** A respeito de hermenêutica constitucional e de métodos empregados na prática dessa hermenêutica, assinale a opção correta.

**(A)** A noção de filtragem constitucional da hermenêutica jurídica contemporânea torna dispensável a distinção entre regras e princípios.
**(B)** De acordo com o método tópico, o texto constitucional é ponto de partida da atividade do intérprete, mas nunca limitador da interpretação.
**(C)** Segundo a metódica jurídica normativo-estruturante, a aplicação de uma norma constitucional deve ser condicionada às estruturas sociais que delimitem o seu alcance normativo.
**(D)** O princípio da unidade da Constituição orienta o intérprete a conferir maior peso aos critérios que beneficiem a integração política e social.
**(E)** Os princípios são mandamentos de otimização, como critério hermenêutico, e implicam o ideal regulativo que deve ser buscado pelas diversas respostas constitucionais possíveis.

**A:** incorreta, pois a noção de filtragem constitucional pressupõe a preeminência normativa da Constituição enquanto sistema aberto de regras e princípios. A filtragem constitucional consiste no fenômeno segundo o qual toda ordem jurídica deve ser lida e aprendida sob as lentes da Constituição, de modo a realizar os valores nela consagrados; **B:** incorreta, pois, de acordo com o **método hermenêutico-concretizador**, o texto constitucional é o ponto de partida da atividade do intérprete, sendo também limitador da interpretação (para solucionar um problema o aplicador está vinculado ao texto constitucional). No método

da tópica, por sua vez, o problema é o ponto de partida, servindo as normas constitucionais de catálogo de variados princípios, onde se busca argumento para a solução de uma questão prática; **C:** incorreta, porque, segundo o **método científico-espiritual**, a interpretação de uma norma constitucional deve ser condicionada aos elementos da realidade social que delimitem o seu alcance normativo. No método normativo-estruturante, entende-se que a norma jurídica é resultado do conjunto formado pelo texto (programa normativo) pela realidade social (domínio normativo), sendo este elemento indispensável para a extração do significado da norma por fazer parte da sua estrutura; **D:** incorreta, pois o **princípio do efeito integrador** orienta o intérprete a conferir maior peso aos critérios que beneficiem a integração política e social e o reforço da unidade política. Já o princípio da unidade da Constituição postula que a Constituição seja interpretada como um todo harmônico, evitando contradições entre as suas normas. O intérprete deve considerar a Constituição como um todo unitário, harmonizando as tensões existentes entre as normas constitucionais; **E:** correta, já que os princípios, na concepção de Robert Alexy, são mandamentos de otimização, ou seja, normas que ordenam que algo seja realizado na maior medida possível, dentro das possibilidades jurídicas e fáticas do caso concreto. AN
Gabarito "E".

**(Juiz de Direito – TJ/SC – 2019 – CESPE/CEBRASPE)** A respeito das constituições classificadas como semânticas, assinale a opção correta.

**(A)** São aquelas que se estruturam a partir da generalização congruente de expectativas de comportamento.
**(B)** São aquelas cujas normas dominam o processo político; e nelas ocorrem adaptação e submissão do poder político à constituição escrita.
**(C)** Funcionam como pressupostos da autonomia do direito; e nelas a normatividade serve essencialmente à formação da constituição como instância reflexiva do sistema jurídico.
**(D)** São aquelas cujas normas são instrumentos para a estabilização e perpetuação do controle do poder político pelos detentores do poder fático.
**(E)** São aquelas cujo sentido das normas se reflete na realidade constitucional.

Correta é a letra **D**, pois a Constituição semântica é aquela que busca eternizar no poder o dominador, comum para os regimes ditatoriais. A minha dica é lembrar desse "macete": "SEMANTica é para SE MANTER no poder". As demais alternativas abordam conceitos não relativos para com uma Constituição semântica, logo, equivocadas. AB
Gabarito "D".

**(Juiz de Direito – TJ/SC – 2019 – CESPE/CEBRASPE)** A respeito de métodos de interpretação constitucional e do critério da interpretação conforme a constituição, assinale a opção correta.

**(A)** A busca das pré-compreensões do intérprete para definir o sentido da norma caracteriza a metódica normativo-estruturante.
**(B)** O método de interpretação científico-espiritual é aquele que orienta o intérprete a identificar tópicos para a discussão dos problemas constitucionais.
**(C)** A Interpretação conforme a constituição não pode ser aplicada em decisões sobre constitucionalidade de emendas constitucionais.
**(D)** A interpretação conforme a constituição e a declaração parcial de inconstitucionalidade sem redução de texto são exemplos de situações constitucionais imperfeitas.
**(E)** A interpretação conforme a constituição é admitida ainda que o sentido da norma seja unívoco, pois cabe ao STF fazer incidir o conteúdo normativo adequado ao texto constitucional.

Correta é a letra **D**, pois atenua-se uma declaração de nulidade, utilizando-se de uma interpretação possível para com o texto constitucional, logo, uma situação constitucional imperfeita, pois deveria ter sido declarada a norma inconstitucional como um todo. A letra **A** está errada, porque não aponta para o método normativo-estruturante (a norma jurídica é o resultado de um processo de concretização). A letra **B** está errada, pois seria o método tópico-problemático. A letra **C** está errada, pois não existem tais óbices. Por fim, a letra **E** é incorreta, pois o sentido da norma deverá ser plural, plurívoco. AB

*Gabarito "D".*

**(Juiz – TJ/CE – 2018 – CESPE)** A interpretação conforme a Constituição

(A) é um tipo de situação constitucional imperfeita, pois somente atenua a declaração de nulidade em caso de inconstitucionalidade.

(B) é admitida para ajustar o sentido do texto legal com a Constituição, ainda que o procedimento resulte em regra nova e distinta do objetivo do legislador.

(C) é um método cabível mesmo em se tratando de texto normativo inconstitucional que apresenta sentido unívoco.

(D) é incompatível com a manutenção de atos jurídicos produzidos com base em lei inconstitucional.

(E) é fixada por decisão do STF, mas não se reveste do efeito vinculante próprio das decisões declaratórias de inconstitucionalidade.

**A:** correta (apesar de a redação ser criticável). O STF tem utilizado o termo "situação constitucional imperfeita" para se referir aos casos de "normas ainda constitucionais", ou melhor, normas que se situam num estágio intermediário e transitório entre a situação de plena constitucionalidade e a de absoluta inconstitucionalidade, mas que devem ser mantidas no ordenamento jurídico em razão de suas circunstâncias fáticas relevantes (ADI 2415/SP, Rel. Min. Ayres Britto, j. em 22.09.2011 – Informativo 641). Segundo Uadi Lammêgo Bulos (*Curso de Direito Constitucional*. 6. ed., São Paulo: Saraiva, 2011, p. 158), "*situação constitucional imperfeita é o estágio provisório de constitucionalidade, no qual o ato legislativo está passando por um progressivo processo de inconstitucionalização*". Na interpretação conforme a Constituição, tem-se a declaração de que uma lei é constitucional com a interpretação que lhe foi conferida pelo órgão judicial, cujo objetivo é a conservação da norma no ordenamento jurídico vigente, evitando que seja declarada inconstitucional. Diante de norma polissêmica (plurívoca ou plurissignificativa) potencialmente inconstitucional, o órgão judicial escolhe, dentre os vários sentidos possíveis, aquele que se coaduna com o texto constitucional, de modo a evitar a declaração de nulidade em caso de inconstitucionalidade; **B:** incorreta, pois a interpretação conforme a Constituição não é admitida quando resultar em uma regra nova e distinta, em contradição com o sentido literal ou o sentido objetivo da lei ou em manifesta dissintonia com os objetivos pretendidos pelo legislador. O STF já afirmou que "*a aplicação desse princípio* [da interpretação conforme a Constituição] *sofre, porém, restrições, uma vez que, ao declarar a inconstitucionalidade de uma lei em tese, o STF – em sua função de corte constitucional – atua como legislador negativo, mas não tem o poder de agir como legislador positivo, para criar norma jurídica diversa da instituída pelo poder legislativo. Por isso, se a única interpretação possível para compatibilizar a norma com a constituição contrariar o sentido inequívoco que o poder legislativo lhe pretendeu dar, não se pode aplicar o princípio da interpretação conforme a constituição, que implicaria, em verdade, criação de norma jurídica, o que é privativo do legislador positivo*" (Rp 1417, Rel. Min. Moreira Alves, Tribunal Pleno, j. em 09/12/1987); **C:** incorreta, porque a técnica da interpretação conforme a Constituição somente se aplica para normas plurívocas (polissêmicas ou plurissignificativas), isto é, normas que ensejam diferentes possibilidades de interpretação, possibilitando ao intérprete escolher, dentre as várias interpretações possíveis, aquela que a compatibilize com o texto constitucional. Nesse sentido, o STF asseverou a "*legitimidade da utilização da técnica da interpretação conforme à Constituição nos casos em que o ato estatal tenha conteúdo polissêmico*" (ADPF 187, Rel. Min. Celso de Mello, Tribunal Pleno, j. 15.06.2011), uma vez que essa técnica só é utilizável quando a norma impugnada admite, dentre as várias interpretações possíveis, uma que a compatibilize com a Carta Magna, e não quando o sentido da norma é unívoco (ADI 1344 MC, Rel. Min. Moreira Alves, Tribunal Pleno, j. em 18.12.1995); **D:** incorreta, porque a interpretação conforme a constituição não é apenas simples regra de interpretação, é também técnica de decisão no âmbito do controle da constitucionalidade, sendo possível aplicar a modulação dos efeitos temporais da decisão, prevista no art. 27 da Lei 9.868/1999, para a manutenção de atos jurídicos produzidos com base em lei inconstitucional; **E:** incorreta, uma vez que a declaração de constitucionalidade ou de inconstitucionalidade, inclusive a interpretação conforme a Constituição e a declaração parcial de inconstitucionalidade sem redução de texto, têm eficácia contra todos e efeito vinculante em relação aos órgãos do Poder Judiciário e à Administração Pública federal, estadual e municipal (art. 28, parágrafo único, da Lei 9.868/1999). AN

*Gabarito "A".*

**(Defensor Público – DPE/RN – 2016 – CESPE)** A respeito de constitucionalização simbólica, de hermenêutica e de interpretação constitucional, assinale a opção correta.

(A) Os conceitos jurídicos indeterminados são expressões de sentido fluido, que podem ser encontradas na Constituição, destinadas a lidar com situações nas quais o constituinte não pôde ou não quis, no relato abstrato do enunciado normativo, especificar de forma detalhada suas hipóteses de incidência. Assim, a atribuição de sentido a essas cláusulas abertas deve dar-se mediante valoração concreta dos elementos da realidade, a partir de um juízo discricionário.

(B) A relação entre texto constitucional e realidade constitucional, tem-se, como reflexo da constitucionalização simbólica em sentido negativo, uma ausência generalizada de orientação das expectativas normativas conforme as determinações dos dispositivos da Constituição.

(C) Como forma básica de manifestação da constitucionalização simbólica, tem-se a constitucionalização-álibi, caracterizada pela presença de dispositivos constitucionais que, sem relevância normativo-jurídica, confirmam as crenças e o *modus vivendi* de determinados grupos.

(D) A hermenêutica filosófica de matriz gadameriana assemelha-se à hermenêutica clássica, na medida em que trabalha com a atribuição de sentido às normas.

(E) Casos difíceis são aqueles que não têm uma solução abstratamente prevista e pronta na Constituição, devendo o intérprete, para tanto, valer-se da subsunção.

**A:** Errada. Os conceitos jurídicos indeterminados encontram-se nas normas constitucionais com conteúdo aberto, vagueza semântica, justamente para que permaneça atual com o passar do tempo. Sua interpretação, entretanto, não parte de um juízo discricionário, mas sempre do ordenamento jurídico; **B:** Correta. O conceito foi trazido para o Brasil por Marcelo Neves; **C:** Errada. De acordo com Pedro Lenza "busca a legislação álibi dar uma aparente solução para problemas da sociedade, mesmo que mascarando a realidade. Destina-se, como aponta Neves, a 'criar a imagem de um Estado que responde normativamente aos problemas reais da sociedade, embora as respectivas relações sociais não sejam realmente normatizadas de maneira consequente conforme o respectivo texto legal"; **D:** Errada. A filosofia de Gadamer é contra o método subsuntivo, já que defende que qualquer compreensão começa pela pré-compreensão do intérprete sobre o tema, com seus preconceitos; **E:** Errada. Nos casos difíceis, o intérprete deve buscar aplicar os princípios constitucionais com respeito à unidade do sistema jurídico, mediante ponderação ou construção.

*Gabarito "B".*

**(Analista Jurídico – TCE/PR – 2016 – CESPE)** Assinale a opção correta acerca da interpretação constitucional.

(A) Como as Constituições regulam direitos e garantias fundamentais e o exercício do poder, deve-se priorizar o emprego de linguagem técnica em seu texto, restringindo-se a sofisticada atividade interpretativa às instâncias oficiais.

(B) A interpretação constitucional deve priorizar o espírito da norma interpretada em detrimento de expressões supérfluas ou vazias; por isso, a atividade do intérprete consiste em extrair o núcleo essencial do comando constitucional, ainda que isso implique desconsiderar palavras, dispositivos ou expressões literais.

(C) Sendo a Constituição impregnada de valores, sua interpretação é norteada essencialmente por diretrizes políticas, em detrimento de cânones jurídicos.

(D) Na interpretação da Constituição, prepondera a teleologia, de modo que a atividade do hermeneuta deve priorizar a finalidade ambicionada pela norma; o texto da lei, nesse caso, não limita a interpretação nem lhe serve de parâmetro.

(E) O caráter aberto e vago de muitas das disposições constitucionais favorece uma interpretação atualizadora e evolutiva, capaz de produzir, por vezes, uma mutação constitucional informal ou não textual.

**A:** incorreta. A função de interpretar a Constituição não deve ser restringida por meio da utilização de linguagem técnica. Pelo contrário, a **interpretação constitucional** deve ser **aberta à sociedade**, não cabendo apenas aos órgãos estatais. Nesse sentido, Dirley da Cunha Júnior, em Curso de Direito Constitucional, 6ª edição, p. 237 e 238, resume bem a teoria sustentada por Peter Haberle: "propõe o festejado autor a substituição de uma 'sociedade fechada dos intérpretes da Constituição' para uma 'sociedade aberta', sob o argumento de que todo aquele que vive no contexto regulado pela norma constitucional e que vive com este contexto é, direta ou indiretamente, um intérprete dessa norma, pois o destinatário da norma é participante ativo do processo hermenêutico". E continua: "Para Haberle, a interpretação constitucional deve ser desenvolvida sob a influência da teoria democrática, no âmbito da qual todo cidadão ativo, grupos, opinião pública e demais potências públicas representam forças produtivas da interpretação, de modo que são intérpretes constitucionais em sentido lato, atuando pelo menos como pré-intérpretes da Constituição"; **B:** incorreta. Sob o argumento de que a interpretação constitucional deve priorizar o espírito da norma interpretada em detrimento de expressões supérfluas ou vazias, **não pode** o intérprete simplesmente desconsiderar palavras, dispositivos ou expressões literais. Tal comportamento faria com que intérprete usurpasse a função legislativa; **C:** incorreta. Não são essencialmente diretrizes políticas que norteiam a interpretação da Constituição. Preceitos jurídicos, combinados com outros, são utilizados na interpretação da Constituição; **D:** incorreta. De fato, a visão teleológica busca os **objetivos e as finalidades** da norma, mas, ao contrário do mencionado, o texto da lei serve de parâmetro e limita a sua interpretação; **E:** correta. De fato, as disposições constitucionais favorecem uma interpretação atualizadora que pode se dar por meio de **mutação constitucional**. Esse fenômeno tem relação não com o aspecto formal do texto constitucional, mas com a interpretação dada à Constituição. É a alteração informal da Constituição. Não podemos interpretar a CF/88 da mesma maneira que a interpretávamos quando ela foi feita, a mudança social, que se deu com o passar do tempo, fez e faz com que a interpretação seja modificada. Por exemplo: O STF, na ADI 4277/2011, ampliou o conceito de família ao acrescentar os casais homoafetivos. Mencionou que "A Constituição de 1988, ao utilizar-se da expressão família, não limita sua formação a casais heteroafetivos nem a formalidade cartorária, celebração civil ou liturgia religiosa. Família como instituição privada que, voluntariamente constituída entre pessoas adultas, mantém com o Estado e a sociedade civil uma necessária relação tricotômica".

Gabarito 'E'.

**(Procurador do Estado/AM – 2016 – CESPE)** Julgue os itens seguintes, relativos à aplicabilidade de normas constitucionais e à interação destas com outras fontes do direito.

(1) Ao afirmar que o estado do Amazonas, nos limites de sua competência, assegura, em seu território, a brasileiros e estrangeiros, a inviolabilidade dos direitos e garantias fundamentais declarados na CF, o constituinte estadual incorporou, na ordem constitucional do estado, os direitos e as garantias fundamentais constantes da CF, fazendo uso, para tanto, da chamada técnica de remissão normativa.

(2) Em razão do princípio da autonomia política dos entes federativos, estados e municípios não podem ser submetidos a disposições implícitas da CF, devendo obediência, tão somente, às suas disposições expressas.

(3) Embora o preâmbulo da CF não tenha força normativa, podem os estados, ao elaborar as suas próprias leis fundamentais, reproduzi-lo, adaptando os seus termos naquilo que for cabível.

(4) Por serem normas de observância obrigatória para os estados, os municípios e o DF, as chamadas cláusulas pétreas da CF devem ser reproduzidas nas respectivas leis fundamentais desses entes e constituem os únicos limites materiais a serem observados quando de suas reformas.

**1:** correta. O Supremo já decidiu (RTJ 134/1033 – RTJ 166/785) que: "Com a técnica de **remissão normativa**, o Estado-membro confere parametricidade às normas, que, embora constantes da Constituição Federal, passam a compor, formalmente, em razão da expressa referência a elas feita, o "corpus" constitucional dessa unidade política da Federação, o que torna possível erigir-se, como parâmetro de confronto, para os fins a que se refere o art. 125, § 2º, da Constituição da República, a própria norma constitucional estadual de conteúdo remissivo. Doutrina. Precedentes" (Pleno, do agravo regimental na Rcl 10.500, rel. min. Celso de Mello, DJe 29.09.2011); **2:** errada. Ao contrário do mencionado, os princípios que decorrem da interpretação do Texto Constitucional, ainda que não expressos, devem ser obedecidos pelos entes federativos, como o princípio da razoabilidade; **3:** correta. O preâmbulo traz princípios que norteiam a interpretação das normas e pode ser reproduzido pelos Estados com ou sem adaptações, ainda que não tenha força normativa; **4:** errada. As cláusulas pétreas são de observância obrigatória e não precisam ser reproduzidas nas normas estaduais, distritais ou municipais para que sejam respeitadas. Além disso, diversos limites devem ser observados pelos entes federativos. Dentre os materiais podemos citar, além das cláusulas pétreas, os princípios constitucionais sensíveis, previstos no art. 34, VII, da CF.

Gabarito 1C, 2E, 3C, 4E

**(Advogado União – AGU – CESPE – 2015)** Julgue os itens a seguir, relativos a normas constitucionais, hermenêutica constitucional e poder constituinte.

(1) De acordo com o princípio da unidade da CF, a interpretação das normas constitucionais deve ser feita de forma sistemática, afastando-se aparentes antinomias entre as regras e os princípios que a compõem, razão por que não devem ser consideradas contraditórias a norma constitucional que veda o estabelecimento de distinção pela lei entre os brasileiros natos e os naturalizados e a norma constitucional que estabelece que determinados cargos públicos devam ser privativos de brasileiros natos.

(2) Diferentemente do poder constituinte derivado, que tem natureza jurídica, o poder constituinte originário constitui-se como um poder, de fato, inicial, que instaura uma nova ordem jurídica, mas que, apesar de ser ilimitado juridicamente, encontra limites nos valores que informam a sociedade.

**1:** Correta. Pelo princípio da unidade da Constituição, as normas constitucionais devem ser observadas não como preceitos isolados, mas como parte de um sistema, devendo, por isso, ser interpretadas em conjunto com as demais regras e princípios constitucionais. Além disso, dele decorre também a afirmação de que não há hierarquia formal entre normas constitucionais, podendo-se falar, apenas, em hierarquia axiológica. **2:** Correta. Como o Poder Constituinte Originário é inicial, ilimitado, incondicionado e autônomo, considera-se como poder de fato. Já o Poder Constituinte Derivado, que é condicionado pelo Poder Constituinte Originário e nele encontra limites, é considerado um poder estabelecido juridicamente.

Gabarito 1C, 2C

## 4. DO CONTROLE DE CONSTITUCIONALIDADE

### 4.1. CONTROLE DE CONSTITUCIONALIDADE EM GERAL

**(Delegado de Polícia Federal – 2021 – CESPE)** A respeito do controle de constitucionalidade no sistema constitucional brasileiro, julgue os itens subsequentes.

(1) Conforme o conceito de bloco de constitucionalidade, há normas constitucionais não expressamente incluídas no texto da CF que podem servir como paradigma para o exercício de controle de constitucionalidade.

(2) Para o efeito do conhecimento da reclamação constitucional, o STF admite o uso da teoria da transcendência dos motivos determinantes das ações julgadas em sede de controle concentrado.

(3) É vedado ao Poder Legislativo efetuar o controle de constitucionalidade repressivo de normas em abstrato.

**1:** Certo. O bloco de constitucionalidade é um instituto que tem por finalidade ampliar o padrão de controle de constitucionalidade. Em sentido amplo, o bloco abrange, por exemplo, princípios, normas, além de direitos humanos reconhecidos em tratados e convenções internacionais incorporados no ordenamento jurídico. **2:** Errado. Ao contrário do mencionado, o STF *não* admite o uso da teoria da transcendência dos motivos determinantes das ações julgadas em sede de controle concentrado. A teoria adotada pela Suprema Corte foi a restritiva e, portanto, somente a parte dispositiva da decisão vincula. A fundamentação não produz efeito vinculante. **3:** Errado. Excepcionalmente, ao contrário do mencionado, é possível que o Poder Legislativo efetue o controle de constitucionalidade repressivo de normas em abstrato, por exemplo, quando ele rejeita medida provisória por considerá-la inconstitucional (art. 62, § 5º, da CF) ou quando o Congresso Nacional susta, por meio de decreto legislativo, atos normativos do Poder Executivo que excederam os limites da delegação legislativa (art. 49, V, da CF). **BV**

Gabarito 1C, 2E, 3E

**(Auditor Fiscal – SEFAZ/RS – 2019 – CESPE/CEBRASPE)** De acordo com a CF, tem legitimidade ativa para propor originariamente ação direta de inconstitucionalidade e ação declaratória de constitucionalidade o

(A) Conselho Nacional do Ministério Público.
(B) defensor público geral da União.
(C) Conselho Federal da Ordem dos Advogados do Brasil.
(D) advogado geral da União.
(E) Conselho Nacional de Justiça.

De acordo com o art. 103 da CF, podem propor a ação direta de inconstitucionalidade e a ação declaratória de constitucionalidade: o Presidente da República; a Mesa do Senado Federal; a Mesa da Câmara dos Deputados; a Mesa de Assembleia Legislativa; a Mesa de Assembleia Legislativa ou da Câmara Legislativa do Distrito Federal; o Governador de Estado; o Governador de Estado ou do Distrito Federal; o Procurador--Geral da República; o Conselho Federal da Ordem dos Advogados do Brasil; partido político com representação no Congresso Nacional; confederação sindical ou entidade de classe de âmbito nacional. **AN**

Gabarito 'C'.

**(Auditor Fiscal – SEFAZ/RS – 2019 – CESPE/CEBRASPE)** Julgue os itens a seguir, acerca da supremacia da Constituição Federal de 1988 (CF) e do controle de constitucionalidade.

I. O sistema de controle de constitucionalidade adotado no Brasil é o misto: as leis federais, além de realizar exame sobre a inconstitucionalidade tanto material quanto formal das normas, ficam sob o controle político do Congresso Nacional, e as estaduais e municipais, sob o controle jurisdicional.
II. O controle de constitucionalidade está ligado à supremacia da CF sobre todas as leis e normas jurídicas.
III. A supremacia material deriva do fato de a CF organizar e distribuir as formas de competências, hierarquizando--as. Já a supremacia formal apoia-se na ideia da rigidez constitucional.
IV. Sob o prisma constitucional, o governo federal, os governos dos estados da Federação, os dos municípios e o do Distrito Federal são soberanos, pois estão investidos de poderes e competências governamentais absolutas.

Estão certos apenas os itens

(A) I e II.
(B) I e IV.
(C) II e III.
(D) I, III e IV.
(E) II, III e IV.

**I:** errada, pois o sistema de controle de constitucionalidade adotado no Brasil é o jurisdicional, haja vista que a Constituição atribui ao Poder Judiciário a função precípua de declarar a inconstitucionalidade de leis e de atos do Poder Público que contrariem, formal ou materialmente, preceitos ou princípios constitucionais. O controle de constitucionalidade misto é aquele em que a Constituição submete certas categorias de leis ao controle político e outras ao controle jurisdicional, como ocorre na Suíça, onde as leis federais ficam sob controle político da Assembleia Nacional, e as leis locais sob o controle jurisdicional; **II:** certa, porque uma das premissas do controle de constitucionalidade é o princípio da supremacia da Constituição; **III:** certa. A supremacia material se refere ao conteúdo material da Constituição, às normas elementares das Constituições, quais sejam, direitos e garantias fundamentais, estrutura do Estado e organização dos poderes. Já a supremacia formal diz respeito à superioridade hierárquica das normas constitucionais em

relação às demais normas produzidas no ordenamento jurídico, sendo um atributo específico das Constituições rígidas, isto é, aquelas cujas normas possuem um processo de elaboração mais solene e dificultoso do que o ordinário. Para fins de controle de constitucionalidade, é imprescindível a existência da supremacia formal; **IV:** errada, porque a soberania é um atributo exclusivo da República Federativa do Brasil, que é pessoa jurídica de direito público internacional, integrada por todos os entes federados. Os entes federados (União, Estados, Distrito Federal e Municípios) são dotados de autonomia, a qual está assentada na capacidade de auto-organização, de autogoverno e de autoadministração. **AN**

Gabarito 'C'.

**(Juiz de Direito – TJ/BA – 2019 – CESPE/CEBRASPE)** A respeito da situação conhecida como estado de coisas inconstitucional, assinale a opção correta.

(A) Tal situação resulta sempre de má vontade de autoridade pública em modificar uma conjuntura de violação a direitos fundamentais.
(B) Constatada a ocorrência dessa situação, verifica-se, em consequência, violação pontual de direito social a prestação material pelo Estado.
(C) No plano dos remédios estruturais para saneamento do estado de coisas inconstitucional, estão a superação dos bloqueios institucionais e políticos e o aumento da deliberação de soluções sobre a demanda.
(D) Em função do caráter estrutural e complexo do litígio causador do estado de coisas inconstitucional, não é admitido ao Poder Judiciário impor medidas concretas ao Poder Executivo.
(E) De modo tácito, o reconhecimento do estado de coisas inconstitucional autoriza o Poder Judiciário a assumir tarefas do Poder Legislativo na coordenação de medidas com o objetivo de assegurar direitos.

Concebida em julgados da Corte Constitucional da Colômbia (Sentencia de Unificación (SU) 559, de 1997), a técnica da declaração do "estado de coisas inconstitucional" permite ao juiz constitucional impor aos Poderes Públicos a tomada de ações urgentes e necessárias ao afastamento das violações massivas de direitos fundamentais, assim como supervisionar a efetiva implementação. Essa prática pode ser levada a efeito em casos excepcionais, quando presente transgressão grave e sistemática a direitos humanos e constatada a imprescindibilidade da atuação do Tribunal em razão de "bloqueios institucionais" nos outros Poderes. O estado de coisas inconstitucional possui três pressupostos principais: situação de violação generalizada de direitos fundamentais; inércia ou incapacidade reiterada e persistente das autoridades públicas em modificar a situação; superação das transgressões que exige a atuação não apenas de um órgão, mas sim de uma pluralidade de autoridades. O STF reconheceu que o sistema penitenciário nacional deve ser caraterizado como "estado de coisas inconstitucional" em razão do presente quadro de violação massiva e persistente de direitos fundamentais, decorrente de falhas estruturais e falência de políticas públicas e cuja modificação depende de medidas abrangentes de natureza normativa, administrativa e orçamentária (ADPF 347 MC, Relator: Min. Marco Aurélio, Tribunal Pleno, julgado em 09/09/2015). **A:** incorreta, pois o estado de coisas inconstitucional é causado pela inércia ou incapacidade das autoridades em modificar a conjuntura de violação a direitos fundamentais; **B:** incorreta, porque o estado de coisas inconstitucional é caracterizado pela violação generalizada e sistêmica de direitos fundamentais; **C:** correta; visto que a Corte Constitucional deve adotar remédios estruturais com os objetivos de superar bloqueios políticos e institucionais e de aumentar a deliberação e o diálogo sobre causas e soluções do estado de coisas inconstitucional; **D:** incorreta, pois, ante a gravidade excepcional do quadro, a Corte Constitucional pode interferir na formulação e implementação de políticas públicas e em alocações de recursos orçamentários, bem como coordenar as medidas concretas necessárias para superação do estado de inconstitucionalidades; **E:** incorreta, pois o Poder Judiciário não pode substituir o Legislativo e o Executivo na consecução de tarefas próprias. O Judiciário deve superar bloqueios políticos e institucionais sem afastar os outros Poderes dos processos de formulação e implementação das soluções necessárias. Cabe ao Judiciário catalisar ações e políticas públicas, coordenar a atuação dos órgãos do Estado na adoção dessas medidas e monitorar a eficiência das soluções. **AN**

Gabarito 'C'.

# 8. DIREITO CONSTITUCIONAL    197

**(Juiz – TJ/CE – 2018 – CESPE)** Considerando o entendimento do STF acerca dos modelos, dos instrumentos e dos efeitos das decisões no controle de constitucionalidade, assinale a opção correta.

**(A)** Apenas no controle abstrato o STF admite a modulação dos efeitos temporais da declaração de inconstitucionalidade.

**(B)** Embora seja ação típica do modelo concentrado, a arguição de descumprimento de preceito fundamental se presta, entre outros fins, ao controle concreto de constitucionalidade.

**(C)** O STF admite a intervenção do *amicus curiae* na edição *ex officio* dos enunciados de súmula vinculante.

**(D)** A admissão de reclamação constitucional ajuizada contra omissão do poder público que contrarie súmula vinculante independe do esgotamento da via administrativa.

**(E)** O STF entende ser incabível a realização de audiência pública antes do julgamento de recurso extraordinário, por ser mecanismo típico do controle abstrato.

**A:** incorreta, porque, embora prevista expressamente apenas no controle abstrato, o STF admite, de forma excepcional, a possibilidade de modulação dos efeitos temporais da declaração de inconstitucionalidade no controle concreto realizado incidentalmente, quando presentes razões de segurança jurídica ou de interesse social. Nesse sentido, o seguinte julgado do STF: "*Em princípio, a técnica da modulação temporal dos efeitos de decisão reserva-se ao controle concentrado de constitucionalidade, em face de disposição legal expressa. Não obstante, e embora em pelo menos duas oportunidades o Supremo Tribunal Federal tenha aplicado a técnica da modulação dos efeitos da declaração de inconstitucionalidade no controle difuso da constitucionalidade das leis, é imperioso ter presente que a Corte o fez em situações extremas, caracterizadas inequivocamente pelo risco à segurança jurídica ou ao interesse social.*" (AI 641798, Rel. Min. Joaquim Barbosa, j. em 22.10.2010); **B:** correta, pois a arguição de descumprimento de preceito fundamental (ADPF) é uma ação de controle concentrado de constitucionalidade que pode ser proposta de forma autônoma, em face de situações abstratas, ou incidental, em face de situações concretas, inclusive decisões judiciais (vide ADPF 101, Rel. Min. Cármen Lúcia, Tribunal Pleno, j. em 24.06.2009). Segundo Gilmar Mendes: "*Como típico instrumento do modelo concentrado de controle de constitucionalidade, a ADPF tanto pode dar ensejo à impugnação ou questionamento direto de lei ou ato normativo federal, estadual ou municipal, como pode acarretar uma provocação a partir de situações concretas, que levem à impugnação de lei ou ato normativo. No primeiro caso, tem-se um tipo de controle de normas em caráter principal, opera-se de forma direta e imediata em relação à lei ou ao ato normativo. No segundo, questiona-se a legitimidade da lei tendo em vista a sua aplicação em uma dada situação concreta (caráter incidental). Aqui a instauração do controle de legitimidade da norma na ADPF repercutirá diretamente sobre os casos submetidos à jurisdição ordinária (...)*" (Gilmar F. Mendes e Paulo Gustavo G. Branco, *Curso de Direito Constitucional*, 10ª ed., São Paulo: Saraiva, 2015, p. 1.264); **C:** incorreta, pois o STF **não** admite a intervenção do *amicus curiae* na edição *ex officio* dos enunciados de súmula vinculante por entender que a admissão formal de terceiros é incompatível com o procedimento simplificado criado para a edição de enunciados de súmulas vinculantes de iniciativa interna (*ex officio*), o qual é distinto do procedimento por provocação externa previsto no art. 3º da Lei 11.417/2006 (vide Debate de Aprovação da Súmula Vinculante 2 do STF); **D:** incorreta, pois o uso da reclamação contra omissão ou ato da administração pública que contrariar enunciado de súmula vinculante só será admitido após esgotamento das vias administrativas (art. 7º, § 1º, da Lei 11.417/2006); **E:** incorreta, pois o art. 1.038, inciso II, do CPC prevê que, no julgamento dos recursos extraordinário e especial repetitivos, o relator poderá fixar data para, em audiência pública, ouvir depoimentos de pessoas com experiência e conhecimento na matéria, com a finalidade de instruir o procedimento. Nessa linha, o STF tem realizado audiência pública antes do julgamento de recursos extraordinários, sendo exemplos os REs 1.010.606, n. 973.837, n. 581.488, n. 641.320, dentre outros. AN

Gabarito "B".

**(Delegado Federal – 2018 – CESPE)** A respeito dos direitos fundamentais e do controle de constitucionalidade, julgue os itens que se seguem.

**(1)** Segundo o STF, é inconstitucional a definição de critérios, além da autodeclaração, como forma de identificação dos beneficiários da política de cotas nos concursos públicos.

**(2)** Em relação aos estrangeiros, a norma constitucional que garante o acesso a cargos, empregos e funções públicas é de eficácia contida.

**(3)** De acordo com o STF, é inconstitucional proibir que emissoras de rádio e TV difundam áudios ou vídeos que ridicularizem candidato ou partido político durante o período eleitoral.

**(4)** Regulamento que disponha sobre o licenciamento ambiental de cemitérios tem caráter autônomo e abstrato, razão por que o STF admite ação direta de inconstitucionalidade contra esse tipo de norma.

**(5)** Dada a concretude regulamentar de decreto do Poder Executivo que verse sobre a liberdade de reunião em manifestação pública, sua suspensão não pode ser pleiteada mediante ação direta de inconstitucionalidade.

**1:** errada, pois o STF entende ser legítima a utilização, além da autodeclaração, de critérios subsidiários de heteroidentificação (*e.g.*, a exigência de autodeclaração presencial perante a comissão do concurso), desde que respeitada a dignidade da pessoa humana e garantidos o contraditório e a ampla defesa (ADC 41, Rel. Min. Roberto Barroso, j. 08.06.2017); **2:** errada, já que o STF fixou entendimento no sentido de que o art. 37, I, da Constituição do Brasil (redação após a EC 19/1998) consubstancia, relativamente ao acesso aos cargos públicos por estrangeiros, preceito constitucional dotado de **eficácia limitada**, dependendo de regulamentação para produzir efeitos, sendo assim, não aplicável (RE 544.655 AgR, Rel. Min. Eros Grau, j. 09.09.2008, 2ª T); **3:** certa, porque o STF entende serem inconstitucionais quaisquer leis ou atos normativos tendentes a constranger ou inibir a liberdade de expressão a partir de mecanismos de censura prévia, tal como a proibição de que emissoras de rádio e TV difundam áudios ou vídeos que ridicularizem candidato ou partido político durante o período eleitoral (art. 45, II, da Lei 9.504/1997); **4:** errada, pois o regulamento que disponha sobre o licenciamento ambiental de cemitérios **não** tem caráter autônomo e abstrato, razão pela qual o STF **não** admite ação direta de inconstitucionalidade contra esse tipo de norma, conforme o seguinte julgado: "*Não se admite a propositura de ação direta de inconstitucionalidade para impugnar Resolução do CONAMA, ato normativo regulamentar e não autônomo, de natureza secundária. O parâmetro de análise dessa espécie de ato é a lei regulamentada e não a Constituição*" (ADI 3074 AgR, Rel. Min. Teori Zavascki, Tribunal Pleno, j. em 28.05.2014); **5:** errada, pois o decreto do Poder Executivo que verse sobre a liberdade de reunião em manifestação pública possui característica de ato autônomo abstrato, podendo, assim, sua suspensão ser pleiteada mediante ação direta de inconstitucionalidade. Nesse sentido, o seguinte julgado do STF: "*Possuindo o decreto característica de ato autônomo abstrato, adequado é o ataque da medida na via da ação direta de inconstitucionalidade. Isso ocorre relativamente a ato do Poder Executivo que, a pretexto de compatibilizar a liberdade de reunião e de expressão com o direito ao trabalho em ambiente de tranquilidade, acaba por emprestar à Carta regulamentação imprópria, sob os ângulos formal e material.[...] De início, surge com relevância ímpar pedido de suspensão de decreto mediante o qual foram impostas limitações à liberdade de reunião e de manifestação pública, proibindo-se a utilização de carros de som e de outros equipamentos de veiculação de ideias.*" (ADI 1969 MC, Rel. Min. Marco Aurélio, Tribunal Pleno, j. em 24.03.1999). AN

Gabarito 1E, 2E, 3C, 4E, 5E

**(Procurador do Município – Prefeitura Fortaleza/CE – CESPE – 2017)** No que concerne a controle de constitucionalidade, julgue o item a seguir.

**(1)** Se a demanda versar exclusivamente sobre direitos disponíveis, é vedado ao juiz declarar de ofício a inconstitucionalidade de lei, sob pena de violação do princípio da inércia processual.

**1:** Incorreta. Qualquer juiz ou tribunal pode conhecer questões de inconstitucionalidade de ofício, ainda que se trate apenas de direitos disponíveis. TM

Gabarito 1E

**(Procurador Municipal – Prefeitura/BH – CESPE – 2017)** O STF declarou a inconstitucionalidade da interpretação da norma que proíbe a realização de aborto na hipótese de gravidez de feto anencefálico, diante da omissão de dispositivos penais quanto àquela situação. Essa decisão visou a garantir a compatibilidade da lei com os princípios e direitos fundamentais previstos na CF.

De acordo com a doutrina pertinente, nesse caso, o julgamento do STF constituiu sentença ou decisão:

(A) interpretativa de aceitação.
(B) aditiva.
(C) substitutiva.
(D) interpretativa de rechaço.

**A:** incorreta. No âmbito da intepretação constitucional, mais propriamente dentro da interpretação conforme a Constituição, existem as chamadas sentenças meramente interpretativas e as sentenças normativas ou manipuladoras. As sentenças de interpretação conforme *interpretativas*, por sua vez, podem ser divididas em interpretativas de aceitação e de rechaço (ou repúdio). As interpretativas de aceitação anulam as decisões que estejam contrárias à Constituição, por conterem interpretações da Constituição que não são válidas. Assim, a norma permanece no ordenamento, mas a interpretação que lhe foi conferida é declarada inconstitucional; **B:** correta. Já as decisões *manipuladoras ou normativas*, podem ser aditivas ou substitutivas. Nas aditivas, a Corte declara a existência de uma omissão inconstitucional na norma, como no caso do direito de greve do servidor público. Diante da omissão do legislador em regulamentá-lo, o STF garantiu seu exercício a partir da aplicação por analogia da lei de greve da iniciativa privada; **C:** incorreta. Nas decisões manipulativas substitutivas, ao contrário, a Corte declara a inconstitucionalidade da norma atacada substituindo-a por outra, criada pelo próprio tribunal; **D:** incorreta. Nas sentenças interpretativas de repúdio ou rechaço, o enunciado da norma permanece válido, mas a Corte adota a interpretação da norma que está de acordo com a Constituição, repudiando todas as demais. **TM**
Gabarito "B".

**(Procurador Municipal – Prefeitura/BH – CESPE – 2017)** À luz do entendimento do STF, assinale a opção correta, a respeito do controle de constitucionalidade.

(A) Admite-se reclamação para o STF contra decisão relativa à ação direta que, proposta em tribunal estadual, reconheça a inconstitucionalidade do parâmetro de controle estadual em face da CF.
(B) Lei municipal poderá ser objeto de pedido de representação de inconstitucionalidade, mas não de arguição de descumprimento de preceito fundamental.
(C) Ato normativo editado por governo de estado da Federação que proíba algum tipo de serviço de transporte poderá ser questionado mediante ação declaratória de constitucionalidade no STF.
(D) Súmula vinculante poderá ser cancelada ou revista se demonstradas modificação substantiva do contexto político, econômico ou social, alteração evidente da jurisprudência do STF ou alteração legislativa sobre o tema.

**A:** incorreta. Nesse caso cabe recurso extraordinário, já que o tribunal estadual declarou a inconstitucionalidade de lei estadual em face da Constituição Federal; **B:** incorreta. Cabe ADPF em face de leis municipais, por expressa previsão no art. 1º da Lei 9.882/1999; **C:** incorreta. Só cabe ação declaratória de constitucionalidade em face de lei ou ato normativo federal (art. 102, I, *a*, CF); **D:** correta. Entendimento do STF consagrado ao julgar a PSV 13. **TM**
Gabarito "D".

**(Delegado/PE – 2016 – CESPE)** Com relação ao controle de constitucionalidade, assinale a opção correta.

(A) Como atos *interna corporis*, as decisões normativas dos tribunais, estejam elas sob a forma de resoluções administrativas ou de portarias, não são passíveis do controle de constitucionalidade concentrado.
(B) Se o governador de um estado da Federação ajuizar ADI contra lei editada por outro estado, a ação não deverá ser conhecida pelo STF, pois governadores de estado somente

dispõem de competência para ajuizar ações contra leis e atos normativos federais e de seu próprio estado.
(C) A ADPF pode ser proposta pelos mesmos legitimados ativos da ADI genérica e da ADC, além do juiz singular quando, na dúvida sobre a constitucionalidade de uma lei, este suscita o incidente de arguição de inconstitucionalidade perante o STF.
(D) Se a câmara de vereadores de um município entender que o prefeito local pratica atos que lesam princípios ou direitos fundamentais, ela poderá propor uma ADPF junto ao STF visando reprimir e fazer cessar as condutas da autoridade municipal.
(E) São legitimados universais para propor ADI, não se sujeitando ao exame da pertinência temática, o Presidente da República, as mesas da Câmara dos Deputados e do Senado Federal, o procurador-geral da República, partido político com representação no Congresso Nacional e o Conselho Federal da OAB.

**A:** incorreta. O STF, ADI 4.108/MG, 'tem admitido o controle concentrado de constitucionalidade de preceitos oriundos da atividade administrativa dos tribunais, desde que presente, de forma inequívoca, o caráter normativo e autônomo do ato impugnado'". Vicente Paulo e Marcelo Alexandrino, em Direito Constitucional Descomplicado, 14ª Edição, 2015, p. 850, ensinam que "Pode, ainda, ser objeto de ação direta de inconstitucionalidade perante o STF os seguintes atos normativos: resoluções e decisões administrativas dos tribunais do Poder Judiciário"; **B:** incorreta. O governador é legitimado ativo para propor as ações do controle concentrado (ADI, ADC e ADPF), conforme determina o art. 103, V, da CF. O único detalhe é que ele precisa demonstrar pertinência temática, ou seja, o conteúdo do ato deve ser pertinente aos interesses do Estado que o Governador representa, sob pena de carência da ação (falta de interesse de agir); **C:** incorreta. O juiz singular não é legitimado para propor tal ação. Apenas o rol de legitimados previsto no art. 103 da CF pode propor as ações do controle concentrado. São os seguintes: I – o Presidente da República; II – a Mesa do Senado Federal; III – a Mesa da Câmara dos Deputados; IV – a Mesa de Assembleia Legislativa ou da Câmara Legislativa do Distrito Federal; V – o Governador de Estado ou do Distrito Federal; VI – o Procurador-Geral da República; VII – o Conselho Federal da Ordem dos Advogados do Brasil; VIII – partido político com representação no Congresso Nacional; IX – confederação sindical ou entidade de classe de âmbito nacional. Legitimidade. Vale lembrar que segundo o STF, os previstos nos incisos IV, V e IX do art. 103 da CF precisam demonstrar pertinência temática; **D:** incorreta. A Câmara de Vereadores não é legitimada ativa à propositura do ADPF. Como mencionado, apenas o rol do art. 103 da CF detém legitimidade; **E:** correta. O art. 103 da CF traz os legitimados e o STF os classifica em universais ou neutros e especiais, temáticos ou interessados. Os primeiros podem impugnar quaisquer normas, os segundos são aqueles que precisam demonstrar pertinência temática ao ingressar com essas ações, ou seja, o conteúdo do ato deve ser pertinente aos interesses do legitimado, sob pena de carência da ação. O Supremo já definiu que pertinência temática significa que a ação proposta pelo ente tem de estar de acordo com sua finalidade institucional. Devem vir acompanhadas de tal requisito as ações propostas pelos seguintes legitimados: a Mesa de Assembleia Legislativa ou da Câmara Legislativa do Distrito Federal (inciso IV); o Governador de Estado ou do Distrito Federal (inciso V); e confederação sindical ou entidade de classe de âmbito nacional (inciso IX). Por exclusão, os demais entes são considerados legitimados universais, ou seja, não precisam demonstrar a existência de pertinência temática, quais sejam: o Presidente da República, a Mesa do Senado Federal, a Mesa da Câmara dos Deputados, o Procurador-Geral da República, o partido político com representação no Congresso Nacional e o Conselho Federal da Ordem dos Advogados do Brasil.
Gabarito "E".

**(Defensor Público – DPE/RN – 2016 – CESPE)** Em relação a controle de constitucionalidade, assinale a opção correta.

(A) Segundo o entendimento do STF, o Conselho Nacional do Ministério Público pode, excepcionalmente, no exercício de suas atribuições de controle da legitimidade dos atos administrativos praticados por membros do MP, afastar a aplicação de norma identificada como inconstitucional.
(B) Consoante entendimento do STF, em ADI, após a deliberação a respeito do mérito da declaração de inconstitucionalidade e, mesmo já proclamado o resultado final do

## 8. DIREITO CONSTITUCIONAL 199

julgamento, é possível a reabertura do julgamento para fins de deliberação a respeito da modulação dos efeitos da decisão.

(C) De acordo com alteração constitucional promovida por emenda constitucional, o defensor público-geral federal passou a ser um dos legitimados a propor ADI e a ação declaratória de constitucionalidade.

(D) A decisão que julgar procedente o pedido em ADPF é irrecorrível, não podendo ser objeto de ação rescisória ou de reclamação contra o seu descumprimento.

(E) De acordo com entendimento do STF, para admitir-se a revisão ou o cancelamento de súmula vinculante, faz-se necessário demonstrar: a evidente superação da jurisprudência do STF no trato da matéria; a alteração legislativa quanto ao tema; ou, ainda, a modificação substantiva de contexto político, econômico ou social.

**A:** Errada. "O Conselho Nacional do Ministério Público não ostenta competência para efetuar controle de constitucionalidade de lei, posto consabido tratar-se de órgão de natureza administrativa, cuja atribuição adstringe-se ao controle da legitimidade dos atos administrativos praticados por membros ou órgãos do Ministério Público federal e estadual" (MS 27.744, Rel. Min. Luiz Fux, j. 6/5/2014, 1ª T, p. 8/6/2015); **B:** Errada. "Em ação direta de inconstitucionalidade, com a proclamação do resultado final, se tem por concluído e encerrado o julgamento e, por isso, inviável a sua reabertura para fins de modulação" (ADI 2949 QO/MG, Rel. p/ o acórdão Min. Marco Aurélio); **C:** Errada. Não se encontra no rol de legitimados do art. 103 da CF e 2º da Lei 9.868/1999 para a propositura de ADI, nem no rol de legitimados para propositura de ADC (art. 13, I a IV, da Lei 9.868/1999); **D:** Errada. O art. 12 da Lei 9.882/1999 prevê a irrecorribilidade da decisão em ADPF e o não cabimento de ação rescisória, mas não veda a reclamação. A reclamação, de acordo com a doutrina majoritária, tem natureza jurídica de "ação", não de recurso; **E:** Correta. As balizas foram estabelecidas pelo STF ao apreciar pedido de revisão/cancelamento dos enunciados 11 e 25 da Súmula Vinculante do Tribunal (V. Informativo/STF 800).

Gabarito "E".

**(Defensor Público – DPE/RN – 2016 – CESPE)** No tocante à jurisdição constitucional dos TJs estaduais, assinale a opção correta de acordo com a jurisprudência do STF.

(A) Pela técnica da remissão normativa, a Constituição estadual pode incorporar o conteúdo de normas da CF, podendo os preceitos constitucionais estaduais de remissão servir de parâmetro no controle abstrato de normas de âmbito estadual.

(B) Não será exigido o requisito da pertinência temática para qualquer dos legitimados ao controle abstrato de constitucionalidade estadual, salvo se a Constituição estadual contemplar expressamente essa exigência.

(C) Se o autor de representação de inconstitucionalidade estadual invocar como parâmetro de controle norma da Constituição estadual incompatível com a CF, o TJ deverá, mesmo assim, julgar a ação, ainda que em face desse parâmetro local, não lhe sendo admitido controlar incidentalmente a constitucionalidade dessa norma constitucional estadual em face da CF.

(D) A decisão de TJ que, em ação direta, declarar inconstitucional lei estadual somente terá eficácia contra todos após a assembleia legislativa do respectivo estado suspender a execução do referido ato normativo.

(E) Cabe aos estados instituir a representação de inconstitucionalidade de leis ou de atos normativos estaduais ou municipais em face da Constituição estadual, vedada a instituição de ADI por omissão.

**A:** Correta. "Revela-se legítimo invocar, como referência paradigmática, para efeito de controle abstrato de constitucionalidade de leis ou atos normativos estaduais e/ou municipais, cláusula de caráter remissivo, que, inscrita na Constituição Estadual, remete, diretamente, às regras normativas constantes da própria Constituição Federal, assim incorporando-as, formalmente, mediante referida técnica de remissão, ao plano do ordenamento constitucional do Estado-membro. – Com a técnica de remissão normativa, o Estado-membro confere parametricidade

às normas, que, embora constantes da Constituição Federal, passam a compor, formalmente, em razão da expressa referência a elas feita, o "corpus" constitucional dessa unidade política da Federação, o que torna possível erigir-se, como parâmetro de confronto, para os fins a que se refere o art. 125, § 2º da Constituição da República, a própria norma constitucional estadual de conteúdo remissivo" (STF, Rcl 10500, Rel. Mn. Celso de Mello, Pleno, j. 22.06.2011); **B:** Errada. O requisito da pertinência temática, embora não previsto formalmente em lei, é exigido pela jurisprudência do STF dos legitimados não universais para propositura das ações do controle abstrato de constitucionalidade. No controle estadual abstrato foi também consagrado pela jurisprudência, constando ou não do texto da constituição estadual; **C:** Errada. Se o parâmetro de controle de constitucionalidade é, em última análise, a Constituição Federal, não cabe controle abstrato pelos tribunais dos estados (art. 125, §; 2º, CF). Da decisão do tribunal estadual que reconhecer sua incompetência para apreciar o pedido (de declaração de inconstitucionalidade em face de parâmetro estadual que viola a Constituição Federal) caberá recurso extraordinário para o STF; **D:** Errada. A decisão terá efeitos *inter partes*; **E:** Errada. Embora o art. 125, § 2º, da CF refira-se apenas à representação de inconstitucionalidade, o STF já decidiu que a simetria federativa permite a instituição das outras espécies de controle existentes em nível federal.

Gabarito "A".

**(Juiz de Direito/AM – 2016 – CESPE)** À luz da jurisprudência do STF, assinale a opção correta acerca da supremacia da CF e dos diferentes tipos de inconstitucionalidade.

(A) Se o Estado deixar de adotar as medidas necessárias à realização concreta dos preceitos da CF, ou seja, a torná-los efetivos, operantes e exequíveis, abstendo-se, em consequência, de cumprir o dever de prestação que a CF lhe impôs, incidirá em violação negativa do texto constitucional. Desse *non facere* ou *non praestare*, resultará a inconstitucionalidade por omissão, que pode ser total ou parcial.

(B) Lei estadual que regule a comercialização de artigos de conveniência e prestação de serviços de utilidade pública em farmácias e drogarias do estado, editada no exercício de competência suplementar dos estados para legislar sobre a matéria, embora formalmente constitucional, incidirá em inconstitucionalidade material, embora observado o princípio da proporcionalidade.

(C) Lei estadual que imponha proibição ao Poder Executivo estadual de iniciar, renovar ou manter, em regime de exclusividade, em qualquer instituição bancária privada, as disponibilidades de caixas estaduais, com clara intenção de revogar o regime anterior e desconstituir todos os atos e contratos firmados com base em suas normas, violará o princípio da separação dos poderes e da segurança jurídica, padecendo de inconstitucionalidade formal.

(D) Somente pelo voto da maioria absoluta de seus membros ou dos membros do respectivo órgão especial poderão os tribunais declarar a inconstitucionalidade de lei ou ato normativo do poder público. Por isso, não viola a cláusula de reserva de plenário a decisão de órgão fracionário de tribunal que, embora não declare expressamente a inconstitucionalidade de lei ou ato normativo do poder público, afasta sua incidência, no todo ou em parte.

(E) Lei estadual de iniciativa parlamentar que disponha sobre entidades municipais legitimadas a integrar órgão da administração pública estadual ou firmar convênios com o estado-membro, usurpando competência legislativa exclusiva do chefe do Poder Executivo, incidirá em inconstitucionalidade material, mas não formal.

**A:** correta. O texto da alternativa foi extraído da ADI 1457/DF. Segundo a Corte Maior: "Se o Estado deixar de adotar as medidas necessárias à realização concreta dos preceitos da CF, ou seja, a torná-los efetivos, operantes e exequíveis, abstendo-se, em consequência, de cumprir o dever de prestação que a CF lhe impôs, incidirá em violação negativa do texto constitucional. Desse *non facere* ou *non praestare*, resultará a inconstitucionalidade por omissão, que pode ser total, quando é nenhuma a providência adotada, ou parcial, quando é insuficiente a medida efetivada pelo Poder Público."; **B:** incorreta. **Não há inconsti-**

**tucionalidade na norma**. O assunto já foi julgado pelo STF: "Mais uma vez o Plenário julgou improcedente pedido formulado em ação direta de inconstitucionalidade ajuizada contra a Lei 2.149/2009, do Estado do Acre, que disciplina o comércio varejista de artigos de conveniência em farmácias e drogarias. O Tribunal, preliminarmente, afastou a alegação de que a via eleita seria inadequada por ser imprescindível o exame de compatibilidade entre a norma estadual impugnada e a legislação federal, para concluir-se pela usurpação ou não de competência da União. Aduziu que, à vista da regra constitucional do § 1º do art. 24 da CF, bastaria o exame do ato normativo atacado, mediante a ação direta, para saber se o Estado-membro adentrara o campo reservado à União. Observou que, nos autos, se discutiria se a lei estadual usurpara a competência da União para legislar sobre normas gerais de proteção e de defesa da saúde, além de violar o direito à saúde (CF, artigos 6º, "caput"; 24, XII, §§ 1º e 2º; e 196). Reconheceu que o sistema de distribuição de competências materiais e legislativas privativas, concorrentes e comuns entre os três entes da Federação, assim como estabelecido na Constituição e tendo em vista a aplicação do princípio da predominância do interesse, seria marcado pela complexidade, e não seria incomum acionar-se o STF para solucionar problemas de coordenação e sobreposição de atos legislativos, especialmente federais e estaduais". ADI 4954/AC, rel. Min. Marco Aurélio, 20.8.2014. (ADI-4954); **C:** incorreta. **A inconstitucionalidade, nesse ponto, é material**. Há julgado no Supremo sobre o tema: "Ação direta de inconstitucionalidade. Lei 14.235/2003, do Estado do Paraná. Proibição ao Poder Executivo Estadual de iniciar, renovar, manter, em regime de exclusividade a qualquer instituição bancária privada, as disponibilidades de caixa estaduais. 2. Reserva da Administração. A matéria trazida pela lei impugnada, por referir-se à disciplina e à organização da Administração Pública, é de iniciativa do Chefe do Poder Executivo. O Projeto de Lei 655/2003, que deu origem à Lei 14.235/2003, é de autoria parlamentar. 3. Violação ao § 3º do art. 164 da Constituição Federal. Necessidade de lei nacional para estabelecer exceções ao comando constitucional. Inconstitucionalidade formal. 4. A legislação impugnada teve a clara intenção de revogar o regime anterior e desconstituir todos os atos e contratos firmados com base em suas normas. A Lei 14.235/00, ao afirmar, em seu art. 3º, que caberá ao Poder Executivo revogar, imediatamente, todos os atos e contratos firmados nas condições previstas no art. 1º desta lei', viola o princípio da separação dos Poderes e da segurança jurídica. Inconstitucionalidade material. 5. Ação direta de inconstitucionalidade julgada procedente" (ADI 3075/PR, Min. Gilmar Mendes, rel. 24.09.14); **D:** incorreta. Ao contrário do mencionado, há **violação da cláusula de reserva de plenário** quando a decisão de órgão fracionário de tribunal, embora não declare expressamente a inconstitucionalidade de lei ou ato normativo do Poder Público, afasta sua incidência, no todo ou em parte. É o que determina a Súmula Vinculante 10 (STF); **E:** incorreta. **A inconstitucionalidade é formal**, por vício de iniciativa.

Gabarito "A".

**(Analista Judiciário – TRT/8ª – 2016 – CESPE)** Com base no disposto na CF, assinale a opção correta a respeito de controle de constitucionalidade.

(A) Entre os legitimados universais para a propositura de ação direta de inconstitucionalidade inclui-se o governador de estado, e entre os legitimados especiais inclui-se o presidente da República.

(B) É possível o controle abstrato de constitucionalidade de leis ou atos normativos municipais em face da lei orgânica municipal.

(C) A sanção presidencial a projeto de lei não supre vícios de iniciativa, padecendo de vício formal a lei sancionada, a ser declarado por meio de ação judicial própria.

(D) Na apreciação do controle de constitucionalidade em grau de recurso, os autos devem ser remetidos ao relator da Câmara Julgadora do Tribunal, que poderá monocraticamente declarar a inconstitucionalidade da lei.

(E) Os efeitos da declaração de inconstitucionalidade em controle de constitucionalidade difuso no âmbito do tribunal de justiça são *erga omnes* e *ex nunc*, como o são os efeitos de declaração de inconstitucionalidade de lei em controle difuso no âmbito do STF.

**A:** incorreta. O **governador é legitimado especial**, ou seja, precisa demonstrar pertinência temática (o conteúdo do ato deve ser pertinente aos interesses do legitimado, com a finalidade institucional, sob pena de carência da ação) ao propor as ações do controle concentrado (ADI – Ação Direta de Inconstitucionalidade, ADC – Ação Declaratória de Constitucionalidade e ADPF – Arguição de Descumprimento de Preceito Fundamental). Por outro lado, **o Presidente da República é considerado legitimado universal**, ou seja, não precisa demonstrar pertinência temática, pode impugnar qualquer norma. Vale lembrar que o art. 103 da CF traz os legitimados e o STF faz divisão em universais e especiais. Devem vir acompanhadas da demonstração de pertinência temática as ações propostas pelos seguintes legitimados: a Mesa de Assembleia Legislativa ou da Câmara Legislativa do Distrito Federal (inciso IV do art. 103 da CF); o Governador de Estado ou do Distrito Federal (inciso V do art. 103 da CF); e confederação sindical ou entidade de classe de âmbito nacional (inciso IX do art. 103 da CF); **B:** incorreta. **Não existe previsão constitucional** nesse sentido. Segundo o STF: "Tendo em vista que o controle abstrato de lei ou ato normativo municipal somente é admitido em face da constituição estadual, perante o tribunal de justiça (CF, art. 125, § 2º), a Turma manteve acórdão do Tribunal de Justiça do Estado de São Paulo que julgara prefeito carecedor da ação direta de inconstitucionalidade interposta contra lei municipal em face da lei orgânica do mesmo município. Precedente citado: ADIn (AgRg) 1.268-MG (*DJU* de 20.10.95). RE 175.087-SP, rel. Min. Néri da Silveira, 19.3.2002. (RE-175087). Além disso, a Suprema Corte já decidiu que "Em se tratando de lei municipal, o controle de constitucionalidade se faz pelo sistema difuso – e não concentrado –, ou seja, apenas no julgamento de casos concretos, com eficácia *inter partes*, e não *erga omnes*, quando confrontado o ato normativo local com a CF. O controle de constitucionalidade concentrado, nesse caso, somente será possível, em face da Constituição dos Estados, se ocorrer a hipótese prevista no § 2º do art. 125 da CF. [ADI 209, rel. min. Sydney Sanches, j. 20.05.1998, P, *DJ* de 11.09.1998.] = ADI 5.089 AgR, rel. min. Celso de Mello, j. 16.10.2014, P, *DJE* de 06.02.2015. Por fim, é oportuno lembrar que, de acordo com o STF, a lei orgânica do DF "tem força e autoridade equivalente a um verdadeiro estatuto constitucional, podendo ser equiparada às Constituições promulgadas pelos Estados-Membros, como assentado no julgamento que deferiu a medida cautelar nesta ação direta". [ADI 980, rel. min. Menezes Direito, j. 06.03.2008, P, *DJE* de 01.8.2008.]; **C:** correta. De fato, vício de iniciativa não é convalidado por posterior sanção presidencial. O STF já decidiu reiteradas vezes que "**A sanção do projeto de lei não convalida o vício de inconstitucionalidade** resultante da usurpação do poder de iniciativa. A ulterior aquiescência do chefe do Poder Executivo, mediante sanção do projeto de lei, ainda quando dele seja a prerrogativa usurpada, não tem o condão de sanar o vício radical da inconstitucionalidade. Insubsistência da Súmula 5/STF. [ADI 2.867, rel. min. Celso de Mello, j. 03.12.2003, P, *DJ* de 09.02.2007.] = ADI 2.305, rel. min. Cezar Peluso, j. 30.06.2011, P, *DJE* de 05.08.2011; **D:** incorreta. A declaração de inconstitucionalidade **não pode ser dada monocraticamente**, deve ser respeitada a denominada **cláusula de reserva de plenário**, prevista no art. 97 da CF. De acordo com tal norma, somente pelo voto da maioria absoluta de seus membros ou dos membros do respectivo órgão especial poderão os tribunais declarar a inconstitucionalidade de lei ou ato normativo do Poder Público; **E:** incorreta. Os efeitos da declaração de inconstitucionalidade em **controle difuso** no âmbito do tribunal de justiça, assim como os da declaração de inconstitucionalidade de lei em **controle difuso** no âmbito do STF, ao contrário do mencionado, são, em regra, inter partes (entre as partes do processo) e ex tunc (retroativos).

Gabarito "C".

**(Procurador do Estado/AM – 2016 – CESPE)** Com relação aos mecanismos de defesa da CF e das Constituições estaduais, julgue os itens a seguir.

(1) Ante a constatação de que determinada lei municipal contraria princípio de intervenção (princípio sensível) presente tanto na CF como na Constituição estadual, o governador do estado poderá ajuizar ação de controle abstrato de normas tanto em relação à CF, perante o STF, como em relação à Constituição estadual, perante o respectivo tribunal de justiça.

(2) No caso de representação com vistas à intervenção estadual em município para assegurar a observância de princípios indicados na Constituição estadual, o provimento do pedido pelo tribunal de justiça não pode consistir na suspensão da execução do ato normativo impugnado, mesmo que essa medida baste ao restabelecimento da normalidade.

# 8. DIREITO CONSTITUCIONAL 201

**(3)** No exercício da competência para o chamado veto jurídico no âmbito dos correspondentes processos legislativos, governadores e prefeitos podem invocar tão somente violações às respectivas leis fundamentais (Constituições estaduais e leis orgânicas municipais), sendo-lhes vedado vetar projetos de lei com base na sua incompatibilidade com a CF.

**(4)** Decreto legislativo editado pelo Poder Legislativo para sustar ato normativo do Poder Executivo por exorbitância do poder regulamentar pode ser apreciado em controle abstrato de normas, oportunidade em que o tribunal competente deverá analisar se tal ato normativo efetivamente extrapolou a lei objeto de regulamentação para, somente depois disso, decidir sobre a constitucionalidade do referido decreto legislativo.

**1:** correta. Em regra, os entes federativos são autônomos (art. 18, CF), mas, diante de afronta a um dos "princípios constitucionais sensíveis" (art. 34, VII, CF), poderá haver intervenção. A União só intervém em estado-membro, no Distrito Federal, ou em município **localizado em território federal** (art. 34, *caput*, CF); e os estados-membros só podem intervir em seus próprios municípios (art. 35, *caput*, CF); e em qualquer desses casos mediante "representação interventiva" (art. 36, III, CF). No caso, se a lei municipal afronta princípio constitucional sensível da CF, reproduzido na Constituição do Estado por simetria federativa, caberá simultaneamente representação interventiva federal – perante o STF – e representação interventiva estadual – perante o TJ local; **2:** incorreta. Na hipótese, o Tribunal de Justiça, ao dar provimento à representação interventiva para assegurar a observância de princípios indicados na Constituição Estadual (ou para prover a execução de lei, de ordem ou de decisão judicial), pode apenas suspender o ato impugnado, se essa medida bastar ao restabelecimento da normalidade (art. 36, § 3º, CF); **3:** incorreta. Ao exercer seu poder de veto, o parâmetro de aferição da constitucionalidade pelo Chefe do Executivo estadual ou municipal corresponde tanto à Constituição do Estado quanto à Constituição Federal (controle prévio ou preventivo de constitucionalidade das leis); **4:** correta. Embora o art. 49, V, CF refira ser da competência exclusiva do Congresso Nacional a sustação dos atos do Poder Executivo que exorbitem do poder regulamentar (ou dos limites da delegação legislativa), não significa que o decreto legislativo que veicula tal sustação não possa ser, ele próprio, sujeito a controle abstrato de constitucionalidade. Nesse caso, o exame pelo Tribunal competente é faseado: primeiro se analisa se o ato sustado efetivamente violou os limites do poder regulamentar ou da delegação legislativa para, somente depois, examinar a constitucionalidade do decreto legislativo em si.

Gabarito 1C, 2E, 3E, 4C

**(Advogado União – AGU – CESPE – 2015)** Acerca do controle de constitucionalidade das normas, julgue os itens subsecutivos.

Situação hipotética: O presidente da República ajuizou no STF ação direta de inconstitucionalidade que impugna a constitucionalidade de uma lei estadual com base em precedente dessa corte. A petição inicial dessa ação também foi assinada pelo AGU.

**(1)** Nessa situação, conforme entendimento do STF, o AGU deverá defender a constitucionalidade da lei ao atuar como curador da norma.

**(2)** Considerando-se que a emenda constitucional, como manifestação do poder constituinte derivado, introduz no ordenamento jurídico normas de hierarquia constitucional, não é possível a declaração de inconstitucionalidade dessas normas. Assim, eventuais incompatibilidades entre o texto da emenda e a CF devem ser resolvidas com base no princípio da máxima efetividade constitucional.

**(3)** O caso Marbury *versus* Madison, julgado pela Suprema Corte norte-americana, conferiu visibilidade ao controle difuso de constitucionalidade, tendo a decisão se fundamentado na supremacia da Constituição, o que, consequentemente, resultou na nulidade das normas infraconstitucionais que não estavam em conformidade com a Carga Magna.

**1:** Incorreta. A regra é de que o Advogado-Geral da União atua como curador da constitucionalidade das leis, ou seja, tem o dever de defender a constitucionalidade da norma quando é questionada perante o STF

(art. 103, § 3º, CF). Entretanto, interpretando a norma do art. 103, § 3º, CF, o Supremo entendeu "ser necessário fazer uma interpretação sistemática, no sentido de que o § 3º do art. 103 da CF concede à AGU o direito de manifestação, haja vista que exigir dela defesa em favor do ato impugnado em casos como o presente, em que o interesse da União coincide com o interesse do autor, implicaria retirar-lhe sua função primordial que é a defender os interesses da União (CF, art. 131). Além disso, a despeito de reconhecer que nos outros casos a AGU devesse exercer esse papel de contraditora no processo objetivo, constatou-se um problema de ordem prática, qual seja, a falta de competência da Corte para impor-lhe qualquer sanção quando assim não procedesse, em razão da inexistência de previsão constitucional para tanto" (ADIn 4309/TO, Rel. Min. Cezar Peluso). Vide Informativo STF 562/2009. O AGU tampouco precisa defender a constitucionalidade da norma quando já houver precedentes do STF pela inconstitucionalidade, como é o caso da questão. **2:** Incorreta. O STF tem firme jurisprudência no sentido de que as normas constitucionais oriundas de emendas à constituição (fruto do Poder Constituinte Derivado) podem ser objeto de controle de constitucionalidade. Apenas as normas constitucionais originárias não podem ser objeto de controle. **3:** Incorreta. É assente na doutrina que o caso Marbury x Madison inaugurou o controle de constitucionalidade difuso nos EUA, afirmando a supremacia da Constituição e do Poder Judiciário para conferir a "última palavra" sobre a interpretação e a aplicação da Constituição. Entretanto, como explica o professor Rodrigo Brandão em artigo sobre o precedente americano, "cuida-se, a bem da verdade, de leitura dos seus fundamentos com total abstração do seu 'dispositivo', e, sobretudo, do contexto político vivido nos EUA na primeira década do século XIX". 'William Marbury e outros, embora nomeados pelo governo (anterior) para o cargo de juiz de paz no Distrito de Colúmbia, não receberam as suas investiduras, pois Marshall, na condição de Secretário de Estado de (John) Adams, não teve tempo de entregá-las; assim postulavam a obtenção de ordem judicial que compelisse o novo governo a dar-lhes posse'. O mesmo Marshall, que era secretário de Estado do Presidente anterior (John Adams), julgou o caso como Ministro da Suprema Corte dos EUA. 'Marshall afirmou, inicialmente, que os impetrantes possuíam direito à investidura nos cargos, já que o poder discricionário do Executivo se encerraria no momento da nomeação, de modo que após a prática deste ato deveria ser respeitada a estabilidade dos juízes em seus cargos. Assim, a conduta de Madison, secretário de Estado de (Thomas) Jefferson (Presidente que sucedeu John Adams), no sentido de reter os atos de investidura foi tida como ilegal, na medida em que violara o direito dos nomeados a exercerem o cargo de juiz de paz pelo lapso de tempo determinado legalmente. Todavia, o desafio perpetrado ao governo de Jefferson parou por aí. Sob o argumento de que as competências originárias da Suprema Corte estão submetidas à 'reserva de Constituição', a Corte reconheceu a inconstitucionalidade do dispositivo legal que lhe concedera competência para julgar o caso, e, assim, negou-se a ordenar o Presidente a dar posse aos impetrantes". A ação, portanto, não foi conhecida. Ver Rodrigo Brandão, "O outro lado de Marbury x Madison". TM

Gabarito 1E, 2E, 3E

## 4.2. CONTROLE DIFUSO DE CONSTITUCIONALIDADE

**(Advogado – CEF – 2010 – CESPE)** A CAIXA pretende discutir a inconstitucionalidade da cobrança do imposto sobre serviços que lhe está sendo imposta pelo município de Itaperuna – RJ. Considerando essa situação hipotética, é correto afirmar que o advogado da CAIXA deverá ajuizar a ação

**(A)** originariamente no STF, por se tratar de causa entre entidade da administração indireta da União e um município, dando ensejo a conflito federativo.

**(B)** originariamente no STJ, por se tratar de causa entre entidade da administração indireta da União e um município, dando ensejo a conflito federativo.

**(C)** em uma das varas federais da seção judiciária do DF, por se tratar de causa em que empresa pública federal é interessada na condição de autora e por ser esta a seção judiciária onde tem domicílio a CAIXA.

**(D)** em uma das varas de fazenda pública da comarca da capital do estado do Rio de Janeiro, por se tratar de causa de interesse de município daquele estado.

**(E)** na vara federal da subseção judiciária de Itaperuna, por se tratar de causa em que empresa pública federal é interessada na condição de autora e por ser esta a subseção que jurisdiciona territorialmente o município de Itaperuna.

Como a CAIXA não é legitimada para propositura de ações de controle concentrado de constitucionalidade, a discussão pretendida deverá ocorrer incidentalmente em ação concreta, vale dizer, mediante controle difuso de constitucionalidade, que pode ser realizado por qualquer juiz ou tribunal. Em face da posição de autora assumida pela CAIXA, empresa pública federal, a competência para processar e julgar o feito, necessariamente, será da Justiça Federal (art. 109, inciso I, da CF).

Gabarito "E".

### 4.3. CONTROLE CONCENTRADO DE CONSTITUCIONALIDADE

#### 4.3.1. AÇÃO DIRETA DE INCONSTITUCIONALIDADE

**(Procurador Municipal – Prefeitura/BH – CESPE – 2017)** De acordo com o previsto na CF e considerando a jurisprudência do STF, assinale a opção correta, a respeito do controle de constitucionalidade.

**(A)** Em relação à ADI interventiva, a intervenção estadual em município será possível quando o Poder Judiciário verificar que ato normativo municipal viola princípio constitucional sensível previsto na Constituição estadual.

**(B)** Turma do STF poderá deliberar sobre revisão de súmula vinculante pelo quórum qualificado de dois terços de seus membros.

**(C)** O CNJ, como órgão do Poder Judiciário, tem competência para apreciar a constitucionalidade de atos administrativos.

**(D)** O ingresso como *amicus curiae* em ADI independe da demonstração da pertinência temática entre os objetivos estatutários da entidade requerente e o conteúdo material da norma questionada.

**A:** correta. Art. 35, IV, da CF; **B:** incorreta. A competência é do Pleno do STF, por quórum de 2/3 (art. 2º, § 3º, Lei 11.417/2006); **C:** incorreta. O CNJ é órgão do Poder Judiciário, mas não possui competências judicantes; **D:** incorreta. Para ser aceito como *amicus curiae*, a pessoa ou entidade deve demonstrar a relevância da matéria e a representatividade do postulante. A pertinência temática está ligada à demonstração do segundo requisito. **TM**

Gabarito "A".

#### 4.3.2. AÇÃO DECLARATÓRIA DE CONSTITUCIONALIDADE

**(Juiz de Direito/DF – 2016 – CESPE)** Em atenção à ADC e à respectiva jurisprudência do STF, assinale a opção correta.

**(A)** A decisão final proferida é irrecorrível, salvo a oposição de embargos de declaração, e eventual propositura de ação rescisória, desde que modificado o entendimento do STF sobre a matéria.

**(B)** A controvérsia judicial relevante diz respeito ao mérito, e não rende ensejo ao indeferimento monocrático da inicial pelo Relator.

**(C)** O parâmetro de controle é a Constituição vigente, excluindo-se os tratados e convenções internacionais, ainda que sobre direitos humanos e aprovados por quórum qualificado no Congresso Nacional.

**(D)** Pode ser deferida medida cautelar, suspendendo-se os processos que envolvam a aplicação da lei ou ato normativo questionado, devendo ser julgada a ação em noventa dias, sob pena de perda de eficácia.

**(E)** Decorrido o prazo da rescisória, a imutabilidade da sentença de mérito transitada em julgado é insuperável, ainda que aplicada lei objeto de ulterior ADC improcedente, com a inconstitucionalidade proclamada pelo STF.

**A:** incorreta. Não cabe ação rescisória. De acordo com o art. 26 da Lei 9.868/1999, a decisão que declara a constitucionalidade ou a

inconstitucionalidade da lei ou do ato normativo em ADIn ou ADC é irrecorrível, ressalvada a interposição de embargos declaratórios, **não podendo, igualmente, ser objeto de ação rescisória**; **B:** incorreta. Determina o art. 14, III, da Lei 9.868/1999 que a petição inicial da ADC deverá indicar, além de outros requisitos, a existência de **controvérsia judicial relevante sobre a aplicação do ato normativo objeto da ação declaratória**. Caso tal indicação não conste da petição inicial, a ADC pode ser indeferida monocraticamente pelo Relator (art. 15 da Lei 9.868/1999); **C:** incorreta. O parâmetro de controle, de fato, é a Constituição vigente e só podem ser objeto de ADC leis ou atos normativos **federais** (art. 102, I, "a", CF). Ocorre que as normas oriundas de tratados e convenções internacionais sobre direitos humanos aprovadas pelo mesmo processo legislativo das emendas constitucionais equivalem a normas constitucionais (art. 5º, § 3º, CF) e, portanto, podem servir como parâmetro para aferição da constitucionalidade de leis ou atos normativos com eles conflitantes; **D:** incorreta. Apesar de a medida cautelar ser cabível para determinar aos juízes e tribunais a suspensão dos processos que envolvam a aplicação da lei ou ato normativo objeto da ADC, o prazo para julgamento da ação é de 180 dias, sob pena de perda de eficácia da medida cautelar deferida (art. 21, *caput* e parágrafo único, da Lei 9.868/1999); **E:** correta. A declaração de improcedência da ADC corresponde à declaração de procedência da ADIn, ou seja, tem como resultado a pronúncia da inconstitucionalidade da lei (art. 24 da Lei 9.868/1999), com os mesmos efeitos da ADIn (inclusive o vinculante – art. 28, parágrafo único, da Lei 9.868/1999). Por isso diz-se que a ADC é a ADIn "com sinal trocado". Entretanto, se, **anteriormente** ao julgamento de improcedência da ADC pelo STF, a lei ou ato normativo tiver sido aplicado por juízes ou tribunais, e tenha transcorrido o prazo para a ação rescisória desses julgados, sua sentença ou acórdão não pode ser modificado. Nesse caso, alguns autores referem que se operou sobre o julgamento dos juízes e tribunais a "coisa **soberanamente** julgada", porque além de a ação já ter "transitado em julgado", também decorreu o prazo da ação rescisória do julgado, não podendo ser desconstituída nem mesmo em razão da posterior declaração de inconstitucionalidade com efeitos vinculantes – seja em ADC ou em ADIn.

Gabarito "E".

#### 4.3.3. ARGUIÇÃO DE DESCUMPRIMENTO DE PRECEITO FUNDAMENTAL

**(Analista Jurídico – TCE/PR – 2016 – CESPE)** Conforme o entendimento do Supremo Tribunal Federal (STF), é cabível a arguição de descumprimento de preceito fundamental

**(A)** contra súmula do STF.

**(B)** contra proposta de emenda à Constituição Federal de 1988.

**(C)** para desconstituir coisa julgada material oriunda de decisão judicial já transitada em julgado.

**(D)** contra normas secundárias regulamentares — como, por exemplo, decretos presidenciais — vulneradoras de preceito fundamental.

**(E)** para revisar, alterar ou cancelar súmula vinculante do STF.

**A:** incorreta. Súmula não pode ser objeto de controle concentrado de constitucionalidade (ADI – Ação Direta de Inconstitucionalidade, ADC – Ação Declaratória de Constitucionalidade e ADPF – Arguição de Descumprimento de Preceito Fundamental), pois não é dotada de abstração e generalidade; **B:** incorreta. A ADPF é uma ação subsidiária (art. 4º, § 1º, da Lei nº 9.868/1999), portanto só pode ser proposta quando não houver qualquer outro meio eficaz para sanar a lesividade. Uma PEC (proposta de emenda à Constituição) tendente a abolir cláusulas pétreas, por exemplo, pode ser questionada no STF por meio de mandado de segurança; **C:** incorreta. A ADPF faz parte do controle abstrato de constitucionalidade. Sendo assim, os comandos abstratos e genéricos da norma é que são analisados. Não há discussão de caso concreto, não tem por finalidade desconstituir coisa julgada; **D:** correta. A jurisprudência do STF firmou-se no sentido de que "a arguição de descumprimento de preceito fundamental é, via de regra, meio inidôneo para processar questões controvertidas derivadas de normas secundárias e de caráter tipicamente regulamentar" [ADPF 210 AgR, rel. min. Teori Zavascki, j. 6-6-2013, P, *DJE* de 21-6-2013]; **E:** incorreta. Segundo o STF: "A arguição de descumprimento de preceito fundamental não é a via adequada para se obter a interpretação, a revisão ou o cancelamento de súmula vinculante." (ADPF 147-AgR, rel. min. Cármen Lúcia, julgamento em 24.03.2011, Plenário, *DJE* de

08.04.2011). Vide: ADPF 80-AgR, rel. min. Eros Grau, julgamento em 12.06.2006, Plenário, *DJ* de 10.08.2006.

Gabarito "D".

## 5. DOS DIREITOS E GARANTIAS FUNDAMENTAIS

### 5.1. DIREITOS E DEVERES EM ESPÉCIE

**(Delegado/RJ – 2022 – CESPE/CEBRASPE)** Em operação conjunta das polícias civil e militar, Xisto foi preso em flagrante pela prática do crime de tráfico de entorpecentes. A prisão foi noticiada nos maiores jornais do país, além de haver repercutido nas redes sociais. Após o transcurso do processo criminal, Xisto foi absolvido por ausência de provas. Em sequência, Xisto ajuizou ação objetivando (i) retirar dos provedores de busca os resultados que levassem a matérias divulgadas pelos jornais, (ii) retirar as próprias matérias divulgadas, indicando, para isso, as empresas jornalísticas. Considerando essa situação, assinale a opção correta acerca do que foi solicitado por Xisto.

**(A)** Os pedidos devem ser julgados improcedentes, apenas porque, nesse caso, a sentença absolutória fundamentou-se na ausência de provas. Se, contudo, a sentença tivesse sido fundada na negativa de autoria, haveria o direito ao esquecimento do fato em questão.

**(B)** Os pedidos devem ser julgados integralmente procedentes, tendo-se em vista que o direito constitucional à imagem e à privacidade garante a qualquer indivíduo o direito subjetivo de não ser ligado a crime do qual foi posteriormente absolvido.

**(C)** Deve ser julgado procedente apenas o pedido referente aos provedores de busca, na medida em que amplificam desproporcionalmente o fato pretérito, mas deve ser julgado improcedente a solicitação relativa às empresas jornalísticas, que estão cobertas pela liberdade de imprensa.

**(D)** Os pedidos devem ser julgados improcedentes, tendo-se em vista que o direito constitucional brasileiro não consagra um "direito ao esquecimento", desde que os fatos tenham sido noticiados sem excessos e não haja dolo.

**(E)** O pedido deve ser julgado procedente em face das empresas jornalísticas, visto que foram responsáveis diretas pela divulgação dos fatos, mas improcedente em face dos provedores de busca, que não respondem pela informação meramente indexada.

Comentário: A tese firmada no Tema 786 do STF é a seguinte: "É incompatível com a Constituição a ideia de um direito ao esquecimento, assim entendido como o poder de obstar, em razão da passagem do tempo, a divulgação de fatos ou dados verídicos e licitamente obtidos e publicados em meios de comunicação social analógicos ou digitais. Eventuais excessos ou abusos no exercício da liberdade de expressão e de informação devem ser analisados caso a caso, a partir dos parâmetros constitucionais – especialmente os relativos à proteção da honra, da imagem, da privacidade e da personalidade em geral – e as expressas e específicas previsões legais nos âmbitos penal e cível.". AMN

Gabarito "D".

**(Delegado/RJ – 2022 – CESPE/CEBRASPE)** A autoridade policial, no curso de uma investigação de crime de organização criminosa do art. 2.º da Lei n.º 12.850/2013, formula requisição direta a provedor de conexão, com fundamento no art. 15 dessa mesma lei, para o fornecimento de dados cadastrais vinculados a determinado endereço de Internet Protocol e da porta lógica, em datas e horários especificados, sobretudo de informações sobre o nome completo do usuário, a filiação, as contas de *email* associadas e demais dados existentes. Considerando essa situação hipotética, assinale a opção correta.

**(A)** O direito à proteção dos dados pessoais nos meios digitais não está expressamente previsto na Constituição da República Federativa do Brasil de 1988.

**(B)** As contas do *email* são abrangidas pela definição de dados cadastrais que não são protegidos pelo direito à privacidade.

**(C)** O pedido final de "demais dados existentes" não ofende o direito à privacidade.

**(D)** A obtenção de dados pessoais do investigado por meio de fontes abertas se sujeita sempre ao princípio da reserva da jurisdição.

**(E)** A integridade da prova digital diz respeito à garantia da não alteração do dado coletado durante o tratamento e assegura a possibilidade do exercício da ampla defesa e do contraditório por parte do investigado na persecução criminal.

Comentário: O inciso X do art. 5º da Lei nº 13.709, de 14 de agosto de 2018 (Lei Geral de Proteção de Dados Pessoais – LGPD), conceitua tratamento como: "toda operação realizada com dados pessoais, como as que se referem a coleta, produção, recepção, classificação, utilização, acesso, reprodução, transmissão, distribuição, processamento, arquivamento, armazenamento, eliminação, avaliação ou controle da informação, modificação, comunicação, transferência, difusão ou extração". Assim, deve-se manter a integridade da prova digital do dado coletado, sem alteração, durante o tratamento para se assegurar a ampla defesa e o contraditório do investigado. AMN

Gabarito "E".

**(Delegado/RJ – 2022 – CESPE/CEBRASPE)** Em relação aos direitos e garantias fundamentais da defesa técnica do investigado e do preso em flagrante, assinale a opção correta.

**(A)** O advogado do investigado pode sempre acessar todos os depoimentos prestados por testemunhas desde que documentados nos autos, mesmo sem a devida procuração nos autos.

**(B)** O advogado do investigado não pode sempre acessar todos os depoimentos prestados por testemunhas, mesmo que documentados nos autos, mas apenas as provas que digam respeito do seu assistido.

**(C)** O advogado do investigado pode sempre acessar todos os depoimentos prestados por testemunhas, desde que documentados nos autos e munido da devida procuração.

**(D)** O advogado do investigado não pode acessar os depoimentos prestados por testemunhas, mesmo que documentados nos autos, porque a súmula vinculante 14 é mitigada na fase pré-processual da investigação.

**(E)** O advogado do investigado não pode acessar os depoimentos prestados por testemunhas, mesmo que documentados nos autos, porque o sigilo do inquérito do art. 20 do CPP é oponível a ele.

Comentário: Entendemos, s.m.j., que o gabarito não está de acordo com o que estabelece a Súmula Vinculante 14 do STF: "É direito do defensor, no interesse do representado, ter acesso amplo aos elementos de prova que, já documentados em procedimento investigatório realizado por órgão com competência de polícia judiciária, digam respeito ao exercício do direito de defesa.". Nesse sentido, destaque-se o seguinte julgado: "O direito ao 'acesso amplo', descrito pelo verbete mencionado, engloba a possibilidade de obtenção de cópias, por quaisquer meios, de todos os elementos de prova já documentados, inclusive mídias que contenham gravação de depoimentos em formato audiovisual. II — A simples autorização de ter vista dos autos, nas dependências do *Parquet*, e transcrever trechos dos depoimentos de interesse da defesa, não atende ao enunciado da Súmula Vinculante 14. III — A jurisprudência do Supremo Tribunal Federal entende ser desnecessária a degravação da audiência realizada por meio audiovisual, sendo obrigatória apenas a disponibilização da cópia do que registrado nesse ato." (STF – Rcl 23.101 – 2ª T. – Rel. Ministro Ricardo Lewandowski – DJe 06/12/2016). AMN

Gabarito "B".

**(Delegado/RJ – 2022 – CESPE/CEBRASPE)** De acordo com o entendimento do STF, salvo em caso de flagrante delito ou desastre, ou para prestar socorro, a polícia judiciária só pode invadir domicílio alheio sem consentimento do morador, a fim de apreender quaisquer objetos que possam interessar à investigação criminal, se atendidos dois requisitos constitucionais que respeitam o princípio do(a)

**(A)** sigilo.

**(B)** legalidade.

(C) ampla defesa.
(D) reserva da jurisdição.
(E) privacidade.

Comentário: É o que estabelece o art. 5º, inciso XI, que prevê: "a casa é asilo inviolável do indivíduo, ninguém nela podendo penetrar sem consentimento do morador, salvo em caso de flagrante delito ou desastre, ou para prestar socorro, ou, durante o dia, por **determinação judicial**" (os grifos não estão no original). **AMN**

Gabarito "D".

**(Delegado – PC/SE – 2018 – CESPE/CEBRASPE)** Julgue os itens seguintes, relativos aos direitos e deveres individuais e coletivos e às garantias constitucionais.

(1) Em razão do princípio da legalidade penal, a tipificação de conduta como crime deve ser feita por meio de lei em sentido material, não se exigindo, em regra, a lei em sentido formal.

(2) O princípio da individualização da pena determina que nenhuma pena passará da pessoa do condenado, razão pela qual as sanções relativas à restrição de liberdade não alcançarão parentes do autor do delito.

(3) Conforme texto constitucional vigente, a prisão de qualquer pessoa e o local onde se encontra terão de ser comunicados em até vinte e quatro horas ao juiz competente e à família do preso ou a pessoa por ele indicada.

(4) No âmbito do inquérito policial, cuja natureza é inquisitiva, não se faz necessária a aplicação plena do princípio do contraditório, conforme a jurisprudência dominante.

(5) Em caso de perigo à integridade física do preso, admite--se o uso de algemas, desde que essa medida, de caráter excepcional, seja justificada por escrito.

**1:** errada, porque a tipificação de conduta como crime deve ser feita por lei em sentido formal (obediência ao devido processo legal) e material (respeito ao conteúdo da Constituição e dos tratados internacionais de direito humanos, observando os direitos e garantias do cidadão); **2:** errada, pois a assertiva define o princípio da responsabilidade pessoal, também denominado princípio da intranscendência ou pessoalidade da pena, que está previsto no inciso XLV do art. 5º da CF; **3:** errada, já que a prisão de qualquer pessoa e o local onde se encontre serão comunicados **imediatamente** ao juiz competente e à família do preso ou à pessoa por ele indicada (art. 5º, LXII, da CF); **4:** certa, pois não há a aplicação plena do princípio do contraditório no inquérito policial. Isso não significa, contudo, que não haja qualquer dimensão de contraditório ou de defesa na investigação, já que o inquérito está submetido ao contraditório mitigado (ex.: Lei 13.245/2016 e Súmula Vinculante 14 do STF); **5:** certa, conforme a Súmula Vinculante 11 do STF, que prevê: só é lícito o uso de algemas em casos de resistência e de fundado receio de fuga ou de perigo à integridade física própria ou alheia, por parte do preso ou de terceiros, justificada a excepcionalidade por escrito, sob pena de responsabilidade disciplinar, civil e penal do agente ou da autoridade e de nulidade da prisão ou do ato processual a que se refere, sem prejuízo da responsabilidade civil do Estado. **AN**

Gabarito: 1E, 2E, 3E, 4C, 5C

**(Analista Judiciário – TJ/PA – 2020 – CESPE)** Um grupo de pais apresentou requerimento a determinado município, solicitando autorização para realizar manifestação pacífica na praça pública onde está sediada a prefeitura, a fim de protestar contra políticas públicas municipais. A autoridade pública competente negou o pedido, sob o fundamento de que frustraria outra reunião anteriormente convocada para o mesmo horário e local. Nessa situação hipotética, para realizar a referida manifestação, o grupo de pais utilizou o instrumento

(A) inadequado, porque o direito de reunião não requer autorização, mas apenas prévio aviso.

(B) inadequado, entretanto a autoridade competente não poderia ter negado o direito com base no fundamento utilizado.

(C) adequado, porque o direito de reunião requer prévia autorização administrativa, cabendo ao grupo ajuizar ação popular contra a decisão que negou o referido pedido.

(D) adequado, porque o direito de reunião requer prévia autorização administrativa, cabendo ao grupo impetrar habeas corpus contra a decisão que negou o referido pedido.

(E) adequado, porque o direito de reunião requer prévia autorização administrativa, cabendo ao grupo impetrar mandado de segurança contra a decisão que negou o referido pedido.

Correta é a letra **A**, nos termos do artigo 5º, XVI, da CF: "todos podem reunir-se pacificamente, sem armas, em locais abertos ao público, independentemente de autorização, desde que não frustrem outra reunião anteriormente convocada para o mesmo local, sendo apenas exigido prévio aviso à autoridade competente". Sendo assim, o direito de reunião não requer pedido de autorização, bem como não poderá frustrar outra reunião previamente agendada para a mesma localidade. Diante disso, as letras **C**, **D** e **E** estão equivocadas. Quanto a letra **B**, a negativa estava correta, por parte da autoridade. **AB**

Gabarito: "A".

**(Juiz de Direito – TJ/BA – 2019 – CESPE/CEBRASPE)** No que se refere à liberdade de expressão, à liberdade de imprensa e aos seus limites, assinale a opção correta.

(A) De acordo com o STF, o consumo de droga ilícita em passeata que reivindique a descriminalização do uso dessa substância é assegurado pela liberdade de expressão.

(B) A legislação pertinente determina que os comentários de usuários da Internet nas páginas eletrônicas dos veículos de comunicação social se sujeitem ao direito de resposta do ofendido.

(C) A publicação de informações falsas em veículos de comunicação social não está assegurada pela liberdade de imprensa.

(D) A retratação ou retificação espontânea de mensagem de conteúdo ofensivo à honra ou imagem de outrem impede eventual direito de resposta do ofendido.

(E) Além do direito de resposta, a liberdade de expressão garante o direito de acesso e exposição de ideias em veículos de comunicação social.

**A:** incorreta, pois o STF liberou a realização dos eventos chamados "marcha da maconha", que reúnem manifestantes favoráveis à descriminalização da droga, com fundamento nos direitos constitucionais de reunião (liberdade-meio) e de livre expressão do pensamento (liberdade-fim), todavia não liberou o consumo de droga ilícita na ocasião do evento. Para o STF, o debate sobre abolição penal de determinadas condutas puníveis é um legítimo debate que não se confunde com incitação à prática de delito nem se identifica com apologia de fato criminoso, podendo ser realizado de forma racional, com respeito entre interlocutores, ainda que a ideia, para a maioria, possa ser eventualmente considerada estranha, extravagante, inaceitável ou perigosa (ADPF 187, Relator: Min. Celso de Mello, Tribunal Pleno, julgado em 15/06/2011); **B:** incorreta, porque os comentários realizados por usuários da internet nas páginas eletrônicas dos veículos de comunicação social não se sujeitam ao direito de resposta do ofendido (art. 2º, § 2º, da Lei 13.188/2015). A Lei 13.188/2015 prevê, *in verbis*: "*Art. 2º Ao ofendido em matéria divulgada, publicada ou transmitida por veículo de comunicação social é assegurado o direito de resposta ou retificação, gratuito e proporcional ao agravo. § 1º Para os efeitos desta Lei, considera-se matéria qualquer reportagem, nota ou notícia divulgada por veículo de comunicação social, independentemente do meio ou da plataforma de distribuição, publicação ou transmissão que utilize, cujo conteúdo atente, ainda que por equívoco de informação, contra a honra, a intimidade, a reputação, o conceito, o nome, a marca ou a imagem de pessoa física ou jurídica identificada ou passível de identificação. § 2º São excluídos da definição de matéria estabelecida no § 1º deste artigo os comentários realizados por usuários da internet nas páginas eletrônicas dos veículos de comunicação social.*"; **C:** correta, pois a liberdade de expressão e de imprensa não asseguram a divulgação de fato sabidamente falso, o que pode ser objeto de restrição judicial. A respeito, Mendes e Branco ensinam que "*a informação falsa não seria protegida pela Constituição, porque conduziria a uma pseudo operação da formação de opinião*" (MENDES, Gilmar e BRANCO, Paulo. *Curso de Direito Constitucional*. São Paulo: Saraiva, 2015, p. 274). De acordo com o STJ, a liberdade de imprensa – embora amplamente assegurada e com proibição de controle prévio – acarreta responsabilidade *a posteriori* pelo eventual excesso e não compreende a divulgação de especulação falsa (REsp 1582069/RJ, Rel. Ministro Marco Buzzi, Rel. p/ Acórdão Ministra Maria Isabel Gallotti, Quarta Turma, julgado em 16/02/2017, DJe 29/03/2017); **D:** incorreta, visto que a retratação

## 8. DIREITO CONSTITUCIONAL 205

ou retificação espontânea, ainda que a elas sejam conferidos os mesmos destaque, publicidade, periodicidade e dimensão do agravo, não impedem o exercício do direito de resposta pelo ofendido nem prejudicam a ação de reparação por dano moral (art. 2º, § 3º, da Lei 13.188/2015); **E:** incorreta, pois o direito à liberdade de expressão não garante o direito de expor ideias em veículos de comunicação social, visto que violaria a livre-iniciativa e o direito de propriedade desses veículos. De acordo com Mendes & Branco: "*Vem prevalecendo uma interpretação mais restrita da garantia constitucional da liberdade de expressão. Não se vê suporte nesse direito fundamental para exigir que terceiros veiculem as ideias de uma dada pessoa. A liberdade se dirige, antes, a vedar que o Estado interfira no conteúdo da expressão. O direito não teria por sujeito passivo outros particulares, nem geraria uma obrigação de fazer para o Estado. O princípio constitucional da livre-iniciativa e mesmo o direito de propriedade desaconselhariam que se atribuísse tamanha latitude a essa liberdade*" (MENDES, Gilmar e BRANCO, Paulo. Curso de Direito Constitucional. São Paulo: Saraiva, 2015, p. 267). AN

Gabarito "C".

**(Procurador Municipal – Prefeitura/BH – CESPE – 2017)** Acerca dos direitos e garantias fundamentais, assinale a opção correta.

**(A)** Após a condenação criminal transitada em julgado, os direitos políticos do infrator ficarão suspensos enquanto durarem os efeitos da referida condenação.

**(B)** Nas situações em que se fizer necessário, o cidadão poderá impetrar *habeas data* para obter vistas dos autos de processo administrativo de seu interesse.

**(C)** O *habeas corpus* é o instrumento adequado para impedir o prosseguimento de processo administrativo.

**(D)** Os direitos fundamentais são personalíssimos, razão por que somente o seu titular tem o direito de renunciá-los.

**A:** correta. Art. 15, III, CF; **B:** incorreta. De acordo com o art. 5º, LXXII, CF, o habeas data somente pode ser proposto: a) para assegurar o conhecimento de informações relativas à pessoa do impetrante, constantes de registros ou bancos de dados de entidades governamentais ou de caráter público; ou b) para a retificação de dados, quando não se prefira fazê-lo por processo sigiloso, judicial ou administrativo; **C:** incorreta. A hipótese é de impetração de mandado de segurança, haja vista não estar em jogo o direito de locomoção; **D:** incorreta. A doutrina clássica defende a irrenunciabilidade dos direitos fundamentais. TM

Gabarito "A".

**(Procurador Municipal – Prefeitura/BH – CESPE – 2017)** À luz do entendimento do STF, assinale a opção correta, a respeito dos direitos e garantias fundamentais.

**(A)** A licença-maternidade não é garantida à mulher adotante.

**(B)** Lei para alteração de processo eleitoral pode ser aplicada no mesmo ano das eleições, desde que seja editada cento e oitenta dias antes do pleito.

**(C)** O direito de reunião e o direito à livre expressão do pensamento legitimam a realização de passeatas em favor da descriminalização de determinada droga.

**(D)** As prerrogativas constitucionais de investigação das CPIs possibilitam a quebra de sigilo imposto a processo sujeito ao segredo de justiça.

**A:** incorreta. O STF estendeu a licença-maternidade também à adotante, por igual prazo. Ver RE 778889, Rel. Min. Roberto Barroso; **B:** incorreta. De acordo com o art. 16 da CF, a lei que alterar o processo eleitoral entrará em vigor na data de sua publicação, não se aplicando à eleição que ocorra até um ano da data de sua vigência; **C:** correta. Ao julgar a ADPF 197, o STF conferiu interpretação conforme a Constituição ao art. 287 do Código Penal, para não considerar as manifestações em defesa da legalização das drogas como apologia de "fato criminoso"; **D:** incorreta. CPI não pode quebrar sigilo judicial, conforme decido pelo STF no MS 27.483: "Comissão Parlamentar de Inquérito não tem poder jurídico de, mediante requisição, a operadoras de telefonia, de cópias de decisão nem de mandado judicial de interceptação telefônica, quebrar sigilo imposto a processo sujeito a segredo de justiça. Este é oponível a Comissão Parlamentar de Inquérito, representando expressiva limitação aos seus poderes constitucionais". TM

Gabarito "C".

**(Delegado/PE – 2016 – CESPE)** Acerca dos direitos e garantias fundamentais previstos na CF, assinale a opção correta.

**(A)** Em obediência ao princípio da igualdade, o STF reconhece que há uma impossibilidade absoluta e genérica de se estabelecer diferencial de idade para o acesso a cargos públicos.

**(B)** Conforme o texto constitucional, o civilmente identificado somente será submetido à identificação criminal se a autoridade policial, a seu critério, julgar que ela é essencial à investigação policial.

**(C)** São destinatários dos direitos sociais, em seu conjunto, os trabalhadores, urbanos ou rurais, com vínculo empregatício, os trabalhadores avulsos, os trabalhadores domésticos e os servidores públicos genericamente considerados.

**(D)** Embora a CF vede a cassação de direitos políticos, ela prevê casos em que estes poderão ser suspensos ou até mesmo perdidos.

**(E)** Os direitos e garantias fundamentais têm aplicação imediata, razão porque nenhum dos direitos individuais elencados na CF necessita de lei para se tornar plenamente exequível.

**A:** incorreta. Não há essa impossibilidade absoluta e genérica de se estabelecer diferencial de idade para o acesso a cargos públicos. Dispõe o art. 7º, XXX, da CF que são direitos dos trabalhadores urbanos e rurais, além de outros que visem à melhoria de sua condição social, **a proibição de diferença de salários**, de exercício de funções e de critério de admissão **por motivo de** sexo, **idade**, cor ou estado civil. Ocorre que a Súmula 683 do STF determina que **o limite de idade** para a inscrição em concurso público só se legitima em face do art. 7º, XXX, da Constituição, **quando possa ser justificado pela natureza das atribuições do cargo** a ser preenchido; **B:** incorreta. De acordo com o art.5º, LVIII, da CF, o civilmente identificado não será submetido à identificação criminal, salvo nas hipóteses previstas em lei. A Lei 12.037/2009 – Lei de identificação criminal, em seu art.3º, I a VI, traz situações em que embora apresentado documento de identificação, poderá ocorrer identificação criminal, por exemplo, I – o documento apresentar rasura ou tiver indício de falsificação; II – o documento apresentado for insuficiente para identificar cabalmente o indiciado; III – o indiciado portar documentos de identidade distintos, com informações conflitantes entre si; IV – a identificação criminal for essencial às investigações policiais, segundo despacho da autoridade judiciária competente, que decidirá de ofício ou mediante representação da autoridade policial, do Ministério Público ou da defesa; V – constar de registros policiais o uso de outros nomes ou diferentes qualificações; VI – o estado de conservação ou a distância temporal ou da localidade da expedição do documento apresentado impossibilite a completa identificação dos caracteres essenciais. Sendo assim, não é a autoridade policial, a seu critério, que vai julgar se a identificação criminal é ou não essencial à investigação policial; **C:** incorreta. O rol de destinatários dos direitos sociais é mais amplo que o mencionado na alternativa; **D:** correta. Determina o art. 15 da CF que é proibida a cassação de direitos políticos, cuja perda ou suspensão só se dará nos casos de: I – cancelamento da naturalização por sentença transitada em julgado; II – incapacidade civil absoluta; III – condenação criminal transitada em julgado, enquanto durarem seus efeitos; IV – recusa de cumprir obrigação a todos imposta ou prestação alternativa, nos termos do art. 5º, VIII; V – improbidade administrativa, nos termos do art. 37, § 4º; **E:** incorreta. Ao contrário do mencionado, os direitos previstos em normas de eficácia limitada precisam de lei para se tornarem plenamente exequíveis. Além disso, os direitos previstos em normas de eficácia contida podem ter seus efeitos restringidos por lei.

Gabarito "D".

**(Defensor Público – DPE/RN – 2016 – CESPE)** Assinale a opção correta em relação aos direitos fundamentais e aos conflitos que podem ocorrer entre eles.

**(A)** A proibição do excesso e da proteção insuficiente são institutos jurídicos ligados ao princípio da proporcionalidade utilizados pelo STF como instrumentos jurídicos controladores da atividade legislativa.

**(B)** Sob pena de colisão com o direito à liberdade de pensamento e consciência, o STF entende que a autorização estatutária genérica conferida à associação é suficiente para legitimar a sua atuação em juízo na defesa de direitos de seus filiados.

(C) Como tentativa de evitar a ocorrência de conflito, a legislação brasileira tem imposto regras que impedem o exercício cumulado de diferentes direitos fundamentais.

(D) Os direitos fundamentais poderão ser limitados quando conflitarem com outros direitos ou interesses, não havendo restrição a tais limitações.

(E) A garantia de proteção do núcleo essencial dos direitos fundamentais está ligada à própria validade do direito, mas não guarda relação com a sua eficácia no caso concreto.

**A:** Correta. Estão ligados aos subprincípios da proporcionalidade. De acordo com o STF, "os direitos fundamentais não podem ser considerados apenas proibições de intervenção (Eingriffsverbote), expressando também um postulado de proteção (Schutzgebote). Pode-se dizer que os direitos fundamentais expressam não apenas uma proibição do excesso (Übermassverbote), como também podem ser traduzidos como proibições de proteção insuficiente ou imperativos de tutela (Untermassverbote)" (STF, HC 102087, Rel. p/ o acórdão Min. Gilmar Mendes, 2T, j. 28/02/2012); **B:** Errada. "A autorização estatutária genérica conferida a associação não é suficiente para legitimar a sua atuação em juízo na defesa de direitos de seus filiados, sendo indispensável que a declaração expressa exigida no inciso XXI do art. 5° da CF ("as entidades associativas, quando expressamente autorizadas, têm legitimidade para representar seus filiados judicial ou extrajudicialmente") seja manifestada por ato individual do associado ou por assembleia geral da entidade" (RE 573232, Rel. p/ o acórdão Min. Marco Aurélio, j. 14/05/2014); **C:** Errada. A Constituição Federal prevê extenso rol de direitos fundamentais que têm eficácia direta e aplicabilidade imediata, configurando-se inconstitucional qualquer leitura que vise a impedir o "exercício cumulativo" de direitos fundamentais; **D:** Errada. Os direitos fundamentais podem ser sopesados quando em conflito, devendo-se resguardar o núcleo essencial de cada um deles; **E:** Errada. A proteção do núcleo essencial dos direitos fundamentais opera em todos os planos da norma.

Gabarito "A".

**(Defensor Público – DPE/RN – 2016 – CESPE)** Com referência aos direitos fundamentais em espécie, assinale a opção correta com base no entendimento do STF acerca desse tópico.

(A) A inviolabilidade domiciliar refere-se à residência que o indivíduo ocupa com intenção de moradia definitiva, mas não alcança seu escritório profissional ou outro local de trabalho.

(B) A determinação de foro justificada por prerrogativa de função, ainda que instituída exclusivamente por Constituição estadual, prevalece sobre a competência do tribunal de júri.

(C) Por ferir o direito à privacidade, é ilegítima a publicação, em qualquer tipo de veículo, dos nomes de servidores da administração pública e do valor dos vencimentos e vantagens pecuniárias por eles recebidos.

(D) O Estado brasileiro reconhece que a família tem como base a união entre o homem e a mulher, fato que exclui a união de pessoas do mesmo sexo do âmbito da proteção estatal.

(E) Salvo quando envolver criança e(ou) adolescente, os direitos à reunião e à livre manifestação do pensamento podem ser exercidos mesmo quando praticados para defender a legalização de drogas.

**A:** Errada. O STF tem firme entendimento de que o conceito de casa não se refere apenas à residência, alcançando igualmente o local de trabalho. Nesse sentido, a doutrina aponta que: "Como já pacificado pelo Supremo Tribunal Federal, domicílio, numa extensão conceitual mais larga, abrange até mesmo o local onde se exerce a profissão ou a atividade, desde que constitua um ambiente fechado ou de acesso restrito ao público, como é o caso típico dos escritórios profissionais" (MORAES, Alexandre. *Direito constitucional*. 22 ed. São Paulo: Atlas, 2007, p. 50); **B:** Errada. A Súmula Vinculante n° 45 dispõe que: "A competência constitucional do Tribunal do Júri prevalece sobre o foro por prerrogativa de função estabelecido exclusivamente pela constituição estadual"; **C:** Errada. O STF já firmou entendimento contrário, permitindo a divulgação desses dados em portal de transparência (ou equivalente). Nesse sentido: "CONSTITUCIONAL. PUBLICAÇÃO, EM SÍTIO ELETRÔNICO MANTIDO PELO MUNICÍPIO DE SÃO PAULO, DO NOME DE SEUS SERVIDORES E DO VALOR DOS CORRESPONDENTES VENCIMENTOS. LEGITIMIDADE. 1. É legítima a publicação, inclusive em sítio eletrônico mantido pela Administração Pública, dos nomes dos seus servidores e do valor dos correspondentes vencimentos e vantagens pecuniárias. 2. Recurso extraordinário conhecido e provido" (STF, ARE 652777, Pleno, Rel. Min. Teori Zavascki, j. 23/04/2015, DJe 01/07/2015 – Tema 483 de Repercussão Geral); **D:** Errada. O STF já decidiu, em controle concentrado, pela legitimidade das uniões homoafetivas (V. STF, ADPF 132, Rel. Min. Ayres Britto, j. 05/05/2011); **E:** Correta. Ao apreciar a legitimidade da realização da "Marcha da Maconha", o Min. Luiz Fux votou pela possibilidade do evento, desde que observados os seguintes parâmetros: "1) que se tratasse de reunião pacífica, sem armas, previamente noticiada às autoridades públicas quanto à data, ao horário, ao local e ao objetivo, e sem incitação à violência; 2) que não existisse incitação, incentivo ou estímulo ao consumo de entorpecentes na sua realização; 3) que não ocorresse o consumo de entorpecentes na ocasião da manifestação ou evento público e 4) que não houvesse a participação ativa de crianças e adolescentes na sua realização". (STF, ADI 4274, Rel. Min. Ayres Britto, j. 23/11/2011). **AMN**

Gabarito "E".

**(Procurador do Estado – PGE/BA – CESPE – 2014)** No que se refere aos tratados e convenções internacionais sobre direitos humanos de que o Brasil seja signatário, julgue os itens seguintes.

(1) A Corte Interamericana de Direitos Humanos, composta de sete juízes, detém, além de competência contenciosa, de caráter jurisdicional, competência consultiva.

(2) Suponha que a Corte Interamericana de Direitos Humanos tenha determinado ao Estado brasileiro o pagamento de indenização a determinado cidadão brasileiro, em decorrência de sistemáticas torturas que este sofrera de agentes policiais estaduais. Nesse caso, a sentença da Corte deverá ser executada de acordo com o procedimento vigente no Brasil.

(3) O Pacto Internacional sobre Direitos Civis e Políticos de 1966, juntamente com a Convenção Americana sobre Direitos Humanos de 1969 e outros atos internacionais compõem o denominado Sistema Regional Interamericano de Proteção dos Direitos Humanos.

**1:** Correta. A Corte Interamericana de Direitos Humanos é órgão do Sistema da Organização de Estados Americanos – OEA, com sede na Costa Rica, da qual o Brasil faz parte. Foi criada pela Convenção Interamericana de Direitos Humanos (Pacto de San José da Costa Rica), com competência contenciosa e consultiva. De acordo com o art. 52 da Convenção, é integrada por sete juízes, escolhidos dentre os países-membros da OEA. **2:** Correta. Se houver lei ou convenção assinada pelo Brasil afirmando que a sentença da corte internacional tem natureza de título executivo, deve ser executada no Brasil como as demais sentenças nacionais contra a Fazenda Pública (sem necessidade de homologação da sentença estrangeira). De acordo com Juan Carlos Hitters, "Não nos deve passar inadvertido que, no âmbito da proteção internacional dos direitos humanos, o art. 68, apartado 2, da Convenção Americana sobre Direitos Humanos, chamada também Pacto de San José de Costa Rica, expressa que a parte da sentença da Corte Interamericana de Direitos Humanos que imponha indenização compensatória poderá ser executada no país respectivo pelo procedimento interno vigente para a execução de sentenças contra o Estado, isso sem nenhum tipo de exequatur nem trâmite de conhecimento prévio". **3:** Incorreta. Há três Sistemas Regionais de Proteção aos Direitos Humanos: o americano, o europeu e o africano. Os três formam o Sistema Interamericano de Proteção aos Direitos Humanos. **TM**

Gabarito 1C, 2C, 3E.

**(Promotor de Justiça/AC – 2014 – CESPE)** Acerca das garantias processuais previstas no art. 5.° da CF, assinale a opção correta.

(A) De acordo com o entendimento do STF, é possível a quebra do sigilo das comunicações telefônicas no âmbito de processos administrativos disciplinares, em especial quando a conduta investigada causar dano ao erário.

(B) A CF admite em situações específicas, como as que envolvam ação de grupos armados, civis ou militares, contra a ordem constitucional e o Estado democrático, que alguém possa ser julgado por órgão judicial constituído *ex post facto*.

## 8. DIREITO CONSTITUCIONAL · 207

**(C)** Em se tratando de crimes de ação pública, o oferecimento da ação penal é de competência privativa do MP, não se admitindo a ação privada, ainda que aquela não seja proposta no prazo legal.

**(D)** Consoante o STF, configura expressão do direito de defesa o acesso de advogado, no interesse do representado, aos elementos de prova produzidos por órgão com competência de polícia judiciária, desde que já estejam documentados em procedimento investigativo.

**(E)** Embora não exista norma expressa acerca da matéria, o sigilo fiscal e bancário, segundo o STF, é protegido constitucionalmente no âmbito do direito à intimidade, portanto, o acesso a dados bancários e fiscais somente pode ser feito por determinação judicial, do MP, de comissão parlamentar de inquérito ou de autoridade policial.

**A:** incorreta. Embora a jurisprudência admita a possibilidade de utilizar-se, no processo administrativo disciplinar, a prova produzida a partir de interceptação telefônica realizada no âmbito do processo penal (prova emprestada), é incorreto afirmar-se que a quebra do sigilo telefônico pode se dar no bojo do processo administrativo. Isso porque tal providência, conforme estabelecem os arts. 5°, XII, da CF e 1° da Lei 9.296/1996, somente pode ser determinada com o fim de instruir investigação criminal ou processo penal; **B:** incorreta, uma vez que a Constituição Federal não contemplou tal possibilidade (art. 5°, XXXVII, CF); **C:** incorreta. Nos casos em que restar configurada, no âmbito da ação penal pública, desídia do órgão acusador, que deixou de promovê-la no prazo estabelecido em lei, poderá o ofendido ou quem o represente ajuizar *ação penal privada subsidiária da pública* ou *substitutiva*, que encontra previsão nos arts. 5°, LIX, da CF, 100, § 3°, do CP e 29 do CPP. Cuidado: o ofendido somente poderá se valer deste instrumento, de índole constitucional, na hipótese de inércia, desídia do membro do Ministério Público; **D:** correta, pois em conformidade com o teor da Súmula Vinculante 14, a seguir transcrita: "É direito do defensor, no interesse do representado, ter acesso amplo aos elementos de prova que, já documentados em procedimento investigatório realizado por órgão com competência de polícia judiciária, digam respeito ao exercício do direito de defesa"; **E:** incorreta. A autoridade policial não está credenciada a determinar a quebra dos sigilos fiscal e bancário.

Gabarito "D".

**(Analista Judiciário – TJ/PA – 2020 – CESPE)** A Constituição Federal de 1988 prevê o uso do mandado de injunção como uma garantia constitucional sempre que a falta de norma regulamentadora tornar inviável o exercício dos direitos e das liberdades constitucionais e das prerrogativas inerentes à nacionalidade, à soberania e à cidadania. Nesse sentido, segundo o STF, o cabimento do mandado de injunção pressupõe a demonstração da existência de omissão legislativa relativa ao gozo de liberdades ou direitos garantidos constitucionalmente pelas normas constitucionais de eficácia

**(A)** plena *lato sensu*.
**(B)** contida *lato sensu*.
**(C)** plena *stricto sensu*.
**(D)** contida *stricto sensu*.
**(E)** limitada *stricto sensu*.

Correta é a letra **E**, inclusive essa é a jurisprudência do STF (MI 6858 AgR/DF. Min. Rel. Edson Fachin), uma vez que o mandado de injunção é cabível a partir da existência de uma omissão legislativa em face de uma norma constitucional (que garanta direitos ou liberdades) de eficácia limitada *stricto sensu*. Por outro lado, as normas constitucionais de eficácia plena produzem os efeitos esperados desde a promulgação, enquanto as normas constitucionais de eficácia contida também o fazem assim, mas poderão sofrer restrição pelo legislador infraconstitucional, por exemplo. Por esses motivos, as letras **A, B, C** e **D** estão incorretas.

Gabarito "E".

**(Analista Judiciário – TJ/PA – 2020 – CESPE)** Caso tribunal de justiça estadual profira decisão em última instância denegando *habeas corpus*, caberá ao interessado interpor recurso

**(A)** especial, a ser julgado pelo STJ.
**(B)** ordinário, a ser julgado pelo STF.

**(C)** ordinário, a ser julgado pelo STJ.
**(D)** extraordinário, a ser julgado pelo STJ.
**(E)** extraordinário, a ser julgado pelo STF.

Correta é a letra **C**, uma vez que da decisão denegatória de *habeas corpus*, perante o Tribunal de Justiça, cabível será o recurso ordinário para o STJ, nos termos do artigo 105, II, *a*, da CF. Sendo a resposta baseada no texto expresso da Constituição Federal, as letras **A, B, D** e **E** estão incorretas.

Gabarito "C".

## 5.2. REMÉDIOS CONSTITUCIONAIS

**(Auditor Fiscal – SEFAZ/RS – 2019 – CESPE/CEBRASPE)** Acerca das ações constitucionais, assinale a opção correta.

**(A)** Mandado de injunção destina-se a regulamentar normas constitucionais de eficácia contida e de eficácia limitada.

**(B)** Ação popular pode ser ajuizada por pessoa física ou jurídica, podendo figurar como réus a administração pública e pessoa física ou jurídica que tenha causado danos ao meio ambiente e(ou) ao patrimônio público, histórico e cultural.

**(C)** Nas ações de *habeas corpus*, o juiz está adstrito à causa de pedir e aos pedidos formulados.

**(D)** Mandado de segurança coletivo pode ser impetrado por partido político legalmente constituído e em funcionamento há pelo menos um ano.

**(E)** *Habeas data* pode ser impetrado tanto por pessoa física, brasileira ou estrangeira, quanto por pessoa jurídica, sendo uma ação isenta de custas.

**A:** incorreta, pois o mandado de injunção destina-se a regulamentar apenas norma constitucional de eficácia limitada, cuja falta de norma regulamentadora torna inviável o exercício dos direitos e liberdades constitucionais e das prerrogativas inerentes à nacionalidade, à soberania e à cidadania (art. 5°, LXXI, da CF). O mandado de injunção não se aplica no caso de normas de eficácia contida, visto que não há omissão legislativa; **B:** incorreta, pois somente poderá ser autor da ação popular o cidadão, assim considerado o brasileiro nato ou naturalizado, desde que esteja no pleno gozo de seus direitos políticos (art. 5°, LXXIII, da CF); **C:** incorreta, visto que, na apreciação do *habeas corpus*, o juiz não está vinculado à causa de pedir e ao pedido, podendo, assim, conceder a ordem em sentido diverso ou mais amplo do que foi pleiteado ou mencionado pelo impetrante; **D:** incorreta, pois o mandado de segurança coletivo pode ser impetrado por partido político com representação no Congresso Nacional (art. 5°, LXX, "a", da CF); **E:** correta, pois tem legitimidade ativa para impetração do *habeas data* qualquer pessoa, física ou jurídica, nacionais ou estrangeiras, para garantir o acesso a informações a seu respeito, sendo uma ação isenta de custas conforme o inciso LXXVII do art. 5° da CF.

Gabarito "E".

**(Procurador do Município – Prefeitura Fortaleza/CE – CESPE – 2017)** Acerca dos remédios constitucionais, julgue os próximos itens.

**(1)** Pessoa jurídica pode impetrar *habeas corpus*.

**(2)** Embora não tenham personalidade jurídica própria, os órgãos públicos titulares de prerrogativas e atribuições emanadas de suas funções públicas — como, por exemplo, as câmaras de vereadores, os tribunais de contas e o MP — têm personalidade judiciária e, por conseguinte, capacidade ativa de ser parte em mandado de segurança para defender suas atribuições constitucionais e legais.

**1:** Correta. Pessoas jurídicas podem impetrar HC, mas em favor de pessoa física, ou seja, embora possam impetrar o remédio, não podem ser beneficiárias (haja vista a ausência de direito de locomoção). **2:** Correta. Os entes despersonalizados não podem ajuizar ações pelo procedimento comum, mas podem impetrar mandado de segurança. Veja-se o teor da Súmula 525 do STJ: "A Câmara de Vereadores não possui personalidade jurídica, apenas personalidade judiciária, somente podendo demandar em juízo para defender os seus direitos institucionais".

Gabarito 1C, 2C.

## 208 VÁRIOS AUTORES

**(Defensor Público – DPE/RN – 2016 – CESPE)** Com relação ao mandado de injunção, ao *habeas data* e à ADPF, assinale a opção correta.

**(A)** O STF é competente para processar e julgar originariamente o *habeas data* impetrado contra ato de ministro de Estado.

**(B)** Não se admite a impetração de mandado de injunção coletivo, por ausência de previsão constitucional expressa para tal.

**(C)** Ato normativo já revogado é passível de impugnação por ADPF.

**(D)** É cabível a impetração de mandado de injunção coletivo para proceder à revisão geral anual dos vencimentos dos servidores públicos, conforme entendimento do STF.

**(E)** Quando a sentença conceder o *habeas data*, o recurso interposto em face dessa decisão terá efeito suspensivo e devolutivo.

**A:** Errada. Competência do STJ: art. 105, I, "b", da CF; **B:** Errada. Há previsão expressa do mandado de injunção coletivo no art. 12 da Lei 13.300/2016; **D:** Errada. Segundo entendimento pacífico do STF; **E:** Errada. O efeito é meramente devolutivo. Art. 15, parágrafo único, da Lei 9.507/1997.
Gabarito "C".

**(Defensor Público – DPE/RN – 2016 – CESPE)** Assinale a opção correta no que diz respeito à ação popular.

**(A)** A competência para processar e julgar ação popular proposta contra o presidente da República é do STF.

**(B)** O menor de dezesseis anos pode propor ação popular, mas, para fazê-lo, tem de ser assistido em juízo.

**(C)** De acordo com o entendimento do STJ, o cidadão autor de ação popular tem de residir no domicílio eleitoral do local onde for proposta a ação, sob pena de indeferimento da inicial.

**(D)** A execução de multa diária por descumprimento de obrigação fixada em medida liminar concedida em ação popular independe do trânsito em julgado desta ação, conforme posição do STJ.

**(E)** A jurisprudência do STJ vem admitindo o emprego da ação popular para a defesa de interesses difusos dos consumidores.

**A:** Errada. A competência para julgar ação popular é da primeira instância, não havendo falar em foro por prerrogativa de função em ações de natureza cível; **B:** Errada. Só pode propor ação popular o cidadão, sendo necessária a comprovação dessa qualidade pela juntada do título de eleitor. O menor de 16 anos não possui cidadania ativa (art. 14, § 1º, II, "c", da CF); **C:** Errada. O STJ distinguiu as figuras de "eleitor" e "cidadão" para concluir que a circunscrição eleitoral é importante para fins da legislação eleitoral, não podendo se aplicada para restringir o direito à propositura de ação popular pelo cidadão, que é exercício de democracia (STJ, REsp 1242800, Rel. Min. Mauro Campbell Marques, j. 07/06/2011); **D:** Correta. "A execução de multa diária (astreintes) por descumprimento de obrigação de fazer, fixada em liminar concedida em Ação Popular, pode ser realizada nos próprios autos, por isso que não carece do trânsito em julgado da sentença final condenatória" (STJ, REsp 1098028, Rel. Min. Luiz Fux, j. 09/02/2010); **E:** Errada. O STJ **em regra** não admite ação popular para defesa de interesse dos consumidores, mas é importante salientar a existência de precedente em sentido diverso, do Min. Herman Benjamin: "(...) Segundo o entendimento da Segunda Turma, no caso do fornecimento de energia elétrica para iluminação pública, a coletividade assume a condição de consumidora (REsp 913.711/SP, Rel. Ministro Mauro Campbell Marques, j. 19/8/2008, DJe 16/9/2008). Aplica-se, assim, o CDC, porquanto o pedido é formulado em nome da coletividade, que é indubitavelmente a consumidora da energia elétrica sob forma de iluminação pública. (...) a viabilidade da Ação Popular, *in casu*, decorre do pedido formulado e do objetivo da demanda, qual seja, proteger o Erário contra a cobrança contratual indevida, nos termos do art. 1º da Lei 4.717/1965, conforme o art. 5º, LXXIII, da CF, questão que não se confunde com a condição de consumidor daqueles que são titulares do bem jurídico a ser protegido (a coletividade, consumidora da energia elétrica). A Ação Popular deve ser apreciada, quanto às hipóteses de cabimento, da maneira mais ampla possível, de modo a garantir, em

vez de restringir, a atuação judicial do cidadão". (STJ, REsp 1164710, Rel. Min. Herman Benjamin, j. 14/02/2012).
Gabarito "D".

**(Analista Jurídico – TCE/PR – 2016 – CESPE)** À luz da jurisprudência do STF, assinale a opção correta acerca de *habeas corpus*.

**(A)** O *habeas corpus* é instrumento viável para a revisão de súmulas de tribunais se o teor da súmula atentar abstratamente contra o direito à liberdade de locomoção.

**(B)** A utilização do *habeas corpus* como mecanismo judicial para salvaguarda do direito à liberdade de locomoção é limitada no tempo, sujeitando-se a preclusão e decadência.

**(C)** A inadmissibilidade de impetração sucessiva de *habeas corpus*, ou seja, de apreciação de um segundo *habeas corpus* quando ainda não definitivamente julgado o anteriormente impetrado, é relativizada se tratar de ilegalidade flagrante e prontamente evidente.

**(D)** O *habeas corpus* é meio idôneo para impugnar ato de sequestro ou confisco de bens em processo criminal.

**(E)** O afastamento de cargo público é impugnável por *habeas corpus*.

**A:** incorreta. Segundo o STF, 'o *habeas corpus* não se presta à revisão, em tese, do teor de súmulas da jurisprudência dos tribunais [RHC 92.886 AgR, rel. min. Joaquim Barbosa, j. 21.09.2010, 2ª T, *DJE* de 22.10.2010.]. De acordo com art. 5º, LXVIII, da CF, conceder-se-á *habeas corpus* sempre que **alguém sofrer ou se achar ameaçado de sofrer violência ou coação em sua liberdade de locomoção**, por ilegalidade ou abuso de poder. Por meio do remédio é possível fazer controle concreto de constitucionalidade, não abstrato. Sendo assim, o teor de uma súmula que atente contra o direito à liberdade de locomoção não pode ser combatido pelo *habeas corpus*; **B:** incorreta. A utilização do *habeas corpus* **não está sujeita à preclusão e decadência**, ao contrário do mandado de segurança, que deve ser impetrado no prazo decadencial de 120 dias; **C:** correta. Determina o próprio Supremo que "é pacífica a jurisprudência deste STF no sentido da inadmissibilidade de impetração sucessiva de *habeas corpus*, sem o julgamento definitivo do writ anteriormente impetrado. Tal jurisprudência **comporta relativização**, quando de logo avulta que o cerceio à liberdade de locomoção dos pacientes decorre de ilegalidade ou de abuso de poder (inciso LXVIII do art. 5º da CF/1988) [HC 94.000, rel. min. Ayres Britto, j. 17.06.2008, 1ª T, *DJE* de 13.03.2009.]; **D:** incorreta. Duas importantes decisões do STF sobre o tema: 1ª – "O *habeas corpus*, garantia de liberdade de locomoção, não se presta para discutir confisco criminal de bem". [HC 99.619, rel. p/ o ac. min. Rosa Weber, j. 14.02.2012, 1ª T, *DJE* de 22.03.2012.], 2ª – O *habeas corpus* não é o meio adequado para impugnar ato alusivo a sequestro de bens móveis e imóveis bem como a bloqueio de valores. [HC 103.823, rel. min. Marco Aurélio, j. 03.04.2012, 1ª T, *DJE* de 26.04.2012.]; **E:** incorreta. O Supremo já decidiu, reiteradas vezes, que "**o afastamento ou a perda do cargo** de juiz federal **não são ofensas atacáveis por** habeas corpus. [HC 99.829, rel. min. Gilmar Mendes, j. 27.09.2011, 2ª T, *DJE* de 21.11.2011.] = HC 110.537 AgR, rel. min. Roberto Barroso, j. 22.10.2013, 1ª T, *DJE* de 18.11.2013. *Vide*: HC 95.496, rel. min. Cezar Peluso, j. 10.03.2009, 2ª T, *DJE* de 17.04.2009.
Gabarito "C".

**(Juiz de Direito/DF – 2016 – CESPE)** No que se refere à ação popular, assinale a opção correta.

**(A)** A decisão proferida pelo STF em ação popular possui força vinculante para juízes e tribunais, quando do exame de outros processos em que se discuta matéria similar.

**(B)** A ação popular sujeita-se a prazo prescricional quinquenal previsto expressamente em lei, que a jurisprudência consolidada do STJ aplica por analogia à ação civil pública.

**(C)** Para o cabimento da ação popular é exigível a demonstração do prejuízo material aos cofres públicos.

**(D)** O MP, havendo comprometimento de interesse social qualificado, possui legitimidade ativa para propor ação popular.

**(E)** Compete ao STF julgar ação popular contra autoridade cujas resoluções estejam sujeitas, em sede de mandado de segurança, à jurisdição imediata do STF.

**A:** incorreta. A sentença tem eficácia "erga omnes", mas não vinculante (art. 18, Lei 4.717/1965); **B:** correta. Art. 21 da Lei 4.717/1965, aplicável

## 8. DIREITO CONSTITUCIONAL — 209

por analogia à ACP, por fazerem parte do mesmo "microssistema de tutela" dos direitos difusos, segundo o STJ; **C:** incorreta. O art. 5º, LXXIII, da CF visa a proteger tanto o patrimônio material quanto o moral, o cultural e o histórico – não se exigindo, assim, demonstração de prejuízo material aos cofres públicos (conferir: ARE 824.781, rel. min. Dias Toffoli, j. 27.08.2015, Pleno, *DJE* de 09.10.2015, com repercussão geral); **D:** incorreta. A legitimidade ativa na ação popular é exclusiva do cidadão, sendo instrumento de democracia direta e participação política (art. 5º, LXXIII, CF), ou seja, somente pode ser proposta por nacional brasileiro (nato ou naturalizado) no pleno gozo dos direitos políticos (comprovado por meio do título de eleitor – art. 1º, § 3º, Lei 4.717/1965). Por igual razão, pessoa jurídica não tem legitimidade para propor ação popular (Súmula 365/STF); **E:** incorreta. A regra geral é o julgamento da ação popular em primeira instância, mesmo que proposta em face do Presidente da República. O STF pode vir a ser competente se presentes as condições do art. 102, I, "f" e "n", da CF.

*Gabarito "B".*

**(Advogado União – AGU – CESPE – 2015)** No que se refere a ações constitucionais, julgue os itens subsequentes.

**(1)** O princípio constitucional da norma mais favorável ao trabalhador incide quando se está diante de conflito de normas possivelmente aplicáveis ao caso.

**(2)** De acordo com o atual entendimento do STF, a decisão proferida em mandado de injunção pode levar à concretização da norma constitucional despida de plena eficácia, no tocante ao exercício dos direitos e das liberdades constitucionais e das prerrogativas relacionadas à nacionalidade, à soberania e à cidadania.

**1:** Correta. Como o próprio princípio afirma, é necessária a existência de mais de uma norma aplicável ao caso para que ele possa incidir. Trata-se de princípio de solução de antinomias. **2:** Correta. O STF, que antes adotava a corrente não concretista em relação ao mandado de injunção (equiparando seus efeitos ao da ADI por omissão) evoluiu para adotar a corrente concretista geral, ou seja, na ausência de norma regulamentadora, o Supremo edita a norma faltante, com caráter geral (*erga omnes*), que deve subsistir até que a omissão seja suprida pelo Poder Legislativo. TM

*Gabarito 1C, 2C*

**(Promotor de Justiça/AC – 2014 – CESPE)** No que concerne aos denominados remédios constitucionais, assinale a opção correta.

**(A)** Compete aos juízes estaduais processar e julgar mandado de segurança contra ato de autoridade federal sempre que a causa envolver o INSS e segurados.

**(B)** No âmbito do mandado de injunção, a atual jurisprudência do STF adota a posição não concretista em defesa apenas do reconhecimento formal da inércia do poder público para materializar a norma constitucional e viabilizar o exercício dos direitos e liberdades constitucionais e das prerrogativas inerentes à nacionalidade, à soberania e à cidadania.

**(C)** O *habeas corpus* pode ser impetrado contra ato de coação ilegal à liberdade de locomoção, seja ele praticado por particular ou agente público.

**(D)** São da competência originária do STF o processamento e o julgamento dos *habeas corpus* quando o coator ou paciente for governador de estado.

**A:** incorreta (art. 109, VIII, da CF); **B:** incorreta, na medida em que, atualmente, a nossa Corte Suprema adota a posição concretista geral, em que a decisão, proferida em sede de mandado de injunção, ao conferir exequibilidade às normas constitucionais, produz efeitos *erga omnes* (atinge a todos). Nesse sentido o Mandado de Injunção n. 758/DF, no qual, depois de reconhecer a omissão legislativa consistente em regulamentar o direito constitucional de greve do setor público, determinou-se que a ele (setor público) se aplicasse a Lei 7.783/1989, que disciplina o direito de greve no âmbito do setor privado; **C:** correta. É tranquilo o entendimento no sentido de que o particular, sendo o causador do ato que implique constrangimento ilegal, figure no polo passivo da ação de *habeas corpus*; **D:** incorreta, já que o julgamento, neste caso, cabe ao STJ (art. 105, I, *c*, da CF).

*Gabarito "C".*

## 5.3. TEORIA GERAL DOS DIRETOS FUNDAMENTAIS

**(Delegado/RJ – 2022 – CESPE/CEBRASPE)** O *caput* do art. 5.º, iniciando o Título II da Constituição Federal de 1988, referente aos direitos e garantias fundamentais, estabelece, de forma expressa, que todos são iguais perante a lei, sem distinção de qualquer natureza, garantindo-se aos brasileiros e aos estrangeiros residentes no Brasil determinados direitos. A respeito desse assunto, assinale a opção correta.

**(A)** Embora o ordenamento jurídico estabeleça que as pessoas jurídicas são detentoras de personalidade jurídica, o texto constitucional garante a plenitude de direitos apenas às pessoas físicas. Sendo assim, as pessoas jurídicas têm seus direitos garantidos apenas com base na legislação infraconstitucional.

**(B)** O texto constitucional é claro ao prever que apenas os estrangeiros residentes no Brasil dispõem de todos os direitos garantidos aos brasileiros. Assim, os estrangeiros não residentes no Brasil estarão submetidos apenas ao ordenamento jurídico de seu país de origem.

**(C)** Os direitos e garantias fundamentais destinam-se à proteção do ser humano em sua totalidade. Assim, uma interpretação teleológica e lógico-sistemática permite afirmar que os direitos e garantias fundamentais têm como destinatários não apenas os brasileiros, mas também os estrangeiros, residentes ou não no Brasil, e apátridas, caso se encontrem dentro do território nacional.

**(D)** Decisão recente do Supremo Tribunal Federal reconhece como beneficiários dos direitos e garantias fundamentais acolhidos pela Constituição Federal de 1988 não somente os brasileiros e estrangeiros residentes no Brasil, mas também os estrangeiros de passagem pelo território brasileiro, desde que haja, nesse caso, tratado internacional entre o Brasil e o país de origem do estrangeiro, para que ele tenha preservados seus direitos.

**(E)** Uma análise sistematizada do texto constitucional permite afirmar que os estrangeiros não residentes no Brasil são detentores de direitos, limitados, no entanto, àqueles que dizem respeito à vida e à integridade física, em razão do que dispõe o inciso III do art. 1.º da Carta Política, ao tratar da dignidade da pessoa humana como princípio fundamental da República Federativa do Brasil.

Comentário: **A:** incorreta. A doutrina aponta que: "Não há, em princípio, impedimento insuperável a que pessoas jurídicas venham, também, a ser consideradas titulares de direitos fundamentais, não obstante estes, originalmente, terem por referência a pessoa física. Acha-se superada a doutrina de que os direitos fundamentais se dirigem apenas às pessoas humanas. Os direitos fundamentais suscetíveis, por sua natureza, de serem exercidos por pessoas jurídicas podem tê-las por titular. Assim, não haveria por que recusar às pessoas jurídicas as consequências do princípio da igualdade, nem o direito de resposta, o direito de propriedade, o sigilo de correspondência, a inviolabilidade de domicílio, as garantias do direito adquirido, do ato jurídico perfeito e da coisa julgada." (MENDES, Gilmar Ferreira; BRANCO, Paulo Gustavo Gonet. *Curso de direito constitucional*. 8 ed. São Paulo: Saraiva, 2013, p. 171-172); **B:** incorreta. Os estrangeiros não-residentes no Brasil também estão protegidos pelos direitos fundamentais. Nesse sentido: "a interpretação do art. 5º, *caput*, da CF, deve ser feita pelo método sistemático e finalístico. Assim, um estrangeiro em trânsito no país (portanto, não-residente) também poderá invocar as liberdades constitucionais, desde que entre em contato com o direito brasileiro. Os direitos fundamentais visam à ampla proteção do ser humano (nacional ou estrangeiro), tanto é que referida norma prega que 'todos são iguais perante a lei, sem distinção de qualquer natureza'. Assim, os estrangeiros que estão em passagem pelo território nacional são também destinatários dos direitos fundamentais, uma vez que entram em contato com o ordenamento jurídico brasileiro." (NISHIYAMA, Adolfo Mamoru. Remédios constitucionais. Barueri: Manole, 2004, p. 81-82); **C:** correta. É o que aponta a doutrina: "Os direitos fundamentais têm um forte sentido de proteção do ser humano, e mesmo o próprio *caput* do art. 5º faz advertência de que essa proteção realiza-se 'sem distinção de qualquer natureza'. Logo, a interpretação sistemática e finalística do texto constitucional não deixa dúvidas de que os direitos fundamentais destinam-se a todos os indivíduos, independentemente de sua nacionalidade ou situação no Brasil. Assim, um turista (estrangeiro não residente) que seja vítima de uma arbitrariedade policial, por evidente, poderá utilizar-se do *habeas corpus* para proteger o seu direito de locomoção." (ARAUJO, Luiz Alberto David; NUNES JÚNIOR, Vidal Serrano. Curso de direito constitucional. 21. ed. São Paulo: Verbatim, 2016, p. 171); **D**: incorreta. Não há necessidade de tratado internacional entre o Brasil e o país de origem do estrangeiro, para que ele tenha preservados seus direitos. Nesse sentido: STF – HC nº 74.051-3 – Rel. Min. Marco Aurélio, *Informativo STF* nº 45; **E**: incorreta. Ver os comentários B e C. **AMN**

Gabarito "C".

**(Delegado/RJ – 2022 – CESPE/CEBRASPE)** Com relação ao direito à igualdade, expressamente previsto no art. 5.º da Constituição Federal de 1988, assinale a opção correta.

**(A)** Para garantir a efetividade do princípio da igualdade, a Constituição Federal de 1988 não prevê nenhuma norma que trate homens e mulheres de maneira diferenciada. O mencionado princípio da igualdade deve ser considerado de forma absoluta, não se admitindo, em nenhuma hipótese, qualquer forma de diferenciação entre os sexos.

**(B)** O princípio constitucional da igualdade está direcionado exclusivamente ao legislador, pois o Poder Legislativo é o responsável pela formatação do ordenamento jurídico a partir das regras estabelecidas no art. 59 e seguintes da Constituição Federal de 1988.

**(C)** O princípio da igualdade está direcionado exclusivamente aos órgãos da administração pública, considerando-se ser ela a responsável por aplicar o ordenamento jurídico no caso concreto, mediante atos administrativos, visando à realização do interesse público.

**(D)** Embora o princípio da igualdade esteja direcionado a toda a administração pública, é possível que, em determinadas situações, mesmo que não haja um motivo legitimador, ocorram certas diferenciações na seleção de candidatos a ocuparem cargos públicos. Nesse caso específico, a administração pública disporá de discricionariedade ilimitada para escolher os candidatos mais aptos, observando que os agentes públicos que ocupam cargos na estrutura do Estado são os responsáveis pela realização do interesse público.

**(E)** Analisando-se o princípio da igualdade com relação ao particular, verifica-se que este não poderá tratar os demais membros da sociedade de maneira discriminatória, atingindo direitos fundamentais por meio de condutas preconceituosas, sob pena de responsabilização civil e até mesmo criminal, quando o ato for tipificado como crime. Assim, é vedado ao particular, na contratação de empregados, por exemplo, utilizar qualquer critério discriminatório com relação a sexo, idade, origem, raça, cor, religião ou estado civil.

Comentário: **A**: incorreta. Pelo contrário, para a efetivação do princípio da isonomia há a necessidade, muitas vezes, de se fazer a diferenciação entre os direitos dos homens e das mulheres. É o que ocorre, por exemplo, com o art. 201, § 7º, inciso I, da CF, que assegura aposentadoria no regime geral de previdência social, nos termos da lei, obedecidas certas condições, entre as quais: 65 (sessenta e cinco) anos de idade, se homem, e 62 (sessenta e dois) anos de idade, se mulher, observado tempo mínimo de contribuição; **B**: incorreta. O princípio constitucional da isonomia não está direcionado exclusivamente ao legislador, mas também à administração pública e ao particular; **C**: incorreta. Ver o comentário anterior; **D**: incorreta. Essa alternativa é totalmente ilógica, pois diz que "é possível que, em determinadas situações, mesmo que não haja um motivo legitimador, ocorram certas diferenciações na seleção de candidatos a ocuparem cargos públicos". Pelo contrário, deve haver motivo legitimador para que ocorram certas diferenciações, como, por exemplo, o art. 37, inciso VIII, da CF, que prevê a reserva legal de percentual dos cargos e empregos públicos para as pessoas com deficiência. Além disso, não há a "discricionariedade ilimitada para escolher os candidatos mais aptos"; **E**: correta. A doutrina aponta que: "A Lei n.9.029, de 13 de abril de 1995, proíbe a exigência de atestados de gravidez e esterilização, e outras práticas discriminatórias, para efeitos admissionais ou de permanência de relação jurídica de trabalho.

Veda, também, a adoção de qualquer prática discriminatória e limitativa para efeito de acesso a relação de emprego, ou sua manutenção, por motivo de sexo, origem, raça, cor, estado civil, situação familiar ou idade." (BULOS, Uadi Lammêgo. *Curso de direito constitucional*. São Paulo: Saraiva, 2007, p. 421). **AMN**

Gabarito "E".

**(Delegado/RJ – 2022 – CESPE/CEBRASPE)** A respeito da figura denominada Estado de coisas inconstitucional, é correto afirmar que

**(A)** não se trata de medida reconhecida pela jurisprudência do Supremo Tribunal Federal, que apenas admite o controle judicial de políticas públicas por meio de ações individuais ou coletivas, mas não controle por controle concentrado de constitucionalidade.

**(B)** encontra fundamento nos casos de inadimplemento reiterado de direitos fundamentais pelos poderes do Estado, sem que haja possibilidade de remédio para vias tradicionais, ocasião em que o tribunal assume o papel de coordenador de políticas públicas por meio da denominada tutela estruturante.

**(C)** é um dos mecanismos do sistema constitucional de crises, figurando ao lado do Estado de Defesa e do Estado de Sítio, que somente pode ser instaurado após a convocação do Conselho da República, e permite a suspensão de certos direitos fundamentais, como o da liberdade de locomoção.

**(D)** é medida importada do Tribunal Constitucional da Colômbia, por meio do qual o Supremo Tribunal Federal declara a existência de uma violação massiva a direitos fundamentais, mas que se restringe a papel exclusivamente simbólico.

**(E)** a declaração do Estado de coisas inconstitucional é inviável em sede de controle concentrado de constitucionalidade, tendo-se em vista que, nesse modelo, somente se aprecia o conteúdo da lei em tese em face do parâmetro constitucional.

Comentário: A jurisprudência do STF reconhece o estado de coisas inconstitucional. Nesse sentido, destaque-se o seguinte trecho do voto-vista proferido pelo Ministro Luís Roberto Barroso no RE 580252/MS: "Na mesma linha das experiências da Corte Europeia de Direitos Humanos e do Judiciário norte-americano, a Corte Constitucional da Colômbia produziu um mecanismo de intervenção jurisdicional para lidar com falhas estruturais de políticas públicas que impliquem violações massivas e contínuas de direitos e que decorram de omissões prolongadas das autoridades estatais. Trata-se da categoria do 'estado de coisas inconstitucional'. Quando a Corte colombiana reconhece e declara a existência de um estado de coisas contrário à Constituição, ela passa a atuar diretamente na formulação de políticas públicas, definindo metas e linhas de ação a serem implementadas por diferentes instâncias de poder. Nesses casos, em geral, a Corte designa uma autoridade para fiscalizar a execução da decisão, de modo que a atuação judicial não se encerra com a prolação da decisão, mas se protrai até que as diversas autoridades levem a cabo as determinações da Corte." (STF – RE 580252/MS – Pleno – Redator do acórdão Min. Gilmar Mendes – DJe 11/09/2017). Por outro turno, a doutrina assevera que se trata "de instrumento que credencia o Poder Judiciário como 'coordenador institucional' de uma reforma estrutural que implica na articulação de uma pluralidade de órgãos estatais para superação de bloqueios institucionais ou políticos. Nesse sentido, o Judiciário torna-se um incentivador que, por meio de sua atuação, busca a efetivação substancial de políticas públicas, mantendo a jurisdição sobre o caso, mesmo após a decisão judicial, oportunidade em que, através de monitoramento, permite a ampliação do diálogo, prestação de contas, audiências públicas, tudo para garantir a superação do 'Estado de Coisas Inconstitucionais' declarado." (ANDRÉA, Gianfranco Faggin Mastro. Estado de coisas inconstitucional no Brasil. Rio de Janeiro: Lumen Juris, 2019, p. 85). **AMN**

Gabarito "B".

**(Delegado/RJ – 2022 – CESPE/CEBRASPE)** Com relação à teoria dos direitos fundamentais e à sua aplicação no direito constitucional brasileiro, assinale a opção correta.

**(A)** Segundo a jurisprudência, os direitos fundamentais são absolutos, inalienáveis e imprescritíveis, cabendo ao intérprete o dever de concordância prática para acomodar os eventuais conflitos entre eles.

**(B)** A superproteção conferida pelo art. 60, § 4.º, IV (direitos e garantias individuais), aos direitos fundamentais limita-se ao disposto no art. 5.º, da Constituição, em deferência ao princípio democrático.

**(C)** Os tratados internacionais de direitos humanos, após a EC n.º 45/2004, devem seguir o mesmo procedimento de emenda à Constituição para que possam ser incorporados ao direito brasileiro.

**(D)** Os direitos fundamentais de primeira geração (ou dimensão) são denominados de direitos sociais, que demandam um *fazer* por parte do Estado, e foram inaugurados com as revoluções burguesas do século XVIII.

**(E)** O método de solução de conflitos entre direitos fundamentais constitucionalmente previstos, em caso de colisão, é a ponderação de interesses; o legislador, contudo, por força do princípio democrático, pode resolver conflitos por meio da lei, efetuando a ponderação em abstrato.

Comentário: **A**: incorreta. Os direitos fundamentais são inalienáveis e imprescritíveis, mas não são absolutos; **B**: incorreta. O § 1º do art. 5º da CF prevê que: "Os direitos e garantias expressos nesta Constituição não excluem outros decorrentes do regime e dos princípios por ela adotados, ou dos tratados internacionais em que a República Federativa do Brasil seja parte."; **C**: incorreta. Nem todos os tratados internacionais de direitos humanos precisam seguir o procedimento previsto no § 3º do art. 5º da CF. Aqueles tratados de direitos humanos que não seguirem esse procedimento terão *status* de normas supralegais; **D**: incorreta. Os direitos fundamentais de primeira geração ou dimensão são os direitos civis e políticos. Já os direitos sociais são de segunda geração ou dimensão; **E**: correta. É possível a resolução de conflitos entre direitos fundamentais por meio de ponderações, razoabilidade ou proporcionalidade. AMN

Gabarito "E".

**(Delegado/RJ – 2022 – CESPE/CEBRASPE)** Acerca dos direitos fundamentais, assinale a opção correta.

**(A)** A fundamentalidade material dos direitos fundamentais decorre da circunstância de serem os direitos fundamentais elemento constitutivo da Constituição material, contendo decisões fundamentais sobre a estrutura básica do Estado e da sociedade.

**(B)** A noção da fundamentalidade material não permite a abertura da Constituição a outros direitos fundamentais não constantes do seu texto.

**(C)** A noção da fundamentalidade formal não permite a abertura da Constituição a outros direitos fundamentais não constantes do seu texto.

**(D)** A fundamentalidade material não possui aplicabilidade imediata.

**(E)** A noção da fundamentalidade formal dos direitos fundamentais não os submete aos limites formais e materiais do poder de reforma constitucional.

Comentário: A constituição material é aquela que possui apenas as normas com conteúdo e substância tipicamente constitucional, como a estrutura do Estado, forma de governo, separação de Poderes e direitos fundamentais. A constituição formal, por sua vez, "é o conjunto de normas que se situa num plano hierarquicamente superior a outras normas. Dessa forma, pouco importa o conteúdo, mas a formalização (em posição hierárquica superior) desse conjunto de normas." (ARAUJO, , Luiz Alberto David; NUNES JÚNIOR, Vidal Serrano. Curso de direito constitucional. 21. ed. São Paulo: Verbatim, 2016, p. 33). AMN

Gabarito "A".

**(Juiz – TJ/CE – 2018 – CESPE)** De acordo com a doutrina e a jurisprudência dos tribunais superiores acerca da eficácia horizontal dos direitos fundamentais, assinale a opção correta.

**(A)** Síndico de condomínio não está obrigado a oportunizar o direito de defesa a morador para o qual aplicará multa por comportamento antissocial.

**(B)** As relações especiais de sujeição a que estão vinculados os militares justificam a restrição da possibilidade de crítica pública veiculada por associação de praças do exército.

**(C)** A exclusão de sócio de associação privada sem fins lucrativos independe do contraditório e da ampla defesa, desde que haja previsão estatutária.

**(D)** O efeito horizontal indireto obriga o Poder Judiciário a observar a normatividade dos direitos fundamentais ao decidir conflitos interindividuais.

**(E)** A eficácia horizontal imediata impõe a igualdade de tratamento dos direitos fundamentais entre particulares, tal como ocorre nas relações entre indivíduos e o Estado.

**A**: incorreta, pois o síndico de condomínio está obrigado a oportunizar o direito de defesa a morador sujeito a punição por comportamento antissocial (art. 1.337 do CC) em razão da eficácia horizontal dos direitos fundamentais (ou eficácia dos direitos fundamentais nas relações privadas). Segundo a jurisprudência do STJ, "*o art. 1.337 do Código Civil estabeleceu sancionamento para o condômino que reiteradamente venha a violar seus deveres para com o condomínio, além de instituir, em seu único parágrafo único, punição extrema àquele que reitera comportamento antissocial [...] Por se tratar de punição imputada por conduta contrária ao direito, na esteira da visão civil-constitucional do sistema, deve-se reconhecer a aplicação imediata dos princípios que protegem a pessoa humana nas relações entre particulares, a reconhecida eficácia horizontal dos direitos fundamentais que, também, deve incidir nas relações condominiais, para assegurar, na medida do possível, a ampla defesa e o contraditório. Com efeito, buscando concretizar a dignidade da pessoa humana nas relações privadas, a Constituição Federal, como vértice axiológico de todo o ordenamento, irradiou a incidência dos direitos fundamentais também nas relações particulares, emprestando máximo efeito aos valores constitucionais. [...] Também foi a conclusão tirada das Jornadas de Direito Civil do CJF: En. 92: Art. 1.337: As sanções do art. 1.337 do novo Código Civil não podem ser aplicadas sem que se garanta direito de defesa ao condômino nocivo.*" (REsp 1365279/SP, Rel. Ministro Luis Felipe Salomão, Quarta Turma, j. em 25.08.2015); **B**: incorreta. Relações especiais de sujeição são aquelas firmadas, no âmbito interno da Administração Pública, entre o Estado e particulares que mantêm um vínculo diferenciado com o Poder Público, tais como alunos de escolas públicas, agentes públicos e presidiários. A concepção moderna de relações especiais de sujeição admite a incidência do princípio da legalidade e da tutela dos direitos fundamentais no âmbito dessas relações, não admitindo, portanto, limitações genéricas aos direitos fundamentais, como a restrição da liberdade de associação dos militares. Nessa linha, o STF concedeu a ordem de *habeas corpus* para trancar ação penal movida contra militar pelos crimes de incitamento (art.155 do CPM) e publicação ou crítica indevida (art. 166 do CPM) sob o argumento de que, embora as Forças Armadas sejam organizadas com base na hierarquia e na disciplina (art. 142 da CF), "*disciplina e desmandos não se confundem*", pois "*quem critica o autoritarismo não está a criticar a disciplina*". E acrescentou: "*o direito à plena liberdade de associação (art. 5º, XVII, da CF) está intrinsecamente ligado aos preceitos constitucionais de proteção da dignidade da pessoa, de livre iniciativa, da autonomia da vontade e da liberdade de expressão. Uma associação que deva pedir licença para criticar situações de arbitrariedades terá sua atuação profundamente esvaziada*" (HC 106808, Rel. Min. Gilmar Mendes, Segunda Turma, j. em 09.04.2013); **C**: incorreta, pois o espaço de autonomia privada conferido às associações está limitado pela observância aos princípios e direitos fundamentais inscritos na Constituição, de modo que a exclusão de sócio de associação privada depende do contraditório e da ampla defesa. Nesse sentido, o seguinte julgado do STF: "*A ordem jurídico-constitucional brasileira não conferiu a qualquer associação civil a possibilidade de agir à revelia dos princípios inscritos nas leis e, em especial, dos postulados que têm por fundamento direto o próprio texto da Constituição da República, notadamente em tema de proteção às liberdades e garantias fundamentais. O espaço de autonomia privada garantido pela Constituição às associações não está imune à incidência dos princípios constitucionais que asseguram o respeito aos direitos fundamentais de seus associados. [...] A exclusão de sócio do quadro social da UBC, sem qualquer garantia de ampla defesa, do contraditório, ou do devido processo constitucional, onera consideravelmente o recorrido, o qual fica impossibilitado de perceber os direitos autorais relativos à execução de suas obras.*" (RE 201819, Rel. Min. Ellen Gracie, Relator(a) p/ Acórdão: Min. Gilmar Mendes, Segunda Turma,

j. em 11.10.2005); **D:** correta. A teoria da eficácia indireta ou mediata dos direitos fundamentais defende que a aplicação desses direitos nas relações entre particulares deve ser sempre mediada pela atuação do legislador (por meio da produção normativa) ou pelo juiz (por meio da interpretação do direito privado à luz das normas de direitos fundamentais). A força jurídica dos preceitos constitucionais no âmbito das relações entre particulares incide apenas mediatamente, por meio dos princípios e normas próprias do direito privado (intermediação legislativa), obrigando, assim, o Poder Judiciário a observar a normatividade dos direitos fundamentais ao decidir conflitos interindividuais; **E:** incorreta. A teoria da eficácia imediata ou direta dos direitos fundamentais defende que a incidência desses direitos nas relações entre particulares decorre diretamente da Constituição, sendo desnecessária qualquer intermediação legislativa. Os direitos fundamentais trazem condições de plena aplicabilidade nas relações entre particulares, dispensando qualquer tipo de mediação infraconstitucional ou recursos interpretativos, malgrado não ocorra da mesma forma e com a mesma intensidade tal qual nas relações entre indivíduos e o Estado. Na relação entre particulares, ambos são titulares de direitos fundamentais e gozam de proteção constitucional à autonomia da vontade, o que não ocorre na relação entre indivíduos e o Estado. 

Gabarito "D".

**(Defensor Público – DPE/RN – 2016 – CESPE)** Acerca da distinção entre princípios e regras, do princípio da proibição do retrocesso social, da reserva do possível e da eficácia dos direitos fundamentais, assinale a opção correta.

**(A)** De acordo com entendimento do STF, não é cabível à administração pública invocar o argumento da reserva do possível frente à imposição de obrigação de fazer consistente na promoção de medidas em estabelecimentos prisionais para assegurar aos detentos o respeito à sua integridade física e moral.

**(B)** Os direitos fundamentais são também oponíveis às relações privadas, em razão de sua eficácia vertical.

**(C)** As colisões entre regras devem ser solucionadas mediante a atribuição de pesos, indicando-se qual regra tem prevalência em face da outra, em determinadas condições.

**(D)** Tanto regras quanto princípios são normas, contudo, tão somente as regras podem ser formuladas por meio das expressões deontológicas básicas do dever, da permissão e da proibição.

**(E)** O princípio da proibição do retrocesso social constitui mecanismo de controle para coibir ou corrigir medidas restritivas ou supressivas de direitos fundamentais, tais como as liberdades constitucionais.

**A:** Correta. A reserva do possível não pode ser legitimamente invocada para a não adoção de políticas públicas ligadas ao mínimo existencial da dignidade humana; **B:** Errada. Os direitos fundamentais são sim oponíveis nas relações privadas, mas aí se trata de eficácia horizontal (particular contra particular). A eficácia vertical refere-se à incidência padrão dos direitos fundamentais, pelo indivíduo em face do Estado; **C:** Errada. De acordo com a doutrina majoritária, as regras não podem ser ponderadas. A atribuição de pesos é dada aos *princípios*, quando colidem entre si, visando a solução do conflito; **D:** Errada. Normas são gênero, das quais os princípios e as regras são espécies. Entretanto, tanto regras quanto princípios são formuladas por expressões normativas e deontológicas (do dever ser); **E:** Errada. O princípio opera no plano dos direitos *sociais*, não se referindo a todos os direitos fundamentais.

Gabarito "A".

**(Analista Judiciário – TRT/8ª – 2016 – CESPE)** Acerca dos direitos e das garantias fundamentais previstos na CF, assinale a opção correta.

**(A)** É permitido ao preso provisório e ao maior de dezoito anos de idade internado ao tempo em que era adolescente alistar-se ou transferir o título de eleitor para o domicílio dos estabelecimentos penais e de internação onde se encontrem.

**(B)** A CF assegura personalidade jurídica aos partidos políticos, na forma da lei, além de estabelecer as sanções cabíveis no caso de indisciplina partidária, que podem ser tanto a advertência quanto a perda do mandato.

**(C)** Os direitos sociais assegurados à categoria dos trabalhadores domésticos incluem a proteção do mercado de trabalho da mulher, mediante incentivos específicos e piso salarial proporcional à extensão e à complexidade do trabalho, atendidas as condições estabelecidas em lei.

**(D)** Todos os direitos e as garantias expressos na CF foram expressamente editados como cláusula pétrea, constituindo rol taxativo, cuja ampliação depende de edição de emendas constitucionais.

**(E)** No que se refere aos direitos e garantias fundamentais elencados na CF, os estrangeiros residentes e não residentes no Brasil equiparam-se aos brasileiros.

**A:** correta. De acordo com o art. 15, III, da CF, apenas o preso com condenação criminal transitada em julgado e pena não integralmente cumprida pode ser impedido de votar. Assim, o preso provisório (aquele que, no dia da eleição, ainda aguarda decisão definitiva) e os adolescentes internados têm direito ao voto; **B:** incorreta. A primeira parte está correta (art. 17, § 2º, da CF), mas a CF não prevê sanções cabíveis por indisciplina partidária. Ao contrário, ao dispor sobre os casos de perda do mandato (art. 55, CF), a Constituição não contempla a hipótese de indisciplina partidária; **C:** incorreta. Os direitos previstos no art. 7º, V e XX, CF ("piso salarial proporcional à extensão e à complexidade do trabalho" e "proteção do mercado de trabalho da mulher, mediante incentivos específicos, nos termos da lei") não são extensíveis aos trabalhadores domésticos. O rol dos direitos sociais aplicáveis aos trabalhadores domésticos está previsto no art. 7º, parágrafo único, CF; **D:** incorreta. Nem todo direito e garantia expresso na CF caracteriza-se como cláusula pétrea. São "cláusulas pétreas" da Constituição apenas as listadas no art. 60, § 4º, da CF. O legislador constituinte derivado não pode restringir o rol de cláusulas pétreas – que constitui, assim, um limite material implícito ao poder de reforma da Constituição, mas pode ampliá-las; **E:** incorreta. Embora o art. 5º, *caput*, da CF afirme que os direitos e garantias fundamentais aplicam-se aos brasileiros e aos "estrangeiros **residentes** no país", deve ser interpretado à luz do princípio da dignidade da pessoa humana, de modo que também aos estrangeiros **de passagem** pelo Brasil são garantidos direitos fundamentais. Embora essa seja a regra geral, a própria Constituição limitou o exercício de certos direitos e garantias fundamentais apenas a brasileiros, como no caso da ação popular, que só pode ser ajuizada por cidadãos brasileiros. Assim, não é correto falar em "equivalência".

Gabarito "A".

**(Analista – Judiciário – TRE/PI – 2016 – CESPE)** A respeito dos princípios fundamentais e dos direitos e das garantias fundamentais, assinale a opção correta.

**(A)** Por constituírem direitos relativos às pessoas naturais, os direitos e garantias fundamentais não são extensíveis às pessoas jurídicas.

**(B)** Enquanto os direitos civis e políticos se baseiam em abstenções por parte do Estado, os direitos sociais pressupõem prestações positivas do Estado.

**(C)** De acordo com o STF, um direito fundamental constitucionalmente previsto possui caráter absoluto e se sobrepõe a eventual interesse público.

**(D)** A adoção da Federação como forma de Estado pela CF é embasada na descentralização política e na soberania dos Estados-membros, que são capazes de se auto-organizar por meio de suas próprias constituições.

**(E)** Em relação aos direitos políticos, o mandado de segurança coletivo e o *habeas corpus* são formas de exercício direto da soberania popular, como previsto na CF.

**A:** incorreta. As pessoas jurídicas também possuem direitos e garantias fundamentais, por exemplo, direito à inviolabilidade de domicílio (art. 5º, XI, da CF), à liberdade de associação (art. 5º, XIX, da CF), dentre outros; **B:** correta. Diferentemente dos direitos de primeira dimensão (direitos civis e políticos fazem parte da primeira dimensão), os de segunda exigem uma conduta positiva do Estado, uma ação propriamente dita e, por conta disso, também são chamados de direitos a prestações positivas. Encontram-se assegurados, aqui, os chamados direitos sociais, ou seja, aqueles relacionados ao trabalho, à educação e à saúde. Notem que a doutrina prefere referir-se às "dimensões" de direitos fundamentais, não a "gerações" – pois a ideia de "geração" pressupõe a substituição da anterior pela posterior, o que não ocorre com os direitos fundamentais,

# 8. DIREITO CONSTITUCIONAL    213

que coexistem; **C:** incorreta. Não há direito absoluto. Ainda que sejam considerados fundamentais, não são direitos absolutos. Uma das características desses direitos é a limitabilidade ou o caráter relativo. Significa que, na crise advinda do confronto entre dois ou mais direitos fundamentais, ambos terão de ceder. Além disso, para um Estado que tem como tarefa a promoção dos direitos fundamentais, sua tutela torna-se, assim, um autêntico interesse público. Por fim, ainda que a doutrina refira-se à existência de um "princípio da supremacia interesse público sobre o particular", a moderna doutrina de direito constitucional (embora minoritária), vem afastando sua configuração, pois a hipótese é de ponderação dos interesses (públicos e privados) no caso concreto, sem prevalência *a priori* de um sobre o outro. A primazia do interesse público sobre o particular foi forjada no Brasil durante o período de exceção, para fundamentar a doutrina da segurança nacional. É, portanto, um princípio autoritário e justificador das "razões de Estado", que não encontram guarida no Estado Democrático de Direito; **D:** incorreta. Os Estados-membros não possuem soberania, mas autonomia. Essa autonomia decorrem das capacidades de auto-organização, autogoverno e autoadministração. Apenas a União é dotada de soberania; **E:** incorreta. O mandado de segurança coletivo e o *habeas corpus* não são considerados direitos políticos, mas remédios constitucionais fundamentais nos incisos LXX e LXVIII do art. 5º da CF. Por outro lado, as formas de exercício direto da soberania popular são as seguintes: sufrágio universal, plebiscito, referendo e iniciativa popular de leis.

*Gabarito "B".*

**(Analista – Judiciário – TRE/PI – 2016 – CESPE)** Assinale a opção correta acerca dos direitos e das garantias fundamentais.

**(A)** Deverão ser cassados os direitos políticos de parlamentar condenado por crime de corrupção em sentença criminal transitada em julgado.

**(B)** Lei que altere o processo eleitoral editada no mesmo ano de um pleito eletivo, ainda que em vigor, será aplicada no ano subsequente, conforme o princípio da anterioridade eleitoral.

**(C)** Gravação de conversa telefônica sem autorização judicial, registrada por um dos interlocutores, é considerada prova ilícita, ante o sigilo das comunicações telefônicas, constitucionalmente assegurado.

**(D)** A instauração de processo administrativo disciplinar contra servidor público para apuração de irregularidade funcional garante ao servidor o direito de impetrar *habeas corpus* para impedir o prosseguimento do processo administrativo.

**(E)** Estrangeiro de qualquer nacionalidade pode se candidatar a cargos eletivos, com exceção dos cargos para os quais se exige a condição de brasileiro nato.

**A:** incorreta. A Constituição **proíbe a cassação de direitos políticos**. Determina o *caput* do art. 15 da CF que é proibida a cassação de direitos políticos. O mesmo dispositivo autoriza apenas a perda e a suspensão desses direitos nas seguintes situações: I – cancelamento da naturalização por sentença transitada em julgado; II – incapacidade civil absoluta; III – condenação criminal transitada em julgado, enquanto durarem seus efeitos; IV – recusa de cumprir obrigação a todos imposta ou prestação alternativa, nos termos do art. 5º, VIII; e V – improbidade administrativa, nos termos do art. 37, § 4º. Vale lembrar que **a condenação criminal** transitada em julgado, enquanto durarem seus efeitos, **gera suspensão dos direitos políticos**; **B:** correta. O princípio da anterioridade ou anualidade eleitoral, previsto no art. 16 da CF, determina que a lei que alterar o processo eleitoral entrará em vigor na data de sua publicação, mas não se aplicará à eleição que ocorra até um ano da data de sua vigência; **C:** incorreta. O STF já decidiu (HC 75.338-RJ) que a gravação de conversa telefônica feita por um dos interlocutores é lícita, vejamos: "Considera-se prova lícita a gravação telefônica feita por um dos interlocutores da conversa, sem o conhecimento do outro. Afastou-se o argumento de afronta ao art. 5º, XII da CF ("XII – é inviolável o sigilo ... das comunicações telefônicas, salvo ... por ordem judicial, nas hipóteses e na forma que a lei estabelecer ..."), uma vez que esta garantia constitucional refere-se à interceptação de conversa telefônica feita por terceiros, o que não ocorre na hipótese. Com esse entendimento, o Tribunal, por maioria, indeferiu o pedido de *habeas corpus* em que se pretendia o trancamento da ação penal contra magistrado denunciado por crime de exploração de prestígio (CP, art. 357: "Solicitar ou receber dinheiro ou qualquer outra utilidade, a pretexto de influir em juiz, jurado, órgão do Ministério Público, funcionário de justiça, perito, tradutor, intérprete ou testemunha") com base em conversa telefônica gravada em secretária eletrônica pela própria pessoa

objeto da proposta. Vencidos os Ministros Marco Aurélio e Celso de Mello, que deferiam a ordem". Vicente Paulo e Marcelo Alexandrino, em Direito Constitucional Descomplicado, 14ª Ed., p. 144, ensinam que "A **interceptação telefônica** é a captação de conversa feita por um terceiro, sem o conhecimento dos interlocutores, situação que depende, sempre, de ordem judicial prévia, por força do art. 5º, XII, da CF. Por exemplo: no curso de uma instrução processual penal, a pedido do MP, o magistrado autoriza a captação do conteúdo da conversa entre dois traficantes de drogas ilícitas, sem o conhecimento destes. A **escuta telefônica** é a captação de conversa feita por um terceiro, com o conhecimento de apenas um dos interlocutores. Por exemplo: João e Maria conversam e Pedro grava o conteúdo do diálogo, com o consentimento de Maria, mas sem que João saiba. A **gravação telefônica** é feita por um dos interlocutores do diálogo, sem o consentimento ou a ciência do outro. Por exemplo: Maria e João conversam e ela grava o conteúdo dessa conversa, sem que João saiba. A relevância de tal distinção é que **a escuta e a gravação telefônicas – por não constituírem interceptação telefônica em sentido estrito – não se sujeitam à inarredável necessidade de ordem judicial prévia e podem, a depender do caso concreto (situação de legítima defesa, por exemplo), ser utilizadas licitamente como prova no processo**" (grifos nossos); **D:** incorreta. Como no problema apresentado não há violação à liberdade de locomoção, o remédio não pode ser utilizado. Caberia, se observados seus requisitos legais, impetração de mandado de segurança; **E:** incorreta. O **estrangeiro não pode se candidatar a cargos eletivos**. A nacionalidade brasileira é uma das condições de elegibilidade, conforme determina o art. 14, § 3º, I, da CF. Além disso, o estrangeiro é tratado na CF/88 como inalistável, ou seja, não pode fazer o alistamento eleitoral e exercer o direito de voto. Se não pode o menos, que é votar, também não poderá o mais, que é ser votado. Por fim, o alistamento eleitoral também é considerado condição de elegibilidade, previsto no art. 14, § 3º, III, da CF, de modo que ambos os artigos fundamentam a impossibilidade do estrangeiro de se candidatar a cargos eletivos, quaisquer que sejam eles.

*Gabarito "B".*

**(Juiz de Direito/DF – 2016 – CESPE)** Em atenção aos direitos e garantias fundamentais da Constituição brasileira, assinale a opção correta.

**(A)** A constituição consagra expressamente a teoria absoluta do núcleo essencial de direitos fundamentais.

**(B)** Direitos fundamentais formalmente ilimitados, desprovidos de reserva legal, não podem sofrer restrições de qualquer natureza.

**(C)** O gozo da titularidade de direitos fundamentais pelos brasileiros depende da efetiva residência em território nacional.

**(D)** Há direitos fundamentais cuja titularidade é reservada aos estrangeiros.

**(E)** A reserva legal estabelecida para a inviolabilidade das comunicações telefônicas é classificada como simples, e para a identificação criminal reserva qualificada.

**A:** incorreta. Além de não haver previsão expressa na CF nesse sentido, nenhum direito fundamental é absoluto (nem mesmo o da dignidade da pessoa humana). Quando há colisão entre direitos fundamentais, busca-se a solução para o conflito por meio da técnica da ponderação, com concessões recíprocas entre os direitos em jogo, desde que preservados os núcleos essenciais de cada um; **B:** incorreta. Não há reserva legal ou reserva constitucional para previsão de direitos fundamentais, ou seja, são igualmente fundamentais os direitos decorrentes dos princípios e do regime adotados pela Constituição Federal – o que se costumou chamar de "abertura do catálogo" ou de "cláusula de abertura" dos direitos fundamentais (art. 5º, § 2º, CF). O fato de serem "fundamentais" não significa que não possam sofrer restrições, o que invariavelmente ocorre quando há colisão entre direitos fundamentais (liberdade de expressão x direitos da personalidade, por exemplo): **C:** incorreta. A proteção de direitos fundamentais se prolonga até mesmo "para muito além da vida", como ocorre com os direitos à honra e à imagem (ver, por exemplo, o "Caso Oreco" – STJ, Resp 113.963, rel. min. Aldir Passarinho – e o "Caso Garrincha" – STJ, Resp 521.697, rel. min. César Asfor Rocha); **D:** correta. Há referência expressa no art. 5º, *caput*, da CF à aplicação dos direitos fundamentais aos estrangeiros "residentes no país", embora seja pacífico o entendimento de que os direitos fundamentais se aplicam também aos estrangeiros não residentes; **E:** incorreta. A reserva legal simples corresponde à exigência constitucional de lei para regulamentar determinada matéria, sem estabelecer conteúdo ou limites (art. 5º, VII, CF, por exemplo). Na reserva legal qualificada a CF já estabelece conteúdo e/ou finalidades da lei a ser editada, tendo o legislador menor liberdade para regulamentar a matéria. O exemplo clássico de reserva legal qualificada é o art. 5º, XII, CF, pois a Constituição já estabelece que a lei formal autorize a interceptação telefônica apenas por ordem judicial e com a finalidade de instruir processo penal ou para investigação criminal.

*Gabarito "D".*

**(Juiz de Direito/DF – 2016 – CESPE)** Em atenção aos direitos e garantias fundamentais e às ações constitucionais, assinale a opção correta.

(A) É consolidado no STF o entendimento de que, presente a dúvida sobre o real interesse do paciente na impetração do *habeas corpus*, deve o juiz intimá-lo para que manifeste sua vontade em prosseguir ou não com a impetração.

(B) O direito ao duplo grau de jurisdição é assegurado expressamente na CF, decorre da proteção judiciária efetiva e não admite ressalvas, salvo a preclusão decorrente da própria inação processual.

(C) A arbitragem, alheia à jurisdição estatal no que se refere ao compromisso arbitral firmado, tem sua sentença sujeita à revisão judicial, por meio de recurso próprio, em atenção ao princípio da universalidade da jurisdição do Poder Judiciário.

(D) Atos ou decisões de natureza política são indenes à jurisdição, ainda que violadoras de direitos individuais, conforme jurisprudência consolidada do STF.

(E) O STF possui orientação pacífica segundo a qual a fixação de prazo decadencial para impetração de mandado de segurança ou de *habeas corpus* é compatível com a ordem constitucional.

**A:** correta. O art. 192, § 3º, do Regimento Interno do STF estabelece que não se conhecerá de *habeas corpus* "desautorizado pelo paciente". Para obedecer à regra, consolidou-se o entendimento de que o paciente deve ser intimado a se manifestar, caso haja dúvida sobre o interesse na impetração; **B:** incorreta. Não há previsão expressa na Constituição a respeito do duplo grau de jurisdição. Além disso, ainda que decorrente implicitamente do texto constitucional, admite ressalvas, como nos casos de competência originária do STF; **C:** incorreta. Decorre do art. 18 da Lei de Arbitragem (Lei 9.307/1996) que "o árbitro é juiz de fato e de direito, e a sentença que proferir não fica sujeita a recurso ou a homologação pelo Poder Judiciário". Tal regra não viola o princípio da inafastabilidade do controle pelo Poder Judiciário (art. 5º, XXXV, CF); **D:** incorreta. Os atos políticos (atos discricionários, mérito administrativo) não são indenes à jurisdição, ainda que o controle jurisdicional nesses casos deva ocorrer com maior cautela, por deferência aos poderes democraticamente eleitos. A regra constitucional é de que nenhuma lesão ou ameaça de lesão a direito é imune ao controle pelo Poder Judiciário (art. 5º, XXXV, CF), principalmente aquelas que violam direitos fundamentais. Os direitos fundamentais são oponíveis não apenas em relação ao Estado (eficácia vertical dos direitos fundamentais), como também nas relações eminentemente privadas, entre particulares (eficácia horizontal dos direitos fundamentais), gerando a possibilidade de controle judicial quando não observados. Além disso, uma das características dos direitos fundamentais consiste em sua "dimensão objetiva", ou seja, na capacidade de irradiarem seus efeitos para os diversos ramos do direito, como manifestação de uma ordem ou "sistema de valores" a ser respeitada; **E:** incorreta. Súmula 632/STF: "É constitucional lei que fixa prazo de decadência para impetração de mandado de segurança" (no caso, de 120 dias, previsto pelo art. 23 da Lei 12.016/2009), mas não há que falar em prazo decadencial para a impetração de *habeas corpus*.

*Gabarito "A".*

## 6. DIREITOS SOCIAIS

**(Juiz de Direito/AM – 2016 – CESPE)** Assinale a opção correta acerca dos direitos e deveres individuais e coletivos e dos direitos sociais, considerando a jurisprudência do STF.

(A) O dispositivo da CF que cuida do direito dos trabalhadores urbanos e rurais à remuneração pelo serviço extraordinário com acréscimo de, no mínimo, 50% não se aplica imediatamente aos servidores públicos, por não consistir norma autoaplicável.

(B) A vedação constitucional à dispensa arbitrária ou sem justa causa da empregada gestante, desde a confirmação da gravidez até cinco meses após o parto, não se aplica às militares.

(C) Desde que expressamente autorizado pelos sindicalizados, o sindicato tem legitimidade para atuar como substituto processual na defesa de direitos e interesses coletivos ou individuais homogêneos da categoria que representa.

(D) Viola os princípios constitucionais da liberdade de associação e da liberdade sindical norma legal que condicione, ainda que indiretamente, o recebimento do benefício do seguro-desemprego à filiação do interessado a colônia de pescadores de sua região.

(E) A CF proíbe tão somente o emprego do salário mínimo como indexador, sendo legítima a sua utilização como base de cálculo para o pagamento do adicional de insalubridade.

**A:** incorreta. O STF já decidiu que o dispositivo mencionado é considerado norma autoaplicável: "O art. 7º, XVI, da CF, que cuida do direito dos trabalhadores urbanos e rurais à remuneração pelo serviço extraordinário com acréscimo de, no mínimo, 50%, aplica-se imediatamente aos servidores públicos, por consistir em **norma autoaplicável**." (AI 642.528-AgR, rel. min. Dias Toffoli, julgamento em 25.09.2012, Primeira Turma, *DJE* de 15.10.2012); **B:** incorreta. Ao contrário do mencionado, entende o Supremo que: "A estabilidade provisória advinda de licença-maternidade decorre de proteção constitucional às trabalhadoras em geral. O direito amparado pelo art. 7º, XVIII, da CF, nos termos do art. 142, VIII, da CF/1988, **alcança as militares**. [RE 523.572 AgR, rel. min. Ellen Gracie, j. 06.10.2009, 2ª T, *DJE* de 29.10.2009.] = AI 811.376 AgR, rel. min. Gilmar Mendes, j. 01.03.2011, 2ª T, *DJE* de 23.03.2011; **C:** incorreta. Não é necessária essa autorização. Segundo o STF: "Esta Corte firmou o entendimento segundo o qual o sindicato tem legitimidade para atuar como substituto processual na defesa de direitos e interesses coletivos ou individuais homogêneos da categoria que representa. (...) Quanto à violação do art. 5º, LXX e XXI, da Carta Magna, esta Corte firmou entendimento de que é **desnecessária a expressa autorização dos sindicalizados** para a substituição processual" [RE 555.720 AgR, voto do rel. min. Gilmar Mendes, j. 30.09.2008, 2ª T, *DJE* de 21.11.2008]; **D:** correta. De acordo com o STF: "Art. 2º, IV, a, b e c, da Lei 10.779/2003. Filiação à colônia de pescadores para habilitação ao seguro-desemprego (...). **Viola os princípios constitucionais** da liberdade de associação (art. 5º, XX) e da liberdade sindical (art. 8º, V), ambos em sua dimensão negativa, a **norma legal que condiciona**, ainda que indiretamente, **o recebimento do benefício do seguro-desemprego à filiação do interessado a colônia de pescadores de sua região**. [ADI 3.464, rel. min. Menezes Direito, j. 29.10.2008, P, *DJE* de 06.03.2009.]; **E:** incorreta. Determina a Súmula Vinculante 4 (STF) que "Salvo nos casos previstos na Constituição, **o salário mínimo não pode ser usado como indexador de base de cálculo de vantagem de servidor público ou de empregado**, nem ser substituído por decisão judicial.

*Gabarito "D".*

## 7. NACIONALIDADE

**(Auditor Fiscal – SEFAZ/RS – 2019 – CESPE/CEBRASPE)** Felipe é brasileiro naturalizado e foi morar no Japão, onde se casou com Júlia, uma mexicana. Quando Júlia estava a serviço de seu país na Alemanha, nasceu Alberto, filho do casal, que não foi registrado no consulado brasileiro nem no mexicano. Aos vinte anos de idade, Alberto veio para o Brasil, onde instaurou residência e, ato contínuo, optou pela nacionalidade brasileira.

Nessa situação hipotética, no que diz respeito à nacionalidade, a CF estabelece que Alberto

(A) é alemão e brasileiro, tendo obrigatoriamente dupla nacionalidade.

(B) é brasileiro naturalizado.

(C) é brasileiro nato.

(D) não pode optar pela nacionalidade brasileira por não estar residindo, sem condenação penal, há mais de quinze anos ininterruptos no Brasil.

(E) é alemão, brasileiro e mexicano, tendo obrigatoriamente cidadania múltipla.

De acordo com Constituição, são brasileiros **natos** os nascidos no estrangeiro de **pai brasileiro ou de mãe brasileira**, desde que sejam registrados em repartição brasileira competente ou venham a residir na República Federativa do Brasil e optem, em qualquer tempo, depois de atingida a maioridade, pela nacionalidade brasileira (art. 12, I, "c", da CF). Ressalte-se que a Constituição não fez distinção entre brasileiro nato e naturalizado, podendo, então, o filho de um brasileiro naturalizado ser brasileiro nato.

Gabarito "C".

## 8. DIREITOS POLÍTICOS

**(Juiz de Direito/DF – 2016 – CESPE)** Considerando as interpretações doutrinárias e jurisprudenciais conferidas às normas constitucionais referentes aos direitos políticos, assinale a opção correta.

(A) Os direitos políticos insculpidos na Constituição possuem eficácia limitada, ante a necessidade da edição de legislação infraconstitucional para concretizá-los.

(B) A dissolução da sociedade conjugal no curso do mandato eletivo de governador de Estado implica a inelegibilidade de sua ex-cônjuge para o cargo de deputado estadual na mesma unidade da Federação para o pleito subsequente.

(C) O governador do Distrito Federal que pretende se candidatar ao cargo de deputado federal no pleito subsequente não precisa se desincompatibilizar do cargo que atualmente ocupa, uma vez que tal exigência constitucional aplica--se apenas quando o novo cargo almejado é disputado mediante eleição majoritária.

(D) O cidadão naturalizado brasileiro poderá ocupar os cargos eletivos de deputado federal e de governador do Distrito Federal, mas não poderá ser eleito senador ou vice--presidente, diante de vedação constitucional.

(E) A capacidade eleitoral passiva limita-se às restrições que estão expressamente veiculadas na CF e a nenhum outro dispositivo legal.

**A:** incorreta. Os direitos e garantias fundamentais (individuais, sociais, políticos e difusos) têm aplicação imediata (art. 5º, § 1º, CF); **B:** correta. Súmula Vinculante 18/STF: "A dissolução da sociedade ou do vínculo conjugal, no curso do mandato, não afasta a inelegibilidade prevista no § 7º do artigo 14 da Constituição Federal", a não ser que o titular tenha se desincompatibilizado seis meses antes; **C:** incorreta. O art. 14, § 6º, da CF refere-se a "outros cargos", sem qualificar o sistema eleitoral (se majoritário ou proporcional); **D:** incorreta. Os brasileiros naturalizados, por força do art. 12, § 3º, da CF, não podem se candidatar aos cargos de Presidente e Vice-Presidente da República; Presidente da Câmara dos Deputados; Presidente do Senado Federal; Ministro do STF; da carreira diplomática; de oficial das Forças Armadas e de Ministro de Estado da Defesa (o rol não inclui o cargo de senador); **E:** incorreta. A capacidade eleitoral passiva corresponde à possibilidade de alguém ser eleito e rege-se não apenas pelo art. 14, §§ 3º o a 8º, da CF, como também pela "Lei de Inexigibilidades" (Lei Complementar 64/1990), exigida pelo art. 14, § 9º, da CF.

Gabarito "B".

**(Juiz de Direito/AM – 2016 – CESPE)** De acordo com o que está expresso na CF acerca dos partidos políticos, é livre a criação, a fusão, a incorporação e a extinção de partidos políticos, resguardados a soberania nacional, o regime democrático, o pluripartidarismo e os direitos fundamentais da pessoa humana, desde que observado(a)

(A) a obrigação de prestar contas à justiça eleitoral.

(B) a apreciação da legalidade dos atos de admissão de pessoal para fins de registro.

(C) a vinculação entre as candidaturas em âmbito nacional, estadual, distrital ou municipal em caso de coligações eleitorais.

(D) o caráter regional do novo partido que se pretenda criar.

(E) a ampla publicidade dos orçamentos dos partidos políticos.

**A:** correta. De acordo com o art. 17 da CF, é livre a criação, fusão, incorporação e extinção de partidos políticos, resguardados a soberania nacional, o regime democrático, o pluripartidarismo, os direitos

fundamentais da pessoa humana e observados os seguintes preceitos: I – caráter nacional; II – proibição de recebimento de recursos financeiros de entidade ou governo estrangeiros ou de subordinação a estes; III – **prestação de contas à Justiça Eleitoral;** e IV – funcionamento parlamentar de acordo com a lei; **B:** incorreta. Os requisitos legais para registro do partido político estão listados no art. 8º da Lei 9.096/1995: "Art. 8º O requerimento do registro de partido político, dirigido ao cartório competente do Registro Civil das Pessoas Jurídicas, da Capital Federal, deve ser subscrito pelos seus fundadores, em número nunca inferior a cento e um, com domicílio eleitoral em, no mínimo, um terço dos Estados, e será acompanhado de: I – cópia autêntica da ata da reunião de fundação do partido; II – exemplares do Diário Oficial que publicou, no seu inteiro teor, o programa e o estatuto; III – relação de todos os fundadores com o nome completo, naturalidade, número do título eleitoral com a Zona, Seção, Município e Estado, profissão e endereço da residência; § 1º O requerimento indicará o nome e função dos dirigentes provisórios e o endereço da sede do partido na Capital Federal; § 2º Satisfeitas as exigências deste artigo, o Oficial do Registro Civil **efetua** o registro no livro correspondente, expedindo certidão de inteiro teor"; **C:** incorreta. Não há obrigatoriedade de vinculação entre as candidaturas em âmbito nacional, estadual, distrital ou municipal em caso de coligações eleitorais, conforme art. 17, § 1º, da CF, na redação dada pela Emenda Constitucional nº 97/2017: "É assegurada aos partidos políticos autonomia para definir sua estrutura interna e estabelecer regras sobre escolha, formação e duração de seus órgãos permanentes e provisórios e sobre sua organização e funcionamento e para adotar os critérios de escolha e o regime de suas coligações nas eleições majoritárias, vedada a sua celebração nas eleições proporcionais, sem obrigatoriedade de vinculação entre as candidaturas em âmbito nacional, estadual, distrital ou municipal, devendo seus estatutos estabelecer normas de disciplina e fidelidade partidária."; **D:** incorreta. Partidos políticos devem obrigatoriamente ter caráter nacional (art. 17, I, CF); **E:** incorreta. A CF prevê o recebimento de verbas do fundo partidário, mas não há regra constitucional a respeito da ampla publicidade a respeito de seus orçamentos.

Gabarito "A".

**(Analista Jurídico – TCE/PR – 2016 – CESPE)** Com base na jurisprudência do STF, assinale a opção correta a respeito dos direitos políticos.

(A) O princípio da anterioridade da lei eleitoral subordina, inclusive, a incidência das hipóteses de inelegibilidade introduzidas por normas constitucionais originárias constantes da Constituição Federal de 1988.

(B) As condições de elegibilidade podem ser estabelecidas por simples lei ordinária federal, diferentemente das hipóteses de inelegibilidade, que são reservadas a lei complementar.

(C) É constitucional a exigência legal que, independentemente da identificação civil, condiciona o voto à apresentação, pelo eleitor, do título eleitoral.

(D) É dos estados a competência para legislar sobre condições específicas de elegibilidade dos juízes de paz.

(E) A filiação partidária como condição de elegibilidade não se estende aos juízes de paz.

**A:** incorreta. A anualidade da lei eleitoral (ou anterioridade eleitoral) encontra se consagrada no art. 16 da CF e não subordina normas constitucionais originárias porque o poder constituinte **originário** é inicial, ilimitado, autônomo, incondicionado e soberano; **B:** correta. O art. 14, § 9º, CF, por constituir exceção, deve ser interpretado restritivamente. Assim, em razão de a norma constitucional se referir apenas à exigência de lei complementar para a imposição de outros casos de **inelegibilidades**, mera lei ordinária poderia dispor sobre outras condições de **elegibilidade**; **C:** incorreta. O STF já reconheceu que impedir o eleitor com documento oficial de identidade com foto de votar, por não estar portando o título de eleitor, afronta a razoabilidade. Apenas a ausência de documento oficial com fotografia impede o exercício do direito de voto (ADI 4.467-MC, rel. min. Ellen Gracie, j. 30.09.2010, Pleno, *DJE* 01.06.2011); **D:** incorreta. O art. 14, § 3º, VI, "c", da CF estabelece a idade mínima de 21 anos para a elegibilidade dos juízes de paz. Por se tratar de matéria eleitoral, a competência legislativa é privativa da União (art. 22, I, "a", CF), embora não sob a forma de medidas provisórias (art. 62, § 1º, I, "a", CF); **E:** incorreta. Ver art. 98, II, CF. O STF já decidiu que a obrigatoriedade de filiação partidária para candidatos a juiz de paz

216 VÁRIOS AUTORES

(art. 14, 3º, da CF) decorre do sistema eleitoral. (ADI 2.938, rel. min. Eros Grau, j. 09.06.2005, Pleno, *DJ* de 09.12.2005).

**(Procurador do Estado – PGE/BA – CESPE – 2014)** Acerca dos direitos políticos, julgue os itens a seguir.

(1) Não são alistáveis como eleitores nem os estrangeiros nem os militares.

(2) As ações de impugnação de mandato eletivo tramitam necessariamente em segredo de justiça.

(3) Os direitos políticos passivos consagram as normas que impedem a participação no processo político eleitoral.

**1:** Incorreta. Art. 14, § 2ª, CF: "Não podem alistar-se como eleitores os estrangeiros e, durante o período do serviço militar obrigatório, os conscritos". **2:** Correta. Art. 14, § 11, CF: "A ação de impugnação de mandato tramitará em segredo de justiça, respondendo o autor, na forma da lei, se temerária ou de manifesta má-fé". **3:** Incorreta. A capacidade eleitoral passiva corresponde à possibilidade de alguém ser eleito e rege-se não apenas pelo art. 14, §§ 3º a 8º, da CF, como também pela "Lei de Inexigibilidades" (Lei Complementar 64/1990), exigida pelo art. 14, § 9º, da CF. **TM**

## 9. ORGANIZAÇÃO DO ESTADO

### 9.1. DA UNIÃO, ESTADOS, MUNICÍPIOS E TERRITÓRIOS

**(Delegado/RJ – 2022 – CESPE/CEBRASPE)** Em conformidade com a CF e a jurisprudência do Supremo Tribunal Federal, uma constituição estadual que estabelecesse: (i) novas hipóteses de foro por prerrogativa de função para o cargo de delegado, (ii) previsão de lei orgânica da polícia civil ser veiculada por lei complementar, (iii) determinação ao legislador de observância de isonomia remuneratória entre policiais civis e policiais militares, seria considerada

(A) constitucional em relação à instituição de prerrogativa de foro, mas inconstitucional quanto à determinação ao legislador de observância de isonomia remuneratória entre policiais civis e policiais militares e à previsão de lei complementar para a lei orgânica da polícia civil, por violar a simetria.

(B) completamente constitucional.

(C) constitucional em relação à previsão de lei complementar para regência da polícia civil e inconstitucional em relação às demais previsões.

(D) constitucional tão somente em relação à determinação ao legislador de observância de isonomia remuneratória entre policiais civis e policiais militares, considerando-se a necessária igualdade entre servidores estabelecida no art. 37 da CF.

(E) completamente inconstitucional.

Comentário: **(i)** A ADI 6504 decidiu que: "Ementa Ação direta de inconstitucionalidade. Constituição do Estado do Piauí. Foro por prerrogativa de função ao Defensor Público-Geral do Estado, ao Delegado-Geral da Polícia Civil e aos integrantes das carreiras de Procurador do Estado e de Defensor Público do Estado. Interpretação restritiva do foro por prerrogativa de função. Inadmissibilidade de extensão das hipóteses definidas na própria Constituição da República. Simetria direta. Precedentes. Procedência. 1. A regra é que todos os cidadãos sejam julgados inicialmente perante juízes de primeiro grau, em consonância com o princípio republicano (art. 1º, caput , CF), o princípio da isonomia (art. 5º, caput , CF) e o princípio do juiz natural (art. 5º, LIII, CF). Somente em hipóteses extraordinárias e de modo excepcional se admite o estabelecimento de normas diversas, com a fixação de foro por prerrogativa de função. 2. O foro por prerrogativa de função só encontra razão de ser na proteção à dignidade do cargo, e não à pessoa que o ocupa, o que impele à interpretação restritiva do instituto, tendo em vista sua excepcionalidade e em prestígio aos princípios republicano (art. 1º, caput, CF) e da isonomia (art. 5º, caput, CF). 3. A Constituição da República já disciplinou de forma minudente e detalhada as hipóte-

ses de prerrogativa de foro, a evidenciar sua exaustão e, em consequência, a impossibilidade de ampliação de seu alcance pelo poder constituinte decorrente, Apenas quando a própria Carta Política estabelece simetria direta mostra-se legítimo à Constituição estadual conceder prerrogativa de foro. 4. Ação direta inconstitucionalidade conhecida. Pedido julgado procedente com efeitos *ex nunc.*" (STF – ADI 6504/PI – Pleno – Relatora Rosa Weber – DJ*e* 05/11/2021); **(ii)** Este item é polêmico. Há um julgado do STF admitindo a previsão de lei complementar e um outro não admitindo. O julgado admitido tem a seguinte ementa: "POLÍCIA CIVIL – REGÊNCIA – LEI – NATUREZA. A previsão, na Carta estadual, da regência, quanto à polícia civil, mediante lei complementar não conflita com a Constituição Federal." (STF – ADI 2314/RJ – Redator do acórdão Ministro Marco Aurélio – DJ*e* 07/10/2015). O outro acórdão é mais recente e **não admite**: "Ementa: AÇÃO DIRETA DE INCONSTITUCIONALIDADE. DIREITO CONSTITUCIONAL. ARTIGO 57, PARÁGRAFO ÚNICO, IV, V, VII E VIII, DA CONSTITUIÇÃO DO ESTADO DE SANTA CATARINA. HIPÓTESES DE RESERVA DE LEI COMPLEMENTAR NÃO CONTIDAS NA CONSTITUIÇÃO FEDERAL. VIOLAÇÃO AO PRINCÍPIO DEMOCRÁTICO, À SEPARAÇÃO DE PODERES E À SIMETRIA. PRECEDENTES. AÇÃO DIRETA DE INCONSTITUCIONALIDADE CONHECIDA E JULGADO PROCEDENTE O PEDIDO. 1. A lei complementar, conquanto não goze, no ordenamento jurídico nacional, de posição hierárquica superior àquela ocupada pela lei ordinária, pressupõe a adoção de processo legislativo qualificado, cujo quórum para a aprovação demanda maioria absoluta, *ex vi* do artigo 69 da CRFB. 2. A criação de reserva de lei complementar, com o fito de mitigar a influência das maiorias parlamentares circunstanciais no processo legislativo referente a determinadas matérias, decorre de juízo de ponderação específico realizado pelo texto constitucional, fruto do sopesamento entre o princípio democrático, de um lado, e a previsibilidade e confiabilidade necessárias à adequada normatização de questões de especial relevância econômica, social ou política, de outro. 3. A aprovação de leis complementares depende de mobilização parlamentar mais intensa para a criação de maiorias consolidadas no âmbito do Poder Legislativo, bem como do dispêndio de capital político e institucional que propicie tal articulação, processo esse que nem sempre será factível ou mesmo desejável para a atividade legislativa ordinária, diante da realidade que marca a sociedade brasileira – plural e dinâmica por excelência – e da necessidade de tutela das minorias, que nem sempre contam com representação política expressiva. 4. A ampliação da reserva de lei complementar, para além daquelas hipóteses demandadas no texto constitucional, portanto, restringe indevidamente o arranjo democrático-representativo desenhado pela Constituição Federal, ao permitir que Legislador estadual crie, por meio do exercício do seu poder constituinte decorrente, óbices procedimentais – como é o quórum qualificado – para a discussão de matérias estranhas ao seu interesse ou cujo processo legislativo, pelo seu objeto, deva ser mais célere ou responsivo aos ânimos populares. 5. *In casu*, são inconstitucionais os dispositivos ora impugnados, que demandam edição de lei complementar para o tratamento (i) do regime jurídico único dos servidores estaduais e diretrizes para a elaboração de planos de carreira; (ii) da organização da Polícia Militar e do Corpo de Bombeiros Militar e do regime jurídico de seus servidores; (iii) da organização do sistema estadual de educação; e (iv) do plebiscito e do referendo – matérias para as quais a Constituição Federal não demandou tal espécie normativa. Precedente: ADI 2872, Relator Min. EROS GRAU, Redator p/ Acórdão Min. RICARDO LEWANDOWSKI, Tribunal Pleno, julgado em 1º/8/2011, Dje 5/9/2011. 6. Ação direta conhecida e julgado procedente o pedido, para declarar inconstitucional o artigo 57, parágrafo único, IV, V, VII e VIII, da Constituição do Estado de Santa Catarina." (STF – ADI 5003/SC – Pleno – Relator Ministro Luiz Fux – DJ*e* 19/12/2019); **(iii)** O STF decidiu no seguinte sentido: "EMENTA: AÇÃO DIRETA DE INCONSTITUCIONALIDADE. JULGAMENTO CONJUNTO DAS ADI'S 4.009 E 4.001. LEGITIMIDADE AD CAUSAM DA REQUERENTE --- ADEPOL. LEI COMPLEMENTAR N. 254, DE 15 DE DEZEMBRO DE 2003, COM A REDAÇÃO QUE LHE FOI CONFERIDA PELA LEI COMPLEMENTAR N. 374, DE 30 DE JANEIRO DE 2007, AMBAS DO ESTADO DE SANTA CATARINA. ESTRUTURA ADMINISTRATIVA E REMUNERAÇÃO DOS PROFISSIONAIS DO SISTEMA DE SEGURANÇA PÚBLICA ESTADUAL. ARTIGO 106, § 3º, DA CONSTITUIÇÃO CATARINENSE. LEIS COMPLEMENTARES NS. 55 E 99, DE 29 DE MAIO DE 1.992 E 29 DE NOVEMBRO DE 1.993, RESPECTIVAMENTE. VINCULAÇÃO OU EQUIPARAÇÃO DE ESPÉCIES REMUNERATÓRIAS DOS POLICIAIS CIVIS E MILITARES À REMUNERAÇÃO DOS DELEGADOS. ISONOMIA, PARIDADE E EQUIPARAÇÃO DE VENCIMENTOS.

## 8. DIREITO CONSTITUCIONAL    217

JURISPRUDÊNCIA DO STF: VIOLAÇÃO DO DISPOSTO NOS ARTIGOS 37, INCISO XIII; 61, § 1º, INCISO II, ALÍNEA 'A', E 63, INCISO I, DA CONSTITUIÇÃO DO BRASIL. PROIBIÇÃO DE VINCULAÇÃO E EQUIPARAÇÃO ENTRE REMUNERAÇÕES DE SERVIDORES PÚBLICOS. PEDIDO JULGADO PARCIALMENTE PROCEDENTE. MODULAÇÃO DOS EFEITOS DA DECISÃO DE INCONSTITUCIONALIDADE. 1. A legitimidade *ad causam* da requerente foi reconhecida por esta Corte em oportunidade anterior – entidade de classe de âmbito nacional, com homogeneidade em sua representação, que congrega Delegados de Carreira das Polícias Federal, Estaduais e do Distrito Federal. 2. O objeto desta ação direta diz com a possibilidade de equiparação ou vinculação de remunerações de servidores públicos estaduais integrados em carreiras distintas. 3. A jurisprudência desta Corte é pacífica no que tange ao não-cabimento de qualquer espécie de vinculação entre remunerações de servidores públicos [artigo 37, XIII, da CB/88]. Precedentes. 4. Violação do disposto no artigo 61, § 1º, inciso II, alínea a, da Constituição do Brasil --- 'são de iniciativa privativa do presidente da República as leis que: [...]; II - disponham sobre: a) criação de cargos, funções ou empregos públicos na administração direta e autárquica ou aumento de sua remuneração'. 5. Afronta ao disposto no artigo 63, inciso I, da Constituição do Brasil --- 'não será admitido aumento de despesa prevista: I - nos projetos de iniciativa exclusiva do Presidente da República, ressalvados o disposto no art. 166, §§ 3º e 4º'. 6. É expressamente vedado pela Constituição do Brasil o atrelamento da remuneração de uns servidores públicos à de outros, de forma que a majoração dos vencimentos do grupo paradigma consubstancie aumento direto dos valores da remuneração do grupo vinculado. 7. Afrontam o texto da Constituição do Brasil os preceitos da legislação estadual que instituem a equiparação e vinculação de remuneração. 8. Ação direta julgada parcialmente procedente para declarar a inconstitucionalidade: [i] do trecho final do § 3º do artigo 106 da Constituição do Estado de Santa Catarina: 'de forma a assegurar adequada proporcionalidade de remuneração das diversas carreiras com a de delegado de polícia'; [ii] do seguinte trecho do artigo 4º da LC n. 55/92 '[...], assegurada a adequada proporcionalidade das diversas carreiras com a do Delegado Especial'; [iii] do seguinte trecho do artigo 1º da LC 99: 'mantida a proporcionalidade estabelecida em lei que as demais classes da carreira e para os cargos integrantes do Grupo Segurança Pública - Polícia Civil'; e, [iv] por arrastamento, do § 1º do artigo 10 e os artigos 11 e 12 da LC 254/03, com a redação que lhe foi conferida pela LC 374, todas do Estado de Santa Catarina. 9. Modulação dos efeitos da decisão de inconstitucionalidade. Efeitos prospectivos, a partir da publicação do acórdão. 10. Aplicam-se à ADI n. 4.001 as razões de decidir referentes à ADI n. 4.009." (STF – ADI 4009/SC – Pleno – Relator Ministro Eros Grau – DJe 29/05/2009). **AMN**

Gabarito 'E'.

**(Auditor Fiscal – SEFAZ/RS – 2019 – CESPE/CEBRASPE)** A respeito da organização do Estado, a União, os estados federados e o Distrito Federal podem legislar concorrentemente sobre

**(A)** direito tributário, financeiro, penitenciário, econômico e urbanístico.

**(B)** ordenamento territorial, mediante planejamento e controle do uso, do parcelamento e da ocupação do solo urbano.

**(C)** combate às causas da pobreza e aos fatores de marginalização, promovendo a integração social dos setores desfavorecidos.

**(D)** direito civil, comercial, penal, processual, eleitoral, agrário, marítimo, aeronáutico, espacial e do trabalho.

**(E)** política de crédito, câmbio, seguros e transferência de valores.

**A:** correta, nos termos do art. 24, I, da CF; **B:** incorreta, porque compete aos **municípios** promover o adequado ordenamento territorial, mediante planejamento e controle do uso, do parcelamento e da ocupação do solo urbano (art. 30, VIII, da CF); **C:** incorreta, porque é competência **comum** da União, dos Estados, do Distrito Federal e dos Municípios combater as causas da pobreza e os fatores de marginalização, promovendo a integração social dos setores desfavorecidos (art. 23, X, da CF); **D:** incorreta, porque compete **privativamente** à União legislar sobre direito civil, comercial, penal, processual, eleitoral, agrário, marítimo, aeronáutico, espacial e do trabalho (art. 22, I, da CF); **E:** incorreta, porque compete **privativamente** à União legislar sobre política de crédito, câmbio, seguros e transferência de valores (art. 22, VII, da CF). **AN**

Gabarito 'A'.

**(Analista Judiciário – TJ/PA – 2020 – CESPE)** Determinado estado da Federação pretende instituir regiões metropolitanas, aglomerações urbanas e microrregiões constituídas por agrupamentos de municípios limítrofes, para integrar a organização, o planejamento e a execução de funções públicas de interesse comum. Nessa situação, o ente federativo poderá efetivar tal medida mediante

**(A)** lei ordinária federal.

**(B)** lei complementar federal.

**(C)** medida provisória estadual.

**(D)** lei ordinária estadual de iniciativa do Poder Executivo.

**(E)** lei complementar estadual de iniciativa parlamentar.

Correta é a letra **E**, nos termos do artigo 25, § 3º, da CF: "Os Estados poderão, mediante lei complementar, instituir regiões metropolitanas, aglomerações urbanas e microrregiões, constituídas por agrupamentos de municípios limítrofes, para integrar a organização, o planejamento e a execução de funções públicas de interesse comum.". Sendo assim, por se tratar de resposta baseada em texto expresso da Constituição Federal, as demais alternativas estão erradas. **AB**

Gabarito 'E'.

A lei estadual X estabeleceu a obrigatoriedade da realização de adaptações nos veículos de transporte coletivo intermunicipal de propriedade das empresas concessionárias do serviço, com a finalidade de facilitar o acesso de pessoas com deficiência física ou com dificuldades de locomoção.

**(Juiz de Direito – TJ/BA – 2019 – CESPE/CEBRASPE)** Conforme as disposições do texto constitucional, a legislação, a doutrina e a jurisprudência do STF, a lei estadual X é

**(A)** inconstitucional por ofensa à competência privativa da União para legislar sobre trânsito e transporte.

**(B)** inconstitucional por ofensa à competência concorrente dos entes federados, ainda que inexistente lei geral nacional.

**(C)** inconstitucional por ofensa à livre-iniciativa e ao caráter competitivo das licitações públicas para a área de transportes.

**(D)** constitucional, pois está compatível com a CF e com a Convenção Internacional sobre os Direitos das Pessoas com Deficiência, incorporada ao direito nacional como norma de caráter supralegal.

**(E)** constitucional, pois está compatível com a CF e com a Convenção Internacional sobre os Direitos das Pessoas com Deficiência, incorporada ao direito nacional como norma constitucional.

O Plenário do STF julgou improcedente pedido formulado em ação direta de inconstitucionalidade proposta contra a Lei 10.820/92, do Estado de Minas Gerais, que dispõe sobre a obrigatoriedade de empresas concessionárias de transporte coletivo intermunicipal promoverem adaptações em seus veículos, a fim de facilitar o acesso e a permanência de pessoas com deficiência física ou com dificuldade de locomoção. Salientou-se que a Constituição dera destaque à necessidade de proteção às pessoas com deficiência, ao instituir políticas e diretrizes de acessibilidade física (CF, artigos 227, § 2º; e 244), bem como de inserção nas diversas áreas sociais e econômicas da comunidade. Enfatizou-se a incorporação, ao ordenamento constitucional, da Convenção Internacional sobre os Direitos das Pessoas com Deficiência — primeiro tratado internacional aprovado pelo rito legislativo previsto no art. 5º, § 3º, da CF —, internalizado por meio do Decreto 6.949/2009. Aduziu-se que prevaleceria, no caso, a densidade do direito à acessibilidade física das pessoas com deficiência (CF, art. 24, XIV), não obstante pronunciamentos da Corte no sentido da competência privativa da União (CF, art. 22, XI) para legislar sobre trânsito e transporte. Consignou-se que a situação deveria ser enquadrada no rol de competências legislativas concorrentes dos entes federados. Observou-se que, à época da edição da norma questionada, não haveria lei geral nacional sobre o tema. Desse modo, possível aos estados-membros exercerem a competência legislativa plena, suprindo o espaço normativo com suas legislações locais (CF, art. 24, § 3º). (Informativo STF 707, ADI 903/MG, Rel. Min. Dias Toffoli, julgamento em 22/05/2013). **AN**

Gabarito 'E'.

**(Juiz – TJ/CE – 2018 – CESPE)** Com relação à disciplina constitucional acerca do pacto federativo e da repartição de competências entre as entidades federadas, assinale a opção correta, com base na jurisprudência do STF.

(A) A previsão, em lei estadual, de proibição de revista íntima em empregados de estabelecimentos comerciais é constitucional.

(B) A inscrição de estado-membro em cadastro de inadimplência da União em sede de convênio não implica conflito federativo.

(C) Lei estadual que reproduza o conteúdo de lei federal sobre licitações e contratos não ofenderá a competência privativa da União de legislar sobre o assunto.

(D) Lei estadual que obrigue prestadoras do serviço de Internet móvel a apresentar a velocidade média da conexão na fatura mensal é constitucional.

(E) Lei federal que fixe piso remuneratório nacional para professores da educação básica é inconstitucional, por ser competência comum proporcionar meios de acesso à educação.

**A:** incorreta, pois, de acordo com o STF, "*é inconstitucional norma do Estado ou do Distrito Federal que disponha sobre proibição de revista íntima em empregados de estabelecimentos situados no respectivo território*" (ADI 2947, Rel. Min. Cezar Peluso, Tribunal Pleno, j. em 05.05.2010); **B:** incorreta, porque o STF reconhece sua competência originária "*para processar e julgar as causas que revelem potencial conflito federativo entre a União e os Estados-membros (art. 102, I, 'f', da CRFB/88), como nos casos em que se discute a inscrição destes nos cadastros federais de irregularidades ou inadimplência*" (ACO 2764 AgR, Rel. Min. Ricardo Lewandowski, Relator p/ Acórdão: Min. Luiz Fux, Tribunal Pleno, j. em 16.10.2017). Reconhece ainda conflito federativo "*em situações nas quais a União, valendo-se de registros de apontadas inadimplências dos Estados no Sistema Integrado de Administração Financeira – Siafi, impossibilita o repasse de verbas federais e a celebração de convênios*" (ACO 2733 MC-Ref, Rel. Min. Cármen Lúcia, Tribunal Pleno, j em 18.08.2016); **C:** correta, pois não há ofensa à competência privativa da União se a lei estadual tão somente reproduzir conteúdo de lei federal. Nesse diapasão, o STF entende que "a parcela da função normativa contida em uma de suas espécies, a função legislativa, afirmada pelos artigos 22 e 24 da Constituição ("legislar"), se expressa em inovação do ordenamento jurídico. A União exerceu essa função, inovando o ordenamento jurídico quanto à matéria de que ora cogitamos, estabelecendo preceitos que devem ser observados, por força do mandamento constitucional (artigo 22, inciso XXVII), pelas administrações públicas diretas, autárquicas e fundacionais da União, Estados, Distrito Federal e Municípios. O Estado-membro, no caso, ao dispor sobre a matéria de que já trata a lei federal, e no mesmo sentido dessa, não avança indevidamente sobre competência legislativa da União. Não foi além da simples reprodução dos preceitos da lei federal, preceitos que veiculam norma geral." (ADI 3158, Rel. Min. Eros Grau, j. em 14.04.2005); **D:** incorreta, pois lei estadual que obrigue prestadoras do serviço de Internet móvel a apresentar a velocidade média da conexão na fatura mensal é inconstitucional, por invadir a competência privativa da União para regular a exploração do serviço público de telefonia – espécie do gênero telecomunicação. De acordo com a jurisprudência do STF: "Ao obrigar as empresas prestadoras de serviço de internet móvel e de banda larga, na modalidade pós-paga, a apresentar ao consumidor, na fatura mensal, gráficos informando a velocidade diária média de envio e de recebimento de dados entregues no mês, a Lei 4.824/2016 do Estado do Mato Grosso do Sul, a pretexto de tutelar interesses consumeristas, altera, no tocante às obrigações das empresas prestadoras, o conteúdo dos contratos administrativos firmados no âmbito federal para a prestação do serviço público de telefonia, perturbando o pacto federativo. Segundo a jurisprudência reiterada desta Suprema Corte, revela-se inconstitucional, por invadir a competência privativa da União para regular a exploração do serviço público de telefonia – espécie do gênero telecomunicação –, a lei estadual cujos efeitos não se esgotam na relação entre consumidor-usuário e o fornecedor-prestador, interferindo na relação jurídica existente entre esses dois atores e o Poder Concedente, titular do serviço (arts. 21, XI, 22, IV, e 175 da Constituição da República)." (ADI 5569, Rel. Min. Rosa Weber, Tribunal Pleno, j. em 18.05.2017); **E:** incorreta, visto que o STF entende ser constitucional "a norma geral federal que fixou o piso salarial dos professores do ensino médio com base no vencimento, e

não na remuneração global. Competência da União para dispor sobre normas gerais relativas ao piso de vencimento dos professores da educação básica, de modo a utilizá-lo como mecanismo de fomento ao sistema educacional e de valorização profissional, e não apenas como instrumento de proteção mínima ao trabalhador" (ADI 4167, Rel. Min. Joaquim Barbosa, Tribunal Pleno, j. em 27.04.2011). **AN**

*Gabarito "C".*

**(Procurador Municipal – Prefeitura/BH – CESPE – 2017)** Acerca da organização político-administrativa, assinale a opção correta.

(A) A fim de fazer cumprir ordem legal, a União poderá decretar intervenção federal nos municípios que se recusarem a cumprir lei federal que tenha sido recentemente sancionada, em razão de discordarem de seu conteúdo.

(B) Conforme o entendimento do STF, para realizar o desmembramento de determinado município, é necessário consultar, por meio de plebiscito, a população pertencente à área a ser desmembrada, mas não a população da área remanescente.

(C) De acordo com o entendimento do STF, as terras indígenas recebem tratamento peculiar no direito nacional devido ao fato de, juridicamente, serem equiparadas a unidades federativas.

(D) O parecer técnico elaborado pelo tribunal de contas tem natureza meramente opinativa, competindo à câmara municipal o julgamento anual das contas do prefeito.

**A:** incorreta. A União só pode decretar intervenção nos estados (ou no DF). A intervenção em municípios é realizada pelos estados, nas hipóteses constitucionais (arts. 34 e 35, CF); **B:** incorreta. Ver ADI 2650, Rel. Min. Dias Toffoli: "Após a alteração promovida pela EC 15/1996, a Constituição explicitou o alcance do âmbito de consulta para o caso de reformulação territorial de Municípios e, portanto, o significado da expressão 'populações diretamente interessadas', contida na redação originária do § 4º do art. 18 da Constituição, no sentido de ser necessária a consulta a toda a população afetada pela modificação territorial, o que, no caso de desmembramento, deve envolver tanto a população do território a ser desmembrado, quanto a do território remanescente. Esse sempre foi o real sentido da exigência constitucional – a nova redação conferida pela emenda, do mesmo modo que o art. 7º da Lei 9.709/1998, apenas tornou explícito um conteúdo já presente na norma originária. A utilização de termos distintos para as hipóteses de desmembramento de Estados-membros e de Municípios não pode resultar na conclusão de que cada um teria um significado diverso, sob pena de se admitir maior facilidade para o desmembramento de um Estado do que para o desmembramento de um Município"; **C:** incorreta. Ver Pet 3388, Rel. Min. Carlos Britto: "Todas as 'terras indígenas' são um bem público federal (inciso XI do art. 20 da CF), o que não significa dizer que o ato em si da demarcação extinga ou amesquinhe qualquer unidade federada. Primeiro, porque as unidades federadas pós-Constituição de 1988 já nascem com seu território jungido ao regime constitucional de preexistência dos direitos originários dos índios sobre as terras por eles 'tradicionalmente ocupadas'. Segundo, porque a titularidade de bens não se confunde com o senhorio de um território político. Nenhuma terra indígena se eleva ao patamar de território político, assim como nenhuma etnia ou comunidade indígena se constitui em unidade federada. Cuida-se, cada etnia indígena, de realidade sociocultural, e não de natureza político-territorial"; **D:** correta. Tese de repercussão geral estabelecida no RE 729744: "Parecer técnico elaborado pelo Tribunal de Contas tem natureza meramente opinativa, competindo exclusivamente à Câmara de Vereadores o julgamento das contas anuais do chefe do Poder Executivo local, sendo incabível o julgamento ficto das contas por decurso de prazo". **TM**

*Gabarito "D".*

**(Defensor Público – DPE/RN – 2016 – CESPE)** Assinale a opção correta acerca do perfil constitucional do Estado federal brasileiro.

(A) Os territórios federais, quando criados, elegerão um senador para integrar o Congresso Nacional.

(B) No tocante às competências legislativas concorrentes, a superveniência de norma suplementar específica proveniente de ente federativo local suspenderá de pronto a eficácia de lei federal sobre normas gerais, no que esta lhe for contrária.

## 8. DIREITO CONSTITUCIONAL    219

(C) A CF não poderá ser emendada na vigência de intervenção federal, salvo por iniciativa de mais da metade das assembleias legislativas das unidades da Federação, manifestando-se, cada uma delas, pela maioria relativa de seus membros.

(D) Por não integrarem a Federação, municípios podem ter sua autonomia político-constitucional suprimida por emenda à CF.

(E) A despeito de a CF fixar os números mínimo e máximo de deputados federais por unidade da Federação, é ao Congresso Nacional que cabe, dentro dessa margem, fixar o efetivo número desses parlamentares por estado e pelo DF, mediante a edição de lei complementar, sem possibilidade de delegação de tal tarefa a outro órgão estatal.

---

**A:** Errada. O Senado é composto por representantes dos estados e do Distrito Federal, não dos Territórios. Os territórios, se e quando criados, elegem quatro deputados (art. 45, § 2º, CF); **B:** Errada. A alternativa confunde competências concorrentes com competências suplementares. No caso de competência legislativa concorrente, a competência da União restringe-se a estabelecer normas gerais, que não exclui a competência suplementar dos Estados. Caso não haja lei federal sobre normas gerais, os estados podem editar tal norma mas, nesse caso, na superveniência de lei federal também sobre normas gerais, as regras gerais estabelecidas pelo estado são suspensas no que forem contrárias às normas gerais federais (art. 24, §§ 1º a 4º, CF); **C:** Errada. O art. 60, § 1º, CF não prevê exceções à regra de impossibilidade de emenda na vigência de intervenção federal; **D:** Errada. Os municípios são entes da Federação (art. 18, CF); **E:** Correta. Art. 45, § 1º, CF e ADI 5028.

Gabarito "E".

**(Defensor Público – DPE/RN – 2016 – CESPE)** A respeito do estatuto constitucional das leis orgânicas dos municípios, assinale a opção correta.

(A) A lei orgânica municipal será aprovada por dois terços dos membros da câmara municipal, após dois turnos de discussão e votação, podendo ser declarada constitucional ou inconstitucional, em abstrato, tanto pelo TJ do respectivo estado quanto pelo STF.

(B) A lei orgânica municipal definirá as situações em que a autoridade local gozará de foro por prerrogativa de função no TJ do respectivo estado-membro.

(C) Lei orgânica municipal, por seu caráter hierárquico-normativo superior no âmbito local, pode servir de parâmetro no controle abstrato de constitucionalidade estadual.

(D) Como consequência do seu caráter subordinante em relação às leis orgânicas dos municípios localizados no respectivo estado-membro, podem as Constituições estaduais estabelecer limites à auto-organização municipal não previstos na CF.

(E) Na condição de lei fundamental do ente municipal, a lei orgânica pode inovar em matéria de direitos básicos do funcionalismo público local, devendo tais direitos ser necessariamente observados pelas leis ordinárias municipais regulamentadoras.

---

**A:** Correta. Art. 29, *caput*, CF; **B:** Errada. São previstas na Constituição Federal (art. 96, III, CF); **C:** Errada. O parâmetro de controle abstrato estadual é a constituição do estado (perante o TJ ou o TRF), podendo também ser exercido controle abstrato de leis estaduais no STF, se o parâmetro for a Constituição Federal; **D:** Errada. Considerando que os municípios são autônomos (art. 18, CF) apenas os limites impostos pela CF são legítimos; **E:** Errada. Embora a primeira parte esteja correta, a regulamentação das leis não se faz por "leis ordinárias municipais regulamentadoras", mas por decreto.

Gabarito "A".

**(Analista Jurídico –TCE/PA – 2016 – CESPE)** Acerca da organização do Estado, julgue os itens subsecutivos.

(1) Compete privativamente à União legislar sobre direito civil, comercial e financeiro.

(2) Os estados-membros, mediante lei ordinária específica, podem instituir regiões metropolitanas, constituídas por agrupamentos de municípios, para integrar a organização,

o planejamento e a execução de funções públicas de interesse comum.

---

**1:** errada. A competência para legislar sobre direito **financeiro** é **concorrente**, conforme determina o art. 24, I, da CF; **2:** errada. Determina o § 3º do art. 25 da CF que os Estados poderão, **mediante lei complementar**, instituir regiões metropolitanas, aglomerações urbanas e microrregiões, constituídas por agrupamentos de municípios limítrofes, para integrar a organização, o planejamento e a execução de funções públicas de interesse comum.

Gabarito 1E, 2E.

**(Procurador do Estado/AM – 2016 – CESPE)** Acerca do regime constitucional de distribuição de competências normativas, julgue os itens subsequentes.

(1) A competência dos estados para suplementar a legislação federal sobre normas gerais é indelegável. As competências oriundas do seu poder remanescente, por sua vez, são delegáveis, conforme disposição na Constituição estadual.

(2) Embora, conforme a CF, a lei orgânica municipal esteja subordinada aos termos da Constituição estadual correspondente, esta última Carta não pode estabelecer condicionamentos ao poder de auto-organização dos municípios.

(3) A incidência de lei emanada da União é determinada na própria lei, independentemente das regras constitucionais federais sobre repartição de competências: é a previsão na própria lei, quando de sua edição, que determinará se ela se aplicará aos demais entes federativos (lei nacional, portanto) ou apenas à União (lei federal, por conseguinte).

(4) No âmbito das competências concorrentes, lei federal sobre normas gerais suspende a eficácia de lei estadual superveniente, no que esta lhe for contrária.

---

**1:** incorreta. A competência legislativa suplementar em relação à legislação federal foi conferida pela CF aos estados e, também, aos municípios (art. 24, § 2º, e art. 30, II, CF). A competência **legislativa** residual (ou remanescente, ou reservada) está prevista no art. 25, § 1º, da CF e, justamente por ser exercida apenas na ausência de outras normas sobre a matéria, não há falar em "delegação"; **2:** correta. O exercício do poder constituinte derivado, pelos Estados, subordina-se aos princípios da Constituição Federal, como o da autonomia municipal (art. 18 da CF, do qual decorrem a autoadministração, o autogoverno e a auto-organização); **3:** incorreta. A legitimidade das leis decorre da observância da repartição constitucional de competências legislativas. Assim, se a Constituição define que uma matéria é de competência legislativa dos estados, uma lei federal que regule essa mesma matéria será inconstitucional. Ademais, a lei será nacional se a União estiver legislando em razão de sua soberania (alcançando a todos), assim como será federal se a União estiver legislando com base em sua autonomia, no exercício de sua capacidade de auto-organização (alcançando o Poder Executivo Federal); **4:** incorreta. A alternativa seria correta se se referisse a competências **suplementares,** para as quais se aplica o art. 24, § 4º, da CF. No âmbito da legislação **concorrente**, a competência da União limitar-se-á a estabelecer normas gerais (art. 24, § 1º, CF). Aplicando as duas regras, se o estado exerce sua competência suplementar e edita norma geral, e posteriormente a União legisla sobre as mesmas normas gerais, a lei estadual geral (suplementar, anterior) terá sua eficácia suspensa no que for contrária à lei federal (posterior) sobre normas gerais.

Gabarito 1E, 2C, 3E, 4E.

**(Advogado União – AGU – CESPE – 2015)** A respeito das competências atribuídas aos estados-membros da Federação brasileira, julgue os itens subsecutivos à luz da jurisprudência do STF.

(1) Seria constitucional norma instituída por lei estadual exigindo depósito recursal como pressuposto para sua interposição no âmbito dos juizados especiais cíveis do estado, uma vez que esse tema está inserido entre as competências legislativas dos estados-membros acerca de procedimento em matéria processual.

(2) Seria constitucional lei estadual que, fundada no dever de proteção à saúde dos consumidores, criasse restrições ao comércio e ao transporte de produtos agrícolas importados no âmbito do território do respectivo estado.

**(3)** Situação hipotética: Determinada Constituição estadual condicionou a deflagração formal de processo acusatório contra governador pela prática de crime de responsabilidade a juízo político prévio da assembleia legislativa local. Assertiva: Nessa situação, a norma estadual é compatível com o estabelecido pela CF quanto à competência legislativa dos estados-membros.

**1:** Incorreta. A matéria é privativa da União (art. 22, I, CF) e, no caso, contraria o disposto na Lei 9.099/95, que não prevê nenhum tipo de depósito como requisito de admissibilidade para recursos. **2:** Incorreta. A competência é privativa da União (art. 22, VIII, CF), o que atrai a inconstitucionalidade formal. Ver ADI 3813: "1. É formalmente inconstitucional a lei estadual que cria restrições à comercialização, à estocagem e ao trânsito de produtos agrícolas importados no Estado, ainda que tenha por objetivo a proteção da saúde dos consumidores diante do possível uso indevido de agrotóxicos por outros países. A matéria é predominantemente de comércio exterior e interestadual, sendo, portanto, de competência privativa da União (CF, art. 22, inciso VIII). 2. É firme a jurisprudência do Supremo Tribunal Federal no sentido da inconstitucionalidade das leis estaduais que constituam entraves ao ingresso de produtos nos Estados da Federação ou a sua saída deles, provenham esses do exterior ou não". **3:** Correta. Ver ADIs 4791, 4800 e 4792. Em julgamento conjunto das ações diretas, o STF firmou o seguinte entendimento: "1. Inconstitucionalidade formal decorrente da incompetência dos Estados-membros para legislar sobre processamento e julgamento de crimes de responsabilidade (art. 22, inc. I, da Constituição da República). 2. Constitucionalidade das normas estaduais que, por simetria, exigem a autorização prévia da assembleia legislativa como condição de procedibilidade para instauração de ação contra governador (art. 51, inc. I, da Constituição da República)". **IM** Gabarito 1E, 2E, 3C

**(Procurador do Estado – PGE/BA – CESPE – 2014)** No que concerne ao estatuto constitucional da União, dos estados, dos municípios, do Distrito Federal (DF) e dos territórios, julgue os itens seguintes.

**(1)** Compete exclusivamente à União legislar sobre direito financeiro.

**(2)** Cabe aos municípios explorar os serviços locais de gás canalizado.

**(3)** Os estados têm competência para criar, organizar e suprimir distritos.

**(4)** A CF autoriza a divisão de territórios em municípios.

**1:** Incorreta. A competência legislativa é concorrente (art. 24, I, CF). **2:** Incorreta. A competência é dos estados-membros (art. 25, § 2º, CF). **3:** Incorreta. A competência é municipal (art. 30, IV, CF). **4:** Correta. Ver art. 33, § 1º, CF. **IM** Gabarito 1E, 2E, 3E, 4C

**(Promotor de Justiça/AC – 2014 – CESPE)** No que tange à organização político-administrativa brasileira, assinale a opção correta.

**(A)** Compete à União, aos estados, ao DF e aos municípios legislar concorrentemente sobre educação, saúde, trânsito e transporte, cabendo a cada ente federativo adotar a sua legislação de acordo com as peculiaridades nacional, regional e local.

**(B)** A aplicação anual de 25% da receita resultante de impostos estaduais na manutenção e desenvolvimento do ensino e a prestação de contas da administração pública são consideradas princípios constitucionais sensíveis, cujo descumprimento autoriza a intervenção federal nos estados.

**(C)** Perderá o mandato o prefeito que assumir o cargo de secretário estadual de educação, exceto nos casos em que houver autorização da câmara municipal.

**(D)** Segundo o STF, a previsão do instituto da reclamação nas constituições estaduais viola disposição da CF, pois configura invasão da competência privativa da União para legislar sobre direito processual.

**(E)** O princípio geral que norteia a repartição de competência entre os entes federativos é o da predominância do interesse, em decorrência do qual seria inconstitucional delegação legislativa que autorizasse os estados a legislar

sobre questões específicas das matérias de competência privativa da União.

**A:** incorreta, pois em desconformidade com o art. 22, XI, da CF; **B:** correta (art. 34, VII, "d" e "e", da CF); **C:** incorreta (arts. 28, § 1º, e 29, XIV, da CF); **D:** incorreta. Conferir: "Ação direta de inconstitucionalidade: dispositivo do Regimento Interno do Tribunal de Justiça do Estado da Paraíba (art. 357), que admite e disciplina o processo e julgamento de reclamação para preservação da sua competência ou da autoridade de seus julgados: ausência de violação dos artigos 125, *caput* e § 1º e 22, I, da Constituição Federal. 1. O Supremo Tribunal Federal, ao julgar a ADIn 2.212 (Pl. 2.10.03, Ellen, *DJ* 14.11.2003), alterou o entendimento – firmado em período anterior à ordem constitucional vigente (v.g., Rp 1092, Pleno, Djaci Falcão, *RTJ* 112/504) – do monopólio da reclamação pelo Supremo Tribunal Federal e assentou a adequação do instituto com os preceitos da Constituição de 1988: de acordo com a sua natureza jurídica (situada no âmbito do direito de petição previsto no art. 5º, XXIV, da Constituição Federal) e com os princípios da simetria (art. 125, *caput* e § 1º) e da efetividade das decisões judiciais, é permitida a previsão da reclamação na Constituição Estadual. 2. Questionada a constitucionalidade de norma regimental, é desnecessário indagar se a colocação do instrumento na seara do direito de petição dispensa, ou não, a sua previsão na Constituição estadual, dado que consta do texto da Constituição do Estado da Paraíba a existência de cláusulas de poderes implícitos atribuídos ao Tribunal de Justiça estadual para fazer valer os poderes explicitamente conferidos pela ordem legal – ainda que por instrumento com nomenclatura diversa (Const. Est. (PB), art. 105, I, e e f). 3. Inexistente a violação do § 1º do art. 125 da Constituição Federal: a reclamação paraibana não foi criada com a norma regimental impugnada, a qual – na interpretação conferida pelo Tribunal de Justiça do Estado à extensão dos seus poderes implícitos – possibilita a observância das normas de processo e das garantias processuais das partes, como exige a primeira parte da alínea *a* do art. 96, I, da Constituição Federal. 4. Ação direta julgada improcedente" (ADI 2480, Sepúlveda Pertence, STF); **E:** incorreta (art. 22, parágrafo único, da CF). Gabarito "B".

## 9.2. DA ADMINISTRAÇÃO PÚBLICA

**(Delegado de Polícia Federal – 2021 – CESPE)** No que concerne a controle da administração pública, julgue os itens subsequentes.

**(1)** Apenas a Constituição Federal de 1988 pode prever modalidades de controle externo.

**(2)** O Poder Judiciário pode revogar atos praticados pelo Poder Executivo eivados de ilegalidade.

**(3)** A reclamação para anular ato administrativo que confronte súmula vinculante é uma modalidade de controle externo da atividade administrativa.

**(4)** Embora as comissões parlamentares de inquérito estejam, como uma modalidade de controle legislativo, aptas a investigar fatos determinados em prazos determinados, elas são desprovidas de poder condenatório.

**1:** Certo. As normas infraconstitucionais não podem criar novas modalidades de controle externo, pois isso violaria o princípio da separação dos poderes (art. 2º da CF). **2:** Errado. O Poder Judiciário pode *anular* (não revogar) atos praticados pelo Poder Executivo eivados de *ilegalidade*. **3:** Certo. A reclamação para anular ato administrativo que confronte súmula vinculante, de fato, é uma modalidade de controle externo da atividade administrativa. Quem exerce esse controle não é a própria Administração Pública (Poder Executivo), mas o Judiciário. Por outro lado, o controle interno é aquele realizado dentro do próprio poder em que se originou a conduta administrativa e decorre do princípio da autotutela. **4:** Certo. De fato, as CPIs não têm poder condenatório, apenas investigam. Determina o art. 58, § 3º, da CF que as comissões parlamentares de inquérito, que terão poderes de investigação próprios das autoridades judiciais encaminharão *suas conclusões, se for o caso, ao Ministério Público, para que promova a responsabilidade civil ou criminal dos infratores.* **BV** Gabarito 1C, 2E, 3C, 4C

Determinado estado da Federação pretende editar lei para disciplinar o regime próprio de previdência de seus servidores, mas não há nenhuma previsão a respeito na Constituição estadual.

## 8. DIREITO CONSTITUCIONAL 221

**(Procurador do Município – Campo Grande/MS – 2019 – CESPE/CEBRASPE)** A partir dessa situação hipotética, julgue os itens a seguir.

(1) Em obediência à Constituição Federal de 1988, para que o estado possa editar a referida lei, é imprescindível que a Constituição estadual discipline o mesmo tema.

(2) Se editada, essa lei estadual não poderá isentar servidores públicos aposentados e pensionistas portadores de doenças incapacitantes de pagar contribuição previdenciária sobre qualquer valor recebido a título de pensão ou aposentadoria.

**1:** errado, porque o art. 40, §§ 14 e 15, da CF autoriza a União, os Estados, o Distrito Federal e os Municípios a instituírem regime de previdência complementar para servidores públicos, por lei de iniciativa do respectivo Poder Executivo. Sendo assim, a competência para editar a referida lei deriva diretamente da Constituição Federal, não sendo necessária previsão na Constituição Estadual; **2:** errado, porque a referida lei poderá isentar servidores públicos aposentados e pensionistas portadores de doenças incapacitantes de pagar contribuição previdenciária sobre o valor recebido a título de pensão ou aposentadoria que não supere o dobro do limite máximo estabelecido para os benefícios do regime geral de previdência social (art. 40, § 21, da CF). Vale esclarecer que, embora esse dispositivo tenha sido revogado pela EC 103/2019, tal alteração só entrará em vigor para os regimes próprios de previdência social dos Estados, do Distrito Federal e dos Municípios na data de publicação de lei de iniciativa privativa do respectivo Poder Executivo que a referende integralmente (art. 36, II, c/c art. 35, I, "a", da EC 103/2019). **AN**

Gabarito 1E, 2E

**(Procurador do Município – Prefeitura Fortaleza/CE – CESPE – 2017)** De acordo com a jurisprudência dos tribunais superiores, julgue os itens subsecutivos, relativos a servidores públicos.

(1) Os reajustes de vencimentos de servidores municipais podem ser vinculados a índices federais de correção monetária.

(2) Caso um procurador municipal assuma mandato de deputado estadual, ele deve, obrigatoriamente, se afastar de seu cargo efetivo, devendo seu tempo de serviço ser contado para todos os efeitos legais durante o afastamento, exceto para promoção por merecimento.

(3) Havendo previsão no edital que regulamenta o concurso, é legítima a exigência de exame psicotécnico para a habilitação de candidato a cargo público.

(4) É inconstitucional a supressão do auxílio-alimentação em decorrência da aposentadoria do servidor.

**1:** Incorreta. Ver Súmula Vinculante 42/STF: "É inconstitucional a vinculação do reajuste de vencimentos de servidores estaduais ou municipais a índices federais de correção monetária". **2:** Correta. Art. 38, IV, CF. **3:** Incorreta. Ver Súmula Vinculante 44/STF: Só por lei se pode sujeitar a exame psicotécnico a habilitação de candidato a cargo público. **4:** Incorreta. Súmula Vinculante 55/STF: O direito ao auxílio-alimentação não se estende aos servidores inativos. **TM**

Gabarito 1E, 2C, 3E, 4E

**(Procurador Municipal – Prefeitura/BH – CESPE – 2017)** No que diz respeito à responsabilidade civil do Estado, assinale a opção incorreta.

(A) Como o direito brasileiro adota a teoria do risco integral, a responsabilidade extracontratual do Estado converte-o em segurador universal no caso de danos causados a particulares.

(B) Cabe indenização em decorrência da morte de preso dentro da própria cela, em razão da responsabilidade objetiva do Estado.

(C) O regime publicístico de responsabilidade objetiva, instituído pela CF, não é aplicável subsidiariamente aos danos decorrentes de atos notariais e de registro causados por particulares delegatários do serviço público.

(D) As pessoas jurídicas de direito público e as de direito privado, nas hipóteses de responsabilidade aquiliana, responderão pelo dano causado, desde que exista prova

prévia de ter havido culpa ou dolo de seus agentes em atos que atinjam terceiros.

**A:** incorreta. O direito brasileiro não adota a teoria do risco integral, que não admite excludentes de responsabilidade do Estado. No Brasil vige a Teoria do Risco Administrativo, segundo a qual o Estado responde por atos causados a terceiros, salvo por caso fortuito ou força maior, ou por culpa exclusiva da vítima; **B:** correta. O STF, ao julgar com repercussão geral o RE 580252, fixou a seguinte tese: "Considerando que é dever do Estado, imposto pelo sistema normativo, manter em seus presídios os padrões mínimos de humanidade previstos no ordenamento jurídico, é de sua responsabilidade, nos termos do artigo 37, § 6º, da Constituição, a obrigação de ressarcir os danos, inclusive morais, comprovadamente causados aos detentos em decorrência da falta ou insuficiência das condições legais de encarceramento"; **C:** correta. A Lei 13.286/2016 alterou o art. 22 da Lei 8.935/1994, alterando a responsabilidade antes objetiva para subjetiva. Hoje, notários e oficiais de registro somente respondem quando houver dolo ou culpa, tendo a prescrição sido reduzida para 3 anos; **D:** correta. A responsabilidade civil aquiliana é a extracontratual. Nesse caso, a responsabilidade civil do Estado é subjetiva. De acordo com magistério de Hely Lopes Meirelles, "o que a Constituição distingue é o dano causado pelos agentes da Administração (servidores) dos danos ocasionados por atos de terceiros ou por fenômenos da natureza. Observe-se que o art. 37, § 6º, só atribui responsabilidade objetiva à Administração pelos danos que seus agentes, nessa qualidade, causem a terceiros. Portanto o legislador constituinte só cobriu o risco administrativo da atuação ou inação dos servidores públicos; não responsabilizou objetivamente a Administração por atos predatórios de terceiros, nem por fenômenos naturais que causem danos aos particulares". **TM**

Gabarito 'A'.

**(Procurador Municipal – Prefeitura/BH – CESPE – 2017)** A respeito da administração pública, assinale a opção correta.

(A) Um assessor da PGM/BH que, após ocupar exclusivamente cargo em comissão por toda a sua carreira, alcançar os requisitos necessários para se aposentar voluntariamente terá direito a aposentadoria estatutária.

(B) A paridade plena entre servidores ativos e inativos constitui garantia constitucional, de forma que quaisquer vantagens pecuniárias concedidas àqueles se estendem a estes.

(C) De acordo com o STF, apesar da ausência de regulamentação, o direito de greve do servidor público constitui norma autoaplicável, de forma que é proibido qualquer desconto na remuneração do servidor pelos dias não trabalhados.

(D) No Brasil, de acordo com o STF, a regra é a observância do princípio da publicidade, razão pela qual, em *impeachment* de presidente da República, o sigilo do escrutínio é incompatível com a natureza e a gravidade do processo.

**A:** incorreta. A aposentadoria seguirá as regras do Regime Geral de Previdência; **B:** incorreta. O art. 40, § 8º, foi alterado pela EC 41/2003, que acabou com a paridade entre ativos e inativos; **C:** incorreta. O direito de greve depende de lei regulamentadora, mas o STF entendeu que, na sua ausência, deve-se aplicar a lei de greve da iniciativa privada. Entretanto, não há vedação para o desconto de dias não trabalhados, tendo a hipótese sido considerada legítima pelo STF. Segundo o Supremo, em repercussão geral, o desconto dos dias não trabalhados é possível, desde que não tenha havido acordo para a compensação das horas ou que a greve não tenha sido causada por conduta abusiva do Poder Público (ver RE 693456); **D:** correta. Ao julgar a ADPF 378, Rel. para acórdão Min. Roberto Barroso, o STF entendeu que: "Em uma democracia, a regra é a publicidade das votações. O escrutínio secreto somente pode ter lugar em hipóteses excepcionais e especificamente previstas. Além disso, o sigilo do escrutínio é incompatível com a natureza e a gravidade do processo por crime de responsabilidade. Em processo de tamanha magnitude, que pode levar o Presidente a ser afastado e perder o mandato, é preciso garantir o maior grau de transparência e publicidade possível. Nesse caso, não se pode invocar como justificativa para o voto secreto a necessidade de garantir a liberdade e independência dos congressistas, afastando a possibilidade de ingerências indevidas. Se a votação secreta pode ser capaz de afastar determinadas pressões, ao mesmo tempo, ela enfraquece o controle popular sobre os representantes, em violação aos princípios democrático, representativo e republicano. Por fim, a votação aberta (simbólica) foi adotada para a composição da Comissão Especial no processo de impeachment de Collor, de modo que a manutenção do mesmo rito seguido em 1992 contribui para a segurança jurídica e a previsibilidade do procedimento". **TM**

Gabarito "D".

**(Auxiliar Judiciário – TJ/PA – 2020 – CESPE)** A autonomia do Estado para gerir negócios próprios, pela ação administrativa do governador, denomina-se

(A) autogestão.

(B) autolegislação.

(C) autoadministração.

(D) autogoverno.

(E) soberania.

Correta é a letra **C**, pois na autoadministração o Estado administra a coisa pública. Na autogestão (auto-organização) os Estados elaboram as próprias Constituições. Na autolegislação editarão os próprios textos legais. No autogoverno elegerão seus representantes e, por fim, a soberania está relacionada com o plano internacional. Sendo assim, as letras **A**, **B**, **D** e **E** estão erradas. **AB**

Gabarito "C".

**(Analista Jurídico – TCE/PR – 2016 – CESPE)** Com base na Constituição Federal de 1988 e na jurisprudência do STF, assinale a opção correta a respeito do concurso público.

(A) É incabível o controle judicial do resultado alcançado por avaliação psicológica em etapa eliminatória de concurso público, seja por conta da alta carga do exame, seja por força da presunção de legalidade dos atos administrativos ou, ainda, pela vedação à ingerência judicial no mérito administrativo.

(B) As etapas por que passa o concurso público devem ser exaustivamente detalhadas por lei em sentido formal e material.

(C) A competência legislativa para a regulamentação do acesso dos estrangeiros aos cargos públicos é dos estados--membros da Federação, e não da União.

(D) A demonstração do preenchimento da habilitação legal para ingresso em determinado cargo, aí incluídos o diploma em área de formação e o registro no órgão profissional competente, deve ser feita pelo candidato no momento de sua inscrição no concurso público.

(E) É no momento da posse que o candidato deve comprovar o cumprimento do requisito de idade mínima para o cargo, se houver.

**A:** incorreta. O STF já decidiu, com repercussão geral, que além da necessidade de lei prevendo o exame psicológico como requisito para ingresso no serviço público, o exame psicotécnico depende de um grau mínimo de objetividade e de publicidade dos atos em que se desdobra (justamente para possibilitar o controle jurisdicional). Ver: AI 758.533-QO, rel. min. Gilmar Mendes, j. 23.06.2010, Pleno, *DJE* 13.08.2010); **B:** incorreta. "As etapas do concurso prescindem de disposição expressa em lei no sentido formal e material, sendo suficientes a previsão no edital e o nexo de causalidade consideradas as atribuições do cargo" (MS 30.177, rel. min. Marco Aurélio, j. 24.04.2012, 1ª T, *DJE* 17.05.2012); **C:** correta. Em razão de a norma do art. 37, I, da CF não constituir "matéria reservada à competência privativa da União, deve ser de iniciativa dos Estados-membros" (AI 590.663-AgR, rel. min. Eros Grau, j. 15.12.2009, 2ª. T, *DJE* 12.02.2010); **D:** incorreta. "A exigência de habilitação para o exercício do cargo objeto do certame dar-se-á no ato da posse e não da inscrição do concurso" (MS 26.668, MS 26.673 e MS 26.810, rel. min. Ricardo Lewandowski, j. 15.04.2009, Pleno, *DJE* 29.05.2009); **E:** incorreta. Apesar de ser no momento da posse, a lei estabeleceu idade mínima de 18 anos para investidura em cargos públicos, tornando errada a parte final da questão ("se houver") (art. 5º, V, da Lei 8.112/90).

Gabarito "C".

**(Analista Judiciário – TRT/8ª – 2016 – CESPE)** A respeito da organização do Estado e da administração pública, assinale a opção correta.

(A) É proibida a adoção de requisitos e critérios diferencia-dos para a concessão de aposentadoria pelo regime de previdência de caráter contributivo e solidário, ainda que

para proteger trabalhadores que exerçam atividades sob condições que prejudiquem a saúde ou a integridade física.

(B) A vedação de acumulação remunerada de cargos públicos aplica-se aos militares, independentemente da compatibili-dade de horário e do tipo de atividade profissional exercida, de modo que o militar que tome posse em cargo civil deverá ser transferido para a reserva, nos termos da lei.

(C) A forma de federalismo adotada no Brasil é conhecida como federalismo de segregação e centrífugo, sendo os estados-membros dotados de autogoverno.

(D) Deve o presidente da República decretar a intervenção fede-ral, entre outras hipóteses, quando dois estados tentarem incorporar-se entre si ou desmembrar-se, formando novos estados ou territórios federais.

(E) O prazo de prescrição para a pretensão de condenar réus pela prática de atos de improbidade administrativa que causem prejuízos ao erário é estabelecido pela CF.

**A:** incorreta. O § 4º do art. 40 da CF de fato determina a proibição da adoção de requisitos e critérios diferenciados para a concessão de aposentadoria aos abrangidos pelo regime de que trata este artigo. Ocorre que o mesmo dispositivo, nos termos definidos em leis com-plementares, **ressalva algumas hipóteses**, quais sejam: os casos de servidores: portadores de deficiência, que exerçam atividades de risco e **cujas atividades sejam exercidas sob condições especiais que prejudiquem a saúde ou a integridade física**. A EC 103/2019 alterou a redação do § 4º do art. 40, mantendo a vedação da adoção de requisitos ou critérios diferenciados para concessão de benefícios em regime próprio de previdência social, porém tratou das ressalvas nos §§ 4º-A, 4º-B, 4º-C do art. 40. Segundo o § 4º-C do art. 40, lei complementar do res-pectivo ente federativo poderá estabelecer idade e tempo de contribuição diferenciados para aposentadoria de servidores cujas atividades sejam exercidas com efetiva exposição a agentes químicos, físicos e biológicos prejudiciais à saúde, ou associação desses agentes, vedada a caracteri-zação por categoria profissional ou ocupação; **B:** incorreta. De acordo com o art. 142, III, da CF, **o militar da ativa que**, de acordo com a lei, **tomar posse em cargo, emprego ou função pública civil temporária, não eletiva**, ainda que da administração indireta, ressalvada a hipótese prevista no art. 37, inciso XVI, alínea "c", **ficará agregado ao respectivo quadro** e somente poderá, enquanto permanecer nessa situação, ser promovido por antiguidade, contando-se-lhe o tempo de serviço apenas para aquela promoção e transferência para a reserva, sendo depois de dois anos de afastamento, contínuos ou não, transferido para a reserva, nos termos da lei; **C:** correta. Pedro Lenza, em Direito Cons-titucional Esquematizado, 2015, p. 502, Ed. Saraiva, ensina que: "No **federalismo por agregação**, os Estados independentes ou soberanos resolvem abrir mão de parcela de sua soberania para agregar-se entre si e formar um novo Estado, agora, Federativo, passando a ser, entre si, autônomos. O modelo busca uma maior solidez, tendo em vista a indissolubilidade do vínculo federativo. Como exemplo, podemos citar a formação dos Estados Unidos, da Alemanha e da Suíça. Por sua vez, no **federalismo por desagregação (segregação)**, a Federação surge a partir de determinado Estado unitário que resolve descentralizar-se, 'em obediência a imperativos políticos (salvaguarda das liberdades) e de eficiência'. O **Brasil** é um exemplo de federalismo por desagregação, que surgiu a partir da proclamação da República, materializando-se, o novo modelo, na Constituição de 1891". Ademais, é centrífugo, porque teve origem em um Estado Unitário que se fragmentou "de dentro para fora"; **D:** incorreta. Tal situação não configura hipótese de intervenção federal. Como a regra é a não intervenção, as hipóteses excepcionais vêm previstas em rol taxativo, previsto no art. 34 da CF. Além disso, conforme determina o § 3º do art. 18 da CF, **os Estados podem incorporar-se entre si**, subdividir-se ou desmembrar-se para se anexarem a outros, ou formarem novos Estados ou Territórios Federais, mediante aprovação da população diretamente interessada, através de plebiscito, e do Congresso Nacional, por lei complementar; **E:** incorreta. O art. 37, § 5º, da CF, estabelece a imprescritibilidade das ações de ressarcimento ao erário. Até o julgamento do RE 669.069, em 03/02/2016, o STF entendia que a ação de improbidade administrativa era imprescritível por força desse dispositivo constitucional. Entretanto, no recurso extraordinário citado decidiu-se, com repercussão geral, ser "prescritível a ação de reparação de danos à Fazenda Pública decorrente de ilícito civil". O tema tem impacto não apenas para o ressarcimento ao erário decorrente de atos de improbidade administrativa, como também nas ações de ressarcimento ao erário (execução fiscal) propostas pela

Agência Nacional de Saúde – ANS, contra operadoras de planos de saúde quando seus beneficiários fazem uso do Sistema Único de Saúde – SUS. No caso de improbidade administrativa o tema foi tratado no art. 23 da Lei 8.429/1992 (Lei de Improbidade Administrativa), o qual dispõe que as ações destinadas a levar a efeitos as sanções previstas nesta lei podem ser propostas: I – até cinco anos após o término do exercício de mandato, de cargo em comissão ou de função de confiança; II – dentro do prazo prescricional previsto em lei específica para faltas disciplinares puníveis com demissão a bem do serviço público, nos casos de exercício de cargo efetivo ou emprego; III – até cinco anos da data da apresentação à administração pública da prestação de contas final pelas entidades referidas no parágrafo único do art. 1ª desta Lei.
Gabarito "C".

**(Analista – Judiciário –TRE/PI – 2016 – CESPE)** Acerca das mudanças institucionais que afetaram diretamente a administração pública, como a criação de conselhos e organizações sociais, entre outras entidades, conforme a Constituição Federal de 1988 (CF), assinale a opção correta.

**(A)** Agências executivas como a Agência Nacional de Saúde Complementar (ANS), a Agência Nacional de Águas (ANA) e a Agência Nacional de Vigilância Sanitária (ANVISA) possuem atribuições de regulação e fiscalização, podendo exercer também atividades de controle econômico.

**(B)** As organizações sociais, cuja qualificação é concedida pelo Ministério do Desenvolvimento Social e Combate à Fome, são constituídas por pessoas jurídicas de direito público com a finalidade de atender assuntos que correspondam às relações entre o Estado e a sociedade.

**(C)** As organizações da sociedade civil de interesse público (OSCIP), cuja qualificação é concedida pelo Ministério da Justiça, são constituídas por pessoas jurídicas de direito privado, mediante termo de parceria com o poder público, e visam atender ao princípio da universalização dos serviços.

**(D)** As agências executivas são compostas por órgãos da administração pública direta que têm como finalidade executar atividades delegadas pelo poder público em função da comprovada capacidade de gestão estratégica nos dois anos de atuação anteriores à delegação.

**(E)** As agências reguladoras, compostas por autarquias e fundações, são vinculadas ao Poder Executivo e exercem atividades delegadas pelo poder público.

**A:** incorreta. As agências citadas são **reguladoras**, não **executivas**. As agências reguladoras são autônomas em relação às suas atividades-fim, às suas finalidades, enquanto que as agências executivas detêm maior autonomia em relação apenas às atividades-meio, ou seja, possuem um maior poder de gestão, conferido por meio dos contratos de gestão (art. 37, § 8º, da CF); **B:** incorreta. Podem ser qualificadas como organizações sociais as pessoas jurídicas de direito **privado, sem fins lucrativos**, cujas atividades sejam dirigidas ao ensino, à pesquisa científica, ao desenvolvimento tecnológico, à proteção e preservação do meio ambiente, à cultura e à saúde (art. 1º da Lei 9.637/1998). Além disso, o art. 2º, II, da mesma lei estabelece que o juízo de conveniência e oportunidade da qualificação como "organização social" é do "Ministro ou titular de órgão supervisor ou regulador da área de atividade correspondente ao seu objeto social"; **C:** correta. Arts. 3º, 4º, 5º e 9º, da Lei 9.790/1999; **D:** incorreta. A qualificação de agência executiva é conferida apenas aos órgãos e entidades da Administração Pública **Indireta** (art. 1º do Decreto 2.487/1998); **E:** incorreta. As agências reguladoras, nacionais e estaduais, tem natureza jurídica de "**autarquias especiais**" (não há hipótese de agência reguladora com natureza jurídica de fundação).
Gabarito "C".

**(Advogado União – AGU – CESPE – 2015)** De acordo com o entendimento do STF, julgue o item seguinte, a respeito da administração pública e do servidor público.

**(1)** Segundo o STF, por força do princípio da presunção da inocência, a administração deve abster-se de registrar, nos assentamentos funcionais do servidor público, fatos que não forem apurados devido à prescrição da pretensão punitiva administrativa antes da instauração do processo disciplinar.

**1:** Correta. Ver MS 23262, Rel. Min. Dias Toffoli: "(...) 2. O princípio da presunção de inocência consiste em pressuposto negativo, o qual refuta a incidência dos efeitos próprios de ato sancionador, administrativo ou judicial, antes do perfazimento ou da conclusão do processo respectivo, com vistas à apuração profunda dos fatos levantados e à realização de juízo certo sobre a ocorrência e a autoria do ilícito imputado ao acusado. 3. É inconstitucional, por afronta ao art. 5º, LVII, da CF/88, o art. 170 da Lei nº 8.112/90, o qual é compreendido como projeção da prática administrativa fundada, em especial, na Formulação nº 36 do antigo DASP, que tinha como finalidade legitimar a utilização dos apontamentos para desabonar a conduta do servidor, a título de maus antecedentes, sem a formação definitiva da culpa". TM
Gabarito 1C

**(Promotor de Justiça/AC – 2014 – CESPE)** Em relação às regras constitucionais aplicáveis à administração pública e ao entendimento do STF sobre a matéria, assinale a opção correta.

**(A)** De acordo com o entendimento pacificado do STF, a fixação de limite de idade para a inscrição em concurso público viola o princípio constitucional da igualdade, independentemente da justificativa apresentada.

**(B)** De acordo com a CF, as parcelas de caráter indenizatório devem ser computadas para efeito do cálculo do teto constitucional da remuneração dos servidores públicos.

**(C)** A exigência constitucional da realização de concurso público não se aplica ao provimento de vagas no cargo de titular de serventias judiciais nem ao ingresso na atividade notarial e de registro, dado o regime jurídico específico aplicável a essas funções.

**(D)** Ao servidor ocupante, exclusivamente, de cargo em comissão declarado em lei de livre nomeação e exoneração aplica-se o mesmo regime de previdência dos cargos efetivos.

**(E)** É constitucionalmente permitido o acúmulo de proventos de aposentadoria de servidor aposentado em cargo efetivo estadual com a remuneração percebida em razão de exercício de cargo em comissão, declarado em lei como de livre nomeação e exoneração.

**A:** incorreta, uma vez que não reflete o entendimento firmado na Súmula n. 683 do STF: "O limite de idade para a inscrição em concurso público só se legitima em face do art. 7º, XXX, da Constituição, quando possa ser justificado pela natureza das atribuições do cargo a ser preenchido"; **B:** incorreta, pois não reflete o disposto no art. 37, § 11, da CF; **C:** incorreta, pois contraria o que estabelece o art. 236, § 3º, da CF; **D:** incorreta, pois contraria o que estabelece o art. 40, § 13, da CF; **E:** correta (art. 37, § 10, da CF).
Gabarito "E".

## 9.3. INTERVENÇÃO

**(Delegado/RJ – 2022 – CESPE/CEBRASPE)** No que diz respeito à intervenção de um ente federado em outro, assinale a opção correta.

**(A)** A Constituição Federal de 1988 permite que a União, baseada sempre em decisão do Supremo Tribunal Federal, intervenha discricionariamente em estados-membros, no Distrito Federal e em municípios, exigindo-se, para isso, o cumprimento de certas formalidades previstas em decreto-lei que estabeleça as diretrizes e os limites da intervenção.

**(B)** A intervenção somente será efetivada por meio de decreto — do presidente da República, em caso de intervenção federal, ou de governador, em caso de intervenção de estado em município —, conforme disposto no § 1.º do art. 36 da Constituição Federal de 1988, observando-se que a intervenção é ato de natureza política, não sendo admissível, em regra, o controle jurisdicional de sua decretação.

**(C)** O controle político da intervenção será realizado pelo Supremo Tribunal Federal, sendo de sua competência exclusiva suspendê-la quando entender pela ausência dos motivos que a inicialmente justificassem.

**(D)** Havendo requisição do Supremo Tribunal Federal, em razão de coação exercida contra o Poder Judiciário, o presidente da República não ficará obrigado a editar decreto de intervenção, cabendo ao chefe do Poder Executivo federal analisar o tema com base em critérios de conveniência política.

(E) Embora alguns doutrinadores afirmem que a intervenção somente será realizada por um ente mais amplo da Federação sobre outro imediatamente menos amplo, levando à conclusão de que a União somente poderá intervir no Distrito Federal e nos estados, o Supremo Tribunal Federal entende que, em razão de a soberania ser princípio fundamental da República Federativa do Brasil, reconhecido constitucionalmente, a União poderá, discricionariamente, intervir em qualquer ente da Federação.

Comentário: **A**: incorreta. A União excepcionalmente só poderá intervir nos Estados e no Distrito Federal (CF, art. 34) e a intervenção não é baseada sempre em decisão do Supremo Tribunal Federal. Além disso, não há previsão constitucional de edição de decreto-lei; **B**: correta. O decreto de intervenção especificará a sua amplitude, o prazo e as condições de execução e, se couber, nomeará o interventor, submetendo-se à apreciação do Congresso Nacional ou da Assembleia Legislativa do Estado, no prazo de vinte e quatro horas (CF, art. 36, § 1º). Portanto, há o controle político da medida pelo Congresso Nacional ou pela Assembleia Legislativa, não cabendo, em regra, o controle jurisdicional; **C**: incorreta. Conforme visto no comentário B, o controle político é realizado pelo Congresso Nacional ou pela Assembleia Legislativa; **D**: incorreta. Nesta hipótese o ato não é discricionário do Presidente da República, mas sim vinculado; **E**: incorreta. Por força dos arts. 34 e 35 da CF, a União, excepcionalmente, poderá intervir apenas nos Estados, no Distrito Federal e nos **Municípios localizados em Território Federal**. AMN

Gabarito "B".

## 10. ORGANIZAÇÃO DO PODER EXECUTIVO

**(Juiz de Direito/AM – 2016 – CESPE)** Assinale a opção correta acerca do Poder Executivo, considerando o disposto na CF e a doutrina.

(A) Os atos do presidente da República que atentem especialmente contra a probidade na administração, a lei orçamentária e o cumprimento das leis e das decisões judiciais são crimes de responsabilidade classificados como crimes funcionais.

(B) Admitida a acusação contra o presidente da República, por dois terços da Câmara dos Deputados, será ele suspenso de suas funções e submetido a julgamento perante o Senado Federal, nos casos de crimes de responsabilidade.

(C) No texto constitucional, a afirmação de que o Poder Executivo é exercido pelo presidente da República, auxiliado pelos ministros de Estado, indica que a função é compartilhada, caracterizando-se o Poder Executivo como colegial, dependendo o seu chefe da confiança do Congresso Nacional para permanecer no cargo.

(D) Se, decorridos dez dias da data fixada para a posse, o presidente ou o vice-presidente eleitos, salvo motivo de força maior, não tiverem assumido o cargo, este será declarado vago, sendo a declaração de vacância ato político feito pelo TSE.

(E) A competência privativa do presidente da República para nomear os ministros do STF e dos tribunais superiores, o procurador-geral da República, o presidente e os diretores do Banco Central do Brasil é classificada como função básica de chefia do Estado.

**A**: correta. Art. 85, CF: "São crimes de responsabilidade os atos do Presidente da República que atentem contra a Constituição Federal e, especialmente, contra: I – a existência da União; II – o livre exercício do Poder Legislativo, do Poder Judiciário, do Ministério Público e dos Poderes constitucionais das unidades da Federação; III – o exercício dos direitos políticos, individuais e sociais; IV – a segurança interna do País; V – a probidade na administração; VI – a lei orçamentária; VII – o cumprimento das leis e das decisões judiciais"; **B**: incorreta. A acusação deve ser admitida por 2/3 da Câmara dos Deputados e o julgamento, nos casos de **crimes de responsabilidade**, ocorre pelo Senado Federal, sendo o Presidente da República suspenso apenas

após a **instauração do processo** pelo Senado Federal (art. 86, *caput* e § 1º, II, da CF); **C**: incorreta. No presidencialismo a chefia do Poder Executivo é exercida pelo Presidente, com **auxílio** dos Ministros de Estado (art. 76, CF). No parlamentarismo, ao contrário, pode-se falar em exercício compartilhado da função executiva, pois o Presidente depende da confiança do Parlamento para permanecer no cargo; **D**: incorreta. A regra do art. 78, parágrafo único, da CF é de eficácia direta e aplicação imediata, não estando sujeito a juízo político pelo TSE; **E**: incorreta. O art. 84, XIV, CF é exemplo de exercício da chefia de Governo (ligada à autonomia), não da chefia de Estado (ligada à soberania). No presidencialismo, o Presidente da República acumula o exercício das duas funções, diferentemente do Parlamentarismo, em que a função de Chefe de Estado é atribuída ao Primeiro-Ministro.

Gabarito "A".

## 11. ORGANIZAÇÃO DO PODER LEGISLATIVO. PROCESSO LEGISLATIVO

### 11.1. ORGANIZAÇÃO E COMPETÊNCIAS DO SENADO, DA CÂMARA DOS DEPUTADOS E DO CONGRESSO NACIONAL

**(Analista Judiciário – TRT/8ª – 2016 – CESPE)** Acerca da organização dos poderes, assinale a opção correta.

(A) O Senado Federal é composto de representantes dos estados e do Distrito Federal, eleitos pelo princípio proporcional para mandato de oito anos.

(B) As comissões parlamentares de inquérito possuem poderes de investigação próprios das autoridades judiciais e só podem ser criadas pela Câmara dos Deputados e pelo Senado Federal, em conjunto.

(C) Compete ao Senado Federal fiscalizar as contas das empresas supranacionais de cujo capital social a União participe de forma direta, nos termos do tratado constitutivo.

(D) Apenas o vice-presidente da República e o ministro da Justiça devem obrigatoriamente compor tanto o Conselho da República quanto o Conselho de Defesa Nacional, devendo os presidentes da Câmara dos Deputados e do Senado Federal participar da composição de apenas um dos dois.

(E) A CF adota o sistema de freios e contrapesos ou de controle do poder pelo poder ao dispor que, embora independentes, os poderes são harmônicos entre si. O princípio da separação dos poderes é cláusula pétrea.

**A**: incorreta. Determina o art. Art. 46, *caput* e § 1º, da CF que o Senado Federal compõe-se de representantes dos Estados e do Distrito Federal, eleitos segundo o **princípio majoritário**. Cada Estado e o Distrito Federal elegerão três Senadores, com mandato de oito anos; **B**: incorreta. As CPIs podem ser criadas separadamente também. O § 3º do art. 58 da CF determina que as comissões parlamentares de inquérito, que terão poderes de investigação próprios das autoridades judiciais, além de outros previstos nos regimentos das respectivas Casas, **serão criadas pela Câmara dos Deputados e pelo Senado Federal, em conjunto ou separadamente**, mediante requerimento de um terço de seus membros, para a apuração de fato determinado e por prazo certo, sendo suas conclusões, se for o caso, encaminhadas ao Ministério Público, para que promova a responsabilidade civil ou criminal dos infratores; **C**: incorreta. Tal atribuição é do Congresso Nacional, não do Senado Federal. De acordo com o art. 71, V, da CF, o controle externo, a cargo do Congresso Nacional, será exercido com o auxílio do Tribunal de Contas da União, ao qual compete, dentre outras atribuições, fiscalizar as contas nacionais das empresas supranacionais de cujo capital social a União participe, de forma direta ou indireta, nos termos do tratado constitutivo; **D**: incorreta. Os presidentes da Câmara dos Deputados e do Senado Federal, ao contrário do mencionado, participam da composição dos dois conselhos. É o que determina os arts. 89, II e III, e 91, II e III, ambos CF; **E**: correta. Determina o art. 2º da CF que são Poderes da União, independentes e **harmônicos** entre si, o Legislativo, o Executivo e o Judiciário. Além disso, o inciso III do § 4º do art. 60 da CF, trata a separação de poderes como cláusula pétrea.

Gabarito "E".

**(Juiz de Direito/DF – 2016 – CESPE)** A respeito do Poder Legislativo, assinale a opção correta.

**(A)** A convocação extraordinária do Congresso Nacional realizada pelo presidente do Senado Federal, em caso de relevante interesse público, está na margem de sua discricionariedade política, prescindindo-se, assim, de confirmação.

**(B)** O STF possui entendimento consolidado de que é possível a participação de Assembleia Legislativa na nomeação de dirigentes de autarquias ou fundações públicas.

**(C)** Conforme entendimento consolidado do STF, o direito contra a autoincriminação, facultando-se o silêncio, deve ser observado pelas Comissões Parlamentares de Inquérito, mas os advogados dos depoentes não podem intervir.

**(D)** A rejeição ao veto de LC deve ser realizada pelo Senado Federal no prazo máximo de trinta dias da aposição comunicada ao presidente da Casa.

**(E)** Os trabalhos do Congresso se desenvolvem ao longo da legislatura que compreende período coincidente com o mandato dos senadores.

**A:** incorreta. A convocação extraordinária pelo Presidente do Senado Federal somente pode ocorrer nas hipóteses listadas no art. 57, § 6°, I, CF, não bastando a invocação genérica de "interesse público": "Art. 57, § 6°: A convocação extraordinária do Congresso Nacional far-se-á: I – pelo Presidente do Senado Federal, em caso de decretação de estado de defesa ou de intervenção federal"; **B:** correta. Trata-se da aplicação por simetria, aos estados-membros, do art. 52, III, "a" da CF, que submete ao crivo do Senado Federal a aprovação prévia dos indicados para ocupar determinados cargos. Por outro lado, o STF também entende que o procedimento **não** pode ser aplicado às empresas públicas e sociedades de economia mista, em razão da natureza jurídica de direito privado; **C:** incorreta. Os intimados para depor/testemunhar perante as CPIs possuem direito ao silêncio, para não produzir provas contra si mesmo, e de assistência do seu advogado – justamente para decidir quais perguntas devem ser respondidas; **D:** incorreta. O veto é apreciado em **sessão conjunta** da Câmara e do Senado, no prazo de **trinta dias** a contar do recebimento da mensagem de veto, pelo voto da **maioria absoluta** dos Deputados e Senadores. Note que a sessão **não mais ocorre** em escrutínio secreto; **E:** incorreta. Cada legislatura terá a duração de quatro anos (art. 44, parágrafo único, CF) e o mandato dos senadores é de oito anos (art. 46, § 1°, CF).

Gabarito "B".

## 11.2. PRERROGATIVAS E IMUNIDADES PARLAMENTARES

**(Defensor Público – DPE/RN – 2016 – CESPE)** Com relação ao regime constitucional das imunidades parlamentares, assinale a opção correta.

**(A)** Para que incida a inviolabilidade do vereador, é necessário que suas opiniões, palavras e votos sejam expressos na circunscrição do município em que ele exerça seu mandato, não se exigindo a demonstração de conexão com o efetivo exercício da vereança.

**(B)** Deputados distritais desfrutam de imunidade formal apenas quanto aos fatos de competência da justiça local.

**(C)** Não perderá o foro por prerrogativa de função o parlamentar federal que estiver licenciado para exercer cargo de ministro de Estado.

**(D)** Vereadores não poderão ser presos desde a expedição do diploma, salvo em caso de flagrante de crime inafiançável cometido fora da circunscrição do município em que forem eleitos.

**(E)** Enquanto deputados federais e senadores compartilham de um regime de imunidades abrangente tanto da chamada inviolabilidade como da imunidade formal, deputados estaduais e vereadores são detentores tão somente da inviolabilidade.

**A:** Errada. A imunidade material dos vereadores está limitada à circunscrição do município e só existe no exercício do mandato (art. 29, VIII, CF); **B:** Errada. A imunidade formal de deputados refere-se tanto à justiça federal quanto à justiça local; **C:** Correta. Porque o STF é o foro tanto

dos parlamentares quanto dos Ministros de Estado para processar e julgar crimes comuns; **D:** Errada. Vereadores só possuem imunidade material, não se lhes aplicando as regras da imunidade formal (art. 29, VIII, CF); **E:** Errada. Deputados (federais, estaduais e distritais) e senadores possuem imunidades material e formal. Vereadores só possuem imunidade material (também chamada de inviolabilidade).

Gabarito "C".

**(Auxiliar Judiciário – TJ/PA – 2020 – CESPE)** A possibilidade de exclusão de cometimento ilícito por parlamentares decorre do instituto denominado

**(A)** inviolabilidade.

**(B)** irrenunciabilidade.

**(C)** prerrogativa de foro.

**(D)** extinção de punibilidade.

**(E)** imunidade material.

Correta é a letra **E**, pois assim determina o artigo 53, da CF: "Os Deputados e Senadores são invioláveis, civil e penalmente, por quaisquer de suas opiniões, palavras e votos.". Logo, a imunidade material afasta a própria ilicitude da conduta do parlamentar. Por se tratar de questão conceitual, as demais alternativas estão equivocadas, uma vez que a inviolabilidade está atrelada a palavra, opinião, voto etc. A questão da renúncia (irrenunciabilidade) aos aspectos eleitorais. A prerrogativa de foro ao julgamento perante um tribunal específico (artigo 53, § 1°, da CF) e, por fim, a extinção da punibilidade não guarda qualquer relação com o que foi perguntado no enunciado. **AB**

Gabarito "E".

## 11.3. COMISSÕES PARLAMENTARES DE INQUÉRITO – CPI

**(Juiz – TJ/CE – 2018 – CESPE)** A respeito das competências das CPI e do controle jurisdicional, assinale a opção correta, segundo o entendimento doutrinário e a jurisprudência do STF.

**(A)** A CPI tem poder para requisitar de operadoras de telefonia acesso a informações que estejam sob segredo de justiça em processo judicial.

**(B)** Eventual decretação da quebra de sigilo telefônico por CPI está isenta de posterior controle judicial.

**(C)** Concluídos os trabalhos, a CPI poderá encaminhar o seu relatório circunstanciado à autoridade policial.

**(D)** O fornecimento de informações resguardadas sob sigilo bancário independe de aprovação pelo plenário da CPI.

**(E)** Busca e apreensão domiciliar podem ser determinadas pela CPI, independentemente de ordem judicial.

**A:** incorreta, pois a CPI **não** tem poder para requisitar de operadoras de telefonia acesso a informações que estejam sob segredo de justiça em processo judicial. Nesse sentido, o seguinte precedente do STF: "*Comissão Parlamentar de Inquérito não tem poder jurídico de, mediante requisição, a operadoras de telefonia, de cópias de decisão nem de mandado judicial de interceptação telefônica, quebrar sigilo imposto a processo sujeito a segredo de justiça. Este é oponível a CPI, representando expressiva limitação aos seus poderes constitucionais*." (MS 27483 MC-REF, Rel. Min. Cezar Peluso, Tribunal Pleno, j. em 14.08.2008); **B:** incorreta, porque a decretação da quebra de sigilo telefônico por CPI **não está** isenta de posterior controle judicial em face do princípio da inafastabilidade da jurisdição (art. 5°, XXXV, da CF). Segundo a jurisprudência do STF, o controle jurisdicional de abusos praticados por CPI não ofende o princípio da separação de poderes por se tratar de atribuição voltada a garantir a integridade e a supremacia da Constituição. (MS 25.668, Rel. Min. Celso de Mello, Tribunal Pleno, j. 23.03.2006); **C:** correta, de acordo com o art. 6°-A da Lei 1.579/1952, incluído pela Lei 13.367/2016, e a jurisprudência do STF: "*As CPIs possuem permissão legal para encaminhar relatório circunstanciado não só ao Ministério Público e à AGU, mas, também, a outros órgãos públicos, podendo veicular, inclusive, documentação que possibilite a instauração de inquérito policial em face de pessoas envolvidas nos fatos apurados (art. 58, § 3°, CRFB/1988, c/c art. 6°-A da Lei 1.579/1952, incluído pela Lei 13.367/2016)*" (MS 35.216 AgR, Rel. Min. Luiz Fux, Tribunal Pleno, j. 17.11.2017); **D:** incorreta, visto que o fornecimento de informações resguardadas sob sigilo bancário depende de aprovação pelo plenário da CPI. Nesse sentido, o seguinte julgado do STF: "*O princípio da colegialidade traduz diretriz de funda-*

*mental importância na regência das deliberações tomadas por qualquer CPI, notadamente quando esta, no desempenho de sua competência investigatória, ordena a adoção de medidas restritivas de direitos, como aquelas que importam na revelação (disclosure) das operações financeiras ativas e passivas de qualquer pessoa. A legitimidade do ato de quebra do sigilo bancário, além de supor a plena adequação de tal medida ao que prescreve a Constituição, deriva da necessidade de a providência em causa respeitar, quanto à sua adoção e efetivação, o princípio da colegialidade, sob pena de essa deliberação reputar--se nula."* (MS 24.817, Rel. Min. Celso de Mello, Tribunal Pleno, j. 03.02.2005); **E:** incorreta, haja vista que a busca e apreensão domiciliar está sujeita ao princípio constitucional da reserva de jurisdição (art. 5º, XI, da CF), não podendo ser determinada pela CPI. De acordo com a jurisprudência do STF, *"a Comissão Parlamentar de Inquérito não tem competência para praticar atos sujeitos à cláusula constitucional de reserva de jurisdição, vale dizer, não dispõe de competência para promover atos cuja efetivação a Constituição Federal atribuiu, com absoluta exclusividade, aos membros do Poder Judiciário. [...] Isso significa – considerada a cláusula de primazia judiciária que encontra fundamento no próprio texto da Constituição – que esta exige, para a legítima efetivação de determinados atos, notadamente daqueles que implicam restrição a direitos, que sejam eles ordenados apenas por magistrados, tais como (a) a busca domiciliar (CF, art. 5º inciso XI), (b) a interceptação telefônica (CF, art. 5º inciso XII) e (c) a decretação de prisão, ressalvada a situação de flagrância penal (CF, art. 5º, inciso LXI)"* (MS 33663 MC, Rel. Min. Celso de Mello, j. em 19.06.2015). **AN**

Gabarito "C".

**(Juiz de Direito – TJ/SC – 2019 – CESPE/CEBRASPE)** Com relação à disciplina constitucional das comissões parlamentares de inquérito (CPI), assinale a opção correta de acordo com a doutrina e a jurisprudência do STF.

**(A)** Para o STF, é nula a intimação de indígena não aculturado para oitiva em CPI, na condição de testemunha, fora de sua comunidade.

**(B)** É constitucional a criação de CPI por assembleia legislativa de estado federado ficar condicionada à aprovação de seu requerimento no plenário do referido órgão.

**(C)** À CPI não é oponível o sigilo imposto a processos judiciais que tramitem sob o segredo de justiça.

**(D)** Diferentemente do que ocorre com as investigações policiais, o procedimento das CPI não é caracterizado pela unilateralidade.

**(E)** É inconstitucional norma regimental da Câmara dos Deputados que limite o número de CPI em funcionamento simultâneo.

Correta é a letra **A**, uma vez que o STF decidiu que: "A intimação de indígena para prestar depoimento na condição de testemunha, fora do seu habitat é uma violação às normas constitucionais que conferem proteção específica aos povos indígenas." (HC 80.240. Pleno. STF). A letra **B** está errada, pois não há a necessidade de aprovação do requerimento no plenário, em razão do princípio da simetria (ADI 3.619. Pleno. STF). Letra **C** errada, pois é sim oponível o sigilo (MS 27.483. Pleno. STF). A letra **D** está incorreta, pois a unilateralidade ocorre tanto na investigação policial quanto na CPI, sempre respeitadas as garantias constitucionais por parte da autoridade competente que conduz o procedimento. Letra **E** errada, pois o STF decidiu pela constitucionalidade (ADI 1.635. Pleno. STF). **AB**

Gabarito "A".

**(Delegado/PE – 2016 – CESPE)** No que se refere a CPI, assinale a opção correta.

**(A)** CPI proposta por cinquenta por cento dos membros da Câmara dos Deputados e do Senado Federal não poderá ser instalada, visto que, conforme exige o texto constitucional, são necessários dois terços dos membros do Congresso Nacional para tanto.

**(B)** As CPIs, no exercício de suas funções, dispõem de poderes de investigação próprios das autoridades judiciais, tais como os de busca domiciliar, interceptação telefônica e decretação de prisão.

**(C)** A CF só admite CPIs que funcionem separadamente na Câmara dos Deputados ou no Senado Federal.

**(D)** Não poderá ser criada CPI que versar sobre tema genérico e indefinido, dada a exigência constitucional de que esse tipo de comissão deva visar à apuração de fato determinado.

**(E)** As conclusões de determinada CPI deverão ser encaminhadas ao TCU para que este promova a responsabilidade civil ou administrativa dos que forem indicados como infratores.

**A:** incorreta. O texto constitucional exige que a CPI seja instalada mediante requerimento de um terço dos membros (não cinquenta por cento). Determina o art. 58, § 3º, da CF que as comissões parlamentares de inquérito, que terão poderes de investigação próprios das autoridades judiciais, além de outros previstos nos regimentos das respectivas Casas, **serão criadas pela Câmara dos Deputados e pelo Senado Federal, em conjunto ou separadamente, mediante requerimento de um terço de seus membros**, para a apuração de fato determinado e por prazo certo, sendo suas conclusões, se for o caso, encaminhadas ao Ministério Público, para que promova a responsabilidade civil ou criminal dos infratores; **B:** incorreta. As CPIs têm poderes típicos as autoridades judiciais, com algumas **exceções**. Há assuntos que estão acobertados pela cláusula de reserva jurisdicional, ou seja, dependem de ordem judicial. Dentre tais proibições, em especial as medidas restritivas de direito, encontra-se as mencionadas na alternativa como decretação de prisão (só em flagrante é que a CPI pode decretar a prisão), interceptação telefônica – art. 5º, XII, da CF – (apenas a quebra do sigilo dos dados telefônicos, ou seja acesso às contas, é que a CPI pode determinar) e busca domiciliar (art. 5, XI, da CF); **C:** incorreta. As CPIs podem ser criadas pelas Casas do Congresso Nacional, em conjunto (CPI mista) ou separadamente, além de também poderem ser criadas nas esferas estadual e municipal; **D:** correta. A CPI não pode ser criada, por exemplo, para investigar, genericamente, a corrupção ocorrida no Brasil. O fato investigado tem que ser determinado, aquele em que é possível verificar seus requisitos essenciais; **E:** incorreta. As conclusões deverão ser **encaminhadas ao Ministério Público**. Vale lembrar que a CPI não promove responsabilidades. Ao final das apurações, ela encaminha seus relatórios conclusivos ao Ministério Público para que este órgão, se entender pertinente, promova a responsabilização civil ou criminal dos investigados.

Gabarito "D".

## 11.4. PROCESSO LEGISLATIVO

**(Delegado/PE – 2016 – CESPE)** Assinale a opção correta acerca do processo legiferante e das garantias e atribuições do Poder Legislativo.

**(A)** A criação de ministérios depende de lei, mas a criação de outros órgãos da administração pública pode se dar mediante decreto do chefe do Poder Executivo.

**(B)** Se um projeto de lei for rejeitado no Congresso Nacional, outro projeto do mesmo teor só poderá ser reapresentado, na mesma sessão legislativa, mediante proposta da maioria absoluta dos membros da Câmara dos Deputados ou do Senado Federal.

**(C)** Uma medida provisória somente poderá ser reeditada no mesmo ano legislativo se tiver perdido sua eficácia por decurso de prazo, mas não se tiver sido rejeitada.

**(D)** Somente após a posse, deputados e senadores passam a gozar do foro por prerrogativa de função, quando deverão ser submetidos a julgamento perante o STF.

**(E)** Os deputados e os senadores gozam de imunidades absolutas, que não podem ser suspensas nem mesmo em hipóteses como a de decretação do estado de defesa ou do estado de sítio.

**A:** incorreta. De acordo com o art. 48, XI, da CF, é competência do Congresso Nacional, com a sanção do Presidente da República, dispor sobre todas as matérias de competência da União, especialmente sobre criação e extinção de Ministérios e órgãos da administração pública. Sendo assim, **a criação de órgãos da administração pública também depende de lei**; **B:** correta. É o que determina o art. 67 da CF. Menciona tal dispositivo a matéria constante de projeto de lei rejeitado somente poderá constituir objeto de novo projeto, na mesma sessão legislativa, mediante proposta da maioria absoluta dos membros de qualquer das Casas do Congresso Nacional; **C:** incorreta. Conforme determina o art. 62, § 10, da CF, é **proibida a reedição**, na mesma sessão legislativa, **de medida provisória que tenha sido rejeitada** ou que tenha perdido sua

# 8. DIREITO CONSTITUCIONAL 227

eficácia por decurso de prazo; **D:** incorreta. De acordo com o art. 53, § 1º, da CF, os Deputados e Senadores, **desde a expedição do diploma** (ato do Tribunal Superior Eleitoral que valida a candidatura e autoriza a posse), serão submetidos a julgamento perante o Supremo Tribunal Federal; **E:** incorreta. As imunidades não são absolutas. Determina o art. 53, § 8º, da CF que as imunidades de Deputados ou Senadores subsistirão durante o estado de sítio, **só podendo ser suspensas mediante o voto de dois terços dos membros** da Casa respectiva, nos casos de atos praticados fora do recinto do Congresso Nacional, que sejam incompatíveis com a execução da medida.

Gabarito "B".

## 11.5. FISCALIZAÇÃO CONTÁBIL, FINANCEIRA E ORÇAMENTÁRIA. TRIBUNAIS DE CONTAS

**(Juiz de Direito/AM – 2016 – CESPE)** Sabendo que o controle externo a cargo do Congresso Nacional é exercido com o auxílio do TCU, assinale a opção correta.

**(A)** Deverá o TCU sustar, diretamente, a execução de atos e de contratos impugnados, devendo comunicar a decisão à Câmara dos Deputados e ao Senado Federal e solicitar ao Poder Executivo que adote as medidas cabíveis.

**(B)** O TCU deve encaminhar, mensalmente, ao Congresso Nacional relatório de suas atividades.

**(C)** O TCU é competente para julgar as contas dos administradores e demais responsáveis por valores públicos da administração direta e indireta, tendo eficácia de título executivo as decisões desse tribunal das quais resulte imputação de débito ou multa.

**(D)** Compete ao TCU apreciar, para fins de registro, a legalidade dos atos de admissão de pessoal, a qualquer título, na administração direta e indireta, inclusive nomeações para cargo de provimento em comissão, bem como a das concessões de aposentadorias, reformas e pensões.

**(E)** O TCU fiscalizará as contas nacionais de empresas supranacionais apenas quando houver participação direta da União em seu capital social, nos termos do tratado constitutivo.

**A:** incorreta. Na hipótese de impugnação de "atos", o TCU fixa prazo para a regularização e, se não atendido, pode sustar diretamente o ato impugnado, comunicando a decisão à Câmara dos Deputados e ao Senado Federal. No caso de impugnação de "contratos", o ato de sustação será adotado diretamente pelo Congresso Nacional, que solicitará ao Poder Executivo, de imediato, as medidas cabíveis (art. 71, X, XI e §§ 1º e 2º, CF); **B:** incorreta. O envio é trimestral e anual (art. 71, § 4º, CF); **C:** correta. Art. 71, II e § 3º, CF: Art. 71. O controle externo, a cargo do Congresso Nacional, será exercido com o auxílio do Tribunal de Contas da União, ao qual compete: (...) II – julgar as contas dos administradores e demais responsáveis por dinheiro, bens e valores públicos da administração direta e indireta, incluídas as fundações e sociedades instituídas e mantidas pelo Poder Público federal, e as contas daqueles que derem causa a perda, extravio ou outra irregularidade de que resulte prejuízo ao erário público; (...) § 3º As decisões do Tribunal de que resulte imputação de débito ou multa terão eficácia de título executivo; **D:** incorreta. Excetuam-se da regra do art. 71, III, CF, as nomeações para cargo de provimento em comissão; **E:** incorreta. De acordo com o art. 71, V, CF, o TCU fiscalizará as contas nacionais das empresas supranacionais de cujo capital social a União participe, de forma direta ou indireta, nos termos do tratado constitutivo.

Gabarito "C".

**(Juiz de Direito/DF – 2016 – CESPE)** No que se refere ao tema controle interno e externo e seus respectivos órgãos estatais, assinale a opção correta.

**(A)** Qualquer cidadão ou sindicato é parte legítima para denunciar irregularidades ou ilicitudes ao tribunal de contas.

**(B)** O controle da atividade administrativa exercido pelo CNJ sujeita todos os órgãos do Poder Judiciário Nacional.

**(C)** O TCU, mediante controle externo que lhe cabe por competência exclusiva, exerce a fiscalização da atividade contábil, financeira, orçamentária, operacional e patrimonial da União.

**(D)** Nos processos perante o TCU, em que há apreciação da legalidade do ato de concessão inicial de aposentadoria, é prescindível assegurar-se o contraditório e a ampla defesa, a despeito do decurso de qualquer lapso temporal.

**(E)** No que tange ao controle interno da administração, é lícito condicionar a admissibilidade de recurso administrativo a prévio depósito.

**A:** correta. Art. 74, 2º, CF: "§ 2º Qualquer cidadão, partido político, associação ou sindicato é parte legítima para, na forma da lei, denunciar irregularidades ou ilegalidades perante o Tribunal de Contas da União"; **B:** incorreta. O controle da atividade administrativa feito pelo CNJ refere-se a todo o Poder Judiciário, não apenas ao Judiciário nacional (art. 103-B, § 4º, CF c/c art. 92, I a VII, da CF); **C:** incorreta. O controle de tais atividades é exercido pelo TCU em controle **externo**, e também pelo controle **interno** de cada Poder (art. 70, *caput*, CF) – não há exclusividade do TCU; **D:** incorreta. Após o lapso temporal de cinco anos é necessária a observância do contraditório e da ampla defesa, constituindo exceção à Súmula Vinculante 3/STF: "Nos processos perante o TCU asseguram-se o contraditório e a ampla defesa quando da decisão puder resultar anulação ou revogação de ato administrativo que beneficie o interessado, excetuada a apreciação da legalidade do ato de concessão inicial de aposentadoria, reforma e pensão"; **E:** incorreta. Súmula Vinculante 21/STF: "É **inconstitucional** a exigência de depósito ou arrolamento prévios de dinheiro ou bens para admissibilidade de recurso administrativo".

Gabarito "A".

## 12. DA ORGANIZAÇÃO DO PODER JUDICIÁRIO

**(Delegado/RJ – 2022 – CESPE/CEBRASPE)** O Tribunal de Justiça decretou medida cautelar de suspensão de mandato eletivo de deputado estadual investigado por organização criminosa prevista no art. 2.º da Lei n.º 12.850/2013. Considerando essa situação hipotética, assinale a opção correta.

**(A)** Submetida essa decisão judicial do Tribunal de Justiça à Assembleia Legislativa, se a Casa Parlamentar revoga a decisão judicial, cabe reclamação constitucional ao Supremo Tribunal Federal para garantir a autoridade de suas decisões e precedentes.

**(B)** O Poder Judiciário pode suspender mandato eletivo de parlamentar federal sem precisar submeter a decisão judicial à respectiva Casa do Congresso Nacional, conforme jurisprudência pacífica do Supremo Tribunal Federal.

**(C)** Essa decisão judicial do Tribunal de Justiça não precisa ser submetida à Assembleia Legislativa por inexistir norma de simetria e de extensão na Constituição da República Federativa do Brasil de 1988.

**(D)** Submetida essa decisão judicial do Tribunal de Justiça à Assembleia Legislativa, se a Casa Parlamentar revoga a decisão judicial, não cabe reclamação constitucional ao Supremo Tribunal Federal, porque não há decisões e precedentes para garantir a autoridade do parlamentar.

**(E)** O Poder Judiciário não pode suspender mandato eletivo de parlamentar federal, conforme jurisprudência pacífica do Supremo Tribunal Federal.

Comentário: Não caberia reclamação ao Supremo Tribunal Federal porque a decisão tomada pela Assembleia Legislativa não está contra os precedentes daquela Corte. AMN

Gabarito "D".

**(Juiz – TJ/CE – 2018 – CESPE)** A respeito da organização, das funções e das decisões do CNJ, assinale a opção correta.

**(A)** Cabe ao CNJ zelar pela legalidade dos atos administrativos do Poder Judiciário, o que exclui a competência do TCU para fiscalizá-los.

**(B)** Compete aos juízes estaduais e federais o julgamento de ações ordinárias ajuizadas contra decisões do CNJ.

**(C)** Segundo o STF, pode o CNJ realizar controle de constitucionalidade de lei ou ato normativo, desde que no exame de ato concreto e no exercício de sua competência.

**(D)** O prévio ajuizamento de ação que questione ato de concurso público para a magistratura não impede o conhecimento de pedido de providências sobre o tema pelo CNJ.

**(E)** É concorrente a competência da corregedoria do CNJ para o exercício do poder correicional e disciplinar.

**A:** incorreta, pois cabe ao CNJ zelar pela observância do art. 37 da CF e apreciar, de ofício ou mediante provocação, a legalidade dos atos administrativos praticados por membros ou órgãos do Poder Judiciário, podendo desconstituí-los, revê-los ou fixar prazo para que se adotem as providências necessárias ao exato cumprimento da lei, sem prejuízo da competência do Tribunal de Contas da União (art. 103-B, § 4º, II, da CF); **B:** incorreta, porque compete à justiça federal o julgamento de ações ordinárias ajuizadas contra decisões do CNJ devido à presença da União no polo passivo dessas ações (art. 109, I, da CF). A competência do STF prevista no art. 102, I, *r*, da CF é restrita às ações tipicamente constitucionais, quais sejam, mandados de segurança, mandados de injunção, *habeas corpus* e *habeas data* (STF, AO 1692 AgR, Rel. Min. Luiz Fux, Primeira Turma, j. em 02.06.2015). Nessa linha, a jurisprudência do STF *"tem conferido interpretação estrita à competência insculpida na alínea 'r' do inciso I do art. 102 da Carta Política, vinculando-a às hipóteses em que o Conselho Nacional de Justiça, órgão do Poder Judiciário, teria personalidade judiciária para figurar no polo passivo da lide – mandados de segurança, habeas corpus, habeas data. Nas ações ordinárias ajuizadas contra a União – ente dotado de personalidade jurídica –, ainda que envolvendo discussão acerca de ato emanado do Conselho Nacional de Justiça, a competência é da Justiça Federal."* (AO 1718, Rel. Min. Rosa Weber, j. em 30.03.2012); **C:** incorreta, já que o CNJ não possui competência para declarar a inconstitucionalidade de atos estatais (atribuição sujeita à reserva de jurisdição). O STF entende que o *"Conselho Nacional de Justiça, embora seja órgão do Poder Judiciário, nos termos do art. 103-B, § 4º, II, da Constituição Federal, possui, tão somente, atribuições de natureza administrativa e, nesse sentido, não lhe é permitido apreciar a constitucionalidade dos atos administrativos, mas somente sua legalidade"* (MS 28872 AgR, Rel. Min. Ricardo Lewandowski, Tribunal Pleno, j. em 24.02.2011). Todavia, vale destacar que o CNJ pode recusar-se a conferir aplicabilidade a normas inconstitucionais, eis que *"há que [se] distinguir entre declaração de inconstitucionalidade e não aplicação de leis inconstitucionais, pois esta é obrigação de qualquer tribunal ou órgão de qualquer dos Poderes do Estado"* (RMS 8.372/CE, Rel. Min. Pedro Chaves, Tribunal Pleno / Pet 4656/PB, Rel. Min. Cármen Lúcia, Tribunal Pleno, j. em 19.12.2016); **D:** incorreta, pois *"não compete ao Conselho Nacional de Justiça apreciar Pedido de Providências cujo objeto coincida com o de ação judicial anteriormente proposta, a fim de prestigiar a segurança jurídica, evitar interferência na atividade jurisdicional do Estado e afastar o risco de decisões conflitantes"* (CNJ – RA – Recurso Administrativo em PCA – Procedimento de Controle Administrativo – 0000916-39.2015.2.00.0000 – Rel. Carlos Augusto de Barros Levenhagen – 4ª Sessão Virtual - j. 01.12.2015); **E:** correta. Nesse sentido, o seguinte julgado do STF: *"O CNJ não está condicionado à atuação do órgão correicional local (artigo 103-B, §4º, II, III e V), para somente após proceder, consoante a exegese adotada pelo Supremo Tribunal Federal. A jurisprudência desta Corte firmou entendimento no sentido de que o Conselho Nacional de Justiça detém competência originária e concorrente com os Tribunais de todo o país para instaurar processos administrativo-disciplinares em face de magistrados."* (MS 28353 AgR, Rel. Min. Luiz Fux, Primeira Turma, j. em 24.11.2015). Gabarito "E".

**(Analista Judiciário – TJ/PA – 2020 – CESPE)** Considerando o entendimento do STF acerca do Conselho Nacional de Justiça (CNJ), julgue os itens a seguir.

I. Embora seja órgão do Poder Judiciário, o CNJ não é dotado de função jurisdicional.

II. O CNJ deve atuar somente se houver necessariamente o exaurimento da instância administrativa ordinária.

III. O CNJ tem competência para apurar violações aos deveres funcionais dos magistrados e servidores do Poder Judiciário.

IV. Não é permitido ao CNJ apreciar a constitucionalidade dos atos administrativos, mas somente sua legalidade.

Estão certos apenas os itens

**(A)** I e II.

**(B)** I e IV.

**(C)** III e IV.

**(D)** I, II e III.

**(E)** II, III e IV.

Correta é a letra **B**, conforme explicação baseada na jurisprudência do STF. O CNJ é órgão do Poder Judiciário, mas não possui função jurisdicional (ADI 3.367. Pleno. STF), logo, item I correto. Não requer exaurimento da instância administrativa ordinária, razão pela qual o item II está errado (MS 28.620. Rel. Min. Dias Toffoli. STF). A competência para apuração do CNJ recai em face dos juízes, nos termos do artigo 103-B, § 4º, da CF, sendo assim, item III errado. Por fim, o item IV está correto: "O Conselho Nacional de Justiça, embora seja órgão do Poder Judiciário, nos termos do art. 103-B, § 4º, II, da Constituição Federal, possui, tão somente, atribuições de natureza administrativa e, nesse sentido, não lhe é permitido apreciar a constitucionalidade dos atos administrativos, mas somente sua legalidade." (MS 28.872. Pleno. STF). Gabarito "B".

**(Auxiliar Judiciário – TJ/PA – 2020 – CESPE)** O STF é competente para julgar

**(A)** os governadores dos estados e do Distrito Federal em caso de crimes comuns.

**(B)** os desembargadores dos tribunais de justiça dos estados em caso de crimes de responsabilidade.

**(C)** os conflitos de atribuições entre autoridades judiciárias de um estado e autoridades administrativas de outro estado.

**(D)** os conflitos de atribuições entre autoridades administrativas e judiciárias da União.

**(E)** lei local válida contestada em face de lei federal por meio de recurso extraordinário.

Correta é a letra **E**, pois assim determina o artigo 102, III, d, da CF. As letras **A** e **B** estão erradas, pois a competência é do STJ (artigo 105, I, *a*, da CF). As letras **C** e **D** estão erradas, porque a competência é do STJ (Artigo 105, I, *g*, da CF). Gabarito "E".

**(Juiz de Direito/DF – 2016 – CESPE)** Em atenção à organização dos Poderes, assinale a opção correta.

**(A)** Compete ao governador, recebida a lista tríplice do tribunal, a nomeação de desembargador para o quinto constitucional do Poder Judiciário do DF.

**(B)** Conforme entendimento do STF, sua competência originária contra atos do CNJ deve ser interpretada de forma restrita e se limita às ações tipicamente constitucionais.

**(C)** Se o ato questionado é a lista tríplice do quinto constitucional formada por tribunal estadual, é atribuição do CNJ o controle do procedimento, ainda que ocorra após a nomeação e posse do desembargador.

**(D)** Os ministros de Estado, nos crimes de responsabilidade conexos com os do presidente da República, serão processados e julgados pelo STF.

**(E)** Conferindo a lei prerrogativas, garantias, vantagens e direitos equivalentes aos dos titulares dos ministérios é de se reconhecer ao ocupante do cargo, para as infrações penais, a prerrogativa de foro no STF.

**A:** incorreta. A nomeação é realizada pelo Presidente da República, pois cabe à União organizar e manter o Poder Judiciário, o Ministério Público e a Defensoria Pública **do Distrito Federal** (art. 21, XIII, e art. 94, *caput* e parágrafo único, da CF); **B:** correta. Compete ao STF, **originariamente**, processar e julgar mandado de segurança, *habeas corpus, habeas data* e mandado de injunção impetrados contra o CNJ, pois, nessas situações, o Conselho qualifica-se como órgão coator com legitimidade passiva (art. 102, I, "d", "q" e "r", CF). Nas demais ações (como nas de rito ordinário, por exemplo), o polo passivo é ocupado pela União, afastando a competência originária do STF; **C:** incorreta. Na hipótese, o controle **não** cabe ao CNJ, pois se trata de procedimento subjetivamente complexo em que o ato final de investidura pertence, exclusivamente, ao Chefe do Poder Executivo (MS 27.033-AgR, rel. min. Celso de Mello, j. 30.06.2015, 2ª T, *DJE* 27.10.2015); **D:** incorreta. É competência do **Senado Federal** julgar Ministros de Estado por crimes de responsabilidade conexos com os crimes de responsabilidade do Presidente da República (art. 52, I, CF); **E:** incorreta. O rol de hipóteses

## 8. DIREITO CONSTITUCIONAL

de competência originária do STF é taxativo, não cabendo interpretação ampliativa.

Gabarito "B".

**(Juiz de Direito/AM – 2016 – CESPE)** Considerando a jurisprudência do STF, assinale a opção correta acerca do Poder Judiciário, do STF e das justiças federal, do trabalho e eleitoral.

(A) Caso o número total da composição dos tribunais estaduais, TREs e TRFs não seja divisível por cinco, arredondar-se-á a fração restante (seja superior ou inferior à metade) para o número inteiro seguinte, a fim de alcançar-se a quantidade de vagas destinadas ao quinto constitucional assegurado a advogados e membros do MP.

(B) Se o fundamento da impetração de mandado de segurança for nulidade ocorrida na elaboração da lista tríplice pelos tribunais competentes, o presidente da República não poderá ser considerado autoridade coatora no mandado de segurança impetrado contra ato de sua competência em que ele tenha nomeado magistrado.

(C) A falta ou a insuficiência de fundamentação de prisão preventiva podem ser supridas pela fundamentação constante das informações prestadas em *habeas corpus* ou em acórdão que o denegue ou negue provimento a recurso, o que afasta a causa de nulidade da decisão por descumprimento do disposto na CF acerca da publicidade dos julgamentos.

(D) Não satisfaz a exigência de fundamentação das decisões o ato judicial que apenas faz remissão expressa a manifestações ou peças processuais existentes nos autos, produzidas pelas partes, pelo MP ou por autoridades públicas, cujo teor indique os fundamentos de fato e(ou) de direito que justifiquem a decisão emanada do Poder Judiciário.

(E) A publicidade assegurada constitucionalmente alcança os autos do processo, e não somente as sessões e audiências, razão pela qual padece de inconstitucionalidade disposição normativa que determine abstratamente segredo de justiça em todos os processos em curso perante vara criminal.

**A:** incorreta. **A regra do quinto constitucional**, prevista no art. 94 da CF, **não é aplicada aos TREs**. De acordo com o § 1º do art. 120 da CF, os TRFs são compostos: I – mediante eleição, pelo voto secreto: a) de dois juízes dentre os desembargadores do Tribunal de Justiça, b) de dois juízes, dentre juízes de direito, escolhidos pelo Tribunal de Justiça; II – de um juiz do Tribunal Regional Federal com sede na Capital do Estado ou no Distrito Federal, ou, não havendo, de juiz federal, escolhido, em qualquer caso, pelo Tribunal Regional Federal respectivo; e III – por nomeação, pelo Presidente da República, de dois juízes dentre seis advogados de notável saber jurídico e idoneidade moral, indicados pelo Tribunal de Justiça; **B:** incorreta. Determina a Súmula 627 do STF que "No mandado de segurança contra a nomeação de magistrado da competência do Presidente da República, este é considerado autoridade coatora, ainda que o fundamento da impetração seja nulidade ocorrida em fase anterior do procedimento"; **C:** incorreta. Não é dessa forma que o Supremo entende, vejamos: "Prisão preventiva: análise dos critérios de idoneidade de sua motivação à luz de jurisprudência do Supremo Tribunal. 1. A **fundamentação idônea é requisito de validade do decreto de prisão preventiva**: no julgamento do 'habeas-corpus' que o impugna não cabe às sucessivas instâncias, para denegar a ordem, suprir a sua deficiência originária, mediante achegas de novos motivos por ele não aventados: precedentes." (RTJ 179/1135-1136, Rel. Min. Sepúlveda Pertence); **D:** incorreta. O STF entende que: "**Revela-se legítima e plenamente compatível** com a exigência imposta pelo art. 93, IX, da Constituição da República, a utilização, por magistrados, da técnica da motivação *per relationem*, que se caracteriza pela **remissão que o ato judicial expressamente faz a outras manifestações ou peças processuais existentes nos autos**, mesmo as produzidas pelas partes, pelo Ministério Público ou por autoridades públicas, cujo teor indique os fundamentos de fato e/ou de direito que justifiquem a decisão emanada do Poder Judiciário. Precedentes. [MS 25.936 ED, rel. min. Celso de Mello, j. 13.06.2007, P, *DJE* de 18.09.2009] = AI 814.640 AgR, rel. min. Ricardo Lewandowski, j. 02.12.2010, 1ª T, *DJE* de 01.02.2011 = HC 92.020, rel. min. Joaquim Barbosa, j. 21.09.2010, 2ª T, *DJE* de 08.11.2010; **E:** correta. Determina o STF que: "A **publicidade** assegurada constitucionalmente (art. 5º, LX, e 93, IX, da CRFB) alcança os autos do processo, e **não somente as sessões e audiências**, razão pela qual

padece de inconstitucionalidade disposição normativa que determine abstratamente segredo de justiça em todos os processos em curso perante vara Criminal. [ADI 4.414, rel. min. Luiz Fux, j. 31.05.2012, P, *DJE* de 17.06.2013] (grifos nossos).

Gabarito "E".

**(Analista Jurídico – TCE/PR – 2016 – CESPE)** De acordo com a jurisprudência do STF, assinale a opção correta acerca da regra do quinto constitucional.

(A) Não afrontará o princípio da simetria a norma que, presente em Constituição estadual, imponha a sabatina, pela assembleia legislativa do estado, do candidato escolhido pelo Poder Executivo a partir de lista tríplice para preenchimento de vaga em tribunal de justiça destinada ao quinto constitucional.

(B) A inobservância, pelo tribunal, da regra do quinto constitucional para preenchimento de sua composição provoca a nulidade de seus julgamentos, por força do princípio do juiz natural.

(C) O juiz de tribunal regional eleitoral ocupante de vaga destinada à advocacia estará impedido de concorrer ao quinto constitucional para preenchimento de vaga no tribunal de justiça de estado também destinada à advocacia.

(D) Os tribunais de justiça possuem a prerrogativa de, fundamentada e objetivamente, devolver a lista sêxtupla encaminhada pela Ordem dos Advogados do Brasil para preenchimento de vaga destinada à advocacia quando faltar a algum dos indicados requisito constitucional para a investidura.

(E) O quinto constitucional que destina parcela das vagas de um tribunal à advocacia não se estende aos tribunais regionais do trabalho.

**A:** incorreta. De acordo com o Supremo: "**Conflita com a CF** norma da Carta do Estado que junge à aprovação da Assembleia Legislativa a escolha de candidato à vaga do quinto em Tribunal" [ADI 4.150, rel. min. Marco Aurélio, j. 25.02.2015, P, *DJE* de 19.03.2015]; **B:** incorreta. O STF entende de modo diverso: "O quinto constitucional previsto para o provimento de lugares em Tribunal, quando eventualmente não observado, não **gera nulidade do julgado**, máxime em razão da ilegitimidade da parte para questionar os critérios de preenchimento das vagas nos órgãos do Judiciário, mercê da incidência do princípio *pas de nullité sans grief*, consagrado no art. 499 do CPPM (...)" [RE 484.388, rel. p/ o ac. min. Luiz Fux, j. 13.10.2011, P, *DJE* de 13.03.2012]; **C:** incorreta. Ao contrário do mencionado, o STF entende que: "...Os cargos de juiz do TRE, assim como o de desembargador do TJ, possuem os mesmos requisitos para o respectivo preenchimento, a saber: notório saber jurídico e idoneidade moral. Dessa forma, se o impetrante preenchia o requisito para atuar no TRE, **nada impede que assuma o cargo no TJ local**. Não há, na legislação vigente, nenhum impedimento a que ocupante do cargo de juiz no TRE na vaga destinada aos advogados no TRE concorra ao cargo de desembargador pelo quinto constitucional no TJ." (MS 32.491, rel. min. Ricardo Lewandowski, julgamento em 19.08.2014, Segunda Turma, *DJE* de 10.10.2014); **D:** correta. É o que entende a Suprema Corte: "Composição do Tribunal de Justiça do Estado de São Paulo. (...) A devolução da lista apresentada pela OAB com clara indicação dos motivos que a suportaram **não viola** decisão desta Suprema Corte que, expressamente, ressalvou essa possibilidade "à falta de requisito constitucional para a investidura, desde que fundada a recusa em razões objetivas, declinadas na motivação da deliberação do órgão competente do colegiado judiciário" (MS 25.624/SP, Rel. Min. Sepúlveda Pertence, *DJ* de 19.12.2006).[Rcl 5.413, rel. min. Menezes Direito, j. 10.04.2008, P, *DJE* de 23.05.2008.]; **E:** incorreta. O STF já decidiu que: "Com a promulgação da EC 45/2004, deu-se a **extensão, aos tribunais do trabalho, da regra do "quinto"** constante do art. 94 da Carta Federal" [ADI 3.490, rel. min. Marco Aurélio, j. 19.12.2005, P, *DJ* de 07.04.2006.] (grifos nossos).

Gabarito "D".

**(Juiz de Direito/DF – 2016 – CESPE)** Compete ao CNJ, instituído pela EC n.º 45/2004 – Reforma do Judiciário,

(A) avocar processos disciplinares em curso contra magistrados, e determinar a aplicação das penas de remoção, disponibilidade, aposentadoria compulsória com subsídios

## 230 VÁRIOS AUTORES

proporcionais ao tempo de serviço, ou a demissão a bem do serviço público.

(B) receber e conhecer das reclamações em desfavor de órgãos prestadores de serviços notariais e de registro, sem prejuízo da competência disciplinar e correcional dos tribunais de justiça.

(C) rever, de ofício ou mediante provocação, processos disciplinares de juízes e membros de tribunais — exceto de integrantes de tribunais superiores — julgados há menos de um ano.

(D) processar e julgar ação penal referente a crime contra a administração pública ou de abuso de autoridade praticado por magistrado.

(E) apreciar e julgar, em grau de recurso, ato jurisdicional prolatado por órgão judicial em flagrante violação de dever funcional.

**A:** incorreta. As funções do CNJ estão previstas no art. 103-B, § 4º, da CF. O assunto veiculado na alternativa é encontrado na segunda parte do inciso III do § 4º do 103-B da CF. Embora o CNJ possa avocar processos disciplinares em curso e determinar a remoção, a disponibilidade ou a aposentadoria com subsídios ou proventos proporcionais ao tempo de serviço e aplicar outras sanções administrativas, assegurada ampla defesa, ele **não pode aplicar a demissão a bem do serviço público, pois não há fundamento constitucional para tanto**. A EC 103/2019 acabou com a pena disciplinar de aposentadoria compulsória para os magistrados; **B:** correta. É o que determina a primeira parte do inciso III do § 4º do 103-B da CF. Segundo tal norma, compete ao CNJ **receber e conhecer das reclamações contra** membros ou órgãos do Poder Judiciário, inclusive contra seus serviços auxiliares, **serventias e órgãos prestadores de serviços notariais e de registro** que atuem por delegação do poder público ou oficializados, sem prejuízo da competência disciplinar e correcional dos tribunais, podendo avocar processos disciplinares em curso e determinar a remoção, a disponibilidade ou a aposentadoria com subsídios ou proventos proporcionais ao tempo de serviço e aplicar outras sanções administrativas, assegurada ampla defesa; **C:** incorreta. **Não há essa exceção** no texto constitucional. Compete ao CNJ rever, de ofício ou mediante provocação, os processos disciplinares de juízes e membros de tribunais julgados há menos de um ano, conforme determina o inciso V do § 4º do 103-B da CF; **D:** incorreta. O CNJ **não detém função jurisdicional**. Na hipótese trazida pela alternativa, o CNJ apenas representará ao Ministério Público, no caso de crime contra a administração pública ou de abuso de autoridade, conforme determina o inciso IV do § 4º do 103-B da CF; **E:** incorreta. Como mencionado, o CNJ não possui função jurisdicional. O Supremo já decidiu desta maneira diversas vezes: "(...) esta Suprema Corte em distintas ocasiões já afirmou que o **CNJ não é dotado de competência jurisdicional**, sendo mero órgão administrativo. Assim sendo, a Resolução 135, ao classificar o CNJ e o Conselho da Justiça Federal de "tribunal", ela simplesmente disse – até porque mais não poderia dizer – que as normas que nela se contém aplicam-se também aos referidos órgãos" [ADI 4.638 MC-REF, rel. min. Marco Aurélio, voto do min. Ricardo Lewandowski, j. 08.02.2012, P, *DJE* de 30.10.2014.]

Gabarito "B"

**(Procurador do Estado – PGE/BA – CESPE – 2014)** No que se refere ao Poder Judiciário, julgue os itens seguintes, considerando que STJ se refere ao Superior Tribunal de Justiça.

(1) Os tribunais regionais federais não podem funcionar de forma descentralizada, ressalvada a justiça itinerante.

(2) O tribunal regional eleitoral deve eleger seu vice-presidente entre os juízes federais.

(3) Compete ao STJ processar e julgar, originariamente, o conflito de competência instaurado entre juiz federal e juiz do trabalho.

(4) A função de ministro-corregedor do Conselho Nacional de Justiça deve ser exercida por ministro do STJ.

**1:** Incorreta. Ver art. 107, § 3º, CF. **2:** Incorreta. Ver art. 120, § 2º, CF. O vice-presidente será um dos seus desembargadores. **3:** Correta. Art. 105, I, *d*, CF. **4:** Correta. Art. 103-B, § 5º, CF.

Gabarito 1E,2E,3C,4C

**(Promotor de Justiça/AC – 2014 – CESPE)** Com relação ao Poder Judiciário, assinale a opção correta.

(A) De acordo com a CF, membro do MPE poderá compor o tribunal regional eleitoral, desde que nomeado pelo presidente da República, devendo atuar pelo prazo mínimo de dois anos e nunca por mais de dois biênios consecutivos.

(B) Desde que haja previsão na constituição estadual, é possível a criação da justiça militar estadual, constituída, em primeiro grau, pelos juízes auditores e, em segundo grau, pelas auditorias militares.

(C) Em casos de crimes dolosos contra a vida, o julgamento de prefeito, de competência da justiça comum estadual, será realizado perante o tribunal de justiça respectivo, dada a previsão constitucional específica, que prevalece sobre a competência geral do tribunal do júri.

(D) As decisões administrativas dos tribunais de justiça em matéria disciplinar devem ser motivadas e podem ser realizadas em sessão secreta por decisão da maioria absoluta de seus membros.

(E) Constituição estadual pode prever representação de inconstitucionalidade de leis ou atos normativos estaduais em face de seu texto, desde que estabeleça a legitimidade exclusiva para o seu oferecimento ao procurador-geral de justiça.

**A:** incorreta, pois em desacordo com o que preceitua o art. 120, § 1º, da CF, que estabelece as regras concernentes à composição dos tribunais regionais eleitorais; **B:** incorreta (art. 125, § 3º, da CF); **C:** correta. De fato, os prefeitos municipais serão julgados, pela prática de crimes comuns e dolosos contra a vida, pelo Tribunal de Justiça (art. 29, X, da CF). Pela prática de crimes da esfera federal, o julgamento caberá aos Tribunais Regionais Federais. Agora, se se tratar de crimes de responsabilidade, previstos no Dec.-lei 201/1967, o chefe do executivo municipal será submetido a julgamento pelo Poder Legislativo local. Nesse sentido: Súmula 702, STF: "A competência do Tribunal de Justiça para julgar prefeitos restringe-se aos crimes de competência da Justiça comum estadual; nos demais casos, a competência originária caberá ao respectivo tribunal de segundo grau"; **D:** incorreta, pois contraria o disposto no art. 93, X, da CF, que impõe que as decisões administrativas dos tribunais, aqui as incluídas as atinentes a matéria disciplinar, serão tomadas em sessão pública; **E:** incorreta, nos termos do art. 125, § 2º, da CF.

Gabarito "C"

## 13. DAS FUNÇÕES ESSENCIAIS À JUSTIÇA

**(Auditor Fiscal – SEFAZ/RS – 2019 – CESPE/CEBRASPE)** Com base nas normas constitucionais que versem sobre as funções essenciais à justiça, assinale a opção correta.

(A) A Procuradoria-Geral da Fazenda Nacional integra o Ministério Público Federal.

(B) Incumbe à Advocacia Geral da União representar a União, judicial e extrajudicialmente.

(C) A Defensoria Pública da União faz parte do Conselho Nacional do Ministério Público.

(D) Aos membros da Defensoria Pública e aos integrantes da Advocacia Geral da União são asseguradas as prerrogativas constitucionais da inamovibilidade e da vitaliciedade.

(E) A autonomia administrativa é garantida constitucionalmente ao Ministério Público, à Defensoria Pública e à Advocacia Pública.

**A:** incorreta, porque a Procuradoria-Geral da Fazenda Nacional integra a Advocacia-Geral da União (art. 131, § 3º, da CF); **B:** correta, nos termos do art. 131, *caput*, da CF; **C:** incorreta, pois a Defensoria Pública é instituição permanente, essencial à função jurisdicional do Estado, incumbindo-lhe a orientação jurídica, a promoção dos direitos humanos e a defesa, em todos os graus, judicial e extrajudicial, dos direitos individuais e coletivos, de forma integral e gratuita, aos necessitados (art. 134 da CF). Por sua vez, o Conselho Nacional do Ministério Público exerce o controle da atuação administrativa e financeira do Ministério Público e o cumprimento dos deveres funcionais de seus membros (art. 130-A, § 2º, da CF); **D:** incorreta, pois aos membros da Defensoria Pública é assegurada apenas a garantia da inamovibilidade (art. 134, §

8. DIREITO CONSTITUCIONAL | 231

1º, da CF), ao passo que nenhuma dessas prerrogativas é assegurada aos integrantes da Advocacia-Geral da União. As prerrogativas constitucionais da inamovibilidade e da vitaliciedade são asseguradas aos magistrados (art. 95, I e II, da CF) e aos membros do Ministério Público (art. 128, § 5º, I, "a" e "b", da CF); **E:** incorreta, já que a autonomia administrativa é garantida constitucionalmente ao Ministério Público (art. 127, § 2º, da CF) e à Defensoria Pública (art. 134, §§ 2º e 3º, da CF), mas não à Advocacia Pública. AN

Gabarito "B".

**(Procurador do Município – Prefeitura Fortaleza/CE – CESPE – 2017)** A respeito das funções essenciais à justiça, julgue os itens seguintes à luz da CF.

(1) Aos defensores públicos é garantida a inamovibilidade e vedada a advocacia fora das atribuições institucionais.

(2) Em decorrência do princípio da unidade, membro do MP não pode recorrer de decisão proferida na segunda instância se o acórdão coincidir com o que foi preconizado pelo promotor que atuou no primeiro grau de jurisdição.

(3) De acordo com o entendimento do STF, são garantidas ao advogado público independência funcional e inamovibilidade.

(4) O ente federado tanto pode optar pela constituição de defensoria pública quanto firmar convênio exclusivo com a OAB para prestar assistência jurídica integral aos hipossuficientes.

**1:** Correta. Art. 134, § 1º, CF. **2:** Incorreta. O princípio da unidade tem natureza administrativa. Significa que os membros do MP estão sob a direção de um único chefe, devendo ser visto como uma única instituição. Não impede que o procurador regional da República discorde do procurador da República que atue em primeira instância. **3:** Incorreta. A advocacia pública não tem independência funcional e nem garantia de inamovibilidade. **4:** Incorreta. O ente federado deve organizar sua defensoria pública, sob pena de omissão inconstitucional. TM

Gabarito 1C, 2E, 3E, 4E.

**(Juiz de Direito – TJ/SC – 2019 – CESPE/CEBRASPE)** A constituição de determinado estado da Federação dispõe que aos defensores públicos serão garantidas as mesmas prerrogativas, os mesmos impedimentos e os mesmos vencimentos dos membros do Ministério Público. Nessa situação hipotética, à luz do disposto na Constituição Federal de 1988 (CF) e do entendimento jurisprudencial do STF, a referida norma estadual é

(A) constitucional, pois é uma opção viável do constituinte originário do estado.

(B) inconstitucional, pois ofende norma da CF, que veda a equiparação e a vinculação remuneratória entre os referidos órgãos.

(C) constitucional, pois a CF confere as mesmas vantagens e os mesmos impedimentos aos integrantes das carreiras dos referidos órgãos.

(D) inconstitucional, pois o constituinte estadual não pode dispor sobre a organização dos órgãos que componham as funções essenciais à justiça.

(E) constitucional, por consagrar a isonomia entre integrantes das carreiras dos referidos órgãos, que têm estatutos jurídicos semelhantes.

Correta é a letra B, nos termos da ADI 145, do STF (Ver informativo 907, do STF). A letras **A**, **C** e **E** estão erradas, pois ofendem o artigo 37, XIII, da CF. A letra **D** está errada, pois não guarda compatibilidade com o enunciado. AB

Gabarito "B".

**(Promotor de Justiça/AC – 2014 – CESPE)** De acordo com as normas constitucionais e o entendimento doutrinário e jurisprudencial referentes ao MP, assinale a opção correta.

(A) Compete ao Conselho Nacional do MP o controle da atuação administrativa, financeira e da independência funcional dos membros do MP, competindo-lhe, entre outras atribuições, a revisão, de ofício ou mediante provocação, de processos disciplinares de membros do MPE julgados há menos de um ano.

(B) Cabe ao STF dirimir conflito negativo de atribuições entre o MPF e o MPE, quando não configurado virtual conflito de jurisdição que, por força da CF, seja da competência do STJ.

(C) Desde que previsto em lei estadual, o membro do MPE pode atuar como procurador do MP junto ao tribunal de contas estadual.

(D) Em decorrência do princípio da simetria, é obrigatória a aprovação, pela assembleia legislativa, de indicado pelo governador, em lista tríplice, ao cargo de procurador-geral de justiça.

(E) Por caber privativamente ao procurador-geral da República o exercício das funções do MP junto ao STF, os membros do MPE não podem propor, de forma autônoma, reclamação perante a suprema corte.

**A:** incorreta, uma vez que não constitui atribuição do CNMP controlar a independência funcional de seus membros (art. 130-A, CF); **B:** correta. Conferir: "Compete ao Supremo Tribunal Federal dirimir conflito de atribuições entre os Ministérios Públicos Federal e Estadual, quando não configurado virtual conflito de jurisdição que, por força da interpretação analógica do art. 105, I, *d*, da CF, seja da competência do Superior Tribunal de Justiça. Com base nesse entendimento, o Tribunal, resolvendo conflito instaurado entre o MP do Estado da Bahia e o Federal, firmou a competência do primeiro para atuação em inquérito que visa apurar crime de roubo (CP, art. 157, § 2º, I). Considerou-se a orientação fixada pelo Supremo no sentido de ser dele a competência para julgar certa matéria diante da inexistência de previsão específica na Constituição Federal a respeito, e emprestou-se maior alcance à alínea *f* do inciso I do art. 102 da CF, ante o fato de estarem envolvidos no conflito órgãos da União e de Estado-membro. Asseverou-se, ademais, a incompetência do Procurador-Geral da República para a solução do conflito, em face da impossibilidade de sua interferência no parquet da unidade federada. (...)" (Pet 3528/BA, rel. Min. Marco Aurélio, 28.9.2005); **C:** incorreta. Nesse sentido: "Mandado de segurança. Ato do Conselho Nacional do Ministério Público. Atuação de Procuradores de Justiça nos Tribunais de Contas. Ofensa à Constituição. 1. Está assente na jurisprudência deste Supremo Tribunal Federal que o Ministério Público junto ao Tribunal de Contas possui fisionomia institucional própria, que não se confunde com a do Ministério Público comum, sejam os dos Estados, seja o da União, o que impede a atuação, ainda que transitória, de Procuradores de Justiça nos Tribunais de Contas (cf. ADI 2.884, Relator o Ministro Celso de Mello, DJ de 20/5/05; ADI 3.192, Relator o Ministro Eros Grau, *DJ* de 18.08.2006). 2. Escorreita a decisão do CNMP que determinou o imediato retorno de dois Procuradores de Justiça que oficiavam perante o Tribunal de Contas do Estado do Rio Grande do Sul às suas funções próprias no Ministério Público estadual, não sendo oponíveis os princípios da segurança jurídica e da eficiência, a legislação estadual ou as ditas prerrogativas do Procurador-Geral de Justiça ao modelo institucional definido na própria Constituição 3. Não se pode desqualificar decisão do Conselho Nacional do Ministério Público que, no exercício de suas atribuições constitucionais, identifica situação irregular de atuação de Procuradores de Justiça estaduais junto ao Tribunal de Contas, o que está vedado em julgados desta Corte Suprema. O argumento de que nasceu o exame de representação anônima, considerando a realidade dos autos, não malfere a decisão do colegiado que determinou o retorno dos Procuradores de Justiça às funções próprias do Ministério Público estadual. 4. Denegação da segurança" (MS 27339, Menezes Direito, STF); **D:** incorreta. Conferir: "Ação direta de inconstitucionalidade. Constituição do Estado do Mato Grosso. Competência da assembleia legislativa para aprovar a escolha do procurador-geral de justiça. Inconstitucionalidade. 1. A escolha do Procurador-Geral da República deve ser aprovada pelo Senado (CF, artigo 128, § 1º). A nomeação do Procurador-Geral de Justiça dos Estados não está sujeita à aprovação da Assembleia Legislativa. Compete ao Governador nomeá-lo dentre lista tríplice composta de integrantes da carreira (CF, artigo 128, § 3º). Não aplicação do princípio da simetria. Precedentes. 2. Dispositivo da Constituição do Estado de Mato Grosso que restringe o alcance do § 3º do artigo 128 da Constituição Federal, ao exigir a aprovação da escolha do Procurador-Geral de Justiça pela Assembleia Legislativa. Ação julgada procedente e declarada a inconstitucionalidade da alínea "c" do inciso XIX do artigo 26 da Constituição do Estado de Mato Grosso" (ADI 452, Maurício Corrêa, STF); **E:** incorreta. Nesse sentido: "Reclamação. Execução penal. Restabelecimento dos dias remidos. Contrariedade à Súmula Vinculante n. 9 do Supremo Tribunal Federal. Reconhecida, por

maioria, a legitimidade do Ministério Público do Estado de São Paulo para propor reclamação, independentemente de ratificação da inicial pelo Procurador-Geral da República. Decisão reclamada contrária à Súmula Vinculante n. 9 e proferida após a sua publicação. 1. O Supremo Tribunal reconheceu a legitimidade ativa autônoma do Ministério Público estadual para ajuizar reclamação no Supremo Tribunal, sem que se exija a ratificação da inicial pelo Procurador-Geral da República. Precedente: Reclamação n. 7.358. 2. A decisão reclamada foi proferida após a publicação da súmula vinculante n. 9 do Supremo Tribunal, pelo que, nos termos do art. 103-A da Constituição da República, está a ela sujeita. 3. Reclamação julgada procedente" (STF, Cármen Lúcia, 7101).
Gabarito "B".

**(Auxiliar Judiciário – TJ/PA – 2020 – CESPE)** Assinale a opção que apresenta o princípio constitucional que se aplica diretamente à carreira de defensoria pública.

(A) livre exercício da ação penal
(B) independência funcional
(C) inamovibilidade
(D) vitaliciedade
(E) irrecusabilidade

Correta é a letra **B**, pois assim determina o artigo 134, § 4º, da CF: "São princípios institucionais da Defensoria Pública a unidade, a indivisibilidade e a independência funcional, aplicando-se também, no que couber, o disposto no art. 93 e no inciso II do art. 96 desta Constituição Federal.". As demais alternativas estão voltadas para garantias e autonomias, conforme artigo 134, §§ 1º e 2º, da CF, portanto, equivocadas. AB
Gabarito "B".

## 14. DEFESA DO ESTADO

**(Delegado – PC/SE – 2018 – CESPE/CEBRASPE)** Conforme disposições constitucionais a respeito da organização da segurança pública, julgue os itens a seguir.

(1) A segurança pública, exercida para preservação da ordem pública e da incolumidade das pessoas e do patrimônio, é responsabilidade de todos.
(2) As polícias militares, os corpos de bombeiros militares e as polícias civis subordinam-se aos governadores dos estados, do Distrito Federal e dos territórios.
(3) Incumbem às polícias civis a função de polícia judiciária e a apuração de infrações penais contra a ordem política e social, exceto as infrações de natureza militar.
(4) Compete à União estabelecer normas gerais sobre a organização das polícias civis.
(5) O poder constituinte originário, ao tratar da segurança pública no ordenamento constitucional vigente, fez menção expressa à segurança viária, atividade exercida para a preservação da ordem pública, da incolumidade das pessoas e de seu patrimônio nas vias públicas.

**1:** certa, pois a segurança pública é dever do Estado e direito e responsabilidade de todos (art. 144, *caput*, da CF); **2:** certa, nos termos do art. 144, § 6º, da CF; **3:** errada, porque compete à polícia federal apurar infrações penais contra a ordem política e social (art. 144, § 1º, I, da CF); **4:** certa, porque, no âmbito da legislação concorrente, a competência da União limita-se a estabelecer normas gerais (art. 24, XVI, c/c § 1º, da CF); **5:** errada, porque a segurança viária foi incluída na Constituição pela Emenda Constitucional 82/2014, que é manifestação do poder constituinte derivado reformador. AN
Gabarito 1C, 2C, 3E, 4C, 5E.

**(Juiz de Direito – TJ/SC – 2019 – CESPE/CEBRASPE)** A respeito da organização dos poderes e da defesa do estado e das instituições democráticas, assinale a opção correta.

(A) É viável o controle judicial da legalidade dos atos praticados por agentes públicos na vigência de estado de sítio.
(B) Durante o estado de sítio, imunidades de deputados e senadores só podem ser suspensas por voto da maioria absoluta da respectiva casa, nos casos de atos incompatíveis com a execução da medida.

(C) Compete ao Conselho da República opinar sobre a decretação do estado de defesa, do estado de sítio e da intervenção federal.
(D) O estado de sítio somente poderá ser decretado quando presente a declaração do estado de guerra ou diante de ineficácia das medidas tomadas durante o estado de defesa.
(E) O estado de defesa poderá ser decretado apenas após a deliberação da maioria absoluta do Congresso Nacional.

Correta é a letra **A**, pois a vigência do estado de sítio não afasta os deveres de legalidade do agente público, nos termos do artigo 141, da CF: "Cessado o estado de defesa ou o estado de sítio, cessarão também seus efeitos, sem prejuízo da responsabilidade pelos ilícitos cometidos por seus executores ou agentes.". A letra **B** está errada, pois requer 2/3 dos votos, nos termos do artigo 53, § 8º, da CF. Errada a letra **C**, pois não condiz com a literalidade do artigo 90, I, da CF, pois é caso de pronunciamento, não de opinião. A letra **D** está errada, porque ofende os incisos do artigo 137, da CF. A letra **E** está errada, pois a decretação é anterior à manifestação do Congresso Nacional: "Decretado o estado de defesa ou sua prorrogação, o Presidente da República, dentro de vinte e quatro horas, submeterá o ato com a respectiva justificação ao Congresso Nacional, que decidirá por maioria absoluta." (artigo 136, § 4º, da CF). AB
Gabarito "A".

**(Delegado Federal – 2018 – CESPE)** Acerca da disciplina constitucional da segurança pública, do Poder Judiciário, do MP e das atribuições da PF, julgue os seguintes itens.

(1) Compete à justiça estadual o julgamento de crimes relativos à difusão ou aquisição, em determinado estado da Federação, de material pornográfico envolvendo crianças e adolescentes por meio da rede mundial de computadores.
(2) Segundo o STF, o MP não possui legitimidade para propor ação civil pública em matéria tributária em defesa de contribuintes.
(3) É concorrente a competência da União e dos estados para legislar sobre a organização, os direitos e os deveres das polícias civis dos estados.
(4) A vedação absoluta ao direito de greve dos integrantes das carreiras da segurança pública é compatível com o princípio da isonomia, segundo o STF.
(5) A PF tem competência para apurar infrações penais que causem prejuízos aos interesses da União, ressalvadas aquelas que atinjam órgãos da administração pública indireta no âmbito federal.

**1:** errada, pois compete à Justiça Federal processar e julgar os crimes consistentes em disponibilizar ou adquirir material pornográfico envolvendo criança ou adolescente (arts. 241, 241-A e 241-B da Lei 8.069/1990) quando praticados por meio da rede mundial de computadores (STF, RE 628624 RG, Rel. Min. Marco Aurélio, j. em 28.04.2011, Tema 393); **2:** certa, pois o STF entende que o Ministério Público não possui legitimidade ativa *ad causam* para, em ação civil pública, deduzir em juízo pretensão de natureza tributária em defesa dos contribuintes, que vise questionar a constitucionalidade/legalidade de tributo (ARE 694294 RG, Rel. Min. Luiz Fux, j. em 25.04.2013, Tema 645); **3:** certa, nos termos do art. 24, XVI, da CF; **4:** certa, porque, segundo o STF, o exercício do direito de greve, sob qualquer forma ou modalidade, é vedado aos policiais civis e a todos os servidores públicos que atuem diretamente na área de segurança pública (ARE 654432 RG, Rel. Min. Ricardo Lewandowski, j. em 19.04.2012, Tema 541); **5:** errada, já que compete à polícia federal apurar infrações penais contra a ordem política e social ou em detrimento de bens, serviços e interesses da União ou de suas entidades autárquicas e empresas públicas, assim como outras infrações cuja prática tenha repercussão interestadual ou internacional e exija repressão uniforme (art. 144, § 1º, I, da CF). AN
Gabarito 1E, 2C, 3C, 4C, 5E.

**(Procurador Municipal – Prefeitura/BH – CESPE – 2017)** Com relação ao estado de defesa, assinale a opção correta.

(A) A prisão por crime contra o Estado, determinada pelo executor da medida, será por este comunicada imediatamente ao juiz competente, ficando a autoridade policial dispensada de apresentar o exame de corpo de delito do detido.

## 8. DIREITO CONSTITUCIONAL    233

**(B)** O estado de defesa poderá ser instituído por decreto que especifique as áreas a serem abrangidas e as medidas coercitivas a vigorarem, a exemplo de restrições de direitos e ocupação e uso temporário de bens e serviços públicos.

**(C)** O tempo de duração do estado de defesa não poderá ser prorrogado.

**(D)** O sigilo de correspondência e de comunicação telefônica permanecem invioláveis na vigência do estado de defesa.

**A:** incorreta. Não reflete o disposto no art. 136, § 3º, I, da CF, que prevê a possibilidade de o preso requerer exame de corpo de delito; **B:** correta. Art. 136, § 1º, CF; **C:** incorreta. Não reflete o disposto no art. 136, § 2º, que prevê o prazo de 30 dias, podendo ser prorrogado uma única vez; **D:** Incorreta. Podem ser restringidos de acordo com o art. 136, § 1º, I, *b* e *c*, CF. 🔳

*Gabarito "B".*

## 15.   TRIBUTAÇÃO E ORÇAMENTO

**(Procurador do Município – Prefeitura Fortaleza/CE – CESPE – 2017)** Acerca de tributação e finanças públicas, julgue os itens subsequentes, conforme as disposições da CF e a jurisprudência do STF.

**(1)** As disponibilidades financeiras do município devem ser depositadas em instituições financeiras oficiais, cabendo unicamente à União, mediante lei nacional, definir eventuais exceções a essa regra geral.

**(2)** Os municípios e o DF têm competência para instituir contribuição para o custeio do serviço de iluminação pública, tributo de caráter *sui generis*, diferente de imposto e de taxa.

**(3)** A imunidade tributária recíproca que veda à União, aos estados, ao DF e aos municípios instituir impostos sobre o patrimônio, renda ou serviços uns dos outros é cláusula pétrea.

**1:** Correta. Art. 164, § 3º, CF. **2:** Correta. Art. 149-A da CF. **3:** Correta. A imunidade recíproca está prevista no art. 150, VI, *a* da CF e é considerada cláusula pétrea pelo STF. 🔳

*Gabarito 1C, 2C, 3C.*

**(Procurador Municipal – Prefeitura/BH – CESPE – 2017)** De acordo com a CF e a jurisprudência dos tribunais superiores, assinale a opção correta, acerca do Sistema Tributário Nacional.

**(A)** A jurisprudência do STF considera a mora do contribuinte, pontual e isoladamente considerada, fator suficiente para determinar a ponderação da multa moratória.

**(B)** Aos estados e aos municípios cabe legislar o modo como isenções, incentivos e benefícios fiscais serão concedidos e revogados.

**(C)** A fazenda pública pode exigir prestação de fiança, garantia real ou fidejussória para a impressão de notas fiscais de contribuintes em débito com o fisco.

**(D)** A exigência de depósito prévio como requisito de admissibilidade de ação judicial na qual se pretenda discutir a exigibilidade de crédito tributário é inconstitucional.

**A:** incorreta. Segundo o STF, "a mora aludida à mora, pontual e isoladamente considerada, é insuficiente para estabelecer a relação de calibração e ponderação necessárias entre a gravidade da conduta e o peso da punição. É ônus da parte interessada apontar peculiaridades e idiossincrasias do quadro que permitiriam sustentar a proporcionalidade da pena almejada" (RE 523471); **B:** incorreta. Pelo art. 155, § 2º, XII, *g*, CF, a competência é dos Estados e do DF e deve ser exercida por lei complementar; **C:** incorreta. A exigência foi considerada inconstitucional pelo STF, em repercussão geral (RE 565048); **D:** correta. Texto da Súmula Vinculante 28/STF. 🔳

*Gabarito "D".*

**(Procurador Municipal – Prefeitura/BH – CESPE – 2017)** Tendo como referência as determinações constitucionais acerca do PPA, da LDO e da LOA, assinale a opção correta.

**(A)** A implementação do PPA após a aprovação da LOA ocorre por meio da execução dos programas contemplados com dotações.

**(B)** A regionalização a que se refere o PPA na CF é aplicável apenas no âmbito federal.

**(C)** O STF admite ADI contra disposições da LDO em razão de seu caráter e efeitos abstratos.

**(D)** A LDO é o instrumento de planejamento que deve estabelecer as diretrizes relativas aos programas de duração continuada.

**A:** correta. A implementação do plano plurianual ocorre, ano a ano, pelas Leis Orçamentárias Anuais. Após a elaboração do plano plurianual (diretrizes, objetivos e metas), do estabelecimento das metas e prioridades pela lei de diretrizes orçamentárias e da aprovação da Lei Orçamentária Anual é que ocorre a implementação do PPA, por meio da execução dos programas contemplados com dotações na LOA; **B:** incorreta. O art. 165, § 1º, CF, deve ser observado pelos demais entes por simetria federativa; **C:** incorreta. Não cabe ADI, por constituir lei de efeitos concretos; **D:** incorreta. Programas de duração continuada são previstos no PPA. 🔳

*Gabarito "A".*

**(Defensor Público – DPE/RN – 2016 – CESPE)** Assinale a opção correta acerca do regime constitucional dos gastos públicos.

**(A)** A existência de prévia autorização legislativa é requisito suficiente para a abertura de crédito suplementar ou especial.

**(B)** A transposição, o remanejamento ou a transferência de recursos de uma categoria de programação para outra ou de um órgão para outro não depende de prévia autorização legislativa.

**(C)** A instituição de fundos de qualquer natureza pode ser autorizada por decreto do Poder Executivo, circunstância em que tal ato terá a natureza de decreto autônomo.

**(D)** Para se iniciar investimento cuja execução ultrapasse um exercício financeiro, basta que esse investimento esteja previsto na LOA do primeiro exercício financeiro de sua execução.

**(E)** O início de programas e projetos governamentais não será possível sem a inclusão deles na LOA.

**A:** Errada. O art. 167, V, da CF exige também a indicação dos recursos correspondentes; **B:** Errada. Depende de prévia autorização legislativa, conforme redação do art. 167, VI, da CF; **C:** Errada. Também depende de prévia autorização legislativa. Art. 167, IX, da CF; **D:** Errada. Art. 167, § 1º, da CF: "Nenhum investimento cuja execução ultrapasse um exercício financeiro poderá ser iniciado sem prévia inclusão no plano plurianual, ou sem lei que autorize a inclusão, sob pena de crime de responsabilidade"; **E:** Correta. Art. 167, I, da CF.

*Gabarito "E".*

**(Juiz de Direito/AM – 2016 – CESPE)** Acerca da competência tributária no âmbito constitucional, assinale a opção correta.

**(A)** Aos estados e aos municípios compete regular a maneira como isenções, incentivos e benefícios fiscais serão concedidos e revogados.

**(B)** Lei estadual poderá prever a possibilidade de concessão de incentivos fiscais a empreendimentos, afastada a necessidade de prévio acordo conjunto entre os estados e o DF.

**(C)** Além dos tributos previstos expressamente na CF, a União detém competência residual para instituir, por lei complementar, outros impostos, ainda que cumulativos.

**(D)** É vedada qualquer distinção em razão de ocupação profissional ou função exercida pelos contribuintes, independentemente da denominação jurídica dos rendimentos, títulos ou direitos.

**(E)** A CF estabelece o limite de 47% do produto da arrecadação do imposto sobre a renda e proventos de qualquer natureza e do imposto sobre produtos industrializados para estados e municípios, por meio dos respectivos fundos de participação.

**A:** incorreta. Cada ente federado só pode regular isenções, incentivos e benefícios fiscais relativos aos tributos de sua própria competência constitucional (art. 150, § 6º, CF); **B:** incorreta. Isenções, incentivos e benefícios fiscais só podem ser concedidos, por lei complementar, mediante **deliberação** dos Estados e do Distrito Federal (art. 155, § 2º, XII, "g", CF), justamente para evitar a chamada "guerra fiscal" entre os estados; **C:** incorreta. Embora a competência **tributária** residual seja da União (a competência **legislativa** residual é dos Estados), o art. 154, I, CF prescreve que somente **impostos** podem ser criados por competência residual da União, e desde que a) por lei complementar; b) sejam não-cumulativos; e c) não possuam fato gerador ou base de cálculo próprios de outros impostos; **D:** correta. Art. 150, II, CF: "Art. 150. Sem prejuízo de outras garantias asseguradas ao contribuinte, é vedado à União, aos Estados, ao Distrito Federal e aos Municípios: (...) II – instituir tratamento desigual entre contribuintes que se encontrem em situação equivalente, proibida qualquer distinção em razão de ocupação profissional ou função por eles exercida, independentemente da denominação jurídica dos rendimentos, títulos ou direitos"; **E:** incorreta. Art. 159, I, CF. Em relação ao IR e ao IPI, a União entrega o total de 49% do produto da arrecadação, sendo 46% para os fundos constitucionais (FPE – Fundo de Participação dos Estados e do Distrito Federal; e FPM – Fundo de Participação dos Municípios). Tais 46% destinados ao FPE e ao FPM são divididos, por sua vez, da seguinte forma: a) 21,5% para o FPE; b) 22,5% para o FPM; c) 1% também para o FPM, nos primeiros dez dias de julho; e d) 1% também ao FPM, nos primeiros dez dias de dezembro.

Gabarito "D".

**(Promotor de Justiça/AC – 2014 – CESPE)** Considerando as normas constitucionais aplicáveis ao sistema tributário nacional, às finanças públicas e à ordem econômica, assinale a opção correta.

**(A)** Incorrerá em inconstitucionalidade a lei estadual que criar taxa incidente sobre o patrimônio, renda ou serviços de municípios, visto que, na CF, é prevista, para esse caso, a limitação constitucional ao poder de tributar denominada imunidade recíproca.

**(B)** Em razão do regime de livre mercado estabelecido na CF, é vedado ao Estado explorar diretamente atividade econômica.

**(C)** De acordo com a CF, não se pode vincular a receita de impostos estaduais a despesas com manutenção e desenvolvimento do ensino e ações e serviços públicos de saúde.

**(D)** Os municípios, os estados e o DF poderão instituir imposto para custeio do serviço de iluminação pública, desde que o façam com observância ao princípio da legalidade, da anterioridade e da irretroatividade.

**(E)** Viola disposição da CF o convênio firmado entre estado e município com o objetivo de realizar transferência voluntária de recursos financeiros para pagamento de despesas com professores integrantes da rede pública de ensino.

**A:** incorreta, já que o art. 150, VI, *a*, da CF somente se referiu a imposto; a taxa, também modalidade de tributo, não foi contemplada; **B:** incorreta, na medida em que o art. 173, *caput*, da CF autoriza o Estado a explorar, diretamente, atividade econômica, desde que necessária aos imperativos da segurança nacional ou a relevante interesse coletivo; **C:** incorreta (art. 167, IV, da CF); **D:** incorreta (art. 149-A, CF); **E:** correta, pois em conformidade com a regra presente no art. 167, X, da CF.

Gabarito "E".

## 16. ORDEM ECONÔMICA E FINANCEIRA

**(Procurador Municipal – Prefeitura/BH – CESPE – 2017)** Considerando as disposições constitucionais acerca da ordem econômica e financeira, assinale a opção correta.

**(A)** Os beneficiários da distribuição de imóveis rurais pela reforma agrária receberão títulos de domínio ou de concessão de uso inegociáveis pelo prazo de dez anos.

**(B)** Compete ao município, concorrentemente, as funções de fiscalização, incentivo e planejamento, sendo esta última determinante para o setor público e indicativo para o setor privado.

**(C)** Lei municipal poderá impedir a instalação de estabelecimentos comerciais do mesmo ramo em determinada área.

**(D)** O Estado favorecerá a organização da atividade garimpeira em OSCIPs que privilegiem a proteção do meio ambiente e a promoção econômico-social dos garimpeiros.

**A:** correta. Art. 189, CF; **B:** incorreta. As funções de incentivo, fiscalização e planejamento cabem ao Estado como um todo, não apenas aos municípios (art. 174, CF); **C:** incorreta. Súmula Vinculante 49/STF: "Ofende o princípio da livre concorrência lei municipal que impede a instalação de estabelecimentos comerciais do mesmo ramo em determinada área"; **D:** incorreta. Favorecerá sua organização em cooperativas (art. 174, § 3º, CF). **TM**

Gabarito "A".

**(Auditor Fiscal – SEFAZ/DF – 2020 – CESPE/CEBRASPE)** Considerando os princípios gerais da atividade econômica previstos na Constituição Federal de 1988, julgue os itens a seguir.

**(1)** A prestação de serviços públicos de transporte coletivo sob o regime de permissão prescinde de licitação, que é exigida apenas para a modalidade de concessão.

**(2)** As empresas públicas e as sociedades de economia mista gozam de privilégios fiscais não extensivos às sociedades comerciais do setor privado.

**(3)** A União detém o monopólio da pesquisa e lavra das jazidas de petróleo e gás natural, sendo-lhe permitida a contratação de empresas estatais e privadas para a realização dessas atividades, desde que observadas as condições estabelecidas em lei.

**1 e 2** erradas e a **3** correta, pois o artigo 175, da CF, assim determina: "Incumbe ao Poder Público, na forma da lei, diretamente ou sob regime de concessão ou permissão, sempre através de licitação, a prestação de serviços públicos.", logo, item 1 errado. O item 2 está errado, porque "as empresas públicas e as sociedades de economia mista não poderão gozar de privilégios fiscais não extensivos às do setor privado." (artigo 173, § 2º, da CF). O item 3 está correto, pois é determinação do artigo 177, inciso I e § 1º, da Constituição Federal. **AB**

Gabarito 1E, 2E, 3C.

## 17. ORDEM SOCIAL

**(Delegado/RJ – 2022 – CESPE/CEBRASPE)** No que se refere ao regramento constitucional relativo aos temas da ciência, tecnologia e inovação, assinale a opção correta.

**(A)** Viabilizar os resultados de projetos relativos a atividades de ciência, tecnologia e inovação configura uma exceção ao princípio constitucional da proibição de estorno.

**(B)** Compete exclusivamente à União proporcionar os meios de acesso à tecnologia, à pesquisa e à inovação.

**(C)** A despeito dos grandes avanços realizados pela entrada em vigor da EC n.º 85/2015, o poder constituinte derivado não previu expressamente a competência, no âmbito do Sistema Único de Saúde, para incrementar em sua área de atuação o desenvolvimento científico e tecnológico e a inovação.

**(D)** Os Estados e o Distrito Federal devem vincular parcela de sua receita orçamentária a entidades públicas de fomento ao ensino e à pesquisa, em percentual a ser definido por lei.

**(E)** O Estado apoiará a formação de recursos humanos nas áreas de ciência, tecnologia e inovação, vedada, contudo, a concessão de condições especiais de trabalho para os que dela se ocupem.

Comentário: O princípio constitucional da proibição do estorno significa que o administrador público não poderá transpor, remanejar ou transferir recursos, sem autorização legislativa. No entanto, há uma exceção, em que se permite ao Poder Executivo, sem necessidade de prévia autorização legislativa, transpor, remanejar ou transferir recursos de uma categoria de programação no âmbito das atividades de ciência, tecnologia e inovação, com o objetivo de viabilizar os resultados de projetos restritos a essas funções (CF, art. 167, § 5º e art. 218). **AAM**

Gabarito "A".

**(Delegado/RJ – 2022 – CESPE/CEBRASPE)** Determinada empresa de mídia solicita que o governo do estado do Rio de Janeiro forneça informações relacionadas a mortes registradas pela polícia em boletins de ocorrência. No entanto, o governador do RJ se recusa a compartilhar as informações. Além disso, a companhia de jornal informa que irá cobrir determinada manifestação a ser realizada em prol de maior transparência

## 8. DIREITO CONSTITUCIONAL    235

e publicidade na administração pública. Acerca dessa situação hipotética, assinale a opção correta.

(A) O Estado responde subjetivamente por danos causados a profissional de imprensa ferido, por policiais, durante cobertura jornalística de manifestação pública.

(B) A despeito de os boletins de ocorrência terem natureza pública, esses dados devem ser tratados com muita cautela, por motivos de segurança pública, e, ainda, não seriam indispensáveis para o trabalho jornalístico, de modo que a recusa do governador é justificada.

(C) O direito de informação não encontra previsão constitucional expressa, assim, a formação da opinião pública não se sobreleva a motivos de segurança pública, conceito jurídico indeterminado cuja densificação integra margem de apreciação do Chefe do Poder Executivo, de modo que a recusa do governador é justificada.

(D) Em que pese a publicidade ser um princípio expressamente previsto no art. 37, *caput*, da CF, este não é absoluto e deve ser interpretado em prol da administração pública.

(E) Não cabe à administração pública analisar o uso que se pretende dar à informação de natureza pública; a censura prévia inviabiliza até mesmo a apuração jornalística. Assim sendo, a recusa do governador não se justifica.

Comentário: A questão está relacionada com a jurisprudência do STJ constante no Informativo 682 do STJ: "Trata-se a discussão sobre pedido de acesso à informação mantida por órgãos públicos por veículo de imprensa, para produção de reportagem noticiosa. Tal reportagem pretende aceder a informações especificadas quanto a óbitos associados a boletins de ocorrência policial. Inicialmente, destaque-se que descabe qualquer tratamento especial à imprensa em matéria de responsabilização civil ou penal, em particular para agravar sua situação diante da generalidade das pessoas físicas ou jurídicas. É o que se assentou no julgamento da Lei de Imprensa pelo Supremo Tribunal Federal. Nesse sentido é que não se pode conceber lei, ou norma, que se volte especificamente à tutela da imprensa, para coibir sua atuação. Se há um direito irrestrito de acesso pela sociedade à informação mantida pela administração, porquanto inequivocamente pública, não se pode impedir a imprensa, apenas por ser imprensa, de a ela aceder. No entanto, o acórdão recorrido vai além, e efetivamente faz controle prévio genérico da veiculação noticiosa. Não se está diante sequer de um texto pronto e acabado, hipótese em que, de modo já absolutamente excepcional, poder-se-ia cogitar de apreciação judicial dos danos decorrentes de sua circulação, a ponto de vedá-la. Na hipótese, a censura judicial prévia inviabiliza até mesmo a apuração jornalística, fazendo mesmo secreta a informação reconhecidamente pública. É preciso reforçar a distinção entre duas questões tratadas pelo acórdão do Tribunal de origem como uma única. De um lado, cuida-se da atividade jornalística de veiculação noticiosa. Nesse ponto, é já inconcebível dar aspecto de juridicidade a qualquer forma de controle prévio da informação. Além disso, trata-se de acesso à informação pública, não apenas de atuação jornalística. A qualidade da última pode até depender da primeira, mas nada influencia no direito de aceder a dados públicos o uso que deles se fará. Não há razão alguma em sujeitar a concessão da segurança ao risco decorrente da divulgação da informação - que, reitere-se, é pública e já disponível na internet. Não há nem mesmo obrigação ou suposição de que a informação - pública - venha a ser publicada pela imprensa. A informação pública é subsídio da informação jornalística, sem com ela se confundir em qualquer nível. Os dados públicos podem ser usados pela imprensa de uma infinidade de formas, como base de novas investigações, cruzamentos, pesquisas, entrevistas, etc., nenhuma delas correspondendo, direta e inequivocamente, à sua veiculação. Não se pode vedar o exercício de um direito - acessar a informação pública - pelo mero receio do abuso no exercício de um outro e distinto direito - o de livre comunicar. Configura-se verdadeiro *bis in idem* censório, ambos de inviável acolhimento diante do ordenamento." (STJ – REsp 1.852.629/SP – 2ª T. – Rel. Ministro Og Fernandes – DJe 15/10/2020). AMN

Gabarito "E".

Considerando a pouca quantidade de defensores públicos indispensáveis ao atendimento adequado dos necessitados na forma da lei, determinado estado da Federação aprovou o respectivo projeto e sancionou a lei Y, que criou a obrigatoriedade de estágio curricular no atendimento da assistência jurídica gratuita por núcleo de prática jurídica integrante do departamento de direito de universidade estadual, estabelecendo sua organização, seu funcionamento e seus horários, inclusive determinando sua atuação em regime de plantão, bem como vinculando a certificação da conclusão do curso de bacharelado pelos alunos ao cumprimento do referido estágio.

(Juiz de Direito – TJ/BA – 2019 – CESPE/CEBRASPE) Conforme a CF, a doutrina e a jurisprudência do STF, a lei Y é

(A) constitucional por atender ao princípio da indissociabilidade entre ensino, pesquisa e extensão disposto em norma constitucional.

(B) inconstitucional por ferir a autonomia didático-científica e administrativa da universidade.

(C) constitucional, mas não atende a legislação que estabelece os critérios nacionais para a política educacional.

(D) inconstitucional por atribuir função exclusiva de órgão da DP à universidade estadual.

(E) inconstitucional apenas quanto ao condicionamento da certificação da conclusão do curso ao cumprimento do estágio curricular obrigatório.

O Plenário do STF julgou procedente pedido formulado em ação direta para declarar a inconstitucionalidade da Lei 8.865/2006 do Estado do Rio Grande do Norte. O diploma impugnado determina que os escritórios de prática jurídica da Universidade Estadual do Rio Grande do Norte (UERN) mantenham plantão criminal para atendimento, nos finais de semana e feriados, dos hipossuficientes presos em flagrante delito. O STF, de início, destacou a autonomia universitária, conforme previsão do art. 207 da CF/1988. Lembrou que, embora esse predicado não tenha caráter de independência (típico dos Poderes da República), a autonomia impossibilita o exercício de tutela ou a indevida ingerência no âmago de suas funções, assegurando à universidade a discricionariedade de dispor ou poder sobre sua estrutura e funcionamento administrativo, bem como sobre suas atividades pedagógicas. Segundo consignou, a determinação de que escritório de prática jurídica preste serviço aos finais de semana, para atender hipossuficientes presos em flagrante delito, implica necessariamente a criação ou, ao menos, a modificação de atribuições conferidas ao corpo administrativo que serve ao curso de Direito da universidade. Ademais, como os atendimentos seriam realizados pelos acadêmicos de Direito matriculados no estágio obrigatório, a universidade teria que alterar as grades curriculares e horárias dos estudantes para que desenvolvessem essas atividades em regime de plantão, ou seja, aos sábados, domingos e feriados. Assim, o diploma questionado fere a autonomia administrativa, financeira e didático-científica da instituição, pois não há anuência para criação ou modificação do novo serviço a ser prestado. (Informativo STF 840, ADI 3792/RN, Rel. Min. Dias Toffoli, julgamento em 22/09/2016). AN

Gabarito "B".

(Juiz – TJ/CE – 2018 – CESPE) **Acerca** do direito constitucional à saúde e à seguridade social, assinale a opção correta, segundo entendimento doutrinário e jurisprudencial.

(A) A seguridade social compreende saúde, previdência e assistência social, todas prestadas independentemente de contribuição dos usuários.

(B) De acordo com o STF, desde que seguidos os padrões regulamentados pela ANVISA, não é proibido o uso industrial e comercial do amianto.

(C) Os objetivos da seguridade social não incluem equidade dos benefícios entre as populações urbana e rural.

(D) De acordo com o STF, não ofende a CF a internação hospitalar em acomodações superiores, no âmbito do SUS, mediante pagamento da diferença de valor correspondente.

(E) O polo passivo de ações que versem sobre responsabilidade nos tratamentos médicos pode ser ocupado por qualquer dos entes federados.

A: incorreta, porque apenas a saúde e a assistência social independem de contribuição dos usuários (arts. 196 e 203, da CF), a previdência social possui caráter contributivo, conforme art. 201, caput, da CF; B: incorreta, pois é proibida a comercialização e a utilização de qualquer tipo de amianto, incluindo a variedade crisotila (asbesto branco), visto que o STF declarou inconstitucional o art. 2º da Lei 9.055/95 (vide ADINs 3.356, n. 3.357, n. 3.406, n. 3.470, n. 3.937, n. 4.066 e ADPF

109); **C:** incorreta, já que o art. 194, parágrafo único, inciso II, da CF consagra o princípio da uniformidade e equivalência dos benefícios e serviços às populações urbanas e rurais, o que assegura a igualdade das prestações (uniformidade) e do valor pecuniário delas (equivalência) para toda a população; **D:** incorreta, pois o STF entende que ofende a CF a internação hospitalar em acomodações superiores, no âmbito do SUS, mediante pagamento da diferença de valor correspondente. Conforme entendimento do STF em sede de repercussão geral, "*é constitucional a regra que veda, no âmbito do Sistema Único de Saúde, a internação em acomodações superiores, bem como o atendimento diferenciado por médico do próprio Sistema Único de Saúde, ou por médico conveniado, mediante o pagamento da diferença dos valores correspondentes*" (RE 581488, Rel. Min. Dias Toffoli, Tribunal Pleno, j. em 03.12.2015, Tema 579); **E:** correta, pois o STF entendeu, em sede de repercussão geral, que "*o tratamento médico adequado aos necessitados se insere no rol dos deveres do Estado, sendo responsabilidade solidária dos entes federados, podendo figurar no polo passivo qualquer um deles em conjunto ou isoladamente*"(RE 855178 RG, Rel. Min. Luiz Fux, j. em 05.03.2015, Tema 793). **AN**

Gabarito "E".

**(Procurador do Município – Prefeitura Fortaleza/CE – CESPE – 2017)** Acerca de assuntos relacionados à disciplina da saúde e da educação na CF, julgue os itens que se seguem.

**(1)** A rede privada de saúde pode integrar o Sistema Único de Saúde, de forma complementar, por meio de contrato administrativo ou convênio.

**(2)** É permitida a intervenção do estado nos seus municípios nas situações em que não for aplicado o mínimo exigido da receita municipal nas ações e nos serviços públicos de saúde.

**(3)** Os municípios devem atuar prioritariamente no ensino fundamental e na educação infantil, ao passo que os estados devem atuar prioritariamente no ensino fundamental e no médio.

**(4)** Desenvolver políticas públicas para a redução da ocorrência de doenças e a proteção da saúde da população é competência concorrente da União, dos estados, do DF e dos municípios.

**1:** Correta. Art. 199, § 1º, CF. **2:** Correta. Art. 35, III, CF. **3:** Correta. Art. 211, §§ 2º e 3º, CF. **4:** Incorreta. A competência é do Município, ainda que com auxílio da União e dos Estados (art. 30, VII, CF). **TM**

Gabarito 1C, 2C, 3C, 4E

**(Juiz de Direito/AM – 2016 – CESPE)** Tendo em vista que o direito à vida — valor central do ordenamento jurídico — desdobra-se em direito à existência física e direito a uma vida digna, assinale a opção correta.

**(A)** O direito à saúde efetiva-se mediante ações distributivas e alocativas relacionadas à promoção, proteção e recuperação da saúde.

**(B)** Os serviços públicos de saúde integram uma rede regionalizada e hierarquizada, que constitui um sistema único, organizado de forma centralizada.

**(C)** O STF afastou a possibilidade de o SUS pagar por tratamento diferenciado oferecido a pessoa que comprove necessitar de medida curativa ainda não incorporada ao sistema público, para evitar o chamado efeito multiplicador que o precedente judicial poderia causar.

**(D)** Constitui direito dos trabalhadores a assistência dos filhos e dependentes desde o nascimento até cinco anos de idade em creches e pré-escolas mediante pagamento de contraprestação fixada em lei.

**(E)** É dever privativo da União desenvolver políticas públicas que visem à redução de doenças e outros agravos.

**A:** correta. "Art. 196. A saúde é direito de todos e dever do Estado, garantido mediante políticas sociais e econômicas que visem à redução do risco de doença e de outros agravos e ao acesso universal e igualitário às ações e serviços para sua promoção, proteção e recuperação"; **B:** incorreta. "Art. 198. As ações e serviços públicos de saúde integram uma rede regionalizada e hierarquizada e constituem um sistema único, organizado de acordo com as seguintes diretrizes: I – descentralização, com direção única em cada esfera de governo; II – atendimento inte-

gral, com prioridade para as atividades preventivas, sem prejuízo dos serviços assistenciais; III – participação da comunidade"; **C:** incorreta. O Plenário do STF já se manifestou em sentido contrário, afirmando a obrigação de o Poder Público custear tratamentos de alto custo para tratamento de o doentes graves. No entanto, a matéria está sendo revisitada pelo Supremo, que reconheceu repercussão geral dos temas referentes ao fornecimento de remédios de alto custo não disponíveis na lista do SUS e de medicamentos não registrados na ANVISA (RE 566.471 e RE 657.718), cujo julgamento conjunto encontra-se suspenso em razão de pedido de vista do Ministro Teori Zavascki; **D:** incorreta. A assistência, no caso, é gratuita (art. 7º, XXV, CF); **E:** incorreta. O dever de prestação de serviços de saúde é do Estado (União, estados-membros e municípios). Ver art. 196, *caput* e §§ 1º e 2º, CF.

Gabarito "A".

**(Procurador do Estado – PGE/BA – CESPE – 2014)** Considerando o disposto na Constituição Federal de 1988 (CF) a respeito dos índios, dos idosos e da cultura, julgue os itens a seguir.

**(1)** A CF assegura a gratuidade dos transportes coletivos urbanos aos maiores de sessenta e cinco anos.

**(2)** Aplica-se ao Sistema Nacional de Cultura o princípio da complementaridade nos papéis dos agentes culturais.

**(3)** Os índios detêm o usufruto exclusivo das riquezas do solo, do subsolo, dos rios e dos lagos existentes nas terras por eles tradicionalmente ocupadas.

**1:** Correta. Art. 230, § 2º, CF. **2:** Correta. Art. 216-A, § 1º, VI, CF. **3:** Incorreta. O subsolo não está incluído no usufruto exclusivo dos índios previsto pelo art. 231, § 2º, da CF. **TM**

Gabarito 1C, 2C, 3E

**(Promotor de Justiça/AC – 2014 – CESPE)** No tocante à ordem social, assinale a opção correta.

**(A)** De acordo com a CF, os municípios devem atuar, no âmbito educacional, prioritariamente, nos ensinos fundamental e médio.

**(B)** Em razão da proibição constitucional de vinculação de receita de impostos a órgão, fundo ou despesa, não podem os estados vincular a fundo estadual de fomento à cultura percentual de sua receita tributária líquida.

**(C)** O oferecimento de alimentação escolar no âmbito do ensino médio estadual não constitui dever estatal, estando condicionado à discricionariedade e às prioridades do governo no momento da elaboração da política pública de educação.

**(D)** É direito público subjetivo das crianças de até cinco anos de idade o atendimento em creches e pré-escolas, exceto nos casos de inexistência de recursos orçamentários.

**(E)** No âmbito da saúde, existe proibição constitucional para o repasse de recursos públicos para auxílios ou subvenções às instituições privadas com fins lucrativos.

**A:** incorreta, uma vez que em desconformidade com o que estabelece o art. 211, §§ 2º e 3º, da CF; **B:** incorreta (art. 216, § 6º, da CF); **C:** incorreta, pois contraria a regra presente no art. 208, VII, da CF; **D:** incorreta, visto que o exercício do direito público subjetivo, pelas crianças de até cinco anos, de atendimento em creches e pré-escolas não está condicionado à existência de recursos orçamentários (art. 208, IV, da CF); **E:** correta (art. 199, § 2º, da CF).

Gabarito "E".

## 18. TEMAS COMBINADOS

**(Delegado/RJ – 2022 – CESPE/CEBRASPE)** A Constituição Federal de 1988, em seu art. 2.º, adota a tradicional separação de Poderes. Assim, o legislador constituinte garantiu relativa independência a cada um dos Poderes Legislativo, Executivo e Judiciário, como mecanismo apto a assegurar os fundamentos do Estado democrático de direito. Considerando que as constituições escritas foram concebidas com o objetivo precípuo de fixar instrumentos normativos de limitação do poder estatal, assinale a opção correta.

**(A)** A separação de Poderes está fundamentada no princípio da interdependência funcional: apesar da especialização dos Poderes, existe uma subordinação das funções executiva e

8. DIREITO CONSTITUCIONAL | 237

jurisdicional ao Poder Legislativo, em razão do que dispõe o art. 1.º da Constituição Federal de 1988, ao estabelecer que a República Federativa do Brasil constitui-se em Estado democrático de direito.

(B) A especialização funcional confere a cada um dos Poderes do Estado uma função precípua, que a doutrina denomina de função harmônica. Assim, embora o Poder Executivo disponha da função executiva, poderá exercer funções típicas dos Poderes Legislativo e Judiciário, caso haja autorização do Senado Federal, conforme previsto no art. 52 da Constituição Federal de 1988.

(C) Em razão da necessária harmonia entre os Poderes, o Poder Judiciário exerce sua função típica voltada para a atividade jurisdicional, solucionando as lides que lhe são apresentadas, mas também poderá exercer a função atípica de legislar, contanto que observe as regras do processo legislativo previstas no art. 59 e seguintes da Constituição Federal de 1988.

(D) Em razão da independência orgânica, os membros do Poder Legislativo gozam das denominadas imunidades parlamentares, com um conjunto de prerrogativas que lhes permitem atuar com independência no exercício da fiscalização do Poder Executivo.

(E) Em razão do disposto no art. 2.º da Constituição Federal de 1988, tanto a independência orgânica quanto a especialização funcional, típicas da divisão dos Poderes, devem ser exercidas de forma absoluta, afastando-se a possibilidade do exercício das funções chamadas atípicas por qualquer dos Três Poderes.

Comentário: **A**: incorreta. Inexiste qualquer subordinação das funções executiva e jurisdicional ao Poder Legislativo, pois o art. 2º da CF prescreve que: "São Poderes da União, independentes e harmônicos entre si, o Legislativo, o Executivo e o Judiciário."; **B**: incorreta. A especialização funcional confere a cada um dos Poderes do Estado uma função precípua, que a doutrina denomina de **função típica**. A segunda parte faz referência à função atípica dos poderes; **C**: incorreta. O Poder Judiciário poderá exercer função atípica, mas não precisa observar as regras do processo legislativo previstas no art. 59 e seguintes da CF/88; **D**: correta. Os deputados e senadores possuem as imunidades material e formal previstas no art. 53 da CF; **E**: incorreta. Pelo contrário, é possível a qualquer um dos Poderes o exercício tanto das funções típicas quanto das atípicas. **AMN**

Gabarito "D".

(**Delegado/RJ – 2022 – CESPE/CEBRASPE**) Em janeiro de 2017, policiais militares em serviço apreenderam fuzis e revenderam para traficantes de drogas, de modo que foi instaurado inquérito para apurar crime de comércio ilegal de arma de fogo (art. 17, *caput*, da Lei n.º 10.826/2003). Considerando essa situação hipotética, assinale a opção correta com base no advento da Lei n.º 13.491/2017 e na jurisprudência majoritária do Superior Tribunal de Justiça.

(A) A autoridade policial deve declinar de imediato da sua atribuição e remeter ao órgão com atribuição perante a Justiça Militar, porém se desentranhando os atos investigatórios anteriormente praticados, que devem ser refeitos devido ao princípio constitucional da irretroatividade da lei mais gravosa.

(B) A autoridade policial deve declinar de imediato da sua atribuição, remeter ao órgão com atribuição perante a Justiça Militar, e os atos investigatórios praticados anteriormente permanecem válidos, não se aplicando o princípio constitucional da irretroatividade da lei mais gravosa.

(C) A autoridade policial deve prosseguir com as investigações, mas os atos investigatórios praticados anteriormente devem ser refeitos devido ao princípio constitucional da irretroatividade da lei mais gravosa.

(D) A autoridade policial deve prosseguir com as investigações, pois a Lei n.º 13.491/2017 não se aplica aos policiais militares, mas tão somente aos militares das Forças Armadas.

(E) A autoridade policial deve prosseguir com as investigações, e os atos investigatórios praticados anteriormente perma-

necem válidos, não se aplicando o princípio constitucional da irretroatividade da lei mais gravosa.

Comentário: A questão foi objeto do Informativo nº 642 do STJ: "Inicialmente, cumpre destacar que a Lei n. 13.491/2017 não tratou apenas de ampliar a competência da Justiça Militar, também ampliou o conceito de crime militar, circunstância que, isoladamente, autoriza a conclusão no sentido da existência de um caráter de direito material na norma. Esse aspecto, embora evidente, não afasta a sua aplicabilidade imediata aos fatos perpetrados antes de seu advento, já que a simples modificação da classificação de um crime como comum para um delito de natureza militar não traduz, por si só, uma situação mais gravosa ao réu, de modo a atrair a incidência do princípio da irretroatividade da lei penal mais gravosa (arts. 5º, XL, da Constituição Federal e 2º, I, do Código Penal). Por outro lado, a modificação da competência, em alguns casos, pode ensejar consequências que repercutem diretamente no *jus libertatis*, inclusive de forma mais gravosa ao réu. É inegável que a norma possuiu conteúdo híbrido (lei processual material) e que, em alguns casos, a sua aplicação retroativa pode ensejar efeitos mais gravosos ao réu. Tal conclusão, no entanto, não impossibilita a incidência imediata, sendo absolutamente possível e desejável conciliar sua aplicação com o princípio da irretroatividade de lei penal mais gravosa. A jurisprudência desta Corte não admite a cisão da norma de conteúdo híbrido (AgRg no REsp n. 1.585.104/PE, Ministro Nefi Cordeiro, Sexta Turma, DJe 23/4/2018). Ocorre que a aplicação imediata, com observância da norma penal mais benéfica ao tempo do crime, não implicaria uma cisão da norma, pois, o caráter material, cuja retroatividade seria passível de gerar prejuízo ao réu, não está na norma em si, mas nas consequências que dela advêm. Logo, é absolutamente possível e adequado a incidência imediata da norma aos fatos perpetrados antes do seu advento, em observância ao princípio tempus *regit actum* (tal como decidido no julgamento do CC n. 160.902/RJ), desde que observada, oportunamente, a legislação penal (seja ela militar ou comum) mais benéfica ao tempo do crime. Ademais, importante ressaltar que tal ressalva é inafastável da declaração de competência. Primeiro, porque a solução do julgado dela depende. Segundo, porque a simples declaração de competência em favor da Justiça Militar, sem a ressalva acima estabelecida, poderia dar azo a ilegalidade futura, decorrente de eventual inobservância da norma penal mais benéfica." (STJ – CC 161.898/MG – Terceira Seção – Rel. Ministro Sebastião Reis Júnior – DJe 20/02/2019). **AMN**

Gabarito "B".

(**Delegado de Polícia Federal – 2021 – CESPE**) Considerando a posição majoritária e atual do Supremo Tribunal Federal (STF), julgue os itens a seguir, a respeito dos fundamentos constitucionais dos direitos e deveres fundamentais, do Poder Judiciário, da segurança pública e das atribuições constitucionais da Polícia Federal.

(1) A falta de estabelecimento penal adequado não autoriza a manutenção do condenado em regime prisional mais gravoso, podendo o juiz da execução autorizar a saída antecipada de sentenciados enquadrados nesse regime em razão da falta de vagas no estabelecimento penal.

(2) O foro por prerrogativa de função estabelecido por uma constituição estadual prevalece sobre a competência constitucional do tribunal do júri.

(3) Como regra, a medida própria para a reparação de eventual abuso da liberdade de expressão é o direito de resposta ou a responsabilização civil, e não a supressão de texto jornalístico por meio de liminar.

(4) Devido ao fato de a Força Nacional de Segurança Pública ser um programa de cooperação federativa ao qual podem aderir os entes federados, é inconstitucional o seu emprego em território de estado-membro sem a anuência de seu governador.

(5) O confisco e a posterior reversão a fundo especial de bem apreendido em decorrência do tráfico ilícito de entorpecentes exigem prova de habitualidade e reiteração do uso do bem para a referida finalidade.

**1:** Certo. É o que determina o enunciado da Súmula Vinculante 56 (STF) e dos parâmetros fixados no RE 641.320/RS. "A falta de estabelecimento penal adequado *não* autoriza a manutenção do condenado em regime prisional mais gravoso. 3. Os juízes da execução penal poderão avaliar os estabelecimentos destinados aos regimes semiaberto e aberto, para qualificação como adequados a tais regimes. São aceitáveis estabelecimentos que não se qualifiquem como "colônia agrícola, industrial" (regime semiaberto) ou "casa de albergado ou estabelecimento adequado" (regime aberto) (art. 33, § 1°, *b* e *c*). No entanto, não deverá haver alojamento conjunto de presos dos regimes semiaberto e aberto com presos do regime fechado. 4. *Havendo déficit de vagas, deverão ser determinados: (i) a saída antecipada de sentenciado no regime com falta de vagas; (ii) a liberdade eletronicamente monitorada ao sentenciado que sai antecipadamente ou é posto em prisão domiciliar por falta de vagas; (iii) o cumprimento de penas restritivas de direito e/ou estudo ao sentenciado que progride ao regime aberto. Até que sejam estruturadas as medidas alternativas propostas, poderá ser deferida a prisão domiciliar ao sentenciado.*" [*RE 641.320*, rel. min. *Gilmar Mendes*, P, j. 11 maio 2016, *DJE* 159 de 1° ago. 2016, Tema 423.]. **2:** Errado. Ao contrário do mencionado, determina a Súmula vinculante 45 (STF) que a competência constitucional do tribunal do *júri prevalece sobre o foro por prerrogativa de função estabelecido exclusivamente pela constituição estadual.* **3:** Certo. De acordo com o STF, a medida própria para a reparação do eventual abuso da liberdade de expressão é o direito de resposta e não a supressão liminar de texto jornalístico, antes mesmo de qualquer apreciação mais detida quanto ao seu conteúdo e potencial lesivo (Rcl – AgR 28.747). **4:** Certo. De fato, é necessário o pedido ou a concordância do governador para que a Força de Segurança Pública atue no estado. De acordo com o art. 4° do Decreto n° 5.289/04, a Força Nacional de Segurança Pública poderá ser empregada em qualquer parte do território nacional, mediante solicitação expressa do respectivo Governador de Estado, do Distrito Federal ou de Ministro de Estado. O STF, ao apreciar medida liminar em ação cível originária, decidiu sobre a plausibilidade da alegação de que a norma inscrita no art. 4° do Decreto 5.289/2004, naquilo em que dispensa a anuência do governador de estado (solicitação por Ministro de Estado) no emprego da Força Nacional de Segurança Pública, *viole o princípio da autonomia estadual* (STF. Plenário. ACO 3427 Ref-MC/BA, Rel. Min. Edson Fachin, julgado em 24 set. 2020).**5:** Errado. Ao contrário do mencionado, *não* há necessidade de prova de habitualidade e reiteração do uso do bem nessa hipótese. De acordo com o STF, no informativo 856, *"é possível o confisco de todo e qualquer bem de valor econômico apreendido em decorrência do tráfico de drogas,* sem *a necessidade de se perquirir a habitualidade, reiteração do uso do bem para tal finalidade,* a sua modificação para dificultar a descoberta do local do acondicionamento da droga ou qualquer outro requisito além daqueles previstos expressamente no art. 243, parágrafo único, da Constituição Federal (STF. Plenário. RE 638491/PR, Rel. Min. Luiz Fux, julgado em 17 maio 2017 – repercussão geral) (grifos nossos).

Gabarito 1C, 2E, 3C, 4C, 5E

**(Delegado de Polícia Federal – 2021 – CESPE)** Com base no disposto na Constituição Federal de 1988 (CF), julgue os itens subsequentes.

**(1)** Compete à Polícia Federal exercer as funções de polícia marítima.

**(2)** Cabe originariamente ao STF processar e julgar *habeas data* contra ato de ministro de estado.

**(3)** Cumpre ao STF julgar o recurso ordinário de *habeas corpus* decidido em única instância pelo Tribunal Superior Eleitoral (TSE).

**(4)** Compete à Advocacia-Geral da União exercer as atividades de consultoria e assessoramento jurídico à Polícia Federal.

**1:** Certo. É o que determina o art. 144, § 1°, III, da CF. A polícia federal, instituída por lei como órgão permanente, organizada e mantido pela União e estruturada em carreira, destina-se, dentre outras funções, a exercer as funções de *polícia marítima*, aeroportuária e de fronteiras. **2:** Errado. De acordo com o art. 105, I, "b", da CF, a competência para, originalmente, processar e julgar os *habeas data* contra ato de Ministro de Estado, dentre outros, é do *Superior Tribunal de Justiça.* **3:** Certo. De acordo com o art. 102, II, "a", da CF, compete ao STF julgar, em recurso ordinário o *habeas corpus,* o mandado de segurança, o *habeas data* e o mandado de injunção *decididos em única instância pelos Tribunais Superiores* (ex. TSE), se denegatória a decisão. **4:** Certo. A Advocacia-Geral da União é a instituição que representa a União judicial e extrajudicialmente (art. 131, *caput*, da CF) e a polícia federal é organizada e mantida pela União (art. 144, § 1°, da CF), de modo que cabe a AGU exercer as atividades de consultoria e assessoramento jurídico à Polícia Federal.

Gabarito 1C, 2E, 3C, 4C

**(Auditor Fiscal – SEFAZ/DF – 2020 – CESPE/CEBRASPE)** Acerca dos direitos e garantias fundamentais, das cláusulas pétreas e da organização político-administrativa do Estado, julgue os itens a seguir.

**(1)** A Constituição Federal de 1988 prevê expressamente a exigência de inscrição em conselho de fiscalização para o exercício de qualquer atividade profissional.

**(2)** As cláusulas pétreas correspondem às limitações temporais, implícitas, circunstanciais e materiais de alteração da Constituição Federal de 1988.

**(3)** Embora a Constituição Federal de 1988 preveja expressamente não distinção entre brasileiros, o próprio constituinte estabeleceu, no texto constitucional, hipóteses de tratamentos distintos entre homens e mulheres.

1 e 2 erradas e a 3 correta, pois é livre o exercício de qualquer trabalho, ofício ou profissão, atendidas as qualificações profissionais que a lei estabelecer, nos termos do inciso XIII do art. 5° da Constituição Federal de 1988 (CF), logo, item 1 errado. O item 2 está errado, porque as cláusulas pétreas são as limitações materiais de alteração da Constituição Federal de 1988 (núcleo intangível, previsto no art. 60, § 4°), não existe impossibilidade de alterar a CF por determinado período (de tempo). O item 3 está correto, pois o próprio constituinte estabeleceu desigualdades em relação a homens e mulheres em direitos e obrigações, nos termos da Constituição Federal de 1988 como, por exemplo, o artigo 5.°, inciso L, da CF.

Gabarito 1E, 2E, 3C

**(Procurador do Município – Campo Grande/MS – 2019 – CESPE/CEBRASPE)** Acerca dos direitos e das garantias fundamentais previstos na Constituição Federal de 1988, julgue os itens a seguir.

**(1)** Entidade sindical constituída há menos de um ano e sediada em município da Federação tem legitimidade para impetrar mandado de segurança coletivo a fim de garantir direito líquido e certo de seus filiados que tenha sido lesado por ato de autoridade da administração fazendária federal.

**(2)** A supremacia material da norma constitucional decorre da rigidez constitucional, isto é, da existência de um processo legislativo distinto, mais laborioso.

**(3)** Os direitos individuais, por estarem ligados ao conceito de pessoa humana e de sua própria personalidade, correspondem às chamadas liberdades negativas; os direitos sociais, por sua vez, constituem as chamadas liberdades positivas, de observância obrigatória em um estado social de direito para a concretização de um ideal de vida digna na sociedade.

**(4)** Situação hipotética: Carlos requereu o registro de sua candidatura para concorrer ao cargo de prefeito de município criado por desmembramento territorial em município cujo Poder Executivo é chefiado pelo seu irmão. Assertiva: Nesse caso, Carlos, por ser irmão do prefeito do município-mãe, é inelegível.

**1:** certo, pois o mandado de segurança coletivo pode ser impetrado por (i) organização sindical, (ii) entidade de classe ou (iii) associação legalmente constituída e em funcionamento há pelo menos um ano, em defesa dos interesses de seus membros ou associados. Observe-se que o requisito "em funcionamento há pelo menos um ano" é somente para as associações, e não para as entidades de classe ou sindicatos; **2:** errado, já que a supremacia **formal** da norma constitucional decorre da rigidez constitucional, isto é, da existência de um processo legislativo distinto, mais laborioso; **3:** certo. Os direitos fundamentais de primeira dimensão são os direitos civis e políticos, que estão ligados ao valor liberdade, exigindo uma abstenção do Estado. Os direitos fundamentais de segunda geração são os direitos sociais, econômicos e culturais, que estão ligados ao valor igualdade, exigindo uma prestação do Estado. Já os direitos fundamentais de terceira geração são os direitos difusos relacionados ao desenvolvimento, ao meio ambiente, à autodeterminação dos povos, que estão ligados ao valor fraternidade; **4:** certo, pois são inelegíveis, no município desmembrado, e ainda não instalado, o cônjuge e os parentes consanguíneos ou afins, até o segundo grau ou por adoção, do prefeito do município-mãe, ou de quem o tenha substituído, dentro dos seis meses anteriores ao pleito, salvo se já titular de mandato eletivo (Súmula 12 do TSE e RE 158.314, Rel. Min. Celso de Mello, j. 15/12/1992, 1ª T, DJ de 12/02/1993).

Gabarito 1C, 2E, 3C, 4C

## 8. DIREITO CONSTITUCIONAL  239

**(Procurador do Município – Campo Grande/MS – 2019 – CESPE/CEBRASPE)** Com relação à organização do Estado e às funções essenciais à justiça, julgue os itens subsecutivos.

**(1)** Por ser competência privativa da União legislar sobre telecomunicações, é inconstitucional lei municipal que discipline o uso e a ocupação do solo urbano para instalação de torres de telefonia celular no respectivo município.

**(2)** Em observância ao princípio da simetria, a nomeação do procurador-geral de justiça de estado está condicionada à prévia aprovação pela assembleia legislativa estadual.

**(3)** A forma federativa de Estado é cláusula pétrea, porque a Constituição Federal de 1988 veda a possibilidade de emenda constitucional tendente a aboli-la, não fazendo o mesmo em relação à forma de governo, que constitui princípio sensível da ordem federativa, podendo ser autorizada intervenção federal no ente federado que a desrespeitar.

**(4)** Situação hipotética: Maria, proprietária de um apartamento em Natal – RN e de um automóvel emplacado em Porto Alegre – RS, faleceu em Belo Horizonte – MG, e seu inventário foi feito no estado de Goiás. Assertiva: O imposto sobre transmissão *causa mortis* e doação de quaisquer bens ou direitos (ITCMD) referente ao apartamento e o ITCMD referente ao automóvel serão recolhidos, respectivamente, pelo estado de Goiás e pelo estado do Rio Grande do Sul.

**(5)** Situação hipotética: Determinado estado da Federação violou autonomia municipal por ter repassado a seus municípios, em valor menor do que o devido e com atraso, receitas tributárias obrigatórias determinadas pela Constituição Federal de 1988. Assertiva: Nessa situação, o presidente da República não pode decretar de ofício intervenção federal no referido estado.

**1:** errado, porque o STF reconhece a competência dos Municípios para legislar sobre assuntos de interesse local e para disciplinar o uso e a ocupação do solo urbano no que tange à instalação de torres de telefonia celular (RE 632.006 AgR, Rel. Min. Cármen Lúcia, j. 18/11/2014, 2ª T, DJE de 1º/12/2014); **2:** errado, pois o STF entende que a nomeação do procurador-geral de Justiça dos Estados não está sujeita à prévia aprovação da assembleia legislativa, uma vez que a Constituição Federal não prevê a participação do Poder Legislativo estadual no processo de escolha do chefe do Ministério Público estadual (art. 128, § 3º) (ADI 452, Rel. Min. Maurício Corrêa, j. 28/08/2002, Pleno, DJ de 31/10/2002; ADI 3.727, Rel. Min. Ayres Britto, j. 12/05/2010, Pleno, DJE de 11/06/2010); **3:** certo, pois a Constituição Federal de 1988 estabeleceu a forma federativa de Estado como cláusula pétrea (art. 60, § 4º, I), não fazendo o mesmo em relação à forma republicana de governo, a qual constitui princípio sensível da ordem federativa (art. 34, VII, "a"); **4:** errado, pois o imposto sobre transmissão *causa mortis* e doação de quaisquer bens ou direitos (ITCMD) referente a bens imóveis compete ao estado da situação do bem (art. 155, § 1º, I, da CF) e o ITCMD relativo a bens móveis, títulos e créditos compete ao estado onde se processar o inventário ou arrolamento (art. 155, § 1º, II, da CF). Logo, o ITCMD referente ao apartamento será recolhido no Estado do Rio Grande do Norte, e o ITCMD referente ao automóvel será recolhido no Estado de Goiás; **5:** certo, porém passível de questionamento. De fato, a Constituição estabelece que a autonomia municipal é um princípio constitucional sensível (art. 34, VII, "c", da CF), hipótese em que a decretação da intervenção depende de provimento, pelo Supremo Tribunal Federal, da representação do Procurador-Geral da República (art. 36, III, da CF). É caso, portanto, de intervenção provocada. Saliente-se que o enunciado afirmou explicitamente que o estado da Federação **violou a autonomia municipal**, situação na qual o presidente da República não poderia decretar de ofício intervenção federal. Todavia, a Constituição também estabelece outra hipótese de intervenção federal para reorganizar as finanças da unidade da Federação que deixar de entregar aos Municípios receitas tributárias fixadas na Constituição, dentro dos prazos estabelecidos em lei (art. 34, V, "b", da CF), hipótese em que o presidente da República poderia decretar de ofício intervenção federal (intervenção espontânea). A falta de entrega, total ou parcial, aos Municípios, dos recursos que lhes pertencem na forma e nos prazos previstos, sujeita o Estado faltoso à intervenção de ofício, conforme previsão do art. 10 da Lei Complementar 63/1990. **AN**

Gabarito: 1E, 2E, 3C, 4E, 5C

**(Auditor Fiscal – SEFAZ/DF – 2020 – CESPE/CEBRASPE)** Acerca da administração tributária do Distrito Federal, julgue o item a seguir, com base na Lei Orgânica do Distrito Federal.

**(1)** O lançamento, a fiscalização e a arrecadação dos tributos de competência do Distrito Federal, bem como o julgamento administrativo dos processos fiscais, incumbem à administração tributária desse ente federado e serão exercidos, privativamente, por integrantes da carreira de auditoria tributária. Entretanto, o lançamento, a fiscalização e a arrecadação das taxas que tenham como fato gerador o exercício do poder de polícia poderão ser realizados por agentes não integrantes dessa carreira.

**1:** Errada, pois é redação expressa do artigo 31, §2º, da Lei Orgânica do DF: "Art. 31. À administração tributária incumbem as funções de lançamento, fiscalização e arrecadação dos tributos de competência do Distrito Federal e o julgamento administrativo dos processos fiscais, os quais serão exercidos, privativamente, por integrantes da carreira de auditoria tributária.
(...)
§ 2º Excetuam-se da competência privativa referida no caput o lançamento, a fiscalização e a arrecadação das taxas que tenham como fato gerador o exercício do poder de polícia, bem como o julgamento de processos administrativos decorrentes dessas funções, na forma da lei.". **AB**

Gabarito: 1E

**(Auditor Fiscal – SEFAZ/DF – 2020 – CESPE/CEBRASPE)** A respeito da possibilidade de emenda à Lei Orgânica do Distrito Federal, julgue o próximo item.

**(1)** A Lei Orgânica do Distrito Federal somente poderá ser emendada após a proposta de alteração ser discutida e votada em dois turnos e se obtiver, em ambos, o voto favorável de três quintos dos membros da Câmara Legislativa do Distrito Federal.

**1:** Errada, pois o quórum é de 2/3, nos termos do artigo 70, § 1º, da Lei Orgânica do DF. **AB**

Gabarito: 1E

**(Juiz – TJ/CE – 2018 – CESPE)** O prefeito de determinado município recebeu recursos da União para ampliar o acesso ao ensino fundamental e valorizar o magistério das escolas municipais por meio de ações de capacitação. Contudo, ultrapassado o prazo fixado no cronograma de aplicação dos recursos, verificou-se que as atividades planejadas não haviam sido executadas e que a verba transferida pela União havia sido utilizada no fundo de campanha eleitoral do vereador que era filho do referido prefeito.

Conforme entendimento do STF acerca do regime constitucional da responsabilidade do chefe do Poder Executivo, o julgamento do crime praticado pelo prefeito compete ao

**(A)** tribunal de justiça, por se tratar de crime comum contra bens e interesses do município.

**(B)** respectivo tribunal regional federal, já que a aplicação do recurso desviado está sujeita à fiscalização do TCU.

**(C)** juiz de direito da comarca local investido da jurisdição eleitoral, pois se trata de crime conexo com o abuso de poder econômico no processo eleitoral.

**(D)** juízo federal de primeiro grau, em virtude da origem federal dos recursos desviados.

**(E)** tribunal regional eleitoral local, em virtude da conexão entre as condutas e da prerrogativa de foro do prefeito.

O STJ, mudando a jurisprudência anterior, passou a entender que compete à Justiça Federal a apuração, no âmbito penal, de malversação de verbas públicas oriundas do FUNDEF, independentemente da complementação de verbas federais, diante do caráter nacional da política de educação, o que evidencia o interesse da União na correta aplicação dos recursos. Vale transcrever um trecho desse precedente: "*A malversação de verbas decorrentes do FUNDEF, no âmbito penal, ainda que não haja complementação por parte da União, vincula a competência do Ministério Público Federal para a propositura de ação penal, atraindo, nessa hipótese, a da Justiça Federal, bem como o controle a ser exercido pelo TCU, conforme dispõe o artigo 71 da CR/88. Evidenciado o interesse da União frente à sua missão constitucional na coordenação de ações relativas ao direito fundamental da educação, principalmente por tratar-se de fiscalização concorrente entre entes federativos, a competência é da Justiça Federal, sendo nula a sentença condenatória proferida por Juízo Estadual, a teor do disposto no artigo 5º, III, da Carta Republicana."* (STJ, CC 119.305/SP, Rel. Ministro Adilson Vieira Macabu (Desembargador Convocado do TJ/RJ), Terceira Seção, j. em 08.02.2012). Considerando esse entendimento jurisprudencial e o disposto na Súmula 702 do STF (a competência do Tribunal de Justiça para julgar prefeitos restringe-se aos crimes de competência da Justiça comum estadual; nos demais casos, a competência originária caberá ao respectivo tribunal de segundo grau), tem-se que o julgamento do crime praticado pelo prefeito compete ao respectivo tribunal regional federal, já que a aplicação do recurso desviado está sujeita à fiscalização do TCU. É bastante didático o seguinte julgado do STJ: *"'Consoante entendimento firmado pelo Superior Tribunal de Justiça, na hipótese de complementação de verba federal aos recursos do FUNDEF, como no caso dos autos, resta evidenciada a competência da Justiça Federal para analisar possível desvio, bem como fiscalização pelo Tribunal de Contas da União' [...] Ademais, 'independentemente de repasse ou não de recursos federais ao município, a malversação de verbas decorrentes do Fundo de Manutenção e Desenvolvimento do Ensino Fundamental e de Valorização do Magistério – FUNDEF enseja o interesse da União, diante da sua competência constitucional em prol do direito à educação, a evidenciar, desse modo, a competência da Justiça Federal' [...] Portanto, não há como afastar a competência da Justiça Federal para processar e julgar o feito. Afastada, pela Corte regional, a participação do atual Prefeito Municipal nos fatos denunciados, não há como este Superior Tribunal de Justiça reconhecer a competência do Tribunal Regional Federal para processar e julgar o feito. Por outro lado, caso venha a ser apresentada denúncia acerca dos mesmos fatos contra o Prefeito Municipal naquele Tribunal, a questão no que diz respeito ao desmembramento, ou não, em relação aos demais corréus que não detenham a prerrogativa de foro, será decidido por aquele Colegiado."* (RHC 76.444/BA, Rel. Ministro Reynaldo Soares da Fonseca, Quinta Turma, j. em 01.06.2017). Gabarito "B".

**(Procurador do Município – Prefeitura Fortaleza/CE – CESPE – 2017)** Acerca dos direitos fundamentais, do regime jurídico aplicável aos prefeitos e do modelo federal brasileiro, julgue os itens que se seguem.

**(1)** De acordo com o STJ, é exigida prévia autorização do Poder Judiciário para a instauração de inquérito ou procedimento investigatório criminal contra prefeito, já que prefeitos detêm foro por prerrogativa de função e devem ser julgados pelo respectivo tribunal de justiça, TRF ou TRE, conforme a natureza da infração imputada.

**(2)** Não se admite o manejo de reclamação constitucional contra ato administrativo contrário a enunciado de súmula vinculante durante a pendência de recurso interposto na esfera administrativa. Todavia, esgotada a via administrativa e judicializada a matéria, a reclamação constitucional não obstará a interposição dos recursos eventualmente cabíveis e a apresentação de outros meios admissíveis de impugnação.

**1:** Incorreta. O entendimento do STJ dispensa a autorização prévia, no que diverge do entendimento do STF. Em decisão monocrática proferida pelo Min. Rogerio Schietti Cruz, no REsp 1.620.471, j. 30/06/2017, DJe 01/08/2017, entendeu-se que: "Dessa forma, diante da predominância do entendimento dos Tribunais Superiores relativo à incompatibilidade da autorização judicial prévia para a instauração de inquérito policial contra pessoas que detenham foro por prerrogativa de função, é irrepreensível a modificação, por conseguinte, do acórdão recorrido, para que assim haja a permissão do prosseguimento dos atos investigatórios sem a colheita da manifestação prévia do Tribunal de Justiça competente. À vista do exposto, dou provimento ao recurso especial para dar prosseguimento ao inquérito policial". **2:** Correta. Art. 7º, *caput* e § 1º, da Lei 11.417/2006. Gabarito 1E, 2C

**(Procurador do Município – Prefeitura Fortaleza/CE – CESPE – 2017)** A respeito das normas constitucionais, do mandado de injunção e dos municípios, julgue os itens subsequentes.

**(1)** Os municípios não gozam de autonomia para criar novos tribunais, conselhos ou órgãos de contas municipais.

**(2)** Pessoa jurídica pode impetrar mandado de injunção.

**(3)** O princípio da legalidade diferencia-se do da reserva legal: o primeiro pressupõe a submissão e o respeito à lei e aos atos normativos em geral; o segundo consiste na necessidade de a regulamentação de determinadas matérias ser feita necessariamente por lei formal.

**1:** Correta. Art. 31, § 4º, CF. **2:** Correta. Art. 3º da Lei 13.300: "São legitimados para o mandado de injunção, como impetrantes, as pessoas naturais ou jurídicas que se afirmam titulares dos direitos, das liberdades ou das prerrogativas referidos no art. 2º e, como impetrado, o Poder, o órgão ou a autoridade com atribuição para editar a norma regulamentadora". **3:** Correta. De acordo com José Afonso da Silva, "o primeiro (princípio da legalidade) significa a submissão e o respeito à lei, ou a atuação dentro da esfera estabelecida pelo legislador. O segundo (princípio da reserva legal) consiste em estatuir que a regulamentação de determinadas matérias há de fazer-se necessariamente por lei". TM Gabarito 1C, 2C, 3C

**(Delegado/PE – 2016 – CESPE)** A respeito das atribuições constitucionais da polícia judiciária e da organização político-administrativa do Estado Federal brasileiro, assinale a opção correta.

**(A)** Todos os anos, as contas dos municípios devem ficar, durante sessenta dias, à disposição de qualquer contribuinte, para exame e apreciação, o qual poderá questionar a legitimidade dessas contas, nos termos da lei.

**(B)** O DF, como ente federativo *sui generis*, possui as competências legislativas reservadas aos estados, mas não aos municípios; entretanto, no que se refere ao aspecto tributário, ele possui as mesmas competências que os estados e municípios dispõem.

**(C)** As polícias civis, dirigidas por delegados de polícia de carreira, exercem as funções de polícia judiciária e de apuração de infrações penais, sejam elas civis ou militares.

**(D)** Dirigidas por delegados de polícia, as polícias civis subordinam-se aos governadores dos respectivos estados, com exceção da polícia civil do DF, que é organizada e mantida pela União.

**(E)** Os territórios não são entes federativos; assim, na hipótese de vir a ser criado um território federal, ele não disporá de representação na Câmara dos Deputados nem no Senado Federal.

**A:** correta. É o que determina o art. 31, § 3º, da CF. Tal dispositivo informa que as contas dos Municípios ficarão, durante sessenta dias, anualmente, à disposição de qualquer contribuinte, para exame e apreciação, o qual poderá questionar-lhes a legitimidade, nos termos da lei; **B:** incorreta. Ao contrário do mencionado, o DF detém competências legislativas estaduais e municipais. O § 1º do art. 32 da CF indica que ao Distrito Federal são atribuídas as competências legislativas reservadas aos Estados e Municípios; **C:** incorreta. O § 4º do art. 144 da CF determina que às polícias civis, dirigidas por delegados de polícia de carreira, incumbem, ressalvada a competência da União, as funções de polícia judiciária e a apuração de infrações penais, exceto as militares; **D:** incorreta. De acordo com o art. 144, § 6º, da CF, as polícias militares e corpos de bombeiros militares, forças auxiliares e reserva do Exército, subordinam-se, juntamente com as polícias civis, aos Governadores dos Estados, do Distrito Federal e dos Territórios. É da competência da União, conforme determina o art. 21, XIV, da CF, organizar e manter a polícia civil, a polícia penal, a polícia militar e o corpo de bombeiros militar do Distrito Federal, bem como prestar assistência financeira ao Distrito Federal para a execução de serviços públicos, por meio de fundo próprio (redação dada pela EC 104/2019). Mas tais órgãos estão subordinados ao governador do Distrito Federal; **E:** incorreta. Dispõe o art. 45, § 2º, da CF que cada Território elegerá quatro Deputados. Gabarito "A".

**(Delegado/PE – 2016 – CESPE)** Considerando os dispositivos constitucionais relativos ao STN e à ordem econômica e financeira, assinale a opção correta.

**(A)** Como entidades integrantes da administração pública indireta, as empresas públicas e as sociedades de economia mista gozam de privilégios fiscais não extensivos às empresas do setor privado.

**(B)** Em razão do princípio da anterioridade tributária, a cobrança de tributo não pode ser feita no mesmo exercício financeiro em que fora publicada a norma impositiva tributária.

**(C)** De acordo com a CF, é vedado à administração tributária, visando aferir a capacidade econômica do contribuinte, identificar, independentemente de ordem judicial, o patrimônio, os rendimentos e as atividades econômicas do contribuinte.

**(D)** Embora a CF vede a retenção ou qualquer outra restrição à entrega e ao emprego dos recursos atribuídos aos estados, ao DF e aos municípios, neles compreendidos adicionais e acréscimos relativos a impostos, a União e os estados podem condicionar a entrega de recursos.

**(E)** A CF, ao diferenciar empresas brasileiras de capital nacional de empresas estrangeiras, concede àquelas proteção, benefícios e tratamento preferencial.

**A:** incorreta. De acordo com o art. 173, § 2º, da CF, as empresas públicas e as sociedades de economia mista **não poderão gozar** de privilégios fiscais não extensivos às do setor privado; **B:** incorreta. Há exceções. Determina o art. 150, III, *b*, da CF que sem prejuízo de outras garantias asseguradas ao contribuinte, é vedado à União, aos Estados, ao Distrito Federal e aos Municípios cobrar tributos no mesmo exercício financeiro em que haja sido publicada a lei que os instituiu ou aumentou. Ocorre que o § 1º do mesmo artigo informa que a vedação do inciso III, *b*, **não se aplica aos tributos** previstos nos arts. 148, I, 153, I, II, IV e V; e 154, II; **C:** incorreta. O princípio da capacidade contributiva, previsto no art. § 1º do art. 145 da CF, determina que, sempre que possível, os impostos terão caráter pessoal e **serão graduados segundo a capacidade econômica do contribuinte**, facultado à administração tributária, especialmente para conferir efetividade a esses objetivos, identificar, respeitados os direitos individuais e nos termos da lei, o patrimônio, os rendimentos e as atividades econômicas do contribuinte; **D:** correta. É o que determina o art. 160, parágrafo único, da CF; **E:** incorreta. Não há esse tratamento diferenciado previsto no texto constitucional.

*Gabarito "D".*

**(Defensor Público – DPE/RN – 2016 – CESPE)** No que diz respeito à disciplina constitucional da autonomia financeira, aos poderes e aos órgãos públicos, assinale a opção correta.

**(A)** Lei de iniciativa exclusiva do Poder Executivo poderá restringir a execução orçamentária do Poder Judiciário, mesmo no tocante às despesas amparadas na LDO e na LOA.

**(B)** Ao elaborar sua proposta orçamentária, deve o MP ater-se aos limites estabelecidos na LDO, não sendo dado ao chefe do Poder Executivo estadual interferir nessa proposta, ressalvada a possibilidade de pleitear a sua redução ao respectivo parlamento.

**(C)** Por exercer função constitucional autônoma e contar com fisionomia institucional própria, o MP junto aos TCs tem assegurada a garantia institucional da autonomia financeira nos mesmos moldes consagrados ao MP comum.

**(D)** Em razão do seu caráter de auxiliar do respectivo Poder Legislativo, os TCs estaduais não gozam de autonomia financeira, ficando a sua proposta orçamentária condicionada à proposição daquele poder.

**(E)** A despeito da autonomia financeira das DPs, sua proposta orçamentária deve estar atrelada à proposta do respectivo Poder Executivo, como uma subdivisão desta, tendo em vista especialmente a circunstância de as DPs, não constituindo um poder autônomo e independente, atuarem no exercício de função executiva.

**A:** Errada. V. art. 99, § 5º, da CF; **B:** Correta. Art. 127, §§ 3º, 4º e 5º, da CF; **C:** Errada. V. art. 130 da CF; **D:** Errada. Por força dos arts. 73 e 96 da CF, o STF já entendeu que os tribunais de contas possuem as mesmas garantias do Poder Judiciário, o que inclui a autonomia financeira; **E:** Errada. As defensorias públicas possuem autonomia. V. art. 134, § 2º, da CF.

*Gabarito "B".*

**(Juiz de Direito/AM – 2016 – CESPE)** À luz da jurisprudência do STF, assinale a opção correta acerca da CF e da Constituição do Estado do Amazonas, dos estados federados, dos princípios constitucionais e das imunidades parlamentares.

**(A)** Como a regra da CF quanto à iniciativa do chefe do Poder Executivo para projeto a respeito de certas matérias suplanta o tratamento dessas matérias pela assembleia constituinte estadual, é inconstitucional previsão, na Constituição estadual, de escolha do procurador-geral do estado entre integrantes da carreira.

**(B)** O reconhecimento aos deputados estaduais das imunidades dos congressistas não deriva necessariamente da CF, mas decorre de decisão autônoma do constituinte local, de modo que a imunidade concedida a deputados estaduais é restrita à justiça do estado.

**(C)** Compreende-se na esfera de autonomia dos estados a concessão de anistia de infrações disciplinares de seus respectivos servidores, podendo concedê-la a assembleia constituinte estadual, principalmente no que se refere às punições impostas sob o regime da Constituição anterior por motivos políticos, medida concedida pela CF.

**(D)** Os estados organizam-se e regem-se pelas Constituições e leis que adotarem, observados os princípios da CF, sendo, por isso, considerado constitucional o aumento do número de desembargadores na assembleia constituinte estadual sem prévia proposta do tribunal de justiça.

**(E)** Os princípios constantes da CF sobre processo legislativo não são de observância obrigatória pelos estados-membros em suas Constituições, mas é vedado ao legislador estadual, como ao federal, dispor sobre as matérias de iniciativa privativa do chefe do Poder Executivo.

**A:** incorreta. O STF entendeu ser constitucional a previsão, na Constituição do Estado-membro, da escolha do Procurador-Geral do Estado entre os integrantes da carreira (ADI 2.581, rel. p/ o acórdão min. Marco Aurélio, j. 16.08.2007, Pleno, *DJE* 15.08.2008); **B:** incorreta. O regime constitucional das imunidades parlamentares se estende aos deputados estaduais por previsão constitucional expressa (art. 27, § 1º, CF); **C:** correta. O STF entende que a prerrogativa de anistiar decorre da autonomia dos estados, podendo concedê-la a Assembleia Constituinte local, principalmente se a punição disciplinar tiver sido imposta por motivos políticos (ADI 104, rel. min. Sepúlveda Pertence, j. 04.06.2007, Pleno, *DJ* 24.08.2007); **D:** incorreta. A primeira parte está correta (art. 25 da CF), porém desta regra não decorre a segunda parte, que foi considerada inconstitucional por ofender o art. 96, II, "b", da CF, de observância obrigatória pelo poder constituinte derivado decorrente, por força do art. 11 do ADCT (ADI 142, rel. min. Ilmar Galvão, j. 19.06.1996, Pleno, *DJ* 06.09.1996); **E:** incorreta. É pacífico o entendimento de que as regras básicas do processo legislativo da União são de observância obrigatória pelos Estados, "por sua implicação com o princípio fundamental da separação e independência dos Poderes". (STF, ADI 774, rel. min. Sepúlveda Pertence, Pleno, *DJ* 26.02.1999).

*Gabarito "C".*

**(Juiz de Direito/AM – 2016 – CESPE)** Assinale a opção correta acerca das garantias constitucionais individuais, do funcionamento e atribuições das CPIs e dos chamados remédios constitucionais, considerando a jurisprudência do STF.

**(A)** Embora as CPIs possuam poderes de investigação próprios das autoridades judiciais, é vedada a CPI criada por assembleia legislativa de estado a quebra de sigilo de dados bancários dos investigados.

**(B)** Em decorrência de norma constitucional acrescentada pela EC n.º 45/2004, os tratados e convenções internacionais sobre direitos humanos subscritos pelo Brasil antes da promulgação dessa emenda têm status normativo de emenda constitucional.

**(C)** *Habeas data* serve para assegurar o conhecimento de informações relativas ao impetrante, constantes de registros ou bancos de dados de entidades governamentais ou de caráter público, podendo ser impetrado inclusive por pessoa jurídica nacional ou estrangeira.

**(D)** *Habeas data* não é garantia constitucional adequada para obtenção de dados concernentes ao pagamento de tributos do próprio contribuinte constantes de sistemas informatizados de apoio à arrecadação dos órgãos da administração fazendária dos entes estatais.

**(E)** Não se admite que o impetrante desista da ação de mandado de segurança sem aquiescência da autoridade apontada como coatora ou da entidade estatal interessada, após prolação de sentença de mérito.

**A:** incorreta. Por possuírem poderes próprios das autoridades judiciais, o STF reconhece a possibilidade de quebra de sigilo de dados pelas CPIs, desde que em decisão fundamentada e comprovada a necessidade objetiva da medida. A extensão dessa prerrogativa às CPIs estaduais foi reconhecida na ACO 730-5/RJ, rel. min. Joaquim Barbosa; **B:** incorreta. De acordo com o art. 5º, § 3º, da CF (acrescentado pela EC 45/04), os tratados e convenções internacionais sobre direitos humanos **que forem** aprovados, em cada Casa do Congresso Nacional, em dois turnos, por três quintos dos votos dos respectivos membros, serão equivalentes às emendas constitucionais. Não houve previsão na EC 45/2004 a respeito da "hierarquia" das normas dos tratados sobre direitos humanos **anteriores** à sua vigência, ainda que aprovados pelo mesmo procedimento das emendas à Constituição. O STF já conferiu a tais tratados (anteriores à EC 45) o caráter de "supralegalidade"; **C:** correta. Art. 5º, LXXII, CF. Além das hipóteses constitucionais de cabimento do *habeas data*, a lei de regência acrescentou a possibilidade de *writ* para "anotação nos assentamentos do interessado, de contestação ou explicação sobre dado verdadeiro, mas justificável, e que esteja sob pendência judicial ou amigável" (art. 7º, III, Lei 9.507/1997). Além disso, o STF entende que a garantia do *habeas data* estende-se às pessoas jurídicas, nacionais ou estrangeiras, por se tratar de direito fundamental; **D:** incorreta. O STF já decidiu, com repercussão geral, que o *habeas data* é garantia adequada para a obtenção de dados referentes ao pagamento de tributos do próprio contribuinte, constantes de sistemas informatizados de apoio à arrecadação dos entes estatais (RE 673.707, rel. min. Luiz Fux, j. 17.06.2015, Pleno, *DJE* 30.09.2015); **E:** incorreta. Em repercussão geral, o STF concluiu ser lícito ao impetrante desistir do mandado de segurança, independentemente de concordância da autoridade impetrada, mesmo após a sentença (RE 669.367, rel. para o acórdão min. Rosa Weber, j. 02.05.2013, Pleno, *DJE* 30.10.2014)

*Gabarito "C".*

**(Analista Jurídico –TCE/PA – 2016 – CESPE)** No que se refere aos direitos e garantias fundamentais e a outros temas relacionados ao direito constitucional, julgue os próximos itens.

**(1)** É do Supremo Tribunal Federal a competência para o processo e o julgamento de mandado de injunção coletivo apontando ausência de norma regulamentadora a cargo do Tribunal de Contas da União (TCU) ajuizado por associação de classe devidamente constituída.

**(2)** Como o *habeas data* não pode ser utilizado por pessoa jurídica, deve ser reconhecida a ilegitimidade ativa na hipótese de pessoa jurídica ajuizar *habeas data* para obter informações de seu interesse constante de dados de determinada entidade governamental.

**(3)** Considere que, em procedimento de controle administrativo, o Conselho Nacional de Justiça (CNJ) tenha rejeitado pedido do interessado de reconhecimento da ilegalidade de ato praticado por tribunal de justiça e que, inconformado, o interessado tenha impetrado mandado de segurança contra o CNJ no Supremo Tribunal Federal (STF). Nessa situação, conforme o entendimento do STF, a decisão negativa do CNJ não está sujeita a revisão por meio de mandado de segurança impetrado diretamente na Suprema Corte.

**1:** correta. A competência, de fato, é do STF, conforme determina o art. 102, I, *q*, da CF. Determina tal dispositivo que compete ao Supremo Tribunal Federal o processo e julgamento, de forma originária, do mandado de injunção, **quando a elaboração da norma** regulamentadora **for atribuição** do Presidente da República, do Congresso Nacional, da Câmara dos Deputados, do Senado Federal, das Mesas de uma dessas Casas Legislativas, **do Tribunal de Contas da União**, de um dos Tribunais Superiores, ou do próprio Supremo Tribunal Federal. Além disso, de acordo com o art. 12, III, da Lei 13.300, de 23 de junho de 2016 (Lei do Mandado de Injunção), o mandado de injunção coletivo pode ser promovido por organização sindical, **entidade de classe ou associação legalmente constituída** e em funcionamento há pelo menos 1 (um) ano, para assegurar o exercício de direitos, liberdades e prerrogativas em favor da totalidade ou de parte de seus membros ou associados, na forma de seus estatutos e desde que pertinentes a

suas finalidades, dispensada, para tanto, autorização especial; **2:** errada. Ao contrário do mencionado, o habeas data **pode ser impetrado por pessoa jurídica**; **3:** correta. O STF, no julgamento do MS 26676 DF, já decidiu que "**as deliberações negativas do Conselho Nacional de Justiça não estão sujeitas a revisão por meio de mandado de segurança impetrado diretamente no Supremo Tribunal Federal**. II – Para o reconhecimento de eventual nulidade, ainda que absoluta, faz-se necessária a demonstração do prejuízo efetivamente sofrido. III – Mandado de segurança conhecido em parte e, nessa extensão, denegada a ordem" (grifos nossos).

*Gabarito 1C, 2E, 3C.*

**(Analista Jurídico –TCE/PA – 2016 – CESPE)** No que se refere aos poderes da República e ao Tribunal de Contas da União, julgue os itens subsequentes.

**(1)** Em decorrência das prerrogativas da autonomia e do autogoverno, o TCU detém iniciativa reservada para instaurar processo legislativo destinado a alterar sua organização e funcionamento, sendo formalmente inconstitucional lei de iniciativa parlamentar que disponha sobre a referida matéria.

**(2)** Segundo o STF, configura hipótese de inconstitucionalidade formal, por vício de iniciativa, a edição de lei de iniciativa parlamentar que estabeleça atribuições para órgãos da administração pública.

**1:** correta. De acordo com o STF: "Conforme reconhecido pela Constituição de 1988 e por esta Suprema Corte, **gozam as Cortes de Contas do país das prerrogativas da autonomia e do autogoverno, o que inclui, essencialmente, a iniciativa reservada para instaurar processo legislativo que pretenda alterar sua organização e seu funcionamento**, como resulta da interpretação sistemática dos arts. 73, 75 e 96, II, *d*, da CF (...). [ADI 4.418 MC, rel. min. Dias Toffoli, j. 06.10.2010, P, *DJE* de 15.06.2011.] Vide: ADI 1.994, rel. min. Eros Grau, j. 24.05.2006, P, *DJ* de 08.09.2006 (grifos nossos); **2:** correta. Determina o STF que "**É indispensável a iniciativa do chefe do Poder Executivo** (mediante projeto de lei ou mesmo, após a EC 32/2001, por meio de decreto) **na elaboração de normas que de alguma forma remodelem as atribuições de órgão pertencente à estrutura administrativa** de determinada unidade da Federação. [ADI 3.254, rel. min. Ellen Gracie, j. 16.11.2005, P, *DJ* de 02.12.2005.] (grifos nossos).

*Gabarito 1C, 2C.*

**(Analista Jurídico – TCE/PR – 2016 – CESPE)** No que concerne ao mandado de segurança, à reclamação e às ações popular, civil pública e de improbidade administrativa, assinale a opção correta de acordo com a legislação e com a jurisprudência dos tribunais superiores.

**(A)** O cabimento do mandado de segurança depende da presença de direito líquido e certo e, portanto, esse instrumento será inadequado quando a matéria de direito, objeto da ação, for controvertida.

**(B)** O Superior Tribunal de Justiça possui competência originária para julgar ação popular quando no polo passivo da demanda figurar ministro de Estado.

**(C)** O Superior Tribunal de Justiça reconhece o direito à propositura de ação de improbidade exclusivamente contra particular, nos casos em que não se possa identificar agente público autor do ato de improbidade.

**(D)** A reclamação é a medida que poderá ser utilizada para garantir a observância do caráter vinculante de decisão proferida nos incidentes de resolução de demandas repetitivas e de assunção de competência.

**(E)** O Supremo Tribunal Federal consagrou o entendimento no sentido da indispensabilidade da observância do princípio do contraditório no inquérito civil que fundamente o ajuizamento de ação civil pública.

**A:** incorreta. Embora a expressão seja "direito líquido e certo", o que deve ser comprovado de plano é o fato. Será dotado de certeza e liquidez aquele fato que contenha prova pré-constituída. Por exemplo, o portador do vírus HIV, que possui um laudo médico confirmado a existência da doença – AIDS –, tem direito líquido e certo a receber a medicação do governo para se manter vivo. Por outro lado, **a controvérsia sobre matéria de direito**, conforme determina a Súmula 625 do STF, **não impede concessão de mandado de segurança**; **B:** incorreta. O STJ não

detém competência para julgar ação popular. O entendimento do STF é de que "A competência para julgar ação popular contra ato de qualquer autoridade, até mesmo do presidente da República, é, via de regra, **do juízo competente de primeiro grau**. [AO 859 QO, rel. p/ o ac. min. Maurício Corrêa, j. 11.10.2001, P, *DJ* de 01.08.2003.]; **C**: incorreta. A ação de improbidade administrativa **não pode ser proposta apenas em relação a particulares**. Segundo o STJ: "os particulares não podem ser responsabilizados com base na LIA [Lei de improbidade Administrativa] sem que figure no polo passivo um agente público responsável pelo ato questionado, o que não impede, contudo, o eventual ajuizamento de Ação Civil Pública comum para obter o ressarcimento do Erário" (REsp 896.044/PA, Rel. Min. Herman Benjamin, Segunda Turma, julgado em 16.09.2010, *DJe* 19.04.2011); **D**: correta. Determina o art. 988, IV, do CPC, alterado pela Lei nº 13.256, de 2016, que caberá reclamação da parte interessada ao do Ministério Público, dentre outras hipóteses, para garantir a observância de acórdão proferido em julgamento de incidente de resolução de demandas repetitivas ou de incidente de assunção de competência; **E**: incorreta. Ao contrário do mencionado, de acordo com o STF: "AGRAVO DE INSTRUMENTO. ADMINISTRATIVO. AÇÃO CIVIL PÚBLICA. DEFESA DO PATRIMÔNIO PÚBLICO. LEGITIMIDADE DO MINISTÉRIO PÚBLICO. **DESNECESSIDADE DE OBSERVÂNCIA, NO INQUÉRITO CIVIL, DOS PRINCÍPIOS DO CONTRADITÓRIO E DA AMPLA DEFESA**. PRECEDENTES. AGRAVO AO QUAL SE NEGA SEGUIMENTO" (STF – AI: 790829 RS, Relator: Min. CÁRMEN LÚCIA, Data de Julgamento: 13.06.2011, Data de Publicação: *DJe*-121 DIVULG 24.06.2011 PUBLIC 27.06.2011) (grifos nossos).
Gabarito "D".

**(Analista – Judiciário –TRE/PI – 2016 – CESPE)** A respeito do controle de constitucionalidade, das finanças públicas e da ordem econômica financeira, assinale a opção correta.

**(A)** De acordo com a CF, a realização de licitação para a prestação de serviços públicos é obrigatória sob o regime de concessão, mas dispensável no caso de permissão.

**(B)** Em razão da sua natureza meramente administrativa, o TCU não poderá exercer o controle de constitucionalidade incidental de uma lei ou de atos do poder público quando do julgamento de seus processos.

**(C)** A decisão em sede de ADI, apesar de sua eficácia contra todos e de seu efeito vinculante, não atinge o Poder Legislativo em sua função típica.

**(D)** Lei Orgânica municipal que receba emenda com previsão para obrigação vedada expressamente pela CF, em razão da pertinência temática, poderá ser objeto de ADI perante o STF.

**(E)** Ainda que tenha vedado a possibilidade de abertura de crédito extraordinário por medida provisória para atender despesas imprevisíveis e urgentes, a CF previu a possibilidade de tramitação legislativa em regime de urgência.

**A**: incorreta. De acordo com o *caput* do art. 175 da CF, incumbe ao Poder Público, na forma da lei, diretamente ou sob regime de concessão ou permissão, **sempre por meio de licitação**, a prestação de serviços públicos; **B**: incorreta. Determina a Súmula 347 do STF que o Tribunal de Contas, no exercício de suas atribuições, **pode apreciar a constitucionalidade das leis e dos atos do Poder Público**; **C**: correta. O **efeito vinculante não atinge o Poder Legislativo** na sua função típica, pois, caso contrário, haveria uma petrificação no sistema e as decisões do Supremo, que fossem dotadas de efeito vinculante, impediriam o exercício da função típica do legislativo; **D**: incorreta. Lei de natureza municipal não pode ser questionada no STF por meio de ADI. De acordo com art. 102, I, *a*, da CF, é da competência do Supremo Tribunal Federal o processo e julgamento, de forma originária, da ação direta de inconstitucionalidade **de lei ou ato normativo federal ou estadual** e a ação declaratória de constitucionalidade de lei ou ato normativo federal; **E**: incorreta. Ao contrário do mencionado, **a CF admite a abertura de crédito extraordinário por meio de medida provisória**, conforme determina os arts. 62, § 1º, I, *d*, e 167, § 3º, ambos da CF.
Gabarito "C".

**(Analista – Judiciário –TRE/PI – 2016 – CESPE)** Acerca dos Poderes da República e das funções essenciais à justiça, assinale a opção correta.

**(A)** Em razão do princípio da separação dos poderes, a súmula vinculante editada pelo STF é efetiva apenas para os órgãos do Poder Judiciário.

**(B)** Eventual conflito de competência entre um tribunal regional eleitoral e um tribunal regional federal deverá ser revolvido pelo STF.

**(C)** A Advocacia-Geral da União, por ser órgão do Poder Executivo, não detém competência para representar judicialmente o Poder Judiciário.

**(D)** De acordo com o STF, as comissões parlamentares de inquérito possuem poderes de investigação próprios das autoridades judiciais, mas não têm competência para determinar a interceptação telefônica.

**(E)** Convalida o vício de iniciativa a sanção presidencial a projeto de lei de autoria de senador acerca de matéria de iniciativa privativa do presidente da República.

**A**: incorreta. De acordo com *caput* do art. 103-A da CF, a súmula vinculante terá efeito em relação aos órgãos do Poder Judiciário **e à administração pública direta e indireta, nas esferas federal, estadual e municipal**. Vale lembrar que a súmula não vincula a função legislativa, ainda que exercida de forma atípica; **B**: incorreta. A competência para o julgamento do conflito entre um tribunal regional eleitoral e um tribunal regional federal é resolvida pelo Superior Tribunal de Justiça, conforme determina o art. 105, I, "d", da CF; **C**: incorreta. Determina o *caput* do art. 131 da CF que a **Advocacia-Geral da União** é a instituição que, diretamente ou através de órgão vinculado, **representa a União, judicial e extrajudicialmente**, cabendo-lhe, nos termos da lei complementar que dispuser sobre sua organização e funcionamento, as atividades de **consultoria e assessoramento jurídico do Poder Executivo**. Sendo assim, a AGU representa **judicialmente** os três Poderes da União (Legislativo, Executivo e Judiciário) mas, no âmbito consultivo, assessora apenas o Poder **Executivo**; **D**: correta. De fato, as comissões parlamentares de inquérito – CPIs detém funções típicas das autoridades judiciais, mas há algumas exceções, assuntos que estão acobertados pela cláusula de reserva jurisdicional, ou seja, só podem ser efetivados por ordem judicial. Por exemplo: a CPI não pode determinar a interceptação telefônica, pois, segundo o art. 5º, XII, da CF, somente para fins de investigação criminal ou instrução processual penal é que poderá haver tal diligência. Ressalta-se que o acesso às contas telefônicas (dados telefônicos) não se confunde com quebra de comunicação telefônica (que é a interceptação ou escuta). A primeira se inclui nos poderes da CPI, já a segunda é acobertada pela cláusula de reserva de jurisdição e, portanto, não cabe à CPI determiná-la. De acordo com o § 3º do art. 58 da CF, as CPIs, que terão **poderes de investigação próprios das autoridades judiciais**, além de outros previstos nos regimentos das respectivas Casas, serão criadas pela Câmara dos Deputados e pelo Senado Federal, em conjunto ou separadamente, mediante requerimento de um terço de seus membros, para a apuração de fato determinado e por prazo certo, sendo suas conclusões, se for o caso, encaminhadas ao Ministério Público, para que promova a responsabilidade civil ou criminal dos infratores; **E**: incorreta. O vício de iniciativa não é convalidado por posterior sanção presidencial. O STF já decidiu reiteradas vezes que "**A sanção do projeto de lei não convalida o vício de inconstitucionalidade** resultante da usurpação do poder de iniciativa. A ulterior aquiescência do chefe do Poder Executivo, mediante sanção do projeto de lei, ainda quando dele seja a prerrogativa usurpada, não tem o condão de sanar o vício radical da inconstitucionalidade. Insubsistência da Súmula 5/STF" [ADI 2.867, rel. min. Celso de Mello, j. 03.12.2003, P, *DJ* de 09.02.2007.] = ADI 2.305, rel. min. Cezar Peluso, j. 30.06.2011, P, *DJE* de 05.08.2011.
Gabarito "D".

**(Advogado União – AGU – CESPE – 2015)** Acerca de aspectos diversos relacionados à atuação e às competências dos Poderes Executivo, Legislativo e Judiciário, do presidente da República e da AGU, julgue os itens a seguir.

**(1)** Caso um processo contra o presidente da República pela prática de crime de responsabilidade fosse instaurado pelo Senado Federal, não seria permitido o exercício do direito de defesa pelo presidente da República no âmbito da Câmara dos Deputados.

**(2)** Conforme entendimento do STF, compete à justiça federal processar e julgar o crime de redução à condição análoga à de escravo, por ser este um crime contra a organização do trabalho, se for praticado no contexto das relações de trabalho.

(3) Compete à AGU a representação judicial e extrajudicial da União, sendo que o poder de representação do ente federativo central pelo advogado da União decorre da lei e, portanto, dispensa o mandato.

(4) Caso uma lei de iniciativa parlamentar afaste os efeitos de sanções disciplinares aplicadas a servidores públicos que participarem de movimento reivindicatório, tal norma padecerá de vício de iniciativa por estar essa matéria no âmbito da reserva de iniciativa do chefe do Poder Executivo.

(5) O veto do presidente da República a um projeto de lei ordinária insere-se no âmbito do processo legislativo, e as razões para o veto podem ser objeto de controle pelo Poder Judiciário.

(6) No ordenamento jurídico brasileiro, admitem-se a autorização de referendo e a convocação de plebiscito por meio de medida provisória.

**1:** Incorreta. O STF tem entendimento de que o direito de defesa deve ser oportunizado na fase pré-processual, em razão do dano que o próprio processo causa à figura pública do Presidente da República (Ver MS-MC-QO 21564). **2:** Correta. Embora constitua crime contra a liberdade individual, a doutrina defende que se trata de crime contra a organização do trabalho, o que atrai a competência da Justiça Federal. **3:** Correta. Os advogados públicos possuem procuração "ex lege", não necessitando de procuração para defesa do ente. À AGU compete a representação judicial e extrajudicial da União, sendo que realiza as atividades de consultoria e assessoramento jurídico apenas do Poder Executivo. O Poder Legislativo tem órgão próprio de consultoria, sendo judicialmente representado pela AGU. O Judiciário é judicialmente representado pela AGU. **4:** Correta. Matéria reservada à iniciativa do Chefe do Poder Executivo. Ver ADI 1440. **5:** Incorreta. Embora a fase de sanção ou veto faça parte do processo legislativo, o STF, ao julgar a ADPF n. 1, entendeu que não se enquadra no conceito de "ato do Poder Público" que justificaria o cabimento de ADPF. **6:** Incorreta. Plebiscito e referendo não são convocados por lei, mas por decreto legislativo. Medida provisória tem força de lei, mas não substitui os atos deliberativos do Congresso Nacional, como a edição de um decreto legislativo. Além disso, não cabe MP para dispor sobre direitos políticos. **TM**

Gabarito 1E, 2C, 3C, 4C, 5E, 6E

**(Advogado União – AGU – CESPE – 2015)** Com base nas normas constitucionais e na jurisprudência do STF, julgue os itens seguintes.

(1) Situação hipotética: Servidor público, ocupante de cargo efetivo na esfera federal, recebia vantagem decorrente do desempenho de função comissionada por um período de dez anos. O servidor, após ter sido regularmente exonerado do cargo efetivo anterior, assumiu, também na esfera federal, novo cargo público efetivo. Assertiva: Nessa situação, o servidor poderá continuar recebendo a vantagem referente ao cargo anterior, de acordo com o princípio do direito adquirido.

(2) Situação hipotética: Determinado estado e um dos seus municípios estão sendo processados judicialmente em razão de denúncias acerca da má qualidade do serviço de atendimento à saúde prestado à população em um hospital do referido município. Assertiva: Nessa situação, o estado, em sua defesa, poderá alegar que, nesse caso específico, ele não deverá figurar no polo passivo da demanda, já que a responsabilidade pela prestação adequada dos serviços de saúde à população é do município, e, subsidiariamente, da União.

(3) Vice-governador de estado que não tenha sucedido ou substituído o governador durante o mandato não precisará se desincompatibilizar do cargo atual no período de seis meses antes do pleito para concorrer a outro cargo eletivo.

**1:** Incorreta. Houve exoneração do cargo efetivo antes de assumir o novo cargo efetivo, não havendo direito adquirido na hipótese. **2:** Incorreta. Os entes respondem em conjunto, haja vista que a saúde é dever do Estado. **3:** Correta. Ver Resolução 19491/TSE. **TM**

Gabarito 1E, 2E, 3C

**(Procurador do Estado – PGE/BA – CESPE – 2014)** Em relação ao Ato das Disposições Constitucionais Transitórias (ADCT), julgue os itens seguintes.

(1) No ADCT, não há previsão expressa para que o Brasil envide esforços para a formação de um tribunal internacional dos direitos humanos.

(2) O ADCT concedeu anistia àqueles que foram atingidos por atos de exceção, institucionais ou complementares, em decorrência de motivação exclusivamente política.

(3) Segundo o ADCT, a revisão constitucional será feita a cada cinco anos, em sessão bicameral do Congresso Nacional.

**1:** Incorreta. Ver art. 7º do ADCT. **2:** Correta. Art. 8º do ADCT. **3:** Incorreta. Eis a redação do art. 3º do ADCT: "A revisão constitucional será realizada após cinco anos, contados da promulgação da Constituição, pelo voto da maioria absoluta dos membros do Congresso Nacional, em sessão unicameral". **TM**

Gabarito 1E, 2C, 3E

**(Juiz de Direito – TJ/SC – 2019 – CESPE/CEBRASPE)** Acerca da proteção ao meio ambiente e da repartição de competências ambientais na estrutura federativa brasileira, assinale a opção correta de acordo com a jurisprudência do STF.

(A) O condicionamento da celebração de termos de cooperação pelos órgãos do Sistema Nacional do Meio Ambiente à prévia aprovação do Poder Legislativo estadual é constitucional.

(B) Lei estadual que autorize o uso do amianto é considerada constitucional em razão da competência concorrente em matéria ambiental.

(C) Atribuição de competência para que assembleia legislativa estadual autorize previamente o licenciamento ambiental de atividade potencialmente poluidora é constitucional.

(D) Os estados têm competência para instituir programa de inspeção e manutenção de veículos com o objetivo de proteção ao meio ambiente.

(E) Os estados têm competência para legislar sobre o licenciamento de edificações e construções.

Correta é a letra **D**, nos exatos termos da ADI 3.338/STF: "O DF possui competência para implementar medidas de proteção ao meio ambiente, fazendo-o nos termos do disposto no artigo 23, VI, da CB/88". A letra **A** está errada, pois é inconstitucional (ADI 4.348/STF). A letra **B** está errada, pois seria constitucional a lei estadual que proibisse o amianto (ADI 3.937. STF). A letra **C** não prevalece, pois seria uma invasão na esfera do Executivo, pelo Legislativo (ADI 1.505. Rel. Min. Eros Grau. STF). A letra **E** está incorreta, nos termos do STF (RE 218.110). **AB**

Gabarito "D".

**(Juiz de Direito – TJ/SC – 2019 – CESPE/CEBRASPE)** A propósito de titularidade, âmbito de proteção e conformação constitucional de ação civil pública, assinale a opção correta.

(A) Não é cabível ação civil pública para anular ato administrativo de aposentadoria de servidor público, se esta importar em lesão ao erário.

(B) De acordo com o STF, é inconstitucional lei estadual que atribua legitimação exclusiva a procurador-geral de justiça estadual para propor ação civil pública contra prefeito municipal.

(C) O Ministério Público tem legitimidade para ingressar com ação civil pública relativa ao pagamento de indenizações do seguro DPVAT.

(D) A Defensoria Pública não tem legitimidade para propor ação civil pública que verse sobre a manutenção de creche infantil.

(E) A condenação de agente público por ato de improbidade em ação civil pública depende da tipificação administrativa ou penal do ato lesivo ao patrimônio público.

Correta é a letra **C**, nos termos da nova posição do STF ( RE 631.111. Pleno. STF). A letra **A** está errada, pois é sim cabível (RE 409.356. Rel. Min. Luiz Fux. STF). A letra **B** é incorreta, pois é constitucional nos termos do artigo 128, § 5º, da CF. A letra **D** ofende atual jurisprudência do STF, no sentido de que a Defensoria Pública tem sim tal legitimidade (ADI 3.943). A letra **E** está errada, pois as esferas são independentes. **AB**

Gabarito "C".

# 9. DIREITO ELEITORAL

Filipe Venturini, Flavia Barros, Robinson Barreirinhas e Savio Chalita

## 1. FONTES E PRINCÍPIOS DE DIREITO ELEITORAL

**(Promotor de Justiça/RR – 2017 – CESPE)** O princípio constitucional da anualidade ou da anterioridade da lei eleitoral.

(A) não abrange resoluções do TSE que tenham caráter regulamentar.

(B) não repercute sobre decisões do TSE em casos concretos decididos durante o processo eleitoral e que venham a alterar a jurisprudência consolidada.

(C) estabelece período de *vacatio legis* para a entrada em vigor das leis eleitorais.

(D) tem aplicabilidade imediata e eficácia contida conforme a data do processo eleitoral.

**A:** Correta. O caráter regulamentar das Resoluções apenas irá trazer executoriedade às normas eleitorais, não podendo inovar. O art. 16, CF ("A lei que alterar o processo eleitoral entrará em vigor na data de sua publicação, não se aplicando à eleição que ocorra até um ano da data de sua vigência".) busca garantir proteção às normas que alterem o processo eleitoral, não alcançando aquelas que deem executoriedade somente. **B:** Incorreta. A anterioridade da lei eleitoral deve ser compreendida como cláusula pétrea uma vez que garante o direito fundamental do cidadão de participar das decisões do estado de forma direta (na condição de representante popular) e, neste passo, deve o Estado garantir-lhe igualdade de chances e anterioridade mínima (princípio da não surpresa) quanto às regras que irão reger o processo de escolha da representação. **C:** Incorreta, pois o art. 16, CF, estabelece que a lei que altera o processo eleitoral entra em vigor na data de sua publicação, mas somente se aplica às eleições que ocorram após 1 ano de sua vigência. Ou seja, a questão não envolve a eficácia da norma, mas sim sua aplicabilidade em razão temporal. **D:** Incorreta. O art. 16, CF, indica a eficácia imediata da norma eleitoral, mas de aplicação condicionada ao lapso temporal mínimo de um ano. **SC/FV**
Gabarito "A".

**(Juiz de Direito/DF – 2016 – CESPE)** Com relação a princípios e garantias do direito eleitoral, dos sistemas eleitorais, dos partidos políticos e dos direitos políticos, assinale a opção correta.

(A) O princípio da anualidade não é uma cláusula pétrea e pode ser suprimido por EC.

(B) A Cidadania e o Pluralismo Político são objetivos fundamentais da República Federativa do Brasil.

(C) O pluralismo político é expressão sinônima de diversidade partidária.

(D) São garantias que regem a disciplina dos partidos políticos: a liberdade partidária externa, a liberdade partidária interna, a subvenção pública e a intervenção estatal mínima.

(E) O sistema majoritário brasileiro é unívoco.

**A:** incorreta, uma vez que, por ocasião do julgamento do RE 633.703, rel. min. Gilmar Mendes (j. 23.03.2011, *DJe* de 18.11.2011), ficou decidido que "*o pleno exercício de direitos políticos por seus titulares (eleitores, candidatos e partidos) é assegurado pela Constituição por meio de um sistema de normas que conformam o que se poderia denominar de devido processo legal eleitoral. Na medida em que estabelecem as garantias fundamentais para a efetividade dos direitos políticos, essas regras também compõem o rol das normas denominadas cláusulas pétreas e, por isso, estão imunes a qualquer reforma que vise a aboli-las. O art. 16 da Constituição, ao submeter a alteração legal do processo eleitoral à regra da anualidade, constitui uma garantia fundamental para o pleno exercício de direitos políticos*"; **B:** incorreta, uma vez que são fundamentos da República Federativa do Brasil (art. 1º, CF), e não objetivos fundamentais (art. 3º, CF); **C:** incorreta, uma vez que a ideia de pluralismo político atrela-se à liberdade de manifestação de pensamento, de expressão, de diversidade quanto a pontos de vista políticos e sociológicos. Diferente, portanto, do pluralismo partidário,

que estabelece uma amplitude quanto à existência de partidos políticos; **D:** correta, pois se coaduna com o que estabelece o art. 17 da CF e arts. 1º, 2º e 3º da Lei dos Partidos Políticos (Lei 9096/95); **E:** incorreta. Cabe, de início, esclarecer que "unívoco" está associado à ideia de "único sentido", "único significado". Com essa premissa, podemos afirmar que é uma assertiva equivocada, uma vez que observamos situações em que o sentido de majoritário está atrelado a uma maioria qualificada (necessidade de obtenção, pelo candidato ao cargo de Presidente ou Governador, de 50% + 1 dos votos válidos para que seja eleito em primeiro turno. O mesmo para o caso de municípios com mais de 200 mil eleitores. Fundamento no art. 2º, §1º, Lei das Eleições (Lei 9504/97)).
Gabarito "D".

**(Promotor de Justiça/PI - 2014 - CESPE)** Assinale a opção correta acerca dos princípios constitucionais relativos aos direitos políticos.

(A) O alistamento eleitoral e o voto são facultativos para os analfabetos, os maiores de sessenta e cinco anos e os maiores de dezesseis e menores de dezoito anos de idade.

(B) O alistamento eleitoral e o voto são facultativos para os estrangeiros de qualquer nacionalidade, residentes no Brasil por período superior a quinze anos ininterruptos e sem condenação penal.

(C) O pleno exercício dos direitos políticos e o domicílio eleitoral na circunscrição pelo prazo mínimo de um ano antes do registro da candidatura são condições de elegibilidade.

(D) O militar alistável é elegível e, contando menos de dez anos de serviço, deve ser agregado pela autoridade superior; se eleito, passará, automaticamente, no ato da diplomação, para a inatividade.

(E) A soberania popular é exercida pelo sufrágio universal e pelo voto direto e secreto, com valor igual para todos, e, nos termos da lei, mediante plebiscito, referendo e iniciativa popular.

**A:** incorreta, pois o voto será facultativo aos maiores de setenta anos, sendo esta a única afirmação errônea na assertiva, conforme se depreende na leitura do art. 14, § 1º, II, *b*, CF; **B:** incorreta, uma vez que os estrangeiros não podem se alistar por determinação expressa do art. 14, § 2º, CF. Destaque especial ao caso dos portugueses residentes há mais de três anos no Brasil, que em razão do Tratado da Amizade (vide Decreto 3.927/2001), ou seja, havendo reciprocidade de tratamento aos brasileiros residentes em Portugal, poderão exercer no Brasil seus direitos políticos ativos e passivos (portanto, poderá se inscrever como eleitor), observadas apenas as restrições de concorrer a cargos privativos de brasileiros natos; **C:** incorreta, pois a exigência de anterioridade anual será contado tendo-se em referência a data das eleições a que se pretende concorrer, e não a do Pedido de Registro de Candidatura; **D:** incorreta, uma vez que o art. 14, § 8º, I, CF, dispõe que o militar alistável é elegível, sendo que, se contar menos de dez anos do serviço, deverá afastar-se da atividade. Apenas será agregado aquele que contar com mais de dez anos de serviço, art. 14, § 8º, II, CF; **E:** correta, conforme dispõe o *caput* do art. 14, CF ("A soberania popular será exercida pelo sufrágio universal e pelo voto direto e secreto, com valor igual para todos, e, nos termos da lei, mediante: I - plebiscito; II - referendo; III - iniciativa popular"). **FB/FV**
Gabarito "E".

## 2. DIREITOS POLÍTICOS, ELEGIBILIDADE E ALISTAMENTO ELEITORAL

**(Promotor de Justiça/RR – 2017 – CESPE)** A suspensão de direitos políticos

(A) decorrente de condenação criminal transitada em julgado cessará com o cumprimento da pena, sendo indispensável a prova de reparação dos danos, se for o caso.

**(B)** não ocorre em relação ao beneficiado pela suspensão condicional do processo.

**(C)** não é penalidade prevista para aquele que se recusar a prestar serviço no júri popular e a cumprir o serviço alternativo, mesmo que a recusa deva-se a escusa de consciência.

**(D)** decorrente de condenação criminal transitada em julgado cessará quando a pena privativa de liberdade for substituída por restritiva de direitos.

**A:** Incorreta, nos exatos termos do enunciado da Súmula 9 do TSE "A suspensão de direitos políticos decorrente de condenação criminal transitada em julgado cessa com o cumprimento ou a extinção da pena, independendo de reabilitação ou de prova de reparação dos danos.". **B:** Correta, pois na suspensão condicional do processo não é possível considerar aceitação dos termos da denúncia e nem mesmo o afastamento da presunção constitucional de inocência. Somente a condenação penal (que não ocorre na ocasião da suspensão condicional do processo) poderá ser considerada a suspensão dos direitos políticos. Importante destacar que a suspensão da pena (há pena neste caso) ocasionará a suspensão de direitos políticos. **C:** Incorreta. O art. 15, IV, CF, estabelece que haverá suspensão de direitos políticos àquele que se recusar a cumprir obrigação a todos imposta ou prestação alternativa, nos termos do art. 5º, VIII, CF. **D:** Incorreta, pois ainda que haja a substituição de pena é inafastável a existência de condenação penal com trânsito em julgado (afinal, estamos tratando da fase de cumprimento de pena), o que autoriza a suspensão dos direitos políticos nos termos do art. 15, III, CF (condenação criminal transitada em julgado). Importante julgado a ser observado neste sentido: "[...] 4. É autoaplicável o art. 15, III, da Constituição Federal, que impõe a suspensão dos direitos políticos aos condenados em ação criminal transitada em julgado enquanto durarem seus efeitos. [...] 7. A suspensão dos direitos políticos é consequência automática da condenação criminal transitada em julgado, ainda que a pena privativa de liberdade tenha sido substituída por restritiva de direitos. [...]". (Ac. de 21.2.2019 no AI nº 70447, rel. Min. Admar Gonzaga.) **FV**

Gabarito "B".

**(Analista - Judiciário - TRE/PI - 2016 - CESPE)** À luz do disposto no CE, assinale a opção correta a respeito do registro de candidatos.

**(A)** Qualquer candidato pode solicitar o cancelamento do registro de seu nome, bastando comunicar verbalmente sua decisão na junta eleitoral.

**(B)** A escolha de candidatos deve ser concluída um ano antes das eleições e aprovada nas convenções partidárias a serem realizadas no mesmo período.

**(C)** É permitido o registro de um mesmo candidato para mais de um cargo na mesma circunscrição.

**(D)** O registro de candidatos a governador, vice-governador, prefeito, vice-prefeito, vereadores e juiz de paz é feito no tribunal regional eleitoral.

**(E)** Para se candidatar a cargo eletivo, o militar que tiver menos de cinco anos de serviço deverá ser excluído do serviço ativo.

**A:** incorreta, já que o parágrafo único do art. 14 da Lei 9504/97 estabelece que o cancelamento do registro do candidato será decretado pela Justiça Eleitoral, após solicitação do partido; **B:** incorreta, pois o art. 8º da Lei das Eleições (Lei 9504/97) estabelece que a escolha dos candidatos pelos partidos e a deliberação sobre coligações deverão ser feitas no período de 20 de julho a 5 de agosto do ano em que se realizarem as eleições, lavrando-se a respectiva ata em livro aberto, rubricado pela Justiça Eleitoral, publicada em vinte e quatro horas em qualquer meio de comunicação; **C:** incorreta, já que a candidatura, no Brasil, é para um único cargo. Durante o ano de 2015, juntamente com inúmeras outras alterações intituladas "reforma eleitoral", havia a possibilidade da candidatura para múltiplos cargos, permitindo, caso eleito para todos, optar por qual intentasse verdadeiramente assumir. A proposta não foi aprovada (dado apenas para constar como curiosidade); **D:** incorreta, uma vez que o registro de candidatura para o cargo de prefeito, vice-prefeito e vereadores é feito perante o juiz eleitoral da circunscrição eleitoral, conforme art. 89, III, Código Eleitoral; **E:** correta, com fundamento no art. 14, §8º, Constituição Federal. **FB**

Gabarito "E".

**(Juiz de Direito/AM – 2016 – CESPE)** Assinale a opção correta acerca dos impedimentos eleitorais previstos na legislação vigente.

**(A)** O pré-candidato que for sobrinho de governador de estado em exercício não poderá se candidatar a governador do mesmo estado no próximo pleito.

**(B)** Não poderá se candidatar a governador pré-candidato condenado em primeira instância por crime contra o patrimônio público e que o recurso por ele interposto não tenha sido apreciado judicialmente até a data da convenção.

**(C)** Pré-candidato a deputado federal filiado ao partido há apenas cinco meses antes da convenção não poderá se candidatar, ainda que tenha domicílio eleitoral no estado há mais de um ano.

**(D)** Não poderá se candidatar a deputado federal pré-candidato que possuir domicílio eleitoral no estado há menos de um ano, ainda que seja filiado ao partido há mais de um ano.

**(E)** Pré-candidato a deputado federal que não tiver completado vinte e um anos de idade até a data da convenção realizada pelo seu partido não poderá se candidatar: ele não atingiu a idade mínima exigida pela CF.

**A:** incorreta, uma vez que a relação de parentesco mantida entre o "sobrinho" e o "tio" é de terceiro grau. O §7º do art. 14 da CF, que trata das hipóteses constitucionais de inelegibilidade, indica que *"São inelegíveis, no território de jurisdição do titular, o cônjuge e os parentes consanguíneos ou afins, **até o segundo grau** ou por adoção, do Presidente da República, de Governador de Estado ou Território, do Distrito Federal, de Prefeito ou de quem os haja substituído dentro dos seis meses anteriores ao pleito, salvo se já titular de mandato eletivo e candidato à reeleição.";* **B:** incorreta, uma vez que o art. 1°, I, e, LC 64/1990 dispõe que haverá necessidade de que tal condenação, a ponto de gerar a inelegibilidade, deverá ocorrer por sentença transitada em julgado ou por órgão colegiado. Assim, não estaria abrangida a condenação em primeira instância, a menos que transitada em julgado (o que não é o caso da questão); **C:** incorreta, pois o enunciado diz que a filiação se deu 5 meses antes da convenção (que, conforme o art. 8°, Lei das Eleições, deverá ser feita no período de 20 de julho a 5 de agosto do ano em que se realizarem as eleições). Assim, considerando que as eleições se dão no primeiro domingo de outubro, e que ao tempo delas o hipotético candidato já alcançará pelo menos 7 meses de filiação, restam cumpridas as condições de elegibilidade quanto ao prazo de filiação (6 meses antes do pleito, não da convenção) e domicílio eleitoral (06 meses), conforme art. 9°, Lei das Eleições ("Art. 9° Para concorrer às eleições, o candidato deverá possuir domicílio eleitoral na respectiva circunscrição pelo prazo de seis meses e estar com a filiação deferida pelo partido no mesmo prazo. (Redação dada pela Lei nº 13.488, de 2017)") **D:** Importante observação nesta alternativa é que com a alteração dada pela Lei. 13.488/17, o candidato deverá possuir domicílio eleitoral na respectiva circunscrição pelo menos 06 (seis) meses, assim, não mais a consideramos correta, conforme o gabarito, pois, antes da mencionada alteração o art. 9°, Lei das Eleições, estabelecia que o prazo mínimo a ser observado quanto ao domicílio eleitoral na circunscrição era de 1 ano anterior ao pleito; **E:** incorreta. Cabe destacar que a reforma eleitoral de 2015, em especial a Lei 13.165/2015, alterou a redação do §2°, art. 11, Lei das Eleições, para dispor que "A idade mínima constitucionalmente estabelecida como condição de elegibilidade é verificada tendo por referência a data da posse, salvo quando fixada em dezoito anos, hipótese em que será aferida na data-limite para o pedido de registro". Ou seja, considerando a atual redação do art. 14, §3°, VI, *d*, Constituição Federal, apenas para o cargo de vereador é exigida a idade mínima de 18 anos. Assim, para o cargo de Deputado, com a exigência de 21 anos, temos a aferição de idade tendo-se em vista a data da posse e não a data limite de registro da candidatura. **SC/FV**

Gabarito "D".

**(Magistratura/BA – 2012 – CESPE)** Com relação às disposições constitucionais e legais acerca das condições de elegibilidade, cuja aplicação é disciplinada pela justiça eleitoral, assinale a opção correta.

**(A)** O candidato a senador da República deve ser aprovado em convenção partidária e contar com mais de trinta e cinco anos de idade na data das eleições.

**9. DIREITO ELEITORAL** 247

(B) Candidato a presidente da República deve contar com mais de trinta anos de idade na data da inscrição da candidatura.

(C) Candidato a prefeito deve contar com vinte e um anos de idade na data das eleições.

(D) Candidato a vereador deve ter domicílio eleitoral no município e, pelo menos, dezoito anos de idade na data da convenção partidária.

(E) Candidato a governador de estado deve ser filiado a partido político e ter, na data da posse, trinta anos de idade.

O art. 14, § 3°, da Constituição Federal e art. 11, § 2°, da Lei 9.504/1997 dispõe sobre as condições de elegibilidade, especificamente na alínea b, quanto à idade mínima a ser obedecida para cada cargo elencado. **A:** Incorreta, pois o candidato a senador da República deverá ser eleito pelo voto direto e majoritário, como bem disciplina o art. 83 do Código Eleitoral (Lei 4.737/1965); **B:** Incorreta, A obediência à idade mínima trata-se de condição de elegibilidade necessária no momento da posse, conforme norte o previsto no a art. 11, § 2°, da Lei 9.504; **C:** Incorreta, conforme exposto na alternativa anterior, trata-se de condição necessária a ser cumprida na data da posse; **D:** Incorreta. Em regra, a aferição das condições de elegibilidade é feita considerando a data da posse. No entanto APENAS para o cargo em que a idade mínima estabelecida for de 18 (dezoito) anos, a aferição levará em conta a data limite do pedido de registro de candidatura (que é até o dia 15.08 do ano eleitoral); **E:** Correta, pois a alternativa explicita a condição de elegibilidade necessária à data da posse do candidato a governador eleito, qual seja, ter a idade mínima de 30 (trinta) anos de idade e a filiação em partido político (art. 14, § 3°, V e VI, b e art. 11, § 2°, da Lei 9.504/1997). FB/FV

Gabarito "E".

**(Magistratura/ES – 2011 – CESPE)** Acerca de alistamento eleitoral, transferência, delegados partidários perante o alistamento, cancelamento e exclusão de eleitor, revisão e correição eleitorais, assinale a opção correta.

(A) Sempre que tiver conhecimento de alguma das causas do cancelamento da inscrição, o juiz eleitoral determinará de ofício a exclusão do eleitor, dispensando-se instauração de processo específico.

(B) Para que o TSE determine de ofício a revisão ou correição das zonas eleitorais, basta que o total de transferências de eleitores ocorridas no ano em curso seja 10% superior ao do ano anterior; ou que o eleitorado seja superior ao dobro da população entre dez e quinze anos, somada à de idade superior a setenta anos, do território do município; ou, ainda, que o eleitorado seja superior a 55% da população projetada para aquele ano pelo Instituto Brasileiro de Geografia e Estatística para o município.

(C) Para a transferência de título eleitoral de servidor público civil, militar, autárquico, ou de membro de sua família, por motivo de remoção ou transferência, não se exigem o transcurso de um ano do alistamento ou da última transferência nem a residência mínima de três meses no novo domicílio.

(D) Nenhum requerimento de inscrição eleitoral ou de transferência será recebido dentro dos cento e oitenta dias anteriores à data da eleição, período considerado de suspensão do alistamento.

(E) Aos delegados dos partidos políticos perante o alistamento é facultado promover a exclusão de qualquer eleitor inscrito ilegalmente, mas não lhes é permitido assumir a defesa do eleitor cuja exclusão esteja sendo promovida.

**A:** Incorreta, pois será obedecido o procedimento previsto nos arts. 77 e seguintes do Código Eleitoral; **B:** Incorreta, pois o art. 92 da Lei 9504/1997 dispõe que o Tribunal Superior Eleitoral, ao conduzir o processamento dos títulos eleitorais, determinará de ofício a revisão ou correição das Zonas Eleitorais sempre que (i) o total de transferências de eleitores ocorridas no ano em curso seja dez por cento superior ao do ano anterior; (ii) o eleitorado for superior ao dobro da população entre dez e quinze anos, somada à de idade superior a setenta anos do território daquele Município; (iii) o eleitorado for superior a sessenta e cinco por cento da população projetada para aquele ano pelo Instituto Brasileiro de Geografia e Estatística – IBGE; **C:** Correta, conforme o art. 55, § 2° do Código Eleitoral, uma vez que nestes casos não se aplica a regra do transcurso de 1 ano e residência fixa mínima de 3 meses; **D:**

Incorreta, pois conforme dispõe o art. 91 da Lei 9.504/1997 o prazo é de 150 (cento e cinquenta) dias; **E:** Incorreta, uma vez que o art. 66, II, do Código Eleitoral dispõe que é lícito aos partidos políticos, através de seus delegados, promover a exclusão de qualquer eleitor inscrito ilegalmente e assumir a defesa do eleitor cuja exclusão esteja sendo promovida; FB/FV

Gabarito "C".

**(Magistratura/PA – 2012 – CESPE)** Olavo, médico com vinte e cinco anos de idade, em cumprimento do serviço militar obrigatório no Comando Aéreo Regional de Belém – PA, pretendendo votar nas eleições de 2012, requereu, no prazo fixado para requerimento, inscrição como eleitor.

Nessa situação, de acordo com as disposições contidas na CF e na legislação aplicável, o juiz eleitoral deve

(A) deferir o pedido, desde que o requerente apresente documento assinado pelo comandante do referido comando aéreo, referendando o pedido de alistamento eleitoral do oficial médico.

(B) deferir o pedido caso o requerente comprove, em documento oficial do comando aéreo, o licenciamento do contingente de médicos até um mês antes da data da eleição.

(C) indeferir o pedido, decisão da qual cabe recurso, em razão de o conscrito não poder alistar-se como eleitor durante o período do serviço militar obrigatório.

(D) indeferir o pedido caso o requerente, não tendo pleiteado a inscrição até o final do ano subsequente ao ano em que completou dezoito anos de idade, não apresente prova do pagamento da multa pelo atraso do alistamento eleitoral.

(E) deferir o pedido, com base no fato de ser a inscrição eleitoral dever legalmente imposto a todo brasileiro com mais de dezoito anos de idade e direito líquido e certo a ele garantido.

De fato, a única resposta correta encontra-se explícita na assertiva C, uma vez que de acordo com o art. 14, § 2°, parte final, CF, não podem alistar-se como eleitores os estrangeiros e, durante o período do serviço militar obrigatório, os conscritos. (Art. 14. A soberania popular será exercida pelo sufrágio universal e pelo voto direto e secreto, com valor igual para todos, e nos termos da lei, mediante: [...] § 2° Não podem alistar-se como eleitores os estrangeiros e, durante o período do serviço militar obrigatório, os conscritos."). FB/FV

Gabarito "C".

Última questão excluída por três alternativas estarem com base na Resolução não mais vigente do TSE.

## 3. INELEGIBILIDADE

**(Juiz de Direito - TJ/BA - 2019 - CESPE/CEBRASPE)** Com base na legislação e na jurisprudência do TSE sobre inelegibilidade e alistamento eleitoral, assinale a opção correta.

(A) Ante a impossibilidade de interpretação extensiva das regras de inelegibilidade, as relações estáveis homoafetivas não são situações configuradoras de hipóteses de inelegibilidade reflexa.

(B) O procedimento de revisão do eleitorado foi inaugurado no Brasil com o recadastramento biométrico promovido pela justiça eleitoral, o qual tem como objetivo conferir maior segurança à identificação do eleitor.

(C) Deferido o pedido de registro de candidatura, haverá preclusão quanto à possibilidade de arguir eventual ausência de domicílio eleitoral do candidato na circunscrição.

(D) O prazo de inelegibilidade dos que forem condenados por corrupção eleitoral em decisão transitada em julgado tem como termo final o oitavo ano seguinte ao fato ilícito praticado.

(E) O encerramento do prazo de inelegibilidade antes do dia da eleição afasta inelegibilidade que for constatada no momento da formalização do pedido de registro de candidatura.

**A:** Incorreta. A inelegibilidade reflexa alcança tanto uniões hetero como homoafetivas. Importante lembrar que a Resolução CNJ 175/2013 veda a recusa, por parte das autoridades competentes, de habilitação, celebração de casamento civil ou de conversão de união estável em casamento entre pessoas do mesmo sexo. Além disso, a jurisprudência do TSE acena no mesmo sentido de que a inelegibilidade deve ser observada em qualquer das situações, não havendo distinção (REsp 24564/PA). **B:** Incorreta. A revisão do eleitoral consta de disposição do Código Eleitoral, art. 71, § 4°, com origem em 1965 (Código eleitoral: Lei 4737/65). O recadastramento biométrico, por sua vez, vem a ser inaugurado no sistema jurídico através das resoluções do TSE 22.688/2007, 23.061/2009, 23.335/2011, 23.345/2011, 23.366/2011 e 23.659/2021. **C:** Incorreta. A súmula TSE 47 dispõe que a inelegibilidade superveniente que autoriza a interposição de recurso contra expedição de diploma, fundado no art. 262 do Código Eleitoral, é aquela de índole constitucional ou, se infraconstitucional, superveniente ao registro de candidatura, e que surge até a data do pleito. **D:** Incorreta. Com fundamento na Súmula TSE 61, a inelegibilidade, nesses casos, deve ser considerada após o cumprimento da pena (prazo de inelegibilidade será de 8 anos, art. 1°, I, e, LC 64/90). **E:** Correta. Em plena concordância com o conteúdo da Súmula TSE 70, que dispõe "O encerramento do prazo de inelegibilidade antes do dia da eleição constitui fato superveniente que afasta a inelegibilidade, nos termos do art. 11, § 10, da Lei 9.504/97." SC

Gabarito "E".

**(Juiz – TJ/CE – 2018 – CESPE)** É correto afirmar que a inelegibilidade

(A) alcança aqueles que não estejam filiados a partido político há, pelo menos, um ano antes da eleição.

(B) de candidato a presidente da República se estende ao candidato a vice-presidente da República.

(C) pode ser reconhecida de ofício pela justiça eleitoral nos processos de registro de candidatura.

(D) obsta temporariamente a capacidade eleitoral ativa dos candidatos.

(E) abrange, por força constitucional, os analfabetos, os semianalfabetos, os conscritos e os estrangeiros.

**A:** Incorreta, uma vez que o art. 9°, Lei 9.504/1997, alterado pela Lei 13.488/2017, prevê o prazo de 6 meses e não de um ano. Atenção! Tanto a condição de elegibilidade de filiação partidária quanto a do domicílio eleitoral deverá ser provada no prazo de até 6 meses antes das eleições. No caso da filiação, ela deverá já estar deferida na data limite. **B:** Incorreta, pois trata-se de causa pessoal de inelegibilidade que não será transferida ao vice. **C:** Correta, de acordo com o enunciado da súmula 45 TSE: "Nos processos de registro de candidatura, o Juiz Eleitoral pode conhecer de oficio da existência de causas de inelegibilidade ou da ausência de condição de elegibilidade, desde que resguardados o contraditório e a ampla defesa.". **D:** Incorreta. A inelegibilidade afeta tão somente o exercício dos direitos políticos passivos (capacidade de ser votado). Os direitos políticos ativos permanecem intactos. **E:** Incorreta. A CF, art. 14, § 4°, apenas relaciona os analfabetos como inelegíveis. Os semianalfabetos não são (não podem) sem considerados inelegíveis sob pena de infringir o princípio da vedação à restrição dos direitos políticos, que indica proibição ao intérprete de restringir o direito político de forma extensiva, alargando o significado da norma. SC

Gabarito "C".

**(Promotor de Justiça/PI - 2014 - CESPE)** Considere que, no exercício do mandato de senador, Ivo seja escolhido pela coligação integrada por seu partido para disputar o cargo de prefeito no ano de 2016. Em face dessa situação, assinale a opção correta à luz das disposições constitucionais e da legislação eleitoral hoje em vigor.

(A) Se o pedido de registro da candidatura for indeferido e o partido renunciar ao direito de preferência, Ivo poderá ser substituído por filiado a qualquer partido integrante da coligação em até dez dias contados da notificação da decisão judicial.

(B) O pedido de registro da candidatura de Ivo deve ser apresentado pela coligação ao juiz eleitoral até às 18 horas do nonagésimo dia anterior à data marcada para a eleição.

(C) Na hipótese de o partido ou coligação não requerer o registro de Ivo, ele mesmo pode fazê-lo perante o TRE, observado

o prazo máximo de 48 horas seguintes à publicação da lista dos candidatos pela justiça eleitoral.

(D) A impugnação ao pedido de registro de candidatura de Ivo pode ser feita por candidato, partido político, coligação, MP, ou qualquer eleitor, em petição fundamentada.

(E) Se o pedido de registro da candidatura for indeferido, Ivo poderá efetuar atos relativos à campanha eleitoral, e seu nome poderá ser mantido na urna eletrônica, ficando a validade dos votos a ele atribuídos condicionada a registro válido de substituto.

**A:** correta, nos exatos termos do que dispõe o art. 13, §§ 1° e 2° da Lei 9.504/1997, Lei das Eleições; **B:** incorreta, já que o art. 11, Lei das Eleições, dispõe que os partidos e coligações solicitarão à Justiça Eleitoral o registro de seus candidatos até as dezenove horas do dia 15 de agosto do ano em que se realizarem as eleições ("Os partidos e coligações solicitarão à Justiça Eleitoral o registro de seus candidatos até as dezenove horas do dia 15 de agosto do ano em que se realizarem as eleições. (Redação dada pela Lei n° 13.165, de 2015)"); **C:** incorreta, uma vez que na hipótese de o partido ou coligação não requerer o registro de seus candidatos, estes poderão fazê-lo *perante a Justiça Eleitoral*, observado o prazo máximo de quarenta e oito horas seguintes à publicação da lista dos candidatos pela Justiça Eleitoral, conforme dispõe a art. 11, § 4°, Lei das Eleições; **D:** incorreta, pois o art. 3°, LC 64/1990, dispõe que caberá a qualquer candidato, a partido político, coligação ou ao Ministério Público, no prazo de 5 (cinco) dias, contados da publicação do pedido de registro do candidato, impugná-lo em petição fundamentada; **E:** incorreta, uma vez que Ivo só poderá agir desta forma caso tenha recorrido (Embargos ou Recurso Especial ao Tribunal Superior Eleitoral) estando, portanto, dentro do que dispõe o art. 16-A, Lei das Eleições, ao disciplinar que o candidato cujo registro esteja *sub judice* poderá efetuar todos os atos relativos à campanha eleitoral, inclusive utilizar o horário eleitoral gratuito no rádio e na televisão e ter seu nome mantido na urna eletrônica enquanto estiver sob essa condição, ficando a validade dos votos a ele atribuídos condicionada ao deferimento de seu registro por instância superior. FB/FV

Gabarito "A".

**(Magistratura/PA – 2012 – CESPE)** Assinale a opção correta em relação às eleições.

(A) A substituição de candidato que seja considerado inelegível, renuncie ou faleça após o término do prazo do registro ou, ainda, do candidato cujo registro seja indeferido ou cancelado deverá ser requerida em até 15 dias após o fato ou após a notificação do partido da decisão judicial que tenha dado origem à substituição.

(B) O candidato cujo registro esteja *sub judice* não pode utilizar o horário eleitoral gratuito no rádio ou na televisão, mas seu nome pode ser mantido na urna eletrônica, estando a validade dos votos eventualmente a ele atribuídos condicionada ao deferimento de seu registro por instância superior.

(C) Nas eleições de 2010, aos então detentores de mandato de deputado federal, estadual ou distrital, bem como aos que exerciam esses cargos em qualquer período da legislatura em curso, foi assegurado o registro de candidatura para o mesmo cargo, pelo partido a que estavam filiados.

(D) As condições de elegibilidade e as causas de inelegibilidade devem ser aferidas no momento da formalização do pedido de registro da candidatura, ressalvadas as alterações fáticas ou jurídicas supervenientes ao registro que afastem a inelegibilidade.

(E) O juiz eleitoral deve indeferir pedido de variação de nome de candidato a vereador coincidente com nome de candidato a eleição a prefeito, ainda que o candidato esteja exercendo mandato eletivo ou que, nos quatro anos anteriores ao pleito, tenha concorrido em eleição com o nome coincidente.

**A:** Incorreta, pois o prazo será de 10 dias, conforme dispõe o art. 13, § 1°, da Lei 9.504/1997; **B:** Incorreta, pois o art. 16-A Lei 9.504/1997 dispõe que o candidato cujo registro esteja *sub judice* poderá efetuar todos os atos relativos à campanha eleitoral, inclusive utilizar o horário eleitoral gratuito no rádio e na televisão e ter seu nome mantido na urna eletrônica enquanto estiver sob essa condição, ficando a validade dos votos a ele atribuídos condicionada ao deferimento de seu registro por instância superior; **C:** A alternativa deverá ser analisada a luz da ADIN

2.530-9, que foi julgada procedente para declarar a inconstitucionalidade material do art. 8, § 1°, da Lei 9.504/1997 ("O Tribunal, por unanimidade, conheceu da ação direta e julgou procedente o pedido formulado para declarar a inconstitucionalidade do § 1° do art. 8° da Lei n° 9.504/97, com modulação dos efeitos da declaração de inconstitucionalidade, de modo tal que o dispositivo seja considerado inconstitucional apenas a partir de 24 de abril de 2002 (data da suspensão de sua eficácia pelo Supremo Tribunal Federal, na medida cautelar deferida nestes autos), nos termos do voto do Relator. Não participou, justificadamente, deste julgamento o Ministro Gilmar Mendes. Presidência do Ministro Luiz Fux. Plenário, 18.08.2021 (Sessão realizada por videoconferência - Resolução 672/2020/STF).");
**D:** Correta, conforme art. 11, § 10, da Lei 9.504/1997. Cabe mencionar, no entanto, que com a reforma eleitoral de 2015, a aferição para o cargo que preveja idade mínima de 18 não terá a aferição, desta condição de elegibilidade, considerando-se a data limite para o pedido de registro de candidatura (art. 11§2°, Lei Eleições) ; **E:** Incorreta, pois o art. 12, § 3°, da Lei 9.504/1997 dispõe que a Justiça Eleitoral indeferirá todo pedido de variação de nome coincidente com nome de candidato a eleição majoritária, salvo para candidato que esteja exercendo mandato eletivo ou o tenha exercido nos últimos quatro anos, ou que, nesse mesmo prazo, tenha concorrido em eleição com o nome coincidente. FB/FV
Gabarito "D".

**(Magistratura/PI – 2011 – CESPE)** Com relação às inelegibilidades, assinale a opção correta.

**(A)** O candidato condenado, em decisão transitada em julgado ou proferida por órgão colegiado da justiça eleitoral, por conduta vedada a agente público em campanha eleitoral somente será considerado inelegível se a conduta implicar a cassação do registro ou do diploma.

**(B)** O prefeito que perder o mandato por infringência a dispositivo da Lei orgânica municipal ficará inelegível, para qualquer cargo, nas eleições a serem realizadas no período remanescente do mandato para o qual tenha sido eleito e nos três anos subsequentes ao término do mandato, reavendo a sua elegibilidade imediatamente após esse período.

**(C)** O prazo da inelegibilidade do indivíduo condenado por crime contra o meio ambiente por decisão transitada em julgado ou proferida por órgão judicial colegiado perdura enquanto durarem os efeitos da condenação.

**(D)** A inelegibilidade não se aplica a membro de assembleia legislativa que renunciar ao mandato após o oferecimento de representação capaz de autorizar a abertura de processo por infringência a dispositivo da constituição estadual.

**(E)** O indivíduo excluído do exercício da profissão por decisão sancionatória do órgão profissional competente em decorrência de infração ético-profissional ficará inelegível, para qualquer cargo, pelo prazo de quatro anos, salvo se o ato houver sido anulado ou suspenso pelo Poder Judiciário.

**A:** Correta, (art. 1°, I, j, LC 64/1990); **B:** Incorreta, pois o art. 1°, I, c, da LC 64/1990 dispõe que Prefeito e o Vice-Prefeito que perderem seus cargos eletivos por infringência a dispositivo da Constituição Estadual, da Lei Orgânica do Distrito Federal ou da Lei Orgânica do Município, para as eleições que se realizarem durante o período remanescente e nos 8 (oito) anos subsequentes ao término do mandato para o qual tenham sido eleitos; **C:** Incorreta, pois o art. 1°, I, e, linha 3, da LC 64/1990 dispõe que a inelegibilidade atingirá desde a condenação até o transcurso do prazo de 8 (oito) anos após o cumprimento da pena; **D:** Incorreta, pois a inelegibilidade é aplicada com base no que dispõe o art. 1°, I, k, da LC 64/1990; **E:** Incorreta, pois o prazo será de 8 anos, conforme art. 1°, I, m, da LC 64/1990. FB
Gabarito "A".

**(Magistratura/PB – 2011 – CESPE)** Com relação à inelegibilidade, assinale a opção correta.

**(A)** O prazo de inelegibilidade de prefeito que tiver as contas relativas ao exercício do cargo rejeitadas, por decisão irrecorrível do órgão competente, em razão de irregularidade insanável que configure ato doloso de improbidade administrativa, se a decisão não tiver sido suspensa nem anulada pelo Poder Judiciário, deverá ser contado do término do mandato para o qual o prefeito tenha sido eleito.

**(B)** Para candidato que já exerça mandato eletivo, conta-se do término do mandato para o qual tenha sido eleito o prazo de inelegibilidade caso ele venha a ser condenado, por decisão transitada em julgado ou proferida por órgão colegiado da justiça eleitoral, em decorrência de gastos ilícitos de campanha, com a consequente cassação do diploma.

**(C)** Consideram-se inelegíveis para qualquer cargo a pessoa física e(ou) o dirigente de pessoa jurídica responsáveis por doação eleitoral tida por ilegal, se reconhecida contra si inelegibilidade, por prazo contado da decisão que reconheça a ilegalidade.

**(D)** O prazo de inelegibilidade de indivíduo condenado por qualquer crime eleitoral, em decisão transitada em julgado ou proferida por órgão judicial colegiado, perdura por prazo superior aos efeitos da condenação.

**(E)** Enquanto persistirem os efeitos da condenação, perdura o prazo de inelegibilidade de indivíduo condenado por crime contra o patrimônio privado, em decisão transitada em julgado ou proferida por órgão judicial colegiado.

**A:** a alternativa deverá ser analisada a luz da LC n. 184/2021, que alterou a LC 64/90, para excluir da incidência de inelegibilidade prevista na alínea "g" do inciso I do caput do art. 1° da referida Lei os responsáveis que tenham tido suas contas julgadas irregulares sem imputação de débito e com condenação exclusiva ao pagamento de multa, bem como acrescentou o § 4°-A com a seguinte redação: "*A inelegibilidade prevista na alínea "g" do inciso I do **caput** deste artigo não se aplica aos responsáveis que tenham tido suas contas julgadas irregulares sem imputação de débito e sancionados exclusivamente com o pagamento de multa.*"; **B:** incorreta, pois o prazo de 8 anos, nesse caso, é contado da eleição (independentemente de ter sido cassado o registro ou o diploma) – art. 1°, I, j, da LI; **C:** essa é a assertiva correta, conforme o art. 1°, I, p, da LI; **D:** incorreta, pois a inelegibilidade por até 8 anos após o cumprimento da pena refere-se apenas aos crimes indicados no art. 1°, I, e, da LI; **E:** incorreta, pois, nesse caso, a inelegibilidade vai desde a condenação até o transcurso do prazo de 8 anos após o cumprimento da pena – art. 1°, I, e, 2, da LI. FB/FV
Gabarito "C".

## 4. CANCELAMENTO E EXCLUSÃO DE ELEITOR

**(Juiz de Direito – TJ/SC – 2019 – CESPE/CEBRASPE)** A respeito da criação de partidos políticos no Brasil, assinale a opção correta.

**(A)** Os fundadores de partido político em formação, em número máximo de cento e um, são encarregados de subscrever e dirigir os requerimentos de registro do partido para o cartório de registro civil de pessoas jurídicas competente.

**(B)** Após obter o seu registro civil, o partido político em formação deverá informar sua criação ao TSE, no prazo de cem dias contados da obtenção desse registro.

**(C)** Em até um ano após adquirir personalidade jurídica, o partido político tem de comprovar o apoiamento mínimo de eleitores filiados, no total de, pelo menos, 0,5% dos votos dados na última eleição geral para a Câmara dos Deputados, não computados os votos em branco e os nulos.

**(D)** A apresentação do requerimento de registro de partido político em formação no cartório de registro civil basta para autorizar à nova agremiação o recebimento de recursos do fundo partidário e o acesso gratuito ao rádio e à televisão para propaganda.

**(E)** A estrutura interna, a organização e o funcionamento do partido político em formação serão determinados pela justiça eleitoral, até o registro definitivo do partido.

**A:** Incorreta. O art. 8°, Lei 9.096/95, estabelece que o apoiamento inicial, para fins de aquisição de personalidade (registro do estatuto) junto ao cartório de registro civil de pessoas jurídicas deverá obedecer a número nunca inferior a 101 fundadores. **B:** Correta. Trata-se de redação contida na Resolução TSE 23.571/18, art. 10, § 3°, que estabelece o prazo de 100 dias, a contar da obtenção do primeiro registro (aquisição de personalidade), para informar sua criação ao TSE. **C:** Incorreta. Pois o período em que é possível comprovar o apoiamento mínimo de eleitores é de dois anos (art. 7°, § 1°, Lei 9.096/95). **D:** Incorreta, pois para participar do processo eleitoral é necessário que o partido tenha cumprido com os dois registros: no cartório de pessoas jurídicas e no TSE. **E:** Incorreta. Pois tanto o art. 17, CF quanto o art. 3º, Lei 9.096/95, asseguram ao partido político autonomia para que defina sua estrutura interna, organização e funcionamento. **SC**

Gabarito "B".

**(Juiz de Direito – TJ/SC – 2019 – CESPE/CEBRASPE)** Embora os partidos políticos com registro deferido pelo Tribunal Superior Eleitoral (TSE) possam receber dinheiro proveniente de várias fontes para a sua própria manutenção, existem regramentos a serem obedecidos no gasto desse dinheiro pelos partidos políticos. Acerca desse assunto, assinale a opção correta.

**(A)** Os partidos políticos são autorizados a utilizar recursos do fundo partidário para celebrar contratos bancários, tais como empréstimos e consórcios, com o objetivo de adquirir imóvel para funcionar como sede de suas atividades.

**(B)** Os diretórios partidários são impedidos de utilizar recursos próprios para liquidação de contratos bancários, tais como empréstimos e consórcios, celebrados com o objetivo de adquirir imóvel para funcionar como sede de suas atividades.

**(C)** Os partidos políticos têm permissão para executar, com recursos do fundo partidário, obras de benfeitorias em imóvel locado como sede partidária por período não inferior a cinco anos, ainda que estritamente necessárias.

**(D)** Os diretórios partidários, em todas as instâncias, são autorizados a liquidar, com recursos próprios, contratos bancários, tais como empréstimos e consórcios, celebrados para aquisição de imóvel para funcionar como sede de suas atividades.

**(E)** Os partidos políticos são autorizados a empregar recursos do fundo partidário na execução de obras de benfeitorias, se estritamente necessárias, em imóvel locado como sede partidária por período inferior a cinco anos.

**Atenção:**
Não obstante a questão ser de 2019, especialmente em razão da inclusão do inciso X, art. 44, Lei dos Partidos Políticos (Lei 9.096/95), promovido pela Lei 13.877/2019, que estabelece que "os recursos oriundos do Fundo Partidário serão aplicados na compra ou locação de bens móveis e imóveis, bem como na edificação ou construção de sedes e afins, e na realização de reformas e outras adaptações nesses bens". A questão, originalmente, exigia conhecimento acerca da Consulta TSE n. 52988, que orientava no sentido contrário da utilização, pelos diretórios partidários, de celebrar contratos bancários visando adquirir imóvel para funcionar como sede de suas atividades com a utilização dos recursos do Fundo Partidário (circunstância que passou a ser autorizada com o advento da Lei 13.877/2019). **SC**

Gabarito "D".

**(Juiz de Direito – TJ/SC – 2019 – CESPE/CEBRASPE)** Terão acesso aos recursos do fundo partidário e à propaganda gratuita no rádio e na televisão os partidos políticos que, na legislatura seguinte às eleições de 2018, obtiverem, nas eleições para a Câmara dos Deputados, no mínimo

**(A)** 1% dos votos válidos, distribuídos em pelo menos um terço das unidades da Federação, com, no mínimo, 1% dos votos válidos em cada uma delas.

**(B)** 1,5% dos votos válidos, distribuídos em pelo menos um terço das unidades da Federação, com, no mínimo, 1% dos votos válidos em cada uma delas.

**(C)** 2% dos votos válidos, distribuídos em pelo menos um terço das unidades da Federação, com, no mínimo, 1,5% dos votos válidos em cada uma delas.

**(D)** 2,5% dos votos válidos, distribuídos em pelo menos um terço das unidades da Federação, com no mínimo, 2% dos votos válidos em cada uma delas.

**(E)** 2,5% dos votos válidos, distribuídos em pelo menos um terço das unidades da Federação, com, no mínimo, 2,5% dos votos válidos em cada uma delas.

A EC 97/2017 trouxe importantes alterações ao art. 17, CF, relativamente aos partidos políticos. Considerando a abordagem da questão, necessário conhecimento do texto da emenda, e não apenas as alterações

apresentadas no citado art. 17. Explico: uma das alterações envolve a criação da chamada "cláusula de barreira" ou "cláusula de desempenho", de modo que a agremiação apenas terá acesso aos recursos do fundo partidário e à propaganda gratuita no rádio e na televisão (direito de antena) se comprovar desempenho mínimo nas urnas. O art. 3º, EC 97/2017 traz um escalonamento deste "desempenho", indicando qual é o mínimo a ser cumprido em cada legislatura posterior às eleições indicadas, considerando as eleições para a Câmara dos Deputados (não pode ser considerado o número de senadores eleitos no cumprimento deste critério). Vejamos:

> **I – na legislatura seguinte às eleições de 2018:**
> *a)* 1,5% (um e meio por cento) dos votos válidos, distribuídos em pelo menos um terço das unidades da Federação, com um mínimo de 1% (um por cento) dos votos válidos em cada uma delas; ou
> *b)* tiverem elegido pelo menos nove Deputados Federais distribuídos em pelo menos um terço das unidades da Federação;
> **II – na legislatura seguinte às eleições de 2022:**
> *a)* 2% (dois por cento) dos votos válidos, distribuídos em pelo menos um terço das unidades da Federação, com um mínimo de 1% (um por cento) dos votos válidos em cada uma delas; ou
> *b)* tiverem elegido pelo menos onze Deputados Federais distribuídos em pelo menos um terço das unidades da Federação;
> **III – na legislatura seguinte às eleições de 2026:**
> *a)* 2,5% (dois e meio por cento) dos votos válidos, distribuídos em pelo menos um terço das unidades da Federação, com um mínimo de 1,5% (um e meio por cento) dos votos válidos em cada uma delas; ou
> *b)* tiverem elegido pelo menos treze Deputados Federais distribuídos em pelo menos um terço das unidades da Federação.

Desta forma, a resposta correta está contida na alternativa B. **SC**

Gabarito "B".

**(Analista – TRE/BA – 2010 – CESPE)** Considerando um eleitor que esteja respondendo a processo de exclusão de inscrição, julgue os itens subsequentes.

**(1)** A Lei admite que o eleitor, durante o processo de exclusão, vote validamente.

**(2)** É defeso ao juiz eleitoral conhecer de ofício a exclusão do eleitor.

**(3)** Como o interesse de agir é exclusivo do eleitor, outro eleitor não poderá promover a sua defesa em caso de exclusão.

**1:** correta – Art. 72 CE ("Durante o processo e até a exclusão pode o eleitor votar validamente."); **2:** incorreta – Art. 71, § 1º CE ("§ 1º A ocorrência de qualquer das causas enumeradas neste artigo acarretará a exclusão do eleitor, que poderá ser promovida *ex officio*, a requerimento de delegado de partido ou de qualquer eleitor."); **3:** incorreta – Art. 73 CE ("No caso de exclusão, a defesa pode ser feita pelo interessado, por outro eleitor ou por delegado de partido."). **FB/FV**

Gabarito 1C, 2E, 3E

## 5. PARTIDOS POLÍTICOS, CANDIDATOS

**(Juiz de Direito - TJ/BA - 2019 - CESPE/CEBRASPE)** A respeito da atuação dos partidos políticos e das estratégias de exercício da democracia, assinale a opção correta.

**(A)** O modelo brasileiro de financiamento de campanha é misto, com participação tanto do poder público quanto do setor privado, sendo possível posterior retificação, na justiça eleitoral, dos limites de gastos de cada campanha.

**(B)** A CF prevê adesão à fidelidade partidária, de modo que, nos cargos alcançados pelo sistema majoritário, a arbitrária desfiliação partidária implica renúncia tácita do mandato.

**(C)** O sistema eleitoral distrital tem natureza proporcional, o que possibilita o prestígio da representação de minorias e a diminuição do clientelismo político.

**(D)** No Brasil, a discussão acerca da viabilidade de candidaturas avulsas está relacionada com o respeito às condições de elegibilidade previstas na CF e às garantias previstas no Pacto de San José da Costa Rica.

# 9. DIREITO ELEITORAL 251

(E) Ao eleito por partido que não alcançar a cláusula de desempenho eleitoral exigida pela legislação será assegurado o mandato, desde que ele se filie a outro partido.

**A:** Incorreta. De fato, o modelo de financiamento é o misto, sendo vedada apenas a participação (no financiamento) por pessoas jurídicas (art. 21 e seguintes, Resolução TSE 23.607/19). No entanto, não é permitida a retificação do limite de gastos. **B:** Incorreta. A súmula TSE 67, dispõe que a perda do mandato em razão da desfiliação de partido sem justa causa não se aplica aos candidatos eleitos pelo sistema majoritário (presidente da república, governador de estado e do DF, prefeito e senador). **C:** Incorreta. O voto distrital, não adotado no Brasil, não possui natureza proporcional. Pelo sistema distrital é feita uma divisão do Município ou Estado em circunscrições ou distritos. Nestas limitações, partidos lançarão candidatos (um por partido). A eleição será definida por um critério de maioria, não existindo qualquer proporcionalidade na apuração, mas sim apuração do "mais votado". Não há, portanto, prestígio da representação de minorias, o que é possível a partir da proporcionalidade na apuração. **D:** Correta. A chamada candidatura avulsa guarda relação com as condições de elegibilidade previstas na CF (art. 14, § 3º, CF) e as disposições do Pacto de San Jose da Costa Rica, que ao tratar sobre os direitos políticos não menciona a filiação partidária como condição. No entanto, prevalece a vedação às candidaturas avulsas. **E:** Incorreta. O art. 17, § 5º, CF dispõe que ao eleito por partido que não cumprir com o desempenho mínimo (§ 3º, art. 17, CF) será assegurado o mandato e facultada a filiação a outro partido que tenha atingido (a cláusula de desempenho do § 3º, art. 17, CF), sem que isso constitua razão para perda de mandato (por infidelidade partidária). Também, nessa situação, não será considerada eventual troca de partido para fins de distribuição dos recursos do fundo partidário e do acesso gratuito ao tempo de rádio e de televisão. 🔲
Gabarito "D".

**(Promotor de Justiça/RR – 2017 – CESPE)** A respeito de partidos políticos, assinale a opção correta.

**(A)** Os partidos políticos podem utilizar os recursos do fundo partidário para pagar multas eleitorais decorrentes de infração à Lei das Eleições.

**(B)** Os partidos políticos não são obrigados a cumprir exigências licitatórias para contratar e realizar despesas com recursos do fundo partidário.

**(C)** O partido político adquire personalidade jurídica com o registro de seu estatuto no TSE.

**(D)** As contas partidárias que forem desaprovadas não poderão receber novas cotas do fundo partidário até que sejam regularizadas.

**A:** Incorreta, Ac.-TSE, de 21.5.2015, na Consulta nº 139623: é vedada a utilização de recursos do Fundo Partidário para efetuar pagamento de multas eleitorais, decorrente de infração à Lei das Eleições. **B:** Correta, uma vez que são pessoas jurídicas de direito privado, com função pública (indispensável condição de elegibilidade constitucional), não se equiparando às entidades paraestatais. Não obstante, são obrigados à prestação de contas. **C:** Incorreta, a aquisição de personalidade jurídica será na forma civil (cartório civil de pessoa jurídica da capital federal – arts. 7º e 8º Lei 9.096/1995). **D:** Incorreta. O art. 37, Lei 9.096/1995 estabelece que a desaprovação das contas do partido implicará exclusivamente a sanção de devolução da importância apontada como irregular, acrescida de multa de até 20%. 🔲
Gabarito "B".

**(Juiz – TJ/CE – 2018 – CESPE)** O registro de estatuto de partido político junto ao TSE será autorizado

**(A)** por ato de natureza jurisdicional da corte sujeito a recurso extraordinário.

**(B)** por ato materialmente administrativo que lhe atribua personalidade jurídica.

**(C)** se, entre outros requisitos, o requerimento estiver instruído com o inteiro teor do programa e do estatuto partidários, ambos inscritos no registro civil das pessoas jurídicas.

**(D)** se, entre outros requisitos, o requerimento estiver instruído com certidão de inteiro teor do registro partidário expedida pelo cartório de registro civil das pessoas jurídicas da capital do estado sede do partido.

**(E)** se preenchidos os requisitos legais, independentemente de comprovação de apoio mínimo de eleitores.

**A:** Incorreta, já que o registro conferido pelo TSE, após a aquisição de personalidade jurídica junto ao cartório de registro competente, não possui natureza jurisdicional, mas sim administrativa. **B:** Incorreta, pois a aquisição de personalidade jurídica se dará anteriormente, com o registro feito junto ao cartório civil de pessoas jurídicas da capital federal (arts. 7º e 8º, Lei 9.096/1995). **C:** Correta, com fundamento nos incisos do art. 9º, Lei 9.096/1995, que relaciona documentação que deverá acompanhar requerimento a ser direcionado ao TSE para fins de registro do estatuto do partido. **D:** Incorreta. O cartório competente será o do registro civil das pessoas jurídicas da capital federal e não estadual. **E:** Incorreta. A comprovação do apoio mínimo é condição inafastável, vez que configurará o reflexo da abrangência nacional da agremiação, como preconiza a condição indicada no art. 9, III, Lei 9.096/1995. 🔲
Gabarito "C".

**(Juiz de Direito/AM – 2016 – CESPE)** De acordo com as normas que regulam o funcionamento dos partidos políticos no Brasil,

**(A)** não há restrições à fusão ou incorporação de partidos políticos que tenham obtido o registro definitivo do TSE.

**(B)** as mudanças de filiação partidária não são consideradas para efeito da distribuição dos recursos do fundo partidário entre os partidos políticos.

**(C)** o desvio reiterado do programa partidário, a grave discriminação política pessoal e a filiação a novo partido são considerados justas causas de desfiliação de detentores de mandato eletivo.

**(D)** o apoiamento de eleitores filiados a determinado partido político pode ser computado para fins de registro do estatuto de um novo partido político.

**(E)** o tempo de propaganda partidária gratuita no rádio e na televisão é distribuído entre os partidos proporcionalmente aos votos obtidos na eleição mais recente para deputado federal.

**A:** incorreta, uma vez que o §9º do art. 29 da Lei dos Partidos Políticos estabelece que somente será admitida a fusão ou incorporação de partidos políticos que hajam obtido o registro definitivo do Tribunal Superior Eleitoral há, pelo menos, 5 (cinco) anos; **B:** correta, com fundamento no parágrafo único do art. 41 da Lei dos Partidos Políticos, que estabelece que, para efeito do disposto no inciso II (divisão do fundo partidário), serão desconsideradas as mudanças de filiação partidária em quaisquer hipóteses; **C:** incorreta, uma vez que o parágrafo único do art. 22-A da Lei dos Partidos Políticos, inserido pela Lei 13.165/15, estabelece como JUSTA CAUSA: I - mudança substancial ou desvio reiterado do programa partidário; II - grave discriminação política pessoal; III - mudança de partido efetuada durante o período de trinta dias que antecede o prazo de filiação exigido em lei para concorrer à eleição, majoritária ou proporcional, ao término do mandato vigente. Ou seja, a mudança de partido pelo simples fato da criação de um novo partido não está mais contemplada como autorizativo legal à exceção da fidelidade partidária; **D:** incorreta, já que o §1º do art. 7º da Lei dos Partidos Políticos é claro ao estabelecer que o apoiamento deve ser realizado por cidadãos não filiados a outros partidos; **E:** incorreta. A alternativa, anteriormente, teria por base a leitura do art. 49 da Lei dos Partidos Políticos, todavia, tal regramento passou a ser regido pela lei nº. 14.291/2022, que alterou a lei nº. 9.096/95 (Lei dos Partidos Políticos), passando então a dispor esta sobre a propaganda partidária gratuita no rádio e na televisão. 🔲🔲
Gabarito "B".

**(Promotor de Justiça/PI - 2014 - CESPE)** Assinale a opção correta com relação aos partidos políticos.

**(A)** A responsabilidade, inclusive civil e trabalhista, cabe solidariamente ao órgão partidário municipal, estadual ou nacional que tiver dado causa a descumprimento da obrigação, a violação de direito, a dano a outrem ou a qualquer ato ilícito.

**(B)** A sanção de suspensão do repasse de novas quotas do fundo partidário, por desaprovação total da prestação de contas de partido, não pode ser aplicada por meio de desconto, do valor a ser repassado, da importância apontada como irregular.

**(C)** É assegurada aos partidos políticos autonomia para adotar os critérios de escolha e o regime de suas coligações eleitorais, sem obrigatoriedade de vinculação entre as candidaturas em âmbito nacional, estadual, distrital ou municipal.

**(D)** Os órgãos de direção nacional, estadual e municipal do partido político podem receber doações de pessoas físicas e jurídicas, inclusive entidades de classe ou sindicais, para constituição de seus fundos.

**(E)** A personalidade jurídica é adquirida, nos termos da lei civil, após o registro do estatuto do partido político no TSE.

**A:** incorreta, uma vez que o art. 15-A da Lei dos Partidos Políticos dispõe que a responsabilidade, inclusive civil e trabalhista, cabe exclusivamente ao órgão partidário municipal, estadual ou nacional que tiver dado causa ao não cumprimento da obrigação, à violação de direito, a dano a outrem ou a qualquer ato ilícito, excluída a solidariedade de outros órgãos de direção partidária; **B:** incorreta, uma vez que o art. 37, § 3º e 3º-A da Lei dos Partidos Políticos dispõe que a sanção pela desaprovação das contas deverá ser aplicada de forma proporcional e razoável, pelo período de 1 (um) a 12 (doze) meses, e o pagamento deverá ser feito por meio de desconto nos futuros repasses de cotas do fundo partidário a, no máximo, 50% (cinquenta por cento) do valor mensal, desde que a prestação de contas seja julgada, pelo juízo ou tribunal competente, em até 5 (cinco) anos de sua apresentação, vedada a acumulação de sanções, bem como o cumprimento da sanção aplicada a órgão estadual, distrital ou municipal somente será efetivado a partir da data de juntada aos autos do processo de prestação de contas do aviso de recebimento da citação ou intimação, encaminhada, por via postal, pelo Tribunal Regional Eleitoral ou Juízo Eleitoral ao órgão partidário hierarquicamente superior; **C:** alternativa, apontada como correta ao tempo do exame pela banca, deverá ser analisada a luz do art. 3º da Lei dos Partidos Políticos, que foi alterado pela Lei nº 13.831/19, incluindo os §§ 1º, 2º e 3º ao mencionado dispositivo; **D:** incorreta, uma vez que há o proibitivo expresso do art. 31, IV, Lei dos Partidos Políticos que veda ao partido receber, direta ou indiretamente, sob qualquer forma ou pretexto, contribuição ou auxílio pecuniário ou estimável em dinheiro, inclusive através de publicidade de qualquer espécie, procedente, dentre outros, de entidade de classe ou sindical; **E:** incorreta. A personalidade jurídica do partido político é adquirida com o registro junto ao Registro Civil das Pessoas Jurídicas, da Capital Federal, conforme depreende-se da leitura dos arts. 7º e 8º, Lei dos Partidos Políticos. **FB/FV**

Gabarito "C".

**(Magistratura/ES – 2011 – CESPE)** À luz da jurisprudência do STF, assinale a opção correta a respeito de direitos políticos e partidos políticos.

**(A)** O reconhecimento da justa causa para transferência de partido político afasta a perda do mandato eletivo por infidelidade partidária e transfere ao novo partido do detentor do mandato o direito de sucessão à vaga.

**(B)** É válida a dispensa, por Lei estadual que discipline os procedimentos necessários à realização das eleições para implementação da justiça de paz, de filiação partidária para os candidatos a juiz de paz.

**(C)** A dissolução da sociedade ou do vínculo conjugal no curso do mandato de determinado prefeito afasta a inelegibilidade prevista na CF para o cônjuge de prefeito.

**(D)** O domicílio eleitoral na respectiva circunscrição e a filiação partidária constituem condições de elegibilidade que podem ser disciplinadas por Lei ordinária.

**(E)** Para a aplicação das condições de elegibilidade referentes à eleição indireta para governador e vice-governador de estado — realizada pela assembleia legislativa em caso de dupla vacância desses cargos executivos no último biênio do período de governo — previstas no art. 14 da CF, faz-se necessária expressa previsão em Lei estadual.

De fato, a única resposta correta encontra-se na assertiva **"D"**, tendo em vista posicionamento do STF já consolidado neste sentido (ADI 1.057-MC, Rel. Min. Celso de Mello, julgamento em 20-4-1994, Plenário, DJ de 6-4-2001.) No mesmo sentido: ADI 4.298-MC, Rel. Min. Cezar Peluso, julgamento em 7-10-2009, Plenário, DJE de 27-11-2009. **FB**

Gabarito "D".

**(Magistratura/PA – 2012 – CESPE)** No que se refere aos partidos políticos, assinale a opção correta.

**(A)** O direito ao funcionamento parlamentar é vinculado à obtenção do apoio de, no mínimo, 3% dos votos apurados para a Câmara dos Deputados, não computados os brancos e os nulos, distribuídos em, pelo menos, um terço dos estados, com um mínimo de 1% do total dos votos de cada um deles.

**(B)** Observado o disposto na CF e na legislação de regência, o partido é livre para fixar, em seu programa, seus objetivos políticos e para estabelecer, em seu estatuto, sua estrutura interna, organização e funcionamento.

**(C)** O partido político funciona, nas casas legislativas, por intermédio de diretoria, que deve indicar suas lideranças de acordo com o estatuto do partido, as disposições regimentais das respectivas Casas e as normas da legislação pertinente.

**(D)** O requerimento do registro dirigido ao cartório competente do registro civil das pessoas jurídicas, da capital federal, deve ser subscrito pelos fundadores do partido político, em número nunca inferior a 81, os quais devem ter domicílio eleitoral em, no mínimo, um terço dos estados federados.

**(E)** A responsabilidade civil cabe ao órgão partidário municipal, estadual ou nacional que tiver dado causa a qualquer ato ilícito, havendo solidariedade dos órgãos de direção partidária estadual e nacional, em relação, respectivamente, ao órgão municipal e ao estadual.

De fato, a assertiva **B** é a única que traz resposta correta, vez que se trata do *caput* dos artigos 3º e 14 da Lei 9.096/1995, garantindo ao partido a liberdade e autonomia para estabelecer, em seu estatuto, a sua estrutura interna, organização e funcionamento. Cabe lembrar que o dispositivo deverá ser interpretado observando os §§ 1º, 2º e 3º do art. 3º (Lei dos Partidos Políticos), incluídos pela Lei 13.831/19. **FB/FV**

Gabarito "B".

**(Magistratura/PI – 2011 – CESPE)** A respeito dos partidos políticos, assinale a opção correta.

**(A)** Os órgãos de direção nacional dos partidos políticos têm pleno acesso às informações que, constantes do cadastro eleitoral, digam respeito a seus afiliados.

**(B)** Terá direito a funcionamento parlamentar, em todas as casas legislativas para as quais tenha elegido representante, o partido que, em cada eleição para a Câmara dos Deputados, obtiver o apoio de, no mínimo, 5% dos votos apurados, não computados os brancos e os nulos, distribuídos em, pelo menos, um terço dos estados, com um mínimo de 2% do total de cada um deles.

**(C)** De acordo com a Lei que dispõe sobre partidos políticos, a responsabilidade civil e trabalhista é solidária entre o órgão partidário municipal, o estadual e o nacional, ante o caráter nacional das agremiações partidárias.

**(D)** Resolução do TSE considera justa causa, para efeito de desfiliação partidária, afastamento e decretação da perda de cargo eletivo, a mudança substancial ou o desvio do estatuto partidário.

**(E)** Somente o registro do estatuto do partido político no registro civil das pessoas jurídicas da capital federal assegura a exclusividade da denominação, da sigla e dos símbolos da agremiação, sendo vedada a utilização, por outros partidos, de variações que possam suscitar erro ou confusão.

Alternativa correta **A**. A resposta correta apresenta o preceituado art. 19, § 3º, da Lei 9.096/1995, disposição esta inserida pela Lei 12.034/2009, de modo a garantir aos órgãos de direção nacional dos partidos políticos o pleno acesso às informações constantes do cadastro eleitoral que digam respeito aos seus afiliados. **FB**

Gabarito "A".

**(Ministério Público/SE - 2010 - CESPE)** Acerca das finanças e da contabilidade dos partidos políticos, assinale a opção correta.

**(A)** O partido pode receber recursos de governos estrangeiros, desde que o Brasil mantenha relações diplomáticas regulares com os países de origem desses recursos.

## 9. DIREITO ELEITORAL   253

**(B)** As entidades sindicais somente podem auxiliar partidos políticos mediante publicidade partidária em seus meios de comunicação institucionais.

**(C)** O diretório nacional é solidariamente responsável pelas obrigações assumidas pelos diretórios estaduais.

**(D)** O exame da prestação de contas dos órgãos partidários tem caráter jurisdicional.

**(E)** O recurso do partido contra decisão sobre prestação de contas tem apenas efeito devolutivo.

**A:** incorreta, pois o partido jamais pode receber recursos de governos estrangeiros – art. 17, II, da CF e art. 31, I, da LPP; **B:** incorreta, pois é vedado receber, direta ou indiretamente, sob qualquer forma ou pretexto, contribuição ou auxílio pecuniário ou estimável em dinheiro, inclusive através de publicidade de qualquer espécie, procedente de entidade de classe ou sindical – art. 31, IV, da LPP; **C:** incorreta, pois, nos termos do art. 15-A da LPP, a responsabilidade, inclusive civil e trabalhista, cabe exclusivamente ao órgão partidário municipal, estadual ou nacional que tiver dado causa ao não cumprimento da obrigação, à violação de direito, a dano a outrem ou a qualquer ato ilícito, excluída a solidariedade de outros órgãos de direção partidária; **D:** correta, conforme o art. 34 da LPP; **E:** incorreta, pois o recurso tem efeito suspensivo – art. 37, § 4º, da LPP. **FB**

Gabarito "D".

**(Analista – TRE/BA – 2010 – CESPE)** Uma das mazelas do processo eleitoral brasileiro é o alto custo das campanhas eleitorais, elevado mesmo quando comparado ao de países com maior desenvolvimento econômico. Para mitigar essa situação, foi promulgada a chamada Lei da Minirreforma Eleitoral. A respeito desse assunto, julgue os itens subsequentes.

**(1)** Nas eleições brasileiras, é vedada a propaganda eleitoral em *outdoors*.

**(2)** Admite-se a realização de showmícios, desde que os artistas não sejam remunerados.

**1:** correta – art. 39, § 8º, da Lei nº 9.504/97; **2:** incorreta – É proibida a realização de showmício e de avento assemelhado para promoção de candidatos, bem como a apresentação, remunerada ou não, de artistas com a finalidade de animar comício e reunião eleitoral – art. 39, § 7º, da Lei nº 9.504/97. **FB**

Gabarito 1C, 2E.

**(Analista – TRE/BA – 2010 – CESPE)** Considerando que um candidato a cargo eletivo, em razão de propaganda política irregular, teve imputada pela justiça eleitoral sanção consistente na aplicação de multa, julgue os itens subsequentes.

**(1)** A execução coercitiva da referida multa não dispensa a sua prévia inscrição em dívida ativa, ainda que requerida no mesmo juízo.

**(2)** Qualquer parte interessada no processo eleitoral que resultou na aplicação da multa tem legitimidade para promover a sua execução.

**(3)** Eventual ação a ser ajuizada com a pretensão de discutir a anulação da sanção imputada deve ser processada perante a justiça federal da seção judiciária do domicílio do executado.

**(4)** Na hipótese de a multa não superar a quantia de R$ 100,00, o responsável pela sua execução poderá deixar de propor a cobrança judicial do débito.

**1:** correta – a multa eleitoral constitui dívida ativa não tributária e deve ser cobrada judicialmente por ação executiva na forma prevista na Lei nº 6.830/80 – art. 367 CE; **2:** incorreta – Compete à Procuradoria Geral da União (visto tratar-se de multa de natureza não tributária) promover a execução das multas eleitorais – art. 9º, § 3º da LC 73/93; **3:** incorreta – Súmula 374 STJ: Compete à Justiça Eleitoral processar e julgar a ação para anular débito decorrente de multa eleitoral; **4:** correta – Tendo em vista que as multas eleitorais são encaminhadas para inscrição na dívida ativa da União, elas passam a seguir o regramento utilizado para a cobrança judicial dos executivos fiscais federais em geral, que em geral não propõe ações para cobrança de valores inferiores a R$ 20.000,00 (vinte mil reais), nos termos do art. 1º, II, da Portaria MF nº 75. **FB/FV**

Gabarito 1C, 2E, 3E, 4C

**(Analista – TRE/RJ – 2012 – CESPE)** A respeito dos partidos políticos, julgue os itens seguintes.

**(1)** A desaprovação parcial das contas prestadas pelo partido político acarreta a suspensão de recebimento de novas cotas do fundo partidário.

**(2)** Somente depois de adquirirem personalidade jurídica na forma da Lei civil e de registrarem seus estatutos no Tribunal Superior Eleitoral, os partidos políticos poderão participar do processo eleitoral, receber recursos do fundo partidário e ter acesso gratuito ao rádio e à televisão, nos termos da lei.

**(3)** O Tribunal Superior Eleitoral determinará, após decisão judicial transitada em julgado, o cancelamento do registro civil e do estatuto de partido político que, comprovadamente, não houver prestado, nos termos da lei, as devidas contas à justiça eleitoral.

**(4)** Propaganda partidária gratuita, gravada ou ao vivo, poderá ser veiculada a qualquer hora do dia ou da noite.

**(5)** Na casa legislativa, o integrante de bancada partidária atua livremente, não estando subordinado às diretrizes estabelecidas em estatuto pelos órgãos de direção do partido político a que ele estiver filiado.

**1:** correta, a falta de prestação de contas ou sua desaprovação total ou parcial, implica a suspensão de novas quotas do fundo partidário e sujeita os responsáveis às penas da Lei (art. 37 da Lei 9.096/1995); **2:** correta (art. 7º, *caput* e, § 2º, da Lei 9.096/1995); **3:** incorreta, a falta de prestação de contas ou sua desaprovação total ou parcial, implica a suspensão de novas quotas do fundo partidário e sujeita os responsáveis às penas da lei, não sendo possível ao Poder Judiciário determinar o cancelamento do registro civil e do estatuto de partido político, cuja extinção é livre (art. 2º c/c art. 37, ambos da Lei 9.096/1995); **4:** incorreta, a propaganda partidária gratuita, gravada ou ao vivo, efetuada mediante transmissão por rádio e televisão será realizada entre as dezenove horas e trinta minutos e as vinte e duas horas (art. 45, *caput*, da Lei 9.096/1995); **5:** incorreta, na Casa Legislativa, o integrante da bancada de partido deve subordinar sua ação parlamentar aos princípios doutrinários e programáticos e às diretrizes estabelecidas pelos órgãos de direção partidários, na forma do estatuto (art. 24 da Lei 9.096/1995). **FB/FV**

Gabarito 1C, 2C, 3E, 4E, 5E

## 6. ELEIÇÕES, VOTOS, APURAÇÃO, QUOCIENTES ELEITORAL E PARTIDÁRIO

**(Juiz de Direito – TJ/SC – 2019 – CESPE/CEBRASPE)** A respeito das regras que devem ser obedecidas por candidatos, eleitores e pela justiça eleitoral em dia de eleições, desde o início até o término da votação, é correto afirmar que

**(A)** é vedada a manifestação individual e silenciosa da preferência do eleitor por determinado partido político, coligação ou candidato.

**(B)** é permitida a aglomeração de pessoas portando vestuário padronizado, bandeiras, broches, dísticos e adesivos que caracterizem manifestação coletiva.

**(C)** é permitido aos fiscais partidários o uso de crachá com o nome e a sigla do partido político ou da coligação de sua preferência, bem como de vestuário padronizado.

**(D)** é permitida aos candidatos e aos fiscais partidários a arregimentação de eleitores, desde que a uma distância mínima de duzentos metros das zonas eleitorais.

**(E)** é vedada a divulgação de qualquer espécie de propaganda de partidos políticos ou de seus candidatos, assim como a publicação de novos conteúdos ou o impulsionamento de conteúdos de caráter partidário em aplicações de Internet.

**A:** Incorreta. A manifestação individual e silenciosa, no dia das eleições, é permitida (art. 39-A, Lei 9.504/97). **B** e **C:** Incorretas. O art. 39-A, § 1º, da Lei 9.504/97 veda, no dia do pleito, até o término do horário de votação, a aglomeração de pessoas portando vestuário padronizado, bem como o § 3º aduz que "aos fiscais partidários, nos trabalhos de votação, só é permitido que, em seus crachás, constem o nome e a sigla do partido político ou coligação a que sirvam, vedada a padronização

do vestuário"; **D:** Incorreta. O art. 39, § 5°, Lei 9.504/97, dispõe que constitui crime, no dia da eleição, a arregimentação de eleitor ou a propaganda boca de urna. **E:** Correta. Trata-se de disposição contida no art. 39, § 5°, Lei 9.504/97, que estabelece constituir crime, no dia da eleição, a divulgação de qualquer espécie de propaganda de partidos ou candidatos. No mesmo sentido, também é vedada a publicação de novos conteúdos ou impulsionamento de conteúdos na internet. FB/FV
Gabarito "E".

**(Magistratura/BA – 2012 – CESPE)** Considerando as características peculiares do sistema eleitoral brasileiro, assinale a opção correta.

(A) O candidato a presidente da República será eleito em primeiro turno se obtiver maioria relativa dos votos dos eleitores que efetivamente comparecerem às urnas, excluídos os votos nulos.

(B) A eleição dos vereadores é feita pelo sistema majoritário, pelo qual são eleitos, por maioria simples, os mais votados.

(C) A eleição para vereador, assim como as demais eleições para cargos legislativos, é realizada pelo sistema proporcional.

(D) Nas eleições para prefeito, haverá segundo turno quando um candidato não obtiver a maioria relativa dos votos.

(E) Governador e senador são eleitos pelo sistema majoritário; deputado distrital e federal, pelo sistema proporcional.

**A:** Incorreta, pois dispõe o, § 2° art. 77 da CF que a eleição para Presidente e Vice Presidente da República realizar-se-á simultaneamente no primeiro domingo de outubro, em primeiro turno, e no último domingo de outubro, em segundo turno; **B:** Incorreta, pois a o art. 84 do Código Eleitoral dispõem que a eleição para a Câmara dos Deputados, Assembleias Legislativas e Câmaras Municipais, obedecerá ao princípio da representação proporcional; **C:** Incorreta, nos formes dos comentários do item anterior, uma vez que o art. 84 do Código eleitoral dispõe que obedecerá ao princípio da representação proporcional. No entanto é cediço destacar que o cargo legislativo de Senador da República obedece ao princípio do voto majoritário, perfazendo-se exceção no que estabelecido no referido art. 84 do Código Eleitoral; **D:** Incorreta, pois será observado, conforme art. 29, II, da CF c.c art. 77, § 2°, da CF, o sistema majoritário, sendo que não atingindo a maioria absoluta dos votos, excluídos brancos e nulos, será realizado o segundo turno no último domingo de outubro do último ano de mandato; **E:** Correta, conforme disposto no art. 28 c.c o art. 77 da CF, arts. 45 e 46 da CF, e art. 32, § 3° c.c art. 27 da CF. FB
Gabarito "E".

**(Magistratura/ES – 2011 – CESPE)** Assinale a opção correta com referência às normas legais que regulamentam as eleições.

(A) Durante o período compreendido entre a data da convenção e o termo final do prazo para a impugnação do registro de candidatos, o partido político coligado não possui legitimidade para atuar, de forma isolada, em processo eleitoral que questione a validade da própria coligação.

(B) Para concorrer às eleições, o candidato deve possuir domicílio eleitoral na respectiva circunscrição pelo período de, no mínimo, dois anos anteriores ao pleito e deve ter tido sua filiação deferida pelo partido pelo menos um ano antes do pleito.

(C) A idade mínima constitucionalmente estabelecida como condição de elegibilidade é verificada em referência à data limite para o registro da candidatura, ou seja, até o dia cinco de julho do ano em que se realizarem as eleições.

(D) As eleições para prefeito, vice-prefeito, vereador e conselheiro tutelar serão simultâneas e ocorrerão, em todo o país, no primeiro domingo de outubro do ano respectivo.

(E) Poderá participar das eleições o partido que, até um ano antes do pleito, houver registrado seu estatuto no TSE, conforme o disposto em lei, e que tenha, até a data da convenção, órgão de direção constituído na circunscrição, de acordo com o respectivo estatuto.

A única resposta correta é encontrada na assertiva "E", uma vez que corresponde ao *caput* do que dispõe o art. 4° da Lei 9.504/1997. FB
Gabarito "E".

**(Ministério Público/ES - 2010 - CESPE)** Com relação ao quociente eleitoral, ao quociente partidário e à distribuição dos restos, assinale a opção correta.

(A) Os partidos e as coligações que não tiverem obtido quociente eleitoral podem concorrer somente à distribuição das sobras dos lugares a preencher.

(B) O quociente eleitoral é determinado dividindo-se o número de votos válidos apurados pelo número de lugares a preencher em cada circunscrição eleitoral, desprezando-se sempre a fração.

(C) O quociente partidário, para cada partido ou coligação, é determinado dividindo-se o número de votos válidos, dados sob a mesma legenda ou coligação de legendas, pelo quociente eleitoral, desprezada a fração, se igual ou inferior a meio, ou considerada um, se superior.

(D) Os lugares não preenchidos com a aplicação dos quocientes partidários devem ser distribuídos por meio da divisão do número de votos válidos atribuídos a cada partido ou coligação de partido pelo número de lugares por ele obtido, mais um, cabendo um dos lugares a preencher ao partido ou à coligação que apresentar a maior média. Tal operação deve ser repetida para a distribuição de cada um dos lugares existentes.

(E) Caso haja empate na média entre dois ou mais partidos ou coligações, o candidato mais idoso deve ser considerado eleito.

**A:** incorreta, pois somente poderão concorrer à distribuição dos lugares os partidos e as coligações que tiverem obtido quociente eleitoral – art. 109, § 2°, do CE; **B:** incorreta, pois, para o quociente eleitoral, despreza-se somente a fração igual ou inferior a meio – art. 106 do CE; **C:** incorreta, pois, para o quociente partidário, a fração é sempre desprezada – art. 107 do CE; **D:** assertiva apontada como correta pela banca, todavia, deve ser estudada com base nas alterações trazidas pela Lei nº 14.211/21 ao art. 109 do CE, que dispõe: "Art. 109. Os lugares não preenchidos com a aplicação dos quocientes partidários e em razão da exigência de votação nominal mínima a que se refere o art. 108 serão distribuídos de acordo com as seguintes regras: (Redação dada pela Lei nº 13.165, de 2015) I - dividir-se-á o número de votos válidos atribuídos a cada partido pelo número de lugares por ele obtido mais 1 (um), cabendo ao partido que apresentar a maior média um dos lugares a preencher, desde que tenha candidato que atenda à exigência de votação nominal mínima;  (Redação dada pela Lei nº14.211, de 2021) II - repetir-se-á a operação para cada um dos lugares a preencher; (Redação dada pela Lei nº 13.165, de 2015) III - quando não houver mais partidos com candidatos que atendam às duas exigências do inciso I deste caput, as cadeiras serão distribuídas aos partidos que apresentarem as maiores médias.  (Redação dada pela Lei nº14.211, de 2021) § 1° O preenchimento dos lugares com que cada partido for contemplado far-se-á segundo a ordem de votação recebida por seus candidatos.  (Redação dada pela Lei nº14.211, de 2021) § 2° Poderão concorrer à distribuição dos lugares todos os partidos que participaram do pleito, desde que tenham obtido pelo menos 80% (oitenta por cento) do quociente eleitoral, e os candidatos que tenham obtido votos em número igual ou superior a 20% (vinte por cento) desse quociente.  (Redação dada pela Lei nº14.211, de 2021)."; **E:** incorreta, pois o candidato mais idoso será considerado eleito se houver empate entre dois candidatos, e não "empate na média", como consta da assertiva. FB/FV
Gabarito "D".

**(Ministério Público/RO - 2010 - CESPE)** Acerca das mesas receptoras de votos, assinale a opção correta.

(A) Qualquer partido político pode reclamar da nomeação da mesa receptora de votos ou de justificativas ao juiz eleitoral, no prazo de dois dias a contar da audiência, devendo a decisão do juiz ser proferida em até cinco dias.

(B) O partido político que não reclamar contra a composição da mesa receptora de votos não poderá arguir, sob nenhum fundamento, a nulidade da seção respectiva.

(C) Membro de mesa receptora de votos ou de justificativas que não comparecer ao local em dia e hora determinados para a realização das eleições terá quinze dias, contados a partir da data da eleição, para apresentar justa causa ao juiz eleitoral acerca de sua ausência, para efeito de afastamento de multa.

(D) Se o mesário faltoso for servidor público ou autárquico, a pena decorrente da falta será de suspensão de até dez dias.

(E) Cabe recurso de decisão de juiz eleitoral sobre reclamação de nomeação de mesa receptora para o TRE, sendo o prazo para sua interposição de três dias, igual ao prazo para sua resolução.

A: incorreta, pois o prazo para reclamar ao juiz eleitoral da nomeação da mesa receptora é de 5 dias (não 2 dias, como consta da assertiva), devendo a decisão ser proferida em 48 horas – art. 63, *caput*, da LE (norma posterior que derrogou o art. 121, *caput* e, § 1º, do CE). O recurso contra a decisão do juiz deve ser interposto em 3 dias, devendo ser resolvido em igual prazo – art. 63, § 1º, da LE; **B:** incorreta, pois a vedação à arguição de nulidade refere-se apenas ao fundamento da composição da mesa (a assertiva refere-se, incorretamente, a "sob nenhum fundamento") – art. 121, § 3º, do CE; **C:** incorreta, pois o prazo para apresentação da justa causa ao juiz eleitoral é de 30 dias contados da data da eleição – art. 124 do CE; **D:** incorreta, pois se o faltoso for servidor público (inclusive autárquico), a pena será de suspensão até 15 dias – art. 124, § 2º, do CE; **E:** essa é a assertiva correta, conforme comentário à alternativa "A" – art. 63, § 1º, da LE.

Gabarito "E".

(Ministério Público/TO - 2012 - CESPE) Assinale a opção correta a respeito de fiscalização das eleições, material e lugares destinados à eleição, início da votação e apuração nas juntas eleitorais, nos tribunais regionais eleitorais e no Tribunal Superior Eleitoral.

(A) A propriedade particular será obrigatória e gratuitamente cedida para o fim de funcionamento das mesas receptoras, sendo expressamente vedado o uso, para esse fim, de propriedade pertencente a autoridade policial.

(B) Às sete horas do dia da eleição, supridas as possíveis deficiências, deve o presidente declarar iniciados os trabalhos, procedendo-se em seguida à votação, começando-se pelos candidatos e eleitores presentes.

(C) Compete às juntas eleitorais dos locais de votação apurar os votos relativos aos candidatos a deputado estadual.

(D) Um fiscal não pode ser nomeado para fiscalizar mais de uma seção eleitoral no mesmo local de votação.

(E) Tratando-se de seções de zonas eleitorais em que o alistamento se fizer pelo processamento eletrônico de dados, os juízes eleitorais devem enviar ao presidente de cada mesa receptora, pelo menos setenta e duas horas antes da eleição, as folhas individuais de votação dos eleitores da seção, devidamente acondicionadas.

A: correta, conforme art. 135, §§ 3º e 4º, do CE; **B:** incorreta, uma vez que o art. 143 do CE dispõe que às 8 (oito) horas, supridas as deficiências declarará o presidente iniciados os trabalhos, procedendo-se em seguida à votação, que começará pelos candidatos e eleitores presentes; **C:** incorreta, uma vez que todos os votos serão apurados pela junta, conforme art. 173 do CE; **D:** incorreta, uma vez que o art. 65, § 1º, da Lei 9.504/1997 autoriza que o fiscal seja nomeado para fiscalizar mais de uma Seção Eleitoral, no mesmo local de votação; **E:** Questão polêmica: O gabarito indica como errada esta alternativa, muito ombora esteja nitidamente em conformidade com o que disciplina o art. 133, III, do CE. Entende-se que o art. 12 da Lei 6.996/1982 trouxe dispositivo especial no tocante ao sistema eleitoral eletrônico, vigente no país.

Gabarito "A".

## 7. PROPAGANDA ELEITORAL E RESTRIÇÕES NO PERÍODO ELEITORAL

Em janeiro do ano das eleições municipais, o pai de um possível candidato à prefeitura de determinado município, em entrevista concedida a uma rádio local, exaltou a eventual candidatura do filho, tendo mencionado durante a entrevista diversas qualidades pessoais de seu descendente, mas sem pedir que votassem nele. Por isso, o diretório de um partido formulou representação contra a conduta narrada, tendo alegado a prática de propaganda eleitoral antecipada.

(Juiz de Direito - TJ/BA - 2019 - CESPE/CEBRASPE) Considerando essa situação hipotética, assinale a opção correta.

(A) A situação configura propaganda eleitoral antecipada, pois, mesmo não tendo havido pedido explícito de votos, houve menção expressa à pretensa candidatura e exaltação das qualidades pessoais de pré-candidato.

(B) Se o pai de eventual candidato a prefeito não for filiado a partido político, tal fato impedirá sua responsabilização por propaganda antecipada, sendo possível, no entanto, a aplicação de sanção ao beneficiário da propaganda ilegal.

(C) A situação narrada não configura propaganda eleitoral antecipada, uma vez que houve a simples menção a eventual candidatura e exaltação de qualidades pessoais de possível pré-candidato, sem pedido explícito de votos.

(D) A conduta não se enquadra como propaganda eleitoral antecipada, pois o lapso temporal existente entre a entrevista e as eleições impede a caracterização da ilegalidade da entrevista.

(E) Antes do recebimento da representação, o juiz eleitoral da comarca, investido de poder de polícia, poderia ter instaurado, de ofício, procedimento com a finalidade de impor multa pela veiculação de propaganda eleitoral ilícita.

A: Incorreta. No caso não se verifica a ocorrência de propaganda eleitoral antecipada, já que a menção à pretensa candidatura ou exaltação das qualidades pessoais de pré-candidato, desde que não haja pedido explícito de voto (art. 36-A, Lei 9.504/97); **B:** Incorreta. É possível a aplicação de multa ao cidadão, independentemente de sua condição de vínculo com partido político (filiado). A aplicação de multa ao candidato também é possível (beneficiado), caso seja demonstrado seu prévio conhecimento da propaganda irregular (art. 36, § 3º, Lei 9504/97). **C:** Correta, pois em conformidade com o art. 36-A, Lei 9504/97). **D:** Incorreta. A questão temporal não é determinante. A jurisprudência esclarece que "a configuração de propaganda eleitoral antecipada independe da distância temporal entre o ato impugnado e a data das eleições ou das convenções partidárias de escolha dos candidatos" (TSE, Rec Rep 140/ 2010). **E:** Incorreta. Súmula TSE, no 18: "Conquanto investido de poder de polícia, não tem legitimidade o juiz eleitoral para, de ofício, instaurar procedimento com a finalidade de impor multa pela veiculação de propaganda eleitoral em desacordo com a Lei 9.504/1997".

Gabarito "C".

(Promotor de Justiça/PI - 2014 - CESPE) Assinale a opção correta com base no que dispõe a legislação eleitoral acerca das condutas dos agentes públicos durante a campanha.

(A) É permitido o uso, pelo candidato a reeleição de prefeito da residência oficial para a realização de contatos, encontros e reuniões pertinentes à própria campanha, desde que tenham caráter de ato público.

(B) É proibido ceder ou usar, em benefício de candidato, partido político ou coligação, bens móveis ou imóveis pertencentes à administração direta ou indireta da União, dos estados, do DF e dos municípios para a realização de convenção partidária.

(C) É proibida a cessão de servidor público licenciado da administração direta ou indireta federal, estadual ou municipal do Poder Executivo a comitês de campanha eleitoral de candidato, partido político ou coligação.

(D) São permitidas, até três meses antes do pleito, a nomeação ou exoneração de cargos em comissão, a nomeação para cargos do Poder Judiciário, do MP e dos órgãos da Presidência da República e a nomeação dos aprovados em concursos públicos homologados.

(E) É proibido fazer pronunciamento em cadeia de rádio e televisão, fora do horário eleitoral gratuito, nos três meses antes do pleito, salvo quando, a critério da Presidência da República, tratar-se de matéria urgente, relevante e característica das funções de governo.

A: incorreta, já que a ressalva da parte final do § 2º do art. 73, Lei das Eleições, é de que desde a realização de contatos, encontros e reuniões pertinentes à própria campanha não tenham caráter de ato público; **B:** incorreta, já que o art. 73, I, Lei das Eleições, traz a ressalva de cessão ou uso de bens pertencentes à administração pública, qual seja, justamente para a utilização em convenções partidárias; **C:** incorreta, já que o art. 73, III, Lei das Eleições, prevê expressamente a exceção aos casos em que o servidor ou empregado estiver licenciado; **D:** correta, conforme art. 73, V, c, Lei das Eleições; **E:** incorreta, já que o art. 73, VI, c, Lei das Eleições, dispõe que *a critério da Justiça Eleitoral* haverá exceção à proibição quando tratar-se de matéria urgente, relevante e característica das funções de governo; **FB**

Gabarito "D".

**(Magistratura/CE – 2012 – CESPE)** Assinale a opção correta acerca da propaganda eleitoral.

(A) A comprovação do cumprimento das determinações da justiça eleitoral relacionadas a propaganda de candidato a prefeito realizada em desconformidade com o disposto na norma geral das eleições somente pode ser apresentada à comissão designada pelo TRE da respectiva circunscrição.

(B) Quando o material impresso veicular propaganda conjunta de diversos candidatos, os gastos relativos a cada um deles deverão constar na respectiva prestação de contas, ou apenas naquela do candidato que houver arcado com os custos.

(C) A realização de comícios e a utilização de aparelhagem de sonorização fixa somente são permitidas no horário compreendido entre as oito e as vinte e duas horas.

(D) A veiculação da propaganda partidária gratuita prevista em Lei somente é permitida após o dia cinco de julho do ano da eleição.

(E) É facultativa a inserção dos dados dos candidatos a vice nas propagandas dos candidatos a cargo majoritário.

A única alternativa correta é encontrada na assertiva "B", uma vez que, com atenção ao que dispõe o art. 38, § 2º, da Lei 9.504/1997, quando o material impresso veicular propaganda conjunta de diversos candidatos, os gastos relativos a cada um deles deverão constar na respectiva prestação de contas, ou apenas naquela relativa ao que houver arcado com os custos. **FB**

Gabarito "B".

**(Ministério Público/ES - 2010 - CESPE)** Assinale a opção correta referente à legislação aplicável à propaganda eleitoral.

(A) É vedada a veiculação de propaganda eleitoral na Internet, em sítio do partido, ainda que gratuitamente.

(B) A veiculação de propaganda eleitoral com qualquer dimensão em bens particulares, por meio da fixação de faixas, placas, cartazes, pinturas ou inscrições, independe da obtenção de licença municipal e de autorização da justiça eleitoral.

(C) É vedada a utilização de trios elétricos para a sonorização de comícios eleitorais.

(D) O direito de resposta a propagandas eleitorais veiculadas por meio de comunicação interpessoal mediante mensagem eletrônica não é legalmente assegurado.

(E) No anúncio de propaganda eleitoral veiculado na imprensa escrita, deve constar, de forma visível, o valor pago pela inserção.

A: incorreta, pois a propaganda em sítio do partido na internet é permitida, nos termos do art. 57-A a 57-C, II, da LE. Todavia, a alternativa deve ser analisada em consonância com a alteração do dispositivo 57-C, alterado pela Lei nº 13.488/2027 ("Art. 57-C. É vedada a veiculação de qualquer tipo de propaganda eleitoral paga na internet, excetuado o impulsionamento de conteúdos, desde que identificado de forma inequívoca como tal e contratado exclusivamente por partidos, coligações e candidatos e seus representantes. (Redação dada pela Lei nº 13.488, de 2017)."); **B:** incorreta, pois, de acordo com o 37, § 2º, da LE não é permitida a veiculação de material de propaganda eleitoral em bens públicos ou particulares, exceto de bandeiras ao longo de vias públicas, desde que móveis e que não dificultem o bom andamento do trânsito de pessoas e veículos, bem como adesivo plástico em automóveis, caminhões, bicicletas, motocicletas e janelas residenciais, desde que não exceda a 0,5 m² (meio metro quadrado); **C:** incorreta, pois a vedação de trios elétricos não se aplica à sonorização de comícios – art. 39, § 10, da LE; **D:** incorreta, pois há previsão legal nesse sentido – art. 57-D da LE; **E:** essa é a assertiva correta, nos termos do art. 43, § 1º, da LE. **FV**

Gabarito "E".

**(Ministério Público/RR - 2012 - CESPE)** Constitui conduta vedada aos agentes públicos durante campanhas eleitorais

(A) ceder imóvel público para a realização de convenção partidária.

(B) ceder servidor público para comitê de campanha eleitoral.

(C) exonerar ocupante de cargo de livre provimento.

(D) nomear assessor de órgãos da Presidência da República.

(E) fazer pronunciamento em cadeia de rádio e televisão, ainda que em caso de necessidade pública.

De fato a única alternativa, assertiva B, encontra respaldo na disposição contida no art. 73, III da Lei 9.504/1997 ("III - ceder servidor público ou empregado da administração direta ou indireta federal, estadual ou municipal do Poder Executivo, ou usar de seus serviços, para comitês de campanha eleitoral de candidato, partido político ou coligação, durante o horário de expediente normal, salvo se o servidor ou empregado estiver licenciado."). **FV**

Gabarito "B".

**(Ministério Público/RR - 2012 - CESPE)** Assinale a opção correta com base na disciplina legal do direito de resposta durante o processo eleitoral.

(A) O direito de resposta vincula-se a eventuais ofensas proferidas no horário eleitoral gratuito.

(B) Em caso de ofensa veiculada por trinta segundos, em rádio ou TV, a resposta terá de durar um minuto, no mínimo.

(C) Em caso de ofensa à honra de partido ou coligação, o prazo para peticionar direito de resposta é de cinco dias.

(D) O tempo usado para o exercício do direito de resposta será acrescido ao tempo geral da propaganda.

(E) O direito de resposta restringe-se ao caso de a afirmação caluniosa ser veiculada por adversário eleitoral.

De fato a alternativa correta é representada pela assertiva B, uma vez que em plena consonância com o que dispõe o art. 58, § 3º, II, c, da Lei 9.504/1997, ou seja, independentemente do tempo de veiculação da ofensa veiculada, o direito de resposta concedido nunca será menor do que um minuto. **FB**

Gabarito "B".

**(Ministério Público/SE - 2010 - CESPE)** Para conter o uso da máquina pública nas eleições, a legislação eleitoral institui as chamadas condutas vedadas aos agentes públicos, servidores ou não. Condutas vedadas são aquelas que tendem a afetar a igualdade de oportunidades entre os candidatos nos pleitos eleitorais. Conforme a Lei n.º 9.504/1997, constitui conduta vedada

(A) o parlamentar divulgar o mandato usando recursos da Casa Legislativa, seguindo a disciplina do respectivo regimento interno.

(B) o governador ceder servidor público licenciado para trabalhar em comitê eleitoral de candidato ou partido.

(C) o ministro determinar a exoneração de servidor ocupante de função comissionada.

(D) o prefeito fazer pronunciamento, nos três meses anteriores à eleição, em cadeia de rádio e televisão para esclarecimento dos eleitores quanto ao pleito.

(E) o servidor ceder imóvel público para a realização de convenção partidária destinada a escolher os candidatos e a coligação.

A: incorreta, pois, se a divulgação do mandato se dá nos termos do respectivo regimento interno, não há vedação da conduta – art. 73, II, da LE; **B:** incorreta, pois, se o servidor ou empregado estiver licenciado, não há vedação à sua cessão – art. 73, III, da LE; **C:** incorreta, pois a vedação não se aplica à dispensa ou exoneração do servidor de função de confiança ou de cargo em comissão – art. 73, V, a, da LE; **D:** correta, pois não cabe ao prefeito fazer esclarecimentos em rádio e televisão quanto ao pleito. A vedação seria afastada apenas se, a critério da justiça eleitoral, o pronunciamento tratasse de matéria urgente, relevante e característica das funções do governo, o que não é o caso – art. 73, VI, c, da LE; **E:** incorreta, pois a cessão de bens móveis e imóveis exclusivamente para a realização de convenção partidária é admitida – art. 73, I, da LE. **FB**

Gabarito "D".

# 9. DIREITO ELEITORAL · 257

**(Ministério Público/SE - 2010 - CESPE)** A legislação eleitoral brasileira regula o transporte e a alimentação dos eleitores residentes nas áreas rurais, visando coibir o abuso do poder econômico ou administrativo no dia da eleição. A esse respeito, assinale a opção correta quanto à disciplina legal da matéria.

(A) Veículos e embarcações militares devem ser usados com prioridade no transporte gratuito dos eleitores das áreas rurais.

(B) A cessão de veículo de particulares à justiça eleitoral é relevante serviço público, sem necessidade de ressarcimento.

(C) Os partidos políticos devem fornecer refeições aos eleitores, como entes privados em colaboração com a justiça eleitoral.

(D) As deficiências do transporte coletivo constituem justificativa bastante para o não comparecimento do eleitor à seção eleitoral.

(E) O transporte dos eleitores deve ser feito no âmbito do território do município.

**A:** incorreta, pois os veículos e as embarcações de uso militar não ficam à disposição da justiça eleitoral para o transporte gratuito de eleitores em zonas rurais – art. 1º, *caput*, da Lei 6.091/1974; **B:** incorreta, pois, se houver requisição de veículos e embarcações particulares, serão priorizados os de aluguel. De qualquer forma, haverá pagamento dos serviços requisitados – art. 2º da Lei 6.091/1974; **C:** incorreta, pois somente a justiça eleitoral poderá, quando imprescindível, em face da absoluta carência de recursos de eleitores da zona rural, fornecer-lhes refeições, correndo, nesta hipótese, as despesas por conta do Fundo Partidário – art. 8º da Lei 6.091/1974. É facultado aos partidos fiscalizar o fornecimento de refeições aos eleitores – art. 9º da Lei 6.091/1974; **D:** incorreta, pois a indisponibilidade ou as deficiências do transporte não eximem o eleitor do dever de votar – art. 6º da Lei 6.091/1974; **E:** essa é a assertiva correta, pois o transporte de eleitores somente será feito dentro dos limites territoriais do respectivo município e quando das zonas rurais para as mesas receptoras distar pelo menos dois quilômetros – art. 4º, § 1º, da Lei 6.091/1974. **FB**
Gabarito "E".

## 8. PRESTAÇÃO DE CONTAS, DESPESAS, ARRECADAÇÃO, FINANCIAMENTO DE CAMPANHA

**(Juiz de Direito – TJ/SC – 2019 – CESPE/CEBRASPE)** A respeito da prestação de contas por partidos políticos e candidatos e da arrecadação de dinheiro para fins eleitorais, julgue os seguintes itens.

I. As doações realizadas por pessoas físicas a partido político são limitadas a 10% dos rendimentos brutos auferidos pelo doador no ano-calendário anterior à eleição.

II. As contas bancárias utilizadas para o registro da movimentação financeira de campanha eleitoral estão submetidas ao sigilo, e seus extratos integram informações de natureza privada, não compondo a prestação de contas à justiça eleitoral.

III. O candidato deverá emitir recibo eleitoral referente à cessão de automóvel de propriedade de seu cônjuge que tenha sido destinado ao uso pessoal do candidato durante a campanha.

IV. Os partidos políticos devem destinar, no mínimo, 20% do montante do Fundo Especial de Financiamento de Campanha para aplicação nas campanhas de suas candidatas.

Assinale a opção correta.

(A) Apenas o item I está certo.

(B) Apenas o item II está certo.

(C) Apenas o item III está certo.

(D) Apenas os itens II e IV estão certos.

(E) Apenas os itens I, III e IV estão certos.

**I:** Verdadeiro. Conforme art. 23, Lei 9.504/97, que estabelece o limite de doações e contribuições até 10% dos rendimentos brutos auferidos pelo doador no ano anterior às eleições. **II:** Falso. O art. 34, Lei 9.096/97 dispõe que a Justiça Eleitoral exerce a fiscalização sobre a prestação de contas do partido e das despesas de campanha eleitoral, devendo atestar se elas refletem adequadamente a real movimentação financeira os dispêndios e os recursos aplicados nas campanhas eleitorais. **III:**

Falso. O art. 28, § 6º, Lei 9.504/97, estabelece situações de dispensa de comprovação de prestação de contas, dentre as situações, a de cessão de automóvel de propriedade de candidato, do cônjuge e de seus parentes até o terceiro grau para seu uso pessoal durante a campanha (inciso III). **IV:** Falso. Por ocasião do julgamento da ADI 5617, o STF entendeu que ao menos 30% dos recursos do Fundo Partidário deve ser direcionado às campanhas de candidatas, sem fixação de percentual máximo (julgamento em 15.03.2018). **SC**
Gabarito "A".

**(Magistratura/PA – 2012 – CESPE)** Com relação à arrecadação e à aplicação de recursos nas campanhas eleitorais, às vedações inerentes e às sanções, bem como à propaganda eleitoral em geral, assinale a opção correta.

(A) É proibida a colocação de cavaletes, bonecos, cartazes, mesas para distribuição de material de campanha e bandeiras ao longo das vias públicas, ainda que móveis e não dificultem ou impeçam o trânsito de pessoas e veículos.

(B) O candidato a cargo eletivo deve, diretamente ou por intermédio de pessoa por ele designada, administrar a parte financeira de sua campanha, sendo ele, entretanto, o único responsável pela veracidade das informações financeiras e contábeis relativas à campanha.

(C) É vedado a partido e a candidato receber, direta ou indiretamente, doação de dinheiro procedente de cooperativas, ainda que os cooperados não sejam concessionários ou permissionários de serviços públicos ou as cooperativas não sejam beneficiadas com recursos públicos.

(D) No caso de descumprimento das normas referentes à arrecadação e aplicação de recursos fixadas na legislação, o partido perderá o direito ao recebimento da quota do fundo partidário do ano seguinte, e, se for o caso, os candidatos beneficiados responderão por abuso do poder econômico.

(E) É permitida a fixação de placas, estandartes, faixas e assemelhados, utilizados para a veiculação de propaganda eleitoral, em árvores e jardins localizados em áreas públicas, bem como em muros, cercas e tapumes divisórios, desde que não lhes cause dano.

**A:** Incorreta, uma vez que a prática é permitida, desde que móveis e não atrapalhem o trânsito de pessoas e veículos, conforme art. 37, § 6º, da Lei 9.504/1997; **B:** Incorreta, pois os arts. 20 e 21 da Lei 9.504/1997 dispõem sobre a solidariedade na responsabilidade das informações prestadas; **C:** Incorreta, uma vez que se trata de uma exceção permissiva contida no art. 24, § 1º, da Lei 9.504/1997; **D:** Correta, em atenção ao que dispõe o art. 25 da Lei 9.504/1997; **E:** Incorreta, vez que a conduta é proibida pelo art. 37 da Lei 9.504/1997. **FB**
Gabarito "D".

## 9. COMPETÊNCIA E ORGANIZAÇÃO DA JUSTIÇA ELEITORAL E MP ELEITORAL

**(Promotor de Justiça/RR – 2017 – CESPE)** O MP eleitoral

(A) atua em todas as fases do processo eleitoral com observância dos princípios da federalização, da delegação e da excepcionalidade.

(B) tem atribuição de oficiar à justiça eleitoral – juízes e juntas eleitorais – por intermédio de membros do MPF.

(C) tem legitimidade para recorrer de decisão que julgue o pedido de registro de candidatura, mesmo que não tenha apresentado impugnação anterior.

(D) não tem legitimidade para prosseguir com a ação de impugnação de mandato eleitoral quando a parte autora apresenta pedido de desistência da ação.

**A:** Incorreta, uma vez que a LC 75/1993 revogou o princípio da excepcionalidade. **B:** Incorreta. Em primeira instância eleitoral a atuação fica a cargo do MP Estadual. **C:** Correta, com fundamento no enunciado da Súmula 11 do TSE "No processo de registro de candidatos, o partido que não o impugnou não tem legitimidade para recorrer da sentença que o deferiu, salvo se se cuidar de matéria constitucional.". **D:** Incorreta, já que o MP Eleitoral também é um dos legitimados (art. 22, LC 64/1990). **SC**
Gabarito "C".

**(Juiz – TJ/CE – 2018 – CESPE)** As juntas eleitorais são

(A) competentes para decidir *habeas corpus* em matéria eleitoral.
(B) competentes para decidir mandado de segurança em matéria eleitoral.
(C) órgãos de primeiro grau de jurisdição da justiça eleitoral, sendo seu presidente o único membro com garantia de inamovibilidade.
(D) órgãos de primeiro grau de jurisdição da justiça eleitoral, compostos por três ou cinco membros, sendo um deles, o presidente, um juiz de direito.
(E) competentes para expedir diploma aos eleitos para cargos municipais e estaduais.

**A:** Incorreta, as competências das Juntas Eleitorais (um órgão da Justiça Eleitoral – vide art. 36 ao 41 do Código Eleitoral) não compreendem o julgamento de ações judiciais, mas sim a apuração das eleições, resolver as impugnações e incidentes durante os trabalhos de contagem e apuração dos votos, expedir os boletins de apuração e diplomas aos eleitos (eleições municipais). Importante mencionar que o art. 35, CE, dispõe que caberá aos juízes eleitorais "*III – decidir habeas corpus e mandado de segurança, em matéria eleitoral, desde que essa competência não esteja atribuída privativamente a instancia superior*". **B:** Incorreta, pelos mesmos fundamentos indicados na assertiva anterior. **C:** Incorreta. O § 1º, art. 121, CF, estabelece que os membros dos tribunais, membros dos tribunais, os juízes de direito e os integrantes das juntas eleitorais, no exercício de suas funções, e no que lhes for aplicável, gozarão de plenas garantias e serão inamovíveis. Ou seja, a inamovibilidade não é exclusividade do presidente da junta (juiz de direito), mas de todos que a compõe, inclusive os cidadãos. **D:** correta, no exato termo em que estabelece a composição tratada no art. 36, CE. Importa mencionar que não necessariamente o presidente da junta será o juiz eleitoral, mas deve necessariamente ser um juiz de direito. **E:** Incorreta. Caberá à junta expedir o diploma aos eleitos para cargos municipais (art. 40, IV, CE). **SC**

Gabarito "D".

> Para lembrar:
> Código Eleitoral – Art. 36. Compor-se-ão as juntas eleitorais de um juiz de direito, que será o presidente, e de 2 (dois) ou 4 (quatro) cidadãos de notória idoneidade.

**(Juiz – TJ/CE – 2018 – CESPE)** No âmbito da justiça eleitoral, ação de impugnação de mandado eletivo de governador de estado obtido mediante corrupção eleitoral

(A) pode ser ajuizada por qualquer eleitor do respectivo estado.
(B) deve ser ajuizada dentro do prazo prescricional de quinze dias, contados da diplomação do governador.
(C) gera litisconsórcio passivo com o vice-governador, caso tenham sido eleitos por chapa única.
(D) tem natureza de ação civil-eleitoral constitucional, devendo, portanto, seguir o procedimento comum ordinário do CPC.
(E) deverá tramitar em segredo de justiça e o seu julgamento será sigiloso.

**A:** Incorreta. A AIME seguirá o procedimento especial estabelecido no art. 22 da LC 64/1990 (Lei das inelegibilidades infraconstitucionais), sendo legitimados os candidatos, partidos, coligações e MP eleitoral. **B:** Incorreta. Muita atenção aqui! Trata-se de um prazo decadencial e não prescricional. **C:** Correta. O entendimento jurisprudencial do TSE é no sentido de que há uma relação subjetiva, impondo-se o litisconsórcio necessário entre o titular e vice. Lembremos do art. 77, CF, que estabelece que a eleição do presidente e do vice se dará de forma conjunta (o raciocínio quanto aos cargos de chefia do executivo deverá obedecer mesma linha). Vide TSE – RCED 703/SC, rel. Min. Marco Aurélio Mello, DJ – Diário de Justiça, Data 24.03.2008. **D:** Incorreta. O rito a ser adotado será o do art. 22, LC 64/1990. **E:** Incorreta. Muito embora a tramitação se dê em segredo de justiça por força do art. 14, § 11, CF, os resultados de todos os julgamentos do poder judiciário serão públicos (art. 93, IX, CF). **SC**

Gabarito "C".

**(Analista - Judiciário –TRE/PI - 2016 - CESPE)** Com base nas disposições do CE, assinale a opção correta.

(A) Os diplomados em escolas superiores, professores e serventuários da justiça não podem ser nomeados mesários na própria seção eleitoral.

(B) Cabe ao presidente do tribunal regional eleitoral ou da junta eleitoral entregar a cada candidato eleito o diploma assinado, assim como um diploma para cada suplente.
(C) Será considerada nula a votação de eleitor que comparecer a zona eleitoral portando identidade falsa e votar em lugar do eleitor chamado.
(D) O processo eleitoral realizado no estrangeiro subordina-se direta e exclusivamente ao Tribunal Superior Eleitoral.
(E) As seções eleitorais das capitais podem ter no máximo quinhentos eleitores, organizados pelos pedidos de inscrição.

**A:** incorreta, pois não há expressa vedação no rol apresentado pelo §1º do art. 120 do Código Eleitoral; **B:** correta, conforme art. 215 do Código Eleitoral; **C:** incorreta, pois se trata de hipótese de votação anulável (e não nula), conforme art. 221, III, *c*, Código Eleitoral; **D:** incorreta, uma vez que o art. 232 do Código Eleitoral estabelece que todo processo eleitoral realizado no estrangeiro fica diretamente subordinado ao Tribunal Regional do Distrito Federal; **E:** incorreta, já que o art. 117 do Código Eleitoral, ao tratar do tema, estabelece que as seções eleitorais não terão mais de 400 (quatrocentos) eleitores nas capitais e de 300 (trezentos) nas demais localidades, nem menos de 50 (cinquenta) eleitores. **FB**

Gabarito "B".

**(Analista - Judiciário – TRE/PI - 2016 - CESPE)** Com base no que dispõe o Código Eleitoral (CE), assinale a opção correta.

(A) As juntas eleitorais serão compostas por seis membros: um juiz de direito, um promotor de justiça, dois advogados, dois cidadãos de notória idoneidade.
(B) Agentes policiais e funcionários no desempenho de cargos de confiança do Executivo podem ser nomeados membros das juntas, escrutinadores ou auxiliares.
(C) O partido político pode indicar um membro de seu diretório para servir como escrivão eleitoral nas zonas eleitorais.
(D) Ocorrendo falta ou impedimento do escrivão eleitoral, o juiz, de ofício, determinará sua substituição pelo diretor da junta eleitoral.
(E) Cabe ao presidente do tribunal regional eleitoral aprovar e nomear, no prazo de sessenta dias antes das eleições, os membros das juntas eleitorais.

**A:** incorreta, uma vez que a composição da junta eleitoral é tratada no art. 36 do Código Eleitoral, estabelecendo que as juntas eleitorais serão compostas de um juiz de direito, que será o presidente, e de 2 (dois) ou 4 (quatro) cidadãos de notória idoneidade; **B:** incorreta, pois se encontram nos proibitivos de comporem a junta eleitoral, especificamente nos incisos do §3º do art. 36 do Código Eleitoral; **C:** incorreta, em razão da expressa vedação do art. 366 do Código Eleitoral, que estabelece que os funcionários de qualquer órgão da Justiça Eleitoral não poderão pertencer a diretório de partido político ou exercer qualquer atividade partidária, sob pena de demissão; **D:** incorreta, já que o §2º do art. 33 do Código Eleitoral dispõe que, nesses casos, o escrivão eleitoral será substituído na forma prevista pela lei de organização judiciária local, nada dispondo, o Código, quanto a regras específicas; **E:** correta, conforme §1º do art. 36 do Código Eleitoral. **FB**

Gabarito "E".

**(Magistratura/BA – 2012 – CESPE)** Acerca da estrutura e composição da justiça eleitoral, assinale a opção correta com base no que dispõem a CF e a legislação específica.

(A) É legítima a indicação de vereador para ministro do TSE na vaga reservada à categoria, desde que, além de deter reputação ilibada e notório saber, esse vereador não seja filiado a partido político.
(B) O ministro-corregedor do TSE deve ser sempre oriundo do STJ.
(C) Não há impedimento legal à indicação para o cargo de ministro do TSE de servidor comissionado que atue como assessor de ministro do STF, desde que o servidor seja advogado com notório saber e reputação ilibada.
(D) É vedada a acumulação do cargo de ministro do TSE com o de ministro do STF, em razão do princípio da especialização.
(E) Um dos integrantes do TSE é indicado pelo MPU, em respeito ao princípio do quinto constitucional.

# 9. DIREITO ELEITORAL     259

**A:** Incorreta, uma vez que em nosso sistema eleitoral é impossível que haja um vereador sem que esteja filiado a partido político, não obstante a composição do TSE está disposta nos art. 119 da Constituição Federal e art. 16 do Código Eleitoral; **B:** Correta, conforme disposto no art. 119, parágrafo único, da CF; **C:** Incorreta, conforme impedimento previsto no art. 16°, § 2°, do Código Eleitoral; **D:** Incorreta, uma vez observado o que dispõe o art. 119, I, "a", da CF; **E:** Incorreta, uma vez que não compreende as regras trazidas pelos arts. 119 da CF e 16 do Código Eleitoral. FB

*Gabarito "B".*

**(Magistratura/CE – 2012 – CESPE)** Assinale a opção correta a respeito do Ministério Público Eleitoral.

**(A)** Incumbe ao procurador-geral eleitoral dirimir conflitos de atribuições.

**(B)** O vice-procurador-geral eleitoral é designado pelo Colégio de Procuradores da República.

**(C)** Compete privativamente ao procurador regional eleitoral designar, por necessidade de serviço, outros membros do Ministério Público Federal para oficiar, sob sua coordenação, perante os TREs.

**(D)** O promotor eleitoral incumbido do serviço eleitoral de cada zona deve ser membro do MP local indicado pelo procurador regional eleitoral.

**(E)** Compete ao Colégio de Procuradores da República aprovar a destituição do procurador regional eleitoral.

De fato, a única resposta correta é encontrada na assertiva "A", uma vez observado o que dispõe o art. 30, III, "c" e art. 73 da Lei Orgânica do Ministério Público (Lei 1.341/51). FB

*Gabarito "A".*

**(Magistratura/ES – 2011 – CESPE)** Em relação ao MP eleitoral, assinale a opção correta.

**(A)** Inexistindo membro do MP que oficie perante a zona eleitoral, ou estando este impedido ou, ainda, recusando-se ele, justificadamente, a oficiar, o juiz eleitoral local deverá indicar ao procurador regional eleitoral o substituto a ser designado membro do MP estadual ou do DF.

**(B)** O procurador regional eleitoral age por delegação do procurador-geral eleitoral e é designado entre os procuradores regionais da República no estado e no DF, ou, onde não houver procuradores regionais, entre os procuradores da República vitalícios.

**(C)** O procurador regional eleitoral poderá ser destituído, antes do término do mandato de dois anos, por iniciativa do procurador-geral eleitoral, com anuência da maioria absoluta do TSE.

**(D)** Compete ao procurador regional eleitoral exercer as funções do MP nas causas de competência do TRE respectivo, além de dirigir, no estado, as atividades do setor, subordinado ao procurador-geral eleitoral.

**(E)** As funções eleitorais do MPF perante os juízes e as juntas eleitorais serão exercidas pelo promotor eleitoral, função que cabe a procurador da República que oficie junto ao juízo incumbido do serviço eleitoral de cada zona.

De fato a única alternativa correta é encontrada na assertiva 'D', uma vez que em conformidade com os dispositivos elencados no art. 27 do Código Eleitoral c.c 357, §§ 3° e 4° do mesmo Código. FB

*Gabarito "D".*

**(Analista – TRE/RJ – 2012 – CESPE)** Os tribunais regionais eleitorais (TREs) são órgãos da justiça federal presentes nos estados e no Distrito Federal. Acerca da competência desses tribunais, julgue os itens subsequentes.

**(1)** A competência do TRE para julgamento de recurso interposto contra decisão proferida por juiz eleitoral do respectivo estado em mandado de segurança restringe-se à hipótese de denegação da ordem.

**(2)** Compete privativamente aos TREs a elaboração de seus próprios regimentos internos.

**(3)** Compete ao TRE processar e julgar, originariamente, conflitos de jurisdição entre juízes eleitorais do respectivo Estado.

**1:** incorreta, pois compete privativamente aos Tribunais Regionais Eleitorais processar e julgar originariamente o *habeas corpus* ou mandado de segurança, em matéria eleitoral, contra ato de autoridades que respondam perante os Tribunais de Justiça por crime de responsabilidade e, em grau de recurso, os denegados ou concedidos pelos juízes eleitorais (art. 29, I, e, do CE); **2:** correta (art. 30, I, do CE); **3:** correta (art. 29, I, b, do CE). FB

*Gabarito 1E, 2C, 3C.*

## 10.   AÇÕES, RECURSOS, IMPUGNAÇÕES

**(Juiz de Direito - TJ/BA - 2019 - CESPE/CEBRASPE)** A respeito dos crimes eleitorais e do processo penal eleitoral, julgue os itens a seguir.

I.   No crime de calúnia eleitoral, a prova da verdade do fato é admitida ainda que, sendo o fato imputado objeto de ação penal privada, o ofendido tenha sido condenado por sentença recorrível.

II.   A transação penal e a suspensão condicional do processo não são admitidas no processo penal eleitoral.

III.   Constitui crime a contratação, direta ou indireta, de grupo de pessoas com a finalidade de emitir mensagens ou comentários na Internet para ofender a honra de candidato, partido ou coligação.

IV.   De acordo com o Código Eleitoral, os TREs e o TSE possuem competência para julgar *habeas corpus*, quando houver perigo de se consumar a violência antes que o juiz competente possa prover sobre a impetração.

Assinale a opção correta.

**(A)** Estão certos apenas os itens I e II.

**(B)** Estão certos apenas os itens I e IV.

**(C)** Estão certos apenas os itens II e III.

**(D)** Estão certos apenas os itens III e IV.

**(E)** Todos os itens estão certos.

**I:** Incorreta. No crime de calúnia eleitoral a prova da verdade do fato exclui o crime, mas NÃO é admitida se, constituindo o fato imputado crime de ação privada, o ofendido, não foi condenado por sentença irrecorrível, art. 324, § 2°, I, do Código Eleitoral; **II:** Incorreta. A transação penal e a suspensão condicional do processo são admitidas no processo penal eleitoral. **III.** Correta, conforme art. 57-H, §1°, Lei 9.504/97, que dispõe "Constitui crime a contratação direta ou indireta de grupo de pessoas com a finalidade específica de emitir mensagens ou comentários na internet para ofender a honra ou denegrir a imagem de candidato, partido ou coligação, punível com detenção de 2 (dois) a 4 (quatro) anos e multa de R$ 15.000,00 (quinze mil reais) a R$ 50.000,00 (cinquenta mil reais)."; **IV:** correta, de acordo com os artigos 22 e 29 do Código Eleitoral. SG

*Gabarito "D".*

**(Juiz de Direito - TJ/BA - 2019 - CESPE/CEBRASPE)** Com base na lei e na jurisprudência do TSE acerca dos processos judiciais e dos recursos eleitorais, assinale a opção correta.

**(A)** Em razão do princípio da inalterabilidade das decisões judiciais, o juízo de retratação realizado pelos juízes eleitorais, quando do recebimento de recursos, exige pedido expresso da parte recorrente.

**(B)** A partir das eleições municipais de 2016, nas ações de investigação judicial eleitoral, é facultativo o litisconsórcio passivo entre o responsável pela prática de abuso de poder político e o candidato beneficiado pelo ato ilegal.

**(C)** Para que uma ação que vise apurar abuso de poder seja julgada procedente, é necessário comprovar que o evento, além de afetar o equilíbrio na disputa eleitoral, pode alterar o resultado das eleições.

**(D)** A União é parte legítima para requerer a execução de multa por descumprimento de ordem judicial no âmbito da justiça eleitoral.

**(E)** Em processo de cassação de mandato de governador e de vice-governador, há interesse jurídico dos respectivos deputados estaduais para ingressar na demanda, autonomamente, como terceiros prejudicados.

**A:** incorreta. Uma vez que a posição jurisprudencial (Ac.-TSE, de 10.3.2015, no RMS n° 5698) é no sentido de que o juízo de retratação prescinde de pedido expresso da parte recorrente, consubstanciando-se como exceção ao princípio da inalterabilidade da decisão na Justiça Eleitoral ; **B:** incorreta, uma vez que a partir das eleições de 2016 o litisconsórcio passivo necessário entre o candidato beneficiário e o responsável pela prática de abuso do poder político passa a ser obrigatório nas ações de investigação judicial eleitoral – AIJE - Ac.--TSE, de 21.6.2016, no REspe n° 84356; **C:** incorreta. O art. 22, XVI, LC 64/90, dispõe que "para a configuração do ato abusivo, não será considerada a potencialidade do fato alterar o resultado da eleição, mas apenas a gravidade das circunstâncias que o caracterizam"; **D:** correta, conforme dispõe a Súmula 68 do TSE: A União é parte legítima para requerer a execução de *astreintes*, fixada por descumprimento de ordem judicial no âmbito da Justiça Eleitoral.; **E:** incorreta. O TSE se manifestou no sentido de que *"O Plenário do Tribunal Superior Eleitoral, por unanimidade, ao julgar embargos de declaração opostos a acórdão que cassou o mandato do governador e do vice-governador do Amazonas e determinou a realização de novas eleições, entendeu pela inexistência de interesse jurídico que autorizasse, isoladamente, os deputados estaduais do estado a integrar o processo como terceiros prejudicados, reconhecendo, entretanto, a existência de tal interesse por parte da Assembleia Legislativa. Não repercute no campo dos direitos dos deputados estaduais nem afeta prerrogativas inerentes ao cargo que ocupam, pois a intenção em participar de eventual eleição indireta representa tão somente interesse de fato que não possibilita a ampliação subjetiva da demanda. Em relação aos embargos opostos pela Assembleia Legislativa, o ministro entendeu que há interesse jurídico que enseja o conhecimento do recurso, tendo em vista a discussão sobre a incidência do § 4° do art. 224 do Código Eleitoral, que prevê eleições diretas quando a vacância do cargo ocorrer mais de seis meses antes do final do mandato."* Informativo 11/2017 TSE – j 22.8.17. **SC**

Gabarito "D".

**(Promotor de Justiça/RR – 2017 – CESPE)** A ação de impugnação ao pedido de registro de candidatura

**(A)** deverá ser proposta no prazo de cinco dias, contados a partir da publicação do pedido de registro do candidato, sendo mantida a prerrogativa do MP à intimação pessoal.

**(B)** perderá o objeto se não for julgada até a diplomação do candidato eleito.

**(C)** gera litisconsórcio passivo necessário entre o pré-candidato e o partido pelo qual este pretende concorrer.

**(D)** será ajuizada no TRE quando a impugnação se referir a candidatura de deputado federal.

**A:** Incorreta. O art. 3°, LC 64/1990, de fato estabelece o prazo de 5 dias a contar da publicação do pedido de registro de candidatura. No entanto, não haverá observância da prerrogativa do MP quanto à intimação pessoal. A Súmula 49 TSE é assente neste sentido "O prazo de cinco dias, previsto no art. 3° da LC 64/1990, para o Ministério Público impugnar o registro inicia-se com a publicação do edital, caso em que é excepcionada a regra que determina a sua intimação pessoal". B: Incorreta. Pois o art. 15 da LC 64/1990 esclarece que "Transitada em julgado ou publicada a decisão proferida por órgão colegiado que declarar a inelegibilidade do candidato, ser-lhe-á negado registro, ou cancelado, se já tiver sido feito, ou declarado nulo o diploma, se já expedido.". **C:** Incorreta. Nas ações de impugnação de registro de candidatura não há litisconsórcio necessário entre o pré-candidato e o partido político correspondente. A admissão do partido no processo poderá se dar na forma de assistente simples (já que haverá reflexos eleitorais em razão do indeferimento do registro, tal como a substituição de candidatura). **D:** Correta. O inciso II, parágrafo único do art. 2°, LC 64/1990 estabelece a competência dos TREs quando se tratar de candidato a Senador, Governador e Vice (estado e Distrito Federal), Deputado Estadual e Distrital. **SC**

Gabarito "D".

**(Juiz – TJ/CE – 2018 – CESPE)** A apelação criminal eleitoral deverá ser

**(A)** recebida exclusivamente no efeito devolutivo.

**(B)** recebida no efeito suspensivo quando interposta contra sentença condenatória.

**(C)** recebida no efeito suspensivo quando a sentença for absolutória e o réu estiver preso preventivamente.

**(D)** interposta no juízo *a quo* no prazo de três dias, contados da publicação da sentença.

**(E)** interposta diretamente no TRE, com comunicação ao juízo *a quo* no prazo de cinco dias, contados da publicação da sentença.

No direito eleitoral devemos nos atentar para a regra geral de que não haverá efeito suspensivo aos recursos existente, estando adstrito ao natural efeito devolutivo recursal. No entanto, algumas exceções existem. Dentre elas: a) apelação criminal eleitoral (arts. 362 e 364, Código Eleitoral e b) Recurso Ordinário (cassação de registro de candidatura, afastamento do titular e perda de mandato – art. 257, § 2°, Código Eleitoral). **A:** Incorreta, já que estamos diante da exceção indicada anteriormente. **B:** Correta, com fundamento na exceção prevista nos artigos já indicados, 362 e 364, ambos do Código Eleitoral. **C:** Incorreta, considerando que o réu estava preso quando diante da sentença que o absolveu, consequência seguinte será sua colocação imediata em liberdade (permanecendo em liberdade até o julgamento definitivo da apelação interposta, que apenas terá seu efeito devolutivo – art. 596, CPP). **D:** Incorreta. O art. 362, CE, estabelece que das decisões finais de condenação ou absolvição caberá recurso para o Tribunal Regional Eleitoral, no entanto, no prazo de 10 (dez) dias. **E:** Incorreta, pois o prazo é de 10 (dez) dias, conforme art. 362, CE. **SC**

Gabarito "B".

**(Juiz de Direito/DF – 2016 – CESPE)** A respeito do direito processual eleitoral, das ações eleitorais e dos respectivos recursos, assinale a opção correta.

**(A)** O ajuizamento de ação eleitoral para punir a doação acima do limite legal deve ocorrer até cento e vinte dias a partir da eleição, sob pena de prescrição.

**(B)** A LC que regulamenta a perda de cargo para os casos de troca de partido sem justa causa não se aplica às eleições majoritárias e a defesa de mérito pode apontar motivos diversos daqueles exemplificativamente estabelecidos na legislação de regência.

**(C)** Dentre as hipóteses de cabimento do recurso inominado, previstas no Código Eleitoral, tendo por destinatário o TRE, não se inserem os atos e as resoluções emanadas dos juízes e das juntas eleitorais em primeiro grau de jurisdição.

**(D)** É cabível recurso extraordinário de decisão do TRE proferida contra disposição expressa da CF.

**(E)** O tribunal formará sua convicção pela livre apreciação dos fatos públicos e notórios, dos indícios e presunções e da prova produzida, atentando para circunstâncias ou fatos, ainda que não indicados ou alegados pelas partes, mas que preservem o interesse público de lisura eleitoral.

**A:** incorreta, uma vez que o prazo é de 180 dias, conforme art. 32 da Lei das Eleições; **B:** incorreta, uma vez que não há LC tratando sobre o assunto, mas, sim, a Resolução TSE 22.610/07, que estabelece, em seu art. 13, que o procedimento ali previsto aplica-se tanto aos cargos majoritários como também aos proporcionais; **C:** incorreta, pois o art. 264 do Código Eleitoral estabelece que caberá para os Tribunais Regionais e para o Tribunal Superior, dentro de 3 (três) dias, recurso contra atos, resoluções ou despachos dos respectivos presidentes; **D:** incorreta, uma vez que caberá o Recurso Especial, com fundamento no art. 276, I, a, Código Eleitoral; **E:** correta, com base no expresso texto do art. 23, LC 64/90. **FB**

Gabarito "E".

**(Analista - Judiciário –TRE/PI - 2016 - CESPE)** Assinale a opção correta de acordo com o disposto no CE.

**(A)** O recurso deverá ser interposto no quinto dia da publicação do ato, da resolução ou do despacho.

**(B)** Os embargos de declaração devem ser interpostos no prazo de três dias da data de publicação do acórdão, quando este gerar dúvida ou contradição.

**(C)** O eleitor que desejar impetrar o recurso contra expedição de diploma deverá estar ciente de que o único argumento aceito será condição de elegibilidade ou de falta de condição de elegibilidade.

**(D)** A propaganda eleitoral é de responsabilidade dos partidos e candidatos e por eles paga, sendo os excessos cometidos

## 9. DIREITO ELEITORAL    261

pelos candidatos de responsabilidade exclusiva dos partidos políticos, independentemente da legenda partidária.

**(E)** Os recursos eleitorais têm efeito suspensivo, podendo a execução de um acórdão ser feita imediatamente, mediante comunicação por escrito, em qualquer meio, a critério do presidente do tribunal regional eleitoral.

**A:** incorreta. Conforme §1° do art. 121 do Código Eleitoral, o prazo será de 3 dias; **B:** correta, com fundamento no §1° do art. 275 do Código Eleitoral, em petição dirigida ao juiz ou relator, com a indicação do ponto que lhes deu causa; **C:** incorreta, pois, conforme o art. 262 do Código Eleitoral, o recurso contra expedição de diploma caberá somente nos casos de inelegibilidade superveniente ou de natureza constitucional e de falta de condição de elegibilidade; **D:** incorreta, pois, pela inteligência do art. 241 e parágrafo único do Código Eleitoral, "Toda propaganda eleitoral será realizada sob a responsabilidade dos partidos e por eles paga, imputando-lhes solidariedade nos excessos praticados pelos seus candidatos e adeptos. Parágrafo único. A solidariedade prevista neste artigo é restrita aos candidatos e aos respectivos partidos, não alcançando outros partidos, mesmo quando integrantes de uma mesma coligação."; **E:** incorreta, pois o art. 257 do Código Eleitoral estabelece taxativamente que os recursos eleitorais não possuem efeito suspensivo. **FB**

Gabarito "B".

**(Magistratura/BA – 2012 – CESPE)** Com relação ao que dispõe o Código Eleitoral acerca das possibilidades de anulação do pleito eleitoral e de convocação de novas eleições, assinale a opção correta.

**(A)** Para uma eleição ser anulada, de modo a ensejar novo pleito, exige-se a anulação, pela justiça eleitoral, de mais da metade dos votos.

**(B)** A convocação de nova eleição pela justiça eleitoral restringe--se ao caso de ser impossível definir um vencedor para o pleito.

**(C)** Não é permitida a anulação de eleição municipal na qual tenha comparecido mais da metade dos eleitores da circunscrição.

**(D)** Deve ser anulada a eleição em que os votos invalidados por fraude ou compra de votos, somados aos votos nulos dos eleitores, superar a metade do número de votantes.

**(E)** Apenas os eleitores podem anular um processo eleitoral, mediante o voto em branco ou nulo, quando estes votos, somados, alcançarem mais da metade do número de eleitores que compareceram ao pleito.

**A:** Correta, conforme dispõe o art. 224, *caput*, do Código Eleitoral; **B:** Incorreta, vez que existem outras situações onde novas eleições poderão ser determinadas, como por exemplo, art. 2°, § 1° da Lei 9.504/1997 e art. 224, § 1°, do Código Eleitoral; **C:** Incorreta, uma vez latente fatos permissivos de nova eleição, ela poderá ocorrer; **D:** Incorreta, já que se refere ao disposto no art. 224 do Código Eleitoral que disciplina que se a nulidade atingir a mais de metade dos votos do país nas eleições presidenciais, do Estado nas eleições federais e estaduais ou do município nas eleições municipais, julgar-se-ão prejudicadas as demais votações e o Tribunal marcará dia para nova eleição dentro do prazo de 20 (vinte) a 40 (quarenta) dias, em se tratando das nulidades previstas nos arts. 221 e 222 do mesmo código. Importante mencionar posicionamento do TSE no sentido de que "para fins do art. 224 do Código Eleitoral, a validade da votação – ou o número de votos válidos – na eleição majoritária não é aferida sobre o total de votos apurados, mas leva em consideração tão somente o percentual de votos dados aos candidatos desse pleito, excluindo-se, portanto, os votos nulos e os brancos, por expressa disposição do art. 77, § 2°, da Constituição Federal" (AgRg em Ação Cautelar 3.260, rel. Arnaldo Versiani); **E:** Incorreta, considerados os argumentos da assertiva anterior, a nulidade corresponde aos tipos previstos nos arts. 221 e 222 do Código Eleitoral e não essencialmente aos votos nulos. **FB**

Gabarito "A".

**(Magistratura/CE – 2012 – CESPE)** No que se refere a registro de candidatura e sua impugnação, assinale a opção correta.

**(A)** O juiz eleitoral deve apresentar em cartório, em até dez dias após a conclusão dos autos, a sentença relativa a pedidos de registro de candidatos a eleições municipais.

**(B)** O pedido de registro do candidato e sua impugnação são processados nos próprios autos dos processos dos candidatos e são julgados em uma só decisão.

**(C)** O candidato cujo registro esteja *sub judice* poderá efetuar todos os atos relativos à campanha eleitoral, e seu nome será mantido na urna eletrônica enquanto ele estiver sob essa condição, desde que seu recurso seja recebido no efeito suspensivo.

**(D)** As impugnações do pedido de registro de candidatura e as questões referentes a homonímias e notícias de inelegibilidade devem ser processadas em autos apartados.

**(E)** Encerrado o prazo da dilação probatória para a impugnação de registro de candidatura, as partes, inclusive o MP, poderão apresentar alegações em prazo sucessivo, a começar pelo impugnante.

A única alternativa correta é encontrada na assertiva "**B**". A ação de impugnação de registro de candidatura, no tocante à sua natureza, perfaz-se como um incidente no processo de registro do candidato, que pode ser compreendido como principal em relação a ela. Porém, não é de obstar a possibilidade de que a impugnação seja apensada aos autos do registro de candidatura, uma vez que a única proibição é que se instaure um processo autônomo para solver questão que deve ser julgada simultaneamente, dada a inegável natureza incidental da demanda impugnativa. **FB**

Gabarito "B".

**(Magistratura/ES – 2011 – CESPE)** No que se refere a impugnação de registro de candidatura, competência para julgamento, procedimentos, prazos e efeitos recursais no âmbito da Lei Complementar n.° 64/1990 e alterações posteriores, assinale a opção correta.

**(A)** Terminado o prazo para impugnação, depois da devida notificação, o candidato, o partido político ou a coligação dispõe do prazo de dez dias para contestá-la, podendo juntar documentos, indicar rol de testemunhas e requerer a produção de provas, inclusive documentais, que se encontrarem em poder de terceiros, de repartições públicas ou em procedimentos judiciais ou administrativos.

**(B)** Na impugnação dos pedidos de registro de candidatos a eleições municipais, o juiz eleitoral formará sua convicção pela livre apreciação da prova — atendendo aos fatos e às circunstâncias constantes dos autos, ainda que não alegados pelas partes, e mencionando na decisão os que motivaram seu convencimento — e apresentará a sentença em cartório três dias após a conclusão dos autos; a partir desse momento, passa a correr o prazo de três dias para a interposição de recurso para o TRE.

**(C)** Tratando-se de registro a ser julgado originariamente por TRE, o pedido de registro, com ou sem impugnação, será julgado em três dias após a publicação da pauta; na sessão do julgamento, que poderá se realizar em até duas reuniões seguidas, feito o relatório, facultada a palavra às partes e ouvido o procurador regional, o relator proferirá o seu voto e serão tomados os dos demais juízes.

**(D)** Transitada em julgado ou publicada a decisão proferida por juiz que declarar a inelegibilidade de candidato, será negado registro a esse candidato, ou o registro será cancelado, se já feito, ou o diploma será declarado nulo, se já expedido; não sendo apresentado recurso, a decisão deverá ser comunicada, de imediato, ao MP eleitoral e ao órgão da justiça eleitoral competente para o registro de candidatura e expedição de diploma do réu.

**(E)** O registro do candidato pode ser impugnado em petição fundamentada, no prazo de cinco dias contados da publicação do seu pedido, por qualquer cidadão, ou, ainda, por partido político, coligação ou pelo MP.

De fato a única resposta correta encontra-se na assertiva 'B', pois em conformidade com o que dispõe o art. 7°, parágrafo único, da LC 64/1990 cc. art. 8° da mesma legislação específica. ("Art. 7° Encerrado o prazo para alegações, os autos serão conclusos ao Juiz, ou ao Relator, no dia imediato, para sentença ou julgamento pelo Tribunal. Parágrafo único. O Juiz, ou Tribunal, formará sua convicção pela livre apreciação

da prova, atendendo aos fatos e às circunstâncias constantes dos autos, ainda que não alegados pelas partes, mencionando, na decisão, os que motivaram seu convencimento. Art. 8° Nos pedidos de registro de candidatos a eleições municipais, o Juiz Eleitoral apresentará a sentença em cartório 3 (três) dias após a conclusão dos autos, passando a correr deste momento o prazo de 3 (três) dias para a interposição de recurso para o Tribunal Regional Eleitoral. § 1° A partir da data em que for protocolizada a petição de recurso, passará a correr o prazo de 3 (três) dias para a apresentação de contra-razões. § 2° Apresentadas as contra-razões, serão os autos imediatamente remetidos ao Tribunal Regional Eleitoral, inclusive por portador, se houver necessidade, decorrente da exigüidade de prazo, correndo as despesas do transporte por conta do recorrente, se tiver condições de pagá-las."). FV
Gabarito "B".

**(Magistratura/PA – 2012 – CESPE)** Assinale a opção correta a respeito da impugnação de registro de candidatura.

**(A)** Qualquer candidato, partido político ou coligação, bem como o MP possuem legitimidade ativa para impugnar solicitação de registro de candidatura, até cinco dias depois da publicação do pedido.

**(B)** É do juiz eleitoral a competência originária para o julgamento da arguição de inelegibilidade de candidatos aos cargos de prefeito, vice-prefeito, vereador, conselheiro tutelar e juiz de paz.

**(C)** Decorrido o prazo para a contestação, as testemunhas, independentemente de notificação judicial, devem comparecer para inquirição, por iniciativa das partes que as tiverem arrolado.

**(D)** O prazo para que partido político ou coligação ofereça contestação é de quatro dias, contados a partir do primeiro dia após a impugnação da candidatura.

**(E)** É do tribunal regional eleitoral a competência originária para o julgamento da arguição de inelegibilidade de candidatos aos cargos de presidente da República, senador da República, governador de estado e do DF, deputado federal, deputado estadual e deputado distrital.

**A:** Correta, o art. 3° da LC 64/1990 disciplina que caberá a qualquer candidato, a partido político, coligação ou ao Ministério Público, no prazo de 5 (cinco) dias, contados da publicação do pedido de registro do candidato, impugná-lo em petição fundamentada; **B:** Incorreta, pois o art. 8° da LC 64/1990 dispõe ser de competência originária do juiz eleitoral para o julgamento da arguição de inelegibilidade para as eleições municipais; **C:** Incorreta, uma vez que o art. 22, V, da LC 64/1990 dispõe que findo o prazo da notificação, com ou sem defesa, abrir-se-á prazo de 5 (cinco) dias para inquirição, em uma só assentada, de testemunhas arroladas pelo representante e pelo representado, até o máximo de 6 (seis) para cada um, as quais comparecerão independentemente de intimação; **D:** Incorreta, uma vez que o prazo será de 5 dias, conforme se depreende da leitura do art. 22, I, 'a' LC 64/1990; **E:** Incorreta, uma vez que a competência será do Tribunal Superior Eleitoral quando se tratar de candidato à Presidência ou à Vice-Presidência da República, como disciplina o art. 2°, I, da LC 64/1990. FB
Gabarito "A".

**(Magistratura/PI – 2011 – CESPE)** No que se refere a recursos eleitorais, assinale a opção correta.

**(A)** Recurso contra a expedição de diploma pendente de análise pelo TSE não tem efeito suspensivo.

**(B)** É vedada a juntada de novos documentos a recurso interposto contra decisão de juiz eleitoral.

**(C)** Das decisões das juntas sobre impugnações na apuração dos votos cabe recurso imediato, interposto verbalmente ou por escrito, que deve ser fundamentado no prazo de quarenta e oito horas para que tenha seguimento.

**(D)** O prazo recursal contra decisões sobre reclamações ou representações relativas a descumprimento da Lei geral das eleições é de três dias.

**(E)** Em regra, os recursos eleitorais têm efeito suspensivo.

De fato a única alternativa correta encontra-se na assertiva "C" uma vez que em consonância com o que disciplina o art. 169 do Código Eleitoral, ou seja, medida que os votos forem sendo apurados, poderão os fiscais e delegados de partido, assim como os candidatos, apresentar impugnações que serão decididas de plano pela Junta. FB
Gabarito "C".

Veja a seguinte tabela resumida com as principais ações cíveis eleitorais e os recursos cabíveis:

| Principais Ações Cíveis Eleitorais e Recursos | | |
| --- | --- | --- |
| | Cabimento – observações | Prazo |
| **Ação de Impugnação de Registro de Candidatura - AIRC** Art. 3° da Lei da Inelegibilidade – LI (LC 64/1990) | – Para impugnar registro de candidatura<br>– Rito do próprio art. 3° e seguintes da Lei da Inelegibilidade – LI (LC 64/1990)<br>– Súmula 11/TSE: no processo de registro de candidatos, o partido que não o impugnou não tem legitimidade para recorrer da sentença que o deferiu, salvo se se cuidar de matéria constitucional | 5 dias da publicação do pedido de registro |
| **Ação de Investigação Judicial Eleitoral – AIJE** Art. 22 da LI | – Declaração de inelegibilidade por uso indevido, desvio ou abuso do poder econômico ou do poder de autoridade, ou utilização indevida de veículos ou meios de comunicação social, em benefício de candidato ou de partido político<br>– Rito do próprio art. 22 da LI<br>– A legitimidade ativa para a representação é de qualquer partido político, coligação, candidato ou Ministério Público Eleitoral<br>– Se for julgada procedente antes das eleições, há cassação do registro do candidato diretamente beneficiado. Se for julgada procedente após as eleições, o MP poderá ajuizar AIME e/ou RCED | Entre o registro da candidatura e a diplomação |
| **Ação de Impugnação de Mandato Eletivo – AIME** Art. 14, § 10, da CF | – Casos de abuso do poder econômico, corrupção ou fraude<br>– Rito da LI, mas a cassação de mandato tem efeito imediato (não se aplica o art. 15 da Lei de Inelegibilidade)<br>– A AIME deve ser instruída com provas de abuso do poder econômico, corrupção ou fraude, mas o TSE tem entendimento de que não se trata de prova pré-constituída, sendo exigidos apenas indícios idôneos do cometimento desses ilícitos – ver RESPE 16.257/PE-TSE | Em até 15 dias da diplomação |

# 9. DIREITO ELEITORAL 263

## Principais Ações Cíveis Eleitorais e Recursos

| | Cabimento – observações | Prazo |
|---|---|---|
| **Recurso contra a Expedição de Diploma - RCED** Art. 262 do CE | – Casos de inelegibilidade ou incompatibilidade de candidato; errônea interpretação da Lei quanto à aplicação do sistema de representação proporcional; erro de direito ou de fato na apuração final, quanto à determinação do quociente eleitoral ou partidário, contagem de votos e classificação de candidato, ou a sua contemplação sob determinada legenda; concessão ou denegação do diploma em manifesta contradição com a prova dos autos, nas hipóteses do art. 222 do CE e do art. 41-A da LE <br> – Não há requisito de prova pré-constituída – ver RCED 767/SP-TSE | 3 dias contados da diplomação |
| **Representação** Arts. 30-A, 41-A, 73 a 77 da LE | Casos de: <br> – ilícitos na arrecadação e nos gastos de campanha (art. 30-A da LE) <br> – captação de sufrágio (compra de voto – art. 41-A da LE) <br> – condutas vedadas a agentes públicos em campanhas (arts. 73 a 77 da LE) <br> – Rito ordinário eleitoral (art. 22 da LI), ou rito sumário do art. 96 da LE para o caso das condutas vedadas <br> – A demonstração da potencialidade lesiva é exigida apenas para a prova do abuso do poder econômico, mas não para a comprovação de captação ilícita de sufrágio (= compra de votos) – ver RCED 774/SP-TSE e RO 1.461/GO | – até 15 dias da diplomação, no caso de ilícitos na arrecadação e nos gastos de campanha <br> – até a diplomação, no caso de captação ilícita de sufrágio <br> – até a eleição, no caso das condutas vedadas <br> – recursos contra a decisão em 3 dias |
| **Ação Rescisória Eleitoral** Art. 22, I, j, do CE | – Casos de inelegibilidade <br> – Proposta no TSE <br> – Possibilita-se o exercício do mandato eletivo até o seu trânsito em julgado | 120 dias da decisão irrecorrível |
| **Direito de resposta** Art. 58 da LE | Casos de candidato, partido ou coligação atingidos, ainda que de forma indireta, por conceito, imagem ou afirmação caluniosa, difamatória, injuriosa ou sabidamente inverídica, difundidos por qualquer veículo de comunicação social | – 24 horas, horário eleitoral gratuito <br> – 48 horas, programação normal de rádio e televisão <br> – 72 horas, órgão de imprensa escrita <br> – Recurso em 24 horas da publicação em cartório ou sessão |
| **Recursos Inominados** –Art. 96, § 4º, da LE –Art. 8º da LI –Arts. 29, II, e 265, c/c art. 169 do CE | Contra decisões de juízes e juízes auxiliares, atos e decisões das juntas eleitorais, e decisões em *habeas corpus* ou mandado de segurança | – 24 horas (art. 96, § 8º, da LE) da publicação em cartório ou sessão <br> – 3 dias da publicação em cartório (art. 8º da LI) |
| **Recurso Especial** Art. 276, I, do CE | Contra decisões dos TREs proferidas contra expressa disposição de lei; ou quando ocorrer divergência na interpretação de Lei entre dois ou mais tribunais eleitorais. | 3 dias da publicação da decisão |
| **Recurso Extraordinário contra decisão do TSE** Art. 281 do CE | Violação à Constituição Federal | 3 dias – art. 12 da Lei 6.055/1974, ver AI 616.654 AgR/SP-STF. |
| **Agravo de Instrumento** Arts. 279 e 282 do CE | Denegação de RESPE ou de RE | 3 dias para peticionar mais 3 dias para formar o instrumento |
| **Recurso ordinário para o TSE ou para o STF** Arts. 276, II, e 281 do CE | Julgamentos originários dos TREs (sobre expedição de diplomas nas eleições federais e estaduais ou relativos a HC ou MS) ou do TSE | 3 dias da publicação da decisão ou da sessão da diplomação |

## 11. CRIMES ELEITORAIS

**(Promotor de Justiça/RR – 2017 – CESPE)** O crime eleitoral

**(A)** é de ação penal pública incondicionada, cabendo ação penal privada subsidiária da pública no caso de inércia do MP.

**(B)** caracteriza-se como crime de responsabilidade ou crime comum, conforme o autor da infração esteja ou não exercendo mandato eletivo.

**(C)** pode dar causa a persecução penal contra pessoa jurídica.

**(D)** praticado por juiz de TRE será julgado originariamente pelo TSE.

**A: Correta.** Mesmo nos casos onde exista o crime de calúnia, injúria ou difamação eleitoral, a tutela estabelecida pelo Código Eleitoral é a lisura das eleições, mais do que a própria honra do ofendido. Por esta razão a natureza destas modalidades criminosas passam a ser públicas incondicionadas (art. 355, CE). **B: Incorreta.** O crime eleitoral possui natureza penal (disposto no Código Eleitoral e Lei das Eleições). Os crimes de responsabilidade estão dispostos na Lei 1.079/1950. **C:** Incorreta. A única responsabilização criminal de pessoa jurídica será no caso de cometimento de crimes ambientais, já que expressamente previsto pela legislação. **D:** Incorreta. O crime eleitoral cometido por juiz do TRE ("desembargador" do Tribunal Regional Eleitoral) será de competência de julgamento do STJ, por força do art. 105, I, *a*, CF. **SC**

Gabarito "A".

**(Promotor de Justiça/PI - 2014 - CESPE)** Diva, prefeita candidata à reeleição, foi denunciada por ter difamado e injuriado Helen, candidata opositora, durante a propaganda eleitoral gratuita veiculada na mídia, tendo-lhe imputado fato ofensivo à sua reputação de servidora pública. Em face dessa situação hipotética, assinale a opção correta à luz das disposições constitucionais e da legislação eleitoral.

**(A)** O juiz pode deixar de aplicar pena caso Helen, de forma reprovável, tenha provocado diretamente os crimes, assim como no caso de extorsão imediata que consista em outros crimes da mesma espécie.

**(B)** Se o promotor de justiça eleitoral promover o arquivamento, o juiz poderá encaminhar os autos ao procurador regional eleitoral, que deverá designar outro promotor para oferecer a denúncia.

**(C)** Se a denúncia for recebida por juiz eleitoral, Diva poderá invocar, em seu favor, como matéria de defesa, a incompetência do juízo, tese que tem sido acolhida pela justiça eleitoral, ao fundamento de que crime cometido por prefeito deve ser julgado pelo tribunal de justiça.

**(D)** A exceção da verdade é admitida para ambos os fatos, na medida em que Helen é servidora pública e a ofensa foi relativa ao exercício das funções de agente público.

**(E)** Verificadas as infrações penais, o MP tem prazo de dez dias para oferecer denúncia, independentemente de representação, uma vez que os crimes eleitorais são de ação pública.

**A:** incorreta, uma vez que as circunstâncias apresentadas pela alternativa não se enquadram no permissivo para este mesmo sentido, só se aplica ao crime de injúria, e não ao de difamação, conforme se verifica na leitura dos incisos I e II, § 1º, art. 326, Código Eleitoral; **B:** incorreta, uma vez que o art. 357, § 1º, Código Eleitoral, dispõe que neste caso o Procurador Regional Eleitoral oferecerá a denúncia, designará outro Promotor para oferecê-la, ou insistirá no pedido de arquivamento, ao qual só então estará o juiz obrigado a atender; **C:** incorreta, pois, deverá ser julgada pelo TRE, por se tratar de crime eleitoral e pela prerrogativa de foro prevista no art. 84, Código de Processo Penal. Neste sentido, a jurisprudência do TSE: "Competência. Crime eleitoral praticado por prefeito. Nexo de causalidade. A existência de nexo de causalidade, considerado o exercício de mandato e o crime, é conducente, de início, à atuação do Tribunal Regional Eleitoral. Competência. Crime eleitoral praticado por prefeito. Nexo de causalidade. Cassação do mandato. Com a cassação do mandato, tem-se o afastamento da prerrogativa de foro no que voltada à proteção do cargo, e não do cidadão. Inconstitucionalidade do § 1º do art. 84 do Código de Processo Penal, com a redação imprimida pela Lei 10.628/2002 – ADI 2.797, relator Ministro Sepúlveda Pertence, julgamento de 15.9.2005." (Ac. nº 519, de 15.9.2005, rel. Min. Marco Aurélio.)"; **D:** incorreta, uma vez que a exceção de verdade apenas é admitida no crime de difamação. Expressamente, dispõe o art. 325, parágrafo único, Código Eleitoral, que a exceção da verdade somente se admite se ofendido é funcionário público e a ofensa é relativa ao exercício de suas funções; **E: Correta,** vez que assim disciplinado pelo art. 357 do Código Eleitoral. **FB**

Gabarito "E".

**(Magistratura/PA – 2012 – CESPE)** No que concerne à representação por captação ilícita de sufrágio, aos crimes eleitorais e ao processo penal eleitoral, assinale a opção correta.

**(A)** As infrações penais definidas no Código Eleitoral são, em regra, de ação pública, com exceção dos denominados crimes eleitorais contra a honra de candidatos, partidos ou coligações, aos quais se aplica subsidiariamente o Código Penal.

**(B)** Admite-se, para o crime consistente na difamação de alguém durante a propaganda eleitoral, por meio da imputação de fato ofensivo à reputação da pessoa, exceção da verdade, se o ofendido for funcionário público e a ofensa não for relativa ao exercício de suas funções.

**(C)** Tratando-se do crime de escrever, assinalar ou fazer pinturas em muros, fachadas ou qualquer bem de uso comum do povo, para fins de propaganda eleitoral, empregando-se qualquer tipo de tinta, piche, cal ou produto semelhante, o juiz poderá reduzir a pena do agente que repare o dano antes da sentença final.

**(D)** Se o juiz se convencer de que o diretório local de determinado partido tenha concorrido para a prática do crime de inutilizar, alterar ou perturbar meio de propaganda devidamente empregado, ou que o partido tenha se beneficiado conscientemente da referida propaganda, ao diretório será imposta pena de multa.

**(E)** Em decorrência da liberdade de escolha do eleitor, na representação pela captação ilícita de sufrágio prevista na Lei n.º 9.504/1997, não se afere a potencialidade lesiva da conduta, bastando a prova da captação, ainda que envolva apenas um eleitor.

Estamos diante de uma clara necessidade de simples comprovação do ato repugnado, qual seja, a captação ilícita de sufrágio, não prescindo de aferição acerca da potencialidade lesiva da conduta, bastando que seja comprovada a mesma, como bem se infere da leitura dos dispositivos dos arts. 30-A, § 2º, e 41-A da Lei 9.504/1997. **FB**

Gabarito "E".

**(Ministério Público/RO - 2010 - CESPE)** A respeito dos crimes eleitorais e do processo penal eleitoral, assinale a opção correta.

**(A)** Os recursos especiais relativos aos processos criminais eleitorais de competência originária dos TREs devem ser interpostos no prazo de três dias perante o presidente do tribunal recorrido.

**(B)** Para efeitos penais, o cidadão que integra temporariamente órgãos da justiça eleitoral e o cidadão nomeado para compor as mesas receptoras ou juntas apuradoras não são considerados membros nem funcionários da justiça eleitoral.

**(C)** Na instrução dos processos criminais eleitorais, poderão ser inquiridas até cinco testemunhas arroladas pela acusação e cinco arroladas pela defesa, independentemente de o crime ser apenado com multa, detenção ou reclusão.

**(D)** O fato de o órgão do MP não apresentar, no prazo legal, denúncia de crime eleitoral configura crime apenado com detenção de até um mês e multa.

**(E)** Tratando-se de crimes eleitorais, cabe apelação, no prazo de cinco dias, das sentenças definitivas de condenação ou absolvição proferidas por juiz singular, sendo de oito dias o prazo para oferecimento das razões.

**A:** assertiva correta, conforme o art. 276, § 1º, do CE; **B:** incorreta, pois o cidadão é considerado, nesse caso, funcionário da justiça eleitoral, para fins penais – art. 283, II e III, do CE; **C:** incorreta, pois o número de testemunhas na instrução é, em regra, de até 8 para acusação e mesmo número para a defesa – art. 401 do Código de Processo Penal – CPP, ver art. 532 do CPP; **D:** incorreta, pois a pena para a omissão é de até 2 meses de detenção ou pagamento de multa – art. 342 do CE; **E:** incorreta, pois o prazo é de 10 dias – art. 362 do CE. **FB**

Gabarito "A".

## 12. TEMAS COMBINADOS E OUTRAS MATÉRIAS

**(Delegado - PC/SE - 2018 - CESPE/CEBRASPE)** A respeito da representação por captação ilícita de sufrágio, julgue os itens que se seguem.

**(1)** O prazo para a propositura de representação por captação ilícita de sufrágio é imprescritível.

## 9. DIREITO ELEITORAL

**(2)** Para a apuração de captação de sufrágio, considerar-se-ão as condutas praticadas pelo candidato no período compreendido desde o registro da candidatura até o dia da eleição.

**(3)** A conduta ilícita de captação de sufrágio poderá fundar-se em atitude culposa, e contra a decisão que julgar procedente a representação caberá recurso no prazo de quinze dias, contados da sua publicação no Diário Oficial.

**1:** Incorreta. A propositura de representação por captação ilícita de sufrágio poderá ser feita até a data da diplomação (§ 3°, art. 41-A, Lei 9.504/97). **2:** Correta. Conforme art. 41-A, Lei 9504/97, ou seja, será o período compreendido entre o registro da candidatura até o dia da eleição; **3:** Incorreta. O art. 41-A, §1°, Lei 9504/97, dispõe que para a caracterização da conduta ilícita é suficiente a evidência do dolo (consistente no especial fim de agir), não sendo necessário o pedido explícito de voto. SC
Gabarito 1E, 2C, 3E

Determinada instituição privada solicitou à justiça eleitoral o registro de pesquisas de opinião pública a respeito das eleições e dos candidatos que delas participam para posterior divulgação. Na ocasião, a instituição omitiu, no pedido de registro, o nome do contratante da pesquisa, o valor pago pela pesquisa, a origem dos recursos necessários, a metodologia e o período de realização da pesquisa.

**(Delegado - PC/SE - 2018 - CESPE/CEBRASPE)** A respeito dessa situação hipotética e de aspectos a ela pertinentes, julgue os itens a seguir.

**(1)** As informações omitidas a respeito da pesquisa de opinião pública são necessárias para aceitação do registro na justiça eleitoral.

**(2)** Os representantes legais da referida instituição privada não serão responsabilizados penalmente caso a pesquisa de opinião pública sem o prévio registro não seja efetivamente divulgada.

**(3)** O registro concedido será extensivo a outras pesquisas semelhantes que a instituição privada queira realizar.

**1:** Correta. De acordo com o art. 33, Lei 9.504/97, as entidades e empresas que realizarem pesquisas de opinião pública relativas às eleições ou aos candidatos, para conhecimento público, são obrigadas, para cada pesquisa, registrar junto à Justiça Eleitoral até 5 dias antes da divulgação, devendo fornecer para tanto as seguintes informações: quem contratou a pesquisa, o valor e a origem dos recursos despendidos no trabalho, metodologia e período de realização da pesquisa, plano amostral e ponderação (quanto ao sexo, idade, grau de instrução, nível econômico e área, intervalo de confiança e margem de erro), sistema interno de controle e verificação, questionário completo aplicado ou a ser aplicado, nome de quem pagou pela realização do trabalho e cópia da respectiva nota fiscal. **2:** Correta, já que a responsabilização ocorrerá se houver divulgação sem prévio registro. **3:** Errada. O Registro deverá ser feito individualmente para cada pesquisa realizada. SC
Gabarito 1C, 2C, 3E

**(Magistratura/PI – 2011 – CESPE)** Considerando a realização de pesquisas e testes pré-eleitorais, a propaganda eleitoral, o direito de resposta e as condutas vedadas em campanhas eleitorais, assinale a opção correta.

**(A)** Pesquisas realizadas em data anterior ao dia das eleições não podem ser divulgadas nessa data.

**(B)** A representação contra conduta vedada em campanha eleitoral pode ser ajuizada somente até a data da eleição.

**(C)** Deve ser examinado pela justiça comum o pedido de resposta formulado por terceiro, partido ou coligação em relação ao que tenha sido veiculado no horário eleitoral gratuito.

**(D)** A propaganda intrapartidária veiculada antes do dia seis de julho do ano eleitoral deve ser imediatamente retirada após a realização da convenção partidária.

**(E)** Não se incluem entre os dados a serem registrados na justiça eleitoral, para cada pesquisa a ser divulgada, o nome do estatístico responsável pelo trabalho e o número de seu registro no competente conselho regional.

**A:** Incorreta, uma vez que o art. 12 da Resolução TSE n° 23.364 dispõe que as pesquisas realizadas em data anterior ao dia das eleições poderão ser divulgadas a qualquer momento, inclusive no dia das eleições, desde que respeitado o prazo de 5 dias para o registro; **B:** Incorreta, uma vez que ao observamos o art. 41-A, § 3° da Lei 9.504/1997 é possível depreender que a representação contra as condutas vedadas no *caput* poderá ser ajuizada até a data da diplomação; **C:** Incorreta, uma vez que o art. 58, § 1°, da Lei 9.504/1997 dispõe que o ofendido ou seu representante legal poderá pedir o exercício do direito de resposta à Justiça Eleitoral nos seguintes prazos, contados a partir da veiculação da ofensa; **D:** Correta, conforme se verifica na interpretação do art. 36, § 1° c.c art. 39, § 8° da Lei 9.504/1997; **E:** Incorreta, uma vez que se trata de indicação obrigatória conforme se depreende do art. 1°, IX, da Resolução TSE n° 23.364/11. FB
Gabarito "D".

**(Ministério Público/RR - 2012 - CESPE)** Considerando a disciplina constitucional e complementar de elegibilidade e inelegibilidades, assinale a opção correta.

**(A)** O condenado por calúnia e difamação permanece inelegível pelo prazo de oito anos.

**(B)** Advogado excluído, pela OAB, do exercício da profissão, por infração ético-profissional, é inelegível pelo prazo de oito anos.

**(C)** A Lei da Ficha Limpa admite a candidatura de pessoa condenada por crime contra a administração pública, desde que o acórdão respectivo penda de recurso.

**(D)** É elegível o militar conscrito, desde que ele se afaste da atividade.

**(E)** Ocupante do cargo de prefeito pode ser candidato a deputado estadual sem se afastar do exercício do cargo.

**A:** incorreta, uma vez que não há previsão na LC 64/1990; **B:** correta, em plena consonância com o que dispõe o art. 1°, I, "m", da LC 64/1990; **C:** incorreta, uma vez que a Lei da Ficha Limpa, como ficou conhecida (LC 135/2010) inseriu no art. 1° da LC 64/1990 a alínea "e", dispondo que os que forem condenados, em decisão transitada em julgado ou proferida por órgão judicial colegiado, desde a condenação até o transcurso do prazo de 8 (oito) anos após o cumprimento da pena, pelos crimes arrolados nos incisos subsequentes, entre eles, os crimes contra a administração pública. Desta forma, de posse do que disciplina a legislação, não prescinde que inexista possibilidade recurso, basta que a condenação tenha sido proferida por órgão judicial colegiado ou que tenha simplesmente transitado em julgado; **D:** incorreta, uma vez que o art. 98 do CE disciplina a situação ilustrada ao dispor que os militares alistáveis são elegíveis, atendidas as seguintes condições: I – o militar que tiver menos de 5 (cinco) anos de serviço, será, ao se candidatar a cargo eletivo, excluído do serviço ativo; II – o militar em atividade com 5 (cinco) ou mais anos de serviço ao se candidatar a cargo eletivo, será afastado, temporariamente, do serviço ativo, como agregado, para tratar de interesse particular; III – o militar não excluído e que vier a ser eleito será, no ato da diplomação, transferido para a reserva ou reformado; **E:** Incorreta, o art. 1°, VI, da LC 64/1990 dispõe, quanto a inelegibilidade, que para a Câmara dos Deputados, Assembleia Legislativa e Câmara Legislativa, no que lhes for aplicável, por identidade de situações, consideram-se os mesmos inelegíveis para o Senado Federal, nas mesmas condições estabelecidas, observados os mesmos prazos. As regras de inelegibilidade para os candidatos a cargo no Senado Federal, previstas no art. 1°, V, fazem, por seu turno, remitência às mesmas causas de inelegibilidades aos candidatos à presidência da República. Deste modo, importante notar o art. 1°, II, item 13, de forma a deixar clarividente que no caso hipotético seria necessário que o candidato a deputado estadual, ocupante do cargo majoritário municipal deveria se afastar de suas funções até 6 meses antes do pleito. FB
Gabarito "B".

# 10. Direito Civil

Ana Paula Dompieri, André de Carvalho Barros, Gabriela R. Pinheiro, Gustavo Nicolau, Vanessa Trigueiros e Wander Garcia*

## 1. LINDB

### 1.1. EFICÁCIA DA LEI NO TEMPO

**(Técnico Judiciário – STJ – 2018 – CESPE)** Julgue os itens a seguir, à luz da Lei de Introdução ao Código Civil – Lei de Introdução às Normas do Direito Brasileiro.

(1) Se a lei não dispuser em sentido diverso, a sua vigência terá início noventa dias após a data de sua publicação.

(2) Lei em vigor tem efeito imediato e geral, respeitados o ato jurídico perfeito, o direito adquirido e a coisa julgada.

(3) O intervalo temporal entre a publicação e o início de vigência de uma lei denomina-se *vacatio legis*.

(4) O prazo de *vacatio legis* se aplica às leis, aos decretos e aos regulamentos.

**1:** Errada, pois salvo disposição em contrário, a lei entra em vigor 45 dias após a sua publicação (art. 1º da LINDB); **2:** correta (art. 6º da LINDB); **3:** correta. *Vacatio legis* trata-se de expressão latina que significa período de vacância da lei, que é aquele que ocorre entre a data de publicação e o início de sua vigência. Existe para que os jurisdicionados possam assimilar o conteúdo de uma nova lei; **4:** errada, pois não há inovação, não modificam e nem extinguem direitos, limitam-se a detalhar (corrente majoritária). A corrente minoritária defende que necessitam de *vacatio legis*, pois trariam novos procedimentos. **GR**
Gabarito 1E, 2C, 3C, 4E

**(Delegado Federal – 2018 – CESPE)** Diante da existência de normas gerais sobre determinado assunto, publicou-se oficialmente nova lei que estabelece disposições especiais acerca desse assunto. Nada ficou estabelecido acerca da data em que essa nova lei entraria em vigor nem do prazo de sua vigência. Seis meses depois da publicação oficial da nova lei, um juiz recebeu um processo em que as partes discutiam um contrato firmado anos antes.

A partir dessa situação hipotética, julgue os itens a seguir, considerando o disposto na Lei de Introdução às Normas do Direito Brasileiro.

(1) A nova lei começou a vigorar no país quarenta e cinco dias depois de oficialmente publicada e permanecerá em vigor até que outra lei a modifique ou revogue.

(2) O contrato é regido pelas normas em vigor à data de sua celebração, observados os efeitos futuros ocorridos após a *vacatio legis* da nova lei.

(3) O caso hipotético configura repristinação, devendo o julgador, por isso, diante de eventual conflito de normas, aplicar a lei mais nova e específica.

**1:** certa, pois nos termos do art. 1º da LINDB, não havendo disposição em contrário, a lei começa a vigorar em todo o país quarenta e cinco dias depois de oficialmente publicada. Ademais, não se tratando de lei de vigência temporária, permanecerá em vigor até que outra a modifique ou revogue (art. 2º da LINDB); **2:** errada. O art. 2º, § 2º, da LINDB prevê que: "A lei nova que estabeleça disposições gerais ou especiais a par das já existentes, não revoga nem modifica a lei anterior". Isso significa que a norma geral não revoga a especial assim como a especial não revoga a geral, podendo ambas reger a mesma matéria contanto que não haja choque entre elas. No caso em tela, embora o enunciado não tenha deixado muito claro tudo indica que houve choque, portanto a

normal especial revogou a geral, razão pela qual o contrato passará a ser regido pela lei nova, pelo critério da especialidade; **3:** errada, pois repristinação consiste na lei revogada ser restaurada por ter a lei revogadora perdido a vigência (art. 2º, § 3º, da LINDB). Em nosso ordenamento jurídico não é admitida a repristinação automática. **GR**
Gabarito 1C, 2E, 3E

**(Juiz – TRF5 – 2017 – CESPE)** A continuidade de aplicação de lei já revogada às relações jurídicas civis consolidadas durante a sua vigência caracteriza

(A) a aplicação do princípio da segurança jurídica.

(B) a ultratividade da norma.

(C) a repristinação da norma.

(D) o princípio da continuidade normativa.

(E) a supremacia da lei revogada.

**A:** incorreta, pois o princípio da segurança jurídica tem o intuito de trazer estabilidade para as relações jurídicas e se divide em duas partes: uma de natureza objetiva e outra de natureza subjetiva. A natureza objetiva: versa sobre a irretroatividade de nova interpretação de lei no âmbito da Administração Pública. A natureza subjetiva: versa sobre a confiança da sociedade nos atos, procedimentos e condutas proferidas pelo Estado; **B:** correta, pois ultratividade consiste na **ação de aplicar uma lei (ou dispositivo de lei) que já foi revogada em casos que ocorreram durante o período em que esta estava vigente;** **C:** incorreta, pois a repristinação ocorre quando uma lei é revogada por outra e posteriormente a própria norma revogadora é revogada por uma terceira lei, que irá fazer com que a primeira tenha sua vigência reestabelecida caso assim determine em seu texto legal. No nosso ordenamento a lei revogada não se restaura por ter a lei revogadora perdido a vigência, salvo disposição em contrário (art. 2º, § 3º, da LINDB); **D:** incorreta, pois o princípio da continuidade normativa significa a manutenção, após a revogação de determinado dispositivo legal, do caráter proibido da conduta, porém com o deslocamento do conteúdo para outra lei. A intenção do legislador, nesse caso, é que não que haja a *abolitio criminis*. **E:** incorreta, pois a lei revogada não tem supremacia. A ultratividade apenas ocorrerá se houver disposição expressa. **GR**
Gabarito "B".

**(Analista Judiciário – TRT/8ª – 2016 – CESPE)** Assinale a opção correta, em relação à classificação e à eficácia das leis no tempo e no espaço.

(A) Quanto à eficácia da lei no espaço, no Brasil se adota o princípio da territorialidade moderada, que permite, em alguns casos, que lei estrangeira seja aplicada dentro de território brasileiro.

(B) De acordo com a Lei de Introdução às Normas do Direito Brasileiro (LINDB), em regra, a lei revogada é restaurada quando a lei revogadora perde a vigência.

(C) Por ser o direito civil ramo do direito privado, impera o princípio da autonomia de vontade, de forma que as partes podem, de comum acordo, afastar a imperatividade das leis denominadas cogentes.

(D) A lei entra em vigor somente depois de transcorrido o prazo da *vacatio legis*, e não com sua publicação em órgão oficial.

(E) Dado o princípio da continuidade, a lei terá vigência enquanto outra não a modificar ou revogar, podendo a revogação ocorrer pela derrogação, que é a supressão integral da lei, ou pela ab-rogação, quando a supressão é apenas parcial.

**A:** correta, pois a lei estrangeira pode ser aplicada no Brasil em casos específicos. É o que ocorre, por exemplo, com pessoa que deixa bens no Brasil, mas que tinha domicílio no exterior. Para tais casos, o juiz deverá aplicar a lei do domicílio do *DE cujus* (LI, art. 10, e CF, art. 5º, XXXI). O próprio CPC (art. 376) prevê a hipótese de aplicação de lei estrangeira; **B:** incorreta, pois a chamada repristinação depende de

---

\* **Wander Garcia** comentou as questões de Delegado/PE/16; **Gustavo Nicolau** comentou as questões de Defensor Público/RN/16, Procurador do Estado/16, Analista/TRE/PI/16, Analista TRT/8/16, Analista/PA/16, Analista/TCE/PR/16, Juiz de Direito/16, MP/PI/14, Defensoria/DF/14, Cartório/ES/13, Cartório/RR/13

expressa previsão da lei que revogou a lei revogadora (LI, art. 2º, § 3°); **C:** incorreta, pois as leis cogentes não podem ser afastadas por acordo entre as partes. É o caso, por exemplo, dos deveres conjugais (CC, art. 1.566) ou das obrigações decorrentes do poder familiar (CC, art. 1.630); **D:**incorreta, pois pode haver leis que não tenham *vacatio legis*. Nesse caso, entram em vigor no dia de sua publicação no Diário Oficial (LI, art. 1°); **E:** incorreta, pois a derrogação é a revogação parcial, ao passo que a ab-rogação é a revogação integral da lei.

Gabarito "A".

**(Juiz de Direito/AM – 2016 – CESPE)** A respeito da eficácia da lei no tempo e no espaço, assinale a opção correta conforme a LINDB.

**(A)** Para ser aplicada, a norma deverá estar vigente e, por isso, uma vez que ela seja revogada, não será permitida a sua ultratividade.

**(B)** Tendo o ordenamento brasileiro optado pela adoção, quanto à eficácia espacial da lei, do sistema da territorialidade moderada, é possível a aplicação da lei brasileira dentro do território nacional e, excepcionalmente, fora, e vedada a aplicação de lei estrangeira nos limites do Brasil.

**(C)** Quando a sucessão incidir sobre bens de estrangeiro residente, em vida, fora do território nacional, aplicar-se-á a lei do país de domicílio do defunto, quando esta for mais favorável ao cônjuge e aos filhos brasileiros, ainda que todos os bens estejam localizados no Brasil.

**(D)** Não havendo disposição em contrário, o início da vigência de uma lei coincidirá com a data de sua publicação.

**(E)** Quando a republicação de lei que ainda não entrou em vigor ocorrer tão somente para correção de falhas de grafia constantes de seu texto, o prazo da *vacatio legis* não sofrerá interrupção e deverá ser contado da data da primeira publicação.

**A:** incorreta, pois a hipótese de ultratividade é admitida em nosso ordenamento. Imagine, por exemplo, um crime cometido sob a égide da Lei "A". Quando do julgamento, já está vigendo a Lei "B", mais severa do que a anterior. A Lei "A", mesmo revogada, será aplicada no referido julgamento penal. O mesmo ocorre com alteração de lei sucessória. O juiz deverá usar a lei do momento da morte (CC, art. 2.041), ainda que nova lei regulamente o assunto de forma diversa; **B:** incorreta, pois a lei estrangeira pode ser aplicada no Brasil em casos específicos. É o que ocorre, por exemplo, com pessoa que deixa bens no Brasil, mas que tinha domicílio no exterior. Para tais casos, o juiz deverá aplicar a lei do domicílio do *de cujus* (LI, art. 10 e CF, art. 5°, XXXI). O próprio CPC (art. 376) prevê a hipótese de aplicação de lei estrangeira; **C:** correta, pois de acordo com a previsão do art. 10 da LI. Como regra, aplica-se a lei de domicílio do *de cujus*. Nesses casos, contudo, será aplicada a lei brasileira se ela – na comparação com a estrangeira – for mais favorável ao cônjuge ou aos filhos de nacionalidade brasileira; **D:** incorreta, pois – no silêncio da lei – a *vacatio legis* será de 45 dias (LI, art. 1°); **E:** incorreta, pois nesse caso o prazo começa a correr da nova publicação (LI, art. 1°, § 3°).

Gabarito "C".

**(Procurador do Município - Campo Grande/MS - 2019 - CESPE/CEBRASPE)** Considerando as disposições da Lei de Introdução às Normas do Direito Brasileiro, julgue os itens a seguir.

**(1)** Diante de omissão legal, o juiz decidirá de acordo com a analogia, os costumes e os princípios gerais de direito, visando atender aos fins sociais da lei e às exigências do bem comum.

**(2)** Salvo expressa disposição em contrário, a lei entrará em vigor no primeiro dia útil após a sua publicação no Diário Oficial da União.

**(3)** Autoridade judiciária brasileira tem competência concorrente para julgar ações relativas a imóveis que, situados no Brasil, sejam de propriedade de estrangeiros.

**1:** certa, nos termos dos arts. 4° e 5° da LINDB; **2:** errada, pois salvo disposição contrária, a lei começa a vigorar em todo o país quarenta e cinco dias depois de oficialmente publicada (art. 1° LINDB); **3:** errada, pois a autoridade judiciária brasileira tem competência exclusiva para julgar ações relativas a imóveis que, situados no Brasil, sejam de propriedade de estrangeiros (art. 12, § 1°, da LINDB) GR

Gabarito 1C; 2E; 3E

**(Delegado - PC/SE - 2018 - CESPE/CEBRASPE)** Tendo como referência essa situação hipotética, julgue os seguintes itens, com base na Lei de Introdução às Normas do Direito Brasileiro.

**(1)** No momento do ajuizamento da ação, a nova lei já estava em vigor.

**(2)** Apesar de a nova lei ter revogado integralmente a anterior, ela não se aplica ao contrato objeto da ação.

**1:** Certa, pois considerando que a nova lei foi publicada oficialmente sem estabelecer data para a sua entrada em vigor aplica-se o disposto no art. 1° da LINDB que dispõe que salvo disposição contrária, a lei começa a vigorar em todo o país quarenta e cinco dias depois de oficialmente publicada. Logo, a lei já estava em vigor quando a ação foi ajuizada, pois isso aconteceu 60 dias após a publicação da nova norma; **2:** Certa, pois nos termos do art. 6° da LINDB a Lei em vigor terá efeito imediato e geral, respeitados o ato jurídico perfeito, o direito adquirido e a coisa julgada. O contrato constitui-se como um ato jurídico perfeito, que é aquele já consumado segundo a lei vigente ao tempo em que se efetuou (art. 6°, §1° LINDB). Logo, a ele aplica-se a lei que era vigente na data em que foi celebrado. GR

Gabarito 1C; 2C

## 1.2. EFICÁCIA DA LEI NO ESPAÇO

**(Defensor Público/AL – 2017 – CESPE)** Em 1.º/1/2017, Lúcio, que era brasileiro e casado sob o regime legal com Maria, também brasileira, ambos residentes e domiciliados em um país asiático, faleceu. Lúcio deixou dois filhos como herdeiros, Vanessa e Robson, residentes e domiciliados no Brasil, e os seguintes bens a inventariar: a casa em que residia no exterior, uma casa no Brasil e dois automóveis, localizados no exterior. O casamento de Lúcio e Maria foi celebrado no Brasil. Antes do casamento, ele residia e era domiciliado no Brasil, ao passo que ela residia e era domiciliada em um país africano. O primeiro domicílio do casal foi no exterior.

Considerando essa situação hipotética, assinale a opção correta.

**(A)** A lei brasileira regulará a capacidade para suceder de Vanessa e Robson.

**(B)** Aplica-se a lei brasileira quanto ao regime de bens do casal.

**(C)** As regras sobre a morte de Lúcio são determinadas pela lei brasileira.

**(D)** Aplica-se a lei brasileira quanto à regulação das relações concernentes a todos os bens de Lúcio.

**(E)** A sucessão de Lúcio obedecerá à lei brasileira.

**A:** correta, pois a lei do domicílio do herdeiro ou legatário regula a capacidade para suceder (art. 10, § 2°, da LINDB). Como Robson e Vanessa residem no Brasil, logo a lei aplicável será a lei brasileira; **B:** incorreta, pois quanto a regime de bens aplica-se a lei de domicílio do casal (art. 7°, § 4°, da LINDB), logo será a lei do país asiático; **C:** incorreta, pois as regras sobre a morte de Lúcio serão regidas pela lei do local de seu domicílio (arts. 7° e 10 da LINDB); **D:** incorreta, pois referente aos bens imóveis aplica-se a lei do local onde estiverem situados (art. 8° da LINDB) e no que tange aos bens móveis aplica-se a lei do país onde for domiciliado o proprietário (art. 8°, § 1°, da LINDB); **E:** incorreta, pois a sucessão obedecerá a lei de seu último domicílio (art. 10 da LINCB). GR

Gabarito "A".

## 1.3. INTERPRETAÇÃO DA LEI

**(Juiz de Direito/DF – 2016 – CESPE)** A respeito da hermenêutica e da aplicação do direito, assinale a opção correta.

**(A)** Diante da existência de antinomia entre dois dispositivos de uma mesma lei, à solução do conflito é essencial a diferenciação entre antinomia real e antinomia aparente, porque reclamam do interprete solução distinta.

**(B)** Os tradicionais critérios hierárquico, cronológico e da especialização são adequados à solução de confronto caracterizado como antinomia real, ainda que ocorra entre princípios jurídicos.

**(C)** A técnica da subsunção é suficiente e adequada à hipótese que envolve a denominada eficácia horizontal de direitos fundamentais nas relações privadas.

**(D)** Diante da existência de antinomia entre dois dispositivos de uma mesma lei, o conflito deve ser resolvido pelos critérios da hierarquia e(ou) da sucessividade no tempo.

**(E)** A aplicação do princípio da especialidade, em conflito aparente de normas, afeta a validade ou a vigência da lei geral.

**A:** correta, pois na antinomia real não há possibilidade de solução efetiva do conflito, ao passo que na antinomia aparente tal solução é possível mediante a utilização de critérios (cronológico, hierárquico, de especialidade etc.); **B:** incorreta, pois na antinomia real não há possibilidade de aplicação de tais critérios; **C:** incorreta, pois a eficácia horizontal de direitos fundamentais nas relações privadas exige comportamento criativo por parte do juiz, visando aplicar direitos fundamentais às relações privadas, para as quais aqueles direitos não foram originalmente concebidos; **D:** incorreta, pois ambos os critérios não são passíveis de aplicação numa mesma lei; **E:** incorreta, pois a lei geral continua vigente, sendo apenas afastada sua aplicação tendo em vista a existência de lei específica sobre a hipótese.

Gabarito "A".

**(Analista – Judiciário –TRE/PI – 2016 – CESPE)** O aplicador do direito, ao estender o preceito legal aos casos não compreendidos em seu dispositivo, vale-se da

**(A)** interpretação teleológica.

**(B)** socialidade da lei.

**(C)** interpretação extensiva.

**(D)** analogia.

**(E)** interpretação sistemática.

**A:** incorreta, pois a interpretação teleológica busca extrair o significado da lei levando em consideração a sua finalidade, o seu objetivo; **B:** incorreta, pois a socialidade visa trazer uma aplicação da lei segundo o melhor interesse da sociedade. Ex.: função social da propriedade e dos contratos; **C:** incorreta, pois a interpretação extensiva é uma compreensão da lei de forma expandida, ampliada; **D:** correta, pois a analogia é utilizada justamente quando não há lei que trate de uma determinada situação. Assim, aplica-se outra lei que regulamenta situação semelhante; **E:** incorreta, pois, pela interpretação sistemática, busca-se a compreensão da lei a partir do ordenamento jurídico de que esta seja parte, relacionando-a com outras.

Gabarito "D".

## 2. GERAL

### 2.1. PRINCÍPIOS DO CÓDIGO CIVIL, CLÁUSULAS GERAIS E CONCEITOS JURÍDICOS INDETERMINADOS

**(Defensor Público/TO – 2013 – CESPE)** Acerca do Direito Civil, assinale a opção correta.

**(A)** O princípio da eticidade, paradigma do atual direito civil constitucional, funda-se no valor da pessoa humana como fonte de todos os demais valores, tendo por base a equidade, boa-fé, justa causa e demais critérios éticos, o que possibilita, por exemplo, a relativização do princípio do *pacta sunt servanda*, quando o contrato estabelecer vantagens exageradas para um contratante em detrimento do outro.

**(B)** Cláusulas gerais, princípios e conceitos jurídicos indeterminados são expressões que designam o mesmo instituto jurídico.

**(C)** A operacionalidade do direito civil está relacionada à solução de problemas abstratamente previstos, independentemente de sua expressão concreta e simplificada.

**(D)** Na elaboração do Código Civil de 2002, o legislador adotou os paradigmas da socialidade, eticidade e operacionalidade, repudiando a adoção de cláusulas gerais, princípios e conceitos jurídicos indeterminados.

**(E)** No Código Civil de 2002, o princípio da socialidade reflete a prevalência dos valores coletivos sobre os individuais,

razão pela qual o direito de propriedade individual, de matriz liberal, deve ceder lugar ao direito de propriedade coletiva, tal como preconizado no socialismo real.

**A:** correta, o direito à revisão ou rescisão contratual em razão de onerosidade excessiva representa exceção ao princípio da força obrigatória (*pacta sunt servanda*); **B:** incorreta, as expressões possuem significados distintos. Princípios são regras norteadoras do ordenamento jurídico e não necessariamente estão expressos na lei. Cláusulas gerais e conceitos jurídicos indeterminados são dispositivos legais com conteúdo propositalmente vago, com o objetivo de permitir maior amplitude em sua incidência, mas não se confundem: as cláusulas gerais não definem o instituto nem a consequência de sua violação (exemplo: art. 421 do CC – função social); por sua vez, os conceitos jurídicos indeterminados não definem o instituto, mas estabelecem a consequência em caso de violação (exemplo: art. 927, parágrafo único, 2ª parte – responsabilidade objetiva por atividade de **risco**). Devemos lembrar que existem diversos entendimentos doutrinários sobre os conceitos de cláusulas gerais e conceitos legais indeterminados; **C:** incorreta. O princípio da operabilidade está relacionado à aplicação concreta da norma. As cláusulas gerais e os conceitos jurídicos indeterminados têm por base o princípio da operabilidade; **D:** incorreta. O legislador contemplou diversos princípios, cláusulas gerais e conceitos jurídicos indeterminados no Código Civil de 2002; **E:** incorreta. O princípio da socialidade representa um limite aos interesses individuais quando presentes interesses da coletividade, mas não se pode afirmar que o direito de propriedade individual deve ceder lugar ao direito de propriedade coletiva.

Gabarito "A".

### 2.2. PESSOAS NATURAIS

**(Procurador/PA – CESPE – 2022)** A respeito da desconsideração da personalidade jurídica no direito civil, julgue os itens que se seguem.

**I.** A Lei da Liberdade Econômica (Lei n.º 13.874/2019) promoveu alterações substanciais na disciplina da desconsideração da personalidade jurídica no Código Civil, tendo, entre outras alterações, conferido legitimidade ao Ministério Público para requerer a desconsideração nos casos em que lhe couber intervir no processo.

**II.** Atualmente, a desconsideração da personalidade jurídica é possível apenas quanto ao sócio ou administrador que, de forma direta ou indireta, houver sido beneficiado pelo abuso da personalidade.

**III.** O Código Civil vigente prevê, de forma taxativa, as hipóteses de confusão patrimonial, consistentes em cumprimento repetitivo, pela sociedade, de obrigações do sócio ou do administrador, ou vice-versa, e na transferência de ativos ou de passivos sem efetivas contraprestações, exceto os de valor proporcionalmente insignificante.

**IV.** A chamada desconsideração inversa da personalidade jurídica já era aceita pela doutrina e pela jurisprudência do Superior Tribunal de Justiça antes mesmo da inclusão do § 3.º ao art. 50 do Código Civil pela Lei da Liberdade Econômica.

Estão certos apenas os itens

**(A)** I e II.

**(B)** II e IV.

**(C)** III e IV.

**(D)** I, II e III.

**(E)** I, III e IV.

**I:** incorreta, pois a Lei 13.874/2019 foi sancionada com o principal objetivo de viabilizar o livre exercício da atividade econômica e a livre-iniciativa, deixando evidente a intenção do legislador em garantir autonomia do particular para empreender. Ele definiu os conceitos de confusão patrimonial de desvio de finalidade acrescidos no art. 50 CC. Porém não alterou a legitimidade para requer a desconsideração da personalidade jurídica, que já era conferida ao Ministério Público quando lhe coubesse intervir no processo; **II:** correta (art. 50 parte final CC); **III:** incorreta, pois esse rol é exemplificativo, uma vez que ela considera como confusão patrimonial outros atos de descumprimento da autonomia patrimonial (art. 50, § 2º, III CC); **IV:** correta. A inclusão foi feita em 2019. Mas já em 2016 há uma série de recursos especiais onde já era aplicada a desconsideração da personalidade jurídica inversa

(REsp 1493071, AREsp 792920, REsp 1236916, REsp 1493071, REsp 948117). Logo, a alternativa correta é a letra B. **GR**

Gabarito "B".

**(Delegado/RJ – 2022 – CESPE/CEBRASPE)** Acerca dos direitos fundamentais, à luz do direito civilista, assinale a opção correta.

(A) De acordo com Código Civil Brasileiro, seja qual for a circunstância, cada pessoa tem a liberdade para dispor do próprio corpo do modo que bem desejar, tanto por meio de mutilações quanto por qualquer forma de diminuição permanente da integridade física.

(B) Com exceção dos casos previstos em lei, os direitos da personalidade são irrenunciáveis e poderão ser transmitidos, caso o seu exercício sofra limitação voluntária.

(C) Os direitos da personalidade são direitos essenciais à dignidade e integridade e dependem da capacidade civil da pessoa, podendo ser citados os direitos a vida, liberdade, privacidade e intimidade.

(D) Abstratamente, os direitos fundamentais, entre os quais o direito da personalidade, sempre terão grau de importância entre si, independentemente da análise do caso em concreto.

(E) Ao tratar da proteção à integridade física e do direito ao próprio corpo, o Código Civil Brasileiro traz a possibilidade de recusa em submeter-se a tratamento ou intervenção médica em situações em que o procedimento demonstre risco à vida da pessoa.

**A:** incorreta, pois salvo por exigência médica, é defeso o ato de disposição do próprio corpo, quando importar diminuição permanente da integridade física, ou contrariar os bons costumes (art. 13, *caput* do CC); **B:** incorreta, pois com exceção dos casos previstos em lei, os direitos da personalidade são intransmissíveis e irrenunciáveis, não podendo o seu exercício sofrer limitação voluntária (art. 11 do CC); **C:** incorreta, pois o os direitos da personalidade não dependem da capacidade civil da pessoa, pois os incapazes por exemplo possuem direitos da personalidade (arts. 3º e 4º do CC), assim como o nascituro (art. 2º do CC). Neste sentido colaciona-se posicionamento do STJ que entendeu que o nascituro pode sofrer dano moral: nascituro também pode sofrer dano moral: "Primeiramente, ressalte-se o inequívoco avanço, na doutrina, assim como na jurisprudência, acerca da proteção dos direitos do nascituro. A par das teorias que objetivam definir, com precisão, o momento em que o indivíduo adquire personalidade jurídica, assim compreendida como a capacidade de titularizar direitos e obrigações (em destaque, as teorias natalista, da personalidade condicional e a concepcionista), é certo que o nascituro, ainda que considerado como realidade jurídica distinta da pessoa natural, é, igualmente, titular de direitos da personalidade (ao menos, reflexamente). Os direitos da personalidade, por sua vez, abrangem todas as situações jurídicas existenciais que se relacionam, de forma indissociável, aos atributos essenciais do ser humano. Segundo a doutrina mais moderna sobre o tema, não há um rol, uma delimitação de tais direitos. Tem-se, na verdade, uma cláusula geral de tutela da pessoa humana, que encontra fundamento no princípio da dignidade da pessoa humana, norteador do Estado democrático de direito". (REsp 1.170.239); **D:** incorreta, pois o grau de importância dos direitos fundamentais depende da análise do caso em concreto, o que entende o STJ: "Assim, a retrocitada cláusula geral permite ao magistrado, com esteio no princípio da dignidade da pessoa humana, conferir, em cada caso concreto, proteção aos bens da personalidade, consistentes na composição da integridade física, moral e psíquica do indivíduo, compatível com o contexto cultural e social de seu tempo". (REsp 1.170.239); **E:** correta (art. 15 do CC). **GR**

Gabarito "E".

**(Delegado/PE – 2016 – CESPE)** Com base nas disposições do Código Civil, assinale a opção correta a respeito da capacidade civil.

(A) Os pródigos, outrora considerados relativamente incapazes, não possuem restrições à capacidade civil, de acordo com a atual redação do código em questão.

(B) Indivíduo que, por deficiência mental, tenha o discernimento reduzido é considerado relativamente incapaz.

(C) O indivíduo que não consegue exprimir sua vontade é considerado absolutamente incapaz.

(D) Indivíduos que, por enfermidade ou deficiência mental, não tiverem o necessário discernimento para a prática dos atos da vida civil são considerados absolutamente incapazes.

(E) Somente os menores de dezesseis anos de idade são considerados absolutamente incapazes pela lei civil.

**A:** incorreta, pois os pródigos são considerados relativamente incapazes (art. 4º, IV, do CC); **B:** incorreta, pois o Estatuto da Pessoa com Deficiência (Lei 13.146/2015) retirou essa hipótese de incapacidade relativa do art. 4º do CC; **C:** incorreta, pois o Estatuto da Pessoa com Deficiência (Lei 13.146/2015) retirou essa hipótese de incapacidade absoluta do art. 3º do CC; **D:** incorreta, pois o Estatuto da Pessoa com Deficiência (Lei 13.146/2015) retirou essa hipótese de incapacidade absoluta do art. 3º do CC; **E:** correta (art. 3º do CC, com a nova redação deste com o advento do Estatuto da Pessoa com Deficiência (Lei 13.146/2015).

Gabarito "E".

**(Juiz de Direito/AM – 2016 – CESPE)** Assinale a opção correta a respeito da pessoa natural e da pessoa jurídica.

(A) Será tido como inexistente o ato praticado por pessoa absolutamente incapaz sem a devida representação legal.

(B) Pelo critério da idade, crianças são consideradas absolutamente incapazes e adolescentes, relativamente incapazes.

(C) As fundações são entidades de direito privado e se caracterizam pela união de pessoas com o escopo de alcançarem fins não econômicos.

(D) Para se adquirir a capacidade civil plena, é necessário alcançar maioridade civil, mas é possível que, ainda que maior de dezoito anos, a pessoa natural seja incapaz de exercer pessoalmente os atos da vida civil.

(E) O reconhecimento da morte presumida, quando for extremamente provável a morte de quem estava com a vida sob risco, independe da declaração da ausência.

**A:** incorreta, pois a solução legal para os atos dos absolutamente incapazes é a nulidade absolta (CC, art. 166, I); **B:** incorreta, pois o enunciado confunde critérios. O Código Civil apenas considera absolutamente incapaz o menor de dezesseis anos e relativamente incapaz aquele que já ultrapassou tal idade. O Estatuto da Criança e do Adolescente usa tal distinção (art. 2º), considerando a idade de doze anos como marco; **C:** incorreta, pois a fundação é a reunião de bens e não de pessoas; **D:** incorreta, pois o art. 3º do Código Civil (com a redação dada pela Lei 13.146/2015) determina que apenas os menores de dezesseis anos são considerados absolutamente incapazes; **E:** correta, pois o enunciado trata da hipótese de morte presumida sem decretação prévia de ausência (CC, art. 7º), que ocorre quando a morte da pessoa desaparecida é extremamente provável, como, v.g., em casos de acidente aéreo, naufrágio, operações militares etc.

Gabarito "E".

## 2.2.1. INÍCIO DA PERSONALIDADE E NASCITURO

**(Defensoria/DF – 2013 – CESPE)** No que se refere as pessoas naturais, julgue os itens que se seguem.

(1) Aqueles que, independentemente da existência de grau de parentesco, tiverem sobre os bens do ausente direito dependente de sua morte possuem legitimidade, como interessados, em requerer que se declare a ausência e se abra provisoriamente a sucessão.

(2) O ordenamento jurídico pátrio garante que toda pessoa é capaz de direitos e deveres na ordem civil, de maneira que tal proteção depende necessariamente do nascimento com vida, momento em que adquire a personalidade civil.

(3) Se dois ou mais indivíduos falecerem na mesma ocasião, não se podendo averiguar se a morte de algum dos com orientes precedeu a dos outros, será presumido que a morte do mais idoso ocorreu primeiro.

(4) Não se faz necessária a averbação em registro público dos atos judiciais ou extrajudiciais de adoção.

**1:** Correta, pois tais pessoas são legitimadas a pedir a declaração de ausência, conforme estabelecido pelo art. 27, III, do Código Civil; **2:** Errada, pois o nascituro tem direitos protegidos pela lei (CC, art. 2º); **3:** Errada, pois o sistema brasileiro prevê que, nessa hipótese, presumir-

## 10. DIREITO CIVIL · 271

-se-á a morte simultânea (CC, art. 8º); **4:** Correta, pois a regra que assim estabelecia foi revogada pela Lei 12.010/2009.

*Gabarito 1C, 2E, 3E, 4C.*

### 2.2.2. CAPACIDADE

**(Promotor de Justiça/RR – 2017 – CESPE)** Com o advento do Estatuto da Pessoa com Deficiência, realizaram-se, no texto do Código Civil, alterações relativas à capacidade civil que revolucionaram a teoria das incapacidades. Acerca desse assunto, assinale a opção correta.

**(A)** Deixou de ser hipótese de nulidade casamento contraído por enfermo mental que não possua o necessário discernimento para os atos da vida civil.

**(B)** O referido estatuto ab-rogou determinados artigos do Código Civil.

**(C)** No que se refere à capacidade, no Código Civil, passou--se a valorizar a dignidade-vulnerabilidade para atender disposições internacionais relacionadas ao tema.

**(D)** Mesmo diante de incapacidade absoluta, a curatela abrange somente atos relacionados a direitos de natureza patrimonial.

**A:** correta, pois o enfermo mental que não possui o necessário discernimento para os atos da vida civil não é mais considerado absolutamente incapaz, pois o inciso que previa isso no art. 3º CC foi revogado pela Lei 13.146/2015. Também foi revogado pela mesma lei o art. 1.548 CC. Logo, o casamento dessa pessoa não mais gera como consequência nulidade do ato: **B:** incorreta, pois ab-rogação significa revogação total de uma lei. O Estatuto da Pessoa com Deficiência não revogou por inteiro o CC, mas apenas em parte, logo, o termo correto seria derrogação; **C:** incorreta, pois o escopo do Estatuto da Pessoa com Deficiência é assegurar e promover, em condições de igualdade, o exercício dos direitos e das liberdades fundamentais por pessoa com deficiência, visando à sua inclusão social e cidadania (art. 1º da Lei 13.146/2015). Isso também reflete no Código Civil; **D:** incorreta, pois por força das alterações que foram feitas no artigo 3º do CC pelo Estatuto da Pessoa com Deficiência, não existem mais absolutamente incapazes maiores. Sendo assim, a curatela somente incide para os maiores relativamente incapazes. Logo, não há que se falar em curatela para absolutamente incapazes. **GR**

*Gabarito "A".*

**(Auxiliar Judiciário – TJ/PA – 2020 – CESPE)** Segundo regra geral do Código Civil, a menoridade cessa a partir do momento em que o sujeito completa dezoito anos de idade, podendo a incapacidade cessar antes disso. A incapacidade do(a) menor com dezesseis anos de idade completos cessará se houver

**(A)** autorização dos pais mediante instrumento público, desde que homologado pelo Poder Judiciário.

**(B)** nomeação do(a) menor para o exercício de emprego público efetivo.

**(C)** estabelecimento civil ou comercial em função do qual ele(a) tenha economia própria.

**(D)** casamento, desde que seja resultante de gravidez.

**(E)** comprovação de conclusão do ensino médio.

**A:** incorreta, pois não é necessário homologação judicial neste caso (art. 5º, parágrafo único, I CC). **B:** incorreta, pois neste caso a lei não exige que o menor tenha 16 anos completos (art. 5º, parágrafo único III CC); **C:** correta (art. 5º, parágrafo único V CC); **D:** incorreta, pois o mero casamento sem gravidez já faz cessar a menoridade (art. 5º, parágrafo único II CC); **E:** incorreta, pois deve haver a comprovação de conclusão do ensino superior (art. 5º, parágrafo único IV CC).

*Gabarito "C".*

### 2.2.3. EMANCIPAÇÃO

**(Cartório/DF – 2014 – CESPE)** A respeito da emancipação, assinale opção correta.

**(A)** Caso menor com dezesseis anos completos pretenda estabelecer-se com economia própria, na falta de emancipação voluntária, faz-se necessária a autorização dos pais.

**(B)** Na hipótese de casamento putativo, a nulidade do negócio jurídico produz efeitos jurídicos relativamente ao cônjuge, estando prejudicada a emancipação para a respectiva anotação no respectivo assento de nascimento.

**(C)** Do mandado judicial ou do ato notarial deverá constar a indicação do registro civil das pessoas naturais onde tenha sido registrado o nascimento, para o fim de comunicação da emancipação, para a devida anotação no assento de nascimento.

**(D)** A emancipação pode ser concedida pelo tutor ao tutelado que complete dezesseis anos, mediante instrumento público inscrito no registro civil competente.

**(E)** A emancipação legal decorre do casamento, logo, na hipótese de declaração de nulidade do casamento, são considerados inválidos os negócios jurídicos praticados pelo menor em razão dos efeitos *ex nunc* da sentença declaratória.

**A:** incorreta, pois o menor referido pela assertiva ainda não é emancipado, pois ele "pretende se estabelecer" no futuro. Somente podem exercer a atividade de empresário os que estiverem em pleno gozo da capacidade civil e não forem legalmente impedidos (CC, art. 972). O que a lei permite é que o incapaz continue exercendo a atividade empresária que os pais ou do autor da herança (CC, art. 974); **B:** o casamento putativo é uma rara hipótese de ato inválido, mas que produz efeitos, em homenagem ao cônjuge de boa-fé. Um desses efeitos é justamente a emancipação legal. A nulidade do casamento não tem a força de revogar a emancipação legalmente estabelecida; **C:** correta, pois de acordo com o disposto no art. 89 da Lei de Registros Públicos; **D:** incorreta, pois no que se refere ao tutor, a lei exige a sentença judicial para fins de emancipação (CC, art. 5º); **E:** incorreta, pois a nulidade do casamento não revoga a emancipação, nem muito menos os atos praticados pelo cônjuge.

*Gabarito "C".*

### 2.2.4. FIM DA PERSONALIDADE. COMORIÊNCIA

**(Analista – TJ/CE – 2013 – CESPE)** Nessa situação hipotética, com base no disposto no Código Civil, dada a impossibilidade de constatar quem morreu primeiro, presume-se que

**(A)** Rogério morreu primeiro, por estar em estágio terminal da vida.

**(B)** João morreu primeiro, por ser maior de sessenta e cinco anos de idade.

**(C)** Robson morreu primeiro, por ser o mais velho.

**(D)** todos morreram simultaneamente.

**(E)** Marcos morreu primeiro.

Tendo em vista que não foi possível constatar a ordem do falecimento, a Lei traz a presunção de todos morreram simultaneamente (art. 8º do CC). Não faz nenhuma diferença saber a idade ou a condição de vida da pessoa antes da morte.

*Gabarito "D".*

### 2.3. PESSOAS JURÍDICAS

**(Promotor de Justiça/RR – 2017 – CESPE)** Para a instituição de uma fundação, que é um tipo de pessoa jurídica, é necessário que o instituidor, por meio de escritura pública ou por testamento, faça a dotação especial de bens livres bem como especifique o fim a que a fundação se destina. Nesse sentido, de acordo com as delimitações insertas no Código Civil, uma fundação poderá constituir-se para

**I.** fins de assistência social, para a promoção de cultura, para a defesa e a conservação do patrimônio histórico e artístico, bem como para a realização de atividades religiosas.

**II.** a promoção de educação, de saúde, de segurança alimentar e nutricional, para a realização de pesquisa científica, para o desenvolvimento de tecnologias alternativas, para a modernização de sistemas de gestão, para a produção e a divulgação de informações e para o desenvolvimento de conhecimentos técnicos e científicos.

III. fins de defesa, de preservação e de conservação do meio ambiente, para a promoção do desenvolvimento sustentável bem como para a promoção da ética, da cidadania, da democracia e dos direitos humanos.

Assinale a opção correta.

(A) Apenas os itens I e II estão certos.
(B) Apenas os itens I e III estão certos.
(C) Apenas os itens II e III estão certos.
(D) Todos os itens estão certos.

Todas as alternativas estão certas, nos termos do art. 62, parágrafo único, do CC, que sofreu alteração pela Lei 13. 151/2015. Logo, a alternativa correta é a letra D. 🔲

### 2.3.1. DESCONSIDERAÇÃO DA PERSONALIDADE JURÍDICA

**(Defensor Público/PE – 2018 – CESPE)** A respeito da desconsideração da personalidade jurídica, assinale a opção correta.

(A) O Código de Defesa do Consumidor (CDC) exige a comprovação de confusão patrimonial ou desvio de finalidade para a desconsideração da personalidade jurídica, não sendo suficiente que a pessoa jurídica seja obstáculo ao ressarcimento dos consumidores.
(B) O Código Civil de 2002 adotou a teoria menor: basta o mero prejuízo à parte para que a desconsideração da personalidade jurídica seja deferida.
(C) A desconsideração inversa da pessoa jurídica não é admitida no ordenamento jurídico brasileiro.
(D) Para aplicar a desconsideração da personalidade jurídica, faz-se necessária a prévia decretação de falência ou insolvência da pessoa jurídica.
(E) Segundo jurisprudência do Superior Tribunal de Justiça (STJ), não se pode presumir o abuso da personalidade jurídica diante da mera insolvência ou o encerramento de modo irregular das atividades da pessoa jurídica para justificar a sua desconsideração.

**A:** incorreta, pois o CDC não exige a comprovação de confusão patrimonial ou desvio de finalidade para a desconsideração da personalidade jurídica. Isso apenas é exigido quando há relação civil (art. 50 CC). Nas relações de consumo basta demonstrar que a pessoa jurídica está sendo obstáculo para o ressarcimento do dano (art. 28 CDC); **B:** incorreta, pois o Código Civil de 2002 adotou a teoria maior da desconsideração da personalidade jurídica, onde são exigidos requisitos específicos para que ela seja reconhecida, tais como a comprovação de confusão patrimonial ou desvio de finalidade (art. 50 CC). Logo, não basta apenas comprovar mero prejuízo à parte; **C:** incorreta, pois a desconsideração inversa da pessoa jurídica *é* admitida no ordenamento jurídico brasileiro. Ela é utilizada como sendo a busca pela responsabilização da sociedade no tocante às dívidas ou aos atos praticados pelos sócios, utilizando-se para isto, a quebra da autonomia patrimonial. A desconsideração inversa da pessoa jurídica é um desmembramento teórico da teoria da desconsideração, cuja sede normativa precípua é o art. 50 do CC/2002. Colaciona-se julgado recente do STJ sobre o tema: Agravo interno no agravo em recurso especial AgInt no AREsp 1043928 SP 2017/0009902-3 STJ Min. Luiz Felipe Salomão; **D:** incorreta, pois para que a desconsideração seja decretada não é pré-requisito que seja a falência ou insolvência da pessoa jurídica. Basta que sejam comprovados um dos requisitos do art. 50 CC; **E:** correta, pois de fato o STJ entende que apenas esses dois fatores não são suficientes para justificar a desconsideração. "A desconsideração da personalidade jurídica de sociedade empresária com base no art. 50 CC, exige na esteira da jurisprudência dessa Corte Superior, o reconhecimento do abuso de personalidade. O encerramento irregular da atividade não é suficiente, por si só, para o redirecionamento da execução contra os sócios". RESP 166 0197 SP 2016/0134043-0 Min. Paulo de Tarso Sanseverino. 🔲

Gabarito "E".

**(Cartório/DF – 2014 – CESPE)** Acerca da desconsideração da personalidade jurídica, assinale a opção correta.

(A) Configurado o ilícito praticado por sociedade em detrimento do consumidor, as sociedades consorciadas e as coligadas respondem solidária e objetivamente pelo evento danoso.

(B) No Código Civil brasileiro, é prevista a desconsideração da personalidade jurídica em caso de abuso caracterizado pelo desvio de finalidade ou confusão patrimonial, de modo a assegurar ao credor acesso aos bens particulares dos administradores e sócios da empresa para a satisfação de seu credito.
(C) Por ausência de previsão legal, a atividade que favorece o enriquecimento dos sócios em prejuízo econômico da sociedade não enseja a desconsideração da personalidade jurídica se a obrigação creditícia não decorrer de relação de consumo.
(D) No Código de Defesa do Consumidor, é prevista a desconsideração da autonomia da pessoa jurídica nos casos de práticas abusivas, infração da lei, fato ou ato ilícito, desde que se configure fraude ou abuso de direito.
(E) Não incide a hipótese de desconsideração da personalidade jurídica nos casos de encerramento ou inatividade da empresa jurídica por má administração do fornecedor, em prejuízo do consumidor.

**A:** incorreta, pois as sociedades coligadas só respondem por culpa (CDC, art. 28 § 4º); **B:** correta, pois a assertiva reproduz com clareza a aplicação adequada do instituto da desconsideração da personalidade jurídica, em especial os requisitos do art. 50 do Código Civil; **C:** incorreta, pois a atividade que causa prejuízo à sociedade em favorecimento direto dos sócios pode ser considerada abusiva e ensejar a desconsideração; **D:** incorreta, pois não se exige que aquelas práticas descritas sejam fraudulentas ou abusivas, bastando sua simples ocorrência (CDC, art. 28); **E:** incorreta, pois tais hipóteses estão previstas no CDC, art. 28 como aptas a ensejar a desconsideração da personalidade jurídica.

Gabarito "B".

### 2.3.2. CLASSIFICAÇÕES DAS PESSOAS JURÍDICAS

**(Auxiliar Judiciário – TJ/PA – 2020 – CESPE)** Acerca do início da existência legal das pessoas jurídicas de direito privado, assinale a opção correta.

(A) A pessoa jurídica de direito privado passa a existir a partir da data da inscrição do seu ato constitutivo no respectivo registro, desde que previamente autorizado pelo Poder Judiciário.
(B) O registro da pessoa jurídica de direito privado deve conter, obrigatoriamente, a denominação, os fins, a sede, o tempo de duração e o fundo social, quando houver.
(C) O ato constitutivo da pessoa jurídica de direito privado não é reformável no tocante a sua administração.
(D) O registro da pessoa jurídica de direito privado deve conter o nome de seus fundadores e, opcionalmente, pode conter o nome de seus instituidores e diretores.
(E) Dispensa-se, em qualquer caso, prévia aprovação do Poder Executivo para que pessoa jurídica de direito privado passe a existir legalmente.

**A:** incorreta, pois não há necessidade de autorização do Poder Judiciário. A inscrição dos atos constitutivos no cartório competente já basta. Excepcionalmente pode precisar de autorização do Poder Executivo (art. 45, *caput* CC); **B:** correta (art. 46, I CC); **C:** incorreta, pois o ato constitutivo da pessoa jurídica pode definir se ela é reformável no tocante à administração, e de que modo (art. 46, IV CC). **D:** incorreta, pois o registro deve declarar o nome e a individualização dos fundadores ou instituidores, e dos diretores (art. 46, II CC); **E:** incorreta, pois há casos em que a autorização do Poder Executivo será exigida (art. 45, *caput* CC).

Gabarito "B".

### 2.3.3. ASSOCIAÇÕES

**(Auditor Fiscal - SEFAZ/RS - 2019 - CESPE/CEBRASPE)** As associações públicas são pessoas jurídicas de direito

(A) privado.
(B) público interno.
(C) público externo.
(D) privado ou público.
(E) privado e de capital público.

**A:** incorreta, pois trata-se de pessoa jurídica de direito público interno, nos termos do art. 41, V, CC. Os entes federativos podem criar por lei associações, a quando o fazem elas ganham esta natureza jurídica; **B:** correta (art. 41, V, CC); **C:** incorreta, pois as pessoas jurídicas de direito público externo são os Estados estrangeiros e todas as pessoas que forem regidas pelo direito internacional público (art. 42 CC); **D:** incorreta, pois elas não possuem natureza mista (art. 41, V, CC); **E:** incorreta, pois possuem natureza de direito público interno (art. 41, V, CC). Gabarito "B".

### 2.3.4. TEMAS COMBINADOS DE PESSOA JURÍDICA

**(Magistratura/BA – 2012 – CESPE)** A respeito das pessoas jurídicas, assinale a opção correta.

**(A)** A quebra de *affectio societatis* mostra-se causa suficiente à exclusão de sócio minoritário.

**(B)** As novas disposições sobre a desconsideração da personalidade jurídica constantes no Código Civil implicaram mudança nas disposições relativas a essa matéria constantes no CDC.

**(C)** A fundação constituída *inter vivos* será extinta se o instituidor não lhe transferir a propriedade do bem dotado.

**(D)** Na transformação, é extinta a personalidade anterior à alteração para o novo modelo societário.

**(E)** Na interpretação das normas relativas à empresa, deve-se considerar o princípio da função social.

**A:** incorreta, pois a exclusão do sócio minoritário exige outros requisitos que não apenas a quebra da "*affectio societatis*"; **B:** incorreta, pois a aplicação do art. 28 do CDC é paralela e não conflitante com a do CC, tendo em vista seu específico campo de atuação nas relações consumeristas; **C:** incorreta, pois segundo o art. 64 do Código Civil o instituidor é obrigado a transferir a propriedade do bens dotados e – caso não o faça – mandado judicial determinará que o seja feito; **D:** incorreta, pois na transformação não se extingue a personalidade da pessoa jurídica, alterando-se apenas o tipo societário (Lei 6.404, art. 220); **E:** correta, pois a função social é vetor interpretativo de toda legislação, especialmente no campo empresarial, tendo em vista o alcance e a repercussão econômica da empresa no contexto social. Gabarito "E".

### 2.4. DOMICÍLIO

**(Técnico Judiciário – STJ – 2018 – CESPE)** Julgue os seguintes itens, relativos ao domicílio.

**(1)** Domicílio corresponde ao lugar onde a pessoa estabelece a sua residência com ânimo definitivo.

**(2)** Têm domicílio necessário o incapaz, o servidor público, o militar, o marítimo e o preso.

**1:** certa (art. 70 CC); **2:** certa (art. 76 CC). Gabarito 1C, 2C

Paulo é médico e vive com sua esposa e seu filho, menor de idade, em Juiz de Fora – MG. Duas vezes por semana, ele atende em um hospital localizado na capital do Rio de Janeiro e fica instalado em um pequeno apartamento que mantém alugado para os dias em que trabalha naquela localidade. Todos os anos, a família passa férias em uma casa de propriedade de Paulo localizada em Petrópolis – RJ. Certo dia, o casal sofreu um acidente de carro e ambos ficaram em coma em decorrência do acidente. Em razão disso, os avós maternos do filho do casal, que moram em Angra dos Reis – RJ, foram nomeados como tutores do menor.

**(Auxiliar Judiciário – TJ/PA – 2020 – CESPE)** Considerando essa situação hipotética, assinale a opção correta, a respeito de domicílio.

**(A)** Antes da ocorrência do acidente, apenas a cidade de Juiz de Fora – MG poderia ser considerada domicílio de Paulo.

**(B)** Após a nomeação dos avós como tutores do filho de Paulo, o domicílio do menor passou a ser Angra dos Reis – RJ.

**(C)** Antes da ocorrência do acidente, as cidades de Juiz de Fora – MG e Petrópolis – RJ poderiam ser consideradas domicílio da esposa de Paulo.

**(D)** Antes da ocorrência do acidente, a propriedade localizada em Petrópolis – RJ poderia ser considerada domicílio do casal.

**(E)** A cidade do Rio de Janeiro não poderia ser considerada domicílio de Paulo antes do acidente.

**A:** incorreta, pois Paulo vivia basicamente em 2 locais, Juiz e Fora com a família e na capital do Rio de Janeiro pela profissão. Neste passo, o art. 71 CC prevê que se a pessoa natural tiver diversas residências, onde, alternadamente, viva, considerar-se-á domicílio seu qualquer delas. Além disso, também é considerado domicílio o local onde a pessoa exerce sua profissão (art. 72 CC); **B:** correta, pois o domicílio do menor passa a ser o do seu representante (art. 76, parágrafo único, 1ª parte CC); **C:** incorreta, pois a esposa apenas ia à Petrópolis uma vez ao ano para passar férias. Nunca houve intenção por parte dela de fixar residência em ânimo definitivo naquele local, logo, não é possível que possa ser considerado seu domicílio (art. 70 CC). A casa em Petrópolis é considerada casa de temporada; **D:** incorreta, pois o casal apenas frequentava a casa em Petrópolis uma vez ao ano durante as férias sem manifestar intenção de fixar residência com ânimo definitivo naquele local (art. 70 CC), logo não dá para dizer que ali se configura domicílio; **E:** incorreta, pois a cidade do Rio de Janeiro pode ser considerado domicílio seja porque ele mantinha uma residência ali (art. 71 CC), seja porque ali ele exercia sua profissão (art. 72 CC). Gabarito "B".

### 2.5. DIREITOS DA PERSONALIDADE

**(Técnico Judiciário – STJ – 2018 – CESPE)** Acerca dos direitos da personalidade, julgue os itens que se seguem.

**(1)** Ressalvadas as exceções previstas em lei, os direitos da personalidade são intransmissíveis e irrenunciáveis, podendo o seu exercício, no entanto, sofrer limitação voluntária.

**(2)** É proibida, ainda que com objetivo científico ou altruístico, a disposição gratuita do próprio corpo, no todo ou em parte, para depois da morte.

**(3)** O pseudônimo adotado para atividades lícitas goza da mesma proteção que se dá ao nome.

**(4)** O nome da pessoa pode ser empregado por outrem em publicações ou representações que a exponham ao desprezo público, desde que não haja intenção difamatória.

**1:** Errada, pois com exceção dos casos previstos em lei, os direitos da personalidade são intransmissíveis e irrenunciáveis, *não* podendo o seu exercício sofrer limitação voluntária (art. 11 CC); **2:** errada, pois é *válida*, com objetivo científico, ou altruístico, a disposição gratuita do próprio corpo, no todo ou em parte, para depois da morte (art. 14); **3:** correta (art. 19 CC); **4:** errada, pois o nome da pessoa *não* pode ser empregado por outrem em publicações ou representações que a exponham ao desprezo público, ainda quando não haja intenção difamatória (art. 17). Gabarito 1E, 2E, 3C, 4E

**(Procurador do Estado/AM – 2016 – CESPE)** Acerca de direitos da personalidade, responsabilidade civil objetiva e prova de fato jurídico, julgue os itens seguintes.

**(1)** A teoria da responsabilidade civil objetiva aplica-se a atos ilícitos praticados por agentes de autarquias estaduais.

**(2)** A confissão como instrumento de prova de fato jurídico pode ser firmada pela parte ou por seu representante ou pode, ainda, ser obtida por intermédio de testemunha.

**(3)** Uma pessoa poderá firmar contrato que limite seus direitos da personalidade caso o acordo seja-lhe economicamente vantajoso.

**1:** correta, pois a responsabilidade civil da administração pública pelos atos praticados pelos agentes é objetiva, ou seja, não depende de culpa (CF, art. 37, § 6°); **2:** incorreta, pois "*não tem eficácia a confissão se provém de quem não é capaz de dispor do direito a que se referem os fatos confessados*" (CC, art. 213); **3:** incorreta, pois o exercício dos direitos da personalidade não pode sofrer limitação voluntária (CC, art. 11). Gabarito 1C, 2E, 3E

## 2.6. AUSÊNCIA

**(Auditor Fiscal – SEFAZ/DF – 2020 – CESPE/CEBRASPE)** Considerando o disposto no Código Civil acerca de personalidade e o disposto na Lei de Introdução às Normas do Direito Brasileiro acerca da vigência das leis, julgue os itens a seguir.

(1) O início da personalidade civil das pessoas físicas ocorre com o nascimento com vida, enquanto o início da personalidade civil das pessoas jurídicas de direito privado ocorre com a inscrição do seu ato constitutivo no respectivo registro, precedida de autorização ou aprovação do Poder Executivo, quando necessário.

(2) Lei nova que estabeleça disposições especiais a par das já existentes revogará a lei anterior.

**1:** certo. Quanto à pessoa física, o início da personalidade civil dá-se no nascimento com vida, e não com a concepção nem com a maioridade. Para as pessoas jurídicas de direito privado, o início da personalidade civil acontece com a inscrição do seu ato constitutivo no respectivo registro, precedida, quando necessário, de autorização ou aprovação do Poder Executivo. A aprovação do governo só é necessária excepcionalmente (arts. 2º e 45 do Código Civil). **2:** errado. A assertiva contraria expressamente o disposto no art. 2º, § 2º, da Lei de Introdução às Normas do Direito Brasileiro.
Gabarito 1C, 2E

## 2.7. BENS

**(Defensor Público/AL – 2017 – CESPE)** João, ciente de que seu vizinho Luciano estava realizando uma longa viagem, invadiu a casa que era de propriedade de Luciano e passou a residir no imóvel com seus familiares, sem o consentimento do proprietário. Luciano cultivava em seu terreno inúmeras hortaliças, as quais João passou a comercializar. Com o lucro auferido em razão da venda das hortaliças, João instalou uma piscina no quintal de Luciano e uma rampa para cadeirantes próxima à porta de entrada da residência, já que ele sabia que Luciano tinha uma filha usuária de cadeira de rodas. Ainda durante o período em que João residiu na casa, houve uma tempestade que danificou o telhado da casa de Luciano. Luciano retornou ao imóvel e retomou sua posse por ação judicial.

Considerando-se essa situação hipotética, é correto afirmar que João

(A) poderá retirar a piscina, desde que repare os eventuais danos provocados pela sua instalação.

(B) não responderá pelas hortaliças colhidas para consumo próprio.

(C) responderá pela danificação do telhado da casa de Luciano.

(D) deverá ser ressarcido pela construção da rampa, assistindo-lhe o direito de retenção.

(E) terá direito às despesas de manutenção do cultivo das hortaliças.

**A:** incorreta, pois João era possuidor de má-fé, sendo assim não tem direito a retirar a piscina (benfeitoria voluptuária), nem será ressarcido pelos gastos com ela (art. 1.220 CC); **B:** incorreta, pois ele responderá pelos frutos colhidos e percebidos, por se tratar de possuidor de má-fé (art. 1.216 CC); **C:** incorreta, pois mesmo de má-fé ele não responde se provar que de igual modo o dano aconteceria estando o proprietário na posse do bem (art. 1.218 CC). A queda do telhado decorreu de força maior, que foi a tempestade. Tudo indica que o telhado cairia seja com João, seja com Luciano; **D:** incorreta, pois a rampa constitui-se como benfeitoria útil e o possuidor de má-fé apenas pode ser ressarcido por benfeitorias necessárias (art. 1.219 CC); **E:** correta (art. 1.216. parte final, CC). GR
Gabarito "E".

**(Procurador do Estado/SE – 2017 – CESPE)** De acordo com a classificação doutrinária dos bens, o valor pago a título de aluguel ao proprietário de um imóvel é denominado

(A) fruto.

(B) pertença.

(C) benfeitoria.

(D) imóvel por acessão.

(E) produto.

**A: correta, pois frutos** são utilidades renováveis, ou seja, que a coisa principal periodicamente produz, e cuja percepção não diminui a sua substância. **O aluguel configura fruto civil (art. 95 CC); B: incorreta, pois pertenças são** os bens que, não constituindo partes integrantes, se destinam, de modo duradouro, ao uso, ao serviço ou ao aformoseamento de outro (art. 93 CC); **C:** incorreta, pois as benfeitorias são melhoramentos ou acréscimos sobrevindos ao bem com a intervenção do proprietário, possuidor ou detentor (arts. 96 e 97 CC); **D:** incorreta, pois os imóveis por acessão estão no art. 1.248 CC (ilhas, aluvião, avulsão, abandono de álveo, plantações e construções); **E:** incorreta, pois produtos são utilidades não renováveis, cuja percepção diminui a substância da coisa principal (art. 95 CC). GR
Gabarito "A".

**(Analista Judiciário – TRT/8ª – 2016 – CESPE)** Com referência aos bens, assinale a opção correta.

(A) As benfeitorias úteis são aquelas indispensáveis à conservação do bem ou para evitar sua deterioração, acarretando ao mero possuidor que as realize o direito à indenização e retenção do bem principal.

(B) Um bem divisível por natureza não pode ser considerado indivisível pela simples vontade das partes, devendo tal indivisibilidade ser determinada por lei.

(C) O direito à sucessão aberta é considerado bem imóvel, ainda que todos os bens deixados pelo falecido sejam móveis.

(D) Bens infungíveis são aqueles cujo uso importa sua destruição.

(E) Os frutos são as utilidades que não se reproduzem periodicamente; por isso, se os frutos são retirados da coisa, a sua quantidade diminui.

**A:** incorreta, pois as benfeitorias úteis são aquelas que aumentam ou facilitam o uso do bem (CC, art. 96, § 2º); **B:** incorreta, pois a vontade das partes também pode determinar que o bem, naturalmente divisível, seja considerado indivisível (CC, art. 88); **C:** correta, pois o que é considerado bem imóvel é o direito em si, não importando os bens que compõem a herança (CC, art. 80, II); **D:** incorreta, pois a definição dada refere-se aos bens consumíveis (CC, art. 86); **E:** incorreta, pois os frutos se renovam periodicamente e sua retirada não implica diminuição do principal. Exemplos: juros, aluguel, safra etc. (CC, art. 95).
Gabarito "C".

**(Juiz de Direito/AM – 2016 – CESPE)** A propósito dos bens e do domicílio, assinale a opção correta com fundamento nos dispositivos legais, na doutrina e no entendimento jurisprudencial pátrio.

(A) Possuem domicílio necessário ou legal o militar, o incapaz, o servidor público, a pessoa jurídica de direito privado e o preso.

(B) Pelo princípio da gravitação jurídica, a propriedade dos bens acessórios segue a sorte do bem principal, podendo, entretanto, haver disposição em contrário pela vontade da lei ou das partes.

(C) O atributo da fungibilidade de um bem decorre exclusivamente de sua natureza.

(D) Os rendimentos são considerados produto da coisa, já que sua extração e sua utilização não diminuem a substância do bem principal.

(E) Ao possuidor de boa-fé faculta-se o exercício do direito de retenção para ver-se indenizado das benfeitorias úteis e voluptuárias, quando estas não puderem ser levantadas sem prejuízo ao bem principal.

**A:** incorreta, pois a pessoa jurídica de direito privado não possui domicílio necessário (CC, art. 76); **B:** correta, pois o princípio da gravitação jurídica implica justamente esta regra. Vale lembrar que tal determinação é dispositiva, ou seja, as partes podem afastá-la; **C:** incorreta, pois a vontade das partes também pode determinar tal característica do bem (CC, art. 88); **D:** incorreta, pois os rendimentos são frutos, tendo em vista que se renovam periodicamente e não diminuem a substância do principal (CC, art. 95); **E:** incorreta, pois o direito de retenção conferido ao possuidor de boa-fé aplica-se apenas às benfeitorias necessárias e úteis (CC, art. 1.219).

Gabarito "B".

**(Juiz de Direito - TJ/BA - 2019 - CESPE/CEBRASPE)** De acordo com o Código Civil, são bens móveis

(A) os direitos à sucessão aberta.

(B) os materiais que estejam separados provisoriamente de um prédio, para nele serem reempregados.

(C) os materiais provenientes da demolição de um prédio.

(D) as edificações que, estando separadas do solo, puderem ser movimentadas para outro local, conservando sua unidade.

(E) os materiais empregados em alguma construção.

**A:** incorreta, pois o direito a sucessão aberta é considerado bem imóvel (art. 80, II CC); **B:** incorreta, pois não perdem o caráter de imóveis os materiais que estejam separados provisoriamente de um prédio, para nele serem reempregados (art. 81, II CC); **C:** correta, nos termos do art. 84 CC; **D:** incorreta, pois não perdem o caráter de imóveis as edificações que, separadas do solo, mas conservando a sua unidade, forem removidas para outro local (art. 81, I CC); **E:** incorreta, pois quando empregados na construção são considerados bem móveis (interpretação *contrario sensu* do art. 84, 1ª parte CC). GR

Gabarito "C".

**(Auditor Fiscal - SEFAZ/RS - 2019 - CESPE/CEBRASPE)** De acordo com o Código Civil, terreno destinado ao estabelecimento de uma autarquia em determinado estado federado é um bem público

(A) de uso especial, que é inalienável enquanto conservar sua qualificação.

(B) singular, que é alienável desde que observada a forma como a lei determinar que ocorra esse ato.

(C) dominical, que é alienável desde que observada a forma como a lei determinar que ocorra esse ato.

(D) de uso comum, que é inalienável enquanto conservar sua qualificação.

(E) de uso restrito, que é inalienável enquanto conservar sua qualificação.

**A:** correta, nos termos do art. 99, II que prevê que "são bens públicos os de uso especial, tais como edifícios ou terrenos destinados a serviço ou estabelecimento da administração federal, estadual, territorial ou municipal, inclusive os de suas autarquias". São inalienáveis enquanto conservar sua qualificação (art. 100 CC); **B:** incorreta, pois bens singulares são aqueles que, embora reunidos, se consideram de per si, independentemente dos demais (art. 89 CC). Podem ser públicos ou privados e isto definirá as regras para sua alienação; **C:** incorreta, pois bens dominicais são aqueles que constituem o patrimônio das pessoas jurídicas de direito público, como objeto de direito pessoal, ou real, de cada uma dessas entidades (art. 99, III CC); **D:** incorreta, pois os bens de uso comum são aqueles de utilização concorrente de toda a comunidade, usados livremente pela população, que não significa "de graça" e sim, que não dependem de prévia autorização do Poder Público para sua utilização, como por exemplo, rios, mares, ruas, praças (art. 99, I CC); **E:** incorreta, pois o CC não traz o conceito de bem de uso restrito, mas apenas bem de uso comum, especial e dominical (art. 99 CC). GR

Gabarito "A".

No que concerne ao tratamento dado pelo Código Civil aos bens e aos negócios jurídicos, julgue os itens a seguir.

I. O Código Civil classifica os bens públicos como de uso comum, de uso especial e dominicais. Entre esses, apenas os dominicais estão sujeitos a usucapião, por seguirem o regime de direito privado.

II. Exceto se houver manifestação das partes em sentido contrário, o negócio jurídico realizado quanto ao bem principal inclui as pertenças, essenciais ou não essenciais, e os acessórios.

III. **Situação hipotética**: Marcela e Marina realizaram determinado negócio jurídico em que a declaração de vontade emitida por Marina era diversa de sua real intenção. **Assertiva**: A reserva mental somente torna inválido o

negócio jurídico se dela possuir conhecimento a destinatária Marcela.

**(Analista Judiciário - TJ/PA - 2020 - CESPE)** Assinale a opção correta.

(A) Apenas o item II está certo.

(B) Apenas o item III está certo.

(C) Apenas os itens I e II estão certos.

(D) Apenas os itens I e III estão certos.

(E) Todos os itens estão certos.

**I:** incorreta, pois os bens públicos dominicais, apesar de poderem ser alienados, não podem ser usucapidos (art. 102 CC); **II:** incorreta, pois incorreto, nos termos do art. 94 CC, que diz: "Os negócios jurídicos que dizem respeito ao bem principal **não abrangem as pertenças, salvo** se o contrário resultar da lei, **da manifestação de vontade**, ou das circunstâncias do caso". Logo, a regra é que não inclui as pertenças. Para incluir a parte tem que dizer expressamente. No caso da questão está dizendo que a regra é que inclui as pertenças, e ela apenas não será incluída se a parte disser expressamente; **III:** correto (art. 110 CC). Logo a alternativa a ser assinalada é a letra B.

Gabarito "B".

## 2.8. FATOS JURÍDICOS

### 2.8.1. ESPÉCIES, FORMAÇÃO E DISPOSIÇÕES GERAIS

**(Magistratura/BA – 2012 – CESPE)** Acerca dos atos e negócios jurídicos, assinale a opção correta.

(A) Testamento é exemplo de ato jurídico *stricto sensu*, devendo, por isso, os efeitos conferidos pelo testador estar em conformidade com a legislação.

(B) A gradação de culpa do agente não pode ser levada em conta para a configuração do ato ilícito ou para a determinação da indenização dele decorrente.

(C) De acordo com o Código Civil, não importa em anuência tácita o silêncio da locadora em relação à correspondência a ela encaminhada pelos fiadores comunicando-lhe a intenção de se exonerarem da fiança prestada.

(D) A aferição de abusividade no exercício de um direito deve ser realizada pelo magistrado de forma objetiva.

(E) Para os efeitos legais, não importa que a reserva mental seja ou não conhecida da outra parte contratante.

**A:** incorreta, pois o testamento é um negócio jurídico unilateral, tendo em vista que por seu intermédio o testador pode prever diversos efeitos jurídicos que – se obedecerem aos limites legais – serão cumpridos e efetivados; **B:** incorreta, pois o art. 944, parágrafo único, do Código Civil permite a análise dos graus de culpa do ofensor para fins de se determinar o valor da indenização; **C:** incorreta, pois tal previsão não encontra respaldo no Código Civil; **D:** correta, pois o art. 187 estabelece que a boa-fé objetiva é critério para se aferir o exercício regular de um direito; **E:** incorreta, pois é de fundamental importância averiguar se a outra parte tinha ciência da reserva mental a fim de manter a validade da declaração de vontade, conforme o art. 110.

Gabarito "D".

**(Advogado da União/AGU – CESPE – 2012)** Com relação à validade, existência e interpretação de negócios jurídicos, julgue o próximo item.

(1) O ilícito contratual caracteriza-se apenas pelo descumprimento de regras expressamente convencionadas, devendo o descumprimento de deveres anexos ser discutido na seara da responsabilidade civil.

**1:** incorreta (art. 422, do CC).

Gabarito 1E

### 2.8.2. CONDIÇÃO, TERMO E ENCARGO

**(Juiz – TJ/CE – 2018 – CESPE)** Elemento acidental do negócio jurídico, a condição possui, entre outras, as seguintes características:

(A) impositividade e certeza.

**(B)** acessoriedade e voluntariedade.
**(C)** legalidade e futuridade.
**(D)** involuntariedade e incerteza.
**(E)** legalidade e brevidade.

**A:** incorreta, pois a condição requer *voluntariedade*, isto é, as partes devem querer e determinar o evento e *incerteza*, isto é, o evento deve ser incerto, podendo realizar-se ou não (art. 121 CC); **B:** correta, pois por ser um elemento acidental (e não existencial) do negócio jurídico ele é considerado acessório. Isso significa que a condição existindo ou não em nada influencia na existência do negócio. A condição também é voluntária, isto é, depende exclusivamente da vontade das partes; (art. 121 CC); **C:** incorreta, pois a condição não deriva de lei, mas da vontade das partes (art. 121 CC); **D:** incorreta, pois a condição é voluntária, isto é, depende de expressa manifestação das partes, não pode ser implícita (art. 121 CC); **E:** incorreta, pois além de não poder ser imposta por lei, a condição sujeita o negócio à evento futuro e incerto, não necessariamente precisando ser breve (art. 121 CC). **GR**
Gabarito "B".

**(Procurador do Estado/SE – 2017 – CESPE)** Assinale a opção que apresenta o conceito de condição, no âmbito dos negócios jurídicos.

**(A)** Cláusula que sujeita o negócio ao emprego das técnicas de domínio do devedor.
**(B)** Cláusula que submete a eficácia do negócio jurídico a determinado acontecimento.
**(C)** Acontecimento futuro e certo que suspende a eficácia de um negócio jurídico.
**(D)** imposição de obrigação ao beneficiário de determinada liberalidade.
**(E)** Cláusula que visa eliminar um risco que pesa sobre o credor.

**A:** incorreta, pois a condição subordina o efeito do negócio jurídico a evento futuro e incerto (art. 121 CC); **B:** correta, pois a condição subordina os efeitos do negócio jurídico a determinado acontecimento futuro e incerto (art. 121 CC); **C:** incorreta, pois o evento deve ser futuro e incerto; **D:** incorreta, pois a condição não pode ser imposta, mas decorre da vontade das partes (art. 121 CC); **E:** incorreta, pois essa cláusula nada tem a ver com eliminar risco, mas sim impor requisitos para que o negócio jurídico gere efeitos (art. 121 CC). **GR**
Gabarito "B".

**(Cartório/DF – 2014 – CESPE)** Com base no direito das obrigações, assinale a opção correta acerca dos elementos acidentais e condicionais.

**(A)** Em se tratando de obrigação modal, diversamente da condição suspensiva, as partes subordinam os efeitos do ato negociar a um acontecimento futuro e certo.
**(B)** As obrigações mistas, que decorrem da vontade de um contratante e da atuação especial da outra parte, são admissíveis por não invalidarem o negócio jurídico.
**(C)** Em contrato de compra e venda, pendente condição suspensiva, não há direito adquirido ao cumprimento da obrigação enquanto não seja implementada a cláusula firmada pelos contraentes.
**(D)** No caso de a eficácia do negócio jurídico estar vinculada a evento futuro e incerto, verificado o pagamento da prestação antes do implemento da condição, se esta não se realizar, extingue-se a obrigação, não cabendo direito a restituição.
**(E)** Na hipótese de compra e venda de imóvel rural sob a condição, em termo estabelecido, de o contrato se resolver se não for efetivado saneamento público básico, caso não se efetive a condição, dissolve-se a obrigação, e não há efeito retroativo, remanescendo os direitos reais concedidos na sua pendência até a desconstituição judicial.

**A:** incorreta. A doação modal é a doação com encargo. É aquela na qual o doador estipula um ônus ao donatário. Ex: doo o sítio com o encargo de nele se construir uma capela. A despeito do encargo, a doação surte seus efeitos normalmente. Caso o encargo seja descumprido, a doação poderá ser revogada por inexecução do encargo (CC, art. 555); **B:** incorreta, pois a obrigação mista é o nome que parte da doutrina dá para a obrigação *propter rem*. Tal obrigação decorre de um direito real e apresenta como peculiaridade o fato de que ela segue a coisa. A taxa

condominial é um bom exemplo. Ela nasce do direito real de propriedade da unidade imobiliária e em caso de alienação o comprador responde por tais dívidas (CC, art. 1.345); **C:** correta. A condição suspensiva é um evento futuro e incerto. Enquanto esse evento não ocorrer, o negócio jurídico não produz seus regulares efeitos e não há direito adquirido das partes, mas apenas expectativa de direito (CC, art. 125). Ex: contrato de prestação de serviços de contabilidade, o qual somente produzirá seus efeitos quando da fusão das empresas contratantes; **D:** incorreta, pois como não há direito antes da verificação da condição, também é correto afirmar que não há débito. Logo, eventual pagamento realizado estará sujeito à repetição do indébito; **E:** incorreta, pois os direitos reais concedidos na pendência de condição resolutiva também se resolvem com a ocorrência do evento futuro e incerto (CC, art. 1.359).
Gabarito "C".

Os itens a seguir apresentam condições mencionadas na legislação civil, isto é, cláusulas que, derivando exclusivamente da vontade das partes, subordinam o efeito do negócio jurídico a evento futuro e incerto.

I.   resolutiva e impossível
II.  suspensiva e juridicamente impossível
III. de não fazer coisa impossível
IV.  de fazer coisa ilícita

**(Analista Judiciário – TJ/PA – 2020 – CESPE)** De acordo com o Código Civil, invalidam os negócios jurídicos que lhes sejam subordinados, caso estejam presentes, as condições citadas apenas nos itens

**(A)** I e II.
**(B)** II e IV.
**(C)** III e IV.
**(D)** I, II e III.
**(E)** I, III e IV.

**I:** incorreta, pois tratando-se de condições física ou juridicamente impossíveis apenas invalida o negócio jurídico se a condição for suspensiva (art. 123, I CC); **II:** correta (art. 123, I CC); **III:** incorreta, pois quando há condição de não fazer coisa impossível a condição é tida por inexistente. Portanto, não afeta o campo da validade, mas sim da existência (art. 124 CC); **IV:** correta (art. 123, II CC).
Gabarito "B".

## 2.8.3. DEFEITOS DO NEGÓCIO JURÍDICO

**(Defensor Público/PE – 2018 – CESPE)** Nonato ficou desempregado e deixou de pagar as prestações do financiamento de sua única casa. Na iminência de ter a sua residência leiloada e, sem outro local para morar com a família, Nonato procurou Raimundo e a ele vendeu o seu veículo por R$ 5.000; o valor de mercado do veículo era R$ 25.000 e Raimundo sabia da desesperada situação financeira de Nonato. Três anos depois, Nonato procurou a Defensoria Pública com o intuito de reaver o seu veículo.

Com referência a essa situação hipotética, assinale a opção correta.

**(A)** Operou-se a decadência para discutir a venda do veículo: o prazo decadencial para anular o negócio jurídico em virtude de vício de consentimento é de dois anos.
**(B)** O negócio jurídico realizado por Nonato e Raimundo é anulável pelo vício de consentimento da lesão.
**(C)** Trata-se de anulação de negócio jurídico por vício de consentimento, então, dessa forma, não é possível a revisão do contrato para que Raimundo pague pelo veículo o valor de mercado da época da realização do negócio.
**(D)** O negócio jurídico é anulável pelo dolo, já que Raimundo se aproveitou da situação desesperadora de Nonato.
**(E)** O caso é de anulação de negócio jurídico pelo estado de perigo: Nonato, sob premente perigo de perder seu único imóvel, assumiu obrigação excessivamente onerosa.

**A:** incorreta, pois o prazo decadencial é de 4 anos (art. 178, II CC); **B:** correta, configura-se a lesão quando uma pessoa, sob premente necessidade, ou por inexperiência, se obriga a prestação manifestamente desproporcional ao valor da prestação oposta (art. 157 CC). No caso em tela Nonato estava desesperado para conseguir algum dinheiro

## 10. DIREITO CIVIL 277

e Raimundo se aproveitou disso, se abusando da frágil situação do parceiro; **C:** incorreta, pois é possível que o contrato seja revisto, isto é, que Raimundo pague a diferença e fique com o carro. Dessa forma, evita-se a anulação do contrato (art. 157, § 2º, CC); **D:** incorreta, pois o dolo ocorre nos casos em que há uma situação omissa em que, se a parte que foi ludibriada soubesse da circunstância não realizaria o negócio jurídico da maneira como o fez (art. 145 CC). No caso em questão não houve nada omisso, pois todas as tratativas foram feitas com a plena ciência das partes; **E:** incorreta, pois o estado de perigo ocorre quando alguém, premido da necessidade de salvar-se, ou a pessoa de sua família, de grave dano conhecido pela outra parte, assume obrigação excessivamente onerosa. Na hipótese em questão ninguém corria risco de vida (art. 156, *caput*, CC). **GR**
Gabarito "B".

**(Defensor Público/AC – 2017 – CESPE)** Pedro, recém-chegado a Rio Branco, adquiriu de Ana um apartamento na cidade e, posteriormente, descobriu que havia pagado, pelo imóvel, valor equivalente ao dobro da média constatada no mercado, uma vez que desconhecia a real situação imobiliária local e tinha pressa em adquirir um apartamento para abrigar sua família.

Nessa situação hipotética, o negócio poderá ser anulado, uma vez que apresenta o vício de consentimento denominado

- **(A)** dolo.
- **(B)** lesão.
- **(C)** fraude contra credores.
- **(D)** estado de perigo.
- **(E)** coação.

**A:** incorreta, pois o dolo ocorre nos casos em que há uma situação omissa em que, se a parte que foi ludibriada soubesse da circunstância não realizaria o negócio jurídico da maneira como o fez (art. 145 CC). No caso em tela não houve nada omisso, apenas inexperiência do agente; **B:** correta, configura-se a lesão quando uma pessoa, sob premente necessidade, ou por inexperiência, se obriga a prestação manifestamente desproporcional ao valor da prestação oposta (art. 157 CC). No caso em tela Pedro estava desesperado para conseguir um apartamento e Ana se aproveitou da inexperiência do rapaz; **C:** incorreta, pois a fraude contra credores é uma prerrogativa dos credores quirografários de anular o negócio jurídico feito por devedor insolvente ou por ele reduzido a insolvência quando este pratica transmissão gratuita de bens ou perdoa dívidas (art. 158 CC); **D:** incorreta, pois o estado de perigo ocorre quando alguém, premido da necessidade de salvar-se, ou a pessoa de sua família, de grave dano conhecido pela outra parte, assume obrigação excessivamente onerosa. Na hipótese em questão ninguém corria risco de vida (art. 156, *caput*, CC); **E:** incorreta, pois a coação, para viciar a declaração da vontade, há de ser tal que incuta ao paciente fundado temor de dano iminente e considerável à sua pessoa, à sua família, ou aos seus bens (art. 151 CC). Na hipótese em questão não houve nenhum tipo de ameaça a Pedro. **GR**
Gabarito "B".

**(Defensor Público – DPE/BA – 2016 – FCC)** Hugo, ao descobrir que sua filha precisava de uma cirurgia de urgência, emite ao hospital, por exigência deste, um cheque no valor de cem mil reais. Após a realização do procedimento, Hugo descobriu que o valor comumente cobrado para a mesma cirurgia é de sete mil reais. Agora, está sendo cobrado pelo cheque emitido e, não tendo a mínima condição de arcar com o pagamento da cártula, procura a Defensoria Pública de sua cidade. Diante desta situação, é possível buscar judicialmente a anulação do negócio com a alegação de vício do consentimento chamado de

- **(A)** erro substancial.
- **(B)** lesão.
- **(C)** estado de perigo.
- **(D)** dolo.
- **(E)** coação.

**A:** incorreta, pois o erro é a falsa percepção da realidade, a qual não foi induzida (CC, art. 138); **B:** incorreta, pois no caso de lesão não há necessidade de se salvar, como é a hipótese narrada (CC, art. 157); **C:** correta, pois o fato descrito encaixa-se com precisão na tipificação legal, que prevê a ocorrência do estado de perigo quando alguém *"premido da necessidade de salvar-se, ou a pessoa de sua família, de grave dano conhecido pela outra parte, assume obrigação excessivamente onerosa"*

(CC, art. 156); **D:** incorreta, pois o dolo é o vício do consentimento no qual uma pessoa – mediante um artifício malicioso – conduz a vítima à falsa percepção da realidade (CC, art. 145). O dolo é, por assim dizer, o erro induzido; **E:** incorreta, pois na coação uma pessoa – mediante violência ou grave ameaça – conduz a vítima a praticar negócio que não praticaria se livre estivesse (CC, art. 151).
Gabarito "C".

**(Delegado/PE – 2016 – CESPE)** Assinale a opção correta a respeito dos defeitos dos negócios jurídicos.

- **(A)** Na lesão, os valores vigentes no momento da celebração do negócio jurídico deverão servir como parâmetro para se aferir a proporcionalidade das prestações.
- **(B)** Os negócios jurídicos eivados pelo dolo são nulos.
- **(C)** A coação exercida por terceiro estranho ao negócio jurídico torna-o nulo.
- **(D)** Age em estado de perigo o indivíduo que toma parte de um negócio jurídico sob premente necessidade ou por inexperiência, assumindo obrigação manifestamente desproporcional ao valor da prestação oposta ferindo o caráter sinalagmático do contrato.
- **(E)** Se em um negócio jurídico, ambas as partes agem com dolo, ainda assim podem invocar o dolo da outra parte para pleitear a anulação da avença.

**A:** correta (art. 157, § 1º, do CC); **B:** incorreta, pois são anuláveis (art. 171, II, do CC); **C:** incorreta, pois a coação torna o negócio anulável (art. 171, II, do CC), sendo que o instituto abarca a coação exercida por terceiro estranho (art. 154 do CC); **D:** incorreta, pois definição é de lesão (art. 157 do CC) e não de estado de perigo (art. 156 do CC); **E:** incorreta, pois nesse caso, de dolo recíproco, nenhuma das partes pode alegá-lo para fins de anular o negócio ou mesmo para reclamar indenização (art. 150 do CC).
Gabarito "A".

**(Procurador do Estado/AM – 2016 – CESPE)** Julgue os itens subsequentes, relativos a atos jurídicos e negócios jurídicos.

**(1)** Situação hipotética: Para se eximir de obrigações contraídas com o poder público, Aroldo alienou todos os seus bens, tendo ficado insolvente. Assertiva: Nesse caso, o poder público terá o prazo decadencial de quatro anos, contados da data em que Aroldo realizou os negócios jurídicos, para requerer a anulação destes.

**(2)** Constitui ato lícito a ação de destruir o vidro lateral de veículo alheio, de alto valor comercial, a fim de removê-lo das proximidades de local onde se alastrem chamas de incêndio.

**1:** correta, pois tal alienação configura fraude contra credores, cuja solução legal é a anulabilidade (CC, arts. 158 e 171); **2:** correta, pois a conduta foi praticada em estado de necessidade, que é *"a deterioração ou destruição da coisa alheia, ou a lesão a pessoa, a fim de remover perigo iminente"*. Tal prática é considera lícita pela lei (CC, art. 188).
Gabarito 1C, 2C

**(Analista – Judiciário –TRE/PI – 2016 – CESPE)** A remissão de dívida que leve o devedor à insolvência configura

- **(A)** abuso de direito.
- **(B)** má-fé.
- **(C)** fraude contra credores.
- **(D)** dolo.
- **(E)** lesão.

**A:** incorreta, pois o abuso de direito é o exercício de um direito que ultrapassa os limites da boa-fé, bons costumes, fim social e fim econômico (CC, art. 187). Ótimo exemplo foi dado pelo STJ (REsp 811690/RR) ao concluir que houve abuso de direito da concessionária de energia elétrica que cortou o fornecimento do consumidor em virtude de débito inferior a R$ 1,00; **B:** incorreta, pois má-fé é a ciência de um vício que macula o negócio; **C:** correta, pois perdoar uma dívida equivale, na prática, a doar um valor para alguém. Se uma pessoa está devendo, ela não pode perdoar valores dos quais ela é credora, pois isso prejudica os seus próprios credores. Assim, por exemplo, "A" não pode perdoar o valor que "B" lhe deve se, ele próprio ("A"), está devendo para "C" e não tem como pagar (CC, art. 158); **D:** incorreta, pois o dolo é o vício do consentimento que se configura pelo artifício malicioso que conduz uma pessoa a praticar negócio que jamais praticaria se estivesse consciente do engano (CC, art. 145); **E:** incorreta, pois na lesão uma pessoa, sob premente necessidade, ou por inexperiência, se obriga a prestação manifestamente desproporcional ao valor da prestação oposta (CC, art. 157).

Gabarito "C".

Júlia e Mateus, noivos e sem experiência acerca de imóveis, decidiram comprar um apartamento. André, corretor de imóveis que os atendeu, percebendo a inexperiência do casal, alterou o valor do contrato de venda e compra do imóvel para três vezes acima do preço de mercado. O contrato foi celebrado e, no ano seguinte, após terem pago a maior parte das parcelas, em uma conversa com um amigo corretor de imóveis, Júlia e Mateus descobriram o caráter abusivo do valor entabulado e decidiram ajuizar uma ação com o objetivo de permanecerem no imóvel e serem ressarcidos somente do valor excedente já pago.

**(Auditor Fiscal - SEFAZ/RS - 2019 - CESPE/CEBRASPE)** Considerando a situação hipotética, em conformidade com o disposto no Código Civil, deve ser alegado em juízo que o negócio jurídico celebrado tem como defeito

(A) a coação, não sendo possível a revisão judicial, mas apenas a anulação do negócio jurídico.

(B) o erro ou a ignorância, sendo possíveis a revisão judicial e a anulação do negócio jurídico.

(C) a lesão, sendo possíveis a revisão judicial bem como a anulação do negócio jurídico.

(D) o dolo, não sendo possível a revisão judicial, mas apenas a anulação do negócio jurídico.

(E) o estado de perigo, não sendo possível a revisão judicial, mas apenas a anulação do negócio jurídico.

**A:** incorreta, pois a coação ocorre quando há um constrangimento físico ou moral para alguém fazer algum ato sob o fundado temor de dano iminente e considerável à sua pessoa, à sua família ou a seus bens (Art. 151 do CC). No caso em tela Júlia e Mateus não foram coagidos a realizar o negócio, uma vez que o fizeram por sua própria vontade; **B:** incorreta, pois o erro é um vício no processo de formação da vontade, em forma de noção falsa ou imperfeita sobre alguma coisa ou alguma pessoa. É importante ressaltar que, no erro, o indivíduo engana-se sozinho. Ele não é vítima de artifício ou expediente astucioso por parte de outrem. A manifestação de vontade é defeituosa devido a uma má interpretação dos fatos. Apenas o erro substancial anula o negócio jurídico (art. 138 CC); **C:** correta, pois ocorre a lesão quando uma pessoa, sob premente necessidade, ou por inexperiência, se obriga a prestação manifestamente desproporcional ao valor da prestação oposta (art. 157, *caput*, CC). Foi o que houve nesta situação. Por inexperiência o casal fechou um negócio com preço desproporcional ao de marcado. O negócio jurídico é passível de anulação ou revisão (art. 157, §2º CC); **D:** incorreta, pois o **dolo** nada mais é do que o erro induzido de maneira artificiosa, ou seja, a intenção ardilosa de viciar a vontade de determinada pessoa em uma dada situação concreta (art. 145 CC). Na hipótese em questão Júlia e Mateus não foram induzidos de maneira ardilosa a realizar o contrato. Eles erraram na verdade pela própria inexperiência; **E:** incorreta, pois configura-se estado de perigo quando alguém, premido da necessidade de salvar-se, ou a pessoa de sua família, de grave dano conhecido pela outra parte, assume obrigação excessivamente onerosa (art. 156 CC). No caso em tela não havia nenhuma situação de perigo a ser removida. GR

Gabarito "C".

Em abril de 2019, Pedro alienou todos seus bens para seu sobrinho Renato, a título gratuito. Ao praticar esse ato, Pedro se tornou insolvente, em manifesto prejuízo a Caio, que era seu credor no momento da alienação. Posteriormente, em agosto de 2019, Pedro contraiu nova dívida, desta vez com o credor Marcelo.

**(Analista Judiciário – TJ/PA – 2020 – CESPE)** De acordo com o Código Civil, é correto afirmar que, nessa situação hipotética, a anulação de negócio jurídico por fraude contra credores

(A) independe de ação judicial específica para ser reconhecida.

(B) depende da demonstração de conluio fraudulento entre Pedro e Renato, e tanto Caio quanto Marcelo têm direito de pleitear a anulação.

(C) depende da demonstração de conluio fraudulento entre Pedro e Renato, e apenas o credor Caio tem direito de pleitear a anulação.

(D) independe da demonstração de conluio fraudulento entre Pedro e Renato, e tanto Caio quanto Marcelo têm direito de pleitear a anulação.

(E) independe da demonstração de conluio fraudulento entre Pedro e Renato, e apenas o credor Caio tem direito de pleitear a anulação.

**A:** incorreta, pois a anulabilidade apenas pode ser reconhecida via ação judicial (arts. 158 e 161 CC); **B e C:** incorretas, pois se tratar de alienação gratuita (doação) há presunção do concílio fraudulento, logo, ele não precisa ser provado. De acordo com entendimento recente do STJ: Para a caracterização da fraude contra credores não é imprescindível a existência de *consilium fraudis* – manifesta intenção de lesar o credor –, bastando, além dos demais requisitos previstos em lei, a comprovação do conhecimento, pelo terceiro adquirente, da situação de insolvência do devedor (*scientia fraudis*). (...) O Tribunal de Justiça de Goiás (TJGO) confirmou a sentença de primeiro grau e julgou improcedente o pedido de declaração de fraude, por considerar ausente o requisito do *consilium fraudis*, exigindo dos credores a comprovação de que tivesse havido conluio para lesar o credor nas sucessivas operações de compra e venda do imóvel. **Ao reformar o acórdão do TJGO, o relator, desembargador convocado Lázaro Guimarães, acolheu as considerações feitas pelo ministro Luis Felipe Salomão em seu voto-vista. De acordo com o relator, a comprovação da ocorrência de fraude contra credores exige o preenchimento de quatro requisitos legais: que haja anterioridade do crédito; que exista a comprovação de prejuízo ao credor (*eventus damni*); que o ato jurídico praticado tenha levado o devedor à insolvência; e que o terceiro adquirente conheça o estado de insolvência do devedor (*scientia fraudis*). O ministro Salomão frisou que, se prevalecesse o entendimento do TJGO, tal interpretação dificultaria a identificação da fraude contra credores, especificamente em relação ao propósito de causar dano. "O que se exige, de fato, é o conhecimento, pelo terceiro, do estado de insolvência do devedor, sendo certo que tal conhecimento é presumido quando essa situação financeira for notória ou houver motivos para ser conhecida do outro contratante",** explicou o ministro. REsp 1294462 **(DECISÃO – 15/05/2018).** Quanto a qual credor pode pedir anulação entendo que apenas Caio pode nos termos do art. 158, § 2º CC que prevê que Só os credores que já o eram ao tempo daqueles atos (negócios de transmissão gratuita de bens ou remissão de dívida) podem pleitear a anulação deles. Na data dos atos Marcelo ainda não era credor, logo, não pode pedir anulação, afinal quando fez o negócio com Pedro este já era insolvente, daí Marcelo assumiu o risco. **D:** incorreta, pois apenas Caio pode pedir a anulação, pois ele já era credor de Pedro quando este propositalmente se tornou insolvente (art. 158, §2º CC); **E:** correta, nos termos da jurisprudência anexa anteriormente e art. art. 158, § 2º CC.

Gabarito "E".

**(Juiz de Direito – TJ/SC – 2019 – CESPE/CEBRASPE)** A declaração enganosa de vontade que vise à produção, no negócio jurídico, de efeito diverso do apontado como pretendido consiste em defeito denominado

(A) simulação.

(B) erro.

(C) dolo.

(D) lesão.

(E) reserva mental.

**A:** Correta, pois essa é a definição de negócio jurídico simulado. Ex: a pessoa simula uma compra venda, quando na realidade o que faz na prática é uma doação. O vício está previsto no art. 167 CC e torna nulo o negócio jurídico simulado, porém subsiste o negócio que se dissimulou se válido for na substância e na forma; **B:** incorreta, pois o erro ocorre quando a pessoa se engana, há uma falsa percepção da realidade em relação a uma pessoa, negócio, objeto ou direito. É o vício de consentimento que se forma sem induzimento intencional de pessoa interessada (art. 138 a 144 CC); **C:** incorreta, pois o dolo é o erro induzido de maneira artificiosa, ou seja, a intenção ardilosa de viciar a vontade de determinada pessoa em uma dada situação concreta (art.

145 a 150 CC); **D:** incorreta, pois a lesão ocorre quando uma pessoa, sob premente necessidade, ou por inexperiência, se obriga a prestação manifestamente desproporcional ao valor da prestação oposta (art. 157 CC); **E:** incorreta, pois a reserva mental ocorre quando a declaração expressa não corresponde com a vontade real do agente. Há uma declaração não querida em seu conteúdo com a intenção de enganar o destinatário o terceiro (art. 110 CC).

Gabarito "A".

## 2.8.4. INVALIDADE DO NEGÓCIO JURÍDICO

**(Juiz – TJ/CE – 2018 – CESPE)** Maria decidiu alugar um imóvel de sua propriedade para Ana, que, no momento da assinatura do contrato, tinha dezessete anos de idade.

Nessa situação hipotética, o contrato celebrado pelas partes é

**(A)** nulo, uma vez que foi firmado por pessoa absolutamente incapaz, condição que pode servir de argumento para Ana extinguir o contrato.

**(B)** anulável, portanto passível de convalidação, ressalvado direito de terceiros.

**(C)** válido, desde que tenha sido formalizado por escritura pública, visto que tem por objeto um imóvel.

**(D)** nulo, porque Ana deveria ter sido representada por um de seus genitores.

**(E)** válido, ainda que Ana não possua capacidade de direito para celebrar o contrato de aluguel.

**A:** incorreta, pois por Ana ter 17 anos ela é relativamente incapaz, portanto, o contrato é anulável, e não nulo (art. 4º, I, e art. 171, I, CC); **B:** correta, pois o contrato é anulável devido à idade de Ana (art. 4º, I, e art. 171, I, CC) e por esta razão é passível de convalidação (art. 172 CC); **C:** incorreta, pois o contrato de locação para ser válido não precisa ser formalizado por escritura pública, uma vez que a Lei não faz essa exigência. O contrato apenas deixa de ser válido por inobservância da forma, quando a Lei exige forma específica e as partes não a cumprem (art. 166, IV, CC). **D:** incorreta, pois Ana não precisa de representação para firmar o contrato. Ainda que seja relativamente incapaz (art. 4º, I CC), ela pode firmar o negócio jurídico independentemente de representação, porém, a Lei o considera anulável (art. 171, I, CC); **E:** incorreta, pois Ana possui capacidade relativa de direito para exercer os atos da vida civil (art. 4º, I, CC). GR

Gabarito "B".

**(Juiz – TRF5 – 2017 – CESPE)** Beneficiário de nota promissória nula requereu em juízo que ela fosse aproveitada como confissão de dívida. Seu pedido foi aceito, ante a presença dos elementos objetivos e subjetivos.

Nesse caso, aplicou-se a

**(A)** teoria da máxima intenção nos negócios jurídicos.

**(B)** redução equivalente do negócio jurídico.

**(C)** conversão substancial do negócio jurídico.

**(D)** confirmação inversa do negócio jurídico.

**(E)** convalidação elementar subjetiva do negócio jurídico.

A letra C está correta, pois a conversão substancial do negócio jurídico consiste numa tentativa de aproveitar um ato nulo, conservando os seus elementos materiais (requisito objetivo), bem como a manifestação de vontade outrora externada (requisito subjetivo), convertendo-o em um negócio válido. Trata-se de uma recategorização do ato nulo em um negócio válido (art. 170 CC). GR

Gabarito "C".

**(Delegado/PE – 2016 – CESPE)** Assinale a opção correta a respeito dos defeitos dos negócios jurídicos.

**(A)** Na lesão, os valores vigentes no momento da celebração do negócio jurídico deverão servir como parâmetro para se aferir a proporcionalidade das prestações.

**(B)** Os negócios jurídicos eivados pelo dolo são nulos.

**(C)** A coação exercida por terceiro estranho ao negócio jurídico torna-o nulo.

**(D)** Age em estado de perigo o indivíduo que toma parte de um negócio jurídico sob premente necessidade ou por inexperiência, assumindo obrigação manifestamente des-

proporcional ao valor da prestação oposta ferindo o caráter sinalagmático do contrato.

**(E)** Se em um negócio jurídico, ambas as partes agem com dolo, ainda assim podem invocar o dolo da outra parte para pleitear a anulação da avença.

**A:** correta (art. 157, § 1º, do CC); **B:** incorreta, pois são anuláveis (art. 171, II, do CC); **C:** incorreta, pois a coação torna o negócio anulável (art. 171, II, do CC), sendo que o instituto abarca a coação exercida por terceiro estranho (art. 154 do CC); **D:** incorreta, pois definição é de *lesão* (art. 157 do CC) e não de *estado de perigo* (art. 156 do CC); **E:** incorreta, pois nesse caso, de dolo recíproco, nenhuma das partes pode alegá-lo para fins de anular o negócio ou mesmo para reclamar indenização (art. 150 do CC).

Gabarito "A".

Dino, pai de três filhos e atualmente em seu segundo casamento, resolveu adquirir um imóvel, em área nobre de Salvador, para com ele presentear o caçula, único filho da sua atual união conjugal. A fim de evitar eventuais problemas com os outros dois filhos, tidos em casamento anterior, Dino decidiu fazer a seguinte operação negocial:

• vendeu um dos seus cinco imóveis e, com o dinheiro obtido, adquiriu o imóvel para o filho caçula; e

• colocou na escritura pública de venda e compra, de comum acordo com os vendedores do referido imóvel, o filho caçula como comprador do bem.

Alguns meses depois, os outros dois filhos tomaram conhecimento das transações realizadas e resolveram ajuizar ação judicial contra Dino, alegando que haviam sofrido prejuízos.

**(Juiz de Direito - TJ/BA - 2019 - CESPE/CEBRASPE)** Nessa situação hipotética, conforme a sistemática legal dos defeitos e das invalidades dos negócios jurídicos, os dois filhos prejudicados deverão alegar, como fundamento jurídico do pedido, a ocorrência de

**(A)** reserva mental, também conhecida como simulação unilateral, que deve ensejar a declaração de inexistência do negócio jurídico de venda e compra e o retorno das partes ao *status quo ante*.

**(B)** causa de anulabilidade por dolo, vício de vontade consistente em artifício, artimanha, astúcia tendente a viciar a vontade do destinatário ou de terceiros.

**(C)** simulação relativa, devendo ser reconhecida a invalidade da venda e compra e declarada a validade da doação, que importará adiantamento da legítima.

**(D)** simulação absoluta, devendo ser reconhecida a invalidade da venda e compra e da doação, com retorno ao *status quo ante*.

**(E)** simulação relativa, devendo ser reconhecida a invalidade da compra e venda e declarada a validade da doação, o que, contudo, não implicará adiantamento da legítima.

**A:** incorreta, pois não se trata de hipótese de reserva mental. A reserva mental é uma forma de simulação (lato senso) e consiste na divergência entre a vontade real do declarante e da qual a outra parte não tem conhecimento (art. 110 CC). Por ser considerada uma simulação unilateral produz negócio jurídico nulo e não inexistente (art. 167 *caput* CC); **B:** incorreta, pois no caso em tela não temos a configuração de dolo essencial passível de anulação do negócio jurídico, uma vez que este ocorre quando o negócio é realizado somente porque houve induzimento malicioso de uma das partes. Não fosse o convencimento astucioso e a manobra insidiosa, a avença não se teria concretizado. No caso em tela não houve esse induzimento por parte do vendedor ao comprador, logo não há que se falar em anulabilidade (art. 145 CC); **C:** correta, pois na simulação relativa, as partes realizam um negócio, mas é diferente daquele que verdadeiramente pretendem realizar. Neste caso, há dois negócios: o simulado, que as partes consolidaram na aparência, e não é verdadeiro (no caso a compra e venda), e o dissimulado, cujos efeitos as partes realmente almejavam (no caso a doação). A doação será válida (art. 167, 2ª parte) e será considerada adiantamento da legítima (art. 544 CC); **D:** incorreta, pois na simulação absoluta as partes não desejam efetivamente realizar determinado ato, mas apenas fazer com que outros pensem que o ato foi concretizado. Só se observa o negócio jurídico simulado. Na hipótese em tela, temos um negócio desejado que era a doação, logo não há que se falar nesse tipo de simulação (art. 167 CC); **E:** incorreta, pois implica em adiantamento da legítima, nos termos do art. 544 CC. **GR**

*Gabarito "C".*

Henrique, estudante de dezesseis anos de idade, recentemente nomeado para emprego público, celebrou negócio jurídico com Marcos, para venda de uma motocicleta avaliada em R$ 9.000, pelos índices de mercado. Marcos, o comprador, aceitou pagar à vista o valor de avaliação. Em dia acordado pelas partes, o negócio jurídico foi realizado, Marcos entregou a Henrique o valor e recebeu a motocicleta.

**(Auxiliar Judiciário – TJ/PA – 2020 – CESPE)** Acerca desse negócio jurídico, assinale a opção correta.

**(A)** Henrique é considerado relativamente incapaz e, por isso, deveria ter sido representado por seus pais ou responsáveis.

**(B)** Caso Marcos se arrependa do negócio celebrado, poderá buscar sua anulação, pois Henrique não é parte capaz para a celebração de contrato de compra e venda.

**(C)** Henrique não poderia figurar como parte na relação contratual, em razão de ser absolutamente incapaz.

**(D)** O negócio celebrado entre Henrique e Marcos é perfeito.

**(E)** Henrique é considerado relativamente incapaz, mas isso não poderá ser invocado por Marcos em benefício próprio, pois a alegação de incapacidade constitui exceção pessoal.

**A:** incorreta, pois por ser relativamente incapaz ele deveria ter sido *assistido* no ato de compra e venda, e não representado. Os absolutamente incapazes estão sujeitos a representação (art. 3º CC) e o relativamente incapazes a assistência (art. 4º, I CC). Neste passo ressalta-se que ele ainda é relativamente incapaz, pois apenas foi *nomeado* para emprego público. Para que houvesse a cessação da menoridade ele deveria estar no *exercício* de emprego público *efetivo* (art. 5º, III CC*).* **B:** incorreta, pois Marcos apenas poderá buscar a anulação e consequente devolução do valor pago se provar que este reverteu em proveito de Henrique (art. 181 CC); **C:** incorreta, pois Henrique é relativamente incapaz (art. 4º, I CC), podendo figurar como parte desde que assistido; **D:** incorreta, pois o negócio é anulável por incapacidade relativa do agente (art. 171, I CC); **E:** correta (art. 105. 1ª parte CC).

*Gabarito "E".*

## 2.9. PRESCRIÇÃO E DECADÊNCIA

**(Procurador/PA – CESPE – 2022)** Em conformidade com a atual jurisprudência dominante do Superior Tribunal de Justiça, em contrato de compra e venda de imóvel em que ficar constatado que a área do bem é inferior àquela indicada no negócio, o prazo para a restituição do valor pago a mais

**(A)** pode ser interrompido em razão de qualquer ato inequívoco extrajudicial que importe em reconhecimento do direito pelo devedor.

**(B)** é decadencial de um ano.

**(C)** é decadencial e, na inexistência de prazo específico, aplica-se, por analogia, o prazo geral de decadência de cinco anos referido no Código Civil.

**(D)** é prescricional de cinco anos.

**(E)** é prescricional e, na inexistência de prazo específico, aplica-se o prazo geral de prescrição de dez anos referido no Código Civil.

**A:** incorreta, pois o prazo decadencial não pode ser interrompido (art. 207 CC); **B:** correta, pois para a Terceira Turma do STJ, em casos de venda *ad mensuram* em que as dimensões do imóvel adquirido não correspondam às noticiadas pelo vendedor, deve-se aplicar o prazo decadencial de um ano previsto no art. 501 do CC (REsp 1.890.327/SP); **C:** incorreta, pois há prazo específico previsto no art. 501 CC, logo não se aplica o prazo geral. E se fosse aplicado o prazo ele seria de dez

e não de cinco anos; **D:** incorreta, pois é decadencial de um ano (art. 501 CC); **E:** incorreta, pois há prazo específico previsto no art. 501 CC, logo não se aplica o prazo geral de anos. **GR**

*Gabarito "B".*

**(Procurador/PA – CESPE – 2022)** O Superior Tribunal de Justiça tem admitido, em alguns julgados, a aplicação do chamado viés subjetivo da teoria da *actio nata*, para identificar o termo inicial da prescrição da pretensão de reparação civil por danos materiais e morais. Acerca desse tema, julgue os itens seguintes.

I. São critérios que indicam a tendência de adoção excepcional do viés subjetivo da teoria da *actio nata*: a) a submissão da pretensão a prazo prescricional curto; b) a constatação, na hipótese concreta, de que o credor tinha ou deveria ter ciência do nascimento da pretensão, o que deve ser apurado a partir da boa-fé objetiva e de *standards* de atuação do homem médio; c) o fato de se estar diante de responsabilidade civil por ato ilícito absoluto; e d) a expressa previsão legal que impõe a aplicação do sistema subjetivo.

II. Pela vertente objetiva da teoria da *actio nata*, o termo inicial do prazo prescricional é o momento do surgimento da pretensão.

III. Ao sumular que o termo inicial do prazo prescricional, na ação de indenização, é a data em que o segurado teve ciência inequívoca da incapacidade laboral, o Superior Tribunal de Justiça rechaçou o viés subjetivo da teoria da *actio nata*, o que confirma que a sua aplicação é excepcional.

IV. As vertentes objetiva e subjetiva da teoria da *actio nata* são igualmente aplicadas pelo Superior Tribunal de Justiça, conforme o caso sob julgamento, sendo a regra a aplicação da vertente subjetiva e, excepcionalmente, a da vertente objetiva, em razão da necessidade de corrigir injustiças que podem decorrer da utilização da data do surgimento da pretensão como termo inicial para contagem do prazo prescricional para reparação de danos materiais e morais.

Estão certos apenas os itens

**(A)** I e II.

**(B)** II e III.

**(C)** III e IV.

**(D)** I, II e IV.

**(E)** I, III e IV.

**I:** correta (REsp 1.836.016/PR, 10/05/2022); **II:** correta. Art. 189 CC e REsp 1.836.016-PR, 10/05/2022); **III:** incorreta, pois na verdade essa súmula criou uma exceção à teoria objetiva. Logo, ela criou uma hipótese de viés subjetivo à teoria da *actio nata*; **IV:** incorreta, pois a regra é a aplicação da teoria objetiva, isto é, os prazos prescricionais se iniciariam no exato momento do surgimento da pretensão e a exceção ocorrem em determinadas hipóteses em que o início dos prazos prescricionais deve ocorrer a partir da ciência do nascimento da pretensão por seu titular (teoria subjetiva) (REsp 1.836.016-PR, 10/05/2022). **GR**

*Gabarito "A".*

**(Delegado/RJ – 2022 – CESPE/CEBRASPE)** Carlos abalroou o veículo de Lúcia no dia 15 de maio de 2018. Durante as tratativas para o pagamento dos prejuízos, eles apaixonaram-se e casaram-se após dois meses do evento danoso. Após três anos de casamento e o nascimento de um filho, a relação desgastou-se e eles resolveram se divorciar consensualmente. Inconformada com o término da relação conjugal, Lúcia ajuizou ação condenatória contra Carlos no dia 16 de setembro de 2021, para se ressarcir dos prejuízos decorrentes do acidente, que a deixaram sem ter como se locomover para o trabalho. Em contestação, o demandado se defendeu alegando a ocorrência de prescrição.

Nessa situação hipotética, à luz do Código Civil, na data de ajuizamento da ação por Lúcia,

**(A)** a pretensão autoral condenatória encontrava-se fulminada pela prescrição.

**(B)** a pretensão autoral condenatória encontrava-se alcançada pela decadência.

**(C)** a ocorrência de prescrição ou decadência estaria sujeita a decisão homologatória proferida perante a vara de família.

**(D)** não haveria que se falar em prescrição ou decadência, por se tratar de relação conjugal em que houve o nascimento de prole.

**(E)** a pretensão autoral condenatória deduzida contra o demandado não se encontrava prescrita.

**A:** incorreta, pois considerando que Lúcia e Carlos se casaram ocorreu a suspensão do prazo prescricional, nos termos do art. 197, I do CC. O prazo prescricional para se requerer a reparação civil é de três anos (art. 206, § 3º, V do CC). Sendo assim, o prazo parou de correr dois meses após o dano, data em que eles se casaram (15 de julho de 2018). Ficou suspenso por três anos, tempo que durou o casamento. Voltou a correr da data do divórcio, supostamente 15 de julho de 2021. Como a ação foi ajuizada em 16 de setembro de 2021, não há que se falar em prescrição, pois está dentro do prazo prescricional de três anos previsto no art. 206, § 3º, V do CC; **B:** incorreta, pois a decadência é a perda do direito potestativo e neste caso Lúcia não perdeu o direito potestativo de acionar Carlos judicialmente. Os casos de decadência serão previstos por lei ou por convenção entre as partes (art. 210, parte final do CC e art. 211 parte inicial do CC). E na hipótese em tela não se configura nenhum dos dois, razão pela qual não há que se falar em decadência; **C:** incorreta, pois tanto a prescrição como a decadência não dependem de homologação da vara da família para ser reconhecida. Consumado o prazo, cabe a parte alegá-las em qualquer grau de jurisdição (art. 193 do CC referente à prescrição; art. 211 parte inicial do CC referente à decadência convencional) ou ao juiz reconhecê-la de ofício (art. 332, § 1º do CPC para a prescrição e art. 210 do CC referente a decadência legal); **D:** incorreta, pois o nascimento da prole não influencia em nada na prescrição e na decadência. O que influencia é o casamento das partes, que suspende a prescrição (art. 197, I do CC); **E:** correta, pois não há que se falar em prescrição, pois o casamento de Carlos e Lúcia suspendeu o prazo prescricional (art. 197, I do CC) que é de três anos (art. 206, § 3º, V do CC). Logo, Lúcia ainda está no prazo para ajuizar a demanda. **GR**

Gabarito "E".

**(Procurador do Município/Manaus – 2018 – CESPE)** Embora estabeleça como regra o prazo prescricional de três anos para a cobrança de dívida decorrente de aluguel de prédio urbano, a lei prevê a possibilidade de as partes pactuarem contratualmente prazo prescricional maior que este, até o limite de cinco anos.

**(1)** Se o devedor solidário de uma dívida divisível falecer e deixar três herdeiros legítimos, tais herdeiros, reunidos, serão considerados como um devedor solidário em relação aos demais devedores, mas cada um desses herdeiros somente será obrigado a pagar a cota que corresponder ao seu quinhão hereditário.

**(2)** De acordo com o STJ, a transferência de veículo pelo segurado, sem a prévia anuência da seguradora, é, por si só, fato suficiente para exili-lo do dever de indenizar caso referido bem sofra sinistro após a data da alienação.

**1:** Certo, pois quando se fala em solidariedade, cada devedor é obrigado pela dívida toda (art. 264 CC). Falecendo o devedor, essa obrigação transmite-se aos herdeiros. Cada um deles poderá ser acionado para quitá-la, entretanto, por força das regras de sucessão cada um responde apenas nos limites do quinhão de sua herança (art. 1.792 CC); **2:** errada, pois de acordo com a Súmula 465 do STJ "Ressalvada a hipótese de efetivo agravamento do risco, a seguradora não se exime do dever de indenizar em razão da transferência do veículo sem a sua prévia comunicação". **GR**

Gabarito 1C, 2E

**(Procurador do Estado/SE – 2017 – CESPE)** Se uma pessoa, no dia 5 de dezembro de 2017, terça-feira, sofrer dano material em decorrência de acidente provocado por motorista que avançou sobre a faixa de pedestre, o prazo prescricional para que ela obtenha a indenização será contado a partir do dia

**(A)** 5 de dezembro de 2017.

**(B)** 11 de dezembro de 2017.

**(C)** 6 de dezembro de 2017.

**(D)** 8 de dezembro de 2017.

**(E)** 7 de dezembro de 2017.

Violado o direito, nasce para o titular a pretensão, a qual se extingue, pela prescrição (ART. 189 CC). Logo, o prazo prescricional para ajuizar a ação começou a correr na data em que nasceu a pretensão, isto é, 5 de dezembro de 2017, portanto, a resposta correta seria a letra A. **GR**

Gabarito "A".

**(Delegado/PE – 2016 – CESPE)** Acerca de prescrição e decadência no direito civil, assinale a opção correta.

**(A)** A prescrição não pode ser arguida em grau recursal.

**(B)** Desde que haja consenso entre os envolvidos, é possível a renúncia prévia da decadência determinada por lei.

**(C)** A prescrição não corre na pendência de condição suspensiva.

**(D)** Ao celebrarem negócio jurídico, as partes, em livre manifestação de vontade, podem alterar a prescrição prevista em lei.

**(E)** É válida a renúncia da prescrição, desde que determinada expressamente antes da sua consumação.

**A:** incorreta, pois a prescrição, de acordo com o art. 193 do CC, pode ser alegada em qualquer grau de jurisdição, pela parte a quem aproveita; **B:** incorreta, pois a decadência legal não pode ser objeto de renúncia e se o houver renúncia esta será considerada nula (art. 209 do CC); **C:** correta (art. 199, I, do CC); **D:** incorreta, pois os prazos de prescrição não podem ser alterados por acordo entre as partes (art. 192 do CC); **E:** incorreta, pois a renúncia da prescrição só é possível depois de esta ter se consumado (art. 191 do CC).

Gabarito "C".

**(Auditor Fiscal - SEFAZ/RS - 2019 - CESPE/CEBRASPE)** A perda da ação atribuída a determinado direito em razão do seu não uso durante determinado período de tempo é o instituto da

**(A)** interrupção.

**(B)** prescrição.

**(C)** nulidade.

**(D)** decadência.

**(E)** suspensão.

**A:** incorreta, pois a interrupção ocorre quando o prazo zera e começa a contar novamente. A interrupção da prescrição se dá apenas uma vez e as causas estão previstas no art. 202 CC; **B:** correta, pois o direito de pleitear a pretensão se extingue pela prescrição. Violado um direito, o ofendido tem um prazo estabelecido por lei para buscar a reparação do seu direito. Esse prazo se extingue pela prescrição (art. 189 CC); **C:** incorreta, pois nulidade é uma das formas que o negócio jurídico pode se configurar como inválido (arts. 166 a 170 CC); **D:** incorreta, pois decadência é que a perda do próprio direito pela inércia de seu titular (arts. 207 a 211 CC); **E:** incorreta, pois quando ocorre a suspensão o prazo sofre uma pausa e recomeça depois de onde parou (arts. 198 a 202 CC). **GR**

Gabarito "B".

Determinada sociedade por quotas de responsabilidade limitada compra peças de uma sociedade em comum e as utiliza na montagem do produto que revende.

**(Delegado - PC/SE - 2018 - CESPE/CEBRASPE)** Considerando essa situação, julgue o item a seguir, com base no Código de Defesa do Consumidor (CDC) e nas normas de direito civil e empresarial.

**(1)** Ao celebrar contratos com terceiros, as duas sociedades referidas na situação hipotética podem estabelecer prazos prescricionais mais amplos que os previstos no Código Civil.

**1:** Errada pois, prevê o art. 192 CC que os prazos de prescrição não podem ser alterados por acordo das partes. Logo, as sociedades não podem estabelecer prazos mais amplos em suas relações comerciais. **GR**

Gabarito 1E

**(Analista Judiciário – TJ/PA – 2020 – CESPE)** No que concerne às modalidades de decadência legal e convencional, assinale a opção correta, de acordo com o Código Civil.

**(A)** Não há qualquer distinção de tratamento jurídico entre as espécies de decadência legal e convencional.

**(B)** A decadência convencional é nula de pleno direito, porque somente a lei pode estabelecer prazos decadenciais.

**(C)** Ambas as modalidades de decadência, caso consumadas, devem ser reconhecidas de ofício pelo magistrado.

**(D)** Diferentemente do que ocorre com a decadência convencional, a decadência legal, caso consumada, não pode ser objeto de renúncia pelo interessado.

**(E)** Ao legislador é vedado criar hipóteses de suspensão ou interrupção de prazo decadencial legal.

**A:** incorreta, pois a decadência legal o juiz pode reconhecer de ofício e a convencional não (arts. 210 e 211 CC) e quanto a renúncia, à decadência convencional é possível aplicá-la e à legal não (art. 209 CC); **B:** incorreta, pois a decadência convencional é válida, nos termos do art. 211 CC; **C:** incorreta, pois o juiz não pode reconhecer de ofício a decadência convencional (art. 211 CC); **D:** correta (art. 209 CC); **E:** incorreta, pois o legislador tem permissão para criar hipóteses de suspensão ou interrupção de prazo decadencial legal, pois o art. 207, 1ª parte CC admite exceções. *Gabarito "D".*

**(Auxiliar Judiciário – TJ/PA – 2020 – CESPE)** De acordo com o Código Civil, assinale a opção correta, a respeito da prescrição.

**(A)** A prescrição extingue o direito e sempre pode ser reconhecida de ofício pelo juiz.

**(B)** É possível que o devedor renuncie a prescrição prevista em lei.

**(C)** O prazo geral para a prescrição é de vinte anos.

**(D)** O incapaz não tem direito de ação contra seus representantes que tenham dado causa à prescrição.

**(E)** Havendo mais de um credor, a interrupção da prescrição por um credor aproveita ao(s) outro(s) credor(es).

**A:** incorreta, pois a prescrição não extingue o direito, mas sim a pretensão (art. 189 CC). Por tratar-se de matéria de ordem pública, o juiz pode e deve reconhecer de ofício a prescrição (art. 487, II CPC); **B:** correta (art. 191 CC); **C:** incorreta, pois o prazo geral é de 10 anos (art. 205 CC); **D:** incorreta, pois os relativamente incapazes têm ação contra os seus assistentes que derem causa à prescrição, ou não a alegarem oportunamente (art. 195 CC); **E:** incorreta, pois a interrupção da prescrição por um credor não aproveita aos outros (art. 204 CC). *Gabarito "B".*

## 2.10. REPRESENTAÇÃO

**(Ministério Público/RO – 2010 – CESPE)** Com relação à representação, assinale a opção correta.

**(A)** Os poderes de representação podem ser conferidos pelo interessado ou pela lei.

**(B)** É necessária a demonstração de prejuízo para se anular negócio jurídico concluído pelo representante em conflito de interesse com o representado.

**(C)** É anulável o negócio jurídico que o representante celebra consigo mesmo, ainda que o permita o representado.

**(D)** A confissão feita pelo representante em nome do representado é sempre eficaz.

**(E)** Admite-se a representação em todos os atos da vida civil.

**A:** correta (art. 115 do CC); **B:** incorreta, pois não há necessidade de demonstração de prejuízo (art. 119 do CC); **C:** incorreta, pois dispõe o art. 117 do CC: "salvo se o permitir a lei ou o representado, é anulável o negócio jurídico que o representante, no seu interesse ou por conta de outrem, celebrar consigo mesmo"; **D:** incorreta, pois dispõe o art. 213, par. único, do CC: "se feita a confissão por um representante, somente é eficaz nos limites em que este pode vincular o representado"; **E:** incorreta, pois os atos personalíssimos não podem ser objetos de representação. *Gabarito "A".*

## 3. OBRIGAÇÕES

## 3.1. INTRODUÇÃO, CLASSIFICAÇÃO E MODALIDADES DAS OBRIGAÇÕES

**(Delegado/RJ – 2022 – CESPE/CEBRASPE)** Acerca da transmissão das obrigações, prevista no Código Civil Brasileiro, assinale a opção correta.

**(A)** A cessão de contrato, também chamada cessão de posição contratual, é vedada no direito brasileiro, mesmo se ambos os contratantes estiverem de acordo com a cessão.

**(B)** Salvo disposição em contrário, na cessão de um crédito abrangem-se todos os seus acessórios.

**(C)** Na cessão de crédito, salvo estipulação em contrário, o cedente responde pela solvência do devedor.

**(D)** Na cessão de crédito *pro solvendo*, o cedente responde apenas pela existência e validade do crédito cedido.

**(E)** Na assunção de dívida, o novo devedor pode opor ao credor todas as exceções pessoais que competiam ao devedor primitivo.

**A:** incorreta, pois é permitida a cessão da posição contratual no direito brasileiro se as partes estiverem de acordo. Neste sentido, é facultado a terceiro assumir a obrigação do devedor, com o consentimento expresso do credor, ficando exonerado o devedor primitivo, salvo se aquele, ao tempo da assunção, era insolvente e o credor o ignorava (art. 299 do CC); **B:** correta (art. 287 do CC); **C:** incorreta, pois salvo estipulação em contrário, o cedente não responde pela solvência do devedor (art. 296 do CC); **D:** incorreta, pois na cessão *pro solvendo* o cedente responde pela existência e validade do crédito e pela solvência do devedor (art. 297 do CC); **E:** incorreta, pois na assunção de dívida o novo devedor não pode opor ao credor as exceções pessoais que competiam ao devedor primitivo (art. 302 do CC). *Gabarito "B".*

**(Delegado/RJ – 2022 – CESPE/CEBRASPE)** Acerca de adimplemento e extinção das obrigações, assinale a opção correta.

**(A)** O credor não é obrigado a receber prestação diversa da que lhe é devida, salvo se mais valiosa.

**(B)** O pagamento deve ser efetuado no domicílio do credor, salvo se as partes convencionarem diversamente, ou se o contrário resultar da lei, da natureza da obrigação ou das circunstâncias.

**(C)** A entrega do título ao devedor firma a presunção do pagamento.

**(D)** Nos termos do Código Civil, a remissão de dívida pelo credor extingue a obrigação independentemente de aceitação do devedor.

**(E)** A obrigação se extingue por compensação quando na mesma pessoa se confundem as qualidades de credor e devedor.

**A:** incorreta, pois o credor não é obrigado a receber prestação diversa da que lhe é devida, ainda que mais valiosa (art. 313 do CC); **B:** incorreta, pois efetuar-se-á o pagamento no domicílio do devedor, salvo se as partes convencionarem diversamente, ou se o contrário resultar da lei, da natureza da obrigação ou das circunstâncias (art. 327, *caput* do CC); **C:** correta (art. 324, *caput* do CC); **D:** incorreta, pois é necessário a aceitação do devedor para que haja a extinção da obrigação e não poderá haver prejuízo de terceiro (art. 385 do CC); **E:** incorreta, pois esse é o conceito de extinção da obrigação por confusão, e não por compensação (art. 381 do CC). *Gabarito "C".*

**(Defensor Público/AC – 2017 – CESPE)** Um juiz, nos autos da execução de sentença de determinado processo cível, proferiu despacho determinando que os devedores fossem intimados a efetuar o pagamento do débito, bem como a adimplir as custas recolhidas pelo credor para essa fase do processo.

Foi dado aos executados o prazo de quinze dias úteis, sob pena de multa de 10% e de honorários advocatícios de 10% sobre o valor do débito, para que pagassem o débito. Transcorrido esse prazo, caso não houvesse sido realizado o pagamento voluntário, teria início o prazo de quinze dias para que, independentemente de penhora ou de nova intimação, os executados apresentassem, nos próprios autos, sua impugnação, instrumentalizada com o demonstrativo dos cálculos.

Considerando-se as informações apresentadas na situação hipotética, conclui-se que a decisão em questão reconhece a exigibilidade de obrigação de

**(A)** pagar quantia certa pela fazenda pública.

**(B)** entregar coisa.

**(C)** fazer.

**(D)** pagar quantia certa.

**(E)** prestar alimentos.

**A:** incorreta, pois a parte devedora não é a Fazenda Pública (art. 534 NCPC); **B:** incorreta, pois em se tratando de obrigação de entregar coisa, o juiz emite mandado de busca e apreensão ou imissão na posse, a depender se a coisa é móvel ou imóvel (art. 538 NCPC); **C:** incorreta, pois em se tratando de obrigação de fazer o juiz poderá, de ofício ou a requerimento, para a efetivação da tutela específica ou a obtenção de tutela pelo resultado prático equivalente, determinar as medidas necessárias à satisfação do exequente, tais como determinar, entre outras medidas, a imposição de multa, a busca e apreensão, a remoção de pessoas e coisas, o desfazimento de obras e o impedimento de atividade nociva, podendo, caso necessário, requisitar o auxílio de força policial (art. 536, "caput", e § 1º, NCPC); **D:** correta, pois trata-se se obrigação de pagamento de débito, exequível exatamente da forma como descrita no enunciado (art. 523, NCPC); **E:** incorreta, pois a obrigação de prestar alimentos tem rito específico. O juiz, a requerimento do exequente, mandará intimar o executado pessoalmente para, em 3 (três) dias, pagar o débito, provar que o fez ou justificar a impossibilidade de efetuá-lo (art. 528, "caput", NCPC). [GR]

Gabarito "D".

**(Promotor de Justiça/RR – 2017 – CESPE)** João e Maria são credores dos devedores solidários André e Carla. Na data acordada para o pagamento da obrigação, André compareceu com o valor pactuado e o entregou integralmente a Maria.

A respeito dessa situação hipotética, julgue as asserções a seguir.

I. Como André e Carla são devedores solidários de João e Maria, o fato de André ter pagado a Maria a integralidade da obrigação contraída fez que ele passasse a ser credor de Carla, mas continuasse a ser devedor de João.

II. A solidariedade entre os devedores prevê que André pode cobrar de Carla o valor referente à parte dela pago a Maria. No entanto, a solidariedade entre devedores não se estende aos credores, ou seja, como a solidariedade não se presume, André continua sendo devedor de João.

Assinale a opção correta.

**(A)** A asserção I é falsa e a II é verdadeira.

**(B)** As asserções I e II são verdadeiras, e a II é uma justificativa da I.

**(C)** As asserções I e II são verdadeiras, mas a II não é uma justificativa da I.

**(D)** A asserção I é verdadeira e a II é falsa.

Ambas as afirmações são verdadeiras e a II é justificativa da I. A solidariedade entre os devedores faz com eles sejam obrigados pela dívida toda perante os credores (art. 264 CC). No caso em tela existe apenas solidariedade passiva, e não ativa, pois o enunciado não menciona. Por André ter pagado o valor total a Maria, ele se torna credor de Carla, podendo cobrar dela a cota a ela correspondente (art. 283 CC). Como não há solidariedade ativa, André continua a ser devedor de João, pois a dívida não será extinta com relação a João (art. 269 CC). Maria somente responderia pela parte que cabe a João se houvesse solidariedade ativa declarada (art. 272 CC). Como não há, André pagou mal, e quem paga mal paga duas vezes (art. 308), pois o pagamento deve ser feito ao ou credor ou a quem de direito o represente, sob pena de só valer depois de por ele ratificado, ou tanto quanto reverter em seu proveito. A alternativa correta é a letra B. [GR]

Gabarito "B".

**(Defensor Público – DPE/RN – 2016 – CESPE)** Com relação ao direito das obrigações, assinale a opção correta.

**(A)** É permitido transformar os bens naturalmente divisíveis em indivisíveis se a alteração se der para preservar a natureza da obrigação, por motivo de força maior ou caso fortuito, mas não por vontade das partes.

**(B)** As obrigações ambulatórias são as que incidem sobre uma pessoa em decorrência de sua vinculação a um direito pessoal, haja vista que da própria titularidade lhe advém a obrigação.

**(C)** As obrigações conjuntas possuem múltiplas prestações ou objetos, de tal modo que seu cumprimento será dado como efetivado quando todas as obrigações forem realizadas.

**(D)** As obrigações disjuntivas são aquelas em que a prestação ou objeto material são indeterminados, isto é, há apenas referência quanto a gênero e quantidade.

**(E)** A desconcentração é característica das obrigações de dar coisa incerta. É configurada pela escolha, ato pelo qual o objeto ou prestação se tornam certos e determinados, sendo necessário, para que possa produzir efeitos, que o credor seja disso cientificado.

**A:** incorreta, pois "os bens naturalmente divisíveis podem tornar-se indivisíveis por determinação da lei ou por vontade das partes (CC, art. 88); **B:** incorreta, pois as obrigações ambulatórias são aquelas que decorrem de uma relação de direito real e que perseguem o dono do bem. Obrigações de imposto predial e dívidas de condomínio são bons exemplos; **C:** correta, pois a obrigação conjuntiva, também chamada de cumulativa, só será considerada cumprida quando todas as obrigações forem realizadas; **D:** incorreta, pois o conceito que a assertiva apresenta é o de obrigação de dar coisa incerta. A obrigação disjuntiva, também chamada de alternativa, apresenta uma opção de adimplemento, em regra deixada ao devedor (CC, art. 252); **E:** incorreta, pois a assertiva define o instituto da concentração, que é a escolha da coisa incerta, que faz com que passem a vigorar as regras da obrigação de dar coisa certa (CC, art. 245).

Gabarito "C".

**(Analista – Judiciário –TRE/PI – 2016 – CESPE)** Se toda obrigação se tornar inválida pela perda do objeto em razão de a prestação principal padecer de impossibilidade originária, haverá uma obrigação

**(A)** solidária.

**(B)** indivisível.

**(C)** alternativa.

**(D)** modal.

**(E)** facultativa.

**A:** incorreta, pois a característica principal da solidariedade é a responsabilidade integral de todos os devedores (solidariedade passiva) ou a prerrogativa de todos os credores de cobrar tudo (solidariedade ativa); **B:** incorreta, pois a perda do objeto indivisível converte a obrigação em perdas e danos, tornando-a divisível (CC, art. 263); **C:** incorreta pois, nessa espécie de obrigação, a impossibilidade da prestação principal faz concentrar a obrigação na prestação remanescente. É a chamada "concentração involuntária" (CC, art. 253); **D:** incorreta, pois a obrigação modal é aquela que apresenta um encargo, um ônus. Ex.: doo meu sítio com a obrigação de você construir uma capela (CC, art. 136); **E:** correta, pois, a rigor, a obrigação facultativa apresenta um só objeto. Caso ele pereça, extingue-se a obrigação. A sua característica marcante, todavia, é que, no momento de sua execução, o devedor tem a prerrogativa de cumprir a obrigação de forma diversa. Um exemplo desta obrigação ocorre no contrato estimatório (CC, art. 534).

Gabarito "E".

**(Analista Judiciário – TRT/8ª – 2016 – CESPE)** Com relação ao direito das obrigações, assinale a opção correta.

**(A)** Tratando-se de obrigação com objeto indivisível e pluralidade de credores, presume-se a solidariedade ativa.

**(B)** Dada a natureza da obrigação, a exoneração, pelo credor, da solidariedade a um dos devedores, aproveitará aos demais.

**(C)** Em se tratando de obrigação solidária, ainda que somente um dos devedores seja o culpado pela impossibilidade de seu cumprimento, todos os demais continuam obrigados ao pagamento do valor equivalente.

**(D)** Se a obrigação *intuitu personae* se tornar impossível, ainda que não haja culpa das partes, haverá conversão em perdas e danos em favor do credor.

**(E)** Havendo impossibilidade de cumprimento, por culpa do devedor, de apenas uma das obrigações alternativas, ao credor restará ficar com a obrigação que subsistiu, independentemente de caber a ele a escolha.

**A:** incorreta, pois o enunciado confunde indivisibilidade do objeto com solidariedade entre os credores. É correto afirmar que, com objeto indivisível, qualquer credor pode cobrar toda a dívida, mas isso não equipara a situação à solidariedade ativa, a qual traz outras consequências; **B:** incorreta, pois o credor pode exonerar um ou alguns dos devedores, mantendo a solidariedade entre os demais (CC, art. 282, parágrafo único); **C:** correta, mas vale a ressalva de que, pelas perdas e danos decorrentes da culpa, somente o culpado responde (CC, art. 279); **D:** incorreta, pois nessa hipótese a obrigação é considerada extinta (CC, art. 248); **E:** incorreta, pois, se a escolha cabia ao credor, ele poderá optar entre a obrigação remanescente e o valor da outra, com perdas e danos (CC, art. 255).

Gabarito "C".

**(Juiz de Direito/AM – 2016 – CESPE)** Acerca do direito das obrigações, assinale a opção correta.

(A) Na hipótese de pluralidade de devedores obrigados ao pagamento de objeto indivisível, presume-se a existência de solidariedade passiva, a qual, entretanto, é afastada na hipótese de conversão da obrigação em perdas e danos.
(B) Nas obrigações *in solidum*, todos os devedores, embora estejam ligados ao credor por liames distintos, são obrigados pela totalidade da dívida.
(C) Caso um credor solidário faleça e seu crédito seja destinado a três herdeiros, cada um destes poderá exigir, por inteiro, a dívida do devedor comum, já que a morte não extingue a solidariedade anteriormente estabelecida.
(D) Havendo pluralidade de credores e devedores, importa verificar se as obrigações são solidárias ou indivisíveis, já que, nas solidárias, poderá o devedor opor a todos os credores exceção pessoal que tenha contra apenas um deles, enquanto, nas indivisíveis, a exceção pessoal não se estende aos demais credores.
(E) Nas obrigações de dar coisa incerta, se for silente o contrato, terá o devedor a atuação na fase de concentração do débito, cabendo-lhe entregar ao credor a melhor coisa.

**A:** incorreta, pois o enunciado confunde indivisibilidade do objeto com solidariedade entre os devedores. É correto afirmar que – com objeto indivisível – o credor pode cobrar tudo de apenas um devedor, mas isso não equipara a situação à solidariedade passiva, a qual traz outras consequências; **B:** correta, pois a obrigação *in solidum* reúne diversos devedores por liames diferentes. É o que ocorre, por exemplo, quando "A" empresta carro para o amigo alcoólatra "B", o qual atropela "C". Há liames diferentes, mas todos respondem por todo o dano; **C:** incorreta, pois, caso um credor solidário faleça, os herdeiros só podem cobrar seu respectivo quinhão hereditário (CC, art. 270). Essa regra se justifica, tendo em vista que a solidariedade ativa apresenta como fundamento básico a confiança entre os credores solidários, a qual não necessariamente existirá em relação aos herdeiros do credor solidário; **D:** incorreta, pois, mesmo na solidariedade passiva, o devedor só pode opor exceções comuns e as suas pessoais, não podendo opor exceções pessoais de outro devedor (CC, art. 281); **E:** incorreta, pois a escolha cabe ao devedor (CC, art. 244).

Gabarito "B".

**(Cartório/DF – 2014 – CESPE)** No que diz respeito às obrigações em relação à pluralidade de sujeitos e solidariedade, assinale a opção correta.

(A) O ordenamento jurídico civil brasileiro consagra o princípio da presunção da solidariedade, em garantia ao adimplemento da obrigação e proteção do crédito.
(B) Na solidariedade ativa, a suspensão da prescrição em favor de um dos credores aproveita os demais, e a renúncia da prescrição em face de um dos credores não alcança os demais.
(C) A obrigação solidária passiva impõe ao credor a exigência ou a reclamação integral do débito, ainda que em face de apenas um dos codevedores, sob pena de extinção da solidariedade.
(D) A solidariedade, cuja fonte é o próprio título que vincula as partes obrigadas, tem natureza subjetiva, não se baseando em negócio jurídico ou norma legal.
(E) Na obrigação indivisível, cada codevedor está obrigado pela dívida toda; entretanto, o devedor que pagar a dívida sub-roga-se no direito do credor em relação aos demais coobrigados.

**A:** incorreta, pois em nosso sistema a "*solidariedade não se presume, resulta da lei ou da vontade das partes*" (CC, art. 265); **B:** incorreta. Na

obrigação solidária ativa, a suspensão da prescrição em favor de um dos credores só aproveita aos demais se a obrigação for indivisível. Exemplo: uma devedora deve um carro a dois credores solidários e se casa com um deles. A prescrição irá se suspender para ambos, tendo em vista se tratar de solidariedade ativa e de obrigação indivisível; **C:** incorreta, pois na solidariedade passiva, o credor "*tem direito a exigir e receber de um ou de alguns dos devedores, parcial ou totalmente, a dívida comum*" (CC, art. 275); **D:** incorreta, pois a lei pode estabelecer hipóteses de solidariedade passiva. É o que faz, por exemplo, a lei de locação, quando estabelece solidariedade passiva entre os diversos inquilinos (Lei n.º 8.245/91, art. 2º); **E:** correta, pois de pleno acordo com a regra estabelecida pelo art. 259 parágrafo único do Código Civil. Ex: duas pessoas devem um carro ao credor. Se um dos devedores pagar o carro integralmente ao credor, ele terá direito de cobrar o valor equivalente a meio carro do outro codevedor.

Gabarito "E".

## 3.2. TRANSMISSÃO, ADIMPLEMENTO E EXTINÇÃO DAS OBRIGAÇÕES

**(Defensor Público/AC – 2017 – CESPE)** No que se refere à extinção das obrigações, julgue os itens a seguir.

I. O segurador, por reparar ato danoso suportado pelo segurado, se sub-roga legalmente no direito contra o autor do dano.
II. Havendo recusa no recebimento de valores, o devedor poderá realizar o depósito da quantia devida em estabelecimento bancário, em nome do credor, e garantir a extinção da obrigação.
III. A dação em pagamento constitui direito subjetivo do devedor. Assinale a opção correta.

(A) Apenas o item I está certo.
(B) Apenas os itens I e II estão certos.
(C) Apenas os itens I e III estão certos.
(D) Apenas os itens II e III estão certos.
(E) Todos os itens estão certos.

**A:** incorreta, pois não somente o item I está certo, mas também o item II (arts. 334 e 335, I CC); **B:** correta (art. 786 CC e arts. 334 e 335, I CC); **C:** incorreta, pois o item III está errado, uma vez que a dação em pagamento não constitui um direito subjetivo do devedor, mas sim uma faculdade de escolha do credor (art. 356 CC); **D:** incorreta, pois o item III está errado, conforme exposto na alternativa "c"; **E:** incorreta, pois o item III está errado, conforme exposto na alternativa "c". GR

Gabarito "B".

**(Juiz – TRF5 – 2017 – CESPE)** Na hipótese de um credor aceitar, em vez do valor prometido, a entrega de um bem móvel pelo devedor, ocorrerá a

(A) sub-rogação convencional.
(B) dação em pagamento.
(C) novação.
(D) compensação.
(E) sub-rogação objetiva.

**A:** incorreta, pois o pagamento com sub-rogação é o pagamento efetuado por terceiro ao credor original, dessa forma o terceiro adquire o crédito e o devedor continua devendo, mas a quem extinguiu a obrigação anterior. A sub-rogação convencional é aquela que ocorre pela vontade das partes, e não por imposição legal (art. 347 CC); **B:** correta, pois a dação em pagamento ocorre quando o credor consente em receber prestação diversa da que lhe é devida (art. 356 CC); **C:** incorreta, pois novação é uma operação jurídica do Direito das obrigações que consiste em criar uma nova obrigação, substituindo e extinguindo a obrigação anterior e originária (art. 360 CC); **D:** incorreta, pois na compensação duas pessoas são ao mesmo tempo credora e devedora uma da outra. Neste caso as duas obrigações extinguem-se, até onde se compensarem (art. 368 CC); **E:** incorreta, a sub-rogação é o meio pelo qual ocorre transferência de todos os direitos e garantias do credor para aquele quem solveu a obrigação alheia ou emprestou o suficiente para que ela fosse sanada. De modo geral fala-se em sub-rogação para designar determinadas situações em que uma coisa ou uma pessoa se substitui por outra; há um objeto ou um sujeito jurídico que toma o lugar de outro diverso. É, portanto, a substituição de uma pessoa ou de uma coisa, por outra pessoa ou outra coisa em uma relação jurídica. A sub-rogação objetiva é a substituição da coisa. A sub-rogação objetiva (real) significa a substituição de uma coisa por outra com os mesmos ônus e atributos. Nesta, a coisa que toma o lugar da outra fica com os mesmos ônus e atributos da primeira. É o que ocorre, por exemplo, na sub-rogação do vínculo da inalienabilidade, em que a coisa gravada pelo testador ou doador é substituída por outra, ficando sujeita àquela restrição. (v. CC, art. 1.911, parágrafo único). O Código Civil, ao tratar de pagamento com sub-rogação, refere-se á sub-rogação pessoal (arts. 346 a 351 CC). GR

Gabarito "B".

**(Procurador Municipal – Prefeitura/BH – CESPE – 2017)**João celebrou contrato de locação de imóvel residencial com determinada imobiliária, que realizou negócio jurídico de administração do bem com Júlio, proprietário do referido imóvel. Conforme convencionado entre João e a imobiliária, o aluguel deveria ser pago a Carlos, um dos sócios da imobiliária, o qual costumeiramente recebia os aluguéis e dava quitação. Em determinado momento, João foi surpreendido com uma ação de despejo, na qual se argumentava que alguns pagamentos efetuados a Carlos não extinguiram a obrigação locatícia, porquanto ele tinha se retirado da sociedade no curso do contrato e o locatário não havia observado a alteração societária.

De acordo com o Código Civil, nessa situação,

**(A)** João deverá demonstrar que o pagamento foi revertido em favor da sociedade, para se eximir das cobranças.

**(B)** os pagamentos efetuados por João são válidos, pois Carlos é considerado credor putativo.

**(C)** a validade dos pagamentos realizados por João depende de ratificação por Júlio, proprietário do imóvel.

**(D)** João terá de pagar novamente o valor cobrado.

Aplica-se ao caso a teoria da aparência. O Direito valoriza aquilo que "parece ser verdadeiro". O termo latino "putare" significa "que parece ser". Tal teoria aplica-se ao pagamento válido que é feito de boa-fé pelo devedor à pessoa que parecia ser credora, muito embora juridicamente não o fosse (CC, art. 309). A mesma teoria da aparência aplica-se também ao casamento putativo, o qual "embora anulável ou mesmo nulo" poderá produzir efeitos jurídicos (CC, art. 1.561) ao cônjuge de boa-fé. GN

Gabarito "B".

**(Analista Judiciário – TRT/8ª – 2016 – CESPE)** Em cada uma das seguintes opções, é apresentada uma situação hipotética seguida de uma assertiva a ser julgada acerca de institutos relacionados ao adimplemento e à extinção das obrigações. Assinale a opção que apresenta a assertiva correta.

**(A)** César, que deve a Caio a quantia correspondente a R$ 1.000, passa por situação de dificuldade financeira, razão por que Caio resolveu perdoar-lhe a dívida. Nessa situação, a remissão, que tem o único objetivo de extinguir a dívida, independe da aceitação de César.

**(B)** Márcio contraiu duas dívidas com Joana, nos valores de R$ 300 e R$ 150, com vencimento, respectivamente, em20/12/2015 e em 5/1/2016, em 10/1/2016, Márcio entregou a Joana R$ 150, mas não indicou qual dívida desejava saldar.Joana tampouco apontou qual dívida estava sendo quitada.Nessa situação, presume-se que o pagamento refere-se à dívida vencida em 5/1/2016, já que o valor entregue importa em sua quitação integral.

**(C)** João contraiu obrigação, tornando-se devedor de Pedro, mas nada foi estabelecido quanto ao local do efetivo cumprimento da obrigação. Nessa situação, considera-se o local de cumprimento a casa do credor, uma vez que, na ausência de estipulação do local de pagamento, se presume que a dívida é portável (*portable*).

**(D)** Mário, estando obrigado a pagar R$ 50.000 a Paulo, ofereceu-lhe, na data do pagamento, um veículo para solver a dívida, o que foi aceito por Paulo, que, após receber o veículo, teve que entregá-lo a um terceiro em decorrência de uma ação de evicção. Nessa situação, como Paulo foi evicto da coisa recebida em pagamento, será restabelecida a obrigação primitiva.

**(E)** Ana tem uma dívida já prescrita no valor de R$ 300 com Maria, que, por sua vez, deve a quantia de R$ 500, vencida recentemente, a Ana. Nessa situação, ainda que sem a concordância de Ana, Maria poderá compensar as dívidas e pagar a Ana apenas R$ 200, porquanto, embora prescrita, a dívida de Ana ainda existe e é denominada obrigação moral.

**A:** incorreta, pois o perdão (remissão) da dívida pelo credor depende de aceitação do devedor (CC, art. 385); **B:** incorreta, pois, se não houve indicação (imputação) de qual dívida estava sendo quitada, nem pelo credor, nem pelo devedor, a lei imputa na mais antiga (CC, art. 355); **C:** incorreta, pois, como regra geral, o lugar do pagamento é o domicílio do devedor (CC, art. 327); **D:** correta. O enunciado traz hipótese de dação em pagamento e posterior evicção, ou seja, o credor aceita a coisa em pagamento e posteriormente a perde, pois terceiro demonstrou ser o verdadeiro dono da *res*. Nesse caso, a solução dada pela lei é exatamente o restabelecimento da obrigação primitiva (CC, art. 359); **E:** incorreta, pois não se efetua compensação quando uma das dívidas já está prescrita (CC, art. 190).

Gabarito "D".

**(Analista Jurídico – TCE/PR – 2016 – CESPE)** Carlos se obrigou a entregar a Roberto um automóvel fabricado em 1970, mas, diante da dificuldade de adimplemento, ficou acordada a substituiçao da obrigação pela entrega de um veículo zero km fabricado no corrente ano.

Nessa situação hipotética, de acordo com o Código Civil, ocorreu uma

**(A)** compensação.

**(B)** novação.

**(C)** sub-rogação convencional.

**(D)** transação.

**(E)** remissão.

**A:** incorreta, pois a compensação exige créditos recíprocos, o que não está presente na hipótese (CC, art. 368); **B:** correta, pois se extinguiu a primeira obrigação (*de entregar automóvel fabricado em 1970*) visando criar uma nova obrigação (*entregar veículo zero km fabricado no corrente ano*). Tal novação alterou o objeto obrigacional, assim levando o nome de novação objetiva (CC, art. 360); **C:** incorreta, pois a sub-rogação convencional exige a substituição do sujeito ativo nas hipóteses do art. 347 do Código Civil; **D:** incorreta, pois não houve prevenção de litígios por concessões recíprocas (CC, art. 840); **E:** incorreta, pois a remissão é o perdão da dívida por parte do credor (CC, art. 385).

Gabarito "B".

**(Juiz de Direito/AM – 2016 – CESPE)** Em cada uma das seguintes opções, é apresentada uma situação hipotética, seguida de uma assertiva a ser julgada conforme institutos relacionados ao adimplemento das obrigações. Assinale a opção que apresenta a assertiva correta.

**(A)** Após ter efetuado o pagamento de determinada dívida, Lauro constatou que, antes desse pagamento, tal dívida se encontrava prescrita. Nessa situação, Lauro poderá requerer a restituição do valor pago, mas o credor só estará obrigado a devolver o principal, sem atualização monetária nem incidência de juros de mora.

**(B)** Em situação típica de solidariedade passiva, Jorge era credor de Matias, Pedro e Vênus, mas, verificando a crítica situação financeira de Matias, resolveu perdoar-lhe a dívida. Nessa situação, não pode o credor comum conceder remissão da dívida a apenas um dos codevedores, razão por que o perdão concedido a Matias alcançará Pedro e Vênus.

**(C)** João foi fiador de Pedro em contrato de locação e pagou a dívida inteira referente a seis meses de aluguéis em atraso. Nessa situação, houve sub-rogação legal e João adquiriu todos os direitos, ações, privilégios e garantias do credor primitivo, podendo, inclusive, consoante entendimento pacificado pelo STJ, penhorar o atual imóvel residencial do locatário afiançado.

**(D)** Verificando que seu amigo Paulo não tinha condições de quitar dívida em dinheiro contraída com Manoel, Carlos dirigiu-se ao credor e disse querer assumir a obrigação. Nessa situação, se Manoel aceitar Carlos como novo devedor, em substituição a Paulo, não será necessária a concordância deste, hipótese em que haverá novação subjetiva passiva por expromissão.

**(E)** Júlio tem direito a indenização correspondente a R$ 5.000 em razão da meação de bens comuns que ficaram com sua ex-cônjuge Maria. Entretanto, Júlio deve a Maria R$ 2.000 a título de alimentos. Nessa situação, Júlio poderá compensar as dívidas, já que, na hipótese, há reciprocidade de obrigações, sendo as dívidas líquidas, atuais e vencidas.

**A:** incorreta. A prescrição da dívida elimina a pretensão de cobrar (CC, art. 189), mas o direito pessoal de crédito continua a existir. Logo, se o devedor pagar uma dívida prescrita, ele não pode recobrar o que pagou; **B:** incorreta, pois o credor tem o direito de perdoar qualquer devedor solidário, podendo então cobrar dos demais o valor remanescente (CC, art. 277); **C:** incorreta, pois o fiador – no regresso contra o devedor principal – não pode penhorar o bem de família deste. Somente o locador pode penhorar o bem de família do fiador (Lei 8.009/1990, art. 3°, VII); **D:** correta, pois nessa modalidade de novação o novo devedor negocia diretamente com o credor, afastando o devedor originário. Vale notar, todavia, que, para que se configure uma autêntica novação, é imperativo que seja extinta a obrigação original, fazendo surgir uma nova obrigação. O simples ingresso de um novo devedor na mesma relação jurídica implicaria assunção de dívida (CC, art. 299); **E:** incorreta, pois não se efetua a compensação quando um dos créditos é alimentar (CC, art. 373, II).

Gabarito "D".

**(Procurador do Estado – PGE/BA – CESPE – 2014)** Com relação ao direito das obrigações, julgue os itens que se seguem.

**(1)** A teoria do adimplemento substancial impõe limites ao exercício do direito potestativo de resolução de um contrato.

**(2)** De acordo com o entendimento do STJ, havendo cláusula de arrependimento em compromisso de compra e venda, a devolução do sinal, por quem o deu, ou a sua restituição em dobro, por quem o recebeu, exclui indenização maior a título de perdas e danos, salvo os juros moratórios e os encargos do processo.

**(3)** Em regra, as obrigações pecuniárias somente podem ser quitadas em moeda nacional e pelo seu valor nominal.

**1:** Correta, pois é exatamente esse o efeito jurídico do adimplemento substancial. Uma das partes descumpre o contrato, após tê-lo cumprido quase inteiro. Isso daria à outra parte o direito de resolver o contrato, o qual fica obstado pelo adimplemento substancial. A fração que não foi cumprida será cobrada pelas vias ordinárias perante o Judiciário. **2:** A afirmação está correta, havendo inclusive Súmula do Supremo Tribunal Federal (412), a qual estabelece que: "*No compromisso de compra e venda com cláusula de arrependimento, a devolução do sinal, por quem o deu, ou a sua restituição em dobro, por quem o recebeu, exclui indenização maior, a título de perdas e danos, salvo os juros moratórios e os encargos do processo*". **3:** Correta, pois de acordo com a limitação constante do art. 315 do CC. Trata-se de um dispositivo que visa a assegurar a uniformidade das relações cambiárias, bem como a segurança jurídica. GN

Gabarito 1C, 2C, 3C

**(Ministério Público/PI – 2014 – CESPE)** Assinale a opção correta no que se refere ao pagamento indevido.

**(A)** De acordo com o Código Civil, no qual é adotada, em relação ao tema, a teoria subjetiva, a demonstração do erro cabe àquele que voluntariamente tenha pago o indevido.

**(B)** No Código Civil, a disposição normativa referente ao pagamento indevido tem a mesma natureza da disciplinada no CDC, segundo a qual o fornecedor deve restituir em dobro ao consumidor, com correção monetária e juros de mora, aquilo que este tenha pago indevidamente.

**(C)** A repetição do indébito é devida ainda que o objeto da prestação não cumprida seja ilícito, imoral ou proibido por lei.

**(D)** Cabe o ajuizamento de ação fundada no enriquecimento sem causa ainda que a lei confira ao lesado outros meios para ressarcir-se do prejuízo sofrido, visto que, sendo esta ação mais ampla, as demais serão por ela absorvidas.

**(E)** Não há possibilidade de pagamento indevido com relação a obrigações de fazer e não fazer, não cabendo, portanto, a repetição do indébito.

**A:** correta, pois de acordo com a regra estabelecida pelo art. 877 do CC, segundo o qual: "Àquele que voluntariamente pagou o indevido incumbe a prova de tê-lo feito por erro"; **B:** incorreta, pois a disposição do CDC e do CC nesse sentido é de que apenas a cobrança de quantia indevida é que gera tal direito de restituição em dobro. O mero pagamento indevido não acarreta tal obrigação; **C:** incorreta, pois tal repetição é vedada pelos arts. 882 e 883 do CC; **D:** incorreta, pois "Não caberá a restituição por enriquecimento, se a lei conferir ao lesado outros meios para se ressarcir do prejuízo sofrido" (CC, art. 886); **E:** incorreta, pois tal vedação não encontra amparo na lei.

Gabarito "A".

Pedro tem uma dívida líquida, certa e vencida com Carlos, que reside em lugar incerto. Maria, amiga de Pedro e terceira não interessada na relação jurídica de Pedro e Carlos, resolveu efetuar o pagamento da dívida. Como Maria não localizou Carlos, ela efetuou depósito judicial em nome e à conta de Pedro, que não se opôs e, assim, a dívida foi extinta.

**(Auditor Fiscal - SEFAZ/RS - 2019 - CESPE/CEBRASPE)** Considerando o disposto no Código Civil, Maria procedeu a um(a)

**(A)** pagamento com sub-rogação.

**(B)** dação em pagamento.

**(C)** novação.

**(D)** imputação do pagamento.

**(E)** pagamento em consignação.

**A:** incorreta, pois o pagamento com sub-rogação é um instrumento jurídico utilizado para se efetuar o pagamento de uma dívida, substituindo-se o sujeito da obrigação, mas sem extingui-la, visto que a dívida será considerada extinta somente em face do antigo credor, mas permanecendo os direitos obrigacionais do novo titular do crédito. As regras sobre o assunto estão previstas nos arts. 346 a 351 CC. No caso em tela, a dúvida em relação ao credor originário (Carlos) foi extinta, por isso a alternativa está errada; **B:** incorreta, pois a dação em pagamento ocorre quando o credor consente em receber prestação diversa da que lhe é devida (art. 356 CC). No caso em tela, o objeto obrigacional se manteve o mesmo, isto é, o pagamento em dinheiro. Não houve pagamento em prestação diferente do que foi combinado; **C:** incorreta, pois quando se fala em novação fala-se em criar uma nova obrigação substituindo e extinguindo a obrigação anterior e originária. Entretanto, na novação não há a satisfação do crédito, pois a obrigação persiste, assumindo nova forma. As hipóteses estão no art. 360 CC; **D:** incorreta, pois a imputação ao pagamento consiste no direito do devedor de dois ou mais débitos da mesma natureza, a um só credor indicar a qual deles oferece pagamento, se todos forem líquidos e vencidos (art. 352 CC). Na hipótese em análise havia apenas uma dívida; **E:** correta, nos termos do art. 335, III CC. Neste passo, considera-se pagamento, e extingue a obrigação, o depósito judicial ou em estabelecimento bancário da coisa devida, nos casos e forma legais (art. 334 CC). GR

Gabarito "E".

## 3.3. INADIMPLEMENTO DAS OBRIGAÇÕES

**(Procurador/PA – CESPE – 2022)** Julgue os próximos itens, relativos à cláusula penal no direito civil.

**I.** Segundo a doutrina, a cláusula penal exerce a tríplice função de pena convencional, compensação ou prefixação de indenização, e reforço ou garantia da obrigação.

**II.** Conforme a jurisprudência atual do Superior Tribunal de Justiça, é facultado ao órgão julgador, de ofício, reduzir o valor da cláusula penal, caso evidenciado o seu manifesto excesso, inclusive em sede de cumprimento de sentença, desde que o título executivo não se tenha pronunciado sobre o tema.

**III.** Dada a função de pena convencional, é permitido que o valor da cláusula penal exceda o valor da obrigação principal, de modo a desestimular o inadimplemento.

**IV.** A cláusula penal tem natureza de pena civil, de caráter convencional ou legal, acessória e de eficácia incondicional.

## 10. DIREITO CIVIL — 287

Estão certos apenas os itens

(A) I e II.
(B) II e III.
(C) III e IV.
(D) I, II e IV.
(E) I, III e IV.

**I:** correta. Segundo doutrina de Christiano Cassetari, próxima à teoria eclética: "(...) *entende-se que a cláusula penal possui tríplice função, de reforço, de prefixação a forfait das perdas e danos e de pena".* (CASSETARI, Christiano. Multa contratual: teoria e prática da cláusula penal. São Paulo: RT, 2013.) e arts. 408 a 416 CC; **II:** correta. Segundo magistrada Nancy Andrighi, diferentemente do Código Civil de 1916 – que previa a redução da cláusula penal como faculdade do magistrado –, o Código de 2002 trata essa diminuição como norma de ordem pública, obrigatória: é dever do juiz e direito do devedor, com base nos princípios da boa-fé contratual e da função social do contrato. A aplicação do art. 413 CC é matéria de ordem pública (REsp 1898738); **III:** incorreta, pois o valor da cominação imposta na cláusula penal não pode exceder o da obrigação principal (art. 412 CC); **IV:** incorreta, pois a eficácia não é incondicional. É necessário que haja o descumprimento culposo da obrigação ou o devedor se constitua em mora (art. 408 CC). A alternativa correta é a letra A. GR
Gabarito "A".

**(Ministério Público/PI – 2014 – CESPE)** Considerando os conceitos de adimplemento e inadimplemento de uma obrigação, assinale a opção correta.

(A) O devedor pode responder pelos prejuízos resultantes de caso fortuito ou força maior desde que, expressamente, tenha-se por eles responsabilizado.
(B) O juiz pode conceder ao credor indenização suplementar se os juros da mora e a pena convencional não cobrirem o prejuízo suportado.
(C) A invalidade da cláusula penal implica a invalidade da obrigação principal, visto que nesta está inserida.
(D) Considera-se em mora o devedor que não efetue o pagamento no tempo ajustado, mas não o que cumpra a obrigação de forma imperfeita.
(E) Não se admite que o credor recuse a prestação, ainda que o devedor a cumpra em mora, devendo aquele socorrer-se das perdas e danos para ver mitigado seu prejuízo.

**A:** correta, pois o Código Civil admite a chamada "cláusula de assunção", pela qual o devedor assume os prejuízos decorrentes de fortuito ou força maior (CC, art. 393); **B:** incorreta, pois tal possibilidade somente é disponibilizada ao juiz caso não haja pena convencional (CC, art. 404, parágrafo único); **C:** incorreta, pois tal afirmação contraria o princípio segundo o qual o acessório segue o principal. O que poderia se afirmar é que a invalidade da obrigação principal implica na invalidade da cláusula penal; **D:** incorreta, pois a mora não se refere apenas ao tempo do pagamento, mas também ao seu modo e lugar. Assim, estaria em mora o devedor que paga no tempo correto, mas em local ou forma diversa da combinada (CC, art. 394); **E:** incorreta, pois "se a prestação, devido à mora, se tornar inútil ao credor, este poderá rejeitá-la, e exigir a satisfação das perdas e danos" (CC, art. 395, parágrafo único).
Gabarito "A".

**(Juiz de Direito – TJ/SC – 2019 – CESPE/CEBRASPE)** A multa estipulada em contrato que tenha por objeto evitar o inadimplemento da obrigação principal é denominada

(A) multa penitencial.
(B) cláusula penal.
(C) perdas e danos.
(D) arras penitenciais.
(E) multa pura e simples.

**A:** incorreta, pois a multa penitencial não tem relação com a inexecução do contrato. Consiste no preço definido pelas partes para o exercício do direito potestativo de arrependimento, cujo valor deve ser fixado pela liberdade contratual segundo a boa-fé objetiva e a função social do contrato. Esses limites da boa-fé objetiva e da função social do contrato são disciplinados de modo expresso no art. 473, parágrafo único, do CC, o qual versa sobre o direito de resilição unilateral decorrente de expressa ou implícita permissão legal, relacionado, via de regra, aos

contratos de execução continuada firmados por tempo indeterminado; **B:** correta, pois a cláusula penal está diretamente ligada a inexecução do contrato e é aplicada desde que, culposamente, deixe de cumprir a obrigação ou se constitua em mora (art. 408 CC); **C:** incorreta, pois as perdas e danos têm caráter indenizatório e abrangem, além do que o credor efetivamente perdeu, o que razoavelmente deixou de lucrar (art. 402 CC); **D:** incorreta, pois as arras penitenciais possuem a finalidade de garantir o direito de arrependimento entre as partes, vedando indenização suplementar por perdas e danos aos contraentes. Têm condão puramente indenizatório (art. 420 CC); **E:** incorreta, pois a multa pura e simples não tem relação com inadimplemento contratual, sendo estipulada para casos de infração de certos deveres, como a imposta ao infrator de trânsito. Ex: art. 183 do Código de Trânsito Brasileiro: *Parar o veículo sobre a faixa de pedestres na mudança de sinal luminoso (Infração – média): Penalidade – multa.*
Gabarito "B".

## 4. CONTRATOS

### 4.1. CONCEITO, PRESSUPOSTOS, FORMAÇÃO E PRINCÍPIOS DOS CONTRATOS

**(Promotor de Justiça/RR – 2017 – CESPE)** Se, em cumprimento a cláusula de uma relação contratual, uma das partes adota determinado comportamento e, tempos depois, ainda sob a vigência da referida relação, passa a adotar comportamento contraditório relativamente àquele inicialmente adotado, tem-se, nesse caso, um exemplo do que a doutrina civilista denomina

(A) *exceptio doli.*
(B) *supressio.*
(C) *surrectio.*
(D) *venire contra factum proprium.*

**A:** incorreta, pois *exceptio doli* refere-se a uma exceção de dolo. Ou seja, a boa-fé objetiva não se observa quando determinada parte de um contrato vale-se de atitude dolosa com o intuito não de preservar legítimos interesses, mas, sim, de prejudicar a parte contrária; **B:** incorreta, pois *supressio* possui conceito que remete à supressão do direito pelo seu não exercício por período considerável ou de forma a levar a outra parte a considerar que não mais o fará. Isto é, a perda de um direito pelo transcurso do tempo para exercê-lo ou pela demonstração de falta de interesse de exercê-lo; **C:** incorreta, pois quando se fala em *surrectio* tem-se que um comportamento que, mesmo que contrário as regras iniciais do acordo, se por muito tempo praticado sem qualquer oposição, acaba tomando proporções de regra. A surreição nada mais é do que o surgimento de uma posição jurídica pelo comportamento materialmente nela contido, sem a correlata titularidade. Como efeito desse comportamento, haveria, por força da necessidade de manter um equilíbrio nas relações sociais, o surgimento de uma pretensão; **D:** correta, pois o *venire contra factum proprio se verifica, basicamente, nas situações em que uma pessoa, durante determinado período de tempo, em geral longo, mas não medido em dias ou anos, comporta-se de certa maneira, gerando a expectativa justificada para outras pessoas que dependem deste seu comportamento, de que ela prosseguirá atuando naquela direção. Ou seja, existe um comportamento inicial que vincula a atuar no mesmo sentido outrora apontado. Em vista disto, existe um investimento, não necessariamente econômico, mas muitas vezes com este caráter, no sentido da continuidade da orientação outrora adotada, que após o referido arco temporal, é alterada por comportamento a ela contrário.* GR
Gabarito "D".

### 4.2. CLASSIFICAÇÃO DOS CONTRATOS

A matéria "classificação dos contratos" é bastante doutrinária, diferente das outras, que, como se percebe da leitura deste livro, são normalmente respondidas a partir da leitura do texto da lei. Assim, seguem explicações doutrinárias sobre as principais classificações dos contratos.

**1. Quanto aos efeitos (ou quanto às obrigações):**

**1.1) Contratos unilaterais:** *são aqueles em que há obrigações para apenas uma das partes.* São exemplos a doação pura e simples, o mandato, o depósito, o mútuo (empréstimo de bem fungível – dinheiro, p. ex.) e o comodato (empréstimo de bem infungível). Os três últimos são unilaterais, pois somente se formam no instante em que há entrega da coisa (são contratos reais). Entregue o dinheiro, por exemplo, no caso do mútuo, este contrato estará formado e a única parte que terá obrigação será o mutuário, no caso a de devolver a quantia emprestada (e pagar os juros, se for mútuo feneratício).

**1.2) Contratos bilaterais:** *são aqueles em que há obrigações para ambos os contratantes.* Também são chamados de sinalagmáticos. A expressão "sinalagma" confere a ideia de reciprocidade às obrigações. São exemplos a prestação de serviços e a compra e venda.

**1.3) Contratos bilaterais imperfeitos:** *são aqueles originariamente unilaterais, que se tornam bilaterais por uma circunstância acidental.* São exemplos o mandato e o depósito não remunerados. Assim, num primeiro momento, o mandato não remunerado é unilateral (só há obrigações para o mandatário), mas, caso o mandatário incorra em despesas para exercê-lo, o mandante passará também a ter obrigações, no caso a de ressarcir o mandatário.

**1.4) Contratos bifrontes:** *são aqueles que originariamente podem ser unilaterais ou bilaterais.* São exemplos o mandato e o depósito. Se for estipulada remuneração em favor do mandatário ou do depositário, estar-se-á diante de contrato bilateral, pois haverá obrigações para ambas as partes. Do contrário, unilateral, pois haverá obrigações apenas para o mandatário ou para o depositário.

Importância da classificação: a classificação é utilizada, por exemplo, para distinguir contratos em que cabe a exceção de contrato não cumprido. Apenas nos contratos bilaterais é que uma parte pode alegar a exceção, dizendo que só cumpre a sua obrigação após a outra cumprir a sua. Nos contratos unilaterais, como só uma das partes tem obrigações, o instituto não se aplica. Isso vale tanto para a inexecução total (hipótese em que se alega a *exceptio non adimplecti contractus*), como para a inexecução parcial (hipótese em que se alega a *exceptio non rite adimplecti contractus*). Para aplicação do instituto, é importante verificar qual das duas partes tem de cumprir sua obrigação em primeiro lugar.

**2. Quanto às vantagens:**

**2.1) Contratos gratuitos:** *são aqueles em que há vantagens apenas para uma das partes.* Também são chamados de benéficos. São exemplos a doação pura e simples, o depósito não remunerado, o mútuo não remunerado e o comodato.

**2.2) Contratos onerosos:** *são aqueles em que há vantagens para ambas as partes.* São exemplos a compra e venda, a prestação de serviços, o mútuo remunerado (feneratício) e a doação com encargo.

Não se deve confundir a presente classificação com a trazida acima, para o fim de achar que todo contrato unilateral é gratuito e que todo contrato bilateral é oneroso. Como exemplo de contrato unilateral e oneroso pode-se trazer o mútuo feneratício.

**3. Quanto ao momento de formação:**

**3.1) Contrato consensual:** *é aquele que se forma no momento do acordo de vontades.* São exemplos a compra e venda e o mandato. Neste tipo de contrato, a entrega da coisa (tradição) é mera execução do contrato.

**3.2) Contrato real:** *é aquele que somente se forma com a entrega da coisa.* São exemplos o comodato, o depósito e o mútuo. Neste contrato, a entrega da coisa é requisito para a formação, a existência do contrato.

**4. Quanto à forma:**

**4.1) Contratos não solenes:** *são aqueles de forma livre.* São exemplos a compra e venda de bens móveis, a prestação de serviços e a locação. A regra é ter o contrato forma livre (art. 107 do CC), podendo ser verbal, gestual ou escrito, devendo obedecer a uma forma especial apenas quando a lei determinar.

**4.2) Contratos solenes:** *são aqueles que devem obedecer a uma forma prescrita em lei.* São exemplos a compra e venda de imóveis (deve ser escrita, e, se de valor superior a 30 salários-mínimos, deve ser por escritura pública), o seguro e a fiança.

A forma, quando trazida na lei, costuma ser essencial para a validade do negócio (forma *ad solemnitatem*). Porém, em algumas situações, a forma é mero meio de prova de um dado negócio jurídico (forma *ad probationem tantum*).

**5. Quanto à existência de regramento legal:**

**5.1) Contratos típicos (ou nominados):** *são os que têm regramento legal específico.* O CC traz pelo menos vinte contratos típicos, como a compra e venda, a doação e o mandato. Leis especiais trazem diversos outros contratos dessa natureza, como o de locação de imóveis urbanos (Lei 8.245/91), de incorporação imobiliária (Lei 4.561/64) e de alienação fiduciária (Lei 4.728/65 com alterações do Decreto-Lei 911/69).

**5.2) Contratos atípicos (ou inominados):** *são os que não têm regramento legal específico, nascendo da determinação das partes.* Surgem da vida cotidiana, da necessidade do comércio. São exemplos o contrato de cessão de clientela, de agenciamento matrimonial, de excursão turística e de feiras e exposições. Apesar de não haver regulamentação legal desses contratos, o princípio da autonomia da vontade possibilita sua celebração, observados alguns limites impostos pela lei.

**5.3) Contratos mistos:** são os que resultam da fusão de contratos nominados com elementos particulares, não previstos pelo legislador, criando novos negócios contratuais. Exemplo é o contrato de exploração de lavoura de café, em que se misturam elementos atípicos com contratos típicos, como a locação de serviços, a empreitada, o arrendamento rural e a parceria agrícola.

**6. Quanto às condições de formação:**

**6.1) Contratos paritários:** são aqueles em que as partes estão em situação de igualdade, podendo discutir efetivamente as condições contratuais.

**6.2) Contratos de adesão:** são aqueles cujas cláusulas são aprovadas pela autoridade competente ou estabelecidas unilateralmente, sem que o aderente possa modificar ou discutir substancialmente o seu conteúdo. Exemplos: contratos de financiamento bancário, seguro e telefonia. A lei estabelece que a inserção de uma cláusula no formulário não desnatura o contrato, que continua de adesão.

**Importância da classificação:** os contratos por adesão têm o mesmo regime jurídico dos contratos paritários, mas há algumas diferenças. Se o contrato de adesão for regido pelo Direito Civil, há duas regras aplicáveis: a) as cláusulas ambíguas devem ser interpretadas favoravelmente ao aderente (art. 423, CC); b) a cláusula que estipula a renúncia antecipada do aderente a direito resultante da natureza do contrato é nula (art. 424, CC). Já se o contrato de adesão for regido pelo CDC, há duas regras peculiares a esse contrato (art. 54, CDC): a) os contratos de adesão admitem cláusula resolutória, mas estas são alternativas, cabendo a escolha ao consumidor, ou seja, o consumidor escolhe se deseja purgar a mora e permanecer com o contrato ou se quer a sua resolução; b) as cláusulas limitativas de direito devem ser redigidas com destaque, permitindo sua imediata e fácil identificação, sendo que o desrespeito a essa regra gera a nulidade da cláusula (art. 54, § 4º, c/c o art. 51, XV).

**7. Quanto à definitividade:**

**7.1) Contratos definitivos:** são aqueles que criam obrigações finais aos contratantes. Os contratos são, em sua maioria, definitivos.

**7.2) Contratos preliminares:** são aqueles que têm como objeto a realização futura de um contrato definitivo. Um exemplo é o compromisso de compra e venda. Os contratos preliminares devem conter os requisitos essenciais do contrato a ser celebrado, salvo quanto à forma. Assim, enquanto a compra e venda definitiva deve ser por escritura pública, o compromisso de compra e venda pode ser por escritura particular. Além disso, o contrato preliminar deve ser levado a registro para ter eficácia perante terceiros. Assim, um compromisso de compra e venda não precisa ser levado a registro para ser válido, mas aquele que não levá-lo a registro não tem como impedir que um terceiro o faça antes, pois, não registrando, carregará este ônus. De qualquer forma, o compromissário comprador, uma vez pagas todas as parcelas do compromisso, tem direito à adjudicação compulsória, independentemente do registro do compromisso no Registro de Imóveis. O compromissário deve apenas torcer para que alguém não tenha feito isso antes. As regras sobre o contrato preliminar estão nos artigos 462 e 463, CC.

(A) **consequência imediata do contrato preliminar:** desde que não conste cláusula de arrependimento, qualquer das partes pode exigir a celebração do contrato definitivo, assinalando prazo à outra. É importante ressaltar que, em matéria de imóveis, há diversas leis impedindo a cláusula de arrependimento.

(B) **consequência mediata do contrato preliminar:** esgotado o prazo acima sem a assinatura do contrato definitivo, a parte prejudicada pode requerer ao Judiciário que supra a vontade do inadimplente, conferindo caráter definitivo ao contrato preliminar, salvo se a isto se opuser a natureza da obrigação.

**8. Quanto ao conhecimento prévio das prestações:**

**8.1) Contrato comutativo:** *é aquele em que as partes, de antemão, conhecem as prestações que deverão cumprir.* Exs.: compra e venda, prestação de serviços, mútuo, locação, empreitada etc. A maior parte dos contratos tem essa natureza.

**8.2) Contrato aleatório:** *é aquele em que pelo menos a prestação de uma das partes não é conhecida de antemão.* Ex.: contrato de seguro.

**9. Quanto ao momento de execução:**

**9.1) Contratos instantâneos:** *são aqueles em que a execução se dá no momento da celebração.* Um exemplo é a compra e venda de pronta entrega e pagamento.

**9.2) Contratos de execução diferida:** *são aqueles em que a execução se dá em ato único, em momento posterior à celebração.* Constitui exemplo a compra e venda para pagamento em 120 dias.

**9.3) Contratos de trato sucessivo ou de execução continuada:** *são aqueles em que a execução é distribuída no tempo em atos reiterados.* São exemplos a compra e venda em prestações, a locação e o financiamento pago em parcelas.

**(Juiz – TJ/CE – 2018 – CESPE)** Contrato de prestações certas e determinadas no qual as partes possam antever as vantagens e os encargos, que geralmente se equivalem porque não envolvem maiores riscos aos pactuantes, é classificado como

(A) benéfico.
(B) aleatório.
(C) bilateral imperfeito.
(D) derivado.
(E) comutativo.

A: incorreta, pois contrato benéfico é aquele gratuito em que apenas uma das partes aufere benefício ou vantagem; B: incorreta, pois o contrato aleatório é aquele em que pelo menos um dos contraentes não pode antever a vantagem que receberá, em troca da prestação fornecida. A perda ou o lucro dependem de um fato futuro e imprevisível (arts. 458 a 461 CC); C: incorreta, pois os contratos bilaterais imperfeitos subordinam-se ao regime dos contratos unilaterais porque aquelas contraprestações não nascem com a avença, mas de fato eventual, posterior à sua formação, não sendo, assim, consequência necessária de sua celebração; D: incorreta, pois os contratos derivados têm por objeto direitos estabelecidos em outro contrato. Ex: sublocação, subempreitada e subconcessão. Tem em comum com os acessórios que também dependem de outrem, mas diferem dos mesmos por participar da própria natureza do direito versado no principal; E: correta, pois o contrato comutativo é aquele em que as prestações são certas e determinadas. As partes podem antever as vantagens e os sacrifícios, que geralmente se equivalem, decorrentes de sua celebração, porque não envolvem nenhum risco. Na ideia de comutatividade está presente a de equivalência das prestações. GR

Gabarito "E".

José e Rafael realizaram um negócio jurídico em que ficou estipulado que: José entregaria determinado bem móvel para Rafael, que ficaria autorizado a vender o bem, pagando a José, em contrapartida, o valor de quinhentos reais; e Rafael poderia optar por devolver o bem, no prazo de vinte dias, para José.

**(Analista Judiciário – TJ/PA – 2020 – CESPE)** De acordo com o Código Civil, nessa situação hipotética foi firmado um contrato classificado como

(A) atípico.
(B) solene.
(C) unilateral.
(D) consensual.
(E) comutativo.

A: incorreta, pois a situação retrata a hipótese de contrato estimatório (art. 534 CC), que se trata de um contrato típico, vez que se encontra regulado em texto de lei. Contrato atípico é aquele que não possui forma geral em lei escrita, estando à margem das perspectivas da liberdade contratual dos contratantes, e que assume variadas formas estruturais e finais; B: incorreta, pois contrato solene é aquele que para a validade, ou existência jurídica, a lei exige forma especial, ou que seja da substância do ato. Ex: compra e venda de imóvel, pois a lei exige escritura pública (art. 108 CC). No caso do contrato estimatório, a forma é livre, pois a lei não faz nenhuma exigência específica (art. 534 a 537 CC); C: incorreta, pois não se trata de contrato unilateral, pois ambas as partes têm obrigações (art. 534 e 537 CC); D: incorreta, pois não se trata de contrato consensual, mas sim real, pois se forma somente com a entrega da coisa (art. 534 CC); E: correta, pois nos contratos comutativos a relação entre vantagem e sacrifício é subjetivamente equivalente, havendo certeza quanto às prestações. Nos contratos aleatórios há incerteza para as duas partes sobre se a vantagem esperada será proporcional ao sacrifício. O contrato estimatório não traz o risco em sua natureza (art. 534 CC)

Gabarito "E".

### 4.3. ONEROSIDADE EXCESSIVA

**(Juiz – TRF5 – 2017 – CESPE)** Estabelecido contrato de fornecimento de insumos para empresa que comercializa produtos químicos, será juridicamente possível o fornecedor pedir, de acordo com a lei civil, a resolução do contrato, se a sua prestação se tornar excessivamente onerosa,

(A) com extrema vantagem para a outra parte, por acontecimento extraordinário, ainda que previsível.
(B) por acontecimento extraordinário, ainda que sem proveito para a outra parte.
(C) com vantagem extrema para a outra parte em razão de acontecimento extraordinário e imprevisível.
(D) por acontecimento extraordinário, ainda que não imprevisível.
(E) por acontecimento extraordinário, ainda que não imprevisível, provocado por fato do príncipe.

A: incorreta, pois o acontecimento deve ser imprevisível (art. 478 CC); B: incorreta, pois deve haver extrema vantagem para a outra parte (art. 478 CC); C: correta (art. 478 CC); D: incorreta, pois o acontecimento deve ser imprevisível (art. 478 CC); E: incorreta, pois o acontecimento deve ser imprevisível e extraordinário, não necessariamente provocado por fato do príncipe (art. 478 CC). GR

Gabarito "C".

### 4.4. EVICÇÃO

**(Magistratura/CE – 2012 – CESPE)** No que concerne a evicção, assinale a opção correta de acordo com o Código Civil.

(A) A responsabilidade decorrente da evicção deriva da lei e prescinde, portanto, de expressa previsão contratual; todavia, tal responsabilidade restringe-se à ação petitória, não sendo possível se a causa versar sobre posse.

**(B)** Responde o alienante pela garantia decorrente da evicção caso o comprador sofra a perda do bem por desapropriação do poder público, cujo decreto expropriatório seja expedido e publicado posteriormente à realização do negócio.

**(C)** Dá-se a evicção quando o adquirente perde, total ou parcialmente, a coisa por sentença fundada em motivo jurídico anterior, e o alienante tem o dever de assistir o adquirente, em sua defesa, ante ações de terceiros, sendo, entretanto, tal obrigação jurídica incabível caso o alienante tenha atuado de boa-fé.

**(D)** De acordo com o instituto da evicção, o alienante deve responder pelos riscos da perda da coisa para o evicto, por força de decisão judicial em que fique reconhecido que aquele não era o legítimo titular do direito que convencionou transmitir ao *evictor*.

**(E)** Sendo a evicção uma garantia legal, podem as partes, em reforço ao já previsto em lei, estipular a devolução do preço em dobro, ou mesmo minimizar essa garantia, pactuando uma devolução apenas parcial.

**A:** incorreta, pois não deixa de ocorrer evicção caso a ação verse apenas sobre a posse do bem que foi adquirido e que agora é reclamado por terceiro; **B:** incorreta, pois a evicção tem por requisito a anterioridade do direito do terceiro que agora reivindica a coisa perante o adquirente. Caso o direito alegado seja posterior à aquisição do bem, aplica-se o princípio segundo o qual *res perit domino* e o adquirente sofrerá os prejuízos da perda; **C:** incorreta; a boa-fé ou má-fé do alienante é irrelevante para a hipótese de evicção. Desta forma, mesmo havendo boa-fé do alienante, a eventual perda da coisa pelo adquirente em virtude de decisão judicial que confere sua titularidade a terceiro enseja toda gama protetiva que o Código Civil confere ao evicto; **D:** incorreta, pois o enunciado inverte os sujeitos da evicção. O evicto é justamente o adquirente que pagou pelo bem e agora se vê réu numa ação na qual se alega que o alienante não era o verdadeiro dono, ao passo que o evictor é o verdadeiro dono que busca retomar o bem que era de sua titularidade e que foi alienado; **E:** correta. Nossa legislação admite o reforço da evicção, convencionando, por exemplo, que o alienante pagará o dobro do preço ao adquirente caso a perda se verifique (CC, art. 448). Admite também a diminuição da garantia convencionando-se, por exemplo, que na hipótese de perda o alienante pagará metade do prejuízo suportado pelo adquirente. Admite – em termos um pouco mais rigorosos – a exclusão da garantia da evicção, exigindo neste caso que o adquirente saiba do risco da perda, assuma este risco e que a perda porventura ocorrida decorra justamente deste risco assumido (CC, art. 449).

Gabarito "E".

## 4.5. VÍCIOS REDIBITÓRIOS

**(Defensor Público/AC – 2012 – CESPE)** Renato adquiriu de seu amigo Rodolfo, em 13.02.2010, um veículo automotor, que, passados trinta dias da compra, apresentou defeito no motor e parou de funcionar. Em 15.03.2010, o comprador procurou um advogado com o propósito de ajuizar ação para anular o negócio jurídico. Em 13.01.2011, Renato ajuizou ação objetivando a redibição ou o abatimento do preço pago pelo veículo. No entanto, o processo foi extinto com resolução do mérito em razão da decadência do direito do autor.

Acerca da situação hipotética acima apresentada e da disciplina jurídica dos vícios redibitórios, das relações de consumo e da responsabilidade civil, assinale a opção correta.

**(A)** O prazo decadencial para o adquirente reclamar a existência de vício redibitório seria de trinta dias a contar do conhecimento do vício oculto. No caso de vício oculto de difícil constatação, Renato teria o prazo de até cento e oitenta dias após a tradição, para conhecer o defeito e, uma vez constatado o defeito, teria o prazo de mais trinta dias para ingressar com as ações edilícias.

**(B)** Em caso de responsabilidade de profissionais da advocacia por condutas consideradas negligentes, as demandas que invocam a teoria da perda de uma chance não passam pela análise das reais possibilidades de êxito do postulante, eventualmente perdidas em razão da desídia do causídico.

**(C)** O equívoco inerente ao vício redibitório não se confunde com o erro substancial, vício de consentimento previsto na parte geral do Código Civil. O legislador tratou o vício redibitório de forma especial, projetando inclusive efeitos diferentes daqueles previstos para o erro substancial. O vício redibitório, da forma sistematizada pelo Código Civil de 1916, cujas regras foram mantidas pelo Código Civil ora vigente, atinge a psique do agente. O erro substancial, por sua vez, atinge a própria coisa, objetivamente considerada.

**(D)** Na situação descrita, de fato, Renato decaiu do seu direito de rescindir o negócio em razão do transcurso do prazo de trinta dias previsto no CDC para a reclamação de vício redibitório.

**(E)** A decisão judicial que extinguiu o processo está equivocada, pois ainda seria possível a Renato exercitar seu direito de redibir ou abater o preço pago, em razão da aplicação de dispositivo do CDC que estabelece o prazo de cinco anos para a reclamação por vício do produto ou serviço.

**A:** correta. A assertiva está de acordo com art. 445 do CC e o entendimento doutrinário sobre o tema. Quanto à contagem do prazo de vício oculto, o Enunciado CJF 174 dispõe, "em se tratando de vício oculto, o adquirente tem os prazos do *caput* do art. 445 para obter redibição ou abatimento de preço, desde que os vícios se revelem nos prazos estabelecidos no parágrafo primeiro, fluindo, entretanto, a partir do conhecimento do defeito"; **B:** incorreta, pois segundo a jurisprudência do STJ, em caso de responsabilidade de profissionais da advocacia por condutas apontadas como negligentes, e diante do aspecto relativo à incerteza da vantagem não experimentada, as demandas que invocam a teoria da 'perda de uma chance' devem ser solucionadas a partir de detida análise acerca das reais possibilidades de êxito do postulante, eventualmente perdidas em razão da desídia do causídico" (REsp 993936/RJ, Rel. Ministro Luis Felipe Salomão, Quarta Turma, julgado em 27.03.2012); **C:** incorreta, pois o vício redibitório atinge a própria coisa, objetivamente considerada, e o erro substancial atinge a psique do agente; **D:** incorreta, no caso descrito no enunciado não há relação de consumo, e sim relação civil, devendo ser aplicado o Código Civil. E se fosse o caso, o prazo para reclamar de vício de produto durável é de 90 dias (art. 26, II, do CDC); **E:** incorreta, pelas mesmas razões da alternativa anterior.

Gabarito "A".

## 4.6. EXTINÇÃO DOS CONTRATOS

**(Defensor Público/PE – 2018 – CESPE)** Joaquim fez com Norberto contrato de promessa de compra e venda para adquirir deste um imóvel por R$ 200.000. Joaquim deu R$ 150.000 de sinal e pretendia conseguir financiamento dos R$ 50.000 restantes em uma instituição bancária. Segundo cláusula do contrato que regulava o negócio, em caso de inexecução por culpa do comprador, este perderia o sinal em favor do vendedor. Por desídia de Joaquim, que não apresentou todos os documentos exigidos pela instituição bancária, o financiamento não foi aprovado, de maneira que o contrato não pôde ser cumprido. Joaquim buscou ajuda na justiça comum.

Considerando essa situação hipotética, assinale a opção correta de acordo com a legislação pertinente e a posição dos tribunais superiores.

**(A)** Joaquim deverá alegar prejuízo para exigir de Norberto a devolução do sinal, mesmo existindo previsão contratual.

**(B)** Já que Norberto recebeu os R$ 150.000 adiantados e teve a oportunidade de aplicá-los no mercado de capitais, Joaquim deverá ser restituído do valor dado de sinal acrescido de correção com base no rendimento da caderneta de poupança.

**(C)** Mesmo que comprove perdas e danos pelo negócio não concluído, Norberto não poderá exigir indenização suplementar.

**(D)** Joaquim perderá os R$ 150.000 para Norberto e não há, por parte do juiz da causa, a possibilidade de se reduzir o montante perdido.

**(E)** Conforme o STJ, é possível reduzir a perda de Joaquim, já que, nesse caso, a diferença entre o valor inicial pago e

# 10. DIREITO CIVIL — 291

o total do negócio pode gerar enriquecimento sem causa para Norberto.

A: incorreta, pois mesmo existindo previsão contratual, Joaquim pode pedir as arras de volta ou ao menos parte delas, uma vez que seu prejuízo é presumido. Nota-se uma nítida desproporção entre o valor do contrato e o valor que pagou (75%), sem sequer ingressar na posse do imóvel. Assim, nos termos do art. 413 CC: "A penalidade deve ser reduzida equitativamente pelo juiz se a obrigação principal tiver sido cumprida em parte, ou se o montante da penalidade for manifestamente excessivo, tendo-se em vista a natureza e a finalidade do negócio". Conforme Enunciado 165 CJF, essa norma também se aplica para as arras: "Em caso de penalidade, aplica-se a regra do art. 413 ao sinal, sejam as arras confirmatórias ou penitenciais"; B: incorreta, o art. 418, caput, CC prevê que o ressarcimento deve ser feito com atualização monetária segundo índices oficiais regularmente estabelecidos, juros e honorários de advogado; C: incorreta, pois Norberto pode pedir indenização suplementar, se provar maior prejuízo, valendo as arras como taxa mínima (art. 419 CC, 1ª parte); D: incorreta, pois há possibilidade de Joaquim reaver ao menos parte do valor que pagou a título de arras (art. 413 CC c/c Enunciado 165 CJF); E: correta, o juiz pode reduzir a perda de Joaquim para garantir uma decisão mais justa e evitar o enriquecimento ilícito por parte de Norberto (art. 413 CC c/c Enunciado 165 CJF). Neste sentido: "Valor dado a título de arras confirmatórias e início de pagamento. Retenção. Redução equitativa. Inadimplemento do promissário comprador. Pagamento de aluguel pelo uso do imóvel. Desnecessidade de pedido expresso. Consectário lógico do retorno ao estado anterior. Precedentes. 1. Nos termos do Enunciado 165, da III Jornada de Direito Civil do Conselho de Justiça Federal, a previsão de redução equitativa, contida no artigo 413, do Código Civil, também se aplica ao sinal, sejam as arras confirmatórias ou penitenciais. 2. O direito de recebimento de indenização a título de aluguel do promissário comprador que, mesmo dando causa à rescisão, permanece na posse do imóvel, decorre da privação do promitente vendedor do uso do imóvel, à luz do disposto nos artigos 402, que trata das perdas e danos, 419, que trata da indenização suplementar às arras confirmatórias, além dos artigos 884 e 885, que versam sobre o princípio da vedação ao enriquecimento sem causa, todos do Código Civil . 3. Nesse contexto, o encargo locatício mostra-se devido durante todo o período de ocupação, ainda que não haja pedido expresso na petição inicial, visto que é consectário lógico do retorno ao status quo ante pretendido com a ação de rescisão de promessa de compra e venda, sob pena de premiar os inadimplentes com moradia graciosa e estimular a protelação do final do processo. 4. Agravo interno provido para dar provimento ao recurso especial. STJ – Agravo interno no recurso especial AgInt no REsp 1167766 ES 2009/0230133-1 (STJ)Data de publicação: 01.02.2018. GR
Gabarito "E".

**(Defensor Público/AC – 2017 – CESPE)** Entre outros aspectos, é motivo capaz de ensejar revisão ou rescisão contratual, com base na teoria da imprevisão,

**(A)** o dolo do contratante que obtém vantagem excessivamente onerosa.

**(B)** a onerosidade do contrato de natureza continuada ou diferida.

**(C)** a dificuldade financeira do devedor, proveniente de desempregado involuntário.

**(D)** o fato de o contrato ser de execução instantânea.

**(E)** a previsibilidade de acontecimentos futuros.

A: incorreta, pois o dolo é causa de anulabilidade do negócio jurídico (art. 178, II, CC); B: correta, pois apenas em contratos de execução continuada ou diferida é possível pedir sua resolução ou revisão contratual por onerosidade excessiva (art. 478 CC); C: incorreta, pois este motivo não está previsto em lei. O motivo legal é a prestação de uma das partes ter se tornado excessivamente onerosa, com extrema vantagem para a outra, em virtude de acontecimentos extraordinários e imprevisíveis (art. 478 CC); D: incorreta, pois o contrato deve ser de execução diferida ou continuada (art. 478 CC); E: incorreta, pois os acontecimentos devem ser extraordinários e imprevisíveis (art. 478 CC). GR
Gabarito "B".

**(Defensor Público – DPE/RN – 2016 – CESPE)** No tocante à extinção dos contratos, assinale a opção correta.

**(A)** Nos contratos bilaterais, o credor pode exigir a realização da obrigação pela outra parte, ainda que não cumpra a integralidade da prestação que lhe caiba.

**(B)** A extinção do contrato decorrente de cláusula resolutiva expressa configura exercício do direito potestativo de uma das partes do contrato de impor à outra sua extinção e depende de interpelação judicial.

**(C)** Situação hipotética: Joaquim, mediante contrato firmado, prestava serviços de contabilidade à empresa de Joana. Joaquim e Joana decidiram encerrar, consensualmente, o pactuado e dar fim à relação contratual. Assertiva: Nessa situação, configurou-se a resilição do contrato por meio de denúncia de uma das partes.

**(D)** A cláusula resolutiva tácita é causa de extinção contemporânea à celebração ou formação do contrato, e a presença do vício torna o contrato nulo.

**(E)** A resolução do contrato por onerosidade excessiva não se aplica aos contratos de execução instantânea, pois ocorre quando, no momento da efetivação da prestação, esta se torna demasiadamente onerosa para uma das partes, em virtude de acontecimentos extraordinários e imprevisíveis.

A: incorreta, pois a assertiva viola a milenar regra da *exceptio non adimpleti contractus*, atualmente estabelecida no art. 476 do Código Civil: "*Nos contratos bilaterais, nenhum dos contratantes, antes de cumprida a sua obrigação, pode exigir o implemento da do outro*"; B: incorreta, pois apenas a cláusula resolutiva tácita depende de interpelação judicial. A cláusula resolutiva expressa não depende (CC, art. 474); C: incorreta, pois nesse caso configurou-se o distrato, que é a resolução bilateral do contrato. Nessa hipótese, as duas partes estabelecem o fim da relação contratual; D: incorreta, pois a cláusula resolutiva tácita só irá atuar caso uma das partes não cumpra sua obrigação contratual, ou seja, é posterior à formação do contrato (CC, art. 474); E: correta, pois a resolução do contrato por onerosidade excessiva é típica de contratos de execução continuada. A ideia é que o contrato – com o tempo – tornou-se excessivamente oneroso para uma das partes (CC, art. 478).
Gabarito "E".

**(Cartório/DF – 2014 – CESPE)** Acerca da extinção dos contratos, assinale a opção correta.

**(A)** Em se tratando de contrato de execução continuada, as prestações efetivadas na relação de consumo não são restituídas, porquanto a resolução não tem efeito relativamente ao passado.

**(B)** Em regra, a morte de um dos contratantes acarreta a dissolução do contrato por inexecução involuntária, sob o fundamento de caso fortuito e força maior.

**(C)** Admite-se a inscrição, nas apólices de seguro, de cláusulas de rescisão unilateral e de exclusão de sua eficácia, por conveniência da seguradora, com fundamento em fato superveniente.

**(D)** Nos contratos solenes, é possível a previsão de cláusulas de arrependimento, mediante ressarcimento dos prejuízos consistente na guarda das arras recebidas e perdas e danos.

**(E)** A resolução por inexecução voluntária implica a extinção retroativa do contrato, opera ex tunc caso este seja de execução única, desconstitui os efeitos jurídicos produzidos e determina a restituição das prestações cumpridas.

A: incorreta, pois tal vedação à restituição de prestações não encontra amparo na lei (CDC, art. 53); B: incorreta, pois alguns contratos permanecem válidos e eficazes perante os sucessores (ex: arts. 10 e 11 da Lei 8.245/1991); C: incorreta, pois o direito de rescindir o contrato unilateralmente só se verifica se houver "incidente que agrave consideravelmente o risco coberto" (CC, art. 769); D: incorreta, pois se houver cláusula de arrependimento "as arras terão função unicamente indenizatória. Neste caso, quem as deu perdê-las-á em benefício da outra parte; e quem as recebeu devolvê-las-á, mais o equivalente", sem direito a perdas e danos complementares (CC, art. 420); E: correta, pois a assertiva reproduz os efeitos jurídicos decorrentes da inexecução voluntária de um contrato.
Gabarito "E".

Espécies de extinção dos contratos.

**1) Execução.** Esta é forma normal de extinção dos contratos. Na compra e venda a execução se dá com a entrega da coisa (pelo vendedor) e com o pagamento do preço (pelo comprador).

**2) Invalidação.** O contrato anulável produz seus efeitos enquanto não anulado pelo Poder Judiciário. Uma vez anulado (decisão constitutiva), o contrato fica extinto com efeitos *ex nunc*. Já o contrato nulo recebe do Direito uma sanção muito forte, sanção que o priva da produção de efeitos desde o seu início. A parte interessada ingressa com ação pedindo uma decisão declaratória, decisão que deixa claro que o contrato nunca pode produzir efeitos, daí porque essa decisão tem efeitos *ex tunc*. Se as partes acabaram cumprindo "obrigações", o juiz as retornará ao estado anterior.

**3) Resolução.** Há três hipóteses de extinção do contrato pela resolução, a saber:

**3.1) Por inexecução culposa:** *é aquela que decorre de culpa do contratante*. Há dois casos a considerar:

**(A) se houver cláusula resolutiva expressa (pacto comissório)**, ou seja, previsão no próprio contrato de que a inexecução deste gerará sua extinção, a resolução opera de pleno direito, ficando o contrato extinto; o credor que ingressar com ação judicial entrará apenas com uma ação declaratória, fazendo com que a sentença tenha efeitos *ex tunc*. A lei protege o devedor em alguns contratos, estabelecendo que, mesmo existindo essa cláusula, ele tem o direito de ser notificado para purgar a mora (fazer o pagamento atrasado) no prazo estabelecido na lei.

**(B) se não houver cláusula resolutiva expressa**, a lei estabelece a chamada **"cláusula resolutiva tácita"**, disposição que está implícita em todo contrato, e que estabelece que o seu descumprimento permite que a outra parte possa pedir a resolução do contrato. Neste caso a resolução dependerá de interpelação judicial para produzir efeitos, ou seja, ela não ocorre de pleno direito. Repare que não basta mera interpelação extrajudicial. Os efeitos da sentença judicial serão *ex nunc*.

É importante ressaltar que a parte lesada pelo inadimplemento (item *a* ou *b*) tem duas opções (art. 474, CC): a) pedir a resolução do contrato; ou b) exigir o cumprimento do contrato. Em qualquer dos casos, por se tratar de inexecução culposa, caberá pedido de indenização por perdas e danos. Se houver cláusula penal, esta incidirá independentemente de prova de prejuízo (art. 416, CC). Todavia, uma indenização suplementar dependerá de convenção no sentido de que as perdas e os danos não compreendidos na cláusula penal também serão devidos.

**3.2) Por inexecução involuntária:** *é aquela que decorre da impossibilidade da prestação*. Pode decorrer de caso fortuito ou força maior, que são aqueles fatos necessários, cujos efeitos não se consegue evitar ou impedir. Esta forma de inexecução exonera o devedor de responsabilidade (art. 393, CC), salvo se este expressamente assumiu o risco (art. 393, CC) ou se estiver em mora (art. 399, CC).

**3.3) Por onerosidade excessiva.** Conforme vimos, no caso de onerosidade excessiva causada por fato extraordinário e imprevisível, cabe revisão contratual. Não sendo esta possível, a solução deve ser pela resolução do contrato, sem ônus para as partes. A resolução por onerosidade excessiva está prevista no art. 478 do CC.

**4) Resilição.**

**4.1) Conceito:** *é a extinção dos contratos pela vontade de um ou de ambos contratantes*. A palavra-chave é *vontade*. Enquanto a resolução é a extinção por inexecução contratual ou onerosidade excessiva, a resilição é a extinção pela vontade de uma ou de ambas as partes.

**4.2) Espécies:**

**(A) bilateral**, *que é o acordo de vontades para pôr fim ao contrato* (**distrato**). A forma para o distrato é a mesma que a lei exige para o contrato. Por exemplo, o distrato de uma compra e venda de imóvel deve ser por escritura, pois esta é a forma que a lei exige para o contrato. Já o distrato de um contrato de locação escrito pode ser verbal, pois a lei não exige documento escrito para a celebração de um contrato de locação. É claro que não é recomendável fazer um distrato verbal no caso, mas a lei permite esse procedimento.

**(B) unilateral**, *que é a extinção pela vontade de uma das partes* (**denúncia**). Essa espécie de resilição só existe por exceção, pois o contrato faz lei entre as partes. Só é possível a denúncia unilateral do contrato quando: i) houver previsão contratual ou ii) a lei expressa ou implicitamente autorizar. Exemplos: em contratos de execução continuada com prazo indeterminado, no mandato, no comodato e no depósito (os três últimos são contratos feitos na base da confiança), no arrependimento de compra feita fora do estabelecimento comercial (art. 49, CDC) e nas denúncias previstas na Lei de Locações (arts. 46 e 47 da Lei 8.245/91). A lei exige uma formalidade ao denunciante. Este deverá notificar a outra parte, o que poderá ser feito extrajudicialmente. O efeito da denúncia é *ex tunc*. Há uma novidade no atual CC, que é o "aviso prévio legal". Esse instituto incide quando alguém denuncia um contrato prejudicando uma parte que fizera investimentos consideráveis. Neste caso, a lei dispõe que a denúncia unilateral só produzirá efeitos após um prazo compatível com a amortização dos investimentos (art. 473, parágrafo único).

**5) Morte.** Nos contratos impessoais, a morte de uma das partes não extingue o contrato. Os herdeiros deverão cumpri-lo segundo as forças da herança. Já num contrato personalíssimo (contratação de um advogado, contratação de um cantor), a morte da pessoa contratada extingue o contrato.

**6) Rescisão.** A maior parte da doutrina encara a rescisão como gênero, que tem como espécies a resolução, a resilição, a redibição etc.

## 4.7. COMPRA E VENDA E TROCA

**(Procurador do Estado/SE – 2017 – CESPE)** O direito que o vendedor de um imóvel guarda de reavê-lo, no prazo máximo previsto no Código Civil, restituindo ao comprador o valor recebido e reembolsando-lhe as despesas – entre elas, as que se efetuaram mediante autorização escrita do proprietário bem como aquelas destinadas à realização de benfeitorias necessárias –, constitui a

(A) venda a contento.

(B) resolução potestativa.

(C) retrovenda.

(D) preempção.

(E) reserva de domínio.

A letra correta é a C, conforme art. 505 do CC.

Gabarito "C".

O pacto de retrovenda é uma das modalidades de compra e venda mercantis previstas no Código Civil e tem como principal característica a reserva ao vendedor do direito de, em determinado prazo, recobrar o imóvel que tenha vendido.

**(Juiz de Direito - TJ/BA - 2019 - CESPE/CEBRASPE)** A respeito dessa modalidade contratual, a legislação vigente dispõe que

(A) não existe a possibilidade de cessão do direito de retrovenda.

(B) a cláusula somente será válida, sendo dois ou mais os beneficiários da retrovenda, se todos exercerem conjuntamente o pedido de retrato.

## 10. DIREITO CIVIL — 293

**(C)** somente as benfeitorias necessárias serão restituídas, além do valor integral recebido pela venda.

**(D)** o vendedor, em caso de recusa do comprador em receber a quantia a que faz jus, depositará o valor judicialmente para exercer o direito de resgate.

**(E)** o prazo máximo para o exercício do direito da retrovenda é de cinco anos.

**A:** incorreta, pois o direito de retrovenda é cessível e transmissível a herdeiros e legatários (art. 507 CC); **B:** incorreta, pois é possível que só um exerça o direito de retrato. Neste caso poderá o comprador intimar as outras partes para entrarem num acordo, prevalecendo o pacto em favor de quem haja efetuado o depósito, contanto que seja integral (art. 508 CC); **C:** incorreta, pois também serão restituídas as despesas que se efetuarem com autorização escrita do vendedor (art. 505 CC); **D:** correta, nos termos do art. 506 *caput* CC; **E:** incorreta, pois o prazo máximo é de 3 anos (art. 505 CC). 🔲

*Gabarito "D".*

### 4.8. DOAÇÃO

**(Defensor Público/AL – 2017 – CESPE)** Isabel doou uma casa no valor de R$ 100.000 às suas sobrinhas Ana, de quatorze anos de idade, e Clara, de oito anos de idade, filhas de sua irmã Juliana.

Nessa situação hipotética,

**(A)** a doação importa em adiantamento ao que lhes cabe na herança.

**(B)** Isabel poderá estipular que o imóvel seja revertido ao patrimônio de Juliana, caso Ana e Clara faleçam antes dela.

**(C)** Isabel não poderá estipular que a doação seja distribuída de forma desigual entre Ana e Clara sem o aval de Juliana.

**(D)** a aceitação do imóvel por parte de Ana e Clara ou de Juliana é dispensada.

**(E)** a doação verbal é considerada válida.

**A:** incorreta, pois as sobrinhas não são herdeiras necessárias, logo não há que se falar em adiantamento de herança. O adiantamento apenas ocorre na doação de ascendentes a descendentes, ou de um cônjuge a outro (art. 544 CC); **B:** incorreta, pois nos termos do art. 547 CC, o doador pode estipular que os bens doados voltem ao seu patrimônio, se sobreviver ao donatário. Não prevalece cláusula de reversão em favor de terceiro. Logo, os bens podem voltar ao patrimônio de Isabel, mas não podem ir para Juliana; **C:** incorreta, pois havendo declaração expressa da doadora de que a doação será desigual, Juliana não poderá se opor a esta proporção (art. 551, "caput", CC); **D:** correta, pois se trata de doação pura e as partes são absolutamente incapazes (art. 543 CC); **E:** incorreta, pois a doação verbal só é considerada válida se, versando sobre bens móveis e de pequeno valor, se lhe seguir incontinenti a tradição (art. 541, parágrafo único, CC). No caso em tela o objeto da doação é bem imóvel. 🔲

*Gabarito "D".*

**(Juiz de Direito – TJ/SC – 2019 – CESPE/CEBRASPE)** A doação de determinado bem a mais de uma pessoa é denominada

**(A)** contemplativa.

**(B)** mista.

**(C)** conjuntiva.

**(D)** divisível.

**(E)** híbrida.

**A:** incorreta, pois a doação contemplativa é aquela que é feita levando em consideração o merecimento do donatário. Também é chamada de meritória (art. 540, 1ª parte CC); **B:** incorreta, pois a doação mista é aquela em que se procura beneficiar por meio de um contrato de caráter oneroso. Decorre da inserção de liberalidade em alguma modalidade diversa de contrato. Embora haja a intenção de doar, há também um preço, um valor fixado, que caracteriza a venda (art. 540, 2ª parte CC); **C:** correta (art. 551 CC); **D:** incorreta, pois por tratar-se de um bem único a mais de uma pessoa entende-se que o bem não pode ser dividido . Na verdade, quanto a doação, entende-se distribuída entre os donatários por igual (art. 551, parte final CC); **E:** incorreta, pois a doação hibrida trata-se de uma doação mista (*negotium mixtum cum donatione*) com matiz de contrato oneroso. Ex: um sujeito paga, livremente, 500 reais por um bem que vale apenas 100 (art. 540, 2ª parte CC).

*Gabarito "C".*

### 4.9. MÚTUO, COMODATO E DEPÓSITO

**(Analista – STM – 2011 – CESPE)** Julgue o seguinte item.

**(1)** No contrato de empréstimo, na modalidade de comodato, os riscos de deterioração ou destruição da coisa objeto do contrato correm por conta do comodatário, desde o momento do registro.

**1:** incorreta, pois o comodato é um contrato real, ou seja, um contrato que só passa a existir com a tradição do objeto (art. 579 do CC); assim, o comodatário passa a responder a partir do momento da tradição, e não do momento do registro do contrato.

*Gabarito 1E*

### 4.10. EMPREITADA

**(Magistratura Federal/5ª Região – 2009 – CESPE)** Carlos, de posse de projeto elaborado por uma arquiteta e por ele aprovado, celebrou contrato de empreitada mista com uma construtora para a realização de reforma em imóvel seu, não tendo sido estipulada cláusula de reajuste de preço. Com base nessa situação hipotética, assinale a opção correta.

**(A)** Como é usual nos contratos de empreitada mista, a responsabilidade da construtora abrangerá o fornecimento de mão de obra e de materiais, ficando a direção da obra sob a responsabilidade de Carlos.

**(B)** Ainda que a construtora comprove aumento do custo do material e dos salários dos empregados, não lhe cabe o direito a qualquer acréscimo no preço acertado com Carlos.

**(C)** Em face da natureza do contrato celebrado, a construtora é responsável por eventuais danos causados a terceiros em decorrência da reforma do imóvel, ficando Carlos isento de qualquer responsabilidade.

**(D)** Havendo modificações no projeto original, somente poderá a construtora exigir acréscimo no preço contratado se tais modificações forem autorizadas por instruções escritas do dono da obra, não cabendo a alegação de conhecimento tácito deste.

**(E)** Em regra, Carlos poderá introduzir as modificações que entender convenientes no projeto original, desde que as autorize por escrito.

**A:** incorreta, pois, na empreitada mista, em que o empreiteiro fornece material e mão de obra, a direção da obra compete a este; **B:** correta, tendo em vista a não estipulação de reajuste de preço; de qualquer maneira, caso se configure o disposto no art. 478 do CC, cabe pedido de revisão contratual; **C:** incorreta, pois Carlos, como dono da obra, também é responsável; **D:** incorreta, pois o consentimento tácito está previsto no parágrafo único do art. 619 do CC; **E:** incorreta, pois Carlos deverá obter autorização do autor do projeto (art. 621 do CC).

*Gabarito "B".*

### 4.11. LOCAÇÃO

**(Defensor Público/PE – 2018 – CESPE)** Com base na jurisprudência do STJ, assinale a opção correta, a respeito de locação de imóveis urbanos.

**(A)** É impenhorável o bem de família pertencente a fiador em contrato de locação.

**(B)** Em contrato de locação, as benfeitorias voluptuárias não são passíveis de indenização; finda a locação, essas benfeitorias podem ser levantadas pelo locatário, desde que a sua retirada não afete a estrutura nem a substância do imóvel.

**(C)** Nos contratos de locação, a inclusão de cláusulas de renúncia à indenização das benfeitorias e de direito de retenção é ilegal.

**(D)** Benfeitorias necessárias serão indenizáveis apenas se autorizadas pelo locador.

**(E)** Se o locatário estiver em situação de vulnerabilidade, aplica-se o CDC ao contrato de locação.

**A:** incorreta, pois nos termos da Súmula 549 do STJ: "É válida a penhora de bem de família pertencente a fiador de contrato de locação." (REsp

1.363.368). Logo, se a fiança for em contrato de locação, o único bem imóvel do fiador ainda que bem de família, pode ser penhorado; **B:** correta (art. 36 da Lei 8.245/1991); **C:** incorreta, pois o art. 35, primeira parte, da Lei 8.245/1991 permite expressamente que haja disposição de renúncia à indenização e ao direito de retenção; **D:** incorreta, pois as benfeitorias necessárias serão indenizáveis, ainda que feitas sem autorização do locador (art. 35 da Lei 8.245/1991); **E:** incorreta, pois o Superior Tribunal de Justiça entende que não se aplicam aos contratos de locação as normas do Código de Defesa do Consumidor, pois tais contratos não possuem os traços característicos da relação de consumo, previstos nos artigos **2º** e **3º** do CDC, e além disso, já são regulados por lei própria, a Lei 8.245/1991 (AgInt no REsp 1285546/RJ, Rel. Ministro Lázaro Guimarães (Desembargador Convocado do TRF 5ª Região), Quarta Turma, julgado em 20.03.2018, DJe 27.03.2018). ▓

Gabarito "B".

**(Juiz de Direito/DF – 2016 – CESPE)** A respeito da locação dos imóveis urbanos da Lei n.º 8.245/1991, assinale a opção correta.

**(A)** Conforme entendimento consolidado do STJ, o prazo de prorrogação da ação renovatória é igual ao do contrato de locação, sem limitação de interregno máximo.

**(B)** É assente na jurisprudência do STJ que a cláusula de renúncia à indenização por benfeitorias viola a boa-fé objetiva e rende ensejo à nulidade.

**(C)** Nas locações comerciais, exige-se a anuência do locador no trespasse empreendido pelo locatário, conforme jurisprudência prevalente do STJ.

**(D)** Conforme entendimento do STF, a penhora de bem de família do fiador do contrato de locação viola o direito social à moradia.

**(E)** A responsabilidade dos fiadores, no caso de prorrogação da locação por tempo indeterminado, depende de previsão contratual estabelecendo a manutenção da garantia até a entrega das chaves.

**A:** incorreta, pois o STJ já firmou entendimento segundo o qual: "*O prazo máximo da renovação contratual será de 5 anos, ainda que a vigência da avença locatícia, considerada em sua totalidade, supere esse período*" (AgRg no AREsp 633.632/SP); **B:** incorreta, pois "*Nos contratos de locação, é válida a cláusula de renúncia à indenização das benfeitorias e ao direito de retenção*" (STJ, Súmula 335); **C:** correta, pois o STJ entende que a locação é um contrato de natureza pessoal, no qual importa a figura do inquilino. Assim sendo, o locador precisa anuir com o trespasse, tendo em vista que terá um novo inquilino (REsp 1202077/MS); **D:** incorreta, pois o plenário do STF entendeu que tal penhora é constitucional (Recurso Extraordinário 407.688-8/SP); **E:** incorreta, pois as garantias da locação se estendem "*até a efetiva devolução do imóvel, ainda que prorrogada a locação por prazo indeterminado*" (Lei 8.245/1991, art. 39). *Vide*, por todos, REsp 1.326.557.

Gabarito "C".

## 4.12. PRESTAÇÃO DE SERVIÇO

**(Advogado da União/AGU – CESPE – 2012)** No que se refere a contrato de prestação de serviço, julgue o item que se segue.

**(1)** O objeto do contrato de prestação de serviço pode ser tanto uma atividade material quanto intelectual, sendo necessário, para que o contrato seja válido, o estabelecimento de determinação específica da natureza da atividade.

**1:** incorreta, pois não é necessário no contrato de prestação de serviço o estabelecimento de determinação específica da natureza da atividade (art. 601, do CC).

Gabarito 1E

## 4.13. MANDATO

**(Juiz – TRF5 – 2017 – CESPE)** Ronaldo recebeu de Flávia, por meio de instrumento público, poderes para, em nome dela, administrar uma loja de revenda de automóveis.

Considerando-se essa situação hipotética, assinale a opção correta.

**(A)** Caso atue fora dos poderes a ele conferidos, Ronaldo passará a ser considerado gestor de negócios.

**(B)** Ronaldo terá a obrigação de transferir a Flávia as vantagens que receber, salvo as que excederem ao pactuado.

**(C)** Em caso de morte de Flávia, assim que tiver ciência do ocorrido, Ronaldo deverá suspender os negócios iniciados, comunicando o ato aos herdeiros.

**(D)** Caso Ronaldo decida substabelecer o contrato a terceiro, deverá observar a mesma forma do contrato original.

**(E)** Se a loja sofrer prejuízos, Ronaldo estará obrigado a indenizar Flávia apenas se ele houver agido com dolo.

**A:** correta, nos termos do art. 665 CC: O mandatário que exceder os poderes do mandato, ou proceder contra eles, será considerado mero gestor de negócios, enquanto o mandante lhe não ratificar os atos; **B:** incorreta, pois Ronaldo deverá entregar a Flávia todas as vantagens que receber, inclusive as que excederem o pactuado, pois mesmo estas decorrem dos poderes que lhes foram outorgados (art. 668 CC); **C:** incorreta, pois embora ciente da morte, interdição ou mudança de estado do mandante, deve o mandatário concluir o negócio já começado, se houver perigo na demora (art. 674 CC). Logo, não necessariamente o mandatário deve suspender o negócio; **D:** incorreta, pois o substabelecimento não necessariamente precisa ser da mesma forma do contrato original. Neste passo "ainda quando se outorgue mandato por instrumento público, pode substabelecer-se mediante instrumento particular" (art. 655 CC); **E:** incorreta, pois o mandatário é obrigado a aplicar toda sua diligência habitual na execução do mandato, e a indenizar qualquer prejuízo causado por culpa sua ou daquele a quem substabelecer, sem autorização, poderes que devia exercer pessoalmente, e ainda quando agir com dolo (art. 667 CC). ▓

Gabarito "A".

**(Analista – Judiciário –TRE/PI – 2016 – CESPE)** Pedro, em razão de ter mudado de cidade, concedeu a seu amigo Carlos, que tem dezesseis anos de idade, poderes para, em seu nome, praticar os atos necessários à venda de um imóvel. Considerando essa situação hipotética, assinale a opção correta.

**(A)** Caso Carlos desatenda a alguma instrução, Pedro se desobriga a cumprir o contrato.

**(B)** Para que o contrato se aperfeiçoe, Carlos deverá aceitar expressamente.

**(C)** Caso Pedro venha a falecer, Carlos poderá agir no interesse dos herdeiros, se houver.

**(D)** O fato de Carlos ter dezesseis anos não torna anulável o contrato.

**(E)** Por ser ato *intuitu personae*, é vedado a Carlos substabelecer.

**A:** incorreta, pois o mandante é obrigado a satisfazer todas as obrigações contraídas pelo mandatário, na conformidade do mandato conferido (CC, art. 675); **B:** incorreta, pois "a aceitação do mandato pode ser tácita, e resulta do começo de execução" (CC, art. 659); **C:** incorreta, pois a morte do mandante extingue o contrato de mandato (CC, art. 682); **D:** correta, pois a lei admite mandatário a partir dos dezesseis anos (CC, art. 666); **E:** incorreta, pois o substabelecimento é permitido pela lei, salvo expressa vedação no contrato de mandato.

Gabarito "D".

**(Advogado da União/AGU – CESPE – 2012)** No que se refere a contrato de mandato, julgue o item que se segue.

**(1)** Conforme o STJ, o dever de prestar contas não se transmite aos herdeiros do mandatário, haja vista o caráter personalíssimo do contrato; no caso de morte do mandante, entretanto, ocorre a transmissão.

**1:** correta. Segundo o entendimento do STJ, o "*dever de prestar contas no contrato de mandato está previsto no artigo 668 do Código Civil. Porém, o contrato, por ser personalíssimo, extingue-se com a morte de alguma das partes. A Terceira Turma já se posicionou no sentido de que o espólio do mandatário não está obrigado a prestar contas ao mandante (REsp 1.055.819). Naquele caso, ficou estabelecido que é impossível "obrigar terceiros a prestar contas relativas a atos de gestão dos quais não fizeram parte". Porém, em situação inversa, afirmou Sanseverino, quando se questiona o direito de os herdeiros exigirem a prestação de contas do mandatário, não há óbice*" (REsp 1122589).

Gabarito 1C

10. DIREITO CIVIL **295**

## 4.14. SEGURO

**(Defensor Público – DPE/RN – 2016 – CESPE)** Em relação aos contratos, assinale a opção correta.

**(A)** Caso um indivíduo firme contrato de seguro com determinada instituição financeira, e não haja dia previamente ajustado das partes para o pagamento de prestação do prêmio, o contrato não será desfeito automaticamente com o descumprimento da prestação pelo segurado no termo pactuado. Para o desfazimento do contrato, será necessária a prévia constituição em mora do contratante pela seguradora, mediante interpelação.

**(B)** O Código Civil adotou o critério subjetivo da premeditação para determinar a cobertura relativa ao suicídio do segurado. Desse modo, a seguradora não será obrigada a indenizar se houver prova cabal da premeditação do suicídio, mesmo após o decurso do período de carência de dois anos.

**(C)** No contrato do seguro de acidentes pessoais, como garantia por morte acidental, a seguradora se obriga, em virtude de expressa disposição legal, a indenizar também o beneficiário no caso de morte do segurado por causa natural.

**(D)** No contrato de seguro de automóvel, o reconhecimento da responsabilidade, a confissão da ação ou a transação retiram do segurado de boa-fé o direito à indenização e ao reembolso, pois são prejudiciais à seguradora, a menos que haja prévio e expresso consentimento desta.

**(E)** Se, em caso de risco, o comodatário privilegiar a segurança de seus próprios bens, abandonando os bens do comodante, responderá pelo dano que venha a ser sofrido pelo comodante, exceto nas hipóteses de caso fortuito ou força maior.

**A:** correta, pois "*não havendo termo, a mora se constitui mediante interpelação judicial ou extrajudicial*" (CC, art. 397 parágrafo único); **B:** incorreta, pois o Código Civil adotou um critério temporal-objetivo. O suicídio do segurado após o prazo de dois anos de vigência do seguro de vida habilita o beneficiário a receber o capital estipulado. Ademais, "é nula a cláusula contratual que exclui o pagamento do capital por suicídio do segurado" (CC, art. 798); **C:** incorreta, pois a morte acidental é aquela decorrente de acidente pessoal, definido este como "*o evento com data caracterizada, exclusiva e diretamente externo, súbito, involuntário e violento, causador de lesão física que, por si só, e independentemente de toda e qualquer outra causa, tenha como consequência direta a morte segurado*" e, portanto, não se confunde com a definição de morte natural (Circular nº 029/SUSEP e REsp 1284847/PR, Rel. Ministro Raul Araújo, Quarta Turma, julgado em 28/03/2017, DJe 03/04/2017); **D:** incorreta, pois tais condutas do segurado não retiram seu direito à indenização. Contudo, tais atos são ineficazes perante a seguradora (CJF, enunciados nºs 373 e 546). Vide, ainda, REsp 1133459/RS, Rel. Ministro Ricardo Villas Bôas Cueva, Terceira Turma, julgado em 21/08/2014, DJe 03/09/2014; **E:** incorreta. Esta é uma das raríssimas hipóteses legais de responsabilidade civil em decorrência de fortuito ou força maior. Ocorre quando o comodatário – diante de um risco iminente – prefere salvar as suas coisas e não a coisa que lhe foi emprestada (CC, art. 583). Neste caso, o comodatário responderá pelo dano ocorrido, ainda que se possa atribuir a caso fortuito, ou força maior.
Gabarito "A".

**(Juiz de Direito/DF – 2016 – CESPE)** Suponha que, entabulado contrato facultativo de seguro de vida e acidentes pessoais, em decorrência do sinistro, o segurado pleiteou da seguradora o respectivo pagamento. Assinale a opção correta no que se refere à prescrição.

**(A)** O prazo prescricional anual é interrompido com o pedido administrativo do pagamento, bem como com o pagamento parcial, diante da nova pretensão de complementação.

**(B)** O prazo prescricional anual é interrompido com o pedido administrativo do pagamento, voltando a correr por inteiro a partir de eventual negativa da seguradora.

**(C)** O prazo prescricional trienal é suspenso com o pedido administrativo de pagamento, voltando a correr a partir de eventual negativa da seguradora.

**(D)** O prazo prescricional anual é suspenso com o pedido administrativo do pagamento, voltando a correr pelo tempo restante a partir da eventual negativa da seguradora, mas se há pagamento parcial o prazo é interrompido voltando a correr por inteiro.

**(E)** Na hipótese de resseguro, o prazo prescricional é diverso do previsto para a ação do segurado contra o segurador.

Prescreve em um ano, nos termos do art. 206, § 1º, II, do Código Civil, a ação do segurado contra a seguradora. Ocorre que, de acordo com a Súmula 229 do STJ, o pedido administrativo de pagamento feito à seguradora suspende a fluência do prazo, o qual só volta a correr a partir da ciência da decisão proferida pela seguradora (*vide* também EDcl no REsp 1163239/MG). Por sua vez, o pagamento parcial faz ensejar a aplicação do art. 202, VI, segundo o qual a prescrição é interrompida "*por qualquer ato inequívoco, ainda que extrajudicial, que importe reconhecimento do direito pelo devedor*". A alternativa "D" é a única que contempla corretamente todos os dados mencionados.
Gabarito "D".

## 4.15. FIANÇA

**(Defensor Público/AC – 2017 – CESPE)** O contrato de fiança

**(A)** veda a renúncia ao benefício de ordem.

**(B)** não permite a exoneração do encargo, se relacionado a contrato por tempo indeterminado.

**(C)** é uma espécie de contrato acessório.

**(D)** é uma espécie de contrato de adesão.

**(E)** é um contrato de garantia real.

**A:** incorreta, pois é possível que haja a renúncia ao benefício de ordem (art. 828, I, CC); **B:** incorreta, pois o fiador poderá exonerar-se da fiança que tiver assinado sem limitação de tempo, sempre que lhe convier (art. 835, 1ª parte, CC); **C:** correta, pois pelo contrato de fiança, uma pessoa garante satisfazer ao credor uma obrigação assumida pelo devedor, caso este não a cumpra (art. 818 CC), logo há sempre uma obrigação principal que o contrato de fiança assegura (art. 823 CC); **D:** incorreta, pois o contrato de fiança em regra é paritário, isto é, as partes têm a possibilidade de discutir as cláusulas (arts. 819 e 820 CC); **E:** incorreta, pois a fiança é uma modalidade de garantia pessoal ou fidejussória. É um negócio jurídico por meio do qual o fiador garante satisfazer ao credor uma obrigação assumida pelo devedor, caso este não a cumpra (art. 818 CC). Na garantia real uma determinada coisa garante a dívida, como no caso do penhor, da hipoteca e a alienação fiduciária em garantia. Já na garantia pessoal, uma pessoa garante a dívida como acontece na fiança e no aval. GR
Gabarito "C".

## 4.16. OUTROS CONTRATOS E TEMAS COMBINADOS

**(Defensor Público/AC – 2017 – CESPE)** O contrato de arrendamento mercantil

**(A)** é um contrato de natureza acessória, pois fica vinculado à aquisição de bens para uma atividade empresarial de cunho mercantil desempenhada pelo arrendatário.

**(B)** possibilita que, concluído o prazo contratual estipulado, o arrendatário adquira a coisa arrendada pelo pagamento de valor residual.

**(C)** é um contrato especial de venda e compra a prazo por meio do qual a arrendadora assume a promessa de readquirir o objeto da transação, após a quitação do contrato, mediante pagamento do preço integral em parcela única.

**(D)** é um instrumento jurídico destinado a atender exclusivamente à necessidade das pessoas jurídicas que exercem atividade mercantil, por meio da aquisição de equipamentos e veículos destinados a sua atividade empresarial.

**(E)** possibilita que o bem arrendado possa ser alienado no curso do contrato sem a anuência da arrendadora, hipótese na qual o adquirente assumirá a condição de arrendatário.

**A:** incorreta, pois o contrato não tem natureza acessória, existindo de per si na hipótese em que uma instituição financeira ou sociedade mercantil (Arrendador) adquire um bem escolhido pela outra parte (Arrendatário) transferindo-lhe a posse e o usufruto, sendo também prevista a opção de compra ao final da avença (art. 1º, parágrafo único, da Lei 6.099/1974); **B:** correta (art. 5º, alínea "c", da Lei 6.099/1974); **C:** incorreta, pois embora o contrato de arrendamento mercantil contenha alguns elementos do contrato de compra e venda e também do contrato de locação, ele se constitui como modalidade autônoma de contrato, possuindo natureza jurídica própria. O arrendador adquire o bem, e a final do contrato o arrendatário tem a opção de compra pelo valor residual. Caso não queira comprar, o bem simplesmente permanece com o arrendador, que já era dono desde o início (art. 1º, parágrafo único, da Lei 6.099/1974); **D:** incorreta, pois esse contrato também se destina a atender as necessidades de pessoas físicas (art. 1º, parágrafo único, da Lei 6.099/1974); **E:** incorreta, pois o arrendatário apenas possui a posse provisória do bem enquanto paga as prestações. Ele detém a posse direta. A arrendadora possui a propriedade e a posse indireta. Apenas pode alienar aquele que é dono da coisa, portanto, não há possibilidade de o bem ser alienado sem a anuência da arrendadora. **GR**

Gabarito "B".

**(Juiz de Direito/DF – 2016 – CESPE)** No que se refere ao contrato estimatório do Direito Civil, assinale a opção correta.

(A) Pode ter por objeto bem fungível, e a restituição, se for o caso, será por coisa de igual gênero, qualidade e quantidade.

(B) Os riscos são do consignante, que suporta a perda ou deterioração da coisa.

(C) Após a entrega da coisa, a posse é exercida em nome do consignante, que a mantém de forma mediata ou indireta.

(D) O preço de estima é ato unilateral do consignatário e, se não alcançado em determinado lapso temporal, emerge o dever de restituir a coisa.

(E) Em decorrência da natureza própria do contrato, especialmente a obtenção da posse e o poder de disposição, o Código Civil exige a forma escrita.

O contrato estimatório é popularmente conhecido como "venda em consignação". O consignante é o dono da coisa, que deixa o bem em poder do consignatário para vendê-la pelo preço que se estimou bilateralmente. **A:** correta, pois a lei não delimitou que o objeto do contrato fosse fungível ou infungível; **B:** incorreta, pois os riscos da coisa deixada em consignação são do consignatário (CC, art. 535); **C:** incorreta, pois a posse é exclusiva do consignatário; **D:** incorreta, pois a fixação do preço é bilateral; **E:** incorreta, pois o Código Civil não exigiu forma escrita para tal contrato.

Gabarito "A".

**(Juiz de Direito/AM – 2016 – CESPE)** A respeito dos contratos regidos pelo Código Civil, assinale a opção correta.

(A) No contrato de transporte de pessoas, a responsabilidade do transportador pelo acidente com o passageiro será afastada quando for comprovada culpa exclusiva de terceiro.

(B) Se o suicídio do segurado ocorrer dentro do prazo dos dois primeiros anos de vigência do contrato de seguro de vida, seus beneficiários não terão direito a indenização, ainda que não premeditado o suicídio, mas o segurador será obrigado a devolver o montante da reserva técnica já formada.

(C) No silêncio do contrato, o empreiteiro contratado deve contribuir para execução da obra com seu trabalho e com os materiais necessários à sua conclusão.

(D) Na venda *ad corpus*, o imóvel é alienado com especificação de sua área, de modo que, na falta de correspondência entre a área mencionada e a efetiva área adquirida, poderá o comprador reclamar a resolução do contrato ou o abatimento proporcional do preço.

(E) O pacto de retrovenda é condição resolutiva expressa que permite ao credor reaver, a qualquer tempo, o imóvel alienado, desde que restitua ao adquirente o preço recebido, acrescido de todas as despesas por ele realizadas.

**A:** incorreta, pois "a responsabilidade contratual do transportador por acidente com o passageiro não é elidida por culpa de terceiro, contra o qual tem ação regressiva" (CC, art. 735); **B:** correta, pois o enunciado reproduz a regra prevista no art. 798 do CC; **C:** incorreta, pois "a obrigação de fornecer os materiais não se presume; resulta da lei ou da vontade das partes" (CC, art. 610 § 1°); **D:** incorreta, pois, na venda *ad corpus*, o tamanho exato do imóvel não é determinante. O que

importa são as características genéricas, como localização, topografia do terreno, benfeitorias etc.; **E:** incorreta, pois o Código Civil limita a restituição de despesas às que "se efetuaram com a sua autorização escrita, ou para a realização de benfeitorias necessárias" (CC, art. 505).

Gabarito "B".

**(Advogado União – AGU – CESPE – 2015)** A respeito dos contratos, julgue os próximos itens à luz do Código Civil.

(1) No mandato outorgado por mandante capaz, são válidos os atos praticados por mandatário com dezesseis anos de idade, ainda que não emancipado, desde que não sejam excedidos os limites do mandato.

(2) Se vendedor e comprador estipularem o cumprimento das obrigações de forma simultânea em venda à vista, ficará afastada a utilização do direito de retenção por parte do vendedor caso o preço não seja pago.

**1:** Correta, pois de acordo com o permissivo legal previsto no art. 666 do CC. Trata-se de uma regra específica de capacidade para um ato determinado. **2:** Incorreta, pois o contrato de compra e venda é um típico contrato bilateral e – ainda que as obrigações sejam cumpridas simultaneamente – é possível a aplicação do art. 476 do CC, que determina: *"Nos contratos bilaterais, nenhum dos contratantes, antes de cumprida a sua obrigação, pode exigir o implemento do do outro"*. **GN**

Gabarito 1C, 2E

## 5. RESPONSABILIDADE CIVIL

**(Delegado/RJ – 2022 – CESPE/CEBRASPE)** Lauro abalroou o veículo de Túlio, causando-lhe lesões corporais, pelas quais foi absolvido na esfera criminal por não ter concorrido para a infração penal. Todavia, inconformado, Túlio deduziu pretensão condenatória contra o causador do dano na esfera civil, para se ressarcir dos danos materiais e morais decorrentes do acidente.

Nessa situação hipotética,

(A) Lauro não poderá ser condenado a ressarcir Túlio na esfera civil.

(B) Túlio poderá obter sentença favorável ao pagamento de danos morais.

(C) Lauro poderá ser condenado ao ressarcimento dos danos materiais causados ao veículo.

(D) Túlio poderá obter sentença favorável ao pagamento das despesas médico-hospitalares.

(E) Lauro poderá ser condenado ao pagamento dos lucros cessantes decorrentes do acidente.

**A:** correta, pois considerando que no juízo criminal ficou provado que Lauro não foi o autor causador das lesões, sendo portanto absolvido, Túlio não terá direito a indenização na esfera civil (art. 935 do CC); **B:** incorreta, pois ainda que a responsabilidade civil seja independente da criminal, quando restar provado na esfera criminal que o fato não existiu ou que o acusado não foi o seu autor, não há que se discutir direito à indenização de nenhuma natureza na esfera cível, seja dano moral seja dano material (art. 935 do CC); **C:** incorreta, nos termos da justificativa da alternativa B (art. 935 do CC); **D:** incorreta, pois não há que se falar em condenação ao pagamento de despesas-médico hospitalares, , nos termos da justificativa da alternativa B (art. 935 do CC); **E:** incorreta, pois Lauro não poderá ser condenado a pagar lucros cessantes, nos termos da justificativa da alternativa B (art. 935 do CC). **GR**

Gabarito "A".

**(Juiz – TJ/CE – 2018 – CESPE)** Pedro descobriu que seu nome havia sido inscrito em órgãos de restrição ao crédito por determinada instituição financeira em decorrência do inadimplemento de contrato fraudado por terceiro.

Nesse caso hipotético, a instituição financeira

(A) não responderá civilmente, uma vez que se trata de fato de terceiro, mas deverá proceder à retirada do registro negativo no nome de Pedro.

(B) não responderá civilmente, porque a fraude configura uma excludente de caso fortuito externo.

(C) responderá civilmente na modalidade objetiva integral.

**(D)** responderá civilmente apenas se Pedro comprovar que sofreu prejuízos devido à inscrição de seu nome nos órgãos de restrição ao crédito.

**(E)** responderá civilmente na modalidade objetiva, com base no risco do empreendimento.

De início é importante pontuar que nos termos da Súmula 297 do STJ, as instituições financeiras se submetem ao Código de Defesa do Consumidor. Neste passo, não obstante os dispositivos sobre responsabilidade civil estejam previstos nos arts. 927 e seguintes do CC, na hipótese em tela as respostas serão pautadas com base na legislação consumerista. **A:** incorreta, pois a responsabilidade civil dos bancos enquadra-se na responsabilidade pelo fato do serviço, baseada no art. 14 do CDC, que prevê: "O fornecedor de serviços responde, independentemente da existência de culpa, pela reparação dos danos causados aos consumidores por defeitos relativos à prestação dos serviços, bem como por informações insuficientes ou inadequadas sobre sua fruição e riscos". Neste sentido, também temos a Súmula 479 do STJ aduz: "As instituições financeiras respondem objetivamente pelos danos gerados por fortuito interno relativo a fraudes e delitos praticados por terceiros no âmbito de operações bancárias"; **B:** incorreta, pois as excludentes estão previstas no art. 14, § 3º, CDC, e a fraude não se configura como excludente por fortuito externo; **C:** incorreta, pois no risco integral a responsabilidade sequer depende de nexo causal e ocorre até mesmo quando a culpa é da própria vítima. No caso em análise, para que se configure a responsabilidade objetiva é indispensável que se prove no mínimo o nexo causal entre a ação do agente e o dano da vítima. A teoria do risco integral somente é admitida em situações raríssimas e excepcionais; **D:** incorreta, pois o dano neste caso é presumido, afinal, o simples fato de ter o nome incluído no cadastro de maus pagadores já traz constrangimento e transtorno suficiente ao consumidor. O consumidor apenas precisa demonstrar o vínculo entre o fato e o dano. Isso é suficiente para ser indenizado (art. 14 CDC). No STJ, é consolidado o entendimento de que "*a própria inclusão ou manutenção equivocada configura o dano moral* in re ipsa, *ou seja, dano vinculado à própria existência do fato ilícito, cujos resultados são presumidos*" (Ag 1.379.761); **E:** correta, pois às instituições financeiras aplica-se art. 14 do CDC, o qual prevê a responsabilidade objetiva das mesmas, onde respondem independentemente de culpa pelos danos causados os consumidores em decorrência do risco da atividade que executam (Súmulas 297 e 479 do STJ). **Gabarito "E".**

**(Defensor Público/PE – 2018 – CESPE)** Daniel, em 2010, com quinze anos de idade, sem que seu pai Douglas soubesse, pegou o carro da família e saiu para se divertir. Alcoolizado, Daniel atropelou Ana na faixa de pedestre, que, em decorrência do atropelamento, perdeu uma das pernas. Em 2016, Douglas foi absolvido no processo penal, em sentença transitada em julgado, por ausência de provas em relação a sua culpa no atropelamento causado por seu filho Daniel.

Com referência a essa situação hipotética, assinale a opção correta.

**(A)** Douglas é civilmente responsável pelo ato praticado por Daniel, de maneira objetiva, independentemente de culpa.

**(B)** Tendo decorrido mais de três anos da data do acidente, a pretensão de indenização cível de Ana está prescrita.

**(C)** A absolvição de Douglas no processo penal faz coisa julgada no processo cível, de modo que Ana não poderá mais acioná-lo civilmente.

**(D)** Caso seja responsabilizado civilmente pelo ato, Douglas poderá reaver do seu filho Daniel, responsável pelo acidente, o valor pago.

**(E)** Ana poderá ajuizar ação para pleitear danos morais e materiais, mas não danos estéticos isoladamente: dano moral já engloba dano estético.

**A:** correta, pois conforme arts. 932, I e 933 do CC, os pais respondem independe mente de culpa pelos atos dos filhos menores que estiverem sob sua autoridade e em sua companhia. **B:** incorreta, pois a prescrição ficou suspensa até que fosse proferida sentença transitada em julgado no juízo criminal (art. 200 CC). Tendo em vista que a sentença é datada de 2016, a prescrição retomou o seu curso, logo o prazo de 3 anos ainda não se consumiu; **C:** incorreta, o fato de Douglas ter sido absolvido no juízo criminal apenas o isentaria do processo cível,

caso a razão da absolvição tivesse sido prova da inexistência do fato ou negativa de autoria, todavia, como a absolvição foi em decorrência da ausência de provas em relação a culpa, ele poderá ser acionado tranquilamente no juízo cível (art. 935 CC); **D:** incorreta, pois o pai não tem o direito de reaver do filho a despesa que teve em decorrência do acidente causado por este último (art. 934 CC); **E:** incorreta, pois o Superior Tribunal de Justiça já reconheceu expressamente a autonomia e independência do dano estético, que não se confunde com dano moral ou dano material. Neste sentido prevê a Súmula 387 :"É lícita a cumulação das indenizações de dano estético e dano moral". Maria Helena Diniz, define que dano estético é toda alteração morfológica do indivíduo, que, além do aleijão, abrange as deformidades ou deformações, marcas e defeitos, ainda que mínimos, e que impliquem sob qualquer aspecto um afeiamento da vítima, consistindo numa simples lesão desgostante ou num permanente motivo de exposição ao ridículo ou de complexo de inferioridade, exercendo ou não influência sobre sua capacidade laborativa. P. ex.: mutilações (ausência de membros – orelhas, nariz, braços ou pernas etc.); cicatrizes, mesmo acobertáveis pela barba ou cabeleira ou pela maquilagem; perda de cabelos, das sobrancelhas, dos cílios, dos dentes, da voz, dos olhos (RJTJSP, 39:75); feridas nauseabundas ou repulsivas etc., em consequência do evento lesivo. Nota-se, pois que podem ser arbitrados valores diferentes para cada um deles. Neste espeque, segue trecho de decisão do STJ: "É pacífica e vasta a jurisprudência do Superior Tribunal de Justiça com relação ao entendimento no sentido de que é possível a cumulação da indenização para reparação por danos estético e moral, mesmo que derivados de um mesmo fato, se inconfundíveis suas causas e passíveis de apuração em separado, *id est*, desde que um dano e outro sejam reconhecidamente autônomos." (AGA 498706/SP, julgado em 04.09.2003 Ministro José Delgado). **Gabarito "A".**

**(Procurador do Estado/SE – 2017 – CESPE)** Uma construtora realizou parcelamento de solo urbano, mediante loteamento, sem observância das disposições legais. Nesse caso, de acordo com o entendimento do STJ,

**(A)** o município tem responsabilidade solidária pela regularização do loteamento, devendo pagá-la ainda que o loteador possa fazê-lo.

**(B)** a responsabilidade do município em regularizar o loteamento, embora discricionária, é de execução imediata.

**(C)** a regularização do loteamento deverá ser decidida em ação civil pública.

**(D)** o poder da administração pública de regularizar o loteamento é discricionário.

**(E)** o município terá o poder-dever para regularizar o loteamento.

Existe posicionamento no STJ que o Município tem o poder-dever para regularizar o loteamento. Ademais, trata-se de atividade vinculada, e não discricionária. Vide notícia do site abaixo:

**Municípios são responsáveis pela regularização de lotes em espaços urbanos**

Na avaliação dos ministros do Superior Tribunal de Justiça (STJ), os municípios são os legítimos responsáveis pela regularização de loteamentos urbanos irregulares, em virtude de serem os entes encarregados de disciplinar o uso, ocupação e parcelamento do solo. O entendimento está disponível na ferramenta Pesquisa Pronta, que reuniu dezenas de decisões colegiadas sobre o assunto, catalogado como "Responsabilidade do município pela regularização de loteamento urbano irregular". Uma das decisões sintetiza a posição do STJ sobre o assunto: "É pacífico o entendimento desta Corte Superior de que o Município tem o poder-dever de agir para fiscalizar e regularizar loteamento irregular, pois é o responsável pelo parcelamento, uso e ocupação do solo urbano, atividade essa que é vinculada, e não discricionária". Disponível em: [http://www.stj.jus.br/sites/STJ/default/pt_BR/Comunica%C3%A7%C3%A3o/noticias/Not%C3%ADcias/Munic%C3%ADpios-s%C3%A3o-respons%C3%A1veis-pela--regulariza%C3%A7%C3%A3o-de-lotes-em-espa%C3%A7os-urbanos]. Acesso em: 29.01.2019. **Gabarito "E".**

**(Delegado/PE – 2016 – CESPE)** João, menor impúbere, de sete anos de idade, jogou voluntariamente um carrinho de brinquedo do alto do 14.º andar do prédio onde mora com a mãe Joana. Ao cair, o carrinho danificou o veículo de Arthur, que estava estacionado em local apropriado. Tendo como referência essa situação hipotética, assinale a opção correta, considerando as disposições vigentes a respeito de responsabilidade civil no Código Civil.

(A) O dever de reparar o dano provocado por João não alcança Joana, já que não há como provar sua culpa em relação à atitude do filho.

(B) Embora a responsabilidade de Joana seja objetiva, seu patrimônio somente será atingido se João não tiver patrimônio próprio ou se este for insuficiente para reparar o prejuízo causado a Arthur.

(C) Caso seja provada a culpa de João, a mãe, Joana, responderá objetivamente pelos danos causados pelo filho.

(D) A responsabilidade civil de João é objetiva.

(E) A mãe de João tem responsabilidade subjetiva em relação ao dano causado no veículo de Arthur.

**A:** incorreta, pois nesse caso se tem a chamada responsabilidade por fato de terceiro, que é objetiva em relação ao terceiro que se enquadrar nas hipóteses legais, sendo que os pais respondem pelos filhos menores que estiverem em sua companhia (arts. 932, I, e 933, ambos do CC); **B:** incorreta, pois a mãe responde diretamente pelo ato do filho, nos termos dos arts. 932, I, e 933, ambos do CC; **C:** correta (art. 933 do CC); **D:** incorreta, pois a responsabilidade objetiva só existe no caso em relação à mãe, seja pelo disposto no art. 933 do CC (c/c o art. 932, I, do CC), seja pelo disposto no art. 938 do CC; **E:** incorreta, pois a responsabilidade da mãe é objetiva tanto pelo disposto no art. 933 do CC (c/c o art. 932, I, do CC), seja pelo disposto no art. 938 do CC.

Gabarito "C".

**(Defensor Público – DPE/RN – 2016 – CESPE)** A respeito dos atos ilícitos e da responsabilidade civil, assinale a opção correta segundo a jurisprudência do STJ.

(A) O acordo extrajudicial firmado pelos pais em nome de filho menor, para fins de recebimento de indenização por ato ilícito, dispensa a intervenção do MP.

(B) Para a aplicação da teoria da perda de uma chance, não se exige a comprovação da existência do dano final, mas a prova da certeza da chance perdida, que é o objeto de reparação.

(C) Na hipótese de indenização por dano moral decorrente da prática de ato ilícito, os juros moratórios devem fluir a partir da data do ajuizamento da ação respectiva.

(D) Segundo dispõe o Código Civil, caso repare o dano que seu filho relativamente incapaz causar a terceiro, o pai poderá reaver do filho o que pagar a título de indenização.

(E) De acordo com o entendimento do STJ, se determinado preposto, valendo-se de circunstâncias proporcionadas pelo seu labor, praticar ato culposo fora do exercício do trabalho que lhe for confiado, causando prejuízo a terceiro, não será possível a responsabilização do empregador.

**A:** incorreta, pois o STJ já pacificou o entendimento segundo o qual: *"São indispensáveis a autorização judicial e a intervenção do Ministério Público em acordo extrajudicial firmado pelos pais dos menores, em nome deles, para fins de receber indenização por ato ilícito"* (AgRg no REsp 1483635/PE, Rel. Ministro Moura Ribeiro, Terceira Turma, julgado em 20/08/2015, DJe 03/09/2015); **B:** correta, pois essa é a própria definição de "perda de uma chance". Não existe ainda um dano concreto e caracterizado, mas apenas a perda de uma oportunidade, uma probabilidade de ganhar algo no futuro. O exemplo clássico é o do advogado que perde um prazo para ajuizar ação de alta probabilidade de ganho em favor de seu cliente; **C:** incorreta, pois a Súmula 54 do STJ afirma que *"Os juros moratórios fluem a partir do evento danoso, e caso de responsabilidade extracontratual"*; **D:** incorreta, pois o pai – ao pagar indenização pelo ato ilícito do filho incapaz – não tem ação regressiva contra este (CC, art. 934); **E:** incorreta, pois o STJ tem posição consolidada no sentido de que *"responde o empregador por ato ilícito do preposto se este, embora não estando efetivamente no exercício do labor que lhe foi confiado ou mesmo fora do horário de trabalho, vale-se das circunstâncias propiciadas pelo trabalho para agir"* (REsp 1072577/PR, Rel. Ministro Luis Felipe Salomão, Quarta Turma, julgado em 12/04/2012, DJe 26/04/2012).

Gabarito "B".

**(Cartório/DF – 2014 – CESPE)** Em relação à responsabilidade civil contratual e extracontratual, assinale a opção correta.

(A) A decisão que julga extinta a punibilidade pela prescrição, decadência, perempção e pelo perdão aceito pelo ofendido elide a pretensão indenizatória no juízo cível.

(B) Há presunção de responsabilidade civil pelo fato da coisa inanimada contra o titular do domínio ou possuidor, pelos danos que a coisa causar a terceiros, o que somente poderá eximir-se se demonstrados culpa exclusiva da vítima, caso fortuito ou força maior.

(C) Em se tratando de evento danoso pelo fato da coisa, comprovada a existência de culpa concorrente de ambos, lesado e agente causador do dano, ou de culpa presumida do proprietário ou possuidor, haverá divisão de responsabilidade, mesmo que privado da guarda, por transferência da posse jurídica ou furto da coisa.

(D) Tem responsabilidade subjetiva perante terceiros o tutor em relação ao ato ilícito praticado pelo tutelado que estiver sob sua autoridade e em sua companhia, fazendo-se necessária a comprovação de culpa *in vigilando*, ou negligência, por encerrar a tutela *munus* público.

(E) O ato praticado em legítima defesa, estado de necessidade e no exercício regular de direito, reconhecido em sentença penal excludente de ilicitude, não exime o agente da responsabilidade civil de reparação do dano.

**A:** incorreta, pois apenas vinculam o juízo cível as decisões do juízo criminal que disponham sobre a existência do fato, ou sobre quem seja o seu autor; **B:** correta, pois de acordo com o disposto no art. 938 do CC; **C:** incorreta, pois o dono da coisa não responde pela coisa que foi furtada; **D:** incorreta, pois os casos de responsabilidade por ato de terceiro são todos de responsabilidade objetiva (CC, art. 933); **E:** incorreta, pois o próprio Código Civil trata esses atos como lícitos, portanto, não causadores de responsabilidade civil (CC, art. 188), ressalvada a hipótese de o ato de legítima defesa ter atingido terceiro e também ressalvada a hipótese de – no estado de necessidade – a vítima do dano for a responsável pelo risco que envolveu a situação.

Gabarito "B".

**(Defensor Público - DPE/DF - 2019 - CESPE/CEBRASPE)** De acordo com as disposições do Código Civil e com a jurisprudência do STJ acerca da responsabilidade civil, julgue os itens a seguir.

(1) A responsabilidade civil do dono de animal é objetiva, admitindo-se a excludente do fato exclusivo de terceiro.

(2) Dano extrapatrimonial coletivo dispensa a comprovação da dor, do sofrimento e de abalo psicológico, elementos que são suscetíveis para serem apreciados na esfera do indivíduo, contudo não aplicáveis aos interesses difusos e coletivos.

(3) As concessionárias de rodovias respondem civilmente por roubos e sequestros ocorridos nas dependências de estabelecimento de suporte mantido para utilização de usuários dessas rodovias.

**1:** certa. De acordo com o art. 936 do Código Civil, que afirma que: O dono, ou detentor, do animal ressarcirá o dano por este causado, se não provar culpa da vítima ou força maior. **2:** certa. De acordo com o REsp 1.057.274/SP, DJe 26/02/2010 (...) ADMINISTRATIVO - TRANSPORTE - PASSE LIVRE - IDOSOS - DANO MORAL COLETIVO - DESNECESSIDADE DE COMPROVAÇÃO DA DOR E DE SOFRIMENTO - APLICAÇÃO EXCLUSIVA AO DANO MORAL INDIVIDUAL - CADASTRAMENTO DE IDOSOS PARA USUFRUTO DE DIREITO - ILEGALIDADE DA EXIGÊNCIA PELA EMPRESA DE TRANSPORTE - ART. 39, § 1º DO ESTATUTO DO IDOSO - LEI 10.741/2003 VIAÇÃO NÃO PREQUESTIONADO. 1. O dano moral coletivo, assim entendido o que é transindividual e atinge uma classe específica ou não de pessoas, é passível de comprovação pela presença de prejuízo à imagem e à moral coletiva dos indivíduos enquanto síntese das individualidades percebidas como segmento, derivado de uma mesma relação jurídica-base. 2. **O dano extrapatrimonial coletivo prescinde da comprovação de dor, de sofrimento e de abalo psicológico, suscetíveis de apreciação na esfera do indivíduo, mas inaplicável aos interesses difusos e coletivos.** 3. Na espécie, o dano coletivo apontado foi a submissão dos idosos a procedimento de cadastramento para o gozo do benefício do passe livre, cujo deslocamento foi custeado pelos interessados, quando o Estatuto do Idoso, art. 39, § 1.º exige apenas a apresentação de documento de identidade. (...) **3:** errado. De acordo com o REsp 1.749.941-PR, Rel. Min. Nancy Andrighi, por unanimidade, julgado em 04/12/2018, DJe 07/12/2018. Informativo STJ 640 – Tema: Responsabilidade civil. Concessionária de rodovia. Roubo e sequestro ocorridos em dependência de suporte ao usuário, mantido pela concessionária. Nexo de causalidade e conexidade. Inocorrência. Fato de terceiro. Fortuito externo. Excludente de responsabilidade. RECURSO ESPECIAL. RESPONSABILIDADE CIVIL. EMPRESA CONCESSIONÁRIA DE RODOVIA. ROUBO E SEQUESTRO OCORRIDOS EM DEPENDÊNCIA DE SUPORTE AO USUÁRIO, MANTIDO PELA CONCESSIONÁRIA. FORTUITO EXTERNO. EXCLUDENTE DE RESPONSABILIDADE. 1. Ação ajuizada em 20/09/2011. Recurso especial interposto em 16/09/2016 e distribuído ao Gabinete em 04/04/2018. 2. O propósito recursal consiste em definir se a concessionária de rodovia deve ser responsabilizada por roubo e sequestro ocorridos nas dependências de estabelecimento por ela mantido para a utilização de usuários (Serviço de Atendimento ao Usuário). 3. "A inequívoca presença do nexo de causalidade entre o ato administrativo e o dano causado ao terceiro não usuário do serviço público, é condição suficiente para estabelecer a responsabilidade objetiva da pessoa jurídica de direito privado" (STF. RE 591874, Repercussão Geral). 4. O fato de terceiro pode romper o nexo de causalidade, exceto nas circunstâncias que guardar conexidade com as atividades desenvolvidas pela concessionária de serviço público. 5. Na hipótese dos autos, é impossível afirmar que a ocorrência do dano sofrido pelos recorridos guarda conexidade com as atividades desenvolvidas pela recorrente. 6. A ocorrência de roubo e sequestro, com emprego de arma de fogo, é evento capaz e suficiente para romper com a existência de nexo causal, afastando-se, assim, a responsabilidade da recorrente. 7. Recurso especial provido. GR

Gabarito: 1C, 2C, 3E

**(Delegado - PC/SE - 2018 - CESPE/CEBRASPE)** Considerando essa situação hipotética, julgue os itens que se seguem.

(1) Diante da impossibilidade de saber de qual apartamento caiu ou foi lançada a garrafa que o atingiu, Túlio poderá buscar a responsabilização direta do condomínio, indicando-o como réu na ação de reparação de danos.

(2) Em caso de condenação do condomínio, o direito de regresso contra o morador do apartamento do qual caiu a garrafa, caso ele seja posteriormente identificado, depende da comprovação de dolo ou culpa do causador do dano.

**1:** Certa, nos termos do art. 938 CC que estabelece que: Aquele que habitar prédio, ou parte dele, responde pelo dano proveniente das coisas que dele caírem ou forem lançadas em lugar indevido. A redação do art. 938 do Código Civil, impõe ao morador a responsabilidade objetiva pelos objetos lançados ou caídos de seu apartamento. Essa responsabilidade funda-se no princípio da guarda, de poder efetivo sobre a coisa no momento do evento danoso. Mas, pode acontecer da vítima do dano não saber de qual unidade habitacional o objeto caiu ou foi lançado, e neste caso a doutrina entende que a responsabilidade será de todo o condomínio. Neste sentido: RECURSO ESPECIAL - RESPONSABILIDADE CIVIL - DIREITO DE VIZINHANÇA - LEGITIMIDADE PASSIVA - CONDOMÍNIO - PRESCRIÇÃO - JULGAMENTO ALÉM DO PEDIDO - MULTA COMINATÓRIA - FIXAÇÃO EM SALÁRIOS MÍNIMOS - SENTENÇA - CONDIÇÃO. 1. Na impossibilidade de identificar o causador, o condomínio responde pelos danos resultantes de objetos lançados sobre prédio vizinho. (REsp 246830/SP - Relator: Ministro Humberto Gomes de Barros - Órgão Julgador: Terceira Turma - Data de Julgamento: 22/02/2005; **2:** Errada, pois o art. 938 CC traz responsabilidade objetiva do causador do dano, logo o condomínio não precisa comprovar dolo ou culpa do dono do aparamento. GR

Gabarito: 1C, 2E

## 5.1. OBRIGAÇÃO DE INDENIZAR

**(Procurador/PA – CESPE – 2022)** Julgue os itens que se seguem, acerca da responsabilidade civil.

I. Após um longo período de insegurança decorrente das teorias pautadas na chamada sociedade de risco, a responsabilidade civil, plasmada nos modelos clássicos oitocentistas de codificação civil, com foco central na culpa do agente causador do dano, tem sido resgatada pela doutrina e jurisprudência do Superior Tribunal de

Justiça, que cada vez mais se afasta do modelo objetivo de responsabilidade e se apoia, para caracterizar o dever de indenizar, nos elementos dano certo, conduta culposa e nexo de causalidade.

II. A jurisprudência do Superior Tribunal de Justiça firmou-se no sentido de considerar objetiva a responsabilidade das instituições bancárias por danos causados por terceiro que abrir conta-corrente ou receber empréstimo mediante fraude, dado que tais práticas caracterizam-se como fortuito interno.

III. A jurisprudência do Superior Tribunal de Justiça consolidou o entendimento de que é indevido o pensionamento no caso de morte de filho menor. No caso de morte de filho maior, desde que comprovada a dependência econômica dos pais, estes têm direito a pensão, que deve ser fixada em 1/3 do salário percebido pelo falecido filho até o ano em que ele completaria 65 anos de idade.

IV. Em conformidade com a jurisprudência sumulada do Superior Tribunal de Justiça, o termo inicial da correção monetária incidente sobre a indenização por danos morais é a data do arbitramento, e os juros moratórios, em se tratando de responsabilidade extracontratual, incidem desde a data do evento danoso.

Estão certos apenas os itens

(A) I e II.

(B) II e IV.

(C) III e IV.

(D) I, II e III.

(E) I, III e IV.

**I:** incorreta, pois segundo a doutrina, a responsabilidade civil vem se fixando na objetiva, afastando-se da subjetiva, característica do CC/1916. **II:** correta (Súmula 479 STJ e Precedentes qualificados/ Tema repetitivo 466 STJ); **III:** incorreta, pois "A jurisprudência do STJ consolidou-se no sentido de ser devido o pensionamento, mesmo no caso de morte de filho(a) menor. E, ainda, de que a pensão a que tem direito os pais deve ser fixada em 2/3 do salário percebido pela vítima (ou o salário mínimo caso não exerça trabalho remunerado) até 25 (vinte e cinco) anos e, a partir daí, reduzida para 1/3 do salário até a idade em que a vítima completaria 65 (sessenta e cinco) anos. (AgInt no REsp 1287225/SC, Rel. Ministro Marco Buzzi, Quarta Turma, julgado em 16/03/2017, DJe 22/03/2017)AgInt no AREsp 1867343/ SP, Rel. Ministro Luis Felipe Salomão, Quarta Turma, julgado em 14/12/2021, DJe 01/02/2022; **IV:** correta (súmulas 362 e 54 STJ). GR

Gabarito: "B".

**(Procurador do Município/Manaus – 2018 – CESPE)** Lucas – vítima de importante perda de discernimento em razão de grave doença degenerativa em estágio avançado –, devidamente representado por sua filha e curadora Maria, ajuizou ação indenizatória por danos materiais e morais contra determinada instituição financeira, sustentando que foram realizados saques indevidos em sua conta-corrente com a utilização de um cartão magnético clonado por terceiros. Durante a instrução processual, foi comprovado que os fatos alegados na petição inicial eram verdadeiros.

Nessa situação hipotética, conforme a jurisprudência do STJ,

(1) Lucas não faz jus ao recebimento de indenização por dano moral, tendo em vista não estar conscientemente sujeito à dor ou sofrimento psíquico devido à significativa perda de discernimento.

(2) como o ilícito foi praticado por terceiro, que clonou o cartão magnético e efetuou os saques, ficou configurado evento que rompeu o nexo causal, afastando a responsabilidade da instituição financeira.

**1:** Errada, pois o dano moral não se liga à dor ou sofrimento psíquico. Tanto o é que a jurisprudência reconhece o dano *in re ipsa*. A base e fundamento do dano moral está na violação de algum dos caracteres dos direitos da personalidade, o que, apesar da doença, Lucas ainda preserva. O STJ entende que o dano moral se caracteriza pela simples ofensa a determinados direitos ou interesses. O evento danoso não se revela na dor, no padecimento, que são, na verdade, consequências do dano, seu resultado e não a sua causa STJ. 4ª Turma. REsp 1.245.550-MG, Rel. Min. Luis Felipe Salomão, julgado em 17/3/2015 (Informativo 559); **2:** errada, pois a Súmula 479 do STJ aduz que: "As instituições financeiras respondem objetivamente pelos danos gerados por fortuito interno relativo a fraudes e delitos praticados por terceiros no âmbito de operações bancárias". O STJ diz que responsabilidade de instituições financeiras é gerir contas com segurança. Depreende-se, portanto, o dever que os bancos assumem, independentemente de prova da culpa, de repor os danos que consumidores amargam pela insegurança das atividades bancárias. A hipótese de cartão clonado é um caso típico em que o banco deve indenizar os prejuízos sofridos pelo correntista. O cliente não utilizou o cartão para compras ou pagamentos, tendo sido vítima de um criminoso que, com sua habilidade, fraudou o sistema de segurança bancário e deu golpes. **GR**

Gabarito 1E, 2E

**(Defensor Público/AC – 2017 – CESPE)** A responsabilidade civil, de acordo com o Código Civil,

(A) na hipótese de pai e filho maior que concorrem para o ato ilícito, recairá sobre o pai, devendo o filho ser responsabilizado subsidiariamente.

(B) não poderá ser atribuída a pessoa diferente daquela que houver causado o dano.

(C) será indevida quando não for possível quantificar a extensão do dano causado.

(D) no caso de ato danoso praticado por animal, será imputável ao dono deste, se não houver culpa da vítima.

(E) se referente a ato ilícito que resulte em diminuição da capacidade laboral, fornece à vítima o direito a exigir danos morais ou pensão equivalente à depreciação sofrida.

**A:** incorreta, pois em se tratando de filho maior a responsabilidade é individual de cada agente. O pai apenas responderá pelos danos causados por seu filho quando este for menor de dezoito anos e estiver sob sua autoridade e em sua companhia (art. 932, I CC); **B:** incorreta, pois o art. 932 CC traz uma lista de pessoas que são responsabilizadas, ainda que elas não sejam as causadoras do dano; **C:** incorreta, pois quando não for possível quantificar a extensão do dano causado, o juiz fixará a indenização equitativamente (art. 953, parágrafo único, CC); **D:** correta (art. 936 CC); **E:** incorreta, pois neste caso a indenização deverá abranger despesas do tratamento, lucros cessantes bem como pensão correspondente à importância do trabalho para o qual a vítima se inabilitou, ou da depreciação que sofreu (art. 950, "caput", CC). Não necessariamente haverá danos morais. **GR**

Gabarito "D".

**(Juiz – TRF5 – 2017 – CESPE)** De acordo com o entendimento do STJ, a responsabilidade civil do incapaz pela reparação de danos que houver causado, quando seus pais não tiverem meios de repará-los, será

I.   solidária, mas mitigada.
II.  condicional.
III. subsidiária e equitativa.
IV.  de eficácia diferida.

Estão certos apenas os itens

(A) I e II.
(B) I e III.
(C) I e IV.
(D) II e III.
(E) III e IV.

A alternativa correta é a letra D. Nos termos do art. 928 CC: "O incapaz responde pelos prejuízos que causar, se as pessoas por ele responsáveis não tiverem obrigação de fazê-lo ou não dispuserem de meios suficientes. Parágrafo único. A indenização prevista neste artigo, que deverá ser equitativa, não terá lugar se privar do necessário o incapaz ou as pessoas que dele dependem". Neste passo, o Enunciado 39 CJF/STJ aclara a questão: "A impossibilidade de privação do necessário à pessoa, prevista no art. 928, traduz um dever de indenização equitativa, informado pelo princípio constitucional da proteção à dignidade da pessoa humana. Como consequência, também os pais, tutores e curadores serão beneficiados pelo limite humanitário do dever de indenizar, de modo a passagem ao patrimônio do incapaz se dará não quando esgotados todos os recursos do responsável, mas quando reduzidos estes ao montante necessário à manutenção de sua dignidade". Se o ato ilícito foi praticado por um incapaz, o responsável por ele irá responder de forma principal e o incapaz terá apenas responsabilidade subsidiária e mitigada. O art. 928 afirma que o incapaz

somente responderá se as pessoas por ele responsáveis: não tiverem obrigação de fazê-lo; ou não dispuserem de meios suficientes. Desse modo, não é certo dizer que o incapaz responde de forma solidária. Ele responde de modo subsidiário. Isso porque seu patrimônio só servirá para pagar a indenização se ocorrer alguma das duas situações listadas. Além disso, o incapaz não irá responder se, ao pagar a indenização, isso ocasionar uma perda em seu patrimônio que gere uma privação de recursos muito grande, prejudicando sua subsistência ou das pessoas que dele dependam (parágrafo único do art. 928).Portanto, o art. 928 excepciona a regra da responsabilidade solidária trazida pelos arts. 932 e 942, parágrafo único CC. O art. 928 é regra especial em relação aos demais, cuidando especificamente da situação peculiar dos incapazes, ficando o art. 942, parágrafo único, responsável por normatizar todas as demais hipóteses do art. 932. Por isso, pode-se concluir dizendo que os incapazes (ex: filhos menores), quando praticarem atos que causem prejuízos, terão responsabilidade subsidiária, condicional, mitigada e equitativa, termos do art. 928 do CC. A responsabilidade dos pais dos filhos menores será substitutiva, exclusiva e não solidária. **GR**

Gabarito "D".

**(Procurador Municipal – Prefeitura/BH – CESPE – 2017)**À luz da legislação aplicável e do entendimento doutrinário prevalecente a respeito da responsabilidade civil, assinale a opção correta.

(A) O abuso do direito, ato ilícito, exige a comprovação do dolo ou da culpa para fins de responsabilização civil.

(B) No contrato de transporte de pessoas, a obrigação assumida pelo transportador é de resultado, e a responsabilidade é objetiva.

(C) O dever de indenizar pressupõe, necessariamente, a prática de ato ilícito.

(D) No que se refere ao nexo causal, elemento da responsabilidade civil, o Código Civil adota a teoria da equivalência das condições.

**A:** incorreta, pois já se pacificou o entendimento segundo o qual: "*A responsabilidade civil decorrente do abuso do direito independe de culpa e fundamenta-se somente no critério objetivo-finalístico*" (Enunciado 37 do Conselho da Justiça Federal); **B:** correta, pois o STJ já pacificou o entendimento segundo o qual: "*o contrato de transporte acarreta para o transportador a assunção de obrigação de resultado, impondo ao concessionário ou permissionário do serviço público o ônus de levar o passageiro incólume ao seu destino*" (EREsp 1318095/MG, Rel. Min. Raul Araújo, Segunda Seção, j. 22.02.2017, *DJe* 14.03.2017); **C:** incorreta, pois é possível que o dever de indenizar decorra de atos lícitos, como os previstos no art. 188 combinado com 929 do CC (legítima defesa que causa dano a terceiro e estado de necessidade que causa dano a quem não gerou o risco da situação); **D:** incorreta, pois o Código Civil adotou a teoria da causalidade adequada, considerando como causa apenas fatos relevantes para causar o dano. **GN**

Gabarito "B".

**(Analista Judiciário – TRT/8ª – 2016 – CESPE)** A respeito da responsabilidade civil, assinale a opção correta.

(A) Conforme o entendimento sumulado do STJ, a indenização em decorrência de publicação não autorizada de imagem de pessoa, com fins econômicos ou comerciais, depende da comprovação do prejuízo.

(B) A pessoa lesada não terá direito à indenização quando os danos que lhe foram causados decorrerem de conduta praticada em estado de necessidade, ainda que ela não seja responsável pelo perigo.

(C) Em decorrência da própria condição de incapacidade, o menor incapaz não pode responder pelos prejuízos que causar a terceiros.

(D) A sentença criminal que absolve o réu, por qualquer dos fundamentos previstos em lei, impede o reexame dos mesmos fatos para fins de responsabilização civil.

(E) De acordo com o entendimento sumulado do STF, presume-se a culpa do empregador pelos atos culposos de seus prepostos e empregados.

**A:** Incorreta, pois a súmula 403 do STJ determina que: "*independe de prova do prejuízo a indenização pela publicação não autorizada de imagem de pessoa com fins econômicos ou comerciais*"; **B:** incorreta, pois a vítima do dano terá direito à indenização, quando ela não for responsável pelo

# 10. DIREITO CIVIL

perigo criado (CC, arts. 188 e 930); **C:** incorreta, pois, com requisitos específicos, existe previsão de responsabilidade direta do patrimônio do incapaz (CC, art. 928); **D:** incorreta, pois apenas duas hipóteses impedem tal reexame, a saber, existência do fato e negativa de autoria (CC, art. 935); **E:** a banca do exame considerou esta alternativa como correta. De fato, a súmula 341 do STF, do ano de 1963, apresenta a seguinte redação: "*é presumida a culpa do patrão ou comitente pelo ato culposo do empregado ou preposto*". Ocorre que tal entendimento foi superado pelo art. 933 do código civil, que mudou a sistemática para a responsabilização objetiva, não se discutindo mais a culpa do empregador.

Gabarito "E".

**(Analista Jurídico – TCE/PR – 2016 – CESPE)** Com relação à responsabilidade civil à luz do Código Civil, assinale a opção correta.

(A) Por filiar-se à teoria do risco, o Código Civil estabelece como regra a responsabilidade objetiva, a qual prescinde da demonstração da culpa.

(B) Os pais exonerar-se-ão da obrigação de reparar dano causado pelo filho se provarem não ter havido negligência da parte deles.

(C) A escola terá direito de regresso contra o aluno, caso seja obrigada a indenizar prejuízo por ele causado a terceiros.

(D) Provado o vínculo de subordinação, o empregador responderá pelos danos causados pelo empregado a terceiros, por culpa *in eligendo*.

(E) Para que se possa exigir a restituição de pessoa que recebeu gratuitamente o produto de um crime para o qual não tenha concorrido, deve-se comprovar eventual vantagem econômica auferida.

**A:** incorreta, pois nosso sistema adotou a responsabilidade subjetiva como regra. A responsabilidade objetiva (aquela que não depende de comprovação de culpa) será aplicada para os casos especificados em lei e para as atividades de risco (CC, art. 927, parágrafo único); **B:** incorreta, pois a responsabilidade dos pais pelos atos ilícitos praticados pelo filho menor é objetiva. Assim, não se discute a culpa dos pais (CC, art. 933); **C:** correta, pois a escola é apenas a responsável pela indenização. O verdadeiro devedor é o aluno (ou seus pais, caso seja incapaz). Nesses casos, assegura-se direito de regresso (CC, art. 934); **D:** incorreta, pois a responsabilidade do empregador é objetiva, ou seja, não depende da demonstração de sua culpa (CC, art. 933); **E:** incorreta, pois o art. 932, V, do Código Civil não exige tal comprovação.

Gabarito "C".

**(Analista Jurídico –TCE/PA – 2016 – CESPE)** Determinada associação civil ajuizou ação indenizatória em face de uma sociedade empresária jornalística, com o intuito de receber indenização por danos materiais e morais decorrentes de publicação de reportagem com informações falsas, cujo único objetivo era macular a imagem e a credibilidade da associação civil, conforme ficou provado no processo.

Considerando essa situação hipotética, julgue os itens que se seguem.

(1) Na situação em apreço, para fixar o valor da condenação pelos danos materiais, o juiz deve considerar os denominados danos hipotéticos ou eventuais, pois, ainda que não tenha sido comprovado efetivo prejuízo material, presume-se que a conduta ilícita causou lesão à associação.

(2) A proteção dos direitos da personalidade positivada no Código Civil é aplicável, na medida do possível, à associação civil autora, que sofre dano moral em caso de grave violação a sua imagem e honra objetiva.

**1:** incorreta, pois a indenização mede-se pela extensão do dano (CC, art. 944). A indenização pelo dano material depende da comprovação do prejuízo sofrido; **2:** correta, pois, obedecendo aos limites e à natureza da pessoa jurídica, esta também pode ser vítima de danos morais (STJ, súmula 227).

Gabarito 1E, 2C.

**(Procurador do Estado – PGE/BA – CESPE – 2014)** Acerca da responsabilidade civil, julgue os itens subsequentes, à luz da jurisprudência dominante do STJ.

(1) Na hipótese de indenização por danos morais ou materiais decorrentes do falecimento de ente querido, o termo inicial

da contagem do prazo prescricional é a data do óbito, independentemente da data da ação ou da omissão.

(2) O espólio tem legitimidade para postular indenização pelos danos materiais e morais supostamente experimentados pelos herdeiros.

(3) Os juros de mora decorrentes do inadimplemento em contrato de locação fluem a partir do vencimento de cada parcela em atraso, inclusive para o fiador.

**1:** Correta, pois o STJ já se posicionou de forma consolidada no sentido de que na "*hipótese em que se discute dano moral decorrente do falecimento de ente querido, é a data do óbito o prazo inicial da contagem da prescrição*" (REsp 1318825/SE, Rel. Min. Nancy Andrighi, Terceira Turma, j. 13.11.2012, *DJe* 21.11.2012). **2:** Incorreta, pois nesse caso os herdeiros são os próprios "*legitimados ativos para promover a ação de indenização*" (REsp 1297611/SP, Rel. Min. Luis Felipe Salomão, Quarta Turma, j. 06.06.2017, *DJe* 01.08.2017). **3:** Correta. O STJ já se posicionou no sentido de que "*embora juros contratuais em regra corram a partir da data da citação, no caso, contudo, de obrigação contratada como positiva e líquida, com vencimento certo, os juros moratórios correm a partir da data do vencimento da dívida*" (EREsp 1250382/RS, Rel. Min. Sidnei Beneti, Corte Especial, j. 02.04.2014, *DJe* 08.04.2014). GN

Gabarito 1C, 2E, 3C.

João dirigia embriagado quando colidiu com outro veículo, causando um grave acidente. João morreu no local do acidente e o motorista do outro veículo, Pedro, foi levado ao hospital, onde ficou internado por dois meses, até falecer. Os herdeiros de Pedro decidiram pleitear danos morais e materiais contra os herdeiros de João.

**(Auditor Fiscal – SEFAZ/DF – 2020 – CESPE/CEBRASPE)** Considerando essa situação hipotética, julgue os itens subsequentes.

(1) A pretensão dos herdeiros de Pedro é viável, pois tanto o direito de exigir a reparação civil por ato ilícito quanto a obrigação de prestá-la são transmitidos por sucessão aos herdeiros.

(2) A prescrição da pretensão indenizatória iniciou-se na data do acidente, interrompeu-se com a morte de Pedro e recomeçou contra os seus sucessores.

**1:** certo. A assertiva está de acordo com o art. 943 do Código Civil. **2:** errado. A assertiva está em desacordo com o art. 196 do Código Civil, que determina que a prescrição continua a correr, na hipótese.

Gabarito 1C, 2E

## 5.2. INDENIZAÇÃO

**(Procurador do Município/Manaus – 2018 – CESPE)** De acordo com a jurisprudência do STJ e as disposições do Código Civil, julgue os itens a seguir, acerca da responsabilidade civil.

(1) A sanção civil de pagamento em dobro por cobrança de dívida já adimplida pode ser pleiteada na defesa do réu, independentemente da propositura de ação autônoma ou de reconvenção para tanto.

(2) Uma vez ajuizada ação de cobrança de dívida já paga, o direito do requerido à restituição em dobro prescindirá da demonstração de má-fé do autor da cobrança.

**1:** certa. O STJ fixou a tese em recurso repetitivo ao julgar recursos especiais de consórcio e consorciados acerca do tema. Destacando a importância de se resguardar a boa-fé nas relações jurídicas, e o fato de que *o Estado utiliza-se de sua força de império para reprimir o litigante que pede coisa já recebida*, concluiu-se que não há necessidade de propositura de ação autônoma ou manejo de reconvenção pelo credor (o consorciado no caso concreto). Recurso Especial: REsp 1111270 PR 2009/0015798-8; **2:** errada, pois o STJ repetidamente exige a comprovação de má-fé, abuso ou leviandade: "Agravo interno. Agravo em recurso especial. Civil e processual. Repetição de indébito. Devolução em dobro. Má-fé. Comprovação. Necessidade. Reexame de provas. Súmula 7/STJ. Nos termos da jurisprudência da Segunda Seção do Superior Tribunal de Justiça, "[...] para se determinar a repetição do indébito em dobro deve estar comprovada a má-fé, o abuso ou leviandade, como determinam os artigos 940 do Código Civil e 42, parágrafo único, do Código de Defesa do Consumidor, o que não ocorreu na espécie, porquanto, segundo o Tribunal *a quo*, o tema da repetição em dobro sequer foi devolvida para apreciação" (AgInt no AgRg no AREsp 730.415/RS, Rel. Ministra Maria Isabel Gallotti, Quarta Turma, julgado em 17.04.2018, DJe 23.04.2018)". **GR**

Gabarito 1C, 2E

**(Juiz de Direito/DF – 2016 – CESPE)** A respeito da responsabilidade civil, assinale a opção correta.

(A) De acordo com o Código Civil, a possibilidade legal de redução equitativa da indenização pelo juiz é aplicável às hipóteses de responsabilidade subjetiva e objetiva.

(B) Se houver concorrência de culpas e danos a ambas as partes, cada qual deve arcar com seus respectivos prejuízos.

(C) Nos termos explicitados no Código Civil, a gradação de culpa possui relevância para a configuração do ato ilícito.

(D) Segundo a atual orientação do STJ, a reparação pela lesão extrapatrimonial deve seguir o método denominado bifásico na aferição do valor da indenização.

(E) Conforme jurisprudência prevalente do STJ, a cobrança indevida já traz em si a ilicitude, bastando a prova de que se deu por meio judicial para se impor a devolução em dobro, prevista no Código Civil.

**A:** incorreta, pois a possibilidade de redução equitativa da indenização (CC, art. 944, parágrafo único) só é admitida se houver "*excessiva desproporção entre a gravidade da culpa e o dano*". Logo, a culpa é elemento essencial para tal redução; **B:** incorreta, pois nesse caso deverá ser fixada uma indenização específica para cada agente, de acordo com a gravidade de sua conduta (CC, art. 945); **C:** incorreta, pois a gradação da culpa tem relevância para fixação do valor da indenização, mas não para a configuração do ato ilícito (CC, art. 944, parágrafo único); **D:** correta, pois o STJ adota com frequência esse método bifásico. Segundo a própria Corte, "*Na primeira fase, o valor básico ou inicial da indenização é arbitrado tendo-se em conta o interesse jurídico lesado, em conformidade com os precedentes jurisprudenciais acerca da matéria [...] Na segunda fase, ajusta-se o valor às peculiaridades do caso, com base nas suas circunstâncias (gravidade do fato em si, culpabilidade do agente, culpa concorrente da vítima, condição econômica das partes), procedendo-se à fixação definitiva da indenização, por meio de arbitramento equitativo pelo juiz*" (RESP 1332366/MS); **E:** incorreta, pois "a repetição do indébito em dobro pressupõe cobrança indevida por má-fé do credor" (AgInt no REsp 1572392/RS).

Gabarito "D".

## 6. COISAS

**(Delegado/RJ – 2022 – CESPE/CEBRASPE)** Em se tratando da regra geral das construções e plantações estabelecidas no nosso Código Civil Brasileiro, aquele que semeia, planta ou edifica em terreno alheio

(A) ganha, em desfavor do proprietário, as sementes, plantas e construções.

(B) deverá pagar ao proprietário pelas benfeitorias realizadas no imóvel sem autorização.

(C) perde, em proveito do proprietário, as sementes, plantas e construções, mas tem direito à indenização, caso tenha procedido de boa-fé.

(D) perde, em proveito do proprietário, as sementes, plantas e construções, sem possibilidade de indenização.

(E) ganha, em desfavor do proprietário, somente as sementes e plantas.

**A:** incorreta, pois ele perde, em proveito do proprietário, as sementes, plantas e construções (art. 1.255, *caput*, 1ª parte do CC); **B:** incorreta, pois não há que se falar em indenização por benfeitorias. Haverá a perda em desfavor do proprietário, as sementes, plantas e construções (art. 1.255 do CC); **C:** correta (art. 1.255 do CC); **D:** incorreta, pois há o direito de indenização se procedeu de boa-fé (art. 1.255 do CC); **E:** incorreta, pois ele perde em desfavor do proprietário, as sementes, plantas e construções (art. 1.255 do CC). **GR**

Gabarito "C".

**(Delegado/PE – 2016 – CESPE)** O direito real, que se notabiliza por autorizar que seu titular retire de coisa alheia os frutos e as utilidades que dela advierem, denomina-se

(A) usufruto.

(B) uso.

(C) habitação.

(D) propriedade.

(E) servidão.

**A:** correta (art. 1.390, parte final, do CC); **B:** incorreta, pois no uso só se admite o uso da coisa e a percepção de frutos limitada às exigências das necessidades do usuário e de sua família (art. 1.412, *caput*, do CC), diferentemente do usufruto que permite fruição sem esse tipo de limite; **C:** incorreta, pois na habitação só se admite o direito de habitar a coisa, não podendo haver fruição desta (art. 1.414 do CC); **D:** incorreta, pois na propriedade o direito não é sobre "coisa alheia", mas sim sobre "coisa própria", admitindo-se só a fruição da coisa, mas também a sua alienação e a sua reivindicação; **E:** incorreta, pois esta é um direito real (art. 1.378 do CC) que proporciona uma utilidade de um prédio (serviente) em favor de outro (dominante), não havendo que se falar em retirada de frutos típica de usufruto.

Gabarito "A".

**(Juiz de Direito/DF – 2016 – CESPE)** A respeito da posse e do direito das coisas, assinale a opção correta.

(A) A posse *ad interdicta* dá ensejo à prescrição aquisitiva originária pela usucapião.

(B) A propriedade, conforme disposição legal, incide exclusivamente sobre bens corpóreos.

(C) A resolução da propriedade determinada por causa originária, prevista no título, produzirá efeitos *ex nunc* e *inter partes*.

(D) A sentença que reconhece a usucapião tem natureza constitutiva.

(E) A posse pode ser adquirida por terceiro, sem mandato do pretendente, caso em que a aquisição depende de ratificação.

**A:** incorreta, pois a posse *ad interdicta* apenas possibilita a defesa da posse pelos interditos possessórios; **B:** incorreta, pois a lei não restringe a propriedade aos bens corpóreos. A produção intelectual, por exemplo, é um bem incorpóreo titularizado pelo autor; **C:** incorreta, pois nessa hipótese a produção de efeitos é *ex tunc* e *erga omnes*. Se for decorrente de causa superveniente, será *ex nunc* e *inter partes* (Enunciado 509 do CJF); **D:** incorreta, pois a sentença de usucapião tem natureza declaratória; **E:** correta, pois tal forma de aquisição da posse é prevista pelo Código Civil no art. 1.205, III.

Gabarito "E".

**(Juiz de Direito/AM – 2016 – CESPE)** Acerca da posse, dos direitos reais e dos direitos reais de garantia, assinale a opção correta à luz da legislação e da jurisprudência.

(A) O usufrutuário tem o direito de ceder o exercício do usufruto, a título gratuito ou oneroso, independentemente de autorização do nu-proprietário.

(B) O penhor industrial deve ser constituído mediante a lavratura de instrumento público ou particular e levado a registro no cartório de títulos e documentos.

(C) O ocupante irregular de bem público tem direito de retenção pelas benfeitorias realizadas se provar que foram feitas de boa-fé.

(D) Quando da constituição de penhor, anticrese ou hipoteca, admite-se a imposição de cláusula comissória no contrato.

(E) A decisão judicial que reconhece a aquisição da propriedade de bem imóvel por usucapião, a despeito dos efeitos *ex tunc*, não prevalece sobre a hipoteca judicial que tenha anteriormente gravado o bem.

**A:** correta, pois a cessão do exercício do usufruto é permitida pelo art. 1.393 do Código Civil. É evidente, neste caso, que a extinção do usufruto (que normalmente ocorre com a morte do usufrutuário) faz consolidar a propriedade nas mãos do nu-proprietário, o que acarreta a extinção do exercício concedido; **B:** incorreta, pois a exigência de registro no Cartório de Títulos e Documentos restringe-se ao penhor comum (CC, art. 1.432), ao penhor de direito (CC, art. 1.452) e ao penhor de veículos

(CC, art. 1.462); **C:** incorreta, pois o direito de retenção conferido ao possuidor de boa-fé aplica-se apenas às benfeitorias necessárias e úteis (CC, art. 1.219); **D:** incorreta, pois a cláusula comissória nesses direitos reais de garantia é aquela que "autoriza o credor pignoratício, anticrético ou hipotecário a ficar com o objeto da garantia, se a dívida não for paga no vencimento". Tal cláusula é nula segundo o art. 1.428 do CC; **E:** incorreta, pois é legal a decisão que: "*reconhece ser a usucapião modo originário de aquisição da propriedade e, portanto, prevalente sobre os direitos reais de garantia que anteriormente gravavam a coisa*" (STJ, REsp 620610/DF).

Gabarito "A".

## 6.1. POSSE

### 6.1.1. POSSE E SUA CLASSIFICAÇÃO

Tendo em vista existência de elementos doutrinários no que concerne ao conceito de posse e à sua classificação, seguem algumas definições, que poderão colaborar na resolução de questões:

**1. Conceito de posse:** é o exercício, pleno ou não, de algum dos poderes inerentes à propriedade (art. 1.196, CC). É a exteriorização da propriedade, ou seja, a visibilidade da propriedade. Os poderes inerentes à propriedade são usar, gozar e dispor da coisa, bem como reavê-la (art. 1.228). Assim, se alguém estiver, por exemplo, usando uma coisa, como o locatário e o comodatário, pode-se dizer que está exercendo posse sobre o bem.

**2. Teoria adotada:** há duas teorias sobre a posse. A primeira é a **Teoria Objetiva** (de Ihering), para a qual a posse se configura com a mera conduta de dono, pouco importando a apreensão física da coisa e a vontade de ser dono dela. Já a segunda, a **Teoria Subjetiva** (de Savigny), entende que a posse só se configura se houver a apreensão física da coisa (*corpus*), mais a vontade de tê-la como própria (*animus domini*). Nosso CC adotou a Teoria Objetiva de Ihering, pois não trouxe como requisito para a configuração da posse a apreensão física da coisa ou a vontade de ser dono dela. Exige tão somente a conduta de proprietário.

**3. Detenção:** é aquela situação em que alguém conserva a posse em nome de outro e em cumprimento às suas ordens e instruções. Ex: caseiro, em relação ao imóvel de que cuida, e funcionário público, em relação aos móveis da repartição. A detenção não é posse, portanto não confere ao detentor direitos decorrentes desta.

**4. Classificação da posse.**

**4.1. Posse direta e indireta:** quanto ao campo de seu exercício (art. 1.197, CC).

**(A) posse indireta:** é aquela exercida por quem cedeu, temporariamente, o uso ou o gozo da coisa a outra pessoa. São exemplos: a posse exercida pelo locador, nu-proprietário, comodante e depositante. O possuidor indireto ou mediato pode se valer da proteção possessória.

**(B) posse direta:** é aquela exercida por quem recebeu o bem, temporariamente, para usá-lo ou gozá-lo, em virtude de direito pessoal ou real.

**4.2. Posse individual e composse:** quanto à simultaneidade de seu exercício (art. 1.199, CC).

**(A) posse individual:** é aquela exercida por apenas uma pessoa.

**(B) composse:** é a posse exercida por duas ou mais pessoas sobre coisa indivisa. Exemplos: a posse dos cônjuges sobre o patrimônio comum e a posse dos herdeiros antes da partilha. Na composse *pro diviso* há uma divisão de fato da coisa.

**4.3. Posse justa e injusta:** quanto à existência de vícios objetivos (art. 1.200, CC).

**(A) posse justa:** é aquela que não obtida de forma violenta, clandestina ou precária. Assim, é justa a posse não adquirida pela força física ou moral (não violenta), não estabelecida às ocultas (não clandestina) e não originada com abuso de confiança por parte de quem recebe a coisa com o dever de restituí-la (não precária). Perceba que os vícios equivalem, no Direito Penal, aos crimes de roubo, furto e apropriação indébita.

**(B) posse injusta:** é aquela originada do esbulho. Em caso de violência ou clandestinidade, a posse só passa a existir após a cessação da violência ou da clandestinidade (art. 1.208, CC). Já em caso de precariedade (ex.: um comodatário passa a se comportar como dono da coisa), a posse deixa de ser justa e passa a ser injusta diretamente. É importante ressaltar que, cessada a violência ou a clandestinidade, a posse passa a existir, mas o vício que a inquina faz com que o Direito a considere injusta. E, mesmo depois de um ano e dia, a posse continua injusta, só deixando de ter essa característica se houver aquisição da coisa, o que pode acontecer pela usucapião, por exemplo. A qualificação de posse injusta é relativa, valendo apenas em relação ao anterior possuidor da

coisa. Em relação a todas as outras pessoas, o possuidor injusto pode defender a sua posse.

**4.4. Posse de boa-fé e de má-fé:** quanto à existência de vício subjetivo (art. 1.201, CC):

**(A) posse de boa-fé:** é aquela em que o possuidor ignora o vício ou o obstáculo que impede a aquisição da coisa. É de boa-fé a posse daquele que crê que a adquiriu de quem legitimamente a possuía. Presume-se de boa-fé o possuidor com **justo título**, ou seja, aquele título que seria hábil para transferir o direito à posse, caso proviesse do verdadeiro possuidor ou proprietário da coisa.

**(B) posse de má-fé:** é aquela em que o possuidor tem ciência do vício ou do obstáculo que impede a aquisição da coisa. A posse de boa-fé pode se transmudar em posse de má-fé em caso de ciência posterior do vício. A citação para a demanda que visa à retomada da coisa tem o condão de alterar o caráter da posse.

**Obs.:** saber se a posse de alguém é de boa-fé ou de má-fé interfere no direito à indenização pelas benfeitorias feitas, no direito de retenção, no direito aos frutos, no prazo de prescrição aquisitiva (usucapião), na responsabilidade por deterioração da coisa etc.

**4.5. Posse natural e jurídica:** quanto à origem:

**(A) posse natural:** é a que decorre do exercício do poder de fato sobre a coisa.

**(B) posse civil ou jurídica:** é a que decorre de um título, não requerendo atos físicos ou materiais.

**(Ministério Público/PI – 2014 – CESPE)** Com base no que dispõe o Código Civil sobre posse, assinale a opção correta.

(A) Caracteriza-se como clandestina a posse adquirida via processo de ocultamento em relação àquele contra quem é praticado o apossamento, embora possa ser ele público para os demais. Por tal razão, a clandestinidade da posse é considerada defeito relativo.

(B) Na posse precária, o vício se inicia no momento em que o possuidor recebe a coisa com a obrigação de restituí-la ao proprietário ou ao possuidor legítimo.

(C) A ocupação de área pública, mesmo quando irregular, pode ser reconhecida como posse, podendo-se admitir desta o surgimento dos direitos de retenção e de indenização pelas acessões realizadas.

(D) É possível reconhecer a posse a quem não possa ser proprietário ou não possa gozar dos poderes inerentes à propriedade.

(E) É injusta a posse violenta, por meio da qual o usurpado seja obrigado a entregar a coisa para não ver concretizado o mal prometido, incluindo-se entre os atos de violência que tornam a posse injusta o temor reverencial e o exercício regular de um direito.

**A:** correta, pois o vício da clandestinidade mede-se justamente pela ocultação em relação à vítima. Enquanto durar a clandestinidade, o poder de fato do sujeito que detém a coisa será considerado pela lei como mera detenção (CC, art. 1.208); **B:** incorreta, pois a precariedade ocorre quando o possuidor de posse justa não devolve o bem no prazo estipulado. É o que ocorre com o comodatário, por exemplo, que se recusa a devolver o bem no prazo assinalado; **C:** incorreta, pois segundo a jurisprudência do STJ, "*A ocupação de área pública, quando irregular, não pode ser reconhecida como posse, mas como mera detenção*" (RESP 863939/RJ – Relatora: Ministra Eliana Calmon – Órgão Julgador: 2ª Turma: 04.11.2008); **D:** incorreta, pois o nosso sistema seguiu a teoria de Ihering, considerando como possuidor "*todo aquele que tem de fato o exercício, pleno ou não, de algum dos poderes inerentes à propriedade*" (CC, art. 1.196); **E:** incorreta, pois tanto o temor reverencial quanto o exercício regular de um direito não podem ser considerados como ameaça (CC, art. 153).

Gabarito "A".

**(Juiz de Direito – TJ/SC – 2019 – CESPE/CEBRASPE)** Para que seja caracterizada a posse de boa-fé, o Código Civil determina que o possuidor

(A) apresente documento escrito de compra e venda.

(B) tenha a posse por mais de um ano e um dia sem conhecimento de vício.

(C) aja com ânimo de dono e sem oposição.

**(D)** tenha adquirido a posse de quem se encontrava na posse de fato.

**(E)** ignore o vício impedidor da aquisição do bem.

**A:** incorreta, pois para caracterizar a posse de boa-fé a lei não exige documento escrito de compra e venda. Caso ele exista presume-se a boa-fé (art. 1.201, 1ª parte CC), porém ele não é indispensável. A posse apenas perde o caráter de boa-fé no caso e desde o momento em que as circunstâncias façam presumir que o possuidor não ignora que possui indevidamente (art. 1.202 CC); **B:** incorreta, pois não é relevante o tanto de tempo que a pessoa fique sem conhecer o vício. Basta que ela simplesmente ignore o vício (art. 1.202 CC); **C:** incorreta, pois esses requisitos também se aplicam na posse de má-fé. O que importa saber é se o possuidor ignora o vício ou não (art. 1.202 CC); **D:** incorreta, pois não é relevante para fins de determinar a boa-fé se o possuidor recebeu a posse de alguém que possuía de fato a coisa ou exercia a posse indireta. O que importa saber é se ele tinha ciência do vício ou não (art. 1.202 CC); **E:** correta (art. 1.202 CC).

Gabarito "E".

### 6.1.2. AQUISIÇÃO E PERDA DA POSSE

O tema em tela trata da aquisição da posse. Por se tratar de tema que envolve, além de questões legais, elementos doutrinários, segue um resumo que colaborará na resolução da presente questão e de outras por vir.

**Aquisição e perda da posse.**

**(1) Aquisição da posse:**

**1. (1) Conceito:** *adquire-se a posse desde o momento em que se torna possível o exercício, em nome próprio, de qualquer dos poderes inerentes à propriedade* (art. 1.204, CC).

**1. (2) Aquisição originária:** *é aquela que não guarda vínculo com a posse anterior.* Ocorre nos casos de: **a) apreensão,** *que consiste na apropriação unilateral da coisa sem dono* (abandonada – *res derelicta,* ou de ninguém – *res nullius) ou na retirada da coisa de outrem sem sua permissão* (cessada a violência ou a clandestinidade); **b) exercício do direito,** como no caso da servidão constituída pela passagem de um aqueduto em terreno alheio; **c) disposição,** que consiste em alguém dar uma coisa ou um direito, situação que revela o exercício de um poder de fato (posse) sobre a coisa.

**1. (3) Aquisição derivada:** *é aquela que guarda vínculo com a posse anterior.* Nesse caso, a posse vem gravada dos eventuais vícios da posse anterior. Essa regra vale para a sucessão a título universal (art. 1.206, CC), mas é abrandada na sucessão a título singular (art. 1.207, CC). Ocorre nos casos de **tradição,** *que consiste na transferência da posse de uma pessoa para outra, pressupondo acordo de vontades.* A tradição pode ser de três tipos:

**(A) tradição real:** *é aquela em que há a entrega efetiva, material da coisa.* Ex.: entrega de um eletrodoméstico para o comprador. No caso de aquisição de grandes imóveis, não há a necessidade de se colocar fisicamente a mão sobre toda a propriedade, bastando a referência a ela no título. Trata-se da chamada *traditio longa manu.*

**(B) tradição simbólica:** *é aquela representada por ato que traduz a entrega da coisa.* Exemplo: entrega das chaves de uma casa.

**(C) tradição consensual:** *é aquela decorrente de contrato, de acordo de vontades.* Aqui temos duas possibilidades. A primeira é a *traditio brevi manu,* que *é aquela situação em que um possuidor, em nome alheio, passa a possuir a coisa em nome próprio.* É o caso do locatário que adquire a coisa. Já a segunda é o **constituto possessório,** *que é aquela situação em que um possuidor em nome próprio passa a possuí-la em nome de outro, adquirindo este a posse indireta da coisa.* É o caso do dono que vende a coisa e nela permanece como locatário ou comodatário.

**(2) Perda da posse:**

**2. (1) Conceito:** *perde-se a posse quando cessa, embora contra a vontade do possuidor, o poder sobre o bem.* É importante ressaltar, quanto ao ausente (no sentido de não ter presenciado o esbulho), que este só perde a posse quando, tendo notícia desta, abstém-se de retomar a coisa ou, tentando recuperá-la, é violentamente repelido (art. 1.224).

**2.(2) Hipóteses de perda de posse: a) abandono:** *é a situação em que o possuidor renuncia à posse, manifestando voluntariamente a intenção de largar o que lhe pertence;* ex.: quando alguém atira um objeto na rua; **b) tradição com intenção definitiva:** *é a entrega da coisa com o ânimo de transferi-la definitivamente a outrem;* se a entrega é transitória, não haverá perda total da posse, mas apenas perda temporária da posse direta, remanescendo a posse indireta; **c)**

**destruição da coisa e sua colocação fora do comércio; d) pela posse de outrem:** nesse caso a perda da posse se dá por esbulho, podendo a posse perdida ser retomada.

**(Ministério Público/SE – 2010 – CESPE)** Adquire-se a posse

**(A)** pelo próprio interessado, seu representante ou procurador, terceiro sem mandato (independentemente de ratificação) e pelo constituto possessório.

**(B)** pelo próprio interessado, seu representante ou procurador, terceiro sem mandato (dependendo de ratificação) e pelo constituto possessório.

**(C)** pelo próprio interessado e pelo constituto possessório, apenas.

**(D)** pelo próprio interessado, seu representante ou procurador (dependendo de ratificação), terceiro sem mandato e pelo constituto possessório.

**(E)** pelo próprio interessado, seu representante ou procurador e por terceiro sem mandato (dependendo de ratificação), apenas.

Art. 1.205 c/c art. 1.267, parágrafo único, ambos do CC.

Gabarito "B".

### 6.1.3. EFEITOS DA POSSE

**Efeitos da posse.**

**(1) Percepção dos frutos.** Quando o legítimo possuidor retoma a coisa de outro possuidor, há de se resolver a questão dos frutos percebidos ou pendentes ao tempo da retomada. De acordo com o caráter da posse (de boa ou de má-fé), haverá ou não direitos para aquele que teve de entregar a posse da coisa. Antes de verificarmos essas regras, vale trazer algumas definições:

**1.1. Conceito de frutos:** *são utilidades da coisa que se reproduzem* (frutas, verduras, filhotes de animais, juros etc.). Diferem dos **produtos,** que *são as utilidades da coisa que não se reproduzem* (minerais, por exemplo).

**1.2. Espécies de frutos quanto à sua natureza: a)** civis (como os alugueres e os juros); **b)** naturais (como as maçãs de um pomar); e **c)** industriais (como as utilidades fabricadas por uma máquina).

**1.3. Espécies de frutos quanto ao seu estado: a)** pendentes (são os ainda unidos à coisa que os produziu); **b)** percebidos ou colhidos (são os já separados da coisa que os produziu); **c)** percebidos por antecipação (são os separados antes do momento certo); **d)** percebiendos (são os que deveriam ser colhidos e não foram); **e)** estantes (são os já separados e armazenados para venda); **f)** consumidos (são os que não existem mais porque foram utilizados).

**1.4. Direitos do possuidor de boa-fé:** tem direito aos frutos que tiver percebido enquanto estiver de boa-fé (art. 1.214, CC).

**1.5. Inexistência de direitos ao possuidor de boa-fé:** não tem direito às seguintes utilidades: **a)** aos frutos pendentes quando cessar a sua boa-fé; **b)** aos frutos percebidos antecipadamente, estando já de má-fé no momento em que deveriam ser colhidos; **c)** aos produtos, pois a lei não lhe confere esse direito, como faz com os frutos. De qualquer forma, é importante ressaltar que nos casos dos itens "a" e "b", apesar de ter de restituir os frutos colhidos ou o seu equivalente em dinheiro, terá direito de deduzir do que deve as despesas com a produção e o custeio.

**1.6. Situação do possuidor de má-fé:** este responde por todos os frutos colhidos e percebidos, bem como pelos que, por sua culpa, deixou de perceber, desde o momento em que se constituiu de má-fé. Todavia, tem direito às despesas de produção e custeio (art. 1.216, CC), em virtude do princípio do não enriquecimento sem causa.

**(2) Responsabilidade por perda ou deterioração da coisa.** Quando o legítimo possuidor retoma a coisa de outro possuidor, também há de se resolver a questão referente à eventual perda ou destruição da coisa.

**2.1. Responsabilidade do possuidor de boa-fé:** não responde pela perda ou deterioração à qual não der causa.

**2.2. Responsabilidade do possuidor de má-fé:** como regra, responde pela perda ou deterioração da coisa, só se eximindo de tal responsabilidade se provar que de igual modo isso acontecimento se daria, caso a coisa estivesse com o reivindicante dela. Um exemplo de exoneração da responsabilidade é a deterioração da coisa em virtude de um raio que cai sobre a casa.

**(3) Indenização por benfeitorias e direito de retenção.** Outra questão importante a ser verificada quando da retomada da coisa pelo legítimo possuidor é a atinente a eventual benfeitoria feita pelo possuidor que o antecedeu. De acordo com o caráter da posse (de boa ou de má-fé), haverá ou não direitos para aquele que teve de entregar a posse da coisa. Antes de verificarmos essas regras, é imperativo trazer algumas definições.

**3.1. Conceito de benfeitorias:** *são os melhoramentos feitos em coisa já existente.* São bens acessórios. Diferem da **acessão**, que *é a criação de coisa nova.* Uma casa construída no solo é acessão, pois é coisa nova; já uma garagem construída numa casa pronta é benfeitoria, pois é um melhoramento em coisa já existente.

**3.2. Espécies de benfeitorias: a)** benfeitorias necessárias *são as que se destinam à conservação da coisa* (ex.: troca do forro da casa, em virtude do risco de cair); **b)** benfeitorias úteis *são as que aumentam ou facilitam o uso de uma coisa* (ex.: construção de mais um quarto numa casa pronta); **c)** benfeitorias voluptuárias *são as de mero deleite ou recreio* (ex.: construção de uma fonte luminosa na entrada de uma casa).

**3.3. Direitos do possuidor de boa-fé:** tem direito à **indenização** pelas benfeitorias necessárias e úteis que tiver feito, podendo, ainda, levantar as voluptuárias, desde que não deteriore a coisa. A indenização se dará pelo valor atual da benfeitoria. Outro direito do possuidor de boa-fé é o de retenção da coisa, enquanto não for indenizado. Significa que o possuidor não é obrigado a entregar a coisa enquanto não for ressarcido. O direito deve ser exercido no momento da contestação da ação que visa à retomada da coisa, devendo o juiz se pronunciar sobre a sua existência. Trata-se de um excelente meio de coerção para recebimento da indenização devida. Constitui verdadeiro direito real, pois não se converte em perdas e danos.

**3.4. Direitos do possuidor de má-fé:** tem direito apenas ao ressarcimento das benfeitorias necessárias que tiver feito, não podendo retirar as voluptuárias. Trata-se de uma punição a ele imposta, que só é ressarcido pelas benfeitorias necessárias, pois são despesas que até o possuidor legítimo teria de fazer. O retomante escolherá se pretende indenizar pelo valor atual ou pelo custo da benfeitoria. O possuidor de má-fé não tem direito de retenção da coisa enquanto não indenizado pelas benfeitorias necessárias que eventualmente tiver realizado.

**(4) Usucapião.** A posse prolongada, desde que preenchidos outros requisitos legais, dá ensejo a outro efeito da posse, que é a aquisição da coisa pela usucapião.

**(5) Proteção possessória.** A posse também tem o efeito de gerar o direito de o possuidor defendê-la contra a perturbação e a privação de seu exercício, provocadas por terceiro. Existem dois tipos de proteção possessória previstos em lei, a autoproteção e a heteroproteção.

**5.1. Autoproteção da posse.** A lei confere ao possuidor o direito de, por si só, proteger a sua posse, daí porque falar-se em autoproteção. Essa proteção não pode ir além do indispensável à restituição (art. 1.210, CC). Há duas situações em que isso ocorre:

**(A) legítima defesa da posse:** consiste no direito de autoproteção da posse no caso do possuidor, apesar de presente na coisa, estar sendo perturbado. Repare que não chegou a haver perda da coisa.

**(B) desforço imediato:** consiste no direito de autoproteção da posse no caso de esbulho, de perda da coisa. Repare que a vítima chega a perder a coisa. A lei só permite o desforço imediato se a vítima do esbulho "agir logo", ou seja, agir imediatamente após a agressão ("no calor dos acontecimentos") ou logo que possa agir. Aquele que está ausente (não presenciou o esbulho) só perderá esse direito se não agir logo após tomar conhecimento da agressão à sua posse (art. 1.224, CC).

**5.2. Heteroproteção da posse.** Trata-se da proteção feita pelo Estado Juiz, provocado por quem sofre a agressão na sua posse. Essa proteção tem o nome de interdito possessório e pode ser de três espécies: interdito proibitório, manutenção de posse e reintegração de posse. Antes de analisarmos cada um deles, é importante verificar suas características comuns.

**5.2.1. Características dos interditos possessórios:**

**(A) fungibilidade:** o juiz, ao conhecer de pedido possessório, pode outorgar proteção legal ainda que o pedido originário não corresponda à situação de fato provada em juízo. Assim, caso se ingresse com ação de manutenção de posse e os fatos comprovam que a ação adequada é a de reintegração de posse, o juiz pode determinar a reintegração, conhecendo um pedido pelo outro (art. 920 do antigo CPC; art. 554, *caput*, do novo CPC).

**(B) cumulação de pedidos:** nas ações de reintegração e de manutenção de posse, a vítima pode reunir, além do pedido de *correção* da agressão (pedido possessório propriamente dito), os pedidos de condenação em *perdas e danos*, indenização dos frutos e imposição de medidas necessárias para evitar nova turbação ou esbulho, ou para cumprir-se a tutela provisória ou final (art. 921 do antigo CPC; art. 555 do novo CPC).

**(C) caráter dúplice:** o réu também pode pedir a proteção possessória desde que, na contestação, alegue que foi ofendido na sua posse (art. 922 do antigo CPC; art. 556 do Novo CPC).

**(D) impossibilidade de discussão do domínio:** não se admite discussão de domínio em demanda possessória (arts. 1.210, § 2º, do CC, e 923 do antigo CPC; art. 557 no novo CPC), ou seja, ganha a ação quem provar que detinha previamente posse legítima da coisa. Essa discussão só cabe se a pretensão for deduzida em face de terceira pessoa.

**5.2.2. Interdito proibitório:**

**(A) conceito:** *é a ação de preceito cominatório utilizada para impedir agressões iminentes que ameaçam a posse de alguém* (arts. 932 e 933 do antigo CPC; arts. 567 e 568 do novo CPC). Trata-se de ação de caráter preventivo, manejada quando irá sujeito receio de que a coisa esteja na iminência de ser turbada ou esbulhada, apesar de não ter ocorrido ainda ato material nesses dois sentidos, havendo apenas uma ameaça implícita ou expressa.

**(B) ordem judicial:** acolhendo o pedido, o juiz fixará uma pena pecuniária para incidir caso o réu descumpra a proibição de turbar ou esbulhar a área, daí o nome de interdito "proibitório". Segundo a Súmula 228 do STJ, não é admissível o interdito proibitório para a proteção de direito autoral.

**5.2.3. Manutenção de posse:**

**(A) conceito:** *é a ação utilizada para corrigir agressões que turbam a posse.* Trata-se de ação de caráter repressivo, manejada quando ocorre **turbação**, que é todo ato ou conduta que *embaraça* o livre exercício da posse. Vizinho que colhe frutos ou que implementa marcos na área de outro está cometendo turbação. Se a turbação é passada, ou seja, não está mais acontecendo, cabe apenas pedido indenizatório.

**(B) ordem judicial:** acolhendo pedido, o juiz expedirá mandado de manutenção de posse. As demais condenações (em perdas e danos, em pena para o caso de nova turbação e para desfazimento de construção ou plantação) dependem de pedido específico da parte interessada. A utilização do rito especial, que prevê liminar, depende se se trata de ação de força nova (promovida dentro de ano e dia da turbação).

**5.2.4. Reintegração de posse:**

**(A) conceito:** *é a ação utilizada para corrigir agressões que fazem cessar a posse de alguém.* Trata-se de ação de caráter repressivo, manejada quando ocorre **esbulho**, que é a privação de alguém da posse da coisa, contra a sua vontade. A ação também é chamada de *ação de força espoliativa.*

**(B) requisitos:** o autor deve provar a sua posse, o esbulho praticado pelo réu, a data do esbulho e a perda da posse.

**(C) legitimidade ativa:** é parte legítima para propor a ação o possuidor esbulhado, seja ele possuidor direto ou indireto. O mero detentor não tem legitimidade. Os sucessores a título universal continuam, de direito, a posse de seu antecessor, podendo ingressar com ação, ainda que o esbulho tenha ocorrido antes do falecimento do *de cujus.* Já ao sucessor singular é facultado unir sua posse à do seu antecessor, para efeitos legais (art. 1.207). Como regra, a lei não exige vênia conjugal para a propositura de demanda possessória (art. 10, § 2º). Em caso de condomínio de pessoas não casadas, a lei permite que cada um ingresse com ação isoladamente (art. 1.314, CC).

**(D) legitimidade passiva:** é parte legítima para sofrer a ação o autor do esbulho. Cabe também reintegração de posse contra terceiro que recebe a coisa sabendo que fora objeto de esbulho. Já contra terceiro que não sabia que a coisa fora objeto de esbulho, a ação adequada é a reivindicatória, em que se discutirá o domínio.

**(E) ordem judicial:** acolhendo o pedido, o juiz expedirá mandado de reintegração de posse. As demais condenações (em perdas e danos, em pena para o caso de nova turbação e para desfazimento de construção ou plantação) dependem de pedido específico da parte interessada. A utilização do rito especial, que prevê liminar, depende se se trata de ação de força nova (promovida dentro de ano e dia do esbulho). Após ano e dia do esbulho, deve-se promover a ação pelo rito ordinário, no qual poderá ser acolhido pedido de tutela antecipada, preenchidos seus requisitos, conforme entendimento do STJ e Enunciado CJF 238.

**(Procurador do Município – Prefeitura Fortaleza/CE – CESPE – 2017)**
Com base na legislação processual e no Código Civil, julgue o seguinte item, acerca de ações possessórias e servidão urbanística.

**(1)** No âmbito das ações possessórias, se houver pedido de reintegração de posse e a propriedade do imóvel for controvertida, o juiz deverá, em primeiro lugar, decidir quanto ao domínio do bem e, depois, conceder ou não a ordem de reintegração.

**1:** Incorreta: a ação possessória foi criada para ser um instrumento célere, cuja preocupação central do julgador seja apenas e tão somente a posse, ou seja, o exercício de fato de algum dos poderes inerentes à propriedade (CC, art. 1.196). A discussão de propriedade é proibida, pois atrapalharia o andamento do processo, tornando a possessória vagarosa. Daí a razão do art. 557 parágrafo único, segundo o qual: "*Não obsta à manutenção ou à reintegração de posse a alegação de propriedade ou de outro direito sobre a coisa*".

Gabarito 1E

## 6.2. DIREITOS REAIS E PESSOAIS

**1. Conceito de Direito Real:** *é o poder, direto e imediato, do titular sobre a coisa, com exclusividade e contra todos.* O direito real difere do direito pessoal, pois este gera uma relação entre pessoas determinadas (princípio da relatividade) e, em caso de violação, converte-se em perdas e danos. No direito real, ao contrário, seu titular pode perseguir a coisa sobre a qual tem poder, não tendo que se contentar com a conversão da situação em perdas e danos. O ponto em comum entre os direitos pessoais e os direitos reais é o fato de que integram a categoria dos direitos patrimoniais, diferente dos direitos da personalidade.

**2. Princípios do direito real:**

**2.1. Princípio da aderência:** *aquele pelo qual se estabelece um vínculo entre o sujeito e a coisa, independentemente da colaboração do sujeito passivo.*

**2.2. Princípio do absolutismo:** *aquele pelo qual os direitos reais são exercidos contra todos (erga omnes).* Por exemplo: quando alguém é proprietário de um imóvel, todos têm de respeitar esse direito. Daí surge o *direito de sequela* ou o *jus persequendi*, pelo qual, violado o direito real, a vítima pode perseguir a coisa, ao invés de ter de se contentar com uma indenização por perdas e danos.

**2.3. Princípio da publicidade (ou visibilidade):** *aquele pelo qual os direitos reais só se adquirem depois do registro do título na matrícula (no caso de imóvel) ou da tradição (no caso de móvel).* Por ser o direito real oponível *erga omnes*, é necessária essa publicidade para que sejam constituídos.

**2.4. Princípio da taxatividade:** *aquele pelo qual o número de direitos reais é limitado pela lei.* Assim, por acordo de vontades não é possível criar uma nova modalidade de direito real, que são *numerus clausus*. Assim, está certa a afirmativa de que só são direitos reais aqueles que a lei, taxativamente, denominar como tal, enquanto que os direitos pessoais podem ser livremente criados pelas partes envolvidas (desde que não seja violada a lei, a moral ou os bons costumes), sendo, portanto, o seu número ilimitado.

**2.5. Princípio da tipificação:** *aquele pelo qual os direitos reais devem respeitar os tipos existentes em lei.* Assim, o acordo de vontades não tem o condão de modificar o regime jurídico básico dos direitos reais.

**2.6. Princípio da perpetuidade:** *aquele pelo qual os direitos reais não se perdem pelo decurso do tempo, salvo as exceções legais.* Esse princípio se aplica ao direito de propriedade. Os direitos pessoais, por sua vez, têm a marca de *transitoriedade*.

**2.7. Princípio da exclusividade:** *aquele pelo qual não pode haver direitos reais, de igual conteúdo, sobre a mesma coisa.* Exemplo: o nu-proprietário e o usufrutuário não têm direitos iguais quanto ao bem objeto do usufruto.

**2.8. Princípio do desmembramento:** *aquele que permite o desmembramento do direito matriz (propriedade), constituindo-se direitos reais sobre coisas alheias.* Ou seja, pelo princípio é possível desmembrar um direito real (propriedade, por exemplo) em outros direitos reais (uso, por exemplo).

**(Juiz – TRF5 – 2017 – CESPE)** Um devedor pretende transferir a seu credor, a título de garantia, a propriedade resolúvel de determinado bem móvel infungível.

Nessa situação,

(A) a garantia será desfeita caso o objeto já integre o patrimônio do devedor.

(B) a exigência de outras garantias será considerada cláusula não escrita.

(C) o credor poderá manter a coisa caso haja inadimplemento absoluto.

(D) o devedor poderá ceder o direito eventual que advém do contrato.

(E) a propriedade será constituída com a entrega ao credor da coisa que é objeto do contrato.

**A:** incorreta, pois caso o objeto já integre o patrimônio do devedor no momento da instituição da garantia, com mais razão ainda é que a garantia é válida e eficaz. O que pode acontecer é que o devedor adquira a propriedade superveniente do bem. Porém, mesmo nesse caso é eficaz, desde o arquivamento, a transferência da propriedade fiduciária (art. 1.361, § 3º, CC); **B:** incorreta, pois são admitidas outras garantias por ausência de vedação legal; **C:** incorreta, pois é nula a cláusula que autoriza o proprietário fiduciário a ficar com a coisa alienada em garantia, se a dívida não for paga no vencimento (art. 1.365 CC); **D:** correta, pois o devedor pode, com a anuência do credor, dar seu direito eventual à coisa em pagamento da dívida, após o vencimento desta (art. 1.365, parágrafo único, CC); **E:** incorreta, pois vencida a dívida, e não paga, fica o credor obrigado a vender, judicial ou extrajudicialmente, a coisa a terceiros, a aplicar o preço no pagamento de seu crédito e das despesas de cobrança, e a entregar o saldo, se houver, ao devedor (art. 1.364 CC).

Gabarito "D".

**(Defensor Público – DPE/RN – 2016 – CESPE)** No que se refere às disposições acerca de condomínio, aos direitos sobre coisa alheia e à propriedade fiduciária, assinale a opção correta.

(A) A alienação da nua propriedade em hasta pública é, segundo o Código Civil, causa de extinção do direito real de usufruto.

(B) Para o STJ, afronta o direito de propriedade e sua função social a decisão da assembleia geral de condôminos que determina a suspensão de serviços essenciais em decorrência da inadimplência de taxa condominial, já que o débito deve ser cobrado pelos meios legais.

(C) O Código Civil não veda ao condômino dar posse, uso ou gozo da propriedade a estranhos sem a prévia aquiescência dos demais condôminos.

(D) De acordo com a legislação civil, o direito de superfície pode ser transferido a terceiro mediante prévio pagamento do valor estipulado pelo concedente para a respectiva transferência.

(E) O contrato celebrado pelas partes que tenha por objeto a constituição da propriedade fiduciária poderá conter cláusula que autorize o proprietário fiduciário a ficar com a coisa alienada em garantia, caso a dívida não seja paga no vencimento.

**A:** incorreta. O direito de usufruto é real e daí decorre sua mais importante característica. Ele segue o titular da coisa, seja ele quem for. Assim, a venda da nua propriedade não pode afetar o titular do direito real de usufruto, ainda que a venda ocorra em hasta pública; **B:** correta, pois o STJ consolidou entendimento segundo o qual: "*O inadimplemento de taxas condominiais não autoriza a suspensão, por determinação da assembleia geral de condôminos, quanto ao uso de serviços essenciais, em clara afronta ao direito de propriedade e sua função social e à dignidade da pessoa humana, em detrimento de utilização de meios expressamente previstos em lei para a cobrança da dívida condominial*" (REsp 1401815/ES, Rel. Ministra Nancy Andrighi, Terceira Turma, julgado em 03/12/2013, DJe 13/12/2013); **C:** incorreta, pois o Código Civil (art. 1.314) é taxativo ao determinar que: "*Nenhum dos condôminos pode alterar a destinação da coisa comum, nem dar posse, uso ou gozo dela a estranhos, sem o consenso dos outros*"; **D:** incorreta, pois a transferência do direito de superfície é permitida pela lei e não se pode estipular "qualquer pagamento pela transferência" (CC, art. 1.372, parágrafo único); **E:** incorreta, pois: "*É nula a cláusula que autoriza o proprietário fiduciário a ficar com a coisa alienada em garantia, se a dívida não for paga no vencimento*" (CC, art. 1.365).

Gabarito "B".

**(Juiz de Direito – TJ/SC – 2019 – CESPE/CEBRASPE)** Se, mediante escritura pública, o proprietário de um terreno conceder a terceiro, por tempo determinado, o direito de plantar em seu terreno, então, nesse caso, estará configurado o

(A) direito de superfície.

(B) direito de uso.

**(C)** usufruto resolutivo.

**(D)** usufruto impróprio.

**(E)** comodato impróprio.

**A:** correta (art. 1.369, *caput* CC); **B:** incorreta, pois no direito de uso o usuário usará da coisa e perceberá os seus frutos, quanto o exigirem as necessidades suas e de sua família (art. 1.412, CC). Esse direito não está relacionado a ceder a terra por tempo determinado para plantar; **C:** incorreta, pois o usufruto é um direito real que recai sobre coisa alheia, de caráter temporário, inalienável e impenhorável, concedido a outrem para que este possa usar e fruir coisa alheia como se fosse própria, sem alterar sua substância e zelando pela sua integridade e conservação. O usufrutuário poderá utilizar e perceber os frutos naturais, industriais e civis da coisa, enquanto o nu-proprietário possui a faculdade de dispor da mesma (art. 1.390 seguintes CC). É possível que se imponha uma condição resolutiva ao usufruto. Enquanto esta não realizar, vigorará o negócio jurídico (usufruto, no caso), podendo exercer-se desde a conclusão deste o direito por ele estabelecido (art. 127 CC); **D:** incorreta, pois o usufruto impróprio, chamado de quase usufruto, recai sobre bens fungíveis e/ou consumíveis. Assim dispõe o artigo 1.392 CC. Nessa situação, o usufrutuário adquire a propriedade e ao término do usufruto vai devolver bens do mesmo gênero quantidade e qualidade; **E:** incorreta, pois prevê o art. 579 CC que o comodato é o empréstimo gratuito de coisas não fungíveis. Perfaz-se com a tradição do objeto. O chamado comodato irregular ou impróprio tem como característica a infungibilidade limitada ao gênero, vale dizer, uma fungibilidade na espécie. Logo, o comodato irregular ou impróprio nada mais é do que um contrato de mútuo.

Gabarito "A".

## 6.3. PROPRIEDADE MÓVEL E IMÓVEL

**(Procurador/PA – CESPE – 2022)** Determinado imóvel urbano de 270 m² está sob posse mansa, pacífica, contínua, sem oposição e com *animus domini*, há cerca de vinte anos, em loteamento não regularizado. A área do imóvel, no entanto, é inferior ao módulo urbano descrito na legislação municipal.

Com relação a essa situação hipotética, assinale a opção correta, conforme precedente do Superior Tribunal de Justiça firmado em julgamento de recurso especial repetitivo.

**(A)** Como o imóvel está situado em loteamento não regularizado, a usucapião apenas pode ocorrer pela via ordinária, devendo o interessado comprovar a boa-fé ou a existência de justo título.

**(B)** O imóvel não poderá ser usucapido, pois a área é superior ao limite de 250 m² definido no Código Civil.

**(C)** O fato de o imóvel estar situado em loteamento não regularizado obsta a aquisição da propriedade por usucapião.

**(D)** Para a usucapião extraordinária, deve ser considerada apenas a posse do atual ocupante do imóvel, devendo ser descartada a posse do antecessor.

**(E)** O imóvel poderá ser usucapido, a despeito de a área ser inferior ao módulo urbano definido na legislação municipal.

**A:** incorreta, pois é possível a usucapião extraordinária em imóvel situado em loteamento não regularizado. O fato de um imóvel estar inserido em um loteamento irregular não justifica a negativa do direito à usucapião. Isso porque o direito de propriedade declarado pela sentença é diferente da certificação e publicidade decorrente do registro, ou da regularidade urbanística da ocupação (REsp. 1.818.564); **B:** incorreta, pois essa limitação é apenas para a usucapião especial urbana. Em se tratando de usucapião extraordinária essa limitação não se aplica (art. 1.240 CC e 1.238 CC); **C:** incorreta, nos termos do REsp. 1.818.564; **D:** incorreta, pois é considerada a posse do antecessor (art. 1.243 CC); **E:** correta, pois a Segunda Seção do Superior Tribunal de Justiça (STJ), em julgamento sob o rito dos recursos especiais repetitivos (Tema 985), estabeleceu a tese de que o reconhecimento da usucapião extraordinária, mediante o preenchimento de seus requisitos específicos, não pode ser impedido em razão de a área discutida ser inferior ao módulo estabelecido em lei municipal. Além disso, o colegiado levou em consideração precedente do Supremo Tribunal Federal no RE 422.349, segundo o qual, preenchidos os requisitos do artigo 183 da Constituição, o reconhecimento do direito à usucapião especial urbana

não pode ser impedido por legislação infraconstitucional que estabeleça módulos urbanos na área em que o imóvel está situado. GR

Gabarito "E".

**(Defensor Público/PE – 2018 – CESPE)** Francisco comprou, em janeiro de 2014, um lote de 240 m² de Antônio, que se apresentou como proprietário do imóvel. Francisco construiu uma casa de alvenaria, instalando-se no local com sua família. Depois de três anos de posse mansa e pacífica, Danilo, o verdadeiro proprietário, ajuizou ação para reaver a posse do imóvel. Só então, Francisco descobriu que fora vítima de uma fraude, pois Antônio havia falsificado os documentos para induzi-lo a erro.

Considerando essa situação hipotética, assinale a opção correta.

**(A)** Francisco não poderá adquirir o terreno mediante pagamento de indenização a Danilo, ainda que a construção exceda consideravelmente o valor do terreno.

**(B)** Não tendo observado a fraude no momento da contratação, Francisco não poderá pleitear indenização em face de Antônio.

**(C)** Danilo perderá o terreno em favor de Francisco, cabendo-lhe apenas o direito à indenização.

**(D)** Francisco adquiriu, em 2017, a propriedade do imóvel pela usucapião especial urbana, ficando, nesse caso, dispensado de pagar indenização a Danilo.

**(E)** Francisco, que agirá de boa-fé, perderá em favor de Danilo os direitos sobre as construções realizadas no terreno, devendo, no entanto, ser indenizado.

**A:** incorreta, pois nos termos do art. 1.255, parágrafo único, do CC , se a construção exceder consideravelmente o valor do terreno, aquele que, de boa-fé edificou, adquirirá a propriedade do solo, mediante pagamento da indenização fixada judicialmente, se não houver acordo; **B:** incorreta, pois Francisco pode pleitear indenização em face de Antônio, uma vez que em decorrência da fraude houve enriquecimento ilícito por parte de Antônio. Nossa Lei coíbe o enriquecimento sem causa nos termos do art. 884, *caput*, CC: "Aquele que, sem justa causa, se enriquecer à custa de outrem, será obrigado a restituir o indevidamente auferido, feita a atualização dos valores monetários"; **C:** incorreta, Danilo não perderá o terreno em favor de Francisco, pois não se configurou nenhuma das causas de aquisição da propriedade imóvel por parte deste último (usucapião, art. 1.240 e seguintes; aquisição pelo registro do título, art. 1.245 e seguintes; acessão, art. 1.248; ilhas, art. 1.249; aluvião, art. 1.250; avulsão, art. 1.251; álveo abandonado, art. 1252; construções e plantações, art. 1.253 e seguintes, todos do CC); **D:** incorreta, pois ainda não se consumou o prazo de 5 anos da usucapião especial urbana (art. 1.240, "caput", CC); **E:** correta, pois aquele ou edifica em terreno alheio perde as construções em proveito do proprietário. Entretanto, se procedeu de boa-fé, terá direito a indenização (art. 1.255, "caput", CC). GR

Gabarito "E".

**(Defensor Público/PE – 2018 – CESPE)** Roberto abandonou o lar e sua companheira, Francisca, no Recife – PE e foi para São Paulo – SP, deixando um imóvel urbano de 120 m², adquirido onerosamente na constância da união estável, mas registrado no cartório de imóveis apenas no nome de Roberto. Francisca não tinha outra propriedade imóvel e residiu no local ininterruptamente e sem oposição. Após três anos, Roberto voltou ao Recife – PE com o propósito de retirar Francisca do imóvel.

Considerando essa situação hipotética, assinale a opção correta.

**(A)** Francisca não terá direito ao imóvel, uma vez que o bem estava registrado apenas no nome de Roberto.

**(B)** Francisca terá direito à metade do imóvel caso comprove que contribuiu financeiramente para a sua aquisição na constância da união estável.

**(C)** Roberto, por ter abandonado o lar, não terá direito ao imóvel, porque Francisca usucapiu o bem.

**(D)** Roberto terá direito ao imóvel, porque, para Francisca usucapir o bem, ela teria de atender ao requisito temporal mínimo de cinco anos.

**(E)** A residência do casal deverá ser partilhada na proporção de 50% para cada companheiro, tendo em vista que, em se tratando de união estável, aplica-se o regime de comunhão parcial de bens.

**A:** incorreta, pois ainda que o bem esteja registrado apenas no nome de Francisco, consumou-se o prazo de prescrição aquisitiva do imóvel por usucapião em favor de Francisca. Referida usucapião é a chamada "usucapião por abandono de lar conjugal", nos termos do art. 1.240-A do CC; **B:** incorreta, pois Francisca terá direto a integralidade do imóvel, independentemente de comprovação se contribuiu financeiramente ou não para a sua aquisição (art. 1.240-A do CC); **C:** correta, pois Francisca preenche todos os requisitos legais para a aquisição do imóvel por "usucapião por abandono de lar conjugal", quais sejam: mínimo 2 anos de posse direta e ininterrupta, exclusiva e sem oposição e imóvel urbano de até 250 m² que dividia com ex-companheiro, uso para fins de moradia da família, sem ter outro imóvel urbano ou rural (art. 1.240-A do CC); **D:** incorreta, pois o requisito temporal é de 2 anos e já foi preenchido (art. 1.240-A do CC); **E:** incorreta, pois Francisca terá direito a integralidade do imóvel, uma vez que sobre este assunto existe regra específica (art. 1.240-A). Referente às demais implicações da dissolução da união estável, daí sim se aplicam as regras gerais (art. 1.725 do CC). GR
*Gabarito "C".*

**(Defensor Público/AL – 2017 – CESPE)** Jonatas adquiriu de Carlos, mediante contrato de compra e venda, um veículo usado de alto valor, cujos acessórios eram de valor insignificante. Seis meses após a aquisição do bem, Jonatas perdeu a propriedade do veículo em virtude de sentença judicial transitada em julgado, em processo movido por José contra Carlos.

**No que se refere a essa situação hipotética, assinale a opção correta.**

**(A)** A perda da propriedade somente dos acessórios do veículo abre a possibilidade de Jonatas optar pela rescisão do contrato entabulado com Carlos.

**(B)** Jonatas poderá demandar Carlos pela perda do veículo, requerer a restituição do valor pago pelo bem e dos honorários do seu advogado, ainda que fique comprovado que, desde a assinatura do contrato, ele sabia que o veículo era objeto de disputa judicial.

**(C)** Carlos deverá responder, em favor de Jonatas, pela perda da propriedade do veículo, já que essa responsabilidade somente não subsistiria se Jonatas tivesse adquirido o veículo em hasta pública.

**(D)** Jonatas, sem conhecer o risco da perda, terá o direito de receber o valor que pagou pelo veículo, ainda que haja cláusula expressa no contrato que exclua qualquer responsabilização pela perda.

**(E)** Caso um meliante desconhecido pratique furto das quatro rodas do veículo no dia anterior à entrega do carro a José, Jonatas não terá o direito de receber o valor integral que pagou pelo carro.

**A:** incorreta, pois a perda da propriedade somente dos acessórios do veículo gera apenas direito a indenização e não à rescisão do contrato. Neste passo, prevê o art. 455 CC, segunda parte que *"Se a evicção não for considerável, caberá somente direito a indenização"*; **B:** incorreta, pois se Jonatas sabia que o veículo era objeto de disputa judicial ele não poderia demandar pela evicção (art. 457, CC); **C:** incorreta, pois ainda que o veículo fosse adquirido em hasta pública, Carlos seria responsável pela evicção (art. 447, CC); **D:** correta, pois não obstante a cláusula que exclui a garantia contra a evicção, se esta se der, tem direito o evicto a receber o preço que pagou pela coisa evicta, se não soube do risco da evicção, ou, dele informado, não o assumiu (art. 449, CC); **E:** incorreta, pois Jonatas terá o direito de receber o valor integral que pagou pelo carro, uma vez que ele não teve responsabilidade pelo furto. Neste sentido, prevê o art. 451 CC, que subsiste para o alienante a obrigação de responder pela evicção, ainda que a coisa alienada esteja deteriorada, exceto havendo dolo do adquirente. Embora não seja uma deterioração propriamente dita, o furto faz com que haja perda de valor, logo, o sentido é o mesmo. GR
*Gabarito "D".*

**(Defensor Público/AL – 2017 – CESPE)** Assinale a opção que apresenta um modo de aquisição ordinária da propriedade.

**(A)** renúncia

**(B)** usucapião

**(C)** desapropriação

**(D)** alienação

**(E)** abandono

**A:** incorreta, pois a renúncia é uma causa de perda da propriedade (art. 1.275, II, CC); **B:** correta, pois a usucapião é uma das formas originárias de aquisição da propriedade, o que significa que o todos os ônus que recaem sobre o imóvel são eliminados (art. 1.238 e seguintes CC); **C:** incorreta, pois a desapropriação ocorre nos casos em que proprietário pode ser privado da coisa por necessidade ou utilidade pública ou interesse social (art. 1.228, § 3º, CC); **D:** incorreta, pois a alienação é uma forma de aquisição derivada da propriedade, onde os ônus que recaem sobre o bem se mantêm (art. 1.245 CC); **E:** incorreta, pois o abandono é uma das formas de perda da propriedade (art. 1.275, III, CC). GR
*Gabarito "B".*

**(Procurador do Estado/SE – 2017 – CESPE)** Carlos, proprietário de um terreno, concedeu a Pedro, mediante escritura pública registrada, o direito de cultivar esse terreno pelo período de três anos.

Nessa situação hipotética, de acordo com o que dispõe o Código Civil,

**(A)** em caso de falecimento de Pedro, o direito poderá ser transferido a seus herdeiros ou a terceiros.

**(B)** Carlos poderá alienar o direito de cultivo durante o prazo estipulado, mas não poderá alienar o imóvel objeto da concessão.

**(C)** Pedro poderá fazer obra no subsolo para guardar em depósito os insumos destinados à plantação.

**(D)** caso o imóvel seja desapropriado, Pedro também fará jus à indenização.

**(E)** Carlos continuará obrigado ao pagamento dos tributos que incidirem sobre o terreno.

**A:** incorreta, pois o direito de superfície pode ser transferido a terceiros independentemente da morte de Pedro (art. 1.372, "caput", CC); **B:** incorreta, Carlos (proprietário) pode sim alienar o imóvel objeto da concessão, desde que de preferência ao superficiário, em igualdade de condições (art. 1.373 CC). **C** incorreta, pois o direito de superfície não autoriza obra no subsolo, salvo se for inerente ao objeto da concessão (art. 1.369, parágrafo único, CC); **D:** correta, pois caso o imóvel seja desapropriado, Pedro terá direito a indenização no valor correspondente ao seu direito real (art. 1.376 CC); **E:** incorreta, pois o superficiário responderá pelos encargos e tributos que incidirem sobre o imóvel (art. 1.371 CC). GR
*Gabarito "D".*

## 6.4. USUCAPIÃO

**(Juiz – TJ/CE – 2018 – CESPE)** João propôs ação de usucapião extraordinária em uma das varas cíveis da comarca de Fortaleza – CE.

Nessa situação hipotética,

**(A)** a sentença servirá de título para registro no cartório de imóveis, em caso de procedência da ação.

**(B)** a petição inicial deve conter comprovação dos requisitos de boa-fé e do justo título de João.

**(C)** o requisito temporal não pode ser completado no curso do processo, em nenhuma hipótese.

**(D)** o juiz deverá verificar se o autor comprovou a posse ininterrupta por pelo menos cinco anos.

**(E)** o período de posse precária poderá ser considerado para fins de verificação do cumprimento do requisito temporal dessa modalidade de usucapião.

**A:** correta, nos termos do art. 1.238 CC; **B:** incorreta, pois o pedido pode ser feito sem a comprovação de boa-fé ou apresentação de justo título (art. 1.238 CC); **C:** incorreta, pois o STJ já se posicionou no sentido de que é possível o reconhecimento da usucapião de bem imóvel na hipótese em que o requisito temporal exigido pela lei é implementado no curso da respectiva ação judicial, ainda que o réu tenha apresentado contestação (Recurso Especial 1.361.226 – MG (2013/0001207-2) Relator : Ministro Ricardo Villas Bôas Cueva – 05 de junho de 2018 (Data do Julgamento); **D:** incorreta, pois o requisito temporal mínimo para a usucapião extraordinária é de 15 anos (art. 1.238 CC); **E:** incorreta, pois a posse deve ser sem vícios, isto é, mansa, pacífica e ininterrupta. Se a posse foi precária é porque provavelmente houve algum interesse do proprietário em reavê-la, logo, neste período ela não foi mansa e não se pode contar para fins temporais de usucapião (art. 1.238 CC). **GR**

*Gabarito "A".*

**(Promotor de Justiça/RR – 2017 – CESPE)** Pedro reside com a sua família, por mais de quinze anos, sem interrupção nem oposição, em um imóvel, de trezentos metros quadrados, de propriedade de João. Mesmo sem comprovar boa-fé quanto à posse, Pedro ajuizou ação por meio da qual pleiteia que seja julgado procedente seu pedido de propriedade do imóvel.

Nessa situação hipotética, observa-se um caso de usucapião

(A) pró-família.
(B) habitacional.
(C) extraordinária.
(D) pró-labore.

**A:** incorreta, pois a usucapião pró-família ocorre na hipótese do art. 1.240-A CC, *in verbis*: "Aquele que exercer, por 2 (dois) anos ininterruptamente e sem oposição, posse direta, com exclusividade, sobre imóvel urbano de até 250m² (duzentos e cinquenta metros quadrados) cuja propriedade divida com ex-cônjuge ou ex-companheiro que abandonou o lar, utilizando-o para sua moradia ou de sua família, adquirir-lhe-á o domínio integral, desde que não seja proprietário de outro imóvel urbano ou rural"; **B:** incorreta, pois a usucapião habitacional ocorre no caso do art. 1.242 CC: "Adquire também a propriedade do imóvel aquele que, contínua e incontestadamente, com justo título e boa-fé, o possuir por dez anos". O prazo cai para cinco anos se o imóvel houver sido adquirido, onerosamente, com base no registro constante do respectivo cartório, cancelada posteriormente, desde que os possuidores nele tiverem estabelecido a sua moradia, ou realizado investimentos de interesse social e econômico (art. 1.242, parágrafo único, CC); **C:** correta, pois aquele que, por quinze anos, sem interrupção, nem oposição, possuir como seu um imóvel, adquire-lhe a propriedade, independentemente de título e boa-fé; podendo requerer ao juiz que assim o declare por sentença, a qual servirá de título para o registro no Cartório de Registro de Imóveis (art. 1238 CC); **D:** incorreta, pois a usucapião pró-labore ocorre quando aquele que, não sendo proprietário de imóvel rural ou urbano, possua como sua, por cinco anos ininterruptos, sem oposição, área de terra em zona rural não superior a cinquenta hectares, tornando-a produtiva por seu trabalho ou de sua família, tendo nela sua moradia, adquirir-lhe-á a propriedade (art. 1.239 CC). **GR**

*Gabarito "C".*

**(Ministério Público/PI – 2014 – CESPE)** Assinale a opção correta acerca da usucapião.

(A) Não havendo registro de propriedade de terras, existe, em favor do Estado, a presunção *iuris tantum* de que sejam terras devolutas, sendo, então, desnecessária a prova da titularidade pública do bem, o que torna tais imóveis inalcançáveis pela usucapião.
(B) O imóvel público é insuscetível de usucapião, devendo-se, entretanto, reconhecer como possuidor o particular que ocupa, de boa-fé, aquela área, ao qual é devido o pagamento de indenização por acessões ou benfeitorias ali realizadas.
(C) O direito do usucapiente funda-se sobre o direito do titular precedente e, constituindo este o pressuposto daquele, determina-lhe a existência, as qualidades e sua extensão.
(D) Por ser a usucapião forma de aquisição originária, dispensa-se o recolhimento do imposto de transmissão quando do registro da sentença, não obstante os direitos reais limitados e eventuais defeitos que gravam ou viciam a propriedade serem transmitidos ao usucapiente.
(E) Dois elementos estão normalmente presentes nas modalidades de usucapião: o tempo e a posse, exigindo-se desta a característica ad *usucapionem*, referente à visibilidade do domínio e a requisitos especiais, como a continuidade e a pacificidade.

**A:** incorreta, pois "Não havendo registro de propriedade do imóvel, inexiste, em favor do Estado, presunção *iuris tantum* de que sejam terras devolutas, cabendo a este provar a titularidade pública do bem. Caso

---

contrário, o terreno pode ser usucapido" (STJ – REsp 674558 RS); **B:** incorreta. Existe uma preocupação da lei em proibir a usucapião de bens públicos. Isso fica evidenciado quando se constata que a Constituição Federal estabelece tal vedação em dois dispositivos (arts. 183 § 3º e 191 parágrafo único) e o Código Civil ainda proíbe uma vez mais no art. 102. No que se refere ao direito de indenização por eventuais benfeitorias, o STJ já firmou posição no sentido de sua inadmissibilidade, como demonstra o aresto: "A ocupação de área pública, quando irregular, não pode ser reconhecida como posse, mas como mera detenção. Se o direito de retenção ou de indenização pelas acessões realizadas depende da configuração da posse, não se pode, ante a consideração da inexistência desta, admitir o surgimento daqueles direitos, do que resulta na inexistência do dever de se indenizar as benfeitorias úteis e necessárias". (REsp 863939/RJ – Relatora: Ministra Eliana Calmon); **C:** incorreta, pois o direito do usucapiente funda-se no exercício da sua posse com o preenchimento dos requisitos legais, bem como na lei; **D:** incorreta, pois a "usucapião é forma originária de adquirir. O usucapiante não adquire de outrem; simplesmente adquire. Assim, são irrelevantes vícios de vontade ou defeitos inerentes a eventuais atos causais de transferência da posse. No usucapião ordinário, bastam o tempo e a boa-fé, aliados ao justo título, hábil em tese a transferência do domínio" (STJ – REsp 23-PR 1989/0008158-6); **E:** correta, pois não é qualquer posse que é apta a gerar usucapião. Apenas a posse que ostenta tais qualidades é que possibilita a aquisição da propriedade.

*Gabarito "E".*

Para responder questões que tratam de usucapião, segue um resumo doutrinário.

**Usucapião.**
**1) Conceito:** *é a forma de aquisição originária da propriedade pela posse prolongada no tempo e pelo cumprimento de outros requisitos legais.* A usucapião também é chamada de *prescrição aquisitiva.* Essa forma de aquisição da propriedade independe de inscrição no Registro de Imóveis. Ou seja, cumpridos os requisitos legais, o possuidor adquire a propriedade da coisa. Assim, a sentença na ação de usucapião é meramente declaratória da aquisição da propriedade, propiciando a expedição de mandado para registro do imóvel em nome do adquirente, possibilitando a todos o conhecimento da nova situação. A aquisição é originária, ou seja, não está vinculada ao título anterior. Isso faz com que eventuais restrições que existirem na propriedade anterior não persistam em relação ao novo proprietário.
**2) Requisitos.** São vários os requisitos para a aquisição da propriedade pela usucapião. Vamos enumerar, neste item, apenas os requisitos que devem ser preenchidos em todas as modalidades de usucapião, deixando os específicos de cada modalidade para estudo nos itens abaixo respectivos. Os requisitos gerais são os seguintes:
**(A) posse prolongada no tempo:** não basta mera detenção da coisa, é necessária a existência de posse. E mais: só que se prolongue no tempo, tempo esse que variará de acordo com o tipo de bem (móvel ou imóvel) e em função de outros elementos, como a existência de boa-fé, a finalidade da coisa etc.;
**(B) posse com** *animus domini:* não basta a mera posse; deve se tratar de posse com ânimo de dono, com intenção de proprietário; essa circunstância impede que se considere a posse de um locatário do bem como hábil à aquisição da coisa;
**(C) posse mansa e pacífica:** ou seja, posse sem oposição; assim, se o legítimo possuidor da coisa se opôs à posse, ingressando com ação de reintegração de posse, neste período não se pode considerar a posse como mansa e pacífica, sem oposição.
**(D) posse contínua:** ou seja, sem interrupção; não é possível computar, por exemplo, dois anos de posse, uma interrupção de um ano, depois mais dois anos e assim por diante; deve-se cumprir o período aquisitivo previsto em lei sem interrupção.
**3) Usucapião extraordinário – requisitos:**
**(A) tempo:** 15 anos; o prazo será reduzido para 10 anos se o possuidor houver estabelecido no imóvel a sua moradia habitual, ou nele realizado obras ou serviços de caráter produtivo (art. 1.238, CC).
**(B) requisitos básicos:** posse "mansa e pacífica" (sem oposição), "contínua" (sem interrupção) e com "ânimo de dono".
**4) Usucapião ordinário – requisitos:**
**(A) tempo:** 10 anos; o prazo será reduzido para 5 anos se preenchidos dois requisitos: se o imóvel tiver sido adquirido onerosamente com base no registro constante do respectivo cartório; se os possuidores nele tiverem estabelecido a sua moradia ou realizado investimentos de interesse social e econômico (art. 1.242, CC).

**(B) requisitos básicos:** posse "mansa e pacífica" (sem oposição), "contínua" (sem interrupção) e com "ânimo de dono".
**(C) boa-fé e justo título:** como o prazo aqui é menor, exige-se do possuidor, no plano subjetivo, a boa-fé, e, no plano objetivo, a titularidade de um título hábil, em tese, para transferir a propriedade.
**5) Usucapião especial urbano – requisitos:**
**(A) tempo:** 5 anos (art. 1.240, CC).
**(B) requisitos básicos:** posse "mansa e pacífica" (sem oposição), "contínua" (sem interrupção) e com "ânimo de dono".
**(C) tipo de imóvel:** área urbana; tamanho de até 250 m²;
**(D) finalidade do imóvel:** deve ser utilizado para a moradia do possuidor ou de sua família;
**(E) requisitos negativos:** que o possuidor não seja proprietário de outro imóvel urbano ou rural; que o possuidor já não tenha sido beneficiado pelo direito ao usucapião urbano.
**6) Usucapião especial urbano FAMILIAR – requisitos:**
**(A) tempo:** 2 anos (art. 1.240-A, CC).
**(B) requisitos básicos:** posse "mansa e pacífica" (sem oposição), "contínua" (sem interrupção) e com "ânimo de dono".
**(C) tipo de imóvel:** área urbana; tamanho de até 250 m²;
**(D) finalidade do imóvel:** deve ser utilizado para a moradia do possuidor ou de sua família;
**(E) requisito específico: imóvel cuja PROPRIEDADE o possuidor divida com ex-cônjuge ou ex-companheiro que ABANDONOU o lar;**
**(F) requisitos negativos:** que o possuidor não seja proprietário de outro imóvel urbano ou rural; que o possuidor já não tenha sido beneficiado pelo direito ao usucapião urbano. O possuidor abandonado deve estar na posse direta e exclusiva do imóvel, e, cumpridos os requisitos da usucapião, adquirirá o domínio integral do imóvel.
**7) Usucapião urbano coletivo – requisitos:**
**(A) tempo:** 5 anos (art. 10 da Lei 10.257/01 – Estatuto da Cidade);
**(B) requisitos básicos:** posse "mansa e pacífica" (sem oposição), "contínua" (sem interrupção) e com "ânimo de dono".
**(C) tipo de imóvel:** área urbana; tamanho superior a 250 m²;
**(D) finalidade do imóvel:** utilização para moradia; população de baixa renda;
**(E) requisitos negativos:** que o possuidor não seja proprietário de outro imóvel urbano ou rural; que seja impossível identificar o terreno ocupado por cada possuidor.
**8) Usucapião especial rural – requisitos:**
**(A) tempo:** 5 anos (art. 1.239, CC);
**(B) requisitos básicos:** posse "mansa e pacífica" (sem oposição), "contínua" (sem interrupção) e com "ânimo de dono";
**(C) tipo de imóvel:** área de terra em zona rural; tamanho de até 50 hectares;
**(D) finalidade do imóvel:** deve ser utilizado para a moradia do possuidor ou de sua família; área produtiva pelo trabalho do possuidor ou de sua família;
**(E) requisito negativo:** a terra não pode ser pública.

## 6.5. LEI DE REGISTROS PÚBLICOS

**(Juiz de Direito - TJ/BA - 2019 - CESPE/CEBRASPE)** À luz da legislação pertinente, da jurisprudência e da doutrina, julgue os itens a seguir, a respeito de registro de imóveis.

I. De acordo com o STJ, o procedimento de dúvida registral previsto na Lei de Registros Públicos tem natureza administrativa, não constituindo prestação jurisdicional.

II. Para garantir o princípio da legalidade registral, o registrador deve fazer um prévio controle dos títulos apresentados para registro, via procedimento de qualificação registral, verificando a obediência aos requisitos legais e concluindo pela aptidão ou inaptidão dos títulos para registro.

III. O princípio da especialidade ou especialização registral é consagrado na Lei de Registros Públicos: caso o imóvel não esteja matriculado ou registrado em nome do outorgante, o oficial deverá exigir a prévia matrícula e o registro do título anterior.

Assinale a opção correta.

(A) Nenhum item está certo.
(B) Apenas os itens I e II estão certos.
(C) Apenas os itens I e III estão certos.
(D) Apenas os itens II e III estão certos.
(E) Todos os itens estão certos.

**I:** correta. Segue ementa de decisão com este entendimento: RECURSO ESPECIAL. DIREITO ADMINISTRATIVO. CIVIL. PROCESSUAL CIVIL. PROCEDIMENTO DE DÚVIDA REGISTRAL. NATUREZA ADMINISTRATIVA.IMPUGNAÇÃO POR TERCEIRO INTERESSADO. IRRELEVÂNCIA. CAUSA. AUSÊNCIA. ENTENDIMENTO CONSOLIDADO NA SEGUNDA SEÇÃO DO STJ. NÃO CABIMENTO DE RECURSO ESPECIAL. "O procedimento de dúvida registral, previsto no art. 198 e seguintes da Lei de Registros Públicos, tem, por força de expressa previsão legal (LRP, art. 204), natureza administrativa, não qualificando prestação jurisdicional." "Não cabe recurso especial contra decisão proferida em procedimento administrativo, afigurando-se irrelevantes a existência de litigiosidade ou o fato de o julgamento emanar de órgão do Poder Judiciário, em função atípica". (REsp 1570655/GO, Rel. Ministro ANTONIO CARLOS FERREIRA, SEGUNDA SEÇÃO, julgado em 23/11/2016, DJe 09/12/2016) 2. Recurso especial não conhecido RECURSO ESPECIAL Nº 1.396.421 - SC (2013/0252025-4) - (Ministro LUIS FELIPE SALOMÃO, 03/04/2018); **II:** correta, pois o procedimento de qualificação registral dá maior segurança e credibilidade para que o registrador afira a aptidão ou inaptidão para registro. Neste sentido, colaciona-se entendimento do Desembargador José Renato Nalini do TJ/SP na apelação (Ap. Cível nº 31881-0/1): É certo que os títulos judiciais submetem-se à qualificação registrária, conforme pacífico entendimento do E. Conselho Superior da Magistratura: Apesar de se tratar de título judicial, está ele sujeito à qualificação registrária. O fato de tratar-se o título de mandado judicial não o torna imune à qualificação registrária, sob o estrito ângulo da regularidade formal. O exame da legalidade não promove incursão sobre o mérito da decisão judicial, mas à apreciação das formalidades extrínsecas da ordem e à conexão de seus dados com o registro e a sua formalização instrumental". Ora, se os título judiciais estão sujeitos a esse procedimento, muito mais os extrajudiciais também estarão, haja vista que há maior possibilidade de fraude em sua elaboração; **III:** incorreta, pois o princípio da especialidade registral significa que tanto o objeto do negócio (o imóvel), como os contratantes devem estar perfeitamente determinados, identificados e particularizados, para que o registro reflita com exatidão o fato jurídico que o originou. A especialidade registral objetiva diz respeito ao imóvel. O artigo 176, § 1º, II, 3 da Lei 6.015/73 aponta como requisitos da matrícula, sua identificação, feita mediante a indicação de suas características e confrontações, localização, área e denominação, se rural, ou logradouro e número, se urbano, e sua designação cadastral, se houver. Já a especialidade subjetiva, diz respeito a importância de constar a qualificação completa do proprietário, número de identidade (RG), cadastro de contribuinte (CPF), e sendo casado, também do cônjuge. Igualmente necessário, dados do casamento, do regime de bens, e referência a ser ocorrido antes ou depois da Lei 6.515/77. Em havendo pacto antenupcial, deverá ser mencionado o número de seu registro junto ao Registro de Imóveis. Logo, a alternativa correta é a letra B. **GR**

*Gabarito "B".*

**(Juiz de Direito – TJ/SC – 2019 – CESPE/CEBRASPE)** O oficial de registro imobiliário, antes de registrar o título, deverá verificar se a pessoa que nele figura como alienante é a mesma cujo nome consta no registro como proprietária. Esse procedimento deve-se ao cumprimento do princípio da

(A) legalidade.
(B) especialidade.
(C) continuidade.
(D) força probante.
(E) territorialidade.

**A:** incorreta, pois pelo princípio da legalidade compete ao oficial do cartório avaliar a legalidade, validade e eficácia do título apresentado para registro (art. 198 da Lei 6.015/73); **B:** incorreta, pois o princípio da especialidade rege os dois pilares do registro imobiliário que são o objeto e as partes contratantes. O objeto do contrato deve ser perfeitamente identificado, descrito e indicar o título anterior; sendo especializado de tal forma que o torne heterogêneo, único e destacado. As partes contratantes devem ser identificadas e particularizadas, para que caso a situação jurídica de uma delas tenha se modificado, haja uma adequação do registro com a nova situação, para só então haver uma similaridade entre o título e o que consta no registro (arts. 176, § 1º, II, itens 3 e 4, 222 e 225 da Lei 6015/73); **C:** correta, pois o princípio da continuidade é aquele através do qual se garante a segurança dos registros imobiliários, devendo cada registro se apoiar no anterior, formando um encadeamento histórico de titularidade, o que caracteriza o imóvel (arts.

195 e 196 da Lei 6015/73); **D:** incorreta, pois pelo princípio da força probante também conhecido como princípio da fé pública, presume-se pertencer o direito real à pessoa em cujo nome se encontra registrado o imóvel. Induz a presunção de propriedade produzindo todos os efeitos legais enquanto existir e a partir do momento que se descobre que o documento não produz a verdade pode ele ser retificado ou anulado como elencado no art. 1.247 CC; **E:** incorreta, pois prevê o princípio da territorialidade que o imóvel deve ser localizado dentro do território previsto em lei para que determinada serventia torne o ato de registro válido, ou seja, exige-se que o registro seja feito na circunscrição imobiliária da situação do imóvel (art. 169 da Lei 6015/73).

Gabarito "C".

## 6.6. CONDOMÍNIO

**(Defensor Público - DPE/DF - 2019 - CESPE/CEBRASPE)** A respeito de condomínio em multipropriedade, julgue os itens subsequentes.

(1) O regime da multipropriedade poderá ser adotado por condomínio edilício na totalidade de suas unidades autônomas, por meio da deliberação da maioria absoluta dos condôminos.

(2) A multipropriedade somente poderá ser instituída por ato entre vivos registrado em cartório de registro de imóveis, com a necessária indicação da duração dos períodos de cada ração de tempo.

**1:** certo, Código Civil, Art. 1.358-O. O condomínio edilício poderá adotar o regime de multipropriedade em parte ou na totalidade de suas unidades autônomas, mediante: I: previsão no instrumento de instituição; II: deliberação da maioria absoluta dos condôminos. **2:** errado, Código Civil, Art. 1.358-F. Institui-se a multipropriedade por ato entre vivos ou por meio do testamento registrado no competente cartório de registro de imóveis, devendo constar daquele ato a duração dos períodos correspondentes a cada fração de tempo. GR

Gabarito: 1C; 2E

## 6.7. DIREITOS REAIS NA COISA ALHEIA – FRUIÇÃO

**(Cartório/PI – 2013 – CESPE)** Acerca do usufruto, assinale a opção correta.

(A) Pode-se penhorar o exercício do usufruto ainda que os frutos advindos dessa cessão não possuam expressão econômica imediata.

(B) Ex-cônjuge que ocupa imóvel doado aos filhos pode ser compelido a pagar ao outro ex-cônjuge o equivalente a 50% do valor de locação do imóvel, pelo usufruto, em caráter exclusivo, do bem pertencente a prole.

(C) O Código Civil não autoriza a extinção do usufruto pelo não uso ou pela não fruição do bem sobre o qual ele recai, em razão da função social.

(D) O STJ reconhece que a renúncia do usufruto efetuada pelo executado constitui fraude a execução, por frustrar a penhora.

(E) O fato de o viúvo ser beneficiário de testamento do cônjuge falecido elide o usufruto vidual, que depende da situação financeira do cônjuge sobrevivente.

**A:** incorreta, pois "Se o imóvel se encontra ocupado pela própria devedora, que nele reside, não produz frutos que possam ser penhorados. Por conseguinte, incabível se afigura a pretendida penhora do exercício do direito de usufruto do imóvel ocupado pela recorrente, por ausência de amparo legal" (STJ, REsp 883.085/SP, Rel. Ministro Sidnei Beneti, 3ª Turma, j. 19/08/2010, DJe 16/09/2010); **B:** correta, pois se os pais doaram aos filhos com reserva de usufruto, significa que os frutos devem ser divididos entre os pais. Assim, caso um deles viva no imóvel, o outro faz jus ao equivalente a 50% de aluguel; **C:** incorreta, pois o art. 1.410, VIII do CC estipula que o não uso é causa de extinção deste direito real; **D:** incorreta, pois "a renúncia ao usufruto não importa fraude à execução, porquanto, a despeito de os frutos serem penhoráveis, o usufruto é direito impenhorável e inalienável, salvo para o nú-proprietário" (AgRg no REsp 1214732/RS, Rel. Ministro Benedito Gonçalves, 1ª Turma, julgado em 17/11/2011, DJe 22/11/2011). Vale, todavia, registrar que o próprio STJ tem posições no sentido contrário.

Vide, por exemplo, decisão proferida no EDcl no AgRg no Ag 1370942/SP, de Relatoria do Ministro Paulo de Tarso Sanseverino: "Fraude a execução o usufrutuário que, titular de usufruto de onze imóveis, renuncia ao usufruto logo após a expedição de mandado de penhora dos rendimentos do usufruto (aluguéis). Validade do ato de renúncia, mas ineficaz até a satisfação do crédito exequendo"; **E:** incorreta, pois o usufruto vidual não apresenta, como requisito, a situação financeira do viúvo. Vale lembrar que tal usufruto só é válido em benefício de cônjuge sobrevivente, cujo marido faleceu na vigência do Código Civil de 1916.

Gabarito "B".

Para colaborar na resolução de questões mais doutrinárias a respeito da servidão, segue um resumo acerca das principais classificações do instituto.

**(1) Classificação quanto ao modo de exercício.**
**(A) servidões contínuas:** *são as que subsistem e se exercem independentemente de ato humano direto*. São exemplos as servidões de passagem de água (aqueduto), de energia elétrica (passagem de fios, cabos ou tubulações), de iluminação (postes) e de ventilação.
**(B) servidões descontínuas:** *são as que dependem de ação humana atual para seu exercício e subsistência*. São exemplos a servidão de trânsito, de tirar água de prédio alheio e de pastagem em prédio alheio. Essas servidões podem ser positivas ou negativas. Serão **positivas** quando o proprietário dominante tem direito a uma utilidade do serviente (ex.: servidão de passagem ou de retirada de água). Serão **negativas** quando o proprietário dominante tiver simplesmente o direito de ver o proprietário serviente se abster de certos atos (ex.: servidão de não edificar em certo local ou acima de dada altura.
**(2) Classificação quanto à exteriorização.**
**(A) servidões aparentes:** *são as que se revelam por obras ou sinais exteriores, visíveis e permanentes*. São exemplos a servidão de trânsito e de aqueduto.
**(B) servidões não aparentes:** *são as que não se revelam externamente*. São exemplos as de não construir em certo local ou acima de dada altura.
**Obs.:** a classificação é importante, pois somente as servidões aparentes podem ser adquiridas por usucapião (art. 1.379, CC).
**(3) Classificação quanto à origem.**
**(A) servidões legais:** *são as que decorrem de lei*. Ex.: passagem forçada.
**(B) servidões materiais:** *são as que derivam da situação dos prédios*. Ex.: servidão para escoamento de águas.
**(C) servidões convencionais:** *são as que resultam da vontade das partes*. Ex: as constituídas por contrato ou testamento, com posterior registro no Registro de Imóveis.

## 6.8. DIREITOS REAIS NA COISA ALHEIA – GARANTIA

**(Defensor Público/AC – 2017 – CESPE)** A garantia por hipoteca

(A) será extinta caso morra o garantidor.

(B) extingue-se pela alienação da coisa hipotecada.

(C) é uma obrigação restrita às partes contratantes.

(D) faz que o credor assuma a propriedade da coisa hipotecada se a dívida não for paga no vencimento.

(E) afeta o objeto da garantia em caráter absoluto, podendo o credor, desde que não preferencial, se opor *erga omnes*.

**A:** incorreta, pois a morte do garantidor não extingue a hipoteca (arts. 1.499 e 1.500 CC); **B:** incorreta, pois a alienação da coisa hipotecada não é causa extintiva da hipoteca (arts. 1.499 e 1.500 CC). A coisa pode tranquilamente ser vendida, que a hipoteca será mantida (art. 1.475, "caput" CC); **C:** incorreta, pois a partir do momento que a hipoteca é registrada na matrícula do imóvel ela produz efeitos para terceiros (art. 1.492, "caput", CC); **D:** incorreta, pois é nula a cláusula que autoriza o credor hipotecário a ficar com o objeto da garantia, se a dívida não for paga no vencimento (art. 1.478 CC). O correto é a garantia ser executada, o bem vendido e o produto da venda ser passado para o credor para pagamento da dívida; **E:** correta, pois o credor hipotecário tem o direito de excutir a coisa hipotecada ou empenhada, e preferir, no pagamento, a outros credores, observada, quanto à hipoteca, a prioridade no registro (art. 1.422 CC). GR

Gabarito "E".

## 7. FAMÍLIA

**(Delegado/RJ – 2022 – CESPE/CEBRASPE)** Jorge foi condenado por sentença transitada em julgado ao pagamento de dez salários-mínimos mensais a título de pensão alimentícia a seu filho Mauro.

Nessa situação hipotética,

(A) em razão do trânsito em julgado da sentença condenatória, pai e filho não poderão pedir majoração, redução ou exoneração do encargo.

(B) Jorge ou Mauro poderão pedir, conforme as circunstâncias, exoneração, redução ou majoração da pensão, se sobrevier mudança na situação financeira de quem a supre ou na de quem a recebe.

(C) apenas a alteração simultânea na situação financeira de Jorge e Mauro autorizará a revisão do valor da prestação alimentícia.

(D) a alteração do valor da pensão alimentícia só será possível se houver ação rescisória.

(E) apenas se ficar desempregado Jorge poderá pedir exoneração ou redução do encargo da pensão alimentícia.

**A:** incorreta, pois se fixados os alimentos, sobrevier mudança na situação financeira de quem os supre, ou na de quem os recebe, poderá o interessado reclamar ao juiz, conforme as circunstâncias, exoneração, redução ou majoração do encargo (art. 1.699 do CC); **B:** correta (art. 1.699 do CC); **C:** incorreta, pois não há necessidade da alteração simultânea da situação financeira de ambos (art. 1.699 do CC). Apenas a alteração da situação financeira de uma das partes já é suficiente para pedir a revisão; **D:** incorreta, pois a alteração não depende de ação rescisória. Basta pedir a revisão dos alimentos (art. 1.699 do CC); **E:** incorreta, pois o desemprego não é condição para Jorge pedir a redução ou exoneração do encargo. Basta que tenha alteração de sua situação financeira (art. 1.699 do CC). GR

Gabarito "B".

**(Juiz de Direito/AM – 2016 – CESPE)** A respeito do direito de família, assinale a opção correta.

(A) Dos nubentes que optam pelo regime de comunhão universal de bens não se exige a formulação de pacto antenupcial, ato solene lavrado por escritura pública.

(B) É considerado bem de família, insuscetível de penhora, o único imóvel residencial do devedor no qual resida seu familiar, ainda que ele, proprietário, não habite no imóvel.

(C) O fato de um casal de namorados projetar constituir família no futuro caracteriza a união estável se houver coabitação.

(D) O casamento putativo não será reconhecido de ofício pelo juiz.

(E) Se não houver transação em sentido contrário, as verbas indenizatórias integram a base de cálculo da pensão alimentícia.

**A:** incorreta, pois o pacto antenupcial é negócio jurídico indispensável para os nubentes que queiram afastar o regime legal da comunhão parcial de bens (CC, art. 1.640); **B:** correta, pois, a despeito da redação do art. 1º, da Lei 8.009/1990, o STJ pacificou a orientação de que a proteção é mantida, mesmo que o grupo familiar não resida no único imóvel de sua propriedade (RESP 1616475/PE); **C:** incorreta, pois, para a configuração da união estável, há diversos requisitos subjetivos, mais amplos e profundos do que a mera "*projeção de constituir família no futuro*" (CC, art. 1.723); **D:** incorreta, pois o casamento putativo pode gerar efeitos, conforme o art. 1.561 do Código Civil; **E:** incorreta, pois o STJ decidiu que: "*Os alimentos incidem sobre verbas pagas em caráter habitual, aquelas incluídas permanentemente no salário do empregado. As parcelas denominadas auxílio-acidente, cesta-alimentação e vale-alimentação, que tem natureza indenizatória, estão excluídas do desconto para fins de pensão alimentícia porquanto verbas transitórias*" (RESP 1159408).

Gabarito "B".

## 7.1. CASAMENTO

### 7.1.1. DISPOSIÇÕES GERAIS, CAPACIDADE, IMPEDIMENTOS, CAUSAS SUSPENSIVAS, HABILITAÇÃO, CELEBRAÇÃO E PROVA DO CASAMENTO

**(Defensor Público – DPE/RN – 2016 – CESPE)** De acordo com as regras que disciplinam o casamento, assinale a opção correta.

(A) Os impedimentos impedientes para o casamento constituem mera irregularidade e geram apenas efeitos colaterais sancionadores, mas não a nulidade do matrimônio.

(B) Será nulo o casamento do divorciado, enquanto não for homologada ou decidida a partilha dos bens do casal, ainda que seja demonstrada a inexistência de prejuízo para o ex-cônjuge.

(C) O casamento pode ser realizado mediante procuração, por instrumento público ou particular com poderes especiais.

(D) A revogação do mandato precisa chegar ao conhecimento do mandatário, pois, celebrado o casamento sem que o mandatário ou o outro contraente tomem ciência da revogação, o casamento será válido, sem que possa o mandante ser compelido a indenizar por perdas e danos.

(E) Os impedimentos absolutamente dirimentes para o casamento são proibições legais que, se forem desrespeitadas, geram a nulidade do matrimônio, mas podem ser supridas ou sanadas.

**A:** correta. Os impedimentos impedientes são as chamadas causas suspensivas do casamento (CC, art. 1.523) e não tornam o casamento nulo ou anulável. Seu único efeito é impor o regime de separação obrigatória de bens (CC, art. 1.641, I); **B:** incorreta, pois o Código Civil afirma que: "*O divórcio pode ser concedido sem que haja prévia partilha de bens*" (CC, art. 1.581); **C:** incorreta, pois o casamento mediante procuração é admitido pelo Código Civil, exigindo-se, todavia a forma da escritura pública (CC, art. 1.542); **D:** incorreta, pois a revogação do mandato "não necessita chegar ao conhecimento do mandatário; mas, celebrado o casamento sem que o mandatário ou o outro contraente tivessem ciência da revogação, responderá o mandante por perdas e danos" (CC, art. 1.542, § 1º); **E:** incorreta, pois os impedimentos absolutos (CC, art. 1.521) não podem ser sanados.

Gabarito "A".

**(Ministério Público/PI – 2014 – CESPE)** No que se refere aos impedimentos ao casamento e às circunstâncias que o tornam nulo ou anulável, assinale a opção correta.

(A) Não podem casar-se os já casados, devendo-se observar que o casamento religioso, ainda que não inscrito em livro no registro civil de pessoas naturais, também caracteriza o referido impedimento.

(B) O MP tem legitimidade para promover ação direta requerendo a decretação de nulidade do casamento.

(C) É nulo o casamento contraído por pessoa com reduzida ou parcial capacidade de discernimento.

(D) O casamento anulável, diferentemente do nulo, se celebrado de boa-fé pelos contraentes, produzirá os efeitos do casamento válido até a data da sentença que decretar a sua invalidação, de forma a resguardar a família e, em especial, os filhos havidos desse negócio jurídico.

(E) Os impedimentos ao casamento previstos no art. 1.521 do Código Civil, por se basearem no interesse público e estarem relacionados à instituição da família e à estabilidade social, têm caráter absoluto, o que torna anulável o casamento realizado por desrespeito a qualquer um deles.

**A:** incorreta, pois o casamento religioso demanda registro civil (CC, art. 1.515); **B:** correta, pois tal legitimidade encontra respaldo no art. 1.549 do Código Civil; **C:** incorreta, pois a nulidade somente se verificará se o enfermo mental não tiver discernimento para os atos da vida civil; **D:** incorreta, pois a proteção ao cônjuge de boa-fé (com a atribuição de efeitos) se dá tanto no casamento nulo, quanto no anulável (CC, art. 1.561); **E:** incorreta, pois o casamento celebrado sob impedimento matrimonial enseja sua nulidade absoluta (CC, art. 1.548, II).

Gabarito "B".

# 10. DIREITO CIVIL — 313

## 7.1.2. INVALIDADE

## 7.1.3. EFEITOS E DISSOLUÇÃO DO CASAMENTO

Observação importante: mesmo com a edição da EC 66/10, mantivemos as questões sobre separação judicial, pois ainda há controvérsia sobre a existência ou não desse instituto após a entrada em vigor da Emenda. O próprio CNJ, chamado a se manifestar sobre assunto, preferiu apenas alterar sua Resolução nº 35, para admitir o divórcio extrajudicial mesmo que não cumpridos os prazos de 2 anos de separação de fato (antigo divórcio-direto) e de 1 ano de separação judicial (antigo divórcio-conversão), não entrando no mérito se ainda existe a possibilidade de alguém preferir, antes do divórcio, promover separação judicial. O fato é que a EC 66/10 vem sendo aplicada normalmente pelos Cartórios Extrajudiciais, para permitir o divórcio direto, sem necessidade de cumprir os prazos mencionados, tudo indicando que o instituto da separação judicial venha, no mínimo, a cair em desuso. De qualquer maneira, como não houve ainda revogação do Código Civil no ponto que trata desse instituto, mantivemos as questões sobre o assunto, que, quem sabe, podem ainda aparecer em alguns concursos públicos. Segue, para conhecimento, a decisão do CNJ sobre o assunto:

"EMENTA: PEDIDO DE PROVIDÊNCIAS. PROPOSTA DE ALTERAÇÃO DA RESOLUÇÃO Nº 35 DO CNJ EM RAZÃO DO ADVENTO DA EMENDA CONSTITUCIONAL Nº 66/2010. SUPRESSÃO DAS EXPRESSÕES "SEPARAÇÃO CONSENSUAL" E "DISSOLUÇÃO DA SOCIEDADE CONJUGAL". IMPOSSIBILIDADE. PARCIAL PROCEDÊNCIA DO PEDIDO.

- A Emenda Constitucional nº 66, que conferiu nova redação ao § 6º do art. 226 da Constituição Federal, dispõe sobre a dissolubilidade do casamento civil pelo divórcio, para suprimir o requisito de prévia separação judicial por mais de 01 (um) ano ou de comprovada separação de fato por mais de 02 (dois) anos.
- Divergem as interpretações doutrinárias quanto à supressão do instituto da separação judicial no Brasil. Há quem se manifeste no sentido de que o divórcio passa a ser o único meio de dissolução do vínculo e da sociedade conjugal, outros tantos, entendem que a nova disposição constitucional não revogou a possibilidade da separação, somente suprimiu o requisito temporal para o divórcio.
- Nesse passo, acatar a proposição feita, em sua integralidade, caracterizaria avanço maior que o recomendado, superando até mesmo possível alteração da legislação ordinária, que até o presente momento não foi definida.
- Pedido julgado parcialmente procedente para propor a modificação da redação da Resolução nº 35 do Conselho Nacional de Justiça, de 24 de abril de 2007, que disciplina a aplicação da Lei nº 11.441/2007 pelos serviços notariais e de registro, nos seguintes termos: a) seja retirado o artigo 53, que versa acerca do lapso temporal de dois anos para o divórcio direto e; b) seja conferida nova redação ao artigo 52, passando o mesmo a prever: "Os cônjuges separados judicialmente, podem, mediante escritura pública, converter a separação judicial ou extrajudicial em divórcio, mantendo as mesmas condições ou alterando-as. Nesse caso, é dispensável a apresentação de certidão atualizada do processo judicial, bastando a certidão da averbação da separação no assento do casamento." (CNJ, Pedido de Providências nº 0005060-32.2010.2.00.0000, j. 12/08/10)"

**(Magistratura Federal/3ª região – 2011 – CESPE)** Ao solucionar questão relacionada à origem de dívida de dois mil reais contraída por um dos cônjuges, durante o casamento, em comércio próximo à residência do casal, o juiz, diante da ausência de outros elementos de prova, tomou o débito como contraído a bem da família. Com base nesse caso, assinale a opção correta.

**(A)** É inadmissível utilizar presunção para resolver a questão, dada a possibilidade de prova oral.

**(B)** Cuida-se de presunção *hominis*, decorrente da experiência da vida.

**(C)** A decisão tomou a condição de casado como indício de presunção comum absoluta.

**(D)** A condição de casados determina presunção legal relativa de comunhão da dívida.

**(E)** Aplica-se ao caso a presunção legal absoluta de comunhão da dívida.

**A:** incorreta, pois o próprio Código estipula presunções a respeito das dívidas contraídas pelos cônjuges; **B:** incorreta, pois trata-se de presunção legal; **C:** incorreta, pois o enunciado trouxe outros elementos que contribuíram para a formação da convicção do juiz; **D:** correta, pois de acordo com o art. 1.644, as dívidas contraídas para aquisição de coisas necessárias à economia doméstica obrigam solidariamente ambos os cônjuges; **E:** incorreta, pois não há presunção absoluta nesse caso.
Gabarito "D".

## 7.1.4. REGIME DE BENS

**(Defensor Público – DPE/RN – 2016 – CESPE)** No tocante ao regime de bens do casamento, assinale a opção correta.

**(A)** No casamento sob o regime de participação final nos aquestos, o bem imóvel que for adquirido exclusivamente por um dos cônjuges será de livre administração e alienação, por esse cônjuge.

**(B)** Sob o regime da comunhão parcial de bens, não entram na comunhão os bens adquiridos na constância da sociedade conjugal, por fato eventual, com ou sem o concurso de trabalho ou despesa anterior.

**(C)** No regime da comunhão universal de bens, participam da comunhão todos os bens presentes e futuros do casal, inclusive as dívidas anteriores ao casamento.

**(D)** No regime de comunhão parcial, participam da comunhão as verbas indenizatórias decorrentes do ajuizamento de ação reclamatória trabalhista durante a vigência do vínculo conjugal, ainda que tais verbas venham a ser percebidas por um dos cônjuges após o fim do casamento.

**(E)** O pacto antenupcial é indispensável na celebração do casamento pelo regime da separação obrigatória de bens.

**A:** incorreta, pois nesse regime o Código Civil admite a livre alienação dos bens móveis (CC, art. 1.673, parágrafo único). Caso os nubentes queiram definir a livre alienação de bens imóveis, é preciso que isso conste expressamente no pacto antenupcial (CC, art. 1.656); **B:** incorreta, pois há comunicação dos bens adquiridos na constância, bem como aqueles adquiridos por fato eventual, como é o caso de sorteios, loterias, rifas etc. (CC, art. 1.660, I e II); **C:** incorreta, pois tais dívidas não se comunicam (CC, art. 1.668, III); **D:** correta, pois o que importa é o fato gerador para o recebimento de tais verbas e não o momento em que são recebidas; **E:** incorreta, pois esse regime é imposto pela lei em situações especificadas no CC, art. 1.641.
Gabarito "D".

## 7.1.5. TEMAS COMBINADOS DE CASAMENTO

**(Cartório/DF – 2014 – CESPE)** Acerca do casamento, assinale a opção correta.

**(A)** É possível a anulação de casamento, sob o fundamento de erro essencial quanto à pessoa, em caso de impotência coeundi do cônjuge, por impossibilitar a realização da finalidade do matrimônio, ainda que tenha havido coabitação anterior à celebração do casamento e por mais de três anos após essa celebração.

**(B)** O casamento nulo ou anulável produz todos os efeitos até o dia da sentença anulatória se ambos os cônjuges o contraíram de boa-fé.

**(C)** Sobrevindo prole, não podem ser anulados os efeitos civis do casamento celebrado em infringência a impedimento dirimente decorrente de má-fé de ambos os cônjuges.

**(D)** É válido o casamento nuncupativo realizado perante o oficial do registro, em caso de interditado portador de moléstia grave, na presença de duas testemunhas e do curador.

**(E)** O casamento religioso celebrado sem a observância das formalidades legais, das causas suspensivas e da capacidade matrimonial poderá ser inscrito no registro civil, no prazo estabelecido no Código Civil, mediante requerimento do celebrante ou dos interessados.

**A:** incorreta, pois o prazo de três anos gera a decadência do direito de anular o casamento por erro essencial quanto à pessoa do cônjuge (CC, art. 1.560); **B:** correta, pois a assertiva reproduz a regra sobre o casamento putativo, previsto no art. 1.561 do Código Civil; **C:** incorreta, pois apenas os cônjuges de boa-fé subjetiva é que recebem a proteção legal na hipótese de casamento putativo; **D:** incorreta, pois para tal específico matrimônio a lei exige a presença de seis testemunhas (CC, art. 1.540); **E:** incorreta, pois além do registro, o casamento religioso "deve atender às exigências da lei para a validade do casamento civil" para que se equipare a este (CC, art. 1.515).
Gabarito "B".

## 7.2. UNIÃO ESTÁVEL

**(Defensor Público/PE – 2018 – CESPE)** De acordo com a jurisprudência do Supremo Tribunal Federal (STF) e do STJ acerca da união estável e casamento, assinale a opção correta.

**(A)** É possível o reconhecimento da união estável entre pessoas do mesmo sexo, sendo vedado o casamento civil.

**(B)** A união estável homoafetiva é vedada no ordenamento jurídico brasileiro: união estável consiste de uma relação entre homem e mulher, contínua e duradoura, com o objetivo de constituição de família.

**(C)** Como não se trata de entidade familiar, a relação entre pessoas do mesmo sexo é uma sociedade de fato, inclusive com competência da vara cível, e não da de família, para eventual ajuizamento de ação.

**(D)** A união entre duas pessoas do mesmo sexo é reconhecida como entidade familiar, com convivência pública, contínua, duradoura, com o objetivo de constituição de família, e é de competência da vara de família o ajuizamento de eventual ação a respeito.

**(E)** Diferentemente do instituto do casamento, a companheira ou o companheiro, na vigência da união estável, participará da sucessão do outro apenas quanto aos bens adquiridos onerosamente.

**A:** incorreta, pois é possível a conversão da união homoafetiva em casamento, consoante Enunciado 525 do CJF: "É possível a conversão de união estável entre pessoas do mesmo sexo em casamento, observados os requisitos exigidos para a respectiva habilitação"; **B:** incorreta, pois o Supremo Tribunal Federal, no julgamento conjunto da ADPF n.132/RJ e da ADI n. 4.277/DF, conferiu ao art. 1.723 do Código Civil interpretação conforme à Constituição para dele excluir todo significado que impeça o reconhecimento da união contínua, pública e duradoura entre pessoas do mesmo sexo como entidade familiar, entendida esta como sinônimo perfeito de família; **C:** incorreta, pois a união estável é considerada entidade familiar, tanto a hétero como a homoafetiva (art. 1.723 CC e ADPF n.132/RJ e da ADI n. 4.277/DF). Portanto, não há que se falar em sociedade de fato. Logo, sua competência é a vara de família e sucessões; **D:** correta, pois tal afirmação está em perfeita harmonia às decisões dos tribunais superiores pátrios (ADPF n.132/RJ e da ADI n. 4.277/DF, Enunciado 525 do CJF); **E:** incorreta, pois apenas se aplicará o regime de comunhão parcial de bens entre os companheiros, desde que não seja eleito outro regime de bens expressamente (art. 1.725 do CC). GR
Gabarito "D".

## 7.3. PARENTESCO E FILIAÇÃO

**(Juiz de Direito - TJ/BA - 2019 - CESPE/CEBRASPE)** Com relação ao reconhecimento voluntário de filhos tidos fora do casamento, julgue os seguintes itens.

**I.** O Código Civil admite o reconhecimento voluntário de paternidade por declaração direta e expressa perante o juiz, desde que manifestada em ação própria, denominada ação declaratória de paternidade. Nesse caso, o ato jurídico é irrevogável.

**II.** De acordo com o Código Civil, o reconhecimento voluntário de paternidade por meio do testamento é revogável pelo testador, por constituir ato de última vontade, mutável a qualquer tempo antes do falecimento do testador.

**III.** O reconhecimento de filiação pode preceder o nascimento do filho e, até mesmo, ser posterior ao falecimento deste. Nesse último caso, admite-se o reconhecimento *post mortem* se o filho deixar descendentes.

Assinale a opção correta.

**(A)** Apenas o item II está certo.

**(B)** Apenas o item III está certo.

**(C)** Apenas os itens I e II estão certos.

**(D)** Apenas os itens I e III estão certos.

**(E)** Todos os itens estão certos.

**I:** incorreta, pois não precisa ser em ação própria (art. 1.609, *caput*, e inciso IV, CC); **II:** incorreta, pois o reconhecimento de paternidade por testamento também é irrevogável (art. 1609, III, CC); **III:** correta, nos termos do art. 1609, parágrafo único CC. Logo, a alternativa correta é a letra B. GR
Gabarito "B".

## 7.4. PODER FAMILIAR, ADOÇÃO, TUTELA E GUARDA

**(Cartório/DF – 2014 – CESPE)** No que se refere ao instituto da adoção, assinale a opção correta.

**(A)** Verificado o óbito do adotante no curso do procedimento de adoção, ainda que manifestada a vontade do adotante, de forma inequívoca, impõe-se a declaração de perda de objeto do pedido.

**(B)** Em se tratando de adoção de maiores de dezoito anos, admite-se o procedimento por ato extrajudicial perante o registro civil de pessoas naturais, com assistência de advogado, ou por meio de sentença constitutiva.

**(C)** A lei veda que tutor com vínculo de parentesco em segundo grau colateral com o tutelado o adote, ainda que prestadas as contas de sua administração.

**(D)** Configura requisito essencial à adoção o prévio estágio de convivência, excetuando-se a hipótese de a criança adotanda encontrar-se sob a guarda de fato dos adotantes.

**(E)** O avô detentor da guarda de neta adolescente tem legitimidade para adotá-la, dispensando-se o estágio de convivência.

**A:** incorreta, pois "a adoção poderá ser deferida ao adotante que, após inequívoca manifestação de vontade, vier a falecer no curso do procedimento, antes de prolatada a sentença" (ECA, art. 42 § 6º); **B:** incorreta, pois não se dispensa a manifestação do Poder Judiciário para a adoção do maior de dezoito anos (ECA, art. 40); **C:** correta, pois "Não podem adotar os ascendentes e os irmãos do adotando" (ECA, art. 42 § 1º); **D:** incorreta, pois o estágio de convivência "poderá ser dispensado se o adotando já estiver sob a tutela ou guarda legal do adotante durante tempo suficiente para que seja possível avaliar a conveniência da constituição do vínculo" (ECA, art. 46 § 1º); **E:** incorreta, pois: "não podem adotar os ascendentes e os irmãos do adotando" (ECA, art. 42 § 1º).
Gabarito "C".

**(Ministério Público/PI – 2014 – CESPE)** Assinale a opção correta a respeito da tutela.

**(A)** Aquele que, não sendo parente do menor, seja nomeado, por sentença, tutor, é obrigado a aceitar a tutela, sob pena de crime de desobediência, ainda que haja parentes idôneos, consanguíneos ou afins, em condições de exercê-la.

**(B)** Os tutores são obrigados a prestar contas de sua administração, podendo ser dispensados desse dever pelos pais do tutelado, em testamento, ou pelo juiz, por decisão judicial.

**(C)** O tutor poderá delegar a outra pessoa, física ou jurídica, o exercício total da tutela.

**(D)** Se o patrimônio do menor for de valor considerável, poderá o juiz condicionar o exercício da tutela à prestação de caução bastante ou dispensá-la se for o tutor de reconhecida idoneidade.

10. DIREITO CIVIL | 315

**(E)** A tutela testamentária é válida ainda que o nomeante, no momento de sua morte, não tenha pleno exercício do poder familiar.

**A:** incorreta, pois "quem não for parente do menor não poderá ser obrigado a aceitar a tutela, se houver no lugar parente idôneo, consangüíneo ou afim, em condições de exercê-la" (CC, art. 1.737); **B:** incorreta, pois os tutores apresentam tal obrigação, ainda que os pais os tenham dispensado de tal encargo (CC, art. 1.755); **C:** incorreta, pois o exercício da tutela é indelegável; **D:** correta, pois a assertiva reproduz a regra estabelecida pelo art. 1.745, parágrafo único do CC; **E:** incorreta, pois é nula a nomeação de tutor pelo pai ou pela mãe que, ao tempo de sua morte, não tinha o poder familiar (CC, art. 1.730).
,,Gabarito "D".

A respeito da guarda dos filhos após a separação do casal, julgue os itens a seguir.

I. De acordo com o STJ, o estabelecimento da guarda compartilhada não se sujeita à transigência dos genitores.

II. Na audiência de conciliação, o juiz deverá instar o Ministério Público a informar os pais do significado da guarda compartilhada, da sua importância, da similitude de deveres e dos direitos atribuídos aos genitores bem como das sanções pelo descumprimento de suas cláusulas.

III. O descumprimento imotivado de cláusula de guarda compartilhada acarretará a redução do número de horas de convivência com o filho.

IV. O pai ou a mãe, em cuja guarda não esteja o filho, poderá visitá-lo e tê-lo em sua companhia, segundo o que acordar com o outro cônjuge, bem como fiscalizar a sua manutenção e educação.

**(Juiz de Direito – TJ/SC – 2019 – CESPE/CEBRASPE)** Estão certos apenas os itens

**(A)** I e III.
**(B)** I e IV.
**(C)** II e IV.
**(D)** I, II e III.
**(E)** II, III e IV.

**I:** Certa: Recurso Especial. Civil e processual civil. Família. Guarda compartilhada. Consenso. Desnecessidade. Limites geográficos. Implementação. Impossibilidade. Melhor interesse dos menores. Súmula 7/STJ. 1. A implementação da guarda compartilhada não se sujeita à transigência dos genitores. 2. As peculiaridades do caso concreto inviabilizam a implementação da guarda compartilhada, tais como a dificuldade geográfica e a realização do princípio do melhor interesse dos menores, que obstaculizam, a princípio, sua efetivação. 3. Às partes é concedida a possibilidade de demonstrar a existência de impedimento insuperável ao exercício da guarda compartilhada, como por exemplo, limites geográficos. Precedentes. 4. A verificação da procedência dos argumentos expendidos no recurso especial exigiria, por parte desta Corte, o reexame de matéria fática, o que é vedado pela Súmula 7 deste Tribunal. 5. Recurso especial não provido. Recurso Especial 1.605.477 – RS (2016/0061190-9); **II:** errada, pois esse dever é do juiz, não do Ministério Público. O próprio juiz é que deve informar os pais (art. 1.584, § 1° CC); **III:** errada, pois o descumprimento imotivado de cláusula de guarda compartilhada acarretará a redução de prerrogativas atribuídas ao seu detentor (art. 1.584, § 4° CC); **IV:** certa (art. 1.589 *caput* CC). Portanto, a alternativa correta é a letra B.
,,Gabarito "B".

## 7.5. ALIMENTOS

**(Defensor Público/AC – 2017 – CESPE)** No que se refere aos alimentos e à obrigação de prestar alimentos, assinale a opção correta.

**(A)** O direito de exigir alimentos está vinculado à idade ou à incapacidade civil do alimentado.

**(B)** O direito a alimentos prescreve em dois anos.

**(C)** Os alimentos, por constituírem um direito patrimonial, podem ser renunciados.

**(D)** Os alimentos legítimos ou legais decorrem de parentesco, casamento ou união estável.

**(E)** É admissível a prisão civil por inadimplemento de obrigação de alimentos indenizatórios.

**A:** incorreta, pois os alimentos não estão vinculados à idade do peticionante nem a sua incapacidade civil. O critério que se usa é a necessidade do alimentado e a possibilidade do alimentante (art. 1.695 CC); **B:** incorreta, pois o direito a alimentos é imprescritível. O que prescreve em dois anos é a cobrança de prestações vencidas e não pagas (art. 206, § 2°, CC); **C:** incorreta, pois o direito a alimentos está vinculado à dignidade da pessoa humana, portanto, é um direito relacionado à personalidade do agente. Assim, nos termos do art. 1.707 CC pode o credor não exercer, porém lhe é vedado renunciar o direito a alimentos, sendo o respectivo crédito insuscetível de cessão, compensação ou penhora; **D:** correta, pois os alimentos legais são aqueles decorrentes de relação de parentesco, conforme definido em Lei (art. 1.694 CC). Diferem dos alimentos indenizatórios, cujo vínculo decorre da responsabilidade civil; **E:** incorreta, pois a prisão civil apenas é permitida por inadimplemento de obrigação alimentar legal, prevista na Lei 5.478/1968 e arts. 528 a 533 CPC.
,,Gabarito "D".

**(Juiz de Direito/DF – 2016 – CESPE)** Acerca das ações de alimentos, assinale a opção correta.

**(A)** A ação de alimentos não prossegue se o demandado for citado por edital, devendo ser suspenso o processo, que tem natureza personalíssima, enquanto o devedor não for localizado.

**(B)** Na ação de alimentos gravídicos, o prazo para a parte ré citada apresentar resposta é de dez dias.

**(C)** A fixação liminar de alimentos gravídicos, em princípio, perdurará até a sentença final ou até quando uma das partes requeira a revisão desses.

**(D)** Mesmo com o estabelecimento do regime de guarda compartilhada, é possível a fixação da pensão alimentícia em desfavor de um dos genitores.

**(E)** Na ação de alimentos, existe a isenção legal de custas processuais, por já existir, na hipótese, a presunção da hipossuficiência da pessoa requerente.

**A:** incorreta, pois "*não há vício de citação na execução de alimentos pelo simples fato de o ato processual ter sido efetivado mediante edital*" (AgRg no RHC 48668/MG); **B:** incorreta, pois o prazo, nesse caso, é de cinco dias (Lei 11.804/2008, art. 7°); **C:** incorreta, pois "*após o nascimento com vida, os alimentos gravídicos ficam convertidos em pensão alimentícia em favor do menor até que uma das partes solicite a sua revisão*" (Lei 11.804/2008, art. 6°, parágrafo único); **D:** correta, pois a fixação da guarda compartilhada não implica, necessariamente, pensão alimentícia dividida entre os genitores; **E:** incorreta, pois tal isenção de custas não é automática.
,,Gabarito "D".

## 7.6. BEM DE FAMÍLIA

**(Cartório/PI – 2013 – CESPE)** Assinale a opção correta a respeito do bem de família.

**(A)** Por ostentar natureza protetiva da entidade familiar, a legislação atinente ao bem de família é suscetível de interpretação extensiva.

**(B)** O STJ admite a constrição sobre bem de família dado em hipoteca como garantia de dívida contraída por terceiro.

**(C)** O bem de família no qual resida a entidade familiar pode ter sua indisponibilidade decretada em ação de improbidade administrativa.

**(D)** O fato de a entidade familiar não utilizar o único imóvel como residência o descaracteriza automaticamente como bem de família.

**(E)** A impenhorabilidade do bem de família será oponível ainda que o empréstimo que tenha dado origem à penhora tenha sido revertido em proveito da entidade familiar.

**A:** incorreta, pois a norma restringe direitos do credor, que terá opções reduzidas para receber seu crédito. Logo, deve ter interpretação restritiva; **B:** incorreta, pois "a possibilidade de penhora do bem de família hipotecado só é admissível quando a garantia foi prestada em benefício da própria entidade familiar, e não para assegurar empréstimo obtido por terceiro "(STJ – AgRg nos EDcl nos EDcl no AREsp 429.435/RS); **C:** correta, pois "o caráter de bem de família de imóvel não tem a força de obstar a determinação de sua indisponibilidade nos autos de ação civil pública, pois tal medida não implica em expropriação do bem" (STJ, REsp 1204794/SP, Rel. Ministra Eliana Calmon, 2ª Turma, julgado em 16/05/2013, DJe 24/05/2013); **D:** incorreta, pois a Lei 8.009/90 não exige o uso do único bem imóvel para que receba a proteção do bem de família; **E:** incorreta, pois "a impenhorabilidade do bem de família só não será oponível nos casos em que o empréstimo contratado foi revertido em proveito da entidade familiar" (STJ, AgRg no AREsp 48.975/MG, Rel. Ministro Marco Buzzi, 4ª Turma, j. 17/10/2013, DJe 25/10/2013).

Gabarito "C".

## 7.7. CURATELA

**(Magistratura Federal/1ª região – 2011 – CESPE)** João, maior de idade e solteiro, foi designado curador de Maria, de 19 anos de idade, viciada em tóxico. A designação de João ocorreu em razão de o pai da curatelada ter falecido e de a mãe sofrer de doença mental. Considerando essa situação hipotética, assinale a opção correta.

(A) Pelo exercício da curatela, João poderá reaver o que despender em razão dela, mas não terá direito a gratificação, dado o exercício de um múnus público.

(B) O falecimento da mãe da curatelada não acarretará a extinção do bem de família, ainda que este tenha sido destinado como tal na forma do Código Civil.

(C) Se João dever à curatelada, o prazo de prescrição em curso ficará interrompido desde o início do exercício da curatela.

(D) Se o juiz não tiver obedecido à ordem prevista no rol elencado no Código Civil, o curador deverá ser substituído.

(E) João não se sujeitará às mesmas regras de responsabilidade atribuída aos pais pelos atos da curatelada.

**A:** incorreta, pois "O curador tem direito de receber remuneração pela administração do patrimônio do interdito, à luz do disposto no art. 1.752, *caput*, do CC/02, aplicável ao instituto da curatela, por força da redação do art. 1.774 do CC/02" (STJ, RESP 1.205.113, 3ª T., rel. Min. Nancy Andrighi, 06.09.2011); **B:** correta, pois de pleno acordo com o disposto no art. 1.720 do Código Civil; **C:** incorreta, pois a hipótese é de impedimento/suspensão de lapso prescricional, o que se verifica desde a interdição de Maria; **D:** incorreta, pois a ordem estabelecida pelo Código Civil não é determinante, podendo ser flexibilizada pelo Juiz de acordo com as circunstâncias do caso concreto; **E:** o gabarito considerou tal afirmação como incorreta. Porém, existe, sim, diferença entre a responsabilidade dos pais e a dos curadores. Na hipótese de o pai pagar pelo ato ilícito praticado pelo seu descendente, não existirá direito de regresso (CC, art. 934).

Gabarito "B".

## 8. SUCESSÕES

## 8.1. SUCESSÃO EM GERAL

**(Defensor Público/PE – 2018 – CESPE)** Joaquim, que era casado com Sônia no regime de comunhão parcial de bens, faleceu deixando apenas uma casa adquirida onerosamente quando do casamento. O falecido não deixou bens particulares. O casal residia no imóvel e não teve filhos, mas Joaquim tinha um filho de relacionamento anterior.

Acerca dessa situação hipotética e dos direitos sucessórios, assinale a opção correta.

(A) Por ter sido o imóvel adquirido onerosamente na constância do casamento, o filho de Joaquim não concorre na sucessão legítima, sendo Sônia a única herdeira do imóvel.

(B) Sônia concorre na sucessão legítima com o filho de Joaquim, mas não terá direito à sua cota-parte do imóvel decorrente do regime de bens do casamento.

(C) Tendo sido a casa adquirida na constância do casamento, Sônia concorre na sucessão legítima com o filho de Joaquim, inclusive com o direito de habitação.

(D) Sônia não concorre na sucessão legítima com o filho de Joaquim, mas tem o direito real de habitação.

(E) Conforme jurisprudência do STJ, Sônia somente tem o direito real de habitação se proceder ao registro no cartório de imóveis.

**A:** incorreta, pois tanto o Joaquim como Sônia participam da sucessão legítima, aquele por ser descendente e esta por ser cônjuge. A data da aquisição do imóvel não faz diferença para fins de sucessão neste caso (art. 1.829, I, CC); **B:** incorreta, pois Sônia terá direito a sua cota-parte por meação, porém, não concorrerá com Joaquim na cota do bem comum (sendo que esta cota ficará toda para o filho de Joaquim). Apenas concorreria sobre a esfera dos bens particulares, caso o falecido os houvesse deixado, mas como não o fez, Sônia não herda em nenhuma parte (art. 1.829, I, CC); **C:** incorreta, pois Sônia não concorre com o filho de Joaquim, isto é, ela não herda nada, ela apenas tem direito de meação (art. 1.829, I, CC). Porém, tem direito de habitação sobre o imóvel (art. 1.831 CC); **D:** correta, pois por direito próprio Sônia já tem sua meação garantida. Ela não herda sobre os bens comuns. Apenas herdaria sobre os bens particulares, porém, como eles não existem, então não herda sobre nada (art. 1.829, I, CC). Apesar disso, o art. 1.831 CC garante a Sônia o direito real de habitação; **E:** incorreta, pois o único requisito que a Lei exige para que Sônia tenha o direito real de habitação é que o imóvel destinado à residência do casal seja o único daquela natureza a inventariar (art. 1.831 CC). Logo, não se exige qualquer outro requisito (RESP 1582178 Min. Ricardo Villas Bôas Cueva – Terceira Turma), muito menos o registro imobiliário (REsp n. 565.820/PR, relator Ministro Carlos Alberto Menezes Direito, Terceira Turma, DJ de 14.03.2005). 〔GR〕

Gabarito "D".

**(Juiz – TJ/CE – 2018 – CESPE)** Conforme classificação doutrinária, a herança, antes da formalização da partilha, pode ser considerada um bem de indivisibilidade

(A) convencional e uma universalidade de fato.

(B) convencional e uma universalidade de direito.

(C) legal e uma universalidade de direito.

(D) legal e uma universalidade de fato.

(E) natural e uma universalidade de direito.

**A:** incorreta, pois a herança é indivisível por determinação legal (art. 1.791 CC) e constitui-se numa universalidade de direito, pois é composta por um complexo de bens cuja finalidade é determinada por lei (art. 91 CC); **B:** incorreta, pois a herança é indivisível por determinação legal (art. 1.791 CC); **C:** correta (art. 1.791 e art. 91 CC); **D:** incorreta, pois a herança constitui-se numa universalidade de direito, pois é composta por um complexo de bens cuja finalidade é determinada por lei (art. 91 CC); **E:** incorreta, pois os bens indivisíveis por natureza são os que se não podem fracionar sem alteração na sua substância, diminuição considerável de valor ou prejuízo do uso a que se destinam. A herança, contudo, é indivisível por determinação legal (art. 1.791 CC). 〔GR〕

Gabarito "C".

**(Promotor de Justiça/RR – 2017 – CESPE)** Com relação ao direito sucessório e suas implicações, julgue os itens a seguir.

I. Herança corresponde ao conjunto de bens deixado pelo falecido e engloba tanto os bens positivos quanto os bens negativos.

II. Os direitos patrimoniais do autor perduram por setenta anos, contados a partir da data do seu falecimento.

III. Na hipótese de doação de imóvel de ascendente a descendente, quando do falecimento daquele, o bem deverá, em regra, ser trazido à colação, sob pena de ser considerado bem sonegado.

Assinale a opção correta.

(A) Apenas os itens I e II estão certos.

(B) Apenas os itens I e III estão certos.

(C) Apenas os itens II e III estão certos.

(D) Todos os itens estão certos.

**A:** incorreta, pois embora o item I esteja certo, o item II está errado pois os direitos patrimoniais do autor perduram por setenta anos contados de 1° de janeiro do ano subsequente ao de seu falecimento, obedecida a ordem sucessória da lei civil (art. 41, "caput", da Lei 9.610/1998); **B:** correta, pois os itens I e III estão certos. A herança envolve tanto ativos

como passivos do falecido (arts. 1.791 a 1.797 CC). A doação do imóvel do ascendente para descendente importa em adiantamento da legítima (art. 544 CC). Os bens deverão ser trazidos à colação, sob pena de serem considerados bens sonegados (art. 1.992 CC); **C:** incorreta, pois apesar do item III estar certo, o item II está errado conforme já explicado; **D:** incorreta, pois o item II está errado, conforme já explicado. GR
Gabarito "B".

**(Juiz de Direito/DF – 2016 – CESPE)** A propósito do direito das sucessões, com fundamento nos dispositivos legais, na doutrina e no entendimento jurisprudencial pátrio, assinale a opção correta.

(A) A herança é considerada um bem divisível, antes mesmo da partilha.
(B) O filho do autor da herança tem o direito de exigir de seus irmãos a colação dos bens recebidos por doação, a título de adiantamento da legítima, ainda que não tenha sido concebido ao tempo da liberalidade.
(C) O cônjuge supérstite pode opor o direito real de habitação aos irmãos do cônjuge falecido, caso eles já fossem, antes da abertura da sucessão, coproprietários do imóvel em que ela e o marido residiam.
(D) O testador só poderá dispor de um terço da herança no caso de haver herdeiros necessários.
(E) O cumprimento de legado de coisa que se determine pelo gênero é impossibilitado quando a coisa não mais existir entre os bens deixados pelo testador.

**A:** incorreta, pois a herança defere-se como um todo unitário (CC, art. 1.791); **B:** correta, pois o direito de pedir a colação dos bens (CC, art. 2.002) é deferido a todos os descendentes: "*que concorrerem à sucessão do ascendente comum*"; **C:** incorreta, pois nessa hipótese prevalece o direito de propriedade dos irmãos, em vez do direito de habitação da viúva (REsp 1184492/SE); **D:** incorreta, pois nesse caso o testador pode dispor de metade do patrimônio (CC, art. 1.846), assegurando-se assim a parte legítima aos herdeiros necessários; **E:** incorreta, pois nesse caso fica mantido o legado (CC, art. 1.915) e ao herdeiro tocará escolhê-la, guardando o meio-termo entre as congêneres da melhor e pior qualidade (CC, art. 1.929).
Gabarito "B".

## 8.2. SUCESSÃO LEGÍTIMA

**(Defensor Público/AL – 2017 – CESPE)** A sociedade conjugal de Jorge e Cristina, casados sob o regime de comunhão universal de bens, encerrou-se em 1.º/2/2017, devido ao falecimento de Jorge. O casal teve três filhos: Elisa, Cíntia e Vagner, todos maiores e capazes quando da morte de Jorge. O espólio de Jorge é constituído por um imóvel A, quitado, destinado ao aluguel de terceiros; um ágio do imóvel B, financiado, destinado à residência da família; um automóvel; e uma lancha. Jorge não deixou testamento e sua filha Cíntia pagou sozinha, com recursos financeiros próprios, seu funeral.

No que concerne a essa situação hipotética, assinale a opção correta.

(A) Cristina não concorrerá com seus filhos na sucessão de Jorge, resguardados os direitos de meação.
(B) Elisa e Vagner poderão aceitar a herança somente do bem A e ceder para Cíntia o restante da herança, já que ela arcou sozinha com o funeral de Jorge.
(C) Presume-se que Cíntia foi a única herdeira de todos os bens, já que ela arcou sozinha com o funeral de Jorge.
(D) A sucessão aberta é considerada um bem móvel.
(E) É assegurado aos filhos o direito real de habitação sobre o bem A.

**A:** correta, pois Cristina apenas é considera meeira, e não herdeira (art. 1.829, I, CC); **B:** incorreta, pois Elisa e Vagner podem aceitar a totalidade da herança referente a cota que lhes cabe de cada bem (arts. 1.804 e 1.805 CC). Eles também são livres para renunciar a herança em favor de Cíntia, pois a lei lhes confere esse direito (art. 1.806 CC), porém isso nada tem a ver com o fato de que ela arcou com as despesas do funeral; **C:** incorreta, pois essa presunção não existe, porque não exprimem aceitação de herança os atos oficiosos, como o funeral do finado (art.

1.805, § 1º, CC). Logo, não dá para dizer que houve aceitação por parte de Cíntia, nem renúncia por parte dos outros herdeiros, afinal, não houve renúncia expressa nem tácita (arts. 1.806 e 1.807 CC); **D:** incorreta, pois a sucessão aberta é considerada bem imóvel (art. 80, II CC); **E:** incorreta, pois o direito real de habitação apenas pode ser concedido sobre o bem de moradia da família, e não daquele destinado a aluguel (art. 1.831 CC). Ademais, ele é concedido ao cônjuge. GR
Gabarito "A".

**(Juiz de Direito/AM – 2016 – CESPE)** Em relação ao direito das sucessões, assinale a opção correta.

(A) Não havendo descendentes ou ascendentes, os herdeiros colaterais do autor da herança concorrem com o cônjuge sobrevivente.
(B) Em se tratando de casamento sob o regime de comunhão parcial de bens, o cônjuge supérstite concorrerá com os descendentes do cônjuge falecido apenas em relação aos bens particulares deste.
(C) Será rompido o testamento válido se o legatário for excluído da sucessão ou falecer antes do legante.
(D) Não goza da igualdade de condições com filho legítimo o filho adotado no ano de 1980, se a morte do autor da herança tiver ocorrido antes da vigência da Lei n.º 10.406/2012.
(E) Tratando-se de sucessão colateral, o direito de representação estende-se ao sobrinho-neto do autor da herança.

**A:** incorreta, pois, não havendo descendentes nem ascendentes, o cônjuge tem direito à herança por inteiro, sem concorrer com colaterais (CC, art. 1.829, III); **B:** correta, pois claramente é este o sentido do art. 1.829, I, que vem sendo confirmado reiteradamente pelo STJ. Nesse sentido: "*o cônjuge sobrevivente, casado no regime de comunhão parcial de bens, concorrerá com os descendentes do cônjuge falecido somente quando este tiver deixado bens particulares. A referida concorrência dar-se-á exclusivamente quanto aos bens particulares constantes do acervo hereditário do de cujus*" (REsp 1368123/SP). No mesmo sentido, *vide* Enunciado 270 do CJF; **C:** incorreta, pois a exclusão ou falecimento do legatário não é causa de rompimento do testamento (CC, art. 1.973); **D:** incorreta, pois tal distinção foi abolida pela CF de 1988; **E:** incorreta, pois, na sucessão colateral, somente o sobrinho do falecido é quem titulariza o direito de representação (CC, art. 1.853).
Gabarito "B".

**(Cartório/RR – 2013 – CESPE)** João faleceu, deixando a companheira, Maria, com dois filhos comuns, Pedro e José. O patrimônio individual de João, adquirido por seu único esforço, era de R$ 100.000,00 e Maria também possuía patrimônio individual, avaliado em R$ 80.000,00. Na constância da união estável, os dois constituíram bens no importe de R$ 300.000,00.

Considerando a situação hipotética descrita, assinale a opção correta.

(A) Em relação aos bens constituídos onerosamente durante a união estável, Maria terá direito à metade, em razão do direito de meação; Pedro e José, à outra metade, em partes iguais.
(B) Considere que João tenha tido mais um filho exclusivamente seu, fruto de outro relacionamento. Nessa situação, no que se refere aos bens adquiridos antes da união estável, aos sub-rogados em seu lugar e aos adquiridos por João a título gratuito no transcurso da união, cada um dos filhos herdaria um terço.
(C) Em relação ao patrimônio individual de João, Maria terá direito à metade em razão do direito de meação; Pedro e José terão direito à outra metade.
(D) A herança a ser partilhada equivale a R$ 400.000,00, sendo R$ 100.000,00 relativos ao patrimônio individual de João e R$ 300.000,00 referentes ao patrimônio constituído pelo casal durante a união estável.
(E) O patrimônio individual de João será dividido entre Pedro, José e Maria, na proporção de um terço para cada um.

**A:** incorreta, pois o art. 1.790 determina que a companheira da união estável herde sobre os bens adquiridos onerosamente na vigência da união estável. Logo, Maria teria direito à meação e também à sucessão

desses bens; **B:** correta, pois esses bens são "particulares" e a companheira não tem direito de herdar sobre eles, cabendo aos filhos dividi-los por igual; **C:** incorreta, pois no que se refere ao patrimônio individual de João, Maria não terá direito de meação; **D:** incorreta, pois o valor total da herança de João equivale a R$ 250.000, sendo R$ 100.000 de bens particulares somados a R$ 150.000 de bens que cabem ao companheiro na meação dos bens comuns; **E:** incorreta, pois Maria não tem direito sucessório no patrimônio particular de João (CC, art. 1.790).
Gabarito "B".

**(Ministério Público/PI – 2012 – CESPE)** Com referência a partilha, ordem de vocação hereditária e demais regras de sucessão, assinale a opção correta.

(A) A aptidão para ser sucessor regula-se pela lei vigente ao tempo da abertura da sucessão.

(B) É ilícita a deixa ao filho do concubino, quando também o for do testador.

(C) Por força do princípio de *saisine*, a herança se transfere imediatamente aos herdeiros. Assim, mesmo antes da partilha, cada herdeiro já tem sua fração precisa e delimitada.

(D) No direito brasileiro, não há o chamado benefício de inventário.

(E) É vedada a sucessão testamentária em favor do *concepturo*.

**A:** correta, pois o instante da morte da pessoa de cuja sucessão se trata é o momento adequado para se verificar quem são os herdeiros aptos a receber seus respectivos quinhões hereditários (CC, art. 1.787); **B:** incorreta, pois o art. 1.803 prescreve pela licitude desta deixa. Vale afirmar que o artigo seria inútil, tendo em vista que a igualdade constitucional entre filhos já seria suficiente para que se permita ao pai deixar bens para o seu filho, pouco importando quem é a mãe; **C:** incorreta, pois a despeito da previsão de *saisine* (segundo a qual a herança transmite-se desde o instante da morte aos herdeiros – art. 1.784), o exato quinhão de cada herdeiro só é conhecido após a partilha; **D:** incorreta, pois o benefício de inventário é uma regra expressamente prevista no art. 1.792 que preconiza: "O herdeiro não responde por encargos superiores às forças da herança"; **E:** incorreta, pois a prole eventual pode ser beneficiária de testamento (CC, art. 1.799, I).
Gabarito "A".

**(Ministério Público/TO – 2012 – CESPE)** Assinale a opção correta acerca do direito das sucessões, regulado no ordenamento jurídico brasileiro.

(A) No direito brasileiro, a delação ocorre após a partilha da herança.

(B) Em uma sucessão, sobrevindo cônjuge, a ele será conferido direito real de habitação relativo ao imóvel destinado à residência da família, desde que seja o único bem dessa natureza, em qualquer situação de regime de bens.

(C) Existindo testamento e sobrevindo descendente que, sucessível ao testador, lhe seja desconhecido, o testamento pode ser invalidado por meio de ação rescisória.

(D) Considere que uma fazenda deixada por *de cujus* ocupe uma extensão que envolva três municípios de determinado estado da Federação. Considere, ainda, que a família tenha ingressado com ação no município do domicílio, comarca A, e que, no domicílio vizinho, comarca B, exista um inventário em processamento aberto pelo herdeiro primogênito. Nesse caso, o MP estadual deverá solicitar ao juiz da comarca B a nulidade do inventário, dada a aplicabilidade da regra da territorialidade para o caso.

(E) Duas pessoas podem, com amparo na lei, estabelecer acordo no qual seja prevista transferência de herança futura.

**A:** incorreta, pois a delação ocorre desde o momento do falecimento. A delação significa o deferimento, o oferecimento por assim dizer da herança aos herdeiros do falecido que dali em diante poderão aceitá-la, renunciá-la ou até ceder seus direitos hereditários a terceiros. Não teria sentido, portanto, que a delação ocorresse após a partilha; **B:** correta, pois o direito real de habitação independe do regime de bens adotado no casamento do falecido com sua viúva. A alternativa repete a regra prevista no art. 1.831 do CC. Talvez valha, porém, a ressalva de que o referido artigo legal contém uma imprecisão, pois ao invés de mencionar a expressão "desde que seja o único desta natureza a inventariar", deveria ter usado a expressão: "ainda que seja o único desta

natureza a inventariar"; **C:** incorreta, pois a hipótese não é de rescisória e sim rompimento do testamento, hipótese na qual um relevante fato previsto em lei é capaz de – por si só – romper todas as disposições testamentárias (CC, art. 1.973); **D:** incorreta, pois a hipótese não é de nulidade do inventário (art. 96 do antigo CPC; art. 567 do novo CPC); **E:** incorreta, pois é nulo de pleno direito qualquer convenção que tenha por objeto a herança de pessoa viva (CC, art. 426).
Gabarito "B".

## 8.3. SUCESSÃO TESTAMENTÁRIA

**(Defensor Público/AC – 2017 – CESPE)** Aos setenta anos de idade, Roberto, viúvo, com três filhos maiores, sendo um deles incapaz, pretende firmar testamento a fim de dispor, após sua morte, dos bens de que é proprietário.

Nessa situação,

(A) a sucessão testamentária só poderá ser realizada mediante testamento público.

(B) Roberto só poderá dispor, no testamento, de até vinte e cinco por cento de seus bens.

(C) a sucessão testamentária depende da anuência dos filhos capazes e do representante legal do incapaz.

(D) a idade de Roberto não é fato impeditivo para firmar testamento.

(E) a existência de filho incapaz impede a sucessão testamentária.

**A:** incorreta, pois não existe exigência legal para que o testamento, nesta hipótese, seja feito de forma pública. A forma é livre, podendo ser pública, cerrada ou particular (art. 1.862 CC); **B:** incorreta, pois considerando que ele tem herdeiros necessários, a legítima deve ser preservada (art. 1.857, § 3°, CC), logo ele poderá dispor de até cinquenta por cento; **C:** incorreta, pois Roberto encontra-se em pleno gozo de suas faculdades mentais, logo, é livre para testar e não depende da anuência dos filhos capazes nem da do representante legal do incapaz (art. 1.857, "caput", CC); **D:** correta, pois Roberto possui mais que a idade mínima para testar (16 anos – art. 1.860, parágrafo único), não é incapaz e possui discernimento (art. 1.860, "caput", CC); **E:** incorreta, pois a existência de filho incapaz não impede a sucessão testamentária. 
Gabarito "D".

**(Cartório/DF – 2014 – CESPE)** A respeito da substituição fideicomissária, assinale a opção correta.

(A) A capacidade testamentária passiva do fiduciário e do fideicomissário é apurada na abertura da sucessão, e não no momento da morte do fideicomitente.

(B) Renunciando o fideicomissário a substituição da herança do legado ao tempo da abertura da sucessão, a propriedade consolida-se em favor do fiduciário.

(C) A substituição fideicomissária caracteriza-se pela simultaneidade e dupla liberalidade ao fiduciário, que recebe o usufruto dos bens herdados, e o fideicomissário, desde logo, a propriedade.

(D) A instituição de fideicomisso em dupla vocação, para beneficiar dois herdeiros existentes ao tempo da abertura da sucessão visa ao atendimento da vontade do testador, fideicomitente, de transmitir herança ou legado a duas pessoas na ordem hereditária.

(E) Constitui requisito a configuração da substituição fideicomissária a eventualidade da vocação do fideicomissário, porquanto, até a substituição, o fiduciário será o proprietário sob condição resolutiva, e o fideicomissário o será sob condição suspensiva.

**A:** incorreta, pois abertura da sucessão é sinônimo de morte; **B:** incorreta, pois o fideicomissário deve ser prole eventual, ou seja, nem sequer concebido quando da morte do testador. Logo, ele não teria como renunciar "ao tempo da abertura da sucessão" (CC, art. 1.952); **C:** incorreta, pois o fiduciário recebe a propriedade resolúvel dos bens, que serão transmitidos posteriormente ao fideicomissário por ocasião de certa condição ou certo termo (CC, art. 1.951); **D:** incorreta, pois o fideicomissário deve ser prole eventual, ou seja, nem sequer concebido quando da morte do testador; **E:** correta, pois a segunda transmissão

## 10. DIREITO CIVIL — 319

(do fiduciário para o fideicomissário) depende da ocorrência de um evento futuro.

*Gabarito "E".*

**(Juiz de Direito - TJ/BA - 2019 - CESPE/CEBRASPE)** À luz do Código Civil e da teoria das invalidades dos atos e negócios jurídicos, a elaboração de testamento conjuntivo nas modalidades simultânea, recíproca ou correspectiva é ato eivado de vício de

(A) anulabilidade em qualquer uma das três modalidades.

(B) nulidade em qualquer uma das três modalidades.

(C) ineficácia em qualquer uma das três modalidades.

(D) nulidade, nas modalidades recíproca e correspectiva, e anulabilidade na modalidade simultânea.

(E) anulabilidade, na modalidade correspectiva, e nulidade nas modalidades recíproca e simultânea.

**A:** incorreta, pois o art. 1.863 CC prevê que é proibido o testamento conjuntivo, seja simultâneo, recíproco ou correspectivo. De acordo com a teoria das invalidades dos atos e negócios jurídicos, considera-se nulo o ato sempre que a lei proibir-lhe a prática sem cominar sanção (art. 166, VII CC); **B:** correta, pois trata-se de ato jurídico nulo nos termos do art. 166, VII e art. 1.863 CC; **C:** incorreta, conforme justificativa da alternativa A; **D:** incorreta, pois em todos os casos temos hipótese de nulidade (art. 166, VII e art. 1.863 CC). Apenas para diferenciar, o testamento simultâneo se dá quando os dois testadores fazem disposições em favor de terceiro; o recíproco ocorre quando um testador favorece o outro, e vice-versa e no correspectivo, além da reciprocidade, cada testador beneficia o outro na mesma proporção em que este o tiver beneficiado, caso em que a interdependência, a relação causal entre as disposições, é mais intensa; **E:** incorreta, pois nos termos da alternativa D. **GR**

*Gabarito "B".*

**(Auditor Fiscal - SEFAZ/RS - 2019 - CESPE/CEBRASPE)** Considerando essa situação hipotética e as disposições do Código Civil, Décio pode nomear como herdeiro testamentário

(A) uma das testemunhas do seu testamento.

(B) sua esposa e sua concubina.

(C) sua filha adulterina.

(D) o cônjuge de Leila.

(E) o tabelião que aprovou o testamento.

**A:** incorreta, pois as testemunhas do testamento não podem ser nomeadas herdeiras (art. 1.801, II, CC); **B:** incorreta, pois não pode ser nomeado como herdeiro testamentário o concubino do testador casado, salvo se este, sem culpa sua, estiver separado de fato do cônjuge há mais de cinco anos (art. 1.801, III, CC). Como a questão não menciona mais detalhes, logo a concubina não pode ser nomeada; **C:** correta, pois não há proibição legal expressa quanto a filha adulterina ser nomeada herdeira testamentária (art. 1.801 CC); **D:** incorreta, pois o cônjuge de Leila não pode ser nomeado herdeiro testamentário (art. 1.801, I, CC); **E:** incorreta, pois o tabelião que aprovou o testamento também não pode ser nomeado como herdeiro testamentário (art. 1.801, IV, CC). **GR**

*Gabarito "C".*

Após a abertura de testamento público, foi verificado que havia sido deixado um terreno, no valor de sessenta salários mínimos, a uma das testemunhas signatárias do documento.

**(Juiz de Direito – TJ/SC – 2019 – CESPE/CEBRASPE)** Nesse caso, a disposição testamentária será

(A) válida, se for convalidada pelos demais herdeiros.

(B) válida, se não existirem herdeiros legítimos.

(C) anulável, se os herdeiros legítimos comprovarem vício de vontade.

(D) nula de pleno direito.

(E) considerada codicilo, se não representar mais de 1% do valor total do testamento.

**A:** incorreta, pois há proibição expressa no sentido de que testemunha signatária não pode ser herdeira nem legatária no testamento (art. 1.801, II CC). Neste caso, a disposição é nula (art. 1.802, *caput* CC), não passível, portanto, nem de convalidação e nem de confirmação; **B:** incorreta, pois a disposição é nula nos termos do art. 1.802, *caput* CC; **C:** incorreta, pois trata-se de disposição nula e não anulável, conforme art. 1.802, *caput* CC, logo, não há que se falar em comprovação de vício

de vontade; **D:** correta (arts. 1.801, II e 1.802, *caput* CC); **E:** incorreta, pois codicilo (também chamado de testamento anão) é um instrumento em que o testador faz disposições especiais sobre o seu enterro, sobre esmolas de pouca monta a certas e determinadas pessoas, ou, indeterminadamente, aos pobres de certo lugar, assim como legar móveis, roupas ou joias, de pouco valor, de seu uso pessoal (art. 1.881 CC)

*Gabarito "D".*

## 8.4. INVENTÁRIO E PARTILHA

**(Cartório/DF – 2014 – CESPE)** Acerca da partilha de bens na sucessão, assinale a opção correta.

(A) As liberalidades e doações recebidas deverão ser colacionadas nos autos de inventario pelos herdeiros descendentes, ascendentes e pelos que renunciaram a herança ou foram dela excluídos por indignidade ou deserção.

(B) A partilha pode ser realizada de forma consensual, ou extrajudicial, quando houver acordo entre os herdeiros, mediante escritura pública, por termo nos autos de inventário, em qualquer caso, de negócio jurídico plurilateral, sendo essencial a assinatura do instrumento por todos os interessados e do curador do interditado, se houver.

(C) A ação de declaração de nulidade relativa da partilha ajuizada dentro do prazo legal da rescisão da partilha consensual e do trânsito em julgado da sentença de partilha judicial, em caso de declaração de procedência do pedido, determina nova partilha, dispensando-se, entretanto, aos herdeiros a reposição de frutos e rendimentos auferidos até a anulação.

(D) Da partilha deverá constar auto de orçamento, incluídos os nomes do autor da herança, do inventariante, do cônjuge sobrevivente, dos herdeiros, dos legatários e dos credores admitidos, bem como o ativo, o passivo e o liquido partível, e o valor de cada quinhão.

(E) Por ser livre a manifestação de vontade na sucessão legitima ou testamentária, os atos jurídicos de aceitação e renúncia de herança podem ser retratados até a apresentação das últimas declarações nos autos da ação de inventario.

**A:** incorreta, pois o ascendente não tem a obrigação de colacionar (CC, art. 2.002). Vale ressaltar que o descendente que renuncia ou que é excluído por indignidade ou deserdação tem a obrigação de colacionar (CC, art. 2.008); **B:** incorreta, pois o inventário extrajudicial só pode ser realizado caso todos os herdeiros sejam capazes (antigo CPC, art. 982; novo CPC, art. 610); **C:** incorreta, pois "os herdeiros em posse dos bens da herança, o cônjuge sobrevivente e o inventariante são obrigados a trazer ao acervo os frutos que perceberam, desde a abertura da sucessão" (CC, art. 2.020); **D:** correta, pois de acordo com as diretrizes determinadas pelo CPC, (art. 1.025 do antigo CPC; art. 653 do novo CPC); **E:** incorreta, pois "são irrevogáveis os atos de aceitação ou de renúncia da herança" (CC, art. 1.812).

*Gabarito "D".*

**(Magistratura/PB – 2011 – CESPE)** Com base no disposto no Código Civil e considerando o entendimento do STJ no que se refere às sucessões, assinale a opção correta.

(A) O prazo de decadência para impugnar a validade do testamento é de cinco anos, contado da abertura da sucessão.

(B) Caso o bem sonegado não esteja mais em poder do sonegador, por ter sido por ele alienado, o juiz deverá, em ação de sonegados, declarar nula a alienação.

(C) O direito de exigir a colação dos bens recebidos a título de doação em vida do *de cujus* é privativo dos herdeiros necessários, visto que a finalidade do instituto é resguardar a igualdade das legítimas.

(D) O ato de aceitação da herança é revogável, e o de renúncia a ela, irrevogável.

(E) A incapacidade superveniente do testador invalida o testamento.

**A:** incorreta, pois o prazo conta-se da data do seu registro (art. 1.859 do CC); **B:** incorreta (art. 1.995 do CC); **C:** correta. Essa é a posição do STJ: "RECURSO ESPECIAL. CIVIL. DIREITO DAS SUCESSÕES. PRO-

CESSO DE INVENTÁRIO. DISTINÇÃO ENTRE COLAÇÃO E IMPUTAÇÃO. DIREITO PRIVATIVO DOS HERDEIROS NECESSÁRIOS. ILEGITIMIDADE DO TESTAMENTEIRO. INTERPRETAÇÃO DO ART. 1.785 DO CC/16. 1. O direito de exigir a colação dos bens recebidos a título de doação em vida do "de cujus" é privativo dos herdeiros necessários, pois a finalidade do instituto é resguardar a igualdade das suas legítimas. 2. A exigência de imputação no processo de inventário desses bens doados também é direito privativo dos herdeiros necessários, pois sua função é permitir a redução das liberalidades feitas pelo inventariado que, ultrapassando a parte disponível, invadam a legítima a ser entre eles repartida. 3. Correto o acórdão recorrido ao negar legitimidade ao testamenteiro ou à viúva para exigir a colação das liberalidades recebidas pelas filhas do inventariado. 4. Doutrina e jurisprudência acerca do tema. 5. Recursos especiais desprovidos" (REsp 167421 SP 1998/0018520-8 – Relator(a) Ministro PAULO DE TARSO SANSEVERINO Julgamento: 07/12/2010 – TERCEIRA TURMA – Publicação DJe 17/12/2010); **D:** incorreta, pois os atos de aceitação e renúncia da herança são irrevogáveis (art. 1.812 do CC); **E:** incorreta (art. 1.861 do CC).

Gabarito "C".

## 9. REGISTROS PÚBLICOS

**(Juiz – TJ/CE – 2018 – CESPE)** Conforme o Código Civil e a Lei de Registros Públicos, depende de averbação a

(A) sentença de divórcio.

(B) declaração de emancipação.

(C) sentença de interdição.

(D) certidão de nascimento.

(E) certidão de óbito.

**A:** correta (art. 10, I, CC). **B:** incorreta, pois a declaração de emancipação é sujeita a registro no Registro Civil de Pessoas Naturais (art. 29, IV, da Lei 6.015/1973 e art. 9º, II, CC); **C:** incorreta, pois a interdição é sujeita a registro no Registro Civil de Pessoas Naturais (art. 29, V, da Lei 6.015/1973 e art. 9º, III, CC); **D:** incorreta, pois a certidão de nascimento é sujeita a registro no Registro Civil de Pessoas Naturais (art. 29, I, da Lei 6.015/1973 e art. 9º, I, CC); **E:** incorreta, pois a certidão de óbito é sujeita a registro no Registro Civil de Pessoas Naturais (art. 29, III, da Lei 6.015/1973 e art. 9º, I, CC). GR

Gabarito "A".

**(Cartório/DF – 2014 – CESPE)** Assinale a opção correta a respeito do registro de imóveis.

(A) A dúvida registrária configura procedimento administrativo suscitado pelo registrador, na fase de qualificação, na hipótese de títulos contraditórios, para o estabelecimento da ordem de preferência do registro.

(B) Por força dos princípios da unitariedade e do fólio real, o título não pode ser cindido, não sendo possível, portanto, averbar, a requerimento do interessado, mandado de penhora de imóvel em que conste a existência de construção não averbada na matrícula respectiva.

(C) De acordo com o princípio da prioridade, o título apresentado em primeiro lugar no registro assegura a preferência na aquisição do direito real respectivo, desse modo, protocolada escritura de hipoteca em que seja mencionada a constituição de hipoteca anterior, não inscrita, será registrada a hipoteca posterior, que obterá preferência.

(D) Consoante o princípio da especialidade, a descrição do imóvel rural deve ser obtida a partir de memorial descritivo assinado por profissional habilitado, e os eventuais erros ou discrepâncias entre os limites reais do imóvel e os constantes da matrícula somente poderão ser retificados em ação demarcatória.

(E) A retificação do registro por inexatidão causada por falsidade ou nulidade do registro ou do título que o fundamenta deverá ser declarada pelo juiz corregedor, em âmbito administrativo, somente quando for manifesta e não importar dano potencial a terceiros, ou quando houver consentimento de todos os interessados.

**A:** incorreta, pois "não serão registrados, no mesmo dia, títulos pelos quais se constituam direitos reais contraditórios sobre o mesmo imóvel" (Lei 6.015/1973, art. 190); **B:** incorreta, pois o princípio do fólio real

apenas preconiza que cada imóvel terá uma matrícula. Não seria justo impedir a penhora do imóvel do devedor tendo em vista a não averbação da construção perante a matrícula. Nesse sentido, lapidar a decisão do TJRS (Reexame Necessário 70057918013, Vigésima 1ª Câmara Cível, Relator: Francisco José Moesch, Julgado em 29/01/2014); **C:** incorreta, pois se for apresentado um título de segunda hipoteca, com referência expressa à existência de outra anterior, "o oficial, depois de prenotá-lo, aguardará durante 30 (trinta) dias que os interessados na primeira promovam a inscrição. Esgotado esse prazo, que correrá da data da prenotação, sem que seja apresentado o título anterior, o segundo será inscrito e obterá preferência sobre aquele" (Lei 6.015/1973); **D:** incorreta, pois segundo a Lei 6.015/1973, a adequação da descrição de imóvel rural independe da retificação com as exigências dos arts. 176, §§ 3º e 4º e 225 da mesma Lei; **E:** correta, pois se o registro ou a averbação não exprimir a verdade, a retificação será feita pelo Oficial do Registro de Imóveis competente, a requerimento do interessado, por meio do procedimento administrativo previsto no art. 213, facultado ao interessado requerer a retificação por meio de procedimento judicial (Lei 6.015/1973, art. 212).

Gabarito "E".

## 10. QUESTÕES COM TEMAS COMBINADOS

**(Procurador/DF – CESPE – 2022)** À luz do Código Civil e do Código de Processo Civil, e considerando a jurisprudência do STJ naquilo a que ela for pertinente, julgue os itens que se seguem.

(1) Abre-se a sucessão no local da última residência do falecido, sendo este o foro competente para o inventário.

(2) O valor da multa compensatória deve, necessariamente, guardar exata correspondência matemática entre o grau de inexecução do contrato e o abrandamento da cláusula penal, sob o risco de haver o desvirtuamento da função coercitiva atribuída à cláusula penal.

(3) Segundo o atual entendimento do STJ, aplica-se aos contratos de compromisso de compra e venda a cláusula resolutiva expressa quando o compromissário comprador inadimplente tiver sido notificado/interpelado e houver transcorrido o prazo sem a purgação da mora, hipótese em que o promissário vendedor poderá exercer a faculdade de resolver a relação jurídica extrajudicialmente.

(4) Caso a inexecução contratual seja atribuída única e exclusivamente a quem recebeu as arras, estas deverão ser devolvidas acrescidas do equivalente, com atualização monetária, juros e honorários advocatícios.

(5) A procuração em causa própria opera, ela própria, a cessão ou transmissão do direito de propriedade, direito de posse ou direito de crédito objeto do negócio jurídico.

(6) As pessoas com enfermidade ou deficiência mental, quando excepcionalmente forem submetidas a curatela, não poderão ser declaradas como absolutamente incapazes.

(7) O negócio jurídico simulado é nulo e consequentemente ineficaz, exceto o que nele se dissimulou, se válido for na substância e na forma.

**1:** errada, pois o foro competente para a abertura da sucessão é o do último domicílio do falecido, e não da última residência (art. 1.785 CC). A mesma regra se aplica para o foro competente para o inventário (art. 48 CPC); **2:** errada, pois a Lei não traz esse critério rígido como valor. O que ela prevê é que o valor da cominação imposta na cláusula penal não pode exceder o da obrigação principal (art. 412 CC); **3:** certa (REsp 1789863); **4:** certa (art. 418 CC); **5:** errada, pois Procuração em causa própria não equivale a título translativo de propriedade (REsp 1.345.170); **6:** certa, pois a Lei 13.146/15 revogou os incisos II e III do art. 3º do CC; **7:** certa (art. 167 CC). GR

Gabarito 1E, 2E, 3C, 4C, 5E, 6C, 7C

**(Procurador/DF – CESPE – 2022)** Acerca do registro público e do usufruto, julgue os itens seguintes.

1. No processo de registro de imóveis, não se admite o procedimento da dúvida quando a propriedade é transmitida de forma onerosa pelo particular ao poder público.

2. No usufruto, não havendo ajuste em contrário, as despesas provenientes da conservação do bem e os tributos dele decorrentes serão atribuições do usufrutuário.

**1:** errada, pois o art. 198 e seguintes da Lei 6.015/73 tratam do procedimento de dúvida e ali não está prevista essa exceção. **2:** certa (art. 1.403, II CC). GR

*Gabarito 1E, 2C*

**(Procurador/DF – CESPE – 2022)** Em cada um dos itens a seguir, é apresentada uma situação hipotética seguida de uma assertiva a ser julgada a respeito de preferências, privilégios creditórios e atos unilaterais.

**(1)** Maria é devedora de obrigações decorrentes de garantia hipotecária pactuada com Roberto e de honorários advocatícios devidos a Francisco. Nessa situação, havendo o concurso de credores, o crédito de Roberto terá preferência sobre o crédito de Francisco.

**(2)** A Secretaria de Cultura do governo do DF prometeu recompensa para quem prestasse informações que levassem à localização de um quadro furtado de um museu público, e três pessoas, em momentos distintos, prestaram informações fidedignas que conduziram à apreensão da referida obra de arte. Nessa situação, a promessa de recompensa deverá ser dividida entre os três informantes, em partes iguais, independentemente do fato de as informações terem sido prestadas em momentos distintos.

**1:** errada, pois o crédito de garantia real prefere ao pessoal de qualquer espécie (art. 961 CC). Logo, o credor hipotecário tem preferência ao credor de honorários advocatícios; **2:** errada, pois tem direito à recompensa integral a primeira pessoa que achou o quadro (art. 857 CC). GR

*Gabarito 1E, 2E*

**(Defensor Público - DPE/DF - 2019 - CESPE/CEBRASPE)** Tendo como referência as disposições do Código Civil a respeito de sucessão provisória, perdas e danos e venda com reserva de domínio, julgue os itens subsecutivos.

**(1)** Na sucessão provisória, o ascendente, mesmo depois de provada a sua qualidade de herdeiro, deverá dar garantia mediante penhor ou hipoteca para imitir-se na posse do bem do ausente.

**(2)** As perdas e danos, nas obrigações de pagamento em dinheiro, devem compreender as custas e os honorários advocatícios e, além da atualização monetária, os juros de mora a partir do descumprimento contratual.

**(3)** Cláusula de reserva de domínio em contrato de compra e venda só terá validade contra terceiros se estiver estabelecida por escrito e registrada no domicílio do comprador.

**1:** errada. CC, Art. 30. Os herdeiros, para se imitirem na posse dos bens do ausente, darão garantias da restituição deles, mediante penhores ou hipotecas equivalentes aos quinhões respectivos. § 1.º Aquele que tiver direito à posse provisória, mas não puder prestar a garantia exigida neste artigo, será excluído, mantendo-se os bens que lhe deviam caber sob a administração do curador, ou de outro herdeiro designado pelo juiz, e que preste essa garantia. § 2.º Os ascendentes, os descendentes e o cônjuge, **uma vez provada a sua qualidade de herdeiros, poderão, independentemente de garantia,** entrar na posse dos bens do ausente. **2:** errada. CC, Art. 404. As perdas e danos, nas obrigações de pagamento em dinheiro, serão pagas com atualização monetária segundo índices oficiais regularmente estabelecidos, abrangendo juros, custas e honorários de advogado, sem prejuízo da pena convencional. (...) **Art. 405. Contam-se os juros de mora desde a citação inicial. 3.** correta. Art. 522. A cláusula de reserva de domínio será estipulada por escrito e depende de registro no domicílio do comprador para valer contra terceiros. GR

*Gabarito 1E, 2E, 3C*

**(Defensor Público - DPE/DF - 2019 - CESPE/CEBRASPE)** Acerca da locação de imóveis urbanos, do condomínio em edificações e das incorporações imobiliárias, julgue os próximos itens, considerando a legislação pertinente.

**(1)** Locador de imóvel residencial poderá reaver o imóvel ainda no curso do prazo estipulado para a duração do contrato de locação, desde que pague ao locatário a multa proporcional ao cumprimento do contrato ou a que for judicialmente arbitrada.

**(2)** Contrato de promessa de venda de unidade autônoma integrante de incorporação imobiliária deve prever que a devolução de valores ao adquirente, cujo prazo deve estar destacado em negrito, somente ocorrerá por rescisão contratual motivada por inadimplemento de obrigação do adquirente.

**1:** errada, Lei 8.245/1991: Art. 4.º Durante o prazo estipulado para a duração do contrato, não poderá o locador reaver o imóvel alugado. Com exceção ao que estipula o § 2.º do art. 54-A, o locatário, todavia, poderá devolvê-lo, pagando a multa pactuada, proporcional ao período de cumprimento do contrato, ou, na sua falta, a que for judicialmente estipulada. (...) Art. 54-A. (...) § 2.º Em caso de denúncia antecipada do vínculo locatício pelo locatário, compromete-se este a cumprir a multa convencionada, que não excederá, porém, a soma dos valores dos aluguéis a receber até o termo final da locação. **2:** errada, Lei 4.591/1964: Art. 35-A. Os contratos de compra e venda, promessa de venda, cessão ou promessa de cessão de unidades autônomas integrantes de incorporação imobiliária serão iniciados por quadro-resumo, que deverá conter: (...) VI - as consequências do desfazimento do contrato, seja por meio de distrato, seja por meio de resolução contratual motivada por inadimplemento de obrigação do adquirente ou do incorporador, com destaque negritado para as penalidades aplicáveis e para os prazos para devolução de valores ao adquirente. GR

*Gabarito 1E, 2E*

**(Defensor Público - DPE/DF - 2019 - CESPE/CEBRASPE)** Considerando a legislação vigente a respeito de bens de família e de registros públicos, julgue os seguintes itens.

**(1)** Em ação de execução de alimentos, será oponível a impenhorabilidade sobre o bem de família cujo coproprietário seja cônjuge do alimentante.

**(2)** Retificação de registro civil de nascimento dependerá de autorização judicial ou manifestação do Ministério Público, se ausente indicação do município de nascimento ou naturalidade do registrado.

**1:** certo, Lei 8.009/1990: Art. 3.º A impenhorabilidade é oponível em qualquer processo de execução civil, fiscal, previdenciária, trabalhista ou de outra natureza, salvo se movido: (...) III: pelo credor da pensão alimentícia, resguardados os direitos, sobre o bem, do seu coproprietário que, com o devedor, integre união estável ou conjugal, observadas as hipóteses em que ambos responderão pela dívida; **2:** errado, Lei 6.015/1973: Art. 110. O oficial retificará o registro, a averbação ou a anotação, de ofício ou a requerimento do interessado, mediante petição assinada pelo interessado, representante legal ou procurador, independentemente de prévia autorização judicial ou manifestação do Ministério Público, nos casos de: (...) III: ausência de indicação do Município relativo ao nascimento ou naturalidade do registrado, nas hipóteses em que existir descrição precisa do endereço do local do nascimento. GR

*Gabarito 1C, 2E*

**(Procurador do Município/Manaus – 2018 – CESPE)** À luz das disposições do direito civil pertinentes ao processo de integração das leis, aos negócios jurídicos, à prescrição e às obrigações e contratos, julgue os itens a seguir.

**(1)** O conflito de normas que pode ser resolvido com a simples aplicação do critério hierárquico é classificado como antinomia aparente de primeiro grau.

**(2)** Será viável a anulação de transmissão gratuita de bens por caracterização de fraude contra credores, ainda que a conduta que se alegue fraudulenta tenha ocorrido anteriormente ao surgimento do direito do credor.

**1:** certa. Fala-se em antinomia a hipótese em que há choque de interpretação entre duas normas válidas. A fim de resolver a celeuma, três técnicas podem ser usadas: o critério da hierárquico, o da especialidade e o da hierarquia, sendo o primeiro o mais forte e o último o mais fraco. Quando apenas uma das técnicas precisa ser aplicada para resolver a questão, temos a chamada antinomia aparente de primeiro grau. Quando precisamos usar mais de uma técnica temos a antinomia aparente de segundo grau. Logo, quando resolvemos o conflito com a simples aplicação do critério hierárquico, o mesmo é corretamente classificado como antinomia aparente de primeiro grau; **2:** errada, pois o credor somente terá direito a anulação se ele já figurava na posição de credor na data em que ocorreu o ato de transmissão gratuita de bens ou remissão de dívida. Antes disso o seu direito ainda não estará constituído (art. 158, § 2º, CC). GR

~~Gabarito 1C, 2E~~

**(Procurador do Município/Manaus – 2018 – CESPE)** A respeito da propriedade, da posse e das preferências e privilégios creditórios, julgue os itens subsequentes.

**(1)** De acordo com o STJ, a responsabilidade do promitente vendedor por dívidas condominiais relativas a período em que a posse for exercida pelo promissário comprador será afastada se forem demonstradas a ciência inequívoca do condomínio acerca da transação e a efetiva imissão do promissário comprador na posse do imóvel.

**(2)** O ordenamento jurídico ora vigente admite a possibilidade de conversão da detenção em posse, a depender da modificação nas circunstâncias de fato que vinculem determinada pessoa à coisa.

**(3)** De acordo com o Código Civil, na hipótese de insolvência de devedor pessoa natural, o crédito referente a custas judiciais gozará de privilégio especial.

**1:** Certa, pois o Superior Tribunal de Justiça (STJ) estabeleceu que o que define a responsabilidade pelo pagamento das obrigações condominiais não é o registro do compromisso de compra e venda, mas a relação jurídica material com o imóvel, representada pela imissão do promissário comprador na posse e pela ciência inequívoca do condomínio acerca da transação. A tese foi fixada em julgamento de **recurso repetitivo** (tema **886**) e passa a orientar as demais instâncias do Judiciário na solução de casos idênticos. Havendo decisão em consonância com o que foi definido pelo STJ, não será admitido recurso contra ela para a corte superior. No caso de compromisso de compra e venda não levado a registro, dependendo das circunstâncias, a responsabilidade pelas despesas de condomínio pode recair tanto sobre o promitente vendedor quanto sobre o promissário comprador. Entretanto, se ficar comprovado que o promissário comprador se imitiu na posse e que o condomínio teve ciência inequívoca da transação, deve ser afastada a legitimidade passiva do promitente vendedor para responder por despesas condominiais relativas ao período em que a posse foi exercida pelo promissário comprador; **2:** certa, pois o Enunciado 301 CJF prevê que "é possível a conversão da detenção em posse, desde que rompida a subordinação, na hipótese de exercício em nome próprio dos atos possessórios". E justamente a partir dessa transformação é que surgem marcos jurídicos importantes, como, por exemplo, para fins de configuração do esbulho ou para aquisição originária da propriedade pela prescrição aquisitiva, como bem adverte a doutrina: cabe cogitar de usucapião apenas se houver mudança na natureza jurídica da apreensão, tornando-se possuidor o detentor, ao arrepio da vontade proprietário. Nesse caso, doutrina e jurisprudência admitem, a partir do momento em que se torna possuidor, a contagem do prazo para usucapião. (TEPEDINO, Gustavo. Código civil interpretado conforme a constituição da república. vol. III. Rio de Janeiro: Renovar, 2011, p. 449); **3:** errada, pois não é qualquer crédito decorrente de custas judiciais que tem privilégio especial, mas somente créditos de custas e despesas judiciais feitas com a arrecadação e liquidação, quando se tratar de coisa arrecada e liquidada (art. 964, I CC). GR

~~Gabarito 1C, 2C, 3E~~

**(Procurador do Município/Manaus – 2018 – CESPE)** Considerando a legislação vigente e a jurisprudência do STJ, julgue os seguintes itens, concernentes a locação de imóveis urbanos, direito do consumidor, direitos autorais e registros públicos.

**(1)** Na locação residencial de imóvel urbano, não será admitida a denúncia vazia, se o prazo de trinta meses exigido pela Lei 8.245/1991 for atingido após sucessivas prorrogações do contrato de locação.

**(2)** A reprodução de dados constantes em registro de cartório de protesto, realizada por entidade de proteção ao crédito, ainda que seja feita de forma fiel e objetiva, caracterizará prática abusiva indenizável quando for efetivada sem a ciência prévia do consumidor.

**(3)** Segundo o STJ, é devida a cobrança de direitos autorais em razão da transmissão de músicas por meio da rede mun-

dial de computadores mediante o emprego da tecnologia *streaming*, nas modalidades *webcasting* e *simulcasting*.

**(4)** A decisão proferida pelo magistrado no procedimento de dúvida, previsto na Lei de Registros Públicos, possui natureza administrativa e, portanto, não faz coisa julgada material.

**1:** Certa, pois prevê o art. 46 da Lei 8.245/1991 que: "*Nas locações ajustadas por escrito e por prazo igual ou superior a trinta meses, a resolução do contrato ocorrerá findo o prazo estipulado, independentemente de notificação ou aviso*". A controvérsia é se esses trinta meses devem ser contados de um instrumento contratual, ou se podem ser vários instrumentos com prazos menores que, somados resultam em trinta meses. Tanto a doutrina como o STJ já se posicionaram que deve ser em um instrumento único. Nos RESP 1.364.668 – MG (2013/0019738-2) temos que: "*O art. 46 da Lei 8.245/1991 somente admite a denúncia vazia se um único instrumento escrito de locação estipular o prazo igual ou superior a 30 (trinta) meses, não sendo possível contar as sucessivas prorrogações dos períodos locatícios (accessio temporis)*". Já na doutrina "(...) Não há se falar em soma de prazos contratuais para inserir a locação na hipótese deste artigo. A concessão especial, ao locador, da denúncia aqui prevista, pressupõe estrita observância das condições formal e temporal indicada na lei". (CARNEIRO, Waldir de Arruda Miranda. Anotações à lei do inquilinato. São Paulo: Revista dos Tribunais, 2008, pág. 306) "(...) Não se admite a soma de prazos contratuais para os fins deste artigo. A lei é clara quando estabelece, como requisito, contrato escrito por prazo igual ou superior a trinta meses, e seu objetivo é claro: em troca da estabilidade contratual conferida ao locatário, pelo prazo de dois anos e meio, através de um só ajuste, compensa-se o locador com o direito de retomar o prédio ao fim daquele prazo. Assim, não pode aproveitar o locador a soma de mais de um contrato, ainda que não tenha ocorrido hiato temporal entre eles, porque ausente aquela compensação acima referida" (BARROS, Francisco Carlos Rocha de. Comentários à lei do inquilinato. São Paulo: Saraiva, 1997, pág. 232); **2:** errada, pois essa reprodução de dados não caracterizará prática abusiva indenizável ainda que seja feita sem a ciência do consumidor. Consoante Informativo 0554 do STJ publicado em 25.02.2015 "**Diante da presunção legal de veracidade e publicidade inerente aos registros de cartório de protesto, a reprodução objetiva, fiel, atualizada e clara desses dados na base de órgão de proteção ao crédito – ainda que sem a ciência do consumidor – não tem o condão de ensejar obrigação de reparação de danos";** **3:** certa, pois o STJ já decidiu que é possível haver a cobrança, consoante exarado no REsp 1.559.264/RJ, Rel. Ministro Ricardo Villas Bôas Cueva, Segunda Seção, julgado em 08.02.2017, DJe 15.02.2017, fundamento do Informativo 597 daquela Corte. O texto esclarece: *Streaming* é a tecnologia que permite a transmissão de dados e informações, utilizando a rede de computadores, de modo contínuo. Esse mecanismo é caracterizado pelo envio de dados por meio de pacotes, sem a necessidade de que o usuário realize *download* dos arquivos a serem executados. O *streaming* é gênero que se subdivide em várias espécies, dentre as quais estão o *simulcasting* e o *webcasting*. Enquanto na primeira espécie há transmissão simultânea de determinado conteúdo por meio de canais de comunicação diferentes, na segunda, o conteúdo oferecido pelo provedor é transmitido pela internet, existindo a possibilidade ou não de intervenção do usuário na ordem de execução. À luz do art. 29, incisos VII, VIII, i, IX e X, da Lei 9.610/1998, verifica-se que a tecnologia *streaming* enquadra-se nos requisitos de incidência normativa, configurando-se, portanto, modalidade de exploração econômica das obras musicais a demandar autorização prévia e expressa pelos titulares de direito. De acordo com os arts. 5º, inciso II, e 68, §§ 2º e 3º, da Lei Autoral, é possível afirmar que o *streaming* é uma das modalidades previstas em lei, pela qual as obras musicais e fonogramas são transmitidos e que a internet é local de frequência coletiva, caracterizando-se, desse modo, a execução como pública. Depreende-se da Lei 9.610/1998 que é irrelevante a quantidade de pessoas que se encontram no ambiente de execução musical para a configuração de um local como de frequência coletiva. Relevante, assim, é a colocação das obras ao alcance de uma coletividade frequentadora do ambiente digital, que poderá, a qualquer momento, acessar o acervo ali disponibilizado. Logo, o que caracteriza a execução pública de obra musical pela internet é a sua disponibilização decorrente da transmissão em si considerada, tendo em vista o potencial alcance de número indeterminado de pessoas. O ordenamento jurídico pátrio consagrou o reconhecimento de um amplo direito de comunicação ao público, no qual a simples disponibilização da obra já qualifica o seu uso como

# 10. DIREITO CIVIL    323

uma execução pública, abrangendo, portanto, a transmissão digital interativa (art. 29, VII, da Lei 9.610/1998) ou qualquer outra forma de transmissão imaterial a ensejar a cobrança de direitos autorais pelo ECAD. O critério utilizado pelo legislador para determinar a autorização de uso pelo titular do direito autoral previsto no art. 31 da Lei 9.610/1998 está relacionado à modalidade de utilização e não ao conteúdo em si considerado. Assim, no caso do *simulcasting*, a despeito do conteúdo transmitido ser o mesmo, os canais de transmissão são distintos e, portanto, independentes entre si, tonando exigível novo consentimento para utilização e criando novo fato gerador de cobrança de direitos autorais pelo ECAD. Está no âmbito de atuação do ECAD a fixação de critérios para a cobrança dos direitos autorais, que serão definidos no regulamento de arrecadação elaborado e aprovado em Assembleia Geral, composta pelos representantes das associações que o integram, e que contém uma tabela especificada de preços. Inteligência do art. 98 da Lei 9.610/1998; **4**: certa, nos termos do art. 204 da 6.015/1973 temos que: "A decisão da dúvida tem natureza administrativa e não impede o uso do processo contencioso competente. É possível, inclusive, extrair esse entendimento de decisão do STJ a respeito na ausência de cabimento de REsp nesses casos: "Recurso especial. Falência da recorrente. Suspensão do julgamento. Indeferimento. Representação processual. Mandado de segurança. Ministério público. Legitimidade. Registro de imóvel. Dúvida. Intervenção de terceiros. *Amicus curiae*. Indeferimento. Matrícula de imóvel. Formal de partilha não registrado. Continuidade registral. Recurso especial improvido. O processo de Dúvida Registral em causa possui natureza administrativa, instrumentalizado por jurisdição voluntária, não sendo, pois, de jurisdição contenciosa, de modo que a decisão, conquanto denominada sentença, não produz coisa julgada, quer material, quer formal, donde não se admitir Recurso Especial contra Acórdão proferido pelo Conselho Superior da Magistratura, que julga Apelação de dúvida levantada pelo Registro de Imóveis (REsp 1418189/RJ, Rel. Ministro Sidnei Beneti, Terceira Turma, julgado em 10.06.2014, DJe 01.07.2014)". **GR**

Gabarito 1C, 2E, 3C, 4C

**(Defensor Público/AC – 2017 – CESPE)** No que se refere à união estável, ao casamento, à filiação e aos alimentos, julgue os itens a seguir.

I. Será admissível o deferimento de alimentos gravídicos mesmo quando não for verificada hipótese de presunção legal de paternidade.

II. Na união estável, será nulo de pleno direito o contrato firmado entre os companheiros que disponha de regime patrimonial diverso do regime de comunhão parcial de bens.

III. Será vedado ao juiz impor a guarda compartilhada caso um dos genitores declare que não deseja exercer a guarda do menor.

IV. Optando pelo divórcio extrajudicial, os nubentes poderão deliberar, na mesma escritura, sobre partilha de bens, guarda de filhos e alimentos.

Estão certos apenas os itens

(A) I e II.
(B) I e III.
(C) II e IV.
(D) III e IV.
(E) II, III e IV.

**A**: incorreta, pois embora o item I esteja certo, o item II está errado, pois é válido que na união estável as partes fixem outro regime de bens diverso da comunhão parcial via contrato (art. 1.725 CC); **B**: correta. O item I está certo, porque para a fixação dos alimentos gravídicos basta que haja indícios de paternidade, logo não é necessário que seja verificada a presunção legal de paternidade (art. 6º, Lei 11.804/2008). O item III também está certo, pois caso um dos genitores não queira exercer a guarda, o juiz não pode obrigá-lo (art. 1.584, CC); **C**: incorreta, pois o item II está errado, vez que é válido que na união estável as partes fixem outro regime de bens diverso da comunhão parcial via contrato (art. 1.725, CC). O item IV também está errado, pois para que haja divórcio extrajudicial não é possível que haja filhos menores ou incapazes, pois neste caso é indispensável a participação do Poder Judiciário com manifestação do Ministério Público (art. 733, "caput", NCPC); **D**: incorreta, pois embora o item III esteja certo (art. 1.584, CC), o item IV está errado (art. 733, "caput", NCPC); **E**: incorreta, pois

embora o item III esteja certo (art. 1.584, CC), os itens II e IV estão errados (art. 1.725 CC e art. 733, "caput", NCPC). **GR**

Gabarito "B".

**(Promotor de Justiça/RR – 2017 – CESPE)** Tendo em vista que o surgimento de novos tipos de estruturas familiares demanda do direito civil uma revisão constante do conceito de família, julgue os itens a seguir.

I. A guarda compartilhada implica igualdade de tempo de convívio da criança com cada um de seus genitores, a fim de evitar ofensa ao princípio da igualdade.

II. O direito de obter, judicialmente, a fixação de pensão alimentícia não prescreve; no entanto, há prazo prescricional para a execução de valores inadimplidos correspondentes ao pagamento da pensão.

III. O reconhecimento de união estável homoafetiva acarreta aos seus partícipes os mesmos direitos garantidos aos componentes de união estável heterossexual.

IV. Os avós detêm o direito de pleitear a regulamentação de visita aos netos, a qual poderá ser viabilizada desde que observados os interesses da criança ou do adolescente.

Assinale a opção correta.

(A) Apenas os itens I e II estão certos.
(B) Apenas os itens I, III e IV estão certos.
(C) Apenas os itens II, III e IV estão certos.
(D) Todos os itens estão certos.

**A**: incorreta, pois embora o item II esteja certo, o item I está errado. Neste passo, na guarda compartilhada, o tempo de convívio com os filhos deve ser dividido de *forma equilibrada* (e não necessariamente igual) com a mãe e com o pai, sempre tendo em vista as condições fáticas e os interesses dos filhos (art. 1.583, § 2º, CC); **B**: incorreta, pois embora os itens III e IV estejam certos, o item I está errado, conforme descrito na alternativa "a"; **C**: correta. O item II está certo, pois o direito a alimentos é imprescritível, vez que se enquadra como direito de personalidade (art. 11 CC). Porém, a cobrança de prestações vencidas e não pagas prescreve em 2 anos (art., 206, § 2º, CC). O item III está certo, pois são garantidos direitos iguais tanto para uniões homo como heterossexuais (Recursos Extraordinários 646721 e 878694, ambos com repercussão geral reconhecida). O item IV também está certo, pois o direito de visita estende-se a qualquer dos avós, a critério do juiz, observados os interesses da criança ou do adolescente (art. 1.589, parágrafo único, CC); **D**: incorreta, pois o item I está errado, como previsto na alternativa "a". **GR**

Gabarito "C".

**(Juiz – TRF5 – 2017 – CESPE)** Considerando-se os dispositivos legais pertinentes, em caso de dívida assumida por ente despersonalizado,

(A) os sócios responderão de forma limitada, e o ente de forma ilimitada.
(B) os sócios responderão de forma subsidiária, desde que não tenham praticado atos contrários ao estatuto ou ao contrato social.
(C) os sócios responderão de forma solidária e ilimitada pelas obrigações assumidas pelo grupamento.
(D) o sócio administrador responderá solidariamente pelos ilícitos praticados.
(E) o sócio gestor responderá de forma subsidiária e limitada pelo ato de má gestão.

**A**: incorreta, pois considerando que o ente é não personalizado, aplicar-se-ão as regras previstas nos arts. 986 a 996 CC. Por não haver o manto da personalidade jurídica, os sócios responderão solidária e ilimitadamente pelas obrigações sociais (art. 990 CC); **B**: incorreta, pois os sócios respondem de maneira direta, e não subsidiária. Apenas seria subsidiária, se houvesse personalidade jurídica e a responsabilidade não fosse expressamente limitada (art. 990 CC); **C**: correta, nos termos do art. 990 CC: "Todos os sócios respondem solidária e ilimitadamente pelas obrigações sociais, excluído do benefício de ordem, previsto no art. 1.024, aquele que contratou pela sociedade"; **D**: incorreta, pois não apenas o sócio administrador, mas todos os sócios responderão de forma solidária e ilimitada (art. 990 CC); **E**: incorreta, pois o sócio gestor não tem esse privilégio. Também responderá de forma solidária e ilimitada (art. 990 CC). **GR**

Gabarito "C".

**(Procurador do Município – Prefeitura Fortaleza/CE – CESPE – 2017)** Acerca de ato e negócio jurídicos e de obrigações e contratos, julgue os itens que se seguem.

**(1)** O ato jurídico em sentido estrito tem consectários previstos em lei e afasta, em regra, a autonomia de vontade.

**(2)** Em se tratando de obrigações negativas, o devedor estará em mora a partir da data em que realizar a prestação que havia se comprometido a não efetivar.

**(3)** Tratando-se de contrato de mandato, o casamento do mandante não influenciará nos poderes já conferidos ao mandatário.

**(4)** Não constitui condição a cláusula que subordina os efeitos de um negócio jurídico à aquisição da maioridade da outra parte.

**1:** Correta, pois no ato jurídico em sentido estrito a pessoa apenas anui com uma disposição genérica da lei que prevê o ato e quase todas as suas consequências jurídicas. Nesse caso resta pouca margem de autonomia para a pessoa. O melhor exemplo é o casamento no qual a lei já estabeleceu dezenas de efeitos jurídicos, dos quais as partes anuentes não podem se afastar, como os deveres conjugais, parentesco por afinidade, direitos sucessórios, etc. Aos nubentes resta apenas escolher o regime e utilização de sobrenome do outro. Por sua vez, o negócio jurídico (ex.: contrato) permite às partes escolher, estipular e até criar novos efeitos jurídicos os quais nem precisam estar previstos em lei (desde que a lei na proíba, é claro). É por isso que se admite um contrato de compra e venda, com inúmeras cláusulas diferentes, como preferência, retrovenda, pagamento parcelado, financiamento, etc. **2:** Incorreta. A obrigação de não fazer é descumprida com a prática do ato ao qual se comprometeu abster. A mora do devedor (*mora solvendi*), todavia, é um conceito mais elaborado, tendo em vista que ela exige culpa paras se configurar. Daí a redação do art. 396 do Código Civil, segundo o qual: "Não havendo fato ou omissão imputável ao devedor, não incorre este em mora". É por isso que nada impede – em tese – uma pessoa descumprir uma obrigação e não estar em mora. Basta, por exemplo, estar atrasada com a prestação, mas devido ao fato de estar internada no hospital com doença grave. Vale a nota de que a mora do credor (mora accipiendi) independe de culpa". **3:** Incorreta, pois cessa o mandato pela "*mudança de estado que inabilite o mandante a conferir os poderes, ou o mandatário para os exercer*" (CC, art. 682, III). Assim, por exemplo, se o homem solteiro dá poderes para o mandatário vender a casa, o casamento do mandante (o qual exige vênia conjugal, em todos os regimes, salvo o da separação convencional de bens) extingue o mandato automaticamente. **4:** Correta, pois uma característica essencial da condição é a incerteza de sua ocorrência. Daí porque se diz que a condição é o evento futuro e incerto (CC, art. 121). O exemplo dado na questão (maioridade) é um evento futuro e certo e, portanto, é considerado termo (CC, art. 131). **GN**

Gabarito 1C, 2E, 3E, 4C

**(Procurador do Município – Prefeitura Fortaleza/CE – CESPE – 2017)** Acerca de atos unilaterais, responsabilidade civil e preferências e privilégios creditórios, julgue os itens subsequentes.

**(1)** Na hipótese de enriquecimento sem causa, a restituição do valor incluirá atualização monetária, independentemente do ajuizamento de ação judicial.

**(2)** No que se refere às famílias de baixa renda, há presunção de dano material e moral em favor dos pais em caso de morte de filho menor de idade, ainda que este não estivesse trabalhando na data do óbito.

**(3)** Quanto aos títulos legais de preferência, declarada a insolvência de devedor capaz, o privilégio especial compreenderá todos os bens não sujeitos a crédito real.

**1:** Correta, pois em conformidade com o disposto no art. 884 do CC, que estabelece: "*Aquele que, sem justa causa, se enriquecer à custa de outrem, será obrigado a restituir o indevidamente auferido, feita a atualização dos valores monetários*". **2:** Correta, pois o STJ entendeu que é possível presumir que – em famílias de baixa renda – a atividade laboral de filhos reverterá parcialmente para a manutenção do lar. Aplicou tal entendimento mesmo no caso de filhos portadores de deficiência. (REsp 1069288/PR, Rel. Min. Massami Uyeda, Terceira Turma, j. 14.12.2010, *DJe* 04.02.2011). **3:** Incorreta. A ordem que deverá ser obedecida é a seguinte: o crédito real prefere ao pessoal

de qualquer espécie; o crédito pessoal privilegiado, ao simples; e o privilégio especial, ao geral (CC, art. 961). **GN**

Gabarito 1C, 2C, 3E

**(Procurados do Município – Prefeitura Fortaleza/CE – CESPE – 2017)** Com relação a direitos reais, parcelamento do solo urbano, locação e registros públicos, julgue os itens seguintes.

**(1)** Em se tratando de contrato de locação, se o fiador tiver se comprometido até a devolução do imóvel pelo locatário, a prorrogação do prazo contratual sem sua anuência o desobriga de responder por ausência de pagamento.

**(2)** O registrador não fará o registro de imóvel caso dependa da apresentação de título anterior, ainda que o imóvel já esteja matriculado.

**(3)** O imóvel objeto de contrato de promessa de compra e venda devidamente registrado pode ser objeto de hipoteca.

**(4)** Embora o município tenha o dever de fiscalizar para impedir a realização de loteamento irregular, ante a responsabilidade pelo uso e pela ocupação do solo urbano, a regularização está no âmbito da discricionariedade, conforme entendimento pacificado no STJ.

**1:** Incorreta, visto que "*salvo disposição contratual em contrário, qualquer das garantias da locação se estende até a efetiva devolução do imóvel, ainda que prorrogada a locação por prazo indeterminado*" (Lei 8.245/1991, art. 39). **2:** Correta, pois de acordo com o disposto no art. 237 da Lei de Registros Públicos (Lei 6.015/1973), que dispõe: "*Ainda que o imóvel esteja matriculado, não se fará registro que dependa da apresentação de título anterior, a fim de que se preserve a continuidade do registro*". **3:** Correta, pois o contrato de promessa de compra e venda devidamente registrado é considerado pela lei como direito real (CC, art. 1.225, VII) e sua hipoteca não geraria prejuízo para terceiros. Nesse sentido, o STJ definiu que: "*O ordenamento jurídico pátrio, há longa data, reconhece como direito real o contrato de **promessa de compra** e venda devidamente registrado, de modo que não há óbice para que sobre ele recaia **hipoteca**, a qual, no caso, garante o crédito decorrente da cédula de crédito industrial*". (REsp 1336059/SP, Rel. Min. Ricardo Villas Bôas Cueva, Terceira Turma, j. 18.08.2016, *DJe* 05.09.2016). **4:** Incorreta, pois não se trata de discricionariedade. O STJ já se posicionou diversas vezes no sentido de que "o Município tem o poder-dever de agir para fiscalizar e regularizar loteamento irregular, pois é o responsável pelo parcelamento, uso e ocupação do solo urbano, atividade essa que é vinculada, e não discricionária." (REsp 447.433/SP, Rel. Min. Denise Arruda, Primeira Turma, *DJ* 22.06.2006, p. 178). **GN**

Gabarito 1E, 2C, 3C, 4E

**(Procurador do Município – Prefeitura Fortaleza/CE – CESPE – 2017)** A respeito da Lei de Introdução às Normas do Direito Brasileiro, das pessoas naturais e jurídicas e dos bens, julgue os itens a seguir.

**(1)** Por não se admitir a posse dos bens incorpóreos, tais bens são insuscetíveis de aquisição por usucapião.

**(2)** Utiliza a analogia o juiz que estende a companheiro(a) a legitimidade para ser curador conferida a cônjuge da pessoa ausente.

**(3)** Conforme o modo como for feita, a divulgação de fato verdadeiro poderá gerar responsabilidade civil por ofensa à honra da pessoa natural.

**(4)** O registro do ato constitutivo da sociedade de fato produzirá efeitos *ex tunc* se presentes, desde o início, os requisitos legais para a constituição da pessoa jurídica.

**1:** Correta. A posse recai sobre bens corpóreos, tangíveis e suscetíveis de apropriação. Daí, por exemplo, o entendimento do STJ, segundo o qual o direito autoral não pode ser protegido via ação possessória (Súmula 228). Tendo em vista que a posse é elemento essencial para a usucapião, não haveria como usucapir bens imateriais. Vale a ressalva, contudo, de que é possível usucapião sobre servidão, desde que essa seja aparente e contínua. É o caso, por exemplo de uma pessoa que exerce passagem em terreno vizinho – pelo decurso do prazo necessário – ganha a titularidade desse direito real. **2:** Incorreta, pois o juiz está – nesse caso – interpretando a lei de maneira extensiva. Não é hipótese de lacuna da lei, mas sim de ampliar o alcance de uma lei que já existe. **3:** Correta, pois a exceção da verdade não é aplicada de forma irrestrita no Direito Civil. "Verdades" compõem o que há de mais íntimo e pessoal na vida de uma pessoa e sua divulgação – a depender da forma e modo – pode gerar responsabilidade civil. O STJ já se posicionou no sentido de que: "Tratando-se de mera curiosidade, ou de situação em que esse interesse possa ser satisfeito de forma menos prejudicial ao titular, então, não se deve, desnecessariamente, divulgar dados relacionados à intimidade de alguém". (REsp 1380701/PA, Rel. Min. Marco Aurélio Bellizze, Terceira Turma, j. 07.05.2015, DJe 14.05.2015). **4:** Incorreta, pois a existência legal das pessoas jurídicas de direito privado começa "com a inscrição do ato constitutivo no respectivo registro" (CC, art. 45). GN

Gabarito 1C, 2E, 3C, 4E

**(Defensor Público – DPE/RN – 2016 – CESPE)** A respeito da Lei de Introdução às Normas do Direito Brasileiro e de institutos relacionados às pessoas naturais e jurídicas, assinale a opção correta à luz da jurisprudência do STJ.

**(A)** A internação psiquiátrica involuntária é também chamada de internação compulsória, pois decorre de determinação judicial e independe do consentimento do paciente ou de pedido de terceiro.

**(B)** São válidos os negócios jurídicos praticados pelo incapaz antes da sentença de interdição, ainda que se comprove que o estado de incapacidade tenha sido contemporâneo ao negócio.

**(C)** Não configura direito subjetivo da pessoa retificar seu patronímico no registro de nascimento de seus filhos após o divórcio, quando ela deixar de usar o nome de casada.

**(D)** A filial é uma espécie de estabelecimento empresarial que possui personalidade jurídica própria, distinta da sociedade empresária.

**(E)** Não se tratando de contrato de trato sucessivo, descabe a aplicação retroativa da lei nova para alcançar efeitos presentes de contratos celebrados anteriormente à sua vigência.

**A:** incorreta, pois – de acordo com o disposto na Lei 10.216/2001, art. 6º, parágrafo único, II, – a referida internação compulsória depende de pedido de terceiro; **B:** incorreta, pois o STJ é pacífico no sentido de que: "*A interdição judicial declara ou reconhece a incapacidade de uma pessoa para a prática de atos da vida civil, com a geração de efeitos* ex nunc *perante terceiros (art. 1.773 do Código Civil), partindo de um 'estado de fato' anterior, que, na espécie, é a doença mental de que padece o interditado*" (AgInt nos EDcl no REsp 1171108/RS, Rel. Ministro Antonio Saldanha Palheiro, Sexta Turma, julgado em 27/09/2016, *DJe* 13/10/2016); **C:** incorreta, pois o STJ já entendeu ser esse um direito da mãe (REsp n. 1.069.864-DF); **D:** incorreta, pois a filial "*não ostenta personalidade jurídica própria, não sendo sujeito de direitos, tampouco uma pessoa distinta da sociedade empresária. Cuida-se de um instrumento de que se utiliza o empresário ou sócio para exercer suas atividades*" (AgRg no REsp 1540107/PR, Rel. Ministro Mauro Campbell Marques, Segunda Turma, julgado em 17/09/2015, DJe 28/09/2015); **E:** correta, pois a incidência da nova lei se faz sobre efeitos jurídicos verificados posteriormente, o que é uma prerrogativa de contratos de trato sucessivo.

Gabarito "E"

**(Defensor Público – DPE/RN – 2016 – CESPE)** No que se refere aos bens jurídicos e a aspectos inerentes à posse e à propriedade, assinale a opção correta.

**(A)** A aquisição da posse pode ocorrer pela apreensão, a qual, segundo a doutrina, pode ser concretizada não apenas pela apropriação unilateral da coisa sem dono, como também pela retirada da coisa de outrem sem sua permissão.

**(B)** A tradição constitui uma das hipóteses de perda da posse que pode ser vislumbrada, por exemplo, na entrega da coisa a um representante para que este a administre.

**(C)** Os bens naturalmente divisíveis não se podem tornar indivisíveis por vontade das partes.

**(D)** Segundo o STJ, o usufrutuário pode valer-se de ações possessórias contra o nu-proprietário, mas não de ações de natureza petitória.

**(E)** O perecimento da coisa é hipótese de perda da propriedade que não pode resultar de ato voluntário do proprietário, já

que demanda, para a sua concretização, a ocorrência de fenômenos naturais, como terremotos ou inundações.

**A:** correta. Em princípio, a retirada da coisa de outrem sem sua permissão gera apenas detenção. Contudo, o próprio Código Civil (art. 1.208) prevê a hipótese de – após tal apreensão – ocorrer a cessação da violência ou clandestinidade. Nesse caso (que, de resto, é bastante raro), a detenção se transforma em posse; **B:** incorreta, pois a tradição significa apenas e tão somente a entrega do bem móvel, que é uma forma de aquisição da propriedade móvel (CC, art. 1.267); **C:** incorreta, pois "*os bens naturalmente divisíveis podem tornar-se indivisíveis por determinação da lei ou por vontade das partes*" (CC, art. 88); **D:** incorreta, pois o STJ consolidou entendimento segundo o qual "*o usufrutuário – na condição de possuidor direto do bem – pode valer-se das ações possessórias contra o possuidor indireto (nu-proprietário) e – na condição de titular de um direito real limitado (usufruto) – também tem legitimidade/interesse para a propositura de ações de caráter petitório, tal como a reivindicatória, contra o nu-proprietário ou contra terceiros*" (REsp 1202843/PR, Rel. Ministro Ricardo Villas Bôas Cueva, Terceira Turma, julgado em 21/10/2014, DJe 28/10/2014); **E:** incorreta. Ainda que – em regra – o perecimento se dê por fenômenos naturais, a coisa também pode perecer por ato voluntário do proprietário.

Gabarito "A"

**(Juiz de Direito/DF – 2016 – CESPE)** Com fundamento na jurisprudência do STJ, assinale a opção correta acerca do direito de família.

**(A)** O contrato de união estável pode ter efeitos retroativos, se os conviventes que o assinam tiverem o objetivo de eleger o regime de bens aplicável ao período de convivência anterior a sua assinatura.

**(B)** Em regra, a pensão alimentícia devida a ex-cônjuge deve ser fixada por tempo indeterminado.

**(C)** Nas ações de interdição não ajuizadas pelo MP, a função de defensor do interditando deve ser exercida pelo próprio *parquet*, o que dispensa a nomeação de curador à lide.

**(D)** Desde que não haja disposição transacional nem decisão judicial em sentido contrário, o aviso prévio deve integrar a base de cálculo da pensão alimentícia.

**(E)** As verbas indenizatórias, auxílio-acidente, vale-cesta e vale-alimentação, integram a base de cálculo para fins de desconto de pensão alimentícia.

**A:** incorreta, pois o STJ entende pela "*invalidade da cláusula que atribui eficácia retroativa ao regime de bens pactuado em escritura pública de reconhecimento de união estável*" (REsp1597675/SP); **B:** incorreta, pois, segundo entendimento consolidado do STJ, "os alimentos entre ex-cônjuges devem ser fixados, como regra, com termo certo" (REsp 1558070/SP); **C:** correta, pois o STJ entende que "*No procedimento de interdição não requerido pelo Ministério Público, quem age em defesa do suposto incapaz é o órgão ministerial e, portanto, resguardados os interesses do interditando, não se justifica a nomeação de curador especial*" (REsp 1099458/PR); **D:** incorreta, pois o STJ entende que o aviso prévio não deve integrar tal base de cálculo (REsp 1332808/SC); **E:** incorreta, pois o STJ decidiu que "*Os alimentos incidem sobre verbas pagas em caráter habitual, aquelas incluídas permanentemente no salário do empregado. As parcelas denominadas auxílio-acidente, cesta-alimentação e vale-alimentação, que tem natureza indenizatória, estão excluídas do desconto para fins de pensão alimentícia porquanto verbas transitórias*" (RESP 1159408).

Gabarito "C"

**(Juiz de Direito/DF – 2016 – CESPE)** A respeito dos contratos regidos pelo Código Civil, assinale a opção correta.

**(A)** Na promessa de fato de terceiro, decorre do tratamento legal do Código Civil que o promitente responda pela ratificação e pela execução da obrigação.

**(B)** O mandatário não se responsabiliza, ainda que agindo em nome próprio, desde que o negócio seja de conta do mandante.

**(C)** No contrato de fiança, a sub-rogação opera-se automaticamente, salvo se o adimplemento pelo fiador tenha sido voluntário.

**(D)** No que se refere ao contrato preliminar, a outra parte desobriga-se diante da inércia do estipulante.

**(E)** A doação remuneratória, tal como a pura, não sujeita o doador às consequências do vício redibitório.

**A:** incorreta, pois a execução da obrigação é dever do promissário (CC, art. 440); **B:** incorreta, pois o mandatário ficará pessoalmente obrigado, se agir no seu próprio nome, ainda que o negócio seja de conta do mandante (CC, art. 663); **C:** incorreta, pois o adimplemento voluntário do fiador também gera sub-rogação legal (CC, art. 346, III); **D:** correta, pois: *"Se o estipulante não der execução ao contrato preliminar, poderá a outra parte considerá-lo desfeito, e pedir perdas e danos"* (CC, art. 465); **E:** incorreta, pois a doação remuneratória sujeita o doador às consequências dos vícios redibitórios (CC, art. 441, parágrafo único).
Gabarito "D".

**(Juiz de Direito/DF – 2016 – CESPE)** No que se refere às pessoas, assinale a opção correta.

**(A)** A declaração de ausência é a condição eficiente ao recebimento da indenização do seguro de vida da pessoa desaparecida.

**(B)** Está consolidado o entendimento, na doutrina e na jurisprudência, que a oposição de consciência ou de crença pode ser exercida por representante legal de adolescente para impedir transfusão de sangue, ainda que urgente e necessária.

**(C)** Dentre as pessoas jurídicas de direito público interno, estão as autarquias, as associações públicas, as entidades de caráter privado que se tenha dado estrutura de direito público.

**(D)** Conforme entendimento prevalente do STJ, a dissolução da sociedade comercial, ainda que irregular, não é causa que, isolada, baste à desconsideração da personalidade jurídica.

**A:** incorreta, pois é a abertura da sucessão definitiva que gera tal possibilidade de recebimento. Só então é que se presume a morte do ausente. O STJ já entendeu que: *"Transcorrido o interregno de um decênio, contado do trânsito em julgado da decisão que determinou a abertura da sucessão provisória, atinge sua plena eficácia a declaração de ausência, consubstanciada na morte presumida do ausente e na abertura da sua sucessão definitiva"* (RESP 1.298.963); **B:** incorreta, pois não existe pacificação de tal entendimento nos Tribunais; **C:** incorreta, pois as entidades de caráter privado não são consideradas pessoas jurídicas de direito público (CC, art. 41); **D:** correta, pois a desconsideração da personalidade jurídica é instituto excepcional e que somente pode ser aplicado nas restritas hipóteses legais, como, por exemplo, o art. 50 do Código Civil e o art. 28 do Código de Defesa do Consumidor. O mero encerramento irregular não é causa para a desconsideração (AgRg no AREsp 800800/SP).
Gabarito "D".

**(Procurador do Estado/AM – 2016 – CESPE)** Acerca de contrato de penhor, direito de herança e registros públicos, julgue os seguintes itens.

**(1)** O herdeiro excluído da herança poderá, a qualquer tempo, demandar o reconhecimento do seu direito sucessório por intermédio da ação de petição de herança.

**(2)** Qualquer pessoa pode requerer certidão de registros públicos firmados pelos serviços notariais concernentes a registro de imóveis, casamento, nascimento, óbito e outros que sejam de responsabilidade da serventia, não havendo a necessidade de se informar o motivo ou o interesse do pedido.

**(3)** É legítimo o contrato de penhor de veículo firmado mediante instrumento público ou particular, cujo prazo máximo de vigência é de dois anos, prorrogável até o limite de igual período.

**1:** incorreta, pois a ação de petição de herança somente se destina a quem possuía a qualidade de herdeiro, mas não foi contemplado na partilha. Excluídos da sucessão não titularizam tal direito (CC, art. 1.824); **2:** correta, pois tais documentos são públicos e tal direito vem contemplado no art. 17 da Lei de Registros Públicos; **3:** correta, pois de pleno acordo com as disposições legais sobre o penhor de veículos (CC, art. 1.466).
Gabarito 1E,2C,3C.

**(Juiz de Direito/DF – 2016 – CESPE)** Em atenção ao direito das obrigações, assinale a opção correta.

**(A)** Se há assunção cumulativa, compreende-se como estabelecida a solidariedade obrigacional entre os devedores.

**(B)** A multa moratória e a multa compensatória podem ser objeto de cumulação com a exigência de cumprimento regular da obrigação principal.

**(C)** A obrigação portável (*portable*) é aquela em que o pagamento deve ser feito no domicílio do devedor, ficando o credor, portanto, obrigado a buscar a quitação.

**(D)** Na solidariedade passiva, a renúncia e a remissão são tratados, quanto aos seus efeitos, de igual forma pelo Código Civil.

**(E)** Na assunção de dívida, a oposição da exceção de contrato não cumprido é permitida ao assuntor em face do devedor primitivo, mas vedada em face do credor.

**A:** incorreta, pois a solidariedade não se presume, depende de lei ou da vontade das partes (CC, art. 265). Na assunção de dívida cumulativa, o novo devedor, com a autorização do credor, passa a ser devedor em conjunto com o antigo devedor. Contudo, a lei não previu solidariedade para essa hipótese; **B:** incorreta, pois a cláusula penal compensatória não se exige em cumulação com a obrigação principal (CC, art. 410); **C:** incorreta, pois a obrigação portável é realizada no domicílio do credor e não é a regra do sistema (CC, art. 327); **D:** incorreta, pois a renúncia libera um dos devedores do vínculo da solidariedade, mantendo-o devedor de sua quota; a remissão perdoa o quinhão devido por um específico devedor; **E:** correta, pois o novo devedor não pode opor tais exceções ao credor (CC, art. 302).
Gabarito 'E'.

**(Procurador do Estado/AM – 2016 – CESPE)** Em cada um dos próximos itens, é apresentada uma situação hipotética a respeito de extinção dos contratos, direito de posse e aquisição da propriedade, seguida de uma assertiva a ser julgada.

**(1)** Determinada empresa adquiriu de Paulo a posse de um imóvel urbano particular que, havia alguns anos, ele ocupava de forma mansa, pacífica e com justo título. Nessa situação, para efeito de tempo exigido para a aquisição por usucapião, a empresa poderá contar com o tempo da posse exercida por Paulo.

**(2)** Mauro firmou contrato com determinada empresa, por meio do qual assumiu obrigações futuras a serem cumpridas mediante prestações periódicas. No decurso do contrato, em virtude de acontecimento extraordinário e imprevisível, as prestações se tornaram excessivamente onerosas para Mauro e extremamente vantajosas para a referida empresa. Nessa situação, Mauro poderá pedir a resolução do contrato, a redução da prestação ou a alteração do modo de executá-lo.

**(3)** Por meio de esbulho, Ronaldo obteve a posse de lote urbano pertencente ao estado do Amazonas. Nesse lote, ele construiu sua residência, na qual edificou uma série de benfeitorias, tais como piscina e churrasqueira. O estado do Amazonas, por intermédio de sua procuradoria, ingressou em juízo para reaver o imóvel. Nessa situação, Ronaldo poderá exigir indenização por todas as benfeitorias realizadas e exercer o direito de retenção enquanto não for pago o valor da indenização.

**1:** correta, pois o possuidor pode somar as posses anteriores à sua para fins de usucapião (CC, art. 1.243); **2:** correta, pois o enunciado traz claro exemplo de resolução de contrato por onerosidade excessiva (CC, art. 478); **3:** incorreta, pois o direito de retenção é conferido ao possuidor de boa-fé e aplica-se apenas às benfeitorias necessárias e úteis (CC, art. 1.219).
Gabarito 1C,2C,3E.

**(Procurador do Estado/AM – 2016 – CESPE)** A respeito de prescrição e obrigações, julgue os itens subsecutivos.

**(1)** Situação hipotética: Isabel firmou com Davi contrato em que se comprometia a dar-lhe coisa certa em data aprazada. Em função da mora no recebimento, ocasionada por Davi, a coisa estragou-se, sem que Isabel tenha concorrido para

# 10. DIREITO CIVIL — 327

tal. Assertiva: Nesse caso, Davi poderá exigir indenização equivalente à metade do dano suportado.

(2) Será nula de pleno direito cláusula de contrato de seguro firmado entre pessoa física e determinada empresa que preveja prazo prescricional de um ano, contado do infortúnio, para o beneficiário reclamar da seguradora o valor de eventuais danos sofridos.

**1:** incorreta, pois, quando o credor está em mora, ele passa a responder pela perda da coisa, mesmo que haja culpa da devedora (CC, art. 400); **2:** correta, pois o prazo de um ano, nesse caso, deve começar a correr a partir da ciência do fato gerador da pretensão (CC, art. 206, § 1°, II, *b*).

Gabarito 1E, 2C

**(Procurador do Estado/AM – 2016 – CESPE)** Com relação a pessoas jurídicas de direito privado e bens públicos, julgue os itens a seguir.

(1) Consideram-se bens públicos dominicais aqueles que constituem o patrimônio das pessoas jurídicas de direito público como objeto de direito pessoal ou real, tais como os edifícios destinados a sediar a administração pública.

(2) As fundações privadas são de livre criação, organização e estruturação, cabendo aos seus instituidores definir os seus fins, que podem consistir na exploração de entidades com fins lucrativos nas áreas de saúde, educação ou pesquisa tecnológica, e outras de cunho social.

**1:** incorreta, pois os edifícios que sediam a administração pública são bens de uso especial (CC, art. 99, II); **2:** incorreta, pois a fundação não pode ter objetivo de lucro (CC, art. 62).

Gabarito 1E, 2E

**(Analista Judiciário – TRT/8ª – 2016 – CESPE)** A respeito dos contratos, assinale a opção correta.

(A) O doador pode fixar cláusula de reversão, pela qual o bem doado volta ao seu patrimônio se ele sobreviver ao donatário.

(B) A pessoa que se tornar fiadora de devedor declarado insolvente poderá invocar o benefício de ordem quando for cobrada pela dívida antes do devedor principal.

(C) A outorga de mandato por meio de instrumento público desautoriza o substabelecimento mediante instrumento particular.

(D) Tratando-se de contrato consensual, considera-se concluído o comodato no momento do acordo de vontades.

(E) Em caso de descumprimento de acordo que previa o direito de preferência na venda de um imóvel, a parte preterida terá o direito de desfazer o negócio sobre o qual tinha prelação.

**A:** correta, pois a cláusula de reversão tem exatamente esse objetivo, ou seja, fazer o bem voltar ao doador caso ele sobreviva ao donatário (CC, art. 547). Trata-se, a rigor, de uma cláusula resolutiva expressa inserida no contrato de doação; **B:** incorreta, pois o benefício de ordem não pode ser oposto se o devedor principal for insolvente ou falido (CC, art. 828, III); **C:** incorreta, pois o que determina a forma do mandato e também do substabelecimento é a forma exigida para o negócio principal (CC, art. 657); **D:** incorreta, pois o comodato é um perfeito exemplo de contrato real, a saber, aquele que só se perfaz com a efetiva entrega do bem; **E:** incorreta, pois, nessa hipótese, a parte preterida só terá direito a perdas e danos (CC, art. 518).

Gabarito "A".

**(Analista Judiciário – TRT/8ª – 2016 – CESPE)** A respeito da pessoa natural e da pessoa jurídica, assinale a opção correta.

(A) São considerados absolutamente incapazes os menores de dezesseis anos de idade, os pródigos e aqueles que, mesmo por causa transitória, não puderem exprimir sua vontade.

(B) A dotação especial de bens livres do instituidor para a criação da fundação só tem validade se feita por escritura pública, sendo vedada a sua instituição mediante testamento.

(C) Os partidos políticos, assim como os municípios e a União, são pessoas jurídicas de direito público interno.

(D) Ao permitir que o nascituro pleiteie alimentos ao suposto pai, por meio de ação judicial, a lei reconheceu-lhe personalidade jurídica.

(E) No caso de um tutor pretender adquirir para si bens do tutelado, é correto afirmar que aquele tem capacidade para a prática desse negócio jurídico, mas carece de legitimação para realizar tal aquisição.

**A:** incorreta, pois apenas os menores de dezesseis anos são absolutamente incapazes (CC, art. 3°); **B:** incorreta, pois o testamento também é forma adequada para a criação da fundação (CC, art. 62); **C:** incorreta, pois os partidos políticos são pessoas jurídicas de direito privado (CC, art. 44); **D:** incorreta, pois somente aquele que já nasceu com vida é que possui a personalidade jurídica. Isso não impede o nascituro de titularizar direitos subjetivos (CC, art. 2°); **E:** correta. A legitimação é uma capacidade extra, que a lei exige de certas pessoas para a prática de determinados atos. Um ótimo exemplo é justamente o do tutor, que, apesar de capaz, não pode adquirir bens do tutelado, sob pena de nulidade (CC, art. 497).

Gabarito "E".

**(Analista Jurídico – TCE/PR – 2016 – CESPE)** A respeito da interpretação das leis, de pessoas físicas e jurídicas e de bens, assinale a opção correta.

(A) O menor, ao completar dezesseis anos de idade, adquire capacidade de direito, ainda que não tenha sido emancipado.

(B) A pessoa que viva alternadamente em mais de uma residência terá como domicílio aquela em que passe a maior parte do tempo.

(C) Caso a administração de uma associação seja exercida de modo coletivo, suas decisões terão de ser tomadas pela maioria absoluta.

(D) Um parque estadual poderá ser submetido à ordem especial de fruição mediante a cobrança para ingresso de pessoas.

(E) Pelo método sistemático, interpreta-se a norma a partir do ordenamento jurídico de que esta seja parte, relacionando-a, direta ou indiretamente, com outras de mesmo objeto.

**A:** incorreta, pois a capacidade de direito é adquirida no nascimento com vida (CC, art. 2°); **B:** incorreta, pois nesse caso qualquer uma delas poderá ser considerada seu domicílio (CC, art. 71); **C:** incorreta, pois o Código Civil (art. 48) exige apenas maioria dos presentes; **D:** incorreta, pois o "*uso comum dos bens públicos pode ser gratuito ou retribuído*" (CC, art. 103); **E:** correta, pois o enunciado bem conceitua o método sistemático de interpretação. Interpreta-se um dispositivo conforme o sistema jurídico no qual está inserido.

Gabarito "E".

**(Analista Jurídico – TCE/PR – 2016 – CESPE)** Acerca da disciplina dos contratos no Código Civil, assinale a opção correta.

(A) Se coisa recebida em virtude de contrato comutativo for enjeitada por defeito oculto que lhe diminua o valor, o alienante terá de restituir o que receber, acrescido de perdas e danos, ainda que desconheça o vício.

(B) A ausência de fixação de preço em determinado contrato de compra e venda de material de construção tornaria nulo o referido contrato.

(C) Decretada judicialmente a nulidade de um contrato por ter a prestação do devedor se tornado excessivamente onerosa, a sentença terá efeito a partir de sua publicação.

(D) Sob pena de nulidade, o contrato preliminar deve observar a mesma forma prescrita em lei para a celebração do contrato definitivo.

(E) Aprovado o projeto, é lícito ao proprietário da obra introduzir modificações de pequena monta sem anuência do autor, ainda que a execução tenha sido confiada a terceiro por contrato de empreitada.

**A:** incorreta, pois, na hipótese de vício redibitório, só haverá direito a pleitear perdas e danos caso o alienante tivesse ciência do vício (CC, art. 443); **B:** incorreta, pois, na "*venda sem fixação de preço ou de critérios para a sua determinação, [...] entende-se que as partes se sujeitaram ao preço corrente nas vendas habituais do vendedor*" (CC, art. 488); **C:** incorreta, pois nesse caso os efeitos da sentença retroagem até a data da citação (CC, art. 478); **D:** incorreta, pois o contrato preliminar deve

conter todos os requisitos essenciais ao contrato a ser celebrado, salvo no que se refere à forma; **E:** correta, pois o art. 621, parágrafo único, do Código Civil admite as: "*alterações de pouca monta*".
Gabarito "E".

**(Analista Jurídico – TCE/PR – 2016 – CESPE)** A respeito da disciplina do negócio jurídico no Código Civil, assinale a opção correta.

(A) Em ação que vise à discussão de cláusulas contratuais, o juiz deverá, de ofício, declarar a nulidade do negócio caso verifique que o devedor foi coagido a contratar.

(B) Um contrato de compra e venda de imóvel que for realizado sem escritura pública poderá ser convertido em promessa de compra e venda.

(C) Caso o juiz decrete a nulidade de obrigação que uma pessoa pagou a um incapaz, ficará afastada a possibilidade de o devedor reclamar o que pagou ao credor incapaz, independentemente de este ter ou não se beneficiado do negócio.

(D) Se um dos declarantes ocultar sua verdadeira intenção quanto aos efeitos jurídicos do negócio, este será inexistente por ausência de manifestação qualificada.

(E) O silêncio de uma das partes quanto ao negócio jurídico proposto não tem o condão de criar vínculo, sendo necessária declaração de vontade expressa.

**A:** incorreta, pois a coação é um vício do consentimento e, como tal, gera a anulabilidade do negócio jurídico, a qual não se pronuncia de ofício pelo juiz (CC, arts. 151; 171 e 177); **B:** correta, pois o que se afirma na assertiva se enquadra perfeitamente na hipótese de conversão do negócio jurídico nulo (CC, art. 170), que permite, a partir de um negócio nulo, criar um negócio válido, desde que a forma usada seja adequada e também que seja possível concluir que a intenção das partes seria essa, caso houvessem previsto a nulidade; **C:** incorreta, pois o pagamento feito ao incapaz de quitar é valido em uma hipótese: se provado que o pagamento reverteu em favor do incapaz (CC, art. 310); **D:** incorreta, pois, nessa hipótese, denominada "reserva mental", a manifestação de vontade subsiste, exceto se o destinatário soubesse da verdadeira intenção do declarante (CC, art. 110); **E:** incorreta, pois "*O silêncio importa anuência, quando as circunstâncias ou os usos o autorizarem, e não for necessária a declaração de vontade expressa*" (CC, art. 111).
Gabarito "B".

**(Analista Jurídico –TCE/PA – 2016 – CESPE)** No que diz respeito às normas jurídicas, à prescrição, aos negócios jurídicos e à personalidade jurídica, julgue os itens a seguir.

(1) As partes contratantes podem, de comum acordo, alterar os prazos prescricionais referentes a pretensões de direitos disponíveis e, nessa hipótese, a prescrição terá natureza convencional.

(2) Em observância ao princípio da conservação contratual, caso ocorra o vício do consentimento denominado lesão, a parte lesionada pode optar pela revisão judicial do negócio jurídico, ao invés de pleitear sua anulação.

(3) De acordo com o Código Civil, o encerramento irregular de determinada sociedade empresária é, por si só, causa suficiente para a desconsideração da personalidade jurídica.

(4) É possível que lei de vigência permanente deixe de ser aplicada em razão do desuso, situação em que o ordenamento jurídico pátrio admite aplicação dos costumes de forma contrária àquela prevista na lei revogada pelo desuso.

**1:** incorreta, pois "*os prazos de prescrição não podem ser alterados por acordo das partes*" (CC, art. 192). Caso fosse possível alteração de prazos prescricionais, a segurança jurídica (objetivo maior do instituto da prescrição) estaria seriamente ameaçada; **2:** correta, pois o Código Civil prevê expressamente a possibilidade de conservação do negócio viciado pela lesão, desde que a parte favorecida aceite a diminuição do proveito obtido (CC, art. 157, § 2º). O Enunciado 148 do CJF determina a aplicação de tal instituto ao estado de perigo; **3:** incorreta, pois a desconsideração da personalidade jurídica é instituto excepcional e que somente pode ser aplicado nas restritas hipóteses legais, como, por exemplo, o art. 50 do Código Civil e o art. 28 do Código de Defesa do Consumidor. O mero encerramento irregular não é causa para a desconsideração; **4:** incorreta, pois o desuso

não é causa de revogação da lei. Segundo o art. 2º da LI, a lei só se revoga por outra lei.
Gabarito 1E, 2C, 3E, 4E.

Nos termos da lei especial que dispõe sobre a proteção da propriedade intelectual e comercialização de programas de computador no Brasil, as derivações autorizadas pelo titular dos direitos de programa de computador pertencerão à pessoa autorizada que as fizer, salvo estipulação contratual em contrário.

**(Juiz de Direito - TJ/BA - 2019 - CESPE/CEBRASPE)** Com relação a esse assunto, é correto afirmar que constitui ofensa aos direitos do titular de programa de computador a

(A) reprodução em um só exemplar que se destine à cópia de salvaguarda.

(B) ocorrência de semelhança de programa a outro preexistente, quando se der por força das características funcionais de sua aplicação ou da observância de preceitos normativos e técnicos.

(C) integração de um programa, mantendo-se suas características essenciais, a um sistema aplicativo, tecnicamente indispensável às necessidades do usuário, desde que para o uso exclusivo de quem tenha promovido tal integração.

(D) exploração econômica não pactuada e derivada do programa de computador.

(E) citação parcial do programa para fins didáticos, mesmo que com a identificação do programa e do titular dos direitos.

**A:** incorreta, pois não constitui ofensa aos direitos do titular de programa de computador a reprodução, em um só exemplar, de cópia legitimamente adquirida, desde que se destine à cópia de salvaguarda ou armazenamento eletrônico, hipótese em que o exemplar original servirá de salvaguarda (art. 6º, I CC da Lei 9.609/98); **B:** incorreta, pois não constitui ofensa aos direitos do titular de programa de computador a ocorrência de semelhança de programa a outro, preexistente, quando se der por força das características funcionais de sua aplicação, da observância de preceitos normativos e técnicos, ou de limitação de forma alternativa para a sua expressão (art. 6º, III, CC da Lei 9.609/98); **C:** incorreta, pois não constitui ofensa aos direitos do titular de programa de computador a integração de um programa, mantendo-se suas características essenciais, a um sistema aplicativo ou operacional, tecnicamente indispensável às necessidades do usuário, desde que para o uso exclusivo de quem o promoveu (art. 6º, IV, CC da Lei 9.609/98); **D:** correta, pois os direitos sobre as derivações autorizadas pelo titular dos direitos de programa de computador, inclusive sua exploração econômica, pertencerão à pessoa autorizada que as fizer, salvo estipulação contratual em contrário. Logo, a exploração econômica não pactuada ofende os direitos do titular de programa de computador (art. 5º da Lei 9.609/98); **E:** incorreta, pois não constitui ofensa aos direitos do titular de programa de computador a citação parcial do programa, para fins didáticos, desde que identificados o programa e o titular dos direitos respectivos (art. 6º, II CC da Lei 9609/98). GR
Gabarito "D".

**(Juiz de Direito – TJ/SC – 2019 – CESPE/CEBRASPE)** A aposição de cláusula proibitiva de endosso no título de crédito é considerada pelo Código Civil como

(A) nula de pleno direito.

(B) não escrita.

(C) anulável.

(D) válida, se aceita expressamente pelo tomador.

(E) inexistente, se dada no anverso do título.

**A:** incorreta, pois a cláusula proibitiva de endosso é considerada como não escrita (art. 890 CC); **B:** correta (art. 890 CC); **C:** incorreta, pois não se trata aposição anulável, mas tida como não escrita (art. 890 CC); **D:** incorreta, pois não se trata de aposição válida, se aceita expressamente pelo tomador, mas sim de aposição não escrita (art. 890 CC); **E:** incorreta, pois não se trata de aposição inexistente, se dada no anverso do título, mas sim de aposição não escrita (art. 890 CC).
Gabarito "B".

# 10. DIREITO CIVIL    329

## 11. LEIS ESPARSAS

**(Procurador/PA – CESPE – 2022)** Assinale a opção correta, acerca do parcelamento do solo urbano, conforme a Lei n.º 6.766/1979.

(A) O parcelamento do solo urbano poderá ser feito apenas em forma de loteamento.

(B) O registro de loteamento somente poderá ser cancelado por decisão judicial.

(C) É permitido o parcelamento do solo em áreas de preservação ecológica.

(D) No caso de lotes integrantes de condomínio de lotes, é vedada a instituição de limitações administrativas e direitos reais sobre coisa alheia em benefício do poder público.

(E) Considera-se empreendedor, para fins de parcelamento do solo urbano, o responsável pela implantação do parcelamento, que, além daqueles indicados em regulamento, poderá ser o ente da administração pública, direta ou indireta, habilitado a promover a desapropriação com a finalidade de implantação de parcelamento habitacional ou de realização de regularização fundiária de interesse social, desde que tenha ocorrido a regular imissão na posse.

**A:** incorreta, pois o parcelamento do solo urbano poderá ser feito mediante loteamento ou desmembramento (art. 2º da Lei 6.766/1979); **B:** incorreta, pois é possível Oficial de Registro de Imóveis cancelar o registro de loteamento (art. 21 da Lei 6.766/1979); **C:** incorreta, pois não será permitido o parcelamento do solo em áreas de preservação ecológica ou naquelas onde a poluição impeça condições sanitárias suportáveis, até a sua correção (art. 3º, parágrafo único, V da Lei 6.766/1979); **D:** incorreta, pois no caso de lotes integrantes de condomínio de lotes, poderão ser instituídas limitações administrativas e direitos reais sobre coisa alheia em benefício do poder público (art. 4º, § 4º da Lei 6.766/1979); **E:** correta (art. 2º-A, alínea "c" da Lei 6.766/1979 ). GR
Gabarito "E".

**(Procurador/PA – CESPE – 2022)** Assinale a opção correta, de acordo com a Lei de Registros Públicos (Lei 6.015/1973).

(A) O art. 198 dessa lei, ao estabelecer que, se houver exigência a ser satisfeita, ela será indicada pelo oficial, por escrito, dentro do prazo legal e de uma só vez, articuladamente, de forma clara e objetiva, com data, identificação e assinatura do oficial ou preposto responsável, consagra o princípio da especialidade dos registros públicos.

(B) Pelo princípio da prioridade, o número de ordem determinará a prioridade do título, e esta, a preferência dos direitos reais, ainda que a mesma pessoa apresente mais de um título simultaneamente.

(C) Em razão do princípio da legalidade, é prescindível que os tabeliães, escrivães e juízes façam as partes indicarem, nas escrituras e nos autos judiciais, com precisão, os características, as confrontações e as localizações dos imóveis, bem como mencionarem os nomes dos confrontantes, bastando que façam indicações genéricas, desde que permitam identificar o imóvel.

(D) Pelo princípio da fé pública, os atos registrais têm presunção absoluta de veracidade, a qual apenas pode ser ilidida por meio de suscitação de dúvida.

(E) De acordo com o princípio da fé pública, se o imóvel não estiver matriculado ou registrado em nome do outorgante, o oficial poderá deixar de exigir a prévia matrícula e o registro do título anterior, qualquer que seja a sua natureza, e efetuar o registro com base nas declarações do interessado.

**A:** incorreta, pois trata-se do princípio da suscitação de dúvida (art. 198 da Lei 6.015/73); **B:** correta (art. 186 da Lei 6.015/73); **C:** incorreta, pois é imprescindível que os tabeliães, escrivães e juízes façam com que, nas escrituras e nos autos judiciais, as partes indiquem, com precisão, os característicos, as confrontações e as localizações dos imóveis, mencionando os nomes dos confrontantes e, ainda, quando se tratar só de terreno, se esse fica do lado par ou do lado ímpar do logradouro, em que quadra e a que distância métrica da edificação ou da esquina mais próxima, exigindo dos interessados certidão do registro imobiliário (art. 225 da Lei

6.015/73); **D:** incorreta, pois trata-se de presunção relativa. No sistema brasileiro, a fé pública registral gera presunção relativa (*iuris tantum*) de veracidade, admitindo, por consequência, prova em sentido contrário. Em outras palavras, por haver força probante, fundada no princípio da fé pública registral, o conteúdo do assento é sempre tido por correspondente à realidade fática"; **E:** incorreta, pois se o imóvel não estiver matriculado ou registrado em nome do outorgante, o oficial exigirá a prévia matrícula e o registro do título anterior, qualquer que seja a sua natureza, para manter a continuidade do registro (art. 195 da Lei 6.015/73). GR
Gabarito "B".

**(Delegado/RJ – 2022 – CESPE/CEBRASPE)** Com relação ao tratamento de dados pessoais de que trata a Lei n.º 13.709/2018, Lei Geral de Proteção de Dados, assinale a opção correta.

(A) O tratamento de dados pessoais poderá ser realizado mediante o fornecimento de consentimento pelo titular de forma verbal, desde que demonstre a manifestação de livre vontade e na presença de três testemunhas maiores e capazes.

(B) O tratamento de dados pessoais de crianças deverá ser realizado com o consentimento específico e em destaque dado por ambos os pais.

(C) O consentimento do tratamento de dados pelo titular deverá ter uma finalidade determinada, e as autorizações poderão ser genéricas quando formalizadas por meio de contrato.

(D) O tratamento de dados pessoais não poderá ser condição para o fornecimento de produto ou de serviço ou exercício de um direito.

(E) O consentimento do tratamento de dados poderá ser revogado mediante manifestação expressa do titular, ratificados os tratamentos já realizados sob amparo de consentimento anteriormente manifestado enquanto não houver requerimento de eliminação dos dados pessoais tratados.

**A:** incorreta, pois o consentimento deverá ser fornecido por escrito ou por outro meio que demonstre a manifestação de vontade do titular (art. 8º, *caput* da Lei 13.709/2018); **B:** incorreta, pois basta o consentimento específico de pelo menos um dos pais (art. 14, § 1º da Lei 13.709/2018); **C:** incorreta, pois as autorizações genéricas para o tratamento de dados pessoais serão nulas (art. 8º, § 4º da Lei 13.709/2018); **D:** incorreta, pois o tratamento de dados pessoais poderá ser condição para o fornecimento de produto ou de serviço ou exercício de um direito, sendo que neste caso o titular será informado com destaque sobre esse fato e sobre os meios pelos quais poderá exercer os direitos do titular elencados no art. 18 da Lei 13.709/2018 (art. 9º, § 3º da Lei 13.709/2018); **E:** correta (art. 8º, § 5º da Lei 13.709/2018). GR
Gabarito "E".

**(Delegado/RJ – 2022 – CESPE/CEBRASPE)** Quanto ao instituto da adoção tratado na Lei n.º 8.069/1990, Estatuto da Criança e do Adolescente, assinale a opção correta.

(A) Para adoção conjunta, é dispensável que os adotantes sejam casados civilmente ou mantenham união estável.

(B) A adoção não poderá ser deferida ao adotante que vier a falecer no curso do procedimento de adoção, antes de prolatada a sentença.

(C) A morte dos adotantes restabelece o poder familiar dos pais naturais.

(D) A adoção atribui a condição de filho ao adotado, com os mesmos direitos e deveres, inclusive sucessórios, desligando-o de qualquer vínculo com pais e parentes, salvo os impedimentos matrimoniais.

(E) A guarda de fato autoriza, por si só, a dispensa da realização do estágio de convivência.

**A:** incorreta, pois para adoção conjunta, é indispensável que os adotantes sejam casados civilmente ou mantenham união estável, comprovada a estabilidade da família (art. 42, § 2º da Lei 8.069/1990); **B:** incorreta, pois a adoção poderá ser deferida ao adotante que, após inequívoca manifestação de vontade, vier a falecer no curso do procedimento, antes de prolatada a sentença (art. 42, § 6º da Lei 8.069/1990); **C:** incorreta, pois a morte dos adotantes não restabelece o poder familiar dos pais naturais (art. 49 da Lei 8.069/1990); **D:** correta (art. 41, *caput* do CC); **E:** incorreta, pois a simples guarda de fato não autoriza, por si só, a dispensa da realização do estágio de convivência (art. 46, § 2º da Lei 8.069/1990). GR
Gabarito "D".

## 12. QUESTÕES CONJUGADAS

**(Delegado de Polícia Federal – 2021 – CESPE)** A respeito do domicílio, da responsabilidade civil e das sociedades comerciais, julgue os itens que se seguem.

(1) Se uma pessoa viver, de forma alternada, em diversas residências, qualquer uma delas poderá ser considerada seu domicílio.

(2) Se um terceiro aproximar-se de um autor de um crime que estiver imobilizado pela polícia e acertá-lo com um tiro letal, estará configurada a responsabilidade objetiva do Estado.

**1:** Certo. A alternativa está correta, nos termos do artigo 71 CC. Quando a pessoa natural tem várias residências onde, alternadamente, viva, considerar-se-á domicílio seu qualquer delas. **2.** Certo. A alternativa está correta, nos termos do art. 927, parágrafo único CC corroborado por entendimento jurisprudencial do STJ, conforme ementa: Civil e administrativo. Responsabilidade civil do estado por omissão. Obrigação de segurança. Pessoa imobilizada pela polícia militar. Morte após violenta agressão de terceiros. Dever especial do estado de assegurar a integridade e a dignidade daqueles que se encontram sob sua custódia. Responsabilidade civil objetiva. Art. 927, parágrafo único, do Código Civil. Cabimento de inversão do ônus da prova do nexo de causalidade. Art. 373, § 1º, do CPC/2015. Histórico da demanda (AREsp 1717869/MG, Rel. Ministro Herman Benjamin, Segunda Turma, julgado em 20.10.2020, DJe 01.12.2020). **GR**

Gabarito 1C, 2C

# 11. Direito Processual Civil

Luiz Dellore

## 1. PRINCÍPIOS DO PROCESSO CIVIL

**(Procurador/PA – CESPE – 2022)** Assinale a opção correta, considerando as normas fundamentais do processo civil.

(A) É assegurada ao juiz a paridade de tratamento em relação ao exercício de direitos e faculdades processuais, aos meios de defesa, aos ônus, aos deveres e à aplicação de sanções processuais, competindo às partes zelar pelo efetivo contraditório.

(B) A norma que proíbe decisão contra uma das partes sem que esta seja previamente ouvida não se aplica às hipóteses de concessão do mandado monitório, contendo ordem de pagamento, de entrega de coisa ou de obrigação de fazer ou de não fazer.

(C) O juiz não pode decidir, em nenhum grau de jurisdição, com base em fundamento a respeito do qual não se tenha dado às partes oportunidade de se manifestar, exceto em caso de matéria sobre a qual ele deva decidir de ofício.

(D) A conciliação, a mediação e outros métodos de solução consensual de conflitos deverão ser estimulados por juízes, advogados, defensores públicos e membros do Ministério Público, exceto no curso do processo judicial.

(E) A norma que proíbe decisão contra uma das partes sem que esta seja previamente ouvida não se aplica à hipótese de tutela de evidência fundada no abuso do direito de defesa ou no manifesto propósito protelatório da parte, podendo o magistrado decidir liminarmente e antes da citação do réu.

**A:** incorreta, pois a alternativa inverte as partes / juiz. A lei prevê ser assegurado "às *partes* paridade de tratamento em relação ao exercício de direitos e faculdades processuais, aos meios de defesa, aos ônus, aos deveres e à aplicação de sanções processuais, competindo ao *juiz* zelar pelo efetivo contraditório" (CPC, art. 7º); **B:** correta. Ainda que a regra seja o contraditório (ouvir antes de decidir contra a parte), existem exceções, em situações de tutela de urgência e evidência, previstas em lei e reproduzidas na alternativa (CPC, art. 9º, parágrafo único); **C:** incorreta, porque deve haver o contraditório *ainda que se trate* de matéria que o juiz deva conhecer de ofício (CPC, art. 10); **D:** incorreta, pois os métodos consensuais devem ser sempre estimulados, *inclusive no curso* do processo judicial (CPC, art. 3º, § 3º); **E:** incorreta, pois nesses casos mencionados de tutela de evidência, necessário que haja prévia manifestação do réu para se configurar abuso do direito de defesa ou propósito protelatório – o que é inviável antes da citação (CPC, art. 311, parágrafo único).
Gabarito "B".

**(Juiz de Direito – TJ/SC – 2019 – CESPE/CEBRASPE)** De acordo com os princípios constitucionais e infraconstitucionais do processo civil, assinale a opção correta.

(A) Segundo o princípio da igualdade processual, os litigantes devem receber do juiz tratamento idêntico, razão pela qual a doutrina, majoritariamente, posiciona-se pela inconstitucionalidade das regras do CPC, que estabelecem prazos diferenciados para o Ministério Público, a Advocacia Pública e a Defensoria Pública se manifestarem nos autos.

(B) O conteúdo do princípio do juiz natural é unidimensional, manifestando-se na garantia do cidadão a se submeter a um julgamento por juiz competente e pré-constituído na forma da lei.

(C) O novo CPC adotou o princípio do contraditório efetivo, eliminando o contraditório postecipado, previsto no sistema processual civil antigo.

(D) O paradigma cooperativo adotado pelo novo CPC traz como decorrência os deveres de esclarecimento, de prevenção e de assistência ou auxílio.

(E) O CPC prevê, expressamente, como princípios a serem observados pelo juiz na aplicação do ordenamento jurídico a proporcionalidade, moralidade, impessoalidade, razoabilidade, legalidade, publicidade e a eficiência.

**A:** incorreta, pois a doutrina (e jurisprudência) entendem como constitucionais as prerrogativas processuais do MP, Advocacia Pública e Defensoria, considerando a natureza dos interesses defendidos em juízo (CPC, arts. 7º e 139, I); **B:** incorreta, porque, conforme parte da doutrina, o conceito teria três enfoques ("tridimensional"), pois envolve: (i) vedação de instituição de juízo ou tribunal de exceção (ou seja, pós-fato); (ii) garantia de julgamento por juiz competente; e (iii) imparcialidade (CF, art. 5º, XXXVII); **C:** incorreta, já que há previsão de situações de contraditório postergado ou diferido no CPC/15, como concessão de tutela de urgência e, em alguns casos, de tutela de evidência (CPC, art. 9º, p.u.); **D:** correta, pois para parte da doutrina, esses são os pilares do princípio da cooperação (CPC, art. 6º); **E:** incorreta, porque não foram expressamente previstos os princípios da moralidade e impessoalidade (CPC, art. 8º).
Gabarito "D".

**(Técnico Judiciário – STJ – 2018 – CESPE)** A respeito da jurisdição, julgue os itens que se seguem.

(1) Entre os princípios que regem a jurisdição, o da investidura é aquele que determina que o juiz exerça a atividade judicante dentro de um limite espacial sujeito à soberania do Estado.

(2) O princípio do juiz natural, ao impedir que alguém seja processado ou sentenciado por outra que não a autoridade competente, visa coibir a criação de tribunais de exceção.

**1:** Errada. A afirmação define o princípio da aderência ao território. O princípio da investidura corresponde à necessidade de que a jurisdição seja exercida por pessoa regularmente investida na autoridade de juiz, por meio da aprovação em concurso público de provas e títulos. **2:** Correta, sendo essa a definição do princípio (CF/1988, art. 5º, XXXVII).
Gabarito 1E, 2C

**(Analista Judiciário – STJ – 2018 – CESPE)** Com referência às normas fundamentais do processo civil, julgue os itens a seguir.

(1) O julgamento de incidente de resolução de demandas repetitivas se submete à regra de atendimento da ordem cronológica de conclusão.

(2) Não cabe ao Estado promover a solução consensual de conflitos: ela depende unicamente de iniciativa privada e deverá ser realizada entre os jurisdicionados.

(3) O exercício do direito ao contraditório compete às partes, cabendo ao juiz zelar pela efetividade desse direito.

(4) No novo Código de Processo Civil, proporcionalidade e razoabilidade passaram a ser princípios expressos do direito processual civil, os quais devem ser resguardados e promovidos pelo juiz.

(5) Ainda que detenha competência para decidir de ofício determinado assunto, o juiz só poderá fazê-lo se permitir às partes a manifestação expressa sobre a matéria.

**1:** Errada. O julgamento do IRDR é exceção à ordem cronológica prevista no Código – sendo que a ordem cronológica é apenas preferencial, e não obrigatória (CPC, art. 12, § 2º, III); apesar disso, o IRDR tem preferência sobre os demais processos, salvo réu preso e *habeas corpus* (CPC, art. 980). **2:** Errada. O Estado deve estimular a autocomposição entre os jurisdicionados, sempre que possível – sendo esse um dos pilares do CPC (arts. 3º, § 2º e 139, V, por exemplo). **3:** Correta, pois o contraditório é o diálogo entre as partes, com resposta do juiz (CPC, arts. 7º, 9º e 10). **4:** Correta, havendo agora expressa previsão legal (CPC, art. 8º). **5:** Correta. Trata-se do princípio da "vedação de decisões surpresa", que no Código é distinto do contraditório (CPC, art. 10).
Gabarito 1E, 2E, 3C, 4C, 5C

**(Defensor Público/PE – 2018 – CESPE)** Em um processo civil cooperativo, o exercício do poder jurisdicional exige a consideração da argumentação de todos os sujeitos processuais. Essa exigência corresponde

**(A)** ao dever de tratar de forma isonômica as partes.
**(B)** ao dever de boa-fé processual.
**(C)** à obrigação de determinar que o autor emende a inicial antes de indeferi-la.
**(D)** à oportunidade conferida pelo juiz ao autor para sanar vício relativo a alguma incapacidade processual.
**(E)** ao dever de justificar analiticamente as decisões judiciais.

A questão combina as normas fundamentais do processo civil e os deveres do juiz na condução do processo. Embora todos os deveres mencionados se relacionem, em maior ou menor grau, ao princípio da motivação das decisões judiciais, a alternativa "E" traz correspondência específica (CPC, art. 489, § 1°, IV).
Gabarito "E".

**(Juiz de Direito/AM – 2016 – CESPE)** Acerca da jurisdição e dos princípios informativos do processo civil, assinale a opção correta.

**(A)** No âmbito do processo civil, admite-se a renúncia, expressa ou tácita, do direito atribuído à parte de participar do contraditório.
**(B)** A jurisdição voluntária se apresenta predominantemente como ato substitutivo da vontade das partes.
**(C)** A carta precatória constitui exceção ao princípio da indeclinabilidade da jurisdição.
**(D)** A garantia do devido processo legal se limita à observância das formalidades previstas no CPC.
**(E)** O princípio da adstrição atribui à parte o poder de iniciativa para instaurar o processo civil.

A: correta. Compete ao juiz zelar pelo efetivo contraditório (CPC, arts. 7°, 9° e 10), que é o binômio informação + possibilidade de manifestação. Agora, o seu exercício é uma escolha das partes, que, diante de direitos disponíveis, podem optar por se manifestar ou não. É o caso, por exemplo, do réu que, citado, fica revel; **B**: incorreta, pois na jurisdição voluntária o magistrado não decide uma controvérsia (ou seja, inexiste substituição da vontade das partes), mas há mera integração (complementação) da vontade dos interessados (que sequer são chamados de "partes", pois não há lide e posições antagônicas; **C**: incorreto, pois no caso da expedição de carta precatória o juiz pede a cooperação do órgão jurisdicional competente, não havendo delegação de jurisdição; **D**: incorreto. Em se tratando de cláusula geral decorrente da própria CF (art. 5°, LIV), o devido processo legal compreende a obediência a várias garantias mínimas (contraditório, motivação das decisões, duração razoável do processo, dentre outras), que não precisam estar previstas necessariamente no CPC. Exatamente por isso se trata de um princípio, que permeia todo o sistema; **E**: incorreto, pois a alternativa trata do princípio da inércia da jurisdição, consubstanciado no art. 2°, CPC. O princípio da adstrição (também chamado de princípio da congruência), por sua vez, remonta à ideia de que o juiz deve decidir nos limites daquilo que foi pedido (art. 492, CPC).
Gabarito "A".

## 2. PARTES, PROCURADORES, MINISTÉRIO PÚBLICO E JUIZ

**(Analista Judiciário – TJ/PA – 2020 – CESPE)** Segundo regramento estabelecido no CPC, o desmembramento do litisconsórcio multitudinário em razão do número excessivo de litigantes

**(A)** ocorre na fase de conhecimento, na liquidação de sentença ou na execução, desde que o litisconsórcio seja facultativo.
**(B)** é permitido somente antes da citação do réu, seja o litisconsórcio facultativo ou necessário.
**(C)** é vedado em sede de execução, seja ela decorrente de título judicial ou extrajudicial.
**(D)** depende da concordância de todas partes do processo, se o litisconsórcio for necessário e unitário.
**(E)** não pode ocorrer antes da liquidação de sentença, se o litisconsórcio for ativo e facultativo.

**A**: correta, conforme expressa previsão legal (CPC, art. 113, § 1°); **B**: incorreta, pois a possibilidade de desmembramento aplica-se somente ao litisconsórcio facultativo (CPC, art. 113, §1°); **C**: incorreta, porque a limitação do litisconsórcio multitudinário é cabível em sede de execução (CPC, art. 113, § 1°); **D**: incorreta, vide alternativa B (CPC, art. 113, § 1°); **E**: incorreta, tendo em vista que pode ocorrer na fase de conhecimento, liquidação de sentença ou execução (CPC, art. 113, § 1°).
Gabarito "A".

Mafalda, domiciliada em bairro residencial e vizinha de Mateus, adolescente de quinze anos de idade que sonha em ser DJ e passa parte do dia mixando músicas, incomodada com o barulho provocado pela mixagem das músicas, buscou o Poder Judiciário, após várias tentativas frustradas de resolver a situação diretamente com o vizinho, e propôs ação de obrigação de não fazer na vara cível. Ela dispensou audiência de conciliação. Citado, Mateus procurou um advogado a fim de receber orientações sobre o ocorrido.

**(Auxiliar Judiciário – TJ/PA – 2020 – CESPE)** Tendo como base a situação hipotética e as regras de capacidade processual, assinale a opção correta.

**(A)** Mateus não tem capacidade processual para estar em juízo, devendo ser assistido por seus representantes legais.
**(B)** A citação assinada por Mateus é válida, embora, em razão de sua incapacidade processual, ele deva ser representado por seus pais em juízo.
**(C)** Se Mateus não tiver representante legal, o juiz lhe nomeará um curador especial.
**(D)** Se for verificada a irregularidade da representação de Mateus, o juiz deverá promover a extinção do processo por falta de capacidade processual.
**(E)** Como aceitou a citação, Mateus será considerado revel caso não se manifeste em juízo.

**A**: incorreta, pois Mateus é absolutamente incapaz e, por isso, deve ser *representado* por seus representantes legais, e não *assistido* (CPC, art. 71); **B**: incorreta, já que a citação não terá validade, considerando a incapacidade processual de Mateus (CPC, art. 71); **C**: correta, conforme expressa disposição legal (CPC, art. 72, I); **D**: incorreta, porque, nesse caso, o juiz deve suspender o processo e conceder prazo razoável para a regularização (CPC, art. 76); **E**: incorreta, tendo em vista que, como a citação é inválida, não há que se falar em revelia.
Gabarito "C".

**(Técnico Judiciário – STJ – 2018 – CESPE)** Julgue os próximos itens, relativos aos deveres e às responsabilidades dos sujeitos do processo.

**(1)** O oficial de justiça goza de proteção legal no sentido de não ser responsabilizado civil ou regressivamente em razão da recusa de cumprimento, no prazo estipulado, de atos determinados pela lei ou pelo juiz.
**(2)** O dever de sanear o processo impõe ao juiz, sempre que perceber a existência de vício ou ausência sanável, determinar a correção do defeito.

**1**: Errada. O oficial de justiça, assim como o escrivão e o chefe de secretaria, será responsabilizado quando se recusar, *sem justo motivo*, a cumprir ato determinado por lei ou pelo juiz (CPC, art. 155, I). **2**: Correta. Esse dever está intimamente relacionado ao princípio da primazia da resolução de mérito, sendo que o juiz, na medida do possível, deve prestigiar a solução do mérito, diligenciando para que haja a correção de vícios processuais (CPC, art. 139, IX).
Gabarito 1E, 2C

**(Procurador do Município/Manaus – 2018 – CESPE)** Considerando as disposições do CPC pertinentes aos sujeitos do processo, julgue os itens a seguir.

**(1)** Em ação fundada em dívida contraída por um dos cônjuges a bem da família, exige-se a formação de litisconsórcio passivo necessário de ambos os cônjuges.
**(2)** Ao postular em juízo sem procuração para evitar a prescrição, o advogado se encontrará na situação de incapacidade

# 11. DIREITO PROCESSUAL CIVIL | 333

postulatória, a qual deverá ser sanada pela apresentação do documento de representação no prazo de quinze dias.

**(3)** O advogado poderá renunciar ao mandato a qualquer tempo, sendo indispensável a comunicação da renúncia ao mandante, ainda que a procuração tenha sido outorgada a vários advogados e a parte continue representada.

**(4)** O terceiro juridicamente interessado em determinada causa poderá intervir no processo como assistente, devendo, para tanto, requerer a assistência até o fim do prazo para a interposição de recurso contra a sentença.

**(5)** A falta de citação de litisconsorte necessário simples tornará a sentença de mérito inválida, mesmo para aqueles que participarem do feito, tendo em vista a nulidade do ato judicante.

**1:** Correta (CPC, art. 73, § 1º, III). **2:** Errada. Na falta de procuração, esse documento deve ser apresentado em 15 dias, prorrogáveis por mais 15 dias (CPC, art. 104, § 1º). **3:** Errada. A comunicação é dispensada quando a procuração for outorgada a vários advogados (CPC, art. 112, § 2º). **4:** Errada. O ingresso do assistente pode ser admitido em todos os graus de jurisdição (CPC, art. 119, parágrafo único). **5:** Correta. Tratando-se de litisconsórcio necessário simples (quando o litisconsórcio precisa existir, mas a decisão não precisa ser a mesma para todos os litisconsortes), a sentença de mérito será considerada *nula* (CPC, art. 115, I).

Gabarito 1C, 2E, 3E, 4E, 5C

**(Defensor Público/PE – 2018 – CESPE)** A respeito da gratuidade da justiça para brasileiros e estrangeiros residentes no Brasil, assinale a opção correta.

**(A)** Alegada a insuficiência de recursos por pessoa jurídica ou natural, presume-se verdadeira a declaração para fins de concessão da gratuidade de justiça.

**(B)** A gratuidade de justiça abrange o pagamento das multas processuais impostas contra o seu beneficiário, que pode ser pessoa natural ou jurídica, nesse último caso, se não tiver havido desconsideração da personalidade jurídica.

**(C)** A gratuidade de justiça afasta a responsabilidade de pagamento dos honorários advocatícios decorrentes da sucumbência do seu beneficiário.

**(D)** Como decorre de direito pessoal, a gratuidade de justiça se estende aos sucessores do beneficiário.

**(E)** A decisão a respeito das custas processuais de agravo de instrumento interposto contra o indeferimento da gratuidade de justiça deve ser tomada preliminarmente ao julgamento do mérito recursal.

**A:** Errada. A presunção de veracidade da declaração abarca apenas as pessoas naturais (CPC, art. 99, § 3º). **B:** Errada. O benefício da gratuidade de justiça não afasta o dever do beneficiário ao pagamento das multas processuais (CPC, art. 98, § 4º). **C:** Errada. O benefício não afasta a responsabilidade ao pagamento dos ônus sucumbenciais (CPC, art. 98, § 2º). **D:** Errada. Em regra, o benefício não se estende a terceiros, salvo requerimento expresso (CPC, art. 99, § 6º). **E:** Correta, sendo essa a previsão legal (CPC, art. 101, § 1º).

Gabarito "E"

**(Defensor Público/PE – 2018 – CESPE)** Artur, réu em uma ação de cobrança, faleceu antes da satisfação do crédito, deixando bens. Seu inventário foi aberto e foi nomeado o inventariante. Só havia herdeiros. Paralelamente, o autor da ação de cobrança cedeu o direito do crédito perseguido a terceiro.

Com referência a essa situação hipotética, assinale a opção correta.

**(A)** Até a consecução da partilha, é o espólio, e não os herdeiros, que deve substituir o falecido na ação de cobrança.

**(B)** A sucessão voluntária do autor da ação de cobrança poderia ocorrer em qualquer situação.

**(C)** Independentemente do consentimento da parte devedora, o cessionário pode substituir o cedente no processo de cobrança.

**(D)** O cessionário poderá intervir no processo como assistente litisconsorcial do cedente, após consentimento da parte devedora.

**(E)** O juiz não deve suspender o processo de cobrança: a substituição processual do falecido pelos herdeiros é automática.

**A:** Correta, em conformidade com a lei, reforçado por entendimento jurisprudencial do STJ (CPC, art. 110). **B:** Errada. A sucessão voluntária das partes é permitida apenas nos casos previstos em lei (CPC, art. 108). **C:** Errada. O cessionário depende do consentimento da parte contrária para substituir o cedente (CPC, art. 109, § 1º). **D:** Errada. O ingresso do cessionário como assistente litisconsorcial independe de consentimento da parte contrária (CPC, art. 109, § 2º). **E:** Errada. O juiz deve suspender o processo, procedendo-se à habilitação dos sucessores do falecido (CPC, arts. 313, I e 689).

Gabarito "A"

**(Juiz – TJ/CE – 2018 – CESPE)** Julgue os seguintes itens, acerca dos poderes do juiz.

I. Como regra geral, o juiz pode dilatar os prazos processuais dilatórios, mas não os peremptórios, e alterar a ordem de produção dos meios de prova.

II. O juiz exerce poder hierárquico quando, por exemplo, indefere o pedido de pergunta do advogado.

III. Incidirá a pena de confesso sobre a parte que, intimada, não comparecer ao interrogatório designado pelo juízo para aclarar pontos sobre a causa.

Assinale a opção correta.

**(A)** Apenas o item I está certo.

**(B)** Apenas o item II está certo.

**(C)** Apenas os itens I e III estão certos.

**(D)** Apenas os itens II e III estão certos.

**(E)** Todos os itens estão certos.

**I:** O gabarito preliminar indicou o item como correto. No gabarito definitivo, no entanto, a questão foi anulada pela banca, em razão de divergência doutrinária sobre a possibilidade de dilação dos prazos processuais. O CPC, ao tratar dos poderes e deveres do juiz, não limita a dilação apenas aos prazos dilatórios – dispondo, sim, que a redução dos prazos peremptórios depende de prévia anuência das partes (arts. 139, VI e 222, § 1º). **II:** Errada. Não existe hierarquia nem subordinação entre juízes e advogados (Lei 8.906/1994, art. 6º). **III:** Errada. O item está incompleto, já que para a incidência da pena de confesso, a parte deve ter sido *pessoalmente* intimada e advertida sobre a possibilidade de aplicação da pena (CPC, art. 385, § 1º).

Gabarito Anulada

**(Defensor Público/AC – 2017 – CESPE)** No que concerne a assistência jurídica integral, assistência judiciária e gratuidade judiciária, assinale a opção correta.

**(A)** A gratuidade judiciária é o instituto mais amplo entre os referidos, tendo abrangido a assistência judiciária.

**(B)** A assistência jurídica integral é exercida por advogados públicos ou privados nomeados pelo Poder Judiciário para prestar auxílio judicial e extrajudicial à população.

**(C)** Exercem a assistência judiciária, entre outros, os profissionais liberais designados para o encargo de perito nos processos judiciais em que tenha sido deferida a gratuidade da justiça.

**(D)** O benefício da gratuidade da justiça é destinado somente às pessoas naturais.

**(E)** A assistência judiciária garante a concessão pelo Poder Judiciário de isenção de custas, taxas e despesas processuais, mas não de emolumentos.

**A:** Errada. A assistência jurídica é o termo mais amplo, que engloba a assistência judiciária e a gratuidade de justiça (CF, art. 5º, LXXIV). **B:** Errada. A assistência jurídica integral não é exercida por advogados privados, aos quais é reservada a atuação *bro bono*. **C:** Correta (Lei 1.060/1950, art. 14). **D:** Errada. É possível a concessão da gratuidade de justiça às pessoas jurídicas (CPC, art. 98). **E:** Errada. A gratuidade de justiça abrange a isenção do pagamento de custas, taxas, despesas processuais e emolumentos (CPC, art. 98, § 1º, IX).

Gabarito "C"

**(Promotor de Justiça/RR – 2017 – CESPE)** Assinale a opção correta acerca da participação do MP no processo civil.

(A) O CPC determina que, nos procedimentos das ações de família, a intervenção ministerial como fiscal da ordem jurídica somente seja exigida se houver interesse de incapaz, caso em que o MP será ouvido antes da eventual homologação de acordo.

(B) Ao atuar como fiscal da ordem jurídica, o MP fica impedido de arguir incompetência relativa, uma vez que essa matéria é de interesse exclusivo das partes.

(C) O MP deverá manifestar-se como fiscal da ordem jurídica em todo conflito de competência que tramite nos tribunais, exceto naqueles conflitos suscitados pelo próprio MP, pois, nestes, ele terá a qualidade de parte no incidente.

(D) Perícias requeridas pelo MP, nos casos em que este atue como parte ou fiscal da ordem jurídica, não serão realizadas por entidades públicas e deverão ser pagas de forma adiantada pela fazenda pública a que o MP esteja vinculado.

**A:** Correta, não sendo mais necessária a participação do MP em qualquer causa que envolva estado civil de pessoas capazes, como era no CPC anterior (CPC, arts. 178, II e 698). **B:** Errada. A incompetência relativa pode ser arguida pelo MP, nas causas em que atuar (CPC, art. 65, parágrafo único). **C:** Errada. O MP deverá manifestar-se apenas nos processos que envolvam (i) interesse público ou social; (ii) interesse de incapaz; ou (iii) litígios coletivos pela posse de terra rural ou urbana (CPC, arts. 178 e 951, parágrafo único). **D:** Errada. É possível que as perícias requeridas pelo MP sejam realizadas por entidade pública (CPC, art. 91, § 1º).
*Gabarito "A".*

**(Procurador do Estado/AM – 2016 – CESPE)** Pedro, motorista da Secretaria de Saúde do Estado do Amazonas, conduzia um veículo do referido ente público, quando provocou acidente automobilístico que resultou na incapacidade física e mental de Flávio. Após a interdição de Flávio, seu advogado pretende ajuizar ação de reparação de danos materiais e morais. Com referência a essa situação hipotética, julgue os itens que se seguem.

(1) Proposta a ação de reparação de dano, o MP do Estado do Amazonas deverá ser intimado para intervir como *custos legis* na relação processual em apreço.

(2) Proposta ação de reparação de dano, a citação deverá ser realizada na Procuradoria do Estado do Amazonas, que terá o prazo em quádruplo para apresentação da sua defesa.

(3) A ação de reparação de dano exige a formação de litisconsórcio passivo necessário em que deverão figurar como demandados o motorista Pedro e a Secretaria de Saúde do Estado do Amazonas.

**1:** correta, porque o enunciado dá conta acerca da interdição de Flávio, de modo que, havendo interesse de incapaz, é necessária a intervenção do Ministério Público como fiscal da ordem jurídica (art. 178, II, CPC); **2:** incorreta. De fato, a representação judicial do Estado compete à Procuradoria Estadual (art. 182, CPC), a qual, no entanto, terá prazo em dobro para realizar as manifestações processuais (art. 183, CPC); **3:** incorreta. O litisconsórcio, neste caso, é facultativo (art. 113, CPC); até porque a natureza da relação jurídica existente entre autor e réus é diferente.
*Gabarito 1C, 2E, 3E*

**(Analista – Judiciário –TRE/PI – 2016 – CESPE)** A respeito da atuação do Ministério Público (MP), do advogado e do juiz e da competência do órgão jurisdicionado, assinale a opção correta.

(A) A suspeição e o impedimento do juiz podem ser arguidos em qualquer tempo ou grau de jurisdição, ou até mesmo após o trânsito em julgado da sentença, mediante ação rescisória.

(B) A competência para processar e julgar ação reivindicatória de bens imóveis situados em dois ou mais municípios é fixada pela prevenção entre os municípios em que o bem estiver situado.

(C) A parte que não seja advogado poderá postular em causa própria perante a justiça comum, mas com atuação limitada

ao primeiro grau de jurisdição, caso na localidade não haja advogados ou se os ali existentes se recusarem a fazê-lo ou se encontrarem impedidos para tal.

(D) Nas ações referentes ao estado e à capacidade das pessoas propostas pelo MP, a falta de intervenção deste como fiscal da lei provocará a nulidade do processo.

(E) A incompetência em razão da matéria e da pessoa pode ser conhecida e declarada de ofício, mas a incompetência em razão do lugar e da hierarquia só pode ser declarada mediante provocação da parte interessada.

**A:** incorreta, pois a ação rescisória só poderá ser ajuizada no caso de impedimento (art. 966, II, CPC); **B:** correta, conforme se depreende do art. 60, CPC; **C:** incorreta, já que a parte só poderá postular em causa própria quando possuir habilitação legal (art. 103, parágrafo único, CPC) – essa previsão existia no Código anterior, mas não foi repetida no CPC; **D:** incorreta, pois o MP não precisa intervir como fiscal da lei nas ações em que é parte; **E:** incorreta. Somente a incompetência absoluta, dentre a qual está incluída aquela em razão da hierarquia, pode ser declarada de ofício pelo juiz (arts. 64, § 1º, e 337, § 5º, CPC).
*Gabarito "B".*

## 3. PRAZOS PROCESSUAIS. ATOS PROCESSUAIS

O juiz e os auxiliares da justiça de uma localidade não têm competência para praticar diligências em comarcas diferentes das que estão lotados. Nesse contexto, pode ser necessário, por exemplo, solicitar a avaliação de bens passíveis de penhora que estejam em localidade diferente daquela em que corre o processo. Em situações como essa, expede-se ato de comunicação processual entre órgãos do Poder Judiciário, de modo a respeitarem os limites territoriais de competência das comarcas.

**(Auxiliar Judiciário – TJ/PA – 2020 – CESPE)** Tal ato de comunicação processual denomina-se

(A) carta precatória.

(B) carta rogatória.

(C) carta de mandado.

(D) carta de autorização.

(E) carta de ordem.

**A:** correta, já que a carta precatória é o instrumento adequado para comunicação processual entre juízos de diferentes comarcas (Justiça Estadual) ou seções judiciárias(Justiça Federal), conforme CPC, art. 260 e ss.; **B:** incorreta, pois a carta rogatória é utilizada como instrumento de cooperação processual entre países (CPC, art. 260 e ss.); **C:** incorreta, porque o mandado é utilizado para que se cumpra uma ordem judicial; **D:** incorreta, já que não há previsão dessa carta em nosso sistema; **E:** incorreta, considerando que a carta de ordem é utilizada para comunicação de uma ordem emanada de um órgão hierarquicamente superior a outro tribunal ou juízo de 1º grau (CPC, art. 260 e ss.).
*Gabarito "A".*

**(Auxiliar Judiciário – TJ/PA – 2020 – CESPE)** O Código de Processo Civil disciplina os atos processuais que podem ser praticados pelas partes e os que devem ser praticados pelo juiz. A respeito dos atos processuais, assinale a opção correta.

(A) São exemplos de atos bilaterais das partes a petição inicial e a conciliação.

(B) São exemplos de atos processuais das partes a contestação e a mediação.

(C) O ato processual do juiz que está apto a pôr fim ao processo é a decisão interlocutória.

(D) Despacho é todo pronunciamento judicial de natureza decisória que não põe fim ao processo.

(E) A sentença é o ato processual do juiz que põe fim à fase cognitiva, mas não extingue a execução.

**A:** incorreta, pois a petição inicial é considerada uma declaração unilateral de vontade (pois só do autor); **B:** correta, já que a contestação (pelo réu) e a mediação (pelo autor e réu, além de terceiro) são atos processuais praticados pelas partes; **C:** incorreta, porque o ato processual que põe fim à fase cognitiva do processo, bem como extingue a execução, é a sentença (CPC, art. 203, § 1º); **D:** incorreta, considerando que os despachos são pronunciamentos sem conteúdo decisório (CPC,

art. 203, § 3º); **E:** incorreta, uma vez que o processo de execução é extinto por sentença (CPC, art. 203, § 1º).
Gabarito "B".

**(Técnico Judiciário – STJ – 2018 – CESPE)** Acerca dos atos processuais, julgue os seguintes itens.

(1) De acordo com o código de processo civil, os atos do juiz consistem em sentenças, decisões interlocutórias e atos ordinatórios.

(2) Decisão interlocutória consiste no ato pelo qual o juiz põe fim à fase cognitiva do procedimento comum.

**1:** Errada. Os atos do juiz consistem em sentenças, decisões interlocutórias e despachos – os atos ordinatórios devem ser praticados pelo *servidor* e revistos pelo juiz quando necessário (CPC, art. 203, "caput" e § 4º). **2:** Errada. Essa é a definição do CPC para sentença – a definição de decisão interlocutória é residual, abarcando os pronunciamentos de natureza decisória que não são qualificados como sentenças (CPC, art. 203, §§ 1º e 2º).
Gabarito 1E, 2E

**(Procurador do Município/Manaus – 2018 – CESPE)** À luz das disposições do CPC relativas aos atos processuais, julgue os itens subsequentes.

(1) Em regra, os atos processuais são públicos e independem de forma determinada.

(2) Para a concessão da tutela de evidência, o juiz deverá verificar, além da probabilidade de direito, o perigo de dano ou de risco ao resultado útil do processo.

(3) É vedado ao juiz julgar pedido realizado em petição inicial sem antes citar o réu, em atenção aos princípios do contraditório e da ampla defesa.

(4) O réu que não comparecer injustificadamente a audiência de conciliação ou mediação designada pelo juiz será considerado revel.

(5) O princípio da adequação do procedimento admite a cumulação de pedidos iniciais procedimentalmente incompatíveis, desde que seja possível ajustá-los ao procedimento comum.

**1:** Correta (CPC, arts. 188 e 189). **2:** Errada. A concessão da tutela de evidência – diferentemente da tutela de urgência – *independe* da comprovação de perigo de dano ou de risco ao resultado útil do processo (CPC, art. 311). **3:** Errada. A afirmação desconsidera o instituto da "improcedência liminar do pedido", segundo o qual, nas demandas que dispensem a fase instrutória, é possível que o magistrado julgue liminarmente improcedente o pedido, nas hipóteses taxativas, independentemente de citação do réu (CPC, art. 332). **4:** Errada. A consequência pelo não comparecimento injustificado em audiência de conciliação e mediação é a condenação ao pagamento de multa por ato atentatório à dignidade da justiça (CPC, art. 334, § 8º). **5:** Correta (CPC, art. 327).
Gabarito 1C, 2E, 3E, 4E, 5C

**(Defensor Público/PE – 2018 – CESPE)** Regra geral prevista no Código de Processo Civil determina que os atos processuais sejam realizados em dias úteis, das seis às vinte horas. Com relação aos tempos dos atos processuais, assinale a opção correta, conforme a legislação pertinente.

(A) A prática eletrônica de ato processual poderá ocorrer até as vinte e quatro horas do último dia do prazo.

(B) Em se tratando de prática eletrônica de ato processual, o horário a ser considerado será aquele vigente no juízo que emitiu o ato.

(C) Durante as férias forenses, atos processuais de tutela de evidência podem ser praticados.

(D) Ato processual iniciado antes das vinte horas não poderá ser concluído após esse horário, independentemente de o adiamento causar grave dano aos envolvidos no processo.

(E) Apenas com autorização judicial as citações poderão ser realizadas durante as férias forenses.

**A:** Correta (CPC, art. 213). **B:** Errada. O horário considerado será o vigente no juízo perante o qual o ato deve ser praticado (CPC, art. 213, parágrafo único). **C:** Errada. A exceção aplica-se apenas à tutela de urgência, considerando que a concessão da tutela de evidência independe da comprovação de perigo de dano ou risco ao resultado útil do

processo (CPC, art. 214, II). **D:** Errada. Os atos processuais poderão ser concluídos após as 20h, se o adiamento prejudicar a diligência ou causar grave dano (CPC, art. 212, § 1º). **E:** Errada. As citações podem ser realizadas durante as férias forenses, independentemente de autorização judicial (CPC, art. 212, § 2º).
Gabarito "A".

**(Juiz – TJ/CE – 2018 – CESPE)** A fixação de calendário para a prática de atos processuais

(A) vincula as partes, mas não o juiz.

(B) torna dispensável intimação para a audiência cuja data esteja designada no calendário.

(C) é uma convenção processual e, portanto, não pode ser firmada pela fazenda pública.

(D) deve assumir a forma determinada em lei para evitar falha que gere nulidade.

(E) é uma convenção processual que, se estipular confidencialidade, permitirá que o processo tramite em segredo de justiça.

**A:** Errada. O calendário processual vincula as partes e o juiz (CPC, art. 191, § 1º). **B:** Correta (CPC, art. 191, § 2º). **C:** Errada. Embora a questão não esteja pacificada, boa parte da doutrina admite a celebração de negócios jurídicos processuais pela Fazenda Pública (CPC, art. 190). **D:** Errada. Não há forma determinada em lei para a fixação do calendário processual (CPC, art. 191). **E:** Errada. O calendário é convenção, mas abarca somente questões relativas a como tramitará a causa, no tocante a fases e casos (CPC, art. 191); para outros temas, a hipótese seria de negócio jurídico processual (CPC, art. 190).
Gabarito "B".

**(Defensor Público/AL – 2017 – CESPE)** Acerca das normas processuais civis e dos atos processuais, assinale a opção correta.

(A) O pronunciamento judicial que rejeita exceção de pré-executividade, com o prosseguimento da execução, qualifica-se como decisão interlocutória.

(B) É vedado ao juiz, em quaisquer hipóteses, iniciar de ofício o processo.

(C) A substituição processual é espécie do gênero legitimação ordinária e pode ser inicial ou superveniente, exclusiva ou concorrente.

(D) Conforme a sistemática processual brasileira, é vedado ao juiz, em quaisquer hipóteses, decidir por equidade.

(E) A desistência da ação produz efeitos imediatos, dispensando-se intervenção judicial.

**A:** Correta, exatamente porque a execução prossegue, de modo que não se tem o fim do procedimento em 1º grau (CPC, art. 203, § 1º). **B:** Errada, existindo alguns procedimentos em legislação extravagante em que o juiz pode dar de ofício início ao processo, como no ECA. **C:** Errada. A substituição processual é espécie de legitimação *extraordinária*, já que o substituto defende, em nome próprio, direito alheio (CPC, art. 18). **D:** Errada. É possível que o juiz decida por equidade, mas apenas nos casos previstos em lei (CPC, art. 140, parágrafo único). **E:** Errada. A desistência só produzirá efeitos *após* homologação judicial (CPC, art. 200, parágrafo único).
Gabarito "A".

**(Procurador do Estado/SE – 2017 – CESPE)** Caso dois particulares litiguem em demanda que tramite pelo procedimento comum, a intimação do advogado do réu pelo advogado do autor, de acordo com as regras previstas no CPC,

(A) embora contenha vício de forma por ausência de previsão legal, poderá ser convalidada, caso ocorra o comparecimento espontâneo e tempestivo do réu nos autos.

(B) deverá ser considerada nula de pleno direito, pois somente o cartório do juízo pode ser responsável por realizar atos de intimação às partes.

(C) será possível, desde que seja realizada pelo correio, devendo o advogado do autor juntar aos autos cópia do ofício de intimação e do aviso de recebimento.

(D) poderá ser feita por meio eletrônico, desde que seja comprovado que o advogado do réu recebeu cópia do pronunciamento que é objeto da intimação.

**(E)** somente poderá ser feita se houver convenção processual realizada entre as partes que autorize a utilização dessa forma de intimação.

O CPC permite que a intimação de uma decisão judicial – para fins de maior celeridade – seja feita pelo advogado para o advogado da parte contrária. Para isso, prevê o art. 269, § 1º: "É facultado aos advogados promover a intimação do advogado da outra parte por meio do correio, juntando aos autos, a seguir, cópia do ofício de intimação e do aviso de recebimento".

Gabarito "C".

## 4. LITISCONSÓRCIO E INTERVENÇÃO DE TERCEIROS

Maria comprou um imóvel de Joana e, imediatamente após a entrega das chaves, a nova proprietária passou a residir no bem adquirido. Alguns meses depois, Maria foi citada por um oficial de justiça, que a informou de que Joaquim estava promovendo uma ação reivindicatória em desfavor dela sob a alegação de ser ele o real proprietário do bem imóvel.

**(Procurador do Município – Campo Grande/MS – 2019 – CESPE/ CEBRASPE)** Acerca de intervenção de terceiros, julgue os itens seguintes.

**(1)** Maria poderá denunciar a lide à Joana — considerada alienante imediata — para que esta possa exercer os direitos que da evicção lhe resultam.

**(2)** É admissível que Joana solicite o seu ingresso no processo como assistente, independentemente do procedimento ou do grau de jurisdição no qual esteja tramitando o processo, desde que demonstre seu interesse jurídico em que a sentença seja favorável à Maria.

**1:** questão anulada pela banca, em razão da confusão gerada pelo pronome "esta". Na realidade, seria possível que Maria denunciasse a lide à Joana, a fim de exercer seu direito de evicção – e não que Joana exerça seu direito de evicção (CPC, art. 125, I); **2:** certa, considerando que o ingresso do assistente depende da demonstração de interesse jurídico na demanda (não meramente econômico ou social), além de ser possível o ingresso a qualquer tempo e grau de jurisdição, sendo que o assistente receberá o processo no estado em que se encontrar (CPC, art. 119).

Gabarito 1Anulada; 2C.

**(Defensor Público/PE – 2018 – CESPE)** Beatriz ajuizou ação de cobrança contra determinada empresa. Paralelamente, por petição simples, ela instaurou, contra a mesma empresa, incidente de desconsideração da personalidade jurídica contemporânea e em apenso à petição inicial. No âmbito da ação de cobrança, foi julgado procedente o pedido de desconsideração da personalidade jurídica que havia sido formulado.

Com relação ao incidente referido na situação hipotética, assinale a opção correta.

**(A)** A alienação de bens será sempre ineficaz em relação à Beatriz, bastando, para tanto, que o seu pedido do referido incidente seja julgado procedente.

**(B)** Como o referido incidente foi instaurado paralelamente à inicial, dispensa-se a comunicação ao distribuidor.

**(C)** Seria dispensável a instauração do referido incidente caso a desconsideração tivesse sido requerida na petição inicial da ação de cobrança.

**(D)** A instauração do referido incidente não provoca, em nenhuma hipótese legal, a suspensão do processo.

**(E)** Contra a decisão que julgará o referido incidente, caberá agravo interno.

**A:** Errada. A alienação de bens será ineficaz em relação ao requerente apenas se comprovada fraude à execução (CPC, art. 137). **B:** Errada. A instauração do incidente será sempre comunicada ao distribuidor para as anotações devidas (CPC, art. 134, § 1º). **C:** Correta, sendo essa a previsão legal relativa ao IDPJ (CPC, art. 134, § 2º). **D:** Errada. A instauração do incidente suspende o processo, a menos que seja requerida na

própria petição inicial (CPC, art. 134, § 3º). **E:** Errada. Considerando que o incidente foi instaurado em 1º grau, o recurso cabível será o agravo de instrumento (CPC, arts. 136 e 1.015, IV).

Gabarito "C".

**(Analista Judiciário – TRT/8ª – 2016 – CESPE)** Antônio ajuizou contra Pedro execução civil de título extrajudicial no valor de R$ 300.000. Para garantia do juízo, foi penhorado bem imóvel pertencente a Pedro e sua esposa, Maria. Apesar de não ser parte da execução, Maria foi intimada da penhora, conforme determinado pela legislação processual.

Nessa situação hipotética, caso deseje tomar medida judicial com a única finalidade de proteger sua meação referente ao bem penhorado, Maria deve

**(A)** aguardar o término da execução e, oportunamente, ingressar com ação de nulidade da sentença.

**(B)** impetrar mandado de segurança, porque o CPC não prevê qualquer outro mecanismo para sua defesa.

**(C)** ingressar no processo como assistente simples de Pedro, demonstrando seu interesse no feito.

**(D)** se valer da modalidade de intervenção de terceiros denominada oposição.

**(E)** oferecer embargos de terceiro, que serão analisados pelo mesmo juízo que determinou a penhora.

A situação narrada no enunciado envolve a constrição de meação, típica situação para utilização de embargos de terceiro (art. 674, § 2º, I, CPC).

Gabarito "E".

**(Analista Jurídico – TCE/PR – 2016 – CESPE)** Maria e Fernanda são servidoras de determinado órgão público e, em litisconsórcio ativo, propuseram demanda judicial para a obtenção de vantagem pecuniária supostamente devida em razão do cargo que cada uma delas ocupa.

Nessa situação hipotética, tem-se um litisconsórcio classificado como

**(A)** facultativo e comum.

**(B)** facultativo e unitário.

**(C)** multitudinário.

**(D)** necessário e comum.

**(E)** necessário e unitário.

A hipótese é de litisconsórcio facultativo e comum. *Facultativo* porque as servidoras poderiam ajuizar ações distintas e autônomas, sendo certo que a eficácia da sentença não dependeria da formação do litisconsórcio; ou seja, há mera conexão entre as causas, o que permite o ajuizamento de uma única demanda (art. 113, II, CPC). *Comum* porque, no caso, o juiz não precisa decidir de modo uniforme para as litisconsortes, notadamente porquanto deverá considerar a situação fática e jurídica circundante a cada uma delas.

Gabarito "A".

**(Juiz de Direito/AM – 2016 – CESPE)** Com relação ao litisconsórcio, à assistência e à intervenção de terceiros, assinale a opção correta.

**(A)** Não cabe a ação de oposição nas ações pessoais mobiliárias.

**(B)** Contra a decisão que soluciona o pedido de nomeação à autoria cabe recurso de apelação.

**(C)** Formado o litisconsórcio passivo necessário unitário, a contestação oferecida pelo corréu não obsta a incidência dos efeitos materiais da revelia em relação ao revel.

**(D)** No incidente de chamamento ao processo, extromissão da parte é o procedimento processual empregado para a substituição da parte ré pelo chamado.

**(E)** Se dois ou mais dos litisconsortes representados por advogado comum sucumbirem, não se contará o prazo em dobro para recorrer.

**A:** incorreto, pois inexiste qualquer impedimento para apresentação de oposição nas ações pessoais mobiliárias (apesar de o mais usual ser a oposição envolvendo imóveis). Cabe destacar que, no CPC15, a oposição deixou de estar prevista no capítulo das intervenções de terceiro, passando a ser um procedimento especial (art. 682); **B:**

## 11. DIREITO PROCESSUAL CIVIL 337

incorreta, pois a nomeação deixou de existir no CPC15. O que se tem hoje é alegação, na contestação, de ilegitimidade, com a indicação do réu que deveria figurar no polo passivo, caso se saiba (arts. 338 e 339). E acerca das intervenções de terceiro, o CPC prevê o agravo de instrumento como recurso cabível (art. 1.015, IX); **C**: incorreto, pois no litisconsórcio unitário a conduta de um dos litisconsortes poderá beneficiar o outro (CPC, art. 117); **D**: incorreto. A extromissão (exclusão de um réu e inclusão, no seu lugar, de um novo) não possui relação com o chamamento ao processo, pelo qual há formação de um litisconsórcio passivo, com a inclusão de mais réu(s) na demanda – mas com a alegação de ilegitimidade e substituição do réu (CPC, art. 339, § 1º); **E**: correto, porquanto o pressuposto para a contagem do prazo em dobro é a existência de diferentes procuradores, nos termos do art. 229 do CPC – isso se não forem autos eletrônicos, situação em que não há prazo em dobro.

Gabarito "E".

### 5. JURISDIÇÃO E COMPETÊNCIA

**(Procurador/PA – CESPE – 2022)** Assinale a opção incorreta.

(A) Em matéria de sucessão hereditária, compete exclusivamente à autoridade judiciária brasileira proceder à confirmação de testamento particular e ao inventário e à partilha de bens situados no Brasil, ainda que o autor da herança seja de nacionalidade estrangeira ou tenha domicílio fora do território nacional.

(B) Não competem à autoridade judiciária brasileira o processamento e o julgamento da ação quando houver cláusula de eleição de foro exclusivo estrangeiro em contrato internacional, arguida pelo réu na contestação.

(C) A apreciação de pedido de auxílio direto passivo que demande prestação de atividade jurisdicional compete ao juízo federal do lugar em que deva ser executada a medida.

(D) O pedido passivo de cooperação jurídica internacional não poderá, em nenhuma hipótese, ser recusado, haja vista as normas que regulamentam a matéria e o relacionamento entre o Brasil e a autoridades estrangeiras.

(E) A ação proposta perante tribunal estrangeiro não induz litispendência nem obsta que a autoridade judiciária brasileira conheça da mesma causa e das que lhe sejam conexas, ressalvadas as disposições em contrário de tratados internacionais e acordos bilaterais em vigor no Brasil.

**A**: correta, pois para discutir bens imóveis situados no Brasil e sucessão hereditária de bens situados no Brasil, o CPC somente admite a decisão do juiz brasileiro (CPC, art. 23, I e II); **B**: correta, por expressa previsão legal (CPC, art. 25); **C**: correta, por expressa previsão legal (CPC, art. 34); **D**: incorreta, devendo esta ser assinalada. Isso porque o "pedido passivo de cooperação jurídica internacional *será recusado se configurar manifesta ofensa à ordem pública*" (CPC, art. 39); **E**: correta, por expressa previsão legal (CPC, art. 24).

Gabarito "D".

Márcio, domiciliado em Porto Alegre – RS, celebrou um contrato com Fábio, domiciliado em Gramado – RS, relativo a empréstimo a título gratuito da quantia de R$ 20.000. Ambos acordaram que Fábio deveria devolver a quantia para Márcio até o dia 12/11/2019. Diante do inadimplemento do valor, Márcio decidiu promover uma ação contra Fábio.

**(Auxiliar Judiciário – TJ/PA – 2020 – CESPE)** Considerando essa situação hipotética, assinale a opção correta relativa a competência, prazos, forma, tempo e lugar dos atos processuais.

(A) Márcio deverá protocolar a ação em Porto Alegre – RS, pois o foro competente é o do domicílio do autor.

(B) Fábio terá o prazo de 15 dias corridos para protocolar sua contestação.

(C) O advogado de Márcio não poderá praticar atos processuais durante o período de férias forenses, excetuados os casos previstos em lei.

(D) O juiz poderá alterar os prazos peremptórios ainda que Márcio e Fábio não tenham anuído.

(E) A citação de Fábio não poderá ser realizada no período de férias forenses.

**A**: incorreta, porque tratando-se de direito pessoal, o foro competente será o de domicílio *do réu*, no caso, Gramado/RS (CPC, art. 46); **B**: incorreta, já que o prazo para contestar é de 15 dias *úteis* (CPC, arts. 219 e 335); **C**: correta, conforme expressa previsão legal (CPC, art. 214); **D**: incorreta, pois o juiz somente poderá alterar os prazos peremptórios se contar com a anuências das partes (CPC, art. 222, § 1º); **E**: incorreta, uma vez que a citação de Fábio poderá ser realizada durante o período de férias forenses e independentemente de autorização judicial (CPC, art. 212, § 2º).

Gabarito "C".

Túlio, cidadão idoso, natural de Aracaju – SE e domiciliado em São Paulo – SP, caminhava na calçada em frente a um edifício em sua cidade natal quando, da janela de um apartamento, caiu uma garrafa de refrigerante cheia, que lhe atingiu o ombro e provocou a fratura de sua clavícula e de seu braço. Em razão do incidente, Túlio permaneceu por dois meses com o membro imobilizado, o que impossibilitou seu retorno a São Paulo para trabalhar. Por essas razões, Túlio decidiu ajuizar ação de indenização por danos materiais. Apesar da tentativa, ele não descobriu de qual apartamento caiu ou foi lançada a garrafa.

**(Delegado – PC/SE – 2018 – CESPE/CEBRASPE)** Considerando essa situação hipotética, julgue os itens que se seguem.

(1) A ação de reparação de danos materiais deverá ser ajuizada por Túlio na capital paulista, conforme a previsão do Código de Processo Civil de que, em situações como a descrita, o foro competente para o julgamento da ação é o do domicílio do autor.

(2) Em relação à ação de dano por acidente proposta por Túlio, o foro de São Paulo tem competência absoluta em razão da pessoa, haja vista a condição de idoso de Túlio.

(3) Eventual impugnação do réu relativa à competência do foro no qual a ação foi ajuizada deverá ser manejada por meio de exceção de incompetência.

**1**: errada, porque o foro competente, nesse caso, será o do local do fato, ou seja, Aracaju/SE, conforme competência prevista no CPC para a propositura da ação de reparação de danos – que será mais benéfica ao idoso (CPC, art. 53, IV, "a"); **2**: errada, pois a regra da competência territorial absoluta, prevista no Estatuto do Idoso, aplica-se apenas às demandas coletivas para defesa dos interesses difusos, coletivos, individuais indisponíveis ou homogêneos (Lei nº 10.741/03, art. 80). Nesse caso, deve ser aplicada a regra da competência territorial relativa (CPC, art. 53, IV, "a"); **3**: errada, tendo em vista que a incompetência, absoluta ou relativa, do juízo deve ser alegada pelo réu em preliminar de contestação (CPC, arts. 64 e 337, II).

Gabarito 1E, 2E, 3E

**(Analista Judiciário – STJ – 2018 – CESPE)** Julgue os itens a seguir, relativos à função jurisdicional.

(1) A cooperação jurídica internacional segue parâmetros legais definidos em lei ordinária nacional.

(2) O procedimento da carta rogatória perante o Superior Tribunal de Justiça é de jurisdição voluntária e deve obedecer ao devido processo legal.

(3) O pedido passivo de cooperação jurídica internacional é aquele realizado por órgão estrangeiro.

**1**: Errada. A cooperação jurídica internacional é realizada com base em tratado internacional do qual o Brasil faça parte e, na ausência de tratado, fundamenta-se na reciprocidade pela via diplomática (CPC, art. 26). **2**: Errada. O procedimento é de jurisdição *contenciosa* e não voluntária (CPC, art. 36). **3**: Correta (CPC, art. 26 e ss.).

Gabarito 1E, 2E, 3C

**(Defensor Público/AC – 2017 – CESPE)** No que se refere à jurisdição civil nacional, assinale a opção correta.

(A) Pode ser de caráter administrativo ou judicial.

**(B)** A desconstituição de uma sentença transitada em julgado por meio de ação rescisória é um exemplo de exercício dessa jurisdição.

**(C)** Em decorrência do princípio da inevitabilidade, essa jurisdição não alcança a todos os indivíduos.

**(D)** O exercício dessa jurisdição inclui a expedição de cartas rogatórias, responsáveis por determinar que os órgãos jurisdicionais brasileiros cumpram atos processuais.

**(E)** Trata-se de direito inerente e exclusivo dos cidadãos brasileiros.

**A:** Errada. A jurisdição pressupõe atividade exclusivamente de caráter judicial (CPC, art. 16). **B:** Correta. Uma das características da jurisdição é a possibilidade de as decisões judiciais adquirirem a imutabilidade da coisa julgada material (CPC, art. 966), sendo possível a ela própria desconstituir uma decisão. **C:** Errada. O princípio da inevitabilidade corresponde à impossibilidade de que os indivíduos optem por não seguir o que foi decidido pela jurisdição. **D:** Errada. A expedição de carta rogatória por autoridade brasileira teria por objeto a realização de um ato processual em território estrangeiro (CPC, arts. 36 e 960). **E:** Errada. A competência da jurisdição nacional é mais ampla e pode atingir, por exemplo, réu estrangeiro domiciliado no Brasil (CPC, art. 21 e ss.).
Gabarito "B".

**(Defensor Público/AL – 2017 – CESPE)** Julgue os itens seguintes, a respeito de demandas que envolvam instituição de ensino superior particular.

**I.** Caso a demanda verse sobre inadimplemento de mensalidade, a competência, em regra, é da justiça federal.

**II.** A competência para o processamento do feito que verse sobre credenciamento de entidade perante o MEC é da justiça federal.

**III.** Tratando-se de demanda sobre registro de diploma perante o MEC, a competência da justiça federal pode ser derrogada para a justiça comum estadual em decorrência do foro de eleição constante no contrato de prestação de serviços educacionais.

**IV.** Em se tratando de demanda sobre cobrança de taxas escolares oriunda de um mandado de segurança, a competência será da justiça federal.

Estão certos apenas os itens

**(A)** I e II.

**(B)** II e IV.

**(C)** III e IV.

**(D)** I, II e III.

**(E)** I, III, IV.

**I:** Errada. Nesse caso, a competência, em regra, é da Justiça Estadual (STJ, REsp 1.344.771/ PR). **II:** Correta, conforme jurisprudência dos Tribunais Superiores (STJ, REsp 1.344.771/ PR). **III:** Errada. Trata-se de competência absoluta da Justiça Federal, razão pela qual não poderia ser derrogada por convenção das partes (CPC, art. 62). **IV:** Correta, conforme orientação do STJ. (STJ, REsp 1.344.771/ PR).
Gabarito "B".

**(Procurador do Estado/SE – 2017 – CESPE)** Duas sociedades empresárias firmaram contrato que contém cláusula compromissária de convenção de arbitragem com a previsão de que eventual litígio de natureza patrimonial, referente ao contrato, deveria ser submetido a tribunal arbitral.

Nessa situação hipotética, caso seja instaurado procedimento arbitral,

**(A)** o magistrado poderá, de ofício, reconhecer a existência de convenção de arbitragem e extinguir o processo sem resolução do mérito, se o litígio referente ao contrato também for levado ao Poder Judiciário.

**(B)** em eventual execução judicial de sentença arbitral, será vedado ao réu arguir nulidade da decisão arbitral por meio de impugnação ao cumprimento de sentença, devendo o interessado utilizar ação própria para esse fim.

**(C)** as partes não estarão obrigadas a se submeter a esse procedimento, uma vez que a convenção de arbitragem é nula, por excluir da apreciação jurisdicional ameaça ou lesão a direito.

**(D)** a opção feita pelas partes pela arbitragem deverá ser considerada legítima, e a sentença do árbitro, título executivo extrajudicial, conforme o CPC.

**(E)** eventual cumprimento de carta arbitral no Poder Judiciário, referente ao caso, deverá tramitar em segredo de justiça, se houver comprovação de confidencialidade da arbitragem.

**A:** Errada. A existência de convenção de arbitragem não é matéria que possa ser conhecida de ofício pelo magistrado (CPC, art. 337, § 5º). **B:** Errada. A nulidade da sentença arbitral pode ser arguida em sede de impugnação ao cumprimento de sentença (Lei 9.307/1996, art. 33, § 3º). **C:** Errada. A convenção de arbitragem está em consonância com o princípio da inafastabilidade da jurisdição, conforme há tempos decidido pelo STF e reafirmado no CPC (art. 3º, § 1º). **D:** Errada. A sentença arbitral constitui título executivo judicial (CPC, art. 515, VII). **E:** Correta (CPC, art. 189, IV).
Gabarito "E".

**(Juiz – TRF5 – 2017 – CESPE)** Após ser demitido de um órgão federal, Afonso ajuizou ação contra a União, pelo procedimento comum, pedindo sua reintegração à administração pública, sob o argumento de que o ato de sua demissão havia sido nulo. Seu processo foi distribuído a uma vara federal comum. Posteriormente, Afonso ajuizou nova demanda, em sede de juizado especial federal, buscando a condenação da União no valor de vinte mil reais, a título de danos morais, em razão dos mesmos fatos que deram ensejo à sua demissão.

Nessa situação hipotética, os dois processos

**(A)** deverão ser reunidos na vara federal comum, para que se evitem decisões contraditórias, ainda que não haja conexão pela causa de pedir.

**(B)** poderão ser reunidos apenas se o juiz da vara federal entender que a reunião não comprometerá a razoável duração do primeiro processo.

**(C)** não deverão ser reunidos, e o processo distribuído ao juizado especial federal deverá ser extinto sem resolução do mérito.

**(D)** não poderão ser reunidos para julgamento conjunto, e, por esse motivo, não haverá modificação de competência.

**(E)** deverão ser reunidos, em razão da conexão pela causa de pedir, salvo se um deles já houver sido sentenciado.

**A:** Errada. Considerando que a competência dos Juizados Especiais Federais é absoluta, não se admite a modificação de competência em razão da existência de conexão (CPC, art. 54 e Lei 10.259/2001, art. 3º, § 3º). **B:** Errada. É possível a modificação apenas da competência relativa em função da existência de conexão (CPC, art. 54). **C:** Errada. O processo distribuído perante o JEF não deve ser extinto, já que não há prejudicialidade entre as ações. **D:** Correta (CPC, art. 54 e Lei 10.259/2001, art. 3º, § 3º). **E:** Errada. É possível a modificação apenas da competência relativa em função da existência de conexão (CPC, art. 54).
Gabarito "D".

**(Juiz – TRF5 – 2017 – CESPE)** De acordo com as regras do Código de Processo Civil (CPC) que tratam da cooperação jurídica internacional, o denominado auxílio direto passivo

**(A)** depende, para que seja cumprido, da concessão de *exequatur*, exceto quando tiver por objeto ato de instrução processual.

**(B)** deve ser, caso dependa de medida judicial, pleiteado em juízo pelo Ministério Público, independentemente de quem atue como autoridade central no caso.

**(C)** deve ser encaminhado, pelo Estado estrangeiro interessado, diretamente a órgão do Poder Judiciário brasileiro.

**(D)** pode ser utilizado para qualquer medida judicial ou extrajudicial, desde que não vedada pela lei brasileira e não sujeita a juízo de delibação no Brasil.

**(E)** somente pode ser utilizado nos casos previstos em tratados internacionais ratificados pelo Brasil, dependendo a sua efetivação de homologação no STJ.

**A:** Errada. O auxílio direto dispensa a concessão do *exequatur*, já que o ato não passa por juízo de delibação (CPC, art. 28). **B:** Errada. O MP requererá em juízo a medida apenas quando figurar como autoridade central (CPC, art. 33, parágrafo único). **C:** Errada. Não há comunicação direta com o Poder Judiciário – o pedido deve ser encaminhado diretamente à autoridade central (CPC, art. 29). **D:** Correta (CPC, arts. 28 e 30, III). **E:** Errada. O auxílio direto pode ser usado também (mas não só) nos casos previstos em tratados internacionais de que o Brasil faça parte (CPC, art. 30).

Gabarito "D".

**(Procurador do Estado/AM – 2016 – CESPE)** A respeito das normas processuais civis pertinentes a jurisdição e ação, julgue os itens seguintes.

(1) O novo CPC reconhece a competência concorrente da jurisdição internacional para processar ação de inventário de bens situados no Brasil, desde que a decisão seja submetida à homologação do STJ.

(2) Segundo as regras contidas no novo CPC, a legitimidade de parte deixou de ser uma condição da ação e passou a ser analisada como questão prejudicial. Sendo assim, tal legitimidade provoca decisão de mérito.

(3) O novo CPC aplica-se aos processos que se encontravam em curso na data de início de sua vigência, assim como aos processos iniciados após sua vigência que se referem a fatos pretéritos.

**1:** incorreta, porquanto se trata de competência exclusiva da autoridade brasileira (art. 23, II, CPC); **2:** incorreta, pois a condição da ação que deixou de existir foi a possibilidade jurídica do pedido (art. 337, VI); **3:** correta. Os arts. 14 e 1.046 do CPC impõe a aplicabilidade imediata da norma processual aos processos em curso, sem se olvidar da aplicabilidade da teoria do isolamento dos atos processuais.

Gabarito 1E, 2E, 3C

## 6. PRESSUPOSTOS PROCESSUAIS E CONDIÇÕES DA AÇÃO

**(Juiz de Direito/AM – 2016 – CESPE)** A respeito da ação e dos pressupostos processuais, assinale a opção correta.

(A) Segundo a teoria da asserção, a análise das condições da ação é feita pelo juiz com base nas alegações apresentadas na petição inicial.

(B) Na ação de alimentos contra o pai, o menor de dezesseis anos de idade tem legitimidade para o processo, mas não goza de legitimidade para a causa.

(C) O direito a determinada prestação jurisdicional se esgota com o simples exercício do direito de ação.

(D) Conforme a teoria concreta da ação, o direito de agir é autônomo e independe do reconhecimento do direito material supostamente violado.

(E) Na hipótese de legitimidade extraordinária, a presença e a higidez dos pressupostos processuais serão examinadas em face da parte substituída.

**A:** correta. A teoria da asserção (também chamada de teoria da prospectação) aponta que as condições da ação devem ser avaliadas segundo as afirmações do autor contidas na inicial, de modo que se alguma questão necessitar de dilação probatória para sua análise, será mérito – e é isso o exposto na alternativa. Contrapõe-se à teoria da apresentação, segundo a qual, aferida a inexistência das condições da ação ao final da instrução processual, a sentença será de extinção sem resolução de mérito (cf. ASSIS, Carlos Augusto de. *Teoria Geral do Processo Contemporâneo.* São Paulo: Atlas, 2021, p. 227/228); **B:** incorreto, pois o menor de dezesseis anos, neste caso, tem legitimidade "ad causam" (*legitimidade para a causa*, que é a pertinência entre as partes na relação jurídica processual e material), mas, por ser relativamente incapaz (art. 4º, I, CC), precisa estar assistido, nos termos do art. 71, CPC. A capacidade de parte também é denominada de legitimidade para o processo (*legitimatio ad processum*); **C:** incorreto, pois a atividade jurisdicional pressupõe, além da instauração do processo, a satisfação da pretensão ofertada, com a prolação de um provimento que elimine o estado de insatisfação da parte; **D:** incorreto. Pela teoria concreta da ação, só há ação se a sentença é favorável. Trata-se de entendimento superado a prevalece hoje a teoria abstrata, em que se diferencia o exercício do direito de ação, de movimentar o Judiciário, da procedência do pedido (cf. ASSIS, Carlos Augusto de. *Teoria Geral do Processo Contemporâneo*, op. cit., p. 206/7); **E:** incorreto. A legitimação extraordinária (em

que há substituição processual) é pleitear, em nome próprio, direito alheio (CPC, art. 18). Assim, apreciam-se os pressupostos processuais em relação ao substituto, que é quem figura no processo.

Gabarito "A".

## 7. FORMAÇÃO, SUSPENSÃO E EXTINÇÃO DO PROCESSO. NULIDADES

**(Defensor Público/PE – 2018 – CESPE)** Em determinado processo, o réu não foi citado nem apresentou contestação. O magistrado, além de não declarar o processo nulo, julgou-o, no mérito, favoravelmente ao réu.

Nessa situação hipotética, a conduta do magistrado foi correta porque

(A) ele aproveitou atos que não dependem da citação.

(B) ele julgou favoravelmente o mérito da causa para a parte que seria beneficiada caso a nulidade fosse decretada.

(C) o autor não requereu a nulidade do processo.

(D) o autor foi o causador da nulidade.

(E) a declaração de nulidade processual depende de requerimento da parte.

**A:** Errada. Na situação, não foi aplicada a regra de aproveitamento dos atos processuais (CPC, art. 281). **B:** Correta (CPC, art. 282, § 2º). **C:** Errada. A nulidade não pode ser requerida pela parte que lhe deu causa (CPC, art. 276). **D:** Errada, pois não há indicações nesse sentido na questão. **E:** Errada. Por ser causa de nulidade absoluta, é possível a decretação de ofício (CPC, arts. 239 e 337, I, § 5º).

Gabarito "B".

## 8. TUTELA PROVISÓRIA

Em ação de natureza civil, o autor requereu que determinado estado da Federação fosse condenado ao fornecimento de medicamento de alto custo. O demandante, de forma incidental, fez pedido de tutela provisória antecipada, alegando que o seu direito é certo e que corre risco de morte caso não receba o medicamento com brevidade. Todos os fatos alegados pela parte autora foram exaustivamente comprovados por documentos idôneos, razão pela qual o juízo concedeu a referida tutela antecipada e determinou a intimação do requerido para que cumprisse a decisão.

**(Procurador do Município – Campo Grande/MS – 2019 – CESPE/ CEBRASPE)** Considerando essa situação hipotética, julgue os itens que se seguem, concernentes à tutela provisória.

(1) Caso o estado da Federação não interponha recurso contra a concessão da tutela antecipada, essa decisão se tornará estável, não podendo ser modificada ou revogada pelo Poder Judiciário.

(2) O pedido de tutela provisória de urgência de caráter incidental exige que a parte que a requer realize o pagamento de custas processuais.

**1:** errada, pois a estabilização da tutela tem previsão apenas para a tutela provisória requerida em caráter antecedente (não incidental), além disso, mesmo a tutela estabilizada poderá ser revista, reformada ou invalidada pelo Poder Judiciário no prazo de 2 anos, contados da ciência da decisão que extinguir o processo (CPC, art. 304, *caput* e parágrafos); **2:** errada, já que, nessa situação, a lei dispensa o recolhimento de custas processuais (CPC, art. 295).

Gabarito 1E, 2E

**(Defensor Público/AC – 2017 – CESPE)** Uma criança necessita, com urgência, de internação em UTI. Alegando ser hipossuficientes, seus pais procuraram a DP e informaram que não havia leitos disponíveis nos hospitais da rede pública. Além disso, relataram que haviam perdido todos os laudos de exames da criança e que não poderiam aguardar a segunda via deles, tampouco submetê-la a novos exames, em razão do risco iminente de morte dela.

Nessa situação, a fim de garantir a pronta internação da criança, a DP deverá ajuizar

(A) ação, qualquer que seja ela, apenas após a entrega dos laudos dos exames da criança.
(B) mandado de segurança, com pedido cautelar em caráter antecedente.
(C) mandado de segurança, com pedido de produção de prova pericial sobre o estado de saúde dela, a ser realizada na fase de dilação probatória.
(D) ação ordinária, formulando pedido de tutela de evidência.
(E) ação ordinária, formulando pedido de tutela de urgência de caráter antecedente.

**A:** Errada. Considerando que a urgência é contemporânea ao ajuizamento da ação, não seria razoável aguardar a obtenção dos laudos de exames da criança. **B:** Errada. O procedimento do MS possui regramento próprio e é incompatível com o requerimento da tutela em caráter antecedente (Lei 12.016/2009, art. 6º e ss.). **C:** Errada. Descabe dilação probatória em MS, dada a natureza dessa ação e a necessidade de direito líquido e certo. **D:** Errada. A situação requer a concessão de tutela de urgência, tendo em vista a presença do perigo de dano (CPC, art. 300 e ss.). **E:** Correta (CPC, art. 303). *Atenção: no CPC15 não há "ação ordinária", mas sim procedimento comum (que não tem mais subdivisão entre sumário e ordinário).

Gabarito "E".

**(Defensor Público/AL – 2017 – CESPE)** De acordo com o Código de Processo Civil (CPC), é passível de estabilização a tutela

(A) cautelar de urgência requerida em caráter antecedente, mediante a negociação expressa entre as partes.
(B) antecipada concedida em caráter antecedente, se da decisão houver interposição de recurso por assistente simples e o réu não se manifestar.
(C) cautelar concedida em caráter antecedente, se da decisão não houver interposição de recurso cabível.
(D) antecipada de urgência requerida em caráter antecedente, mediante negociação expressa entre as partes.
(E) provisória concedida em caráter incidental, se da decisão não houver interposição tempestiva de recurso.

**A:** Errada. Não cabe estabilização de tutela cautelar (CPC, art. 305). **B:** Errada. A interposição de agravo de instrumento pelo assistente simples impede a estabilização da tutela (CPC, arts. 121 e 304). **C:** Errada. Não cabe estabilização de tutela cautelar (CPC, art. 305). **D:** Correta, conforme enunciado 32 do FPPC (CPC, art. 304). **E:** Errada. A estabilização é restrita à concessão da tutela em caráter antecedente (CPC, art. 304).

Gabarito "D".

**(Promotor de Justiça/RR – 2017 – CESPE)** De acordo com expressa previsão do CPC, o fenômeno processual denominado estabilização da tutela provisória de urgência aplica-se apenas à tutela

(A) cautelar, requerida em caráter antecedente.
(B) antecipada, incidental ou antecedente.
(C) cautelar, incidental ou antecedente.
(D) antecipada, requerida em caráter antecedente.

**A:** Errada. Não cabe estabilização de tutela cautelar (CPC, art. 305), inclusive porque é um contrassenso falar em estabilização de algo que tem como característica a finalidade de apenas resguardar o resultado do pedido (tutela cautelar). **B:** Errada. A estabilização da tutela se faz possível apenas quando requerida em caráter antecedente (CPC, arts. 303 e 304). **C:** Errada. Não cabe estabilização de tutela cautelar (CPC, art. 305). **D:** Correta (CPC, art. 304).

Gabarito "D".

## 9. PROCESSO DE CONHECIMENTO

### 9.1. PETIÇÃO INICIAL E CONTESTAÇÃO

Maria deseja ajuizar ação indenizatória com pedidos cumulados de dano material e dano moral contra a empresa aérea Y, em razão de cancelamento indevido de viagem ao exterior.

**(Analista Judiciário – TJ/PA – 2020 – CESPE)** Nessa hipótese, de acordo com o CPC, o valor da causa será

(A) o valor do dano material apenas, porque o dano moral deverá ser requerido de forma genérica.
(B) o fixado pelo magistrado segundo seu prudente arbítrio.
(C) o indicado pelo autor, segundo critérios de equidade e proporcionalidade.
(D) o total decorrente da soma do valor pedido a título de dano moral e de dano material.
(E) o valor do maior dos pedidos realizado pela parte autora.

**A:** incorreta. Com base no atual CPC, o valor da causa, mesmo no caso de dano moral, deverá ser o valor pleiteado (CPC, art. 292, V). Contudo, vale destacar que a doutrina diverge (e o STJ ainda não pacificou), se é possível pedido genérico de dano moral (o que era permitido à luz do CPC anterior); **B:** incorreta, porque cabe à parte, logo na petição inicial ou na reconvenção, fixar o *valor da causa* (CPC, art. 292) – o que o juiz fixará é o valor da indenização por dano moral, não o valor da causa; **C:** incorreta, já que o valor da causa não pode ser fixado por critério de equidade e proporcionalidade – o próprio CPC estabelece os parâmetros objetivos para a fixação (CPC, art. 292); **D:** correta, pois o dano moral deve ter seu valor indicado (CPC, art. 292, V) e, no caso de pedidos cumulados, o valor da causa será a soma dos dois pedidos (CPC, art. 292, VI); **E:** incorreta, tendo em vista que o valor da causa será o de maior valor no caso de pedidos alternativos (CPC, art. 292, VII).

Gabarito "D".

**(Juiz de Direito – TJ/BA – 2019 – CESPE/CEBRASPE)** De acordo com o CPC, na ação em que houver pedido subsidiário, o valor da causa corresponderá

(A) à soma dos valores dos pedidos principal e subsidiário.
(B) ao pedido de maior valor, entre o principal e o subsidiário.
(C) à média dos valores dos pedidos principal e subsidiário.
(D) ao valor do pedido principal.
(E) ao valor de qualquer dos pedidos, principal ou subsidiário, desde que a diferença dos seus valores seja de até 5%.

**A:** errada, já que o valor da causa corresponderá à soma dos valores dos pedidos, no caso de *cumulação simples* (CPC, art. 292, VI); **B:** errada, pois o valor da causa corresponderá ao pedido de maior valor no caso de *pedido alternativo* (CPC, art. 292, VII); **C:** errada, porque, na hipótese de pedido subsidiário, o valor da causa corresponderá ao valor do *pedido principal* (CPC, art. 292, VIII); **D:** certa, conforme expressa previsão legal (CPC, art. 292, VIII); **E:** errada, tendo em vista não existir essa previsão no CPC.

Gabarito "D".

**(Juiz de Direito – TJ/BA – 2019 – CESPE/CEBRASPE)** A respeito da petição inicial de ação civil, julgue os itens a seguir.

I. Ainda que, para atender os requisitos da petição inicial, o autor requeira uma diligência excessivamente onerosa, é vedado ao juiz indeferir a inicial sob esse fundamento.
II. Ao contrário da ausência da indicação dos fundamentos jurídicos do pedido, a falta de indicação dos fatos acarreta o indeferimento de plano da inicial.
III. Não lhe sendo possível obter o nome do réu, o autor poderá indicar as características físicas do demandado, o que, se viabilizar a citação deste, não será causa de indeferimento da inicial.
IV. Se a ação tiver por objeto a revisão de obrigação decorrente de empréstimo, o autor deverá, sob pena de inépcia, discriminar na inicial, entre as obrigações contratuais, aquelas que pretende controverter, além de quantificar o valor incontroverso do débito.

Estão certos apenas os itens

(A) I e II.
(B) I e IV.
(C) III e IV.
(D) I, II e III.
(E) II, III e IV.

**I:** errada, já que a possibilidade de autor requerer diligências se refere especificamente à qualificação das partes (CPC, art. 319, II e §§1º ao 3º), sendo em regra dever do autor buscar as informações para o ajuizamento da inicial – de modo que possível ao juiz indeferir a petição inicial caso não presentes os requisitos; **II:** errada, pois constitui requisito da petição inicial a apresentação dos fatos e do fundamento jurídico do pedido (causa de pedir), sob pena de indeferimento da inicial (CPC, arts. 319, III e 321); **III:** certa, conforme expressa previsão legal, considerando que a falta de informações sobre a qualificação do réu não será causa de indeferimento da inicial, se, ainda assim, for possível sua citação (CPC, art. 319, II, §2º); **IV:** certa, conforme expressa previsão legal (CPC, art. 330, §2º).

Gabarito "C".

**(Juiz – TJ/CE – 2018 – CESPE)** O autor da ação poderá alterar o pedido inicial

**(A)** até o saneamento do processo, desde que haja consentimento do réu.

**(B)** até o término da fase postulatória, independentemente do consentimento do réu.

**(C)** a qualquer tempo, sempre subordinado ao consentimento do réu.

**(D)** após a citação do réu e independentemente do seu consentimento, se este for revel.

**(E)** enquanto houver citações pendentes no caso de litisconsórcio passivo, desde que haja o consentimento dos réus já citados.

**A:** Correta (CPC, art. 329, II). **B:** Errada. O autor poderá alterar o pedido, independentemente de consentimento do réu, até a citação (CPC, art. 329, I). **C:** Errada. A alteração do pedido está limitada ao saneamento do processo, desde que tenha o prévio consentimento do réu (CPC, art. 329, II). **D:** Errada. Após a citação do réu, é imprescindível seu consentimento para alteração do pedido, ainda que seja revel (CPC, art. 329, II). **E:** Errada, considerando o exposto em "A", de modo que em relação ao réu não citado, há liberdade na alteração do pedido.

Gabarito "A".

**(Defensor Público/AC – 2017 – CESPE)** Em uma petição inicial em processo de conhecimento, o autor requereu que sua ação fosse julgada totalmente procedente, para que fosse reconhecida a impenhorabilidade do seu salário. Requereu, ainda, a condenação do réu ao pagamento de honorários sucumbenciais, nos termos da lei.

Nessa situação hipotética, quanto aos pedidos formulados pelo autor da ação, assinale a opção correta.

**(A)** Os pedidos são próprios de uma ação de execução de sentença.

**(B)** Os pedidos são, respectivamente, declaratório e condenatório.

**(C)** O pedido imediato é uma obrigação de fazer.

**(D)** O pedido mediato não é um bem da vida.

**(E)** O pedido imediato é uma obrigação de não fazer.

**A:** Errada. Os pedidos são próprios de uma ação declaratória (CPC, art. 20). **B:** Correta. Trata-se de ação declaratória (declarar a impenhorabilidade), com pedido de condenação ao pagamento dos ônus sucumbenciais. **C:** Errada. O pedido imediato é a tutela declaratória (CPC, art. 20). **D:** Errada. O pedido mediato é um bem da vida: a garantia de impenhorabilidade do salário e o pagamento dos honorários. **E:** Errada. O pedido imediato é a tutela declaratória (CPC, art. 20).

Gabarito "B".

**(Defensor Público/AL – 2017 – CESPE)** No processo de conhecimento, o réu devidamente citado que, injustificadamente, não comparecer à audiência de conciliação

**(A)** será considerado revel e seu ato será considerado atentatório à dignidade da justiça.

**(B)** será sancionado com multa, cujo valor deve ser revertido em favor da União ou do estado.

**(C)** será considerado revel e sancionado com multa, cujo valor deve ser revertido em favor da União ou do estado.

**(D)** será sancionado com multa, cujo valor deve ser revertido em favor do autor.

**(E)** terá o prazo de dez dias para manifestar seu interesse na autocomposição.

**A:** Errada. O não comparecimento injustificado não conduz à revelia e, sim, à imposição de sanção correspondente ao pagamento de multa

(CPC, art. 334, § 8º). **B:** Correta (CPC, art. 334, § 8º). **C:** Errada. O não comparecimento injustificado não conduz à revelia e, sim, à imposição de sanção correspondente ao pagamento de multa, cujo valor será, de fato, revertido em favor da União ou do Estado (CPC, art. 334, § 8º). **D:** Errada. A multa não será revertida em favor do autor e sim da União ou do Estado (CPC, art. 334, § 8º). **E:** Errada. O réu deve manifestar seu interesse na autocomposição com 10 dias de antecedência, contados da data designada para a realização da audiência (CPC, art. 334, § 5º).

Gabarito "B".

## 9.2. PROVAS E JULGAMENTO CONFORME ESTADO DE PROCESSO

**(Procurador/PA – CESPE – 2022)** A respeito do procedimento comum, julgue os itens que se seguem.

I.  Até o momento do saneamento do processo, o autor poderá aditar ou alterar o pedido e a causa de pedir, com consentimento do réu, assegurado o contraditório mediante a possibilidade de manifestação do réu no prazo máximo de quinze dias, sendo vedado o requerimento de prova suplementar.

II.  O não comparecimento injustificado do autor ou do réu à audiência de conciliação é considerado ato atentatório à dignidade da justiça e será sancionado com multa de até 5% da vantagem econômica pretendida ou do valor da causa, revertida em favor da parte que atenda ao chamado judicial e se faça presente.

III.  Realizado o saneamento, as partes têm o direito de pedir esclarecimentos ou solicitar ajustes, no prazo sucessivo de cinco dias, ao fim do qual a decisão se torna estável.

IV.  Ao réu revel será lícita a produção de provas contrapostas às alegações do autor, desde que se faça representar nos autos a tempo de praticar os atos processuais indispensáveis a essa produção.

A quantidade de itens certos é igual a

**(A)** 0.

**(B)** 1.

**(C)** 2.

**(D)** 3.

**(E)** 4.

**I:** incorreto. Cabe o aditamento até o saneamento, inclusive com a *possibilidade de prova suplementar* (CPC, art. 329, II); **II:** incorreto, pois a multa para o não comparecimento é de até *2% (dois por cento)* da vantagem econômica ou valor da causa; além disso, a multa será revertida ao Estado (Justiça Estadual) ou União (Justiça Federal), e não à parte (CPC, art. 334, § 8º); **III:** incorreto, o prazo é comum (CPC, art. 357, § 1º); **IV:** correto, sendo essa a previsão legal (CPC, art. 349).

Gabarito "B".

**(Procurador/PA – CESPE – 2022)** João moveu demanda judicial com pedidos cumulados de rescisão contratual e danos morais e materiais contra José. Após o prazo para manifestação do autor sobre a contestação, foi proferida decisão que julgou procedente o pedido de rescisão contratual, considerando-se que este estava em condições de imediato julgamento, além de ter sido deferida a produção de provas e designada a audiência de instrução e julgamento em relação aos demais pedidos.

A partir dessa situação hipotética, assinale a opção correta.

**(A)** O magistrado agiu incorretamente, pois a legislação processual civil veda o julgamento parcial e fracionado do mérito.

**(B)** João poderá liquidar ou executar, desde logo, a obrigação reconhecida na decisão que julgou parcialmente o mérito, com a obrigatoriedade de prestação de caução, a ser fixada pelo juiz, ainda que haja recurso interposto contra tal decisão.

**(C)** O juiz agiu corretamente, haja vista a possibilidade de julgamento parcial e fracionado do mérito prevista na legislação processual, atendidas as formalidades legais.

**(D)** A decisão judicial proferida no caso em questão é impugnável por apelação parcial, seguindo-se o procedimento previsto no artigo 1.009 e seguintes do Código de Processo Civil.

**(E)** Mesmo em caso de inexistência de recurso de José, o juiz poderá, no momento do julgamento dos demais pedidos, reapreciar o capítulo decisório referente à rescisão contratual.

**A:** incorreta, pois há previsão de julgamento antecipado parcial no CPC (art. 356); **B:** incorreta, pois não há previsão de caução para o cumprimento de sentença do julgamento antecipado parcial, mesmo que haja recurso (CPC, art. 356, § 2º); **C:** correta, sendo essa a previsão legal (CPC, art. 356); **D:** incorreta, pois o recurso cabível do julgamento antecipado parcial é o agravo de instrumento (CPC, art. 356, § 5º); **E:** incorreta, pois se não houver interposição de recurso, haverá preclusão (interpretação a partir do CPC, art. 356, § 3º).
Gabarito "C".

A respeito de provas previstas no Código de Processo Civil (CPC), julgue os itens a seguir.

I. A prova escrita é imprescindível para a comprovação de vício do consentimento em contrato realizado entre particulares.
II. A ata notarial é meio de prova idôneo para comprovar fatos que o tabelião declarar que foram constatados em sua presença.
III. Quando a parte invocar direito de natureza estadual ou municipal, o magistrado somente poderá examinar a questão se houver provas nos autos que demonstre a existência da regra jurídica invocada.
IV. Cabe ao advogado da parte intimar a testemunha que arrolou por carta com aviso de recebimento, devendo juntar aos autos, no prazo legal, cópia da correspondência de intimação e do aviso de recebimento, sob pena de se considerar desistência da inquirição o não comparecimento da testemunha.

**(Analista Judiciário – TJ/PA – 2020 – CESPE)** Estão certos apenas os itens

**(A)** I e II.
**(B)** I e III.
**(C)** II e IV.
**(D)** I, III e IV.
**(E)** II, III e IV.

**I:** incorreta, pois é lícito à parte provar, por meio de oitiva de testemunha, vícios de consentimento nos contratos em geral (CPC, art. 446, II); **II:** correta, valendo frisar que a ata notarial é, a partir do CPC/15, meio expressamente previsto na legislação (CPC, art. 384); **III:** incorreta, porque a parte tem o ônus de provar o teor e a vigência de direito estadual ou municipal apenas se o juiz assim o determinar (CPC, art. 376); **IV:** correta, conforme expressa previsão legal (CPC, art. 455, §§ 1º e 3º).
Gabarito "C".

**(Juiz de Direito – TJ/SC – 2019 – CESPE/CEBRASPE)** No que se refere à arguição de falsidade como instrumento processual para impugnação de documentos, assinale a opção correta.

**(A)** A falsidade documental pode ser suscitada em contestação, na réplica ou no prazo de dez dias úteis, contado a partir da intimação da juntada do documento aos autos.
**(B)** O STJ pacificou o entendimento de que a arguição de falsidade é o meio adequado para impugnar a falsidade material do documento, mas não de falsidade ideológica.
**(C)** Após os momentos processuais da contestação e da réplica, se arguida a falsidade, esta será autuada como incidente em apartado e, nesse caso, o juiz suspenderá o processo principal.
**(D)** Após a instauração do procedimento de arguição de falsidade, a outra parte deverá ser ouvida em quinze dias e, então, não será admitida a extinção prematura do feito sem o exame pericial do documento, mesmo que a parte concorde em retirá-lo dos autos.
**(E)** Uma vez arguida, a falsidade documental será resolvida como questão incidental; contudo, é possível que a parte suscitante requeira ao juiz que a decida como questão principal, independentemente de concordância da parte contrária.

**A:** incorreta, pois o prazo para suscitar a falsidade é de 15 dias úteis (CPC, art. 430); **B:** incorreta, tendo em vista que o STJ admite a arguição de falsidade ideológica, desde que a declaração de falsidade não importe em desconstituição da situação jurídica discutida; **C:** incorreta, já que a falsidade será, em regra, resolvida como questão incidental (e não em incidente apartado), além disso, não haverá suspensão do processo (CPC, art. 430, p.u.); **D:** incorreta, porque se a parte que produziu o documento concordar em retirá-lo, não será realizado o exame pericial (CPC, art. 432, p.u.); **E:** correta (CPC, art. 430, p.u.) – e nesse caso haverá coisa julgada.
Gabarito "E".

**(Juiz – TJ/CE – 2018 – CESPE)** Após as providências preliminares de saneamento, o juiz decidiu parte do mérito da causa antecipadamente, por considerar que alguns pedidos formulados eram incontroversos.

Nessa situação, o juiz exerceu

**(A)** cognição exauriente: a sentença é, necessariamente, líquida e o recurso cabível será a apelação.
**(B)** cognição sumária: a sentença é ilíquida e o recurso cabível será a apelação.
**(C)** cognição exauriente: o recurso cabível será o agravo de instrumento, independentemente de a decisão ter sido líquida ou ilíquida.
**(D)** cognição exauriente: a decisão é, necessariamente, líquida e o recurso cabível será o agravo de instrumento.
**(E)** cognição sumária: a decisão é, necessariamente, líquida e o recurso cabível será o agravo de instrumento.

**A:** Errada. Para responder à questão, deve-se considerar que: (i) a cognição é exauriente em relação aos pedidos incontroversos; (ii) não se trata de sentença e sim de decisão interlocutória; (iii) a decisão poderá reconhecer a existência de obrigação líquida ou ilíquida; e (iv) o recurso cabível será o agravo de instrumento (CPC, arts. 356, §§ 1º e 5º e 1.015, II). **B:** Errada, pelas mesmas razões da alternativa "A" (CPC, arts. 356, §§ 1º e 5º e 1.015, II). **C:** Correta (CPC, arts. 356, §§ 1º e 5º e 1.015, II). **D:** Errada. A decisão poderá reconhecer a existência de obrigação líquida ou ilíquida (CPC, art. 356, § 1º). **E:** Errada. A cognição do magistrado será exauriente e a decisão poderá reconhecer a existência de obrigação líquida ou ilíquida (CPC, art. 356, § 1º).
Gabarito "C".

**(Defensor Público/PE – 2018 – CESPE)** Após encerrar a instrução de determinado processo, a juíza do caso foi removida para outra vara. O juiz substituto que assumiu a vara apreciou o referido processo, já instruído, e proferiu julgamento antecipado parcial do mérito de um dos pedidos da inicial, por ser incontroverso.

Com relação a essa situação hipotética, assinale a opção correta.

**(A)** Ainda que interponha recurso, a parte deverá executar, desde logo e mediante prévia caução, a obrigação reconhecida pela decisão do juiz substituto.
**(B)** A decisão do juiz substituto não poderá ser considerada nula com base no princípio da identidade física do juiz.
**(C)** Contra a decisão proferida pelo juiz substituto caberá interposição de recurso de apelação.
**(D)** A decisão do juiz substituto não pode ter reconhecido obrigação ilíquida.
**(E)** O juiz substituto deveria ter designado audiência de instrução e julgamento para apurar o pedido.

**A:** Errada. A parte poderá executar a obrigação *independentemente* de caução (CPC, art. 356, § 2º). **B:** Correta. O princípio da identidade física do juiz não encontra previsão no CPC – diferentemente do antigo CPC/1973, que trazia esse princípio. **C:** Errada. Contra a decisão proferida caberá agravo de instrumento (CPC, art. 356, § 5º). **D:** Errada. A decisão pode reconhecer a existência de obrigação líquida *ou* ilíquida (CPC, art. 356, § 1º). **E:** Errada. Não há necessidade de produção de outras provas, já que o pedido é incontroverso (CPC, 356, I).
Gabarito "B".

**(Defensor Público/PE – 2018 – CESPE)** Não havendo processo anterior que trate da situação, a demonstração de que determinado fato ocorreu em rede social acessível pela Internet poderá ser realizada com a juntada aos autos

**(A)** de declaração pessoal do autor.

## 11. DIREITO PROCESSUAL CIVIL · 343

**(B)** de prova emprestada.
**(C)** do computador.
**(D)** da prova pericial.
**(E)** de ata notarial.

A questão aborda os meios de prova aptos a comprovar a existência e a veracidade de conteúdos produzidos em redes sociais. Dos meios de prova mencionados na questão, a ata notarial (instrumento elaborado pelo tabelião extrajudicial e dotado de fé pública – CPC, art. 384) seria o mais adequado para atestar a existência de fato ocorrido em rede social. Seria possível eventualmente se cogitar de prova emprestada, se o enunciado da questão não tivesse esclarecido não haver processo anterior.
Gabarito "E".

**(Analista Judiciário – STJ – 2018 – CESPE)** Acerca do procedimento comum, julgue os itens que se seguem.

**(1)** Quando for dispensável a fase instrutória e o pedido contrariar súmula do Superior Tribunal de Justiça ou do Supremo Tribunal Federal, o juiz poderá julgar liminarmente improcedente o pedido, mesmo sem a citação do réu.

**(2)** Havendo mais de um réu, se apenas um deles deixar de contestar a ação, sobre este incidirão os efeitos da revelia.

**(3)** Contra a sentença que decidir somente uma parte do processo com fundamento na prescrição, caberá agravo de instrumento.

**(4)** Por ser matéria de ordem pública, a distribuição diversa do ônus da prova não é possível por convenção das partes.

**1:** Correta (CPC, art. 332, I). **2:** Errada. Havendo pluralidade de réus, não incidirão os efeitos da revelia, se algum deles contestar a ação (CPC, art. 345, I). **3:** Correta. Nesse caso, seria possível, por exemplo, o julgamento antecipado parcial de mérito, impugnável pela via do agravo de instrumento (CPC, art. 356, § 5º). **4:** Errada. É possível que as partes convencionem, por meio de negócio jurídico processual, a respeito da distribuição do ônus da prova (CPC, arts. 190 e 373, § 3º).
Gabarito 1C, 2E, 3C, 4E

**(Procurador do Estado/SE – 2017 – CESPE)** Ao tratar das hipóteses de julgamento conforme o estado do processo, o CPC determina que o julgamento antecipado do mérito

**(A)** somente deve ser utilizado se o juiz estiver apto a prolatar decisão líquida; caso contrário, este deve prolongar a fase de conhecimento.

**(B)** pode ser realizado de modo parcial, por meio de decisão interlocutória impugnável por agravo de instrumento.

**(C)** depende, para que seja legitimamente procedido, da existência de precedente firmado no julgamento de casos repetitivos.

**(D)** deve ser utilizado sempre que o réu for revel, porque, nesses casos, a instrução probatória é desnecessária.

**(E)** deve ser feito com a utilização da técnica processual denominada tutela provisória, nas modalidades de urgência ou de evidência.

**A:** Errada. A decisão pode reconhecer a existência de obrigação líquida *ou* ilíquida (CPC, art. 356, § 1º). **B:** Correta (CPC, art. 356, § 5º). **C:** Errada. Para o julgamento antecipado do mérito basta que (i) não haja necessidade de produção de outras provas ou que (ii) o réu seja revel e não haja requerimento de produção de provas (CPC, art. 355). **D:** Errada. É possível que o réu requeira a produção de prova, ainda que seja revel (CPC, art. 349). **E:** Errada. O julgamento antecipado do mérito (decisão definitiva e proferida sob cognição exauriente) não se confunde com a concessão de tutela provisória (decisão precária e proferida sob cognição sumária) (CPC, art. 355 e 356).
Gabarito "B".

**(Defensor Público – DPE/RN – 2016 – CESPE)** Assinale a opção correta relativamente ao direito probatório e à audiência no processo civil.

**(A)** O documento lavrado por servidor público incompetente, mas subscrito pelas partes, não perde a fé pública.

**(B)** O menor de dezesseis anos pode depor como testemunha no processo civil.

**(C)** A confissão espontânea pode ser feita por mandatário com poderes especiais.

**(D)** Com fundamento no princípio da verdade material, o juiz não poderá dispensar a produção de prova requerida pela parte cujo advogado não compareceu à audiência.

**(E)** O juiz poderá, de ofício, determinar o comparecimento pessoal das partes com o propósito de interrogá-las sobre os pontos controversos da demanda; todavia, se a parte intimada não comparecer, não lhe poderá aplicar a pena de confissão.

**A:** incorreto. Nesse caso o documento perde a fé pública, pois passa a ter a mesma eficácia probatória de documento particular (CPC, art. 407). **B:** incorreto, pois os incapazes não podem depor como testemunhas (CPC, art. 447, "caput" e § 1º, III) – no máximo será informante. **C:** correto (CPC, art. 390, § 1º). **D:** incorreto. Em caso de não comparecimento do advogado à audiência, a dispensa da prova requerida é possível (CPC, art. 362, § 2º). **E:** incorreto. O juiz pode determinar o comparecimento das partes a qualquer momento, mas somente quando do depoimento pessoal (em audiência) é que poderá ocorrer a pena de confissão (CPC, art. 139, VIII).
Gabarito "C".

**(Analista Judiciário – TRT/8ª – 2016 – CESPE)** Com base nas normas processuais relativas às provas no processo civil, assinale a opção correta.

**(A)** **Situação hipotética:** José propôs ação anulatória de infração de trânsito, alegando que ele e seu veículo não estavam no local da autuação na hora indicada na multa. **Assertiva:** Nessa situação, o réu terá o ônus de comprovar o fato contrário ao alegado por José, haja vista que não se pode exigir do autor a prova de fato negativo.

**(B)** A testemunha submetida ao regime da legislação trabalhista não pode sofrer, por ter comparecido à audiência, perda de salário ou desconto no tempo de serviço, podendo, ainda, qualquer testemunha requerer o pagamento da despesa realizada para ir à audiência.

**(C)** **Situação hipotética:** Em 2009, Rafael ajuizou ação indenizatória contra Marcos. Durante a instrução processual, a testemunha inquirida faleceu, três meses depois da inquisição. Em 2011, Luana acionou Marcos em ação que versava sobre o mesmo fato. **Assertiva:** Nessa situação, a utilização, no processo proposto por Luana, da prova testemunhal do processo ajuizado por Rafael é manifestamente ilegítima.

**(D)** Viola norma expressa do CPC — que determina que a instrução probatória será feita de acordo com o princípio dispositivo — o magistrado que determina de ofício a exibição de documento que estava com o réu.

**(E)** Caso, durante a produção de prova pericial em processo judicial, as partes solicitem prorrogação do prazo legal de cinco dias para indicar assistente técnico e formular quesitos, o juiz deve rejeitar o pedido, dada a natureza peremptória de qualquer prazo legal.

**A:** incorreta, pois o ônus da prova, neste caso, incumbe ao autor, conforme art. 373, I, CPC; ademais, em se tratando de ato administrativo (imposição de multa por infração de trânsito), subsiste presunção legal de veracidade em favor da Administração Pública, de modo que cabe ao particular o ônus de afastar referida presunção; **B:** correto (arts. 462 e 463, CPC); **C:** incorreta, pois o Código prevê a prova emprestada (art. 372, CPC); **D:** incorreta, pois há expressa previsão legal nesse sentido (art. 421, CPC); **E:** incorreta, pois isso é permitido, nos termos do art. 191, CPC, segundo o qual podem o juiz e as partes, de comum acordo, fixarem calendário para a prática de determinados atos processuais.
Gabarito "B".

## 9.3. SENTENÇA E COISA JULGADA

**(Juiz de Direito – TJ/BA – 2019 – CESPE/CEBRASPE)** O juiz proferirá sentença sem resolução de mérito quando

**(A)** acolher a alegação de existência de convenção de arbitragem.

**(B)** homologar a transação.

**(C)** homologar o reconhecimento da procedência do pedido formulado na ação.

**(D)** homologar a renúncia à pretensão formulada na ação.

**(E)** verificar a impossibilidade jurídica do pedido.

**A:** correta, conforme expressa previsão legal (CPC, art. 485, VII); **B, C e D:** erradas, pois todas essas alternativas tratam de situações nas quais haverá resolução do mérito, por homologação do juiz (CPC, art. 487, III, alíneas); **E:** errada, considerando que, a partir do CPC/15, a impossibilidade jurídica do pedido não mais integra as condições da ação, de modo que não é motivo para extinção sem mérito (CPC, art. 485, VI).

Gabarito "A".

**(Defensor Público/AC – 2017 – CESPE)** Por determinação legal, o juiz não pode proferir decisão de teor diverso daquele do pedido feito pelo autor, tampouco condenar em quantidade superior ou em objeto diverso do que lhe foi demandado. A partir desse entendimento, assinale a opção correta.

**(A)** É lícito ao juiz proferir sentença condicional.

**(B)** A sentença *extra petita* é aquela em que há majoração ilícita de algo requerido na inicial.

**(C)** A sentença *ultra petita* é aquela em que é conferido direito não requerido na inicial.

**(D)** Sentença fundamentada em razões diversas daquelas presentes no recurso não é considerada *extra petita*.

**(E)** Se o pedido de correção monetária não for formulado pelo autor, o juiz não poderá se pronunciar sobre a questão.

**A:** Errada. A relação jurídica objeto da demanda pode ser condicional, mas a sentença deve ser sempre certa (CPC, art. 492, parágrafo único e STJ, REsp 164.110/SP). **B:** Errada. A sentença *extra petita* concede algo *diferente* do que foi pedido. **C:** Errada. A sentença *ultra petita* concede algo *além* do que foi pedido. **D:** Correta, pois o juiz não está vinculado à classificação jurídica (artigos de lei, tese jurídica sustentada), mas sim aos fatos e consequência jurídica (CPC, art. 319, III). **E:** Errada. A correção monetária é matéria de ordem pública e integra o pedido de forma implícita (CPC, art. 332, § 1º e STJ, REsp 1.112.524/DF).

Gabarito "D".

**(Defensor Público/AC – 2017 – CESPE)** Fato modificativo que surja após a propositura de uma ação, influenciando diretamente o julgamento do mérito,

**(A)** não permitirá a rediscussão das condições da ação, caso seja verificado no âmbito das ações civis públicas.

**(B)** não precisa, para que influencie o julgamento da lide, se referir ao mesmo fato jurídico que constitui o objeto da demanda.

**(C)** será considerado como questão nova, caso implique inclusão de novo fundamento de direito não presente anteriormente.

**(D)** deverá, para que seja considerado, ser passível de comprovação antes da propositura da ação, ainda que desconhecido quando do ajuizamento.

**(E)** caso constatado de ofício, obrigará o juiz a instaurar o contraditório para ouvir as partes antes de proferir decisão sobre ele.

Existindo fato superveniente, o juiz deverá considerá-lo, mas será necessário ouvir antes as partes (CPC, art. 493, parágrafo único).

Gabarito "E".

## 10. TEMAS COMBINADOS DE PARTE GERAL / PROCESSO DE CONHECIMENTO

**(Procurador/PA – CESPE – 2022)** Tendo como referência o ordenamento jurídico e o entendimento do Supremo Tribunal Federal, assinale a opção correta.

**(A)** Efetivada a tutela cautelar, o pedido principal terá de ser formulado pelo autor no prazo de trinta dias, caso em que será apresentado nos mesmos autos em que tiver sido deduzido o pedido de tutela cautelar, sem depender do adiantamento de novas custas processuais.

**(B)** Independentemente da reparação por dano processual, a parte responderá pelo prejuízo que a efetivação da tutela de urgência causar à parte adversa se, obtida liminarmente a tutela em caráter antecedente, não fornecer os meios

necessários para a citação do requerido no prazo de dez dias úteis.

**(C)** No mandado de segurança, não será concedida medida liminar que tenha por objeto a compensação de créditos tributários, a entrega de mercadorias e bens provenientes do exterior, a reclassificação ou equiparação de servidores públicos e a concessão de aumento ou a extensão de vantagens ou pagamento de qualquer natureza.

**(D)** No mandado de segurança coletivo, a liminar só poderá ser concedida após a audiência do representante judicial da pessoa jurídica de direito público, que deverá se pronunciar no prazo de 72 horas.

**(E)** Qualquer das partes poderá demandar a outra, com o intuito de rever, reformar ou invalidar a tutela antecipada estabilizada, no prazo de dois anos, contados em dias úteis.

**A:** correta, por expressa previsão legal (CPC, art. 308); **B:** incorreta apenas em relação ao prazo – que é de *5 dias* e não 10 dias (todo o restante está de acordo com o previsto no art. 302, II do CPC); **C:** incorreta. Ainda que a alternativa reproduza o art. 7º, § 2º, da Lei 12.016/2009 (lei do MS), esse dispositivo foi declarado inconstitucional pelo STF (ADI 4296, j. jun./21); **D:** incorreta. Ainda que a alternativa reproduza o art. 22, § 2º, da Lei 12.016/2009 (lei do MS), esse dispositivo foi declarado inconstitucional pelo STF (ADI 4296, j. jun./21); **E:** incorreta. Há possibilidade de rever a tutela antecipada estabilizada, mas o prazo de 2 anos não é contado em dias úteis, mas exatamente em *anos* (CPC, art. 304).

Gabarito "A".

**(Procurador/PA – CESPE – 2022)** Assinale a opção correta.

**(A)** A representação judicial de município pela Associação de Representação de Municípios somente poderá ocorrer em questões de interesse comum dos municípios associados e dependerá de autorização do respectivo chefe do Poder Executivo municipal, com indicação específica do direito ou da obrigação a ser objeto das medidas judiciais.

**(B)** Os litisconsortes serão considerados litigantes distintos em suas relações com a parte adversa, exceto no litisconsórcio necessário, caso em que os atos e as omissões de um não prejudicarão os outros, mas os poderão beneficiar.

**(C)** O juiz deverá julgar liminarmente improcedente o pedido que contrariar enunciado de súmula do tribunal de justiça que verse sobre interpretação e aplicação de norma infra-constitucional federal.

**(D)** Quando houver continência e a ação contida tiver sido proposta anteriormente, no processo relativo à ação continente, será proferida sentença sem resolução de mérito, senão as ações serão necessariamente reunidas.

**(E)** Não ocorrendo o julgamento de recurso extraordinário pelo Supremo Tribunal Federal no prazo de um ano, contado do reconhecimento da repercussão geral, cessa, em todo o Brasil, a suspensão dos processos, que, nessa hipótese, voltam a tramitar normalmente.

**A:** correta, por expressa previsão legal: "A representação judicial do Município pela Associação de Representação de Municípios somente poderá ocorrer em questões de interesse comum dos Municípios associados e dependerá de autorização do respectivo chefe do Poder Executivo municipal, com indicação específica do direito ou da obrigação a ser objeto das medidas judiciais" (CPC, art. 75, § 5º, incluído pela Lei nº 14.341/2022); **B:** incorreta. A questão é tratada no CPC, art. 117: "Os litisconsortes serão considerados, em suas relações com a parte adversa, como litigantes distintos, *exceto no litisconsórcio unitário*, caso em que os atos e as omissões de um não prejudicarão os outros, mas os poderão beneficiar"; **C:** incorreta. A questão é tratada no CPC, art. 332: o juiz "julgará liminarmente improcedente o pedido que contrariar: (...) IV – enunciado de súmula de tribunal de justiça sobre *direito local*"; **D:** incorreta. A questão é tratada no CPC, art. 57: "Quando houver continência e a ação *continente* tiver sido proposta anteriormente, no processo relativo à *ação contida* será proferida sentença sem resolução de mérito, caso contrário, as ações serão necessariamente reunidas"; **E:** incorreta. Essa previsão constava do art. 1.037, § 5º – mas foi objeto de revogação pela Lei 13.256/2016. Assim, hoje, não há consequência se a repercussão geral demorar mais de 1 ano para ser julgada.

Gabarito "A".

## 11. DIREITO PROCESSUAL CIVIL

**(Procurador/PA – CESPE – 2022)** Assinale a opção correta, à luz do Código de Processo Civil e do entendimento da Corte Especial do Superior Tribunal de Justiça.

(A) São considerados prequestionados os fundamentos adotados nas razões de apelação e desprezados no julgamento do respectivo recurso, desde que, interposto recurso especial, sejam reiterados nas contrarrazões da parte vencedora.

(B) Os embargos de terceiro podem ser opostos a qualquer tempo no processo de conhecimento, enquanto não transitada em julgado a sentença, e, no cumprimento de sentença ou no processo de execução, até 72 horas depois da adjudicação, da alienação por iniciativa particular ou da arrematação, independentemente da data de assinatura da respectiva carta.

(C) A decisão que condenar o réu ao pagamento de prestação consistente em dinheiro e a que determinar a conversão de prestação de fazer, de não fazer ou de dar coisa em prestação pecuniária valerão como título constitutivo de hipoteca judiciária, exceto se a condenação for genérica.

(D) A prerrogativa de prazo em dobro para as manifestações processuais não se aplica aos escritórios de prática jurídica de instituições privadas de ensino superior.

(E) É cabível a instauração do incidente de resolução de demandas repetitivas quando houver, simultaneamente, a efetiva repetição de processos que contenham controvérsia sobre a mesma questão de fato ou de direito, bem como o risco de ofensa à isonomia ou à segurança jurídica.

**A:** correta. Decidiu o STJ que "se consideram prequestionados os fundamentos adotados nas razões de apelação e desprezados no julgamento do respectivo recurso, desde que, interposto recurso especial, sejam reiterados nas contrarrazões da parte vencedora" (EAREsp 227767, j. jun.20); **B:** incorreta. A questão é tratada no CPC, art. 675: "Os embargos podem ser opostos a qualquer tempo no processo de conhecimento enquanto não transitada em julgado a sentença e, no cumprimento de sentença ou no processo de execução, *até 5 (cinco) dias depois da adjudicação, da alienação por iniciativa particular ou da arrematação, mas sempre antes da assinatura da respectiva carta*"; **C:** incorreta, pois cabe a hipoteca judiciária *mesmo que a condenação seja genérica* (CPC, art. 495, § 1º, I); **D:** incorreta, porque há prazo em dobro para escritórios de prática jurídica, desde que observados alguns requisitos (CPC, art. 186, § 3º); **E:** incorreta, pois não cabe IRDR para discutir matéria de *fato*, mas unicamente de direito (CPC, art. 976, I).
*Gabarito "A".*

**(Procurador/PA – CESPE – 2022)** Com base no Código de Processo Civil, assinale a opção incorreta.

(A) O recurso adesivo será admissível na apelação, no recurso extraordinário e no recurso especial.

(B) No caso de ajuizamento de ação rescisória fundada em prova nova, cuja existência se ignorava ou de que não se pôde fazer uso, obtida posteriormente ao trânsito em julgado, capaz, por si só, de assegurar pronunciamento favorável ao autor, o termo inicial do prazo será a data de descoberta da prova nova, observado o prazo máximo de cinco anos, contado do trânsito em julgado da última decisão proferida no processo.

(C) A existência de título executivo extrajudicial impede a parte de optar pelo processo de conhecimento a fim de obter título executivo judicial.

(D) Independentemente dos limites da competência territorial, a parte no processo em curso no qual se discute a mesma questão objeto de incidente de resolução de demandas repetitivas é legitimada para requerer ao tribunal competente para conhecer do recurso extraordinário ou especial a suspensão de todos os processos individuais ou coletivos em curso no território nacional que versem sobre a questão objeto do incidente já instaurado.

(E) Na reclamação que não houver formulado, o Ministério Público terá vista do processo por cinco dias, após o decurso do prazo para informações e para o oferecimento da contestação pelo beneficiário do ato impugnado.

**A:** correta, sendo esses os casos em que se admite recurso adesivo (CPC, art. 997, § 2º, II); **B:** correta, sendo essa a previsão legal acerca do prazo de AR fundada em prova nova (CPC, art. 975, § 2º); **C:** incorreta, devendo esta ser assinalada. Existindo título extrajudicial, a parte pode *optar* pelo processo de conhecimento (CPC, art. 785); **D:** correta, sendo essa a previsão legal acerca dos legitimados para a suspensão de processos envolvendo IRDR (CPC, art. 982, § 3º); **E:** correta, sendo esse o trâmite envolvendo o MP na reclamação (CPC, art. 991).
*Gabarito "C".*

**(Procurador/PA – CESPE – 2022)** Julgue os próximos itens, em conformidade com o entendimento do Superior Tribunal de Justiça e as previsões legais pertinentes.

I. O prazo para ajuizamento da ação monitória em desfavor do emitente de nota promissória sem força executiva é quinquenal, contado do dia seguinte ao vencimento do título.

II. O ente público detém legitimidade e interesse para intervir, incidentalmente, na ação possessória entre particulares, podendo deduzir qualquer matéria defensiva, inclusive, se for o caso, o domínio.

III. Não é possível propor, nos juizados especiais da fazenda pública, a execução de título executivo formado em ação coletiva que tramitou sob o rito ordinário, tampouco impor o rito sumaríssimo da Lei n.º 12.153/2009 ao juízo comum da execução.

IV. O interessado pode requerer ao presidente ou ao vice-presidente do tribunal *a quo* que exclua da decisão de sobrestamento e inadmita o recurso especial ou o recurso extraordinário que tenha sido interposto intempestivamente, tendo o recorrente o prazo de cinco dias para manifestar-se sobre esse requerimento.

Assinale a opção correta.

(A) Todos os itens estão errados.

(B) Apenas um item está errado.

(C) Apenas dois itens estão errados.

(D) Apenas três itens estão errados.

(E) Todos os itens estão certos.

**I:** correto. Súmula 504/STJ: "O prazo para ajuizamento de ação monitória em face do emitente de nota promissória sem força executiva é quinquenal, a contar do dia seguinte ao vencimento do título"; **II:** correto. Súmula 637/STJ: "O ente público detém legitimidade e interesse para intervir, incidentalmente, na ação possessória entre particulares, podendo deduzir qualquer matéria defensiva, inclusive, se for o caso, o domínio"; **III:** correto. Tese repetitiva para o Tema 1.029/STJ: "Não é possível propor nos Juizados Especiais da Fazenda Pública a execução de título executivo formado em Ação Coletiva que tramitou sob o rito ordinário, assim como impor o rito sumaríssimo da Lei 12.153/2009 ao juízo comum da execução" (REsp 1804186/SC, j. ago./2020); **IV:** correto, sendo essa expressa previsão legal prevista no Código (CPC, art. 1.035, § 6º).
*Gabarito "E".*

**(Procurador/PA – CESPE – 2022)** Assinale a opção correta, de acordo com a legislação processual civil e os entendimentos do Superior Tribunal de Justiça e do Supremo Tribunal Federal.

(A) É inconstitucional a penhora de bem de família pertencente a fiador de contrato de locação, seja residencial, seja comercial.

(B) A reforma da decisão que antecipa os efeitos da tutela final obriga o autor da ação a devolver os valores dos benefícios previdenciários ou assistenciais recebidos, o que pode ser feito por meio de desconto em valor que não exceda 30% da importância de eventual benefício que ainda lhe estiver sendo pago.

(C) O termo inicial da prescrição no curso do processo será a ciência da primeira tentativa infrutífera de localização do devedor ou de bens penhoráveis, e a prescrição poderá ser suspensa uma única vez, pelo prazo máximo de seis meses.

(D) Quando o agravo interno for declarado manifestamente inadmissível ou improcedente em votação unânime ou por maioria de votos, o órgão colegiado, em decisão fundamentada, deverá condenar o agravante a pagar ao agravado multa fixada entre 1% e 5% do valor atualizado da causa.

(E) Admitido o incidente de resolução de demandas repetitivas no âmbito do tribunal de justiça, os pedidos de tutela de urgência relacionados aos processos suspensos devem ser formulados diretamente ao desembargador-relator do incidente.

**A:** incorreta. A Lei de impenhorabilidade de bem de família é expressa ao permitir a penhora do imóvel do fiador (Lei 8.009/90, art. 3º, III) – e isso foi confirmado pelo STF (Tema 1.127 da repercussão, RE 1307334, j. mar/22); **B:** correta. É o que restou decidido no Tema repetitivo 692 do STJ: "A reforma da decisão que antecipa os efeitos da tutela final obriga o autor da ação a devolver os valores dos benefícios previdenciários ou assistenciais recebidos, o que pode ser feito por meio de desconto em valor que não exceda 30% (trinta por cento) da importância de eventual benefício que ainda lhe estiver sendo pago" (Pet n. 12.482/DF, j. mai./2022); **C:** incorreta, pois a prescrição intercorrente poderá ser suspensa pelo prazo de 1 ano (CPC, art. 921, § 1º); **D:** incorreta, pois a multa se aplica apenas no caso de votação unânime – e não por maioria de votos (CPC, art. 1.021, § 4º); **E:** incorreta. Com o IRDR, ficam suspensos os processos relativos ao mesmo tema, a ser julgado pelo TJ (CPC, art. 977). Se houver pedido de liminar, será apreciado pelo próprio juiz da causa – se em 1º grau, pelo juiz; se em 2º grau, pelo relator do recurso (nesse sentido, conferir REsp 1657156).

Gabarito "B".

**(Procurador/DF – CESPE – 2022)** À luz do CPC e da jurisprudência do STJ, julgue os itens seguintes.

(1) O juiz, independentemente de haver requerimento da parte, pode determinar a inclusão do nome do executado em cadastros de inadimplentes.

(2) A decisão que fixar multa cominatória poderá ser objeto de execução provisória antes da prolação da sentença de mérito.

(3) O cumprimento parcial da tutela de urgência faz com que se inicie a contagem do prazo de trinta dias para a formulação do pedido principal.

(4) A violação à boa-fé, por si só, viabiliza a procedência da ação popular por configurar hipótese de presunção de lesão ao patrimônio público.

(5) Ainda que a autoridade coatora, ao prestar informações, se manifeste sobre o mérito do ato, não será possível a aplicação da teoria da encampação em mandado de segurança impetrado contra ministro de Estado, se a prática do ato impugnado tiver cabido a servidor do respectivo ministério e houver modificação de competência estabelecida na Constituição Federal.

(6) É incabível a interposição de agravo interno contra decisão que indefira o pedido de ingresso de *amicus curiae* na demanda.

(7) É cabível a fixação de honorários advocatícios, em exceção de pré-executividade, com fundamento no princípio da causalidade, quando o sócio da executada é excluído do polo passivo da execução fiscal, ainda que a execução continue contra os demais executados.

**1:** errado, pois é possível ao juiz determinar a inscrição do nome do executado *devedor de alimentos* de ofício (CPC, art. 528, § 1º, parte final); **2:** correto, por expressa previsão legal (CPC, art. 537, § 3º); **3:** errado. Já decidiu o STJ que "o cumprimento parcial da tutela de urgência não tem o condão de fazer com que o prazo de 30 (trinta) dias comece a fluir para a formulação do pedido principal" (REsp 1954457/GO, j. nov./2021); **4:** errado. Já decidiu o STJ que "Eventual violação à boa-fé e aos valores éticos esperados nas práticas administrativas não configura, por si só, elemento suficiente para ensejar a presunção de lesão ao patrimônio público (...); e assim é porque a responsabilidade dos agentes em face de conduta praticada em detrimento do patrimônio público exige a comprovação e a quantificação do dano, nos termos do art. 14 da Lei 4.717/65" (REsp 1447237/MG, j. nov./2014); **5:** certo. O item é súmula do STJ, com alteração na sua redação (Súmula 628/STJ: "A teoria da encampação é aplicada no mandado de segurança quando presentes, cumulativamente, os seguintes requisitos: a) existência de vínculo hierárquico entre a autoridade que prestou informações e a que ordenou a prática do ato impugnado; b) manifestação a respeito

do mérito nas informações prestadas; e c) ausência de modificação de competência estabelecida na Constituição Federal"); **6:** certo, por expressa previsão legal (CPC, art. 138, §§ 1º e 3º); **7:** certo. Decidiu o STJ, no tema repetitivo 961: "Observado o princípio da causalidade, é cabível a fixação de honorários advocatícios, em exceção de pré-executividade, quando o sócio é excluído do polo passivo da execução fiscal, que não é extinta" (REsp 1358837/SP, j. mar./2021).

Gabarito 1E, 2C, 3E, 4E, 5C, 6C, 7C

**(Procurador/DF – CESPE – 2022)** Acerca da ação monitória e da ação popular, julgue os itens seguintes.

(1) É admissível a citação por edital das fazendas públicas estaduais e distrital na ação monitória.

(2) As pessoas físicas e as pessoas jurídicas de direito privado podem figurar como sujeitos passivos da ação popular.

**1:** errado, sendo este o caso de uma típica "pegadinha" da banca CESPE. Cabe citação por edital na monitória, bem como monitória contra a Fazenda, por expressa previsão legal (CPC, art. 700, §§ 6º e 7º). Contudo, não cabe *citação por edital em face da Fazenda*, porque, conforme art. 256 do CPC, há citação por edital quando o réu estiver "em local ignorado, incerto ou inacessível"– o que não ocorrerá com a Fazenda Pública (sempre teremos a União, Estados ou Municípios em suas sedes); portanto, trazer a monitória para a questão é só para confundir, pois o enunciado em verdade enfrenta a impossibilidade de citação por edital da Fazenda; **2:** certo, há previsão legal nesse sentido na lei da ação popular (Lei 4.717/65, art. 6º).

Gabarito 1E, 2C

**(Procurador/DF – CESPE – 2022)** Em cada um dos itens a seguir, é apresentada uma situação hipotética seguida de uma assertiva a ser julgada com referência ao juizado especial de fazenda pública e ao incidente de resolução de demanda repetitiva.

(1) A Procuradoria do DF impetrou mandado de segurança contra decisão do Juizado Especial de Fazenda Pública do DF que concedeu liminar de tutela provisória em favor de um jurisdicionado, e a turma recursal denegou a segurança pretendida. Nessa situação, caberá recurso ordinário contra a decisão proferida pela turma recursal.

(2) A Procuradoria do DF interpôs recurso de apelação contra decisão proferida por uma vara de fazenda pública do DF e, no TJDFT, o desembargador relator da apelação instaurou de ofício um incidente de resolução de demanda repetitiva. Em seguida, os autos do referido incidente foram remetidos ao colegiado competente, sendo que o relator do incidente admitiu o seu processamento e determinou a suspensão dos processos pendentes que deram origem à sua instauração. No decorrer da suspensão, a Procuradoria do DF formalizou pedido de tutela de urgência com o objetivo de resguardar os direitos do ente federativo por ela representado. Nessa situação, a competência para analisar o pedido de tutela provisória pretendida será do desembargador relator do incidente instaurado.

**1:** errado. Do acórdão proferido pelo Colégio Recursal, cabe incidente de uniformização de jurisprudência, que não tem natureza recursal (Lei 12.153/2009, art. 18). **2:** errado. Com o IRDR, ficam suspensos os processos relativos ao mesmo tema, a ser julgado pelo TJ (CPC, art. 982, I. Se houver pedido de liminar, será apreciado pelo próprio magistrado da causa – se em 1º grau, pelo juiz; se em 2º grau, pelo relator do recurso de apelação (nesse sentido, conferir REsp 1657156). Assim, no caso, não é o relator do IRDR, mas sim o relator do recurso que está sobrestado.

Gabarito 1E, 2E

**(Delegado der Polícia Federal – 2021 – CESPE)** A respeito da jurisdição, da competência e do poder geral de cautela no processo civil, julgue os itens subsequentes.

(1) As características da jurisdição incluem substituir, no caso concreto, a vontade das partes pela vontade do juiz, o que, por sua vez, resolve a lide e promove a pacificação social.

(2) No curso de processo de ação de acidente de trabalho que tramite na justiça estadual, se a União intervier como interessada, o juiz deverá efetuar a remessa dos autos para a justiça federal.

## 11. DIREITO PROCESSUAL CIVIL — 347

**(3)** Caso haja fundado receio de que no curso da lide uma parte cause ao direito do réu lesão grave e de difícil reparação, o juiz poderá determinar medida provisória que julgue adequada.

**1:** Errado. No exercício da jurisdição, o Estado substitui as partes. Assim, o Estado, com uma atividade sua, substitui as atividades dos litigantes. Contudo, não se trata de substituição pela *vontade do juiz*, mas sim por aquilo previsto no sistema jurídico (vontade do *Direito* ou da *lei*). **2:** Errado. A ação de acidente do trabalho pode ser (i) contra o empregador, com base na responsabilidade civil subjetiva (culpa) – de competência da justiça do trabalho; (ii) contra o INSS, com base na legislação acidentária, independentemente da existência de culpa – da competência da justiça Estadual e não da Federal (por força de previsão constitucional para facilitar o acesso à justiça – CF, art. 109, I, que exclui a competência da Federal). Sendo assim, se a causa está na estadual, trata-se da situação (ii), que já tem ente federal litigando. Assim, se União pedir seu ingresso, isso será por força da chamada intervenção anômala (Art. 5º, parágrafo único, da Lei 9.469/97), a qual não altera a competência para a Federal (STJ, AgInt no REsp 1535789). **3:** Errado. No caso de risco de lesão, cabe *tutela* provisória (CPC, art. 294), e não *medida* provisória, que é usada pelo Poder Executivo para editar normas legais (CF, art. 62).

Gabarito 1E, 2E, 3E

---

Durante uma tentativa de mediação judicial frustrada foram produzidas as seguintes informações e(ou) manifestações por uma das partes envolvidas no processo.

I. documento elaborado unicamente para fins de mediação
II. manifestação de aceitação de proposta de acordo apresentada pelo mediador
III. informação sobre a prática de crime de ação penal pública
IV. declaração formulada à outra parte na busca de entendimento para o conflito

**(Analista Judiciário – TJ/PA – 2020 – CESPE)** De acordo com o previsto na Lei 13.140/2015, que dispõe sobre mediação, independentemente da vontade das partes, a confidencialidade prevista na norma se aplica apenas às informações e(ou) manifestações constantes nos itens

**(A)** I e II.
**(B)** I e III.
**(C)** III e IV.
**(D)** I, II e IV.
**(E)** II, III e IV.

A questão trata do dever de confidencialidade na mediação e dos documentos e declarações que são alcançados por ele. **I:** correta (Lei 13.140/15, art. 30, § 1º, IV); **II:** correta (Lei 13.140/15, art. 30, § 1º, III); **III:** incorreta, pois a informação relativa a ocorrência de crime de ação penal pública não está alcançada pelo dever de confidencialidade (Lei 13.140/15, art. 30, § 3º); **IV:** correta (Lei 13.140/15, art. 30, § 1º, I).

Gabarito "D".

**(Analista Judiciário – TJ/PA – 2020 – CESPE)** Ao tratar dos deveres das partes e dos procuradores, o CPC expressamente estabelece que, sem prejuízo de outras sanções criminais, civis e processuais, constitui ato atentatório à dignidade da justiça, passível de aplicação ao responsável multa de até vinte por cento do valor da causa,

**(A)** a inovação ilegal no estado de fato de bem litigioso realizada pelo executado.
**(B)** a interposição de apelação com intuito protelatório.
**(C)** o ajuizamento de petição inicial para reconhecimento de direito manifestamente prescrito.
**(D)** o oferecimento de contestação com tese jurídica contrária ao enunciado de súmula vinculante.
**(E)** a utilização abusiva de incidente de desconsideração de personalidade jurídica.

A: correta, conforme expressa previsão legal (CPC, art. 77, VI, § 2º); B: incorreta, porque a interposição de recurso com intuito protelatório é considerada *litigância de má-fé*, sujeitando a parte ao pagamento de multa, superior a 1% e inferior a 10% do valor da causa atualizado e o valor é revertido para a parte que sofreu o dano (CPC, arts. 80, VII e

81); **C:** incorreta, pois isso não é ato atentatório à dignidade da justiça, mas hipótese de improcedência liminar do pedido (CPC, art. 332, § 1º); **D:** incorreta, pois isso não está indicado como atentatório à dignidade da justiça (CPC, art. 77); **E:** incorreta, sendo essa hipótese de litigância de má-fé (CPC, arts. 80, VI e 81).

Gabarito "A".

---

Matheus e Isaac — o primeiro residente e domiciliado em São Paulo – SP, e o segundo em Recife – PE — resolveram adquirir, em condomínio, imóvel localizado na praia de Jurerê, em Florianópolis – SC, pertencente a Tarcísio, residente e domiciliado em Recife – PE. Após a celebração da promessa de compra e venda com caráter irrevogável e irretratável e depois do pagamento do preço ajustado, Tarcísio se recusou a lavrar a escritura pública definitiva do imóvel, sob a alegação de que o preço deveria ser reajustado, em razão da recente instalação de dois famosos *beach clubs* na região. Inconformados, Matheus e Isaac resolveram buscar tutela judicial, a fim de obrigar Tarcísio a cumprir o negócio jurídico.

**(Juiz de Direito – TJ/SC – 2019 – CESPE/CEBRASPE)** Nessa situação hipotética, é correto afirmar, à luz das regras do Código de Processo Civil (CPC) e da jurisprudência majoritária do STJ, que o mecanismo jurídico adequado para a tutela pretendida é

**(A)** a ação de adjudicação compulsória, que independerá do prévio registro do compromisso de compra e venda no cartório de imóveis competente e deverá ser ajuizada em Florianópolis – SC ou Recife – PE, mas não em São Paulo – SP.
**(B)** a ação reivindicatória, que independerá do prévio registro do compromisso de compra e venda no cartório de imóveis competente e deverá ser ajuizada necessariamente em Florianópolis – SC.
**(C)** a ação de adjudicação compulsória, que independerá de prévio registro do compromisso de compra e venda no cartório de imóveis competente e deverá ser ajuizada necessariamente em Florianópolis – SC.
**(D)** a ação reivindicatória, que dependerá do prévio registro do compromisso de compra e venda no cartório de imóveis competente e deverá ser ajuizada em Florianópolis – SC ou Recife – PE, mas não em São Paulo – SP.
**(E)** a ação de adjudicação compulsória, que dependerá do prévio registro do compromisso de compra e venda no cartório de imóveis e deverá ser ajuizada em Florianópolis – SC ou Recife – PE, mas não em São Paulo – SP.

A: incorreta, pois a ação deve ser ajuizada no foro de situação do bem imóvel, ou seja, Florianópolis/SC (CPC, art. 47); B: incorreta, porque a medida adequada é ação de adjudicação compulsória (CC, art. 1.418); C: correta, conforme entendimento sumulado do STJ (CPC, art. 47 e Súmula 239/STJ: O direito à adjudicação compulsória não se condiciona ao registro do compromisso de compra e venda no cartório de imóveis); D: incorreta, já que a medida adequada seria a ação de adjudicação compulsória, que independerá do registro de compromisso de compra e venda no registro de imóveis e a ação deve ser proposta em Florianópolis/SC (CPC, art. 47 e Súmula 239/STJ); E: incorreta, considerando que independe do registro do compromisso de compra e venda no registro de imóveis e a ação deve ser proposta em Florianópolis/SC (CPC, art. 47 e Súmula 239/STJ).

Gabarito "C".

**(Defensor Público – DPE/DF – 2019 – CESPE/CEBRASPE)** A respeito da função jurisdicional, dos sujeitos do processo, dos atos processuais e da preclusão, julgue os itens seguintes.

**(1)** Na execução fiscal, cabe à fazenda pública decidir se a dívida será executada no foro de domicílio do réu, no de residência dele ou no do lugar onde ele for encontrado.
**(2)** Salvo se o regime de bens for o da separação absoluta, haverá litisconsórcio necessário entre os cônjuges para que um deles proponha ação que verse sobre direito real imobiliário.
**(3)** Contraria o ordenamento jurídico o juiz que negar a defensor público o fornecimento de certidão do dispositivo de

sentença proferida em processo tramitado em segredo de justiça, sob o fundamento de ausência de interesse jurídico.

(4) Será considerado intempestivo o recurso de apelação interposto antes da publicação da sentença.

(5) Ocorrerá a preclusão lógica do recurso para a parte que aceitar, ainda que tacitamente, sentença que lhe foi desfavorável.

**1:** certa, conforme previsão específica do Código para o ajuizamento de execuções fiscais pela Fazenda (CPC, art. 46, §5º: "§ 5.º A execução fiscal será proposta no foro de domicílio do réu, no de sua residência ou no do lugar onde for encontrado"). **2:** errada, considerando que a lei exige apenas a consentimento (outorga uxória/marital), ou seja, a anuência do cônjuge para a propositura da ação que verse sobre direito real imobiliário (CPC, art. 73), e não o litisconsórcio – e no caso de separação absoluta isso não será necessário; **3:** errada. Ainda que o acesso aos autos de processo que tramita em segredo de justiça é restrito às partes e a seus procuradores, o Código prevê a possibilidade de terceiro (logo, também o defensor público) requerer a certidão do dispositivo da sentença, desde que comprove interesse jurídico (CPC, art. 189, §§1º e 2º); **4:** errada, pois, a partir do CPC/15, não há dúvida sobre a tempestividade de recurso interposto antes da publicação da decisão (CPC, art. 218, §4º: "§ 4.º Será considerado tempestivo o ato praticado antes do termo inicial do prazo"), afastando-se entendimento anterior em sentido inverso; **5:** certa, tendo em vista que a preclusão lógica consiste na perda de uma faculdade processual em decorrência da prática de ato incompatível com o direito que se pretende exercer (CPC, art. 1.000).

Gabarito 1C, 2E, 3E, 4E, 5C

Jorge foi devidamente citado em ação movida por Márcio e pretende alegar incompetência territorial, impugnar o valor da causa e apresentar reconvenção.

**(Procurador do Município – Campo Grande/MS – 2019 – CESPE/ CEBRASPE)** Considerando essa situação hipotética, julgue os itens subsequentes, a respeito do valor da causa, jurisdição e improcedência liminar do pedido.

(1) Tanto a incompetência territorial quanto o valor da causa deverão ser alegados como preliminares da contestação.

(2) A incompetência territorial é uma questão relativa, que deve ser alegada na primeira oportunidade em que a parte for se manifestar em juízo, salvo no caso de o objeto litigioso ser um bem imóvel, o que torna a competência territorial absoluta e passível de ser decretada de ofício pelo julgador.

(3) Caso Jorge, em reconvenção, resolva fazer pedidos cumulativos simples, o valor da causa será o referente à soma de todos os pedidos. Se ele for pleitear prestações periódicas vencidas e vincendas que ultrapassem um ano, o valor da causa deverá ser reduzido ao quantitativo equivalente a doze parcelas de prestações pretendidas.

(4) Se o pedido feito na inicial por Márcio contrariar qualquer acórdão proferido por tribunal superior, o juiz deverá julgar liminarmente improcedente o pedido.

**1:** certa, porque no CPC/15, a competência (seja absoluta e relativa) e a impugnação ao valor da causa devem ser arguidas em preliminar de contestação (CPC, arts. 64 e 337, II e III); **2:** questão anulada pela banca, considerando que o simples fato de o objeto da ação ser um bem imóvel não torna a competência territorial absoluta. A regra é que a competência territorial seja relativa, sendo considerada absoluta nos casos de ações que versem sobre direitos *reais* sobre bens imóveis (CPC, art. 47, §2º); **3:** questão anulada pela banca, em razão da segunda parte da afirmação. Quando o pedido envolve prestações periódicas, as parcelas vencidas devem ser *somadas* à uma prestação anual das vincendas (12 parcelas), já a quem a obrigação ultrapassa o período de um ano (CPC, art. 292, §§1º e 2º); **4:** errada, considerando que "qualquer acórdão proferido por tribunal superior" não representa o entendimento dos tribunais superiores sobre a aplicação de determinada norma, não sendo considerado precedente vinculante que justifique a improcedência liminar - deve ser, por exemplo, um acórdão de recurso repetitivo para que haja a improcedência liminar (CPC, art. 332).

Gabarito 1C, 2ANULADA, 3 ANULADA, 4E

Dionísio ajuizou ação possessória em desfavor de Paulo sob o fundamento de que, durante os últimos seis meses, o demandado estaria lhe prejudicando a entrada em seu próprio terreno, visto que Paulo havia descarregado um caminhão de areia no portão de entrada da propriedade de Dionísio. Ao redigir a exordial, o advogado do autor narrou nos fatos a ocorrência de esbulho, o que justificaria o ajuizamento da referida ação como de reintegração de posse.

**(Procurador do Município – Campo Grande/MS – 2019 – CESPE/ CEBRASPE)** Julgue os itens subsecutivos, no que se refere a procedimentos especiais, contestação, reconvenção e petição inicial.

(1) No caso, como ocorreu somente o embaraço da plena posse de Dionísio, deveria ter sido ajuizada ação de manutenção de posse. Assim, o juiz, ao receber a inicial, deverá determinar a emenda da exordial para adequação do pedido, nos termos do Código de Processo Civil.

(2) Nas ações possessórias, é admissível que o autor faça pedido liminar em relação ao restabelecimento pleno de sua posse, bastando para tanto que comprove a existência dos mesmos requisitos básicos das tutelas provisórias de urgência, quais sejam, o *periculum in mora* e o *fumus boni iuris*.

(3) Se Dionísio não fosse o proprietário do bem imóvel objeto de ação possessória, mas tão somente o inquilino, ele teria legitimidade para promover a referida demanda.

(4) O único meio processual cabível para que Paulo pudesse expor suas pretensões na demanda possessória seria a reconvenção, na qual ele poderia pleitear proteção possessória e indenização por prejuízos.

**1:** errada, considerando a aplicação do princípio da fungibilidade entre as ações possessórias, que permite que o juiz conheça do pedido independentemente de emenda da inicial (CPC, art. 554); **2:** errada, porque a concessão da liminar nas ações possessórias observa requisitos próprios, pautados na evidência do direito e não na urgência, são eles: (i) a prova da posse; (ii) a turbação ou o esbulho praticado; (iii) a data da turbação ou do esbulho (dentro do período de um ano e um dia); e (iv) a continuação da posse/perda da posse (CPC, arts. 561 e 562); **3:** certa, tendo em vista que o possuidor (seja o direto ou indireto) do bem imóvel pode ajuizar ação possessória (CPC, arts. 560 e 567) – o que é necessário é ter (ou já ter tido e perdido) a posse; **4:** errada, considerando a natureza dúplice das ações possessórias, que autoriza ao réu opor pedidos contra o autor na própria contestação, sem reconvir (CPC, art. 556).

Gabarito 1E, 2E, 3C, 4E

Em 29 de março de 2019, uma sexta-feira, iniciou-se o prazo para que uma autarquia apresentasse contestação a uma petição inicial de natureza cível, em procedimento ordinário, distribuída em uma das varas federais de uma comarca do estado do Mato Grosso do Sul, não tendo ocorrido nenhum feriado até a data final para protocolo da contestação.

**(Procurador do Município – Campo Grande/MS – 2019 – CESPE/ CEBRASPE)** Considerando essa situação hipotética, julgue os próximos itens, relativos a comunicação e prazos processuais, contestação e reconvenção.

(1) O último dia para o protocolo tempestivo da contestação era 10 de maio de 2019, uma sexta-feira.

(2) A citação da autarquia foi realizada no órgão da advocacia pública responsável pela representação judicial dessa autarquia.

(3) Na hipótese de a autarquia desejar exercer seu direito de ação e expor sua pretensão em desfavor do autor da demanda, ela deverá propor reconvenção a ser apresentada junto com a contestação, sob pena de sofrer os efeitos da preclusão lógica em caso de protocolo posterior como peça autônoma.

(4) É correto afirmar que, após a citação válida da autarquia, o objeto da demanda se tornou oficialmente litigioso, mas não é acertado dizer que o demandado foi constituído em mora, uma vez que ainda inexiste certeza acerca da veracidade dos fatos narrados pelo autor na inicial.

# 11. DIREITO PROCESSUAL CIVIL    349

**1:** certa, considerando que a data de início do prazo deve ser excluída da contagem e que as autarquias têm de prazo em dobro para contestar – 30 dias úteis (CPC, arts.183, 219 e 224); **2:** certa, conforme expressa previsão legal (CPC, art. 242, §3º); **3:** errada. Prevê o CPC que a reconvenção é apresentada no bojo da contestação, e não em peça apartada. Mas, se houver a apresentação da contestação e não da reconvenção, não será possível apresentar depois a reconvenção por força da preclusão *consumativa*, e não em virtude da preclusão lógica; **4:** errada, pois a citação válida torna litigiosa a coisa e constitui em mora o devedor, independentemente da probabilidade do direito invocado (CPC, art. 240).
Gabarito: 1C, 2C, 3E, 4E

**(Técnico Judiciário – STJ – 2018 – CESPE)** Julgue os itens a seguir, a respeito das ações no processo civil.

**(1)** A teoria eclética da ação, adotada pelo ordenamento jurídico brasileiro, define ação como um direito autônomo e abstrato, independente do direito subjetivo material, condicionada a requisitos para que se possa analisar o seu mérito.

**(2)** O código de processo civil estabelece duas condições para se postular em juízo: o interesse de agir e a legitimidade da parte.

**(3)** A ação de conhecimento ou cognição visa prevenir, conservar, defender ou assegurar a eficácia de um direito.

**(4)** A tutela provisória pode ser concedida em caráter antecedente à propositura da ação ou em caráter incidental, quando proposta no curso da ação principal.

**1:** Correta. A questão traz a definição da teoria eclética, mista ou abstrata condicionada acerca da ação, cuja formulação é do autor italiano Enrico Liebman – a ação independe do direito material (pois o pedido pode ser julgado procedente ou improcedente), mas tem como requisitos as condições da ação. **2:** Correta. O CPC15 excluiu a possibilidade jurídica do pedido do rol das condições da ação (CPC, art. 485, VI). **3:** Errada. A afirmação se refere ao processo cautelar, que deixou de existir de forma autônoma no CPC15 (agora é espécie do gênero tutela de urgência – CPC, art. 294). O objetivo do processo de conhecimento é resolver uma crise de certeza, definindo a existência ou inexistência de um direito. **4:** Correta, sendo essa uma das inovações do CPC (art. 294, parágrafo único).
Gabarito: 1C, 2C, 3E, 4C

**(Defensor Público/AL – 2017 – CESPE)** Julgue os itens a seguir, a respeito de ação indenizatória.

**I.** Em se tratando de ação anulatória de indébito cumulada com indenizatória, o juiz poderá indeferir a petição inicial por ausência de interesse processual se existirem outras inscrições negativas relativas ao demandante.

**II.** Na fixação do valor indenizatório correspondente a uma única prestação pecuniária, os juros moratórios fluem a partir da citação em caso de responsabilidade extracontratual.

**III.** Será nula a sentença que acolher o pedido indenizatório do demandante em face de instituição financeira caso o juiz sentenciante esteja promovendo ação contra a mesma instituição.

Assinale a opção correta.

**(A)** Apenas o item I está certo.
**(B)** Apenas o item II está certo.
**(C)** Apenas o item III está certo.
**(D)** Apenas os itens I e III estão certos.
**(E)** Todos os itens estão certos.

**I:** Errada. Nesse caso, o juiz poderia indeferir o pedido de indenização por dano moral, com base em jurisprudência pacífica do STJ, mas não indeferir a petição inicial, já que há cumulação de pedidos (STJ, Súmula 385). **II:** Errada. Conforme entendimento do STJ, os juros moratórios fluem a partir do evento danoso, no caso de responsabilidade extracontratual (STJ, Súmula 54). **III:** Correta. A situação configura impedimento do juiz para apreciação da causa, acarretando a nulidade da sentença já proferida (CPC, art. 144, IX e 146, § 7º).
Gabarito: C

**(Procurador do Estado/SE – 2017 – CESPE)** Com relação às normas processuais, ao litisconsórcio, à jurisdição e aos deveres das partes, julgue os seguintes itens, de acordo com o CPC.

**I.** A boa-fé no direito processual civil exige a verificação da intenção do sujeito processual.

**II.** A limitação do litisconsórcio facultativo multitudinário, quando realizada pelo juiz em razão de número excessivo de litigantes, pode ocorrer na fase de conhecimento, na liquidação de sentença ou na execução.

**III.** A pendência de causa que tramita na justiça brasileira impede a homologação de sentença judicial estrangeira quando exigida para produzir efeitos no Brasil.

**IV.** Os emolumentos devidos a notário ou registrador em decorrência da prática de registro de ato notarial necessário à efetivação de decisão judicial são alcançados pelo benefício da gratuidade de justiça que tenha sido concedido.

Estão certos apenas os itens

**(A)** I e II.
**(B)** I e III.
**(C)** II e III.
**(D)** II e IV.
**(E)** II, III e IV.

**I:** Errada. A boa-fé no processo civil é objetiva e deve ser interpretada como uma norma de comportamento, portanto, independe da intenção do sujeito processual (CPC, art. 5º). **II:** Correta, sendo que o CPC permite a limitação desse litisconsórcio em qualquer momento do processo (CPC, art. 113, § 1º). **III:** Errada. A pendência de demanda perante a justiça brasileira *não impede* a homologação de sentença estrangeira na hipótese descrita (CPC, art. 24, parágrafo único). **IV:** Correta (CPC, art. 98, § 1º, IX).
Gabarito: D

**(Procurador do Estado/AM – 2016 – CESPE)** Em relação a análise de petição inicial e julgamento antecipado parcial de mérito, julgue os seguintes itens.

**(1)** Cabe recurso de apelação contra julgamento antecipado parcial de mérito proferido sobre matéria incontroversa.

**(2)** Se, ao analisar a petição inicial, o juiz constatar que o pedido funda-se em questão exclusivamente de direito e contraria entendimento firmado em incidente de resolução de demandas repetitivas, ele deverá, sem ouvir o réu, julgar liminarmente improcedente o pedido do autor.

**1:** incorreta, porque o recurso cabível é o agravo de instrumento (arts. 356, § 5º, e 1.015, II, do CPC); **2:** correta (art. 332, III, CPC).
Gabarito: 1E, 2C

**(Analista – Judiciário –TRE-PI – 2016 – CESPE)** Tendo em vista que, em uma relação processual, o pronunciamento de mérito está condicionado ao cumprimento de algumas formalidades, tais como a atuação do órgão jurisdicional competente e o tempo dessa atuação, as condições da ação e os pressupostos processuais, assinale a opção correta.

**(A)** Transcorrido o prazo legal sem que o jurisdicionado ingresse em juízo para proteger seu direito, opera-se a preclusão do direito de ação.

**(B)** Quando a ação for considerada intransmissível por disposição legal, a morte de um dos sujeitos da relação processual provocará a extinção do processo sem resolução de mérito.

**(C)** Para não contrariar o princípio da inércia da jurisdição, segundo o qual a jurisdição deve ser provocada, é vedado ao juiz determinar, de ofício, a produção de provas.

**(D)** A jurisdição voluntária pode ser exercida extrajudicialmente em casos expressamente autorizados pelo ordenamento jurídico vigente, como nos casos de inventário ou divórcio extrajudiciais.

**(E)** O defeito ou a ausência de representação na relação processual provoca, por falta de uma das condições da ação, a extinção do processo sem resolução de mérito.

**A:** incorreta, pois o não ajuizamento da demanda importa, com o passar do tempo, na prescrição (art. 189, CC). Preclusão é a perda de um poder ou faculdade processual; **B:** correta (art. 485, IX, CPC); **C:**

incorreta, pois o juiz pode determinar, de ofício, a produção das provas necessárias ao julgamento, considerando seus poderes instrutórios (art. 370, CPC); **D**: incorreta. Divórcio e inventário são procedimentos que de fato podem ser realizados de forma extrajudicial, se não houver conflito. Contudo, inventário é jurisdição contenciosa e não voluntária (art. 620, CPC); **E**: incorreta, pois essa falha processual se refere a pressupostos processuais e não a condições da ação – que somente são legitimidade e interesse.

Gabarito "B".

**(Analista Jurídico – TCE/PR – 2016 – CESPE)** Com referência ao processo, ao procedimento comum e à intervenção de terceiros, assinale a opção correta de acordo com o Código de Processo Civil (CPC).

**(A)** De acordo com o CPC, sentença é o pronunciamento do magistrado que, com ou sem resolução do mérito, extingue o processo em primeiro grau. Os demais atos decisórios do juiz singular possuem natureza interlocutória.

**(B)** A impugnação da parte principal ao requerimento de ingresso do assistente dá ensejo à suspensão do processo principal até que sobrevenha decisão do juiz quanto ao incidente processual relativo ao ingresso do assistente.

**(C)** No procedimento comum, a ausência injustificada do réu à audiência de conciliação acarreta a decretação de sua revelia e a consequente presunção de veracidade dos fatos alegados pelo autor na petição inicial.

**(D)** No procedimento comum, contestação e reconvenção devem ser apresentadas em uma única peça processual, ressalvada ao réu a possibilidade de apresentar reconvenção isoladamente caso não deseje contestar.

**(E)** O pedido de desconsideração da personalidade jurídica deve ser formulado no momento da propositura da ação, sendo vedado o ingresso superveniente do sócio no processo após a estabilização da demanda.

**A**: incorreta, pois, pelo CPC, a sentença é o pronunciamento por meio do qual o juiz, com fundamento nos arts. 485 e 487, põe fim à fase cognitiva do procedimento comum, bem como extingue a execução (art. 203, §1º); **B**: incorreto, pois a petição de ingresso de assistente não dá ensejo à suspensão do processo (art. 120, parágrafo único, CPC); **C**: incorreto. De acordo com o §8º do art. 334 do CPC, o não comparecimento injustificado do autor ou do réu à audiência de conciliação é considerado ato atentatório à dignidade da justiça e será sancionado com multa de até dois por cento da vantagem econômica pretendida ou do valor da causa, revertida em favor da União ou do Estado; **D**: correto, conforme se afere do art. 343, *caput* e § 6º, CPC; **E**: incorreto, pois o pedido pode ser realizado em todas as fases do processo (art. 134, CPC).

Gabarito "D".

**(Analista Jurídico –TCE/PA – 2016 – CESPE)** No que diz respeito às normas processuais, aos atos e negócios processuais e aos honorários de sucumbência, julgue os itens que se seguem, com base no disposto no novo Código de Processo Civil.

**(1)** As partes capazes podem, antes ou durante o processo, convencionar sobre os seus ônus, poderes, faculdades e deveres processuais, sendo sempre indispensável a homologação judicial para a validade do acordo processual.

**(2)** Em observância ao princípio da primazia da decisão de mérito, o magistrado deve conceder à parte oportunidade para, se possível, corrigir vício processual antes de proferir sentença terminativa.

**(3)** No que se refere à comunicação dos atos processuais, aplica-se às entidades da administração pública direta e indireta a obrigatoriedade de manter cadastro nos sistemas de processo em autos eletrônicos, para o recebimento de citações e intimações, que serão preferencialmente realizadas por meio eletrônico.

**(4)** A nulidade decorrente da falta de intervenção do Ministério Público como fiscal da ordem jurídica nos processos em que deveria atuar como tal somente pode ser decretada após a manifestação do membro do Ministério Público sobre a existência ou inexistência de prejuízo.

**1**: incorreta, pois não há necessidade de homologação judicial para o negócio jurídico processual, apenas havendo posterior controle de validade pelo juiz (art. 190, *caput* e parágrafo único, CPC); **2**: correta, conforme art. 317 do CPC; **3**: correta, nos termos do §1º do art. 246 do CPC; **4**: correta, tratando-se de inovação prevista no CPC, art. 279, §2º.

Gabarito 1E, 2C, 3C, 4C

## 11. TEORIA GERAL DOS RECURSOS

**(Promotor de Justiça/RR – 2017 – CESPE)** Em cada uma das opções a seguir, é apresentada uma situação hipotética acerca dos processos nos tribunais e dos meios de impugnação das decisões judiciais, seguida de uma assertiva a ser julgada. Assinale a opção em que a assertiva está correta de acordo com a legislação processual civil.

**(A)** Ao se manifestar sobre recurso de apelação interposto contra sentença de mérito prolatada após a instrução probatória, o magistrado, em primeiro grau, não conheceu do recurso por considerar ausência de interesse. Nessa situação, caberá reclamação constitucional por usurpação de competência do tribunal.

**(B)** Em outubro de 2016, um cidadão interpôs recurso especial e, no STJ, verificou-se que o recorrente não havia recolhido a importância das despesas de remessa e retorno dos autos. Nessa situação, o STJ não deverá conhecer do recurso pois, não tendo a parte comprovado o pagamento das guias de porte de remessa e retorno, aplica-se automaticamente a pena de deserção.

**(C)** Em convenção processual, as partes acordaram quanto à possibilidade de interposição de recurso contra todos os despachos proferidos no processo. Nessa situação, se a convenção tiver decorrido da livre manifestação das partes, será legítima a criação de nova espécie recursal, porque a legislação processual admite os negócios processuais atípicos.

**(D)** A parte autora interpôs embargos de declaração de sentença de improcedência sob a alegação de obscuridade na fundamentação, e a de que isso dificultará a interposição de futuro recurso para o tribunal. Nessa situação, o juiz deverá intimar o embargado para manifestar-se sobre os embargos opostos porque essa providência decorre de determinação normativa e independe da finalidade do embargante.

**A**: Correta. A partir do CPC15, não há mais duplo juízo de admissibilidade para o recurso de apelação; se isso ocorrer, haveria usurpação de competência do Tribunal, a ser impugnada por meio de reclamação (CPC, art. 988, I). **B**: Errada. Nessa situação, a parte terá oportunidade de realizar o recolhimento em dobro (CPC, art. 1.007, § 4º). **C**: Errada. Ainda que se admitam negócios processuais atípicos, devem ser respeitados os limites impostos pelos princípios da taxatividade recursal e da própria legalidade (CPC, arts. 190 e 1.001). **D**: Errada. Deve ser oportunizado o contraditório apenas se os embargos de declaração forem recebidos com efeitos infringentes (CPC, art. 1.023, § 2º).

Gabarito "A".

**(Juiz – TJ/CE – 2018 – CESPE)** Em sentença, foi julgado procedente o pedido autoral, com base em fundamento suficiente. Em recurso, o réu pediu a apreciação de outros argumentos da defesa que não haviam sido considerados na sentença. O tribunal conheceu do recurso e, ao julgá-lo, verificou uma questão de ordem pública que não havia sido cogitada até então na demanda. Com base nessa questão de ordem pública, prolatou-se acórdão que reformou a sentença.

Com relação aos efeitos recursais no caso hipotético apresentado, são verificados, respectiva e cronologicamente, os efeitos

**(A)** regressivo, translativo e expansivo.

**(B)** regressivo, devolutivo e translativo.

**(C)** devolutivo, expansivo e translativo.

**(D)** devolutivo, translativo e substitutivo.

**(E)** devolutivo, translativo e regressivo.

**A**: Errada. Não há efeito regressivo, tendo em vista que o caso não se enquadra nas possibilidades de exercício do juízo de retratação em sede de apelação (indeferimento da inicial, improcedência liminar do pedido

11. DIREITO PROCESSUAL CIVIL | 351

e hipóteses de extinção pelo CPC, art. 485). **B:** Errada. Vide justificativa para a alternativa "A". **C:** Errada, considerando o exposto em "D". **D:** Correta. Com a interposição do recurso, houve a devolução da matéria impugnada para apreciação do Tribunal (efeito devolutivo), constatada matéria de ordem pública não cogitada até então (efeito translativo), com a consequente reforma da sentença (efeito substitutivo). **E:** Vide justificativa para a alternativa "A".
Gabarito "D".

**(Defensor Público – DPE/RN – 2016 – CESPE)** Assinale a opção correta no que diz respeito a recursos.

**(A)** Admite-se o cabimento dos embargos infringentes para impugnar acórdão não unânime que anule sentença em razão de vício na citação.

**(B)** Conforme entendimento do STJ, a pena de deserção deve ser aplicada a recurso interposto contra julgado que indeferir o pedido de justiça gratuita.

**(C)** De acordo com o entendimento do STF, são intempestivos os embargos declaratórios interpostos antes da publicação do acórdão embargado.

**(D)** Segundo o entendimento do STJ, na apelação, admite-se a juntada de documentos indispensáveis ou não à propositura da ação, desde que garantidos o contraditório e a ampla defesa.

**(E)** Concedida a antecipação dos efeitos da tutela em recurso adesivo, não se admite a desistência do recurso principal de apelação, ainda que a petição de desistência seja apresentada antes do julgamento dos recursos.

**A:** incorreto. Com o CPC15, o recurso de embargos infringentes deixou de existir, de modo que no caso de votação não unânime há a técnica de julgamento estendido (CPC, art. 942). **B:** Incorreto. Não se aplica a pena de deserção a recurso interposto contra o indeferimento do pedido de justiça gratuita (CPC, no art. 101, § 1º). **C:** incorreto, por expressa previsão legal em sentido inverso (CPC, art. 218, § 4º). **D:** incorreto, pois o que se admite é a juntada de documentos que *não sejam* indispensáveis à propositura da ação (Informativo STJ 533). **E:** correto, de acordo com a jurisprudência do STJ anterior ao CPC15 (Informativo STJ 554).
Gabarito "E".

**(Analista Judiciário – TRT/8ª – 2016 – CESPE)** Determinado indivíduo propôs ação judicial contra empresa pública federal, pelo procedimento ordinário, requerendo o pagamento no valor de R$ 200.000. O juiz proferiu sentença acolhendo o pedido relativo a R$ 100.000 e, quanto aos outros valores objeto da cobrança, reconheceu de ofício a existência de prescrição.

Considerando essa situação hipotética, assinale a opção correta.

**(A)** No julgamento de apelação interposta contra a sentença, caso o tribunal verifique a ocorrência de nulidade sanável no processo, deverá obrigatoriamente determinar o retorno dos autos ao juízo que prolatou a sentença.

**(B)** Eventual recurso de apelação interposto pelo autor da ação pode ser provido monocraticamente, pelo relator, caso a sentença esteja em manifesto confronto com súmula de tribunal superior.

**(C)** A sentença é nula de pleno direito porque, conforme o CPC, é vedado ao magistrado reconhecer de ofício a prescrição.

**(D)** A sentença que condenou a empresa pública está sujeita ao reexame necessário e somente produzirá efeitos depois de confirmada pelo tribunal.

**(E)** Se somente a empresa pública apelar da sentença, o tribunal poderá aumentar o valor da indenização caso entenda, pela prova dos autos, não ter havido prescrição.

**A:** incorreta, pois, verificada a ocorrência de nulidade sanável, o relator determinará a realização ou renovação do ato processual, o que poderá ser feito no próprio Tribunal, sem necessidade de remessa dos autos à origem (art. 938, §1º, CPC); **B:** correta, conforme previsão do art. 932, V, "a", CPC; **C:** incorreta, pois a prescrição pode ser reconhecida de ofício (art. 487, II, CPC); **D:** incorreta, pois o reexame necessário restringe-se à União, Estados, DF, Municípios e suas autarquias e fundações de direito público, sendo certo que o art. 496, I, CPC não faz

menção às empresas públicas; **E:** incorreto, considerando a vedação da "reformatio in pejus" (art. 1013, CPC).
Gabarito "B".

**(Juiz de Direito/DF – 2016 – CESPE)** No que tange a recursos processuais e ação rescisória, assinale a opção correta.

**(A)** O vício de julgamento decorre da aplicação incorreta da regra processual e acarreta a anulação da sentença, ao passo que o vício de procedimento surge da incorreta apreciação da questão de direito e gera a reforma da decisão.

**(B)** O julgador deve proceder, diretamente, ao exame do mérito nos embargos de declaração, por ser desnecessário fazer juízo de admissibilidade desse recurso.

**(C)** A suspeição fundada do magistrado enseja a propositura de ação rescisória contra a sentença que ele tenha prolatado.

**(D)** A aptidão do órgão jurisdicional de conhecer, de ofício, as questões de ordem pública, nos recursos processuais, decorre do efeito translativo.

**(E)** O terceiro juridicamente interessado não figura como parte legítima para a propositura de ação rescisória.

**A:** incorreta, pois é o contrário (a 1ª frase se refere ao "error in procedendo" e a segunda, ao "error in judicando"); **B:** incorreta, porque, sendo os embargos de declaração recurso (art. 994, VI, CPC), estão submetidos aos requisitos de admissibilidade recursal; **C:** incorreta, pois a ação rescisória só poderá ser ajuizada no caso de impedimento, e não de suspeição (art. 966, II, CPC); **D:** correta, sendo o efeito translativo, para a doutrina que o admite, a possibilidade de apreciar temas não expressamente mencionados no recurso – desde que permitidos pela lei, como é o caso envolvendo matérias de ordem pública; **E:** incorreta, pois há previsão legal expressa permitindo isso (art. 967, II, CPC).
Gabarito "D".

**(Analista Jurídico – TCE/PR – 2016 – CESPE)** Rafael ajuizou ação, pelo procedimento comum, contra determinado ente federativo, pedindo anulação de decisão de tribunal de contas. Durante a instrução processual, o juiz indeferiu pedido de juntada superveniente de documento feito por Rafael.

Nessa situação hipotética, a decisão que indeferiu o requerimento de juntada de documento feito pelo autor

**(A)** será irrecorrível, mas poderá ser impugnada por mandado de segurança.

**(B)** poderá ser objeto de agravo de instrumento que terá de ser interposto diretamente no tribunal.

**(C)** poderá ser objeto de agravo retido, sob pena de preclusão da decisão interlocutória.

**(D)** poderá ser objeto de recurso em apelação ou contrarrazões de apelação.

**(E)** não poderá ser impugnada por recurso nem por ação autônoma de impugnação.

A questão envolve a recorribilidade no CPC. No caso, apesar de se tratar de decisão interlocutória, não há previsão no rol do art. 1.015 do CPC de recurso de agravo de instrumento contra essa decisão. Assim, como não mais existe agravo retido, pelo Código, essa decisão deverá ser impugnada em *preliminar de apelação* ou de contrarrazões de apelação (§ 1º do art. 1.009). Assim, pela letra da lei é essa a resposta. De qualquer forma, há na doutrina quem sustente que essa decisão, por envolver prova, deveria ser objeto de imediata impugnação – o que poderia se dar via agravo de instrumento (interpretação extensiva do art. 1.015 – e que o STJ acolheu, com base na "taxatividade mitigada"- tema repetitivo 988/STJ). A Cespe, no caso, seguiu a letra da lei e entendeu não se estar diante de uma situação em que inútil a apelação (o que permitiria o uso do agravo de instrumento).
Gabarito "D".

## 12. RECURSOS EM ESPÉCIE

### 12.1. APELAÇÃO E AGRAVO.

José ajuizou ação de despejo cumulada com cobrança de aluguéis atrasados em desfavor de Paulo, tendo o magistrado julgado procedentes os pedidos, declarando rescindido o contrato de locação, determinando a desocupação do imóvel e condenando Paulo ao pagamento dos valores atrasados. Paulo interpôs recurso de apelação, pedindo a reforma integral da sentença. Durante o trâmite recursal, José iniciou a execução provisória apenas em relação à cobrança dos aluguéis, pois Paulo, após interpor apelação, desocupou voluntariamente o imóvel. Intimado para pagamento da parte líquida da condenação, Paulo agravou da decisão, sustentando ser necessário aguardar o julgamento da apelação antes de se dar andamento à execução provisória.

**(Juiz de Direito – TJ/SC – 2019 – CESPE/CEBRASPE)** Nessa situação hipotética, assinale a opção correta à luz da jurisprudência do STJ.

**(A)** O recurso de agravo de instrumento deverá ser provido, uma vez que, ficando a ação limitada à cobrança dos aluguéis, seria autorizado o recebimento da apelação no efeito suspensivo, visto que a ação passaria a ter natureza exclusivamente condenatória.

**(B)** O recurso de agravo de instrumento deverá ser provido, pois a Lei 8.245/1991 não prevê regramento específico em relação aos efeitos do recebimento do recurso de apelação; portanto, o apelo deveria ter sido recebido nos efeitos devolutivo e suspensivo, atendendo à regra geral no CPC.

**(C)** O recurso de agravo de instrumento deverá ser denegado, porque a apelação que ataca sentença proferida em ação de despejo, ainda que cumulada com ação de cobrança de débitos atrasados, deve ser recebida somente no efeito devolutivo, em razão de regramento específico da Lei 8.245/1991 em relação aos efeitos do recebimento da apelação.

**(D)** O recurso de agravo de instrumento deverá ser denegado, já que, embora não haja regramento específico acerca dos efeitos do recebimento da apelação na Lei 8.245/1991, a desocupação voluntária implicou em desistência do recurso de apelação.

**(E)** O recurso de agravo de instrumento não deverá ser conhecido, por ausência de pressuposto objetivo de admissibilidade recursal, pois, além de existir regramento específico acerca dos efeitos do recebimento da apelação na Lei 8.245/1991, a desocupação voluntária implicou desistência do recurso de apelação.

**A:** incorreta, pois a posterior desocupação do imóvel não obsta o cumprimento provisória da sentença em relação aos aluguéis (vide AgInt no AREsp 544.885/RS); **B:** incorreta, porque a Lei 8.245/91 prevê que nas ações de despejo os recursos interpostos contra a sentença terão efeito apenas devolutivo (Lei 8.245/91, art. 58, V); **C:** correta, por se tratar de expressa previsão legal (Lei 8.245/91, art. 58, V); **D:** incorreta, já há regramento específico na Lei de Locações (Lei 8.245/91, art. 58, V); **E:** incorreta, considerando que o mérito do recurso não se limita à ordem de desocupação, logo, não há que se falar em desistência do recurso. *Gabarito "C".*

**(Analista Judiciário – TJ/PA – 2020 – CESPE)** De acordo com o estabelecido no CPC, o pronunciamento do magistrado que na justiça comum, em primeiro grau, revoga deferimento de gratuidade de justiça será

**(A)** irrecorrível.

**(B)** recorrível por agravo de instrumento em qualquer hipótese.

**(C)** recorrível por apelação em qualquer hipótese.

**(D)** recorrível, em regra, por agravo de instrumento, ressalvada a interposição de apelação quando a questão for resolvida na sentença.

**(E)** recorrível por agravo interno somente se a decisão for prolatada em audiência.

**A:** incorreta, pois a decisão é recorrível (CPC, arts. 101 e 1.015, V); **B:** incorreta, porque a questão sobre a gratuidade for decidida na sentença, caberá apelação (CPC, art. 101); **C:** incorreta, já que se a gratuidade for deferida/indeferida em decisão interlocutória, caberá agravo de instrumento (CPC, arts. 101 e 1.015, V); **D:** correta, por ser essa a lógica do sistema e a previsão legal (CPC, arts. 101 e 1.015, V); **E:** incorreta, visto que agravo interno só cabe de decisão monocrática de relator (CPC, art. 1.021) e não de decisão de juiz de 1º grau. *Gabarito "D".*

**(Defensor Público/AC – 2017 – CESPE)** A respeito da apelação e considerando-se o entendimento dos tribunais superiores, assinale a opção correta.

**(A)** A eficácia de sentença que decrete a interdição não poderá ser suspensa pelo relator da apelação, mesmo se o apelante demonstrar a probabilidade de provimento do recurso.

**(B)** O valor das astreintes não poderá ser reduzido de ofício, pela segunda instância, quando a questão for suscitada em recurso de apelação não conhecido.

**(C)** Concedida à antecipação dos efeitos da tutela em recurso adesivo, será admitida a desistência do recurso de apelação principal, caso a petição de desistência tenha sido apresentada antes do julgamento dos recursos.

**(D)** Em caso de condenação ao pagamento de alimentos, o efeito suspensivo da apelação é dispensável, pois a sentença não começa a produzir efeitos imediatamente após sua publicação.

**(E)** Em razão da preclusão operada, novas questões de fato não poderão ser suscitadas em sede de apelação, mesmo se a parte comprovar que deixou de provocá-las por força maior.

**A:** Errada. A sentença que decreta a interdição tem eficácia imediata, mas seus efeitos poderão ser suspensos pelo relator se o apelante demonstrar a probabilidade de provimento do recurso (CPC, art. 1.012, § 1º, VI e § 4º). **B:** Correta, conforme orientação do STJ (REsp 1508929/RN). **C:** Errada. O STJ firmou entendimento, ainda na vigência do CPC/1973, de que, após a concessão de tutela provisória em recurso adesivo, não seria mais possível ao recorrente desistir do recurso principal, tendo em vista que seria uma forma de se esquivar do cumprimento da decisão judicial (STJ, REsp 1285405/SP). **D:** Errada. A sentença de condenação ao pagamento de alimentos produz efeitos imediatamente após sua publicação (CPC, art. 1.012, § 1º, II). **E:** Errada. Demonstrado motivo de força maior, é possível suscitar questões de fato não propostas no juízo inferior (CPC, art. 1.014). *Gabarito "B".*

**(Juiz – TRF5 – 2017 – CESPE)** Contra pronunciamento de magistrado que, em primeiro grau, decida pela impugnação ao cumprimento de sentença, caberá recurso de

**(A)** apelação, se o processo for extinto, ou de agravo de instrumento, se o processo prosseguir.

**(B)** agravo de instrumento, em qualquer caso.

**(C)** agravo de instrumento, apenas se o recorrente demonstrar urgência.

**(D)** apelação, em qualquer caso.

**(E)** apelação, sempre que o juiz acolher a impugnação do executado.

**A:** Correta, pois essa é a lógica do sistema recursal brasileiro (CPC, art. 1.009 e art. 1.015, parágrafo único). Ademais, isso já foi adotado pelo STJ, no REsp 1.698.344/MG. **B:** Errada. O agravo de instrumento será cabível se o cumprimento de sentença prosseguir – ou seja, se a impugnação for improcedente ou parcialmente procedente a impugnação (CPC, art. 1.015, parágrafo único). **C:** Errada. O regramento do AI no CPC, em relação à execução e cumprimento, não demanda a existência de urgência, sendo caso em que o Código admite recurso de qualquer interlocutória (CPC, art. 1.015, parágrafo único). **D:** Errada. A apelação será cabível apenas se a decisão proferida extinguir o processo ou uma fase processual (CPC, art. 1.009). **E:** Errada. Caso o juiz acolha parcialmente a impugnação, o recurso cabível será o AI, como já exposto em "A" e "B". *Gabarito "A".*

**(Juiz – TRF5 – 2017 – CESPE)** Caio impetrou mandado de segurança no STJ apresentando dois pedidos cumulados de reconhecimento de nulidade de dois atos praticados por ministro de Estado. O STJ, em decisão colegiada final, concedeu parcialmente a segurança para reconhecer a nulidade apenas de um dos atos praticados pelo ministro. Para impugnar essa decisão, Caio apresentou recurso ordinário, e a União interpôs recurso extraordinário.

Considerando as normas jurídicas e a jurisprudência dos tribunais superiores, assinale a opção correta a respeito dessa situação hipotética.

## 11. DIREITO PROCESSUAL CIVIL | 353

**(A)** Pedido de concessão de efeito suspensivo a qualquer um dos recursos, se feito entre a interposição e a publicação da decisão de admissão de tal recurso, deverá ser dirigido ao presidente ou ao vice-presidente do STJ.

**(B)** Se o Supremo Tribunal Federal negar provimento ao recurso interposto por Caio e der provimento ao recurso da União, deverão ser fixados honorários de sucumbência em grau recursal.

**(C)** A admissibilidade dos recursos apresentados será examinada na origem, sendo ainda possível que o tribunal recorrido determine o sobrestamento dos recursos.

**(D)** Caso o recurso de Caio verse apenas sobre matéria constitucional, o STJ deverá aplicar o princípio da fungibilidade e receber o recurso como extraordinário.

**(E)** Na hipótese de o presidente ou vice-presidente do STJ determinar, erroneamente, sobrestamento do recurso da União, a União deverá interpor recurso de agravo em recurso extraordinário.

**A:** Correta (CPC, arts. 1.027, § 2° e 1.029, § 5°, III – bem como entendimento sumulado pelo STF, Súmulas 634 e 635). **B:** Errada. Não são devidos honorários advocatícios em sede de MS, portanto, não caberia condenação ao pagamento de honorários em sede recursal (Lei 12.016/2009, art. 25 e STJ, Súmula 105). **C:** Errada. No caso do RO, os autos são remetidos ao tribunal superior independentemente de juízo de admissibilidade (CPC, art. 1.028, § 3°). **D:** Errada. Não há fungibilidade entre RO e RE (STF, Súmula 272). **E:** Errada. A União deverá interpor agravo interno (CPC, art. 1.030, III, § 2°).

*Gabarito "A".*

### 12.2. OUTROS RECURSOS E INCIDENTES

**(Analista Judiciário – TJ/PA – 2020 – CESPE)** De acordo com o CPC, a competência para realizar o juízo de admissibilidade em incidente de resolução de demandas repetitivas (IRDR) é do

**(A)** juízo singular, quando o incidente se origina de processo que está em primeiro grau.

**(B)** presidente do tribunal, exclusivamente.

**(C)** relator do IRDR, que decidirá monocraticamente.

**(D)** plenário do tribunal, obrigatoriamente.

**(E)** órgão colegiado que possua competência para julgar o IRDR segundo o regimento interno.

**A:** incorreta, já que o IRDR é de competência original de Tribunal, não sendo possível se verificar em 1° grau (CPC, art. 977); **B** e **C:** incorretas, porque o juízo de admissibilidade do IRDR será exercido por órgão colegiado (CPC, art. 981); **D:** incorreta, porque o órgão competente será definido pelo regimento interno de cada tribunal, não sendo, obrigatoriamente, pelo Plenário (CPC, art. 978 e 981); **E:** correta, conforme expressa disposição legal (CPC, arts. 978 e 981).

*Gabarito "E".*

Determinado indivíduo, réu em processo que tramita no primeiro grau de juizado especial cível, deseja impetrar mandado de segurança contra decisão interlocutória teratológica prolatada pelo magistrado.

**(Analista Judiciário – TJ/PA – 2020 – CESPE)** Considerando-se essa situação hipotética e o entendimento sumulado do STJ, o mandado de segurança deve ser processado e examinado

**(A)** pelo próprio órgão judicial prolator da decisão.

**(B)** por vara cível da justiça comum.

**(C)** por turma recursal.

**(D)** pelo tribunal de justiça.

**(E)** pelo STJ.

**A e B:** incorretas, pois o órgão competente para processar e julgar MS impetrado contra ato coator praticado por juiz do JEC não é outro juiz de 1° grau; **C:** correta, conforme entendimento sumulado pelo STJ (Súmula 376: Compete a turma recursal processar e julgar o mandado de segurança contra ato de juizado especial); **D:** incorreta, considerando a Súmula 376/STJ. Porém, vale destacar que a jurisprudência do STJ admite impetração de MS perante TJ, no caso do exercício do controle de competência dos Juizados Especiais (STJ. Jurisprudência em Teses 89); **E:** incorreta, vide alternativas A e B.

*Gabarito "C".*

**(Procurador do Estado/SE – 2017 – CESPE)** Ao realizar o juízo de admissibilidade de recurso especial, o vice-presidente de um tribunal de justiça, em decisão monocrática, negou seguimento ao recurso por considerar, simultaneamente, que não existiam pressupostos de admissibilidade recursal e que o acórdão impugnado pelo recorrente estava em conformidade com precedente firmado pelo STJ em sede de recurso repetitivo.

Nessa situação hipotética, para impugnar integralmente a decisão que obsta o prosseguimento do recurso aviado, a parte interessada deverá

**(A)** interpor novo recurso especial.

**(B)** interpor recurso de agravo em recurso especial.

**(C)** interpor recurso de agravo interno.

**(D)** interpor, simultaneamente, recurso de agravo interno e recurso de agravo em recurso especial.

**(E)** impetrar mandado de segurança, pois não existe recurso previsto em lei para essa situação.

**A:** Errada. Não cabe recurso especial contra decisão monocrática (CPC, art. 1.029 e ss.). **B:** Errada. Além do agravo em recurso especial, deve ser interposto *agravo interno* para atacar o capítulo da decisão que vislumbrou contrariedade ao precedente firmado em sede de recurso repetitivo (CPC, art. 1.030, § 2°). **C:** Errada. Além do agravo interno, deve ser interposto *agravo em recurso especial* para atacar o capítulo da decisão que não vislumbrou os pressupostos de admissibilidade recursal (CPC, art. 1.030, § 1°). **D:** Correta – pois cabe agravo interno para o capítulo da decisão relativo ao repetitivo e agravo em recurso especial na parte relativa aos requisitos de admissibilidade (CPC, art. 1.030, I, "b" e V, §§ 1° e 2°). Nesse sentido, o enunciado 77 das Jornadas de Direito Processual do CJF (mais informações em http://genjuridico.com.br/2017/11/13/ncpc-inadmissao-resp-dois-agravos/ ). **E:** Errada. Não cabe MS contra ato judicial passível de recurso (STF, Súmula 267).

*Gabarito "D".*

**(Defensor Público/AC – 2017 – CESPE)** Com relação aos embargos declaratórios, assinale a opção correta.

**(A)** Caso sejam acolhidos e modifiquem a decisão embargada, o embargado que houver aviado outro recurso contra a decisão originária deverá complementar as razões deste recurso.

**(B)** Deverá ser ratificado recurso que houver sido interposto pela outra parte antes do julgamento dos embargos, caso estes sejam rejeitados.

**(C)** Por interromperem o prazo para a interposição de recursos, dispensam a intimação das partes quanto à decisão proferida em virtude do julgamento desses recursos.

**(D)** Se manifestamente protelatórios, o juiz, fundamentadamente, condenará o embargante a pagar ao embargado, inicialmente, multa correspondente a dez por cento sobre o valor da causa.

**(E)** Se forem opostos contra decisão de relator proferida em tribunal, serão decididos monocraticamente pelo órgão prolator de decisão embargada.

**A:** Errada. Complementar ou alterar as razões recursais é uma faculdade do embargado o não um dever (CPC, art. 1.024, § 4°). **B:** Errada. O recurso deverá ser processado e julgado independentemente de ratificação (CPC, art. 1.024, § 5°) – havia necessidade de ratificação na vigência do CPC/1973. **C:** Errada, pois as partes devem ser intimadas, considerando o contraditório e ampla defesa. **D:** Errada. O valor da multa não excederá 2% sobre o valor atualizado da causa (CPC, art. 1.026, § 2°). **E:** Correta, sendo essa a previsão legal (CPC, art. 1.024, § 2°).

*Gabarito "E".*

**(Defensor Público/AL – 2017 – CESPE)** Determinado recurso especial que diz respeito a uma relevante questão de direito, com grande repercussão jurídica, econômica e política, mas sem repetição em múltiplos processos, foi distribuído para determinada turma do Superior Tribunal de Justiça. Em razão do interesse social da matéria, a Defensoria Pública requereu o julgamento do recurso por órgão colegiado indicado pelo regimento do tribunal. O pedido foi acolhido, tendo o relator proposto que o julgamento fosse realizado por determinada

## 354 LUIZ DELLORE

seção, a qual proferiu acórdão, sem revisão de tese, que passou a vincular todos os juízes e órgãos fracionários.

Considerando-se essa situação hipotética, é correto afirmar que o instrumento processual suscitado pela Defensoria Pública e proposto pelo relator do recurso especial foi o

(A) incidente de resolução de demandas repetitivas.
(B) incidente de assunção de competência.
(C) julgamento de recursos especiais repetitivos.
(D) incidente de arguição de inconstitucionalidade.
(E) conflito de competências.

**A:** Errada. Um dos requisitos para a instauração do IRDR é a efetiva repetição de processos que contenham controvérsia sobre a mesma questão de direito (CPC, art. 976). **B:** Correta, pois presentes os requisitos previstos em lei (CPC, art. 947). **C:** Errada. O rito dos recursos repetitivos pressupõe a multiplicidade de recursos extraordinários ou especiais com fundamento em idêntica questão de direito (CPC, art. 1.036). **D:** Errada. A questão não menciona arguição de inconstitucionalidade de lei ou de ato normativo do poder público (CPC, art. 948). **E:** Errada. A questão não menciona a existência de conflito de competência (CPC, art. 951).

Gabarito "B".

## 13. PROCEDIMENTOS ESPECIAIS

**(Procurador/DF – CESPE – 2022)** Em cada um dos itens a seguir, é apresentada uma situação hipotética seguida de uma assertiva a ser julgada a respeito do processo coletivo e da ação de desapropriação.

(1) O governador do DF editou decreto no qual declarou a utilidade pública e o interesse social para efeito de desapropriação de uma área de terra rural localizada em Brazlândia, no DF. Nessa situação, caso o proprietário da referida área seja notificado e aceite a oferta de indenização proposta pelo DF, será dispensada a proposição de ação de desapropriação.

(2) O Ministério Público de determinado estado propôs ação de improbidade administrativa em decorrência de atos supostamente praticados pelo secretário de educação daquele estado.
Após a instrução processual, identificou-se a ausência dos requisitos para o processamento da ação de improbidade administrativa, mas verificou-se a presença dos pressupostos para o processamento de ação civil pública. Nessa situação, o juiz da causa poderá, de ofício, converter a ação de improbidade administrativa em ação civil pública.

**1:** correto. Se a oferta feita pelo ente público é aceita, não há necessidade de processo judicial. Nesse sentido, o art. 10-A, § 2º do DL 3.365/ 1941. "Aceita a oferta e realizado o pagamento, será lavrado acordo, o qual será título hábil para a transcrição no registro de imóveis". **2:** correto. Existe expressa previsão legal de conversão, a partir da reforma da LIA. Nesse sentido, art. 17, § 16 da Lei 8.429/1992, com a redação da Lei 14.230/21: "A qualquer momento, se o magistrado identificar a existência de ilegalidades ou de irregularidades administrativas a serem sanadas sem que estejam presentes todos os requisitos para a imposição das sanções aos agentes incluídos no polo passivo da demanda, poderá, em decisão motivada, converter a ação de improbidade administrativa em ação civil pública, regulada pela Lei nº 7.347, de 24 de julho de 1985".

Gabarito 1C, 2C.

**(Juiz de Direito – TJ/SC – 2019 – CESPE/CEBRASPE)** De acordo com as disposições do CPC, assinale a opção correta relativa aos procedimentos especiais.

(A) Entre os legitimados para requerer a abertura de inventário, estão os credores dos herdeiros ou do autor da herança, mas não os credores do legatário.

(B) No caso da ação possessória multitudinária, o oficial de justiça procurará, por uma vez, os ocupantes no imóvel, sendo citados por edital os que não forem encontrados na ocasião, independentemente de outras diligências para citação por hora certa.

(C) Em razão da sumariedade do procedimento monitório, o CPC vedou a possibilidade da reconvenção em demandas dessa natureza.

(D) Falecendo qualquer uma das partes no curso do processo, a sucessão processual acontecerá por meio do procedimento de habilitação, que ocorrerá nos mesmos autos da demanda, independentemente de suspensão do processo.

(E) Em regra, o proprietário fiduciário do bem constrito ou ameaçado não detém legitimidade ativa para ajuizar embargos de terceiro.

**A:** incorreta, pois os credores do legatário têm legitimidade para requerer a abertura do inventário (CPC, art. 616, VI); **B:** correta, por expressa previsão legal (CPC, art. 554, §§1º e 2º); **C:** incorreta, porque é expressamente admitida reconvenção em ação monitória – sendo vedada a reconvenção à reconvenção (CPC, art. 702, §6º); **D:** incorreta, já que a morte de qualquer das partes é causa de suspensão do curso do processo (CPC, art. 313, I e §§ 1º e 2º) – sendo a habilitação realizada para que haja a sucessão no polo processual (CPC, art. 687); **E:** incorreta, considerando que os embargos podem ser opostos por terceiro proprietário, inclusive o proprietário fiduciário (CPC, art. 674, § 1º).

Gabarito "B".

O Ministério Público ajuizou ação civil pública contra determinada empresa e seus sócios, visando tutelar direitos de consumidores lesados por contratos celebrados para a prática de esquema de pirâmide financeira. A sentença condenatória na ação coletiva foi publicada em 5/1/2003 e, após recurso, transitou em julgado em 2/6/2005. Em 6/7/2012, um consumidor beneficiário da referida demanda apresentou execução individual da sentença coletiva.

**(Juiz de Direito – TJ/SC – 2019 – CESPE/CEBRASPE)** Nessa situação hipotética, de acordo com o entendimento do STJ, é correto afirmar que, à época da proposituta da execução individual pelo beneficiário, a sua pretensão

(A) estava prescrita desde o transcurso de cinco anos após o trânsito em julgado da sentença coletiva.

(B) não estava prescrita, e só será assim considerada após o transcurso de dez anos do trânsito em julgado da sentença coletiva.

(C) estava prescrita desde o transcurso de cinco anos após a publicação da sentença coletiva.

(D) não estava prescrita, e só será assim considerada após o transcurso de dez anos após a publicação da sentença coletiva.

(E) estava prescrita desde o transcuro de três anos após o trânsito em julgado da sentença coletiva.

**A:** correta, sendo esse o entendimento fixado pela jurisprudência do STJ (vide STJ, Informativo 580); **B:** incorreta, já que, segundo o entendimento do STJ, o prazo prescricional para a execução individual de sentença coletiva proferida em ACP é de 5 anos (STJ, Informativo 515); **C:** incorreta, pois o prazo prescricional é contado do trânsito em julgado da sentença coletiva (STJ, Informativo 580); **D:** incorreta, porque o prazo prescricional é de 5 anos, contados do trânsito em julgado da sentença (STJ, Informativos 515 e 580); **E:** incorreta, uma vez que o prazo de prescrição é quinquenal (STJ, Informativo 515).

Gabarito "A".

**(Juiz de Direito – TJ/BA – 2019 – CESPE/CEBRASPE)** De acordo com a Lei n.º 12.016/2009, que dispõe sobre o mandado de segurança, se, depois de deferido o pedido liminar, o impetrante criar obstáculos ao normal andamento do processo, o juiz deverá

(A) intimar imediatamente o MP para se manifestar sobre a protelação e notificar, posteriormente, a parte para praticar o ato necessário, sob pena de multa.

(B) notificar imediatamente a parte para praticar o ato necessário, sob pena de multa.

(C) cassar a medida liminar, desde que assim seja requerido pelo MP.

(D) revogar a decisão liminar, desde que assim seja requerido pela autoridade coatora ou pelo MP.

(E) decretar a perempção da medida liminar, de ofício ou por requerimento do MP.

## 11. DIREITO PROCESSUAL CIVIL

**A e B:** erradas, pois a lei não prevê a fixação de multa coercitiva nessa situação (Lei 12.016, art. 8º); **C e D:** erradas, já que a liminar pode ser cassada/revogada, de ofício, pelo juiz (Lei 12.016, art. 8º); **E:** certa, conforme expressa previsão legal, tendo em vista que a situação narrada configura hipótese de perempção ou caducidade da liminar, que funciona como uma sanção ao impetrante por desídia na condução do processo (Lei 12.016, art. 8º).

Gabarito "E".

**(Defensor Público – DPE/DF – 2019 – CESPE/CEBRASPE)** Acerca do direito coletivo, julgue os itens a seguir.

**(1)** Conforme previsão legal, é competente para a propositura de ação civil pública o foro do local do dano, cujo juízo terá competência funcional para processar e julgar a causa.

**(2)** Pacificou-se na doutrina o entendimento de que, com a ampliação da legitimidade para a propositura de ação civil pública, as Defensorias Públicas passaram a ter a atribuição de instaurar inquéritos civis destinados a coligir provas e quaisquer outros elementos de convicção aptos a fundamentar o ajuizamento de ação civil pública.

**(3)** Entende o STJ que, no âmbito do direito privado, é de cinco anos o prazo prescricional para ajuizamento de execução individual em pedido de cumprimento de sentença proferida em ação civil pública, contado esse prazo a partir do trânsito em julgado da sentença exequenda.

**1:** certa, conforme expressa previsão legal (Lei 7.347/85, art. 2º: "Art. 2º As ações previstas nesta Lei serão propostas no foro do local onde ocorrer o dano, cujo juízo terá competência funcional para processar e julgar a causa"). **2:** errada, pois o entendimento majoritário é no sentido de somente o Ministério Público ter legitimidade para a instauração de inquérito civil, a partir da interpretação da LACP (Lei 7.347/85, art. 8º, §1º); **3:** certa, pois o STJ decidiu que o prazo prescricional para ajuizamento do cumprimento de sentença individual de decisão coletiva é de 5 anos, contados da data do trânsito em julgado da sentença coletiva (REsp 1.273.643/PR – Tema Repetitivo 515 e REsp 1.388.000/PR – Tema Repetitivo 877). Destaca-se o seguinte da ementa do acórdão: "(...) foi fixada a seguinte tese: *No âmbito do Direito Privado, é de cinco anos o prazo prescricional para ajuizamento da execução individual em pedido de cumprimento de sentença proferida em Ação Civil Pública'.* (...) (REsp 1273643/PR).

Gabarito 1C, 2E, 3C.

**(Defensor Público – DPE/DF – 2019 – CESPE/CEBRASPE)** Julgue os próximos itens, relativos à prevenção, conexão, continência e litispendência no processo coletivo.

**(1)** Nas ações civis públicas, o despacho inicial de citação prevenirá a competência do juízo para todas as ações posteriormente intentadas que possuam a mesma causa de pedir ou o mesmo objeto.

**(2)** **Situação hipotética:** A Defensoria Pública do Distrito Federal e a Defensoria Pública da União ajuizaram ações civis públicas em situação de continência entre si. **Assertiva:** Nesse caso, em razão da autonomia dos legitimados coletivos, as referidas demandas deverão tramitar separadamente: a primeira, na justiça do Distrito Federal, e a segunda, na justiça federal.

**1:** errada, porque a prevenção do juízo se dá a partir da *propositura* da ação e não do despacho citatório (Lei 7.347/85, art. 2º, parágrafo único); **2:** errada, considerando que, no entendimento do STJ, havendo continência entre as duas ações civis públicas, as ações devem ser reunidas para evitar a prolação de decisões conflitantes, atraindo a competência da Justiça Federal (Súmula 489/STJ: "Reconhecida à continência, devem ser reunidas na justiça federal as ações civis públicas propostas nesta e na justiça estadual").

Gabarito 1E, 2E.

**(Defensor Público – DPE/DF – 2019 – CESPE/CEBRASPE)** No que se refere a mandado de segurança, ação civil pública, ação de improbidade administrativa e ação rescisória, julgue os seguintes itens.

**(1)** O termo inicial do prazo de decadência para impetração de mandado de segurança contra aplicação de penalidade

disciplinar é a data da publicação do respectivo ato no Diário Oficial.

**(2)** De acordo com o Código de Processo Civil, sentença transitada em julgado que tenha sido baseada em transação inválida poderá ser rescindida se o vício for verificado mediante simples exame dos documentos dos autos.

**1:** certa, conforme entendimento consolidado do STJ, no sentido de que o prazo decadencial de 120 dias para impetração de MS deve ser contado a partir da *publicação* do ato no Diário Oficial, e não da posterior intimação pessoal do servidor ("O Superior Tribunal de Justiça tem entendimento consolidado segundo o qual o termo inicial do prazo de decadência para impetração de mandado de segurança contra aplicação de penalidade disciplinar é a data da publicação do respectivo ato no Diário Oficial, e não a posterior intimação pessoal do servidor" AgInt no RMS 51.319/SP)**; 2:** errada, considerando que essa hipótese de cabimento, prevista na sistemática do CPC/73, não consta do art. 966 do CPC/15, de modo que, caso não seja possível fundamentar a rescisão com base em uma das hipóteses específicas trazidas pelo CPC/15, a decisão não poderá ser objeto de ação rescisória – sendo possível se cogitar de ação anulatória (CPC, art. 966, § 4º).

Gabarito: 1C, 2E.

A empresa Soluções Indústria de Eletrônicos Ltda. veiculou propaganda considerada enganosa relativa a determinado produto: as especificações eram distintas das indicadas no material publicitário. Em razão do anúncio, cerca de duzentos mil consumidores compraram o produto. Diante desse fato, uma associação de defesa do consumidor constituída havia dois anos ajuizou ação civil pública com vistas a obter indenização para todos os lesados.

**(Delegado – PC/SE – 2018 – CESPE/CEBRASPE)** Com referência a essa situação hipotética, julgue os itens seguintes.

**(1)** A associação autora é parte legítima para propor a ação civil pública e não terá que adiantar custas ou honorários periciais; no entanto, a associação será condenada em honorários advocatícios caso seja comprovada a sua má-fé.

**(2)** Na hipótese de existir outra ação com idêntica causa de pedir da ação civil pública proposta e de tal ação ter sido sentenciada por outro juízo, o fenômeno da conexão exigirá que as duas demandas sejam reunidas.

**1:** certa, considerando que: (i) a associação preenche os requisitos estabelecidos em lei para a propositura da ACP – constituição há, pelo menos, um ano e pertinência temática (Lei 7.347, art. 5º, V), (ii) o adiantamento das custas e dos honorários periciais é dispensado por lei (Lei 7.347, art. 18), (iii) em caso de litigância de má-fé, a associação será condenada em honorários e ao décuplo das custas (Lei 7.347, art. 17)**; 2:** errada, considerando que os processos conexos serão reunidos para julgamento conjunto, salvo se um deles já houver sido sentenciado – como é o caso narrado (CPC, art. 55, §1º e Súmula 235/STJ).

Gabarito: 1C, 2E.

**(Procurador do Município/Manaus – 2018 – CESPE)** Acerca das disposições do CPC relativas aos procedimentos especiais e ao processo de execução, julgue os itens seguintes.

**(1)** Na hipótese do ajuizamento de ação de reintegração de posse quando se deveria ajuizar outra ação possessória, o juiz poderá conhecer o pedido e outorgar a proteção legal correspondente, desde que tenham sido comprovados os pressupostos da ação que deveria ter sido ajuizada.

**(2)** Admite-se o ajuizamento de ação monitória por aquele que afirma, com base em prova escrita, ou oral documentada, ter direito de exigir de devedor capaz a entrega de coisa infungível.

**(3)** A execução de título executivo judicial se dá em fase processual posterior à sua formação, denominada processo de execução.

**1:** Correta, sendo essa a fungibilidade das possessórias (CPC, art. 554). **2:** Correta (CPC, art. 700, II). **3:** Errada. Desde 2005 temos o sincretismo processual, em que a execução de título executivo judicial se dá via cumprimento de sentença (sequência e parte final do processo de conhecimento) e não por processo de execução autônomo (CPC, art. 513 e ss.).

*Gabarito 1C, 2C, 3E*

**(Procurador do Município/Manaus – 2018 – CESPE)** Considerando o disposto na Lei dos Juizados Especiais Cíveis e Criminais e na Lei dos Juizados Especiais da Fazenda Pública, julgue os itens que se seguem.

(1) Nas causas cíveis de menor complexidade, os embargos de declaração opostos contra a sentença interrompem o prazo para interposição de recurso.

(2) Nas ações que tramitarem nos juizados especiais cíveis, não poderão ser partes do processo as pessoas jurídicas de direito público, as empresas públicas da União, a massa falida, o insolvente civil, o preso e o incapaz.

(3) As ações populares e as ações de divisão e demarcação de terras não são abarcadas pela competência dos juizados especiais da fazenda pública, ainda que haja o interesse dos estados e que o valor da causa não exceda sessenta salários mínimos.

**1:** Correta (Lei 9.099/1995, art. 50, com a redação do CPC15; e Lei 12.153/2009, art. 27). **2:** Correta (Lei 9.099/1995, art. 8º). **3:** Correta (Lei 12.153/2009, art. 2º, § 1º, I).

*Gabarito 1C, 2C, 3C*

**(Juiz – TJ/CE – 2018 – CESPE)** Conforme a jurisprudência do STJ e a legislação pertinente, mandado de segurança pode ser impetrado

(A) contra ato de gestão comercial praticado por administrador de empresa pública.

(B) por terceiro contra ato judicial, desde que recurso tenha sido previamente interposto.

(C) por qualquer pessoa física ou jurídica, excluídos os órgãos públicos despersonalizados e as universalidades legais.

(D) contra ato praticado em licitação promovida por sociedade de economia mista.

(E) contra ato ilegal omissivo sobre relação jurídica de trato sucessivo, no prazo decadencial de cento e vinte dias, contados a partir da ciência do ato.

**A:** Errada (Lei 12.016/2009, art. 1º, § 2º). **B:** Errada. A alternativa contraria entendimento pacificado nos Tribunais Superiores (STJ, Súmula 202). **C:** Errada. Segundo entendimento do STJ, órgãos públicos despersonalizados e universalidades legais possuem legitimidade ativa para a impetração de MS (STJ, REsp 1.305.834/DF). **D:** Correta (STJ, Súmula 333). **E:** Errada. Conforme jurisprudência do STJ, nos casos de conduta omissiva da Administração, envolvendo obrigações de trato sucessivo, o prazo decadencial se renova mês a mês, de forma continuada (STJ, AgRg no AREsp 243.070/CE – Informativo 517).

*Gabarito D*

**(Defensor Público/AL – 2017 – CESPE)** De acordo com o que dispõe o CPC sobre os procedimentos especiais, é admissível a oposição de embargos de terceiro quando

(A) tais embargos forem opostos no cumprimento de sentença ou no processo de execução antes da adjudicação, mas sempre depois da assinatura da respectiva carta.

(B) pretender o oponente, no todo ou em parte, a coisa ou o direito sobre o que controvertem autor e réu.

(C) tais embargos forem opostos em processo de conhecimento, desde que antes da audiência de instrução e julgamento.

(D) for considerado executado o oponente indevidamente citado em processo de execução.

(E) tais embargos forem fundados em alegação de posse advinda do compromisso de compra e venda de imóvel, ainda que desprovido de registro.

**A:** Errada. Os embargos podem ser opostos até 5 dias depois da adjudicação do bem, mas *sempre antes* da assinatura da respectiva carta (CPC, art. 675). **B:** Errada. A alternativa define o instituto da oposição e não dos embargos de terceiro – que têm por objeto a desconstituição de constrições indevidas (CPC, art. 674). **C:** Errada. Os embargos podem ser opostos até o trânsito em julgado da sentença (CPC, art.

675). **D:** Errada. Nesse caso, seria possível oferecer exceção de pré-executividade, por exemplo, mas não opor embargos de terceiro, já que o oponente integraria a relação processual (CPC, art. 674). **E:** Correta (STJ, Súmula 84).

*Gabarito E*

**(Defensor Público/AL – 2017 – CESPE)** Caso não seja cumprida voluntariamente sentença transitada em julgado no âmbito do juizado especial cível,

(A) o interessado deverá solicitar, por escrito, a execução da sentença, sendo necessária nova citação.

(B) o juiz determinará ao vencido o imediato cumprimento da sentença, sob pena de aplicação de multa diária.

(C) o juiz procederá, de ofício, à execução da sentença.

(D) proceder-se-á desde logo à execução mediante solicitação do interessado, que poderá ser verbal, dispensada nova citação.

(E) não será admitida a execução da sentença no próprio juizado.

**A:** Errada. É possível que a solicitação seja verbal e é dispensada nova citação (Lei 9.099/1995, art. 52, IV). **B:** Errada. O início do cumprimento de sentença exige solicitação do interessado (Lei 9.099/1995, art. 52, IV). **C:** Errada, conforme exposto em "B". **D:** Correta, sendo essa a previsão da lei, que fala em execução e não cumprimento de sentença (Lei 9.099/1995, art. 52, IV). **E:** Errada. A execução da sentença será processada no próprio JEC (Lei 9.099/1995, art. 52, "caput").

*Gabarito D*

**(Defensor Público/AL – 2017 – CESPE)** Maria, que ocupa área urbana com cem metros quadrados há oito anos e utiliza-a como moradia, procurou a Defensoria Pública para ajuizar ação requerendo a declaração da usucapião especial urbana da referida área.

A respeito dessa situação hipotética, assinale a opção correta.

(A) A citação dos confrontantes será necessária, se ocupados os imóveis.

(B) O ajuizamento superveniente de ação de reintegração de posse pelo proprietário da área sobrestará a ação proposta por Maria.

(C) A citação do titular do registro é de extrema relevância nesse processo.

(D) Caso seja necessária perícia, essa ação deverá ser ajuizada sob o rito ordinário.

(E) Maria terá o direito de requerer a usucapião da referida área, ainda que seja proprietária de imóvel rural em outro estado.

**A:** Errada. Os confinantes serão citados pessoalmente, independentemente de ocupação do imóvel (CPC, art. 246, § 3º). **B:** Errada. A ação de reintegração ajuizada posteriormente pelo proprietário será sobrestada (Lei 10.257/2001, art. 11). **C:** Correta, sendo necessária a citação do proprietário (que consta do registro do imóvel) na ação de usucapião (nesse sentido, cf. REsp 1.275.559/ES). **D:** Errada. Na vigência do CPC/1973, a ação de usucapião especial de imóvel urbano era processada sob o rito sumário. Entretanto, no CPC15, a ação de usucapião deverá ser processada sob o procedimento *comum* – já que foi suprimido o rito sumário e, consequentemente, o ordinário (CPC, art. 1.049, parágrafo único). **E:** Errada. Maria não poderia ser proprietária de outro imóvel urbano ou rural (Lei 10.257/2001, art. 9º).

*Gabarito C*

**(Promotor de Justiça/RR – 2017 – CESPE)** Julgue os itens a seguir, referentes à tutela coletiva.

I. Se ACP for ajuizada em comarca diversa daquela em que tiver ocorrido o dano, o juízo deverá declinar, de ofício, de sua competência.

II. Ressalvada a hipótese de má-fé, o sindicato que propuser ACP não precisará adiantar custas, emolumentos ou honorários periciais nem será condenado em honorários advocatícios ou despesas processuais.

III. As associações precisam de autorização especial para propor ACP ou mandado de segurança coletivo na defesa de interesses de seus associados.

Assinale a opção correta.

## 11. DIREITO PROCESSUAL CIVIL

**(A)** Nenhum item está certo.
**(B)** Apenas o item III está certo.
**(C)** Apenas os itens I e II estão certos.
**(D)** Todos os itens estão certos.

**I:** Correta. Nesse caso, a competência é funcional e, portanto, absoluta (Lei 7.347/1985, art. 2º). **II:** Correta (Lei 7.347/1985, art. 18). **III:** Errada. A impetração de mandado de segurança coletivo por associação *independe* de autorização especial dos associados (STF, Súmula 629).
Gabarito "C".

**(Promotor de Justiça/RR – 2017 – CESPE)** A respeito dos procedimentos especiais de jurisdição voluntária, assinale a opção correta.

**(A)** Na ação de interdição, o laudo médico de incapacidade deverá ser apresentado após o saneamento do processo e somente no caso de o juiz considerar que a alegação de incapacidade precise de comprovação.
**(B)** O requerente deverá valer-se: da notificação, quando pretender que alguém faça ou deixe de fazer algo que afete seu direito; da interpelação, caso deseje informar uma pessoa que com ele possua relação jurídica acerca de seu propósito sobre assunto juridicamente relevante.
**(C)** No divórcio consensual, não havendo acordo entre os cônjuges sobre a partilha dos bens, esta será realizada apenas após a homologação do divórcio pelo juiz.
**(D)** O terceiro que for mero detentor do testamento particular será considerado parte ilegítima para requerer ao juízo a publicação do testamento, por não possuir a condição de herdeiro, legatário ou testamenteiro.

**A:** Errada. O requerente deve apresentar o laudo médico na própria inicial ou justificar a razão de não o apresentar (CPC, art. 750). **B:** Errada. Por meio da notificação, o interessado manifesta-se de modo formal a outrem sobre assunto juridicamente relevante; já por meio da interpelação, o interessado requer que o requerido faça ou deixe de fazer algo que entenda ser de seu direito (CPC, arts. 726 e 727). **C:** Correta (CPC, art. 731, parágrafo único). **D:** Errada. O terceiro detentor do testamento poderá requerer sua publicação, caso não possa entregar o testamento a algum dos legitimados (CPC, art. 737).
Gabarito "C".

**(Juiz – TRF5 – 2017 – CESPE)** Em um processo administrativo instaurado com a finalidade de separar terras devolutas da União de imóveis particulares, a comissão especial responsável pela instauração do procedimento realizou, na forma da lei, convocação dos interessados para a apresentação de título e documentos. Entretanto, diversos interessados não atenderam nem ao edital de convocação, nem à notificação para celebrar termo com a União.

Nessa situação hipotética, de acordo com a legislação vigente, para que ocorra a devida identificação do imóvel da União, com efeito de registro como título de propriedade,

**(A)** deverá ser proposta ação de divisão e demarcação de terras, conforme procedimento previsto no CPC.
**(B)** o Instituto Nacional de Colonização e Reforma Agrária deverá ajuizar ação discriminatória.
**(C)** deverá ser proposta ação reivindicatória de propriedade, porque a lei presume que os imóveis pertencem ao particular convocado.
**(D)** a União deverá propor ação, pelo procedimento comum, com pedido de tutela provisória, já que não há procedimento especial previsto para esse caso.
**(E)** será dispensável o ajuizamento de ação judicial, porque se presume a renúncia em razão da inércia dos interessados.

**A:** Errada. O procedimento especial previsto no CPC aplica-se apenas às terras particulares (CPC, art. 569 e ss.). **B:** Correta (Lei 6.383/1976, arts. 14 e 19, II). **C:** Errada. A ação a ser ajuizada é a demarcatória, considerando que há incerteza quanto à delimitação dos terrenos (Lei 6.383/1976, arts. 14 e 19, II). **D:** Errada. Há procedimento especial para discriminação das terras devolutas da União (Lei 6.383/1976). **E:** Errada. A inércia estabelece a presunção de discordância dos interessados (Lei 6.383/1976).
Gabarito "B".

**(Promotor de Justiça/RR – 2017 – CESPE)** O espólio de Carlos, representado por inventariante dativo, ajuizou, pelo procedimento comum, demanda para cobrar dívida no valor de R$ 50.000 de um particular.

Nessa situação hipotética,

**(A)** o inventariante possui plenos poderes para realizar transação judicial na ação de cobrança, sendo dispensada a manifestação dos sucessores para essa finalidade.
**(B)** será obrigatória a intervenção do MP na ação de cobrança, independentemente da condição dos sucessores ou dos interessados.
**(C)** a lei dispensa a presença de todos os sucessores no polo ativo da ação de cobrança, mas eles deverão ser intimados a respeito da propositura da ação.
**(D)** a ação de cobrança deverá tramitar na mesma comarca em que corra o inventário de Carlos, uma vez que o foro de domicílio do autor da herança é o competente para todas as ações das quais o espólio seja parte.

**A:** Errada. Nessa situação, os sucessores devem ser previamente ouvidos (CPC, arts.75, § 1º e 619, II). **B:** Errada. O MP será intimado apenas se houver interesse de herdeiro incapaz (CPC, art. 178, II). **C:** Correta (CPC, arts. 75, § 1º e 618, I). **D:** Errada. O foro do domicílio do autor da herança será o competente para todas as ações das quais o espólio seja *réu* e não autor (CPC, art. 48).
Gabarito "C".

**(Defensor Público – DPE/RN – 2016 – CESPE)** No que se refere ao termo de ajustamento de conduta, à medida liminar e à sentença em ações coletivas, assinale a opção correta à luz da jurisprudência do STJ.

**(A)** Mesmo com a previsão de multa diária no termo de ajustamento de conduta para o caso de descumprimento de ajuste, o juiz estará autorizado a aumentar o valor pactuado, quando, no caso concreto, esse valor mostrar-se insuficiente para surtir o efeito esperado.
**(B)** O termo de ajustamento de conduta é título executivo extrajudicial, mas somente poderá embasar a execução quando for assinado por duas testemunhas.
**(C)** A superveniência de acórdão que julgue improcedente pedido veiculado em ACP implica a revogação da medida antecipatória conferida pelo juiz de primeiro grau, desde que haja manifestação judicial expressa a esse respeito.
**(D)** A realização de termo de ajustamento de conduta na esfera extrajudicial impede a propositura de demanda coletiva a respeito do objeto transigido.
**(E)** Em ACP, a ausência de publicação do edital destinado a possibilitar a intervenção de interessados como litisconsortes não impede, por si só, a produção de efeitos *erga omnes* de sentença de procedência relativa a direitos individuais homogêneos.

**A:** incorreto. Caso o valor da multa esteja previsto no título, o juiz pode reduzi-lo se entender que é excessivo, mas não está autorizado a aumentá-lo. É a posição do STJ: "quando o título contém valor predeterminado da multa cominatória, o CPC estabelece que ao juiz somente cabe a redução do valor, caso a considere excessiva, não lhe sendo permitido aumentar a multa estipulada expressamente no título extrajudicial" (REsp 859.857/PR). Esse entendimento pode ser extraído do art. 814, parágrafo único, do CPC. **B:** incorreto, o TAC é título executivo extrajudicial, mas não há exigência legal quanto à assinatura de duas testemunhas (CPC, art. 784, IV). **C:** incorreto. Nesse caso, a revogação é implícita, não sendo necessário que haja manifestação expressa. Nesse sentido: AgRg no AREsp 650161 / ES. **D:** incorreto. O que se poderia cogitar é de falta de interesse de agir nessa hipótese. Porém, o enunciado nada diz a respeito de qual seria o caso. Assim, por exemplo, poderia se cogitar de interesse de agir se o objeto da ACP for mais amplo do que o pactuado no ajustamento de conduta, ou com consequências distintas. **E:** correto, conforme a jurisprudência do STJ (Informativo STJ 536).
Gabarito "E".

**(Procurador do Estado/AM – 2016 – CESPE)** Julgue os itens subsequentes, relativos a ação civil pública, mandado de segurança e ação de improbidade administrativa.

**(1)** Conforme o entendimento do STJ, é cabível mandado de segurança para convalidar a compensação tributária realizada, por conta própria, por um contribuinte.

**(2)** Caso receba provas contundentes da prática de ato de improbidade por agente público, o MP poderá requerer tutela provisória de natureza cautelar determinando o sequestro dos bens do referido agente.

**(3)** Situação hipotética: O estado do Amazonas, por intermédio de sua procuradoria, ajuizou ação civil pública na justiça estadual do Amazonas, com o objetivo de prevenir danos ao meio ambiente. Paralelamente, o MPF ingressou com ação idêntica na justiça federal, seção judiciária do Amazonas. Assertiva: Nesse caso, as respectivas ações deverão ser reunidas na justiça federal da seção judiciária do Amazonas.

**1**: incorreta, pois o expediente é incabível, conforme Súmula 460, STJ: *"É incabível o mandado de segurança para convalidar a compensação tributária realizada pelo contribuinte.";* **2**: correta, conforme previsão no art. 301, CPC. Ademais, e medida encontra respaldo legal no art. 16 da Lei 8.429/1992; **3**: correta (art. 45 do CPC e Súmula 150/STJ: *"Compete à Justiça Federal decidir sobre a existência de interesse jurídico que justifique a presença, no processo, da União, suas autarquias ou empresas públicas").*

Gabarito 1E, 2C, 3C

## 14. EXECUÇÃO, CUMPRIMENTO DE SENTENÇA E DEFESA EXECUTADO

**(Procurador/PA – CESPE – 2022)** Acerca do cumprimento de sentença, julgue os itens que se seguem.

I. Transcorrido o prazo para cumprimento da obrigação de pagar quantia certa, inicia-se o prazo de quinze dias para a fazenda pública apresentar impugnação.

II. Considera-se inexigível a obrigação reconhecida em título executivo judicial fundado em lei ou ato normativo considerado inconstitucional pelo Supremo Tribunal Federal somente em controle concentrado de constitucionalidade, podendo a inexigibilidade ser alegada em impugnação ao cumprimento de sentença ou em ação rescisória, a depender da data do trânsito em julgado da sentença e da decisão do tribunal superior.

III. É obrigatória a inclusão, no orçamento das entidades de direito público, de verba necessária ao pagamento de seus débitos oriundos de sentenças transitadas em julgado constantes de precatórios judiciários apresentados até 2 de abril, fazendo-se o pagamento até o final do exercício seguinte, quando os valores serão atualizados monetariamente.

IV. A concessão de efeito suspensivo à impugnação deduzida por um dos executados suspenderá a execução contra os que não tiverem impugnado, mesmo quando o respectivo fundamento disser respeito apenas ao impugnante.

Assinale a opção correta.

**(A)** Apenas o item I está certo.

**(B)** Apenas o item III está certo.

**(C)** Apenas os itens I e II estão certos.

**(D)** Apenas os itens II e IV estão certos.

**(E)** Apenas os itens III e IV estão certos.

**I**: incorreto, pois a Fazenda tem prazo de *30 dias* para impugnar o cumprimento de sentença (CPC, art. 535); **II**: incorreto, porque a inexigibilidade decorrente de decisão de inconstitucionalidade do STF pode ser tanto decorrente de controle concentrado, quanto *controle difuso* (CPC, art. 525, § 12); **III**: correto, sendo essa a previsão constante da Constituição (CF, art. 100, § 5°, com a redação da EC 114/2021); **IV**: incorreto, considerando que "A concessão de efeito suspensivo à impugnação deduzida por um dos executados *não suspenderá* a execução contra os que não impugnaram, *quando o respectivo fundamento disser respeito exclusivamente ao impugnante*" (CPC, art. 525, § 9°).

Gabarito "B".

O CPC considera título executivo extrajudicial

I. o instrumento de transação referendado por conciliador credenciado por tribunal, após homologação pelo juiz.

II. o contrato celebrado por instrumento particular, garantido por direito real de garantia, independentemente de ter sido assinado por duas testemunhas.

III. o contrato celebrado por instrumento particular, garantido por fiança, desde que assinado por duas testemunhas.

IV. o crédito de contribuição extraordinária de condomínio edilício, aprovada em assembleia geral e documentalmente comprovada.

**(Juiz de Direito – TJ/SC – 2019 – CESPE/CEBRASPE)** Estão certos apenas os itens

**(A)** I e III.

**(B)** I e IV.

**(C)** II e IV.

**(D)** I, II e III.

**(E)** II, III e IV.

**I**: incorreta, pois a decisão de autocomposição judicial ou extrajudicial, uma vez homologada pelo *juiz*, constitui título executivo *judicial* – o simples instrumento de transação referendado por conciliador é que constitui título executivo *extrajudicial* (CPC, arts. 515, II e III e 784, IV); **II**: correta (CPC, art. 784, V); **III**: incorreta, já que o contrato garantido por caução (seja garantia real ou fidejussória) constitui, por si só, título executivo extrajudicial, dispensando a assinatura das 2 testemunhas (CPC, art. 784, V); **IV**: correta (CPC, art. 784, X).

Gabarito "C".

**(Juiz de Direito – TJ/BA – 2019 – CESPE/CEBRASPE)** De acordo com o CPC, se, em processo de execução de contrato inadimplido, ocorrer a penhora judicial de dinheiro depositado em conta bancária do executado, o juiz poderá cancelar o ato de penhora caso acolha o pedido de impenhorabilidade sob o argumento de que a quantia bloqueada

**(A)** pertence a terceiro.

**(B)** decorreu de venda de imóvel.

**(C)** corresponde a salário do executado e não ultrapassa cinquenta salários mínimos.

**(D)** estava vinculada ao pagamento de conta exclusivamente em débito automático.

**(E)** acarretará enriquecimento ilícito.

**A**: errada, já que o executado não teria legitimidade para defender direito de terceiro em nome próprio (CPC, art. 18); **B**: errada, considerando que essa hipótese não encontra previsão no rol do art. 833, do CPC; **C**: certa, conforme expressa previsão legal (CPC, art. 833, IV e §2°); **D**: errada, tendo em vista que essa hipótese não encontra previsão no rol do art. 833, do CPC; **E**: errada, já que, a princípio, não haveria enriquecimento ilícito na penhora de bens para satisfação de obrigação contratual inadimplida.

Gabarito "C".

**(Promotor de Justiça/RR – 2017 – CESPE)** De acordo com a jurisprudência do STJ, ao atuar como exequente em processo judicial, o MP poderá, legitimamente, requerer a penhora

**(A)** de único imóvel pertencente a pessoa solteira, divorciada ou viúva, pois, nessas hipóteses, não existe a proteção familiar dada pela legislação.

**(B)** de quantia existente em caderneta de poupança, ou outra aplicação financeira, seja qual for o valor depositado em instituição bancária.

**(C)** de único imóvel residencial do devedor que esteja locado a terceiros, mesmo que a renda obtida na locação seja revertida para a moradia da família do executado.

**(D)** de faturamento de sociedade empresária, se for comprovada a inexistência de outros bens passíveis de penhora, desde que o percentual fixado não torne inviável o exercício da atividade empresarial.

**A**: Errada. A impenhorabilidade do bem de família abarca o imóvel pertencente a pessoas solteiras, separadas e viúvas (STJ, Súmula 364). **B**: Errada. É impenhorável a quantia depositada até o limite de 40 salários--mínimos (CPC, art. 833, X). **C**: Errada. Desde que a renda seja revertida

## 11. DIREITO PROCESSUAL CIVIL — 359

para a subsistência ou moradia da família, o imóvel locado a terceiro é impenhorável (STJ, Súmula 486). **D:** Correta (CPC, art. 866, § 1º).

Gabarito "D".

**(Juiz de Direito/DF – 2016 – CESPE)** Acerca de liquidação de sentença e execução, assinale a opção correta.

(A) A jurisprudência do STJ vem sedimentando o entendimento de que é viável a formulação de reconvenção em sede de embargos à execução.

(B) O termo inicial para a oposição de embargos à execução fiscal é a data da juntada aos autos do mandado cumprido.

(C) O cumprimento de sentença será feito junto aos tribunais no caso de sua competência originária, sendo essa funcional e absoluta.

(D) A sentença arbitral não é legalmente considerada como um título executivo judicial, para fins de cumprimento de sentença.

(E) Com as alterações legislativas realizadas, o cumprimento de sentença passou a ser considerado um processo autônomo, no escopo do denominado sincretismo processual.

**A:** incorreta. Ainda que não haja expressa previsão legal, a jurisprudência do STJ é no sentido do não cabimento de reconvenção em embargos à execução (Informativo nº 567; REsp 1.528.049-RS); **B:** incorreta, pois o termo inicial para a oposição dos embargos à execução fiscal é a data da efetiva intimação da penhora, e não a da juntada aos autos do mandado cumprido, conforme art. 16 da Lei 6.830/1980. Nesse sentido: REsp repetitivo 1112416-MG,; **C:** correta, conforme art. 516, I, CPC; tratando-se de competência em razão da hierarquia, é absoluta; **D:** incorreta, pois a sentença arbitral é título executivo judicial (art.515, VII); **E:** incorreto, porque não se trata de um processo autônomo, mas, sim, de fase final do processo de conhecimento – exatamente aí se inserindo o sincretismo.

Gabarito "C".

**(Analista – Judiciário –TRE/PI – 2016 – CESPE)** Assinale a opção correta relativamente ao cumprimento de sentença e ao processo de execução de título executivo extrajudicial.

(A) **Situação hipotética:** Contra a sentença que julgou procedente o pedido formulado pelo requerente e confirmou os efeitos da antecipação da tutela, o requerido interpôs recurso de apelação. **Assertiva:** Nessa situação, o requerente poderá requerer a execução provisória do julgado, e os autos do processo não poderão subir ao tribunal para análise do apelo, enquanto não for liquidada a sentença.

(B) **Situação hipotética:** Transitada em julgado a sentença condenatória de pagar quantia certa, o executado foi intimado para cumprir a obrigação no prazo de dez dias, embora já tivesse cumprido a obrigação imposta pela sentença. **Assertiva:** Nessa situação, o executado deverá oferecer embargos do devedor com o objetivo de desconstituir a pretensão executiva.

(C) Em ação de execução por quantia certa, caso o devedor não cumpra a obrigação, o juiz poderá mandar intimar o executado para, caso existam bens disponíveis, indicar quais são e onde se encontram, sob pena de se caracterizar ato atentatório à dignidade da justiça e sujeitar o executado ao pagamento de multa que será revertida em favor do exequente.

(D) Em ação de execução de título executivo extrajudicial na qual o devedor ofereça embargos à execução no prazo legal, objetivando desconstituir a pretensão executiva, caso haja indícios do cumprimento da obrigação, o juiz poderá, de ofício, conceder efeito suspensivo aos embargos.

(E) **Situação hipotética:** Proposta ação de execução de título executivo extrajudicial, o executado opôs embargos com o objetivo de desconstituir totalmente a pretensão executiva em função de uma dação em pagamento. **Assertiva:** Nessa situação, se acolher o pedido formulado nos embargos, o juiz deverá proferir sentença nos autos da ação executiva, na qual deve julgar improcedente a pretensão executiva e extinguir o feito com resolução de mérito.

**A:** incorreta. A sentença que confirma *tutela antecipada* não terá efeito suspensivo (art. 1.012, § 1º, V, CPC), sendo possível o cumprimento provisório da sentença (art. 520, CPC). Contudo, os autos principais serão remetidos ao Tribunal para análise do recurso (art. 1.010, § 3º, CPC), sendo que o cumprimento provisório da sentença será requerido por petição dirigida ao juízo competente (art. 522, CPC); **B:** incorreta. O prazo de pagamento é de 15 dias (art. 523, CPC); além disso, em se tratando de cumprimento de sentença, o instrumento a ser utilizado pelo devedor é a impugnação, e não embargos (art. 525, CPC; **C:** correto, sendo essa a previsão legal (art. 774, V, CPC); **D:** incorreta, porquanto a concessão de efeito suspensivo aos embargos depende de requerimento e só será deferida se a execução já estiver garantida por penhora, depósito ou caução suficientes (art. 919, § 1º, CPC); **E:** incorreta, pois a sentença deverá ser proferida nos próprios embargos (art. 920, III, CPC), que, vale dizer, possuem natureza de ação e devem ser oferecidos em autos apartados (art. 914, § 1º, CPC).

Gabarito "C".

**(Analista Judiciário – TRT/8ª – 2016 – CESPE)** Assinale a opção correta acerca da liquidação de sentença e da execução no processo civil.

(A) O ajuizamento de ação rescisória pelo executado suspende automaticamente o cumprimento da sentença ou do acórdão que seja objeto do pedido da referida ação autônoma de impugnação.

(B) Os atos executórios tratados pelo CPC não possuem natureza jurisdicional, motivo pelo qual não há necessidade de observância ao princípio do contraditório no processo de execução.

(C) Se o autor ou outro qualquer cidadão não promover os atos executórios no prazo legal na execução de sentença de procedência em ação popular, o juiz determinará a extinção anômala do processo.

(D) A parte pode dar início à liquidação antes do trânsito em julgado da sentença condenatória genérica, haja vista que a denominada liquidação provisória de sentença é permitida pela legislação processual.

(E) O compromisso de ajustamento de conduta firmado entre o Ministério Público e o responsável por violação a direito coletivo não possui eficácia executória, mas é documento hábil à propositura de ação monitória.

**A:** incorreta, pois a suspensão não é automática e depende da concessão de tutela provisória (art. 969, CPC); **B:** incorreta. Os atos executórios possuem natureza jurisdicional, de modo que a observância ao princípio do contraditório é essencial – inclusive porque na execução é possível a perda de bens (CF, art. 5º, LIV e LV); **C:** incorreta, pois, neste caso, o Ministério Público ficará encarregado de promover a execução (art. 16 da Lei 4.717/1965), sem que haja extinção do processo; **D:** correta, conforme previsão do art. 512 do CPC; **E:** incorreta, pois o TAC possui eficácia executiva, tratando-se de título executivo extrajudicial (§ 6º do art. 5º da Lei 7.347/1985).

Gabarito "D".

**(Juiz de Direito/AM – 2016 – CESPE)** Acerca da execução, assinale a opção correta.

(A) Iniciada a execução de título extrajudicial, a fraude contra credores poderá ser reconhecida em embargos de terceiro, com a consequente anulação do ato jurídico.

(B) Tratando-se de execução de título extrajudicial, a fixação de multa para cumprimento de obrigação específica pelo devedor e a sua conversão em perdas e danos dependem de requerimento do credor.

(C) A citação por hora certa, por ser incompatível com o rito, é vedada no processo de execução, consoante entendimento sumulado pelo STJ.

(D) A averbação da constrição de bem imóvel no cartório de registro de imóveis, embora prevista na legislação processual civil, não é condição de validade da penhora.

(E) As sentenças condenatórias cíveis e penais, ainda que não transitadas em julgado, constituem títulos executivos judiciais.

**A:** incorreto, nos termos da Súmula 195/STJ: "EM EMBARGOS DE TERCEIRO NÃO SE ANULA ATO JURIDICO, POR FRAUDE CONTRA

CREDORES"; **B:** incorreto, pois o juiz poderá fixar multa independentemente de requerimento do credor (art. 139, IV, CPC). Além disso, a obrigação será convertida em perdas e danos se impossível a tutela específica ou a obtenção de tutela pelo resultado prático equivalente (art. 499, CPC); **C:** incorreto, porque há a possibilidade de citação por hora certa e por edital no processo de execução (CPC, art. 830, §1º); **D:** correta. A averbação tem o condão de fazer incidir a presunção absoluta de conhecimento por terceiros (CPC, art. 844), mas não se trata de condição de validade da penhora (cujos requisitos estão no art. 838); **E:** incorreto, pois, no caso da sentença penal, esta só passa a ser título executivo judicial a partir do seu trânsito em julgado (CPC, art. 515, VI).

Gabarito "D".

## 15. TEMAS COMBINADOS

**(Juiz de Direito – TJ/BA – 2019 – CESPE/CEBRASPE)** Caso o juiz julgue parcialmente o mérito, reconhecendo a existência de obrigação ilíquida, a parte vencedora

(A) poderá promover de pronto a liquidação, mediante o depósito de caução.

(B) poderá promover de pronto a liquidação, ainda que seja interposto recurso pela parte vencida.

(C) deverá aguardar a extinção do processo para promover a liquidação.

(D) deverá promover a liquidação nos mesmos autos, em vista do princípio da eficiência.

(E) poderá promover a liquidação somente após transcorrido o prazo para interposição de recurso pela parte vencida.

**A:** errada, porque não há exigência de caução para a liquidação da decisão (CPC, art. 356, §2º); **B:** certa, conforme expressa previsão legal (CPC, art. 356, §2º); **C:** errada, considerando que a extinção do processo é incompatível com o ato de liquidação (CPC, art. 924); **D:** errada, pois a liquidação poderá ser processada em autos suplementares, a requerimento da parte ou a critério do juiz (CPC, art. 356, §4º); **E:** errada, uma vez que a liquidação poderá ser promovida mesmo na pendência de recurso interposto pela parte vencedora (CPC, art. 356, §2º).

Gabarito "B".

**(Defensor Público – DPE/DF – 2019 – CESPE/CEBRASPE)** Acerca do pedido, da tutela provisória, da citação, da suspeição e dos recursos, julgue os itens que se seguem.

(1) **Situação hipotética:** Em sede de liquidação de sentença, a parte impugnou decisão judicial que incluiu na condenação juros de mora e correção monetária, sob o fundamento de configurar julgamento *extra petita*. **Assertiva:** Nesse caso, a parte agiu erroneamente, porque a fixação de juros de mora e correção monetária constitui pedido implícito.

(2) Ao contrário da tutela de urgência, a tutela de evidência independe da demonstração de perigo de demora na prestação jurisdicional.

(3) Em ação cível, o mero despacho do juiz determinando a citação tem o condão de interromper a prescrição.

(4) O juiz deve suspender o processo se arguida suspeição de membro do Ministério Público em razão de amizade íntima deste com o réu; nesse caso, será lícita apenas a prática de atos processuais urgentes.

(5) Ao reformar sentença que reconheceu a prescrição, o tribunal deve determinar a devolução do processo ao juízo de primeiro grau, para julgamento e instrução, se for o caso.

**1:** certa, pois a fixação de juros de mora e de correção monetária são considerados pedidos implícitos (ou seja, mesmo que não expressamente presentes na inicial, devem ser deferidos pelo juiz), conforme disposição expressa do CPC (CPC, art. 322, §1º), confirmado pela jurisprudência do STJ (por exemplo, AgRg nos EDcl no AREsp 184.453/MS); **2:** certa, conforme expressa previsão legal, sendo exatamente o requisito "urgência" que distingue a tutela de evidência da outra tutela provisória (CPC, arts. 300 e 311); **3:** certa, considerando que a lei prevê que o "cite-se" tem o condão de interromper a prescrição, ainda que proferido por juiz incompetente (CPC, art. 240, §1º); **4:** errada, já que a alegação de suspeição do membro do Ministério Público, processada em incidente, não enseja a suspensão do processo principal (CPC, art. 148, I e §2º); somente no caso de suspeição e impedimento do juiz

é que há suspensão do processo; **5:** errada, tendo em vista que, na hipótese de o tribunal reconhecer prescrição em grau de apelação, deverá analisar o mérito, sem determinar o retorno dos autos à origem – é a chamada hipótese de julgamento com base na "teoria da causa madura" (CPC, art. 1.013, §4º).

Gabarito 1C, 2C, 3C, 4E, 5E

**(Juiz – TJ/CE – 2018 – CESPE)** A reclamação é um instrumento jurídico que

(A) busca garantir a autoridade das decisões de tribunais e tem cabimento restrito ao STF e ao STJ.

(B) pode ser proposta em até dois anos após o trânsito em julgado da decisão reclamada.

(C) cabe para garantir a observância de acórdão de recurso extraordinário com repercussão geral reconhecida, quando não esgotadas as instâncias ordinárias.

(D) pode gerar, se julgada procedente, a cassação de ato jurisdicional, mas não a sua revisão.

(E) tem natureza recursal, uma vez que poderá reverter a decisão reclamada.

**A:** Errada. A reclamação pode ser proposta perante qualquer tribunal (CPC, art. 988, § 1º). **B:** Errada. A reclamação não serve como via substitutiva da AR, tendo em vista ser inadmissível sua propositura após o trânsito em julgado da decisão (CPC, art. 988, § 5º, I e STF, Súmula 734). **C:** Errada. A hipótese descrita é de inadmissibilidade da reclamação, enquanto *não esgotadas* as instâncias ordinárias (CPC, art. 988, § 5º, II). **D:** Correta (CPC, art. 992). **E:** Errada. A reclamação tem natureza de ação e não de recurso, considerando que só é recurso o que assim a lei determina (CPC, art. 994).

Gabarito "D".

**(Defensor Público/AL – 2017 – CESPE)** Acerca de formação de litisconsórcio, conflito de competência e prazo, assinale a opção correta à luz do entendimento dos tribunais superiores.

(A) Na hipótese de litisconsórcio ativo, o valor da causa para fins de fixação da competência do juizado especial federal deve ser calculado a partir da soma do valor pretendido por cada litisconsorte, soma esta que não poderá ultrapassar o patamar de sessenta salários mínimos.

(B) No caso de litisconsórcio unitário, a independência da atividade dos litisconsortes é plena.

(C) Suscitado o conflito de competência, a intervenção do Ministério Público, na qualidade de custos legis, é facultativa.

(D) Município demandado terá prazo em dobro somente para contestar e para recorrer.

(E) É competência absoluta dos juizados especiais da fazenda pública processar e julgar as causas de interesse dos estados, do Distrito Federal, dos territórios e dos municípios cujos valores não excedam sessenta salários mínimos, inexistindo impedimento à formação de litisconsórcio passivo do ente estatal com pessoa jurídica de direito privado.

**A:** Errada. Para a fixação da competência do JEF, o valor da causa deve ser analisado de forma individual, ou seja, o valor pretendido pelos litisconsortes separadamente deve ser inferior a 60 salários-mínimos (STJ, REsp 1.257.935/PB – Informativo 507). **B:** Errada. A atuação de um litisconsorte unitário não prejudicará os demais, mas poderá beneficiá-los (ex.: interposição de recurso – CPC, art. 117). **C:** Errada. A intervenção do MP será obrigatória quando envolver (i) interesse público ou social; (ii) interesse de incapaz; ou (iii) litígios coletivos pela posse de terra rural ou urbana (CPC, arts. 178 e 951). **D:** Errada. O Município terá prazo em dobro para a apresentação de todas as suas manifestações processuais (CPC, art. 183). **E:** Correta (Lei 12.153/2009, art. 2º).

Gabarito "E".

**(Defensor Público/AL – 2017 – CESPE)** A respeito de ação indenizatória, julgue os itens a seguir.

I. O beneficiário da gratuidade de justiça não pode ser condenado ao pagamento de custas e honorários ao patrono da parte demandada, no caso de sucumbência.

II. Ajuizada ação de indenização por danos morais, o valor da causa a ser atribuído à causa deve corresponder ao valor pretendido pelo demandante.

## 11. DIREITO PROCESSUAL CIVIL 361

III. Denegado o pedido indenizatório, o recurso interposto ainda sob a égide do Código de Processo Civil de 1973 deverá ser processado e julgado de acordo com as normas do Código de Processo Civil de 2015.

Assinale a opção correta.

(A) Apenas o item I está certo.
(B) Apenas o item II está certo.
(C) Apenas o item III está certo.
(D) Apenas os itens I e II estão certos.
(E) Todos os itens estão certos.

I: Errada. A concessão da gratuidade não afasta a responsabilidade do beneficiário pelo pagamento das custas e honorários sucumbenciais (CPC, art. 98, § 2º). II: Correta (CPC, art. 292, V). III: Errada. A norma processual não retroage e respeita os atos processuais praticados sob a vigência da norma revogada, portanto, o recurso será processado e julgado com base no CPC/1973 (CPC, art. 14). Vale conferir os enunciados administrativos acerca da aplicação do CPC15, aprovados pelo Plenário do STJ relacionados aos requisitos de admissibilidade recursal, honorários sucumbenciais recursais e possibilidade de correção de vícios (Enunciados 2 a 7).

Gabarito "B".

**(Procurador do Estado/SE – 2017 – CESPE)** Julgue os itens a seguir, referentes à ação civil pública, ao mandado de segurança, à ação popular e à reclamação.

I. De acordo com o STJ, as empresas públicas e as sociedades de economia mista, prestadoras de serviço público, possuem legitimidade para propositura de pedido de suspensão de segurança, notadamente, quando atuam na defesa do interesse público primário.
II. Segundo a jurisprudência do STJ, a legitimidade para a defensoria pública propor ação civil pública se restringe às hipóteses em que haja proteção de interesse de hipossuficientes econômicos.
III. Conforme entendimento majoritário da doutrina, o cidadão-eleitor de dezesseis anos possui plena capacidade processual para o ajuizamento de ação popular.
IV. O CPC assegura, na sessão de julgamento de reclamação, o direito à sustentação oral das partes e do MP, nos casos de intervenção deste.

Estão certos apenas os itens

(A) I e II.
(B) I e III.
(C) II e IV.
(D) I, III e IV.
(E) II, III e IV.

I: Correta, conforme entendimento consolidado pelo STJ (AgInt no AREsp 916084/BA – Jurisprudência em Teses 79). II: Errada. A Corte Especial do STJ consolidou a tese de que a DP possui legitimidade para a propositura de ACP em favor dos hipossuficientes econômicos e jurídicos (EREsp 1192577/RS). III: Correta, sendo esse o entendimento doutrinário prevalecente. IV: Correta (CPC, art. 937, VI).

Gabarito "D".

**(Promotor de Justiça/RR – 2017 – CESPE)** Julgue os itens a seguir, a respeito de provas, revelia, sentença e coisa julgada.

I. Nos casos em que a causa possa ser resolvida por autocomposição, as partes, se plenamente capazes, poderão consensualmente escolher o perito, antecipando-se à nomeação deste pelo juiz.
II. No procedimento comum, a ausência do réu, sem justificativa, à audiência de conciliação ou mediação caracteriza a confissão ficta quanto à veracidade dos fatos alegados pelo autor na inicial.
III. É inadmissível ação rescisória diante de decisão transitada em julgado que não seja de mérito.
IV. Nas hipóteses em que a sentença se sujeite à remessa necessária, caso seja interposta apelação total pelo ente público vencido, o juiz estará dispensado de proceder à formalização do duplo grau obrigatório.

Estão certos apenas os itens

(A) I e II.
(B) I e IV.

(C) II e III.
(D) III e IV.

I: Correta, sendo essa uma das inovações do Código em relação a provas (CPC, art. 471, II). II: Errada. A consequência pelo não comparecimento injustificado à audiência de conciliação é a condenação ao pagamento de multa por ato atentatório à dignidade da justiça (CPC, art. 334, § 8º). III: Errada. Admite-se ação rescisória contra decisão terminativa desde que a decisão (i) impeça nova propositura da demanda ou (ii) impeça a admissibilidade de recurso (CPC, art. 966, § 2º). IV: Correta. Nesse sentido, o STJ firmou entendimento de que não há nulidade ao não se realizar a remessa necessária, contanto que tenha havido amplo exame da decisão apelada (CPC, art. 496 e STJ, REsp 1.428.841/SC).

Gabarito "B".

**(Juiz – TRF5 – 2017 – CESPE)** Com base na jurisprudência do Superior Tribunal de Justiça (STJ), julgue os seguintes itens, no que concerne à tutela provisória, à competência e ao cumprimento de sentença.

I. Mesmo após o comparecimento espontâneo do réu em juízo, é indispensável sua intimação formal para que se inicie o prazo para a impugnação na fase de cumprimento de sentença.
II. A justiça federal possui competência para julgar demanda proposta por estudante acerca de credenciamento de instituição privada de ensino superior junto ao Ministério da Educação, com vistas à expedição de diploma de ensino a distância ao autor.
III. Em demanda previdenciária, os valores recebidos por força de tutela provisória de urgência antecipada posteriormente revogada serão irrepetíveis, em razão da natureza alimentar e da boa-fé no seu recebimento.

Assinale a opção correta.

(A) Nenhum item está certo.
(B) Apenas o item I está certo.
(C) Apenas o item II está certo.
(D) Apenas o item III está certo.
(E) Todos os itens estão certos.

I: Errada. O comparecimento espontâneo do réu torna desnecessário o ato formal de intimação para apresentação de impugnação ao cumprimento de sentença, quando demonstrada ciência inequívoca do devedor quanto à penhora realizada nos autos (STJ, EREsp 1.415.522/ES – Informativo 601). II: Correta (STJ, REsp 1.344.771/ PR). III: Errada. Houve recente mudança do entendimento do STJ sobre a matéria, que resultou na seguinte orientação: *a reforma da decisão que antecipa a tutela obriga o autor da ação a devolver os benefícios previdenciários indevidamente recebidos* (STJ, REsp 1.401.560/MT).

Gabarito "C".

**(Juiz – TRF5 – 2017 – CESPE)** No que concerne ao processo de execução contra a fazenda pública, à tutela provisória, ao direito processual intertemporal e aos deveres das partes, assinale a opção correta.

(A) Os preceitos sobre direito probatório do atual CPC se aplicam às provas requeridas em data anterior a sua vigência nos casos em que a produção da prova não havia sido concluída no momento em que a Lei 13.105/2015 entrou em vigor.
(B) Em caso de ação condenatória com pedido único de obrigação de fazer proposta em face da fazenda pública, se o ente público reconhecer a procedência do pedido e cumprir a obrigação, os honorários deverão ser reduzidos pela metade.
(C) Cancelamento de precatório, sob qualquer fundamento, em razão de requerimento da administração pública, deverá ser examinado pelo presidente do tribunal responsável pela requisição de pagamento.
(D) Caso seja concedida tutela antecipada requerida em caráter antecedente, em sede de ação rescisória, a decisão do magistrado se estabilizará se não for interposto recurso ou impugnação pela parte interessada.
(E) Em caso de processo sobrestado no tribunal em razão de afetação de caso paradigma em regime repetitivo, é vedada

a apreciação de novo requerimento de tutela provisória de natureza antecipada.

**A:** Errada. Os preceitos de direito probatório constantes do CPC15 são aplicados apenas às provas requeridas a partir da vigência do código (CPC, art. 1.047). **B:** Correta – nesse sentido, enunciado 9 das Jornadas de Direito Processual / CJF (CPC, art. 90, § 4º). **C:** Errada, pois é possível que isso seja apreciado pelo juiz que acompanha o processo, por exemplo no caso de nulidade ou pedido de efeito suspensivo. **D:** Errada. Não cabe estabilização de tutela em sede de AR (CPC, art. 304). **E:** Errada. Nesse caso, seria possível a apreciação e a efetivação de tutela provisória de urgência – nesse sentido, enunciado 41 das Jornadas de Direito Processual / CJF.

Gabarito "B".

**(Juiz – TRF5 – 2017 – CESPE)** O Ministério Público de determinado estado da Federação e o Ministério Público Federal ajuizaram, em litisconsórcio, ação civil pública para tutela de direitos individuais homogêneos de consumidores lesados por contrato de consumo.

De acordo com o STJ, nessa situação hipotética,

**(A)** caso seja rejeitado o pedido, com sentença transitada em julgado, estará vedada a propositura de nova demanda coletiva, com o mesmo objeto, por outro legitimado coletivo.

**(B)** se o réu for condenado em obrigação de dar quantia certa, os juros de mora incidirão a partir da sentença condenatória que vier a ser prolatada na fase de conhecimento.

**(C)** o juiz deve extinguir o processo sem resolução do mérito em razão da ilegitimidade do Ministério Público, por se tratar de tutela de direitos individuais homogêneos em situação decorrente de contrato particular.

**(D)** deve ser permitida a formação do litisconsórcio ativo independentemente de razão específica que justifique a atuação conjunta na lide, bastando que se verifique a legitimidade ministerial para propositura de demanda.

**(E)** caso seja julgada procedente a ação, a contagem do prazo prescricional aplicável às execuções individuais de sentença condenatória só se iniciará com a publicação de edital no órgão oficial.

**A:** Correta (STJ, REsp 1.302.596/SP). **B:** Errada. A tese firmada pelo STJ, em julgamento de Recurso Repetitivo, é no sentido de que os juros de mora incidem a partir da citação do devedor na fase de conhecimento da Ação Civil Pública, quando esta se fundar em responsabilidade contratual (REsp 1.370.899/SP). **C:** Errada. Segundo o STJ, o MP tem legitimidade para atuar na defesa de direitos individuais homogêneos – nesse sentido, Súmula 601/STJ. **D:** Errada. O STJ entende que deve ser demonstrada a existência de razão específica que justifique o litisconsórcio ativo facultativo (REsp 1.254.428/MG – Informativo 585). **E:** Errada. Segundo o STJ, o termo inicial para a contagem do prazo prescricional para execução individual é o trânsito em julgado da sentença condenatória (REsp 1.388.000/PR).

Gabarito "A".

**(Juiz – TRF5 – 2017 – CESPE)** Julgue os itens a seguir, referentes aos atos processuais, à intervenção de terceiros e ao processo de execução e arbitragem.

I. A União goza da prerrogativa de intimação pessoal nos processos que tramitam nos juizados especiais federais.

II. Na hipótese de condenação do réu e do terceiro denunciado à lide, será vedado ao autor, em qualquer caso, requerer o cumprimento da sentença contra o terceiro denunciado.

III. Adquirente de bem móvel ou imóvel penhorado em execução, em caso de arrematação judicial, poderá efetuar o pagamento de forma parcelada, desde que ao menos vinte e cinco por cento do valor do lance seja pago à vista.

IV. A arbitragem poderá ser utilizada em litígio que envolva entes integrantes da administração pública e, nesses casos, eventual decisão que condene a fazenda pública não se submeterá ao reexame necessário.

Estão certos apenas os itens

**(A)** I e IV.

**(B)** II e III.

**(C)** II e IV.

**(D)** I, II e III.

**(E)** I, III e IV.

**I:** Correta (Lei 10.259/2001, art. 7º). **II:** Errada. É possível que o autor da ação requeira o cumprimento de sentença também contra o denunciado, nos limites de sua condenação na ação regressiva (CPC, art. 128, parágrafo único). **III:** Correta (CPC, art. 895, § 1º). **IV:** Correta (Lei 9.307/1996, art. 1º, § 1º).

Gabarito "E".

**(Procurador do Estado/AM – 2016 – CESPE)** Com relação aos procedimentos especiais e ao processo de execução no âmbito do processo civil, julgue os próximos itens.

**(1) Situação hipotética:** O INSS e a fazenda pública do estado do Amazonas ingressaram em juízo com ações executivas contra determinada empresa. Na fase de expropriação de bens, os exequentes indicaram à penhora o único bem imóvel penhorável pertencente à executada. **Assertiva:** Nesse caso, segundo interpretação do STJ, a fazenda estadual tem preferência quanto aos valores arrecadados com a venda do imóvel penhorado.

**(2)** É cabível, segundo o STJ, o ajuizamento de ação monitória contra a fazenda pública, com o objetivo de receber nota promissória prescrita, emitida por ente público e vencida há quatro anos.

**1:** incorreto, pois a preferência é do ente federal (REsp repetitivo 957.836/SP); **2:** correta. O CPC traz a admissibilidade de ação monitória em face da Fazenda pública (art. 700, § 6º, que positiva a Súmula 339/STJ); ademais, a ação monitória é o instrumento cabível para cobrança de nota promissória prescrita, conforme se depreende do art. 700, CPC.

Gabarito 1E, 2C

**(Analista Jurídico – TCE/PR – 2016 – CESPE)** Em razão do não pagamento de tributos e da consequente inscrição do contribuinte em dívida ativa, determinado município pretende acionar judicialmente esse contribuinte inadimplente.

Nessa situação,

**(A)** caso venha a ser ajuizada a ação, haverá obrigatoriedade de participação do Ministério Público no processo como fiscal da ordem jurídica.

**(B)** proposta a ação, o réu inadimplente, quando for eventualmente citado, poderá requerer gratuidade de justiça, mas a concessão dessa gratuidade não afastará definitivamente a responsabilidade do requerente quanto a despesas processuais e honorários advocatícios no processo.

**(C)** o Ministério Público poderá exercer a representação judicial do município, caso esse ente federativo não possua órgão oficial próprio de representação.

**(D)** para receber seu crédito, o município deverá propor ação de conhecimento, com pedido condenatório, no domicílio do réu.

**(E)** se, proposta a ação, surgir a necessidade de nomeação de curador especial para o réu, essa função deverá ser exercida pelo Ministério Público.

**A:** incorreta, pois a hipótese não se encontra dentre aquelas que contam com a participação do MP, sendo que o simples fato de haver participação da Fazenda Pública não impõe, por si só, a intervenção do MP (parágrafo único do art. 178, CPC); **B:** correta, porque a concessão de gratuidade não afasta a responsabilidade do beneficiário pelas despesas processuais e pelos honorários advocatícios decorrentes de sua sucumbência (art. 98, §§2º e 3º, CPC); **C:** incorreta, pois a representação judicial do município incumbe à Advocacia Pública, nos termos do art. 182, CPC; **D:** incorreta, pois o município deverá propor execução fiscal, de acordo com a Lei 6.830/1980; **E:** incorreta, pois a curadoria é encargo da Defensoria Pública (art. 72, parágrafo único, CPC).

Gabarito "B".

**(Analista Jurídico –TCE/PA – 2016 – CESPE)** Julgue os itens a seguir, referentes à tutela provisória e aos meios de impugnação das decisões judiciais conforme o novo Código de Processo Civil.

**(1)** Caso determinado ente da Federação interponha reclamação constitucional no STF para garantir a observância de súmula vinculante supostamente violada em decisão judicial, ao despachar a petição inicial, o relator da reclamação poderá determinar a suspensão do processo ou do ato impugnado, devendo requisitar informações da autoridade que tiver praticado o ato, além de determinar a citação do beneficiário da decisão impugnada para contestar.

**(2)** A denominada tutela provisória não pode ter natureza satisfativa, uma vez que essa modalidade de tutela jurisdicional se presta unicamente a assegurar a futura eficácia de tutela definitiva, resguardando direito a ser satisfeito.

**(3)** Se o recurso principal for conhecido, mas não for provido pelo tribunal, o recurso adesivo deverá ser considerado manifestamente prejudicado porque, conforme determinado pela legislação, se subordina ao recurso interposto de forma independente.

---

**1:** correta, nos termos do art. 989, incisos II e III, do CPC; **2:** incorreta. No CPC, a tutela provisória é gênero, no qual existem duas espécies (tutela de urgência e tutela de evidência). A tutela provisória de urgência se subdivide em cautelar (para resguardar) e antecipada (para satisfazer – art. 300, § 3º); **3:** incorreta, pois a subordinação do recurso adesivo ao principal restringe-se à hipótese de inadmissibilidade ou desistência deste último (art. 997, §2º, III, CPC).

Gabarito 1C, 2E, 3E

# 12. DIREITO PENAL

Arthur Trigueiros, Eduardo Dompieri e Tatiana Subi[*]

## 1. CONCEITO, FONTES E PRINCÍPIOS

(Delegado/RJ – 2022 – CESPE/CEBRASPE) Ao assumir a titulari-dade da Delegacia de certo município no interior do estado do Rio de Janeiro, o delegado Tibúrcio percebe a existência de um inquérito policial instaurado para a investigação de crime de sonegação tributária de imposto municipal. Verifica, ainda, que o valor sonegado é ínfimo, embora haja a incidência de multa e juros. Assim, o Delegado passa a deliberar sobre a possível incidência do princípio da insignificância.

Nessa situação hipotética, para chegar à conclusão correta, o delegado deverá considerar que, consoante a jurisprudência do STF e do STJ, o princípio da insignificância

(A) tem aplicabilidade restrita aos tributos federais, não alcan-çando os estaduais e municipais, pois não há regulamenta-ção regional ou local possível sobre seus parâmetros, uma vez que só a União pode legislar sobre matéria penal.

(B) é aplicável aos tributos de todos os entes federativos, desde que haja norma estadual ou municipal estabelecendo os parâmetros de aferição, considerados os juros e a multa.

(C) é aplicável aos tributos de todos os entes federativos, tendo como parâmetro os limites em que a União não executa seus créditos fiscais, desconsiderados os juros e a multa.

(D) é aplicável aos tributos de todos os entes federativos, tendo como parâmetro os limites em que a União não executa seus créditos fiscais, considerados os juros e a multa.

(E) é aplicável aos tributos de todos os entes federativos, desde que haja norma estadual ou municipal estabelecendo os parâmetros de aferição, desconsiderados os juros e a multa.

Conferir: "1. Esta Corte Superior de Justiça consolidou-se pela aplica-ção do princípio da insignificância aos crimes tributários federais cujo débito não exceda R$ 10.000,00 (dez mil reais), com sustentáculo no disposto no art. 20 da Lei n. 10.522/2002 (precedentes). 2. A aplicação da bagatela aos tributos de competência estadual encontra-se subor-dinada à existência de norma do ente competente no mesmo sentido, porquanto a liberalidade da União não se estende aos demais entes federados (precedentes).
3. Caso em que o agravante foi condenado por eximir-se ao recolhi-mento da importância de R$ 5.300,00 a título de Imposto sobre Circu-lação de Mercadorias e Serviços (ICMS), de competência dos Estados (Constituição da República, art. 155, II). 4. A Lei n. 12.643/2003, do Estado de Santa Catarina, que preconiza o valor mínimo de R$ 5.000,00 para execuções fiscais inviabiliza a incidência da insignificância à hipó-tese. 5. Agravo regimental a que se nega provimento. (STJ, AgInt no HC n. 331.387/SC, relator Ministro Antonio Saldanha Palheiro, Sexta Turma, julgado em 14/2/2017, DJe de 21/2/2017). No que concerne à incidência de juros e multa para o fim de reconhecimento do postulado da insignificância, conferir: "O valor do crédito tributário objeto do crime tributário material é apurado originalmente no procedimento de lançamento, para verificar a insignificância da conduta. Desarte, a fluência de juros moratórios, correção monetária e eventuais multas de ofício, que integram o crédito tributário inserido em dívida ativa, na seara da execução fiscal, não tem o condão de acrescer valor para a aferição do alcance do paradigma quantitativo de R$ 10.000,00. De fato, consoante as informações prestadas pela Procuradoria da Fazenda Nacional, o saldo devedor dos débitos nº 36.660.772-3 e nº 41.939.566-0, atualizados para novembro de 2015, totalizavam, respectivamente, R$ 24.630,30 e 15.278,73, entrementes, o valor a ser comparado com o paradigma jurisprudencial é de R$ 18.227,04. 8. Recurso desprovido." (STJ, RHC n. 74.756/PR, relator Ministro Ribeiro Dantas, Quinta Turma, julgado em 13/12/2016, DJe de 19/12/2016). ED

Gabarito "E".

(Juiz de Direito – TJ/SC – 2019 – CESPE/CEBRASPE) O estudo das teorias relaciona-se intimamente com as finalidades da pena. Nesse sentido, a teoria que sustenta que a única função efetivamente desempenhada pela pena seria a neutralização do condenado, especialmente quando a prisão acarreta seu afastamento da sociedade, é a teoria

(A) das janelas quebradas.

(B) relativa.

(C) unificadora.

(D) absoluta.

(E) agnóstica.

A: incorreta. A chamada *teoria das janelas quebradas* tem como tônica a ideia de que, ao se quebrar uma janela, se nenhuma providência for adotada, logo a casa será destruída. Traduzindo: se acaso as peque-nas desordens, em princípio inofensivas, não forem reprimidas, logo se caminhará para a ocorrência de delitos mais graves. Trata-se de uma política criminal preventiva, em que o controle social enérgico de condutas menos graves (como a quebra de uma janela) serve de exemplo para desestimular o cometimento dos delitos mais graves (a casa como um todo). Cuida-se, como se pode ver, de uma política de *tolerância zero* (com os delitos menos graves). Exemplo emblemático é o caso de Nova Iorque, que, nos idos da década de 90, diante de um recrudescimento vertiginoso da violência e desordem (tráfico, homicí-dio, gangues etc.), adotou a política da tolerância zero, reprimindo, de forma intensa e enérgica, por meio do aparato de segurança pública, os delitos menos graves, isso com vistas a prevenir os mais graves; **B:** incorreta. A finalidade da pena, para as *teorias relativas*, tem caráter preventivo, servindo ao objetivo de evitar a prática de novas infrações penais. A pena, para esta teoria, deve ser vista como um instrumento destinado a prevenir o crime. Não se trata, pois, de uma retribuição, uma compensação, tal como preconizado pelas *teorias absolutas*. No contexto das *teorias relativas*, temos a prevenção geral e a especial. A geral está associada à ideia de intimidação de toda a coletividade, que sabe que o cometimento de uma infração penal ensejará, como consequência, a imposição de sanção penal. É dirigida, pois, ao con-trole da violência; **C:** incorreta. Para as *teorias ecléticas, unificadoras* ou *mistas*, a pena deve unir justiça e utilidade. É dizer, a pena deve, a um só tempo, servir de castigo ao condenado que infringiu a lei penal e evitar a prática de novas infrações penais. Há, pois, a conjugação das teorias absolutas e relativas. Esta é a teoria por nós adotada de acordo com o art. 59, *caput*, do CP, que assim dispõe: "(...) conforme seja necessário e suficiente para reprovação e prevenção do crime"; **D:** incorreta. As chamadas *teorias absolutas*, que se contrapõem às relati-vas, consideram que a pena se esgota na ideia de pura retribuição. Sua finalidade consiste numa reação punitiva, isto é, uma resposta ao mal causado pela prática criminosa; **E:** correta. Também chamada de *teoria negativa*, a *teoria agnóstica*, como o próprio nome sugere, centra-se na ideia de que a única função desempenhada pela pena consiste na neutralização do reeducando, isso em razão da ineficácia dos modelos preconizados pelas teorias absolutas e relativas.

Gabarito "E".

(Juiz de Direito – TJ/SC – 2019 – CESPE/CEBRASPE) Constitui uma das características do direito penal do inimigo

(A) a legislação diferenciada.

(B) a punição a partir de atos executivos.

(C) a não utilização de medidas de segurança.

(D) a observância das garantias processuais penais.

---

**\*** **Eduardo Dompieri ED** comentou as questões de Delegado/PE/16, Defensor Público/RN/16, Analista TRT/8/16, Analista TRE/PI/16, Analista TCE/PA/16, Analista TCE/PR/16, Juiz de Direito/16, Analista/TJ/CE/13, Analista/STF/13, Cartório/RR/13, Defensoria/DF/13, Promotor de Justiça/PI/14. **Arthur Trigueiros** comentou as questões de Promotor de Justiça/AC/14, Escrivão de Polícia Federal/13, PRF/13, Escrivão de Polícia/BA/13 e Escri-vão de Polícia/DF/13. **Arthur Trigueiros, Eduardo Dompieri e Tatiana Subi** comentaram as demais questões.

**(E)** o abrandamento das penas na antecipação da tutela penal.

O denominado "direito penal do inimigo" foi concebido pelo jurista alemão Günther Jakobs. *Grosso modo*, esta teoria sustenta uma flexibilização ou até supressão de diversas garantias materiais e processuais. "Inimigo", para o penalista alemão, é o indivíduo que, ao violar de forma sistemática a ordem jurídica, desafia o Estado e a sociedade, de forma a desestabilizá-los. Em razão disso, o Estado, em reação, deve conferir-lhe tratamento diferenciado, flexibilizando e até suprimindo as garantias materiais e processuais, às quais somente devem fazer jus as pessoas consideradas "de bem". Dito de outro modo, as garantias conferidas às pessoas de bem (assim consideradas "cidadãos") não podem ser estendidas aos inimigos, cujo objetivo consiste em afrontar o Estado. Para fazer frente a tal desafio, poderá o Estado adotar uma série de medidas, como a supressão dos direitos à ampla defesa e ao contraditório, o recrudescimento das penas e da execução penal e a criação, de forma indiscriminada, de tipos penais. Enfim, o direito penal do inimigo pressupõe um tratamento diferenciado a ser conferido ao "cidadão" e ao "não cidadão", o que exige a elaboração de uma legislação diferenciada (alternativa correta). O ataque terrorista às torres gêmeas, em Nova Iorque, ocorrido em 11 de setembro de 2000, representa um típico exemplo do chamado direito penal do inimigo. A partir dessa tragédia, o Estado passou a produzir uma legislação "antiterror", com a supressão de diversas garantias.
Gabarito "A".

**(Juiz de Direito - TJ/BA - 2019 - CESPE/CEBRASPE)** De acordo com a doutrina predominante no Brasil relativamente aos princípios aplicáveis ao direito penal, assinale a opção correta.

**(A)** O princípio da taxatividade, ou do mandado de certeza, preconiza que a lei penal seja concreta e determinada em seu conteúdo, sendo vedados os tipos penais abertos.

**(B)** O princípio da bagatela imprópria implica a atipicidade material de condutas causadoras de danos ou de perigos ínfimos.

**(C)** O princípio da subsidiariedade determina que o direito penal somente tutele uma pequena fração dos bens jurídicos protegidos, operando nas hipóteses em que se verificar lesão ou ameaça de lesão mais intensa aos bens de maior relevância.

**(D)** O princípio da ofensividade, segundo o qual não há crime sem lesão efetiva ou concreta ao bem jurídico tutelado, não permite que o ordenamento jurídico preveja crimes de perigo abstrato.

**(E)** O princípio da adequação social serve de parâmetro ao legislador, que deve buscar afastar a tipificação criminal de condutas consideradas socialmente adequadas.

**A:** incorreta. De fato, o *princípio da taxatividade*, que constitui um desdobramento do postulado da legalidade, impõe ao legislador o dever de descrever as condutas típicas de maneira pormenorizada e clara, de forma a não deixar dúvidas por parte do aplicador da norma. É incorreto, no entanto, afirmar-se que os chamados tipos penais abertos sejam vedados. *Tipo penal aberto*, que é admitido no Direito Penal, é aquele que exige do magistrado um juízo de valoração, por meio do qual se procederá à individualização da conduta; *tipo fechado*, ao contrário, é o que não exige juízo de valoração algum do magistrado. Exemplo sempre lembrado pela doutrina de tipo penal aberto é o delito culposo, em que o magistrado, para saber se houve ou não crime, deve fazer um cotejo entre a conduta do réu e aquela que teria sido adotada, nas mesmas circunstâncias, por um homem diligente e prudente; **B:** incorreta. O princípio que conduz à exclusão da tipicidade material de condutas causadoras de danos insignificantes ou de perigos ínfimos é o da bagatela *própria*. Ensina Luiz Flávio Gomes que "o princípio da irrelevância penal do fato está contemplado (expressamente) no art. 59 do CP e apresenta-se como consequência da desnecessidade da pena, no caso concreto; já o princípio da insignificância, ressalvadas raras exceções, não está previsto expressamente no direito brasileiro (é pura criação jurisprudencial), fundamentado nos princípios gerais do Direito Penal" (**Direito penal – Parte Geral.** 2. ed. São Paulo: RT, 2009. vol. 2, p. 220). A propósito deste tema, cabem aqui alguns esclarecimentos acerca da distinção entre esses dois princípios. Ainda segundo o magistério de Luiz Flávio Gomes, "uma coisa é o princípio da irrelevância penal do fato, que conduz à sua não punição concreta e que serve com cláusula geral para um determinado grupo de infrações (para as infrações bagatelares impróprias) e, outra, muito distinta, é o princípio da insignificância *tout court*, que se aplica para as infrações bagatelares próprias e que dogmaticamente autoriza excluir do tipo penal as ofensas (lesões ou perigo concreto) de mínima magnitude, ou nímias, assim como as condutas que revelem exígua idoneidade ou potencialidade lesiva. As infrações bagatelares são próprias quando já nascem bagatelares (...)" (**Direito Penal – parte geral.** 2. ed. São Paulo: RT, 2009. vol. 2, p. 219). Devem ser consideradas impróprias, por seu turno, as infrações que, embora não nasçam insignificantes, assim se tornam posteriormente; **C:** incorreta. A assertiva contempla o princípio da fragmentariedade do direito penal, segundo o qual a lei penal constitui, por força do postulado da intervenção mínima, uma pequena parcela (fragmento) do ordenamento jurídico. Isso porque somente se deve lançar mão desse ramo do direito diante da ineficácia ou inexistência de outros instrumentos de controle social menos traumáticos (subsidiariedade); **D:** incorreta. A despeito de parte da doutrina sustentar a incompatibilidade dos crimes de perigo abstrato com a CF/88, já que haveria afronta ao princípio da ofensividade/lesividade, pois não seria concebível a existência de um crime que não cause efetiva lesão ao bem jurídico ou, ao menos, um risco efetivo de lesão, certo é que a jurisprudência aceita essa modalidade de crime de perigo, em relação aos quais a lei presume, de forma absoluta, a exposição do bem jurídico a situação de risco. Ou seja, basta à acusação provar que o agente realizou a conduta descrita no tipo penal. Exemplos típicos são os crimes de posse e porte de arma de fogo de uso permitido (arts. 12 e 14 do Estatuto do Desarmamento, respectivamente), em que a probabilidade de ocorrer dano pelo mau uso do armamento é presumido pelo tipo penal. Outro exemplo sempre lembrado pela doutrina é o tráfico de drogas (art. 33, Lei 11.343/2006), em que o perigo a que está exposta a saúde pública é presumido; **E:** correta. Segundo o postulado da adequação social, cujo conteúdo é dirigido tanto ao aplicador/intérprete da norma quanto ao legislador, não se pode reputar criminosa a conduta tolerada pela sociedade, ainda que corresponda a uma descrição típica. É dizer, embora formalmente típica, porque subsumida num tipo penal, carece de tipicidade material, porquanto em sintonia com a realidade social em vigor. A sociedade se mostra, nessas hipóteses, indiferente ante a prática da conduta, como é o caso, por exemplo, da tatuagem. Também são exemplos: a circuncisão praticada na religião judaica; o furo na orelha para colocação de brinco etc. ED
Gabarito "E".

**(Juiz – TRF5 – 2017 – CESPE)** João foi flagrado pela fiscalização, em determinada estação ecológica que proíbe a pesca, portando vara de pescar e com um espécime de peixe ainda vivo. A equipe de fiscalização então devolveu o peixe ao rio no qual ele havia sido pescado. João argumentou que não sabia que era proibido pescar ali e não resistiu à ação da fiscalização.

Nessa situação hipotética, configura-se

**(A)** desistência voluntária e arrependimento eficaz.

**(B)** crime tentado.

**(C)** erro sobre a ilicitude do fato.

**(D)** crime consumado, mas penalmente irrelevante.

**(E)** crime impossível.

Tanto o STF quanto o STJ acolhem a possibilidade de incidência do princípio da insignificância no contexto dos crimes ambientais. Conferir: "1. Esta Corte Superior de Justiça e o Supremo Tribunal Federal reconhecem a atipicidade material de determinadas condutas praticadas em detrimento do meio ambiente, desde que verificada a mínima ofensividade da conduta do agente, a ausência de periculosidade social da ação, o reduzido grau de reprovabilidade do comportamento e a inexpressividade da lesão jurídica provocada. Precedentes. 2. Hipótese em que os recorridos foram denunciados pela pesca em período proibido, com utilização de vara e molinete, tendo sido apreendidos com ínfima quantidade extraída da fauna aquática, de maneira que não causaram perturbação no ecossistema a ponto de reclamar a incidência do Direito Penal, sendo, portanto, imperioso o reconhecimento da atipicidade da conduta perpetrada, devendo ser ressaltado que os recorridos não possuem antecedentes criminais. 3. Recurso desprovido" (REsp 1743980/MG, Rel. Ministro Jorge Mussi, Quinta Turma, julgado em 04/09/2018, DJe 12/09/2018). No mesmo sentido, o STF: "Ação Penal. Crime ambiental. Pescador flagrado com doze camarões e rede de pesca, em desacordo com a Portaria 84/02, do Ibama. Art. 34, parágrafo único, II, da Lei 9.605/98. *Rei furtivae* de valor insignificante. Periculosidade não considerável do agente. Crime de bagatela. Caracterização. Aplicação do princípio da insignificância. Atipicidade reconhecida. Absolvição decretada. HC concedido para esse fim. Voto vencido. Verificada a objetiva insignificância jurídica do ato tido por delituoso, à luz das suas circunstâncias, deve o réu, em recurso ou *habeas corpus*, ser absolvido por atipicidade do comportamento" (STF, HC 112563, Rel. Min. Ricardo Lewandowski, Rel. p/ Acórdão: Min. Cezar Peluso, 2ª Turma, j. 21.08.2012). Cuidado: há julgados do STF que não reconhecem a incidência do postulado da insignificância no crime do art. 34, parágrafo único, II, da Lei 9.605/1998.

Gabarito "D".

**(Analista Judiciário – TJ/PA – 2020 – CESPE)** Com relação ao tempo e ao lugar do crime, o Código Penal brasileiro adotou, respectivamente, as teorias do(a)

**(A)** resultado e da ação.

**(B)** consumação e do resultado.

**(C)** atividade e da ubiquidade.

**(D)** ubiquidade e da atividade.

**(E)** ação e da consumação.

No que se refere ao *tempo do crime*, o Código Penal acolheu, em seu art. 4º, a *teoria da ação* ou da *atividade*, que considera praticado o crime no momento da ação ou da omissão, mesmo que outro seja o do resultado; já em matéria de lugar do crime, o legislador adotou, no CP, a *teoria mista* ou da *ubiquidade*, segundo a qual se considera praticado o crime no lugar onde ocorreu a ação ou omissão, no todo ou em parte, bem como onde se produziu ou deveria produzir-se o resultado (art. 6º do CP).

Gabarito "C".

**(Promotor de Justiça/RR – 2017 – CESPE)** No direito penal, o princípio da

**(A)** fragmentariedade informa que o direito penal é autônomo e cuida das condutas tidas por ilícitas penalmente, sendo aplicável a lei penal independentemente da solução do problema por outros ramos do direito.

**(B)** irretroatividade da lei se aplica absolutamente.

**(C)** insignificância, segundo o entendimento do STF, pressupõe apenas três requisitos para a sua configuração: mínima ofensividade da conduta do agente, nenhuma periculosi-dade social e reduzidíssimo grau de reprovabilidade do comportamento.

**(D)** proporcionalidade fundamenta a declaração de inconstitu-cionalidade de parte do art. 44 da Lei Antidrogas, que veda a concessão de liberdade provisória em crimes relacionados às drogas.

A: incorreta. Pelo *princípio da fragmentariedade*, a lei penal constitui, por força do postulado da intervenção mínima, uma pequena parcela (fragmento) do ordenamento jurídico. Isso porque somente se deve lançar mão desse ramo do direito diante da ineficácia ou inexistência de outros instrumentos de controle social menos traumáticos (subsi-diariedade); B: incorreta. O art. 5º, XL, da CF estabelece uma exceção à irretroatividade da lei penal, que é a chamada retroatividade benéfica. É dizer: a lei somente projetará seus efeitos para o passado se puder ser considerada, em relação à norma revogada, mais vantajosa ao réu. Dessa forma, está incorreta esta proposição, na medida em que a irretroatividade, pelas razões já explicitadas, não tem caráter absoluto; C: incorreta. Isso porque, segundo entendimento sedimentado no STF, a incidência do princípio da insignificância está condicionada ao reconhecimento conjugado de quatro vetores (e não três), a saber: i) mínima ofensividade da conduta do agente; ii) nenhuma periculosidade social da ação; iii) reduzido grau de reprovabilidade do comportamento; iv) inexpressividade da lesão jurídica provocada; D: correta. De fato, o Pleno do STF, em controle difuso, com arrimo no postulado da pro-porcionalidade, reconheceu a inconstitucionalidade da parte do art. 44 da Lei de Drogas que proibia a concessão de liberdade provisória nos crimes de tráfico (HC 104.339/SP, Pleno, j. 10.05.2012, rel. Min. Gilmar Mendes, *DJe* 06.12.2012). Atualmente, portanto, é tão somente vedada a concessão de liberdade provisória com fiança ao crime de tráfico.

Gabarito "D".

## 2. APLICAÇÃO DA LEI NO TEMPO

**(Auditor Fiscal - SEFAZ/RS - 2019 - CESPE/CEBRASPE)** No que tange à aplicação da lei penal, a lei penal nova que

**(A)** diminui a pena de crime contra a ordem tributária não retroage.

**(B)** tipifica penalmente a conduta de deixar de cumprir alguma obrigação fiscal acessória retroage.

**(C)** torna atípica determinada conduta aplica-se aos fatos anteriores, desde que ainda não decididos por sentença condenatória transitada em julgado.

**(D)** estabelece nova hipótese de extinção de punibilidade não se aplica aos fatos anteriores.

**(E)** torna atípica determinada conduta cessa os efeitos penais da sentença condenatória decorrente dessa prática, ainda que já tenha transitado em julgado.

No que tange à aplicação da lei penal no tempo, valem alguns esclare-cimentos preliminares. A regra, como bem sabemos, é a aplicação da lei vigente à época dos fatos (*tempus regit actum*). Excepcionalmente, poderá ocorrer a chamada *extratividade*, fenômeno segundo o qual a lei opera efeitos fora do seu período de vigência. A *extratividade* é gênero, da qual são espécies a *ultratividade* e a *retroatividade*. Por *ultratividade* se deve entender o fenômeno em que a norma jurídica é aplicada a fato ocorrido depois de sua revogação (os efeitos da lei são projetados para o futuro); já pela *retroatividade*, a norma jurídica tem incidência a fato verificado antes de iniciada a sua vigência. Como já dito, a lei penal, em regra, não deve alcançar fatos verificados antes de ela entrar em vigor tampouco depois de ela ser revogada. Sucede que, em determinadas situações, a incidência da lei penal poderá se dar de forma retroativa ou ultrativa. Uma dessas hipóteses se dá na chamada *abolitio criminis*, em que a lei posterior deixa de considerar crime fato que antes era tipificado como tal (art. 2º, *caput*, do CP). É causa extintiva da punibilidade e tem como consequência o afastamento, além do crime, de todos os seus reflexos penais; os efeitos civis, no entanto, subsistem. Para além da *abolitio criminis*, a lei posterior que, de qualquer forma, favorece o agente deve retroagir para abarcar fatos anteriores à sua entrada em vigor (art. 2º, parágrafo único, CP). Em suma, se a lei é posterior ao fato puder ser considerada mais benéfica ao agente, a retroação (espécie do gênero ultratividade) é de rigor. Além da retroatividade, que, como já dissemos, constitui exceção à regra do *tempus regit actum*, também podemos nos deparar com a ultratividade, em que, por exemplo, o juiz, ao sentenciar, tem de aplicar lei penal já revogada, na medida em que esta se revelou mais favorável ao agente do que aquela em vigor ao tempo em que se deram os fatos. Feitas essas considerações, passemos à análise das alternativas. **A**: incorreta. Se a lei penal nova for mais favorável ao agente, quer porque aboliu o crime ou mesmo porque diminuiu a pena cominada, deverá retroagir, de forma a alcançar o fato praticado antes de a lei entrar em vigor (art. 2º, CP); **B**: incorreta. A lei penal que torna crime determinado fato até então não criminoso, porque mais prejudicial ao réu, não pode retroagir. Prevalece, aqui, a regra do *tempus regit actum*. Lembremos que somente poderá ocorrer a retroação quando a lei nova é mais benéfica; se prejudicial (tornou determinado comportamento criminoso), não pode alcançar fatos ante-riores à sua vigência; **C**: incorreta. Como já ponderado acima, a lei nova que torna determinada conduta atípica deve retroagir e alcançar fatos anteriores, ainda que decididos por sentença condenatória transitada em julgado. É o fenômeno da *abolitio criminis* (art. 2º, *caput*, do CP), que tem o condão de abolir o crime e todos os seus reflexos penais; os efeitos civis, no entanto, subsistem; **D**: incorreta. A lei processual penal, a teor do que dispõe o art. 2º do CPP, é aplicada desde logo e os atos realizados sob a égide da lei anterior são preservados, pouco importando a data em que a infração foi praticada. Vale, todavia, fazer uma ressalva. Quando se tratar de norma processual dotada de caráter material, a sua eficácia no tempo deverá seguir o regramento estabe-lecido no art. 2º, p. único, do Código Penal. Assim, se a lei processual dotada de carga penal for mais benéfica ao réu, como é o caso da lei que estabelece nova hipótese de extinção da punibilidade, deverá retroagir, já que produz reflexos no *status libertatis* do agente; **E**: correta. Vide comentários à alternativa "C".

Gabarito "E".

**(Juiz de Direito/DF – 2016 – CESPE)** Com relação à aplicação da lei penal, assinale a opção correta.

**(A)** As frações de dia são computadas como um dia integral de pena nas penas privativas de liberdade e nas restritivas de direitos.

**(B)** O direito penal, quanto ao tempo do crime, considera pra-ticado o crime no momento do seu resultado.

**(C)** A sentença estrangeira, quando a aplicação da lei brasileira produz as mesmas consequências, poderá ser homologada no Brasil para todos os efeitos, exceto para obrigar o condenado à reparação do dano.

**(D)** Ficam sujeitos à lei brasileira os crimes contra o patrimônio ou a fé pública do DF, de estado, de município, de empresa pública, sociedade de economia mista, autarquia ou fundação instituída pelo poder público, embora cometidos no estrangeiro, sendo o agente punido segundo a lei brasileira, ainda que absolvido no estrangeiro.

**(E)** Não é aplicável a lei brasileira aos crimes praticados a bordo de aeronaves ou embarcações estrangeiras de propriedade privada, ainda que achando-se aquelas em pouso no território nacional ou em voo no espaço aéreo correspondente, e estas em porto ou mar territorial do Brasil.

**A:** incorreta, uma vez que não corresponde à regra presente no art. 11 do CP; **B:** incorreta. No que se refere ao *tempo do crime*, o Código Penal acolheu, em seu art. 4º, a *teoria da ação* ou da *atividade*, que considera praticado o crime no momento da ação ou da omissão, mesmo que outro seja o do resultado; **C:** incorreta, pois contraria o que estabelece o art. 9º, I, do CP; **D:** correta (art. 7º, I, *b*, e § 1º, do CP); **E:** incorreta, pois não corresponde ao que estabelece o art. 5º, § 2º, do CP.
Gabarito "D".

**(Procurador do Estado – PGE/BA – CESPE – 2014)** No que diz respeito aos diversos institutos previstos na parte geral do Código Penal, julgue o item seguinte (adaptada).

**(1)** Em se tratando de *abolitio criminis*, serão atingidas pela lei penal as ações típicas anteriores à sua vigência, mas não os efeitos civis decorrentes dessas ações.

**1:** correta. Ocorre a *abolitio criminis* (art. 2º, "caput", do CP) sempre que uma lei nova deixa de considerar crime determinado fato até então criminoso. É, por força do que dispõe o art. 107, III, do CP, causa de extinção da punibilidade, que pode ser arguida e reconhecida a qualquer tempo, mesmo no curso da execução da pena. Além disso, tem o condão de fazer cessar a execução e os efeitos penais da sentença condenatória. Os efeitos extrapenais, no entanto, subsistem (art. 2º, "caput", do CP). ED
Gabarito 1C

## 3. APLICAÇÃO DA LEI NO ESPAÇO

**(Delegado/RJ – 2022 – CESPE/CEBRASPE)** Em viagem ao Rio de Janeiro, Paolo, italiano, filho do embaixador da Itália no Brasil, registrado como dependente deste, com quem vive, foi à Lapa, onde se embriagou. Com a capacidade psicomotora comprometida, assumiu a direção de um veículo e, em seguida, devido à embriaguez, atropelou e matou uma pessoa.

Nessa situação hipotética,

**(A)** Paolo não possui imunidade diplomática, devendo a lei do Estado acreditante ser aplicada com primazia sobre a lei brasileira.

**(B)** Paolo não poderá ser punido pela lei brasileira, pois, salvo em caso de renúncia, possui imunidade diplomática, embora possa ser punido pelas leis do Estado acreditante.

**(C)** Paolo será isento de pena, seja no Brasil, seja no Estado acreditante, pois possui imunidade diplomática, salvo se renunciá-la.

**(D)** embora Paolo possua imunidade diplomática, excetuada a hipótese de renúncia, ela se restringe aos atos de ofício, razão pela qual ele poderá ser punido pela lei brasileira.

**(E)** como Paolo não fazia parte de missão diplomática, ele não possui nenhum tipo de imunidade penal, razão pela qual poderá ser punido pela lei brasileira.

É verdade que a lei penal, tal como a processual, será, em regra, aplicada à infrações penais praticadas em território nacional. É o chamado princípio da territorialidade, consagrado no art. 5º do CP. Sucede que tal princípio comporta exceções, dado que há situações em que, a despeito de o fato ter ocorrido em território nacional, não terá incidência a lei penal brasileira. É o caso do diplomata, aqui incluídos seus familiares, a serviço de seu país de origem que vem a praticar infração penal no Brasil. Será afastada, aqui, por força da Convenção de Viena, diploma ao qual o Brasil aderiu, a incidência da lei penal brasileira. No caso

narrado no enunciado, embora Paolo tenha cometido, em território brasileiro, crime de homicídio culposo de trânsito estando sob o efeito de álcool (art. 302, § 3º, do CTB), não poderá ser aqui processado tampouco punido, já que a Convenção de Viena, em seu art. 37, 2, assegura à família de diplomata (que com ele reside e dele depende economicamente) imunidade. ED
Gabarito "B".

**(Escrivão de Polícia/BA – 2013 – CESPE)** Julgue os itens seguintes, com relação ao tempo, à territorialidade e à extraterritorialidade da lei penal.

**(1)** A extraterritorialidade da lei penal condicionada e a da incondicionada têm como elemento comum a necessidade de ingresso do agente no território nacional.

**(2)** Suponha que Leôncio tenha praticado crime de estelionato na vigência de lei penal na qual fosse prevista, para esse crime, pena mínima de dois anos. Suponha, ainda, que, no transcorrer do processo, no momento da prolação da sentença, tenha entrado em vigor nova lei penal, mais gravosa, na qual fosse estabelecida a duplicação da pena mínima prevista para o referido crime. Nesse caso, é correto afirmar que ocorrerá a ultratividade da lei penal.

**1:** errada. Na extraterritorialidade incondicionada (art. 7º, I, CP), o ingresso do agente no território nacional não é exigido para a aplicação da lei penal brasileira, diferentemente do que ocorre nas hipóteses de extraterritorialidade condicionada (art. 7º, II, CP), que pressupõe, dentre outras condições, o ingresso do agente em nosso território (art. 7º, § 2º, "a", CP). **2:** correta. Ainda que revogada a lei anterior, que previa pena menor para o estelionato, Leôncio deverá ser punido de acordo com ela, e não com a lei que, no curso do processo, entrou em vigor. Tal se deve à irretroatividade prejudicial da lei penal, nos termos do art. 5º, XL, da CF e art. 2º, CP. Importante destacar que a lei penal não pode retroagir para prejudicar o réu. No caso relatado na assertiva, se a pena mínima do crime cometido por Leôncio foi duplicada, tal alteração se afigura prejudicial, sendo de rigor que a lei anterior – embora revogada – seja aplicada. Ocorrerá, assim, a ultra-atividade de referida lei (vigente à época do fato, revogada no curso do processo).
Gabarito 1E, 2C

**(Escrivão de Polícia/DF – 2013 – CESPE)** Julgue os itens seguintes, relativos à teoria da norma penal, sua aplicação temporal e espacial, ao conflito aparente de normas e à pena cumprida no estrangeiro.

**(1)** A lei penal que, de qualquer modo, beneficia o agente tem, em regra, efeito extra-ativo, ou seja, pode retroagir ou avançar no tempo e, assim, aplicar-se ao fato praticado antes de sua entrada em vigor, como também seguir regulando, embora revogada, o fato praticado no período em que ainda estava vigente. A única exceção a essa regra é a lei penal excepcional ou temporária que, sendo favorável ao acusado, terá somente efeito retroativo.

**(2)** Considere a seguinte situação hipotética. Jurandir, cidadão brasileiro, foi processado e condenado no exterior por ter praticado tráfico internacional de drogas, e ali cumpriu seis anos de pena privativa de liberdade. Pelo mesmo crime, também foi condenado, no Brasil, a pena privativa de liberdade igual a dez anos e dois meses. Nessa situação hipotética, de acordo com o Código Penal, a pena privativa de liberdade a ser cumprida por Jurandir, no Brasil, não poderá ser maior que quatro anos e dois meses.

**(3)** Na definição de lugar do crime, para os efeitos de aplicação da lei penal brasileira, a expressão "onde se produziu ou deveria produzir-se o resultado" diz respeito, respectivamente, à consumação e à tentativa.

**(4)** Considere a seguinte situação hipotética. A bordo de um avião da Força Aérea Brasileira, em sobrevoo pelo território argentino, Andrés, cidadão guatemalteco, disparou dois tiros contra Daniel, cidadão uruguaio, no decorrer de uma discussão. Contudo, em virtude da inabilidade de Andrés no manejo da arma, os tiros atingiram Hernando, cidadão venezuelano que também estava a bordo. Nessa situação, em decorrência do princípio da territorialidade, aplicar-se-á a lei penal brasileira.

**1**: errada. De fato, a lei penal que de qualquer modo puder favorecer o agente, terá efeito extra-ativo, tendo natureza retroativa (abrangendo, portanto, fatos anteriores ou início de sua vigência) ou ultra-ativa (aplicando-se mesmo após sua revogação, regulando fatos praticados durante sua vigência). No tocante às leis excepcionais e temporárias, espécies do gênero "leis de vigência temporária", marcadas pela transitoriedade, os fatos praticados durante sua vigência serão por elas alcançados, mesmo após sua autorrevogação. São, portanto, leis ultrativas; **2**: errada. Tratando-se de hipótese de extraterritorialidade condicionada da lei penal brasileira, haja vista que o crime foi praticado, no estrangeiro, por cidadão brasileiro (art. 7°, II, "b", CP), tendo ele cumprido pena no exterior, não irá, novamente, cumprir pena no Brasil (art. 7°, II, § 2°, "d", CP). Afinal, é condição, nesse caso, para a aplicação da lei penal brasileira, que o agente, pelo crime cometido no estrangeiro, não tenha aí cumprido pena. Se Jurandir cumprir seis anos de pena privativa de liberdade no exterior, não está satisfeita uma das condições para a aplicação da lei brasileira. **3**: correta. O lugar do crime, de acordo com o art. 6°, CP, para fins de aplicação da lei penal brasileira, será tanto o local em que ocorreu a ação ou omissão, bem como onde se produziu (leia-se: consumou) ou deveria produzir-se (leia-se: onde o crime deveria consumar-se) o resultado. Assim, a expressão "onde se produziu ou deveria produzir-se o resultado" abrange, respectivamente, consumação e tentativa do crime. **4**: correta. O avião da Força Aérea Brasileira, por ser aeronave de natureza pública, é considerado, para efeitos penais, território brasileiro ficto ou por extensão (art. 5°, § 1°, CP). Portanto, crimes praticados a bordo de referida aeronave seguem o regime jurídico da legislação brasileira, que deverá incidir no caso concreto relatado na assertiva.

Gabarito 1E, 2E, 3C, 4C

## 4. CONCEITO E CLASSIFICAÇÃO DOS CRIMES

**(Juiz de Direito – TJ/SC – 2019 – CESPE/CEBRASPE)** A respeito da classificação dos crimes, assinale a opção correta.

**(A)** O crime de associação criminosa configura-se como crime obstáculo; o de falsidade documental para cometimento de estelionato é crime de atitude pessoal.

**(B)** O crime de uso de documento falso configura-se como crime remetido; e o de uso de petrechos para falsificação de moeda, como crime obstáculo.

**(C)** O crime de tráfico de drogas configura-se como crime vago; o de extorsão mediante sequestro constitui crime profissional.

**(D)** O crime de falso testemunho configura-se como crime de tendência; e o de injúria, como crime de ação astuciosa.

**(E)** O crime de rufianismo configura-se como crime de intenção; o de curandeirismo constitui crime de olvido.

**A**: incorreta. Crime *obstáculo* é aquele que se constitui em atos preparatórios tipificados como delito autônomo. É o caso da associação criminosa (art. 288, CP). *Crimes de atitude pessoal* ou *de tendência* são aqueles cuja existência está condicionada a determinada intenção do agente, não sendo esse o caso da falsidade documental para cometimento de estelionato; **B**: correta. Delito *remetido* é aquele cuja descrição típica contém referência a outro dispositivo de lei que o integra. O uso de documento falso, previsto no art. 304 do CP, é típico exemplo, na medida em que o tipo penal faz menção aos crimes definidos nos art. 297 a 302 do CP. O delito de uso de petrechos para falsificação de moeda constitui crime *obstáculo*, já que a sua descrição típica traduz atos preparatórios do crime de falsificação de moeda; **C**: incorreta. *Vago* é o crime cujo sujeito passivo é desprovido de personalidade jurídica. É o que se dá no crime de tráfico de drogas, que tem como sujeito passivo a sociedade. São também exemplos: violação de sepultura (art. 210, CP) e aborto consentido (art. 124, CP), nos quais a vítima é ente destituído de personalidade jurídica. Crime *profissional* é o delito habitual levado a efeito com o propósito de lucro, não sendo este o caso da extorsão mediante sequestro, que não pode ser classificado como crime habitual; **D**: incorreta. *Crimes de tendência* são aqueles cuja existência está condicionada a determinada intenção do agente, não sendo este o caso do crime de falso testemunho. Crime *de ação astuciosa* é aquele praticado por meio de fraude, engodo, não sendo este o caso da injúria. Exemplo típico é o estelionato; **E**: incorreta. Crime *de intenção* é aquele em que o agente busca a produção de um resultado não exigido pelo tipo penal. Clássico exemplo é o da extorsão mediante sequestro, em que a obtenção do valor do resgate constitui

desdobramento típico não exigido pelo tipo penal, já que a consumação é alcançada em momento anterior, ou seja, com a perda da liberdade de locomoção da vítima. Crime *de olvido* ou *esquecimento* é aquele em que a omissão se dá em razão da negligência referente ao dever de evitar o resultado (art. 13, § 2°, CP).

Gabarito "B".

**(Defensor Público/PE – 2018 – CESPE)** Com relação à classificação dos crimes, julgue os itens a seguir.

I. Denomina-se crime plurissubsistente o crime cometido por vários agentes.

II. Se o sujeito fizer tudo o que está ao seu alcance para a consumação do crime, mas o resultado não ocorrer por circunstâncias alheias a sua vontade, configura-se crime falho.

III. Havendo, em razão do tipo, dois sujeitos passivos, o crime é denominado vago.

IV. Crime habitual cometido com ânimo de lucro é denominado crime a prazo.

V. Crime praticado por intermédio de automóvel é denominado delito de circulação.

Estão certos apenas os itens

**(A)** I e II.

**(B)** I e IV.

**(C)** II e V.

**(D)** III e IV.

**(E)** III e V.

**I**: incorreta. Crime plurissubsistente é aquele cuja conduta do agente se exterioriza pela prática de dois ou mais atos, contrapondo-se aos crimes unissubsistentes, em que a conduta é representada por um único ato; crimes cujo tipo penal impõe a presença de mais de um agente denomina-se plurissubjetivo. São os chamados crimes de concurso necessário, tal como a rixa, a associação criminosa, entre outros. Se não houver o número mínimo de agentes exigido pelo tipo penal, não há crime; **II**: correta. *Crime falho* é outra designação dada à tentativa perfeita (acabada, frustrada). Neste caso, o agente consegue praticar todos os atos que reputa necessários à consumação, a qual, por circunstâncias alheias à sua vontade, não ocorre; *imperfeita*, por seu turno, é a tentativa na qual o agente não chega a praticar todos os atos necessários à consumação. O *iter criminis* também é interrompido por circunstâncias alheias à sua vontade; **III**: incorreta. Vago é o crime cujo sujeito passivo é desprovido de personalidade jurídica. É o que se dá nos crimes de violação de sepultura (art. 210, CP) e aborto consentido (art. 124, CP), nos quais a vítima é ente destituído de personalidade jurídica; **IV**: incorreta. Crime a prazo é aquele cuja configuração exige o escoamento de determinado prazo, sob pena de atipicidade. É o caso da apropriação de coisa achada (art. 169, II, do CP), em que a consumação somente é alcançada na hipótese de o agente deixar de restituir a coisa achada ao dono ou possuidor legítimo, ou à autoridade competente, depois de escoado o interregno de quinze dias. Antes disso, não há crime; **V**: correta. De fato, delito de circulação é aquele praticado por meio de automóvel.

Gabarito "C".

## 5. FATO TÍPICO E TIPO PENAL

**(Procurador/PA – CESPE – 2022)** O erro de tipo essencial que recai sobre elementar impede que o agente saiba que está praticando o crime e

**(A)** sempre exclui o dolo.

**(B)** exclui o dolo e a culpa, se o erro for essencial vencível.

**(C)** não exclui o dolo nem a culpa, se o erro for essencial vencível.

**(D)** não exclui o dolo nem a culpa, se o erro for essencial invencível.

**(E)** exclui o dolo, mas não a culpa, se o erro for essencial invencível.

Ao incorrer em erro de tipo, nos termos do art. 20, *caput*, do CP, opera-se sempre a exclusão do dolo, podendo, também, excluir a culpa se invencível (ou inevitável, ou escusável). Caracteriza-se pelo fato de o agente equivocar-se em relação a um dos elementos do tipo legal do crime. Enfim, o erro que recair sobre qualquer elementar típica terá o condão de excluir o dolo, tratando-se do que se denomina de erro de tipo essencial. Registre-se que, sendo o erro evitável ou inescusável, o agente será punido a título de culpa, desde que exista previsão legal da forma culposa do crime.

Gabarito "A".

**(Procurador/DF – CESPE – 2022)** Julgue os itens a seguir, a respeito da teoria do crime.

1. Segundo o direito penal contemporâneo, consideram-se criminosas as condutas ontologicamente consideradas reprováveis e constatadas por um juízo de percepção natural.
2. A doutrina classifica os crimes em comissivos, omissivos e omissivos por comissão, sendo exemplo desta última modalidade a conduta do indivíduo que, tendo o dever e a possibilidade de evitar o resultado, omite-se de evitá-lo.
3. Um dos critérios para se distinguir o crime progressivo da progressão criminosa é o aspecto subjetivo do agente, pois, naquele, há, desde o início, a intenção de causar um resultado de maior gravidade, enquanto, nesta, essa intenção surge durante o *iter criminis*.
4. Entre as teorias que buscam explicar a relação de causalidade entre a conduta e o resultado criminoso, predomina, na jurisprudência brasileira, a teoria da causalidade adequada, a qual exige, para que alguém seja penalmente responsabilizado por conduta que tenha desenvolvido, a criação ou o incremento de um perigo juridicamente intolerável e não permitido ao bem jurídico protegido, bem como a concretização desse perigo em resultado típico.
5. Considera-se infração penal tentada quando, iniciada a execução, o resultado não ocorre por circunstâncias alheias à vontade do agente, hipótese em que haverá necessariamente a redução da pena, independentemente de se tratar de crime ou contravenção.

**1**: errada. Segundo a banca examinadora, *o conceito de crime é artificial e independe de fatores naturais, constatados por um juízo de percepção sensorial. Não há como definir uma conduta, ontologicamente, qualificando-a de criminosa. É a sociedade a criadora do crime, e reserva essa etiqueta às condutas mais reprováveis*; **2**: errada. Existem duas formas de praticar a conduta: ação ou omissão. Ação pressupõe uma conduta positiva, um fazer (a maioria dos tipos penais encerra condutas positivas); já a omissão é a conduta negativa, assim entendida como a abstenção de um movimento. Os chamados crimes omissivos comportam duas espécies, a saber: omissão própria (ou pura) e omissão imprópria (impura ou comissiva por omissão, e não omissiva por comissão, como consta da assertiva, que, por isso, deve ser considerada incorreta). Tema comumente objeto de questionamento em provas de concursos em geral é a distinção entre as modalidades de crime omissivo. Um dos critérios adotados pela doutrina para diferenciar a omissão própria da imprópria é o tipológico. Somente a omissão própria está albergada em tipos penais específicos, já que o legislador, neste caso, cuidou de descrever no que consiste a omissão. Em outras palavras, o tipo penal, na omissão própria, contém a descrição da conduta omissiva. É o caso do delito de omissão de socorro (art. 135, CP). Esta modalidade de crime se perfaz pela mera abstenção do agente, independente de qualquer resultado posterior. Já o crime omissivo impróprio (comissivo por omissão), *grosso modo*, é aquele em que o sujeito ativo, por uma omissão inicial, gera um resultado posterior, que ele tinha o dever de evitar (art. 13, § 2º, do CP). A existência do crime comissivo por omissão pressupõe a conjugação de duas normas: uma norma proibitiva, que encerra um tipo penal comissivo e a todos é dirigido, e uma norma mandamental, que é endereçada a determinadas pessoas sobre as quais recai o dever de agir. Típico exemplo é o do pai que deixa de alimentar o filho menor, que vem a falecer por inanição; **3**: correta. Tanto na progressão criminosa quanto no crime progressivo, o princípio a ser aplicado é o mesmo: o da consunção. No crime progressivo, temos que o agente, almejando desde o início resultado mais gravoso, pratica diversos atos, com violação crescente e sucessiva ao bem jurídico sob tutela. Perceba que, neste caso, não há alteração do *animus* do agente. Ele inicia e termina o *iter criminis* imbuído do mesmo objetivo. No caso da progressão criminosa, o agente, num primeiro momento, pretende a produção de determinado resultado, mas, ao alcançá-lo, muda seu intento e pratica nova conduta, gerando um resultado mais grave. Neste caso, há mudança de *animus* no curso do *iter criminis*; **4**: errada, uma vez que a teoria adotada, como regra, pelo CP, em matéria de relação de causalidade, é a chamada *equivalência*

*dos antecedentes causais (conditio sine qua non)*. É o que se extrai do art. 13, *caput, in fine*, do CP: *Considera-se causa a ação ou omissão sem a qual o resultado não teria ocorrido*. Para se evitar o chamado "regresso ao infinito", é imprescindível a existência de dolo ou culpa por parte do agente em relação ao resultado; se assim não fosse, o vendedor da arma de fogo responderia pelo crime de homicídio com ela praticado, mesmo desconhecendo a intenção homicida do comprador; **5**: em matéria de tentativa, adotamos, como regra, a teoria objetiva, segundo a qual o autor de crime tentado receberá pena inferior à do autor de crime consumado, nos termos do art. 14, parágrafo único, do CP, que estabelece que, neste caso, a pena será reduzida de um a dois terços, a depender da distância que o agente ficou da consumação. Tal regra, no entanto, não se aplica aos chamados crimes de atentado ou de empreendimento, em que a modalidade tentada é apenada de forma idêntica à consumada. Exemplo sempre lembrado pela doutrina é o do art. 352 do CP (evasão mediante violência contra a pessoa). Em relação à contravenção penal, a sua tentativa, embora possível em alguns casos, não é punível, nos termos do art. 4º da LCP.

Gabarito 1E, 2E, 3C, 4E, 5Anulada

João, com a intenção de matar José, seu desafeto, efetuou disparos de arma de fogo contra ele. José foi atingido pelos projéteis e faleceu.

**(Juiz de Direito - TJ/BA - 2019 - CESPE/CEBRASPE)** Considere que, depois de feitos os exames necessários, se tenha constatado uma das seguintes hipóteses relativamente à causa da morte de José.

I. Apesar dos disparos sofridos pela vítima, a causa determinante da sua morte foi intoxicação devido ao fato de ela ter ingerido veneno minutos antes de ter sido alvejada.
II. A morte decorreu de ferimentos causados por disparos de arma de fogo efetuados por terceiro no mesmo momento em que João agiu e sem o conhecimento deste.
III. A vítima faleceu em razão dos ferimentos sofridos, os quais foram agravados por sua condição de hemofílica.
IV. A morte decorreu de uma infecção hospitalar que acometeu a vítima quando do tratamento dos ferimentos causados pelos tiros.

Nessa situação hipotética, conforme a teoria dos antecedentes causais adotada pelo CP, João responderá pela morte de seu desafeto caso se enquadre em uma das hipóteses previstas nos itens

(A) I e II.
(B) I e III.
(C) III e IV.
(D) I, II e IV.
(E) II, III e IV.

**I**: não há responsabilização pela morte. Vejamos. Segundo consta, José é vítima de disparos de arma de fogo efetuados por João, que desejava a sua morte, o que de fato vem a ocorrer. Depois disso, constata-se, no exame necroscópico, que o resultado naturalístico adveio não dos disparos que vitimaram José, mas de veneno neste aplicado antes da conduta levada a efeito por João (causa preexistente). Perceba que a morte teria ocorrido de qualquer forma. Neste caso, imputam-se ao agente tão somente os atos que praticou, e não o resultado naturalístico (morte). Há quebra, portanto, do nexo de causalidade. João, assim, responderá por tentativa de homicídio; **II**: não há responsabilização pelo evento morte. Esta assertiva descreve o fenômeno denominado *autoria colateral*, em que os agentes, sem que um conheça a intenção do outro, dirigem sua conduta, de forma simultânea, para a prática do mesmo crime. Por inexistir liame subjetivo entre eles, não há que se falar em *coautoria* ou *participação*. Apurando-se qual dos agentes deu causa ao resultado, este será responsabilizado pelo crime consumado; o outro, pelo crime na forma tentada (é o caso de João, já que a morte de seu desafeto decorreu dos disparos de arma de fogo efetuados por terceiro). Não sendo possível, na autoria colateral, identificar qual dos agentes deu causa ao resultado, estaremos diante, então, da chamada *autoria incerta* (não é esta a hipótese do enunciado). Neste caso, a melhor solução recomenda que ambos respondam pelo crime na forma tentada, já que não foi possível apurar-se quem foi o responsável pelo resultado; **III**: há responsabilização pela morte. Trata-se de hipótese de causa preexistente relativamente independente. Como o nome sugere, existe previamente à conduta do agente. João, agindo com *animus necandi* em relação a José, contra este desfere disparados de arma de fogo; no entanto, por ser portador de hemofilia, José tem seu quadro agravado e, por conta disso, vem a falecer. Neste caso, o resultado naturalístico (morte), porque querido por João, a este será imputado, respondendo por homicídio consumado. Veja que, se excluirmos a conduta de João (disparos de arma de fogo), o resultado morte não teria ocorrido. Daí falar-se em causa *relativamente independente*; **IV:** há responsabilização pela morte. Isso porque a infecção hospitalar constitui o que a doutrina convencionou chamar de linha de desdobramento natural, já que, não raras vezes, pacientes internados pelos mais variados motivos acabam por contrair infecções hospitalares, o que, muitas vezes, levam-nos a óbito. ED

Gabarito "C".

**(Delegado/PE – 2016 – CESPE)** A relação de causalidade, estudada no conceito estratificado de crime, consiste no elo entre a conduta e o resultado típico. Acerca dessa relação, assinale a opção correta.

**(A)** Para os crimes omissivos impróprios, o estudo do nexo causal é relevante, porquanto o CP adotou a teoria naturalística da omissão, ao equiparar a inação do agente garantidor a uma ação.

**(B)** A existência de concausa superveniente relativamente independente, quando necessária à produção do resultado naturalístico, não tem o condão de retirar a responsabilização penal da conduta do agente, uma vez que não exclui a imputação pela produção do resultado posterior.

**(C)** O CP adota, como regra, a teoria da causalidade adequada, dada a afirmação nele constante de que "o resultado, de que depende a existência do crime, somente é imputável a quem lhe deu causa; causa é a ação ou omissão sem a qual o resultado não teria o corrido".

**(D)** Segundo a teoria da imputação objetiva, cuja finalidade é limitar a responsabilidade penal, o resultado não pode ser atribuído à conduta do agente quando o seu agir decorre da prática de um risco permitido ou de uma conduta que diminua o risco proibido.

**(E)** O estudo do nexo causal nos crimes de mera conduta é relevante, uma vez que se observa o elo entre a conduta humana propulsora do crime e o resultado naturalístico.

**A:** incorreta. É fato que o estudo do nexo causal, no contexto da omissão imprópria, é de suma relevância, já que se está a falar de crimes cuja consumação somente é alcançada com a produção de resultado naturalístico (delitos materiais). No entanto, é incorreto afirmar-se que o CP adotou, neste caso, a teoria *naturalística*. É que, nos chamamos crimes omissivos impróprios, a relação de causalidade é *normativa* (e não física), na medida em que o resultado decorrente da omissão somente será imputado ao agente diante da ocorrência de uma das hipóteses previstas no art. 13, § 2º, do CP; **B:** incorreta, já que não reflete o que estabelece o art. 13, § 1º, do CP (superveniência de causa independente); **C:** incorreta, uma vez que a teoria adotada, como regra, pelo CP, em matéria de relação de causalidade, é a chamada *equivalência dos antecedentes causais* (*conditio sine qua non*). É o que se extrai do art. 13, *caput, in fine*, do CP: *Considera-se causa a ação ou omissão sem a qual o resultado não teria ocorrido*. Para se evitar o chamado "regresso ao infinito", é imprescindível a existência de dolo ou culpa por parte do agente em relação ao resultado; se assim não fosse, o vendedor da arma de fogo responderia pelo crime de homicídio com ela praticado, mesmo desconhecendo a intenção homicida do comprador; **D:** correta. Desenvolvida e difundida por Claus Roxin, a partir de 1970, no ensaio *Reflexões sobre a problemática da imputação no direito penal*, a teoria da imputação objetiva, cujo propósito é, de fato, impor restrições à responsabilidade penal, enuncia, em síntese, que a atribuição do resultado ao agente não está a depender tão somente da relação de causalidade. É necessário ir além. Para esta teoria, deve haver a conjugação dos seguintes requisitos: criação ou aumento de um risco proibido; realização do risco no resultado; e resultado dentro do alcance do tipo; **E:** incorreta. Não há relevância alguma no estudo do nexo causal no contexto dos crimes de mera conduta, na medida em que, neste caso, inexiste resultado naturalístico.

Gabarito "D".

**(Analista Jurídico – TCE/PR – 2016 – CESPE)** Considerando a relação de causalidade prevista no Código Penal, assinale a opção correta.

**(A)** As causas supervenientes relativamente independentes possuem relação de causalidade com a conduta do sujeito e não excluem a imputação do resultado.

**(B)** As causas preexistentes relativamente independentes não possuem relação de causalidade com a conduta do sujeito e excluem a imputação do resultado.

**(C)** As causas preexistentes absolutamente independentes possuem relação de causalidade com a conduta do sujeito e não excluem o nexo causal.

**(D)** As causas concomitantes relativamente independentes não possuem relação de causalidade com a conduta do sujeito e não excluem a imputação do resultado.

**(E)** As causas concomitantes absolutamente independentes não possuem relação de causalidade com a conduta do sujeito e excluem o nexo causal.

**A:** incorreta. As causas supervenientes relativamente independentes excluem, sim, a imputação, desde que sejam aptas, por si sós, a produzir o resultado; os fatos anteriores, no entanto, serão imputados a quem os praticou (art. 13, § 1º, do CP). Exemplo clássico e sempre lembrado pela doutrina é aquele em que a vítima de tentativa de homicídio é socorrida e levada ao hospital e, ali estando, vem a falecer, não em razão dos ferimentos que experimentou, mas por conta de incêndio ocorrido na enfermaria do hospital. Este evento (incêndio) do qual decorreu a morte da vítima constitui causa superveniente relativamente independente que, por si só, gerou o resultado. O nexo causal, nos termos do art. 13, § 1º, do CP, é interrompido (há imprevisibilidade). O agente, por isso, responderá por homicídio na forma tentada (e não na modalidade consumada). Perceba que, neste caso, estamos a falar de causa *relativamente independente* porque, não fosse a tentativa de homicídio, o ofendido não seria, por óbvio, hospitalizado e não seria, por consequência, vítima do incêndio que produziu, de fato, a sua morte; **B:** incorreta. A chamada causa preexistente relativamente independente, como o nome sugere, existe previamente à conduta do agente. Exemplo clássico: "A", agindo com *animus necandi* em relação a "B", contra este desfere golpe de facão em região não letal; no entanto, por ser portador de hemofilia, "B" tem seu quadro agravado e, por conta disso, vem a falecer. Neste caso, o resultado naturalístico (morte), porque querido por "A", a este será imputado, respondendo por homicídio consumado. Veja que, se excluirmos a conduta de "A" (golpe de facão), o resultado morte não teria ocorrido. Daí falar-se em causa *relativamente independente*; **C:** incorreta. No comentário anterior, a causa, que preexistia à conduta do agente, era, como já dissemos, *relativamente* independente, ou seja, originou-se da conduta do sujeito ativo; agora, na assertiva "C", a causa, também preexistente, é *absolutamente* independente. Isso quer dizer que a causa preexistente é absolutamente desvinculada da conduta do agente, não se originando nesta. O resultado teria ocorrido de qualquer forma, ainda que excluíssemos a conduta do agente. Exemplo: "B" é vítima de disparos de arma de fogo efetuados por "A", que desejava a sua morte, o que de fato vem a ocorrer. Depois disso, constata-se, no exame necroscópico, que o resultado naturalístico adveio não dos disparos que vitimaram "B", mas de veneno neste aplicado antes da conduta de "A" (causa preexistente). Perceba que a morte teria ocorrido de qualquer forma. Neste caso, imputam-se ao agente tão somente os atos que praticou, e não o resultado naturalístico (morte). Há quebra, portanto, do nexo de causalidade. "A", assim, responderá por tentativa de homicídio; **D:** incorreta. Concomitante é a causa que ocorre de forma simultânea à conduta do agente. A solução, neste caso, é idêntica àquela dada à causa preexistente relativamente independente: o resultado naturalístico deve ser imputado ao agente; **E:** correta. Tal como se dá nas causas preexistentes absolutamente independentes (alternativa "C"), o resultado, no contexto das causas absolutamente independentes *concomitantes* à conduta do agente, não poderá ser imputado ao sujeito ativo, que responderá tão somente pelos atos que praticou.

Gabarito "E".

**(Advogado União – AGU – CESPE – 2015)** Acerca da aplicação da imputabilidade penal, julgue o item que se segue (adaptada).

**(1)** Como a relação de causalidade constitui elemento do tipo penal no direito brasileiro, foi adotada como regra, no CP, a teoria da causalidade adequada, também conhecida como teoria da equivalência dos antecedentes causais.

**1:** incorreta. Adotamos, como regra, no que toca à relação de causalidade, a teoria da *equivalência dos antecedentes*, também chamada de *conditio sine qua non*, tal como estabelece o art. 13, "*caput*", do CP, segundo a qual causa é toda ação ou omissão sem a qual o resultado não teria sido produzido. De se ver que, no que concerne às causas supervenientes relativamente independentes que, por si sós, produzem o resultado, a teoria adotada foi a da *causalidade adequada* (art. 13, § 1º, do CP), que, como se vê, constitui exceção. Disso se infere que é incorreto afirmar-se que as duas teorias acima referem-se ao mesmo instituto. 🔲

Gabarito 1E

**(Analista – TRE/BA – 2010 – CESPE)** Com relação ao crime e aos seus elementos, julgue o próximo item.

**(1)** A coação física irresistível afasta a tipicidade, excluindo o crime.

**1:** correta. Falta, na *coação física irresistível* (*vis absoluta*), voluntariedade no ato do agente, que tem eliminada, em razão dela, a conduta e, por conseguinte, o próprio crime. A coação irresistível aludida no art. 22, primeira parte, do CP é a moral (*vis compulsiva*), apta a excluir a culpabilidade do agente, visto que não lhe é razoável exigir outra conduta no caso concreto. O sujeito, aqui, é importante que se diga, conserva um resquício de liberdade, o que não acontece na coação física irresistível. Desse modo, em face da ameaça insuportável, não pode ser exigido do coato que resista de forma heroica. Vale lembrar que a coação moral irresistível pressupõe, em regra, a existência de três partes, a saber: o *coator*; o *coato* e a *vítima*.

Gabarito 1C

## 6. CRIMES DOLOSOS, CULPOSOS E PRETERDOLOSOS

**(Ministério Público/RO – 2010 – CESPE)** A respeito da teoria do crime adotada pelo CP, assinale a opção correta.

**(A)** A ausência de previsão é requisito da culpa inconsciente, pois, se o agente consegue prever o delito, trata-se de conduta dolosa e não culposa.

**(B)** O CP limitou-se a adotar a teoria do assentimento em relação ao dolo ao dispor que age dolosamente o agente que aceita o resultado, embora não o tenha visado como fim específico.

**(C)** A conduta do agente que, após iniciar a execução de crime por iniciativa própria, impede a produção do resultado caracteriza arrependimento posterior e tem a mesma consequência jurídica da desistência voluntária.

**(D)** Na desistência voluntária, o agente poderá responder pelos atos já praticados, pelo resultado ocorrido até o momento da desistência ou pela tentativa do crime inicialmente pretendido.

**(E)** A previsibilidade subjetiva é um dos elementos da culpa e consiste na possibilidade de ser antevisto o resultado nas circunstâncias específicas em que o agente se encontrava no momento da infração penal.

**A:** correta. Na *culpa inconsciente*, embora o resultado lesivo seja previsível, o agente não o prevê (ausência de previsão). Entenda bem: o sujeito, nesta modalidade de culpa, não prevê o que é previsível. A propósito, a previsibilidade objetiva constitui um dos requisitos do crime culposo. Fala-se, de outro lado, em *culpa consciente* sempre que o agente, embora preveja o resultado ofensivo, espera, sinceramente, que ele não ocorra. A rigor, o agente, diante do caso concreto, confia em sua habilidade. Embora tenha a previsão do resultado, ele não o deseja, tampouco assume o risco de produzi-lo. Agora, se o agente consegue ter a previsão do resultado, mas pouco se importa com ele (assumi o risco de causá-lo), dando sequência ao seu propósito inicial, é caso então de dolo eventual. A segunda parte da assertiva, a nosso ver, não deixa claro se a previsão se refere à culpa consciente ou ao dolo eventual; **B:** incorreta, visto que, em relação ao dolo, o Código Penal acolheu – art. 18, I – as teorias da *vontade* (dolo direto) e do *assentimento* (dolo eventual), e não somente esta; **C:** incorreta. A situação descrita nesta assertiva se refere ao instituto contemplado no art. 15, segunda parte, do CP (arrependimento eficaz), em que o agente, uma vez realizados todos os atos considerados necessários à consumação do crime, passa

a agir para que o resultado não se produza. Assim como na *desistência voluntária*, este somente terá lugar antes da consumação do crime, razão pela qual tem natureza jurídica de *causa excludente de tipicidade*. O *arrependimento posterior*, que, como a própria nomenclatura sugere, deve ser posterior à consumação do crime, tem como natureza jurídica de *causa obrigatória de diminuição de pena*. Sua disciplina está no art. 16 do CP; **D:** incorreta. Na desistência voluntária e no arrependimento eficaz (art. 15 do CP), o agente somente responderá pelos atos então praticados. A tentativa fica afastada na medida em que a consumação não se concretizou por circunstâncias relacionadas à vontade do agente. Como já dito, a natureza jurídica dos dois institutos aqui tratados consiste em *causa excludente de tipicidade*, subsistindo a responsabilidade tão somente pelos atos praticados; **E:** incorreta. Cuida-se da capacidade de o agente, em face as suas condições pessoais (educação, inteligência etc.), antever o resultado. Esta é a previsibilidade subjetiva, que não constitui elemento (requisito) do fato típico culposo. Sua incidência se dá no campo da culpabilidade.

Gabarito "A".

## 7. ERRO DE TIPO, DE PROIBIÇÃO E DEMAIS ERROS

Na confraternização de final de ano de um tribunal de justiça, Ulisses, servidor do órgão, e o desembargador ganharam um relógio da mesma marca — em embalagens idênticas —, mas de valores diferentes, sendo consideravelmente mais caro o do desembargador. Ao ir embora, Ulisses levou consigo, por engano, o presente do desembargador, o qual, ao notar o sumiço do relógio e acreditando ter sido vítima de crime, acionou a polícia civil. Testemunhas afirmaram ter visto Ulisses com a referida caixa. No dia seguinte, o servidor tomou conhecimento dos fatos e dirigiu-se espontaneamente à autoridade policial, afirmando que o relógio estava na casa de sua namorada, onde fora apreendido.

**(Analista Judiciário – TJ/PA – 2020 – CESPE)** Nessa situação hipotética, a conduta de Ulisses na festa caracterizou

**(A)** erro de tipo.

**(B)** excludente de ilicitude.

**(C)** arrependimento posterior.

**(D)** erro de proibição.

**(E)** crime impossível.

Segundo consta, Ulisses, ao final da festa de confraternização da qual participava, subtraiu, para si, objeto pertencente a outrem, consistente em um relógio de valor considerável pertencente a um desembargador que também se encontrava na mesma confraternização. Em princípio, a conduta de Ulisses se adequa, à perfeição, à descrição típica do art. 155 do CP: *subtrair, para si ou para ontem, coisa alheia móvel*. Sucede que, pelo enunciado proposto, fica claro que a subtração perpetrada por Ulisses se deu em razão de engano de sua parte. Em outras palavras, ele levou consigo o relógio pertencente a outrem pensando se tratar do seu, já que, assim como o desembargador, ele também ganhara um relógio, cuja embalagem era idêntica à da vítima. Ulisses, como se pode ver, confundiu-se, trocando os relógios. Errou, portanto, sobre a elementar *alheia*, integrante do tipo penal do furto. Como bem sabemos, nos crimes em geral, e no furto não é diferente, é imprescindível, à existência da conduta, o elemento subjetivo, ora representado pelo dolo, ora pela culpa. No caso do furto, o elemento subjetivo é representando pelo dolo, que consiste na vontade livre e consciente de apossar-se clandestinamente de coisa alheia móvel de forma definitiva, não transitória (*animus furandi* ou *animus rem sibi habendi*). Em momento algum, como é possível concluir pela leitura do enunciado, Ulisses desejava se apossar do relógio pertencente ao desembargador. Ele, ao assim agir, incorreu em erro de tipo, nos termos do art. 20, *caput*, do CP, que exclui, sempre, o dolo, podendo, também, excluir a culpa, se invencível (ou inevitável, ou escusável). Caracteriza-se, como já afirmado, pelo fato de o agente equivocar-se em relação a um dos elementos do tipo legal do crime. Enfim, o erro que recair sobre qualquer elementar típica terá o condão de excluir o dolo, tratando-se do que se denomina de erro de tipo essencial. Registre-se que, sendo o erro evitável ou inescusável, o agente será punido a título de culpa, desde que exista previsão legal da forma culposa do crime. No caso do furto, não há previsão de modalidade culposa.

Gabarito "A".

**(Auditor Fiscal - SEFAZ/RS - 2019 - CESPE/CEBRASPE)** A conduta típica será inteiramente desculpável e será excluída a culpabilidade quando o erro inevitável recair sobre

(A) a lei.
(B) a pessoa.
(C) a ilicitude do fato.
(D) a eficácia do meio empregado.
(E) as condições pessoais da vítima.

O erro sobre a ilicitude do fato (art. 21, CP), que a doutrina convencionou chamar de *erro de proibição*, uma vez reconhecido, exclui a culpabilidade (art. 21, *caput*, CP), desde que escusável (desculpável); se inescusável, constituirá causa de redução de pena. Não deve ser confundido com o erro de tipo, que tem por objeto os elementos constitutivos do tipo penal, gerando a exclusão do dolo e, em consequência, da tipicidade penal (art. 20, *caput*, CP). ⬛
Gabarito "C".

## 8. TENTATIVA, CONSUMAÇÃO, DESISTÊNCIA, ARREPENDIMENTO E CRIME IMPOSSÍVEL

**(Auxiliar Judiciário – TJ/PA – 2020 – CESPE)** *Iter criminis* corresponde ao percurso do crime, compreendido entre o momento da cogitação pelo agente até os efeitos após sua consumação. Há relevância no estudo do *iter criminis* porque, conforme o caso, podem incidir institutos como desistência voluntária, princípio da consunção e tentativa. Considera-se punível o crime tentado no caso de

(A) o agente ser flagrado elaborando os planos para a prática do crime.
(B) o agente ser flagrado realizando atos de preparação para o crime.
(C) o crime, iniciada a execução, não se consumar por ineficácia absoluta do meio empregado para sua prática.
(D) o agente, iniciada a execução, desistir de prosseguir com a ação, impedindo seu resultado.
(E) o crime, iniciada a execução, não se consumar por circunstâncias alheias à vontade do agente.

**A:** incorreta. Somente se pode falar em tentativa se já tiver sido iniciada a execução do crime, mas, antes de sua consumação, o comportamento delituoso for interrompido por circunstâncias alheias à vontade do agente. A cogitação, que constitui a primeira fase do *iter criminis* (a fase interna), é a idealização, isto é, o momento em que o sujeito tem a ideia de levar a efeito a conduta criminosa. Esta etapa não comporta punição; **B:** incorreta. Os chamados *atos preparatórios*, que são aqueles que antecedem a execução do crime, são, em regra, impuníveis; há, entretanto, casos excepcionais em que o ato meramente preparatório por si só já constitui infração penal, como no caso do crime de associação criminosa (art. 288, CP). Dessa forma, o agente flagrado realizando atos de preparação para o crime não pode ser responsabilizado por tentativa desse delito; **C:** incorreta, pois, neste caso, a tentativa não é punível por se tratar de crime impossível; **D:** incorreta, uma vez que, nos termos do que dispõe o art. 15 do CP, *o agente que, voluntariamente, desiste de prosseguir na execução ou impede que o resultado se produza, só responde pelos atos já praticados* (e não pelo crime na modalidade tentada); **E:** correta, pois reflete o disposto no art. 14, II, do CP.
Gabarito "E".

**(Defensor Público/PE – 2018 – CESPE)** Com relação à tentativa, à desistência voluntária e ao arrependimento, assinale a opção correta.

(A) No arrependimento eficaz, o agente interrompe a execução do crime; na desistência voluntária, o resultado é impedido após o agente ter praticado todos os atos.
(B) O arrependimento posterior pode ser aplicado aos crimes cometidos com violência ou grave ameaça.
(C) Em se tratando de tentativa branca ou incruenta, a vítima não é atingida e não sofre ferimentos; se tratar-se de tentativa cruenta, a vítima é atingida e é lesionada.
(D) A diferença entre a tentativa e a tentativa abandonada é que, no primeiro caso, o agente diz "eu consigo, mas não quero" e, no segundo, o agente diz "eu quero, mas não consigo".

(E) A desistência voluntária e a tentativa abandonada são espécies de arrependimento eficaz.

**A:** incorreta, já que os conceitos estão invertidos. Com efeito, na desistência voluntária (art. 15, primeira parte, do CP), o agente, em crime já iniciado, embora disponha de meios para chegar à consumação, acha por bem interromper a execução. Ele, de forma voluntária, desiste de prosseguir no *iter criminis* (conduta negativa, omissão). No *arrependimento eficaz* (art. 15, segunda parte, do CP), a situação é diferente. O agente, em crime cuja execução também já se iniciou, esgotou os meios que reputou suficientes para atingir seu objetivo. Ainda assim, o crime não se consumou. Diante disso, ele, agente, por vontade própria, passa a agir para evitar o resultado (conduta positiva). Tanto na *desistência voluntária* quanto no *arrependimento eficaz*, o agente responderá somente pelos atos que praticou; **B:** incorreta. Por imposição do art. 16 do CP, constitui um dos requisitos do arrependimento posterior o fato de o crime ter sido cometido sem violência ou grave ameaça à pessoa; **C:** correta. *Tentativa branca ou incruenta* é aquela em que a vítima não é atingida fisicamente. Exemplo: o sujeito descarrega sua arma contra a vítima, mas esta não chega a ser atingida (tentativa branca de homicídio); *tentativa cruenta*, ao contrário, é aquele em que a vítima é atingida; **D:** incorreta. Na tentativa (art. 14, II, do CP), dado que a execução do crime é interrompida por circunstâncias alheias à vontade do agente, este deseja alcançar a consumação, mas, por alguma razão que foge ao seu controle, não consegue; já na tentativa abandonada ou qualificada (desistência voluntária e o arrependimento eficaz), o agente, podendo chegar à consumação do crime, desiste de fazê-lo (ele pode mas não quer), ora interrompendo a execução do delito, ora agindo para que este não se aperfeiçoe; **E:** incorreta. A desistência voluntária e o arrependimento eficaz são espécies de tentativa abandonada ou qualificada. ⬛
Gabarito "C".

**(Defensor Público/AC – 2017 – CESPE)** Com referência ao arrependimento posterior, assinale a opção correta.

(A) O arrependimento posterior é causa obrigatória de diminuição de pena, admitindo-se a reparação do dano ou a restituição da coisa até o trânsito em julgado da ação penal.
(B) O autor da infração, ao arrepender-se, deverá, para que sua pena seja reduzida, reparar voluntariamente danos ou restituir a coisa subtraída, até o recebimento da queixa ou da denúncia.
(C) O arrependimento posterior incide exclusivamente nos crimes contra o patrimônio e impõe a restituição espontânea e integral da coisa até o recebimento da denúncia ou da queixa.
(D) Intervenção de terceiros na reparação do dano ou na restituição da coisa, desde que ocorra antes do julgamento, não afastará o reconhecimento de arrependimento posterior.
(E) Para que sua pena seja reduzida, o agente deverá, espontaneamente, logo após a consumação do crime, minorar as consequências dele e, até a data do julgamento, reparar danos.

**A:** incorreta. De fato, uma vez preenchidos os requisitos contidos no art. 16 do CP, é de rigor a diminuição de pena. Agora, a reparação do dano ou a restituição da coisa deverá ocorrer até o recebimento da denúncia ou queixa, e não até o trânsito em julgado da ação penal; **B:** correta, tal como explicitado no comentário à assertiva "A"; **C:** incorreta, dado que a diminuição de pena do art. 16 do CP terá lugar em todos os crimes desprovidos de violência ou grave ameaça à pessoa. Além disso, não é necessário, segundo doutrina e jurisprudência pacíficas, que a reparação/restituição se dê de forma espontânea; basta que o agente aja de forma voluntária (ação livre do agente); **D:** incorreta. A intervenção de terceiro, por exemplo aconselhando o agente a restituir o bem ou reparar o dano, não afasta a incidência do arrependimento posterior, desde que o sujeito o faça de forma voluntária (por vontade própria), mas tal deverá necessariamente ocorrer até o recebimento da exordial; **E:** incorreta. Como dito antes, a restituição/reparação deve ser implementada até o recebimento da denúncia/queixa, exigindo-se, para tanto, que o agente aja de forma voluntária; a espontaneidade, ainda que possa existir, não é necessária. ⬛
Gabarito "B".

**(Defensor Público/AL – 2017 – CESPE)** Jonas descobriu, na mesma semana, que era portador de doença venérea grave e que sua esposa, Priscila, planejava pedir o divórcio. Inconformado com a intenção da companheira, Jonas manteve relações sexuais com ela, com o objetivo de lhe transmitir a doença. Ao descobrir o propósito de Jonas, Priscila foi à delegacia e relatou o ocorrido. No curso da apuração preliminar, constatou-se que ela já estava contaminada da mesma moléstia desde antes da conduta de Jonas, fato que ela desconhecia.

Nessa situação hipotética, considerando-se as normas relativas a crimes contra a pessoa, a conduta perpetrada por Jonas constitui

(A) tentativa de perigo de contágio venéreo.
(B) crime impossível, em razão do contágio anterior.
(C) delito putativo de contágio por moléstia grave.
(D) perigo de contágio por moléstia grave consumado.
(E) tentativa de lesão corporal, devido ao perigo de contágio venéreo.

Trata-se, de fato, de crime impossível por absoluta impropriedade do objeto. Com efeito, o propósito de Jonas, por mais reprovável que fosse, nunca seria alcançado, na medida em que sua esposa, pessoa contra a qual Jonas investiu, já padecia da mesma moléstia de que ele era portador e pretendia a ela transmitir. Em suma, o resultado pretendido por Jonas nunca seria implementado, já que é impossível contagiar alguém que já está contagiado. Configurado está, portanto, crime impossível (art. 17 do CP). **ED**
Gabarito 'B'.

**(Técnico Judiciário – STJ – 2018 – CESPE)** Considerando que crime é fato típico, ilícito e culpável, julgue os itens a seguir.

(1) São causas excludentes de culpabilidade o estado de necessidade, a legítima defesa e o estrito cumprimento do dever legal.
(2) Crime doloso é aquele em que o sujeito passivo age com imprudência, negligência ou imperícia.
(3) O crime é dito impossível quando não há, em razão da ineficácia do meio empregado, violação, tampouco perigo de violação, do bem jurídico tutelado pelo tipo penal.

**1:** antes de mais nada, é importante que se diga que o examinador, como se pode ver no enunciado da questão, adotou, quanto ao conceito analítico de crime, a chamada *concepção tripartida*, para a qual crime é um fato típico, antijurídico e culpável. Há ainda a *concepção bipartida*, segundo a qual crime é um fato típico e antijurídico. Dito isso, passemos à resolução das assertivas. **1:** incorreta, dado que o estado de necessidade, a legítima defesa e o estrito cumprimento do dever legal (e também o exercício regular de direito) constituem, a teor do art. 23 do CP, causa de exclusão da ilicitude (ou antijuridicidade); **2:** incorreta. A assertiva contém dois erros. Em primeiro lugar, sujeito passivo é aquele contra o qual a conduta é praticada (pelo sujeito ativo). Ou seja, é a vítima. No caso do homicídio, por exemplo, é o titular do bem jurídico tutelado, ou seja, a pessoa contra a qual o homicida investe (isto é, é o titular do direito à vida); no roubo, são sujeitos passivos tanto o titular do patrimônio desfalcado quanto aquele que sofreu a ameaça ou violência. Além disso, a assertiva se refere às modalidades de culpa (imprudência, negligência e imperícia), que nenhuma relação tem com o crime doloso; **3:** correta. A assertiva faz referência a uma das modalidades de crime impossível (tentativa inidônea, inadequada ou quase crime), em que, por ineficácia absoluta do meio empregado pelo agente, a consumação do crime é inviável, impossível; além dessa hipótese, o art. 17 do CP contém outra modalidade de crime impossível, a caracterizar-se quando, por impropriedade absoluta do objeto, a consumação do delito é impossível de ser alcançada. Vale o registro de que a jurisprudência criou outra modalidade de crime impossível, o chamado flagrante preparado ou provocado, que restará configurado sempre que o agente provocador levar alguém a praticar uma infração penal (Súmula 145 do STF). **ED**
Gabarito 1E, 2E, 3C

**(Delegado Federal – 2018 – CESPE)** Em cada um dos itens a seguir, é apresentada uma situação hipotética, seguida de uma assertiva a ser julgada com base na legislação de regência e na jurisprudência dos tribunais superiores a respeito de execução penal, lei penal no tempo, concurso de crimes, crime impossível e arrependimento posterior.

(1) Diogo, condenado a sete anos e seis meses de reclusão pela prática de determinado crime, deve iniciar o cumprimento da pena no regime semiaberto. Todavia, na cidade onde se encontra, só há estabelecimento prisional adequado para a execução da pena em regime fechado. Nessa situação, o juiz poderá determinar que Diogo inicie o cumprimento da pena no regime fechado.
(2) Manoel praticou conduta tipificada como crime. Com a entrada em vigor de nova lei, esse tipo penal foi formalmente revogado, mas a conduta de Manoel foi inserida em outro tipo penal. Nessa situação, Manoel responderá pelo crime praticado, pois não ocorreu a *abolitio criminis* com a edição da nova lei.
(3) Elton, pretendendo matar dois colegas de trabalho que exerciam suas atividades em duas salas distintas da dele, inseriu substância tóxica no sistema de ventilação dessas salas, o que causou o óbito de ambos em poucos minutos. Nessa situação, Elton responderá por homicídio doloso em concurso formal imperfeito.
(4) Sílvio, maior e capaz, entrou em uma loja que vende aparelhos celulares, com o propósito de furtar algum aparelho. A loja possui sistema de vigilância eletrônica que monitora as ações das pessoas, além de diversos agentes de segurança. Sílvio colocou um aparelho no bolso e, ao tentar sair do local, um dos seguranças o deteve e chamou a polícia. Nessa situação, está configurado o crime impossível por ineficácia absoluta do meio, uma vez que não havia qualquer chance de Sílvio furtar o objeto sem que fosse notado.
(5) Cristiano, maior e capaz, roubou, mediante emprego de arma de fogo, a bicicleta de um adolescente, tendo-o ameaçado gravemente. Perseguido, Cristiano foi preso, confessou o crime e voluntariamente restituiu a coisa roubada. Nessa situação, a restituição do bem não assegura a Cristiano a redução de um a dois terços da pena, pois o crime foi cometido com grave ameaça à pessoa.

**1:** incorreta, uma vez que contraria o entendimento firmado por meio da Súmula Vinculante 56: *A falta de estabelecimento penal adequado não autoriza a manutenção do condenado em regime prisional mais gravoso, devendo-se observar, nessa hipótese, os parâmetros fixados no RE 641.320/RS*; **2:** correta. A assertiva descreve típica hipótese de incidência do fenômeno da continuidade típico-normativa, que nada mais é do que o deslocamento de determinado comportamento típico de um para outro dispositivo, fato que não tem o condão de descriminalizar a conduta. Exemplo típico é o deslocamento da conduta então prevista no art. 214 do CP (atentado violento ao pudor) para o art. 213 do CP (estupro), por força da Lei 12.015/2009; **3:** correta. Elton, imbuído do propósito de causar a morte de dois colegas de trabalho, por meio de uma única conduta (inserir substância tóxica no sistema de ventilação das salas onde se encontravam as vítimas), produziu dois resultados (morte de ambos), que, desde o início, foram por ele desejados (desígnios autônomos em relação às duas mortes). É hipótese de concurso formal *impróprio* ou *imperfeito*. Nos termos do art. 70 do CP, o concurso formal poderá ser *próprio* (perfeito) ou *impróprio* (imperfeito). No primeiro caso (primeira parte do *caput*), temos que o agente, por meio de uma única ação ou omissão (um só comportamento), pratica dois ou mais crimes, idênticos ou não, com *unidade de desígnio*; já no *concurso formal impróprio* ou *imperfeito* (segunda parte do *caput*), a situação é diferente. Aqui, a conduta única decorre de desígnios autônomos, vale dizer, o agente, no seu atuar, deseja os resultados produzidos. Como consequência, as penas serão somadas, aplicando-se o critério ou sistema do *cúmulo material*. No concurso formal perfeito, diferentemente, se as penas previstas forem idênticas, aplica-se somente uma; se diferentes, aplica-se a maior, acrescida, em qualquer caso, de um sexto até metade (sistema da exasperação); **4:** incorreta. O chamado *furto sob vigilância* pode, em determinadas situações, a depender do caso concreto, caracterizar *crime impossível* pela *ineficácia absoluta do meio* (art. 17 do CP). É o caso, por exemplo, do agente que, desde o momento em que ingressa no supermercado, passa a ser permanentemente vigiado por sistema de câmeras e também por seguranças, que ficam o tempo todo no seu encalço. Não há, neste caso, a menor possibilidade de o crime consumar-se. Isso não quer dizer que a existência, por si só, de sistema de segurança por câmeras e de funcionários elimine a possibilidade de o crime chegar à sua consumação. É perfeitamente plausível que o agente se aproveite de determinado ângulo de monitoramento em que a subtração não é visualizada pelo sistema de câmeras. Dessa forma,

## 12. DIREITO PENAL  375

a ineficácia do meio deve ser avaliada caso a caso. Nesse sentido: STF, HC 110.975-RS, 1ª T., rel. Min. Cármen Lúcia, 22.05.2012. Consagrando esse entendimento, o STJ editou a Súmula n. 567: "Sistema de vigilância realizado por monitoramento eletrônico ou por existência de segurança no interior de estabelecimento comercial, por si só, não torna impossível a configuração do crime de furto"; **5:** correta. De fato, o reconhecimento do arrependimento posterior, causa de diminuição de pena prevista no art. 16 do CP, pressupõe a ausência de violência ou grave ameaça à pessoa. ⬛

Gabarito 1E, 2C, 3C, 4E, 5C

**(Delegado/PE – 2016 – CESPE)** Na análise das classificações e dos momentos de consumação, busca-se, por meio da doutrina e da jurisprudência pátria, enquadrar consumação e tentativa nos diversos tipos penais. A esse respeito, assinale a opção correta.

(A) Conforme orientação atual do STJ, é imprescindível para a consumação do crime de furto com a posse de fato da *res furtiva*, ainda que por breve espaço de tempo, a posse mansa, pacífica e desvigiada da coisa, caso em que se deve aplicar a teoria da *ablatio*.

(B) A extorsão é considerada pelo STJ como crime material, pois se consuma no momento da obtenção da vantagem indevida.

(C) O crime de exercício ilegal da medicina, previsto no CP, por ser crime plurissubsistente, admite tentativa, desde que, iniciados os atos executórios, o agente não consiga consumá-lo por circunstâncias alheias a sua vontade.

(D) Por ser crime material, o crime de corrupção de menores consuma-se no momento em que há a efetiva prova da prática do delito e a efetiva participação do inimputável na empreitada criminosa. Assim, se o adolescente possuir condenações transitadas em julgado na vara da infância e da juventude, em decorrência da prática de atos infracionais, o crime de corrupção de menores será impossível, dada a condição de inimputável do corrompido.

(E) Segundo o STJ, configura crime consumado de tráfico de drogas a conduta consistente em negociar, por telefone, a aquisição de entorpecente e disponibilizar veículo para o seu transporte, ainda que o agente não receba a mercadoria, em decorrência de apreensão do material pela polícia, com o auxílio de interceptação telefônica.

**A:** incorreta. Para o STJ (e também para o STF), o crime de furto (e também o de roubo) se consuma com a posse de fato da *res furtiva*, ainda que por breve espaço de tempo e seguida de perseguição ao agente, sendo dispensável, dessa forma, a posse mansa e pacífica ou desvigiada". Em assim sendo, adotou-se a teoria da *amotio* ou *apprehensio*, e não a teoria da *ablatio*, como constou no enunciado. Nesse sentido: STF, HC 92450-DF, 1ª T., Rel. Min. Ricardo Lewandowski, 16.09.2008; STJ, REsp 1059171-RS, 5ª T., Rel. Min. Felix Fischer, j. 02.12.2008; STJ, REsp 1524450-RJ, 3ª Seção, Rel. Min. Nefi Cordeiro, j. 14.10.2015; **B:** incorreta. O crime de extorsão (art. 158 do CP) é *formal* (e não *material*); isso porque a sua consumação não está condicionada à produção do resultado naturalístico descrito no tipo penal (obtenção de vantagem indevida). A esse respeito, o STJ editou a Súmula 96: "O crime de extorsão consuma-se independentemente da obtenção da vantagem indevida"; **C:** Incorreta. Tendo em conta que o crime de exercício ilegal da medicina (art. 282, CP) é considerado habitual, não se admite a forma tentada. Nessa modalidade de crime (habitual), os atos isolados são penalmente irrelevantes. Se, no entanto, vierem a ser praticados de forma reiterada, consumado estará o crime habitual. Não há, pois, meio-termo; **D:** incorreta. Há, tanto na doutrina quanto na jurisprudência, duas correntes quanto ao momento consumativo do crime de corrupção de menores, atualmente previsto no art. 244-B do ECA. Para parte da doutrina e também para o STJ, o crime em questão é *formal*, consumando-se independentemente da efetiva corrupção da vítima. Nesse sentido: "(...) A Terceira Seção do Superior Tribunal de Justiça, ao apreciar o Recurso Especial 1.127.954/DF, representativo de controvérsia, pacificou seu entendimento no sentido de que o crime de corrupção de menores – antes previsto no art. 1º da Lei 2.252/1954, e hoje inscrito no art. 244-B do Estatuto da Criança e do Adolescente – é delito formal, não exigindo, para sua configuração, prova de que o inimputável tenha sido corrompido, bastando que tenha participado da prática delituosa" (AgRg no REsp 1371397/DF, 6ª T., j. 04.06.2013, rel.

Min. Assusete Magalhães, *DJe* 17.06.2013). Consolidando tal entendimento, o STJ editou a Súmula 500, a seguir transcrita: "A configuração do crime previsto no art. 244-B do Estatuto da Criança e do Adolescente independe da prova da efetiva corrupção do menor, por se tratar de delito formal". Uma segunda corrente sustenta que o crime do art. 244-B do ECA é *material*, sendo imprescindível, à sua consumação, a ocorrência do resultado naturalístico, isto é, a efetiva corrupção do menor; **E:** correta. Nesse sentido, conferir: "Penal. Processual penal. *Habeas corpus* substitutivo de recurso especial, ordinário ou de revisão criminal. Não cabimento. Arts. 12 e 14 da Lei 6.368/1976. Materialidade constatada. Tráfico sem aquisição de drogas. Modalidade adquirir e transportar. Desclassificação para crime tentado. Revolvimento de prova. Inépcia da denúncia. Arguição após sentença. Impossibilidade. 1. Ressalvada pessoal compreensão diversa, uniformizou o Superior Tribunal de Justiça ser inadequado o *writ* em substituição a recursos especial e ordinário, ou de revisão criminal, admitindo-se, de ofício, a concessão da ordem ante a constatação de ilegalidade flagrante, abuso de poder ou teratologia. 2. A imputação de negociação com aquisição de droga e contribuição material para seu transporte, configura conduta típica, de crime de tráfico consumado, com materialidade constatada pela apreensão do material entorpecente. 3. A revaloração da prova de vinculação do agente com a droga apreendida, notadamente por interceptações telefônicas, alinhadas com provas testemunhais, é descabida na via do *habeas corpus*. 4. A alegação de inépcia da denúncia resta preclusa após a sentença condenatória. Precedentes desta Corte. 5. *Habeas corpus* não conhecido" (STJ, HC 212.528/SC, Rel. Ministro Nefi Cordeiro, Sexta Turma, julgado em 01.09.2015, DJe 23.09.2015).

Gabarito "E".

**(Advogado União – AGU – CESPE – 2015)** Acerca da aplicação da lei penal, julgue o item que se segue (adaptada).

(1) O direito penal brasileiro não admite a punição de atos meramente preparatórios anteriores à fase executória de um crime, uma vez que a criminalização de atos anteriores à execução de delito é uma violação ao princípio da lesividade.

**1:** incorreta. É fato que os chamados atos preparatórios, que são aqueles que antecedem a execução do crime, são, em regra, impuníveis; há, entretanto, casos excepcionais em que o ato meramente preparatório por si só já constitui infração penal, como no caso do crime de associação criminosa (art. 288, CP). O erro da assertiva está em afirmar, assim, que o Direito Penal não admite a punição de atos preparatórios; admite, sim, em caráter, como já dito, excepcional. ⬛

Gabarito 1E

**(Advogado União – AGU – CESPE – 2015)** João, empregado de uma empresa terceirizada que presta serviço de vigilância a órgão da administração pública direta, subtraiu aparelho celular de propriedade de José, servidor público que trabalha nesse órgão.

A respeito dessa situação hipotética, julgue o item que se segue (adaptada).

(1) Se devolver voluntariamente o celular antes do recebimento de eventual denúncia pelo crime, João poderá ser beneficiado com redução de pena justificada por arrependimento posterior.

**1:** correta. De fato, terá lugar o arrependimento posterior (causa de diminuição de pena prevista no art. 16 do CP) desde que a reparação integral do dano ou a restituição da coisa, por ato voluntário do agente, apenas para os crimes cometidos sem violência ou grave ameaça à pessoa, ocorra até o recebimento da denúncia ou queixa. ⬛

Gabarito 1C

## 9. ANTIJURIDICIDADE E CAUSAS EXCLUDENTES

Em um clube social, Paula, maior e capaz, provocou e humilhou injustamente Carlos, também maior e capaz, na frente de amigos. Envergonhado e com muita raiva, Carlos foi à sua residência e, sem o consentimento de seu pai, pegou um revólver pertencente à corporação policial de que seu pai faz parte. Voltando ao clube depois de quarenta minutos, armado com o revólver, sob a influência de emoção extrema e na frente dos amigos, Carlos fez disparos da arma contra a cabeça de Paula, que faleceu no local antes mesmo de ser socorrida.

**(Delegado - PC/SE - 2018 - CESPE/CEBRASPE)** Acerca dessa situação hipotética, julgue os próximos itens.

(1) Carlos agiu sob o pálio da excludente de legítima defesa justificante.

(2) Carlos agiu sob o pálio da legítima defesa putativa.

(3) Por ter agido influenciado por emoção extrema, Carlos poderá ser beneficiado pela incidência de causa de diminuição de pena.

(4) Incide a favor de Carlos circunstância atenuante que tem efeito sobre a culpabilidade.

(5) A culpabilidade de Carlos poderá ser afastada por inexigibilidade de conduta diversa.

(6) Na situação considerada, em que Paula foi vitimada por Carlos por motivação torpe, caso haja vínculo familiar entre eles, o reconhecimento das qualificadoras da motivação torpe e de feminicídio não caracterizará *bis in idem*.

**1:** errada. A legítima defesa, modalidade de excludente de ilicitude prevista no art. 25 do CP, tem como um de seus pressupostos a existência de injusta *agressão*, que não deve ser confundida com simples *provocação*, por mais injusta e humilhante que esta seja. Na situação hipotética narrada no enunciado, temos que Paula limitou-se a provocar e humilhar injustamente Carlos, sem, contudo, agredi-lo, o que afasta, de plano, a ocorrência de legítima defesa. Para além da existência de uma agressão injusta, é mister, também, a atualidade (ou ao menos iminência) da agressão. Dessa forma, ainda que houvesse agressão por parte de Paula, a reação de Carlos deveria ocorrer em seguida. Não foi isso que aconteceu. Com efeito, ele teve tempo de voltar à sua residência e pegar um revólver, com o qual, em seguida, matou Paula. Há, portanto, duas razões pelas quais deve-se afastar a ocorrência de legítima defesa: inexistência de agressão a justificar uma reação; e ausência de atualidade ou iminência da reação; **2:** errada. Por legítima defesa putativa (art. 20, § 1º, CP) deve-se entender a situação em que o sujeito, em face das circunstâncias, supõe a presença dos requisitos contidos no art. 25 do CP, quando, na verdade, eles não existem. Ou seja, o sujeito imagina que age em legítima defesa quando, na verdade, sequer há situação de agressão. Não é este o caso narrado acima, já que Carlos, pelas circunstâncias, não haveria por que se achar em situação de legítima defesa; **3:** errada. Além de o sujeito ativo estar sob o domínio de violenta emoção, faz-se ainda necessário que o fato se dê logo em seguida à injusta provocação da vítima, tal como estabelece o art. 121, § 1º, do CP. É o que a doutrina convencionou chamar de *homicídio emocional*. Para que nenhuma dúvida reste, o reconhecimento desta modalidade de homicídio privilegiado pressupõe: a) existência de uma violenta emoção; b) provocação injusta por parte da vítima; e c) imediatidade da reação. Este último requisito não se faz presente na hipótese narrada no enunciado, na medida em que a reação de Carlos não foi imediata. Tanto é verdade que ele se dirigiu à sua casa e ali pegou a arma que, em seguida, foi utilizada para matar Paula. Seria o caso de reconhecer o homicídio emocional na hipótese de Carlos já estar armado no momento da provocação e, de imediato, contra ela reagir, atirando contra a vítima; **4:** correta. Não se confunde o agente que age "sob o domínio de violenta emoção", que, como visto, é causa de diminuição de pena (privilégio), com aquele que age "sob influência de violenta emoção" que, nos termos do art. 65, III, "c", do CP, é circunstância atenuante genérica, tendo Carlos incorrido nesta última. Além disso, a causa de diminuição do homicídio emocional exige, como já dissemos acima, a imediatidade da reação, ao passo que a atenuante do art. 65, III, "c", do CP não exige tal requisito; **5:** errada. A exigibilidade de conduta diversa constitui um componente da culpabilidade que se funda no princípio de que somente serão punidas as condutas que podem ser evitadas. No caso narrado no enunciado, forçoso concluir que Carlos podia optar por trilhar outro caminho que não o de eliminar a vida de Paula; **6:** correta. Conferir: "Nos termos do art. 121, § 2º-A, II, do CP, é devida a incidência da qualificadora do feminicídio nos casos em que o delito é praticado contra mulher em situação de violência doméstica e familiar, possuindo, portanto, natureza de ordem objetiva, o que dispensa a análise do *animus* do agente. Assim, não há se falar em ocorrência de *bis in idem* no reconhecimento das qualificadoras do motivo torpe e do feminicídio, porquanto, a primeira tem natureza subjetiva e a segunda objetiva." (AgRg no HC 440.945/MG, Rel. Ministro NEFI CORDEIRO, SEXTA TURMA, julgado em 05/06/2018, DJe 11/06/2018). **ED**

Gabarito: 1E, 2E, 3E, 4C, 5E, 6C

**(Juiz de Direito/DF – 2016 – CESPE)** De acordo com o CP, constituem hipóteses de exclusão da antijuridicidade

(A) o estrito cumprimento do dever legal e o estado de necessidade.

(B) a insignificância da lesão e a inexigibilidade de conduta diversa.

(C) a legítima defesa putativa e o estrito cumprimento do dever legal.

(D) o estado de necessidade e a coação moral irresistível.

(E) o exercício regular de direito e a inexigibilidade de conduta diversa.

**A:** correta. Constituem, de fato, hipóteses de exclusão da antijuridicidade (ilicitude) tanto o *estrito cumprimento do dever legal* (art. 23, III, do CP) quanto o *estado de necessidade* (art. 23, I, do CP); **B:** incorreta. A *insignificância da lesão*, desde que conjugada com outros requisitos, pode caracterizar crime de bagatela (incidência do princípio da insignificância), que constitui *causa supralegal de exclusão da tipicidade* (material), atuando como instrumento de interpretação restritiva do tipo penal; já a *inexigibilidade de conduta diversa* constitui causa de exclusão da culpabilidade; **C:** incorreta. É que as *descriminantes putativas* (art. 20, § 1º, do CP), entre elas a legítima defesa (putativa), podem configurar, conforme o caso, erro de proibição (causa de exclusão da culpabilidade) ou erro de tipo permissivo (causa de exclusão da tipicidade); o *estrito cumprimento do dever legal*, como já dissemos, constitui causa de exclusão da antijuridicidade; **D:** incorreta. Embora o *estado de necessidade* constitua hipótese de *exclusão da ilicitude*, tal não se dá com a *coação moral irresistível*, que, uma vez reconhecida, dá azo à exclusão da culpabilidade por inexigibilidade de conduta diversa (art. 22, CP); **E:** incorreta. *Exercício regular de direito* (art. 23, III, do CP): causa de exclusão da ilicitude; *inexigibilidade de conduta diversa*: hipótese de exclusão da culpabilidade.

Gabarito: "A".

**(Advogado União – AGU – CESPE – 2015)** Acerca da exclusão de ilicitude, julgue o item que se segue (adaptada).

(1) A legítima defesa é causa de exclusão da ilicitude da conduta, mas não é aplicável caso o agente tenha tido a possibilidade de fugir da agressão injusta e tenha optado livremente pelo seu enfrentamento.

**1:** incorreta. Diferentemente do que se dá com o estado de necessidade, também causa de exclusão da ilicitude, não se impõe, na legítima defesa, o chamado *commodus dicessus*, é dizer, o agredido, ainda que possa, não é obrigado a fugir do agressor e, com isso, evitar o conflito. **ED**

Gabarito 1E

## 10. CONCURSO DE PESSOAS

**(Auxiliar Judiciário – TJ/PA – 2020 – CESPE)** Em regra, consideram-se autores de um delito aqueles que praticam diretamente os atos de execução, e partícipes aqueles que atuam induzindo, instigando ou auxiliando a ação dos autores principais. No entanto, é possível que um agente, ainda que não participe diretamente da execução da ação criminosa, possa ter o controle de toda a situação, determinando a conduta de seus subordinados. Nessa hipótese, ainda que não seja executor do crime, o agente mandante poderá ser responsabilizado criminalmente. Essa possibilidade de responsabilizar o mandante pelo crime decorre da teoria

(A) da acessoriedade limitada.

(B) do favorecimento.

(C) do domínio do fato.

(D) pluralística da ação.

(E) da causação.

Para a chamada *teoria do domínio do fato*, concebida, na década de 1930, por Hans Welzel e, depois disso, desenvolvida e aperfeiçoada por Claus Roxin, autor é quem realiza o verbo contido no tipo penal. Mas não é só. É também autor quem tem o domínio organizacional da ação típica (quem, embora não tenha realizado o núcleo do tipo, planeja, organiza etc.). Além disso, é considerado autor aquele que domina a vontade de outras pessoas ou ainda participa funcionalmente na execução do crime. Em outras palavras, o autor, para esta teoria, detém o controle final sobre o fato criminoso, exercendo, sobre ele, um poder

## 12. DIREITO PENAL    377

de decisão. É importante que se diga que é insuficiente a mera posição de hierarquia superior entre comandante e comandado, sendo de rigor que reste comprovado que aquele que comanda a vontade dos demais determine a prática da ação, não sendo necessário, aqui, prévio acerto entre eles. Para esta teoria, a responsabilidade criminal incidirá sobre o executor do fato, assim considerado o autor imediato, e também sobre o autor mediato, assim considerado o homem que age *por trás*. Embora o Código Penal não tenha adotado tal teoria, é fato que tanto o STF quanto o STJ têm recorrido a ela em vários casos, sendo o mais emblemático no caso do julgamento do "Mensalão" (AP 470/STF).
Gabarito "C".

João e Pedro, maiores e capazes, livres e conscientemente, aceitaram convite de Ana, também maior e capaz, para juntos assaltarem loja do comércio local. Em data e hora combinadas, no período noturno e após o fechamento, João e Pedro arrombaram a porta dos fundos de uma loja de decoração, na qual entraram e ficaram vigiando enquanto Ana subtraía objetos valiosos, que seriam divididos igualmente entre os três. Alertada pela vizinhança, a polícia chegou ao local durante o assalto, prendeu os três e os encaminhou para a delegacia de polícia local.

**(Delegado - PC/SE - 2018 - CESPE/CEBRASPE)** Considerando essa situação hipotética, julgue os itens subsequentes.

**(1)** João e Pedro tiveram participação de menor importância no crime de furto; assim, eventual indiciamento dos dois será na condição de partícipes, razão por que eles poderão ser beneficiados pela diminuição de um a dois terços da pena.

**(2)** Mesmo se tivesse assumido a condição de autora mediata por colocar em seu lugar na prática do delito pessoa inimputável, Ana seria responsabilizada pelo resultado do crime.

**(3)** Para que fique caracterizado o concurso de pessoas, é necessário que exista o prévio ajuste entre os agentes delitivos para a prática do delito.

**(4)** De acordo com a teoria objetivo-subjetiva, o autor do delito é aquele que tem o domínio final sobre o fato criminoso doloso.

**1:** errada, já que a colaboração prestada por João e Pedro não pode ser entendida como de menor importância. Ademais, a participação de menor importância leva à redução da pena de um sexto a um terço, e não de um a dois terços da pena, como consta da assertiva (art. 29, § 1º, CP); **2:** certa. Na autoria mediata, temos que o agente (autor mediato) se vale de alguém (autor imediato), que pode ser um inimputável ou alguém que aja sem dolo, para a execução de determinado crime. Evidente que a responsabilidade recairá somente sobre o autor mediato; **3:** errada. O ajuste prévio (*pactum sceleris*), embora possa estar presente, é desnecessário à caracterização do concurso de pessoas, sendo suficiente o *liame subjetivo*, além dos demais requisitos; **4:** certa. Para a teoria objetivo-subjetiva, também conhecida como *teoria do domínio do fato*, autor não é só quem realiza o verbo-núcleo contido no tipo penal. É também aquele que presta contribuição essencial ao cometimento do delito, consistente em deter o domínio pleno da ação típica (quem, embora não tenha realizado o núcleo do tipo, planeja, organiza etc.). Além disso, presta contribuição essencial sem realizar o núcleo do tipo aquele que domina a vontade de outras pessoas. O mandante, para esta teoria, é coautor.
Gabarito 1E, 2C, 3E, 4C.

**(Defensor Público/AC – 2017 – CESPE)** A codelinquência será configurada quando houver

**(A)** reconhecimento da prática da mesma infração por todos os agentes.

**(B)** ajuste prévio, na fase preparatória do crime, entre todos os agentes em concurso.

**(C)** concurso necessário, nas infrações penais, de agentes capazes.

**(D)** exteriorização da vontade de fazer parte da conduta e consciência da ação de outrem.

**(E)** prática dos mesmos atos executivos por todos os agentes.

**A:** correta. De fato, a existência da codelinquência (concurso de pessoas) tem como pressuposto, entre outros, a identidade de crime para

todos os envolvidos (devem colaborar, quer na condição de autor, quer na de partícipe, para o mesmo delito); **B:** incorreta, já que o *ajuste prévio* não é necessário à configuração do concurso de pessoas; basta, aqui, que haja, entre os agentes, unidade de desígnios, isto é, que uma vontade adira à outra; **C:** não é necessário, para a configuração do concurso de pessoas, que todos os agentes sejam capazes (imputáveis); **D:** incorreta. Embora seja necessária a consciência da ação dos demais envolvidos (liame subjetivo), é despicienda a exteriorização da vontade de fazer parte da empreitada criminosa; **E:** incorreta. Não é necessário que todos os agentes envolvidos pratiquem o mesmo ato executivo. Pelo contrário, é mais comum que cada sujeito ativo assuma uma função diferente no concurso. Exemplo: no roubo, enquanto um agente imobiliza a vítima, o outro dela subtrai seus pertences (ambos são coautores com funções executivas diferentes).
Gabarito "A".

**(Técnico Judiciário – STJ – 2018 – CESPE)** Julgue os itens subsequentes, relativos aos delitos praticados em concurso de pessoas.

**(1)** Para a configuração do concurso de pessoas, é necessário que três ou mais agentes se auxiliem mutuamente na prática do ilícito penal.

**(2)** Partícipe é o agente que concorre para cometer o ato criminoso sem, contudo, praticar o núcleo do tipo penal, ou seja, a sua participação é de menor importância e, por essa razão, sua pena pode ser diminuída.

**1:** incorreta. O concurso de pessoas, ao contrário do que se afirma acima, pressupõe, entre outros requisitos, a existência de *dois* ou mais agentes (e não no mínimo *três*), que se auxiliam mutuamente para o cometimento de uma infração penal; **2:** correta, segundo a examinadora. A nosso ver, a assertiva merece reparo. De fato, adotamos a chamada *teoria formal-objetiva* (ou restritiva), segundo a qual *autor* é aquele que executa o comportamento contido no tipo (realiza a ação/omissão representada pelo verbo-núcleo); todos aqueles que, de alguma forma, contribuem para o crime sem realizar a conduta típica devem ser considerados *partícipe*. Agora, não há, no Código Penal, norma que estabelece que as penas aplicadas a autores e partícipes devam ser diferenciadas. O que temos é que, à luz do que estabelece o art. 29 do CP, as penas devem ser aplicadas em conformidade com a culpabilidade de cada agente (... *na medida de sua culpabilidade*). Em outras palavras, devem ser levadas em conta diversas circunstâncias individuais a permitir que o magistrado, no momento da aplicação da pena, o faça em razão da gravidade e importância da colaboração de cada agente. Isso não quer dizer que ao coautor deva ser aplicada, necessariamente, pena maior do que a do partícipe. Tudo vai depender do juízo de reprovabilidade a recair sobre cada componente da empreitada criminosa, a ser analisada caso a caso.
Gabarito 1E, 2C.

**(Defensor Público – DPE/RN – 2016 – CESPE)** Acerca do concurso de agentes, assinale a opção correta conforme a legislação de regência e a jurisprudência do STJ.

**(A)** A ciência da prática do fato delituoso caracteriza conivência e, consequentemente, participação, mesmo que inexistente o dever jurídico de impedir o resultado.

**(B)** Em um crime de roubo praticado com o emprego de arma de fogo, mesmo que todos os agentes tenham conhecimento da utilização do artefato bélico, somente o autor do disparo deve responder pelo resultado morte, visto que não se encontrava dentro do desdobramento causal normal da ação delitiva. Nesse caso, não há que se falar em coautoria no crime mais gravoso (latrocínio).

**(C)** Não se admite o concurso de agentes no crime de porte ilegal de arma de fogo, haja vista que somente o agente que efetivamente porta a arma de fogo incorre nas penas do delito.

**(D)** É admissível, segundo o entendimento doutrinário e jurisprudencial, a possibilidade de concurso de agentes em crime culposo, que ocorre quando há um vínculo psicológico na cooperação consciente de alguém na conduta culposa de outrem. O que não se admite nos tipos culposos é a participação.

**(E)** O falso testemunho, por ser crime de mão própria, não admite a coautoria ou a participação do advogado que induz o depoente a proclamar falsa afirmação.

**A:** incorreta. A mera ciência do fato criminoso não confere ao indivíduo, necessariamente, a condição de partícipe, salvo se sobre ele recair o dever jurídico de agir para evitar o resultado, na forma estatuída no art. 13, § 2º, do CP. É a chamada participação negativa. Bem por isso e a título ilustrativo, o policial que assiste a um assalto e nada faz por ele responde, na medida em que tem o dever, imposto por lei, de intervir a fim de evitá-lo. De igual forma, a mãe que assiste ou toma ciência do estupro, cometido por seu marido, contra a filha do casal responderá pelo crime, tal como aquele que, diretamente, o cometeu (seu marido). É que, uma vez detentora do poder familiar, tem o dever, imposto por lei, de bem cuidar e proteger sua prole. Agora, se um particular, ao qual não incumbe o dever de agir, assiste, sem nada fazer, a um roubo, por ele não poderá ser responsabilizado; **B:** incorreta. É tranquilo o entendimento segundo o qual, na hipótese de coautoria ou participação no crime de latrocínio, todos por ele serão responsabilizados, e não somente o agente que efetuou os disparos que causaram a morte da vítima. Nessa esteira: "É irrelevante saber-se quem disparou o tiro que matou a vítima, pois todos os agentes assumiram o risco de produzir o resultado morte" (RT, 747/707); **C:** incorreta. Conferir: "1. O crime previsto no artigo 14 da Lei 10.826/2003 é comum, podendo ser cometido por qualquer pessoa. 2. Não se exigindo qualquer qualidade especial do sujeito ativo, não há dúvidas de que se admite o concurso de agentes no crime de porte ilegal de arma de fogo, não se revelando plausível o entendimento pelo qual apenas aquele que efetivamente porta a arma de fogo incorre nas penas do delito em comento. 3. Ainda que apenas um dos agentes esteja portando a arma de fogo, é possível que os demais tenham concorrido de qualquer forma para a prática delituosa, motivo pelo qual devem responder na medida de sua participação, nos termos do artigo 29 do Código Penal. Precedentes" (HC 198.186/RJ, Rel. Ministro Jorge Mussi, Quinta Turma, julgado em 17.12.2013, DJe 05.02.2014); **D:** correta. De fato, tal como afirmado, é admitida a coautoria em crime culposo, mas não a participação. Isso porque o crime culposo tem o seu tipo aberto, razão pela qual não se afigura razoável afirmar-se que alguém auxiliou, instigou ou induziu uma pessoa a ser imprudente, sem também sê-lo. Conferir o magistério de Cleber Masson, ao tratar da coautoria no crime culposo: "A doutrina nacional é tranquila ao admitir a coautoria em crimes culposos, quando duas ou mais pessoas, conjuntamente, agindo por imprudência, negligência ou imperícia, violam o dever objetivo de cuidado a todos imposto, produzindo um resultado naturalístico". No que toca à participação no contexto dos crimes culposos, ensina que "firmou-se a doutrina pátria no sentido de rejeitar a possibilidade de participação em crimes culposos" (*Direito Penal esquematizado – parte geral*. 8. ed. São Paulo: Método, 2014. v. 1, p. 559). Na jurisprudência: "É perfeitamente admissível, segundo o entendimento doutrinário e jurisprudencial, a possibilidade de concurso de pessoas em crime culposo, que ocorre quando há um vínculo psicológico na cooperação consciente de alguém na conduta culposa de outrem. O que não se admite nos tipos culposos, ressalve-se, é a participação" (HC 40.474/PR, Rel. Ministra Laurita Vaz, Quinta Turma, julgado em 06.12.2005, DJ 13.02.2006); **E:** incorreta. A assertiva não procede, tendo em conta que, embora se trate de crime de mão própria, é perfeitamente possível o concurso de pessoas na modalidade participação, uma vez que nada obsta que o advogado induza ou instigue a testemunha a mentir em juízo ou na polícia. A esse respeito: STF, RHC 81.327-SP, 1ª T., rel. Min. Ellen Gracie, DJ 5.4.2002.

Gabarito "D".

**(Juiz de Direito/AM – 2016 – CESPE)** Assinale a opção correta de acordo com a jurisprudência do STJ.

**(A)** Diz-se tentado o latrocínio quando não se realiza plenamente a subtração da coisa, mas ocorre a morte da vítima.

**(B)** Tendo o CP adotado a teoria monista, não há como punir diferentemente todos quantos participem direta ou indiretamente para a produção do resultado danoso.

**(C)** É impossível o concurso de pessoas nos crimes culposos, ante a ausência de vínculo subjetivo entre os agentes na produção do resultado danoso.

**(D)** O crime de latrocínio não admite forma preterdolosa, considerando a exigência do *animus necandi* na conduta do agente.

**(E)** No crime de roubo praticado com pluralidade de agentes, se apenas um deles usar arma de fogo e os demais tiverem ciência desse fato, todos responderão, em regra, pelo resultado morte, caso este ocorra, pois este se acha dentro do desdobramento normal da conduta.

**A:** incorreta. Em consonância com a jurisprudência do STJ (e também do STF), o crime de latrocínio (art. 157, § 3º, II, do CP) se consuma com a morte da vítima, ainda que o agente não consiga dela subtrair coisa alheia móvel. É o teor da Súmula 610, do STF. No STJ: "(...) 3. O latrocínio (CP, art. 157, § 3º, *in fine*) é crime complexo, formado pela união dos crimes de roubo e homicídio, realizados em conexão consequencial ou teleológica e com *animus necandi*. Estes crimes perdem a autonomia quando compõem o crime complexo de latrocínio, cuja consumação exige a execução da totalidade do tipo. Nesse diapasão, em tese, para haver a consumação do crime complexo, necessitar-se-ia da consumação da subtração e da morte, contudo os bens jurídicos patrimônio e vida não possuem igual valoração, havendo prevalência deste último, conquanto o latrocínio seja classificado como crime patrimonial. Por conseguinte, nos termos da Súmula 610 do STF, o fator determinante para a consumação do latrocínio é a ocorrência do resultado morte, sendo despicienda a efetiva inversão da posse do bem (...)" (HC 226.359/DF, Rel. Ministro RIBEIRO DANTAS, QUINTA TURMA, julgado em 02.08.2016, *DJe* 12.08.2016); **B:** incorreta. É fato que o art. 29, *caput*, do Código Penal adotou a chamada *teoria monista* ou *unitária*, segundo a qual todos aqueles que concorrem para uma mesma infração penal por ela respondem. Mas é incorreto afirmar-se que "não há como punir diferentemente todos quantos participem direta ou indiretamente para a produção do resultado danoso". Pelo contrário, cada agente, no concurso de pessoas, deverá responder na medida de sua culpabilidade, é dizer, a punição deve ser individualizada em razão da participação de cada agente. Tanto é assim que o art. 29, § 1º, do CP estabelece que, sendo a participação de menor importância, a pena será diminuída de um sexto a um terço (punição diferenciada); **C:** incorreta. Embora não se admita a participação no âmbito do crime culposo, é perfeitamente possível, nesses crimes, o concurso de pessoas na modalidade coautoria; **D:** incorreta. O resultado agravador "morte", no contexto do crime de latrocínio, pode resultar tanto de *dolo* (*animus necandi*) quanto de *culpa*. Nesta última hipótese, em que há dolo na subtração e culpa na morte, fala-se em delito *preterdoloso*; **E:** correta. De fato, no caso de concurso de pessoas no crime de latrocínio, todos os envolvidos responderão pela morte da vítima, e não somente aquele que a provocou, na medida em que todos assumiram o risco de produzir tal resultado.

Gabarito "E".

**(Analista – Judiciário –TRE/PI – 2016 – CESPE)** A respeito do concurso de pessoas, assinale a opção correta.

**(A)** As circunstâncias objetivas se comunicam, mesmo que o partícipe delas não tenha conhecimento.

**(B)** Em se tratando de peculato, crime próprio de funcionário público, não é possível a coautoria de um particular, dada a absoluta incomunicabilidade da circunstância elementar do crime.

**(C)** A determinação, o ajuste ou instigação e o auxílio não são puníveis.

**(D)** Tratando-se de crimes contra a vida, se a participação for de menor importância, a pena aplicada poderá ser diminuída de um sexto a um terço.

**(E)** No caso de um dos concorrentes optar por participar de crime menos grave, a ele será aplicada a pena referente a este crime, que deverá ser aumentada mesmo na hipótese de não ter sido previsível o resultado mais grave.

**A:** incorreta. É fato que as circunstâncias objetivas se comunicam, mas somente se forem de conhecimento dos demais agentes, sob pena de configurar responsabilidade penal objetiva, vedada no campo do direito penal. É o que se extrai do art. 30 do CP; **B:** incorreta. Embora se trate de crime próprio do funcionário público, o peculato, assim como os demais delitos dessa categoria, admite, sim, a coautoria e participação do particular (art. 30, CP); **C:** incorreta (art. 31 do CP); **D:** correta (art. 29, § 1º, do CP); **E:** incorreta (29, § 2º, do CP).

Gabarito "D".

**(Escrivão de Polícia/BA – 2013 – CESPE)** Acerca do concurso de crimes, do concurso de pessoas e das causas de exclusão da ilicitude, julgue os itens que se seguem.

**(1)** No concurso de pessoas, a caracterização da coautoria fica condicionada, entre outros requisitos, ao prévio ajuste entre os agentes e à necessidade da prática de idêntico ato executivo e crime.

**(2)** O agente policial, ao submeter o preso aos procedimentos estabelecidos na lei, como, por exemplo, à identificação datiloscópica, quando autorizada, e ao reconhecimento de pessoas e de coisas, no curso do inquérito policial, encontra-se amparado pelo exercício regular de direito, respondendo criminalmente nos casos de excesso doloso ou culposo.

**(3)** No que diz respeito ao concurso de crimes, o direito brasileiro adota o sistema do cúmulo material e o da exasperação na aplicação da pena.

**(4)** Considere a seguinte situação hipotética. Juca, maior, capaz, na saída de um estádio de futebol, tendo encontrado diversos desafetos embarcados em um veículo de transporte regular, aproveitou-se da oportunidade e lançou uma única bomba incendiária contra o automóvel, causando graves lesões em diversas vítimas e a morte de uma delas. Nesse caso, Juca será apenado com base no concurso formal imperfeito ou impróprio.

**1**: errada. Tanto coautoria, quanto participação, espécies de concurso de pessoas, exigem a conjugação dos seguintes requisitos: i) pluralidade de agentes; ii) unidade de fato (crime único); iii) liame subjetivo (ou vínculo psicológico); e iv) relevância causal de cada ação ou omissão. Não se exige prévio ajuste (leia-se: combinação prévia da prática do crime), bastando que um adira à vontade do outro, buscando, todos, o mesmo resultado; **2**: errada. O agente policial que submete o preso à identificação datiloscópica, quando autorizada, bem como ao reconhecimento de pessoas e coisas no curso da investigação, o faz no estrito cumprimento de um dever legal, que é causa excludente da ilicitude, respondendo, porém, se houver excesso doloso ou culposo, nos termos do art. 23, parágrafo único, do CP; **3**: correta. De fato, em matéria de concurso de crimes, nosso CP adotou o sistema do cúmulo material (aplicável para o concurso material – art. 69, CP e concurso formal imperfeito – art. 70, *caput*, segunda parte, do CP) e o da exasperação (aplicável ao concurso formal perfeito – art. 70, *caput*, primeira parte, do CP e à continuidade delitiva – art. 71, CP). Frise-se que no sistema do cúmulo material, as penas de cada um dos crimes serão somadas, ao passo que no da exasperação, aplicar-se-á uma só das penas, porém, aumentada nos limites previstos na lei; **4**: correta. Juca, mediante uma única ação (lançamento de uma bomba incendiária contra o automóvel), praticou diversos crimes (lesões corporais contra uns e a morte de um de seus desafetos). Em razão disso, responderá por todos os crimes em concurso formal imperfeito ou impróprio, haja vista que, nada obstante tenha praticado uma só conduta (ação), fê-lo querendo alcançar mais de um resultado, tendo, pois, agido com desígnios autônomos.
Gabarito 1E, 2E, 3C, 4C

**(Técnico Judiciário – TJDFT – 2013 – CESPE)** Acerca de concurso de pessoas, julgue os itens a seguir.

**(1)** Se determinada pessoa, querendo chegar rapidamente ao aeroporto, oferecer pomposa gorjeta a um taxista para que este dirija em velocidade acima da permitida e, em razão disso, o taxista atropelar e, consequentemente, matar uma pessoa, a pessoa que oferecer a gorjeta participará de crime culposo.

**(2)** Aquele que se utiliza de menor de dezoito anos de idade para a prática de crime é considerado seu autor mediato.

**1**: incorreta, visto que não se admite, no âmbito dos crimes culposos, a modalidade de concurso de pessoas chamada *participação*; o concurso de pessoas, nos delitos culposos, somente é admitido sob a forma de *coautoria*; **2**: correta. Esta é a chamada *autoria mediata* ou *autoria por determinação*, em que o autor mediato utiliza o executor (autor imediato) como mero instrumento para a sua empreitada criminosa. Evidente que a responsabilidade recairá somente sobre o autor mediato.
Gabarito 1E, 2C

## 11. CULPABILIDADE E CAUSAS EXCLUDENTES

**(Procurador/DF – CESPE – 2022)** A respeito da imputabilidade penal, julgue o próximo item.

**(1)** Segundo o Código Penal, a conduta movida pela emoção pode excluir a imputabilidade penal.

**1**: errada. Isso porque tanto a emoção quanto a paixão não têm o condão de excluir a imputabilidade, que constitui um dos elementos da culpabilidade (art. 28, I, do CP).
Gabarito 1E

A respeito da imputabilidade penal, julgue os itens a seguir.

**I.** Os maiores de dezesseis anos de idade que ainda não tiverem alcançado a maioridade são considerados relativamente incapazes no que tange à responsabilidade criminal.

**II.** Emoção ou paixão não são causas de exclusão a imputabilidade penal.

**III.** A embriaguez culposa anterior à prática de crime é causa de diminuição de pena, mas não torna o agente inimputável.

**IV.** O deficiente mental inteiramente incapaz de entender o caráter ilícito do fato é inimputável.

**(Auxiliar Judiciário – TJ/PA – 2020 – CESPE)** Estão certos apenas os itens

**(A)** I e II.
**(B)** I e III.
**(C)** II e IV.
**(D)** I, III e IV.
**(E)** II, III e IV.

**I**: incorreta. O art. 27 do CP, ao tratar da inimputabilidade por menoridade, adotou o chamado critério *biológico*, segundo o qual se levará em conta tão somente o desenvolvimento mental da pessoa (considerado, no caso do menor de 18 anos, incompleto). Ou seja, a CF, em seu art. 228, e o CP, em seu art. 27, estabelecem o marco de 18 anos para o fim de determinar a imputabilidade por idade: se menor de 18, a pessoa será inimputável; se maior, imputável. Não há, como ocorre no direito civil, meio termo (arts. 3º e 4º, do CC); **II**: correta. De fato, tanto a emoção quanto a paixão não têm o condão de excluir a imputabilidade, que constitui um dos elementos da culpabilidade (art. 28, I, do CP); **III**: incorreta. A única forma de embriaguez que tem o condão de excluir a imputabilidade é a descrita no art. 28, § 1º, do CP, em que se exige que o agente, estando completamente embriagado, o que se deu em decorrência de caso fortuito ou força maior, seja, no momento da conduta, inteiramente incapaz de entender o caráter ilícito do fato ou ainda de determinar-se com tal entendimento. A embriaguez culposa e com muito mais razão a intencional (voluntária) não são aptas, por expressa previsão do art. 28, II, do CP, a afastar a imputabilidade, bem como não dão azo a operar a diminuição de pena. Constitui hipótese de diminuição de pena a embriaguez incompleta fortuita (art. 28, § 2º, CP); **IV**: correta (art. 26, *caput*, do CP).
Gabarito "C".

**(Técnico Judiciário – STJ – 2018 – CESPE)** Julgue os itens que se seguem, relativos à imputabilidade penal.

**(1)** Pessoas doentes mentais, que tenham dezoito ou mais anos de idade, mesmo que sejam inteiramente incapazes de entender o caráter ilícito da conduta criminosa ou de determinar-se de acordo com esse entendimento, são penalmente imputáveis.

**(2)** A embriaguez completa provocada por caso fortuito é causa de inimputabilidade do agente.

**1**: incorreta. Ante o que estabelece o art. 26, *caput*, do CP, desde que inteiramente incapaz de entender o caráter ilícito do fato ou ainda de determinar-se de acordo com tal entendimento, o doente mental (e também aquele que tem desenvolvimento mental incompleto ou retardado) será considerado inimputável, isto é, ficará isento de pena. Assim, o CP, no tocante à inimputabilidade por doença mental do maior de 18 anos, adotou o critério biopsicológico, que abrange, simultaneamente, os fatores biológico (doença mental ou desenvolvimento mental incompleto ou retardado) e psicológico (em razão da doença, o agente deverá ter sua capacidade de entendimento/autodeterminação completamente afetada); **2:** correta. Tal como afirmado, a embriaguez é causa excludente da culpabilidade apenas se for involuntária (caso fortuito ou força maior) e completa (art. 28, § 1º, do CP). A embriaguez voluntária ou culposa, é importante que se diga, não exclui a imputabilidade penal (art. 28, II, do CP). ED

*Gabarito 1E, 2C*

**(Advogado União – AGU – CESPE – 2015)** Acerca da imputabilidade penal, julgue o item que se segue (adaptada).

**(1)** O CP adota o sistema vicariante, que impede a aplicação cumulada de pena e medida de segurança a agente semi-imputável e exige do juiz a decisão, no momento de prolatar sua sentença, entre a aplicação de uma pena com redução de um a dois terços ou a aplicação de medida de segurança, de acordo com o que for mais adequado ao caso concreto.

**1:** de fato, prevalece entre nós o *sistema vicariante*, que aboliu a possibilidade de o condenado ser submetido a pena e a medida de segurança ao mesmo tempo (*sistema do duplo binário*). Dessa forma, se o réu é considerado imputável à época dos fatos, a ele será aplicada tão somente pena; se inimputável, receberá medida de segurança; se, por fim, tratar-se de réu semi-imputável, será submetido a uma ou outra. ED

*Gabarito 1C*

**(Analista – TRE/BA – 2010 – CESPE)** Com relação ao crime e aos seus elementos, julgue o próximo item.

**(1)** A imputabilidade penal é um dos elementos que constituem a culpabilidade e não integra a tipicidade.

**1:** correta. A *culpabilidade* é integrada por três elementos, a saber: potencial consciência da ilicitude; exigibilidade de conduta diversa; e imputabilidade. Esta não faz parte, portanto, da *tipicidade*, e sim da *culpabilidade*.

*Gabarito 1C*

## 12. PENAS E SEUS EFEITOS

**(Delegado de Polícia Federal – 2021 – CESPE)** Acerca da teoria da pena, julgue os itens que se seguem.

**(1)** Segundo o Superior Tribunal de Justiça, a determinação da fixação da medida de segurança de internação em hospital de custódia ou em tratamento ambulatorial deve ser vinculada à gravidade do delito perpetrado.

**(2)** O acórdão confirmatório da condenação interrompe a prescrição.

**(3)** O inadimplemento da pena de multa não obsta a extinção da punibilidade do apenado.

**(4)** Na hipótese da prática de furto a residência, se a vítima não se encontrava no local e os autores desconheciam o fato de que ela era idosa, não se aplica a agravante relativa à vítima ser idosa.

**1:** errado. Para o STJ, a determinação da fixação da medida de segurança de internação em hospital de custódia ou em tratamento ambulatorial deve ser vinculada à periculosidade do agente, e não à gravidade do delito que cometeu. Conferir: "2. A medida de segurança é utilizada pelo Estado na resposta ao comportamento humano voluntário violador da norma penal, pressupondo agente inimputável ou semi-imputável. 3. A Terceira Seção deste Superior Tribunal de Justiça, por ocasião do julgamento dos Embargos de Divergência 998.128/MG, firmou o entendimento de que, à luz dos princípios da adequação, da razoabilidade e da proporcionalidade, em se tratando de delito punível com reclusão, é facultado ao magistrado a escolha do tratamento mais adequado ao inimputável, nos termos do art. 97 do Código Penal, não devendo ser considerada a natureza da pena privativa de liberdade aplicável, mas sim a periculosidade do agente. 4. Considerando que a medida de internação foi aplicada ao paciente em razão da gravidade do delito praticado e do fato de a pena corporal a ele imposta ser de reclusão, sem que nada de concreto tenha sido explicitado acerca de sua eventual periculosidade social, sendo certo que se trata de agente primário, sem qualquer envolvimento anterior com a prática delitiva, ou notícia de que tenha reiterado no crime, é cabível o abrandamento da medida de segurança, sendo suficiente e adequado o tratamento ambulatorial. 5. Habeas corpus não conhecido. Ordem concedida, de ofício, para

aplicar ao paciente a medida de segurança de tratamento ambulatorial, a ser implementada pelo Juízo da Execução" (HC 617.639/SP, Rel. Ministro RIBEIRO DANTAS, QUINTA TURMA, julgado em 09/02/2021, DJe 12/02/2021); **2:** certo. De fato, o acórdão condenatório sempre interrompe a prescrição, mesmo que se trate de decisão confirmatória da sentença de primeira instância. Nesse sentido, o Plenário do STF, ao julgar o HC 176.473-RR, decidiu, com base no art. 117, IV, do CP, que não há distinção entre acórdão condenatório inicial e acórdão condenatório confirmatório da decisão, constituindo marco interruptivo da prescrição punitiva estatal; **3:** errado. Em regra, o inadimplemento da pena de multa obsta, sim, a extinção da punibilidade do apenado. Sucede que a Terceira Seção do STJ, ao julgar o REsp 1.785.861/SP, da relatoria do Ministro Rogério Schietti Cruz, adotou o entendimento no sentido de que "Na hipótese de condenação concomitante a pena privativa de liberdade e multa, o inadimplemento da sanção pecuniária, pelo condenado que comprovar impossibilidade de fazê-lo, não obsta o reconhecimento da extinção da punibilidade". Essa tese foi fixada pela Terceira Seção do STJ ao revisar o entendimento anteriormente firmado pelo Tribunal no Tema 931. Com isso, ficou estabelecido, em relação a este tema, um tratamento diferenciado para os condenados que comprovadamente não têm condições de suportar o pagamento da multa; **4:** certo. Conferir: "3. Por se tratar de agravante de natureza objetiva, a incidência do art. 61, II, 'h', do CP independe da prévia ciência pelo réu da idade da vítima, sendo, de igual modo, desnecessário perquirir se tal circunstância, de fato, facilitou ou concorreu para a prática delitiva, pois a maior vulnerabilidade do idoso é presumida. 4. Hipótese na qual não se verifica qualquer nexo entre a ação do paciente e a condição de vulnerabilidade da vítima, pois o furto qualificado pelo arrombamento à residência ocorreu quando os proprietários não se encontravam no imóvel, já que a residência foi escolhida de forma aleatória, sendo apenas um dos locais em que o agente praticou furto em continuidade delitiva. De fato, os bens subtraídos poderiam ser de propriedade de qualquer pessoa, nada indicando a condição de idoso do morador da casa invadida. 5. Configurada a excepcionalidade da situação, deve ser afastada a agravante relativa ao crime praticado contra idoso, prevista no art. 61, II, 'h', do Código Penal. 6. *Writ* não conhecido. Ordem concedida, de ofício, para, afastando a incidência da agravante prevista no art. 61, II, 'h', do Código Penal, reduzir a pena do paciente, fixando-a em 2 anos, 4 meses e 24 dias de reclusão, mais o pagamento de 12 dias-multa" (STJS, HC 593.219/SC, Rel. Ministro RIBEIRO DANTAS, QUINTA TURMA, julgado em 25/08/2020, DJe 03/09/2020). ED

*Gabarito 1E, 2C, 3E, 4C*

**(Analista Judiciário – TJ/PA – 2020 – CESPE)** No que concerne às penas previstas no Código Penal brasileiro, assinale a opção correta.

**(A)** O trabalho externo não é admissível para os condenados em regime fechado.

**(B)** A pena de multa deve ser paga no prazo máximo de um mês após o trânsito em julgado da sentença.

**(C)** São espécies de penas restritivas de direitos: interdição temporária de direitos, prestação de serviço à comunidade e pagamento de multa.

**(D)** As penas restritivas de direitos apenas serão aplicáveis em substituição à pena privativa de liberdade fixada em quantidade inferior a dois anos.

**(E)** A limitação de final de semana é uma das penas restritivas de direitos, devendo o condenado permanecer em casa de albergado por cinco horas diárias aos finais de semana.

**A:** incorreta, visto que, no regime fechado, o trabalho externo é, sim, admissível, desde que em serviços ou obras públicas – art. 34, § 3º, do CP; **B:** incorreta, na medida em que, a teor do que estabelece o art. 50, *caput*, do CP, a pena de multa deve ser paga no prazo de 10 dias após o trânsito em julgado da sentença. No que concerne à pena de multa, importante fazer algumas ponderações, tendo em conta o advento do chamado *pacote anticrime*. Até o advento da Lei 9.268/1996, era possível a conversão da pena de multa não adimplida em pena privativa de liberdade. Ou seja, o não pagamento da pena de multa imposta ao condenado poderia ensejar a sua prisão. Com a entrada em vigor desta Lei, modificou-se o procedimento de cobrança da pena de multa, que passou a ser considerada dívida de valor, com incidência das normas relativas à dívida da Fazenda Pública. Com isso, deixou de ser possível – e esse era o objetivo a ser alcançado – a conversão da pena de multa em prisão. A partir de então, surgiu a discussão acerca da atribuição para cobrança da pena de multa: deveria ela se dar na Vara da Fazenda Pública ou na Vara de Execução Penal? A jurisprudência, durante muito tempo, consagrou o entendimento no sentido de que a pena pecuniária, sendo dívida de valor, possui caráter extrapenal e, portanto, a sua execução deve se dar pela Procuradoria da Fazenda Pública. Tal entendimento, até então pacífico, sofreu um revés em 2018, quando o STF, ao julgar a ADI 3150, conferiu nova interpretação ao art. 51 do CP e passou a considerar que a cobrança da multa, que constitui, é importante que se diga, espécie de sanção penal, cabe ao Ministério Público, que o fará perante o juízo da execução penal. Ficou ainda decidido que, caso o MP não promova a cobrança dentro do prazo de noventa dias, aí sim poderá a Procuradoria da Fazenda Pública fazê-lo. A atuação da Fazenda Pública passou a ser, portanto, subsidiária em relação ao MP. Pois bem. A Lei 13.964/2019 (Pacote Anticrime), ao conferir nova redação ao art. 51 do CP, consolidou o entendimento adotado pelo STF, no sentido de que a execução da pena de multa ocorrerá perante o juiz da execução penal. A cobrança, portanto, cabe ao MP. De se ver que a atribuição subsidiária conferida à Fazenda Pública (pelo STF) não constou da nova redação ao art. 51 do CP; **C:** incorreta, já que a multa constitui espécie do gênero *pena*, ao lado das penas privativas de liberdade e restritivas de direito (art. 32, CP). Entre as modalidades de penas restritivas de direito está a pena de prestação pecuniária (art. 43, I, CP), que não se confunde com a de multa; **D:** incorreta, pois contraria o disposto no art. 44, I, do CP, que estabelece a possibilidade de aplicação da substituição da pena privativa de liberdade de até 4 anos para pena restritiva de direitos; **E:** correta, pois reflete o que dispõe o art. 48 do CP.

ᴳᵃᵇᵃʳⁱᵗᵒ "E".

**(Juiz de Direito – TJ/SC – 2019 – CESPE/CEBRASPE)** Em cada uma das opções a seguir, é apresentada uma situação hipotética seguida de uma assertiva a ser julgada, a respeito da substituição das penas privativas de liberdade por penas restritivas de direitos.

**(A)** Antônio, com anterior condenação transitada em julgado pelo delito de dano ao patrimônio público, foi processado e condenado à pena privativa de liberdade de um ano e dois meses de reclusão pelo cometimento do delito de receptação. Nessa situação, em razão da reincidência criminal em crime doloso, não é cabível a substituição da pena corporal imposta a Antônio por pena restritiva de direitos.

**(B)** Manoel foi processado e condenado pela prática de violência física, de ameaça e de lesão corporal em contexto de violência doméstica contra a mulher, tendo-lhe sido impostas as penas privativas de liberdade de quinze dias de prisão simples e de três meses e um mês de detenção, em regime aberto. Nessa situação, somente é possível a substituição da pena privativa de liberdade por restritiva de direitos em relação à contravenção de violência física.

**(C)** Pedro, réu primário, foi processado e condenado pela prática de delito de roubo simples na modalidade tentada, tendo-lhe sido imposta pena privativa de liberdade de dois anos e oito meses de reclusão, em regime aberto. Nessa situação, a pena privativa de liberdade imposta a Pedro poderá ser substituída por uma pena restritiva de direitos e multa ou por duas penas restritivas de direitos.

**(D)** Alberto, réu primário e em circunstâncias judiciais favoráveis, praticou crime de homicídio culposo qualificado ao conduzir embriagado veículo automotor. Em razão dessa conduta, ele foi processado e condenado ao cumprimento de pena privativa de liberdade de cinco anos de reclusão, inicialmente em regime semiaberto. Nessa hipótese, o *quantum* de pena fixado não impede a substituição da pena privativa de liberdade por restritiva de direitos.

**(E)** João foi processado e condenado à pena privativa de liberdade de um ano e oito meses de reclusão, em regime aberto, pela prática de delito de tráfico de drogas na forma privilegiada. Nessa hipótese, haja vista a condenação por delito equiparável a hediondo, não é admitida a substituição da pena privativa de liberdade por restritiva de direitos.

**A:** incorreta. Somente a reincidência em crime doloso, nos termos do art. 44, II, CP, tem o condão de obstar a substituição. Ainda assim (reincidência em crime doloso), pode o magistrado proceder à substituição, desde que a medida revele-se socialmente recomendável e a

reincidência não se tenha operado em virtude da prática do mesmo crime (reincidência específica), conforme estabelece o art. 44, § 3º, CP; **B:** incorreta, pois contraria o entendimento consagrado na Súmula 588 do STJ, que veda a substituição da pena privativa de liberdade por restritiva de direitos na hipótese narrada no enunciado: "A prática de crime ou contravenção penal contra a mulher com violência ou grave ameaça no ambiente doméstico impossibilita a substituição da pena privativa de liberdade por restritiva de direitos"; **C:** incorreta. Por força do que estabelece o art. 44, I, do CP, é vedada a substituição da pena privativa de liberdade por restritiva de direitos na hipótese de o crime ser cometido com violência ou grave ameaça contra a pessoa. No caso do roubo, como bem sabemos, a violência ou grave ameaça é ínsita ao tipo penal, o que impede a substituição, ainda que a pena estabelecida na sentença seja igual ou inferior a quatro anos. Em outras palavras, além do requisito "duração da pena" (igual ou inferior a 4 anos), é necessária a presença do requisito "espécie de crime" (crime desprovido de violência ou grave ameaça); **D:** correta. De fato, ao tempo em que foi aplicada esta prova, a substituição se impunha pelo fato de se tratar de crime culposo (art. 44, I, CP). A partir do advento da Lei 14.071/2020, publicada em 14/10/2020 e com *vacatio* de 180 dias, tal realidade mudou. Com efeito, segundo estabelece o art. 312-B da Lei 9.503/1997 (Código de Trânsito Brasileiro), introduzido pela Lei 14.071/2020, *aos crimes previstos no § 3º do art. 302 e no § 2º do art. 303 deste Código não se aplica o disposto no inciso I do caput do art. 44 do Decreto-Lei 2.848, de 7 de dezembro de 1940 (Código Penal).* Assim, veda-se a substituição da pena privativa de liberdade por restritiva de direitos quando o crime praticado for: homicídio culposo de trânsito qualificado pela embriaguez (art. 302, § 3º, do CTB) e lesão corporal de trânsito qualificada pela embriaguez (art. 303, § 2º, do CTB). Apenas para registro, o legislador, no lugar de fazer referência ao *caput* do art. 44 do CP, o fez em relação ao seu inciso I, que corresponde a um dos requisitos para concessão da substituição; **E:** incorreta. O Plenário do STF, ao julgar o HC 118.533/MS, em 23.06.2016, cuja relatoria foi da Min. Cármen Lúcia, entendeu, em dissonância com o posicionamento então adotado pelo STJ, que o crime de tráfico de drogas privilegiado não tem natureza hedionda. Já o STJ, por meio da Súmula n. 512, não mais em vigor, de forma diversa da do STF, fixou o entendimento segundo o qual "A aplicação da causa de diminuição de pena prevista no art. 33, § 4º, da Lei 11.343/2006 não afasta a hediondez do crime de tráfico de drogas". Pois bem. Sucede que a Terceira Seção do STJ, na sessão realizada em 23 de novembro de 2016, ao julgar a QO na Pet 11.796-DF, determinou o cancelamento da referida Súmula n. 512, alinhando-se ao entendimento adotado pelo STF no sentido de que o delito de tráfico privilegiado não pode ser equiparado a crime hediondo. Atualmente, portanto, temos que tanto o STF quanto o STJ adotam o posicionamento no sentido de que o chamado tráfico privilegiado não constitui delito equiparado a hediondo. Mais recentemente, a Lei 13.964/2019 (Pacote Anticrime) inseriu no art. 112 da Lei de Execução Penal, que trata da progressão de regime, o § 5º, segundo o qual "não se considera hediondo ou equiparado, para os fins deste artigo, o crime de tráfico de drogas previsto no § 4º do art. 33 da Lei 11.343, de 23 de agosto de 2006".

ᴳᵃᵇᵃʳⁱᵗᵒ "D".

**(Juiz de Direito - TJ/BA - 2019 - CESPE/CEBRASPE)** O benefício da suspensão condicional da pena — *sursis* penal —

**(A)** pode ser concedido a condenado a pena privativa de liberdade, desde que esta não seja superior a quatro anos e que aquele não seja reincidente em crime doloso.

**(B)** é cabível nos casos de crimes praticados com violência ou grave ameaça, desde que a pena privativa de liberdade aplicada não seja superior a dois anos.

**(C)** pode estender-se às penas restritivas de direitos e à de multa, casos em que se suspenderá, também, a execução dessas penas.

**(D)** deverá ser, obrigatoriamente, revogado no caso da superveniência de sentença condenatória irrecorrível por crime doloso, culposo ou contravenção contra o beneficiário.

**(E)** impõe que, após o cumprimento das condições impostas ao beneficiário, seja proferida sentença para declarar a extinção da punibilidade do agente.

**A:** incorreta, na medida em que a suspensão condicional da pena (*sursis*) pode ser concedida nos casos de condenação a pena privativa de liberdade não superior a dois anos, conforme estabelece o art. 77, *caput*, do CP. A não reincidência em crime doloso constitui um dos requisitos subjetivos para a concessão do *sursis* (art. 77, I, CP); **B:** correta. O fato de o crime ser praticado mediante violência ou grave ameaça não constitui impedimento à concessão do *sursis*, desde que presentes os requisitos do art. 77 do CP. Um desses requisitos é que não seja indicada ou cabível a substituição prevista no art. 44 do CP (art. 77, III, CP). O crime praticado com violência ou grave ameaça impede a substituição de pena privativa de liberdade por restritiva de direito (art. 44, I, CP), mas não impede que seja concedido o *sursis*; **C:** incorreta, uma vez que não reflete o disposto no art. 80 do CP, que assim dispõe: *a suspensão não se estende às penas restritivas de direito nem à multa*; **D:** incorreta. A revogação será de fato obrigatória diante de condenação definitiva por crime doloso (art. 81, I, CP); agora, se se tratar de condenação definitiva pelo cometimento de crime culposo ou por contravenção penal, a revogação será facultativa, nos termos do art. 81, § 1º, do CP; **E:** incorreta (art. 82 do CP). **ED**

Gabarito "B".

**(Defensor Público/PE – 2018 – CESPE)** Assinale a opção correta, a respeito das regras do regime fechado de cumprimento das penas privativas de liberdade previstas na legislação vigente.

(A) Em regra, o condenado a pena privativa de liberdade superior a quatro anos iniciará o seu cumprimento no regime fechado.

(B) A pena de reclusão deve ser cumprida exclusivamente em regime fechado.

(C) A execução da pena em regime fechado deverá ocorrer exclusivamente em estabelecimento de segurança máxima.

(D) O condenado que cumpre pena no regime fechado pode ser autorizado a realizar trabalho externo em serviços ou obras públicas.

(E) O condenado que cumpre a pena no regime fechado deve ficar isolado durante o repouso noturno e, durante o dia, deve trabalhar em colônia agrícola, industrial ou estabelecimento similar.

**A:** incorreta. É que o condenado a pena privativa de liberdade superior a quatro anos (desde que não exceda a 8 anos) iniciará o seu cumprimento, em regra, no regime *semiaberto*, e não no *fechado*, que deverá ser imposto ao condenado a pena superior a 8 anos. É o que estabelece o art. 33, § 2º, *a* e *b*, do CP; **B:** incorreta, dado que a pena de reclusão, por força do que dispõe o art. 33, *caput*, do CP, será cumprida em regime fechado, semiaberto ou aberto; a pena de detenção, por sua vez, será cumprida em regime semiaberto ou aberto; **C:** incorreta, uma vez que a execução da pena em regime fechado deverá ocorrer em estabelecimento de segurança máxima ou média (art. 33, § 1º, *a*, do CP); **D:** correta, pois corresponde ao que estabelece o art. 34, § 3º, do CP; **E:** incorreta, pois, ante o que estabelece o art. 35, § 1º, do CP, a colônia agrícola, industrial ou estabelecimento similar é o local destinado ao cumprimento da pena no regime *semiaberto* (e não no *fechado*). **ED**

Gabarito "D".

**(Defensor Público/PE – 2018 – CESPE)** Em se tratando de regime aberto, a pena deverá ser cumprida em

(A) casa de albergado.

(B) penitenciária.

(C) centro de observação.

(D) colônia agrícola.

(E) cadeia pública.

Por força do que dispõem os arts. 33, § 1º, *c*, do CP, e 93 da LEP, o cumprimento da pena privativa de liberdade, em regime aberto, deverá se dar em casa de albergado ou em estabelecimento similar. **ED**

Gabarito "A".

**(Delegado/PE – 2016 – CESPE)** O ordenamento penal brasileiro adotou a sistemática bipartida de infração penal – crimes e contravenções penais –, cominando suas respectivas penas, por força do princípio da legalidade. Acerca das infrações penais e suas respectivas reprimendas, assinale a opção correta.

(A) O crime de homicídio doloso praticado contra mulher é hediondo e, por conseguinte, o cumprimento da pena privativa de liberdade iniciar-se-á em regime fechado, em decorrência de expressa determinação legal.

(B) No crime de tráfico de entorpecente, é cabível a substituição da pena privativa de liberdade por restritiva de direitos, bem como a fixação de regime aberto, quando preenchidos os requisitos legais.

(C) Constitui crime de dano, previsto no CP, pichar edificação urbana. Nesse caso, a pena privativa de liberdade consiste em detenção de um a seis meses, que pode ser convertida em prestação de serviços à comunidade.

(D) O STJ autoriza a imposição de penas substitutivas como condição especial do regime aberto.

(E) O condenado por contravenção penal, com pena de prisão simples não superior a quinze dias, poderá cumpri-la, a depender de reincidência ou não, em regime fechado, semiaberto ou aberto, estando, em quaisquer dessas modalidades, obrigado a trabalhar.

**A:** incorreta. Somente será considerado qualificado (e, por conseguinte, hediondo) o homicídio doloso contra mulher quando praticado *por razões da condição de sexo feminino* (art. 121, § 2º, VI, do CP). Esclarece o § 2º-A do mesmo dispositivo que *se considera que há razões de condição de sexo feminino quando o crime envolve: I – violência doméstica e familiar; II – menosprezo ou discriminação à condição de mulher*. Dito de outro modo, o simples fato de o crime de homicídio ser praticado contra mulher não autoriza a considerá-lo qualificado e, por conseguinte, como hediondo; **B:** correta. A substituição da pena privativa de liberdade por restritiva de direitos era vedada, a teor do art. 33, § 4º, da Lei de Drogas, para o crime de tráfico. Sucede que o STF, no julgamento do HC 97.256/RS, declarou, incidentalmente, a inconstitucionalidade dessa vedação. Posteriormente, o Senado Federal, por meio da Resolução 5/2012, suspendeu a execução da expressão "vedada a conversão em penas restritivas de direito", presente no art. 33, § 4º, da Lei 11.343/2006. Portanto, nada impede, atualmente, que o juiz autorize a substituição da pena privativa de liberdade por restritiva de direitos no crime de tráfico bem assim a fixação de regime aberto, desde que preenchidos os requisitos legais; **C:** incorreta, já que se trata da conduta prevista no art. 65 da Lei 9.605/1998 (crimes contra o meio ambiente); **D:** incorreta, pois contraria o entendimento firmado na Súmula 493 do STJ, "É inadmissível a fixação de pena substitutiva (art. 44 do CP) como condição especial ao regime aberto"; **E:** incorreta. Primeiro porque a prisão simples somente poderá ser cumprida em regime semiaberto ou aberto (nunca no regime fechado), conforme estabelece o art. 6º, *caput*, da LCP; segundo porque o trabalho somente será obrigatório se a pena for superior a quinze dias (art. 6º, § 2º, da LCP).

Gabarito "B".

## 13. APLICAÇÃO DA PENA

**(Juiz de Direito – TJ/SC – 2019 – CESPE/CEBRASPE)** Conforme o Código Penal e a legislação aplicável, constitui efeito automático da condenação criminal, que independe de expressa motivação em sentença,

(A) nos casos de crime doloso sujeito à pena de reclusão cometido contra filho, tutelado ou curatelado, a incapacidade para o exercício do poder familiar, da tutela ou da curatela.

(B) nos casos de crimes praticados com violação de dever para com a administração pública, a perda de cargo ou função pública, quando aplicada pena privativa de liberdade igual ou superior a um ano.

(C) nos casos de servidor público condenado pela prática de crime resultante de discriminação ou preconceito de raça, cor, religião ou procedência nacional, a perda do cargo ou da função pública.

(D) nos casos de condenação pela prática de crime falimentar, a inabilitação para o exercício de atividade empresarial, pelo prazo de cinco anos após a extinção da punibilidade.

(E) no caso de servidor público condenado pela prática de crime de tortura, a perda do cargo ou da função pública e a interdição para seu exercício pelo dobro do prazo da pena aplicada.

**A:** incorreta, já que, por força do que dispõe o art. 92, parágrafo único, do CP, o efeito da condenação previsto no art. 92, II, do CP não é automático, sendo de rigor que o juiz assim se manifeste na sentença; **B:** incorreta. Trata-se de efeito específico da condenação

(não automático), nos termos do art. 92, I, *a*, e parágrafo único, do CP; **C:** incorreta. Segundo dispõem os arts. 16 e 18 da Lei 7.716/1989, não constitui efeito automático da condenação a perda do cargo ou função pública nos crimes praticados por servidor público resultantes de discriminação ou preconceito de raça, cor, religião ou procedência nacional; **D:** incorreta. Cuida-se de efeito não automático, nos termos do art. 181, I e § 1º, da Lei 11.101/2005; **E:** correta, uma vez que, no caso de servidor público condenado pela prática de tortura, a perda do cargo ou da função pública e a interdição para seu exercício pelo dobro do prazo da pena aplicada constitui efeito automático da condenação, sendo prescindível, portanto, que o magistrado, na sentença, expressamente assim declare (art. 1º, § 5º, da Lei 9.455/1997). Na jurisprudência: "(...) A perda do cargo, função ou emprego público – que configura efeito extrapenal secundário – constitui consequência necessária que resulta, automaticamente, de pleno direito, da condenação penal imposta ao agente público pela prática do crime de tortura (...)" (STF, AI 769637 AgR-ED – MG, 2ª T., rel. Min. Celso de Melo, 25.06.2013).
*Gabarito "E".*

Mara, pretendendo tirar a vida de Ana, ao avistá-la na companhia da irmã, Sandra, em um restaurante, ainda que consciente da possibilidade de alvejar Sandra, efetuou um disparo, que alvejou letalmente Ana e feriu gravemente Sandra.

**(Juiz de Direito – TJ/SC – 2019 – CESPE/CEBRASPE)** Nessa situação hipotética, assinale a opção correta relativa ao instituto do erro.

**(A)** Devido à *aberratio ictus*, Mara responderá somente pelo homicídio de Ana, visto que o dolo estava direcionado a esta, havendo absorção do crime de lesão corporal cometido contra Sandra.

**(B)** Mara responderá por homicídio doloso consumado em relação à Ana e por tentativa de homicídio em relação à irmã desta.

**(C)** Em concurso formal imperfeito, Mara responderá pelo homicídio de Ana e pela lesão corporal de Sandra.

**(D)** Mara incidiu em delito putativo por erro de tipo em unidade complexa.

**(E)** Excluído o dolo e permitida a punição por crime culposo, se essa modalidade for prevista em lei, Mara terá incidido em erro de tipo essencial escusável contra a irmã de Ana.

O enunciado não é claro quanto ao propósito de Mara em relação ao resultado produzido em Sandra. Seja como for, considerou que se trata de hipótese de concurso formal *impróprio* ou *imperfeito*. Nos termos do art. 70 do CP, o concurso formal poderá ser *próprio* (perfeito) ou *impróprio* (imperfeito). No primeiro caso (primeira parte do *caput*), temos que o agente, por meio de uma única ação ou omissão (um só comportamento), pratica dois ou mais crimes, idênticos ou não, com *unidade de desígnio*; já no *concurso formal impróprio* ou *imperfeito* (segunda parte do *caput*), a situação é diferente. Aqui, a conduta única decorre de desígnios autônomos, vale dizer, o agente, no seu atuar, deseja os resultados produzidos. Como consequência, as penas serão somadas, aplicando-se o critério ou sistema do *cúmulo material*. No concurso formal perfeito, diferentemente, se as penas previstas forem idênticas, aplica-se somente uma; se diferentes, aplica-se a maior, acrescida, em qualquer caso, de um sexto até metade (sistema da exasperação).
*Gabarito "C".*

**(Juiz de Direito - TJ/BA - 2019 - CESPE/CEBRASPE)** À luz da jurisprudência do STJ a respeito das circunstâncias judiciais e legais que devem ser consideradas quando da aplicação da pena, assinale a opção correta.

**(A)** A confissão qualificada, na qual o réu alega em seu favor causa descriminante ou exculpante, não afasta a incidência da atenuante de confissão espontânea.

**(B)** A confissão espontânea em delegacia de polícia pode servir como circunstância atenuante, desde que o réu não se retrate sobre essa declaração em juízo.

**(C)** Uma condenação transitada em julgado de fato posterior ao narrado na denúncia, embora não sirva para fins de reincidência, pode servir para valorar negativamente a personalidade e a conduta social do agente.

**(D)** A reincidência penal pode ser utilizada simultaneamente como circunstância agravante e como circunstância judicial.

**(E)** A múltipla reincidência não afasta a necessidade de integral compensação entre a atenuante da confissão espontânea e a agravante da reincidência, haja vista a igual preponderância entre as referidas circunstâncias legais.

**A:** correta. Qualificada ou não a confissão, se contribuir para a formação do convencimento do magistrado, é de rigor o reconhecimento da atenuante do art. 65, III, *d*, do CP. É o que se extrai da Súmula 545, do STJ: "Quando a confissão for utilizada para a formação do convencimento do julgador, o réu fará jus à atenuante prevista no art. 65, III, *d*, do Código Penal". Nesse sentido: "Para o reconhecimento da atenuante da confissão espontânea é necessário que o réu admita a prática de fato criminoso, ainda que de maneira parcial, qualificada ou até mesmo extrajudicial" (AgRg no RHC 107.606/ES, Rel. Ministro NEFI CORDEIRO, SEXTA TURMA, julgado em 16/05/2019, DJe 24/05/2019); **B:** incorreta. Ainda que o réu se retrate, em juízo, de confissão feita em sede policial, mesmo assim fará jus à atenuante do art. 65, III, *d*, do CP, desde que, conforme já ponderado acima, isso contribua para a formação do convencimento do juiz (Súmula 545, STJ). Na jurisprudência: "Se a confissão do agente é utilizada como fundamento para embasar a conclusão condenatória, a atenuante prevista no art. 65, inciso III, alínea *d*, do CP, deve ser aplicada em seu favor, pouco importando se a admissão da prática do ilícito foi espontânea ou não, integral ou parcial, ou se houve retratação posterior em juízo" (HC 176.405/RO, Rel. Ministro JORGE MUSSI, QUINTA TURMA, julgado em 23/04/2013, DJe 03/05/2013); **C:** incorreta. Ações penais com trânsito em julgado por fatos posteriores ao crime em julgamento não podem ser usadas para agravar a pena-base, seja como maus antecedentes ou como personalidade negativa do agente. Nesse sentido, conferir: "No cálculo da pena-base, é impossível a consideração de condenação transitada em julgado correspondente a fato posterior ao narrado na denúncia para valorar negativamente os maus antecedentes, a personalidade ou a conduta social do agente" (HC 210.787/RJ, Rel. Ministro MARCO AURÉLIO BELLIZZE, QUINTA TURMA, julgado em 10/09/2013, DJe 16/09/2013); **D:** incorreta, pois contraria o entendimento firmado na Súmula 241 do STJ: "A reincidência penal não pode ser considerada como circunstância agravante e, simultaneamente, como circunstância judicial"; **E:** incorreta. Conferir: "Reconhecida a atenuante, essa deve ser compensada integralmente com a agravante da reincidência, uma vez que, a Terceira Seção deste Superior Tribunal de Justiça, por ocasião do julgamento do habeas corpus n. 365.963/SP, em 11/10/2017, firmou entendimento no sentido da "possibilidade de se compensar a confissão com o gênero reincidência, irradiando seus efeitos para ambas espécies (genérica e específica), ressalvados os casos de multireincidência"." (HC 433.952/SP, Rel. Ministro FELIX FISCHER, QUINTA TURMA, julgado em 22/03/2018, DJe 27/03/2018). ED
*Gabarito "A".*

**(Defensor Público/AC – 2017 – CESPE)** No caso de pluralidade delitiva, deve-se adotar, na determinação da pena,

**(A)** o sistema de cúmulo jurídico, somando-se as penas aplicadas a cada um dos crimes.

**(B)** o sistema da exasperação, quando se tratar de casos de concurso formal imperfeito.

**(C)** o sistema da exasperação, quando se tratar de concurso material heterogêneo, para evitar que a pena ultrapasse o limite legal de cumprimento.

**(D)** o sistema da exasperação, que considera tão somente o número de crimes consumados para definição da pena.

**(E)** o sistema do cúmulo material, quando se tratar de pena pecuniária, independentemente das demais sanções aplicadas, ressalvado o crime continuado.

**A:** incorreta. No contexto da pluralidade delitiva (concurso de crimes), a legislação contempla, basicamente, dois sistemas: cúmulo material e exasperação; **B:** incorreta. No *concurso formal impróprio* ou *imperfeito* (segunda parte do *caput* do art. 70 do CP), a conduta única decorre de desígnios autônomos, vale dizer, o agente, no seu atuar, deseja os resultados produzidos. Como consequência, as penas serão somadas, aplicando-se o critério ou sistema do *cúmulo material*, e não o sistema da *exasperação*, que terá lugar no concurso formal perfeito, em que há unidade de desígnios; **C:** incorreta. No concurso material (art. 69, CP), seja ele homogêneo ou heterogêneo, o critério a ser aplicado é o do *cúmulo material* (as penas são somadas); **D:** incorreta. Não devem ser considerados apenas os delitos consumados; **E:** correta. Divergem doutrina e jurisprudência quanto à extensão do art. 72 do CP, que estabelece que, no concurso de crimes, a pena de multa será aplicada distinta e integralmente. Quanto aos concursos material e formal, é consenso que este art. 72 do CP tem incidência. O ponto de divergência refere-se ao crime continuado. Para parte da comunidade jurídica, este dispositivo também tem incidência no crime continuado; afinal, o art. 72 do CP não excepcionou esta modalidade de concurso de crimes; no entanto, parte da doutrina e da jurisprudência entende, diferentemente, que, no crime continuado, que é considerado delito único (ficção jurídica), deverá ser aplicada uma única pena de multa, contrariando, portanto, a regra presente no art. 72 do CP. Como se pode ver, a questão é polêmica. ED

Gabarito "E".

**(Defensor Público/AC – 2017 – CESPE)** A respeito das medidas de segurança e dos direitos das pessoas portadoras de transtornos mentais, assinale a opção correta.

(A) São vedadas a internação compulsória psiquiátrica e a medida de segurança de internação em caráter cautelar, de modo a impedir o vínculo institucional antes da decisão final do processo.

(B) As internações psiquiátricas, em qualquer uma de suas modalidades, devem ter prazo determinado, e as medidas de segurança devem durar, no mínimo, de um a três anos.

(C) As medidas de segurança, em razão da natureza e da finalidade, não se submetem ao instituto da extinção de punibilidade.

(D) A internação compulsória somente pode ser determinada pelo juiz em instituições com características asilares, sendo vedada a inserção dessa modalidade de internação em hospitais de custódia e de tratamento psiquiátrico.

(E) As internações psiquiátricas, em qualquer uma de suas modalidades, somente serão permitidas se demonstrada a insuficiência dos recursos extra-hospitalares.

**A:** incorreta, pois contraria os art. 319, VII, do CPP (medida cautelar de internação provisória do inimputável ou semi-imputável), e 6º, parágrafo único, III, da Lei 10.216/2001 (internação compulsória determinada pela Justiça); **B:** incorreta. Se levássemos em conta tão somente a redação do art. 97, § 1º, do CP, chegaríamos à conclusão de que a medida de segurança poderia ser eterna. Em vista da regra que veda as penas de caráter perpétuo, esta não é a melhor interpretação do dispositivo. Tanto que o STF firmou posicionamento no sentido de que o prazo máximo de duração da medida de segurança não pode ser superior a 30 anos (analogia ao art. 75 do CP). O STJ, por seu turno, entende que a medida de segurança deve ter por limite o máximo da pena em abstrato cominada para o crime (STJ, HC 125.342-RS, 6ª T., rel. Min. Maria Thereza de Assis Moura, j. 19.11.09). Consolidando tal entendimento, o STJ editou a Súmula 527, segundo a qual "o tempo de duração da medida de segurança não deve ultrapassar o limite máximo da pena abstratamente cominada ao delito praticado". Cuidado: em 24 de dezembro de 2019, foi publicada a Lei 13.964/2019, por muitos conhecida como Pacote Anticrime, que, dentre outras inúmeras alterações promovidas na legislação penal e, em especial, na processual penal, alterou a redação do art. 75 do CP, para o fim de elevar o tempo máximo de cumprimento da pena privativa de liberdade de 30 para 40 anos. Dessa forma, a partir da entrada em vigor do Pacote Anticrime (23 de janeiro de 2020), o tempo de cumprimento das penas privativas de liberdade não poderá ser superior a 40 anos, e não mais a 30 anos, como constava da redação anterior do dispositivo. Com isso, cremos que este prazo máximo de cumprimento da medida de segurança passe para 40 anos (se mantido o atual entendimento do STF); **C:** incorreta, na medida em que a medida de segurança, porque constitui espécie do gênero sanção penal, submete-se às causas extintivas da punibilidade (art. 96, parágrafo único, do CP); **D:** incorreta, pois contraria o disposto no art. 4º, § 3º, da Lei 10.216/2001; **E:** correta, pois reflete a regra presente no art. 4º, *caput*, da Lei 10.216/2001. ED

Gabarito "E".

**(Delegado Federal – 2018 – CESPE)** Em cada um dos itens que se seguem, é apresentada uma situação hipotética seguida de uma assertiva a ser julgada com base na legislação de regência e na jurisprudência dos tribunais superiores a respeito de aplicação

de pena, cominação de penas, regime de penas, medidas de segurança e livramento condicional.

(1) Ronaldo, maior e capaz, e outras três pessoas, também maiores e capazes, furtaram um veículo que estava parado em um estacionamento público. Depois de terem retirado pertences do veículo, o abandonaram perto do local do assalto. O grupo foi preso. Constatou-se que Ronaldo era réu primário, tinha bons antecedentes e que agira por coação dos outros elementos do grupo. Nessa situação, se a coação foi resistível, se houver confissão do crime e se as circunstâncias atenuantes preponderarem sobre as agravantes, a pena de Ronaldo poderá ser reduzida para abaixo do mínimo legal.

(2) Valter, maior e capaz, foi preso preventivamente em uma das fases de uma operação policial. Ele já era réu em outras três ações penais e estava indiciado em mais dois outros IPs. Nessa situação, as ações penais em curso podem ser consideradas para eventual agravamento da pena-base referente ao crime que resultou na prisão preventiva de Valter, mas os IPs não podem ser considerados para essa mesma finalidade.

(3) Flávio, maior e capaz, condenado a pena de doze anos pela prática de homicídio doloso qualificado, iniciou o cumprimento da pena em regime fechado. Durante a execução da pena, ele apresentou comportamento excelente e colaborativo, por isso, após o período mínimo para a progressão de regime, seu advogado requereu ao juiz a passagem de Flávio para o regime aberto. Nessa situação, o pedido não poderá ser atendido: a progressão do regime prisional de Flávio deverá ser para o regime semiaberto.

(4) Bruna, de vinte e quatro anos de idade, processada e julgada pela prática do crime de latrocínio, foi absolvida ao final do julgamento, por ter sido considerada inimputável, apesar de sua periculosidade. Nessa situação, mesmo tendo Bruna sido absolvida, o juiz pode impor-lhe medida de segurança.

**1:** incorreta. Na primeira e na segunda etapas de aplicação da pena, é defeso ao juiz fixá-la em patamar superior ou inferior ao estabelecido no preceito secundário do tipo penal incriminador. Já na terceira fase é possível fixar-se pena inferior à mínima ou superior à máxima. A esse respeito, a Súmula 231 do STJ; **2:** incorreta, uma vez que não reflete o entendimento consolidado na Súmula 444, do STJ: *É vedada a utilização de inquéritos policiais e ações penais em curso para agravar a pena-base*; **3:** correta, pois corresponde ao entendimento firmado na Súmula n. 491 do STJ: "É inadmissível a chamada progressão *per saltum* de regime prisional"; **4:** correta. A absolvição de Bruna é denominada *imprópria*, que ocorre quando o juiz, embora absolva o réu, impinge a ele medida de segurança, dado o reconhecimento de sua inimputabilidade por doença mental (art. 26, *caput*, do CP). ED

Gabarito 1E, 2E, 3C, 4C

**(Procurador Municipal – Prefeitura/BH – CESPE – 2017)** Acerca da aplicação e da execução da pena, assinale a opção correta, conforme o entendimento do STJ.

(A) De acordo com o entendimento jurisprudencial, o tempo da internação para o cumprimento de medida de segurança é indeterminado, perdurando enquanto não for averiguada a cessação da periculosidade.

(B) No momento da aplicação da pena, o juiz pode compensar a atenuante da confissão espontânea com a agravante da promessa de recompensa.

(C) É vedada a concessão de trabalho externo a apenado em empresa familiar em um dos sócios seja seu irmão.

(D) Confissão ocorrida na delegacia de polícia e não confirmada em juízo não pode ser utilizada como atenuante, mesmo que o juiz a utilize para fundamentar o seu convencimento.

**A:** incorreta, já que, segundo jurisprudência consolidada do STJ, a medida de segurança tem prazo determinado. Se levássemos em conta tão somente a redação do art. 97, § 1º, do CP, chegaríamos à conclusão de que a medida de segurança poderia ser eterna. Em vista da regra que veda as penas de caráter perpétuo, esta não é a melhor interpretação do dispositivo. Tanto que o STF firmou posicionamento no sentido de que o prazo máximo de duração da medida de segurança não pode ser superior a 30 anos (analogia ao art. 75 do CP). O STJ entende que a medida de segurança deve ter por limite o máximo da pena em abstrato cominada para o crime (STJ, HC 125.342-RS, 6ª T., Rel. Min. Maria Thereza de Assis Moura, j. 19.11.09). Consolidando tal entendimento, o STJ editou a Súmula 527, segundo a qual "o tempo de duração da medida de segurança não deve ultrapassar o limite máximo da pena abstratamente cominada ao delito praticado". Cuidado: em 24 de dezembro de 2019, foi publicada a Lei 13.964/2019, por muitos conhecida como Pacote Anticrime, que, dentre outras inúmeras alterações promovidas na legislação penal e, em especial, na processual penal, alterou a redação do art. 75 do CP, para o fim de elevar o tempo máximo de cumprimento da pena privativa de liberdade de 30 para 40 anos. Dessa forma, a partir da entrada em vigor do Pacote Anticrime (23 de janeiro de 2020), o tempo de cumprimento das penas privativas de liberdade não poderá ser superior a 40 anos, e não mais a 30 anos, como constava da redação anterior do dispositivo. Com isso, cremos que este prazo máximo de cumprimento da medida de segurança passe para 40 anos (se mantido o atual entendimento do STF); **B:** correta. Tal como ocorre com a reincidência e a confissão espontânea, em relação às quais pode haver, segundo o STJ, compensação, é perfeitamente possível que isso também ocorra em relação à confissão espontânea e à agravante da promessa de recompensa ou mesmo a paga, uma vez que se trata de circunstâncias igualmente preponderantes. Na jurisprudência do STJ: "(...) III – A col. Terceira Seção deste eg. Superior Tribunal de Justiça, por ocasião do julgamento do Recurso Especial Repetitivo nº 1.341.370/MT (Rel. Min. Sebastião Reis Júnior, DJe de 17/4/2013), firmou entendimento segundo o qual 'é possível, na segunda fase da dosimetria da pena, a compensação da atenuante da confissão espontânea com a agravante da reincidência', entendimento este que deve ser estendido à presente hipótese, pois cuida-se de compensação entre circunstâncias igualmente preponderantes, nos termos do art. 67, do Código Penal, quais sejam, motivos determinantes do crime (mediante paga) e personalidade do agente (confissão espontânea)" (HC 318.594/SP, 5ª T., Rel. Min. Felix Fischer, j. 16.02.2016, DJe 24.02.2016); **C:** incorreta. Isso porque o STJ admite, sim, que o apenado seja, na execução do trabalho externo, empregado em empresa da qual seu irmão seja um dos sócios. Nesse sentido, conferir: "(...) In casu, o fato do irmão do apenado ser um dos sócios da empresa empregadora não constitui óbice à concessão do trabalho externo, sob o argumento de fragilidade na fiscalização, até porque inexiste vedação na Lei de Execução Penal (Precedente do STF)." (HC 310.515/RS, 5ª T., Rel. Min. Felix Fischer, j. 17.09.2015, DJe 25.09.2015); **D:** incorreta. Conferir: "O Superior Tribunal de Justiça tem entendimento de que a confissão é causa de atenuação da pena, ainda que tomada na fase inquisitorial, sendo irrelevante a sua retratação em juízo" (HC 144.165/SP, 5ª T., Rel. Min. Arnaldo Esteves Lima, j. 29.10.2009, DJe 30.11.2009). 🔲

Gabarito "B".

**(Delegado/PE – 2016 – CESPE)** Da sentença penal se extraem diversas consequências jurídicas e, quando for condenatória, emergem-se os efeitos penais e extrapenais. Acerca dos efeitos da condenação penal, assinale a opção correta.

**(A)** A licença de localização e de funcionamento de estabelecimento onde se verifique prática de exploração sexual de pessoa vulnerável, em caso de o proprietário ter sido condenado por esse crime, não será cassada, dada a ausência de previsão legal desse efeito da condenação penal.

**(B)** A condenação por crime de racismo cometido por proprietário de estabelecimento comercial sujeita o condenado à suspensão do funcionamento de seu estabelecimento, pelo prazo de até três meses, devendo esse efeitos ser motivadamente declarado na sentença penal condenatória.

**(C)** Segundo o CP, constitui efeito automático da condenação a perda de cargo público, quando aplicada pena privativa de liberdade por tempo igual ou superior a um ano, nos crimes praticados com abuso de poder ou violação de dever para com a administração pública.

**(D)** A condenação por crime de tortura acarretará a perda do cargo público e a interdição temporária para o seu exercício pelo dobro do prazo da pena aplicada, desde que fundamentada na sentença condenatória, não sendo efeito automático da condenação.

**(E)** A condenação penal pelo crime de maus-tratos, com pena de detenção de dois meses a um ano ou multa, ocasiona a incapacidade para o exercício do poder familiar, quando cometido pelo pai contra filho, devendo ser motivado na sentença condenatória, por não ser efeito automático.

**A:** incorreta, tendo em conta o teor do art. 218-B, § 3º, do CP, que estabelece que, na hipótese de punição do gerente, proprietário ou responsável pelo local em que se deu a exploração sexual, é de rigor, como efeito da condenação, a cassação da licença de localização e funcionamento do estabelecimento; **B:** correta, nos termos dos arts. 16 e 18 da Lei 7.716/1989; **C:** incorreta, na medida em que a perda de cargo público, nas circunstâncias indicadas na assertiva (art. 92, I, *a*, do CP), constitui efeito *não* automático da condenação (específico), que, por essa razão, somente pode incidir se o juiz, na sentença condenatória, declará-lo de forma motivada, justificando-o. Quanto a esse tema, cabem alguns esclarecimentos. Os efeitos da condenação contemplados no art. 91 do CP são automáticos (genéricos). Significa dizer que é desnecessário o pronunciamento do juiz, a esse respeito, na sentença. Já o art. 92 do CP trata dos efeitos da condenação *não automáticos* (específicos), cujo reconhecimento pressupõe decisão motivada. É este o caso, como já dissemos, da perda de cargo público. Quanto ao tema "efeitos da condenação", importante tecer algumas considerações a respeito de recente modificação legislativa. Vejamos. A Lei 13.964/2019, mais conhecida como Pacote Anticrime, inseriu o art. 91-A no Código Penal. Como bem sabemos e ponderamos acima, os arts. 91 e 92 do CP tratam dos efeitos extrapenais da condenação, com a diferença de que o art. 91 contém os chamados efeitos *genéricos*, que, sendo automáticos, prescindem de declaração do juiz na sentença, enquanto o art. 92 trata dos efeitos *específicos*, assim considerados os que devem ser expressamente declarados em sentença, já que somente são aplicáveis em determinadas situações. *Grosso modo*, o art. 91-A, recém-introduzido pela Lei 13.964/2019, cria novas modalidades de efeitos da condenação, especialmente voltadas à perda do patrimônio não vinculado, de forma direta, ao crime imputado ao agente. Explico. O art. 91, II, *b*, do CP, por exemplo, reza que será perdido o bem que constitua proveito auferido pelo agente com a prática do fato criminoso. Perceba que este proveito auferido foi incorporado ao "patrimônio" do agente em razão do cometimento do crime pelo qual ele foi processado. Ou seja, há vinculação direta do bem perdido com o crime pelo qual o agente foi condenado. Já os efeitos da condenação introduzidos por meio do art. 91-A alcançam o patrimônio auferido pelo agente que se revele incompatível com os seus ganhos (há perda deste patrimônio como produto ou proveito do crime). Não há, neste caso, como se pode ver, vinculação direta entre o bem perdido e o crime praticado. Para tanto, deverá ser apurada a diferença entre o valor do patrimônio do condenado e aquele que seja compatível com o seu rendimento lícito. O *caput* do art. 91-A estabelece que tais efeitos somente alcançarão condenações às quais a lei comine pena máxima superior a seis anos de reclusão. Ou seja, nestes casos recairá sobre o patrimônio do condenado verdadeira "prestação de contas". Por certo, haverá questionamentos de ordem constitucional. O § 1º do dispositivo aponta o que se deve entender por "patrimônio do condenado". Já o § 2º assegura a este o direito de demonstrar a inexistência de incompatibilidade ou a procedência lícita de seu patrimônio. Em outras palavras, cabe a ele, condenado, fazer prova da licitude de seu patrimônio. Imaginemos que um funcionário público amealhe, no período de 10 anos de serviço, um patrimônio correspondente a 30 milhões de reais, sendo que sua renda anual é de 150 mil reais. Evidente que há patente incompatibilidade entre o patrimônio e os ganhos lícitos do *intraneus*. Deverá ele fazer prova de que o patrimônio que, em princípio, seria incompatível com a sua renda foi construído, por exemplo, com o recebimento de uma herança, ou ainda por meio do exercício de atividade na iniciativa privada. À acusação caberá tão somente demonstrar a incompatibilidade. A perda do patrimônio ilicitamente auferido deverá ser requerida pelo MP quando do oferecimento da denúncia, com a indicação da diferença apurada. É o que estabelece o art. 91-A, § 3º, do CP. Pois somente assim a defesa terá condições de exercer o contraditório em sua plenitude, de forma a rechaçar, no curso do processo, o pleito ministerial de perda do patrimônio. Caberá ao juiz, ao termo da instrução, declarar, na sentença condenatória, o valor da diferença apurada e especificar os bens cuja perda foi decretada (art. 91-A, § 4º); **D:** incorreta, uma vez que se trata, sim, de efeito automático da condenação por crime de tortura, sendo prescindível, portanto, que o magistrado, na sentença, expressamente assim declare. Na jurisprudência: "(...) A perda do cargo, função ou emprego público – que configura efeito extrapenal secundário – constitui consequência necessária que resulta, automaticamente, de pleno direito, da condenação penal imposta ao agente público pela prática do crime de tortura (...)" (STF, AI 769637 AgR-ED – MG, 2ª T., rel. Min. Celso de Melo, 25.06.2013); **E:** incorreta, já que a incapacidade para o exercício do poder familiar, nas circunstâncias descritas na alternativa, pressupõe que o crime praticado seja apenado com reclusão (art. 92, II, CP). Não é o caso do crime de maus-tratos, cuja pena cominada, na sua forma simples, é de detenção de dois meses a um ano ou multa. Registre-se, por oportuno, que a Lei 13.715/2018, alterando a redação do precitado art. 92, II, do CP, impõe como efeito da condenação a incapacidade para o exercício do poder familiar, da tutela ou da curatela nos crimes dolosos sujeitos à pena de reclusão cometidos não somente contra filho ou filha, mas também contra outrem igualmente titular do mesmo poder familiar, ou contra tutelado ou curatelado.

Gabarito "B".

**(Defensor Público – DPE/RN – 2016 – CESPE)** Em cada uma das seguintes opções, é apresentada uma situação hipotética relativa ao concurso de crimes, seguida de uma assertiva a ser julgada. Assinale a opção que apresenta assertiva correta de acordo com a legislação penal e a jurisprudência do STJ.

**(A)** No interior de um ônibus coletivo, Sérgio subtraiu, com o emprego de grave ameaça, os aparelhos celulares de cinco passageiros, além do dinheiro que o cobrador portava. Nessa situação, como houve a violação de patrimônios distintos, Sérgio praticou o crime de roubo simples em concurso material.

**(B)** Plínio praticou um crime de latrocínio (previsto no art. 157, § 3.º, parte final, do CP) no qual houve uma única subtração patrimonial, com desígnios autônomos e com dois resultados mortes (vítimas). Nessa situação, Plínio praticou o crime de latrocínio em concurso formal impróprio, disposto no art. 70, *caput*, parte final, do CP, no qual se aplica a regra do concurso material, de forma que as penas devem ser aplicadas cumulativamente.

**(C)** Túlio, em um mesmo contexto fático, praticou, com uma menor impúbere de treze anos de idade, sexo oral (felação), além de cópula anal e conjunção carnal. Nessa situação, Túlio perpetrou o crime de estupro de vulnerável em concurso material.

**(D)** Zélio foi condenado pela prática de crimes de roubo e corrupção de menores em concurso formal, cometidos em continuidade delitiva. Nessa situação, na dosimetria da pena aplicar-se-ão cumulativamente as regras do concurso formal (art. 70 do CP) e da continuidade delitiva (art. 71 do CP).

**(E)** Múcio, mediante grave ameaça exercida com o emprego de arma de fogo, subtraiu bens pertencentes a Bruna e, ainda, exigiu dela a entrega de cartão bancário e senha para a realização de saques. Nessa situação, Múcio praticou, em concurso formal, os crimes de roubo circunstanciado e extorsão majorada.

**A:** incorreta. Com efeito, no crime de roubo, se as subtrações que vulneraram o patrimônio de duas ou mais pessoas no mesmo contexto, fala-se em concurso *formal* de crimes (art. 70 do CP), e não em concurso *material*. Nesse sentido é a lição de Guilherme de Souza Nucci: "(...) Ilustrando, o autor ingressa num ônibus, anuncia o assalto e pede que todos passem os bens. Concretiza-se o concurso formal perfeito, pois o agente não possui desígnios autônomos, vale dizer, dolo direto em relação a cada uma das vítimas, que nem mesmo conhece (...)" (*Código Penal Comentado*. 13. ed., São Paulo: Ed. RT, 2013. p. 807). Na jurisprudência: "É assente neste Tribunal Superior que, praticado o crime de roubo mediante uma só ação, contra vítimas diferentes, não há se falar em crime único, mas sim em concurso formal, visto que violados patrimônios distintos. Precedentes" (HC 315.059/SP, Rel. Ministra Maria Thereza de Assis Moura, Sexta Turma, julgado em 06.10.2015, *DJe* 27.10.2015); **B:** correta. Conferir: "Prevalece, no Superior Tribunal de Justiça, o entendimento no sentido de que, nos delitos de latrocínio – crime complexo, cujos bens jurídicos protegidos são o patrimônio e a vida –, havendo uma subtração, porém mais de uma morte, resta configurada hipótese de concurso formal impróprio de crimes e não crime único. Precedentes" (HC 185.101/SP, Rel. Ministro Nefi Cordeiro, Sexta Turma, julgado em 07.04.2015, *DJe* 16.04.2015); **C:** incorreta. Os tribunais, até a edição da Lei 12.015/2009,

tinham como consolidado o entendimento segundo o qual, quando o atentado violento ao pudor não constituísse meio natural para a prática do estupro, caracterizado estaria o concurso material de crimes: STJ, HC 102.362-SP, 5ª T., Rel. Min. Felix Fischer, j. 18.11.2008. Com a Lei 12.015/2009, que promoveu uma série de mudanças na disciplina dos crimes sexuais, o estupro – art. 213 do CP –, que incriminava tão somente a conjunção carnal realizada com mulher, mediante violência ou grave ameaça, passou a incorporar, também, a conduta antes contida no art. 214 do CP – dispositivo hoje revogado (art. 7º da Lei 12.015/2009). Dito de outro modo, constitui estupro, na sua nova forma, toda modalidade de violência sexual levada a efeito para qualquer fim libidinoso, incluída, por óbvio, a conjunção carnal. Dessa forma, o crime do art. 213 do CP, com a mudança implementada pela Lei 12.015/2009, passa a comportar, além da conduta consubstanciada na conjunção carnal violenta, contra homem ou mulher, também o comportamento consistente em obrigar alguém a praticar ou permitir que com o sujeito ativo se pratique outro ato libidinoso que não a conjunção carnal. Criou-se, assim, um tipo misto alternativo, razão pela qual a prática, por exemplo, de *felação* (sexo oral), *conjunção carnal e sexo anal* (é o caso narrado no enunciado da alternativa) no mesmo contexto fático implica o cometimento de crime único. Incide, no caso, o *princípio da alternatividade*. Nesse sentido, o seguinte julgado do STJ: "Com a superveniência da Lei 12.015/2009, a conduta do crime de atentado violento ao pudor, anteriormente prevista no art. 214 do Código Penal, foi inserida naquela do art. 213, constituindo, assim, quando praticadas contra a mesma vítima e num mesmo contexto fático, crime único de estupro" (AgRg no REsp 1127455-AC, 6ª T., rel. Min. Sebastião Reis Júnior, 28.08.2012). Tal raciocínio também se aplica no contexto do crime de estupro de vulnerável (art. 217-A, CP), sendo esta a hipótese da alternativa; **D:** incorreta. No STJ: "1. Segundo orientação deste Superior Tribunal de Justiça, quando configurada a concorrência de concurso formal e crime continuado, aplica-se somente um aumento de pena, o relativo à continuidade delitiva. Precedentes. 2. Ocorre *bis in idem* quando há majoração da reprimenda primeiramente em razão do concurso formal, haja vista o cometimento de um delito roubo contra vítimas diferentes num mesmo contexto fático, e, em seguida, em função do reconhecimento do crime continuado em relação aos outros crimes praticados em situação semelhante de tempo e modo de execução. 3. Habeas corpus não conhecido. Ordem concedida de ofício apenas para afastar a exasperação imposta pelo reconhecimento do concurso formal, reduzindo-se a reprimenda para 6 (seis) anos e 8 (oito) meses de reclusão" (HC 162.987/DF, Rel. Ministro Jorge Mussi, Quinta Turma, julgado em 01.10.2013, *DJe* 08.10.2013); **E:** incorreta. A assertiva narra hipótese de concurso *material*, e não *formal*. Conferir: "A jurisprudência desta Corte Superior e do Supremo Tribunal Federal é firme em assinalar que se configuram os crimes de roubo e extorsão, em concurso material, se o agente, após subtrair, mediante emprego de violência ou grave ameaça, bens da vítima, a constrange a entregar o cartão bancário e a respectiva senha, para sacar dinheiro de sua conta corrente" (AgRg no AREsp 323.029/DF, Rel. Ministro Rogerio Schietti Cruz, Sexta Turma, julgado em 01.09.2016, *DJe* 12.09.2016).

Gabarito "B".

**(Juiz de Direito/AM – 2016 – CESPE)** Determinada sentença justificou a dosimetria da pena em um crime de roubo da forma seguinte.

A culpabilidade do réu ficou comprovada, sendo a sua conduta altamente reprovável; não constam informações detalhadas sobre seus antecedentes, mas consta que ele foi anteriormente preso em flagrante acusado de roubo — embora não haja prova do trânsito em julgado da condenação — e que responde também a dois inquéritos policiais nos quais é acusado de furtar. A conduta social do réu não é boa e denota personalidade voltada para o crime; os motivos e as circunstâncias do crime não favorecem o réu; e as consequências do fato são muito graves, pois as vítimas, que em nada contribuíram para a deflagração do ato criminoso, tiveram prejuízo expressivo, já que houve desbordamento do caminho usualmente utilizado para a consumação do crime. É relevante observar que, sendo o réu pobre, semianalfabeto, sem profissão e sem emprego, muito provavelmente voltará ao crime, fato que, por si, justifica o aumento da pena-base como forma de prevenção.

Tendo em vista os elementos apresentados na justificação hipotética descrita, assinale a opção correta de acordo com a jurisprudência do STJ.

(A) Por ser inerente ao crime de roubo, compondo a fase de criminalização primária, a perda material não poderia justificar o aumento da pena-base como consequência negativa do crime.

(B) O juiz decidiu corretamente, pois apresentou justificação convincente, baseada no princípio do livre convencimento.

(C) Considerando que o réu já tinha sido preso em flagrante por roubo e, mesmo sem o trânsito em julgado da respectiva sentença, ele ainda responde a dois inquéritos policiais por furtos, justifica-se a exacerbação da pena-base.

(D) O juiz deveria ter levado em conta o fato de as vítimas em nada terem contribuído para a ocorrência do crime também como motivo para exasperação da pena-base do réu, a fim de atender as funções repressivas e preventivas da sanção penal.

(E) A exasperação da pena-base por causa da pobreza, ignorância ou desemprego caracteriza a prática do que a doutrina denomina direito penal do inimigo.

**A:** incorreta. A perda material (desfalque patrimonial), por si só, porque inerente ao delito de roubo, não pode levar ao aumento da pena-base; no entanto, a dimensão do desfalque patrimonial pode, sim, ser levada em conta para o fim de justificar o incremento da pena-base. Em outras palavras, se o prejuízo experimentado pela vítima do crime patrimonial for excessivo, exagerado (o enunciado fala em *prejuízo expressivo*), é de rigor a exasperação da reprimenda. Nesse sentido, conferir: "AGRAVO REGIMENTAL. *HABEAS CORPUS.* CONDENAÇÃO POR ROUBOS MAJORADOS. QUADRILHA. PENA-BASE. CONSEQUÊNCIAS E CIRCUNSTÂNCIAS DO DELITO. GRANDE PREJUÍZO ÀS VÍTIMAS. AUDÁCIA DA AÇÃO CRIMINOSA. ELEMENTOS QUE JUSTIFICAM A EXASPERAÇÃO. 1. Admite-se a exasperação da pena-base pela valoração negativa das consequências do delito com base no valor do prejuízo sofrido pela vítima. 2. *In casu*, considerando os altos valores subtraídos pelo grupo criminoso, mostra-se adequada a elevação da sanção inicial. 3. A forma audaciosa e o grau de coordenação com que praticados os delitos patrimoniais demonstram a maior reprovabilidade social das condutas e justificam o julgamento desfavorável das circunstâncias do crime (...)" (STJ, AgRg no HC 184.814/SP, Rel. Ministro JORGE MUSSI, QUINTA TURMA, julgado em 07.11.2013, *DJe* 21.11.2013). Nessa mesma linha: "(...) Ainda que a violência e o prejuízo material não tenham o condão de justificar, por si sós, o aumento da pena como consequências do delito, por constituírem, em regra, fatores comuns à espécie (roubo), enquanto delito patrimonial cuja prática de violência ou grave ameaça é elementar do tipo, constituem justificativa válida para o desvalor quando a violência e/ou o prejuízo se mostrarem expressivos, anormais, desbordando do caminho razoavelmente utilizado para o crime (...)" (STJ, HC 176.983/RJ, Rel. Ministro NEFI CORDEIRO, SEXTA TURMA, julgado em 03.09.2015, *DJe* 23.09.2015); **B:** incorreta, tendo em conta os comentários das assertivas, que ponderam por que a decisão não foi acertada; incorreta, uma vez que contraria o entendimento sufragado na Súmula 444, do STJ: "É vedada a utilização de inquéritos policiais e ações penais em curso para agravar a pena-base"; **D:** incorreta. O comportamento neutro da vítima não tem o condão de influenciar no estabelecimento da pena-base; **E:** correta. Conferir: "(...) Não enseja nenhum tipo de mácula ao ordenamento penal o fato de o Paciente não ter boas condições econômicas, ou ser assistido pela Defensoria Pública, sendo evidente que tais circunstâncias não podem ser consideradas como desfavoráveis. Admitir-se o contrário seria referendar verdadeira prática do que a doutrina denomina Direito Penal do Inimigo" (STJ, HC 152.144/ES, Rel. Ministra LAURITA VAZ, QUINTA TURMA, julgado em 28.06.2011, *DJe* 01.08.2011).

Gabarito "E".

**(Juiz de Direito/AM – 2016 – CESPE)** Um policial militar, em dia de folga e vestido com traje civil, se embriagou voluntariamente e saiu à rua armado, decidido a roubar um carro. Empunhando seu revólver particular, ele abordou um motorista e o ameaçou, obrigando-o a descer do automóvel. A vítima obedeceu, mas, ao perceber a embriaguez do assaltante, saiu correndo com as chaves do carro. Deparando-se adiante com uma viatura da polícia militar, relatou o ocorrido aos componentes da guarnição, que foram ao local e prenderam o policial em flagrante. Em

decorrência de tais fatos, o policial foi submetido a processo penal que resultou na sua condenação em três anos, dez meses e vinte dias de reclusão pela tentativa de roubo.

Com referência a essa situação hipotética, assinale a opção correta de acordo com a jurisprudência do STJ.

(A) Estando ausente qualquer relação da ação com o exercício do cargo público, a exoneração do serviço público como efeito da condenação extrapolaria as funções repressivas e preventivas da sanção penal.

(B) Na hipótese descrita e em casos semelhantes, sendo a pena privativa de liberdade inferior a quatro anos, a condenação por si só nunca implica a perda do cargo público.

(C) O policial militar não praticou crime funcional típico porquanto o delito previsto no art. 157 do CP — Subtrair coisa móvel alheia, para si ou para outrem, mediante grave ameaça ou violência à pessoa — é comum e, por isso, o réu em questão não poderia ser afastado do cargo.

(D) O agente não responderia por crime doloso porque estava em estado de embriaguez, sendo incapaz de entender o caráter criminoso de suas ações.

(E) O policial militar, mesmo fora do exercício da função, violou dever inerente a ela, porque está vinculado à administração pública no exercício das atividades cotidianas, sendo cabível a perda do cargo como efeito da condenação.

No que toca à perda do cargo, função pública ou mandato eletivo como efeito secundário de natureza extrapenal da condenação, há duas situações a considerar: se a pena privativa de liberdade aplicada for superior a quatro anos, é de rigor a perda do cargo, função ou mandato eletivo, pouco importando, neste caso, se a conduta do funcionário foi praticada com abuso de poder ou com violação de dever inerente à função pública (art. 92, I, "b", do CP); agora, se a pena privativa de liberdade aplicada for igual ou superior a um ano (mas inferior a quatro), a perda do cargo, função pública ou mandato eletivo do agente somente se dará se este houver agido, na prática criminosa, com abuso de poder ou violação de deveres para com a Administração Pública (art. 92, I, "a", do CP). Nas duas hipóteses, cuida-se de efeito não automático da condenação, exigindo, portanto, declaração motivada na sentença (art. 92, parágrafo único, do CP). O caso narrado no enunciado contempla hipótese de violação de dever para com a Administração Pública (art. 92, I, "b", do CP), razão por que, mesmo sendo a pena impingida ao policial inferior a quatro anos, é de rigor a perda do cargo público. Na jurisprudência do STJ: "(...) Segundo o art. 92, inciso I, alínea "a", do CP, sendo a pena privativa de liberdade inferior a quatro anos, a decretação de perda do cargo público só pode ocorrer na hipótese em que o crime tenha sido cometido com abuso de poder ou com a violação de dever para com a Administração Pública. Da análise dos elementos apresentados pela Corte de origem, verifica-se que o crime, embora não tenha sido praticado com abuso de poder, uma vez que o policial militar não estava de serviço, nem se valeu do cargo, foi executado com evidente violação de dever para com a Administração Pública. O réu, ora recorrido, é policial militar e, embora não estivesse no exercício de sua função, violou dever inerente a suas funções como policial, bem como para com a administração pública, uma vez que encontra-se vinculado a esta no exercício de suas atividades diárias. O roubo por policial militar deve ser caracterizado como uma infração gravíssima para com a Administração, a uma, em razão da relação de subordinação do policial àquela, a duas, porque é inerente às funções do policial militar coibir o roubo e reprimir a prática de crimes. Assim, correta a decisão de afastar dos quadros da polícia pessoa envolvida no crime de roubo, por ferir dever inerente à função de policial militar, pago pelo Estado justamente para combater o crime e resguardar a população (...)" (REsp 1561248/GO, Rel. Ministro REYNALDO SOARES DA FONSECA, QUINTA TURMA, julgado em 24.11.2015, *DJe* 01.12.2015). No que se refere à assertiva "D", pelo fato de o CP haver adotado, em matéria de embriaguez, a teoria da *actio libera in causa*, não há que se falar em exclusão da imputabilidade penal na hipótese de o agente se embriagar com o fim de encorajar-se para a prática criminosa.

Gabarito "E".

Texto para as duas próximas questões

Júlio foi denunciado em razão de haver disparado tiros de revólver, dentro da própria casa, contra Laura, sua companheira, porque ela escondera a arma, adquirida dois meses atrás. Ele não tinha licença expedida por autoridade competente para possuir tal arma, e a mulher tratou de escondê-la porque viu Júlio discutindo asperamente com um vizinho e temia que ele pudesse usá-la contra esse desafeto. Raivoso, Júlio adentrou à casa, procurou em vão o revólver e, não o achando, ameaçou Laura, constrangendo-a a devolver-lhe a arma. Uma vez na sua posse, ele disparou vários tiros contra Laura, ferindo-a gravemente e também atingindo o filho comum, com nove anos de idade, por erro de pontaria, matando-o instantaneamente. Laura só sobreviveu em razão de pronto e eficaz atendimento médico de urgência.

**(Juiz de Direito/AM – 2016 – CESPE)** Com referência à situação hipotética descrita no texto anterior, assinale a opção correta de acordo com a jurisprudência do STJ.

(A) Júlio cometeu homicídio doloso contra Laura e culposo contra o filho, porque não teve intenção de matá-lo.
(B) Júlio deverá responder por dois homicídios dolosos, sendo um consumado e o outro tentado, e as penas serão aplicadas cumulativamente, por concurso material de crimes, já que houve desígnios distintos nos dois resultados danosos.
(C) A hipótese configura *aberractio ictus*, devendo Júlio responder por duplo homicídio doloso, um consumado e outro tentado, com as penas aplicadas em concurso formal de crimes, sem se levar em conta as condições pessoais da vítima atingida acidentalmente.
(D) O fato configura duplo homicídio doloso, consumado contra o filho, e tentado contra Laura, e, em razão de aquele ter menos de quatorze anos, a pena deverá ser aumentada em um terço.
(E) Houve, na situação considerada, homicídio privilegiado consumado, considerando que Júlio agiu impelido sob o domínio de violenta emoção depois de ter sido provocado por Laura.

Segundo consta, com o propósito de matar sua esposa, contra ela Júlio desfere vários disparos de arma de fogo, ferindo-a gravemente. A morte somente não se concretizou porque a vítima foi prontamente socorrida e atendida (circunstância alheia à vontade de Júlio). Até aqui, Júlio cometeu tentativa de homicídio contra Laura. Sucede que, ao efetuar os disparos, Júlio também atingiu, por erro de pontaria e, portanto, de forma não intencional, o filho do casal, que, em razão disso, veio a falecer. Temos, portanto, dois crimes: tentativa de homicídio contra Laura e homicídio consumado contra o filho do casal. É o caso de aplicar, bem por isso, a regra presente no art. 73, segunda parte, do CP, que trata da chamada *aberratio ictus* com resultado duplo. Em vez de atingir somente a pessoa visada (esposa), também foi atingida pessoa diversa (filho). Em conformidade com o dispositivo a que fizemos menção, deve ser aplicado o *concurso formal* do art. 70 do CP. Seria então o caso de aplicar a pena correspondente ao crime mais grave acrescida de 1/6 até 1/2. Levam-se em conta, neste caso, as características da pessoa que o agente queria atingir (Laura).
Gabarito "C".

**(Juiz de Direito/AM – 2016 – CESPE)** Ainda com referência à situação hipotética descrita no texto anterior e a aspectos legais a ela pertinentes, assinale a opção correta com respaldo na jurisprudência do STJ.

(A) Além dos crimes de homicídio, Júlio responderá em concurso material pelo crime de posse irregular de arma de fogo, uma vez que, ao mantê-la guardada em sua residência durante mais de dois meses, já havia consumado esse crime.
(B) Opera-se o fenômeno da consunção entre o ato de possuir arma de fogo sem autorização legal e o ato de dispará-la com ânimo de matar, uma vez que o crime mais grave sempre absorve o menos grave.
(C) O fato de Júlio possuir guardado na sua casa, fora do alcance de crianças, um revólver municiado constitui *ante factum* não punível em relação ao homicídio posteriormente praticado.

(D) Laura também deverá responder pelo fato de haver escondido o revólver dentro da residência, sabendo ou devendo saber ser proibido deter sua posse sem licença da autoridade competente.
(E) O fato de possuir um revólver guardado em casa e posteriormente utilizá-lo para praticar homicídio pode caracterizar continuidade delitiva.

Somente terá incidência o princípio da consunção quando os fatos definidos como crime se derem no mesmo contexto fático. Pelo enunciado, resta claro que o delito de posse irregular de arma de fogo se consumara em momento bem anterior à prática da tentativa de homicídio contra Laura. A propósito, a intenção de matar Laura somente surgiu porque esta escondeu a arma adquirida por Júlio. São contextos fáticos, portanto, distintos. Impõe-se, por essa razão, o reconhecimento do concurso de crimes. Na jurisprudência: "(...) 1. Para a aplicação do princípio da consunção, pressupõe-se a existência de ilícitos penais chamados de consuntos, que funcionam apenas como estágio de preparação ou de execução, ou como condutas, anteriores ou posteriores de outro delito mais grave, nos termos do brocardo *lex consumens derogat legi consumptae*. 2. A conduta de portar arma ilegalmente não pode ser absorvida pelo crime de homicídio, quando restar evidenciada a existência de crimes autônomos, sem nexo de dependência ou subordinação. 3. *Habeas corpus* denegado" (STJ, HC 217.321/SP, Rel. Ministra LAURITA VAZ, QUINTA TURMA, julgado em 27.08.2013, *DJe* 04.09.2013).
Gabarito "A".

**(Analista – Judiciário –TRE/PI – 2016 – CESPE)** Assinale a opção correta, no que se refere ao concurso de crimes.

(A) Não se admite a suspensão condicional do processo se a soma da pena mínima com o aumento mínimo de um sexto for superior a um ano.
(B) Não se aplica a continuidade delitiva quando os delitos atingirem bens jurídicos personalíssimos de pessoas diversas, segundo o entendimento do Supremo Tribunal Federal.
(C) O Supremo Tribunal Federal admite a continuidade delitiva entre os crimes de furto e roubo.
(D) Configura-se concurso material a ação única lesiva ao patrimônio de diversas pessoas.
(E) Conforme o entendimento do Superior Tribunal de Justiça, não se aplica o princípio da consunção entre os crimes de falsidade e estelionato, por se tratar de caso de aplicação do concurso formal.

**A:** correta, já que retrata o entendimento sufragado nas Súmulas 723, do STF, e 243, do STJ; **B:** incorreta. Conferir, nesse sentido, o seguinte julgado do STF: "Nos termos da atual jurisprudência do STF, formada após a Reforma Penal de 1984 (art. 71, parágrafo único, do CP), a circunstância de os delitos praticados atingirem bens jurídicos personalíssimos de pessoas diversas não impede a continuação delitiva (...)" (HC 81579, Relator(a): Min. ILMAR GALVÃO, Primeira Turma, julgado em 19.02.2002, *DJ* 05.04.2002); **C:** incorreta. Nesse sentido: "A pretensão defensiva esbarra em vários pronunciamentos do Supremo Tribunal Federal. Pronunciamentos no sentido da impossibilidade de reconhecimento do fenômeno da continuidade delitiva (art. 71 do Código Penal) entre os delitos de roubo e de furto" (HC 96984, Relator(a): Min. AYRES BRITTO, Segunda Turma, julgado em 05.10.2010); **D:** incorreta, na medida em que o concurso material pressupõe que o agente, mediante mais de uma ação ou omissão, pratique dois ou mais crimes (art. 69 do CP); **E:** incorreta, uma vez que contraria o entendimento consolidado na Súmula 17, do STJ: *Quando o falso se exaure no estelionato, sem mais potencialidade lesiva, é por este absorvido*.
Gabarito "A".

**(Juiz de Direito/DF – 2016 – CESPE)** Considerando as orientações legais relativas à aplicação de penas, assinale a opção correta.

(A) Havendo concurso formal de delitos, em que o agente, mediante uma só ação ou omissão, pratica dois ou mais crimes, idênticos ou não, aplicar-se-á a pena privativa de liberdade mais grave, ou, se as penas forem iguais, aplicar-se-á apenas uma delas, majorada, em qualquer caso, de um sexto até metade, sem prejuízo de eventual cumulação de penas, nas situações em que a ação ou a omissão for dolosa, e os crimes resultarem de desígnios autônomos.

**(B)** As agravantes e as atenuantes previstas no CP são *numerus clausus*, ou seja, não é possível invocar circunstância atenuante ou agravante que não tenha sido expressamente prevista no texto legal.

**(C)** No caso de concurso material de delitos, quando os crimes forem praticados, mediante mais de uma ação ou omissão, e resultarem na aplicação cumulativa de penas de reclusão e detenção, o agente deverá cumprir, primeiramente, a pena de detenção.

**(D)** O agente, condenado por sentença transitada em julgado pela prática de crime de motim, será considerado reincidente, em caso de sentença condenatória por crime de furto.

**(E)** Se, no curso do prazo, o agente cometer novo crime doloso ou culposo, a suspensão condicional da pena deverá ser revogada; no entanto, se o beneficiado for condenado, irrecorrivelmente, por contravenção penal à pena privativa de liberdade, a revogação será facultativa.

**A:** correta, pois corresponde à descrição contida no art. 70 do CP, que trata do concurso formal de crimes; **B:** incorreta. É verdade que o rol de agravantes (art. 61 do CP) é taxativo, sendo defeso ao juiz, pois, utilizar-se, no processo de fixação da pena, de qualquer expediente para ampliar as hipóteses de incidência; no que concerne às atenuantes, listadas no art. 65 do CP, o art. 66 do CP prevê, de forma expressa, a possibilidade de o magistrado atenuar a pena *em razão de circunstância relevante, anterior ou posterior ao crime, embora não prevista expressamente em lei*; **C:** incorreta. Por expressa disposição do art. 69, *caput*, parte final, do CP, o agente, em casos assim, deverá cumprir, em primeiro lugar, a pena de *reclusão*; **D:** incorreta, já que contraria o disposto no art. 64, II, do CP; **E:** incorreta (art. 81, I, do CP).

Gabarito "A".

**(Juiz de Direito/DF – 2016 – CESPE)** À luz da jurisprudência sumulada do STJ, assinale a opção correta referente à aplicação da pena.

**(A)** Em decorrência do princípio da individualização da pena, é possível aplicar a majorante do roubo ao delito de furto qualificado pelo concurso de agentes, desde que essa ação seja fundamentada nas circunstâncias do caso concreto.

**(B)** Ainda que a pena-base tenha sido fixada no mínimo legal, é admissível a fixação de regime prisional mais gravoso que o cabível, em razão da sanção imposta, com fundamento na gravidade concreta ou abstrata do delito.

**(C)** Embora seja vedada a utilização de inquéritos policiais em andamento para aumentar a pena-base, é possível a utilização de ações penais em curso para requerer o aumento da referida pena.

**(D)** É inadmissível a fixação de pena restritiva de direitos substitutiva da pena privativa de liberdade como condição judicial especial ao regime aberto.

**(E)** O número de majorantes referentes ao delito de roubo circunstanciado pode ser utilizado como critério para a exasperação da fração incidente pela causa de aumento da pena.

**A:** incorreta, uma vez que não reflete o entendimento consolidado na Súmula 442, do STJ: *É inadmissível aplicar, no furto qualificado, pelo concurso de agentes, a majorante do roubo*; **B:** incorreta, uma vez que não reflete o entendimento consolidado na Súmula 440, do STJ: *Fixada a pena-base no mínimo legal, é vedado o estabelecimento de regime prisional mais gravoso do que o cabível em razão da sanção imposta, com base apenas na gravidade abstrata do delito*; **C:** incorreta, uma vez que não reflete o entendimento consolidado na Súmula 444, do STJ: *É vedada a utilização de inquéritos policiais e ações penais em curso para agravar a pena-base*; **D:** correta, uma vez que reflete o entendimento consolidado na Súmula 493, do STJ: *É inadmissível a fixação de pena substitutiva (art. 44 do CP) como condição especial ao regime aberto*; **E:** incorreta, uma vez que não reflete o entendimento consolidado na Súmula 443, do STJ: *O aumento na terceira fase de aplicação da pena no crime de roubo circunstanciado exige fundamentação concreta, não sendo suficiente para a sua exasperação a mera indicação do número de majorantes*.

Gabarito "D".

**(Advogado União – AGU – CESPE – 2015)** Um servidor público, concursado e estável, praticou crime de corrupção passiva e foi condenado definitivamente ao cumprimento de pena privativa de liberdade de seis anos de reclusão, em regime semiaberto, bem como ao pagamento de multa.

A respeito dessa situação hipotética, julgue o item seguinte (adaptada).

**(1)** O servidor deve perder, automaticamente, o cargo público que ocupa, mas poderá reingressar no serviço público após o cumprimento da pena e a reabilitação penal.

**1:** incorreta. No que toca à perda do cargo, função pública ou mandato eletivo como efeito secundário de natureza extrapenal da condenação, há duas situações a considerar: se a pena privativa de liberdade aplicada for superior a quatro anos, é de rigor a perda do cargo, função ou mandato eletivo, pouco importando, neste caso, se a conduta do funcionário foi praticada com abuso de poder ou com violação de dever inerente à função pública (art. 92, I, *b*, do CP). É o caso desta assertiva; agora, se a pena privativa de liberdade aplicada for inferior a quatro, a perda do cargo, função pública ou mandato eletivo do agente somente se dará se este houver agido, na prática criminosa, com abuso de poder ou violação de deveres para com a Administração Pública (art. 92, I, *a*, do CP). Nas duas hipóteses, cuida-se de efeito não automático da condenação, exigindo, portanto, declaração motivada na sentença (art. 92, parágrafo único, do CP). Ademais, a reabilitação não alcança os efeitos da condenação previstos no art. 92, I e II, do CP, entre as quais está a perda de cargo público (art. 93, parágrafo único, do CP). **ED**

Gabarito 1E

## 14. *SURSIS*, LIVRAMENTO CONDICIONAL, REABILITAÇÃO E MEDIDAS DE SEGURANÇA

**(Delegado/PE – 2016 – CESPE)** A respeito do livramento condicional, assinale a opção correta.

**(A)** O benefício do livramento condicional é um direito subjetivo do condenado, a ser concedido pelo juiz na sentença condenatória, desde que o réu preencha os requisitos legais subjetivos e objetivos, no momento da sentença penal condenatória, de modo a substituir a pena privativa de liberdade e restritiva de direitos por liberdade vigiada e condicionada.

**(B)** Caso o liberado condicionalmente seja condenado irrecorrivelmente por crime praticado durante o gozo do livramento condicional, sendo a nova pena imposta a privativa de liberdade, haverá a revogação obrigatória do livramento condicional e o tempo do período de prova será considerado para fins de desconto na pena.

**(C)** Em caso de prática de crime durante o período de prova do livramento condicional, o juiz não poderá prorrogar o benefício, devendo declarar extinta a punibilidade quando, ao chegar o fim daquele período fixado, o beneficiário não for julgado em processo a que responde por crime cometido na vigência do livramento.

**(D)** Entre outros requisitos legais, segundo o CP, em caso de crime doloso cometido com violência ou grave ameaça à pessoa, a concessão do livramento condicional ao condenado ficará também subordinada à constatação de condições pessoais que façam presumir que o liberado não voltará a delinquir.

**(E)** A prática de falta grave, devidamente apurada em procedimento disciplinar, interrompe o requisito temporal para a concessão do livramento condicional.

**A:** incorreta, tendo em conta que o livramento condicional somente será concedido no curso da execução da pena privativa de liberdade, haja vista que um de seus requisitos é justamente o fato de o condenado haver cumprido parte da pena que lhe foi imposta na sentença, o que somente será apreciado, sem prejuízo da observância dos demais requisitos legais, pelo juízo da execução; **B:** incorreta. Considerando que o crime pelo qual foi condenado em definitivo o liberado foi praticado durante o gozo do benefício, hipótese contemplada no art. 86, I, do CP, impõe-se, por força dos arts. 88 do CP e 142 da LEP, que o tempo em que esteve solto o liberado não seja computado para fins de desconto na pena; **C:** incorreta. Isso porque, no caso narrado nesta alternativa, em que o condenado responde a processo por delito praticado no curso do período de prova do benefício, impõe-se a prorrogação automática desse interregno com o propósito de se verificar se é ou não o caso de revogação obrigatória do benefício (art. 89, CP); **D:** correta, pois retrata o que estabelece o art. 83, parágrafo único, do CP; **E:** incorreta, pois contraria o entendimento sufragado na Súmula 441, do STJ. Atenção: a Lei 13.964/2019, com vigência a partir de 23 de janeiro de 2020 e posterior, portanto, à aplicação desta prova, introduziu novo requisito para a concessão do livramento condicional. Até então, tínhamos que o inciso III do art. 83 do CP continha os seguintes requisitos: comportamento satisfatório no curso da execução da pena; bom desempenho no trabalho atribuído ao reeducando; e aptidão para prover à própria subsistência por meio de trabalho honesto. O que fez a Lei 13.964/2019 foi inserir, neste inciso III, um quarto requisito. Doravante, além de preencher os requisitos contemplados no art. 83 do CP (nos seus cinco incisos), é de rigor que o reeducando, para fazer jus à concessão do livramento, não tenha cometido falta grave nos últimos 12 meses. O inciso III, que passou a abrigar esta modificação, foi fracionado em quatro alíneas ("a", "b", "c" e "d"), cada qual correspondente a um requisito (os três aos quais me referi acima e este novo requisito introduzido pela *novel* lei)

Gabarito "D".

## 15. AÇÃO PENAL

**(Auxiliar Judiciário – TJ/PA – 2020 – CESPE)** A ação penal pública pode ser incondicionada ou condicionada à representação. Em relação à ação penal pública condicionada à representação, há a exigência da manifestação do ofendido ou de quem tenha qualidade para representá-lo. Acerca da ação penal pública condicionada à representação, assinale a opção correta.

**(A)** A representação é uma condição de procedibilidade da ação penal, e sua ausência impede o Ministério Público de oferecer a denúncia.

**(B)** Opera-se a decadência da ação penal condicionada à representação se o direito de representar não for exercido no prazo de seis meses, a contar da data do fato criminoso.

**(C)** O ofendido pode, a qualquer tempo, exercer o direito de se retratar da representação, sendo a extinção da punibilidade sem resolução de mérito o efeito da retratação.

**(D)** A ação penal pública condicionada à representação é essencialmente de interesse privado e regida pelos princípios da conveniência e oportunidade.

**(E)** A irretratabilidade da representação inicia-se com a instauração do inquérito policial.

**A:** correta. De fato, nos crimes de ação penal pública condicionada à representação, o Ministério Público somente poderá promover a ação penal se autorizado pelo ofendido ou seu representante legal, que o fará por meio da representação, que tem natureza jurídica de condição de procedibilidade (art. 24, *caput*, do CPP); da mesma forma, o inquérito policial, nos crimes em que a ação penal depender de representação, não poderá sem ela ser iniciado (art. 5º, § 4º, CPP); **B:** incorreta. Isso porque, a luz do que estabelece o art. 38, *caput*, do CPP, o marco inicial do prazo decadencial, que corresponde a seis meses, é representado pelo dia em que a vítima vem a conhecer a identidade do ofensor (e não da data dos fatos); **C:** incorreta, uma vez que não reflete o disposto no art. 25 do CPP: *a representação será irretratável, depois de oferecida a denúncia*; **D:** incorreta. Os princípios da conveniência e oportunidade são informadores da ação penal privada, em que o ofendido analisará a conveniência em promover ou não a responsabilidade do agente. A ação penal condicionada à representação é pública, tanto que a sua titularidade permanece nas mãos do MP, cabendo à vítima tão somente exteriorizar sua vontade de ver processado seu ofensor, o que fará por meio da representação; **E:** incorreta, na medida em que a representação somente se torna irretratável depois de oferecida a denúncia (art. 25, CPP).

Gabarito "A".

**(Técnico Judiciário – TJDFT – 2013 – CESPE)** No que se refere a ação penal e extinção da punibilidade, julgue os itens seguintes.

**(1)** Não é possível a concessão de anistia, graça ou indulto àqueles que tenham praticado crimes hediondos.

**(2)** As causas de extinção da punibilidade, como a prescrição, a morte do autor do fato e a decadência do direito de queixa, podem ser reconhecidas de ofício pelo juiz.

**(3)** Considere que Carlos tenha ameaçado seu amigo Maurício de mal injusto e grave, razão por que Maurício, na delegacia de polícia, representou contra ele. Nessa situação hipotética, sendo o crime de ação penal pública condicionada, se assim desejar, Maurício poderá retratar a representação até o oferecimento da denúncia pelo MP.

**1:** correta, pois reflete o disposto no art. 2º, I, da Lei 8.072/1990 (Crimes Hediondos); **2:** correta, pois em conformidade com o que estabelece o art. 61, *caput*, do CPP; **3:** correta. Em conformidade com o que estabelecem os arts. 25 do CPP e 102 do CP, de fato a representação será retratável até o oferecimento da denúncia. Isto é, o dispositivo legal confere à vítima o direito de retroceder e retirar do Ministério Público a autorização dada para que este dê início à ação penal, desde que o faça – repita-se – até o oferecimento da denúncia.

Gabarito 1C, 2C, 3C.

## 16. EXTINÇÃO DA PUNIBILIDADE EM GERAL

**(Defensor Público - DPE/DF - 2019 - CESPE/CEBRASPE)** Acerca da ação penal, das causas extintivas da punibilidade e da prescrição, julgue os seguintes itens.

**(1)** Conforme entendimento do STF, a persecução penal por crime contra a honra de servidor público no exercício de suas funções é de ação pública condicionada à representação do ofendido.

**(2)** A concessão do perdão judicial nos casos previstos em lei é causa extintiva da punibilidade do crime, não subsistindo qualquer efeito condenatório, salvo para fins de reincidência.

**(3)** Nos casos de concurso formal ou de continuidade delitiva, a extinção da punibilidade pela prescrição regula-se pela pena imposta a cada um dos crimes isoladamente, afastando o acréscimo decorrente dos respectivos aumentos de pena.

**1:** errada. Nos termos do disposto no art. 145, parágrafo único, do CP, se se tratar de crime perpetrado contra a honra de funcionário público em razão de suas funções, a ação penal será *pública condicionada à representação do ofendido*. Ocorre, no entanto, que o STF, por meio da Súmula 714, firmou entendimento no sentido de que, nesses casos, a legitimidade é concorrente entre o ofendido (mediante queixa) e o Ministério Público (ação pública condicionada à representação do ofendido); **2:** errada, pois, sendo a sentença concessiva do perdão judicial de natureza declaratória da extinção da punibilidade, consoante dispõe a Súmula 18 do STJ, não subsistirá qualquer efeito condenatório, aqui incluída a reincidência. Também nesse sentido o art. 120 do CP: "A sentença que conceder perdão judicial não será considerada para efeitos de reincidência"; **3:** correta. De fato, nas modalidades de concurso de crimes (material, formal ou continuado), a prescrição atingirá a pena de cada crime, de forma isolada, tal como estabelece o art. 119 do CP, ou seja, não se levará em conta o aumento a que se referem os artigos 70 (concurso formal) e 71 (continuidade delitiva), do CP. É o que consta da Súmula 497 do STF: *quando se tratar de crime continuado, a prescrição regula-se pela pena imposta na sentença, não se computando o acréscimo decorrente da continuação.* ED

Gabarito 1E, 2E, 3C.

**(Defensor Público/PE – 2018 – CESPE)** Com relação à punibilidade e às causas de sua extinção, julgue os itens a seguir.

**I.** A morte do agente extingue todos os efeitos penais, exceto a cobrança da pena de multa e da pena alternativa pecuniária, que poderão ser cobradas dos herdeiros.

**II.** O instrumento normativo para instrumentalizar o indulto e a anistia é o decreto presidencial; enquanto a graça é concedida por lei.

**III.** De acordo com o Código Penal, o recebimento de indenização pelo dano resultante do crime caracteriza renúncia tácita ao direito de prestar queixa.

**IV.** A retratação, prevista no Código Penal, é admitida nos casos de crimes contra a honra, mas apenas se tratar-se de calúnia e difamação, sendo inadmissível na injúria.

# 12. DIREITO PENAL

V. Em se tratando de crimes contra honra, o Código Penal prevê a possibilidade de retratação exclusivamente pessoal, ou seja, ela não se comunica aos demais ofensores.

Estão certos apenas os itens

(A) I e II.

(B) I e III.

(C) II e V.

(D) III e IV.

(E) IV e V.

I: incorreta, na medida em que a pena (em qualquer de suas modalidades), por imposição de índole constitucional (art. 5º, XLV), não passará da pessoa do condenado, podendo a obrigação de reparar o dano e a decretação do perdimento de bens alcançar os sucessores, até o limite do valor do patrimônio transferido; II: incorreta. A *anistia*, causa extintiva da punibilidade prevista no art. 107, II, do CP, corresponde à exclusão, por meio de lei ordinária, de fato criminoso. Já a *graça* será concedida pelo Presidente da República (art. 84, XII, da CF/1988), que poderá, no entanto, delegar tal prerrogativa aos Ministros de Estado, ao Procurador-Geral da República ou ao Advogado-Geral da União (art. 84, parágrafo único, da CF/1988). O *indulto*, a exemplo da graça, será instrumentalizado por meio de decreto do Presidente da República; III: incorreta, pois contraria o disposto no art. 104, parágrafo único, do CP; IV: correta (art. 143, *caput*, do CP); V: correta. De fato, a retratação, por ser causa extintiva de punibilidade de caráter subjetivo, somente alcança o querelado que se retratou; os demais que não se retrataram, portanto, não serão beneficiados. **ED**

Gabarito "E".

**(Defensor Público – DPE/RN – 2016 – CESPE)** No que se refere à extinção da punibilidade, assinale a opção correta.

(A) Nos crimes contra a ordem tributária, o pagamento integral do débito tributário após o trânsito em julgado da condenação é causa de extinção da punibilidade.

(B) Na compreensão do STF, a decisão que, com base em certidão de óbito falsa, julga extinta a punibilidade do réu não pode ser revogada, dado que gera coisa julgada material.

(C) O indulto, ato privativo do presidente da República, tem por escopo extinguir os efeitos primários da condenação, isto é, a pena, de forma plena ou parcial. Todavia, persistem os efeitos secundários, tais como a reincidência.

(D) O recebimento de queixa-crime pelo juiz não é condição para o reconhecimento da perempção.

(E) O ajuizamento da queixa-crime perante juízo incompetente *ratione loci*, no prazo fixado para o seu exercício, não obsta o decurso do prazo decadencial.

**A:** incorreta. Conferir: "O art. 9º da Lei 10.684/2003 trata da extinção da punibilidade pelo pagamento do débito tributário, antes do trânsito em julgado da condenação, uma vez que faz menção expressa à pretensão punitiva do Estado. Não há que se falar em extinção da punibilidade pelo pagamento, quando se trata de pretensão executória, que é o caso dos autos" (RHC 56.665/PE, Rel. Ministra Maria Thereza de Assis Moura, Sexta Turma, julgado em 19.03.2015, DJe 27.03.2015); **B:** incorreta. Ao contrário do que se afirma, entende o STF que a decisão que, com base em certidão de óbito falsa, julga extinta a punibilidade do réu não pode, sim, ser revogada, dado que não gera coisa julgada material. Conferir: "A decisão que, com base em certidão de óbito falsa, julga extinta a punibilidade do réu pode ser revogada, dado que não gera coisa julgada em sentido estrito" (HC 104998, Relator(a): Min. Dias Toffoli, Primeira Turma, julgado em 14.12.2010, DJe-085 Divulg 06-05-2011 Public 09-05-2011 Ement vol-02517-01 pp-00083 RTJ vol-00223-01 PP-00401); **C:** correta. De fato, o *indulto*, que é concedido de ofício pelo presidente da República (art. 84, XII, da CF) de forma coletiva, somente atinge as sanções penais impostas (pena), permanecendo os demais efeitos, tanto os penais (tal como a reincidência) quanto os extrapenais; **D:** incorreto. Por se tratar de causa extintiva da punibilidade que somente se verifica no curso da ação penal privada, tal somente poderá se dar a partir do recebimento da queixa. Vale lembrar que a perempção, cujas hipóteses de incidência estão elencadas no art. 60 do CPP, constitui uma sanção aplicada ao querelante consubstanciada na perda do direito de continuar na ação penal, o que se dá em razão de sua desídia processual. Não cabe na ação penal privada subsidiária da pública; somente na privada exclusiva; **E:** incorreta. Conferir: "(...) Mesmo que a queixa-crime tenha sido apresentada perante Juízo

incompetente, o certo é que o seu simples ajuizamento é suficiente para obstar a decadência" (RHC 25.611/RJ, Rel. Ministro Jorge Mussi, Quinta Turma, julgado em 09.08.2011, DJe 25.08.2011).

Gabarito "C".

**(Procurador do Estado – PGE/BA – CESPE – 2014)** No que diz respeito aos diversos institutos previstos na parte geral do Código Penal, julgue o item seguinte (adaptada).

(1) Considere que determinado indivíduo condenado definitivamente pela prática de determinado delito tenha obtido a extinção da punibilidade por meio de anistia e que, um ano depois do trânsito em julgado da sentença condenatória, tenha cometido novo delito. Nessa situação, esse indivíduo é considerado reincidente, estando, pois, sujeito aos efeitos da reincidência.

**1:** incorreta. A anistia, causa extintiva da punibilidade, tem o condão de apagar todos os efeitos penais. Isto é, a condenação é rescindida, razão pela qual, se praticar, no futuro, novo crime, não poderá o anistiado ser considerado reincidente. Cuidado: a despeito disso, os efeitos civis da sentença condenatória permanecem íntegros. **ED**

Gabarito 1E

## 17. PRESCRIÇÃO

Em 30/9/2016, com menos de vinte e um anos de idade, Daniel praticou o crime de resistência, cuja pena máxima em abstrato é de dois anos. Daniel recusou a transação penal e o Ministério Público, então, ofereceu denúncia em 9/4/2018, a qual foi recebida pelo juízo em 30/4/2018. A sentença que condenou Daniel à pena de seis meses de detenção foi publicada em 31/10/2019. Até a data da condenação, Daniel era primário e não possuía qualquer outro incidente criminal. Nenhuma das partes recorreu e o trânsito em julgado ocorreu em 18/11/2019.

**(Auxiliar Judiciário – TJ/PA – 2020 – CESPE)** A respeito dessa situação, é correto afirmar que

(A) se operou a prescrição da pretensão punitiva relativa ao lapso entre o recebimento da denúncia e a publicação da sentença condenatória.

(B) se operou a prescrição da pretensão executória relativa ao lapso entre o fato e o oferecimento da denúncia.

(C) se operou a prescrição da pretensão executória relativa ao lapso entre o oferecimento da denúncia e o trânsito em julgado da sentença condenatória.

(D) se operou a prescrição da pretensão punitiva entre o fato e o trânsito em julgado da sentença condenatória.

(E) não se operou nenhuma espécie de prescrição.

Segundo o enunciado proposto, Daniel, imputável, primário e com menos de 21 anos, praticou, em 30/09/2016, crime de resistência, cuja pena máxima cominada corresponde a 2 anos (art. 329, CP). Tendo recusado a proposta de transação penal (art. 76, Lei 9.099/1995), o MP ofertou denúncia, o que se deu no dia 9/4/2018, sendo a inicial acusatória recebida em 30/04/2018. Concluída a instrução, Daniel foi condenado à pena de seis meses de detenção, sendo a sentença publicada em 31/10/2019. Sem recurso das partes, o trânsito em julgado ocorreu em 18/11/02019. Em primeiro lugar, devemos encontrar a pena que servirá de base para o cálculo do prazo prescricional. No casso aqui tratado, não levaremos em conta a pena máxima cominada ao crime (pena em abstrato, que corresponde a 2 anos). Isso porque já há pena em concreto estabelecida, que corresponde a seis meses e será utilizada para alcançar o lapso prescricional. Considerando a tabela do art. 109 do CP, logo veremos que a prescrição dar-se-á em 3 anos (inciso VI). Sucede que Daniel, ao tempo do crime, ainda não contava com 21 anos, razão pela qual, com base na regra disposta no art. 115 do CP, o prazo encontrado deverá ser reduzido de metade, chegando, dessa forma, ao interregno de um ano e seis meses. Cuida-se da chamada prescrição da pretensão punitiva retroativa, devendo-se analisar o período compreendido entre o recebimento da inicial (30/04/2018) e a publicação da sentença condenatória (31/10/2019). Vê-se, assim, que ocorreu a prescrição da pretensão punitiva relativa ao lapso entre o recebimento da denúncia e a publicação da sentença condenatória. A chamada prescrição retroativa será sempre calculada com base na pena concretamente aplicada, sem recurso da apelação ou quando improvido este, devendo-se levar em consideração o prazo anterior à sentença, fazendo um cálculo de frente para trás: da sentença para o recebimento da denúncia.

Gabarito "A".

**(Juiz de Direito - TJ/BA - 2019 - CESPE/CEBRASPE)** Com relação a aspectos diversos pertinentes aos prazos prescricionais previstos no CP, assinale a opção correta.

(A) Tais prazos serão reduzidos pela metade nas situações em que, ao tempo do crime, o agente fosse menor de vinte e um anos de idade ou, na data do trânsito em julgado da sentença condenatória, fosse maior de setenta anos de idade.

(B) Em se tratando de criminoso reincidente, são aumentados em um terço os prazos da prescrição da pretensão punitiva.

(C) A prescrição é regulada pela pena total imposta nos casos de crimes continuados, sendo computado o acréscimo decorrente da continuação.

(D) A prescrição da pena de multa ocorrerá em dois anos, quando for a única pena cominada, ou no mesmo prazo de prescrição da pena privativa de liberdade, se tiver sido cominada alternativamente.

(E) Na hipótese de evasão do condenado, a prescrição da pretensão executória é regulada pelo total da pena privativa de liberdade imposta.

**A:** incorreta. É verdade que o prazo prescricional será reduzido de metade na hipótese de o agente ser, ao tempo do crime, menor de 21 anos. Até aqui a assertiva está correta. No entanto, é incorreto afirmar--se que tal redução também valerá na hipótese de o agente, à data do trânsito em julgado, ser maior de 70 anos. Isso porque o critério a ser empregado não é o da data do trânsito em julgado, mas, sim, o da data em que foi proferida a sentença. É o que estabelece o art. 115 do CP; **B:** incorreta. A reincidência, reconhecida em sentença, aumentará em um terço o prazo da prescrição da pretensão *executória* (art. 110, *caput*, do CP), não havendo nenhuma repercussão, portanto, na prescrição da pretensão *punitiva*, conforme Súmula 220 do STJ: "*A reincidência não influi no prazo da prescrição da pretensão punitiva*"; **C:** incorreta. Nas modalidades de concurso de crimes (material, formal ou continuado), a prescrição atingirá a pena de cada crime, de forma isolada, tal como estabelece o art. 119 do CP, ou seja, não se levará em conta o aumento a que se referem os artigos 70 (concurso formal) e 71 (continuidade delitiva), do CP. É o que consta da Súmula 497 do STF: *quando se tratar de crime continuado, a prescrição regula-se pela pena imposta na sentença, não se computando o acréscimo decorrente da continuação*; **D:** correta. Sendo a pena de multa a única aplicada ou cominada, a prescrição dar-se-á em 2 (dois) anos, segundo reza o art. 114, I, do CP; se, no entanto, ela for alternativa ou cumulativamente cominada ou cumulativamente aplicada com a pena privativa de liberdade, no mesmo prazo estabelecido para a prescrição desta, conforme dispõe o art. 114, II, do CP; **E:** incorreta, uma vez que, neste caso, a prescrição será regulada em razão do tempo que resta da pena (art. 113, CP). **ED**

Gabarito "D".

**(Delegado/PE – 2016 – CESPE)** A respeito da prescrição penal, assinale a opção correta.

(A) Caso o tribunal do júri venha a desclassificar o crime para outro que não seja de sua competência, a pronúncia não deverá ser considerada como causa interruptiva da prescrição.

(B) A reincidência penal caracteriza causa interruptiva do prazo da prescrição da pretensão punitiva.

(C) Para crimes praticados sem 2016, a prescrição retroativa deverá ser regulada pela pena aplicada, tendo-se por termo inicial data anterior à da denúncia ou da queixa.

(D) O prazo de prescrição da pretensão executória deverá iniciar-se no dia em que transitar em julgado a sentença condenatória para a acusação, ainda que haja recurso exclusivo da defesa em tramitação contra a sentença condenatória.

(E) No caso de revogação do livramento condicional, a prescrição deverá ser regulada pelo total da pena aplicada na sentença condenatória, não se considerando o tempo de

cumprimento parcial da reprimenda antes do deferimento do livramento.

**A:** incorreta, pois não corresponde ao entendimento firmado na Súmula 191, do STJ: "A pronúncia é causa interruptiva da prescrição, ainda que o Tribunal do Júri venha a desclassificar o crime"; **B:** incorreta, uma vez que é pacífico o entendimento segundo o qual a reincidência somente influi na prescrição da pretensão executória (Súmula 220 do STJ); **C:** incorreta, uma vez que não corresponde ao que estabelece o art. 110, § 1°, do CP, cuja redação foi alterada por força da Lei 12.234/2010; **D:** correta (art. 112, I, do CP); **E:** incorreta, pois não reflete o que dispõe o art. 113 do CP.

Gabarito "D".

## 18. CRIMES CONTRA A PESSOA

**(Delegado/RJ – 2022 – CESPE/CEBRASPE)** Ao analisar sob o prisma jurídico-penal um abortamento, o delegado de polícia deverá verificar se a interrupção da gravidez, nas circunstâncias em que ocorreu, era permitida. Acerca do abortamento permitido, assinale a opção correta.

(A) Conforme entendimento majoritário do STF, o abortamento de feto anencefálico é possível, haja vista a tese de que a gestante que opta pela interrupção da gravidez atua em estado de necessidade.

(B) Deve ser responsabilizado por aborto culposo o médico que, por erro vencível, diagnostique uma gravidez com sério risco para a vida da gestante e realize a intervenção abortiva por equívoco.

(C) Consoante o STJ, a Síndrome de *Body Stalk* autoriza a intervenção abortiva porque, embora exista uma mínima chance de salvar o feto e garantir o nascimento com vida, determina a morte da gestante durante o parto, cuidando-se de abortamento terapêutico.

(D) Em discussão acerca da possibilidade de aborto no primeiro trimestre de gravidez, ministro do STF proferiu voto defendendo a inexistência de aborto criminoso nesse período, invocando para tanto, entre outros argumentos, o critério da proporcionalidade.

(E) No aborto sentimental ou humanitário, dado que a ocorrência de um estupro nem sempre será verificável de plano, exige-se ordem judicial, sem a qual a intervenção será criminosa.

**A:** incorreta. A ADPF 54, ajuizada pela CNTS (Confederação Nacional dos Trabalhadores na Saúde), patrocinada pelo então advogado (e Procurador do Estado do Rio de Janeiro) Luís Roberto Barroso, atualmente Ministro do STF, foi julgada procedente por aquela Corte, contando com a seguinte ementa: "*ESTADO – LAICIDADE. O Brasil é uma república laica, surgindo absolutamente neutro quanto às religiões. Considerações. FETO ANENCÉFALO – INTERRUPÇÃO DA GRAVIDEZ – MULHER – LIBERDADE SEXUAL E REPRODUTIVA – SAÚDE – DIGNIDADE – AUTODETERMINAÇÃO – DIREITOS FUNDAMENTAIS – CRIME – INEXISTÊNCIA. Mostra-se inconstitucional interpretação de a interrupção da gravidez de feto anencéfalo ser conduta tipificada nos artigos 124, 126 e 128, incisos I e II, do Código Penal*". Assentou-se o entendimento de que o feto anencéfalo, por não dispor de vida, sequer potencial, não pode ser tido como sujeito passivo do crime de aborto, já que não goza do direito à vida, assim considerada em consonância com a Lei 9.434/1997 (Lei de Remoção de Órgãos), que considera morte a cessação de atividade cerebral. Destarte, inexistindo vida em seu sentido jurídico, a antecipação do parto em caso de feto anencéfalo é fato atípico visto inexistir ofensa ao bem jurídico tutelado pelas normas incriminadoras (arts. 124 e 126, ambos do CP)". Como se pode ver, A Suprema Corte declarou que a ocorrência de anencefalia nos dispositivos invocados leva à atipicidade da conduta, não havendo que se falar em estado de necessidade, que configura causa de exclusão da antijuridicidade; **B:** incorreta, na medida em que não existe em nosso ordenamento jurídico, a figura do aborto culposo; **C:** incorreta. Isso porque, segundo julgado do STJ, cuja ementa abaixo está transcrita, aplica-se a ADPF 54 aos casos de Síndrome de Body Stalk: "Controvérsia: dizer se o manejo de habeas corpus, pelo recorrido, com o fito de impedir a interrupção da gestação da primeira recorrente, que tinha sido judicialmente deferida, caracteriza a primeira como abuso do direito de ação e/ou ação passível de gerar responsabilidade civil de sua parte, pelo manejo indevido de tutela de urgência. Diploma legal aplicável à espécie: Código Civil – arts. 186, 187, 188 e 927. Inconteste a existência de dano aos recorrentes, na espécie, porquanto a interrupção da gestação do feto com síndrome de Body Stalk, que era uma decisão pensada e avalizada por médicos e pelo Poder Judiciário, e ainda assim, de impactos emocionais incalculáveis, foi sustada pela atuação do recorrido. Necessidade de perquirir sobre a ilicitude do ato praticado pelo recorrido, buscando, na existência ou não – de amparo legal ao procedimento de interrupção de gestação, na hipótese de ocorrência da síndrome de body stalk e na possibilidade de responsabilização, do recorrido, pelo exercício do direito de ação – dizer da existência do ilícito compensável; Reproduzidas, salvo pela patologia em si, todos efeitos deletérios da anencefalia, hipótese para qual o STF, no julgamento da ADPF 54, afastou a possibilidade de criminalização da interrupção da gestação, também na síndrome de body-stalk, impõe-se dizer que a interrupção da gravidez, nas circunstâncias que experimentou a recorrente, era direito próprio, do qual poderia fazer uso, sem risco de persecução penal posterior e, principalmente, sem possibilidade de interferências de terceiros, porquanto, *ubi eadem ratio, ibi eadem legis dispositio*. (Onde existe a mesma razão, deve haver a mesma regra de Direito) Nessa linha, e sob a égide da laicidade do Estado, aquele que se arrosta contra o direito à liberdade, à intimidade e a disposição do próprio corpo por parte de gestante, que busca a interrupção da gravidez de feto sem viabilidade de vida extrauterina, brandindo a garantia constitucional ao próprio direito de ação e à defesa da vida humana, mesmo que ainda em estágio fetal e mesmo com um diagnóstico de síndrome incompatível com a vida extrauterina, exercita, abusivamente, seu direito de ação. A sôfrega e imprudente busca por um direito, em tese, legítimo, que, no entanto, faz perecer no caminho, direito de outrem, ou mesmo uma toldada percepção do próprio direito, que impele alguém a avançar sobre direito alheio, são considerados abuso de direito, porque o exercício regular do direito, não pode se subverter, ele mesmo, em uma transgressão à lei, na modalidade abuso do direito, desvirtuando um interesse aparentemente legítimo, pelo excesso. A base axiológica de quem defende uma tese comportamental qualquer, só tem terreno fértil, dentro de um Estado de Direito laico, no campo das próprias ideias ou nos Órgãos legislativos competentes, podendo neles defender todo e qualquer conceito que reproduza seus postulados de fé, ou do seu imo, havendo aí, não apenas liberdade, mas garantia estatal de que poderá propagar o que entende por correto, não possibilitando contudo, essa faculdade, o ingresso no círculo íntimo de terceiro para lhe ditar, ou tentar ditar, seus conceitos ou preconceitos. Esse tipo de ação faz medrar, em seara imprópria, o corpo de valores que defende – e isso caracteriza o abuso de direito – pois a busca, mesmo que por via estatal, da imposição de particulares conceitos a terceiros, tem por escopo retirar de outrem, a mesma liberdade de ação que vigorosamente defende para si. Dessa forma, assentado que foi, anteriormente, que a interrupção da gestação da recorrente, no cenário apresentado, era lídimo, sendo opção do casal – notadamente da gestante – assumir ou descontinuar a gestação de feto sem viabilidade de vida extrauterina, há uma vinculada remissão à proteção constitucional aos valores da intimidade, da vida privada, da honra e da própria imagem dos recorrentes (art. 5°, X, da CF), fato que impõe, para aquele que invade esse círculo íntimo e inviolável, responsabilidade pelos danos daí decorrentes. Recurso especial conhecido e provido." (REsp n. 1.467.888/GO, relatora Ministra Nancy Andrighi, Terceira Turma, julgado em 20/10/2016, DJe de 25/10/2016); **D:** correta. Conferir: "(...) Em segundo lugar, é preciso conferir interpretação conforme a Constituição aos próprios arts. 124 a 126 do Código Penal – que tipificam o crime de aborto – para excluir do seu âmbito de incidência a interrupção voluntária da gestação efetivada no primeiro trimestre. A criminalização, nessa hipótese, viola diversos direitos fundamentais da mulher, bem como o princípio da proporcionalidade. 4. A criminalização é incompatível com os seguintes direitos fundamentais: os direitos sexuais e reprodutivos da mulher, que não pode ser obrigada pelo Estado a manter uma gestação indesejada; a autonomia da mulher, que deve conservar o direito de fazer suas escolhas existenciais; a integridade física e psíquica da gestante, que é quem sofre, no seu corpo e no seu psiquismo, os efeitos da gravidez; e a igualdade da mulher, já que homens não engravidam e, portanto, a equiparação plena de gênero depende de se respeitar a vontade da mulher nessa matéria. 5. A tudo isto se acrescenta o impacto da criminalização sobre as mulheres pobres. É que o tratamento como crime, dado pela lei penal brasileira, impede que estas mulheres, que não têm acesso a médicos e clínicas privadas, recorram ao sistema público de saúde para se submeterem

aos procedimentos cabíveis. Como consequência, multiplicam-se os casos de automutilação, lesões graves e óbitos. 6. A tipificação penal viola, também, o princípio da proporcionalidade por motivos que se cumulam: (i) ela constitui medida de duvidosa adequação para proteger o bem jurídico que pretende tutelar (vida do nascituro), por não produzir impacto relevante sobre o número de abortos praticados no país, apenas impedindo que sejam feitos de modo seguro; (ii) é possível que o Estado evite a ocorrência de abortos por meios mais eficazes e menos lesivos do que a criminalização, tais como educação sexual, distribuição de contraceptivos e amparo à mulher que deseja ter o filho, mas se encontra em condições adversas; (iii) a medida é desproporcional em sentido estrito, por gerar custos sociais (problemas de saúde pública e mortes) superiores aos seus benefícios. 7. Anote-se, por derradeiro, que praticamente nenhum país democrático e desenvolvido do mundo trata a interrupção da gestação durante o primeiro trimestre como crime, aí incluídos Estados Unidos, Alemanha, Reino Unido, Canadá, França, Itália, Espanha, Portugal, Holanda e Austrália. 8. Deferimento da ordem de ofício, para afastar a prisão preventiva dos pacientes, estendendo-se a decisão aos corréus." (STF, 1ª T, HC 124306, relator: Min. MARCO AURÉLIO; Redator(a) do acórdão: Min. ROBERTO BARROSO; Julgamento: 09/08/2016; Publicação: 17/03/2017); **E:** incorreta, uma vez que o chamado aborto sentimental ou humanitário (art. 128, II, do CP), que é aquele em que a gravidez resulta de estupro, prescinde, para a sua realização, de autorização judicial. Exige-se tão somente que a intervenção seja levada a efeito por médico e que haja consentimento prévio da gestante. 🖼

Gabarito "D".

**(Delegado/RJ – 2022 – CESPE/CEBRASPE)** Desolados após a morte dos pais em um acidente de trânsito, os irmãos Paulo e Roberto, com 21 anos e 19 anos de idade, respectivamente, fizeram um pacto de suicídio a dois em 20/2/2022: fecharam as portas e janelas do apartamento, e Paulo abriu a válvula de gás. Após poucos minutos, ambos desmaiaram. Os vizinhos sentiram o forte odor de gás e arrombaram o apartamento, evitando o óbito dos irmãos. Em decorrência da queda da própria altura, Paulo sofreu lesão corporal leve, e Roberto, lesão corporal gravíssima.

Acerca dessa situação hipotética, é correto afirmar que

**(A)** Paulo e Roberto não poderão ser responsabilizados criminalmente, por se tratar de autolesões.

**(B)** Paulo deverá responder pelo crime de homicídio na forma tentada (art. 121 c/c art. 14, inc. II, do Código Penal), e Roberto, pelo crime de induzimento, instigação ou auxílio a suicídio ou a automutilação na forma simples (art. 122, caput, do Código Penal).

**(C)** Paulo deverá responder pelo crime de induzimento, instigação ou auxílio a suicídio ou a automutilação na forma qualificada (art. 122, § 1.º, do Código Penal), e Roberto não poderá ser responsabilizado criminalmente.

**(D)** Paulo deverá responder pelo crime de induzimento, instigação ou auxílio a suicídio ou a automutilação na forma qualificada (art. 122, § 1.º, do Código Penal), e Roberto, pelo crime de induzimento, instigação ou auxílio a suicídio ou a automutilação na forma simples (art. 122, caput, do Código Penal).

**(E)** Paulo deverá responder pelo crime de homicídio na forma tentada (art. 121 c/c art. 14, inc. II, do Código Penal), e Roberto não poderá ser responsabilizado criminalmente.

No chamado *pacto de morte*, assim entendido o acordo firmado entre duas ou mais pessoas que desejam dar cabo da própria vida de forma simultânea, a apuração da responsabilidade de cada um deverá levar em conta a realização ou não de atos tidos como executórios. Melhor explicando: se um dos pactuantes pratica ato executório de homicídio, assim entendido o ato que tem o condão de levar o outro à morte, deverá ele ser responsabilizado, se sobreviver, pelo delito de homicídio, consumado ou tentado; aquele que não praticou ato de execução responderá, se sobreviver, pelo crime do art. 122 do CP. Dessa forma, Paulo, pelo fato de ter aberto a válvula de gás (ato executório), será responsabilizado por tentativa de homicídio; já Roberto, que não levou a efeito nenhum ato de execução de homicídio, será responsabilizado pelo crime de induzimento, instigação ou auxílio a suicídio ou a automutilação na forma simples (art. 122, *caput*, do Código Penal). 🖼

Gabarito "B".

**(Juiz de Direito – TJ/SC – 2019 – CESPE/CEBRASPE)** Com relação a crimes contra a honra, assinale a opção correta.

(A) O crime de calúnia se consuma no momento em que o ofendido toma conhecimento da imputação falsa contra si.

(B) Calúnia contra indivíduo falecido não se enquadra como crime contra a honra.

(C) A exceção da verdade é admitida em caso de delito de difamação contra funcionário público no exercício de suas funções.

(D) A retratação cabal do agente da calúnia ou da difamação após o recebimento da ação penal é causa de diminuição de pena.

(E) O delito de injúria racial se processa mediante ação penal pública incondicionada.

**A:** incorreta. O crime de *calúnia* (art. 138, CP), que consiste em atribuir a alguém fato capitulado como crime, atinge a chamada honra *objetiva*, que corresponde ao conceito que o sujeito tem diante do grupo no qual está inserido. Por essa razão, a consumação deste delito é alcançada no instante em que a falsa imputação de crime chega ao conhecimento de terceiro, que não a vítima. Tal também se aplica ao crime de difamação (art. 139, CP), na medida que, tal como na calúnia, a honra atingida é a objetiva. Diferentemente, o crime de injúria (art. 140, CP), em que a honra violada é a *subjetiva* (que corresponde ao que pensamos de nós mesmos, ou seja, autoestima), o momento consumativo é atingido no exato instante em que a ofensa chega ao conhecimento da vítima. Não é necessário, portanto, que terceiro dela tome conhecimento; **B:** incorreta, na medida em que, por expressa disposição contida no art. 138, § 2º, do CP, é punível, sim, a calúnia contra os mortos; **C:** correta. O crime de difamação, ante o que estabelece o art. 139, parágrafo único, do CP, admite a exceção da verdade, desde que a vítima seja funcionária pública e a ofensa seja relativa ao exercício de suas funções; **D:** incorreta, uma vez que a retratação, nas circunstâncias acima, constitui causa de isenção de pena (art. 143, *caput*, do CP); **E:** incorreta. A injúria discriminatória, definida no art. 140, § 3º, do CP, é crime de ação penal pública condicionada à representação (art. 145, parágrafo único, do CP, com a redação que lhe foi dada pela Lei 12.033/2009). Dentro do tema tratado nesta alternativa, valem algumas ponderações, tendo em conta inovações implementadas pela recente Lei 14.532/2023, posterior, portanto, à elaboração desta questão. O crime de racismo, previsto na Lei 7.716/1989, não se confunde com a figura até então capitulada no art. 140, § 3º, do CP, que definia o delito de injúria preconceituosa. Com efeito, segundo sempre sustentou doutrina e jurisprudência, o delito de racismo pressupõe a prática de conduta de natureza segregacionista, ao passo que a injúria racial, então prevista no art. 140, § 3º, do CP, tal como ocorre com o crime de injúria simples, pressupõe que a ofensa seja dirigida a pessoa determinada ou, ao menos, a um grupo determinado de pessoas. *Grosso modo*, é o xingamento envolvendo raça, cor, etnia, religião ou origem. Como consequência desta distinção, tínhamos que o racismo era considerado crime inafiançável, imprescritível e de ação penal pública incondicionada; já a injúria racial era tida por afiançável, prescritível e de ação penal pública condicionada. Tal realidade começou a ser alterada pela ação da jurisprudência. O STF, em sintonia com precedente do STJ, por seu Plenário, ao julgar, em 28/10/2021, o HC 154.248, da relatoria do Ministro Edson Fachin, fixou o entendimento no sentido de que o crime de injúria racial deve ser inserido na seara no delito de racismo, passando a ser, com isso, imprescritível. Mais recentemente, a Lei 14.532/2023, imbuída desse mesmo espírito, alterou o teor do art. 140, § 3º, do CP, que passa a contar com a seguinte redação: *Se a injúria consiste na utilização de elementos referentes a religião ou à condição de pessoa idosa ou com deficiência*. Como se pode ver, o legislador, com isso, excluiu da forma qualificada da injúria ofensas contendo elementos referentes a raça, cor, etnia ou procedência nacional. Tais modalidades migraram para a Lei 7.716/1989, cujo art. 2º-A passa a ter a seguinte redação: *Injuriar alguém, ofendendo-lhe a dignidade ou o decoro, em razão de raça, cor, etnia ou procedência nacional*. Dessa forma, o crime de injúria racial foi tipificado como racismo. A consequência disso é que tal modalidade de injúria passa a ser, agora por força de lei, imprescritível, inafiançável e incondicionada a ação penal. Além disso, a pena, que até então era de reclusão de 1 a 3 anos e multa, passa a ser de 2 a 5 anos de reclusão. Perceba que, se levarmos em conta as modificações operadas pela Lei 14.532/2023, esta assertiva pode ser considerada como correta.

*Gabarito "C".*

Francisco, maior e capaz, em razão de desavenças decorrentes de disputa de terras, planeja matar seu desafeto Paulo, também maior e capaz. Após analisar detidamente a rotina de Paulo, Francisco aguarda pelo momento oportuno para efetivar seu plano.

**(Delegado - PC/SE - 2018 - CESPE/CEBRASPE)** A partir dessa situação hipotética e de assuntos a ela correlatos, julgue os itens seguintes.

(1) O Código Penal dispõe o planejamento prévio à prática do intento criminoso como circunstância de agravamento genérico da pena.

(2) A premeditação, que ocorre quando se verifica que, ainda que pudesse ter desistido do crime, o agente o cometeu, é uma causa de aumento de pena.

(3) Caso o delito ocorra pouco tempo depois da motivação e do planejamento do crime, a premeditação poderá ser considerada uma qualificadora do delito de homicídio.

(4) Caso Francisco mate Paulo com o emprego de veneno, haverá, nessa hipótese, a possibilidade da coexistência desse tipo de homicídio com o homicídio praticado por motivo de relevante valor moral, ainda que haja premeditação.

(5) Se Francisco atacar Paulo utilizando-se de uma emboscada, isto é, se ocultar e aguardar a vítima desprevenida para atacá-la, a ação de Francisco, nessa hipótese, caracterizará uma forma de premeditação.

**1:** errada, já que o planejamento prévio não está inserido no rol do art. 61 do CP, que trata das circunstâncias agravantes genéricas; **2:** errada, uma vez que a premeditação não está contemplada no Código Penal como circunstância de agravamento genérico da pena tampouco como causa de aumento de pena nem como qualificadora. A despeito disso, poderá a premeditação ser útil para o juiz dosar a pena com base no art. 59 do CP; **3:** errada. A premeditação não qualifica o crime de homicídio; **4:** certa. As causas de diminuição de pena previstas no art. 121, § 1º, do CP (homicídio privilegiado, entre os quais está aquele motivado por relevante valor moral), por serem de ordem *subjetiva*, ou seja, por estarem jungidas à motivação do crime, são compatíveis com as qualificadoras de ordem *objetiva* (aquelas não ligadas à motivação do crime). É o caso do homicídio privilegiado praticado por meio de veneno. Nesse caso, é perfeitamente possível a coexistência do privilégio contido no art. 121, § 1º, do CP com a qualificadora do art. 121, § 2º, III, do CP (veneno), já que esta é de ordem objetiva, isto é, não está ligada à motivação do crime, mas a sua forma de execução. É o chamado homicídio qualificado-privilegiado. Agora, se a qualificadora for de ordem *subjetiva*, como é, por exemplo, o *motivo torpe*, não há que se falar em compatibilidade entre esta e a figura privilegiada; **5:** correta. O homicídio cometido de emboscada (art. 121, § 2º, IV, do CP), que consiste na ação do agente que se oculta para poder atacar, pressupõe, sim, que o agente premedite sua ação.

*Gabarito: 1E, 2E, 3E, 4C, 5C*

**(Defensor Público/PE – 2018 – CESPE)** No que se refere aos crimes contra a pessoa, assinale a opção correta.

(A) Ocorre o feminicídio quando o homicídio é praticado contra a mulher por razões da condição de sexo feminino, como quando o crime envolve a violência doméstica e familiar ou o menosprezo ou a discriminação à condição de mulher.

(B) A pena pela prática do homicídio doloso simples será aumentada de um terço se o agente deixar de prestar imediato socorro à vítima, não procurar diminuir as consequências do seu ato ou fugir para evitar a prisão em flagrante.

(C) Em se tratando de homicídio doloso simples, o juiz poderá deixar de aplicar a pena caso as consequências da infração atinjam o próprio agente de forma tão grave que a sanção penal se torne desnecessária.

(D) A pena do feminicídio poderá ser aumentada se o crime for praticado durante a gestação ou nos seis meses posteriores ao parto.

(E) Se o agente cometer o crime de homicídio qualificado sob violenta emoção, logo após injusta provocação da vítima, o juiz deve considerar essa circunstância como atenuante genérica na aplicação da pena.

**A:** correta, pois reflete o disposto no art. 121, § 2º, VI, e § 2º-A, I e II, do CP, introduzido pela Lei 13.104/2015. É importante o registro de que a Lei 13.771/2018 alterou o art. 121, § 7º, do Código Penal, que trata das hipóteses de aumento de pena no caso do feminicídio (art. 121, § 2º, VI, CP). Foram modificados os incisos II e III e inserido o inciso IV. No que concerne ao inciso II, a redação dada pela Lei 13.771/2018 ampliou as hipóteses de incidência da causa de aumento de pena, que, a partir de agora, inclui a pessoa portadora de doenças degenerativas que acarretem condição limitante ou de vulnerabilidade física ou mental. A redação anterior somente contemplava a pessoa menor de 14 anos, a maior de 60 anos ou com deficiência. Já o inciso III passou a contemplar, com a nova redação que lhe foi conferida pela Lei 13.771/2108, a hipótese em que o feminicídio é praticado na presença *virtual* de descendente ou de ascendente da vítima. Antes disso, esta causa de aumento somente incidia se o cometimento do crime se desse na presença *física* de ascendente ou descendente da ofendida. Por fim, foi inserido no § 7º o inciso IV, estabelecendo nova modalidade de causa de aumento de pena aplicável ao feminicídio, a caracterizar-se na hipótese em que este crime é cometido em descumprimento das medidas protetivas de urgência previstas nos incisos I, II e III do art. 22, *caput*, da Lei 11.340/2006 (Lei Maria da Penha); **B:** incorreta, na medida em que tais hipóteses de aumento de pena somente têm incidência no homicídio culposo (art. 121, § 4º, do CP); **C:** incorreta, pois a hipótese narrada na assertiva, que corresponde ao perdão judicial (art. 121, § 5º, do CP), não tem cabimento no crime de homicídio doloso; somente no delito de homicídio culposo (art. 121, § 3º, do CP; e art. 302 do CTB); **D:** incorreta, pois não corresponde ao que estabelece o art. 121, § 7º, I, do CP (que não foi alterado por força da Lei 13.771/2018). Segundo esse dispositivo, a pena do feminicídio poderá ser aumentada se o crime for praticado durante a gestação ou nos *três* meses posteriores ao parto, e não nos *seis* meses subsequentes, tal como constou da assertiva; **E:** incorreta. Trata-se do chamado homicídio qualificado-privilegiado (ou híbrido), que, segundo jurisprudência e doutrina pacificadas, restará caracterizado sempre que houver a coexistência de uma causa de privilégio do homicídio com alguma qualificadora de ordem objetiva. [ED]

Gabarito "A".

**(Juiz – TJ/CE – 2018 – CESPE)** João e Maria foram casados por cinco anos e, após o divórcio, continuaram a residir no mesmo lote, porém em casas diferentes. Certo dia, João, depois de ingerir bebidas alcoólicas, abordou Maria em um ponto de ônibus e, movido por ciúmes, iniciou uma discussão e a ameaçou de morte. Maria, ao retornar para casa à noite depois do trabalho, encontrou o ex-marido ainda embriagado; ele novamente a ameaçou de morte, acusando-a de traição. Ela foi à delegacia e registrou boletim de ocorrência acerca do acontecido, o que ensejou início de procedimento criminal contra João.

Com referência a essa situação hipotética, assinale a opção correta à luz da jurisprudência dos tribunais superiores.

**(A)** A embriaguez voluntária de João poderá ser considerada excludente de culpabilidade caso ele comprove que estava em estado de plena incapacidade nos momentos das ameaças.

**(B)** A conduta de João configura crime continuado, porque ele praticou dois crimes de ameaça, com idêntica motivação e propósito, em condições semelhantes de tempo, lugar e modo de agir.

**(C)** João não poderá ser submetido à prisão preventiva, dado que a pena máxima para o crime de ameaça é de seis meses de detenção.

**(D)** A ameaça é um crime formal, que não exige resultado naturalístico, por isso é incabível indenização a título de danos morais a Maria.

**(E)** Por ser a ameaça um crime de menor potencial ofensivo, João, se condenado, poderá ser beneficiado com a substituição da pena de detenção por pena restritiva de direitos.

**A:** incorreta, tendo em vista que, por expressa disposição do art. 28, II, do CP, a embriaguez voluntária (e também a culposa) não têm o condão de elidir a imputabilidade. Dessa forma, ainda que João estivesse, ao tempo da conduta, totalmente privado de sua capacidade de determinação, ainda assim não haveria que se falar em exclusão da culpabilidade. Mesmo porque, em matéria de embriaguez, o CP adotou a chamada teoria da *actio libera in causa*, segundo a qual quem, de forma livre de deliberada, ingeriu álcool ou substâncias de efeitos análogos responderá pelo resultado lesivo que venha, nessa condição, a causar; **B:** correta, pois corresponde ao que estabelece o art. 71 do CP, que trata do crime continuado; **C:** incorreta. Isso porque, neste caso, o emprego da custódia preventiva, no contexto da violência doméstica, independe do máximo de pena abstratamente previsto para a infração penal (art. 313, III, do CPP); **D:** incorreta. Embora seja fato que o crime de ameaça é considerado formal, na medida em que não exige a produção de resultado naturalístico para alcançar a sua consumação, é incorreto afirmar-se que é incabível indenização por danos morais a Maria. Como bem sabemos, o art. 91, I, do CP contempla, como efeito da condenação, a obrigação de indenizar o dano causado pelo crime. Na jurisprudência: "Para a fixação da reparação dos danos causados pela infração deve-se realizar pedido expresso. A produção de prova específica quanto à ocorrência e extensão do dano e a indicação do valor pretendido a título de reparação, contudo, são dispensáveis, conforme entendimento firmado por esta Corte no julgamento do Recurso Especial n. 1.675.874/MS, no qual firmou-se a tese de que "nos casos de violência contra a mulher praticados no âmbito doméstico e familiar, é possível a fixação de valor mínimo indenizatório a título de dano moral, desde que haja pedido expresso da acusação ou da parte ofendida, ainda que não especificada a quantia, e independentemente de instrução probatória" (AgRg no REsp 1673181/MS, Rel. Ministro Jorge Mussi, Quinta Turma, julgado em 07.08.2018, DJe 17.08.2018); **E:** incorreta, pois contraria o entendimento firmado na Súmula 588, do STJ. [ED]

Gabarito "B".

**(Defensor Público/AC – 2017 – CESPE)** De acordo com a legislação vigente e o entendimento dos tribunais superiores, assinale a opção correta, com relação ao crime de injúria.

**(A)** A ação penal no caso de injúria discriminatória é pública incondicionada, uma vez que o bem jurídico tutelado ultrapassa os limites subjetivos.

**(B)** A injúria racial é crime instantâneo, ao passo que a consumação ocorre no momento em que terceiros tomam conhecimento do teor da ofensa.

**(C)** A exceção da verdade é admitida apenas para alguns dos elementos tutelados pela norma penal e exclui a tipicidade quando a ofensa é irrogada em juízo, na discussão da causa, pela parte ou por seu procurador.

**(D)** A injúria racial é um delito inserido no panorama constitucional do crime de racismo, sendo considerado imprescritível, inafiançável e sujeito à pena de reclusão.

**(E)** No crime de injúria, admite-se a retratação desde que se faça antes da sentença, por escrito, de forma completa, abrangendo tudo o que o ofensor disse.

**A:** incorreta, pois, nos termos do art. 145, parágrafo único, parte final, do CP, a injúria discriminatória (ou injúria racial) processar-se-á por meio de ação penal pública condicionada à representação da vítima. Dentro do tema tratado nesta alternativa, valem algumas ponderações, tendo em conta inovações implementadas pela recente Lei 14.532/2023, posterior, portanto, à elaboração desta questão. O crime de racismo, previsto na Lei 7.716/1989, não se confunde com a figura até então capitulada no art. 140, § 3º, do CP, que definia o delito de injúria preconceituosa. Com efeito, segundo sempre sustentou doutrina e jurisprudência, o delito de racismo pressupõe a prática de conduta de natureza segregacionista, ao passo que a injúria racial, então prevista no art. 140, § 3º, do CP, tal como ocorre com o crime de injúria simples, pressupõe que a ofensa seja dirigida a pessoa determinada ou, ao menos, a um grupo determinado de pessoas. *Grosso modo*, é o xingamento envolvendo raça, cor, etnia, religião ou origem. Como consequência desta distinção, tínhamos que o racismo era considerado crime inafiançável, imprescritível e de ação penal pública incondicionada; já a injúria racial era tida por afiançável, prescritível e de ação penal pública condicionada. Tal realidade começou a ser alterada pela ação da jurisprudência. O STF, em sintonia com precedente do STJ, por seu Plenário, ao julgar, em 28/10/2021, o HC 154.248, da relatoria do Ministro Edson Fachin, fixou o entendimento no sentido de que o crime de injúria racial deve ser inserido na seara no delito de racismo, passando a ser, com isso, imprescritível. Mais recentemente, a Lei 14.532/2023, imbuída desse mesmo espírito, alterou o teor do art. 140, § 3º, do CP, que passa a contar com a seguinte redação: *Se a injúria consiste na utilização de* *elementos referentes a religião ou à condição de pessoa idosa ou com deficiência.* Como se pode ver, o legislador, com isso, excluiu da forma qualificada da injúria ofensas contendo elementos referentes a raça, cor, etnia ou procedência nacional. Tais modalidades migraram para a Lei 7.716/1989, cujo art. 2º-A passa a ter a seguinte redação: *Injuriar alguém, ofendendo-lhe a dignidade ou o decoro, em razão de raça, cor, etnia ou procedência nacional.* Dessa forma, o crime de injúria racial foi tipificado como racismo. A consequência disso é que tal modalidade de injúria passa a ser, agora por força de lei, imprescritível, inafiançável e incondicionada a ação penal. Além disso, a pena, que até então era de reclusão de 1 a 3 anos e multa, passa a ser de 2 a 5 anos de reclusão. Perceba que, se levarmos em conta as modificações operadas pela Lei 14.532/2023, esta assertiva pode ser considerada como correta; **B**: incorreta. A primeira parte da assertiva, em que se afirma que o crime de injúria racial é instantâneo, é verdadeira, já que a consumação é alcançada em momento certo, não se prolongando no tempo; agora, a segunda parte da proposição, em que se afirma que a consumação se dá no momento em que terceiro toma conhecimento da ofensa, está incorreta. Como é sabido, o delito de injúria, por atingir a honra subjetiva, tem como momento consumativo o exato instante em que a ofensa chega ao conhecimento da vítima. Não é necessário, portanto, que terceiro dela tome conhecimento; **C**: incorreta. O crime de injúria, ao contrário do de calúnia e de difamação, não comporta o instituto da exceção da verdade; **D**: correta. Se considerarmos o disposto no art. 140, § 3º, do CP, não se pode dizer que o crime de injúria racial é *inafiançável* e *imprescritível*. Agora, é importante que se diga que o STJ e alguns doutrinadores, entre eles Guilherme de Souza Nucci, entendem que a injúria racial nada mais é do que uma das manifestações de racismo, razão pela qual deve ser considerado ora racista (gênero) tanto aquele que, com base em elementos preconceituosos e discriminatórios, pratica condutas segregacionistas, definidas na Lei 7.716/1989, quanto o que profere injúrias raciais (art. 140, § 3º, do CP). Adotando essa linha de pensamento, a injúria racial seria *imprescritível* e *inafiançável*, tal como estabelece o art. 5º, XLII, da CF. Assim decidiu o STJ: "Nos termos da orientação jurisprudencial desta Corte, com o advento da Lei 9.459/97, introduzindo a denominada injúria racial, criou-se mais um delito no cenário do racismo, portanto, imprescritível, inafiançável e sujeito a reclusão (AgRg no AREsp 686.965/DF, Rel. Ministro Ericson Maranho (Desembargador Convocado do TJ/SP), Sexta Turma, julgado em 18.08.2015, DJe 31.08.2015). 3. A ofensa a dispositivo constitucional não pode ser examinada em recurso especial, uma vez que compete exclusivamente ao Supremo Tribunal Federal o exame de matéria constitucional, o qual já se manifestou, em caso análogo, refutando a violação do princípio da proporcionalidade da pena cominada ao delito de injúria racial. 4. Agravo regimental parcialmente provido para conhecer do agravo em recurso especial mas negar-lhe provimento e indeferir o pedido de extinção da punibilidade" (AgRg no AREsp 734.236/DF, Rel. Ministro Nefi Cordeiro, Sexta Turma, julgado em 27.02.2018, DJe 08.03.2018). Vide comentário à alternativa "A", que trata da Lei 14.532/2023, que inseriu a injúria racial na Lei de Racismo; **E**: incorreta. O crime de injúria não admite a retratação. **ED**

Gabarito "D".

**(Defensor Público – DPE/RN – 2016 – CESPE)** Dalva, em período gestacional, foi informada de que seu bebê sofria de anencefalia, diagnóstico confirmado por laudos médicos. Após ter certeza da irreversibilidade da situação, Dalva, mesmo sem estar correndo risco de morte, pediu aos médicos que interrompessem sua gravidez, o que foi feito logo em seguida. Nessa situação hipotética, de acordo com a jurisprudência do STF, a interrupção da gravidez

**(A)** deve ser interpretada como conduta atípica e, portanto, não criminosa.

**(B)** deveria ter sido autorizada pela justiça para não configurar crime.

**(C)** é isenta de punição por ter ocorrido em situação de aborto necessário.

**(D)** configurou crime de aborto praticado por Dalva.

**(E)** configurou crime de aborto praticado pelos médicos com consentimento da gestante.

Conferir a ementa extraída da ADPF 54, por meio da qual fixou-se o entendimento no sentido de que o produto da concepção portador de anencefalia, porque não dispõe de vida na acepção jurídica do termo, não pode figurar como vítima do crime de aborto. Dessa forma, a conduta

de Dalva – e também a dos médicos que procederam à interrupção da gravidez – deve ser considerada atípica (não há crime): "Estado – Laicidade. O Brasil é uma República laica, surgindo absolutamente neutro quanto às religiões. Considerações. Feto anencéfalo – Interrupção da gravidez – Mulher – Liberdade sexual e reprodutiva – Saúde – Dignidade – Autodeterminação – Direitos fundamentais – Crime – Inexistência. Mostra-se inconstitucional interpretação de a interrupção da gravidez de feto anencéfalo ser conduta tipificada nos artigos 124, 126 e 128, incisos I e II, do Código Penal".

Gabarito "A".

**(Analista Judiciário – TRT/8ª – 2016 – CESPE)** No dia vinte e oito de junho de 2014, por volta de dezenove horas, na sala de espera de um posto de saúde, Paulo aguardava atendimento e exasperou-se com a demora. A funcionária Márcia, de cor negra, pediu-lhe calma, dizendo que o médico lhe atenderia brevemente, mas Paulo retrucou, exaltado: "— Chama logo o doutor, sua negrinha à toa!". Sentindo-se insultada pelos impropérios proferidos, Márcia, constrangida, chorou diante de mais de trinta pessoas que ali estavam esperando atendimento.

Considerando a situação hipotética apresentada, assinale a opção correta, considerando a jurisprudência do Superior Tribunal de Justiça.

**(A)** A conduta de Paulo tipifica-se como crime de injúria com elementos referentes à raça e à cor, de modo que a ação penal deve ser procedida por iniciativa do Ministério Público, mediante simples representação da ofendida.

**(B)** Eventual representação de Márcia só terá validade caso preencha todos os requisitos legais e seja reduzida a termo em formulário próprio, conforme modelo aprovado pelos órgãos do Poder Judiciário.

**(C)** Dado que a pretensão punitiva contra crime de injúria qualificada pelo preconceito racial é realizada mediante ação penal pública condicionada à representação, eventual pedido de explicação feito por Márcia suspenderia o prazo decadencial para sua propositura.

**(D)** O fato de Paulo ter se exasperado diante da atitude de Márcia, que lhe pediu para ter calma, configurou retorsão imediata, cabendo, portanto, o perdão judicial com extinção da punibilidade.

**(E)** A conduta de Paulo tipifica-se como crime de racismo e, portanto, a pretensão punitiva não está sujeita à prescrição ou à decadência, haja vista a ofensa ao princípio da dignidade humana.

**A:** correta. De fato, Paulo, ao xingar Márcia de "negrinha à toa", cometeu o crime de injúria racial, na medida em que a ofensa proferida por Paulo à honra subjetiva de Márcia fez referência à cor de sua pele. Cuida-se do crime capitulado no art. 140, § 3º, do CP. Oportuno proceder à distinção deste crime do de racismo, este previsto no art. 20 da Lei 7.716/1989, dado que são frequentemente confundidos. Tal como ocorre com o crime de injúria simples, a injúria qualificada em razão da utilização de elementos relativos à cor da pele pressupõe que a ofensa seja dirigida a pessoa determinada ou, ao menos, a um grupo determinado de pessoas. Já no delito de racismo, diferentemente, a ofensa não é só dirigida à vítima concreta, mas também e sobretudo a todas as pessoas, no caso do enunciado, negras. Pressupõe, assim, uma espécie de segregação social em razão da cor da pele. A ação penal, no crime praticado por Paulo (injúria qualificada pelo preconceito de cor), é, tal como consta da alternativa, pública condicionada à representação. Antes, a ação penal, neste crime, era de iniciativa privativa do ofendido. Esta mudança se deu por força da Lei 12.033/2009, que modificou a redação do parágrafo único do art. 145 do CP. Sobre o tema tratado nesta alternativa, valem algumas ponderações, tendo em conta inovações implementadas pela recente Lei 14.532/2023, posterior, portanto, à elaboração desta questão. O crime de racismo, previsto na Lei 7.716/1989, não se confunde com a figura até então capitulada no art. 140, § 3º, do CP, que definia o delito de injúria preconceituosa. Com efeito, segundo sempre sustentou doutrina e jurisprudência, o delito de racismo pressupõe a prática de conduta de natureza segregacionista, ao passo que a injúria racial, então prevista no art. 140, § 3º, do CP, tal como ocorre com o crime de injúria simples, pressupõe que a ofensa seja dirigida a pessoa determinada ou, ao menos, a um grupo determinado de pessoas. *Grosso modo*, é o xingamento envolvendo raça, cor, etnia, religião ou origem. Como consequência desta distinção, tínhamos que o racismo era considerado crime inafiançável, imprescritível e de ação penal pública incondicionada; já a injúria racial era tida por afiançável, prescritível e de ação penal pública condicionada. Tal realidade começou a ser alterada pela ação da jurisprudência. O STF, em sintonia com precedente do STJ, por seu Plenário, ao julgar, em 28/10/2021, o HC 154.248, da relatoria do Ministro Edson Fachin, fixou o entendimento no sentido de que o crime de injúria racial deve ser inserido na seara no delito de racismo, passando a ser, com isso, imprescritível. Mais recentemente, a Lei 14.532/2023, imbuída desse mesmo espírito, alterou o teor do art. 140, § 3º, do CP, que passa a contar com a seguinte redação: *Se a injúria consiste na utilização de elementos referentes a religião ou à condição de pessoa idosa ou com deficiência.* Como se pode ver, o legislador, com isso, excluiu da forma qualificada da injúria ofensas contendo elementos referentes a raça, cor, etnia ou procedência nacional. Tais modalidades migraram para a Lei 7.716/1989, cujo art. 2º-A passa a ter a seguinte redação: *Injuriar alguém, ofendendo-lhe a dignidade ou o decoro, em razão de raça, cor, etnia ou procedência nacional.* Dessa forma, o crime de injúria racial foi tipificado como racismo. A consequência disso é que tal modalidade de injúria passa a ser, agora por força de lei, imprescritível, inafiançável e incondicionada a ação penal. Além disso, a pena, que até então era de reclusão de 1 a 3 anos e multa, passa a ser de 2 a 5 anos de reclusão; **B**: incorreta. A representação (art. 39, *caput* e §§ 1º e 2º, do CPP) não tem rigor formal. Os tribunais, inclusive o STF, já se manifestaram nesse sentido. É suficiente que a vítima demonstre de forma inequívoca a intenção de ver processado o ofensor; **C**: incorreta. O pedido de explicações (art. 144 do CP) somente tem incidência no campo da ação penal privativa do ofendido, a quem cabe formular tal pedido. Ademais, tal providência não tem o condão de suspender o prazo decadencial à propositura da queixa-crime; **D**: incorreta. A retorsão imediata pressupõe que o ofensor (no caso Paulo) revide a ofensa proferida inicialmente pelo ofendido (no caso Márcia), o que não ocorreu, já que Márcia se limitou a pedir a Paulo que mantivesse a calma; **E**: incorreta. *Vide* comentário à alternativa "A".

Gabarito "A".

**(Escrivão de Polícia/BA – 2013 – CESPE)** Julgue os itens subsecutivos, acerca de crimes contra a pessoa.

**(1)** Nos crimes contra a honra – calúnia, difamação e injúria –, o Código Penal admite a retratação como causa extintiva de punibilidade, desde que ocorra antes da sentença penal, seja cabal e abarque tudo o que o agente imputou à vítima.

**(2)** Considere que Jonas encarcere seu filho adolescente, usuário de drogas, em um dos cômodos da casa da família, durante três dias, para evitar que ele volte a se drogar. Nesse caso, Jonas pratica o crime de cárcere privado.

**(3)** Considere a seguinte situação hipotética. Lúcia, maior, capaz, no final do expediente, ao abrir o carro no estacionamento do local onde trabalhava, percebeu que esquecera seu filho de seis meses de idade na cadeirinha de bebê do banco traseiro do automóvel, que permanecera fechado durante todo o turno de trabalho, fato que causou o falecimento do bebê. Nessa situação, Lúcia praticou o crime de abandono de incapaz, na forma culposa, qualificado pelo resultado morte.

**1**: errada. A retratação como causa extintiva da punibilidade, nos crimes contra honra, somente é admissível no tocante à calúnia e difamação (art. 143, CP), que são crimes que atentam contra a honra objetiva da vítima (vale dizer, aquilo que terceiros pensam dela). Inviável a retratação com relação ao crime de injúria (art. 140, CP), que ofende a honra subjetiva da vítima, ou seja, aquilo que ela pensa de si própria (autoestima); **2**: errada. Não haveria o dolo na conduta de Jonas, vale dizer, a vontade livre e consciente de privar a liberdade de seu filho, inviabilizando sua liberdade de locomoção. O fim último na conduta do pai foi o de impedir que o adolescente utilizasse drogas; **3**: errada. Lúcia, ao se esquecer de seu filho no banco de trás de seu carro, ocasionando, daí, a morte do infante, praticou o crime de homicídio culposo (art. 121, § 3º, CP). O crime de abandono de incapaz (art. 133, CP) é doloso, exigindo que o agente, voluntária e conscientemente, abandone pessoa que esteja sob os seus cuidados, sem que esta possa se defender dos riscos do abandono.

Gabarito 1E, 2E, 3E

**(Escrivão de Polícia/BA – 2013 – CESPE)** Considerando que, em determinada casa noturna, tenha ocorrido, durante a apresentação de espetáculo musical, incêndio acidental em decorrência do qual morreram centenas de pessoas e que a superlotação do local e a falta de saídas de emergência, entre outras irregularidades, tenham contribuído para esse resultado, julgue os itens seguintes.

**(1)** A causa jurídica das mortes, nesse caso, pode ser atribuída a acidente ou a suicídio, descartando-se a possibilidade de homicídio, visto que não se pode supor que promotores, realizadores e apresentadores de *shows* em casas noturnas tenham, deliberadamente, intenção de matar o público presente.

**(2)** No caso de fraturas decorrentes do pisoteio de pessoas caídas ao chão, a natureza do instrumento causador da lesão é contundente e a energia aplicada é mecânica. No caso de mortes por queimadura, a natureza do instrumento é o calor e a energia aplicada é física.

**1**: errada. O enunciado retrata típica hipótese de homicídio culposo. Isso porque, segundo consta, o incêndio do qual decorreram as mortes foi causado pela superlotação da casa de espetáculos e também em razão da falta de saídas de emergência. Não se pode, pois, descartar-se a possibilidade de homicídio, ao menos culposo, já que os responsáveis pelo estabelecimento, embora não tenham perseguido, de forma deliberada, o resultado (mortes), com ele concorreram a título de culpa. De outro lado, deve-se afastar a possibilidade de suicídio. É que o enunciado não traz qualquer informação que possa conduzir a tal conclusão; **2**: certa. Na morte por pisoteamento, o instrumento é contundente. Este tem sua atuação por meio de compressão, que causa lesões nas áreas corporais atingidas. A energia que é produzida contra o corpo da vítima é de ordem mecânica. Este tipo de energia traz alterações ao corpo quando em repouso ou em movimento. No que concerne à morte por queimaduras, é correto afirmar que a energia aplicada é, diferentemente, de ordem física, assim considerada aquela que modifica o estado do corpo. As energias físicas que podem provocar lesões corporais ou morte são: temperatura, pressão, eletricidade, radioatividade, luz e som. As queimaduras são provocadas pelo calor quente que atinge diretamente o corpo.

Gabarito 1E, 2C

## 19. CRIMES CONTRA O PATRIMÔNIO

**(Delegado/RJ – 2022 – CESPE/CEBRASPE)** Bráulio, policial civil em férias, estava na DP em que trabalha esperando um inspetor de polícia amigo, com o qual havia combinado de almoçar. Nesse momento, chegou ao local Patrícia, mãe de Gabriel, que fora preso em flagrante delito por furto no dia anterior. Patrícia se dirigiu a Bráulio e disse que estava ali para pagar a fiança do filho. Bráulio, a fim de agilizar o procedimento e sair logo para o almoço, acessou o sistema informatizado e verificou que Gabriel fora autuado por furto qualificado, insuscetível de fiança (o que, inclusive, encontrava-se mencionado na decisão do delegado plantonista). Ainda assim, Bráulio disse que a fiança foi fixada no valor de um salário mínimo e recolheu para si a quantia entregue por Patrícia.

Nessa situação hipotética, Bráulio cometeu crime de

**(A)** apropriação indébita.
**(B)** apropriação de coisa havida por erro.
**(C)** peculato por erro de outrem.
**(D)** estelionato.
**(E)** peculato.

**A**: incorreta, já que o delito de apropriação indébita, definido no art. 168 do CP, pressupõe que o agente detenha a posse da coisa alheia móvel, o que não se dá na hipótese narrada no enunciado; **B**: incorreta. Não configura o crime do art. 169 do CP; **C**: incorreta, já que o crime de peculato mediante erro de outrem (art. 313, CP) pressupõe que o funcionário público receba os valores por erro espontâneo da vítima; **D**: correta. De fato, o crime praticado por Bráulio se enquadra na descrição típica do art. 171 do CP (estelionato), na medida em que induziu (levou) Patrícia em erro, levando-a a acreditar que fora fixada fiança em favor de seu filho, com o que o *intraneus* obteve vantagem indevida, recebendo o valor entregue pela vítima; **E:** incorreta, já que o dinheiro não estava sob a sua posse, não havendo que se falar em apropriação (peculato).

**(Delegado/RJ – 2022 – CESPE/CEBRASPE)** Depois de assistir a um filme na última sessão do cinema local, Renata dirigiu-se à sua casa. Durante o trajeto, ela notou que havia esquecido um equipamento eletrônico sobre a poltrona da sala de cinema, então retornou ao local. Lá, foi impedida pelo porteiro de entrar. Ela apresentou a ele o ingresso, no qual constava a poltrona que ocupava, pedindo-lhe que buscasse o equipamento deixado no local. Enquanto a conversa entre o porteiro e Renata ocorria, Estela, funcionária do cinema, encontrou o equipamento sobre a poltrona da sala de cinema e, percebendo que alguém o esquecera, levou-o consigo, com intenção de incorporação patrimonial. Logo em seguida, o porteiro entrou na sala, foi à poltrona indicada no ingresso apresentado por Renata, e nada encontrou. Disse, então, a Renata para retornar no dia seguinte, pois existia no local um setor de achados e perdidos, onde os empregados do cinema deviam deixar coisas alheias porventura localizadas no estabelecimento.

Chegando à sua casa com o equipamento, Estela mostrou-o ao seu marido, Alexandre, que descobriu seu valor: R$ 3.000. Visando ao lucro, Alexandre decidiu anunciá-lo à venda em um *site* da Internet, pelo valor de R$ 1.500.

No dia seguinte, Renata, após não encontrar o objeto no setor de achados e perdidos do cinema, resolveu pesquisar na Internet por produtos idênticos expostos à venda. Assim acabou localizando seu pertence. Como o equipamento apresentava características únicas, ela o identificou sem nenhuma dúvida. Passando-se por compradora, Renata marcou um encontro com Alexandre, para ver o equipamento. Em seguida, ela foi à delegacia de polícia local e pediu auxílio para recuperar a coisa, o que efetivamente ocorreu, sendo certo que Alexandre estava em seu poder. Alexandre foi conduzido à delegacia, aonde pouco depois chegou Estela. Ouvidos formalmente na presença de um advogado, ambos confessaram o ocorrido.

Com base nessa situação hipotética, é correto afirmar que

**(A)** Estela praticou furto, e Alexandre cometeu receptação.

**(B)** Estela praticou crime de apropriação de coisa achada, e Alexandre cometeu receptação qualificada.

**(C)** Estela praticou crime de furto, e Alexandre cometeu receptação qualificada.

**(D)** Estela praticou crime de furto, e Alexandre não cometeu crime.

**(E)** Estela praticou crime de apropriação de coisa achada, e Alexandre cometeu receptação.

Estela, ao subtrair bem que sabia pertencer a outrem, que ali o esquecera, imbuída do propósito de dele se apropriar (incorporar ao seu patrimônio), incorreu no crime de furto (art. 155, CP); já a conduta de Alexandre, que se limitou a anunciar o bem para venda, é atípica. **Gabarito "D".**

**(Juiz de Direito - TJ/BA - 2019 - CESPE/CEBRASPE)** Com relação aos crimes contra o patrimônio, julgue os itens que se seguem, com base no entendimento jurisprudencial.

I. A existência de sistema de vigilância por monitoramento, por impossibilitar a consumação do delito de furto, é suficiente para tornar impossível a configuração desse tipo de crime.

II. A presença de circunstância qualificadora de natureza objetiva ou subjetiva no delito de furto não afasta a possibilidade de reconhecimento do privilégio, se estiverem presentes a primariedade do agente e o pequeno valor da *res* furtiva.

III. Constatada a utilização de arma de fogo desmuniciada na perpetração de delito de roubo, não se aplica a circunstância majorante relacionada ao emprego de arma de fogo.

IV. No delito de estelionato na modalidade fraude mediante o pagamento em cheque, a realização do pagamento

do valor relativo ao título até o recebimento da denúncia impede o prosseguimento da ação penal.

Estão certos apenas os itens

**(A)** I e II.

**(B)** I e III.

**(C)** III e IV.

**(D)** I, II e IV.

**(E)** II, III e IV.

**I:** incorreta. O chamado *furto sob vigilância* pode, em determinadas situações, a depender do caso concreto, caracterizar *crime impossível* pela *ineficácia absoluta do meio* (art. 17 do CP). É o caso, por exemplo, do agente que, desde o momento em que ingressa no supermercado, passa a ser permanentemente vigiado por sistema de câmeras e também por seguranças, que ficam o tempo todo no seu encalço. Não há, neste caso, a menor possibilidade de o crime consumar-se. Isso não quer dizer que a existência, por si só, de sistema de segurança por câmeras e de funcionários elimine a possibilidade de o crime chegar à sua consumação. É perfeitamente plausível que o agente se aproveite de determinado ângulo de monitoramento em que a subtração não é visualizada pelo sistema de câmeras. Dessa forma, a ineficácia do meio deve ser avaliada caso a caso. Nesse sentido: STF, HC 110.975-RS, 1ª T., rel. Min. Cármen Lúcia, 22.05.2012. Consagrando esse entendimento, o STJ editou a Súmula n. 567: "Sistema de vigilância realizado por monitoramento eletrônico ou por existência de segurança no interior de estabelecimento comercial, por si só, não torna impossível a configuração do crime de furto"; **II:** incorreta. É pacífico o entendimento, tanto no STJ quanto no STF, de que é possível a coexistência do furto qualificado (art. 155, § 4º, do CP) com a modalidade privilegiada do art. 155, § 2º, do CP, desde que – e aqui está o erro da assertiva – a qualificadora seja de ordem *objetiva*. Tanto é assim que o STJ, consolidando esse entendimento, editou a Súmula 511: "É possível o reconhecimento do privilégio previsto no § 2º do art. 155 do CP nos casos de crime de furto qualificado, se estiverem presentes a primariedade do agente, o pequeno valor da coisa e a qualificadora for de ordem objetiva"; **III:** correta. Trata-se de tema em relação ao qual não há consenso. Há julgados que reconhecem a incidência da majorante do art. 157, § 2º-A, I, do CP mesmo quando a arma não estiver municiada; outros julgados dão conta de que a arma desmuniciada, à míngua de potencialidade lesiva, não pode ensejar o reconhecimento da causa de aumento do art. 157, § 2º-A, I, do CP, embora tal circunstância seja apta a demonstrar o emprego de grave ameaça. No sentido de que a arma desmuniciada não pode levar ao reconhecimento da majorante em questão: "De acordo com a jurisprudência desta Corte Superior, a arma de fogo desmuniciada não pode ser considerada para o fim de caracterização da majorante do emprego de arma prevista no art. 157, § 2º, I, do Código Penal, porque presume-se ausente a sua potencialidade lesiva" (AgRg no REsp 1526961/SP, Rel. Ministro REYNALDO SOARES DA FONSECA, QUINTA TURMA, julgado em 14/02/2017, DJe 17/02/2017). Em sentido contrário, o STF: "Ainda que a arma não tivesse sido apreendida, conforme jurisprudência desta Suprema Corte, seu emprego pode ser comprovado pela prova indireta, sendo irrelevante o fato de estar desmuniciada para configuração da majorante" (RHC 115077, Relator(a): Min. GILMAR MENDES, Segunda Turma, julgado em 06/08/2013, PROCESSO ELETRÔNICO DJe-176 DIVULG 06-09-2013 PUBLIC 09-09-2013). Seja como for, é importante que façamos algumas ponderações acerca do emprego de arma como majorante no cometimento do crime de roubo, tendo em vista recentes alterações legislativas. Antes de mais nada e com vistas a facilitar a compreensão, considero oportuno que façamos um breve histórico sobre tais modificações. Pois bem. Com o advento da Lei 13.654/2018, o art. 157, § 2º, I, do CP, que impunha aumento de pena no caso de a violência ou ameaça, no crime de roubo, ser exercida com emprego de *arma*, foi revogado. Em relação à incidência desta causa de aumento, a jurisprudência havia consolidado o entendimento segundo o qual o termo *arma* tinha acepção ampla, ou seja, estavam inseridas no seu conceito tanto as armas *próprias*, como, por excelência, a de fogo, quanto as *impróprias* (faca, punhal, foice etc.). Além de revogar o dispositivo acima, a Lei 13.654/2018 promoveu a inclusão da mesma causa de aumento de pena (emprego de arma) no § 2º-A, I, do CP. Até aí, nenhum problema. Como bem sabemos, o deslocamento de determinado comportamento típico de um para outro dispositivo, por força da regra da continuidade típico-normativa, não tem o condão de descriminalizar a conduta. Sucede que a Lei 13.654/2018, ao deslocar esta causa de aumento do art. 157, § 2º, I, do CP para o art. 157, § 2º-A, I, também do CP, limitou o alcance do termo *arma*, já que

## 12. DIREITO PENAL — 399

passou a referir-se tão somente à arma de *fogo*, do que se conclui que somente incorrerá nesta causa de aumento o agente que se valer, para a prática do roubo, de arma de fogo (revólver, pistola, fuzil etc.); a partir da entrada em vigor desta lei, portanto, se o agente utilizar, para o cometimento deste delito, arma branca, o roubo será simples, já que, repita-se, a nova redação do dispositivo especificou que tipo de arma é apta a configurar o aumento: arma de fogo. Outro detalhe: pela redação anterior, o agente que fizesse uso de arma (de fogo ou branca) estaria sujeito a um aumento de pena da ordem de um terço até metade; a partir de agora, se utilizar arma (necessariamente de fogo), sujeitar-se-á a um incremento da ordem de dois terços. Desnecessário dizer que tal inovação não poderá retroagir e atingir fatos ocorridos antes da entrada em vigor desta lei, já que constitui *lex gravior*. De outro lado, essa mesma norma que excluiu a arma que não seja de fogo deverá retroagir para beneficiar o agente (*novatio legis in mellius*) que praticou o crime de roubo com emprego de arma branca antes de ela entrar em vigor. Este quadro, que acima explicitamos, perdurou até o dia 23 de janeiro de 2020, data em que entrou em vigor a Lei 13.964/2019 (pacote anticrime). Duas modificações foram promovidas por esta lei nas majorantes do crime de roubo. Em primeiro lugar, foi reinserida a causa de aumento na hipótese de o agente se valer, para a prática do crime de roubo, de arma branca (inserção do inciso VII no § 2º do art. 157 do CP). Lembremos que, com a edição da Lei 13.654/2018, o emprego de arma branca, no roubo, deixou de configurar causa de aumento. Pois bem. Além disso, a Lei 13.964/2019 introduziu no art. 157 do CP o § 2º-B, que estabelece nova causa de aumento de pena para o roubo, quando a violência ou grave ameaça for exercida com emprego de arma de fogo de uso restrito ou proibido. Neste caso, a pena prevista no *caput* será aplicada em dobro. Em resumo, a partir de 23 de janeiro de 2020, teremos o seguinte: violência/grave ameaça exercida com emprego de arma branca (art. 157, § 2º, VII, CP): aumento de pena da ordem de um terço até metade; violência/grave ameaça exercida com emprego de arma de fogo, desde que não seja de uso restrito ou proibido (art. 157, § 2º-A, I, CP): a pena será aumentada de dois terços; violência/grave ameaça exercida com emprego de arma de fogo de uso restrito ou proibido (art. 157, § 2º-B, CP): a pena será aplicada em dobro; **IV:** correta, pois reflete o entendimento sufragado na Súmula 554, do STF. **ED**

Gabarito "C".

**(Juiz – TJ/CE – 2018 – CESPE)** Um homem, maior de idade e capaz, foi preso em flagrante por ter subtraído duas garrafas de uísque de um supermercado. A observação da ação delituosa por meio do sistema de vídeo do estabelecimento permitiu aos seguranças a detenção do homem no estacionamento e a recuperação do produto furtado. O valor do produto subtraído equivalia a pouco mais de um terço do valor do salário mínimo vigente à época. Na fase investigatória, constatou-se que o agente do delito possuía condenação transitada em julgado por fato semelhante e que respondia por outras três ações penais em curso.

Tendo como referência essa situação hipotética, assinale a opção correta, considerando a jurisprudência dos tribunais superiores.

**(A)** O acusado poderá ser absolvido com base no princípio da insignificância, já que o valor dos objetos subtraídos era ínfimo e estes foram integralmente restituídos ao supermercado.

**(B)** Em razão da existência de sistema de monitoramento de vídeo no supermercado, trata-se de crime impossível por ineficácia absoluta do meio empregado.

**(C)** Não houve a consumação do furto, porque o homem foi preso em flagrante logo depois de evadir-se do supermercado.

**(D)** A reincidência do acusado não é motivo suficiente para afastar a aplicação do princípio da insignificância.

**A:** incorreta, uma vez que o valor atribuído à *res furtiva* é superior a 10% do salário mínimo, que corresponde ao limite em relação ao qual poderá incidir o princípio da insignificância, segundo parte significativa da jurisprudência. Nesse sentido: "No caso em análise, o furto foi praticado no dia 9/5/2011, quando o salário mínimo estava fixado em R$ 545,00 (quinhentos e quarenta e cinco reais). Nesse contexto, seguindo a orientação jurisprudencial desta Corte, a *res furtiva* avaliada em R$

425,74 (quatrocentos e vinte e cinco reais e setenta e quatro centavos), não pode ser considerada de valor ínfimo, por superar 10% do salário mínimo vigente à época dos fatos. Precedentes. 4. A restituição dos bens não obsta o reconhecimento da materialidade delitiva. Precedentes. 5. A tese no sentido de que o prejuízo sofrido pela vítima é menor que o valor de mercado dos bens não foi analisada na apelação originária do presente *writ*. A análise do método de avaliação do laudo pericial configuraria indevida supressão de instância e revolvimento fático-probatório incabível na via estreita do writ. 6. A conduta praticada pelo paciente tem o condão de afetar substancialmente o bem jurídico protegido, qual seja, o patrimônio. No caso em análise, não se identifica um furto insignificante, mas sim um furto de pequeno valor, que configura o tipo privilegiado previsto no art. 155, § 2º, do CP" (STJ, HC 379.719/SC, Rel. Ministro Joel Ilan Paciornik, Quinta Turma, julgado em 14.02.2017, DJe 17.02.2017); **B:** incorreta. O chamado *furto sob vigilância* pode, em determinadas situações, a depender do caso concreto, caracterizar *crime impossível* pela *ineficácia absoluta do meio* (art. 17 do CP). É o caso, por exemplo, do agente que, desde o momento em que ingressa no supermercado, passa a ser permanentemente vigiado por sistema de câmeras e também por seguranças, que ficam o tempo todo no seu encalço. Não há, neste caso, a menor possibilidade de o crime consumar-se. Isso não quer dizer que a existência, por si só, de sistema de segurança por câmeras e de funcionários elimine a possibilidade de o crime chegar à sua consumação. É perfeitamente plausível que o agente se aproveite de determinado ângulo de monitoramento em que a subtração não é visualizada pelo sistema de câmeras. Dessa forma, a ineficácia do meio deve ser avaliada caso a caso. Nesse sentido: STF, HC 110.975-RS, 1ª T., rel. Min. Cármen Lúcia, 22.05.2012. Consagrando esse entendimento, o STJ editou a Súmula n. 567: "Sistema de vigilância realizado por monitoramento eletrônico ou por existência de segurança no interior de estabelecimento comercial, por si só, não torna impossível a configuração do crime de furto"; **C:** incorreta. Ainda que o agente não tenha tido a posse mansa e pacífica do objeto material do crime (foi perseguido e preso no estacionamento), operou-se, ainda assim, a sua consumação. Isso porque a jurisprudência do STF e do STJ dispensa, para a consumação do furto, o critério da saída da coisa da *esfera de vigilância da vítima* e se contenta com a constatação de que, cessada a clandestinidade ou a violência, o agente tenha tido a posse da res, mesmo que retomada, em seguida, pela perseguição imediata: STF, HC 92450-DF, 1ª T., Rel. Min. Ricardo Lewandowski, 16.9.08; STJ, REsp 1059171-RS, 5ª T., Rel. Min. Felix Fischer, j. 2.12.08. Vide Súmula 582, do STJ; **D:** correta. O fato de o réu ser reincidente ou ainda portador de maus antecedentes criminais não obsta a aplicação do princípio da insignificância, cujo reconhecimento está condicionado à existência de outros requisitos. Nesse sentido: STF, RE 514.531/RS, 2.ª T., j. 21.10.2008, rel. Min. Joaquim Barbosa, DJ 06.03.2009; STJ, HC 221.913/SP, 6.ª T., j. 14.02.2012, rel. Min. Og Fernandes, DJ 21.03.2012. Mais recentemente, o plenário do STF, em julgamento conjunto de três HCs, adotou o entendimento no sentido de que a incidência ou não do postulado da insignificância em favor de agentes reincidentes ou com maus antecedentes autores de crimes patrimoniais desprovidos de violência ou grave ameaça deve ser aferida caso a caso. Vide HCs 123.108, 123.533 e 123.734. **ED**

Gabarito "D".

**(Defensor Público/AL – 2017 – CESPE)** Considerando-se o entendimento dos tribunais superiores, em caso de furto de energia elétrica, o pagamento integral do débito, desde que efetuado em momento anterior ao recebimento da peça acusatória, configura

**(A)** escusa absolutória relativa.

**(B)** circunstância atenuante, apenas.

**(C)** arrependimento eficaz.

**(D)** causa supralegal de justificação.

**(E)** causa extintiva da punibilidade.

Cuida-se de tema sobremaneira polêmico, havendo decisões, do STJ, reconhecendo a possibilidade de extinção da punibilidade e outras não reconhecendo. De toda sorte, é importante o registro de que a 5ª Turma daquela Corte Superior, em mudança de posicionamento, adotou o entendimento de que o caso narrado no enunciado não enseja a extinção da punibilidade. Perceba que o julgamento se deu no ano de 2018, posterior, portanto, à elaboração desta questão. Conferir: "II – Este Superior Tribunal de Justiça se posicionava no sentido de que o pagamento do débito oriundo do furto de energia elétrica, antes do oferecimento da denúncia, configurava causa de extinção da punibilidade, pela aplicação analógica do disposto no art. 34 da Lei n. 9.249/95 e do art. 9° da Lei n. 10.684/03. III – A Quinta Turma desta Corte, entretanto, no julgamento do AgRg no REsp n. 1.427.350/RJ, modificou a posição anterior, passando a entender que o furto de energia elétrica não pode receber o mesmo tratamento dado aos crimes tributários, considerando serem diversos os bens jurídicos tutelados e, ainda, tendo em vista que a natureza jurídica da remuneração pela prestação de serviço público, no caso de fornecimento de energia elétrica, é de tarifa ou preço público, não possui caráter tributário, em relação ao qual a legislação é expressa e taxativa. IV – "Nos crimes patrimoniais existe previsão legal específica de causa de diminuição da pena para os casos de pagamento da "dívida" antes do recebimento da denúncia. Em tais hipóteses, o Código Penal, em seu art. 16, prevê o instituto do arrependimento posterior, que em nada afeta a pretensão punitiva, apenas constitui causa de diminuição da pena." (REsp 1427350/RJ, Quinta Turma, Rel. Min. Jorge Mussi, Rel. p/Acórdão Min. Joel Ilan Paciornik, DJe 13.03.2018) Habeas corpus não conhecido" (HC 412.208/SP, Rel. Ministro Felix Fischer, Quinta Turma, julgado em 20.03.2018, DJe 23.03.2018). ED

Gabarito "E".

**(Defensor Público – DPE/RN – 2016 – CESPE)** João, imputável, foi preso em flagrante no momento em que subtraía para si, com a ajuda de um adolescente de dezesseis anos de idade, cabos de telefonia avaliados em cem reais. Ao ser interrogado na delegacia, João, apesar de ser primário, disse ser Pedro, seu irmão, para tentar ocultar seus maus antecedentes criminais. Por sua vez, o adolescente foi ouvido na delegacia especializada, continuou sua participação nos fatos e afirmou que já havia sido internado anteriormente pela prática de ato infracional análogo ao furto. Nessa situação hipotética, conforme a jurisprudência dominante dos tribunais superiores, em tese, João praticou os crimes de

**(A)** furto qualificado privilegiado, corrupção de menores e falsa identidade.

**(B)** corrupção de menores e falsidade ideológica.

**(C)** furto simples, falsa identidade e corrupção de menores.

**(D)** furto qualificado e falsidade ideológica.

**(E)** furto simples e corrupção de menores.

Questão bem elaborada, exige do candidato o conhecimento de vários temas de direito penal, tais como a viabilidade do chamado furto qualificado-privilegiado, a natureza formal do crime de corrupção de menores e a prática do crime de falsa identidade como exercício da autodefesa. Em primeiro lugar, impõe-se o reconhecimento da modalidade privilegiada contida no art. 155, § 2°, do CP. Isso porque, segundo é possível inferir do enunciado, João é *primário* e o objeto material do delito de furto é de *pequeno valor* (R$ 100,00). Além do privilégio, há de se reconhecer que João incorreu na forma qualificada prevista no art. 155, § 4°, IV, do CP, já que a subtração se deu mediante o concurso de duas pessoas. Aqui, pouco importa o fato de o seu comparsa ainda não contar com 18 anos (inimputável). Além disso, hoje é inquestionável a possibilidade de o furto ser, a um só tempo, qualificado e privilegiado, desde que a qualificadora seja de ordem objetiva, como é o caso do concurso de pessoas. A propósito, o STJ, consolidando tal entendimento, editou a Súmula 511, que assim dispõe: "É possível o reconhecimento do privilégio previsto no § 2° do art. 155 do CP nos casos de crime de furto qualificado, se estiverem presentes a primariedade do agente, o pequeno valor da coisa e a qualificadora for de ordem objetiva". No que concerne à corrupção de menores, delito atualmente previsto no 244-B do ECA, é prevalente o entendimento segundo o qual se trata de crime *formal*. O fato é que há, tanto na doutrina quanto na jurisprudência, duas correntes quanto ao momento consumativo do crime de corrupção de menores. Para parte da doutrina e também para o STJ, o crime em questão é *formal*, consumando-se independentemente da efetiva corrupção da vítima. Nesse sentido: "(...) A Terceira Seção do Superior Tribunal de Justiça, ao apreciar o Recurso Especial 1.127.954/DF, representativo de controvérsia, pacificou seu entendimento no sentido de que o crime de corrupção de menores – antes previsto no art. 1° da Lei 2.252/1954, e hoje inscrito no art. 244-B do Estatuto da Criança e do Adolescente – é delito formal, não exigindo, para sua configuração, prova de que o inimputável tenha sido corrompido, bastando que tenha participado da prática delituosa" (AgRg no REsp 1371397/DF, 6ª T., j. 04.06.2013, rel. Min. Assusete Magalhães, DJe 17.06.2013). Consolidando tal entendimento, o STJ editou a Súmula 500, a seguir transcrita: "A configuração do crime previsto no art. 244-B do Estatuto da Criança e do Adolescente independe da prova da efetiva corrupção do

menor, por se tratar de delito formal". Uma segunda corrente sustenta que o crime do art. 244-B do ECA é *material*, sendo imprescindível, à sua consumação, a ocorrência do resultado naturalístico, isto é, a efetiva corrupção do menor. Segundo também consta do enunciado João, no ato do seu interrogado, imbuído do propósito de ocultar seus maus antecedentes, passou-se por Pedro, seu irmão. Atualmente, prevalece o entendimento de que a conduta do agente que, com o propósito de esconder condenações anteriores, atribui a si identidade falsa comete o crime do art. 307 do CP. Nesse sentido a Súmula n. 522 do STJ. Por tudo que foi dito, forçoso concluir que João cometeu os crimes de furto qualificado-privilegiado, corrupção de menores e falsa identidade.

Gabarito "A".

**(Escrivão de Polícia/BA – 2013 – CESPE)** No que se refere a crimes contra o patrimônio, julgue os itens subsequentes.

**(1)** Para a configuração do crime de roubo mediante restrição da liberdade da vítima e do crime de extorsão com restrição da liberdade da vítima, nominado de sequestro relâmpago, é imprescindível a colaboração da vítima para que o agente se apodere do bem ou obtenha a vantagem econômica visada.

**(2)** Considere a seguinte situação hipotética. Heloísa, maior, capaz, em conluio com três amigos, também maiores e capazes, forjou o próprio sequestro, de modo a obter vantagem financeira indevida de seus familiares. Nessa situação, todos os agentes responderão pelo crime de extorsão simples.

**(3)** O reconhecimento do furto privilegiado é condicionado ao valor da coisa furtada, que deve ser pequeno, e à primariedade do agente, sendo o privilégio um direito subjetivo do réu.

1: errada. No crime de roubo majorado pela restrição da liberdade da vítima (art. 157, § 2°, V, CP), o comportamento ou colaboração da vítima é absolutamente dispensável para que o agente consiga alcançar seu intento, qual seja, o de subtrair coisa alheia móvel, diversamente do que ocorre na extorsão (art. 158, CP), que, de fato, exige que a vítima, após ser constrangida pelo agente, mediante grave ameaça ou violência, pratique determinado comportamento, sem o qual a obtenção da vantagem não poderá ser alcançada pelo extorsionário (ex.: digitação ou fornecimento de senha para saque de valores em caixa de banco); 2: correta. A conduta de Heloísa e de seus três amigos se subsume ao crime de extorsão simples (art. 158, *caput*, CP), não se cogitando de extorsão mediante sequestro (art. 159, CP). Afinal, não houve efetivo sequestro (privação de liberdade da vítima, cuja libertação estaria condicionada ao pagamento de resgate). 3: correta. O furto privilegiado, previsto no art. 155, § 2°, CP, exige a combinação dos seguintes requisitos: i) primariedade do agente; ii) coisa furtada de pequeno valor. Preenchidos referidos requisitos, caberá ao magistrado reconhecer a figura privilegiada do crime, que, de acordo com doutrina e jurisprudência, é direito subjetivo do réu, ou seja, não pode ser pura e simplesmente recusada sua concessão por ato discricionário do julgador.

Gabarito 1E, 2C, 3C.

## 20. CRIMES CONTRA A DIGNIDADE SEXUAL

**(Delegado/RJ – 2022 – CESPE/CEBRASPE)** Em 10/1/2022, Fernando, com 38 anos de idade, adicionou à sua rede social Caio, com 13 anos de idade, dizendo-lhe ter a mesma faixa etária e manifestando interesse por jogos eletrônicos. A partir de então, passaram a manter conversas diárias, que, com a conquista da confiança de Caio, ganharam conotação pessoal acerca da vida íntima do adolescente, como sua relação familiar, ambiente escolar e círculo de amizade. Em dado momento, Fernando pediu a Caio que ligasse a webcam, e assim o menino o fez. Então, Fernando, também com sua câmera ligada, se despiu e começou a se masturbar, exibindo-se para Caio, como forma de satisfazer a própria lascívia. Em seguida, Fernando convidou Caio para ir até sua casa. Contudo, Caio ficou assustado e contou para os pais, que bloquearam o perfil de Fernando e se dirigiram à delegacia de polícia, para comunicarem a ocorrência.

Nessa situação hipotética, Fernando praticou

**(A)** conduta atípica penalmente.

**(B)** o crime de estupro de vulnerável, na forma tentada, previsto no art. 217-A do Código Penal.

**(C)** o crime de corrupção de menores, previsto no art. 218 do Código Penal.

**(D)** o crime de assediar e constranger criança via meio de comunicação, com o fim de com ela praticar ato libidinoso, previsto no art. 241-D do Estatuto da Criança e do Adolescente.

**(E)** o crime de satisfação de lascívia mediante presença de criança ou adolescente, previsto no art. 218-A do Código Penal.

A conduta descrita o enunciado corresponde ao tipo penal do art. 218-A do CP (satisfação de lascívia mediante presença de criança ou adolescente), que consiste em praticar, na presença de menor de 14 anos, conjunção carnal ou outro ato libidinoso, a fim de satisfazer lascívia própria ou de outrem, ou, ainda, induzir o menor de 14 anos, a presenciar conjunção carnal ou outro ato libidinoso, a fim de satisfazer lascívia própria ou de outrem. No que toca à configuração deste delito na hipótese de o menor estar à distância, conferir a lição de Guilherme de Souza Nucci: "presença do menor: não é exigível a presença física no mesmo espaço onde se realize a conjunção carnal ou outro ato libidinoso. Basta que a relação sexual seja realizada à vista do menor. Este, no entanto, pode estar distante, visualizando tudo por meio de equipamentos eletrônicos (...)" (*Código Penal Comentado*, 18. ed., p. 1239). 🔲
Gabarito "E".

Julgue os itens a seguir com base no Código Penal e na jurisprudência do STJ.

**I.** Um indivíduo poderá responder criminalmente por violação sexual mediante fraude, caso pratique *frotteurismo* contra uma mulher em uma parada de ônibus coletiva lotada, sem o consentimento dela.

**II.** Nos casos de parcelamento de contribuições previdenciárias cujo valor seja superior ao estabelecido administrativamente como sendo o mínimo para ajuizamento de suas execuções fiscais, é vedado ao juiz aplicar somente a pena de multa ao agente, ainda que ele seja réu primário.

**III.** Tanto ao agente, maior e capaz, que praticar o crime de estupro coletivo quanto ao agente, maior e capaz, que praticar o crime de estupro corretivo será aplicada a mesma majorante de pena in abstrato.

**IV.** Situação hipotética: Um homem, em 31/12/2018, por volta das cinco horas da madrugada, com a intenção de obter vantagem pecuniária, explodiu um caixa eletrônico situado em um posto de combustível. Assertiva: De acordo com o STJ, ele responderá criminalmente por furto qualificado em concurso formal impróprio com o crime de explosão majorada.

**(Juiz de Direito – TJ/SC – 2019 – CESPE/CEBRASPE)** Estão certos apenas os itens

**(A)** I e II.
**(B)** II e III.
**(C)** III e IV.
**(D)** I, II e IV.
**(E)** I, III e IV.

I: incorreta. A expressão *frotteurismo*, derivada do francês, consiste na excitação sexual gerada pelo ato de tocar órgãos genitais/seios ou esfregar-se (genitais contra o corpo) em determinada pessoa sem o seu consentimento. Clássico exemplo é aquele em que homens, em ônibus e trens lotados, molestam mulheres e, em alguns casos, chegam a ejacular. Episódio amplamente divulgado pelos meios de comunicação é o de um homem que, dentro do transporte público, em São Paulo, ejaculou no pescoço de uma mulher. Atualmente, a partir do advento da Lei 13.718/2018, a conduta em questão configura o crime de *importunação sexual*, disposto no art. 215-A, nos seguintes termos: *Praticar contra alguém e sem a sua anuência ato libidinoso com o objetivo de satisfazer a própria lascívia ou a de terceiro: Pena – reclusão, de 1 (um) a 5 (cinco) anos, se o ato não constitui crime mais grave*. Antes, a responsabilização se dava pela contravenção penal de *importunação ofensiva ao pudor*, definida no art. 61 da LCP, cujo preceito secundário estabelecia exclusivamente pena de multa, dispositivo este que foi

revogado, de forma expressa, pela Lei 13.718/2018, tendo a conduta ali descrita migrado para o novo art. 215-A do CP, em face da regra da continuidade típico-normativa. Evidente que a pena, agora mais grave, não poderá retroagir e atingir fatos anteriores à entrada em vigor da Lei 13.718/2018. O crime de violação sexual mediante fraude, definido no art. 215 do CP, pressupõe que o agente, utilizando-se de ardil, tenha conjunção carnal ou outro ato libidinoso com a vítima. Perceba que, neste delito, o resultado pretendido pelo agente (conjunção carnal/ato libidinoso diverso) é alcançado por meio de uma fraude. Em conclusão, não é este o crime em que incorre o sujeito que pratica *frotteurismo*, e sim o de *importunação sexual*; II: correta, pois reflete o disposto no art. 168-A, § 4º, do CP, introduzido pela Lei 13.606/2018; III: correta. A Lei 13.718/2018 fez inserir, no art. 226 do CP, o inciso IV, estabelecendo que a pena será aumentada, em um terço a dois terços, nos casos de *estupro coletivo* e *estupro corretivo*; IV: incorreta. Prevalecia o entendimento de que a subtração de valores de caixas eletrônicos por meio da utilização de explosivos, muitas vezes com a consequente destruição parcial da agência, configurava concurso formal entre os crimes de furto e explosão. Para alguns, tratar-se-ia de hipótese de concurso formal próprio; para outros, concurso formal impróprio. Conferir: "Igualmente descabida a absorção porquanto os delitos cometidos apresentam objetividades jurídicas e sujeitos passivos diversos, visto que o furto é delito contra o patrimônio e o de explosão contra a incolumidade pública, e com vítimas diversas, ou seja, a instituição bancária e os moradores dos arredores. O mesmo se diga pelo fato de que é necessário que o crime-meio seja menos grave que o crime-fim, o que se verifica através da comparação das sanções respectivas. Ora, o crime de explosão tem apenação inicial de três anos, além de haver causa de aumento de 1/3 em seu § 2º, enquanto que a do furto qualificado inicia-se em dois anos. Cabe asseverar que o § 2º do artigo 251 traz causa de aumento, que penaliza a prática do delito, dentre outras situações, com a finalidade de obter vantagem pecuniária. Isso demonstra que o legislador, mesmo sabendo que existem tipos penais específicos para delitos contra o patrimônio, preocupou-se em punir mais severamente aquele que, ao menos objetivando ganho patrimonial, vale-se de meio que expõe a perigo a vida ou bens alheios". (TJSP, Apelação Criminal 0011705.91-2011.8.26.0201, julgado em 10/10/2013, DJe 21/10/2013). *Vide* a Tese Institucional n. 383, do Ministério Público do Estado de São Paulo. Com o advento da Lei 13.654/2018, foram introduzidas no CP duas novas modalidades de qualificadora do crime de furto, a saber: quando, para viabilizar a subtração, o agente empregar explosivo ou artefato análogo que cause perigo comum (art. 155, § 4º-A, CP), sendo esta a hipótese narrada na assertiva; e quando a subtração for de substâncias explosivas ou de acessórios que, conjunta ou isoladamente, possibilitem sua fabricação, montagem ou emprego (art. 155, § 7º, do CP). Desnecessário dizer que tal inovação legislativa teve como espoco viabilizar um combate mais efetivo a essa onda de crimes patrimoniais (furto e roubo) cometidos por meio da explosão de bancos e seus caixas eletrônicos. Mais recentemente, a Lei 13.964/2019, ao incluir o inciso IX ao art. 1º da Lei 8.072/1990, passou a considerar como hediondo o crime de *furto qualificado pelo emprego de explosivo ou de artefato análogo que cause perigo comum* (art. 155, § 4º-A, CP). Por mais estranho que possa parecer, o mesmo não ocorreu com o delito de roubo praticado nas mesmas condições (art. 157, § 2º-A, II, CP).
Gabarito "B".

**(Juiz – TJ/CE – 2018 – CESPE)** Considerando a jurisprudência dos tribunais superiores acerca dos crimes contra a dignidade sexual, julgue os seguintes itens.

**I.** Ato sexual praticado por maior de idade com menor de quatorze anos de idade não configura estupro de vulnerável se tiver havido consentimento da parte menor.

**II.** Toques e apalpações fugazes nos seios e na genitália da vítima são atitudes insuficientes para configurar o tipo de estupro de vulnerável.

**III.** O trauma psicológico sofrido pela vítima de estupro de vulnerável é justificativa para a exasperação da pena-base imposta ao agente da conduta delituosa.

Assinale a opção correta.

**(A)** Nenhum item está certo.
**(B)** Apenas o item II está certo.
**(C)** Apenas o item III está certo.
**(D)** Apenas os itens I e II estão certos.
**(E)** Apenas os itens I e III estão certos.

I: incorreta. Sendo a vítima de estupro menor de 14 anos, pouco importa se consentiu ou não para o ato sexual. A propósito, no que concerne ao estupro de vulnerável, previsto no art. 217-A do CP, a Lei 13.718/2018, ao inserir o § 5º nesse dispositivo legal, consagra o entendimento adotado pela Súmula 593, do STJ, no sentido de que o consentimento e a experiência sexual anterior são irrelevantes à configuração do crime de estupro de vulnerável; II: incorreta. Conferir: "1. A Terceira Seção desta Corte Superior, sob a égide dos recursos repetitivos, art. 543-C do CPC, no julgamento do Recurso Especial n.1.480.881/PI, de Relatoria do Exmo. Ministro Rogerio Schietti Cruz, julgado em 26.08.2015, DJe 10.09.2015, firmou o entendimento de que, "para a caracterização do crime de estupro de vulnerável previsto no art. 217-A, *caput*, do Código Penal, basta que o agente tenha conjunção carnal ou pratique qualquer ato libidinoso com pessoa menor de 14 anos. 2. Hipótese em que o Tribunal a quo, sob o entendimento de que as condutas descritas no tipo penal em comento são divididas entre "as mais graves, como penetração anal e vaginal, até condutas menos agressivas, como toques, carícias nas nádegas e nos seios, como ocorre no caso em análise", decidiu pelo reconhecimento do crime de estupro de vulnerável em sua modalidade tentada porque o réu não teria logrado concretizar a penetração anal na vítima (menor com apenas 4 anos de idade), embora tenha tocado seu órgão genital nas nádegas da ofendida. 3. Recurso especial provido para reconhecer a forma consumada do crime de estupro de vulnerável" (REsp 1707920/RJ, Rel. Ministro Jorge Mussi, Quinta Turma, julgado em 03.05.2018, DJe 09.05.2018); III: correta. Nesse sentido: "Em relação às consequências do crime, que devem ser entendidas como o resultado da ação do agente, a avaliação negativa de tal circunstância judicial mostra-se escorreita se o dano material ou moral causado ao bem jurídico tutelado se revelar superior ao inerente ao tipo penal. Decerto, o trauma causado às ofendidas, menores que contavam com 10 e 11 anos de idade à época dos fatos sob apuração, não pode ser confundido com mero abalo psicológico passageiro, restando justificado, a toda evidência, o incremento da pena-base a título de consequências do crime" (HC 402.373/RS, Rel. Ministro Ribeiro Dantas, Quinta Turma, julgado em 10.04.2018, DJe 17.04.2018). ✍

Gabarito "C".

## 21. CRIMES CONTRA A FÉ PÚBLICA

**(Delegado/RJ – 2022 – CESPE/CEBRASPE)** Atanagildo ofereceu ação indenizatória contra empresa concessionária de energia elétrica, sustentando, em sua petição inicial, a interrupção no fornecimento de eletricidade por diversos dias consecutivos. A fim de não realizar o pagamento de custas processuais, Atanagildo se declarou hipossuficiente. Contudo, logo restou demonstrado pela empresa que Atanagildo não era hipossuficiente, bem como que, embora realmente o fornecimento de energia tenha sido interrompido na região por problemas técnicos, a suposta casa de Atanagildo não passava de um terreno, no qual não havia construções nem sequer um medidor de consumo de energia. Assim, o magistrado encaminhou cópias dos documentos à Delegacia de Polícia da área, a fim de apurar a existência de crimes.

Considerando-se essa situação hipotética, é correto afirmar que Atanagildo praticou

(A) conduta atípica.
(B) tentativa de estelionato e uso de documento falso.
(C) tentativa de estelionato e falsidade ideológica.
(D) tentativa de estelionato.
(E) falsidade ideológica.

Tanto a jurisprudência do STF quanto a do STJ consagraram o entendimento no sentido de que a conduta consistente em firmar ou fazer uso de declaração de pobreza falsa em juízo, com a finalidade de obter os benefícios da justiça gratuita, não configura crime, na medida em que tal manifestação não pode ser considerada documento para fins penais, sendo passível de comprovação posterior. Conferir: "O entendimento do Superior Tribunal de Justiça é no sentido de que a mera declaração de estado de pobreza para fins de obtenção dos benefícios da justiça gratuita não é considerada conduta típica, diante da presunção relativa de tal documento, que comporta prova em contrário" (STJ, RHC 24.606/RS, Rel. Min. Nefi Cordeiro, 6ª Turma, DJe 02/06/2015). ✍

Gabarito "A".

**(Delegado de Polícia Federal – 2021 – CESPE)** Com relação aos crimes contra a fé pública, julgue os itens que se seguem.

(1) O crime de moeda falsa é incompatível com o instituto do arrependimento posterior.
(2) O indivíduo foragido do sistema carcerário que utiliza carteira de identidade falsa perante a autoridade policial para evitar ser preso pratica o crime de falsa identidade.
(3) O advogado de réu pode vir a responder pelo crime de falso testemunho, na hipótese de induzir testemunha a prestar determinado depoimento.

**1:** certo. Para atender ao requisito da reparação do dano ou da restituição da coisa, contido no art. 16 do CP, é de rigor que se trate de crime patrimonial ou, ao menos, que o delito possua efeitos patrimoniais, não sendo este o caso do crime de moeda falsa, cuja consumação é alcançada com a falsificação da moeda, pouco importando se tal conduta acarretou prejuízos patrimoniais para terceiros. Ensina Guilherme de Souza Nucci que *a causa de diminuição de pena prevista neste artigo exige, para sua aplicação, que o crime seja patrimonial ou possua efeitos patrimoniais. Afinal, somente desse modo seria sustentável falar em reparação do dano ou restituição da coisa. Em uma hipótese de homicídio, por exemplo, não teria o menor cabimento aplicar o arrependimento posterior, uma vez que não há nada que possa ser restituído ou reparado. No furto, ao contrário, caso o agente devolva a coisa subtraída ou pague à vítima indenização correspondente ao seu valor, torna-se viável a aplicação da pena. Não descartamos, por certo, outras hipóteses que não sejam crimes patrimoniais, como ocorreria com o peculato doloso. Em caso de restituição da coisa ou reparação total do dano, parece-nos viável a aplicação da redução da pena* (*Código Penal Comentado*, 18ª ed. Forense, 2017. p. 197). Na jurisprudência: "1. No crime de moeda falsa – cuja consumação se dá com a falsificação da moeda, sendo irrelevante eventual dano patrimonial imposto a terceiros – a vítima é a coletividade como um todo e o bem jurídico tutelado é a fé pública, que não é passível de reparação. 2. Os crimes contra a fé pública, assim como os demais crimes não patrimoniais em geral, são incompatíveis com o instituto do arrependimento posterior, dada a impossibilidade material de haver reparação do dano causado ou a restituição da coisa subtraída. 3. As instâncias ordinárias, ao afastar a aplicação da delação premiada, consignaram, fundamentalmente, que "não se elucidou nenhum esquema criminoso; pelo contrário, o réu somente alegou em seu interrogatório a participação de outras pessoas na atuação criminosa, o que não é suficiente para a concessão do benefício da delação" (STJ, REsp 1242294/PR, Rel. Ministro SEBASTIÃO REIS JÚNIOR, Rel. p/ Acórdão Ministro ROGERIO SCHIETTI CRUZ, SEXTA TURMA, julgado em 18/11/2014, DJe 03/02/2015); **2:** errado. O foragido do sistema carcerário que faz uso (utiliza) de carteira de identidade falsa perante a autoridade policial com vistas a evitar sua prisão será responsabilizado pelo delito de uso de documento falso (art. 304, CP), e não pelo crime de falsa identidade (art. 307, CP), que pressupõe a mera imputação a si mesmo de identidade falsa. Seja como for, tanto é típica a conduta do agente que atribui a si falsa identidade para se ver livre de eventual responsabilização penal (Súmula 522 do STJ: "A conduta de atribuir-se falsa identidade perante autoridade policial é típica, ainda que em situação de alegada autodefesa"), quanto a conduta do agente que, imbuído do mesmo objetivo (evitar ser preso), faz uso de documento falso. Conferir: "Penal. *Habeas Corpus*. Uso de documento falso para ocultar condição de foragido. Exercício de autodefesa. Atipicidade. Inocorrência. Ordem denegada. I – A utilização de documento falso para ocultar a condição de foragido não descaracteriza o delito de uso de documento falso (art. 304 do CP). Precedentes. II – Ordem denegada" (STF, HC 119970, rel. Min. Ricardo Lewandowski, 2ª T, julgado em 04/02/2014, publicado em 17/02/2014); **3:** certo. O advogado que instrui testemunha a apresentar falsa versão favorável à causa que patrocina responde pelo crime de falso testemunho na condição de partícipe. A esse respeito: STF, RHC 81.327-SP, 1ª T., Rel. Min. Ellen Gracie, DJ 5.4.2002. ✍

Gabarito 1C, 2E, 3C.

**(Analista Judiciário – TJ/PA – 2020 – CESPE)** A conduta de quem faz declaração falsa de estado de pobreza para fins de obtenção dos benefícios da justiça gratuita em ação judicial é considerada

(A) atípica.
(B) crime de falsa identidade.
(C) crime de falsidade ideológica.

**(D)** crime de falsificação de documento público.
**(E)** crime de falsificação de documento particular.

Tanto a jurisprudência do STF quanto a do STJ consagraram o entendimento no sentido de que a conduta consistente em firmar ou fazer uso de declaração de pobreza falsa em juízo, com a finalidade de obter os benefícios da justiça gratuita, não configura crime, na medida em que tal manifestação não pode ser considerada documento para fins penais, uma vez que é passível de comprovação posterior. Conferir: "O entendimento do Superior Tribunal de Justiça é no sentido de que a mera declaração de estado de pobreza para fins de obtenção dos benefícios da justiça gratuita não é considerada conduta típica, diante da presunção relativa de tal documento, que comporta prova em contrário "(RHC 24.606/RS, Rel. Min. Nefi Cordeiro, 6ª Turma, DJe 02/06/2015). *In casu*, o ora agravante foi denunciado por falsidade ideológica (art. 299 do Código Penal), por ter firmado falsamente declaração de pobreza, com o fito de obter o benefício da justiça gratuita. Após receber a peça exordial, o Magistrado determinou a intimação do acusado para comparecer à audiência de proposta de suspensão condicional do processo, sem antes apreciar as teses aventadas pela Defesa na resposta à acusação, dentre as quais sustentava-se que a conduta praticada era atípica" (AgRg no RHC 43.279/SP, Rel. Min. Ribeiro Dantas, 5ª Turma, j. 13.12.2016, *DJe* 19.12.2016).
.∀. o⊥ɹɐqɐ⅁

**(Auditor Fiscal - SEFAZ/RS - 2019 - CESPE/CEBRASPE)** De acordo com o Código Penal, o agente que altera selo destinado a controle tributário comete crime

**(A)** de reprodução ou adulteração de selo ou peça filatélica.
**(B)** de falsificação de selo ou sinal público.
**(C)** de falsidade ideológica.
**(D)** de falsificação de papéis públicos.
**(E)** contra a ordem tributária.

Falsificar, mediante fabrico ou alteração, selo destinado a controle tributário configura o crime de falsificação de papel público (art. 293, I, CP). 🔲
.٠O. o⊥ɹɐqɐ⅁

**(Procurador Municipal – Prefeitura/BH – CESPE – 2017)** Com relação aos crimes em espécie previstos no CP, assinale a opção correta, considerando o entendimento jurisprudencial do STJ.

**(A)** O indivíduo que, ao ser preso em flagrante, informa nome falso com o objetivo de esconder seus maus antecedentes pratica o crime de falsa identidade, não sendo cabível a alegação do direito à autodefesa e à não autoincriminação.
**(B)** Para a configuração do crime de descaminho, é necessária a constituição definitiva do crédito tributário por processo administrativo-fiscal.
**(C)** Em se tratando de crime de concussão, a situação de flagrante se configura com a entrega da vantagem indevida.
**(D)** O crime de sonegação fiscal não absorve o crime de falsidade ideológica, mesmo que seja praticado unicamente para assegurar a evasão fiscal.

**A:** correta. Parte da doutrina sustenta que não comete o crime do art. 307 do CP o agente que atribui a si falsa identidade com o propósito de escapar de ação policial e, dessa forma, evitar sua prisão. O indivíduo estaria, segundo essa corrente, procurando preservar sua liberdade. Sucede que, atualmente, este posicionamento não mais prevalece. Segundo STF e STJ, aquele que atribui a si identidade falsa com o escopo de furtar-se à responsabilidade criminal deve, sim, responder pelo crime de falsa identidade (art. 307, CP). A propósito, o STJ, consolidando tal entendimento, editou a Súmula 522: "A conduta de atribuir-se falsa identidade perante autoridade policial é típica, ainda que em situação de alegada autodefesa". Também nesse sentido, o STF: "Direito penal. Agravo regimental em recurso extraordinário com agravo. Crime de falsa identidade. Art. 307 do Código Penal. Alegação de autodefesa. Impossibilidade. Tipicidade configurada. 1. O Plenário Virtual do Supremo Tribunal Federal, no julgamento do RE 640.139, Rel. Min. Dias Toffoli, decidiu que o princípio constitucional da autodefesa não alcança aquele que atribui falsa identidade perante autoridade policial com o intuito de ocultar maus antecedentes. Na ocasião, reconheceu-se a existência de repercussão geral da questão constitucional suscitada e, no mérito, reafirmou a jurisprudência dominante sobre a matéria. 2. Agravo regimental a que se nega provimento." (ARE 870572 AgR,

1ª T., Rel. Min. Roberto Barroso, j. 23.06.2015, *DJe* 05.08.2015, publ. 06.08.2015); **B:** incorreta, uma vez que não se aplica, no contexto do crime de descaminho, o entendimento firmado na Súmula Vinculante 24: "Não se tipifica crime material contra a ordem tributária, previsto no art. 1º, incisos I a IV, da Lei 8.137/1990, antes do lançamento definitivo do tributo". Nesse sentido, conferir: "A Quinta Turma deste Superior Tribunal de Justiça firmou entendimento no sentido de que o delito previsto no art. 334 do Código Penal se configura no ato da importação irregular de mercadorias, sendo desnecessário, portanto, o exaurimento das vias administrativas e constituição definitiva do crédito tributário para a sua apuração criminal" (AgRg no AREsp 1034891/SP, 5ª T., Rel. Min. Jorge Mussi, j. 13.06.2017, *DJe* 23.06.2017); **C:** incorreta. A entrega da vantagem indevida, na concussão (art. 316, "caput", CP), corresponde ao que a doutrina convencionou chamar de *exaurimento*, que nada mais é do que o desdobramento típico ocorrido em momento posterior à consumação. Neste crime, classificado pela doutrina como *formal* (ou de consumação antecipada ou resultado cortado), a consumação se dá com a imposição, pelo funcionário público, da vantagem indevida, pouco importando se o particular, sentindo-se acuado, faz-lhe a entrega ou não. A prisão em flagrante, bem por isso, somente é possível no momento em que o funcionário exige a vantagem; a entrega desta, pelo particular, constitui, como já dito, exaurimento do crime, não cabendo, portanto, a prisão em flagrante do *intraneus*, desde que, é claro, isso se dê em outro contexto. Para que não reste nenhuma dúvida: se a entrega da vantagem se der vários dias depois da exigência desta, não caberá mais a prisão em flagrante, uma vez que a consumação ocorreu lá atrás (com a imposição do pagamento indevido). E por falar em crime de concussão, é importante que se diga que a recente Lei 13.964/2019 (Pacote Anticrime) promoveu a alteração da pena máxima cominada a este delito. Com isso, a pena, que era de 2 a 8 anos de reclusão, e multa, passa para 2 a 12 anos de reclusão, e multa. Corrige-se, dessa forma, a distorção que até então havia entre a pena máxima cominada ao crime de concussão e aquelas previstas para os delitos de corrupção passiva (317, CP) e corrupção ativa (art. 333, CP). Doravante, a pena, para estes crimes, vai de 2 a 12 anos de reclusão, sem prejuízo da multa. Mesmo porque o crime de concussão denota, no seu cometimento, maior gravidade do que o delito de corrupção passiva. No primeiro caso, o agente exige, que tem o sentido de impor, obrigar, sempre se valendo do cargo que ocupa para intimidar a vítima e, dessa forma, alcançar a colimada vantagem indevida; no caso da corrupção passiva, o *intraneus*, no lugar de exigir, solicita, recebe ou aceita promessa de receber tal vantagem; **D:** incorreta. Para o STJ, é caso de aplicação do princípio da consunção. Conferir: "A jurisprudência desta Corte Superior é firme no sentido de aplicação do princípio da consunção quando o delito de falso é praticado exclusivamente para êxito do crime de sonegação, motivo pelo qual é aplicada a súmula 83/STJ" (AgRg nos EAREsp 386.863/MG, 3ª Seção, Rel. Min. Felix Fischer, j. 22.03.2017, *DJe* 29.03.2017). 🔲
.∀. o⊥ɹɐqɐ⅁

**(Analista Judiciário – TRT/8ª – 2016 – CESPE)** Acerca dos crimes contra a fé pública e dos crimes praticados por associações ou organizações criminosas, assinale a opção correta.

**(A)** Aquele que falsifica documento para, em seguida, usá-lo em procedimento subsequente comete os crimes de falsificação de documento e de uso de documento falso, haja vista a presença de dolos distintos e autônomos em relação a cada conduta praticada.
**(B)** A falsidade ideológica é configurada pelo dolo genérico de se omitir, em documento público ou particular, declaração que dele devia constar, ou nele inserir ou fazer inserir declaração falsa ou diversa da que devia ser escrita, mesmo que não enseje proveito ilícito ou prejuízo a terceiros.
**(C)** A estabilidade e a permanência nas relações entre os agentes reunidos em conjugação de esforços para a prática reiterada de crimes são essenciais para que se configure a associação criminosa, diferenciando-se essa do simples concurso eventual de pessoas para realizaram uma ação criminosa.
**(D)** A associação criminosa, denominação atual do antigo crime de quadrilha ou bando, por ser crime material, só se realiza quando mais de três pessoas se reúnem, em caráter estável e permanente, para o cometimento de crimes, consumando--se com a prática efetiva de um delito.

**(E)** A conduta de se colocar em circulação uma única cédula falsa, no valor de cinquenta reais, não pode ser reputada como algo que efetivamente perturba o convívio social, sendo admissível enquadrá-la como materialmente atípica pela incidência do princípio da insignificância.

**A:** incorreta. Embora não haja consenso na doutrina e na jurisprudência, prevalece hoje o entendimento no sentido de que o agente que falsifica documento e, ato contínuo, dele faz uso somente responde pelo crime de falsificação, sendo o seu uso reputado *post factum* não punível. Nessa ótica: "O uso dos papéis falsificados, quando praticado pelo próprio autor da falsificação, configura *post factum* não punível, mero exaurimento do *crimen falsi*, respondendo o falsário, em tal hipótese, pelo delito de falsificação de documento público (CP, art. 297) ou, conforme o caso, pelo crime de falsificação de documento particular (CP, art. 298)" (STF, 2ª T., HC 84.533-MG, rel. Min. Celso de Mello, j. 14.09.2004); **B:** incorreta. No contexto da falsidade ideológica, exige-se, à configuração deste delito, o chamado *elemento subjetivo específico*, assim entendido o especial fim do agente de prejudicar direito, criar obrigação ou alterar a verdade sobre fato juridicamente relevante; **C:** correta. De fato, para a configuração do crime de *associação criminosa*, que, antes do advento da Lei 12.850/2013, denominava-se *quadrilha ou bando*, é indispensável a existência de vínculo associativo estável e permanente entre os agentes que a compõem. Em assim sendo, a reunião de agentes com o fim de praticar um crime específico configura, em tese, mero concurso eventual de pessoas (art. 29, CP), e não associação criminosa (art. 288, CP); **D:** incorreta. Cuida-se de crime formal (e não material), cuja consumação, bem por isso, se dá com a associação, de forma estável, de três ou mais pessoas, ainda que não venham a cometer delito algum; **E:** incorreta. No STF: "MOEDA FALSA – INSIGNIFICÂNCIA – AFASTAMENTO. Descabe cogitar da insignificância do ato praticado uma vez imputado o crime de circulação de moeda falsa" (HC 126.285, Relator(a): Min. MARCO AURÉLIO, Primeira Turma, julgado em 13.09.2016).

Gabarito "C".

**(Procurador do Estado – PGE/BA – CESPE – 2014)** Julgue o item que se segue (adaptada)

**(1)** Aquele que utilizar laudo médico falso para, sob a alegação de possuir doença de natureza grave, furtar-se ao pagamento de tributo, deverá ser condenado apenas pela prática do delito de sonegação fiscal se a falsidade ideológica for cometida com o exclusivo objetivo de fraudar o fisco, em virtude da aplicação do princípio da subsidiariedade.

**1:** incorreta. Tal como se afirma, o crime de falso, já que serviu de meio para o cometimento do crime de sonegação fiscal (crime fim), deve por este ser absorvido, em virtude, e aqui está o erro da assertiva, do princípio da consunção, e não da subsidiariedade. ED

Gabarito 1E

**(Escrivão de Polícia/BA – 2013 – CESPE)** Julgue os próximos itens, relativos a crimes contra a fé pública.

**(1)** Considere que Silas, maior, capaz, ao examinar os autos do inquérito policial no qual figure como investigado pela prática de estelionato, encontre os documentos originais colhidos pela autoridade, nos quais seja demonstrada a materialidade do delito investigado, e os destrua. Nessa situação, em razão desse ato, Silas responderá pelo crime de supressão de documento.

**(2)** A consumação do crime de atestar ou certificar falsamente, em razão de função pública, fato ou circunstância que habilite alguém a obter cargo público, isenção de ônus ou de serviço de caráter público, ou qualquer outra vantagem ocorre no instante em que o documento falso é criado, independentemente da sua efetiva utilização pelo beneficiário.

**(3)** Considere a seguinte situação hipotética. Celso, maior, capaz, quando trafegava com seu veículo em via pública, foi abordado por policiais militares, que lhe exigiram a apresentação dos documentos do veículo e da carteira de habilitação. Celso, então, apresentou habilitação falsa. Nessa situação, a conduta de Celso é considerada atípica, visto que a apresentação do documento falso decorreu de circunstância alheia à sua vontade.

**1:** correta. Pratica o crime de supressão de documento, tipificado no art. 305 do CP, aquele que destruir, suprimir ou ocultar, em benefício próprio ou de outrem, ou em prejuízo alheio, documento público ou particular verdadeiro, de que não podia dispor. Silas, ao destruir os documentos originais encartados no bojo do inquérito policial, a fim de, com isso, eliminar a materialidade delitiva, praticou o crime em comento; **2:** correta. Realmente, comete o crime de atestado ou atestado ideologicamente falso (art. 301, CP) aquele que atestar ou certificar falsamente, em razão de função pública, fato ou circunstância que habilite alguém a obter cargo público, isenção de ônus ou de serviço de caráter público, ou qualquer outra vantagem. Trata-se de crime formal (ou de consumação antecipada), que não exige, para sua configuração, que o beneficiário da certidão ou atestado ideologicamente falso efetivamente o utilize, bastando que o agente elabore o documento falso; **3:** errada. A CNH, como sabido e ressabido, é documento de porte obrigatório para aquele que conduz veículo automotor, especialmente em via pública. Assim, ainda que os policiais militares tenham determinado a Celso que apresentasse os documentos do veículo e, repita-se, a CNH, ao optar por apresentar este documento falso, incorreu nas penas do art. 304 do CP. Não se pode admitir o entendimento segundo o qual a exigência na exibição do documento por autoridades públicas torna atípica a conduta do agente. Poderia ele preferir não exibir o documento. Contudo, ao fazê-lo, deverá responder por aludido crime.

Gabarito 1C, 2C, 3E

## 22. CRIMES CONTRA A ADMINISTRAÇÃO PÚBLICA

**(Procurador/PA – CESPE – 2022)** Caio, funcionário público estadual, no exercício regular de sua função pública, valendo-se das facilidades que o cargo lhe proporcionava, dirigiu-se ao setor público de arrecadação e pagamento de valores, sob o pretexto de tratar de assunto funcional com seu colega Técio, servidor público responsável pela conferência e guarda do dinheiro que os contribuintes recolhiam àquele órgão. Enquanto conversavam, Caio, aproveitando-se de ligeira distração de Técio, subtraiu uma cédula de R$ 200 que estava sobre a mesa do colega e que era relativa a um pagamento de débito feito por um contribuinte. Caio, posteriormente, confessou que subtraíra esse dinheiro porque precisava pagar uma dívida vencida.

Na situação hipotética apresentada, a conduta de Caio, em tese,

**(A)** configura o crime de peculato-apropriação.

**(B)** configura o crime de peculato-desvio.

**(C)** não configura nenhum crime, haja vista o princípio da insignificância, de acordo com súmula do Superior Tribunal de Justiça.

**(D)** configura o crime de peculato-estelionato.

**(E)** configura o crime de peculato-furto.

Pelo enunciado é possível concluir que Caio, embora tivesse, em razão de sua condição de funcionário público, facilidade de acesso ao numerário que veio por ele a ser subtraído, não dispunha da posse deste. Fica excluída, portanto, a prática do crime de peculato na modalidade *apropriação*, figura prevista no art. 312, *caput*, primeira parte, do CP. O que se deu foi que Caio se valeu de facilidade proporcionada pelo cargo que ocupa para efetuar a subtração do valor, do qual – repita-se – não tinha a posse. Desta feita, o crime que praticou é o do art. 312, § 1º, do CP (peculato-furto). Nesta modalidade de peculato (em que incorreu Caio), também chamado pela doutrina de *impróprio*, o agente, embora não tenha a posse do bem, diferentemente do que ocorre no peculato-apropriação (*próprio*), vale-se de facilidade que o cargo lhe proporciona para *efetuar* a subtração ou *concorrer* para que terceiro o faça. Tal facilidade, que constitui pressuposto desta modalidade de peculato doloso, consiste, por exemplo, no livre ingresso que o funcionário tem ao interior da repartição. O art. 312, *caput*, 2ª parte, contém a figura do *peculato-desvio*, modalidade que pressupõe que o agente desencaminhe o bem de que tem a posse, alterando o seu destino, não sendo este o caso narrado no enunciado. Por fim, o contido na assertiva não corresponde ao crime do art. 313 do CP – *peculato mediante erro de outrem*, também chamado de *peculato-estelionato* ou *peculato impróprio*. Neste, o terceiro, enganado quanto à pessoa do funcionário, entrega-lhe dinheiro ou qualquer utilidade. O *intraneus*, em vez de restituir o bem, dele se apropria, aproveitando-se do erro em que incorreu o terceiro.

Gabarito "E".

# 12. DIREITO PENAL — 405

**(Delegado/RJ – 2022 – CESPE/CEBRASPE)** A respeito dos crimes contra a administração pública, assinale a opção correta.

(A) A conduta de médico particular solicitar o pagamento de valor em dinheiro para atender paciente pelo Sistema Único de Saúde não configura crime funcional, pois o agente não se enquadra no conceito de funcionário público para fins penais.

(B) Comete o crime de prevaricação funcionário público que, por indulgência, deixa de responsabilizar subordinado que tenha cometido infração no exercício do cargo.

(C) Particular que aquiesce com a exigência de funcionário público, quando este comete o crime de concussão, entregando-lhe o valor pedido em razão do exercício de sua função, não comete nenhum crime nesse caso.

(D) O crime de corrupção passiva somente se configura com a efetiva prática ou omissão da conduta funcional do servidor, já que o chamado ato de ofício integra o tipo penal.

(E) Quem oferece dinheiro a perito para que este elabore laudo favorável à sua pretensão comete crime de corrupção ativa, definido no art. 333 do Código Penal.

**A:** incorreta. Se o médico particular, conveniado do SUS, e, portanto, considerado funcionário público, solicitar dinheiro (pagamento indevido) para realizar atendimento, cometerá o crime de corrupção passiva, que é delito funcional próprio do *intraneus*; **B:** incorreta. O funcionário público que, por indulgência, deixar de promover a responsabilização de funcionário subordinado que tenha praticado infração no exercício do cargo, ou, caso incompetente, deixar de levar ao conhecimento da autoridade com competência punitiva, responderá pelo crime de condescendência criminosa (art. 320 do CP), e não pelo delito de prevaricação, que será atribuído ao funcionário que retardar ou deixar de praticar, indevidamente, ato de ofício, ou praticá-lo contra disposição expressa de lei, para satisfazer interesse ou sentimento pessoal (319 do CP); **C:** correta. Pratica o delito de *concussão* – art. 316, *caput*, do CP – o funcionário público que, em razão da função que exerce, *impõe* vantagem indevida (ilícita). A conduta típica, neste crime, é representada pelo verbo *exigir*, que tem o sentido de *demandar, ordenar*. Essa exigência traz ínsita uma ameaça à vítima, que, sentindo-se intimidada, acuada, acaba por ceder, entregando ao agente a vantagem indevida por ele perseguida. Por essa razão, o particular deve ser considerado vítima do crime. Sua conduta de curva-se à exigência formulada pelo *intraneus*, portanto, é atípica; **D:** incorreta. Sendo crime formal, a corrupção passiva (art. 317, CP) se consuma com a mera solicitação/recebimento/aceitação de promessa, sendo desnecessário que o funcionário público retarde ou deixe de praticar o ato de ofício, ou mesmo obtenha a vantagem por ele perseguida; **E:** incorreta. Aquele que oferece dinheiro a perito para que este elabore laudo favorável à sua pretensão comete o crime de corrupção ativa de testemunha, perito, contador, tradutor ou intérprete, definido no art. 343 do CP. **ED**
Gabarito "C".

**(Delegado de Polícia Federal – 2021 – CESPE)** No que se refere aos crimes contra a administração pública, julgue os próximos itens.

(1) Um médico de hospital particular conveniado ao Sistema Único de Saúde pode ser equiparado a funcionário público, para fins de responsabilização penal.

(2) Na hipótese de crime de peculato doloso, o ressarcimento do dano exclui a punibilidade.

(3) O crime de facilitação de contrabando e descaminho se consuma com a efetiva facilitação, não sendo necessária a consumação do contrabando ou descaminho.

(4) A fuga do réu após a ordem de parada dos policiais sem abordagem configura crime de desobediência.

(5) O pagamento do tributo devido extingue a punibilidade do crime de descaminho.

**1:** certo. De fato, o médico conveniado do SUS é considerado, para os fins penais, funcionário público. Dessa forma, se ele, médico, por exemplo, exigir dinheiro (pagamento indevido) para realizar cirurgia, cometerá o crime de concussão (art. 316 do CP), delito próprio do *intraneus*; **2:** errado. A reparação do dano, desde que promovida antes da sentença irrecorrível, somente tem o condão de extinguir a punibilidade no crime de peculato culposo (não inclui a modalidade dolosa), nos termos do art. 312, § 3º, do CP. Segundo este mesmo dispositivo, se a reparação se der após a sentença transitada em julgado, a pena

imposta será reduzida de metade, o que também tem aplicação exclusiva no peculato culposo, descrito no art. 312, § 2º, CP; **3:** certo. De fato, o crime de facilitação de contrabando ou descaminho, definido no art. 318 do CP, alcança a sua consumação com a concreção da conduta descrita no tipo, que corresponde à facilitação. Cuida-se, portanto, de delito formal, em que não se exige a produção de resultado naturalístico consistente na efetiva prática do contrabando ou descaminho; **4:** certo. É tranquilo o entendimento, tanto na doutrina quanto na jurisprudência, no sentido de que o crime de desobediência (art. 330, CP) não se configura na hipótese de haver como consequência para o ato de recalcitrância penalidade de natureza civil ou administrativa. Cuida-se, portanto, de tipo penal subsidiário. Nessa esteira, conferir: "1. O crime de desobediência é um delito subsidiário, que se caracteriza nos casos em que o descumprimento da ordem emitida pela autoridade não é objeto de sanção administrativa, civil ou processual" (AgRg no REsp 1476500/DF, Rel. Ministro Walter de Almeida Guilherme (desembargador convocado do TJ/SP), Quinta Turma, julgado em 11.11.2014, *DJe* 19.11.2014). O STJ, em edição de n. 114 da ferramenta *Jurisprudência em Teses*, publicou, sobre este tema, a seguinte tese: "Desobediência a ordem de parada dada pela autoridade de trânsito ou por seus agentes, ou por policiais ou por outros agentes públicos no exercício de atividades relacionadas ao trânsito, não constitui crime de desobediência, pois há previsão de sanção administrativa específica no art. 195 do CTB, o qual não estabelece a possibilidade de cumulação de punição penal"; **5:** errado. Em razão da natureza formal do delito de descaminho (art. 334, CP), o pagamento ou mesmo o parcelamento dos débitos tributários não tem o condão de extinguir a punibilidade. Nesse sentido, conferir: "Cuidando-se de crime formal, mostra-se irrelevante o parcelamento e pagamento do tributo, não se inserindo, ademais, o crime de descaminho entre as hipóteses de extinção da punibilidade listadas na Lei n. 10.684/2003" (STJ, AgRg no REsp 1810491/SP, Rel. Ministro NEFI CORDEIRO, SEXTA TURMA, julgado em 27/10/2020, REPDJe 12/11/2020, DJe 03/11/2020). **ED**
Gabarito 1C, 2E, 3C, 4C, 5E

---

Antônio e Breno, bacharéis em direito, fazendo-se passar por oficiais de justiça, compareceram em determinada joalheria alegando que teriam um cumprir mandado judicial de busca e apreensão de parte da mercadoria, por suspeita de crime tributário. Para não cumprir os mandados, solicitaram a quantia de R$ 10.000, que foi paga pelo dono do estabelecimento.

**(Analista Judiciário – TJ/PA – 2020 – CESPE)** Nessa situação, Antônio e Breno responderão pelo crime de

(A) concussão.

(B) corrupção ativa.

(C) corrupção passiva.

(D) usurpação de função pública.

(E) tráfico de influência.

**A:** incorreta. Antônio e Breno não poderiam ser responsabilizados pelo crime de concussão (art. 316, CP), que, sendo próprio, exige que a conduta descrita no tipo penal seja concretizada por funcionário público, atributo que eles não detêm; **B:** incorreta. Também não incorreram no crime de corrupção ativa, que, embora se trate de delito praticado por particular contra a administração pública, pressupõe que o agente ofereça ou prometa vantagem indevida a funcionário público, imbuído do propósito de fazê-lo praticar, omitir ou retardar ato do ofício (art. 333, CP); **C:** incorreta. Da mesma forma que o crime de concussão, a corrupção passiva somente pode ser praticada por funcionário público, não sendo este o caso de Antônio e Breno; **D:** correta. Antônio e Breno, segundo o enunciado proposto, com o fim de alcançar vantagem patrimonial, se fazem passar por oficiais de justiça, induzindo em erro o proprietário do estabelecimento, que paga o valor por eles solicitado. Embora esta questão tenha sido considerada como correta, registre-se a existência de divergência doutrinária e jurisprudencial quanto à configuração, nesta hipótese, do crime de estelionato. Para esta corrente, quando o agente se limita a mentir que exerce função pública (sem praticar atos inerentes ao ofício) imbuído do propósito de induzir alguém em erro e, como isso, obter vantagem ilícita, estará configurado o crime de estelionato. É bem este o caso narrado no enunciado. Para esta mesma corrente, se o agente realiza atos inerentes a determinada função pública e, dessa forma, obtém certa vantagem, o crime, neste caso, é o do art. 328, parágrafo único, do CP (usurpação de função pública qualificada); **E:** incorreta. O agente que solicita vantagem a alguém, alegando gozar de prestígio junto à Administração para influir no comportamento de servidor público, comete o crime de tráfico de influência (art. 332 do CP). Este crime muito se assemelha ao estelionato, ou melhor, constitui uma modalidade específica de estelionato, em que o sujeito ativo vende a falsa ideia de que fará uso de sua influência para obter, em favor da vítima, benefício junto à Administração. Levada a engano pelo ardil aplicado pelo sujeito, o ofendido, ludibriado, entrega-lhe a vantagem perseguida. É crime de ação múltipla ou de conteúdo variado, uma vez que o tipo penal contempla várias condutas (exigir, cobrar e obter). Este crime não deve ser confundido com o delito do art. 357 do CP (exploração de prestígio). Neste, as pessoas em relação às quais o agente alega gozar de prestígio estão especificadas no tipo penal: juiz, jurado, órgão do MP, funcionário de justiça etc. É crime contra a administração da Justiça, ao passo que o tráfico de influência é delito contra a administração pública em geral.

Gabarito "D".

Joaquim, fiscal de vigilância sanitária de determinado município brasileiro, estava licenciado do seu cargo público quando exigiu de Paulo determinada vantagem econômica indevida para si, em função do seu cargo público, a fim de evitar a ação da fiscalização no estabelecimento comercial de Paulo.

**(Juiz de Direito – TJ/SC – 2019 – CESPE/CEBRASPE)** Nessa situação hipotética, Joaquim praticou o delito de

(A) constrangimento ilegal.
(B) extorsão.
(C) corrupção passiva.
(D) concussão.
(E) excesso de exação.

Joaquim, ao exigir de Paulo determinada quantia para evitar ação fiscalizatória no estabelecimento comercial deste, cometeu o crime de concussão. Tratando-se de crime próprio do funcionário público, a questão que aqui se coloca é saber se Joaquim, mesmo licenciado do cargo que ocupa, pode incorrer neste delito. A resposta deve ser afirmativa. A despeito de se encontrar afastado do cargo de fiscal de vigilância sanitária, é certo que Joaquim, ao impor a Paulo o pagamento de vantagem indevida, se valeu do cargo que ocupava. A descrição típica contida no art. 316, *caput*, do CP não deixa dúvidas de que o sujeito ativo abrange o *intraneus* que se encontra fora da função, quer porque está suspenso, quer porque está licenciado. O importante, como já ponderado, é que o agente, ainda que fora da função ou antes de assumi-la, se valha de sua função para o fim de demandar vantagem que não lhe é devida, invocando sua atividade.

Gabarito "D".

**(Juiz de Direito - TJ/BA - 2019 - CESPE/CEBRASPE)** Acerca dos delitos imputáveis aos agentes públicos, assinale a opção correta.

(A) Pratica peculato-desvio o prefeito municipal que utiliza verba pública para promoção pessoal.
(B) Pratica extorsão o funcionário público que, em razão de sua função, emprega grave ameaça no intuito de obter vantagem indevida.
(C) Pratica apropriação indébita agravada pela violação de dever inerente ao cargo ocupado o funcionário público que se apropria de valores que possui em razão do cargo.
(D) Pratica corrupção passiva na modalidade tentada o funcionário público que, ao solicitar vantagem indevida em razão da prática de ato de ofício, não a recebe por circunstâncias alheias à sua vontade.
(E) Pratica prevaricação o funcionário público que, em violação ao seu dever funcional, facilita a prática de crime de contrabando ou descaminho.

**A:** incorreta, uma vez que o prefeito que assim agir responderá pelo crime tipificado no art. 1º, II, do Decreto-lei 201/1967; **B:** correta, segundo o gabarito preliminar. Após, a banca examinadora anulou a questão, tendo apresentado como justificativa o fato de a assertiva estar incompleta, de forma a não contemplar todos os elementos integrantes do tipo penal da extorsão (art. 158, CP). Seja como for, o emprego de violência ou grave ameaça constitui elementar do crime de extorsão. Dessa forma, se o funcionário público, em razão de sua função, se valer de um desses meios para obter vantagem indevida, cometerá o

crime de extorsão (art. 158, CP), e não o de concussão (art. 316, CP). Nesta, o funcionário público, valendo-se de sua condição, exige, para si ou para outrem, vantagem indevida, impondo à vítima, ainda que de forma velada, um temor decorrente da própria autoridade que possui (*metus publicae potestatis*); **C:** incorreta. O funcionário público que se apropria de valores que possui em razão do cargo incorrerá nas penas do crime de peculato (art. 312, *caput*, 1ª parte, do CP), na modalidade *apropriação*, que restará caracterizado quando o agente, funcionário público, apropriar-se de dinheiro, valor ou bem móvel público ou particular de que tenha a posse em razão do cargo. O art. 312, *caput*, 2ª parte, contém a figura do *peculato-desvio*, modalidade que pressupõe que o agente desencaminhe o bem de que tem a posse, alterando o seu destino. Há também outra modalidade de peculato doloso: *peculato-furto* ou *peculato impróprio* (art. 312, § 1º, do CP), em que o agente, embora não tendo a posse do objeto material, o subtrai ou concorre para que seja subtraído, valendo-se, para tanto, de facilidade proporcionada pelo fato de ser funcionário. Por sua vez, o art. 312, em seu § 2º, prevê a forma culposa de peculato, cuja conduta consiste em o funcionário público concorrer, de forma culposa, para o delito de terceiro, que pode ou não ser funcionário público e age sempre de forma dolosa, praticando crimes como, por exemplo, furto, peculato, apropriação indébita etc.; **D:** incorreta. Esta assertiva refere-se ao momento consumativo da corrupção passiva. Trata-se de delito *formal*, isto é, a consumação é alcançada com a mera solicitação formulada pelo funcionário ao particular. Aqui, pouco importa, para o fim de consumar o crime, se o particular aceitará ou não entregar a vantagem ao funcionário, bem como se a vantagem deixou de ser auferida por qualquer outra circunstância alheia à vontade do agente. Dessa forma, forçoso concluir que pratica corrupção passiva na modalidade *consumada* o funcionário público que, ao solicitar vantagem indevida em razão da prática de ato de ofício, não a recebe por circunstâncias alheias à sua vontade; **E:** incorreta. O funcionário que assim agir será responsabilizado pelo crime de facilitação de contrabando ou descaminho (art. 318, CP). ED

Gabarito ANULADA.

**(Auditor Fiscal - SEFAZ/RS - 2019 - CESPE/CEBRASPE)** O agente que patrocina, direta ou indiretamente, interesse privado perante a administração fazendária, valendo-se da qualidade de funcionário público, pratica

(A) prevaricação.
(B) advocacia administrativa.
(C) conduta penalmente atípica.
(D) corrupção passiva privilegiada.
(E) crime funcional contra a ordem tributária.

O enunciado contém a descrição típica do crime do art. 3º, III, da Lei 8.137/1990 (advocacia administrativa contra a administração fazendária), que guarda bastante similitude com o crime de advocacia administrativa em geral, previsto no art. 321 do CP. Nos dois casos, pressupõe-se que o funcionário público, valendo-se dessa qualidade, patrocine, direta ou indiretamente, interesse privado perante a Administração Pública. Apesar do nome, não se exige que o sujeito ativo seja *advogado*. Cuida-se, isto sim, como já dito, de delito praticado por funcionário público (é crime próprio) que, valendo-se do cargo que ocupa, defende interesse privado de terceiro perante a Administração. ED

Gabarito "E".

**(Auditor Fiscal - SEFAZ/RS - 2019 - CESPE/CEBRASPE)** De acordo com o Código Penal no que diz respeito às finanças públicas, caracteriza crime

(A) autorizar a assunção de obrigação no último ano do mandato ou da legislatura.
(B) prestar garantia em operação de crédito, ainda que tenha sido constituída contragarantia em valor igual ao prestado.
(C) executar ato que acarrete aumento de despesa total com pessoal nos dois últimos quadrimestres anteriores ao final do mandato.
(D) realizar operação de crédito com inobservância de limite estabelecido em lei ou em resolução do Senado Federal.
(E) ordenar a inscrição de despesa previamente empenhada em restos a pagar para o próximo exercício financeiro.

**A:** incorreta. É que, no crime previsto no art. 359-C do CP, a autorização para assunção de obrigação deve ocorrer nos dois últimos quadrimestres do último ano de mandato ou legislatura (e não no último ano, como consta da assertiva); **B:** incorreta, já que a configuração do crime

# 12. DIREITO PENAL 407

definido no art. 359-E pressupõe a ausência de contragarantia em valor igual ou superior ao valor da garantia prestada. Dessa forma, se foi constituída contragarantia em valor igual ao prestado, não há que se falar em crime; **C**: incorreta. Isso porque somente restará configurado o delito do art. 359-G do CP na hipótese de o agente executar ato que acarrete aumento de despesa total com pessoal no prazo de 180 dias antes do final do mandato ou legislatura (e não nos dois últimos quadrimestres, conforme consta da proposição); **D**: correta. Conduta prevista no art. 359-A, parágrafo único, I, do CP; **E**: incorreta, pois não corresponde ao crime do art. 359-B do CP. **ED**

Gabarito "D".

**(Auditor Fiscal - SEFAZ/RS - 2019 - CESPE/CEBRASPE)** É punido na modalidade culposa o crime de

(A) peculato.
(B) falsidade ideológica.
(C) condescendência criminosa.
(D) violação de sigilo funcional.
(E) supressão de tributos mediante omissão de informação.

Dos crimes acima mencionados, o único que comporta a modalidade culposa é o *peculato*, delito previsto no art. 312, § 2º, do CP, que pressupõe que o funcionário público concorra, de forma culposa (imperícia, imprudência ou negligência), para o delito de terceiro, que pode ou não ser funcionário público e age sempre de forma dolosa, praticando crimes como, por exemplo, furto, peculato, apropriação indébita etc. No peculato culposo – art. 312, § 2º, primeira parte, do CP, a reparação do dano, quando anterior à sentença irrecorrível, extingue a punibilidade; se lhe é posterior, reduz de metade a pena imposta, conforme prescreve o art. 312, § 3º, segunda parte, do CP. **ED**

Gabarito "A".

Determinado auditor fiscal da SEFAZ exigiu do contribuinte o pagamento de tributo que sabia ser indevido, afirmando que iria recolher o valor aos cofres públicos.

**(Auditor Fiscal - SEFAZ/RS - 2019 - CESPE/CEBRASPE)** Nessa situação hipotética, o auditor fiscal deverá responder pelo cometimento do crime de

(A) peculato.
(B) excesso de exação.
(C) corrupção passiva.
(D) peculato mediante erro de outrem.
(E) crime funcional contra a ordem tributária.

O excesso de exação, que é modalidade de concussão, restará configurado quando o agente, funcionário público, exigir tributo ou contribuição social que sabe ou deveria saber indevido, ou, quando devido, empregar na cobrança meio vexatório ou gravoso, que a lei não autoriza (art. 316, § 1º, CP). **ED**

Gabarito "B".

**(Auditor Fiscal - SEFAZ/RS - 2019 - CESPE/CEBRASPE)** O proprietário de estabelecimento comercial que impeça o acesso de auditor fiscal da SEFAZ, regularmente identificado e com atribuição para dar início à ação fiscal, pratica

(A) desacato.
(B) resistência.
(C) desobediência.
(D) crime contra a ordem tributária.
(E) conduta penalmente atípica, considerada mera infração administrativa.

**A**: incorreta. Desacatar, ação nuclear do crime do art. 331, CP, corresponde à conduta do particular que desrespeita, despreza, ofende, trata com desdém o funcionário público no exercício da função ou em razão dela. São exemplos: rasgar mandado entregue pelo oficial de Justiça e, após, jogá-lo no chão; xingar o fiscal que esteja multando; dirigir ao funcionário sinais ofensivos e provocativos, entre outros. A recusa do proprietário de estabelecimento comercial de permitir o acesso de auditor fiscal ao local a ser fiscalizado não pode ser entendida como ato de desprezo pela figura do *intraneus*, já que não há, por parte deste, manifestação de desdém pela figura do fiscal; **B**: incorreta, na medida em que a configuração do crime de resistência, capitulado no art. 329 do CP, pressupõe que a oposição à execução do ato legal se faça por meio

de violência ou ameaça a funcionário com atribuição para a execução do ato ou ainda a quem lhe esteja prestando auxílio, o que não se verifica na hipótese descrita no enunciado. Pelo enunciado, fica claro que a conduta do agente, que desobedeceu à ordem legal, é desprovida de violência ou grave ameaça; **C**: correta. De fato, a conduta narrada no enunciado se amolda ao tipo penal do art. 330 do CP (desobediência), uma vez que o sujeito ativo deixou de atender à ordem legal emanada de funcionário público com atribuição de fiscalização, permitindo com que este promovesse a fiscalização de seu estabelecimento comercial; **D**: incorreta, já que não há tal previsão na Lei 8.137/1990; **E**: incorreta, tendo em conta os comentários acima. **ED**

Gabarito "C".

**(Procurador do Estado/SE – 2017 – CESPE)** Francisco foi acusado de prevaricação por ter deixado de praticar ato legal com a finalidade de satisfazer interesse pessoal. Em sentença, o juiz absolveu Francisco, sob o fundamento de que não ficou demonstrado o interesse pessoal perseguido, e julgou atípica a conduta do funcionário público.

Nessa situação hipotética,

(A) o crime do qual Francisco fora acusado é punível na modalidade culposa.
(B) a absolvição penal impede a propositura de ação cível de reparação de danos promovida pelo ente público contra Francisco.
(C) seria cabível a prisão temporária de Francisco, dado o crime pelo qual ele fora acusado.
(D) a sentença foi acertada porque o crime exige, para sua configuração, dolo específico consubstanciado na satisfação do interesse ou sentimento pessoal.
(E) a sentença pode ser questionada por meio de recurso em sentido estrito, a ser aviado pelo MP.

**A**: incorreta, visto que o crime de prevaricação (art. 319, CP), pelo qual foi acusado e, após, absolvido Francisco, somente comporta a modalidade dolosa. A propósito, no universo dos crimes contra a Administração Pública, há somente um que admite a modalidade culposa, que é o peculato (art. 312, § 2º, CP); **B**: incorreta, pois contraria o disposto no art. 67, III, do CPP; **C**: incorreta, dado que o crime pelo qual foi acusado Francisco não integra o rol do art. 1º da Lei 7.960/1989 (Prisão Temporária). Não devemos nos esquecer de que a prisão temporária, por ser uma modalidade de custódia cautelar destinada a viabilizar a investigação, somente terá lugar no curso do inquérito policial, não havendo que se falar em decretação da prisão temporária no decorrer da ação penal; **D**: correta. No crime de prevaricação, como é possível inferir da leitura do tipo penal, não basta que o agente deixe de cumprir obrigações inerentes ao dever de ofício, ou, ainda, que execute o ato a que está obrigado contra disposição expressa de lei. É imprescindível que aja, para que fique caracterizado o crime, com o intuito de satisfazer *interesse* ou *sentimento pessoal* (elemento subjetivo especial do tipo). Dessa forma, se tal circunstância não restar comprovada ao cabo da instrução, a absolvição é de rigor; **E**: incorreta. A sentença somente pode ser combatida por meio de recurso de apelação (art. 593, I, do CPP). **ED**

Gabarito "D".

**(Técnico Judiciário – STJ – 2018 – CESPE)** Julgue o item a seguir, acerca de processos relativos a crimes praticados por servidores públicos.

(1) Se a denúncia contra servidor público a respeito da prática de crime contra a administração pública em geral vier acompanhada do respectivo inquérito policial, será desnecessária a resposta preliminar prevista no procedimento especial para crimes dessa natureza.

**1**: a *defesa preliminar*, prevista no art. 514 do CPP, somente terá incidência nos crimes afiançáveis praticados por funcionário público contra a administração pública (chamados delitos funcionais, como é o caso do peculato). Impende, aqui, registrar que, em face do que enuncia a Súmula nº 330 do STJ, a formalidade imposta por este dispositivo somente se fará necessária quando a denúncia se basear em outras peças de informação que não o inquérito policial. Importante que se diga que tal entendimento não é compartilhado pelo STF. Ademais disso, a *notificação* para apresentação da defesa preliminar não se estende ao particular. **ED**

Gabarito 1 ANULADA.

**(Delegado/PE – 2016 – CESPE)** O CP, em seu art. 14, assevera que o crime estará consumado quando o fato reunir todos os elementos da definição legal. Para tanto, necessária será a realização de um juízo de subsunção do fato à lei. Acerca do amoldamento dos fatos aos tipos penais, assinale a opção correta.

(A) A conduta de constituir, organizar, integrar, manter ou custear organização paramilitar, milícia particular, grupo ou esquadrão com a finalidade de praticar qualquer dos crimes previstos no CP configura crime contra a paz pública, sendo considerada como crime vago, uma vez que o sujeito passivo é a coletividade.

(B) A doutrina e a jurisprudência são unânimes ao afirmar que configura crime de desacato quando um tenente da polícia militar, no exercício de sua função, ofende verbalmente, em razão da função exercida, um de seus subordinados.

(C) Amolda-se no tipo legal de calúnia, previsto nos crimes contra a honra, a conduta de instaurar investigação policial contra alguém, imputando-lhe crime de que se sabe ser inocente.

(D) Constituem crime de corrupção ativa, praticado por particular contra a administração geral, as condutas de dar, oferecer ou prometer dinheiro ou qualquer outra vantagem a testemunha, perito, contador, tradutor ou intérprete, para fazer afirmação falsa, negar ou calar a verdade em depoimento, perícia, cálculos, tradução ou interpretação.

(E) A fraude processual será atípica, se a inovação artificiosa do estado de coisa, de pessoa ou de lugar, com o fim de induzir a erro o juiz, ocorrer antes de iniciado o processo penal.

**A:** correta. A redação da assertiva corresponde ao tipo penal do crime capitulado no art. 288-A, cujo *nomen juris* é *constituição de milícia privada*, dispositivo esse introduzido pela Lei 12.720/2012. De ver-se que se trata, tal como afirmado na alternativa, de crime classificado como vago, na medida em que o sujeito passivo, neste caso a coletividade, é representado por entidade destituída de personalidade jurídica; **B:** incorreta. O crime de desacato está previsto tanto no Código Penal, em seu art. 331, quanto no Código Penal Militar, neste caso nos arts. 298, 299 e 300. Pois bem. A questão é saber se há unanimidade, na doutrina e na jurisprudência, quanto à existência deste crime quando a ofensa é praticada por superior contra subordinado no contexto policial militar. E não há tal unanimidade. Conferir, quanto a isso, o magistério de Cezar Roberto Bitencourt: "(...) Para nós, é vazia e ultrapassada a discussão sobre a possibilidade de um superior hierárquico poder praticar desacato em relação a funcionário subalterno, ou vice-versa. Ignoram os antigos defensores da orientação contrária que o bem jurídico tutelado não é o funcionário propriamente, mas a função pública e a própria Administração, as quais estão, portanto, acima das sutilezas da hierarquia funcional, que é ocasional e circunstancial. Entendemos ser irrelevante o nível de hierarquia funcional entre sujeitos ativo e passivo para configurar o crime de desacato, fazendo coro, no particular, com Magalhães Noronha, Heleno Fragoso, Regis Prado, entre outros (...)" (*Tratado de Direito Penal*. 10. ed., São Paulo: Ed. Saraiva, 2016. p. 214); **C:** antes de analisarmos a assertiva, cabem, aqui, alguns esclarecimentos. Consiste o crime de *calúnia* em atribuir a alguém fato capitulado como crime. Trata-se de crime contra a honra objetiva (conceito que o sujeito tem diante do grupo no qual está inserido). Esse crime não deve ser confundido com a *denunciação caluniosa*, delito contra a Administração da Justiça previsto no art. 339 do CP, que pressupõe que o agente *dê causa*, provoque a instauração de investigação policial, de processo judicial, de investigação administrativa, inquérito civil ou ação de improbidade administrativa contra alguém (pessoa determinada), atribuindo-lhe crime de que o sabe inocente. A assertiva está, em vista do que acima expusemos, incorreta, já que a conduta ali contida corresponde à descrição típica do crime de denunciação caluniosa (art. 339 do CP), e não do delito de calúnia. É importante que se diga que a Lei 14.110/2020, posterior à elaboração desta questão, alterou o art. 339 do CP, dispositivo que contém a descrição típica do crime de denunciação caluniosa, que passa a contar, doravante, com a seguinte redação: *Dar causa à instauração de inquérito policial, de procedimento investigatório criminal, de processo judicial, de processo administrativo disciplinar, de inquérito civil ou de ação de improbidade administrativa contra alguém, imputando-lhe*

*crime, infração ético-disciplinar ou ato ímprobo de que o sabe inocente*; **D:** incorreta, uma vez que a redação desta assertiva se enquadra, à perfeição, na descrição típica do crime previsto no art. 343 do CP. Embora tenha certa similitude com o crime de corrupção ativa do art. 333 do CP (crime praticado por particular contra a Administração em geral), este delito do art. 343 do CP é praticado contra a Administração da Justiça; **E:** incorreta. Ainda que o processo não tenha sido iniciado, mesmo assim a conduta descrita constituirá o crime previsto no art. 347 do CP (fraude processual). Ademais, em razão de a inovação se destinar a produzir efeito em processo penal (em curso ou ainda não iniciado), incorrerá o agente na modalidade qualificada deste delito, previsto no parágrafo único do dispositivo em questão.

Gabarito "A".

**(Analista Jurídico –TCE/PA – 2016 – CESPE)** Com base no Código Penal e na jurisprudência dos tribunais superiores, julgue os itens a seguir, a respeito dos crimes contra a administração pública.

(1) O crime de ordenação de despesa não autorizada é de natureza material, consumando-se no momento em que a despesa é efetuada.

(2) O agente público que ordena despesa sem o conhecimento de que tal despesa não era autorizada por lei incide em erro de proibição.

**1:** incorreta, visto que o crime de ordenação de despesa não autorizada (art. 359-D, CP) é de natureza formal (e não material). Isso porque a sua consumação não está condicionada à produção de resultado naturalístico, consistente na realização da despesa; **2:** incorreta. Ensina Cezar Roberto Bitencourt, ao tratar do crime do art. 359-D do CP, que "o eventual desconhecimento da inexistência de autorização legal caracteriza erro de tipo, que exclui o dolo e, por extensão, a tipicidade (art. 20, *caput*)" (*Código Penal Comentado*, 7. ed., Saraiva, p. 405). Gabarito 1E, 2E

**(Analista Jurídico – TCE/PR – 2016 – CESPE)** No que se refere ao crime de peculato, assinale a opção correta com base na jurisprudência do Superior Tribunal de Justiça (STJ).

(A) A reparação do dano pelo funcionário público antes do recebimento da denúncia exclui a configuração do crime de peculato doloso.

(B) A qualidade de funcionário público do sujeito ativo é elementar do crime de peculato, a qual não se comunica a coautores e partícipes estranhos ao serviço público.

(C) A circunstância de o sujeito ativo ser funcionário público ocupante de cargo de elevada responsabilidade justifica a majoração da pena-base aplicada em decorrência da condenação pela prática do crime de peculato.

(D) A consumação do crime de peculato-apropriação ocorre com a posse mansa e pacífica do objeto material pelo funcionário público.

(E) A consumação do crime de peculato-desvio ocorre no momento em que o funcionário público obtém a vantagem indevida com o desvio do dinheiro, ou outro bem móvel, em proveito próprio ou de terceiro.

**A:** incorreta. No contexto do peculato *doloso*, a reparação do dano levada a efeito por ato voluntário do agente até o recebimento da denúncia constitui causa de diminuição de pena da ordem de um a dois terços, conforme estabelece o art. 16 do CP (arrependimento posterior); de ver-se que, se o peculato for *culposo* (não é esse o caso da assertiva), a reparação do dano, se precedente ao trânsito em julgado da sentença penal condenatória, dá azo à extinção da punibilidade (art. 312, § 3º, CP); **B:** incorreta. A despeito de o crime de peculato (art. 312, CP) ser considerado próprio, ou seja, exigir, como elementar do delito, a qualidade de funcionário público, nada obsta que o particular, no concurso de pessoas, figure como coautor ou partícipe no mesmo crime, desde que, é claro, o *extraneus* tenha ciência da condição de funcionário público de seu comparsa; **C:** correta. Com efeito, o STJ tem entendido que o fato de o funcionário público ser ocupante do cargo de elevada responsabilidade justifica a majoração da pena-base aplicada em razão de condenação pelo cometimento do crime de peculato. Cuidado: esse incremento na reprimenda, que incide na pena-base (primeira fase), não pode ser confundido com a causa de aumento de pena (terceira fase) prevista no art. 327, § 2º, do CP; **D:** incorreta,

## 12. DIREITO PENAL  409

uma vez que a consumação do *peculato-apropriação* (art. 312, *caput*, 1ª parte, do CP) se dá no exato instante em que o agente passa a se comportar como se dono fosse da coisa, isto é, quando ele, funcionário, inverte o ânimo que tem sobre o objeto do delito, seja dinheiro, valor ou qualquer outro bem móvel; **E**: incorreta. Opera-se a consumação no *peculato-desvio* (art. 312, *caput*, 2ª parte, do CP) no momento em que o funcionário dá destinação diversa à coisa, sendo desnecessária a obtenção da vantagem visada.

Gabarito "C".

**(Analista Jurídico – TCE/PR – 2016 – CESPE)** À luz da jurisprudência do STJ, assinale a opção correta, no que se refere aos crimes contra administração pública.

**(A)** O crime de corrupção ativa se consuma com a realização da promessa ou apenas com a oferta de vantagem indevida.

**(B)** O crime de concussão se consuma com o recebimento das vantagens exigidas indevidamente, sendo mero exaurimento a utilização de tais vantagens.

**(C)** O funcionário público que se utiliza de violência ou grave ameaça para obter vantagem indevida em razão de sua função comete o crime de concussão.

**(D)** Em razão da incidência do princípio da bilateralidade nos crimes de corrupção passiva e ativa, a comprovação de um deles pressupõe a do outro.

**(E)** Para a configuração do crime de corrupção passiva, é prescindível a existência de nexo de causalidade entre a conduta do funcionário público e a realização de ato funcional de sua competência.

**A**: correta. De fato, a corrupção ativa (art. 333 do Código Penal) é delito formal, cujo *momento consumativo*, bem por isso, se opera no exato instante em que o agente *oferece* ou *promete* vantagem indevida, independentemente de efetivo prejuízo para a administração, consistente na aceitação da oferta ou mesmo da promessa; **B**: incorreta, visto que o crime de concussão, sendo formal, se consuma com a mera *exigência*, isto é, com a imposição do pagamento indevido, não sendo necessário que se concretize o recebimento da vantagem, que, se porventura ocorrer, configurará mero *exaurimento*. Cuidado: com o advento da Lei Anticrime, a pena cominada ao crime de concussão passou para 2 a 12 de reclusão (antes era 2 a 8 anos); **C**: incorreta. O funcionário que se vale de violência ou grave ameaça para obter vantagem indevida em razão de sua função comete, em tese, o crime de extorsão (art. 158, CP), e não o de concussão; **D**: incorreta. Isso porque o crime de corrupção (ativa ou passiva) não pressupõe, necessariamente, a existência de um crime bilateral (corrupção passiva de um lado e corrupção ativa de outro). Imaginemos a situação em que o funcionário solicita vantagem indevida de um particular. Neste caso, o crime funcional (corrupção passiva), porque formal, já restará consumado, pouco importando que o particular atenda ou não ao pleito formulado pelo *intraneus*. Temos, neste caso, tão somente o crime de corrupção passiva. De outro lado, se o particular oferece ao funcionário vantagem indevida e este a recusa, há somente o cometimento do crime de corrupção ativa por parte do particular. É claro que, se o funcionário aceitar a promessa formulada pelo particular, haverá dois crimes: corrupção ativa pelo particular e passiva pelo funcionário; **E**: incorreta. Conferir: "(...) Para a configuração do crime previsto no artigo 317 do Código Penal exige-se que a solicitação, o recebimento ou a promessa de vantagem se faça pelo funcionário público em razão do exercício de sua função, ainda que fora dela ou antes de seu início, mostrando-se indispensável, desse modo, a existência de nexo de causalidade entre a conduta do servidor e a realização de ato funcional de sua competência (...)" (HC 135.142/MS, Rel. Ministro JORGE MUSSI, QUINTA TURMA, julgado em 10.08.2010, *DJe* 04.10.2010).

Gabarito "A".

**(Analista – Judiciário –TRE/PI – 2016 – CESPE)** Com relação aos crimes contra a administração pública, assinale a opção correta.

**(A)** O detentor de cargo em comissão não é equiparado a funcionário público para fins penais.

**(B)** A exigência, por funcionário público no exercício da função, de vantagem indevida, configura crime de corrupção ativa.

**(C)** Caso os autores de crime contra a administração pública sejam ocupantes de função de direção de órgão da administração direta, as penas a eles impostas serão aumentadas em um terço.

**(D)** Tratando-se de crime de peculato culposo, a reparação do dano após o trânsito em julgado de sentença penal condenatória ocasiona a extinção da punibilidade do autor.

**(E)** Não configura crime o fato de o funcionário deixar de praticar ato de ofício a pedido de outrem se, com isso, ele não obtiver vantagem patrimonial.

**A**: incorreta, segundo a organizadora. Na verdade, o detentor de cargo em comissão é considerado funcionário público para feitos penais (art. 327, *caput*, do CP), e não por equiparação (art. 327, § 1º, do CP). Ademais, o detentor de cargo em comissão será mais severamente punido, na forma do art. 327, § 2º, do CP, que estabelece causa de aumento de pena; **B**: incorreta. A conduta do funcionário público consistente em *exigir*, no exercício da função pública, vantagem indevida configura o crime de *concussão* (art. 316, *caput*, CP). A corrupção ativa (art. 333, CP) consiste na conduta do particular que oferece ou promete vantagem indevida a funcionário público com o fim de determiná-lo a praticar, omitir ou retardar ato de ofício. Cuida-se, portanto, de crime comum, já que não se exige do sujeito ativo nenhuma qualidade especial; **C**: correta, pois corresponde ao disposto no art. 327, § 2º, do CP; **D**: incorreta, uma vez que a reparação do dano, no peculato culposo, sendo posterior ao trânsito em julgado de sentença penal condenatória, determinará a redução de metade da pena imposta (art. 312, § 3º, parte final, do CP). A extinção da punibilidade somente será alcançada, no peculato culposo, se a reparação do dano se der antes do trânsito em julgado de sentença penal condenatória (art. 312, § 3º, primeira parte, do CP); **E**: incorreta. Neste caso, o funcionário incorrerá nas penas do crime do art. 317, § 2º, do CP (corrupção passiva privilegiada).

Gabarito "C".

**(Advogado União –AGU – CESPE – 2015)** João, empregado de uma empresa terceirizada que presta serviço de vigilância a órgão da administração pública direta, subtraiu aparelho celular de propriedade de José, servidor público que trabalha nesse órgão.

A respeito dessa situação hipotética, julgue os itens que se seguem.

**(1)** O ato praticado por João configura crime de peculato-furto, em que o sujeito passivo imediato é José e o sujeito passivo mediato é a administração pública.

**(2)** João é funcionário público por equiparação, devendo ser a ele aplicado o procedimento especial previsto no CP, o que possibilita a apresentação de defesa preliminar antes do recebimento da denúncia.

**1**: incorreto, uma vez que João não pode ser considerado funcionário público, neste caso por equiparação (art. 327, § 1º, CP), na medida em que a empresa terceirizada para a qual trabalha não executa atividade típica da Administração Pública, razão pela qual ele não poderá responder pelo crime de peculato-furto, delito próprio do funcionário público. **2**: Incorreto. Vide comentário anterior. **ED**

Gabarito 1E, 2E.

**(Procurador do Estado – PGE/BA – CESPE – 2014)** Julgue o item que se segue (adaptada).

**(1)** Considere que Paulo, servidor público lotado no INSS, tenha inserido nos bancos de dados dessa autarquia informações falsas a respeito de Carlos, o que possibilitou a este receber quantia indevida a título de aposentadoria. Nessa situação hipotética, Paulo cometeu o crime de falsidade ideológica.

**1**: incorreta, na medida em que Paulo cometeu o crime capitulado no art. 313-A do CP (inserção de dados falsos em sistema de informações). **ED**

Gabarito 1E.

**(Promotor de Justiça/AC – 2014 – CESPE)** Miguel, Abel e Laerte, ocupantes de cargos de direção em determinada câmara municipal, previamente ajustados e em união de esforços com Pires, empresário, todos agindo consciente e voluntariamente, associaram-se permanentemente com vistas à apropriação de verbas públicas, simulando operações comerciais entre a referida casa legislativa e empresa de fachada. Para tanto, os referidos servidores públicos determinavam que seus subordinados emitissem ordens de pagamento em valores superiores aos efetivamente contratados. O grupo foi objeto de investigação, que resultou em denúncia pela prática dos crimes de peculato doloso e de quadrilha, recebida por juízo criminal. Antes da prolação da sentença, os acusados efetuaram a reparação do dano ao erário. Em relação à situação hipotética apresentada acima, assinale a opção correta.

(A) Dada a manifesta ilegalidade da determinação dada aos subordinados para a expedição de ordens de pagamento em valores superiores aos efetivamente contratados, o fato de os ocupantes de cargo de direção se valeram de seus subordinados como instrumentos para a prática da infração penal caracteriza caso de autoria mediata.

(B) Na hipótese de impossibilidade de conhecimento da ilicitude do fato pelos subordinados que cumpriram a ordem manifestamente ilegal, ficaria afastado o dolo da conduta, consoante a teoria normativa pura da culpabilidade.

(C) O crime de peculato é delito próprio de agente na função de servidor público, de modo que Pires, por ser empresário, deve responder por delito diverso do praticado pelos servidores da câmara municipal.

(D) A reparação do dano ao erário antes da sentença extingue a punibilidade dos agentes apenas em relação ao delito de peculato doloso, devendo o processo prosseguir quanto ao crime de quadrilha.

(E) É possível ao magistrado fixar a pena-base em conjunto para os corréus servidores públicos, na hipótese em que todos eles sejam funcionários da mesma entidade pública e as circunstâncias judiciais se mostram equivalentes, sem que isso importe em ofensa ao princípio constitucional da individualização da pena, segundo entendimento do STJ.

**A:** incorreta, pois, se a ordem for manifestamente ilegal, mandante e executor respondem pela infração penal, em razão do concurso de pessoas, sendo que a pena do superior hierárquico será agravada (art. 62, II, do CP) e a do subalterno será atenuada (art. 65, III, "c", 1ª parte, do CP). Portanto, não há que se falar em autoria mediata, caso em que não há concurso de pessoas, por inexistir o vínculo subjetivo, já que o agente se utiliza de um inculpável ou de alguém de atua sem dolo ou culpa, como por exemplo, no caso da obediência hierárquica pelo subalterno a uma ordem não manifestamente ilegal emitida pelo superior hierárquico; **B:** incorreta, pois na impossibilidade de conhecimento da ilicitude do fato pelos subordinados que cumpriram a ordem, haverá inexigibilidade de conduta diversa, afastando a culpabilidade (art. 22, do CP). Se, entretanto, a ordem for manifestamente ilegal, mandante e executor respondem pela infração penal, em razão do concurso de pessoas, sendo que a pena do superior hierárquico será agravada (art. 62, II, do CP) e a do subalterno será atenuada (art. 65, III, "c", 1ª parte, do CP); **C:** incorreta, pois como o fato de ser "funcionário público" é uma elementar do crime de peculato, ainda que de caráter subjetivo, comunica-se aos demais agentes, de modo que todos respondem pela prática do mesmo crime, consoante o disposto no art. 30, do CP; **D:** incorreta, pois a reparação do dano ao erário como causa extintiva da punibilidade está prevista apenas no peculato culposo, nos termos do art. 312, § 3º, do CP; **E:** correta, pois, de fato, apesar de não se mostrar recomendável, a fixação das reprimendas dos corréus em conjunto não fere a garantia constitucional da individualização das penas quando os fatores pessoais de cada um são levados em consideração, notadamente quando a maioria deles é idêntica (STJ – HC: 92291 RJ 2007/0238767-1, Data de Julgamento: 15.05.2008, T6 – Sexta Turma).
Gabarito "E".

**(Promotor de Justiça/AC – 2014 – CESPE)** No que concerne ao crime de falso testemunho, assinale a opção correta.

(A) De acordo com o entendimento firmado pelo STJ, mostra-se imprescindível, para a configuração do delito de falso testemunho, o compromisso de dizer a verdade.

(B) Não se aplica a causa especial de aumento de pena prevista no CP para o crime de falso testemunho praticado em processo judicial destinado a apurar a prática de contravenção penal.

(C) O STF e o STJ já se posicionaram no sentido de que, em tese, é possível atribuir a advogado a coautoria pelo crime de falso testemunho.

(D) Para a consumação do delito de falso testemunho, é essencial que o depoimento falso seja determinante para o resultado do processo.

(E) A prolação da sentença no processo em que ocorra afirmação falsa é condição de procedibilidade da ação penal pelo crime de falso testemunho.

**A:** incorreta, pois o compromisso de dizer a verdade não é elementar do crime de falso testemunho. Porém, é possível que, analisando o caso concreto, não se possa exigir da testemunha que fale a verdade, em razão de fortes laços afetivos com o réu (Informativo n. 432, do STJ); **B:** incorreta, pois o art. 342, § 1º, do CP não faz distinção entre as espécies de infração penal, estabelecendo a causa de aumento se o crime de falso testemunho for cometido com o fim de obter prova destinada a produzir efeito em processo penal; **C:** correta, pois o advogado que instrui testemunha a apresentar falsa versão favorável à causa que patrocina responde pelo crime de falso testemunho (STF, HC/SP, 75037, Rel. Marco Aurélio, DJ 20.04.2001; STJ REsp, 200.785/SP, Rel. Min. Felix Fischer, DJ 21.08.2000). Todavia, a doutrina critica tais julgados por entender que o advogado responde como partícipe e não como coautor, tendo em vista que o crime de falso testemunho é de mão própria, ou seja, de atuação personalíssima do agente; **D:** incorreta, pois o crime de falso testemunho se consuma no momento em que o juiz encerra o depoimento da testemunha. Assim, por se tratar de crime formal, consuma-se com a simples prestação do depoimento falso, sendo irrelevante a sua influência ou não para o resultado do processo; **E:** incorreta, pois como já explicitado acima, o crime de falso testemunhado é formal, consumando-se com o encerramento do depoimento prestado pela testemunha. Oportuno frisar que, muito embora não haja condição de procedibilidade da ação penal pelo crime de falso testemunho, é certo que se o agente se retrata ou fala a verdade antes da prolação da sentença no processo em que ocorreu a afirmação falsa, o fato deixa de ser punível, nos termos do art. 342, § 2º, do CP.
Gabarito "C".

**(Escrivão de Polícia/BA – 2013 – CESPE)** No que concerne aos crimes contra a administração pública, julgue os itens que se seguem.

(1) Incorrem na prática de condescendência criminosa tanto o servidor público hierarquicamente superior que deixe, por indulgência, de responsabilizar subordinado que tenha cometido infração no exercício do cargo quanto os funcionários públicos de mesma hierarquia que não levem o fato ao conhecimento da autoridade competente para sancionar o agente faltoso.

(2) O crime de concussão é delito próprio e consiste na exigência do agente, direta ou indireta, em obter da vítima vantagem indevida, para si ou para outrem, e consuma-se com a mera exigência, sendo o recebimento da vantagem considerado como exaurimento do crime.

(3) A consumação do crime de corrupção passiva ocorre quando o agente deixa efetivamente de praticar ou retarda ato de ofício, com infração de dever funcional, cedendo a pedido ou influência de outrem, em troca de vantagem indevida anteriormente percebida.

**1:** correta. Comete o crime de condescendência criminosa (art. 320, CP) aquele funcionário que deixar, por indulgência, de responsabilizar subordinado que cometeu infração no exercício do cargo ou, quando lhe falte competência (ex.: colegas de mesma hierarquia funcional), não levar o fato ao conhecimento da autoridade competente; **2:** correta. A concussão (art. 316, CP) é crime funcional, ou seja, cometido por funcionário público (crime próprio) contra a Administração em geral. Consiste no fato de o agente – repita-se, funcionário público – exigir, para si ou para outrem, direta ou indiretamente, ainda que fora da função ou antes de assumi-la, mas em razão dela, vantagem indevida. Considera-se crime formal (ou de consumação antecipada), não se exigindo, para sua configuração e consumação, efetivo recebimento, pelo funcionário público, da vantagem indevida exigida, o que, se ocorrer, caracterizará mero exaurimento do delito. **3:** errada. A corrupção passiva (art. 317, CP) é crime que se consuma com a mera solicitação ou aceitação de promessa de vantagem indevida, ou mesmo com o recebimento desta, não sendo imprescindível, para sua configuração, que o funcionário público retarde, deixe de praticar ou pratique ato de ofício com infração a dever funcional. Apenas a corrupção passiva privilegiada (art. 317, § 2º, CP), que se verifica quando o agente pratica, deixa de praticar ou retarda ato de ofício, com infração a dever funcional, cedendo a pedido ou influência de outrem, depende, para sua

## 12. DIREITO PENAL

consumação, que o agente, tal como exige o tipo penal, pratique, deixe de praticar ou retarde ato de ofício. O efetivo recebimento da vantagem, também, não é necessário para a consumação do delito.

Gabarito 1C, 2C, 3E

**(Procurador/DF – 2013 – CESPE)** Ângelo, funcionário público exercente do cargo de fiscal da Agência de Fiscalização do DF (AGEFIS), no exercício de suas funções, exigiu vantagem indevida do comerciante Elias, de R$ 2.000,00 para que o estabelecimento não fosse autuado em razão de irregularidades constatadas. Para a prática do delito, Ângelo foi auxiliado por seu primo, Rubens, taxista, que o conduziu em seu veículo até o local da fiscalização, previamente acordado e consciente tanto da ação delituosa que seria empreendida quanto do fato de que Ângelo era funcionário público. Antes que os valores fossem entregues, o comerciante, atemorizado, conseguiu informar policiais militares acerca dos fatos, tendo sido realizada a prisão em flagrante de Ângelo.

Com referência a essa situação hipotética, julgue os itens a seguir.

(1) Se Ângelo for condenado pela prática do delito praticado contra a Administração Pública, não caberá a seguinte agravante, prevista em artigo do CP: Ter o agente cometido o crime com abuso de poder ou violação de dever inerente a cargo, ofício, ministério ou profissão.

(2) Ângelo responderá pelo delito de corrupção passiva, previsto em artigo do CP.

(3) Tendo em vista que Elias não efetivou a entrega dos valores exigidos por Ângelo, o crime não se consumou.

(4) A condição de funcionário público comunica-se ao partícipe Rubens, que tinha prévia ciência do cargo ocupado por seu primo e acordou sua vontade com a dele para auxiliá-lo na prática do delito, de forma que os dois deverão estar incursos no mesmo tipo penal.

**1:** correta. A conduta praticada por Ângelo constitui o crime de concussão (art. 316 do CP), que, por se tratar de crime funcional, exige a condição de funcionário público, tendo ínsita, portanto, a violação de dever inerente ao cargo. Logo, inaplicável a circunstância agravante prevista no art. 61, II, "g", do CP; **2:** incorreta. Como visto no item anterior, a conduta perpetrada por Ângelo subsume-se àquela descrita no art. 316, *caput*, do CP (concussão). Na corrupção passiva (art. 317 do CP), o agente não *exige* a vantagem indevida, tal qual ocorre na concussão, mas, sim, a solicita, a recebe, ou, então, aceita a promessa de sua futura entrega; **3:** incorreta. O crime de concussão (art. 316 do CP), por ser formal, consuma-se com a mera exigência da vantagem indevida, ainda que essa não seja entregue ao agente delitivo; **4:** correta. De fato, ainda que Rubens não seja funcionário público, tal condição pessoal irá a ele comunicar-se, nos termos do art. 30 do CP. Perceba que o enunciado deixou claro que o primo de Ângelo tinha ciência de toda a ação delituosa que seria empreendida no local da fiscalização. Logo, Rubens foi partícipe da conduta praticada pelo funcionário público.

Gabarito 1C, 2E, 3E, 4C

### 23. OUTROS CRIMES DO CÓDIGO PENAL

**(Juiz de Direito/AM – 2016 – CESPE)** Acerca do crime de que trata o art. 198 do CP — atentado contra a liberdade de trabalho e boicotagem violenta —, assinale a opção correta.

(A) A competência para o processamento de ação que envolva a prática desse crime é da justiça federal, independentemente de se tratar de interesse individual do trabalhador ou coletivo.

(B) A conduta de constranger alguém, mediante violência ou grave ameaça, a adquirir de outrem matéria-prima ou produto industrial agrícola configura o crime previsto no referido artigo.

(C) Cometerá o referido crime aquele que constranger alguém, mediante violência ou grave ameaça, a não celebrar contrato de trabalho.

(D) Haverá concurso de crimes se o agente praticar mais de uma das condutas previstas no art. 198 do CP.

(E) O referido crime classifica-se como crime próprio.

**A:** incorreta. Tendo em conta que este crime atinge interesse de natureza individual do trabalhador, competente para o seu processamento e julgamento é a Justiça Comum estadual; **B:** incorreta, na medida em que o constrangimento, conforme consta do tipo penal, deve ter por finalidade o *não* fornecimento ou *não* aquisição de matéria-prima ou produto industrial agrícola. O ato consistente em constranger alguém, mediante violência ou grave ameaça, a adquirir de outrem matéria-prima ou produto industrial agrícola configura, em princípio, o crime previsto no art. 146 do CP (constrangimento ilegal); **C:** incorreta. Tal como se deu na assertiva anterior, o crime do art. 198 do CP somente se configura se o constrangimento impingido tiver por fim a celebração do contrato de trabalho; se o constrangimento é voltado à *não* celebração do contrato (conduta não tipificada no tipo do art. 198), pode-se falar, em tese, na prática do crime de constrangimento ilegal (art. 146, CP); **D:** correta. A prática das duas condutas (atentado contra a Liberdade de contrato de trabalho e boicotagem violenta), embora previstas no mesmo tipo penal, implica o reconhecimento de concurso de crimes; **E:** incorreta. Trata-se de crime comum, uma vez que o tipo penal não impõe nenhuma qualidade especial ao sujeito ativo.

Gabarito "D".

### 24. LEGISLAÇÃO EXTRAVAGANTE

#### 24.1. CRIMES DA LEI DE DROGAS

**(Delegado/RJ – 2022 – CESPE/CEBRASPE)** Soraia possui doença neurológica para a qual existe indicação terapêutica do uso de canabidiol. A fim de controlar os sintomas da doença, ela importou medicamentos à base de canabidiol, amparada em decisão judicial, embora sem autorização da Agência Nacional de Vigilância Sanitária (ANVISA). Como os medicamentos são caros, Soraia requereu, judicialmente, autorização para plantio de *Cannabis sativa* e consectária extração do óleo necessário ao tratamento. O magistrado, ao se pronunciar, negou a liminar pleiteada, sustentando que a autorização para plantio só poderia ser concedida pela ANVISA. Irresignada, Soraia viajou ao exterior, para a aquisição de algumas poucas sementes de *Cannabis*, com as quais pretendia iniciar o cultivo clandestino para utilização própria. Ao retornar ao Brasil, o carro de Soraia foi parado em uma *blitz*, tendo os policiais encontrado as sementes em seu poder. Para se defender, Soraia decidiu demonstrar o propósito terapêutico de sua iniciativa, levando os policiais espontaneamente à sua casa, onde estavam cópias de prontuários, receitas e atestados médicos. Lá os policiais encontraram diversos utensílios destinados ao cultivo das plantas psicotrópicas, além de frascos do medicamento outrora adquirido mediante decisão judicial autorizativa.

A respeito dessa situação hipotética, assinale a opção correta.

(A) Soraia praticou comportamento penalmente típico, mas estava amparada pelo estado de necessidade.

(B) A manutenção dos utensílios para cultivo de drogas destinadas a consumo pessoal é crime autônomo expressamente previsto na Lei n.º 11.343/2006.

(C) A aquisição dos medicamentos, a importação das sementes e a posse dos utensílios mencionados não constituem infrações penais previstas na Lei n.º 11.343/2006.

(D) A aquisição dos medicamentos à base de canabidiol foi criminosa, já que foi realizada sem autorização da ANVISA.

(E) A importação de sementes de *Cannabis sativa* constitui crime previsto na Lei n.º 11.343/2006, salvo se for autorizada, pois as sementes são matéria-prima para a produção de drogas.

Conferir: "1. A recorrente busca salvo-conduto para viabilizar o plantio de maconha para fins medicinais, após ter obtido, perante o Tribunal Regional Federal da 4ª Região, permissão para importar pequenas quantidades de semente de Cannabis sativa L. 2. Os Tribunais Superiores já possuem jurisprudência firmada no sentido de considerar que a conduta de importar pequenas quantidades de sementes de maconha não se adequa à forma prevista no art. 33 da Lei de Drogas, subsumindo-se, formalmente, ao tipo penal descrito no art. 334-A do Código Penal, mas cuja tipicidade material é afastada pela aplicação do princípio da insignificância. 3. O controle do cultivo e da manipulação da maconha deve ser limitado aos conhecidos efeitos deletérios atribuídos a algumas substâncias contidas na planta, sendo certo que a própria Lei n. 11.343/2006 permite o manejo de vegetais dos quais possam ser extraídas ou produzidas drogas para fins medicinais ou científicos, desde que autorizado pela União. 3. No atual estágio do debate acerca da regulamentação dos produtos baseados na Cannabis e de desenvolvimento das pesquisas a respeito da eficácia dos medicamentos obtidos a partir da planta, não parece razoável desautorizar a produção artesanal do óleo à base de maconha apenas sob o pretexto da falta de regulamentação. De mais a mais, a própria agência de vigilância sanitária federal já permite a importação de medicamentos à base de maconha, produzidos industrial ou artesanalmente no exterior, como, aliás, comprovam os documentos juntados a estes autos. 4. Entretanto, a autorização buscada pela recorrente depende de análise de critérios técnicos que não cabem ao juízo criminal, especialmente em sede de habeas corpus. Essa incumbência está a cargo da própria Agência Nacional de Vigilância Sanitária que, diante das peculiaridades do caso concreto, poderá autorizar ou não o cultivo e colheita de plantas das quais se possam extrair as substâncias necessárias para a produção artesanal dos medicamentos. 5. Recurso ordinário em *habeas corpus* não provido, recomendando à Agência Nacional de Vigilância Sanitária que analise o caso e decida se é viável autorizar a recorrente a cultivar e a ter a posse de plantas de Cannabis sativa L. para fins medicinais, suprindo a exigência contida no art. 33 da Lei n. 11.343/2006" (STJ, RHC n. 123.402/RS, relator Ministro Reynaldo Soares da Fonseca, Quinta Turma, julgado em 23/3/2021, DJe de 29/3/2021). 🔳

Gabarito "C".

**(Juiz de Direito - TJ/BA - 2019 - CESPE/CEBRASPE)** À luz do entendimento jurisprudencial do STF, assinale a opção correta, acerca do delito de tráfico privilegiado, previsto na Lei n.º 11.343/2006.

(A) Trata-se de crime inafiançável e insuscetível de graça, anistia e indulto.

(B) O condenado pela prática de tráfico privilegiado deve iniciar o cumprimento da pena em regime fechado.

(C) A progressão de regime prisional do réu condenado pelo crime em apreço somente será admitida mediante a realização de exame criminológico.

(D) O condenado pela prática do crime de tráfico privilegiado poderá alcançar a progressão de regime prisional depois de ter cumprido pelo menos um sexto da pena no regime anterior, se ostentar bom comportamento carcerário.

(E) O livramento condicional somente será concedido aos condenados pelo crime em apreço que tenham cumprido mais de dois terços da pena, exceto aqueles reincidentes específicos em crimes hediondos ou equiparados.

**A:** incorreta. O Plenário do STF, ao julgar o HC 118.533/MS, em 23.06.2016, cuja relatoria foi da Min. Cármen Lúcia, entendeu, em dissonância com o posicionamento então adotado pelo STJ, que o crime de tráfico de drogas privilegiado não tem natureza hedionda. Já o STJ, por meio da Súmula n. 512, não mais em vigor, de forma diversa da do STF, fixou o entendimento segundo o qual "A aplicação da causa de diminuição de pena prevista no art. 33, § 4º, da Lei 11.343/2006 não afasta a hediondez do crime de tráfico de drogas". Pois bem. Sucede que a Terceira Seção do STJ, na sessão realizada em 23 de novembro de 2016, ao julgar a QO na Pet 11.796-DF, determinou o cancelamento da referida Súmula n. 512, alinhando-se ao entendimento adotado pelo STF no sentido de que o delito de tráfico privilegiado não pode ser equiparado a crime hediondo. Atualmente, portanto, temos que tanto o STF quanto o STJ adotam o posicionamento no sentido de que o chamado tráfico privilegiado não constitui delito equiparado a hediondo. Bem recentemente, a Lei 13.964/2019 (Pacote Anticrime) inseriu no art. 112 da Lei de Execução Penal, que trata da progressão de regime, o § 5º, segundo o qual "não se considera hediondo ou equiparado, para os fins deste artigo, o crime de tráfico de drogas previsto no § 4º do art. 33 da Lei 11.343, de 23 de agosto de 2006"; **B:** incorreta. Ainda que o tráfico privilegiado fosse equiparado a hediondo, mesmo assim não haveria que se falar em fixação de regime fechado obrigatório. Se a pena aplicada for de até 8 anos, é possível, sim, ainda que se trate de crime hediondo ou assemelhado, que o agente inicie o cumprimento de sua pena no regime semiaberto ou, conforme o caso, no aberto. Mesmo porque, como bem sabemos, o art. 2º, § 1º, da Lei 8.072/1990 (Crimes Hediondos), que estabelece o regime inicial fechado aos condenados por crimes hediondos e equiparados, foi declarado pelo STF,

no julgamento do HC 111.840, inconstitucional, não havendo mais, portanto, a obrigatoriedade de fixar-se o regime inicial fechado nos crimes hediondos; **C:** incorreta. Por força das alterações promovidas pela Lei 10.792/2003 no art. 112 da LEP, o exame criminológico deixou de ser obrigatório para o deferimento da progressão de regime. A despeito disso, o STJ e o STF têm entendido que o magistrado pode, sempre que entender necessário e conveniente, determinar a realização de exame criminológico não condenado, como condição para aferir se preenche o requisito subjetivo para progressão de regime. Em outras palavras, não está o juiz impedido de determinar tal providência. *Vide* Súmula Vinculante 26 e Súmula 439 do STJ; **D:** correta. Considerando que o tráfico privilegiado não constitui delito equiparado a hediondo, a progressão de regime obedecerá às regras do art. 112 da LEP, ou seja, a progressão dar-se-á após o cumprimento de um sexto da pena no regime anterior, sem prejuízo, é importante que se diga, do requisito subjetivo. Cuidado: com o advento da Lei 13.964/2019 (Pacote Anticrime), alterou-se a redação do art. 112 da LEP, com a inclusão de novas faixas de fração de cumprimento de pena a possibilitar a progressão do reeducando a regime menos rigoroso. No caso do tráfico privilegiado, por se tratar de crime não equiparado a hediondo e desprovido de violência/grave ameaça, a progressão dar-se-á, de acordo com as novas regras implementadas pelo Pacote Anticrime, com o cumprimento de 16% da pena, sendo o reeducando primário; se for reincidente, deverá cumprir, para fazer jus à progressão, 20% da pena que lhe foi imposta; **E:** incorreta, pois contraria o disposto no art. 83 do CP. 🔳

Gabarito "D".

**(Defensor Público - DPE/DF - 2019 - CESPE/CEBRASPE)** Com base no entendimento do STJ, julgue os próximos itens, a respeito de aplicação da pena.

(1) A confissão espontânea na delegacia de polícia retratada em juízo deverá ser considerada atenuante da confissão espontânea, ainda que o magistrado não a utilize para fundamentar a condenação do réu.

(2) Condenação anterior por delito de porte de substância entorpecente para consumo próprio não faz incidir a circunstância agravante relativa à reincidência, ainda que não tenham decorrido cinco anos entre a condenação e a infração penal posterior.

**1:** errada. Ainda que o réu se retrate, em juízo, de confissão feita em sede policial, somente fará jus à atenuante do art. 65, III, *d*, do CP se isso contribuir para a formação do convencimento do juiz (Súmula 545, STJ). Na jurisprudência: "Se a confissão do agente é utilizada como fundamento para embasar a conclusão condenatória, a atenuante prevista no art. 65, inciso III, alínea *d*, do CP, deve ser aplicada em seu favor, pouco importando se a admissão da prática do ilícito foi espontânea ou não, integral ou parcial, ou se houve retratação posterior em juízo" (HC 176.405/RO, Rel. Ministro JORGE MUSSI, QUINTA TURMA, julgado em 23/04/2013, DJe 03/05/2013); **2:** correta. A natureza jurídica do art. 28 da Lei 11.343/2006 gerou, num primeiro momento, polêmica na doutrina, uma vez que, para uns, teria havido descriminalização da conduta ali descrita. O STF, ao enfrentar a questão, decidiu que o comportamento descrito neste art. 28 continua a ser crime, isso porque inserido no Capítulo III da atual Lei de Drogas. Nesse sentido, a 1ª Turma do STF, no julgamento do RE 430.105-9-RJ, considerou que o dispositivo em questão tem natureza de crime, e o usuário é um "tóxico delinquente" (Rel. Min. Sepúlveda Pertence, j. 13.2.2007), entendimento este, até então, compartilhado pelo STJ. Com isso, a condenação pelo cometimento do crime do art. 28 da Lei de Drogas, embora não imponha ao condenado pena de prisão, tem o condão de gerar reincidência. Mais recentemente, a 6ª Turma do STJ, que até então compartilhava do posicionamento do STF e da 5ª Turma do STJ, apontou para uma mudança de entendimento. Para a 6ª Turma, o art. 28 da Lei de Drogas não constitui crime tampouco contravenção. Trata-se de uma infração penal *sui generis*, razão penal qual o seu cometimento não gera futura reincidência. Havia, como se pode ver, divergência entre a 5ª e a 6ª Turmas do STJ. Conferir o julgado da 5ª Turma, de acordo com o entendimento até então prevalente: "A conduta prevista no art. 28 da Lei n. 11.343/06 conta para efeitos de reincidência, de acordo com o entendimento desta Quinta Turma no sentido de que, *"revela-se adequada a incidência da agravante da reincidência em razão de condenação anterior por uso de droga, prevista no artigo 28 da Lei n. 11.343/06, pois a jurisprudência desta Corte Superior, acompanhando o entendimento do col. Supremo Tribunal Federal, entende que não*

## 12. DIREITO PENAL · 413

*houve abolitio criminis com o advento da Lei n. 11.343/06, mas mera "despenalização" da conduta de porte de drogas"* (HC 314594/SP, rel. Min. FELIX FISCHER, QUINTA TURMA, DJe 1/3/2016)" (HC 354.997/SP, j. 28/03/2017. julgado em 21/08/2018, DJe 30/08/2018). Conferir o julgado da 6ª Turma que inaugurou a divergência à qual fizemos referência: "1. À luz do posicionamento firmado pelo Supremo Tribunal Federal na questão de ordem no RE nº 430.105/RJ, julgado em 13/02/2007, de que o porte de droga para consumo próprio, previsto no artigo 28 da Lei nº 11.343/2006, foi apenas despenalizado pela nova Lei de Drogas, mas não descriminalizado, esta Corte Superior vem decidindo que a condenação anterior pelo crime de porte de droga para uso próprio configura reincidência, o que impõe a aplicação da agravante genérica do artigo 61, inciso I, do Código Penal e o afastamento da aplicação da causa especial de diminuição de pena do parágrafo 4º do artigo 33 da Lei nº 11.343/06. 2. Todavia, se a contravenção penal, punível com pena de prisão simples, não configura reincidência, resta inequivocamente desproporcional a consideração, para fins de reincidência, da posse de droga para consumo próprio, que conquanto seja crime, é punida apenas com "advertência sobre os efeitos das drogas", "prestação de serviços à comunidade" e "medida educativa de comparecimento a programa ou curso educativo", mormente se se considerar que em casos tais não há qualquer possibilidade de conversão em pena privativa de liberdade pelo descumprimento, como no caso das penas substitutivas. 3. Há de se considerar, ainda, que a própria constitucionalidade do artigo 28 da Lei de Drogas, que está cercado de acirrados debates acerca da legitimidade da tutela do direito penal em contraposição às garantias constitucionais da intimidade e da vida privada, está em discussão perante o Supremo Tribunal Federal, que admitiu Repercussão Geral no Recurso Extraordinário nº 635.659 para decidir sobre a tipicidade do porte de droga para consumo pessoal. 4. E, em face dos questionamentos acerca da proporcionalidade do direito penal para o controle do consumo de drogas em prejuízo de outras medidas de natureza extrapenal relacionadas às políticas de redução de danos, eventualmente até mais severas para a contenção do consumo do que aquelas previstas atualmente, o prévio apenamento por porte de droga para consumo próprio, nos termos do artigo 28 da Lei de Drogas, não deve constituir causa geradora de reincidência. 5. Recurso improvido" (REsp 1672654/SP, Rel. Ministra MARIA THEREZA DE ASSIS MOURA, SEXTA TURMA, julgado em 21/08/2018, DJe 30/08/2018). Em seguida, a 5ª Turma aderiu ao entendimento adotado pela 6ª Turma, no sentido de que a condenação pelo cometimento do crime descrito no art. 28 da Lei 11.343/2006 não tem o condão de gerar reincidência. A conferir: "Esta Corte Superior, ao analisar a questão, posicionou-se de forma clara, adequada e suficiente ao concluir que a condenação pelo crime do artigo 28 da Lei n. 11.343/2006 não é apta a gerar os efeitos da reincidência." (EDcl no AgRg nos EDcl no REsp 1774124/SP, Rel. Ministro REYNALDO SOARES DA FONSECA, QUINTA TURMA, julgado em 02/04/2019, DJe 16/04/2019). **ED**

Gabarito: 1E, 2C

**(Delegado - PC/SE - 2018 - CESPE/CEBRASPE)** Acerca do tráfico ilícito de entorpecentes, julgue o item que se segue.

**(1) Situação hipotética:** Em um mesmo contexto fático, um cidadão foi preso em flagrante por manter em depósito grande variedade de drogas, entre elas, cocaína, maconha, haxixe e *crack*, todas para fins de mercancia. Foram apreendidos também maquinários para o preparo de drogas, entre eles, uma balança digital e uma serra portátil. **Assertiva:** Nessa situação, afastada a existência de contextos autônomos entre as condutas delitivas, o crime será único.

**1:** correta. O STJ, em edição de n. 126 da ferramenta *Jurisprudência em Teses*, publicou, sobre este tema, a seguinte tese: "É possível a aplicação do princípio da consunção entre os crimes previstos no § 1º do art. 33 e/ou no art. 34 pelo tipificado no *caput* do art. 33 da Lei 11.343/2006, desde que não caracterizada a existência de contextos autônomos e coexistentes, aptos a vulnerar o bem jurídico tutelado de forma distinta." Gabarito: 1C

**(Escrivão de Polícia Federal – 2013 – CESPE)** No que concerne aos aspectos penais e processuais da Lei de Drogas e das normas de controle e fiscalização sobre produtos químicos que direta ou indiretamente possam ser destinados à elaboração ilícita de substâncias entorpecentes, psicotrópicas ou que determinem dependência física ou psíquica, julgue os itens seguintes.

**(1)** Para comercializar produtos químicos que possam ser utilizados como insumo na elaboração de substâncias entorpecentes, o comerciante deverá ser cadastrado no Departamento de Polícia Federal e possuir licença de funcionamento, concedida pelo mesmo departamento.

**(2)** Considere que determinado cidadão esteja sendo processado e julgado por vender drogas em desacordo com determinação legal. Nessa situação, se o réu for primário e tiver bons antecedentes, sua pena poderá ser reduzida, respeitados os limites estabelecidos na lei.

**1:** correta, nos termos do art. 4º da Lei 10.357/2001; **2:** correta. Na verdade, para fazer jus ao benefício da redução da pena, o réu deve ser primário, de bons antecedentes, não se dedique a atividades criminosas nem integre organização criminosa (art. 33, § 4º, da Lei 11.343/2006). Gabarito: 1C, 2C

**(Escrivão de Polícia/DF – 2013 – CESPE)** Julgue o item subsecutivo, referente ao Sistema Nacional de Políticas Públicas sobre Drogas (Lei 11.343/2006).

**(1)** Será isento de pena um namorado que ofereça droga a sua namorada, eventualmente e sem objetivo de lucro, para juntos eles a consumirem.

**1:** incorreta. Não é caso de isenção de pena, mas de crime de tráfico de drogas privilegiado previsto no art. 33, § 3º, da Lei 11.343/2006. Gabarito: 1E

## 24.2. CRIME DE TORTURA

**(Delegado - PC/SE - 2018 - CESPE/CEBRASPE)** Acerca dos delitos previstos na Lei de Tortura, julgue o item que se segue.

**(1) Situação hipotética:** Um cidadão penalmente imputável, com emprego de extrema violência, submeteu pessoa homossexual a intenso sofrimento físico e mental, motivado, unicamente, por discriminação à orientação sexual da vítima. **Assertiva:** Nessa situação, é incabível o enquadramento da conduta do autor no crime de tortura em razão da discriminação que motivou a violência.

**1:** correta. De fato, a Lei 9.455/1997, que define os crimes de tortura, somente contemplou a discriminação racial ou religiosa (art. 1º, I, *c*). Quanto a este tema, conferir a lição de Guilherme de Souza Nucci: "discriminação racial ou religiosa: dois são os grupos que podem ser alvo do delito de tortura: a) o conjunto de indivíduos de mesma origem étnica, linguística ou social pode formar uma raça; b) o agrupamento de pessoas que seguem a mesma religião. Houve lamentável restrição, deixando ao largo da proteção deste artigo outras formas de discriminação, como a ideológica, filosófica, política, de orientação sexual, entre outras." (*Leis Penais e Processuais Penais Comentadas*. Volume 2. 8. ed. São Paulo: Editora Forense, 2014. p. 814). Cuidado: reconhecendo a mora do Congresso Nacional, o STF enquadrou a homofobia e a transfobia como crimes de racismo. O colegiado, por maioria, fixou a seguinte tese: "Até que sobrevenha lei emanada do Congresso Nacional destinada a implementar os mandados de criminalização definidos nos incisos XLI e XLII do art. 5º da Constituição da República, as condutas homofóbicas e transfóbicas, reais ou supostas, que envolvem aversão odiosa à orientação sexual ou à identidade de gênero de alguém, por traduzirem expressões de racismo, compreendido este em sua dimensão social, ajustam-se, por identidade de razão e mediante adequação típica, aos preceitos primários de incriminação definidos na Lei nº 7.716, de 08.01.1989, constituindo, também, na hipótese de homicídio doloso, circunstância que o qualifica, por configurar motivo torpe (Código Penal, art. 121, § 2º, I, "in fine")." (ADO 26/DF, rel. Min. Celso de Mello, julgamento em 13.6.2019). **ED**

Gabarito: 1C

**(Procurador do Estado/SE – 2017 – CESPE)** No que concerne ao crime de tortura, assinale a opção correta.

**(A)** O indivíduo que se omite ante a prática de tortura quando deveria evitá-la responde igualmente pela conduta realizada.

**(B)** A legislação especial brasileira concernente à tortura aplica-se somente aos crimes ocorridos em território nacional.

**(C)** No crime de tortura, a prática contra adolescente é causa de aumento de pena de um sexto até um terço.

**(D)** A condenação de funcionário público por esse crime gera a perda do cargo, desde que a sentença assim determine e que a pena aplicada seja superior a quatro anos.

**(E)** A submissão de pessoa presa a sofrimento físico ou mental por funcionário público que pratique atos não previstos em lei exige o dolo específico.

**A:** incorreta. Aquele que, embora não tomando parte na prática da tortura, deixa de agir quando deveria, para o fim de evitar o crime, será responsabilizado pelo delito de tortura do art. 1º, § 2º, da Lei 9.455/1997, cuja pena é de detenção de 1 a 4 anos, bem inferior à pena a que estará sujeito o agente que praticar, de forma ativa, a conduta prevista no art. 1º, II (reclusão de 2 a 8 anos); **B:** incorreta, por contrariar frontalmente o disposto no art. 2º da Lei 9.455/1997; **C:** correta (art. 1º, § 4º, II, da Lei 9.455/1997); **D:** incorreta. À luz do que estabelece o art. 1º, § 5º, da Lei 9.455/1997 (Lei de Tortura), além de acarretar a perda do cargo, função ou emprego público, a condenação implicará ainda a interdição para seu exercício pelo dobro do prazo da pena aplicada. Outrossim, a perda, dado que fundada diretamente em lei, é *automática*, sendo desnecessário, pois, que o juiz expressamente a ela faça menção na sentença condenatória. Assim, uma vez operado o trânsito em julgado da decisão, deverá a Administração promover a exclusão do servidor condenado; **E:** incorreta, já que o elemento subjetivo do crime definido no art. 1º, § 1º, da Lei 9.455/1997 é representado pelo dolo, sendo desnecessário elemento específico. **ED**

Gabarito "C".

**(Escrivão de Polícia/DF – 2013 – CESPE)** Em relação aos crimes de tortura (Lei 9.455/1997), julgue o item que se segue.

**(1)** Considere a seguinte situação hipotética. O agente carcerário X dirigiu-se ao escrivão de polícia Y para informar que, naquele instante, o agente carcerário Z estava cometendo crime de tortura contra um dos presos e que Z disse que só pararia com a tortura depois de obter a informação desejada. Nessa situação hipotética, se nada fizer, o escrivão Y responderá culposamente pelo crime de tortura.

**1:** incorreta. Não se trata de crime culposo. O escrivão Y responderá pelo crime de tortura por omissão, nos termos do art. 1º, § 2º, da Lei 9.455/1997.

Gabarito 1E

### 24.3. CRIMES HEDIONDOS

**(Juiz de Direito/DF – 2016 – CESPE)** Com fundamento na Lei n.º 11.464/2007, que modificou a Lei n.º 8.072/1990 (Lei dos Crimes Hediondos), assinale a opção correta acerca dos requisitos objetivos para fins de progressão de regime prisional.

**(A)** O regime integral fechado poderá ser aplicado no caso de prática de crime de tráfico internacional de drogas, em que, devido à hediondez da conduta, que atinge população de mais de um país, o réu não poderá ser beneficiado com a progressão de regime prisional.

**(B)** Como exceção à regra prevista na legislação de regência, a progressão de regime prisional é vedada ao condenado, que deve cumprir regime integral fechado, pela prática de crime de epidemia de que resulte morte de vítimas.

**(C)** Os condenados por crimes hediondos ou assemelhados cometidos antes da vigência da Lei n.º 11.464/2007 sujeitam-se ao disposto no artigo 112 da Lei de Execução Penal para a progressão de regime, que estabelece o cumprimento de um sexto da pena no regime anterior.

**(D)** A Lei dos Crimes Hediondos é especial e possui regra própria quanto aos requisitos objetivos para a progressão de regime prisional, devendo seus atuais parâmetros ser aplicados, independentemente de o crime ter sido praticado antes ou depois da vigência da Lei n.º 11.464/2007, com base no princípio da especialidade.

**(E)** Os requisitos objetivos da Lei n.º 11.464/2007 devem ser aplicados para fins de progressão de regime prisional, pelo fato de essa lei ser mais benéfica que a lei anterior, que vedava a progressão de regime.

**A:** incorreta, uma vez que, hodiernamente, não há crime cuja prática impõe ao agente o cumprimento da pena em regime *integralmente* fechado. Tal possibilidade, que antes existia em relação aos crimes hediondos e equiparados, foi eliminada com a modificação, promovida pela Lei 11.464/2007, na redação do art. 2º, § 1º, da Lei 8.072/1990 (Crimes Hediondos), que passou a exigir tão somente que o cumprimento da pena, nesses crimes, se desse no regime *inicial* fechado. Essa mudança, sempre é bom lembrar, representava antigo anseio da jurisprudência. A propósito, esse art. 2º, § 1º, da Lei 8.072/1990 (Crimes Hediondos), que estabelece o regime inicial fechado aos condenados por crimes hediondos e equiparados, foi declarado pelo STF, no julgamento do HC 111.840, inconstitucional, não havendo mais, portanto, a obrigatoriedade de fixar-se o regime inicial fechado nesses crimes; **B:** incorreta, pelas razões expostas no comentário anterior; **C:** correta. Se a prática do crime hediondo ou assemelhado for anterior à entrada em vigor da Lei 11.464/2007, que alterou, na Lei de Crimes Hediondos, o lapso exigido para a progressão de regime, deverá incidir, quanto aos condenados por crimes dessa natureza, a regência do art. 112 da LEP, que impõe, como condição para progressão de regime, o cumprimento de *um sexto* da pena no regime anterior, além de bom comportamento carcerário. Este entendimento está contemplado na Súmula 471 do STJ. De outro lado, se o cometimento desses crimes se der após a entrada em vigor da Lei 11.464/07, por imposição do art. 2o, § 2o, da Lei 8.072/90, a progressão dar-se-á nos seguintes moldes: se se tratar de apenado primário, a progressão de regime dar-se-á após o cumprimento de dois quintos da pena; se reincidente, depois de cumpridos três quintos; **D e E:** incorretas, pelas razões expostas no comentário anterior. Atenção: com o advento da Lei 13.964/2019 (Pacote Anticrime), posterior, portanto, à elaboração desta questão, alterou-se a redação do art. 112 da LEP, com a inclusão de novas faixas de fração de cumprimento de pena a possibilitar a progressão do reeducando a regime menos rigoroso, inclusive no que tange aos crimes hediondos e equiparados.

Gabarito "C".

### 24.4. CRIMES DO ESTATUTO DA CRIANÇA E DO ADOLESCENTE

**(Defensoria/DF – 2013 – CESPE)** Com base na Lei nº 8.069/1990, julgue o item que se segue.

**(1)** Conforme jurisprudência consolidada do STF e do STJ, para a configuração do crime de corrupção de menores, previsto na Lei nº 8.069/1990, são necessárias provas de que a participação na prática do crime efetivamente corrompeu o menor de dezoito anos de idade.

**1:** incorreta. Há, tanto na doutrina quanto na jurisprudência, duas correntes quanto ao momento consumativo do crime de corrupção de menores, atualmente previsto no art. 244-B do ECA. Para parte da doutrina e também para o STJ, o crime em questão é *formal*, consumando-se independentemente da efetiva corrupção da vítima. Nesse sentido: "(...) A Terceira Seção do Superior Tribunal de Justiça, ao apreciar o Recurso Especial 1.127.954/DF, representativo de controvérsia, pacificou seu entendimento no sentido de que o crime de corrupção de menores – antes previsto no art. 1º da Lei 2.252/1954, e hoje inscrito no art. 244-B do Estatuto da Criança e do Adolescente – é delito formal, não exigindo, para sua configuração, prova de que o inimputável tenha sido corrompido, bastando que tenha participado da prática delituosa" (AgRg no REsp 1371397/DF, 6ª Turma, j. 04.06.2013, rel. Min. Assusete Magalhães, *DJe* 17.06.2013). Consolidando tal entendimento, o STJ editou a Súmula 500, a seguir transcrita: "A configuração do crime previsto no art. 244-B do Estatuto da Criança e do Adolescente independe da prova da efetiva corrupção do menor, por se tratar de delito formal". Uma segunda corrente sustenta que o crime do art. 244-B do ECA é *material*, sendo imprescindível, à sua consumação, a ocorrência do resultado naturalístico, isto é, a efetiva corrupção do menor.

Gabarito 1E

### 24.5. ORGANIZAÇÕES CRIMINOSAS

**(Defensor Público/AC – 2017 – CESPE)** Considerando-se a legislação pertinente e o entendimento dos tribunais superiores sobre o tema, o crime de organização criminosa

**(A)** será assim tipificado somente se houver consumação de delitos antecedentes, sendo configurada tentativa quando não demonstrada a efetiva estabilidade do grupo.

**(B)** é de tipo penal misto alternativo, não admite a forma culposa e deve ser punido com a fixação da pena pelo sistema de acumulação material.

**(C)** poderá ser cometido por pessoa jurídica, a qual, nesse caso, conforme expresso em legislação específica, será diretamente responsabilizada pelo crime.

**(D)** será assim caracterizado apenas quando houver a participação de, pelo menos, quatro agentes maiores de idade.

**(E)** exige, para sua tipificação, por expressa previsão legal, que tenha sido obtida vantagem de natureza econômica de origem ilícita.

**A:** incorreta, na medida em que o crime de organização criminosa (art. 2º, *caput*, da Lei 12.850/2013) é considerado *formal*, isto é, não se exige, para a sua consumação, a produção de resultado naturalístico, consistente na efetiva prática dos crimes pretendidos pela organização; bem por isso, não há que se falar em tentativa deste crime; **B:** correta. De fato, o tipo penal do crime de organização criminosa (art. 2º, *caput*, da Lei 12.850/2013) contempla quatro verbos nucleares, de tal sorte que a prática de qualquer um deles já é o que basta para que o delito alcance a sua consumação. O cometimento de mais de um verbo, desde que no mesmo contexto, configura, por força do princípio da alternatividade, crime único, daí falar-se em tipo misto alternativo (ou plurinuclear); ademais, é fato que não há previsão de modalidade culposa e, se houver a prática de crime pela organização, as penas serão somadas (concurso material), tal como consta do preceito secundário da norma penal incriminadora; **C:** incorreta. Atualmente, a pessoa jurídica somente pode ser responsabilizada no âmbito criminal pela prática de crime ambiental (art. 225, § 3º, da CF; art. 3º, *caput*, da Lei 9.605/1998 – Lei de Crimes Ambientais); **D:** incorreta. O sujeito ativo deste crime pode ser qualquer pessoa, sendo de rigor, apenas, que se identifique a associação de pelo menos quatro pessoas, número que pode ser constituído por pessoas menores de 18 anos; **E:** incorreta. Conforme já afirmado acima, sendo crime formal, basta à consumação a prática de uma das condutas descritas no tipo penal. Não é necessária a produção de resultado naturalístico. 🔲
*Gabarito "B".*

**(Delegado/PE – 2016 – CESPE)** Sebastião, Júlia, Caio e Marcela foram indiciados por, supostamente, terem se organizado para cometer crimes contra o Sistema Financeiro Nacional. No curso do inquérito, Sebastião e Júlia, sucessivamente com intervalo de quinze dias, fizeram acordo de colaboração premiada.

Nessa situação hipotética, no que se refere à colaboração premiada,

**(A)** nos depoimentos que prestarem, Sebastião e Júlia terão direito ao silêncio e à presença de seus defensores.

**(B)** o MP poderá não oferecer denúncia contra Sebastião, caso ele não seja o líder da organização criminosa.

**(C)** o MP poderá não oferecer denúncia contra Júlia, ainda que a delação de Sebastião tenha sido a primeira a prestar efetiva colaboração.

**(D)** Sebastião e Júlia poderão ter o benefício do perdão judicial, independentemente do fato de as colaborações terem ocorrido depois de sentença judicial.

**(E)** o prazo para o oferecimento da denúncia em relação aos delatores poderá ser suspenso pelo período, improrrogável, de até seis meses.

**A:** incorreta, uma vez que contraria o disposto no art. 4º, § 14º, da Lei 12.850/2013 (Organização Criminosa), que estabelece que, *nos depoimentos que prestar, o colaborador renunciará, na presença de seu defensor, ao direito ao silêncio e estará sujeito ao compromisso legal de dizer a verdade*. Afinal, que sentido teria conceder àquele que deseja colaborar o direito de permanecer calado? Ou uma coisa ou outra: ou colabora e fala ou não colabora, neste caso podendo invocar seu direito ao silêncio; **B:** correta, nos termos do art. 4º, § 4º, I, da Lei 12.850/2013; **C:** incorreta, pois contraria o disposto no art. 4º, § 4º, II, da Lei 12.850/2013; **D:** incorreta, já que, neste caso, *a pena poderá ser reduzida até a metade ou será admitida a progressão de regime ainda que ausentes os requisitos legais* (art. 4º, § 5º, da Lei 12.850/2013); **E:** incorreta, já que em desacordo com o art. 4º, § 3º, da Lei 12.850/2013, que permite, neste caso, uma prorrogação por igual período.
*Gabarito "B".*

**(Polícia Rodoviária Federal – 2013 – CESPE)** Julgue o item seguinte, relativo à lei do crime organizado.

**(1)** Durante o inquérito policial, e necessária a autorização judicial para que um agente policial se infiltre em organização criminosa com fins investigativos.

**1:** correta, nos termos dos art. 10 da Lei 12.850/2013. A Lei 13.964/2019, conhecida como Pacote Anticrime, inseriu nos arts. 10-A a 10-D da Lei 12.850/2013 a infiltração virtual do agente de polícia.
*Gabarito 1C.*

**(Investigador/SP – 2014 – VUNESP)** A Lei do Crime Organizado (Lei 12.850/2013) dispõe que a infiltração de agentes de polícia em tarefas de investigação

**(A)** pode ser determinada de ofício por parte do juiz competente para apreciar o caso.

**(B)** será precedida de circunstanciada, motivada e sigilosa autorização judicial.

**(C)** será autorizada pelo Ministério Público, quando requisitada pelo Delegado de Polícia.

**(D)** não será permitida em nenhuma hipótese.

**(E)** poderá ser autorizada por decisão do Delegado de Polícia competente quando houver urgência na investigação policial.

**A:** incorreta. Deve haver representação do delegado de polícia ou requerimento do Ministério Público (art. 10 da Lei 12.850/2013); **B:** correta, nos termos do art. 10, *in fine*, da Lei 12.850/2013; **C:** incorreta. A autorização é judicial, não do Ministério Público (art. 10 da Lei 12.850/2013); **D:** incorreta. O art. 10 da Lei 12.850/2013 permite a infiltração de agente com prévia autorização judicial; **E:** incorreta. Mais uma vez, a autorização é judicial, não do delegado de polícia (art. 10 da Lei 12.850/2013). Observação importante: a Lei 13.964/2019 (Pacote Anticrime) inseriu na Lei de Organização Criminosa (12.850/2013) os arts. 10-A a 10-D, que criam e estabelecem regras para a infiltração virtual de agentes de polícia.
*Gabarito "B".*

## 24.6. CRIMES CONTRA A ORDEM TRIBUTÁRIA

**(Delegado de Polícia Federal – 2021 – CESPE)** Com base na Lei 7.492/1986, que diz respeito aos crimes contra o Sistema Financeiro Nacional, e na Lei 8.137/1990, que se refere aos crimes contra a ordem econômica, tributária e as relações de consumo, julgue os itens que se seguem.

**(1)** É vedada a intercepção de comunicações telefônicas no caso de crime de operação de câmbio não autorizada com o objetivo de promover a evasão de divisas, em decorrência das penas cominadas para o crime.

**(2)** Todos os crimes cometidos contra o sistema financeiro nacional que estiverem previstos na Lei 7.492/1986 são de competência da justiça federal.

**(3)** A gestão fraudulenta e a gestão temerária de instituição financeira são crimes afiançáveis.

**(4)** Os crimes contra a ordem tributária, a ordem econômica e as relações de consumo previstos na Lei 8.137/1990 submetem-se à ação penal pública incondicionada.

**(5)** A Súmula Vinculante 24 do STF – que dispõe que não se tipifica crime material contra a ordem tributária, conforme previsto no art. 1º, incisos I a IV, da Lei 8.137/1990, antes do lançamento definitivo do tributo – não pode ser aplicada a fatos anteriores a sua edição.

**(6)** A jurisprudência dos tribunais superiores não admite mitigação da Súmula Vinculante 24 do STF.

**1:** Errado. O crime de operação de câmbio não autorizada com o objetivo de promover a evasão de divisas está tipificado no art. 22, *caput*, da Lei 7.492/1986, cujo preceito secundário estabelece como pena cominada *reclusão* de 2 a 6 anos e multa. Pois bem. Considerando que, a teor do art. 2º, III, da Lei 9.296/1996, a interceptação de comunicações telefônicas somente é permitida na hipótese de o fato objeto da investigação constituir infração penal punida com reclusão, é incorreto afirmar-se que tal medida é vedada nesta hipótese. Dito de outro modo, pelo fato de a pena aqui prevista ser de reclusão, preenchido o requisito que se refere à pena para a decretação da interceptação telefônica. **2:** Certo.

De fato, os crimes contra o Sistema Financeiro Nacional, definidos na Lei 7.492/1986, são de competência da Justiça Federal, tal como estabelecem os arts. 26, *caput*, da lei de regência e 109, VI, da CF, regra em relação à qual a jurisprudência é pacífica. Nesse sentido, conferir o seguinte julgado proferido pelo STF: RE 93.733-RJ, 1ª T., rel. Carlos Brito, 17.06.2008. **3:** Certo. Segundo estabelece o art. 31 da Lei 7.492/1986, nos crimes contra o sistema financeiro nacional apenados com reclusão, desde que presentes os requisitos autorizadores da custódia preventiva, o réu não poderá prestar fiança tampouco apelar em liberdade, ainda que primário e de bons antecedentes. **4:** Certo. Segundo estabelece o art. 15 da Lei 8.137/1990, os delitos nela previstos são de ação penal pública incondicionada. **5:** Errado. Conferir: "O Supremo Tribunal Federal tem admitido a aplicação da Súmula Vinculante 24 a fatos anteriores a sua edição, porquanto o respectivo enunciado apenas sintetiza a jurisprudência dominante desta Corte e, dessa forma, não pode ser considerada como retroação de norma mais gravosa ao réu" (STF, ARE 1053709 AgR, Relator(a): Min. RICARDO LEWANDOWSKI, Segunda Turma, Julgamento: 16/03/2018, Publicação: 27/03/2018). **6:** Errado. "Não obstante a jurisprudência pacífica quanto ao termo inicial dos crimes contra a ordem tributária, o Supremo Tribunal Federal tem decidido que a regra contida na Súmula Vinculante 24 pode ser mitigada de acordo com as peculiaridades do caso concreto, sendo possível dar início à persecução penal antes de encerrado o procedimento administrativo, nos casos de embaraço à fiscalização tributária ou diante de indícios da prática de outros delitos, de natureza não fiscal" (STF, ARE 936653 AgR, Relator Min. ROBERTO BARROSO, Primeira Turma, Julgamento: 24/05/2016, Publicação: 14/06/2016. [ED]

Gabarito 1E, 2C, 3C, 4C, 5E, 6E

**(Delegado - PC/SE - 2018 - CESPE/CEBRASPE)** A respeito de crimes contra a ordem tributária, ações processuais e penas que lhe são correlatas, julgue os próximos itens, de acordo com a Lei n.º 8.137/1990 e alterações.

**(1)** A pena de multa atribuída a particulares e servidores públicos que praticarem crime de natureza tributária é fixada em dias-multa, sendo o mínimo de dez e o máximo de trezentos e sessenta dias-multa.

**(2)** A pena privativa de liberdade aplicável ao crime de falsificação de nota fiscal é de seis meses a dois anos, podendo ser convertida em multa pecuniária.

**(3)** Pessoa natural tem a prerrogativa de provocar a iniciativa do Ministério Público para que ajuíze ação penal pública em razão da prática de crime contra a ordem tributária de que tiver conhecimento, fornecendo ao Ministério Público, por escrito, as informações necessárias sobre o fato.

**1:** correta, pois em conformidade com o que estabelece o art. 8º, *caput*, da Lei 8.137/1990; **2:** errada. A pena cominada ao crime de falsificação de nota fiscal é de reclusão de 2 a 5 anos, e multa (art. 1º, III, da Lei 8.137/1990; **3:** correta, uma vez que reflete o disposto no art. 16, *caput*, da Lei 8.137/1990. [ED]

Gabarito 1C, 2E, 3C

**(Juiz de Direito/AM – 2016 – CESPE)** Com relação ao direito penal econômico, assinale a opção correta.

**(A)** Para a configuração do crime de lavagem de capitais não se exige a existência de delito antecedente.

**(B)** Constitui crime contra as relações de consumo favorecer ou preferir, com ou sem justa causa, comprador ou freguês, ressalvados os sistemas de entrega ao consumo por intermédio de distribuidores ou revendedores.

**(C)** Em se tratando dos crimes previstos na Lei 8.137/1990, havendo quadrilha ou coautoria, deve ser reduzida de um sexto a um terço a pena do coautor ou partícipe que, em confissão espontânea, revelar à autoridade policial ou judicial toda a trama delituosa.

**(D)** Ainda que se trate de crimes contra as relações de consumo, o consentimento do ofendido pode ser considerado excludente da tipicidade.

**(E)** Tanto pode ser doloso quanto culposo o crime de aumento de despesa com pessoal no último ano do mandato ou legislatura, prevista a mesma pena para ambos os casos.

**A:** incorreta, uma vez que, tratando-se de delito acessório, a configuração do crime de lavagem de dinheiro tem como pressuposto a

ocorrência (existência) de infração penal antecedente (art. 1º, *caput*, da Lei 9.613/1998); **B:** incorreta, na medida em que, se houver *justa causa*, não se configura o crime a que faz referência a assertiva (art. 7º, I, da Lei 8.137/1990); **C:** incorreta, já que a diminuição prevista no art. 16, parágrafo único, da Lei 8.137/1990 é da ordem de 1 a 2/3, e não de 1/6 a 1/3, como constou na assertiva; **D:** correta. Se se tratar de bem disponível e vítima capaz, o consentimento será considerado *causa supralegal de exclusão da antijuridicidade*; de outro lado, há crimes cuja tipificação somente é possível diante do dissenso da vítima. Neste caso, opera-se a exclusão da tipicidade; **E:** incorreta. O crime definido no art. 359-G do CP somente comporta a modalidade dolosa.

Gabarito 'D'.

**(Procurador do Estado – PGE/BA – CESPE – 2014)** Julgue o item que se segue (adaptada).

**(1)** Suponha que, antes do término do correspondente processo administrativo de lançamento tributário, o MP tenha oferecido denúncia contra Maurício, por ter ele deixado de fornecer, em algumas situações, notas fiscais relativas a mercadorias efetivamente vendidas em seu estabelecimento comercial. Nesse caso, de acordo com a jurisprudência pacífica do STF, a inicial acusatória não deve ser recebida pelo magistrado, dada a ausência de configuração de crime material.

**1:** incorreto, pois o inciso V do art. 1º da Lei 8.137/1990, delito em que incorreu Maurício, não foi contemplado na Súmula Vinculante 24, que somente fez referência aos delitos capitulados nos incisos I a IV do art. 1º. [ED]

Gabarito 1E

**(Agente de Polícia/DF – 2013 – CESPE)** Com base na Lei 8.137/1990, que define os crimes contra a ordem tributária e econômica e contra as relações de consumo, julgue os itens que se seguem.

**(1)** Constitui crime contra as relações de consumo ter em depósito, mesmo que não seja para vender ou para expor à venda, mercadoria em condições impróprias para o consumo.

**(2)** Quem, valendo-se da qualidade de funcionário público, patrocinar, direta ou indiretamente, interesse privado perante a administração fazendária praticará, em tese, crime funcional contra a ordem tributária.

**1:** incorreta. A conduta tipificada no art. 7º, IX, da Lei 8.137/1990 tem como elementar a intenção de vender, expor à venda ou de qualquer forma entregar a mercadoria imprópria para consumo mantida em depósito; **2:** correta, nos termos do art. 3º, III, da Lei 8.137/1990.

Gabarito 1E, 2C

## 24.7. ESTATUTO DO DESARMAMENTO

**(Defensor Público - DPE/DF - 2019 - CESPE/CEBRASPE)** A respeito dos delitos tipificados na legislação extravagante, julgue os itens a seguir, considerando a jurisprudência dos tribunais superiores.

**(1)** O porte de arma de fogo sem autorização e em desacordo com determinação legal ou regulamentar, ainda que a arma esteja desmuniciada ou comprovadamente inapta a realizar disparos, configura delito de porte ilegal de arma de fogo

**(2)** O crime de associação para o tráfico é de natureza hedionda e a progressão de regime prisional desse tipo de crime ocorre após o cumprimento de dois quintos da pena — se o condenado for primário — ou de três quintos da pena — se reincidente.

**1:** errada. Segundo tem entendido a jurisprudência, o porte de arma de fogo sem autorização e em desacordo com determinação legal ou regulamentar configura crime do Estatuto do Desarmamento, ainda que a arma esteja desmuniciada. Conferir: "Em relação ao porte de arma de fogo desmuniciada, esta Corte Superior uniformizou o entendimento – alinhado à jurisprudência do Supremo Tribunal Federal – de que o tipo penal em apreço é de perigo abstrato. Precedentes. 2. Não há falar em atipicidade material da conduta atribuída à acusada Renata de Souza Garcia, porque o simples fato de possuir, sob sua guarda, arma (dois revólveres com numeração suprimida) à margem do controle estatal – artefato que mesmo desmuniciado possui potencial de intimidação e reduz o nível

## 12. DIREITO PENAL — 417

de segurança coletiva exigido pelo legislador – caracteriza o tipo penal previsto no art. 16, parágrafo único, I, do Estatuto do Desarmamento, principalmente porque o bem jurídico tutelado pela norma penal não é a incolumidade física de outrem, mas a segurança pública e a paz social, efetivamente violadas" (HC 447.071/MS, Rel. Ministro Rogerio Schietti Cruz, Sexta Turma, julgado em 14/08/2018, DJe 29/08/2018). No que toca à arma comprovadamente inapta a realizar disparos, a situação é diferente. Com efeito, portar uma arma desmuniciada (que é crime) é bem diferente de portar uma arma inapta para efetuar disparos, que configura crime impossível, já que a segurança pública, neste caso, não está em risco. Nesse sentido: "1. A Terceira Seção desta Corte pacificou entendimento no sentido de que o tipo penal de posse ou porte ilegal de arma de fogo cuida-se de delito de mera conduta ou de perigo abstrato, sendo irrelevante a demonstração de seu efetivo caráter ofensivo. 2. Na hipótese, contudo, em que demonstrada por laudo pericial a total inefi-cácia da arma de fogo (inapta a disparar) e das munições apreendidas (deflagradas e percutidas), deve ser reconhecida a atipicidade da conduta perpetrada, diante da ausência de afetação do bem jurídico incolumidade pública, tratando-se de crime impossível pela ineficácia absoluta do meio. 3. Recurso especial improvido" (REsp 1451397/MG, Rel. Ministra Maria Thereza de Assis Moura, Sexta Turma, julgado em 15.09.2015, DJe 01.10.2015); **2:** errada. O crime de associação ao tráfico, capitulado no art. 35 da Lei 11.343/2006, porque não contemplado, de forma expressa, no rol do art. 2.º da Lei n.º 8.072/1990, não é equiparado a hediondo, razão pela qual a progressão de regime obedecerá à disciplina contida no art. 112 da LEP. No STJ: "O crime de associação para o tráfico não é equiparado a hediondo, uma vez que não está expressamente elencado no rol do artigo 2.º da Lei n.º 8.072/1990. Por conseguinte, para fins de progressão de regime incide a regra prevista no art. 112 da LEP, ou seja, o requisito objetivo a ser observado é o cumprimento de 1/6 (um sexto) da pena privativa de liberdade imposta" (HC 371.361/SP, Rel. Ministro REYNALDO SOARES DA FONSECA, QUINTA TURMA, julgado em 17.11.2016, DJe 25.11.2016). 🅴🅳

*Gabarito: 1E, 2E*

**(Delegado - PC/SE - 2018 - CESPE/CEBRASPE)** Julgue os itens seguintes, referentes a crimes de trânsito e a posse e porte de armas de fogo, de acordo com a jurisprudência e legislação pertinentes.

**(1)** O porte de arma de fogo de uso permitido sem autorização, mas desmuniciada, não configura o delito de porte ilegal previsto no Estatuto do Desarmamento, tendo em vista ser um crime de perigo concreto cujo objeto jurídico tutelado é a incolumidade física.

**(2)** Situação hipotética: Um policial militar reformado foi preso em flagrante delito por portar arma de fogo de uso permitido, sem autorização legal e sem o devido registro do armamento. Assertiva: Nessa situação, a autoridade policial não poderá conceder fiança, porquanto o Estatuto do Desarmamento prevê que o fato de a arma não estar registrada no nome do agente torna inafiançável o delito.

**1:** errada. Segundo tem entendido a jurisprudência, o porte de arma de fogo sem autorização e em desacordo com determinação legal ou regulamentar configura, sim, o delito de porte ilegal do Estatuto do Desarmamento, ainda que a arma esteja desmuniciada. Conferir: "Em relação ao porte de arma de fogo desmuniciada, esta Corte Superior uniformizou o entendimento – alinhado à jurisprudência do Supremo Tribunal Federal – de que o tipo penal em apreço é de perigo abstrato. Precedentes. 2. Não há falar em atipicidade material da conduta atribuída à acusada Renata de Souza Garcia, porque o simples fato de possuir, sob sua guarda, arma (dois revólveres com numeração suprimida) à margem do controle estatal – artefato que mesmo desmuniciado possui potencial de intimidação e reduz o nível de segurança coletiva exigido pelo legislador – caracteriza o tipo penal previsto no art. 16, parágrafo único, I, do Estatuto do Desarmamento, principalmente porque o bem jurídico tutelado pela norma penal não é a incolumidade física de outrem, mas a segurança pública e a paz social, efetivamente violadas" (HC 447.071/MS, Rel. Ministro Rogerio Schietti Cruz, Sexta Turma, julgado em 14/08/2018; DJe 29/08/2018); **2:** errada, uma vez que os arts. 14, parágrafo único, e 15, parágrafo único, do Estatuto do Desarmamento, que estabelecem ser os crimes de porte e disparo, respectivamente, inafiançáveis, foram considerados pelo STF como inconstitucionais (ADIn 3.112-DF, Pleno, rel. Min. Ricardo Lewandowski, 02.05.2007). 🅴🅳

*Gabarito: 1E, 2E*

**(Defensor Público/AC – 2017 – CESPE)** Com o intuito de assegurar sua proteção pessoal, Jonas adquiriu, de maneira informal, uma arma de fogo de uso permitido, com numeração raspada, e guardou-a no bar em que trabalha. Duas semanas depois, arrependido da aquisição, Jonas procurou a DP, com o objetivo de resolver, juridicamente, essa situação e escapar das sanções cabíveis previstas na legislação pertinente.

Nessa situação hipotética, considerando-se o entendimento dos tribunais superiores acerca do tema, o DP deverá orientar Jonas a

**(A)** retornar ao local da aquisição imediatamente e requerer que o vendedor entregue recibo da compra e comprovação da origem lícita da arma para que seja efetuado o seu registro.

**(B)** limpar suas digitais e descartar a arma imediatamente, uma vez que, de acordo com a lei, poderá ser preso em flagrante, a qualquer momento, no local de trabalho.

**(C)** procurar a delegacia da cidade e proceder à entrega espon-tânea da arma, visto que esse ato é causa permanente de exclusão de punibilidade.

**(D)** requerer a autorização para o porte da arma, por ser de uso permitido, e, posteriormente, apresentar a arma na delegacia de polícia para regularização definitiva.

**(E)** comparecer à delegacia, uma vez que a posse de arma de fogo, de per si, constitui crime, sendo inviável, nesse caso, a extinção da punibilidade, obtendo-se o benefício da confissão.

A questão é mal elaborada: não é possível saber se Jonas é o respon-sável legal pelo bar. Apenas se menciona que se trata de seu local de trabalho. Considerando que ele é o titular da empresa na qual exerce seu labor, o crime em que em princípio incorreria é o de posse de arma de fogo. Neste caso, incidirá o art. 32 do Estatuto do Desarmamento, segundo o qual o possuidor ou proprietário de arma de fogo que, de forma espontânea e de boa-fé, fizer a sua entrega terá extinta a sua punibilidade. De qualquer, é importante que se diga que se trata de tema polêmico. 🅴🅳

*Gabarito: "C".*

**(Promotor de Justiça/PI – 2014 – CESPE)** A respeito dos crimes previstos no Estatuto do Desarmamento (Lei 10.826/2003), assinale a opção correta com base no entendimento dos tribunais superiores.

**(A)** Segundo entendimento consolidado do STJ, a poten-cialidade lesiva da arma é um dado dispensável para a tipificação do delito de porte ilegal de arma de fogo, pois o objeto jurídico tutelado não é a incolumidade física, mas a segurança pública e a paz social, colocados em risco com a posse ou o porte de armas.

**(B)** Responde pelo crime de porte ilegal de arma de fogo o res-ponsável legal de empresa que mantenha sob sua guarda, sem autorização, no interior de seu local de trabalho, arma de fogo de uso permitido.

**(C)** Se for possível, mediante o uso de processos físico-químicos, recuperar numeração de arma de fogo que tenha sido ras-pada, estará desconfigurado o crime de porte ilegal de arma de fogo de uso restrito, devendo a conduta ser classificada como porte ilegal de arma de fogo de uso permitido.

**(D)** Segundo entendimento do STJ, o porte de arma de fogo desmuniciada configura delito previsto no Estatuto do Desamamento por ser crime de perigo abstrato, entretanto, o porte de munição desacompanhada da respectiva arma é fato atípico, visto que não gera perigo à incolumidade pública.

**(E)** Os crimes de porte de arma de fogo de uso permitido e de disparo de arma de fogo são delitos inafiançáveis, segundo entendimento do STF.

**A:** correta. Conferir: "*Habeas corpus*. Penal. Porte ilegal de arma de fogo de uso permitido (art. 14, *caput*, da Lei 10.826/2003). Perícia. Desnecessidade. Perigo abstrato configurado. Ordem de *habeas corpus* denegada. 1. A potencialidade lesiva da arma é um dado dispensável para a tipificação do delito de porte ilegal de arma de fogo, pois o objeto jurídico tutelado não é a incolumidade física, e sim a segurança pública e a paz social, colocados em risco com a posse ou o porte de armas à deriva do controle estatal. Por essa razão, eventual nulidade do laudo pericial ou mesmo a sua ausência não impedem o enquadramento da conduta. Precedentes. 2. Ordem de *habeas corpus* denegada" (HC 201201451575, Laurita Vaz, STJ, Quinta Turma, *DJE* 06.03.2013); **B:** incorreta, já que a assertiva contempla a descrição do crime de posse (e não de porte) irregular de arma de fogo de uso permitido (art. 12 da Lei 10.826/2003); **C:** incorreta. O crime do art. 16, parágrafo único, IV, do Estatuto do Desarmamento (portar arma de fogo com numeração raspada), por ser de mera conduta, consuma-se com a prática da ação nuclear consistente em *carregar consigo*, independente da produção de qualquer resultado naturalístico. Assim, ainda que seja possível, por meio de processos físico-químicos, recuperar a numeração da arma de fogo ilegalmente portada, o agente terá praticado o crime em questão; **D:** incorreta. Conferir: "(...) A arma de fogo mercê de desmuniciada mas portada sem autorização e em desacordo com determinação legal ou regulamentar configura o delito de porte ilegal previsto no art. 10, *caput*, da Lei 9.437/1997, crime de mera conduta e de perigo abstrato. 2. Deveras, o delito de porte ilegal de arma de fogo tutela a segurança pública e a paz social, e não a incolumidade física, sendo irrelevante o fato de o armamento estar municiado ou não. Tanto é assim que a lei tipifica até mesmo o porte da munição, isoladamente. Precedentes: HC 104206/RS, rel. Min. Cármen Lúcia, 1ª Turma, *DJ* de 26.08.2010; HC 96072/RJ, rel. Min. Ricardo Lewandowski, 1ª Turma, *DJe* 08.04.2010; RHC 91553/DF, rel. Min. Carlos Britto, 1ª Turma, *DJe* 20.08.2009. 3. *In casu*, o paciente foi preso em flagrante, em via pública, portando uma pistola 6.35, marca "Brownings Patent Depose", sendo a arma apreendida, periciada e atestada sua potencialidade lesiva. 4. Recurso ordinário em *habeas corpus* desprovido" (RHC 116280, Luiz Fux, STF). A propósito, a conduta consistente em portar munição, ainda que quando desacompanhada da arma, é fato típico e está prevista no art. 14, *caput*, da Lei 10.826/2003; **E:** incorreta, uma vez que os arts. 14, parágrafo único, e 15, parágrafo único, do Estatuto do Desarmamento, que estabelecem ser os crimes de porte e disparo, respectivamente, inafiançáveis, foram considerados pelo STF como inconstitucionais (ADIn 3.112-DF, Pleno, rel. Min. Ricardo Lewandowski, 02.05.2007).

Gabarito "A".

**(Delegado/PE – 2016 – CESPE)** Lucas, delegado de polícia de determinado estado da Federação, em dia de folga, colidiu seu veículo contra outro veículo que estava parado em um sinal de trânsito. Sem motivo justo, o delegado sacou sua arma de fogo e executou um disparo para o alto. Imediatamente, Lucas foi abordado por autoridade policial que estava próxima ao local onde ocorrera o fato.

Nessa situação hipotética, a conduta de Lucas poderá ser enquadrada como

(A) crime inafiançável.

(B) contravenção penal.

(C) crime, com possibilidade de aumento de pena, devido ao fato de ele ser delegado de polícia.

(D) crime insuscetível de liberdade provisória.

(E) atípica, devido ao fato de ele ser delegado de polícia.

Ao efetuar disparo de arma de fogo para o alto, em via pública, sem motivo plausível, Lucas, delegado de polícia, deverá ser responsabilizado pelo crime do art. 15 da Lei 10.826/2003 (Estatuto do Desarmamento), com incidência da causa de aumento prevista no art. 20, I, do mesmo diploma. De ver-se que este crime, a despeito da previsão contida no art. 15, parágrafo único, do Estatuto do Desarmamento, não é inafiançável. Isso porque o STF considerou tal dispositivo inconstitucional (ADI 3.112-DF, Pleno, rel. Min. Ricardo Lewandowski, 02.05.2007).

Gabarito "C".

**(Polícia Rodoviária Federal – 2013 – CESPE)** No que concerne ao Estatuto do Desarmamento, julgue o item a seguir.

(1) Supondo que determinado cidadão seja responsável pela segurança de estrangeiros em visita ao Brasil e necessite de porte de arma, a concessão da respectiva autorização será de competência do ministro da Justiça.

**1:** incorreta. A concessão do porte de arma de uso permitido é de competência do Departamento de Polícia Federal (art. 10 da Lei 10.826/2003).

Gabarito 1E.

## 24.8. CRIMES CONTRA O MEIO AMBIENTE

**(Defensor Público/AC – 2017 – CESPE)** Considerando-se a legislação pertinente, bem como o entendimento dos tribunais superiores, no que tange aos crimes contra o meio ambiente,

(A) são aplicadas às pessoas jurídicas, isolada, cumulativa ou alternativamente, somente as penas de multa, as restritivas de direitos e a prestação de serviços à comunidade.

(B) a responsabilização penal da pessoa jurídica é condicionada à simultânea persecução penal da pessoa física responsável no âmbito da empresa.

(C) trata-se de infrações penais instantâneas e de efeito permanente, pois sua consumação se protrai no tempo e provoca a violação contínua e duradoura do bem jurídico tutelado.

(D) quando praticados por pessoa jurídica, não será possível a suspensão condicional da pena, por expressa vedação legal.

**A:** correta, pois corresponde ao teor do art. 21 da Lei 9.605/1998, que contém o rol das penas aplicáveis às pessoas jurídicas; **B:** incorreta. Quebrando o paradigma em relação à anterior interpretação conferida ao art. 3º da Lei 9.605/1998, a responsabilização penal da pessoa jurídica, segundo entendimento que hoje prevalece nos Tribunais Superiores, é autônoma e independe da responsabilização da pessoa natural. Conferir: "1. O art. 225, § 3º, da Constituição Federal não condiciona a responsabilização penal da pessoa jurídica por crimes ambientais à simultânea persecução penal da pessoa física em tese responsável no âmbito da empresa. A norma constitucional não impõe a necessária dupla imputação. 2. As organizações corporativas complexas da atualidade se caracterizam pela descentralização e distribuição de atribuições e responsabilidades, sendo inerentes, a esta realidade, as dificuldades para imputar o fato ilícito a uma pessoa concreta. 3. Condicionar a aplicação do art. 225, § 3º, da Carta Política a uma concreta imputação também a pessoa física implica indevida restrição da norma constitucional, expressa a intenção do constituinte originário não apenas de ampliar o alcance das sanções penais, mas também de evitar a impunidade pelos crimes ambientais frente às imensas dificuldades de individualização dos responsáveis internamente às corporações, além de reforçar a tutela do bem jurídico ambiental. 4. A identificação dos setores e agentes internos da empresa determinantes da produção do fato ilícito tem relevância e deve ser buscada no caso concreto como forma de esclarecer se esses indivíduos ou órgãos atuaram ou deliberaram no exercício regular de suas atribuições internas à sociedade, e ainda para verificar se a atuação se deu no interesse ou em benefício da entidade coletiva. Tal esclarecimento, relevante para fins de imputar determinado delito à pessoa jurídica, não se confunde, todavia, com subordinar a responsabilização da pessoa jurídica à responsabilização conjunta e cumulativa das pessoas físicas envolvidas. Em não raras oportunidades, as responsabilidades internas pelo fato estarão diluídas ou parcializadas de tal modo que não permitirão a imputação de responsabilidade penal individual. 5. Recurso Extraordinário parcialmente conhecido e, na parte conhecida, provido" (RE 548181, Rel. Min. Rosa Weber, 1ª Turma, j. 06.08.2013, Acórdão Eletrônico *DJe* 29.10.2014. Publ. 30.10.2014). Na mesma esteira, o STJ: "1. Conforme orientação da 1ª Turma do STF, "O art. 225, § 3º, da Constituição Federal não condiciona a responsabilização penal da pessoa jurídica por crimes ambientais à simultânea persecução penal da pessoa física em tese responsável no âmbito da empresa. A norma constitucional não impõe a necessária dupla imputação (RE 548181, Rel. Min. Rosa Weber, 1ª Turma, j. 06.08.2013, Acórdão Eletrônico *DJe* 29.10.2014. Publ. 30.10.2014). 2. Tem-se, assim, que é possível a responsabilização penal da pessoa jurídica por delitos ambientais independentemente da responsabilização concomitante da pessoa física que agia em seu nome. Precedentes desta Corte. 3. A personalidade fictícia atribuída à pessoa jurídica não pode servir de artifício para a prática de condutas espúrias por parte das pessoas naturais responsáveis pela sua condução. 4. Recurso ordinário a que se nega provimento" (RMS 39.173/BA, Rel. Min. Reynaldo Soares da Fonseca, 5ª Turma, j. 06.08.2015, *DJe* 13.08.2015); **C:** incorreta, na medida em que, na Lei 9.605/1998, há crimes instantâneos, permanentes e instantâneos de efeitos permanentes; **D:** incorreta. Não há dispositivo que vede a incidência do *sursis* a pessoas jurídicas. No entanto, por uma questão de lógica, o art. 16 da Lei 9.605/1998, que trata da suspensão condicional da pena, somente tem aplicação às pessoas físicas autoras de crime ambiental, já que

## 12. DIREITO PENAL 419

pressupõe a aplicação de pena privativa de liberdade não superior a 3 anos, à qual somente se submetem as pessoas naturais. **ED**

Gabarito "A".

**(Escrivão de Polícia Federal – 2013 – CESPE)** A respeito dos crimes contra o meio ambiente, julgue o item a seguir, com base na Lei 9.605/1998.

**(1)** Um cidadão que cometer crime contra a flora estará isento de pena se for comprovado que ele possui baixa escolaridade.

**1:** incorreta. O baixo grau de escolaridade do agente é circunstância atenuante genérica (art. 14, I, da Lei 9.605/1998) e não excludente da culpabilidade.

Gabarito 1E.

**(Polícia Rodoviária Federal – 2013 – CESPE)** Com fundamento na Lei dos Crimes Ambientais, julgue o próximo item.

**(1)** Responderá por crime contra a flora o indivíduo que cortar árvore em floresta considerada de preservação permanente, independentemente de ter permissão para cortá-la, e, caso a tenha, quem lhe concedeu a permissão também estará sujeito as penalidades do respectivo crime.

**1:** incorreta. O crime previsto no art. 39 da Lei 9.605/1998 tem como elementar a ausência de autorização de autoridade, ou seja, se ela existir, não haverá crime.

Gabarito 1E.

**(Escrivão de Polícia/DF – 2013 – CESPE)** A respeito dos crimes contra o meio ambiente (Lei 9.605/1998), julgue o item a seguir.

**(1)** Quando um cidadão abate um animal que é considerado nocivo por órgão competente, ele não comete crime.

**1:** correta, nos termos do art. 37, IV, da Lei 9.605/1998.

Gabarito 1C.

## 24.9. INTERCEPTAÇÃO TELEFÔNICA

**(Promotor de Justiça/PI – 2014 – CESPE)** Assinale a opção correta com base no entendimento do STJ a respeito das interceptações telefônicas.

**(A)** De acordo com a lei que rege as interceptações telefônicas, a competência para deferir esse procedimento no curso do inquérito policial é do promotor de justiça com atribuição para atuar na ação principal.

**(B)** O investigado possui direito subjetivo não somente ao áudio das escutas telefônicas realizadas, mas também à transcrição, pela justiça, de todas as conversas interceptadas.

**(C)** A ação penal padecerá de nulidade absoluta, por cerceamento de defesa, caso a defesa não tenha acesso à integralidade do teor das escutas telefônicas antes da colheita da prova oral.

**(D)** É dispensável que o MP, na condição de fiscal da lei, seja cientificado da necessidade de averiguação da lisura do ato de interceptação telefônica determinada de ofício pelo juiz.

**(E)** A fim de assegurar a ampla defesa, é necessário apenas que se transcrevam os excertos das escutas telefônicas que tenham servido de substrato para o oferecimento da denúncia.

**A:** incorreta, na medida em que a interceptação de comunicações telefônicas somente poderá ser determinada, quer no curso do inquérito, quer no da ação penal, pelo juiz de direito competente (arts. 1º, caput, e 3º da Lei 9.296/1996); **B:** incorreta. Segundo vem entendendo o STJ, não é necessária a transcrição na íntegra dos diálogos travados entre os interlocutores. Verificar: HC 112.993-ES, 6ª T., rel. Min. Maria Thereza de Assis Moura, 16.03.2010; **C:** incorreta. Vide: STJ, RHC 27.997, 6ª T., rel. Min. Maria Thereza de Assis Moura, DJ 19.09.2013; **D:** incorreta (art. 6º, caput, da Lei 9.296/1996); **E:** correta. Nesse sentido: "Recurso ordinário em habeas corpus. Associação para o tráfico. Disponibilização integral das mídias das escutas telefônicas. Alegada ausência de acesso às interceptações telefônicas. Transcrição parcial constante nos autos desde o oferecimento da denúncia. Transcrição integral. Desnecessidade. Constrangimento ilegal. Não ocorrência. Nulidade. Inexistência. Recurso a que se nega provimento. 1. As mídias das interceptações telefônicas foram disponibilizadas, na íntegra, à Defesa, razão pela qual não há falar em nulidade, inexistindo, portanto, constrangimento ilegal a ser sanado. 2. A cópia das transcrições parciais das interceptações telefônicas constantes dos relatórios da autoridade policial foram disponibilizadas à Defesa desde o oferecimento da exordial acusatória. 3. É pacífico o entendimento nos tribunais superiores no sentido de que é prescindível a transcrição integral do conteúdo da quebra do sigilo das comunicações telefônicas, somente sendo necessária, a fim de se assegurar o exercício da garantia constitucional da ampla defesa, a transcrição dos excertos das escutas que serviram de substrato para o oferecimento da denúncia. 4. Recurso ordinário a que se nega provimento" (STJ, RHC 27.997, 6ª T., rel. Min. Maria Thereza de Assis Moura, DJ 19.09.2013).

Gabarito "E".

**(Cartório/DF – 2014 – CESPE)** Assinale a opção correta acerca de interceptação telefônica, segundo o STF, o STJ e a doutrina majoritária.

**(A)** Segundo o entendimento do STF, e impossível a prorrogação do prazo de autorização para a interceptação telefônica por períodos sucessivos.

**(B)** O juiz competente para determinar a interceptação é o competente para processar e julgar o crime de cuja prática se suspeita. No entanto, a verificação posterior de que se trata de crime para o qual o juiz seria incompetente não deve acarretar a nulidade absoluta da prova colhida.

**(C)** É válido o deferimento de interceptação telefônica promovido em razão de denúncia anônima desacompanhada de outras diligências.

**(D)** É indispensável previa instauração de inquérito para a autorização de interceptação telefônica.

**(E)** Consoante entendimento predominante nos tribunais superiores, faz-se necessária a transcrição integral do conteúdo da quebra do sigilo das comunicações telefônicas.

**A:** incorreta. Predomina o entendimento segundo o qual a intercepção deve perdurar pelo interregno necessário à elucidação do crime sob investigação; comporta, por isso, sucessivos pedidos de renovação. Conferir: "Recurso ordinário em habeas corpus. Processual Penal. Interposição contra julgado em que colegiado do Superior Tribunal de Justiça não conheceu da impetração, ao fundamento de ser substitutivo de recurso ordinário cabível. Constrangimento ilegal não evidenciado. Entendimento que encampa a jurisprudência da Primeira Turma da Corte. Precedente. Julgado em que, ademais, se analisou o mérito da impetração. Processual penal. Crimes de estelionato, formação de quadrilha e lavagem de dinheiro. Interceptação telefônica deferida para investigação de crimes diversos em que, fortuitamente, se obteve comprovação da prática de outros delitos. Inexistência de nulidade. Aventada ilegalidade da decisão que autorizou a interceptação telefônica e suas prorrogações. Não ocorrência. Possibilidade de se prorrogar o prazo de autorização para a interceptação telefônica por períodos sucessivos quando a intensidade e a complexidade das condutas delitivas investigadas assim o demandarem. Precedentes. Decisão proferida com a observância das exigências previstas na lei de regência (Lei 9.296/96, art. 5º). Recurso não provido. 1. O Superior Tribunal de Justiça, quanto ao cabimento do habeas corpus, encampou a jurisprudência da Primeira Turma da Corte no sentido da inadmissibilidade do habeas corpus que tenha por objetivo substituir o recurso ordinário (HC nº 109.956/PR, Relator o Ministro Marco Aurélio, DJe de 11/9/12). Entretanto, acabou por analisar o seu mérito, concluindo pela licitude das interceptações telefônicas anteriormente deferidas. 2. Embora as interceptações inicialmente realizadas também pudessem estar visando à constatação da ocorrência de crimes tributários (cujos créditos ainda não estavam definitivamente constituídos), as instâncias ordinárias fazem menção à apuração simultânea de crimes de contrabando e descaminho (que permitiriam o afastamento do sigilo constitucional), cuja prática a prova indiciária afastou, porém indicou o cometimento de outros delitos, fortuitamente descobertos, não havendo qualquer ilegalidade no aproveitamento das interceptações realizadas. Precedentes. 3. É da jurisprudência desta Corte o entendimento de ser possível a prorrogação do prazo de autorização para a interceptação telefônica, mesmo que sucessiva, especialmente quando o fato é complexo, a exigir investigação diferenciada e contínua (HC nº 83.515/RS, Tribunal Pleno, Relator o Ministro Nelson Jobim, DJ de 4/3/05). 4. Nesse contexto, considerando o entendimento jurisprudencial e doutrinário acerca da possibilidade de se prorrogar o prazo de autorização para a interceptação telefônica por períodos sucessivos quando a intensidade e a complexidade das condutas delitivas investigadas assim o demandarem, não há que se falar, na espécie, em nulidade da referida escuta e de suas prorrogações, uma vez que autorizada pelo Juízo de piso com a observância das exigências previstas na lei de regência (Lei nº 9.296/96, art. 5º). 5. Recurso ordinário a que se nega provimento" (STF, 1ª T., RHC 120.111, rel. Min. Dias Toffoli, j. 11.03.2014); **B:** correta. Conferir: "Recurso ordinário em *habeas corpus*. Processual penal. Tráfico internacional de drogas. Interceptação telefônica autorizada pela justiça estadual no início das investigações. Declinação de competência para o juízo federal, após indícios da intercionalidade. Invalidação da prova colhida. Impossibilidade. Recurso desprovido. 1. Posterior declinação de competência do Juízo Estadual para o Juízo Federal não tem o condão de, por si só, invalidar interceptação telefônica deferida, de maneira fundamentada e em observância às exigências legais, por Autoridade Judicial competente até então. Precedentes do STF e do STJ. 2. Recurso desprovido" (RHC 201302358045, LAURITA Vaz, STJ – Quinta Turma, DJE 14/04/2014); **C:** incorreta. Conferir: "(...) Processual penal. HC. Cartel e quadrilha. Quebra de sigilo telefônico após delações anônimas, sem prévia confirmação pela autoridade competente. Submissão de todos os agentes estatais às normas e princípios reitores do sistema repressivo. Precedentes dos tribunais superiores: corte especial e presidência do STJ e STF. Parecer do MPF pela denegação da ordem. Ordem concedida, todavia, para o fim de declarar a ilicitude da prova oriunda da interceptação telefônica deferida com base em denúncia anônima e daquelas diretamente derivadas, sem prejuízo da continuidade da ação penal se existentes outras provas" (HC 201002097588, Napoleão Nunes Maia Filho, STJ – quinta turma, DJE DATA: 09/06/2011); **D:** incorreta. Conferir: "(...)Esta Corte já pacificou entendimento quanto à prescindibilidade de prévia instauração de Inquérito Policial, para que seja autorizada a medida cautelar de interceptação telefônica, bastando que existam indícios razoáveis de autoria ou participação do investigado em infração penal, apurados, inclusive, em prévio procedimento instaurado pelo Ministério Público, tal como ocorreu, *in casu*. IX. No caso dos autos, não há prova de que a investigação e a quebra do sigilo telefônico teriam decorrido de suposta denúncia anônima. De qualquer sorte, orienta-se a jurisprudência no sentido de que o fato de ter havido denúncia anônima não tem o condão, por si só, de invalidar a interceptação telefônica regularmente deferida por autoridade judicial, se embasada em outros elementos de prova, colhidos após a *delatio criminis* anônima (...)" (HC 201002074767, Assusete Magalhães – Sexta Turma, *DJE* DATA: 06/03/2014); **E:** incorreta. Nesse sentido: "Recurso ordinário em *habeas corpus*. Associação para o tráfico. Disponibilização integral das mídias das escutas telefônicas. Alegada ausência de acesso às interceptações telefônicas. Transcrição parcial constante nos autos desde o oferecimento da denúncia. Transcrição integral. Desnecessidade. Constrangimento ilegal. Não ocorrência. Nulidade. Inexistência. Recurso a que se nega provimento. 1. As mídias das interceptações telefônicas foram disponibilizadas, na íntegra, à Defesa, razão pela qual não há falar em nulidade, inexistindo, portanto, constrangimento ilegal a ser sanado. 2. A cópia das transcrições parciais das interceptações telefônicas constantes dos relatórios da autoridade policial foram disponibilizadas à Defesa desde o oferecimento da exordial acusatória. 3. É pacífico o entendimento nos tribunais superiores no sentido de que é prescindível a transcrição integral do conteúdo da quebra do sigilo das comunicações telefônicas, somente sendo necessária, a fim de se assegurar o exercício da garantia constitucional da ampla defesa, a transcrição dos excertos das escutas que serviram de substrato para o oferecimento da denúncia. 4. Recurso ordinário a que se nega provimento" (STJ, RHC 27.997, 6ª T., rel. Min. Maria Thereza de Assis Moura, *DJ* 19.09.2013).

*Gabarito "B".*

## 24.10. JUIZADO ESPECIAL CRIMINAL

**(Polícia Rodoviária Federal – 2013 – CESPE)** Acerca dos juizados especiais criminais, julgue o item subsecutivo.

(1) Os atos processuais dos juizados especiais criminais poderão ser realizados nos finais de semana, a exceção dos domingos e feriados.

**1:** incorreta. O art. 64 da Lei 9.099/1995 autoriza a prática de atos processuais em qualquer dia da semana, inclusive no horário noturno.
*Gabarito 1E*

## 24.11. CRIMES DE TRÂNSITO

**(Defensor Público/AC – 2017 – CESPE)** Com base no entendimento dos tribunais superiores acerca dos crimes de trânsito, assinale a opção correta.

(A) Constitui crime de perigo abstrato trafegar em velocidade incompatível com a segurança próximo a escolas, hospitais e estações de embarque e desembarque de passageiros.

(B) O crime de embriaguez ao volante possui elemento objetivo do tipo de natureza exata, o que não permite a aplicação de critérios subjetivos de interpretação para sua configuração.

(C) Confiar a direção de veículo automotor a pessoa não habilitada ou em estado de embriaguez constitui delito que tem natureza de infração penal de perigo abstrato.

(D) Configura crime de perigo abstrato o ato de dirigir veículo automotor, em via pública, sem a devida permissão ou habilitação para dirigir ou após cassação do direito de dirigir.

(E) O crime de embriaguez ao volante, por ser delito mais grave, absorve a infração penal de dirigir veículo automotor em via pública sem permissão ou habilitação.

**A:** incorreta. Trata-se, conforme é possível inferir do próprio tipo penal do art. 311 do CTB, de crime de perigo concreto, exigindo-se, bem por isso, prova da probabilidade de o dano ocorrer; **B:** incorreta (art. 306, § 1º, II, e § 2º, do CTB); **C:** correta, uma vez que se trata de delito formal, cuja consumação, bem por isso, não está condicionada à produção de resultado naturalístico consistente na existência de lesão a alguém ou mesmo de perigo de dano concreto. Nesse sentido a Súmula 575 do STJ: *Constitui crime a conduta de permitir, confiar ou entregar a direção de veículo automotor a pessoa que não seja habilitada, ou que se encontre em qualquer das situações previstas no art. 310 do CTB, independentemente da ocorrência de lesão ou de perigo de dano concreto na condução do veículo;* **D:** incorreta. O crime do art. 309 do CTB é de perigo concreto, conforme consta do próprio tipo penal. Ou seja, a configuração deste delito está condicionada à demonstração de que a conduta descrita no tipo gerou probabilidade de ocorrência do dano; **E:** incorreta. Na jurisprudência: "A jurisprudência desta Corte Superior de Justiça é no sentido de que os crimes previstos nos artigos 306 e 309 do CTB são autônomos, com objetividades jurídicas distintas, motivo pelo qual não incide o postulado da consunção. Dessarte, o delito de condução de veículo automotor sem habilitação não se afigura como meio necessário nem como fase de preparação ou da execução do crime de embriaguez ao volante" (STJ, AgRg no REsp 1745604/MG, Rel. Ministro Reynaldo Soares da Fonseca, Quinta Turma, julgado em 14.08.2018, DJe 24.08.2018). **ED**

*Gabarito "C".*

**(Escrivão de Polícia/DF – 2013 – CESPE)** Com relação ao Código de Trânsito Brasileiro (Lei 9.503/1997 e alterações), julgue o item a seguir.

(1) Caso um cidadão esteja com sua capacidade psicomotora alterada em razão da influência de álcool e, ainda assim, conduza veículo automotor, tal conduta caracterizará crime de trânsito se ocorrer em via pública, mas será atípica, se ocorrer fora de via pública, como um condomínio fechado, por exemplo.

**1:** incorreta. O crime previsto no art. 306 do Código de Trânsito Brasileiro se consuma com a condução do veículo nas condições adversas narradas, independentemente do local onde ocorra o fato, se via pública ou não.
*Gabarito 1E*

## 24.12. VIOLÊNCIA DOMÉSTICA (LEI MARIA DA PENHA)

**(Delegado/RJ – 2022 – CESPE/CEBRASPE)** No dia 16 de janeiro de 2021, por volta das 03:45 h, no interior de uma boate situada na Zona Sul do Rio de Janeiro, João ofendeu a integridade física de Simone, tendo-lhe desferido um soco no rosto, o que causou lesões corporais nela. A vítima e o agressor haviam mantido um relacionamento amoroso no passado, cerca de dois anos antes da data da agressão, a qual fora motivada por questões ligadas ao término do relacionamento.

Com relação a essa situação hipotética, assinale a opção correta.

(A) Houve crime de lesão corporal, sem o reconhecimento da violência doméstica, porquanto agressor e vítima já não mais tinham envolvimento amoroso.

(B) Caso Simone e João reatem o relacionamento, ocorrerá a extinção da punibilidade do crime praticado por ele.

(C) A agressão citada, por ter ocorrido em decorrência do relacionamento entre vítima e agressor, apesar de tal vínculo ter cessado, caracteriza violência doméstica, conforme hipótese prevista no inciso III do art. 5.º da Lei n.º 11.340/2006.

(D) O agressor cometeu crime de injúria real.

(E) João cometeu os crimes de lesão corporal e de tentativa de feminicídio, em concurso de crimes.

**A:** incorreta, já que, por força do art. 5º, III, da Lei Maria da Penha, configura violência doméstica a agressão praticada por agente que conviva ou ainda *tenha convivido* com o vítima; **B:** incorreta. Trata-se de previsão não contida em lei. A propósito, a ação penal, neste caso, é pública incondicionada, de forma que o MP não depende da manifestação de vontade da vítima para processar o seu agressor (Súmula 542, STJ); **C:** correta (art. 5º, III, da Lei Maria da Penha); **D:** incorreta. Pelo que consta do enunciado, a vítima sofreu lesões corporais, devendo ser imputado ao seu agressor o crime do art. 129 do CP; **E:** incorreta. Não há, no enunciado, nenhuma informação que permita concluir pelo cometimento do crime de tentativa de feminicídio. ᴱᴰ
Gabarito "C".

**(Delegado/RJ – 2022 – CESPE/CEBRASPE)** Em 5/11/2017, Renata, com 25 anos de idade, foi agredida por seu companheiro, Jefferson, de 30 anos de idade, pai de sua filha, de 2 anos de idade. Em razão dessa conduta, foi aplicada, judicialmente, a medida protetiva de urgência de afastamento do lar e de proibição de aproximação da ofendida.

Em 10/12/2017, Jefferson foi ao domicílio de Renata, a fim de reatar o relacionamento. Consternado por não ter tido seu ingresso autorizado, permaneceu diante da casa dela, gritando e batendo no portão, para que ela abrisse. Então, Renata acionou a polícia militar, e Jefferson foi conduzido à delegacia de polícia. O juizado de violência doméstica e familiar contra a mulher foi comunicado da violação, tendo sido acrescida a medida protetiva de proibição de contato com a ofendida por qualquer meio de comunicação.

Em 15/7/2018, Renata telefonou para Jefferson e disse que a filha estava doente, pedindo para ver o pai, e perguntou se ele poderia ir até sua residência para vê-la, o que foi atendido por Jefferson. Ao chegar à casa e observar que a filha estava com febre alta, Jefferson acusou Renata de não estar cuidando corretamente da criança. Iniciou-se, então, uma discussão entre eles. Finalmente, Renata pediu que Jefferson se retirasse do local e cumprisse a ordem judicial de afastamento, o que foi acatado por ele.

Tendo como referência essa situação hipotética e a jurisprudência do STJ acerca da violação de medida protetiva de urgência prevista na Lei n.º 11.340/2006, assinale a opção correta.

(A) Jefferson deverá responder pelo crime de desobediência (art. 330 do Código Penal).

(B) Jefferson não poderá ser responsabilizado pela violação da medida protetiva de urgência, devido à extinção da punibilidade pela prescrição da pretensão penal.

(C) Jefferson deverá responder pelo crime de desobediência à decisão judicial sobre perda ou suspensão de direito (art. 359 do Código Penal).

(D) Jefferson deverá ser responsabilizado pelo crime de descumprir decisão judicial que defere medidas protetivas de urgência (art. 24-A da Lei n.º 11.340/2006).

(E) Jefferson não poderá ser responsabilizado pela violação da medida protetiva de urgência, devido à atipicidade penal.

Em 10/12/2017, quando descumpriu medida protetiva de urgência que lhe foi imposta, a conduta de Jefferson não configurava crime algum, nem o de desobediência, segundo entendiam os tribunais, já que havia,

na hipótese de recalcitrância do agente em cumprir a medida protetiva, consequências de outra ordem, como a possibilidade de decretação de prisão preventiva e requisição de força policial para fazer valer a decisão judicial. A conduta levada a efeito por Jefferson somente passou a ser crime com o advento da Lei 13.641/2018, que inseriu na Lei Maria da Penha o art. 24-A, que contempla, como crime, a conduta do agente que descumpre decisão judicial que defere medida protetiva de urgência prevista em lei, sujeitando-o à pena de detenção de 3 meses a 2 anos. Tendo em conta que o fato é anterior à mencionada Lei, este não pode ser por ela alcançado. ᴱᴰ
Gabarito "E".

Uma mulher sofreu diversas formas de violência doméstica provocadas pelo marido. Muito abalada, ela conseguiu ir a uma delegacia especializada e foi recebida por uma autoridade policial que, após ouvir suas queixas, adotou imediatamente as providências cabíveis. O expediente foi recebido pelo juiz com pedido de medidas protetivas de urgência.

**(Auditor Fiscal - SEFAZ/RS - 2019 - CESPE/CEBRASPE)** De acordo com a Lei n.º 11.340/2006 — Lei Maria da Penha —, o juiz poderá conceder medida protetiva

(A) somente após a audiência das partes.

(B) isoladamente, sendo vedada a cumulação.

(C) apenas se houver pedido expresso da ofendida nesse sentido.

(D) de imediato, ainda que sem a oitiva das partes e sem a manifestação do Ministério Público.

(E) somente após a manifestação do Ministério Público.

Com fulcro no art. 19, § 1º, da Lei 11.340/2016 (Lei Maria da Penha), as medidas protetivas de urgência poderão ser concedidas pelo juiz, de imediato, sem audiência das partes e de prévia oitiva do Ministério Público, que deverá, no entanto, ser posteriormente comunicado da decisão de concessão. Além disso, poderá o juiz aplicar a medida protetiva de forma isolada ou cumulativa (art. 19, § 2º, Lei Maria da Penha). Por fim, a medidas poder ser concedida, sempre pelo juiz, a pedido da ofendida ou ainda do MP (art. 19, *caput*, Lei Maria da Penha). ᴱᴰ
Gabarito "D".

**(Promotor de Justiça/RR – 2017 – CESPE)** Tendo em vista que a violência doméstica contra a mulher ainda é um problema social grave no Brasil, apesar da sua redução com o advento da Lei Maria da Penha, assinale a opção correta com relação aos crimes advindos da prática de violência contra a mulher no âmbito doméstico e familiar.

(A) O feminicídio, homicídio praticado contra a mulher em razão do seu sexo, consiste na violência doméstica e familiar ou no menosprezo ou discriminação à condição de mulher, com hipóteses de aumento de pena por circunstâncias fáticas específicas.

(B) O processamento de crimes praticados em situação de violência doméstica se dá por meio de ação penal de iniciativa pública incondicionada, segundo entendimento do STF.

(C) O crime de estupro é processado por meio de ação penal de iniciativa pública condicionada à representação, da qual a vítima pode retratar-se mesmo após o oferecimento da denúncia.

(D) Os crimes de violência doméstica e familiar contra a mulher estão taxativamente elencados na Lei Maria da Penha.

**A:** correta, pois reflete o disposto no art. 121, § 2º, VI, e § 2º-A, I e II, do CP, introduzido pela Lei 13.104/2015. É importante o registro de que a Lei 13.771/2018 alterou o art. 121, § 7º, do Código Penal, que trata das hipóteses de aumento de pena no caso do feminicídio (art. 121, § 2º, VI, CP). Foram modificados os incisos II e III e inserido o inciso IV. No que concerne ao inciso II, a redação dada pela Lei 13.771/2018 ampliou as hipóteses de incidência da causa de aumento de pena que, a partir de agora, inclui a pessoa portadora de doenças degenerativas que acarretem condição limitante ou de vulnerabilidade física ou mental. A redação anterior somente contemplava a pessoa menor de 14 anos, a maior de 60 anos ou com deficiência. Já o inciso III passou a contemplar, com a nova redação que lhe foi conferida pela Lei 13.771/2108, a hipótese em que o feminicídio é praticado na presença *virtual* de descendente ou de ascendente da vítima. Antes disso, esta causa de aumento somente incidia se o cometimento do crime se desse na presença *física* de ascendente ou descendente da ofendida. Por fim, foi inserido no § 7º o inciso IV, estabelecendo nova modalidade de causa de aumento de pena aplicável ao feminicídio, a caracterizar-se na hipótese em que este crime é cometido em descumprimento das medidas protetivas de urgência previstas nos incisos I, II e III do art. 22, *caput*, da Lei n.1.340/2006 (Lei Maria da Penha); **B:** incorreta. A decisão do STF, tomada no julgamento da ADIn n. 4.424, de 09.02.2012, estabeleceu a natureza *incondicionada* da ação penal tão somente nos crimes de lesão corporal, independente de sua extensão, praticados contra a mulher no ambiente doméstico, entendimento este que, no STJ, encontra-se consagrado na Súmula 542, do STJ. O erro da assertiva, portanto, está em afirmar que todos os crimes, no contexto da violência doméstica, são processados por meio de ação penal pública incondicionada. Como já dissemos, a ADIn 4.424 somente contemplou os delitos de lesão corporal. Dessa forma, a título de exemplo, se contra uma mulher é praticado, em situação de violência doméstica, um crime de ameaça, seu processamento será feito por meio de ação penal pública condicionada, tal como estabelece o art. 147, parágrafo único, do CP; **C:** incorreta. O erro da assertiva está em afirmar que a retratação da representação poderá ser ofertada após o oferecimento da denúncia. Não pode, conforme art. 25 do CPP: *a representação será irretratável, depois de oferecida a denúncia.* Como se pode ver, ao tempo em que foi elaborada esta questão, a ação penal, nos crimes contra a dignidade sexual, era, em regra, pública condicionada à representação. Tal panorama vigorou até a edição da Lei 13.718/2018, que implementou (uma vez mais) uma série de mudanças no universo dos crimes sexuais, aqui incluída a natureza da ação penal nesses delitos. Senão vejamos. A ação penal, nos delitos sexuais, era, em regra, de iniciativa privada. Era o que estabelecia a norma contida no *caput* do art. 225 do Código Penal. As exceções ficavam por conta do § 1º do dispositivo. Com o advento da Lei 12.015/09 (em vigor ao tempo da elaboração desta questão), que introduziu uma série de modificações nos crimes sexuais, agora chamados *crimes contra a dignidade sexual*, nomenclatura, a nosso ver, mais adequada aos tempos atuais, a ação penal deixou de ser privativa do ofendido para ser pública condicionada à representação, exceção feita às hipóteses em que a vítima era menor de 18 anos ou pessoa vulnerável, caso em que a ação era pública incondicionada (art. 225, parágrafo único, do CP). Pois bem. A entrada em vigor da Lei 13.718/2018, que, dentre várias inovações implementadas nos crimes contra a dignidade sexual, mudou, uma vez mais, a natureza da ação penal nesses delitos. Com isso, a ação penal, nos crimes sexuais, passa a ser pública incondicionada. Vale lembrar que, antes do advento desta Lei, a ação era, em regra, pública condicionada, salvo nas situações em que a vítima era vulnerável ou menor de 18 anos. Fazendo um breve histórico, temos o seguinte quadro: a ação penal, nos crimes sexuais, era, em regra, privativa do ofendido, a este cabendo a propositura da ação penal; posteriormente, a partir do advento da Lei 12.015/2009, a ação penal, nesses crimes, deixou de ser privativa do ofendido para ser pública condicionada a representação, em regra; agora, com a entrada em vigor da Lei 13.718/2018, a ação penal, nos crimes contra a dignidade sexual, que antes era pública condicionada, passa a ser pública incondicionada. Com isso, o titular da ação penal, que é o MP, prescinde de manifestação de vontade da vítima para promover a ação penal. Dessa forma, fica sepultado o debate que antes havia acerca da aplicação da Súmula 608, do STF. É importante que se diga que, além da alteração a que fizemos referência, a Lei 13.718/2018 promoveu, no contexto dos crimes sexuais, outras relevantes mudanças. Uma das mais significativas, a nosso ver, é a introdução, no Código Penal, do crime de *importunação sexual*, disposto no art. 215-A, nos seguintes termos: *Praticar contra alguém e sem a sua anuência ato libidinoso com o objetivo de satisfazer a própria lascívia ou a de terceiro: Pena – reclusão, de 1 (um) a 5 (cinco) anos, se o ato não constitui crime mais grave.* A conduta de homens que, em ônibus e trens lotados, molestam mulheres e, em alguns casos, chegam a ejacular, se enquadra, doravante, neste novo tipo penal. Episódio amplamente divulgado pelos meios de comunicação é o de um homem que, dentro do transporte público, em São Paulo, ejaculou no pescoço de uma mulher. Antes, a responsabilização se dava pela contravenção penal de *importunação ofensiva ao pudor*, definida no art. 61 da LCP, cujo preceito secundário estabelecia exclusivamente pena de multa, dispositivo este que foi revogado, de forma expressa, pela Lei 13.718/2018, tendo a conduta ali descrita migrado para o novo art. 215-A do CP, em face da regra da continuidade típico-normativa. Evidente que a pena, agora mais grave,

não poderá retroagir e atingir fatos anteriores à entrada em vigor da Lei 13.718/2018. Outra importante inovação refere-se à inclusão, no art. 218-C, do delito de *divulgação de cena de estupro ou de cena de estupro de vulnerável, de cena de sexo ou de pornografia.* O objetivo do legislador, com a tipificação desta conduta, foi o de coibir um fenômeno que, infelizmente, tem sido cada vez mais comum, que é a violação da intimidade com a exposição sexual não autorizada. Inclui-se, aqui, a chamada *pornografia da vingança*, em que fotografias e vídeos de conteúdo íntimo de alguém (normalmente mulher) são divulgados na internet pelo ex-esposo ou ex-namorado como forma de vingança. A partir daí, o conteúdo é disseminado, nas redes sociais e em grupos de whatsapp, de forma exponencial. O art. 218-C contempla uma causa de aumento de pena, a configurar-se quando o crime é praticado por agente que mantém ou tenha mantido relação íntima de afeto com a vítima ou com o fim de vingança ou humilhação. No que concerne ao estupro de vulnerável, previsto no art. 217-A do CP, a Lei 13.718/2018, ao inserir o § 5º nesse dispositivo legal, consagra o entendimento adotado pela Súmula 593, do STJ, no sentido de que o consentimento e a experiência sexual anterior são irrelevantes à configuração do crime de estupro de vulnerável. Por fim, a Lei 13.718/2018 fez inserir, no art. 226 do CP, o inciso IV, estabelecendo que a pena será aumentada nos casos de *estupro coletivo* e *estupro corretivo*; **D:** incorreta. A Lei Maria da Penha não contém tipos penais, exceção feita ao crime de descumprimento de decisão judicial que defere medida protetiva de urgência, introduzido na Lei 11.340/2006 (art. 24-A) pela Lei 13.641/2018. **ED**

Gabarito "A".

**(Defensor Público – DPE/RN – 2016 – CESPE)** Maria alegou ser vítima de violência doméstica praticada pelo seu ex-companheiro Lucas, com quem conviveu por cinco anos, até dele se separar. Após a separação, Lucas passou a fazer frequentes ligações telefônicas para o aparelho celular da ex-mulher durante o dia, no período em que ela está trabalhando, à noite e de madrugada. Embora Maria já tenha trocado de número telefônico algumas vezes, Lucas consegue os novos números com conhecidos e continua a fazer as ligações. Apavorada e em sofrimento psicológico, Maria procurou auxílio e obteve do juiz competente medida protetiva urgente que obriga Lucas a não manter mais contato com ela por qualquer meio de comunicação, ordem que ele, porém, não obedeceu, pois continua a fazer as ligações. A respeito dessa situação hipotética, assinale a opção correta com base na Lei n.º 11.340/2006 e na jurisprudência dos tribunais superiores.

**(A)** A medida protetiva de urgência concedida pelo juiz deverá ser considerada inválida, se Lucas não tiver sido previamente intimado nem ouvido, pois isso caracterizaria flagrante desrespeito ao princípio do contraditório.

**(B)** Para garantir que Lucas cumpra a medida protetiva de urgência, o juiz pode requisitar auxílio da força policial.

**(C)** Ao descumprir a medida protetiva imposta pelo juiz, Lucas pratica o crime de desobediência.

**(D)** Como não houve violência física, não ficou caracterizada violência doméstica que justificasse a aplicação da medida protetiva de urgência imposta a Lucas, que deve ser revogada.

**(E)** Para a aplicação e validade da medida protetiva de urgência, eram imprescindíveis a coabitação e a prática da violência no âmbito da unidade doméstica.

**A:** incorreta, pois contraria a regra presente no art. 19, § 1º, da Lei 11.340/2006; **B:** correta, já que corresponde ao que estabelece o art. 22, § 3º, da Lei 11.340/2006; **C:** incorreta. Ao tempo da elaboração desta questão, o descumprimento de medida protetiva de urgência não configurava crime algum, nem o de desobediência, segundo entendiam os tribunais, já que havia, na hipótese de recalcitrância do agente em cumprir a medida protetiva, consequências de outra ordem, como a possibilidade de decretação de prisão preventiva e requisição de força policial para fazer valer a decisão judicial. Sucede que, ra partir do advento da Lei 13.641/2018, foi inserido na Lei Maria da Penha o art. 24-A, que contempla, como crime, a conduta do agente que descumpre decisão judicial que defere medida protetiva de urgência prevista em lei, sujeitando-o à pena de detenção de 3 meses a 2 anos; **D:** incorreta. É que a violência física constitui tão somente uma das formas de violência doméstica. Além dela, há outras, conforme rol do art. 7º da

## 12. DIREITO PENAL   423

Lei 11.340/2006; **E:** incorreta, já que não reflete o que estabelece o art. 5º, III, da Lei 11.340/2006.

Gabarito "B".

**(Juiz de Direito/AM – 2016 – CESPE)** Com relação às disposições da Lei n.o 11.340/2006 — Lei Maria da Penha —, assinale a opção correta.

**(A)** Para os efeitos da referida lei, a configuração da violência doméstica e familiar contra a mulher depende da demonstração de coabitação da ofendida e do agressor.

**(B)** Os juizados especiais de violência doméstica e familiar contra a mulher têm competência exclusivamente criminal.

**(C)** É tido como o âmbito da unidade doméstica o espaço de convívio permanente de pessoas, com ou sem vínculo familiar, salvo as esporadicamente agregadas.

**(D)** A ofendida poderá entregar intimação ou notificação ao agressor se não houver outro meio de realizar a comunicação.

**(E)** Considera-se violência sexual a conduta de forçar a mulher ao matrimônio mediante coação, chantagem, suborno ou manipulação, assim como a conduta de limitar ou anular o exercício de seus direitos sexuais e reprodutivos.

**A:** incorreta, uma vez que a configuração da violência doméstica e familiar contra a mulher *independe* da demonstração de coabitação da ofendida e do agressor, conforme estabelece o art. 5º, III, da Lei 11.340/2006 (Maria da Penha) Consagrando tal entendimento, o STJ editou a Súmula 600; **B:** incorreta, pois contraria o que reza o art. 14, *caput*, da Lei 11.340/2006 (Maria da Penha), que estabelece que os juizados especiais de violência doméstica e familiar contra a mulher têm competência tanto para o julgamento de matéria criminal quanto cível. Atenção à inserção do art. 14-A na Lei Maria da Penha promovida pela Lei 13.894/2019, que assegura à ofendida a opção de ajuizar ação de divórcio ou de dissolução de união estável no Juizado de Violência Doméstica e Familiar contra a mulher; **C:** incorreta, pois não corresponde ao teor do art. 5º, I, da Lei 11.340/2006 (Maria da Penha): "(...) inclusive as esporadicamente agregadas"; **D:** incorreta. Ao contrário do afirmado na assertiva, a ofendida, por razões óbvias, *não* poderá entregar intimação ou notificação ao agressor. Assim estabelece o art. 21, parágrafo único, da Lei 11.340/2006 (Maria da Penha); **E:** correta, pois em conformidade com o disposto no art. 7º, III, da Lei 11.340/2006 (Maria da Penha).

Gabarito "E".

**(Cartório/RR – 2013 – CESPE)** À luz do disposto na Lei n.º 11.340/2006 (Lei Maria da Penha), assinale a opção correta.

**(A)** A referida lei não prevê, como forma de violência doméstica e familiar contra a mulher, a violência patrimonial.

**(B)** Na ação relativa à prática de crimes mediante violência doméstica e familiar contra a mulher, independentemente da pena prevista, é vedado o oferecimento de transação penal, sendo permitida, entretanto, a suspensão condicional do processo.

**(C)** Para que seja configurada violência doméstica e familiar contra a mulher, é indispensável que o agressor e a vítima coabitem o mesmo lar.

**(D)** De acordo com o entendimento consolidado do STF e do STJ, o crime de lesão corporal leve ou culposa praticado contra a mulher no âmbito das relações domésticas deve ser processado mediante ação penal pública condicionada à representação da vítima.

**(E)** Conforme entendimento do STJ, embora a Lei Maria da Penha vise à proteção da mulher, o aumento de pena nela prevista para a prática do crime de lesão corporal praticada mediante violência doméstica, tipificado no Código Penal, aplica-se também no caso de a vítima ser do sexo masculino.

**A:** incorreta, pois em desconformidade com o que estabelece o art. 7º, IV, da Lei 11.340/2006; **B:** incorreta, pois em desconformidade com a regra prevista no art. 41 da Lei 11.340/2006 (Lei Maria da Penha), que veda a incidência das medidas despenalizadoras contempladas na Lei 9.099/1995 nos casos de violência doméstica, aqui incluídas a transação penal e a suspensão condicional do processo. Importante que se diga que o STF, ao julgar a Ação Declaratória de Constitucio-

nalidade n. 19, reconheceu a constitucionalidade deste dispositivo; **C:** incorreta. Conferir: "(...) A intenção do legislador, ao editar a Lei Maria da Penha, foi de dar proteção à mulher que tenha sofrido agressão decorrente de relacionamento amoroso, e não de relações transitórias, passageiras, sendo desnecessária, para a comprovação do aludido vínculo, a coabitação entre o agente e a vítima ao tempo do crime. 5. No caso dos autos, mostra-se configurada, em princípio, uma relação íntima de afeto entre autores e ofendida, pois, além de os agressores já terem convivido com a vítima, o próprio paciente (pai da vítima) declarou, perante a autoridade policial, que a ofendida morou com ele por algum tempo, tendo inclusive montado um quarto em sua residência para ela. 6. Para a incidência da Lei Maria da Penha, faz-se necessária a demonstração da convivência íntima, bem como de uma situação de vulnerabilidade da mulher, que justifique a incidência da norma de caráter protetivo, hipótese esta configurada nos autos. 7. Para efetivamente verificar se o delito supostamente praticado pelos pacientes não guarda nenhuma motivação de gênero nem tenha sido perpetrado em contexto de relação íntima de afeto, seria necessário o revolvimento de matéria fático-probatória, o que, conforme cediço, não é cabível no âmbito estrito do writ. 8. Habeas corpus não conhecido" (HC 201001432660, Sebastião Reis Júnior, STJ – Sexta Turma, DJE 06/09/2013); **D:** incorreta. O STF, no julgamento da ADIn nº 4.424, de 09.02.2012, estabeleceu a natureza incondicionada da ação penal nos crimes de lesão corporal, independente de sua extensão, praticados contra mulher no ambiente doméstico, entendimento esse atualmente consagrado na Súmula 542, do STJ; **E:** correta. Conferir: "Recurso ordinário em *habeas corpus*. Lesão corporal praticada no âmbito doméstico. Vítima do sexo masculino. Alteração do preceito secundário pela lei n. 11.340/06. Aplicabilidade. Desclassificação para o delito descrito no artigo 129, *caput*, c/c art. 61, inciso II, alínea "e", do código penal. Norma de aplicação subsidiária. Constrangimento ilegal não evidenciado. Recurso improvido. 1. Não obstante a Lei 11.340/2006 tenha sido editada com o escopo de tutelar com mais rigor a violência perpetrada contra a mulher no âmbito doméstico, não se verifica qualquer vício no acréscimo de pena operado pelo referido diploma legal no preceito secundário do § 9º do artigo 129 do Código Penal, mormente porque não é a única em situação de vulnerabilidade em tais relações, a exemplo dos portadores de deficiência. 2. Embora as suas disposições específicas sejam voltadas à proteção da mulher, não é correto afirmar que o apenamento mais gravoso dado ao delito previsto no § 9º do artigo 129 do Código Penal seja aplicado apenas para vítimas de tal gênero pelo simples fato desta alteração ter se dado pela Lei Maria da Penha, mormente porque observada a pertinência temática e a adequação da espécie normativa modificadora. 3. Se a circunstância da conduta ser praticada contra ascendente qualifica o delito de lesões corporais, fica excluída a incidência da norma contida no artigo 61, inciso II, alínea "e", do Código Penal, dotada de caráter subsidiário. 4. Recurso improvido" (RHC 201000210483, Jorge Mussi, STJ – Quinta Turma, DJE 23/08/2012).

Gabarito "E".

**(Polícia Rodoviária Federal – 2013 – CESPE)** Com fundamento na lei que cria mecanismos para coibir a violência doméstica e familiar contra a mulher — Lei Maria da Penha, julgue o próximo item.

**(1)** Considerando que, inconformado com o término do namoro de mais de vinte anos, José tenha agredido sua ex-namorada Maria, com quem não coabitava, ele estará sujeito a aplicação da lei de combate a violência doméstica e familiar contra a mulher, conhecida como Lei Maria da Penha.

**1:** correta. A coabitação não é requisito para a configuração do crime de violência doméstica e familiar contra a mulher. Basta que o agente se valha da relação íntima de afeto na qual tenha convivido com a ofendida (art. 5º, III, da Lei 11.340/2006). Tal entendimento encontra-se consagrado na Súmula 600, do STJ.

Gabarito 1C

**(Escrivão de Polícia/BA – 2013 – CESPE)** Julgue o próximo item, que versa sobre violência doméstica e familiar contra a mulher.

**(1)** Um indivíduo que calunia a própria esposa comete contra ela violência doméstica e familiar.

**1:** correta. Nos termos do art. 7º, V, da Lei 11.340/2006, a calúnia é espécie de violência moral contra a mulher combatida pelo mencionado diploma legal.

Gabarito 1C

**(Escrivão de Polícia/DF – 2013 – CESPE)** No que se refere à violência doméstica e familiar sobre a mulher (Lei 11.340/2006 – Lei Maria da Penha), julgue o item seguinte.

**(1)** Se duas mulheres mantiverem uma relação homoafetiva há mais de dois anos, e uma delas praticar violência moral e psicológica contra a outra, tal conduta estará sujeita à incidência da Lei Maria da Penha, ainda que elas residam em lares diferentes.

**1:** correta. A aplicação da Lei Maria da Penha independe de orientação sexual (arts. 2º e 5º, parágrafo único, da Lei 11.340/2006) e de coabitação, bastando que o agente se valha de relação íntima de afeto que tenha convivido com a vítima (art. 5º, III, da Lei 11.340/2006). *Gabarito 1C*

## 24.13. LAVAGEM DE DINHEIRO

**(Delegado de Polícia Federal – 2021 – CESPE)** Em relação ao disposto na Lei 9.613/1998, que se refere à lavagem de dinheiro, julgue os itens a seguir.

**(1)** Ficarão suspensos o processo e o curso do prazo prescricional do acusado citado por edital que não comparecer nem constituir advogado.

**(2)** É requisito específico da denúncia a existência de indícios suficientes da ocorrência do crime antecedente cuja punibilidade não esteja extinta.

**(3)** No que se refere ao investigado, a autoridade policial terá acesso a dados cadastrais relativos à qualificação pessoal, à filiação e ao endereço mantidos nos bancos de dados da justiça eleitoral, de empresas telefônicas, de instituições financeiras, de provedores de Internet e de administradoras de cartão de crédito, independentemente de autorização judicial.

**(4)** Ouvido o Ministério Público, ordens de prisão ou medidas assecuratórias de bens poderão ser suspensas pelo juiz quando a execução imediata dessas ações puder comprometer as investigações.

**(5)** O crime de lavagem de dinheiro está, consoante a lei, equiparado ao crime hediondo.

**1:** Errado. Não se aplica, no processo por crime de lavagem de dinheiro, o disposto no art. 366 do Código de Processo Penal, que estabelece que o processo e o curso do prazo prescricional ficarão suspensos na hipótese de o acusado, citado por edital, não comparecer tampouco constituir advogado, situação em que o processo seguirá à sua revelia (art. 2º, § 2º, da Lei 9.613/1998). **2:** Errado. A extinção da punibilidade de crime antecedente não interfere na punibilidade do delito de lavagem de dinheiro, nos termos do disposto no art. 2º, § 1º, da Lei 9.613/1998. **3:** Certo. É o que estabelece o art. 17-B da Lei 9.613/1998. **4:** Certo. Proposição em consonância com o disposto no art. 4º-B da Lei 9.613/1998. **5:** Errado. Por imposição de índole constitucional (art. 5º, XLIII), somente são considerados *equiparados* ou *assemelhados* a hediondo os crimes de tortura, tráfico de entorpecentes e terrorismo. Também não é o caso de considerar o crime de lavagem de capitais como hediondo, já que não faz parte do rol do art. 1º da Lei 8.072/1990 (Crimes Hediondos). *Gabarito 1E, 2E, 3C, 4C, 5E*

**(Analista Judiciário – TRT/8ª – 2016 – CESPE)** Considerando a jurisprudência do Superior Tribunal de Justiça relativamente a crimes contra a administração pública e de lavagem de dinheiro, assinale a opção correta.

**(A)** A conduta pautada no oferecimento de propina a policiais militares com o objetivo de safar-se de prisão em flagrante insere-se no âmbito da autodefesa, de modo que não deve ser tipificada como crime de corrupção ativa.

**(B)** No crime de lavagem ou ocultação de bens, direitos e valores, para se tipificar a conduta praticada, é necessário que os bens, direitos ou valores provenham de crime anterior e que o agente já tenha sido condenado judicialmente pelo crime previamente cometido.

**(C)** O agente não integrante dos quadros da administração pública não pode ser sujeito ativo do crime de concussão.

**(D)** A perda do cargo público, quando a pena privativa de liberdade for estabelecida em tempo inferior a quatro anos,

apenas pode ser decretada como efeito da condenação quando o crime for cometido com abuso de poder ou com violação de dever para com a administração pública.

**(E)** A conduta no crime de corrupção ativa, por se tratar de crime material, apenas deve ser tipificada caso haja o efetivo pagamento de propina ao servidor público, mesmo que o agente não tenha obtido a vantagem pretendida.

**A:** incorreta. Aquele que oferece vantagem indevida a policiais militares para se ver livre de prisão em flagrante incorre nas penas do crime de corrupção ativa (art. 333, CP), não havendo que se falar, aqui, no exercício de autodefesa. Conferir o seguinte julgado do STF, do qual, ao que parece, foi extraída a proposição: "(…) Revela-se totalmente inconcebível a tese sustentada na impetração, no sentido de que o oferecimento de propina a policiais militares, com vistas a evitar a prisão em flagrante, caracterizaria autodefesa, excluindo a prática do delito de corrupção ativa, uma vez que tal garantia não pode ser invocada para fins de legitimar práticas criminosas. Precedente do STF (…)" (HC 249.086/SP, Rel. Ministro JORGE MUSSI, QUINTA TURMA, julgado em 09.09.2014, *DJe* 15.09.2014); **B:** incorreta. É despicienda, para a tipificação do crime de lavagem de dinheiro, a condenação do agente pelo cometimento da infração penal (crime e contravenção penal) antecedente. Segundo reza o art. 2º, II, da Lei 9.613/1998, "o processo e julgamento dos crimes previstos nesta Lei: II – independem do processo e julgamento das infrações penais antecedentes, ainda que praticados em outro país (…)". Basta, pois, a existência de prova de que a infração penal antecedente ocorreu (materialidade da infração); **C:** incorreta. A qualidade de "funcionário público" constitui elementar do crime de concussão. Estabelece o art. 30 do CP que as elementares se comunicam aos partícipes, desde que sejam de conhecimento destes. Assim, se o crime de concussão é praticado por um funcionário em concurso com quem não integra os quadros do funcionalismo, ambos responderão pelo crime do art. 316, *caput*, do CP. É dizer, a condição de caráter pessoal, por ser elementar do crime, comunica-se ao coautor e ao partícipe; **D:** correta. No que toca à perda do cargo, função pública ou mandato eletivo como efeito secundário de natureza extrapenal da condenação, há duas situações a considerar: se a pena privativa de liberdade aplicada for superior a quatro anos, é de rigor a perda do cargo, função ou mandato eletivo, pouco importando, neste caso, se a conduta do funcionário foi praticada com abuso de poder ou com violação de dever inerente à função pública (art. 92, I, "b", do CP); agora, se a pena privativa de liberdade aplicada for inferior a quatro (é o caso desta assertiva), a perda do cargo, função pública ou mandato eletivo do agente somente se dará se este houver agido, na prática criminosa, com abuso de poder ou violação de deveres para com a Administração Pública (art. 92, I, "a", do CP). Nas duas hipóteses, cuida-se de efeito não automático da condenação, exigindo, portanto, declaração motivada na sentença (art. 92, parágrafo único, do CP); **E:** incorreta, na medida em que se trata de crime *formal* (e não *material*), em que a consumação se opera no momento em que a oferta ou promessa chega ao conhecimento do funcionário público; a entrega da propina, portanto, se houver, não é necessária à concretização do tipo penal. *Gabarito "D"*

**(Cartório/PI – 2013 – CESPE)** A realização de operações que revelem indícios dos crimes previstos na Lei de Lavagem de Dinheiro deve ser comunicada pelos cartórios de registro público ao Conselho de Controle de Atividades Financeiras

**(A)** no prazo de quarenta e oito horas, sendo desnecessário dar ciência de tal ato a qualquer pessoa, inclusive àquela a que se refira a informação.

**(B)** no prazo de dez dias, devendo-se dar ciência de tal ato à pessoa a que se refira a informação.

**(C)** no prazo de vinte e quatro horas, sendo desnecessário dar ciência de tal ato a qualquer pessoa, inclusive àquela a que se refira a informação.

**(D)** no prazo de dez dias, sendo desnecessário dar ciência de tal ato a qualquer pessoa, inclusive àquela a que se refira a informação.

**(E)** no prazo de vinte e quatro horas, devendo-se dar ciência de tal ato à pessoa a que se refira a informação.

A assertiva correta se refere ao art. 11, II, da Lei da Lei 9.613/1998, cuja redação foi determinada pela Lei 12.683/2012. *Gabarito "C"*

## 24.14. ESTATUTO DA PESSOA IDOSA

**(Delegado/RJ – 2022 – CESPE/CEBRASPE)** Em 15/2/2022, Ernesto, com 78 anos de idade, correntista de uma instituição financeira privada, dirigiu-se à agência bancária para realizar uma transferência bancária. No local, solicitou auxílio do estagiário Carlos, de 21 anos de idade, para realizar a operação. Todavia, de posse do cartão magnético e da senha do cliente, Carlos transferiu, indevidamente, a quantia de R$ 5 mil da conta bancária de Ernesto para sua conta pessoal.

Nessa situação hipotética, segundo a jurisprudência do STJ, Carlos cometeu

(A) o crime de apropriação indébita (art. 168, § 1.º, III, do Código Penal).
(B) o crime de furto (art. 155 do Código Penal).
(C) o crime de estelionato (art. 171 do Código Penal).
(D) o crime de peculato (art. 312 do Código Penal).
(E) o crime previsto no art. 102 do Estatuto do Idoso.

Pela conduta que praticou, o estagiário Carlos deverá ser responsabilizado pelo crime do art. 102 da Lei 10.741/2003, cuja redação, a seguir transcrita, foi alterada pela Lei 14.423/2022: *Apropriar-se de ou desviar bens, proventos, pensão ou qualquer outro rendimento da pessoa idosa, dando-lhes aplicação diversa de sua finalidade*. Na jurisprudência: "1. Para a conduta de desviar bens do idoso, prevista no art. 102 da Lei n. 10.741/2003, não há necessidade de prévia posse por parte do agente, restrita à hipótese de apropriação. 2. É evidente que a transferência dos valores da conta bancária da vítima para a conta pessoal do recorrido, mediante ardil, desviou os bens de sua finalidade. Não importa aqui perquirir qual era a real destinação desses valores, pois, independente de qual fosse, foram eles dela desviados, ao serem, por meio de fraude, transferidos para a conta do recorrido. 3. Recurso especial provido para cassar o acórdão proferido nos embargos infringentes e restabelecer a condenação, nos termos do julgado proferido na apelação" (STJ, REsp n. 1.358.865/RS, relator Ministro Sebastião Reis Júnior, Sexta Turma, julgado em 4/9/2014, DJe de 23/9/2014).
Gabarito "E".

**(Polícia Rodoviária Federal – 2013 – CESPE)** Acerca do Estatuto do Idoso, julgue o item subsecutivo.

(1) Se alguém deixar de prestar assistência a idoso, quando for possível fazê-lo sem risco pessoal, em situação de iminente perigo, cometerá, em tese, crime de menor potencial ofensivo.

**1:** correta. O crime previsto no art. 97 da Lei 10.741/2003 (Estatuto da Pessoa Idosa) tem pena privativa de liberdade máxima de 1 ano, o que o classifica como infração penal de menor potencial ofensivo, nos termos do art. 61 da Lei 9.099/1995.
Gabarito 1C

**(Escrivão de Polícia/DF – 2013 – CESPE)** Julgue o item subsecutivo, referente ao Estatuto do Idoso (Lei 10.741/2003).

(1) Quando uma pessoa dificulta o acesso de idoso a determinado meio de transporte por motivo de sua idade, incide em crime previsto no Estatuto do Idoso. Nessa situação, para que o Ministério Público proponha a ação penal correspondente, haverá a necessidade da representação do ofendido.

**1:** incorreta. Os crimes previstos no Estatuto da Pessoa Idosa são todos de ação penal pública incondicionada, ou seja, não dependem da representação do ofendido para que o Ministério Público ofereça a denúncia (art. 95 da Lei 10.741/2003).
Gabarito 1E

## 24.15. OUTROS TEMAS DA LEGISLAÇÃO EXTRAVAGANTE E QUESTÕES COMBINADAS

**(Delegado/RJ – 2022 – CESPE/CEBRASPE)** Cada uma das opções a seguir apresenta uma situação hipotética a ser julgada com base nas incriminações contidas nos artigos 14 e 16, caput e §§ 1.º e 2.º, da Lei n.º 10.826/2003. Assinale a opção cuja situação hipotética contempla uma conduta que — formal e

materialmente — encontra adequação típica em um dos mencionados dispositivos.

(A) Sem contar com expressa autorização do secretário de estado responsável pela administração penitenciária, Paulo César, policial penal do Estado do Rio de Janeiro, porta em via pública, junto à cintura, uma pistola calibre .380 municiada, devidamente registrada em seu nome.
(B) Leonardo, guarda municipal de um município mineiro com 4.000 habitantes, autorizado pelo poder público local e satisfeitas as disposições regulamentares, porta em serviço um revólver calibre .38, de propriedade do município; ao ser escalado para um curso de aperfeiçoamento no Rio de Janeiro, leva a arma municiada no porta-luvas de seu carro.
(C) Gustavo, policial civil aposentado, com teste de aptidão psicológica em dia, contratado para trabalhar em uma segurança privada, mantém consigo, de forma velada, uma arma de fogo de uso permitido, municiada e registrada em seu nome.
(D) Bernardo compra regularmente uma pistola calibre .40 e, por razões estéticas, desejando ostentar sua capacidade patrimonial, banha a arma em ouro, o que modifica suas características físicas, mas não prejudica os caracteres alfanuméricos de identificação.
(E) Victor possui em sua casa uma prensa para recarga de munições recém-adquirida, pois tem o objetivo de vender munições recarregadas informalmente; todavia, antes que possa fazer uso do equipamento, a prensa é apreendida durante o cumprimento de mandado de busca domiciliar pela Polícia Civil.

**A:** incorreta. Cuida-se de conduta atípica, já que o porte, neste caso, está amparado no art. 6º, § 1º-B, da Lei 10.826/2003, não sendo necessário, para tanto, autorização do secretário de estado responsável pela administração penitenciária; **B:** correta, na medida em que se trata de conduta típica, nos termos do art. 6º, III, IV e § 1º, da Lei 10.826/2003. Vide, quanto a este tema, a Adin 5.538; **C:** incorreta. Conduta atípica, já que autorizada pelo art. 30 do Decreto 9.847/2019; **D:** incorreta. Trata-se de conduta que não encontra adequação típica no art. 16, § 1º, II, da Lei 10.826/2003, que impõe que a modificação operada nas características da arma a torne equivalente a uma arma de fogo de uso restrito ou proibido ou então que tenha como propósito dificultar ou induzir a erro autoridade policial, perito ou juiz. Não é este o caso de uma modificação meramente estética; **E:** incorreta, já que se trata de ato preparatório para o crime definido no art. 16, § 1º, VI, da Lei 10.826/2003.
Gabarito "B".

**(Delegado/RJ – 2022 – CESPE/CEBRASPE)** A bilheteria oficial disponibilizou sessenta mil ingressos para a final de determinado campeonato de futebol, os quais se esgotaram em menos de 24 horas. João, cambista conhecido, conseguiu comprar dez ingressos, ao preço de R$ 100,00 a unidade, e os vendeu no dia do jogo por R$ 250,00 cada. Por essa conduta, ele foi preso em flagrante.

Nessa situação hipotética, João praticou

(A) crime definido no Estatuto do Torcedor.
(B) o crime de fraude ao comércio.
(C) fato atípico.
(D) o crime de estelionato.
(E) crime contra a economia popular.

João deverá ser responsabilizado pelo crime definido no art. 41-F da Lei 10.671/2003 (Estatuto do Torcedor), que consiste na conduta do agente que negocia ingressos com valores maiores do que os estampados no bilhete (cambismo).
Gabarito "A".

**(Delegado/RJ – 2022 – CESPE/CEBRASPE)** Maria, de 35 anos de idade, compareceu a uma delegacia de polícia noticiando ao policial plantonista que havia sido abusada sexualmente por um médico-cirurgião renomado, o qual teria manipulado o órgão genital dela enquanto ela ainda se encontrava sob efeito de anestésico após ter realizado mamoplastia. Diante da gravidade da denúncia, o policial verificou se havia anotações criminais contra o noticiado e não localizou nenhum registro de ocorrência nesse sentido. Então, indagou à noticiante se ela tinha certeza do que estava afirmando, pois se tratava de uma acusação muito séria e ela poderia ter-se confundido em função do efeito anestésico. Desconfortável com a indagação feita, a noticiante pediu que fosse chamada uma policial do sexo feminino para atendê-la. Assim feito, Maria narrou o fato vivenciado à policial, a qual, por sua vez, considerou conveniente chamar a autoridade policial para avaliar se o fato deveria ser efetivamente registrado, diante de quem, mais uma vez, a noticiante relatou o abuso sofrido.

Com relação a essa situação hipotética, assinale a opção correta, considerando as normas de direito penal e os estudos críticos criminológicos.

- (A) Os policiais foram diligentes, a fim de evitar eventual denunciação caluniosa em desfavor do médico.
- (B) Os policiais agiram corretamente, uma vez que a Lei n.º 13.869/2019 tipifica como crime de abuso de autoridade a conduta de dar início à persecução penal sem justa causa fundamentada.
- (C) Os policiais foram diligentes, porque, em sua atuação funcional, levaram em consideração a figura criminológica da síndrome da mulher de Potifar.
- (D) Os policiais foram diligentes ao terem levado em consideração, no exercício funcional, a possibilidade de falsas memórias da vítima.
- (E) A noticiante foi submetida a um processo de revitimização ao ter sido questionada sobre a credibilidade da *notitia criminis* e ao ter que relatar o abuso sofrido a diferentes profissionais da delegacia.

Revitimização (vitimização secundária ou violência institucional) deve ser entendida, *grosso modo*, como o fenômeno em que a vítima sofre os efeitos da violência que lhe foi impingida repetidas vezes. Fala-se em violência institucional porquanto os órgãos encarregados de acolhê-la e zelar por sua segurança acabam por fazer com que o trauma seja revivido de forma desnecessária, como, por exemplo, quando a vítima, após a violência original, passa a ser inquirida, na delegacia de polícia, por diversos policiais, para os quais tem que relatar, um a um, os fatos ocorridos, o que a obriga a rememorar, de forma desnecessária, tudo pelo qual passou. Dito isso, fica evidente que os policiais envolvidos na ocorrência submeteram Maria a um processo de revitimização, dado que foi por diversas vezes instada a relatar os mesmos fatos, obrigando-a, com isso, a relembrar a violência que sofrera. Recentemente, a Lei 14.321/2022 alterou a nova Lei de Abuso de Autoridade (13.869/2019), ali introduzindo o art. 15-A, tipificando o crime de violência institucional, nos seguintes termos: *submeter a vítima de infração penal ou a testemunha de crimes violentos a procedimentos desnecessários, repetitivos ou invasivos, que a leve a reviver, sem estrita necessidade: I – a situação de violência; ou II – outras situações potencialmente geradoras de sofrimento ou estigmatização: Pena – detenção, de 3 (três) meses a 1 (um) ano, e multa. § 1º Se o agente público permitir que terceiro intimide a vítima de crimes violentos, gerando indevida revitimização, aplica-se a pena aumentada de 2/3 (dois terços). § 2º Se o agente público intimidar a vítima de crimes violentos, gerando indevida revitimização, aplica-se a pena em dobro.* ED

Gabarito "E".

**(Delegado de Polícia Federal – 2021 – CESPE)** Com relação aos crimes previstos em legislação especial, julgue os itens a seguir.

- (1) A importação de sementes de maconha em pequena quantidade é considerada conduta atípica.
- (2) A teoria do domínio do fato permite, isoladamente, que se faça uma acusação pela prática de crimes complexos, como o de sonegação fiscal, sem a descrição da conduta.
- (3) É conduta atípica o porte ilegal de arma de fogo de uso permitido com registro de cautela vencido.
- (4) A conduta de impedir ou dificultar a regeneração natural de florestas e demais formas de vegetação é delito de natureza permanente.
- (5) A antecipação, por delegado da Polícia Federal, por meio de rede social, da atribuição de culpa, antes de concluídas as apurações e formalizada a acusação, caracteriza crime previsto na Lei de Abuso de Autoridade.

**1:** correta. Para o STF, e também para o STJ, a importação de sementes de maconha em pequena quantidade, ante a ausência do princípio ativo THC, deve ser considerada conduta atípica. Nesse sentido, conferir: "I - No julgamento conjunto do HC 144.161/SP e HC 142.987/SP, ambos da relatoria do Ministro Gilmar Mendes, a Segunda Turma desta Suprema Corte firmou orientação jurisprudencial no sentido de que deve ser rejeitada a denúncia ou trancada a ação penal por ausência de justa causa nos casos em que o réu importa pequena quantidade de sementes de cannabis sativa (maconha). II – Agravo a que se nega provimento." (HC 173346 AgR, Relator(a): Ricardo Lewandowski, Segunda Turma, julgado em 04/10/2019, Processo Eletrônico DJe-225 Divulg 15-10-2019 Public 16-10-2019). No STJ: "1. O conceito de "droga", para fins penais, é aquele estabelecido no art. 1.º, parágrafo único, c.c. o art. 66, ambos da Lei n.º 11.343/2006, norma penal em branco complementada pela Portaria SVS/MS n.º 344, de 12 de maio de 1998. Compulsando a lista do referido ato administrativo, do que se pode denominar "droga", vê-se que ela não consta referência a sementes da planta Cannabis Sativum. 2. O Tetrahidrocanabinol - THC é a substância psicoativa encontrada na planta Cannabis Sativum, mas ausente na semente, razão pela qual esta não pode ser considerada "droga", para fins penais, o que afasta a subsunção do caso a qualquer uma das hipóteses do art. 33, caput, da Lei n.º 11.343/2006. 3. Dos incisos I e II do § 1.º do art. 33 da mesma Lei, infere-se que "matéria--prima" ou "insumo" é a substância utilizada "para a preparação de drogas". A semente não se presta a tal finalidade, porque não possui o princípio ativo (THC), tampouco serve de reagente para a produção de droga. 4. No mais, a Lei de regência prevê como conduta delituosa o semeio, o cultivo ou a colheita da planta proibida (art. 33, § 1.º, inciso II; e art. 28, § 1.º). Embora a semente seja um pressuposto necessário para a primeira ação, e a planta para as demais, a importação (ou qualquer dos demais núcleos verbais) da semente não está descrita como conduta típica na Lei de Drogas. 5. A conduta de importar pequena quantidade de sementes de maconha é atípica, consoante precedentes do STF: HC 144161, Rel. Ministro Gilmar Mendes, Segunda Turma, julgado em 11/09/2018, Processo Eletrônico DJe-268 Divulg 13-12-2018 Public 14-12-2018; HC 142987, Relator Min. Gilmar Mendes, Segunda Turma, julgado em 11/09/2018, Processo Eletrônico DJe-256 Divulg 29-11-2018 Public 30-11-2018; no mesmo sentido, a decisão monocrática nos autos do HC 143.798/SP, Relator Min. Roberto Barroso, publicada no DJe de 03/02/2020, concedendo a ordem "para determinar o trancamento da ação penal, em razão da ausência de justa causa". Na mesma ocasião, indicou Sua Excelência, "ainda nesse sentido, as seguintes decisões monocráticas: HC 173.346, Rel. Min. Ricardo Lewandowski; HC 148.503, Min. Celso de Mello; HC 143.890, Rel. Min. Celso de Mello; HC 140.478, Rel. Min. Ricardo Lewadowski; HC 149.575, Min. Edson Fachin; HC 163.730, Relª. Minª. Cármen Lúcia." 6. Embargos de divergência acolhidos, para determinar o trancamento da ação penal em tela, em razão da atipicidade da conduta." (EREsp 1624564/SP, Rel. Ministra Laurita Vaz, Terceira Seção, julgado em 14/10/2020, DJe 21/10/2020). **2:** errada. Ao contrário do que se afirma, a teoria do domínio do fato não autoriza, isoladamente, que se faça uma acusação pela prática de crimes complexos, como o de sonegação fiscal, sem a descrição da conduta. Nesse sentido: "1. A teoria do domínio do fato funciona como uma ratio, a qual é insuficiente, por si mesma para aferir a existência do nexo de causalidade entre o crime e o agente. É equivocado afirmar que um indivíduo é autor porque detém o domínio do fato se, no plano intermediário ligado à realidade, não há nenhuma circunstância que estabeleça o nexo entre sua conduta e o resultado lesivo. 2. Não há, portanto, como considerar, com base na teoria do domínio do fato, que a posição de gestor, diretor ou sócio administrador de uma empresa implica a presunção de que houve a participação no delito, se não houver, no plano fático-probatório, alguma circunstância que o vincule à prática delitiva. 3. Na espécie, a acusada assumiu a propriedade da empresa de composição gráfica personalizada, em virtude do súbito falecimento de seu cônjuge. Movida pela pouca experiência para a condução da empresa, delegou as questões tributárias aos gerentes com conhecimento técnico especializado, bem como a empresas de consultoria. Tal constatação, longe de representar incursão no plano fático, está reconhecida, de modo incontroverso, pelas instâncias ordinárias, que concluíram pela ação equivocada na contratação e na delegação da condução fiscal da empresa. 4. Diante desse quadro, não há como imputar-lhe o delito de sonegação de tributo com base, única e exclusivamente, na teoria do domínio do fato, máxime porque não houve descrição de nenhuma circunstância que indique o nexo de causalidade, o qual não pode ser presumido. 5. O delito de

## 12. DIREITO PENAL 427

sonegação fiscal, previsto no art. 1º, II, da Lei n. 8.137/1990, exige, para sua configuração, que a conduta do agente seja dolosa, consistente na utilização de procedimentos (fraude) que violem de forma direta a lei ou o regulamento fiscal, com objetivo de favorecer a si ou terceiros, por meio da sonegação. Há uma diferença inquestionável entre aquele que não paga tributo por circunstâncias alheias à sua vontade de pagar (dificuldades financeiras, equívocos no preenchimento de guias etc.) e quem, dolosamente, sonega o tributo com a utilização de expedientes espúrios e motivado por interesses pessoais. 6. Na hipótese, o quadro fático descrito na imputação é mais indicativo de conduta negligente ou imprudente. A constatação disso é reforçada pela delegação das operações contábeis sem a necessária fiscalização, situação que não se coaduna com o dolo, mas se aproxima da culpa em sentido estrito, não prevista no tipo penal em questão. 7. Recurso especial provido para absolver a acusada." (STJ, REsp 1854893/SP, Rel. Ministro Rogerio Schietti Cruz, Sexta Turma, julgado em 08/09/2020, DJe 14/09/2020). **3:** errada. A atipicidade somente será verificada, na hipótese de o registro encontrar-se vencido, se se tratar de *posse* de arma de fogo, não abrangendo, portanto, o *porte*. Conferir: "1. "O entendimento firmado pelo Superior Tribunal de Justiça no julgamento da APn n. 686/AP (Rel. Ministro João Otávio De Noronha, Corte Especial, DJe 29/10/2015) é restrito ao delito de posse ilegal de arma de fogo de uso permitido (art. 12 da Lei 10.826/2003), não se aplicando ao crime de porte ilegal de arma de fogo (art. 14 da Lei 10.826/2003), muito menos ao delito de porte ilegal de arma de fogo de uso restrito (art. 16 da Lei 10.826/2003), cujas elementares são diversas e a reprovabilidade mais intensa" (RHC n. 63.686/DF, relator Ministro Reynaldo Soares Da Fonseca, Quinta Turma, DJe 22/2/2017). 2. Agravo regimental a que se nega provimento." "(STJ, AgRg no AREsp 885.281/ES, Rel. Ministro Antonio Saldanha Palheiro, Sexta Turma, julgado em 28/04/2020, DJe 08/05/2020). **4:** certa. Diz-se que o crime do art. 48 da Lei 9.605/1998 é de natureza permanente porquanto a sua consumação se prolonga no tempo por vontade do agente. Na jurisprudência: "Agravo regimental no recurso extraordinário com agravo. 2. Penal e Processual Penal. Art. 48 da Lei 9605/1998 (impedir ou dificultar a regeneração natural de florestas e demais formas de vegetação). Denúncia. 3. Ausência de prequestionamento. Incidência dos enunciados 282 e 356 da Súmula do STF. 4. Alegação de violação ao artigo 93, inciso IX, da CF. Não ocorrência. Acórdão recorrido suficientemente motivado. 5. Prescrição. Pleito que demanda reexame do conjunto fático-probatório dos autos (Súmula 279/STF) e da interpretação da legislação infraconstitucional. 6. O crime previsto no art. 48 da Lei n. 9.605/1998 é de natureza permanente, de modo que o prazo prescricional inicia-se com a cessação da conduta delitiva. Precedentes. 7. Ausência de argumentos capazes de infirmar a decisão agravada. 8. Agravo regimental a que se nega provimento." (STF, ARE 923296 AgR, Relator(a): Gilmar Mendes, Segunda Turma, julgado em 10/11/2015, Acórdão eletrônico DJe-236 Divulg 23-11-2015 Public 24-11-2015). **5:** certa. A conduta consistente na autoridade policial responsável pelas investigações antecipar, por meio de comunicação, inclusive rede social, atribuição de culpa, antes de concluídas as apurações e formalizada a acusação, configura o crime do art. 38 da Lei 13.869/2019 (nova Lei de Abuso de Autoridade). 🔲

Gabarito: 1C, 2E, 3E, 4C, 5C

**(Analista Judiciário – TJ/PA – 2020 – CESPE)** De acordo com a Lei 8.666/1993, configura crime de fraude em licitação instaurada para aquisição ou venda de bens ou mercadorias, ou contrato dela decorrente, com prejuízo à fazenda pública,

(A) reduzir preços dos bens ou mercadorias.
(B) entregar uma mercadoria por outra.
(C) ordenar despesa não autorizada por lei.
(D) prestar garantia sem contragarantia.
(E) onerar a proposta ou a execução do contrato, ainda que justificadamente.

Conduta descrita no art. 96, III, da Lei 8.666/1993, que assim dispõe: *Fraudar, em prejuízo da Fazenda Pública, licitação instaurada para aquisição ou venda de bens ou mercadorias, ou contrato dela decorrente: (...) III – entregando uma mercadoria por outra.*

Gabarito: "B".

**(Juiz de Direito – TJ/SC – 2019 – CESPE/CEBRASPE)** De acordo com a Lei de Execução Penal, caso seja verificada a exigência de que o sentenciado cumpra medida além dos limites fixados na sentença, deverá ser instaurado o incidente

(A) de conversão da pena, que poderá ser provocado pelo Ministério Público.
(B) administrativo, que poderá ser suscitado por qualquer um dos órgãos que atuam na execução penal.
(C) de indulto individual, que poderá ser provocado pela autoridade administrativa.
(D) de excesso ou desvio, que poderá ser suscitado pelo sentenciado.
(E) de chamamento da execução à ordem, que poderá ser provocado pelo Ministério Público.

Excesso ou desvio de execução ocorre quando, durante a execução da pena, algum ato for praticado além dos limites fixados na sentença, em normas legais ou regulamentos (art. 185, LEP). Nas palavras de Guilherme de Souza Nucci, "instaura-se um incidente próprio, que correrá em apenso ao processo de execução, quando houver *desvio* (destinação diversa da finalidade da pena) ou *excesso* (aplicação abusiva do previsto em lei) em relação ao cumprimento da pena, seja ela de que espécie for." (*Leis penais e processuais penais comentadas*. 8. ed. São Paulo: Editora Forense, 2014. p. 366).

Gabarito: "D".

**(Procurador Municipal – Prefeitura/BH – CESPE – 2017)** À luz do CP e da legislação penal extravagante, assinale a opção correta.

(A) É crime impossível o peculato praticado por servidor público que subtrai bens da administração pública municipal aos quais tenha acesso em razão do cargo, quando há sistema de vigilância por monitoramento eletrônico.
(B) Poderá ser reduzida até a metade a pena de membro de organização criminosa que realizar colaboração premiada após a prolação da sentença.
(C) É atípica a conduta de fotografar criança em poses sensuais, com enfoque em seus órgãos genitais, quando estiverem cobertos por peças de roupas.
(D) O crime de racismo restringe-se aos atos discriminatórios em função de cor da pele — fator biológico —, em razão do princípio da necessidade da lei estrita do direito penal.

**A:** incorreta, pois não retrata o entendimento firmado na Súmula 567, do STJ, que, embora faça menção ao crime de furto, também pode ser aplicada ao delito de peculato: "Sistema de vigilância realizado por monitoramento eletrônico ou por existência de segurança no interior de estabelecimento comercial, por si só, não torna impossível a configuração do crime de furto". O fato é que o chamado *furto sob vigilância (neste caso, o peculato)* pode, em determinadas situações, a depender do caso concreto, caracterizar *crime impossível* pela *ineficácia absoluta do meio* (art. 17 do CP). É o caso, por exemplo, do agente que, desde o momento em que ingressa no supermercado, passa a ser permanentemente vigiado por sistema de câmeras e também por seguranças, que ficam o tempo todo no seu encalço. Não há, neste caso, a menor possibilidade de o crime consumar-se. Isso não quer dizer que a existência, por si só, de sistema de segurança por câmeras elimine a possibilidade de o crime chegar à sua consumação. É perfeitamente plausível que o agente se aproveite de determinado ângulo de monitoramento em que a subtração não é visualizada pelo sistema de câmeras. Dessa forma, a ineficácia do meio deve ser avaliada caso a caso; **B:** correta, pois retrata o disposto no art. 4º, § 5º, da Lei 12.850/2013, segundo o qual, uma vez prolatada a sentença, o colaborador poderá fazer jus à redução de sua pena até a metade ou ainda poderá ser beneficiado com a progressão de regime prisional, mesmo que ausentes os requisitos objetivos; **C:** incorreta. Trata-se do crime capitulado no art. 240, "caput", do ECA. Na jurisprudência do STJ: "É típica a conduta de fotografar cena pornográfica (art. 241-B do ECA) e de armazenar fotografias de conteúdo pornográfico envolvendo criança ou adolescente (art. 240 do ECA) na hipótese em que restar incontroversa a finalidade sexual e libidinosa das fotografias, com enfoque nos órgãos genitais das vítimas – ainda que cobertos por peças de roupas –, e de poses nitidamente sensuais, em que explorada sua sexualidade com conotação obscena e pornográfica" (REsp 1543267/SC, 6ª T., Rel. Min. Maria Thereza de Assis Moura, j. 03.12.2015, DJe 16.02.2016); **D:** incorreta, uma vez que os crimes definidos na Lei 7.716/1989 (Lei de Racismo) envolvem atos de discriminação que levam em conta não somente a cor da pele, mas também raça, etnia, religião e procedência nacional. Recentemente, o STF, reconhecendo a mora do Congresso Nacional, enquadrou a homofobia e a transfobia como crimes de racismo. O

colegiado, por maioria, fixou a seguinte tese: "Até que sobrevenha lei emanada do Congresso Nacional destinada a implementar os mandados de criminalização definidos nos incisos XLI e XLII do art. 5º da Constituição da República, as condutas homofóbicas e transfóbicas, reais ou supostas, que envolvem aversão odiosa à orientação sexual ou à identidade de gênero de alguém, por traduzirem expressões de racismo, compreendido este em sua dimensão social, ajustam-se, por identidade de razão e mediante adequação típica, aos preceitos primários de incriminação definidos na Lei nº 7.716, de 08.01.1989, constituindo, também, na hipótese de homicídio doloso, circunstância que o qualifica, por configurar motivo torpe (Código Penal, art. 121, § 2º, I, "in fine")." (ADO 26/DF, rel. Min. Celso de Mello, julgamento em 13.6.2019). ED
Gabarito "B".

**(Delegado/PE – 2016 – CESPE)** O brasileiro nato, maior e capaz, que pratica vias de fato contra outro brasileiro nato

(A) será considerado reincidente, caso tenha sido condenado, em território estrangeiro, por contravenção penal.

(B) poderá ser condenado a penas de reclusão, de detenção e de multa.

(C) responderá por contravenção penal no Brasil, ainda que a conduta tenha sido praticada em território estrangeiro.

(D) responderá por contravenção, na forma tentada, se tiver deixado de praticar o ato por circunstâncias alheias a sua vontade.

(E) responderá por contravenção penal e, nesse caso, a ação penal é pública incondicionada.

**A:** incorreta, pois não reflete a regra presente no art. 7º do Decreto-lei 3.688/1941 (Lei das Contravenções Penais); **B:** incorreta, já que as penas previstas ao agente que pratica contravenção penal são *prisão simples e multa*; **C:** incorreta. À luz do que estabelece o art. 2º do Decreto-lei 3.688/1941 (Lei das Contravenções Penais), a lei brasileira somente incidirá à contravenção praticada em território nacional. Em outras palavras, às contravenções penais não se aplica a *extraterritorialidade*, regra que, como bem sabemos, não se aplica aos crimes, em relação aos tem lugar a *extraterritorialidade* (art. 7º, CP); **D:** incorreta, vez que a tentativa de contravenção, por força do que dispõe o art. 4º da LCP, não é punível; **E:** correta, nos termos do art. 17 da LCP.
Gabarito "E".

**(Defensor Público – DPE/RN – 2016 – CESPE)** Vanessa foi presa em flagrante enquanto vendia e expunha à venda cerca de duzentos DVDs piratas, falsificados, de filmes e séries de televisão. Realizada a devida perícia, foi confirmada a falsidade dos objetos. Incapaz de apresentar autorização para a comercialização dos produtos, Vanessa alegou em sua defesa que desconhecia a ilicitude de sua conduta. Com relação a essa situação hipotética, assinale a opção correta à luz da jurisprudência dominante dos tribunais superiores.

(A) Vanessa é isenta de culpabilidade, pois incidiu em erro de proibição.

(B) O MP deve comprovar que os detentores dos direitos autorais das obras falsificadas sofreram real prejuízo para que a conduta de Vanessa seja criminosa.

(C) A conduta de Vanessa ofende o direito constitucional que protege a autoria de obras intelectuais e configura crime de violação de direito autoral.

(D) A conduta de vender e expor à venda DVDs falsificados é atípica em razão da incidência do princípio da adequação social.

(E) A conduta de vender e expor à venda DVDs falsificados é atípica em razão da incidência do princípio da insignificância.

Segundo enuncia o princípio da *adequação social*, não se pode reputar criminosa a conduta tolerada pela sociedade, ainda que corresponda a uma descrição típica. É dizer, embora formalmente típica, porque subsumida num tipo penal, carece de tipicidade material, porquanto em sintonia com a realidade social em vigor. A aplicação deste postulado no contexto da conduta descrita na assertiva foi rechaçada pelo STJ, quando da edição da Súmula 502: "Presentes a materialidade e a autoria, afigura-se típica, em relação ao crime previsto no art. 184, § 2º, do CP, a conduta de expor à venda CDs e DVDs piratas".
Gabarito "C".

**(Delegado/PE – 2016 – CESPE)** Se uma pessoa física e uma pessoa jurídica cometerem, em conjunto, infrações previstas na Lei 9.605/1998 – que dispõe sobre as sanções penais e administrativas derivadas de condutas e atividades lesivas ao meio ambiente, e dá outras providências,

(A) as atividades da pessoa jurídica poderão ser totalmente suspensas.

(B) a responsabilidade da pessoa física poderá ser excluída, caso ela tenha sido a coautora das infrações.

(C) a pena será agravada, se as infrações tiverem sido cometidas em sábados, domingos ou feriados.

(D) a pena será agravada, se ambas forem reincidentes de crimes de qualquer natureza.

(E) será vedada a suspensão condicional da pena aplicada.

**A:** correta, pois reflete o disposto no art. 22, I, da Lei 9.605/1998; **B:** incorreta, já que tal assertiva não encontra respaldo na legislação aplicável à espécie; **C:** incorreta, já que contraria o disposto no art. 15, II, *h*, da Lei 9.605/1998, que estabelece que a agravante somente incidirá na hipótese de o crime ser cometido aos *domingos* ou *feriados;* o *sábado*, portanto, não foi contemplado; **D:** incorreta, na medida em que a pena somente será agravada, em conformidade com o que estabelece o art. 15, I, da Lei 9.605/1998, se a reincidência se der pela prática de crimes ambientais; **E:** incorreta. Isso porque o art. 16 da Lei 9.605/1998 prevê a possibilidade de concessão da suspensão condicional da pena (*sursis*) nos casos de condenação a pena privativa de liberdade não superior a *três* anos. Cuidado: o Código Penal, em seu art. 77, *caput*, estabelece prazo diferente (*dois* anos).
Gabarito "A".

**(Analista Jurídico –TCE/PA – 2016 – CESPE)** Com base no disposto na Lei n.º 1.079/1950, no Decreto-lei n.º 201/1967 e na jurisprudência dos tribunais superiores, julgue os seguintes itens.

(1) É coautor de crime de responsabilidade praticado por prefeito o vereador que se utiliza indevidamente de veículo do município cedido pelo prefeito e se envolve em sinistro, causando considerável prejuízo ao erário público.

(2) O cometimento de crime de responsabilidade de prefeito consistente em deixar de cumprir ordem judicial individualizada e diretamente a ele dirigida depende da presença de dolo preordenado revelador de desprezo institucional para com a administração da justiça.

(3) Inexiste crime de responsabilidade se o acusado, no momento do oferecimento da denúncia, não mais exerce o cargo que exercia quando cometeu ilícito previsto na Lei n.º 1.079/1950, mesmo que permaneça no exercício de outra função pública.

**1:** incorreta. Quanto à possibilidade de o vereador figurar como coautor nos crimes definidos no art. 1º do Decreto-lei 201/1967, conferir o julgado do STF: "(...) 3. *In casu*, o paciente, prefeito municipal, foi denunciado pela suposta prática do crime de responsabilidade descrito no art. 1º, inc. II, do decreto-lei 201/1967 por ceder, para uso indevido de vereador de sua base de sustentação, veículo do município, que restou sinistrado, causando considerável prejuízo ao erário. 4. A alegação de ausência de autoria, objetivando o trancamento da ação penal, demanda aprofundado reexame de fatos e provas, insuscetível em *habeas corpus*. 5. A ausência de denúncia de suposto coautor, matéria inerente à prova, não revela *prima facie* violação do princípio da indisponibilidade da ação penal. 6. O princípio da indisponibilidade da ação penal não se aplica na hipótese de crime próprio, por isso que o sujeito ativo do crime de responsabilidade é o prefeito ou quem, em virtude de substituição, nomeação ou indicação, esteja no exercício das funções de chefe do Executivo Municipal. Os delitos referidos no art. 1º do Dec.-lei 201/67 só podem ser cometidos por prefeito, em razão do exercício do cargo ou por quem, temporária ou definitivamente, lhe faça as vezes. Assim, o presidente da Câmara Municipal, ou os vereadores, ou qualquer servidor do Município não podem ser sujeito ativo de nenhum daqueles crimes, a não ser como copartícipe (Leis Penais Especiais e sua Interpretação Jurisprudencial, coordenação Alberto Silva Franco e Rui Stocco, 7ª ed. revista, atualizada e ampliada, São Paulo: Ed. Revista dos Tribunais, 2002, p. 2.690)" (RHC 107675, Relator(a): Min. LUIZ FUX, Primeira Turma, julgado em 27.09.2011); **2:** correta. Segundo o STF, "para a perfectibilização do tipo penal do artigo 1º, XIV, segunda parte, do Decreto-Lei 201/67 exige-se dolo preordenado em

## 12. DIREITO PENAL    429

descumprir uma ordem judicial individualizada e diretamente dirigida ao Prefeito, a revelar menoscabo e desprezo institucional para com a administração da justiça. 2. Conduta dolosa que não se configura no caso concreto, uma vez inexistente prova da cientificação do Prefeito quanto à ordem alegadamente descumprida, seja pessoalmente ou por outros meios inequívocos (...)" (AP 555, Relator(a): Min. ROSA WEBER, Primeira Turma, julgado em 06.10.2015); **3**: correta, pois reflete o que estabelece o art. 15 da Lei 1.079/1950.

Gabarito 1E, 2C, 3C

**(Analista Jurídico – TCE/PR – 2016 – CESPE)** De acordo com o Decreto-lei n.º 201/1967 e a jurisprudência dos tribunais superiores, assinale a opção correta.

- **(A)** O prazo prescricional referente à pena de perda do cargo decorrente de condenação definitiva de prefeito por crime de responsabilidade previsto no Decreto-lei n.º 201/1967 é distinto do prazo prescricional previsto para a pena privativa de liberdade aplicada ao condenado pelo mesmo crime.
- **(B)** Para a configuração de crime de responsabilidade previsto no Decreto-lei n.º 201/1967, é imprescindível que o desvio de rendas públicas tenha ocorrido em proveito do próprio prefeito.
- **(C)** É imprescindível a autorização da respectiva câmara municipal para o julgamento, perante o Poder Judiciário, dos acusados da prática dos crimes de responsabilidade previstos no Decreto-lei n.º 201/1967.
- **(D)** O prefeito que emprega rendas públicas em proveito próprio para a realização de propagandas autopromocionais comete o crime de peculato-uso.

**A**: correta. Na jurisprudência do STJ: "(...) As penas de perda do cargo e de inabilitação para o exercício de cargo ou função pública, previstas no art. 1.º, § 2.º, do Decreto-Lei n.º 201/67, são autônomas em relação à pena privativa de liberdade, sendo distintos os prazos prescricionais" (REsp 945.828/PR, Rel. Ministra LAURITA VAZ, QUINTA TURMA, julgado em 28.09.2010, *DJe* 18.10.2010); **B**: incorreta, uma vez que o crime de responsabilidade consistente em desviar bens ou rendas públicas, previsto no art. 1.º, I, do Decreto-lei 201/1967, configura-se ainda que a conduta praticada seja *em proveito alheio*; **C**: incorreta, pois não retrata o que estabelece o art. 1.º, *caput*, do Decreto-lei 201/1967: o julgamento, perante o Poder Judiciário, dos acusados da prática dos crimes de responsabilidade previstos no Decreto-lei 201/1967 não está condicionado à autorização da respectiva câmara municipal; **D**: incorreta. Segundo o STF, "o emprego de rendas públicas em proveito próprio, com realização de propagandas autopromocionais, não caracteriza o peculato-uso, cuja atipicidade é reconhecida pela doutrina e pela jurisprudência, mas no qual não há intuito de apropriação e que somente se caracteriza quando estão envolvidos bens fungíveis (...)" (AP 432, Relator(a): Min. LUIZ FUX, Tribunal Pleno, julgado em 10.10.2013).

Gabarito "A".

**(Juiz de Direito/DF – 2016 – CESPE)** No tocante à jurisprudência sumulada pelo STJ quanto ao direito penal, assinale a opção correta.

- **(A)** A extinção da punibilidade pela prescrição da pretensão punitiva, com fundamento em pena hipotética, é admitida, independentemente da existência ou do resultado do processo penal.
- **(B)** Fixada a pena-base no mínimo legal, a decisão, fundamentada na gravidade abstrata do delito, poderá estabelecer ao sentenciado regime prisional mais gravoso do que o cabível em razão da sanção imposta.
- **(C)** A contagem do prazo para a progressão de regime de cumprimento de pena será interrompida pela prática de falta grave e se reiniciará a partir do cometimento dessa infração.
- **(D)** A falta grave interrompe o prazo para a obtenção de livramento condicional.
- **(E)** A prática de falta grave interrompe o prazo para o fim de comutação de pena ou indulto.

**A**: incorreta. A proposição refere-se à chamada prescrição *antecipada* ou *virtual, assim considerada* aquela baseada na pena que seria, em tese, aplicada ao réu em caso de condenação. Grande parte da jurisprudência rechaça tal modalidade de prescrição, na medida em que

implica verdadeiro prejulgamento (o juiz estaria se utilizando de uma pena ainda não aplicada). Consolidando tal entendimento, o STJ editou a Súmula 438, segundo a qual não se admite a prescrição baseada em pena hipotética; **B**: incorreta, uma vez que não reflete o entendimento consolidado na Súmula 440, do STJ: *Fixada a pena-base no mínimo legal, é vedado o estabelecimento de regime prisional mais gravoso do que o cabível em razão da sanção imposta, com base apenas na gravidade abstrata do delito;* **C**: correta, pois em conformidade com o entendimento constante da Súmula 534, do STJ: *A prática de falta grave interrompe a contagem do prazo para a progressão de regime de cumprimento de pena, o qual se reinicia a partir do cometimento dessa infração;* **D**: incorreta. Súmula 441, do STJ: *A falta grave não interrompe o prazo para a obtenção de livramento condicional.* Quanto ao tema "livramento condicional", é importante que se diga que a recente Lei 13.964/2019, com vigência a partir de 23 de janeiro de 2020, ampliou o rol de requisitos à sua concessão. Até então, tínhamos que o inciso III do art. 83 do CP continha os seguintes requisitos: comportamento satisfatório no curso da execução da pena; bom desempenho no trabalho atribuído ao reeducando; e aptidão para prover à própria subsistência por meio de trabalho honesto. O que fez a Lei 13.964/2019 foi inserir, neste inciso III, um quarto requisito. Doravante, além de preencher os requisitos contemplados no art. 83 do CP (nos seus cinco incisos), é de rigor que o reeducando, para fazer jus à concessão do livramento, não tenha cometido falta grave nos últimos 12 meses; **E**: incorreta. Súmula 535, do STJ: *A prática de falta grave não interrompe o prazo para o fim de comutação de pena ou indulto.*

Gabarito "C".

**(Advogado União – AGU – CESPE – 2015)** Um servidor público, concursado e estável, praticou crime de corrupção passiva e foi condenado definitivamente ao cumprimento de pena privativa de liberdade de seis anos de reclusão, em regime semiaberto, bem como ao pagamento de multa.

A respeito dessa situação hipotética, julgue os itens seguintes.

- **(1)** As penas aplicadas não impedem nova condenação pelo mesmo fato em ação de improbidade administrativa, podendo o agente público ser novamente punido com a pena de perda da função pública e multa, entre outras previstas na lei específica.
- **(2)** Na situação considerada, se houvesse suspeita de participação do agente em organização criminosa, o juiz poderia determinar seu afastamento cautelar das funções, sem prejuízo da remuneração; e se houvesse posterior condenação pelo crime de organização criminosa, haveria concurso material entre esse crime e o crime de corrupção passiva.

**1**: correta (art. 37, § 4º, da CF e art. 12, "caput", da Lei 8.429/1992). **2**: correta, pois reflete o que estabelece o art. 2º, "caput" e § 5º, da Lei 12.850/2013. 🔒

Gabarito 1C, 2C

**(Procurador do Estado – PGE/BA – CESPE – 2014)** Julgue o item que se segue (adaptada).

- **(1)** A associação, de três ou mais pessoas, para o fim específico de cometer crimes, configura quadrilha ou bando, devendo a pena imposta ao condenado com base nesse tipo penal ser aumentada até a metade quando tomarem parte da associação criança, adolescente, idoso ou pessoas com deficiência.

**1**: incorreta. A assertiva contém dois erros. Em primeiro lugar, o delito de quadrilha ou bando, com o advento da Lei 12.850/2013, ganhou nova denominação, a saber: associação criminosa (art. 288, CP). Além dessa mudança, o número mínimo de agentes, que antes era de quatro, passou a ser de três. Em segundo lugar, a causa de aumento de pena, prevista no parágrafo único desse dispositivo, somente tem incidência quando se tratar de associação armada ou quando houver a participação de criança ou adolescente. 🔒

Gabarito 1E

**(Defensoria/DF – 2013 – CESPE)** Com relação aos crimes hediondos e ao tráfico ilícito de entorpecentes, julgue os próximos itens.

- **(1)** Conforme a jurisprudência consolidada do STJ, a pratica de ato infracional análogo ao crime de tráfico ilícito de entorpecentes autoriza, por si só, a aplicação da medida socioeducativa de internação ao adolescente que o cometa.

**(2)** Conforme a mais recente jurisprudência do STF, os condenados por crimes hediondos praticados antes da entrada em vigor da Lei 11.464/2007 podem pleitear a progressão de regime após o cumprimento de apenas um sexto da pena aplicada.

**1:** incorreta. O art. 122 do ECA estabelece as hipóteses em que a internação tem lugar, entre elas está aquela em que o ato infracional é cometido mediante grave ameaça ou violência a pessoa (inciso I). São exemplos: roubo, homicídio e estupro. Não fazem parte desse rol, assim, o tráfico de drogas, embora seja equiparado a hediondo, o furto qualificado, dentre outras condutas equiparadas a crime desprovidas de violência ou grave ameaça a pessoa. Nesse sentido: STJ, HC 165.704-SP, Rel. Min. Maria Thereza e Assis Moura, j. 2.9.2010. Consagrando esse entendimento, o STJ editou a Súmula n. 492: "O ato infracional análogo ao tráfico de drogas, por si só, não conduz obrigatoriamente à imposição de medida socioeducativa de internação"; **2:** correta. Se o crime hediondo foi praticado antes da entrada em vigor da Lei 11.464/2007, que alterou, na Lei de Crimes Hediondos, a disciplina relativa à progressão de pena nesses, a progressão, neste caso, deveria obedecer à disciplina do art. 112 da LEP, que impõe, como condição para progressão de regime, o cumprimento de um sexto da pena no regime anterior, além de bom comportamento carcerário. É este o entendimento firmado na Súmula n. 471 do STJ e também na Súmula Vinculante 26.
Gabarito 1E, 2C

**(Analista – STF – 2013 – CESPE)** No que se refere às condutas tipificadas como crimes em leis penais extravagantes, julgue os itens seguintes.

**(1)** Independentemente da pena prevista, aos crimes praticados contra a mulher em situação de violência doméstica não se aplica as disposições da Lei dos Juizados Especiais Criminais.
**(2)** Equipara-se à figura delitiva do tráfico ilícito de substância entorpecente a conduta daquele que oferece droga, sem objetivo de lucro, a pessoa de seu relacionamento para juntos a consumirem.

**1:** correta. De fato, os crimes (e também as contravenções) praticados com violência doméstica contra a mulher não se submetem à disciplina da Lei 9.099/1995, conforme estabelece o art. 41 da Lei 11.340/2006 (Maria da Penha), cuja constitucionalidade, outrora questionada, foi confirmada pelos tribunais superiores. Conferir: "Violência doméstica – art. 41 Da Lei 11.340/06 – Alcance. O preceito do art. 41 da Lei 11.340/2006 alcança toda e qualquer prática delituosa contra a mulher, até mesmo quando consubstancia contravenção penal, como é a relativa a vias de fato. Violência doméstica – art. 41 Da Lei 11.340/2006 – Afastamento da Lei 9.099/95 – Constitucionalidade. Ante a opção político-normativa prevista no artigo 98, inciso I, e a proteção versada no art. 226, § 8°, ambos da Constituição Federal, surge harmônico com esta última o afastamento peremptório da Lei 9.099/1995 – mediante o art. 41 da Lei 11.340/2006 – no processo--crime a revelar violência contra a mulher" (HC 106212, Marco Aurélio, STF); **2:** incorreta. A assertiva contempla a hipótese descrita no art. 33, § 3°, da Lei 11.343/2006 (Drogas). É a chamada *cessão gratuita*, que traz os seguintes requisitos: eventualidade no oferecimento da droga; ausência de objetivo de lucro; intenção de consumir a droga em conjunto; e oferecimento da droga a pessoa do relacionamento do agente. É crime de menor potencial ofensivo.
Gabarito 1C, 2E

**(Polícia Rodoviária Federal – 2013 – CESPE)** A respeito das contravenções penais, julgue o item subsequente.

**(1)** Considere que determinado cidadão esteja usando publicamente uniforme de PRF, função pública que ele não exerce. Nessa situação, para que esse cidadão responda por contravenção penal, é necessário que sua conduta cause efetivo prejuízo para o Estado ou para outra pessoa.

**1:** incorreta. A contravenção penal prevista no art. 46 do Decreto-lei 3.688/1941 é infração penal de mera conduta, que se consuma com o simples uso do uniforme em local público.
Gabarito 1E

**(Escrivão de Polícia/DF – 2013 – CESPE)** Em relação aos crimes contra as relações de consumo (Lei 8.078/1990) e aos juizados especiais criminais (Lei 9.099/1995), julgue o item que se segue.

**(1)** Todos os crimes contra as relações de consumo são considerados de menor potencial ofensivo. Portanto, admitem transação e os demais benefícios previstos na lei que dispõe sobre os juizados especiais criminais.

**1:** correta. Da leitura dos arts. 63 a 74 da Lei 8.078/1990 percebe-se que todos os crimes ali previstos possuem pena máxima privativa de liberdade não superior a dois anos, o que os classifica como infração penal de menor potencial ofensivo nos termos do art. 61 da Lei 9.099/1995.
Gabarito 1C

**(Polícia Rodoviária Federal – 2013 – CESPE)** Julgue o item seguinte, relativo a crimes resultantes de preconceitos de raça e cor.

**(1)** Constitui crime o fato de determinado clube social recusar a admissão de um cidadão em razão de preconceito de raça, salvo se o respectivo estatuto atribuir a diretoria a faculdade de recusar propostas de admissão, sem declinação de motivos.

**1:** incorreta. O crime de racismo previsto no art. 9° da Lei 7.716/1989 não comporta qualquer exceção a afastar a ilicitude da conduta.
Gabarito 1E

**(Agente de Polícia/DF – 2013 – CESPE)** Julgue os itens que se seguem, acerca da legislação especial criminal.

**(1)** A conduta de uma pessoa que disparar arma de fogo, devidamente registrada e com porte, em local ermo e desabitado será considerada atípica.
**(2)** O agente público que submeter pessoa presa a sofrimento físico ou mental, ainda que por intermédio da prática de ato previsto em lei ou resultante de medida legal, praticará o crime de tortura.
**(3)** Nos termos da Lei 11.340/2006 – Lei Maria da Penha –, a empregada doméstica poderá ser sujeito passivo de violência praticada por seus empregadores.
**(4)** Um indivíduo que consuma maconha e a ofereça aos seus amigos durante uma festa deverá ser considerado usuário, em face da eventualidade e da ausência de objetivo de lucro.

**1:** incorreta. A conduta se amolda ao crime previsto no art. 15 da Lei 10.826/2003; **2:** incorreta. O crime de tortura somente se qualifica se a vítima passar por sofrimento físico ou mental decorrente de conduta que não seja resultante de medida legal (art. 1°, § 1°, da Lei 9.455/1997); **3:** correta, nos termos do art. 5°, I, da Lei 11.340/2006; **4:** incorreta. A conduta se amolda ao tipo penal previsto no art. 33, § 3°, da Lei 11.343/2006.
Gabarito 1E, 2E, 3C, 4E

**(Escrivão de Polícia/BA – 2013 – CESPE)** Considerando o que dispõe o Estatuto da Igualdade Racial acerca de crimes resultantes de discriminação ou preconceito, julgue os itens que se seguem.

**(1)** Considera-se atípica na esfera penal a conduta do agente público que, por motivo de discriminação de procedência nacional, obste o acesso de alguém a cargo em órgão público.
**(2)** Conforme previsão legal, é obrigatório, nos estabelecimentos de ensino fundamental e médio, públicos e privados, o estudo de história geral da África e de história da população negra no Brasil.

**1:** incorreta. A conduta se amolda ao art. 3° da Lei 7.716/1989; **2:** correta, nos termos do art. 11 da Lei 12.288/2010.
Gabarito 1E, 2C

**(Investigador de Polícia/BA – 2013 – CESPE)** Julgue o próximo item, que versa sobre discriminação étnica.

**(1)** O Brasil assumiu internacionalmente o compromisso de proibir e eliminar a discriminação racial em todas as suas formas, garantindo o direito de cada pessoa à igualdade perante a lei, sem distinção de raça, de cor ou de origem nacional ou étnica.

**1:** correta, conforme previsto na Convenção Internacional sobre a Eliminação de Todas as Formas de Discriminação Racial, de 1966. **Gabarito 1C**

## 25. TEMAS COMBINADOS DE DIREITO PENAL

**(Procurador/DF – CESPE – 2022)** Em cada um dos itens a seguir, é apresentada uma situação hipotética seguida de uma assertiva a ser julgada em relação a diversos tipos de crimes e espécies de penas aplicáveis. Julgue-os à luz da legislação penal e do entendimento dos tribunais superiores.

**(1)** Raquel encontrou Beatriz na rua, que lhe devia a quantia de R$ 1.000, e passou a exigir que esta lhe entregasse o aparelho celular como pagamento da dívida. Na oportunidade, Raquel puxou o braço de Beatriz e abriu a bolsa de sua devedora, que, todavia, conseguiu fugir do local mantendo seu telefone celular. Nessa situação, Raquel praticou o crime de exercício arbitrário das próprias razões na modalidade consumada.

**(2)** Túlio, agente da polícia federal, visando obter informações acerca da autoria de um roubo de joias em uma agência da Caixa Econômica Federal em Brasília – DF, algemou um receptador conhecido na região e passou a espancá-lo com socos e chutes, bem como pedaços de madeira, o que lhe produziu lesões corporais com perigo de vida. Nessa situação, o agente deve ser responsabilizado pelos crimes de lesão corporal grave e abuso de autoridade.

**(3)** José foi condenado por receptação simples (Código Penal, art. 180, *caput*) e, posteriormente, praticou novo fato e foi condenado por receptação qualificada (Código Penal, art. 180, § 1.º). Nesse caso, ao juiz é vedado realizar a substituição da pena privativa de liberdade do réu por restritiva de direitos, uma vez que os crimes praticados são da mesma espécie.

**(4)** Flávio, sócio-gerente de uma loja de autopeças, realiza diversas operações que configuram fato gerador de ICMS com o consequente pagamento do tributo devido. Em um mês específico, Flávio, apesar de ter entregado a guia de informação e apuração do ICMS ao fisco estadual, não recolheu o tributo devido. Nessa situação, de acordo com entendimento dos tribunais superiores, a conduta praticada por Flávio é atípica.

**1:** certa. O crime de exercício arbitrário das próprias razões, previsto no art. 345 do CP, se caracteriza quando o agente faz justiça pelas próprias mãos, para satisfazer pretensão, embora legítima, salvo quando a lei o permite. Por ele deverá ser responsabilizada Raquel, que, com vistas a recompor seu patrimônio, já que emprestara dinheiro a Beatriz, desta exigiu, como forma de satisfazer sua pretensão, a entrega do celular da devedora. Cuida-se, segundo doutrina majoritária, de delito formal, já que não exige, para a sua consumação, a satisfação da pretensão; **2:** anulada. Túlio, ao agir de tal maneira, cometeu os crimes de tortura (art. 1º, I, *a*, da Lei 9.455/1997) e de abuso de autoridade, este capitulado no art. 13, I, da Lei 13.869/2019; **3:** errada. Somente tem o condão de impedir a substituição da pena privativa de liberdade por restritivas de direito a mesma natureza em crime *doloso*, conforme estabelece o art. 44, II, do CP. Ainda assim, é possível, em princípio, falar-se em substituição, desde que a reincidência não tenha se operado pela prática do mesmo crime (reincidência específica) e se a medida for socialmente recomendável (art. 44, § 3º, do CP). A reincidência específica de que trata o art. 44, § 3º, do CP somente tem incidência quando os crimes praticados forem idênticos, e não apenas da mesma espécie. Na jurisprudência: "1. Consoante o art. 44, § 3º, do CP, o condenado reincidente pode ter sua pena privativa de liberdade substituída por restritiva de direitos, se a medida for socialmente recomendável e a reincidência não se operar no mesmo crime. 2. Conforme o entendimento atualmente adotado pelas duas Turmas desta Terceira Seção – e que embasou a decisão agravada –, a reincidência em crimes da mesma espécie equivale à específica, para obstar a substituição da pena. 3. Toda atividade interpretativa parte da linguagem adotada no texto normativo, a qual, apesar da ocasional fluidez ou vagueza de seus termos, tem limites semânticos intransponíveis. Existe, afinal, uma distinção de significado entre "mesmo crime" e "crimes de mesma espécie"; se o legislador, no particular dispositivo legal em comento, optou pela primeira expressão,

sua escolha democrática deve ser respeitada. 4. Apesar das possíveis incongruências práticas causadas pela redação legal, a vedação à analogia *in malam partem* impede que o Judiciário a corrija, já que isso restringiria a possibilidade de aplicação da pena substitutiva e, como tal, causaria maior gravame ao réu. 5. No caso concreto, apesar de não existir o óbice da reincidência específica tratada no art. 44, § 3º, do CP, a substituição não é recomendável, tendo em vista a anterior prática de crime violento (roubo). Precedentes das duas Turmas. 6. Agravo regimental desprovido, com a proposta da seguinte tese: a reincidência específica tratada no art. 44, § 3º, do CP somente se aplica quando forem idênticos (e não apenas de mesma espécie) os crimes praticados." (STJ, AgRg no AREsp n. 1.716.664/SP, relator Ministro Ribeiro Dantas, Terceira Seção, julgado em 25/8/2021, DJe de 31/8/2021); **4:** correta, visto que a conduta de Flávio não traduz a necessária contumácia exigida para a configuração deste delito. Conferir: "1. A Terceira Seção do Superior Tribunal de Justiça, no julgamento do HC n. 399.109/SC, pacificou o entendimento de que o não recolhimento do ICMS em operações próprias é fato típico. 2. O Supremo Tribunal Federal, quando do julgamento do RHC n. 163.334/SC, cujo acórdão ainda está pendente de publicação, fixou a seguinte tese jurídica: "O contribuinte que, de forma contumaz e com dolo de apropriação, deixa de recolher o ICMS cobrado do adquirente da mercadoria ou serviço incide no tipo penal do art. 2º, II, da Lei nº 8.137/1990". 3. Na hipótese dos autos, conquanto os fatos atribuídos ao ora Agravado, a princípio, se subsumam à figura penal do art. 2º, II, da Lei n. 8.137/1990, a ausência de contumácia – o débito com o fisco se refere a tão somente 3 (três) meses – conduz ao reconhecimento da atipicidade das condutas e, por conseguinte, à absolvição. Precedentes do STJ. 4. "É incabível a análise, em agravo regimental, de matéria que não constou das contrarrazões ao recurso especial, por se tratar de indevida inovação recursal (ut, AgRg no REsp 1505446/GO, Rel. Ministro SÉRGIO KUKINA, DJe 18/03/2021)." (AgRg no REsp 1.931.220/PR, Rel. Ministro REYNALDO SOARES DA FONSECA, QUINTA TURMA, julgado em 08/06/2021, DJe 14/06/2021.) 5. Agravo regimental parcialmente conhecido e, nessa extensão, desprovido. (STJ, AgRg no REsp n. 1.870.389/SC, relatora Ministra Laurita Vaz, Sexta Turma, julgado em 8/2/2022, DJe de 15/2/2022). **Gabarito 1C, 2Anulada, 3E, 4C**

**(Delegado de Polícia Federal – 2021 – CESPE)** Com relação à teoria geral do direito penal, julgue os itens seguintes.

**(1)** A consciência atual da ilicitude é elemento do dolo, conforme a teoria finalista da ação.

**(2)** A conduta humana voluntária é irrelevante para a configuração do crime culposo.

**(3)** A imputabilidade é a possibilidade de se atribuir a alguém a responsabilidade pela prática de uma infração penal.

**(4)** O dolo eventual é incompatível com a tentativa.

**(5)** Conforme a autoria de escritório, tanto o agente que dá a ordem como o que cumpre respondem pelo tipo penal.

**1:** errado. Segundo a teoria finalista, incorporada ao direito pátrio com a reforma a que foi submetida a Parte Geral do Código Penal, de 1984, não se pode apartar a ação da vontade do agente. Conduta, assim, deve ser entendida como o comportamento humano, voluntário e consciente, voltado a uma finalidade. Daí a denominação teoria *finalista*. A partir dessa nova concepção, o dolo e a culpa, até então inseridos no campo da culpabilidade, passaram a integrar a conduta, que constitui o primeiro elemento do fato típico. Dessa forma, se não há dolo nem culpa, não há conduta; se não há conduta, não há fato típico; se não há fato típico, logo não haverá crime. O dolo, com isso, ganhou novos contornos, deixando de ser normativo para ser natural, isto é, deixou de conter a consciência da ilicitude, que migrou para a culpabilidade. Esta, por sua vez, até então real, passa a ser potencial (potencial consciência da ilicitude). Ou seja, não mais se exige o conhecimento efetivo do agente a respeito do caráter ilícito do fato típico, bastando que ele tenha a possibilidade de compreendê-lo como tal; **2:** errado. O delito culposo pressupõe uma *conduta humana voluntária*. Involuntário, nesta modalidade de crime, é o resultado, não a conduta que, repita-se, deve, no crime culposo, ser voluntária. A propósito, são elementos do fato típico culposo: conduta humana voluntária (ação/omissão), inobservância do cuidado objetivo (imprudência/negligência/imperícia), previsibilidade objetiva (assim entendida a possibilidade de o homem médio prever o resultado), ausência de previsão (significa que o agente, em regra, não prevê o resultado objetivamente previsível. É a chamada culpa inconsciente; agora, se o agente tiver a previsão do resultado, fala-se, então, em culpa consciente), resultado involuntário, nexo de causalidade e tipicidade. À falta de algum desses requisitos, o fato será atípico; **3:** certo. De fato, a assertiva contém o conceito de imputabilidade, que é um dos elementos da culpabilidade; **4:** errado. A despeito de haver divergência doutrinária acerca do tema, prevalece o entendimento no sentido de que é cabível a tentativa nos crimes cometidos com dolo eventual, que é equiparado pelo art. 18, I, do CP, no que concerne ao seu tratamento, ao dolo direto. Na jurisprudência: "II – Não se pode generalizar a exclusão do dolo eventual em delitos praticados no trânsito. Na hipótese, em se tratando de pronúncia, a desclassificação da modalidade dolosa de homicídio para a culposa deve ser calcada em prova por demais sólida. No *iudicium accusationis*, inclusive, a eventual dúvida não favorece o acusado, incidindo, aí, a regra exposta na velha parêmia *in dubio pro societate*. III – O dolo eventual, na prática, não é extraído da mente do autor mas, isto sim, das circunstâncias. Nele, não se exige que o resultado seja aceito como tal, o que seria adequado ao dolo direto, mas isto sim, que a aceitação se mostre no plano do possível, provável. IV – Na hipótese, o paciente foi pronunciado por homicídio doloso (dolo eventual), uma vez que, conduzindo veículo automotor com velocidade excessiva, sob o efeito de álcool e substância entorpecente, não parou em cruzamento no qual não tinha preferência e atingiu a vítima, que andava de motocicleta, a qual só não veio a óbito por rápida e eficiente intervenção médica. V – "Consoante reiterados pronunciamentos deste Tribunal de Uniformização Infraconstitucional, o deslinde da controvérsia sobre o elemento subjetivo do crime, especificamente, se o acusado atuou com dolo eventual ou culpa consciente, fica reservado ao Tribunal do Júri, juiz natural da causa, onde a defesa poderá desenvolver amplamente a tese contrária à imputação penal" (AgRg no REsp n. 1.240.226/SE, Quinta Turma, Rel. Min. Reynaldo Soares da Fonseca, DJe de 26/10/2015). Precedentes do STF e do STJ. VI - As instâncias ordinárias, com amparo nas provas constantes dos autos, inferiram que há indícios suficientes de autoria e materialidade a fundamentar a r. decisão de pronúncia do ora paciente, por homicídio tentado com dolo eventual, de modo que entender em sentido contrário demandaria, impreterivelmente, cotejo minucioso de matéria fático-probatória, o que é vedado em sede de *habeas corpus* (precedentes). VII – Não é incompatível o crime de homicídio tentado com o dolo eventual, neste sentido é iterativa a jurisprudência desta Corte: "No que concerne à alegada incompatibilidade entre o dolo eventual e o crime tentado, tem-se que o Superior Tribunal de Justiça possui jurisprudência no sentido de que "a tentativa é compatível com o delito de homicídio praticado com dolo eventual, na direção de veículo automotor" (AgRg no REsp 1322788/SC, Rel. Ministro Sebastião Reis Júnior, Sexta Turma, julgado em 18/06/2015, DJe 03/08/2015). VIII – Esta Corte firmou orientação no sentido de que, ao se prolatar a decisão de pronúncia, as qualificadoras somente podem ser excluídas quando se revelarem manifestamente improcedentes. *Habeas corpus* não conhecido" (STJ, HC 503.796/RS, Rel. Ministro LEOPOLDO DE ARRUDA RAPOSO (DESEMBARGADOR CONVOCADO DO TJ/PE), QUINTA TURMA, julgado em 01/10/2019, DJe 11/10/2019); **5:** certo. Ao tratar da chamada autoria de escritório, Cleber Masson define autor de escritório como sendo *o agente que transmite a ordem a ser executada por outro autor direto, dotado de culpabilidade e passível de ser substituído a qualquer momento por outra pessoa, no âmbito de uma organização ilícita de poder.* Em seguida, se vale do seguinte exemplo: *o líder do PCC (Primeiro Comando da Capital), em São Paulo, ou do CV (Comando Vermelho), no Rio de Janeiro, dá as ordens a serem seguidas por seus comandados. É ele o autor de escritório, com poder hierárquico sobre seus "soldados" (essa modalidade de autoria também é muito comum nos grupos terroristas).* (*Direito Penal Esquematizado – parte geral*, 8. ed. São Paulo: Método, 2014. p. 541). **ED**

Gabarito 1E, 2E, 3C, 4E, 5C

**(Delegado de Polícia Federal – 2021 – CESPE)** No que concerne aos crimes previstos na parte especial do Código Penal, julgue os itens subsequentes.

**(1)** Em se tratando do crime de falsidade ideológica, o prazo prescricional se reinicia com a eventual reiteração de seus efeitos.

**(2)** O furto qualificado impede o reconhecimento do princípio da insignificância.

**(3)** O crime de redução à condição análoga à de escravo pode ocorrer independentemente da restrição à liberdade de locomoção do trabalhador.

**(4)** A adoção de sistema de vigilância realizado por monitoramento eletrônico, por si só, não torna impossível a configuração do crime de furto.

**(5)** Em se tratando de crime de extorsão, não se admite tentativa.

**1:** errado. Conferir: "4. O delito de falsidade ideológica é de natureza formal e instantâneo, cujos efeitos podem vir a se protrair no tempo. Não obstante os efeitos que possam vir a ocorrer em momento futuro, a conduta se consuma no momento em o agente omite ou insere declaração falsa ou diversa da que deveria estar escrita em documento público ou particular. 5. Sobre esse tema, a Terceira Seção, ao julgar a Revisão Criminal n. 5.233/DF, decidiu que o termo inicial da contagem do prazo de prescrição da pretensão punitiva nos crimes de falsidade ideológica é o momento de sua consumação, e não da eventual reiteração de seus efeitos. 6. De mais a mais, é necessário ter cuidado ao interpretar extensivamente dispositivos da lei penal, sobretudo quando o resultado trouxer prejuízos ao réu. Neste caso, o art. 111, inciso IV, do Código Penal trata apenas dos crimes de bigamia e de falsificação ou alteração de assentamento do registro civil, previstos nos arts. 235 e art. 299, parágrafo único, do Código Penal, de modo que o entendimento adotado pelo Tribunal *a quo* deve ser tomado com reservas, por criar mais uma hipótese de postergação do prazo prescricional não expressa no citado dispositivo. 7. Agravo regimental provido" (STJ, AgRg no RHC 148.651/SP, Rel. Ministro REYNALDO SOARES DA FONSECA, QUINTA TURMA, julgado em 17/08/2021, DJe 20/08/2021); **2:** anulada. Conferir: "2. De acordo com a orientação traçada pelo Supremo Tribunal Federal, a aplicação do princípio da insignificância demanda a verificação da presença concomitante dos seguintes vetores (a) a mínima ofensividade da conduta do agente, (b) a nenhuma periculosidade social da ação, (c) o reduzidíssimo grau de reprovabilidade do comportamento e (d) a inexpressividade da lesão jurídica provocada. 3. O princípio da insignificância é verdadeiro benefício na esfera penal, razão pela qual não há como deixar de se analisar o passado criminoso do agente, sob pena de se instigar a multiplicação de pequenos crimes pelo mesmo autor, os quais se tornariam inatingíveis pelo ordenamento penal. Imprescindível, no caso concreto, porquanto, de plano, aquele que é contumaz na prática de crimes não faz jus a benesses jurídicas. 4. Na espécie, a conduta é referente a um furto qualificado pelo concurso de agentes de produtos alimentícios avaliados em R$ 62,29. 5. Assim, muito embora a presença da qualificadora possa, à primeira vista, impedir o reconhecimento da atipicidade material da conduta, a análise conjunta das circunstâncias demonstra a ausência de lesividade do fato imputado, recomendando a aplicação do princípio da insignificância" (STJ, HC 553.872/SP, Rel. Ministro REYNALDO SOARES DA FONSECA, QUINTA TURMA, julgado em 11/02/2020, DJe 17/02/2020). A anulação ocorreu sob a justificativa de que julgados posteriores a este adotam entendimento diverso; **3:** certo. De fato, a restrição à liberdade de locomoção do trabalhador constitui uma das formas de cometimento do crime art. 149 do CP. Significa dizer que a redução à condição análoga à de escravo pode se dar por outros meios, como, por exemplo, submeter a vítima a trabalhos forçados ou a jornada exaustiva ou sujeitá-la à situação degradante de trabalho; **4:** certo. O chamado *furto sob vigilância* pode, em determinadas situações, a depender do caso concreto, caracterizar *crime impossível* pela *ineficácia absoluta do meio* (art. 17 do CP). É o caso, por exemplo, do agente que, desde o momento em que ingressa no supermercado, passa a ser permanentemente vigiado por sistema de câmeras e também por seguranças, que ficam o tempo todo no seu encalço. Não há, neste caso, a menor possibilidade de o crime consumar-se. Isso não quer dizer que a existência, por si só, de sistema de segurança por câmeras e de funcionários elimine a possibilidade de o crime chegar à sua consumação. É perfeitamente plausível que o agente se aproveite de determinado ângulo de monitoramento em que a subtração não é visualizada pelo sistema de câmeras. Dessa forma, a ineficácia do meio deve ser avaliada caso a caso. Nesse sentido: STF, HC 110.975-RS, 1ª T., rel. Min. Cármen Lúcia, 22.05.2012. Consagrando esse entendimento, o STJ editou a Súmula n. 567: "Sistema de vigilância realizado por monitoramento eletrônico ou por existência de segurança no interior de estabelecimento comercial, por si só, não torna impossível a configuração do crime de furto"; **5:** errado. Embora se trate de crime formal (Súmula 96, STJ), a tentativa é plenamente aceitável. Exemplo: a vítima é constrangida a entregar a carteira e, quando prestes a fazê-lo, recebe auxílio da polícia. **ED**

Gabarito 1E, 2Anulada, 3C, 4C, 5E

## 12. DIREITO PENAL    433

**(Auditor Fiscal – SEFAZ/DF – 2020 – CESPE/CEBRASPE)** À luz da legislação penal brasileira, julgue os itens a seguir.

**(1)** O agente que faz uso de selo falsificado destinado a controle tributário, sabendo de sua falsificação, comete crime contra a fé pública.

**(2)** Auditor-fiscal que exigir vantagem indevida para deixar de lançar ou de cobrar tributo devido por contribuinte terá cometido o crime de concussão previsto no Código Penal.

**(3)** Para a caracterização do crime de ordenação de despesa não autorizada, é necessário o efetivo prejuízo financeiro ao ente público.

**1:** correta. O agente deverá responder pelo crime definido no art. 293, § 1º, I, do CP; **2:** errada, uma vez que, à luz do princípio da especialidade, o auditor-fiscal terá cometido o crime específico do art. 3º, II, da Lei 8.137/1990. Trata-se de delito funcional contra a ordem tributária; **3:** errada. O crime capitulado no art. 359-D do CP, introduzido pela Lei 10.028/2000, é considerado *formal*, o que significa dizer que não se exige, para que a sua consumação seja alcançada, a produção de resultado naturalístico consistente na causação de efetivo prejuízo.
Gabarito: 1C, 2E, 3E

**(Defensor Público - DPE/DF - 2019 - CESPE/CEBRASPE)** Com relação aos delitos tipificados na parte especial do Código Penal, julgue os itens subsecutivos.

**(1)** A circunstância do descumprimento de medida protetiva de urgência imposta ao agressor, consistente na proibição de aproximação da vítima, constitui causa de aumento de pena no delito de feminicídio.

**(2)** Situação hipotética: Pedro, réu primário, valendo-se da confiança que lhe depositava o seu empregador, subtraiu para si mercadoria de pequeno valor do estabelecimento comercial em que trabalhava. Assertiva: Nessa situação, apesar de configurar a prática de furto qualificado pelo abuso de confiança, o juiz poderá reconhecer o privilégio.

**(3)** Segundo o STJ, a previsão legal do crime de desacato a funcionário público no exercício da função não viola o direito à liberdade de expressão e de pensamento previstos no Pacto de São José da Costa Rica.

**1:** certa, tendo em vista que em consonância com o disposto no art. 121, § 7º, IV, do CP, que assim dispõe: "A pena do feminicídio é aumentada de 1/3 (um terço) até a metade se o crime for praticado: (...) IV - em descumprimento das medidas protetivas de urgência previstas nos incisos I, II e III do *caput* do art. 22 da Lei n.º 11.340, de 7 de agosto de 2006."; **2:** errada. É pacífico o entendimento, tanto no STJ quanto no STF, de que é possível a coexistência do furto qualificado (art. 155, § 4º, do CP) com a modalidade privilegiada do art. 155, § 2º, do CP, desde que – e aqui está o erro da assertiva – a qualificadora seja de ordem *objetiva*. Como bem sabemos, o abuso de confiança constitui qualificadora de ordem *subjetiva*, o que inviabiliza, portanto, a coexistência desta com a modalidade privilegiada do crime de furto. Tanto é assim que o STJ, consolidando esse entendimento, editou a Súmula 511: "É possível o reconhecimento do privilégio previsto no § 2º do art. 155 do CP nos casos de crime de furto qualificado, se estiverem presentes a primariedade do agente, o pequeno valor da coisa e a qualificadora for de ordem objetiva"; **3:** certa. De fato, o STJ pacificou o entendimento no sentido de que o crime de desacato, tipificado no art. 331 do CP, não ofende os princípios da liberdade de expressão e de pensamento. Conferir: "A Terceira Seção desta Corte Superior, no HC n. 379.269/MS, firmou a orientação de que o crime de desacato está em perfeita harmonia com o ordenamento jurídico brasileiro mesmo após a internalização da Convenção Americana de Direitos Humanos. Agravo regimental não provido." (AgRg no HC 462.482/SC, Rel. Ministro ROGERIO SCHIETTI CRUZ, SEXTA TURMA, julgado em 07/05/2019, DJe 14/05/2019). ED
Gabarito: 1C, 2E, 3C

**(Defensor Público - DPE/DF - 2019 - CESPE/CEBRASPE)** Considerando o Código Penal brasileiro, julgue os itens a seguir, com relação à aplicação da lei penal, à teoria de delito e ao tratamento conferido ao erro.

**(1)** Em razão da teoria da ubiquidade, considera-se praticado o crime no lugar em que ocorreu a ação ou omissão, no todo ou em parte, bem como onde se produziu ou deveria ter sido produzido o resultado.

**(2)** A superveniência de causa relativamente independente da conduta do agente excluirá a imputação do resultado nos casos em que, por si só, ela tiver produzido o resultado.

**(3)** Para a teoria limitada da culpabilidade, o erro de agente que recaia sobre pressupostos fáticos de uma causa de justificação configura erro de tipo permissivo.

**1:** certa, dado que, quanto ao *lugar do crime*, o Código Penal, em seu art. 6º, acolheu, de fato, a teoria mista ou da ubiquidade, pois é considerado lugar do crime tanto o local em que foi praticada a conduta quanto aquele no qual o resultado foi ou deveria ser produzido; **2:** certa. As causas supervenientes relativamente independentes excluem a imputação, desde que sejam aptas, por si sós, a produzir o resultado; os fatos anteriores, no entanto, serão imputados a quem os praticou (art. 13, § 1º, do CP). Exemplo clássico e sempre lembrado pela doutrina é aquele em que a vítima de tentativa de homicídio é socorrida e levada ao hospital e, ali estando, vem a falecer, não em razão dos ferimentos que experimentou, mas por conta de incêndio ocorrido na enfermaria do hospital. Este evento (incêndio) do qual decorreu a morte da vítima constitui causa superveniente relativamente independente que, por si só, gerou o resultado. O nexo causal, nos termos do art. 13, § 1º, do CP, é interrompido (há imprevisibilidade). O agente, por isso, responderá por homicídio na forma tentada (e não na modalidade consumada). Perceba que, neste caso, estamos a falar de causa *relativamente* independente porque, não fosse a tentativa de homicídio, o ofendido não seria, por óbvio, hospitalizado e não seria, por consequência, vítima do incêndio que produziu, de fato, a sua morte; **3:** certa. Para a teoria limitada da culpabilidade, acolhida, é verdade, pelo Código Penal, as descriminantes putativas, se disserem respeito aos pressupostos fáticos de uma causa de justificação, serão consideradas erro de tipo, ao passo que, se se referirem à existência ou aos limites de causa excludente da ilicitude, receberão tratamento de erro de proibição. Já para a teoria extremada da culpabilidade, as descriminantes putativas sempre caracterizarão erro de proibição. ED
Gabarito: 1C, 2C, 3C

**(Defensor Público/PE – 2018 – CESPE)** Assinale a opção correta de acordo com a jurisprudência sumulada do Superior Tribunal de Justiça (STJ).

**(A)** A conduta de atribuir-se falsa identidade perante autoridade policial é atípica, mesmo quando comprovado que a ação ocorreu com o objetivo de autodefesa.

**(B)** Em se tratando de contravenções penais praticadas contra a mulher no âmbito das relações domésticas, é possível a aplicação do princípio da insignificância, se preenchidos determinados critérios.

**(C)** A demonstração inequívoca da intenção do agente de realizar tráfico entre estados da Federação é suficiente para a incidência do aumento de um sexto a dois terços da pena para o crime de tráfico de drogas, sendo desnecessária a efetiva transposição da fronteira entre os estados.

**(D)** A inversão da posse do bem mediante o emprego de violência não configura o crime de roubo, mas sua tentativa, se a coisa roubada for recuperada brevemente após perseguição imediata ao agente.

**(E)** Tratando-se do crime de furto, a comprovação inequívoca da presença de seguranças no interior do estabelecimento comercial da vítima configura crime impossível.

**A:** incorreta. É certo que parte da doutrina sustenta que não comete o crime do art. 307 do CP o agente que atribui a si falsa identidade com o propósito de escapar de ação policial e, dessa forma, evitar sua prisão. O indivíduo estaria, segundo essa corrente, procurando preservar sua liberdade. Sucede que, atualmente, este posicionamento não mais prevalece. Segundo STF e STJ, aquele que atribui a si identidade falsa com o escopo de furtar-se à responsabilidade criminal deve, sim, responder pelo crime de falsa identidade (art. 307, CP). A propósito, o STJ, consolidando tal entendimento, editou a Súmula 522: "A conduta de atribuir-se falsa identidade perante autoridade policial é típica, ainda que em situação de alegada autodefesa". Também nesse sentido, o STF: "Direito penal. Agravo regimental em recurso extraordinário com agravo. Crime de falsa identidade. Art. 307 do Código Penal. Alegação de autodefesa. Impossibilidade. Tipicidade configurada. 1. O Plenário Virtual do Supremo Tribunal Federal, no julgamento do RE 640.139, Rel. Min. Dias Toffoli, decidiu que o princípio constitucional da autodefesa não alcança aquele que atribui falsa identidade perante autoridade policial com o intuito de ocultar maus antecedentes. Na ocasião, reconheceu-se a existência de repercussão geral da questão constitucional suscitada e, no mérito, reafirmou a jurisprudência dominante sobre a matéria. 2. Agravo regimental a que se nega provimento." (ARE 870572 AgR, 1ª T., Rel. Min. Roberto Barroso, j. 23.06.2015, *DJe* 05.08.2015, publ. 06.08.2015); **B:** incorreta, uma vez que contraria o entendimento pacificado por meio da Súmula 589, do STJ; **C:** correta. A causa de aumento pela configuração de tráfico entre Estados (art. 40, V, Lei 11.343/2006) não deve ser afastada neste caso. É que, segundo entendimento consolidado nos tribunais superiores, é prescindível, para a incidência desta causa de aumento, a transposição das divisas dos Estados, sendo suficiente que fique demonstrado que a droga se destinava a outro Estado da Federação. Nesse sentido, conferir: "(...) Esta Corte possui entendimento jurisprudencial, no sentido de que a incidência da causa de aumento, conforme prevista no art. 40, V, da Lei n. 11.343/2006, não exige a efetiva transposição da divisa interestadual, sendo suficientes as evidências de que a substância entorpecente tem como destino qualquer ponto além das linhas da respectiva Unidade da Federação (...)" (AGRESP 201103088503, Campos Marques (Desembargador convocado do TJ/PR), STJ, Quinta Turma, *DJe* 01.07.2013). Consolidando tal entendimento, o STJ editou a Súmula 587: "Para a incidência da majorante prevista no art. 40, V, da Lei 11.343/2006, é desnecessária a efetiva transposição de fronteiras entre estados da Federação, sendo suficiente a demonstração inequívoca da intenção de realizar o tráfico interestadual"; **D:** incorreta. Pelo contrário, em regressão garantista, os tribunais superiores consolidaram o entendimento segundo o qual o crime de roubo se consuma com a mera inversão da posse do bem mediante emprego de violência ou grave ameaça, independente da posse pacífica e desvigiada da coisa pelo agente. *Vide*, nesse sentido: STF, HC 96.696, Rel. Min. Ricardo Lewandowski. Confirmando esse entendimento, o STJ editou a Súmula 582: "Consuma-se o crime de roubo com a inversão da posse do bem mediante emprego de violência ou grave ameaça, ainda que por breve tempo e em seguida à perseguição imediata ao agente e recuperação da coisa roubada, sendo prescindível a posse mansa e pacífica ou desvigiada; **E:** incorreta, pois não retrata o entendimento firmado na Súmula 567, do STJ: "Sistema de vigilância realizado por monitoramento eletrônico ou por existência de segurança no interior de estabelecimento comercial, por si só, não torna impossível a configuração do crime de furto". O fato é que o chamado *furto sob vigilância* pode, em determinadas situações, a depender do caso concreto, caracterizar *crime impossível* pela *ineficácia absoluta do meio* (art. 17 do CP). É o caso, por exemplo, do agente que, desde o momento em que ingressa no supermercado, passa a ser permanentemente vigiado por sistema de câmeras e também por seguranças, que ficam o tempo todo no seu encalço. Não há, neste caso, a menor possibilidade de o crime consumar-se. Isso não quer dizer que a existência, por si só, de sistema de segurança por câmeras elimine a possibilidade de o crime chegar à sua consumação. É perfeitamente plausível que o agente se aproveite de determinado ângulo de monitoramento em que a subtração não é visualizada pelo sistema de câmeras. Dessa forma, a ineficácia do meio deve ser avaliada caso a caso. ED

Gabarito "C".

**(Delegado Federal – 2018 – CESPE)** Julgue os itens que se seguem, relativos à execução penal, desarmamento, abuso de autoridade e evasão de divisas.

**(1)** Preso provisório não pode ser submetido ao regime disciplinar diferenciado.

**(2)** O registro de arma de fogo na PF, mesmo após prévia autorização do SINARM, não assegura ao seu proprietário o direito de portá-la.

**(3)** Segundo entendimento do STF, a configuração do crime de evasão de divisas pressupõe a saída física de moeda nacional ou estrangeira do território nacional sem o conhecimento da Receita Federal do Brasil e do Banco Central do Brasil.

**1:** incorreta, pois não reflete o disposto no art. 52, *caput*, da LEP (com a redação que lhe conferiu a Lei 13.964/2019), que estabelece que poderão sujeitar-se ao regime disciplinar diferenciado tanto o preso já condenado quanto o provisório; **2:** correta (art. 5º, *caput*, da Lei 10.826/2003); **3:** incorreta. Conferir: "No período de 21.02.2003

a 02.01.2004, membros do denominado "núcleo publicitário" ou "operacional" realizaram, sem autorização legal, por meio do grupo Rural e de doleiros, cinquenta e três depósitos em conta mantida no exterior. Desses depósitos, vinte e quatro se deram através do conglomerado Rural, cujos principais dirigentes à época se valeram, inclusive, de *offshore* sediada nas Ilhas Cayman (Trade Link Bank), que também integra, clandestinamente, o grupo Rural, conforme apontado pelo Banco Central do Brasil. A materialização do delito de evasão de divisas prescinde da saída física de moeda do território nacional. Por conseguinte, mesmo aceitando-se a alegação de que os depósitos em conta no exterior teriam sido feitos mediante as chamadas operações "dólar-cabo", aquele que efetua pagamento em reais no Brasil, com o objetivo de disponibilizar, através do outro que recebeu tal pagamento, o respectivo montante em moeda estrangeira no exterior, também incorre no ilícito de evasão de divisas. Caracterização do crime previsto no art. 22, parágrafo único, primeira parte, da Lei 7.492/1986, que tipifica a conduta daquele que, "a qualquer título, promove, sem autorização legal, a saída de moeda ou divisa para o exterior". Crimes praticados por grupo organizado, em que se sobressai a divisão de tarefas, de modo que cada um dos agentes ficava encarregado de uma parte dos atos que, no conjunto, eram essenciais para o sucesso da empreitada criminosa." (STF, AP 470/MG, Rel. Min. Joaquim Barbosa, Tribunal Pleno, Dje 22.04.2013). ED

Gabarito 1E, 2C, 3E

**(Delegado Federal – 2018 – CESPE)** Acerca de tráfico ilícito de entorpecentes, crimes contra o meio ambiente, crime de discriminação e preconceito e crime contra o consumidor, julgue os próximos itens.

**(1)** Aquele que adquirir, transportar e guardar cocaína para consumo próprio ficará sujeito às mesmas penas imputadas àquele que adquirir, transportar e guardar cocaína para fornecer a parentes e amigos, ainda que gratuitamente.

**(2)** Pessoa jurídica que praticar crime contra o meio ambiente por decisão do seu órgão colegiado e no interesse da entidade poderá ser responsabilizada penalmente, embora não fique necessariamente sujeita às mesmas sanções aplicadas às pessoas físicas.

**(3)** Constitui crime de preconceito racial a discriminação de alguém em decorrência de sua orientação sexual.

**1:** incorreta. Embora previstos na mesma legislação (Lei 11.343/2006), trata-se de crimes diversos, com penas, por conseguinte, bem diferentes. Com efeito, aquele que adquirir, transportar e guardar cocaína para consumo próprio ficará sujeito às penas previstas no art. 28 da Lei de Drogas, a saber: advertência sobre os efeitos das drogas; prestação de serviços à comunidade; e medida educativa de comparecimento a programa ou curso educativo. De ver-se que, entre as penas previstas, não está incluída a de prisão. Agora, se o agente adquirir, transportar e guardar cocaína para fornecer a parentes e amigos, ainda que gratuitamente, incorrerá nas penas do art. 33, *caput*, do CP, que prevê o crime de tráfico de drogas, cuja pena é de reclusão de 5 a 15 anos, sem prejuízo do pagamento de multa; **2:** correta (arts. 3º, *caput*, e 21 e seguintes da Lei 9.605/1998); **3:** incorreta. Os crimes da Lei de Racismo (Lei 7.716/1989) pressupõem que o agente pratique preconceito ou discriminação referente a raça, cor, etnia, religião ou procedência nacional, aqui não incluídos outros elementos, como, por exemplo, sexo (masculino ou feminino), idade ou orientação sexual. Entretanto, recentemente (em momento posterior, portanto, à elaboração desta questão), o STF, reconhecendo a mora do Congresso Nacional, enquadrou a homofobia e a transfobia como crimes de racismo. O colegiado, por maioria, fixou a seguinte tese: "Até que sobrevenha lei emanada do Congresso Nacional destinada a implementar os mandados de criminalização definidos nos incisos XLI e XLII do art. 5º da Constituição da República, as condutas homofóbicas e transfóbicas, reais ou supostas, que envolvem aversão odiosa à orientação sexual ou à identidade de gênero de alguém, por traduzirem expressões de racismo, compreendido este em sua dimensão social, ajustam-se, por identidade de razão e mediante adequação típica, aos preceitos primários de incriminação definidos na Lei nº 7.716, de 08.01.1989, constituindo, também, na hipótese de homicídio doloso, circunstância que o qualifica, por configurar motivo torpe (Código Penal, art. 121, § 2º, I, "in fine")." (ADO 26/DF, rel. Min. Celso de Mello, julgamento em 13.6.2019). ED

Gabarito 1E, 2C, 3E

**(Delegado Federal – 2018 – CESPE)** Em cada um dos itens que se seguem, é apresentada uma situação hipotética seguida de uma assertiva a ser julgada com relação a crime de tortura, crime hediondo, crime previdenciário e crime contra o idoso.

**(1)** Cinco guardas municipais em serviço foram desacatados por dois menores. Após breve perseguição, um dos menores evadiu-se, mas o outro foi apreendido. Dois dos guardas conduziram o menor apreendido para um local isolado, imobilizaram-no, espancaram-no e ameaçaram-no, além de submetê-lo a choques elétricos. Os outros três guardas deram cobertura. Nessa situação, os cinco guardas municipais responderão pelo crime de tortura, incorrendo todos nas mesmas penas.

**(2)** Paula, proprietária de uma casa de prostituição, induziu e passou a explorar sexualmente duas garotas de quinze anos de idade. Nessa situação, o crime praticado por Paula é hediondo e, por isso, insuscetível de anistia, graça e indulto.

**(3)** Atuando como procurador de sua tia Bernardete – senhora aposentada de sessenta e três anos de idade, que se encontrava em pleno gozo de suas faculdades mentais –, Arquimedes, para satisfazer suas necessidades pessoais, passou a se apropriar dos valores da aposentadoria da tia. Nessa situação, o ato praticado por Arquimedes não caracteriza crime de apropriação indébita previdenciária, tipificado pelo Código Penal, mas sim crime contra o idoso, tipificado pelo Estatuto do Idoso.

**1: incorreta.** Vejamos. Os guardas que tomaram parte no espancamento deverão ser responsabilizados pelo crime de tortura do art. 1º, II, da Lei 9.455/1997, já que submeteram o menor a intenso sofrimento físico e mental, espancando-o e ameaçando-o, como forma de aplicar-lhe castigo pelo desacato que este praticara anteriormente contra os guardas. Já os guardas que não tomaram parte no espancamento serão responsabilizados pelo crime de tortura do art. 1º, § 2º, da Lei 9.455/1997, já que se omitiram quando deveriam agir para evitar o crime. Estão sujeitos a uma de 1 a 4 anos de detenção, que corresponde à metade da pena a que estão sujeitos os guardas que praticaram, de forma ativa, a conduta prevista no art. 1º, II (reclusão de 2 a 8 anos); **2: correta.** Sendo hediondo o crime praticado por Paula (art. 218-B do CP: favorecimento da prostituição ou de outra forma de exploração sexual de criança ou adolescente ou de vulnerável), conforme art. 1º, VIII, da Lei 8.072/1990, é-lhe vedada a concessão de anistia, graça e indulto (art. 2º, I, Lei 8.072/1990); **3: correta.** Arquimedes deverá ser responsabilizado pelo crime do art. 102 da Lei 10.741/2003 (Estatuto da Pessoa Isosa). 🔒
Gabarito 1E, 2C, 3C

**(Delegado Federal – 2018 – CESPE)** Em cada um dos itens seguintes, é apresentada uma situação hipotética seguida de uma assertiva a ser julgada com base na legislação de regência e na jurisprudência dos tribunais superiores a respeito de exclusão da culpabilidade, concurso de agentes, prescrição e crime contra o patrimônio.

**(1)** Arnaldo, gerente de banco, estava dentro de seu veículo juntamente com familiares quando foi abordado por dois indivíduos fortemente armados, que ameaçaram os ocupantes do veículo e exigiram de Arnaldo o fornecimento de determinada senha para a realização de uma operação bancária, o que foi por ele prontamente atendido. Nessa situação, o uso da senha pelos indivíduos para eventual prática criminosa excluirá a culpabilidade de Arnaldo.

**(2)** Clara, tendo descoberto uma traição amorosa de seu namorado, comentou com sua amiga Aline que tinha a intenção de matá-lo. Aline, então, começou a instigar Clara a consumar o pretendido. Nessa situação, se Clara cometer o crime, Aline poderá responder como partícipe do crime.

**(3)** Severino, maior e capaz, subtraiu, mediante o emprego de arma de fogo, elevada quantia de dinheiro de uma senhora, quando ela saía de uma agência bancária. Um policial que presenciou o ocorrido deu voz de prisão a Severino, que, embora tenha tentado fugir, foi preso pelo policial após breve perseguição. Nessa situação, Severino responderá por

tentativa de roubo, pois não teve a posse mansa e pacífica do valor roubado.

**1: correta.** A narrativa contida na assertiva contempla situação caracterizadora de coação moral irresistível, na medida em que não era razoável, nas circunstâncias, que o gerente deixasse de atender a determinação dos indivíduos, que, além de armados, ameaçaram seus familiares. Bem por isso, deverá ser excluída a sua culpabilidade por inexigibilidade de conduta diversa; **2: correta.** A *participação* pode ser *moral* ou *material*. *Moral* é aquela em que o sujeito induz ou instiga terceira pessoa a cometer um crime. O partícipe, neste caso, age, portanto, na vontade do coautor. É bem este o caso retratado na assertiva. Já na participação material, temos que a colaboração do partícipe consiste em viabilizar materialmente a execução do crime, prestando auxílio ao autor sem realizar o verbo contido no tipo penal; **3: incorreta**, pois, de acordo com a Súmula 582 do STJ, a consumação do crime de roubo é alcançada com a inversão da posse do bem mediante emprego de violência ou grave ameaça, ainda que por breve tempo e em seguida à perseguição imediata ao agente e recuperação da coisa roubada, sendo prescindível a posse mansa e pacífica ou desvigiada. Dessa forma, Severino deverá responder por roubo consumado. 🔒
Gabarito 1C, 2C, 3E

**(Analista Judiciário – STJ – 2018 – CESPE)** Tendo como referência a legislação penal extravagante e a jurisprudência das súmulas dos tribunais superiores, julgue os itens que se seguem.

**(1)** As penas restritivas de direito relativas aos crimes ambientais incluem a suspensão, parcial ou total, de atividades que não obedecerem às prescrições legais.

**(2)** A condenação pela prática de crime de tortura acarretará a perda do cargo, função ou emprego público e a interdição para o seu exercício por prazo igual ao da pena aplicada.

**(3)** Aquele que oferece droga, mesmo que seja em caráter eventual e sem o objetivo de lucro, a pessoa de seu relacionamento, para juntos a consumirem, comete crime.

**(4)** Em se tratando de crimes de violência doméstica e familiar contra a mulher, se a condenação for privativa de liberdade por até um ano, poderá o juiz substituí-la por pena de prestação pecuniária ou pagamento isolado de multa.

**(5)** O juiz poderá estabelecer os limites da ação controlada nos casos de investigação de crimes organizados.

**1: correta**, pois reflete o disposto no art. 8º, III, da Lei 9.605/1998 (Lei de Crimes Ambientais); **2: incorreta.** Isso porque o art. 1º, § 5º, da Lei 9.455/1997 estabelece que a condenação, pela prática de crime de tortura, acarretará a perda do cargo, função ou emprego público e a interdição para o seu exercício pelo *dobro* do prazo da pena aplicada; **3: correta.** A Lei 11.343/2006 introduziu, no contexto dos crimes de tráfico, forma mais branda deste delito, a se configurar na hipótese de o agente oferecer droga, a pessoa de seu relacionamento, ocasionalmente e sem o propósito de lucro, para juntos a consumirem. Veja que tal inovação legislativa, prevista no art. 33, § 3º, da atual Lei de Drogas, por razões de política criminal, procurou colocar em diferentes patamares o traficante habitual, que atua com o propósito de lucro, e o eventual, para o qual a pena prevista é de detenção de seis meses a um ano, sem prejuízo da multa e das penas previstas no art. 28 da mesma lei, bem inferior, como se pode ver, à pena cominada para o crime previsto no *caput* do art. 33; **4: incorreta**, dado que, nos termos do art. 17 da Lei Maria da Penha (Lei 11.340/2006), é vedada a aplicação, nos casos de violência doméstica e familiar contra a mulher, de penas de cesta básica ou outras de prestação pecuniária, bem como a substituição de pena que implique o pagamento isolado de multa; **5: correta**, pois reflete o disposto no art. 8º, § 1º, da Lei 12.850/2013. 🔒
Gabarito 1C, 2E, 3C, 4E, 5C

**(Analista Judiciário – STJ – 2018 – CESPE)** Tendo como referência a jurisprudência sumulada dos tribunais superiores, julgue os itens a seguir, acerca de crimes, penas, imputabilidade penal, aplicação da lei penal e institutos.

**(1)** Tratando-se de crimes permanentes, aplica-se a lei penal mais grave se esta tiver vigência antes da cessação da permanência.

**(2)** Na hipótese de tentativa de subtração patrimonial e morte consumada, o agente responderá pelo crime de latrocínio consumado.

**(3)** O réu sentenciado provisoriamente que se encontre em prisão especial deverá aguardar o trânsito em julgado da sentença com a definição da pena para que seja aplicada a progressão de regime de execução da pena.

**(4)** Tratando-se de crimes continuados, a prescrição é regulada pela pena imposta na sentença, não se computando o acréscimo decorrente da continuação.

**(5)** É possível a aplicação do princípio da insignificância nos crimes contra a administração pública, desde que o prejuízo seja em valor inferior a um salário mínimo.

**1:** correta. Com efeito, segundo entendimento firmado na Súmula n. 711 do STF, "A lei penal mais grave aplica-se ao crime continuado ou ao crime permanente, se a sua vigência é anterior à cessação da continuidade ou da permanência". Cabe relembrar que *crime permanente* é aquele cuja consumação se protrai no tempo por vontade do agente. Exemplo sempre lembrado pela doutrina é o crime de *sequestro e cárcere privado*, capitulado no art. 148 do CP, em que a consumação se opera no momento em que a vítima é privada de sua liberdade. Essa consumação, que teve início com a privação da liberdade da vítima, prolongar-se-á no tempo; **2:** correta. Em consonância com a jurisprudência do STJ (e também do STF), o crime de latrocínio (art. 157, § 3º, II, do CP) se consuma com a morte da vítima, ainda que o agente não consiga dela subtrair coisa alheia móvel. É o teor da Súmula 610, do STF. No STJ: "(...) 3. O latrocínio (CP, art. 157, § 3º, *in fine*) é crime complexo, formado pela união dos crimes de roubo e homicídio, realizados em conexão consequencial ou teleológica e com *animus necandi*. Estes crimes perdem a autonomia quando compõem o crime complexo de latrocínio, cuja consumação exige a execução da totalidade do tipo. Nesse diapasão, em tese, para haver a consumação do crime complexo, necessitar-se-ia da consumação da subtração e da morte, contudo os bens jurídicos patrimônio e vida não possuem igual valoração, havendo prevalência deste último, conquanto o latrocínio seja classificado como crime patrimonial. Por conseguinte, nos termos da Súmula 610 do STF, o fator determinante para a consumação do latrocínio é a ocorrência do resultado morte, sendo despicienda a efetiva inversão da posse do bem (...)" (HC 226.359/DF, Rel. Min. Ribeiro Dantas, Quinta Turma, j. 02.08.2016, *DJe* 12.08.2016); **3:** incorreta. Nos termos da Súmula 717 do STF, "não impede a progressão de regime de execução de pena, fixada em sentença não transitada em julgado, o fato de o réu se encontrar em prisão especial"; **4:** correta. De fato, nas modalidades de concurso de crimes (material, formal ou continuado), a prescrição atingirá a pena de cada crime, de forma isolada, tal como estabelece o art. 119 do CP, ou seja, não se levará em conta o aumento a que se referem os artigos 70 (concurso formal) e 71 (continuidade delitiva), do CP. É o que consta da Súmula 497 do STF: *quando se tratar de crime continuado, a prescrição regula-se pela pena imposta na sentença, não se computando o acréscimo decorrente da continuação"*; **5:** incorreta. O STJ, diferentemente do STF, entende pela inaplicabilidade do princípio da insignificância no contexto dos crimes contra a Administração Pública, ao argumento de que, para além do patrimônio, tutela-se a moralidade administrativa, cuja lesão é altamente nociva à sociedade. Nesse sentido, a Súmula 599, do STJ. Já no STF há julgados que admitem a incidência deste princípio no contexto dos crimes contra a administração pública. A conferir: "Delito de peculato-furto. Apropriação, por carcereiro, de farol de milha que guarnecia motocicleta apreendida. Coisa estimada em treze reais. *Res furtiva* de valor insignificante. Periculosidade não considerável do agente. Circunstâncias relevantes. Crime de bagatela. Caracterização. Dano à probidade da administração. Irrelevância no caso. Aplicação do princípio da insignificância. Atipicidade reconhecida. Absolvição decretada. HC concedido para esse fim. Voto vencido. Verificada a objetiva insignificância jurídica do ato tido por delituoso, à luz das suas circunstâncias, deve o réu, em recurso ou *habeas corpus*, ser absolvido por atipicidade do comportamento" (HC 112388, Relator(a): Min. Ricardo Lewandowski, Relator(a) p/ acórdão: Min. Cezar Peluso, Segunda Turma, julgado em 21/08/2012, Processo Eletrônico DJe-181 Divulg 13.09.2012 Public 14.09.2012). 🔲

Gabarito 1C, 2C, 3E, 4C, 5E

**(Delegado/PE – 2016 – CESPE)** Nos últimos tempos, os tribunais superiores têm sedimentado seus posicionamentos acerca de diversos institutos penais, criando, inclusive, preceitos sumulares. Acerca desse assunto, assinale a opção correta segundo o entendimento do STJ.

**(A)** É possível a consumação do furto em estabelecimento comercial, ainda que dotado de vigilância realizada por seguranças ou mediante câmara de vídeo em circuito interno.

**(B)** A conduta de atribuir-se falsa identidade perante autoridade policial é considerada típica apenas em casos de autodefesa.

**(C)** O tempo máximo de duração da medida de segurança pode ultrapassar o limite de trinta anos, uma vez que não constitui pena perpétua.

**(D)** No que diz respeito à progressão de regime prisional de condenado por crime hediondo cometido antes ou depois da vigência da Lei 11.464/2007, é necessária a observância, além de outros requisitos, do cumprimento de dois quintos da pena, se primário, e, de três quintos, se reincidente, para a obtenção do benefício.

**(E)** A incidência da causa de diminuição de pena prevista no tipo penal de tráfico de drogas implica o afastamento da equiparação existente entre o delito de tráfico ilícito de drogas e os crimes hediondos, por constituir novo tipo penal, sendo, portanto, o tráfico privilegiado um tipo penal autônomo, não equiparado a hediondo.

**A:** correta, pois retrata o entendimento firmado na Súmula 567, do STJ: "Sistema de vigilância realizado por monitoramento eletrônico ou por existência de segurança no interior de estabelecimento comercial, por si só, não torna impossível a configuração do crime de furto". O fato é que o chamado *furto sob vigilância* pode, em determinadas situações, a depender do caso concreto, caracterizar *crime impossível* pela *ineficácia absoluta do meio* (art. 17 do CP). É o caso, por exemplo, do agente que, desde o momento em que ingressa no supermercado, passa a ser permanentemente vigiado por sistema de câmeras e também por seguranças, que ficam o tempo todo no seu encalço. Não há, neste caso, a menor possibilidade de o crime consumar-se. Isso não quer dizer que a existência, por si só, de sistema de segurança por câmeras elimine a possibilidade de o crime chegar à sua consumação. É perfeitamente plausível que o agente se aproveite de determinado ângulo de monitoramento em que a subtração não é visualizada pelo sistema de câmeras. Dessa forma, a ineficácia do meio deve ser avaliada caso a caso; **B:** incorreta, pois não reflete o entendimento sufragado na Súmula 522, do STJ: "A conduta de atribuir-se falsa identidade perante autoridade policial é típica, ainda que em situação de alegada autodefesa"; **C:** incorreta, já que não retrata o entendimento consagrado na Súmula 527, do STJ: "O tempo de duração da medida de segurança não deve ultrapassar o limite máximo da pena abstratamente cominada ao delito praticado"; **D:** incorreta, pois contraria o entendimento firmado na Súmula 471, do STJ: "Os condenados por crimes hediondos ou assemelhados cometidos antes da vigência da Lei 11.464/2007 sujeitam-se ao disposto no art. 112 da Lei 7.210/1984 (Lei de Execução Penal) para a progressão de regime prisional"; **E:** incorreta. Segundo entendimento firmado na Súmula 512, do STJ, em vigor ao tempo em que foi elaborada esta questão, "A aplicação da causa de diminuição de pena prevista no art. 33, § 4º, da Lei 11.343/2006 não afasta a hediondez do crime de tráfico de drogas". É importante que se diga que o Plenário do STF, ao julgar o HC 118.533/MS, em 23.06.2016, cuja relatoria foi da Min. Cármen Lúcia, entendeu, em dissonância com o posicionamento adotado pelo STJ, que o crime de tráfico de drogas privilegiado não tem natureza hedionda. Pois bem. Sucede que a Terceira Seção do STJ, na sessão realizada em 23 de novembro de 2016, ao julgar a QO na Pet 11.796-DF, determinou o cancelamento da referida Súmula 512, alinhando-se ao entendimento adotado pelo STF no sentido de que o delito de tráfico privilegiado não pode ser equiparado a crime hediondo.

Gabarito "A".

**(Juiz de Direito/AM – 2016 – CESPE)** Assinale a opção correta em relação a tipos penais diversos.

**(A)** Somente o dolo qualifica os crimes contra a incolumidade pública, se estes resultam em lesão corporal ou morte de pessoa.

**(B)** Não constitui crime vilipendiar as cinzas de um cadáver, sendo tal conduta atípica por ausência de previsão legal.

**(C)** Se três indivíduos, mediante grave ameaça contra pessoa e com emprego de arma de fogo, renderem o motorista e os

# 12. DIREITO PENAL 437

agentes de segurança de um carro-forte e subtraírem todo o dinheiro nele transportado, haverá apenas duas causas especiais de aumento de pena: o concurso de duas ou mais pessoas e o emprego de arma de fogo.

(D) Distribuir símbolos ou propaganda que utilizem a cruz suástica ou gamada para fins de divulgação do nazismo é uma conduta típica prevista em lei.

(E) Pratica crime previsto no CP aquele que contrai casamento conhecendo a existência de impedimento que lhe cause a nulidade absoluta ou relativa.

**A:** incorreta. O art. 258 do CP trata das formas qualificadas de crime de perigo comum, estes definidos no Capítulo I do Título VIII (crimes contra a incolumidade pública). Segundo esse dispositivo, o dolo de perigo (ou mesmo a culpa), na conduta antecedente, é perfeitamente compatível com o consequente culposo (lesão grave ou morte). É incorreto, portanto, afirmar-se que somente o dolo qualifica os crimes contra a incolumidade pública; **B:** incorreta. Isso porque o art. 212 do CP (vilipêndio a cadáver) contempla como objeto material tanto o cadáver quanto as suas cinzas; **C:** incorreta. já que, no caso narrado na proposição, também incidirá (além das causas de aumento ali mencionadas) a majorante presente no art. 157, § 2º, III, do CP: "(...) se a vítima está em serviço de transporte de valores e o agente conhece tal circunstância"; **D:** correta. Conduta capitulada no art. 20, § 1º, da Lei 7.716/1989; **E:** incorreta, uma vez o art. 237 do CP, que define o crime de conhecimento prévio de impedimento, somente se configura se o impedimento der causa a nulidade *absoluta* (a nulidade *relativa* não foi contemplada no tipo penal).

*Gabarito "D".*

**(Analista Judiciário – TRT/8ª – 2016 – CESPE)** Assinale a opção correta, considerando a lei e a jurisprudência dos tribunais superiores.

(A) A conduta de vender ou expor à venda CDs ou DVDs contendo gravações de músicas, filmes ou shows não configura crime de violação de direito autoral, por ser prática amplamente tolerada e estimulada pela procura dos consumidores desses produtos.

(B) Na aplicação dos princípios da insignificância e da lesividade, as condutas que produzam um grau mínimo de resultado lesivo devem ser desconsideradas como delitos e, portanto, não ensejam a aplicação de sanções penais aos seus agentes.

(C) O uso de revólver de brinquedo no crime de roubo justifica a incidência da majorante prevista no Código Penal, por intimidar a vítima e desestimular sua reação.

(D) A idade da vítima é um dado irrelevante na dosimetria da pena do crime de homicídio doloso.

(E) Para a configuração dos crimes contra a honra, exige-se somente o dolo genérico, desconsiderando-se a existência de intenção, por parte do agente, de ofender a honra da vítima.

**A:** incorreta. Segundo enuncia o princípio da *adequação social*, não se pode reputar criminosa a conduta tolerada pela sociedade, ainda que corresponda a uma descrição típica. É dizer, embora formalmente típica, porque subsumida num tipo penal, carece de tipicidade material, porquanto em sintonia com a realidade social em vigor. A aplicação deste postulado no contexto da conduta descrita na assertiva foi rechaçada pelo STJ, quando da edição da Súmula 502: "Presentes a materialidade e a autoria, afigura-se típica, em relação ao crime previsto no art. 184, § 2º, do CP, a conduta de expor à venda CDs e DVDs piratas"; **B:** correta, de acordo com a organizadora. Segundo pensamos, a assertiva contempla tão somente um dos vetores cuja existência é necessária ao reconhecimento do princípio da insignificância. Com efeito, segundo entendimento consolidado no STF, a incidência do princípio da insignificância está condicionada ao reconhecimento conjugado dos seguintes vetores: i) mínima ofensividade da conduta do agente; ii) nenhuma periculosidade social da ação; iii) reduzido grau de reprovabilidade do comportamento; iv) inexpressividade da lesão jurídica provocada; **C:** incorreta. Hodiernamente, é tranquilo o entendimento dos tribunais superiores no sentido de que o emprego de arma de brinquedo, no contexto do crime de roubo, não autoriza o reconhecimento da causa de aumento prevista no art. 157, § 2º-A, I, do CP. Lembremos que a Súmula 174 do STJ, que consolidava o entendimento pela incidência

da majorante em casos assim, foi cancelada em 24 de outubro de 2001, apontando, portanto, mudança de posicionamento; **D:** incorreta, pois contraria o disposto no art. 121, § 4º, 2ª parte, do CP: "(...) sendo doloso o homicídio, a pena é aumentada de 1/3 (um terço) se o crime é praticado contra pessoa menor de 14 (quatorze) ou maior de 60 (sessenta) anos"; **E:** incorreta. Embora não haja consenso acerca deste tema, é fato que, para a maior parte da doutrina e da jurisprudência, exige-se, à configuração dos crimes contra a honra, a presença do elemento subjetivo do tipo específico, que é o dolo específico de ofender a honra da vítima. Conferir a lição de Guilherme de Souza Nucci, ao tratar do elemento subjetivo do tipo no contexto dos crimes de calúnia, difamação e injúria: "(...) pune-se o crime quando o agente agir dolosamente. Não há a forma culposa. Entretanto, exige-se, majoritariamente (doutrina e jurisprudência), o elemento subjetivo do tipo específico, que é a especial intenção de ofender, magoar, macular a honra alheia. Este elemento intencional está implícito no tipo" (*Código Penal Comentado*, 13ª ed. São Paulo: RT, 2013. p. 716).

*Gabarito "B".*

**(Analista Judiciário – TRT/8ª – 2016 – CESPE)** No tocante à interpretação dos crimes de perigo abstrato e dos crimes contra a organização do trabalho, contra a administração pública e contra a dignidade sexual, consoante a jurisprudência dos tribunais superiores, assinale a opção correta.

(A) Por se tratar de delito de perigo abstrato, o abandono de incapaz dispensa a prova do efetivo risco de dano à saúde da vítima.

(B) O crime de porte ilegal de arma de fogo, classificado como delito de perigo abstrato, não dispensa a prova pericial para estabelecer a sua eficiência na realização de disparos, necessária para demonstrar o risco potencial à incolumidade física das pessoas.

(C) O agente que não é funcionário público não pode figurar como sujeito ativo do crime de peculato.

(D) No crime de aliciamento para o fim de emigração, pune-se a conduta de recrutar trabalhadores, mediante fraude, com o fim de levá-los para território estrangeiro, como forma de se garantir a proteção à organização do trabalho.

(E) Para a caracterização do crime de concussão, a conduta do servidor público deve consistir na exigência de vantagem indevida, necessariamente em dinheiro, para si ou para outrem, em razão da função que o servidor exerce.

**A:** incorreta. O crime do art. 133 do CP (abandono de incapaz) é, ao contrário do afirmado, de perigo *concreto*, em que se exige a efetiva demonstração de que a vítima foi exposta a situação de risco; **B:** incorreta. Nesse sentido, conferir: "(...) O crime de porte ilegal de arma de fogo é de perigo abstrato, sendo prescindíveis, para o reconhecimento da materialidade delitiva, a realização de perícia para atestar a potencialidade lesiva do artefato ou a constatação de seu efetivo municiamento" (STJ, REsp 1511416/RS, Rel. Ministro ROGERIO SCHIETTI CRUZ, SEXTA TURMA, julgado em 03.05.2016, *DJe* 12.05.2016). Na mesma ótica: "(...) Consoante a jurisprudência desta Terceira Seção, consolidada no julgamento do EResp n. 1.005.300/RS, tratando-se de crime de perigo abstrato, é prescindível a realização de laudo pericial para atestar a potencialidade da arma apreendida e, por conseguinte, caracterizar o crime de porte ilegal de arma de fogo" (STJ, HC 268.658/RS, Rel. Ministro NEFI CORDEIRO, SEXTA TURMA, julgado em 12.04.2016, *DJe* 22.04.2016); **C:** incorreta. É certo que o crime de peculato (art. 312, CP), por ser próprio, somente pode ser praticado pelo funcionário público. Entretanto, nada obsta que o particular figure como sujeito ativo deste crime, desde que pratique qualquer das ações descritas no tipo em coautoria ou participação com o *intraneus*; **D:** correta. A assertiva corresponde à descrição típica do crime do art. 206 do CP, que integra o Título IV (Crimes contra a Organização do Trabalho); **E:** incorreta. Isso porque a vantagem indevida, no crime de concussão, não se restringe a dinheiro. Há autores (Damásio de Jesus, Nelson Hungria e Magalhães Noronha) que entendem que a vantagem, neste caso, deve ter natureza patrimonial (aqui incluído o dinheiro); para outros (Guilherme de Souza Nucci e Julio Fabbrini Marabete, entre outros), a vantagem indevida pode ser de qualquer espécie, não só de conotação patrimonial. Por exemplo: favor sexual.

*Gabarito "D".*

**(Analista Judiciário –TRE/PI – 2016 – CESPE)** Acerca dos crimes em espécie, assinale a opção correta.

(A) Em se tratando de crime ambiental, não se admite a incidência do princípio da insignificância.

(B) A apreensão de arma de fogo na posse do autor dias após o cometimento de crime de roubo não constitui crime autônomo, sendo fato impunível.

(C) A nulidade do exame pericial na arma de fogo descaracteriza o crime de porte ilegal, mesmo diante de conjunto probatório idôneo, conforme entendimento do Supremo Tribunal Federal.

(D) O particular não pode responder pela prática do crime de abuso de autoridade, nem mesmo como partícipe.

(E) Conforme o entendimento do Supremo Tribunal Federal, é possível a condenação de pessoa jurídica pela prática de crime ambiental, mesmo que absolvidas as pessoas físicas ocupantes de cargos de presidência ou direção.

**A:** incorreta. Tanto o STF quanto o STJ acolhem a possibilidade de incidência do princípio da insignificância no contexto dos crimes ambientais. Conferir: "AÇÃO PENAL. Crime ambiental. Pescador flagrado com doze camarões e rede de pesca, em desacordo com a Portaria 84/02, do IBAMA. Art. 34, parágrafo único, II, da Lei nº 9.605/98. *Rei furtivae* de valor insignificante. Periculosidade não considerável do agente. Crime de bagatela. Caracterização. Aplicação do princípio da insignificância. Atipicidade reconhecida. Absolvição decretada. HC concedido para esse fim. Voto vencido. Verificada a objetiva insignificância jurídica do ato tido por delituoso, à luz das suas circunstâncias, deve o réu, em recurso ou *habeas corpus*, ser absolvido por atipicidade do comportamento" (STF, HC 112563, Relator(a): Min. RICARDO LEWANDOWSKI, Relator(a) p/ Acórdão: Min. CEZAR PELUSO, Segunda Turma, julgado em 21.08.2012); **B:** incorreta. Nesse sentido: "(...) 1. Caso no qual o acusado foi preso portando ilegalmente arma de fogo, usada também em crime de roubo três dias antes. Condutas autônomas, com violação de diferentes bens jurídicos em cada uma delas. 2. Inocorrente o esgotamento do dano social no crime de roubo, ante a violação posterior da incolumidade pública pelo porte ilegal de arma de fogo, não há falar em aplicação do princípio da consunção. 3. Recurso desprovido" (RHC 106067, Relator(a): Min. ROSA WEBER, Primeira Turma, julgado em 26.06.2012); **C:** incorreta. Conferir: "*Habeas corpus*. Posse ilegal de arma de fogo. Verificação de nulidade de exame pericial inviável na via do *habeas corpus*. Impossibilidade de dilação probatória. Eventual nulidade do exame pericial na arma de fogo não descaracteriza o delito previsto no art. 14, *caput*, da Lei nº 10.826/03. Precedentes. 1. A alegada nulidade do exame pericial, em virtude de ter sido realizado por policiais que atuaram nos autos do inquérito e sem a qualificação necessária à realização de tais exames, em total desacordo com a regra prevista no art. 159, § 1º, do Código de Processo Penal, não pode ser verificada na via estreita do *habeas corpus*, pois essa análise demandaria reexame do conjunto probatório. 2. Eventual nulidade do exame pericial na arma de fogo não descaracteriza o delito previsto no art. 14, *caput*, da Lei nº 10.826/03 quando existir um conjunto probatório que permita ao julgador formar convicção no sentido da existência do crime imputado ao paciente, bem como da autoria do fato. 3. *Habeas corpus* denegado" (HC 96921, Relator(a): Min. MARCO AURÉLIO, Relator(a) p/ Acórdão: Min. DIAS TOFFOLI, Primeira Turma, julgado em 14.09.2010); **D:** incorreta. Tal como se dá no contexto dos crimes praticados por funcionário público previstos no Código Penal, os crimes de abuso de autoridade admitem, sim, que o particular figure como sujeito ativo (coautor ou partícipe), desde que em concurso com o *intraneus* (art. 30, CP). Registre-se que, atualmente, os crimes de abuso de autoridade estão definidos na Lei 13.869/2019, que revogou, na íntegra, a Lei 4.898/1965; **E:** correta. No STF: "1. O art. 225, § 3º, da Constituição Federal não condiciona a responsabilização penal da pessoa jurídica por crimes ambientais à simultânea persecução penal da pessoa física em tese responsável no âmbito da empresa. A norma constitucional não impõe a necessária dupla imputação. 2. As organizações corporativas complexas da atualidade se caracterizam pela descentralização e distribuição de atribuições e responsabilidades, sendo inerentes, a esta realidade, as dificuldades para imputar o fato ilícito a uma pessoa concreta. 3. Condicionar a aplicação do art. 225, §3º, da Carta Política a uma concreta imputação também a pessoa física implica indevida restrição da norma constitucional, expressa a intenção do constituinte originário não apenas de ampliar o alcance das sanções penais, mas também de evitar a impunidade pelos crimes ambientais frente às imensas dificuldades de individualização dos responsáveis internamente às corporações, além de reforçar a tutela do bem jurídico ambiental. 4. A identificação dos setores e agentes internos da empresa determinantes da produção do fato ilícito tem relevância e deve ser buscada no caso concreto como forma de esclarecer se esses indivíduos ou órgãos atuaram ou deliberaram no exercício regular de suas atribuições internas à sociedade, e ainda para verificar se a atuação se deu no interesse ou em benefício da entidade coletiva. Tal esclarecimento, relevante para fins de imputar determinado delito à pessoa jurídica, não se confunde, todavia, com subordinar a responsabilização da pessoa jurídica à responsabilização conjunta e cumulativa das pessoas físicas envolvidas. Em não raras oportunidades, as responsabilidades internas pelo fato estarão diluídas ou parcializadas de tal modo que não permitirão a imputação de responsabilidade penal individual. 5. Recurso Extraordinário parcialmente conhecido e, na parte conhecida, provido" (RE 548181, Relator(a): Min. ROSA WEBER, Primeira Turma, julgado em 06/08/2013, ACÓRDÃO ELETRÔNICO DJe-213 DIVULG 29-10-2014 PUBLIC 30-10-2014). Na mesma esteira, o STJ: "1. Conforme orientação da 1ª Turma do STF, "O art. 225, § 3º, da Constituição Federal não condiciona a responsabilização penal da pessoa jurídica por crimes ambientais à simultânea persecução penal da pessoa física em tese responsável no âmbito da empresa. A norma constitucional não impõe a necessária dupla imputação." (RE 548181, Relatora Min. ROSA WEBER, Primeira Turma, julgado em 06.08.2013, acórdão eletrônico *DJe*-213, divulg. 29/10/2014, public. 30.10.2014). 2. Tem-se, assim, que é possível a responsabilização penal da pessoa jurídica por delitos ambientais independentemente da responsabilização concomitante da pessoa física que agia em seu nome. Precedentes desta Corte. 3. A personalidade fictícia atribuída à pessoa jurídica não pode servir de artifício para a prática de condutas espúrias por parte das pessoas naturais responsáveis pela sua condução. 4. Recurso ordinário a que se nega provimento" (RMS 39.173/BA, Rel. Ministro REYNALDO SOARES DA FONSECA, QUINTA TURMA, julgado em 06.08.2015, *DJe* 13.08.2015).

*Gabarito "E".*

**(Juiz de Direito/DF – 2016 – CESPE)** De acordo com as súmulas em vigência do STF, assinale a opção correta.

(A) Admite-se continuidade delitiva nos crimes contra a vida.

(B) Os crimes falimentares, por serem tipificados em lei especial, não se sujeitam às causas interruptivas da prescrição previstas no CP.

(C) A definição dos crimes de responsabilidade e o estabelecimento das respectivas normas de processo e julgamento são da competência legislativa concorrente da União e das unidades da Federação.

(D) Ainda que o agente não subtraia bens da vítima, configura-se o crime de latrocínio quando o homicídio se consuma.

(E) A conduta de reduzir tributo mediante prestação de declaração falsa às autoridades fazendárias, antes do lançamento definitivo do tributo, configura crime contra a ordem tributária.

**A:** incorreta, pois contraria o entendimento sufragado na Súmula 605, do STF: *Não se admite continuidade delitiva nos crimes contra a vida*; **B:** incorreta, pois contraria o entendimento sufragado na Súmula 592, do STF: *Nos crimes falimentares, aplicam-se as causas interruptivas da prescrição, previstas no Código Penal*; **C:** incorreta, pois contraria o entendimento consolidado na Súmula Vinculante 46: *A definição dos crimes de responsabilidade e o estabelecimento das respectivas normas de processo e julgamento são de competência legislativa privativa da União*; **D:** correta, pois em conformidade com o entendimento sufragado na Súmula 610, do STF: *Há crime de latrocínio, quando o homicídio se consuma, ainda que não realize o agente a subtração de bens da vítima*; **E:** incorreta, pois não reflete o entendimento consolidado na Súmula Vinculante 24: *Não se tipifica crime material contra ordem tributária, previsto no art. 1º, incisos I a IV, da Lei 8.137/1990, antes do lançamento definitivo do tributo*.

*Gabarito "D".*

**(Juiz de Direito/DF – 2016 – CESPE)** Acerca da jurisprudência sumulada do STJ em matéria penal, assinale a opção correta.

(A) O delito de corromper menor de dezoito anos, com ele praticando infração penal ou induzindo-o a praticá-la, é crime formal, cuja configuração independe da prova de efetiva corrupção do menor.

**(B)** O reconhecimento do privilégio previsto para o furto simples nos casos de crime de furto qualificado é inadmissível, mesmo que o criminoso seja primário, a coisa furtada seja de pequeno valor e a qualificadora seja de ordem objetiva.

**(C)** É admissível a fixação de pena substitutiva prevista no art. 44 do CP, como condição especial ao regime aberto, nos termos da súmula 493.

**(D)** Por adequação social, nos termos da súmula 502, ainda que presentes a materialidade e a autoria, nos termos da súmula 502, a conduta de expor à venda CDs e DVDs piratas, não tipifica o crime em relação ao direito autoral previsto no art. 184, § 2.º, do CP.

**(E)** A causa de aumento de pena pelo concurso de agentes, prevista para o crime de roubo, é aplicável para o crime de furto qualificado.

**A:** correta. De fato, de acordo com a jurisprudência já pacificada do STJ, o crime do at. 244-B do ECA é *formal*. Conferir a ementa a seguir: "A Terceira Seção do Superior Tribunal de Justiça, ao apreciar o Recurso Especial 1.127.954/DF, representativo de controvérsia, pacificou seu entendimento no sentido de que o crime de corrupção de menores – antes previsto no art. 1º da Lei 2.252/1954, e hoje inscrito no art. 244-B do Estatuto da Criança e do Adolescente – é delito formal, não exigindo, para sua configuração, prova de que o inimputável tenha sido corrompido, bastando que tenha participado da prática delituosa. III. É descabido o argumento de que o menor já seria corrompido, porquanto o comportamento do réu, consistente em oportunizar, ao inimputável, nova participação em fato delituoso, deve ser igualmente punido, tendo em vista que implica em afastar o menor, cada vez mais, da possibilidade de recuperação" (AgRg no REsp 1371397/DF (2013/0081451-3), 6ª Turma, j. 04.06.2013, rel. Min. Assusete Magalhães, *DJe* 17.06.2013). Consolidando tal entendimento, o STJ editou a Súmula 500, a seguir transcrita: "A configuração do crime previsto no art. 244-B do Estatuto da Criança e do Adolescente independe da prova da efetiva corrupção do menor, por se tratar de delito formal"; **B:** incorreta, pois não corresponde ao entendimento firmado na Súmula 511 do STJ: "É possível o reconhecimento do privilégio previsto no § 2º do art. 155 do CP nos casos de crime de furto qualificado, se estiverem presentes a primariedade do agente, o pequeno valor da coisa e a qualificadora for de ordem objetiva"; **C:** incorreta, uma vez que não reflete o entendimento consolidado na Súmula 493, do STJ: *É inadmissível a fixação de pena substitutiva (art. 44 do CP) como condição especial ao regime aberto*; **D:** incorreta. Segundo enuncia o princípio da *adequação social*, não se pode reputar criminosa a conduta tolerada pela sociedade, ainda que corresponda a uma descrição típica. É dizer, embora formalmente típica, porque subsumida num tipo penal, carece de tipicidade material, porquanto em sintonia com a realidade social em vigor. A aplicação deste postulado no contexto da conduta descrita na assertiva foi rechaçada pelo STJ, quando da edição da Súmula 502: "Presentes a materialidade e a autoria, afigura-se típica, em relação ao crime previsto no art. 184, § 2º, do CP, a conduta de expor à venda CDs e DVDs piratas"; **E:** incorreta, uma vez que não reflete o entendimento consolidado na Súmula 442, do STJ: *É inadmissível aplicar, no furto qualificado, pelo concurso de agentes, a majorante do roubo.*

Gabarito "A".

**(Analista – STF – 2013 – CESPE)** Julgue os itens subsecutivos, a respeito dos crimes previstos na Parte Especial do Código Penal.

**(1)** Considere que José, penalmente imputável, tenha fornecido abrigo para que o seu irmão Alfredo, autor de crime de homicídio, se escondesse e evitasse a ação da autoridade policial. Nessa situação, a conduta de José é isenta de pena em face de seu parentesco com Alfredo.

**(2)** Considere que Armando, penalmente imputável, no dia 25/3/2013, mediante grave ameaça, tenha constrangido Maria, de dezesseis anos de idade, à prática de conjunção carnal e ato libidinoso diverso, no mesmo cenário fático. Nessa situação, Armando responderá por dois delitos – estupro e atentado violento ao pudor – em concurso material, devendo ser condenado a pena equivalente à soma das sanções previstas para cada um desses crimes.

**1:** correta. À primeira vista, a conduta levada a efeito por José se enquadra no tipo penal do art. 348 do CP, que define o crime de *favorecimento*

*pessoal*, já que este forneceu abrigo ao seu irmão, Alfredo, autor de crime de homicídio, com o fim de homiziá-lo e, dessa forma, evitar a ação da autoridade policial. Sucede que, em razão do grau de parentesco existente entre os dois (são irmãos), configurada está a causa de isenção de pena (escusa absolutória) presente no art. 348, § 2º, do CP; assim, nenhuma responsabilidade penal recairá sobre José; **2**: incorreta. Os tribunais, até a edição da Lei 12.015/2009, tinham como consolidado o entendimento segundo o qual, quando o *atentado violento ao pudor* não constituísse meio natural para a prática do *estupro*, caracterizado estaria o concurso material de crimes: STJ, HC 102.362-SP, 5ª T., Rel. Min. Felix Fischer, j. 18.11.2008. Com a Lei 12.015/2009, que promoveu uma série de mudanças na disciplina dos crimes sexuais, o estupro – art. 213 do CP, que incriminava tão somente a conjunção carnal realizada com mulher, mediante violência ou grave ameaça, passou a incorporar, também, a conduta antes contida no art. 214 do CP – dispositivo hoje revogado (art. 7º da Lei 12.015/2009). Dito de outro modo, constitui estupro, na sua nova forma, toda modalidade de violência sexual levada a efeito para qualquer fim libidinoso, incluída, por óbvio, a conjunção carnal. Dessa forma, o crime do art. 213 do CP, com a mudança implementada pela Lei 12.015/2009, passa a comportar, além da conduta consubstanciada na conjunção carnal violenta, contra homem ou mulher, também o comportamento consistente em obrigar alguém a praticar ou permitir que com o sujeito ativo se pratique outro ato libidinoso que não a conjunção carnal. Criou-se, assim, um tipo misto alternativo, razão pela qual a prática, por exemplo, de *sexo oral* e *conjunção carnal* no mesmo contexto fático implica o cometimento de crime único. Incide, no caso, o *princípio da alternatividade*. Nesse sentido, o seguinte julgado do STJ: "Com a superveniência da Lei 12.015/2009, a conduta do crime de atentado violento ao pudor, anteriormente prevista no art. 214 do Código Penal, foi inserida naquela do art. 213, constituindo, assim, quando praticadas contra a mesma vítima e num mesmo contexto fático, crime único de estupro (AgRg no REsp 1127455-AC, 6ª T., rel. Min. Sebastião Reis Júnior, 28.08.2012).

Gabarito 1C, 2E.

**(Escrivão de Polícia Federal – 2013 – CESPE)** Julgue os itens subsequentes, relativos à aplicação da lei penal e seus princípios.

**(1)** Suponha que, no curso de determinado inquérito policial, tenha sido editada nova lei que, então, deixou de tipificar o fato, objeto da investigação, como criminoso. Nesse caso, o inquérito policial deve ser imediatamente encerrado, porquanto se opera a extinção da punibilidade do autor.

**(2)** A contagem do prazo para efeito da decadência, causa extintiva da punibilidade, obedece aos critérios processuais penais, computando-se o dia do começo. Todavia, se este recair em domingos ou feriados, o início do prazo será o dia útil imediatamente subsequente.

**(3)** Uma vez que as medidas de segurança não são consideradas penas, possuindo caráter essencialmente preventivo, a elas não se aplicam os princípios da reserva legal e da anterioridade.

**(4)** No que diz respeito ao tema **lei penal no tempo**, a regra é a aplicação da lei apenas durante o seu período de vigência; a exceção é a extra-atividade da lei penal mais benéfica, que comporta duas espécies: a retroatividade e a ultra-atividade.

**1:** correta. Se um fato penalmente típico assim deixa de ser considerado em razão da superveniência de uma lei, operar-se-á a denominada *abolitio criminis*, que, nos termos do art. 107, III, do CP, é causa de extinção da punibilidade. Tal ocorreu, por exemplo, com o crime de adultério, considerado crime até o advento da Lei 11.106/2005. Desde então, referido fato criminoso deixou de sê-lo. Consequentemente, todas as investigações instauradas para apurar referido crime tiveram que ser encerradas a partir do início de vigência de referida lei. Não se pode esquecer que a lei penal é irretroativa, salvo para beneficiar o réu (art. 5º, XL, CF; art. 2º, CP). No caso de lei que deixe de considerar o fato como criminoso (ou lei supressiva de incriminação; ou *abolitio criminis*), por se tratar de situação nitidamente benéfica ao agente, irá retroagir e, neste caso, extinguir a punibilidade; **2**: errada. A decadência, em matéria penal, é causa extintiva da punibilidade, conforme dispõe o art. 107, IV, CP. Trata-se da perda do direito de intentar queixa (crimes de ação penal privada) ou de ofertar representação (crimes de ação penal pública condicionada à representação) pelo decurso do prazo previsto em lei (art. 103, CP). Por se tratar de prazo que reflete, diretamente, no direito de punir estatal, considera-se de índole penal, aplicando-se, então, a regra prevista no art. 10, CP (inclusão do dia do começo e exclusão do dia do vencimento). Importante anotar que o prazo de decadência é considerado fatal, ou seja, não sendo passível de prorrogação ou suspensão. Logo, se o último dia do prazo decadencial cair em um sábado, domingo ou feriado, por exemplo, não irá prorrogar-se para o primeiro dia útil seguinte, tal como aconteceria se se tratasse de um prazo de natureza processual penal (art. 798, §§ 1º e 3º, CPP); **3**: errada. Nada obstante as medidas de segurança não sejam penas, na acepção técnica da palavra, são consideradas espécie de sanção penal. Assim, não há qualquer dúvida na doutrina acerca da necessidade de observância dos princípios da reserva legal e anterioridade. Em outras palavras, não se admitirá a imposição de uma medida de segurança sem que esta seja expressamente prevista em lei (reserva legal), e desde que seja anterior ao fato considerado criminoso que se pretende apurar e perseguir em juízo (anterioridade); **4**: correta. De fato, em matéria de aplicação da lei penal no tempo, vigora a regra do *tempus regit actum*, ou seja, aplicar-se-á a lei em vigor ao tempo em que cometida a infração penal. Importante lembrar que a lei penal é irretroativa, ou seja, não alcança fatos anteriores ao início de sua vigência, salvo para beneficiar o réu (art. 5º, XL, CF e art. 2º, CP). Assim, nada obstante a regra seja a irretroatividade, será possível que a lei penal seja aplicada mesmo para fatos ocorridos antes ou após o início de sua vigência. É a chamada extra-atividade da lei, que irá se materializar em duas situações, quais sejam, a retroatividade (aplicação da lei para fatos ocorridos antes do início de sua vigência) e a ultra-atividade (aplicação da lei, embora revogada, para fatos ocorridos durante sua vigência).

Gabarito 1C, 2E, 3E, 4C

**(Polícia Rodoviária Federal – 2013 – CESPE)** Com relação aos princípios, institutos e dispositivos da parte geral do Código Penal (CP), julgue os itens seguintes.

**(1)** Havendo conflito aparente de normas, aplica-se o princípio da subsidiariedade, que incide no caso de a norma descrever várias formas de realização da figura típica, bastando a realização de uma delas para que se configure o crime.

**(2)** Considere a seguinte situação hipotética. Joaquim, plenamente capaz, desferiu diversos golpes de facão contra Manoel, com o intuito de matá-lo, mas este, tendo sido socorrido e levado ao hospital, sobreviveu. Nessa situação hipotética, Joaquim respondera pela pratica do homicídio tentado, com pena reduzida levando-se em conta a sanção prevista para o homicídio consumado.

**(3)** O princípio da legalidade é parâmetro fixador do conteúdo das normas penais incriminadoras, ou seja, os tipos penais de tal natureza somente podem ser criados por meio de lei em sentido estrito.

**(4)** A extra-atividade da lei penal constitui exceção a regra geral de aplicação da lei vigente a época dos fatos.

**(5)** Considere que um indivíduo penalmente capaz, em total estado de embriaguez, decorrente de caso fortuito, atropele um pedestre, causando-lhe a morte. Nessa situação, a embriaguez não excluía imputabilidade penal do agente.

**(6)** O ordenamento jurídico brasileiro prevê a possibilidade de ocorrência de tipicidade sem antijuridicidade, assim como de antijuridicidade sem culpabilidade.

**(7)** Em relação ao concurso de pessoas, o CP adota a teoria monista, segundo a qual todos os que contribuem para a prática de uma mesma infração penal cometem um único crime, distinguindo-se, entretanto, os autores do delito dos partícipes.

**1**: errada. A assertiva contém a explicação do princípio da alternatividade, segundo o qual ficará caracterizado o crime pela só prática de uma das diversas formas de realização da figura típica. Tal fenômeno ocorre nos denominados crimes de ação múltipla, cujos tipos penais contêm diversos comportamentos ilícitos (verbos), tal como se vê no tráfico de drogas (art. 33, *caput*, da Lei 11.343/2006), que prevê dezoito formas de ser cometido o delito. Aqui, estamos diante de um tipo misto alternativo ou de conteúdo variado. Como afirmado, bastará o cometimento de apenas um verbo para que se repute praticado o crime. Não se confunde o princípio da alternatividade com o da subsidiariedade, segundo o qual a lei primária prevalece sobre a lei subsidiária. Assim, verifica-se a subsidiariedade quando duas leis penais descreverem ou enunciarem estágios ou graus diferentes de ofensa a um mesmo bem jurídico,

prevalecendo aquele que traga uma ofensa mais grave (lei primária), que englobe aquela prevista na lei subsidiária. Esta, de acordo com a doutrina, assume uma função complementar, incidindo apenas quando a lei principal não puder ser aplicada frente ao fato que se pretende punir. **2**: correta. Salvo disposição em contrário, o crime tentado será punido com a mesma pena prevista para o consumado, reduzida, porém, de um a dois terços (art. 14, parágrafo único, CP). Logo, Joaquim, autor de tentativa de homicídio perpetrado contra Manoel, será punido com pena reduzida. **3**: correta. De fato, não se cogita da criação de um tipo penal incriminador sem que exista lei em sentido estrito nesse sentido. Registre-se que o art. 5º, XXXIX, CF e art. 1º, CP, enunciam não haver crime ou pena sem lei que os defina. **4**: correta. A regra, não somente para o Direito Penal, mas, também, para todos os demais ramos do Direito, é a de os fatos com repercussão no mundo jurídico serem regidos pelas leis que estiverem em vigor quando de sua ocorrência. Vale, assim, o *tempus regit actum* (o tempo rege o ato, ou seja, aplica-se a lei vigente à época em que ocorrer o fato). Todavia, em matéria penal, pode-se afirmar que a lei poderá regrar situações pretéritas ou mesmo após sua revogação. Tal se denomina de extra-atividade da lei penal, que se verifica nos casos de retroatividade (aplicação da lei para fatos anteriores ao início de sua vigência – art. 5º, XL, CF e art. 2º, CP) e ultra-atividade (aplicação da lei, mesmo após sua revogação, para fatos ocorridos durante sua vigência – art. 3º, CP). **5**: errada. Muito embora, em matéria de embriaguez, a regra seja a de que esta não tem o condão de afastar a imputabilidade penal (art. 28, II, CP), devendo o agente ser responsabilizado criminalmente caso tal circunstância decorra de sua vontade ou de ato culposo (embriaguez voluntária ou culposa), excepcionalmente, haverá isenção de pena. Ocorrerá, assim, a exclusão da culpabilidade penal, frente à inimputabilidade, quando a embriaguez for involuntária (caso fortuito ou força maior) e completa, tal como referida na assertiva ora analisada. Assim, se o total estado de embriaguez do indivíduo decorre de caso fortuito, o atropelamento e morte do pedestre não irá lhe acarretar responsabilização criminal, em virtude do disposto no art. 28, § 1º, CP; **6**: correta. De fato, a tipicidade e a ilicitude não precisam, necessariamente, "caminhar juntas" em matéria penal. É perfeitamente possível que alguém cometa um fato penalmente típico (ex.: matar alguém – art. 121, CP), porém, que tal comportamento seja considerado contrário ao Direito (ilícito ou antijurídico). É o clássico exemplo da vítima de uma injusta agressão tirar a vida do agressor em legítima defesa (art. 25, CP), que é causa excludente da ilicitude ou antijuridicidade. Logo, a vítima terá praticado um fato típico, mas, não, antijurídico. Ainda, admite-se que alguém pratique um fato típico e antijurídico, mas que não seja criminalmente responsabilizado. Assim, pode alguém praticar um determinado comportamento previsto em lei (típico) e contrário ao Direito (antijurídico), mas ficar isento de pena (exclusão da culpabilidade). Tal se verifica, por exemplo, na coação moral irresistível (art. 22, CP). O agente pratica fato típico e antijurídico (ex.: gerente de instituição financeira que subtrai do cofre determinada quantia para pagamento de resgate da família, que se encontra subjugada por sequestradores, que os ameaçam de morte caso não se entregue o dinheiro), mas ficará isento de pena (a coação moral irresistível afasta a exigibilidade de conduta diversa, que é requisito da culpabilidade). No exemplo citado, o gerente ficará isento de pena, respondendo os sequestradores pelo furto por ele praticado. **7**: correta. De fato, em matéria de concurso de pessoas, o CP adotou a teoria monista, segundo a qual todos aqueles que concorrerem para a prática do crime, por ele responderão, mas na medida de sua culpabilidade (art. 29, *caput*, CP). Todavia, nem todos os "concorrentes" do crime serão considerados autores, havendo distinção destes – que executam o comportamento previsto no tipo penal – dos chamados partícipes – que praticam comportamento acessório, ou seja, não previsto no tipo penal, mas relevantes para o cometimento do crime.

Gabarito 1E, 2C, 3C, 4C, 5E, 6C, 7C

**(Polícia Rodoviária Federal – 2013 – CESPE)** No que se refere aos delitos previstos na parte especial do CP, julgue os itens de *1 a 5*.

**(1)** Considere a seguinte situação hipotética. Pedro e Marcus, penalmente responsáveis, foram flagrados pela polícia enquanto subtraiam de Antonio, mediante ameaça com o emprego de arma de fogo, um aparelho celular e a importância de R$ 300,00. Pedro, que portava o celular da vítima, foi preso, mas Marcus conseguiu fugir com a importância subtraída. Nessa situação hipotética, Pedro e Marcus, em conluio, praticaram o crime de roubo tentado.

## 12. DIREITO PENAL

**(2)** Considere a seguinte situação hipotética. Aproveitando-se da facilidade do cargo por ele exercido em determinado órgão público, Artur, servidor público, em conluio com Maria, penalmente responsável, subtraiu dinheiro da repartição pública onde trabalha. Maria, que recebeu parte do dinheiro subtraído, desconhecia ser Artur funcionário público. Nessa situação hipotética, Artur cometeu o crime de peculato e Maria, o delito de furto.

**(3)** O crime de concussão configura-se com a exigência, por funcionário público, de vantagem indevida, ao passo que, para a configuração do crime de corrupção passiva, basta que ele solicite ou receba a vantagem, ou, ainda, aceite promessa de recebê-la.

**(4)** Em se tratando do crime de furto mediante fraude, a vítima, ludibriada, entrega, voluntariamente, a coisa ao agente. No crime de estelionato, a fraude e apenas uma forma de reduzir a vigilância exercida pela vítima sobre a coisa, de forma a permitir a sua retirada.

**(5)** Considera-se crime hediondo o homicídio culposo na condução de veículo automotor, quando comprovada a embriaguez do condutor.

**1:** errada. Considerando que um dos agentes (Marcus) conseguiu fugir com os R$ 300,00 subtraídos de Antonio, ainda que um comparsa tenha sido preso com o celular que havia sido roubado (Pedro), não se pode cogitar de tentativa. Afinal, a vítima sofreu lesão patrimonial. Por outro lado, a jurisprudência majoritária admite que o roubo se consuma no momento em que, empregada a grave ameaça ou violência, ocorre a inversão da posse da coisa subtraída, independentemente de esta ficar na posse mansa e pacífica dos roubadores. **2:** correta. Artur, funcionário público, cometeu o crime de peculato-furto (art. 312, § 1º, CP), visto que se valendo das facilidades que o cargo lhe proporciona, subtraiu dinheiro da repartição pública onde trabalha. No tocante a Maria, muito embora tenha concorrido para referido crime, por desconhecer a condição de funcionário público de Artur, não poderá responder por peculato, mas, sim, por furto (art. 155, CP). **3:** correta. A concussão (art. 316, CP) pressupõe que o funcionário público exija vantagem indevida, tratando-se de crime formal, que se consuma com a mera exigência, independentemente do recebimento dela. Já a corrupção passiva (art. 317, CP) se consuma quando o agente – funcionário público – solicita ou recebe vantagem indevida, ou aceita a promessa de tal vantagem. Nas modalidades "solicitar" e "aceitar promessa", o crime se consumará independentemente do recebimento da vantagem. Já na modalidade "receber", por óbvio, a consumação se verificará em referido momento. **4:** errada. As explicações sobre "furto mediante fraude" (art. 155, § 4º, II, CP) e "estelionato" (art. 171, CP) estão invertidas. Neste, a vítima, ludibriada em virtude do emprego de artifício, ardil ou qualquer outro meio fraudulento, entrega ao agente a coisa, suportando, assim, um prejuízo. Já naquele, a fraude é empregada para que a vítima diminua sua vigilância sobre o bem, com o que o furtador se aproveita para subtraí-lo. **5:** errada. O rol de crimes hediondos consta no art. 1º da Lei 8.072/1990, nele não se inserindo o homicídio culposo na direção de veículo automotor (art. 302, CTB).

Gabarito 1E, 2C, 3C, 4E, 5E

**(Agente de Polícia/DF – 2013 – CESPE)** Em relação ao direito penal, julgue os próximos itens.

**(1)** A *abolitio criminis* faz cessar todos os efeitos penais, principais e secundários, subsistindo os efeitos civis.

**(2)** O crime culposo advém de uma conduta involuntária.

**(3)** A embriaguez completa pode dar causa à exclusão da imputabilidade penal, mas não descaracteriza a ilicitude do fato.

**1:** correta. Nada obstante a *abolitio criminis* (lei posterior supressiva de incriminação) seja causa extintiva da punibilidade (art. 107, III, CP), fazendo cessar, consequentemente, os efeitos penais principal (pena) e secundários de natureza penal, subsistirão os efeitos civis. Assim, por exemplo, aquele que vier a cometer determinado comportamento criminoso, posteriormente descriminalizado por lei, os eventuais danos causados à vítima deverão ser ressarcidos, não tendo a nova lei o condão de eliminar o dever de reparar o dano; **2:** errada. À luz da teoria finalista da ação, capitaneada pelo jurista alemão Hans Welzel, todo crime pressupõe que a conduta – seja ela dolosa ou culposa – seja consciente e voluntária, e dirigida a uma finalidade. Assim, também

no crime culposo a conduta do agente será voluntária, nada obstante o resultado daí advindo seja involuntário. **3:** correta. A embriaguez completa e involuntária, nos termos do art. 28, § 10, CP, é causa de exclusão da imputabilidade penal (e da culpabilidade, portanto). Porém, não elimina o fato típico, nem a ilicitude do fato. O comportamento do agente continua a ser contrário ao Direito, mas, em virtude de referida espécie de embriaguez, não será censurável (leia-se: passível de responsabilização criminal).

Gabarito 1C, 2E, 3C

**(Escrivão de Polícia/DF – 2013 – CESPE)** Acerca do direito penal, julgue os itens subsecutivos.

**(1)** Considere a seguinte situação hipotética. Vicente, que não tem prática no uso de arma de fogo, disparou vários tiros contra Rodrigo, que estava próximo de Manoel, sabendo que poderia atingir os dois. Vicente tinha a intenção de matar Rodrigo e, para tanto, não se importava com a morte previsível de Manoel. Após os disparos, ambos foram atingidos, e apenas Rodrigo sobreviveu. Nessa situação, não há elementos legais suficientes para se falar em concurso formal de crimes.

**(2)** Considere a seguinte situação hipotética. Henrique é dono de um feroz cão de guarda, puro de origem e premiado em vários concursos, que vive trancado dentro de casa. Em determinado dia, esse cão escapou da coleira, pulou a cerca do jardim da casa de Henrique e atacou Lucas, um menino que brincava na calçada. Ato contínuo, José, tio de Lucas, como única forma de salvar a criança, matou o cão. Nessa situação hipotética, José agiu em legítima defesa de terceiro.

**(3)** Na contagem dos prazos de prescrição e decadência, e assim também na contagem do prazo de cumprimento da pena privativa de liberdade, deve-se incluir o dia do começo.

**(4)** Na teoria penal, o estado de necessidade se diferencia do estado de necessidade supralegal, haja vista, no primeiro, o bem sacrificado ser de menor valor que o do bem salvaguardado e, no segundo, o bem sacrificado ser de valor igual ou superior ao do bem salvaguardado. Na segunda hipótese, não estaria excluída a ilicitude da conduta, mas a culpabilidade.

**(5)** É possível, do ponto de vista jurídico-penal, participação por omissão em crime comissivo.

**1:** errada. Vicente, ao efetuar disparos de arma contra Rodrigo, que se encontrava próximo a Manoel, mesmo não querendo atingir este último, mas pouco se importando caso este viesse a morrer, deverá responder por todos os resultados advindos de seu comportamento. Em outras palavras, ao disparar em direção a Rodrigo, com a intenção de matá-lo, mas sem alcançar tal resultado, praticou tentativa de homicídio, agindo com dolo direto. Com relação a Manoel, que morreu em virtude dos disparos, Vicente agiu com dolo eventual. Assim, mediante uma só ação, o agente praticou dois crimes (homicídio doloso consumado e homicídio doloso tentado), devem responder por ambos, em concurso formal imperfeito ou impróprio (art. 70, *caput*, parte final, do CP), visto ter agido com unidade de desígnios. **2:** errada. José, ao matar o cão que atacara seu sobrinho Lucas, agiu em estado de necessidade de terceiro (art. 24, CP), que é causa excludente da ilicitude. No caso descrito na assertiva, não se cogita de legítima defesa, visto que esta pressupõe uma injusta agressão (comportamento humano lesivo a determinado bem jurídico). No caso, o ataque "espontâneo" de um animal não caracteriza "injusta agressão", que é a circunstância de fato que enseja a invocação da legítima defesa (art. 25, CP). Repelir o ataque de um animal, desde que não incitado por alguém, configura circunstância fática que pode ensejar estado de necessidade (art. 24, CP). Todavia, tivesse o cão sido incitado por Henrique a atacar a criança, aí sim poder-se-ia repelir o ataque invocando-se a legítima defesa. Teria, aqui, o animal sido utilizado como instrumento de ataque, tal qual seria a utilização de uma faca ou uma arma de fogo. **3:** correta. Todo prazo de natureza penal, assim considerado aquele que tem reflexos diretos no direito de punir estatal (tal como a decadência, a prescrição e a contagem de prazo de cumprimento de pena), deverá ser contado na forma do art. 10, CP (inclusão do dia do começo e exclusão do dia do vencimento). **4:** correta. O Código Penal adotou a teoria unitária, segundo a qual o estado de necessidade, como causa de exclusão da antijuridicidade, restará caracterizado se o bem jurídico sacrificado for de igual ou inferior valor ao bem preservado. Caso o bem sacrificado seja de valor superior, haverá tão somente a redução da pena. Ademais, para outra teoria, denominada de diferenciadora, o estado de necessidade pode ser justificante (excludente da ilicitude, quando o bem sacrificado for de valor menor ao bem protegido) ou exculpante (causa supralegal de excludente da culpabilidade, pela inexigibilidade de conduta diversa, quando o bem sacrificado for de igual ou valor superior). **5**: correta. De fato, será admissível a participação por omissão em crimes comissivos quando estivermos diante da chamada omissão imprópria (crime comissivo por omissão), que se verifica quando o agente, embora tendo o dever jurídico de agir para impedir determinado resultado, não o faz, omitindo-se. Tal se verificará, por exemplo, quando a mãe deixar de alimentar seu filho recém-nascido, nada obstante tenha o dever legal de fazê-lo (dever de sustento e vigilância). Caso ele morra, responderá por crime omissivo impróprio ou comissivo por omissão. O pai, também ciente do comportamento da esposa, caso se omita e nada faça, terá participado por omissão da morte do filho.

Gabarito 1E, 2E, 3C, 4C, 5C

**(Escrivão de Polícia/DF – 2013 – CESPE)** A respeito de crimes contra a fé pública e a administração pública, julgue os itens subsequentes.

**(1)** Não se configura o crime de desobediência se o agente, apesar do dever de cumprir a ordem legal emitida por funcionário público, não tiver possibilidade ou condições efetivas de cumpri-la.

**(2)** Pratica crime de corrupção passiva o funcionário público que, em razão da função, solicita, recebe ou aceita vantagem indevida, ao passo que pratica crime de concussão o funcionário que, também em razão da função, impõe, ordena ou exige vantagem indevida.

**(3)** Restituir moeda falsa à circulação, ciente de sua falsidade, é crime que admite a modalidade culposa se o agente tiver recebido a moeda, de boa-fé, como verdadeira.

**1**: correta. De fato, a desobediência (art. 330, CP) se caracteriza quando o agente, tendo o dever de cumprir a ordem legal emanada de funcionário público competente, tendo a possibilidade ou condições de cumpri-la, optar por não acatá-la; **2**: correta. A distinção entre corrupção passiva (art. 317, CP) e concussão (art. 316, CP), embora sejam crimes semelhantes, verifica-se, basicamente, na ação (verbo do tipo). Naquela, o funcionário público solicita, recebe ou aceita promessa de vantagem indevida, ao passo que nesta, a exige (ou seja, determina, ordena, impõe como obrigação que a vítima a entregue). **3**: errada. O art. 289, § 2º, CP, é crime doloso, pressupondo que o agente, ciente da falsidade da moeda que recebera de boa-fé, a restitui à circulação. Frise-se: o crime é doloso, e não culposo, tal como afirmado na assertiva.

Gabarito 1C, 2C, 3E

**(Técnico Judiciário – TJDFT – 2013 – CESPE)** A respeito do direito penal, julgue os itens que se seguem.

**(1)** Em relação à menoridade penal, o Código Penal adotou o critério puramente biológico, considerando penalmente inimputáveis os menores de dezoito anos de idade, ainda que cabalmente demonstrado que entendam o caráter ilícito de seus atos.

**(2)** De acordo com o Código Penal, considera-se praticado o crime no momento em que ocorreu seu resultado.

**(3)** Considera-se crime toda ação ou omissão típica, antijurídica e culpável.

**1**: correta, dado que o art. 27 do CP, ao tratar da inimputabilidade por menoridade, adotou o chamado critério *biológico*, segundo o qual se levará em conta tão somente o desenvolvimento mental da pessoa (considerado, no caso do menor de 18 anos, incompleto). De se ver que, de outro lado, em matéria de inimputabilidade por doença mental ou por desenvolvimento mental incompleto ou retardado, adotou-se, como regra, o denominado *critério biopsicológico* (art. 26, caput, do CP). Neste caso, somente será considerado inimputável aquele que, em virtude de problemas mentais (desenvolvimento mental incompleto ou retardado – fator biológico) for, ao tempo da ação ou omissão, inteiramente incapaz de entender o caráter ilícito do fato ou de determinar-se de acordo com esse entendimento (fator psicológico). Assim, somente será considerada inimputável aquela pessoa que, em razão de *fatores*

*biológicos*, tiver afetada, por completo, sua *capacidade psicológica* (discernimento ou autocontrole). Daí o nome: *critério biopsicológico, que nada mais é, pois, do que a conjugação dos critérios biológico e psicológico*; **2**: incorreta. Isso porque o Código Penal, em seu art. 4º, adotou, quanto ao *tempo do crime*, a *teoria da ação ou da atividade, segundo a qual o tempo do crime é o da conduta (ação ou omissão), pouco importando em que momento ocorreu o resultado*; **3**: correta. Merece crítica, a nosso ver, a forma como foi elaborada esta assertiva. É que inexiste, na doutrina, consenso quanto ao conceito analítico de crime. Duas concepções foram formuladas: *bipartida* e *tripartida*. O examinador, lamentavelmente, considerou como correta a chamada *concepção tripartida*, para a qual crime é um *fato típico, antijurídico e culpável*. Neste caso, o inimputável não pratica crime, porque ausente um dos elementos que compõem a estrutura do crime (a culpabilidade); para a *concepção bipartida*, adotada por renomados doutrinadores, crime, sob o ponto de vista analítico, é um *fato típico e antijurídico*. Assim, afastada, neste caso, a culpabilidade, o que ocorre em relação aos inimputáveis (art. 26, CP), o fato permanece criminoso. A culpabilidade, aqui, funciona como pressuposto para a aplicação da pena.

Gabarito 1C, 2E, 3C

**(Procurador/DF – 2013 – CESPE)** Julgue os itens seguintes, relativos a aspectos diversos do direito penal.

**(1)** No sistema penal brasileiro, há causas pessoais que excluem e extinguem totalmente a punibilidade e, igualmente, causas pessoais de exclusão e extinção parcial da punibilidade.

**(2)** Nos termos do CP, a caracterização de uma conduta dolosa prescinde da consciência ou do conhecimento da antijuridicidade dessa conduta e requer apenas a presença dos elementos que compõem o tipo objetivo.

**(3)** Há reincidência quando o agente comete novo crime, depois de transitar em julgado a sentença que o tenha condenado por crime anterior, não se considerando como tal condenações por crimes militares próprios ou por crimes políticos e sentenças oriundas de país estrangeiro.

**(4)** De acordo com o CP, com relação à sucessão das leis penais no tempo, não se aplicam as regras gerais da irretroatividade da lei mais severa, tampouco a retroatividade da norma mais benigna, bem como não se aplica o preceito da ultra-atividade à situação caracterizada pela chamada lei penal em branco.

**1**: correta. Por exemplo, a morte do agente (art. 107, I, do CP) é causa pessoal – e total – extintiva da punibilidade. Já o indulto, previsto no art. 107, II, do CP, é causa pessoal que pode extinguir totalmente a punibilidade (indulto total), ou apenas parcialmente (indulto parcial), como no caso de mera diminuição ou comutação da pena; **2**: correta. De fato, o dolo não exige a potencial consciência da ilicitude do fato praticado pelo agente, bastando que o agente atue voltado à concretização dos elementos objetivos do tipo penal. O conhecimento potencial da antijuridicidade da conduta ficou reservado à culpabilidade. Prova disso é que sua falta, nos termos do art. 21 do CP (erro de proibição), poderá acarretar, quanto o erro for invencível (ou inevitável, ou escusável), a isenção de pena; **3**: incorreta. Haverá reincidência quando o agente comete novo crime, depois de transitar em julgado a sentença que, no país ou no *estrangeiro*, o tenha condenado por crime anterior (art. 63 do CP). Frise-se que a sentença estrangeira induz, sim, a reincidência, não sendo necessária, sequer, sua homologação pelo STJ, conforme se extrai do art. 9º do CP. Para fins de caracterização da reincidência, de fato, não se consideram os crimes militares próprios e os crimes políticos (art. 64, II, do CP); **4**: incorreta. Não há no Código Penal hipótese que não permita a retroatividade ou a irretroatividade em matéria de lei penal em branco. Como regra, a norma complementar da lei penal em branco será irretroativa. Todavia, a depender da natureza de referida norma complementar (se dotada de estabilidade ou de transitoriedade), sua alteração (sucessão no tempo) poderá, sim, retroagir, tal como no caso de supressão, de ato normativo da ANVISA, de substância considerada entorpecente (para fins de caracterização de crimes da Lei de Drogas – Lei 11.343/2006). Dado o caráter de estabilidade da norma, a supressão de determinada substância poderá configurar *abolitio criminis*, retroagindo para beneficiar o réu. Já se o conteúdo da norma complementar tiver o caráter da transitoriedade ou excepcionalidade (tal como ocorria com os crimes contra a economia popular – tabelamento de preços), sua alteração posterior, ainda que benéfica ao réu, não irá retroagir, incidindo a ultra-atividade de que trata o art. 3º do CP.

Gabarito 1C, 2C, 3E, 4E

(Procurador/DF – 2013 – CESPE) No que se refere aos crimes contra a fé pública e contra a administração pública, aos delitos previstos na Lei de Licitações e à aplicação de pena, julgue os itens consecutivos.

(1) O disciplinamento previsto no CP acerca da conduta de suprimir ou reduzir contribuição social previdenciária e qualquer acessório, mediante omissão total ou parcial de receitas ou lucros auferidos, remunerações pagas ou creditadas e demais fatos geradores de contribuições sociais previdenciárias, prevê a extinção da punibilidade do agente, mesmo sem o pagamento do tributo devido, desde que esse agente faça, espontaneamente, declaração acompanhada de confissão das contribuições, importâncias ou valores devidos, e que ele preste, ainda, todas as informações devidas à previdência social, na forma definida em lei ou regulamento, antes do início da ação fiscal.

(2) Para a caracterização do delito de dispensar ou inexigir licitação fora das hipóteses previstas em lei, ou de deixar de observar as formalidades pertinentes a estas, é indispensável a presença de dolo, não se admitindo culpa.

(3) Nos crimes contra a administração pública, caso o servidor seja condenado a pena superior a um ano de prisão, por delito praticado com abuso de poder ou violação do dever para com a administração pública, poderá ser suspenso o efeito extrapenal específico da perda de cargo, função pública ou mandato eletivo, disposto no CP, nos caso em que tenha havido substituição da pena privativa de liberdade por pena restritiva de direito.

(4) O crime de uso de documento falso é formal, consumando-se com a simples utilização do documento reputado falso, não se exigindo a comprovação de efetiva lesão à fé pública, o que afasta a possibilidade de aplicação do princípio da insignificância, em razão do bem jurídico tutelado.

(5) No crime funcional contra a ordem tributária consistente em exigir, solicitar ou receber, para si ou para outrem, direta ou indiretamente, ainda que fora da função ou mesmo antes de iniciar seu exercício, mas em razão dela, vantagem indevida; ou aceitar promessa de tal vantagem, para deixar de lançar ou cobrar tributo ou contribuição social, ou cobrá-los parcialmente, extingue-se a punibilidade do agente, desde que haja pagamento integral do tributo antes da persecução penal em juízo, nos termos da lei regente dos crimes contra a ordem tributária.

1: correta, nos exatos termos do art. 168-A, § 2º, do CP; 2: correta. De fato, o crime do art. 89 da Lei 8.666/1993 é doloso, não se admitindo a modalidade culposa. Nesse sentido, Guilherme de Souza Nucci (*Leis penais e processuais penais comentadas*. 4. ed. São Paulo: RT, 2009.

p. 852). Atenção: os arts. 89 a 108 da Lei 8.666/1993, que reuniam os crimes em espécie e o respectivo procedimento judicial, foram revogados pela Lei 14.133/2021 (nova Lei de Licitações e Contratos Administrativos). Por força desta mesma Lei, os delitos relativos a licitações e contratos administrativos foram inseridos no Código Penal, criando-se, para tanto, o Capítulo II-B, dentro do Título XI (dos crimes contra a administração pública). Assim, as condutas configuradoras de crimes relativos a licitações e contratos administrativos, que antes tinham previsão na Lei 8.666/1993, passam a tê-lo nos arts. 337-E a 337-P do CP; 3: incorreta, de acordo com a banca examinadora. Nos termos do art. 92, I, "a", do CP, aplicada pena privativa de liberdade *igual ou superior* a um ano (e não apenas superior, como refere o item!), por delito praticado com abuso de poder ou violação do dever para com a Administração, haverá a perda de cargo, função pública ou mandato eletivo. Perceba que o dispositivo legal, em momento algum, faz distinção em caso de substituição da pena privativa de liberdade por restritiva de direitos. Contudo, há entendimento doutrinário em sentido contrário. Confira-se, por exemplo, a docência de Rogério Greco: "A lei penal fala em pena privativa de liberdade, razão pela qual quando o agente for condenado à pena de multa, *ou mesmo tiver a sua pena privativa de liberdade substituída pela pena restritiva de direitos, já não será possível a imposição do mencionado efeito da condenação*" (Curso de Direito Penal. Parte Especial. 6. ed. Niterói: Editora Impetus, 2009. v. III. p. 714). No entanto, cremos que o posicionamento da banca examinadora veio estribado em precedentes do STJ, tal como o que ora segue, extraído da ementa do julgamento do AgRg no Ag em REsp 46266 (2011/0201442-7), 5ª Turma, j. 26.06.2012, rel. Min. Laurita Vaz, *DJe* 01.08.2012: "(...) 6. Tal consequência ocorre sempre que configurada a hipótese prevista no art. 92, inciso I, alínea *a*, do Código Penal, não fazendo a lei qualquer ressalva no sentido de que, se a pena privativa de liberdade for substituída por reprimendas restritivas de direito, não haverá a perda do cargo."; 4: correta. De fato, o crime de uso de documento falso (art. 304 do CP) é considerado formal ou de consumação antecipada, contentando-se com a efetiva utilização do documento falsificado ou adulterado, independentemente da obtenção, pelo agente, de qualquer vantagem, ou causação de prejuízo a outrem. Dada a objetividade jurídica do crime (fé pública), inadmissível a aplicação do princípio da insignificância. Nesse sentido: "(...) A jurisprudência deste Superior Tribunal de Justiça e do Supremo Tribunal Federal firmou-se no sentido da inaplicabilidade do princípio da insignificância, haja vista que o bem jurídico tutelado é a fé pública, a credibilidade da moeda e a segurança de sua circulação, independentemente da quantidade e do valor das cédulas falsificadas. Precedentes" (STJ, AgRg no Ag em REsp 82637 (2011/0261633-2), 5ª Turma, j. 09.04.2013, rel. Min. Marilza Maynard, convocada do TJ/SE, *DJe* 12.04.2013); 5: incorreta. O crime descrito no art. 3º, II, da Lei 8.137/1990 (espécie de concussão e corrupção passiva praticada por agente ligado ao Fisco), é crime funcional contra a ordem tributária, inexistindo, nesse caso, extinção da punibilidade pelo pagamento integral do tributo. A lei, nesse sentido, é silente, inexistindo, pois, permissivo para a conclusão exarada no item em análise.

Gabarito 1C, 2C, 3E, 4C, 5E

# 13. DIREITO PROCESSUAL PENAL

Arthur Trigueiros, Eduardo Dompieri e Savio Chalita*

## 1. FONTES, PRINCÍPIOS GERAIS, EFICÁCIA DA LEI PROCESSUAL NO TEMPO E NO ESPAÇO

**(Procurador/DF – CESPE – 2022)** Julgue o item a seguir, no que se refere à aplicação da lei processual penal no tempo e no espaço.

(1) A nova lei processual penal, ainda que seja prejudicial à situação do agente, aplica-se aos fatos praticados anteriormente à sua vigência, salvo se já recebida a denúncia ou a queixa.

**1:** errada. Prejudicial ou não, a lei processual penal será aplicada desde logo (*princípio da aplicação imediata* ou *da imediatidade*), sem prejuízo dos atos realizados sob o império da lei anterior. É o que estabelece o art. 2º do CPP. A exceção a essa regra – é importante que se diga – fica por conta da lei processual penal dotada de carga material, em que deverá ser aplicado o que estabelece o art. 2º, parágrafo único, do CP. Nesse caso, a exemplo do que se dá com as leis penais, a norma processual nova, se favorável ao réu, deverá retroagir; se prejudicial, aplica-se a lei já revogada (*lex mitior*).
Gabarito 1E

**(Delegado/RJ – 2022 – CESPE/CEBRASPE)** Após o advento do neoconstitucionalismo e como seu consequente reflexo, os princípios adquiriram força normativa no ordenamento jurídico brasileiro, e a eficácia objetiva dos direitos fundamentais deu novos contornos ao direito processual penal. A respeito desse assunto, assinale a opção correta à luz do Código de Processo Penal.

(A) No Código de Processo Penal, admite-se, dado o princípio do *tempus regit actum*, a aplicação da interpretação extensiva, mas não a da interpretação analógica.

(B) No que diz respeito à interpretação extensiva, admitida no Código de Processo Penal, existe uma norma que regula o caso concreto, porém sua eficácia é limitada a outra hipótese, razão por que é necessário ampliar seu alcance, e sua aplicação não viola o princípio constitucional do devido processo legal.

(C) A analogia, assim como a interpretação analógica, não é admitida no Código de Processo Penal em razão do princípio da vedação à surpresa e para não violar o princípio constitucional do devido processo legal.

(D) Ante os princípios da proteção e da territorialidade temperada, não se admite a aplicação de normas de tratados e regras de direito internacional aos crimes cometidos em território brasileiro.

(E) No Código de Processo Penal, o princípio da proporcionalidade é expressamente consagrado, tanto no que se refere ao aspecto da proibição do excesso quanto ao aspecto da proibição da proteção ineficiente.

**A:** incorreta. Isso porque, no CPP, são admitidas tanto a aplicação da interpretação extensiva quanto a da interpretação analógica, conforme reza o art. 3º; **B:** correta. De fato, a chamada interpretação extensiva consiste na ampliação do conteúdo da lei, levada a efeito pelo aplicador da norma, sempre que esta disser menos do que deveria; **C:** incorreta. O CPP, em seu art. 3º, admite, de forma expressa, a analogia, o mesmo se dizendo em relação à interpretação extensiva e aos princípios gerais de direito; **D:** incorreta. É verdade que a lei processual penal será, em

regra, aplicada a infrações penais praticadas em território nacional. É o chamado princípio da territorialidade, consagrado no art. 1º do CPP. Sucede que este mesmo dispositivo, em seus incisos, estabelece que este postulado não é absoluto, dado que há situações em que, a despeito de o fato ter ocorrido em território nacional, não terá incidência a lei processual penal brasileira. É o caso do diplomata a serviço de seu país de origem que vem a praticar infração penal no Brasil. Será afastada, aqui, por força da Convenção de Viena, diploma ao qual o Brasil aderiu, a incidência da lei processual penal brasileira; **E:** incorreta, dado que o princípio da proporcionalidade não está expresso no CPP. Cuida-se, pois, de postulado implícito. O princípio da proibição da proteção insuficiente representa, ao lado da proibição de excesso, uma das facetas do princípio da proporcionalidade. O Estado é considerado omisso, para esse postulado, quando deixa de adotar medidas necessárias à proteção de direitos fundamentais. *Vide:* ADC nº 19/DF, rel. Min. Marco Aurélio, 09.02.2012. ED
Gabarito "B".

**(Delegado/PE – 2016 – CESPE)** Em consonância com a doutrina majoritária e com o entendimento dos tribunais superiores, assinale a opção correta acerca dos sistemas e princípios do processo penal.

(A) O princípio da obrigatoriedade deverá ser observado tanto na ação penal pública quanto na ação penal privada.

(B) O princípio da verdade real vigora de forma absoluta no processo penal brasileiro.

(C) Na ação penal pública, o princípio da igualdade das armas é mitigado pelo princípio da oficialidade.

(D) O sistema processual acusatório não restringe a ingerência, de ofício, do magistrado antes da fase processual da persecução penal.

(E) No sistema processual inquisitivo, o processo é público; a confissão é elemento suficiente para a condenação; e as funções de acusação e julgamento são atribuídas a pessoas distintas.

**A:** incorreta. O princípio da *obrigatoriedade*, que tem incidência no contexto da ação penal pública, não se aplica à ação penal privativa do ofendido, que é informada pelo princípio da *oportunidade* (conveniência). Significa que o ofendido tem a *faculdade*, não a obrigação, de promover a ação. No caso da ação pública, diferentemente, temos que o seu titular, o MP, tem a obrigação (não a faculdade) de ajuizar a ação penal quando preenchidos os requisitos legais (princípio da obrigatoriedade); **B:** incorreta. A busca pela verdade real, tal como se dá nos demais princípios que informam o processo penal, não tem caráter absoluto. Exemplo disso é que a Constituição Federal e também a legislação penal processual (art. 157, CPP) vedam as provas ilícitas; **C:** correta. De fato, na ação penal pública, o princípio da igualdade das armas é mitigado pelo princípio da oficialidade. Isso porque a acusação litigará valendo-se de uma estrutura que lhe é oferecida pelo Estado, o que não é conferido ao acusado, que atuará se valendo de suas próprias forças; **D:** incorreta, já que o sistema acusatório restringe, sim, a ingerência, de ofício, do magistrado antes da fase processual da persecução penal. A propósito, a opção pelo sistema acusatório foi recentemente explicitada quando da inserção do art. 3º-A no Código de Processo Penal pela Lei 13.964/2019 (Pacote Anticrime). Segundo este dispositivo, cuja eficácia está suspensa por decisão liminar do STF, já faz parte do regramento que compõe o chamado "juiz de garantias" (arts. 3º-A a 3º-F, do CPP), "o processo penal terá estrutura acusatória, vedadas a iniciativa do juiz na fase de investigação e a substituição da atuação probatória do órgão de acusação". Até então, o sistema acusatório, embora amplamente acolhido pela comunidade jurídica, já que em perfeita harmonia com a CF/88, não era contemplado em lei. Nessa esteira, com vistas a fortalecer o sistema acusatório, o Pacote Anticrime cria a figura do juiz de garantias (arts. 3º-A a 3º-F, do CPP, com eficácia atualmente suspensa), ao qual cabe promover o controle da legalidade da investigação criminal e salvaguardar os direitos

---

\* **Eduardo Dompieri** comentou as questões de Delegado/PE/16, Defensoria/RN/16, Analista TRE/PI/16, Juiz de Direito/16, Cartório/DF/14, MP/PI/14, PRF/13, Agente de Polícia/DF/13, Escrivão de Polícia/BA/13, Analista/TJ/CE/13, Analista/STF/13, Cartório/ES/13, Cartório/RR/13, Cartório/PI/13, Defensoria/DF/13; **Arthur Trigueiros, Eduardo Dompieri e Savio Chalita** comentaram as demais questões.

individuais cuja franquia tenha sido reservada ao Poder Judiciário. Também dentro desse mesmo espírito, a Lei 13.964/2019 alterou os arts. 282, § 2°, e 311, ambos do CPP, que agora vedam a atuação de ofício do juiz na decretação de medidas cautelares de natureza pessoal, como a prisão processual, ainda que no curso da ação penal. Também imbuído do propósito de restringir a ingerência do juiz na fase que antecede a ação penal, a Lei 13.964/2019, entre tantas outras alterações implementadas, conferiu nova redação ao art. 28 do CPP, alterando todo o procedimento de arquivamento do inquérito policial. Doravante, o representante do *parquet* deixa de requerer o arquivamento e passa a, ele mesmo, determiná-lo, sem qualquer interferência do magistrado, cuja atuação, nesta etapa, em homenagem ao sistema acusatório, deixa de existir. No entanto, ao determinar o arquivamento do IP, o membro do MP deverá submeter sua decisão, segundo a nova redação conferida ao art. 28, *caput*, do CPP, à instância revisora dentro do próprio Ministério Público, para fins de homologação. Sem prejuízo disso, caberá ao promotor que determinou o arquivamento comunicar a sua decisão ao investigado, à autoridade policial e à vítima. Esta última, por sua vez, ou quem a represente, poderá, se assim entender, dentro do prazo de 30 dias a contar da comunicação de arquivamento, submeter a matéria à revisão da instância superior do órgão ministerial (art. 28, § 1°, CPP). Por fim, o § 2° deste art. 28, com a redação que lhe deu a Lei 13.964/2019, estabelece que, nas ações relativas a crimes praticados em detrimento da União, Estados e Municípios, a revisão do arquivamento do IP poderá ser provocada pela chefia do órgão a quem couber a sua representação judicial. Este novo art. 28 do CPP, que, como dissemos, alterou todo o procedimento que rege o arquivamento do IP, no entanto, teve suspensa, por força de decisão cautelar proferida pelo STF, a sua eficácia. O ministro Luiz Fux, relator, ponderou, em sua decisão, tomada na ADI 6.305, de 22.01.2020, que, embora se trate de inovação louvável, a sua implementação, no prazo de 30 dias (*vacatio legis*), revela-se inviável, dada a dimensão dos impactos sistêmicos e financeiros que por certo ensejaria a adoção do novo procedimento de arquivamento do inquérito policial; **E:** incorreta, já que, no sistema inquisitivo, o processo é sigiloso e as funções de acusação e julgamento são atribuídas à mesma pessoa. A publicidade do processo e também o fato de a acusação e julgamento serem atribuídas a pessoas diferentes constituem características do processo acusatório. **ED**

Gabarito "C".

**(Juiz de Direito/AM – 2016 – CESPE)** Relativamente aos sistemas e princípios fundamentais do processo penal, assinale a opção correta.

**(A)** A proibição de revisão *pro societate* foi expressamente integrada ao ordenamento jurídico brasileiro pela CF, sendo fruto da necessidade de segurança jurídica a vedação que impede que alguém possa ser julgado mais de uma vez por fato do qual já tenha sido absolvido por decisão passada em julgado, exceto se por juiz absolutamente incompetente.

**(B)** O direito ao silêncio ou garantia contra a autoincriminação derrubou um dos pilares do processo penal tradicional: o dogma da verdade real, permitindo que o acusado permaneça em silêncio durante a investigação ou em juízo, bem como impedindo de forma absoluta que ele seja compelido a produzir ou contribuir com a formação da prova ou identificação pessoal contrária ao seu interesse, revogando as previsões legais nesse sentido.

**(C)** A elaboração tradicional do princípio do contraditório garantia a paridade de armas como forma de igualdade processual. A doutrina moderna propõe a reforma do instituto, priorizando a participação do acusado no processo como meio de permitir a contribuição das partes para a formação do convencimento do juiz, sendo requisito de eficácia do processo.

**(D)** O princípio do juiz natural tem origem no direito anglo-saxão, construído inicialmente com base na ideia da vedação do tribunal de exceção. Posteriormente, por obra do direito norte-americano, acrescentou-se a exigência da regra de competência previamente estabelecida ao fato, fruto, provavelmente, do federalismo adotado por aquele país. O direito brasileiro adota tal princípio nessas duas vertentes fundamentais.

**(E)** A defesa técnica é o corolário do princípio da ampla defesa, exigindo a participação de um advogado em todos os atos

da persecução penal. Segundo o STF, atende integralmente a esse princípio o pedido de condenação ao mínimo legal, ainda que seja a única manifestação jurídica da defesa, patrocinada por DP ou dativo.

**A:** incorreta, dado que a sentença absolutória, mesmo que nula em razão da incompetência do juiz que a proferiu, torna-se definitiva, o que decorre da proibição da *reformatio in pejus*, que consiste na impossibilidade de o tribunal piorar a situação processual do réu. No STJ: *1. De acordo com a jurisprudência deste Superior Tribunal de Justiça, a declaração de incompetência absoluta do Juízo se enquadra nas hipóteses de nulidade absoluta do processo. Todavia, a sentença prolatada por juiz absolutamente incompetente, embora nula, após transitar em julgado, pode acarretar o efeito de tornar definitiva a absolvição do acusado, uma vez que, apesar de eivada de nulidade, tem como consequência a proibição da reformatio in pejus. 2. O princípio ne reformatio in pejus, apesar de não possuir caráter constitucional, faz parte do ordenamento jurídico complementando o rol dos direitos e garantias individuais já previstos na Constituição Federal, cuja interpretação sistemática permite a conclusão de que a Magna Carta impõe a preponderância do direito a liberdade sobre o Juiz natural. Assim, somente se admite que este último – princípio do juiz natural – seja invocado em favor do réu, nunca em seu prejuízo. 3. Sob essa ótica, portanto, ainda que a nulidade seja de ordem absoluta, eventual reapreciação da matéria, não poderá de modo algum ser prejudicial ao paciente, isto é, a sua liberdade. Não se trata de vinculação de uma esfera a outra, mas apenas de limitação principiológica.* (HC 146.208/PB, Rel. Ministro HAROLDO RODRIGUES (DESEMBARGADOR CONVOCADO DO TJ/CE), SEXTA TURMA, julgado em 04.11.2010, *DJe* 16.05.2011); **B:** incorreta. Embora a CF, em seu art. 5°, LXIII, tenha consagrado o direito de o indiciado/réu permanecer em silêncio, não produzindo prova contra si mesmo, tal garantia não é absoluta, porquanto não atinge a obrigação que lhe é imposta de fornecer, de forma correta, as informações necessárias à sua identificação (qualificação). É o chamado interrogatório de qualificação, que não deve ser confundido com o interrogatório de mérito, no qual o indiciado/acusado poderá exercer o seu direito ao silêncio; **C:** incorreta. O contraditório, por ser um dos princípios mais caros ao processo penal, constitui requisito de validade do processo, cuja não observância dá azo a nulidade absoluta; **D:** correta. Ao tratar do juiz natural, assim se pronunciou Eugênio Pacceli de Oliveira: "O princípio do juiz natural tem origem no direito anglo-saxão, construído inicialmente com base na ideia da vedação do tribunal de exceção (...). Posteriormente, por obra do direito norte-americano, acrescentou-se, na elaboração do princípio, a exigência da regra de competência previamente estabelecida ao fato, fruto, provavelmente, do federalismo adotado desde a formação política daquele Estado (...). O Direito brasileiro, adotando o juiz natural em suas duas vertentes fundamentais (...)" (*Curso de Processo Penal*, 14. ed., p. 34); **E:** incorreta. A participação do advogado não é obrigatória em todos os atos do inquérito policial, que compõe a primeira etapa da persecução penal. Atenção: o art. 14-A, inserido no CPP pela Lei 13.964/2019 (Pacote Anticrime), assegura aos servidores vinculados às instituições elencadas nos arts. 142 (Forças Armadas) e 144 (Segurança Pública) da CF que figurarem como investigados em inquéritos policiais, inquéritos policiais militares e demais procedimentos extrajudiciais, cujo objeto for a investigação de fatos relacionados ao uso da força letal praticados no exercício profissional ou em missões para Garantia da Lei e da Ordem (GLO), o direito de constituir defensor para o fim de acompanhar as investigações. Até aqui, nenhuma novidade. Isso porque, como bem sabemos, é direito de qualquer investigado constituir defensor. O § 1° deste art. 14-A, de forma inédita, estabelece que o servidor, verificada a situação descrita no *caput*, será *citado*. Isso mesmo: será citado da instauração do procedimento investigatório, podendo constituir defensor no prazo de até 48 horas a contar do recebimento da citação. Melhor seria se o legislador houvesse empregado o termo *notificado* em vez de *citado*. Seja como for, uma vez citado e esgotado o prazo de 48 horas sem nomeação de defensor, a autoridade responsável pela investigação deverá intimar a instituição à qual estava vinculado o investigado à época dos fatos para que indique, no prazo de 48 horas, defensor para a representação do investigado (§ 2°). **ED**

Gabarito "D".

**(Cartório/RR – 2013 – CESPE)** Considerando os princípios do direito processual penal, assinale a opção correta.

**(A)** O princípio da vedação de revisão *pro societate* impede que o inquérito policial ou a ação penal voltem a tramitar caso haja sentença declaratória de extinção da punibilidade pela morte do autor do fato, ainda que posteriormente seja comprovada a falsidade da certidão de óbito.

(B) É ilícita a prova de crime obtida por meio de interceptação telefônica judicialmente autorizada nos autos de inquérito policial destinado à apuração de outro crime.

(C) Pelo princípio constitucional da publicidade, que rege as decisões proferidas pelo Poder Judiciário, os atos processuais deverão ser públicos, sendo absolutamente vedada a restrição de sua ciência por terceiros que não participem da relação processual.

(D) Ainda que seja nomeado defensor dativo pelo juiz, o denunciado deve ser intimado para oferecer contrarrazões ao recurso interposto pelo MP contra a decisão que tenha rejeitado a denúncia, sob pena de nulidade.

(E) O interrogatório do acusado, por constituir exercício do direito de defesa, não pode ser por ele dispensado, sob pena de nulidade.

**A**: incorreta. Conferir: "*Habeas corpus*. Processual penal. Extinção da punibilidade amparada em certidão de óbito falsa. Decisão que reconhece a nulidade absoluta do decreto e determina o prosseguimento da ação penal. Inocorrência de revisão *pro societate* e de ofensa à coisa julgada. Pronúncia. Alegada inexistência de provas ou indícios suficientes de autoria em relação a corréu. Inviabilidade de reexame de fatos e provas na via estreita do writ constitucional. Constrangimento ilegal inexistente. Ordem denegada. 1. A decisão que, com base em certidão de óbito falsa, julga extinta a punibilidade do réu pode ser revogada, dado que não gera coisa julgada em sentido estrito. 2. Não é o *habeas corpus* meio idôneo para o reexame aprofundado dos fatos e da prova, necessário, no caso, para a verificação da existência ou não de provas ou indícios suficientes à pronúncia do paciente por crimes de homicídios que lhe são imputados na denúncia. 3. *Habeas corpus* denegado" (HC 104998, Dias Toffoli, STF); **B**: incorreta. A assertiva contempla o fenômeno denominado *encontro fortuito de provas*, em que, no curso de investigação de determinada infração penal, termina-se por identificar outros crimes, diversos daquele investigado. A jurisprudência reconhece a licitude da prova assim produzida, desde que estabelecida conexão ou continência com a investigação original. Não se trata, portanto, de *prova ilícita* (art. 157, § 1º, do CPP); **C**: incorreta. Embora seja correto dizer-se que as decisões proferidas pelo Poder Judiciário devem, em regra, ser revestidas de publicidade, não é verdade que isso tem caráter absoluto. O próprio texto da CF/88, em seu art. 5º, LX, dispõe que a publicidade será restringida quando se tratar da defesa da intimidade ou o interesse social o exigir. Também nesse sentido o art. 93, IX, da CF: "Todos os julgamentos dos órgãos do Poder Judiciário serão públicos, e fundamentadas todas as decisões, sob pena de nulidade, podendo a lei limitar a presença, em determinados atos, às próprias partes e a seus advogados (...)"; **D**: correta, pois em conformidade com o entendimento firmado na Súmula 707, STF: "Constitui nulidade a falta de intimação do denunciado para oferecer contrarrazões ao recurso interposto da rejeição da denúncia, não a suprimindo a nomeação de defensor dativo"; **E**: incorreta. Somente gerará nulidade a falta de interrogatório do réu presente (art. 564, III, *e*, do CPP); se ausente estiver, a falta de interrogatório, desde que tenha sido citado e lhe tenha sido assegurada defesa técnica, não ensejará nulidade.

Gabarito "D".

**(Escrivão de Polícia/BA – 2013 – CESPE)** Julgue os itens seguintes, considerando os dispositivos constitucionais e o processo penal.

**(1)** O direito ao silêncio consiste na garantia de o indiciado permanecer calado e de tal conduta não ser considerada confissão, cabendo ao delegado informá-lo desse direito durante sua oitiva no inquérito policial.

**(2)** De acordo com a CF, a inviolabilidade do sigilo de correspondência e comunicações telefônicas poderá ser quebrada por ordem judicial para fins de investigação criminal ou instrução processual penal.

**(3)** A presunção de inocência da pessoa presa em flagrante delito, ainda que pela prática de crime inafiançável e hediondo, é razão, em regra, para que ela permaneça em liberdade.

**(4)** A assistência de advogado durante a prisão é requisito de validade do flagrante; por essa razão, se o autuado

não nomear um profissional de sua confiança, o delegado deverá indicar um defensor dativo para acompanhar o ato.

**(5)** Tanto o acompanhamento do inquérito policial por advogado quanto seus requerimentos ao delegado caracterizam a observância do direito ao contraditório e à ampla defesa, obrigatórios na fase inquisitorial e durante a ação penal.

---

**1**: correta. Deve-se aplicar, neste caso, o art. 186, parágrafo único, do CPP, que incide, por força do disposto no art. 6º, V, do CPP, tanto no âmbito do inquérito policial quanto no da instrução processual, que estabelece que "o silêncio, que não importará em confissão, não poderá ser interpretado em prejuízo da defesa". Também tem incidência no interrogatório policial o disposto no art. 186, *caput*, do CPP, segundo o qual cabe ao juiz (neste caso o delegado), antes de dar início ao interrogatório e depois de qualificar o acusado (neste caso o investigado), cientificá-lo de seu direito de permanecer calado e de não responder às perguntas a ele formuladas; **2**: incorreta. É que o dispositivo constitucional que rege a matéria (art. 5º, XII) somente excepcionou, como sigilo passível de violação, o das comunicações telefônicas, o que deverá se dar nos moldes da Lei 9.296/1996, que traz o regramento dessa modalidade de interceptação; **3**: correta. A decretação ou manutenção da custódia cautelar (aqui incluída a prisão em flagrante), assim entendida aquela que antecede a condenação definitiva, deve sempre estar condicionada à demonstração de sua imperiosa necessidade, pouco importando a natureza do crime imputado ao agente (hediondo; não hediondo; afiançável; não afiançável). Bem por isso, deve o magistrado apontar as razões, no seu entender, que a tornam indispensável (art. 312 do CPP). Colocado de outra forma, a prisão provisória ou cautelar (prisão preventiva, temporária e em flagrante) somente se justifica dentro do ordenamento jurídico quando necessária ao processo. Deve ser vista, portanto, como um instrumento do processo a ser utilizado em situações excepcionais. É por essa razão que a prisão decorrente de sentença penal condenatória recorrível deixou de constituir modalidade de prisão cautelar. Era uma prisão automática, já que, com a prolação da sentença condenatória, o réu era recolhido ao cárcere (independente de a prisão ser necessária). Nesse contexto, o acusado era considerado presumidamente culpado. Com as modificações introduzidas pela Lei 11.719/2008 e também em razão da atuação dos tribunais, esta modalidade de prisão cautelar deixou de existir, consagrando, assim, o postulado da presunção de inocência. Em vista dessa nova realidade, se o acusado permanecer preso durante toda a instrução, a manutenção dessa prisão somente terá lugar se indispensável for ao processo, pouco importando se, uma vez condenado em definitivo, permanecerá ou não preso. A prisão desnecessária decretada ou mantida antes de a sentença passar em julgado constitui antecipação da pena que porventura seria aplicada em caso de condenação, o que representa patente violação ao princípio da presunção de inocência, postulado esse de índole constitucional – art. 5º, LVII. De se ver ainda que, tendo em conta as mudanças implementadas pela Lei 12.403/2011, que instituiu as medidas cautelares alternativas à prisão provisória, esta somente terá lugar diante da impossibilidade de se recorrer às medidas cautelares. Dessa forma, a prisão, como medida excepcional que é, deve também ser vista como instrumento subsidiário, supletivo. Pois bem. Essa tônica (de somente dar-se início ao cumprimento da pena depois do trânsito em julgado da sentença penal condenatória) sofreu um revés. Explico. O STF, em julgamento histórico realizado em 17 de fevereiro de 2016, mudou, à revelia de grande parte da comunidade jurídica, seu entendimento acerca da possibilidade do início do trânsito em julgado da sentença penal condenatória. A Corte, ao julgar o HC n. 126.292, passou a admitir a execução da pena após decisão condenatória proferida em segunda instância. Com isso, passou a ser desnecessário, para dar início ao cumprimento da pena, aguardar o trânsito em julgado da decisão condenatória. Flexibilizou-se, pois, o postulado da presunção de inocência. Naquela ocasião, votaram pela mudança de paradigma sete ministros, enquanto quatro mantiveram o entendimento até então prevalente. Cuidava-se, é bem verdade, de uma decisão tomada em processo subjetivo, sem eficácia vinculante, portanto. Tal decisão, conquanto tomada em processo subjetivo, passou a ser vista como uma mudança de entendimento acerca de tema que há vários anos havia se sedimentado. Mais recentemente, nossa Suprema Corte foi chamada a se manifestar, em ações declaratórias de constitucionalidade impetradas pelo Conselho Federal da OAB e pelo Partido Ecológico Nacional, sobre a constitucionalidade do art. 283 do CPP. Existia a expectativa de que algum ou alguns dos ministros mudassem o posicionamento adotado no julgamento realizado em fevereiro de 2016. Afinal, a decisão, agora, teria uma repercussão muito maior, na medida em que tomada em ADC. Pois bem. Depois de muita especulação e grande expectativa, o STF, em julgamento realizado em 5 de outubro do mesmo ano, desta vez por maioria mais apertada (6 a 5), já que houve mudança de posicionamento do ministro Dias Toffoli, indeferiu as medidas cautelares pleiteadas nessas ADCs (43 e 44), mantendo, assim, o posicionamento que autorizava a prisão depois de decisão condenatória confirmada em segunda instância. O julgamento do mérito dessas ações permaneceu pendente até 7 de novembro de 2019, quando, finalmente, depois de muita expectativa, o STF, em novo julgamento histórico, referente às ADCs 43,44 e 54, mudou o entendimento adotado em 2016, até então em vigor, que permitia a execução (provisória) da pena de prisão após condenação em segunda instância. Reconheceu-se a constitucionalidade do art. 283 do CPP, com a redação que lhe foi dada pela Lei 12.403/2011. Por 6 x 5, ficou decidido que é vedada a execução provisória da pena. Cumprimento de pena, a partir de agora, portanto, somente quando esgotados todos os recursos. Atualmente, essa discussão acerca da possibilidade de prisão em segunda instância, que suscitou debates tão acalorados, chegando, inclusive, a ganhar as ruas, saiu do STF, onde até então se encontrava, e passou para o Parlamento. Hoje se discute qual o melhor caminho para inserir, no nosso ordenamento jurídico, a prisão após condenação em segunda instância. Aguardemos; **4**: incorreta. Não constitui requisito de validade do flagrante a assistência de advogado; é suficiente que a autoridade policial assegure ao autuado a possibilidade de ser assistido por seu patrono. Nesse sentido a jurisprudência do STF: "(...) O Estado não tem o dever de manter advogados nas repartições policiais para assistir interrogatórios de presos; a Constituição assegura, apenas, o direito de o preso ser assistido por advogado na fase policial" (HC 73898, Maurício Corrêa); **5**: incorreta. O inquérito policial tem caráter *inquisitivo*, o que significa dizer que nele não vigoram *contraditório* e *ampla defesa*, aplicáveis, como garantia de índole constitucional, a partir do início da ação penal. 🔲

Gabarito 1C, 2E, 3C, 4E, 5E

**(Técnico Judiciário – TJDFT – 2013 – CESPE)** A respeito dos princípios do direito processual penal e da ação penal, julgue os itens subsequentes.

**(1)** Na hipótese de o MP arquivar os autos de um inquérito policial, poderá o ofendido ajuizar ação penal privada subsidiária da pública.

**(2)** O condenado pela prática do crime de estupro que recorrer da sentença penal condenatória não poderá ser considerado culpado da infração enquanto não transitar em julgado sua condenação.

**(3)** Em processo penal, ninguém pode ser forçado a produzir prova contra si mesmo. Por outro lado, a recusa em fazê-lo pode acarretar presunção de culpabilidade pelo crime.

**1**: incorreta. É consenso, tanto na doutrina quanto na jurisprudência, que o pleito de arquivamento dos autos de inquérito policial, formulado pelo MP, não autoriza o ofendido, no âmbito da ação penal pública (condicionada ou incondicionada), a promover a ação penal privada subsidiária. Isso porque tal modalidade de ação de iniciativa do ofendido pressupõe que o representante do MP aja com desídia, deixando de manifestar-se no prazo legal, isto é, o promotor, dentro do interregno que lhe confere a lei: i) não denuncia; ii) não requer o arquivamento do IP; iii) não requer a devolução do IP à autoridade policial para a realização de diligências suplementares indispensáveis ao exercício da ação penal. Com o advento da Lei 13.964/2019, conhecida como Pacote Anticrime, posterior, portanto, à elaboração desta questão, alterou-se toda a sistemática que rege o arquivamento do inquérito policial. Até então, tínhamos que cabia ao membro do MP promover (requerer) o arquivamento e ao juiz, se concordasse, determiná-lo. Pois bem. Com a modificação operada na redação do art. 28 do CPP pela Lei 13.964/2019, o representante do *parquet* deixa de requerer o arquivamento e passa a, ele próprio, determiná-lo, sem qualquer interferência do magistrado, cuja atuação, nesta etapa, em homenagem ao sistema acusatório, deixa de existir. No entanto, ao determinar o arquivamento do IP, o membro do MP deverá submeter sua decisão, segundo a nova redação conferida ao art. 28, *caput*, do CPP, à instância revisora dentro do próprio Ministério Público, para fins de homologação. Sem prejuízo disso, caberá ao promotor que determinou o arquivamento comunicar a sua decisão ao investigado, à autoridade policial e à vítima. Esta última, por sua vez, ou quem a represente, poderá, se assim entender, dentro do prazo de 30 dias, a contar da comunicação de arquivamento, submeter a matéria à revisão da instância superior do órgão ministerial (art. 28, § 1°, CPP). Por fim, o § 2° deste art. 28, com a redação que lhe deu a Lei 13.964/2019, estabelece que, nas ações relativas a crimes praticados em detrimento da União, Estados e Municípios, a revisão do arquivamento do IP poderá ser provocada pela chefia do órgão a quem couber a sua representação judicial. Este novo art. 28 do CPP, que, como dissemos, alterou todo o procedimento que rege o arquivamento do IP, no entanto, teve suspensa, por força de decisão cautelar proferida pelo STF, a sua eficácia. O ministro Luiz Fux, relator, ponderou, em sua decisão, tomada na ADI 6.305, de 22.01.2020, que, embora se trate de inovação louvável, a sua implementação, no prazo de 30 dias (*vacatio legis*), revela-se inviável, dada a dimensão dos impactos sistêmicos e financeiros que por certo ensejarão a adoção do novo procedimento de arquivamento do inquérito policial.; **2**: correta. A alternativa contempla o princípio da presunção de inocência (estado de inocência), consagrado no art. 5°, LVII, da CF; **3**: incorreta, dado que o exercício da prerrogativa de não produzir prova contra si mesmo (*nemo tenetur se detegere*) não pode conduzir à presunção de culpabilidade pelo crime atribuído ao agente, o que somente terá lugar com o trânsito em julgado da sentença penal condenatória. *Vide* art. 186, parágrafo único, do CPP. 🔲

Gabarito 1E, 2C, 3E

**(Defensor Público/AL – 2017 – CESPE)** No processo penal, as características do sistema acusatório incluem

I. clara distinção entre as atividades de acusar e julgar, iniciativa probatória exclusiva das partes e o juiz como terceiro imparcial e passivo na coleta da prova.

II. neutralidade do juiz, igualdade de oportunidades às partes no processo e repúdio à prova tarifada.

III. predominância da oralidade no processo, imparcialidade do juiz e supremacia da confissão do réu como meio de prova.

IV. celeridade do processo e busca da verdade real, o que faculta ao juiz determinar de ofício a produção de prova.

Estão certos apenas os itens

(A) I e II.

(B) I e IV.

(C) II e III.

(D) I, III e IV.

(E) II, III e IV.

São características do sistema *acusatório*: nítida separação nas funções de acusar, julgar e defender, o que torna imprescindível que essas funções sejam desempenhadas por pessoas distintas; o processo é público e contraditório; há imparcialidade do órgão julgador, que detém a gestão da prova (na qualidade de juiz-espectador), e a ampla defesa é assegurada. No *sistema inquisitivo*, que deve ser entendido como a antítese do acusatório, as funções de acusar, defender e julgar reúnem-se em uma única pessoa. É possível, nesse sistema, portanto, que o juiz investigue, acuse e julgue. Além disso, o processo é sigiloso e nele não vige o contraditório. Existe ainda o *sistema misto*, em que há uma fase inicial inquisitiva, ao final da qual tem início uma etapa em que são asseguradas todas as garantias inerentes ao acusatório. Ao tempo em que foi elabora esta questão, não havia previsão expressa sobre o sistema acusatório no nosso ordenamento jurídico. A opção pelo sistema acusatório foi explicitada quando da inserção do art. 3°-A no Código de Processo Penal pela Lei 13.964/2019 (Pacote Anticrime). Segundo este dispositivo, cuja eficácia está suspensa por decisão liminar do STF, já que faz parte do regramento que compõe o chamado "juiz de garantias" (arts. 3°-A a 3°-F, do CPP), "o processo penal terá estrutura acusatória, vedadas a iniciativa do juiz na fase de investigação e a substituição da atuação probatória do órgão de acusação". Até então, o sistema acusatório, embora amplamente acolhido pela comunidade jurídica, não era contemplado em lei. 🔲

Gabarito A.

## 2. INQUÉRITO POLICIAL E OUTRAS FORMAS DE INVESTIGAÇÃO CRIMINAL

**(Delegado/RJ – 2022 – CESPE/CEBRASPE)** Assinale a opção correta, acerca de inquérito policial.

(A) A autoridade policial que preside o inquérito policial para apurar crime de ação penal pública pode, fundamentadamente, decidir sobre a conveniência e(ou) oportunidade de diligências requisitadas pelo Ministério Público.

**(B)** O inquérito policial, consoante o princípio da oficialidade, poderá ser instaurado apenas de ofício pela autoridade policial ou mediante requisição do Ministério Público.

**(C)** Com base em denúncia anônima de fato criminoso, a autoridade policial pode, independentemente de apuração prévia, instaurar inquérito policial com fundamento exclusivo naquela informação anônima.

**(D)** Não se permite ao indiciado qualquer tipo de intervenção probatória durante o inquérito policial.

**(E)** O investigado deve ter acesso a todos os elementos já documentados nos autos do inquérito policial, ressalvadas as diligências em andamento cuja eficácia dependa do sigilo.

**A:** incorreta. Isso porque constitui atribuição da autoridade policial presidente do inquérito policial atender à requisição de diligências tanto do juiz quanto do Ministério Público (art. 13, II, CPP). Importante que se diga que *requisitar* deve ser entendido como *imposição legal*, não cabendo ao seu destinatário deixar de dar-lhe cumprimento; **B:** incorreta. A teor do art. 5º do CPP, constituem formas de instauração do inquérito policial: de ofício pela autoridade policial (inciso I); requisição judicial ou do MP (inciso II, 1ª parte); requerimento da vítima (inciso II, 2ª parte); por força de auto de prisão em flagrante; representação do ofendido nos crimes de ação penal pública condicionada a representação (art. 5º, § 4º, CPP); denúncia da ocorrência de uma infração penal formulada por qualquer pessoa do povo (*delatio criminis* – art. 5º, § 3º, do CPP); e requerimento do ofendido na ação penal privada (art. 5º, § 5º, do CPP); **C:** incorreta. A denúncia anônima (também chamada de *apócrifa* ou *inqualificada*), segundo tem entendido a jurisprudência, não é apta, por si só, a autorizar a instauração de inquérito policial, dando início à persecução penal. Antes disso, a autoridade policial deverá fazer uma averiguação prévia a fim de verificar a procedência da denúncia apócrifa, para, depois disso, determinar, se for o caso, a instauração de inquérito. Nesse sentido: "(...) *a autoridade policial, ao receber uma denúncia anônima, deve antes realizar diligências preliminares para averiguar se os fatos narrados nessa 'denúncia' são materialmente verdadeiros, para, só então, iniciar as investigações*" (STF, HC 95.244, 1ª T., rel. Min. Dias Toffoli, DJE de 29.04.2010). No mesmo sentido: "*1. Elementos dos autos que evidenciam não ter havido investigação preliminar para corroborar o que exposto em denúncia anônima. O Supremo Tribunal Federal assentou ser possível a deflagração da persecução penal pela chamada denúncia anônima, desde que esta seja seguida de diligências realizadas para averiguar os fatos nela noticiados antes da instauração do inquérito policial. Precedente. 2. A interceptação telefônica é subsidiária e excepcional, só podendo ser determinada quando não houver outro meio para se apurar os fatos tidos por criminosos, nos termos do art. 2º, inc. II, da Lei n. 9.296/1996. Precedente. 3. Ordem concedida para se declarar a ilicitude das provas produzidas pelas interceptações telefônicas, em razão da ilegalidade das autorizações, e a nulidade das decisões judiciais que as decretaram amparadas apenas na denúncia anônima, sem investigação preliminar*" (HC 108147, Relator(a): Min. Cármen Lúcia, Segunda Turma, julgado em 11.12.2012, Processo Eletrônico *DJe*-022 Divulg 31.01.2013 Public 01.02.2013); **D:** incorreta, na medida em que é dado ao indiciado, sim, requerer ao delegado de polícia presidente do inquérito policial a realização de diligência que, no seu entender, seja útil à busca da verdade real (art. 14, CPP); **E:** correta. O inquérito policial é, em vista do que estabelece o art. 20 do CPP, sigiloso. Ocorre que, a teor do art. 7º, XIV, da Lei 8.906/1994 (Estatuto da Advocacia), constitui direito do advogado, entre outros: "examinar, em qualquer instituição responsável por conduzir investigação, mesmo sem procuração, autos de flagrante e de investigações de qualquer natureza, findos ou em andamento, ainda que conclusos à autoridade, podendo copiar peças e tomar apontamentos, em meio físico ou digital". Sobre este tema, o STF editou a Súmula Vinculante 14, a seguir transcrita: "É direito do defensor, no interesse do representado, ter acesso amplo aos elementos de prova que, já documentados em procedimento investigatório realizado por órgão com competência de polícia judiciária, digam respeito ao exercício do direito de defesa". Bem por isso, caberá à autoridade policial franquear o acesso do investigado/advogado, constituído ou não, aos elementos de informação contidos no auto de prisão em flagrante/inquérito policial, desde que já documentados. **ED**

*Gabarito "E".*

**(Delegado/RJ – 2022 – CESPE/CEBRASPE)** O inquérito policial é atividade investigatória realizada por órgãos oficiais, não podendo ficar a cargo do particular, ainda que a titularidade do exercício da ação penal pelo crime investigado seja atribuída ao ofendido.

Considerando-se as características do inquérito policial, é correto afirmar que o texto anterior discorre sobre

**(A)** o procedimento escrito do inquérito policial.

**(B)** a indisponibilidade do inquérito policial.

**(C)** a oficiosidade do inquérito policial.

**(D)** a oficialidade do inquérito policial.

**(E)** a dispensabilidade do inquérito policial.

Dentre as características do inquérito policial está a *oficialidade*, segundo a qual a atividade investigativa ali realizada deve ser atribuída a órgão oficial do Estado. Além disso, o inquérito é *escrito*, uma vez que todos os seus atos devem ser reduzidos a termo (art. 9º, CPP); diz-se, também, que o inquérito policial tem caráter *inquisitivo*, na medida em que nele não vigoram o contraditório e a ampla defesa; é *sigiloso*, nos termos do art. 20 do CPP; é dispensável, já que o inquérito policial constitui instrumento de investigação cuja presença, tanto nos delitos em que ação penal é pública quanto naqueles em que é privativa do ofendido, não é indispensável, essencial ao oferecimento da denúncia ou queixa, desde que a inicial contenha elementos suficientes (existência do crime e indícios suficientes de autoria) ao exercício da ação penal. O inquérito, assim, não constitui fase obrigatória da persecução penal. A *oficiosidade* do inquérito policial significa que a autoridade policial, em regra, deve instaurar inquérito policial de ofício. Por fim, é *indisponível* porque é vedado à autoridade policial mandar arquivar autos de inquérito (art. 17 do CPP). Somente está credenciado a fazê-lo, a partir do advento da Lei 13.964/2019, que conferiu nova redação ao art. 28, *caput*, do CPP, o representante do Ministério Público. **ED**

*Gabarito "D".*

**(Juiz de Direito – TJ/SC – 2019 – CESPE/CEBRASPE)** Com relação às características do inquérito policial (IP), assinale a opção correta.

**(A)** O IP, por consistir em procedimento indispensável à formação da *opinio delicti*, deverá acompanhar a denúncia ou a queixa criminal.

**(B)** Não poderá haver restrição de acesso, com base em sigilo, ao defensor do investigado, que deve ter amplo acesso aos elementos de prova já documentados no IP, no que diga respeito ao exercício do direito de defesa.

**(C)** É viável a oposição de exceção de suspeição à autoridade policial responsável pelas investigações, embora o IP seja um procedimento de natureza inquisitorial.

**(D)** Não se admite a utilização de elementos colhidos no IP, salvo quanto se tratar de provas irrepetíveis, como fundamento para a decisão condenatória.

**(E)** A autoridade policial não poderá determinar o arquivamento dos autos de IP, salvo na hipótese de manifesta atipicidade da conduta investigada.

**A:** incorreta, na medida em que o inquérito policial não é imprescindível à formação da *opinio delicti*, podendo o titular da ação penal, se dispuser de provas suficientes e idôneas para sustentar a peça acusatória, promover diretamente a ação penal. É o que se extrai do art. 12 do CPP: *o inquérito policial acompanhará a denúncia ou queixa sempre que servir de base a uma ou outra*; **B:** correta. O sigilo, que é imanente ao inquérito policial (art. 20 do CPP), não pode, ao menos em regra, ser oposto ao advogado do investigado. Com efeito, por força do que estabelece o art. 7º, XIV, da Lei 8.906/1994 (Estatuto da Advocacia), constitui direito do advogado, entre outros: "examinar, em qualquer instituição responsável por conduzir investigação, mesmo sem procuração, autos de flagrante e de investigações de qualquer natureza, findos ou em andamento, ainda que conclusos à autoridade, podendo copiar peças e tomar apontamentos, em meio físico ou digital" (redação determinada pela Lei 13.245/2016). Sobre este tema, o STF editou a Súmula Vinculante 14, a seguir transcrita: "É direito do defensor, no interesse do representado, ter acesso amplo aos elementos de prova que, já documentados em procedimento investigatório realizado por órgão com competência de polícia judiciária, digam respeito ao exercício do direito de defesa". Registre-se, todavia, que determinados procedimentos de investigação, geralmente realizados em autos apartados, como a interceptação telefônica e a infiltração, somente serão acessados pelo patrono do investigado depois de concluídos e inseridos nos autos do inquérito. Ou seja, tais procedimentos permanecerão em sigilo, neste caso absoluto, enquanto não forem encerrados. Nesse sentido já se manifestou o STJ: "1. Ao inquérito policial não se aplica o princípio do contraditório, porquanto é fase investigatória, preparatória da acusação, destinada a subsidiar a atuação do órgão ministerial na persecução penal. 2. Deve-se conciliar os interesses da investigação com o direito de informação do investigado e, consequentemente, de seu advogado, de ter acesso aos autos, a fim de salvaguardar suas garantias constitucionais. 3. Acolhendo a orientação jurisprudencial do Supremo Tribunal Federal, o Superior Tribunal de Justiça decidiu ser possível o acesso de advogado constituído aos autos do inquérito policial em observância ao direito de informação do indiciado e ao Estatuto da Advocacia, ressalvando os documentos relativos a terceiras pessoas, os procedimentos investigatórios em curso e os que, por sua própria natureza, não dispensam o sigilo, sob pena de ineficácia da diligência investigatória. 4. *Habeas corpus* denegado" (HC 65.303/PR, Rel. Ministro Arnaldo Esteves Lima, Quinta Turma, julgado em 20.05.2008, *DJe* 23.06.2008); **C:** incorreta, visto que não corresponde ao que estabelece o art. 107 do CPP, que assim dispõe: "Não se poderá opor suspeição às autoridades policiais nos atos do inquérito, mas deverão elas declarar-se suspeitas, quando ocorrer motivo legal"; **D:** incorreta. As partes e o juiz podem valer-se dos elementos informativos colhidos ao longo das investigações; o que não se admite, por imposição do art. 155, *caput*, do CPP, é que o juiz forme seu convencimento com base exclusiva nos elementos produzidos na investigação; dito de outra forma, o inquérito não pode servir de suporte único para uma condenação; **E:** incorreta. Ainda que diante de hipótese de manifesta atipicidade da conduta investigada, é defeso à autoridade policial proceder ao arquivamento dos autos de inquérito policial (art. 17, CPP). Vale aqui o registro de que a Lei 13.964/2019, ao conferir nova redação ao art. 28 do CPP, alterou todo o procedimento de arquivamento do inquérito policial. Com isso, o representante do *parquet* deixa de requerer o arquivamento e passa a, ele mesmo, determiná-lo, sem qualquer interferência do magistrado, cuja atuação, nesta etapa, em homenagem ao sistema acusatório, deixa de existir. No entanto, ao determinar o arquivamento do IP, o membro do MP deverá submeter sua decisão, segundo a nova redação conferida ao art. 28, *caput*, do CPP, à instância revisora dentro do próprio Ministério Público, para fins de homologação. Sem prejuízo disso, caberá ao promotor que determinou o arquivamento comunicar a sua decisão ao investigado, à autoridade policial e à vítima. Esta última, por sua vez, ou quem a represente, poderá, se assim entender, dentro do prazo de 30 dias a contar da comunicação de arquivamento, submeter a matéria à revisão da instância superior do órgão ministerial (art. 28, § 1º, CPP). Por fim, o § 2º deste art. 28, com a redação que lhe deu a Lei 13.964/2019, estabelece que, nas ações relativas a crimes praticados em detrimento da União, Estados e Municípios, a revisão do arquivamento do IP poderá ser provocada pela chefia do órgão a quem couber a sua representação judicial. Este novo art. 28 do CPP, que, como dissemos, alterou todo o procedimento que rege o arquivamento do IP, no entanto, teve suspensa, por força de decisão cautelar proferida pelo STF, a sua eficácia. O ministro Luiz Fux, relator, ponderou, em sua decisão, tomada na ADI 6.305, de 22.01.2020, que, embora se trate de inovação louvável, a sua implementação, no prazo de 30 dias (*vacatio legis*), revela-se inviável, dada a dimensão dos impactos sistêmicos e financeiros que por certo ensejarão a adoção do novo procedimento de arquivamento do inquérito policial.

Gabarito "B".

Aldo, delegado de polícia, recebeu em sua unidade policial denúncia anônima que imputava a Mauro a prática do crime de tráfico de drogas em um bairro da cidade. A denúncia veio acompanhada de imagens em que Mauro aparece entregando a terceira pessoa pacotes em plástico transparente com considerável quantidade de substância esbranquiçada e recebendo dessa pessoa quantia em dinheiro. Em diligências realizadas, Aldo confirmou a qualificação de Mauro e, a partir das informações obtidas, instaurou IP para apurar o crime descrito no art. 33, *caput*, da Lei n.º 11.343/2006 — Lei Antidrogas —, sem indiciamento. Na sequência, ele requereu à autoridade judiciária o deferimento de medida de busca e apreensão na residência de Mauro, inclusive do telefone celular do investigado.

**(Juiz de Direito - TJ/BA - 2019 - CESPE/CEBRASPE)** Acerca dessa situação hipotética, assinale a opção correta.

**(A)** A instauração do IP constituiu medida ilegal, pois se fundou em denúncia anônima.

**(B)** Recebido o IP, verificados a completa qualificação de Mauro e os indícios suficientes de autoria, o juiz poderá determinar o indiciamento do investigado à autoridade policial.

**(C)** Em razão do caráter sigiloso dos autos do IP, nem Mauro nem seu defensor constituído terão o direito de acessá-los.

**(D)** Como não houve prisão, o prazo para a conclusão do IP será de noventa dias.

**(E)** Deferida a busca e apreensão, a realização de exame pericial em dados de telefone celular que eventualmente seja apreendido dependerá de nova decisão judicial.

**A:** incorreta. É fato que a denúncia anônima (também chamada de *apócrifa* ou *inqualificada*), segundo tem entendido a jurisprudência, não é apta, por si só, a autorizar a instauração de inquérito policial, dando início à persecução penal, ainda que tenha como objeto fato grave de necessária repressão imediata, como é o caso do tráfico de drogas, crime equiparado a hediondo. Antes disso, a autoridade policial deverá fazer uma averiguação prévia a fim de verificar a procedência da denúncia apócrifa, para, depois disso, determinar, se for o caso, a instauração de inquérito. Sucede que, na hipótese narrada no enunciado, fica claro que a autoridade policial, antes de proceder a inquérito, realizou diligências prévias, com vistas a confirmar a qualificação de Mauro. Além disso, a denúncia anônima veio acompanhada de imagens em que este aparece entregando a terceira pessoa pacotes em plástico transparente com considerável quantidade de substância esbranquiçada e recebendo dessa pessoa quantia em dinheiro. Dessa forma, forçoso concluir que o delegado de polícia agiu em perfeita consonância com o entendimento jurisprudencial hoje sedimentado, já que realizou diligências preliminares a fim de verificar a verossimilhança da denúncia anônima que chegou ao seu conhecimento. Nesse sentido: "(...) *a autoridade policial, ao receber uma denúncia anônima, deve antes realizar diligências preliminares para averiguar se os fatos narrados nessa 'denúncia' são materialmente verdadeiros, para, só então, iniciar as investigações*" (STF, HC 95.244, 1ª T., rel. Min. Dias Toffoli, DJE de 29.04.2010). No mesmo sentido: "*1. Elementos dos autos que evidenciam não ter havido investigação preliminar para corroborar o que exposto em denúncia anônima. O Supremo Tribunal Federal assentou ser possível a deflagração da persecução penal pela chamada denúncia anônima, desde que esta seja seguida de diligências realizadas para averiguar os fatos nela noticiados antes da instauração do inquérito policial. Precedente. 2. A interceptação telefônica é subsidiária e excepcional, só podendo ser determinada quando não houver outro meio para se apurar os fatos tidos por criminosos, nos termos do art. 2º, inc. II, da Lei n. 9.296/1996. Precedente. 3. Ordem concedida para se declarar a ilicitude das provas produzidas pelas interceptações telefônicas, em razão da ilegalidade das autorizações, e a nulidade das decisões judiciais que as decretaram amparadas apenas na denúncia anônima, sem investigação preliminar*" (HC 108147, Relator(a): Min. Cármen Lúcia, Segunda Turma, julgado em 11.12.2012, Processo Eletrônico *DJe*-022 Divulg 31.01.2013 Public 01.02.2013); **B:** incorreta. O indiciamento constitui providência privativa da autoridade policial. É o que estabelece o art. 2º, § 6º, da Lei 12.830/2013, que contempla regras sobre a investigação criminal conduzida pelo delegado de polícia. Quanto a isso, conferir o magistério de Guilherme de Souza Nucci: "Requisição de indiciamento: cuida-se de procedimento equivocado, pois indiciamento é ato exclusivo da autoridade policial, que forma o seu convencimento sobre a autoria do crime, elegendo, formalmente, o suspeito de sua prática. Assim, não cabe ao promotor ou ao juiz exigir, através de requisição, que alguém seja indiciado pela autoridade policial, porque seria o mesmo que demandar à força que o presidente do inquérito conclua ser aquele o autor do delito (...)" (*Código de Processo Penal Comentado*, 12ªed., p. 101). Na jurisprudência: "Sendo o ato de indiciamento de atribuição exclusiva da autoridade policial, não existe fundamento jurídico que autorize o magistrado, após receber a denúncia, requisitar ao Delegado de Polícia o indiciamento de determinada pessoa. A rigor, requisição dessa natureza é incompatível com o sistema acusatório, que impõe a separação orgânica das funções concernentes à persecução penal, de modo a impedir que o juiz adote qualquer postura inerente à função investigativa. Doutrina. Lei 12.830/2013" (STJ, HC 115015, Relator(a): Min. TEORI ZAVASCKI, Segunda Turma, julgado em 27/08/2013, PROCESSO ELETRÔNICO DJe-179 DIVULG 11-09-2013

PUBLIC 12-09-2013); **C:** incorreta. É fato que o inquérito policial é, em vista do que dispõe o art. 20 do CPP, sigiloso. Ocorre que, a teor do art. 7º, XIV, da Lei 8.906/1994 (Estatuto da Advocacia), constitui direito do advogado, entre outros: "examinar, em qualquer instituição responsável por conduzir investigação, mesmo sem procuração, autos de flagrante e de investigações de qualquer natureza, findos ou em andamento, ainda que conclusos à autoridade, podendo copiar peças e tomar apontamentos, em meio físico ou digital". Sobre este tema, o STF editou a Súmula Vinculante nº 14, a seguir transcrita: "É direito do defensor, no interesse do representado, ter acesso amplo aos elementos de prova que, já documentados em procedimento investigatório realizado por órgão com competência de polícia judiciária, digam respeito ao exercício do direito de defesa"; **D:** correta. No crime de tráfico de drogas, o inquérito deverá ser ultimado no prazo de 30 dias, se preso estiver o indiciado; e em 90 dias, no caso de o indiciado encontrar-se solto (hipótese narrada no enunciado). De uma forma ou de outra, pode haver duplicação do prazo mediante pedido justificado da autoridade policial. É o teor do art. 51 da Lei 11.343/2006; **E:** incorreta. Isso porque a busca e apreensão realizada em domicílio com autorização judicial engloba o acesso aos dados contidos em telefone celular, sem que seja necessária nova autorização judicial para esse fim. Nesse sentido, conferir: "Esta Corte possui pacífica orientação no sentido de que, não havendo ordem judicial, é ilícito o acesso aos dados armazenados em aparelho celular obtido pela polícia, no momento da prisão em flagrante. Contudo, no caso, o celular do Paciente foi apreendido pela autoridade policial no cumprimento de decisão judicial que deferiu medida cautelar de busca e apreensão, o que atrai, à espécie, o entendimento desta Corte, segundo o qual, "[s]e ocorreu a busca e apreensão dos aparelhos de telefone celular, não há óbice para se adentrar ao seu conteúdo já armazenado, porquanto necessário ao deslinde do feito, sendo prescindível nova autorização judicial para análise e utilização dos dados neles armazenados" (RHC 77.232/SC, Rel. Ministro FELIX FISCHER, QUINTA TURMA, DJe 16/10/2017) 6. Ordem de habeas corpus parcialmente conhecida e, nessa parte, denegada" (STJ, HC 428.369/PE, Rel. Ministra LAURITA VAZ, SEXTA TURMA, julgado em 17/09/2019, DJe 03/10/2019). Gabarito "D".

**(Juiz – TJ/CE – 2018 – CESPE)** Julgue os itens a seguir, a respeito do inquérito policial e das disposições preliminares do Código de Processo Penal.

I. Aos processos em curso, a lei processual penal será aplicada imediatamente, mantendo-se, todavia, os atos praticados sob a égide da lei anterior.

II. Caso tome conhecimento da existência de novas provas, a autoridade policial poderá determinar o arquivamento do inquérito e proceder a novas diligências.

III. Ocorrendo o arquivamento do inquérito por falta de fundamentos para a denúncia, a autoridade policial poderá dar continuidade à investigação se tiver notícia de outras provas.

IV. A autoridade policial poderá manter o indiciado incomunicável por até cinco dias se essa medida for indispensável à investigação.

Estão certos apenas os itens

(A) I e II.
(B) I e III.
(C) III e IV.
(D) I, II e IV.
(E) II, III e IV.

**I:** correta. De fato, a lei processual penal será aplicada desde logo (*princípio da aplicação imediata* ou *da imediatidade*), sem prejuízo dos atos realizados sob o império da lei anterior. É o que estabelece o art. 2º do CPP. A exceção a essa regra fica por conta da lei processual penal dotada de carga material (também chamada de norma mista ou híbrida), para a qual deverá ser aplicado o que estabelece o art. 2º, parágrafo único, do CP. Nesse caso, a exemplo do que se dá com as leis penais, a norma processual nova, se favorável ou não for retroagir; se prejudicial, aplica-se a lei já revogada (*lex mitior*); **II:** incorreta. A nenhum pretexto pode o delegado de polícia promover o arquivamento dos autos de inquérito (art. 17, CPP); tal incumbência é conferida, com exclusividade, ao representante do MP, que formulará requerimento nesse sentido ao juiz, ao qual caberá, e somente a ele, mandar arquivar o IP. Lembremos que, pela nova redação conferida pela

Lei 13.964/2019 ao art. 28, *caput*, do CPP, cuja eficácia está suspensa por força de decisão cautelar proferida pelo STF na ADI 6.305, de 22.01.2020, o juiz não mais interfere no procedimento de arquivamento de inquérito policial. Tal providência caberá, com exclusividade, ao promotor, que submeterá sua decisão ao chefe da instituição, para fins de homologação; **III:** correta. Uma vez ordenado o arquivamento do inquérito policial, por falta de base para a denúncia, nada obsta que a autoridade policial proceda a novas pesquisas, desde que de outras provas tenha conhecimento, independente de autorização judicial – art. 18 do CPP. Isso porque a decisão que determina o arquivamento do inquérito policial não gera, em regra, coisa julgada material. Registre-se, no entanto, que "outras provas" a que faz alusão o art. 18 do CPP devem ser entendidas como *provas substancialmente novas*, ou seja, aquelas que até então não eram de conhecimento das autoridades. Veja, a propósito, o teor da Súmula n. 524 do STF: "Arquivado o inquérito policial, por despacho do juiz, a requerimento do Promotor de Justiça, não pode a ação penal ser iniciada, sem novas provas"; **IV:** incorreta. A incomunicabilidade do indiciado, prevista no art. 21 do CPP, cuja constitucionalidade é controvertida, poderá ser determinada por até 3 dias. Para a maioria da comunidade jurídica, tal providência não guarda consonância com a CF/1988. Gabarito "B".

**(Promotor de Justiça/RR – 2017 – CESPE)** O arquivamento do inquérito policial é uma das formas de ele ser encerrado. Acerca desse assunto, assinale a opção correta de acordo com o entendimento dos tribunais superiores.

(A) O arquivamento por atipicidade faz coisa julgada formal, motivo pelo qual permite a reabertura da investigação caso surjam novas evidências da tipicidade delitiva.

(B) A jurisprudência dos tribunais superiores admite o arquivamento implícito, quando o promotor de justiça deixa de denunciar réu indiciado em inquérito policial.

(C) É inepta a denúncia oferecida por promotor de justiça que impute a prática de crime culposo ao indiciado cometido na direção de veículo automotor sem descrever, de forma clara e precisa, a conduta; assim, não será válida a mera citação de que o autor do fato estava na direção do veículo no momento do acidente.

(D) A vítima ou seus representantes legais têm direito líquido e certo para impetrar mandado de segurança contra arquivamento oferecido por membro do MP.

**A:** incorreta, uma vez que a decisão de arquivamento do inquérito calcada em ausência de tipicidade faz coisa julgada *material* (e não *formal*), o que impede a retomada das investigações bem como o oferecimento de denúncia diante do surgimento de provas novas; **B:** incorreta. O chamado *arquivamento implícito* não é acolhido pela comunidade jurídica, inclusive pelo STF. Se o órgão acusador, sem expressa fundamentação, deixar de incluir na peça acusatória indiciado contra o qual há indícios de participação, deve o juiz, porque o sistema não admite o arquivamento implícito, cuidar para que a inicial seja aditada, recorrendo, se o caso, ao art. 28 do CPP. Além disso, poderá a vítima, ante a omissão do MP, ajuizar ação penal privada subsidiária em face do investigado não denunciado; **C:** correta. Conferir: "Tratando-se do crime de homicídio culposo na condução de veículo automotor, mister se faz reconhecer a necessidade de descrição narrativa e demonstrativa do fato criminoso, não sendo admissível que a acusação limite-se a afirmar que o réu praticou o crime, sem descrever se a conduta imputada ao réu decorre de imprudência, imperícia ou negligência, o que, a toda evidência, obsta o exercício do direito de defesa e do contraditório. Importa destacar, ainda, não ser admissível a responsabilização objetiva do acusado, sem que tenha sido demonstrado que ele concorreu para o resultado naturalístico imbuído de culpa. Conforme o reconhecido no parecer ministerial, o simples fato de o réu estar na direção do veículo automotor no momento do acidente não autoriza a instauração de processo criminal por crime de homicídio culposo se não restar narrada a inobservância do dever objetivo de cuidado e sua relação com a morte da vítima, com indícios suficientes para a deflagração da ação penal" (STJ, RHC 36.434/ES, Rel. Ministro Ribeiro Dantas, Quinta Turma, julgado em 21.06.2018, DJe 28.06.2018); **D:** incorreta, dado que as vítimas ou seus representantes legais não têm direito líquido e certo para impetrar mandado de segurança contra arquivamento oferecido por membro do MP. Aliás, sequer podem ajuizar ação penal privada subsidiária da pública, na medida em que tal ação tem como pressuposto o reconhecimento de desídia do MP, o que não resta caracterizado quando o órgão acusador promove o arquivamento do IP. Conferir: "A vítima de crime de ação penal pública incondicionada não tem direito líquido e certo de impedir o arquivamento do inquérito ou peças de informação. Em regra, não há ilegalidade, teratologia ou abuso de poder, passível de correção via mandado de segurança, na decisão judicial que, acolhendo promoção do Ministério Público, determina o arquivamento de inquérito policial. A norma inserta no art. 28 do Código de Processo Penal concede ao Juiz a prerrogativa de, considerando os elementos trazidos nos autos de inquérito ou nas peças de informações, anuir ou discordar do pedido de arquivamento formulado pelo órgão ministerial, não sendo cabível, em caso de concordância, a prévia submissão do pedido ao Procurador-Geral" (STJ, MS 21.081/DF, Rel. Ministro Raul Araújo, Corte Especial, julgado em 17.06.2015, DJe 04.08.2015). Atenção: tendo em conta o que estabelece o art. 28, § 1°, do CPP (inserido pela Lei 13.964/2019), se a vítima não concordar com o arquivamento do IP promovido pelo Ministério Público, poderá recorrer, no prazo de 30 dias, à instância competente do órgão ministerial. Esta possibilidade até então não existia. ED

*Gabarito 'C'.*

**(Defensor Público/PE – 2018 – CESPE)** Em razão de mandados expedidos por juiz competente, foram realizadas providências cautelares de interceptação telefônica e busca domiciliar na residência de Marcos para a obtenção de provas de crime de tráfico ilícito de entorpecentes a ele imputado e objeto de investigação em inquérito policial.

Nessa situação, durante o procedimento investigatório, o advogado de Marcos

- **(A)** terá direito de acessar os relatórios e as demais diligências da interceptação telefônica ainda em andamento.
- **(B)** terá direito de acessar os relatórios de cumprimento dos mandados de busca e apreensão e os respectivos autos de apreensão.
- **(C)** estará impedido de acessar os laudos periciais incorporados aos procedimentos de investigação.
- **(D)** terá direito de acessar previamente documentos referentes às diligências do inquérito, inclusive os de cumprimento do mandado de busca e apreensão.
- **(E)** estará impedido de acessar os autos de apresentação e apreensão já lavrados.

O sigilo, que é imanente ao inquérito policial (art. 20 do CPP), não pode, ao menos em regra, ser oposto ao advogado do investigado. Com efeito, por força do que estabelece o art. 7°, XIV, da Lei 8.906/1994 (Estatuto da Advocacia), constitui direito do advogado, entre outros: "examinar, em qualquer instituição responsável por conduzir investigação, mesmo sem procuração, autos de flagrante e de investigações de qualquer natureza, findos ou em andamento, ainda que conclusos à autoridade, podendo copiar peças e tomar apontamentos, em meio físico ou digital" (redação determinada pela Lei 13.245/2016). Sobre este tema, a propósito, o STF editou a Súmula Vinculante 14, a seguir transcrita: "É direito do defensor, no interesse do representado, ter acesso amplo aos elementos de prova que, já documentados em procedimento investigatório realizado por órgão com competência de polícia judiciária, digam respeito ao exercício do direito de defesa". Registre-se, todavia, que determinados procedimentos de investigação, geralmente realizados em autos apartados, como a interceptação telefônica e a infiltração, somente serão acessados pelo patrono do investigado depois de concluídos e inseridos nos autos do inquérito. Ou seja, tais procedimentos permanecerão em sigilo, neste caso absoluto, enquanto não forem encerrados. Nesse sentido já se manifestou o STJ: "1. Ao inquérito policial não se aplica o princípio do contraditório, porquanto é fase investigatória, preparatória da acusação, destinada a subsidiar a atuação do órgão ministerial na persecução penal. 2. Deve-se conciliar os interesses da investigação com o direito de informação do investigado e, consequentemente, de seu advogado, de ter acesso aos autos, a fim de salvaguardar suas garantias constitucionais. 3. Acolhendo a orientação jurisprudencial do Supremo Tribunal Federal, o Superior Tribunal de Justiça decidiu ser possível o acesso de advogado constituído aos autos de inquérito policial em observância ao direito de informação do indiciado e ao Estatuto da Advocacia, ressalvando os documentos relativos a terceiras pessoas, os procedimentos investigatórios em curso e os que, por sua própria natureza, não dispensam o sigilo, sob pena de ineficácia da diligência investigatória. 4. *Habeas corpus* denegado" (HC 65.303/

PR, Rel. Ministro Arnaldo Esteves Lima, Quinta Turma, julgado em 20.05.2008, DJe 23.06.2008). Tal regra também está contemplada no art. 23 da Lei 12.850/2013 (Organização Criminosa). ED

*Gabarito 'B'.*

**(Procurador do Estado/SE – 2017 – CESPE)** A respeito de inquérito policial, assinale a opção correta.

- **(A)** O arquivamento desse tipo de investigação criminal nunca faz coisa julgada material, podendo a investigação ser desarquivada a qualquer tempo, se surgirem novas provas.
- **(B)** A prorrogação de prazo em inquéritos policiais para ulteriores diligências é possível quando o fato for de difícil elucidação, ainda que o indiciado esteja preso.
- **(C)** O arquivamento desse conjunto de atos e diligências pode ser determinado, de ofício, pelo magistrado.
- **(D)** O inquérito policial, por ser uma peça investigatória obrigatória, não pode ser dispensado quando da propositura da ação penal.
- **(E)** O inquérito policial pode ser instaurado com base em denúncia anônima, desde que comprovada por elementos informativos prévios que denotem a verossimilhança da comunicação.

**A:** incorreta. É verdade que a decisão que manda arquivar autos de inquérito policial faz, em regra, coisa julgada formal. Em outras palavras, diante do surgimento de provas novas, as investigações podem ser reiniciadas, com posterior oferecimento de denúncia. Entretanto, se o arquivamento do IP se der por atipicidade da conduta imputada ao investigado, neste caso, em especial, produz-se coisa julgada material, de sorte que é inviável, aqui, a reabertura das investigações; **B:** incorreta. A regra presente no art. 10, § 3°, do CPP, que permite a prorrogação do prazo para conclusão do IP na hipótese de ser o fato sob investigação de difícil elucidação, não se estende ao IP em que o investigado se encontre preso. Neste caso, transcorridos os 10 dias para conclusão das investigações, o IP deve ser enviado ao Poder Judiciário, sob pena de se configurar constrangimento ilegal, sanável por *habeas corpus*. Cuidado: há leis especiais que preveem a possibilidade de dilação do prazo do IP mesmo o investigado estando preso. É o caso da apuração de crime de competência da Justiça Federal, em que o prazo para conclusão do inquérito, estando o investigado preso, é de quinze dias, podendo haver uma prorrogação por igual período, conforme dispõe o art. 66 da Lei 5.010/1966. Atenção: o art. 3°-B, VIII, do CPP, introduzido pela Lei 13.964/2019, estabelece ser uma das atribuições do juiz das garantias a prorrogação do prazo do inquérito policial, estando o investigado preso, desde que em face de representação formulada pela autoridade policial. O art. 3°-B, § 2°, do CPP, por sua vez, reza que tal prorrogação do prazo do IP, em que o investigado esteja preso, pode se dar por até 15 dias, uma única vez. Vale lembrar que esses dois dispositivos, porque fazem parte do regramento do juiz das garantias, estão com a sua eficácia suspensa por decisão cautelar do STF. A matéria deve ser apreciada pelo Plenário do Tribunal; **C:** incorreta, uma vez que o magistrado não é dado mandar arquivar IP sem a provocação do MP. Cuidado: com o advento da Lei 13.964/2019, que alterou o art. 28, *caput*, do CPP, cuja eficácia está suspensa por decisão cautelar do STF, o juiz deixa de atuar no procedimento de arquivamento do IP. Agora, a decisão é do Ministério Público, que, depois de analisar o inquérito e concluir pela inexistência de elementos mínimos a sustentar a acusação, determinará seu arquivamento, submetendo tal decisão à instância superior dentro do próprio MP; **D:** incorreta, na medida em que o IP é dispensável ao exercício da ação penal; quer-se com isso dizer que, se o titular da ação penal dispuser de elementos suficientes à sua propositura, nada impede que o faça sem recorrer ao inquérito policial. A propósito, a *dispensabilidade* é uma das características do IP (art. 12 do CPP); **E:** correta. A denúncia anônima (também chamada de *apócrifa* ou *inqualificada*), segundo tem entendido a jurisprudência, não é apta, por si só, a autorizar a instauração de inquérito policial, dando início à persecução jurisprudência penal. Antes disso, a autoridade policial deverá fazer uma averiguação prévia a fim de verificar a procedência da denúncia apócrifa, para, depois disso, determinar, se for o caso, a instauração de inquérito. Nesse sentido: "(...) *a autoridade policial, ao receber uma denúncia anônima, deve antes realizar diligências preliminares para averiguar se os fatos narrados nessa 'denúncia' são materialmente verdadeiros, para, só então, iniciar as investigações*" (STF, HC 95.244, 1ª T., rel. Min. Dias Toffoli, DJE de 29.04.2010). ED

*Gabarito 'E'.*

**(Procurador do Estado/SE – 2017 – CESPE)** Ainda com relação ao inquérito policial, assinale a opção correta.

(A) Poderá ser decretada pelo magistrado a prisão preventiva fundamentada exclusivamente no clamor social provocado pelo indiciado.

(B) É vedado à autoridade policial o prosseguimento das investigações após o início do processo criminal.

(C) A vítima, em decorrência do seu direito líquido e certo, pode, na ação penal pública, impetrar mandado de segurança contra o arquivamento do inquérito.

(D) O indiciamento pode ser determinado pelo membro do MP quando a autoridade policial se recusar a fazê-lo.

(E) É cabível o trancamento de inquérito policial quando sua duração for desarrazoadamente excessiva, o que permite a reabertura, caso surjam novas provas.

**A:** incorreta. Isso porque o *clamor social* não é apto, por si só, a servir de fundamento para a decretação da prisão preventiva (art. 312, CPP); **B:** incorreta, uma vez que nada obsta que o delegado de polícia dê continuidade às investigações depois de instaurada a ação penal. Tal se dá, por exemplo, quando, no concurso de pessoas, o MP tenha denunciado algum dos autores enquanto a autoridade policial investiga a participação de outros; **C:** incorreta. Conferir: "A vítima de crime de ação penal pública incondicionada não tem direito líquido e certo de impedir o arquivamento do inquérito ou peças de informação. Em regra, não há ilegalidade, teratologia ou abuso de poder, passível de correção via mandado de segurança, na decisão judicial que, acolhendo promoção do Ministério Público, determina o arquivamento do inquérito policial. A norma inserta no art. 28 do Código de Processo Penal concede ao Juiz a prerrogativa de, considerando os elementos trazidos nos autos de inquérito ou nas peças de informações, anuir ou discordar do pedido de arquivamento formulado pelo órgão ministerial, não sendo cabível, em caso de concordância, a prévia submissão do pedido ao Procurador--Geral" (STJ, MS 21.081/DF, Rel. Ministro Raul Araújo, Corte Especial, julgado em 17.06.2015, DJe 04.08.2015). Pela nova sistemática adotada pelo art. 28, § 1º, do CPP, inserido pela Lei 13.964/2019, poderá a vítima recorrer do arquivamento do IP; **D:** incorreta. O indiciamento constitui providência privativa da autoridade policial. É o que estabelece o art. 2º, § 6º, da Lei 12.830/2013, que contempla regras sobre a investigação criminal conduzida pelo delegado de polícia. Quanto a isso, conferir o magistério de Guilherme de Souza Nucci: "Requisição de indiciamento: cuida-se de procedimento equivocado, pois indiciamento é ato exclusivo da autoridade policial, que forma o seu convencimento sobre a autoria do crime, elegendo, formalmente, o suspeito de sua prática. Assim, não cabe ao promotor ou ao juiz exigir, através de requisição, que alguém seja indiciado pela autoridade policial, porque seria o mesmo que demandar à força que o presidente do inquérito conclua ser aquele o autor do delito (...)" (*Código de Processo Penal Comentado*, 12ªed., p. 101); **E:** correta. Conferir: "1. As leis processuais não estipulam prazo para a conclusão do inquérito policial, contudo, em observância ao princípio da razoabilidade, deve ser célere o andamento de procedimentos administrativos e judiciais. 2. Não se admite que alguém seja objeto de investigação eterna, notadamente, porque essa é uma situação que conduz a um evidente constrangimento, seja ele moral, ou, até mesmo financeiro e econômico. 3. Transcorridos mais de 6 anos do início da investigação sem que tenha sido oferecida denúncia ou obtidos elementos concretos que permitam o indiciamento do paciente, configura-se constrangimento ilegal por excesso de prazo, a ensejar, por consequência, o trancamento do procedimento de investigação, sem prejuízo da abertura de outra investigação, caso surjam novas provas. 4. Recurso em *habeas corpus* provido" (STJ, RHC 82.559/RJ, Rel. Ministro Nefi Cordeiro, Sexta Turma, julgado em 05.12.2017, DJe 08.03.2018). ⎯ᴰ
*Gabarito "E".*

**(Técnico Judiciário – STJ – 2018 – CESPE)** A respeito dos procedimentos de investigação, julgue os itens que se seguem.

(1) *Notitia criminis* é o meio pelo qual a vítima de delito ou o seu representante legal manifesta sua vontade a respeito da instauração do inquérito policial e do posterior oferecimento de denúncia, nas hipóteses de ação penal pública condicionada.

(2) O inquérito policial tem caráter inquisitório, dispensando a ampla defesa e o contraditório, motivo pelo qual os

elementos de informação nele documentados não são disponibilizados ao defensor do investigado.

**1:** incorreta, já que o conceito apresentado acima se refere, na verdade, à *representação*, instrumento por meio do qual o ofendido ou seu representante legal, na ação penal pública condicionada, manifesta seu desejo de ver processado seu ofensor (art. 5º, § 4º, do CPP). *Noticia criminis* nada mais é do que a notícia da prática de determinado comportamento que, em princípio, configurar infração penal. Essa notícia de crime pode chegar ao conhecimento do delegado de polícia de variadas formas, entre elas a comunicação feita pela Polícia Militar, por meio de matéria jornalística, em razão de requerimento formulado pelo ofendido na ação penal privada etc.; **2:** incorreta. É certo que o inquérito policial tem caráter inquisitivo, já que nele não vigoram a ampla defesa e o contraditório. Agora, ainda que se trate de procedimento inquisitivo, o defensor tem amplo acesso aos elementos de informação reunidos no inquérito policial. O inquérito policial é, em vista do que dispõe o art. 20 do CPP, *sigiloso*. Ocorre que, a teor do art. 7º, XIV, da Lei 8.906/1994 (Estatuto da Advocacia), cuja redação foi alterada por força da Lei 13.245/2016, constitui direito do advogado, entre outros: "examinar, em qualquer instituição responsável por conduzir investigação, mesmo sem procuração, autos de flagrante e de investigações de qualquer natureza, findos ou em andamento, ainda que conclusos à autoridade, podendo copiar peças e tomar apontamentos". Sobre este tema, a propósito, o STF editou a Súmula Vinculante 14, a seguir transcrita: "É direito do defensor, no interesse do representado, ter acesso amplo aos elementos de prova que, já documentados em procedimento investigatório realizado por órgão com competência de polícia judiciária, digam respeito ao exercício do direito de defesa". ⎯ᴰ
*Gabarito 1E, 2E*

**(Analista Judiciário – STJ – 2018 – CESPE)** Acerca do inquérito policial, do acusado e seu defensor e da ação penal, julgue os itens que se seguem.

(1) Em se tratando de crimes que se processam mediante ação penal pública incondicionada, o inquérito policial poderá ser instaurado de ofício pela autoridade policial.

(2) Filho de acusado está impedido de exercer a advocacia em favor de seu pai em processo criminal.

(3) O titular da ação penal pública condicionada é o Ministério Público.

**1:** correta. De fato, se a ação penal referente ao crime que chegou ao conhecimento da autoridade policial for pública incondicionada, é de rigor a instauração de inquérito policial (art. 5º, I, do CPP). Neste caso, diz-se que o inquérito é instaurado de *ofício* pelo delegado de polícia. Em outras palavras, ele, delegado, por sua conta, através de portaria, promove a instauração do IP; **2:** incorreta. Embora não recomendado, visto que pode haver envolvimento emocional, nada obsta que o filho do acusado patrocine a defesa do pai. Mesmo porque o próprio acusado, se dispuser de qualificação técnica para tanto (inscrição dos quadros da OAB), poderá promover a sua defesa técnica; **3:** correta. A ação penal pública, quer seja condicionada, quer seja incondicionada, é promovida pelo Ministério Público, seu titular (art. 24, *caput*, primeira parte, do CPP). Cuidado: embora titular da ação penal pública condicionada (à representação ou à requisição do MJ), o MP somente poderá promover a ação penal, por meio de denúncia, se houver manifestação de vontade da vítima, por meio de representação, ou do MJ, por meio de requisição (art. 24, *caput*, segunda parte, do CPP). ⎯ᴰ
*Gabarito 1C, 2E, 3C*

**(Delegado/PE – 2016 – CESPE)** Considerando-se que João tenha sido indiciado, em inquérito policial, por, supostamente, ter cometido dolosamente homicídio simples, e que Pedro tenha sido indiciado, em inquérito policial, por, supostamente, ter cometido homicídio qualificado, é correto afirmar que, no curso dos inquéritos,

(A) se a prisão temporária de algum dos acusados for decretada, ela somente poderá ser executada depois de expedido o mandado judicial.

(B) João e Pedro podem ficar presos temporariamente, sendo igual o limite de prazo para a decretação da prisão temporária de ambos.

(C) o juiz poderá decidir sobre a prisão temporária de qualquer um dos acusados ou de ambos, independentemente de ouvir o MP, sendo suficiente, para tanto, a representação da autoridade policial.

**(D)** o juiz poderá decretar, de ofício, a prisão temporária de Pedro mas não a de João.

**(E)** o juiz poderá decretar, de ofício, a prisão temporária de João e de Pedro.

**A:** correta, pois em conformidade com a regra presente no art. 2º, § 5º, da Lei 7.960/1989 (Prisão Temporária), segundo a qual a prisão temporária somente será executada depois de expedido o respectivo mandado; **B:** incorreta. Isso porque a legislação aplicável à espécie estabelece prazos distintos em razão da natureza do crime praticado (se hediondo ou não o delito). Se hediondo ou equiparado, o prazo de prisão temporária será de até *trinta* dias, prorrogável por mais trinta, em caso de comprovada e extrema necessidade. É o teor do art. 2º, § 4º, da Lei 8.072/1990 (Crimes Hediondos); agora, se se tratar de crime elencado no art. 1º, III, da Lei 7.960/1989 que não seja hediondo tampouco equiparado, o prazo de prisão temporária obedecerá ao que estabelece o art. 2º, *caput*, da mesma lei: *cinco* dias prorrogável por mais cinco, em caso de comprovada e extrema necessidade. O limite de permanência do investigado em prisão temporária variará, portanto, em função do fato de o crime ser ou não hediondo; **C:** incorreta. Por imposição do art. 2º, § 1º, da Lei 7.960/1989, a decretação da prisão temporária, na hipótese de representação formulada pela autoridade policial, somente se dará depois de ouvido o Ministério Público; **D:** incorreta. Em hipótese alguma, seja o crime sob apuração hediondo ou não, é dado ao juiz decretar a custódia temporária de ofício. Somente poderá fazê-lo diante de representação do delegado de polícia ou por meio de requerimento do Ministério Público (art. 2º, *caput*, da Lei 7.960/1989); **E:** incorreta. *Vide* comentário à questão anterior.
Gabarito "A".

**(Delegado/PE – 2016 – CESPE)** A respeito do inquérito policial, assinale a opção correta, tendo como referência a doutrina majoritária e o entendimento dos tribunais superiores.

**(A)** Por substanciar ato próprio da fase inquisitorial da perse-cução penal, é possível o indiciamento, pela autoridade policial, após o oferecimento da denúncia, mesmo que esta já tenha sido admitida pelo juízo *a quo*.

**(B)** O acesso aos autos do inquérito policial por advogado do indiciado se estende, sem restrição, a todos os documentos da investigação.

**(C)** Em consonância com o dispositivo constitucional que trata da vedação ao anonimato, é vedada a instauração de inqué-rito policial com base unicamente em denúncia anônima, salvo quando constituírem, elas próprias, o corpo de delito.

**(D)** O arquivamento de inquérito policial mediante promoção do MP por ausência de provas impede a reabertura das investigações: a decisão que homologa o arquivamento faz coisa julgada material.

**(E)** De acordo com a Lei de Drogas, estando o indiciado preso por crime de tráfico de drogas, o prazo de conclusão do inquérito policial é de noventa dias, prorrogável por igual período desde que imprescindível para as investigações.

**A:** incorreta. Conferir: "Processual penal. *Habeas corpus*. Crime contra a flora. Lei 9.605/1998. Indiciamento formal posterior ao oferecimento da denúncia. Constrangimento ilegal configurado. Ordem concedida. I. Este Superior Tribunal de Justiça, em reiterados julgados, vem afirmando seu posicionamento no sentido de que caracteriza constrangimento ilegal o formal indiciamento do paciente que já teve contra si oferecida denúncia e até mesmo já foi recebida pelo Juízo *a quo*. II. Uma vez oferecida a exordial acusatória, encontra-se encerrada a fase investigatória e o indiciamento do réu, neste momento, configura-se coação desnecessária e ilegal. III. Ordem concedida, nos termos do voto do Relator" (HC 179.951/ SP, Rel. Ministro Gilson Dipp, Quinta Turma, julgado em 10.05.2011, DJe 27.05.2011); **B:** incorreta, pois não reflete o entendimento firmado por meio da Súmula Vinculante 14: "É direito do defensor, no interesse do representado, ter acesso amplo aos elementos de prova que, já documentados em procedimento investigatório realizado por órgão com competência de polícia judiciária, digam respeito ao exercício do direito de defesa". Disso se infere que a autoridade policial poderá negar ao advogado o acesso aos elementos de prova ainda não documentados em procedimento investigatório; **C:** correta. Nesse sentido: "Habeas corpus" – Recurso ordinário – Motivação "Per relationem" – Legitimidade consti-

tucional – Delação anônima – Admissibilidade – Configuração, no caso, dos requisitos legitimadores de seu acolhimento – Doutrina – Precedentes – Pretendida discussão em torno da alegada insuficiência de elementos probatórios – Impossibilidade na via sumaríssima do "habeas corpus" – Precedentes – Recurso ordinário improvido. Persecução penal e delação anônima – As autoridades públicas não podem iniciar qualquer medida de persecução (penal ou disciplinar), apoiando-se, unicamente, para tal fim, em peças apócrifas ou em escritos anônimos. É por essa razão que o escrito anônimo não autoriza, desde que isoladamente considerado, a imediata instauração de "persecutio criminis". – Nada impede que o Poder Público, provocado por delação anônima ("disque-denúncia", p. ex.), adote medidas informais destinadas a apurar, previamente, em averiguação sumária, "com prudência e discrição", a possível ocorrência de eventual situação de ilicitude penal, desde que o faça com o objetivo de conferir a verossimilhança dos fatos nela denunciados, em ordem a promover, então, em caso positivo, a formal instauração da "persecutio criminis", mantendo-se, assim, completa desvinculação desse pro-cedimento estatal em relação às peças apócrifas (...)" (RHC 117988, Relator(a): Min. Gilmar Mendes, Relator(a) p/ Acórdão: Min. Celso de Mello, Segunda Turma, julgado em 16.12.2014, Processo Eletrônico DJe-037 divulg 25.02.2015 public 26.02.2015); **D:** incorreta, já que, uma vez ordenado o arquivamento do inquérito policial, por falta de base para a denúncia (aqui incluída a *ausência de provas*), nada obsta que a autoridade policial proceda a novas pesquisas, desde que de outras provas tenha conhecimento – art. 18 do CPP. Isso porque a decisão que determina o arquivamento do inquérito policial não gera, em regra, coisa julgada material. Registre-se, no entanto, que as "outras provas" a que faz alusão o art. 18 do CPP devem ser entendidas como *provas substancialmente novas*, ou seja, aquelas que até então não eram de conhecimento das autoridades. Veja, a propósito, o teor da Súmula 524 do STF: "Arquivado o inquérito policial, por despacho do juiz, a requerimento do Promotor de Justiça, não pode a ação penal ser iniciada, sem novas provas". Agora, se o arquivamento do inquérito se der por ausência de tipicidade, a decisão, neste caso, tem efeito preclusivo, é dizer, produz coisa julgada material, impedindo, dessa forma, o desarquivamento do inquérito; **E:** incorreta. De acordo com o art. 51 da Lei de Drogas (11.343/2006), se preso estiver o indiciado, o prazo para conclusão do inquérito policial é de 30 dias (e não de 90 dias). O prazo de 90 dias, segundo o mesmo dispositivo, é para a conclusão do inquérito em que o investigado esteja solto.
Gabarito "C".

**(Delegado/PE – 2016 – CESPE)** Com base nos dispositivos da Lei 12.830/2013, que dispõe sobre a investigação criminal conduzida por delegado de polícia, assinale a opção correta.

**(A)** São de natureza jurídica, essenciais e exclusivas de Estado as funções de polícia judiciária e a apuração de infrações penais pelo delegado de polícia.

**(B)** A redistribuição ou a avocação de procedimento de inves-tigação criminal poderá ocorrer de forma casuística, desde que determinada por superior hierárquico.

**(C)** A remoção de delegado de polícia de determinada unidade policial somente será motivada se ocorrer de uma circuns-crição para outra, não incidindo a exigência de motivação nas remoções de delegados de uma delegacia para outra no âmbito da mesma localidade.

**(D)** A decisão final sobre a realização ou não de diligências no âmbito do inquérito policial pertence exclusivamente ao delegado de polícia que preside os autos.

**(E)** A investigação de crimes é atividade exclusiva das polícias civil e federal.

**A:** correta, pois reflete o que estabelece o art. 2º, *caput*, da Lei 12.830/2013; **B:** incorreta, pois não corresponde ao que prevê o art. 2º, § 4º, da Lei 12.830/2013; **C:** incorreta. A motivação será de rigor em qualquer hipótese (art. 2º, § 5º, da Lei 12.830/2013); **D:** incorreta, na medida em que, embora o delegado de polícia detenha discricona-riedade na condução do inquérito policial, determinando as diligências que entender pertinentes, terá de cumprir as requisições do MP e do Juiz. É bom que se diga que tal regra não está contemplada, de forma expressa, na Lei 12.830/2013; **E:** incorreta, já que o inquérito policial constitui tão somente uma das formas de se proceder a investigações criminais (art. 4º, parágrafo único, CPP). Nada impede, por exemplo, que o MP realize investigações de natureza criminal.
Gabarito "A".

# 13. DIREITO PROCESSUAL PENAL    455

**(Juiz de Direito/DF – 2016 – CESPE)** À luz do que dispõe o CPP a respeito dos crimes de ação pública, é correto afirmar que o inquérito policial

(A) poderá ser iniciado de ofício pela autoridade policial, ou mediante requisição do juiz ou do promotor de justiça, mas não do ofendido, a quem cabe apenas a apresentação de queixa-crime.

(B) poderá ser iniciado de ofício pela autoridade policial, ou mediante requisição do promotor de justiça, mas não do juiz, por ser este considerado ator imparcial.

(C) poderá ser iniciado de ofício pela autoridade policial, ou mediante requisição do juiz, do promotor ou do ofendido e seu defensor, mas não poderá decorrer de denúncia feita por qualquer do povo que tenha conhecimento da prática de eventual crime, pois a ação penal cabe ao MP.

(D) será iniciado, obrigatoriamente, pelo auto de prisão em flagrante ou por portaria da autoridade policial, podendo o MP instaurar apenas inquérito ministerial; o juiz, por ser ator imparcial, também não pode requisitar a instauração de inquérito, tampouco o ofendido ou qualquer do povo, para que não se caracterize vingança privada.

(E) poderá ser iniciado de ofício ou mediante requisição do juiz, do promotor ou do ofendido e seu defensor, podendo, ainda, ser instaurado pela autoridade policial, após a verificação da procedência das informações fornecidas por qualquer do povo que tenha tido conhecimento da existência de infração penal e a tenha, verbalmente ou por escrito, comunicado à referida autoridade.

A teor do art. 5º do CPP, constituem formas de instauração do inquérito policial: de ofício pela autoridade policial (inciso I); requisição judicial ou do MP (inciso II, 1ª parte); requerimento da vítima (inciso II, 2ª parte); por força de auto de prisão em flagrante; representação do ofendido nos crimes de ação penal pública condicionada a representação (art. 5º, § 4º, CPP); denúncia da ocorrência de uma infração penal formulada por qualquer pessoa do povo (*delatio criminis* – art. 5º, § 3º, do CPP); e requerimento do ofendido na ação penal privada (art. 5º, § 5º, do CPP). A alternativa apontada inicialmente como correta (E) está, na verdade, incorreta, uma vez que a requisição para a instauração de inquérito policial é providência privativa do juiz e do promotor de Justiça; a vítima ou quem a represente formulará *pedido* (requerimento) à autoridade policial para a instauração de inquérito policial, à qual caberá deferir ou não o pleito da vítima, decisão contra a qual cabe recurso ao chefe de Polícia (art. 5º, § 2º, do CPP).
Gabarito: ANULADA

**(Advogado União – AGU – CESPE – 2015)** Ao receber uma denúncia anônima por telefone, a autoridade policial realizou diligências investigativas prévias à instauração do inquérito policial com a finalidade de obter elementos que confirmassem a veracidade da informação. Confirmados os indícios da ocorrência de crime de extorsão, o inquérito foi instaurado, tendo o delegado requerido à companhia telefônica o envio de lista com o registro de ligações telefônicas efetuadas pelo suspeito para a vítima. Prosseguindo na investigação, o delegado, sem autorização judicial, determinou a instalação de grampo telefônico no telefone do suspeito, o que revelou, sem nenhuma dúvida, a materialidade e a autoria delitivas. O inquérito foi relatado, com o indiciamento do suspeito, e enviado ao MP.

(1) Nessa situação hipotética, considerando as normas relativas à investigação criminal, são nulos os atos de investigação realizados antes da instauração do inquérito policial, pois violam o princípio da publicidade do procedimento investigatório, bem como a obrigação de documentação dos atos policiais.

**1:** incorreta, uma vez que a publicidade imanente ao processo penal não se aplica ao inquérito policial, que é sigiloso, conforme estabelece o art. 20, "caput", do CPP. Além disso, a denúncia anônima (também chamada de *apócrifa* ou *inqualificada*), segundo tem entendido a jurisprudência, não é apta, por si só, a autorizar a instauração de inquérito policial, dando início à persecução penal. Antes disso, a autoridade policial deverá fazer uma averiguação prévia a fim de verificar a procedência da denúncia apócrifa, para, depois disso, determinar, se for o caso,

a instauração de inquérito. Nesse sentido: "(...) *a autoridade policial, ao receber uma denúncia anônima, deve antes realizar diligências preliminares para averiguar se os fatos narrados nessa 'denúncia' são materialmente verdadeiros, para, só então, iniciar as investigações*" (STF, HC 95.244, 1ª T., Rel. Min. Dias Toffoli, *DJE* 29.04.2010). Não há que se falar em ilegalidade, portanto, na conduta da autoridade policial que, em face de denúncia anônima, realizar diligências prévias à instauração de inquérito a fim de apurar a veracidade dos fatos que chegaram ao seu conhecimento. Pelo contrário, conforme já salientamos acima, a jurisprudência entende que a realização dessas diligências preliminares é de rigor. [ED]
Gabarito 1E

**(Procurador do Estado – PGE/BA – CESPE – 2014)** Acerca do direito processual penal, julgue o item a seguir (adaptada)

(1) Em razão do princípio constitucional da presunção de inocência, é vedado à autoridade policial mencionar anotações referentes à instauração de inquérito nos atestados de antecedentes que lhe forem solicitados.

**1:** correta, pois reflete a regra presente no art. 20, parágrafo único, do CPP, que assim dispõe: *Nos atestados de antecedentes que lhe forem solicitados, a autoridade policial não poderá mencionar quaisquer anotações referentes a instauração de inquérito contra os requerentes.* [ED]
Gabarito 1C

**(Analista – TJ/CE – 2013 – CESPE)** Acerca de inquérito policial (IP), assinale a opção correta. Nesse sentido, considere que a sigla MP, sempre que empregada, se refere ao Ministério Público.

(A) Ainda que o MP possua provas suficientes para instauração da ação penal, o IP não poderá ser dispensado.

(B) O MP, que é o *dominus litis*, pode determinar a abertura de IPs, requisitar esclarecimentos e diligências investigatórias, bem como assumir a presidência do IP.

(C) A elaboração de laudo pericial na fase do IP sem prévio oferecimento de quesitos pela defesa ofende o princípio da ampla defesa quando somente tenha sido dada oportunidade de manifestação e oferecimento de quesitos após sua juntada.

(D) O arquivamento do IP pode ser realizado pela autoridade policial, quando houver requerimento do MP, com sua concordância.

(E) Caso o MP requeira o arquivamento de IP com fundamento na atipicidade do fato, a decisão que determinar o arquivamento com base nesse fundamento, ainda que seja emanada de juiz absolutamente incompetente, impedirá a instauração de processo que tenha por objeto o mesmo episódio.

**A:** incorreta. Isso porque o inquérito policial, segundo doutrina e jurisprudência unânimes, não constitui fase obrigatória e imprescindível da persecução penal. Pode o membro do MP, pois, dele abrir mão e ajuizar, de forma direta, a ação penal, desde que, é claro, disponha de elementos de informação suficientes ao seu exercício (da ação penal). É o que se infere do art. 12 do CPP; **B:** incorreta. Pode o MP, é verdade, requisitar à autoridade policial a abertura de inquérito (art. 5º, II, do CPP), bem como, ao final das investigações do inquérito policial, promover o retorno dos autos ao delegado de polícia para a realização de diligências investigatórias imprescindíveis ao exercício da ação penal (art. 16, CPP). Agora, não poderá o representante do *parquet*, ainda que seja o *dominus litis*, assumir a presidência do inquérito policial, atribuição exclusiva do delegado de polícia (art. 2º, § 1º, Lei 12.830/2013); poderá, isto sim, presidir apuração de fato criminoso por meio de inquérito *criminal*, mas não *policial*; **C:** incorreta. Como bem sabemos, as perícias em geral constituem prova *não repetível*, que, embora sejam, em regra, realizadas no curso das investigações, serão submetidas, na etapa processual, ao chamado contraditório diferido (posterior). Não há ofensa, pois, ao postulado da ampla defesa o fato de o laudo, no curso das investigações, ser elaborado sem prévio oferecimento de quesitos pela defesa; **D:** incorreta, dado que é vedado ao delegado de polícia, sob qualquer pretexto, promover o arquivamento de autos de inquérito policial; tal providência somente poderá ser determinada, a requerimento do MP, pelo juiz de direito (art. 17 do CPP). Vale lembrar que o juiz, com a modificação implementada no art. 28 do CPP pela Lei 13.964/2019, deixou de ter ingerência no procedimento de arquivamento do IP. Tal decisão cabe ao MP; **E**: correta. Uma vez ordenado o arquivamento do inquérito policial, por falta de base para a denúncia, nada obsta que a autoridade policial proceda a novas pesquisas, desde que de outras provas tenha conhecimento – art. 18 do CPP. Isso porque a decisão que determina o arquivamento do inquérito policial não gera, em regra, coisa julgada material. Agora, se o arquivamento do inquérito se der por ausência de tipicidade (é o caso narrado na proposição), a decisão, neste caso, ainda que tomada por juízo incompetente, tem efeito preclusivo, é dizer, produz coisa julgada material, impedindo, dessa forma, o desarquivamento do inquérito. A esse respeito, conferir: "*Habeas corpus*: cabimento. É da jurisprudência do Tribunal que não impedem a impetração de *habeas corpus* a admissibilidade de recurso ordinário ou extraordinário da decisão impugnada, nem a efetiva interposição deles. II – Inquérito policial: arquivamento com base na atipicidade do fato: eficácia de coisa julgada material. A decisão que determina o arquivamento do inquérito policial, quando fundado o pedido do Ministério Público em que o fato nele apurado não constitui crime, mais que preclusão, produz coisa julgada material, que – ainda quando emanada a decisão de juiz absolutamente incompetente -, impede a instauração de processo que tenha por objeto o mesmo episódio. Precedentes: HC 80.560, 1ª T., 20.02.01, Pertence, *RTJ* 179/755; Inq. 1538, Pl., 08.08.01, Pertence, *RTJ* 178/1090; Inq-QO 2044, Pl., 29.09.04, Pertence, *DJ* 28.10.04; HC 75.907, 1ª T., 11.11.97, Pertence, *DJ* 9.4.99; HC 80.263, Pl., 20.2.03, Galvão, RTJ 186/1040" (HC 83346, Sepúlveda Pertence, STF).

**(Escrivão de Polícia Federal – 2013 – CESPE)** Acerca do inquérito policial, julgue os itens seguintes.

**(1)** O valor probatório do inquérito policial, como regra, é considerado relativo, entretanto, nada obsta que o juiz absolva o réu por decisão fundamentada exclusivamente em elementos informativos colhidos na investigação.

**(2)** O princípio que rege a atividade da polícia judiciária impõe a obrigatoriedade de investigar o fato e a sua autoria, o que resulta na imperatividade da autoridade policial de instaurar inquérito policial em todos os casos em que receber comunicação da prática de infrações penais. A ausência de instauração do procedimento investigativo policial enseja a responsabilidade da autoridade e dos demais agentes envolvidos, nos termos da legislação de regência, vez que resultará em arquivamento indireto de peça informativa.

**(3)** A conclusão do inquérito policial é precedida de relatório final, no qual é descrito todo o procedimento adotado no curso da investigação para esclarecer a autoria e a materialidade. A ausência desse relatório e de indiciamento formal do investigado não resulta em prejuízos para persecução penal, não podendo o juiz ou órgão do Ministério Público determinar o retorno da investigação à autoridade para concretizá-los, já que constitui mera irregularidade funcional a ser apurada na esfera disciplinar.

**1**: correta. De fato, o inquérito policial, segundo doutrina e jurisprudência pacíficas, tem valor probatório *relativo*, na medida em que os elementos de informação nele reunidos não são colhidos sob a égide do contraditório e ampla defesa. Cuida-se, pois, de peça meramente informativa. Tanto é assim que as nulidades porventura ocorridas no curso do inquérito não contaminam a ação penal respectiva. Também é correto afirmar-se que ao juiz é dado, diante das informações colhidas no bojo do inquérito policial, absolver, sempre de forma fundamentada, o investigado. O que não se admite, é importante que se diga, é que as provas coligidas no inquérito policial sirvam, de forma exclusiva, de suporte para fundamentar uma sentença penal condenatória. Em outras palavras, é vedado ao magistrado fundamentar sua decisão exclusivamente nos elementos informativos produzidos na investigação. É o que estabelece o art. 155, *caput*, do CPP. Nesse sentido, conferir: "*habeas corpus*. Penal. Paciente condenado pela prática de atentado violento ao pudor. Alegação de nulidade da condenação por estar baseada exclusivamente em provas colhidas na instrução policial. Ocorrência. Decisão fundada essencialmente em depoimentos prestados na fase pré-judicial. Nulidade. Precedentes. Ordem concedida. I – Os depoimentos retratados perante a autoridade judiciária foram decisivos para a condenação, não se indicando nenhuma prova conclusiva que pudesse levar à responsabilidade penal do paciente. II – A tese de que há outras provas que passaram pelo crivo do contraditório, o que afastaria a presente

nulidade, não prospera, pois estas nada provam e são apenas indícios. III – O acervo probatório que efetivamente serviu para condenação do paciente foi aquele obtido no inquérito policial. Segundo entendimento pacífico desta Corte não podem subsistir condenações penais fundadas unicamente em prova produzida na fase do inquérito policial, sob pena de grave afronta às garantias constitucionais do contraditório e da plenitude de defesa. Precedentes. IV – Ordem concedida para cassar o acórdão condenatório proferido pelo Tribunal de Justiça do Estado de São Paulo e restabelecer a sentença absolutória de primeiro grau" (STF, HC 103660, Ricardo Lewandowski); **2**: incorreta. A autoridade policial somente estará obrigada a proceder a inquérito, de ofício, nos casos em que a infração penal cuja prática lhe é comunicada for de ação penal pública *incondicionada* (art. 5º, I, do CPP). Nos demais casos (ação pública condicionada e privativa do ofendido), o delegado somente instaurará inquérito diante de representação (ou requisição, conforme o caso) do ofendido ou requerimento por este formulado, respectivamente (art. 5º, §§ 4º e 5º, do CPP); **3**: correta. Por se tratar de peça meramente informativa e dispensável, a ausência de relatório final ou mesmo do formal indiciamento do investigado, no inquérito policial, não obsta que o acusador promova a respectiva ação penal, oferecendo, em juízo, denúncia ou queixa-crime. Também por isso não é dado ao titular da ação penal e também ao magistrado promover a devolução dos autos de inquérito à Polícia Judiciária para que o delegado adote tais providências. Na jurisprudência do STJ: "Direito processual penal. Indiciamento como atribuição exclusiva da autoridade policial. O magistrado não pode requisitar o indiciamento em investigação criminal. Isso porque o indiciamento constitui atribuição exclusiva da autoridade policial. De fato, é por meio do indiciamento que a autoridade policial aponta determinada pessoa como a autora do ilícito em apuração. Por se tratar de medida ínsita à fase investigatória, por meio da qual o delegado de polícia externa o seu convencimento sobre a autoria dos fatos apurados, não se admite que seja requerida ou determinada pelo magistrado, já que tal procedimento obrigaria o presidente do inquérito à conclusão de que determinado indivíduo seria o responsável pela prática criminosa, em nítida violação ao sistema acusatório adotado pelo ordenamento jurídico pátrio. Nesse mesmo sentido, é a inteligência do art. 2º, § 6º, da Lei 12.830/2013, o qual consigna que o indiciamento é ato inserto na esfera de atribuições da polícia judiciária. Precedente citado do STF: HC 115.015-SP, 2ª T., *DJe* 11/9/2013" (RHC 47.984-SP, rel. Min. Jorge Mussi, j. 04.11.2014 – Inf. STJ 552).

**(Escrivão de Polícia/DF – 2013 – CESPE)** Julgue os itens seguintes, a respeito do inquérito policial (IP) e das provas.

**(1)** Considere a seguinte situação hipotética. Instaurado o IP por crime de ação penal pública, a autoridade policial determinou a realização de perícia, da qual foi lavrado laudo pericial firmado por dois peritos não oficiais, ambos bacharéis, que prestaram compromisso de bem e fielmente proceder à perícia na arma de fogo apreendida em poder do acusado. Nessa situação hipotética, houve flagrante nulidade, pois a presença de perito oficial é requisito indispensável para a realização da perícia.

**(2)** Nos crimes de ação pública condicionada, o IP somente poderá ser instaurado se houver representação do ofendido ou de seu representante legal; nos crimes de iniciativa privada, se houver requerimento de quem tenha qualidade para oferecer queixa.

**(3)** A autoridade policial tem o dever jurídico de atender à requisição do Ministério Público pela instauração de IP, podendo, entretanto, se recusar a fazê-lo na hipótese em que a requisição não contenha nenhum dado ou elemento que permita a abertura das investigações.

**(4)** Se o IP for arquivado pelo juiz, a requerimento do promotor de justiça, sob o argumento de que o fato é atípico, a decisão que determinar o arquivamento do IP impedirá a instauração de processo penal pelo mesmo fato, ainda que tenha sido tomada por juiz absolutamente incompetente.

**1**: incorreta. É do art. 159 do CPP que, na falta de perito oficial, o exame será realizado por duas pessoas idôneas (peritos não oficiais), portadoras de diploma de curso superior, que prestarão o compromisso de bem e fielmente desempenhar o encargo a elas confiado. Não há por que falar-se, portanto, em nulidade, já que a legislação autoriza que, em casos assim (falta de perito oficial), a perícia seja feita por dois peritos não oficiais; **2**: incorreta conforme gabarito oficial, mas, segundo pensamos, não há por que a assertiva ser assim considerada. Com efeito, nos crimes em que a ação penal é pública condicionada, o inquérito somente será instaurado se o ofendido ou aquele que o represente manifestar, por meio de representação, sua vontade nesse sentido (art. 5º, § 4º, do CPP). Da mesma forma, nos crimes cuja ação penal é privativa do ofendido, a instauração de inquérito condiciona-se ao requerimento formulado por quem detém legitimidade para o ajuizamento da ação penal (art. 5º, § 5º, do CPP). Talvez o examinador tenha considerado que, na ação penal condicionada, a representação do ofendido (ou de seu representante) não seja a única forma de autorizar a instauração de inquérito, o que também é possível diante da requisição do Ministro da Justiça; **3**: incorreta conforme gabarito oficial, mas correta, a nosso ver. Conferir, a esse respeito, o magistério de Guilherme de Souza Nucci, com o qual concordamos: "Negativa em cumprir a requisição: cremos admissível que a autoridade policial refute a instauração de inquérito requisitado por membro do Ministério Público ou por juiz de direito, desde que se trate de exigência manifestamente ilegal. A requisição deve lastrear-se na lei; não tendo, pois, supedâneo legal, não deve o delegado agir, pois, se o fizesse, estaria cumprindo um desejo pessoal de outra autoridade, o que não se coaduna com a sistemática processual penal". Ainda segundo Nucci, "requisições dirigidas à autoridade policial, exigindo a instauração de inquérito contra determinada pessoa, ainda que apontem o crime, em tese, necessitam conter dados suficientes que possibilitem ao delegado tomar providências e ter um rumo a seguir (ver o disposto no § 1º deste artigo). Não é cabível um ofício genérico, requisitando a instauração de inquérito contra Fulano, pela prática de estelionato, por exemplo. Afinal, o que fez fulano exatamente? Quando e onde? Enfim, a requisição deve sustentar-se em fatos, ainda que possa ser desprovida de documentos comprobatórios (...)" (*Código de Processo Penal Comentado*, 12ª ed., p. 93-94); **4**: correta. Uma vez ordenado o arquivamento do inquérito policial, por falta de base para a denúncia, nada obsta que a autoridade policial proceda a novas pesquisas, desde que de outras provas tenha conhecimento – art. 18 do CPP. Isso porque a decisão que determina o arquivamento do inquérito policial não gera, em regra, coisa julgada material. Agora, se o arquivamento do inquérito se der por ausência de tipicidade (é o caso narrado na proposição), a decisão, neste caso, ainda que tomada por juízo incompetente, tem efeito preclusivo, e dizer, produz coisa julgada material, impedindo, dessa forma, o desarquivamento do inquérito. A esse respeito, conferir: "*Habeas corpus*: cabimento. É da jurisprudência do Tribunal que não impedem a impetração de *habeas corpus* a admissibilidade de recurso ordinário ou extraordinário da decisão impugnada, nem a efetiva interposição deles. II. Inquérito policial: arquivamento com base na atipicidade do fato: eficácia de coisa julgada material. A decisão que determina o arquivamento do inquérito policial, quando fundado o pedido do Ministério Público em que o fato nele apurado não constitui crime, mais que preclusão, produz coisa julgada material, que – ainda quando emanada a decisão de juiz absolutamente incompetente –, impede a instauração de processo que tenha por objeto o mesmo episódio. Precedentes: HC 80.560, 1ª T., 20.02.01, Pertence, *RTJ* 179/755; Inq 1538, Pl., 08.08.01, Pertence, *RTJ* 178/1090; Inq-QO 2044, Pl., 29.09.04, Pertence, *DJ* 28.10.04; HC 75.907, 1ª T., 11.11.97, Pertence, *DJ* 9.4.99; HC 80.263, Pl., 20.2.03, Galvão, RTJ 186/1040" (HC 83346, Sepúlveda Pertence, STF).

Gabarito 1E, 2E, 3E, 4C

## 3. AÇÃO PENAL

**(Procurador/DF – CESPE – 2022)** Em relação à ação penal e ao acordo de não persecução penal, julgue os itens que se seguem.

(1) O óbito do ofendido extingue o direito de representação nos casos em que a lei a exija como condição para o oferecimento da denúncia.

(2) Preenchidos os requisitos legais, o Ministério Público poderá propor acordo de não persecução penal desde que suficiente e necessário para a prevenção e reprovação do crime, oferecendo, como uma das obrigações a serem cumpridas pelo investigado, prestação de serviço à comunidade ou a entidades públicas por período correspondente à pena mínima cominada ao delito.

(3) A ação penal seguirá em relação ao querelado que recusar o perdão concedido pelo querelante, ainda que aceito por eventual coautor.

**1**: errada, uma vez que, no caso de o ofendido falecer ou mesmo ser declarado ausente por decisão judicial, o direito de representação poderá ser exercido, na forma do disposto no art. 24, § 1º, do CPP, pelo cônjuge, ascendente, descendente ou irmão, nesta ordem; **2**: errada, pois em desconformidade com o art. 28-A, III, do CPP. Quanto a este tema, importante tecer algumas observações. A Lei 13.964/2019, conhecida como Pacote Anticrime, promoveu diversas inovações nos campos penal e processual penal, sendo uma das mais relevantes a introdução, no art. 28-A do CPP, do chamado *acordo de não persecução penal*, que consiste, em linhas gerais, no ajuste obrigacional firmado entre o Ministério Público e o investigado, em que este admite sua responsabilidade pela prática criminosa e aceita se submeter a determinadas condições menos severas do que a pena que porventura ser-lhe-ia aplicada em caso de condenação. Este instrumento de justiça penal consensual não é novidade no ordenamento jurídico brasileiro, uma vez que já contava com previsão na Resolução 181/2017, editada pelo CNMP, posteriormente modificada pela Resolução 183/2018. O art. 28-A do CPP impõe os seguintes requisitos à celebração do acordo de não persecução penal: a) que não seja caso de arquivamento da investigação; b) crime praticado sem violência ou grave ameaça à pessoa; c) crime punido com pena mínima inferior a 4 anos; d) confissão formal e circunstanciada; e) que o acordo se mostre necessário e suficiente para reprovação e prevenção do crime; f) não ser o investigado reincidente; g) não haver elementos probatórios que indiquem conduta criminosa habitual, reiterada ou profissional; h) não ter o agente sido agraciado com outro acordo de não persecução, transação penal ou suspensão condicional do processo nos 5 anos anteriores ao cometimento do crime; i) não se tratar de crimes praticados no âmbito de violência doméstica ou familiar ou praticados contra a mulher por razões da condição de sexo feminino, em favor do agressor; **3**: certa. Por se tratar de ato bilateral, a extinção da punibilidade somente será alcançada se o pedido (de perdão) for aceito pelo querelado; o perdão, se concedido a um dos querelados, a todos se estende, mas somente produzirá o efeito de extinguir a punibilidade daqueles que o aceitarem (art. 51 do CPP).

Gabarito 1E, 2E, 3C

Maria foi vítima de estupro praticado por um desconhecido em um parque. Ao comparecer à delegacia, ela comunicou formalmente o ocorrido e submeteu-se a exame de corpo de delito, que comprovou a violência sexual; em seguida, foi feito o retrato falado do estuprador. Apesar dos esforços da autoridade policial, o autor do crime somente foi identificado e reconhecido pela vítima sete meses após a ocorrência do fato.

**(Analista Judiciário – TJ/PA – 2020 – CESPE)** Nessa situação hipotética, concluídas as investigações, o Ministério Público deve

(A) oferecer a denúncia, visto que estão presentes as condições da ação penal.

(B) manifestar-se pelo arquivamento do inquérito policial por falta de interesse de agir.

(C) manifestar-se pelo arquivamento do inquérito policial por falta de possibilidade jurídica do pedido.

(D) manifestar-se pelo arquivamento do inquérito policial por falta de justa causa.

(E) oficiar à vítima para que ela informe se ainda tem interesse na propositura da ação penal.

Pelo que consta do enunciado proposto, há lastro probatório mínimo, já que a materialidade restou comprovada por meio do exame de corpo de delito a que foi submetida Maria e a autoria foi estabelecida com a identificação do autor do crime que a vitimou. Pois bem. Segundo ainda o enunciado, o sujeito ativo somente foi identificado sete meses depois do delito, o que poderia sugerir (e aqui está a pegadinha da questão) que teria ocorrido o fenômeno da decadência, o que levaria à extinção da punibilidade. Ainda que a ação, no crime de estupro, fosse pública condicionada à representação, ainda assim não teria sido implementada a decadência, uma vez que o prazo de seis meses somente começaria a correr a partir do momento em que a vítima tivesse conhecimento da identidade do autor (art. 38, *caput*, CPP). Sucede que a ação penal, nos crimes sexuais, por força de alteração legislativa ocorrida em 2018, passou a ser pública incondicionada, de forma que o Ministério

Público não mais depende da manifestação de vontade da vítima para promover a ação penal, do que se conclui que a alternativa "A" é a correta, cabendo ao *parquet* oferecer a denúncia, já que estão presentes as condições da ação penal. Façamos algumas ponderações sobre a Lei 13.718/2018, que, dentre várias inovações implementadas nos crimes contra a dignidade sexual, mudou, como acima dito, a natureza da ação penal nesses delitos. Com isso, a ação penal, nos crimes sexuais, passa a ser pública incondicionada. Vale lembrar que, antes do advento desta Lei, a ação era, em regra, pública condicionada, salvo nas situações em que a vítima era vulnerável ou menor de 18 anos. Fazendo um breve histórico, temos o seguinte quadro: a ação penal, nos crimes sexuais, era, em regra, privativa do ofendido, a este cabendo a propositura da ação penal; posteriormente, a partir do advento da Lei 12.015/2009, a ação penal, nesses crimes, deixou de ser privativa do ofendido para ser pública condicionada a representação, em regra; agora, com a entrada em vigor da Lei 13.718/2018, a ação penal, nos crimes contra a dignidade sexual, que antes era pública condicionada, passa a ser pública incondicionada. Com isso, o titular da ação penal, que é o MP, prescinde de manifestação de vontade da vítima para promover a ação penal. Dessa forma, fica sepultado o debate que antes havia acerca da aplicação da Súmula 608, do STF.

Gabarito "A".

Antônia foi vítima de calúnia praticada por Francisca e Rita. Inconformada, Antônia, na mesma semana em que sofreu a calúnia, tomou as providências para que fosse proposta a ação penal cabível, mas o fez apenas contra Francisca, porque Rita era amiga de sua mãe.

**(Analista Judiciário – TJ/PA – 2020 – CESPE)** Nessa situação hipotética, ocorreu

(A) retratação.
(B) renúncia.
(C) perdão.
(D) perempção.
(E) decadência.

Embora o ofendido, na ação penal privada, disponha de discricionariedade para avaliar a conveniência em ajuizar ou não a queixa-crime (conveniência ou oportunidade), não lhe é dado fazê-lo contra tão somente um dos ofensores, sendo-lhe vedado, pois, escolher contra quem a ação será promovida. É o que estabelece o art. 48 do CPP, que enuncia o princípio da indivisibilidade, cuja violação acarreta a renúncia em relação aos demais ofensores, redundando na extinção da punibilidade de todos. Foi o que se deu no caso narrado no enunciado. Sendo a vontade de Antônia promover a queixa-crime, deveria fazê-lo em relação a Francisca e Rita, e não somente em relação àquela. Se assim o fez, renunciou, de forma tácita, ao direito de queixa, extinguindo-se a punibilidade de todos (art. 49, CPP).

Gabarito "B".

Acerca de ação penal, julgue os itens a seguir.

I. Havendo inércia do Ministério Público em oferecer denúncia, a titularidade da ação penal passa ao ofendido, que atuará no polo ativo.
II. Em caso de pedido de arquivamento de inquérito policial pelo Ministério Público, o juízo poderá designar outro promotor para dar início à ação penal.
III. Em se tratando de ação penal privada, se houver pluralidade de agentes, o ofendido não poderá processar apenas um dos autores do delito.
IV. Nas ações penais condicionadas à representação, a representação poderá ser realizada oralmente, desde que devidamente reduzida a termo por autoridade competente.

**(Auxiliar Judiciário – TJ/PA – 2020 – CESPE)** Estão certos apenas os itens

(A) I e II.
(B) I e III.
(C) III e IV.
(D) I, II e IV.
(E) II, III e IV.

I: incorreta. A inércia do MP, no contexto da ação penal privada subsidiária, confere à vítima uma legitimação extraordinária, que, é importante que se diga, não faz com que a ação seja convolada em privada. Ela permanece como pública, razão por que continua a ser informada pelos princípios da obrigatoriedade e indisponibilidade. Afinal, estamos diante de um crime de ação penal pública cuja titularidade é constitucionalmente exercida pelo MP, que poderá, bem por isso, aditar, repudiar e oferecer a denúncia, além do que está credenciado a intervir em todos os termos do processo, assim como retomar a qualquer tempo como parte principal (art. 29, CPP); II: incorreta. Ainda que consideremos a redação do art. 28 do CPP anterior à edição da Lei 13.964/2019, mesmo assim a assertiva estará incorreta. Isso porque, se o juiz não concordar com o pedido de arquivamento do IP formulado pelo MP, deverá remeter os autos ao procurador-geral, que poderá oferecer denúncia, designar outro promotor para fazê-lo ou insistir no pedido de arquivamento. Não poderia o juiz, portanto, designar outro promotor para oferecer denúncia. Pois bem. Imbuído do propósito de restringir a ingerência do juiz na fase que antecede a ação penal, a Lei 13.964/2019, entre tantas outras alterações implementadas, conferiu nova redação ao art. 28 do CPP, alterando todo o procedimento de arquivamento do inquérito policial. Doravante, o representante do *parquet* deixa de requerer o arquivamento e passa a, ele mesmo, determiná-lo, sem qualquer interferência do magistrado, cuja atuação, nesta etapa, em homenagem ao sistema acusatório, deixa de existir. No entanto, ao determinar o arquivamento do IP, o membro do MP deverá submeter sua decisão, segundo a nova redação conferida ao art. 28, *caput*, do CPP, à instância revisora dentro do próprio Ministério Público, para fins de homologação. Sem prejuízo disso, caberá ao promotor que determinou o arquivamento comunicar a sua decisão ao investigado, à autoridade policial e à vítima. Esta última, por sua vez, ou quem a represente, poderá, se assim entender, dentro do prazo de 30 dias a contar da comunicação de arquivamento, submeter a matéria à revisão da instância superior do órgão ministerial (art. 28, § 1º, CPP). Por fim, o § 2º deste art. 28, com a redação que lhe deu a Lei 13.964/2019, estabelece que, nas ações relativas a crimes praticados em detrimento da União, Estados e Municípios, a revisão do arquivamento do IP poderá ser provocada pela chefia do órgão a quem couber a sua representação judicial. Este novo art. 28 do CPP, que, como dissemos, alterou todo o procedimento que rege o arquivamento do IP, no entanto, teve suspensa, por força de decisão cautelar proferida pelo STF, a sua eficácia. O ministro Luiz Fux, relator, ponderou, em sua decisão, tomada na ADI 6.305, de 22.01.2020, que, embora se trate de inovação louvável, a sua implementação, no prazo de 30 dias (*vacatio legis*), revela-se inviável, dada a dimensão dos impactos sistêmicos e financeiros que por certo ensejará a adoção do novo procedimento de arquivamento do inquérito policial. Como se pode ver, a Lei 13.964/2019 não só previu, de forma expressa, o sistema acusatório, que há tempos adotamos, como implementou diversas modificações na lei processual penal com vistas a prestigiá-lo e reforçar a sua eficácia; III: correta. Por força do princípio da indivisibilidade, positivado no art. 48 do CPP, a queixa contra qualquer dos autores obrigará o processo de todos. Se é verdade que, na ação penal privada, é dado ao ofendido escolher se ajuíza a ação penal ou não (princípio da oportunidade), é-lhe vedado, de outro lado, escolher contra quem a ação será promovida, devendo processar todos os autores do crime que hajam sido identificados. A exclusão deliberada pelo ofendido de algum ou alguns ofensores levará à renúncia contra todos (art. 49, CPP); IV: correta, pois reflete o que estabelece o art. 39 do CPP.

Gabarito "C".

**(Juiz de Direito - TJ/BA - 2019 - CESPE/CEBRASPE)** Tendo como fundamento a jurisprudência dos tribunais superiores, assinale a opção correta, a respeito de ação penal.

(A) Em razão do princípio da indivisibilidade, o não ajuizamento de ação penal contra todos os coautores de crime de roubo implicará o arquivamento implícito em relação àqueles que não forem denunciados.
(B) A inexistência de poderes especiais na procuração outorgada pelo querelante não gerará a nulidade da queixa-crime quando o consequente substabelecimento atender às exigências expressas no art. 44 do CPP.
(C) Na queixa-crime, a omissão involuntária, pelo querelante, de algum coautor implicará o reconhecimento da renúncia tácita do direito de queixa pelo juiz e resultará na extinção da punibilidade.

**(D)** No caso de ação penal privada, eventual omissão de poderes especiais na procuração outorgada pelo querelante poderá ser sanada a qualquer tempo por iniciativa do querelante.

**(E)** No caso de crime praticado contra a honra de servidor público no exercício de suas funções, a vítima tem legitimação concorrente com o MP para ajuizar ação penal.

**A:** incorreta. O *princípio da indivisibilidade* está consagrado no art. 48 do CPP e se aplica, em princípio, à ação penal privada. Embora não haja disposição expressa de lei, tal postulado, segundo pensamos, é também aplicável à ação penal pública. Não nos parece razoável que o Ministério Público possa escolher contra quem a demanda será promovida. Entretanto, o STF (e também o STJ) não compartilha desse entendimento. Para a nossa Corte Suprema, a indivisibilidade não tem incidência no âmbito da ação penal pública (somente na ação privada). Sustenta o STF que a divisibilidade da ação penal pública reside no fato de o Ministério Público ter a liberdade de não ofertar a denúncia contra alguns autores de crime contra os quais ainda não haja elementos suficientes; assim que reunidos esses elementos, a denúncia será aditada. Assim, a ação deixa de ser indivisível pelo simples fato de a denúncia comportar aditamento posterior. Com a devida vênia, a indivisibilidade, a nosso ver, consiste na impossibilidade de o membro do Ministério Público escolher contra quem a denúncia será oferecida. Se houver elementos, a ação deverá ser promovida contra todos. Seja como for, o não ajuizamento de ação penal contra todos os coautores de crime de roubo, cuja ação é pública incondicionada, não implicará o arquivamento implícito em relação àqueles que não forem denunciados. Isso porque o chamado *arquivamento implícito* não é acolhido pela comunidade jurídica, inclusive pelo STF. Se o órgão acusador, sem expressa fundamentação, deixar de incluir na peça acusatória indiciado contra o qual há indícios de participação, deve o juiz, porque o sistema não admite o arquivamento implícito, cuidar para que a inicial seja aditada, recorrendo, se o caso, ao art. 28 do CPP. Além disso, poderá a vítima, ante a omissão do MP, ajuizar ação penal privada subsidiária em face do investigado não denunciado; **B:** incorreta. Conferir: "1. Para a validade da ação penal nos crimes de ação penal privada, é necessário que o instrumento de mandato seja conferido com poderes especiais expressos, além de fazer menção ao fato criminoso, nos termos do art. 44 do Código de Processo Penal. 2. O substabelecimento, enquanto meio de transferência de poderes anteriormente concedidos em procuração, deve obedecer integralmente ao que consta do instrumento do mandato, porquanto é dele totalmente dependente. Ainda que neste instrumento esteja inserida a cláusula *ad judicia*, há limites objetivos que devem ser observados quando da transmissão desses poderes, visto que o substabelecente lida com direitos de terceiros, e não próprios. 3. Na espécie, como a procuração firmada pela querelante somente conferiu aos advogados os poderes da cláusula *ad judicia et extra*, apenas estes foram objeto de transferência aos substabelecidos, razão pela qual deve ser tida por inexistente a inclusão de poderes especiais para a propositura de ação penal privada, uma vez que eles não constavam do mandato originário. 4. Nula é a queixa-crime, por vício de representação, se a procuração outorgada para a sua propositura não atende às exigências do art. 44 do Código de Processo Penal. 5. Recurso provido para conceder a ordem de *habeas corpus*, a fim de declarar a nulidade *ab initio* da queixa-crime, tendo como consequência a extinção da punibilidade do querelado, nos termos do art. 107, IV, do Código Penal." (STJ, RHC 33.790/SP, Rel. Ministra MARIA THEREZA DE ASSIS MOURA, Rel. p/ Acórdão Ministro SEBASTIÃO REIS JÚNIOR, SEXTA TURMA, julgado em 27/06/2014, DJe 05/08/2014); **C:** incorreta. Diante da omissão não deliberada do querelante, caberá ao MP requerer a sua intimação para que proceda ao aditamento da queixa-crime e inclua os demais coautores ou partícipes que ficaram de fora. Nesse sentido, conferir: "O reconhecimento da renúncia tácita ao direito de queixa exige a demonstração de que a não inclusão de determinados autores ou partícipes na queixa-crime se deu de forma deliberada pelo querelante" (STJ, HC 186.405/RJ, Quinta Turma, Rel. Min. Jorge Mussi, DJe de 11/12/2014); **D:** incorreta, na medida em que a omissão somente poderá ser sanada dentro do prazo decadencial; **E:** correta. A solução desta alternativa deve ser extraída da Súmula 714, do STF, segundo a qual, nos crimes praticados contra a honra de servidor público em razão do cargo por este exercido, a legitimidade para a ação penal é concorrente entre o ofendido (mediante queixa) e o Ministério Público (ação pública condicionada a representação do ofendido).

*Gabarito "E"*

**(Defensor Público/AL – 2017 – CESPE)** Em se tratando de crimes contra a dignidade sexual, a ação penal

I. se processa exclusivamente mediante ação penal privada.

II. pode ser pública incondicionada ou condicionada à representação, conforme a idade da vítima.

III. pode ser iniciada a qualquer tempo, desde que o fato seja comunicado à polícia ou ao Ministério Público.

IV. será pública incondicionada nas situações em que a vítima tiver menos de quatorze anos, padecer de doença mental incapacitante ou não puder oferecer resistência.

Estão certos apenas os itens

**(A)** I e II.

**(B)** I e III.

**(C)** II e III.

**(D)** II e IV.

**(E)** I, III e IV.

Como se pode ver, ao tempo em que foi elaborada esta questão, a ação penal, nos crimes contra a dignidade sexual, era, em regra, pública condicionada a representação. Tal panorama vigorou até a edição da Lei 13.718/2018, que implementou (uma vez mais) uma série de mudanças no universo dos crimes sexuais, aqui incluída a natureza da ação penal nesses delitos. Senão vejamos. A ação penal, nos delitos sexuais, era, em regra, de iniciativa privada. Era o que estabelecia a norma contida no *caput* do art. 225 do Código Penal. As exceções ficavam por conta do § 1º do dispositivo. Com o advento da Lei 12.015/2009 (em vigor ao tempo da elaboração desta questão), que introduziu uma série de modificações nos crimes sexuais, agora chamados *crimes contra a dignidade sexual*, nomenclatura, a nosso ver, mais adequada aos tempos atuais, a ação penal deixou de ser privativa do ofendido para ser pública condicionada à representação, exceção feita às hipóteses em que a vítima era menor de 18 anos ou pessoa vulnerável, caso em que a ação era pública incondicionada (art. 225, parágrafo único, do CP). Pois bem. Bem recentemente, entrou em vigor a Lei 13.718/2018, que, dentre várias inovações implementadas nos crimes contra a dignidade sexual, mudou, uma vez mais, a natureza da ação penal nesses delitos. Com isso, a ação penal, nos crimes sexuais, passa a ser pública incondicionada. Fazendo um breve histórico, temos o seguinte quadro: a ação penal, nos crimes sexuais, era, em regra, privativa do ofendido, a este cabendo a propositura da ação penal; posteriormente, a partir do advento da Lei 12.015/2009, a ação penal, nesses crimes, deixou de ser privativa do ofendido para ser pública condicionada a representação, em regra; agora, com a entrada em vigor da Lei 13.718/2018, a ação penal, nos crimes contra a dignidade sexual, que antes era pública condicionada, passa a ser pública incondicionada. Com isso, o titular da ação penal, que é o MP, prescinde de manifestação de vontade da vítima para promover a ação penal. Dessa forma, fica sepultado o debate que antes havia acerca da aplicação da Súmula 608, do STF. É importante que se diga que, além da alteração a que fizemos referência, a Lei 13.718/2018 promoveu, no contexto dos crimes sexuais, outras relevantes mudanças. Uma das mais significativas, a nosso ver, é a introdução, no Código Penal, do crime de *importunação sexual*, disposto no art. 215-A, nos seguintes termos: *Praticar contra alguém e sem a sua anuência ato libidinoso com o objetivo de satisfazer a própria lascívia ou a de terceiro: Pena – reclusão, de 1 (um) a 5 (cinco) anos, se o ato não constitui crime mais grave*. A conduta de homens que, em ônibus e trens lotados, molestam mulheres e, em alguns casos, chegam a ejacular, se enquadra, doravante, neste novo tipo penal. Episódio amplamente divulgado pelos meios de comunicação é o de um homem que, dentro do transporte público, em São Paulo, ejaculou no pescoço de uma mulher. Antes, a responsabilização se dava pela contravenção penal de *importunação ofensiva ao pudor*, definida no art. 61 da LCP, cujo preceito secundário estabelecia exclusivamente pena de multa, dispositivo este que foi revogado, de forma expressa, pela Lei 13.718/2018, tendo a conduta ali descrita migrado para o novo art. 215-A do CP, em face da regra da continuidade típico-normativa. Evidente que a pena, agora mais grave, não poderá retroagir e atingir fatos anteriores à entrada em vigor da Lei 13.718/2018. Outra importante inovação refere-se à inclusão, no art. 218-C, do delito de *divulgação de cena de estupro ou de cena de estupro de vulnerável, de cena de sexo ou de pornografia*. O objetivo do legislador, com a tipificação desta conduta, foi o de coibir um fenômeno que, infelizmente, tem sido cada vez mais comum, que é a violação da intimidade com a exposição sexual não autorizada. Inclui-se, aqui, a chamada *pornografia da vingança*, em que fotografias e vídeos de conteúdo íntimo de alguém (normalmente mulher) são divulgados na internet pelo ex-esposo ou ex-namorado como forma de vingança. A partir daí, o conteúdo é disseminado, nas redes sociais e em grupos de whatsapp, de forma exponencial. O art. 218-C contempla uma causa de aumento de pena, a configurar-se quando o crime é praticado por agente que mantém ou tenha mantido relação íntima de afeto com a vítima ou com o fim de vingança ou humilhação. No que concerne ao estupro de vulnerável, previsto no art. 217-A do CP, a Lei 13.718/2018, ao inserir o § 5º nesse dispositivo legal, consagra o entendimento adotado pela Súmula 593, do STJ, no sentido de que o consentimento e a experiência sexual anterior são irrelevantes à configuração do crime de estupro de vulnerável. Por fim, a Lei 13.718/2018 fez inserir, no art. 226 do CP, o inciso IV, estabelecendo que a pena será aumentada nos casos de *estupro coletivo* e *estupro corretivo*. **ED**

Gabarito "D".

**(Defensor Público/AL – 2017 – CESPE)** Maria denunciou seu esposo, Antônio, por ele ter insistido em manter relação sexual com ela, contra a sua vontade, após chegar em casa embriagado. Maria afirmou, ainda, que Antônio, diante de sua recusa, a agrediu verbalmente, dirigindo-lhe palavras insultuosas.

Antônio foi condenado, mas a sua defesa recorreu, alegando nulidade do pedido e requerendo absolvição por falta de condição de procedibilidade da ação penal ante a ausência de representação formal da vítima.

Considerando essa situação hipotética, assinale a opção correta.

**(A)** A situação em apreço se refere a crime de injúria com violência doméstica contra a mulher, razão por que a ação penal pode ser iniciada a qualquer tempo.

**(B)** O crime em questão é de ação pública condicionada e só pode ir adiante se Maria fizer uma representação formal.

**(C)** O fato de Maria ter registrado a ocorrência e pedido providências supre o requisito da representação.

**(D)** A ação penal será arquivada se Maria desistir do registro da ocorrência policial em audiência especial perante o juiz e o representante do Ministério Público.

**(E)** A ausência de lesão corporal impossibilita que o fato em questão seja abrangido pelas normas tutelares da Lei Maria da Penha.

Ao tempo em que esta questão foi elaborada, vigia, quanto à natureza da ação penal nos crimes contra a dignidade sexual, a regra presente no art. 225 do CP, com a redação que lhe foi conferida pela Lei 12.015/2009. Ou seja, a ação penal, nos crimes sexuais, era, em regra, pública condicionada à representação. Assim sendo, para que o MP pudesse processar Antônio, necessário que Maria manifestasse sua vontade nesse sentido, ou seja, era de rigor a representação. Tal exteriorização da vontade, segundo os tribunais, não tem rigor sacramental, entendendo-se como tal o fato de a vítima dirigir-se à delegacia, registrar a ocorrência e pedir providências. Pois bem. Dito isso, é importante que se diga que, atualmente, dada a modificação implementada pela Lei 13.718/2018 na redação do art. 225 do CP, a ação penal, no contexto dos crimes sexuais, deixou de ser pública condicionada à representação para ser incondicionada. Neste caso, então, o MP, titular da ação penal, não mais necessita, para dar início ao processo, com o oferecimento de denúncia, da manifestação de vontade da vítima. De igual modo, o delegado de polícia poderá proceder a inquérito para apurar crime contra a dignidade sexual sem que o ofendido manifeste seu desejo em ver processado o seu ofensor. **ED**

Gabarito "C".

**(Delegado/PE – 2016 – CESPE)** Acerca da ação penal, suas características, espécies e condições, assinale a opção correta.

**(A)** A perempção incide tanto na ação penal privada exclusiva quanto na ação penal privada subsidiária da ação pública.

**(B)** Os prazos prescricionais e decadenciais incidem de igual forma tanto na ação penal pública condicionada à representação do ofendido quanto na ação penal pública condicionada à representação do ministro da Justiça.

**(C)** De regra, não há necessidade de a queixa-crime ser proposta por advogado dotado de poderes específicos para tal fim, em homenagem ao princípio do devido processo legal.

**(D)** Tanto na ação pública condicionada à representação quanto na ação penal privada, se o ofendido tiver menos de vinte e um anos de idade e mais de dezoito anos de idade, o direito de queixa ou de representação poderá ser exercido por ele ou por seu representante legal.

**(E)** É concorrente a legitimidade do ofendido, mediante queixa, e do MP, condicionada à representação do ofendido, para a ação penal por crime contra a honra de servidor público em razão do exercício de suas funções.

**A:** incorreta, pois não há se falar em perempção na ação penal privada subsidiária da pública. Isso porque, nos termos do art. 29 do CPP, se o querelante revelar-se desidioso, pode o Ministério Público retomar a titularidade da ação; **B:** incorreta. Diferentemente do que se dá com a representação do ofendido, que deve ser ofertada dentro do prazo decadencial de 6 meses, inexiste prazo decadencial para o oferecimento da requisição do MJ (a lei nada disse a tal respeito). Pode, portanto, ser oferecida a qualquer tempo, desde que ainda não tenha operado a extinção da punibilidade pelo advento da prescrição; **C:** incorreta, em vista do que dispõe o art. 44 do CPP; **D:** incorreta. O art. 34 do CPP, que estabelecia que o direito de queixa do menor de 21 anos e maior de 18 podia ser exercido tanto por este quanto por seu representante legal, foi tacitamente revogado pelo art. 5º, *caput*, do Código Civil de 2002, segundo o qual a maioridade plena é alcançada aos 18 anos completos, ocasião em que a pessoa adquire plena capacidade de praticar os atos da vida civil; **E:** correta. Nos termos do disposto no art. 145, parágrafo único, do CP, se se tratar de crime perpetrado contra a honra de funcionário público em razão de suas funções, a ação penal será *pública condicionada à representação do ofendido*. Ocorre, no entanto, que o STF, por meio da Súmula 714, firmou entendimento no sentido de que, nesses casos, a legitimidade é concorrente entre o ofendido (mediante queixa) e o Ministério Público (ação pública condicionada à representação do ofendido).

Gabarito "E".

**(Defensor Público – DPE/RN – 2016 – CESPE)** Assinale a opção correta a respeito da denúncia e da queixa-crime conforme o entendimento do STJ.

**(A)** Nos crimes de ação penal privada, na procuração pela qual o ofendido outorga poderes especiais para o oferecimento da queixa-crime, observados os demais requisitos previstos no CPP, não é necessária a descrição pormenorizada do delito, desde que haja, pelo menos, a menção do fato criminoso ou o *nomen juris*.

**(B)** Em *habeas corpus*, pode-se discutir a ausência de justa causa para a propositura da ação penal, mesmo nas hipóteses em que seja necessário um exame minucioso do conjunto fático-probatório em que ocorreu a infração.

**(C)** O prazo de cinco dias para oferecimento da denúncia, nas hipóteses de réu preso, a fim de evitar a restrição prolongada à liberdade sem acusação formada, configura prazo próprio.

**(D)** A queixa-crime apresentada perante juízo incompetente não obsta a decadência, se tiver sido observado o prazo de seis meses previsto no CPP.

**(E)** O ato de recebimento da denúncia veicula manifestação decisória do Poder Judiciário, e não apenas simples despacho de caráter ordinatório.

**A:** correta. Nesse sentido, conferir: "Quando a procuração é outorgada com a finalidade específica de propor queixa-crime, observados os preceitos do art. 44 do Código de Processo Penal, não é necessária a descrição pormenorizada do delito, bastando a menção do fato criminoso ou o *nomen juris*" (STJ, HC 106.423/SC, Rel. Ministra LAURITA VAZ, QUINTA TURMA, julgado em 07.12.2010, *DJe* 17.12.2010); **B:** incorreta. Conferir: "(...) O *habeas corpus* não se presta para a apreciação de alegações que buscam a absolvição do paciente, em virtude da necessidade de revolvimento do conjunto fático-probatório, o que é inviável na via eleita" (STJ, HC 387.881/SP, Rel. Ministro Ribeiro Dantas, Quinta Turma, julgado em 21.03.2017, *DJe* 27.03.2017). No STF: "(...) Na mesma linha de entendimento, conforme assentado pela jurisprudência desta Suprema Corte, o pedido de desclassificação da conduta criminosa também implica "revolvimento do conjunto fático-probatório da causa, o que, como se sabe, não é possível nesta via estreita do *habeas corpus*, instrumento que exige a demonstração do

# 13. DIREITO PROCESSUAL PENAL

direito alegado de plano e que não admite dilação probatória" (HC 118.349/BA, Rel. Min. Ricardo Lewandowski, 2ª Turma, *DJe* 07.5.2014). 3. Ordem de *habeas corpus* denegada" (HC 123.424/MG, Rel. Min. Rosa Weber, 1ª Turma, julgado em 07.10.2014); **C:** incorreta. Ao contrário do afirmado, cuida-se de prazo *impróprio*. Nessa esteira: "Impõe-se o prazo de cinco dias para oferecimento da denúncia, nas hipóteses de réu preso, a fim de evitar a restrição prolongada à liberdade sem acusação formada, contudo, tal lapso configura prazo impróprio. Assim, eventual atraso de 3 dias para o oferecimento da denúncia não gera a ilegalidade da prisão cautelar do recorrente" (STJ, RHC 28.614/RJ, Rel. Ministro Napoleão Nunes Maia Filho, Quinta Turma, julgado em 21.10.2010, *DJe* 16.11.2010); **D:** incorreta. Nesse sentido: "Ainda que a queixa-crime tenha sido apresentada perante juízo absolutamente incompetente, o seu ajuizamento interrompe a decadência. Precedentes" (STJ, AgRg no REsp 1560769/SP, Rel. Ministro Sebastião Reis Júnior, Sexta Turma, julgado em 16.02.2016, *DJe* 25.02.2016); **E:** incorreta. A questão é polêmica, uma vez que parte significativa da doutrina sustenta que, em vista do disposto no art. 93, IX, da CF, estaria o magistrado obrigado a fundamentar a decisão de recebimento da denúncia, sob pena de nulidade. A jurisprudência majoritária, no entanto, firmou entendimento no sentido de que tal motivação é desnecessária, visto que não se trata de *decisão*, mas, sim, de mero *despacho*. Corroborando esse entendimento: STJ, 5ª T., rel. Min. Luiz Vicente Cernicchiaro, DJU 18.12.1995. É importante que se diga que várias decisões do STJ vão no sentido de que a fundamentação da decisão de recebimento da denúncia é imprescindível.

Gabarito "A".

**(Procurador do Estado – PGE/BA – CESPE – 2014)** Julgue o item subsequente, no que se refere à ação penal no processo penal brasileiro (adaptada)

(1) Em ação penal privada que envolva vários agentes do ato delituoso, é permitido ao querelante, em razão do princípio da disponibilidade, escolher contra quem proporá a queixa-crime, sem que esse fato acarrete a extinção da punibilidade dos demais agentes conhecidos e nela não incluídos.

**1:** incorreta. Por força do princípio da indivisibilidade, positivado no art. 48 do CPP, a queixa contra qualquer dos autores obrigará o processo de todos. Se é verdade que, na ação penal privada, é dado ao ofendido escolher se ajuíza a ação penal ou não (princípio da oportunidade), é-lhe vedado, de outro lado, escolher contra quem a ação será promovida, devendo processar todos os autores do crime que hajam sido identificados. A exclusão deliberada pelo ofendido de algum ou alguns ofensores levará à renúncia contra todos (art. 49, CPP). **E0**

Gabarito 1E

**(Defensoria/DF – 2013 – CESPE)** Com relação a ação penal privada, a queixa-crime e a ação civil, julgue os itens que se seguem.

(1) Mesmo que tenha sido reconhecida categoricamente a inexistência material do fato pelo juízo criminal, sendo proferida sentença absolutória, poderá ser proposta a ação civil *ex delicto*, dada a possibilidade de que a mesma prova seja valorada de outra forma no juízo cível.

(2) Conforme jurisprudência do STJ, nos casos de ação penal privada, não incide o ônus da sucumbência por aplicação analógica do CPC.

(3) Suponha que contra um indivíduo tenha sido oferecida queixa-crime por suposta prática de crime de dano qualificado por motivo egoístico, crime para o qual a pena máxima é de três anos de detenção. Nesse caso, deverá ser utilizado o procedimento previsto na Lei nº 9.099/1995.

**1:** incorreta. Se restar comprovado que o fato inexistiu, não há que se falar em responsabilidade penal tampouco em indenização na esfera civil (art. 66, CPP). Em outras palavras, a demonstração de que o fato não existiu elide a responsabilidade civil, fazendo coisa julgada; **2:** incorreta. Conferir: "É possível haver condenação em honorários advocatícios em ação penal privada. Conclusão que se extrai da incidência dos princípios da sucumbência e da causalidade, o que permite a aplicação analógica do art. 20 do CPC [correspondente ao art. 85 do Novo CPC], conforme previsão constante no art. 3º do CPP" (STJ, 6ª T., AGRESP 1218726, rel. Min. Sebastião Reis Júnior, *DJ* 22.02.2013); **3:** incorreta, na medida em

que a pena máxima cominada a este crime, que é de três anos (art. 163, parágrafo único, IV, do CP), supera o limite estabelecido no art. 61 da Lei 9.099/1995 – Juizados Especiais, que é de dois anos.

Gabarito 1E, 2E, 3E

**(Cartório/RR – 2013 – CESPE)** A respeito da ação penal no direito processual brasileiro, assinale a opção correta.

(A) A ação penal é indisponível, vedada sua desistência pelo MP.

(B) Antes de receber a queixa, o juiz deverá designar audiência de conciliação entre as partes para oferecer-lhes a oportunidade de reconciliação, quando também poderá ser homologado acordo civil em relação aos danos morais decorrentes do crime imputado ao querelado.

(C) Oferecida denúncia em ação penal pública condicionada à representação, a retratação só poderá ocorrer antes do recebimento da denúncia.

(D) Tratando-se de crime de ação penal pública condicionada, a representação poderá ser exercida por escrito, pessoalmente pelo ofendido ou por procurador com poderes especiais, ou oralmente, caso em que se exige ato personalíssimo do ofendido.

(E) A capacidade postulatória perante a justiça criminal é exercida exclusivamente pelos membros do MP, pelos defensores públicos e pelos advogados, sejam esses últimos constituídos pela parte interessada ou nomeados pelo juiz.

**A:** alternativa mal elaborada. É que não é possível saber se o examinador, ao fazer menção à ação penal, o fez de forma genérica, contemplando a ação penal privada, ou de forma específica, referindo-se tão somente à ação penal pública; por ter sido considerada como errada, cremos que a referência é ao gênero "ação penal", em que uma das espécies, além da pública, é a privativa do ofendido; neste caso, pode-se dizer que a assertiva é incorreta, uma vez que a indisponibilidade somente se aplica à ação penal pública, uma vez que o MP não poderá desistir da ação penal que haja proposto (art. 42, CPP); já na ação penal privada prevalece o princípio da disponibilidade, na medida em que o requerente pode, ao seu alvedrio, desistir da ação que houver ajuizado; **B:** pensamos que o examinador se referiu, nesta alternativa, considerada como correta, ao procedimento sumaríssimo (art. 72 e seguintes da Lei 9.099/1995); **C:** incorreta, uma vez que, por expressa previsão do art. 25 do CPP, a representação poderá ser retratada até o oferecimento da denúncia; **D:** incorreta, uma vez que o art. 39, § 1º, do CPP não exige que a representação oral seja feita por ato personalíssimo do ofendido; **E:** incorreta. Há casos em que a ação pode ser impetrada por qualquer pessoa sem a participação de advogado. Exemplo sempre mencionado pela doutrina é o *habeas corpus*, em que não exige que a causa seja patrocinada por defensor.

Gabarito "B".

**(Analista – TJ/CE – 2013 – CESPE)** No que se refere à ação penal, assinale a opção correta.

(A) Arquivado o IP, por decisão judicial, a pedido do MP, permite-se o ajuizamento da ação penal privada subsidiária pública quando a vítima se sentir lesada pela violação de seus direitos.

(B) Feita proposta de suspensão condicional do processo pelo MP, o acusado deverá declarar imediatamente se a aceita ou não, pois não lhe é permitido postergar tal manifestação para momento ulterior ao recebimento da denúncia.

(C) A desistência da ação penal privada somente poderá ocorrer até a prolação da sentença condenatória.

(D) O perdão concedido a um dos querelados aproveitará a todos, mesmo que haja recusa de um deles, não produzindo efeitos somente em relação a este.

(E) A representação, condição de procedibilidade da ação penal pública condicionada, exige formalidade, não podendo ser suprida pela simples manifestação expressa da vítima ou de seu representante.

**A:** incorreta. A *ação penal privada subsidiária da pública*, que será intentada pelo ofendido ou seu representante legal, somente terá lugar na hipótese de o membro do Ministério Público revelar-se desidioso, omisso, deixando de cumprir o prazo fixado em lei para a propositura da ação penal pública (art. 29 do CPP). Se falamos em desídia, não há que se falar em propositura da queixa subsidiária diante da promoção de arquivamento do inquérito levada a efeito pelo MP, visto que o representante do *parquet*, após examinar os autos de inquérito, agiu e adotou uma das medidas legais postas à sua disposição. Na jurisprudência do STJ: "Recurso especial. Direito processual penal. Usurpação de função pública. Violação de sigilo funcional. Prevaricação. Concussão e tortura. Recurso especial fundado na alínea "c" do permissivo constitucional. Dissídio jurisprudencial. Não demonstrado e não comprovado. Arquivado o inquérito, a requerimento do ministério público, no prazo legal. Ação penal privada subsidiária da pública. Legitimidade ativa do ofendido. Inocorrência. Recurso parcialmente conhecido e improvido. 1. A divergência jurisprudencial, autorizativa do recurso especial interposto, com fundamento na alínea "c" do inciso III do artigo 105 da Constituição Federal, requisita comprovação e demonstração, esta, em qualquer caso, com a transcrição dos trechos dos acórdãos que configurem o dissídio, mencionando-se as circunstâncias que identifiquem ou assemelhem os casos confrontados, não se oferecendo, como bastante, a simples transcrição de ementas ou votos. 2. Postulado o arquivamento do inquérito policial, não há falar em inércia do Ministério Público e, consequentemente, em ação penal privada subsidiária da pública. Precedentes do STF e do STJ. 3. A regra do artigo 29 do Código de Processo Penal não tem incidência na hipótese do artigo 28 do mesmo diploma legal, relativamente ao Chefe do Ministério Público Federal. 4. Recurso parcialmente conhecido e improvido" (REsp 200200624875, Hamilton Carvalhido, 6ª T., *DJE* 22.04.2008); **B:** incorreta. Conferir: "*Habeas corpus*. Impetração originária. Substituição ao recurso ordinário. Impossibilidade. Respeito ao sistema recursal previsto na carta magna. Não conhecimento. 1. A Primeira Turma do Supremo Tribunal Federal, buscando dar efetividade às normas previstas na Constituição Federal e na Lei 8.038/1990, passou a não mais admitir o manejo do *habeas corpus* originário em substituição ao recurso ordinário cabível, entendimento que deve ser adotado por este Superior Tribunal de Justiça, a fim de que seja restabelecida a organicidade da prestação jurisdicional que envolve a tutela do direito de locomoção. 2. Tratando-se de writ impetrado antes da alteração do entendimento jurisprudencial, o alegado constrangimento ilegal será enfrentado para que se analise a possibilidade de eventual concessão de *habeas corpus* de ofício. Crime Ambiental (art. 39, combinado com o art. 40, ambos da Lei 9.605/1998). Oferecimento da proposta de suspensão condicional do processo antes da apresentação de resposta à acusação. Ilegalidade. Necessidade de interpretação do art. 89 da Lei 9.099/1995 à luz das modificações trazidas pela Lei 11.719/2008. Constrangimento ilegal evidenciado. Concessão da ordem de ofício. 1. Embora o art. 89 da Lei 9.099/1995 estabeleça que a proposta de suspensão condicional do processo deve ser feita no momento do oferecimento da denúncia, tal dispositivo deve ser compatibilizado com as modificações promovidas no procedimento comum ordinário pela Lei 11.719/2008. 2. Diante da possibilidade de absolvição sumária, mostra-se desarrazoado admitir que a suspensão condicional do processo seja oferecida ao denunciado antes da análise de sua resposta à acusação, na qual pode veicular teses que, se acatadas, podem encerrar a ação penal. 3. Não se pode exigir que o acusado aceite a suspensão condicional do processo antes mesmo que suas alegações de inépcia da denúncia, de falta de justa causa para a persecução penal, ou de questões que possam ensejar a sua absolvição sumária sejam devidamente examinadas e refutadas pelo magistrado singular. 4. Ademais, revela-se extremamente prejudicial ao réu o entendimento de que a suspensão condicional do processo deve ser ofertada antes mesmo do exame da sua resposta à acusação, pois seria obrigado a decidir sobre a aceitação do benefício sem que a própria viabilidade da continuidade da ação penal seja verificada. 5. *Habeas corpus* não conhecido. Ordem concedida de ofício para determinar ao Juízo singular que analise as questões suscitadas pela defesa na resposta à acusação antes de propor o paciente o benefício da suspensão condicional do processo" (HC 201200745068, Jorge Mussi, STJ, 5ª T., *DJE* 29.10.2013); **C:** incorreta. Ajuizada a ação penal privada, poderá o querelante dela desistir, valendo-se do perdão ou da perempção, até o trânsito em julgado da decisão condenatória (art. 106, § 2º, CP); **D:** correta. O *perdão* constitui ato por meio do qual o querelante desiste de prosseguir na ação penal privada. Ao contrário da *renúncia*, somente produzirá efeitos, com a extinção da punibilidade, em relação ao querelado que o aceitar. Trata-se, portanto, de ato bilateral, na forma estatuída no art. 51 do CPP; **E:** incorreta, já que a jurisprudência firmou entendimento no sentido de que a *representação*, condição de procedibilidade ao exercício da ação penal pública

condicionada, não exige rigor formal, sendo suficiente que o ofendido ou seu representante demonstre, de forma inequívoca, seu desejo em ver processado o ofensor.

Gabarito "D".

## 4. AÇÃO CIVIL

**(Analista Judiciário – TJ/PA – 2020 – CESPE)** Impede a propositura de ação civil indenizatória a decisão penal que

(A) arquivar o inquérito policial.
(B) julgar extinta a punibilidade do agente.
(C) reconhecer a inexistência material do fato.
(D) absolver o réu em razão de o fato imputado não constituir crime.
(E) absolver o réu em razão de não existir prova suficiente para sua condenação.

**A:** incorreta. Isso porque o despacho que determina o arquivamento do inquérito policial não elide a possibilidade de propositura da ação civil (art. 67, I, CPP); **B:** incorreta, pois não impede o ajuizamento da ação reparatória, na esfera civil, a decisão que julgar extinta a punibilidade (art. 67, II, CPP); **C:** correta, já que ação civil poderá ser ajuizada quando não tiver sido, categoricamente, reconhecida a inexistência material do fato (art. 66, CPP); **D:** incorreta, na medida em que a absolvição do réu em razão de o fato a ele imputado não constituir crime não obsta a propositura da ação civil (art. 67, III, CPP); **E:** incorreta, pois contraria o disposto no art. 66 do CPP, que autoriza a propositura da ação civil na hipótese de não haver prova suficiente para a condenação do réu. Somente servirá de obstáculo ao ajuizamento da ação civil o reconhecimento de que o fato não existiu.

Gabarito "C".

**(Procurador do Estado/SE – 2017 – CESPE)** A propositura de ação na esfera cível ou administrativa é impedida por

(A) sentença que entenda atípica a conduta praticada pelo réu.
(B) sentença que verifique a inexistência material do fato.
(C) sentença que absolva o acusado por não haver provas da sua coparticipação na infração penal.
(D) despacho que determine o arquivamento do inquérito policial.
(E) sentença que absolva o réu por ausência de provas.

**A:** incorreta, uma vez que contraria a regra presente no art. 67, III, do CPP; **B:** correta (art. 66, CPP); **C:** incorreta, uma vez que a absolvição por ausência de prova suficiente de ter o réu concorrido para a infração penal (art. 386, V, do CPP) não produz coisa julgada no cível, possibilitando o ajuizamento da ação de conhecimento com vistas à apuração de culpa; **D:** incorreta. O despacho que determina o arquivamento do inquérito policial não elide a possibilidade de propositura da ação civil (art. 67, I, CPP); **E:** incorreta. A sentença que absolva o réu por insuficiência de provas (art. 386, VII, do CPP) não tem o condão de impedir o ajuizamento da ação civil. ED

Gabarito "B".

**(Cartório/PI – 2013 – CESPE)** Impedirá a propositura de ação civil reparatória a decisão penal que

(A) absolver o réu em decorrência de prova da inexistência material do fato.
(B) absolver o réu por ausência de prova suficiente quanto à autoria.
(C) absolver o réu por não constituir crime o fato a ele imputado.
(D) arquivar o inquérito policial ou as peças de informação.
(E) julgar extinta a punibilidade do autor do fato.

**A:** correta (art. 66, CPP); **B:** incorreta, dado que a absolvição, na esfera penal, decorrente da não existência de indícios suficientes de autoria não produz coisa julgada no cível, podendo ser ajuizada ação com vistas ao ressarcimento pelo dano gerado; **C:** incorreta, uma vez que a absolvição em virtude de o fato imputado ao réu não constituir crime não obsta a propositura da ação indenizatória na esfera cível (art. 67, III, do CPP); **D:** incorreta, uma vez que o despacho que manda arquivar autos de inquérito ou peças de informação não faz coisa julgado no cível (art. 67, I, do CPP); **E:** incorreta. Também não impede o ajuizamento da ação reparatória, na esfera civil, a decisão que julgar extinta a punibilidade (art. 67, II, CPP).

Gabarito "A".

## 13. DIREITO PROCESSUAL PENAL

**(Cartório/RR – 2013 – CESPE)** A respeito da ação civil *ex delicto*, assinale a opção correta.

(A) Ao oferecer a denúncia, o MP poderá também requerer ao juízo criminal competente que, uma vez julgado procedente o pedido de condenação do acusado pelo crime de roubo, também o condene civilmente a reparar o dano material causado por não ter sido apreendida a coisa subtraída, assegurando-se ao ofendido executar o título executivo no juízo cível competente.

(B) A absolvição imprópria impede a propositura da ação cível pelo ofendido.

(C) O MP detém legitimidade extraordinária para propor ação cível contra autor de fato que prejudique pessoa pobre.

(D) A extinção da punibilidade pela prescrição impede a propositura da ação cível pelo ofendido, visto que a prescrição alcança o fato e a produção de seus efeitos.

(E) Sentença que absolva o acusado sob o fundamento da incidência de causa excludente de tipicidade impede a propositura da ação cível pelo ofendido.

**A:** correta. Conferir, quanto a isso, a lição de Guilherme de Souza Nucci: "Procedimento para a fixação da indenização civil: admitindo-se que o magistrado possa fixar o valor *mínimo* para a reparação dos danos causados pela infração penal, é fundamental haver, durante a instrução criminal, um pedido formal para que se apure o montante civilmente devido. Esse pedido deve partir do ofendido, por seu advogado (assistente de acusação), ou do Ministério Público (...)" (*Código de Processo Penal Comentado*, 12. ed., p. 753); **B:** incorreta, dado que a absolvição imprópria não elide a possibilidade de ajuizar-se a ação civil pelo ofendido (art. 66, CPP); **C:** incorreta. O art. 68 do CPP conferiu legitimidade ao MP para promover a ação civil *ex delicto* quando se tratar de pessoa pobre, na acepção extraída do art. 32, § 1º, do mesmo Estatuto. Esta legitimidade, todavia, perde sua razão de ser a partir do momento em que a Defensoria Pública passa a ser organizada de forma efetiva. Conferir, nesse sentido: STF, 1ª T., RE 147.776-SP, rel. Min. Sepúlveda Pertence, 19.5.1998; **D:** incorreta (art. 67, II, do CPP); **E:** incorreta. Não impede a propositura da ação cível pelo ofendido. *Gabarito "A".*

## 5. JURISDIÇÃO E COMPETÊNCIA. CONEXÃO E CONTINÊNCIA

**(Procurador/PA – CESPE – 2022)** Durante um jogo de futebol acirrado entre dois times que disputavam a liderança do campeonato paraense, repentinamente torcedores reunidos no estádio iniciaram uma confusão e praticaram diversas infrações penais no local.

Nos termos do Código de Processo Penal, a competência para o julgamento das infrações penais praticadas na situação hipotética narrada anteriormente será determinada pela

(A) conexão teleológica.
(B) conexão probatória.
(C) conexão intersubjetiva por simultaneidade.
(D) conexão intersubjetiva por reciprocidade.
(E) conexão intersubjetiva por concurso.

O enunciado descreve hipótese de conexão intersubjetiva por simultaneidade, prevista no art. 76, I, primeira parte, do CPP. Ensina Guilherme de Souza Nucci, ao discorrer sobre o tema, que: "cuida-se da hipótese de vários agentes cometerem infrações diversas, embora sejam estas praticadas ao mesmo tempo, no mesmo lugar. A simultaneidade dos fatos e da atuação dos autores faz com que seja conveniente uma apuração conjunta, por juiz único. Como já mencionamos, somente tem sentido esta situação de reunião, por conta da melhor apuração probatória do ocorrido, evitando que a mesma prova seja valorada diferentemente por magistrados diversos (...)" (*Código de Processo Penal Comentado*, 17ª ed, p. 262). *Gabarito "C".*

**(Delegado de Polícia Federal – 2021 – CESPE)** Considerando a posição dos tribunais superiores em relação à competência criminal, julgue os itens subsequentes.

(1) Compete à justiça federal processar e julgar o crime de redução à condição análoga à de escravo.

(2) Em regra, cabe à justiça federal processar e julgar os crimes contra o meio ambiente.

(3) Compete à justiça federal processar e julgar o crime de disponibilizar ou adquirir material pornográfico que envolva criança ou adolescente praticado por meio de troca de informações privadas, como, por exemplo, conversas via aplicativos de mensagens ou chat nas redes sociais.

**1:** Certo. Conferir: "Recurso extraordinário. Constitucional. Penal. Processual Penal. Competência. Redução a condição análoga à de escravo. Conduta tipificada no art. 149 do Código Penal. Crime contra a organização do trabalho. Competência da Justiça Federal. Artigo 109, inciso VI, da Constituição Federal. Conhecimento e provimento do recurso. 1. O bem jurídico objeto de tutela pelo art. 149 do Código Penal vai além da liberdade individual, já que a prática da conduta em questão acaba por vilipendiar outros bens jurídicos protegidos constitucionalmente como a dignidade da pessoa humana, os direitos trabalhistas e previdenciários, indistintamente considerados. 2. A referida conduta acaba por frustrar os direitos assegurados pela lei trabalhista, atingindo, sobremodo, a organização do trabalho, que visa exatamente a consubstanciar o sistema social trazido pela Constituição Federal em seus arts. 7º e 8º, em conjunto com os postulados do art. 5º, cujo escopo, evidentemente, é proteger o trabalhador em todos os sentidos, evitando a usurpação de sua força de trabalho de forma vil. 3. É dever do Estado (*lato sensu*) proteger a atividade laboral do trabalhador por meio de sua organização social e trabalhista, bem como zelar pelo respeito à dignidade da pessoa humana (CF, art. 1º, inciso III). 4. A conjugação harmoniosa dessas circunstâncias se mostra hábil para atrair para a competência da Justiça Federal (CF, art. 109, inciso VI) o processamento e o julgamento do feito. 5. Recurso extraordinário do qual se conhece e ao qual se dá provimento" (RE 459510, Relator(a): Min. CEZAR PELUSO, Relator(a) p/ Acórdão: Min. DIAS TOFFOLI, Tribunal Pleno, julgado em 26.11.2015, ACÓRDÃO ELETRÔNICO *DJe*-067 DIVULG 11.04.2016 PUBLIC 12.04.2016). No mesmo sentido, o STJ: "PROCESSUAL PENAL. DENÚNCIA. DESCRIÇÃO FÁTICA SUFICIENTE E CLARA. DEMONSTRAÇÃO DE INDÍCIOS DE AUTORIA E DA MATERIALIDADE. INÉPCIA. NÃO OCORRÊNCIA. REDUÇÃO À CONDIÇÃO ANÁLOGA À DE ESCRAVO. ART. 149 DO CÓDIGO PENAL. COMPETÊNCIA DA JUSTIÇA FEDERAL. DIREITOS HUMANOS. ORGANIZAÇÃO DO TRABALHO. OUTROS DELITOS CONEXOS. LIAME FÁTICO E PROBATÓRIO. MESMA COMPETÊNCIA FEDERAL. SÚMULA 122 DO STJ. 1. Devidamente descritos os fatos delituosos (indícios de autoria e materialidade), não há como trancar a ação penal, em sede de *habeas corpus*, por inépcia da denúncia. 2. Plausibilidade da acusação, em face do liame entre a pretensa atuação do paciente e os fatos. 3. Em tal caso, está plenamente assegurado o amplo exercício do direito de defesa, em face do cumprimento dos requisitos do art. 41 do Código de Processo Penal. 4. A Terceira Seção desta Corte já pacificou o entendimento de que compete à Justiça Federal processar e julgar os autores do delito previsto no art. 149 do Código Penal, haja vista a violação aos direitos humanos e à organização do trabalho. 5. No caso, os demais crimes, por conexão fática e probatória, também ficam sob a jurisdição federal. Súmula 122 deste Superior Tribunal de Justiça. 6. Recurso não provido" (RHC 25.583/MT, Rel. Ministra MARIA THEREZA DE ASSIS MOURA, SEXTA TURMA, julgado em 09/08/2012, DJe 20/08/2012). **2:** Errado. Ao contrário do que se afirma, é tranquilo o entendimento jurisprudencial segundo o qual a competência para o julgamento dos crimes contra o meio ambiente é, em regra, da Justiça Estadual, pois, na proteção ambiental, não há, em princípio, interesse direto da União, de autarquias ou empresas públicas federais. Agora, se os crimes contra o meio ambiente forem perpetrados em prejuízo de bens, serviços ou interesses da União, suas autarquias ou empresas públicas, a competência, neste caso, será da Justiça Federal (art. 109, IV, da CF). Nesse sentido: "CONFLITO NEGATIVO DE COMPETÊNCIA. CRIME AMBIENTAL. APREENSÃO DE ESPÉCIMES DA FAUNA SILVESTRE SEM A DEVIDA LICENÇA DO ÓRGÃO COMPETENTE. AUSÊNCIA DE INTERESSE DIRETO DA UNIÃO. COMPETÊNCIA DA JUSTIÇA ESTADUAL. 1. A preservação do meio ambiente é matéria de competência comum da União, dos Estados, do Distrito Federal e dos Municípios, nos termos do art. 23, incisos VI e VII, da Constituição Federal. 2. A Justiça Federal somente será competente para processar e julgar crimes ambientais quando caracterizada lesão a bens, serviços ou interesses da União, de suas autarquias ou empresas públicas, em conformidade com o art. 109,

inciso IV, da Carta Magna. 3. Na hipótese, verifica-se que o Juízo Estadual declinou de sua competência tão somente pelo fato de o auto de infração ter sido lavrado pelo IBAMA, circunstância que se justifica em razão da competência comum da União para apurar possível crime ambiental, não sendo suficiente, todavia, por si só, para atrair a competência da Justiça Federal. 4. Conflito conhecido para declarar a competência do Juízo de Direito do Juizado Especial Adjunto Criminal de Rio das Ostras/RJ, o suscitado" (STJ, CC 113.345/RJ, Rel. Ministro MARCO AURÉLIO BELLIZZE, TERCEIRA SEÇÃO, julgado em 22/08/2012, DJe 13/09/2012). **3:** Errado. Conferir: "CONFLITO NEGATIVO DE COMPETÊNCIA. JUSTIÇA FEDERAL X JUSTIÇA ESTADUAL. INQUÉRITO POLICIAL. DIVULGAÇÃO DE IMAGEM PORNOGRÁFICA DE ADOLESCENTE VIA WHATSAPP E EM CHAT NO FACEBOOK. ART. 241-1 DA LEI 8.069/90. INEXISTÊNCIA DE EVIDÊNCIAS DE DIVULGAÇÃO DAS IMAGENS EM SÍTIOS VIRTUAIS DE AMPLO E FÁCIL ACESSO. COMPETÊNCIA DA JUSTIÇA ESTADUAL. 1. A Justiça Federal é competente, conforme disposição do inciso V do art. 109 da Constituição da República, quando se tratar de infrações previstas em tratados ou convenções internacionais, como é caso do racismo, previsto na Convenção Internacional sobre a Eliminação de todas as Formas de Discriminação Racial, da qual o Brasil é signatário, assim como nos crimes de guarda de moeda falsa, de tráfico internacional de entorpecentes, de tráfico de mulheres, de envio ilegal e tráfico de menores, de tortura, de pornografia infantil e pedofilia e corrupção ativa e tráfico de influência nas transações comerciais internacionais. 2. Deliberando sobre o tema, o Plenário do Supremo Tribunal Federal, no julgamento do Recurso Extraordinário n. 628.624/MG, em sede de repercussão geral, assentou que a fixação da competência da Justiça Federal para o julgamento do delito do art. 241-A do Estatuto da Criança e do Adolescente (divulgação e publicação de conteúdo pedófilo-pornográfico) pressupõe a possibilidade de identificação do atributo da internacionalidade do resultado obtido ou que se pretendia obter. Por sua vez, a constatação da internacionalidade do delito demandaria apenas que a publicação do material pornográfico tivesse sido feita em "ambiência virtual de sítios de amplo e fácil acesso a qualquer sujeito, em qualquer parte do planeta, que esteja conectado à internet" e que "o material pornográfico envolvendo crianças ou adolescentes tenha estado acessível por alguém no estrangeiro, ainda que não haja evidências de que esse acesso realmente ocorreu" (RE 628.624, Relator(a): Min. MARCO AURÉLIO, Relator(a) p/ Acórdão: Min. EDSON FACHIN, Tribunal Pleno, julgado em 29/10/2015, ACÓRDÃO ELETRÔNICO REPERCUSSÃO GERAL – MÉRITO DJe-062 DIVULG 05-04-2016 PUBLIC 06-04-2016) 3. Situação em que os indícios coletados até o momento revelam que as imagens da vítima foram trocadas por particulares via Whatsapp e por meio de chat na rede social Facebook. 4. Tanto no aplicativo WhatsApp quanto nos diálogos (chat) estabelecido na rede social Facebook, a comunicação se dá entre destinatários escolhidos pelo emissor da mensagem. Trata-se de troca de informação privada que não está acessível a qualquer pessoa. 5. Diante de tal contexto, no caso concreto, não foi preenchido o requisito estabelecido pela Corte Suprema de que a postagem de conteúdo pedófilo-pornográfico tenha sido feita em cenário propício ao livre acesso. 6. A possibilidade de descoberta de outras provas e/ou evidências, no decorrer das investigações, levando a conclusões diferentes, demonstra não ser possível firmar peremptoriamente a competência definitiva para julgamento do presente inquérito policial. Isso não obstante, tendo em conta que a definição do Juízo competente em tais hipóteses se dá em razão dos indícios coletados até então, revela-se a competência do Juízo Estadual. 7. Conflito conhecido, para declarar a competência do Juízo de Direito da Vara Criminal e Execução Penal de São Sebastião do Paraíso/MG, o Suscitado" (STJ, CC 150.564/MG, Rel. Ministro REYNALDO SOARES DA FONSECA, TERCEIRA SEÇÃO, julgado em 26/04/2017, DJe 02/05/2017). 🔒
Gabarito 1C, 2E, 3E.

**(Juiz de Direito – TJ/SC – 2019 – CESPE/CEBRASPE)** Caso seja verificada conexão probatória entre fatos concernentes a crimes de competência da justiça estadual e a crimes de competência da justiça federal, é correto afirmar que

**(A)** o processamento e o julgamento dos crimes de forma unificada não é possível, em razão da impossibilidade de modificação da regra de competência material pela conexão.

**(B)** o juízo estadual é o competente para o processamento e o julgamento dos crimes conexos, com exceção da hipótese

de posterior sentença absolutória em relação ao delito estadual.

**(C)** o juízo federal é o competente para o processamento e o julgamento dos crimes conexos, independentemente da pena prevista para cada um dos delitos.

**(D)** o juízo federal é o competente para o processamento e o julgamento dos crimes conexos, salvo o caso de ser prevista pena mais grave ao delito estadual.

**(E)** o juízo federal é o competente para o processamento e o julgamento unificado dos crimes, excluída a hipótese de posterior sentença absolutória em relação ao delito federal.

A solução desta questão deve ser extraída da Súmula 122 do STJ: "Compete à Justiça Federal o processo e julgamento unificado dos crimes conexos de competência federal e estadual, não se aplicando a regra do art. 78, II, a, do Código de Processo Penal".
Gabarito "C".

**(Juiz de Direito – TJ/SC – 2019 – CESPE/CEBRASPE)** Considerando-se exclusivamente o entendimento sumulado do STJ, é correto afirmar que o juiz de direito substituto agirá corretamente se

**(A)** não homologar a suspensão condicional do processo com base no argumento de que houve procedência parcial da pretensão punitiva.

**(B)** declinar a competência, em favor do foro do local da recusa, para o processamento e o julgamento de crime de estelionato mediante a apresentação de cheque sem provisão de fundos.

**(C)** exigir resposta preliminar, no prazo de quinze dias, em ação penal instruída por inquérito policial que apure crime inafiançável de responsabilidade de funcionário público.

**(D)** aceitar a retratação de vítima e extinguir o processo no caso de crime de lesão corporal resultante de violência doméstica contra mulher: essa ação penal é pública condicionada.

**(E)** fixar a competência da justiça estadual do local da apreensão para julgar crime de tráfico internacional de drogas, no caso de ter sido utilizada a via postal para remessa do exterior.

**A:** incorreta, pois contraria o entendimento consolidado por meio da Súmula 337, do STJ; **B:** correta. Segundo entendimento sedimentado por meio das Súmulas 244, do STJ, e 521, do STF, compete ao foro do local da recusa processar o crime de estelionato mediante cheque sem provisão de fundos; **C:** incorreta. A peculiaridade do procedimento referente aos crimes de responsabilidade dos funcionários públicos reside na impugnação ofertada pelo funcionário antes do recebimento da denúncia. É a chamada *resposta* ou *defesa preliminar*, prevista no art. 514 do CPP, que somente terá incidência nos crimes funcionais afiançáveis. Com a edição da Súmula 330 do STJ, esta defesa que antecede o recebimento da denúncia deixou de ser necessária na ação penal alicerçada em inquérito policial. Dessa forma, a formalidade imposta pelo art. 514 do CPP somente se imporá, segundo o STJ, quando a denúncia se basear em outras peças de informação que não o inquérito policial; **D:** incorreta. Em decisão tomada no julgamento da ADIn n. 4.424, de 09.02.2012, o STF estabeleceu a natureza *incondicionada* da ação penal nos crimes de lesão corporal, independente de sua extensão, praticados contra a mulher no ambiente doméstico. Tal entendimento encontra-se sedimentado na Súmula 542, do STJ; **E:** incorreta, uma vez que ao juiz federal com jurisdição sobre o local da apreensão da droga remetida do exterior pela via postal compete processar e julgar o crime de tráfico transnacional de substâncias entorpecentes, nos termos da Súmula 528, do STJ.
Gabarito "B".

**(Juiz de Direito - TJ/BA - 2019 - CESPE/CEBRASPE)** Acerca da competência no processo penal, assinale a opção correta, de acordo com o entendimento dos tribunais superiores.

**(A)** O julgamento de crime de roubo perpetrado contra agência franqueada da Empresa Brasileira de Correios e Telégrafos competirá à justiça federal.

**(B)** O julgamento de crime de uso de documento falso decorrente de apresentação de certificado de registro de veículo falso a policial rodoviário federal competirá à justiça estadual.

## 13. DIREITO PROCESSUAL PENAL    465

(C) Compete à justiça federal julgar crime de divulgação e publicação na rede mundial de computadores de imagens com conteúdo pornográfico envolvendo criança ou adolescente.

(D) Compete à justiça federal o julgamento de contravenções praticadas em detrimento de interesses da União, quando elas forem conexas aos crimes de sua competência.

(E) Compete à justiça estadual o julgamento de crime de redução de trabalhador a condição análoga à de escravo.

**A:** incorreta. A competência, segundo entendimento sedimentado no STJ, é da Justiça Estadual, já que, sendo o roubo praticado contra uma agência franqueada dos Correios, não há que se falar em prejuízo à empresa pública EBCT. Tanto é assim que, se a agência não fosse franqueada, e sim própria, a competência, aí sim, seria da Justiça Federal. Conferir: "Conflito de competência. Formação de quadrilha e roubo cometido contra agência franqueada da EBCT. Inexistência de prejuízo à EBCT. Inexistência de conexão. Competência da justiça estadual. I. Compete à Justiça Estadual o processo e julgamento de possível roubo de bens de agência franqueada da Empresa Brasileira de Correios e Telégrafos, tendo em vista que, nos termos do respectivo contrato de franquia, a franqueada responsabiliza-se por eventuais perdas, danos, roubos, furtos ou destruição de bens cedidos pela franqueadora, não se configurando, portanto, real prejuízo à Empresa Pública. II. Não evidenciado o cometimento de crime contra os bens da EBCT, não há que se falar em conexão de crimes de competência da Justiça Federal e da Justiça Estadual, a justificar o deslocamento da competência para a Justiça Federal. III. Conflito conhecido para declarar competente Juiz de Direito da Vara Criminal de Assu/RN, o Suscitante" (CC 116.386/RN, Rel. Ministro Gilson Dipp, Terceira Seção, julgado em 25/05/2011, DJe 07/06/2011); **B:** incorreta. A solução desta proposição deve ser extraída da Súmula 546, do STJ: "A competência para processar e julgar o crime de uso de documento falso é firmada em razão da entidade ou órgão ao qual foi apresentado o documento público, não importando a qualificação do órgão expedidor". Ou seja, pouco importa, aqui, o fato de o órgão expedidor do documento falso ser estadual ou federal, por exemplo. O critério a ser utilizado para o fim de determinar a Justiça competente é o da entidade ou órgão ao qual o documento foi apresentado; **C:** correta. Conferir: "1. À luz do preconizado no art. 109, V, da CF, a competência para processamento e julgamento de crime será da Justiça Federal quando preenchidos 03 (três) requisitos essenciais e cumulativos, quais sejam, que: a) o fato esteja previsto como crime no Brasil e no estrangeiro; b) o Brasil seja signatário de convenção ou tratado internacional por meio do qual assume o compromisso de reprimir criminalmente aquela espécie delitiva; e c) a conduta tenha ao menos se iniciado no Brasil e o resultado tenha ocorrido, ou devesse ter ocorrido no exterior, ou reciprocamente. 2. O Brasil pune a prática de divulgação e publicação de conteúdo pedófilo-pornográfico, conforme art. 241-A do Estatuto da Criança e do Adolescente. 3. Além de signatário da Convenção sobre Direitos da Criança, o Estado Brasileiro ratificou o respectivo Protocolo Facultativo. Em tais acordos internacionais se assentou a proteção à infância e se estabeleceu o compromisso de tipificação penal das condutas relacionadas à pornografia infantil. 4. Para fins de preenchimento do terceiro requisito, é necessário que, do exame entre a conduta praticada e o resultado produzido, ou que deveria ser produzido, se extraia o atributo de internacionalidade dessa relação. 5. Quando a publicação de material contendo pornografia infanto-juvenil ocorre na ambiência virtual de sítios de amplo e fácil acesso a qualquer sujeito, em qualquer parte do planeta, que esteja conectado à internet, a constatação da internacionalidade se infere não apenas do fato de que a postagem se opera em cenário propício ao livre acesso, como também que, ao fazê-lo, o agente comete o delito justamente com o objetivo de atingir o maior número possível de pessoas, inclusive assumindo o risco de que indivíduos localizados no estrangeiro sejam, igualmente, destinatários do material. A potencialidade do dano não se extrai somente do resultado efetivamente produzido, mas também daquele que poderia ocorrer, conforme própria previsão constitucional. 6. Basta a configuração da competência da Justiça Federal que o material pornográfico envolvendo crianças ou adolescentes tenha estado acessível por alguém no estrangeiro, ainda que não haja evidências de que esse acesso realmente ocorreu. 7. A extração do potencial internacionalidade do resultado advém do nível de abrangência próprio de sítios virtuais de amplo acesso, bem como da reconhecida dispersão mundial preconizada no art. 2º, I, da Lei 12.965/14, que instituiu o Marco Civil da Internet no Brasil. 8. Não se constata o caráter de internacionalidade, ainda que potencial, quando o panorama fático envolve apenas a comunicação eletrônica havida entre particulares em canal de comunicação fechado, tal como ocorre na troca de e-mails ou conversas privadas entre pessoas situadas no Brasil. Evidenciado que o conteúdo permaneceu enclausurado entre os participantes da conversa virtual, bem como que os envolvidos se conectaram por meio de computadores instalados em território nacional, não há que se cogitar na internacionalidade do resultado. 9. Tese fixada: "Compete à Justiça Federal processar e julgar os crimes consistentes em disponibilizar ou adquirir material pornográfico envolvendo criança ou adolescente (arts. 241, 241-A e 241-B da Lei nº 8.069/1990) quando praticados por meio da rede mundial de computadores". 10. Recurso extraordinário desprovido" (RE 628624, Rel. Min. Marco Aurélio, Rel. p/ Acórdão: Min. Edson Fachin, Tribunal Pleno, j. 29.10.2015); **D:** incorreta, dado que, ainda assim, o julgamento da contravenção caberá à Justiça Estadual, não se aplicando o teor da Súmula 122 do STJ, que impõe o julgamento conjunto pela Justiça Federal. Conferir: "Agravo regimental no conflito negativo de competência. Contravenções penais. Ilícitos que devem ser processados e julgados perante o juízo comum estadual, ainda que ocorridos em face de bens, serviços ou interesse da união ou de suas entidades. Súmula 38 desta corte. Configuração de conexão probatória entre contravenção e crime, este de competência da justiça comum federal. Impossibilidade, até nesse caso, de atração da jurisdição federal. Regras processuais infraconstitucionais que não se sobrepõem ao dispositivo de extração constitucional que veda o julgamento de contravenções pela justiça federal (art. 109, IV, da constituição da república). Declaração da competência do juízo de direito do juizado especial cível da comarca de Florianópolis/SC para o julgamento da contravenção penal prevista no art. 68, do Decreto-lei 3.688, de 3 de outubro de 1941. Agravo desprovido. 1. É entendimento pacificado por esta Corte o de que as contravenções penais são julgadas pela Justiça Comum Estadual, mesmo se cometidas em detrimento de bens, serviços ou interesses da União ou de suas entidades. Súmula 38 desta Corte. 2. Até mesmo no caso de conexão probatória entre contravenção penal e crime de competência da Justiça Comum Federal, aquela deverá ser julgada na Justiça Comum Estadual. Nessa hipótese, não incide o entendimento de que compete à Justiça Federal processar e julgar, unificadamente, os crimes conexos de competência federal e estadual (súmula 122 desta Corte), pois tal determinação, de índole legal, não pode se sobrepor ao dispositivo de extração constitucional que veda o julgamento de contravenções por Juiz Federal (art. 109, IV, da Constituição da República). Precedentes. 3. Agravo regimental desprovido. Mantida a decisão em que declarada a competência do Juízo de Direito do Juizado Especial Cível da Comarca de Florianópolis/SC para o julgamento da contravenção penal prevista no art. 68, do Decreto-Lei 3.688, de 3 de outubro de 1941" (AGRCC 201102172177, Laurita Vaz, STJ, 3ª Seção, DJE 07.03.2012); **E:** incorreta. Conferir: "Recurso extraordinário. Constitucional. Penal. Processual Penal. Competência. Redução a condição análoga à de escravo. Conduta tipificada no art. 149 do Código Penal. Crime contra a organização do trabalho. Competência da Justiça Federal. Artigo 109, inciso VI, da Constituição Federal. Conhecimento e provimento do recurso. 1. O bem jurídico objeto de tutela pelo art. 149 do Código Penal vai além da liberdade individual, já que a prática da conduta em questão acaba por vilipendiar outros bens jurídicos protegidos constitucionalmente como a dignidade da pessoa humana, os direitos trabalhistas e previdenciários, indistintamente considerados. 2. A referida conduta acaba por frustrar os direitos assegurados pela lei trabalhista, atingindo, sobremodo, a organização do trabalho, que visa exatamente a consubstanciar o sistema social trazido pela Constituição Federal em seus arts. 7º e 8º, em conjunto com os postulados do art. 5º, cujo escopo, evidentemente, é proteger o trabalhador em todos os sentidos, evitando a usurpação de sua força de trabalho de forma vil. 3. É dever do Estado (lato sensu) proteger a atividade laboral do trabalhador por meio de sua organização social e trabalhista, bem como zelar pelo respeito à dignidade da pessoa humana (CF, art. 1º, inciso III). 4. A conjugação harmoniosa dessas circunstâncias se mostra hábil para atrair para a competência da Justiça Federal (CF, art. 109, inciso VI) o processamento e o julgamento do feito. 5. Recurso extraordinário do qual se conhece e ao qual se dá provimento" (RE 459510, Relator(a): Min. CEZAR PELUSO, Relator(a) p/ Acórdão: Min. DIAS TOFFOLI, Tribunal Pleno, julgado em 26.11.2015, ACÓRDÃO ELETRÔNICO DJe-067 DIVULG 11.04.2016 PUBLIC 12.04.2016). 🔲

Gabarito "C"

**(Juiz – TJ/CE – 2018 – CESPE)** De acordo com a Lei 16.397/2017, o processamento e o julgamento das ações penais referentes a crimes contra a ordem tributária são da competência das varas

(A) criminais.
(B) da fazenda pública.
(C) de execução fiscal e de crimes contra a ordem tributária.
(D) criminais da fazenda pública.
(E) de delitos de tráfico de drogas e crimes financeiros.

A resposta a esta questão deve ser extraída do art. 64, III, da Lei 16.397/2017, que dispõe sobre a organização judiciária do Estado do Ceará. **ED**

Gabarito "C".

**(Técnico Judiciário – STJ – 2018 – CESPE)** Julgue os itens a seguir, relativos à competência para processar e julgar ações penais.

(1) No processo penal, em regra, a competência é definida pelo domicílio ou pela residência do réu; no entanto, se este endereço for desconhecido, a ação penal será processada no lugar de consumação da infração.

(2) O juiz poderá desmembrar o processo quando houver excessivo número de acusados ou quando as infrações tiverem sido praticadas em circunstâncias de tempo ou de lugar diferentes.

**1:** incorreta. Por força do disposto no art. 70, *caput*, do CPP, a competência será determinada, em regra, pelo local em que se deu a consumação do delito; no caso de crime tentado, a competência firmar-se-á em razão do local em que foi praticado o derradeiro ato de execução. Se o lugar em que se deu a infração penal não for conhecido, aí sim a competência será determinada pelo domicílio ou residência do réu (art. 72, CPP). Perceba que este último critério é subsidiário em relação ao critério do lugar da consumação da infração, que, como acima dissemos, constitui a regra; **2:** incorreta, na medida em que não basta, para que o juiz promova a separação dos processos, a existência de excessivo número de acusados; é mister, ainda, que haja indevida prorrogação da prisão cautelar de um deles ou de todos (art. 80, CPP). **ED**

Gabarito 1E, 2E.

**(Analista Judiciário – STJ – 2018 – CESPE)** Acerca da competência, das questões e dos processos incidentes e das provas, julgue os itens a seguir.

(1) De acordo com o Supremo Tribunal Federal, a competência para processar e julgar os crimes de latrocínio é do tribunal do júri, e não do juiz singular.

(2) É admissível incidente de insanidade mental para apurar doença desencadeada após a prática do ato criminoso imputado ao acusado.

**1:** incorreta. A competência para o julgamento do crime de roubo seguido de morte (art. 157, § 3º, II, do CP), que é o latrocínio, é do juízo singular, e não do Tribunal do Júri, ao qual cabe o julgamento dos crimes dolosos contra a vida (que não é o caso do latrocínio, que é delito contra o patrimônio). Vide Súmula 603, do STF; **2:** correta. Tendo em conta o que estabelecem os arts. 149, § 2º, e 152, ambos do CPP, se se verificar que o surgimento da doença mental é posterior ao crime pelo qual está o acusado sendo processado, é de rigor a suspensão do processo, que assim permanecerá até o restabelecimento do réu, cabendo ao juiz, neste caso, nomear curador ao acusado e determinar a realização do exame de sanidade mental. **ED**

Gabarito 1E, 2C

**(Juiz de Direito/AM – 2016 – CESPE)** Em relação à competência no processo penal e à jurisprudência dos tribunais superiores, assinale a opção correta.

(A) Na hipótese de um crime de latrocínio em que haja conexão com um crime de tentativa de homicídio, deve haver a reunião de processos em um só juízo, e preponderará a competência do juízo ao qual esteja associado o crime cominado com pena mais grave, no caso o de latrocínio.

(B) Nos crimes culposos contra a vida em que os atos de execução ocorram em um lugar e a consumação, em outro, excepcionalmente adota-se a teoria da atividade, e a competência para julgar o fato será do juízo do local dos atos executórios.

(C) É da competência da justiça estadual o processo dos réus acusados pelo crime de redução à condição análoga à de escravo, porque a conduta criminosa atinge a liberdade individual de homem específico, não caracterizando violação a interesse da União.

(D) A competência pela prevenção se dá quando, concorrendo dois ou mais juízes igualmente competentes ou com jurisdição cumulativa, um deles anteceda aos outros ao determinar a citação do réu.

(E) Os crimes contra a honra da vítima quando praticados pelas redes sociais da Internet são da competência exclusiva da justiça federal.

**A:** incorreta. Por força do que estabelece o art. 78, I, do CPP, na hipótese de haver conexão entre crime de competência do tribunal do júri (tentativa de homicídio) e outro afeito à jurisdição comum (latrocínio), é de rigor que o julgamento conjunto se dê perante o tribunal popular. Em outras palavras, o tribunal do júri exerce, em relação aos demais crimes cujo julgamento cabe à justiça comum, *vis attractive*; **B:** correta. Como bem sabemos, a competência será determinada em razão do lugar em que se deu a consumação do crime (art. 70, *caput*, CPP). Acolheu-se, assim, a teoria do resultado. Dessa forma, nos chamados *crimes plurilocais*, em que a conduta (ação ou omissão) ocorre num determinado local e o resultado acaba por ser produzido em outro, competente será o foro do local onde se deu a consumação. Pois bem. Sucede que, no contexto dos crimes contra a vida, tanto os culposos quanto os dolosos, a jurisprudência construiu a tese segundo a qual, contrariando o texto legal, deve-se adotar, tendo em conta a conveniência na colheita de provas, a teoria da atividade. Com isso, a competência firmar-se-á, nos crimes contra a vida cujo resultado ocorra em local diverso do da conduta, pelo foro do local da ação ou omissão, e não o do resultado, tal como estabelece o art. 70, *caput*, do CPP. É o caso da vítima que, alvejada a tiros em determinada cidade, vem a falecer em outra. Parece lógico e producente que a prova seja colhida e o processamento se dê na comarca onde foi praticada a conduta, e não o local em que o crime se consumou. Conferir: "Recurso ordinário em habeas corpus. Processual Penal. Crime de homicídio culposo (CP, art. 121, §§ 3º e 4º). Competência. Consumação do delito em local distinto daquele onde foram praticados os atos executórios. Crime plurilocal. Possibilidade excepcional de deslocamento da competência para foro diverso do local onde se deu a consumação do delito (CPP, art. 70). Facilitação da instrução probatória. Precedente. Recurso não provido. 1. A recorrente foi denunciada pela prática do crime de homicídio culposo (art. 121, § 3º, c/c § 4º do Código Penal), porque "deixando de observar dever objetivo de cuidado que lhe competia em razão de sua profissão de médica e agindo de forma negligente durante o pós-operatório de sua paciente Fernanda de Alcântara de Araújo, ocasionou a morte desta, cinco dias após tê-la operado, decorrendo o óbito de uma embolia gordurosa não diagnosticada pela denunciada, a qual sequer chegou a examinar a vítima após a alta hospitalar, limitando-se a prescrever remédios pelo telefone, em total afronta ao Código de Ética Médica (artigo 62 do CEM)". 2. Embora se possa afirmar que a responsabilidade imputada à recorrente possa derivar de negligência decorrente da falta do exame pessoal da vítima e do seu correto diagnóstico após a alta hospitalar, é inconteste que esse fato deriva do ato cirúrgico e dos cuidados pós-operatórios de responsabilidade da paciente, de modo que se está diante de crime plurilocal, o que justifica a eleição como foro do local onde os atos foram praticados e onde a recorrente se encontrava por ocasião da imputada omissão (por ocasião da prescrição de remédios por telefone à vítima). 3. Recurso não provido" (RHC 116200, Relator(a): Min. DIAS TOFFOLI, Primeira Turma, julgado em 13.08.2013, PROCESSO ELETRÔNICO *DJe*-176 DIVULG 06.09.2013 PUBLIC 09.09.2013); **C:** incorreta. Conferir: "Recurso extraordinário. Constitucional. Penal. Processual Penal. Competência. Redução à condição análoga à de escravo. Conduta tipificada no art. 149 do Código Penal. Crime contra a organização do trabalho. Competência da Justiça Federal. Artigo 109, inciso VI, da Constituição Federal. Conhecimento e provimento do recurso. 1. O bem jurídico objeto de tutela pelo art. 149 do Código Penal vai além da liberdade individual, já que a prática da conduta em questão acaba por vilipendiar outros bens jurídicos protegidos constitucionalmente como a dignidade da pessoa humana, os direitos trabalhistas e previdenciários, indistintamente considerados. 2. A referida conduta acaba por frustrar os direitos assegurados pela lei trabalhista, atingindo, sobremodo, a organização do trabalho, que visa exatamente a consubstanciar o sistema social trazido pela Constituição

# 13. DIREITO PROCESSUAL PENAL — 467

Federal em seus arts. 7º e 8º, em conjunto com os postulados do art. 5º, cujo escopo, evidentemente, é proteger o trabalhador em todos os sentidos, evitando a usurpação de sua força de trabalho de forma vil. 3. É dever do Estado (lato sensu) proteger a atividade laboral do trabalhador por meio de sua organização social e trabalhista, bem como zelar pelo respeito à dignidade da pessoa humana (CF, art. 1º, inciso III). 4. A conjugação harmoniosa dessas circunstâncias se mostra hábil para atrair para a competência da Justiça Federal (CF, art. 109, inciso VI) o processamento e o julgamento do feito. 5. Recurso extraordinário do qual se conhece e ao qual se dá provimento" (RE 459510, Relator(a): Min. CEZAR PELUSO, Relator(a) p/ Acórdão: Min. DIAS TOFFOLI, Tribunal Pleno, julgado em 26.11.2015, ACÓRDÃO ELETRÔNICO DJe-067 DIVULG 11.04.2016 PUBLIC 12.04.2016); **D:** incorreta (art. 83 do CPP); **E:** incorreta. Nesse sentido: "1. A jurisprudência desta Corte Superior é no sentido de que, embora se trate de hipótese de crime praticado por meio da rede mundial de computadores, necessária se faz a existência de indícios mínimos de extraterritorialidade, para que seja determinada a competência da Justiça Federal. 2. O teor das mensagens supostamente difamatórias, veiculadas em rede social, sugere que teriam partido de usuários nacionais, referindo-se a entidades públicas e servidores capixabas, o que, em linha de princípio, afastaria a transnacionalidade do delito em tese. 3. Conflito conhecido para declarar competente o Juízo de Direito da 3ª Vara Criminal de Vila Velha/ES, o suscitado" (CC 141.764/ES, Rel. Ministro RIBEIRO DANTAS, TERCEIRA SEÇÃO, julgado em 13.04.2016, DJe 26.04.2016).

Gabarito "B".

**(Analista – Judiciário –TRE/PI – 2016 – CESPE)** Com relação a jurisdição e competência, assinale a opção correta.

**(A)** Prefeito municipal do estado do Rio Grande do Sul que cometa o delito de porte ilegal de arma em cidade do estado de São Paulo será processado e julgado pelo Tribunal de Justiça do Estado de São Paulo.

**(B)** Caso parlamentar federal cometa crimes de licitações fraudulentas e obras superfaturadas, apurados por inquérito civil durante o exercício funcional, o foro por prerrogativa de função persistirá mesmo após o encerramento do mandato, pois o STF assegura tal prerrogativa nos casos de crimes de improbidade administrativa.

**(C)** Parlamentar estadual que cometa crime contra bens e interesses da União deverá ser processado e julgado pelo tribunal de justiça com jurisdição no local do delito.

**(D)** Prefeito municipal que cometa homicídio doloso será processado e julgado pelo tribunal de justiça local, e não pelo tribunal do júri.

**(E)** Ocorrerá a separação de processos quando um parlamentar federal praticar homicídio doloso em concurso com outro parlamentar estadual, pois, no caso deste, o foro especial é estabelecido pela Constituição estadual.

Antes de analisar cada alternativa, cabem algumas observações a respeito do foro por prerrogativa de função, considerando mudança de entendimento acerca deste tema no STF. No dia 3 de maio de 2018, o Plenário do STF, por maioria de votos, decidiu que o foro por prerrogativa de função de que gozam parlamentares federais (senadores e deputados) se aplica tão somente a infrações penais cometidas no exercício do cargo e em razão das funções a ele relacionadas. Tal decisão foi tomada no julgamento de questão de ordem da ação penal 937, cujo relator é o ministro Luís Roberto Barroso. Com isso, se o crime imputado a senador ou deputado federal é cometido antes da diplomação, o julgamento caberá ao juízo de primeira instância; se for cometido no curso do mandato mas nenhuma relação tiver com o seu exercício, o julgamento também caberá ao juiz de primeira instância (por exemplo: homicídio; roubo; embriaguez ao volante); agora, sendo o delito cometido durante o mandato e havendo relação entre ele e o desempenho da função parlamentar (corrupção passiva, por exemplo), o julgamento deverá realizar-se perante o STF. Uma das primeiras questões que surgiu, entre tantas outras, é se este entendimento que restringe o foro por prerrogativa de função se aplica para outras hipóteses de foro privilegiado ou apenas para os deputados federais e senadores. Segundo o STF, em decisão tomada no julgamento do Inq 4703 QO/DF, ocorrido em 12/06/2018 e da relatoria do ministro Luiz Fux, tal restrição imposta ao foro privilegiado vale também para ministros de Estado. O STJ, por sua vez, ao enfrentar a questão, tendo por base a decisão do STF na AP 937, decidiu que a restrição do foro deve alcançar governadores e conselheiros dos Tribunais de Contas estaduais (AP 866 e AP 857). Lembremos que o art. 105, I, "a", da CF/88 estabelece que compete ao STJ julgar os crimes praticados por governadores de Estado e por conselheiros dos Tribunais de Contas dos Estados. No que concerne aos prefeitos, ainda não há consenso. Há tribunais que, em face da nova interpretação conferida pelo STF ao foro por prerrogativa de função, remeteram os processos contra o chefe do executivo municipal para julgamento pela 1ª instância. Mais recentemente, o STJ, por meio de seu Pleno, ao julgar, em 21/11/2018, a QO na AP 878, fixou o tese de que o entendimento firmado no STF a respeito da restrição imposta ao foro por prerrogativa de função não se aplica a desembargador, que, ainda que o crime praticado nenhuma relação tenha com o exercício do cargo, deverá ser julgado pelo STJ, ou seja, o precedente do STF não se aplica a todos os casos de foro por prerrogativa de função. Dito isso, passemos à resolução de cada alternativa. **A:** incorreta. O prefeito municipal que comete crime comum em outro estado da federação será julgado pelo Tribunal de Justiça do Estado ao qual pertence o município no qual ele exerce seu cargo. No STJ: *1. No caso, o Interessado, prefeito do Município de Rafael Fernandes/RN, foi autuado em flagrante-delito em ocasião em que portava um revólver calibre 38 sem autorização ou registro, em rodovia no Município de Salgueiro/PE. O Tribunal de Justiça do Estado do Rio Grande do Norte, posteriormente, expediu alvará de soltura. O Tribunal de Justiça do Estado de Pernambuco, então, suscitou o presente conflito, sob o fundamento de que a Corte potiguar não tinha jurisdição sobre crime comum ocorrido em município pernambucano. 2. O Poder Constituinte, ao criar a prerrogativa prevista no art. 29, inciso X, da Constituição da República, previu que o julgamento dos Prefeitos, em razão do cometimento de crimes comuns, ocorre perante o Tribunal de Justiça. 3. A razão teleológica dessa regra é a de que, devido ao relevo da função de um Prefeito, e o interesse que isso gera ao Estado em que localizado o Município, a apreciação da conduta deve se dar pelo Tribunal de Justiça da respectiva unidade da Federação. 4. Ora, a Constituição é clara ao prever como um dos preceitos que regem o Município o "julgamento do Prefeito perante o Tribunal de Justiça". Ressalte-se: está escrito no inciso X do Art. 29 da Carta Magna "perante o Tribunal de Justiça", e não "perante Tribunal de Justiça". O artigo definido que consta na referida redação, conferida pelo Constituinte, determina sentido à norma que não pode ser ignorado pelo aplicador da Lei, impedindo a interpretação de que se utilizou a Corte Suscitante. (CC 120.848/PE, Rel. Ministra LAURITA VAZ, TERCEIRA SEÇÃO, julgado em 14.03.2012, DJe 27.03.2012);* **B:** incorreta. Por se tratar de ação de natureza civil, a improbidade administrativa tramitará no juízo de primeira instância. Não há que se falar, neste caso, em foro por prerrogativa de função, aplicável às ações de natureza penal; **C:** incorreta. Sendo federal o crime praticado pelo parlamentar, o julgamento caberá ao TRF da respectiva região (e não ao TJ). Conferir: *A Constituição de 1988, ao definir o rol de matérias da competência da Justiça Federal, incluiu os crimes praticados contra o sistema financeiro e a ordem econômico-financeira, nos casos determinados por lei. Se a denúncia imputa ao paciente a prática de crimes previstos na Lei n 7.492/86, diploma legal que definiu os crimes contra o Sistema Financeiro Nacional, a ação penal deve ser processada e julgada pela Justiça Federal, como expressamente previsto no seu art. 26, sendo despiciendo o debate sobre a existência ou não de lesão a bens, serviços ou interesses da União Federal. Encontrando-se o paciente no exercício do mandato de deputado estadual, titular de prerrogativa de foro, a ação penal deve ter curso no Tribunal Regional Federal com jurisdição no lugar do delito.* (HC 14.131/PR, Rel. Ministro VICENTE LEAL, SEXTA TURMA, julgado em 16.11.2000, DJ 04.12.2000, p. 111); **D:** correta. Tanto o foro por prerrogativa de função quanto o Tribunal do Júri estão contemplados na Constituição Federal. Jurisprudência e doutrina são unânimes em afirmar que, neste caso, prevalece o foro por prerrogativa de função. Assim, o prefeito municipal, porque tem foro especial previsto na CF (art. 29, X), ainda que tenha cometido um crime doloso contra a vida, será julgado pelo Tribunal de Justiça ao qual está vinculado. Consolidando tal entendimento, foi editada a Súmula 721 do STF, cujo teor foi reproduzido na Súmula Vinculante 45: "A competência constitucional do Tribunal do Júri prevalece sobre o foro por prerrogativa de função estabelecido exclusivamente pela Constituição estadual"; **E:** ambas as prerrogativas estão contempladas na CF, sendo certo que a do deputado estadual é extraída por simetria.

Gabarito "D".

**(Juiz de Direito/DF – 2016 – CESPE)** Indivíduo que pratique crime a bordo de aeronave estrangeira em espaço aéreo brasileiro, será processado e julgado pela justiça

(A) da comarca correspondente ao espaço aéreo em que a aeronave se encontrava no exato momento do cometimento do crime ou, não sendo possível precisá-la, pela justiça da comarca em cujo território se verificar o pouso.

(B) de seu país de origem, pois, somente se estivesse a bordo de aeronave nacional é que a justiça brasileira seria competente.

(C) da comarca correspondente ao espaço aéreo em que a aeronave se encontrava no exato momento do cometimento do crime.

(D) do estado da Federação onde ele tiver residido por último ou, se ele nunca tiver residido no Brasil, no juízo da capital da República.

(E) da comarca em cujo território ocorrer o pouso ou pela comarca de onde houver partido a aeronave.

A questão, a nosso ver, está mal elaborada, uma vez que não especifica se se trata de aeronave de natureza pública ou privada. No primeiro caso, considerar-se-á a aeronave como território estrangeiro, razão pela qual não se aplicará, em regra, a lei penal brasileira; no segundo caso, sendo a aeronave estrangeira de natureza privada, aplicam-se os arts. 5º, § 2º, do CP, e 90 do CPP, segundo os quais incide o princípio da territorialidade, com a aplicação da lei brasileira e o julgamento pela comarca em cujo território se deu o pouso ou pela comarca de onde houver partido a aeronave.
Gabarito "E".

**(Procurador do Estado – PGE/BA – CESPE – 2014)** Julgue o item subsequente, no que se refere à competência no processo penal brasileiro (adaptada)

(1) Considere que Cássio, jogador de futebol residente na cidade de Montes Claros-MG, tenha declarado, em entrevista a jornais de circulação local no município de Governador Valadares-MG, que Emílio, árbitro de futebol, recebia dinheiro de agremiações para influenciar os resultados das partidas que arbitrava. Nessa situação hipotética, caso Emílio se considere caluniado e decida defender seus direitos na esfera criminal, ele poderá optar por propor a queixa-crime no foro de Montes Claros-MG.

**1:** correta. Estabelece o art. 73 do CPP que, ainda que conhecido o lugar da infração, que, neste caso, é o município de Governador Valadares--MG, o querelante, na ação penal privada exclusiva, poderá preferir o foro de domicílio ou da residência do réu, que corresponde à cidade de Montes Claros-MG. **ED**
Gabarito 1C

**(Cartório/DF – 2014 – CESPE)** A respeito da competência, assinale a opção correta.

(A) Se um civil comete um crime comum, e um militar pratica um delito militar, sendo as ações conexas, haverá, obrigatoriamente, a junção dos processos perante a jurisdição especializada.

(B) Considere que Alfredo, no exercício de mandato de senador da República, pratique crime contra a administração pública, tendo o mandato terminado no curso da ação penal perante o STF. Nessa situação, prevalecerá, em relação a Alfredo, a competência especial por prerrogativa de função para a continuidade do processo e o julgamento perante a instância privilegiada, mesmo após cessado o exercício da função pública.

(C) Tanto em ação penal privada quanto em ação penal pública, adota-se, como regra para a fixação do foro competente, o lugar da infração penal, podendo, todavia, nas ações exclusivamente privadas, o particular/querelante eleger o foro de seu domicílio.

(D) Para a fixação da competência territorial, adota-se, no Código de Processo Penal (CPP) brasileiro, a teoria da ubiquidade, segundo a qual consideram-se lugar do crime tanto o da ação quanto o do resultado, indiferentemente.

(E) Na determinação da competência por conexão ou continência e em caso de concurso de jurisdições da mesma categoria, prevalece, de regra, a competência do lugar da infração penal à qual seja cominada a pena mais grave.

**A:** incorreta, dado que, neste caso, a teor do que estabelece o art. 79, I, do CPP, é de rigor a separação dos processos, com o civil sendo julgado pela Justiça comum e o militar, pela Justiça Militar; **B:** incorreta. A Súmula 394 do STF, que assegurava à autoridade a prerrogativa de foro mesmo depois de cessado o exercício de cargo ou mandato, foi cancelada pelo Pleno do próprio tribunal. O legislador, com o propósito de restabelecer o foro por prerrogativa de função nos moldes anteriores, editou a Lei 10.628/2002, a qual foi declarada inconstitucional pelo STF. Assim, temos que, atualmente, cessado o exercício funcional ou o mandato, cessa também a competência por prerrogativa de função. *Vide* Súmula 451 do STF. Mais recentemente, o Plenário do STF decidiu que o foro por prerrogativa de função de que gozam parlamentares federais (senadores e deputados) se aplica tão somente a infrações penais cometidas no exercício do cargo e em razão das funções a ele relacionadas. Tal decisão foi tomada no julgamento de questão de ordem da ação penal 937, cujo relator é o ministro Luís Roberto Barroso; **C:** incorreta. É verdadeira a afirmação segundo a qual a competência, tanto na ação pública quanto na privativa do ofendido, será determinada, em regra, em razão do lugar em que ocorreu a infração penal (consumação), nos termos do art. 70, *caput*, do CPP; agora, em se tratando de ação penal exclusivamente privada, faculta-se ao querelante optar, ainda que conhecido o lugar da infração, pelo foro do domicílio ou residência do réu (e não o seu). É o que estabelece o art. 73, CPP; **D:** incorreta, uma vez que o CPP, em seu art. 70, adotou, quanto à competência territorial, a teoria do *resultado*, tendo em vista que é competente o foro do local em que se deu a consumação do crime. A chamada teoria da *ubiquidade* foi adotada pelo art. 6º do CP, que diz respeito ao crime à distância ou de espaço máximo, em que a ação é realizada em um país e o resultado é produzido em outro; **E:** correta (art. 78, II, *a*, do CPP).
Gabarito "E".

**(Cartório/ES – 2013 – CESPE)** Com fundamento na jurisprudência dominante nos tribunais superiores, assinale a opção correta em relação à competência.

(A) Compete à justiça federal processar e julgar o agente acusado da prática de crime de falsificação de documento público emitido pela União, ainda que a pessoa efetivamente lesada com a suposta prática delituosa seja um particular.

(B) Compete à justiça federal processar e julgar os acusados da prática de delitos contra a propriedade intelectual.

(C) Compete à justiça estadual o julgamento dos acusados da prática de contravenções penais, ainda que praticadas em desfavor da União, de suas autarquias ou empresas públicas, salvo se houver conexão entre a prática da contravenção penal e a prática de delitos cujo agente deva ser julgado pela justiça federal, a quem caberá o julgamento de ambos os fatos.

(D) A competência do tribunal do júri prevista na CF prevalece sobre o foro por prerrogativa de função estabelecido exclusivamente em constituição estadual.

(E) Compete à justiça militar processar e julgar militar pela prática, em serviço, do crime de abuso de autoridade.

**A:** incorreta, dado que a competência, neste caso, é da Justiça Estadual. Conferir: "Penal. Conflito de competência. Inquérito policial. Falsificação de documento público. Autenticação mecânica (protocolo) da justiça federal. Fraude que visava justificar a prestação de serviços advocatícios. Ausência de efetivo prejuízo à união. Competência da justiça estadual. 1. Quando as pessoas enganadas, e efetivamente lesadas, pela eventual prática do crime de falsificação são os particulares, ainda que tenha a União o interesse na punição do agente, tal seria genérico e reflexo, pois não há ofensa a seus bens, serviços ou interesses. Precedente da 3ª Seção. 2. Hipótese de falsificação/adulteração de autenticação mecânica (protocolo) da secretaria da Justiça Federal de Paranaguá/PR. Indícios de que o falso não visava obter vantagem judicial, mas, tão somente, justificar a prestação de serviços advocatícios ao particular contratante, que exigiu dos advogados prova do efetivo ingresso da ação judicial. 3. Inexistindo prejuízo ao Poder Judiciário da União, a eventual prática delituosa não se amolda às hipóteses de crime de competência federal (art. 109, IV, da CF). 4. Conflito conhecido para declarar a

# 13. DIREITO PROCESSUAL PENAL    469

competência do Juízo de Direito da 1ª Vara Criminal de Paranaguá/PR, o suscitante" (CC 201202161693, Sebastião Reis Júnior, STJ, 3ª Seção, *DJE* 23/11/2012); **B:** incorreta. A competência é da justiça estadual: "conflito negativo de competência. Penal. Comercialização de CDS e DVDS falsificados. Violação de direito autoral. Ausência de interesse da união. Competência da Justiça Estadual. 1. Compete à Justiça Estadual processar e julgar os crimes contra a propriedade intelectual, quando não praticados em detrimento a bens, serviços ou interesses da União ou de suas entidades autárquicas e empresas públicas. 2. No caso, a conduta do investigado, consistente em comercializar os CDs e DVDs falsificados, caracteriza o delito de violação de direito autoral. Não advindo qualquer prejuízo para a União, afastada está a competência da Justiça Federal para o exame do feito, em razão de a ofensa ter alcançado somente o interesse do particular em seu direito lesado. 3. Conflito de competência conhecido para declarar competente o Juízo de Direito da Vara Criminal e Anexos de Matelândia/PR, o suscitado" (CC 201300850796, Alderita Ramos de Oliveira (Desembargadora Convocada Do TJ/PE), STJ, 3ª Seção, *DJE* 05/06/2013); **C:** incorreta, dado que, ainda assim, o julgamento da contravenção caberá à Justiça Estadual, não se aplicando o teor da Súmula 122 do STJ, que impõe o julgamento conjunto pela Justiça Federal. Conferir: "Agravo regimental no conflito negativo de competência. Contravenções penais. Ilícitos que devem ser processados e julgados perante o juízo comum estadual, ainda que ocorridos em face de bens, serviços ou interesse da união ou de suas entidades. Súmula 38 desta corte. Configuração de conexão probatória entre contravenção e crime, este de competência da justiça comum federal. Impossibilidade, até nesse caso, de atração da jurisdição federal. Regras processuais infraconstitucionais que não se sobrepõem ao dispositivo de extração constitucional que veda o julgamento de contravenções pela justiça federal (art. 109, IV, da constituição da república). Declaração da competência do juízo de direito do juizado especial cível da comarca de Florianópolis/SC para o julgamento da contravenção penal prevista no art. 68, do Decreto-lei 3.688, de 3 de outubro de 1941. Agravo desprovido. 1. É entendimento pacificado por esta Corte o de que as contravenções penais são julgadas pela Justiça Comum Estadual, mesmo se cometidas em detrimento de bens, serviços ou interesses da União ou de suas entidades. Súmula 38 desta Corte. 2. Até mesmo no caso de conexão probatória entre contravenção penal e crime de competência da Justiça Comum Federal, aquela deverá ser julgada na Justiça Comum Estadual. Nessa hipótese, não incide o entendimento de que compete à Justiça Federal processar e julgar, unificadamente, os crimes conexos de competência federal e estadual (súmula 122 desta Corte), pois tal determinação, de índole legal, não pode se sobrepor ao dispositivo de extração constitucional que veda o julgamento de contravenções por Juiz Federal (art. 109, IV, da Constituição da República). Precedentes. 3. Agravo regimental desprovido. Mantida a decisão em que declarada a competência do Juízo de Direito do Juizado Especial Cível da Comarca de Florianópolis/SC para o julgamento da contravenção penal prevista no art. 68, do Decreto-Lei 3.688, de 3 de outubro de 1941" (AGRCC 201102172177, Laurita Vaz, STJ, 3ª Seção, *DJE* 07.03.2012); **D:** correta, pois corresponde ao entendimento firmado na Súmula nº 721 do STF, cujo teor foi reproduzido na Súmula Vinculante n. 45: "A competência constitucional do Tribunal do Júri prevalece sobre o foro por prerrogativa de função estabelecido exclusivamente pela Constituição estadual"; **E:** incorreta. A teor do que preceitua a Súmula 172 do STJ, é da competência da Justiça Comum o julgamento do militar por crime de abuso de autoridade, mesmo que praticado em serviço.
*Gabarito "D".*

**(Cartório/PI – 2013 – CESPE)** Considerando o entendimento sumulado dos tribunais superiores a respeito da competência em matéria criminal, assinale a opção correta.

**(A)** Será da competência da justiça federal processar e julgar os acusados da prática de crimes em detrimento de sociedade de economia mista.

**(B)** O vereador que praticar crime doloso contra a vida será processado e julgado no tribunal do júri, não se aplicando, nesse caso, o foro especial estabelecido em Constituição estadual.

**(C)** O prefeito que praticar crime eleitoral será processado pelo tribunal de justiça do estado onde se localize o município em que ele exerça sua função, ainda que o fato tenha ocorrido em outro estado.

**(D)** A inobservância da competência pela prevenção será causa de nulidade absoluta.

**(E)** O prefeito que desviar verba pública federal será processado perante o foro especial estadual.

**A:** incorreta, pois não corresponde ao entendimento consolidado na Súmula 42 do STJ: "Compete à Justiça comum estadual processar e julgar as causas cíveis em que é parte sociedade de economia mista e os crimes praticados em seu detrimento"; **B:** correta, pois em conformidade com o entendimento firmado na Súmula 712 dos STF: "A competência constitucional do Tribunal do Júri prevalece sobre o foro por prerrogativa de função estabelecido exclusivamente pela Constituição estadual"; **C:** incorreta. De acordo com a Súmula 702 do STF, "a competência do Tribunal de Justiça para julgar Prefeitos restringe-se aos crimes de competência da Justiça comum estadual; nos demais casos, a competência originária caberá ao respectivo tribunal de segundo grau". Desse modo, se o crime praticado por prefeito municipal for eleitoral, a competência para julgá-lo será do Tribunal Regional Eleitoral do respectivo Estado; **D:** incorreta, pois em desconformidade com o entendimento firmado na Súmula 706 do STF: "É relativa a nulidade decorrente da inobservância da competência penal por prevenção"; **E:** incorreta, nos termos da Súmula 208 do STJ: "Compete à Justiça Federal processar e julgar prefeito municipal por desvio de verba sujeita à prestação de contas perante órgão federal".
*Gabarito "B".*

**(Analista – TJ/CE – 2013 – CESPE)** Assinale a opção correta em relação a competência, conexão e continência.

**(A)** Na determinação da competência por conexão ou continência, quando houver concurso entre a jurisdição comum e a especial, prevalecerá aquela.

**(B)** A junção dos processos, em decorrência de conexão ou continência, é absoluta.

**(C)** A competência será determinada pela conexão quando duas ou mais pessoas forem acusadas pela mesma infração.

**(D)** Caso um deputado federal cometa um crime de corrupção e seu comparsa, um delito doloso contra a vida, ambos serão processados e julgados perante o STF.

**(E)** Se um deputado federal cometer um crime doloso contra a vida, ele terá de ser julgado pelo STF, em detrimento do tribunal do júri.

**A:** incorreta. No concurso entre a jurisdição comum e a especial, há de prevalecer esta última – art. 78, IV, do CPP; **B:** incorreta, na medida em que o art. 79 do CPP estabelece exceções à regra que determina a união de processos no âmbito da conexão; **C:** incorreta, uma vez que a assertiva contempla hipótese de continência (e não de conexão) – art. 77, I, do CPP; **D:** incorreta. Segundo entendimento firmado na Súmula 704 do STF: "Não viola as garantias do juiz natural, da ampla defesa e do devido processo legal a atração por continência ou conexão do processo do corréu ao foro por prerrogativa de função de um dos denunciados". A incorreção da assertiva reside no fato de que nem sempre se verificará o julgamento conjunto (regra do foro prevalente), dado que, em se tratando de crime doloso contra a vida, é de rigor o desmembramento do feito, com o julgamento do deputado federal pelo STF e do corréu sem foro privilegiado pelo tribunal do júri, já que se trata de foros garantidos pela CF; **E:** correta. É que a jurisprudência consolidou o entendimento segundo o qual, na hipótese de ambas as competências (no caso, Júri e prerrogativa de função) estarem contempladas na Constituição Federal, deverá prevalecer a competência em razão da prerrogativa de função. É o que se infere da leitura da Súmula 721, do STF (Súmula Vinculante 45).
*Gabarito "E".*

## 6. QUESTÕES E PROCESSOS INCIDENTES

**(Procurador/PA – CESPE – 2022)** O art. 92 do Código de Processo Penal dispõe que "Se a decisão sobre a existência da infração depender da solução de controvérsia, que o juiz repute séria e fundada, sobre o estado civil das pessoas, o curso da ação penal ficará suspenso até que no juízo cível seja a controvérsia dirimida por sentença passada em julgado, sem prejuízo, entretanto, da inquirição das testemunhas e de outras provas de natureza urgente.". Esse dispositivo trata de

**(A)** exceção de litispendência.

**(B)** questão prejudicial obrigatória.

**(C)** exceção de coisa julgada.

**(D)** questão prejudicial homogênea.

**(E)** questão prejudicial facultativa.

O enunciado trata da chamada questão prejudicial *obrigatória*. Prevista no art. 92 do CPP, é aquela que necessariamente enseja a suspensão do processo, sendo tão somente suficiente que o magistrado do juízo criminal a repute séria e fundada. Aqui, o juiz deverá determinar a paralisação do feito até que o juízo cível emita sua manifestação. O legislador não estabeleceu prazo durante o qual o curso da ação penal permanecerá suspenso. Envolve questões atinentes à própria existência do crime. É importante que se diga que, segundo preleciona o art. 116, I, do CP, o curso da prescrição ficará suspenso. Já na questão prejudicial *facultativa*, contida no art. 93 do CPP, o magistrado tem a faculdade, não a obrigação, de suspender o processo. São questões que não envolvem o estado das pessoas. Somente neste caso (prejudicial facultativa) o juiz, depois de transcorrido o prazo por ele estabelecido, poderá fazer prosseguir o processo, retomando sua competência para resolver a matéria da acusação ou da defesa.
Gabarito "B".

**(Delegado/RJ – 2022 – CESPE/CEBRASPE)** Tício está sendo processado criminalmente pela prática de crime de apropriação indébita. Em sua resposta à acusação, Tício alega ser improcedente a imputação, tendo em vista que discute, em ação civil por ele proposta, a legitimidade da posse da coisa móvel.

Acerca dessa situação, assinale a opção correta.

**(A)** O juiz poderá suspender a ação penal a depender tão somente da prévia propositura da ação cível pelo acusado.

**(B)** A resolução da questão prejudicial pelo juiz criminal faz coisa julgada.

**(C)** Não há possibilidade de suspensão da ação penal movida contra Tício.

**(D)** O juiz criminal pode resolver, *incidenter tantum*, a questão da posse sem que seja necessária a suspensão da ação penal.

**(E)** O juiz deverá suspender a ação penal até que se dirima no juízo cível a questão da legitimidade da posse.

**A:** incorreta, já que o art. 93 do CPP, que trata da chamada questão prejudicial facultativa, contempla outros requisitos, não se limitando ao mencionado na assertiva; **B:** incorreta, uma vez que não faz coisa julgada; **C:** incorreta. O enunciado descreve hipótese de questão prejudicial *facultativa*. Conforme o disposto no art. 93 do CPP, o magistrado, como a própria classificação sugere, tem a faculdade, não a obrigação, de suspender o processo. São questões que não envolvem o estado das pessoas, como é o caso da discussão acerca da propriedade de determinado bem. Neste caso (prejudicial facultativa), o juiz, depois de transcorrido o prazo por ele estabelecido, poderá fazer prosseguir o processo, retomando sua competência para resolver a matéria da acusação ou da defesa. Diferentemente, a chamada questão prejudicial *obrigatória*, prevista no art. 92 do CPP, é aquela que necessariamente enseja a suspensão do processo, sendo tão somente suficiente que se trate de questão atinente ao estado civil das pessoas que o magistrado do juízo criminal repute séria e fundada. Aqui, o juiz deverá determinar a paralisação do feito até que o juízo cível emita sua manifestação. O legislador não estabeleceu prazo durante o qual o curso da ação penal permanecerá suspenso. Envolve questões atinentes à própria existência do crime; **D:** correta, pois em conformidade com o art. 93, § 1º, do CPP; **E:** incorreta. Conforme já ponderado, cuida-se de questão prejudicial *facultativa*. [ED]
Gabarito "D".

**(Auxiliar Judiciário – TJ/PA – 2020 – CESPE)** Estará impedido o juiz

**(A)** inimigo capital do denunciado.

**(B)** cujo cônjuge tenha atuado como testemunha nos autos de inquérito.

**(C)** que tiver aconselhado uma das partes.

**(D)** que tiver escrito artigo científico em coautoria com uma das partes.

**(E)** que sinta forte emoção em relação ao crime do processo.

**A:** incorreta, já que se trata de hipótese de suspeição (art. 254, I, CPP); **B:** incorreta. Hipótese não contemplada no rol do art. 252, CPP; **C:** incorreta, uma vez que constitui hipótese de suspeição, nos termos do art. 254, IV,

do CPP, e não de impedimento; **D:** incorreta. Hipótese não contemplada em lei como sendo causa de impedimento; **E:** incorreta. Trata-se de hipótese não prevista no rol do art. 252 do CPP. Como se pode ver, todas as assertivas estão erradas, razão pela qual esta questão foi anulada.
Gabarito Anulada.

**(Juiz de Direito - TJ/BA - 2019 - CESPE/CEBRASPE)** A respeito de questões prejudiciais e processos incidentes, assinale a opção correta.

**(A)** Subsistindo questão prejudicial sobre o estado civil do réu, o juiz criminal deverá continuar o trâmite processual e decidir a questão como preliminar de mérito por ocasião da prolação da sentença.

**(B)** As causas de suspeição do juiz serão arguidas em exceção própria, por petição assinada por advogado, independentemente de esse poder especial constar na procuração.

**(C)** No caso de bem imóvel adquirido com o provento de crime, poderá ser determinado o sequestro do bem, ressalvada a hipótese de sua transferência a terceiro de boa-fé.

**(D)** O sequestro é medida cautelar de indisponibilidade de bens em que o exercício do contraditório poderá ser postergado para evitar a dissipação do patrimônio.

**(E)** O exame médico-legal realizado no incidente de insanidade mental é prova constituída em favor da defesa, podendo o juiz, de ofício, determinar a sua realização compulsória quando o réu recusar submeter-se a ele.

**A:** incorreta. Se a questão prejudicial atinente ao estado civil do réu for considerada, pelo juiz, séria e fundada, será de rigor, a teor do art. 92 do CPP, a suspensão do processo. Aqui, o juiz deverá determinar a paralisação do feito até que o juízo cível emita sua manifestação. Envolve questões atinentes à própria existência do crime. Preleciona o art. 116, I, do CP que, em casos assim, o curso da prescrição ficará suspenso. Já na questão prejudicial *facultativa*, contida no art. 93 do CPP, o magistrado tem a faculdade, não a obrigação, de suspender o processo. São questões que não envolvem o estado das pessoas; **B:** incorreta. As causas de suspeição do juiz serão arguidas por meio de petição específica assinada pela parte ou por seu procurador com poderes especiais (art. 98, CPP); **C:** incorreta, pois contraria o disposto no art. 125 do CPP, que estabelece que terá lugar o sequestro dos bens imóveis adquiridos pelo indiciado com os proventos de infração, *ainda que já tenham sido transferidos a terceiro*; **D:** correta. Conferir: "A medida cautelar de sequestro, presentes os requisitos essenciais, pode ser deferida sem a prévia oitiva da parte contrária. Precedente." (AgInt no AREsp 1110340/SC, Rel. Ministro ROGERIO SCHIETTI CRUZ, SEXTA TURMA, julgado em 21/11/2017, DJe 28/11/2017); **E:** incorreta. Conferir: "O incidente de insanidade mental, que subsidiará o juiz na decisão sobre a culpabilidade ou não do réu, é prova pericial constituída em favor da defesa, não sendo possível determiná-la compulsoriamente quando a defesa se opõe." (HC 133078, Relator(a): Min. CÁRMEN LÚCIA, Segunda Turma, julgado em 06/09/2016, PROCESSO ELETRÔNICO DJe-202 DIVULG 21-09-2016 PUBLIC 22-09-2016). [ED]
Gabarito "D".

**(Delegado/PE – 2016 – CESPE)** Conforme a legislação em vigor e o posicionamento doutrinário prevalente, assinale a opção correta com relação à competência e às questões e processos incidentes.

**(A)** Todas as infrações penais, incluindo-se as contravenções que atingirem o patrimônio da União, suas autarquias e empresas públicas, serão da competência da justiça federal.

**(B)** O processo incidente surge acessoriamente no processo principal, cujo mérito se confunde com o mérito da causa principal, devendo, assim, tal processo – o incidente – ser resolvido concomitantemente ao exame do mérito da ação penal, sob pena de decisões conflitantes.

**(C)** A restituição de coisas apreendidas no bojo do inquérito policial ainda não concluído poderá ser ordenada pela autoridade policial, quando cabível, desde que seja evidente o direito do reclamante.

**(D)** Havendo fundada dúvida sobre a sanidade mental do indiciado, o delegado de polícia poderá determinar de ofício a realização do competente exame, com o objetivo de aferir a sua imputabilidade.

# 13. DIREITO PROCESSUAL PENAL    471

(E) Tratando-se de foro privativo por prerrogativa de função cuja competência para o conhecimento da causa é atribuída à jurisdição colegiada, esta será determinada pelo lugar da infração.

**A:** incorreta, dado que o art. 109, IV, primeira parte, da CF afasta a competência da Justiça Federal para o processamento e julgamento das contravenções penais, mesmo que praticadas em detrimento de bens, serviços ou interesse da União ou de suas entidades autárquicas ou empresas públicas, entendimento esse consagrado na Súmula nº 38, STJ: "Compete à Justiça Estadual Comum, na vigência da Constituição de 1988, o processo por contravenção penal, ainda que praticada em detrimento de bens, serviços ou interesse da União ou de suas entidades"; **B:** incorreta. É incorreto afirmar-se que o mérito do processo incidente se confunde com o do processo principal e que a solução daquele deva necessariamente dar-se de forma concomitante com este; **C:** correta, pois reflete a regra presente no art. 120, *caput*, do CPP; **D:** incorreta. Neste caso, a autoridade policial deverá representar pela realização do exame de integridade mental no investigado, cabendo ao juiz determiná-lo (art. 149, § 1º, do CPP), e não ela própria, a autoridade policial, determinar de ofício a realização do exame; **E:** incorreta. Neste caso, o local em que se deu a infração não tem relevância, já que o julgamento será feito pelo órgão colegiado do local em que o detentor do foro especial exerce suas funções.

Gabarito "C".

**(Juiz de Direito/AM – 2016 – CESPE)** De acordo com o CPP, em regra, a exceção cuja arguição precederá a qualquer outra é a exceção de

(A) litispendência.
(B) incompetência do juízo.
(C) ilegitimidade da parte.
(D) coisa julgada.
(E) suspeição.

Assim dispõe o art. 96 do CPP: *A arguição de suspeição precederá a qualquer outra, salvo quando fundada em motivo superveniente.* Correta, portanto, a assertiva "E".

Gabarito "E".

**(Cartório/PI – 2013 – CESPE)** No que se refere ao sequestro de bens imóveis de acusado da prática de crime de lavagem de dinheiro, assinale a opção correta com base no CPP.

(A) O incidente do sequestro correrá nos próprios autos da ação penal, admitindo-se embargos do acusado para o levantamento da medida, que pode ser analisado antes da sentença.
(B) O sequestro será levantado se a ação penal não for intentada no prazo de sessenta dias, contado da data em que ficar concluída a diligência.
(C) O sequestro de bem adquirido com os proventos da infração transferido a terceiro dependerá do resultado de ação civil relativa à propriedade desse bem.
(D) Sendo um dos requisitos dessa medida a prova do crime e da autoria do delito, o sequestro somente poderá ser decretado depois do início da ação penal.
(E) O levantamento do sequestro e a devolução do bem ao acusado não são efeitos de sentença transitada em julgado que o absolva ou extinga sua punibilidade.

**A:** incorreta (art. 129, CPP; art. 130, parágrafo único, CPP); **B:** correta, pois em conformidade com o que estabelece o art. 131, I, do CPP; **C:** incorreta, pois não há tal previsão; **D:** incorreta, dado que o sequestro poderá ser decretado antes ou depois do início a ação penal, exigindo-se, para tanto, a existência de indícios veementes da propriedade ilícita dos bens (arts. 126 e 127 do CPP); **E:** incorreta, pois contraria o disposto no art. 131, III, do CPP.

Gabarito "B".

## 7. PRERROGATIVAS DO ACUSADO

**(Defensoria/DF – 2013 – CESPE)** No que se refere aos prazos e ao interrogatório no processo penal, julgue os itens a seguir.

(1) Considere a seguinte situação hipotética. Em um dos processos no qual é réu pela pratica de crime de extorsão mediante sequestro, Júlio, cumprindo pena privativa de liberdade em regime disciplinar diferenciado, foi interrogado por meio de sistema de videoconferência antes da edição da Lei nº 11.900/2009, que prevê a possibilidade de realização de interrogatório por videoconferência. Nessa situação hipotética, considerando-se o entendimento do STF, o interrogatório de Júlio será valido, uma vez que a nova lei, por ter caráter processual, retroage para atingir os atos praticados anteriormente a sua edição.

(2) No processo penal, os prazos são contados a partir da data da juntada aos autos do mandado de intimação, da carta precatória ou da carta de ordem, devidamente cumpridos.

**1:** incorreta. Conferir: "*Habeas Corpus.* Tráfico de drogas. Constrangimento ilegal evidenciado. Pleito pelo reconhecimento de nulidade absoluta. Ilegalidade da teleaudiência realizada antes da Lei 11.900/2009. Violação aos princípios da ampla defesa, do contraditório e do devido processo legal. Ocorrência. Precedentes. 1. O Supremo Tribunal Federal entende que o interrogatório realizado por meio de videoconferência, autorizado por lei estadual antes da regulamentação promovida por lei federal, viola princípios constitucionais por exorbitar a competência privativa da União para dispor sobre normas de natureza processual. 2. À época da realização da teleaudiência, em 15.6.07, não havia lei federal que respaldasse o ato, existindo, apenas, a Lei 11.819/05, do Estado de São Paulo. 3. A jurisprudência consolidada nesta Corte Superior adotou o entendimento de que a audiência realizada por videoconferência, anteriormente à vigência da Lei 11.900/2009, ocorreu ao seu arrepio e em afronta aos demais princípios do direito, como o devido processo legal e a ampla defesa. 4. Ordem parcialmente concedida para anular a ação penal, nos termos do voto. Mantida a prisão do paciente." (STJ, HC 193.904-SP, 5ª T., rel. Adilson Vieira Macabu (Desembargador convocado do TJ/RJ), *DJ* 28/06/2012); **2:** incorreta, pois contraria o entendimento consolidado na Súmula 710, do STF: "No processo penal, contam-se os prazos da data da intimação, e não da juntada aos autos do mandado ou da carta precatória ou de ordem".

Gabarito 1E, 2E.

## 8. PROVAS

**(Procurador/PA – CESPE – 2022)** A respeito dos sistemas de valoração das provas, assinale a opção correta.

(A) O sistema da íntima convicção é aquele em que o juiz forma a sua convicção pela livre apreciação da prova produzida pelas partes em regular contraditório judicial.
(B) No sistema das provas legais, típico do período inquisitivo, foram atribuídos poderes excessivos ao juiz, de forma mais acentuada a partir do século XII.
(C) O sistema da prova tarifada surgiu com o objetivo de reduzir os poderes do juiz, criando, assim, um modelo rígido de apreciação da prova e estabelecendo os meios de prova para certos crimes bem como o valor da prova antes do julgamento.
(D) O sistema do livre convencimento motivado, adotado como regra de julgamento no Brasil, permite ao juiz decidir livremente a causa, valorando as provas que julgar importantes, ainda que elas estejam fora dos autos.
(E) O sistema da persuasão racional evidencia que o juiz é livre na formação de seu convencimento, podendo ele optar pela prova que lhe parecer mais racional, justa e correta, além de, em nome da verdade real, prescindir de fundamentar a sua liberdade de escolha.

**A:** incorreta. O *sistema da íntima convicção* (ou da certeza moral do juiz), que acolhemos como exceção, é o que vige no Tribunal do Júri, onde o jurado não precisa justificar o seu voto. Neste sistema de avaliação da prova, aos juízes leigos é conferida ampla liberdade para apreciação, dispensando-os de fundamentar a decisão. O julgador decide em consonância com a sua íntima convicção, pouco importando em que bases ela se sustenta. Como se pode ver, a decisão pode não ficar circunscrita à prova produzida pelas partes em contraditório judicial; **B:** incorreta. Pelo sistema da prova legal, o juiz fica adstrito ao valor atribuído à prova pelo legislador. Como consequência disso, a liberdade do juiz de valorar a prova fica sobremaneira reduzida, já que os critérios de validade são previamente estabelecidos pela lei; **C:** correta, tendo em conta o comentário anterior: **D:** incorreta. No sistema do livre convencimento motivado, não é dado ao magistrado valorar provas que não estejam nos autos, ainda que consideradas de suma importância; **E:** incorreta. O sistema da persuasão racional pressupõe que o juiz fundamente sua decisão.

*Gabarito "C".*

**(Delegado/RJ – 2022 – CESPE/CEBRASPE)** Etelvina foi vítima do crime de roubo com emprego de arma de fogo, numa rua com pouca iluminação em um bairro da Zona Norte do Rio de Janeiro. Desesperada, após o assalto, ela saiu pela rua, gritando por socorro. Cerca de 500 m adiante do local do fato, encontrou Osvaldo, policial civil que havia saído da delegacia para jantar. Ele socorreu Etelvina, ouviu o relato dela com a descrição do agente do crime e a levou à delegacia de polícia. Em seguida, com autorização da autoridade policial de plantão, Osvaldo, acompanhado de um colega policial civil de plantão, saiu numa viatura policial, em perseguição do indivíduo com as características mencionadas por Etelvina. Depois de percorrer as proximidades do local do fato durante cerca de uma hora, não logrou êxito em localizá-lo.

A autoridade policial encaminhou todos ao cartório e ouviu o relato de Etelvina em detalhes, embora ela tivesse dito que tudo havia sido muito rápido. Não havia testemunhas do fato, somente o relato de Osvaldo, que disse ter ouvido Etelvina na rua, apavorada. A autoridade policial perguntou a Etelvina se ela teria condições de reconhecer o elemento pelo álbum fotográfico da delegacia, e ela respondeu que sim. Desse modo, o delegado entregou-lhe o álbum, para que ela identificasse o indivíduo. Etelvina olhou todo o álbum fotográfico da delegacia e apontou um indivíduo como o autor do roubo: era Túlio, autor de diversos roubos na circunscrição da delegacia.

Nessa situação hipotética, de posse do termo de reconhecimento fotográfico, a autoridade policial deverá, segundo jurisprudência do STJ,

(A) instaurar inquérito policial, sem indiciar Túlio, a fim de colher maiores elementos de convicção sobre a autoria e circunstâncias do fato.

(B) instaurar inquérito policial, chamar Túlio, para ele dizer se conhece Etelvina, e realizar a acareação do depoimento de ambos, em busca de possíveis divergências.

(C) instaurar inquérito policial, indiciando Túlio com base no reconhecimento fotográfico feito por Etelvina, e requerer sua prisão preventiva ao juízo competente, a fim de colher maiores elementos de convicção sobre a autoria e circunstâncias do fato.

(D) instaurar inquérito policial, indiciando Túlio com base no reconhecimento fotográfico feito por Etelvina, e requerer sua prisão temporária ao juízo competente, a fim de que o Ministério Público ofereça denúncia contra Túlio.

(E) instaurar inquérito policial e requerer a prisão temporária de Túlio, para posterior requerimento de prisão preventiva e oferecimento de denúncia, diante da insofismável certeza da autoria obtida pelo reconhecimento fotográfico.

Conferir: "1. Os réus foram absolvidos, porque não há nos autos prova da autoria delitiva pois, ainda que as vítimas tenham confirmado que reconheceram os acusados por meio de foto, não há outros elementos de prova da autoria do roubo. Conforme afirma a sentença, não houve a apreensão da arma de fogo ou de outros objetos de origem ilícita na posse dos acusados, tampouco estavam próximos ao veículo subtraído, haja vista que foram presos em pracinha localizada na Avenida Ivo Silveira, enquanto que o veículo foi abandonado na rua Álvaro Tolentino, próximo à passarela da via expressa, e nem, ao menos, foi realizada prova pericial para investigar a existência de digitais dos réus no veículo subtraído. 2. O Tribunal de origem reformou a sentença e condenou os réus, única e exclusivamente, com base no reconhecimento fotográfico realizado a partir das fotografias registradas pelo aparelho celular de um dos agentes policiais. 3. Esta Corte Superior formou a recente jurisprudência, segundo a qual, o reconhecimento de pessoa, presencialmente ou por fotografia, realizado na fase do inquérito policial, apenas é apto, para identificar o réu e fixar a autoria delitiva, quando observadas as formalidades previstas no art. 226 do Código de Processo Penal e quando corroborado por outras provas colhidas na fase judicial, sob o crivo do contraditório e da ampla defesa. 4. Considerando que o corréu encontra-se na mesma situação fático-processual do agravante, deve ser-lhe aplicada a regra do art. 580 do CPP. 5. Agravo regimental provido. Recurso especial conhecido e provido. Sentença reestabelecida. Efeitos estendidos ao corréu." (STJ, AgRg no AREsp n. 1.887.844/SC, relator Ministro Olindo Menezes (Desembargador Convocado do TRF 1ª Região), Sexta Turma, julgado em 22/11/2022, DJe de 25/11/2022). **ED**

*Gabarito "A".*

**(Delegado/RJ – 2022 – CESPE/CEBRASPE)** Uma operação policial foi deflagrada para coibir a atividade ilícita de determinados ferros-velhos na região da Baixada Fluminense, onde, segundo as investigações, carros, produtos de furto e roubos, eram cortados e suas peças eram vendidas no mercado paralelo em todo o estado. Atuaram na operação 80 agentes de polícia e 10 delegados, que, munidos de mandados de busca e apreensão e mandados de prisão, prenderam 40 pessoas, recuperaram 120 automóveis furtados e roubados e centenas de peças diversas de automóveis, além de terem efetuado a prisão em flagrante de 60 pessoas. Na operação, também foram apreendidos telefones celulares, *chips*, documentos de propriedade de veículos e diversas placas de identificação veicular.

Em um desses ferros-velhos, Orozimbo, advogado, encontrava-se ao lado de um automóvel produto de crime. Conforme filmagens apreendidas pela polícia, ele havia chegado ao local nesse automóvel, minutos antes da chegada dos policiais. Ainda, um dos presos em flagrante disse, no momento da prisão, que grande parte dos documentos dos carros furtados e roubados apreendidos estava no escritório do advogado Orozimbo, guardados para serem negociados com integrantes de quadrilha que vendia carros no Paraguai.

Os celulares apreendidos com quatro dos presos foram desbloqueados pelos titulares das linhas, espontânea e consentidamente, e mostravam conversas em grupos de aplicativos de mensagem com o chefe de quadrilha, nominado de Thief. Fotos e vídeos de integrantes da quadrilha, agindo nas ruas da cidade, também foram encontrados nos celulares. Os documentos pessoais de Thief (passaporte, identidade e CPF) ficavam no escritório de Orozimbo, guardados num cofre.

Considerando essa situação hipotética, assinale a opção correta.

(A) Eventual procedimento de busca e apreensão no escritório do advogado Orozimbo será protegido pela inviolabilidade relativa, por existirem indícios da sua participação nos crimes objeto da operação.

(B) A realização de busca e apreensão no escritório do advogado Orozimbo não é admissível, por ser assegurada pela lei a inviolabilidade absoluta de seu escritório ou local de trabalho.

(C) É admissível a realização de busca e apreensão no escritório do advogado Orozimbo, para apreensão de todo e qualquer material que lá estiver, inclusive os de eventuais sócios dele, considerando-se a prática do crime investigado.

(D) A realização de busca e apreensão no escritório do advogado Orozimbo somente poderá ocorrer se se tratar da prática de crime inafiançável cuja pena seja superior a oito anos de reclusão.

(E) Orozimbo não poderá ser preso em flagrante delito, porque, sendo advogado, possui imunidade profissional que impede sua prisão.

O art. 7º, II, da Lei 8.906/1994 confere ao advogado inviolabilidade de seu escritório ou local de trabalho, bem como de seus instrumentos de trabalho, de sua correspondência escrita, eletrônica, telefônica e telemática, desde que relativas ao exercício da advocacia, inviolabilidade esta que é, em verdade, relativa, na medida em que, diante da existência de indícios de sua participação em crime, será possível a realização de busca e apreensão. **ED**

*Gabarito "A".*

## 13. DIREITO PROCESSUAL PENAL 473

**(Delegado de Polícia Federal – 2021 – CESPE)** Quanto à prova criminal, julgue os itens que se seguem.

**(1)** A confissão do acusado não dispensa a realização do exame de corpo de delito nos casos de crimes não transeuntes.

**(2)** Na ausência de um perito oficial, a perícia pode ser feita por duas pessoas idôneas portadoras de curso superior, preferencialmente com habilitação técnica relacionada à natureza do exame.

**(3)** No que se refere ao procedimento de reconhecimento, a pessoa que será reconhecida deverá, se possível, ser posicionada ao lado de outras pessoas com semelhanças físicas, sem número definido de indivíduos, para que, em seguida, a pessoa que tiver de fazer o reconhecimento seja convidada a apontá-la.

**(4)** É nula a decisão judicial que indefere a oitiva das vítimas do crime arroladas pela defesa.

**(5)** A ordem judicial de busca domiciliar autoriza o acesso aos dados armazenados no celular apreendido pela autoridade policial.

**1:** Certo. Uma vez inviabilizada a realização do exame de corpo de delito (direto ou indireto) nas infrações que deixam vestígios (chamados *delitos não transeuntes*), em razão do desaparecimento destes, a prova testemunhal poderá suprir-lhe a falta, na forma estatuída no art. 167 do CPP. Mas atenção: em hipótese alguma a confissão do réu poderá suprir a falta do exame de corpo de delito – art. 158, CPP. **2:** Certo. Com a nova redação dada ao art. 159 do CPP pela Lei de Reforma 11.690/08, a perícia será levada a efeito por um perito oficial portador de diploma de curso superior (antes eram dois). À falta deste, determina o § 1º do art. 159 que o exame seja feito por duas pessoas idôneas, detentoras de diploma de curso superior preferencialmente na área específica, dentre aquelas que tiverem habilitação técnica relacionada com a natureza do exame. **3:** Certo. O reconhecimento de pessoas está disciplinado no art. 226 do CPP, que adotou o chamado *sistema simultâneo* (art. 226, II, do CPP), em que todos são exibidos de forma simultânea (ao mesmo tempo) a quem tiver de fazer o reconhecimento. Como primeira providência, aquele que tiver de fazer o reconhecimento deverá fornecer a descrição da pessoa a ser reconhecida. Após, aquele a ser reconhecido será colocado lado a lado com pessoas que com ele guardem alguma semelhança. Feito isso, a pessoa que tiver de fazer o reconhecimento será convidada a apontar a pessoa a ser reconhecida. **4:** Errado. Conferir o seguinte julgado: "A obrigatoriedade de oitiva da vítima deve ser compreendida à luz da razoabilidade e da utilidade prática da colheita da referida prova. Hipótese de imputação da prática de 638 (seiscentos e trinta e oito) homicídios tentados, a revelar que a inquirição da integralidade dos ofendidos constitui medida impraticável. Indicação motivada da dispensabilidade das inquirições para informar o convencimento do Juízo, forte em critérios de persuasão racional, que, a teor do artigo 400, § 1º, CPP, alcançam a fase de admissão da prova. Ausência de cerceamento de defesa. 3. A inclusão de novas vítimas, ainda que de expressão reduzida no amplo contexto da apuração em Juízo, importa alteração do resultado jurídico da conduta imputada e, por conseguinte, interfere na própria constituição do fato típico. Sucede que, por não se tratar de erro material, exige-se a complementação da acusação que, contudo, não se submete a formalidades excessivas. A petição do Ministério Público que esclarece referidas circunstâncias e as atribuem aos denunciados atende ao figurino constitucional do devido processo legal. 4. O rito especial do Tribunal do Júri limita o número de testemunhas a serem inquiridas e, ao contrário do procedimento comum, não exclui dessa contagem as testemunhas que não prestam compromisso legal. Ausência de lacuna a ensejar a aplicação de norma geral, preservando-se, bem por isso, a imperatividade da regra especial. 5. A inobservância do prazo para oferecimento da denúncia não contamina o direito de apresentação do rol de testemunhas, cuja exibição associa-se ao ato processual acusatório, ainda que extemporâneo. Assim, o apontamento de testemunhas pela acusação submete-se à preclusão consumativa, e não a critérios de ordem temporal, já que o prazo para formalização da peça acusatória é de natureza imprópria. 6. Impetração não conhecida" (STF, HC 131.158, rel. Min. Edson Fachin, Primeira Turma, Julgamento: 26/04/2016, Publicação: 14/09/2016). **5:** Certo. É firme a jurisprudência no sentido de que devem ser consideradas nulas as "provas" obtidas pela polícia sem autorização judicial por meio da extração de dados e conversações registradas no aparelho celular e *whatsapp* do investigado, mesmo que o aparelho tenha sido apreendido no momento da prisão em flagrante. Sucede que, segundo

entende o STJ, a ordem judicial de busca domiciliar permite o acesso aos dados armazenados no celular apreendido pela autoridade policial. Conferir: "PROCESSUAL PENAL. RECURSO ORDINÁRIO EM *HABEAS CORPUS*. TRÁFICO DE DROGAS E ASSOCIAÇÃO AO TRÁFICO. DADOS ARMAZENADOS NO APARELHO CELULAR. INAPLICABILIDADE DO ART. 5º, XII, DA CONSTITUIÇÃO FEDERAL E DA LEI N. 9.296/96. PROTEÇÃO DAS COMUNICAÇÕES EM FLUXO. DADOS ARMAZENADOS. INFORMAÇÕES RELACIONADAS À VIDA PRIVADA E À INTIMIDADE. INVIOLABILIDADE. ART. 5º, X, DA CARTA MAGNA. ACESSO E UTILI-ZAÇÃO. NECESSIDADE DE AUTORIZAÇÃO JUDICIAL. INTELIGÊNCIA DO ART. 3º DA LEI N. 9.472/97 E DO ART. 7º DA LEI N. 12.965/14. TELEFONE CELULAR APREENDIDO EM CUMPRIMENTO À ORDEM JUDICIAL DE BUSCA E APREENSÃO. DESNECESSIDADE DE NOVA AUTORIZAÇÃO JUDICIAL PARA ANÁLISE E UTILIZAÇÃO DOS DADOS NELES ARMAZENADOS. RECURSO NÃO PROVIDO. I - O sigilo a que se refere o art. 5º, XII, da Constituição da República é em relação à interceptação telefônica ou telemática propriamente dita, ou seja, é da comunicação de dados, e não dos dados em si mesmos. Desta forma, a obtenção do conteúdo de conversas e mensagens armazenadas em aparelho de telefone celular ou smartphones não se subordina aos ditames da Lei n. 9.296/96. II - Contudo, os dados armazenados nos aparelhos celulares decorrentes de envio ou recebimento de dados via mensagens SMS, programas ou aplicativos de troca de mensagens (dentre eles o "WhatsApp"), ou mesmo por correio eletrônico, dizem respeito à intimidade e à vida privada do indivíduo, sendo, portanto, invioláveis, nos termos do art. 5º, X, da Constituição Federal. Assim, somente podem ser acessados e utilizados mediante prévia autorização judicial, nos termos do art. 3º da Lei n. 9.472/97 e do art. 7º da Lei n. 12.965/14. III – A jurisprudência das duas Turmas da Terceira Seção deste Tribunal Superior firmou-se no sentido de ser ilícita a prova obtida diretamente dos dados constantes de aparelho celular, decorrentes de mensagens de textos SMS, conversas por meio de programa ou aplicativos ("WhatsApp"), mensagens enviadas ou recebidas por meio de correio eletrônico, obtidos diretamente pela polícia no momento do flagrante, sem prévia autorização judicial para análise dos dados armazenados no telefone móvel. IV – No presente caso, contudo, o aparelho celular foi apreendido em cumprimento a ordem judicial que autorizou a busca e apreensão nos endereços ligados aos corréus, tendo a recorrente sido presa em flagrante na ocasião, na posse de uma mochila contendo tabletes de maconha. V – Se ocorreu a busca e apreensão dos aparelhos de telefone celular, não há óbice para se adentrar ao seu conteúdo já armazenado, porquanto necessário ao deslinde do feito, sendo prescindível nova autorização judicial para análise e utilização dos dados neles armazenados. Recurso ordinário não provido" (STJ, RHC 77.232/SC, Rel. Ministro FELIX FISCHER, QUINTA TURMA, julgado em 03/10/2017, DJe 16/10/2017). **ED**

Gabarito 1C, 2C, 3C, 4E, 5C

**(Juiz de Direito – TJ/SC – 2019 – CESPE/CEBRASPE)** De acordo com o Código de Processo Penal, na audiência de instrução para a colheita de depoimento de testemunha, o juiz

**(A)** poderá vedar à testemunha consulta a apontamentos, mesmo que seja breve.

**(B)** deixará de colher depoimento de pessoa não identificada, designando nova data com imediata intimação e determinando diligências para a sua perfeita identificação.

**(C)** poderá colher, de ofício ou a pedido das partes, o depoimento antecipado de testemunha que, por velhice ou doença, possa vir a falecer antes de realizada a instrução criminal.

**(D)** suspenderá a instrução criminal sempre que for emitida carta precatória para oitiva de testemunha em comarca diversa.

**(E)** efetuará primeiro suas perguntas, depois as perguntas de quem arrolou a testemunha, e, por fim, os questionamentos da parte contrária.

**A:** incorreta. O testemunho somente pode ser dado de forma oral, sendo vedado à testemunha apresentá-lo por escrito (art. 204, CPP); agora, nada impede que a testemunha, no ato de seu depoimento, faça breve consulta a informações contidas em anotações (art. 204, parágrafo único, CPP); **B:** incorreta, uma vez que é dado ao juiz, diante da existência de dúvida acerca da identidade da testemunha, tomar o seu depoimento desde logo; antes, porém, deverá o magistrado proceder à verificação pelos meios de que dispõe, com vistas a esclarecer a identidade do depoente. É o que estabelece o art. 205 do CPP; **C:** correta, pois corresponde ao que estabelece o art. 225 do CPP; **D:** incorreta, uma vez que o art. 222, § 1º, do CPP é claro ao afirmar que a expedição de carta precatória para oitiva de testemunha que resida fora da jurisdição do juiz processante não autoriza a suspensão da instrução criminal. Após a aplicação desta prova, houve mudança de entendimento do STJ quanto ao tema aqui tratado. Explico. Até então, a sua 6ª Turma tinha como pacificado o entendimento segundo o qual a expedição de carta precatória, em obediência ao art. 222, § 1º, do CPP e também ao princípio da celeridade processual, não tem o condão de suspender a instrução processual, razão por que se deve proceder à oitiva das testemunhas e ao interrogatório do réu e, também, ao julgamento da causa, mesmo que pendente a devolução de carta precatória. Em outras palavras, o interrogatório do réu não precisa aguardar a vinda da carta precatória expedida para a oitiva de testemunha. Recentemente, quando já aplicada esta prova, a 3ª Seção do STJ, que reúne as 5ª e 6ª Turmas Criminais, adotou o entendimento, ao qual já aderira a 5ª Turma, de que, nos termos do art. 400 do CPP, o interrogatório do réu deve ser o derradeiro ato da instrução, ainda que haja a expedição de carta precatória para a oitiva de testemunhas. Ou seja, o juiz do feito, antes de proceder ao interrogatório do acusado, deve aguardar o retorno da carta precatória expedida para o fim de ouvir testemunhas, em obediência aos princípios do contraditório e ampla defesa. Conferir o julgado que marcou a mudança de entendimento do STJ: "1. Existem precedentes nesta Corte Superior, partindo da interpretação dos arts. 400 e 222 do Código de Processo Penal, que consideram válido o interrogatório do acusado quando pendente de cumprimento carta precatória expedida para oitiva de testemunhas e do ofendido. 2. Essa compreensão, no entanto, não está em harmonia com os princípios do contraditório e da ampla defesa, bem como com a jurisprudência consolidada na Suprema Corte, firme no sentido de que, com o advento da Lei n. 11.719/2008, que deu nova redação ao art. 400 do Código de Processo Penal, o interrogatório do réu deve ser o último ato de instrução. 3. Importante ressaltar a orientação fixada pelo Supremo Tribunal Federal no HC n. 127.900/AM, de que a norma inscrita no art. 400 do Código de Processo Penal comum aplica-se, a partir da publicação da ata do presente julgamento, aos processos penais militares, aos processos penais eleitorais e a todos os procedimentos penais regidos por legislação especial incidindo somente naquelas ações penais cuja instrução não se tenha encerrado. 4. Atualmente é assente o entendimento de que o interrogatório do acusado é instrumento de defesa, o que, em uma perspectiva garantista, pautada na observância dos direitos fundamentais, proporciona máxima efetividade se realizado ao final da instrução. De fato, a concretização do interrogatório antes da oitiva de testemunhas e da vítima priva o acusado de acesso pleno à informação, já que se manifestará antes da produção de parcela importante de provas. Além disso, reflete diretamente na eficácia de sua reação e na possibilidade de influenciar o julgamento, não lhe permitindo refutar, ao menos diretamente (autodefesa), questões apresentadas com a oitiva de testemunhas e do ofendido. A inversão do interrogatório, portanto, promove nítido enfraquecimento dos princípios constitucionais do contraditório e da ampla defesa, indevido, a meu ver, no âmbito da persecução penal. 5. Nessa perspectiva, ao dispor que a expedição da precatória não suspenderá a instrução criminal, o § 1º do art. 222 do CPP não autorizou, no meu sentir, a realização de interrogatório do réu em momento diverso do disposto no art. 400 do CPP, vale dizer, ao final da instrução. Oportuno ressaltar que o art. 222 do CPP está inserido em capítulo do Código de Processo Penal voltado ao procedimento relacionado às testemunhas (Capítulo VI do Código de Processo Penal Das Testemunhas), e não com o interrogatório do acusado. 6. Outrossim, a redação do art. 400 do CPP elenca, claramente, a ordem a ser observada na audiência de instrução e julgamento, de forma que a alusão expressa ao art. 222, em seu texto, apenas indica a possibilidade de inquirição de testemunhas, por carta precatória, fora da ordem estabelecida, não permitindo o interrogatório do acusado antes da inquirição de testemunhas. 7. Na hipótese dos autos, o acusado foi interrogado antes da oitiva de testemunhas, por carta precatória. No entanto, conforme informações prestadas pelo Magistrado singular, a defesa técnica do réu somente arguiu suposta nulidade em seu último pedido, protocolizado em 19/3/2020, ou seja, após a realização de todas as oitivas supracitadas, o que reverbera na nulidade de algibeira. Assim, em consonância com a jurisprudência desta Corte Superior, não se mostra viável acolher o pedido de nulidade, especialmente quando não aventado no momento oportuno. 8. Conquanto indevido o requerimento de nulidade, considerado o entendimento do Supremo Tribunal Federal, o fato de que a instrução ainda não encerrou, a necessidade de observar os princípios do contraditório e da ampla defesa, bem como o disposto no art. 196 do Código de Processo Penal, que autoriza a realização de novo interrogatório, entende-se que a ordem deve ser parcialmente concedida para determinar que se proceda a novo interrogatório do acusado ao final da instrução. 9. Quanto à alegação de excesso de prazo, não é o caso de ser reconhecido, pois, conforme informação do Juízo processante, a própria defesa contribuiu para o atraso na instrução, na medida em que não aventou a irregularidade do interrogatório no momento oportuno. Além disso, conforme exposto na decisão liminar, não houve desídia do Magistrado na condução do feito e eventual retardamento na conclusão da ação penal decorre de sua complexidade e da necessidade de expedição de diversas cartas precatórias. 10. Ordem parcialmente concedida para determinar a realização de novo interrogatório do acusado ao final da instrução" (HC 585.942/MT, Rel. Ministro SEBASTIÃO REIS JÚNIOR, TERCEIRA SEÇÃO, julgado em 09/12/2020, DJe 14/12/2020); **E:** incorreta. Antes de o Código de Processo Penal ser alterado pela Lei de Reforma 11.690/2008, vigia, entre nós, o *sistema presidencialista*, pelo qual a testemunha, depois de inquirida pelo juiz, respondia, por intermédio deste, às perguntas formuladas pelas partes. Por este sistema, não podiam acusação e defesa formular seus questionamentos diretamente à testemunha, o que somente era feito por meio do juiz. Com a alteração promovida pela Lei 11.690/2008 na redação do art. 212 do CPP, o *sistema presidencialista*, até então em vigor, deu lugar ao chamado sistema *cross examination*, segundo o qual as partes passam a dirigir suas indagações às testemunhas sem a intermediação do magistrado, de forma direta, vedados os questionamentos que puderem induzir a resposta, não tiverem relação com a causa ou importarem na resposta de outra já respondida. Ao final do depoimento, se ainda restar algum ponto não esclarecido, poderá o magistrado complementar, formulando à testemunha novas perguntas (art. 212, parágrafo único, do CPP). É por essa razão que se diz que a atividade do juiz é complementar à das partes.

Gabarito "C".

**(Juiz de Direito - TJ/BA - 2019 - CESPE/CEBRASPE)** Acerca dos meios de prova no processo penal, assinale a opção correta, de acordo com o entendimento dos tribunais superiores.

**(A)** A colaboração premiada é meio de obtenção de prova e, como tal, submete-se ao princípio de reserva de jurisdição, sendo obrigatória a participação do juiz na celebração do ajuste entre os envolvidos.

**(B)** O compartilhamento com o MP de dados bancários obtidos legitimamente pela Receita Federal, pela via administrativa fiscalizatória já esgotada, em caso de constatação de possível crime, não ofende o princípio de reserva de jurisdição.

**(C)** O deferimento de interceptação telefônica para investigação de crime com fundamento somente em denúncia anônima será lícito, desde que essa medida seja necessária para a elucidação da infração penal.

**(D)** Independerá de decisão judicial o acesso a conversas armazenadas em aplicativo de mensagens existente em telefone celular de pessoa investigada apreendido durante a prisão desta em flagrante.

**(E)** O reconhecimento pessoal de acusado realizado sem a observância das formalidades previstas no CPP é nulo.

**A:** incorreta. Por força do que estabelece o art. 4º, § 6º, da Lei 12.850/2013, é defeso ao juiz participar do acordo de colaboração premiada, que deverá ser realizado entre o delegado de polícia e o colaborador ou entre este e o Ministério Público, com a presença, em qualquer caso, do defensor; o papel do magistrado, no cenário da colaboração premiada instituída pela Lei 12.850/2013, se limita a homologar o acordo firmado entre as partes citadas, desde que não eivado de ilegalidade ou irregularidade (art. 4º, § 8º, da Lei 12.850/2013, com redação alterada pela Lei 13.964/2019). Entre outras coisas, o juiz analisará se o colaborador agiu, quanto ao acordo firmado, de forma voluntária; **B:** correta. Quanto a este tema, é importante que se diga que o STF sobre ele se debruçou e, depois de longa e acalorada discussão, fixou, por maioria, aderindo à proposta formulada pelo Ministro Alexandre de Moraes, a seguinte tese de repercussão geral: "1. É constitucional o compartilhamento dos relatórios de inteligência financeira da UIF e da íntegra do procedimento fiscalizatório da Receita Federal do Brasil, que define o lançamento do tributo, com os órgãos de persecução penal para fins criminais, sem a obrigatoriedade de

## 13. DIREITO PROCESSUAL PENAL 475

prévia autorização judicial, devendo ser resguardado o sigilo das informações em procedimentos formalmente instaurados e sujeitos a posterior controle jurisdicional. 2. O compartilhamento pela UIF e pela RFB, referente ao item anterior, deve ser feito unicamente por meio de comunicações formais, com garantia de sigilo, certificação do destinatário e estabelecimento de instrumentos efetivos de apuração e correção de eventuais desvios." (RE 1055941 RG, Relator(a): Min. DIAS TOFFOLI, julgado em 12/04/2018, DJe-083 DIVULG 27-04-2018 PUBLIC 30-04-2018); **C:** incorreta. Conferir: "1. Esta Corte já decidiu que a denúncia anônima pode justificar a necessidade de quebra do sigilo das comunicações como forma de aprofundamento das investigações policiais, desde que acompanhada de outros elementos que confirmem a necessidade da medida excepcional, o que, na espécie, ocorreu 2. O deferimento da quebra do sigilo de dados telefônicos e de interceptação telefônica foi precedido de adequado procedimento prévio de investigação das informações e notícias de prática de delitos pelo paciente e outros investigados, o que torna legítima a prova colhida por meio da medida." (STJ, HC 443.331/SP, Rel. Ministro SEBASTIÃO REIS JÚNIOR, SEXTA TURMA, julgado em 18/09/2018, DJe 02/10/2018); **D:** incorreta. Segundo têm entendido os Tribunais, somente são considerados como prova lícita os dados e as conversas registrados por meio de mensagem de texto obtidos de aparelho celular apreendido no ato da prisão em flagrante se houver prévia autorização judicial. Nesse sentido: "I – A jurisprudência deste Tribunal Superior firmou-se no sentido de ser ilícita a prova oriunda do acesso aos dados armazenados no aparelho celular, relativos a mensagens de texto, SMS, conversas por meio de aplicativos (WhatsApp), obtidos diretamente pela polícia no momento da prisão em flagrante, sem prévia autorização judicial. II – In casu, os policiais civis obtiveram acesso aos dados (mensagens do aplicativo WhatsApp) armazenados no aparelho celular do corréu, no momento da prisão em flagrante, sem autorização judicial, o que torna a prova obtida ilícita, e impõe o seu desentranhamento dos autos, bem como dos demais elementos probatórios dela diretamente derivados (...) Recurso ordinário provido para determinar o desentranhamento dos autos das provas obtidas por meio de acesso indevido aos dados armazenados no aparelho celular, sem autorização judicial, bem como as delas diretamente derivadas, e para conceder a liberdade provisória ao recorrente, salvo se por outro motivo estiver preso, e sem prejuízo da decretação de nova prisão preventiva, desde que fundamentada em indícios de autoria válidos" (STJ, RHC 92.009/RS, Rel. Ministro Felix Fischer, Quinta Turma, julgado em 10.04.2018, DJe 16.04.2018); **E:** incorreta. Conferir: "É pacífico o entendimento do Superior Tribunal de Justiça no sentido de que é legítimo o reconhecimento pessoal ainda quando realizado de modo diverso do previsto no art. 226 do Código de Processo Penal, servindo o paradigma legal como mera recomendação." (STJ, HC 474.655/PR, Rel. Ministro REYNALDO SOARES DA FONSECA, QUINTA TURMA, julgado em 21/05/2019, DJe 03/06/2019). 🖎

Gabarito "B".

**(Defensor Público/AL – 2017 – CESPE)** Detido em uma blitz policial por trafegar com o farol apagado, o motociclista Rafael foi submetido a revista, tendo sido encontradas com ele dez porções de cocaína, que totalizaram 10 gramas. Rafael alegou que eram para consumo próprio. Enquanto o motociclista explicava seu álibi para os policiais, uma pessoa o indagou, em uma mensagem de texto recebida no seu telefone celular, pela droga que ele havia se comprometido a entregar. Na ocasião, os policiais exigiram que Rafael entregasse o celular e, com base no teor da mensagem, conduziram o motociclista preso em flagrante e o apresentaram ao delegado, que o indiciou por tráfico de droga.

Nessa situação hipotética, considere-se a prova utilizada pelos policiais para prender Rafael

**(A)** legal, caso seja validada pelo Ministério Público por despacho fundamentado, sujeito a controle judicial.

**(B)** nula, já que essa prova implica desrespeito ao sigilo telefônico e, por isso, não pode ser usada para embasar sua condenação.

**(C)** lícita, já que não se trata de interceptação de conversa telefônica, mas sim de mensagem telefônica.

**(D)** passível de validação posterior pelo juiz diante dos indícios da sua autoria ou participação em crime grave.

**(E)** de nulidade relativa, que se aplica somente se provado prejuízo ao réu.

Segundo têm entendido os Tribunais, somente são considerados prova lícita os dados e as conversas registrados por meio de mensagem de texto obtidos de aparelho celular apreendido no ato da prisão em flagrante se houver prévia autorização judicial. Nesse sentido: "I – A jurisprudência deste Tribunal Superior firmou-se no sentido de ser ilícita a prova oriunda do acesso aos dados armazenados no aparelho celular, relativos a mensagens de texto, SMS, conversas por meio de aplicativos (WhatsApp), obtidos diretamente pela polícia no momento da prisão em flagrante, sem prévia autorização judicial. II – In casu, os policiais civis obtiveram acesso aos dados (mensagens do aplicativo WhatsApp) armazenados no aparelho celular do corréu, no momento da prisão em flagrante, sem autorização judicial, o que torna a prova obtida ilícita, e impõe o seu desentranhamento dos autos, bem como dos demais elementos probatórios dela diretamente derivados (...) Recurso ordinário provido para determinar o desentranhamento dos autos das provas obtidas por meio de acesso indevido aos dados armazenados no aparelho celular, sem autorização judicial, bem como as delas diretamente derivadas, e para conceder a liberdade provisória ao recorrente, salvo se por outro motivo estiver preso, e sem prejuízo da decretação de nova prisão preventiva, desde que fundamentada em indícios de autoria válidos" (STJ, RHC 92.009/RS, Rel. Ministro Felix Fischer, Quinta Turma, julgado em 10.04.2018, DJe 16.04.2018). 🖎

Gabarito "B".

**(Defensor Público/AL – 2017 – CESPE)** Em determinada ação penal, o Ministério Público ofereceu como prova gravação feita por testemunha que tinha gravado um diálogo com o acusado, na qual este admitia que havia pagado propina a um funcionário público para que ele expedisse documento de interesse exclusivo e privado do acusado.

Nessa situação hipotética, como providência processual, deve-se

**(A)** proceder à acareação entre a testemunha e o acusado, para que sejam esclarecidos fatos ou circunstâncias relevantes.

**(B)** considerar a gravação e as demais provas colhidas, para condenar ou absolver o réu, conforme decisão do juiz.

**(C)** considerar contaminado todo o processo, devido à ilicitude na colheita da prova, com fundamento na teoria da árvore dos frutos envenenados.

**(D)** desconsiderar a prova, devido ao fato de ela ser ilícita, e arquivar o inquérito, ação que deve ser realizada pelo delegado após comunicação ao juiz e ao Ministério Público.

**(E)** anular a prova e retirar a gravação dos autos, devido ao fato de ela ter sido feita sem a ciência e o consentimento do réu.

A gravação ambiental clandestina (sem a ciência de um dos interlocutores), não contemplada na Lei 9.296/1996, prescinde de autorização judicial. A sua utilização como prova está a depender do caso concreto. Por se tratar de gravação de diálogo que envolve a prática de crime contra a administração pública (caráter, em princípio, não sigiloso), nada obsta que seja utilizada como prova lícita. Esse entendimento é adotado tanto no STF quanto no STJ. Conferir o seguinte julgado do STF: "Prova. Criminal. Conversa telefônica. Gravação clandestina, feita por um dos interlocutores, sem conhecimento do outro. Juntada da transcrição em inquérito policial, onde o interlocutor requerente era investigado ou tido por suspeito. Admissibilidade. Fonte lícita de prova. Inexistência de interceptação, objeto de vedação constitucional. Ausência de causa legal de sigilo ou de reserva da conversação. Meio, ademais, de prova da alegada inocência de quem a gravou. Improvimento ao recurso. Inexistência de ofensa ao art. 5º, incs. X, XII e LVI, da CF. Precedentes. Como gravação meramente clandestina, que se não confunde com interceptação, objeto de vedação constitucional, é lícita a prova consistente no teor de gravação de conversa telefônica realizada por um dos interlocutores, sem conhecimento do outro, se não há causa legal específica de sigilo nem de reserva da conversação, sobretudo quando se predestine a fazer prova, em juízo ou inquérito, a favor de quem agravou" (RE 402717, Cezar Peluso, STF). Posteriormente à elaboração desta questão, a Lei 13.964/2019 (Pacote Anticrime) inseriu o art. 8º-A na Lei 9.296/1996, e finalmente previu a possibilidade de ser autorizada pelo juiz, para fins de investigação ou instrução criminal, a captação ambiental de sinais eletromagnéticos, ópticos ou acústicos, quando preenchidos determinados requisitos contidos na lei. O art. 10-A, também inserido pela Lei 13.964/2019, estabelece ser crime a conduta consistente em realizar captação ambiental de sinais eletromagnéticos, ópticos ou acústicos para investigação ou instrução criminal sem autorização judicial, quando esta for exigida. O § 1º deste dispositivo dispõe que não há crime se a captação é realizada por um dos interlocutores. **ED**

Gabarito "B".

**(Delegado Federal – 2018 – CESPE)** Acerca da prova no processo penal, julgue os itens a seguir.

(1) Na falta de perito oficial para realizar perícia demandada em determinado IP, é suficiente que a autoridade policial nomeie, para tal fim, uma pessoa idônea com nível superior completo, preferencialmente na área técnica relacionada com a natureza do exame.

(2) Por força do princípio da verdade real, se uma autoridade policial determinar que um indiciado forneça material biológico para a coleta de amostra para exame de DNA cujo resultado poderá constituir prova para determinar a autoria de um crime, o indiciado estará obrigado a cumprir a determinação.

**1:** incorreta. À falta de perito oficial para proceder ao exame de corpo de delito, deverão ser nomeadas *duas* pessoas idôneas (e não somente *uma*), portadoras de diploma de curso superior, preferencialmente na área técnica relacionada com a natureza do exame a ser realizado. É o que estabelece o art. 159, § 1º, do CPP; **2:** incorreta. Ainda que inexista outro meio de produção de prova, ao acusado é assegurado, mesmo assim, em vista do que enuncia o princípio do *nemo tenetur se detegere*, o direito de não colaborar com a produção de qualquer tipo de prova, sem que isso implique prejuízo para a sua defesa. Bem por isso, é dado ao investigado/acusado o direito de recusar-se a submeter-se a exame para fornecimento de material biológico para a coleta de amostra de DNA. **ED**

Gabarito 1E, 2E.

**(Defensor Público – DPE/RN – 2016 – CESPE)** Assinale a opção correta com relação ao interrogatório do acusado segundo o entendimento do STJ e do STF.

(A) Situação hipotética: Gérson, denunciado por roubo, não obstante a falta de citação prévia, compareceu espontaneamente à audiência designada, ao início da qual foi cientificado da acusação e entrevistou-se, reservadamente, com o DP nomeado para defendê-lo. Ato contínuo, informado do seu direito de permanecer em silêncio, Gérson foi interrogado e negou a imputação. Assertiva: Nessa situação, a falta de citação torna nulo o interrogatório de Gérson.

(B) É direito do corréu ser representado por defensor constituído ou dativo no interrogatório dos outros acusados como forma de oportunizar a produção de prova que entender pertinente.

(C) O direito de presença e de participação ativa nos atos de interrogatório judicial dos litisconsortes penais passivos encontra suporte legitimador em convenções internacionais, embora não seja previsto na CF.

(D) O interrogatório do acusado de tráfico de drogas deve ocorrer no fim da instrução processual, após a oitiva das testemunhas.

**A:** incorreta. Conferir: "A falta de citação não anula o interrogatório quando o réu, ao início do ato, é cientificado da acusação, entrevista--se, prévia e reservadamente, com a defensora pública nomeada para defendê-lo – que não postula o adiamento do ato –, e nega, ao ser interrogado, a imputação. Ausência, na espécie, de qualquer prejuízo à defesa" (HC 121682, Relator: Min. Dias Toffoli, Primeira Turma, julgado em 30.09.2014, Processo Eletrônico DJe-225 Divulg 14.11.2014 Public 17.11.2014); **B:** correta. Nesse sentido: (...) A jurisprudência desta Corte Superior de Justiça, que se consolidou no sentido de que o corréu tem o direito de ser representado no interrogatório de outro acusado, para que lhe seja oportunizada a produção da prova que entende pertinente, não se admitindo que tal prerrogativa lhe seja tolhida de plano, sem qualquer justificativa legal. 2. No entanto, conquanto se confira ao acusado a prerrogativa de participar do interrogatório do corréu e de formular as perguntas consideradas pertinentes, o certo é que a sua presença no referido ato é facultativa, motivo pelo qual a sua ausência, bem como a de seu patrono, assim como a falta de nomeação de advogado dativo não são causas de nulidade da ação penal. 3. No caso dos autos, o paciente e o patrono por ele contratado

foram devidamente intimados da data designada para o interrogatório dos corréus, não tendo voluntariamente comparecido à colheita dos referidos depoimentos, o que afasta a mácula suscitada na impetração, uma vez que inexiste obrigatoriedade de nomeação de advogado *ad hoc* para o ato, já que a participação na inquirição dos demais acusados é optativa" (HC 243.126/GO, Rel. Ministro Jorge Mussi, Quinta Turma, julgado em 02.12.2014, DJe 11.12.2014); **C:** incorreta. Conferir: "(...) direito de presença e de "participação ativa" nos atos de interrogatório judicial dos demais litisconsortes penais passivos, quando existentes. – O direito do réu à observância, pelo Estado, da garantia pertinente ao "due process of law", além de traduzir expressão concreta do direito de defesa, também encontra suporte legitimador em convenções internacionais que proclamam a essencialidade dessa franquia processual, que compõe o próprio estatuto constitucional do direito de defesa, enquanto complexo de princípios e de normas que amparam qualquer acusado em sede de persecução criminal" (HC 111567 AgR, Relator(a): Min. Celso De Mello, Segunda Turma, julgado em 05.08.2014, Processo eletrônico DJe-213 divulg 29-10-2014 public 30.10.2014); **D:** incorreta, já que não corresponde ao que estabelece o art. 57 da Lei 11.343/2006, segundo a qual o interrogatório, no âmbito do crime de tráfico, constitui o primeiro ato da instrução. Entretanto, é importante que se diga que, segundo jurisprudência atualmente consolidada nos tribunais superiores, o rito processual para o interrogatório, previsto no art. 400 do CPP, deve alcançar todos os procedimentos disciplinados por leis especiais, aqui incluído o rito previsto na Lei de Drogas, cujo art. 57 estabelece que o interrogatório realizar-se-á no começo da instrução. Significa que o interrogatório, mesmo nos procedimentos regidos por leis especiais, passa a ser o derradeiro ato da instrução. No entanto, com o fito de não abalar a segurança jurídica dos feitos em que já fora proferida sentença, tal entendimento somente deve ser aplicável aos processos com instrução ainda não ultimada até o dia 11.03.2016, que corresponde à data em que se deu a publicação da ata do julgamento, pelo STF, do HC 127.900. Conferir: "1. Por ocasião do julgamento do HC n. 127.900/AM, ocorrido em 3/3/2016 (DJe 3/8/2016), o Pleno do Supremo Tribunal Federal firmou o entendimento de que o rito processual para o interrogatório, previsto no art. 400 do Código de Processo Penal, deve ser aplicado a todos os procedimentos regidos por leis especiais. Isso porque a Lei n. 11.719/2008 (que deu nova redação ao referido art. 400) preponera sobre as disposições em sentido contrário previstas em legislação especial, por se tratar de lei posterior mais benéfica ao acusado (*lex mitior*). 2. De modo a não comprometer o princípio da segurança jurídica dos feitos já sentenciados (CR, art. 5º, XXXVI), houve modulação dos efeitos da decisão: a Corte Suprema estabeleceu que essa nova orientação somente deve ser aplicada aos processos cuja instrução ainda não se haja encerrado. 3. Se nem a doutrina nem a jurisprudência ignoram a importância de que se reveste o interrogatório judicial – cuja natureza jurídica permite qualificá-lo como ato essencialmente de defesa –, não é necessária para o reconhecimento da nulidade processual, nos casos em que o interrogatório do réu tenha sido realizado no início da instrução, a comprovação de efetivo prejuízo à defesa, se do processo resultou condenação. Precedente. 4. O interrogatório é, em verdade, o momento ótimo do acusado, o seu "dia na Corte" (day in Court), a única oportunidade, ao longo de todo o processo, em que ele tem voz ativa e livre para, se assim o desejar, dar sua versão dos fatos, rebater os argumentos, as narrativas e as provas do órgão acusador, apresentar álibis, indicar provas, justificar atitudes, dizer, enfim, tudo o que lhe pareça importante para a sua defesa, além, é claro, de responder às perguntas que quiser responder, de modo livre, desimpedido e voluntário. 5. Não há como se imputar à defesa do acusado o ônus de comprovar eventual prejuízo em decorrência de uma ilegalidade, para a qual não deu causa e em processo que já lhe ensejou sentença condenatória. Isso porque não há, num processo penal, prejuízo maior do que uma condenação resultante de um procedimento que não respeitou as diretrizes legais e tampouco observou determinadas garantias constitucionais do réu (no caso, a do contraditório e a da ampla defesa). 6. Uma vez fixada a compreensão pela desnecessidade de a defesa ter de demonstrar eventual prejuízo decorrente da inversão da ordem do interrogatório do réu, em processo do qual resultou a condenação, também não se mostra imprescindível, para o reconhecimento da nulidade, que a defesa tenha alegado o vício processual já na própria audiência de instrução. 7. Porque reconhecida a nulidade do interrogatório do recorrente, com a determinação de que o Juízo de primeiro grau proceda à nova realização do ato, fica prejudicada a análise das demais matérias suscitadas neste recurso (reconhecimento da minorante prevista no § 4º do art. 33 da Lei de Drogas, fixação do regime aberto e substituição da reprimenda

# 13. DIREITO PROCESSUAL PENAL 477

privativa de liberdade por restritivas de direitos). 8. Recurso especial provido, para anular o interrogatório do recorrente e determinar que o Juízo de primeiro grau proceda à nova realização do ato (Processo n. 0000079-90.2016.8.26.0592, da Vara Criminal da Comarca de Tupã – SP)" (STJ, REsp 1825622/SP, Rel. Ministro ROGERIO SCHIETTI CRUZ, SEXTA TURMA, julgado em 20/10/2020, DJe 28/10/2020). Como se pode ver, a assertiva, se levarmos em conta o atual entendimento da jurisprudência sobre o tema, está correta.

Gabarito "B".

**(Defensor Público – DPE/RN – 2016 – CESPE)** A respeito da prova indiciária em processo penal, da prisão em flagrante delito, das medidas assecuratórias, das citações e intimações e da suspensão condicional do processo, assinale a opção correta.

**(A)** O CPP não admite a realização de citação por hora certa.

**(B)** De acordo com a jurisprudência do STJ, a suspensão condicional do processo é aplicável aos crimes praticados em contexto de violência doméstica e familiar contra a mulher.

**(C)** O CPP veda ao juiz a utilização de indícios para fundamentar uma condenação criminal.

**(D)** Admite-se a prisão em flagrante na modalidade de flagrante presumido de alguém perseguido pela autoridade policial logo após o cometimento de um crime e encontrado em situação que faça presumir ser ele o autor da infração.

**(E)** O sequestro consiste na medida assecuratória proposta com o fim de promover a retenção de bens imóveis e móveis do indiciado ou acusado, ainda que em poder de terceiros, quando adquiridos com o proveito da infração penal.

**A:** incorreta. A citação por hora certa, antes exclusiva do processo civil, agora também é admitida no âmbito do processo penal, dada a mudança introduzida na redação do art. 362 do CPP pela Lei 11.719/2008. A propósito disso, o STF, ao julgar o RE 635.145, reconheceu, em votação unânime, a constitucionalidade da citação por hora certa no processo penal, rechaçando a tese segundo a qual esta modalidade de citação ficta ofende os postulados da ampla defesa e do contraditório; **B:** incorreta, dado que o art. 41 da Lei Maria da Penha, cuja constitucionalidade foi reconhecida pelo STF (ADC 19, de 09.02.2012), veda a aplicação, no contexto dos crimes praticados com violência doméstica e familiar contra a mulher, das medidas despenalizadoras contempladas na Lei 9.099/1995, entre as quais a *suspensão condicional do processo* e a *transação penal*. Consolidando tal entendimento, editou-se a Súmula 536, do STJ: "A suspensão condicional do processo e a transação penal não se aplicam na hipótese de delitos sujeitos ao rito da Lei Maria da Penha"; **C:** incorreta, já que inexiste óbice para que o magistrado, valendo-se de seu livre convencimento, fundamente a sentença penal condenatória com base exclusiva em *indícios* (prova indireta). Na jurisprudência: "A criminalidade dedicada ao tráfico de drogas organiza-se em sistema altamente complexo, motivo pelo qual a exigência de prova direta da dedicação a esse tipo de atividade, além de violar o sistema do livre convencimento motivado previsto no art. 155 do CPP e no art. 93, IX, da Carta Magna, praticamente impossibilita a efetividade da repressão a essa espécie delitiva (STF, HC 111.666, 1ª T., rel. Min. Luiz Fux, 08.05.2012); **D:** incorreta, já que a assertiva descreve hipótese de flagrante *impróprio*, *imperfeito* ou *quase flagrante*, em que o sujeito é perseguido, logo em seguida à prática criminosa, em situação que faça presumir ser o autor da infração (art. 302, III). Já o flagrante *ficto* ou *presumido*, a que faz menção a alternativa, é a modalidade (art. 302, IV) em que o agente é encontrado, depois do crime, na posse de instrumentos, armas, objetos ou papéis em circunstâncias que revelem ser ele o autor da infração penal. Há, ainda, o chamado flagrante *próprio*, *real* ou *perfeito*, no qual o agente é surpreendido no momento em que comete o crime ou quando acaba de cometê-lo – art. 302, I e II, do CPP; **E:** correta. De fato, somente podem ser objeto da medida de sequestro os bens adquiridos com o *provento* da infração (lucro do crime, vantagem financeira obtida) – art. 125, CPP, ainda que já tenham sido transferidos a terceiros. O provento, ganho obtido com a prática criminosa, não deve ser confundido com o *produto* do crime. Conferir, quanto a esse tema, o magistério de Guilherme de Souza Nucci: "Sequestro: é a medida assecuratória consistente em reter os bens imóveis e móveis do indiciado ou acusado, ainda que em poder de terceiros, quando adquiridos com o proveito da infração penal, para que deles não se desfaça, durante o curso da ação penal, a fim de se viabilizar a indenização da vítima ou impossibilitar ao agente

que tenha lucro com a atividade criminosa (...)" (*Código de Processo Penal Comentado*, 12ª ed., p. 335).

Gabarito "E".

**(Juiz de Direito/AM – 2016 – CESPE)** Acerca dos meios de prova no processo penal, assinale a opção correta.

**(A)** A interceptação telefônica é medida subsidiária e excepcional, só podendo ser determinada quando não houver outro meio para se apurar os fatos tidos por criminosos, sendo ilegal quando for determinada apenas com base em notícia anônima, sem investigação preliminar.

**(B)** A competência para autorizar a interceptação telefônica é exclusiva do juiz criminal, caracterizando prova ilícita o aproveitamento da diligência como prova emprestada a ser utilizada pelo juízo cível ou em processo administrativo.

**(C)** De acordo com o STJ, o prazo de quinze dias é contado a partir da data da decisão judicial que autoriza a interceptação telefônica e pode ser prorrogado sucessivas vezes pelo tempo necessário, especialmente quando o caso for complexo e a prova, indispensável.

**(D)** Em regra, o CPP estabelece que o interrogatório do réu preso será feito pelo sistema de videoconferência ou outro recurso tecnológico de transmissão de sons e imagens em tempo real. Não sendo isso possível por falta de disponibilidade do recurso tecnológico, o preso será apresentado em juízo, mediante escolta.

**(E)** A busca domiciliar poderá ser feita sem autorização do morador, independentemente de dia e horário, no caso de a autoridade judiciária comparecer pessoalmente para efetivar a medida, devendo esta declarar previamente sua qualidade e o objeto da diligência.

**A:** correta, uma vez que, segundo estabelece o art. 2º, II, da Lei 9.296/1996, não será admitida a interceptação de comunicações telefônicas quando a prova puder ser feita por outros meios disponíveis. Além disso, a denúncia anônima somente poderá dar azo à instauração de inquérito policial, dando início à persecução penal, quando confirmada a sua procedência por meio de apuração preliminar. Conferir: "1. Elementos dos autos que evidenciam não ter havido investigação preliminar para corroborar o que exposto em denúncia anônima. O Supremo Tribunal Federal assentou ser possível a deflagração da persecução penal pela chamada denúncia anônima, desde que esta seja seguida de diligências realizadas para averiguar os fatos nela noticiados antes da instauração do inquérito policial. Precedente. 2. A interceptação telefônica é subsidiária e excepcional, só podendo ser determinada quando não houver outro meio para se apurar os fatos tidos por criminosos, nos termos do art. 2º, inc. II, da Lei n. 9.296/1996. Precedente. 3. Ordem concedida para se declarar a ilicitude das provas produzidas pelas interceptações telefônicas, em razão da ilegalidade das autorizações, e a nulidade das decisões judiciais que as decretaram amparadas apenas na denúncia anônima, sem investigação preliminar" (HC 108147, Relator(a): Min. CÁRMEN LÚCIA, Segunda Turma, julgado em 11.12.2012, PROCESSO ELETRÔNICO *DJe*-022 DIVULG 31.01.2013 PUBLIC 01.02.2013); **B:** incorreta. As provas colhidas em instrução processual penal, desde que obtidas mediante interceptação telefônica devidamente autorizada por Juízo criminal competente, admitem compartilhamento para fins de instruir ação de natureza civil ou procedimento administrativo. Nesse sentido: *É cabível a chamada "prova emprestada" no processo administrativo disciplinar, desde que devidamente autorizada pelo Juízo Criminal. Assim, não há impedimento da utilização da interceptação telefônica produzida na ação penal, no processo administrativo disciplinar, desde que observadas as diretrizes da Lei 9.296/1996* (STJ, 3ª Seção, rel. Min. Laurita Vaz, j. 26.09.2012); **C:** incorreta. O prazo tem início com a efetivação da medida, e não com a prolação da decisão judicial que a autorizou. No mais, está correto o que se afirma na alternativa. É que predomina o entendimento segundo o qual a intercepção deve perdurar pelo interregno necessário à elucidação do crime sob investigação; comporta, por isso, sucessivos pedidos de renovação. Conferir: "(...) Nesse contexto, considerando o entendimento jurisprudencial e doutrinário acerca da possibilidade de se prorrogar o prazo de autorização para a interceptação telefônica por períodos sucessivos quando a intensidade e a complexidade das condutas delitivas investigadas assim o demandarem, não há que se falar, na espécie, em nulidade da referida escuta e de suas prorrogações, uma vez que autorizada pelo Juízo de piso com a observância das exigências previstas na lei de regência (Lei 9.296/1996, art. 5º) (...)" (STF, 1ª T., RHC 120.111, rel. Min. Dias Toffoli, j. 11.03.2014); **D:** incorreta. Ao contrário do afirmado, o interrogatório por sistema de videoconferência constitui exceção, somente podendo ser realizado nas hipóteses listadas no art. 185, § 2º, do CPP. A regra é que o interrogatório seja realizado no estabelecimento em que o réu estiver preso; não sendo isso possível, por falta de estrutura do presídio, o interrogatório realizar-se-á no fórum, com requisição, pelo juiz, do acusado (art. 185, § 7º, do CPP); **E:** incorreta. Mesmo com a presença do magistrado que prolatou a ordem de busca e apreensão, tal somente poderá realizar-se à noite se o morador consentir; de qualquer forma, o magistrado presente à diligência deverá informar ao morador sua qualidade e o objeto da diligência (art. 245, *caput* e § 1º, do CPP).

Gabarito "A".

**(Juiz de Direito/AM – 2016 – CESPE)** Carla fez um seguro de vida que previa o pagamento de vultosa indenização a seu marido, José, caso ela viesse a falecer. O contrato previa que o beneficiário não teria direito à indenização se causasse a morte da segurada. Alguns meses depois, Carla foi encontrada morta, tendo o perito oficial que assinou o laudo cadavérico concluído que a causa provável fora envenenamento. Em que pese o delegado não ter indiciado José, o MP concluiu que havia indícios de autoria, razão pela qual ele foi denunciado por homicídio doloso. O juiz recebeu a denúncia e determinou a citação do réu. José negou a autoria do delito, tendo solicitado a admissão de assistente técnico e apresentado defesa em que requereu sua absolvição sumária. O parecer do assistente técnico foi no sentido de que a morte de Carla tivera causas naturais.

Acerca dessa situação hipotética, assinale a opção correta.

**(A)** Caso o juiz absolva José por estar provado não ser ele o autor do fato, essa decisão não impedirá que os genitores de Carla ingressem com ação civil indenizatória e obtenham o reconhecimento de sua responsabilidade civil.

**(B)** O MP não poderia ter oferecido denúncia sem que o delegado tivesse indiciado José e procedido à sua oitiva na fase extrajudicial, razão pela qual o juiz deveria ter remetido os autos à delegacia para a referida providência.

**(C)** O juiz poderá fundamentar uma sentença absolutória acatando o parecer elaborado pelo assistente técnico contratado por José, rejeitando as conclusões do perito oficial.

**(D)** O laudo de exame cadavérico de Carla é nulo porque a legislação processual penal determina que ele seja elaborado e assinado por dois peritos oficiais.

**(E)** A seguradora poderá intervir no processo criminal como assistente da acusação no intuito de demonstrar que José foi o autor do crime.

**A:** incorreta. Devemos considerar, aqui, duas situações: *i)* absolvição decorrente do fato de não existir prova suficiente de ter o réu concorrido para a infração penal; *ii)* absolvição como decorrência de restar provado, no curso da instrução, que o réu não foi o autor da infração penal. A situação de José se enquadra nesta última hipótese. Ou seja, ficou provado não ser ele o autor do homicídio contra sua esposa. Sendo assim, a decisão proferida no juízo criminal faz coisa julgada no cível, impedindo que os genitores de Carla ingressem com ação civil indenizatória. De outro lado, a absolvição decorrente do fato de não existir prova suficiente de ter o réu concorrido para a infração penal possibilita que sua culpa seja rediscutida na esfera cível, não impedindo, portanto, o ajuizamento de ação indenizatória; **B:** incorreta. Em primeiro lugar, o inquérito policial não é indispensável ao oferecimento da queixa ou denúncia (art. 12 do CPP); se o titular da ação penal dispuser de elementos suficientes, poderá, diretamente, propô-la; além disso, e com muito mais razão, instaurado o inquérito, se o delegado de polícia, ao seu término, entender que não havia indícios suficientes de autoria, nada impede que o promotor, entendendo de forma diversa, ajuíze a ação penal. O promotor, portanto, não está vinculado à conclusão do inquérito policial; por fim, se assim entender o promotor (no sentido de oferecer denúncia), não cabe a ele ou mesmo ao juiz determinar à autoridade policial que proceda ao indiciamento, por se tratar de ato exclusivo desta; **C:** correta. Por força do que estabelece o art. 182 do CPP, o juiz não está vinculado às conclusões do laudo elaborado pelo perito oficial, podendo, com base na sua livre convicção, rejeitá-lo, desde que justifique tal medida; **D:** incorreta. A redação anterior do

art. 159 do CPP estabelecia que a perícia fosse realizada por *dois* profissionais. Atualmente, com a modificação implementada na redação do dispositivo pela Lei 11.690/2008, a perícia será levada a efeito por *um* perito oficial portador de diploma de curso superior. À falta deste, determina o § 1º do art. 159 que o exame seja feito por duas pessoas idôneas, detentoras de diploma de curso superior preferencialmente na área específica, dentre aquelas que tiverem habilitação técnica relacionada com a natureza do exame. Assim, não há que se falar em nulidade; **E:** incorreta, uma vez que a seguradora não foi incluída no rol do art. 268 do CPP. Conferir: *A seguradora não tem direito líquido e certo de figurar como assistente do Ministério Público na ação penal em que se imputa a um dos denunciados, beneficiário de seguro de vida da vítima, a prática de homicídio (art. 121, § 2º, incisos I e IV, do Código Penal), porquanto não se caracteriza como vítima desse delito, tampouco há previsão legal nesse sentido* (RMS 47.575/SP, Rel. Ministra MARIA THEREZA DE ASSIS MOURA, SEXTA TURMA, julgado em 14.04.2015, *DJe* 23.04.2015).

Gabarito "C".

**(Juiz de Direito/DF – 2016 – CESPE)** Acerca do princípio do livre convencimento do juiz, assinale a opção correta.

**(A)** Tendo formado sua convicção pela livre apreciação da prova produzida em contraditório judicial, o juiz poderá proferir decisão baseada exclusivamente nas provas não repetíveis, mas não poderá fazê-lo em caso de provas antecipadas ou cautelares.

**(B)** O juiz deve formar sua convicção pela livre apreciação da prova produzida em contraditório judicial, não podendo proferir decisão baseada exclusivamente nos elementos informativos colhidos na fase de investigação, tampouco nas provas cautelares, não repetíveis e antecipadas.

**(C)** Dada a previsão de que o juiz deve formar sua convicção pela livre apreciação da prova produzida em contraditório, a prova produzida na fase de investigação poderá fundamentar a decisão do magistrado se a sua produção tiver sido acompanhada pelo advogado do réu, ou seja, poderá o juiz fundamentar sua decisão exclusivamente nos elementos informativos produzidos na fase de inquérito.

**(D)** Em decorrência do princípio do livre convencimento adotado pelo CPP, o juiz pode decidir de acordo com sua vivência acerca dos fatos, desde que sua decisão seja devidamente fundamentada.

**(E)** O juiz deve formar sua convicção pela livre apreciação da prova produzida em contraditório judicial, e poderá proferir decisão com base exclusivamente nas provas cautelares, não repetíveis e antecipadas.

**A:** incorreta. Acolhemos, como regra, o *sistema da livre convicção* ou da *persuasão racional*, atualmente consagrado no art. 155, *caput*, do CPP, em que o magistrado decidirá com base no seu livre convencimento, devendo, todavia, fundamentar sua decisão (art. 93, IX, da CF/1988). Em outras palavras, ao magistrado é conferida ampla liberdade para formar seu convencimento. Porém, esta liberdade não é ilimitada. Com efeito, reza o art. 155, *caput*, do CPP que é vedado ao juiz fundamentar sua decisão exclusivamente nas informações colhidas na fase investigatória, que em regra é constituída pelo inquérito policial, isto é, o inquérito não pode servir de suporte único para uma condenação. E a razão para isso é simples: durante a fase de investigação, não vigora a garantia do contraditório, princípio de índole constitucional (art. 5º, LV, da CF), o que somente ocorrerá na etapa processual. Sucede que essa limitação imposta ao juiz (de se valer, para a condenação, exclusivamente das provas colhidas na investigação) não abrange as provas cautelares, não repetíveis e antecipadas, em que o contraditório será diferido, ou seja, exercido em momento posterior (no curso do processo); **B:** incorreta, tendo em conta o que foi afirmado acima; **C:** incorreta. Ainda que a produção da prova, na fase inquisitiva, tenha sido acompanhada pelo advogado do investigado, mesmo assim é vedado ao juiz proferir sentença condenatória com base exclusiva nos elementos colhidos nessa primeira fase da persecução; **D:** incorreta. É vedado ao juiz decidir com base na sua vivência acerca dos fatos (experiência); o que se permite é que o magistrado, na avaliação da prova, se valha de elementos de sua vivência. Em outras palavras, ao juiz não é dado formar a prova a partir de sua vivência, mas tão somente usá-la na valoração da prova já existente; **E:** correta, pois em conformidade com o disposto no art. 155, *caput*, do CPP.

Gabarito "E".

## 13. DIREITO PROCESSUAL PENAL 479

**(Cartório/DF – 2014 – CESPE)** Acerca da prova no processo penal brasileiro e dos procedimentos a ela inerentes, assinale a opção correta.

(A) Denomina-se qualificada a confissão em que o réu admite a prática do fato criminoso, invocando, por exemplo, alguma excludente de ilicitude ou culpabilidade.

(B) Por não integrar o rol de testemunhas e não ter o compromisso de dizer a verdade, o ofendido, intimado para oitiva em juízo, pode abster-se de comparecer, sendo vedada a sua condução coercitiva.

(C) São indispensáveis para a execução da medida de busca domiciliar, entre outros requisitos, ordem judicial escrita e fundamentada, e cumprimento da diligência durante o dia ou à noite, mediante prévia apresentação da ordem judicial ao morador.

(D) Em regra, não sendo possível o exame de corpo de delito por haverem desaparecido os vestígios, a confissão do réu e a prova testemunhal poderão substituí-lo.

(E) O interrogatório judicial deverá ser realizado como primeiro ato instrutório, sendo indispensável que o réu seja acompanhado por defensor, constituído ou dativo.

**A:** correta. Confissão *qualificada* é aquela em que o acusado, depois de se declarar culpado em relação ao fato principal, invoca, em sua defesa, a ocorrência de fato apto a excluir sua responsabilidade ou diminuir sua pena, tal como a excludente de ilicitude ou de culpabilidade; *simples*, de outro lado, é a confissão em que o réu admite a prática do fato criminoso sem invocar qualquer fato que possa excluir ou diminuir sua responsabilidade penal; **B:** incorreta. O ofendido, por não ser testemunha, não se sujeita a processo por crime de falso testemunho. De outra forma não poderia ser. É que a vítima, dado o seu interesse na condenação do acusado, não pode ser tida como figura imparcial, como deve ser a testemunha, presumidamente desinteressada no deslinde da causa. Assim sendo, não se deve, ao menos em princípio, conferir o mesmo valor probatório às declarações do ofendido e ao depoimento da testemunha. Até aqui está correto o que se afirma na assertiva. No entanto, a teor do art. 201, § 1º, do CPP, se o ofendido, depois de intimado, deixar de comparecer sem motivo justo poderá ser conduzido coercitivamente à presença da autoridade; **C:** incorreta. É que, segundo estabelece o art. 245 do CPP, a busca domiciliar realizar-se-á durante o dia ou à noite, desde que, neste último caso, haja consentimento do morador, não sendo suficiente que o agente executor da ordem apresente o mandado ao morador; **D:** incorreta. É certo que o exame de corpo de delito, nas infrações que deixam vestígios, é indispensável – art. 158 do CPP. Agora, se estes vestígios, por qualquer razão, se perderem, nosso ordenamento jurídico admite que a prova testemunhal supra essa ausência – art. 167 do CPP. A confissão, no entanto, por expressa disposição do art. 158 do CPP, não poderá ser utilizada para esse fim; **E:** incorreta. Por força das modificações implementadas pela Lei 11.719/2008, que alterou diversos dispositivos do CPP, entre os quais o seu art. 400, a instrução, que antes tinha como providência inicial o interrogatório do acusado, passou a ser uma, impondo, além disso, nova sequência de atos, todos realizados em uma única audiência. Nesta (art. 400 do CPP – ordinário; art. 531 do CPP – sumário), deve-se ouvir, em primeiro lugar, o ofendido; depois, ouvem-se as testemunhas de acusação e, em seguida, as de defesa. Após, vêm os esclarecimentos dos peritos e as acareações. Em seguida, procede-se ao reconhecimento de pessoas e coisas. Somente depois interroga-se o acusado. Ao final, não havendo requerimento de diligências, serão oferecidas pelas partes alegações finais orais, por vinte minutos, prorrogáveis por mais dez. *Gabarito "A".*

**(Procurador do Estado – PGE/BA – CESPE – 2014)** Acerca das provas, julgue o item a seguir (adaptada)

(1) No processo penal, o momento adequado para a especificação de provas pelo réu é a apresentação da resposta à acusação. Entretanto, isso não impede que, por ocasião de seu interrogatório, o réu indique outros meios de prova que deseje produzir.

**1:** correta, pois reflete o que estabelecem os arts. 189 e 396-A, ambos do CPP, que se referem, respectivamente, à possibilidade de o réu, por ocasião de seu interrogatório, indicar ao magistrado as provas que pretende produzir e ao conteúdo da resposta à acusação. **ED** *Gabarito 1C*

**(Escrivão de Polícia Federal – 2013 – CESPE)** Considerando a situação hipotética acima, julgue os próximos itens, com base nos elementos de direito processual.

(1) Na execução regular da diligência, caso haja suspeita fundada de que a moradora oculte consigo os objetos sobre os quais recaia a busca, poderá ser efetuada a busca pessoal, independentemente de ordem judicial expressa, ainda que não exista mulher na equipe policial, de modo a não retardar a diligência.

(2) Existindo o consentimento do marido para a entrada dos policiais no imóvel, com oposição expressa e peremptória da esposa, o mandado não poderá ser cumprido no período noturno, haja vista a necessidade de consentimento de ambos os cônjuges e moradores.

**1:** correta, pois em conformidade com o que estabelecem os arts. 240, § 2º, 244 e 249, todos do CPP; **2:** correta, uma vez que, havendo divergência entre os moradores, prevalecerá a vontade daquele que não autoriza o ingresso durante o repouso noturno. De ver-se que, se durante o dia, pouco importa se um dos moradores se opuser ao cumprimento da ordem judicial, que, mesmo assim, será realizada, fazendo uso, o executor da ordem, se necessário, de força para vencer a resistência oferecida (art. 245, § 3º, CPP). *Gabarito 1C, 2C*

**(Escrivão de Polícia Federal – 2013 – CESPE)** A respeito da prova no processo penal, julgue os itens subsequentes.

(1) A consequência processual da declaração de ilegalidade de determinada prova obtida com violação às normas constitucionais ou legais é a nulidade do processo com a absolvição do réu.

(2) O exame caligráfico ou grafotécnico visa certificar, por meio de comparação, que a letra inserida em determinado escrito pertence à pessoa investigada. Esse exame pode ser utilizado como parâmetro para as perícias de escritos envolvendo datilografia ou impressão por computador.

(3) A confissão extrajudicial do réu e outros elementos indiciários de participação no crime nos autos do processo são subsídios suficientes para autorizar-se a prolação de sentença condenatória.

**1:** incorreta. A declaração de nulidade de determinada prova obtida em violação a norma constitucional ou legal não conduz, necessariamente, à absolvição do acusado. Neste caso, por imposição do art. 157, *caput*, do CPP, tal prova deve ser desentranhada do processo, ficando o juiz, bem por isso, impedido de considerá-la para o fim de condenar o réu. O art. 157, § 5º, do CPP, inserido pela Lei 13.964/2019 e cuja eficácia está suspensa por decisão do STF, estabelece que *o juiz que conhecer do conteúdo da prova declarada inadmissível não poderá proferir a sentença ou acórdão*; **2:** correta. Nesse sentido, conferir a lição de Guilherme de Souza Nucci, em comentário lançado ao art. 174 do CPP, que disciplina o chamado exame grafotécnico ou caligráfico: "Reconhecimento de escritos: é o denominado exame grafotécnico (ou caligráfico), que busca certificar, admitindo como certo, por comparação, que a letra, inserida em determinado escrito, pertence à pessoa investigada. Tal exame pode ser essencial para apurar um crime de estelionato ou de falsificação, determinando a autoria. Logicamente, da mesma maneira que a prova serve para incriminar alguém, também tem a finalidade de afastar a participação de pessoa cuja letra não foi reconhecida. O procedimento acima pode ser utilizado, atualmente, como parâmetro para as perícias envolvendo datilografia ou impressão por computador (...)" (*Código de Processo Penal Comentado*, 12. ed., p. 418); **3:** incorreta. A confissão extrajudicial, porque não realizada sob o crivo do contraditório e ampla defesa, deve ser considerada tão somente como *indício* (meio de prova indireto). Não pode, por isso, ser utilizada, por si só, para dar suporte a decreto condenatório. Deve, isto sim, ser cotejada com as demais provas produzidas em juízo (art. 197, CPP). No mais, para autorizar uma condenação, não bastam indícios de autoria, sendo de rigor, além da prova da existência do crime, também *certeza* de autoria. **ED** *Gabarito 1E, 2C, 3E*

**(Agente de Polícia/DF – 2013 – CESPE)** Acerca da prova criminal, julgue os itens subsequentes.

(1) Crianças podem ser testemunhas em processo criminal, mas não podem ser submetidas ao compromisso de dizer a verdade.

(2) Durante a busca domiciliar com autorização judicial, é permitido, em caso de resistência do morador, o uso da força contra móveis existentes dentro da residência no intuito de localizar o que se procura, não caracterizando essa conduta abuso de autoridade.

(3) O juiz pode condenar o acusado com base na prova pericial, porque, a despeito de ser elaborada durante o inquérito policial, ela é prova técnica e sujeita ao contraditório das partes.

1: correta. De fato, qualquer pessoa, em princípio, pode ser testemunha em processo criminal (art. 202, CPP). Agora, o compromisso de dizer a verdade não pode ser deferido, entre outros, ao menor de 14 (catorze) anos, aqui incluídas, por óbvio, as crianças (menor com até doze anos incompletos). É o que estabelece o art. 208 do CPP; 2: correta, pois reflete a regra presente no art. 245, § 3º, do CPP; 3: correta. Como bem sabemos, as perícias em geral constituem prova *não repetível*, que, embora sejam, em regra, realizadas no curso das investigações, serão submetidas, na etapa processual, ao chamado contraditório diferido (posterior). Podem, portanto, em vista do que estabelece o art. 155, *caput*, do CPP, servir de base para uma condenação. Dentro do tema "exame de corpo de delito e perícias em geral", importante tecer alguns comentários acerca da chamada "cadeia de custódia", inovação introduzida no CPP (arts. 158-A a 158-F) pela Lei 13.964/2019 (Pacote Anticrime), que consiste na sistematização de todos os procedimentos que se prestam a preservar a autenticidade da prova coletada em locais ou em vítimas de crimes. *Grosso modo*, estabelece regras que devem ser seguidas no manejo das provas, desde o primeiro momento desta cadeia, que se dá com o procedimento de preservação do local de crime ou a verificação da existência de vestígio, até o seu descarte. Também são estabelecidas normas concernentes ao armazenamento de vestígios e a sua preservação. Tal regramento se justifica na medida em que a prova pericial, ao contrário da grande maioria das provas, não é passível de ser reproduzida em juízo sob o crivo do contraditório, de sorte que a sua produção, em regra ainda na fase investigativa, tem caráter definitivo, embora possa, em juízo, ser contrariada (contraditório diferido). **ED**

Gabarito 1C, 2C, 3C

**(Escrivão de Polícia/BA – 2013 – CESPE)** Considerando que determinada adolescente de dezessete anos de idade seja encontrada morta em uma praia, julgue os itens subsequentes.

(1) A constatação de ocorrência de dilatação do orifício anal do cadáver, especialmente se o tempo de morte for superior a quarenta e oito horas, não constitui, por si só, evidência de estupro com coito anal.

(2) Caso o corpo da jovem esteja rígido, ou seja, com a musculatura tensa e as articulações inflexíveis, é correto concluir que ela lutou intensamente antes de morrer.

1: certa. Isso porque, durante o período gasoso da putrefação, pode ocorrer de o ânus se entreabrir e ser rebatido para o lado externo, em razão da força provocada pelos gases na parte interna do cadáver. Assim, portanto, não se pode afirmar, com base apenas na dilatação aparente da região anal, que houve estupro na modalidade coito anal; 2: certa. O enrijecimento dos músculos do corpo, imediatamente após a morte, e que precede a rigidez comum dos cadáveres, é chamado de espasmo cadavérico ou rigidez cataléptica. Trata-se de um sinal de que o indivíduo foi atacado de forma violenta e súbita.

Gabarito 1C, 2C

**(Escrivão de Polícia/BA – 2013 – CESPE)** Após denúncia anônima, João foi preso em flagrante pelo crime de moeda falsa no momento em que fazia uso de notas de cem reais falsificadas. Ele confessou a autoria da falsificação, confirmada após a perícia.

Com base nessa situação hipotética e nos conhecimentos específicos relativos ao direito processual penal, julgue os itens subsecutivos.

(1) A confissão de João, efetuada durante o inquérito policial, é suficiente para que o juiz fundamente sua condenação, pois, pela sistemática processual, o valor desse meio de prova é superior aos demais.

(2) Caso não tenha condições de contratar advogado, João poderá impetrar *habeas corpus* em seu próprio favor, no intuito de obter sua liberdade, bem como de fazer sua defesa técnica nos autos do processo judicial, caso seja advogado.

(3) João poderá indicar assistente técnico para elaborar parecer, no qual poderá ser apresentada conclusão diferente da apresentada pela perícia oficial. Nesse caso, o juiz é livre para fundamentar sua decisão com base na perícia oficial ou na particular.

(4) João deverá ser investigado pela polícia federal e processado pela justiça federal do lugar em que ocorreu o fato criminoso.

(5) O delegado tem competência para arbitrar a fiança de João, visto que se trata de crime afiançável.

1: incorreta. A confissão efetuada durante o inquérito policial, porque não realizada sob o crivo do contraditório e ampla defesa, deve ser considerada tão somente como *indício* (meio de prova indireto). Não pode, por isso, ser utilizada, por si só, para dar suporte a decreto condenatório. Deve, isto sim, ser cotejada com as demais provas produzidas em juízo (art. 197, CPP). Da mesma forma, é incorreto se afirmar que a confissão, mesmo a realizada no curso da instrução processual, tem valor superior às demais provas; não há que se falar, portanto, em hierarquia entre provas; 2: correta. De fato, o *habeas corpus* pode ser impetrado pelo próprio paciente, sem que haja necessidade da intervenção de advogado (art. 654, *caput*, do CPP); no mais, embora não seja recomendável, nada obsta que o advogado, atuando em causa própria, patrocine, ele mesmo, sua defesa; 3: correta (art. 159, § 5º, II, do CPP; art. 182, CPP); 4: correta. Em princípio, a competência para o processamento e julgamento do crime de moeda falsa, capitulado no art. 289 do CP, cabendo a sua apuração, por conseguinte, à Polícia Federal; agora, sendo a falsificação grosseira, tem entendido a jurisprudência que a competência, neste caso, é da Justiça Estadual (*vide* Súmula 73 do STJ), na medida em que o crime pelo qual deve o agente responder é o de estelionato (art. 171, *caput*, do CP). Como nenhuma menção a isso foi feita no enunciado, é correto dizer-se que a competência, na hipótese narrada no enunciado, é da JF. Conferir: "Conflito negativo de competência entre as justiças estadual e federal – Colocação de moeda falsa em circulação – Laudo pericial confirmando a boa qualidade do falso, que se mostra grosseiro apenas do ponto de vista técnico – Afastamento da Súm. 73/STJ – Competência da Justiça Federal. 1. "A utilização de papel moeda grosseiramente falsificado configura, em tese, o crime de estelionato, da competência da Justiça Estadual" (Súm. 73/STJ). 2. *Mutatis mutandis*, a boa qualidade do falso, grosseira apenas do ponto de vista estritamente técnico, assim atestada em laudo pericial, é capaz de tipificar, em tese, o crime de moeda falsa. 3. Por lesar diretamente os interesses da União, o crime de moeda falsa deve ser processado e julgado perante a Justiça Federal. 4. Competência da Justiça Federal" (CC 200700217713, Jane Silva (desembargadora convocada do TJ/MG), STJ – Terceira seção, *DJE* 04/08/2008); 5: incorreta, uma vez que ao delegado de polícia não é dado, nos termos do art. 322, *caput*, do CPP, arbitrar fiança nos crimes em que a pena privativa de liberdade máxima for superior a 4 (quatro) anos. No crime de moeda falsa (art. 289, CP), a pena máxima cominada no preceito secundário do tipo é de 12 (doze) anos, bem superior, portanto, ao limite estabelecido no art. 322 do CPP.

Gabarito 1E, 2C, 3C, 4C, 5E

**(Investigador de Polícia/BA – 2013 – CESPE)** Acerca da perícia médico-legal, dos documentos legais relacionados a essa perícia e da imputabilidade penal, julgue o item a seguir.

(1) Quando solicitado por autoridade competente, o relatório do médico-legista acerca de exame feito em vestígio relacionado a ato delituoso recebe a denominação de atestado médico.

1: errada. Os relatórios médico-legais podem ser de duas espécies: a) auto, quando ditado pelo perito diretamente ao escrivão, escrevente ou escriturário na presença da autoridade competente; b) laudo, quando elaborado pelo próprio perito em fase posterior aos exames realizados. No laudo existe uma introdução, um histórico, a descrição dos

## 13. DIREITO PROCESSUAL PENAL 481

exames realizados, a discussão sobre as características encontradas. Em seguida, são apresentadas as constatações e conclusões extraídas dos exames. E, por fim, as respostas aos quesitos formulados pela autoridade. Já o atestado traz informações escritas sobre achados de interesse médico e possíveis consequências que lhes deram causa.
Gabarito 1E.

**(Analista – TJ/CE – 2013 – CESPE)** Assinale a opção correta no que diz respeito às provas no processo penal.

(A) É vedada a realização de interrogatório por videoconferência, por ferir o direito de autodefesa do acusado.

(B) A confissão feita perante a autoridade policial não será passível de retratação em juízo caso tenha sido assegurado ao acusado o direito ao contraditório e à ampla defesa mediante o acompanhamento de um advogado.

(C) Admite-se a oitiva de corréu na qualidade de testemunha, de informante, ou mesmo de colaborador ou delator, atualmente conhecida como delação premiada.

(D) O cônjuge separado não se pode recusar a prestar depoimento na condição de testemunha sobre o suposto cometimento de um delito pelo ex-marido, devendo assumir o compromisso de dizer a verdade.

(E) Haja vista que o interrogatório judicial é meio de defesa do réu, o desrespeito a essa franquia individual, resultante da arbitrária recusa em lhe permitir a formulação de reperguntas aos demais corréus constituirá causa geradora de nulidade absoluta.

A: incorreta. Embora constitua exceção, assim considerado pela lei processual penal (art. 185, § 2º, do CPP), a realização de interrogatório por sistema de videoconferência não ofende o princípio da autodefesa. De toda sorte, é importante que se diga que o emprego deste recurso tecnológico, por impossibilitar uma aproximação física entre julgador e acusado, tem gerado, desde o seu nascedouro, polêmica na doutrina e na jurisprudência; **B**: incorreta, na medida em que a confissão, a teor do art. 200 do CPP, é passível de retratação a qualquer tempo. Mesmo porque, conforme é sabido, a confissão extrajudicial, porque não realizada sob o crivo do contraditório e ampla defesa, ainda que acompanhada por advogado, deve ser considerada tão somente como *indício* (meio de prova indireto). Não pode, por isso, ser utilizada, por si só, para dar suporte a decreto condenatório. Deve, isto sim, ser cotejada com as demais provas produzidas em juízo (art. 197, CPP); **C**: incorreta. Embora o corréu possa ser ouvido como delator ou colaborador, é fato que é incorreto afirmar-se que poderá funcionar como testemunha, na medida em que não se pode conferir-lhe o dever de dizer a verdade. Nesse sentido: "Recurso ordinário em *habeas corpus*. Estelionato (art. 171 do código penal). Alegado cerceamento de defesa. Indeferimento do pedido de oitiva de corréu como testemunha. Impossibilidade. Constrangimento ilegal não caracterizado. 1. Ao magistrado é facultado o indeferimento, de forma fundamentada, do requerimento de produção de provas que julgar protelatórias, irrelevantes ou impertinentes, devendo a sua imprescindibilidade ser devidamente justificada pela parte. Doutrina. Precedentes do STJ e do STF. 2. No caso dos autos, a defesa pretendeu a oitiva de corréu que aceitou a proposta de suspensão condicional do processo como testemunha, o que foi indeferido pela togada responsável pelo feito. 3. O corréu, por não ter o dever de falar a verdade e por não prestar compromisso, não pode servir como testemunha, o que afasta o constrangimento ilegal de que estaria sendo vítima a recorrente. Doutrina. Precedentes. 4. Recurso improvido" (RHC 201302786058, Jorge Mussi, STJ, 5ª T., *DJE* 02/10/2013); **D**: incorreta, pois o cônjuge, mesmo que separado, poderá recusar-se prestar depoimento em desfavor de seu ex-marido (art. 206, CPP – onde se lê *desquitado* deve se ler *separado*); **E**: correta. Conferir: "Processo penal. *Habeas corpus*. Interrogatório. Direito da defesa de corréu realizar reperguntas. Possibilidade desde que respeitado o direito de permanecer em silêncio e à não incriminação. Relaxamento da prisão. Constrangimento não evidenciado. Ordem concedida em parte. 1. Embora o interrogatório mantenha seu escopo eminentemente como meio de defesa, quando envolve a acusação ou participação de outro denunciado, cria a possibilidade à defesa do litisconsorte passivo realizar reperguntas, assegurando a ampla defesa e a participação ativa do acusado no interrogatório dos corréus. 2. Não há que se confundir, nessa situação, o corréu com testemunha, pois o interrogado não estará obrigado a responder as perguntas dos demais envolvidos, preservado o direito de permanecer em silêncio e de não produzir provas contra si.

Precedentes desta Turma e do Supremo Tribunal Federal. 3. A anulação dos interrogatórios não gera o direito automático ao relaxamento da prisão, não existindo nos autos elementos suficientes à caracterização de excesso de prazo que justifique a revogação da custódia cautelar, pois se trata de ação complexa em que se apura a atuação de estruturada quadrilha responsável pelo tráfico de diversos tipos de drogas e com vários envolvidos. 4. *Habeas corpus* concedido em parte para determinar a renovação dos interrogatórios dos acusados, assegurando o direito das defesas dos corréus realizarem reperguntas, resguardado o direito dos interrogados à não autoincriminação e ao de permanecer em silêncio, mantidos os demais atos da instrução" (HC 201000267009, Haroldo Rodrigues (Desembargador Convocado Do TJ/CE), STJ – Sexta T., *DJE* 16/08/2010).
Gabarito "E".

## 9. SUJEITOS PROCESSUAIS

A respeito de acusado e defensor, assinale a opção correta.

I. O juiz deverá nomear defensor ao réu quando, citado, não apresentar resposta à acusação ou não constituir defensor.

II. O defensor poderá ser dispensado, desde que haja manifestação expressa do acusado.

III. O defensor dativo não será remunerado, salvo quando o juízo observar que o réu não for pobre, ao qual serão arbitrados os honorários.

**(Auxiliar Judiciário – TJ/PA – 2020 – CESPE)** Assinale a opção correta.

(A) Apenas o item I está certo.

(B) Apenas o item II está certo.

(C) Apenas os itens I e III estão certos.

(D) Apenas os itens II e III estão certos.

(E) Todos os itens estão certos.

I: correta, pois reflete o disposto no art. 396-A, § 2º, do CPP, segundo o qual, *não apresentada a resposta no prazo legal, ou se o acusado, citado, não constituir defensor, o juiz nomeará defensor para oferecê-la, concedendo-lhe vista dos autos por 10 (dez) dias*; II: incorreta, uma vez que, conforme dispõe o art. 261 do CPP, *nenhum acusado, ainda que ausente ou foragido, será processado ou julgado sem defensor*. Tal regra se aplica, evidentemente, ao réu que recusa o defensor. Como se pode ver, a tônica, no processo penal, é a de que ninguém será processado sem defesa técnica; III: incorreta, uma vez que, ainda que o réu não tenha condições de arcar com os honorários do defensor dativo, este será remunerado; se o réu não for pobre e tiver condições de arcar com a sua defesa, será obrigado a pagar os honorários do defensor dativo, que serão fixados pelo juiz (art. 263, parágrafo único, CPP).
Gabarito "A".

Um promotor de justiça participou de investigação criminal junto a grupo especializado de combate ao crime organizado, órgão de execução no combate à criminalidade organizada do Ministério Público. Com base nessa investigação criminal, o referido membro do *parquet* ofereceu denúncia criminal, que foi recebida pelo juízo. No decorrer da instrução desse processo criminal, outro promotor de justiça designado opinou, nas alegações finais, pela absolvição do réu.

**(Defensor Público - DPE/DF - 2019 - CESPE/CEBRASPE)** Diante dessa situação hipotética, julgue os itens a seguir.

(1) Embora constitucional a atribuição do Ministério Público para promover investigação de natureza penal, segundo o STJ, a participação de membro do *parquet* na fase investigatória criminal no grupo especializado impede que este membro ofereça a denúncia bem como ofende o direito à ampla defesa.

(2) A jurisprudência dos tribunais superiores não admite a ocorrência de opiniões colidentes manifestadas em momentos sucessivos de membros do Ministério Público por ofensa ao postulado do promotor natural.

1: errada. É certo que a presidência do inquérito *policial* é atribuição exclusiva da autoridade policial, sendo fato também que o representante do *parquet*, que detém o controle externo da Polícia Judiciária, pode acompanhar as diligências realizadas. Nessa linha de pensamento, também é verdade que o MP pode, ele próprio, conduzir investigação de natureza criminal. Atualmente, é tranquilo o entendimento da jurisprudência no sentido de que o MP, porque os órgãos policiais não detêm, no sistema jurídico brasileiro, o monopólio da atividade investigativa criminal, pode, de forma direta, investigar. *Vide*: STF, HC 94.173-BA, 2ª T., rel. Min. Celso de Mello, j. 27.10.09. Tanto é assim que o Plenário do STF, em conclusão de julgamento do RE 593.727, com repercussão geral, reconheceu, por 7 votos a 4, a atribuição do MP para promover investigações de natureza penal, desde que respeitados os direitos e garantias que assistem a qualquer investigado (j. em 14.05.2015, rel. Min. Celso de Mello). Até aqui, a proposição, que afirma que o MP tem atribuição para promover investigação criminal, está correta. No entanto, é incorreto afirmar que – e aqui está o equívoco da assertiva – a participação de membro do *parquet* na fase investigatória criminal impede que este ofereça a denúncia. Segundo a Súmula 234, do STJ; "A participação de membro do Ministério Público na fase investigatória criminal não acarreta o seu impedimento ou suspeição para o oferecimento da denúncia"; **2:** errada. Entende o STF (e também o STJ) admissível a ocorrência de opiniões colidentes manifestadas em momentos sucessivos de membros do Ministério Público, o que não viola o postulado do promotor natural. Nesse sentido, conferir: "1. A instituição do Ministério Público é una e indivisível, ou seja, cada um de seus membros a representa como um todo, sendo, portanto, reciprocamente substituíveis em suas atribuições. Conforme se extrai da regra do art. 5º, LIII, da Carta Magna, é vedado pelo ordenamento pátrio apenas a designação de um "acusador de exceção", nomeado mediante manipulações casuísticas e em desacordo com os critérios legais pertinentes - isto é, considera-se violado o princípio se e quando violado o exercício pleno e independente das funções institucionais. Precedente da Sexta Turma. 2. A ocorrência de opiniões colidentes - manifestadas em momentos distintos por promotores de Justiça que atuam na área penal e após a realização de diligências - não traduz ofensa ao princípio do promotor natural. 3. No caso, quando encaminhado o feito para outro Juízo, não existiam elementos, sob a ótica do promotor de Justiça responsável pela Vara do Tribunal do Júri, da existência de crime doloso contra a vida, restando evidenciada, posteriormente, no curso das investigações, a prática de homicídio doloso, o que ensejou a denúncia oferecida pelo promotor atuante na vara criminal comum e a remessa dos autos ao Juízo competente. 4. Ordem denegada." (STJ, HC 132.544/PR, Rel. Ministro SEBASTIÃO REIS JÚNIOR, SEXTA TURMA, julgado em 17/05/2012, DJe 04/06/2012). 

Gabarito 1E, 2E

**(Delegado/PE – 2016 – CESPE)** Em consonância com a doutrina majoritária e com o entendimento dos tribunais superiores, assinale a opção correta acerca dos sujeitos do processo e das circunstâncias legais relativas a impedimentos e suspeições.

**(A)** As disposições relativas ao princípio do juiz natural são analogamente aplicadas ao MP.

**(B)** No curso do inquérito policial, se for constatado que o delegado de polícia seja inimigo pessoal do investigado, este poderá opor exceção de suspeição, sob pena de preclusão do direito no âmbito de eventual ação penal.

**(C)** O corréu pode atuar, no mesmo processo, como assistente da acusação do início da ação penal até seu trânsito em julgado, desde que autorizado pelo representante do *parquet*.

**(D)** Poderá funcionar como perito no processo aquele que tiver opinado anteriormente sobre o objeto da perícia na fase de investigação criminal, em razão da especificidade da prova pericial.

**(E)** A impossibilidade de identificação do acusado pelo seu verdadeiro nome ou por outros qualificativos que formalmente o individualize impede a propositura da ação penal, mesmo que certa a identidade física do autor da infração penal.

**A:** correta. A garantia contida no art. 5º, LIII, da CF ("ninguém será processado nem sentenciado senão pela autoridade competente") contempla, como se pode ver, não apenas o princípio do juiz natural, mas também o do promotor natural, que consiste, *grosso modo*, na garantia que todos temos de ser processados por um órgão estatal imparcial, cujas atribuições tenham sido previamente estabelecidas em lei; **B:** incorreta, pois não reflete a regra presente no art. 107 do CPP;

**C:** incorreta, pois contraria o disposto no art. 270 do CPP; **D:** incorreta (art. 279, II, do CPP); **E:** incorreta (art. 259, CPP).

Gabarito "A".

**(Juiz de Direito/AM – 2016 – CESPE)** Assinale a opção correta com referência aos sujeitos da relação processual penal e às questões incidentais.

**(A)** As partes poderão indicar técnicos, quando não houver peritos oficiais, sendo que o profissional nomeado pela autoridade será obrigado a aceitar o encargo público, sob pena de prisão por crime de desobediência.

**(B)** O juiz deve declarar-se impedido e, se não o fizer, poderá ser recusado por qualquer das partes, se ele, seu cônjuge, ou parente, consanguíneo ou afim, até o quarto grau, inclusive, sustentar demanda ou responder a processo que tenha de ser julgado por qualquer das partes.

**(C)** De acordo com o entendimento do STJ, o assistente da acusação não terá direito a réplica, quando o MP tiver anuído à tese de legítima defesa do réu e declinado do direito de replicar.

**(D)** É exigível procuração com poderes especiais para que seja oposta exceção de suspeição por réu representado pela DP, mesmo que o acusado esteja ausente do distrito da culpa.

**(E)** O juiz nomeará advogado ao acusado que não o tiver, podendo o réu, a todo tempo, nomear outro de sua confiança, ou a si mesmo defender-se, caso tenha habilitação. Na hipótese de nomeação de defensor dativo, não será cabível o arbitramento de honorários.

**A:** incorreta, pois contraria as regras presentes nos arts. 276 e 277 do CPP, estabelecendo este último que, na hipótese de o profissional recusar o encargo, sujeitar-se-á a pena de multa, e não a prisão por crime de desobediência; **B:** incorreta. A assertiva refere-se a hipótese de *suspeição* (art. 254, III, do CPP), e não de *impedimento* (art. 252, CPP). Além do que, tal causa de suspeição somente atinge parentes até o *terceiro* grau (inclusive), e não até o *quarto*, tal como constou da assertiva; **C:** incorreta. Nesse sentido: *Os arts. 271 e 473 do Código de Processo Penal conferem ao Assistente da Acusação o direito à réplica, ainda que o Ministério Público tenha anuído à tese de legítima defesa do Réu e declinado do direito de replicar, razão pela qual deve ser anulado o julgamento* (REsp 1343402/SP, Rel. Ministra LAURITA VAZ, QUINTA TURMA, julgado em 21.08.2014, DJe 03.09.2014); **D:** correta. Na jurisprudência do STJ: *O artigo 98 do Código de Processo Penal exige manifestação da vontade da parte interessada na recusa do magistrado por suspeição por meio da subscrição da petição pela própria parte interessada ou, quando interveniente em juízo, por meio de procuração com poderes especiais. O defensor público atua na qualidade de representante processual e ainda que independa de mandato para o foro em geral (ex vi art. 128, inc. XI, da LC nº 80/94), deve juntar procuração sempre que a lei exigir poderes especiais* (REsp 1431043/MG, Rel. Ministra MARIA THEREZA DE ASSIS MOURA, SEXTA TURMA, julgado em 16.04.2015, *DJe* 27.04.2015); **E:** incorreta. A primeira parte da proposição está correta, porque em conformidade com o art. 263, *caput*, do CPP; está incorreta, entretanto, a sua segunda parte, dado que não reflete a regra presente no parágrafo único do mesmo dispositivo.

Gabarito "D".

**(Juiz de Direito/DF – 2016 – CESPE)** Assinale a opção correta de acordo com o disposto no CPP sobre os assistentes.

**(A)** O ofendido ou seu representante legal ou, na falta de um deles, o cônjuge, os ascendentes, os descendentes ou irmãos, poderão intervir como assistentes do MP em ações penais públicas condicionada ou incondicionada.

**(B)** Na falta do ofendido ou de seu representante legal, apenas o cônjuge poderá atuar como assistente da acusação, seja a ação penal pública condicionada ou incondicionada.

**(C)** O irmão do ofendido, por ser parente colateral, não tem o direito de atuar como assistente da acusação em ação penal pública condicionada ou incondicionada.

**(D)** Tratando-se de ação penal pública condicionada à representação, não poderão intervir como assistentes do MP nem o ofendido nem parente seu, pois seu direito foi exercido por meio da própria representação.

# 13. DIREITO PROCESSUAL PENAL    483

**(E)** Em se tratando de ação penal pública incondicionada, somente o MP poderá sustentar acusação, não sendo permitida a assistência, sob pena de se caracterizar a vingança privada.

**A:** correta, pois reflete o disposto no art. 268 do CPP; **B:** incorreta, uma vez que o art. 31 do CPP estabelece que, no caso de morte do ofendido ou quando este for declarado ausente por decisão judicial, poderão se habilitar para figurar como assistente da acusação o cônjuge, o ascendente, o descendente e o irmão, nesta ordem, e não somente o cônjuge, tal como constou da alternativa; **C:** incorreta, visto que o irmão, conforme afirmado no comentário anterior, faz parte do rol do art. 31 do CPP; **D:** incorreta. A assistência pode dar-se tanto no contexto da ação penal pública incondicionada quanto no da condicionada à representação do ofendido; **E:** incorreta, nos termos do que foi afirmado no comentário anterior.
Gabarito "A".

**(Analista – TJ/CE – 2013 – CESPE)** Assinale a opção correta com relação a prazos processuais, citações e intimações.

**(A)** A expedição de carta rogatória para citação de réu no exterior não suspende o curso da prescrição até o seu cumprimento.

**(B)** No caso de réu preso na mesma unidade da Federação em que o juiz exerça a sua jurisdição, a citação poderá ser feita por edital caso haja rebelião no presídio.

**(C)** O comparecimento espontâneo do réu e a respectiva constituição de patrono para exercer sua defesa não serão suficientes para sanar eventual irregularidade na citação, devendo esta ser novamente realizada, assim como todos os demais atos processuais subsequentes.

**(D)** Os prazos processuais contam-se da juntada aos autos do mandado ou de carta precatória ou de ordem.

**(E)** Somente quando houver comprovação de prejuízo é que será declarada a nulidade do processo criminal por falta de intimação da expedição de precatória para inquirição de testemunha.

**A:** incorreta. Em vista do que estabelece o art. 368 do CPP, estando o acusado no estrangeiro, em local conhecido, será citado por carta *rogatória*, devendo ser suspenso o curso do prazo prescricional até o seu cumprimento; **B:** incorreta, uma vez que contraria o entendimento firmado na Súmula 351, do STF: "É nula a citação por edital de réu preso na mesma unidade da Federação em que o juiz exerce a sua jurisdição"; **C:** incorreta, pois não reflete a regra presente no art. 570 do CPP; **D:** incorreta, pois contraria o entendimento sufragado na Súmula 710 do STF, que estabelece que, no processo penal, os prazos serão contados da data em que ocorreu a intimação, e não do dia em que se deu a juntada do mandado ou da carta precatória aos autos; **E:** correta, uma vez a alternativa contempla hipótese de nulidade *relativa*, cujo reconhecimento está condicionado à demonstração de prejuízo (art. 563, CPP). Nesse sentido a Súmula 155 do STF: "É relativa a nulidade do processo criminal por falta de intimação da expedição de precatória para inquirição de testemunha".
Gabarito "E".

## 10.   CITAÇÃO, INTIMAÇÃO E PRAZOS

**(Analista Judiciário – TJ/PA – 2020 – CESPE)** Se um acusado, citado por edital, não comparecer para defender-se em ação penal pelo crime de falsidade ideológica, nem constituir advogado, o juiz

**(A)** deverá decretar a prisão preventiva do réu.

**(B)** determinará a interrupção do curso do prazo, que é prescricional.

**(C)** decretará revelia do réu e dará seguimento ao processo com defensor dativo.

**(D)** poderá determinar a produção de provas consideradas urgentes.

**(E)** suspenderá o processo e o curso do prazo, que é decadencial.

Na hipótese de o réu não ser encontrado, deverá o juiz determinar a sua citação por edital, depois de esgotados os meios disponíveis para a sua localização. Se o acusado, depois de citado por edital, não comparecer tampouco constituir defensor, o processo e o prazo prescricional ficarão, em vista da disciplina estabelecida no art. 366 do CPP, sus-

pensos. Quanto ao período durante o qual o prazo prescricional deverá permanecer suspenso, prevalece o entendimento de que tal deverá ocorrer pelo interregno correspondente ao prazo máximo em abstrato previsto para o crime narrado na peça acusatória. A esse respeito, *vide* Súmula 415 do STJ. A produção da prova considerada urgente deverá se dar em conformidade com o entendimento firmado na Súmula 455 do STJ: "A decisão que determina a produção antecipada de provas com base no art. 366 do CPP deve ser concretamente fundamentada, não a justificando unicamente o mero decurso do tempo". Mais: a colheita desta prova somente poderá se dar na presença de defensor público ou dativo, para o fim de que ao acusado seja assegurado direito de defesa. No que toca à prisão preventiva, a sua decretação, no âmbito do art. 366 do CPP, somente poderá se dar diante da presença dos requisitos do art. 312 do CPP, sendo vedada, portanto, a decretação automática da custódia. O mesmo há de ser aplicado à produção antecipada de provas, que está condicionada à demonstração de sua necessidade, não bastando, a autorizá-la, como dissemos, o mero decurso do tempo.
Gabarito "D".

**(Auxiliar Judiciário – TJ/PA – 2020 – CESPE)** A respeito de prazos processuais penais, assinale a opção correta.

**(A)** Na contagem de prazos em dias, computam-se somente os dias úteis.

**(B)** Na contagem de prazos no processo penal, adota-se a regra do direito material, ou seja, inclui-se o primeiro dia.

**(C)** Caso o advogado seja intimado para apresentar peça processual cujo prazo é de cinco dias em uma quarta-feira útil, o prazo final para o protocolo da peça será a segunda-feira subsequente.

**(D)** O prazo legal de dez dias para o juiz prolatar sentença é de natureza peremptória.

**(E)** Os prazos impróprios estão sujeitos à preclusão.

**A:** incorreta, pois, nos termos do art. 798, *caput*, do CPP, *todos os prazos correrão em cartório e serão contínuos e peremptórios, não se interrompendo por férias, domingo ou dia feriado*. Cuidado para não confundir: no CPC (Código de Processo Civil), os prazos serão contados em dias úteis (art. 219, *caput*, CPC); **B:** incorreta. Há, sim, diferença entre a contagem do prazo penal e do prazo processual. No prazo processual, não se conta o dia do começo, incluindo-se, todavia, o dia do vencimento. Já o prazo penal, disciplinado no art. 10 do CP, o dia do começo será incluído no cômputo, desprezando-se o último; **C:** correta. De fato, por força do art. 798, § 1º, do CPP, em matéria de prazo processual, o dia do começo (data em que se deu a intimação) será desprezado, computando-se, no entanto, o dia do vencimento. Se o advogado foi intimado numa quarta-feira útil, o marco inicial para a contagem do prazo é o dia seguinte (quinta-feira). A partir daí, devemos contar os cinco dias do prazo que lhe foi concedido, de forma que o último dia é a segunda-feira (incluído no cômputo); **D:** incorreta. Prazo peremptório é aquele que não comporta dilação, não sendo este o caso do prazo legal de dez dias para o juiz prolatar sentença, que é considerado prazo *impróprio*; **E:** incorreta, já que somente os prazos próprios estão sujeitos a preclusão. Significa que, uma vez esgotado o prazo para a sua prática, não mais se pode realizar o ato. Dentro do tema "prazos processuais penais", chamo a atenção para a recente inserção do art. 798-A no CPP pela Lei 14.365/2022, segundo o qual *suspende-se o curso do prazo processual nos dias compreendidos entre 20 de dezembro e 20 de janeiro, inclusive, salvo nos seguintes casos: I - que envolvam réus presos, nos processos vinculados a essas prisões; II - nos procedimentos regidos pela Lei nº 11.340, de 7 de agosto de 2006 (Lei Maria da Penha); III - nas medidas consideradas urgentes, mediante despacho fundamentado do juízo competente.*
Gabarito "C".

**(Auxiliar Judiciário – TJ/PA – 2020 – CESPE)** De acordo com o Código de Processo Penal, se o réu estiver preso, deverá ser citado

**(A)** pelo administrador do presídio.

**(B)** por meio eletrônico na pessoa do defensor dativo.

**(C)** por hora certa.

**(D)** pessoalmente.

**(E)** por edital.

A citação da pessoa que estiver presa será feita pessoalmente (por mandado), conforme art. 360, CPP.
Gabarito "D".

**(Defensor Público/PE – 2018 – CESPE)** Tendo como referência as disposições legais do Código de Processo Penal sobre citações e intimações, assinale a opção correta.

(A) Estando o réu no estrangeiro, em local sabido, a sua citação será feita por carta rogatória, não havendo necessidade de suspensão do prazo prescricional.

(B) Ainda que citado por edital, em caso de posterior comparecimento do acusado, deverá ele ser citado pessoalmente, sob pena de nulidade.

(C) No caso de citação por edital, se o acusado não comparecer e não constituir advogado, o processo poderá prosseguir seu curso normal, desde que para ele seja nomeado defensor público.

(D) É válida a citação por edital que mencione o dispositivo da lei penal que fundamenta a imputação ao acusado, embora não transcreva o conteúdo da denúncia.

(E) Estando completa a citação por hora certa, caso o acusado não apresente resposta escrita no prazo legal, o processo e o prazo prescricional serão suspensos.

**A:** incorreta. Se o acusado estiver no estrangeiro, em lugar sabido, sua citação far-se-á por meio de carta rogatória, com a suspensão do prazo prescricional até o seu cumprimento (art. 368, CPP); **B:** incorreta. Feita a citação por edital, desnecessária a posterior citação pessoal. Afinal, por meio da citação por edital presume-se ter o réu tomado conhecimento da ação que contra ele foi ajuizada. Se o acusado, citado por edital, comparecer, o processo observará os arts. 394 e seguintes (art. 363, § 4°, do CPP). Segundo o STF, "Citado o paciente por edital, despicienda posterior citação pessoal, nos termos do art. 363, § 4°, do Código de Processo Penal" (RHC 117804, 1ª T., rel. Rosa Weber, 18.10.2013); **C:** incorreta. Na hipótese de o réu não ser encontrado, deverá o juiz determinar a sua citação por edital, depois de esgotados os meios disponíveis para a sua localização. Se o acusado, depois de citado por edital, não comparecer tampouco constituir defensor, o processo e o prazo prescricional ficarão, em vista da disciplina estabelecida no art. 366 do CPP, suspensos; **D:** correta, pois corresponde ao entendimento consolidado na Súmula 366, do STF: "Não é nula a citação por edital que indica o dispositivo da lei penal, embora não transcreva a denúncia ou queixa, ou não resuma os fatos em que se baseia"; **E:** incorreta. Nos termos do que estabelece o art. 362, parágrafo único, do CPP, feita a citação por hora certa, se o acusado deixar de apresentar sua resposta escrita no prazo fixado em lei, que corresponde a 10 dias, ser-lhe-á nomeado defensor dativo, que assumirá, a partir daí, sua defesa, não havendo, como se pode ver, suspensão do processo. **ED**

*Gabarito "D".*

**(Técnico Judiciário – TJDFT – 2013 – CESPE)** Julgue os próximos itens, relativos a citações e intimações.

(1) O réu citado por edital é considerado foragido, impondo-se a decretação de sua prisão preventiva.

(2) Em processo penal, se verificar que o réu se oculta para não ser citado, o oficial de justiça deverá certificar a ocorrência e proceder à citação com hora certa.

**1:** incorreto, visto que a prisão preventiva somente será decretada diante da presença dos requisitos contemplados nos arts. 312 e 313 do CPP. O fato, por si só, de o réu ser citado por edital não autoriza que em seu desfavor seja decretada a custódia preventiva. A propósito, se o réu, depois de citado por edital, não comparecer tampouco constituir defensor, o processo e o prazo prescricional ficarão, por imposição da regra estampada no art. 366 do CPP, *suspensos*. Poderá o juiz, neste caso, determinar a produção antecipada das provas que repute urgentes e, presentes os requisitos do art. 312 do CPP, decretar a prisão preventiva. *Vide*, a esse respeito, Súmulas nº 415 e 455 do STJ; **2:** correta. A Lei 11.719/2008 alterou a redação do art. 362 do CPP e introduziu no processo penal a citação por hora certa, até então cabível somente no âmbito do processo civil. Assim, se o oficial de Justiça constatar que o réu se oculta para não ser citado, deverá proceder na forma estabelecida no art. 362 do CPP, certificando a ocorrência e realizando a *citação por hora certa*. A propósito, o STF, ao julgar o RE 635.145, reconheceu, em votação unânime, a constitucionalidade da citação por hora certa, rechaçando a tese segundo a qual esta modalidade de citação ficta ofende os postulados da ampla defesa e do contraditório.

*Gabarito 1E, 2C*

**(Técnico Judiciário – TJDFT – 2013 – CESPE)** No que concerne aos prazos, julgue os itens seguintes.

(1) Na contagem dos prazos em processo penal, não se computa o dia do seu começo, computando-se, porém, o do vencimento.

(2) Configura-se constrangimento ilegal contra o réu solto o fato de não se proferir a sentença penal no prazo de dez dias contados do dia de conclusão do julgamento.

**1:** correta, pois reflete o disposto no art. 798, § 1°, do CPP; **2:** incorreta. Se o juiz, ao cabo da instrução, deixar de proferir sentença em razão da complexidade do caso ou do número de acusados, cuidará para que a decisão final seja prolatada, a teor do que dispõe o art. 404, parágrafo único, do CPP, dentro do prazo de dez dias (prazo impróprio), não configurando constrangimento ilegal a desobediência a esse interregno na hipótese de o acusado encontrar-se solto.

*Gabarito 1C, 2E*

## 11. PRISÃO, MEDIDAS CAUTELARES E LIBERDADE PROVISÓRIA

**(Procurador/DF – CESPE – 2022)** Julgue os itens subsequentes, relativos a aspectos diversos pertinentes ao direito processual penal.

(1) Com fundamento no ordenamento jurídico vigente, é permitida a atuação de ofício do juiz em matéria de privação cautelar da liberdade, excepcionalmente, no curso do processo penal.

(2) Conquanto haja pedido expresso do Ministério Público em um caso concreto, o juiz, ao proferir sentença penal condenatória, não poderá fixar valor mínimo para reparação dos danos causados à vítima em relação aos danos morais, mas apenas aos de natureza material.

(3) Nulidades relativas que ocorrerem durante a instrução criminal do processo ordinário deverão ser arguidas até a fase de alegações finais, sob pena de preclusão do tema.

(4) Caberá recurso em sentido estrito da decisão que conceder ou negar *habeas corpus*.

(5) Segundo o entendimento dos tribunais superiores, quando a unidade prisional apresentar condições insalubres, como superlotação, que não permita ao preso trabalhar e estudar, será possível o reconhecimento do direito à remição ficta como forma de compensar essa violação aos direitos do réu pela omissão estatal em propiciar a ele padrões mínimos previstos no ordenamento jurídico.

**1:** errada. Pela redação conferida ao art. 311 do CPP pela Lei 12.403/2011, a prisão preventiva, decretada nas duas fases que compõem a persecução penal (inquérito e ação penal), podia ser decretada de ofício pelo juiz no curso da ação penal; durante as investigações, somente a requerimento do MP, do querelante ou do assistente, ou por representação da autoridade policial. Esta realidade perdurou até a edição da Lei 13.964/2019, publicada em 24/12/2019 e com entrada em vigor aos 23/01/2020, que, em homenagem à adoção da estrutura acusatória que reveste o processo penal brasileiro (art. 3°-A do CPP) e atendendo aos anseios da comunidade jurídica, vedou, de uma vez por todas, a possibilidade de o juiz decretar de ofício a prisão preventiva, quer no curso das investigações (o que já era vedado no regime anterior), quer no decorrer da ação penal (art. 311 do CPP, com redação dada pela Lei 13.964/2019). Doravante, portanto, é de rigor, à decretação da prisão preventiva, tal como se dá na custódia temporária, que haja provocação da autoridade policial ou do MP. Portanto, tendo em conta o ordenamento jurídico atualmente vigente, é vedado ao magistrado agir de ofício na decretação de medidas que envolvam a privação cautelar da liberdade; **2:** errada. Conferir: "Conforme entendimento manifestado pelo STJ, "Considerando que a norma não limitou e nem regulamentou como será quantificado o valor mínimo para a indenização e considerando que a legislação penal sempre priorizou o ressarcimento da vítima em relação aos prejuízos sofridos, o juiz que se sentir apto, diante de um caso concreto, a quantificar, ao menos o mínimo, o valor do dano moral sofrido pela vítima, não poderá ser impedido de fazê-lo. Ao fixar o valor de indenização previsto no artigo 387, IV, do CPP, o juiz deverá fundamentar minimamente a opção, indicando o *quantum* que refere-se ao dano moral." (REsp 1585684/DF, minha relatoria, SEXTA TURMA, julgado em 09/08/2016, DJe 24/08/2016). 4. Tendo

o Tribunal *a quo* apresentado justificativa para a fixação do valor da indenização, não possui esta senda eleita espaço para a análise da matéria suscitada pelo recorrente, cuja missão pacificadora restara exaurida pela instância ordinária. 5. Agravo regimental a que se nega provimento" (STJ, AgRg no AREsp n. 1.327.972/MS, relatora Ministra Maria Thereza de Assis Moura, Sexta Turma, julgado em 23/8/2018, DJe de 3/9/2018); **3:** correta. Nesse sentido, conferir: "2. Nos termos do art. 571, II, do CPP, as nulidades ocorridas durante a instrução devem ser apontadas até as alegações finais, sob pena de preclusão" (STJ, AgRg no AREsp n. 2.106.665/SP, relator Ministro Ribeiro Dantas, Quinta Turma, julgado em 2/8/2022, DJe de 10/8/2022); **4:** a decisão que concede ou nega a ordem de *habeas corpus* comporta recurso em sentido estrito (art. 581, X, CPP), desde que se trate de decisão proferida em primeira instância. Se a decisão for proferida por tribunal, é cabível o recurso ordinário constitucional; **5:** errada, uma vez que a chamada remição ficta não é aceita pelos tribunais superiores. Nesse sentido: "1. A jurisprudência desta Corte não admite a remição da pena baseada na situação degradante de estabelecimento prisional, haja vista a falta de previsão legal. Precedentes" (STJ, AgRg nos EDcl no AREsp n. 1.541.056/MT, relator Ministro Antonio Saldanha Palheiro, Sexta Turma, julgado em 2/8/2022, DJe de 8/8/2022).
Gabarito 1E, 2E, 3C, 4Anulada, 5E

**(Delegado/RJ – 2022 – CESPE/CEBRASPE)** Assinale a opção correta no que concerne a prisão e medidas cautelares.

**(A)** Por ser a prisão medida urgente, admite-se que ela seja efetuada em qualquer lugar e dia, e a qualquer hora.

**(B)** Dispensa-se a assinatura no mandado de prisão quando a autoridade judiciária responsável por sua expedição se fizer presente em seu cumprimento.

**(C)** A falta de exibição de mandado não obsta a prisão se a infração for inafiançável.

**(D)** Tanto o ato de prisão quanto a aplicação de medidas cautelares requerem que sejam observados a necessidade, a adequação, a regulamentação, os usos e costumes e os princípios gerais de direito.

**(E)** Ao juiz é proibido dispensar a manifestação da parte contrária antes de decidir sobre o pedido de medida cautelar.

**A:** incorreta. Embora seja fato que a prisão poderá ocorrer em qualquer dia e a qualquer hora, também é verdade que a sua execução deverá se subordinar às restrições relativas à inviolabilidade de domicílio (art. 283, § 2º, do CPP). Dessa forma, não sendo hipótese de flagrante, a polícia somente poderá invadir o domicílio do morador recalcitrante, para dar cumprimento a ordem de prisão expedida por magistrado (mandado), durante o dia (art. 5º, XI, CF); **B:** incorreta. Trata-se de previsão não contemplada em lei. Por força do que dispõe o art. 285, parágrafo único, *a*, do CPP, é de rigor que o mandado de prisão seja assinado pela autoridade que o expediu; **C:** correta, pois em conformidade com o disposto no art. 287 do CPP, cuja redação foi alterada pela Lei 13.964/2019, que impôs a realização de audiência de custódia; **D:** incorreta, pois não corresponde ao que estabelece o art. 282 do CPP; **E:** incorreta, na medida em que poderá o juiz, ante a hipótese de urgência ou de perigo de ineficácia da medida, dispensar a manifestação da parte contrária (art. 282, § 3º, CPP). Cuidado: com a modificação a que foi submetida a redação desse dispositivo (art. 282, § 3º) pela Lei 13.964/2019, a parte contrária, ao ser intimada, contará com o prazo de cinco dias para manifestar-se (antes não havia prazo).
Gabarito "C."

**(Delegado/RJ – 2022 – CESPE/CEBRASPE)** Em relação à prisão domiciliar, medidas cautelares, fiança e execução penal, assinale a opção correta.

**(A)** A medida cautelar de suspensão do exercício de função pública para os que pratiquem crimes no exercício da referida função ou atividade de natureza econômica ou financeira que guarde relação com crimes de caráter econômico ou financeiro não pode ser reconhecida porque é incompatível com o direito constitucional do livre exercício do trabalho.

**(B)** A medida cautelar de internação provisória do acusado só poderá ser deferida se o crime for praticado mediante violência ou grave ameaça e desde que os peritos concluam ser o acusado inimputável ou semi-imputável, com risco de reiteração do crime.

**(C)** É cabível a substituição da prisão preventiva pela prisão domiciliar aos acusados primários e de bons antecedentes e que sejam responsáveis pelos cuidados de filho de até seis anos de idade incompletos, desde que utilizem aparelho de monitoração eletrônica a distância.

**(D)** É cabível a substituição da execução da prisão em regime aberto pelo recolhimento em residência particular quando o condenado tiver mais de 80 anos de idade.

**(E)** Para que haja a possibilidade de quebramento da fiança na hipótese de nova infração penal dolosa, é necessário o trânsito em julgado do crime posteriormente verificado, perdendo o acusado o valor integralmente recolhido da caução processual.

**A:** incorreta, dado que a medida cautelar disposta no art. 319, VI, do CPP não padece de inconstitucionalidade, sendo lícita, nas hipóteses ali contidas, a suspensão de função ou atividade; **B:** correta, pois reflete o que estabelece o art. 319, VII, do CPP; **C:** incorreta, uma vez a prisão preventiva cumprida em domicílio, na hipótese do art. 318, III, do CPP, não está condicionada ao fato de o acusado/investigado ser primário e portador de bons antecedentes. Além disso, o uso de aparelho de monitoração eletrônica não é obrigatório; **D:** incorreta. Segundo dispõe o art. 117, I, da LEP, "somente se admitirá o recolhimento do beneficiário de regime aberto em residência particular quando se tratar de: I – condenado maior de 70 (setenta) anos (...)"; **E:** incorreta, pois não corresponde ao que estabelece o art. 343 do CPP, segundo o qual haverá a perda de *metade* do valor da fiança. Ademais, não se exige o trânsito em julgado do delito posteriormente verificado.
Gabarito "B".

**(Delegado/RJ – 2022 – CESPE/CEBRASPE)** Juvenal e Gisele são inspetores de polícia lotados em delegacia de repressão a entorpecentes. Por determinação da autoridade policial titular da unidade, iniciaram uma investigação a fim de identificar uma rede de distribuição de drogas em festas *rave* na região da Zona Oeste do Rio de Janeiro. Vestidos com trajes esportivos e da moda, eles se misturaram aos frequentadores da festa e passaram a observar todo o ambiente, enquanto dançavam e bebiam para disfarçar qualquer conotação policial dos seus atos. Assim, identificaram um local onde grande quantidade de drogas era armazenada. Identificaram os indivíduos que distribuíam as drogas e o *modus operandi* que usavam para chegar até ali com as drogas: usavam falsos caminhões de lixo. Levantadas essas informações, Juvenal e Gisele acionaram seus colegas de profissão pelo rádio. O local foi cercado, e todos os envolvidos foram presos, tendo sido apreendida grande quantidade de drogas.

Nessa situação hipotética, houve

**(A)** flagrante próprio, que autoriza a prisão em flagrante de todos os envolvidos, nos exatos limites do art. 302 do Código de Processo Penal.

**(B)** flagrante provocado, disciplinado pela Súmula n.º 145 do STF, o que impede a prisão em flagrante de todos os envolvidos.

**(C)** flagrante esperado, nos exatos limites da Súmula n.º 145 do STF.

**(D)** flagrante diferido, em decorrência da ação controlada desenvolvida pela equipe de policiais que se infiltrou no local.

**(E)** flagrante presumido, porque os envolvidos foram encontrados no momento da ação criminosa.

O enunciado descreve típica situação de flagrante próprio. Vale lembrar que o crime de tráfico, na modalidade *guardar* (art. 33, "caput", Lei 11.343/2006), tem natureza permanente, o que permite a prisão em flagrante a qualquer tempo. E foi isso que aconteceu. Após obterem informações concretas e seguras quanto à traficância, sua autoria e o *modus operandi*, policiais ingressaram no local e, ali estando, apreenderam significativa quantidade de droga. Note que, por se tratar de situação de flagrante, o ingresso pode se dar a qualquer hora do dia, inclusive à noite, sendo dispensável a anuência de quem quer que seja. Cuida-se, portanto, de medida flagrante válido (art. 302, CPP).
Gabarito "A."

(Delegado/RJ – 2022 – CESPE/CEBRASPE) Juvenal é gerente de um supermercado e coloca, intencionalmente, nas prateleiras do estabelecimento, produtos e mercadorias impróprias ao consumo, fora da validade, sem o peso correspondente ou com a especificação errada, tudo visando desfazer-se de um grande estoque de mercadorias.

Ao tomar conhecimento dessa prática, a autoridade policial, titular da Delegacia do Consumidor (DECON), determinou que seus agentes comparecessem ao supermercado para verificar a veracidade dos fatos juntamente com agentes da vigilância sanitária. No supermercado, constatada a ilicitude dos fatos, toda a mercadoria foi apreendida e foi dada voz de prisão em flagrante ao gerente Juvenal, encaminhado à delegacia do consumidor.

A autoridade policial autuou Juvenal no art. 7.º, II e IX, da Lei n.º 8.137/90, in verbis:

Art. 7.º Constitui crime contra as relações de consumo: [...]

II – vender ou expor à venda mercadoria cuja embalagem, tipo, especificação, peso ou composição esteja em desacordo com as prescrições legais, ou que não corresponda à respectiva classificação oficial;

[...]

IX – vender, ter em depósito para vender ou expor à venda ou, de qualquer forma, entregar matéria-prima ou mercadoria, em condições impróprias ao consumo;

Pena – detenção, de 2 (dois) a 5 (cinco) anos, ou multa.

Nessa situação hipotética,

**(A)** a autoridade policial poderá conceder fiança, por se tratar de crime punido com detenção.

**(B)** a autoridade policial poderá conceder fiança a Juvenal se ele se comprometer a reparar o prejuízo aos consumidores já que se trata de crime apenado com detenção.

**(C)** a autoridade policial não poderá conceder fiança, por se tratar de crime punido com pena máxima superior a 4 anos e por Juvenal ter sido preso em flagrante delito por crime contra o consumo.

**(D)** a autoridade policial deverá prender Juvenal em flagrante delito, por se tratar de flagrante preparado, nos exatos limites da Súmula 145 do STF.

**(E)** a autoridade policial poderá conceder a Juvenal medida cautelar diversa da prisão, como o comparecimento periódico em juízo, no prazo e nas condições fixadas pelo juiz, para informar e justificar atividades, desde que não haja risco a ordem pública.

**A:** incorreta, a nosso ver. Explico. A Lei 12.403/2011 mudou sobremaneira o panorama da fiança. Antes da reforma por ela implementada, a autoridade policial, em vista da revogada redação do art. 322 do CPP, somente estava credenciada a concedê-la nas hipóteses de infração punida com *detenção* ou *prisão simples*. Bem por isso, não podia o delegado de polícia arbitrar fiança nos crimes punidos com *reclusão*, tarefa exclusiva do magistrado. Pela nova redação dada ao art. 322 do CPP, a autoridade policial passou a conceder fiança nos casos de infração cuja pena privativa de liberdade máxima não seja superior a quatro anos, independentemente de ser o crime apenado com reclusão ou detenção (qualidade da pena). Naqueles casos em que a pena máxima superar os quatro anos, somente o magistrado poderá estabelecer a fiança. Como a pena máxima cominada ao crime pelo qual foi Juvenal autuado em flagrante corresponde a 5 anos, somente ao juiz é dado fixar fiança; **B:** incorreta, dado o que acima foi explanado; **C:** incorreta. O fato de Juvenal ter sido preso em flagrante pela prática de crime contra as relações de consumo não impede que o delegado lhe conceda fiança; no caso narrado, o fator impeditivo é a quantidade da pena máxima cominada (superior a quatro anos); **D:** incorreta. *Flagrante preparado* é aquele em o agente provocador leva alguém a praticar uma infração penal. Está-se aqui diante de uma modalidade de crime impossível (art. 17 do CP), consubstanciada na Súmula n. 145 do STF. Nem de longe é este o caso descrito no enunciado, já que a prisão em flagrante ocorreu após a autoridade policial ser comunicada dos fatos e determinar que seus agentes comparecessem ao local a fim de confirmar a veracidade

da denúncia; **E:** incorreta, já que a autoridade policial não tem atribuição para tanto. 🅴🅳

Gabarito "A".

(Delegado/RJ – 2022 – CESPE/CEBRASPE) Rosmênio ingressou no estacionamento de um grande supermercado com a intenção de subtrair um automóvel. De posse do material necessário, abriu um veículo, fez ligação direta, mas foi impedido de sair do local pela ação dos seguranças. Levado à delegacia de polícia da circunscrição, a autoridade policial o autuou no crime de furto qualificado tentado, cuja pena privativa de liberdade é de 2 a 8 anos de reclusão.

Considerando-se o instituto da fiança, é correto afirmar que, nessa situação hipotética,

**(A)** a autoridade judicial somente poderá conceder fiança nos crimes patrimoniais sem violência e grave ameaça.

**(B)** é admissível a concessão de fiança pela autoridade policial, por se tratar de crime tentado.

**(C)** é inadmissível a concessão de fiança pela autoridade judicial, dada a gravidade do crime.

**(D)** a fiança nos crimes patrimoniais exige que o investigado ou acusado indenize o lesado, antes de ser colocado em liberdade.

**(E)** a autoridade policial não poderá conceder fiança, por se tratar de crime qualificado, ainda que tentado.

A solução dada pela banca não representa o entendimento doutrinário e jurisprudencial prevalente sobre o tema. Vejamos. A pena máxima cominada ao furto qualificado, crime pelo qual foi autuado Rosmênio, corresponde a 8 anos. Sucede que, segundo a autoridade policial, o delito permaneceu na esfera da tentativa, causa que leva a uma diminuição de pena da ordem de um a dois terços (art. 14, parágrafo único, CP). O entendimento que prevalece é no sentido de que, neste caso, deve incidir a fração de 1/3 (mínimo possível), o que levaria a pena máxima a 5 anos e 4 meses e impediria que a autoridade policial concedesse fiança (art. 322, CPP – pena máxima superior a quatro anos). A examinadora, contrariando tal entendimento, adotou a incidência da fração de 2/3 (máximo possível), chegando, com isso, à pena de 2 anos e 8 meses, dentro, portanto, do patamar estabelecido no art. 322 do CPP, o que autoriza a autoridade policial a conceder fiança. 🅴🅳

Gabarito "B".

(Delegado de Polícia Federal – 2021 – CESPE) José, réu primário, foi preso em flagrante acusado de ter praticado crime doloso punível com reclusão de no máximo quatro anos. Na audiência de custódia, o juiz decretou a prisão preventiva de ofício. No entanto, a defesa de José solicitou, em seguida, a reconsideração da decisão, com base no argumento de que a conduta do preso era atípica. O juiz acatou a tese e relaxou a prisão.

Considerando essa situação hipotética, julgue os itens subsequentes.

**(1)** Em se tratando do crime praticado por José, admite-se a decretação de prisão preventiva.

**(2)** Nessa situação, a primeira decisão do juiz foi regular, já que os tribunais superiores têm admitido, de ofício, a conversão da prisão em flagrante em prisão preventiva durante a audiência de custódia.

**(3)** A decisão do juiz, que relaxou a prisão por entender que a conduta de José havia sido atípica, não faz coisa julgada.

**(4)** Devido à pena prevista para o crime praticado por José, delegados ficam vedados a arbitrar a fiança.

**1:** Errado. Considerando que José é primário e a sua prisão em flagrante se deu pelo cometimento de crime cuja pena máxima cominada não é superior a quatro anos, contra ele não poderá ser decretada a custódia preventiva, nos termos do art. 313 do CPP, que contém as hipóteses de cabimento dessa modalidade de prisão processual. **2:** Errado. Pela redação conferida ao art. 311 do CPP pela Lei 12.403/2011, a prisão preventiva, decretada nas duas fases que compõem a persecução penal (inquérito e ação penal), podia ser decretada de ofício pelo juiz no curso da ação penal; durante as investigações, somente a requerimento do MP, do querelante ou do assistente, ou por representação da autoridade policial. Esta realidade perdurou até a edição da Lei 13.964/2019, publicada em 24/12/2019 e com entrada em vigor aos 23/01/2020, que, em homenagem à adoção da estrutura acusatória que reveste o processo penal brasileiro (art. 3º-A do CPP) e atendendo aos anseios da comunidade jurídica, vedou, de uma vez por todas, a possibilidade de o juiz decretar de ofício a prisão preventiva, quer no curso das investigações (o que já era vedado no regime anterior), quer no decorrer da ação penal (art. 311 do CPP, com redação dada pela Lei 13.964/2019). Doravante, portanto, é de rigor, à decretação da prisão preventiva, tal como se dá na custódia temporária, que haja provocação da autoridade policial ou do MP. Até então, discutia-se a possibilidade de o juiz converter de ofício a prisão em flagrante em preventiva. A partir do advento do pacote anticrime, é afastada tal possibilidade, sendo de rigor a provocação da autoridade policial, do MP, do assistente ou do querelante, mesmo nas situações em que não é realizada a audiência de custódia. No STJ, tal entendimento foi fixado por maioria de votos pela Terceira Seção, quando da concessão de *habeas corpus* a um homem preso em flagrante acusado de tráfico de entorpecentes. Conferir: "1. Em razão do advento da Lei n. 13.964/2019 não é mais possível a conversão *ex officio* da prisão em flagrante em prisão preventiva. Interpretação conjunta do disposto nos arts. 3º-A, 282, § 2º, e 311, *caput*, todos do CPP. 2. IMPOSSIBILIDADE, DE OUTRO LADO, DA DECRETAÇÃO "EX OFFICIO" DE PRISÃO PREVENTIVA EM QUALQUER SITUAÇÃO (EM JUÍZO OU NO CURSO DE INVESTIGAÇÃO PENAL) INCLUSIVE NO CONTEXTO DE AUDIÊNCIA DE CUSTÓDIA (OU DE APRESENTAÇÃO), SEM QUE SE REGISTRE, MESMO NA HIPÓTESE DA CONVERSÃO A QUE SE REFERE O ART. 310, II, DO CPP, PRÉVIA, NECESSÁRIA E INDISPENSÁVEL PROVOCAÇÃO DO MINISTÉRIO PÚBLICO OU DA AUTORIDADE POLICIAL – RECENTE INOVAÇÃO LEGISLATIVA INTRODUZIDA PELA LEI N. 13.964/2019 ("LEI ANTICRIME"), QUE ALTEROU OS ARTS. 282, §§ 2º e 4º, E 311 DO CÓDIGO DE PROCESSO PENAL, SUPRIMINDO AO MAGISTRADO A POSSIBILIDADE DE ORDENAR, "SPONTE SUA", A IMPOSIÇÃO DE PRISÃO PREVENTIVA – NÃO REALIZAÇÃO, NO CASO, DA AUDIÊNCIA DE CUSTÓDIA (OU DE APRESENTAÇÃO) – INADMISSIBILIDADE DE PRESUMIR-SE IMPLÍCITA, NO AUTO DE PRISÃO EM FLAGRANTE, A EXISTÊNCIA DE PEDIDO DE CONVERSÃO EM PRISÃO PREVENTIVA – CONVERSÃO, DE OFÍCIO, MESMO ASSIM, DA PRISÃO EM FLAGRANTE DO ORA PACIENTE EM PRISÃO PREVENTIVA – IMPOSSIBILIDADE DE TAL ATO, QUER EM FACE DA ILEGALIDADE DESSA DECISÃO. [...] – A reforma introduzida pela Lei n. 13.964/2019 ("Lei Anticrime") modificou a disciplina referente às medidas de índole cautelar, notadamente aquelas de caráter pessoal, estabelecendo um modelo mais consentâneo com as novas exigências definidas pelo moderno processo penal de perfil democrático e assim preservando, em consequência, de modo mais expressivo, as características essenciais inerentes à estrutura acusatória do processo penal brasileiro. – Lei n. 13.964/2019, ao suprimir a expressão "de ofício" que constava do art. 282, §§ 2º e 4º, e do art. 311, todos do Código de Processo Penal, vedou, de forma absoluta, a decretação da prisão preventiva sem o prévio "requerimento das partes ou, quando no curso da investigação criminal, por representação da autoridade policial ou mediante requerimento do Ministério Público", não mais sendo lícita, portanto, com base no ordenamento jurídico vigente, a atuação "ex officio" do Juízo processante em tema de privação cautelar da liberdade. – A interpretação do art. 310, II, do CPP deve ser realizada à luz dos arts. 282, §§ 2º e 4º, e 311, do mesmo estatuto processual penal, a significar que se tornou inviável, mesmo no contexto da audiência de custódia, a conversão, de ofício, da prisão em flagrante de qualquer pessoa em prisão preventiva, sendo necessária, por isso mesmo, para tal efeito, anterior e formal provocação do Ministério Público, da autoridade policial ou, quando for o caso, do querelante ou do assistente do MP. Magistério doutrinário. Jurisprudência. [...] – A conversão da prisão em flagrante em prisão preventiva, no contexto da audiência de custódia, somente se legitima se e quando houver, por parte do Ministério Público ou da autoridade policial (ou do querelante, quando for o caso), pedido expresso e inequívoco dirigido ao Juízo competente, pois não se presume – independentemente da gravidade em abstrato do crime – a configuração dos pressupostos e dos fundamentos a que se refere o art. 312 do Código de Processo Penal, que hão de ser adequada e motivadamente comprovados em cada situação ocorrente. Doutrina. PROCESSO PENAL – PODER GERAL DE CAUTELA – INCOMPATIBILIDADE COM OS PRINCÍPIOS DA LEGALIDADE ESTRITA E DA TIPICIDADE PROCESSUAL – CONSEQUENTE INADMISSIBILIDADE DA ADOÇÃO, PELO MAGISTRADO, DE MEDIDAS CAUTELARES ATÍPICAS, INESPECÍFICAS OU INOMINADAS EM DETRIMENTO DO "STATUS LIBERTATIS" E DA ESFERA JURÍDICA DO INVESTIGADO, DO ACUSADO OU DO RÉU – O PROCESSO PENAL COMO INSTRUMENTO DE SALVAGUARDA DA LIBERDADE JURÍDICA DAS PESSOAS SOB PERSECUÇÃO CRIMINAL. – Inexiste, em nosso sistema jurídico, em matéria processual penal, o poder geral de cautela dos Juízes, notadamente em tema de privação e/ou de restrição da liberdade das pessoas, vedada, em consequência, em face dos postulados constitucionais da tipicidade processual e da legalidade estrita, a adoção, em detrimento do investigado, do acusado ou do réu, de provimentos cautelares inominados ou atípicos. O processo penal como instrumento de salvaguarda da liberdade jurídica das pessoas sob persecução criminal. Doutrina. Precedentes: HC n. 173.791/MG, Ministro Celso de Mello – HC n. 173.800/MG, Ministro Celso de Mello – HC n. 186.209 – MC/SP, Ministro Celso de Mello, v.g. (HC n. 188.888/MG, Ministro Celso de Mello, Segunda Turma, julgado em 6/10/2020). 3. Da análise do auto de prisão é possível se concluir que houve ilegalidade no ingresso pela polícia do domicilio do paciente e, por conseguinte, que são inadmissíveis as provas daí derivadas e, consequentemente, sua própria prisão. Tal conclusão autoriza a concessão de ordem de ofício. 4. Recurso em *habeas corpus* provido para invalidar, por ilegal, a conversão *ex officio* da prisão em flagrante do ora recorrente em prisão preventiva. Ordem concedida de ofício, para anular o processo, *ab initio*, por ilegalidade da prova de que resultou sua prisão, a qual, por conseguinte, deve ser imediatamente relaxada também por essa razão" (STJ, RHC 131.263/GO, Rel. Ministro SEBASTIÃO REIS JÚNIOR, TERCEIRA SEÇÃO, julgado em 24/02/2021, DJe 15/04/2021). No STF: "Agravo regimental em *habeas corpus*. 2. Direito Processual Penal. 3. Tráfico de drogas (art. 33, *caput*, da Lei 11.343/2006). 4. *Habeas corpus* impetrado contra decisão que indeferiu liminar no STJ. Súmula 691. Superação do entendimento diante de manifesta ilegalidade. 5. Prisão Preventiva decretada com base em fundamentos abstratos. Impossibilidade. Precedentes. 6. Conversão, de ofício, da prisão em flagrante em preventiva. Violação ao sistema acusatório no processo penal brasileiro. Sistemática de decretação de prisão preventiva e as alterações aportadas pela Lei 13.964/2019. A recente Lei 13.964/2019 avançou em tal consolidação da separação entre as funções de acusar, julgar e defender. Para tanto, modificou-se a redação do art. 311 do CPP, que regula a prisão preventiva, suprimindo do texto a possibilidade de decretação da medida de ofício pelo juiz. 7. Inexistência de argumentos capazes de infirmar a decisão agravada. 8. Agravo regimental desprovido" (HC 192532 AgR, Rel. Min. Gilmar Mendes, Segunda Turma, julgado em 24/02/2021, publicado em 02/03/2021). **3:** Certo. A decisão que, em sede de audiência de custódia, determina o relaxamento da prisão em flagrante ao argumento de que fato imputado ao investigado é atípico não gera coisa julgada, razão pela qual não estará o titular da ação penal a ela vinculado, podendo, se assim entender, oferecer denúncia em face do agente, com narração dos mesmos fatos. Não se deve confundir arquivamento de inquérito policial por atipicidade da conduta, que faz coisa julgada material, com investigação de fato atípico, que não gera coisa julgada. Nesse sentido, conferir: "(...) *In casu*, o juízo plantonista apontou a atipicidade da conduta em sede de audiência de apresentação, tendo o Tribunal de origem assentado que "a pretensa atipicidade foi apenas utilizada como fundamento opinativo para o relaxamento da prisão do paciente e de seus comparsas, uma vez que o MM. Juiz de Direito que presidiu a audiência de custódia sequer possuía competência jurisdicional para determinar o arquivamento dos autos. Por se tratar de mero juízo de garantia, deveria ter se limitado à regularidade da prisão e mais nada, porquanto absolutamente incompetente para o mérito da causa. Em função disso, toda e qualquer consideração feita a tal respeito – mérito da infração penal em tese cometida – não produz os efeitos da coisa julgada, mesmo porque de sentença sequer se trata" (STF, HC 157.306, rel. Min. Luiz Fux, Primeira Turma, julgado em 25/09/2018, publicado em 01/03/2019). **4:** Errado. Por força do que dispõe o art. 322, *caput*, do CPP, poderá a autoridade policial conceder fiança nos casos de infração penal cuja pena privativa de liberdade máxima não seja superior a quatro anos. Disso se conclui que, no caso narrado no enunciado, o delegado de polícia poderá, sim, arbitrar fiança em favor de José, já que a pena máxima cominada ao crime a ele imputado não é superior a quatro anos.

Gabarito 1E, 2E, 3C, 4E

**(Analista Judiciário – TJ/PA – 2020 – CESPE)** De acordo com o entendimento do STF, o uso de algemas

**(A)** é uma excepcionalidade e deve ser justificado previamente, de forma oral ou por escrito.

**(B)** é restrito à prisão penal, sendo inadmissível na prisão cautelar, devido ao princípio da inocência.

**(C)** ensejará responsabilidade disciplinar, civil e penal da autoridade que o determinar, caso seja injustificado.

**(D)** ensejará a anulabilidade da prisão e dos atos subsequentes, caso seja injustificado.

**(E)** é lícito somente nas hipóteses de fundado receio de fuga e de perigo à integridade física de terceiros.

**A:** incorreta, uma vez que a Súmula Vinculante 11 somente admite a justificativa *por escrito*; **B:** incorreta, já que o uso de algemas não é restrito à prisão penal (ou prisão-pena), assim considerada aquela decorrente de condenação definitiva, podendo o seu emprego se dar, desde que atendidos os requisitos contidos na Súmula Vinculante 11, quando da execução de prisão cautelar (flagrante ou cumprimento de mandado de custódia preventiva/temporária); **C:** correta, pois reflete o teor da Súmula Vinculante 11; **D:** incorreta. A falta de justificativa da necessidade do uso de algemas não leva à anulação da prisão tampouco dos atos que lhe forem subsequentes. Ensejará, isto sim, responsabilidade disciplinar, civil e penal da autoridade que o determinar e deixar de apresentar justificativa por escrito; **E:** incorreta. Além dessas hipóteses, também é possível o emprego de algemas em caso de resistência e de perigo à integridade física do próprio preso, nos termos do entendimento sufragado na Súmula Vinculante 11.

Gabarito "C".

**(Juiz de Direito – TJ/SC – 2019 – CESPE/CEBRASPE)** Com referência à aplicação das medidas cautelares e à concessão da liberdade provisória, assinale a opção correta.

**(A)** As medidas cautelares podem ser decretadas no curso da investigação criminal, de ofício, pelo magistrado, ou por representação da autoridade policial ou do Ministério Público.

**(B)** O descumprimento de qualquer das obrigações impostas a título de medida cautelar é causa suficiente para a decretação imediata de prisão preventiva.

**(C)** A concessão de liberdade provisória por meio de pagamento de fiança, quando cabível, não impede a cumulação da fiança com outras medidas cautelares.

**(D)** Ausentes os requisitos para a decretação da prisão preventiva, é admissível a concessão de liberdade provisória aos crimes hediondos mediante o arbitramento de fiança.

**(E)** O não comparecimento aos atos do processo, quando regularmente intimado e sem motivo justo, é causa de quebra da fiança, cuja declaração independe de decisão judicial.

**A:** incorreta. Ao tempo em que foi aplicada esta prova, as medidas cautelares somente podiam ser decretadas de ofício pelo juiz no curso da instrução criminal; se no curso das investigações, a decretação somente poderia se dar em razão de requerimento do MP ou de representação da autoridade policial (art. 282, § 2º, do CPP). A Lei 13.964/2019, ao modificar o art. 282, § 2º, do CP, afastou a possibilidade, até então existente, de o magistrado decretar medidas cautelares de ofício no curso da ação penal. Atualmente, temos que é defeso ao juiz agir de ofício na decretação de medidas cautelares de natureza pessoal, como a prisão processual, inclusive no curso da ação penal. Seja como for, a assertiva está incorreta, pois, ao afirmar que o juiz pode decretar medidas cautelares de ofício no curso da investigação criminal, está em desconformidade com a redação anterior e atual do art. 282, § 2º, do CPP; **B:** incorreta. Diante do descumprimento de medida cautelar imposta ao acusado, poderá o juiz, considerando as particularidades do caso concreto, substituir a medida anteriormente imposta, impor outra em cumulação ou, somente em último caso, decretar a prisão preventiva, que, como se pode ver, tem caráter subsidiário (art. 282, § 4º, CPP, cuja redação foi determinada pela Lei 13.964/2019). Mesmo antes da modificação operada neste dispositivo, a prisão preventiva somente poderia ser decretada em último caso; **C:** correta, pois corresponde ao que estabelece o art. 321 do CPP; **D:** incorreta. Nos crimes hediondos e assemelhados, o art. 5º, XLIII, da Constituição Federal veda a concessão de *fiança*. Com o advento da Lei 11.464/2007, que modificou a redação do art. 2º da Lei de Crimes Hediondos, cuja redação original vedava a concessão de fiança e liberdade provisória, passou a ser possível a concessão sem fiança, já que foi extraída do dispositivo (art. 2º, II, da Lei 8.072/1990). Após, a Lei 12.403/2011 promoveu uma série de inovações no âmbito da prisão e da liberdade provisória, entre elas alterou a redação do art. 323 do CPP, que passou a prever que os crimes hediondos e os delitos a eles equiparados são *inafiançáveis. Em resumo: os crimes hediondos e equiparados, embora não comportem a concessão de fiança, admitem a liberdade provisória (desde que sem fiança)*; **E:** incorreta, já que a declaração de quebra de fiança pressupõe decisão judicial.

Gabarito "C".

**(Juiz de Direito - TJ/BA - 2019 - CESPE/CEBRASPE)** Acerca de prisão, de liberdade provisória e de medidas cautelares, assinale a opção correta, com base no entendimento dos tribunais superiores.

**(A)** A gravidade específica do ato infracional e o tempo transcorrido desde a sua prática não devem ser considerados pelo juiz para análise e deferimento de prisão preventiva.

**(B)** A decisão sobre o pedido de prisão preventiva formulado durante audiência dispensa a oitiva da defesa, por se tratar de medida cautelar.

**(C)** A presença do defensor técnico é dispensável por ocasião da formalização do auto de prisão em flagrante, desde que a autoridade policial informe ao preso os seus direitos constitucionalmente garantidos.

**(D)** A decretação de prisão preventiva fundada na garantia da ordem pública dispensa a prévia análise do cabimento das medidas cautelares diversas da prisão previstas no CPP.

**(E)** Quando o MP representar por prisão temporária, não será possível que se decrete a prisão preventiva, uma vez que isso representaria ofensa ao princípio da inércia da jurisdição.

**A:** incorreta. Antes de mais nada, é importante que se diga que, conforme entendimento hoje sedimentado na jurisprudência, os atos infracionais anteriormente praticados pelo réu podem servir como fundamento a justificar a decretação de custódia preventiva. Para tanto, devem ser levados em consideração a gravidade específica do ato infracional e o tempo transcorrido desde a sua prática. Nesse sentido: "Consoante entendimento firmado pela Terceira Seção do Superior Tribunal de Justiça no julgamento do RHC n. 63.855/MG, não constitui constrangimento ilegal a manutenção da custódia *ante tempus* com fulcro em anotações registradas durante a menoridade do agente se a prática de atos infracionais graves, reconhecidos judicialmente e não distantes da conduta em apuração, é apta a demonstrar a periculosidade do custodiado" (STF, HC 408.969/DF, Rel. Ministro Rogerio Schietti Cruz, Sexta Turma, julgado em 26/09/2017, DJe 02.10.2017). No mesmo sentido: "3. Os registros sobre o passado de uma pessoa, seja ela quem for, não podem ser desconsiderados para fins cautelares. A avaliação sobre a periculosidade de alguém impõe que se perscrute todo o seu histórico de vida, em especial o seu comportamento perante a comunidade, em atos exteriores, cujas consequências tenham sido sentidas no âmbito social. Se os atos infracionais não servem, por óbvio, como antecedentes penais e muito menos para firmar reincidência (porque tais conceitos implicam a ideia de "crime" anterior) não podem ser ignorados para aferir a personalidade e eventual risco que sua liberdade plena representa para terceiros. 4. É de lembrar, outrossim, que a proteção estatal prevista no ECA, em seu art. 143, é voltada ao adolescente (e à criança), condição que o réu deixou de ostentar ao tornar-se imputável. Com efeito, se, durante a infância e a adolescência do ser humano, é imperiosa a maior proteção estatal, a justificar todas as cautelas e peculiaridades inerentes ao processo na justiça juvenil, inclusive com a imposição do sigilo sobre os atos judiciais, policiais e administrativos que digam respeito a crianças e, em especial, aos adolescentes aos quais se atribua autoria de ato infracional (art. 143 da Lei n. 8.069/1990), tal dever de proteção cessa com a maioridade penal, como bem destacado no referido precedente. 5. A toda evidência, isso não equivale a sustentar a possibilidade de decretar-se a prisão preventiva, para garantia da ordem pública, simplesmente porque o réu cometeu um ato infracional anterior. O raciocínio é o mesmo que se utiliza para desconsiderar antecedente penal que, por dizer respeito a fato sem maior gravidade, ou já longínquo no tempo, não deve, automaticamente, supedanear o decreto preventivo. 6. Seria, pois, indispensável que a autoridade judiciária competente, para a consideração dos atos infracionais do então adolescente, averiguasse: a) A particular gravidade concreta do ato ou dos atos infracionais, não bastando mencionar sua equivalência a crime abstratamente considerado grave; b) A distância temporal entre os atos infracionais e o crime que deu origem ao processo (ou inquérito policial) no curso do qual se há de decidir sobre a prisão preventiva; c) A comprovação desses atos infracionais anteriores, de sorte a não pairar dúvidas sobre o reconhecimento judicial de sua ocorrência. 7. Na espécie, a par de ausente documentação a respeito, o Juiz natural deixou de apontar, concretamente, quais atos infracionais foram cometidos pelo então adolescente e em que momento e em que circunstâncias eles ocorreram, de sorte a permitir, pelas singularidades do caso concreto, aferir o comportamento passado do réu, sua personalidade e, por conseguinte, elaborar um prognóstico de recidiva delitiva e de periculosidade do acusado. 8. No entanto, há outras razões invocadas pelo Juízo singular que se mostram suficientes para dar ares de legalidade à ordem de prisão do ora paciente, ao ressaltar "que o crime foi praticado com grave violência, demonstrando conduta perigosa que não aconselha a liberdade", bem como o fato de o delito ter sido cometido em razão de dívida de drogas, em concurso de pessoas, por determinação do paciente, "que comanda uma das quadrilhas de tráfico de entorpecentes da região". 9. Recurso em *habeas corpus* desprovido." (STJ, RHC 63.855/MG, Rel. Ministro NEFI CORDEIRO, Rel. p/ Acórdão Ministro ROGERIO SCHIETTI CRUZ, TERCEIRA SEÇÃO, julgado em 11/05/2016, DJe 13/06/2016); **B:** incorreta. É que, como regra, antes de decretar a medida cautelar, aqui incluída a prisão preventiva, incumbe ao juiz proceder à oitiva do indiciado ou réu (art. 282, § 3º, do CPP). A exceção fica por conta dos casos em que há urgência ou perigo de ineficácia da medida, hipótese em que será exercido o chamado contraditório diferido, em seguida à decretação da medida cautelar. Na jurisprudência: "A reforma do Código de Processo Penal ocorrida em 2011, por meio da Lei nº 12. 403/11, deu nova redação ao art. 282, § 3º, do Código, o qual passou a prever que, "ressalvados os casos de urgência ou de perigo de ineficácia da medida, o juiz, ao receber o pedido de medida cautelar, determinará a intimação da parte contrária, acompanhada de cópia do requerimento e das peças necessárias, permanecendo os autos em juízo." 2. A providência se mostra salutar em situações excepcionais, porquanto, "[...] ouvir as razões do acusado pode levar o juiz a não adotar o provimento limitativo da liberdade, não só no caso macroscópico de erro de pessoa, mas também na hipótese em que a versão dos fatos fornecida pelo interessado se revele convincente, ou quando ele consiga demonstrar a insubsistência das exigências cautelares" (AIMONETTO, M. G. *Le recenti riforme della procedura penale francese* - analisi, riflessioni e spunti di comparazione. Torino: G. Giappichelli, 2002, p. 140). 3. Injustificável a decisão do magistrado que, em audiência, não permite à defesa se pronunciar oralmente sobre o pedido de prisão preventiva formulado pelo agente do Ministério Público, pois não é plausível obstruir o pronunciamento da defesa do acusado, frente à postulação da parte acusadora, ante a ausência de prejuízo ou risco, para o processo ou para terceiros, na adoção do procedimento previsto em lei. 4. Ao menos por prudência, deveria o juiz ouvir a defesa, para dar-lhe a chance de contrapor-se ao requerimento, o que não foi feito, mesmo não havendo, neste caso específico, uma urgência tal a inviabilizar a adoção dessa providência, que traduz uma regra básica do direito, o contraditório, a bilateralidade da audiência. 5. Mesmo partindo do princípio de que o decreto preventivo esteja motivado idoneamente, é o caso de o Superior Tribunal de Justiça afirmar a necessidade de que, em casos excepcionais, pelo menos quando decretada em audiência, com a presença do advogado do acusado, seja ele autorizado a falar, concretizando o direito de interferir na decisão judicial que poderá implicar a perda da liberdade do acusado. 6. Recurso provido, para assegurar ao recorrente o direito de responder à ação penal em liberdade, ressalvada a possibilidade de nova decretação da custódia cautelar, nos termos da lei." (STJ, RHC 75.716/MG, Rel. Ministra MARIA THEREZA DE ASSIS MOURA, Rel. p/ Acórdão Ministro ROGERIO SCHIETTI CRUZ, SEXTA TURMA, julgado em 13/12/2016, DJe 11/05/2017). Cuidado: com a modificação a que foi submetida a redação desse dispositivo (art. 282, § 3º) pela Lei 13.964/2019, a parte contrária, ao ser intimada, contará com o prazo de cinco dias para manifestar-se (antes não havia prazo); **C:** correta. A despeito do caráter inquisitivo do inquérito policial, o conduzido poderá, se assim desejar, fazer-se acompanhar de advogado de sua confiança no ato da lavratura do auto de prisão em flagrante. Dessa forma, constitui dever da autoridade policial oportunizar ao interrogado o direito de contatar advogado para acompanhá-lo ao ato do interrogatório, informando-lhe os direitos constitucionalmente garantidos de que é titular. O STJ, em edição de n. 120 da ferramenta *Jurisprudência em Teses*, publicou, sobre este tema, a seguinte tese: "Eventual nulidade no auto de prisão em flagrante devido à ausência de assistência por advogado somente se verifica caso não seja opor-

tunizado ao conduzido o direito de ser assistido por defensor técnico, sendo suficiente a lembrança, pela autoridade policial, dos direitos do preso previstos no art. 5º, LXIII, da Constituição Federal"; **D:** incorreta. Tendo em conta as mudanças implementadas pela Lei 12.403/2011, que instituiu as *medidas cautelares alternativas à prisão*, esta somente terá lugar diante da impossibilidade de se recorrer às medidas cautelares. Dessa forma, a prisão, como medida excepcional que é, deve também ser vista como instrumento subsidiário, supletivo, pouco importando sob que fundamento a prisão preventiva foi decretada (art. 312, CPP). Segundo dispõe o art. 282, § 6º, do CPP, com a redação que lhe conferiu a Lei 13.964/2019, *a prisão preventiva somente será determinada quando não for cabível a sua substituição por outra medida cautelar (art. 319). O não cabimento da substituição por outra medida cautelar deverá ser justificado de forma fundamentada nos elementos presentes no caso concreto, de forma individualizada*; **E:** incorreta. Conferir: "1. Pode o Magistrado decretar a prisão preventiva, mesmo que a representação da autoridade policial ou do Ministério Público seja pela decretação de prisão temporária, visto que, provocado, cabe ao juiz ofertar o melhor direito aplicável à espécie." (STJ, HC 362.962/ RN, Rel. Ministro ROGERIO SCHIETTI CRUZ, SEXTA TURMA, julgado em 01/09/2016, DJe 12/09/2016). ED

Gabarito "C".

Valter, preso em flagrante por suposta prática de furto simples, não pagou a fiança arbitrada pela autoridade policial, tendo permanecido preso até a audiência de custódia, realizada na manhã do dia seguinte a sua prisão.

**(Defensor Público - DPE/DF - 2019 - CESPE/CEBRASPE)** A partir dessa situação hipotética, julgue os seguintes itens.

**(1)** Na audiência de custódia, caso não tenha advogado particular, Valter poderá contar com a assistência de defensor público, que acompanhará o ato na presença do juiz, do promotor de justiça, do secretário de audiência e dos policiais que promoveram a prisão.

**(2)** Segundo o Código de Processo Penal, na audiência de custódia, diante da constatação da desnecessidade de prisão preventiva e da situação de pobreza de Valter, o juiz deverá estabelecer a liberdade provisória desvinculada e sem fiança.

**(3)** Na audiência de custódia, ao entrevistar Valter, o juiz deverá abster-se de formular perguntas com a finalidade de produzir provas sobre os fatos objeto do auto da prisão em flagrante, mas deverá indagar acerca do tratamento recebido nos locais por onde o autuado passou antes da apresentação à audiência, questionando sobre a ocorrência de tortura e maus-tratos.

Antes de examinar as assertivas acima apresentadas, oportuno tecer algumas considerações acerca da audiência de custódia. Embora não contemplada, de forma expressa, na CF/1988, a Convenção Americana sobre Direitos Humanos (Pacto de San José da Costa Rica), incorporada ao ordenamento jurídico brasileiro, em seu art. 7º (5), assim estabelece: "Toda pessoa presa, detida ou retida deve ser conduzida, sem demora, à presença de um juiz ou outra autoridade autorizada por lei a exercer funções judiciais (...)". O Conselho Nacional de Justiça, em parceria com o Tribunal de Justiça de São Paulo e também com o Ministério da Justiça, lançou e implementou o projeto "audiência de custódia", cujo propósito é assegurar ao preso o direito de ser apresentado, de forma rápida, a um juiz de direito, ao qual caberá analisar, entre outros aspectos, a legalidade da prisão em flagrante e também a necessidade de a mesma ser convertida em prisão preventiva. Para tanto, o CNJ editou a Resolução 213/2015, cujo art. 1º assim estabelece: *Determinar que toda pessoa presa em flagrante delito, independentemente da motivação ou natureza do ato, seja obrigatoriamente apresentada, em até 24 horas da comunicação do flagrante, à autoridade judicial competente, e ouvida sobre as circunstâncias em que se realizou sua prisão ou apreensão.* Bem recentemente, a Lei 13.964/2019, conhecida como Pacote Anticrime, contemplou a audiência de custódia, inserindo-a no art. 310 do CPP. Pela primeira vez, portanto, a audiência de custódia, objeto de tantos debates na comunidade jurídica, tem previsão legal. Como dissemos acima, até então esta matéria estava prevista tão somente na Resolução CNJ 213/2015. Segundo estabelece a nova redação do *caput* do art. 310 do CPP, "após receber o auto de prisão em flagrante, no prazo máximo de 24 (vinte e quatro) horas após a realização da prisão, o juiz deverá promover audiência de custódia com a presença do acusado, seu advogado constituído ou membro da Defensoria Pública e o membro do Ministério Público, e, nessa audiência, o juiz deverá, fundamentadamente: (...)". O § 4º deste dispositivo, também inserido pela Lei 13.964/2019 e cuja eficácia está suspensa por decisão cautelar do STF (ADI 6305), impõe a liberalização da prisão do autuado em flagrante em razão da não realização da audiência de custódia no prazo de 24 horas. Ademais, entendemos que não há que se falar em revogação da Resolução 213/2015 pela novel legislação, dado o maior detalhamento que esta promove em face da nova lei. Feitas essas considerações iniciais, passemos à análise das assertivas. **1**: errada. A solução desta proposição deve ser extraída do art. 4º da Resolução CNJ 213, de 15/12/2015: "A audiência de custódia será realizada na presença do Ministério Público e da Defensoria Pública, caso a pessoa detida não possua defensor constituído no momento da lavratura do flagrante. Parágrafo único. É vedada a presença dos agentes policiais responsáveis pela prisão ou pela investigação durante a audiência de custódia"; **2**: errada, na medida em que contraria o disposto no art. 350 do CPP; **3**: correta, pois em consonância com o que estabelece o art. 8º, VI e VIII, da Resolução CNJ 213, de 15/12/2015. ED

Gabarito 1E, 2E, 3C

**(Juiz – TRF5 – 2017 – CESPE)** Antônio foi preso em flagrante pelo crime de descaminho, cuja pena é de um a quatro anos de reclusão. Ele possui diversas passagens na Vara da Infância e Juventude, sem, contudo, ter qualquer condenação criminal por ato praticado depois de alcançada a maioridade penal.

Considerando essa situação hipotética, na audiência de custódia o juiz poderá

(A) relaxar a prisão de Antônio em razão da falta dos requisitos para a decretação da prisão preventiva.

(B) decretar a prisão preventiva de Antônio em razão das diversas passagens na Vara da Infância e Juventude e do processo atual.

(C) conceder liberdade provisória a Antônio, já que é ilegal a conversão da prisão em flagrante em preventiva com base em registros infracionais praticados antes de o indivíduo ter alcançado a maioridade.

(D) decretar prisão temporária de Antônio, caso haja pedido do Ministério Público.

(E) conceder a Antônio liberdade provisória com medida cautelar diversa da prisão, haja vista o não cabimento da prisão preventiva.

**A:** incorreta. Não há que se falar em relaxamento da prisão em flagrante, pois tal providência somente tem lugar quando a prisão for ilegal. Pelos dados fornecidos no enunciado, não se pode inferir ter sido ilegal a prisão em flagrante de Antônio; **B:** incorreta. Não cabe, no caso narrado no enunciado, a decretação da custódia preventiva, dado que, a teor do art. 313, I, do CPP, tal providência somente seria possível se o crime em que incorreu Antônio tivesse pena máxima cominada superior a 4 anos, ou, ainda, se o agente fosse condenado, em definitivo, por outro crime doloso (art. 313, II, CPP), não sendo este o caso de Antônio. Passagens na Vara da Infância e Juventude não geram reincidência. A despeito disso, é importante que se diga, a prática de atos infracionais pretéritos pode servir de fundamento para a decretação ou manutenção da custódia preventiva, para a garantia da ordem pública (art. 312, *caput*, do CPP). Na jurisprudência do STJ: "1. A privação antecipada da liberdade do cidadão acusado de crime reveste-se de caráter excepcional em nosso ordenamento jurídico, e a medida deve estar embasada em decisão judicial fundamentada (art.93, IX, da CF), que demonstre a existência da prova da materialidade do crime e a presença de indícios suficientes da autoria, bem como a ocorrência de um ou mais pressupostos do artigo 312 do Código de Processo Penal. Exige-se, ainda, na linha perfilhada pela jurisprudência dominante deste Superior Tribunal de Justiça e do Supremo Tribunal Federal, que a decisão esteja pautada em motivação concreta, vedadas considerações abstratas sobre a gravidade do crime. 2. No presente caso, a prisão preventiva está devidamente justificada para a garantia da ordem pública, em razão da periculosidade do agente, notadamente em razão do risco de reiteração delitiva, consubstanciado na existência de ato infracional grave praticado pelo paciente. 3. (...) Esta Corte Superior de Justiça possui entendimento de que a prática de atos infracionais, apesar de não poder ser con-

siderada para fins de reincidência ou maus antecedentes, serve para justificar a manutenção da prisão preventiva para a garantia da ordem pública. (RHC 47.671/MS, Rel. Ministro Gurgel De Faria, Quinta Turma, julgado em 18.12.2014, DJe 02.02.2015). 4. As condições subjetivas favoráveis do recorrente, tais como primariedade e residência fixa, por si sós, não obstam a segregação cautelar, quando presentes os requisitos legais para a decretação da prisão preventiva. 5. Recurso ordinário em *habeas corpus* improvido" (RHC 91.377/SP, Rel. Ministro Reynaldo Soares da Fonseca, Quinta Turma, julgado em 01.03.2018, DJe 12.03.2018); **C:** incorreta. Vide comentário anterior; **D:** incorreta, já que descabe, neste caso, a decretação da prisão temporária, na medida em que o crime pelo qual foi Antônio autuado em flagrante não integra o rol do art. 1º da Lei 7.960/1989; **E:** correta. De fato, embora não caiba, pelas razões que já expusemos, a decretação da prisão preventiva, é possível a concessão de liberdade provisória cumulada com a decretação de medidas cautelares, desde que preenchidos os requisitos do art. 282 do CPP. ED

Gabarito "E".

**(Defensor Público/PE – 2018 – CESPE)** Mais de vinte e quatro horas após ter matado um desafeto, Cláudio foi preso por agentes de polícia que estavam em seu encalço desde o cometimento do crime. Na abordagem, os agentes apreenderam com Cláudio uma faca, ainda com vestígios de sangue, envolvida na camiseta que a vítima vestia no momento do crime. Cláudio informou aos policiais que não tinha advogado para constituir. Não houve a participação de defensor público na autuação, na documentação da prisão e no interrogatório.

Considerando essa situação hipotética, assinale a opção correta, acerca da legalidade da prisão de Cláudio.

(A) A prisão é legal, tendo-se configurado hipótese de flagrante diferido: a autoridade policial atrasou o momento da prisão, mas manteve o acompanhamento do investigado para conseguir melhores provas do crime.

(B) A prisão é ilegal, pois houve falha da autoridade policial, que não poderia ter processado a prisão do autuado sem a presença de advogado ou defensor público.

(C) A prisão é legal, tendo-se configurado hipótese de flagrante presumido: a autoridade policial deverá arbitrar o benefício de fiança.

(D) A prisão é legal, pois a autoridade policial prescinde da presença do defensor técnico para a conclusão dos atos.

(E) A prisão é ilegal, pois não ficou configurada a hipótese de flagrante, tendo em vista que o prazo de vinte e quatro horas entre a execução do crime e o ato policial foi ultrapassado.

**A:** incorreta. Embora o enunciado não deixe isso claro, é possível inferir que, desde o momento do cometimento do crime, houve perseguição ininterrupta a Cláudio, que foi preso depois de transcorridas 24 horas. Estamos aqui diante do chamado flagrante *impróprio, imperfeito* ou *quase flagrante*, em que o sujeito é perseguido, logo em seguida à prática criminosa, em situação que faça presumir ser o autor da infração (art. 302, III). Nesta modalidade de flagrante, uma vez iniciada a perseguição, não existe prazo para a efetivação da prisão, podendo tal ocorrer dias depois, desde que, é claro, os policiais estejam o tempo todo no encalço do agente. Dessa forma, pode-se dizer que a prisão em flagrante, na hipótese retratada no enunciado, é *legal*. O erro da assertiva, então, está na afirmação de que se trata de prisão *diferida*, assim entendida aquela em que a polícia retarda o ato da prisão com o escopo de que esta seja realizada no momento mais eficaz e adequado do ponto de vista da formação da prova; **B:** incorreta. Como já dissemos, a prisão (detenção) foi legal, não sendo necessária, neste caso, a presença de defensor; **C:** incorreta, já que não se trata de flagrante presumido, e sim de flagrante impróprio. Presumido é o flagrante em que, não tendo havido perseguição, o agente, logo depois do crime, é encontrado com instrumentos, armas, objetos ou papéis que façam presumir ser ele o autor da infração (art. 302, IV, CPP); **D:** correta, pelas razões já explicitadas acima; **E:** incorreta. Como já dito, a prisão, no flagrante impróprio, pode ocorrer dias depois da prática criminosa, desde que a polícia permaneça no encalço do agente desde a concretização do delito. ED

Gabarito "D".

**(Defensor Público/AC – 2017 – CESPE)** Conforme o entendimento do STJ, a prisão preventiva

(A) não pode ser decretada, se presentes condições pessoais favoráveis do agente, como primariedade, domicílio certo e emprego lícito, mesmo quando identificados os requisitos legais da cautela.

(B) não pode ser decretada ou mantida na sentença condenatória, caso o réu seja condenado a pena que deva ser cumprida em regime inicial diverso do fechado.

(C) pode ser utilizada como instrumento de punição antecipada do réu, ainda que seja uma medida de natureza cautelar.

(D) é um instituto que fere o princípio constitucional da presunção de inocência, pois permite que o Estado trate como culpado aquele que não sofreu condenação penal transitada em julgado.

(E) não pode ser decretada com base em atos infracionais graves cometidos durante a menoridade do acusado, visto que a manutenção da custódia constituiria constrangimento ilegal.

**A:** incorreta. O fato de o agente ostentar condições pessoais favoráveis, como primariedade, domicílio certo e emprego fixo e lícito, não obsta que contra ele seja decretada a prisão preventiva, desde que, é claro, estejam presentes os fundamentos dessa modalidade de prisão cautelar (art. 312, CPP). Conferir: "Condições pessoais favoráveis, tais como primariedade, ocupação lícita e residência fixa, não têm o condão de, por si sós, garantirem ao paciente a revogação da prisão preventiva se há nos autos elementos hábeis a recomendar a manutenção de sua custódia cautelar" (STJ, RHC 90.739/BA, Rel. Ministro Felix Fischer, Quinta Turma, julgado em 06.02.2018, DJe 16.02.2018); **B:** correta. Nesse sentido: "Estabelecido pela sentença condenatória o regime intermediário para o início do cumprimento da pena, deve o paciente aguardar o julgamento de sua apelação em tal regime, compatibilizando--se a prisão cautelar com o modo de execução ora determinado" (STJ, RHC 90.739/BA, Rel. Ministro Felix Fischer, Quinta Turma, julgado em 06.02.2018, DJe 16.02.2018); **C e D:** incorretas. A decretação ou manutenção da prisão cautelar (provisória ou processual), assim entendida aquela que antecede a condenação definitiva, deve sempre estar condicionada à demonstração concreta de sua imperiosa necessidade, sob pena de ofensa ao princípio da presunção de inocência. Bem por isso, deve o magistrado apontar as razões, no seu entender, que a tornam indispensável (art. 312 do CPP). Colocado de outra forma, a prisão provisória ou cautelar somente se justifica dentro do ordenamento jurídico quando necessária ao processo. Deve ser vista, portanto, como um *instrumento* do processo a ser utilizado em situações *excepcionais*. É por essa razão que a prisão decorrente de sentença penal condenatória recorrível deixou de constituir modalidade de prisão cautelar. Era uma prisão automática, já que, com a prolação da sentença condenatória, o réu era recolhido ao cárcere (independente de a prisão ser necessária). Nesse contexto, o acusado era considerado presumidamente culpado. Com as modificações introduzidas pela Lei 11.719/2008 e também em razão da atuação dos tribunais, esta modalidade de prisão cautelar deixou de existir, consagrando, assim, o *postulado da presunção de inocência*. Em vista dessa nova realidade, se o acusado permanecer preso durante toda a instrução, a manutenção dessa prisão somente terá lugar se indispensável for ao processo, pouco importando se, uma vez condenado em definitivo, permanecerá ou não preso. A prisão desnecessária decretada ou mantida antes de a sentença passar em julgado constitui antecipação da pena que porventura seria aplicada em caso de condenação, o que representa patente violação ao princípio da presunção de inocência, postulado esse de índole constitucional – art. 5º, LVII. De se ver ainda que, tendo em conta as mudanças implementadas pela Lei 12.403/2011, que instituiu as *medidas cautelares alternativas à prisão provisória*, esta somente terá lugar diante da impossibilidade de se recorrer às medidas cautelares. Dessa forma, a prisão, como medida excepcional que é, deve também ser vista como instrumento subsidiário, supletivo. Pois bem. Essa tônica (de somente dar-se início ao cumprimento da pena depois do trânsito em julgado da sentença penal condenatória) sofreu um revés. Explico. O STF, em julgamento histórico realizado em 17 de fevereiro de 2016, mudou, à revelia de grande parte da comunidade jurídica, seu entendimento acerca da possibilidade de prisão antes do trânsito em julgado da sentença penal condenatória. A Corte, ao julgar o HC 126.292, passou a admitir a execução da pena após decisão condenatória proferida em segunda instância. Com isso, passou a ser

desnecessário, para dar início ao cumprimento da pena, aguardar o trânsito em julgado da decisão condenatória. Flexibilizou-se, pois, o postulado da presunção de inocência. Naquela ocasião, votaram pela mudança de paradigma sete ministros, enquanto quatro mantiveram o entendimento até então prevalente. Cuidava-se, é bem verdade, de uma decisão tomada em processo subjetivo, sem eficácia vinculante, portanto. Tal decisão, conquanto tomada em processo subjetivo, passou a ser vista como uma mudança de entendimento acerca de tema que há vários anos havia se sedimentado. Mais recentemente, nossa Suprema Corte foi chamada a se manifestar, em ações declaratórias de constitucionalidade impetradas pelo Conselho Federal da OAB e pelo Partido Ecológico Nacional, sobre a constitucionalidade do art. 283 do CPP. Existia a expectativa de que algum ou alguns dos ministros mudassem o posicionamento adotado no julgamento realizado em fevereiro de 2016. Afinal, a decisão, agora, teria uma repercussão muito maior, na medida em que tomada em ADC. Pois bem. Depois de muita especulação e grande expectativa, o STF, em julgamento realizado em 5 de outubro do mesmo ano, desta vez por maioria mais apertada (6 a 5), já que houve mudança de posicionamento do ministro Dias Toffoli, indeferiu as medidas cautelares pleiteadas nessas ADCs (43 e 44), mantendo, assim, o posicionamento que autoriza a prisão depois de decisão condenatória confirmada em segunda instância. O julgamento do mérito dessas ações permaneceu pendente até 7 de novembro de 2019, quando, finalmente, depois de muita expectativa, o STF, em novo julgamento histórico, referente às ADCs 43,44 e 54, mudou o entendimento adotado em 2016, até então em vigor, que permitia a execução (provisória) da pena de prisão após condenação em segunda instância. Reconheceu-se a constitucionalidade do art. 283 do CPP, com a redação que lhe foi dada pela Lei 12.403/2011. Por 6 x 5, ficou decidido que é vedada a execução provisória da pena. Cumprimento de pena, a partir de agora, portanto, somente quando esgotados todos os recursos. Atualmente, essa discussão acerca da possibilidade de prisão em segunda instância, que suscitou debates tão acalorados, chegando, inclusive, a ganhar as ruas, saiu do STF, onde até então se encontrava, e passou para o Parlamento. Hoje se discute qual o melhor caminho para inserir, no nosso ordenamento jurídico, a prisão após condenação em segunda instância. Aguardemos. Nesse sentido, a Lei 13.964/2019 inseriu no art. 313 do CPP o § 2º, conferindo-lhe a seguinte redação: "Não será admitida a decretação da prisão preventiva com a finalidade de antecipação de cumprimento de pena ou como decorrência imediata de investigação criminal ou da apresentação ou recebimento da denúncia"; **E:** incorreta, na medida em que a prática de atos infracionais pretéritos pode, sim, servir de fundamento para a decretação ou manutenção da custódia preventiva, com vistas a garantir a ordem pública (art. 312, *caput*, do CPP). Na jurisprudência do STJ: "No presente caso, a prisão preventiva está devidamente justificada para a garantia da ordem pública, em razão da periculosidade do agente, notadamente em razão do risco de reiteração delitiva, consubstanciado na existência de ato infracional grave praticado pelo paciente. 3. (...) Esta Corte Superior de Justiça possui entendimento de que a prática de atos infracionais, apesar de não poder ser considerada para fins de reincidência ou maus antecedentes, serve para justificar a manutenção da prisão preventiva para a garantia da ordem pública" (STJ, RHC 91.377/SP, Rel. Ministro Reynaldo Soares Da Fonseca, Quinta Turma, julgado em 01.03.2018, DJe 12.03.2018). **ED**

Gabarito "B".

**(Delegado Federal – 2018 – CESPE)** Acerca de prisão, de liberdade provisória e de fiança, julgue os próximos itens de acordo com o entendimento do STF e a atual sistemática do Código de Processo Penal.

(1) Situação hipotética: A polícia foi informada da possível ocorrência de crime em determinado local. Por determinação da autoridade policial, agentes se dirigiram ao local e aguardaram o desenrolar da ação criminosa, a qual ensejou a prisão em flagrante dos autores do crime quando praticavam um roubo, que não chegou a ser consumado. Foi apurado, ainda, que se tratava de conduta oriunda de grupo organizado para a prática de crimes contra o patrimônio. Assertiva: Nessa situação, o flagrante foi lícito e configurou hipótese legal de ação controlada.

(2) A inafiançabilidade nos casos de crimes hediondos não impede a concessão judicial de liberdade provisória, impedindo apenas a concessão de fiança como instrumento de obtenção dessa liberdade.

**1:** incorreta. Pelos dados fornecidos no enunciado, é possível concluir que se trata de hipótese de flagrante esperado, que é aquele em a polícia, uma vez comunicada, aguarda a ocorrência do crime, não exercendo qualquer tipo de controle sobre a ação do agente. O flagrante esperado, é importante que se diga, constitui hipótese legal de flagrante. A ação controlada, de outro lado, pressupõe o retardamento da intervenção policial, com vistas a que a prisão seja efetuada no momento mais adequado do ponto de vista da obtenção da prova. Neste caso, conquanto não seja necessária a autorização judicial, é de rigor a comunicação da ação controlada ao juiz competente (art. 8º, *caput* e § 1º, da Lei 12.850/2013); **2:** correta. Crimes inafiançáveis, como os hediondos e equiparados (art. 5º, XLIII, da CF), comportam a concessão de liberdade provisória, desde que, é óbvio, sem fiança. O que se veda, em relação a esses crimes, é a liberdade provisória com fiança. Por mais estranho que isso possa parecer, é assim mesmo. Ou seja: em se tratando de crimes graves, como são os hediondos e equiparados, não se pode conceder liberdade provisória com fiança; já aos menos graves concede-se liberdade provisória com fiança. ED
Gabarito 1E, 2C

**(Analista Judiciário – STJ – 2018 – CESPE)** A respeito da prisão, dos processos de competência originária e da revisão criminal, julgue os itens subsecutivos.

**(1)** Quando da apreciação da representação de prisão preventiva firmada por autoridade policial, o juiz poderá aplicar, de ofício, outra medida cautelar em substituição à prisão, caso entenda que o pedido tenha sido inadequado.

**(2)** Em se tratando de processos de competência originária do STF, é vedado ao ministro relator decretar a extinção da punibilidade por meio de decisão monocrática.

**1:** correta. É fato que ao juiz não é dado decretar medidas cautelares (aqui incluída a prisão), de ofício, no curso das investigações do inquérito policial; somente poderá fazê-lo, de ofício, na fase instrutória, quando já instaurada a ação penal (art. 282, § 2º, CPP). Em outras palavras, se ainda na fase de inquérito, as medidas cautelares somente poderão ser decretadas, sempre pelo juiz, a pedido do MP ou por meio de representação da autoridade policial. Pois bem. Acontece que, no caso narrado no enunciado, o juiz não agiu de ofício na decretação da medida. Com efeito, ele foi provocado pela autoridade policial, que, por meio de representação, formulou pedido de prisão preventiva. Neste caso, se entender que outra medida menos traumática que o encarceramento provisório pode ser adotada, nada obsta que o magistrado assim aja, decretando medida cautelar diversa da prisão preventiva. Nesse sentido, vale conferir o seguinte julgado do STJ, que, embora trate de caso diverso, pode aqui ser utilizado: "1. Pode o Magistrado decretar a prisão preventiva, mesmo que a representação da autoridade policial ou do Ministério Público seja pela decretação de prisão temporária, visto que, provocado, cabe ao juiz ofertar o melhor direito aplicável à espécie. 2. A jurisprudência desta Corte Superior é firme em assinalar que a determinação de segregar cautelarmente o réu deve efetivar-se apenas se indicada, em dados concretos dos autos, a necessidade da prisão (*periculum libertatis*), à luz do disposto no art. 312 do CPP. 2. O Juiz de primeira instância apontou concretamente a presença dos vetores contidos no art. 312 do Código de Processo Penal, indicando motivação suficiente para justificar a necessidade de colocar o paciente cautelarmente privado de sua liberdade, ao ressaltar – entre outros motivos – que o ora paciente – réu em ação penal que "apura crimes semelhantes" – "foi identificado como sendo o braço direito" do líder de "grupo criminoso especializado na operacionalização e manutenção de 'Casas de Jogos' ilegais, com a utilização de máquinas programáveis (MPEs), bem como na prática dos crimes de corrupção ativa e de lavagem de capitais". 3. *Habeas corpus* denegado" (HC 362.962/RN, Rel. Ministro Rogerio Schietti Cruz, Sexta Turma, julgado em 01.09.2016, DJe 12.09.2016). Ao tempo em que esta questão foi elaborada, ainda somente era dado decretar de ofício a custódia preventiva no curso da ação penal, conforme dispunha o art. 311 do CPP, com a redação dada pela Lei 12.403/2011. Pois bem. Prestigiando o sistema acusatório, a Lei 13.964/2019 (Pacote Anticrime) alterou a redação do art. 311 do CPP, desta vez para vedar a decretação de ofício, pelo juiz, da custódia preventiva, quer na fase investigativa, como antes já ocorria, quer na etapa instrutória, o que até a edição do pacote anticrime era permitido. É dizer, para que a custódia preventiva, atualmente, seja decretada no curso da investigação ou no decorrer da ação penal, somente mediante provocação da autoridade policial, se no curso do inquérito,

ou a requerimento do Ministério Público, se no curso da ação penal ou das investigações; **2:** incorreta, pois contraria frontalmente o art. 3º, II, da Lei 8.038/1990 ED
Gabarito 1C, 2E

**(Técnico Judiciário – STJ – 2018 – CESPE)** No que se refere aos tipos de prisão e aos meios processuais para assegurar a liberdade, julgue os seguintes itens.

**(1)** Membro do Ministério Público não tem legitimidade ativa para impetrar *habeas corpus*, mesmo que constate alguma das hipóteses de ilegalidade na prisão do autor do delito.

**(2)** A comunicação de prisão em flagrante deverá ocorrer em até vinte e quatro horas após a sua efetivação: o auto de prisão deverá ser encaminhado ao juízo competente para análise da possibilidade de relaxamento da prisão, de conversão da prisão em liberdade provisória ou de decretação de prisão preventiva.

**(3)** A prisão preventiva poderá ser decretada no curso da investigação criminal ou em qualquer fase do processo penal apenas se houver requerimento do Ministério Público ou da autoridade policial.

**1:** incorreta, na medida em que o art. 654, *caput*, do CPP confere, de forma expressa, legitimidade ao MP para a impetração de HC; **2:** correta. A autoridade policial a quem foi apresentado o conduzido deverá providenciar para que contra ele seja lavrado o auto de prisão em flagrante, com a imediata comunicação de sua prisão ao juiz competente, ao Ministério Público e à família do preso ou a pessoa por ele indicada (a obrigatoriedade de comunicar o MP foi inserida pela Lei 12.403/2011, que alterou a redação do art. 306, *caput*, do CPP). Além disso, por imposição do art. 306, § 1º, do CPP, cuja redação também foi alterada por força da mesma lei, "em até vinte e quatro horas após a realização da prisão, será encaminhado ao juiz competente o auto de prisão em flagrante e, caso o autuado não informe o nome de seu advogado, cópia integral para a Defensoria Pública". Ao final, será entregue ao autuado a *nota de culpa*, da qual constarão o motivo da prisão, o nome do condutor e também o das testemunhas (art. 306, § 2º, CPP); **3:** incorreta (ao tempo em que esta questão foi elaborada). Isso porque a prisão preventiva, em conformidade com o disposto na redação anterior do art. 311 do CPP, em vigor à época da aplicação desta prova, podia ser decretada de ofício pelo juiz no curso da ação penal, sendo-lhe vedado tão somente fazê-lo nas investigações do inquérito policial. Atualmente, por força do advento da Lei 13.964/2019, que alterou o art. 311 do CPP, é defeso ao juiz atuar de ofício na decretação da prisão preventiva, tanto na instrução processual (o que antes lhe era permitido), quanto no curso do inquérito policial (o que já lhe era vedado). ED
Gabarito 1E, 2C, 3E

**(Delegado/PE – 2016 – CESPE)** Considerando a doutrina majoritária e o entendimento dos tribunais superiores, assinale a opção correta a respeito da prisão.

**(A)** O flagrante diferido que permite à autoridade policial retardar a prisão em flagrante com o objetivo de aguardar o momento mais favorável à obtenção de provas da infração penal prescinde, em qualquer hipótese, de prévia autorização judicial.

**(B)** Para a admissibilidade de prisão temporária exige-se, cumulativamente, a presença dos seguintes requisitos: imprescindibilidade para as investigações, não ter o indiciado residência fixa ou não fornecer dados esclarecedores de sua identidade e existência de indícios de autoria em determinados crimes.

**(C)** Configura crime impossível o flagrante denominado esperado, que ocorre quando a autoridade policial, detentora de informações sobre futura prática de determinado crime, se estrutura para acompanhar a sua execução, efetuando a prisão no momento da consumação do delito.

**(D)** Havendo conversão de prisão temporária em prisão preventiva no curso da investigação policial, o prazo para a conclusão das investigações, no âmbito do competente inquérito policial, iniciar-se-á a partir da decretação da prisão preventiva.

**(E)** Havendo mandado de prisão registrado no Conselho Nacional de Justiça (CNJ), a autoridade policial poderá executar a

# 13. DIREITO PROCESSUAL PENAL 493

ordem mediante certificação em cópia do documento, desde que a diligência se efetive no território de competência do juiz processante.

**A:** incorreta. A Lei de Drogas (Lei 11.343/2006), em seu art. 53, *caput* e II, estabelece que a implementação da ação controlada deve ser precedida de autorização judicial e manifestação do MP. Já o art. 8º, § 1º, da Lei 12.850/2013 (Organização Criminosa) reza que a ação controlada será *comunicada* ao juiz competente, que estabelecerá, conforme o caso, os limites da medida e comunicará o MP. Perceba que, neste último caso, o legislador não impôs a necessidade de o magistrado autorizar o retardamento da intervenção policial; exigiu tão somente a comunicação; **B:** incorreta. Segundo a melhor doutrina, a decretação da prisão temporária, modalidade de prisão cautelar, está condicionada à existência de fundadas razões de autoria ou participação do indiciado na prática dos crimes listados no art. 1º, III, da Lei 7.960/1989 e também ao fato de ser ela, a prisão temporária, imprescindível para as investigações do inquérito policial. Devem coexistir, portanto, os requisitos previstos nos incisos I e III do art. 1º da Lei 7.960/1989; a coexistência das condições presentes nos incisos II e III também pode dar azo à decretação da custódia temporária. É dizer: o inciso III deve combinar com o inciso I ou com o II. É a posição adotada por Guilherme de Souza Nucci e Maurício Zanoide de Moraes. Atenção: o Plenário do STF, ao julgar as Ações Diretas de Inconstitucionalidade n.º 4.109 e n.º 3.360, com vistas a dar ao art. 1.º da Lei n.º 7.960/1989 interpretação conforme a Constituição Federal de 1988, estabeleceu o entendimento no sentido de que a decretação de custódia temporária pressupõe a coexistência dos seguintes requisitos: i) for imprescindível para as investigações do inquérito policial; (ii) houver fundadas razões de autoria ou participação do indiciado; (iii) for justificada em fatos novos ou contemporâneos; (iv) for adequada à gravidade concreta do crime, às circunstâncias do fato e às condições pessoais do indiciado; e (v) não for suficiente a imposição de medidas cautelares diversas; **C:** incorreta. Segundo doutrina e jurisprudência pacíficas, não há ilegalidade no chamado *flagrante esperado*, em que a polícia, uma vez comunicada, aguarda a ocorrência do crime, não exercendo qualquer tipo de controle sobre a ação do agente; inexiste, neste caso, intervenção policial que leve o agente à prática delituosa. É, por isso, ao contrário do que se afirma na assertiva, hipótese viável de prisão em flagrante. Não deve ser confundido com o *flagrante preparado*. Este restará configurado sempre que o agente provocador levar alguém a praticar uma infração penal. Está-se aqui diante de uma modalidade de crime impossível (art. 17 do CP), consubstanciada na Súmula 145 do STF; **D:** correta. Embora se trate de tema em relação ao qual há divergência na doutrina, na hipótese de conversão da prisão temporária em preventiva, o prazo para a conclusão do inquérito, na forma estabelecida no art. 10 do CPP, iniciar-se-á da conversão; **E:** incorreta, pois não reflete a regra presente no art. 289-A, § 1º, do CPP.

Gabarito "D".

**(Advogado União – AGU – CESPE – 2015)** Com referência a prisão, julgue os itens subsequentes.

(1) A prisão temporária somente poderá ser decretada em situações excepcionais, quando for imprescindível para a realização de diligências investigatórias ou para a obtenção de provas durante o processo judicial.

(2) O juiz poderá substituir a prisão preventiva pela prisão domiciliar, caso o réu tenha mais de oitenta anos ou prove ser portador de doença grave que cause extrema debilidade.

(3) A conversão da prisão em flagrante em prisão preventiva ocorrerá automaticamente mediante despacho do juiz, ao qual deverá ser apresentado o auto de prisão em flagrante no prazo de vinte e quatro horas.

**1:** incorreta. É correto afirmar que a prisão temporária, modalidade de prisão processual, somente terá lugar em situações excepcionais, prestando-se a viabilizar as investigações do inquérito policial. Agora, não procede a afirmação de que tal modalidade de custódia cautelar poderá ser utilizada para a obtenção de provas no curso do processo judicial. É que a prisão temporária somente pode ser utilizada no curso das investigações; durante o processo judicial somente terá lugar a prisão preventiva, desde que presentes os requisitos contidos no art. 312 do CPP. **2:** correta, já que contempla uma das hipóteses legais em que pode o juiz proceder à substituição da prisão preventiva pela domiciliar (art. 318, I, CPP). Além dessa, há outras situações em que é possível a substituição, a saber: agente extremamente debilitado por

motivo de doença grave (inciso II); quando o agente for imprescindível aos cuidados de pessoa com menos de 6 (seis) anos ou com deficiência (inciso III); quando se tratar de gestante (inciso IV – cuja redação foi alterada pela Lei 13.257/2016); quando se tratar de mulher com filho de até 12 anos de idade incompletos (inciso V – cuja redação foi determinada pela Lei 13.257/2016); homem, caso seja o único responsável pelos cuidados do filho de até 12 anos de idade incompletos (inciso VI – cuja redação foi determinada pela Lei 13.257/2016). São várias as situações, portanto, em que a substituição poderá ser autorizada. **3:** incorreta. Pela nova sistemática introduzida pela Lei 13.964/2019, que entrou em vigor em 23 de janeiro de 2020 (posterior, portanto, à elaboração desta questão), impõe-se ao magistrado, quando da realização da audiência de custódia, manifestar-se *fundamentadamente*, adotando uma das seguintes opções: se se tratar de prisão ilegal, deverá relaxá-la e determinar a soltura imediata do preso; se a prisão estiver em ordem, deverá o juiz, desde que entenda necessário ao processo, converter a prisão em flagrante em preventiva, sempre levando-se em conta os requisitos do art. 312 do CPP, sendo vedado, portanto, que tal conversão se dê de forma automática. Ressalte-se que, tendo em vista o *postulado da proporcionalidade*, a custódia preventiva somente terá lugar se as medidas cautelares diversas da prisão revelarem-se inadequadas; poderá, por fim, o juiz conceder a liberdade provisória, com ou sem fiança, substituindo, assim, a prisão em flagrante. Os incisos I, II e III do art. 310 não foram alterados. ⬛

Gabarito 1E, 2C, 3E

**(Cartório/ES – 2013 – CESPE)** Acerca da prisão, da liberdade provisória e da custodia cautelar temporária, prevista em legislação extravagante, assinale a opção correta.

(A) Denomina-se flagrante esperado a possibilidade de a polícia retardar a interdição policial com a finalidade de obter mais dados e informações acerca da ação supostamente praticada por organizações criminosas, deixando de se concretizar a prisão no momento mais adequado do ponto de vista da formação de provas.

(B) Não será concedida a fiança aos acusados da prática de crimes de racismo, de tortura, de tráfico ilícito de entorpecentes e drogas afins, de terrorismo e daqueles definidos como crimes hediondos nem aos acusados de participarem de grupos armados, civis ou militares, que cometam infrações penais contra a ordem constitucional e o Estado democrático.

(C) Em se tratando da prática de infração penal de natureza grave, a prisão temporária pode ser decretada de ofício pelo juiz ou mediante representação da autoridade policial ou do MP, com vistas a assegurar uma eficaz investigação policial.

(D) Poderá o juiz substituir a prisão preventiva pela prisão domiciliar no caso de o agente ser maior de setenta anos de idade, de a presença do agente ser imprescindível aos cuidados especiais de pessoa menor de seis anos de idade ou com deficiência, de a agente estar grávida, se a gestação for de alto risco, ou em caso de debilidade extrema.

(E) Incorre em erro a autoridade policial que coloca em liberdade, mediante o pagamento de fiança, o acusado preso em flagrante delito e autuado pela prática de infração penal para a qual é prevista pena privativa de liberdade máxima de três anos de reclusão.

**A:** incorreta, uma vez que a proposição se refere ao instituto da *ação controlada* (também chamado flagrante *diferido* ou *retardado*), que atualmente se encontra regido, no âmbito da organização criminosa, pelos arts. 3º, III, 8º e 9º da Lei 12.850/2013, que revogou, na íntegra, a Lei 9.034/1995 (art. 26 da Lei 12.850/2013). Difere do chamado *flagrante esperado*, em que a polícia não exerce qualquer tipo de controle sobre a ação do agente; uma vez comunicada, aguarda a ocorrência do crime; **B:** correta. A partir da entrada em vigor da Lei de Reforma 12.403/2011, passaram a ser considerados inafiançáveis tão somente aqueles delitos assim declarados de forma expressa. É dizer, alterou-se o critério de inafiançabilidade. Hoje, são inafiançáveis os crimes hediondos, o tráfico de drogas, o terrorismo, a tortura, o racismo, a ação de grupos armados contra o Estado democrático de direito. É o que estabelece o art. 323 do CPP, que reproduz o teor do art. 5º, XLII, XLIII e XLIV, da CF. Cuidado: a Lei 13.964/2019 (Pacote Anticrime) alterou a Lei 8.072/1990 e ali inseriu novos crimes hediondos. Só para ficar em alguns exemplos, passaram a ser catalogados como delitos hediondos: furto qualificado pelo emprego de explosivo ou de artefato análogo que cause perigo comum (art. 155, § 4-A, CP); roubo circunstanciado pelo emprego de arma de fogo (art. 157, § 2º-A, I, CP); roubo qualificado pela ocorrência de lesão corporal grave (art. 157, § 3º, I, CP), entre outros; **C:** incorreta, na medida em que a prisão temporária em hipótese alguma será decretada de *ofício* pelo juiz (art. 2º, *caput*, da Lei 7.960/1989), ainda que se trate de crime de natureza "grave". A propósito, a prisão temporária somente será decretada diante da prática dos crimes elencados no art. 1º, III, da Lei 7.960/1989, todos considerados de natureza grave; **D:** incorreta. Somente fará jus à substituição o agente que contar com mais de 80 (oitenta) anos (e não 70), nos termos do art. 318 do CPP (inciso I). Há outras hipóteses, todas previstas no art. 318 do CPP, em que é possível a substituição, a saber: agente extremamente debilitado por motivo de doença grave (inciso II); quando o agente for imprescindível aos cuidados de pessoa com menos de 6 (seis) anos ou com deficiência (inciso III); quando se tratar de gestante (inciso IV – cuja redação foi alterada pela Lei 13.257/2016); mulher com filho de até 12 anos de idade incompletos (inciso V – cuja redação foi determinada pela Lei 13.257/2016); homem, caso seja o único responsável pelos cuidados do filho de até 12 anos de idade incompletos (inciso VI – cuja redação foi determinada pela Lei 13.257/2016). Quanto a este tema, importante tecer algumas ponderações, tendo em vista o advento da recente Lei 13.769/2018, que, entre outras coisas, inseriu no CPP o art. 318-A, que estabelece a substituição da prisão preventiva por prisão domiciliar da mulher gestante, mãe ou responsável por crianças ou pessoas com deficiência. Além disso, disciplina o regime de cumprimento de pena privativa de liberdade de condenadas na mesma situação, com alteração da Lei de Crimes Hediondos e da Lei de Execução Penal. Como bem sabemos, a 2ª turma do STF, ao julgar o HC coletivo 143.641, assegurou a conversão da prisão preventiva em domiciliar a todas as presas provisórias do país que sejam gestantes, puérperas ou mães de crianças e deficientes sob sua guarda. Perceba, dessa forma, que o legislador, ao inserir o art. 318-A do CPP, nada mais fez do que contemplar, no texto legal, o entendimento consolidado no *habeas corpus* coletivo a que fizemos referência. Também em consonância com o que ficou decidido no julgamento do HC, o legislador impôs dois requisitos: que não tenha sido cometido crime com grave ameaça ou violência contra a pessoa; que não tenha sido cometido contra o filho ou dependente. O art. 318-B, também inserido por meio da Lei 13.769/2018, prevê a possibilidade de aplicação concomitante da prisão domiciliar e das medidas alternativas previstas no art. 319 do CPP, na esteira do decidido no HC 143.641. Para além da inserção desses dois dispositivos legais no CPP, a Lei 13.769/2018 promoveu alterações na LEP. Perceba, pois, que os arts. 318, 318-A e 318-B tratam da concessão da prisão domiciliar no contexto da prisão preventiva, que constitui modalidade de prisão provisória. Pressupõe-se, aqui, portanto, ausência de condenação definitiva. Após o trânsito em julgado da condenação, a prisão domiciliar passa a ser disciplinada, como não poderia deixar de ser, pela LEP. Neste caso, temos que a Lei 13.769/2018 inseriu no art. 112 da LEP o § 3º, que estabelece fração diferenciada de cumprimento de pena para que a mulher, nas condições a que fizemos referência, possa alcançar o regime mais brando (a fração necessária, que antes era um sexto, passou para um oitavo). Para tanto, a reeducanda deve reunir quatro requisitos cumulativos, além de ter cumprido um oitavo da pena que lhe foi imposta. Também incluído pela Lei 13.769/2018, o § 4º do art. 112 da LEP estabelece que a prática de novo crime doloso ou falta grave acarretará a revogação do benefício. Por fim, também foi modificada a Lei de Crimes Hediondos, com a alteração, pela Lei 13.769/2018, do art. 2º, § 2º, que agora estabelece que a progressão, nesses crimes, se se tratar de mulher grávida, mãe ou responsável por criança ou pessoa com deficiência, obedecerá ao que estabelecem os §§ 3º e 4º do art. 112 da LEP. Em outras palavras, institui-se, no que concerne aos crimes hediondos e equiparados, regra específica de progressão no caso de o beneficiário encontrar-se em uma das condições acima; **E:** incorreta. Pela nova redação dada ao art. 322 do CPP pela Lei 12.403/2011, a autoridade policial pode conceder fiança nos casos de infração penal cuja pena privativa de liberdade máxima não seja superior a *quatro* anos, independentemente de ser o crime apenado com reclusão ou detenção (qualidade da pena). Naqueles casos em que a pena máxima superar os quatro anos, somente o magistrado poderá estabelecer a fiança.

Gabarito "B".

**(Cartório/RR – 2013 – CESPE)** Acerca da prisão, assinale a opção correta.

**(A)** A fiança poderá ser prestada em favor do preso mediante depósito de objetos preciosos.

**(B)** Na hipótese de agravamento da classificação jurídica do fato, não se poderá exigir o reforço da fiança concedida anteriormente com base na tipificação inicial, por constituir medida que onera o afiançado sem que este tenha dado causa para tanto.

**(C)** O juiz poderá substituir a prisão preventiva pela domiciliar quando o apenado tiver mais de setenta anos de idade.

**(D)** O juiz não poderá substituir a prisão preventiva pela suspensão de atividade de natureza econômica por força do princípio constitucional da livre iniciativa e do trabalho, mas poderá decretar outra medida cautelar, diversa da prisão, caso preenchidos os requisitos legais.

**(E)** Em caso de prisão civil, a fiança poderá ser concedida por analogia, em favor do réu.

**A:** correta, pois em conformidade com o que estabelece o art. 330, *caput*, do CPP; **B:** incorreta, uma vez que a inovação da classificação jurídica do fato atribuído ao investigado/acusado pode levar ao reforço da fiança (art. 340, III, do CPP); **C:** incorreta, na medida em que, entre outras hipóteses, a prisão preventiva será substituída pela domiciliar quando o indiciado/acusado contar com mais de 80 anos, e não de 70 (art. 318, I, do CPP); **D:** incorreta, visto que poderá o juiz, sim, substituir a prisão preventiva pela suspensão de atividade de natureza econômica (art. 319, VI, do CPP); **E:** incorreta, uma vez que a prisão civil não comporta fiança, nos termos do art. 324, II, do CPP.

Gabarito "A".

**(Escrivão de Polícia Federal – 2013 – CESPE)** No que tange à prisão em flagrante, à prisão preventiva e à prisão temporária, julgue os itens que se seguem, à luz do Código de Processo Penal (CPP).

**(1)** A atual sistemática da prisão preventiva impõe a observância das circunstâncias fáticas e normativas estabelecidas no CPP e, sobretudo, em qualquer das hipóteses de custódia preventiva, que o crime em apuração seja doloso punido com pena privativa de liberdade máxima superior a quatro anos.

**(2)** Admite-se a prisão preventiva para todos os crimes em que é prevista a prisão temporária, sendo esta realizada com o objetivo específico de tutelar a investigação policial.

**(3)** O CPP dispõe expressamente que na ocorrência de prisão em flagrante tem a autoridade policial o dever de comunicar o fato, em até vinte e quatro horas, ao juízo competente, ao Ministério Público, à família do preso ou à pessoa por ele indicada e, ainda, à defensoria pública, se o aprisionado não indicar advogado no ato da autuação.

**1:** incorreta. A Lei 12.403/2011 alterou sobremaneira o regramento da prisão preventiva, em especial no que toca aos seus requisitos. A nova redação conferida ao art. 313 do CPP estabelece as condições de admissibilidade da custódia preventiva, a saber: nos crimes dolosos punidos com pena privativa de liberdade máxima superior a quatro anos (não mais importa se o crime é apenado com reclusão ou detenção); se tiver sido condenado por outro crime doloso, em sentença com trânsito em julgado; se o crime envolver violência doméstica e familiar contra a mulher, criança, adolescente, idoso, enfermo ou pessoa com deficiência, para garantir a execução das medidas preventivas de urgência; e também quando houver dúvida sobre a identidade civil da pessoa ou quando esta não fornecer elementos suficientes para esclarecê-la. Não terá lugar a prisão preventiva nos crimes culposos tampouco nas contravenções penais. Assim, esta modalidade de prisão processual poderá ser decretada em outras hipóteses além daquela prevista no inciso I do *caput* do art. 313 do CPP, a que faz referência a assertiva. Posteriormente, a Lei 13.964/2019 inseriu no art. 313 do CPP o § 2º, conferindo-lhe a seguinte redação: "Não será admitida a decretação da prisão preventiva com a finalidade de antecipação de cumprimento de pena ou como decorrência imediata de investigação criminal ou da apresentação ou recebimento da denúncia"; **2:** correta. De fato, a prisão preventiva poderá ser decretada, em princípio, em todos os crimes em que cabe a prisão temporária (art. 1º, III, da Lei 7.960/1989), servindo esta para viabilizar as investigações do inquérito policial; **3:** incorreta.

Isso porque a comunicação da prisão, no caso de flagrante, deve dar-se *imediatamente* ao juiz competente, ao Ministério Público e à família do preso ou a pessoa por ele indicada (a obrigatoriedade de comunicar o MP foi inserida pela Lei 12.403/2011, que alterou a redação do art. 306, *caput*, do CPP). Além disso, por imposição do art. 306, § 1º, do CPP, cuja redação também foi alterada por força da mesma lei, "em até vinte e quatro horas após a realização da prisão, será encaminhado ao juiz competente o auto de prisão em flagrante e, caso o autuado não informe o nome de seu advogado, cópia integral para a Defensoria Pública". Ao final, será entregue ao autuado a *nota de culpa*, da qual constarão o motivo da prisão, o nome do condutor e também o das testemunhas (art. 306, § 2º, CPP).

Gabarito 1E, 2C, 3E

**(Agente de Polícia/DF – 2013 – CESPE)** Julgue os itens subsecutivos, referentes a prisões.

(1) Após a prisão em flagrante, a autoridade policial deverá entregar ao preso a nota de culpa em até vinte e quatro horas, pois não é permitido que alguém fique preso sem saber o motivo da prisão.

(2) Para caracterizar o flagrante presumido, a perseguição ao autor do fato deve ser feita imediatamente após a ocorrência desse fato, não podendo ser interrompida nem para descanso do perseguidor.

**1**: correta. É por meio da *nota de culpa* que a autoridade policial leva ao conhecimento do preso o motivo de sua prisão, o nome da pessoa que o prendeu e o das testemunhas que a tudo assistiram. É imprescindível que este documento chegue às mãos do preso dentro do prazo de 24 horas, a contar da sua prisão (captura) em flagrante, conforme determina o art. 306, § 2º, do CPP. Se assim não for, o flagrante deve ser relaxado por ausência de formalidade; **2**: assertiva incorreta, visto que, nesta modalidade de flagrante (art. 302, IV, do CPP), inexiste perseguição, sendo o agente encontrado, logo depois do crime, na posse de instrumentos, armas, objetos ou papéis em circunstâncias que revelem ser ele o autor da infração penal. O elemento *perseguição* é imprescindível no chamado *flagrante impróprio, imperfeito* ou *quase flagrante*, em que o sujeito é perseguido, logo em seguida ao crime, em situação que faça presumir ser o autor da infração (art. 302, III).

Gabarito 1C, 2E

**(Escrivão de Polícia/DF – 2013 – CESPE)** Com base no que dispõe o Código de Processo Penal, julgue os itens que se seguem.

(1) Por constituir medida cautelar, a prisão temporária poderá ser decretada pelo magistrado para que o acusado seja submetido a interrogatório e apresente sua versão sobre o fato narrado pela autoridade policial, tudo isso em consonância com o princípio do livre convencimento. No entanto, não será admitida a prorrogação, de ofício, dessa modalidade de prisão.

(2) A falta de advertência sobre o direito ao silêncio não conduz à anulação automática do interrogatório ou depoimento, devendo ser analisadas as demais circunstâncias do caso concreto para se verificar se houve ou não o constrangimento ilegal.

(3) O excesso de prazo da prisão em razão da demora na fixação do foro competente configura constrangimento ilegal à liberdade de locomoção.

**1**: incorreta. Primeiro porque a necessidade de submeter o investigado a interrogatório não pode ser considerada como medida imprescindível a justificar a decretação da custódia temporária (art. 1º, I, da Lei 7.960/1989); segundo, a decretação e prorrogação, pelo juiz, da prisão temporária estão condicionadas à provocação da autoridade policial e do MP, este por meio de requerimento e aquela por representação (art. 2º, *caput*, da Lei 7.960/1989). Conferir: "*Habeas corpus* contra decisão que decretou prisão temporária. Paciente indiciado por formação de quadrilha, corrupção de menores e apologia ao crime. Divulgação de vídeo na internet em que o paciente e outros agentes, portando armas de fogo, cantam músicas que fazem apologia ao crime, na presença de menores de idade. Prisão temporária decretada, a pedido da autoridade policial, sem fundamentação idônea. Ordem concedida para revogar a prisão temporária. 1. A prisão temporária não pode ser decretada ao simples fundamento de que o interrogatório do indiciado é imprescindível para as investigações policiais e a prisão é necessária para auxiliar

no cumprimento de diligências, tais como a localização das armas que apareceram no vídeo divulgado na internet. O interrogatório é uma faculdade, podendo o indiciado fazer uso, se lhe for conveniente, do direito de permanecer calado. Quanto à apreensão das armas, existe procedimento específico, independentemente da prisão do indiciado. Assim, a prisão temporária não pode ser decretada sob a mera justificativa de que a polícia precisa ouvir o indiciado e localizar as armas. Ademais, verifica-se nos autos que o paciente tem bons antecedentes e residência fixa, podendo, em liberdade, responder às imputações que lhe estão sendo feitas. 2. *Habeas corpus* admitido e ordem concedida, para revogar a decisão que decretou a prisão temporária do paciente, confirmando a liminar deferida" (TJ-DF, HC 152170520098070000, 2ª Câmara Criminal, rel. Roberval Casemiro Belinati, j. 19.11.2009); **2**: correta. Na jurisprudência do STF: "penal. Processual penal. Recurso ordinário em *habeas corpus*. Nulidades processuais. Processo Penal Militar. Interrogatório. Ampla defesa e contraditório. Presença do defensor. Ausência de advertência sobre o direito ao silêncio. Réus que apresentam sua versão dos fatos. Ausência de comprovação do prejuízo. Alteração de advogado sem anuência dos réus. Fato que não pode ser atribuído ao poder judiciário. *Pas de nullité sans grief*. Ausência de abuso de poder, ilegalidade ou teratologia aptas a desconstituir a coisa soberanamente julgada. Recurso ordinário desprovido. 1. As garantias da ampla defesa e do contraditório restam observadas, não prosperando o argumento de que a falta de advertência, no interrogatório, sobre o direito dos réus permanecerem calados, seria causa de nulidade apta a anular todo o processo penal, nos casos em que a higidez do ato é corroborada pela presença de defensor durante o ato, e pela opção feita pelos réus de, ao invés de se utilizarem do direito ao silêncio, externar a sua própria versão dos fatos, contrariando as acusações que lhes foram feitas, como consectário de estratégia defensiva. 2. A falta de advertência sobre o direito ao silêncio não conduz à anulação automática do interrogatório ou depoimento, restando mister observar as demais circunstâncias do caso concreto para se verificar se houve ou não o constrangimento ilegal (...)" (RHC 107915, Luiz Fux); **3**: correta. Nesse sentido: "Excesso de prazo da prisão. Demora na solução de conflito de competência: paciente preso há um ano e dois meses. Denúncia oferecida oito meses após a prisão. Demora não imputável ao paciente. Ausência de complexidade do feito. Excesso de prazo configurado: precedentes. Ordem concedida. 1. O excesso de prazo da prisão em razão da demora na fixação do foro competente configura constrangimento ilegal à liberdade de locomoção. 2. Ordem concedida" (HC 94247, CÁRMEN LÚCIA, STF).

Gabarito 1E, 2C, 3C

## 12. PROCESSO E PROCEDIMENTOS

**(Analista Judiciário – TJ/PA – 2020 – CESPE)** De acordo com o Código de Processo Penal (CPP), no procedimento comum ordinário, após o recebimento de denúncia e o oferecimento de resposta à acusação pela defesa, o juiz absolverá sumariamente o denunciado na hipótese de

(A) haver dúvida quanto à autoria do réu ou à sua participação no crime.

(B) ficar comprovada a inimputabilidade mental do réu.

(C) a denúncia ser manifestamente inepta.

(D) faltar justa causa para o exercício da ação penal.

(E) o fato narrado evidentemente não constituir crime.

**A**: incorreta. A ausência de lastro probatório mínimo (justa causa), quer em razão da falta de indícios suficientes de autoria, quer no que toca à existência da infração penal (leia-se: materialidade), dá azo à rejeição da denúncia/queixa, nos termos do que estabelece o art. 395, III, do CPP. Havendo dúvida quanto à autoria do réu ou à sua participação no crime, mas existindo indícios suficientes de autoria, desde que haja materialidade, é de rigor o recebimento da peça acusatória. Cuidado: embora o lastro probatório mínimo leve ao recebimento da inicial, a dúvida quanto à autoria ou participação, após a conclusão da instrução, ensejará a absolvição do acusado, nos termos do que prevê o art. 386, V, do CPP; **B**: incorreta, uma vez que o art. 397, II, do CPP exclui a possibilidade de proceder-se à absolvição sumária em caso de *inimputabilidade*, dado que tal circunstância deverá ser apurada no curso da instrução processual; **C**: incorreta. O fato de a inicial acusatória ser manifestamente inepta leva à sua rejeição (395, I, CPP); **D**: incorreta, na medida em que a falta de justa causa para o exercício da ação penal constitui hipótese de rejeição da denúncia/queixa (art. 395,

III, CPP); **E:** correta, uma vez que se trata de hipótese de absolvição sumária (art. 397, III, CPP).

Gabarito "E".

Davi, servidor público comissionado municipal sem vínculo efetivo com a prefeitura do respectivo município, foi denunciado pelo suposto cometimento do delito de peculato — art. 312 do CP. Durante o IP, Davi foi interrogado na presença de seu advogado. Na fase judicial da persecução penal, ao chefe de sua repartição foi encaminhada notificação, que não foi considerada cumprida em razão da exoneração do servidor; no local, noticiaram que ele continuava residindo no endereço mencionado no inquérito. Após o recebimento da denúncia, considerando-se que o servidor estava em local incerto, foi determinada sua citação por edital. O advogado constituído pelo réu, após tomar conhecimento da tramitação da ação penal, apresentou resposta à acusação, nos termos do art. 396 do CPP. Posteriormente, ainda que não intimado pessoalmente, Davi compareceu à audiência designada.

**(Juiz de Direito - TJ/BA - 2019 - CESPE/CEBRASPE)** Com referência a essa situação hipotética, assinale a opção correta.

(A) Por se tratar de crime funcional, a desobediência ao procedimento especial — não oportunizar a defesa preliminar, nos termos do art. 514 do CPP — gerou a nulidade do processo.

(B) A apresentação de resposta à acusação por advogado constituído por Davi durante o IP supre eventual nulidade da citação.

(C) No caso de o réu continuar atuando como servidor público, a notificação encaminhada ao chefe da repartição, nos termos do art. 359 do CPP, dispensaria o mandado de citação.

(D) A obrigação de esgotamento dos meios de localização para a validade da citação por edital não alcança as diligências em todos os endereços constantes no IP.

(E) Citado por edital, o réu poderá, a qualquer tempo, integrar a relação processual, e o prazo para resposta à acusação começará a fluir a partir do referido ato de ingresso no processo.

**A:** incorreta. A peculiaridade do procedimento referente aos crimes de responsabilidade dos funcionários públicos reside na impugnação ofertada pelo funcionário antes do recebimento da denúncia. A chamada *resposta* ou *defesa preliminar*, prevista no art. 514 do CPP, que somente terá incidência nos crimes funcionais afiançáveis, não se estendendo ao particular que, na qualidade de coautor ou partícipe, tomar parte no crime. Com a edição da Súmula 330 do STJ, esta defesa que antecede o recebimento da denúncia deixou de ser necessária na ação penal alicerçada em inquérito policial. Dessa forma, a formalidade imposta pelo art. 514 do CPP somente se fará necessária, segundo o STJ, quando a denúncia se basear em outras peças de informação que não o inquérito policial. Em outras palavras, a resposta preliminar é necessária, sim, na hipótese de a ação penal não ser calcada em inquérito policial. No caso narrado no enunciado, não há dúvida de que a denúncia ofertada em face de Davi foi baseada em informações colhidas em inquérito policial, o que afasta a necessidade de defesa preliminar, não havendo, portanto, que se falar em nulidade; **B:** incorreta. Isso porque a falta de citação constitui causa de nulidade absoluta (art. 564, III, *e*, do CPP), salvo se o denunciado comparecer em juízo. O fato de Davi haver constituído, durante as investigações do inquérito policial, advogado, o qual, após, ofereceu resposta à acusação, não elide a necessidade de citação. Conferir: "4. A citação é pressuposto de existência da relação processual e sua obrigatoriedade não pode ser relativizada somente porque o réu constituiu advogado particular quando foi preso em flagrante. O fato de o Juiz ter determinado a juntada, nos autos da ação penal, de cópia da procuração outorgada ao advogado no processo apenso, relacionado ao pedido de liberdade provisória, bem como que o causídico apresentasse resposta à acusação, não supre a falta de citação e nem demonstra, sem o comparecimento espontâneo do réu a nenhum ato do processo, sua ciência inequívoca da denúncia e nem que renunciou à autodefesa. 5. O prejuízo para a ampla defesa foi registrado no acórdão estadual, não havendo falar em violação do art. 563 do CPP. A ampla defesa desdobra-se na defesa técnica e na autodefesa, esta última suprimida do réu, pois não lhe foram oportunizadas diversas possibilidades, tais como a presença em juízo, o conhecimento dos argumentos e conclu-

sões da parte contrária, a exteriorização de sua própria argumentação em interrogatório etc. 6. Recurso especial não provido." (STJ, REsp 1580435/GO, Rel. Ministro ROGERIO SCHIETTI CRUZ, SEXTA TURMA, julgado em 17/03/2016, DJe 31/03/2016); **C:** incorreta. A citação do funcionário público será feita pessoalmente, devendo o juiz apenas notificar o chefe da repartição em que o funcionário exerce suas funções, dando-lhe conta do dia e horário em que o acusado deverá comparecer em juízo (art. 359, CPP). Com isso, a repartição disporá de tempo para, se for o caso, cuidar para que o funcionário, naquele dia e horário, seja substituído. Em outras palavras, a notificação ao chefe da repartição, providência prevista no art. 359 do CPP, não supre a necessidade de citação (pessoal) do funcionário público denunciado; **D:** incorreta. Por se tratar de modalidade de citação ficta, em que se presume que o réu tenha tomado conhecimento da acusação que contra ele foi formulada, a realização da citação por edital pressupõe o esgotamento de todos os meios disponíveis para a localização do denunciado, o que engloba todos os seus endereços de que se tem notícia, inclusive aqueles informados no inquérito policial. Somente após isso é que poderá se recorrer à citação por edital. Na jurisprudência: "é nulo o processo a partir da citação na hipótese de citação por edital determinada antes de serem esgotados todos os meios disponíveis para a citação pessoal do réu" (STJ, HC 213.600, *DJe* 09.10.2012); **E:** correta, pois reflete o disposto no art. 396, parágrafo único, do CPP. ⓔ

Gabarito "E".

**(Juiz de Direito - TJ/BA - 2019 - CESPE/CEBRASPE)** Acerca dos procedimentos processuais penais no Brasil, julgue os itens a seguir.

I. Nos crimes contra a propriedade imaterial que deixem vestígios, o exame do corpo de delito será condição de procedibilidade para o exercício da ação penal.

II. No procedimento sumário, o prazo para resposta à acusação é de cinco dias.

III. Registro de depoimento tomado na audiência de instrução por meio audiovisual terá de ser encaminhado às partes, sendo obrigatória a transcrição.

IV. No procedimento por crime funcional, em caso de ilícito afiançável, o réu será notificado para apresentar defesa preliminar por escrito no prazo de quinze dias.

Estão certos apenas os itens

(A) I e IV.

(B) II e III.

(C) III e IV.

(D) I, II e III.

(E) I, II e IV.

**I:** correta, uma vez que reflete o disposto no art. 525 do CPP. Por força desse dispositivo, o exame de corpo de delito constitui condição especial de procedibilidade ao ajuizamento da ação penal. A sua ausência, portanto, implica rejeição da inicial acusatória; **II:** incorreta. O art. 396, *caput*, do CPP, que se aplica tanto ao procedimento ordinário quanto ao sumário, estabelece o prazo de dez dias para resposta à acusação; **III:** incorreta, pois em desconformidade com o art. 405, § 2°, do CPP, segundo o qual, *no caso de registro por meio audiovisual, será encaminhado às partes cópia do registro original, sem necessidade de transcrição;* **IV:** correta. A defesa preliminar de que trata o art. 514 do CPP, a ser ofertada no prazo de 15 dias, confere ao funcionário público denunciado pela prática de crime funcional afiançável a oportunidade de rebater o teor da denúncia antes de ela ser apreciada pelo magistrado. É a antecipação do contraditório, que, no procedimento comum, será exercido após o recebimento da denúncia, em sede de resposta à acusação. Sempre é bom lembrar que o STJ, por meio da Súmula 330 do STJ, fixou o entendimento de que esta defesa que antecede o recebimento da denúncia é desnecessária na ação penal alicerçada em inquérito policial. Dessa forma, a formalidade imposta pelo art. 514 do CPP somente se fará necessária, segundo o STJ, quando a denúncia se basear em outras peças de informação que não o inquérito policial.

Gabarito "A".

**(Defensor Público/AL – 2017 – CESPE)** Acerca dos ritos especiais de julgamento envolvendo crimes contra a honra, assinale a opção correta.

(A) O pedido de explicações, nos casos de crimes contra a honra pode ser formulado a qualquer tempo, antes ou durante o transcorrer da ação penal.

# 13. DIREITO PROCESSUAL PENAL 497

**(B)** Tratando-se de crimes de difamação, não se admite a exceção da verdade, ainda que o ofendido seja funcionário público e a ofensa seja relacionada ao exercício de suas funções.

**(C)** Tratando-se de crime contra a honra do servidor público em razão da função, a ação penal pode ser iniciada mediante queixa-crime do ofendido ou ação pública condicionada à representação.

**(D)** Se o querelante regularmente intimado não comparecer à audiência de reconciliação, reputar-se-á apenas desinteressado em celebrar acordo, prosseguindo o processo normalmente.

**(E)** Em se tratando de crimes contra a honra mediante ação penal pública condicionada à representação, o ofendido poderá, a qualquer tempo, desistir da ação e solicitar a extinção do processo.

**A:** incorreta. Por se tratar de uma medida preparatória e facultativa para o oferecimento da queixa, tal somente poderá ocorrer antes de instaurada a ação penal (art. 144, CP); **B:** incorreta, dado que o crime de difamação, ao contrário do que se afirma na assertiva, comporta, sim, a exceção da verdade, nos casos em que o ofendido é funcionário público e a ofensa é relacionada ao exercício de suas funções, nos termos do art. 139, parágrafo único, do CP; **C:** correta. Segundo entendimento firmado na Súmula 714 do STF, em se tratando de ação penal por crime contra honra de servidor público em razão do exercício de suas funções, será concorrente a legitimidade do ofendido, mediante queixa, e do Ministério Público, condicionada à representação do ofendido; **D:** incorreta, pois se trata de hipótese de perempção (art. 60, III, do CPP); **E:** incorreta, uma vez que, oferecida a representação, a sua retratação somente poderá ser dar até o oferecimento da denúncia (art. 25, CPP).

Gabarito "C".

**(Juiz de Direito/AM – 2016 – CESPE)** Em se tratando de procedimento comum ordinário, o juiz deverá absolver sumariamente o acusado quando verificar que

**(A)** a punibilidade está extinta em razão da ocorrência da prescrição da pretensão punitiva em perspectiva.

**(B)** o fato foi cometido em situação de manifesta inexigibilidade de conduta diversa.

**(C)** estão ausentes indícios mínimos de autoria e materialidade do fato supostamente praticado.

**(D)** o acusado é portador de doença mental, atestada por laudo médico oficial, e inteiramente incapaz de entender o caráter ilícito do fato.

**(E)** o fato foi cometido em estrita obediência a ordem manifestamente ilegal.

**A:** incorreta, uma vez que a jurisprudência rechaça a prescrição *antecipada* ou *virtual, assim considerada* aquela baseada na pena que seria, em tese, aplicada ao réu em caso de condenação. Grande parte da jurisprudência rechaça tal modalidade de prescrição, na medida em que implica verdadeiro prejulgamento (o juiz estaria se utilizando de uma pena ainda não aplicada). Consolidando tal entendimento, o STJ editou a Súmula 438, segundo a qual não se admite a prescrição baseada em pena hipotética; **B:** correta: hipótese de absolvição sumária prevista no art. 397, II, do CPP; **C:** incorreta. A ausência de indícios mínimos de autoria ou materialidade do fato constitui hipótese de rejeição da peça acusatória (denúncia ou queixa), tal como estabelece o art. 395, III, do CPP. O art. 397 (absolvição sumária) não contempla tal hipótese, como afirmado na assertiva; **D:** incorreta, uma vez que o art. 397, II, do CPP exclui a possibilidade de proceder-se à absolvição sumária em caso de *inimputabilidade*, dado que tal circunstância deverá ser apurada no curso da instrução processual; **E:** incorreta. O reconhecimento da obediência hierárquica (art. 22, segundo parte, do CP), que pressupõe que a ordem emanada do superior hierárquico seja *não* manifestamente ilegal, pode dar azo à absolvição sumária (art. 397, II, do CPP). É causa de exclusão da culpabilidade.

Gabarito "B".

**(Analista – Judiciário –TRE/PI – 2016 – CESPE)** Assinale a opção correta a respeito dos procedimentos penais.

**(A)** Nos termos da Lei n.º 8.038/1990, o relator não poderá decidir sozinho quanto ao recebimento ou à rejeição da

exordial, impondo-se ao tribunal, de forma colegiada, deliberar a esse respeito.

**(B)** Tratando-se do procedimento ordinário, expirado o prazo para o oferecimento da defesa inicial, opera-se a preclusão temporal.

**(C)** Em se tratando do procedimento sumaríssimo, não é necessário que a sentença contenha relatório, sendo também prescindível a motivação, devido à celeridade de seus atos processuais.

**(D)** Não será aplicado o procedimento sumaríssimo da lei dos juizados especiais criminais na hipótese de alta complexidade da causa, caso em que o juiz deverá encaminhar os autos ao juiz comum para a adoção do procedimento comum ordinário.

**A:** correta, pois reflete o disposto no art. 6º da Lei 8.038/1990; **B:** incorreta. Não há que se falar, no processo penal, em preclusão temporal. A falta de resposta à acusação dentro do prazo estabelecido em lei impõe ao juiz a obrigação de nomear defensor ao acusado, que atuará, a partir daí, na sua defesa; **C:** incorreta, visto que, no rito sumaríssimo, afeto às infrações penais de menor potencial ofensivo, somente o relatório (e não a motivação), ao contrário do que se verifica nos ritos ordinário e sumário, é dispensável, em conformidade com o art. 81, § 3º, da Lei 9.099/1995 e em homenagem à informalidade, à economia processual, à simplicidade e à celeridade, princípios informadores do Juizado Especial Criminal; **D:** incorreta. Nesta hipótese, o procedimento a ser adotado é *sumário*, e não o *ordinário* (art. 538, CPP).

Gabarito "A".

**(Analista – Judiciário –TRE/PI – 2016 – CESPE)** Acerca dos procedimentos, no juízo singular, dos crimes de responsabilidade dos funcionários públicos, dos crimes de calúnia e injúria e dos crimes contra a propriedade imaterial, assinale a opção correta.

**(A)** Em se tratando de procedimentos dos crimes contra a propriedade imaterial, se a infração deixar vestígios, a queixa será instruída com a perícia realizada, admitindo-se o suprimento por outro meio de prova caso a perícia não possa ser realizada ou os vestígios desapareçam.

**(B)** O procedimento de apuração dos crimes contra a propriedade imaterial independe da natureza da ação penal, pois esses crimes são de ação penal pública incondicionada.

**(C)** Os procedimentos dos crimes contra honra relativos aos processos e julgamentos dos crimes de calúnia e de injúria são inaplicáveis aos crimes de difamação por falta de previsão legal.

**(D)** O rito previsto para o procedimento dos crimes contra honra é idêntico ao previsto para o procedimento comum ordinário, agregando-se, apenas, a audiência de tentativa de conciliação e a possibilidade de serem deduzidas, em determinados casos, as exceções da verdade e notoriedade do fato.

**(E)** De acordo com o CPP, o procedimento dos crimes funcionais aplica-se a todos os crimes funcionais afiançáveis e inafiançáveis.

**A:** incorreta, uma vez que contraria o disposto no art. 525 do CPP. Por força desse dispositivo, o exame de corpo de delito constitui condição especial de procedibilidade ao ajuizamento da ação penal. A sua ausência, portanto, implica rejeição da queixa; **B:** incorreta (art. 186 do CP); **C:** incorreta. Embora o art. 519 do CPP, que cuida do processo e julgamento dos crimes contra a honra, somente faça menção à injúria e calúnia, esse procedimento também é aplicável ao crime de difamação. Atualmente, o processo dos crimes contra a honra (calúnia, difamação e injúria) segue as regras estabelecidas para o procedimento sumaríssimo (Lei 9.099/1995), já que se trata de infrações de menor potencial ofensivo, exceção feita à injúria racial, cuja pena máxima cominada é de 3 anos, fora, portanto, do âmbito do procedimento da Lei 9.099/1995; **D:** correta (arts. 520 a 523 do CPP); **E:** incorreta (art. 514, CPP).

Gabarito "D".

**(Procurador do Estado – PGE/BA – CESPE – 2014)** Acerca das sentenças, julgue o item a seguir (adaptada)

**(1)** Considere que Marina tenha sido processada por crime de furto supostamente cometido contra seu primo André e que, após a fase de produção de provas, o MP, convencido de sua inocência, tenha opinado por sua absolvição. Nessa situação hipotética, segundo o Código de Processo Penal, o juiz não poderá proferir sentença condenatória contra Marina.

**1:** incorreta, na medida em que é dado a juiz, ao contrário do que se afirma, condenar o réu, ainda que o MP tenha opinado pela sua absolvição (art. 385, CPP). De igual forma, também pode o juiz reconhecer agravantes não invocadas pela acusação. 

*Gabarito 1E*

**(Analista – STF – 2013 – CESPE)** Acerca da *emendatio libelli* e de outros importantes institutos do processo penal, julgue os itens subsequentes.

**(1)** O STF sumulou o entendimento no sentido da impossibilidade da *mutatio libelli* em segundo grau de jurisdição, o qual se mantém válido, a despeito das modificações nas normas processuais sobre a matéria, uma vez que os princípios da proibição de *reformatio in pejus*, da ampla defesa e da congruência da sentença penal, entre outros, vedam o aditamento à denúncia e a inclusão de fato novo após a sentença de primeiro grau.

**(2)** Ao apreciar recurso interposto pela defesa contra decisão condenatória de primeiro grau, o tribunal pode atribuir ao fato uma classificação penal diversa da constante da denúncia ou da queixa, sem alterar a descrição fática da inicial acusatória nem aumentar a pena imposta ao recorrente, ainda que da nova tipificação possa resultar pena maior do que a fixada na sentença.

**1:** correta. Embora a Súmula 453, do STF, que veda a incidência da *mutatio libelli* em segundo grau de jurisdição, seja anterior à Lei 11.719/2008, que alterou a redação, entre outros, do art. 384 do CPP, dando nova conformação jurídica à *mutatio libelli*, o entendimento nela (súmula) firmado continua a ser aplicado; **2:** correta. A despeito de a *mutatio libelli* não ter incidência no âmbito do julgamento dos recursos (Súmula 453, do STF), o mesmo não se diga em relação à *emendatio libelli*, que poderá ser aplicada pelos tribunais em grau de recurso, desde que, é claro, seja observado o princípio que veda a *reformatio in pejus* (art. 617, CPP). Em outras palavras, não terá lugar a inovação na capitulação jurídica atribuída à conduta do recorrente que implique agravamento na pena a ele imposta pelo juízo *a quo*. Cabe, aqui, distinguir os fenômenos em estudo. No campo da *emendatio libelli*, o fato descrito pela acusação na peça inicial permanece inalterado, sem prejuízo, por isso mesmo, para a defesa. A mudança, aqui, incide na classificação da conduta, levada a efeito pela acusação, no ato da propositura da ação, e retificada pelo juiz, de ofício, no momento da sentença, sendo desnecessário, em vista disso, ouvir a esse respeito o defensor. Na *mutatio libelli*, diferentemente, temos que a prova colhida na instrução aponta para uma nova definição jurídica do fato, diversa daquela contida na inicial. Por força do que estabelece o art. 383 do CPP, com a redação que lhe conferiu a Lei de Reforma 11.719/08, impõe-se o aditamento da exordial pelo órgão acusatório, ainda que a nova capitulação jurídica implique aplicação de pena igual ou menos grave. 

*Gabarito 1C, 2C*

**(Analista – STF – 2013 – CESPE)** Tendo em vista variados temas para o processo penal, julgue os itens seguintes.

**(1)** No processo de competência do tribunal do júri, a absolvição sumária imprópria deve ser anulada, por ofensa aos princípios do juiz natural, da ampla defesa e do devido processo legal, se o advogado do réu, além de defender a inimputabilidade do acusado, sustentar outras teses defensivas. Essa afirmativa é válida ainda que a inimputabilidade já tenha sido devidamente comprovada na instrução probatória realizada na primeira fase do procedimento.

**(2)** No processo penal, as decisões interlocutórias simples proferidas por juiz singular são, em regra, irrecorríveis, como é o caso da decisão de recebimento da denúncia ou da queixa. As decisões interlocutórias mistas, terminativas ou não terminativas são recorríveis por meio de recurso em sentido estrito, mas irrecorríveis por apelação, como é o caso da decisão de impronúncia.

**1:** correta. Conferir: "Processo penal. *Habeas corpus*. Homicídio tentado. Inimputabilidade. Absolvição sumária e submissão à medida de

segurança. Alegação de causa excludente de ilicitude. Legítima defesa. Competência do conselho de sentença. Constrangimento ilegal configurado. Ordem concedida. 1. A absolvição sumária por inimputabilidade do acusado constitui sentença absolutória imprópria, a qual impõe a aplicação de medida de segurança, razão por que ao magistrado incumbe proceder à análise da pretensão executiva, apurando-se a materialidade e autoria delitiva, de forma a justificar a imposição da medida preventiva. 2. Reconhecida a existência do crime e a inimputabilidade do autor, tem-se presente causa excludente de culpabilidade, incumbindo ao juízo sumariante, em regra, a aplicação da medida de segurança. 3. "Em regra, o *meritum causae* nos processos de competência do júri é examinado pelo juízo leigo. Excepciona-se tal postulado, por exemplo, quando da absolvição sumária, ocasião em que o juiz togado não leva a conhecimento do júri ação penal em que, desde logo, se identifica a necessidade de absolvição. Precluindo a pronúncia, deve a matéria da inimputabilidade ser examinada pelo conselho de sentença, mormente, se existe tese defensiva diversa, como a da legítima defesa" (HC 73.201/DF). 4. Havendo tese defensiva relativa à excludente de ilicitude prevista no art. 23 do Código Penal (legítima defesa), não deve subsistir a sentença que absolveu sumariamente o paciente e aplicou-lhe medida de segurança, em face de sua inimputabilidade, por ser esta tese mais gravosa que aquela outra. 5. Ordem concedida para anular o processo a partir da sentença que absolveu sumariamente o paciente para que outra seja proferida, a fim de que seja analisada a tese da legítima defesa exposta nas alegações finais" (STJ, HC 200800217224, Arnaldo Esteves Lima, Quinta T., *DJE* 02/08/2010); **2:** incorreta. Com o advento da Lei 11.689/08, que modificou os arts 416 e 581, IV, do CPP, a decisão de impronúncia, que antes comportava *recurso em sentido estrito*, passou a ser combatida por meio de *recurso de apelação*. 

*Gabarito 1C, 2E*

## 13. PROCESSO DE COMPETÊNCIA DO JÚRI

**(Analista Judiciário – TJ/PA – 2020 – CESPE)** Nos casos de sentença de impronúncia ou de absolvição sumária em procedimento do tribunal do júri,

**(A)** é cabível o recurso de apelação.

**(B)** é cabível o recurso em sentido estrito.

**(C)** são cabíveis o recurso de apelação e o recurso em sentido estrito, respectivamente.

**(D)** são cabíveis o recurso em sentido estrito e o recurso de apelação, respectivamente.

**(E)** são cabíveis o recurso de agravo e o recurso de apelação, respectivamente.

Se o juiz impronunciar o acusado, ou mesmo absolvê-lo sumariamente, o recurso a ser interposto é a *apelação*, na forma estatuída no art. 416 do CPP, e não o *recurso em sentido estrito ou o agravo*. Isso porque se trata de decisões terminativas do processo, o que não justificaria a interposição do recurso em sentido estrito tampouco o de agravo. 

*Gabarito "A"*

**(Juiz de Direito – TJ/SC – 2019 – CESPE/CEBRASPE)** De acordo com o Código de Processo Penal, assinale a opção correta acerca do instituto do desaforamento do tribunal do júri.

**(A)** O pedido de desaforamento será distribuído imediatamente e terá preferência de tramitação somente quando for referente a réu preso.

**(B)** O relator poderá determinar, fundamentadamente, a suspensão do julgamento pelo júri quando os motivos alegados forem relevantes.

**(C)** O pedido de desaforamento não será cabível em nenhuma hipótese caso já tenha sido realizado um primeiro julgamento anulado.

**(D)** A pendência de julgamento de recurso interposto contra a decisão de pronúncia não impede que seja realizado pedido de desaforamento.

**(E)** O desaforamento poderá ser determinado caso o júri não possa ser realizado, por excesso de serviço, no prazo de três meses após o trânsito em julgado da sentença de pronúncia.

**A:** incorreta, já que não corresponde ao que estabelece o art. 427, § 1º, do CPP, segundo o qual o pedido de desaforamento será distribuído imediatamente e terá preferência de julgamento na Câmara ou Turma competente, esteja o réu preso ou solto; **B:** correta, pois reflete o disposto no art. 427, § 2º, do CPP; **C:** incorreta, pois em desconformidade com o art. 427, § 4º, do CPP; **D:** incorreta, uma vez que contraria o que dispõe o art. 427, § 4º, do CPP; **E:** incorreta, na medida em que o art. 428, *caput*, do CPP estabelece o prazo de seis meses (e não de três).

_Gabarito "B"._

De acordo com a jurisprudência do STF, julgue os itens que se seguem, a respeito do procedimento do tribunal do júri.

I.   Caso a inimputabilidade seja a única tese defensiva, não sendo o caso de impronúncia ou de absolvição sumária sem imposição de medida de segurança, o juiz poderá, desde logo, proferir absolvição sumária imprópria, impondo ao acusado o cumprimento de medida de segurança.

II.  Havendo dúvida sobre a imparcialidade do júri ou a segurança pessoal do acusado, o tribunal poderá determinar o desaforamento do julgado do tribunal do júri para outra comarca da mesma região, onde não existam aqueles motivos, devendo, para tanto, ser ouvida a defesa.

III. Em razão do efeito devolutivo amplo e inerente à apelação criminal, o julgamento pelo tribunal não se restringe aos fundamentos invocados no apelo interposto contra decisão do tribunal do júri.

IV.  O princípio da soberania dos veredictos não impede que o tribunal competente, em sede de revisão criminal, desconstitua decisão do tribunal do júri, e, reexaminando a causa, prolate provimento absolutório.

**(Juiz de Direito – TJ/SC – 2019 – CESPE/CEBRASPE)** Estão certos apenas os itens

**(A)** I e II.
**(B)** I e III.
**(C)** III e IV.
**(D)** I, II e IV.
**(E)** II, III e IV.

**I:** correta. De acordo com o art. 415, parágrafo único, do CPP, cabe absolvição sumária imprópria quando a inimputabilidade do réu por doença mental for a única tese defensiva; **II:** correta, pois em conformidade com o art. 427, *caput*, do CPP e a Súmula 712, do STF: "É nula a decisão que determina o desaforamento de processo da competência do júri sem audiência da defesa"; **III:** incorreta, pois contraria o entendimento sedimentado por meio da Súmula 713, do STF: "O efeito devolutivo da apelação contra decisões do júri é adstrito aos fundamentos da sua interposição"; **IV:** correta. Atualmente, prevalece na doutrina e na jurisprudência o entendimento segundo o qual a soberania dos veredictos, no Tribunal do Júri, não é absoluta, podendo a decisão do Conselho de Sentença ser modificada por meio da revisão criminal. Na jurisprudência: "I. Transitada em julgado a sentença condenatória, proferida com fundamento em decisão do Tribunal do Júri, o Tribunal *a quo* julgou procedente a Revisão Criminal, ajuizada pela defesa, absolvendo, desde logo, o réu, por ocorrência de erro judiciário, em face de contrariedade à prova dos autos, bem como pela existência de novas provas de sua inocência, a teor dos arts. 621, I e III, e 626 do CPP (...) V. Uma vez que o Tribunal de origem admitiu o erro judiciário, não por nulidade no processo, mas em face de contrariedade à prova dos autos e de existência de provas da inocência do réu, não há ofensa à soberania do veredicto do Tribunal do Júri se, em juízo revisional, absolve-se, desde logo, o réu, desconstituindo-se a injusta condenação. Precedente da 6ª Turma do STJ. VI. "A obrigação do Poder Judiciário, em caso de erro grave, como uma condenação que configure manifestamente as provas dos autos, é reparar de imediato esse erro. Por essa razão é que a absolvição do ora paciente (e peticionário, na revisão criminal) é perfeitamente aceitável, segundo considerável corrente jurisprudencial e doutrinária (STJ, REsp 1304155/MT, Rel. Ministro Sebastião Reis Júnior, Rel. p/ Acórdão Ministra Assusete Magalhães, Sexta Turma, julgado em 20.06.2013, *DJe* 01.07.2014).

_Gabarito "D"._

**(Juiz de Direito - TJ/BA - 2019 - CESPE/CEBRASPE)** Acerca dos procedimentos relativos aos processos de competência do tribunal do júri, assinale a opção correta.

**(A)** Em decorrência do princípio do *in dubio pro societate*, o testemunho por ouvir dizer produzido na fase inquisitorial é suficiente para a decisão de pronúncia.

**(B)** É possível a exclusão, na decisão de pronúncia, de qualificadoras descritas na denúncia, quando elas forem manifestamente incabíveis.

**(C)** Em caso de inimputabilidade do réu, ainda que a tese da defesa seja de negativa da autoria, deve o juiz absolvê-lo sumariamente.

**(D)** É cabível recurso em sentido estrito contra decisão que tenha absolvido sumariamente o réu.

**(E)** Não é cabível excluir da lista geral de jurados o jurado que tiver integrado o conselho de sentença nos doze meses que antecederam a publicação da referida lista.

**A:** incorreta. O chamado testemunho por ouvir dizer ("hearsay rule"), produzido na fase investigatória, é insuficiente para, por si só, autorizar a prolação da decisão de pronúncia. Nesse sentido, conferir: "Muito embora a análise aprofundada dos elementos probatórios seja feita somente pelo Tribunal Popular, não se pode admitir, em um Estado Democrático de Direito, a pronúncia baseada, exclusivamente, em testemunho indireto (por ouvir dizer) como prova idônea, de per si, para submeter alguém a julgamento pelo Tribunal Popular." (REsp n. 1674198/MG, relator Ministro ROGERIO SCHIETTI CRUZ, SEXTA TURMA, julgado em 5/12/2017, DJe 12/12/2017, grifei). (AgRg no REsp 1838513/RS, Rel. Ministro ANTONIO SALDANHA PALHEIRO, SEXTA TURMA, julgado em 19/11/2019, DJe 21/11/2019); **B:** correta. De fato, a exclusão de qualificados contidas na denúncia somente pode ocorrer, na fase de pronúncia, quando se revelarem manifestamente incabíveis. Conferir: "I - As qualificadoras somente podem ser excluídas na fase do *iudicium accusationis*, se manifestamente improcedentes. II - Se a r. decisão de pronúncia demonstrou de forma expressa as razões pelas quais deveria ser o recorrido pronunciado em relação à qualificadora do art. 121, § 2º, inciso II, do Código Penal, não poderia o eg. Tribunal a quo excluí-la sem a devida fundamentação. A devida fundamentação aqui deve ser entendida como a convergência de todos elementos de prova para a total inadmissibilidade da qualificadora ou para a hipótese de flagrante *error iuris*, sob pena de afronta à soberania do Tribunal do Júri." (REsp 1415502/MG, Rel. Ministro FELIX FISCHER, QUINTA TURMA, julgado em 15/12/2016, DJe 17/02/2017); **C:** incorreta. É defeso ao juiz absolver sumariamente o réu com fulcro na inimputabilidade (doença mental – art. 26, CP), salvo se esta constituir a única tese defensiva. É o que estabelece o art. 415, parágrafo único, do CPP. Como bem sabemos, a inimputabilidade leva à aplicação de medida de segurança, razão pela qual, caso haja tese defensiva subsidiária, é mais vantajoso ao acusado ser julgado pelo Tribunal Popular, pois pode ser ali ser absolvido; **D:** incorreta. Com o advento da Lei 11.689/2008, que modificou os arts. 416 e 581, IV e VI, do CPP, as decisões de *absolvição sumária* e de *impronúncia*, que antes comportavam *recurso em sentido estrito*, passaram a ser combatidas por meio de *recurso de apelação*. A pronúncia, por sua vez, continua a ser impugnada por meio de *recurso em sentido estrito*, nos termos do art. 581, IV, do CPP; **E:** incorreta, já que contraria o disposto no art. 426, § 4º, do CPP.

_Gabarito "B"._

Manoel foi denunciado pela prática de homicídio doloso; o processo seguirá as regras do rito do tribunal do júri.

**(Defensor Público - DPE/DF - 2019 - CESPE/CEBRASPE)** Considerando a situação hipotética precedente e acerca dos procedimentos relativos a processos da competência do tribunal do júri, julgue os itens seguintes.

**(1)** Para eventual julgamento de Manoel pelo plenário do tribunal do júri, o conselho deverá ser formado por número ímpar de juízes e seguir o modelo escabinado, segundo o ordenamento jurídico brasileiro.

**(2)** Caso o advogado particular de Manoel falte injustificadamente à sessão plenária de julgamento do júri, o juiz nomeará imediatamente defensor público para promover a defesa técnica nessa mesma sessão, sendo, em regra, vedado o seu adiamento nessa hipótese.

**(3)** Na sessão de julgamento pelo plenário do júri, Manoel, estando presente, tem direito de permanecer calado em seu interrogatório; no entanto, nos debates orais, o acusador poderá fazer uso do argumento de que "Quem cala, consente!".

**(4)** Se os jurados reconhecerem que Manoel praticou crime de homicídio culposo, então, nesse caso, haverá o que se denomina desclassificação imprópria: o juiz presidente passa a ser competente para o julgamento.

**1:** errada. O chamado *sistema escabinado* de composição do Júri, não adotado no Brasil, estabelece que a composição do Tribunal Popular deve se dar em número proporcional de juízes leigos e togados. Por aqui adotamos o *modelo puro*, segundo o qual o Tribunal do Júri é composto pelo juiz togado, que o preside, e por 25 jurados (juízes leigos), que são sorteados para a sessão. É o que estabelece o art. 447 do CPP; **2:** errada, uma vez que não reflete o teor do art. 456, § 1º, do CPP, que estabelece que, sendo injustificada a ausência do advogado constituído, o julgamento será adiado, mas somente por uma única vez, devendo o acusado ser julgado quando convocado novamente. Neste caso, ante o que prevê o § 2º deste mesmo dispositivo, o juiz deverá providenciar para que a Defensoria Pública seja intimada acerca do novo julgamento, que será adiado para o primeiro dia desimpedido, observado o prazo mínimo de dez dias; **3:** errada. Por imposição de índole constitucional (art. 5º, LXIII), o direito ao silêncio, também consagrado no art. 186, *caput*, do CPP, não importará em confissão e não poderá ser interpretado em desfavor da defesa. No que concerne ao procedimento do Júri, o art. 478, II, do CPP, na mesma esteira, estabelece que, nos debates orais, é vedado ao acusador fazer referência ao silêncio do réu, o que por certo faria se dissesse que "quem cala, consente"; **4:** correta. *Imprópria* é a desclassificação em que o conselho de sentença reconhece a incompetência do Tribunal do Júri para julgar o crime, apontando o delito que teria sido cometido, sendo esta a hipótese do enunciado; *própria*, de outro lado, é a desclassificação na qual os jurados, sem especificar qual crime teria sido cometido pelo acusado, afastam a competência do Tribunal Popular. █

Gabarito: 1E, 2E, 3E, 4C.

**(Defensor Público – DPE/RN – 2016 – CESPE)** Daniel foi submetido a julgamento pelo tribunal do júri pelo crime de homicídio qualificado e foi, finalmente, absolvido pelo conselho de sentença, que acolheu a tese de legítima defesa. Interposto recurso pelo MP, o TJ competente deu provimento à impugnação ministerial para submeter o acusado a novo julgamento, por reputar a decisão dos jurados manifestamente contrária à prova dos autos. No segundo julgamento, Daniel foi condenado por homicídio simples a pena de seis anos de reclusão. A defesa interpôs recurso, que foi provido, e Daniel foi submetido a terceiro julgamento perante o tribunal do júri, que o condenou por homicídio qualificado a pena de doze anos de reclusão. Acerca dessa situação hipotética, assinale a opção correta, com base no entendimento do STF.

**(A)** Diante do resultado do segundo julgamento, ao conselho de sentença era vedado condenar Daniel por homicídio qualificado.

**(B)** Embora o conselho de sentença estivesse legalmente autorizado a condenar Daniel pelo crime de homicídio qualificado, não poderia o juiz presidente dosar a pena em patamar superior a seis anos de reclusão.

**(C)** Em função do princípio constitucional da soberania dos veredictos, não houve ilegalidade na imposição de pena a Daniel, no terceiro julgamento, em quantidade superior à fixada no segundo julgamento.

**(D)** O recurso interposto pelo MP para impugnar a sentença absolutória do primeiro julgamento é denominado de protesto por novo júri.

**(E)** O recurso interposto pelo MP não poderia ter sido conhecido, uma vez que a impugnação de decisão manifestamente contrária à prova dos autos somente pode ser veiculada em recurso da defesa.

No âmbito do Tribunal do Júri, os jurados, em vista da soberania dos veredictos, princípio de índole constitucional (art. 5º, XXXVIII, "c"), não estão adstritos ao primeiro julgamento, podendo, inclusive, reconhecer qualificadora não contemplada na decisão anterior. Cuidado: já o juiz togado ficará limitado, no que se refere à imposição da pena, ao julgamento precedente, não podendo ir além da pena imposta neste. Conferir: "(...) 1. Em crimes de competência do Tribunal do Júri, a garantia da vedação à *reformatio in pejus* indireta sofre restrições, em respeito à soberania dos veredictos. 2. Os jurados componentes do

segundo Conselho de Sentença não estarão limitados pelo que decidido pelo primeiro, ainda que a situação do acusado possa ser agravada, em face do princípio da soberania dos veredictos, disposto no art. 5.º, inciso XXXVIII, alínea *c*, da Constituição Federal" (AgRg no REsp 1290847/RJ, Rel. Ministra Laurita Vaz, Quinta Turma, julgado em 19.06.2012, *DJe* 28.06.2012). No mesmo sentido: "1. Os princípios da plenitude de defesa e da soberania dos veredictos devem ser compatibilizados de modo que, em segundo julgamento, os jurados tenham liberdade de decidir a causa conforme suas convicções, sem que isso venha a agravar a situação do acusado, quando apenas este recorra. 2. Nesse contexto, ao proceder à dosimetria da pena, o Magistrado fica impedido de aplicar sanção superior ao primeiro julgamento, se o segundo foi provocado exclusivamente pela defesa. 3. No caso, em decorrência de protesto por novo júri (recurso à época existente), o Juiz presidente aplicou pena superior àquela alcançada no primeiro julgamento, o que contraria o princípio que veda a *reformatio in pejus* indireta. 4. Ordem concedida, com o intuito de determinar ao Juízo das execuções que proceda a novo cálculo de pena, considerando a sanção de 33 (trinta e três) anos, 7 (sete) meses e 6 (seis) dias de reclusão, a ser cumprida inicialmente no regime fechado" (HC 205.616/SP, Rel. Ministro Og Fernandes, Sexta Turma, julgado em 12.06.2012, *DJe* 27.06.2012).

Gabarito: "B".

**(Juiz de Direito/AM – 2016 – CESPE)** Com base no entendimento pacificado dos tribunais superiores, é correto afirmar que o excesso de linguagem comprovadamente existente na decisão de pronúncia ocasiona

**(A)** a proibição da entrega de cópia da decisão de pronúncia aos jurados que eventualmente a requisitarem.

**(B)** a nulidade absoluta da decisão de pronúncia e dos atos processuais subsequentes, independentemente de demonstração de prejuízo causado ao réu.

**(C)** a nulidade relativa da decisão de pronúncia e dos atos processuais subsequentes, se demonstrado prejuízo ao réu.

**(D)** a proibição da leitura da decisão de pronúncia pela acusação durante o julgamento no plenário do júri, para evitar que os jurados sejam influenciados.

**(E)** o desentranhamento e envelopamento da decisão de pronúncia, providência adequada e suficiente para cessar a ilegalidade e contemplar o princípio da economia processual.

Ao pronunciar o acusado, levando-o a julgamento perante o Tribunal do Júri, não deve o juiz aprofundar-se na prova; limitar-se-á, isto sim, ao exame, sempre em linguagem moderada e prudente, quanto à *existência do crime* (materialidade) e dos *indícios suficientes de autoria*, apontando, ainda, o dispositivo legal em que se acha incurso o acusado, bem assim as circunstâncias qualificadoras e as causas de aumento de pena. É o que estabelece o art. 413, § 1º, do CPP. Se for além disso, emitindo apreciações mais aprofundadas quanto ao mérito, a decisão, porque apta a influenciar no ânimo dos jurados, deve ser considerada nula. Mesmo porque se trata de decisão interlocutória não terminativa, que encerra tão somente um juízo de admissibilidade, que está longe, portanto, de ser definitivo. Na jurisprudência: "HABEAS CORPUS" – JÚRI – PRONÚNCIA – LIMITES A QUE JUÍZES E TRIBUNAIS ESTÃO SUJEITOS – EXCESSO CONFIGURADO – ORDEM DEFERIDA. – Os Juízes e Tribunais devem submeter-se, quando praticam o ato culminante do "judicium accusationis" (pronúncia), a dupla exigência de sobriedade e de comedimento no uso da linguagem, sob pena de ilegítima influência sobre o ânimo e a vontade dos membros integrantes do Conselho de Sentença. – Age "ultra vires", e excede os limites de sua competência legal, o órgão judiciário que, descaracterizando a natureza da sentença de pronúncia, converte-a, de um mero juízo fundado de suspeita, em um inadmissível juízo de certeza (RT 523/486)." (STF, 1ª T., HC 68.606, rel. Min. Celso de Mello, j. 18.06.91).

Gabarito: "B".

**(Juiz de Direito/DF – 2016 – CESPE)** Assinale a opção correta, acerca do procedimento relativo aos processos de competência do tribunal do júri.

**(A)** O cidadão alistado no serviço do júri, que é de natureza facultativa, ao ser intimado, poderá solicitar sua exclusão mediante simples petição dirigida ao juiz presidente do tribunal do júri.

## 13. DIREITO PROCESSUAL PENAL 501

(B) O jurado, por não ser magistrado de carreira, não poderá ser responsabilizado criminalmente nos mesmos termos em que são os juízes togados.

(C) O alistamento, no serviço obrigatório do júri, compreenderá os cidadãos maiores de vinte e um anos, de notória idonei-dade.

(D) O alistamento, no serviço obrigatório do júri, compreenderá os cidadãos maiores de vinte cinco anos, de notória ido-neidade, porque o jurado é equiparado ao juiz, para todos os efeitos, e essa é a idade exigida para o ingresso na magistratura.

(E) O alistamento, no serviço do júri, de caráter obrigatório, compreenderá os cidadãos maiores de dezoito anos, de notória idoneidade.

A: incorreta, pois não reflete as disposições previstas nos arts. 436 e 443 do CPP; B: incorreta, uma vez que não reflete o que estabelece o art. 445 do CPP; C: incorreta, pois contraria o teor do art. 436 do CPP; D: incorreta, nos termos do art. 436 do CPP; E: correta, pois corresponde à redação do art. 436 do CPP.

Gabarito "E".

**(Juiz de Direito/DF – 2016 – CESPE)** A respeito do procedimento no Tribunal do Júri, assinale a opção correta.

(A) Em análise de recurso exclusivo da acusação, é defeso à instância recursal reduzir, de ofício, a pena fixada na sentença, sob pena de afronta à proibição da reforma.

(B) Anulada a sentença do primeiro júri, em razão de recurso exclusivo da defesa, é defeso ao Conselho de Sentença, por ocasião do novo julgamento, reconhecer qualificadora não reconhecida na decisão anulada, sob pena de violação ao princípio da vedação da *reformatio in pejus* indireta.

(C) Se houver recurso da defesa para anulação do julgamento e recurso da acusação somente para a agravação da pena e se for acolhido o recurso defensivo para anular a sentença condenatória, poderá o réu, por ocasião do novo julgamento, ser condenado a pena mais grave, sem que isso configure violação ao princípio da vedação da *reformatio in pejus* indireta.

(D) Ao analisar recurso exclusivo da defesa, a instância recursal poderá corrigir, de ofício, evidente erro material contido na sentença, ainda que isso resulte em agravamento da pena.

(E) A pena concretamente fixada em sentença anulada por recurso exclusivo da defesa não pode ser utilizada como parâmetro para a análise da prescrição da pretensão puni-tiva, na modalidade retroativa.

A: incorreta. Embora o tema não seja pacífico na doutrina, prevalece o entendimento segundo o qual, na hipótese de recurso exclusivo da acusação, pode o tribunal reduzir, de ofício, já que não houve inter-posição de recurso por parte do condenado, a pena estabelecida na sentença (*reformatio in mellius*); B: incorreta. O artigo 617 do CPP, em sua parte final, veda a chamada *reformatio in pejus*, que consiste na possibilidade de o tribunal piorar a situação processual do recorrente, em razão de recurso por este interposto. A assertiva refere-se a hipótese de *reformatio in pejus* indireta, que é o caso de anulação da sentença. De uma forma ou de outra, no âmbito do Tribunal do Júri, os jurados, em vista da soberania dos veredictos, princípio de índole constitucional (art. 5°, XXXVIII, "c"), não estão adstritos ao primeiro julgamento (que foi anulado), podendo, inclusive, reconhecer qualificadora não reco-nhecida na decisão anulada. Cuidado: já o juiz togado ficará limitado, no que se refere à imposição da pena, ao primeiro julgamento, não podendo ir além da pena imposta neste. Conferir: "(...) 1. Em crimes de competência do Tribunal do Júri, a garantia da vedação à reformatio in pejus indireta sofre restrições, em respeito à soberania dos veredictos. 2. Os jurados componentes do segundo Conselho de Sentença não estarão limitados pelo que decidido pelo primeiro, ainda que a situação do acusado possa ser agravada, em face do princípio da soberania dos veredictos, disposto no art. 5°, inciso XXXVIII, alínea c, da Constituição Federal" (AgRg no REsp 1290847/RJ, Rel. Ministra LAURITA VAZ, QUINTA TURMA, julgado em 19.06.2012, DJe 28.06.2012); C: correta. Nesse sentido: "O paciente foi condenado pelo 5° Tribunal do Júri da Comarca de Fortaleza/CE à reprimenda de 7 (sete) anos de reclusão, em regime integralmente fechado, pela prática do delito de homicídio simples (art. 121, *caput*, do Código Penal). Essa decisão primeira não

transitou em julgado para o órgão acusador. 3. Não tem aplicação o disposto no art. 617 do CPP, diante de inequívoca existência pretérita de recurso ministerial, de modo que, diante da possibilidade de imposição de sanção mais gravosa ao paciente, resta por afastado o pretendido reconhecimento da prescrição, cujo lapso temporal pela pena máxima abstratamente cominável, ainda não se consumou (CP, art. 109, I)" (STF, HC 120029, Relator(a): Min. DIAS TOFFOLI, Primeira Turma, julgado em 11.03.2014, PROCESSO ELETRÔNICO *DJe*-063 DIVULG 28.03.2014 PUBLIC 31.03.2014); D: incorreta. Nesse sentido: "Sentença penal. Capítulo decisório. Condenação. Pena privativa de liberdade. Reclusão. Fixação. Soma dos fatores considerados na dosimetria. Erro de cálculo. Estipulação final de pena inferior à devida. Trânsito em julgado para o Ministério Público. Recurso de apelação da defesa. Improvimento. Acórdão que, no entanto, aumenta de ofício a pena, a título de correção de erro material. Inadmissibilidade. Ofensa à proibição da *reformatio in pejus*. HC concedido para restabelecer o teor da sentença de primeiro grau. Não é lícito ao tribunal, na cognição de recurso da defesa, agravar a pena do réu, sob fundamento de corrigir *ex officio* erro material da sentença na somatória dos fatores considerados no processo de indi-vidualização" (HC 83545, rel. Min. Min. Cezar Peluso, Primeira Turma, julgado em 29.11.2005, *DJ* 03.03.2006); E: incorreta, uma vez que a pena concretamente fixada em sentença anulada por recurso exclusivo da defesa pode ser utilizada neste caso.

Gabarito "C".

**(Cartório/RR – 2013 – CESPE)** Em relação aos processos da competência do júri, assinale a opção correta.

(A) Deverá ser excluído o jurado que tiver integrado o conselho de sentença nos doze meses que antecederem à publicação da lista geral.

(B) Recebida a denúncia pelo crime de homicídio, o juiz, após regular instrução probatória, caso não se convença da exis-tência de indícios suficientes de autoria ou de participação do acusado, deverá fundamentadamente, absolvê-lo.

(C) Contra a sentença de impronúncia cabe recurso em sentido estrito perante o tribunal de justiça, admitindo-se o juízo de retratação do juiz sentenciante.

(D) Se as partes intimadas da decisão de pronúncia não interpuserem qualquer recurso, não poderá o MP aditar a denúncia, ainda que haja circunstância superveniente que altere a classificação do crime.

(E) O serviço do júri é obrigatório, e o seu alistamento deve compreender cidadãos maiores de dezoito anos de idade de notória idoneidade, os quais formarão o conselho de sen-tença, que, por sua vez, será questionado, na sala secreta, sobre matéria de fato e de direito e sobre a possibilidade de absolvição do acusado, devendo as decisões ser tomadas por maioria de votos.

A: correta, porque em conformidade com o que estabelece o art. 426, § 4°, do CPP; B: incorreta. Ao final da primeira fase do processo dos crimes de competência do júri, etapa essa denominada sumário de culpa ou *judicium accusationis*, o magistrado, se se convencer de que não existem indícios suficientes de autoria para levar o acusado a julgamento perante o Tribunal Popular, deverá impronunciá-lo (art. 414, CPP); as hipóteses de absolvição, nesta fase do procedimento, estão contempladas no art. 415 do CPP; C: incorreta. Se o juiz impronunciar o acusado, ou mesmo absolvê-lo sumariamente, o recurso a ser interposto é a *apelação*, na forma estatuída no art. 416 do CPP, e não o *recurso em sentido estrito*, tal como constou da assertiva; D: incorreta, pois contraria o disposto no art. 421, § 1°, do CPP; E: incorreta, dado que as questões dirigidas ao Conselho de Sentença devem relacionar-se com os fatos, e não com direito.

Gabarito "A".

**(Analista – TJ/CE – 2013 – CESPE)** Com relação ao tribunal do júri, assinale a opção correta.

(A) Não há previsão de recurso acerca da admissibilidade ou não do desaforamento, admitindo-se a possibilidade de impetração de mandado de segurança.

(B) Se um secretário de Estado, com foro por prerrogativa de função estabelecido pela Constituição estadual, cometer um crime doloso contra a vida, ele terá de ser julgado pelo tribunal do júri.

# 14. JUIZADOS ESPECIAIS

**(C)** A audiência da defesa é prescindível para o desaforamento de processo da competência do tribunal júri.

**(D)** O desaforamento pode ocorrer na pendência de recurso contra a decisão de pronúncia, de tal modo que o pronunciamento pela instância superior dar-se-á após a remessa dos autos para a outra jurisdição.

**(E)** O desaforamento não pode ser decretado simplesmente para se assegurar a segurança pessoal do réu, sendo imprescindível que exista dúvida sobre a imparcialidade do júri ou que o interesse da ordem pública o reclame.

**A:** incorreta. Em que pese a decisão que determina ou não o desaforamento ser irrecorrível, é possível, em princípio, a impetração de *habeas corpus* (e não mandado de segurança); **B:** correta, uma vez que corresponde ao entendimento firmado na Súmula Vinculante nº 45: "A competência constitucional do Tribunal do Júri prevalece sobre o foro por prerrogativa de função estabelecido exclusivamente pela Constituição estadual"; **C:** incorreta, pois não corresponde ao entendimento firmado na Súmula 712, do STF: "É nula a decisão que determina o desaforamento de processo da competência do júri sem audiência da defesa"; **D:** incorreta, na medida em que não reflete a norma presente no art. 427, § 4º, do CPP; **E:** incorreta, pois contraria o disposto no art. 427, *caput*, do CPP, segundo o qual o desaforamento pode se dar quando houver dúvida acerca da segurança pessoal do acusado.
*Gabarito "B".*

## 14. JUIZADOS ESPECIAIS

Luís foi denunciado pela prática de crime de menor potencial ofensivo em um juizado especial criminal de Belém – PA, mas não foi encontrado para ser citado pessoalmente.

**(Analista Judiciário – TJ/PA – 2020 – CESPE)** Nessa situação hipotética,

**(A)** será determinada a citação por edital, com prazo de cinco dias.

**(B)** será nomeado defensor dativo para representar Luís na audiência de conciliação.

**(C)** o processo ficará suspenso até que Luís seja encontrado.

**(D)** o processo será encaminhado ao juízo comum.

**(E)** a vítima será intimada para informar o endereço atualizado de Luís.

O art. 66, parágrafo único, da Lei 9.099/1995 estabelece que, no âmbito do procedimento sumaríssimo, não localizado o acusado para ser citado pessoalmente, as peças serão encaminhadas ao juízo comum para prosseguimento, no qual se procederá, se necessário for, à citação por hora certa ou por edital, dada a incompatibilidade dessas modalidades de citação ficta com a celeridade imanente ao procedimento adotado na Lei 9.099/1995.
*Gabarito "D".*

**(Juiz de Direito – TJ/SC – 2019 – CESPE/CEBRASPE)** Acerca do benefício do *sursis* processual previsto na Lei 9.099/1995, é correto afirmar que

**(A)** é cabível o benefício na desclassificação do crime e na procedência parcial da pretensão punitiva, ainda que ocorrida em grau recursal.

**(B)** é aplicável o benefício no caso de crimes cuja pena mínima não seja superior a um ano, ainda que, em razão da continuidade delitiva, a soma das penas mínimas cominadas aos delitos supere um ano.

**(C)** o juiz poderá oferecer diretamente o benefício ao acusado, caso o promotor de justiça se recuse a oferecê-lo; isso porque o benefício é um direito subjetivo do réu, desde que preenchidos requisitos objetivos e subjetivos.

**(D)** deverá ser considerada extinta a punibilidade do crime, caso, após a aceitação do benefício pelo réu, sejam cumpridas as condições impostas e expire o período de prova sem que o benefício tenha sido revogado.

**(E)** o benefício deverá ser obrigatoriamente revogado, caso o réu, no curso do período de prova, venha a ser processado por contravenção.

**A:** assertiva correta, porque corresponde ao entendimento firmado na Súmula 337 do STJ: "É cabível a suspensão condicional do processo na desclassificação do crime e na procedência parcial da pretensão punitiva"; **B:** incorreta. A solução desta alternativa deve ser extraída das Súmulas: 243, do STJ: *O benefício da suspensão do processo não é aplicável em relação às infrações penais cometidas em concurso material, concurso formal ou continuidade delitiva, quando a pena mínima cominada, seja pelo somatório, seja pela incidência da majorante, ultrapassar o limite de 1 (um) ano*; e 723, do STF: *Não se admite a suspensão condicional do processo por crime continuado, se a soma da pena mínima da infração mais grave com o aumento mínimo de um sexto for superior a um ano*; **C:** incorreta. Se o membro do MP se recusar a propor a suspensão condicional do processo, cabe ao magistrado, se discordar, aplicar, por analogia, o comando contido no art. 28 do CPP, remetendo a questão para apreciação do procurador-geral de Justiça. É esse o entendimento firmado na Súmula 696 do STF; **D:** a nosso ver, esta assertiva está correta, pois em conformidade com o art. 89, § 5º, da Lei 9.099/1995; **E:** incorreta, já que se trata de revogação *facultativa*, nos termos do art. 89, § 4º, da Lei 9.099/1995.
*Gabarito "A".*

**(Juiz de Direito – TJ/BA – 2019 – CESPE/CEBRASPE)** Tendo como referência a Lei n.º 9.099/1995 — Lei dos Juizados Especiais Cíveis e Criminais —, assinale a opção correta, acerca da suspensão condicional do processo.

**(A)** A existência de ações penais em curso contra o denunciado não impede a concessão da suspensão condicional do processo.

**(B)** A causa de aumento de pena decorrente de crime continuado será desconsiderada para fins de concessão da suspensão condicional do processo.

**(C)** Presentes os pressupostos legais para a suspensão condicional do processo, havendo recusa do promotor natural em propor o benefício, este poderá ser oferecido pelo juiz, de ofício.

**(D)** Para a suspensão condicional do processo, além das condições legalmente obrigatórias, o juiz não poderá fixar quaisquer outras condições, pois todas estas serão consideradas ilegítimas.

**(E)** Em caso de procedência parcial da pretensão punitiva, será cabível a aplicação da suspensão condicional do processo, cuja proposta será apresentada pelo MP.

**A:** incorreta, já que é vedada a concessão do *sursis* processual ao agente que responde a processo pela prática de outro delito (art. 89, *caput*, da Lei 9.099/1995); **B:** incorreta. A solução desta alternativa deve ser extraída das Súmulas: 243, do STJ: *O benefício da suspensão do processo não é aplicável em relação às infrações penais cometidas em concurso material, concurso formal ou continuidade delitiva, quando a pena mínima cominada, seja pelo somatório, seja pela incidência da majorante, ultrapassar o limite de 1 (um) ano*; e 723, do STF: *Não se admite a suspensão condicional do processo por crime continuado, se a soma da pena mínima da infração mais grave com o aumento mínimo de um sexto for superior a um ano*; **C:** incorreta. Deverá o juiz, neste caso, no lugar de ele próprio oferecer o *sursis* processual, remeter os autos para apreciação do procurador-geral de Justiça, valendo-se, por analogia, do que estabelece o art. 28 do CPP. É esse o entendimento firmado por meio da Súmula 696 do STF: "Reunidos os pressupostos legais permissivos da suspensão condicional do processo, mas se recusando o Promotor de Justiça a propô-la, o juiz, dissentindo, remeterá a questão ao Procurador-Geral, aplicando-se por analogia o art. 28 do Código de Processo Penal"; **D:** incorreta. Isso porque nada obsta que o magistrado estabeleça outras condições, além daquelas previstas em lei, a que fica subordinada a concessão do *sursis* processual (art. 89, § 2º, da Lei 9.099/1995); **E:** correta, porque corresponde ao entendimento firmado na Súmula 337 do STJ: "É cabível a suspensão condicional do processo na desclassificação do crime e na procedência parcial da pretensão punitiva". *ED*
*Gabarito "E".*

**(Defensor Público - DPE/DF - 2019 - CESPE/CEBRASPE)** Os irmãos José e Luís foram denunciados pela prática de contravenção penal de vias de fato, em situação de violência doméstica, com pena de prisão simples de quinze dias a três meses ou multa, em concurso de agentes, por terem puxado os cabelos da irmã

## 13. DIREITO PROCESSUAL PENAL 503

Marieta. Após o recebimento da denúncia e várias tentativas, sem sucesso, de citação pessoal dos réus, o juiz competente os citou por edital, seguindo, assim, as regras do Código de Processo Penal.

Diante dessa situação hipotética, julgue os itens que se seguem.

(1) Antes de suspender o curso do processo e do prazo prescricional, o juiz deverá nomear defensor público para os réus, devendo este profissional apresentar resposta à acusação e indicar as provas que pretende produzir.

(2) Após suspender o trâmite processual e o prazo da prescrição, o juiz poderá decretar a prisão preventiva dos irmãos, com fulcro na garantia da aplicação da lei penal, e também deverá antecipar as provas, com base na iminência do perecimento.

(3) Em caso de comparecimento pessoal de Luís, o juiz deverá prosseguir com o feito com relação a este réu e manter suspenso, indefinidamente, o processo e o prazo prescricional em relação a José, excepcionando-se a regra de continência por cumulação subjetiva.

(4) Caso Luís tenha comparecido pessoalmente, ainda que o órgão acusador tenha pleiteado a sua absolvição, segundo disposição legal, o juiz poderá condená-lo e reconhecer a existência de circunstância agravante pelo fato de a vítima ser sua irmã.

(5) Caso tenha comparecido pessoalmente e posteriormente condenado, Luís poderá apelar no prazo de cinco dias, devendo apresentar as razões recursais em oito dias.

1: errada. Na hipótese de o réu não ser encontrado, deverá o juiz determinar a sua citação por edital, depois de esgotados os meios disponíveis para a sua localização. Se o acusado, depois de citado por edital, não comparecer tampouco constituir defensor, o processo e o prazo prescricional ficarão, em vista da disciplina estabelecida no art. 366 do CPP, suspensos. Neste caso, o prazo para que a defesa ofereça resposta à acusação somente começará a fluir a partir do comparecimento pessoal do réu ou de seu defensor constituído, tal como estabelece o art. 396, parágrafo único, do CPP. Ou seja, enquanto o processo estiver suspenso, o prazo para a defesa apresentar resposta à acusação não transcorre; 2: errada. Em princípio, uma vez suspenso o processo por força do art. 366 do CPP, nada obsta que o juiz decrete a prisão preventiva do acusado, desde que presentes os requisitos do art. 312 do CPP, sendo vedada, neste caso, a decretação automática da custódia. Sucede que, na hipótese narrada no enunciado, os irmãos José e Luís foram denunciados pela prática de contravenção penal de vias de fato, o que afasta a possibilidade de decretação de custódia preventiva, nos termos do art. 313, I e III, do CPP. Vale aqui lembrar que a contravenção de vias de fato tem como pena cominada prisão simples de 15 dias a 3 meses ou multa; 3: errada. A hipótese narrada nesta proposição constitui exceção à regra da unidade de julgamento (art. 77, CPP). Isso porque, em face do comparecimento pessoal de tão somente um dos acusados, o processo terá prosseguimento em relação a este, permanecendo suspenso, assim como o curso do prazo prescricional, em relação somente ao réu que permanece ausente. Quanto ao período durante o qual o prazo prescricional deverá permanecer suspenso, prevalece o entendimento de que tal deverá ocorrer pelo interregno correspondente ao prazo máximo em abstrato previsto para o crime narrado na peça acusatória, nos termos da Súmula 415 do STJ; 4: certa, na medida em que é dado a juiz condenar o réu, ainda que o MP tenha opinado pela sua absolvição (art. 385, CPP). De igual forma, também pode o juiz reconhecer agravantes não invocadas pela acusação; 5: errada. É que, por se tratar de condenação em razão do cometimento de contravenção penal, o prazo para apresentação de razões recursais corresponde a 3 dias (e não a 8), tal como estabelece o art. 600, *caput*, do CPP. ED

Gabarito: 1E, 2E, 3E, 4C, 5E

A polícia civil de determinado município deflagrou operação a fim de investigar a exploração ilícita de jogo do bicho, promovida pelos denominados banqueiros. Constatou-se que os chamados recolhedores usavam motocicletas para coletar apostas em municípios vizinhos. Identificadas as motocicletas usadas, o Ministério Público estadual requereu a busca e apreensão dos veículos, o que foi deferido pelo juízo competente. Intimado, Antônio, dono de uma das motocicletas e recolhedor de apostas,

compareceu à delegacia, ocasião em que firmou compromisso de posterior comparecimento ao juízo criminal e entregou o veículo, após lavratura do competente termo circunstanciado. Na audiência preliminar, o representante do Ministério Público apresentou proposta de transação penal a Antônio: pagamento de dez cestas básicas a uma instituição de caridade. A proposta foi aceita e devidamente homologada pelo juízo. Comprovado o cumprimento da proposta, foi proferida sentença extintiva da punibilidade de Antônio. Na mesma sentença, o magistrado acolheu manifestação do Ministério Público e decretou o confisco da motocicleta de Antônio.

(Delegado - PC/SE - 2018 - CESPE/CEBRASPE) Com referência a essa situação hipotética, julgue os itens a seguir, considerando os institutos inerentes à Lei n.º 9.099/1995 e o entendimento dos tribunais superiores acerca da matéria.

(1) O confisco da motocicleta foi legítimo, como efeito penal decorrente da natureza do delito praticado: Antônio utilizava o veículo como instrumento do crime.

(2) A homologação de transação penal faz coisa julgada material e, dessa forma, mesmo que cláusulas acordadas sejam descumpridas, inviabiliza a ocorrência de posterior requisição de inquérito policial.

(3) Dada a extinção da punibilidade de Antônio, o juízo não poderia ter decretado o confisco da motocicleta apreendida.

(4) A análise negativa das circunstâncias da prática do delito praticado poderia impedir o oferecimento do benefício da transação penal, ainda que preenchidos os requisitos objetivos para a sua concessão.

(5) A condenação penal de Antônio, em caso de eventual inviabilização da transação penal, dependeria da identificação dos denominados banqueiros que promoviam o jogo do bicho.

1: errada. Tendo em conta que a decisão concessiva de transação penal tem natureza homologatória (e não condenatória), não há que se falar em confisco do bem utilizado na prática da infração penal, que pressupõe a prolação de sentença penal condenatória, em que se tenha apurado a culpa do agente, tal como consta do art. 91 do CP. Nesse sentido, conferir: "1. Tese: os efeitos jurídicos previstos no art. 91 do Código Penal são decorrentes de sentença penal condenatória. Tal não se verifica, portanto, quando há transação penal (art. 76 da Lei 9.099/95), cuja sentença tem natureza homologatória, sem nenhum juízo sobre a responsabilidade criminal do aceitante. As consequências da homologação da transação são aquelas estipuladas de modo consensual no termo de acordo. 2. Solução do caso: tendo havido transação penal e sendo extinta a punibilidade, ante o cumprimento das cláusulas nela estabelecidas, é ilegítimo o ato judicial que decreta o confisco do bem (motocicleta) que teria sido utilizado na prática delituosa. O confisco constituiria efeito penal muito mais gravoso ao aceitante do que os encargos que assumiu na transação penal celebrada (fornecimento de cinco cestas de alimentos). 3. Recurso extraordinário a que se dá provimento." (STF, RE 795567, Relator(a): Min. TEORI ZAVASCKI, Tribunal Pleno, julgado em 28/05/2015, ACÓRDÃO ELETRÔNICO REPERCUSSÃO GERAL - MÉRITO DJe-177 DIVULG 08-09-2015 PUBLIC 09-09-2015). Quanto à possibilidade de os efeitos do art. 91 alcançarem a condenação pela prática de contravenção penal, conferir a lição de Guilherme de Souza Nucci: "o art. 91, II, *a* e *b*, do CP, não fala na possibilidade de confisco no caso de contravenção penal, pois utiliza a palavra *crime* (instrumentos do crime e produto do crime), mas a jurisprudência majoritária prevê a possibilidade de esse efeito da condenação ser usado no contexto das contravenções penais. Onde está escrito "crime" leia-se "infração penal". Trata-se, de fato, da interpretação mais sintonizada com a finalidade da norma penal" (*Código Penal Comentado*, 18ªed., p. 652); 2: errada, porque contraria o teor da Súmula Vinculante 35: "A homologação da transação penal prevista no artigo 76 da Lei n.º 9.099/1995 não faz coisa julgada material e, descumpridas suas cláusulas, retoma-se a situação anterior, possibilitando-se ao Ministério Público a continuidade da persecução penal mediante oferecimento de denúncia ou requisição de inquérito policial"; 3: correta. Vide comentário à proposição 1; 4: correta, pois reflete o disposto no art. 76, § 2º, III, da Lei 9.099/1995, que trata das circunstâncias gerais de natureza subjetiva que, se negativas, podem determinar a não admissão da proposta de transação pena; 5: errada.

A solução desta proposição deve ser extraída da Súmula 51, do STJ: "A punição do intermediador, no jogo do bicho, independe da identificação do "apostador" ou do "banqueiro". 🔲

Gabarito: 1E, 2E, 3C, 4C, 5E

**(Juiz – TRF5 – 2017 – CESPE)** Em razão de não ser localizado para a citação pessoal, o réu foi citado por edital e constituiu advogado nos autos, fazendo o processo transcorrer normalmente. Um mês após ser constituído, o advogado renunciou ao mandado outorgado; o juiz intimou novamente o réu por edital para que comparecesse em juízo e constituísse novo advogado. O acusado permaneceu silente. Nessa situação hipotética, de acordo com o entendimento majoritário do Superior Tribunal de Justiça, o juiz deverá

(A) declarar o réu revel e dar continuidade ao processo, nomeando defensor público ou dativo.

(B) intimar o acusado por hora certa.

(C) suspender o processo e a prescrição penal com efeito retroativo à citação editalícia.

(D) suspender o processo e manter o trâmite regular da prescrição.

(E) suspender o processo e a prescrição penal a partir do término do prazo transcorrido da nova intimação por edital.

Segundo consta, o acusado, após ser citado por edital, nomeou advogado de sua confiança para patrocinar sua defesa. Sucede que, um mês após ser constituído, o defensor renunciou ao mandato. Diante disso, o magistrado, dada a não localização do acusado para que este procedesse à nomeação de novo patrono, mandou intimá-lo por edital. O réu quedou-se inerte e deixou de nomear novo advogado. Pergunta-se: poderia o juiz aplicar, neste caso, o art. 366 do CPP, suspendendo-se o processo e o prazo prescricional, já que o acusado não atendeu à intimação? A resposta deve ser negativa. Com efeito, segundo o STJ, o não atendimento do acusado à intimação para constituir novo defensor acarreta a continuidade do processo à sua revelia, com a nomeação de defensor público ou dativo, não havendo que se falar, portanto, em suspensão do processo, que somente terá lugar na hipótese de o acusado, que foi citado por edital, deixar de comparecer ou de nomear defensor para patrocinar a sua defesa. No caso narrado no enunciado, o acusado, embora citado por edital, ciente da acusação que contra ele foi formulada, apresentou defesa. Nesse sentido: "A teor do art. 366 do CPP, a suspensão do processo penal e do prazo prescricional, somente é possível quando o acusado, após citado por edital, não comparece e não constitui advogado nos autos. No caso, embora o paciente tenha sido citado por edital, constituiu, desde a fase inquisitorial, advogado nos autos com amplos poderes, o que demonstra que conhecia da imputação contra ele dirigida. A renúncia do advogado deu-se 3 (três) meses após o recebimento da denúncia, inexistindo ilegalidade na decisão do Juízo de primeiro grau que determinou o prosseguimento do feito com a nomeação da Defensoria Pública para patrocinar a defesa do acusado, uma vez que não seria possível intimá-lo pessoalmente para constituir defensor de sua confiança, tendo em vista encontrar-se em lugar incerto e não sabido" (STJ, HC 338.540/SP, Rel. Ministro Reynaldo Soares da Fonseca, Quinta Turma, julgado em 14.09.2017, DJe 21.09.2017). 🔲

Gabarito: 'A'.

**(Defensor Público/PE – 2018 – CESPE)** Acerca dos procedimentos nos juizados especiais criminais, assinale a opção correta.

(A) A citação do acusado pode se dar por edital, não havendo deslocamento da competência para o juízo criminal comum.

(B) O juizado especial criminal é competente para julgar crimes punidos com pena alternativa de multa, ainda que a pena privativa de liberdade fixada em abstrato seja superior a dois anos.

(C) No caso de causa complexa, haverá o deslocamento da competência para o juízo criminal comum, mantendo-se o procedimento sumaríssimo.

(D) A medida processual cabível contra a decisão que rejeitar a denúncia ou a queixa-crime será o recurso em sentido estrito, que deverá ser interposto no prazo de dez dias.

(E) De acordo com o STJ, no caso de ação penal privada, são aplicáveis os benefícios da transação penal e da suspensão condicional do processo.

**A:** incorreta. O art. 66, parágrafo único, da Lei 9.099/1995 estabelece que, no âmbito do procedimento sumaríssimo, não localizado o acusado para ser citado pessoalmente, as peças serão encaminhadas ao juízo comum para prosseguimento, no qual se procederá, se necessário for, à citação por hora certa ou por edital, dada a incompatibilidade dessas modalidades de citação ficta com a celeridade imanente ao procedimento adotado na Lei 9.099/1995; **B:** incorreta. São consideradas infrações penais de menor potencial ofensivo, estando, portanto, sob a égide do Juizado Especial Criminal, as contravenções penais e os crimes cuja pena máxima cominada não seja superior a *dois* anos, cumulada ou não com multa, conforme dispõe o art. 61 da Lei 9.099/1995. Infere-se, portanto, que, ainda que a pena de multa seja alternativa à de prisão, o máximo desta não pode superar dois anos, sob pena de afastar a competência do JECRIM; **C:** incorreta. Se, por qualquer razão, o processo que tramita no Juizado Especial Criminal não puder ali ser julgado, estabelece o art. 538 do CPP que a competência será descolada ao juízo comum, que processará o feito de acordo com as regras do procedimento *sumário*. É isso que ocorre, a título de exemplo, quando o réu, no juizado especial, não é localizado para citação pessoal. Deverá o juiz, neste caso, em obediência à norma presente no art. 66, parágrafo único, da Lei 9.099/1995, remeter os autos ao juízo comum, onde – repita-se – será adotado o rito *sumário*; **D:** incorreta. O art. 82, *caput* e § 1º, da Lei 9.099/1995 estabelece que da decisão que rejeitar a denúncia ou a queixa caberá recurso de apelação, a ser interposto, por petição escrita, no prazo de dez dias, da qual deverão constar as razões e o pedido. O julgamento deste recurso caberá a uma turma composta de três juízes em exercício no primeiro grau de jurisdição, reunidos na sede do Juizado; **E:** correta. No STJ: "A jurisprudência dos Tribunais Superiores admite a aplicação da transação penal às ações penais privadas" (RHC 102.381/BA, Rel. Ministro Felix Fischer, Quinta Turma, julgado em 09.10.2018, DJe 17.10.2018). No mesmo sentido, o Enunciado 112: *Na ação penal de iniciativa privada, cabem transação penal e a suspensão condicional do processo, mediante proposta do Ministério Público* (XXVII Encontro – Palmas/TO). 🔲

Gabarito: 'E'.

**(Juiz de Direito/AM – 2016 – CESPE)** Em processo no juizado especial criminal, superada a fase preliminar em razão da ausência do autor do fato, o MP ofereceu denúncia oral pela prática de crime de ameaça. Não tendo o oficial de justiça encontrado o autor para citá-lo nos endereços constantes dos autos, o juiz determinou a sua citação por hora certa. Concluída a citação por hora certa sem que o autor do fato tivesse sido encontrado ou tivesse comparecido à audiência designada, foi-lhe nomeado DP, e sobreveio condenação.

Nessa situação hipotética, conforme a legislação penal processual e a jurisprudência dos tribunais superiores, é correto afirmar que a citação realizada foi

(A) válida, e não precisará ser refeita, pois a citação por hora certa é possível quando o acusado não é encontrado nos endereços constantes nos autos.

(B) nula, e deverá ser refeita pelo juízo comum, com o devido encaminhamento dos autos pelo juizado especial criminal.

(C) válida, e não precisará ser refeita, pois a citação por hora certa sempre precede a citação por edital.

(D) válida, e não precisará ser refeita, pois o processo perante os juizados especiais criminais orienta-se pelos princípios da oralidade, simplicidade, economia processual e celeridade.

(E) nula, e deverá ser refeita pelo próprio juizado especial criminal, por meio de edital, em atenção aos princípios da celeridade e da economia processual.

O art. 66, parágrafo único, da Lei 9.099/1995 estabelece que, no âmbito do procedimento sumaríssimo, não localizado o acusado para ser citado pessoalmente, as peças serão encaminhadas ao juízo comum para prosseguimento, no qual se procederá, se necessário for, à citação por hora certa ou por edital, dada a incompatibilidade dessas modalidades de citação ficta com a celeridade imanente ao procedimento adotado na Lei 9.099/1995. Esta modalidade de citação ficta (hora certa), antes exclusiva do processo civil, agora também é admitida no âmbito do processo penal, dada a mudança introduzida na redação do dispositivo legal pela Lei 11.719/2008. A propósito disso, o STF, ao julgar o RE 635.145, reconheceu, em votação unânime, a constitucionalidade da

## 13. DIREITO PROCESSUAL PENAL 505

citação por hora certa no processo penal, rechaçando a tese segundo a qual esta modalidade de citação ficta ofende os postulados da ampla defesa e do contraditório. Na jurisprudência do STJ: *No procedimento sumaríssimo para apuração dos crimes de menor potencial ofensivo, verificada a necessidade de realização de citação editalícia, ocorre o deslocamento da competência dos juizados especiais criminais em favor do juízo comum, conforme redação do art. 66, parágrafo único, da Lei 9.099/1995* (CC 88.588-SP, 3ª S, rel. Min. Maria Tereza de Assis Moura, 13.02.2008).

Gabarito "B".

**(Cartório/DF – 2014 – CESPE)** Maria foi denunciada pela prática do delito de lesão corporal. Recebida a inicial acusatória, o juízo processante deferiu a suspensão condicional do processo. Todavia, passados três meses, o magistrado revogou o benefício, ao constatar que Maria estava em local incerto e não sabido e sendo processada por outro crime.

Em face dessa situação hipotética, assinale a opção correta acerca da suspensão do processo prevista na Lei nº 9.009/1995, segundo a jurisprudência do STJ.

**(A)** O magistrado agiu corretamente, dado que a inobservância das condições impostas a Maria por ocasião do sursis processual enseja a revogação do benefício.

**(B)** Com a revogação do sursis processual, é necessário que Maria seja citada por edital para a continuidade do processo.

**(C)** Houve violação aos princípios do contraditório, da ampla defesa e do devido processo legal, pois, para a revogação do sursis processual, seria imprescindível a prévia manifestação da defesa.

**(D)** Incabível a revogação automática do sursis processual, por demandar uma audiência de justificação para esse fim.

**(E)** Na hipótese descrita, o cancelamento da benesse era facultativo.

**A:** correta (art. 89, § 3º, da Lei 9.099/1995). É hipótese de revogação *obrigatória*; **B:** incorreta. Providência não contemplada na Lei 9.099/1995; **C:** incorreta. O contraditório e a ampla defesa serão exercidos no novo processo em curso, não naquele em que foi concedido o *sursis* processual; **D:** incorreta. Providência não contemplada na Lei 9.099/1995; **E:** incorreta. Trata-se de revogação *obrigatória* (art. 89, § 3º, da Lei 9.099/1995); as hipóteses de revogação facultativa estão contempladas no art. 89, § 4º, da Lei 9.099/1995.

Gabarito "A".

**(Cartório/ES – 2013 – CESPE)** Com base nas Leis n.ºs 9.099/1995 e 10.259/2001 e na jurisprudência dos tribunais superiores, assinale a opção correta.

**(A)** Havendo sentença homologatória referente a composição civil e transação penal, não será possível o prosseguimento da ação penal no caso de o acusado descumprir o acordo, por ter sido extinta a punibilidade.

**(B)** Conforme o disposto na Lei n.º 10.259/2001, se, devido às regras de conexão e continência, processos tiverem de ser reunidos perante o juízo comum ou o tribunal do júri, não será possível a aplicação, a esses processos, dos institutos despenalizadores do microssistema dos juizados especiais.

**(C)** Não sendo cabível recurso da decisão que rejeita a denúncia ou queixa no rito dos juizados especiais criminais, diante do princípio da irrecorribilidade das decisões interlocutórias, resta ao querelante ou o MP, se desejarem discutir tal decisão, interpor mandado de segurança junto a turma recursal dos juizados especiais criminais.

**(D)** Em se tratando de ação penal privada submetida ao rito dos juizados especiais criminais, a transação penal deve ser oferecida pelo querelante, não sendo, portanto, um direito subjetivo do querelado, dado o princípio da disponibilidade da ação penal privada.

**(E)** A suspensão condicional do processo não pode ser aplicada se houver inquéritos policiais em curso contra o denunciado.

**A:** incorreta. Uma vez homologada, pelo juiz, a composição civil, tem-se, por parte do ofendido, a renúncia ao direito de queixa ou representação, o que levará à extinção da punibilidade e, por conseguinte, ao arquivamento do feito. Situação diferente é a da transação penal.

Já decidiu o Pleno do STF que, na hipótese de o acordo homologado não ser cumprido, poderá ser oferecida denúncia ou queixa. Mais recentemente, consolidando tal entendimento já firmado, o STF editou a Súmula Vinculante 35, nos termos seguintes: "A homologação da transação penal prevista no artigo 76 da Lei 9.099/1995 não faz coisa julgada material e, descumpridas suas cláusulas, retoma-se o *status quo ante*, possibilitando-se ao Ministério Público a continuidade da persecução penal mediante oferecimento de denúncia ou requisição de inquérito policial"; **B:** incorreta, pois contraria o disposto no art. 60, parágrafo único, da Lei 9.099/1995, cuja redação foi conferida pela Lei 11.313/2006; **C:** incorreta, visto que a decisão que rejeita a denúncia ou queixa, no âmbito do juizado especial criminal, desafia recurso de apelação, na forma prevista no art. 82, *caput*, da Lei 9.099/1995, a ser interposto, por petição escrita, no prazo de dez dias, da qual deverão constar as razões e o pedido. O julgamento deste recurso caberá a uma turma composta de três juízes em exercício no primeiro grau de jurisdição, reunidos na sede do Juizado; **D:** correta. Embora o art. 76 da Lei 9.099/1995 não tenha contemplado a ação penal privada, é certo que a jurisprudência dominante entende ser possível estender a transação penal a esta modalidade de ação. Quanto ao fato de a transação ser ou não um direito subjetivo do querelado, conferir: "Penal. Agravo regimental em recurso especial. Ação penal privada. Transação penal. Ausência de interesse do querelante. Prosseguimento do feito. Possibilidade. 1. Embora admitida a possibilidade de transação penal em ação penal privada, este não é um direito subjetivo do querelado, competindo ao querelante a sua propositura. 2. Agravo regimental a que se nega provimento" (AGRESP 201202532153, Alderita Ramos de Oliveira (Desembargadora convocada do TJ/PE), STJ, Sexta turma, *DJE* 26/03/2013); **E:** incorreta. É tema polêmico. Conferir: "penal. Suspensão condicional do processo. Requisitos subjetivos. Antecedentes. Inquérito policial em andamento. Valoração. Conversão da pena privativa de liberdade em restritiva de direitos já operada. "Habeas Corpus". 1. Não viola o princípio da presunção de inocência a decisão que considera, para fins de antecedentes, a existência de inquérito policial instaurado em desfavor do réu, ainda que em andamento. Precedentes do eg. STF e de ambas as Turmas que integram a eg. 3ª Seção deste STJ. 2. A conversão, já realizada, da pena privativa de liberdade em restritiva de direitos impede a concessão da suspensão condicional do processo (CP, art. 77, III). 3. "Habeas Corpus" conhecido; pedido indeferido" (HC 200100101631, Edson Vidigal, STJ, 5ª T., *DJ* 13/08/2001).

Gabarito "D".

**(Cartório/PI – 2013 – CESPE)** Conforme a Lei n.º 9.099/1995, o acordo homologado em ação penal privada acarreta o(a)

**(A)** decadência do direito de queixa.

**(B)** renúncia ao direito de queixa.

**(C)** perempção ao direito de queixa.

**(D)** perdão judicial.

**(E)** perdão, que, se for aceito pela vítima, extinguirá a punibilidade.

De conformidade com o que estabelece o art. 74, parágrafo único, da Lei 9.099/1995, "tratando-se de ação penal de iniciativa privada ou de ação penal pública condicionada à representação, o acordo homologado acarreta a renúncia ao direito de queixa ou representação".

Gabarito "B".

**(Cartório/RR – 2013 – CESPE)** Com base nas disposições da Lei n.º 9.099/1995, assinale a opção correta.

**(A)** A suspensão condicional do processo está condicionada ao cumprimento obrigatório, pelo autor do fato, de condições legais, tais como o dever de reparação do dano e o comparecimento pessoal em juízo, mensalmente, para informar e justificar suas atividades.

**(B)** Tratando-se de crime de lesão corporal de natureza grave, a composição civil entre as partes homologada no juízo criminal não impede a propositura da ação de reparação por danos materiais e morais, conquanto sejam independentes as instâncias cível e criminal.

**(C)** O MP não poderá oferecer transação penal no caso de comprovadamente não indicar a conduta social do agente como necessária e suficiente à adoção da medida.

**(D)** Homologada judicialmente a proposta de transação penal oferecida pelo MP e desde que aceita pelo autor do fato, ser-lhe-á aplicada pena restritiva de direitos ou multa, que será registrada em sua certidão de antecedentes criminais para fins de reincidência.

(E) Se a complexidade ou circunstâncias do caso não permitirem a formulação da denúncia, o MP deverá requerer ao juiz o encaminhamento dos autos à perícia oficial.

**A:** incorreta. Ao que parece, o examinador levou em conta, neste caso, a exceção a que se refere o art. 89, § 1º, I, da Lei 9.099/1995, que estabelece que não se imporá ao beneficiário da suspensão condicional do processo a obrigação de reparar o dano quando impossível fazê-lo. Segundo pensamos, esta assertiva poderia ser considerada como correta, dado que não é incorreto afirmar-se que o dever de reparar o dano constitui uma das obrigações impostas à concessão do *sursis* processual; a propósito, parece lógico que tal obrigação não poderia ser imposta quando inviável, pelo beneficiário, a sua execução; de resto, a proposição está indiscutivelmente correta, já que de acordo com o art. 89, § 1º, IV, da Lei 9.099/1995; **B:** incorreta. A composição civil, prevista no art. 74 da Lei 9.099/1995, não tem incidência no crime de lesão corporal de natureza grave, cuja pena cominada, segundo o art. 129, § 1º, do CP, é de reclusão de 1 a 5 anos, superior, portanto, ao limite estabelecido no art. 61 da Lei 9.099/1995, que define os crimes de menor potencial ofensivo, sujeitos ao procedimento sumaríssimo e à composição civil; **C:** correta (art. 76, § 2º, III, da Lei 9.099/1995); **D:** incorreta (art. 76, §§ 4º e 6º, da Lei 9.099/1995); **E:** incorreta (art. 77, § 2º, da Lei 9.099/1995).
Gabarito "C".

## 15. SENTENÇA, PRECLUSÃO E COISA JULGADA

**(Defensor Público – DPE/RN – 2016 – CESPE)** Com relação aos institutos da *emendatio* e da *mutatio libelli*, da sentença e da coisa julgada, bem como aos procedimentos comum e ordinário, aos juizados especiais cíveis e aos crimes dolosos contra a vida, assinale a opção correta.

(A) Situação hipotética: Mauro foi definitivamente condenado pela prática do crime de roubo simples por sentença proferida por juízo estadual absolutamente incompetente. Posteriormente, ele foi novamente condenado pelo mesmo fato, desta feita pelo juízo federal constitucionalmente competente, mas agora a uma pena inferior à anteriormente imposta. Assertiva: Nesse caso, segundo o entendimento do STJ, diante da existência de coisa julgada material, deverá prevalecer a primeira condenação.

(B) Situação hipotética: A DP, representando Jonas, ajuizou queixa-crime imputando ao querelado Antônio a prática do delito de injúria. Todavia, o juiz rejeitou a exordial acusatória. Assertiva: Nesse caso, para impugnar essa decisão, é cabível a interposição de recurso em sentido estrito.

(C) Segundo a jurisprudência do STJ, não é possível a anulação parcial de sentença proferida pelo júri a fim de determinar submissão do réu a novo julgamento somente em relação às qualificadoras, ainda que a decisão dos jurados seja manifestamente contrária à prova dos autos apenas nesse particular.

(D) A figura processual da *mutatio libelli* se presta à correção da equivocada capitulação jurídica dada ao fato criminoso narrado na denúncia, incorretamente classificado pelo MP. Essa providência, ademais, pode ser conduzida pelo próprio magistrado, sem que haja necessidade de aditamento ministerial ou oitiva prévia da defesa, exceto no caso de a modificação ocasionar agravamento na pena do acusado.

(E) Situação hipotética: Paulo foi denunciado pelo crime de furto simples. Devidamente citado, ele ofertou resposta à acusação, alegando não ter sido autor do crime e apresentando documentos. Assertiva: Nessa hipótese, após a oitiva do MP e convencendo-se da procedência dos argumentos lançados pelo acusado, poderá o juiz absolvê-lo sumariamente.

**A:** incorreta. Conferir: "Na hipótese, o paciente foi dupla e definitivamente condenado pelos mesmos fatos, perante as Justiças Estadual, anteriormente, e Federal, posteriormente. Verifica-se, ainda, que a Justiça Federal era a competente para o processo e julgamento do crime de roubo cometido contra agência dos Correios e Casa Lotérica, consoante o art. 109, inciso IV, da CF, tendo estabelecido, inclusive, *quantum* de pena inferior ao definido pela Justiça Estadual. IV – Assim, muito embora a jurisprudência desta eg. Corte tenha se firmado no sentido de que "A sentença proferida por juízo absolutamente incompetente impede o exame dos mesmos fatos ainda que pela justiça constitucionalmente competente, pois, ao contrário, estar-se-ia não só diante de vedado *bis in idem* como também na contramão da necessária segurança jurídica que a imutabilidade da coisa julgada visa garantir (RHC 29.775/PI, Quinta Turma, Rel. Min. Marco Aurélio Bellizze, DJe de 25/6/2013), tenho que, na hipótese, considerando a situação mais favorável ao paciente, bem como a existência de trânsito em julgado perante à justiça competente para análise do feito, deve ser relativizada a coisa julgada, anulando-se a condenação anterior proferida pela Justiça Estadual, e mantendo-se a condenação proveniente da Justiça Federal, a tornar possível a prevalência do princípio fundamental da dignidade da pessoa humana. *Habeas corpus* não conhecido. Liminar cassada. Ordem concedida de ofício para anular a condenação do paciente perante a Justiça Estadual, mantendo-se a condenação pela Justiça Federal" (HC 297.482/CE, Rel. Ministro Felix Fischer, Quinta Turma, julgado em 12.05.2015, DJe 21.05.2015); **B:** incorreta. Sendo a injúria infração penal de menor potencial ofensivo, o seu processamento obedece às regras da Lei 9.099/1995 (procedimento sumaríssimo), cujo art. 82 estabelece que contra a decisão que rejeitar a denúncia ou queixa caberá recurso de apelação (e não recurso em sentido estrito); **C:** correta. Nesse sentido: "Anulação parcial do julgamento pelo tribunal do júri. Determinação de submissão do paciente a novo conselho de sentença apenas no tocante à qualificadora. Impossibilidade. Constrangimento ilegal caracterizado. Concessão da ordem de ofício. 1. É assente nesta Corte Superior de Justiça o entendimento de que não é possível a anulação parcial do julgamento proferido pelo Tribunal do Júri, sendo que o reconhecimento de que a decisão dos jurados foi manifestamente contrária à prova dos autos implica a submissão da íntegra dos fatos à nova apreciação do Conselho de Sentença" (STJ, HC 321.872/RO, Rel. Ministro Leopoldo de Arruda Raposo (Desembargador Convocado do TJ/PE), Quinta Turma, julgado em 20.08.2015, DJe 01.09.2015); **D:** incorreta, já que a proposição descreve o fenômeno da *emendatio libelli*, presente no art. 383 do CPP. Neste caso, deverá o juiz, em obediência à regra contida neste dispositivo, atribuir ao fato a definição jurídica que entender mais adequada, pouco importando se a nova capitulação implicar pena mais grave. Na *mutatio libelli*, diferentemente, temos que a prova colhida na instrução aponta para uma nova definição jurídica do fato, diversa daquela contida na inicial. Por força do que estabelece o art. 383 do CPP, com a redação que lhe conferiu a Lei de Reforma n. 11.719/2008, impõe-se o aditamento da exordial pelo órgão acusatório, ainda que a nova capitulação jurídica implique aplicação de pena igual ou menos grave; **E:** incorreta, pois não se enquadra nas hipóteses do art. 397 do CPP (absolvição sumária).
Gabarito "C".

**(Cartório/ES – 2013 – CESPE)** Em relação à sentença processual penal, assinale a opção correta à luz da legislação de regência e do entendimento jurisprudencial do STJ acerca da matéria.

(A) A sentença prolatada em procedimento sumaríssimo dos juizados especiais criminais, diversamente do que ocorre no juízo cível, deve ser precedida de relatório, conforme expressamente previsto na Lei n.º 9.099/1995.

(B) Tratando-se de ação penal pública, o juiz não pode, em sua sentença, reconhecer agravantes que não tenham sido alegadas pelo MP.

(C) Conforme entendimento pacificado do STJ, por ter natureza de norma de direito material, a disposição do Código de Processo Penal que determina ao juiz que fixe valor mínimo para reparação dos danos causados na sentença condenatória, seus efeitos retroagem, abrangendo situações anteriores à sua vigência.

(D) Se não modificar a descrição do fato contida na denúncia ou queixa, o juiz poderá atribuir-lhe definição jurídica diversa, desde que tal alteração não resulte em majoração da pena.

(E) É cabível a suspensão condicional do processo tanto na sentença, caso o juiz desclassifique o delito, como na procedência parcial da pretensão punitiva, se preenchidos os requisitos relativos ao referido instituto.

**A:** incorreta. No âmbito do juizado especial criminal, cujo procedimento é o sumaríssimo, o relatório não é requisito da sentença e pode, por isso, ser dispensado pelo juiz. É o que estabelece o art. 81, § 3º, da Lei 9.099/95; **B:** incorreta. Em vista do que estabelece o art. 385 do CPP, poderá o juiz, na ação penal pública, reconhecer agravantes que não tenham sido alegadas; **C:** incorreta, uma vez que se trata de norma processual genuína, desprovida, portanto, de qualquer conteúdo material; **D:** incorreta, visto que o juiz, na hipótese de *emendatio libelli*, poderá atribuir definição jurídica diversa, ainda que, para tanto, tenha que aplicar pena mais grave (art. 383, *caput*, do CPP); **E:** correta, porque corresponde ao entendimento firmado na Súmula 337 do STJ: "É cabível a suspensão condicional do processo na desclassificação do crime e na procedência parcial da pretensão punitiva".

Gabarito "E".

## 16. NULIDADES

**(Analista – STF – 2013 – CESPE)** A respeito de nulidade, julgue o item seguinte.

(1) O tribunal *ad quem* não poderá reconhecer de ofício a nulidade da sentença absolutória de primeiro grau proferida por juiz incompetente, contra a qual tenha o Ministério Público interposto recurso, sem, no entanto, alegar o vício de incompetência absoluta.

**1:** correta, já que em conformidade com o entendimento firmado na Súmula 160 do STF. Conferir: "*Habeas corpus*. Paciente absolvido em primeira instância. Preliminar de incompetência, não suscitada na apelação do ministério público, acolhida de ofício pelo tribunal, por tratar-se de nulidade absoluta. Alegação de que a sentença absolutória transitou em j. tudo aquilo que não foi objeto do recurso do parquet. Pretensão de aplicação da súmula 160/STF, com a manutenção da absolvição diante da impossibilidade de haver nova decisão mais gravosa ao réu. O Tribunal, ao julgar apelação do Ministério Público contra sentença absolutória, não pode acolher nulidade – ainda que absoluta -, não veiculada no recurso da acusação. Interpretação da Súmula 160/STF que não faz distinção entre nulidade absoluta e relativa. Os atos praticados por órgão jurisdicional constitucionalmente incompetente são atos nulos e não inexistentes, já que proferidos por juiz regularmente investido de jurisdição, que, como se sabe, é uma. Assim, a nulidade decorrente de sentença prolatada com vício de incompetência de juízo precisa ser declarada e, embora não possua o alcance das decisões válidas, pode produzir efeitos. Precedentes. A incorporação do princípio do *ne bis in idem* ao ordenamento jurídico pátrio, ainda que sem o caráter de preceito constitucional, vem, na realidade, complementar o rol dos direitos e garantias individuais já previstos pela Constituição Federal, cuja interpretação sistemática leva à conclusão de que a Lei Maior impõe a prevalência do direito à liberdade em detrimento do dever de acusar. Nesse contexto, princípios como o do devido processo legal e o do juízo natural somente podem ser invocados em favor do réu e nunca em seu prejuízo. Por isso, estando o Tribunal, quando do julgamento da apelação, adstrito ao exame da matéria impugnada pelo recorrente, não pode invocar questão prejudicial ao réu não veiculada no referido recurso, ainda que se trate de nulidade absoluta, decorrente da incompetência do juízo. *Habeas corpus* deferido em parte para que, afastada a incompetência, seja julgada a apelação em seu mérito" (HC 80263, ILMAR GALVÃO, STF).

Gabarito 1C.

## 17. RECURSOS

**(Juiz de Direito – TJ/SC – 2019 – CESPE/CEBRASPE)** De acordo com a legislação vigente acerca de recursos em geral no processo penal, assinale a opção correta.

(A) Decisão proferida em sede de recurso interposto por um dos réus em concurso de agentes que reconheça a atipicidade do fato a eles atribuído aproveitará ao outro réu por força do efeito extensivo.

(B) É viável que, no curso da tramitação, o Ministério Público desista de recurso que tenha interposto, desde que o assistente de acusação também desista do ato processual.

(C) É viável a interposição de recurso por um réu que pleiteie a condenação de outro que tenha sido absolvido.

(D) O recurso deverá ser feito por meio de petição escrita caso o réu não saiba assinar o nome, não sendo viável que o recurso seja apresentado por termo nos autos.

(E) O princípio da fungibilidade deverá ser aplicado a todos os recursos que forem apresentados de forma indevida.

**A:** correta. O chamado efeito *extensivo* diz respeito à ampliação do alcance do recurso ao corréu que, embora não haja recorrido, também foi beneficiado pelo resultado do recurso interposto por outro corréu. Em outras palavras, o corréu que não recorreu será beneficiado por recurso que não haja interposto. É o que se extrai do art. 580 do CPP. A restrição à aplicação deste dispositivo diz respeito às situações em que o recurso se fundar em motivo de caráter exclusivamente pessoal, não sendo este o caso em que é dado provimento ao recurso de forma a reconhecer-se a atipicidade do fato. Se o fato é atípico para um corréu, será também para o outro, sendo este alcançado pelos efeitos do recurso interposto por aquele; **B:** incorreta. Nada obsta que o MP renuncie ao direito de recorrer; o que não se admite é que o órgão acusador, depois de interpor o recurso, desista de dar-lhe seguimento. É o que estabelece o art. 576 do CPP, que enuncia o princípio da indisponibilidade. De igual forma e com base nesse mesmo princípio, não é dado ao MP desistir da ação que haja proposto (art. 42, CPP); **C:** incorreta, já que não será admitida a interposição de recurso da parte que não tiver interesse na reforma ou modificação da decisão (art. 577, parágrafo único, CPP); **D:** incorreta. Se o recorrente não souber assinar o nome, o termo será assinado por alguém a seu rogo na presença de duas testemunhas (art. 578, § 1º, CPP); **E:** incorreta, na medida em que não se aplicará o princípio da fungibilidade na hipótese de má-fé ou erro grosseiro (art. 579, *caput*, do CPP).

Gabarito "A".

**(Juiz de Direito - TJ/BA - 2019 - CESPE/CEBRASPE)** Assinale a opção correta, acerca de recursos no processo penal.

(A) Em razão do princípio da voluntariedade, havendo conflito entre a manifestação do acusado e a de seu defensor a respeito da interposição de recurso, deverá prevalecer a vontade do réu.

(B) Em caso de inércia do MP, o assistente de acusação não terá legitimidade para interpor recurso de apelação.

(C) Em razão do princípio da voluntariedade dos recursos, o defensor dativo regularmente intimado não estará obrigado a recorrer.

(D) O termo inicial para a interposição de recurso pelo MP é a data de prolação da sentença em audiência em que haja promotor de justiça presente.

**A:** incorreta. Neste caso, deve-se processar o recurso interposto pelo defensor, em obediência ao entendimento firmado na Súmula 705, do STF: "A renúncia do réu ao direito de apelação, manifestada sem a assistência de defensor, não impede o conhecimento da apelação por este interposta"; **B:** incorreta. Conferir: "Embora o assistente de acusação receba o processo no estado em que se encontra, o fato de o órgão ministerial não haver recorrido da decisão que absolveu o recorrente não impede a que o ofendido o faça, ainda que não esteja habilitado nos autos." (STJ, RHC 85.526/DF, Rel. Ministro JORGE MUSSI, QUINTA TURMA, julgado em 26/02/2019, DJe 08/03/2019); **C:** correta. Nesse sentido: "Defensor dativo e o réu intimados pessoalmente da sentença condenatória o não manifestaram a pretensão de recorrer. Aplicação da regra processual da voluntariedade dos recursos, insculpida no art. 574, *caput*, do Código de Processo Penal, segundo a qual não está obrigado o defensor público ou dativo, devidamente intimado, a recorrer." (HC 121.050/SP, Rel. Ministro OG FERNANDES, SEXTA TURMA, julgado em 27/11/2012, DJe 08/02/2013); **D:** incorreta. A intimação do MP, ainda que realizada em audiência, somente se aperfeiçoará com o ingresso dos autos na Secretaria Administrativa da Instituição, data a partir da qual terá início a contagem de prazo. Nesse sentido: "1. No julgamento do REsp 1.349.935/SE, submetido ao rito dos recursos repetitivos, a 3ª Seção deste Superior Tribunal de Justiça firmou o entendimento de que o termo inicial da contagem do prazo para impugnar decisão judicial é, para o Ministério Público, a data da entrega dos autos na repartição administrativa do órgão, sendo irrelevante que a intimação pessoal tenha se dado em audiência, em cartório ou por mandado" (AgRg no AREsp 1460381/BA, Rel. Ministro JORGE MUSSI, QUINTA TURMA, julgado em 19/09/2019, DJe 30/09/2019). ED

Gabarito "C".

**(Juiz – TJ/CE – 2018 – CESPE)** A interposição de recurso em sentido estrito é cabível

(A) contra decisão que receber a denúncia ou a queixa ou afirmar a incompetência do juízo.
(B) contra decisão do tribunal do júri quando ocorrer nulidade posterior à pronúncia.
(C) apenas nas hipóteses taxativamente enunciadas na lei processual penal e, excepcionalmente, em leis especiais.
(D) nas hipóteses de absolvição sumária do réu.
(E) contra decisão que julgar procedentes as exceções, salvo a de litispendência.

**A:** incorreta, uma vez que não cabe recurso contra a decisão que recebe a denúncia ou queixa. É possível, neste caso, em tese, impetrar HC. Cabe RESE, isto sim, em face da decisão que rejeita a denúncia ou queixa (art. 581, I, CPP); **B:** incorreta, já que se trata de hipótese de interposição de apelação, nos termos do art. 593, III, *a*, do CPP; **C:** correta. Segundo entendimento pacífico da doutrina e da jurisprudência, o rol de hipóteses de cabimento do recurso em sentido estrito é taxativo. Conferir: "O artigo 581, do Código de Processo Penal, apresenta rol taxativo, razão pela qual é vedada a interposição de recurso em sentido estrito quando a lei não a prevê para dada situação concreta" (STJ, AgRg no AREsp 1122396/MG, Rel. Ministro Nefi Cordeiro, Sexta Turma, julgado em 24.04.2018, DJe 11.05.2018); **D:** incorreta. Com o advento da Lei 11.689/2008, que modificou os arts. 416 e 581, IV e VI, do CPP, a decisão de *impronúncia* e *absolvição sumária*, que antes comportava *recurso em sentido estrito*, passou a ser combatida por meio de *recurso de apelação*. A pronúncia, por sua vez, continua a ser impugnada por meio de *recurso em sentido estrito*, nos termos do art. 581, IV, do CPP; **E:** incorreta. Caberá recurso em sentido estrito, nos termos do art. 581, III, do CPP, contra a decisão que julgar procedentes as exceções, salvo a de *suspeição*, e não a de *litispendência*, tal como constou na assertiva. **ED**

Gabarito "C".

**(Juiz – TRF5 – 2017 – CESPE)** O recurso cabível da decisão que revoga medida cautelar diversa da prisão é

(A) o agravo de instrumento.
(B) a carta testemunhável.
(C) o agravo interno.
(D) a apelação.
(E) o recurso em sentido estrito.

Embora a hipótese em questão não esteja contemplada no rol do art. 581 do CPP, o STJ entende que, por interpretação extensiva ao art. 581, V, do CPP, é possível a interposição de recurso em sentido estrito para o fim de desafiar decisão que revoga medida cautelar diversa a prisão. Nesse sentido, conferir: "1. As hipóteses de cabimento de recurso em sentido estrito, trazidas no art. 581 do Código de Processo Penal e em legislação especial, são exaustivas, admitindo a interpretação extensiva, mas não a analógica. 2. O ato de revogar prisão preventiva, previsto expressamente no inciso V, é similar ao ato de revogar medida cautelar diversa da prisão, o que permite a interpretação extensiva do artigo e, consequentemente, o manejo do recurso em sentido estrito" (STJ, REsp 1628262/RS, Rel. Ministro Sebastião Reis Júnior, Sexta Turma, julgado em 13.12.2016, DJe 19.12.2016). **ED**

Gabarito "E".

**(Defensor Público/PE – 2018 – CESPE)** Assinale a opção que apresenta a medida judicial cabível contra a decisão que, reconhecendo a ilegitimidade do Ministério Público para ajuizar a ação penal, deixa de receber a denúncia e extingue a punibilidade em face da decadência.

(A) correição parcial
(B) apelação
(C) carta testemunhável
(D) recurso em sentido estrito
(E) recurso de ofício

O recurso a ser manejado em face da decisão que deixa de receber a denúncia é o do art. 581, I, do CPP (recurso em sentido estrito). **ED**

Gabarito "D".

**(Defensor Público/AC – 2017 – CESPE)** Após a tempestiva interposição pelo réu de recurso de apelação, por termo nos autos, contra sentença condenatória por crime de estelionato, procedeu-se ao oferecimento das razões do recurso fora do prazo estipulado no CPP.

Em decorrência do ocorrido nessa situação hipotética, a atitude a ser tomada será

(A) o não conhecimento, por deserção, da apelação pelo tribunal.
(B) o não conhecimento da apelação pelo tribunal em razão da extemporaneidade.
(C) o conhecimento da apelação pelo tribunal, pois a apresentação extemporânea das razões constitui mera irregularidade.
(D) o conhecimento da apelação pelo tribunal, bem como a abertura de prazo em dobro para o oferecimento de contrarrazões.
(E) o não recebimento da apelação pelo juízo de admissibilidade.

Conferir: "A tempestividade do recurso de apelação é verificada na interposição, conforme prazo do art. 593 do CPP. Caso o recurso de apelação tenha sido interposto sem apresentação das razões, a juntada destas fora do referido prazo é mera irregularidade" (STJ, AgRg no AREsp 1001053/SP, Rel. Ministro Joel Ilan Paciornik, Quinta Turma, julgado em 07.06.2018, DJe 20.06.2018). **ED**

Gabarito "C".

**(Juiz de Direito/DF – 2016 – CESPE)** Acerca de recursos, à luz das previsões legais, assinale a opção correta.

(A) A desistência do recurso de apelação requerida pelo MP só será homologada caso haja concordância da parte recorrida, antes do trânsito em julgado do resultado do recurso.
(B) O MP, como titular da ação penal pública, tem legitimidade para interpor recurso de apelação no prazo de cinco dias, quando o juiz de primeiro grau julgar a prescrição de determinado crime.
(C) A revisão criminal poderá ser requerida a qualquer momento, inclusive depois de extinta a pena em decorrência de seu cumprimento.
(D) O prazo do recurso de reclamação é de cinco dias, contado da data de ciência do ato, sendo vedado o pedido de reconsideração.
(E) No caso de concurso de agentes, a decisão favorável ao recurso interposto por um dos réus, que vise à redução de prazo prescricional pela metade, a despeito da comprovação, nos autos, de que o recorrente tinha dezoito anos de idade na data do fato, deverá estender seus efeitos ao outro réu, maior de dezoito anos, ainda que ele não tenha recorrido.

**A:** incorreta. À luz do princípio da indisponibilidade, é defeso ao Ministério Público desistir da ação penal proposta (CPP, art. 42) e do recurso interposto (CPP, art. 576); **B:** incorreta (art. 581, VIII, do CPP); **C:** correta. Transitada em julgado a sentença penal condenatória, a revisão pode ser requerida a qualquer tempo, antes ou depois de extinta a pena (art. 622, *caput*, do CPP); **D:** incorreta. A *reclamação* não constitui recurso. Cuida-se, na verdade, de instrumento de impugnação destinado a assegurar que decisões tomadas por tribunais superiores sejam acatadas. Vejamos o exemplo da Súmula Vinculante: se o ato administrativo ou decisão judicial contrair o seu teor, caberá *reclamação* ao STF (art. 103-A, § 3º, da CF); **E:** incorreta, pois contraria o disposto no art. 580 do CPP, que estabelece que, no concurso de agentes, a decisão favorável ao recurso interposto por um dos réus somente aproveitará aos demais se não se fundar em motivo de caráter exclusivamente pessoal, como é o caso da redução do prazo prescricional como decorrência da idade do corréu beneficiado. **ED**

Gabarito "C".

**(Procurador do Estado – PGE/BA – CESPE – 2014)** Julgue o item subsequente, no que se refere aos recursos no processo penal brasileiro.

(1) Contra a decisão que recebe a denúncia cabe recurso em sentido estrito.

# 13. DIREITO PROCESSUAL PENAL    509

**1:** incorreta. É que da decisão que recebe a denúncia ou queixa não cabe qualquer recurso. Cabe, isto sim, da decisão que a rejeita (não recebe), na forma do art. 581, I, CPP. Registre-se que, no caso de recebimento da inicial, é possível, no entanto, a impetração de *habeas corpus*. 🔲

Gabarito 1 E

**(Cartório/PI – 2013 – CESPE)** Com relação aos recursos em processo penal e ao *habeas corpus*, assinale a opção correta.

(A) O recurso *ex officio* viola o princípio da inércia, não tendo sido previsto na CF.

(B) A fuga do réu implica o reconhecimento da deserção e a consequente extinção do recurso sem analise do mérito.

(C) Pela Teoria Brasileira do *Habeas Corpus* o remédio constitucional do *habeas corpus* e utilizado sempre que o indivíduo sofrer ou se achar em iminente perigo de sofrer violência, ou coação, por ilegalidade ou abuso de poder.

(D) É vedada a conversão de *habeas corpus* impetrado como preventivo em liberatório, em face da sua natureza jurídica.

(E) Contra a decisão do juiz da execução penal que indeferiu pedido de remição penal cabe apelação.

**A:** incorreta. Há quem pense que o recurso de ofício viola o art. 129, I, da CF, que atribui exclusividade ao MP para o exercício da ação penal pública. Na verdade, o chamado recurso de ofício muito pouco ou nada tem de recurso. Isso porque não se reveste da característica fundamental dos recursos, que é a *voluntariedade*, que significa que as partes somente recorrerão se quiserem, se assim desejarem. Trata--se, isto sim, numa concepção mais moderna, da obrigação imposta ao juiz de, em determinados casos previstos em lei, submeter sua decisão ao exame da superior instância. Tal providência não retira esta característica fundamental dos recursos, que é a *voluntariedade* (art. 574 do CPP). Assim, não sendo recurso, não há que se falar em violação ao princípio da inércia; **B:** incorreta, na medida em que, em face da revogação do art. 594 pela Lei de Reforma 11.719/2008, a fuga do réu não mais pode implicar a extinção do recurso sem análise do mérito (deserção). Também nesse sentido a Súmula 347, STJ: "O conhecimento de recurso de apelação do réu independe de sua prisão"; **C:** correta (art. 5º, LXVIII, da CF; art. 647 do CPP); **D:** incorreta, pois nada obsta que se converta o *habeas corpus* preventivo em liberatório; **E:** incorreta, dado que da decisão que indefere o pedido de remição cabe agravo em execução (art. 197, LEP).

Gabarito "C".

**(Cartório/RR – 2013 – CESPE)** A respeito dos recursos cabíveis no processo penal brasileiro, assinale a opção correta.

(A) O efeito extensivo do recurso implica o direito de o condenado apelar por sua absolvição com fundamento em julgamento de caso análogo ao seu, desde que tenha havido absolvição pelo delito da mesma espécie.

(B) Caberá recurso em sentido estrito da decisão que conceder, negar, revogar ou cassar liberdade provisória, com ou sem fiança.

(C) O recurso da pronúncia suspende o julgamento e a ordem de prisão decretada.

(D) A lei não admite que o MP desista de recurso de apelação que tenha interposto contra a sentença, mas admite que o sentenciado o faça, desde que assistido por seu defensor.

(E) O sentenciado não pode recorrer contra sentença absolutória por lhe faltar interesse de agir.

**A:** incorreta. O chamado efeito *extensivo* diz respeito à ampliação do alcance do recurso ao corréu que, embora não haja recorrido, também foi beneficiado pelo resultado do recurso interposto por outro corréu. Em outras palavras, o corréu que não recorreu será beneficiado por recurso que não haja interposto. É o que se extrai do art. 580 do CPP; **B:** embora caiba recurso em sentido estrito da decisão que concede liberdade provisória (art. art. 581, VI, do CPP), o mesmo não se pode dizer em relação à que nega, ao indiciado/acusado, pedido de liberdade provisória, contra a qual deve ser impetrada ação de *habeas corpus*; **C:** incorreta, na medida em que a interposição de recurso contra a decisão de pronúncia terá tão somente o efeito de suspender o julgamento (art. 584, § 2º, do CPP); o mesmo, todavia, não se pode dizer sobre a prisão preventiva, que, desde que necessária ao processo, deve ser mantida; **D:** correta. É certo que ao MP não é dado desistir do recurso que haja interposto (art. 576, CPP). O réu, no entanto, poderá

fazê-lo. Conferir o teor da Súmula nº 705, "a renúncia do réu ao direito de apelação, manifestada sem a assistência do defensor, não impede o conhecimento da apelação por este interposta"; **E:** incorreta, já que o réu tem interesse de apelar da sentença absolutória imprópria; além dela, poderá o réu apelar, por exemplo, da sentença que o absolveu por falta de provas, desejando, no recurso, que seja reconhecida a negativa de autoria, o que elidirá sua responsabilidade na esfera civil.

Gabarito "D".

## 18. *HABEAS CORPUS*, MANDADO DE SEGURANÇA E REVISÃO CRIMINAL

**(Defensor Público/AC – 2017 – CESPE)** É cabível *habeas corpus*

(A) contra decisão que condene, unicamente, a pena pecuniária.

(B) contra decisão que tenha indeferido liminar em outro *habeas corpus*.

(C) caso se busque o reconhecimento da decadência.

(D) quando já extinta a pena privativa de liberdade.

**A:** incorreta. Tendo em conta que o *habeas corpus* é medida autônoma de impugnação de índole constitucional específica para tutelar o direito de locomoção, não havendo risco direto ou reflexo de perda desse direito, não é possível a utilização do remédio. É o entendimento presente na Súmula 693, STF: "Não cabe *habeas corpus* contra decisão condenatória a pena de multa, ou relativo a processo em curso por infração penal a que a pena pecuniária seja a única cominada"; **B:** incorreta, nos termos da Súmula 606 do STF; **C:** correta, pois reflete o que estabelecem os arts. 648, VII, do CPP, e 107, IV, do CP; **D:** incorreta, uma vez que contraria o entendimento consolidado na Súmula 695, do STF. 🔲

Gabarito "C".

**(Juiz de Direito/AM – 2016 – CESPE)** O tribunal do júri condenou à pena de sete anos de reclusão em regime fechado réu acusado da prática de homicídio simples. Em apelação, o tribunal de justiça negou provimento ao recurso apresentado pela defesa. A condenação transitou em julgado. Ainda inconformado, o condenado pediu o ajuizamento de revisão criminal em seu favor, requerendo sua absolvição, sob o argumento de que a sentença condenatória contrariou a evidência dos autos.

Com base na lei processual penal e na jurisprudência dominante dos tribunais superiores, assinale a opção correta acerca da situação hipotética apresentada e de aspectos a ela relacionados.

(A) Se o acórdão da revisão criminal reconhecer que a sentença condenatória foi contrária à evidência dos autos, deverá ser realizado novo julgamento do condenado pelo tribunal do júri.

(B) Nos processos oriundos do tribunal do júri, não é admitida revisão criminal com fundamento na contrariedade da sentença à evidência dos autos, uma vez que os jurados decidem conforme suas consciências.

(C) Em respeito ao princípio constitucional da soberania dos veredictos, decisão na referida revisão criminal não poderá absolver o condenado: a absolvição contrariaria a decisão dos jurados.

(D) Eventual decisão favorável na referida revisão criminal poderá apenas reduzir a pena aplicada e alterar o regime inicial de seu cumprimento, que são aspectos definidos pelo juiz na sentença.

(E) O acórdão na referida revisão criminal poderá alterar a decisão dos jurados e determinar a absolvição do condenado caso a sentença condenatória tenha sido, de fato, contrária à evidência dos autos.

O art. 621, I, segunda parte, do CPP estabelece que terá lugar a revisão criminal se a decisão condenatória contiver erro evidente do juiz na apreciação da prova. Neste caso, a sentença não encontra ressonância nas provas coligidas nos autos. Em outras palavras, a sentença desconsidera, repudia as provas produzidas. Poderá o tribunal *a quo*, em casos assim, proceder à absolvição do condenado, ainda que a condenação tenha sido proferida pelo Tribunal do Júri. Isso porque prevalece o entendimento segundo o qual a soberania dos veredictos não é mitigada na hipótese de procedência do pedido revisional. Prevalece, neste caso, o princípio da dignidade da pessoa humana. Na jurisprudência: *I. Transitada em julgado a sentença condenatória, proferida com fundamento em decisão do Tribunal do Júri, o Tribunal a quo julgou procedente a Revisão Criminal, ajuizada pela defesa, absolvendo, desde logo, o réu, por ocorrência de erro judiciário, em face de contrariedade à prova dos autos, bem como pela existência de novas provas de sua inocência, a teor dos arts. 621, I e III, e 626 do CPP (...) V. Uma vez que o Tribunal de origem admitiu o erro judiciário, não por nulidade no processo, mas em face de contrariedade à prova dos autos e de existência de provas da inocência do réu, não há ofensa à soberania do veredicto do Tribunal do Júri se, em juízo revisional, absolve-se, desde logo, o réu, desconstituindo-se a injusta condenação. Precedente da 6ª Turma do STJ. VI. "A obrigação do Poder Judiciário, em caso de erro grave, como uma condenação que contrarie manifestamente as provas dos autos, é reparar de imediato esse erro. Por essa razão é que a absolvição do ora paciente (e peticionário, na revisão criminal) é perfeitamente aceitável, segundo considerável corrente jurisprudencial e doutrinária"* (REsp 1304155/MT, Rel. Ministro SEBASTIÃO REIS JÚNIOR, Rel. p/ Acórdão Ministra ASSUSETE MAGALHÃES, SEXTA TURMA, julgado em 20.06.2013, DJe 01.07.2014)

Gabarito: "E".

**(Analista – Judiciário –TRE/PI – 2016 – CESPE)** Considerando as disposições legais e jurisprudenciais sobre o *habeas corpus*, assinale a opção correta.

(A) Na qualidade de titulares de seus cargos, o delegado de polícia, o promotor de justiça e o juiz de direito podem impetrar *habeas corpus* em favor de terceiros.

(B) Conforme a lei e a jurisprudência, não se admite liminar em *habeas corpus*, ainda que presentes o *fumus boni iuris* e o *periculum in mora*.

(C) É inadmissível a reiteração de pedido de *habeas corpus*, ainda que haja novos fatos, não analisados no pedido anterior.

(D) É indispensável, sob pena de nulidade, a manifestação do Ministério Público no procedimento de *habeas corpus* impetrado perante juiz de direito.

(E) Qualquer pessoa, quer se trate de brasileiro, quer de estrangeiro não residente no país, pode impetrar *habeas corpus*, devendo o *writ* ser redigido em português.

**A:** incorreta. O juiz, embora possa conceder de ofício ordem de *habeas corpus*, não poderá, nessa qualidade, impetrar essa ação constitucional; o delegado de polícia, na qualidade de titular de seu cargo, também não poderá impetrar HC; já o Ministério Público, por expressa previsão contida no art. 654, *caput*, do CPP, poderá fazê-lo. Agora, desde que tal não se dê em razão do cargo, tanto o magistrado quanto a autoridade policial poderão impetrar *habeas corpus*; **B:** incorreta. Em que pese não haver expressa previsão legal a autorizar a concessão de liminar em *habeas corpus*, é pacífico na jurisprudência tal possibilidade, desde que a medida se revele urgente e estejam presentes o *fumus boni juris* e o *periculum in mora*; **C:** incorreta. A jurisprudência firmou entendimento no sentido de que somente é vedada a reiteração de pedido de *habeas corpus* se a segunda impetração vier desacompanhada de qualquer fato novo; **D:** incorreta. O fato é que não há previsão legal que imponha, em sede de *habeas corpus* que tramita em primeira instância, a intervenção do MP, que deverá, no entanto, ser intimado da decisão que conceder ou denegar a ordem; **E:** correta. De fato, a legitimidade ativa no HC é ampla, podendo impetrá-lo qualquer pessoa (art. 654, *caput*, do CPP), aqui incluídos o estrangeiro, o analfabeto, a pessoa jurídica, entre outros. Também é certo que a impetração há de ser redigida em língua portuguesa.

Gabarito: "E".

**(Promotor de Justiça/PI – 2014 – CESPE)** Pedro, que estava preso preventivamente, foi condenado à pena de quinze anos de reclusão pela prática de roubo qualificado, tendo a sentença condenatória mantido sua prisão preventiva. Tendo Pedro apelado, e o tribunal de justiça do estado deu parcial provimento ao recurso, reduzindo o montante da pena privativa de liberdade à qual ele fora condenado. Pedro, então, interpôs recurso especial. Não tendo sido esse recurso admitido na origem, ele impetrou *habeas corpus*, alegando que não havia

provas concretas da sua participação no evento criminoso e que a prisão preventiva havia sido decretada em razão da periculosidade abstrata do delito e do clamor público. Pedro é assaltante contumaz e esteve foragido durante parte da instrução. Considerando a situação hipotética acima apresentada, assinale a opção correta conforme a atual jurisprudência do STF a respeito de *habeas corpus*.

(A) Admite-se a utilização do *habeas corpus* para o reexame de pressupostos de admissibilidade de recursos.

(B) Em regra, o estabelecimento da pena-base acima do mínimo legal poder ser revisado em sede de *habeas corpus*, sob a alegação de que a pena é injusta.

(C) As circunstâncias concretas da prática do crime (*modus operandi*) e a fuga de Pedro durante parte da instrução criminal justificam a prisão cautelar para a garantia da ordem pública e salvaguarda da aplicação da lei penal.

(D) O *habeas corpus*, ação autônoma de impugnação, é admissível para aferir a exatidão da dosimetria da pena.

(E) O *habeas corpus* é meio hábil para a verificação da tese de negativa de autoria sustentada por Pedro.

**A:** incorreta. Conferir: "Agravo regimental. *Habeas corpus*. Cabimento. 1. O *habeas corpus* não pode ser utilizado para o reexame dos pressupostos de admissibilidade de recurso especial. 2. Tratando-se de crime doloso contra a vida, compete ao Tribunal do Júri decidir sobre a existência ou inexistência de circunstâncias qualificadoras, salvo se a imputação for manifestamente improcedente ou incabível. 3. Agravo regimental a que se nega provimento" (STF, HC-AgR 119.548, 1ª T., rel. Min. Roberto Barroso, j. 03.12.2013); **B:** incorreta. Conferir: "*Habeas corpus*. Penal. Processual penal. Pena-base acima do mínimo legal. Observância dos critérios previstos no artigo 59 do Código Penal, tendo em conta as circunstâncias objetivas e subjetivas. Reexame de prova. Impossibilidade. Fixação do regime inicial para cumprimento da pena: CP, art. 33, § 2º, b. Ordem denegada. I – Fixação da pena-base. Critérios. O art. 59 do Código Penal permite ao juiz a fixação da pena-base acima do mínimo legal, considerando-se a culpabilidade, a personalidade do agente, as circunstâncias e as consequências do crime. Precedentes: HC 75.983/SP, Redator para o acórdão Min. Nelson Jobim; HC 72.992/SP, Rel. Min. Celso de Mello; HC 73.097/MS, Rel. Min. Maurício Corrêa, *iter alia*. II – O estabelecimento da pena-base acima do mínimo legal, tendo em conta a s circunstâncias objetivas e subjetivas verificadas no processo, somente poderia ser revisado em sede de *habeas corpus* se demonstrada, de plano, a inidoneidade da motivação lançada na decisão penal condenatória. A tanto não equivale a alegação de injustiça ou de falta de razoabilidade, por implicar revolvimento de matéria fático-probatória, incabível no *writ*. III – Fixação do regime inicial semiaberto para o cumprimento da pena a paciente condenado a pena superior a 4 (quatro) anos de reclusão. Aplicação do disposto no art. 33, § 2º, b, do Código Penal. IV – Ordem de *habeas corpus* denegada" (STF, 2ª T., HC 115551, rel. Min. Ricardo Lewandowski, j. 03.09.2013); **C:** correta. Conferir: "*Habeas corpus*. Penal. Paciente denunciado pelos crimes de latrocínio tentado e roubo duplamente qualificado. Legitimidade dos fundamentos da prisão preventiva. Garantia da ordem pública. Periculosidade do agente. Réu foragido. Ausência de constrangimento ilegal. Ordem denegada. I – A prisão cautelar mostra-se suficientemente motivada para a preservação da ordem pública, tendo em vista a periculosidade do paciente, verificada pelo *modus operandi* mediante o qual foi praticado o delito. Precedentes. II – A circunstância de o paciente ter se evadido do distrito da culpa logo após a prática do fato delituoso que lhe é imputado mostra-se apta a justificar o decreto de prisão preventiva. Precedentes. III – Ordem denegada." (STF, 2ª T., HC 120.176, rel. Min. Ricardo Lewandowski, j.11.03.2014); **D:** incorreta. Conferir: "Penal. *Habeas corpus* substitutivo de recurso ordinário. Preliminar de não conhecimento. Ausência de situação teratológica a ensejar a substituição da ação autônoma de impugnação pelo recurso cabível. Crime de tráfico de drogas transnacional (art. 33 c/c 40, I, da Lei 11.343/2006). Dosimetria da pena. Pena-base fixada no mínimo legal. Causa especial de diminuição prevista no § 4º do art. 33 da Lei 11.343/2006. Motivação suficiente. Transnacionalidade. Ausência de *bis in idem*. Ausência de ilegalidade ou abuso de poder. Ordem denegada. 1. O *habeas corpus*, ação autônoma de impugnação, não é admissível como substitutivo do recurso próprio, *in casu*, o RHC, tampouco para aferir a exatidão da dosimetria da pena (...)" (STF, 1ª T., HC 99.266, rel. Min. Luiz Fux, j. 25.10.2011); **E:** incorreta. Conferir: "Penal e processual penal. *Habeas corpus*. Roubo qualificado (art. 157, § 2º, I, e II, do

CP). Negativa de autoria. Análise de fatos e provas. Vedação. Ordem denegada. 1. A negativa de autoria do delito não é aferível na via do *writ*, cuja análise se encontra reservada aos processos de conhecimento, nos quais a dilação probatória tem espaço garantido (...)" (STF, 1ª T., **HC:** 118.474-SP, rel. Min. Luiz Fux, j. 1.03.2014).

Gabarito "C".

## 19. LEI DE EXECUÇÃO PENAL

**(Defensor Público/PE – 2018 – CESPE)** João cumpria pena no regime semiaberto quando foi flagrado, por agentes penitenciários, com um aparelho de telefone celular em sua cela.

Considerando essa situação hipotética, assinale a opção correta à luz da jurisprudência dos tribunais superiores.

**(A)** O juízo da execução penal poderá decretar de plano a perda da integralidade dos dias remidos por trabalho realizado por João durante o cumprimento da pena.

**(B)** Embora a conduta de João seja tipificada como falta grave na legislação de execução penal, é dispensável a instauração de procedimento administrativo para apurar o fato.

**(C)** O prazo para a comutação da pena de João e indulto não será interrompido em razão da falta cometida.

**(D)** No caso de processo administrativo disciplinar, a oitiva de João poderá ser realizada independentemente do acompanhamento de advogado ou defensor público.

**(E)** O prazo de prescrição da falta praticada por João – portar telefone celular em sua cela – é de cinco anos.

**A:** incorreta. Em vista das alterações implementadas na LEP pela Lei 12.433/2011, estabeleceu-se, no caso de cometimento de falta grave, uma proporção máxima em relação à qual poderá se dar a perda dos dias remidos. Assim, diante da prática de falta grave, poderá o juiz, em vista da nova redação do art. 127 da LEP, revogar no máximo 1/3 do tempo remido, devendo a contagem recomeçar a partir da data da infração disciplinar. Antes disso, o condenado perdia os dias remidos na sua totalidade; **B:** incorreta, pois contraria o disposto no art. 59 da LEP, que impõe a instauração de procedimento disciplinar para a apuração da falta cometida pelo reeducando. Vide Súmula 533, do STJ; **C:** correta, na medida em que reflete o entendimento pacificado por meio da Súmula 535, do STJ; **D:** incorreta, pois não corresponde ao entendimento sufragado na Súmula 533, do STJ; **E:** incorreta. Conferir: "A jurisprudência desta Corte reconhece a aplicação, por analogia, do prazo prescricional do art.109, inciso VI, do Código Penal – CP às faltas graves praticadas no curso da execução penal. Desde a publicação da Lei n. 12.234, de 05.05.2010, o prazo para que a falta grave seja apurada em Processo Administrativo Disciplinar – PAD e homologada em Juízo é de 3 anos, a contar do cometimento da referida falta disciplinar. Precedentes. No caso em apreço, não tendo transcorrido 3 anos desde o cometimento da falta grave, não há que se falar em prescrição. Habeas corpus não conhecido" (HC 359.096/RS, Rel. Ministro Joel Ilan Paciornik, Quinta Turma, julgado em 16.08.2016, DJe 26.08.2016). Digno de registro é o fato de que este tema é objeto de divergência na doutrina e na jurisprudência. Guilherme de Souza Nucci ensina que, diante da omissão da LEP, deve ser considerado o que dispõe a Lei 8.112/1990, que disciplina o regime jurídico dos servidores públicos civis da União, das autarquias e das fundações públicas federais, que fixa o prazo de 180 dias. **ED**

Gabarito "C".

**(Defensor Público/AL – 2017 – CESPE)** No que diz respeito a trabalho do preso, assinale a opção correta.

**(A)** Compete à direção do estabelecimento prisional autorizar o trabalho externo.

**(B)** O preso político está obrigado ao trabalho na medida de suas aptidões e capacidade.

**(C)** O trabalho externo será admissível para os presos em regime semiaberto somente em serviço ou obras públicas.

**(D)** A Lei de Execução Penal veda a realização de trabalho interno ou externo ao preso provisório.

**(E)** O trabalho externo é vedado aos presos em regime fechado.

**A:** correta, pois reflete o que estabelece o art. 37, *caput*, da LEP; **B:** incorreta, pois contraria o disposto no art. 200 da LEP; **C:** incorreta (art. 36, *caput*, da LEP); **D:** incorreta, uma vez que contraria o disposto

no art. 31, parágrafo único, da LEP; **E:** incorreta, pois não reflete o que estabelece o art. 36, *caput*, da LEP. **ED**

Gabarito "A".

**(Defensor Público/AL – 2017 – CESPE)** Constatada a inexistência de condições adequadas ao cumprimento de pena, por precariedade, superlotação e falta de estabelecimento prisional compatível, por exemplo, admite-se o deferimento, ao sentenciado, de

**(A)** remição penal como indenização decorrente das condições precárias ou degradantes a que tiver sido submetido.

**(B)** progressão de regime prisional *per saltum*, passando-se para um regime mais brando, caso falte vagas no regime intermediário.

**(C)** prisão domiciliar para qualquer dos regimes prisionais, mediante monitoração eletrônica.

**(D)** inserção no sistema penitenciário federal, se este oferecer condições dignas de cumprimento da reprimenda.

**(E)** saída antecipada no regime com falta de vagas, além do cumprimento de penas restritivas de direito.

A resposta a esta questão deve ser extraída da Súmula Vinculante 56 bem como do julgado a que ela faz referência: "A falta de estabelecimento penal adequado não autoriza a manutenção do condenado em regime prisional mais gravoso, devendo-se observar, nessa hipótese, os parâmetros fixados no RE 641.320/RS". **ED**

Gabarito "E".

**(Defensor Público – DPE/RN – 2016 – CESPE)** Conforme previsto na LEP, constitui incumbência da DP

**(A)** diligenciar a obtenção de recursos materiais e humanos para melhor assistência ao preso ou internado, em harmonia com a direção do estabelecimento.

**(B)** requerer a emissão anual do atestado de pena a cumprir.

**(C)** colaborar na fiscalização do cumprimento das condições da suspensão e do livramento condicional.

**(D)** fiscalizar a regularidade formal das guias de recolhimento e de internamento.

**(E)** contribuir na elaboração de planos nacionais de desenvolvimento, sugerindo as metas e prioridades da política criminal e penitenciária.

As atribuições da Defensoria Pública, no campo da execução penal, estão contempladas nos arts. 81-A e 81-B da LEP (Lei 7.210/1984). A alternativa "B" (correta) corresponde à incumbência prevista no art. 81-B, II, da LEP.

Gabarito "B".

**(Defensor Público – DPE/RN – 2016 – CESPE)** Acerca do trabalho do condenado e da remição, assinale a opção correta segundo a LEP e o entendimento do STJ.

**(A)** O STJ sedimentou o entendimento de que é vedado o trabalho extramuros ao condenado em regime fechado, mesmo mediante escolta.

**(B)** Aquele que estiver cumprindo pena privativa de liberdade ou que estiver preso provisoriamente será obrigado a trabalhar na medida de suas aptidões e capacidade.

**(C)** A decisão que concede a remição na execução penal tem caráter meramente declarativo. Assim, o abatimento dos dias trabalhados do restante da pena a cumprir fica subordinado a ausência de posterior punição pela prática de falta grave.

**(D)** A remição, cuja aplicação restringe-se exclusivamente ao trabalho interno, é uma recompensa àqueles que procedem corretamente e uma forma de abreviar o tempo de condenação, estimulando o próprio apenado a buscar atividades laborativas lícitas e educacionais durante o seu período de encarceramento.

**(E)** O condenado que executar tarefas como prestação de serviço à comunidade deverá ser remunerado mediante prévia tabela, não podendo sua remuneração ser inferior a um salário mínimo.

**A:** incorreta. A teor dos arts. 34, § 3º, do CP e 36, *caput*, da LEP (Lei 7.210/1984), o trabalho externo é permitido, sim, ao condenado que cumpre pena em regime fechado, desde que em serviço ou obras públicas; **B:** incorreta. Segundo o art. 31, parágrafo único, da LEP, *para o preso provisório, o trabalho não é obrigatório e só poderá ser executado no interior do estabelecimento;* **C:** correta. De fato, a decisão que concede a remição pelos dias trabalhados é meramente declaratória: o juiz declara remidos os dias de pena (art. 126, § 8°, da LEP); na hipótese de cometimento de falta grave, o condenado perderá até um terço do tempo remido (art. 127, LEP); **D:** incorreta. O STJ pacificou o entendimento segundo o qual é possível a remição pelo trabalho externo. Consultar: REsp 1381315/RJ, Rel. Ministro Rogerio Schietti Cruz, Terceira Seção, julgado em 13.05.2015, *DJe* 19.05.2015; **E:** incorreta, pois contraria o disposto no art. 30 da LEP: "As tarefas executadas como prestação de serviço à comunidade não serão remuneradas".

*Gabarito "C".*

**(Juiz de Direito/AM – 2016 – CESPE)** Condenado definitivamente pela justiça federal brasileira por crime de tráfico internacional de drogas e cumprindo pena, no regime fechado, em presídio estadual na cidade de Manaus – AM, Pablo, cidadão boliviano, após cumprir mais de dois terços da pena aplicada, pleiteou progressão ao regime aberto. Ele apresenta bom comportamento na prisão e não possui residência fixa no Brasil. O pedido foi indeferido pelo juiz da Vara de Execuções Penais da comarca de Manaus. Inconformado, Pablo, de próprio punho, impetrou *habeas corpus* no Tribunal de Justiça do Amazonas, pleiteando a reforma da decisão de primeiro grau e a obtenção da progressão ao regime aberto.

Nessa situação hipotética, de acordo com a jurisprudência dos tribunais superiores, deve-se

**(A)** denegar o *habeas corpus*, pois não é permitida a concessão de progressão de regime a estrangeiro que não comprovar residência fixa no Brasil.

**(B)** negar seguimento ao *habeas corpus*, pois a competência para o seu julgamento é do TRF da respectiva região, por se tratar de condenação por crime de tráfico internacional de drogas.

**(C)** negar seguimento ao *habeas corpus*, dada a existência na legislação de recurso próprio contra a decisão de indeferimento de progressão de regime, ou seja, o recurso em sentido estrito.

**(D)** denegar o *habeas corpus*, pois não é permitida a progressão *per saltum* no ordenamento jurídico nacional.

**(E)** negar seguimento ao *habeas corpus*, que não pode ser impetrado por estrangeiro em situação irregular no Brasil.

**A:** incorreta, dado que não se pode denegar a progressão de regime de cumprimento de pena a estrangeiro ao argumento de que o mesmo não tem, no Brasil, residência fixa. Na jurisprudência: "(...) I – A exclusão do estrangeiro do sistema progressivo de cumprimento de pena conflita com diversos princípios constitucionais, especialmente o da prevalência dos direitos humanos (art. 4°, II) e o da isonomia (art. 5°), que veda qualquer discriminação em razão da raça, cor, credo, religião, sexo, idade, origem e nacionalidade. Precedente. II – Ordem concedida para afastar a vedação de progressão de regime à paciente, remetendo-se os autos ao juízo da execução para que verifique a presença dos requisitos do art. 112 da LEP" (STF, HC 117878, Relator(a): Min. RICARDO LEWANDOWSKI, Segunda Turma, julgado em 19.11.2013, PROCESSO ELETRÔNICO *DJe*-237 DIVULG 02.12.2013 PUBLIC 03.12.2013); **B:** incorreta, pois contraria o entendimento firmado na Súmula 192, do STJ; **C:** incorreta. O recurso cabível contra a decisão de indeferimento de progressão de regime é o agravo em execução, previsto no art. 197 da LEP, e não o recurso em sentido estrito, cujas hipóteses estão listadas no art. 581 do CPP; **D:** correta, uma vez que corresponde ao entendimento firmado na Súmula 491, STJ, a seguir transcrita: "É inadmissível a chamada progressão *per saltum* de regime prisional"; **E:** incorreta, dado que nada obsta que o *habeas corpus* seja concedido em favor de estrangeiro. Conferir: "É inquestionável o direito de súditos estrangeiros ajuizarem, em causa própria, a ação de *habes corpus*, eis que esse remédio constitucional – por qualificar-se como verdadeira ação popular – pode ser utilizado por qualquer pessoa, independentemente da condição jurídica resultante de sua origem nacional (...)" (HC 72391 QO, Relator(a): Min. CELSO DE MELLO, Tribunal Pleno, julgado em 08.03.1995, *DJ* 17.03.1995).

*Gabarito "D".*

**(Juiz de Direito/DF – 2016 – CESPE)** Transitada em julgado a sentença penal condenatória, no caso de ser editada lei de natureza penal mais benéfica, competirá ao juiz da vara de execução penal

**(A)** devolver a carta de guia ao juízo de origem, a fim de que o juiz do processo de conhecimento aplique a pena mais benéfica ou remeta o feito diretamente ao tribunal local ou ao tribunal superior que porventura tenha aplicado, em grau de recurso, a condenação que até então vinha sendo executada.

**(B)** aplicá-la em benefício do condenado, independentemente de a condenação ter sido estabelecida pelo juízo singular, pelo tribunal ou pelos tribunais superiores.

**(C)** aplicá-la em benefício do condenado, salvo se a condenação tiver sido estabelecida pelo STF em ação penal originária, hipótese em que competirá aos ministros modificar seus julgados e ao juiz, remeter carta de guia ao ministro relator.

**(D)** aplicá-la em benefício do condenado, salvo se a condenação tiver sido aplicada pelo STJ, hipótese em que deverá remeter a carta de guia ao ministro relator.

**(E)** intimar o réu e seu defensor para lhes dar conhecimento da lei, a fim de que eles, se desejarem, ajuízem ação de revisão criminal, medida apta a desconstituir o título penal até então executado, dado o princípio da segurança das relações judiciais, conforme o qual a coisa julgada faz lei entre as partes.

A solução da questão deve ser extraída do art. 66, I, da LEP e da Súmula 611, do STF: *Transitada em julgado a sentença condenatória, compete ao juízo das execuções a aplicação de lei mais benigna.*

*Gabarito "B".*

**(Promotor de Justiça/PI – 2014 – CESPE)** Considerando a jurisprudência do STJ, assinale a opção correta conforme a Lei de Execução Penal.

**(A)** A concessão da progressão de regime prisional depende da satisfação dos requisitos objetivo – decurso do lapso temporal – e subjetivo – atestado de bom comportamento carcerário – e da existência de exame criminológico favorável ao sentenciado.

**(B)** A gravidade abstrata do delito praticado e a extensão da pena ainda a ser cumprida não são suficientes, por si sós, para fundamentar a exigência de realização de exame criminológico.

**(C)** A transferência para regime menos rigoroso poderá ser determinada pelo diretor do estabelecimento prisional se o preso tiver cumprido ao menos um sexto da pena no regime anterior e apresentar bom comportamento carcerário.

**(D)** A denominada progressão por salto é admitida desde que o condenado tenha cumprido tempo exigido para progredir para o regime aberto.

**(E)** O sentenciado tem que cumprir 2/3 da pena no regime em que se encontra antes que possa ser concedida a progressão para o regime subsequente.

**A:** incorreta. O exame criminológico não é obrigatório para o deferimento da progressão de regime, após as alterações promovidas pela Lei 10.792/2003 no art. 112 da LEP. Cabe, no entanto, ressaltar que, em determinados casos, desde que de forma fundamentada, poderá ser determinado pelo juízo da execução (Súmula Vinculante 26, STF; Súmula 439 do STJ); **B:** correta. Conferir: "*Habeas corpus*. Progressão de regime prisional. Progressão por salto. Impossibilidade. Lei 11.464/2007. Delito anterior à publicação da lei. Irretroatividade. Exame criminológico. Prescindibilidade. Ausência de fundamentação idônea. Aplicação do art. 112 da Lei de Execução Penal, com redação dada pela Lei 10.792/2003. 1. O entendimento desta Corte Superior de Justiça é no sentido de que devem ser respeitados os períodos de tempo a serem cumpridos em cada regime prisional, não sendo admitida a progressão "por salto". Nem o fato de paciente ter cumprido tempo suficiente autoriza a progressão direta do fechado para o aberto. 2. Se o paciente cometeu crime hediondo antes do advento da Lei 11.464/2007, deve ser mantida a exigência de cumprimento de 1/6 de pena para a concessão da progressão, nos termos do art. 112 da LEP. 3. O advento da Lei 10.792/2003 tornou

# 13. DIREITO PROCESSUAL PENAL 513

prescindíveis os exames periciais antes exigidos para a concessão da progressão de regime prisional. São suficientes agora a satisfação dos requisitos objetivo (decurso do lapso temporal) e subjetivo (atestado de bom comportamento carcerário). 4. A gravidade abstrata do delito praticado e a longevidade da pena a cumprir, por si sós, não constituem fundamentação idônea a exigir a realização de exame criminológico. 5. Ordem parcialmente concedida com o intuito de determinar que se adote, na progressão de regime, os requisitos previstos no art. 112 da Lei de Execuções Penais, sem realização de exame criminológico" (HC 200902066212, Og Fernandes, STJ, Sexta T., *DJE* 10.05.2010); **C:** incorreta. A progressão a regime menos rigoroso somente poderá ser deferida pelo juiz (art. 112, *caput*, da LEP); **D:** incorreta. É inadmissível a chamada progressão *per saltum* de regime prisional (Súmula 491 do STJ); **E:** incorreta. A Súmula 471 do STJ assim estabelece: "os condenados por crimes hediondos ou assemelhados cometidos antes da vigência da Lei 11.464/2007 sujeitam-se ao disposto no art. 112 da Lei 7.210/1984 (Lei de Execução Penal) para a progressão de regime prisional". Por sua vez, dispõe o art. 112 da LEP que "a pena privativa de liberdade será executada em forma progressiva com a transferência a regime menos rigoroso, a ser determinada pelo juiz, quando o preso tiver cumprido ao menos um sexto da pena no regime anterior...". De outra banda, o § 2º do art. 2º da Lei 8.072/1990, com as alterações trazidas pela Lei 11.464/2007, prevê que "a progressão de regime, no caso dos condenados aos crimes previstos neste artigo, dar-se-á após o cumprimento de 2/5 (dois quintos) da pena, se o apenado for primário, e de 3/5 (três quintos), se reincidente". Como é de se notar, nenhum dos dispositivos menciona a fração de 2/3 como lapso exigido para a progressão. Atenção: com o advento da Lei 13.964/2019 (Pacote Anticrime), alterou-se a redação do art. 112 da LEP, com a inclusão de novas faixas de fração de cumprimento de pena a possibilitar a progressão do reeducando a regime menos rigoroso, aqui incluídos os crimes hediondos e equiparados. Com isso, a nova tabela de progressão ficou mais detalhada, já que, até então, contávamos com o percentual único de 1/6 para os crimes comuns e 2/5 e 3/5 para os crimes hediondos e equiparados. Doravante, passamos a ter novas faixas, agora expressas em porcentagem, que levam em conta, no seu enquadramento, fatores como primariedade e o fato de o delito haver sido praticado com violência/grave ameaça. A primeira faixa corresponde a 16%, a que estão sujeitos os condenados que forem primários e cujo crime praticado for desprovido de violência ou grave ameaça (art. 112, I, LEP); em seguida, passa-se à faixa de 20%, destinada ao sentenciado reincidente em crime praticado sem violência à pessoa ou grave ameaça (art. 112, II, LEP); a faixa seguinte, de 25%, é aplicada ao apenado primário que tiver cometido crime com violência à pessoa ou grave ameaça (art. 112, III, LEP); à faixa de 30% ficará sujeito o condenado reincidente em crime cometido com violência contra a pessoa ou grave ameaça (art. 112, IV, LEP); deverá cumprir 40% da pena o condenado pelo cometimento de crime hediondo ou equiparado, se primário (art. 112, V, LEP); estão sujeitos ao cumprimento de 50% da pena imposta o condenado pela prática de crime hediondo ou equiparado, com resultado morte, se for primário; o condenado por exercer o comando, individual ou coletivo, de organização criminosa estruturada para a prática de crime hediondo ou equiparado; e o condenado pela prática do crime de constituição de milícia privada (art. 112, VI, LEP); deverá cumprir 60% da pena o condenado reincidente na prática de crime hediondo ou equiparado (art. 112, VII, LEP); e 70%, que corresponde à última faixa, o sentenciado reincidente em crime hediondo ou equiparado com resultado morte (art. 112, VIII, LEP). O art. 2º, § 2º, da Lei 8.072/1990, como não poderia deixar de ser, foi revogado, na medida em que a progressão, nos crimes hediondos e equiparados, passou a ser disciplinada no art. 112 da LEP. Além disso, o art. 112, § 1º, da LEP, com a nova redação determinada pela Lei 13.964/2019, impõe que somente fará jus à progressão de regime, nos novos patamares, o apenado que ostentar boa conduta carcerária, a ser atestada pelo diretor do estabelecimento. Por sua vez, o art. 112, § 5º, da LEP, incluído pela Lei 13.964/2019, consagrando entendimento jurisprudencial, estabelece que não se considera hediondo ou equiparado o crime de tráfico de drogas previsto no art. 33, § 4º, da Lei 11.343/2006.

Gabarito "B".

**(Cartório/PI – 2013 – CESPE)** Conforme a Lei n.º 7.210/1984, o preso em razão de sentença definitiva transitada em julgado poderá obter

**(A)** autorização para saída temporária do estabelecimento prisional, mediante escolta e autorização do diretor do presídio,

para frequentar curso de noivos e participar da cerimônia civil de casamento, se estiver cumprindo pena em regime semiaberto.

**(B)** autorização para saída temporária do estabelecimento prisional, mediante escolta, para ir ao cartório assinar procuração outorgando poderes para seu representante legal, ainda que cumpra pena em regime fechado.

**(C)** permissão do diretor para sair do estabelecimento prisional, mediante escolta, em caso de falecimento ou doença grave de irmão, ainda que cumpra pena em regime fechado.

**(D)** permissão para sair do estabelecimento prisional, sem escolta, para tratamento médico, desde que autorizado pelo juiz, se estiver cumprindo pena em regime semiaberto.

**(E)** permissão para sair do estabelecimento, mediante escolta, para conhecer e registrar o nascimento do filho da companheira, ainda que cumpra pena em regime fechado.

**A:** incorreta. A autorização de *saída temporária* (art. 122, LEP), que difere da *permissão de saída* (art. 120, LEP), prescinde de escolta e somente pode ser concedida pelo juiz de direito (art. 123, *caput*, da LEP); **B:** incorreta, pelas razões já explicitadas no comentário anterior; ademais, a saída temporária somente pode ser concedida ao preso que cumpre pena no regime semiaberto (art. 122, *caput*, LEP). Atenção: a Lei 13.964/2019 inseriu o § 2º no art. 122 da LEP, que veda a concessão de saída temporária ao condenado que cumpre pena pelo cometimento de crime hediondo com resultado morte; **C:** correta, uma vez que corresponde ao que estabelece o art. 120, I, da LEP. No caso da permissão de saída, sua concessão pode se dar pelo diretor do estabelecimento penal (art. 120, parágrafo único, da LEP); **D:** incorreta, uma vez que a permissão de saída somente se dará mediante escolta (art. 120, *caput*, da LEP); **E:** incorreta, uma vez que a hipótese contida na assertiva não está contemplada no art. 120 da LEP, que trata dos casos em que é possível a permissão de saída.

Gabarito "C".

**(Cartório/DF – 2014 – CESPE)** Eduardo, que cumpre pena de quinze anos de reclusão, em regime fechado, pela prática de homicídios e delitos patrimoniais, empreendeu fuga em 3/10/2013 e foi recapturado em 4/1/2014. O juiz das execuções, ao homologar a aludida falta grave, determinou a regressão de regime, declarou a perda de um terço dos dias remidos e alterou a data-base para fins de concessão de progressão de regime.

Em face dessa situação hipotética, assinale a opção correta com base no disposto na Lei de Execução Penal e na jurisprudência do STJ.

**(A)** Eduardo poderá perder a totalidade dos dias remidos, conforme os motivos, as circunstancias e as consequências da fuga empreendida.

**(B)** Em razão da fuga de Eduardo, inicia-se, a partir da data da homologação dessa infração disciplinar, novo período aquisitivo para fins de progressão de regime prisional.

**(C)** É inconstitucional a penalidade consistente na perda de dias remidos pelo cometimento de falta grave.

**(D)** O cometimento de falta grave acarreta o reinício do computo do interstício necessário ao preenchimento do requisito objetivo para a concessão do benefício da progressão de regime.

**A:** incorreta. Em vista das alterações implementadas na LEP pela Lei 12.433/2011, estabeleceu-se, no caso de cometimento de falta grave, uma proporção máxima em relação à qual poderá se dar a perda dos dias remidos. Assim, diante da prática de falta grave, poderá o juiz, em vista da nova redação do art. 127 da LEP, revogar no máximo 1/3 do tempo remido, devendo a contagem recomeçar a partir da data da infração disciplinar. Antes disso, o condenado perdia os dias remidos na sua totalidade; **B:** incorreta, uma vez que o novo período aquisitivo, no caso de falta grave consistente em fuga, tem como termo inicial a data da recaptura do condenado foragido. Nesse sentido: "*Habeas Corpus*. Progressão de regime de cumprimento de pena. Cometimento de falta grave (fuga). Reinício da contagem do lapso de 1/6 para a obtenção de nova progressão. Alegada ofensa ao contraditório e à ampla defesa no bojo do procedimento administrativo disciplinar. Matéria não enfrentada pelo superior tribunal de justiça. Ordem parcialmente conhecida e denegada. 1. É da jurisprudência do Supremo Tribunal Federal que o cometimento de falta grave reinicia a contagem do lapso temporal de 1/6 (1/6 de cumprimento da pena a que foi condenado ou ainda para cumprir) para a concessão de progressão de regime. Confiram-se, por amostragem, os seguintes julgados: HCs 85.141, da minha relatoria; 85.605, da relatoria do ministro Gilmar Mendes; 93.554, da relatoria do ministro Celso de Mello; 95.367, da relatoria do ministro Ricardo Lewandowski; e, mais recentemente, 101.915, da relatoria da ministra Ellen Gracie. Jurisprudência decorrente da própria literalidade do art. 112 da Lei de Execuções Penais: fará jus à progressão, se e quando o condenado "tiver cumprido ao menos um sexto da pena no regime anterior e seu mérito indicar a progressão". 2. O período de 1/6 é de ser calculado, portanto, com apoio no restante da pena a cumprir, adotando-se como termo inicial de contagem a data em que o sentenciado foi recapturado. 3. As supostas ofensas ao contraditório e à ampla defesa, no bojo do procedimento administrativo disciplinar, não merecem acolhida. Simples alegações que não foram minimamente comprovadas pelo impetrante, nem mesmo submetidas a exame do Superior Tribunal de Justiça. 4. *Habeas corpus* parcialmente conhecido e, nessa parte, denegado" (HC 108472, Ayres Britto, STF); **C:** incorreta. Embora a Súmula Vinculante 9 tenha perdido, por força da alteração produzida no art. 127 da LEP pela Lei 12.433/2011, sua razão de ser, é certo que remanesce o entendimento, então firmado, no sentido de que a perda de dias remidos (agora limitado a 1/3) não viola a CF/88; **D:** correta. *Vide* comentário à alternativa "B".

Gabarito "D".

## 20. LEGISLAÇÃO EXTRAVAGANTE

**(Delegado/RJ – 2022 – CESPE/CEBRASPE)** Conforme relatório final de inquérito policial, Mário, policial civil, praticou obstrução de justiça ao embaraçar a investigação de crime praticado por uma organização criminosa.

Nessa situação hipotética, Mário

**(A)** praticou ilícito puramente administrativo.

**(B)** violou uma regra processual, mas não cometeu nenhum crime.

**(C)** cometeu crime previsto na Lei n.º 12.850/2013.

**(D)** cometeu contravenção penal.

**(E)** cometeu crime previsto no Código Penal.

Com a sua conduta, Mário cometeu o crime definido no art. 2º, § 1º, da Lei 12.850/2013, *in verbis: nas mesmas penas incorre quem impede ou, de qualquer forma, embaraça a investigação de infração penal que envolva organização criminosa.*

Gabarito "C".

**(Delegado/RJ – 2022 – CESPE/CEBRASPE)** Considerando o disposto na Lei n.º 11.343/2006 (Lei de Drogas), assinale a opção correta.

**(A)** Tratando-se da conduta prevista no art. 28 dessa lei, não se imporá prisão em flagrante, devendo o autor do fato ser imediatamente encaminhado ao juízo competente, que lavrará o termo circunstanciado e providenciará as requisições dos exames e perícias necessárias; se ausente o juiz, as providências deverão ser tomadas de imediato pela autoridade policial, no local em que se encontrar, vedada a detenção do agente.

**(B)** A audiência de instrução e julgamento será realizada dentro dos sessenta dias seguintes ao recebimento da denúncia, salvo se determinada a realização de avaliação para atestar dependência de drogas, quando a referida audiência se realizará em noventa dias.

**(C)** Prescrevem em dois anos a imposição e a execução das penas, observado, no tocante à interrupção do prazo, o disposto no art. 107 e seguintes do Código Penal e, quando houver concurso material com outro delito específico previsto nessa lei, deverão ser observados os ditames do art. 109 do Código Penal.

**(D)** Nos crimes previstos nessa lei, o indiciado ou acusado que colaborar voluntariamente com a investigação policial e com o processo criminal na identificação dos demais coautores ou partícipes do crime e na recuperação total ou parcial

do produto do crime, terá, no caso de condenação, pena reduzida de um sexto a dois terços.

**(E)** No que se refere ao crime previsto no art. 33, *caput* dessa lei, recebidos em juízo os autos do inquérito policial, dar-se-á vista ao Ministério Público para que este, no prazo de cinco dias, ofereça denúncia e arrole até cinco testemunhas, requerendo as demais provas que entender pertinentes.

**A:** correta. Quando surpreendido na posse de substância entorpecente destinada a uso próprio, o agente deverá ser encaminhado incontinenti ao juízo competente (JECRIM) ou, não sendo isso possível, será conduzido à presença da autoridade policial, que providenciará, depois de constatada a prática do delito do art. 28 da Lei de Drogas, a lavratura de termo circunstanciado (é vedada, tal como consta do art. 48, § 2º, da Lei 11.343/2006, a lavratura de auto de prisão em flagrante) e o encaminhamento do autor dos fatos ao juízo competente (Juizado Especial Criminal); não sendo isso possível (e é o que de fato ocorre na grande maioria das vezes), o conduzido firmará compromisso, perante a autoridade policial, de comparecer ao juízo tão logo seja convocado para tanto. Não poderá, em hipótese nenhuma, permanecer preso, devendo ser de imediato liberado assim que formalizada a ocorrência por meio do termo circunstanciado (art. 48, § 3º, da Lei 11.343/2006). Quanto a este tema, é importante que se diga que o STF, ao julgar a ação direta de inconstitucionalidade n. 3807, reputou constitucional o art. 48, § 2º, da Lei 11.343/2006, afirmando que o termo circunstanciado, por não ser procedimento investigativo, mas peça informativa, pode ser lavrado por órgão judiciário, não havendo que se falar em ofensa aos §§ 1º e 4º do art. 144 da CF; **B:** incorreta. Isso porque, em consonância com o disposto no art. 56, § 2º, da Lei 11.343/2006, a audiência de instrução e julgamento será realizada dentro dos 30 dias (e não 60) seguintes ao recebimento da denúncia, salvo se determinada a realização de avaliação para atestar dependência de drogas, quando a referida audiência se realizará em noventa dias; **C:** incorreta (art. 30, Lei 11.343/2006); **D:** incorreta, na medida em que a colaboração prevista no art. 41 da Lei 11.343/2006 acarretará a redução da pena da ordem de um terço a dois terços, e não um sexto a dois terços, tal como consta da assertiva; **E:** incorreta. Uma vez recebidos em juízo os autos do inquérito policial, dar-se-á vista ao Ministério Público para que este, no prazo de dez dias (e não cinco), ofereça denúncia, requeira o arquivamento ou requisite diligências que entender pertinentes.

Gabarito "A".

**(Delegado/RJ – 2022 – CESPE/CEBRASPE)** Segundo o que dispõe a Lei n.º 12.850/2013 (Organização Criminosa) e sua interpretação no Supremo Tribunal Federal, assinale a opção correta.

**(A)** A infiltração de agentes de polícia em tarefas de investigação dependerá de representação do delegado de polícia, que deverá descrever indícios seguros da necessidade de obter as informações por meio dessa operação ao juiz competente, que poderá autorizar a medida, de forma circunstanciada, motivada e sigilosa e, tendo em vista a urgência da medida, ouvirá, em seguida à sua decisão, o Ministério Público para o devido acompanhamento.

**(B)** O delegado de polícia pode formalizar acordos de colaboração premiada somente na fase de inquérito policial e desde que ouvido o membro do Ministério Público, o qual deverá se manifestar, sem caráter vinculante, previamente à decisão judicial. Os dispositivos da Lei n.º 12.850/2013, que preveem essa possibilidade, são constitucionais e não ofendem a titularidade da ação penal pública conferida ao Ministério Público pela Constituição.

**(C)** A ação controlada de que trata essa lei consiste em retardar a intervenção policial relativa à ação praticada por organização criminosa ou a ela vinculada, desde que mantida sob observação e acompanhamento para que a medida legal se concretize no momento mais eficaz à formação de provas e obtenção de informações, não sendo necessária a comunicação prévia da referida ação.

**(D)** O acordo de colaboração premiada, além de meio de obtenção de prova, constitui-se em um negócio jurídico processual personalíssimo, cuja conveniência e oportunidade estão submetidas à discricionariedade regrada do Ministério Público, submetendo-se ao escrutínio do Estado-juiz. Trata-se de ato voluntário, insuscetível de imposição judicial, e

## 13. DIREITO PROCESSUAL PENAL 515

se o membro do Ministério Público se negar à realização do acordo, deve fazê-lo motivadamente, podendo essa recusa ser objeto de controle por órgão superior no âmbito do Ministério Público.

(E) Mesmo sem ter assinado o acordo de colaboração premiada, o acusado pode colaborar fornecendo as informações e provas que possuir e, ao final, na sentença, o juiz irá analisar esse comportamento processual e poderá conceder benefício ao acusado mesmo sem ter havido a prévia celebração e homologação do acordo de colaboração premiada, ou seja, o acusado pode receber a sanção premiada mesmo sem a celebração do acordo, caso o magistrado entenda que sua colaboração tenha sido eficaz.

**A:** incorreta, dado que a decisão judicial, quando a infiltração de agentes for representada pela autoridade policial, deve ser precedida da manifestação do MP, tal como estabelece o art. 10, § 1º, da Lei 12.850/2013; **B:** incorreta. Além do Ministério Público, a autoridade policial também está credenciada a firmar, nos autos do inquérito, acordo de colaboração premiada, hipótese em que o MP, na qualidade de titular da ação penal, deverá ser ouvido (art. 4º, § 2º, da Lei 12.850/2013). A propósito disso, o Plenário do STF, ao julgar a ADI 5.508, considerou constitucional a possibilidade de a autoridade policial firmar acordos de colaboração premiada na fase de inquérito policial. A ação fora ajuizada pela Procuradoria Geral da República, que questionava dispositivos da Lei 12.850/2013, entre os quais aqueles que conferiam ao delegado de polícia a prerrogativa de promover acordos de colaboração premiada. Ademais, para o STF, a anuência do MP constitui condição de eficácia do acordo de colaboração premiada firmado pelo delegado de polícia. Conferir: *"2. Matéria novamente suscitada, em menor extensão, pela PGR. Considerada a estrutura acusatória dada ao processo penal conformado à Constituição Federal, a anuência do Ministério Público deve ser posta como condição de eficácia do acordo de colaboração premiada celebrado pela autoridade policial. (...) 3. Questão preliminar suscitada pela Procuradoria-Geral da República acolhida para dar parcial provimento ao agravo regimental e tornar sem efeito, desde então, a decisão homologatória do acordo de colaboração premiada celebrado nestes autos, ante a desconformidade manifestada pelo Ministério Público e aqui acolhida. Eficácia ex tunc.* (STF. Plenário. Pet 8482 AgR/DF, Rel. Min. Edson Fachin, julgado em 31/05/2021; **C:** incorreta. O art. 8º, § 1º, da Lei 12.850/2013 (Organização Criminosa) reza que a ação controlada será *comunicada* ao juiz competente, que estabelecerá, conforme o caso, os limites da medida e comunicará o MP. Perceba que, neste caso, o legislador não impôs a necessidade de o magistrado autorizar o retardamento da intervenção policial; exigiu tão somente a comunicação, providência esta não tomada no caso narrado no enunciado; **D:** incorreta. Conferir: *"O acordo de colaboração premiada, além de meio de obtenção de prova, constitui-se em um negócio jurídico processual personalíssimo, cuja conveniência e oportunidade estão submetidos à discricionariedade regrada do Ministério Público e não se submetem ao escrutínio do Estado-juiz. Em outras palavras, trata-se de ato voluntário, insuscetível de imposição judicial."* (STF, 2ª Turma, MS 35693 AgR/DF, Rel. Min. Edson Fachin, julgado em 28/5/2019); **E:** correta. Conferir: "1. A jurisprudência do Supremo Tribunal Federal assentou que o acordo de colaboração premiada consubstancia negócio jurídico processual, de modo que seu aperfeiçoamento pressupõe voluntariedade de ambas as partes celebrantes. Precedentes. 2. Não cabe ao Poder Judiciário, que não detém atribuição para participar de negociações na seara investigatória, impor ao Ministério Público a celebração de acordo de colaboração premiada, notadamente, como ocorre na hipótese, em que há motivada indicação das razões que, na visão do titular da ação penal, não recomendariam a formalização do discricionário negócio jurídico processual. 3. A realização de tratativas dirigidas a avaliar a conveniência do Ministério Público quanto à celebração do acordo de colaboração premiada não resulta na necessária obrigatoriedade de efetiva formação de ajuste processual. 4. A negativa de celebração de acordo de colaboração premiada, quando explicitada pelo Procurador-Geral da República em feito de competência originária desta Suprema Corte, não se subordina a escrutínio no âmbito das respectivas Câmaras de Coordenação e Revisão do Ministério Público. 5. Nada obstante a ausência de demonstração de direito líquido e certo à imposição de celebração de acordo de colaboração premiada, assegura-se ao impetrante, por óbvio, insurgência na seara processual própria, inclusive quanto à eventual possibilidade de concessão de sanção premial em sede sentenciante, independentemente de anuência do Ministério Público.

Isso porque a colaboração premiada configura realidade jurídica, em si, mais ampla do que o acordo de colaboração premiada. 6. Agravo regimental desprovido." (MS 35693 AgR, Relator(a): EDSON FACHIN, Segunda Turma, julgado em 28/05/2019, ACÓRDÃO ELETRÔNICO DJe-184 DIVULG 23-07-2020 PUBLIC 24-07-2020). ED
*Gabarito "E".*

**(Delegado/RJ – 2022 – CESPE/CEBRASPE)** Durante investigações promovidas em inquérito policial instaurado para apurar a atuação de organização criminosa dedicada à prática de crimes de tráfico de pessoas, a autoridade policial tomou conhecimento, a partir de informações de um agente infiltrado, de que um dos integrantes da organização criminosa havia reservado, pagado e emitido dois bilhetes aéreos: um para o transporte de uma vítima e outro para que integrante da organização criminosa, cujo nome foi identificado pelo agente infiltrado, a acompanhasse. Segundo as informações, o embarque ocorrerá dentro de 24 horas em um dos dois aeroportos da cidade. Com o fim de monitorar o embarque e libertar a vítima, a autoridade policial decidiu deflagrar operação. Para isso, necessita obter das empresas aéreas que operam naqueles dois aeroportos dados relativos aos nomes dos passageiros que haviam emitido bilhetes para voos que partirão daqueles dois aeroportos nas próximas 24 horas.

A respeito dessa situação hipotética, assinale a opção correta.

(A) O delegado de polícia pode requisitar diretamente às empresas de transporte aéreo que disponibilizem, imediatamente, os bancos de dados de reservas que permitam a localização da vítima ou dos suspeitos do delito em curso.

(B) O delegado de polícia deve representar ao Ministério Público, para que este, destinatário da investigação, requisite às empresas de transporte aéreo que disponibilizem imediatamente os bancos de dados de reservas que permitam a localização da vítima ou dos suspeitos do delito em curso.

(C) O delegado de polícia, somente com anuência do Ministério Público, destinatário final da prova, pode requisitar diretamente às empresas de transporte aéreo que disponibilizem imediatamente os bancos de dados de reservas que permitam a localização da vítima ou dos suspeitos do delito em curso.

(D) O delegado de polícia, somente mediante autorização judicial, pode requisitar diretamente às empresas de transporte aéreo que disponibilizem imediatamente os bancos de dados de reservas que permitam a localização da vítima ou dos suspeitos do delito em curso.

(E) O delegado de polícia, somente mediante prévia comunicação à autoridade judiciária competente, pode requisitar diretamente às empresas de transporte aéreo que disponibilizem imediatamente os bancos de dados de reservas que permitam a localização da vítima ou dos suspeitos do delito em curso.

A solução desta questão deve ser extraída do art. 16 da Lei 12.850/2013, que assim dispõe: *As empresas de transporte possibilitarão, pelo prazo de 5 (cinco) anos, acesso direto e permanente do juiz, do Ministério Público ou do delegado de polícia aos bancos de dados de reservas e registro de viagens.* Dessa forma, é lícito ao juiz, ao MP e ao delegado de polícia, este último independente de autorização judicial, requisitar diretamente às empresas de transporte aéreo informações referentes a bancos de dados de reservas e registros de viagens. ED
*Gabarito "A".*

**(Delegado/RJ – 2022 – CESPE/CEBRASPE)** Com relação à investigação e aos meios de obtenção de prova, julgue os itens a seguir.

I.  A infiltração virtual de agentes de polícia será autorizada pelo prazo de até seis meses, sem prejuízo de eventuais renovações, mediante ordem judicial fundamentada, desde que o total não exceda a 720 dias e seja comprovada sua necessidade.

II. A ação de agentes de polícia infiltrados virtuais somente é admitida com o fim de investigar os crimes previstos na Lei n.º 12.850/2013 e outros a eles conexos.

III. Para a apuração do crime de lavagem ou ocultação de bens, direitos e valores, admite-se a utilização da ação controlada e da infiltração de agentes.

Assinale a opção correta.

(A) Nenhum item está certo.

(B) Apenas o item I está certo.

(C) Apenas o item II está certo.

(D) Apenas os itens I e III estão certos.

(E) Apenas os itens II e III estão certos.

**I:** correto, pois em conformidade com o disposto no art. 10-A, § 4º, da Lei 12.850/2013; **II:** incorreto, dado o que dispõe o art. 190-A do ECA (Lei 8.069/1990); **III:** correto (art. 1º, § 6º, da Lei 9.613/1998). **ED**
Gabarito "D".

**(Delegado/RJ – 2022 – CESPE/CEBRASPE)** Quanto à colaboração premiada, assinale a opção correta.

(A) O marco de confidencialidade do acordo de colaboração premiada é o momento em que as partes firmam termo de confidencialidade para prosseguimento das tratativas.

(B) O acordo de colaboração premiada é negócio jurídico processual e meio de prova, que pressupõe utilidade e interesse públicos.

(C) A proposta de acordo de colaboração premiada não poderá ser sumariamente indeferida.

(D) A proposta de colaboração premiada deve estar instruída com procuração do interessado com poderes específicos para iniciar o procedimento de colaboração e suas tratativas, ou firmada pessoalmente pela parte que pretende a colaboração e seu advogado ou defensor público. Nenhuma tratativa sobre colaboração premiada deve ser realizada sem a presença de advogado constituído ou defensor público.

(E) O acordo de colaboração premiada e os depoimentos do colaborador serão mantidos em sigilo até o recebimento da denúncia ou da queixa-crime, sendo facultado ao magistrado decidir por sua publicidade no caso de relevante interesse público.

**A:** incorreta. O marco de confidencialidade do acordo de colaboração premiada é representado pelo recebimento da respectiva proposta, nos termos do art. 3º-B, *caput*, da Lei 12.850/2013, cuja redação foi determinada pela Lei 13.964/2019; **B:** incorreta, uma vez que se trata de meio de *obtenção* de prova, e não meio de prova (art. 3º-A da Lei 12.850/2013); **C:** incorreta, dado que a proposta de acordo de colaboração premiada poderá, sim, ser sumariamente indeferida, conforme estabelece o art. 3º-B, § 1º, da Lei 12.850/2013; **D:** correta, pois reflete o disposto no art. 3º-C, *caput* e § 1º, da Lei 12.850/2013; **E:** incorreta, pois em desconformidade com o que estabelece o art. 7º, § 3º, da Lei 12.850/2013, que veda ao magistrado decidir pela publicidade do acordo em qualquer hipótese, antes do recebimento da denúncia ou da queixa. **ED**
Gabarito "D".

**(Delegado/RJ – 2022 – CESPE/CEBRASPE)** Em relação à colaboração premiada, assinale a opção correta.

(A) A colaboração premiada é benefício de natureza personalíssima cujos efeitos, no entanto, são extensíveis a corréus.

(B) Em caso de conflito de interesses entre a parte que pretende a colaboração e seu advogado ou defensor público, ou em se tratando de colaborador hipossuficiente, deve prevalecer o interesse manifestado pela defesa técnica (advogado constituído ou defensor público), porquanto esta é a mais habilitada para avaliar a conveniência e oportunidade do prosseguimento da proposta.

(C) A homologação do acordo de colaboração premiada determina, necessariamente, a efetivação dos benefícios nele acertados.

(D) Cabe ao órgão julgador da ação penal que vier a ser deflagrada sobre fatos objeto da colaboração decidir sobre a

extensão e a aplicabilidade dos benefícios pactuados no acordo de colaboração homologado.

(E) Apesar de ser um negócio jurídico processual personalíssimo, o acordo de colaboração premiada, conforme entendimento unânime do Pleno do STF, pode ser impugnado por coautores ou partícipes do colaborador na organização criminosa e nas infrações penais por ela praticadas.

**A:** incorreta. Vide: STF, Plenário, HC 127483/PR, Rel. Min. Dias Toffoli, julgado em 27/8/2015; **B:** incorreta, Nesta hipótese, o celebrando do acordo de colaboração deverá solicitar a presença de outro advogado constituído ou defensor público (art. 3º-C, § 2º, da Lei 12.850/2013); **C:** incorreta. Conferir: "QUESTÃO DE ORDEM EM PETIÇÃO. COLABORAÇÃO PREMIADA. I. DECISÃO INICIAL DE HOMOLOGAÇÃO JUDICIAL: LIMITES E ATRIBUIÇÃO. REGULARIDADE, LEGALIDADE E VOLUNTARIEDADE DO ACORDO. MEIO DE OBTENÇÃO DE PROVA. PODERES INSTRUTÓRIOS DO RELATOR. RISTF. PRECEDENTES. II. DECISÃO FINAL DE MÉRITO. AFERIÇÃO DOS TERMOS E DA EFICÁCIA DA COLABORAÇÃO. CONTROLE JURISDICIONAL DIFERIDO. COMPETÊNCIA COLEGIADA NO SUPREMO TRIBUNAL FEDERAL. 1. Nos moldes do decidido no HC 127.483, Rel. Min. DIAS TOFFOLI, Tribunal Pleno, DJe de 3.2.2016, reafirma-se a atribuição ao Relator, como corolário dos poderes instrutórios que lhe são conferidos pelo Regimento Interno do STF, para ordenar a realização de meios de obtenção de prova (art. 21, I e II do RISTF), a fim de, monocraticamente, homologar acordos de colaboração premiada, oportunidade na qual se restringe ao juízo de regularidade, legalidade e voluntariedade da avença, nos limites do art. 4º, § 7º, da Lei n. 12.850/2013. 2. O juízo sobre os termos do acordo de colaboração, seu cumprimento e sua eficácia, conforme preceitua o art. 4º, § 11, da Lei n. 12.850/2013, dá-se por ocasião da prolação da sentença (e no Supremo Tribunal Federal, em decisão colegiada), não se impondo na fase homologatória tal exame previsto pela lei como controle jurisdicional diferido, sob pena de malferir a norma prevista no § 6º do art. 4º da referida Lei n. 12.850/2013, que veda a participação do juiz nas negociações, conferindo, assim, concretude ao princípio acusatório que rege o processo penal no Estado Democrático de Direito. 3. Questão de ordem que se desdobra em três pontos para: (i) resguardar a competência do Tribunal Pleno para o julgamento de mérito sobre os termos e a eficácia da colaboração; (ii) reafirmar, dentre os poderes instrutórios do Relator (art. 21 do RISTF), a atribuição para homologar acordo de colaboração premiada; (iii) salvo ilegalidade superveniente apta a justificar nulidade ou anulação do negócio jurídico, acordo homologado como regular, voluntário e legal, em regra, deve ser observado mediante o cumprimento dos deveres assumidos pelo colaborador, sendo, nos termos do art. 966, § 4º, do Código de Processo Civil, possível ao Plenário analisar sua legalidade." (STF, Pet 7074 QO, Relator(a): EDSON FACHIN, Tribunal Pleno, julgado em 29/06/2017, ACÓRDÃO ELETRÔNICO DJe-085 DIVULG 02-05-2018 PUBLIC 03-05-2018); **D:** correta (art. 4º, *caput* e § 7º-A, da Lei 12.850/2013); **E:** incorreta. Vide: STF, Plenário, HC 127483/PR, Rel. Min. Dias Toffoli, julgado em 27/8/2015. **ED**
Gabarito "D".

**(Delegado de Polícia Federal – 2021 – CESPE)** Após ligação anônima, a polícia realizou busca em determinada casa, onde encontrou pessoas preparando pequenos pacotes de determinada substância – aparentemente entorpecente –, os quais foram apreendidos, além de armas de fogo de alto calibre. Durante a diligência, o delegado, informalmente, realizou entrevistas com as pessoas que estavam no domicílio. Durante essas entrevistas, um dos indivíduos confessou a prática do delito e, posteriormente, colaborou com a identificação dos demais membros da organização criminosa. A partir das informações do colaborador, foi realizada uma ação controlada.

A partir dessa situação hipotética, julgue os próximos itens.

(1) A substância apreendida deve ser submetida à perícia para a elaboração do laudo de constatação provisório da natureza e da quantidade da droga, análise que deve ser realizada por perito, o qual, por sua vez, ficará impedido de elaborar o laudo definitivo.

(2) A ação controlada na investigação da organização criminosa independe de prévia autorização judicial e parecer ministerial.

# 13. DIREITO PROCESSUAL PENAL    517

**(3)** De acordo com o Supremo Tribunal Federal, a entrevista informalmente conduzida pelo delegado durante a realização da busca domiciliar viola as garantias individuais dos presos.

**(4)** A busca domiciliar fundamentada em notícia anônima foi válida em razão da descoberta da situação que culminou em flagrante delito.

**(5)** Devido à colaboração relevante do preso para a identificação da organização criminosa nos autos do inquérito policial, o delegado, com a manifestação do Ministério Público, poderá representar ao juiz pela concessão de perdão judicial.

**1:** Errado. O erro da assertiva está na sua parte final, em que afirma que o perito que confeccionar o laudo de constatação ficará impedido de elaborar o laudo definitivo (art. 50, § 2º, da Lei 11.343/2006: *O perito que subscrever o laudo a que se refere o § 1º deste artigo não ficará impedido de participar da elaboração do laudo definitivo*). **2:** Certo. O art. 8º, § 1º, da Lei 12.850/2013 (Organização Criminosa) reza que a ação controlada será *comunicada* ao juiz competente, que estabelecerá, conforme o caso, os limites da medida e comunicará o MP. De ver-se que, neste caso, o legislador não impôs a necessidade de o magistrado autorizar o retardamento da intervenção policial; exigiu tão somente a comunicação da medida. **3:** Certo. Conferir a seguinte ementa: "Reclamação. 2. Alegação de violação ao entendimento firmado nas Arguições de Descumprimento de Preceitos Fundamentais 395 e 444. Cabimento. A jurisprudência do Supremo Tribunal Federal deu sinais de grande evolução no que se refere à utilização do instituto da reclamação em sede de controle concentrado de normas. No julgamento da questão de ordem em agravo regimental na Rcl 1.880, em 23 de maio de 2002, o Tribunal assentou o cabimento da reclamação para todos aqueles que comprovarem prejuízos resultantes de decisões contrárias às teses do STF, em reconhecimento à eficácia vinculante *erga omnes* das decisões de mérito proferidas em sede de controle concentrado 3. Reclamante submetido a "entrevista" durante o cumprimento de mandado de busca e apreensão. Direito ao silêncio e à não autoincriminação. Há a violação do direito ao silêncio e à não autoincriminação, estabelecidos nas decisões proferidas nas ADPFs 395 e 444, com a realização de interrogatório forçado, travestido de "entrevista", formalmente documentado durante o cumprimento de mandado de busca e apreensão, no qual não se oportunizou ao sujeito da diligência o direito à prévia consulta a seu advogado e nem se certificou, no referido auto, o direito ao silêncio e a não produzir provas contra si mesmo, nos termos da legislação e dos precedentes transcritos 4. A realização de interrogatório em ambiente intimidatório representa uma diminuição da garantia contra a autoincriminação. O fato de o interrogado responder a determinadas perguntas não significa que ele abriu mão do seu direito. As provas obtidas através de busca e apreensão realizada com violação à Constituição não devem ser admitidas. Precedentes dos casos Miranda v. Arizona e Mapp v. Ohio, julgados pela Suprema Corte dos Estados Unidos. Necessidade de consolidação de uma jurisprudência brasileira em favor das pessoas investigadas. 5. Reclamação julgada procedente para declarar a nulidade da "entrevista" realizada e das provas derivadas, nos termos do art. 5º, LVI, da CF/88 e do art. 157, § 1º, do CPP, determinando ao juízo de origem que proceda ao desentranhamento das peças" (STF, Rcl 33711, rel. Min. Gilmar Mendes, Segunda Turma, Julgamento: 11/06/2019, Publicação: 23/08/2019. **4:** Errado. Conferir: "1. O simples fato de o tráfico de drogas configurar crime permanente não autoriza, por si só, o ingresso em domicílio sem o necessário mandado judicial. Exige-se, para que se configure a legítima flagrância, a demonstração posterior da justa causa ou, em outros termos, de fundadas razões quanto à suspeita de ocorrência de crime no interior da residência. 2. Na hipótese, o ingresso dos policiais na residência do paciente ocorreu, em síntese, em razão da denúncia anônima da ocorrência de tráfico de drogas no imóvel, não tendo havido investigação prévia, monitoramento ou campana para a averiguação da veracidade das informações. 3. Nesse panorama, o Superior Tribunal de Justiça possui entendimento pacífico no sentido de que "a mera denúncia anônima, desacompanhada de outros elementos preliminares indicativos de crime, não legitima o ingresso de policiais no domicílio indicado, estando, ausente, assim, nessas situações, justa causa para a medida" (HC 512.418/RJ, Rel. Ministro NEFI CORDEIRO, Sexta Turma, julgado em 26/11/2019, DJe de 3/12/2019). 4. "Ante a ausência de normatização que oriente e regule o ingresso em domicílio alheio, nas hipóteses excepcionais previstas no Texto Maior, há de se aceitar com muita reserva a usual afirmação – como

ocorreu na espécie – de que o morador anuiu livremente ao ingresso dos policiais para a busca domiciliar, máxime quando a diligência não é acompanhada de qualquer preocupação em documentar e tornar imune a dúvidas a voluntariedade do consentimento" (RHC 118.817/MG, Rel. Ministro ROGERIO SCHIETTI CRUZ, SEXTA TURMA, julgado em 10/12/2019, DJe 13/12/2019). 5. *In casu*, foi considerada ausente a comprovação de que a autorização da moradora (esposa do acusado) tenha sido livre e sem vício de consentimento. 6. Agravo regimental desprovido" (STJ, AgRg no HC 688.218/AL, Rel. Ministro RIBEIRO DANTAS, QUINTA TURMA, julgado em 09/11/2021, DJe 16/11/2021). No mesmo sentido: "1. Elementos dos autos que evidenciam não ter havido investigação preliminar para corroborar o que exposto em denúncia anônima. O Supremo Tribunal Federal assentou ser possível a deflagração da persecução penal pela chamada denúncia anônima, desde que esta seja seguida de diligências realizadas para averiguar os fatos nela noticiados antes da instauração do inquérito policial. Precedente. 2. A interceptação telefônica é subsidiária e excepcional, só podendo ser determinada quando não houver outro meio para se apurar os fatos tidos por criminosos, nos termos do art. 2º, inc. II, da Lei n. 9.296/1996. Precedente. 3. Ordem concedida para se declarar a ilicitude das provas produzidas pelas interceptações telefônicas, em razão da ilegalidade das autorizações, e a nulidade das decisões judiciais que as decretaram amparadas apenas na denúncia anônima, sem investigação preliminar" (STF, HC 108147, Relator(a): Min. Cármen Lúcia, Segunda Turma, julgado em 11.12.2012, Processo Eletrônico *DJe*-022 Divulg 31.01.2013 Public 01.02.2013). **5:** Certo, pois em conformidade com o art. 4º, § 2º, da Lei 12.850/2013.

Gabarito 1E, 2C, 3C, 4E, 5C

**(Juiz de Direito – TJ/SC – 2019 – CESPE/CEBRASPE)** Ao receber ação penal para o processamento de crime de lavagem de valores, de acordo com a legislação especial que trata do assunto, o juiz de direito substituto atuará corretamente no caso de

**(A)** suspender o processo, mas determinar a produção antecipada de provas, caso o réu, citado por edital, não compareça aos autos nem constitua advogado.

**(B)** indeferir eventual pedido de declinação de competência do feito para a justiça federal quando somente a infração penal antecedente for de competência da justiça federal.

**(C)** emitir ordem, após o trânsito em julgado de ação de competência da justiça federal ou estadual, para que o valor constante da sentença penal condenatória e depositado judicialmente como medida assecuratória seja incorporado definitivamente ao patrimônio da União.

**(D)** suspender, após ouvir o Ministério Público, medida assecuratória de bens e valores sob o fundamento de que a execução imediata poderá comprometer as investigações.

**(E)** não receber a denúncia sob o fundamento de que a peça foi instruída com infração penal antecedente cuja punibilidade foi extinta.

**A:** incorreta, uma vez que, a teor do art. 2º, § 2º, da Lei 9.613/1998, a suspensão do processo, instituto previsto no art. 366 do CPP, não tem incidência no âmbito dos crimes de lavagem de capitais; **B:** incorreta, pois contraria o disposto no art. 2º, III, *b*, da Lei 9.613/1998; **C:** incorreta, pois contraria o disposto no art. 4º, § 5º, I, da Lei 9.613/1998; **D:** correta, pois em conformidade com o art. 4º-B da Lei 9.613/1998; **E:** incorreta, uma vez que não reflete o disposto no art. 2º, § 1º, da Lei 9.613/1998.

Gabarito "D".

**(Juiz de Direito – TJ/SC – 2019 – CESPE/CEBRASPE)** No que tange a interceptação das comunicações telefônicas e a disposições relativas a esse meio de prova, previstas na Lei 9.296/1996, assinale a opção correta.

**(A)** A referida medida poderá ser determinada no curso da investigação criminal ou da instrução processual destinada à apuração de infração penal punida, ao menos, com pena de detenção.

**(B)** A existência de outros meios para obtenção da prova não impedirá o deferimento da referida medida.

**(C)** O deferimento da referida medida exige a clara descrição do objeto da investigação, com indicação e qualificação dos investigados, salvo impossibilidade manifesta justificada.

(D) A utilização de prova obtida a partir da referida medida para fins de investigação de fato delituoso diverso imputado a terceiro não é admitida.

(E) A decisão judicial autorizadora da referida medida não poderá exceder o prazo máximo de quinze dias, prorrogável uma única vez pelo mesmo período.

A: incorreta, já que, a teor do art. 2º, III, da Lei 9.296/1996, somente será autorizada a interceptação de comunicações telefônicas na hipótese de o fato objetivo da investigação constituir infração penal punida com reclusão; B: incorreta, uma vez que, segundo estabelece o art. 2º, II, da Lei 9.296/1996, não será admitida a interceptação de comunicações telefônicas quando a prova puder ser feita por outros meios disponíveis; C: correta, pois reflete o disposto no art. 2º, parágrafo único, da Lei 9.296/1996; D: incorreta. A assertiva contempla o fenômeno denominado *encontro fortuito de provas*, em que, no curso de investigação de determinada infração penal, termina-se por identificar outros crimes, diversos daquele investigado. É o caso da interceptação telefônica, no curso da qual, deferida para elucidar crime apenado com reclusão, acaba-se por elucidar delito conexo apenado com detenção. A jurisprudência reconhece a licitude da prova assim produzida, desde que estabelecida conexão ou continência com a investigação original. Não se trata, portanto, de *prova ilícita* (art. 157, § 1º, do CPP). E: incorreta. Segundo entendimento consolidado pelos tribunais superiores, as interceptações telefônicas podem ser prorrogadas sucessivas vezes, desde que tal providência seja devidamente fundamentada pela autoridade judiciária (art. 5º da Lei 9.296/1996). Conferir: "De acordo com a jurisprudência há muito consolidada deste Tribunal Superior, as autorizações subsequentes de interceptações telefônicas, uma vez evidenciada a necessidade das medidas e a devida motivação, podem ultrapassar o prazo previsto em lei, considerado o tempo necessário e razoável para o fim da persecução penal" (AgRg no REsp 1620209/RS, Rel. Ministra Maria Thereza De Assis Moura, Sexta Turma, julgado em 09.03.2017, DJe 16.03.2017). No STF: "(...) Nesse contexto, considerando o entendimento jurisprudencial e doutrinário acerca da possibilidade de se prorrogar o prazo de autorização para a interceptação telefônica por períodos sucessivos quando a intensidade e a complexidade das condutas delitivas investigadas assim o demandarem, não há que se falar, na espécie, em nulidade da referida escuta e de suas prorrogações, uma vez que autorizada pelo Juízo de piso com a observância das exigências previstas na lei de regência (Lei 9.296/1996, art. 5º) (...)" (STF, 1ª T., RHC 120.111, rel. Min. Dias Toffoli, j. 11.03.2014).
Gabarito "C".

**(Juiz de Direito - TJ/BA - 2019 - CESPE/CEBRASPE)** De acordo com a jurisprudência do STJ acerca da Lei Maria da Penha — Lei n.º 11.340/2006 —, o delito de descumprimento de medida protetiva de urgência constitui crime

(A) cujo sujeito ativo deve ser sempre um homem.

(B) que não admite a concessão de fiança.

(C) cuja caracterização será afastada se tiver sido prevista a aplicação de multa na decisão que tiver determinado a medida protetiva.

(D) mesmo que a determinação da medida protetiva tenha partido do juízo cível.

(E) cuja caracterização admite a modalidade culposa.

A: incorreta. O STJ, em edição de n. 41 da ferramenta *Jurisprudência em Teses*, publicou, sobre este tema, a seguinte tese: "O sujeito passivo da violência doméstica objeto da Lei Maria da Penha é a mulher, já o sujeito ativo pode ser tanto o homem quanto a mulher, desde que fique caracterizado o vínculo de relação doméstica, familiar ou de afetividade, além da convivência, com ou sem coabitação". Disso é possível inferir que o sujeito ativo do crime definido no art. 24-A da Lei Maria da Penha pode ser tanto o homem quanto a mulher; B: incorreta, tendo em conta o disposto no art. 24-A, § 2º, da Lei 11.340/2006, que estabelece que o crime em questão admite a concessão de fiança, desde que pelo juiz de direito. Ou seja, a despeito de a pena máxima corresponder a dois anos, é vedado à autoridade policial conceder fiança em favor do agente autuado em flagrante pela prática do crime de descumprimento de medida protetiva de urgência; C: incorreta, pois contraria o que dispõe o art. 24-A, § 3º, da Lei 11.340/2006; D: correta. Por força do que dispõe o art. 24-A, § 1º, da Lei Maria da Penha, pouco importa se o juiz de quem partiu a determinação de medida protetiva de urgência é do juízo cível ou criminal, isto é, cometerá o crime do art. 24-A da

Lei Maria da Penha tanto o agente que descumpre medida protetiva decretada em processo de natureza civil quanto aquele que descumpre medida protetiva imposta no bojo de processo criminal; E: incorreta, já que não há previsão de modalidade culposa.
Gabarito "D".

**(Juiz de Direito - TJ/BA - 2019 - CESPE/CEBRASPE)** Assinale a opção correta, a respeito do crime de organização criminosa previsto na Lei n.º 12.850/2013.

(A) Para que se configure o referido crime, tem de se comprovar a ocorrência de associação estável e permanente de três ou mais pessoas para a prática criminosa.

(B) Constitui circunstância elementar desse delito a finalidade de obtenção de vantagem de qualquer natureza mediante a prática de infrações penais cujas penas máximas sejam superiores a quatro anos ou que sejam de caráter transnacional.

(C) A estruturação organizada e ordenada de pessoas, com a necessária divisão formal de tarefas entre elas, é circunstância elementar objetiva do crime em apreço.

(D) A prática de pelo menos um ato executório das infrações penais para as quais os agentes se tenham organizado constitui condição para a consumação do referido delito.

(E) Ao agente que exercer o comando, individual ou coletivo, de organização criminosa, ainda que não pratique pessoalmente atos de execução, será aplicada causa de aumento de pena de um sexto a dois terços.

A: incorreta. A configuração do crime de associação criminosa, definido no art. 2º, *caput*, da Lei 12.850/2013, pressupõe a associação de pelo menos *quatro* pessoas, conforme estabelece o art. 1º, § 1º, da Lei 12.850/2013, que contempla o conceito de organização criminosa; B: correta (art. 1º, § 1º, Lei 12.850/2013); C: incorreta, já que não se exige, à configuração do crime em questão, a divisão formal de tarefas (art. 1º, § 1º, Lei 12.850/2013); D: incorreta. Cuida-se de crime formal, na medida em que não se exige, à sua consumação, qualquer resultado naturalístico consistente no cometimento dos crimes pretendidos pela associação; E: incorreta, já que se trata de agravante, a ensejar a elevação da pena-base (art. 2º, § 3º, Lei 12.850/2013).
Gabarito "B".

**(Promotor de Justiça/RR – 2017 – CESPE)** À luz do entendimento dos tribunais superiores, assinale a opção correta a respeito dos processos em espécie.

(A) A ameaça sofrida pela mulher no contexto doméstico é crime de natureza pública incondicionada.

(B) Caberá transação penal de contravenção penal praticada contra a mulher no contexto doméstico.

(C) O descumprimento de medida protetiva de urgência não configura o crime de desobediência.

(D) Caberá suspensão condicional do processo em denúncia oferecida contra o marido que, no ambiente doméstico, causar lesões corporais à esposa.

A: incorreta. Em decisão tomada no julgamento da ADIn n. 4.424, de 09.02.2012, o STF estabeleceu a natureza *incondicionada* da ação penal nos crimes de lesão corporal, independente de sua extensão, praticados contra a mulher no ambiente doméstico. Tal decisão, no entanto, é restrita aos crimes de lesão corporal, não se aplicando, por exemplo, ao crime de ameaça, que, por força do que estabelece o art. 147, parágrafo único, do CP, continua a ser de ação penal pública condicionada à representação da vítima, que deverá, bem por isso, manifestar seu desejo em ver processado o autor deste delito. De se ver que, se praticada (a ameaça) no âmbito doméstico, exige-se que a renúncia à representação seja formulada perante o juiz e em audiência designada para esse fim (art. 16 da Lei 11.340/2006). *Vide*, quanto a isso, a Súmula 542, do STJ; B: incorreta. O art. 41 da Lei Maria da Penha, cuja constitucionalidade foi reconhecida pelo STF (ADC 19, de 09.02.2012), veda a aplicação, no âmbito dos crimes praticados com violência doméstica e familiar contra a mulher, das medidas despenalizadoras contempladas na Lei 9.099/1995, entre as quais a suspensão condicional do processo e a transação penal. Consolidado tal entendimento, editou-se a Súmula 536 do STJ: "A suspensão condicional do processo e a transação penal não se aplicam na hipótese de delitos sujeitos ao rito da Lei Maria da Penha". De ver-se que, lançando

13. DIREITO PROCESSUAL PENAL **519**

mão de interpretação extensiva, onde se lê *crimes* deve-se ler *infração penal*, de forma a englobar a contravenção penal na vedação imposta por este art. 41 da Lei Maria da Penha. Conferir: "Nas infrações penais cometidas com violência doméstica contra a mulher, sejam elas crimes ou contravenções, não se aplicam as disposições da Lei 9.099/1995" (STJ, AgRg no REsp 1628271/SP, Rel. Ministro Reynaldo Soares Da Fonseca, Quinta Turma, julgado em 23.05.2017, DJe 31.05.2017); **C:** correta. Ao tempo da elaboração desta questão, o descumprimento de medida protetiva de urgência não configurava crime algum, nem o de desobediência, segundo entendiam os tribunais, já que havia, na hipótese de recalcitrância do agente em cumprir a medida protetiva, consequências de outra ordem, como a possibilidade de decretação de prisão preventiva e requisição de força policial para fazer valer a decisão judicial. Sucede que, a partir do advento da Lei 13.641/2018, foi inserido na Lei Maria da Penha o art. 24-A, que contempla, como crime, a conduta do agente que descumpre decisão judicial que defere medida protetiva de urgência prevista em lei, sujeitando-o à pena de detenção de 3 meses a 2 anos; **D:** incorreta, uma vez que contraria o disposto no art. 41 da Lei Maria da Penha e o entendimento sufragado na Súmula 536 do STJ: "A suspensão condicional do processo e a transação penal não se aplicam na hipótese de delitos sujeitos ao rito da Lei Maria da Penha". 🔲
Gabarito "C".

**(Defensor Público/PE – 2018 – CESPE)** Maria, pessoa maior e capaz, vivia em união estável com João havia cinco anos quando, em janeiro de 2017, ele, descontente com a participação de Maria em uma confraternização de trabalho, proferiu diversos xingamentos contra ela, tendo atingido sua honra subjetiva, danificou todas as suas roupas e diversos objetos da residência de ambos. À época, Maria compareceu à delegacia de polícia, narrou os fatos, mas desistiu de registrar a ocorrência policial ou requerer a aplicação de medidas protetivas em seu favor.

Em junho daquele mesmo ano, tendo Maria recebido a visita de uma amiga em sua residência, João ameaçou ambas de morte: utilizando-se de uma faca, exigiu a saída imediata da visita. Após a saída da amiga, João desferiu um golpe de faca no braço de Maria, tendo-lhe causado lesão leve. Dessa vez, Maria comunicou os fatos à polícia e, determinada a romper o relacionamento, requereu a aplicação de medidas protetivas: a autoridade judiciária determinou o afastamento de João do local de convivência com Maria e proibiu a aproximação ou qualquer contato com ela.

Inconformado com a atitude de Maria e com o fim do relacionamento, em julho, João foi até a casa de Maria e, utilizando-se de uma faca, ameaçou-a e constrangeu-a a praticar conjunção carnal com ele.

A respeito dessa situação hipotética, assinale a opção correta à luz da legislação aplicável.

**(A)** O crime de ameaça praticado por João contra Maria somente se apura mediante ação penal pública condicionada à representação da ofendida, sendo válida, a qualquer tempo, a retratação da representação junto à autoridade policial para impedir a persecução penal.

**(B)** Não se aplica a Lei Maria da Penha à conduta praticada por João em julho de 2017, considerando-se que naquela ocasião não existia mais, entre o autor do fato e a vítima, união estável e que eles não mais coabitavam.

**(C)** O crime de estupro praticado por João em julho de 2017 será apurado por meio de inquérito policial cuja instauração poderá decorrer do mero registro de ocorrência policial feito pela vítima.

**(D)** As condutas praticadas por João em janeiro de 2017 podem ser apuradas de ofício pela autoridade policial, uma vez que, conforme disposição da Lei Maria da Penha, a instauração de inquérito não dependerá de qualquer providência ou requerimento da ofendida.

**(E)** A ação penal para apurar o crime de lesão corporal praticado por João contra Maria em junho de 2017 é pública condicionada à representação da ofendida, conforme disposição da Lei Maria da Penha.

**A:** incorreta. É certo que a ação penal, quanto ao crime de ameaça, é pública condicionada à representação do ofendido (art. 147, parágrafo único, CP). É que o entendimento do STF que estabeleceu a natureza incondicionada da ação penal, tomado em controle concentrado de constitucionalidade (ADIn 4.424), somente se aplica aos crimes de lesão corporal, independente de sua extensão, praticados contra a mulher no ambiente doméstico. Tal entendimento encontra-se consagrado na Súmula 542, do STJ: "A ação penal relativa ao crime de lesão corporal resultante de violência doméstica contra a mulher é pública incondicionada". No caso retratado no enunciado, a ofendida poderá, desde que em audiência especialmente designada para esse fim e até o recebimento da denúncia, renunciar à representação formulada (art. 16 da Lei 11.340/2006). Ou seja, no caso da ameaça, a retratação deverá ser dirigida ao juiz de direito e até o recebimento da denúncia. A alternativa, que está incorreta, afirma que a retratação poderá ser feita, a qualquer tempo, perante a autoridade policial; **B:** incorreta, uma vez que contraria o disposto no art. 5º, III, da Lei 11.340/2006. Nesse sentido, a Súmula 600, do STJ, segundo a qual *para a configuração da violência doméstica e familiar prevista no artigo 5º da Lei n. 11.340/2006 (Lei Maria da Penha) não se exige a coabitação entre autor e vítima*; **C:** correta. Ao tempo em que foi elaborada esta questão, a ação penal, nos crimes contra a dignidade sexual, era, em regra, pública condicionada à representação. No caso narrado no enunciado, o registro da ocorrência pela vítima pode ser entendido como manifestação de vontade para dar-se início à persecução criminal. Afinal, os tribunais têm se consolidado o entendimento no sentido de que a representação não tem rigor formal. Pois bem. Tal panorama vigorou até a edição da Lei 13.718/2018, que implementou (uma vez mais) uma série de mudanças no universo dos crimes sexuais, aqui incluída a natureza da ação penal nesses delitos. Senão vejamos. A ação penal, nos delitos sexuais, era, em regra, de iniciativa privada. Era o que estabelecia a norma contida no *caput* do art. 225 do Código Penal. As exceções ficavam por conta do § 1º do dispositivo. Com o advento da Lei 12.015/09, que introduziu uma série de modificações nos crimes sexuais, agora chamados *crimes contra a dignidade sexual*, nomenclatura, a nosso ver, mais adequada aos tempos atuais, a ação penal deixou de ser privativa do ofendido para ser pública condicionada à representação, exceção feita às hipóteses em que a vítima era menor de 18 anos ou pessoa vulnerável, caso em que a ação era pública incondicionada (art. 225, parágrafo único, do CP). Pois bem. Bem recentemente, entrou em vigor a Lei 13.718/2018, que, dentre várias inovações implementadas nos crimes contra a dignidade sexual, mudou, uma vez mais, a natureza da ação penal nesses delitos. Com isso, a ação penal, nos crimes sexuais, passa a ser pública incondicionada. Vale lembrar que, antes do advento desta Lei, a ação era, em regra, pública condicionada, salvo nas situações em que a vítima era vulnerável ou menor de 18 anos. Fazendo um breve histórico, temos o seguinte quadro: a ação penal, nos crimes sexuais, era, em regra, privativa do ofendido, a este cabendo a propositura da ação penal; posteriormente, a partir do advento da Lei 12.015/2009, a ação penal, nesses crimes, deixou de ser privativa do ofendido para ser pública condicionada a representação, em regra; agora, com a entrada em vigor da Lei 13.718/2018, a ação penal, nos crimes contra a dignidade sexual, que antes era pública condicionada, passa a ser pública incondicionada. Com isso, o titular da ação penal, que é o MP, prescinde de manifestação de vontade da vítima para promover a ação penal. Dessa forma, fica sepultado o debate que havia acerca da aplicação da Súmula 608, do STF; **D:** incorreta. Se considerarmos que o crime de que Maria foi vítima em janeiro de 2017 é o de injúria (art. 140, CP), já que João proferiu contra ela xingamentos, a instauração de inquérito, por se tratar de ação penal privada (art. 145, *caput*, do CP), deverá ser precedida de requerimento formulado por Maria (art. 5º, § 5º, do CPP). Tal procedimento também deverá ser aplicado ao delito de dano, de que também foi vítima Maria; **E:** incorreta, já que, conforme entendimento sedimentado na Súmula 542, do STJ, *a ação penal relativa ao crime de lesão corporal resultante de violência doméstica contra a mulher é pública incondicionada.* 🔲
Gabarito "C".

**(Delegado Federal – 2018 – CESPE)** Delegado da PF instaurou IP para apurar crime cometido contra órgão público federal. Diligências constataram sofisticado esquema de organização criminosa criada com a intenção de fraudar programa de responsabilidade desse ente público.

Com base nessas informações e com relação à prática de crime por organização criminosa, julgue os itens seguintes.

**(1)** Se algum dos indiciados no âmbito desse IP apresentar elementos que justifiquem a celebração de acordo de colaboração premiada, e se a situação permitir a concessão do benefício a esse indiciado, o próprio delegado que estiver à frente da investigação poderá celebrar diretamente o acordo, devendo submetê-lo à homologação judicial.

**(2)** A fim de dar celeridade às investigações e em face da gravidade da situação investigada, é possível a infiltração de agentes de polícia em tarefas da investigação, independentemente de prévia autorização judicial.

**1:** correta. O Plenário do Supremo Tribunal Federal, em julgamento da ADI 5508, reconheceu como constitucional a possibilidade de o delegado de polícia firmar acordos de colaboração premiada na fase de inquérito policial, conforme autoriza o art. 4°, §§ 2° e 6°, da Lei 12.850/2013, que define organização criminosa e trata da colaboração premiada; **2:** incorreta, uma vez que a infiltração de agentes somente pode ser determinada, de forma fundamentada, circunstanciada e sigilosa, pelo juiz de direito, que o fará mediante representação da autoridade policial ou a requerimento do MP (art. 10, *caput*, da Lei 12.850/2013). **ED**

*Gabarito 1C, 2E*

**(Juiz de Direito/AM – 2016 – CESPE)** Assinale a opção correta com base no disposto na Lei 12.850/2013.

**(A)** Se a colaboração for posterior à sentença, a pena poderá ser reduzida até a metade ou poderá ser admitida a progressão de regime, ainda que ausentes os requisitos objetivos e subjetivos.

**(B)** Não se exige do colaborador a renúncia ao direito de silêncio nos depoimentos nem o compromisso legal de dizer a verdade, devendo a renúncia ser espontânea.

**(C)** Em caso de decretação do sigilo da investigação, é assegurado ao defensor, no interesse do representado e mediante prévia autorização judicial, amplo acesso aos elementos de prova relacionados ao exercício do direito de defesa, ressalvados os referentes às diligências em andamento.

**(D)** Pode-se considerar organização criminosa o grupo de pessoas que se estruturem para cometer infrações penais para as quais seja prevista pena máxima de três anos.

**(E)** O consentimento de perdão judicial por colaboração premiada que possibilite um dos resultados previstos em lei depende do requerimento do MP.

**A:** incorreta, uma vez que a assertiva não corresponde, exatamente, à redação do art. 4°, § 5°, da Lei 12.850/2013, que não faz menção aos requisitos *subjetivos* (somente aos *objetivos*); **B:** incorreta, na medida em que o colaborador, nos depoimentos que prestar, renunciará, sim, na presença de seu defensor, ao direito de permanecer em silêncio bem como firmará compromisso de dizer a verdade. É o que estabelece o art. 4°, § 14, da Lei 12.850/2013; **C:** correta, uma vez que corresponde ao que estabelece o art. 7°, § 2°, da Lei 12.850/2013; **D:** incorreta. O conceito de organização criminosa introduzido pela Lei 12.850/2013, em seu art. 1°, § 1°, impõe, como um dos requisitos à sua configuração, a prática de infração penal com pena máxima superior a *quatro* anos (e não *três*), ou que se trate de infrações transnacionais; **E:** incorreta, pois não corresponde ao disposto no art. 4°, *caput* e § 2°, da Lei 12.850/2013.

*Gabarito "C".*

**(Juiz de Direito/DF – 2016 – CESPE)** A respeito do processo e do julgamento previsto na Lei Antidrogas, assinale a opção correta.

**(A)** O magistrado, durante a persecução penal em juízo, poderá, independentemente da oitiva do MP, autorizar a infiltração de investigador em meio a traficantes, para o fim de esclarecer a verdade real, ou poderá, ainda, autorizar que não atue diante de eventual flagrante, com a finalidade de identificar e responsabilizar o maior número de integrantes de operações de tráfico e distribuição.

**(B)** O MP e a defesa poderão arrolar até oito testemunhas na denúncia e na defesa preliminar, respectivamente.

**(C)** O agente que praticar crime de porte de drogas para consumo pessoal será processado e julgado perante uma das Varas de Entorpecentes do DF, sob o rito processual previsto na Lei Antidrogas, tendo em vista que a lei especial prevalece sobre a lei geral.

**(D)** O autor do crime de porte de drogas para uso pessoal será processado e julgado perante o Juizado Especial Criminal, sob o rito da Lei n.° 9.099/1995.

**(E)** A lavratura do auto de prisão em flagrante e o estabelecimento da materialidade do delito exigem a elaboração do laudo definitivo em substância, cuja falta obriga o juiz a relaxar imediatamente a prisão, que será considerada ilegal.

**A:** incorreta, uma vez que é imprescindível a oitiva do MP antes da decretação das medidas de investigação previstas no art. 53, I e II, da Lei 11.343/2006; **B:** incorreta, dado que os arts. 54, III, e 55, § 1°, ambos da Lei 11.343/2006, estabelecem que MP e defesa poderão arrolar até *cinco* testemunhas, e não *oito*, tal como constou da assertiva; **C:** incorreta, pois não reflete o teor do art. 48, § 1°, da Lei 11.343/2006, que estabelece que, neste caso, aplicar-se-á o procedimento sumaríssimo previsto nos arts. 60 e seguintes da Lei 9.099/1995; **D:** correta. *Vide* comentário anterior; **E:** incorreta, dado que é suficiente, para o fim de lavrar o auto de prisão em flagrante, o laudo de constatação da natureza e quantidade da droga (art. 50, § 1°, da Lei 11.343.2006).

*Gabarito "D".*

**(Juiz de Direito/DF – 2016 – CESPE)** Em relação ao procedimento nos crimes decorrentes de organização criminosa, nos termos da Lei n.° 12.850/2013, assinale a opção correta.

**(A)** A instrução criminal deverá ser encerrada em prazo não superior a noventa dias, quando o réu estiver preso, prorrogáveis por mais trinta dias, por decisão fundamentada e devidamente motivada pela complexidade da causa ou por fato procrastinatório atribuível ao réu.

**(B)** Se estiver preso o réu, a instrução criminal deverá ser encerrada em prazo razoável, que não exceda a noventa dias, prorrogáveis por igual período, por decisão fundamentada em razão da complexidade da causa ou de fato procrastinatório atribuível ao réu.

**(C)** O juiz poderá decretar o sigilo da investigação para a garantia da celeridade e da eficácia das diligências investigatórias, desde que assegure ao defensor amplo acesso aos elementos de prova e às diligências em andamento.

**(D)** O juiz poderá decretar o sigilo da investigação para a garantia da celeridade e da eficácia das diligências investigatórias, desde que assegure ao defensor amplo acesso a todos os elementos de prova até então colhidas, ressalvadas aquelas relativas às diligências em andamento.

**(E)** Os crimes previstos nesta lei têm procedimento próprio, que deve ser aplicado com base no princípio da especialidade.

**A:** incorreta, pois não reflete o que estabelece o art. 22, parágrafo único, da Lei 12.850/2013; **B:** incorreta, pois não reflete o que estabelece o art. 22, parágrafo único, da Lei 12.850/2013; **C:** incorreta. Isso porque o art. 23 da Lei 12.850/2013, embora assegure ao defensor amplo acesso aos elementos de prova, veda o acesso deste às diligências em andamento; **D:** correta, pois em conformidade com o disposto no art. 23 da Lei 12.850/2013; **E:** incorreta, pois contraria o disposto no art. 22, *caput*, da Lei 12.850/2013.

*Gabarito "D".*

**(Advogado União – AGU – CESPE – 2015)** Ao receber uma denúncia anônima por telefone, a autoridade policial realizou diligências investigatórias prévias à instauração do inquérito policial com a finalidade de obter elementos que confirmassem a veracidade da informação. Confirmados os indícios da ocorrência de crime de extorsão, o inquérito foi instaurado, tendo o delegado requerido à companhia telefônica o envio de lista com o registro de ligações telefônicas efetuadas pelo suspeito para a vítima. Prosseguindo na investigação, o delegado, sem autorização judicial, determinou a instalação de grampo telefônico no telefone do suspeito, o que revelou, sem nenhuma dúvida, a materialidade e a autoria delitivas. O inquérito foi relatado, com o indiciamento do suspeito, e enviado ao MP.

**(1)** Nessa situação hipotética, considerando as normas relativas à investigação criminal, a interceptação telefônica efetuada poderá ser convalidada se o suspeito, posteriormente, confessar espontaneamente o crime cometido e não impugnar a prova.

**1: Incorreta.** A interceptação telefônica, porque realizada em desconformidade com os ditames estabelecidos pela CF (art. 5º, XII) e também pela Lei 9.296/1996 (art. 1º, "caput"), que impõem seja realizada por meio de ordem judicial, padece de ilicitude insanável, devendo ser desconsiderada para o fim de formar o conjunto probatório. Não cabe, por isso, a sua convalidação posterior pela confissão espontânea do suspeito. Nessa esteira: "A ausência de autorização judicial para excepcionar o sigilo das comunicações macula indelevelmente a diligência policial das interceptações em causa, ao ponto de não se dever – por causa dessa mácula – sequer lhes analisar os conteúdos, pois obtidos de forma claramente ilícita (STJ, EDcl no HC 130429-CE, 5ª T., Rel. Min. Napoleão Nunes Maia Filho, j. 27.04.2010).

**(Polícia Rodoviária Federal – 2013 – CESPE)** Com base no disposto no CPP e na jurisprudência do Superior Tribunal de Justiça, julgue os seguintes itens.

(1) A prova declarada inadmissível pela autoridade judicial por ter sido obtida por meios ilícitos deve ser juntada em autos apartados dos principais, não podendo servir de fundamento a condenação do réu.

(2) Em processo por crime de responsabilidade de funcionário público, o juiz pode rejeitar a denúncia oferecida pelo Ministério Público caso se convença, após análise dos documentos apresentados pelo acusado em resposta a denúncia, da inexistência do crime apurado.

(3) Compete a justiça federal processar e julgar a contravenção penal praticada em detrimento de bens e serviços da União.

**1: incorreta.** A prova obtida por meios ilícitos, assim considerada pela autoridade judiciária, deverá, por imposição do art. 157, *caput*, do CPP, ser desentranhada dos autos do processo e, depois de preclusa a decisão que assim a considerou, inutilizada, na forma estabelecida no art. 157, § 3º, do CPP. De toda forma, não poderá – e aqui a assertiva está correta – ser levada em conta pelo juiz para fundamentar a condenação do réu. A Lei 13.964/2019 promoveu a inclusão do § 5º ao art. 157 do CP, segundo o qual *o juiz que conhecer do conteúdo da prova declarada inadmissível não poderá proferir a sentença ou acórdão*. Este dispositivo encontra-se com a sua eficácia suspensa por decisão cautelar do STF; **2: correta**, pois reflete a regra presente no art. 516 do CPP; **3: incorreta**, dado que o art. 109, IV, primeira parte, da CF afasta a competência da Justiça Federal para o processamento e julgamento das contravenções penais, mesmo que praticadas em detrimento de bens, serviços ou interesse da União ou de suas entidades autárquicas ou empresas públicas. Nesse sentido a Súmula nº 38, STJ: "Compete à Justiça Estadual Comum, na vigência da Constituição de 1988, o processo por contravenção penal, ainda que praticado em detrimento de bens, serviços ou interesse da União ou de suas entidades".

**(Escrivão de Polícia/BA – 2013 – CESPE)** Julgue os itens subsequentes no que concerne à legislação processual penal.

(1) Considera-se ilegal a coação quando o inquérito policial for manifestamente nulo, sendo possível a concessão de *habeas corpus* – hipótese em que a investigação será arquivada até o surgimento de novas provas.

(2) A lei processual penal tem aplicação imediata, razão por que os atos processuais já praticados devem ser refeitos de acordo com a legislação que entrou em vigor.

(3) Os crimes praticados por funcionário público contra a administração pública, em regra, são afiançáveis, havendo previsão legal para que o acusado apresente resposta preliminar, à vista da qual o juiz poderá rejeitar a denúncia se convencido da inexistência do crime.

**1: incorreta.** Será considerada ilegal a coação, o que pode dar ensejo à impetração de *habeas corpus*, quando o *processo* (e não o *inquérito*) for manifestamente nulo (art. 648, VI, CPP). É bom que se diga que o termo *nulidade* tem incidência no âmbito do processo, e não no do inquérito; **2: incorreta.** É verdade que a lei processual penal tem aplicação imediata (*tempus regit actum*), mas não se pode dizer que os atos processuais realizados sob o império da lei anterior (já revogada, portanto) devem ser renovados segundo os novos ditames estabelecidos pela novel legislação. Neste caso, a lei processual penal será aplicada desde logo (*princípio da aplicação imediata* ou *da ime-*

*diatidade*), sem prejuízo dos atos realizados sob a égide da lei anterior. Em outras palavras, os atos anteriores devem ser preservados (não há necessidade de renovação). É o que estabelece o art. 2º do CPP. A exceção a essa regra fica por conta da lei processual penal dotada de carga material, em que deverá ser aplicado o que estabelece o art. 2º, parágrafo único, do CP. Nesse caso, a exemplo do que se dá com as leis penais, a norma processual nova, se favorável ao réu, deverá retroagir; se prejudicial, aplica-se a lei já revogada (*lex mitior*); **3: correta**. De fato, os crimes praticados por funcionário público contra a administração pública, assim considerados aqueles tipificados nos arts. 312 a 326 do CP, comportam o arbitramento de fiança. Também é verdade que, para tais crimes, o legislador previu a chamada *defesa preliminar* (arts. 514 a 516, CPP), a ser ofertada pelo denunciado no prazo de 15 (quinze) dias depois de notificado. Impende, aqui, registrar que, em face do que enuncia a Súmula nº 330 do STJ, a formalidade imposta por este dispositivo somente se fará necessária quando a denúncia se basear em outras peças de informação que não o inquérito policial. Ademais disso, a *notificação* para apresentação da defesa preliminar não se estende ao particular.

## 21. TEMAS COMBINADOS E OUTROS TEMAS

**(Defensor Público - DPE/DF - 2019 - CESPE/CEBRASPE)** O Estado exerce sua pretensão punitiva a partir do ingresso da ação penal, garantindo-se ao acusado o devido e justo processo legal. Acerca do processo penal, julgue os itens a seguir.

(1) Em se tratando de contravenção penal punida com pena de multa, admite-se subsidiariamente, em caso de inércia do Ministério Público, a ação penal sem demanda.

(2) Sentença penal concessiva de perdão judicial é classificada como suicida, em razão dos seus efeitos autofágicos.

**1: errada.** O art. 26 do CPP, que previa a ação penal sem demanda, assim considerada aquela em que a ação penal era deflagrada por portaria da autoridade judiciária ou policial, não foi recepcionado pela Constituição Federal de 1988, sendo tacitamente revogado pelo art. 129, I, que assegura ao Ministério Público a titularidade da ação penal pública; **2: errada.** A doutrina classifica como suicida a sentença cuja parte dispositiva é incompatível (há contrariedade) com as razões invocadas na fundamentação. Segundo a Súmula 18 do STJ, a sentença penal concessiva de perdão judicial tem natureza meramente declaratória.

**(Delegado Federal – 2018 – CESPE – adaptada)** Acerca de execução penal e de crimes contra a criança e o adolescente, julgue os itens que se seguem.

(1) O crime de estupro praticado contra criança ou adolescente é insuscetível de fiança.

(2) Caberá recurso de apelação contra decisão do juízo da execução penal que indeferir pedido de livramento condicional ao apenado.

**1: correta**, pois reflete o disposto no art. 1º, VI, da Lei 8.072/1990 (Crimes Hediondos); **2: incorreta.** É hipótese de agravo em execução (art. 197, LEP).

**(Procurador Municipal – Prefeitura/BH – CESPE – 2017)** Com base no entendimento do STJ, assinale a opção correta.

(A) Somente se houver prévia autorização judicial, serão considerados prova lícita os dados e as conversas registrados no aplicativo WhatsApp colhidos de aparelho celular apreendido quando da prisão em flagrante.

(B) O MP estadual não tem legitimidade para atuar diretamente como parte em recurso submetido a julgamento no STJ.

(C) Tratando-se de demandas que sigam o rito dos processos de competência originária dos tribunais superiores, considera-se intempestiva a apresentação de exceção da verdade no prazo da defesa prévia, se, tendo havido defesa preliminar, o acusado não tiver nesse momento se manifestado a esse respeito.

**(D)** É ilegal portaria que, editada por juiz federal, estabelece a tramitação direta de inquérito policial entre a Polícia Federal e o MPF.

**A:** correta. Conferir: "Ilícita é a devassa de dados, bem como das conversas de whatsapp, obtidas diretamente pela polícia em celular apreendido no flagrante, sem prévia autorização judicial" (STJ, RHC 76.510/RR, 6ª T., Rel. Min. Nefi Cordeiro, j. 04.04.2017, *DJe* 17.04.2017); **B:** incorreta. A conferir: "A Corte Especial do Superior Tribunal de Justiça, no julgamento do EREsp 1.327.573/RJ, pacificou o entendimento no sentido de que os Ministérios Públicos Estaduais e do Distrito Federal possuem legitimidade para atuar no Superior Tribunal de Justiça" (STJ, EDcl no AgRg nos EDcl no REsp 1152715/RS, 6ª T., Rel. Min. Nefi Cordeiro, j. 19.11.2015, DJe 03.12.2015); **C:** incorreta. "A exceção da verdade é meio processual de defesa, é instituto de defesa indireta do réu, podendo ser apresentada nos processos em que se apuram crimes de calúnia e de difamação, quando praticado em detrimento de funcionário público no exercício de suas funções. Tem-se entendido que referido instituto defensivo deve ser apresentado na primeira oportunidade em que a defesa se manifestar nos autos. No entanto, o rito dos processos que tramitam em tribunais superiores prevê a apresentação de defesa preliminar antes mesmo do recebimento da denúncia, no prazo de 15 (quinze) dias, conforme dispõe o art. 4º da Lei n. 8.038/1990. Prevê, ademais, após o recebimento da denúncia, o prazo de 5 (cinco) dias para a defesa prévia, contado do interrogatório ou da intimação do defensor dativo, nos termos do art. 8º da referida Lei. 3. Um exame superficial poderia levar a crer que a primeira oportunidade para a defesa se manifestar nos autos, de fato, é no prazo de 15 (quinze) dias, antes mesmo do recebimento da denúncia. Contudo, sem o recebimento da inicial acusatória, nem ao menos é possível processar a exceção da verdade, que tramita simultaneamente com a ação penal, devendo ser resolvida antes da sentença de mérito. Outrossim, diante da natureza jurídica do instituto, que é verdadeira ação declaratória incidental, tem-se como pressuposto lógico a prévia instauração da ação penal. Assim, conclui-se que o prazo para apresentação da exceção da verdade, independentemente do rito procedimental adotado, deve ser o primeiro momento para a defesa se manifestar nos autos, após o efetivo início da ação penal, o que de fato ocorreu no presente caso. 4. O ordenamento jurídico não dispõe sobre a possibilidade de sustentação oral em exceção da verdade, não havendo previsão nesse sentido no Regimento Interno do TJMG nem do STF, que pode ser aplicado subsidiariamente. Ademais, a própria Lei n. 8.038/1990, cujo rito está sendo observado no caso dos autos, faculta a sustentação oral apenas na deliberação acerca do recebimento da denúncia (art. 6º, § 1º, da Lei n. 8.038/1990) e no julgamento do mérito da ação (art. 12 da Lei n. 8.038/1990). Dessarte, tem-se que não é franqueada a utilização da sustentação oral para questão processual incidental" (STJ, HC 202.548/MG, 5ª T., Rel. Min. Reynaldo Soares da Fonseca, j. 24.11.2015, DJe 01.12.2015); **D:** incorreta. Nesse sentido: "3. A tramitação direta de inquéritos entre a polícia judiciária e o órgão de persecução criminal traduz expediente que, longe de violar preceitos constitucionais, atende à garantia da duração razoável do processo, assegurando célere tramitação, bem como aos postulados da economia processual e da eficiência. Essa constatação não afasta a necessidade de observância, no bojo de feitos investigativos, da chamada cláusula de reserva de jurisdição. 4. Não se mostra ilegal a portaria que determina o trâmite do inquérito policial diretamente entre polícia e órgão da acusação, encontrando o ato indicado como coator fundamento na Resolução n. 63/2009 do Conselho da Justiça Federal" (RMS 46.165/SP, 5ª T., Rel. Min. Gurgel de Faria, j. 19.11.2015, DJe 04.12.2015). Gabarito "A".

**(Procurador Municipal – Prefeitura/BH – CESPE – 2017)** Considerando a legislação processual penal e o entendimento jurisprudencial pátrio, assinale a opção correta.

**(A)** Em matéria penal, o MP não goza da prerrogativa da contagem dos prazos recursais em dobro.

**(B)** Interrompe-se a prescrição ainda que a denúncia seja recebida por juiz absolutamente incompetente.

**(C)** Havendo mais de um autor, ocorrerá renúncia tácita com relação àqueles cujos nomes tenham sido omitidos da queixa-crime, ainda que de forma não intencional.

**(D)** A CF prevê expressamente a retroatividade da lei processual penal quando esta for mais benéfica ao acusado.

**A:** correta. O art. 180, "caput", do NCPC, que concede o prazo em dobro para o MP manifestar-se nos autos, não tem aplicação no âmbito do processo penal. Na jurisprudência do STJ: "Em matéria penal, o Ministério Público não goza da prerrogativa de contagem do prazo recursal em dobro" (EDcl no AgRg na MC 23.498/RS, 6ª T., Rel. Min. Nefi Cordeiro, j. 24.02.2015, DJe 04.03.2015); **B:** incorreta. Conferir: "Conforme precedentes deste Tribunal Superior, o recebimento da queixa-crime por juízo incompetente é considerado nulo, não se constituindo em marco interruptivo do prazo prescricional" (HC 88.210/RO, 5ª T., Rel. Min. Napoleão Nunes Maia Filho, j. 25.09.2008, DJe 28.10.2008); **C:** incorreta. Nesse sentido: "O reconhecimento da renúncia tácita ao direito de queixa exige a demonstração de que a não inclusão de determinados autores ou partícipes na queixa-crime se deu de forma deliberada pelo querelante" (v.g.: HC 186.405/RJ, 5ª T.,, Rel. Min. Jorge Mussi, *DJe* 11.12.2014); **D:** incorreta, na medida em que o art. 5º, XL, da CF, que enuncia o postulado da irretroatividade, somente faz referência à lei penal, e não à processual penal, em relação à qual se aplica o princípio da *aplicação imediata* ou *da imediatidade*, segundo o qual a lei processual penal aplicar-se-á desde logo, sem prejuízo dos atos realizados sob o império da lei anterior. É o que estabelece o art. 2º do CPP. A exceção a essa regra, é importante que se diga, fica por conta da lei processual penal dotada de carga material (também chamada de norma mista ou híbrida), em que deverá ser aplicado o que estabelece o art. 2º, parágrafo único, do CP. Nesse caso, a exemplo do que se dá com as leis penais, a norma processual nova, se favorável ao réu, deverá retroagir; se prejudicial, aplica-se a lei já revogada (*lex mitior*). ED Gabarito "A".

**(Delegado/PE – 2016 – CESPE)** Acerca das alterações processuais assinaladas pela Lei 12.403/2011, do instituto da fiança, do procedimento no âmbito dos juizados especiais criminais e das normas processuais pertinentes à citação e intimação, assinale a opção correta.

**(A)** Se o acusado, citado por edital, não comparecer nem constituir advogado, será decretada a revelia e o processo prosseguirá com a nomeação de defensor dativo.

**(B)** Em homenagem ao princípio da ampla defesa, será sempre pessoal a intimação do defensor dativo ou constituído pelo acusado.

**(C)** O arbitramento de fiança, tanto na esfera policial quanto na concedida pelo competente juízo, independe de prévia manifestação do representante do MP.

**(D)** Nos procedimentos previstos na Lei 9.099/1995, em se tratando de ação penal pública condicionada à representação e não havendo conciliação na audiência preliminar, caso o ofendido se manifeste pelo não oferecimento de representação, o processo será julgado extinto de imediato, operando-se a decadência do direito de ação.

**(E)** No caso de prisão em flagrante, a autoridade policial somente poderá conceder fiança se a infração penal for punida com detenção e prisão simples; nas demais situações, a fiança deverá ser requerida ao competente juízo.

**A:** incorreta. Na hipótese de o réu não ser encontrado, deverá o juiz determinar a sua citação por edital, depois de esgotados os meios disponíveis para a sua localização. Se o réu, depois de citado por edital, não comparecer tampouco constituir defensor, o processo e o prazo prescricional ficarão, em vista da disciplina estabelecida no art. 366 do CPP, suspensos (não há que se falar em revelia tampouco continuidade do processo, portanto), podendo ser decretada, se o caso, sua prisão preventiva bem como determinada a produção antecipada das provas consideradas urgentes. No que toca ao tema *suspensão condicional do processo* (*sursis* processual), valem alguns esclarecimentos. A produção da prova considerada urgente deverá se dar em conformidade com o entendimento firmado na Súmula 455 do STJ: "A decisão que determina a produção antecipada de provas com base no art. 366 do CPP deve ser concretamente fundamentada, não a justificando unicamente o mero decurso do tempo". No que toca à prisão preventiva, sua decretação, no âmbito do art. 366 do CPP, somente poderá se dar diante da presença dos requisitos do art. 312 do CPP, sendo vedada, portanto, a decretação automática da custódia. O mesmo há de ser aplicado à produção antecipada de provas, que está condicionada à demonstração de sua necessidade, não bastando, a autorizá-la, o mero decurso do tempo; **B:** incorreta, dado que a intimação do defensor constituído far-se-á por publicação no órgão incumbido

## 13. DIREITO PROCESSUAL PENAL    523

da publicidade dos atos judiciais da comarca, tudo em conformidade com o prescrito no art. 370, § 1º, do CPP; já a do defensor nomeado e também do Ministério Público será *pessoal*, conforme imposição do art. 370, § 4º, do CPP; **C:** correta (art. 333, CPP); **D:** incorreta (art. 75, parágrafo único, da Lei 9.099/1995); **E:** incorreta. A Lei 12.403/2011 mudou sobremaneira o panorama da fiança. Antes da reforma por ela implementada, a autoridade policial, em vista da revogada redação do art. 322 do CPP, somente estava credenciada a concedê-la nas hipóteses de infração punida com *detenção* ou *prisão simples*. Bem por isso, não podia o delegado de polícia arbitrar fiança nos crimes punidos com *reclusão*, tarefa exclusiva do magistrado. Pela nova redação dada ao art. 322 do CPP, a autoridade policial passou a conceder fiança nos casos de infração cuja pena privativa de liberdade máxima não seja superior a quatro anos, independentemente de ser o crime apenado com reclusão ou detenção (qualidade da pena). Naqueles casos em que a pena máxima superar os quatro anos, somente o magistrado poderá estabelecer a fiança.

Gabarito "C".

**(Delegado/PE – 2016 – CESPE)** Assinale a opção correta acerca do processo penal e formas de procedimento, aplicação da lei processual no tempo, disposições constitucionais aplicáveis ao direito processual penal e ação civil *ex delicto*, conforme a legislação em vigor e o posicionamento doutrinário e jurisprudencial prevalentes.

(A) No momento da prolação da sentença condenatória, não cabe ao juízo penal fixar valores para fins de reparação dos danos causados pela infração, porquanto tal atribuição é matéria de exclusiva apreciação do juízo cível.

(B) Sendo o interrogatório um dos principais meios de defesa, que expressa o princípio do contraditório e da ampla defesa, é imperioso, de regra, que o réu seja interrogado ao início da audiência de instrução e julgamento.

(C) É cabível a absolvição sumária do réu em processo comum caso o juiz reconheça, após a audiência preliminar, a existência de doença mental do acusado que, comprovada por prova pericial, o torne inimputável.

(D) Lei processual nova de conteúdo material, também denominada híbrida ou mista, deverá ser aplicada de acordo com os princípios de temporalidade da lei penal, e não como princípio do efeito imediato, consagrado no direito processual penal pátrio.

(E) Nos crimes comuns e nos casos de prisão em flagrante, deverá a autoridade policial garantir a assistência de advogado quando do interrogatório do indiciado, devendo nomear defensor dativo caso o indiciado não indique profissional de sua confiança.

**A:** incorreta, pois contraria o que dispõem os arts. 63, parágrafo único, e 387, IV, ambos do CPP; **B:** incorreta. Embora haja divergência na doutrina, é fato que o interrogatório constitui, fundamentalmente, meio de *defesa*. Nesse sentido, o STF: "Em sede de persecução penal, o interrogatório judicial – notadamente após o advento da Lei 10.792/2003 – qualifica-se como ato de defesa do réu, que, além de não ser obrigado a responder a qualquer indagação feita pelo magistrado processante, também não pode sofrer qualquer restrição em sua esfera jurídica em virtude do exercício, sempre legítimo, dessa especial prerrogativa (...)" (HC 94.601-CE, 2ª T., rel. Min. Celso de Mello, 11.09.2009). Nesse mesmo sentido o ensinamento de Guilherme de Souza Nucci: "(...) Note-se que o interrogatório é, fundamentalmente, um meio de defesa, pois a Constituição assegura ao réu o direito ao silêncio. Logo, a primeira alternativa que se avizinha ao acusado é calar-se, daí não advindo consequência alguma. Defende-se apenas. Entretanto, caso opte por falar, abrindo mão do direito ao silêncio, seja lá o que disser, constitui meio de prova inequívoco, pois o magistrado poderá levar em consideração suas declarações para condená-lo ou absolve-lo" (*Código de Processo Penal Comentado*, 12ª ed., p. 428). No que toca ao momento do interrogatório, é incorreto afirmar-se que ele deva ocorrer logo no início da instrução. Bem ao contrário, em vista do que dispõe o art. 400 do CPP, com a redação que lhe deu a Lei 11.719/2008, o interrogatório, à luz dos princípios da ampla defesa e do contraditório, passou a constitui o derradeiro ato processual; **C:** incorreta (art. 397, II, do CPP); **D:** correta. De fato, a lei processual penal será aplicada desde logo (*princípio da aplicação imediata* ou da *imediatidade*), sem prejuízo dos atos realizados sob o império da lei anterior. É o que estabelece o

art. 2º do CPP. A exceção a essa regra fica por conta da lei processual penal dotada de carga material (híbrida ou mista), em que deverá ser aplicado o que estabelece o art. 2º, parágrafo único, do CP. Nesse caso, a exemplo do que se dá com as leis penais, a norma processual nova, se favorável ao réu, deverá retroagir; se prejudicial, aplica-se a lei já revogada (*lex mitior*); **E:** incorreta. Não cabe à autoridade policial nomear defensor ao interrogando que não indicar profissional de sua confiança.

Gabarito "D".

**(Defensor Público – DPE/RN – 2016 – CESPE)** Assinale a opção correta no que se refere a revisão criminal, crime de tortura, nulidades, execução penal, prerrogativas e garantias dos DPs relacionadas com o processo penal.

(A) A condenação de policial civil pelo crime de tortura acarreta, como efeito automático, independentemente de fundamentação específica, a perda do cargo público e a interdição para seu exercício pelo dobro do prazo da pena aplicada.

(B) A ausência de intimação da expedição de carta precatória para a inquirição de testemunhas gera, segundo entendimento sumulado do STF, nulidade absoluta, por cerceamento de defesa e violação do devido processo legal.

(C) Para impugnar decisão do juiz da execução penal que unifique as penas impostas ao sentenciado, é cabível a interposição de recurso em sentido estrito.

(D) A ação de revisão criminal deve ser ajuizada no prazo decadencial de dois anos, contados do trânsito em julgado da sentença condenatória.

(E) Segundo o entendimento do STJ, à DP, quando ela atua na qualidade de assistente de acusação, representando a vítima de determinado crime em uma ação penal, não se aplica a prerrogativa institucional da concessão de prazo em dobro para a realização de atos processuais.

**A:** correta, uma vez que, no contexto da Lei de Tortura (art. 1º, § 5º), diferentemente do que se dá no sistema do Código Penal, a perda do cargo, função ou emprego público constitui consequência automática da sentença condenatória, prescindindo de declaração expressa, na sentença, nesse sentido; **B:** incorreta. Conferir: "Consoante jurisprudência desta Suprema Corte, a falta de intimação de Carta precatória para oitiva de testemunha configura nulidade relativa. Precedentes. 3. Em processo, especificamente em matéria de nulidades, vigora o princípio maior de que, sem prejuízo, não se reconhece nulidade (art. 563 do CPP)" (RHC 119817, Relator(a): Min. Rosa Weber, Primeira Turma, julgado em 18.02.2014, Processo Eletrônico DJe-056 divulg 20.03.2014 public 21.03.2014); **C:** incorreta. Cabe agravo em execução (art. 197, LEP); **D:** incorreta, pois, a teor do art. 622, *caput*, do CPP, a ação revisional pode ser requerida a qualquer tempo, antes ou depois de extinta a pena, ainda que falecido o sentenciado; **E:** incorreta: "Processual penal. *Habeas corpus*. Defensoria pública. Assistência de acusação. Prazo em dobro. I – É função institucional da Defensoria Pública patrocinar tanto a ação penal privada quanto a subsidiária da pública, não havendo nenhuma incompatibilidade com a função acusatória, mais precisamente a de assistência da acusação. II – O disposto no § 5º do artigo 5º da Lei 1.060/1950, com a redação dada pela Lei 7.871/1989, aplica-se a todo e qualquer processo em que atuar a Defensoria Pública. Writ denegado" (HC 24.079/PB, Rel. Ministro Felix Fischer, Quinta Turma, julgado em 19.08.2003, DJ 29.09.2003).

Gabarito "A".

**(Defensor Público – DPE/RN – 2016 – CESPE)** Assinale a opção correta acerca do processo penal segundo o CPP e o entendimento do STF e do STJ.

(A) A prevenção no processo penal, em diversas situações, constitui critério de fixação de competência, como na hipótese em que for possível a dois ou mais juízes conhecerem do mesmo crime – seja por dividirem a mesma competência de juízo, seja pela incerteza da competência territorial – ou, ainda, nos crimes continuados ou permanentes.

(B) De acordo com a jurisprudência do STF, é imprescindível a transcrição integral dos diálogos colhidos por meio de interceptação telefônica ou escuta ambiental.

(C) Segundo a jurisprudência do STJ, são impossíveis sucessivas prorrogações de interceptações telefônicas, ainda que o pedido de quebra de sigilo telefônico seja devidamente fundamentado, em razão da previsão legal de prazo máximo de quinze dias para tal medida, renovável por igual período.

(D) A notícia anônima sobre eventual prática criminosa, por si só, é idônea para a instauração de inquérito policial ou a deflagração de ação penal.

(E) A competência, na hipótese de crime continuado ou permanente praticado em território de duas ou mais jurisdições, é fixada pelo lugar onde se praticar o maior número de infrações.

A: correta, pois reflete o que estabelecem os arts. 69, VI, 70, § 3º, 71 e 83, todos do CPP; B: incorreta, uma vez que, segundo tem entendido a jurisprudência, é necessário apenas que se transcrevam os excertos das escutas telefônicas que tenham servido de substrato para o oferecimento da denúncia. Nesse sentido: "(...) O Plenário desta Corte já assentou não ser necessária a juntada do conteúdo integral das degravações de interceptações telefônicas realizadas, bastando que sejam degravados os trechos que serviram de base ao oferecimento da denúncia" (RHC 117265, Relator(a): Min. Ricardo Lewandowski, Segunda Turma, julgado em 29.10.2013). No STJ: "As mídias das interceptações telefônicas foram disponibilizadas, na íntegra, à Defesa, razão pela qual não há falar em nulidade, inexistindo, portanto, constrangimento ilegal a ser sanado. 2. A cópia das transcrições parciais das interceptações telefônicas constantes dos relatórios da autoridade policial foram disponibilizadas à Defesa desde o oferecimento da exordial acusatória. 3. É pacífico o entendimento nos tribunais superiores no sentido de que é prescindível a transcrição integral do conteúdo da quebra do sigilo das comunicações telefônicas, somente sendo necessária, a fim de se assegurar o exercício da garantia constitucional da ampla defesa, a transcrição dos excertos das escutas que serviram de substrato para o oferecimento da denúncia. 4. Recurso ordinário a que se nega provimento" (STJ, RHC 27.997, 6ª T., rel. Min. Maria Thereza de Assis Moura, DJ 19.09.2013); C: incorreta. Segundo entendimento consolidado pelos tribunais superiores, as interceptações telefônicas podem, sim, ser prorrogadas sucessivas vezes, desde que tal providência seja devidamente fundamentada pela autoridade judiciária (art. 5º da Lei 9.296/1996). Conferir: "De acordo com a jurisprudência há muito consolidada deste Tribunal Superior, as autorizações subsequentes de interceptações telefônicas, uma vez evidenciada a necessidade das medidas e a devida motivação, podem ultrapassar o prazo previsto em lei, considerado o tempo necessário e razoável para o fim da persecução penal" (AgRg no REsp 1620209/RS, Rel. Ministra Maria Thereza De Assis Moura, Sexta Turma, julgado em 09.03.2017, DJe 16.03.2017). No STF: "(...) Nesse contexto, considerando o entendimento jurisprudencial e doutrinário acerca da possibilidade de se prorrogar o prazo de autorização para a interceptação telefônica por períodos sucessivos quando a intensidade e a complexidade das condutas delitivas investigadas assim o demandarem, não há que se falar, na espécie, em nulidade da referida escuta e de suas prorrogações, uma vez que autorizada pelo Juízo de piso com a observância das exigências previstas na lei de regência (Lei 9.296/1996, art. 5º) (...)" (STF, 1ª T., RHC 120.111, rel. Min. Dias Toffoli, j. 11.03.2014); D: incorreta. A denúncia anônima (também chamada de *apócrifa* ou *inqualificada*), segundo tem entendido a jurisprudência, não é apta, por si só, a autorizar a instauração de inquérito policial, dando início à persecução penal. Antes disso, a autoridade policial deverá fazer uma averiguação prévia a fim de verificar a procedência da denúncia apócrifa, para, depois disso, determinar, se for o caso, a instauração de inquérito. Nesse sentido: "(...) *a autoridade policial, ao receber uma denúncia anônima, deve antes realizar diligências preliminares para averiguar se os fatos narrados nessa 'denúncia' são materialmente verdadeiros, para, só então, iniciar as investigações*" (STF, HC 95.244, 1ª T., rel. Min. Dias Toffoli, DJE de 29.04.2010); E: incorreta, pois contraria a regra disposta no art. 71 do CPP.

Gabarito "A".

**(Juiz de Direito/DF – 2016 – CESPE)** Assinale a opção correta, em que o magistrado agiu em consonância com a jurisprudência sumulada do STF ou do STJ.

(A) Um réu em processo penal renunciou ao direito de apelação interposta pela defesa técnica, tendo manifestado sua vontade sem a assistência de seu defensor, caso em que o magistrado não conheceu da apelação, fundamentando sua decisão na supremacia da vontade do réu sobre a vontade de seu defensor.

(B) O juiz de direito substituto, ao tomar conhecimento da prática de falta disciplinar no âmbito da execução penal, por comunicação do diretor do estabelecimento prisional, reconheceu a falta disciplinar, mesmo sem a instauração de procedimento administrativo pelo diretor, fundamentando sua decisão no fato de se tratar de falta flagrante cometida nas dependências do estabelecimento prisional.

(C) O juiz de direito substituto, ao tomar conhecimento da falta de intimação do denunciado para oferecer contrarrazões ao recurso interposto da rejeição da denúncia, proferiu decisão suprindo a falta por meio da nomeação de defensor dativo, fundamentada na facultatividade da intimação.

(D) Após a homologação da transação penal prevista no artigo 76 da Lei n.º 9.099/1995, sobreveio o descumprimento de suas cláusulas, razão pela qual o magistrado acolheu o pedido da acusação, retomando-se a situação anterior, e possibilitando ao MP a continuidade da persecução penal mediante oferecimento de denúncia ou requisição de inquérito policial, ao fundamento de que a homologação não faz coisa julgada material.

(E) O juiz de direito substituto, ao julgar crime sujeito ao rito da Lei Maria da Penha, cometido por João contra Maria, sua esposa, acolheu pedido da defesa de João e aplicou a suspensão condicional do processo, sob o fundamento de que houve pacificação da situação fática entre os envolvidos.

A: incorreta, uma vez que não corresponde ao entendimento firmado na Súmula 705, do STF: "A renúncia do réu ao direito de apelação, manifestada sem a assistência do defensor, não impede o conhecimento da apelação por este interposta"; B: incorreta, pois em desacordo com o entendimento firmado na Súmula 533, do STJ: "Para o reconhecimento da prática de falta disciplinar no âmbito da execução penal, é imprescindível a instauração de procedimento administrativo pelo diretor do estabelecimento prisional (...)"; C: incorreta: Súmula 707, STF: "Constitui nulidade a falta de intimação do denunciado para oferecer contrarrazões ao recurso interposto da rejeição da denúncia, não a suprindo a nomeação de defensor dativo"; D: correta, pois em consonância com o teor da Súmula Vinculante 35: "A homologação da transação penal prevista no artigo 76 da Lei n.º 9.099/1995 não faz coisa julgada material e, descumpridas suas cláusulas, retoma-se a situação anterior, possibilitando-se ao Ministério Público a continuidade da persecução penal mediante oferecimento de denúncia ou requisição de inquérito policial"; E: incorreta, dado que o art. 41 da Lei Maria da Penha, cuja constitucionalidade foi reconhecida pelo STF (ADC 19, de 09.02.2012), veda a aplicação, no âmbito dos crimes praticados com violência doméstica e familiar contra a mulher, das medidas despenalizadoras contempladas na Lei 9.099/1995, entre as quais a transação penal e a suspensão condicional do processo. Consolidando tal entendimento, editou-se a Súmula 536 do STJ: – A suspensão condicional do processo e a transação penal não se aplicam na hipótese de delitos sujeitos ao rito da Lei Maria da Penha".

Gabarito "D".

**(Procurador do Estado – PGE/BA – CESPE – 2014)** Em relação à assistência no processo penal, julgue os itens subsecutivos.

(1) O assistente de acusação, de acordo com a jurisprudência do STJ, não tem direito a manejar recurso de apelação que objetive o aumento da pena do sentenciado.

(2) Segundo a jurisprudência do STJ, o assistente de acusação não detém legitimidade para recorrer de decisão judicial que conceda a suspensão condicional do processo.

(3) A intervenção do assistente de acusação não é permitida no curso do inquérito policial ou da execução penal.

1: incorreta. Prevalece o entendimento segundo o qual é lícito ao assistente de acusação interpor recurso de apelação cujo único propósito é o aumento da pena fixada na sentença de primeiro grau. Conferir: "Preenchido o requisito do art. 598 do Código de Processo Penal, pode o assistente de acusação interpor recurso de apelação para o fim de aumentar a pena" (STJ, 6ª T., HC 169.557/RJ, Rel. Min. Maria Thereza de Assis Moura, j. 29.08.2013, DJe 12.09.2013). 2: Correta. Nesse sentido: "Furto de energia (caso). Suspensão condicional do processo (homologação). Assistente de acusação (recurso). Reparação do dano (pretensão). Legitimidade (ausência). 1. O assistente da acusação não tem legitimidade para recorrer em nome próprio, exceto nas hipóteses

## 13. DIREITO PROCESSUAL PENAL 525

do rol taxativo do art. 271 do Cód. de Pr. Penal. 2. Agravo regimental improvido. (AgRg no Ag 880.214/RJ, 6ª T., Rel. Min. Nilson Naves, j. 01.07.2008, DJe 06.10.2008). **3:** Correta. Isso porque o ingresso do assistente, que receberá a causa no estado em que se achar, somente será admitido a partir do recebimento da denúncia e até o trânsito em julgado da decisão (art. 269, CPP). Não tem lugar, portanto, no curso das investigações do inquérito policial tampouco na fase de execução da pena. [ED]

~~Gabarito 1E, 2C, 3C~~

**(Promotor de Justiça/PI – 2014 – CESPE)** Considerando os entendimentos do STF e do STJ acerca dos princípios processuais penais, do inquérito e das questões e dos processos incidentes, assinale a opção correta.

- **(A)** Ao promotor de justiça é vedado, no curso de processo penal, suscitar o conflito de jurisdição.
- **(B)** A hipoteca legal sobre os imóveis do indiciado poderá ser requerida pelo ofendido em qualquer fase do processo, desde que haja certeza da autoria.
- **(C)** A condenação lastreada em declarações colhidas de testemunhas na fase inquisitorial, bem como em depoimentos prestados em juízo, ainda que garantidos o contraditório e a ampla defesa, resulta em ilegalidade, pois o CPP impede que o juiz, para a formação de sua livre convicção, considere elementos informativos colhidos na fase de investigação criminal.
- **(D)** O CPP prevê que, independentemente da demonstração de boa-fé, o terceiro adquirente tem o direito de opor-se, por meio de embargos, ao sequestro incidente sobre imóvel.
- **(E)** Existindo dúvida razoável quanto à saúde psíquica do acusado, competirá ao juiz da causa averiguar a necessidade de instauração de incidente de insanidade mental.

**A:** incorreta. Antes de mais nada, valem alguns esclarecimentos sobre o tema. O *conflito de competência* somente se estabelece entre órgãos jurisdicionais integrantes de uma mesma justiça. É qualificado de *positivo* quando dois ou mais juízes se consideram competentes para o julgamento do mesmo caso; diz-se *negativo* na hipótese de dois ou mais juízes recusarem a competência. Já o *conflito de jurisdição* configura-se quando o embate é travado entre órgãos jurisdicionais de justiças distintas. Por fim, *conflito de atribuições* é aquele que se dá entre autoridades administrativas ou entre estas e autoridades judiciárias. É de atribuições o conflito existente entre promotores de Justiça. Neste caso, a divergência será solucionada pelo procurador-geral de Justiça, sem intervenção do órgão jurisdicional. No CPP, o conflito de jurisdição/competência está disciplinado do art. 113 ao 117. Cremos que o examinador se referiu, na verdade, ao conflito de competência (chamado pelo CPP de conflito de jurisdição), que poderá ser suscitado, sim, pelo MP (art. 115, II, do CPP); **B:** incorreta. Segundo estabelece o art. 134 do CPP, para ser decretada a hipoteca legal, são necessários *certeza da infração penal* (prova da materialidade) e *indícios suficientes de autoria*. Não é necessário, portanto, e aqui está a incorreção da assertiva, a presença de *certeza de autoria*; mesmo porque tal somente pode ser exigido na fase de sentença. No mais a proposição está correta; **C:** incorreta. O que se veda é que o juiz forme sua convicção com base exclusiva nas informações colhidas na investigação; disso se infere que é perfeitamente possível que o juiz se baseie, na formação de sua convicção, em provas produzidas em contraditório judicial bem assim em informações colhidas no inquérito policial (art. 155, CPP); **D:** incorreta, pois não reflete o que estabelece o art. 130, II, do CPP; **E:** correta (art. 149, *caput*, do CPP).

~~Gabarito E.~~

**(Defensoria/DF – 2013 – CESPE)** Julgue os seguintes itens, relativos aos crimes de porte ilegal de arma de fogo, roubo e falsificação.

- **(1)** O agente que falsificar cartão de credito ou debito cometerá, em tese, o crime de falsificação de documento particular previsto no CP.
- **(2)** Conforme a jurisprudência pacificada do STF, o crime de porte ilegal de arma de fogo é de perigo abstrato, de modo que não se exige demonstração de ofensividade real para sua consumação.

- **(3)** Conforme a mais recente jurisprudência do STF, o crime de roubo se consuma quando o agente, depois de cessada a violência ou a grave ameaça, tem a posse pacifica e desvigiada da coisa subtraída.

**1:** correta. Por força da alteração promovida no art. 298 do CP pela Lei 12.737/2012, que ali introduziu o parágrafo único, o cartão de crédito ou de débito é equiparado, para o fim de configurar o crime do *caput*, a documento particular; **2:** correta. Conferir: "penal. Recurso ordinário em *habeas corpus*. Crime de porte ilegal de arma de fogo (art. 10, *caput*, da lei 9.437/1997). Arma desmuniciada. Tipicidade. Crime de mera conduta ou perigo abstrato. Precedentes. Tutela da segurança pública e da paz social. Recurso ordinário em *habeas corpus* desprovido. 1. A arma de fogo mercê de desmuniciada mas portada sem autorização e em desacordo com determinação legal ou regulamentar configura o delito de porte ilegal previsto no art. 10, *caput*, da Lei 9.437/1997, crime de mera conduta e de perigo abstrato. 2. Deveras, o delito de porte ilegal de arma de fogo tutela a segurança pública e a paz social, e não a incolumidade física, sendo irrelevante o fato de o armamento estar municiado ou não. Tanto é assim que a lei tipifica até mesmo o porte da munição, isoladamente. Precedentes: HC 104206/RS, rel. Min. Cármen Lúcia, 1ª T., *DJ* de 26/8/2010; HC 96072/RJ, rel. Min. Ricardo Lewandowski, 1ª T., *DJE* de 8/4/2010; RHC 91553/DF, rel. Min. Carlos Britto, 1ª T., *DJe* de 20/8/2009. 3. *In casu*, o paciente foi preso em flagrante, em via pública, portando uma pistola 6.35, marca "Brownings Patent Depose", sendo a arma apreendida, periciada e atestada sua potencialidade lesiva. 4. Recurso ordinário em *habeas corpus* desprovido" (RHC 116280, Luiz Fux, STF); **3:** incorreta. A jurisprudência mais recente do STF dispensa, para a consumação do crime de roubo, o critério da saída da coisa da *esfera de vigilância da vítima* e se contenta com a constatação de que, cessada a clandestinidade ou a violência, o agente tenha tido a posse da *res*, mesmo que retomada, em seguida, pela perseguição imediata. Nesse sentido: STF, HC 92450-DF, 1ª T., Rel. Min. Ricardo Lewandowski, 16.09.2008, entendimento atualmente consagrado na Súmula 582 do STJ.

~~Gabarito 1C, 2C, 3E~~

**(Defensoria/DF – 2013 – CESPE)** No que concerne à prisão preventiva e ao procedimento relativo aos processos de competência do tribunal do júri, julgue os seguintes itens.

- **(1)** A constatação do excesso de linguagem, ou seja, juízo de valor que ultrapasse os limites da indicação de indícios de materialidade e autoria, na sentença de pronuncia pode ensejar sua anulação.
- **(2)** Mesmo que presente mais de um dos requisitos previstos no art. 312 do CPP, o juiz somente poderá converter a prisão em flagrante em preventiva quando se revelarem inadequadas ou insuficientes as medidas cautelares diversas da prisão.

**1:** ao pronunciar o acusado, levando-o a julgamento perante o Tribunal do Júri, não deve o juiz aprofundar-se na prova; limitar-se-á, isto sim, ao exame, sempre em linguagem moderada e prudente, quanto à *existência do crime* (materialidade) e dos *indícios suficientes de autoria*, apontando, ainda, o dispositivo legal em que se acha incurso o acusado, bem assim as circunstâncias qualificadoras e as causas de aumento de pena. É o que estabelece o art. 413, § 1º, do CPP. Se for além disso, emitindo apreciações mais aprofundadas quanto ao mérito, a decisão, porque apta a influenciar no ânimo dos jurados, deve ser considerada nula. Mesmo porque se trata de decisão interlocutória não terminativa, que encerra tão somente um juízo de admissibilidade, que está longe, portanto, de ser definitivo. No mais, digno de registro é o fato de a questão conter incorreção que a torna, a nosso ver, passível de anulação. É que a proposição fala em *indícios* de materialidade. Ora, se assim for, nem seria o caso de pronunciar o acusado, dado que o art. 413, § 1º, do CPP impõe o requisito à pronúncia a existência de *materialidade* (prova da existência do crime). É dizer: não bastam indícios de que o crime ocorreu; quanto à autoria, diferentemente, é suficiente, à pronúncia, a existência de indícios. Na jurisprudência: "Habeas Corpus" – Júri – Pronúncia – Limites a que juízes e tribunais estão sujeitos – Excesso configurado – Ordem deferida – Os Juízes e Tribunais devem submeter-se, quando praticam o ato culminante do "judicium accusationis" (pronúncia), a dupla exigência de sobriedade e de comedimento no uso da linguagem, sob pena de ilegítima influência sobre o ânimo e a vontade dos membros integrantes do Conselho de Sentença. – Age "ultra vires", e excede os limites de sua competência

legal, o órgão judiciário que, descaracterizando a natureza da sentença de pronúncia, converte-a, de um mero juízo fundado de suspeita, em um inadmissível juízo de certeza (RT 523/486)." (STF, 1ª T., HC 68.606, rel. Min. Celso de Mello, j. 18.06.91); **2**: correta (arts. 282, § 6º, e 310, II, ambos do CPP). Segundo dispõe o art. 282, § 6º, do CPP, com a redação que lhe conferiu a Lei 13.964/2019, *a prisão preventiva somente será determinada quando não for cabível a sua substituição por outra medida cautelar (art. 319). O não cabimento da substituição por outra medida cautelar deverá ser justificado de forma fundamentada nos elementos presentes no caso concreto, de forma individualizada.* **ED**
Gabarito 1C, 2C

**(Cartório/DF – 2014 – CESPE)** Com relação ao inquérito policial e à ação penal, assinale a opção correta.

(A) Ao interrogatório do indiciado na fase inquisitiva são aplicadas as mesmas regras do interrogatório judicial, sendo obrigatória a presença de defensor com direito a interferência, em atendimento ao princípio da ampla defesa.

(B) O decêndio legalmente determinado para o fim das investigações policiais no caso de prisão preventiva poderá ser prorrogado com vistas à realização de diligências complementares necessárias à acusação.

(C) Em se tratando de ação penal privada, se o ofendido for menor de vinte e um anos de idade e maior de dezoito anos de idade, o direito de queixa poderá ser exercido por ele ou por seu representante legal.

(D) Oferecida a denúncia, não mais é cabível ao MP a desistência da ação penal.

(E) O inquérito policial nos crimes em que a ação pública for condicionada à representação, poderá ser instaurado sem esta, desde que mediante ato de ofício da autoridade policial competente.

**A:** incorreto. Estabelece o art. 6º, V, do CPP que a autoridade policial deverá, quando do interrogatório, aplicar, no que couber, as regras do interrogatório judicial. Seria inviável condicionar o interrogatório do preso à presença de seu advogado, sendo, pois, suficiente que a autoridade e ele garanta a possibilidade de ser assistido por seu patrono. Nesse sentido a jurisprudência: "(...) O Estado não tem o dever de manter advogados nas repartições policiais para assistir interrogatórios de presos; a Constituição assegura, apenas, o direito de o preso ser assistido por advogado na fase policial" (HC 73898, Maurício Corrêa, STF); **B:** incorreta. O decêndio contido no art. 10, *caput*, do CPP não comporta qualquer espécie de dilação, pois envolve restrição ao direito de liberdade. Tratando-se de prazo improrrogável, havendo necessidade de diligências suplementares a serem realizadas fora deste interregno, é possível a impetração de *habeas corpus*, pois caracterizado estará o constrangimento ilegal. Atenção: o art. 3º-B, VIII, do CPP, introduzido pela Lei 13.964/2019 (posterior, portanto, à elaboração desta questão), estabelece ser uma das atribuições do juiz das garantias a prorrogação do prazo do inquérito policial, estando o investigado preso, desde que em face de representação formulada pela autoridade policial. O art. 3º-B, § 2º, do CPP, por sua vez, reza que tal prorrogação do prazo do IP, em que o investigado esteja preso, pode se dar por até 15 dias, uma única vez. Vale lembrar que esses dois dispositivos, por fazerem parte do regramento do juiz das garantias, estão com a eficácia suspensa por decisão cautelar do STF. A matéria deve ser apreciada pelo Plenário do Tribunal; **C:** incorreta. Isso porque, com o advento do Código Civil de 2002, o maior de 18 e menor de 21, até então considerado relativamente incapaz, passou a ser plenamente capaz para o exercício dos atos da vida civil, prescindindo, em razão disso, de representante legal. Dessa forma, a legitimidade para a propositura da queixa (e também da representação) é, atualmente, exclusiva do maior de 18 anos. Assim, o art. 34 do CPP, que contemplava tal exigência, deixou de ter aplicação; **D:** correta. Segundo Guilherme de Souza Nucci, ao discorrer sobre o princípio da obrigatoriedade e da indisponibilidade (art. 42 do CPP), "rege a ação penal pública a obrigatoriedade da sua propositura, não ficando ao critério discricionário do Ministério Público a elaboração da denúncia. Justamente por isso, oferecida a denúncia já não cabe mais a desistência (...)" (*Código de Processo Penal Comentado*, 12. ed., p. 173); **E:** incorreta, uma vez que o inquérito policial, na ação penal pública condicionada, não poderá, em hipótese alguma, ser instaurado sem o ofendido manifeste, por meio da representação, sua vontade nesse sentido (art. 5º, § 4º, CPP). **ED**
Gabarito "D"

**(Cartório/DF – 2014 – CESPE)** A respeito do disposto na Lei n.º 9.099/1995, das citações e intimações e dos recursos em geral, assinale a opção correta.

(A) A apelação criminal interposta pelo MP contra sentença absolutória obstará a soltura do réu até a decisão do recurso, caso seja demonstrada pela acusação a necessidade da custódia para a garantia da ordem pública.

(B) Considera-se ficta ou presumida a citação feita por edital, somente cabível quando o réu estiver fora do território da jurisdição do juiz processante.

(C) O juiz, diante da ocorrência de crime de menor potencialidade ofensiva e da recusa do MP em atuar no processo, poderá, de ofício, propor a suspensão condicional do processo, desde que reunidos os pressupostos legais permissivos.

(D) A citação deve ser feita pessoalmente ao acusado, não sendo admitido chamamento ao processo por meio de procurador, admitindo, no entanto, a jurisprudência uma única exceção quando se tratar de réu inimputável, situação em que a citação é feita na pessoa do curador.

**A:** incorreta, dado que, uma vez proferida sentença absolutória, o réu, então considerado inocente, deverá ser de imediato colocado em liberdade, independente de o MP interpor, contra a absolvição, recurso de apelação (art. 386, parágrafo único, I, do CPP); **B:** incorreta. Embora seja correto afirmar que a citação por edital é, ao lado da citação por hora certa, modalidade de citação ficta ou presumida, tal providência, de natureza excepcional, somente poderá ser adotada quando o réu encontrar-se em local incerto. Se estiver fora do território da jurisdição do juiz processante, mas em local conhecido, a citação há de ser feita por carta precatória (citação pessoal), na forma estabelecida no art. 353 do CPP; **C:** incorreta. Se o membro do MP se recusar a propor a suspensão condicional do processo, cabe ao magistrado, se discordar, aplicar, por analogia, o comando contido no art. 28 do CPP, remetendo a questão para apreciação do procurador-geral de Justiça. É esse o entendimento firmado na Súmula nº 696 do STF; **D:** correta. Em regra, a citação deve ser feita pessoalmente ao réu, sendo vedada a citação feita por meio de procurador; a exceção a esta regra fica por conta do réu inimputável, hipótese em que a citação será feita por intermédio de seu curador. **ED**
Gabarito "D".

**(Cartório/DF – 2014 – CESPE)** Com relação à ação civil, à prisão e a seus institutos, assinale a opção correta.

(A) Considere que a autoridade policial tenha sido informada de que um ilícito seria praticado em determinado local e tenha preparado uma equipe para, a espreita, aguardar o momento da execução do crime e efetivar a prisão. Nessa situação, é incabível a prisão em flagrante, porquanto a vigilância policial torna impossível a consumação do delito.

(B) Da mesma forma que a prisão preventiva, a custódia temporária poderá ser decretada de ofício pelo juiz, durante o inquérito policial.

(C) Após a promulgação da CF e as alterações processuais penais dela decorrentes, qualquer que seja a modalidade da prisão, esta só poderá ser efetivada mediante mandado da autoridade judiciária competente.

(D) A decisão que julga extinta a punibilidade do agente, bem como aquela que categoricamente reconhece a inexistência material do fato, exclui a propositura da ação civil para ação de reparação de dano, fazendo coisa julgada no juízo cível.

(E) No caso de inovação na classificação do delito, não constitui constrangimento ilegal a cassação da fiança concedida em fase de inquérito policial, se a imputação contida na denúncia recebida em juízo a torna inviável.

**A:** incorreta. A assertiva contempla a descrição do chamado flagrante *esperado* (e não do *preparado*), que, segundo doutrina e jurisprudência pacíficas, não padece de ilegalidade. Isso porque, nesta modalidade de flagrante, a polícia, uma vez comunicada, aguarda a ocorrência do crime, não exercendo qualquer tipo de controle sobre a ação do agente; inexiste, neste caso, intervenção policial que leve o agente à prática delituosa. É, por isso, hipótese viável de prisão em flagrante. Não deve ser confundido com o *flagrante preparado*. Este restará configurado sempre que o agente provocador levar alguém a praticar uma infração penal. Está-se aqui diante de uma modalidade de crime impossível (art. 17 do CP), consubstanciada na Súmula 145 do STF; **B**: incorreta. No curso do inquérito, tanto a prisão temporária quanto a preventiva não podem ser decretadas de ofício; quanto à custódia preventiva, cabe (na verdade cabia) decretação de ofício tão somente na instrução processual (art. 311, CPP); no que toca à prisão temporária, sua decretação somente pode realizar-se no curso das investigações e mediante representação da autoridade policial ou a requerimento do MP (art. 2º da Lei 7.960/1989); não pode ser decretada de ofício. Hoje, com o advento da Lei 13.964/2019, que modificou o art. 311 do CPP e entrou em vigor no dia 23 de janeiro de 2020, é defeso ao juiz decretar de ofício a prisão preventiva em qualquer fase da persecução penal (investigação e ação penal); **C**: incorreta, na medida em que a prisão em flagrante, para ser realizada, prescinde de mandado judicial (art. 283, *caput*, do CPP). Atenção: a Lei 13.964/2019 alterou a redação do *caput* do art. 283 do CPP; **D**: incorreta (arts. 66 e 67 do CPP); **E**: correta (art. 339, CPP). 🗹

*Gabarito "E".*

**(Cartório/ES – 2013 – CESPE)** Considerando o entendimento dos tribunais superiores e o posicionamento doutrinário dominante em relação a ação civil, as nulidades processuais, ao *habeas corpus* e a citação do réu, assinale a opção correta.

**(A)** De acordo com a jurisprudência pacificada do STF, a declaração de nulidade de determinados atos independe da demonstração de prejuízo efetivo para a defesa ou a acusação, podendo a nulidade ser declarada por mera presunção.

**(B)** Não se admite o julgamento à revelia do acusado citado por edital, devendo o magistrado suspender o curso do processo, mas não do prazo prescricional, até que se obtenha êxito na citação pessoal do réu, seja com seu comparecimento em juízo, seja mediante a constituição de defensor.

**(C)** A parcela fixada na sentença condenatória estipulando valor mínimo para a reparação dos danos causados pelo réu quando do cometimento da infração constitui título executivo no juízo cível, podendo, em razão da sua liquidez, ser executada imediatamente.

**(D)** Entre outras hipóteses, o *habeas corpus* pode ser impetrado contra decisão condenatória a pena de multa e quando da tramitação de processos ou realização de inquéritos policiais relativos a infração penal para a qual a única pena cominada seja a pecuniária.

**(E)** No que se refere a existência do fato e a autoria, a decisão condenatória penal faz coisa julgada no juízo cível; no que concerne as causas de justificação da conduta, entretanto, somente produz efeitos preclusivos na instancia cível a sentença na qual se reconheça a ocorrência das excludentes de legitima defesa e(ou) do estado de necessidade.

**A**: incorreta, pois, em se tratando de *nulidade relativa*, em que o prejuízo não é presumido, é necessário, para se decretar a nulidade do ato, verificar-se o mesmo gerou prejuízo. É o *princípio do prejuízo*, consagrado no art. 563 do CPP; **B**: incorreta. Na hipótese de o réu não ser encontrado, deverá o juiz determinar a sua citação por edital, depois de esgotados os meios disponíveis para a sua localização. Se o acusado, depois de citado por edital, não comparecer tampouco constituir defensor, o processo e o prazo prescricional ficarão, em vista da disciplina estabelecida no art. 366 do CPP, suspensos. Quanto ao período durante o qual o prazo prescricional deverá permanecer suspenso, prevalece o entendimento de que tal deverá ocorrer pelo interregno correspondente ao prazo máximo em abstrato previsto para o crime narrado na peça acusatória. A esse respeito, *vide* Súmula nº 415; **C**: correta, porque em conformidade com o que estabelecem os arts. 387, IV, do CPP e 475-N, II, do CPC; **D**: incorreta, pois não reflete o posicionamento constante da Súmula 693, do STF: "Não cabe *habeas corpus* contra decisão condenatória a pena de multa, ou relativo a processo em curso por infração penal a que a pena pecuniária seja a única cominada"; **E**: incorreta, pois não corresponde ao que estabelece o art. 65 do CPP.

*Gabarito "C".*

**(Cartório/ES – 2013 – CESPE)** Acerca da ação penal, dos sujeitos processuais, de seus assistentes e auxiliares, assinale a opção correta.

**(A)** Aplica-se aos indivíduos com idade entre dezoito e vinte e um anos, considerados relativamente incapazes no atual ordenamento jurídico brasileiro, a regra que prevê a participação de curador nos atos processuais a eles inerentes, em especial no interrogatório em juízo.

**(B)** Na hipótese de crime cometido por mais de um autor, se a ação penal for privada e condicionada a representação do ofendido, pode ele prestar queixa apenas contra um dos ofensores, ficando os demais dispensados de responder ao processo.

**(C)** Em se tratando de ações penais privadas e ações penais privadas subsidiarias das ações públicas, o prazo decadencial para o oferecimento da queixa-crime conta-se a partir do conhecimento da autoria, pelo ofendido ou seu representante legal.

**(D)** A pessoa jurídica, regularmente constituída, não detém legitimidade para figurar no polo ativo da ação em se tratando de crime de ação penal privada.

**(E)** Não há impedimento para que mais de um sucessor processual – o ofendido ou o seu representante legal, quando incapaz, ou na sua falta o cônjuge, ascendente, descendente ou irmão – se qualifique como assistente de acusação, desde que a atuação seja em conjunto.

**A**: incorreta, uma vez que, em face da modificação operada na redação do art. 5º do Código Civil pela Lei 10.792/03, que estabeleceu que a maioridade civil é alcançada aos dezoito anos (capacidade plena), a norma contida no art. 262 do CPP, que impunha que se desse curador ao acusado menor de vinte e um anos, foi tacitamente revogada. Aboliu-se, portanto, no âmbito do processo penal, a figura do curador ao menor de 21 anos; remanesce tal exigência, no entanto, não em razão da idade, mas, sim, quando o acusado for absolutamente incapaz, nos termos do art. 26, *caput*, do CP; **B**: incorreta, dado que, no âmbito da ação penal de iniciativa privativa do ofendido, "a queixa contra qualquer dos autores do crime obrigará ao processo de todos, e o Ministério Público velará pela sua indivisibilidade". É o princípio da indivisibilidade, consagrado no art. 48 do CPP; **C**: incorreta. Embora seja correto afirmar-se que o prazo decadencial, na ação privada exclusiva, tenha como termo inicial a data em que chegou ao conhecimento do ofendido a identidade do ofensor, é incorreto dizer-se que tal regra se aplica no âmbito da ação penal privada subsidiária da pública, visto que, neste caso, o termo inicial é representando pelo dia em que tem fim o prazo legal para o MP oferecer denúncia (art. 38, CPP); **D**: incorreta, na medida em que a pessoa jurídica dispõe, sim, de legitimidade, em determinados casos, para figurar no polo ativo da ação penal privada. Como exemplo podemos citar o caso em que a pessoa jurídica é vítima de calúnia (art. 139, CP) em razão da falsa imputação de crime contra o meio ambiente; **E**: correta. Conferir a lição de Guilherme de Souza Nucci, em comentário lançado ao art. 268 do CPP: "Existência de mais de um sucessor habilitado: ingressam todos, desde que respeitada a ordem prevista no art. 31 do Código de Processo Penal. Imagine-se um casal separado, cujo filho tenha sido assassinado. Não acordando a respeito de quem ingressará no polo ativo, como assistente de acusação, nada impede que o juiz admita tanto o pai, quanto a mãe, cada qual representado por um advogado diferente (...)" (*Código de Processo Penal Comentado*, 12ª ed., p. 608).

*Gabarito "E".*

**(Cartório/ES – 2013 – CESPE)** A respeito da competência e de questões e processos incidentes, assinale a opção correta de acordo com a legislação processual penal, a jurisprudência e a doutrina majoritária.

**(A)** Tanto a hipoteca legal quanto o arresto recaem sobre bens obtidos licitamente pelo autor do crime, diferentemente do que ocorre no caso do sequestro, medida assecuratória que atinge os bens moveis e imóveis do indiciado ou acusado adquiridos com o proveito da infração penal.

**(B)** Em se tratando de processo criminal, a exceção de suspeição não pode ser arguida contra membro do MP, porquanto a medida se aplica exclusivamente ao juiz suspeito, por ser ele considerado parcial. Julgada procedente a exceção, o juiz arcara com as custas do processo, nos casos de inescusável erro.

**(C)** Não sendo conhecido o local da infração praticada no território nacional, a competência será regulada pelo domicílio ou pela residência da vítima.

**(D)** A norma processual penal condiciona a instauração de incidente de insanidade mental do acusado a prévio requerimento do MP, do defensor, do curador, do ascendente, do descendente, do irmão ou do cônjuge.

**(E)** A competência para o processo de acusado de conduta classificada como contravenção penal contra bens da União e da justiça federal.

**A:** correta. De fato, o *arresto* e a *hipoteca legal* constituem medida cautelar cujo propósito é assegurar ao ofendido indenização pelo cometimento da infração penal. Recaem, pois, sobre bens adquiridos de forma lícita pelo autor do crime. Diferente é o *sequestro*, cujo objeto são os bens adquiridos com o *provento* da infração (lucro do crime, vantagem financeira obtida); **B:** incorreta, pois é admitida, sim, no âmbito do processo penal, a arguição de suspeição em relação ao representante do MP, porquanto a este se impõe, quer atue como parte, quer como fiscal da lei, o dever de agir com imparcialidade (art. 104 do CPP); **C:** incorreta, pois, na hipótese de o lugar da infração não ser conhecido, a competência será regulada em função do domicílio ou residência do réu, e não da vítima (art. 72, *caput*, do CPP); **D:** incorreta, na medida em que tal incidente pode também ser ordenado de *ofício* pelo juiz (art. 149, *caput*, do CPP); **E:** incorreta, dado que o art. 109, IV, primeira parte, da CF afasta a competência da Justiça Federal para o processamento e julgamento das contravenções penais, mesmo que praticadas em detrimento de bens, serviços ou interesse da União ou de suas entidades autárquicas ou empresas públicas. Súmula nº 38, STJ: "Compete à Justiça Estadual Comum, na vigência da Constituição de 1988, o processo por contravenção penal, ainda que praticada em detrimento de bens, serviços ou interesse da União ou de suas entidades".
*Gabarito "A".*

**(Cartório/ES – 2013 – CESPE)** Em relação aos processos especiais, aos prazos processuais e aos recursos em geral, assinale a opção correta.

**(A)** A revisão criminal, cujo pressuposto é a existência de sentença condenatória transitada em julgado, não é cabível contra decisão condenatória proferida pelo tribunal do júri, dada a soberania de seus veredictos.

**(B)** Em se tratando de processos de competência do tribunal do júri, na audiência de instrução e julgamento, devem-se ouvir, primeiramente, as testemunhas de acusação e, em seguida, as de defesa, sendo possível a inversão da ordem de inquirição mediante concordância das partes.

**(C)** A suspensão condicional do processo prevista na lei que disciplina o procedimento dos juizados especiais criminais pode ocorrer antes do oferecimento da denúncia.

**(D)** Tratando-se de recurso em sentido estrito, subira nos próprios autos o recurso interposto contra a decisão que julgar procedente a exceção de suspeição.

**(E)** Diversamente do que ocorre em relação ao prazo penal, na contagem do prazo processual computa-se o dia do começo, excluindo-se o do vencimento.

**A:** incorreta. Prevalece, atualmente, tanto na doutrina quanto na jurisprudência, o entendimento de que a decisão condenatória definitiva do tribunal do júri pode ser revista em sede de revisão criminal. Argumenta-se que, neste caso, a liberdade deve prevalecer sobre a soberania dos veredictos. De toda sorte, trata-se de tema polêmico, que tem gerado intensos e acalorados debates na comunidade jurídica. Conferir "(...) A condenação penal definitiva imposta pelo Júri é passível, também ela, de desconstituição mediante revisão criminal, não lhe sendo oponível a cláusula constitucional da soberania do veredicto do Conselho de Sentença. Precedentes (...)" (HC 70193, Celso de Mello, STF.); **B:** correta. Desde que haja expressa concordância das partes, nada obsta que se inverta a ordem de inquirição das testemunhas: em vez de ouvir, em primeiro lugar, as de acusação e, depois, as de defesa, ouvem-se, por primeiro, as de defesa e, em seguida, as de acusação; **C:** incorreta, pois não há como suspender o processo que sequer foi iniciado. Por imposição do art. 89, *caput*, da Lei 9.099/1995, ao oferecer a denúncia, o promotor, se entender preenchidos os requisitos legais, ofertará a suspensão condicional do processo; **D:** incorreta. É que descabe recurso contra a decisão do juiz que acolhe a exceção de suspeição, remetendo

os autos ao seu substituto legal (arts. 99 e 581, III, CPP); **E:** incorreta. A forma de contagem do prazo mencionada na assertiva refere-se ao prazo penal (art. 10 do CP), com a inclusão, no seu cômputo, do dia do começo e a exclusão do último dia; já no prazo processual, regulado pelo art. 798, § 1º, do CPP, o dia do começo não será computado, incluindo-se, no entanto, o do vencimento.
*Gabarito "B".*

**(Cartório/ES – 2013 – CESPE)** Acerca dos princípios processuais penais e das regras aplicáveis à ação penal, assinale a opção correta.

**(A)** Dado o princípio da ampla defesa, em se tratando de crimes funcionais, constitui nulidade absoluta a ausência de intimação do denunciado para oferecimento de resposta preliminar, independentemente de instrução por inquérito policial.

**(B)** O fato de o juiz, quando do interrogatório judicial, não advertir o réu de seu direito constitucional ao silêncio importa nulidade absoluta, por violação aos princípios da não autoincriminação e da ampla defesa.

**(C)** Dados os princípios do contraditório e da ampla defesa, constitui nulidade a ausência de intimação do denunciado para oferecer contrarrazões ao recurso interposto à rejeição da denúncia, ainda que lhe seja nomeado defensor dativo.

**(D)** O princípio da indisponibilidade da ação penal aplica-se tanto a ações penais privadas quanto a públicas.

**(E)** A aceitação do perdão fora do âmbito do processo deve constar de declaração assinada pelo querelado, por seu representante legal ou por procurador com poderes especiais, com firma reconhecida ou lavrada por instrumento público.

**A:** incorreta, pois, sendo a ação penal, no âmbito dos crimes funcionais afiançáveis, instruída por inquérito policial, desnecessária a resposta preliminar imposta pelo art. 514 do CPP, conforme entendimento firmado na Súmula nº 330 do STJ. Ainda que a inicial tivesse arrimo em outras peças de informação que não o inquérito policial, prevalece o entendimento de que a ausência de intimação do denunciado para oferecimento da resposta escrita constitui nulidade *relativa*, e não *absoluta*; **B:** incorreta, uma vez que se trata de nulidade relativa. Nesse sentido: "*Habeas Corpus*. Impetração substitutiva de recurso especial. Impropriedade da via eleita. Estupro. Condenação. Interrogatório. Art. 186 do CPP. Nulidade relativa. Preclusão e ausência de prejuízo. Dosimetria da pena. *Reformatio in pejus*. Ilegalidade patente. Não conhecimento. Ordem de ofício (...) Esta Corte já decidiu que a existência de irregularidade na advertência feita por ocasião do interrogatório, conforme anterior redação do art. 186 do Código de Processo Penal, é causa de nulidade relativa, cuja declaração depende de oportuna alegação e de demonstração do prejuízo. Hipótese em que a matéria não foi suscitada oportunamente e não foi demonstrado o prejuízo (...)" (HC 201002024949, Maria Thereza de Assis Moura, STJ – Sexta T., *DJE* 22/08/2013); **C:** correta, porquanto em conformidade com o entendimento firmado na Súmula nº 707, STF: "Constitui nulidade a falta de intimação do denunciado para oferecer contrarrazões ao recurso interposto da rejeição da denúncia, não a suprimindo a nomeação de defensor dativo"; **D:** incorreta, na medida em que o *princípio da indisponibilidade* – art. 42, CPP – é exclusivo da ação penal pública; a *ação penal privada*, ao contrário, é regida pelo *princípio da disponibilidade*, uma vez que pode o seu titular desistir de prosseguir na demanda por ele ajuizada bem assim do recurso que houver interposto; **E:** incorreta. O art. 59 do CPP não exige que o documento que materializar a aceitação do perdão contenha firma reconhecida ou seja lavrado por instrumento público.
*Gabarito "C".*

**(Cartório/ES – 2013 – CESPE)** No que se refere a provas e questões e processos incidentes, assinale a opção correta.

**(A)** O exame de corpo de delito, assim como as citações e as intimações, só pode ser realizado durante o dia.

**(B)** A hipoteca legal sobre os imóveis do réu somente poderá ser requerida após a audiência de instrução e se restarem confirmadas, nessa audiência, a materialidade e a autoria.

**(C)** Para formar sua convicção, o juiz pode apreciar livremente a prova produzida em contraditório judicial, mas não pode

## 13. DIREITO PROCESSUAL PENAL    529

embasar-se nos elementos informativos colhidos durante a investigação policial.

**(D)** Arguida, por escrito, a falsidade do documento constante dos autos, o juiz deverá mandar autuar em apartado a impugnação e, em seguida, ouvir a parte contrária, que deverá oferecer resposta em até quarenta e oito horas, não podendo o magistrado proceder à verificação da falsidade de ofício, sob pena de suspeição.

**(E)** O exame de corpo de delito e outras perícias devem ser realizados por perito oficial, portador de diploma de curso superior, devendo, na falta de perito oficial, ser realizados por duas pessoas idôneas, portadoras de diploma de curso superior, preferencialmente na área específica, entre as que tiverem habilitação técnica vinculada à natureza do exame.

**A:** incorreta, dado que tanto o exame de corpo de delito (art. 161, CPP) quanto as citações e intimações podem realizar-se a qualquer hora do dia, observado, quanto à citação e intimação, o disposto no art. 5º, XI, da CF; **B:** incorreta, uma vez a hipoteca legal, como deixa claro o art. 134 do CPP, pode realizar-se tanto na fase de inquérito quanto no curso do processo (em qualquer fase), bastando, para tanto, a existência de prova de que o crime ocorreu (o dispositivo legal fala em *certeza*, o que, a nosso ver, é impróprio) e indícios suficientes de autoria; **C:** incorreta. É fato que o juiz pode apreciar livremente a prova produzida em contraditório judicial, conforme se extrai do art. 155, *caput*, do CPP. Mas não é verdade que ao juiz é vedado embasar-se, também, nos elementos informativos colhidos na fase pré-processual. O que não se admite é que o juiz forme seu convencimento com base unicamente nos elementos colhidos na fase investigativa; **D:** incorreta, na medida em que ao juiz é dado, sim, ordenar, de ofício, que se proceda à verificação da falsidade (art. 147, CPP); **E:** correta. Com a nova redação dada ao art. 159 do CPP pela Lei de Reforma 11.690/08, a perícia será levada a efeito por *um* perito oficial portador de diploma de curso superior (antes eram dois). À falta deste, determina o § 1º do art. 159 que o exame seja feito por duas pessoas idôneas, detentoras de diploma de curso superior preferencialmente na área específica, dentre aquelas que tiverem habilitação técnica relacionada com a natureza do exame.
Gabarito "E".

**(Cartório/PI – 2013 – CESPE)** A respeito de provas e prisões no processo penal, assinale a opção correta.

**(A)** A comunicação relativa aos atos processuais referentes ao ingresso e a saída do acusado da prisão deve ser requerida pelo ofendido ao juiz, a quem caberá analisar e autorizar o requerimento.

**(B)** A prisão preventiva poderá ser decretada em caso de crime que envolva violência doméstica e familiar contra a mulher, desde que punível com pena privativa de liberdade superior a quatro anos, de modo a garantir-se a execução de medidas projetivas de urgência.

**(C)** Inadmissível a concessão de liberdade provisória com outras medidas cautelares, quando ausentes os requisitos que autorizam a decretação da prisão preventiva.

**(D)** As provas obtidas por meio de interceptação telefônica durante inquérito policial não violam o princípio do contraditório, uma vez postergado para a ação penal porventura deflagrada.

**(E)** Concluídas as investigações, se o inquérito policial carecer dos elementos necessários ao esclarecimento da identidade do indiciado, caberá ao MP representar em favor da decretação de prisão temporária do agente por cinco dias, prorrogáveis por mais cinco.

**A:** incorreta, dado que a comunicação a que se refere o enunciado prescinde de pedido formulado pelo ofendido ao juiz (art. 201, § 2º, CPP); **B:** incorreta, na medida em que o emprego da custódia preventiva, no contexto da violência doméstica, independe do máximo de pena abstratamente previsto para a infração penal que dá azo à investigação ou processo (art. 313, III, do CPP); **C:** incorreta. Conferir: "*Habeas corpus* – Receptação – Pretendida a revogação da prisão preventiva – Alegação de ausência dos requisitos da prisão preventiva – Tese acolhida – Benefício da liberdade provisório concedido ao paciente – Cumulação com medidas cautelares diversas da prisão – Ordem concedida. 1. Não há falar em decretação da prisão preventiva se a situação concreta não estiver inserida em uma das hipóteses do art.

313 do CPP. 2.Nos termos do art. 321, do Código de Processo Penal, ausentes os requisitos legais necessários ao embasamento da prisão preventiva, o magistrado deverá conceder o benefício da liberdade provisória, impondo, se for o caso, medidas cautelares diversas da prisão. 3.As medidas cautelares, expressamente previstas no art. 319, do Código de Processo Penal, funcionam como substitutivas da custódia, e sua imposição deve obedecer à disposição legislativa do art. 282, do CPP, vale dizer, ao binômio necessidade/adequação" (TJMS – *Habeas Corpus* HC 14058696120148120000 MS, *DJ* 10.06.2014); **D:** correta. É o chamado contraditório diferido; **E:** incorreta. Concluídas as investigações do inquérito e não sendo possível apontar-se, à míngua de indícios de autoria, o autor da infração penal, deve o inquérito ser relatado e remetido a juízo; se entender que seja o caso, o representante do *parquet* requererá ao juiz o arquivamento do inquérito.
Gabarito "D".

**(Escrivão de Polícia/BA – 2013 – CESPE)** Acerca da perícia médico-legal, dos documentos legais relacionados a essa perícia e da imputabilidade penal, julgue os itens a seguir.

**(1)** No foro penal, solicitam-se ao médico perito relatórios a respeito de vítima, indiciado, testemunha e até mesmo de jurado. No caso do indiciado, o exame pode estar relacionado à verificação de imputabilidade.

**(2)** Denomina-se perito o técnico especializado na realização de exames em vestígios materiais relacionados à ocorrência de fato delituoso; no caso de exame a ser realizado em pessoas, o perito indicado é o médico-legista.

**1:** certa. No âmbito penal, tanto vítima, quanto indiciado, testemunha e até mesmo jurado podem ser submetidos a avaliações periciais. No caso da vítima, há várias hipóteses em que é necessária a sua submissão a exame pericial, como, por exemplo, a que sofre estupro para colheita de sêmen para identificação do autor do delito; a de homicídio, que é submetida a exame necroscópico etc. O indiciado também pode ser submetido a alguns exames médico-legais, como, por exemplo, o de corpo de delito, quando de sua prisão, exame para comparação com material colhido da vítima para confirmação de sua identidade e, um dos principais, quando existirem dúvidas quanto à higidez mental para constatação de sua imputabilidade penal. Por sua vez, o jurado poderá ser avaliado pericialmente para constatação de sua capacidade; **2:** certa. O art. 54 da Lei 11.370/2009, do Estado da Bahia, estabelece as atribuições dos peritos criminais, que são aquelas relacionadas a exames em objetos, enquanto que o art. 55 desta mesma lei elenca as atribuições dos médico-legistas, que são as que envolvem exames em pessoas.
Gabarito 1C, 2C

**(Escrivão de Polícia/BA – 2013 – CESPE)** Em relação ao processo penal e à legislação pertinente, julgue os itens que se seguem.

**(1)** Na hipótese de o Ministério Público (MP) perder o prazo legal para oferecer denúncia pelo crime de roubo, a vítima poderá propor queixa-crime em juízo e mover ação penal privada subsidiária da pública no prazo de seis meses, tornando-se o ofendido titular da ação; o membro do MP reassumirá a ação somente em caso de negligência.

**(2)** A intervenção do ofendido é admitida na ação penal pública ou privada, podendo ele habilitar-se como assistente de acusação desde o inquérito policial e, se for o caso, acompanhar a execução da pena.

**(3)** A vítima que representa perante a autoridade policial queixa de crime de ação penal pública condicionada pode retratar-se até a prolação da sentença condenatória pelo juiz.

**(4)** A prisão temporária é medida excepcional, cautelar e provisória, cabível apenas durante o inquérito policial e por prazo determinado, de modo que, esgotado o lapso temporal previsto em lei, o preso deve ser posto imediatamente em liberdade.

**1:** correta. No âmbito da ação penal privada subsidiária, que terá lugar na hipótese em que restar configurada a inércia do MP, o ofendido (neste caso, a vítima do crime de roubo) ou seu represente legal dispõe do prazo decadencial de seis meses para oferecer a queixa-crime, a contar do dia em que tem fim o prazo para o oferecimento da denúncia pelo MP (art. 38, parte final, do CPP), ao qual – é importante que se diga – não se submete o órgão acusatório, que poderá, diante da negligência do querelante e a qualquer tempo, desde que antes da prescrição, recobrar a ação e oferecer a denúncia; **2**: incorreta. Não há que se falar em assistência no curso do inquérito policial, procedimento inquisitivo em que não há sequer acusação. A admissão do assistente somente poderá se dar na ação penal pública (não cabe na privada – art. 268 do CPP), a partir do recebimento da denúncia e enquanto não passar em julgado a sentença (art. 269, CPP); **3**: incorreta, uma vez que, por expressa previsão do art. 25 do CPP, a representação, na ação penal pública a ela condicionada, poderá ser retratada até o *oferecimento* da denúncia; é irretratável, portanto, a partir do recebimento até a prolação da sentença condenatória; **4**: correta. Não é por outra razão que se diz que a ordem de prisão temporária contém o chamado "comando implícito de soltura". É que, passados os 5 dias de custódia, o investigado deverá ser imediatamente posto em liberdade pela autoridade policial, sem a necessidade de alvará de soltura a ser expedido pelo juiz que decretou a prisão. Evidente que permanecerá custodiado o investigado que contra si for prorrogada a prisão temporária ou mesmo expedido mandado de prisão preventiva. É o que estabelece o art. 2º, § 7º, da Lei 7.960/1989.

Gabarito 1C, 2E, 3E, 4C

**(Polícia Rodoviária Federal – 2013 – CESPE)** No que concerne as disposições preliminares do Código de Processo Penal (CPP), ao inquérito policial e a ação penal, julgue os próximos itens.

**(1)** Tratando-se de lei processual penal, não se admite, salvo para beneficiar o réu, a aplicação analógica.

**(2)** Após regular instrução processual, mesmo que se convença da falta de prova de autoria do crime que inicialmente atribuir ao acusado, não poderá o Ministério Publico desistir da ação penal.

**(3)** O Ministério Público pode oferecer a denúncia ainda que não disponha do inquérito relatado pela autoridade policial.

**(4)** É condicionada à representação da vítima a ação penal por crime de dano praticado contra ônibus de transporte coletivo pertencente a empresa concessionária de serviço público.

---

**1**: incorreta, dado que a lei processual penal comporta, sim, *aplicação analógica*, conforme preceitua o art. 3º do CPP. Conferir: "É possível haver condenação em honorários advocatícios em ação penal privada. Conclusão que se extrai da incidência dos princípios da sucumbência e da causalidade, o que permite a aplicação analógica do art. 20 do Código de Processo Civil, conforme previsão constante no art. 3º do Código de Processo Penal" (STJ, 6ª T., AGRESP 1218726, rel. Min. Sebastião Reis Júnior, *DJ* 22.02.2013); **2**: correta. É verdade que é vedado ao MP, a partir do oferecimento da denúncia, desistir da ação penal proposta (art. 42, CPP). Agora, nada obsta que o órgão acusatório, se entender, ao cabo da instrução processual, que as provas produzidas são insuficientes para autorizar um decreto condenatório, peça a absolvição do acusado, que poderá, no entanto, ser condenado (art. 385, CPP). Isso porque o inquérito policial, como bem sabemos, é *dispensável, prescindível* ao exercício da ação penal (art. 12, CPP). Assim sendo, o titular da ação penal, neste caso o promotor, poderá, com muito mais razão, se entender que o inquérito reúne elementos informativos suficientes, ajuizar a ação penal, ainda que as investigações, ao juízo da autoridade policial, não tenham sido concluídas; **4**: incorreta, na medida em que a ação penal, neste caso, é pública *incondicionada*, não dependendo o MP, por conta disso, de qualquer manifestação de vontade da vítima. É o que se extrai dos arts. 163, parágrafo único, III, 167, do CP e 24, § 2º, do CPP.

Gabarito 1E, 2C, 3C, 4E

# 14. Direito Empresarial

Fernando Castellani, Henrique Subi e Robinson Barreirinhas*

## 1. TEORIA GERAL

### 1.1. EMPRESA, EMPRESÁRIO, CARACTERIZAÇÃO E CAPACIDADE

**(Procurador/DF – CESPE – 2022)** À luz da Lei Complementar n.º 123/2006, que dispõe sobre as microempresas e as empresas de pequeno porte, julgue os próximos itens.

**(1)** Os representantes do DF no Comitê Gestor do Simples Nacional, vinculado ao Ministério da Economia, e no Comitê para Gestão da Rede Nacional para Simplificação do Registro e da Legalização de Empresas e Negócios serão indicados pela Secretaria Especial da Receita Federal do Brasil.

**(2)** O registro de baixa dos atos constitutivos referentes a empresários e pessoas jurídicas ocorrerá independentemente da regularidade de obrigações tributárias, previdenciárias ou trabalhistas do empresário, da sociedade, dos sócios, dos administradores ou de empresas de que estes participem.

**(3)** O contencioso administrativo relativo ao Simples Nacional será de competência exclusiva da Secretaria da Receita Federal do Brasil.

**1:** incorreta. Eles são indicados pelo CONFAZ (art. 2º, § 2º, da Lei Complementar nº 123/2006); **2:** correta, nos termos do art. 9º da Lei Complementar nº 123/2006; **3:** incorreta. Será de competência do ente federativo que efetuar o lançamento, indeferir a opção ou determinar a exclusão de ofício (art. 39 da Lei Complementar nº 123/2006). **HS**

Gabarito 1E, 2C, 3E

**(Juiz de Direito – TJ/SC – 2019 – CESPE/CEBRASPE)** Um juiz de direito substituto que considerar as normas previstas no Código Civil e no Código de Processo Civil acerca de estabelecimento comercial procederá corretamente se

**(A)** decidir pela eficácia da alienação do estabelecimento, ocorrida sem anuência ou ciência dos credores, e determinar a divisão do valor, mesmo que insuficiente para solver o passivo do estabelecimento.

**(B)** indeferir pedido da defesa para nomeação de um administrador-depositário, determinando-lhe que apresente plano de administração sobre a penhora de um estabelecimento comercial.

**(C)** decidir que, após doze meses contados da data do negócio, o alienante poderá fazer concorrência ao adquirente de um estabelecimento comercial caso não exista disposição sobre esse ponto no contrato.

**(D)** reconhecer efeito da cessão dos créditos referentes ao estabelecimento transferido aos devedores, desde a publicação da transferência, porém o devedor será exonerado da obrigação se, de boa-fé, pagar ao cedente.

**(E)** indeferir o pedido de ineficácia dos efeitos do arrendamento do estabelecimento comercial quanto a terceiros, ainda que comprovado o fundamento do pedido sobre a falta de publicidade e do devido registro do ato de arrendamento.

**A:** incorreta. Não havendo bens suficientes para quitar o passivo após a alienação do estabelecimento, sua eficácia depende da concordância, expressa ou tácita, dos credores (art. 1.145 do CC); **B:** incorreta. A determinação de apresentação do plano de administração deve ocorrer após a nomeação do administrador-depositário (art. 862 do CPC); **C:** incorreta. No silêncio do contrato, a cláusula de não restabelecimento se presume pelo prazo de 5 anos (art. 1.147 do CC); **D:** correta, nos termos do art. 1.149 do CC; **E:** incorreta, dadas as formalidades essenciais à eficácia perante terceiros previstas no art. 1.144 do CC. **HS**

Gabarito "D".

**(Auditor Fiscal - SEFAZ/RS - 2019 - CESPE/CEBRASPE)** Entre as pessoas físicas que estejam em pleno gozo da capacidade civil e às quais a legislação não impeça de exercer a atividade de empresário estão incluídos os

**(A)** magistrados e membros do Ministério Público.

**(B)** estrangeiros naturalizados há mais de cinco anos para sociedades que desenvolvam atividade de radiodifusão sonora e de sons e imagens.

**(C)** emancipados.

**(D)** parlamentares federais, no caso de sociedade que goze de favor do poder público.

**(E)** falidos não reabilitados.

**A:** incorreta. Os juízes e promotores são impedidos de exercer qualquer outro cargo ou função, salvo uma de magistério (art. 95, parágrafo único, I, da CF); **B:** incorreta. Para exercer tal empresa, o estrangeiro deve estar naturalizado há mais de 10 anos (art. 222 da CF); **C:** correta. Como o menor emancipado está no pleno gozo de sua capacidade civil, é livre para exercer empresa, desde que não esteja legalmente impedido por outro motivo (art. 972 do CC); **D:** incorreta. A vedação consta do art. 54, I, "b", da CF; **E:** incorreta, a proibição consta do art. 102 da Lei de Falências. **SH**

Gabarito "C".

Amélia, casada sob o regime de comunhão universal de bens, exerce empresa na qualidade de empresária individual. Ela pretende formalizar a colaboração de seu filho, maior de idade, que a ajuda informalmente, tornando-o sócio. Uma vez em sociedade, pretende instituir filial em cidade vizinha sujeita à jurisdição de outro registro público de empresas mercantis. Para tanto, planeja vender um imóvel que integra o patrimônio da empresa. Contudo, Amélia desconhece os requisitos legais para essas providências.

**(Defensor Público - DPE/DF - 2019 - CESPE/CEBRASPE)** Considerando essa situação hipotética, julgue os seguintes itens.

**(1)** Amélia não necessita de prévia outorga conjugal para vender o imóvel pertencente à empresa.

**(2)** Para Amélia admitir o seu filho como sócio, basta que ela solicite ao registro público de empresas mercantis a transformação do registro de empresária individual para o registro de sociedade empresária, cumprindo as regras pertinentes.

**(3)** Para instituir filial em cidade vizinha sujeita à jurisdição de outro registro público, Amélia deverá inscrever tal filial neste registro, com a prova da inscrição originária, e averbar a constituição da filial no registro público de empresas mercantis da sede empresarial.

**1:** correta, nos termos do art. 978 do CC; **2:** correta, nos termos do art. 968, § 3º, do CC; **3:** correta, nos termos do art. 969 do CC. **HS**

Gabarito: 1C, 2C, 3C

---

* Fernando Castellani comentou as questões de Juiz Federal, MPF, Juiz/BA/12, Juiz/CE/12, Juiz/PA/12, Juiz/ES/11, Juiz/PI/11, MP/PI/12, MP/RR/12, MP/TO/12, MP/RN/09; Henrique Subi comentou as questões de Advocacia de Empresas Estatais, Autarquias e Agências Reguladoras, Juiz/DF/16, Juiz/AM/16, Procurador do Estado/16, JuizMP/PI/14, Cartório/DF/14, Defensoria/DF/13, Cartório/PI/13, Cartório/RR/13, Procurador Município/Natal/08; Robinson Barreirinhas comentou as questões de Defensoria, Delegado, Cartório e demais questões dos concursos de Procuradoria, Magistratura e MP; Henrique Subi e Robinson Barreirinhas comentaram as questões da OAB.

**(Delegado - PC/SE - 2018 - CESPE/CEBRASPE)** A respeito das condições para o exercício de atividade comercial, julgue os itens subsequentes.

**(1)** O incapaz é impedido de iniciar atividade empresarial individual, mas poderá, excepcionalmente, ser autorizado a dar continuidade a atividade empresária preexistente.

**(2)** Condenado por crime falimentar não pode se registrar na junta comercial como empresário individual, mas pode figurar como sócio de responsabilidade limitada, desde que sem poderes de gerência ou administração.

**(3)** É vedado transformar registro de empresário individual em registro de sociedade empresária.

**1:** correta, nos termos do art. 974 do CC; **2:** correta, nos termos do art. 1.011 do CC. Anote-se, porém, crítica à redação da alternativa, porquanto o condenado por crime falimentar tem sua reabilitação empresarial concedida após 10 anos, contados do encerramento da falência. Ou seja, passado este prazo ele pode se inscrever como empresário, mas a limitação temporal não está expressa no enunciado; **3:** incorreta, a conversão é possível nos termos do art. 968, §3º, do CC. HS
Gabarito 1C, 2C, 3E

**(Defensor Público/AL – 2017 – CESPE)** Assinale a opção que apresenta a denominação dada a pessoa capaz ordenada ao exercício profissional de atividade economicamente organizada para a produção ou a circulação de bens ou serviços.

**(A)** sociedade anônima
**(B)** sociedade limitada
**(C)** empresa
**(D)** empreendedor
**(E)** empresário

O enunciado traz o conceito de empresário (art. 966 do CC). HS
Gabarito 'E'.

**(Procurador do Estado/SE – 2017 – CESPE)** Com relação ao empresário e aos prepostos, assinale a opção correta de acordo com a legislação pertinente.

**(A)** A inscrição do empresário na junta comercial é requisito para a sua caracterização.
**(B)** A lei prevê cobrança de multa do incapaz que exercer diretamente atividade própria de empresário.
**(C)** O gerente de empresa poderá delegar poderes de representação, uma vez que as prerrogativas a ele conferidas, embora pessoais, são transferíveis.
**(D)** No exercício de suas funções, os prepostos são pessoalmente responsáveis, perante terceiros, pelos atos culposos.
**(E)** O empresário casado pode alienar os bens imóveis que integram o patrimônio da empresa sem outorga conjugal.

**A:** incorreta. A inscrição do empresário individual é requisito para sua regularidade. A atividade é empresária se cumprir os requisitos do art. 966 do CC, ainda que exercida de forma irregular; **B:** incorreta. Não há qualquer previsão nesse sentido; **C:** incorreta. Apenas com autorização escrita o preposto pode fazer-se substituir no exercício de suas funções (art. 1.169 do CC); **D:** incorreta. Respondem apenas pelos atos dolosos perante terceiros (art. 1.177 do CC); **E:** correta, nos termos do art. 978 do CC. HS
Gabarito 'E'.

**(Delegado/PE – 2016 – CESPE)** A respeito de estabelecimento empresarial, aviamento e clientela, assinale a opção correta.

**(A)** Estabelecimento empresarial corresponde a um complexo de bens corpóreos organizados ao exercício de determinada empresa.
**(B)** O estabelecimento empresarial não é suscetível de avaliação econômica e, por consequência, não pode ser alienado.
**(C)** Aviamento refere-se à aptidão que determinado estabelecimento empresarial possui para gerar lucros.
**(D)** De acordo com a doutrina, aviamento e clientela são sinônimos.
**(E)** Na legislação vigente, não há mecanismos de proteção legal à clientela.

**A:** incorreta. O estabelecimento é composto tanto de bens corpóreos quanto de bens incorpóreos (ponto comercial, título do estabelecimento, clientela etc.); **B:** incorreta. O estabelecimento possui valor econômico próprio e pode ser objeto de negócio jurídico específico (art. 1.143 do Código Civil); **C:** correta. Este é o conceito de aviamento tradicionalmente adotado pela doutrina; **D:** incorreta. O conceito de aviamento foi corretamente exposto na letra "C". Clientela, por sua vez, é outro ativo intangível do estabelecimento, o conjunto de clientes que potencialmente adquirem os produtos e serviços do empresário; **E:** incorreta. A proteção à clientela é a razão jurídica da criminalização dos atos de concorrência desleal (art. 195 da Lei 9.279/1996).
Gabarito 'C'.

**(Advogado União – AGU – CESPE – 2015)** Acerca dos impedimentos, direitos e deveres do empresário, julgue os itens que se seguem de acordo com a legislação vigente.

**(1)** O incapaz não pode ser autorizado a iniciar o exercício de uma atividade empresarial individual, mas, excepcionalmente, poderá ele ser autorizado a dar continuidade a atividade preexistente.

**(2)** Os livros mercantis são equiparados a documento público para fins penais, sendo tipificada como crime a falsificação, no todo ou em parte, de escrituração comercial.

**(3)** Condenados por crime falimentar ou contra a economia popular não podem figurar como sócios em sociedade limitada, ainda que sem função de gerência ou administração.

**1:** Certa, nos termos do art. 974 do CC. **2:** Certa, nos termos do art. 297, § 2º, do Código Penal. **3:** Errada. A vedação abrange somente a função de administrador, não a presença da pessoa no quadro societário (art. 1.011, § 1º, do CC). HS
Gabarito 1C, 2C, 3E

**(Promotor de Justiça/PI – 2014 – CESPE)** Considerando a evolução histórica do direito empresarial, assinale a opção correta.

**(A)** A teoria dos atos de comércio foi adotada, inicialmente, nas feiras medievais da Europa pelas corporações de comerciantes que então se formaram.
**(B)** A edição do Código Francês de 1807 é considerada o marco inicial do direito comercial no mundo.
**(C)** Considera-se o marco inicial do direito comercial brasileiro a lei de abertura dos portos, em 1808, por determinação do rei Dom João VI.
**(D)** É de origem francesa a teoria da empresa, adotada pelo atual Código Civil brasileiro.
**(E)** O direito romano apresentou um corpo sistematizado de normas sobre atividade comercial.

**A:** incorreta. A Teoria dos Atos de Comércio nasceu junto com o liberalismo econômico e foi um dos motes da Revolução Francesa; **B:** incorreta. O Direito Comercial ganha corpo, ainda que dotado de grande subjetividade, na Idade Média, com as corporações de ofício; **C:** correta. A ela se seguiu a elaboração de nosso Código Comercial em 1850; **D:** incorreta. A Teoria da Empresa é italiana, de forte conotação fascista; **E:** incorreta. O Direito Romano nunca se preocupou tanto com o Direito Comercial. Naquela época, as normas aplicáveis ao comércio eram fundadas nos costumes.
Gabarito 'C'.

**(Defensoria/DF – 2013 – CESPE)** Julgue os itens a seguir, relativos ao empresário individual.

**(1)** O DP da União é legalmente incapaz para o exercício individual de atividade empresarial.

**(2)** Decretada a incapacidade absoluta do empresário individual para a prática de atos da vida civil, admite-se a continuidade da empresa, por meio de curador, desde que haja prévia autorização judicial.

**1:** incorreta. O defensor público não é considerado incapaz para o exercício da atividade empresarial, mas **impedido,** nos termos do art. 46, IV, da Lei Complementar 80/1994; **2:** correta, nos termos do art. 974, § 1º, do CC/2002.
Gabarito 1E, 2C

## 14. DIREITO EMPRESARIAL 533

**(Cartório/PI – 2013 – CESPE)** Assinale a opção correta a respeito do empresário.

(A) A cooperativa é, por força de lei, considerada empresária.

(B) O empresário deve registrar-se no registro público de empresas mercantis, para o exercício regular da atividade econômica a que se propõe.

(C) O sócio da sociedade empresária e considerado empresário.

(D) Considera-se empresário aquele que pratica atos com finalidade lucrativa de natureza intelectual, cientifica, literária ou artística.

(E) A sociedade simples é, por força de lei, considerada empresaria.

**A**: incorreta. Ao contrário, a cooperativa é considerada sociedade simples por força de lei (art. 982, parágrafo único, do CC); **B**: correta, nos termos do art. 967 do CC/2002; **C**: incorreta. Empresária é a pessoa jurídica. A pessoa física será considerada empresária quando exercer, ela própria, atividade econômica organizada para produção ou circulação de bens ou serviços e será classificada como empresário individual; **D**: incorreta. Tais atividades estão excluídas do regime jurídico empresarial pelo art. 966, parágrafo único, do CC/2002, salvo se constituírem elemento de empresa; **E**: incorreta. Não é e nem poderia ser, porque os conceitos são excludentes. A sociedade ou é empresária, porque exerce atividade que se amolda ao conceito do art. 966 do CC/2002, ou é simples, quando constituída para o exercício de atividade que não cumpre os requisitos do artigo mencionado ou para o exercício de atividade de natureza intelectual que não constitua elemento de empresa.

Gabarito "B".

**(Cartório/RR – 2013 – CESPE)** Em relação à capacidade para exercício de empresa e ao registro empresarial, assinale a opção correta.

(A) O registro de empresário rural na junta comercial, de natureza declaratória, sujeita-o ao regime jurídico empresarial.

(B) Caso o empresário seja casado no regime da separação obrigatória, estará vedada a participação do cônjuge na constituição da sociedade, mas não sua participação derivada.

(C) A exigência de integralização do capital social não se aplica à participação de incapaz em sociedades anônimas e em sociedades com sócios de responsabilidade limitada nas quais a integralização do capital social não influa na proteção do incapaz.

(D) A sentença que declarar ou homologar a separação judicial do empresário deve ser oposta por terceiros antes de seu arquivamento na junta comercial, sob pena de preclusão.

(E) Pessoa considerada incapaz pode, se autorizada judicialmente, iniciar o exercício de atividade mercantil.

**A**: incorreta. O registro do empresário rural tem natureza constitutiva, porque para ele o regime jurídico empresarial é uma opção (art. 971 do Código Civil). Em outras palavras, ele só será considerado empresário se promover o seu registro; **B**: incorreta. Segundo o Enunciado 205 das Jornadas de Direito Civil do Conselho da Justiça Federal, é proibida tanto a participação originária quanto a derivada nas sociedades entre cônjuges casados pelo regime da separação obrigatória de bens; **C**: correta, nos termos do Enunciado 467 das Jornadas de Direito Civil do Conselho da Justiça Federal; **D**: incorreta. A sentença que decretar ou homologar a separação judicial do empresário não pode ser oposta a terceiros antes de arquivados e averbados no Registro Público de Empresas Mercantis (art. 980 do CC); **E**: incorreta. A autorização judicial para o incapaz exercer empresa é possível somente para continuar atividade já iniciada por ele, antes de se tornar incapaz, ou por seus antecessores (art. 974 do CC/2002).

Gabarito "C".

**(Procurador/DF - 2013 - CESPE)** Considerando que o atual Código Civil, instituído em 2002, inaugurou no ordenamento jurídico brasileiro o que a doutrina denomina de unificação do direito privado, passando a disciplinar tanto a matéria civil quanto a comercial, julgue os itens a seguir.

(1) Exatamente porque a atividade rural pode se enquadrar na teoria da empresa, o atual Código Civil facultou àqueles que

a exercem a possibilidade de requerimento de sua inscrição no registro público de empresas mercantis, ocasião em que tais atividades adquirem nítidos contornos de atividade empresária.

(2) Com o advento do novo Código Civil (de 2002), houve a substituição da teoria dos atos de comércio pela teoria da empresa, que se define pelo conceito de atividade.

(3) Assumindo o seu perfil subjetivo, a empresa confunde-se com o empresário – assim compreendidos os sócios de uma pessoa jurídica que se reúnem para o exercício da atividade empresarial –, e com o estabelecimento – a universalidade de bens empenhada no desenvolvimento da atividade.

(4) Instituído em 1850, o Regulamento 737 que então definiu os atos de mercancia, embora já tenha sido revogado há muito tempo, ainda é albergado pela doutrina e tem aplicação subsidiária na nova ordem do direito empresarial calcada na teoria da empresa.

**1**: correta, nos termos do art. 971 do CC/2002; **2**: correta. Perceba que a definição do empresário é dada pela atividade por ele exercida – art. 966 do CC/2002; **3**: incorreta, pois empresa é a atividade do empresário, não se confundindo com ele – art. 966 do CC/2002; **4**: incorreta, pois a legislação atual não mais adota a teoria dos atos de comércio, mas sim a teoria da empresa, conforme a assertiva "2".

Gabarito 1C, 2C, 3E, 4E

### 1.2. NOME EMPRESARIAL

A empresa Soluções Indústria de Eletrônicos Ltda. veiculou propaganda considerada enganosa relativa a determinado produto: as especificações eram distintas das indicadas no material publicitário. Em razão do anúncio, cerca de duzentos mil consumidores compraram o produto. Diante desse fato, uma associação de defesa do consumidor constituída havia dois anos ajuizou ação civil pública com vistas a obter indenização para todos os lesados.

**(Delegado - PC/SE - 2018 - CESPE/CEBRASPE)** Com referência a essa situação hipotética, julgue o item seguinte.

(1) Na situação apresentada, a empresa ré é uma sociedade limitada que optou por nome empresarial do tipo denominação.

**1**: correta. O tipo societário é reconhecível pela presença da expressão "limitada", abreviada, ao final do nome empresarial. Este, por sua vez, é composto por elemento fantasia e o objeto empresarial, formato que caracteriza a denominação (art. 1.158 do CC).
Gabarito 1C

### 1.3. INSCRIÇÃO, REGISTROS, ESCRITURAÇÃO E LIVROS

**(Juiz de Direito/AM – 2016 – CESPE)** No que se refere às espécies de empresário, seus auxiliares e colaboradores e aos nomes e livros empresariais, assinale a opção correta.

(A) É suficiente autorização verbal do empresário para que seu preposto possa fazer-se substituir no desempenho da preposição.

(B) Caso crie o chamado caixa dois, falsificando a escrituração do empresário preponente, o contabilista responderá subsidiariamente ao empresário pelas consequências de tal conduta.

(C) São livros empresariais todos os exigidos do empresário por força das legislações empresarial, trabalhista, fiscal e previdenciária.

(D) A empresa individual de responsabilidade limitada será constituída por uma única pessoa e seu nome empresarial será necessariamente a firma seguida da sigla EIRELI.

(E) Em observância ao princípio da veracidade, o nome do sócio que falecer não pode ser conservado na firma social.

**A**: incorreta. É essencial a autorização escrita (art. 1.169 do CC), comumente chamada de "carta de preposição"; **B**: incorreta. A responsabili-

# 534 FERNANDO CASTELLANI, HENRIQUE SUBI E ROBINSON BARREIRINHAS

dade é solidária (art. 1.177, parágrafo único, do CC); **C**: incorreta. Livros empresariais são apenas aqueles exigidos pela legislação empresarial (ex.: o Livro Diário – art. 1.180 do CC). Os demais são chamados de "livros do empresário" (ex.: Livro de Apuração do Lucro Real – LALUR – exigido pela legislação tributária para determinadas empresas); **D**: incorreta. A EIRELI pode rodar sob denominação (art. 980-A, §1º, do CC); **E**: correta, nos termos do art. 1.165 do CC.

Gabarito "E".

**(Cartório/PI – 2013 – CESPE)** No que se refere ao registro público de empresas mercantis, assinale a opção correta.

**(A)** A junta comercial não pode negar arquivamento a documento mercantil que contrarie os bons costumes, visto que lhe cabe tão somente o exame da regularidade e formalidade dos documentos.

**(B)** O ato de constituição de sociedade apresentado a registro trinta dias depois de sua assinatura passa a ter eficácia a partir da data do despacho que o conceder.

**(C)** O registro de sociedades anônimas pode ser deferido por decisão singular do presidente da junta comercial.

**(D)** O Departamento Nacional do Registro do Comercio tem função primordial de natureza administrativa relativa aos serviços de registro público de empresas mercantis.

**(E)** As juntas comerciais tem função coordenadora e normativa dos serviços de registro público de empresas mercantis.

**A**: incorreta. O art. 35, I, da Lei 8.934/1994 proíbe o registro de atos que contrariem os bons costumes ou a ordem pública; **B**: correta, nos termos do art. 36 da Lei 8.934/1994; **C**: incorreta. Registros relacionados a sociedades anônimas são sempre analisados por órgão colegiado (art. 41, I, "a", da Lei 8.934/1994); **D**: incorreta. A função do DNRC é técnica (art. 4º da Lei 8.934/1994); **E**: incorreta. As juntas comerciais são os órgãos executores do Sistema Nacional de Registro de Empresas Mercantis. As funções normativa e coordenadora ficam a cargo do DNRC.

Gabarito "B".

**(Cartório/PI – 2013 – CESPE)** A respeito do registro de empresas mercantis, assinale a opção correta.

**(A)** O arquivamento de documentos relativos às atividades de leiloeiro, tradutores públicos, intérpretes comerciais, trapicheiros e administradores de armazéns gerais é um dos atos do registro público de empresas mercantis.

**(B)** O cancelamento de registro de empresa, por inatividade, verificável após cinco anos sem qualquer arquivamento por parte do empresário, não acarreta a perda da proteção do nome empresarial.

**(C)** A sociedade empresarial pode adotar o modelo das sociedades simples, caso em que o respectivo registro deverá ser feito no registro civil das pessoas jurídicas.

**(D)** É desnecessário o reconhecimento de firmas dos sócios apostas no contrato social levado a registro no registro público de empresas mercantis.

**(E)** Para a obtenção de certidões relativas aos assentamentos do registro público do registro de empresas, é necessária a demonstração, pelo requerente, de legítimo interesse.

**A**: incorreta. Tais atos classificam-se como "matrícula" (art. 32, I, da Lei 8.934/1994); **B**: incorreta. O cancelamento por inatividade se dá após 10 anos sem qualquer arquivamento e acarreta a perda da proteção do nome empresarial (art. 60, *caput* e § 1º, da Lei 8.934/1994); **C**: incorreta. A sociedade ou é empresária ou é simples (art. 982 do Código Civil). Os conceitos são, pois, excludentes. O que é possível é a sociedade simples adotar um dos **tipos societários** previstos para a sociedade empresária (limitada, comandita, nome coletivo etc.), porém isso não a descaracteriza como sociedade simples; **D**: correta, nos termos do art. 63 da Lei 8.934/1994; **E**: incorreta. O registro é público e acessível independentemente de demonstração de interesse pelo requerente (art. 29 da Lei 8.934/1994).

Gabarito "D".

**(Defensor Público/TO – 2013 – CESPE)** A respeito do registro público de empresas, assinale a opção correta.

**(A)** Aquele que desejar consultar os assentamentos existentes em juntas comerciais e obter certidões deve demonstrar o legítimo interesse e pagar o preço devidamente fixado pela respectiva junta comercial.

**(B)** O arquivamento dos atos referentes à transformação, incorporação, fusão e cisão de empresas mercantis está sujeito ao regime de decisão singular por servidor designado pelo presidente da junta comercial.

**(C)** As juntas comerciais carecem de competência para decidir sobre a criação de delegacias, órgãos locais do registro do comércio.

**(D)** No Brasil, todas as juntas comerciais são subordinadas administrativa e tecnicamente ao Departamento Nacional de Registro do Comércio.

**(E)** A lei veda o arquivamento de atos relacionados à prorrogação de contrato social, após o prazo nele fixado, bem como de atos de sociedades empresárias com nome idêntico ou semelhante a outro já existente.

**A**: incorreta, pois qualquer pessoa, sem necessidade de provar interesse, poderá consultar os assentamentos existentes nas juntas comerciais e obter certidões, mediante pagamento do preço devido – art. 29 da Lei 8.934/1994; **B**: incorreta, pois o arquivamento desses atos está sujeito ao regime de decisão colegiada pelas juntas comerciais – art. 41, I, *b*, da Lei 8.934/1994; **C**: incorreta, pois as juntas comerciais, por seu plenário, poderão resolver pela criação de delegacias, órgãos locais do registro do comércio, nos termos da legislação estadual respectiva – art. 9º, § 2º, da Lei 8.934/1994; **D**: incorreta, pois as juntas comerciais subordinam-se administrativamente ao governo da unidade federativa de sua jurisdição e, apenas tecnicamente, ao DNRC, nos termos da Lei 8.934/1994. Somente a junta do Distrito Federal é subordinada administrativa e tecnicamente ao DNRC – art. 6º, parágrafo único, da Lei 8.934/1994; **E**: correta, nos termos do art. 35, IV e V, da Lei 8.934/1994.

Gabarito "E".

## 1.4. LOCAÇÃO

**(Cartório/RR – 2013 – CESPE)** Considerando que determinada sociedade limitada, de maneira regular e respeitando as determinações legais, tenha alienado o seu estabelecimento empresarial, por meio de contrato comumente conhecido por trespasse, assinale a opção correta.

**(A)** A partir de sua instituição, o contrato de trespasse produzirá efeitos quanto a terceiros.

**(B)** Caso não haja, no contrato, a cláusula de não concorrência, o alienante poderá fazer concorrência ao adquirente a partir da data da alienação.

**(C)** Após a alienação do estabelecimento, a responsabilidade pelo pagamento dos débitos a vencer existentes no momento do trespasse caberá apenas ao adquirente.

**(D)** Mesmo que ao alienante não restem bens para solver o seu passivo, a eficácia da alienação do estabelecimento não dependerá do pagamento de todos os credores, ou do consentimento destes, através de notificações.

**(E)** A responsabilidade pelo pagamento dos débitos contabilizados anteriormente à alienação caberá ao adquirente do estabelecimento empresarial.

**A**: incorreta. O contrato de trespasse produz efeitos perante terceiros a partir de sua averbação no Registro Público de Empresas Mercantis e da publicação na imprensa oficial (art. 1.144 do Código Civil); **B**: incorreta. No silêncio do contrato, a cláusula de não concorrência, ou de não restabelecimento, é presumida pelo prazo de 5 anos (art. 1.147 do Código Civil); **C**: incorreta. O alienante se mantém responsável pelos créditos vincendos pelo prazo de um ano contado do vencimento (art. 1.146, *in fine*, do Código Civil); **D**: incorreta. Se ao alienante não restarem bens suficientes para cobrir seu passivo, o trespasse somente será eficaz com o pagamento de todos os credores ou sua anuência, expressa ou tácita, depois de devidamente notificados (art. 1.145 do Código Civil); **E**: correta, nos termos do art. 1.146, primeira parte, do Código Civil.

Gabarito "E".

## 1.5. ESTABELECIMENTO

**(Juiz de Direito/AM – 2016 – CESPE)** Acerca da teoria do estabelecimento comercial, assinale a opção correta.

**(A)** Se não houver vedação expressa no contrato de trespasse, o alienante poderá constituir nova sociedade para explorar o

## 14. DIREITO EMPRESARIAL 535

mesmo ramo de atividade imediatamente após a alienação do estabelecimento.

**(B)** A ação renovatória de locação é uma proteção especial ao estabelecimento comercial e será julgada procedente mesmo que o locador não queira a renovação, desde que o locatário tenha no máximo um mês de inadimplência no contrato cuja renovação deseja.

**(C)** O estabelecimento empresarial, por ser o local onde o empresário exerce sua atividade empresarial, é impenhorável.

**(D)** É condição de eficácia perante terceiros o registro do contrato de trespasse na junta comercial e sua posterior publicação.

**(E)** O adquirente do estabelecimento comercial é responsável pelos débitos anteriores à transferência que não estejam contabilizados, pois estes seguem a coisa (*in propter rem*).

**A:** incorreta. No silêncio do contrato, a cláusula de não restabelecimento é presumida por cinco anos (art. 1.147 do CC); **B:** incorreta. Para a procedência da ação renovatória (que, tecnicamente, protege o ponto, não o estabelecimento como um todo), não se perquire sobre a inadimplência do locatário. As únicas hipóteses de exceção de retomada são aquelas previstas no art. 52 da Lei 8.245/1991; **C:** incorreta. A penhora de estabelecimento empresarial está expressamente autorizada pelo art. 862 do CPC; **D:** correta, nos termos do art. 1.144 do CC; **E:** incorreta. O adquirente somente responde pelos débitos anteriores que estejam contabilizados (art. 1.146 do CC).
Gabarito "D".

## 2. DIREITO SOCIETÁRIO

### 2.1. SOCIEDADE SIMPLES

**(Defensor Público – DPE/RN – 2016 – CESPE)** Em relação ao direito de empresa, assinale a opção correta à luz do Código Civil de 2002.

**(A)** Na sociedade em comum, os sócios, nas relações entre si, podem comprovar a existência da sociedade por qualquer meio.

**(B)** Na sociedade simples, o cedente responde solidariamente com o cessionário, perante terceiros, pelas obrigações que tinha como sócio, até dois anos depois de averbada a modificação do contrato social.

**(C)** Na sociedade limitada, permite-se a contribuição em serviços para o contrato social.

**(D)** Os cônjuges podem contratar sociedade entre si, seja qual for o regime de bens do casamento.

**(E)** A cooperativa poderá ser sociedade simples ou empresária, a depender do seu objeto.

**A:** incorreta, pois os sócios da sociedade em comum, nas relações entre si ou com terceiros, somente por escrito podem provar a existência da sociedade, embora os terceiros possam prová-la de qualquer modo – art. 987 do CC; **B:** correta, conforme o art. 1.003, parágrafo único, do CC; **C:** incorreta, pois é vedada contribuição que consista em prestação de serviços – art. 1.055, § 2º, do CC; **D:** incorreta, pois não podem contratar sociedade entre si os cônjuges casados em comunhão universal de bens ou em separação obrigatória – art. 977 do CC; **E:** incorreta, pois a cooperativa será sempre considerada sociedade simples, independentemente do seu objeto – art. 982, parágrafo único, do CC.
Gabarito "B".

### 2.2. SOCIEDADE EMPRESÁRIA

**(Defensor Público/AL – 2017 – CESPE)** Constitui ato constitutivo da pessoa jurídica de direito privado

**(A)** a certidão simplificada.

**(B)** o registro de imóvel.

**(C)** a procuração pública.

**(D)** o balanço patrimonial.

**(E)** o contrato social.

A pessoa jurídica de direito privado se constitui a partir da assinatura de um contrato social (sociedades contratuais) ou pela elaboração de seu estatuto social (sociedades institucionais). Vale destacar, porém, que a sua personalidade jurídica surge apenas com o registro desses atos constitutivos na Junta Comercial. **HS**
Gabarito "E".

**(Delegado/PE – 2016 – CESPE)** Assinale a opção que apresenta, respectivamente, as espécies societárias que somente podem ser consideradas, a primeira, como sociedade empresária e, a segunda, como sociedade simples, em razão de expressa imposição legal.

**(A)** sociedade comandita por ações / sociedade comandita simples

**(B)** sociedade anônima / sociedade cooperativa

**(C)** sociedades estatais / associações

**(D)** sociedade anônima / sociedade limitada

**(E)** sociedade em nome coletivo / sociedade limitada

Nos termos do art. 982, parágrafo único, do Código Civil, independentemente de seu objeto social, considera-se empresária a sociedade anônima e simples a cooperativa.
Gabarito "B".

**(Advogado União – AGU – CESPE – 2015)** À luz da legislação e da doutrina pertinentes às sociedades empresárias, julgue os próximos itens.

**(1)** O sócio que transferir crédito para fins de integralização de quota social responderá pela solvência do devedor e o que transmitir domínio de imóvel responderá pela evicção.

**(2)** A adoção do regime legal das companhias permite maior liberdade quanto à disciplina das relações sociais, o que constitui uma vantagem desse regime em relação ao das sociedades contratualistas.

**(3)** Para que se efetive a exclusão do sócio remisso no âmbito das sociedades limitadas, é imprescindível que tal hipótese conste do contrato social.

**(4)** No regime da sociedade de pessoas, todos os sócios respondem solidariamente pela exata estimação de bens conferidos ao capital social, até o prazo de cinco anos da data do registro da sociedade.

**1:** Correta, nos termos do art. 1.005 do CC. **2:** Incorreta. A questão é eminentemente doutrinária. "Regime legal das companhias" é o que as caracteriza como sociedades institucionais, ou seja, a Lei 6.404/1976, que afasta a aplicação dos princípios contratuais próprios das sociedades denominadas justamente "sociedades contratuais", como a sociedade limitada. Dentre os princípios em questão, destaca-se a autonomia da vontade, no sentido de que os sócios são livres para dispor o que bem entenderem no contrato social, respeitadas apenas as normas cogentes. Isso não ocorre nas sociedades anônimas, face à extensa regulação da Lei 6.404/1976. Logo, é naquelas, e não nessas, que se encontra maior liberdade na disciplina das relações sociais. **3:** Errada. A exclusão do sócio remisso decorre da aplicação do art. 1.058 do CC, não dependendo de previsão contratual. **4:** Errada. A regra enunciada, que corresponde ao art. 1.055, § 1º, do CC, aplica-se somente às sociedades limitadas, não a todas às "sociedades de pessoas". **HS**
Gabarito 1C; 2E; 3E; 4E

**(Advogado União – AGU – CESPE – 2015)** Julgue os itens a seguir, relativos à regularidade, ou não, de sociedades empresárias e às possíveis consequências devidas a situações de irregularidade.

**(1)** Uma das sanções imponíveis à sociedade empresária que funcione sem registro na junta comercial é a responsabilização ilimitada dos seus sócios pelas obrigações da sociedade.

**(2)** A sociedade empresária irregular não tem legitimidade ativa para pleitear a falência de outro comerciante, mas pode requerer recuperação judicial, devido ao princípio da preservação da empresa.

**(3)** Sociedade rural que não seja registrada na junta comercial com jurisdição sobre o território de sua sede é considerada irregular, razão por que não pode contratar com o poder público.

1: Certa, nos termos do art. 990 do CC. 2: Errada. Um dos requisitos para pleitear a recuperação judicial é justamente a regularidade do empresário, nos termos do art. 48 da Lei 11.101/2005. 3: Errada. O registro da sociedade que explora atividade rural, e consequentemente sua submissão ao regime jurídico empresarial, é facultativo, nos termos do art. 971 do CC. HS

Gabarito 1C, 2E, 3E

## 2.3. SOCIEDADES EM COMUM, EM CONTA DE PARTICIPAÇÃO, EM NOME COLETIVO, EM COMANDITA

**(Auditor Fiscal - SEFAZ/RS - 2019 - CESPE/CEBRASPE)** Para estabelecer e registrar uma sociedade não personificada em que investidores participem diretamente da divisão de seus frutos e na qual seja assegurado o sigilo em relação às pessoas dos sócios, o interessado deverá constituir uma sociedade

(A) em nome coletivo.
(B) em conta de participação.
(C) em comandita simples.
(D) em comandita por ações.
(E) anônima.

A única sociedade não personificada regular do direito brasileiro é a sociedade em conta de participação. O sigilo em relação às pessoas dos sócios decorre da dispensa do registro de seus atos constitutivos na Junta Comercial (art. 992 do CC). HS

Gabarito "B".

Três amigos — Domingos, Gustavo e Pedro — formaram uma sociedade para exercer atividade empresarial de floricultura. Redigiram um contrato social, mas não providenciaram a inscrição no registro próprio. A atividade não foi bem e vários clientes, sentindo-se prejudicados, procuraram a Defensoria Pública, pretendendo ser ressarcidos de valores que pagaram antecipadamente por contratos inadimplidos. Conforme relato dos clientes, os contratos eram firmados pelo sócio Domingos, em nome da floricultura. A defensoria ajuizou as ações cabíveis.

**(Defensor Público - DPE/DF - 2019 - CESPE/CEBRASPE)** Com relação a essa situação hipotética, julgue os itens a seguir.

(1) Como o contrato social da floricultura não foi inscrito no registro próprio, Domingos não poderá usá-lo como prova de responsabilidade dos demais sócios.
(2) É cabível a aplicação da teoria da desconsideração da personalidade jurídica a fim de que o patrimônio pessoal dos sócios seja alcançado para responder pelas dívidas da floricultura.
(3) Com exceção de Domingos, os demais sócios poderão pleitear que seus bens particulares só sejam executados por dívidas da sociedade depois de executados os bens sociais.
(4) Todos os sócios respondem solidária e ilimitadamente pelas obrigações sociais e, na situação apresentada, não há que se falar em patrimônio em comum dos sócios.

1: incorreta. Nos termos do art. 987 do CC, na sociedade em comum os sócios podem provar sua existência mediante documento escrito – o que inclui o contrato social não registrado; 2: incorreta. A sociedade em comum não tem personalidade jurídica, logo não faz sentido falar em desconsideração de algo que não existe; 3: correta, nos termos do art. 990 do CC; 4: incorreta. Mesmo não personificada a sociedade, existe benefício de ordem em relação aos sócios que não contrataram em nome dela – o que significa que o patrimônio daquela deve ser executado primeiro e sua natureza jurídica é de patrimônio comum de todos os sócios (art. 988 do CC). HS

Gabarito 1E, 2E, 3C, 4E

**(Promotor de Justiça/RR – 2017 – CESPE)** A respeito da sociedade empresarial cujo contrato social não tenha ainda sido inscrito no órgão próprio, assinale a opção correta conforme a legislação pertinente.

(A) Bens particulares do sócio que não tiver contratado em nome da sociedade só poderão ser executados por dívidas da sociedade depois de executados os bens sociais.
(B) À situação em apreço é aplicável a teoria da desconsideração da personalidade jurídica, razão por que os patrimônios pessoais dos sócios poderão ser alcançados por dívidas da sociedade.
(C) Os bens e as dívidas sociais não constituem patrimônio especial, pois não há de se cogitar de patrimônio em comum dos sócios.
(D) Devido ao fato de ainda não estar inscrito no órgão próprio, o referido contrato não será considerado válido como prova de existência da sociedade.

A: correta. Nas sociedades em comum, apenas o sócio que contratou pela sociedade perde o benefício de ordem (art. 990 do CC); B: incorreta. Não se fala em desconsideração da personalidade jurídica porque a sociedade em comum sequer tem personalidade jurídica; C: incorreta. A assertiva é o exato oposto do que estabelece o art. 988 do CC; D: incorreta. Os sócios podem provar a existência da sociedade por contrato escrito e terceiros podem prová-la por qualquer meio (art. 987 do CC). HS

Gabarito "A".

**(Juiz de Direito/DF – 2016 – CESPE)** Com relação às sociedades em conta de participação, assinale a opção correta à luz do Código Civil.

(A) Em caso de falência do sócio participante, ocorrerá a dissolução da sociedade e a liquidação da respectiva conta, cujo saldo constituirá crédito quirografário.
(B) O sócio ostensivo tem a faculdade de admitir novo sócio, independentemente de consentimento expresso dos demais.
(C) O contrato social produz efeito somente entre os sócios apenas até eventual inscrição de seu instrumento em qualquer registro, momento em que a sociedade passará a possuir personalidade jurídica.
(D) A liquidação da sociedade em conta de participação, se rege pelas normas relativas à prestação de contas, na forma da lei processual.
(E) Os bens sociais respondem por ato de gestão apenas do sócio ostensivo.

A: incorreta. Esta medida é prevista para a falência do sócio ostensivo. Falindo o sócio participante, a sociedade se resolve nos termos dos contratos bilaterais do falido (art. 994, §§2º e 3º, do CC); B: incorreta. O sócio ostensivo somente pode admitir novo sócio com a anuência dos sócios participantes (art. 995 do CC); C: incorreta. A sociedade em conta de participação não é sujeita a registro, a despeito de ser totalmente regular, e mesmo que seus atos constitutivos sejam levados ao Cartório ou à Junta Comercial o ato não lhe conferirá personalidade jurídica (art. 993 do CC); D: correta, nos termos do art. 996 do CC; E: incorreta. Os sócios participantes podem fiscalizar a gestão da sociedade (art. 993, parágrafo único, do CC). HS

Gabarito "D".

## 2.4. SOCIEDADE LIMITADA

**(Auditor Fiscal – SEFAZ/DF – 2020 – CESPE/CEBRASPE)** A respeito das sociedades limitadas, julgue os itens a seguir.

(1) É de dois anos da data da subscrição das quotas sociais o prazo para que os sócios respondam solidariamente pela exata estimação de bens conferidos ao capital social de uma sociedade limitada.
(2) Em atenção ao princípio da estabilidade ou da variabilidade condicionada do capital social, ressalvado o disposto em lei especial, só pode ser aumentado o capital social após a integralização das quotas sociais inicialmente subscritas.
(3) A sociedade limitada poderá reduzir o capital se houver perdas irreparáveis, após a integralização do capital social original, ou se o capital for excessivo em relação ao objeto da sociedade.

**1: incorreta.** O art. 1.055, § 1º, do Código Civil estipula que "pela exata estimação de bens conferidos ao capital social respondem solidariamente todos os sócios, até o prazo de cinco anos da data do registro da sociedade"; **2: correta.** O princípio da estabilidade ou da variabilidade condicionada do capital social refere-se ao fato de o capital social apenas poder ser alterado quando obedecidas determinadas condições. Ainda, conforme o art. 1.081 do Código Civil "ressalvado o disposto em lei especial, integralizadas as quotas, pode ser o capital aumentado, com a correspondente modificação do contrato"; **3: correta.** O art. 1.082 do Código Civil e seus incisos disciplinam que "pode a sociedade reduzir o capital, mediante a correspondente modificação do contrato: I – depois de integralizado, se houver perdas irreparáveis; II – se excessivo em relação ao objeto da sociedade". **HS**

Gabarito 1E, 2C, 3C

**(Juiz – TJ/CE – 2018 – CESPE)** As sociedades limitadas regem-se

(A) pelas normas da sociedade simples, supletivamente, desde que assim esteja estipulado no contrato social.

(B) pelas normas da sociedade anônima, supletivamente, na hipótese de silêncio do contrato social.

(C) pelas regras da sociedade anônima quanto à forma de constituição e dissolução, se assim estiver estipulado no contrato social.

(D) pelas normas do Código Civil quanto à forma de constituição e dissolução.

(E) pelas normas da sociedade anônima, supletivamente, o que permite mais facilmente a retirada imotivada do sócio.

**A, B e E: incorretas.** As normas supletivas da sociedade limitada são as da sociedade simples, mas pode o contrato social indicar expressamente a aplicação da Lei das Sociedades Anônimas (art. 1.053 do CC). **C e D: incorreta e correta, respectivamente.** As formas de constituição e dissolução serão sempre as do Código Civil porque são elas o núcleo intangível das sociedades contratuais – isto é, se a sociedade é contratual, ela deve ser constituída por um contrato social e será possível sua dissolução parcial, institutos que não se coadunam com as sociedades por ações. **HS**

Gabarito "D".

## 2.5. SOCIEDADE ANÔNIMA

### 2.5.1. CONSTITUIÇÃO, CAPITAL SOCIAL, AÇÕES, DEBÊNTURES E OUTROS VALORES MOBILIÁRIOS

**(Analista Judiciário – STJ – 2018 – CESPE)** Acerca das sociedades anônimas, julgue os itens seguintes.

(1) A reserva legal da companhia poderá ser utilizada para a compensação de prejuízos, para o aumento do capital social e para a distribuição de dividendos.

(2) Antes de ser realizada a distribuição de lucros, devem ser deduzidos os prejuízos acumulados e a provisão para o imposto de renda.

(3) A destinação a ser dada ao lucro líquido do exercício é deliberação de competência da assembleia geral ordinária.

**1: errada.** A reserva legal somente pode ser usada para compensação de prejuízos ou aumento de capital (art. 193, § 2º, da LSA); **2: correta,** nos termos do art. 189 da LSA; **3: correta, nos termos do art. 132, II, da LSA. HS**

Gabarito 1E, 2C, 3C

### 2.5.2. ACIONISTAS, ACORDOS E CONTROLE

**(Juiz de Direito/AM – 2016 – CESPE)** Com a finalidade de reduzir o montante de impostos devidos, o administrador de determinada sociedade anônima simulou a ocorrência de prejuízos à companhia. Após alguns anos de êxito, sua conduta foi descoberta e, devido ao recolhimento a menor, foi necessário complementar os impostos pagos, tendo incidido multa e havido outras despesas decorrentes de honorários de advogados, contadores e outros profissionais requeridos para a correção do equívoco. Ao final, os valores pagos para corrigir a falha superaram em muito o valor que deveria ter sido pago inicialmente, conforme a lei.

Com base nessa situação hipotética, assinale a opção correta.

(A) O administrador não poderá ser responsabilizado pessoalmente por eventuais prejuízos causados a terceiros, pois agiu em nome da sociedade.

(B) Os acionistas individualmente prejudicados não poderão propor ação contra o administrador, devendo-se subordinar à deliberação da assembleia geral.

(C) É necessária a aplicação da teoria da desconsideração da personalidade jurídica da empresa para que se obtenha a responsabilização pessoal do administrador.

(D) Se a referida simulação decorrer de exercício abusivo do poder de controle, o controlador poderá ser responsabilizado pelos prejuízos, desde que comprovado dolo na atuação.

(E) Caberá à assembleia geral da companhia deliberar pelo ajuizamento, ou não, da ação de responsabilidade civil contra o administrador pelos prejuízos causados.

**A: incorreta.** Se atuar de forma contrária a lei, o administrador será pessoalmente responsável pelos prejuízos que causar à companhia ou a terceiros (art. 158, II, da LSA); **B: incorreta.** É possível a ação individual de acionista contra o administrador, desde que ele tenha sido diretamente prejudicado (art. 159, §7º, da LSA). Caso contrário, se pretender agir para defender a companhia, será necessário que se reúnam acionistas detentores de, no mínimo, 5% do capital social (art. 159, §4º, da LSA); **C: incorreta.** O próprio art. 158 da LSA determina a responsabilidade pessoal do administrador, não sendo necessária a declaração judicial de desconsideração da personalidade jurídica para atingi-lo. Além disso, o administrador não está necessariamente abrangido pela proteção conferida pela personalidade jurídica – afinal, ele pode ou não ser sócio da pessoa jurídica; **D: incorreta.** Ato abusivo pressupõe dolo, portanto será sempre punido por esta modalidade. Não há ato abusivo culposo (art. 117 da LSA); **E: correta,** nos termos do art. 159, caput, da LSA.

Gabarito "E".

**(Cartório/ES – 2013 – CESPE)** Assinale a opção correta a respeito das condições de validade para a constituição do grupo societário.

(A) A sociedade controladora, independentemente de sua nacionalidade, deve ter filial no país.

(B) A partir da constituição do grupo societário, a representação das sociedades participantes do grupo passa a ser exercida pela sociedade de comando, vedada cláusula em contrário.

(C) A convenção de constituição do grupo societário pode conter cláusula em que seja vedado o exercício do direito de recesso.

(D) Não é necessária a alteração contratual das sociedades participantes para o fim de obtenção do arquivamento de constituição do grupo societário.

(E) O arquivamento da convenção de constituição do grupo societário deve ser feito nas juntas do local de sede da sociedade controladora e de todas as suas filiadas.

**A: incorreta.** A sociedade controladora deve ser brasileira (art. 265, § 1º, da Lei 6.404/1976); **B: incorreta.** A representação das sociedades é cabe exclusivamente aos administradores de cada sociedade, salvo disposição em contrário na convenção do grupo (art. 272, parágrafo único, da Lei 6.404/1976); **C: incorreta.** Nos termos do art. 269, V, da Lei 6.404/1976, a convenção deve trazer "as condições para admissão de outras sociedades e para a **retirada das que o componham**" (grifo nosso), o que equivale ao direito de recesso; **D: incorreta.** O art. 270 da Lei 6.404/1976 exige que a convenção do grupo seja aprovada pelas sociedades participantes com observância das normas de alteração do contrato social; **E: correta,** nos termos do art. 271, § 1º, da Lei 6.404/1976.

Gabarito "E".

**(Cartório/PI – 2013 – CESPE)** Assinale a opção correta a respeito das relações entre sociedades anônimas.

(A) Caso controladora e controladas se unam em grupo de sociedades, haverá o surgimento de uma nova pessoa jurídica de propósito específico.

**(B)** A coligação de sociedades anônimas se dá quando uma delas titulariza direitos que lhe assegurem, permanentemente, preponderância nas deliberações sociais e poder de eleição da maioria dos administradores.

**(C)** Presume-se que uma sociedade é controladora de outra quando titulariza ao menos 20% do capital votante da controlada.

**(D)** É lícita a Constituição de subsidiária integral por qualquer sociedade estrangeira.

**(E)** Entre sociedades que se unam em consórcio não há presunção de solidariedade pelas obrigações assumidas por cada uma em razão do empreendimento comum.

**A:** incorreta. Nos termos do art. 266 da Lei 6.404/1976, o grupo de sociedades terá estrutura administrativa e coordenação próprias, porém cada sociedade componente conservará personalidade e patrimônio distintos, ou seja, o grupo não possui personalidade jurídica própria; **B:** incorreta. Esse é o conceito de sociedade controladora (art. 243, § 2°, da Lei 6.404/1976); **C:** incorreta. A titularidade de 20% do capital votante faz presumir a influência significativa de uma sociedade em outra, o que a caracteriza como sociedade **coligada** (art. 243, §§ 1° e 5°, da Lei 6.404/1976); **D:** incorreta. A subsidiária integral somente pode ser constituída por sociedade brasileira (art. 251 da Lei 6.404/1976); **E:** correta, nos termos do art. 278, § 1°, da Lei 6.404/1976.
Gabarito "E".

## 2.5.3. ASSEMBLEIA GERAL, CONSELHO DE ADMINISTRAÇÃO, DIRETORIA, ADMINISTRADORES E CONSELHO FISCAL

**(Juiz – TRF5 – 2017 – CESPE)** Conforme a Lei das Sociedades Anônimas, as competências privativas da assembleia geral incluem a

**(A)** autorização para emissão de debêntures e para a contratação de empréstimos.

**(B)** solicitação ao conselho de administração para que providencie em dez dias a eleição ou a destituição de liquidantes.

**(C)** fixação de orientação geral dos negócios da companhia.

**(D)** indicação de lista tríplice ao conselho de administração para eleição, a qualquer tempo, de administradores e fiscais da companhia.

**(E)** deliberação sobre as demonstrações financeiras e contas apresentadas anualmente pelos administradores.

A única competência que se encontra dentre as exclusivas da assembleia geral, nos termos do art. 122, III, da LSA, é a letra "E", que deve ser assinalada. RS
Gabarito "E".

## 2.5.4. TRANSFORMAÇÃO, INCORPORAÇÃO, FUSÃO E CISÃO

**(Magistratura Federal/1ª Região – 2011 – CESPE)** Com referência à transformação, incorporação, fusão e cisão das sociedades, assinale a opção correta.

**(A)** A transformação determina a extinção das sociedades que se unem para formar sociedade nova, que a elas sucederá nos direitos e obrigações.

**(B)** Na cisão com extinção da companhia cindida, as sociedades que absorverem parcelas do patrimônio da referida companhia responderão subsidiariamente pelas obrigações da companhia extinta.

**(C)** Nas sociedades anônimas, a assembleia geral possui competência privativa para deliberar sobre transformação, fusão, incorporação e cisão da companhia, sua dissolução e liquidação, eleger e destituir liquidantes assim como para julgar-lhes as contas.

**(D)** A fusão não depende do consentimento de todos os sócios, salvo se prevista na ata da assembleia, caso em que o dissidente poderá retirar-se da sociedade.

**(E)** A sociedade que houver de ser incorporada tomará conhecimento desse ato e, se o aprovar, autorizará os administradores a praticar o necessário à incorporação, não podendo haver a subscrição de bens.

**A:** incorreta, pois a operação societária de transformação implica na mera alteração de tipo societário de uma sociedade, não envolvendo outras sociedades (CC, art. 1.113); **B:** incorreta, pois na cisão total a sociedade original deixa de existir, não se podendo falar em responsabilidade subsidiária, mas sim exclusiva das novas sociedades (LSA, art. 229); **C:** correta, pois há expressa atribuição de tais competências a esse órgão (LSA art. 122); **D:** incorreta, pois somente a transformação dependerá de aprovação unânime (CC, art. 1.114); **E:** incorreta, pois nessa aprovação poderá se definir a incorporação de bens como subscrição de capital (CC, art. 1.117, § 1°).
Gabarito "C".

## 2.5.5. QUESTÕES COMBINADAS SOBRE SOCIEDADE ANÔNIMA

**(Cartório/RR – 2013 – CESPE)** Assinale a opção correta com relação às sociedades anônimas.

**(A)** Quanto aos direitos e obrigações, as ações classificam-se como ordinárias, preferenciais ou de fruição, sendo as ações ordinárias da companhia fechada e as ações preferenciais da companhia aberta e fechada apenas de uma classe.

**(B)** O vencimento da debênture deve constar da escritura de emissão e do certificado, podendo a companhia estipular amortizações parciais de cada série, criar fundos de amortização e reservar-se o direito de resgate antecipado, parcial ou total, dos títulos da mesma série; contudo, não poderá a debênture assegurar ao seu titular participação no lucro da companhia.

**(C)** Não se admite que os administradores de sociedades anônimas votem para a aprovação ou a rejeição de suas próprias contas, ainda que o façam por interposta pessoa.

**(D)** A constituição da companhia por subscrição particular do capital pode ser feita por deliberação dos subscritores em assembleia geral ou por escritura pública, considerando-se fundadores todos os subscritores. Essa representação na escritura pública por procurador com poderes especiais é chamada pela doutrina de serviços de *underwriting*.

**(E)** Na sistemática da legislação acionária, admite-se a emissão de ações sem valor nominal, cujo preço será fixado, na constituição da companhia, pelos fundadores e, no aumento de capital, pela assembleia geral ou pelo conselho de administração, vedando-se, contudo, a emissão de novas ações emitidas pela companhia com valor superior ao valor nominal.

**A:** incorreta. Essas espécies de ações poderão ser divididas uma ou mais classes (art. 15, § 1°, da LSA); **B:** incorreta. A debênture pode garantir participação no lucro da companhia (art. 56 da LSA); **C:** correta, nos termos do art. 115, § 1°, da LSA; **D:** incorreta. *Underwriting* é o serviço prestado por um intermediário financeiro para a colocação de uma subscrição pública de ações ou outros valores mobiliários no mercado; **E:** incorreta. É vedada a emissão de ações por preço **inferior** ao seu valor nominal (art. 13 da LSA).
Gabarito "C".

**(Cartório/DF – 2014 – CESPE)** Com relação as sociedades por ações, assinale a opção correta.

**(A)** A emissão de debêntures por sociedades por ações e documentada em escritura de emissão, que contém os direitos conferidos aos investidores, suas garantias e demais cláusulas ou condições. Nos termos da Lei das Sociedades por Ações, essa escritura deve ser levada a registro apenas perante a Comissão de Valores Mobiliários, que conferira a publicidade necessária ao documento.

**(B)** Os titulares de debêntures conversíveis em ações, enquanto puderem exercer seu direito a conversão, tem a prerrogativa de vetar eventual alteração do estatuto da companhia para mudar o objeto da sociedade, para criar ações preferenciais ou para modificar as vantagens das existentes, em prejuízo das ações em que são conversíveis as debêntures. Esse direito de veto pode ser exercido pelo agente fiduciário ou em assembleia especial dos debenturistas.

**(C)** O acordo de acionistas sobre o exercício do direito de voto e do poder de controle em uma companhia torna-se obrigatório para a sociedade quando arquivado em sua sede, podendo ser invocado pelo acionista para eximi-lo de responsabilidade por eventuais danos causados pelos votos proferidos ou pelo controle exercido em conformidade com o acordado.

(D) A responsabilidade de cada acionista e limitada ao preço de emissão das ações por ele subscritas ou adquiridas, mas todos os acionistas respondem solidariamente pela integralização do capital social.

(E) Os subscritores ou acionistas que contribuem com bens para a formação do capital social respondem perante a companhia de forma idêntica a do vendedor; caso contribuam com créditos, responderão pela existência do credito, mas não pela solvência do devedor.

**A:** incorreta. O registro da escritura de emissão é feito na Junta Comercial (art. 62, I, da Lei 6.404/1976); **B:** correta, nos termos do art. 57, § 2º, da Lei 6.404/1976; **C:** incorreta. Nos termos do art. 118, § 2º, da Lei 6.404/1976, o acordo de acionistas não pode ser invocado para eximir o acionista de suas responsabilidades no exercício do direito de voto ou do poder de controle; **D:** incorreta. Não há a responsabilização solidária dos demais acionistas pela integralização do capital (art. 1º da Lei 6.404/1976). É justamente esse aspecto que diferencia mais diretamente a sociedade por ações da sociedade limitada; **E:** incorreta. O subscritor ou acionista responde pela solvência do devedor quando sua contribuição para o capital social consistir em créditos (art. 10, parágrafo único, da Lei 6.404/1976). Gabarito "B".

**(Procurador/DF - 2013 - CESPE)** A respeito da disciplina jurídica das sociedades por ações, julgue os itens que se seguem.

(1) O estatuto social da companhia não pode excluir ou restringir o direito dos acionistas preferenciais de participar dos aumentos de capital decorrentes da capitalização de reservas ou lucros, salvo no caso de acionistas portadores de ações com dividendo fixo.

(2) O reembolso é a operação pela qual, nos casos previstos em lei, a companhia paga aos acionistas dissidentes de deliberação da assembleia geral o valor de suas ações, ao passo que o resgate consiste no pagamento do valor das ações para retirá-las definitivamente de circulação.

(3) O conselho fiscal é órgão da companhia responsável pela missão precípua de fiscalização, sendo, portanto, órgão de existência facultativa.

(4) As ações preferenciais são reconhecidas como valores mobiliários que outorgam ao seu titular vantagens e outras preferências, tais como a prioridade na distribuição de dividendo fixo ou mínimo, de reembolso de capital e de direito a voto.

**1:** correta, nos termos do art. 17, § 5º, da LSA; **2:** correta, conforme a definição de reembolso dada pelo art. 45 da LSA; **3:** incorreta, pois o conselho fiscal é obrigatório nas companhias – art. 161 da LSA; **4:** incorreta, pois o direito a voto não é uma das preferências ou vantagens possíveis para as ações preferenciais – art. 17 da LSA. Gabarito 1C, 2C, 3E, 4E

## 2.6. SOCIEDADE COOPERATIVA

**(Juiz de Direito - TJ/BA - 2019 - CESPE/CEBRASPE)** De acordo com o Código Civil, é característica das sociedades cooperativas

(A) o concurso de sócios em número mínimo necessário para compor a administração da sociedade, sem limitação de número máximo.

(B) a intransferibilidade das quotas do capital a terceiros estranhos à sociedade, ressalvados os casos de transmissão por herança.

(C) a indivisibilidade do fundo de reserva entre os sócios, ressalvado o caso de dissolução da sociedade.

(D) a impossibilidade, aliada à invariabilidade, de dispensa do capital social.

(E) o quórum, para a assembleia geral funcionar e deliberar, fundado no percentual do capital social representado pelos sócios presentes à reunião.

**A:** correta, nos termos do art. 1.904, II, do CC; **B:** incorreta, a herança não constitui exceção à regra enunciada (art. 1.094, IV, do CC); **C:** incorreta, a dissolução da cooperativa não é exceção à regra enunciada (art. 1.094, VIII, do CC); **D:** incorreta. O capital social da cooperativa pode ser variável ou mesmo dispensado (art. 1.094, I, do CC); **E:** incorreta. O quórum de deliberação é baseado no número de sócios presentes (art. 1.094, V, do CC). Gabarito "A".

**(Auditor Fiscal - SEFAZ/RS - 2019 - CESPE/CEBRASPE)** As cooperativas são

(A) sociedades simples, com natureza jurídica própria, sujeitas à inscrição nas juntas comerciais.

(B) sociedades empresárias, não personificadas, sujeitas à inscrição nas juntas comerciais.

(C) sociedades simples, não personificadas, sujeitas à inscrição nas juntas comerciais.

(D) sociedades empresárias, com natureza jurídica própria, não sujeitas à inscrição nas juntas comerciais.

(E) sociedades simples, com natureza jurídica própria, não sujeitas à inscrição nas juntas comerciais.

A questão exige do candidato um conhecimento profundo do regime jurídico das cooperativas. Elas são consideradas sociedades simples por força do art. 982, parágrafo único, do CC. Porém, isso não significa que elas são registradas no Cartório de Registro Civil de Pessoas Jurídicas, como seria natural deduzir. Afinal, o art. 1.093 do CC afirma a prevalência da legislação específica sobre o capítulo ali iniciado: "*Art. 1.093. A sociedade cooperativa reger-se-á pelo disposto no presente Capítulo, ressalvada a legislação especial*". A lei especial em questão é a Lei 5.764/1971, que determina, em seu art. 18, que as cooperativas devem ser registradas na Junta Comercial do respectivo estado. Gabarito "A".

## 2.7. QUESTÕES COMBINADAS SOBRE SOCIEDADES E OUTROS TEMAS

**(Delegado der Polícia Federal – 2021 – CESPE)** A respeito do domicílio, da responsabilidade civil e das sociedades comerciais, julgue o item que se segue.

(1) A dissolução de sociedade limitada constituída por prazo indeterminado deve ocorrer por consenso unânime dos sócios.

**1:** Errado. O quórum para aprovação da dissolução da sociedade por prazo indeterminado é de três quartos do capital social, nos termos do art. 1.076, I, do Código Civil. Gabarito 1E

O contrato social de determinada empresa é silente quanto aos atos de gestão que seus administradores poderão praticar. Nesse contexto, no desempenho de suas funções de administradores dessa empresa, Carlos, com o auxílio de André, agiu com excesso, sem o conhecimento de um terceiro, Orlando, que foi prejudicado pela prática.

**(Auditor Fiscal - SEFAZ/RS - 2019 - CESPE/CEBRASPE)** Nessa situação hipotética, na condição de administradores,

(A) Carlos e André responderão solidariamente perante a sociedade e o terceiro pelos prejuízos causados, desde que comprovado o dolo de ambos no desempenho de suas funções.

(B) André, por ter apenas auxiliado Carlos, responderá subsidiariamente perante a sociedade e o terceiro pelos prejuízos causados, bastando para tal que seja comprovada a culpa de ambos no desempenho de suas funções.

(C) Carlos e André responderão solidariamente perante a sociedade e o terceiro pelos prejuízos causados, ainda que tenham agido simplesmente com culpa.

(D) André, por ter apenas auxiliado Carlos, responderá subsidiariamente perante a sociedade e o terceiro pelos prejuízos causados, mas, para tal, deverá ser comprovado o dolo de ambos.

**(E)** André, por ter apenas auxiliado Carlos no desempenho de suas funções, não responderá perante a sociedade e o terceiro pelos prejuízos causados.

Nos termos do art. 1.016, os administradores respondem solidariamente perante a sociedade e os terceiros prejudicados, por culpa no desempenho de suas funções. HS

Gabarito "C".

**(Delegado/PE – 2016 – CESPE)** Considerando a legislação em vigor a respeito da responsabilidade dos sócios nos diversos tipos societários, assinale a opção correta.

**(A)** Nas sociedades cooperativas, o contrato social deverá prever, necessariamente, a responsabilidade ilimitada aos sócios.

**(B)** O acionista responde ilimitadamente com o próprio patrimônio no que se refere às obrigações assumidas pela sociedade anônima.

**(C)** Nas sociedades anônimas, os acionistas respondem solidariamente pela integralização do capital social.

**(D)** Nas sociedades limitadas, os sócios respondem solidariamente pela integralização do capital social.

**(E)** Na sociedade comandita por ações, todos os sócios respondem ilimitadamente pelos débitos societários.

**A:** incorreta. O contrato da sociedade cooperativa é livre para dispor sobre a responsabilidade dos sócios 1.095 do Código Civil); **B:** incorreta. A responsabilidade do acionista é limitada ao valor de suas ações (art. 1º da Lei 6.404/1976); **C:** incorreta. Na sociedade anônima, o acionista responde unicamente pela integralização de suas ações, não podendo ser alcançado pelo inadimplemento de outros sócios (art. 1º da LSA); **D:** correta, nos termos do art. 1.052 do Código Civil); **E:** incorreta. Na comandita por ações, apenas os diretores e gerentes têm responsabilidade ilimitada pelas obrigações sociais (art. 282 da LSA).

Gabarito "D".

**(Procurador do Estado – PGE/BA – CESPE – 2014)** No que se refere ao direito societário, julgue os itens que se seguem.

**(1)** Os administradores da sociedade limitada respondem com seu patrimônio por créditos decorrentes de obrigações tributárias, por fatos que praticarem com excesso de poder, infração à lei, contrato ou estatutos.

**(2)** A desconsideração inversa da personalidade jurídica implica o afastamento do princípio de autonomia patrimonial da sociedade, o que a torna responsável por dívida do sócio.

**(3)** A sociedade por ações é sempre mercantil; por isso, está sujeita à falência, fazendo jus à recuperação judicial, ainda que o seu objeto seja civil.

**(4)** A administração de sociedade limitada atribuída no contrato a todos os sócios estende-se, de pleno direito, aos que posteriormente adquiram essa qualidade.

**1:** Certa, nos termos do art. 135, III, do Código Tributário Nacional. **2:** Certa. A assertiva traz o conceito correto da teoria da desconsideração inversa da personalidade jurídica. **3:** Certa, nos termos do art. 982, parágrafo único, do CC. Destaque-se apenas que a questão, estranhamente, traz expressões já defasadas (mercantil, objeto civil) misturadas com conceitos contemporâneos (como recuperação judicial), a despeito de ter sido elaborada em 2014. **4:** Errada. Nos termos do art. 1.060, parágrafo único, do CC, os poderes conferidos genericamente a todos os sócios no contrato não se estendem aos que ingressarem posteriormente na sociedade. HS

Gabarito 1C, 2C, 3C, 4E

**(Cartório/ES – 2013 – CESPE)** Assinale a opção correta no que se refere a empresário, operações societárias e dissolução, liquidação e extinção das sociedades.

**(A)** Cisão é o processo pelo qual a sociedade transfere parcelas de seu patrimônio para duas ou mais sociedades preexistentes ou constituídas para tal fim.

**(B)** A incorporação, fusão e cisão só podem ser operadas entre tipos societários iguais.

**(C)** Embora o Código Civil determine a dissolução, de pleno direito, das sociedades limitadas pela decretação da falência, tal norma não condiz com a natureza da quebra que

representa, apenas e tão somente, sua liquidação, sendo possível a continuação dos negócios uma vez pagos os credores.

**(D)** A absorção de empresa individual por parte de sociedade implica típico processo de incorporação.

**(E)** A personalidade jurídica do empresário individual e da sociedade empresária decorre da inscrição de seus atos no órgão de registro.

**A:** incorreta. Há de se ter extrema atenção para encontrar o erro da assertiva. A cisão, nos termos do art. 229 da Lei 6.404/1976, é a transferência de parcelas do patrimônio da sociedade para uma ou mais sociedades já existentes ou constituídas para esse fim; **B:** incorreta. Nada obsta tais operações societárias entre tipos diferentes de sociedade; **C:** correta. A decretação da quebra permite a continuação dos negócios com vistas a melhor atender os interesses dos credores, vendendo-se produtos estocados ou alienando unidades produtivas em funcionamento. Além disso, é possível a reabilitação do falido, que poderá voltar a exercer suas atividades após esse reconhecimento (art. 102 da Lei 11.101/2005); **D:** incorreta. Em rigor, a incorporação ocorre entre duas ou mais sociedades (art. 227 da Lei 6.404/1976); **E:** incorreta. O empresário individual não tem personalidade jurídica. Seu registro como empresário lhe confere apenas a regularidade de sua atividade. A obrigatoriedade de inscrição no CNPJ é uma obrigação de natureza fiscal que não se confunde com as espécies de pessoas jurídicas arroladas pelo art. 44 do Código Civil.

Gabarito "C".

**(Cartório/DF – 2014 – CESPE)** A respeito do empresário e das sociedades empresárias, assinale a opção correta.

**(A)** Enquanto não registrado seu estatuto social, a sociedade por ações rege-se pelas regras do Código Civil aplicáveis a sociedade em comum e, subsidiariamente, no que com elas forem compatíveis, pelas normas da sociedade simples.

**(B)** A existência da sociedade irregular pode ser comprovada por qualquer modo lícito de prova, seja por terceiros que negociarem com a sociedade, seja pelos sócios, no âmbito de suas relações recíprocas ou com terceiros.

**(C)** Nos termos do Código Civil, sociedade empresária difere de empresa: a primeira é o sujeito de direito; a segunda, o objeto de direito.

**(D)** Não há óbice a que uma pessoa natural constitua mais de uma empresa individual de responsabilidade limitada, pois essa modalidade de pessoa jurídica foi criada para incentivar a formalização da atividade econômica no Brasil.

**(E)** O empresário casado tem liberdade para realizar ampla gama de atos e negócios jurídicos no exercício da empresa, excetuando-se os que envolvam a alienação dos bens imóveis que integram o patrimônio da empresa, sendo, para tanto, necessária a outorga do cônjuge.

**A:** incorreta. O art. 986 do CC/2002 afasta expressamente a aplicação das normas da sociedade em comum para as sociedades por ações em organização. Serão aplicadas, portanto, as regras previstas na própria Lei 6.404/1976; **B:** incorreta. Os sócios da sociedade em comum somente poderão provar sua existência por escrito (art. 987 do CC/2002); **C:** correta. Empresa é sinônimo de atividade econômica organizada que cumpra os requisitos do art. 966 do CC/2002. Sociedade empresária é a pessoa jurídica que exerce a empresa; **D:** incorreta. A pessoa natural somente poderá ser titular de uma EIRELI, nos termos do art. 980-A, § 2º, do CC/2002; **E:** incorreta. Não é necessária a outorga conjugal para alienar ou gravar bens da empresa (art. 978 do CC/2002).

Gabarito "C".

**(Cartório/DF – 2014 – CESPE)** Assinale a opção correta acerca das sociedades empresárias.

**(A)** Historicamente, as sociedades por ações no direito brasileiro, que surgiram para possibilitar, mediante captação da poupança popular, a execução dos grandes empreendimentos necessários ao desenvolvimento do país, foram precedidas pelas sociedades limitadas.

**(B)** A responsabilidade do sócio quotista da sociedade limitada restringe-se ao preço da quota social por ele subscrita, cabendo apenas aos sócios inadimplentes a responsabilidade pelo capital social não integralizado.

**(C)** A doutrina do direito societário aprova o tratamento dado pelo Código de Defesa do Consumidor à desconsideração da personalidade jurídica dos fornecedores de produtos e serviços, visto que, nesse tratamento, são alcançadas a objetividade e a precisão almejadas pela teoria da desconsideração.

**(D)** O exercício de atividade empresarial é vedado às sociedades em conta de participação, dado que os demais agentes do mercado precisam ter segurança quanto à identidade das pessoas que participam da empresa, o que não é possível nessa espécie de sociedade.

**(E)** A decretação da falência do sócio oculto de uma sociedade em conta de participação não produz a resolução, de pleno direito, do contrato de participação, podendo o administrador judicial do falido, mediante autorização do comitê de credores, caso este exista, exigir que o contrato seja cumprido, como forma de os ativos destinados ao pagamento dos credores.

**A:** incorreta. As sociedades por ações já estavam previstas no Código Comercial de 1850, enquanto que as limitadas somente surgiram no ordenamento jurídico brasileiro com o Decreto 3.708/1919; **B:** incorreta. A responsabilidade dos sócios é solidária pela integralização do capital (art. 1.052 do CC); **C:** incorreta. O Código de Defesa do Consumidor adotou a teoria menor da desconsideração da personalidade jurídica, que, em síntese, permite a desconsideração sempre que a personalidade jurídica for obstáculo ao ressarcimento do consumidor. Tal modalidade, para alguns, desnatura o instituto e torna letra morta a própria separação patrimonial; **D:** incorreta. As sociedades em conta de participação estão autorizadas a exercer atividade empresária. Não há qualquer vedação no sentido proposto pela alternativa no ordenamento jurídico; **E:** correta, nos termos dos arts. 994, § 3º, do CC e 117 da Lei 11.101/2005.
_Gabarito "E"._

**(Defensor Público/TO – 2013 – CESPE)** Assinale a opção correta de acordo com as normas que regem as microempresas e as empresas de pequeno porte.

**(A)** A pessoa jurídica que opte pelo regime do SIMPLES Nacional será enquadrada na condição de microempresa e empresa de pequeno porte de acordo com o estabelecido em ato do Comitê Gestor SIMPLES Nacional, sendo plenamente retratável, a qualquer tempo.

**(B)** O desenquadramento da pessoa jurídica da condição de microempresa ou empresa de pequeno porte não implicará alteração, denúncia ou qualquer restrição em relação a contratos por ela anteriormente firmados.

**(C)** A pessoa jurídica que, no último ano calendário, tenha apresentado receita bruta de R$ 400.000,00 enquadra-se na condição de microempresa, considerando-se receita bruta o produto da venda de bens e serviços nas operações de conta própria, o preço dos serviços prestados e o resultado nas operações em conta alheia.

**(D)** A lei admite o enquadramento, na condição de microempresa ou empresa de pequeno porte, de pessoa jurídica que participe do capital social de outra pessoa jurídica, desde que todo esse capital social esteja investido no Brasil.

**(E)** Os órgãos municipais envolvidos na abertura e fechamento de empresas deverão exigir documento de propriedade ou contrato de locação do imóvel onde esteja instalada a sede da microempresa ou empresa de pequeno porte.

**A:** incorreta, pois a opção pelo regime de recolhimento unificado de tributos (Simples Nacional) não implica enquadramento como microempresa ou empresa de pequeno porte (a opção pelo Simples Nacional não é *causa* do enquadramento). Pelo contrário, o enquadramento como microempresa ou empresa de pequeno porte é condição necessária para a opção do contribuinte pelo Simples Nacional (o enquadramento é *condição necessária* para a opção) – art. 16 da LC 123/2006; **B:** correta, nos termos do art. 3º, § 3º, da LC 123/2006; **C:** incorreta, pois o limite máximo de receita bruta para enquadramento como microempresa é de R$ 360.000,00 – art. 3º, I, da LC 123/2006; **D:** incorreta, pois a participação no capital social de outra pessoa jurídica impede o enquadramento como microempresa ou empresa de pequeno porte – art. 3º, § 4º, VII, da LC 123/2006; **E:** incorreta, pois o art. 10,

II, da LC 123/2006 veda expressamente a exigência de documento de propriedade ou contrato de locação do imóvel para a abertura ou fechamento de empresas.
_Gabarito "B"._

## 3. DIREITO CAMBIÁRIO

### 3.1. TEORIA GERAL

**(Juiz de Direito – TJ/SC – 2019 – CESPE/CEBRASPE)** Determinado título de crédito foi emitido com eficácia sujeita às normas previstas no Código Civil, não sendo aplicável, na espécie, nenhuma norma especial. A respeito desse título, é correto afirmar que será possível a realização do

**(A)** aval, que será válido com a simples assinatura do avalista no anverso do título.

**(B)** endosso, que deverá ser dado exclusivamente no anverso do título.

**(C)** endosso, na forma parcial.

**(D)** aval, na forma parcial.

**(E)** endosso condicional e o aval cancelado.

**A:** correta, nos termos do art. 898, § 1º, do Código Civil; **B:** incorreta. O endosso pode ser feito no verso ou no anverso do título (art. 910 do CC); **C:** incorreta. É nulo o endosso parcial (art. 912, parágrafo único, do CC); **D:** incorreta. É nulo o aval parcial nos títulos atípicos (art. 897, parágrafo único, do CC); **E:** incorreta. O endosso condicional é tratado como endosso comum, pois é condição considerada não escrita (art. 912 do CC), e o aval cancelado será também considerado como não escrito (art. 898, § 2º, do CC). **HS**
_Gabarito "A"._

**(Delegado/PE – 2016 – CESPE)** Com referência às disposições do Código Civil acerca de endosso e aval, assinale a opção correta.

**(A)** É válido o aval parcial de títulos de crédito.

**(B)** O Código Civil veda o aval parcial e, por se tratar de norma posterior, revogou o dispositivo da Lei Uniforme de Genebra que permite o aval parcial em notas promissórias.

**(C)** O Código Civil veda tanto o aval parcial quanto o endosso parcial.

**(D)** Dado o princípio da autonomia, caso o avalista pague o título, não haverá possibilidade de ação de regresso contra os demais coobrigados.

**(E)** É válido o endosso parcial de títulos de crédito.

**A:** incorreta. Para os títulos de crédito atípicos, regidos pelo Código Civil, é vedado o aval parcial (art. 897, parágrafo único, do Código Civil); **B:** incorreta. O Código Civil é norma subsidiária para os títulos de crédito típicos, aqueles previstos em leis especiais. Logo, não tem o condão de derrogar a Lei Uniforme de Genebra – é a lei especial que revoga a lei geral, não o contrário; **C:** correta, nos termos dos arts. 897, parágrafo único (aval), e 912, parágrafo único (endosso), do Código Civil; **D:** incorreta. O avalista sub-roga-se nos direitos daquele por quem pagou, portanto está autorizado a exigir a quantia em ação de regresso contra aqueles que lhe sejam anteriores na cadeia de endossos (art. 899, § 1º, do Código Civil); **E:** incorreta. O endosso parcial é nulo (art. 912, parágrafo único, do Código Civil).
_Gabarito "C"._

**(Defensor Público – DPE/RN – 2016 – CESPE)** A respeito de títulos de crédito e de contratos bancários, assinale a opção correta.

**(A)** Atualmente, ainda é válida a pactuação das tarifas de abertura de crédito e de emissão de carnê na cobrança por serviços bancários, segundo o entendimento do STJ.

**(B)** Conforme entendimento do STJ, o ajuizamento isolado de ação revisional de contrato bancário é capaz de descaracterizar a mora do devedor.

**(C)** A omissão de qualquer requisito legal que retire a validade do título de crédito implica também a invalidade do negócio jurídico que lhe deu origem.

**(D)** O pagamento do título de crédito pode ser garantido por aval dado de forma parcial.

**(E)** De acordo com o STJ, a estipulação de juros remuneratórios superiores a 12% ao ano, por si só, não indica abusividade.

# 542 FERNANDO CASTELLANI, HENRIQUE SUBI E ROBINSON BARREIRINHAS

**A:** incorreta, pois, nos termos da Súmula 565/STJ, a pactuação das tarifas de abertura de crédito (TAC) e de emissão de carnê (TEC), ou outra denominação para o mesmo fato gerador, é válida apenas nos contratos bancários anteriores ao início da vigência da Resolução-CMN n. 3.518/2007, em 30/4/2008; **B:** incorreta, pois, conforme a Súmula 380/STJ, a simples propositura da ação de revisão de contrato não inibe a caracterização da mora do autor; **C:** incorreta, pois a omissão de qualquer requisito legal, que tire ao escrito a sua validade como título de crédito, não implica a invalidade do negócio jurídico que lhe deu origem, conforme dispõe o art. 888 do CC; **D:** afirmação dúbia. O Código Civil veda o aval parcial – art. 897, parágrafo único, do CC (com base nisso, a assertiva seria incorreta), mas essa regra não subsiste se houver norma específica (art. 903 do CC), como é o caso da letra de câmbio e da nota promissória, cuja legislação admite expressamente o aval parcial (arts. 30 e 77 da LU – nesse sentido, a assertiva é correta, pelo menos em relação a determinados títulos de crédito). De qualquer forma, a alternativa "E" é a melhor, pois evidentemente correta, baseada em entendimento sumulado do STJ; **E:** correta, conforme a Súmula 382/STJ.

Gabarito "E".

**(Juiz de Direito/DF – 2016 – CESPE)** Assinale a opção correta, no que diz respeito a aval.

(A) Se o título de crédito avalizado for vinculado a contrato de mútuo, o avalista deverá responder pelas obrigações nele contidas, ainda que ali não figure como devedor solidário.

(B) No caso do cheque, se houver dois avais superpostos e em branco, considera-se que houve aval de aval.

(C) Os avais simultâneos estabelecem entre os coavalistas uma relação fundada na solidariedade de direito comum, e não cambiária. Assim, se um deles pagar a dívida, terá o direito de exigir do outro apenas a quota parte que caberia a este.

(D) O avalista de cheque prescrito deverá responder pelo pagamento deste em ação monitória, independentemente da prova de ter-se beneficiado da dívida.

(E) O avalista citado para pagar o valor constante do título poderá invocar em seu favor benefício de ordem, de forma que, primeiro, sejam excutidos bens do avalizado.

**A:** incorreta. O avalista, no caso de contrato de mútuo, somente responde pelas obrigações do contrato se nele constar como devedor solidário, nos termos da Súmula 26 do STJ; **B:** incorreta. Avais superpostos consideram-se simultâneos (dois avalistas do mesmo avalizado) e não sucessivos (aval de aval), nos termos da Súmula 189 do STF; **C:** correta. Os avalistas não constituem uma relação cambial entre si, portanto podem ser atingidos em ação de regresso somente pela sua cota. Exemplo: se são três avalistas simultâneos, e um paga toda a dívida, poderá exigir dos outros dois somente um terço de cada um; **D:** incorreta. A jurisprudência do STJ se firmou em sentido contrário, ou seja, pode ser executado o avalista de cheque prescrito se provado que ele auferiu benefícios com a dívida (STJ, REsp 1.022.068/SP); **E:** incorreta. O avalista não detém benefício de ordem (art. 899, primeira parte, do CC).

Gabarito "C".

**(Procurador do Estado – PGE/BA – CESPE – 2014)** Em relação aos títulos de crédito, julgue os itens subsequentes.

(1) As normas do Código Civil sobre títulos de crédito aplicam-se supletivamente em relação às letras de câmbio, notas promissórias, cheques e duplicatas.

(2) A duplicata é um título causal, emitido exclusivamente com vínculo a um processo de compra e venda mercantil ou a um contrato de prestação de serviços e, por isso, é considerada um título cambiforme, ao qual não se aplica o princípio da abstração.

(3) O endosso posterior ao protesto por falta de pagamento produz apenas os efeitos de cessão ordinária de créditos.

**1:** Certa. Os títulos de crédito típicos seguem as respectivas regulamentações legais e se valem das normas do CC como legislação supletiva (art. 903 do CC). **2:** Errada. A duplicata é um título de crédito típico (título cambiariforme é aquele tratado como título de crédito, mas sem que estejam presentes todas as características necessárias para ser classificado como tal – são também conhecidos como títulos impróprios). Ainda que causal, é-lhe plenamente aplicável o princípio da abstração. **3:** Certa, nos termos do art. 920 do CC. **HS**

Gabarito 1C, 2E, 3C

**(Promotor de Justiça/PI – 2014 – CESPE)** Acerca do título de crédito, assinale a opção correta.

(A) Não se considera válido e eficaz o título de crédito em que não conste data de vencimento expressa nele próprio.

(B) Uma das características dos títulos de crédito é a literalidade, ou seja, só são extraídos efeitos do título daquilo que estiver nele escrito.

(C) Em regra, considera-se o lugar da emissão do título, quando não indicado expressamente, o domicílio do emitente, e o lugar do pagamento, quando não estipulado, o domicílio do sacado ou do credor beneficiário.

(D) Ao se criar título de crédito, formaliza-se uma promessa unilateral formulada pelo emitente ou sacador, seu criador, que pode ser dirigida, inicialmente, a um número indeterminado de pessoas.

(E) A omissão de requisito legal exigido ao título de crédito implica a invalidação do negócio jurídico que lhe tenha dado origem.

**A:** incorreta. A ausência de indicação da data de vencimento apenas implica que esse se dará à vista (art. 889, § 1º, do CC/2002); **B:** correta. Por força do princípio da literalidade, somente produzirá efeitos cambiais aquilo que estiver escrito no corpo do título de crédito; **C:** incorreta. Tanto o local de emissão e de pagamento, quando não indicados no título, são considerados como o do domicílio do emitente (art. 889, § 2º, do CC/2002); **D:** incorreta. A uma, porque o título de crédito não consubstancia necessariamente uma promessa: pode estar estruturado na forma de ordem de pagamento, na qual o sacador determina que um terceiro pague certa quantia ao beneficiário. A duas, porque, em regra, os títulos de crédito devem ser nominais, ou seja, deve ser indicado o credor do direito nele previsto. Apenas excepcionalmente se reconhece o título ao portador (cheque com valor inferior a cem reais ou título circulando mediante endosso em branco); **E:** incorreta. O negócio jurídico original permanece íntegro por força do princípio da abstração dos títulos de crédito e do disposto no art. 888 do CC/2002.

Gabarito "B".

**(Cartório/ES – 2013 – CESPE)** Acerca dos princípios gerais dos títulos de crédito, assinale a opção correta.

(A) Defesas com base em exceções pessoais podem ser opostas, pelo sacado, em letra de câmbio, a partir de sua emissão.

(B) O título de crédito será tido como inválido caso se verifique que um dos coobrigados cambiais seja absolutamente incapaz.

(C) O endossante que, em ação regressiva, efetuar o pagamento de título de crédito pode acionar seu endossatário para haver dele aquilo que pagou.

(D) A ação intentada contra um dos coobrigados não impede que outros sejam acionados, mesmo os posteriores àquele que foi acionado em primeiro lugar.

(E) Em face do princípio da literalidade, é inválido o aceite ou o aval dado em documento separado.

**A:** incorreta. Vigora nos títulos de crédito o princípio da inoponibilidade das exceções pessoais a terceiros de boa-fé. Portanto, não poderão ser usadas como argumentos para justificar o não pagamento do título quaisquer situações existentes entre o sacado e o sacador; **B:** incorreta. Por força do princípio da autonomia das relações cambiais, será inválida somente a obrigação cambial do incapaz, mantendo-se íntegras todas as demais; **C:** incorreta. Somente se admite a cobrança regressiva de pessoas que sejam anteriores na cadeia de transmissão do crédito, ou seja, o endossatário pode cobrar do endossante, não o contrário; **D:** correta. A obrigação dos coobrigados entre si é solidária, podendo qualquer deles ser chamado a pagar a dívida; **E:** considerada incorreta pelo gabarito oficial, mas passível de críticas. Há apenas uma hipótese na qual o aceite pode ser dado em documento separado: é o aceite por comunicação da duplicata, previsto no art. 7º, § 1º, da Lei 5.474/1968, no qual o devedor retém para si o título e comunica por escrito o credor da duplicata seu aceite. Em todos os demais casos, tanto o aceite quanto o aval devem ser dados no próprio título, sob pena de não valerem como tais.

Gabarito "D".

## 3.2. TÍTULOS EM ESPÉCIE

### 3.2.1. LETRA DE CÂMBIO

João era o sacado de uma letra de câmbio no valor de mil reais, com vencimento previsto para 31/12/2018. Em 1.º/11/2018, ao receber o título para aceite, ele discordou do valor e declarou no anverso que aceitaria pagar somente quinhentos reais.

**(Juiz de Direito - TJ/BA - 2019 - CESPE/CEBRASPE)** Nessa situação hipotética, o aceite foi parcial e

(A) modificativo, tendo desvinculado João dos termos da letra de câmbio.

(B) limitativo, tendo desvinculado João dos termos da letra de câmbio.

(C) limitativo, com a possibilidade de execução do título após a recusa parcial, com vencimento antecipado do título.

(D) modificativo, tendo ficado João vinculado ao pagamento do valor aceito, que não poderia ser executado antes do vencimento do título.

(E) limitativo, com a possibilidade de execução do título somente após o seu vencimento original, datado de 31/12/2018.

Trata-se de aceite parcial limitativo, porque reduziu o valor constante da letra. O aceite parcial opera o vencimento antecipado da dívida toda contra o sacador, já sendo, portanto, exequível (art. 43 da Lei Uniforme de Genebra). HS
Gabarito "C".

**(Cartório/PI - 2013 - CESPE)** João e endossatário de letra de cambio que lhe foi endossada por Manuel, que foi avalizado por Jesualdo. Manuel recebera a letra, por endosso, de Carla, que, por sua vez, a recebera de Pedro — o sacador — após o aceite de Jeremias — o sacado —, cuja interdição por incapacidade absoluta fora decretada, tendo a sentença transitado em julgado dois dias antes. Jeremias assinou a letra em branco para que Pedro a preenchesse, segundo o valor que apurasse em determinado negócio. Tal acordo, verbal, não constou do título. Manuel preencheu o título com o valor de R$ 1.000,00 a mais que o apurado no negócio. No vencimento, Jeremias não pagou o título, e João, seu último portador, pretende cobrar o crédito nele estampado.

Nessa situação hipotética,

(A) Carla poderá, se for cobrada por João e a este pagar o valor da letra, cobrá-la, em regresso, de Manuel.

(B) para cobrar dos endossantes, dos avalistas e do sacador, João deve, obrigatoriamente, protestar o título.

(C) Jeremias só poderá invocar a sua incapacidade absoluta em face de eventual cobrança da parte de Pedro, com quem manteve relação jurídica de base, não sendo possível opor tal exceção em face de João.

(D) João poderá cobrar o crédito diretamente de Jesualdo, que, no entanto, pode, com respaldo legal, alegar ter benefício de ordem e exigir que, primeiro, sejam excutidos bens de Manuel.

(E) Jeremias pode alegar, utilmente, como matéria de defesa, na cobrança que lhe seja feita por João, que Manoel preencheu o título de forma abusiva, já que, por lei, isso é considerado defeito de forma.

A: incorreta. O coobrigado que paga a letra pode cobrar, em ação de regresso, apenas aqueles que lhe forem anteriores na cadeia cambial. No caso, Carla poderá cobrar o valor somente de Jeremias, o devedor principal, ou de Pedro, o sacador; B: correta. O protesto do título é facultativo para cobrar o aceitante, devedor principal, porém obrigatório para a execução dos coobrigados (art. 44 da Lei Uniforme de Genebra); C: incorreta. Jeremias pode alegar sua incapacidade em caso de cobrança por parte de Carla, a beneficiária original do título, com quem mantém a relação cambial inicial; D: incorreta. João deve respeitar o benefício de ordem e cobrar primeiro o devedor principal, Jeremias. Na hipótese dele não pagar, aí sim poderia voltar-se contra os coobrigados e seus

avalistas, onde se insere Jesualdo. Como avalista de Manuel, ele não tem qualquer benefício de ordem (art. 32 da Lei Uniforme de Genebra); E: incorreta. Isso é considerado exceção pessoal e, portanto, não pode ser oposta a terceiros de boa-fé. Por força do princípio da literalidade, deve Jeremias pagar a letra conforme consta do título e posteriormente acionar Pedro pelo eventual abuso no preenchimento.
Gabarito "B".

**(Procurador/DF - 2013 - CESPE)** Cláudio sacou letra de câmbio contra Mauro e em favor de Ruy, com vencimento a certo termo de vista estipulado para cinco dias após o aceite. Ato sequente, Ruy endossou o referido título para Bruno, que o endossou para Sílvia. Com referência a essa situação hipotética, julgue os itens subsequentes.

(1) Se, por hipótese, Sílvia endossar a letra para instituição financeira exclusivamente para fins de cobrança da dívida ali contida, os endossatários, caso sejam instados ao pagamento, poderão invocar exceções pessoais que eventualmente a possuam em face da endossante.

(2) A recusa do aceite pelo sacado determinará o vencimento antecipado do título, ocasião em que o portador, para conservar o seu direito de ação contra os demais coobrigados, deverá, necessariamente, promover o seu protesto.

(3) Caso a letra seja aceita e não paga e Sílvia exija de Ruy, judicialmente, o pagamento integral da dívida inserida nesse título, Ruy não poderá recusá-lo sob o argumento de que a transferência do título para Bruno teria se dado para liquidação de dívida de jogo ilegalmente contraída.

(4) Se a letra for aceita e não paga e Sílvia exigir de Ruy, judicialmente, o pagamento integral da dívida inserida nesse título, este poderá recusá-lo, caso a portadora do título o tenha recebido por meio de endosso lançado após o decurso do prazo para protesto por falta de pagamento, sob o argumento de que a transferência do título para Bruno teria se dado para liquidação de dívida de jogo ilegalmente contraída.

(5) Caso realmente não se verifique o aceite da cártula e o sacador seja obrigado ao seu pagamento após o cumprimento de todas as formalidades legais bem como o ajuizamento de ação própria, Mauro estará obrigado, regressivamente, a repará-lo.

1: correta. A rigor, os endossantes é que podem ser instados ao pagamento (inclusive o Rui, que não é endossatário) – art. 15 da Lei Uniforme - LU (promulgada pelo Decreto 57.663/1966). Nesse caso, os coobrigados (dentre eles os demais endossantes, outros que não a própria Sílvia) só podem invocar contra o portador (a instituição financeira, no caso) as exceções que eram oponíveis ao endossante (a Sílvia, nesse caso) – art. 18 da LU; 2: correta, nos termos dos arts. 43 e 44 da LU; 3: correta, pois Rui não pode opor contra Sílvia a exceção pessoal que tem contra Bruno (princípio da autonomia, subprincípio da inoponibilidade) – art. 915 do CC/2002 e art. 17 da LU; 4: correta, pois quando o endosso é tardio, posterior ao vencimento e ao prazo para o correspondente protesto, ele tem efeito de simples cessão ordinária de crédito, ou seja, não se aplica o princípio cambiário da autonomia – art. 20 da LU; 5: incorreta, pois se Mauro não aceitou o título ele não é parte nas relações cambiárias relacionadas à cártula.
Gabarito 1C, 2C, 3C, 4C, 5E

### 3.2.2. CHEQUE

**(Juiz – TJ/CE – 2018 – CESPE)** Na hipótese de um cheque ser apresentado ao sacado fora do prazo legal de apresentação, ainda é cabível ação executiva contra

(A) o emitente e seus avalistas, desde que haja protesto e seja observado o prazo prescricional.

(B) os endossantes e seus avalistas, dentro do prazo prescricional, desde que haja protesto.

(C) os endossantes e seus avalistas, independentemente de protesto, desde que observado o prazo prescricional.

(D) o emitente e seus avalistas, desde que observado o prazo prescricional de seis meses para o seu ajuizamento, contados do término do prazo de apresentação.

# 544 FERNANDO CASTELLANI, HENRIQUE SUBI E ROBINSON BARREIRINHAS

**(E)** o emitente e seus avalistas, desde que observado o prazo prescricional de dois anos para o seu ajuizamento, contados do término do prazo de apresentação.

A expiração do prazo de apresentação não retira a natureza executiva do cheque, até porque a contagem do prazo de prescrição da cártula se inicia justamente no fim do prazo de apresentação (art. 59 da Lei 7.357/1985). Assim, correta a alternativa "D", lembrando sempre que o protesto é dispensável para a cobrança do devedor principal – no caso do cheque, o emitente e seus avalistas. **HS**

*Gabarito "D".*

**(Procurador Municipal – Prefeitura/BH – CESPE – 2017)** Paulo emitiu à sociedade empresária CT Ltda. cheque, com cláusula sem protesto, que não foi compensado por insuficiência de fundos disponíveis. A sociedade, então, ingressou com ação cambial contra Paulo e Fernanda, titulares de conta conjunta.

Nessa situação hipotética,

**(A)** a CT Ltda. deverá expor, na petição inicial, o negócio jurídico que deu origem ao cheque.

**(B)** a CT Ltda. poderá cobrar, na ação, as despesas efetuadas com o protesto do título.

**(C)** os juros legais devem incidir desde o dia da apresentação do cheque.

**(D)** houve solidariedade passiva entre Paulo e Fernanda em razão da inadimplência do título.

**A:** incorreta. O cheque é título não causal, ou seja, pode ser sacado qualquer que seja o negócio jurídico que lhe deu origem e a ele não se prende, razão pela qual não há obrigação de consignar tal informação na cártula; **B:** incorreta. Como foi aposta no título a cláusula "sem protesto", as custas do ato correm por conta do tomador (art. 50, § 3º, da Lei 7.357/1985); **C:** correta, nos termos do art. 52, II, da Lei 7.357/1985; **D:** incorreta. A cobrança deve ser realizada unicamente em face de Paulo, emitente do cheque (art. 47, I, da Lei 7.357/1985). **HS**

*Gabarito "C".*

**(Promotor de Justiça/PI – 2014 – CESPE)** A respeito do cheque, assinale a opção correta.

**(A)** Em caso de cheque não pago pelo sacado, é desnecessário o protesto para cobrar de avalista do emitente do cheque.

**(B)** A revogação da ordem de pagamento consubstanciada no cheque pode ser feita pelo emitente e pelo portador legitimado.

**(C)** É nulo o cheque em que se insira cláusula de juros compensatórios.

**(D)** Para se valer de ação monitória contra o emitente, usando como prova da obrigação um cheque prescrito, deve o requerente declinar, na petição inicial, do negócio jurídico subjacente.

**(E)** Antes de pagar o cheque a endossatário, a instituição bancária deve averiguar a regularidade e autenticidade das assinaturas constantes da cadeia de endossos.

**A:** correta. Como o emitente do cheque é o seu devedor principal, o protesto contra seu avalista, que ocupa posição equivalente, é facultativo para a cobrança do valor representado pela cártula (art. 47, I, da Lei 7.357/1985); **B:** incorreta. Apenas o emitente pode emitir a contraordem de pagamento (art. 35 da Lei 7.357/1985); **C:** incorreta. O cheque não é nulo, só a cláusula que se considera não escrita (art. 10 da Lei 7.357/1985); **D:** incorreta. O cheque é título de crédito não causal, de forma que, por força do princípio da abstração dos títulos de crédito, desvincula-se totalmente do negócio jurídico que lhe deu origem; **E:** incorreta. Não cabe ao sacado verificar a autenticidade das assinaturas, somente a regularidade da cadeia de endossos (art. 39 da Lei 7.357/1985).

*Gabarito "A".*

**(Cartório/ES – 2013 – CESPE)** Em relação ao protesto, assinale a opção correta com base na lei que dispõe sobre o cheque.

**(A)** O instrumento de protesto, depois de registrado, deve ser entregue ao portador legitimado, ainda que desapossado do cheque e que este esteja na posse de terceiro de boa-fé.

**(B)** Dada a solidariedade cambial, o protesto contra o emitente implica, obrigatoriamente, o protesto contra seu avalista.

**(C)** O cheque deverá ser levado a protesto, inexistindo hipótese de dispensa, antes de expirado o prazo durante o qual se admite a apresentação do título, ou seja, antes de seis meses contados do fim do prazo de apresentação.

**(D)** O protesto de cheque é vedado caso o portador o apresente sem endosso que o identifique.

**(E)** O protesto é condição inarredável para a execução do cheque contra quaisquer dos membros da cadeia cambial.

**A:** incorreta. O princípio da cartularidade exige que a pessoa comprove sua posse legítima mediante a apresentação do cheque. O cheque só será entregue nessas condições ou para a pessoa que tiver efetuado o pagamento (art. 48, § 3º, da Lei 7.357/1985); **B:** incorreta. O protesto é um ato pessoal, atinge somente as pessoas nele indicadas, ainda que outras sejam solidariamente responsáveis pelo pagamento. Afinal, o credor do cheque é livre para cobrar o adimplemento da obrigação cambial de quem quiser – pode ele, portanto, preferir não executar o avalista; **C:** a alternativa foi considerada correta pelo gabarito oficial, mas merecia ser anulada por conta de sua péssima redação e confusão de alguns institutos. Nos termos do art. 48 da Lei 7.357/1985, o protesto deve ser tirado antes da expiração do prazo de apresentação do cheque, que é de 30 dias para pagamento de mesma praça ou 60 dias para praças diferentes. Parte da jurisprudência, bastante controvertida, aceita o protesto até a data da **prescrição** do cheque, essa sim ocorrente em 6 meses do fim do prazo de apresentação; **D:** incorreta. É totalmente lícito o protesto baseado em endosso em branco. Nesse caso, presume-se a boa-fé do portador da cártula; **E:** incorreta. O protesto é facultativo em relação ao emitente e seus avalistas (art. 47, I, da Lei 7.357/1985).

*Gabarito "C".*

## 3.2.3. DUPLICATA

Antônio é coobrigado que pagou uma duplicata protestada e deseja promover a competente ação para cobrar parte do valor por ele despendido de terceiro constante na cadeia de coobrigados.

**(Auditor Fiscal - SEFAZ/RS - 2019 - CESPE/CEBRASPE)** Nessa situação hipotética, o prazo prescricional para a ação de regresso dos coobrigados entre si será de

**(A)** seis meses, a contar da efetuação do pagamento por Antônio.

**(B)** um ano, a contar da efetuação do pagamento por Antônio.

**(C)** três anos, a contar do vencimento do título.

**(D)** seis meses, a contar do protesto do título.

**(E)** um ano, a contar do protesto do título.

A ação de regresso de um coobrigado contra outro prescreve em um ano, contado da data do pagamento, no caso da duplicata (art. 18, III, da Lei 5.474/1968). **HS**

*Gabarito "B".*

**(Cartório/RR – 2013 – CESPE)** A respeito de duplicata e endosso, assinale a opção correta.

**(A)** O STJ entende que os boletos de cobrança bancária vinculados a duplicata virtual, devidamente acompanhados dos instrumentos de protesto por indicação e dos comprovantes de entrega da mercadoria ou da prestação dos serviços, não suprem a duplicata eletrônica em meio físico, não constituindo, portanto, títulos executivos extrajudiciais.

**(B)** O aceite ordinário do título ocorre no caso de o devedor/comprador receber, sem reclamação e sem recusa formal, portanto, as mercadorias adquiridas enviadas pelo credor/vendedor.

**(C)** O endosso impróprio, ou seja, aquele feito após o protesto ou após o prazo para a realização do protesto, não produz os efeitos ordinários de um endosso, caracterizando mera cessão civil de crédito.

**(D)** Em se tratando de endosso em preto, aquele que não identifica o endossatário, o endossante assina no verso do título, sem identificar o endossante, o que permite a circulação do título.

**(E)** A emissão de duplicata é admitida somente para fins de documentação das relações jurídicas preestabelecidas em compra e venda mercantil ou em contrato de prestação de serviços.

**A:** incorreta. Segundo a jurisprudência do STJ, os boletos vinculados a duplicata virtual suprem o título em meio físico e são considerados títulos executivos extrajudiciais (REsp 1024691/PR); **B:** incorreta. Esse é o aceite presumido. Aceite ordinário é aquele no qual o sacado apõe sua assinatura na duplicata reconhecendo o dever de pagar o valor nela representado; **C:** incorreta. Inicialmente, a hipótese de endosso narrada na alternativa não é endosso impróprio, mas endosso póstumo ou tardio. No caso das duplicatas, às quais se aplica subsidiariamente o Código Civil, o endosso póstumo produz os mesmos efeitos daquele dado antes do protesto ou do fim do prazo para sua realização (art. 920 do CC); **D:** incorreta. Endosso em preto é aquele que identifica o endossatário; **E:** correta, nos termos dos arts. 1º e 20 da Lei 5.474/1968.
Gabarito "E".

### 3.2.4. OUTROS TÍTULOS E QUESTÕES COMBINADAS

**(Defensor Público/AC – 2017 – CESPE)** Com relação à nota promissória, assinale a opção correta.

**(A)** Para que a cartularidade dessa nota seja garantida, é necessário aceite.

**(B)** É vedada, nesse tipo de título, a utilização de cláusula não à ordem.

**(C)** A obrigação constante desse título deve ficar sujeita a uma condicionante.

**(D)** A referida nota é uma promessa de pagamento.

**(E)** A emissão dessa nota exige vinculação a um negócio jurídico.

**A:** incorreta. Nota promissória é promessa de pagamento, estrutura cambial que não admite aceite; **B:** incorreta. Nada impede a aposição de cláusula não à ordem na nota promissória; **C:** incorreta. A obrigação deve ser pura e simples, ou seja, não pode depender de condições; **D:** correta, conforme comentário à alternativa "A"; **E:** incorreta. A nota promissória é título não causal, ou seja, pode ser emitida para representar obrigação de qualquer natureza. HS
Gabarito "D".

**(Defensor Público/AL – 2017 – CESPE)** Neste ano de 2017, determinada pessoa está sendo executada judicialmente com base em nota promissória vencida e válida, com aposição de local e data pelo portador. A nota promissória refere-se ao ano de 2016.

Das informações a respeito da situação hipotética apresentada infere-se que

**(A)** a aposição de local e data no título prejudica a sua execução.

**(B)** a denominação "nota promissória" foi redigida por extenso e na língua em que foi emitida.

**(C)** o emitente do título é um brasileiro nato.

**(D)** ocorreu prescrição para a propositura da ação de execução do título extrajudicial contra o devedor do título.

**(E)** o negócio concretizado com a emissão da nota promissória se deu entre pessoas jurídicas.

**A:** incorreta. A nota promissória prescreve em 3 anos, contados do vencimento, em relação ao devedor principal (art. 77 da Lei Uniforme de Genebra); **B:** correta, nos termos do art. 75 da Lei Uniforme de Genebra; **C:** incorreta. Não é possível afirmar isso com base nas informações disponíveis; **D:** incorreta, conforme comentário à alternativa "A"; **E:** incorreta. Não é possível afirmar isso com base nas informações disponíveis. HS
Gabarito "B".

**(Juiz – TRF5 – 2017 – CESPE)** Em relação aos títulos de crédito, assinale a opção correta.

**(A)** A duplicata tem prazo prescricional de execução estipulado em seis meses, contados do pagamento, para os coobrigados exercerem o direito de regresso.

**(B)** A cláusula "sem garantia" pode ser aposta em qualquer fase da circulação do título e proíbe a realização de endosso a partir do momento de sua introdução no título.

**(C)** A duplicata e o cheque são classificados como causais, e a nota promissória e a letra de câmbio como não causais.

**(D)** A cláusula "não aceitável" é cabível somente nos títulos de crédito com vencimento a certo termo de vista.

**(E)** A cláusula "sem despesas" transforma em facultativo o protesto necessário contra quaisquer devedores.

**A:** incorreta. O prazo é de um ano (art. 18, III, da Lei 5.474/1968); **B:** incorreta. A cláusula "sem garantia" não proíbe a realização de endosso, apenas desvincula o endossante da obrigação da pagar a cártula em caso de inadimplemento do devedor principal; **C:** incorreta. O cheque é título não causal, podendo ser emitido para representar obrigação de qualquer natureza; **D:** incorreta. Ao contrário, não é permitida a cláusula nas letras vencidas a certo termo da vista, porque nelas é justamente a partir do aceite que começa a correr o prazo de vencimento; **E:** correta, é essa a função da cláusula "sem despesas". HS
Gabarito "E".

**(Defensoria/DF – 2013 – CESPE)** Julgue os próximos itens, relacionados aos títulos de credito em espécie.

**(1)** As declarações escritas e datadas que, emitidas pela instituição financeira ou por câmara de compensação, se refiram a recusa de pagamento não suprem o protesto para a cobrança dos endossantes do cheque e de seus avalistas.

**(2)** Perde o atributo da abstração a nota promissória em cujo corpo haja referência ao contrato que a tenha ensejado, de modo que defesas decorrentes da falta ou falha de execução contratual poderão ser opostas, pelo sacador, a terceiro de boa-fé a quem tenha sido a nota endossada.

**(3)** É cabível o protesto de letra de cambio por falta de aceite.

**(4)** A duplicata pode ser sacada em data posterior à da emissão da fatura.

**1:** incorreta. O protesto do cheque para cobrança dos coobrigados e eventuais avalistas pode ser suprida pela declaração descrita na assertiva (art. 47, II, da Lei 7.357/1985); **2:** correta. Uma vez vinculada ao contrato que lhe deu origem, a nota promissória deixa de circular como um título abstrato por força do princípio da literalidade. Portanto, eventuais vícios do negócio jurídico original a ela também se aplicam; **3:** correta, nos termos do art. 44 da Lei Uniforme de Genebra (anexa ao Decreto 57.663/1966); **4:** correta, conforme pacífica jurisprudência do STJ (*v.g.*, REsp 292355/MG, DJ 18/02/2002).
Gabarito 1E, 2C, 3C, 4C.

**(Cartório/RR – 2013 – CESPE)** Acerca de letra de câmbio e nota promissória, assinale a opção correta.

**(A)** Sendo o aceite da letra de câmbio uma faculdade do sacado, não é necessário que ele justifique a sua recusa, mas esta produzirá efeitos para o sacador e para o tomador, uma vez que ocorrerá o vencimento antecipado do título, podendo o tomador exigir do sacador o seu imediato pagamento.

**(B)** De acordo com o STF, a letra de câmbio e a nota promissória emitidas ou aceitas com omissões, ou em branco, não poderão ser completadas pelo credor antes da cobrança ou do protesto, ainda que de boa-fé.

**(C)** Para promover a execução contra o aceitante da letra de câmbio ou contra o emitente da nota promissória, bem como contra seus respectivos avalistas, o credor deverá, ainda que presentes os requisitos de liquidez, certeza e exigibilidade, promover o protesto da cártula, por se tratar de uma ação direta, e não de regresso.

**(D)** A letra de câmbio a certo termo da data vence após determinado prazo, que é estipulado pelo sacador quando da emissão da letra de câmbio e começa a correr a partir do aceite.

**(E)** Por serem aplicáveis às notas promissórias as regras sobre aceite, tais como, prazo de respiro e cláusula não-aceitável, poderá a nota ser sacada a certo termo da vista.

**A:** correta, nos termos do art. 43 da Lei Uniforme de Genebra; **B:** incorreta. A Súmula 387 do STF atesta que a cambial emitida ou aceita com omissões pode ser completada de boa-fé pelo credor antes da cobrança ou protesto; **C:** incorreta. O aceitante da letra, o sacador da nota promissória e os respectivos avalistas são os devedores principais das ditas cambiais. Portanto, o protesto por falta de pagamento é medida

# 546 FERNANDO CASTELLANI, HENRIQUE SUBI E ROBINSON BARREIRINHAS

facultativa para promover a cobrança em seu desfavor; **D:** incorreta. O prazo para pagamento de letra com vencimento a certo termo da data começa a correr da data de emissão (art. 36 da Lei Uniforme de Genebra); **E:** incorreta. A nota promissória não admite aceite, pois é estruturada como promessa de pagamento – o sacador é o próprio devedor da obrigação representada pela cártula.

Gabarito "A".

**(Cartório/DF – 2014 – CESPE)** Assinale a opção correta acerca dos títulos de credito, de acordo com a jurisprudência do STF e do STJ.

- **(A)** E permitido ao credor de contrato de mutuo garantido por nota promissória avalizada buscar a responsabilização do avalista pelos encargos contratuais, ainda que esses encargos não constem na nota promissória e o avalista não haja firmado o contrato de mutuo como devedor solidário.
- **(B)** Em razão da natureza do contrato de mandato, em nenhuma hipótese, o endossatário que receber o título de credito com endosso-mandato será responsabilizado pelos danos decorrentes do protesto indevido da cártula.
- **(C)** O endossatário que receber por endosso translativo título de credito formalmente viciado respondera pelos danos decorrentes do protesto indevido da cártula, podendo exercer seu direito de regresso contra os demais coobrigados no título.
- **(D)** Não se admite que o credor, ainda que de boa-fé, complete uma nota promissória emitida com omissões ou em branco antes do protesto, sob pena de desnaturação do título de credito, uma vez que incumbe exclusivamente ao emitente da nota promissória o seu preenchimento.
- **(E)** O credor de cheque sem forca executiva tem prazo de dez anos, contatos do dia seguinte ao do vencimento do título, para ajuizamento da ação monitoria contra o emitente do documento.

**A:** incorreta. O princípio da literalidade garante que o avalista somente se responsabiliza pela dívida nos termos constantes do título; **B:** incorreta, conforme comentário seguinte; **C:** correta. O endossatário responderá pelo protesto indevido se o título contiver vícios formais intrínsecos ou extrínsecos, nos termos da Súmula 475 do STJ; **D:** incorreta. A Súmula 387 do STF atesta que a cambial emitida ou aceita com omissões pode ser completada de boa-fé pelo credor antes da cobrança ou protesto; **E:** incorreta. O prazo é de cinco anos, nos termos da Súmula 503 do STJ.

Gabarito "C".

## 4. DIREITO FALIMENTAR – FALÊNCIA E RECUPERAÇÃO

### 4.1. ASPECTOS GERAIS

**(Juiz – TRF5 – 2017 – CESPE)** Maria, credora de um título de crédito, ingressou com um processo de execução somente contra o avalista João, já que o devedor principal, José, empresário individual, não possuía bens disponíveis para uma eventual constrição judicial. No curso do processo de execução, sobreveio a recuperação judicial de José, o que motivou o executado João a solicitar, com esse fundamento, que o juiz proferisse decisão que impedisse o prosseguimento do processo de execução e habilitasse o crédito no feito da recuperação judicial

Nessa situação hipotética, considerando o entendimento jurisprudencial sumulado a respeito da matéria, o juiz da causa executiva deverá

- **(A)** solicitar informações sobre a fase em que se encontra a recuperação judicial.
- **(B)** extinguir o processo de execução, devendo o credor se habilitar no processo de recuperação judicial.
- **(C)** solicitar a reserva, na recuperação judicial, do valor correspondente ao título executado.
- **(D)** suspender a ação de execução pelo prazo máximo e improrrogável de cento e oitenta dias.

**(E)** indeferir o pedido e prosseguir normalmente a execução.

Nos termos da Súmula 581 do STJ: "a recuperação judicial do devedor principal não impede o prosseguimento das ações e execuções ajuizadas contra terceiros devedores solidários ou coobrigados em geral, por garantia cambial, real ou fidejussória". HS

Gabarito "E".

**(Cartório/DF – 2014 – CESPE)** A respeito do direito falimentar, assinale a opção correta.

- **(A)** Os registros de direitos reais por título oneroso ou gratuito realizados após a decretação da falência são ineficazes em relação a massa falida, independentemente do momento da prenotação.
- **(B)** Por constituir matéria de interesse privado, a ineficácia dos atos do falido em relação a massa não pode ser declarada de ofício pelo juiz.
- **(C)** O credito da instituição financeira decorrente do adiantamento a contrato de câmbio para exportação e extraconcursal, devendo, portanto, ser pago com precedência sobre os demais créditos contra a massa falida da empresa exportadora.
- **(D)** Por nortear o regime falimentar em vigor, o princípio da preservação da empresa torna obrigatório a todos os credores do devedor o plano de recuperação extrajudicial assinado por credores que representem mais de três quintos de todos os créditos por ele abrangidos.
- **(E)** Não estão sujeitas a recuperação judicial nem a recuperação extrajudicial as sociedades empresárias constituídas sob a forma de sociedade de economia mista ou de empresas públicas.

**A:** incorreta. A prenotação anterior garante a eficácia do registro de direitos reais em caso de decretação da falência (art. 129, VII, da Lei 11.101/2005); **B:** incorreta. A declaração de ofício pelo juiz está prevista no art. 129, parágrafo único, da Lei 11.101/2005; **C:** incorreta. O crédito decorrente de adiantamento a contrato de câmbio possui um tratamento específico pela Lei de Falências, na medida em que não se submete à recuperação judicial ou extrajudicial e é passível de restituição em dinheiro desde que o prazo total da operação, inclusive eventuais prorrogações, não exceda o previsto nas normas aplicáveis a esse negócio jurídico (art. 86, II, da Lei 11.101/2005). Isso, porém, não faz dele um crédito extraconcursal. Na verdade, trata-se de um reconhecimento de que o valor arrecadado pelo administrador judicial não pertence ao falido e deve, então, ser devolvido antes de começar a pagar os créditos; **D:** incorreta. O plano de recuperação extrajudicial apenas obriga todos os credores se for assinado por representantes de metade de todos os créditos de cada espécie por ele abrangidos e se for homologado pelo juiz (art. 163 da Lei 11.101/2005); **E:** correta, nos termos do art. 2º, I, da Lei 11.101/2005.

Gabarito "E".

### 4.2. FALÊNCIA

**(Procurador/DF – CESPE – 2022)** No tocante à classificação dos créditos falimentares, julgue os itens a seguir.

- **(1)** Os créditos derivados da legislação do trabalho e cujos valores por credor sejam superiores a cento e cinquenta salários-mínimos serão reclassificados como créditos quirografários.
- **(2)** As custas do processo falimentar são consideradas créditos extraconcursais e serão pagas com precedência àqueles decorrentes das obrigações que sejam assumidas antes da decretação da falência.
- **(3)** Na ordem de classificação dos créditos falimentares, multas e créditos tributários precedem os créditos quirografários, independentemente da sua natureza e do tempo de constituição.

**1:** correta, nos termos do art. 83, VI, "c", da Lei de Falências; **2:** correta, nos termos do art. 84, III, da Lei de Falência; **3:** incorreta. As multas são créditos subquirografários, ou seja, são pagas após a quitação dos créditos quirografários (art. 83, VI e VII, da Lei de Falências). HS

Gabarito 1C, 2C, 3E

## 14. DIREITO EMPRESARIAL — 547

**(Procurador/DF – CESPE – 2022)** Acerca dos efeitos da falência sobre os contratos do falido, julgue os itens seguintes.

(1) A falência do locador resolve o contrato de locação e, em se tratando da falência do locatário, o administrador judicial pode, a qualquer tempo, denunciar o contrato.

(2) Os contratos, sejam unilaterais, sejam bilaterais, resolvem-se com a falência.

(3) Consideram-se encerrados, no momento de decretação da falência, os contratos de contas-correntes do falido.

**1:** incorreta. A falência do locador não resolve o contrato (art. 119, VII, primeira parte, da Lei de Falências); **2:** incorreta. Os contratos bilaterais não se resolvem pela falência e podem ser cumpridos pelo administrador judicial, atendendo aos interesses da massa (art. 117 da Lei de Falências); **3:** correta, nos termos do art. 121 da Lei de Falências. [HS]
Gabarito 1E, 2E, 3C

**(Juiz de Direito - TJ/BA - 2019 - CESPE/CEBRASPE)** De acordo com a legislação pertinente, trabalhador que possua crédito remuneratório trabalhista com uma empresa em falência deverá recebê-lo

(A) logo após o pagamento de créditos com garantia real, sem nenhum limite quanto ao valor do bem gravado.

(B) logo após o pagamento de créditos com garantia real, até o limite do valor do bem gravado.

(C) logo após o crédito tributário, sem nenhum limite de valor.

(D) primeiramente, antes dos demais créditos, no limite de até cento e cinquenta salários-mínimos.

(E) primeiramente, sem nenhum limite de valor.

Nos termos do art. 83, I, da Lei de Falências, os créditos trabalhistas devem ser pagos com preferência sobre todos os demais créditos concursais, até o limite de 150 salários mínimos por trabalhador. [HS]
Gabarito "D".

Uma sociedade limitada que possuía um único sócio-administrador sofreu várias condenações judiciais para pagamento de dívidas. Na ação de execução de uma dessas dívidas, não pagou, nem depositou os valores que estavam sendo executados, nem nomeou bens à penhora. A pedido de um credor, foi decretada a falência da sociedade.

**(Defensor Público - DPE/DF - 2019 - CESPE/CEBRASPE)** A partir dessa situação hipotética, julgue os itens que se seguem.

(1) Como efeito da decretação da falência, haverá a inabilitação administradores ou liquidantes, os quais terão os mesmos direitos e, sob as mesmas penas, ficarão sujeitos às obrigações que cabem ao falido.

(2) Infere-se da situação apresentada que o passivo da sociedade é maior que seu ativo, daí a correta decretação da falência.:

(3) Se o capital social estiver integralizado, apenas o sócio-administrador responderá pelas obrigações civis da falida, subsidiariamente.

**1:** incorreta. A responsabilidade do administrador deve ser apurada de forma autônoma, nos termos do art. 82 da Lei de Falências, não decorrendo direta e automaticamente da decretação da quebra; **2:** incorreta. Não é possível afirmar que há insolvência econômica. A sociedade pode ter o ativo maior que o passivo, mas não ter liquidez para pagar as dívidas no vencimento. No caso, conforme o enunciado, a decretação da falência ocorreu não por insolvência econômica (passivo maior que ativo), mas por insolvência jurídica (execução frustrada – art. 94, II, da Lei de Falências); **3:** incorreta. O sócio-administrador não responde pelas obrigações sociais, que ficam a cargo apenas da sociedade. Em relação à responsabilidade civil pelas obrigações da sociedade, não há nenhuma diferença entre os sócios relacionada ao exercício de funções administrativas ou de representação legal. Tanto os sócios diretores, administradores ou liquidantes quanto os que apenas prestaram capital para o negócio respondem pelas obrigações sociais na mesma extensão. Quando se trata de sociedade limitada, se o capital social está inteiramente integralizado, os sócios não têm responsabilidade pelas obrigações sociais, ou seja, seus bens pessoais não são envolvidos, de nenhum modo, no processo falimentar. [HS]
Gabarito 1E, 2E, 3E

**(Juiz – TJ/CE – 2018 – CESPE)** Determinada sociedade limitada que decretou falência era composta por seis sócios: o sócio A, único administrador, possuía 50% das quotas; cada um dos demais sócios possuía 10% das quotas.

Com relação ao efeito da decretação da falência nesse caso, assinale a opção correta.

(A) Caso os seis sócios detenham participações em outras sociedades, nenhum deles poderá continuar com essas participações enquanto não reabilitados.

(B) Se o capital social não estiver integralizado, caberá ação de integralização, que gerará responsabilidade solidária dos sócios inadimplentes pelas obrigações sociais da falida.

(C) Se o capital social estiver integralizado, apenas o sócio A responderá pelas obrigações civis da falida, subsidiariamente.

(D) Entre os sócios, somente o A, o administrador, se submete às obrigações processuais impostas à falida pela Lei de Falências e Recuperação de Empresas.

(E) O sócio A sofrerá inabilitação empresarial, porque, entre todos os sócios, é ele que detém a maior participação societária.

**A:** incorreta. Sócio de sociedade de responsabilidade limitada não é considerado falido (art. 81 da Lei 11.101/2005); **B:** incorreta. Se não integralizado o capital, caberá a todos os sócios, solidariamente, responder pelo valor faltante perante os credores (art. 1.052 do CC); **C:** incorreta. As obrigações da sociedade falida não atingem os sócios, nos termos do comentário à alternativa "A"; **D:** correta. Como responsável pela administração da sociedade falida, é o administrador, sócio ou não, que representa o devedor nos atos falimentares. Vale ressaltar, porém, que ele só poderá ser responsabilizado pessoalmente em caso de descumprimento do dever de diligência (art. 1.011 do CC) ou em caso de crime falimentar (art. 179 da Lei de Falências); **E:** incorreta, conforme comentários anteriores. [HS]
Gabarito "D".

**(Procurador do Estado/SE – 2017 – CESPE)** No que se refere ao direito falimentar, é correto afirmar que

(A) o juízo competente para julgar o pedido de falência é o do local do domicílio do credor.

(B) a sentença declaratória é pressuposto material objetivo da falência.

(C) cabe ao juiz analisar se o empresário se encontra em estado de insolvência.

(D) as sociedades cooperativas estão sujeitas à falência.

(E) o sujeito ativo da falência deverá ser, necessariamente, empresário.

**A:** incorreta. O juízo competente é o do principal estabelecimento do devedor (art. 3º da Lei 11.101/2005); **B:** correta. Somente a partir do trânsito em julgado da sentença declaratória de falência é que se pode considerar falido o devedor; **C:** incorreta. A insolvência de que trata a Lei de Falências é presumida, devendo ser decretada se presentes quaisquer dos pressupostos elencados no art. 94 da Lei 11.101/2005; **D:** incorreta. As cooperativas são expressamente excluídas do regime falimentar (art. 2º, II, da Lei 11.101/2005); **E:** incorreta. Qualquer credor pode pedir a falência do devedor empresário (art. 97, IV, da Lei 11.101/2005). [HS]
Gabarito "B".

**(Procurador do Estado – PGE/BA – CESPE – 2014)** No que se refere ao direito falimentar, julgue os itens a seguir.

(1) O contrato de concessão para a exploração de serviço público não se rescinde pela falência do concessionário, mas ele reversão que o sucede, pois só então se observa o princípio da continuidade do serviço público.

(2) A lei exclui total e absolutamente do direito falimentar as sociedades de economia mista, as empresas públicas e as câmaras de compensação.

(3) As execuções tributárias não são atraídas pelo juízo universal da falência, ao contrário dos créditos não tributários inscritos na dívida ativa.

**1:** Errada. Nos termos do art. 35, VI, da Lei 8.987/1995, a falência do concessionário é causa de extinção da concessão. **2:** Certa, por força do disposto no art. 2º, II, da Lei 11.101/2005 e no art. 7º da Lei 10.214/2001. **3:** Errada. Há consenso na doutrina de que deve ser dada interpretação extensiva à expressão "execução fiscal", para abranger também a dívida ativa não tributária, tendo em vista que a Lei de Falências não diferenciou os institutos. **HS**

Gabarito 1E, 2C, 3E

**(Defensoria/DF – 2013 – CESPE)** No que se refere à falência, julgue os itens a seguir.

(1) Na falência, os créditos decorrentes de acidentes de trabalho, ao contrário dos créditos trabalhistas, não estão limitados ao valor de cento e cinquenta salários mínimos.

(2) A sociedade seguradora não se submete ao regime falimentar da atual Lei de Falências, de modo que a decretação da sua falência é inadmitida pelo ordenamento jurídico em vigor.

(3) É aplicável a regulamentação da classificação de créditos da Lei de Falências atual às falências decretadas antes de sua vigência, por ter tal matéria caráter processual e, portanto, ser de aplicação imediata.

**1:** correta. O limite de 150 salários mínimos a que se refere o art. 83, I, da Lei 11.101/2005 aplica-se somente aos créditos derivados da legislação do trabalho. Aqueles decorrentes de acidente de trabalho serão considerados privilegiados em sua totalidade; **2:** incorreta. Conforme leciona Fábio Ulhoa Coelho, o art. 2º da Lei 11.101/2005 trata de hipóteses tanto de exclusão absoluta quanto de exclusão relativa da aplicação da Lei de Falências. No caso de exclusão absoluta, a Lei 11.101/2005 não será aplicada em hipótese alguma – é o que ocorre com as empresas públicas, sociedades de economia mista e as câmaras ou prestadoras de serviço de liquidação financeira. Tratando de exclusão relativa, a Lei de Falências será aplicada em situações determinadas. Se estamos falando de sociedades seguradoras, aplica-se o art. 26 do Decreto-lei 73/1966: "as sociedades seguradoras não poderão requerer concordata e não estão sujeitas à falência, salvo neste último caso, se decretada a liquidação extrajudicial, **o ativo não for suficiente para pagamento de pelo menos metade dos credores quirografários, ou quando houver fundados indícios da ocorrência de crime falimentar**" (grifo nosso); **3:** incorreta. O art. 192 da Lei 11.101/2005 afasta sua aplicação às falências decretadas anteriormente à sua vigência.

Gabarito 1C, 2E, 3E

**(Cartório/ES – 2013 – CESPE)** A Lei de Falências e Recuperação Judicial dispõe a respeito dos limites de incidência dos seus efeitos em relação ao tratamento conferido aos credores. Acerca desse assunto, assinale a opção correta.

(A) A decretação da falência acarreta a necessária suspensão de todas as ações e execuções contra o falido bem como a lacração do estabelecimento.

(B) Os créditos derivados da legislação do trabalho, em sua totalidade, são classificados e pagos em primeiro lugar, iniciada a fase do pagamento.

(C) A decretação da falência de sociedade de responsabilidade mista acarreta a falência de todos os seus sócios.

(D) Embora a lei falimentar não abranja as instituições financeiras e as cooperativas de crédito, a falência poderá ser decretada no curso de intervenção ou liquidação extrajudicial, a pedido do interventor ou liquidante.

(E) Os credores trabalhistas e fiscais sujeitam-se aos termos e condições de todos os tipos de recuperação judicial e extrajudicial.

**A:** incorreta. Não são todas as ações e execuções contra o falido que ficam suspensas. As ações trabalhistas e fiscais (art. 76 da Lei 11.101/2005), bem como as que demandem quantia ilíquida (art. 6º, § 1º, da Lei 11.101/2005) terão prosseguimento em seus foros de origem; **B:** incorreta. Os créditos trabalhistas somente têm privilégio de pagamento até o montante de 150 salários mínimos por credor (art. 83, I, da Lei 11.101/2005); **C:** incorreta. A falência alcança somente os sócios ilimitadamente responsáveis (art. 81 da Lei 11.101/2005); **D:** correta. Trata-se de hipóteses de exclusão relativa do regime jurídico falimentar. Isso significa que a Lei 11.101/2005 não se aplica de imediato, porém regerá o processo de quebra se forem verificadas determinadas condições previstas na legislação própria

das instituições financeiras após a decretação de intervenção ou liquidação extrajudicial pelo Banco Central; **E:** incorreta. A recuperação extrajudicial não pode abranger créditos trabalhistas ou tributários (art. 161, § 1º, da Lei 11.101/2005).

Gabarito "D".

## 4.3. RECUPERAÇÃO JUDICIAL E EXTRAJUDICIAL

**(Procurador/PA – CESPE – 2022)** De acordo com o art. 49 da Lei n.º 11.101/2005, apenas os credores com créditos existentes à época do pedido estão sujeitos à recuperação. A respeito desse tema, assinale a opção correta.

(A) Conforme a jurisprudência dominante atual do Superior Tribunal de Justiça, a existência do crédito é determinada pelo trânsito em julgado da sentença que o reconheça.

(B) A existência do crédito depende necessariamente de provimento judicial que o reconheça, independentemente de trânsito em julgado.

(C) A jurisprudência do Superior Tribunal de Justiça se consolidou no sentido de fixar a data da citação na ação de cobrança como marco da existência do crédito para fins de aplicação do art. 49 da Lei n.º 11.101/2005.

(D) De acordo com precedente do Superior Tribunal de Justiça firmado em julgamento de recurso especial repetitivo, considera-se que a existência do crédito é determinada pela data em que ocorreu o seu fato gerador, para o fim de submissão aos efeitos da recuperação judicial.

(E) Devem ser considerados, na recuperação, apenas os créditos existentes e vencidos à época do pedido.

O STJ consolidou a questão no julgamento do Tema 1.051 dos Recursos Repetitivos, para determinar que deve ser considerada a data do fato gerador para apurar a existência do crédito para fins de recuperação judicial. **HS**

Gabarito "D".

**(Juiz de Direito – TJ/SC – 2019 – CESPE/CEBRASPE)** Para recuperação judicial nos termos legais, as microempresas e as empresas de pequeno porte, assim definidas em lei, poderão apresentar plano especial de recuperação judicial, o qual

(A) deverá abranger todos os credores, sendo possível em qualquer hipótese a inclusão posterior dos credores não habilitados na recuperação judicial.

(B) não deverá abranger os créditos vincendos na data do pedido de recuperação judicial.

(C) deverá prever o parcelamento em até sessenta parcelas, iguais e sucessivas, atualizadas monetariamente, mas sem acréscimo de juros.

(D) deverá prever o pagamento da primeira parcela no prazo máximo de sessenta dias, contado da distribuição do pedido de recuperação judicial.

(E) não deverá acarretar a suspensão do curso da prescrição nem das ações e execuções por créditos não abrangidos pelo plano de recuperação judicial.

**A:** incorreta. Ficam excluídos os créditos decorrentes de repasses oficiais, os fiscais e os previstos nos §§3º e 4º do art. 49 da Lei de Falências (art. 71, I, da LF); **B:** incorreta. Também os créditos não vencidos se sujeitam ao plano (art. 71, I, da LF); **C:** incorreta. O parcelamento autorizado por lei se fará em 36 parcelas (art. 71, II, da LF); **D:** incorreta. O prazo máximo para pagamento da primeira parcela é de 180 dias (art. 71, III, da LF); **E:** correta, nos termos do art. 71, parágrafo único, da LF. **HS**

Gabarito "E".

**(Analista Judiciário – STJ – 2018 – CESPE)** Diversas modificações foram feitas na Lei de Recuperação Judicial – Lei 11.101/2005 –, entre elas, o fim da sucessão empresarial e a busca pela preservação da empresa. Com referência ao disposto na referida norma e em suas alterações, julgue os itens a seguir.

(1) A regra da impossibilidade de sucessão empresarial também se aplica a empresas que não estejam em crise econômico-financeira.

## 14. DIREITO EMPRESARIAL — 549

(2) O trespasse constitui uma das formas de se buscar a preservação da empresa.

(3) Apesar de disposição legal em contrário, a jurisprudência permite que seja ampliado o prazo legal de suspensão das execuções contra o devedor no processo de recuperação judicial.

1: errada. A questão merece críticas, porque são várias as acepções que se pode tomar por "sucessão empresarial". Provavelmente, quis o examinador se referir à possibilidade de alienação de estabelecimento, dada a assertiva seguinte. Empresas que não estejam em crise podem alienar seu patrimônio, inclusive o estabelecimento, e mesmo que se tornem insolventes após a operação – desde que, nesse último caso, contem com a concordância dos credores (art. 1.145 do CC); 2: correta, nos termos do art. 50, VII, da Lei 11.101/2005); 3: correta. Veja, por exemplo, os julgados no AgRg no CC 127.629/MT e RCD no CC 131.894/SP, ambos do STJ. HS

Gabarito 1E, 2C, 3C

**(Juiz de Direito/AM – 2016 – CESPE)** Considerando que determinado juiz tenha concedido a recuperação judicial a um devedor, após a aprovação do plano de recuperação em assembleia geral de credores, assinale a opção correta.

**(A)** O juiz é competente para decidir sobre a constrição de bens do devedor, mesmo que não tenham sido abrangidos pelo plano de recuperação da empresa.

**(B)** As execuções individuais ajuizadas contra o próprio devedor devem ser extintas, diante da novação resultante da concessão da recuperação judicial.

**(C)** Um dos efeitos da referida decisão judicial é interromper a prescrição de todas as ações e execuções em face do devedor.

**(D)** Se, decorridos mais de dois anos da referida decisão judicial, o devedor inadimplir obrigação prevista no plano, o juiz deverá convolar a recuperação em falência.

**(E)** É correto afirmar que o devedor beneficiado pela decisão nunca faliu antes.

A: incorreta, porque contraria a Súmula 480 do STJ: "O juízo da recuperação judicial não é competente para decidir sobre a constrição de bens não abrangidos pelo plano de recuperação da empresa"; B: correta. A novação implica perda do objeto das execuções individuais (art. 59 da LF); C: incorreta. A prescrição é suspensa, não interrompida, pelo deferimento do processamento da recuperação judicial (art. 6º da LF); D: incorreta. A convolação em falência está autorizada somente para o inadimplemento de obrigações previstas no plano até dois anos após o deferimento do benefício (art. 61, §1º, da LF); E: incorreta. O falido pode ser beneficiado com recuperação judicial, desde que já esteja reabilitado (art. 48, I, da LF).

Gabarito 'B'.

### 4.4. TEMAS COMBINADOS DE DIREITO FALIMENTAR

**(Magistratura/PI – 2011 – CESPE)** Assinale a opção correta acerca da recuperação judicial, da recuperação extrajudicial, da falência do empresário e da sociedade empresária.

**(A)** O juízo competente convocará a assembleia geral de credores por edital publicado no órgão oficial e em jornais de grande circulação nas localidades da sede e filiais, com antecedência mínima de quinze dias.

**(B)** Cabe ao devedor ou à massa falida custear a remuneração dos membros do comitê de credores e do administrador judicial, atendendo às disponibilidades de caixa.

**(C)** Para requerer a recuperação judicial, o devedor deve exercer atividades há mais de dois anos, não ser falido e não ter obtido a concessão de recuperação judicial há menos de oito anos.

**(D)** A Lei de Falências não se aplica a empresas financeiras públicas, sociedades cooperativas, sociedades limitadas, sociedades em comum, consórcios, entidades de previdência complementar nem a sociedades seguradoras.

**(E)** O deferimento do processamento da recuperação judicial interrompe o curso da prescrição e de todas as ações e execuções em face do devedor, salvo aquelas dos credores particulares do sócio solidário.

A: correta, por expressa previsão legal (Lei 11.101/2005, art. 36); B: incorreta, pois a remuneração do comitê de credores é encargo dos próprios credores, já que é órgão de interesse dos credores (Lei 11.101/2005, art. 29); C: incorreta, pois a lei estabelece como prazo mínimo de não utilização anterior do benefício o período de 5 anos (Lei 11.101/2005, art. 48); D: incorreta, pois a lei não se aplica às instituições financeiras públicas ou privadas (Lei 11.101/2005, art. 2º); E: incorreta, pois a lei estabelece a suspensão das ações em face do sócio solidário, de maneira expressa (Lei 11.101/2005, art. 6º).

Gabarito 'A'.

## 5. INTERVENÇÃO E LIQUIDAÇÃO EXTRAJUDICIAL

**(Cartório/ES – 2013 – CESPE)** Decretada a intervenção ou a liquidação extrajudicial, o interventor ou o liquidante comunicara ao registro público competente a indisponibilidade de bens, competindo a este, relativamente a esses bens,

**(A)** autorizar o registro de transferência de propriedade de veículos automotores.

**(B)** indeferir o registro de qualquer forma de reorganização societária, inclusive mediante incorporação, fusão ou cisão.

**(C)** negar o arquivamento de atos ou contratos que importem em transferência de cotas sociais, ações ou partes beneficiarias.

**(D)** fazer transcrições, inscrições ou averbações de documentos públicos ou particulares de todos os submetidos a restrição imposta pelo Banco Central do Brasil.

**(E)** processar o registro de transferência de bens de propriedade de pessoa física.

Nos termos do art. 97, parágrafo único, "b", do Decreto 81.402/1978, é vedado ao registrador, uma vez recebida a comunicação de indisponibilidade dos bens emitida pelo liquidante: a) fazer transcrições, inscrições ou averbações de documentos públicos ou particulares (a redação regulamentar termina aqui, portanto está incorreta a letra "D"); b) arquivar atos ou contratos que importem em transferência de cotas sociais, ações ou partes beneficiárias (correta a alternativa "C"); c) realizar ou registrar operações e títulos de qualquer natureza; d) processar a transferência da propriedade de veículos automotores (incorreta, portanto, a alternativa "A"). As demais condutas (letras "B" e "E") não constam das vedações expressas.

Gabarito "C".

**(Cartório/ES – 2013 – CESPE)** No que se refere aos efeitos da intervenção ou liquidação extrajudicial, assinale a opção correta.

**(A)** Se forem objeto de contrato de alienação, de promessa de compra e venda e de cessão de direito, os bens cujos instrumentos tenham sido levados ao competente registro público anteriormente à data da decretação da intervenção ou da liquidação extrajudicial serão atingidos pela indisponibilidade de bens.

**(B)** Decretada a intervenção ou a liquidação extrajudicial, o interventor ou o liquidante deverá comunicar ao registro público competente a indisponibilidade de bens, ficando a autoridade competente autorizada, apenas, a fazer transcrições, inscrições ou averbações de documentos públicos ou particulares.

**(C)** É vedado aos oficiais dos registros de imóveis e demais competentes proceder ao registro de cessão de ativo a terceiros, ou qualquer forma de organização ou reorganização da sociedade para continuação geral ou parcial do negócio ou atividade da liquidanda.

**(D)** A indisponibilidade de bens na liquidação extrajudicial não impede a alienação de controle, cisão, fusão ou incorporação da instituição submetida aos regimes de intervenção, liquidação extrajudicial ou administração especial temporária.

**(E)** A decretação da liquidação extrajudicial produzirá, de imediato, a suspensão das ações e execuções iniciadas sobre direitos e interesses relativos ao acervo da entidade liquidanda, não impedindo, no entanto, que quaisquer outras sejam intentadas, enquanto durar a liquidação.

**A:** incorreta. Tais bens não são alcançados pela indisponibilidade (art. 36, § 4º, da Lei 6.024/1974); **B:** incorreta. A autoridade competente, uma vez recebida a comunicação, ficará impedida de praticar tais atos (art. 38, parágrafo único, "a", da Lei 6.024/1974); **C:** incorreta. Tais atos são autorizados quando destinados a resguardar a economia pública, a poupança privada e a segurança nacional (art. 31 da Lei 6.024/1974); **D:** correta, nos termos do art. 2º, § 3º, da Lei 9.447/1997; **E:** incorreta. Não se poderá intentar quaisquer outas ações enquanto durar a liquidação (art. 18, "a", da Lei 6.024/1974).

Gabarito "D".

## 6. CONTRATOS EMPRESARIAIS

### 6.1. ALIENAÇÃO FIDUCIÁRIA

**(Defensor Público/ES – 2012 – CESPE)** Julgue o item seguinte, relativo ao direito empresarial.

(1) Admite-se a alienação fiduciária de coisa fungível, especialmente de títulos de credito, de valores imobiliários e demais documentos representativos de direitos ou de credito.

**1:** correta, nos termos do art. 1.361 do CC.

Gabarito 1C

### 6.2. CONTRATOS BANCÁRIOS E CARTÃO DE CRÉDITO

**(Magistratura/CE – 2012 – CESPE)** A respeito das transações realizadas com cartão de crédito, assinale a opção correta.

(A) O banco não tem legitimidade para figurar no polo passivo em ação de prestação de contas em que o titular de cartão de crédito pleiteie rever cláusulas de contrato firmado com a administradora do cartão em face da cobrança de encargos excessivos, ainda que evidenciada a existência de conglomerado de empresas.

(B) As empresas administradoras de cartão de crédito são consideradas instituições financeiras e, por essa razão, os juros remuneratórios que cobram são limitados pela Lei de Usura.

(C) Aplica-se a Lei de Usura às operações efetuadas pelos componentes do sistema financeiro nacional.

(D) Caso o titular de cartão de crédito receba mensalmente as respectivas faturas, a lei considera improcedente o ajuizamento de ação com a finalidade de cobrar da administradora do cartão a prestação de contas dos encargos cobrados.

(E) Será infrutífera a ação de cobrança que vise ao recebimento de despesas efetuadas com cartão de crédito, caso o devedor comprove ter o débito se originado de fato fraudulento que, perpetrado por terceiro, caracterize a existência de fato impeditivo ao direito do credor.

**A:** incorreta, pois nesse caso o Banco e a operadora do cartão ocupam posição de solidariedade em relação ao consumidor (STJ, Súmula 297); **B:** incorreta, pois por serem consideradas instituições financeiras, não se submetem as limitações da lei da usura (STJ, Súmula 283); **C:** incorreta, pois excluída tal aplicação pela jurisprudência (STJ, Súmula 283); **D:** incorreta, pois a fatura apenas indica o valor total dos encargos, sem pormenorizar e explicitar seus cálculos; **E:** correta, pois o ato nulo, praticado pelo terceiro não pode ser imputado ao titular do cartão (Resp 348.343-Sp, j. 14.02.2006).

Gabarito "E".

Veja a seguinte tabela, com as principais súmulas relativas ao direito bancário, para estudo:

| Súmulas de Direito Bancário | |
| --- | --- |
| Súmula 596/STF | As disposições do Decreto 22.626/1933 [Lei de Usura, que limita a taxa de juros] não se aplicam às taxas de juros e aos outros encargos cobrados nas operações realizadas por instituições públicas ou privadas, que integram o sistema financeiro nacional. |
| Súmula 382/STJ | A estipulação de juros remuneratórios superiores a 12% ao ano, por si só, não indica abusividade. |
| Súmula 381/STJ | Nos contratos bancários, é vedado ao julgador conhecer, de ofício, da abusividade das cláusulas. |
| Súmula 379/STJ | Nos contratos bancários não regidos por legislação específica, os juros moratórios poderão ser convencionados até o limite de 1% ao mês. |
| Súmula 328/STJ | Na execução contra instituição financeira, é penhorável o numerário disponível, excluídas as reservas bancárias mantidas no Banco Central. |
| Súmula 322/STJ | Para a repetição de indébito, nos contratos de abertura de crédito em conta-corrente, não se exige a prova do erro. |
| Súmula 300/STJ | O instrumento de confissão de dívida, ainda que originário de contrato de abertura de crédito, constitui título executivo extrajudicial. |
| Súmula 299/STJ | É admissível a ação monitória fundada em cheque prescrito. |
| Súmula 297/STJ | O Código de Defesa do Consumidor é aplicável às instituições financeiras. |
| Súmula 296/STJ | Os juros remuneratórios, não cumuláveis com a comissão de permanência, são devidos no período de inadimplência, à taxa média de mercado estipulada pelo Banco Central do Brasil, limitada ao percentual contratado. |
| Súmula 294/STJ | Não é potestativa a cláusula contratual que prevê a comissão de permanência, calculada pela taxa média de mercado apurada pelo Banco Central do Brasil, limitada à taxa do contrato. |
| Súmula 286/STJ | A renegociação de contrato bancário ou a confissão da dívida não impede a possibilidade de discussão sobre eventuais ilegalidades dos contratos anteriores. |
| Súmula 285/STJ | Nos contratos bancários posteriores ao Código de Defesa do Consumidor incide a multa moratória nele prevista. |
| Súmula 283/STJ | As empresas administradoras de cartão de crédito são instituições financeiras e, por isso, os juros remuneratórios por elas cobrados não sofrem as limitações da Lei de Usura. |

| | A nota promissória vinculada a contrato de abertura de crédito não goza de autonomia em razão da iliquidez do título que a originou. |
|---|---|
| Súmula 258/STJ | |
| Súmula 247/STJ | O contrato de abertura de crédito em conta-corrente, acompanhado do demonstrativo de débito, constitui documento hábil para o ajuizamento da ação monitória. |
| Súmula 233/STJ | O contrato de abertura de crédito, ainda que acompanhado de extrato da conta--corrente, não é título executivo. |
| Súmula 30/STJ | A comissão de permanência e a correção monetária são inacumuláveis. |

## 6.3. OUTROS CONTRATOS E QUESTÕES COMBINADAS

**(Auditor Fiscal - SEFAZ/RS - 2019 - CESPE/CEBRASPE)** Considerando o que dispõe o Código Civil sobre contrato de compra e venda mercantil, assinale a opção correta.

(A) A compra e venda mercantil pura será considerada obrigatória e perfeita somente após a tradição da coisa vendida.

(B) Em contratos dessa natureza, existindo defeito oculto em uma das coisas vendidas conjuntamente, o comprador poderá rejeitar todas as demais.

(C) Os leiloeiros poderão nomear prepostos para comprar, em hasta pública, bens de cuja venda estejam encarregados, desde que, posteriormente, comprovem não ter sido preço vil o valor pago para arrematar.

(D) Não havendo estipulação no contrato, o local da tradição da coisa vendida será o domicílio do comprador ao tempo da venda.

(E) Não existindo cláusula contratual que estipule em contrário, as despesas de escritura e registro ficarão a cargo do comprador, e as despesas de tradição, a cargo do vendedor.

**A:** incorreta. A compra e venda considera-se perfeita após as partes estarem concordes sobre o objeto e o preço (art. 482 do CC); **B:** incorreta. Nas coisas vendidas conjuntamente, o defeito oculto de uma não autoriza a rejeição de todas (art. 503 do CC); **C:** incorreta, tal prática é proibida pelo art. 497, IV, do CC e eiva o ato de nulidade; **D:** incorreta. No silêncio do contrato, a tradição se dará no local onde a coisa se encontrava no tempo da venda (art. 493 do CC); **E:** correta, nos termos do art. 490 do CC. HS
Gabarito "E."

**(Procurador do Estado/SE – 2017 – CESPE)** Acerca dos contratos de seguro, é correto afirmar que

(A) a diminuição do risco no curso do contrato de seguro, em regra, acarreta a redução do prêmio estipulado.

(B) o segurador poderá pagar em títulos o prejuízo resultante do risco assumido, hipótese na qual o prêmio será pago em dobro.

(C) a recondução tácita do contrato pelo mesmo prazo, mediante expressa cláusula contratual, só poderá operar uma única vez.

(D) o segurado poderá comunicar à seguradora o sinistro a qualquer tempo.

(E) a mora do segurador no pagamento do sinistro obriga à atualização monetária, mas não aos juros moratórios.

**A:** incorreta. A redução do prêmio será devida somente em caso de "redução considerável do risco", analisada caso a caso (art. 770 do CC); **B:** incorreta. O segurador é obrigado a pagar o prejuízo em dinheiro ou mediante a reposição da coisa, caso convencionado (art. 776 do CC); **C:** correta, nos termos do art. 774 do CC; **D:** incorreta. O sinistro deve ser informado tão logo dele saiba o segurado (art. 771 do CC); **E:** incorreta. Incidem também juros de mora nesse caso (art. 772 do CC). HS
Gabarito "C."

**(Juiz – TRF5 – 2017 – CESPE)** A respeito dos contratos empresariais, assinale a opção correta.

(A) No contrato de franquia, o franqueador deve fornecer aos interessados a Circular de Oferta de Franquia contendo, obrigatoriamente, as informações essenciais da operação, conforme a legislação específica, sob pena de anulabilidade do contrato.

(B) No contrato de fomento mercantil, as empresas faturizadoras não são obrigadas a manter sigilo sobre as suas operações ativas e passivas e sobre os serviços prestados.

(C) No contrato de arrendamento mercantil, só pode ter por objeto bem imóvel ou móvel de produção nacional.

(D) No contrato de distribuição, o distribuidor ou agente serão obrigatoriamente remunerados pelos negócios realizados fora do seu espaço, em razão do desrespeito à cláusula de territorialidade.

(E) No contrato de compra e venda mercantil, o vendedor deve transferir o domínio da coisa vendida, mas não se compromete a responder por evicção e por vício redibitório.

**A:** correta, nos termos do art. 4º da Lei 8.955/1994; **B:** incorreta. As empresas faturizadoras são equiparadas a instituições financeiras no que toca ao sigilo (art. 1º, § 2º, da Lei Complementar 105/2001); **C:** incorreta. Nada obsta a contratação de *leasing* de bem de procedência estrangeira; **D:** incorreta. A cláusula de exclusividade de zona pode ser expressamente afastada no contrato entre as partes (art. 711 do CC); **E:** incorreta. O vendedor é responsável pela evicção e vícios redibitórios (arts. 441 e 447 do CC). HS
Gabarito "A."

**(Cartório/PI – 2013 – CESPE)** Com relação aos contratos mercantis, assinale a opção correta.

(A) Na falência do representado, as comissões devidas ao representante gozam de privilégio geral sobre os bens, ainda não entregues aos compradores, que tenham sido vendidos com intermediação do representante.

(B) No contrato de franquia, não é essencial a cessão do direito de uso de marca ou patente.

(C) No caso de falência do comprador, é cabível a devolução, ao vendedor, da mercadoria vendida a crédito nos quinze dias anteriores à decretação da falência, contados estes da remessa da mercadoria.

(D) Distingue-se o contrato de concessão mercantil do contrato estimatório pelo fato de o concessionário alienar coisa própria e o outorgado alienar coisa alheia.

(E) O comissário pode exercer o direito de retenção, para o reembolso das despesas feitas e das comissões que lhe sejam devidas, sobre os bens do comitente falido que detenha em razão do contrato de comissão.

**A:** incorreta. As comissões devidas ao representante são classificadas com o mesmo privilégio dos créditos trabalhistas (art. 44 da Lei 4.886/1965); **B:** incorreta. A essencialidade da cessão de propriedade intelectual está expressa no art. 2º da Lei 8.955/1994 – ela é parte do próprio conceito de contrato de franquia; **C:** incorreta. O prazo de quinze dias aplicável ao pedido de restituição é contado da data da **entrega** da mercadoria (art. 85, parágrafo único, da Lei 11.101/2005); **D:** correta. Também conhecido como "venda em consignação", no contrato estimatório o vendedor fica na posse direta da coisa alheia a ser vendida, sem, contudo, adquirir a propriedade (art. 534 do Código Civil). Já na concessão mercantil, o concessionário adquire a propriedade da mercadoria junto ao concedente para revendê-la; **E:** incorreta. Ainda que previsto no art. 708 do Código Civil, o direito de retenção do comissário não se aplica à massa falida. O administrador judicial deve arrecadar os bens do falido que estejam em poder de terceiro, mencionando essa circunstância no inventário (art. 110, § 2º, III, da Lei 11.101/2005).
Gabarito "D."

**(Cartório/RR – 2013 – CESPE)** A respeito dos contratos mercantis, assinale a opção correta.

(A) A cláusula especial de retrovenda assegura ao vendedor, nos contratos de compra e venda de bem móvel ou imóvel, o direito de recomprar o bem vendido restituindo o preço recebido e reembolsando as despesas do comprador, inclusive as que, durante o período de resgate, tenham sido feitas com a sua autorização escrita ou para a realização de benfeitorias necessárias.

(B) Em se tratando de contrato de corretagem celebrado entre empresários, o pagamento da comissão não poderá ser condicionado à celebração do negócio previsto no contrato ou à mediação útil ao cliente, mesmo que estipulado entre as partes.

(C) Os direitos titularizados pelo criador de um *software* são tutelados pela legislação de direitos industriais, incumbindo ao Instituto Nacional da Propriedade Industrial o registro dos contratos de transferência de tecnologia, para que produzam efeitos em relação a terceiros.

(D) O contrato de concessão mercantil relativo a veículos automotores de vias terrestres é atípico, sendo as partes livres para estipular as suas cláusulas contratuais, o que configura contrato de distribuição-intermediação.

(E) Em caso de reintegração de posse do bem objeto de arrendamento mercantil celebrado entre empresários, a devolução do valor residual garantido é devida na forma simples, e não em dobro.

**A:** incorreta. A retrovenda somente pode ser prevista para bens imóveis (art. 505 do CC); **B:** incorreta. Diz o Enunciado 36 da 1ª Jornada de Direito Comercial do Conselho da Justiça Federal: "O pagamento da comissão, no contrato de corretagem celebrado entre empresários, pode ser condicionado à celebração do negócio previsto no contrato ou à mediação útil ao cliente, conforme os entendimentos prévios entre as partes. Na ausência de ajuste ou previsão contratual, o cabimento da comissão deve ser analisado no caso concreto, à luz da boa-fé objetiva e da vedação ao enriquecimento sem causa, sendo devida se o negócio não vier a se concretizar por fato atribuível exclusivamente a uma das partes"; **C:** incorreta. Os direitos reconhecidos ao criador de um *software* são os **direitos de autor**, regidos pela Lei 9.610/1998. Não se concederá patente sobre programas de computador (art. 10 da Lei 9.279/1996); **D:** incorreta. O contrato de concessão mercantil relativo a veículos automotores terrestres é **típico**, devendo seguir o estipulado na Lei 6.729/1979; **E:** correta, nos termos do Enunciado 38 da 1ª Jornada de Direito Comercial do Conselho da Justiça Federal.

Gabarito "E".

## 7. PROPRIEDADE INDUSTRIAL

Veja a seguinte tabela, com os requisitos de patenteabilidade e de registrabilidade, para estudo e memorização:

| Requisitos de patenteabilidade de invenção e modelo de utilidade | |
|---|---|
| Novidade | não pode estar compreendida no estado da técnica, ou seja, não pode ter sido tornada acessível ao público antes do depósito do pedido de patente – art. 11 da LPI |
| Atividade inventiva | não pode simplesmente decorrer, para um técnico no assunto, de maneira evidente ou óbvia, do estado da técnica – art. 13 da LPI |
| Aplicação industrial | deve ser suscetível de aplicação industrial – art. 15 da LPI |
| Desimpedimento | não é patenteável aquilo que está listado no art. 18 da LPI |

| Requisitos para registro de desenho industrial | |
|---|---|
| Novidade | não pode estar compreendido no estado da técnica, ou seja, não pode ter sido tornado acessível ao público antes do depósito do pedido de registro – art. 96 da LPI |
| Originalidade | dele deve resultar uma configuração visual distintiva, em relação a outros objetos anteriores – art. 97 da LPI |
| Desimpedimento | não é registrável aquilo que está listado nos arts. 98 e 100 da LPI |

| Requisitos para registro de marca | |
|---|---|
| Novidade relativa | não pode ter sido previamente registrada (princípio da novidade) para a classe do produto ou do serviço (princípio da especificidade) |
| Não violação de marca notoriamente conhecida | não pode violar marca de alto renome ou notoriamente conhecida – arts. 125 e 126 da LPI |
| Desimpedimento | Não é registrável aquilo que está listado no art. 124 da LPI |

**(Procurador/DF – CESPE – 2022)** De acordo com a Lei n.º 9.279/1996, que dispõe sobre direitos e obrigações relativos à propriedade industrial e a indicações geográficas, e o entendimento do STJ a respeito dessas indicações, julgue os itens que seguem.

(1) É permitida a proteção de marca de sinais sonoros, táteis, gustativos e olfativos.

(2) A licença compulsória poderá ser concedida, de ofício, temporária e não exclusiva, para a exploração da patente ou do pedido de patente, desde que seu titular ou seu licenciado não atenda à necessidade dos casos considerados como emergência nacional, internacional ou de interesse público.

(3) É possível o uso da marca independentemente de licença, bastando sua autorização no regulamento de utilização.

(4) A marca que utiliza nome geográfico não poderá ser registrada caso constitua indicação de procedência ou denominação de origem.

**1:** incorreta. A legislação brasileira não protege as chamadas marcas heterodoxas, uma vez que o art. 122 da LPI determina que as marcas sejam "visualmente perceptíveis"; **2:** correta, nos termos do art. 71 da LPE; **3:** correta, nos termos do art. 150 da LPI; **4:** correta, nos termos do art. 181 da LPI. HS

Gabarito 1E, 2C, 3C, 4C

**(Juiz – TJ/CE – 2018 – CESPE)** Marca notoriamente conhecida em seu ramo de atividade goza de proteção

(A) do direito industrial brasileiro, desde que registrada no INPI.

(B) exclusivamente em seu ramo de atuação, independentemente de estar previamente depositada ou registrada no Brasil.

(C) para preservar seu titular de usurpação, não sendo relevante nessa seara a proteção ao consumidor.

(D) em todos os ramos possíveis de atuação, sendo definida em lei como marca de alto renome registrada no Brasil.

(E) em todos os ramos da indústria, independentemente de registro no Brasil.

A marca notoriamente conhecida goza de proteção em todos os países signatários do tratado conhecido como Convenção de Paris para Proteção da Propriedade Intelectual, mas somente em seu ramo de atuação (art. 126 da Lei 9.279/1996). HS

Gabarito "B".

14. DIREITO EMPRESARIAL 553

**(Procurador do Estado/SE – 2017 – CESPE)** É atividade que pode ser considerada invenção e, assim, passível de patenteamento

(A) o desenvolvimento de técnicas e métodos operatórios ou cirúrgicos.

(B) a indicação do genoma ou germoplasma dos seres vivos naturais.

(C) a produção de obras literárias, arquitetônicas, artísticas e científicas.

(D) a formulação de regras de jogo.

(E) a produção de fármacos com a anuência prévia da autoridade sanitária.

As obras do intelecto humano proibidas de serem patenteadas estão elencadas no art. 10 da Lei nº 9.279/1996. Dentre as alternativas, a única que não se encontra no rol de exclusões é a letra "E", que deve ser assinalada. **HS**
Gabarito "E".

**(Cartório/ES – 2013 – CESPE)** É suscetível de registro no Instituto Nacional da Propriedade Industrial (INPI)

(A) desenho industrial considerado original e que dele resulte configuração visual distintiva em relação a outros objetos anteriores.

(B) substancia físico-química ou parte de seres vivos.

(C) indicação geográfica constituída por nome geográfico de uso comum designando produto ou serviço.

(D) invenção ou modelo de utilidade de descobertas, teorias científicas e métodos matemáticos.

(E) marca que empregue sinal ou expressão apenas como meio de propaganda.

**A:** correta, nos termos dos arts. 94 e 97 da Lei 9.279/1996; **B:** incorreta. A uma, porque seria caso de patente de invenção; a duas, porque a patenteabilidade de substâncias físico-químicas e partes de seres vivos é afastada pelo art. 18, II e III, da Lei 9.279/1996; **C:** incorreta. O nome geográfico de uso comum que designa produto ou serviço não é registrável como indicação geográfica (art. 180 da Lei 9.279/1996); **D:** incorreta. A uma, porque invenções e modelos de utilidade são objetos de patente, não de registro; a duas, porque teorias científicas e métodos matemáticos não são patenteáveis (art. 10, I, da Lei 9.279/1996); **E:** incorreta. O art. 124, VII, estabelece que não é registrável como marca o sinal ou expressão empregado apenas como meio de propaganda.
Gabarito "A".

**(Cartório/PI – 2013 – CESPE)** No que concerne a propriedade industrial, assinale a opção correta.

(A) Não se considera invenção nem modelo de utilidade o programa de computador em si.

(B) A marca de certificação é utilizada para identificar produtos ou serviços de membros de determinada coletividade.

(C) A proteção conferida por lei as invenções, considerada direito emanado da personalidade do inventor, independe de registro junto ao INPI.

(D) Sobrevindo a extinção do registro da propriedade junto ao INPI, eventual processo administrativo que seja instaurado, antes da extinção, com o fim de declarar sua nulidade, deve ser também extinto, cabendo ao interessado o recurso às vias judiciais para a obtenção de declaração.

(E) A partir do registro da marca, o seu titular pode impedir sua utilização em livro científico, ainda que tal publicação não tenha conotação comercial.

**A:** correta, nos termos do art. 10, V, da Lei 9.279/1996; **B:** incorreta. O conceito apresentado é o de marca coletiva (art. 123, III, da Lei 9.279/1996). Marca de certificação é aquela usada para atestar a conformidade de um produto ou serviço com determinadas normas ou especificações técnicas, notadamente quanto à qualidade, natureza, material utilizado e metodologia empregada (art. 123, II, da Lei 9.279/1996); **C:** incorreta. A proteção de invenções, que se dá por meio da concessão de patente, somente se verifica a partir de seu deferimento pelo INPI (art. 6º da Lei 9.279/1996); **D:** incorreta. Nos termos do art. 172 da Lei 9.279/1996, o processo administrativo de nulidade prosseguirá ainda que extinto o registro; **E:** incorreta. Nesse caso, não pode o titular obstar o uso da marca (art. 132, IV, da Lei 9.279/1996).
Gabarito "A".

**(Cartório/PI – 2013 – CESPE)** Assinale a opção correta a respeito da propriedade industrial.

(A) Para gozar do monopólio da utilização da marca, o proprietário deve obter, no Instituto Nacional de Propriedade Industrial, a concessão de privilégio a ela relativa.

(B) São patenteáveis, como invenção, as teorias científicas.

(C) Constitui violação ao direito conferido pela patente a fabricação, sem autorização, de produto de acordo com patente de processo ou de produto que tiver sido colocado no mercado interno diretamente pelo titular da patente.

(D) É de dez anos o prazo de prescrição da pretensão para se obter indenização em razão da violação de direito de propriedade industrial.

(E) Distingue-se o direito de propriedade industrial do direito do autor pela função do respectivo registro, sendo este constitutivo no primeiro caso e no segundo, não.

**A:** considerada incorreta pelo gabarito oficial, porém sob nossas críticas. Não encontramos qualquer equívoco na redação da alternativa. Podemos criticar a extensão dos termos "monopólio" e "privilégio", porque é sabido que existem exceções ao direito de propriedade intelectual incidente sobre a marca, mas não se pode tachá-los de incorretos; **B:** incorreta. As teorias científicas estão fora da proteção patentária (art. 10, I, da Lei 9.279/1996); **C:** incorreta. Por força da doutrina da exaustão, considera-se que a colocação no mercado de produto ou processo patenteado diretamente pelo titular permite que outros se valham desse conhecimento (art. 43, IV, da Lei 9.279/1996); **D:** incorreta. O prazo de prescrição nesse caso é de 5 anos (art. 225 da Lei 9.279/1996); **E:** correta. Esse é realmente um dos principais traços distintivos das duas espécies de propriedade intelectual (propriedade industrial e direito de autor). Na primeira, sem a concessão formal do privilégio (patente ou registro), não há proteção da propriedade; no segundo, o registro da obra intelectual é meramente declaratório – mesmo sem ele, pode o autor provar sua condição por qualquer meio.
Gabarito "E".

**(Cartório/DF – 2014 – CESPE)** Considerando a proteção conferida na legislação brasileira a propriedade industrial e aos direitos autorais, assinale a opção correta.

(A) Os princípios da especialidade e da territorialidade, aplicáveis a proteção das marcas, são relativizados, respectivamente, nos casos de marcas de alto renome, que obtêm proteção em todos os ramos de atividade, e de marcas notoriamente conhecidas, que gozam de proteção independentemente de estarem previamente depositadas ou registradas no Brasil.

(B) E patenteável, como modelo de utilidade, a concepção puramente abstrata da qual possa ser desenvolvido um objeto de uso pratico, suscetível de aplicação industrial, e cuja nova forma acarrete melhoria funcional.

(C) Das decisões adotadas nos vários procedimentos realizados perante o INPI cabe recurso, em última instância administrativa, ao ministro de Estado do Desenvolvimento, Indústria e Comércio Exterior.

(D) Enquanto o registro de um programa de computador e constitutivo do direito de proteção estatal da propriedade intelectual sobre a obra, o registro de um desenho industrial tem caráter meramente declaratório e de publicidade, não causando sua ausência prejuízo ao exercício dos direitos de propriedade sobre o desenho.

(E) Os prazos legais de proteção à propriedade intelectual sobre um programa de computador e a uma patente de invenção são idênticos.

**A:** correta. O princípio da especialidade determina que a marca somente será protegida em seu ramo de atividade, sendo exceção a marca de alto renome (art., 125 da Lei 9.279/1996). Já o princípio da territorialidade afirma que a proteção conferida pelo registro de marca vigora somente no território do país que o concedeu, sendo exceção a marca notoriamente conhecida (art. 126 da Lei 9.279/1996); **B:** incorreta. Concepções puramente abstratas não são registráveis como modelo de utilidade (art. 10, II, da Lei 9.279/1996); **C:** incorreta. Os recursos serão decididos pelo Presidente do INPI, onde se encerra a instância administrativa (art. 212, § 3º, da Lei 9.279/1996); **D:** incorreta. A afirmação está invertida.

Direitos de autor não dependem de registro para serem reconhecidos (art. 18 da Lei 9.610/1998), enquanto o desenho industrial somente será protegido após a concessão do respectivo registro junto ao INPI (art. 94 da Lei 9.279/1996); **E:** incorreta. O programa de computador é protegido pelo direito de autor, que se extingue após 50 anos contados de 1º de janeiro do ano seguinte ao da publicação ou criação do *software* (art. 2º, § 2º, da Lei 9.609/1998). Já a patente de invenção perdura por 20 anos contados do depósito do pedido (art. 40 da Lei 9.279/1996). Gabarito "A".

**(Defensor Público/TO – 2013 – CESPE)** Com relação ao direito de propriedade industrial, assinale a opção correta, considerando que INPI corresponde ao Instituto Nacional da Propriedade Industrial.

**(A)** A marca de produto ou serviço deve atestar a qualidade de determinado produto ou serviço em conformidade com normas técnicas previamente estabelecidas por institutos próprios, de natureza governamental.

**(B)** Sendo o INPI uma autarquia federal, a ação em que se discute o pagamento do valor da remuneração pelo uso de patente deve ser proposta perante a justiça federal.

**(C)** A invenção que atenda aos requisitos da novidade, atividade inventiva e aplicação industrial poderá ser patenteada e a legitimidade para requerê-la ao INPI cabe ao próprio autor, bem como aos seus herdeiros ou sucessores.

**(D)** Cabe ao INPI conceder patentes de novas técnicas e métodos operatórios ou cirúrgicos, bem como métodos terapêuticos ou de diagnóstico, para aplicação no corpo animal.

**(E)** Considera-se desenho industrial o objeto de uso prático que, suscetível de aplicação industrial, apresente nova forma ou disposição e envolva ato inventivo que resulte em melhoria funcional.

**A:** incorreta, pois a marca de produto ou serviço é aquela usada para distinguir produto ou serviço de outro idêntico, semelhante ou afim, de origem diversa – art. 123, I, da Lei de Propriedade Industrial – LPI (Lei 9.279/1996). A assertiva refere-se à *marca de certificação* – art. 123, II, da LPI; **B:** incorreta, pois somente quanto o registro de patente é questionado é que se atrai a competência da Justiça Federal – arts. 57 e 175 da LPI; **C:** correta, nos termos do art. 6º, § 2º, e art. 8º, ambos da LPI; **D:** incorreta, pois não são patenteáveis, conforme o art. 10, VIII, da LPI; **E:** incorreta, pois desenho industrial indica a forma plástica ornamental de um objeto ou o conjunto ornamental de linhas e cores que possa ser aplicado a um produto, proporcionando resultado visual novo e original na sua configuração externa e que possa servir de tipo de fabricação industrial – art. 95 da LPI. A assertiva refere-se ao *modelo de utilidade* – art. 9º da LPI. Gabarito "C".

## 8. DIREITO DO CONSUMIDOR, CONCORRENCIAL, LEI ANTITRUSTE

**(Juiz de Direito/AM – 2016 – CESPE)** Acerca da concorrência empresarial, assinale a opção correta.

**(A)** A concorrência com abuso de poder ocorre mediante violação do segredo de empresa ou mediante publicidade enganosa, ensejando responsabilização administrativa objetiva.

**(B)** A expressão mercado relevante refere-se à importância econômica da atividade analisada.

**(C)** Se houver condenação por crime de concorrência desleal genérica, haverá necessariamente condenação à reparação por danos na esfera cível, pelos mesmos fatos.

**(D)** A concorrência desleal é reprimida nas esferas civil, penal e administrativa.

**(E)** Constitui crime de concorrência desleal imitar expressão de propaganda alheia, de modo a criar confusão entre os produtos, estando o agente sujeito a pena de detenção.

**A:** incorreta. A concorrência com abuso de poder é aquela definida no art. 36 da Lei 12.529/2011, constituindo infração à ordem econômica por responsabilidade objetiva, ainda que não se alcance o resultado pretendido. Não se lê entre as hipóteses a violação de segredo ou publicidade enganosa; **B:** incorreta. Define-se mercado relevante como sendo *"um produto ou grupo de produtos e uma área geográfica em que tal(is) produto(s) é(são) produzido(s) ou vendido(s), de forma que uma firma monopolista poderia impor um pequeno, mas significativo e não transitório aumento de preços, sem que com isso os consumidores migrassem para o consumo de outro produto ou comprassem em outra região. Esse é chamado **teste do monopolista hipotético** e o mercado relevante é definido como sendo **o menor mercado possível em que tal critério é satisfeito**."* ("Cartilha do CADE", disponível em: www.cade.gov.br); **C:** incorreta. A reparação civil depende de processo autônomo movido pelo interessado (art. 207 da Lei 9.279/1996); **D:** incorreta. Concorrência desleal é crime previsto no art. 195 da Lei 9.279/1996 e somente como tal é reprimida. Pode, eventualmente, ser objeto de responsabilidade civil, se comprovados os danos e o nexo de causalidade; **E:** correta, nos termos do art. 195, IV, da Lei 9.279/1996. Gabarito "E".

**(Juiz de Direito/DF – 2016 – CESPE)** De acordo com a legislação, acerca das execuções judiciais das decisões do Conselho Administrativo de Defesa Econômica (CADE), assinale a opção correta com base na Lei n.º 12.529/2011, que trata do Sistema Brasileiro de Defesa da Concorrência.

**(A)** A atribuição de efeito suspensivo aos embargos à execução depende da garantia do juízo.

**(B)** A decisão do plenário do Tribunal Administrativo de Defesa Econômica, cominando multa ou impondo obrigação de fazer ou não fazer, não constitui título executivo.

**(C)** É vedada como medida executiva, a intervenção judicial na administração da empresa.

**(D)** Os processos de execução em juízo das decisões do CADE tramitarão com preferência sobre as demais espécies de ação do juízo, inclusive sobre os *habeas corpus* e mandados de segurança.

**(E)** A execução que tenha por objeto exclusivamente a cobrança de multa pecuniária deverá seguir rito próprio previsto na lei, não podendo tramitar com base no rito previsto na Lei de Execuções Fiscais.

**A:** correta, nos termos do art. 98 da Lei 12.529/2011; **B:** incorreta. A natureza de título executivo é conferida pelo art. 93 da Lei 12.529/2011; **C:** incorreta. A intervenção judicial está prevista no art. 96 da Lei 12.529/2011; **D:** incorreta. A preferência não se estende sobre os remédios constitucionais citados (art. 101 da Lei 12.529/2011); **E:** incorreta. O art. 94 da Lei 12.529/2011 determina a utilização do rito da Lei de Execuções Fiscais para esses casos. Gabarito "A".

## 9. TEMAS COMBINADOS E OUTROS TEMAS

**(Delegado der Polícia Federal – 2021 – CESPE)** Quatro amigos trabalham juntos há dez anos com a compra e a venda de carros usados. A sociedade não tem registro em junta comercial. Seu funcionamento ocorre em um imóvel de propriedade de Geraldo, sócio que assina todos os contratos da sociedade. A sede é mobiliada com itens de propriedade comum de todos e dispõe de espaço para a exposição de veículos, os quais são comprados pelos quatro sócios conjuntamente, para posterior venda a terceiros. Recentemente, eles passaram a enfrentar dificuldades negociais e problemas financeiros, razão por que os credores começaram a ajuizar ações e fazer cobranças.

Considerando essa situação hipotética, julgue os itens a seguir.

**(1)** Os sócios em questão respondem solidária e ilimitadamente com seu patrimônio pessoal pelas dívidas da sociedade.

**(2)** Nessa situação, para tentar superar a fase crítica, os sócios podem pedir a recuperação judicial da empresa.

**(3)** Geraldo poderá pleitear que a execução de seu imóvel particular por dívidas da sociedade ocorra somente após a execução dos bens sociais.

**1:** Certo. Trata-se de sociedade em comum, irregular porque não registrou seus atos constitutivos na Junta Comercial. Assim, uma das sanções previstas em lei para essa irregularidade é o fato de todos os sócios responderem solidária e ilimitadamente pelas obrigações sociais (art. 990 do Código Civil). **2:** Errado. A recuperação judicial só é acessível

ao empresário ou à sociedade empresária regulares e com mais de 2 (dois) anos de registro na Junta Comercial, ao teor do art. 48, *caput*, da Lei 11.101/2005. **3**. Errado. Na situação hipotética apresentada, Geraldo é o sócio que contrata pela sociedade, pois assina os contratos que representam os negócios jurídicos celebrados por ela. Assim, não tem direito ao benefício de ordem e é executado juntamente com a pessoa jurídica, nos termos do art. 990, parte final, do Código Civil. HS
Gabarito 1C, 2E, 3E

**(Juiz de Direito – TJ/SC – 2019 – CESPE/CEBRASPE)** Para os efeitos da Lei Complementar 123/2006, observados os limites de receita bruta e os demais requisitos legais, consideram-se como microempresa, além da sociedade empresária,

(A) a sociedade por ações, as cooperativas de consumo e o empresário.

(B) a sociedade simples, a empresa individual de responsabilidade limitada e o empresário.

(C) a sociedade simples, a empresa individual de responsabilidade limitada e as cooperativas que não sejam de consumo.

(D) a empresa individual de responsabilidade limitada, o empresário e as cooperativas que não sejam de consumo.

(E) a sociedade simples, a sociedade por ações e o empresário.

A sociedade por ações e as cooperativas, exceto as de consumo, não podem ser enquadradas como microempresa (art. 3°, § 4°, VI e X, da Lei Complementar 123/2006). HS
Gabarito "B".

Determinada sociedade empresária, enquadrada como empresa de pequeno porte e optante pelo Simples Nacional, instituiu representante legal para solicitar ao órgão competente o registro e o arquivamento da sua última alteração do contrato social consolidada. Na oportunidade, a sociedade não anexou à documentação a ser apresentada à junta comercial a certidão negativa de débitos (CND) relativa aos tributos federais e à dívida ativa da União, administrados pela Secretaria da Receita Federal do Brasil (SRF) e pela Procuradoria-Geral da Fazenda Nacional (PGFN).

**(Delegado - PC/SE - 2018 - CESPE/CEBRASPE)** Com referência a essa situação hipotética, julgue os itens que se seguem.

(1) O pedido de registro e arquivamento deverá ser rejeitado: é necessário provar, quando da protocolização do requerimento, a inexistência de lançamentos de débitos tributários da empresa junto à PGFN.

(2) Embora a ausência da CND/SRF não impeça o registro da alteração do contrato social, essa certidão atribui efeito suspensivo ao pedido de arquivamento.

**1**: incorreta. O art. 9° da Lei Complementar 123/2006 dispensa a apresentação de CND para registro de microempresas e empresas de pequeno porte; **2**: incorreta. Não há qualquer previsão legal nesse sentido. HS
Gabarito 1E, 2E

Determinada sociedade por quotas de responsabilidade limitada compra peças de uma sociedade em comum e as utiliza na montagem do produto que revende.

**(Delegado - PC/SE - 2018 - CESPE/CEBRASPE)** Considerando essa situação, julgue os itens a seguir, com base no Código de Defesa do Consumidor (CDC) e nas normas de direito civil e empresarial.

(1) A sociedade que vende as peças funciona sem registro na junta comercial e, assim, seus sócios responderão ilimitadamente pelas obrigações sociais.

(2) O contrato social da sociedade limitada pode prever regência supletiva pelas normas das sociedades anônimas, mas, se não o fizer, serão aplicadas as regras das sociedades simples no caso de omissões de normas específicas da sociedade limitada.

**1**: correta, nos termos do art. 990 do CC; **2**: correta, nos termos do art. 1.053 do CC. HS
Gabarito 1C, 2C

**(Delegado Federal – 2018 – CESPE)** Julgue os itens seguintes, relativos a institutos complementares do direito empresarial, teoria geral dos títulos de crédito, responsabilidade dos sócios, falência e recuperação empresarial.

(1) Os livros comerciais, os títulos ao portador e os transmissíveis por endosso equiparam-se, para fins penais, a documento público, sendo a sua falsificação tipificada como crime.

(2) O condenado por crime falimentar fica impedido de atuar como empresário individual ou mesmo de ser sócio em sociedade limitada, ainda que não exerça função de gerência ou de administração.

(3) A sentença que decreta a falência ou concede a recuperação judicial é condição objetiva de punibilidade das infrações penais previstas na Lei de Recuperação de Empresas.

**1**: correta, nos termos do art. 297, § 2°, do Código Penal; **2**: errada. Nada impede que a pessoa condenada por crime falimentar seja sócia de pessoa jurídica. O que lhe é impedido é ter poderes de administração (art. 1.011, § 1°, do CC); **3**: correta, nos termos do art. 180 da Lei de Falências. HS
Gabarito 1C, 2E, 3C

**(Defensor Público/PE – 2018 – CESPE)** Em uma ação de execução, determinou-se a penhora das quotas sociais de um sócio devedor integrante de uma sociedade empresária composta por três sócios, em benefício de um credor, que não era sócio da referida empresa.

**De acordo com a legislação pertinente, nessa situação hipotética, após a penhora das quotas sociais,**

(A) o juiz deverá determinar o oferecimento das quotas sociais para os demais sócios, para que exerçam seu direito de preferência.

(B) o juiz fixará sobre o faturamento social da empresa percentual proporcional às quotas penhoradas, com vistas à satisfação do crédito perseguido.

(C) a sociedade deverá indicar administrador depositário que apresente o plano de administração.

(D) a sociedade, para evitar a liquidação dessas quotas, poderá adquiri-las e mantê-las em tesouraria.

(E) o sócio devedor deverá apresentar balanço especial da empresa.

Nos termos do art. 862 do Código de Processo Civil, é caso de nomeação de administrador-depositário, que apresentará seu plano de administração no prazo de 10 (dez) dias. HS
Gabarito "C".

**(Defensor Público/AL – 2017 – CESPE)** O tratamento jurídico diferenciado concedido às sociedades empresárias enquadradas como microempresas e empresas de pequeno porte pode ser exercido por pessoa jurídica

(A) constituída sob a forma de cooperativa de consumo.

(B) de cujo capital participe outra pessoa jurídica.

(C) com sede no exterior.

(D) constituída sob a forma de sociedade por ações.

(E) que exerça atividade de banco de investimento.

**A**: correta. As cooperativas de consumo são exceção à proibição de que cooperativas não podem aderir ao SIMPLES (art. 3°, § 4°, VI, da Lei Complementar 123/2006); **B, C, D** e **E**: incorretas. Todas elas são exemplos de proibições de ingresso no SIMPLES (art. 3°, § 4°, incisos I, II, X e VIII, respectivamente, da Lei Complementar 123/2006). HS
Gabarito "A".

**(Procurador do Estado/AM – 2016 – CESPE)** Ainda com relação ao direito empresarial em sentido amplo, julgue os itens que se seguem.

(1) Se a falência for decretada por sentença em processo de falência, todos os bens do falido tornar-se-ão indisponíveis,

mesmo aqueles que façam parte das atividades normais do devedor, se autorizada a continuação provisória destas.

(2) Aberto um processo de falência, as ações em que se demande quantia ilíquida contra o falido permanecerão sendo processadas no juízo original da ação.

(3) Caso, em decisão com trânsito em julgado, o réu tenha sido condenado ao pagamento de determinado valor ao autor, a sentença poderá ser objeto de protesto, se, no prazo legal, o réu não realizar o pagamento.

(4) Sociedade empresária poderá ser registrada tanto nos órgãos de registro de comércio quanto nos cartórios de títulos, devendo a sociedade simples ser obrigatoriamente registrada em cartório de registro de pessoas jurídicas.

**1:** incorreta. Se a venda dos bens fizer parte das atividades normais do falido e for autorizada a continuação provisória, não incidirá sobre eles a indisponibilidade (art. 99, VI, da LF); **2:** correta, nos termos do art. 6º, §1º, da LF; **3:** correta, nos termos do art. 517 do CPC; **4:** incorreta. O registro da sociedade empresária é feito obrigatoriamente no Registro Público de Empresas Mercantis, a cargo das Juntas Comerciais dos Estados (art. 967 do CC).
Gabarito 1E, 2C, 3C, 4E

**(Advogado União – AGU – CESPE – 2015)** Julgue os itens a seguir com base no entendimento atual do STJ acerca de direito empresarial.

(1) O imóvel no qual se localize o estabelecimento da empresa é impenhorável, inclusive por dívidas fiscais.

(2) A novação decorrente da concessão da recuperação judicial após aprovado o plano em assembleia enseja a suspensão das execuções individuais ajuizadas contra a própria devedora.

**1:** Errada. Segundo definiu o STJ em sede de recurso repetitivo, *a penhora de imóvel no qual se localiza o estabelecimento da empresa é, excepcionalmente, permitida, quando inexistentes outros bens passíveis de penhora e desde que não seja servil à residência da família.* (REsp 1114767/RS, Rel. Ministro Luiz Fux, Corte Especial, julgado em 02/12/2009, DJe 04/02/2010). **2:** Errada. A novação, além de depender também da homologação judicial do plano de recuperação já aprovado em assembleia, gera a extinção, e não a mera suspensão, das execuções individuais (STJ, REsp 1.272.697/DF).
Gabarito 1E, 2E

**(Cartório/PI – 2013 – CESPE)** A respeito do protesto de título cambial, assinale a opção correta.

(A) É cabível o protesto de certidões de dívida ativa da União, estados e municípios.

(B) É cabível o cancelamento do protesto pelo pagamento do título, mediante a apresentação, pelo devedor, no cartório de protestos, de cópias reprográficas dos títulos protestados, desde que devidamente autenticadas.

(C) A intimação de pessoa física para o apontamento de protesto deve ser feita por edital se, tendo sido ela remetida com aviso de recebimento para o endereço do devedor, outra pessoa o tiver assinado.

(D) Cabe a sustação do protesto após a efetivação deste, por causa diversa do pagamento.

(E) Entre os efeitos do protesto cambiário inclui-se a suspensão da prescrição.

**A:** correta, nos termos do art. 1º, parágrafo único, da Lei 9.492/1997; **B:** incorreta. Deve ser apresentado o documento original, que poderá ser substituído somente por declaração de anuência do credor com identificação e firma reconhecida (art. 26, *caput* e § 1º, da Lei 9.492/1997); **C:** incorreta. Nos termos do art. 15 da Lei 9.492/1997, a intimação por edital será feita somente se o devedor for desconhecido, sua localização for incerta ou ignorada, for residente ou domiciliado fora da competência territorial do Tabelionato de Protestos ou se **ninguém** se dispuser a receber a intimação no endereço fornecido; **D:** incorreta. Após a efetivação do protesto, não há de se falar em sustação (art. 16 da Lei 9.492/1997), mas em cancelamento (art. 26 da Lei 9.492/1997); **E:** incorreta. O protesto cambial **interrompe** a prescrição (art. 202, III, do Código Civil).
Gabarito "A"

**(Cartório/DF – 2014 – CESPE)** Acerca do direito de empresa, assinale a opção correta.

(A) São efeitos jurídicos da recuperação judicial da sociedade empresária a sujeição de todos os créditos existentes na data do pedido, mesmo as não vencidas, e os créditos com garantia fiduciária de móveis ou imóveis e de arrendador mercantil.

(B) Na ordem civil vigente, admite-se o exercício de atividade empresarial pelo absoluta ou relativamente incapaz, mediante representação ou assistência, para preservar a continuidade da empresa, antes por ele exercida, quanto capaz, ou por seus pais, de quem se tenha tornado sucessor por ato inter vivos ou sucessão *causa mortis*, desde que haja autorização judicial.

(C) O empresário individual ou singular deve estar legalmente autorizado a exercer a atividade econômica organizada para a produção e circulação de bens e(ou) serviços, todavia a ausência de inscrição no registro público de empresas mercantis da respectiva sede não descaracteriza a regularidade da atividade empresarial.

(D) A sociedade não personificada, na qualidade de sociedade em comum ou sociedade em conta de participação, embora destituída do caráter de pessoa jurídica de direito privado, não possui capacidade processual para mover ações, como autor, e figurar no polo passivo, tampouco requerer a falência de seu credor.

(E) A ausência de registro da sociedade empresária acarreta o impedimento para o exercício regular da atividade econômica empresarial, restrições legais e administrativas, processuais e mercantis, não se sujeitando, contudo, à responsabilidade ilimitada e subsidiária pelas obrigações assumidas.

**A:** incorreta. Não são todos os créditos que se sujeitam à recuperação judicial. Créditos decorrentes de alienação fiduciária, arrendamento mercantil, promessa de compra e venda com cláusula de irrevogabilidade, irretratabilidade ou reserva de domínio não se sujeitam ao favor legal (art. 49, § 3º, da Lei 11.101/2005); **B:** correta, nos termos do art. 974 do CC; **C:** incorreta. A ausência de inscrição na Junta Comercial torna irregular o exercício da atividade empresária, dado que se trata de formalidade obrigatória (art. 967 do CC); **D:** incorreta. A sociedade em comum, muito embora não detenham personalidade jurídica, ainda assim possuem capacidade processual, da mesma forma que ocorre com outros entes despersonalizados (como o condomínio e o espólio). A sociedade em conta de participação, por sua vez, tem natureza secreta – sua constituição pressupõe que os sócios não querem divulgar a existência da sociedade. Portanto, não faz sentido imaginá-la como parte processual; **E:** incorreta. Um dos efeitos da ausência de registro da sociedade empresária é justamente a responsabilidade ilimitada e subsidiária pelas obrigações sociais, não contando com o benefício de ordem o sócio que contratou pela sociedade (art. 990 do CC). Vale destacar que a responsabilidade dos sócios, exceto a daquele que contratou, é subsidiária em relação à sociedade (penhoram-se primeiro os bens sociais) e solidária entre os sócios (esgotados os bens sociais, todos os sócios são chamados a pagar, indistintamente, toda a dívida restante).
Gabarito "B".

**(Cartório/DF – 2014 – CESPE)** Com base nos aspectos gerais do direito de empresa, assinale a opção correta.

(A) O arquivamento dos atos constitutivos da firma individual ou da sociedade na junta comercial tem efeito constitutivo da qualidade de empresário.

(B) A sociedade empresária que não leve seus atos constitutivos ao registro competente ficará impedida de pedir recuperação judicial ou extrajudicial, bem como de ser submetida à falência.

(C) O Código Civil, embora seja considerado uma tentativa de unificação do direito privado no Brasil, obteve sucesso apenas parcial, o que se verifica pela manutenção, em seu texto, da distinção entre empresários comerciais e empresários civis.

# 14. DIREITO EMPRESARIAL   557

(D) Caso um empresário seja interditado em razão de seu vício em tóxicos e seja considerado relativamente incapaz para a prática dos atos da vida civil, ele poderá, com a assistência de seus representantes legais, continuar a empresa antes exercida, entretanto a Junta Comercial poderá exigir que o capital da sociedade empresária seja totalmente integralizado antes do registro de qualquer alteração contratual da sociedade.

(E) Os conceitos de empresário individual e de microempresário são equivalentes.

**A:** incorreta. O registro dos atos constitutivos garante a regularidade da atividade comercial. O empresário assim se caracteriza pelo exercício de atividade econômica organizada nos termos do art. 966 do CC, independentemente do registro; se ele não ocorrer, teremos um empresário irregular, mas ainda assim um empresário; **B:** incorreta. A sociedade irregular pode falir; o que não se lhe permite é pedir a falência de seu devedor (art. 97, § 1º, da Lei 11.101/2005); **C:** incorreta. O Código Civil adota a teoria da empresa em substituição à teoria dos atos de comércio adotada pelo Código Comercial de 1850. Portanto, não há mais que se falar em "comerciantes" e "civis". O CC adota a classificação, conforme a atividade exercida, em "empresária" e "simples"; **D:** correta, nos termos do art. 974, § 3º, do CC; **E:** incorreta. Empresário individual é a pessoa que exerce atividade econômica organizada para produção e circulação de bens e serviços por conta própria, sem sócios e sem constituir pessoa jurídica (art. 966 do CC). Microempresário é o empresário individual ou pessoa jurídica que aufere receita bruta inferior a R$ 360.000,00 no ano-calendário (art.3º, I, da Lei Complementar 123/2006).

Gabarito "D"

# 15. Direito Previdenciário

### Henrique Subi e Ricardo Quartim de Moraes*

## 1. PRINCÍPIOS E NORMAS GERAIS

**(Analista Judiciário – STJ – 2018 – CESPE)** Tendo como referência a doutrina e a jurisprudência a respeito da organização e dos princípios do sistema de seguridade social brasileiro, julgue os itens a seguir.

(1) O período de implantação da seguridade social foi marcado, entre outros, pelo advento da Lei Eloy Chaves, que instituiu as caixas de aposentadorias e pensões exclusivamente para ferroviárias.

(2) O princípio do direito adquirido não se aplica à seara previdenciária, pois, conforme o entendimento do Supremo Tribunal Federal, inexiste direito adquirido a regime jurídico.

1: correta. A Lei Eloy Chaves é tida pela maior parte da doutrina como o marco inicial da previdência social brasileira; 2: incorreta. O STF reconhece a aplicabilidade do instituto do direito adquirido no âmbito previdenciário. Contudo, para que haja direito adquirido se exige que no momento de eventual mudança legislativa, o segurado já tenha reunido todos os requisitos para a concessão do benefício, ainda que não o tenha requerido administrativamente, em observância ao art. 6º, §2º, do Decreto-Lei nº 4.657/1942 (AI 810.744 AgR, j. 02/12/2010 e súmula nº 359 do STF). HS

Gabarito 1C, 2E

**(Procurador do Município/Manaus – 2018 – CESPE)** Julgue os próximos itens, relativos à organização, aos princípios e ao custeio da seguridade social.

(1) Constitui objetivo da seguridade social manter o caráter democrático e descentralizado da administração, mediante gestão tripartite, com participação dos trabalhadores e empregadores e do Estado.

(2) Por força da regra da contrapartida, os benefícios e serviços da seguridade social somente poderão ser criados, majorados ou estendidos se existente a correspondente fonte de custeio total.

(3) Constitui fonte de financiamento da seguridade social a arrecadação de contribuições sociais do importador de bens ou serviços do exterior.

1: incorreta. A gestão será quadripartite, incluindo um representante dos aposentados (art. 194, parágrafo único, VII, da CF); 2: correta, nos termos do art. 195, § 5º, da CF; 3: correta, nos termos do art. 195, IV, da CF, dispositivo esse que também permite a instituição de contribuições sociais em face daqueles que a lei equiparar ao importador de bens e serviços. HS

Gabarito 1E, 2C, 3C

**(Defensor Público/AL – 2017 – CESPE)** No que se refere à organização e aos princípios da seguridade social, julgue os itens a seguir.

I. A assistência social integra o conjunto de direitos sociais assegurados aos necessitados e as ações atinentes à seguridade social.

II. A equidade na forma de participação do custeio veda a utilização de alíquotas de contribuições diferenciadas para aqueles que contribuem para o sistema.

III. A universalidade de cobertura preconizada pelo ordenamento jurídico vigente limita a proteção social àqueles que contribuem para o sistema.

IV. A seguridade social é financiada por toda a sociedade, de forma direta e indireta, mediante recursos provenientes das contribuições sociais e dos orçamentos da União, dos estados, do Distrito Federal e dos municípios.

Estão certos apenas os itens

(A) I e III.
(B) I e IV.
(C) II e III.
(D) II e IV.
(E) III e IV.

I: correta, nos termos do art. 194 da CF; II: incorreta. O art. 195, §9º, da CF, permite que as contribuições patronais tenham alíquotas diferenciadas em razão da atividade econômica, da utilização intensiva de mão de obra, do porte da empresa ou da condição estrutural do mercado de trabalho. Além disso, a contribuição dos trabalhadores e demais segurados pode ter alíquotas progressivas de acordo com o valor do salário de contribuição, nos termos do art. 195, II, da CF, bem como na hipótese das contribuições sociais incidentes sobre a receita ou o faturamento e sobre o lucro, de acordo com a redação dada ao art. 195, §9º, da CF, pela EC 103/2019; III: incorreta A Assistência Social, um dos três ramos da Seguridade Social (art. 194, *caput*, da CF), será prestada a quem dela necessitar, independentemente de contribuição à seguridade social, nos termos do art. 203 da CF.; IV: correta, nos termos do art. 195 da CF. HS

Gabarito "B".

**(Procurador do Estado/SE – 2017 – CESPE)** O princípio que, norteando a CF quanto à seguridade social, tem extrema relevância para o cumprimento dos objetivos constitucionais de bem-estar e justiça social, por eleger as contingências sociais a serem acobertadas e os requisitos para a garantia da distribuição de renda, é o princípio da

(A) diversidade da base de financiamento.
(B) universalidade da cobertura e do atendimento.
(C) uniformidade e equivalência dos benefícios e serviços prestados às populações urbanas e rurais.
(D) seletividade e distributividade na prestação dos benefícios e serviços.
(E) equidade na forma de participação no custeio.

A questão é passível de críticas. A nosso ver, não há parâmetro jurídico objetivo a permitir a atribuição de maior relevância isolada a um destes princípios, em detrimento dos demais. À interpretação sistemática dos sete princípios elencados no parágrafo único do art. 194 da CF é que se poderia atribuir maior relevância no cumprimento dos objetivos constitucionais de bem-estar e justiça social.. HS/RM

Gabarito "A".

**(Analista Jurídico –TCE/PA – 2016 – CESPE)** Acerca do regime geral e dos regimes especiais de previdência social, julgue os itens seguintes.

(1) É competência privativa da União legislar sobre previdência social, sendo, portanto, vedado aos estados e ao Distrito Federal legislar sobre essa matéria.

(2) O prefeito municipal que não esteja vinculado a regime próprio de previdência social é segurado obrigatório do regime geral de previdência social.

1: incorreta. A competência legislativa é concorrente (art. 24, XII, da CF), sendo que os Estados e o DF exercem regulamentando a previdência social de seus servidores públicos efetivos. A União Federal possui competência privativa para legislar sobre Seguridade Social (art. 22, XXIII, da CF), ou seja, sobre o RGPS; 2: correta, nos termos do art. 40, §13, da CF e do art. 12, I, "j'", da Lei nº 8.212/1991. RM

Gabarito 1E, 2C

**(Procurador do Estado/AM – 2016 – CESPE)** A respeito do surgimento e da evolução da seguridade social, julgue os itens a seguir.

(1) No Brasil, iniciou-se o regime próprio de previdência dos servidores públicos com o advento da Lei Eloy Chaves, em

---

* **Henrique Subi (HS)** Ricardo Quartim de Moraes (RM) **Henrique Subi** e Ricardo Quartim de Moraes comentaram as demais questões.

1923, que determinou a criação das caixas de aposentadorias e pensões para os ferroviários.

(2) A Constituição Mexicana de 1917 e a Constituição de Weimar de 1919, ao constitucionalizar um conjunto de direitos sociais, colocando-os no mesmo plano dos direitos civis, marcaram o início da fase de consolidação da seguridade social.

**1:** incorreta. A Lei Eloy Chaves é um marco histórico da Previdência Social no Brasil, mas não trata ela de servidores públicos. Referida lei cria caixas de aposentadoria e pensões no âmbito de cada empresa de estrada de ferro no País, regulando as contribuições e benefícios nelas existentes. Ademais, antes da Lei Eloy Chaves o art. 75 da Constituição de 1891 abordou o tema da aposentadoria dos funcionários públicos. **2:** correta. As duas constituições mencionadas foram efetivamente aquelas que deram início ao modelo de seguridade social criada e mantida pelo Estado. 🔲
Gabarito 1E, 2C

**(Defensor Público/TO – 2013 – CESPE)** Considerando o conceito, a organização e os princípios da seguridade social no Brasil, assinale a opção correta.

(A) Apesar de ser regida pelo princípio da universalidade da cobertura e do atendimento, a seguridade social só é acessível a brasileiros que residem no país.

(B) A assistência social atende os hipossuficientes, por meio da concessão de benefícios, independentemente de contribuição.

(C) No Brasil, a seguridade social é caracterizada por uma administração democrática e descentralizada, mediante gestão quadripartite, com participação, nos órgãos colegiados, dos trabalhadores, empregadores, pensionistas e do governo.

(D) O princípio da uniformidade e equivalência dos benefícios e serviços às populações urbanas e rurais sempre norteou a seguridade social brasileira, e, desde a criação da previdência social no país, não há discriminação entre trabalhadores urbanos e rurais.

(E) Para que o usuário possa usufruir dos serviços públicos de saúde será necessária a contribuição mensal ao SUS.

**A:** incorreta, pois há diversas hipóteses de beneficiários domiciliados no exterior e de beneficiários estrangeiros domiciliados no Brasil – v.g. art. 11, I, c e e, do Plano de Benefícios da Previdência Social – PBPS (Lei n° 8.213/1991). Ademais, o Supremo Tribunal Federal – STF decidiu que os estrangeiros residentes no País são beneficiários da assistência social prevista no artigo 203, inciso V, da CF, uma vez atendidos os requisitos constitucionais e legais (RE 587.970, DJe 22/09/2017); **B:** correta, pois a assistência social não tem caráter contributivo, ou seja, será prestada a quem dela necessitar, independentemente de contribuição à seguridade social – art. 203, caput, da CF; **C:** incorreta, pois os aposentados, não os pensionistas, participam da gestão quadripartite – art. 194, parágrafo único, VII, da CF; **D:** incorreta, pois tal princípio só passou a existir a partir da Constituição Federal de 1988 (art. 194, parágrafo único, II, da CF); **E:** incorreta, pois a saúde não tem caráter contributivo; é direito de todos – art. 196 da CF. 🔲
Gabarito "B".

**(Defensor Público/ES – 2012 – CESPE)** No tocante a seguridade social, julgue os itens subsequentes.

(1) Segundo a jurisprudência do STF, as novas contribuições para a seguridade social (contribuições residuais), apesar de só poderem ser criadas mediante lei complementar, poderão ter base de cálculo e fato gerador próprios de impostos, mas não das contribuições existentes.

(2) Contando com a participação de representantes da sociedade civil e do governo, o Conselho Nacional de Previdência Social, órgão superior de deliberação colegiada, é exemplo do caráter democrático e descentralizado da administração da seguridade social no Brasil.

(3) A publicação, em 1954, do Decreto n.º 35.448, que aprovou o Regulamento Geral dos Institutos de Aposentadorias e Pensões, é considerada, pela doutrina majoritária, o marco inicial da previdência social brasileira.

**1:** correta – ver RE 258.470/RS; **2:** correta, nos termos do art. 194, parágrafo único, VII, da CF e art. 3º do PBPS; **3:** incorreta, pois a Lei Eloy Chaves (Decreto-Legislativo 4.682/1923) é considerada por muitos o marco da previdência social no Brasil, embora não tenha sido a primeira. Antes dela citamos o Regulamento 737/1850, o Decreto 2.711/1860, o Decreto 9.912-A/1888, o Decreto 3.397/1888, como alguns exemplos. 🔲
Gabarito 1C, 2C, 3E

**(Defensor Público/AC – 2012 – CESPE)** Assinale a opção correta no que se refere à seguridade social.

(A) A seguridade social compreende um conjunto de ações de proteção social custeado pelo Estado, conforme suas limitações orçamentárias, e organizado com base, entre outros objetivos, na irredutibilidade do valor das contribuições.

(B) A previdência social estrutura-se como um sistema não contributivo, sendo os recursos para o financiamento de suas ações provenientes da arrecadação de tributos pelos entes estatais.

(C) A dimensão subjetiva da universalidade de cobertura e atendimento do seguro social, relacionada às situações de risco social, adquire não apenas caráter reparador, mas também preventivo.

(D) O princípio da equidade, que fundamenta a forma de participação no custeio da seguridade social, está associado aos princípios da capacidade contributiva e da isonomia fiscal.

(E) São considerados direitos fundamentais de primeira geração ou dimensão os relativos à saúde, à previdência e à assistência social.

**A:** incorreta, pois a seguridade social não é custeada apenas pelo Estado, mas por toda a sociedade, nos termos do art. 195 da CF e tem, entre seus objetivos, a irredutibilidade do valor dos benefícios, não das contribuições – art. 194, parágrafo único, IV, da CF; **B:** incorreta, pois a previdência social tem caráter contributivo – art. 201, caput, da CF; **C:** incorreta, pois a dimensão subjetiva da universalidade refere-se às pessoas alcançadas pela seguridade social, sendo que o caráter preventivo e reparador é mais próximos ao aspecto objetivo da universalidade, ou seja, dos benefícios da seguridade social; **D:** assertiva correta – art. 194, parágrafo único, V, da CF; **E:** incorreta, pois os direitos sociais são identificados como de segunda geração, ou dimensão, dos direitos humanos fundamentais. 🔲
Gabarito "D".

**(Defensor Público/RO – 2012 – CESPE)** Com relação aos princípios e objetivos que norteiam a seguridade social no Brasil, assinale a opção correta.

(A) Com relação à seletividade e distributividade na prestação dos benefícios e serviços, o legislador ordinário deve escolher os eventos que serão cobertos pela previdência social, levando em conta as possibilidades econômicas dos segurados.

(B) As populações urbanas e rurais devem receber tratamento uniforme e equivalente com relação aos benefícios e serviços, de forma a reparar injustiça histórica com os trabalhadores rurais, porém, devido à reduzida capacidade de contribuição desses trabalhadores, a concessão dos benefícios deve exigir um maior período de carência.

(C) A irredutibilidade do valor dos benefícios tem como escopo garantir que a renda dos benefícios previdenciários preserve seu valor real segundo critérios estabelecidos por lei, sem qualquer vinculação ao salário mínimo, dada a vedação de sua vinculação para qualquer fim.

(D) No que concerne à diversidade da base de financiamento, a seguridade social deve ser financiada por toda a sociedade, de forma direta, mediante contribuições provenientes do trabalhador, da empresa e da entidade a ela equiparada, da União e dos demais segurados e aposentados da previdência social e, ainda, das contribuições sobre a receita de concursos de prognósticos.

(E) O custeio da seguridade social deve ser equânime, dadas as possibilidades de cada um. Lei complementar garante às empresas o repasse do custo da contribuição aos preços praticados no mercado.

**A:** incorreta. A seletividade refere-se à seleção (realizada pelo legislador) das necessidades básicas que serão atendidas pela seguridade social. Distributividade refere-se à justiça social advinda da distribuição solidária de recursos (dos que mais têm aos que mais necessitam); **B:** incorreta, pois os períodos de carência observam o objetivo de uniformidade e equivalência dos benefícios e serviços às populações urbanas e rurais – art. 194, parágrafo único, II, da CF e art. 25 do PBPS; **C:** assertiva correta (arts. 7º, IV, *in fine* e 194, parágrafo único, IV, da CF); **D:** incorreta, pois não incide contribuição previdenciária sobre as aposentadorias e pensões pagas no regime geral de previdência social (ou seja, aposentados e pensionistas não contribuem direta e imediatamente, em princípio, para o financiamento da seguridade social) – art. 195, II, *in fine*, da CF; **E:** incorreta, pois não há essa garantia de repasse por lei complementar.
Gabarito "C".

**(Defensoria Pública da União – 2010 – CESPE)** Em relação aos institutos de direito previdenciário, julgue o item seguinte.

**(1)** A Lei Eloy Chaves (Decreto Legislativo nº 4.682/1923), considerada o marco da Previdência Social no Brasil, criou as caixas de aposentadoria e pensões das empresas de estradas de ferro, sendo esse sistema mantido e administrado pelo Estado.

**1:** assertiva incorreta. A Lei Eloy Chaves determinou a criação de caixas de aposentadorias e pensões, de natureza privada, em cada uma das empresas de estrada de ferro para os respectivos empregados. Havia, em síntese, contribuições dos trabalhadores ferroviários e das empresas O Estado não participava do custeio ou da administração do sistema. RM
Gabarito 1E

**(Defensoria Pública da União – 2010 – CESPE)** Com base no direito previdenciário, julgue o item seguinte.

**(1)** Caso a CF previsse que determinado benefício previdenciário deveria abranger somente os empregados urbanos, rurais e trabalhadores avulsos, norma infraconstitucional posterior que fosse editada estendendo o benefício aos contribuintes individuais, com a precedente fonte de custeio, deveria ser considerada constitucional.

**1:** assertiva correta, pois a lei pode estender benefício ou serviço da seguridade social, desde que haja a correspondente fonte de custeio – art. 195, § 5º, da CF.
Gabarito 1C

**(Defensor Público/BA – 2010 – CESPE)** Em relação às disposições constitucionais aplicáveis à previdência social, julgue o item a seguir.

**(1)** É vedada a adoção de requisitos e critérios diferenciados para a concessão de aposentadoria aos beneficiários do regime geral de previdência social, ressalvados os casos de atividades que, exercidas sob condições especiais, prejudiquem a saúde ou a integridade física, e quando se tratar de segurados portadores de deficiência, nos termos definidos em lei complementar.

**1:** A assertiva era correta, pois estava de acordo com o texto do art. 201, § 1º, da CF, na redação dada pela Emenda Constitucional nº 20/1998. Todavia, a Emenda Constitucional nº 103/2019 passou a exigir que os segurados portadores de deficiência sejam previamente submetidos à avaliação biopsicossocial realizada por equipe multiprofissional e interdisciplinar e retirou a menção à Lei Complementar, bem como proibiu a caracterização de tempo de serviço especial por categoria profissional ou ocupação. Mais ainda, referida emenda constitucional estendeu a vedação de adoção de requisitos e critérios diferenciados a todos os benefícios da Previdência Social, não mais limitando tal vedação apenas à concessão de aposentadoria. RM
Gabarito 1C

**(Procurador/DF – 2013 – CESPE)** Acerca da seguridade social, julgue os itens a seguir.

**(1)** Caso a declaração de inconstitucionalidade de textos normativos que estabelecessem distinção entre as alíquotas recolhidas, a título de contribuição social, das instituições financeiras e aquelas oriundas das empresas jurídicas em geral tivesse como consequência normativa a equiparação dos percentuais ou a sua supressão, tal pretensão não poderia ser acolhida em juízo, por impossibilidade jurídica do pedido, uma vez que o Poder Judiciário não pode atuar como legislador positivo nem conceder isenções tributárias.

**(2)** Uma norma legal que apenas altere o prazo de recolhimento das contribuições sociais destinadas à previdência social não se sujeitará ao princípio da anterioridade.

**(3)** Conforme jurisprudência do STF fundamentada no princípio da seletividade, operações e bens relacionados à saúde são imunes a tributação.

**1:** correta, pois essa é a jurisprudência dominante. Ao decidir a questão, o STF (RE 599.309/SP) afirmou ser defeso ao Poder Judiciário atuar na condição anômala de legislador positivo, com base no princípio da isonomia, para suprimir ou equiparar alíquotas de tributos recolhidos pelas instituições financeiras em relação àquelas suportadas pelas demais pessoas jurídicas; **2:** correta, pois é pacífico o entendimento no sentido de que a simples alteração do prazo de recolhimento dos tributos não implica majoração, nem, portanto, sujeita-se ao princípio da anterioridade – Súmula 669 do STF; **3:** incorreta, pois o STF afastou essa tese – ver RE 429.306/PR.
Gabarito 1C, 2C, 3E

**(Procurador do Município/Boa Vista-RR – 2010 – CESPE)** Julgue o item a seguir, relativo às legislações previdenciária e da seguridade social.

**(1)** A equidade na forma de participação no custeio é princípio constitucional atinente à seguridade social, no entanto, as entidades beneficentes de assistência social que atenderem às exigências estabelecidas em lei serão isentas de contribuição para a seguridade social.

**1:** assertiva correta, pois a isenção em favor das entidades beneficentes de assistência social (a rigor, imunidade) é prevista expressamente pelo art. 195, § 7º, da CF.
Gabarito 1C

**(Advogado da União/AGU – CESPE – 2012)** Com base na jurisprudência do STF, julgue os itens a seguir, acerca da seguridade social.

**(1)** Apesar de a Emenda Constitucional n.º 20/1998 ter estabelecido um limite máximo para o valor dos benefícios do RGPS, esse teto não se aplica ao salário-maternidade da segurada empregada, devendo o valor do benefício, nesse caso, corresponder à integralidade da remuneração da empregada, e cabendo à previdência social o seu pagamento, salvo no tocante à prorrogação por sessenta dias da licença-maternidade, cujo pagamento ficará a cargo do empregador.

**(2)** Em face do princípio constitucional da irredutibilidade do valor dos benefícios previdenciários, a aplicação de novos critérios de cálculo mais benéficos estabelecidos em lei deve ser automaticamente estendida a todos os benefícios cuja concessão tenha corrido sob regime legal anterior.

**(3)** Como o direito à proteção da seguridade social, no Brasil, é garantido apenas aos segurados de um dos regimes previdenciários previstos em lei, o indivíduo que não contribui para nenhum desses regimes não faz jus à referida proteção.

**1:** incorreta. O salário-maternidade não se submete ao teto de benefícios do RGPS em razão de decisão do STF na Adin nº 1.946, 03/04/2003, mas a ele se aplica sim o limite máximo previsto no art. 248 da CF, segundo o qual nenhum benefício pago à conta do Tesouro Nacional será maior que o valor do subsídio dos Ministros do Supremo Tribunal Federal. Ademais, para algumas categorias de segurado o salário-maternidade deve ser pago diretamente pela empresa com posterior compensação, a rigor do art. 72, §1º, do PBPS; **2:** incorreta. A situação narrada não se relaciona com o princípio da irredutibilidade dos benefícios. Segundo esse preceptivo, os benefícios não podem ter seus valores reduzidos (irredutibilidade nominal) e devem ser reajustados anualmente de forma a preservar-lhes o poder aquisitivo (irredutibilidade real). Além disso, não há a aludida extensão automática dos benefícios, porque nenhum

## HENRIQUE SUBI E RICARDO QUARTIM DE MORAES

deles poderá ser criado, majorado ou estendido sem a previsão da respectiva fonte de custeio total (art. 195, § 5°, da CF); **3:** incorreta. A seguridade social é gênero que reúne três espécies de serviço público: saúde, previdência social e assistência social. Dentre eles, apenas a previdência social tem caráter contributivo, de forma que as outras duas esferas da seguridade (saúde e assistência social) serão prestadas independentemente de pagamento de contribuições. **RM**

Gabarito 1E, 2E, 3E

## 2. CUSTEIO

**(Analista Judiciário – STJ – 2018 – CESPE)** Acerca do custeio da seguridade social, julgue o próximo item.

**(1)** O salário de contribuição de segurado empregado deverá corresponder à integralidade de uma remuneração auferida durante o mês de trabalho.

**1:** incorreta. Salário de contribuição do segurado empregado é a remuneração auferida em uma ou mais empresas, assim entendida a totalidade dos rendimentos pagos, devidos ou creditados a qualquer título, durante o mês, destinados a retribuir o trabalho, qualquer que seja a sua forma, inclusive as gorjetas, os ganhos habituais sob a forma de utilidades e os adiantamentos decorrentes de reajuste salarial, quer pelos serviços efetivamente prestados, quer pelo tempo à disposição do empregador ou tomador de serviços nos termos da lei ou do contrato ou, ainda, de convenção ou acordo coletivo de trabalho ou sentença normativa (art. 28, I, do PCSS). Há, contudo, diversas verbas que não integram o salário de contribuição elencadas no art. 28, §9°, do PCCS. **HS**

Gabarito 1E

**(Procurador do Estado/SE – 2017 – CESPE)** O sistema de custeio da seguridade social é

**(A)** composto pela contribuição sobre a receita de concursos de prognósticos, mas não pela remuneração recebida por serviços de arrecadação prestados a terceiros.

**(B)** composto, no âmbito da União, por recursos adicionais do orçamento fiscal fixados obrigatoriamente na lei orçamentária anual.

**(C)** assegurado pela contribuição empresária, que é calculada, entre outras, sobre as remunerações pagas aos trabalhadores avulsos prestadores de serviços, deles excluídos os segurados contribuintes individuais.

**(D)** composto, na esfera federal, somente por receitas da União e das contribuições sociais.

**(E)** assegurado também pela participação do empregado, cujo salário de contribuição é reajustado anualmente pelos mesmos índices do salário mínimo vigente no país.

**A:** correta. Realmente estão previstas contribuições sobre concursos de prognósticos (art. 195, III, da CF), mas não sobre serviços de arrecadação prestados a terceiros; **B:** Não são recursos adicionais. O orçamento da seguridade social integra o orçamento da União, Estados, DF e Municípios (art. 195, *caput*, da CF); **C:** incorreta. Também os segurados contribuintes individuais que prestem serviços a empresas são incluídos na contribuição sobre a folha de pagamento (art. 195, I, "a", da CF e art. 22, I e III, do PCSS); **D:** incorreta. Há também as receitas previstas no art. 195 da CF; **E:** incorreta. Não há previsão de reajuste anual do salário de contribuição, mas sim do valor dos benefícios (art. 201, § 4°, da CF). **HS**

Gabarito "A".

**(Procurador do Estado/AM – 2016 – CESPE)** Acerca do custeio da seguridade social, julgue o item que se segue.

**(1)** O fato gerador das contribuições destinadas ao custeio da seguridade social, calculadas com base na remuneração, ocorre na data do pagamento dessas contribuições.

**1:** incorreta. O fato gerador é a prestação do trabalho, independentemente do efetivo pagamento da remuneração. Em outras palavras, se a pessoa física prestou o serviço, deverá ser recolhida a contribuição respectiva, ainda que, por qualquer razão, ela não venha a receber. Note a redação, por exemplo, do art. 22, I, da Lei 8.212/1991: "(...) total das remunerações pagas, devidas ou creditadas a qualquer título (...)". **HS**

Gabarito 1E

**(Defensoria/DF – 2013 – CESPE)** Relativamente às fontes de custeio da seguridade social, julgue o item abaixo.

**(1)** A seguridade social tem como únicas fontes de custeio, além dos recursos advindos dos orçamentos da União, dos estados, do DF e dos municípios, as contribuições do empregador e do trabalhador.

**1:** incorreta. O art. 195 da CF prevê também o custeio advindo das receitas dos concursos de prognósticos e do importador de bens ou serviços ou de quem a lei a ele equiparar (incisos III e IV). **HS**

Gabarito 1E

**(Defensor Público/AC – 2012 – CESPE)** Assinale a opção correta com relação ao custeio da seguridade social.

**(A)** Os produtores rurais integrantes de consórcio simplificado de produtores rurais são responsáveis subsidiários em relação às obrigações previdenciárias.

**(B)** O limite mínimo do salário de contribuição do menor aprendiz corresponde à sua remuneração mínima definida em lei.

**(C)** Integram o salário de contribuição os valores recebidos em decorrência da cessão de direitos autorais e a importância recebida a título de bolsa de aprendizagem assegurada a adolescentes até quatorze anos de idade.

**(D)** A alíquota de contribuição do segurado facultativo é de 30% sobre o respectivo salário de contribuição.

**(E)** Constitui receita da seguridade social a renda bruta proveniente dos concursos de prognósticos.

**A:** incorreta, pois a responsabilidade dos produtores rurais é solidária, no caso, não subsidiária – art. 25-A, § 3°, do PCSS; **B:** correta, nos termos do art. 28, § 4°, do PCSS; **C:** incorreta, pois essas verbas não integram o salário de contribuição – art. 28, § 9°, *u* e *v*, do PCSS; **D:** incorreta, pois a alíquota é de 20% – art. 21 do PCSS; **E:** incorreta. De acordo com art. 26 do PCSS, na redação dada pela Lei n° 8.436/1992 a receita da seguridade social corresponde à renda líquida dos concursos de prognósticos, excetuando-se os valores destinados ao Programa de Crédito Educativo, nos termos do art. 26 do PCSS. Contudo, a partir da vigência da Lei n° 13.756/2018 a base de cálculo da contribuição passou a equivaler à receita – e não mais à renda líquida – auferida nos concursos de prognósticos, sorteios e loterias. **RM**

Gabarito "B".

**(Defensoria Pública da União – 2010 – CESPE)** Com base no direito previdenciário, julgue o item seguinte.

**(1)** Para fins previdenciários, a principal diferença entre empresa e empregador doméstico é que a primeira se caracteriza por exercer atividade exclusivamente com fins lucrativos, e o segundo, não.

**1:** a assertiva é incorreta, pois, para fins previdenciários, considera-se empresa mesmo a firma ou a sociedade **sem fins lucrativos,** desde que assuma o risco de atividade econômica urbana ou rural. Por outro lado, o empregador doméstico jamais tem finalidade lucrativa, no que se refere à contratação do empregado doméstico – art. 15, I e II, do Plano de Custeio da Seguridade Social – PCSS (Lei 8.212/1991). O trabalho doméstico, diz o art. 12, II, do PCCS, só pode ser prestado a pessoa ou família no âmbito residencial.

Gabarito 1E

**(Procurador/DF – 2013 – CESPE)** Acerca da seguridade social, julgue os itens a seguir.

**(1)** A inclusão do cônjuge, pelo servidor público, como seu dependente para fins previdenciários independe da indicação de fonte de custeio.

**(2)** O legislador comum, fora das hipóteses expressamente indicadas na CF, pode valer-se da progressividade na definição das alíquotas pertinentes à contribuição de seguridade social devida por servidores públicos em atividade, uma vez que a previsão constitucional das referidas hipóteses não é taxativa.

**1:** correta, pois esse é direito legalmente garantido. O que exige indicação prévia da fonte de custeio total é a criação de um novo benefício – art. 195, § 5°, da CF; **2:** incorreta até o advento da Emenda Constitucional n° 103/2019, pois o STF tinha interpretação restritiva do disposto no art. 145, § 1°, da CF, limitando a progressividade aos impostos de caráter pessoal e às hipóteses expressas no texto constitucional, conforme sua Súmula 668/STF. A partir da Emenda Constitucional nº 103/2019, o art. 149, § 1º-A, da CF, afirma que as contribuições sociais cobradas dos servidores ativos, dos aposentados e dos pensionistas poderão ter alíquotas progressivas de acordo com o valor da base de contribuição ou dos proventos de aposentadoria e de pensões. **RM**

Gabarito 1C, 2E

**(Procurador/DF – 2013 – CESPE)** Acerca de institutos diversos de direito previdenciário, julgue o item subsequente.

(1) Lei ordinária poderá determinar que sócios das empresas por cotas de responsabilidade limitada respondam, solidariamente, com seus bens pessoais, pelos débitos junto à seguridade social, uma vez que não se trata de matéria reservada a lei complementar.

1: incorreta, pois o STF fixou entendimento de que não é possível lei ordinária criar essa responsabilidade solidária, fora dos parâmetros fixados pela lei complementar (art. 135, III, do CTN, especificamente), julgando inconstitucional o disposto no art. 13 da Lei 8.620/1993 – ver RE 562.276/PR. **HS**

Gabarito 1E

**(Procurador Federal – 2010 – CESPE)** Em relação ao custeio da seguridade social, julgue os itens a seguir.

(1) Se, no exame da escrituração contábil e de qualquer outro documento da empresa, a fiscalização constatar que a contabilidade não registra o movimento real de remuneração dos segurados a seu serviço, do faturamento e do lucro, serão apuradas, por aferição indireta, as contribuições efetivamente devidas, cabendo, no entanto, ao Instituto Nacional do Seguro Social a prova da irregularidade, sob pena de violação do postulado do devido processo legal.

(2) O STF decidiu que a cobrança da contribuição ao Seguro Acidente de Trabalho (SAT) incidente sobre o total das remunerações pagas tanto aos empregados quanto aos trabalhadores avulsos é ilegítima.

(3) É desnecessária a edição de lei complementar para a majoração de alíquota da contribuição para o financiamento da seguridade social. O conceito de receita bruta sujeita à incidência dessa contribuição envolve não só aquela decorrente da venda de mercadorias e da prestação de serviços, como também a soma das receitas oriundas do exercício de outras atividades empresariais.

1: incorreta, pois, no caso, cabe à empresa o ônus da prova em contrário – art. 33, § 6º, do Plano de Custeio da Seguridade Social – PCSS (Lei 8.212/1991); 2: assertiva incorreta, pois o STF entendeu que essa cobrança é **legítima** – ver RE 450.061 AgR/MG; 3: assertiva correta, pois reflete o entendimento do STF – ver RE 487.475 AgR/RJ e RE 371.258 AgR/SP.

Gabarito 1E, 2E, 3C

**(Procurador Federal – 2010 – CESPE)** No que concerne à legislação acidentária, ao benefício de prestação continuada previsto na Lei de Organização da Assistência Social e jurisprudência dos tribunais superiores, julgue o item seguinte.

(1) A alíquota da contribuição para o SAT deve corresponder ao grau de risco da atividade desenvolvida em cada estabelecimento da empresa, individualizado por seu CNPJ. Possuindo esta um único CNPJ, a alíquota da referida exação deve corresponder à atividade preponderante por ela desempenhada.

1: assertiva correta, pois reflete exatamente o entendimento jurisprudencial consolidado pela Súmula 351/STJ.

Gabarito 1C

**(Advogado– CEF – 2010 – CESPE)** Considerando que o limite máximo do salário de contribuição, a partir de 1.º/1/2010, é de R$ 3.416,54, assinale a opção correta de acordo com a legislação previdenciária de regência.

(A) Se um trabalhador segurado tiver recebido, no mês de dezembro de 2009, o valor de R$ 1.220,00 a título de décimo terceiro salário (gratificação natalina), então esse valor integrará o salário de contribuição desse segurado, em seu valor bruto, sem compensação de eventuais adiantamentos pagos.

(B) Considere que Roberto seja titular de firma individual que atua na área de desenvolvimento de *websites* corporativos e que, nessa condição, preste serviços a diversas pessoas jurídicas, recebendo, por cada trabalho, o valor de R$ 1.500,00. Considere, ainda, que, no mês de janeiro de 2010, Roberto tenha prestado serviços a 4 empresas e que tenha recebido à vista por tais serviços. Nessa situação hipotética, será considerado salário de contribuição a totalidade dos rendimentos auferidos por Roberto durante o mês de janeiro.

(C) Se uma empregada doméstica que recebe R$ 600,00 de remuneração mensal faltar ao seu trabalho, injustificadamente, por quatro dias durante determinado mês, apesar de o empregador poder descontar os valores referentes às faltas injustificadas de sua remuneração, o valor do salário de contribuição dessa empregada permanecerá inalterado.

(D) A indenização compensatória, correspondente a 40% do montante depositado em sua conta vinculada do FGTS, recebida por trabalhador demitido sem justa causa integra o salário de contribuição desse trabalhador, observado o limite máximo legalmente previsto.

(E) A parcela paga, anualmente, aos empregados de pessoa jurídica a título de participação nos lucros e resultados da empresa integra o salário de contribuição dos empregados, se for paga ou creditada em consonância com lei específica.

**A:** correta, nos termos do art. 214, §§ 6º e 7º, do RPS. Vale lembrar que tal contribuição não é considerada para o cálculo do salário de benefício (súmula 83 da TNU); **B:** incorreta. O salário de contribuição é sempre limitado ao valor estabelecido em lei e atualizado pelo Ministério da Previdência e Assistência Social. No exemplo dado, a soma dos rendimentos de Roberto totaliza R$ 6.000,00. Portanto, o seu salário de contribuição será estabelecido no limite máximo, ou seja, R$ 3.416,54; **C:** incorreta. O valor do salário de contribuição deve refletir aquilo efetivamente recebido pela empregada doméstica no mês, ou seja, incidirá a contribuição social sobre o salário percebido após os devidos descontos (art. 214, § 1º, do RPS); **D:** incorreta. A indenização do FGTS não integra o salário de contribuição (art. 28, § 9º, "e", 1, do PCSS); **E:** incorreta. A participação nos lucros e resultados paga de acordo com a lei, em periodicidade não superior a duas vezes por ano, não integra o salário de contribuição (art. 28, § 9º, "j", do PCSS). **RM**

Gabarito "A".

**(Magistratura Federal - 1ª Região – 2011 – CESPE)** Assinale a opção correta com referência ao financiamento da seguridade social.

(A) Aplica-se à tributação da pessoa jurídica, para as contribuições destinadas ao custeio da seguridade social, calculadas com base na remuneração, o regime de competência, de forma que o tributo incide no momento em que surge a obrigação legal de pagamento, não importando se este vai ocorrer em oportunidade posterior.

(B) A CF autoriza a utilização dos recursos provenientes das contribuições sociais incidentes sobre a folha de salários e demais rendimentos dos segurados para custear as despesas com pessoal e administração geral do Instituto Nacional do Seguro Social.

(C) Para fins de cálculo do salário de contribuição do segurado empregado, não se admite fracionamento, razão pela qual, quando a admissão, a dispensa, o afastamento ou a falta do segurado empregado ocorrer no curso do mês, o salário de contribuição será calculado considerando-se o número total de dias do mês.

(D) Conforme previsão constitucional, nenhum benefício ou serviço da seguridade social ou de previdência privada poderá

## 564 HENRIQUE SUBI E RICARDO QUARTIM DE MORAES

ser criado, majorado ou estendido sem a correspondente fonte de custeio total.

(E) Integram a produção, para os efeitos de contribuição do empregador rural pessoa física, os produtos de origem vegetal submetidos a processos de beneficiamento ou industrialização rudimentar, excetuando-se os processos de lavagem, limpeza, descaroçamento, pilagem, descascamento, lenhamento, pasteurização, resfriamento, secagem, fermentação, embalagem, cristalização e fundição.

**A:** correta, nos termos do art. 225, § 13, I, do RPS (Regulamento da Previdência Social – Decreto 3.048/1999); **B:** incorreta. A receita oriunda de tais contribuições só pode ser usada somente para o pagamento de benefícios previdenciários do RGPS (art. 167, IX, da CF); **C:** incorreta. Nesses casos, deve ser calculado proporcionalmente o salário de contribuição de acordo com o número de dias efetivamente trabalhados (art. 28, § 1º, da Lei 8.212/1991 – Plano de Custeio da Seguridade Social – PCSS); **D:** incorreta. A regra de necessidade de previsão de custeio não se aplica às entidades de previdência privada (art. 195, § 5º, da CF); **E:** incorreta. O art. 200, § 5º, do RPS expressamente inclui essas atividades daquelas que integram a produção para fins de cálculo da contribuição do produtor rural pessoa física e do segurado especial.

Gabarito "A".

**(Magistratura Federal – 2ª Região – 2011 – CESPE)** Em referência ao custeio da seguridade social, assinale a opção correta.

(A) O grau de risco – leve, médio ou grave – para a determinação da contribuição para o custeio da aposentadoria especial, partindo-se da atividade preponderante da empresa, deve ser definido por lei, sendo ilegítima a definição por mero decreto.

(B) Para o contribuinte individual, estipula-se como salário de contribuição a remuneração auferida durante o mês em uma ou mais empresas ou pelo exercício de sua atividade por conta própria, sem limite, nesse último caso.

(C) O salário-maternidade não tem natureza remuneratória, mas indenizatória, razão pela qual não integra a base de cálculo da contribuição previdenciária devida pela segurada empregada.

(D) O abono recebido em parcela única e sem habitualidade pelo segurado empregado, previsto em convenção coletiva de trabalho, não integra a base de cálculo do salário de contribuição.

(E) Constitui receita da seguridade social a renda bruta dos concursos de prognósticos, excetuando-se os valores destinados ao programa de crédito educativo.

**A:** incorreta. A catalogação do grau de riscos das atividades é feita pelo Anexo V do RPS e a jurisprudência do STJ não vislumbra mácula aos princípios da legalidade e tipicidade tributárias no fato de a administração fazendária definir, em regulamento, o conceito de 'atividade preponderante da empresa' em função dos 'graus de risco'; **B:** incorreta. O salário de contribuição sempre respeitará o limite máximo estabelecido pelo Ministério da Previdência e Assistência Social (art. 28, III, do PCSS); **C:** incorreta à época da aplicação da prova. Preponderava, então, posição segundo a qual o salário-maternidade é exceção à regra de que os benefícios previdenciários não são considerados como salário de contribuição. Assim, sobre ele incidia normalmente a contribuição previdenciária devida pela segurada (art. 28, § 2º, do PCSS). Entretanto, ao julgar o RE nº 576.967, DJe 21/10/2020, o STF declarou a inconstitucionalidade da incidência de contribuição previdenciária sobre o salário maternidade; **D:** correta, nos termos do julgamento proferido pelo STJ no AgRg no REsp 1.235.356/RS, DJ 22.03.2011 e no REsp 1.762.270/SP, DJe 15/03/2019; **E:** incorreta. Na redação do art. 26 do PCSS dada pela Lei nº 8.436/1992, constituía receita da Seguridade Social a renda líquida dos concursos de prognósticos, excetuados os valores destinados ao programa de crédito educativo. Desde a alteração do art. 26 do PCSS pela Lei nº 13.756/2018, constitui receita da Seguridade Social apenas a contribuição social sobre a receita de concursos de prognósticos a que se refere o inciso III do caput do art. 195 da Constituição Federal. RM

Gabarito "D".

## 3. SEGURADOS DA PREVIDÊNCIA E DEPENDENTES

Jorge, na qualidade de contribuinte individual, vinha contribuindo até o início do cumprimento de pena de reclusão pela prática do crime de homicídio qualificado, não tendo feito mais contribuições.

**(Procurador do Município – Campo Grande/MS – 2019 – CESPE/CEBRASPE)** Com referência a essa situação hipotética, julgue os seguintes itens.

(1) Jorge manterá a qualidade de segurado, independentemente de contribuições, até doze meses após o livramento.

(2) O reconhecimento da perda da qualidade de segurado de Jorge ocorrerá no dia seguinte ao do vencimento da contribuição de contribuinte individual relativa ao mês imediatamente posterior ao término do prazo de doze meses após o livramento.

**1:** correta, nos termos do art. 15, IV, da Lei 8.213/1991; **2:** correta, nos termos do art. 15, §4º, da Lei º 8.213/1991. HS

Gabarito: 1C, 2C

**(Defensoria/DF – 2013 – CESPE)** Acerca do RGPS, julgue os itens a seguir.

(1) Considere a seguinte situação hipotética. Em julho de 2011, depois de pagar ininterruptamente por mais de dez anos contribuições mensais a previdência social, Maria foi demitida da empresa onde trabalhava como balconista e, desde então, ela não recolheu contribuições para a previdência social. Em face dessa situação hipotética, é correto afirmar que, em março de 2013, Maria ainda mantinha a qualidade de segurada.

(2) De acordo com o disposto na Lei nº 8.213/1991, filho maior de vinte e um anos de idade não portador de invalidez ou qualquer deficiência mantém a condição de dependente do segurado do RGPS até completar vinte e quatro anos, desde que seja estudante universitário.

(3) É presumida a dependência econômica do filho com mais de dezoito anos e menos de vinte e um anos de idade em relação ao segurado da previdência social, não sendo necessária a comprovação dessa dependência para que ele se torne do RGPS na condição de dependente do segurado.

(4) É segurado obrigatório da previdência social o estrangeiro domiciliado e contratado no Brasil para trabalhar como empregado em sucursal de empresa nacional no exterior.

(5) Aquele que exerça, concomitantemente, duas atividades remuneradas sujeitas ao RGPS e obrigatoriamente filiado ao referido regime em relação a cada uma delas.

**1:** correta. Caso o segurado já tenha contribuído com mais de 120 contribuições mensais para o RGPS, seu período de graça, durante o qual mantém a qualidade de segurado independentemente do pagamento de contribuição, será de 24 meses (art. 15, § 1º, da Lei 8.213/1991); **2:** incorreta. Além de tal direito não encontrar previsão legal, a jurisprudência do STJ é uníssona em recusar o pagamento do benefício nessas condições, ratificando que o benefício se extingue quando o filho não inválido ou que não tenha deficiência intelectual, mental ou que não tenha deficiência grave atingir 21 anos de idade, nos termos do art. 16, I, da Lei 8.213/1991 (ver súmula 37 da TNU); **3:** correta, nos termos do art. 16, § 4º, da Lei 8.213/1991; **4:** correta. É considerado segurado empregado (art. 11, I, "c", da Lei nº 8.213/1991); **5:** correta, nos termos o art. 11, § 2º, da Lei 8.213/1991. HS

Gabarito: 1C, 2E, 3C, 4C, 5C

**(Ministério Público/ES – 2010 – CESPE)** Considerando a jurisprudência do STF e do STJ, assim como o que dispõe a CF e a legislação previdenciária, assinale a opção correta.

(A) Conforme a jurisprudência do STF, em se tratando de auxílio-reclusão, benefício previdenciário concedido para os dependentes dos segurados de baixa renda, nos termos

## 15. DIREITO PREVIDENCIÁRIO    565

da CF, a renda a ser observada para a concessão é a dos dependentes e não a do segurado recolhido à prisão.

**(B)** Consoante à jurisprudência do STJ, é devida a incidência da contribuição previdenciária sobre os valores pagos pela empresa ao segurado empregado durante os quinze primeiros dias que antecedem a concessão de auxílio-doença.

**(C)** De acordo com a jurisprudência do STF, a contribuição nova para o financiamento da seguridade social, criada por lei complementar, pode ter a mesma base de cálculo de imposto já existente.

**(D)** A perda da qualidade de segurado não será considerada para a concessão das aposentadorias por tempo de contribuição e especial, desde que o segurado conte com, no mínimo, o tempo de contribuição correspondente ao exigido para efeito de carência na data do requerimento do benefício.

**(E)** Entre os princípios da previdência social enumerados na CF incluem-se a universalidade da cobertura e do atendimento, a uniformidade e equivalência dos benefícios e serviços às populações urbanas e rurais e a descentralização, com direção única em cada esfera de governo.

**A:** incorreta. Deve ser considerada a renda do segurado para a apuração do direito à percepção do benefício do auxílio-reclusão (STF, AI 767.352, *DJ* 14.12.2012); **B:** incorreta. Para o STJ, o pagamento dos quinze primeiros dias de afastamento do trabalhador que antecedem o auxílio-doença tem natureza indenizatória e, portanto, sobre ele não incide contribuição previdenciária (AgRg no AREsp 103.294, *DJ* 08.05.2012); **C:** correta. Esta é a posição do STF, na esteira do quanto decidido no RE 228.321, *DJ* 01.10.1998; **D:** incorreta. De acordo com o art. 3°, *caput*, da Lei n° 10.666/03, a perda da qualidade de segurado não será considerada para a concessão das aposentadorias por tempo de contribuição e especial. Tratando-se de aposentadoria por idade, aí sim a perda da qualidade de segurado não será considerada para a concessão desse benefício, desde que o segurado conte com, no mínimo, o tempo de contribuição correspondente ao exigido para efeito de carência na data do requerimento do benefício, nos termos do § 1° do dispositivo acima mencionado; **E:** incorreta. O princípio da descentralização da gestão da seguridade social impõe a gestão quadripartite, com representantes do Governo, dos trabalhadores, dos empregadores e dos aposentados (art. 194, parágrafo único, VII, da CF).

Gabarito "C".

**(Defensor Público/ES – 2012 – CESPE)** No que se refere aos regimes previdenciários, julgue o próximo item.

**(1)** É considerado segurado empregado da previdência social o brasileiro civil que trabalha para a União, no exterior, em organismos oficiais brasileiros ou internacionais dos quais o Brasil seja membro efetivo, ainda que domiciliado e contratado fora do Brasil, salvo se segurado na forma da legislação do país do domicílio.

**1:** correta, pois reflete exatamente o disposto no art. 11, I, e, do PBPS.

Gabarito 1C

**(Defensor Público/TO – 2013 – CESPE)** Acerca das normas que regulam os segurados e dependentes do RGPS, assinale a opção correta.

**(A)** O defensor público estadual que assumir cargo de ministro de Estado, será considerado, durante o período em que exercer o cargo em comissão, segurado obrigatório do RGPS, ficando temporariamente excluído do regime próprio de origem.

**(B)** Apesar de não poder ser dependente, a pessoa jurídica, por contribuir para a previdência social, é considerada beneficiário na qualidade de segurado obrigatório.

**(C)** O segurado que exerça mais de uma atividade abrangida pelo RGPS deve filiar-se como segurado obrigatório em relação a cada uma dessas atividades, não sendo possível, entretanto, que ostente, ao mesmo tempo, a qualidade de dependente.

**(D)** Considere que uma empresa, durante as festividades de final de ano, contrate, pelo período de dois meses, trabalhadores para atender ao aumento extraordinário de serviço.

Nessa situação, esses trabalhadores temporários serão filiados obrigatórios do RGPS na qualidade de segurado empregado.

**(E)** Deputado federal será sempre filiado obrigatório do RGPS, na condição de segurado empregado.

**A:** incorreta, pois os servidores efetivos amparados por regime próprio de previdência social são excluídos do regime geral – art. 12 do PBPS (Lei 8.213/1991); **B:** incorreta, pois somente pessoas físicas podem ser beneficiárias do regime geral de previdência social – RGPS – arts. 11 e 16 do PBPS; **C:** incorreta, pois não há vedação para que seja também dependente – art. 11, § 2°, do PBPS; **D:** correta, nos termos do art. 11, I, b, do PBPS; **E:** incorreta, pois, caso o deputado seja servidor efetivo vinculado a regime próprio de previdência social, não será filiado ao RGPS – art. 11, I, h, *in fine*, do PBPS.

Gabarito "D".

**(Defensor Público/AC – 2012 – CESPE)** É segurado obrigatório da previdência social, como empregado,

**(A)** o trabalhador que presta serviço de natureza rural a diversas empresas sem vínculo empregatício.

**(B)** a pessoa física que presta serviço de natureza eventual, no âmbito residencial da pessoa que contrate o serviço, em atividades sem fins lucrativos.

**(C)** a pessoa física que presta, em caráter eventual, serviço de natureza rural a empresa.

**(D)** o membro de instituto de vida consagrada, de congregação ou de ordem religiosa.

**(E)** o servidor público federal ocupante de cargo em comissão, sem vínculo efetivo com a União.

**A e C:** incorretas, pois somente o trabalhador rural que presta serviço à empresa em caráter não eventual, sob sua subordinação e mediante remuneração é que será considerado segurado obrigatório na condição de empregado – art. 11, I, *a*, do PBPS; **B:** incorreta, pois será considerado segurado obrigatório na condição de empregado doméstico somente aquele que presta serviço de natureza contínua (não eventual) a pessoa ou família, no âmbito residencial desta, em atividades sem fins lucrativos – art. 11, II, do PBPS; **D:** incorreta, pois esse membro é segurado obrigatório na condição de contribuinte individual – art. 11, V, *c*, do PBPS; **E:** correta, nos termos do art. 11, I, *g*, do PBPS.

Gabarito "E".

**(Defensor Público/RO – 2012 – CESPE)** A CF, ao determinar os objetivos que devem nortear a seguridade social, estabelece a uniformidade e equivalência dos benefícios e serviços às populações urbanas e rurais, excluindo, a partir de então, a situação de discriminação em que se encontravam os trabalhadores rurais com relação à previdência social, notadamente os que trabalham por conta própria e(ou) com auxílio de seu grupo familiar. Dadas as especificidades desses trabalhadores, a legislação previdenciária instituiu um novo tipo de segurado obrigatório para o RGPS: o segurado especial. Com relação a esse segurado, assinale a opção correta.

**(A)** O exercício de mandato eletivo de dirigente sindical de organização da categoria de trabalhadores rurais descaracteriza a condição de segurado especial caso o referido dirigente obtenha, por meio dessa atividade, ajuda de custo.

**(B)** Diferentemente do que ocorre com a segurada contribuinte individual, para a segurada especial, o período de carência considerado para a concessão do salário-maternidade é igual a dez meses de efetivo exercício de atividade rural anteriores ao parto ou à adoção, ainda que de forma descontínua.

**(C)** Entende-se como regime de economia familiar a atividade em que o trabalho dos membros da família seja indispensável à própria subsistência e ao desenvolvimento socioeconômico do núcleo familiar e seja exercido em condições de mútua dependência e colaboração, mesmo com a utilização de empregados permanentes.

**(D)** É considerado segurado especial o produtor, seja ele proprietário, usufrutuário, possuidor, assentado, parceiro ou meeiro outorgado, comodatário ou arrendatário rural, e o empregado rural que explore atividade agropecuária em área contínua, ou não.

(E) A esposa ou companheira do trabalhador rural, mesmo que não trabalhe diretamente nas atividades rurais exercidas pelos demais membros do grupo familiar, é considerada segurada especial.

**A:** incorreta, pois o dirigente sindical mantém, durante o exercício do mandato eletivo, o mesmo enquadramento no regime geral de previdência social – RGPS de antes da investidura – art. 11, § 4º, do PBPS; **B:** correta, nos termos do art. 25, III, do PBPS e do art. 93, §2º, do RPS; **C:** incorreta, pois a utilização de empregados permanentes descaracteriza o regime de economia familiar – art. 11, § 1º, do PBPS; **D:** incorreta, pois o empregado rural não é segurado especial, mas sim segurado obrigatório na condição de empregado – art. 11, I, *a*, e VII, *a*, do PBPS; **E:** incorreta, pois somente o cônjuge ou companheiro que comprovadamente trabalhe com o grupo familiar respectivo será considerado segurado especial – art. 11, VII, *c*, do PBPS. 🔳

Gabarito "B".

**(Defensoria Pública da União – 2010 – CESPE)** Com base no direito previdenciário, julgue os itens seguintes.

(1) A qualidade de segurado obrigatório está insitamente ligada ao exercício de atividade remunerada, com ou sem vínculo empregatício, de modo que, para um indivíduo ser considerado segurado obrigatório, a remuneração por ele percebida pelo exercício da atividade deve ser declarada e expressa, e não, meramente presumida.

(2) Suponha que João, servidor público federal aposentado, tenha sido eleito síndico do condomínio em que reside e que a respectiva convenção condominial não preveja remuneração para o desempenho dessa função. Nesse caso, João pode filiar-se ao Regime Geral da Previdência Social (RGPS) na condição de segurado facultativo e formalizar sua inscrição com o pagamento da primeira contribuição.

(3) Considere que Pedro explore, individualmente, em sua propriedade rural, atividade de produtor agropecuário em área contínua equivalente a 3 módulos fiscais, em região do Pantanal mato-grossense, e que, durante os meses de dezembro, janeiro e fevereiro de cada ano, explore atividade turística na mesma propriedade, fornecendo hospedagem rústica. Nessa situação, Pedro é considerado segurado especial.

(4) Considere que Lucas tenha exercido, individualmente, de modo sustentável, durante toda a vida, a atividade de seringueiro na região amazônica, tendo os frutos dessa atividade sido sua única fonte de renda. Após o falecimento dele, os herdeiros — demonstrados os pressupostos de filiação — poderão requerer a inscrição de Lucas, como segurado especial, no RGPS.

**1:** incorreta, pois a qualidade do segurado obrigatório não é afastada em caso de remuneração não declarada que, ademais, dá ensejo à autuação – arts. 12, I, e 37 do PCSS (Lei 8.212/1991); **2:** incorreta, pois a inscrição do segurado facultativo no RGPS não depende do pagamento da primeira contribuição, como se vê do art. 18, VI, do RPS.; **3:** assertiva correta, pois a exploração agropecuária em área de até 4 módulos fiscais, individualmente ou em regime de economia familiar, indica a condição de segurado especial, que não é descaracterizada pela exploração de atividade turística da propriedade rural, inclusive com hospedagem, por não mais de 120 dias ao ano – art. 12, VII, *a*, 1 e § 9º, II, do PCSS; **4:** assertiva correta, pois o seringueiro, nessa situação, qualifica-se como segurado especial – art. 12, VII, *a*, 2, do PCSS e art. 9º, VII, alínea "a", item "2", do RPS. 🔳

Gabarito 1E, 2E, 3C, 4C

**(Defensoria Pública da União – 2010 – CESPE)** Em relação aos institutos de direito previdenciário, julgue o item seguinte.

(1) Quanto à filiação do segurado obrigatório à previdência social, vigora o princípio da automaticidade, segundo o qual a filiação desse segurado decorre, automaticamente, do exercício de atividade remunerada, independentemente de algum ato seu perante a previdência social. A inscrição, ato material de registro nos cadastros da previdência social, pode ser concomitante ou posterior à filiação, mas nunca, anterior.

**1:** assertiva correta, conforme o art. 20, § 1º, do Regulamento da Previdência Social – RPS (Decreto 3.048/1999).
Gabarito 1C

**(Defensor Público/BA – 2010 – CESPE)** Em relação aos diversos institutos de direito previdenciário, julgue os itens subsecutivos.

(1) São segurados obrigatórios da previdência social, na qualidade de trabalhadores avulsos, o ministro de confissão religiosa e o membro de instituto de vida consagrada, de congregação ou de ordem religiosa.

(2) É segurado facultativo o maior de doze anos que se filiar ao regime geral de previdência social, mediante contribuição.

(3) Segundo a jurisprudência do STF, deve-se utilizar, como parâmetro para a concessão do benefício de auxílio--reclusão, a renda do segurado preso, e não, a de seus dependentes.

(4) O cancelamento da inscrição do cônjuge do segurado é processado em face de separação judicial ou divórcio sem direito a alimentos, de certidão de anulação de casamento, de certidão de óbito ou de sentença judicial transitada em julgado.

(5) É segurado obrigatório da previdência social, na qualidade de empregado, o exercente de mandato eletivo federal, estadual ou municipal, desde que não vinculado a regime próprio de previdência social.

**1:** incorreta, pois o ministro de confissão religiosa e o membro de instituto de vida consagrada, de congregação ou de ordem religiosa é segurado obrigatório na condição de contribuinte individual, não como trabalhador avulso – art. 11, V, *c*, do Plano de Benefícios da Previdência Social – PBPS (Lei 8.213/1991); **2:** incorreta. Atualmente, a idade mínima para o trabalho e, portanto, para a inscrição no Regime Geral da Previdência Social – RGPS, é de 16 anos, admitindo-se excepcionalmente o aprendiz, a partir dos 14 anos de idade (art. 7º, XXXIII, da CF) – note que fica em parte prejudicado o art. 13 do PBPS, que prevê a idade mínima de 14 anos para o menor se filiar no Regime Geral de Previdência Social e qualificar-se como segurado facultativo; **3:** correta – art. 201, IV, da CF, ver AI 767.352 AgR/SC. A Lei 13.846/2019 inseriu um §4º, no art. 86, do PBPS, segundo o qual a aferição da renda mensal bruta para enquadramento do segurado como de baixa renda ocorrerá pela média dos salários de contribuição apurados no período de 12 (doze) meses anteriores ao mês do recolhimento à prisão; **4:** correta, pois é o que dispunha o art. 17, § 2º, do PBPS, revogado pela Lei nº 13.135/2015; **5:** correta, nos termos do art. 11, I, *h*, do PBPS. O art. 14, da EC 103/2019, vedou a criação de novos regimes de previdência aplicáveis a titulares de mandato eletivo da União, dos Estados, do Distrito Federal e dos Municípios, bem como a adesão de novos segurados a regimes desta natureza já existentes. 🔳

Gabarito 1E, 2E, 3C, 4C, 5C

**(Procurador do Município/Boa Vista-RR – 2010 – CESPE)** Julgue o item a seguir, relativo às legislações previdenciária e da seguridade social.

**O exercente de mandato eletivo federal, estadual ou municipal é segurado obrigatório da previdência social como empregado, ainda que seja vinculado a regime próprio de previdência social.**

**1:** assertiva incorreta, pois a vinculação a regime próprio de previdência afasta a qualidade de segurado obrigatório do RGPS – art. 12, I, *j, in fine*, do PCSS. Diz o art. 14 da EC 103/2019 que 'vedadas a adesão de novos segurados e a instituição de novos regimes dessa natureza, os atuais segurados de regime de previdência aplicável a titulares de mandato eletivo da União, dos Estados, do Distrito Federal e dos Municípios poderão, por meio de opção expressa formalizada no prazo de 180 (cento e oitenta) dias, contado da data de entrada em vigor desta Emenda Constitucional, retirar-se dos regimes previdenciários aos quais se encontrem vinculados'. Seu §2º assegura a contagem do tempo de contribuição vertido para o regime de previdência ao qual o segurado se encontrava vinculado, nos termos do disposto no § 9º do art. 201 da Constituição Federal.

Gabarito 1E

**(Magistratura Federal – 2ª Região – 2011 – CESPE)** Em relação aos segurados do RGPS e aos seus dependentes, assinale a opção correta.

**(A)** É devida a contribuição previdenciária sobre os valores recebidos a título de bolsa de estudo pelos médicos-residentes, dado que prestam serviço autônomo remunerado e enquadram-se, portanto, na qualidade de trabalhadores avulsos.

**(B)** Para que o cônjuge separado judicialmente faça jus à pensão por morte, não é necessária a comprovação da dependência econômica entre o requerente e o falecido.

**(C)** Não se exige início de prova material para comprovação da dependência econômica de mãe para com o filho, para o fim de percepção da pensão por morte.

**(D)** Por expressa previsão na lei de benefícios previdenciários, o menor sob guarda é dependente de segurado do RGPS.

**(E)** O tempo de estudante como aluno-aprendiz em escola técnica pode ser computado para fins de complementação de aposentadoria, independentemente de remuneração e da existência do vínculo empregatício.

**A:** incorreta. Os médicos-residentes são segurados obrigatórios na qualidade de contribuintes individuais do RGPS (art. 9º, § 15, X, do RPS); **B:** incorreta. Uma vez ocorrida a separação judicial, não há mais presunção de dependência econômica entre os cônjuges, razão pela qual ela deve ser comprovada para fins de pagamento da pensão por morte, principalmente por intermédio do recebimento de pensão alimentícia (art. 76, §2º, do PBPS e art. 17, I, do RPS); **C:** correta, pois na época não havia exigência em lei acerca de necessidade de início de prova material. A Lei nº 13.846/2019 acrescentou um §5º ao art. 16 do PBPS, doravante requerendo início de prova material contemporânea dos fatos, produzido em período não superior a 24 (vinte e quatro) meses anterior à data do óbito, não admitida a prova exclusivamente testemunhal, exceto na ocorrência de motivo de força maior ou caso fortuito, conforme disposto no regulamento.; **D:** incorreta. A questão foi bastante controversa. Após a modificação introduzida no PBPS pela Lei nº 9.528/1997, o STJ consolidou o entendimento de que o menor sob guarda não pode ser considerado dependente para fins previdenciários (REsp 720706/SE, DJ 09.08.2011). Tal jurisprudência sofreu uma reviravolta no julgamento do EREsp nº 1141788, DJe 16/12/2016, no qual prevaleceu a tese de que o benefício seria devido, pois o art. 33 da Lei nº 8.069/1990 prevaleceria sobre a modificação feita pela Lei nº 9.528/1997. Contudo, posteriormente sobreveio o art. 23, §6º, da Emenda Constitucional nº 103/2019 segundo o qual, no âmbito do RGPS, equiparam-se a filho, para fins de recebimento da pensão por morte, exclusivamente o enteado e o menor tutelado, desde que comprovada a dependência econômica.; **E:** incorreta. Para a contagem do tempo de serviço, imprescindível a existência de remuneração e de vínculo empregatício (STJ, AR 1480/AL, DJ 05.02.2009). RM

Gabarito C

Veja as seguintes tabelas, com os segurados obrigatórios do RGPS e os dependentes:

| Segurados obrigatórios do RGPS – art. 11 do PBPS | |
|---|---|
| Empregado | – aquele que presta serviço de natureza urbana ou rural à empresa, em caráter não eventual, sob sua subordinação e mediante remuneração, inclusive como diretor empregado;<br>– aquele que, contratado por empresa de trabalho temporário, definida em legislação específica, presta serviço para atender a necessidade transitória de substituição de pessoal regular e permanente ou a acréscimo extraordinário de serviços de outras empresas;<br>– o brasileiro ou o estrangeiro domiciliado e contratado no Brasil para trabalhar como empregado em sucursal ou agência de empresa nacional no exterior;<br>– aquele que presta serviço no Brasil a missão diplomática ou a repartição consular de carreira estrangeira e a órgãos a elas subordinados, ou a membros dessas missões e repartições, excluídos o não brasileiro sem residência permanente no Brasil e o brasileiro amparado pela legislação previdenciária do país da respectiva missão diplomática ou repartição consular;<br>– o brasileiro civil que trabalha para a União, no exterior, em organismos oficiais brasileiros ou internacionais dos quais o Brasil seja membro efetivo, ainda que lá domiciliado e contratado, salvo se segurado na forma da legislação vigente do país do domicílio;<br>– o brasileiro ou o estrangeiro domiciliado e contratado no Brasil para trabalhar como empregado em empresa domiciliada no exterior, cuja maioria do capital votante pertença a empresa brasileira de capital nacional;<br>– o servidor público ocupante de cargo em comissão, sem vínculo efetivo com a União, Autarquias, inclusive em regime especial, e Fundações Públicas Federais;<br>– o exercente de mandato eletivo federal, estadual ou municipal, desde que não vinculado a regime próprio de previdência social;<br>– o empregado de organismo oficial internacional ou estrangeiro em funcionamento no Brasil, salvo quando coberto por regime próprio de previdência social; |
| Empregado doméstico | – aquele que presta serviço de natureza contínua a pessoa ou família, no âmbito residencial desta, em atividades sem fins lucrativos; |

| | |
|---|---|
| | – a pessoa física, proprietária ou não, que explora atividade agropecuária, a qualquer título, em caráter permanente ou temporário, em área superior a 4 (quatro) módulos fiscais; ou, quando em área igual ou inferior a 4 (quatro) módulos fiscais ou atividade pesqueira, com auxílio de empregados ou por intermédio de prepostos; ou ainda nas hipóteses dos §§ 9º e 10 deste artigo; <br> – a pessoa física, proprietária ou não, que explora atividade de extração mineral – garimpo, em caráter permanente ou temporário, diretamente ou por intermédio de prepostos, com ou sem o auxílio de empregados, utilizados a qualquer título, ainda que de forma não contínua; <br> – o ministro de confissão religiosa e o membro de instituto de vida consagrada, de congregação ou de ordem religiosa; <br> – o brasileiro civil que trabalha no exterior para organismo oficial internacional do qual o Brasil é membro efetivo, ainda que lá domiciliado e contratado, salvo quando coberto por regime próprio de previdência social; <br> – o titular de firma individual urbana ou rural, o diretor não empregado e o membro de conselho de administração de sociedade anônima, o sócio solidário, o sócio de indústria, o sócio gerente e o sócio cotista que recebam remuneração decorrente de seu trabalho em empresa urbana ou rural, e o associado eleito para cargo de direção em cooperativa, associação ou entidade de qualquer natureza ou finalidade, bem como o síndico ou administrador eleito para exercer atividade de direção condominial, desde que recebam remuneração; <br> – quem presta serviço de natureza urbana ou rural, em caráter eventual, a uma ou mais empresas, sem relação de emprego; <br> – a pessoa física que exerce, por conta própria, atividade econômica de natureza urbana, com fins lucrativos ou não; |
| **Contribuinte individual** | |
| **Trabalhador avulso** | – quem presta, a diversas empresas, sem vínculo empregatício, serviço de natureza urbana ou rural definidos no Regulamento; |
| **Segurado especial** | – como segurado especial: a pessoa física residente no imóvel rural ou em aglomerado urbano ou rural próximo a ele que, individualmente ou em regime de economia familiar, ainda que com o auxílio eventual de terceiros, exerça as atividades de produtor ou pescador, ou seja cônjuge, companheiro, filho ou equiparado, conforme o art. 11, VII, do PBPS. |

---

**Dependentes no RGPS – art. 16 do PBPS – a primeira classe com dependente exclui as seguintes**

– o cônjuge, a companheira, o companheiro e o filho não emancipado, de qualquer condição, menor de 21 (vinte e um) anos ou inválido ou que tenha deficiência intelectual ou mental ou deficiência grave. A dependência econômica desses é presumida, a dos demais deve ser comprovada
– § 3º. O enteado e o menor tutelado equiparam-se a filho, mediante declaração do segurado, e desde que comprovada a dependência econômica – § 2º;
– os pais;
– o irmão não emancipado, de qualquer condição, menor de 21 (vinte e um) anos ou inválido ou que tenha deficiência intelectual ou mental ou deficiência grave.

## 4. BENEFÍCIOS PREVIDENCIÁRIOS

**(Delegado de Polícia Federal – 2021 – CESPE)** Considerando que determinado servidor público, ocupante de cargo em comissão, esteja preparando-se para o concurso de delegado da Polícia Federal, julgue os itens a seguir.

**(1).** É correto afirmar que, atualmente, o servidor em questão é segurado facultativo da previdência social.

**(2).** Caso venha a ser aprovado no concurso almejado, esse servidor poderá requerer a contagem recíproca do tempo de contribuição.

---

**1:** Errado. Ao agente público ocupante, exclusivamente, de cargo em comissão declarado em lei de livre nomeação e exoneração, se aplica o Regime Geral de Previdência Social - RGPS (art. 40, § 13, da CF). Sua filiação ao RGPS se dá como segurado obrigatório, nos termos do art. 11, I, 'g', da Lei 8.213/91. Por outro lado, segurado facultativo é aquele que, maior e 14 (quatorze) anos de idade, não se encontra em nenhuma situação que o vincule obrigatoriamente ao RGPS, ou seja, não se enquadra em nenhuma das hipóteses elencadas nos incisos do caput do art. 11 da Lei 8.213/91 (vide art. 14 da Lei 8.213/1991 e REsp 1.493.738, 2ª T., Rel. Min. Humberto Martins, DJe 25.08.2015). (RQ) **2:** Certo. Para fins de aposentadoria, será assegurada a contagem recíproca do tempo de contribuição entre o Regime Geral de Previdência Social e os regimes próprios de previdência social, e destes entre si, observada a compensação financeira, de acordo com os critérios estabelecidos em lei (art. 201, § 9º, da CF). A regulamentação do instituto da contagem recíproca do tempo de contribuição no âmbito do RGPS se encontra nos arts. 94 a 99 da Lei 8.213/91. Ademais, a Lei 9.796/99 disciplina "a compensação financeira entre o Regime Geral de Previdência Social e os regimes de previdência dos servidores da União, dos Estados, do Distrito Federal e dos Municípios, nos casos de contagem recíproca de tempo de contribuição para efeito de aposentadoria " e regulamenta a forma pela qual os regimes previdenciários públicos (RGPS e RPPS) realizarão o acerto financeiro quando o segurado se utiliza de tempo de contribuição vinculado a outro regime que não aquele que ficará responsável pelo pagamento da prestação previdenciária. RQ
Gabarito 1E, 2C

**(Procurador do Município – Campo Grande/MS – 2019 – CESPE/CEBRASPE)** Acerca dos benefícios previdenciários, julgue os itens subsequentes.

**(1)** Será automaticamente cessada, a partir da data do retorno, a aposentadoria do aposentado por invalidez que retornar voluntariamente à atividade.

**(2)** O salário-família será pago mensalmente ao segurado empregado, ao empregado doméstico e ao trabalhador avulso, por filho ou equiparado de qualquer condição até catorze anos de idade, ou inválido de qualquer idade. O segurado só fará jus ao benefício se tiver como salário de contribuição valor até certo teto, definido em portaria, periodicamente.

**(3)** Ao segurado ou à segurada da previdência social que adotar ou obtiver guarda judicial para fins de adoção de criança é devido salário-maternidade pelo período de cento e vinte dias.

**(4)** Perde o direito à pensão por morte o pretenso beneficiário que, após o trânsito em julgado, tenha sido condenado pela prática de crime de que tenha dolosamente ou mesmo culposamente resultado a morte do segurado.

**1:** correta, nos termos do art. 46 da Lei 8.213/1991; **2:** correta, nos termos dos arts. 65 e 66 da Lei 8.213/1991; **3:** correta, nos termos do art. 71-A da Lei 8.213/1991; **4:** incorreta. Não há perda do direito à pensão por morte em caso de crime culposo ou preterdoloso. A partir da vigência da Lei nº 13.846/2019 a perda do direito à pensão por morte se aplica apenas ao condenado criminalmente por sentença com trânsito em julgado, como autor, coautor ou partícipe de homicídio doloso, ou de tentativa desse crime, cometido contra a pessoa do segurado, ressalvados os absolutamente incapazes e os inimputáveis. (art. 74, § 1º, da Lei 8.213/1991). HS/RM

Gabarito: 1C, 2C, 3C, 4E

**(Procurador do Município/Manaus – 2018 – CESPE)** Considerando a legislação aplicável e a jurisprudência dos tribunais superiores acerca do RGPS, julgue os itens que se seguem.

**(1)** Os benefícios de aposentadoria por invalidez e auxílio-doença independem de carência quando originários de causa acidentária de qualquer natureza.

**(2)** Para efeito da concessão de benefício previdenciário ao trabalhador rural, é suficiente a prova exclusivamente testemunhal.

**1:** correta, nos termos do art. 26, II, do PBPS; **2:** incorreta. Sempre foi necessário ao menos um início de prova documental, sendo vedada a comprovação exclusivamente por testemunhas (art. 55, § 3º, do PBPS e súmula 149 do STJ). A partir da vigência da Lei nº 13.846/2019 se passou a exigir início de prova material contemporânea dos fatos, não admitida a prova exclusivamente testemunhal, exceto na ocorrência de motivo de força maior ou caso fortuito, na forma prevista no regulamento. HS/RM

Gabarito: 1C, 2E

**(Procurador do Município/Manaus – 2018 – CESPE)** Márcio, com cinquenta e cinco anos de idade e trinta e cinco anos de contribuição como empresário, compareceu a uma agência da previdência social para requerer sua aposentadoria. Após análise, o INSS indeferiu a concessão do benefício sob os fundamentos de que ele já era beneficiário de pensão por morte e que não tinha atingido a idade mínima para a aposentadoria por tempo de contribuição.

A respeito da situação hipotética apresentada e de aspectos legais a ela relacionados, julgue os itens subsequentes.

**(1)** A decisão da autarquia previdenciária está parcialmente correta porque, embora Márcio tenha atendido aos requisitos concessórios do benefício, ele não pode acumular a aposentadoria por tempo de contribuição com a pensão por morte.

**(2)** O direito de Márcio não está sujeito ao prazo decadencial decenal, pois este é aplicável somente nas hipóteses de pedido revisional de benefício previamente concedido.

**(3)** Caso, posteriormente, o INSS conceda o benefício, judicial ou administrativamente, no cálculo da renda mensal inicial devida a Márcio deverá ser desprezada a incidência do fator previdenciário.

**1:** incorreta. Nada obsta a cumulação de aposentadoria e pensão por morte (art. 124 do PBPS). Apesar de a EC 103/2019 não ter proibido a cumulação dos benefícios de aposentadoria e pensão, seu art. 24, §2º, não mais permite a percepção do valor integral de ambos; **2:** correta, nos termos do art. 103 do PBPS. Vale notar que a Lei nº 13.846/2019 deu nova redação ao art. 103 do PBPS, sujeitando ao prazo decadencial a revisão do ato de concessão, indeferimento, cancelamento ou cessação de benefício e o ato de deferimento, indeferimento ou não concessão de revisão de benefício. Porém, o STF declarou a inconstitucionalidade de tal alteração na ADIN nº 6.096, DJe 26/11/2020; **3:** incorreta. Haveria incidência do fator previdenciário (art. 29, I, do PBPS). A propósito, a EC 103/2019 extinguiu a distinção entre aposentadoria por idade e aposentadoria por tempo de contribuição. Assim, ressalvados direitos adquiridos, existe agora apenas a aposentadoria programada, cujo deferimento exige tanto idade mínima como tempo de contribuição. O

cálculo do salário-de-benefício da aposentadoria programada não inclui a utilização do fator previdenciário. Não se pode, contudo, afirmar que o fator previdenciário foi totalmente excluído de nosso ordenamento jurídico, pois ele ainda incide no caso da regra de transição prevista no art. 17 da EC 103/2019, como expressamente diz o parágrafo único de tal dispositivo. Na mesma seara, por força do art. 22 da EC nº 103/2019, a aposentadoria da pessoa com deficiência continuará sendo regida pela Lei Complementar 142/2013 até que lei discipline o art. 201, § 1º, I, da CF. Ora, o art. 9º, I, da LC 142/2013, afirma que o fator previdenciário incide nas aposentadorias de pessoas com deficiência, se resultar em renda mensal de valor mais elevado HS/RM

Gabarito 1E, 2C, 3E

**(Delegado Federal – 2018 – CESPE)** Roberto é empregado da empresa XYZ ME há trinta anos e pretende requerer ao INSS, em 1.º/10/2018, a concessão de aposentadoria por tempo de contribuição.

Com referência a essa situação hipotética, julgue os itens a seguir.

**(1)** Na situação descrita, o recolhimento mensal à seguridade social relativo ao empregado Roberto é composto pela parte arcada pelo empregado e pela parte arcada pelo empregador, sendo esta última correspondente a 20% do total das remunerações pagas, devidas ou creditadas a Roberto durante o mês.

**(2)** As informações fornecidas são suficientes para se concluir que Roberto tem direito ao percebimento de aposentadoria por tempo de contribuição, por haver cumprido integralmente os requisitos para o gozo do benefício.

**(3)** O salário de contribuição de Roberto corresponde ao valor de sua remuneração, respeitados os limites mínimo e máximo desse salário.

**1:** correta, nos termos do art. 22, I, do PCSS; **2:** incorreta. Antes das alterações promovidas pela EC 103/2019 a concessão de aposentadoria por tempo de contribuição exigia 35 anos de contribuição. Dessa forma, para ter acesso ao benefício, Roberto precisaria ter averbado outros períodos de contribuição, informação que não consta do enunciado; **3:** correta, nos termos do art. 28, I e §3º, do PCSS.. HS/RM

Gabarito 1C, 2E, 3C

**(Defensor Público/AL – 2017 – CESPE)** O auxílio-acidente é um benefício devido ao segurado que se encontra na condição de

**(A)** aposentado em razão de acidente e que necessite de assistência permanente de outra pessoa.

**(B)** vítima de acidente de trabalho que fique incapacitado por período inferior a quinze dias.

**(C)** incapacitado para o exercício de suas atividades habituais e que não disponha de tempo suficiente para o recebimento da aposentadoria por invalidez.

**(D)** vítima de acidente que, após consolidadas as lesões decorrentes do acidente e o retorno às suas atividades laborais, sofra redução na capacidade para o trabalho que habitualmente exercia.

**(E)** vítima de acidente e que esteja incapacitado para o trabalho por tempo indeterminado.

**A:** incorreta. A alternativa se refere ao adicional de 25% devido aos beneficiários de aposentadoria que necessitem do apoio permanente de outra pessoa; **B:** incorreta. Não há limite máximo para o período de incapacidade que gera direito à percepção de auxílio-acidente.; **C:** incorreta. A concessão de auxílio-acidente depende apenas que da consolidação das lesões decorrentes de acidente de qualquer natureza, resultem sequelas que impliquem redução da capacidade para o trabalho que habitualmente exercia; **D:** correta, nos termos do art. 86 do PBPS; **E:** incorreta. A alternativa se refere à aposentadoria por invalidez. HS/RM

Gabarito D.

**(Defensor Público/AL – 2017 – CESPE)** Se uma pessoa que tenha sido contribuinte individual por trinta anos se aposentar pelo registro geral de previdência social (RGPS) e, após essa primeira aposentadoria, passar a contribuir para o RGPS como segurada-empregada, ela poderá acumular essa aposentadoria por tempo de contribuição com

(A) o salário-maternidade proveniente de adoção.
(B) a aposentadoria por idade.
(C) a aposentadoria especial.
(D) a aposentadoria por invalidez.
(E) o auxílio-doença.

Nos termos do art. 124 do PBPS, não são cumuláveis duas ou mais aposentadorias ou aposentadoria com auxílio-acidente. Logo, dentre as opções listadas na questão a pessoa terá direito apenas ao salário--maternidade. **HS/RM**

Gabarito "A".

**(Defensor Público/AL – 2017 – CESPE)** O valor da renda mensal poderá superar o teto máximo do RGPS se se tratar dos seguintes benefícios:

(A) aposentadoria por tempo de contribuição e aposentadoria por idade.
(B) salário-família e auxílio-reclusão.
(C) aposentadoria por idade e pensão por morte.
(D) salário-maternidade e aposentadoria por invalidez, caso o segurado dependa da assistência permanente de outra pessoa.
(E) aposentadoria especial e auxílio-doença.

As únicas exceções ao teto dos benefícios previdenciários são o salário--maternidade, que é igual à remuneração da segurada qualquer que seja ela, e a aposentadoria por invalidez com adicional de assistência, mas note que apenas o adicional poderá superar o teto (o valor do benefício em si é calculado com o limite máximo e a esse é adicionado 25%). **HS**

Gabarito "D".

**(Defensor Público/AL – 2017 – CESPE)** A respeito da contagem recíproca do tempo de serviço, julgue os itens a seguir.

I. A contagem recíproca do tempo de serviço é admissível sempre que o segurado migrar do regime público de previdência social para o RGPS, e vice-versa.
II. Para que a contagem recíproca do tempo de serviço seja admitida, o trabalhador deve indenizar o órgão previdenciário para o qual migrou.
III. É vedada a contagem de tempo exercida concomitantemente no serviço público e na atividade privada.
IV. A aposentadoria resultante da contagem recíproca do tempo de serviço deve ser rateada de forma proporcional por ambos os sistemas previdenciários para quais o segurado tenha contribuído.

Estão certos apenas os itens

(A) I e II.
(B) I e III.
(C) II e III.
(D) II e IV.
(E) III e IV.

**I**: correta, nos termos do art. 94 do PBPS; **II**: incorreta. Os órgãos previdenciários se compensarão financeiramente (art. 94 do PBPS); **III**: correta, nos termos do art. 96, II, do PBPS; **IV**: incorreta. O benefício será pago pelo regime previdenciário para o qual o segurado migrou, garantida a compensação financeira com o regime anterior (art. 94, § 1º, do PBPS). **HS**

Gabarito "B".

**(Procurador do Estado/SE – 2017 – CESPE)** Se um empregado de determinada empresa, filiado ao RGPS há dois anos, sofrer acidente de trânsito que o incapacite temporariamente para o exercício de atividade laboral, a ele será assegurado o direito

(A) a aposentadoria por invalidez, que, por sua natureza, independerá de carência, e cujo valor será acrescido de 50% no caso de necessidade de assistência permanente.
(B) ao auxílio-doença, que consiste em uma renda mensal correspondente a 91% do salário de benefício.
(C) ao recebimento de auxílio-doença, desde o primeiro dia de afastamento da atividade e pelo período que durar a sua incapacidade.
(D) ao benefício do auxílio-acidente, de caráter vitalício, caso o acidente tenha ocorrido em horário de trabalho.

(E) a receber benefício durante a licença pela incapacidade temporária, sendo esse período descontado do tempo de contribuição.

**A**: incorreta. A aposentadoria por invalidez é destinada a casos de incapacidade total e permanente para o exercício de qualquer atividade laborativa (art. 42 do PBPS); **B**: considerada correta pelo gabarito oficial, porém passível de críticas. O auxílio-doença, que realmente tem como renda mensal inicial o equivalente a 91% do salário de benefício (art. 61 do PBPS), somente é devido ao segurado empregado se o afastamento for superior a 15 dias (art. 59 do PBPS), informação essa que não consta do enunciado; **C**: incorreta, conforme comentário à alternativa anterior; **D**: incorreta. Apesar de ter sofrido um acidente, trata-se de auxílio-doença. O auxílio-acidente é pago em caso de consolidação de lesões que reduzam permanentemente a capacidade laborativa do segurado, sem incapacitá-lo (art. 86 do PBPS); **E**: incorreta. O período em que o segurado está em gozo de benefício é considerado como tempo de contribuição (art. 55, II, do PBPS). **HS**

Gabarito "B".

**(Juiz – TRF5 – 2017 – CESPE)** Assinale a opção que apresenta requisito(s) para o pagamento vitalício de pensão por morte à companheira de segurado do regime geral de previdência social falecido.

(A) não exercício, pela companheira, na data do óbito, de atividade remunerada e comprovação de sua dependência econômica do segurado falecido
(B) convivência sob o mesmo teto por mais de dois anos e existência de filhos em comum
(C) invalidez da companheira e comprovação de sua dependência do segurado, independentemente do tempo de contribuição do segurado e da união estável
(D) mais de dezoito contribuições mensais, pelo segurado, na data do óbito, pelo menos dois anos de união estável, e idade mínima de quarenta e quatro anos para a companheira
(E) falecimento do segurado em decorrência de acidente de trabalho, independentemente do tempo de contribuição e do tempo de união estável

Desde a edição da Lei 13.135/2015, a pensão por morte somente será vitalícia se, cumulativamente, o segurado já houver contribuído com 18 prestações mensais, o casamento ou união estável tiver mais de 2 anos e o cônjuge/companheiro supérstite contar 44 anos de idade ou mais. **HS**

Gabarito "D".

**(Procurador do Estado/AM – 2016 – CESPE)** No tocante às recentes alterações impostas aos benefícios previdenciários, julgue os itens seguintes.

(1) Constatada — em processo judicial em que tenham sido assegurados o contraditório e a ampla defesa — simulação ou fraude no casamento ou na união estável com a finalidade de obter benefício previdenciário, o cônjuge, ou o(a) companheiro(a) supérstite, perderá o direito à pensão por morte.
(2) O segurado que preencher as condições para a percepção da aposentadoria por tempo de contribuição integral poderá optar pela não incidência do fator previdenciário no cálculo da renda mensal inicial se o total resultante da soma de sua idade e de seu tempo de contribuição alcançar os limites mínimos indicados em lei.
(3) O auxílio-doença será devido ao segurado empregado a partir do trigésimo dia de seu afastamento da atividade laboral.

**1**: correta, nos termos do art. 74, §2º, da Lei 8.213/1991; **2**: correta, nos termos do art. 29-C da Lei 8.213/1991. A partir da vigência da EC 103/2019 o sistema de pontos criado pela introdução do art. 29-C no PBPS foi alterado.; **3**: incorreta. O auxílio-doença é devido ao segurado empregado a partir do 16º dia de afastamento. Nos primeiros 15 dias, cabe à empresa pagar a remuneração do segurado (art. 60 da Lei 8.213/1991). **RM**

Gabarito 1C, 2C, 3E

## 15. DIREITO PREVIDENCIÁRIO

**(Ministério Público/ES – 2010 – CESPE)** João, que era casado com Maria e tinha um filho menor não emancipado chamado Júnior, exercia, quando veio a falecer, atividade abrangida pelo RGPS, como empregado de uma fábrica há oito meses, recebendo, nesse período, um salário de R$ 700,00. Morava ainda com o casal e o filho menor a mãe de João.

Com base nessa situação hipotética, assinale a opção correta.

(A) Maria, sua sogra e Júnior não têm direito à pensão por morte, porque João, que trabalhou apenas oito meses, não completou a carência, que é o número mínimo de contribuições mensais indispensáveis à concessão de benefício previdenciário.

(B) Para se habilitarem à pensão por morte, Maria, Júnior e a mãe de João precisam comprovar que dependiam economicamente de João.

(C) Caso seja requerida apenas por Maria, a pensão por morte será concedida a partir do dia do óbito de João, independentemente da data do requerimento.

(D) Aplica-se o fator previdenciário no cálculo da renda mensal inicial da pensão por morte, que é feito com base no salário de benefício da aposentadoria que seria devida a João na data do seu falecimento.

(E) Se Maria, sua sogra e Júnior requererem pensão por morte, o benefício será concedido apenas a Maria e Júnior, em partes iguais, sendo que a parte de cada um poderá ser menor que um salário mínimo.

**A:** incorreta. A pensão por morte é benefício previdenciário que independe de carência. (art. 26, I, do Plano de Benefícios da Previdência Social – PBPS; **B:** incorreta. Maria e Júnior são dependentes de 1ª classe, os quais estão dispensados de comprovar a dependência econômica. Apenas a mãe de João precisaria provar essa circunstância (art. 16, § 4º, do PBPS); **C:** incorreta. A pensão por morte será concedida a partir da data do óbito se for requerida por Maria até 90 dias após esse. Se o requerimento ocorrer após esse prazo, a pensão será paga a partir da data do requerimento. (art. 74, I, do PBPS); **D:** incorreta. Não se aplica o fator previdenciário no cálculo da pensão por morte (art. 29, II, do PBPS e art. 3 da EC 103/2019); **E:** correta. A existência de dependentes em classes superiores (cônjuge e filho) afasta o direito ao benefício das classes inferiores (pais), nos termos do art. 16, § 1º, do PBPS. Além disso, a lei garante que o **benefício** não será menor que o salário mínimo. Em caso de rateio, a parte que cabe a cada dependente poderá ser inferior ao valor do salário mínimo. RM
*Gabarito "E".*

**(Ministério Público/ES – 2010 – CESPE)** Com relação ao reajustamento do valor dos benefícios, ao tempo de serviço para fins previdenciários e à carência, assinale a opção correta.

(A) O reconhecimento da atividade exercida como especial é disciplinado pela lei vigente à época da prestação do serviço, por força do princípio *tempus regit actum*, passando a integrar, como direito adquirido, o patrimônio jurídico do trabalhador, não se aplicando retroativamente legislação nova mais restritiva.

(B) No primeiro reajuste da renda mensal inicial da aposentadoria concedida na vigência da Lei n. 8.213/1991, deve-se aplicar integralmente o índice oficial de correção, independentemente do mês de concessão do benefício previdenciário.

(C) O tempo de serviço rural anterior à vigência da Lei n. 8.213/1991 não será considerado para efeito de carência, mas poderá ser computado como tempo de contribuição, para efeito de aposentadoria, mediante o recolhimento das respectivas contribuições.

(D) As contribuições que o segurado contribuinte individual pagar em atraso não serão consideradas para efeito de carência nem serão computadas como tempo de contribuição para efeito de aposentadoria, ainda que comprovado o exercício de atividade abrangida pela previdência social.

(E) O trabalho infantil é repudiado pelo ordenamento jurídico brasileiro, de acordo com a CF, de modo que é inadmissível a contagem do trabalho rural em regime de economia

familiar antes dos quatorze anos de idade, para efeito de aposentadoria.

**A:** correta, conforme julgado pelo STJ no REsp 414.083, DJ 02.09.2002; **B:** incorreta. Para a aplicação do índice de correção no primeiro reajuste do benefício previdenciário deve ser aplicada a regra da proporcionalidade, ou seja, como o reajuste é anual, a primeira correção do valor deve levar em conta o fator de atualização proporcional ao número de meses em que o segurado recebeu o benefício (STJ, AgRg no EDcl no Ag 797.532, DJ 15.03.2007); **C:** incorreta. Nos termos do art. 55, §2º, do PBPS, o tempo de serviço do segurado trabalhador rural, anterior à data de início de vigência desta Lei, será computado independentemente do recolhimento das contribuições a ele correspondentes, exceto para efeito de carência, conforme dispuser o Regulamento. Ou seja, não se exige o recolhimento de contribuições previdenciárias, como deixa claro a súmula 24 da Turma Nacional de Uniformização. Por fim, leve em conta que a EC 103/2019 acabou com a contagem de tempo de contribuição fictício, conforme a nova redação do art. 201, §14º, da CF e o art. 25 da EC 103/2019; **D:** incorreta. O pagamento em atraso das contribuições pelo contribuinte individual será considerado para efeito de aposentadoria, desde que comprovado o exercício da atividade sujeita a filiação obrigatória na previdência social; **E:** incorreta. Segundo o STJ, tal norma constitucional deve ser interpretada em proteção ao menor, nunca em seu prejuízo. Logo, o trabalho rural em regime de economia familiar do menor de 14 anos deve ser considerado para fins previdenciários (EREsp 329.269, DJ 28.08.2002). RM
*Gabarito "A".*

**(Ministério Público/ES – 2010 – CESPE)** Assinale a opção correta referente ao direito previdenciário.

(A) Suponha que Caio tenha requerido, administrativamente, em 10.08.2009, o benefício de auxílio-doença, que foi indeferido pelo INSS, motivo pelo qual ajuizou, em 14.11.2009, uma ação ordinária pleiteando o referido benefício, sendo que o laudo médico pericial, juntado aos autos em 20.02.2010, reconheceu a incapacidade de Caio. Nessa situação hipotética, o termo inicial do auxílio-doença a ser concedido judicialmente será o dia 14.11.2009.

(B) Para efeito de aposentadoria, é assegurada a contagem recíproca do tempo de contribuição na administração pública e na atividade privada, rural e urbana, hipótese na qual os diversos regimes de previdência social se compensarão financeiramente; entretanto, é vedada a contagem de tempo de serviço público com o de atividade privada, quando concomitantes.

(C) Consoante à jurisprudência do STJ, o requisito da renda familiar *per capita* inferior a um quarto do salário mínimo, previsto na Lei n. 8.742/1993 para concessão do benefício de prestação continuada, de caráter assistencial, consubstancia um critério legal absoluto, impediente de que o julgador faça uso de outros elementos probatórios para comprovar a condição de miserabilidade da família.

(D) As ações judiciais relativas a acidente do trabalho são de competência da justiça comum estadual, nos termos da Lei n. 8.213/1991. Desse modo, é correto afirmar que a ação regressiva, ajuizada pelo INSS contra o empregador, pleiteando ressarcimento dos gastos relativos a pagamento de benefício de aposentadoria por invalidez decorrente de acidente do trabalho, não é de competência da justiça federal.

(E) Considere que Pedro, que exercia atividade remunerada abrangida pela previdência social, tenha sofrido um acidente e, em decorrência disso, recebido auxílio-doença por 24 meses. Nessa situação hipotética, é correto afirmar que ele manteve a qualidade de segurado durante todo o período em que recebeu o auxílio-doença, desde que ele tenha comprovado a situação de desempregado pelo registro no órgão próprio do Ministério do Trabalho e Emprego.

**A:** incorreta. Nesse caso, o benefício é devido desde a data do requerimento administrativo, ou seja, 10.08.2009; **B:** correta, nos termos dos arts. 125, I e II, e 127, II, do RPS; **C:** incorreta. Para o STJ, devem ser reconhecidas outras provas da condição de miserabilidade da família para fins de concessão do benefício de prestação continuada da assistência social (AGRg no AREsp 221.213, DJ 27.11.2012). Veja, ainda, o relevante julgado do STF na Rcl nº 4.734, DJ 13/10/2010; **D:** incorreta. A competência para julgamento das ações relativas a acidente de trabalho é da Justiça do Trabalho (STF, CC 7.204, *DJ* 29.06.2005). Além disso, cabe à Justiça Federal o julgamento de ações nas quais autarquias da União, como o INSS, figurem como parte (art. 109, I, da CF); **E:** incorreta. O período de graça, lapso em que se mantém a qualidade de segurado independentemente do pagamento de contribuições, em caso de gozo de benefício previdenciário, perdura por todo o tempo de pagamento do benefício, independentemente de qualquer outra formalidade (art. 15, I, do PBPS).

Gabarito "B".

**(Defensor Público/TO – 2013 – CESPE)** Acerca das normas que regulam os benefícios e as prestações do RGPS, assinale a opção correta.

(A) Considere que Joana, casada com Marcos, segurado do RGPS, receba proventos relativos a aposentadoria por tempo de contribuição. Nessa situação, com a morte do esposo, Joana não poderá, de acordo com a lei, passar a receber cumulativamente a pensão por morte, devendo optar pelo benefício mais vantajoso.

(B) Suponha que um segurado, em virtude de condenação pelo cometimento de crime, tenha sido recolhido à prisão para início do cumprimento de pena em regime fechado e solicitado auxílio-reclusão. Nessa situação, segundo a jurisprudência do STF, é necessária a comprovação de situação de necessidade, devendo-se utilizar como parâmetro a renda dos dependentes, sendo irrelevante a renda auferida pelo segurado preso.

(C) O salário maternidade da segurada empregada consistirá sempre em renda mensal equivalente à sua remuneração integral.

(D) O prazo para o primeiro pagamento do benefício da previdência social é estipulado em até quarenta e cinco dias contados da data da apresentação, pelo segurado, da documentação necessária à concessão do benefício.

(E) O retorno do aposentado à atividade exercida não prejudica o recebimento de sua aposentadoria, que, em qualquer caso, será mantida no seu valor integral.

**A:** incorreta, pois não há vedação à cumulação da aposentadoria com a pensão deixada pelo cônjuge – art. 124 do Plano de Benefícios da Previdência Social – PBPS (Lei 8.213/1991); **B:** incorreta, pois o STF fixou o entendimento no sentido de que a renda do segurado preso é a que deve ser utilizada como parâmetro para a concessão do benefício, e não a de seus dependentes – ver AI 767.352 AgR/SC e art. 80 do PBPS; **C:** incorreta, pois, embora a regra seja essa (art. 72 do PBPS), em caso de salário variável, o benefício será igual à média dos últimos 6 meses de trabalho, apurada conforme a lei salarial ou dissídio da categoria (note que o erro da assertiva está na palavra "sempre") – art. 393 da CLT; **D:** correta, conforme o art. 41-A, § 5º, do PBPS; **E:** incorreta, pois o aposentado por invalidez que retornar voluntariamente à atividade terá sua aposentadoria automaticamente cancelada, a partir da data do retorno – art. 46 do PBPS.

Gabarito "D".

**(Defensoria Pública da União – 2010 – CESPE)** Em relação aos institutos de direito previdenciário, julgue os itens seguintes.

(1) A jurisprudência consolidou o entendimento de que a concessão da pensão por morte é regida pela norma vigente ao tempo da implementação da condição fática necessária à concessão do benefício, qual seja, a data do óbito do segurado.

(2) A aposentadoria por tempo de contribuição sofre constantes ataques da doutrina, e número razoável de especialistas defende sua extinção, o que se deve ao fato de esse benefício não ser tipicamente previdenciário, pois não há, nesse caso, risco social sendo protegido, já que o tempo de contribuição não gera presunção de incapacidade para o trabalho.

**1:** assertiva correta, pois reflete o teor da súmula 340 do STJ; **2:** assertiva correta, pois muitos defendem a utilização da idade como critério básico para a concessão de aposentadoria, como ao final fez a EC 103/2019.

Gabarito 1C, 2C

Veja as seguintes tabelas, para estudo e memorização dos períodos de carência e das prestações que independem de carência:

| Períodos de Carência – art. 25 do PBPS | |
|---|---|
| – auxílio-doença e aposentadoria por invalidez | 12 contribuições mensais |
| – aposentadoria por idade, aposentadoria por tempo de serviço e aposentadoria especial | 180 contribuições mensais |
| - auxílio-reclusão | 24 contribuições mensais |
| – salário-maternidade para contribuintes individuais, seguradas especiais e facultativas | 10 contribuições mensais. Em caso de antecipação do parto, o período é reduzido em nº de contribuições equivalentes ao nº de meses em que o parto foi antecipado. A segurada especial deve apenas comprovar atividade rural nos 12 meses anteriores ao início do benefício – art. 39, parágrafo único, do PBPS |

| Independem de Carência – art. 26 do PBPS |
|---|
| – pensão por morte, salário-família e auxílio-acidente <br> – auxílio-doença e aposentadoria por invalidez (nos termos do inciso II, do art. 26, do PBPS) <br> – aposentadoria por idade ou por invalidez, auxílio-doença, auxílio-reclusão, pensão para o segurado especial, no valor de 1 salário mínimo, desde que comprove o exercício de atividade rural, ainda que de forma descontínua, no período, imediatamente anterior ao requerimento do benefício, igual ao número de meses correspondentes à carência do benefício requerido <br> – serviço social <br> – reabilitação profissional <br> – salário-maternidade para as seguradas empregada, trabalhadora avulsa e empregada doméstica |

**(Procurador/DF – 2013 – CESPE)** Julgue os itens seguintes, que versam sobre a previdência social.

(1) A renúncia à aposentadoria pelo RGPS, para fins de aproveitamento do tempo de contribuição e concessão de novo benefício, seja no mesmo regime, seja em regime diverso, não importa em devolução dos valores percebidos, pois, enquanto perdurar a aposentadoria pelo RGPS, os pagamentos de natureza alimentar serão indiscutivelmente devidos.

(2) Conforme a jurisprudência do STJ, no âmbito do RGPS, o termo inicial do auxílio-acidente será o dia seguinte ao da cessação do auxílio-doença.

(3) Ressalvada a revisão prevista em lei, os proventos da inatividade regulam-se pela lei vigente ao tempo em que o militar, ou o servidor civil, tiver reunido os requisitos necessários, inclusive a apresentação do requerimento, quando a inatividade for voluntária.

(4) O tratamento dado pelo STF à adesão do interessado a plano de previdência privada não se limita à liberdade de associação, pois, em razão do equilíbrio financeiro-atuarial do sistema, não é permitida a desfiliação mediante a simples vontade unilateral do interessado.

**1:** correta na época da aplicação do certame, pois essa era a jurisprudência fixada pelo STJ para a hipótese de "desaposentação" – REsp 1.334.488/SC (repetitivo). Atualmente prevalece julgamento do STF em sede de

## 15. DIREITO PREVIDENCIÁRIO

Repercussão Geral (RE 661.256/SC) no qual se fixou tese segundo a qual: *"No âmbito do Regime Geral de Previdência Social – RGPS, somente lei pode criar benefícios e vantagens previdenciárias, não havendo, por ora, previsão legal do direito à 'desaposentação', sendo constitucional a regra do art. 18, § 2º, da Lei nº 8.213/91"*; **2**: correta, conforme entendimento pacífico do STJ – ver AgRg REsp 1.336.437/SP; **3**: incorreta, pois a apresentação do requerimento, para a hipótese em que a inatividade for voluntária, não é relevante para a definição da lei aplicável, conforme alteração da Súmula 359 do STF; **4**: incorreta, pois, em razão da liberdade de associação, garante-se o direito de desfiliação, conforme jurisprudência do STF – ver RE 482.207 AgR/PR. ▣

*Gabarito 1C, 2C, 3E, 4E*

**(Procurador/DF – 2013 – CESPE)** A respeito do regime próprio de previdência dos servidores públicos, julgue os itens que se seguem.

**(1)** Ocorre a prescrição do próprio fundo de direito se o servidor público deixa transcorrer mais de cinco anos entre a data da aposentadoria e o pedido de sua complementação.

**(2)** É vedado o recebimento cumulado de dois benefícios de pensão por morte, mesmo no caso de benefícios por regimes de previdência distintos, devendo o beneficiário optar por um deles.

**1**: incorreta. A jurisprudência do STJ é pacífica em relação à matéria, como se vê de sua súmula 85 (veja também a súmula 81 da TNU); **2**: incorreta, pois o que é vedado é a cumulação de duas pensões pelo viúvo ou viúva deixadas por dois cônjuges ou companheiros distintos no RGPS, hipótese em que poderá optar pela mais vantajosa – art. 124, VI, do Plano de Benefícios da Previdência Social – PBPS (Lei 8.213/1991). O art. 24 da EC 103/2019 passou a vedar a cumulação de mais de uma pensão por morte deixada por cônjuge ou companheiro, no âmbito do mesmo regime de previdência social, ressalvadas as pensões do mesmo instituidor decorrentes do exercício de cargos acumuláveis na forma do art. 37 da Constituição Federal. ▣

*Gabarito 1E, 2E*

**(Procurador/DF – 2013 – CESPE)** Acerca de institutos diversos de direito previdenciário, julgue os itens subsequentes.

**(1)** Caso um professor uruguaio que desempenhe regularmente a função de professor de universidade privada em Brasília – DF queira aposentar-se por tempo de contribuição pelo RGPS, havendo acordo bilateral de previdência social com o Brasil, a responsabilidade financeira pelas contribuições previdenciárias referentes ao tempo de serviço prestado no Uruguai deverá ser suportada por aquele país, mediante compensação financeira, e, uma vez preenchidos os requisitos segundo a legislação brasileira, o benefício deverá ser concedido, ainda que não haja na legislação uruguaia benefício previdenciário dessa natureza, podendo haver a contagem recíproca do tempo de contribuição no estrangeiro.

**(2)** É devida a conversão em pecúnia da licença-prêmio não gozada e não contada em dobro, quando da aposentadoria do servidor, sob pena de indevido locupletamento por parte da administração pública.

**1**: incorreta, pois, nos casos da Argentina e Uruguai se aplica o Acordo Multilateral de Seguridade Social do Mercosul, no qual não há previsão expressa desse tipo de benefício. Assim sendo, somente serão reconhecidos, por força do direito adquirido, direito ao benefício àqueles que comprovarem a implementação dos requisitos necessários no período em que estiveram em vigência os acordos bilaterais dos dois países – art. 477 da IN 45/2010 do INSS; **2**: correta, conforme jurisprudência pacífica – ver AgRg REsp 1.360.642/RS-STJ. ▣

*Gabarito 1E, 2C*

**(Procurador do Município/Boa Vista-RR – 2010 – CESPE)** Julgue o item a seguir, relativo às legislações previdenciária e da seguridade social.

**(1)** É vedado o recebimento conjunto do seguro-desemprego com qualquer benefício de prestação continuada da previdência social, exceto pensão por morte ou auxílio-acidente.

**1**: assertiva correta, pois reflete o disposto no art. 124, parágrafo único, do PBPS.

*Gabarito 1C*

**(Advogado da União/AGU – CESPE – 2012)** À luz da jurisprudência do STF e do STJ, julgue o item seguinte, relativos ao RGPS.

**(1)** A concessão de pensão por morte, auxílio-reclusão e salário-família independe de carência.

**1**: correta quando da aplicação do certame. Após a publicação da Lei nº 13.846/2019 o auxílio-reclusão passou a exigir carência de 24 contribuições mensais. Aproveite para relembrar os períodos de carência previstos para cada benefício previdenciário: ▣

| Benefício | Carência | Exceções |
| --- | --- | --- |
| Aposentadoria por tempo de contribuição | 180 contribuições | Não há |
| Aposentadoria por idade | 180 contribuições | Não há |
| Aposentadoria por invalidez | 12 contribuições | Doenças graves previstas em ato normativo do Ministério da Previdência e Assistência Social |
| Aposentadoria especial | 180 contribuições | Não há |
| Auxílio-doença | 12 contribuições | Doenças graves previstas em ato normativo do Ministério da Previdência e Assistência Social |
| Salário-família | **Não há** | Não há |
| Salário-maternidade | 10 contribuições mensais | Segurada empregada, empregada doméstica e trabalhadora avulsa |
| Auxílio-acidente | **Não há** | Não há |
| Auxílio-reclusão | 24 contribuições mensais | Não há |

*Gabarito 1C*

**(Advogado– CEF – 2010 – CESPE)** Em cada uma das opções abaixo, é apresentada uma situação hipotética, seguida de uma assertiva a ser julgada com base na disciplina relativa a prescrição e decadência na legislação previdenciária. Assinale a opção que apresenta a assertiva correta.

**(A)** Em decorrência de acidente de trabalho, Sérgio ficou permanentemente incapacitado para o trabalho. Nessa situação, Sérgio poderá mover ação referente às prestações do benefício previdenciário de aposentadoria por invalidez em até cinco anos, contados a partir da data da ocorrência do sinistro; após esse período, seu direito à ação estará prescrito.

**(B)** Após analisar procedimento administrativo apresentado por Maria, na condição de representante de Humberto, menor impúbere, a autoridade competente da previdência social deferiu o pedido de pagamento, em benefício de Humberto, de pensão por morte do seu genitor. Nessa situação, o prazo decadencial para a previdência social anular o referido ato administrativo será de cinco anos, a contar da data de sua publicação.

**(C)** A seguridade social, em procedimento administrativo específico, apurou a existência de créditos em desfavor de Beta Ltda. relativos aos exercícios de 2000, 2001 e 2002, mas que foram constituídos em 2003. Nessa situação, a seguridade social podia cobrar os aludidos créditos tributários, pois o prazo prescricional ainda não havia transcorrido.

**(D)** Em 10/4/2004, o requerimento administrativo apresentado por Marcos, no qual pleiteava a revisão do ato de concessão do benefício previdenciário de aposentadoria por invalidez, foi indeferido, em decisão definitiva. Nessa situação, o direito de ação de Marcos para pleitear a referida revisão decaiu em 10/4/2009.

**(E)** Túlio, menor impúbere com 15 anos de idade, foi reconhecido judicialmente como filho e único herdeiro de Adalberto, que havia falecido quando Túlio tinha três anos de idade. Nessa situação, uma vez reconhecida a paternidade, se Adalberto for segurado obrigatório da previdência social, Túlio terá direito à percepção do benefício previdenciário denominado pensão por morte, podendo pleitear as prestações vencidas devidas pela previdência social desde a data do falecimento de seu genitor.

**A:** incorreta. Sujeita à prescrição estão as parcelas do benefício previdenciário vencidas há mais de 5 anos. Contudo o 'fundo de direito' – no caso a concessão de aposentadoria por invalidez – não está sujeito à prescrição, como se extrai da súmula 85 do STJ, da súmula 81 da TNU e da decisão do STF na ADIN nº 6.096, DJe 26/11/2020.); **B:** incorreta. O direito de a Previdência Social anular atos administrativos dos quais decorram efeitos favoráveis para o beneficiário decai em 10 anos, contados da data do ato (art. 103-A do PBPS); **C:** incorreta. A assertiva não deixa claro, mas podemos deduzir que a pergunta considera a data da realização do concurso (2010) para o cálculo da prescrição. Nesse caso, a pretensão da Previdência já estaria extinta pela prescrição, porque desde a Súmula Vinculante nº 08 do STF, que culminou com a revogação dos arts. 45 e 46 do PCSS, pacificou-se o entendimento de que a prescrição das contribuições sociais se opera no prazo de 05 anos, contados da constituição definitiva do crédito tributário; **D:** incorreta. Nesse caso, o prazo decadencial é de 10 anos, nos termos do art. 103 do PBPS; **E:** correta. A despeito do largo lapso temporal transcorrido (12 anos), é certo que contra os absolutamente incapazes não corre a prescrição, de forma que ainda está íntegra a pretensão de Túlio (art. 103, parágrafo único, do PBPS). [RM]

*Gabarito "E".*

**(Advogado– CEF – 2010 – CESPE)** Em cada uma das opções subsequentes, é apresentada uma situação hipotética, seguida de uma assertiva a ser julgada, acerca dos planos de benefícios da previdência social. Assinale a opção correspondente à assertiva correta.

**(A)** André, segurado da previdência social na condição de trabalhador avulso portuário, sofreu acidente de trabalho do qual resultou lesão em sua coluna vertebral. A ocorrência desse sinistro foi comunicada no primeiro dia útil seguinte ao fato. A perícia médica inicial concluiu pela existência de incapacidade total e definitiva para o trabalho. Nessa situação, a aposentadoria por invalidez será devida a partir da data em que ocorreu o acidente.

**(B)** Marcone pagou 180 contribuições mensais, sendo 140 delas na condição de trabalhador rural e as demais na condição de trabalhador avulso. Nessa situação, Marcone poderá requerer sua aposentadoria por idade quando completar 60 anos de idade.

**(C)** A pessoa jurídica Epta Ltda., em virtude de convenção coletiva de trabalho, paga aos seus empregados licença remunerada, pelo prazo de três meses, para tratamento de saúde do empregado, em casos de comprovada necessidade e quando autorizada pela empresa. Nessa situação, se algum empregado de Epta sofrer acidente de trabalho e passar a perceber auxílio-doença, a Epta deverá arcar com a diferença entre o valor do benefício e o salário efetivo do empregado, como se esse empregado estivesse licenciado.

**(D)** Antônia obteve guarda judicial para fins de adoção de Ana, menor impúbere de dois anos de idade. Nessa situação, Antônia fará jus ao benefício previdenciário denominado licença-maternidade por um período de trinta dias.

**(E)** Renato desapareceu após sofrer trágico acidente automobilístico e, em virtude desse fato, seus dependentes requereram, observados os preceitos legais pertinentes, pensão provisória por morte presumida. Após dois anos, Renato reapareceu, depois de ter-se recuperado de perda de memória decorrente do referido acidente. Nessa situação, verificado o reaparecimento do segurado, o pagamento da pensão cessará imediatamente, sendo obrigados os dependentes a repor os valores recebidos a título provisório.

**A:** incorreta. Nos termos do art. 43, § 1º, "b", do PBPS, a aposentadoria por invalidez será devida a partir da data do início da incapacidade, pois o requerimento foi feito antes de transcorridos trinta dias da data do início da incapacidade; **B:** incorreta. Antes da EC nº 103/2019 a aposentadoria por idade poderia ser pleiteada pelo homem quando este completar 65 anos de idade (art. 48 do PBPS); **C:** correta, nos termos do art. 80 do RPS; **D:** incorreta. Em caso de adoção, o período do salário-maternidade obedecia à seguinte tabela: adoção de crianças de até 01 ano de idade, o benefício será de 120 dias; adoção de crianças de até 04 anos de idade, o benefício será de 60 dias; adoção de crianças de até 08 anos de idade, o benefício será de 30 dias. A Lei 12.873/2013 não mais prevê limite de idade do adotado para o recebimento do benefício que, atualmente, é de 120 dias independentemente da idade da criança (art. 71-A do PBPS); **E:** incorreta. Os dependentes não são obrigados a devolver os valores recebidos, salvo comprovada má-fé (art. 78, § 2º, do PBPS). [RM]

*Gabarito "C".*

**(Advogado– CEF – 2010 – CESPE)** Ainda a respeito dos planos de benefícios da previdência social, assinale a opção correta.

**(A)** Trabalhador portuário segurado da previdência social na condição de trabalhador avulso faz jus ao benefício denominado salário-família.

**(B)** Considere que Murilo estivesse em gozo de auxílio-doença quando foi condenado a três anos de reclusão pela prática de crime e que, por causa disso, tenha sido recolhido a instituição carcerária em dezembro de 2009, onde permanece até os dias atuais. Nessa situação hipotética, os dependentes de Murilo têm direito à percepção de auxílio-reclusão, o qual é concedido nas mesmas condições da pensão por morte.

**(C)** Considere que Jonas recebia auxílio-acidente quando requereu sua aposentadoria por idade, já que os requisitos legais haviam sido preenchidos. Nessa situação, ante a permanência do estado mórbido que culminou na concessão do auxílio-doença, Jonas faz jus ao recebimento dos dois benefícios previdenciários cumulativamente.

**(D)** Considere que, quando faleceu, Alberto estava impugnando ação de reconhecimento de paternidade que tramitava contra ele e que, à época de seu falecimento, sua mãe era sua única dependente declarada. Nessa situação, havendo a possibilidade de posterior habilitação de possível dependente, que importaria na exclusão da mãe de Alberto dessa condição, a concessão da pensão por morte poderá ser protelada, a critério da autoridade competente.

**(E)** Segurado especial, na condição de trabalhador rural, faz jus à percepção de aposentadoria especial, uma vez cumprido o período de carência.

**A:** correta, nos termos do art. 65 do PBPS; **B:** incorreta. A prisão do segurado não acarretava a suspensão do pagamento do auxílio-doença, razão pela qual os dependentes não fazem jus ao auxílio-reclusão (art. 80 do PBPS). A partir da publicação da Lei nº 13.846/2019 o auxílio-doença não mais será devido ao segurado recluso em regime fechado (art. 59, §§ 2º e 8º, do PBPS), havendo previsão de suspensão do auxílio-doença pago à segurado recolhido à prisão (art. 59, §3º, do PBPS); **C:** incorreta. É vedada, salvo direito adquirido, a cumulação de qualquer aposentadoria com auxílio-acidente (art. 86, § 2º, do PBPS); **D:** incorreta. Nos termos do art. 76 do PBPS, o pagamento da pensão por morte não será protelado pela falta de habilitação de outro possível dependente; **E:** incorreta. A aposentadoria especial é destinada àqueles que tiverem trabalhado sujeito a condições especiais que prejudiquem a saúde ou a integridade física por força de agentes químicos, físicos ou biológicos, não se relacionando com o segurado especial (art. 57 do PBPS). [RM]

*Gabarito "A".*

**15. DIREITO PREVIDENCIÁRIO** 575

**(Magistratura Federal - 1ª Região – 2011 – CESPE)** A respeito da pensão por morte e do auxílio-acidente no âmbito do RGPS, assinale a opção correta.

**(A)** Para concessão de auxílio-acidente fundamentado na redução da capacidade laboral pela perda de audição, não é necessário que a sequela decorra da atividade exercida nem que acarrete redução da capacidade para o trabalho habitualmente exercido.

**(B)** Para fins de recebimento de pensão por morte, o menor sob guarda equipara-se ao filho do segurado falecido, sendo considerado seu dependente, sem que haja necessidade de comprovação da dependência econômica.

**(C)** O entendimento de que a existência de impedimento para o matrimônio, por parte de um dos pretensos companheiros, embaraça a constituição da união estável não se aplica para fins previdenciários de percepção de pensão por morte.

**(D)** A perda da qualidade de segurado impede a concessão do benefício de pensão por morte, ainda que o *de cujus*, antes de seu falecimento, tenha preenchido os requisitos para a obtenção de qualquer aposentadoria.

**(E)** Na ausência de requerimento administrativo e prévia concessão do auxílio-doença, o termo inicial do auxílio-acidente pleiteado judicialmente deve ser fixado na citação.

**A:** incorreta. A contingência protegida pelo auxílio-acidente é a redução parcial e permanente da capacidade laborativa em virtude de acidente de qualquer natureza para as atividades habitualmente exercidas (art. 86 do PBPS); **B:** incorreta. A questão foi bastante controversa. Após a modificação introduzida no PBPS pela Lei nº 9.528/1997, o STJ consolidou o entendimento de que o menor sob guarda não pode ser considerado dependente para fins previdenciários (REsp 720706/SE, DJ 09.08.2011). Tal jurisprudência sofreu uma reviravolta no julgamento do EREsp nº 1141788, DJe 16/12/2016, no qual prevaleceu a tese de que o benefício seria devido, pois o art. 33 da Lei 8.069/1990 prevaleceria sobre a modificação feita pela Lei 9.528/1997. Contudo, posteriormente sobreveio o art. 23, §6º, da Emenda Constitucional 103/2019 segundo o qual, no âmbito do RGPS, equiparam-se a filho, para fins de recebimento da pensão por morte, exclusivamente o enteado e o menor tutelado, desde que comprovada a dependência econômica. **C:** incorreta. A interpretação do termo "companheiro" utilizado pelo art. 16, I, do PBPS deve ser interpretado à luz do Código Civil. É o que determina o art. 16, § 6º, do Decreto 3.048/1999 (Regulamento da Previdência Social – RPS); **D:** incorreta. O benefício será garantido se o segurado já tivesse direito adquirido à aposentadoria no momento de seu falecimento (art. 102, §2º, do PBPS e Súmula 416 do STJ); **E:** correta, nos termos do quanto decidido pelo STJ no EREsp 735.329/RJ, *DJ* 13.04.2011). RM

Gabarito "E".

**(Magistratura Federal - 1ª Região – 2011 – CESPE)** Com relação a questões previdenciárias diversas no âmbito dos juizados especiais federais, assinale a opção correta.

**(A)** Tratando-se de aposentadoria de trabalhador rurícola por idade, o tempo de serviço rural fica descaracterizado pelo exercício de atividade urbana, ainda que por curtos períodos e de forma intercalada com a atividade rural, dentro do período de carência.

**(B)** Para a concessão do benefício de auxílio-doença, exige-se a impossibilidade total do segurado para qualquer atividade laborativa, não sendo suficiente que o trabalhador esteja temporariamente incapacitado para o exercício de sua atividade habitual por mais de quinze dias consecutivos.

**(C)** Para a concessão de aposentadoria por idade, o tempo em gozo de auxílio-doença sempre pode ser computado para fins de carência, mas o tempo em gozo de aposentadoria por invalidez somente pode ser computado se intercalado com atividade.

**(D)** Tratando-se de restabelecimento de benefício por incapacidade e sendo a incapacidade decorrente da mesma doença que tenha justificado a concessão do benefício cancelado, não há presunção de continuidade do estado incapacitante, devendo a data de início do benefício ser fixada a partir do requerimento administrativo.

**(E)** Para fins de instrução do pedido de averbação de tempo de serviço rural, admite-se a apresentação de documentação pertinente e contemporânea à data dos fatos, desde que em nome do segurado, não se admitindo documentos em nome de terceiros.

**A:** incorreta. O art. 39, I, do PBPS garante o direito à aposentadoria por idade e por invalidez mesmo que a atividade rural tenha sido exercida de forma descontínua (veja também a súmula 46 da TNU); **B:** incorreta. O auxílio-doença é pago ao segurado que estiver total e temporariamente incapacitado para o exercício de suas atividades habituais (art. 60 do PBPS); **C:** correta quando aplicado o certame, nos termos da decisão proferida no processo 2009.72.66.001857-1 da Turma Nacional de Uniformização dos Juizados Especiais Federais. Houve mudança posterior no entendimento jurisprudencial, como se vê da súmula 73 da Turma Nacional de Uniformização, segundo a qual "*o tempo de gozo de auxílio-doença ou de aposentadoria por invalidez não decorrentes de acidente de trabalho só pode ser computado como tempo de contribuição ou para fins de carência quando intercalado entre períodos nos quais houve recolhimento de contribuições para a previdência social.*"; **D:** incorreta. A situação importa presumir a continuidade do estado incapacitante, a qual determina o restabelecimento do pagamento desde a data do cancelamento indevido (Processo 2007.72.57.003683-6 da Turma Nacional de Uniformização dos Juizados Especiais Federais); **E:** incorreta. Documentos em nome de terceiros podem ser considerados como início de prova material de atividade rural. De acordo com a Súmula 06 da TNU, a certidão de casamento ou outro documento idôneo que evidencie a condição de trabalhador rural do cônjuge constitui início razoável de prova material da atividade rurícola. (). RM

Gabarito "C".

**(Magistratura Federal - 2ª Região – 2011 – CESPE)** Assinale a opção correta relativamente ao cálculo do valor dos benefícios previdenciários.

**(A)** À segurada especial é garantida a concessão do salário-maternidade no valor de um salário mínimo, desde que se comprove o exercício de atividade rural de forma contínua, nos nove meses imediatamente anteriores ao do início do benefício.

**(B)** O valor do benefício de prestação continuada, incluindo-se o regido por norma especial e o decorrente de acidente do trabalho e excetuando-se o salário-família e o salário-maternidade, será calculado com base no salário de benefício.

**(C)** Serão considerados para cálculo do salário de benefício os ganhos habituais do segurado empregado, a qualquer título, sob forma de moeda corrente ou de utilidades, sobre os quais incidam contribuições previdenciárias, incluindo-se a gratificação natalina.

**(D)** O valor mensal do auxílio-acidente não integra o salário de contribuição, para cálculo do salário de benefício de qualquer aposentadoria paga pelo RGPS.

**(E)** Ao segurado contribuinte individual que, satisfazendo as condições exigidas para a concessão do benefício requerido, não comprovar o efetivo recolhimento das contribuições devidas será concedido o benefício de valor mínimo, devendo sua renda ser recalculada quando da apresentação da prova do recolhimento das contribuições.

**A:** incorreta. A atividade rural pode ser descontínua e deve ser realizada por, no mínimo, dez meses, que é o período de carência padrão do salário-maternidade (art. 25, III, do PBPS); **B:** correta, nos exatos termos do art. 28 do PBPS; **C:** incorreta. A gratificação natalina (13º salário) é considerada salário de contribuição, porém não integra o cálculo do salário de benefício (art. 29, § 3º, do PBPS e súmula 83 da TNU); **D:** incorreta. O auxílio-acidente integra o salário de contribuição (art. 31 do PBPS); **E:** incorreta. A regra estipulada vale apenas para o empregado, o avulso e o empregado doméstico (arts. 35 e 36 do PBPS). RM

Gabarito "B".

## 5. PREVIDÊNCIA DOS SERVIDORES PÚBLICOS

**(Analista Jurídico –TCE/PA – 2016 – CESPE)** Em cada um dos itens a seguir é apresentada uma situação hipotética seguida de uma assertiva a ser julgada a respeito do regime próprio de previdência social dos servidores públicos.

**(1) Situação hipotética:** Cássia, que nunca tinha contribuído para qualquer regime de previdência social, ingressou, em janeiro de 2016, no serviço público do estado do Pará por meio de concurso público, aos sessenta anos de idade. **Assertiva:** Nessa situação, ao completar setenta anos de idade, Cássia deverá aposentar-se compulsoriamente pelo regime de previdência social dos servidores do estado do Pará, com vencimentos proporcionais ao tempo de serviço.

**(2) Situação hipotética:** Artur ingressou no serviço público federal, por meio de concurso público, para o exercício de cargo técnico que lhe exigia quarenta horas de dedicação semanal. Após a aprovação em outro concurso público federal para o exercício do magistério, Artur passou a exercer os dois cargos públicos concomitantemente, sem que um interferisse no outro. **Assertiva:** Nessa situação, Artur terá direito ao recebimento de duas aposentadorias por tempo de contribuição concedidas pelo regime próprio de previdência social dos servidores públicos federais.

1: incorreta. A aposentadoria compulsória passou a ser aos 75 anos de idade a partir da Lei Complementar 152/2015, com exceção dos Ministros de Tribunais Superiores, em relação aos quais a alteração decorreu diretamente da Emenda Constitucional 88/2015; 2: correta. Como os cargos são cumuláveis na atividade (art. 37, XVI, "b", da CF), os proventos de aposentadoria também o são (art. 40, § 6º, da CF). **HS**

Gabarito 1E, 2C

**(Analista Jurídico –TCE/PA – 2016 – CESPE)** Com relação ao regime próprio de previdência social dos servidores públicos, julgue o item subsequente.

**(1)** A aposentadoria por invalidez permanente é devida ao conjunto de beneficiários do regime próprio de previdência social, incluídos os dependentes do segurado, que forem considerados definitivamente incapacitados para o desempenho de função ou cargo público, por deficiência física, mental ou fisiológica.

1: incorreta. A aposentadoria por invalidez, assim como qualquer outra aposentadoria, é concedida somente ao segurado, não aos seus dependentes. **HS**

Gabarito 1E

**(Analista Jurídico – TCE/PR – 2016 – CESPE)** O regime próprio de previdência social (RPPS) é o regime de previdência estabelecido para os servidores de cargo efetivo no âmbito da União, dos estados, do Distrito Federal e dos municípios. A respeito do RPPS, assinale a opção correta.

**(A)** Se determinado município deixa de instituir o seu RPPS, seus servidores efetivos vinculam-se ao RPPS do estado.

**(B)** Impôs o STF que o julgamento, pelo Tribunal de Contas, da ilegalidade de aposentadoria pelo RPPS importa a devolução dos valores recebidos, ainda que configurada a boa-fé.

**(C)** Conforme o entendimento do STF, a vedação constitucional à percepção de mais de uma aposentadoria à conta do RPPS não se estende à percepção de duas pensões por morte em favor dos dependentes do servidor falecido.

**(D)** A Constituição Federal de 1988 admite a incidência de contribuição previdenciária sobre a totalidade do benefício percebido por aposentado por invalidez pelo RPPS.

**(E)** Pode-se instituir contribuição previdenciária sobre aposentadorias e pensões por meio de lei estadual, independentemente de previsão na Constituição do estado.

**A:** incorreta. Se inexistente o regime próprio em determinada unidade da federação, os servidores serão vinculados ao RGPS (art. 9º, I, "j", do Decreto 3.048/1999, art. 40, § 22, da CF e art. 34 da EC nº 103/2019); **B:** incorreta. A devolução será determinada somente se comprovada a má-fé do segurado (STF, MS 26.085/DF); **C:** incorreta. A jurisprudência do STF equipara, para fins da citada vedação, os benefícios de aposentadoria e pensão por morte (STF, RE 584.388/SC); **D:** incorreta. Incidirá contribuição previdenciária sobre o benefício pago pelo RPPS somente naquilo que exceder o teto do regime geral (art. 40, § 18, da CF); **E:** correta, porque tal autorização decorre dos arts. 24, XII, e 149, § 1º, da CF. **RM**

Gabarito "E".

**(Analista Jurídico – TCE/PR – 2016 – CESPE)** O § 9.º do art. 201 da Constituição Federal de 1988, que estabelece um sistema geral de compensação, deve ser interpretado à luz dos princípios da solidariedade e da contributividade, que regem o atual sistema previdenciário brasileiro. Acerca da contagem recíproca de tempo de contribuição e compensação financeira, assinale a opção correta.

**(A)** Lei estadual que assegure, para fins de aposentadoria, a contagem recíproca do tempo de contribuição na administração pública e na atividade privada pode restringir a contagem do tempo de serviço privado ao limite de dez anos, nos termos do entendimento do STF.

**(B)** Conforme o STF, admite-se, para fins de aposentadoria no serviço público, a contagem recíproca do tempo de serviço rural, ainda que não tenham sido recolhidas as contribuições previdenciárias correspondentes, por se tratar de atividade de natureza especial.

**(C)** O benefício resultante da contagem recíproca de tempo de contribuição será concedido e pago pelo regime de previdência com o qual o segurado tenha contribuído o maior número de vezes.

**(D)** A compensação financeira visa auxiliar o regime instituidor do benefício e é devida pelo regime de origem, que compartilha a obrigação de manutenção do benefício, considerando-se o tempo de contribuição do segurado para o referido regime.

**(E)** No caso de servidor egresso do RGPS pretender aposentar-se pelo RPPS, atendidas as normas legais vigentes, só será considerado, para fins de cálculo da compensação financeira devida ao RGPS, o valor da renda mensal que o servidor faria jus no RPPS, multiplicado pelo percentual correspondente ao tempo de contribuição ao RGPS no tempo total de contribuição.

**A:** incorreta. Tal restrição ofende o art. 201, §9º, da Carta Magna (STF, ADI 1798/BA); **B:** incorreta. Para que seja considerado o período de atividade rural na hipótese é necessário que se comprove o efetivo recolhimento das contribuições (STF, MS 33.482 AgR/DF e súmula 10 da TNU); **C:** incorreta. O benefício é pago pelo regime instituidor, assim entendido aquele no qual o segurado tenha obtido o direito à aposentadoria ou pensão dela decorrente (art. 2º, II, da Lei 9.796/1999; **D:** correta, nos termos do art. 3º e seus parágrafos da Lei 9.796/1999; **E:** incorreta. O valor da compensação será a renda mensal inicial no RPPS ou o valor do benefício caso fosse pago pelo RGPS, o que for menor (art. 4º, §3º, da Lei 9.796/1999). **RM**

Gabarito "D".

**(Defensor Público/ES – 2012 – CESPE)** No que se refere aos regimes previdenciários, julgue os próximos itens.

**(1)** O tempo de contribuição para o RGPS, na qualidade de trabalhador rural, pode ser aproveitado para a obtenção de aposentadoria no serviço público pelo RPPS. Nessa hipótese, os regimes de previdência social se compensarão financeiramente, segundo critérios estabelecidos em lei.

**(2)** Servidor público estadual que ocupe cargo efetivo no Poder Executivo do estado do Espírito Santo, além do cargo de professor em escola particular, mesmo sendo obrigado a contribuir tanto para o RPPS do estado quanto para o RGPS, só poderá se aposentar pelo regime próprio do estado.

1: correta em vista do disposto no art. 201, §9º e 94 do PBPS. Atente-se ao fato de que EC nº 103/2019 acabou com a contagem de tempo de contribuição fictício, conforme a nova redação do art. 201, §14º, da CF e o art. 25 da EC nº 103/2019; 2: incorreta, pois é possível a cumulação de aposentadorias de regimes distintos, desde que cumpridos os requisitos para cada uma delas. A rigor, é possível a cumulação inclusive no regime próprio dos servidores, excepcionalmente, desde que aposentadorias decorrentes de cargos acumuláveis na forma da Constituição – art. 40, § 6º, da CF, ver AgRg no REsp 1.335.066/RN-STJ. **RM**

Gabarito 1C, 2E

15. DIREITO PREVIDENCIÁRIO   577

**(Defensor Público/AC – 2012 – CESPE)** Acerca do regime próprio de previdência dos servidores públicos, assinale a opção correta.

(A) A aposentadoria especial dos professores da rede pública que atuam no ensino médio e no superior foi extinta por meio de emenda constitucional.

(B) Ao servidor público que se aposentar por invalidez será concedido, sem ressalvas, o benefício da aposentadoria integral, com base nos princípios da universalidade e da proteção do Estado.

(C) Conforme entendimento do STF, a contribuição previdenciária deverá incidir somente sobre as parcelas que possam ser incorporadas à remuneração do servidor para fins de aposentadoria.

(D) O benefício do vale-alimentação, segundo o STF, por ter caráter indenizatório, é devido aos servidores inativos.

(E) Para a aposentadoria compulsória do servidor público, além do requisito da idade (setenta anos completos), exige-se o cumprimento de tempo mínimo de dez anos de efetivo exercício no serviço público.

**A:** incorreta, pois somente em relação ao professor de ensino superior é que houve a extinção, tendo sido mantida a aposentadoria especial para aquele que comprove exclusivamente tempo de efetivo exercício das funções de magistério na educação infantil e no ensino fundamental e médio – art. 40, § 5º, da CF, com a redação dada pela EC nº 20/1998 e, depois, pela EC nº 103/2019; **B:** incorreta, pois a aposentadoria por invalidez garante proventos proporcionais ao tempo de contribuição. Antes da EC nº 103/2019 havia direito à integralidade se a aposentadoria por invalidez fosse decorrente de acidente em serviço, moléstia profissional ou doença grave, contagiosa ou incurável, na forma da lei – (art. 40, § 1º, I, da CF, na redação anterior); **C:** correta, pois essa é diretriz da jurisprudência do STF – ver RE 467.624 AgR/RO; **D:** incorreta, pois o STF reconhece que se trata de verba indenizatória destinada a cobrir os custos de refeição do servidor que encontra no exercício de suas funções, não se incorporando à remuneração ou aos proventos de aposentadoria – ver súmula vinculante 55 do STF; **E:** incorreta, pois o único requisito é a idade de 70 ou 75 anos, sendo que os proventos serão proporcionais ao tempo de contribuição – art. 40, § 1º, II, da CF. 🅁🅼
*Gabarito "C".*

**(Advogado da União/AGU – CESPE – 2012)** Com base na lei que instituiu o regime de previdência complementar para os servidores públicos federais, julgue os itens subsequentes.

(1) O limite máximo estabelecido para os benefícios do RGPS deve ser aplicado às aposentadorias e pensões de todos os servidores públicos federais que ingressem no serviço público a partir do início da vigência do regime de previdência complementar, inclusos os detentores de cargo comissionado.

(2) Os servidores públicos aposentados devem ser automaticamente inseridos no novo regime de previdência complementar.

**1:** incorreta. Os servidores ocupantes de cargo em comissão não se sujeitam ao regime de previdência complementar criado pela Lei nº 12.618/2012, porque não são admitidos no regime próprio de previdência dos servidores públicos. Os ocupantes de cargos comissionados são vinculados ao RGPS (art. 40, § 13, da CF e art. 12, I, "g", da Lei nº 8.212/1991); **2:** incorreta. O regime de previdência complementar é aplicado obrigatoriamente apenas àqueles que ingressarem em cargo público efetivo após a vigência da Lei nº 12.618/2012. Para quem já é aposentado, o novo sistema é opcional (art. 40, § 16, da CF e art. 1º, § 1º, da Lei nº 12.618/2012). 🅁🅼
*Gabarito 1E, 2E*

**(Magistratura Federal – 3ª Região – 2011 – CESPE)** Considerando o regime próprio de previdência social dos servidores públicos estatutários, assinale a opção correta.

(A) O cômputo do tempo de atividade rural anterior a 1991, para fins de contagem recíproca com o período prestado na administração pública sob regime estatutário, visando à aposentadoria estatutária, só pode ser feito mediante o recolhimento das contribuições previdenciárias relativas ao tempo de atividade rural.

(B) O pensionista portador de doença incapacitante é isento da contribuição sobre os proventos de pensão recebida no âmbito do regime próprio de previdência dos servidores públicos estatutários, ainda que os proventos superem o dobro do limite máximo estabelecido para os benefícios do RGPS.

(C) O regime próprio de previdência social dos servidores públicos estatutários observa, assim como o RGPS, critérios que preservem o equilíbrio financeiro e atuarial, mas, por expressa disposição constitucional, não admite a aplicação subsidiária das normas do regime geral.

(D) Suponha que João, procurador aposentado da fazenda nacional, seja convidado a ocupar o cargo em comissão de diretor de secretaria da Vara Federal de Execuções Fiscais do Estado de São Paulo e aceite a proposta. Nessa situação, em relação à atividade de diretor de secretaria, João estará vinculado ao regime próprio de previdência dos servidores públicos federais.

(E) O servidor público ex-celetista que tenha exercido atividade especial e passado para o regime estatutário por força da CF não tem direito a contar o tempo de serviço com o acréscimo legal, dada a vedação constitucional da contagem de tempo de serviço fictício, para fins de aposentadoria estatutária.

**A:** correta, nos termos do quando decidido pelo STJ no julgamento do AR 3.215/MG, *DJ* 28.06.2006 e da súmula 10 da TNU; **B:** incorreta. Até o advento da EC nº 103/2019 o aposentado e o pensionista portadores de doença incapacitante e vinculados a um RPPS eram imunes de contribuição até o dobro do teto dos benefícios do RGPS. Superado esse limite e haveria a incidência de contribuição previdenciária (art. 40, §21, da CF). A EC nº 103/2019 revogou o §21, do art. 40, da CF, de modo que essa não trata de tempo de serviço fictício, mas sim de contagem recíproca de tempo de contribuição, hipótese em que os respectivos órgãos previdenciários se compensarão mutuamente (art. 94 do PBPS). 🅁🅼
*Gabarito "A".*

## 6. PREVIDÊNCIA PRIVADA COMPLEMENTAR

**(Analista Judiciário – STJ – 2018 – CESPE)** Acerca dos regimes próprios e complementares de previdência social, julgue os itens seguintes.

(1) Aos abrangidos pelos regimes próprios de previdência social é vedada a adoção de requisitos e critérios diferenciados para a concessão de aposentadoria, ressalvados somente os servidores públicos deficientes.

(2) Os planos de benefícios de entidades fechadas de previdência complementar devem prever os institutos do benefício proporcional diferido, da portabilidade, do resgate e do autopatrocínio.

**1:** incorreta. Há outras exceções: servidores em atividade de risco ou insalubres (art. 40, § 4º, da CF); **2:** correta, nos termos do art. 14 da Lei Complementar 109/2001. 🅷🅂
*Gabarito 1E, 2C*

**(Procurador do Município/Manaus – 2018 – CESPE)** Lúcia, servidora da PGM/Manaus desde 1.º/1/1998, requereu a averbação dos períodos em que trabalhou em um escritório de advocacia – de 1.º/1/1992 a 31/12/1996 – e que exerceu a docência em rede de ensino privada — de 1.º/1/2002 a 31/12/2005 –, a fim de aumentar seu tempo de contribuição.

Considerando essa situação hipotética, julgue o item a seguir, relativo à contagem recíproca do tempo de contribuição.

(1) É possível que o requerimento de Lúcia seja indeferido por completo sob o fundamento de inadmissibilidade, nas condições narradas, de contagem recíproca.

**1:** incorreta. Será indeferida a averbação apenas do período entre 2002 e 2005, diante da vedação de contagem de períodos de trabalho concomitantes (art. 96, II, do PBPS). O período anterior, de 1992 a 1996, deve ser deferido, nos termos do art. 96, *caput,* do PBPS.

Gabarito 1E

**(Procurador do Município/Manaus – 2018 – CESPE)** Em relação aos regimes próprios de previdência dos servidores públicos e à previdência complementar, julgue os itens seguintes.

(1) Para a aposentadoria voluntária por idade de servidor, são exigidos idade mínima e tempo mínimo de efetivo exercício no serviço público e no cargo efetivo em que se dará a aposentadoria, hipótese em que os proventos serão proporcionais ao tempo de contribuição.

(2) Os entes federados possuem autorização constitucional para instituir regime de previdência complementar para seus respectivos servidores efetivos, por intermédio de entidades fechadas, de natureza pública, e mediante adesão facultativa.

**1**: correta, nos termos do art. 40, § 1º, III, "b", da CF, na redação anterior à EC nº 103/;2019); **2**: correta, nos termos do art. 40, §§ 14 e 16, da CF, na redação anterior à EC nº 103/2019. A partir da vigência de tal Emenda Constitucional a instituição de regime de previdência complementar deixou de ser "autorizada" e passou a ser obrigatória.

Gabarito 1C, 2C

**(Procurador do Município/Manaus – 2018 – CESPE)** Em relação aos regimes próprios de previdência dos servidores públicos e à previdência complementar, julgue os itens seguintes.

(1) Para a aposentadoria voluntária por idade de servidor, são exigidos idade mínima e tempo mínimo de efetivo exercício no serviço público e no cargo efetivo em que se dará a aposentadoria, hipótese em que os proventos serão proporcionais ao tempo de contribuição.

(2) Os entes federados possuem autorização constitucional para instituir regime de previdência complementar para seus respectivos servidores efetivos, por intermédio de entidades fechadas, de natureza pública, e mediante adesão facultativa.

**1**: correta, nos termos do art. 40, § 1º, III, "b", da CF); **2**: correta, nos termos do art. 40, §§ 14 e 16, da CF).

Gabarito 1C, 2C

**(Procurador do Estado/AM – 2016 – CESPE)** No que se refere à previdência complementar, julgue o próximo item.

(1) A previdência complementar privada é de caráter facultativo, possui natureza jurídica contratual *sui generis* e é organizada de forma autônoma relativamente ao regime geral de previdência social.

**1**: correta. A assertiva aponta com perfeição as características doutrinárias da previdência complementar. A natureza *sui generis* do contrato de previdência complementar restou assentada no voto-vista vencedor proferido no REsp Repetitivo nº 1.435.837/RS, DJe 07/05/2019.

Gabarito 1C

**(Advogado União – AGU – CESPE – 2015)** Julgue os itens a seguir, relativos à previdência privada e às EFPCs.

Situação hipotética: A Fundação Previx, caracterizada como EFPC, é patrocinada por empresa pública. O patrimônio dessa fundação é segregado do patrimônio da referida empresa pública, de modo que o custeio dos planos de benefícios ofertados pela fundação constitui responsabilidade da patrocinadora e dos participantes, incluindo os assistidos.

(1) Assertiva: Nessa situação, os resultados deficitários deverão ser equacionados por participantes e assistidos, porque se veda à patrocinadora pública qualquer contribuição para o custeio distinta da contribuição ordinária.

(2) Na relação de previdência complementar administrada por uma EFPC, incide o princípio da paridade contributiva. Nesse sentido, a contribuição de empresa patrocinadora deve ser idêntica à contribuição dos participantes — regra do meio-a-meio.

Situação hipotética: Determinado empregado aderiu ao plano de benefícios de previdência privada ofertado pela empresa pública Alfa e administrado pela entidade fechada Previbeta. Após dez anos de contribuições, esse empregado resolveu deixar de contribuir para a previdência privada.

(3) Assertiva: Nessa situação, conforme entendimento do STF, embora seja constitucionalmente garantido o direito de esse empregado optar por aderir a plano de previdência privada, após o ingresso nesse sistema, não há possibilidade de ele se desvincular sem o consentimento das demais partes envolvidas — participantes e patrocinadores —, estando, ainda, a retirada de patrocínio condicionada a autorização do órgão fiscalizador.

(4) Cabe ao Conselho Nacional de Previdência Complementar regular o regime de previdência complementar operado pelas entidades fechadas de previdência complementar, ao passo que compete à Superintendência Nacional de Previdência Complementar fiscalizar e supervisionar as atividades desenvolvidas por essas mesmas entidades.

(5) As normas para concessão de benefícios pelo regime de previdência privada, independentemente de a gestão do plano de benefícios ser realizada por entidade fechada ou aberta, impõem a necessidade de vinculação ao RGPS.

**1**: Incorreta. O art. 21 da Lei Complementar 109/2001 determina que o resultado deficitário seja equacionado por patrocinadores, participantes e assistidos. **2**: Incorreta. Não há obrigação de que a contribuição do patrocinador seja idêntica à do participante. O que o art. 6º da Lei Complementar 108/2001 determina é que ela nunca será maior – ou seja, é um limite máximo, não uma obrigação. **3**: Incorreta. O STF tem entendimento consolidado no sentido de que é garantido ao segurado o direito de desvinculação do regime de previdência privada (RE 482.207 AgR). **4**: Correta, nos termos dos arts. 1º e 13 da Lei 12.154/2009. **5**: Incorreta. O regime de previdência privada é autônomo (art. 202 da CF), de forma que os benefícios por ele criados e pagos não se vinculam ao RGPS.

Gabarito 1E, 2E, 3E, 4C, 5E

**(Defensor Público/ES – 2012 – CESPE)** No que concerne à previdência complementar, julgue os itens subsecutivos.

(1) O ente federativo que instituir previdência complementar pública poderá fazer aporte de recursos à respectiva entidade, mas sua contribuição normal não poderá exceder a do segurado.

(2) Embora a filiação a plano de previdência complementar seja facultativa, se o empregado se filiar a um plano constituído pela empresa para a qual trabalhe, os benefícios contratados passarão a integrar seu contrato de trabalho.

**1**: correta, nos termos do art. 202, § 3º, *in fine,* c/c o art. 40, § 15, da CF; **2**: incorreta, pois as contribuições do empregador, os benefícios e as condições contratuais previstos nos estatutos, regulamentos e planos de benefícios das entidades de previdência complementar não integram o contrato de trabalho dos participantes, assim como, à exceção dos benefícios concedidos, não integram a remuneração dos participantes – art. 68 da LC 109/2001.

Gabarito 1C, 2E

**(Defensor Público/AC – 2012 – CESPE)** Em cada opção abaixo, é apresentada uma situação hipotética acerca da contagem recíproca de tempo de contribuição e compensação financeira, seguida de uma assertiva a ser julgada.

Assinale a opção em que a assertiva está correta.

(A) Um DP prestes a se aposentar requereu averbação de tempo de serviço rural para fins de aposentadoria no RPPS. Nessa situação, reconhecido e averbado o referido tempo de serviço rural, impõe-se ao DP o dever de indenizar a previdência social, para dar ensejo à compensação entre o RGPS e o RPPS, cujas fontes de custeio são apartadas.

(B) Paula é DP e professora em faculdade particular, estando, dessa forma, vinculada ao RPPS e ao RGPS, contribuindo para ambos. Nessa situação, caso as atividades sejam desempenhadas de forma concomitante, Paula poderá efetuar a contagem recíproca de tempo de serviço para fins de aposentadoria.

(C) Gabriel, após lograr aprovação em concurso público para DP, averbou, no RPPS, os anos em que contribuiu para o RGPS como advogado em escritório particular. Nessa situação, preenchidos os requisitos de idade e contribuição para que possa se aposentar voluntariamente, Gabriel deverá, ainda, cumprir dez anos ininterruptos no cargo efetivo em que se dará a referida aposentadoria.

(D) Um advogado contribuiu por determinado tempo como contribuinte individual no RGPS e, posteriormente, tomou posse como DPE, em virtude de aprovação em concurso público. Nessa situação, o advogado poderá computar o tempo de contribuição anterior ao Instituto Nacional do Seguro Social no RPPS do estado ao qual estiver vinculado, sendo-lhe vedado, contudo, o inverso.

(E) Rodrigo trabalhou, durante muitos anos, em determinada empresa privada, exercendo atividades especiais, sob condições insalubres. Nessa situação, caso passe em concurso público, Rodrigo terá direito à contagem diferenciada do tempo trabalhado sob as referidas condições, no período em que esteve filiado ao RGPS, quando da transferência para o RPPS dos servidores públicos.

**A:** correta, pois, embora seja possível o reconhecimento e a averbação do tempo de serviço rural sem comprovação das contribuições (período anterior à Lei 8.213/1991) para fins de aposentadoria no RGPS (art. 55, § 2º, do PBPS), o mesmo não vale para a contagem recíproca em regime distinto (no regime próprio dos servidores), caso em que o interessado deve indenizar a Previdência Social – ver AgRg no REsp 544.873/RS-STJ e súmula 10 da TNU; **B:** incorreta, pois o art. 96, II, do PBPS proíbe a contagem recíproca de períodos concomitantes. Vale dizer que a jurisprudência do STJ admite que a "norma previdenciária não cria óbice a percepção de duas aposentadorias em regimes distintos, quando os tempos de serviços realizados em atividades concomitantes sejam computados em cada sistema de previdência, havendo a respectiva contribuição para cada um deles" (AgRg no REsp 1.335.066/RN); **C:** incorreta, as regras anteriores à EC nº 103/2019 se exigia tempo mínimo de dez anos de efetivo exercício no serviço público e cinco anos (não 10) no cargo efetivo em que se dará a aposentadoria – art. 40, § 1º, III, da CF; **D:** incorreta, pois a possibilidade de contagem e compensação é recíproca, ou seja, o inverso também vale – art. 201, § 9º, da CF; **E:** incorreta, pois não há previsão dessa contagem recíproca diferenciada. Pelo contrário, o art. 96, I, do PBPS não admite a contagem em dobro ou em outras condições especiais. **RM**

Gabarito 'A'.

**(Advogado da União/AGU – CESPE – 2012)** Considerando a jurisprudência do STF e do STJ, julgue os próximos itens, referentes à previdência privada.

**(1)** A CF prevê, como garantia do equilíbrio atuarial e financeiro, a possibilidade de, em caso de insuficiência financeira, a administração pública aportar recursos a entidades de previdência privada.

**(2)** Não poderá recair penhora sobre o saldo de depósito em fundo de previdência privada em nome de diretor de empresa falida suspeito de gestão fraudulenta, dado o nítido caráter alimentar de tal verba, advinda da remuneração mensal do diretor, especialmente se os referidos valores tiverem sido depositados antes de seu ingresso na diretoria da empresa.

**1:** incorreta. O aporte de recursos públicos para as entidades de previdência privada é proibido pelo art. 202, § 3º, da CF, salvo na qualidade de patrocinador; **2:** incorreta. A questão foi analisada no bojo do REsp nº 1.121.719 pelo STJ, que entendeu que o depósito em fundo de previdência privada não tem caráter alimentar, porque se assemelha a uma poupança, isto é, são valores que ficam depositados por longo prazo apenas para utilização futura pelo beneficiário.

Gabarito 1E, 2E

## 7. ACIDENTES E DOENÇAS DO TRABALHO

**(Procurador do Estado/AM – 2016 – CESPE)** A respeito do acidente de trabalho e das ações judiciais em matéria previdenciária, julgue os itens subsequentes.

**(1)** De acordo com a jurisprudência do STJ, a posterior reforma de decisão judicial que, tendo antecipado a tutela pleiteada, tiver possibilitado o imediato gozo do benefício previdenciário obrigará o autor da ação a devolver os valores indevidamente recebidos.

**(2)** Nos casos de acidente de trabalho, competirá à justiça comum estadual a apreciação das ações regressivas propostas pelo INSS contra as empresas negligentes.

**(3)** Nos termos do entendimento do STJ, nas demandas ajuizadas pelo INSS contra o empregador do segurado falecido em acidente laboral nas quais se vise o ressarcimento dos valores decorrentes do pagamento da pensão por morte, o termo *a quo* da prescrição quinquenal será a data do acidente.

**1:** correta. Tal tese foi sedimentada no REsp 1.401.560/MT, julgado pelo rito dos recursos repetitivos. A partir da vigência da Lei 13.846/2019, o art. 115, II, do PBPS, passou a permitir o desconto, diretamente do benefício pago ao segurado, de pagamento administrativo ou judicial de benefício previdenciário ou assistencial indevido, ou além do devido, inclusive na hipótese de cessação do benefício pela revogação de decisão judicial, em valor que não exceda 30% (trinta por cento) da sua importância, nos termos do regulamento; **2:** incorreta. A competência é da Justiça Federal diante da presença de autarquia federal no polo ativo da ação (art. 109, I, da CF); **3:** incorreta. O termo inicial da prescrição é a data do pagamento do benefício previdenciário (STJ, REsp 1.499.511/RN).

Gabarito 1C, 2E, 3E

**(Defensor Público/ES – 2012 – CESPE)** No que se refere aos regimes previdenciários, julgue os próximos itens.

**(1)** No caso de empregada de determinada empresa morrer, em seu local de trabalho, em decorrência de queimaduras sofridas durante um incêndio ocorrido no seu horário de trabalho, a empresa será obrigada a comunicar o acidente à previdência social até o 1º dia útil seguinte ao da ocorrência, ainda que o incêndio não tenha sido intencional.

**(2)** Caso um segurado empregado, em seu primeiro dia no emprego, em virtude de acidente, se torne definitivamente incapaz para o trabalho, ele terá direito a aposentadoria por invalidez, ainda que não tenha recolhido nenhuma contribuição para o RGPS, mas somente poderá exercer tal direito após o gozo de auxílio-doença prévio durante o período mínimo de quinze dias.

**1:** incorreta, pois, em caso de morte, a comunicação deve ser imediata – art. 22, *caput*, do PBPS; **2:** incorreta, pois a concessão do benefício de aposentadoria por invalidez não pressupõe concessão prévia de auxílio-doença. A aposentadoria por invalidez será concedida ao segurado empregado a contar do décimo sexto dia do afastamento da atividade ou a partir da entrada do requerimento, se entre o afastamento e a entrada do requerimento decorrerem mais de trinta dias – art. 43, § 1º, a, do PBPS. De fato, não há carência para a aposentadoria por invalidez em caso de acidente. art. 26, II, do PBPS e art. 30, III, do Regulamento da Previdência Social – RPS (Decreto 3.048/1999). **RM**

Gabarito 1E, 2E

**(Procurador do Município/Boa Vista-RR – 2010 – CESPE)** Julgue o item a seguir, relativo às legislações previdenciária e da seguridade social.

**(1)** Se, durante seu intervalo para refeição, um empregado lesionar um dos seus joelhos enquanto joga futebol nas dependências da empresa, ficando impossibilitado de andar, tal evento, nos termos da legislação previdenciária, não poderá ser considerado como acidente de trabalho.

**1:** incorreta, pois o empregado é considerado no exercício do trabalho nos períodos destinados a refeição ou descanso, ou por ocasião da satisfação de outras necessidades fisiológicas, no local do trabalho ou durante este – art. 21, § 1º, do PBPS.

*Gabarito 1E.*

**(Advogado– CEF – 2010 – CESPE)** No que se refere a acidente de trabalho, assinale a opção correta.

(A) Se um engenheiro designado por pessoa jurídica que o emprega para trabalhar na construção de usina hidrelétrica na região amazônica for contaminado por malária enquanto acompanha e supervisiona a realização das obras da usina, exposto ao Sol e a insetos, não haverá que se falar, nesse caso, em moléstia profissional, já que a malária é considerada doença endêmica.

(B) No caso de um empregado, em virtude de seu ambiente de trabalho estressante, adquirir doença degenerativa, configura-se doença laboral, haja vista a enfermidade ter sido desencadeada pelo exercício do trabalho.

(C) Considere que César, em virtude de fortes dores no corpo, não tenha comparecido ao trabalho em 15/1/2010, e que, no dia 18/1/2010, por continuar sentido dor, tenha procurado um médico que diagnosticou enfermidade decorrente de intoxicação pelo uso de determinados produtos químicos, manipulados em seu ambiente de trabalho. Nessa situação hipotética, considera-se como dia do acidente o dia 18/1/2010, data em que foi realizado o diagnóstico.

(D) Se trabalhador que exerce suas funções em laboratório de análises clínicas, em virtude de acidente ocorrido durante a manipulação de alguns produtos químicos, for acometido por urticária moderada, mas não for impedido de continuar suas atividades, inexistirá, nesse caso, doença laboral, na forma da legislação pertinente.

(E) Considere que Marta, com 59 anos de idade, tenha sido acometida, recentemente, por osteoporose e que as atividades por ela desempenhadas, em seu ambiente de trabalho, envolvam procedimentos de arquivo, o que torna necessário que Marta eleve enormes caixas, com documentos e processos, para guardá-las nas inúmeras estantes existentes em seu departamento, fato que aumenta consideravelmente as suas dores. Nessa situação hipotética, considerando-se o agravamento da doença adquirida por Marta, a osteoporose é considerada doença profissional.

**A:** incorreta. Como a aquisição da moléstia foi resultante da exposição aos insetos que a transmitem, insetos esses aos quais o segurado foi exposto em razão do trabalho, excepcionalmente a doença endêmica será considerada doença profissional, conforme dispõe o art. 20, § 1º, "d", do PBPS; **B:** incorreta. A doença degenerativa não é considerada como moléstia profissional em nenhuma hipótese (art. 20, § 1º, "a", do PBPS); **C:** incorreta. Nos termos do art. 23 do PBPS, considera-se como dia do acidente o início da incapacidade laborativa ou o dia do diagnóstico, o que ocorrer primeiro. Portanto, no caso em exame, temos como dia do acidente o dia 15/01/2010, quando César deixou de reunir condições para trabalhar, já que esta ocorreu antes do diagnóstico médico; **D:** correta, uma vez que, nos termos do art. 20, §1º, 'c', do PBPS, não se considera como doença do trabalho a que não produza incapacidade laborativa; **E:** incorreta. A osteoporose é uma doença degenerativa e inerente a grupo etário, de forma que é excluída da classificação como doença profissional (art. 20, § 1º, "a" e "b", do PBPS). *RM*

*Gabarito "D".*

## 8. ASSISTÊNCIA SOCIAL E SAÚDE

**(Juiz – TRF5 – 2017 – CESPE)** O benefício de prestação continuada concedido a pessoa com deficiência será suspenso no caso de o beneficiário

(A) receber a título de herança patrimônio capaz de prover sua manutenção.

(B) ser acolhido por instituição assistencial pública ou particular, como, por exemplo, abrigo ou instituição congênere.

(C) receber imóvel para fixação de residência, mediante doação de programa social concedido pelo poder público.

(D) completar dois anos de recebimento do benefício.

(E) passar a exercer atividade remunerada na condição de aprendiz.

**A:** correta. Um dos requisitos do benefício de prestação continuada é a ausência de meios de prover a própria subsistência (art. 20 da Lei 8.742/1993), de sorte que a obtenção de patrimônio que altere essa condição faz cessar o benefício; **B:** incorreta, por contrariar o disposto no art. 20, § 5º, da Lei 8.742/1993; **C:** incorreta. O fato de ter imóvel próprio, por si, não afasta o direito ao benefício; **D:** incorreta. O benefício será pago enquanto perdurarem as condições que autorizaram seu pagamento, revisadas essas a cada dois anos (art. 21 da Lei 8.742/1993); **E:** incorreta. Os proventos decorrentes de programa de aprendizagem não são contabilizados no cálculo da renda familiar *per capita* (art. 20, § 9º, da Lei 8.742/1993). *HS*

*Gabarito "A".*

**(Defensor Público – DPE/RN – 2016 – CESPE)** Em consonância com o entendimento do STJ, assinale a opção correta no que concerne à LOAS.

(A) A aposentadoria no valor de um salário-mínimo percebida por idoso integrante do grupo familiar deve ser incluída no cálculo da renda familiar per capita, para fins de apuração da condição de miserabilidade, a qual constitui requisito para a concessão do benefício assistencial previsto na LOAS.

(B) O direito à concessão do benefício assistencial da LOAS pode ser exercido a qualquer tempo, não havendo prescrição do fundo de direito quando a autarquia previdenciária nega a concessão do benefício na via administrativa.

(C) Caso questione em juízo o cancelamento unilateral de benefício previdenciário de pessoa hipossuficiente, a DP não agirá em consonância com a jurisprudência sobre o tema, pois, constatada a irregularidade na concessão do benefício, a autarquia previdenciária não estará obrigada a conceder a oportunidade para o exercício do contraditório e da ampla defesa.

(D) A DP, ao questionar judicialmente o indeferimento da concessão do benefício de prestação continuada a pessoa com deficiência hipossuficiente, deve comprovar, por outros meios, que essa pessoa não tem condições de prover a própria manutenção, já que a comprovação da renda per capita inferior a um quarto do salário mínimo não é suficiente para presumir a miserabilidade.

(E) Caso o salário de contribuição de um segurado supere o valor legalmente fixado como critério de baixa renda, eventual ação judicial movida pela DP para a obtenção do auxílio-reclusão não terá êxito, pois a jurisprudência não admite, para a concessão do referido benefício, que o julgador flexibilize o critério econômico para o deferimento do benefício.

**A:** incorreta. A jurisprudência, tanto do STJ (REsp 1.226.027/PR), quanto do STF (RE 580.963/MT), sedimentou-se no sentido oposto – ou seja, o benefício previdenciário nestas condições não deve ser considerado para apuração da miserabilidade. A Lei nº 13.982/2020 incorporou esse posicionamento jurisprudencial ao 14, do art. 20, da Lei nº 8.742/1993; **B:** correta, nos termos do quanto assentado no julgado do AgRg no AREsp 336.322/PE (veja também a súmula 81 do TNU); **C:** incorreta. O INSS está obrigado a observar o contraditório, a ampla defesa e o devido processo legal no âmbito administrativo antes de cancelar unilateralmente o benefício (REsp 1.429.976/CE, j. 18/02/2014 e art. 11 da Lei nº 10.666/2003); **D:** incorreta. A presunção de miserabilidade em caso de renda familiar *per capita* inferior a um quarto do salário mínimo é absoluta, conforme assentado no REsp 1.112.557/MG, j. 20/11/2009); **E:** incorreta. Em determinados casos a jurisprudência do STJ admite a flexibilização do critério econômico para o auxílio-reclusão. Veja-se o trecho a seguir: "À semelhança do entendimento firmado por esta Corte, no julgamento do Recurso Especial 1.112.557/MG, Representativo da Controvérsia, onde se reconheceu a possibilidade de flexibilização do critério econômico definido legalmente para a concessão do Benefício Assistencial de Prestação Continuada, previsto na LOAS, é possível a concessão do auxílio-reclusão quando o caso concreto revela a necessidade de proteção social, permitindo ao Julgador a flexibilização do critério econômico para deferimento do benefício, ainda que o salário de contribuição do segurado supere o valor legalmente fixado como critério de baixa renda." (STJ, AgRg no REsp 1.523.797/RS, j. 01/10/2015). **RM**

Gabarito "B".

**(Procurador Federal – 2010 – CESPE)** No que concerne à legislação acidentária, ao benefício de prestação continuada previsto na Lei de Organização da Assistência Social e jurisprudência dos tribunais superiores, julgue o item seguinte.

(1) Para fins de concessão do benefício de prestação continuada, considera-se incapaz de prover a manutenção da pessoa portadora de deficiência ou idosa a família cuja renda mensal per capita seja inferior a um quarto do salário mínimo. Esse critério, de acordo com entendimento do STF, apesar de ser constitucional, pode ser conjugado com outros fatores indicativos do estado de miserabilidade do indivíduo e de sua família.

**1:** Assertiva correta, pois reflete a jurisprudência do STF firmada na Rcl 4.374, DJe 04/09/2013. **RM**

Gabarito 1C

**(Procurador do Município/Boa Vista-RR – 2010 – CESPE)** Julgue o item a seguir, relativo às legislações previdenciária e da seguridade social.

(1) No que tange à organização da assistência social, compete aos municípios atender às ações assistenciais de caráter emergencial e efetuar o pagamento do auxílio-natalidade e do auxílio-funeral.

**1:** Assertiva correta, pois essas competências municipais são previstas no art. 15, II e IV, da Lei nº 8.742/1993. **RM**

Gabarito 1C

Veja a tabela seguinte, para estudo e memorização dos objetivos da assistência social:

| Objetivos da Assistência Social – art. 203 da CF |
| --- |
| – a proteção à família, à maternidade, à infância, à adolescência e à velhice<br>– o amparo às crianças e adolescentes carentes<br>– a promoção da integração ao mercado de trabalho<br>– a habilitação e reabilitação das pessoas portadoras de deficiência e a promoção de sua integração à vida comunitária<br>– a garantia de um salário mínimo de benefício mensal à pessoa portadora de deficiência e ao idoso que comprovem não possuir meios de prover à própria manutenção ou de tê-la provida por sua família, conforme dispuser a lei<br>- a redução da vulnerabilidade socioeconômica de famílias em situação de pobreza ou de extrema pobreza (EC 114/2021) |

## 9. AÇÕES PREVIDENCIÁRIAS

**(Defensor Público/RO – 2012 – CESPE)** Maria de Fátima, empregada de confecção de roupas, após 15 anos de prestação de serviços ajuizou, em razão de acidente de trabalho de que fora vítima, dado que a empresa não adotou medidas legais de segurança no trabalho, ação judicial no juizado especial federal com o objetivo de reverter decisão do INSS que lhe negara a concessão de auxílio-doença por não ter ela cumprido o período de carência exigido para o benefício.

Considerando essa situação hipotética, assinale a opção correta à luz da legislação previdenciária.

(A) O pedido de benefício por Maria de Fátima não obedeceu a requisito fundamental estabelecido pela legislação previdenciária para a concessão do auxílio-doença, qual seja, a comprovação da qualidade de segurado; por essa razão, a ação deve ser extinta sem julgamento do mérito.

(B) Maria de Fátima deveria ter ajuizado sua ação perante a justiça do trabalho, dado que, na condição de responsável pela ocorrência do acidente de trabalho – pois não adotou

as medidas legais de segurança e saúde no trabalho –, a empresa deve arcar com o pagamento do auxílio-doença.

(C) Apresenta-se correta a decisão do INSS, dado que o cumprimento de carência é requisito fundamental para que os segurados façam jus aos benefícios por incapacidade previstos no RGPS.

(D) O juizado especial federal não tem competência para processar e julgar a ação ajuizada por Maria de Fátima, visto que os litígios e medidas cautelares relativos a acidentes do trabalho são da competência da justiça estadual.

(E) A ação ajuizada por Maria de Fátima deverá ser extinta sem julgamento do mérito, uma vez que ela deveria ter esgotado o procedimento administrativo recorrendo contra a decisão do INSS junto ao Conselho de Recursos da Previdência Social.

Nos termos da Súmula 15 do STJ e do art. 109, I, da CF, compete à justiça estadual julgar os litígios decorrentes de acidentes do trabalho, de modo que a ação foi ajuizada por Maria de Fátima no foro inadequado e a alternativa "D" é a correta. **RM**

Gabarito "D".

**(Defensor Público/BA – 2010 – CESPE)** Em relação às disposições constitucionais aplicáveis à previdência social, julgue o item a seguir.

(1) Compete à justiça federal processar e julgar questões pertinentes ao direito de família quando objetivem reivindicação de benefícios previdenciários.

**1:** incorreta, pois, conforme a Súmula 53 do extinto TFR: "Compete à Justiça Estadual processar e julgar questões pertinentes ao direito de família, ainda que estas objetivem reivindicação de benefícios previdenciários". O entendimento é acolhido pela jurisprudência atual do STJ – ver EDcl AgRg REsp 803.264/PE-STJ. É preciso deixar claro que em ações movidas contra o INSS é possível que a causa de pedir envolva temas afetos ao direito de família, como a qualidade de companheiro(a) para fins de reconhecimento de dependência e concessão de pensão por morte, por exemplo. A Justiça Federal teria competência para conhecer e julgar uma ação tal. Entretanto, a Justiça Federal carece de competência para apreciar demandas que envolvam apenas matéria de direito de família, mesmo que a finalidade de tal lide seja a posterior concessão de benefício previdenciário. A exceção a tal regra é o que o CPC/73 chamava de "justificação judicial", como se vê da Súmula 32 do STJ: "*Compete a justiça federal processar justificações judiciais destinadas a instruir pedidos perante entidades que nela tem exclusividade de foro, ressalvada a aplicação do art. 15,II da lei 5010/66.*" O CPC/15 não mais contêm um livro sobre ações cautelares. Mesmo assim, o entendimento posto na Súmula 32 do STJ se aplica à produção antecipada de prova prevista no art. 381, §2º, do CPC à justificação prevista no §5º do mesmo dispositivo. **RM**

Gabarito 1E

**(Defensor Público/BA – 2010 – CESPE)** Em relação às disposições constitucionais aplicáveis à previdência social, julgue o item a seguir.

(1) Compete à justiça comum dos estados processar e julgar as ações acidentárias, as propostas, pelo segurado, contra o INSS, visando a benefício e aos serviços previdenciários correspondentes a acidente do trabalho.

**1:** assertiva correta, conforme a jurisprudência do STJ, que reconhece a competência da justiça estadual para as ações acidentárias típicas – ver AgRg no CC 107.796/SP, Súmula 15 do STJ e art. 109, I, da CF. **RM**

Gabarito 1C

**(Procurador Federal – 2010 – CESPE)** No que concerne à legislação acidentária, ao benefício de prestação continuada previsto na Lei de Organização da Assistência Social e jurisprudência dos tribunais superiores, julgue o item seguinte.

(1) A competência para julgar ações de indenização por danos morais e materiais decorrentes de acidente de trabalho propostas pelo trabalhador, após a edição da Emenda Constitucional n.º 45/2004, é da justiça comum estadual.

**1:** incorreta, pois, nos termos da Súmula Vinculante 22/STF, a Justiça do Trabalho é competente para processar e julgar as ações de indenização por danos morais e patrimoniais decorrentes de acidente de trabalho propostas por empregado contra empregador, inclusive aquelas que ainda não possuíam sentença de mérito em primeiro grau quando da promulgação da Emenda Constitucional 45/2004.

Gabarito 1E

**(Magistratura Federal – 1ª Região – 2011 – CESPE)** Assinale a opção correta acerca das ações previdenciárias.

(A) O cálculo da verba de honorários advocatícios nas ações previdenciárias incide apenas sobre as prestações vencidas até a prolação da sentença que julgar total ou parcialmente procedente o pedido, excluindo-se, assim, as vincendas.

(B) Compete à justiça federal da capital do estado processar e julgar os litígios decorrentes de acidente do trabalho envolvendo segurado residente em município que não seja sede de vara federal.

(C) O cômputo do prazo prescricional de um ano para o ajuizamento da ação, objetivando o recebimento de indenização securitária em favor do segurado, tem início a partir do requerimento em que se tenha pleiteado administrativamente a aposentadoria por invalidez.

(D) O MP não tem legitimidade para propor ação civil pública que veicule pretensões relativas a benefícios previdenciários.

(E) Compete à justiça federal julgar ação de complementação de aposentadoria em que se objetive a complementação de benefício previdenciário, caso o pedido e a causa de pedir decorram de pacto firmado com instituição de previdência privada.

**A:** correta, nos termos da Súmula 111 do STJ. Há recurso especial repetitivo pendente de julgamento perante o STJ (tema 1.105) acerca da aplicabilidade de sua Súmula 111 em face do disposto no art. 85, §4°, II, do CPC/15; **B:** incorreta. A competência para julgamento de ações acidentárias é da Justiça Estadual (STJ, CC 47.811/SP, DJ 27.04.2005); **C:** incorreta. O prazo prescricional ajuizar para ações previdenciárias é de 5 anos, nos termos do art. 103, parágrafo único, do PBPS **D:** incorreta. A legitimidade do MP foi atestada pelo STJ no REsp 1142630/PR, DJ 01/02/2011. Ver, no mesmo sentido, STF, AgRg no AI 516.419/PR, DJ 30.11.2010; **E:** incorreta. A competência, nesse caso, é da Justiça Estadual, conforme restou decidido pelo STJ no REsp 1281690/RS, DJ 26/09/2012.

Gabarito "A".

**(Magistratura Federal – 3ª Região – 2011 – CESPE)** Assinale a opção correta a respeito de ações previdenciárias no juizado especial federal.

(A) O prévio requerimento administrativo de prorrogação de auxílio-doença é requisito para o ajuizamento de ação em que se pleiteie o restabelecimento do benefício previdenciário, importando sua ausência na extinção do processo sem resolução de mérito.

(B) A relativização do formalismo processual nas ações previdenciárias, que têm nítido caráter social, permite que o segurado interponha recurso perante o juizado especial federal sem estar representado por advogado.

(C) Em ação previdenciária no juizado especial federal, na qual o autor não seja beneficiário da justiça gratuita e haja necessidade de prova pericial médica, os honorários do perito nomeado pelo juiz serão antecipados à conta de verba orçamentária do respectivo tribunal.

(D) Os valores de benefício previdenciário recebidos pelo segurado em razão de antecipação de tutela que, por ocasião da sentença, tenha sido cassada por improcedência do pedido, são considerados indevidos e, por isso, devem ser restituídos.

(E) O MP federal deve intervir obrigatoriamente nas ações previdenciárias que envolvam interesse de menores incapazes ou de idosos, sob pena de nulidade da sentença proferida no juizado especial federal.

**A:** incorreta. Não se exige o prévio requerimento administrativo da prorrogação para o ajuizamento da ação (processo 2009.72.64.002377-9 da Turma Nacional de Unificação dos Juizados Especiais Federais e

Rext 631.240/MG); **B:** incorreta. O art. 41, § 2°, da Lei 9.099/1995, aplicável aos Juizados Especiais Federais nos termos do art. 1°, da Lei 10.259/2001, determina que a interposição de recursos nos Juizados deverá ser feita, obrigatoriamente, por advogado, ainda que esse não tenha patrocinado a causa em primeira instância; **C:** correta, nos termos do art. 12 da Lei 10.259/2001. Importante mencionar que a Lei 14.331/2022 alterou o regime de pagamento dos honorários periciais referentes às perícias judiciais realizadas em ações em que o INSS figure como parte e se discuta a concessão de benefícios assistenciais à pessoa com deficiência ou benefícios previdenciários decorrentes de incapacidade laboral; **D:** incorreta quando da aplicação do certame, período no qual prevalecia entendimento segundo o qual os valores dos benefícios previdenciários são considerados verbas de natureza alimentar e, portanto, são irrepetíveis (processo 2007.72.51.001076-4 da Turma Nacional de Uniformização dos Juizados Especiais Federais). Atualmente prevalece a posição fixada pelo STJ no recurso repetitivo n° 1.401.560/MT, segundo a qual a reforma da decisão que antecipa a tutela obriga o autor da ação a devolver os benefícios previdenciários indevidamente recebidos.; **E:** alternativa considerada incorreta pelo gabarito oficial, com base na posição exarada pelo TRF da 1ª Região na AC 2008.01.99.056502-7/MG, DJ 08.07.2009, que afasta a necessidade de intervenção do Ministério Público por considerar que se trata de um interesse disponível. Atualmente a questão é objeto da Recomendação n° 34, de 05/04/2016, do Conselho Nacional do Ministério Público.

Gabarito "C".

## 10. TEMAS COMBINADOS

**(Delegado de Polícia Federal – 2021 – CESPE)** Luzia é segurada da previdência social na categoria empregada e é beneficiária de auxílio-acidente. No ano de 2015, ao atingir a idade mínima para a aposentadoria, ela requereu o benefício ao INSS e, em razão do indeferimento, ajuizou, nesse mesmo ano, ação previdenciária. Na instrução processual, ficou comprovado que alguns períodos de contribuição constantes no sistema do INSS eram falsos, tendo sido dolosamente inseridos no sistema, de forma indevida, para que Luzia obtivesse a vantagem de majoração do tempo de contribuição.

Tendo como referência essa situação hipotética, julgue os itens a seguir.

(1). Caso a aposentadoria de Luzia seja futuramente deferida, será possível a acumulação desse benefício com o auxílio-acidente.

(2). Se for comprovado o ilícito criminal, Luzia poderá responder pela prática do crime de apropriação indébita previdenciária.

(3). O crime configurado na situação narrada é crime próprio, de modo que Luzia só poderá ser penalizada na esfera criminal se ficar comprovada sua coautoria ou coparticipação no referido crime.

(4). O limite de prazo para que Luzia ajuizasse a ação contra o indeferimento administrativo era, de fato, o ano de 2015, já que, por exemplo, se ela tivesse postergado para o ano de 2021, haveria decadência do direito.

**1:** Errado. A Lei 9.528/1997 vedou a cumulação de auxílio-acidente com qualquer aposentadoria paga pelo RGPS, como se vê de seu art. 86, § 2°. A cumulação em tela será permitida apenas aos segurados que tenham adquirido tal direito antes da alteração promovida pela Lei 9.528/1997. Ou seja, a acumulação de auxílio-acidente com aposentadoria pressupõe que a lesão incapacitante e a aposentadoria sejam anteriores a 11/11/1997 (data da promulgação da Lei 9.528/1997), conforma a Súmula 507 do STJ. **2:** Errado. O Código Penal reserva o nomen iuris 'apropriação indébita previdenciária' à conduta prevista em seu art. 168-A, consistente em: "Deixar de repassar à previdência social as contribuições recolhidas dos contribuintes, no prazo e forma legal ou convencional". O § 1° de tal artigo prevê três figuras equiparadas. Duas delas dizem respeito a diferentes formas de omissão no recolhimento de contribuições previdenciárias e a terceira pune a omissão em pagar benefício a segurado quando as respectivas cotas ou valores já tiverem sido reembolsados à empresa pela previdência social. A inserção indevida de períodos de contribuição no sistema não se amolda à conduta omissiva de deixar de repassar contribuições recolhidas de contribuintes ou a qualquer de suas figuras equiparadas. Os fatos descritos no enunciado melhor se amoldam ao tipo penal previsto no art. 313-A do Código penal. Segundo tal dispositivo, é punível a conduta de: "*Inserir ou facilitar, o funcionário autorizado, a inserção de dados falsos, alterar ou excluir indevidamente dados corretos nos sistemas informatizados ou bancos de dados da Administração Pública com o fim de obter vantagem indevida para si ou para outrem ou para causar dano*". Trata-se de crime próprio do "funcionário autorizado". Mesmo assim, Luísa pode responder pelo crime em conjunto com o funcionário autorizado que praticou a ação se restar demonstrado que ela sabia de sua condição funcional (vide os arts. 30 e 31 do Código Penal, o AGAREsp 1.185.141, 6ª T., Rel. Min. Sebastião Reis Junior, DJe 05 abr. 2019 e o HC 90337000281581, 1ª T., Rel. Min. Carlos Britto, j. 19 jun. 2007). **3:** Anulada. Como visto, o tipo penal no qual a conduta descrita se adequa é aquele previsto no art. 313-A, do Código Penal. Trata-se de crime próprio, pois dentre as circunstâncias elementares de tal tipo penal está a condição de caráter pessoal consistente em ser o agente funcionário público autorizado. Inobstante, se admite o concurso de agentes entre funcionários públicos (ou equiparados, nos termos do art. 327, § 1º, do Código Penal) e terceiros, desde que esses últimos tenham ciência da condição pessoal daqueles, pois referida condição é elementar do crime em tela (artigo 30 do Código Penal (RHC 112.074, 5ª T., Rel. Min. Ribeiro Dantas, DJe 20 ago. 2019). Desta maneira, a assertiva estaria correta caso Luísa tivesse ciência da condição de funcionário público autorizado da pessoa que promoveu a inserção de dados falsos no sistema e tivesse concorrido para a realização da conduta. Todavia, a questão foi anulada porque: "*A situação hipotética não foi clara ao afirmar que os dados falsos foram inseridos por funcionário público autorizado, sendo possível, dessa forma, interpretar que poderia ter sido feito por terceiros que não fossem servidores públicos, o que, de fato, prejudica o julgamento objetivo do item.*" **4:** Errado. Em matéria previdenciária, a partir da promulgação da Lei 9.528/1997 é de dez anos o prazo de decadência de todo e qualquer direito ou ação do segurado ou beneficiário para a revisão do ato de concessão de benefício, a contar do dia primeiro do mês seguinte ao do recebimento da primeira prestação ou, quando for o caso, do dia em que tomar conhecimento da decisão indeferitória definitiva no âmbito administrativo, nos termos do caput do art. 103 da Lei 8.213/91. A Lei 13.846/2019 deu nova redação ao art. 103 da Lei 8.213/91, sujeitando ao prazo decadencial tanto a revisão do ato de concessão, como o indeferimento, cancelamento ou cessação de benefício e o ato de deferimento, indeferimento ou não concessão de revisão de benefício. Porém, o STF declarou a inconstitucionalidade de tal alteração na ADIN 6.096, DJe 26 nov. 2020, pois "*(...) admitir a incidência do instituto para o caso de indeferimento, cancelamento ou cessação importa ofensa à Constituição da República e ao que assentou esta Corte em momento anterior, porquanto, não preservado o fundo de direito na hipótese em que negado o benefício, caso inviabilizada pelo decurso do tempo a rediscussão da negativa, é comprometido o exercício do direito material à sua obtenção.*" Por sua vez, a prescrição do direito previdenciário atinge apenas as parcelas vencidas antes do quinquênio anterior à propositura da ação, nos termos da Súmula 85 do STJ e do art. 103, parágrafo único, da Lei 8.213/91. Assim, caso Luísa ajuizasse ação previdenciária no ano de 2021, estariam prescritas apenas as parcelas vencidas anteriormente ao quinquênio que precedeu a propositura da demanda, não ocorrendo a decadência de seu direito. RO

Gabarito 1E, 2E, 3Anulada, 4E

**Delegado de Polícia Federal – 2021 – CESPE)** No que se refere ao financiamento da seguridade social, julgue os itens subsequentes.

**(1).** As contribuições sociais do empregador compõem o financiamento da seguridade social e são incidentes sobre a folha de salários, o faturamento e o lucro.

**(2).** Para a execução do orçamento da seguridade social, o tesouro nacional deve repassar mensalmente os recursos referentes às contribuições sociais incidentes sobre a receita de concursos de prognósticos.

**1:** Certo. Uma das principais funções da Constituição Federal no âmbito tributário é separar os múltiplos fatos passíveis de tributação e atribuir a competência para tributar cada um destes fatos à União, aos Estados aos Municípios e ao Distrito Federal. Nesse enfoque, o art. 195, inciso I, alíneas 'b' e 'c', da Constituição Federal, fixam a folha de salários, a receita ou o faturamento e, ainda, o lucro, como aspectos materiais passíveis de tributação no âmbito da Seguridade Social. A redação original da alínea 'b' do dispositivo constitucional acima mencionado previa apenas a possibilidade de incidência de contribuições sociais sobre o faturamento. Contudo, o caput do art. 3º, da Lei 9.718/98, o qual trata das contribuições para o PIS/PASEP e a COFINS, devidas pelas pessoas jurídicas de direito privado, definia faturamento como sendo a receita bruta da pessoa jurídica. Já seu § 1º conceituava receita bruta como sendo a totalidade das receitas auferidas, independentemente da atividade exercida pela pessoa jurídica e da classificação contábil das receitas. Logo após a promulgação da Lei 9.718/98, a Emenda Constitucional 20/98 alterou a redação do art. 195, inciso I, alínea 'b', da Constituição Federal, de modo a permitir a incidência de contribuições sociais sobre o faturamento ou sobre a receita, Todavia, o Supremo Tribunal Federal declarou inconstitucional o § 1º do art. 3º, da Lei 9.718/98 e assentou a impossibilidade de se reconhecer a figura da constitucionalidade superveniente em nosso ordenamento jurídico RExt 390.840-5, Rel. Min. Marco Aurélio, Pleno, DJ 15 ago. 2006. É dizer, a promulgação da emenda constitucional 20/98 não torna constitucional o disposto no art. 3º, § 1º, da Lei 9.718/98. O referido §1º foi revogado pela Lei 11.941/2009 e o caput do art. 3º teve sua redação alterada pela Lei 12.973/2014. Note, portanto, que a assertiva da questão seria incorreta caso mencionasse a receita e o faturamento. **2:** Certo. A Secretária do Tesouro Nacional é o órgão central do Sistema de Administração Financeira Federal (Lei 10.180/2001). Todos os recursos que transitam pelo órgão central de administração financeira devem ser objeto de programação financeira. Daí o art. 19, da Lei 8.212/1991, afirmar que o Tesouro Nacional repassará mensalmente os recursos referentes às contribuições das empresas, incidentes sobre faturamento e lucro e os recursos aferidos por meio das contribuições incidentes sobre a receita de concursos de prognósticos, destinados à execução do Orçamento da Seguridade Social. O produto da arrecadação da contribuição social sobre a receita de concursos de prognósticos deve ser destinado ao financiamento da Seguridade Social, nos termos do art. 195, III, da Constituição Federal e do art. 26, § 4º, da Lei 8.212/1991. RO

Gabarito 1C, 2C

Os irmãos Fátima e Ronaldo, plenamente capazes e sem nenhuma deficiência física, intelectual ou mental, possuem as seguintes características: ambos se enquadram em famílias de baixa renda; Fátima tem trinta anos de idade e Ronaldo, trinta e cinco anos de idade; Fátima não tem renda própria, dedica-se exclusivamente ao trabalho doméstico no âmbito de sua residência e contribui para a previdência social na qualidade de segurada facultativa; Ronaldo contribui como segurado trabalhador avulso.

**(Procurador do Município – Campo Grande/MS – 2019 – CESPE/CEBRASPE)** A partir dessa situação hipotética, julgue os itens seguintes.

**(1)** Ronaldo poderá contribuir para a previdência social com a alíquota de 5% sobre o limite mínimo mensal do salário de contribuição.

**(2)** Fátima e Ronaldo não preenchem os requisitos para serem dependentes previdenciários um do outro.

**1:** incorreta. A alíquota do trabalhador avulso é a mesma do empregado e do empregado doméstico, ou seja, de 7,5% a 14%, nos termos da EC 103/2019. A alíquota de 5% é reservada ao microempreendedor individual e ao segurado facultativo sem renda própria e pertencente à família de baixa renda que se dedique exclusivamente ao trabalho doméstico no âmbito de sua residência, desde que, em ambos os casos, haja renúncia à aposentadoria por tempo de contribuição (art. 21, §2º, II, do PCCS e art. 199-A, §1º, do RPS).; **2:** correta, pois apenas os irmãos menores de 21 anos ou incapazes para o trabalho, e desde que comprovada a dependência econômica, podem se enquadrar como dependentes (art. 16, III, da Lei 8.213/1991). HS/RM

Gabarito 1E, 2C

**(Analista Judiciário – STJ – 2018 – CESPE)** A respeito do regime geral da previdência social (RGPS), julgue os itens que se seguem, considerando a jurisprudência dos tribunais superiores.

**(1)** Os genitores de segurado do RGPS serão seus dependentes independentemente de comprovação da dependência econômica.

**(2)** Situação hipotética: Lúcia, que por doze meses foi contribuinte da previdência social e que era casada, há quatro anos, com Mário, de quarenta e cinco anos idade, faleceu após complicações de saúde decorrentes de uma cirurgia estética. Assertiva: Nessa situação, Mário terá direito ao benefício de pensão por morte em caráter vitalício.

**1:** incorreta. Os pais, para serem considerados dependentes, devem comprovar a dependência econômica em relação ao segurado (art. 16, § 4º, do PBPS). **2:** incorreta. No caso em comento, o benefício será pago apenas por quatro meses, porque a segurada ainda não tinha completado o período de 18 contribuições mensais (art. 77, § 2º, V, "b", do PBPS). **HS**

Gabarito 1E, 2E

**(Delegado Federal – 2018 – CESPE)** Um segurado da previdência social, filiado em 1.º/3/2010, sofreu acidente de trabalho em 1.º/4/2010. Em 1.º/5/2010, lhe foi concedido, pelo INSS, auxílio-doença, contabilizado desde a data do seu acidente até o dia 1.º/4/2011. Em 1.º/8/2018, o INSS revisou o ato administrativo de concessão desse benefício.

Considerando essa situação hipotética, julgue os itens subsequentes.

**(1)** Na revisão, o INSS não poderia anular o referido ato administrativo, salvo se tivesse comprovado má-fé, dada a ocorrência da decadência, uma vez que havia transcorrido mais de cinco anos desde a concessão do benefício.

**(2)** Considere que o INSS, após a revisão do ato administrativo, tenha decidido pela sua anulação, sob o fundamento de que o segurado não haveria cumprido carência. Nessa situação, o fundamento utilizado pelo INSS não é procedente, pois o auxílio-doença independe de carência.

**1:** incorreta. No caso de ato administrativo do qual decorram efeitos patrimoniais contínuos, como a concessão de benefício previdenciário, o prazo decadencial de 10 anos é contado da percepção do primeiro pagamento (art. 103-A, § 1º, do PBPS); **2:** correta, nos termos do art. 26, II, do PBPS. **HS**

Gabarito 1E, 2C

**(Delegado Federal – 2018 – CESPE)** Pedro é o responsável pelo adimplemento das contribuições previdenciárias de uma empresa de médio porte. Nos meses de janeiro a junho de 2018, a empresa entregou a Pedro o numerário correspondente ao valor das contribuições previdenciárias de seus empregados, mas Pedro, com dolo, deixou de repassá-lo à previdência social. Pedro é primário e de bons antecedentes.

Nessa situação hipotética,

**(1)** Pedro praticou o crime de sonegação de contribuição previdenciária.

**(2)** a punibilidade de Pedro será extinta se, antes do início da ação fiscal, ele declarar, confessar e efetuar o recolhimento das prestações previdenciárias, espontaneamente e na forma do regulamento do INSS.

**(3)** caso o repasse das contribuições previdenciárias ocorra após o início da ação fiscal e antes do oferecimento da denúncia, o juiz poderá deixar de aplicar a pena ou aplicar apenas a multa.

**1:** incorreta. O crime se chama apropriação indébita previdenciária (art. 168-A do Código Penal); **2:** correta, nos termos do art. 168-A, § 2º, do Código Penal. Em face das Leis 10.684/2003, 11.941/2009 e 12.382/2011, a jurisprudência do STF (RHC 128.245/SP, DJe 21/10/2016) e do STJ (HC 362.478/SP, DJe 20/09/2017) tem se orientado no sentido de que se tratando de apropriação indébita previdenciária, o pagamento integral do débito tributário, ainda que após o trânsito em julgado da condenação, é causa de extinção da punibilidade do agente; **3:** correta, nos termos do art. 168-A, § 3º, I, do Código Penal. **HS**

Gabarito 1E, 2C, 3C

**(Analista Jurídico – TCE/PR – 2016 – CESPE)** Com relação ao regime geral de previdência social (RGPS), assinale a opção correta, de acordo com a jurisprudência dos tribunais superiores.

**(A)** Conforme entendimento do STF, aquele que, embora exerça atividades laborais consideradas nocivas à saúde, utilize equipamento de proteção que anula completamente a nocividade durante o desempenho de tais atividades não fará jus à percepção de aposentadoria especial.

**(B)** Servidora pública ocupante de cargo efetivo no estado do Paraná pode filiar-se ao RGPS como segurado facultativo.

**(C)** Aquele que preenche os requisitos legais para a concessão de benefício previdenciário adquire um direito fundamental, inexistindo prazo decadencial para a concessão ou a revisão de benefícios.

**(D)** Para a concessão do benefício de auxílio-reclusão, deve-se considerar a renda da unidade familiar, já que o destinatário do benefício são os dependentes do segurado recluso.

**(E)** Nos termos da jurisprudência do STJ, não tem direito à percepção de benefício de pensão por morte o cônjuge do falecido que, apesar de possuir os requisitos para aposentadoria antes do óbito, tenha perdido a qualidade de segurado.

**A:** correta, nos termos do ARE 664.335/SC, donde se extrai a tese consagrada: "o direito à aposentadoria especial pressupõe a efetiva exposição do trabalhador a agente nocivo à sua saúde, de modo que, se o EPI for realmente capaz de neutralizar a nocividade, não haverá respaldo constitucional à aposentadoria especial". É preciso ressaltar, contudo, que nos termos da súmula 87 da TNU: "*A eficácia do EPI não obsta o reconhecimento de atividade especial exercida antes de 03/12/1998, data de início da vigência da MP 1.729/98, convertida na Lei n. 9.732/98.*"; **B:** incorreta. É vedada a filiação ao RGPS como segurado facultativo de pessoa integrante de regime próprio de previdência (art. 201, §5º, da CF); **C:** incorreta. Realmente não há prazo para a concessão do benefício, que pode ser pedido a qualquer tempo a partir da obtenção do direito, mas há prazo decadencial de 10 anos para solicitar a revisão do benefício (art. 103 da Lei 8.213/1991); **D:** incorreta. A despeito de realmente ser um benefício pago aos dependentes (art. 18, II, "b", da Lei 8.213/1991), a análise do requisito da "baixa renda" envolve somente o segurado, não importando o total da renda familiar (art. 116 do Decreto 3.048/1999). Nos termos do art. 80, §4º, do PBPS, incluído pela Lei 13.846/2019, a aferição da renda mensal bruta para enquadramento do segurado como de baixa renda ocorrerá pela média dos salários de contribuição apurados no período de 12 (doze) meses anteriores ao mês do recolhimento à prisão; **E:** incorreta. A jurisprudência do STJ se firmou em sentido contrário, ou seja, caso completos os requisitos para aposentadoria do segurado, ainda que venha a perder essa qualidade, seus dependentes farão jus à pensão por morte (art. 102, §2º, do PBPS e Súmula 416 do STJ).. **HS/RM**

Gabarito "A".

**(Advogado União – AGU – CESPE – 2015)** No que diz respeito à seguridade social, julgue os itens a seguir.

**(1)** As diretrizes que fundamentam a organização da assistência social são a descentralização político-administrativa para os estados, o Distrito Federal e os municípios, e comando único em cada esfera de governo; a participação da população, mediante organizações representativas, na formulação das políticas e no controle das ações; e a prevalência da responsabilidade do Estado na condução da política de assistência social.

**(2)** De acordo com a CF, a gestão administrativa da seguridade social deve ser tripartite, ou seja, formada por trabalhadores, empregadores e governo.

**(3)** Conforme a jurisprudência do STF, a irredutibilidade do valor dos benefícios é garantida constitucionalmente, seja para assegurar o valor nominal, seja para assegurar o valor real dos benefícios, independentemente dos critérios de reajuste fixados pelo legislador ordinário.

**(4)** De acordo com entendimento do STF, o princípio da pre-existência do custeio em relação ao benefício ou serviço aplica-se à seguridade social financiada por toda sociedade, estendendo-se às entidades de previdência privada.

**1:** Correta, nos termos do art. 5º da Lei 8.742/1993. **2:** Incorreta. A gestão da seguridade social será quadripartite, garantida também a participação dos aposentados (art. 194, parágrafo único, VII, da CF). **3:** Incorreta. Segundo o STF, a irredutibilidade do valor dos benefícios

## 15. DIREITO PREVIDENCIÁRIO    585

aplica-se unicamente ao seu valor nominal. O que assegura a preservação do valor real é o princípio insculpido no art. 201, § 4º, da CF. Além disso, o reajuste seguirá critérios definidos em lei ordinária (STF, RE 263.252/PR). **4**: Incorreta. O STF tem jurisprudência consolidada no sentido de que o princípio da previsão do custeio dos benefícios e serviços da seguridade social não se aplica à previdência privada (RE 583.687 AgR). HS

Gabarito 1C, 2E, 3E, 4E

**(Advogado União – AGU – CESPE – 2015)** Acerca do RGPS, julgue os itens subsequentes.

**(1)** Conforme entendimento do STJ, síndico de condomínio que receber remuneração pelo exercício dessa atividade será enquadrado como contribuinte individual do RGPS, ao passo que o síndico isento da taxa condominial, por não ser remunerado diretamente, não será considerado contribuinte do RGPS.

**(2)** De acordo com jurisprudência do STF, devido ao fato de os serviços de registros públicos, cartorários ou notariais serem exercidos em caráter privado, os oficiais de registro de imóveis, para os fins do RGPS, devem ser classificados na categoria de contribuinte individual.

**(3)** Desde que tenha sido intercalado com o exercício de atividade laborativa, o período em que o segurado se beneficiar de auxílio-doença deverá ser considerado para fins de cômputo de carência e para o cálculo do tempo de contribuição na concessão de aposentadoria por invalidez, conforme entendimento do STF.
Situação hipotética: Ricardo, segurado facultativo do RGPS, havia recolhido dez contribuições mensais quando, devido a problemas financeiros, teve de deixar de recolher novas contribuições durante nove meses. Após se restabelecer financeiramente, Ricardo voltou a contribuir, mas, após quatro meses de contribuição, ele foi acometido por uma doença que o incapacitou para o trabalho durante vinte dias.

**(4)** Assertiva: Nessa situação, embora a doença de Ricardo exija carência para o gozo do benefício de auxílio-doença, este perceberá o referido auxílio devido ao fato de ter readquirido a qualidade de segurado a partir do recolhimento de um terço do número de contribuições exigidas para o gozo do auxílio-doença.

**(5)** Conforme entendimento do STF, não há incidência de contribuição previdenciária nos benefícios do RGPS, incluído o salário-maternidade.
Situação hipotética: Howard, cidadão norte-americano, domiciliado no Brasil, foi aqui contratado pela empresa brasileira X, para trabalhar, por tempo indeterminado, em sua filial situada no Canadá. A maior parte do capital votante dessa filial canadense é da empresa X, constituída sob as leis brasileiras e com sede e administração no Brasil.

**(6)** Assertiva: Nessa situação, Howard deverá estar, necessariamente, vinculado ao RGPS como segurado empregado.

**1**: Incorreta. O STJ firmou entendimento de que a remuneração indireta do síndico, mediante a isenção da taxa condominial, constitui forma de segurado obrigatório da previdência social (REsp 411.832/RS). **2**: Correta, conforme julgado pelo STF no AI 667.424 ED. **3**: Correta, conforme julgado pelo STF no RE 583.834 e súmula 73 da TNU **4**: Incorreta. Realmente, ao contribuir por mais 4 meses depois de perder a qualidade de segurado, período que equivale a um terço dos 12 meses exigidos como carência do auxílio-doença, Ricardo teria direito ao benefício. Contudo, o benefício é devido ao segurado que ficar incapacitado para seu trabalho habitual por mais 15 dias consecutivos. A assencia deste aspecto torna errada a assertiva, porque ela diz apenas "vinte dias", não especificando se foram consecutivos. A partir da Lei nº 13.846/2019 só é possível readquirir a qualidade de segurado caso se trate de benefícios de auxílio-doença, de aposentadoria por invalidez, de salário-maternidade e de auxílio-reclusão e, mesmo assim, o segurado deverá contar, a partir da data da nova filiação à Previdência Social, com

metade dos respectivos períodos de carência, não mais 1/3 **5**. incorreta à época da aplicação da prova. Preponderava, então, posição segundo a qual o salário-maternidade é exceção à regra de que os benefícios previdenciários não são considerados como salário de contribuição. Assim, sobre ele incidia normalmente a contribuição previdenciária devida pela segurada (art. 28, § 2º, do PCSS). Entretanto, ao julgar o RE nº 576.967, DJe 21/10/2020, o STF declarou a inconstitucionalidade da incidência de contribuição previdenciária sobre o salário maternidade; **6**: Correta, nos termos do art. 11, I, c, da PBPS. HS/RM

Gabarito 1E, 2C, 3C, 4E, 5E, 6C

**(Defensoria/DF – 2013 – CESPE)** Julgue os itens a seguir, relativos a seguridade social e a acidente do trabalho.

**(1)** Entre os objetivos em que se baseia a organização da seguridade social no Brasil inclui-se o caráter democrático e descentralizado da administração, mediante gestão tripartite, com participação dos trabalhadores, dos empregadores e do governo nos órgãos colegiados.

**(2)** De acordo com a Lei nº 8.213/1991, que dispõe sobre os planos de benefícios da previdência social, equipara-se ao acidente do trabalho o acidente sofrido pelo segurado do RGPS no local e no horário do trabalho, em consequência de ato de agressão praticado por terceiro.

**(3)** Caso um segurado do RGPS, conduzindo veículo de sua propriedade, sofra acidente de trânsito ao deslocar-se de sua residência para seu local de trabalho, esse acidente não se equiparara a acidente do trabalho.

**(4)** Nos termos da CF, a seguridade social compreende um conjunto integrado de ações de iniciativa dos poderes públicos e da sociedade destinadas a assegurar, exclusivamente, os direitos relativos a previdência e a assistência social.

**1**: incorreta. A gestão será **quadripartite**. A assertiva deixou de mencionar a participação dos aposentados (art. 194, parágrafo único, VII, da CF); **2**: correta, nos termos do art. 21, II, "a", da Lei nº 8.213/1991; **3**: incorreta. Tal acidente equipara-se ao do trabalho por força do art. 21, IV, "d", da Lei nº 8.213/1991; **4**: incorreta. Faltou mencionar a saúde (art. 194 da CF).

Gabarito 1E, 2C, 3E, 4E

**(Ministério Público/ES – 2010 – CESPE)** Acerca dos institutos de direito previdenciário e da jurisprudência relacionada ao tema, assinale a opção correta.

**(A)** Ao indivíduo que tenha sofrido acidente de trabalho e implementado todos os requisitos necessários à concessão de aposentadoria por invalidez, mas não possua salários de contribuição no período básico de cálculo, será concedida aposentadoria por invalidez com renda mensal no valor de um salário mínimo.

**(B)** Antes do Decreto Legislativo n. 4.682, de 24.01.1923, conhecido como Lei Eloy Chaves, não existia nenhuma legislação em matéria previdenciária no Brasil. Por esse motivo, o dia 24 de janeiro é considerado oficialmente o dia da previdência social.

**(C)** O trabalhador rural, na condição de segurado especial, está sujeito à contribuição obrigatória sobre a produção rural comercializada, que lhe garante, entre outros benefícios, aposentadoria por invalidez, aposentadoria por idade e aposentadoria por tempo de contribuição.

**(D)** A partir da Lei n. 10.839/2004, que deu nova redação ao art. 103 da Lei n. 8.213/1991, prescreve em dez anos, a contar da data em que deveria ter sido paga, toda e qualquer ação para haver prestações vencidas ou quaisquer restituições ou diferenças devidas pela previdência social.

**(E)** É vedada a filiação ao RGPS, na qualidade de segurado obrigatório, de pessoa participante de regime próprio de previdência, ainda que servidor ocupante exclusivamente de cargo em comissão declarado em lei de livre nomeação e exoneração.

**A**: correta, nos termos do art. 35, do PBPS; **B**: incorreta. A Lei Eloy Chaves é realmente considerada o marco inicial da Previdência Social no Brasil, porém, não é correto dizer que antes dela não havia qualquer legislação sobre o tema. Cite-se, por exemplo, a criação do montepio geral dos servidores do Estado e a Lei 3.397/1888, que criou uma "Caixa de Socorro" para os trabalhadores de cada uma das empresas ferroviárias estatais e o art. 75 da Constituição de 1891; **C:** incorreta. O segurado especial não faz jus à aposentadoria por tempo de contribuição, exceto se contribuir no montante previsto para os contribuintes individuais (art. 60, § 4º, e 200, § 2º, do RPS); **D:** incorreta. O prazo prescricional em comento é de 05 anos (art. 103, parágrafo único, do PBPS); **E:** incorreta. É vedada a filiação como segurado **facultativo** de pessoa participante de regime próprio de previdência (art. 201, § 5º, da CF). RM

Gabarito "A".

**(Defensor Público/AC – 2012 – CESPE)** Acerca do RGPS, assinale a opção correta.

(A) O valor do salário de benefício não pode exceder em cinco vezes o limite máximo estabelecido para o salário de contribuição na data de concessão do benefício.

(B) Considera-se beneficiário do RGPS, na condição de dependente do segurado, irmão com menos de vinte e um anos de idade, ainda que emancipado.

(C) Compete ao dependente promover sua inscrição na previdência social quando do requerimento do benefício a que estiver habilitado.

(D) Constitui infração administrativa o não cumprimento, pela empresa, das normas de segurança e higiene do trabalho.

(E) A doença degenerativa e a inerente a grupo etário, desde que produzam incapacidade laborativa, são consideradas doenças do trabalho.

**A:** incorreta, pois nenhum benefício reajustado poderá exceder o limite máximo do salário de benefício na data do reajustamento, respeitados os direitos adquiridos – art. 41-A, § 1º, do PBPS ; **B:** incorreta, pois apenas o irmão não emancipado menor de 21 anos ou inválido ou que tenha deficiência intelectual ou mental ou deficiência grave é considerado segurado – arts. 16, III, e 77, § 2º, II, do PBPS; **C:** correta, pois reflete o disposto no art. 17, § 1º, do PBPS; **D:** incorreta, pois o art. 19, § 2º, do PBPS refere-se à contravenção penal punível com multa; **E:** incorreta, pois não são consideradas doenças do trabalho, vez que excluídas expressamente pelo art. 20, § 1º, *a* e *b*, do PBPS. RM

Gabarito "C".

**(Defensor Público/RO – 2012 – CESPE)** A respeito do direito previdenciário, assinale a opção correta.

(A) Segundo entendimento do STF, com o fim da paridade entre ativos e inativos, quaisquer vantagens pecuniárias decorrentes de reposicionamento de servidores ativos na carreira não mais se estendem aos inativos.

(B) Para efeito dos benefícios previstos no RGPS ou no serviço público, é assegurada a contagem recíproca do tempo de contribuição na atividade privada, rural e urbana, e do tempo de contribuição ou de serviço na administração pública; entretanto, os diferentes sistemas de previdência social não se compensarão financeiramente.

(C) Nos termos da legislação vigente, caso a soma do tempo de serviço da trabalhadora segurada na previdência social ultrapasse trinta anos e a do trabalhador segurado, trinta e cinco anos, o excesso poderá ser considerado para todos os efeitos legais.

(D) O constituinte derivado vedou, por meio de emenda constitucional, todas as exceções anteriormente previstas para a percepção de mais de uma aposentadoria à conta do regime público de previdência social.

(E) Com a instituição do novo regime de previdência complementar dos servidores públicos federais titulares de cargo efetivo, instituído pela Lei n.º 12.618/2012, o servidor público que ingressou no serviço público em data anterior à vigência do referido normativo, terá o prazo de doze meses para optar pelo novo regime de previdência, e poderá realizar eventual retratação no prazo de cinco anos.

**A:** correta, pois essa é a jurisprudência do STF – ver AI 796.527 AgR/RJ; **B:** incorreta, pois há compensação financeira na contagem recíproca – art. 201, § 9º, da CF; **C:** incorreta, pois o excesso não será considerado para qualquer efeito – art. 98 do PBPS (Lei 8.213/1991); **D:**

incorreta, pois é possível a cumulação inclusive no regime próprio dos servidores, excepcionalmente, desde que aposentadorias decorrentes de cargos acumuláveis na forma da Constituição – art. 40, § 6º, da CF; **E:** incorreta, pois o prazo para a opção é de 24 meses, sendo irrevogável e irretratável – art. 3º, §§ 7º e 8º, da Lei 12.618/2012.

Gabarito "A".

**(Defensor Público/BA – 2010 – CESPE)** Em relação às disposições constitucionais aplicáveis à previdência social, julgue o item a seguir.

(1) O julgamento pela ilegalidade do pagamento de benefício previdenciário previsto na legislação não implica a obrigatoriedade da devolução das importâncias recebidas, de boa-fé, pelo segurado.

**1:** assertiva correta na data do certame, conforme a jurisprudência do STJ que então prevalecia – ver AgRg Ag 1.421.204/RN. Entretanto, ao julgar o tema de recurso repetitivo nº 979, o STJ assentou que "*Com relação aos pagamentos indevidos aos segurados decorrentes de erro administrativo (material ou operacional), não embasado em interpretação errônea ou equivocada da lei pela Administração, são repetíveis, sendo legítimo o desconto no percentual de até 30% (trinta por cento) de valor do benefício pago ao segurado/beneficiário, ressalvada a hipótese em que o segurado, diante do caso concreto, comprova sua boa-fé objetiva, sobretudo com demonstração de que não lhe era possível constatar o pagamento indevido*". Na mesma toada, a nova redação dada ao art. 115, II, do PBPS, pela Lei 13.846/2019, afirma ser possível descontar dos benefícios o pagamento administrativo ou judicial de benefício previdenciário ou assistencial indevido, ou além do devido, inclusive na hipótese de cessação do benefício pela revogação de decisão judicial, em valor que não exceda 30% (trinta por cento) da sua importância, nos termos do regulamento. RM

Gabarito 1C

**(Procurador/DF – 2013 – CESPE)** Acerca de institutos diversos de direito previdenciário, julgue o item subsequente.

(1) Nas hipóteses em que o ilícito administrativo praticado por servidor, nessa condição, dê ensejo à cassação de aposentadoria e também seja capitulado como crime, a prescrição da pretensão punitiva da administração terá como baliza temporal a pena em concreto, aplicada no âmbito criminal, devendo ser observados os prazos prescricionais do CP.

**1:** correta, nos termos do art. 142, § 2º, da Lei 8.112/1990– ver também RMS 32.285/RS do STJ.

Gabarito 1C

**(Magistratura Federal – 2ª Região – 2011 – CESPE)** Em relação ao denominado período de graça e à comprovação de tempo de serviço/contribuição no âmbito do RGPS, assinale a opção correta.

(A) Mantém a qualidade de segurado, independentemente de contribuições, até doze meses após o licenciamento, o indivíduo incorporado às Forças Armadas para prestar serviço militar.

(B) Para fins de reconhecimento de tempo de serviço, a sentença trabalhista será admitida como início de prova material quando corroborada pelo conjunto fático-probatório dos autos, ainda que o INSS não tenha integrado a lide.

(C) Para fazer jus às vantagens garantidas em lei pelo período de graça, o segurado deve comprovar sua situação de desemprego por meio de registro em órgão do Ministério do Trabalho e Emprego.

(D) É incabível ação declaratória para o mero reconhecimento de tempo de serviço para fins previdenciários.

(E) A comprovação do tempo de serviço mediante justificação administrativa só produz efeito quando embasada em início de prova material; não se admite prova exclusivamente testemunhal, mesmo na hipótese de força maior ou caso fortuito.

**A:** incorreta. Nesse caso, o período de graça é de 03 meses (art. 15, V, do PBPS); **B:** correta, conforme decidido pelo STJ no AgRg no Ag 1.382.384/SP, *DJ* 19.05.2011; **C:** incorreta. O período de graça é garantido ao segurado independentemente de qualquer formalidade.

## 15. DIREITO PREVIDENCIÁRIO — 587

O PBPS faculta, em seu art. 15, § 2º, que o trabalhador desempregado informe sua condição ao MTE para, com isso, aumentar em 12 meses seu período de graça; **D**: incorreta. A Súmula 242 do STJ afirma o cabimento da ação; **E**: incorreta. O caso fortuito e a força maior excepcionam a regra, autorizando a prova exclusivamente testemunhal (art. 55, § 3º, do PBPS).

*Gabarito "B".*

**(Magistratura Federal – 3ª Região – 2011 – CESPE)** Assinale a opção correta, a respeito do RGPS.

**(A)** Suponha que Mário seja titular de aposentadoria concedida em 20/11/1996. Nesse caso, não há prazo para o INSS revisar de ofício a renda mensal inicial do mencionado benefício, o que pode ser feito a qualquer tempo, desde que observado o prévio contraditório.

**(B)** A comprovação do tempo de serviço para obtenção de benefício previdenciário exige início de prova material, sendo assim considerada a declaração prestada pelo ex-empregador, quando contemporânea aos fatos alegados.

**(C)** Considere que João, carregador de bagagem em porto, preste, sem vínculo empregatício, serviços a diversas empresas por intermédio do sindicato da categoria. Nessa situação, João é segurado obrigatório na condição de contribuinte individual.

**(D)** A dependência econômica dos pais em relação aos filhos não é presumida e deve ser comprovada com início de prova material, não sendo admitida a prova exclusivamente testemunhal, salvo na ocorrência de força maior ou caso fortuito.

**(E)** Conforme jurisprudência do STF, a majoração do limite máximo do valor dos benefícios previdenciários (também conhecido como teto) efetivada por emenda constitucional não tem aplicação retroativa aos benefícios concedidos com limite no teto anterior.

**A**: incorreta. Via de regra, o prazo decadencial para o INSS revisar atos de concessão de benefícios é de 10 anos, contados a partir da prática do ato, nos termos do art. 103-A do PBPS. Contudo, o prazo decadencial para tal sorte de revisão só foi criado pela Lei nº 9.784/1999, que o fixou em 05 anos. Assim, para benefícios concedidos antes da Lei nº 9.784/199 o prazo decadencial de 5 anos para revisão do benefício pelo INSS tem como termo inicial a vigência da Lei nº 9.784/1999 – ver REsp repetitivo nº 1.114.938/AL, julg. 14/04/2010; **B**: correta, nos termos da decisão proferida pelo STJ na AR 1.808/SP, *DJ* 24.04.2006; **C**: incorreta. João, pela sua atividade, enquadra-se como trabalhador avulso (art. 9º, VI, *g*, do RPS); **D**: incorreta, pois na época não havia exigência em lei acerca de necessidade de início de prova material (vide súmula 63 da TNU). Entretanto, a Lei nº 13.846/2019 acrescentou um §5º ao art. 16 do PBPS, doravante requerendo início de prova material contemporânea de fatos relativos a dependência econômica e união estável, produzida em período não superior a 24 (vinte e quatro) meses anterior à data do óbito, não admitida a prova exclusivamente testemunhal, exceto na ocorrência de motivo de força maior ou caso fortuito, conforme disposto no regulamento; **E**: incorreta. O STF, no julgamento do RE 564.354/SE, *DJ* 08.09.2010, entendeu pela possibilidade de revisão dos benefícios previdenciários concedidos anteriormente a Emenda Constitucional que altera seu limite máximo. **RM**

*Gabarito "B".*

**(Magistratura Federal – 3ª Região – 2011 – CESPE)** Acerca de segurados, benefícios e serviços do RGPS, assinale a opção correta.

**(A)** O salário-família é devido ao segurado empregado, exceto ao doméstico, e ao segurado trabalhador avulso, na proporção do número de filhos e independentemente da renda do segurado.

**(B)** Suponha que José, segurado facultativo, tenha recolhido sua última contribuição previdenciária em janeiro de 2011 e falecido em 17/9/2011. Nesse caso, José perderá a qualidade de segurado antes da data do óbito.

**(C)** A renda mensal inicial do auxílio-doença é de 91% do salário de benefício, que corresponde à média aritmética simples dos maiores salários de contribuição relativos a 80% de todo o período contributivo, multiplicada pelo fator previdenciário.

**(D)** O serviço social, que compreende a orientação aos segurados e dependentes sobre seus direitos e deveres perante a previdência social, é prestado de forma gratuita e sem prioridade a qualquer beneficiário.

**(E)** Todas as empresas estão obrigadas a preencher um percentual de seus cargos com trabalhadores reabilitados e só podem dispensar um trabalhador reabilitado após a contratação de substituto de condição semelhante.

**A**: incorreta. O salário-família é benefício previdenciário assegurado aos segurados empregados, inclusive o doméstico, e ao trabalhador avulso, desde que se enquadrem como trabalhadores de baixa renda, assim entendidos aqueles que recebem valor até o limite estabelecido no art. 66 do PBPS, devidamente atualizados anualmente por meio de portaria do Ministério da Previdência e Assistência Social; **B**: correta. Como o período de graça do segurado facultativo é de 06 meses (art. 15, VI, do PBPS), José perdera a qualidade de segurado em 16.07.2011 (conforme art. 15, § 4º, do PBPS); **C**: incorreta. O fator previdenciário não incide no cálculo do salário de benefício do auxílio-doença (art. 29, II, do PBPS); **D**: incorreta. Será dada prioridade aos segurados em benefício por incapacidade temporária e atenção especial aos aposentados e pensionistas (art. 88, § 1º, do PBPS); **E**: incorreta. A obrigação existe somente para as empresas com 100 ou mais de 100 empregados (art. 93 do PBPS). **RM**

*Gabarito "B".*

**(Magistratura Federal – 3ª Região – 2011 – CESPE)** Assinale a opção correta no que se refere a benefícios do RGPS e contribuições sociais.

**(A)** O adicional noturno e o referente à prestação de horas extras pagos habitualmente pelo empregador ao empregado têm natureza indenizatória e, por isso, não sofrem incidência de contribuição previdenciária.

**(B)** Consoante jurisprudência do STF, compete à justiça estadual processar e julgar as ações em que se pleiteie a acumulação de aposentadoria por tempo de contribuição com auxílio-acidente decorrente de acidente de trabalho.

**(C)** Consoante jurisprudência do STJ, compete à justiça federal processar e julgar as ações em que se pleiteie pensão por morte decorrente de falecimento do segurado em razão de acidente de trabalho.

**(D)** A renda mensal referente a auxílio-acidente concedido em virtude de moléstia surgida em 2005 não integra o salário de contribuição para efeito de cálculo do salário de benefício da aposentadoria por idade requerida em 2011.

**(E)** Incide contribuição previdenciária sobre a remuneração paga pelo empregador ao empregado durante os primeiros quinze dias de afastamento em virtude de incapacidade para o trabalho.

**A**: incorreta. Tais verbas integram o salário de contribuição, porque são consideradas como remuneração (art. 28 do PBPS); **B**: incorreta. O STF, nessa hipótese, reconhece a competência da Justiça Federal para julgar o feito (RE 461.005/SP, *DJ* 08.04.2008); **C**: correta. Essa posição consolidada do STJ pode ser encontrada, por exemplo, no AgRg no CC 113.675/SP, *DJ* 12.12.2012; **D**: incorreta. O art. 31 do PBPS determina que o auxílio-acidente integra o cálculo do salário de benefício de qualquer aposentadoria; **E**: incorreta. A jurisprudência do STJ afasta a incidência da contribuição previdenciária nessa hipótese, sob o fundamento de que a verba não tem natureza salarial (REsp 786.250/RS, *DJ* 06.03.2006).

*Gabarito "C".*

**(Magistratura Federal – 3ª Região – 2011 – CESPE)** Acerca dos regimes especiais, assinale a opção correta.

**(A)** A reparação econômica em prestação mensal, devida ao anistiado político no valor igual ao da remuneração que receberia se estivesse na ativa, não é isenta de contribuição previdenciária nem pode ser acumulada com outros benefícios de natureza previdenciária.

**(B)** Somente o ferroviário admitido na Rede Ferroviária Federal S.A. pelo regime estatutário e que não tenha feito a opção pelo regime celetista tem direito à complementação de aposentadoria para equiparar os proventos da inatividade com a remuneração que receberia se em atividade estivesse.

(C) A pensão especial aos portadores da síndrome da talidomida, cujo valor é calculado com base nos pontos indicadores da natureza e no grau da dependência resultante da deformidade física, não pode ser reduzida em razão da aquisição de capacidade laborativa ocorrida após a sua concessão.

(D) O direito de reversão da pensão de ex-combatente da Segunda Guerra Mundial para a filha mulher, em razão do falecimento da própria mãe, que recebia a pensão especial, é regulado pelas normas em vigor na data do óbito da genitora.

(E) Os seringueiros que contribuíram na produção da borracha durante a Segunda Guerra Mundial, conhecidos como "soldados da borracha", têm direito à pensão mensal vitalícia no valor de dois salários mínimos, intransferível aos dependentes.

**A:** incorreta. A reparação econômica do anistiado político é isenta de contribuição ao INSS e não há qualquer vedação à sua cumulação com qualquer benefício previdenciário (art. 9º da Lei 10.559/2002); **B:** incorreta. A complementação é devida também aos ferroviários que optaram pelo regime celetista (art. 3º da Lei 8.186/1991); **C:** correta, nos termos dos arts. 1º, § 1º, e 3º, § 1º, da Lei 7.070/1982; **D:** incorreta. É vedada a transferência da pensão especial de um dependente para outro (art. 14, parágrafo único, da Lei 8.059/1990); **E:** incorreta. O benefício é transferível aos dependentes reconhecidamente carentes (art. 54, § 2º, do Ato das Disposições Constitucionais Transitórias).

Gabarito "C".

# 16. DIREITO DO TRABALHO

### Hermes Cramacon e Luiz Fabre*

## 1. INTRODUÇÃO, FONTES E PRINCÍPIOS

**(Analista – TRT/21ª – 2010 – CESPE)** Acerca dos princípios que regem o direito do trabalho, julgue o próximo item.

(1) Os contratos por prazo determinado, bem como o contrato de trabalho temporário, são exceções ao princípio da continuidade da relação de emprego.

**1:** Correto, por definição. O princípio da continuidade visa à preservação do emprego e tem o objetivo de dar segurança econômica ao trabalhador e a atraí-lo para o organismo empresarial, daí a tendencial resistência do Direito do Trabalho à despedida arbitrária (art. 7º, I, da CF) e a manter incólume o pacto laboral nas hipóteses de sucessão, suspensão e interrupção do contrato, bem como em face de certas nulidades decorrentes do descumprimento de algumas formalidades legais (v. Súmula 212 do TST). É neste sentido que contratos por prazo determinado e contratos de trabalho temporário são exceções à regra da indeterminação de prazo, sendo efeito da pactuação indevida de tais modalidades de contrato de emprego (fora das hipóteses legais ou além dos limites temporais concebidos pela lei) a sua convolação em contrato a prazo indeterminado. Gabarito 1C

## 2. CONTRATO INDIVIDUAL DE TRABALHO E ESPÉCIES DE EMPREGADOS E TRABALHADORES

**(Advogado da União/AGU – CESPE – 2012)** Com base na CLT, julgue os itens seguintes, a respeito da relação de emprego e do contrato individual de trabalho.

(1) As cooperativas de trabalhadores, quando regulares, não estabelecem com os respectivos associados relação de emprego, nem assim entre estes e os tomadores dos serviços contratados da cooperativa.

(2) A lei considera empregado a pessoa física que, em caráter não eventual e mediante relação de subordinação e contraprestação salarial, presta serviços a outrem, denominado empregador.

(3) O contrato individual deve necessariamente ser escrito, não se admitindo forma tácita de contratação.

**1:** opção correta, pois reflete o disposto no art. 442, parágrafo único, da CLT. Veja, também, o art. 90 da Lei 5.764/1971; **2:** opção correta, pois representa o disposto no art. 3º da CLT; **3:** opção incorreta, pois nos termos do art. 442 da CLT, contrato individual de trabalho é o acordo tácito ou expresso. HC
Gabarito 1C, 2C, 3E

**(Analista – TRT/21ª – 2010 – CESPE)** No que concerne o contrato de trabalho, julgue o item a seguir.

(1) A ocorrência de subordinação, onerosidade, pessoalidade e não eventualidade caracteriza relação de trabalho.

**1:** tais elementos caracterizam a relação de emprego (arts. 2º e 3º, da CLT), espécie do gênero relação de trabalho. Além da relação de emprego, o gênero relação de trabalho comporta diversas outras espécies, como o trabalho autônomo, o trabalho eventual, o trabalho de servidor público estatutário, o trabalho avulso e outras formas de trabalho. Gabarito 1E

---

\* **Hermes Cramacon HC** comentou as questões de Defensoria, Procuradorias, Advocacia Pública, OAB, Analista/TRT/8/16, Procurador do Estado/16. **Luiz Fabre** comentou as demais questões de concursos jurídicos e de Técnico.

## 3. TRABALHO DA MULHER E DO MENOR

**(Advogado – Correios – 2011 – CESPE)** Julgue os itens seguintes, acerca do trabalho do menor.

(1) Menor com dezesseis anos de idade que trabalhe, por exemplo, como balconista em uma panificadora pode firmar recibo de pagamento mensal. Entretanto, em caso de extinção de seu contrato, se ele ainda for menor de idade, não poderá dar quitação das verbas rescisórias sem assistência de seu responsável legal.

(2) Atualmente, aquele que contratar menor aprendiz de quinze anos de idade não terá a obrigação de pagar-lhe o salário mínimo mensal.

**1:** opção correta, pois reflete o disposto no art. 439 da CLT. **2:** opção correta, pois será assegurado o salário mínimo hora, nos termos do art. 428, § 2º, da CLT. HC
Gabarito 1C, 2C

**(Analista – TRT/21ª – 2010 – CESPE)** No que concerne a contrato de trabalho, julgue o item a seguir.

(1) Caso o obreiro seja menor de dezoito anos de idade, a relação será considerada imprescrita.

**1:** correto, pois nos termos do art. 440 da CLT não corre nenhum prazo de prescrição contra os menores de 18 (dezoito) anos de idade. HC
Gabarito 1C

## 4. ALTERAÇÃO, INTERRUPÇÃO E SUSPENSÃO DO CONTRATO DE TRABALHO

**(Analista Judiciário – TRT/8ª – 2016 – CESPE)** No que se refere à alteração ou à extinção do contrato de emprego, assinale a opção correta.

(A) O adicional de transferência é devido na transferência provisória e na definitiva, sendo equivalente a, no mínimo, 25% dos salários que o empregado percebia na localidade de origem.

(B) Em caso de extinção do estabelecimento, é lícita a transferência do empregado, dado o princípio da continuidade da relação de emprego.

(C) As despesas resultantes da transferência que acarretem mudança de domicílio correm por conta do empregado.

(D) É lícita a rescisão por justa causa do contrato individual de trabalho ante a negativa do empregado à efetivação de qualquer alteração no contrato de trabalho proposta de forma unilateral pelo empregador.

(E) Constitui alteração unilateral ilícita a determinação do empregador para que o empregado deixe função de confiança e reverta a cargo efetivo anteriormente ocupado.

**A:** opção incorreta, pois o adicional de transferência de 25% descrito no § 3º do art. 469 da CLT somente será devido na transferência provisória; **B:** opção correta, pois, nos termos do art. 469, § 2º, da CLT, é lícita a transferência quando ocorrer extinção do estabelecimento em que trabalhar o empregado; **C:** opção incorreta, pois, nos termos do art. 470 da CLT, as despesas resultantes da transferência correrão por conta do empregador; **D:** opção incorreta, pois o empregador poderá alterar unilateralmente o contrato nas hipóteses previstas no art. 469, § 1º, CLT. São elas: *a)* empregados que exerçam cargos de confiança, isto é, aqueles que exerçam amplos poderes de mando, de modo a representarem a empresa nos atos de sua administração; *b)* empregados cujos contratos contenham cláusulas expressas prevendo essa possibilidade; *c)* nos casos em que a transferência decorra da própria natureza do serviço para o qual o empregado foi contratado; **E:** opção incorreta, pois, nos termos do art. 468, parágrafo único, da CLT, a alteração, embora unilateral, é considerada lícita. HC
Gabarito "B"

**(Defensoria Pública da União – 2010 – CESPE)** Acerca do que dispõem a Consolidação das Leis do Trabalho (CLT) e a jurisprudência a respeito das férias, julgue os itens que se seguem.

**(1)** O cálculo da remuneração das férias do tarefeiro deve ser realizado com base na média da produção do período aquisitivo, garantida a observância do valor da remuneração da tarefa na data da concessão.

**(2)** A indenização por férias não concedidas em tempo oportuno deve ser calculada com base na remuneração devida ao empregado na época de eventual reclamação ou, se for o caso, quando da extinção do contrato.

**1:** Certo, pois o enunciado está de acordo com a Súmula 149 do TST: "TAREFEIRO. FÉRIAS. A remuneração das férias do tarefeiro deve ser calculada com base na média da produção do período aquisitivo, aplicando-se-lhe a tarifa da data da concessão"; **2:** Certo, pois o enunciado está de acordo com a Súmula 7 do TST: "FÉRIAS. A indenização pelo não deferimento das férias no tempo oportuno será calculada com base na remuneração devida ao empregado na época da reclamação ou, se for o caso, na da extinção do contrato". HC
Gabarito 1C, 2C

**(Advogado da União/AGU – CESPE – 2012)** No que se refere a alteração, suspensão, interrupção e extinção do contrato de trabalho, julgue os próximos itens.

**(1)** A jurisprudência do TST tem orientação firme no sentido de que, excetuados os empregados da Empresa Brasileira de Correios e Telégrafos, por ser esta equiparada à fazenda pública, os demais empregados públicos de empresas públicas e de sociedades de economia mista, ainda que concursados, podem ter seus contratos de trabalho rescindidos por demissão sem justa causa, por não haver necessidade de motivação do ato de demissão.

**(2)** Nos contratos individuais de trabalho, apenas é lícita a alteração empreendida por mútuo consentimento, ainda que possa resultar prejuízo ao trabalhador, considerada a caracterização de renúncia recíproca, em que o prejuízo se compensa com promessa futura de melhoria na condição salarial ou de trabalho.

**(3)** A suspensão do contrato de trabalho importará na rescisão indireta do contrato de trabalho apenas se for decretada por período superior a sessenta dias.

**1:** opção correta, pois reflete o entendimento consolidado na OJ 247 da SDI 1 do TST. **2:** opção incorreta, pois nos termos do art. 468 da CLT a alteração não poderá ocasionar prejuízos, direitos ou indiretos, para o trabalhador. **3:** opção incorreta, pois nos termos do art. 474 da CLT A suspensão do empregado por mais de 30 (trinta) dias consecutivos importa na rescisão indireta do contrato de trabalho. HC
Gabarito 1C, 2E, 3E

**(Procurador Federal – 2010 – CESPE)** Julgue os próximos itens, a respeito dos institutos da interrupção e da suspensão do contrato de trabalho.

**(1)** No caso de recuperação da capacidade de trabalho e cancelamento de aposentadoria de empregado afastado por invalidez, pode o empregador rescindir o contrato com empregado admitido para substituir o empregado aposentado, sem incorrer em indenização rescisória, se, no momento da celebração do contrato, tiver restado inequívoca a ciência da interinidade.

**(2)** O empregado afastado em virtude das exigências do serviço militar deve notificar seu empregador acerca do retorno às atividades no prazo máximo de dez dias contados da data em que se verificar a respectiva baixa.

**1:** Certo, pois o enunciado corresponde ao disposto no art. 475, §§ 1º e 2º, da CLT; **2:** Errado, pois o prazo para o empregado notificar o empregador dando conta de sua intenção de voltar às atividades é de 30 (trinta) dias (art. 472, § 1º, da CLT).
Gabarito 1C, 2E

**(Procurador Federal – 2010 – CESPE)** No que concerne a alteração do contrato de trabalho, julgue o item abaixo.

**(1)** Presume-se abusiva a transferência de empregado que exerça cargo de confiança, sem a devida comprovação da necessidade do serviço.

Certo, pois o enunciado corresponde ao disposto na Súmula 43 do TST: "TRANSFERÊNCIA Presume-se abusiva a transferência de que trata o § 1º do art. 469 da CLT, sem comprovação da necessidade do serviço".
Gabarito 1C

**(Advogado – Correios – 2011 – CESPE)** Acerca da suspensão e interrupção do contrato de trabalho, julgue o item subsequente.

**(1)** Considere a seguinte situação hipotética. Márcia concordou formalmente com a suspensão de seu contrato de trabalho, por período de quatro meses, para participar de um curso de qualificação profissional oferecido pelo seu empregador. O instrumento coletivo de trabalho que rege a categoria profissional de Márcia autoriza o afastamento de empregados para tal fim. Nessa situação hipotética, o empregador não terá a obrigação de pagar, durante todo o tempo de duração do curso, os salários de Márcia.

Opção correta, pois está em conformidade com as regras estabelecidas pelo art. 476-A da CLT. HC
Gabarito 1C

## 5. REMUNERAÇÃO E SALÁRIO

**(Defensoria Pública da União – 2010 – CESPE)** Acerca do salário-família, julgue o item a seguir.

**(1)** O termo inicial do direito ao salário-família, quando provado em juízo, corresponde à data de ajuizamento do pedido, salvo quando comprovado que o empregador se tenha recusado a receber, anteriormente, a certidão de nascimento de filho do empregado.

**1:** certo, pois o enunciado está de acordo com a Súmula 254 do TST: "SALÁRIO-FAMÍLIA. TERMO INICIAL DA OBRIGAÇÃO. O termo inicial do direito ao salário-família coincide com a prova da filiação. Se feita em juízo, corresponde à data de ajuizamento do pedido, salvo se comprovado que anteriormente o empregador se recusara a receber a respectiva certidão".
Gabarito 1C

**(Defensoria Pública da União – 2010 – CESPE)** Quanto à indenização rescisória, julgue o item a seguir.

**(1)** A indenização adicional devida em razão de rescisão contratual imotivada no trintídio que antecede a data-base corresponde ao salário mensal, no valor devido na data da comunicação do despedimento, integrado pelos adicionais legais ou convencionados, ligados à unidade de tempo mês, não sendo computável a gratificação natalina.

Certo, pois o enunciado está de acordo com a Súmula 242 do TST: "INDENIZAÇÃO ADICIONAL. VALOR. A indenização adicional, prevista no art. 9º da Lei nº 6.708, de 30.10.1979 e no art. 9º da Lei nº 7.238 de 28.10.1984, corresponde ao salário mensal, no valor devido na data da comunicação do despedimento, integrado pelos adicionais legais ou convencionados, ligados à unidade de tempo mês, não sendo computável a gratificação natalina".
Gabarito 1C

**(Procurador Federal – 2010 – CESPE)** Julgue os itens a seguir, que versam sobre gratificação natalina.

**(1)** Inexiste previsão legal expressa no ordenamento jurídico brasileiro acerca de penalidade administrativa por eventual infração patronal à legislação inerente à gratificação natalina.

**(2)** As faltas ou ausências decorrentes de acidente do trabalho são consideradas para os efeitos de cálculo da gratificação natalina.

**1:** Errado, pois há previsão de penalidade administrativa (multa) em caso de desrespeito ao direito à gratificação natalina do empregado, conforme disposto no art. 3º, I, da Lei 7.855/1989; **2:** Errado, pois o enunciado não está de acordo com a Súmula 46 do TST: "ACIDENTE DE TRABALHO. As faltas ou ausências decorrentes de acidente do trabalho não são consideradas para os efeitos de duração de férias e cálculo da gratificação natalina".

Gabarito 1E, 2E

**(Advogado – Correios – 2011 – CESPE)** Com relação a salário e remuneração, julgue os itens que se seguem.

**(1)** Se o empregador fornecer ao empregado educação em ensino superior, pagando matrícula, mensalidades e material didático, os valores relativos a tais pagamentos serão considerados integrantes do salário do empregado beneficiado.

**(2)** A gorjeta integra a remuneração do empregado, mas não, o seu salário.

**1:** opção incorreta, pois não são considerados salários *in natura*, nos termos do art. 458, § 2º, II, da CLT; **2:** opção correta, pois reflete o disposto no art. 457 da CLT.

Gabarito 1E, 2C

**(Advogado – Correios – 2011 – CESPE)** A respeito de décimo terceiro salário, julgue os próximos itens.

**(1)** O empregador que tem vinte empregados deve, segundo a legislação, proceder ao pagamento do adiantamento do décimo terceiro salário de seus empregados sempre ao ensejo de suas férias.

**(2)** O empregado comissionado puro deve receber o décimo terceiro salário até o dia vinte de dezembro de cada ano, calculado na base de um onze avos da soma das importâncias variáveis devidas aos meses trabalhados até novembro de cada ano. Até o dia dez de janeiro do ano seguinte, o valor do décimo terceiro salário deve ser revisto, de forma a ser computada a parcela do mês de dezembro. No momento da revisão, o cálculo da gratificação deve considerar um doze avos do total devido no ano anterior, processando-se a correção do valor da respectiva gratificação com o pagamento ou compensação das possíveis diferenças.

**1:** opção incorreta, pois nos termos do art. 4º do Decreto 57.155/1965 o adiantamento será pago ao ensejo das férias do empregado, sempre que este o requerer no mês de janeiro do correspondente ano; **2:** opção correta, pois está em acordo com os arts. 2º e 3º do Decreto 57.155/1965.

Gabarito 1E, 2C

## 6. JORNADA DE TRABALHO

**(Analista – MPU – 2010 – CESPE)** Entre os direitos constitucionais assegurados ao trabalhador, inclui-se o intervalo intrajornada, de remuneração obrigatória.

O intervalo intrajornada não vem assegurado em norma constitucional, mas pelo art. 71 da CLT e outros dispositivos esparsos (por exemplo, arts. 72, 298, 384 da CLT) e, como regra, tal intervalo não é remunerado.

Gabarito "E".

**(Analista – TRT/21ª – 2010 – CESPE)** No que concerne a contrato de trabalho, julgue o item a seguir:

**(1)** O labor realizado entre as 22 e as 5 horas por obreiro urbano é considerado noturno e a hora de trabalho é computada em cinquenta e dois minutos e trinta segundos.

**1:** correta, pois nos termos do art. 73, § 2º, da CLT considera-se noturno o trabalho executado entre as 22 horas de um dia e as 5 horas do dia seguinte. Já o § 1º do art. 73 da CLT ensina que a hora do trabalho noturno será computada como de 52 minutos e 30 segundos., o que a doutrina denomina de hora fictamente reduzida.

Gabarito 1C

## 7. EXTINÇÃO DO CONTRATO DE TRABALHO

**(Procurador do Estado/SE – 2017 – CESPE)** Com o desmembramento do município X, foi criado o município Y. Nessa situação hipotética, segundo o TST, a responsabilidade trabalhista quanto aos empregados municipais deverá ser suportada

**(A)** pelo município Y, que deverá suceder os empregados do município X contratados antes da criação do novo município.

**(B)** pelo estado-membro a que os municípios pertencem.

**(C)** por cada um dos municípios pelo período em que cada um deles figurar como real empregador.

**(D)** pelos dois municípios, solidariamente, independentemente do período de vinculação dos empregados.

**(E)** pelo município X, subsidiariamente, em relação aos empregados contratados pelo município Y.

"C" é a opção correta. Nos termos da OJ 92 da SDI 1 do TST em caso de criação de novo município, por desmembramento, cada uma das novas entidades responsabiliza-se pelos direitos trabalhistas do empregado no período em que figurarem como real empregador.

Gabarito "C".

**(Procurador do Município/Manaus – 2018 – CESPE)** Considerando a jurisprudência do TST a respeito da rescisão do contrato de trabalho, julgue os itens seguintes.

**(1)** No caso de morte do empregado, a multa por atraso do pagamento das verbas rescisórias será afastada somente se a empresa tiver movido oportunamente ação de consignação de verbas devidas.

**(2)** Caso uma empregada que trabalhe em uma empresa há oito anos, sem jamais ter infringido nenhuma obrigação contratual ou desviado sua conduta, falsificasse o horário lançado em um atestado médico para justificar sua ausência do trabalho, a empresa empregadora poderia demiti-la por justa causa imediatamente.

**(3)** Se uma empresa contratar empregado mediante contrato de experiência pelo prazo de quarenta e cinco dias, sem cláusula quanto à possibilidade de prorrogação automática do contrato, e, após dois meses de trabalho, o empregado for demitido, caberá à empresa pagar todas as verbas rescisórias como se o contrato tivesse sido celebrado por tempo indeterminado.

**1:** opção incorreta, pois o empregador não deu causa. **2:** opção incorreta, pois deve haver proporcionalidade entre a falta e a punição do empregado. **3:** opção correta, pois sempre que o contrato de experiência não for prorrogado ou ultrapassar 90 dias, será automaticamente convertido em contrato com prazo indeterminado.

Gabarito 1E, 2E, 3C

**(Procurador Municipal – Prefeitura/BH – CESPE – 2017)** A dispensa do trabalhador por justa causa é direito do empregador, garantido pela legislação brasileira. Entretanto, há empregados e empregadores que ainda não conhecem os possíveis cenários em que a demissão por justa causa pode acontecer. No art. 482 da CLT, estão previstos diversos motivos de dispensa por justa causa.

Uma hipótese ocorre quando o empregado apresenta habitualmente um comportamento irregular e incompatível com a moral, com demonstrações de desregramento da conduta sexual, libertinagem, pornografia ou assédio sexual.

Nessa hipótese, a espécie de justa causa é caracterizada por:

**(A)** improbidade.

**(B)** indisciplina.

**(C)** incontinência de conduta.

**(D)** mau procedimento.

**A:** incorreta, pois a improbidade revela mau caráter, maldade, desonestidade, má-fé, que cause prejuízo ou até risco à integridade do patrimônio do empregador; **B:** incorreta, pois a indisciplina consiste no descumprimento de ordens gerais de serviço; **C:** correta, pois a incontinência de conduta corresponde a um comportamento desregrado ligado à vida sexual do obreiro; **D:** incorreta, pois mau procedimento corresponde a um mau comportamento por parte do empregado.

Gabarito "C".

# 8. FGTS

**(Analista – MPU – 2010 – CESPE)** Acerca dos direitos e deveres decorrentes das relações de trabalho, julgue o item que se segue.

(1) No caso de demissão por justa causa ou aposentadoria, o empregado pode movimentar livremente o fundo de garantia por tempo de serviço (FGTS). Já em situações de falecimento do trabalhador ou de extinção da pessoa jurídica que o empregava, o acesso ao FGTS requer ordem judicial.

**1:** O art. 20 da Lei 8.036/1990 não prevê a movimentação da conta de FGTS em decorrência de despedida do empregado por justa causa.
Gabarito 1E

# 9. SEGURANÇA E MEDICINA DO TRABALHO

**(Procurador Municipal – Prefeitura/BH – CESPE – 2017)** A cumulação dos adicionais de insalubridade e de periculosidade:

(A) é permitida, podendo o juiz concedê-la de ofício por ser matéria de ordem pública de saúde e de segurança do trabalhador.

(B) é vedada, podendo o empregado fazer a opção pelo adicional que lhe for mais benéfico.

(C) é vedada, pois possuem a mesma hipótese de incidência, o que configura *bis in idem*.

(D) é permitida, desde que o empregado a requeira expressamente.

"B" é a opção correta. Isso porque, no julgamento do recurso E-RR-1072-72.2011.5.02.0384 o TST absolveu uma empresa de condenação ao pagamento dos adicionais de periculosidade e insalubridade cumulativamente a um empregado. No julgamento desse recurso, o entendimento majoritário foi o de que o § 2º do art. 193 da CLT veda a acumulação, ainda que os adicionais tenham fatos geradores distintos. HC
Gabarito "B".

**(Advogado – Correios – 2011 – CESPE)** Julgue os itens seguintes, acerca de segurança e higiene do trabalho.

(1) O presidente da Comissão Interna de Prevenção de Acidentes (CIPA) não é detentor de estabilidade.

(2) Trabalhador de posto de gasolina que mantém contato direto com as bombas de combustíveis tem direito ao adicional de insalubridade.

**1:** opção correta, pois por ser o Presidente indicado pelo próprio empregador não terá a estabilidade provisória; **2:** opção incorreta, pois o trabalhador em questão faz jus ao adicional de periculosidade e não de insalubridade. Veja Súmula 39 do TST. HC
Gabarito 1C, 2E

# 10. DIREITO COLETIVO DO TRABALHO

## 10.1. SINDICATOS

**(Analista – MPU – 2010 – CESPE)** O direito coletivo do trabalho regula a atuação das entidades que defendem as diferentes categorias profissionais. Acerca desse tema, julgue os itens subsequentes.

(1) É vedada ao sindicato profissional a atuação como substituto processual em casos de convenções e acordos coletivos, que são matéria de competência exclusiva da justiça do trabalho.

(2) Por ser direito fundamental, a sindicalização é considerada obrigatória pela legislação brasileira, que também protege os trabalhadores com a determinação de que toda categoria profissional tenha seu sindicato.

(3) Inexiste na CF redação à existência de mais de um sindicato por categoria diferenciada de trabalhadores.

(4) É facultado ao empregador dispensar empregado membro da comissão de conciliação prévia.

**1:** arts. 8º, III, da CF e 3º da Lei 8.073/1990, e Súmula 286 do TST; **2:** nem é obrigatória a sindicalização nem é obrigatório que haja um sindicato para cada categoria profissional, conforme arts. 5º, XX, e 8º, *caput*, I e V, da CF; **3:** art. 8º, II, da CF; **4:** art. 652-B, §1º, da CLT.
Gabarito 1E, 2E, 3E, 4E

## 10.2. CONVENÇÃO E ACORDO COLETIVO

**(Procurador do Município/Manaus – 2018 – CESPE)** Julgue o próximo item, relativo a convenções e acordos coletivos do trabalho.

(1) A convenção coletiva de trabalho não pode estabelecer norma de redução de intervalo interjornada, ou seja, entre o término de uma jornada e o início da outra, uma vez que o prazo desse intervalo é garantido por norma de ordem pública, não sendo passível de negociação.

**1:** opção correta. O art. 611-A, III, da CLT permite apenas a negociação do intervalo intrajornada, mas não do intervalo interjornada. HC
Gabarito 1C

**(Analista – TRT/10ª – 2013 – CESPE)** Julgue os próximos itens, acerca dos direitos coletivos do trabalho.

(1) A diferença básica entre a convenção coletiva de trabalho e o acordo coletivo de trabalho traduz-se nos seus sujeitos, pois, enquanto na convenção coletiva os sujeitos são o sindicato profissional de um lado e uma ou mais empresas do outro, no acordo coletivo os sujeitos são o sindicato profissional de um lado e, de outro lado, o sindicato da categoria econômica.

(2) O chamado locaute, vedado pelo ordenamento jurídico brasileiro, significa a paralisação do trabalho ordenada pelo próprio empregador.

(3) As confederações são entidades sindicais de grau superior, de âmbito nacional, que, para terem tal *status*, devem ser constituídas por, no mínimo, cinco federações e ter sede em Brasília.

**1:** opção incorreta, pois no acordo coletivo os sujeitos são o sindicato profissional de um lado e uma ou mais empresas do outro, na convenção coletiva os sujeitos são o sindicato profissional de um lado e, de outro lado, o sindicato da categoria econômica, nos termos do art. 611, caput, e § 1º, da CLT. **2:** Opção correta, pois nos termos do art. 17 da Lei 7.783/1990 o lockout é proibido. **3:** Opção incorreta, pois nos termos do art. 535 da CLT as Confederações organizar-se-ão com o mínimo de 3 (três) federações e terão sede na Capital da República. HC
Gabarito 1E, 2C, 3E

## 10.3. GREVE

**(Advogado União – AGU – CESPE – 2015)** Acerca de direito coletivo do trabalho e segurança no trabalho, julgue os próximos itens.

(1) De acordo com a CLT, caso seja demonstrado grave e iminente risco para o trabalhador, o auditor-fiscal do trabalho deverá interditar o estabelecimento ou embargar a obra.

(2) Conforme entendimento do TST, serão nulas, por ofensa ao direito de livre associação e sindicalização, cláusulas de convenção coletiva que estabeleçam quota de solidariedade em favor de entidade sindical a trabalhadores não sindicalizados.

**1:** Incorreta, pois, nos termos do art. 161 da CLT, o Delegado Regional do Trabalho, à vista do laudo técnico do serviço competente que demonstre grave e iminente risco para o trabalhador, poderá interditar estabelecimento, setor de serviço, máquina ou equipamento, ou embargar obra, indicando na decisão, tomada com a brevidade que a ocorrência exigir, as providências que deverão ser adotadas para prevenção de infortúnios de trabalho. **2:** Correta. "Quota de solidariedade" nada mais é que a contribuição assistencial, que, nos termos da OJ 17 da SDC do TST, estabelece que as cláusulas coletivas que estabeleçam contribuição em favor de entidade sindical, a qualquer título, obrigando trabalhadores não sindicalizados, são ofensivas ao direito de livre associação e sindicalização, constitucionalmente assegurado, e, portanto, nulas, sendo passíveis de devolução, por via própria, os respectivos valores eventualmente descontados. Veja também súmula vinculante 40 STF:

## 16. DIREITO DO TRABALHO — 593

"A contribuição confederativa de que trata o art. 8º, IV, da Constituição Federal, só é exigível dos filiados ao sindicato respectivo." HC

Gabarito: 1E, 2C

**(Analista – MPU – 2010 – CESPE)** O direito coletivo do trabalho regula a atuação das entidades que defendem as diferentes categorias profissionais. Acerca desse tema, julgue o item subsequente.

(1) A CF estabelece o direito de greve ao trabalhador em caráter exclusivo, sendo vedada ao empregador a ação conhecida como lockout, que consiste na greve do empregador.

Arts. 9º da CF e 17 da Lei 7.783/89.
Gabarito: 1C

## 11. TEMAS COMBINADOS

**(Procurador do Município - Campo Grande/MS - 2019 - CESPE/CEBRASPE)** A respeito de jornada de trabalho e de convenções coletivas de trabalho, julgue os próximos itens, considerando a jurisprudência do Tribunal Superior do Trabalho (TST).

(1) Em algumas situações específicas, norma coletiva de trabalho pode autorizar o registro de ponto por exceção: nesse sistema, em vez do controle formal de entrada e saída do empregado, computam-se somente as exceções às jornadas diárias.

(2) É válida cláusula de convenção coletiva de trabalho que faça previsão expressa de preferência à contratação de empregados sindicalizados.

(3) É nula cláusula de convenção coletiva do trabalho que exija do empregado a apresentação de comprovantes de quitação das obrigações sindicais para a homologação da rescisão do contrato de trabalho.

**1.** correto, pois nos termos do art. 74, § 4º, da CLT fica permitida a utilização de registro de ponto por exceção à jornada regular de trabalho, mediante acordo individual escrito, convenção coletiva ou acordo coletivo de trabalho. **2.** Errado, pois nos termos da OJ 20 da SDC viola o art. 8º, V, da CF/1988 cláusula de instrumento normativo que estabelece a preferência, na contratação de mão de obra, do trabalhador sindicalizado sobre os demais. **3.** Correto, pois de acordo com o entendimento da SDC do TST não há na lei em vigor prevendo tal exigência. Ademais, não há necessidade dos sindicatos participarem do ato de homologação da rescisão contratual (revogação do § 1º do art. 477 da CLT com a edição da Lei 13.467/2017) Vale ressaltar, ainda, que o também revogado § 7º do art. 477 da CLT dispunha que o ato da assistência que existia no § 1º do art. 477 da CLT seria sem ônus ao empregado. Veja decisão: TST - RO-86-31.2017.5.08.0000. HC
Gabarito: 1C, 2E, 3C

**(Procurador do Município - Campo Grande/MS - 2019 - CESPE/CEBRASPE)** No que se refere a rescisão de contrato de trabalho e a atividades insalubres e perigosas, julgue os itens a seguir, considerando a jurisprudência do TST.

(1) A determinação pela justiça do trabalho de reversão de demissão por justa causa gera, automaticamente, a reparação por danos morais ao empregado demitido.

(2) A demissão sem justa causa de empregado portador de doença grave presume-se discriminatória e gera o direito à reintegração.

(3) Tratorista que, no seu exercício profissional, permanece no interior do trator enquanto este é abastecido tem direito ao recebimento de adicional de periculosidade, em razão do risco a que fica exposto.

**1.** Errado, pois a demissão, por si só, não acarreta lesão à honra ou à imagem do reclamante, ainda que esta ocorra de forma motivada e judicialmente se converta em rescisão sem justa causa. Veja julgamento: TST – RR -123200-85.2009.5.15.0034. **2.** Correto, pois reflete a disposição da súmula 443 do TST. **3.** Errado, pois a exposição do empregado ao risco acentuado é eventual e não intermitente. O quadro 3 do Anexo 2 da Norma Regulamentadora 16 do extinto Ministério do Trabalho, ao estabelecer as atividades perigosas realizadas na operação em postos de bombas de abastecimento de inflamáveis líquidos, não

contemplou o empregado que acompanha o abastecimento do veículo por terceiro. Veja julgamento: TST - RR-381-79.2010.5.15.0142. HC
Gabarito: 1E, 2C, 3E

**(Procurador do Município - Campo Grande/MS - 2019 - CESPE/CEBRASPE)** Com relação à estabilidade e à garantia provisória de emprego, ao direito de greve e a serviços essenciais, julgue os itens seguintes, considerando a jurisprudência do TST.

(1) Delegado sindical não é beneficiário da estabilidade provisória, porque a estabilidade apenas é aplicada aos que exercem cargo de direção nos sindicatos e que tenham sido submetidos a processo eletivo.

(2) Situação hipotética: Um empregado estava no período correspondente ao aviso prévio indenizado quando foi eleito presidente do sindicato de sua categoria. Assertiva: Esse empregado adquiriu o direito à estabilidade desde a data de sua eleição.

(3) Empregado dispensado durante movimento grevista possui o direito de ser reintegrado ao emprego.

**1.** correto, pois nos termos da OJ 369 da SDI 1 do TST o delegado sindical não é beneficiário da estabilidade provisória prevista no art. 8º, VIII, da CF/1988, a qual é dirigida, exclusivamente, àqueles que exercem ou ocupem cargos de direção nos sindicatos, submetidos a processo eletivo. **2.** Errado, pois nos termos da súmula 369, V, do TST o registro da candidatura do empregado a cargo de dirigente sindical durante o período de aviso prévio, ainda que indenizado, não lhe assegura a estabilidade, visto que inaplicável a regra do § 3º do art. 543 da CLT. **3.** Errado, pois embora durante a greve o empregado não possa ser dispensado, art. 7º, parágrafo único, da Lei 7.783/90, em caso de demissão não terá direito à reintegração, mas apenas à indenização para compensar o ato ilegal de dispensa. Veja julgamento: TST - RR-114800-83.2012.5.17.0014 HC
Gabarito: 1C, 2E, 3E

**(Procurador do Estado/SE – 2017 – CESPE)** Uma lei estadual ampliou para cento e oitenta dias a licença-maternidade para as servidoras gestantes submetidas ao regime estatutário. Com base nisso, uma empregada pública celetista do mesmo estado da Federação requereu para si, em juízo, a extensão do referido benefício.

Nessa situação hipotética, conforme o entendimento do TST, o requerimento de extensão do benefício

(A) deverá ser atendido, pois não pode haver discriminação entre as mulheres no ambiente laboral.

(B) não poderá ser atendido, visto que a requerente está submetida a regime jurídico diverso daquele do grupo que lhe serviu de paradigma.

(C) não poderá ser atendido, porque a CLT proíbe equiparação de qualquer espécie remuneratória para efeito de remuneração de pessoal do serviço público.

(D) deverá ser atendido, visto que, nesse caso, se deve aplicar o princípio da isonomia.

(E) deverá ser atendido, porque o real beneficiário do direito à licença-maternidade é o nascituro.

"B" é a opção correta. O informativo 156 do TST entendeu: "Licença-maternidade. Prorrogação para 180 dias. Lei estadual. Concessão do benefício somente às servidoras gestantes submetidas ao regime estatutário. Extensão do direito às servidoras celetistas. Impossibilidade." HC
Gabarito: "B".

**(Procurador do Estado/SE – 2017 – CESPE)** De acordo com o entendimento do TST, se determinada empresa, que conta com cento e cinquenta empregados, dispensar, sem justa causa, trabalhador com deficiência e não fizer, nos termos da legislação pertinente, a contratação de outro empregado nas mesmas condições, tal dispensa será considerada

(A) legal, porque não há obrigação legal de o empregador contratar trabalhadores com deficiência.

(B) legal, desde que a empresa mantenha o percentual mínimo legal de cargos preenchidos por trabalhadores com deficiência.

(C) ilegal, devido ao fato de não haver justo motivo.

**(D)** ilegal, porque os trabalhadores com deficiência possuem garantia de emprego por tempo indeterminado.

**(E)** ilegal, ainda que não interfira no atendimento ao percentual mínimo legal de cargos preenchidos por trabalhadores com deficiência.

"B" é a resposta correta. Isso porque, nos termos do art. 93 da Lei 8.213/1991 a empresa com 100 (cem) ou mais empregados está obrigada a preencher de 2% (dois por cento) a 5% (cinco por cento) dos seus cargos com beneficiários reabilitados ou pessoas portadoras de deficiência, habilitadas, na seguinte proporção:

I – até 200 empregados..................................................................2%;
II – de 201 a 500.........................................................................3%;
III – de 501 a 1.000.....................................................................4%;
IV – de 1.001 em diante................................................................5%.

Já em seu § 1º a dispensa de trabalhador reabilitado ou de deficiente habilitado ao final de contrato por prazo determinado de mais de 90 (noventa) dias, e a imotivada, no contrato por prazo indeterminado, só poderá ocorrer após a contratação de substituto de condição. **HC**

Gabarito "B".

**(Procurador do Município/Manaus – 2018 – CESPE)** A respeito do direito de greve, da proteção ao trabalho da mulher, da alteração da relação de trabalho, da aplicação de justa causa e da equiparação salarial, julgue os itens que se seguem.

**(1)** De acordo com o TST, a greve é um exemplo de interrupção do contrato de trabalho, e os dias parados devem ser pagos normalmente, a não ser que o ato seja considerado ilegal pela justiça do trabalho.

**(2)** Se uma empregada, antes do término do cumprimento de aviso-prévio de desligamento sem justa causa, apresentar ao empregador atestado médico probatório de que, na data da dispensa, ela já estava grávida, tal fato não lhe dará o direito à estabilidade prevista no texto constitucional, pois, quando foi dado o aviso-prévio, o empregador desconhecia o estado gravídico da empregada.

**(3)** Se, ao longo de procedimento de sindicância para apuração de falta grave de um empregado, este for promovido por merecimento e, em consequência, assumir função de confiança, ficará configurado, por parte do empregador, o perdão tácito à infração disciplinar que eventualmente seja apurada pela comissão sindicante.

**1:** opção incorreta, pois nos termos do art. 7º, da Lei 7.783/1989 observadas as condições previstas nesta Lei, a participação em greve suspende o contrato de trabalho, devendo as relações obrigacionais, durante o período, ser regidas pelo acordo, convenção, laudo arbitral ou decisão da Justiça do Trabalho. **2:** opção incorreta, pois nos termos da súmula 244, I, TST o desconhecimento do estado gravídico pelo empregador não afasta o direito ao pagamento da indenização decorrente da estabilidade. **3:** opção correta, isso porque que a empresa exerceu ato incompatível com a intenção de punir. Veja RR-20843-08.2014.5.04.0018. **HC**

Gabarito 1E, 2E, 3C.

**(Procurador do Município – Prefeitura Fortaleza/CE – CESPE – 2017)** Em relação aos direitos constitucionais dos trabalhadores, à insalubridade, à remuneração, ao FGTS, ao aviso prévio, às férias e à jornada de trabalho, julgue os itens a seguir.

**(1)** Embora se trate de direito potestativo do empregado, a regra do abono de férias se aplica aos trabalhadores que gozam de férias coletivas apenas se a conversão for objeto de cláusula da convenção coletiva de trabalho.

**(2)** Conforme o entendimento do TST, como o empregador não está obrigado por lei a remunerar o trabalho extraordinário prestado por seus gerentes que exerçam cargos de gestão, o empregado não tem direito ao repouso semanal remunerado.

**(3)** Segundo o STF, o exercício do direito constitucional dos trabalhadores urbanos e rurais que trata da remuneração por serviço extraordinário com acréscimo de, no mínimo, 50% depende de regulamentação específica.

**(4)** De acordo com o TST, é indevido o pagamento do adicional de insalubridade caso a prova pericial evidencie ter havido

neutralização do agente ruído por meio do regular fornecimento e utilização de equipamento de proteção individual.

**(5)** Situação hipotética: Uma estatal possui, em seu quadro de funcionários, eletricistas contratados mediante concurso público e eletricistas de empresas terceirizadas, todos trabalhando como eletricistas e prestando serviços ligados à atividade fim da estatal e em seu benefício. Entretanto, os empregados da tomadora realizam tarefas mais especializadas que os empregados da prestadora de serviço. Assertiva: Nessa situação, segundo o entendimento do TST, é devido o direito à isonomia salarial, porquanto o que se exige é a identidade de funções, e não de tarefas.

**(6)** Para que município obtenha concessão de empréstimos ou financiamentos junto a quaisquer entidades financeiras oficiais, é obrigatória a apresentação do Certificado de Regularidade do FGTS, fornecido pela Caixa Econômica Federal.

**(7)** Considera-se indenizado o aviso prévio quando o empregador desliga o empregado e efetua o pagamento da parcela relativa ao respectivo período. Pode o empregador exigir que o empregado trabalhe parte desse período de aviso prévio.

**1:** Incorreta, pois nos termos do art. 143, § 2º, CLT tratando-se de férias coletivas, o abono pecuniário deverá ser objeto de acordo coletivo entre o empregador e o sindicato representativo da respectiva categoria profissional, independendo de requerimento individual a concessão do abono. **2:** Incorreta, pois embora os gerentes que exerçam cargos de gestão estejam excluídos do capítulo de duração do trabalho, nos termos do art. 62, II, CLT, possuem direito ao descanso semanal remunerado. Nos termos do art. 7º, XV, CF e art. 1º da Lei 605/1949 todo empregado tem direito ao repouso semanal remunerado de vinte e quatro horas consecutivas, preferencialmente aos domingos. **3:** Incorreta, pois, nos termos do art. 7º, XVI, CF, trata-se de um direito assegurado a todo trabalhador, independentemente de regulamentação específica. **4:** Correta, pois, nos termos do art. 191, II, CLT e súmula 289 do TST, havendo a neutralização da insalubridade o adicional será indevido. **5:** Correta, pois, nos termos do art. 12, a, da Lei 6.019/1974, é assegurado ao trabalhador temporário remuneração equivalente à percebida pelos empregados da mesma categoria da empresa tomadora ou cliente. Veja também OJ 383 da SDI 1 TST. **6:** Correta, pois reflete a disposição do art. 27, b, da Lei 8036/1990. **7:** Incorreta, pois, embora a primeira parte da assertiva esteja correta, sempre que o empregador dispensar o empregado do cumprimento do aviso prévio, será considerado indenizado. Porém, caso o empregador exija a prestação de serviços nesse período, fala-se em aviso prévio trabalhado. Optando o empregador por dispensar o empregado do cumprimento do aviso prévio, não poderá exigir o trabalho do empregado. **HC**

Gabarito 1E, 2E, 3E, 4C, 5C, 6C, 7E

**(Procurador do Município – Prefeitura Fortaleza/CE – CESPE – 2017)** Julgue os itens seguintes, relativos à suspensão e à rescisão do contrato de trabalho e ao direito coletivo do trabalho.

**(1)** Segundo o STF, nos planos de dispensa incentivada ou voluntária, não é válida cláusula que dê quitação ampla e irrestrita a todas as parcelas decorrentes do contrato de emprego, mesmo que tal item conste de acordo coletivo de trabalho e dos demais instrumentos assinados pelo empregado, porquanto os direitos trabalhistas são indisponíveis e irrenunciáveis.

**(2)** Conforme o entendimento do TST, a suspensão do contrato de trabalho em virtude de gozo de auxílio-doença não impede a dispensa por justa causa, ainda que a prática do ato faltoso imputado ao trabalhador tenha sido anterior ao afastamento.

**1:** Incorreta, pois o Plenário do Supremo Tribunal Federal (STF) no julgamento do Recurso Extraordinário (RE) 590415, que teve repercussão geral reconhecida, decidiu que, nos casos de Planos de Dispensa Incentivada (PDIs), é válida a cláusula que dá quitação ampla e irrestrita de todas as parcelas decorrentes do contrato de emprego, desde que este item conste de Acordo Coletivo de Trabalho e dos demais instrumentos assinados pelo empregado. **2:** Correta, pois o empregado que comete justa causa (falta grave) não possui direito à

# 16. DIREITO DO TRABALHO 595

estabilidade prevista no art. 118 da Lei 8.213/1991. Veja: TST-E-ED-RR-20300-40.2008.5.01.0263. 🅷🅲

Gabarito 1E, 2C

**(Procurador do Estado/AM – 2016 – CESPE)** No que concerne a rescisão do contrato de trabalho, indenizações e aviso prévio, julgue os itens que se seguem.

(1) O empregado tem direito a aderir a plano de demissão voluntária instituído por seu empregador no curso do seu aviso prévio.

(2) Segundo o TST, na hipótese de uma relação de emprego ter sido reconhecida apenas em juízo, não incidirá a multa pelo não pagamento das parcelas constantes do instrumento de rescisão ou recibo de quitação no prazo legal.

(3) Segundo o entendimento do TST, a ausência do pagamento das verbas rescisórias, por si só, é motivo suficiente para caracterizar a ocorrência de danos morais, mormente quando o empregador reconhecer a omissão.

1: opção correta, pois o aviso prévio, ainda que indenizado, integra o tempo de serviço do empregado, projetando o término do contrato de trabalho. Nesses termos, considerando os efeitos do aviso prévio, ainda que indenizado, de projetar o término do contrato de trabalho, uma vez implantado o PDV no período de aviso prévio do empregado, nada obsta que ele se beneficie do plano; 2: opção incorreta, pois, nos termos da Súmula 462 do TST, o fato de a relação de emprego ter sido reconhecida apenas em juízo não tem o condão de afastar a incidência da multa prevista no art. 477, §8º, da CLT. A referida multa não será devida apenas quando, comprovadamente, o empregado der causa à mora no pagamento das verbas rescisórias; 3: opção incorreta, pois o TST vem sustentando que o dano moral *in re ipsa* somente se revela nos casos de atrasos reiterados nos pagamentos salariais mensais, mas não no caso de atraso na quitação de verbas rescisórias. *Vide* TST Recurso de Revista 19507620105150058. 🅷🅲

Gabarito 1C, 2E, 3E

**(Advogado União – AGU – CESPE – 2015)** Julgue os itens a seguir, relativos a alteração contratual, comissão de conciliação prévia, férias e aviso prévio no direito do trabalho.

(1) Caso um empregado decida converter um terço do período de férias a que tiver direito em abono pecuniário, sobre essa verba incidirão o FGTS e a contribuição previdenciária.

(2) Conforme entendimento consolidado pelo TST, o contrato de trabalho celebrado sem concurso público por empresa pública que venha a ser privatizada será considerado válido e seus efeitos, convalidados.

(3) A comissão de conciliação prévia é órgão extrajudicial cuja atribuição legal é conciliar os conflitos individuais de trabalho, não podendo ela exercer a função de órgão de assistência e homologação de rescisão de contrato de trabalho.

(4) O aviso prévio é um instituto aplicado a contratos de emprego por prazo indeterminado, não incidindo em contratos a termo, visto que, nesse tipo de pacto, as partes ajustam, desde o início, o termo final.

1: Incorreta, pois o abono pecuniário não integrará a remuneração do empregado para os efeitos da legislação do trabalho, art. 144 CLT. Veja súmula 386 STJ e OJ 195 SDI 1 TST. 2: Correta, pois, nos termos da súmula 430 TST, convalidam-se os efeitos do contrato de trabalho que, considerado nulo por ausência de concurso público, quando celebrado originalmente com ente da Administração Pública Indireta, continua a existir após a sua privatização. 3: Correta, pois, nos termos do art. 625-A CLT, as CCPs – Comissões de Conciliação Prévia – têm como atribuição tentar conciliar os conflitos individuais do trabalho. A CCP não poderá exercer a função de assistência e homologação de rescisão do contrato de trabalho. 4: Incorreta, pois ao contrato com prazo determinado que contiver a cláusula assecuratória do direito recíproco de rescisão, art. 481 da CLT, aplicam-se os princípios que regem a rescisão dos contratos por prazo indeterminado. Ademais, a súmula 163 do TST ensina que cabe aviso prévio nas rescisões antecipadas dos contratos de experiência, na forma do art. 481 da CLT. 🅷🅲

Gabarito 1E, 2C, 3C, 4E

**(Advogado União – AGU – CESPE – 2015)** Julgue os itens que se seguem, concernentes a duração do trabalho, remuneração, FGTS e contratos especiais de trabalho.

(1) Segundo decisão recente do STF, o prazo prescricional relativo aos valores não depositados no FGTS é quinquenal, haja vista esse fundo ser crédito de natureza trabalhista; entretanto, caso o prazo prescricional já esteja em curso, deverá ser aplicado o que ocorrer primeiro: trinta anos, contados do termo inicial, ou cinco anos, a partir do referido julgado.

(2) A aprendizagem é um contrato de trabalho especial que não gera vínculo empregatício entre as partes que o celebram, uma vez que o seu intento não é o exercício profissional em si, mas a formação educativa do menor.

(3) Embora a CF preveja a jornada de seis horas no trabalho realizado em turnos ininterruptos de revezamento, havendo permissão de trabalho de até oito horas por meio de negociação coletiva, o TST entende que os empregados abrangidos pela referida negociação não terão direito ao pagamento da sétima e da oitava hora como extras.

1: Correta, pois reflete o disposto na súmula 362 do TST. 2: Incorreta. Isso porque, o aprendiz é um empregado, pois possui vínculo de emprego com a empresa contratante. No entanto, é importante ressaltar que a contratação efetivada por meio de entidades sem fins lucrativos que objetivam a assistência ao adolescente e à educação profissional não gera vínculo de emprego entre o aprendiz e a empresa tomadora dos serviços. Veja art. 431 da CLT de acordo com a redação dada pela Lei 13.420/2017. 3: Correta, pois, nos termos da súmula 423 do TST, estabelecida jornada superior a seis horas e limitada a oito horas por meio de regular negociação coletiva, os empregados submetidos a turnos ininterruptos de revezamento não têm direito ao pagamento da 7ª e 8ª horas como extras. 🅷🅲

Gabarito 1C, 2E, 3C

**(Procurador do Estado – PGE/BA – CESPE – 2014)** Acerca dos direitos constitucionais dos trabalhadores, do Fundo de Garantia do Tempo de Serviço (FGTS), da prescrição e decadência e de assuntos correlatos, julgue os itens que se seguem.

(1) Pode ser exigido da mulher, para a admissão ou para a permanência no emprego, atestado ou exame de qualquer natureza para a comprovação de esterilidade ou de gravidez, dado o direito do empregador de ser informado da situação da mulher para eventual concessão de benefícios relacionados à condição de gravidez.

(2) O exercício do direito de greve em serviços essenciais exige da entidade sindical ou dos trabalhadores, conforme o caso, a prévia comunicação da paralisação dos trabalhos ao empregador e, ainda, aos usuários dos serviços, no prazo mínimo de setenta e duas horas, sob pena de o movimento grevista ser considerado abusivo.

(3) As horas extraordinárias e as horas noturnas devem ser remuneradas com adicional mínimo de 50% sobre o valor da hora normal de trabalho.

(4) O empregado afastado do emprego não tem direito às vantagens concedidas, durante a sua ausência, à categoria que integra na empresa.

1: Incorreta, pois, nos termos do art. 373-A, CLT, é vedado exigir atestado ou exame, de qualquer natureza, para comprovação de esterilidade ou gravidez, na admissão ou permanência no emprego. 2: Correta, pois, nos termos do art. 13 da Lei 7.783/1990, na greve, em serviços ou atividades essenciais, ficam as entidades sindicais ou os trabalhadores, conforme o caso, obrigadas a comunicar a decisão aos empregadores e aos usuários com antecedência mínima de 72 (setenta e duas) horas da paralisação. 3: Incorreta, pois embora as horas extraordinárias devam ser remuneradas com adicional mínimo de 50% sobre o valor da hora normal de trabalho, conforme art. 7º, XVI, CF; as horas noturnas serão remuneradas com adicional de 20%, nos termos do art. 73 CLT. 4: Incorreta, pois, nos termos do art. 471 da CLT, ao empregado afastado do emprego, são asseguradas, por ocasião de sua volta, todas as vantagens que, em sua ausência, tenham sido atribuídas à categoria a que pertencia na empresa. 🅷🅲

Gabarito 1E, 2C, 3E, 4E

# 17. DIREITO PROCESSUAL DO TRABALHO

Hermes Cramacon e Luiz Fabre*

## 1. JUSTIÇA DO TRABALHO E MINISTÉRIO PÚBLICO DO TRABALHO

**(Procurador do Estado – PGE/BA – CESPE – 2014)** Em relação ao direito processual do trabalho, julgue os itens a seguir.

(1) No processo trabalhista, a contradita consiste na denúncia, pela parte interessada, dos motivos que impedem ou tornam suspeito o depoimento da testemunha, e o momento processual oportuno de a parte oferecer a contradita da testemunha ocorre logo após a qualificação desta, antes de o depoente ser compromissado.

(2) Dada a celeridade, que fundamenta o procedimento sumaríssimo, a CLT não admite o deferimento e a realização de prova técnica pericial.

(3) No processo do trabalho, o reclamante que der causa a dois arquivamentos seguidos de reclamação trabalhista em face de seu não comparecimento à audiência fica definitivamente impossibilitado de exercer novamente o direito de reclamar perante a justiça do trabalho, se a nova ação envolver o mesmo reclamante, reclamado e objeto.

(4) Segundo entendimento do TST, o marco inicial da contagem do prazo prescricional para o ajuizamento de ação condenatória, quando advém a dispensa do empregado no curso de ação declaratória com a mesma causa de pedir remota, é a data da extinção do contrato de trabalho.

(5) Consoante entendimento do TST, é válido o substabelecimento de advogado investido de mandato tácito, que se configura com o comparecimento do advogado e da parte em audiência.

**1:** Correta. A contradita deve ser arguida após a qualificação da testemunha e antes dela prestar o compromisso, sob pena de preclusão. Veja art. 457 do CPC/2015. **2:** Incorreta, pois a prova técnica/pericial é admitida no procedimento sumaríssimo, nos termos do art. 852-H, § 4°, CLT. **3:** Incorreta, pois, nos termos do art. 732 da CLT, o reclamante perderá o direito de propor nova reclamação pelo prazo de 6 meses. É o que se denomina "perempção provisória". **4:** Incorreta, pois, nos termos da OJ 401 SDI 1 do TST, o marco inicial da contagem do prazo prescricional para o ajuizamento de ação condenatória, quando advém a dispensa do empregado no curso de ação declaratória que possua a mesma causa de pedir remota, é o trânsito em julgado da decisão proferida na ação declaratória e não a data da extinção do contrato de trabalho. **5:** Incorreta, pois, nos termos da OJ 200 da SDI 1 do TST, é inválido o substabelecimento de advogado investido de mandato tácito. **HC**

Gabarito 1C, 2E, 3E, 4E, 5E

**(Advogado da União/AGU – CESPE – 2012)** Julgue os itens que se seguem, relativos à organização e competência da justiça do trabalho e ao processo do trabalho.

(1) Compete aos tribunais do trabalho processar e julgar os dissídios coletivos de greve, com exceção dos que envolvam servidores públicos estatutários; para processar e julgar esses dissídios, a competência será, conforme o caso, do STJ, de tribunal regional federal ou de tribunal de justiça.

(2) Compete ao TRT processar e julgar a ação rescisória de decisão proferida pelo próprio TRT, devendo-se seguir o rito procedimental previsto no processo civil, exceto quanto ao depósito prévio, que, no processo do trabalho, é de 15% sobre o valor dado à causa.

(3) As execuções fiscais decorrentes de multas aplicadas pela fiscalização do trabalho devem ser propostas pela União (fazenda nacional) perante vara do trabalho, sendo interponível contra as decisões proferidas pelo juiz do trabalho o recurso ordinário, por equiparável às apelações previstas na Lei de Execução Fiscal (Lei n.° 6.830/1980).

(4) São órgãos da justiça do trabalho: o TST, os tribunais regionais do trabalho, os juízes do trabalho e os juizados especiais trabalhistas.

**1:** opção correta, pois nos termos do art. 114, II, CF e julgamento da ADI 3395-6 a competência da Justiça do Trabalho para julgar dissídios de greve está restrita aos trabalhadores celetistas. Os dissídios de greve dos servidores estatutários serão apreciados pela Justiça Comum. **2:** opção incorreta, pois no processo do trabalho, nos termos do art. 836 da CLT o depósito prévio é de 20% do valor da causa; **3:** opção incorreta, pois o recurso cabível é o agravo de petição, nos termos do art. 897, a, da CLT; **4:** opção incorreta, pois de acordo com o art. 111 da CF são órgãos da Justiça do Trabalho: o Tribunal Superior do Trabalho, os Tribunais Regionais do Trabalho, os Juízes do Trabalho. **HC**

Gabarito 1C, 2E, 3E, 4E

## 2. COMPETÊNCIA

Em 2017, João foi contratado, em Campo Grande – MS, como auxiliar administrativo da empresa X, sediada no mesmo município. Em 2018, depois de um ano de serviços prestados a essa empresa, João foi dispensado sem justa causa. Em 2019, ele mudou seu domicílio para Corumbá – MS e lá ajuizou reclamação trabalhista contra a empresa X em determinada vara do trabalho de Corumbá. Na petição inicial, João afirmou ter trabalhado apenas em Campo Grande, mas sustentou a competência da vara do trabalho de Corumbá, por ser o foro de seu atual domicílio. Três dias depois de ter sido notificada e antes da data marcada para a audiência, a empresa X apresentou peça sinalizada como exceção de incompetência territorial, alegando a competência de vara do trabalho de Campo Grande.

**(Procurador do Município - Campo Grande/MS - 2019 - CESPE/CEBRASPE)** A partir dessa situação hipotética, julgue os itens a seguir à luz da legislação processual trabalhista.

(1) A audiência de conciliação, instrução e julgamento do processo poderá ser realizada, perante o juízo considerado competente, somente depois de decidida a exceção de incompetência.

(2) A competência territorial é de vara do trabalho de Campo Grande, pois este foi o local da prestação dos serviços.

**1.** correto, pois nos termos do art. 800, § 4°, da CLT decidida a exceção de incompetência territorial, o processo retomará seu curso, com a designação de audiência, a apresentação de defesa e a instrução processual perante o juízo competente. **2.** Correto, pois nos termos do art. 651 da CLT a competência territorial é determinada pela localidade onde o empregado, reclamante ou reclamado, prestar serviços ao empregador, ainda que tenha sido contratado noutro local ou no estrangeiro. **HC**

Gabarito 1C, 2C

**(Analista Judiciário – TRT/8ª – 2016 – CESPE)** Carlo, cidadão brasileiro domiciliado em Minas Gerais, veterinário e advogado, ex-empregado público de autarquia federal sediada unicamente em Brasília – DF, foi demitido sem justa causa em 27/1/2015, na capital federal, local onde os serviços foram prestados. Em 28/1/2016, Carlo propôs em juízo pedido de indenização no

---

* **Hermes Cramacon HC** comentou as questões dos concursos de Defensoria, Procuradorias, Advocacia Pública e OAB, Analista TRT/8ª/2016, Procurador do Estado 2016, **Luiz Fabre** comentou as demais questões de concursos jurídicos e de Técnico.

valor total de R$ 20.000, por entender que diversos de seus direitos trabalhistas haviam sido violados.

Nessa situação hipotética,

(A) ambas as partes estão imunes do pagamento de custas processuais.

(B) é obrigatória a adoção do rito processual sumaríssimo.

(C) a propositura da ação trabalhista foi extemporânea, em virtude do instituto da prescrição.

(D) caso não haja conciliação prévia, deve-se adotar a forma verbal para a reclamação trabalhista.

(E) o foro competente para apreciação da lide, em primeira instância, seria o Distrito Federal.

A: opção incorreta, pois a entidade autárquica está isenta do pagamento de custas, nos termos do art. 790-A, I, CLT. Já o reclamante Carlo não está isento do recolhimento de custas, se for o caso. Nos termos do art. 790, § 3º, da CLT É facultado aos juízes, órgãos julgadores e presidentes dos tribunais do trabalho de qualquer instância conceder, a requerimento ou de ofício, o benefício da justiça gratuita, inclusive quanto a traslados e instrumentos, àqueles que perceberem salário igual ou inferior a 40% (quarenta por cento) do limite máximo dos benefícios do Regime Geral de Previdência Social. Outrossim, o art. 790, § 4º, da CLt ensina que o benefício da justiça gratuita será concedido à parte que comprovar insuficiência de recursos para o pagamento das custas do processo.; B: opção incorreta, pois, nos termos do art. 852-A, parágrafo único, da CLT, estão excluídas do procedimento sumaríssimo as demandas em que é parte a Administração Pública direta, autárquica e fundacional; C: opção incorreta, pois o prazo prescricional de 2 anos disposto no art. 7º, XXIX, da CF e art. 11, da CLT foi respeitado; D: opção incorreta, pois a petição inicial poderá ser apresentada de forma escrita ou verbal, nos termos do art. 840 da CLT; E: opção correta, pois, nos termos do art. 651 da CLT, a competência para ajuizamento da reclamação trabalhista, em regra, é determinada pela localidade onde o empregado, reclamante ou reclamado prestar serviços ao empregador. HC

Gabarito "E".

## 3. NULIDADES

(Analista Judiciário – TRT/8ª – 2016 – CESPE) Acerca das nulidades e exceções aplicáveis ao processo do trabalho, assinale a opção correta.

(A) O pronunciamento da nulidade depende do consentimento da parte que lhe tiver dado causa.

(B) Pronunciada determinada nulidade, deverá ser declarada, consequentemente, a nulidade de todos os demais atos processuais.

(C) Na justiça do trabalho, admitem-se exceções apenas em matéria de defesa quanto ao mérito.

(D) O juiz da causa é obrigado a dar-se por suspeito nas situações em que o autor da ação for de sua íntima relação pessoal.

(E) A nulidade do processo judicial deve ser declarada em juízo de admissibilidade pela secretaria judicial à qual a ação trabalhista for distribuída.

A: opção incorreta, pois, nos termos do art. 795 da CLT, as nulidades não serão declaradas senão mediante provocação de quaisquer das partes, as quais deverão argui-las na primeira oportunidade em que tiverem de falar em audiência ou nos autos; B: opção incorreta, pois, nos termos do art. 281 do CPC/2015, anulado o ato, consideram-se de nenhum efeito todos os subsequentes que dele dependam, todavia, a nulidade de uma parte do ato não prejudicará as outras que dela sejam independentes. Nesse mesmo sentido, determina o art. 797 da CLT que o juiz ou Tribunal que pronunciar a nulidade declarará os atos a que ela se estende; C: opção incorreta, pois, nos termos do art. 799 da CLT, as exceções de incompetência territorial, suspeição e impedimento serão opostas com suspensão do feito; D: opção correta, pois reflete o disposto no art. 801, b, da CLT; E: opção incorreta, pois a nulidade será declarada por um juiz ou pelo Tribunal, nunca pela secretaria. HC

Gabarito "D".

## 4. PROVAS

(Procurador do Estado/SE – 2017 – CESPE) Foi ajuizada uma reclamatória trabalhista pleiteando-se, além das verbas rescisórias, o pagamento de adicional de insalubridade em virtude das condições de trabalho do estabelecimento empregador. Assim, foi determinada pelo juízo a realização de perícia técnica, sendo facultado o acompanhamento da diligência por assistente técnico. No início do trabalho, o perito observou que o local onde eram prestados os serviços pelo reclamante estava desativado, o que tornou inviável a realização da perícia determinada.

Nessa situação hipotética, de acordo com o entendimento do TST,

(A) a perícia para avaliar a caracterização e a classificação da insalubridade deverá ser efetuada por qualquer médico ou engenheiro.

(B) embora a perícia seja obrigatória para a verificação da insalubridade, no caso de impossibilidade de sua realização por fechamento do local de trabalho, o magistrado poderá utilizar outros meios de prova.

(C) apesar de a perícia ser prova facultativa, a demanda prosseguirá com relação aos demais pedidos, e o pleito de adicional de insalubridade será julgado improcedente por falta de condições de sua comprovação.

(D) os honorários do assistente técnico deverão ser arcados pela parte sucumbente na perícia.

(E) o comparecimento do perito ao local da diligência gerará honorários periciais, os quais deverão ser suportados, na hipótese de o reclamante ser beneficiário da justiça gratuita, pelo estado no qual está sendo processada a reclamatória.

"B" é a opção correta. Isso porque, nos termos da OJ 278 da SDI 1 do TST, A realização de perícia é obrigatória para a verificação de insalubridade. Quando não for possível sua realização, como em caso de fechamento da empresa, poderá o julgador utilizar-se de outros meios de prova. HC

Gabarito "B".

(Analista Judiciário – TRT/8ª – 2016 – CESPE) Em relação às provas no processo do trabalho e à aplicação subsidiária do Código de Processo Civil (CPC), assinale a opção correta.

(A) É admissível o testemunho de surdo-mudo por meio de intérprete nomeado pela parte interessada no depoimento, ficando as custas do intérprete a cargo da justiça do trabalho.

(B) É permitido à testemunha recusar-se a depor.

(C) No processo do trabalho, admite-se o testemunho de pessoa na condição de simples informante, o que significa que ela não precisa prestar compromisso.

(D) Não se admite como testemunha o estrangeiro que residir no país, mas não falar a língua portuguesa.

(E) No processo do trabalho, em consequência da aplicação subsidiária do CPC, a regra geral é que a parte requerida detém o ônus da prova.

A: opção incorreta, pois, nos termos do art. 819, § 1º, da CLT, o intérprete será nomeado pelo juiz; B: opção incorreta, pois, nos termos do art. 448 do CPC/2015, a testemunha não é obrigada a depor sobre fatos que lhe acarretem grave dano, bem como ao seu cônjuge ou companheiro e aos seus parentes consanguíneos ou afins, em linha reta ou colateral, até o terceiro grau ou a cujo respeito, por estado ou profissão, deva guardar sigilo. Veja também o art. 463 do CPC, que ensina que o depoimento prestado pela testemunha em juízo é considerado serviço público; C: opção correta, pois, nos termos do art. 829 da CLT, a testemunha que for parente até o terceiro grau civil, amigo íntimo ou inimigo de qualquer das partes não prestará compromisso, e seu depoimento valerá como simples informação; D: opção incorreta, pois, nos termos do art. 819 da CLT, o depoimento das partes e testemunhas que não souberem falar a língua nacional será feito por meio de intérprete nomeado pelo juiz; E: opção incorreta, pois, nos termos do art. 818 da CLT, a prova das alegações incumbe à parte que as fizer; na mesma linha, o art. 373 do CPC/2015 ensina que o ônus da prova incumbe ao autor, quanto ao fato constitutivo de seu direito, e ao

# 17. DIREITO PROCESSUAL DO TRABALHO — 599

réu, quanto à existência de fato impeditivo, modificativo ou extintivo do direito do autor. HC

Gabarito "C".

## 5. PROCEDIMENTO (INCLUSIVE, ATOS PROCESSUAIS)

**(Procurador do Estado/SE – 2017 – CESPE)** Na audiência de instrução e julgamento de uma reclamação trabalhista, após a qualificação da única testemunha arrolada pelo reclamante, a qual havia trabalhado com ele na empresa demandada, esta apresentou contradita sob a alegação de que a testemunha também havia ajuizado contra ela reclamatória trabalhista, fato que, segundo a companhia, geraria sua suspeição.

Nessa situação hipotética, a contradita apresentada deverá ser

**(A)** deferida, sob o argumento de que trabalhar na mesma empresa pressupõe amizade íntima, também levando à suspeição.

**(B)** indeferida, pois o fato de a testemunha ter ajuizado a reclamação trabalhista constitui causa de impedimento, e não de suspeição.

**(C)** indeferida, por se tratar da única testemunha do reclamante, de modo que acatar a suspeição consistiria em ofensa ao contraditório e à ampla defesa.

**(D)** deferida, pois o fato de a testemunha ter ajuizado reclamação trabalhista contra a reclamada torna questionável, como meio de prova, o depoimento dela.

**(E)** indeferida, haja vista que o simples fato de litigar contra a mesma reclamada não é razão suficiente para gerar suspeição.

"E" é a opção correta. Isso porque, nos termos da súmula 357 do TST não torna suspeita a testemunha o simples fato de estar litigando ou de ter litigado contra o mesmo empregador. HC

Gabarito "E".

**(Procurador do Estado/SE – 2017 – CESPE)** Com relação às audiências no processo do trabalho, assinale a opção correta.

**(A)** A contestação deverá ser apresentada no prazo de quinze dias a contar da data da audiência de conciliação.

**(B)** As partes formularão perguntas diretamente às testemunhas, em atenção ao disposto no CPC vigente.

**(C)** Após o interrogatório pessoal dos litigantes, a instrução processual poderá prosseguir sem as partes, permanecendo os seus representantes.

**(D)** O termo de conciliação em audiência vale como decisão irrecorrível e oponível *erga omnes*.

**(E)** As partes, ao comparecerem em audiência, devem estar acompanhadas de seu procurador ou defensor público.

**A:** opção incorreta, pois nos termos do art. 847 da CLT não havendo acordo, o reclamado terá vinte minutos para aduzir sua defesa, após a leitura da reclamação, quando esta não for dispensada por ambas as partes. **B:** opção incorreta, pois nos termos do art. 820 da CLT As partes e testemunhas serão inquiridas pelo juiz ou presidente, podendo ser reinquiridas, por seu intermédio, a requerimento dos vogais, das partes, seus representantes ou advogados. Não se aplica ao Processo do Trabalho a norma do art. 459 do CPC/2015 no que permite a inquirição direta das testemunhas pela parte, pois a CLT possui regramento específico em seu art. 820, nos termos do art. 11 da IN 39 do TST. **C:** opção correta, pois nos termos do art. 848, § 1º, da CLT findo o interrogatório, poderá qualquer dos litigantes retirar-se, prosseguindo a instrução com o seu representante. **D:** opção incorreta, pois nos termos do art. 831, parágrafo único, da CLT, "No caso de conciliação, o termo que for lavrado valerá como decisão irrecorrível, salvo para a Previdência Social quanto às contribuições que lhe forem devidas". **E:** opção incorreta, pois nos termos do art. 843 da CLT, na audiência de julgamento deverão estar presentes o reclamante e o reclamado, independentemente do comparecimento de seus representantes salvo, nos casos de Reclamatórias Plúrimas ou Ações de Cumprimento, quando os empregados poderão fazer-se representar pelo Sindicato de sua categoria. HC

Gabarito "C".

**(Procurador do Estado/SE – 2017 – CESPE)** Empregado de empresa de serviços gerais e conservação que prestava serviços para uma autarquia ajuizou reclamação trabalhista em desfavor desta e de sua empregadora, pleiteando o pagamento de horas extras e dando à causa o valor equivalente a trinta e oito salários mínimos.

Considerando-se a legislação pertinente e o rito processual trabalhista, é correto afirmar que, nessa situação hipotética,

**(A)** a demanda deverá, necessariamente, atender ao procedimento ordinário.

**(B)** cada uma das partes poderá requerer a oitiva de até seis testemunhas.

**(C)** em razão da obrigatoriedade de recurso no caso de a autarquia ser vencida na demanda, o magistrado não poderá tentar a conciliação.

**(D)** a demanda deverá, necessariamente, atender ao procedimento sumaríssimo.

**(E)** caso a petição inicial não apresente os pedidos liquidados, o processo será arquivado, com condenação ao pagamento de custas.

"A" é a opção correta. Nos termos do art. 852-A da CLT Os dissídios individuais cujo valor não exceda a quarenta vezes o salário mínimo vigente na data do ajuizamento da reclamação ficam submetidos ao procedimento sumaríssimo. No entanto, o parágrafo único do mesmo dispositivo legal ensina que estão excluídas do procedimento sumaríssimo as demandas em que é parte a Administração Pública direta, autárquica e fundacional. Por essa razão a ação deverá tramitar pelo procedimento ordinário em que cada parte poderá indicar até três testemunhas, art. 821 da CLT. HC

Gabarito "A".

**(Procurador do Estado/AM – 2016 – CESPE)** Julgue os seguintes itens, relativos aos procedimentos adotados em dissídios individuais da justiça do trabalho.

**(1)** Segundo o TST, não havendo no instrumento de mandato poderes expressos para substabelecer, serão inválidos os atos praticados pelo substabelecido.

**(2)** Estado da Federação pode figurar no polo passivo de demanda individual trabalhista de rito sumaríssimo; nesse caso, se for deferida prova pericial, a fazenda estadual será intimada a manifestar-se sobre o laudo no prazo dobrado de dez dias.

**(3)** Na instrução trabalhista, o momento da contradita ocorre logo após a testemunha firmar o compromisso de dizer a verdade sobre o que sabe e o que lhe for perguntado.

**(4)** Conforme entendimento do TST, caso um estado da Federação seja condenado em dissídio individual trabalhista, a decisão condenatória não estará sujeita a reexame necessário se a condenação não ultrapassar o valor correspondente a quinhentos salários mínimos.

1: opção incorreta, pois, nos termos da súmula 395, III, do TST, são válidos os atos praticados pelo substabelecido, ainda que não haja, no mandato, poderes expressos para substabelecer (art. 667 e parágrafos, do Código Civil de 2002); **2:** opção incorreta, pois, nos termos do art. 852-A, parágrafo único, da CLT, estão excluídas do procedimento sumaríssimo as demandas em que é parte a Administração Pública direta, autárquica e fundacional; **3:** opção incorreta, pois, por aplicação do art. 457 do CPC/2015, a contradita deverá ser arguida após a qualificação da testemunha e antes de prestar o compromisso, sob pena de preclusão; **4:** opção correta, pois reflete o entendimento disposto na Súmula 303, I, *b*, do TST. HC

Gabarito 1E, 2E, 3E, 4C

**(Analista – TRT/10ª – 2013 – CESPE)** Acerca de procedimento ordinário, julgue os itens subsecutivos.

**(1)** Nas causas sujeitas ao procedimento ordinário, não é admitido recurso de revista contra decisão proferida em grau de recurso ordinário que viole direta e literalmente dispositivo constitucional.

**(2)** No rito ordinário, o juiz somente tem a obrigação de propor a conciliação por ocasião da abertura da audiência, podendo usar dos meios adequados de persuasão para a solução conciliatória do litígio, em qualquer fase da audiência.

**1:** assertiva incorreta, pois nos termos do art. 896, c, da CLT será possível a interposição de recurso de revista; **2:** assertiva incorreta, pois a conciliação também deverá ter buscada após a apresentação de eventual razões finais, nos termos do art. 850 da CLT.

## 6. EXECUÇÃO

**(Procurador Municipal – Prefeitura/BH – CESPE – 2017)** Assinale a opção correta, a respeito da execução trabalhista, conforme o entendimento do TST.

(A) Os erros de cálculo que existirem na sentença não poderão ser corrigidos na liquidação de sentença, já que a fase de liquidação é igual à de execução.
(B) Na execução por carta precatória, salvo se o juízo deprecante indicar o bem constrito ou se a carta já tiver sido devolvida, os embargos de terceiro serão oferecidos no juízo deprecado.
(C) Superado o prazo de cento e oitenta dias do deferimento do processamento da recuperação judicial, a continuidade das execuções individuais trabalhistas retorna automaticamente.
(D) Depósito realizado em caderneta de poupança até o limite de quarenta salários mínimos é impenhorável, mesmo que essa conta esteja sendo utilizada como conta-corrente, sem o cunho de economia futura e segurança pessoal.

**A:** Incorreta, pois, nos termos do art. 494, I, CPC/2015, aplicado por força do art. 769 da CLT e art. 15 do CPC/2015, erros de cálculo poderão ser corrigidos; **B:** correta, pois, nos termos da súmula 419 do TST, na execução por carta precatória, os embargos de terceiro serão oferecidos no juízo deprecado, salvo se indicado pelo juízo deprecante o bem constrito ou se já devolvida a carta (art. 676, parágrafo único, do CPC de 2015); **C:** incorreta, pois no julgamento do recurso ordinário 80169.95.2016.5.07.0000 o TST entendeu que deferido o processamento ou aprovado o plano de recuperação judicial, não cabe o prosseguimento automático das execuções individuais, mesmo após decorrido o prazo de 180 dias previsto no art. 6º, § 4º, da Lei 11.101/2005, de modo que, ao juízo trabalhista, fica vedada a alienação ou disponibilização de ativos da empresa executada; **D:** incorreta, pois se a conta poupança estiver sendo utilizada como conta-corrente, os valores nela depositados não são impenhoráveis. Veja Informativo TST Execução 22.

*Gabarito "B".*

**(Procurador do Estado/AM – 2016 – CESPE)** Com referência à execução no processo do trabalho e aos seus recursos, julgue os itens que se seguem.

(1) Conforme entendimento do TST, em caso de violação direta à CF, admite-se interposição de recurso de revista contra acórdão proferido em liquidação de sentença.
(2) Segundo o STF, o prazo de trinta dias para a fazenda pública embargar a execução é constitucional e não ofende os princípios da isonomia e do devido processo legal.
(3) É inadmissível a penhora de dinheiro em execução provisória.

**1:** opção correta, pois, nos termos da Súmula 266 TST, a admissibilidade do recurso de revista interposto de acórdão proferido em agravo de petição, na liquidação de sentença ou em processo incidente na execução, inclusive os embargos de terceiro, depende de demonstração inequívoca de violação direta à Constituição Federal; **2:** opção correta, pois, no julgamento da ADC 11, o STF entendeu ser constitucional o prazo de 30 dias. O CPC/2015 prevê, em seu art. 535, o prazo de 30 dias para a Fazenda Pública impugnar a execução; **3:** opção incorreta, pois, nos termos da Súmula 417, I, TST, não fere direito líquido e certo do impetrante o ato judicial que determina penhora em dinheiro do executado para garantir crédito exequendo, pois é prioritária e obedece à gradação prevista no art. 835 do CPC/2015.

*Gabarito 1C, 2C, 3E*

## 7. RECURSOS

**(Procurador do Município - Campo Grande/MS - 2019 - CESPE/ CEBRASPE)** Julgue os itens que se seguem, acerca de recursos no processo do trabalho.

(1) Das decisões definitivas ou terminativas de vara do trabalho cabe recurso ordinário para o respectivo tribunal regional do trabalho, com efeito exclusivamente devolutivo, não se admitindo a obtenção de efeito suspensivo.
(2) Em geral, não se admite recurso de revista em execução fiscal: o cabimento de recurso de revista na execução é restrito à hipótese de ofensa direta e literal à Constituição Federal de 1988.
(3) O seguimento de recurso de revista que não demonstre transcendência com relação aos reflexos gerais de natureza econômica, política, social ou jurídica poderá ser denegado monocraticamente pelo relator, não cabendo recurso dessa decisão.

**1.** errado, pois nos termos da súmula 414, I, do TST é admissível a obtenção de efeito suspensivo ao recurso ordinário mediante requerimento dirigido ao tribunal, ao relator ou ao presidente ou ao vice-presidente do tribunal recorrido, por aplicação subsidiária ao processo do trabalho do artigo 1.029, § 5º, do CPC de 2015. **2.** Errado, pois nos termos do art. 896, § 10, da CLT cabe recurso de revista por violação à lei federal, por divergência jurisprudencial e por ofensa à Constituição Federal nas execuções fiscais e nas controvérsias da fase de execução que envolvam a Certidão Negativa de Débitos Trabalhistas (CNDT). **3.** Errado, pois nos termos do art. 896-A, § 2º, da CLT será possível a interposição de agravo (agravo regimental).

*Gabarito 1E, 2E, 3E*

**(Procurador do Estado/SE – 2017 – CESPE)** Um empregado eleito membro da CIPA foi demitido durante a vigência de seu mandato, razão pela qual, ainda no período de estabilidade legal, ajuizou reclamação trabalhista na qual requereu, em sede liminar, a reintegração ao emprego. O pedido de tutela provisória de reintegração foi deferido pelo juízo em sentença.

Nessa situação hipotética, o meio adequado para a impugnação da tutela provisória concedida é o(a)

(A) ação anulatória.
(B) ação cautelar.
(C) mandado de segurança.
(D) recurso ordinário.
(E) ação rescisória.

"D" é a opção correta. Isso porque, nos termos da súmula 414, I, do TST, A tutela provisória concedida na sentença não comporta impugnação pela via do mandado de segurança, por ser impugnável mediante recurso ordinário. É admissível a obtenção de efeito suspensivo ao recurso ordinário mediante requerimento dirigido ao tribunal, ao relator ou ao presidente ou ao vice-presidente do tribunal recorrido, por aplicação subsidiária ao processo do trabalho do artigo 1.029, § 5º, do CPC de 2015.

*Gabarito "D".*

**(Procurador do Estado/SE – 2017 – CESPE)** Com relação aos recursos no processo do trabalho, julgue os itens a seguir.

I. É cabível recurso ordinário de decisões definitivas das varas ou tribunais, porém não cabe de decisões terminativas ou monocráticas.
II. A CLT determina ser cabível, em dissídios individuais e coletivos, recurso de revista para as turmas do TST.
III. Não caberá agravo de instrumento contra decisões que indeferiram a produção de provas.
IV. Na hipótese de decisão proferida em dissídio coletivo que afete empresa de serviço público, têm legitimidade para interpor recurso, além dos interessados, o presidente do tribunal e a Procuradoria da Justiça do Trabalho.

Estão certos apenas os itens

(A) I e II.
(B) I e III.
(C) II e III.
(D) III e IV.

**(E)** I, II e IV.

I: opção incorreta, pois nos termos do art. 895, I e II, da CLT, cabe recurso ordinário para a instância superior das decisões definitivas ou terminativas das Varas e Juízos e dos Tribunais Regionais, em processos de sua competência originária, no prazo de 8 (oito) dias, quer nos dissídios individuais, quer nos dissídios coletivos. As decisões monocráticas, em regra, são recorríveis via agravo regimental. II: opção incorreta, pois nos termos do art. 896 da CLT cabe Recurso de Revista para Turma do Tribunal Superior do Trabalho das decisões proferidas em grau de recurso ordinário, em dissídio individual, pelos Tribunais Regionais do Trabalho. III: opção correta, pois por ser considerada interlocutória, a decisão que indefere a produção de provas é irrecorrível de imediato, art. 893, § 1º, da CLT. IV: opção correta, pois nos termos do art. 898 da CLT, das decisões proferidas em dissídio coletivo que afete empresa de serviço público, ou, em qualquer caso, das proferidas em revisão, poderão recorrer, além dos interessados, o Presidente do Tribunal e a Procuradoria da Justiça do Trabalho. HC

Gabarito "D".

**(Defensoria Pública da União – 2010 – CESPE)** Com relação à competência em matéria recursal e aos recursos no processo trabalhista, julgue os itens subsequentes.

**(1)** Das decisões proferidas pelos tribunais regionais do trabalho ou por suas turmas, em processo incidente de embargos de terceiro, somente deve ser admitido recurso de revista quando elas contiverem contrariedade a Súmula de jurisprudência uniforme do Tribunal Superior do Trabalho e violação direta da CF.

**(2)** Das decisões das turmas nos tribunais regionais do trabalho assim organizados não cabe recurso para o Tribunal Pleno, exceto contra multas impostas por esses órgãos fracionários.

1: errado, pois de acordo com o disposto no art. 896, § 2º, da CLT, não caberá Recurso de Revista em incidente de embargos de terceiro, salvo na hipótese de ofensa direta e literal de norma da Constituição Federal; 2: certo, pois a alternativa está de acordo com o art. 678, I, c, 1, da CLT. HC

Gabarito 1E, 2C.

**(Analista – TRT/21ª – 2010 – CESPE)** Recursos constituem um instrumento assegurado aos interesses para que, sempre que vencidos, possam pedir aos órgãos jurisdicionais novo pronunciamento sobre a questão decidida. Amauri Mascaro Nascimento. **Curso de direito processual do trabalho**, 15. Ed. São Paulo: LTr, 1994, p. 281. Com relação a recursos, julgue os itens que se seguem.

**(1)** Os prazos fixados para os recursos previstos na Consolidação das Leis do Trabalho são de oito dias, salvo o caso dos embargos de declaração.

**(2)** Assim como no processo civil, no processo do trabalho os recursos repousam na existência comum do efeito suspensivo.

**(3)** O prazo para recurso da parte intimada, nos termos da Súmula nº 197 do Tribunal Superior do Trabalho, começa a correr no primeiro dia útil após a audiência de julgamento, devendo a sentença ser juntada aos autos no prazo de 48 horas, sob pena de intimação da parte.

1: correta, arts. 894, 895, 897 e 897-A da CLT, e art. 6º da Lei 5.584/70; 2: incorreta, art. 899 da CLT; 3: correta, art. 851, § 2º, da CLT e Súmula 197 do TST.

Gabarito 1C, 2E, 3C.

## 8. QUESTÕES COMBINADAS

**(Procurador do Município - Campo Grande/MS - 2019 - CESPE/ CEBRASPE)** A respeito de prescrição no processo do trabalho, julgue os seguintes itens, de acordo com a legislação processual trabalhista.

**(1)** As ações que tenham por objeto anotações na carteira de trabalho para fins de prova junto à previdência social não estão sujeitas a prazo prescricional.

**(2)** No processo trabalhista, não ocorre a prescrição intercorrente.

1. correto, pois nos termos do art. 11, § 1º, da CLT o prazo de prescrição não se aplica às ações que tenham por objeto anotações para fins de prova junto à Previdência Social. 2. Errado, pois nos termos do art. 11-A da CLT ocorre a prescrição intercorrente no processo do trabalho no prazo de dois anos. HC

Gabarito 1C, 2E

**(Procurador do Município - Campo Grande/MS - 2019 - CESPE/ CEBRASPE)** De acordo com a jurisprudência consolidada do Tribunal Superior do Trabalho, julgue os itens subsequentes.

**(1)** Na execução trabalhista por carta precatória, se indicado pelo juízo deprecante o bem constrito ou se já devolvida a carta, os embargos de terceiro serão oferecidos no juízo deprecante.

**(2)** O tomador de serviços somente poderá ser responsabilizado subsidiariamente pelo não cumprimento de obrigações trabalhistas por parte do empregador quando tiver participado da relação processual e constar também do título executivo judicial.

1. correto, pois nos termos da súmula 419 do TST na execução por carta precatória, os embargos de terceiro serão oferecidos no juízo deprecado, salvo se indicado pelo juízo deprecante o bem constrito ou se já devolvida a carta (art. 676, parágrafo único, do CPC de 2015). 2. Correto, pois nos termos da súmula 331, IV, do TST o inadimplemento das obrigações trabalhistas, por parte do empregador, implica a responsabilidade subsidiária do tomador dos serviços quanto àquelas obrigações, desde que haja participado da relação processual e conste também do título executivo judicial. HC

Gabarito 1C, 2C

**(Procurador do Município - Campo Grande/MS - 2019 - CESPE/ CEBRASPE)** À luz da jurisprudência consolidada do Tribunal Superior do Trabalho, julgue os próximos itens, a respeito de mandado de segurança e dissídio coletivo.

**(1)** Situação hipotética: Pedro ajuizou reclamação trabalhista pedindo que a empresa da qual fora empregado fosse condenada a pagar-lhe adicional de insalubridade. Diante da necessidade de perícia para caracterizar e classificar a insalubridade, o juiz determinou que a empresa fizesse um depósito prévio para garantir o pagamento dos honorários periciais. Assertiva: Nessa situação, admite-se mandado de segurança contra o ato judicial de exigência do depósito.

**(2)** Situação hipotética: Objetivando a apreciação de cláusula de natureza social, o sindicato representante dos empregados de determinada pessoa jurídica de direito público ajuizou dissídio coletivo em desfavor dessa pessoa jurídica. Assertiva: Nessa situação, o dissídio é incabível: as pessoas jurídicas de direito público que mantenham empregados não estão sujeitas a dissídio coletivo.

1. correto, pois nos termos da OJ 98 da SDI 2 do TST é ilegal a exigência de depósito prévio para custeio dos honorários periciais, dada a incompatibilidade com o processo do trabalho, sendo cabível o mandado de segurança visando à realização da perícia, independentemente do depósito. 2. errado, pois nos termos da OJ 5 da SDC do TST em face de pessoa jurídica de direito público que mantenha empregados, cabe dissídio coletivo exclusivamente para apreciação de cláusulas de natureza social. Inteligência da Convenção 151 da Organização Internacional do Trabalho, ratificada pelo Decreto Legislativo 206/2010. HC

Gabarito 1C, 2E

**(Procurador do Município - Campo Grande/MS - 2019 - CESPE/ CEBRASPE)** De acordo com a legislação processual trabalhista, julgue os seguintes itens, relativos ao *jus postulandi*, à reclamação e às provas no processo do trabalho.

**(1)** A possibilidade de empregado e empregador reclamarem pessoalmente na justiça do trabalho, conhecida como *jus postulandi*, foi extinta pela reforma trabalhista.

**(2)** Na reclamação trabalhista feita por escrito, o pedido deverá ser certo, determinado e com indicação do valor, sob pena de ser julgado extinto sem resolução do mérito.

**(3)** No processo trabalhista, para comparecer à audiência, as testemunhas serão previamente intimadas.

**1.** errado, pois a reforma trabalhista (Lei 13.467/2017) não extinguiu o *jus postulandi*, que continua em vigor nos termos do art. 791 da CLT. **2.** correto, pois reflete as disposições do art. 840, §§ 1º e 3º, da CLT. **3.**errado, pois nos termos do art. 825 da CLT as testemunhas comparecerão a audiência independentemente de notificação ou intimação. HC
Gabarito 1E, 2C, 3E

**(Procurador do Município/Manaus – 2018 – CESPE)** Em relação ao dissídio coletivo, à ação rescisória e ao mandado de segurança na justiça do trabalho, julgue os itens a seguir.

**(1)** O dissídio coletivo de greve é de natureza econômica, uma vez que constitui novas relações coletivas de trabalho e cria novas condições de trabalho.

**(2)** A competência originária para julgar ação rescisória acerca de decisão proferida por juiz de vara do trabalho ou de acórdão proferido por tribunal que tenha apreciado o mérito da causa é do próprio e respectivo TRT.

**1:** opção incorreta, pois nas lições de Carlos Henrique Bezerra Leite (Curso de Direito Processual do Trabalho, 16ª ed., 2018, p. 1618, Saraiva): "o dissídio coletivo de greve pode ter natureza meramente declaratória, se seu objeto residir apenas na declaração de abusividade ou não do movimento paredista. Se, todavia, o Tribunal apreciar e julgar os pedidos versados nas cláusulas constantes da pauta de reivindicações, o dissídio coletivo de greve terá natureza mista, pois a um só tempo, a sentença normativa correspondente declarará a abusividade (ou não) do movimento paredista e constituirá (ou não) novas relações coletivas de trabalho." **2:** Opção correta, art. 678, I, c, 2, da CLT. HC
Gabarito 1E, 2C

**(Procurador do Município/Manaus – 2018 – CESPE)** Julgue os próximos itens à luz da jurisprudência do TST acerca dos recursos na justiça do trabalho, da liquidação e da execução no processo do trabalho.

**(1)** A parte que interpuser recurso não precisará provar a existência de feriado local que autorize a prorrogação do prazo recursal, por ser este um fato notório.

**(2)** A decisão judicial proferida em dissídio individual que condenar o poder público com base em entendimento coincidente com orientação firmada no âmbito administrativo e emitida pelo próprio ente público por meio de parecer vinculante não se sujeitará ao duplo grau de jurisdição.

**(3)** Nos casos de decisões desfavoráveis aos entes públicos proferidas em precatório não caberá remessa necessária.

**(4)** Caso a reclamação trabalhista não requeira a incidência de correção monetária e juros de mora em eventual condenação trabalhista, essas rubricas não poderão ser incluídas na liquidação da respectiva sentença.

**(5)** Na execução trabalhista, é impenhorável o faturamento de empresa porque isso comprometeria o desenvolvimento regular de suas atividades, bem como o próprio emprego de seus trabalhadores.

**1:** opção incorreta, pois nos termos da súmula 385, I, do TST incumbe à parte o ônus de provar, quando da interposição do recurso, a existência de feriado local que autorize a prorrogação do prazo recursal (art. 1.003, § 6º, do CPC de 2015). **2:** Opção correta, pois nos termos da súmula 303, II, d, do TST não se sujeita ao duplo grau de jurisdição a decisão fundada em entendimento coincidente com orientação vinculante firmada no âmbito administrativo do próprio ente público, consolidada em manifestação, parecer ou súmula administrativa. **3:** Opção correta, pois nos termos da OJ 8 do Tribunal Pleno do TST em sede de precatório, por se tratar de decisão de natureza administrativa, não se aplica o disposto no art. 1º, V, do Decreto-Lei 779, de 21.08.1969, em que se determina a remessa necessária em caso de decisão judicial desfavorável a ente público. **4:** Opção incorreta, pois são pedidos implícitos. Determina a súmula 211 do TST que os juros de mora e a correção monetária incluem-se na liquidação, ainda que omisso o pedido inicial ou a condenação. **5:** Opção incorreta, pois o faturamento da empresa pode ser penhorado. Nos termos do art. 866 do CPC/2015 se o executado não tiver outros bens penhoráveis ou se, tendo-os, esses forem de difícil alienação ou insuficientes para saldar

o crédito executado, o juiz poderá ordenar a penhora de percentual de faturamento de empresa. Ademais, a OJ 93 da SDI 2 do TST dispõe: "Nos termos do art. 866 do CPC de 2015, é admissível a penhora sobre a renda mensal ou faturamento de empresa, limitada a percentual, que não comprometa o desenvolvimento regular de suas atividades, desde que não haja outros bens penhoráveis ou, havendo outros bens, eles sejam de difícil alienação ou insuficientes para satisfazer o crédito executado." Veja também o art. 835 do CPC/2015. HC
Gabarito 1E, 2C, 3C, 4E, 5E

**(Procurador do Município/Manaus – 2018 – CESPE)** Em relação à competência da justiça do trabalho, à revelia e às provas no processo do trabalho, julgue os itens que se seguem.

**(1)** A ação de indenização por dano moral decorrente da relação de trabalho proposta por sucessores de trabalhador falecido é de competência da justiça do trabalho.

**(2)** Situação hipotética: Um trabalhador requereu, por meio de reclamação trabalhista, adicional de insalubridade, mas o reclamado não contestou esse pedido, o que importou sua revelia. Assertiva: Nessa situação, o juiz poderá julgar procedente o pedido, independentemente de realização de prova pericial para verificar a alegada insalubridade.

**(3)** Em razão da indisponibilidade do interesse público, as pessoas jurídicas de direito público não se sujeitam à revelia no âmbito trabalhista.

**(4)** Caso servidor público civil tenha de depor como testemunha em hora de serviço, o juiz deverá oficiar ao chefe da repartição, requisitando o servidor para comparecer à audiência designada.

**1:** opção correta, pois de acordo com a redação da súmula 392 do TST nos termos do art. 114, inc. VI, da Constituição da República, a Justiça do Trabalho é competente para processar e julgar ações de indenização por dano moral e material, decorrentes da relação de trabalho, inclusive as oriundas de acidente de trabalho e doenças a ele equiparadas, ainda que propostas pelos dependentes ou sucessores do trabalhador falecido. **2:** Opção incorreta, pois nos termos do art. 195 da CLT a realização de perícia é obrigatória. **3:** Opção incorreta, pois nos termos da OJ 152 da SDI 1 do TST a pessoa jurídica de direito público sujeita-se à revelia prevista no artigo 844 da CLT. **4:** Opção correta, pois nos termos do art. 823 da CLT se a testemunha for funcionário civil ou militar, e tiver de depor em hora de serviço, será requisitada ao chefe da repartição para comparecer à audiência marcada. HC
Gabarito 1C, 2E, 3E, 4C

**(Procurador do Município – Prefeitura Fortaleza/CE – CESPE – 2017)** Acerca dos procedimentos nos dissídios individuais na justiça do trabalho, da reclamação, do *jus postulandi*, das partes e procuradores, julgue os itens a seguir, de acordo com o entendimento do TST.

**(1)** No processo do trabalho, a regra é a exigência da exibição dos estatutos da empresa em juízo como condição de validade do instrumento de mandato outorgado ao seu procurador.

**(2)** Não se aplica ao processo do trabalho a regra processual segundo a qual os litisconsortes que tiverem diferentes procuradores de escritórios de advocacia distintos terão prazos contados em dobro para todas as suas manifestações.

**(3)** Situação hipotética: Um cidadão postulou ação cautelar em causa própria em tema que envolve matéria sindical, mas não comprovou sua condição de advogado regularmente inscrito nos quadros da OAB. Assertiva: Nessa situação, aplicado o *jus postulandi*, será conhecida e processada regularmente a ação.

**1:** Incorreta, pois a OJ 255 SDI 1 do TST entende que o art. 75, inciso VIII, do CPC de 2015 (art. 12, VI, do CPC de 1973) não determina a exibição dos estatutos da empresa em juízo como condição de validade do instrumento de mandato outorgado ao seu procurador, salvo se houver impugnação da parte contrária. **2:** Correta, pois, nos termos da OJ 310 da SDI 1 do TST, é inaplicável ao processo do trabalho a norma contida no art. 229, "caput" e §§ 1º e 2º, do CPC de 2015 (art. 191 do CPC de 1973), em razão de incompatibilidade com a celeridade que lhe é inerente. **3:** Incorreta, pois, nos termos da súmula 425 do TST,

# 17. DIREITO PROCESSUAL DO TRABALHO — 603

o *jus postulandi* da parte não poderá ser utilizado para apresentação de medida cautelar. HC

Gabarito 1E, 2C, 3E

**(Procurador do Município – Prefeitura Fortaleza/CE – CESPE – 2017)** A respeito da competência, das provas e do procedimento sumaríssimo na justiça do trabalho, julgue os itens que se seguem.

**(1)** Quando estiver representando o município em juízo, o procurador estará dispensado da juntada de procuração e de comprovação do ato de nomeação durante todo o processamento da demanda, especialmente no caso de reclamação trabalhista de rito sumaríssimo.

**(2)** Em lides que possuem objetos e procuradores distintos, torna-se suspeita a testemunha que estiver litigando ou que tenha litigado contra esse mesmo empregador.

**1:** Incorreta, pois, nos termos do art. 852-A, parágrafo único, CLT, estão excluídas do procedimento sumaríssimo as demandas em que é parte a Administração Pública direta, autárquica e fundacional. **2:** Incorreta, pois, nos termos da súmula 357, TST, não torna suspeita a testemunha o simples fato de estar litigando ou de ter litigado contra o mesmo empregador. HC

Gabarito 1E, 2E

**(Procurador do Município – Prefeitura Fortaleza/CE – CESPE – 2017)** Julgue os itens subsequentes, a respeito de recursos, execução, mandado de segurança e ação rescisória em processo do trabalho.

**(1)** No caso de ação coletiva em que sindicato atue como substituto processual na defesa de direitos individuais homogêneos, o entendimento do TST é de que o pagamento individualizado do crédito devido pela fazenda pública aos substituídos não afronta a proibição de fracionamento do valor da execução para fins de enquadramento em pagamentos da obrigação como requisição de pequeno valor.

**(2)** Segundo o TST, na hipótese de dúvida sobre o cabimento de agravo de petição, cabe mandado de segurança contra decisão que indefira a desconstituição de penhora de numerário nos autos da reclamação trabalhista.

**(3)** Salvo prova de miserabilidade jurídica do autor, a ação rescisória se sujeita ao depósito prévio de 20% do valor da causa. Conforme o TST, o reconhecimento da decadência no caso de ação rescisória implica a reversão ao réu do valor do depósito prévio.

**(4)** Segundo o TST, não é cabível a interposição de recurso de embargos contra decisão judicial monocrática.

**1:** Correta. Isso porque a OJ 9 do Tribunal Pleno do TST entende que em se tratando de reclamações trabalhistas plúrimas, a aferição do que vem a ser obrigação de pequeno valor, para efeito de dispensa de formação de precatório e aplicação do disposto no § 3º do art. 100 da CF/88, deve ser realizada considerando-se os créditos de cada reclamante. Veja também Informativo TST Execução 28. **2:** Correta. De acordo com o Informativo TST Execução 28, é cabível mandado de segurança contra decisão que indefere a desconstituição de penhora de numerário nos autos de reclamação trabalhista na hipótese de dúvida sobre o cabimento de agravo de petição. Veja decisão Processo: RO - 21245-75.2016.5.04.0000. **3:** Correta, pois, nos termos do art. 836 da CLT, a ação rescisória se sujeita ao depósito prévio de 20% do valor da causa, salvo prova de miserabilidade jurídica do autor. Ademais, nos termos do art. 974, parágrafo único, CPC/2015, aplicado ao processo do trabalho por força do art. 769 da CLT e art. 15 do CPC/2015, considerando, por unanimidade, inadmissível ou improcedente o pedido, o tribunal determinará a reversão, em favor do réu, da importância do depósito. Veja também informativo 144 TST. **4:** Correta, pois, nos termos da OJ 378 SDI 1 do TST, não encontra amparo no art. 894 da CLT, quer na redação anterior quer na redação posterior à Lei 11.496, de 22.06.2007, recurso de embargos interposto à decisão monocrática exarada nos moldes do art. 932 do CPC de 2015 (art. 557 do CPC de 1973) e 896, § 5º, da CLT, pois o comando legal restringe seu cabimento à pretensão de reforma de decisão colegiada proferida por Turma do Tribunal Superior do Trabalho. HC

Gabarito 1C, 2C, 3C, 4C

**(Procurador do Estado/AM – 2016 – CESPE)** Acerca da jurisprudência do TST relativa a ação rescisória, mandado de segurança e competência na justiça do trabalho, julgue os itens a seguir.

**(1)** Procuração outorgada com poderes específicos para ajuizamento de reclamação trabalhista autoriza a propositura de mandado de segurança.

**(2)** As relações de trabalho decorrentes de estágio se inserem na competência da justiça do trabalho, ainda que o contratante seja ente da administração pública direta.

**(3)** Caso se verifique que a parte interessada não tenha juntado à petição inicial o comprovante do trânsito em julgado de decisão objeto de ação rescisória, o relator não deverá indeferir de plano essa ação, devendo abrir prazo para que se junte o referido documento, sob pena de indeferimento.

**1:** opção incorreta, pois, nos termos da OJ 151 da SDI 2 do TST, a procuração outorgada com poderes específicos para ajuizamento de reclamação trabalhista não autoriza a propositura de ação rescisória e mandado de segurança; **2:** opção incorreta, pois as relações de trabalho de ente da administração pública direta serão de competência da Justiça comum; *vide* julgamento da ADI 3395-6; **3:** opção correta, pois, nos termos da Súmula 299, II, do TST, verificando o relator que a parte interessada não juntou à inicial o documento comprobatório do trânsito em julgado da decisão objeto de ação rescisória, abrirá prazo de 15 (quinze) dias para que o faça (art. 321 do CPC de 2015), sob pena de indeferimento. HC

Gabarito 1E, 2E, 3C

**(Analista Judiciário – TRT/8ª – 2016 – CESPE)** Considerando o disposto na legislação trabalhista sobre embargos à execução, revelia e confissão, dissídios coletivos e competência do Tribunal Superior do Trabalho (TST), assinale a opção correta.

**(A)** O TST é competente para julgar originariamente os dissídios coletivos de categorias profissionais representadas por entidades de classe.

**(B)** A oposição de embargos à execução independe da garantia ou penhora de bens.

**(C)** No processo do trabalho, torna-se inexigível o título judicial declarado inconstitucional em decorrência de lei ou ato normativo.

**(D)** Nos casos em que o reclamado não comparecer à audiência, o processo deverá ficar suspenso até o reclamante demonstrar não haver concorrido para a ausência da parte requerida.

**(E)** Na audiência designada para a prolação de decisão, deverão comparecer as partes pessoalmente, não se admitindo outorga de poderes; no caso de revelia, poderá a parte presente requerer a nulidade do processo.

**A:** opção incorreta, pois a competência será do TRT para os dissídios coletivos de âmbito regional, ligados ao território sobre o qual o TRT possui jurisdição, nos termos do art. 678, I, *a*, da CLT e art. 6º da Lei 7.701/88. No entanto, serão de competência do TST os dissídios coletivos de âmbito suprarregional, ou seja, que abranjam mais de um Estado ou se forem de âmbito nacional, isto é, na hipótese de se tratar de uma categoria representativa de todo País; **B:** opção incorreta, pois, nos termos do art. 884 da CLT, é necessária a garantia do juízo para apresentação de embargos à execução. Não se aplica a regra disposta no art. 914 do CPC/2015; **C:** opção correta, pois reflete o disposto no art. 884, § 5º, CLT; **D:** opção incorreta, pois, nos termos do art. 844 da CLT, o não comparecimento do reclamado importa revelia, além de confissão quanto à matéria de fato; **E:** opção incorreta, pois, na audiência em prosseguimento de prolação de sentença, as partes não precisam estar presentes. Nesse sentido, veja Súmula 9, do TST. HC

Gabarito C

**(Analista Judiciário – TRT/8ª – 2016 – CESPE)** O advogado público Arnaldo, representando Joãof, ex-empregado da instituição X, propôs ação trabalhista contra tal instituição mediante processo judicial eletrônico. A petição inicial foi distribuída diretamente, em formato digital, sem a intervenção da respectiva secretaria ou cartório judicial. O representante legal da referida instituição recebeu a citação válida no prazo legal.

A respeito dessa situação hipotética, assinale a opção correta.

**604** HERMES CRAMACON E LUIZ FABRE

(A) É obrigação da instituição exigir o recebimento da citação em mídia impressa.

(B) O patrono da causa não consta no rol daqueles que se podem valer da utilização do processo eletrônico judicial.

(C) O representante legal da instituição deve apresentar contrarrazões no prazo de expediente do respectivo órgão judiciário.

(D) Não há óbice à utilização do processo judicial eletrônico nessa situação.

(E) O advogado da instituição poderá alegar, em contestação, a nulidade da citação por vício na distribuição.

A: opção incorreta, pois, nos termos do art. 9º da Lei 11.419/2006, no processo eletrônico, todas as citações, intimações e notificações, inclusive da Fazenda Pública, serão feitas por meio eletrônico; B: opção incorreta, pois, nos termos do art. 10 da Lei 11.419/2006, a distribuição da petição inicial e a juntada da contestação, dos recursos e das petições em geral, todos em formato digital, nos autos de processo eletrônico, podem ser feitas diretamente pelos advogados públicos e privados; C: opção incorreta, pois, nos termos do art. 10, § 1º, CLT, sempre que o ato processual tiver de ser praticado em determinado prazo, por meio de petição eletrônica, serão considerados tempestivos os efetivados até as 24 (vinte e quatro) horas do último dia; D: opção correta, pois, de fato, não há óbice à utilização de processo eletrônico. Veja art.10 da Lei 11.419/2006; E: opção incorreta, pois não há vício na distribuição, tendo em vista que foi observada a regra disposta no art. 10 da Lei 11.419/2006. **HC**
Gabarito "D".

**(Advogado União – AGU – CESPE – 2015)** No que diz respeito à competência da justiça do trabalho, a liquidação de sentença trabalhista e a ação rescisória, julgue os itens a seguir.

(1) Conforme entendimento consolidado pelo TST, a apresentação de procuração por meio da qual se outorguem poderes específicos para ajuizar reclamação trabalhista não supre a ausência de nova procuração específica para a propositura de ação rescisória.

(2) De acordo com recente entendimento do STF, a justiça do trabalho não detém competência para processar e julgar de ofício a execução das contribuições previdenciárias relativas ao objeto dos acordos por ela homologados.

(3) Elaborados os cálculos de liquidação de sentença, a abertura de prazo pelo juiz do trabalho para impugnação será facultativa em relação às partes e obrigatória para a União.

1: Correta, pois a OJ 151 da SDI 2 do TST entende que a procuração outorgada com poderes específicos para ajuizamento de reclamação trabalhista não autoriza a propositura de ação rescisória e mandado de segurança. Constatado, todavia, o defeito de representação processual na fase recursal, cumpre ao relator ou ao tribunal conceder prazo de 5 (cinco) dias para a regularização, nos termos da Súmula 383, item II, do TST. 2: Incorreta, pois, nos termos da súmula vinculante 53 do STF, a competência da Justiça do Trabalho prevista no art. 114, VIII, da Constituição Federal alcança a execução de ofício das contribuições previdenciárias relativas ao objeto da condenação constante das sentenças que proferir e acordos por ela homologados. 3: Incorreta, pois, nos termos do art. 879, § 2º, CLT, de acordo com a redação dada pela Lei 13.467/2017, elaborada a conta e tornada líquida, o juízo DEVERÁ abrir às partes prazo comum de 8 (oito) dias para impugnação fundamentada com a indicação dos itens e valores objeto da discordância, sob pena de preclusão. Ademais, nos termos do § 3º do mesmo dispositivo, a intimação do INSS também é obrigatória, tendo em vista que o citado dispositivo ensina que o Juiz procederá a intimação da União. **HC**
Gabarito 1C, 2E, 3E

**(Procurador do Estado – PGE/BA – CESPE – 2014)** Acerca de recursos, execução trabalhista e dissídio coletivo, julgue os itens seguintes.

(1) Realizada a hasta pública na execução, o bem deverá ser vendido ao interessado que ofertar o maior lance, e o arrematante deverá garantir o lance com sinal correspondente a 10% do valor inicialmente orçado.

(2) A sentença normativa proferida posteriormente à sentença rescindenda é considerada documento novo para fins de rescisão de sentença de mérito transitada em julgado.

(3) Segundo entendimento consolidado do TST, recurso sem assinatura deve ser considerado inexistente. Será considerado válido o apelo se assinado, ao menos, na petição de apresentação ou nas razões recursais.

(4) É cabível recurso ordinário caso o juiz declare a incompetência absoluta em razão da matéria da justiça do trabalho e determine a remessa dos autos à justiça comum.

(5) Segundo entendimento do TST, a fazenda pública, quando condenada subsidiariamente pelas obrigações trabalhistas devidas pela empregadora principal, não se beneficia da limitação dos juros, prevista no art. 1º-F da Lei nº 9.494/1997.

1: Incorreta, pois, nos termos do art. 888, § 2º, CLT, o arrematante deverá garantir o lance com o sinal correspondente a 20% (vinte por cento) do seu valor. 2: Incorreta, pois, nos termos da súmula 402, II, a, TST, não é prova nova apta a viabilizar a desconstituição de julgado a sentença normativa proferida ou transitada em julgado posteriormente à sentença rescindenda. 3: Correta, pois, nos termos da OJ 120, II, da SDI 1 do TST,é válido o recurso assinado, ao menos, na petição de apresentação ou nas razões recursais. 4: Correta, pois a decisão que declara a incompetência absoluta em razão da matéria da Justiça do Trabalho e determina a remessa dos autos à justiça comum é considerada decisão interlocutória terminativas de feito admitindo a interposição de recurso ordinário, em conformidade com o art. 799, § 2º, da CLT. 5: Correta, pois, nos termos da OJ 382 SDI 1 do TST, a Fazenda Pública, quando condenada subsidiariamente pelas obrigações trabalhistas devidas pela empregadora principal, não se beneficia da limitação dos juros, prevista no art. 1º-F da Lei 9.494, de 10.09.1997. **HC**
Gabarito 1E, 2E, 3C, 4C, 5C

**(Advogado – CEF – 2010 – CESPE)** Em relação aos dissídios individuais trabalhistas, assinale a opção correta.

(A) Entende-se por perempção provisória a impossibilidade de o reclamante propor nova reclamação trabalhista quando este tiver dado causa a dois arquivamentos seguidos, ainda que as ações versem sobre objetos diversos.

(B) No rito sumaríssimo, em que o valor da causa não ultrapassa 40 salários mínimos, o reclamante deverá formular pedidos líquidos e certos, sob pena de o juiz extinguir o processo sem resolução de mérito, com a consequente condenação do autor ao pagamento das custas processuais atinentes.

(C) A vara do trabalho, após recebimento e protocolização da reclamação, notificará o reclamado, por via postal e no prazo de 48 horas, da data da audiência, que poderá ser realizada dentro de cinco dias após o recebimento da notificação pelo reclamado.

(D) Pelo princípio da impugnação especificada, o reclamado deverá esclarecer, em sua defesa e de forma geral, se todas as alegações do autor são inverídicas ou se a pretensão deste é improcedente, requerendo a improcedência dos pedidos contidos na peça vestibular.

(E) Quanto aos créditos resultantes das relações de trabalho, a prescrição não poderá ser interrompida caso a ação seja arquivada, haja vista os princípios da celeridade e da economia processual.

A: opção incorreta, pois para que seja considerada perempta os objetos das ações devem ser iguais. Veja art. 732 da CLT; B: opção correta, pois reflete o entendimento disposto nos arts. 852-A, 852-B, I e seu § 1º, da CLT; C: opção incorreta, pois nos termos do art. 841 da CLT a audiência deverá ocorrer, no mínimo, 5 dias após o recebimento da notificação; D: opção incorreta, pois não é permitida a contestação por negativa geral; E: opção incorreta, pois nos termos do entendimento solidificado na Súmula 268 do TST a ação trabalhista, ainda que arquivada, interrompe a prescrição somente em relação aos pedidos idênticos. **HC**
Gabarito "B".

# 18. DIREITO DO CONSUMIDOR

André de Carvalho Barros, Gabriela R. Pinheiro, Roberta Densa e Wander Garcia*

## 1. CONCEITO DE CONSUMIDOR E RELAÇÃO DE CONSUMO

Determinada sociedade por quotas de responsabilidade limitada compra peças de uma sociedade em comum e as utiliza na montagem do produto que revende.

**(Delegado - PC/SE - 2018 - CESPE/CEBRASPE)** Considerando essa situação, julgue o item a seguir, com base no Código de Defesa do Consumidor (CDC) e nas normas de direito civil e empresarial.

(1) Nessa relação entre as empresas, a sociedade limitada não se enquadra no conceito de consumidora, conforme o CDC.

**1. correta.** Dado o conceito de consumidor, nos termos do art. 2º do CDC, não pode ser considerado consumidor aquele que adquire o produto ou serviço para insumo (ou atividade intermediária). Neste caso, a relação é empresarial, afastando a incidência do CDC. **RD**

Gabarito 1C

**(Defensor Público/AL – 2017 – CESPE)** A necessidade de proteção dos destinatários finais dos produtos e serviços ofertados no mercado de consumo abarca as pessoas humana e jurídica, com o objetivo de tutelar a vulnerabilidade e a hipossuficiência dos consumidores. A partir dessa informação, assinale a opção correta, a respeito dos integrantes e do objeto da relação de consumo.

(A) Aplica-se o CDC para a relação entre condômino e condomínio no que diz respeito à cobrança de taxas, em decorrência da vulnerabilidade do condômino em relação ao condomínio.

(B) Em circunstâncias específicas, pessoas que não firmaram qualquer contrato de consumo podem ser equiparadas a consumidores, para fins de proteção.

(C) O conceito de fornecedor não abarca as pessoas jurídicas que atuam sem fins lucrativos, com caráter beneficente ou filantrópico, ainda que elas desenvolvam, mediante remuneração, atividades no mercado de consumo.

(D) Com base na teoria finalista, a condição de destinatário final do produto não é requisito essencial para a classificação da pessoa física ou jurídica como consumidora.

(E) A teoria maximalista amplia sobremaneira o alcance da relação de consumo, mas não abarca as pessoas jurídicas, devido ao fato de considerar que estas jamais se encontrarão em situação de vulnerabilidade frente ao fornecedor.

**A: incorreta.** De acordo com a jurisprudência do STJ, não incide o Código de Defesa do Consumidor nas relações jurídicas estabelecidas entre condomínio e condôminos (vide AgRg no REsp 1096723); **B: correta.** O consumidor por equiparação nos termos do art. 2º, parágrafo único, art. 17 e art. 29 do CDC pode ser considerado consumidor, ainda que não tenha firmado qualquer contrato com fornecedores no mercado de consumo; **C: incorreta.** Para que haja a caracterização de fornecedor no mercado de consumo, basta a colocação de produtos e serviços de forma habitual e onerosa. Não é elemento caracterizador do conceito de fornecedor o objetivo de lucro; **D: incorreta.** De acordo com a teoria finalista (adotada pelo STJ), consumidor é destinatário final da relação de consumo, ou seja, é aquele que retira o produto do mercado, com a finalidade de uso próprio ou fins profissionais, desde que esteja presente a vulnerabilidade; **E: incorreta.** De acordo com a

teoria maximalista, consumidor é quem retira o produto do mercado de consumo, independentemente do uso pessoal ou profissional. O STJ já firmou entendimento nesse sentido, afirmando que é possível considerar consumidor o consumidor, pessoa física ou jurídica, que retira o produto do mercado com a finalidade profissional, desde que esteja presente a vulnerabilidade. **RD**

Gabarito "B".

**(Defensor Público/PE – 2018 – CESPE)** Conforme o entendimento do STJ, o CDC aplica-se a

(A) relação contratual entre cliente e advogado.

(B) contrato de plano de saúde administrado por entidade de autogestão.

(C) contratos de previdência complementar celebrados com entidades abertas.

(D) litígio entre condômino e condomínio edilício referente à cobrança de taxa de condomínio.

(E) contrato de aquisição de equipamento médico por entidade privada proprietária de rede de hospitais.

**A: incorreta.** Conforme interpretação do STJ, o exercício da advocacia é regulado pela Lei 8.906/94, que disciplina a postura ético-profissional do advogado bem como prevê sanções sobre o exercício inadequado da profissão; **B: incorreta.** De acordo com a Súmula 608 do STJ, "aplica-se o Código de Defesa do Consumidor aos contratos de plano de saúde, salvo os administrados por entidades de autogestão"; **C: correta.** Conforme a Súmula 563, "O Código de Defesa do Consumidor é aplicável às entidades abertas de previdência complementar, não incidindo nos contratos previdenciários celebrados com entidades fechadas"; **D: incorreta.** Não incide o Código de Defesa do Consumidor nas relações jurídicas estabelecidas entre condomínio e condôminos. (Vide AgRg no REsp 1096723/PR e AgRg no AREsp 506687/DF); **E: incorreta.** De acordo com o REsp 1321614/SP, de relatoria do Ministro Ricardo Villas Boas Cueva, "consumidor é toda pessoa física ou jurídica que adquire ou utiliza, como destinatário final, produto ou serviço oriundo de um fornecedor. Por sua vez, destinatário final, segundo a teoria subjetiva ou finalista, adotada pela Segunda Seção desta Corte Superior, é aquele que última a atividade econômica, ou seja, que retira de circulação do mercado o bem ou o serviço para consumi-lo, suprindo uma necessidade ou satisfação própria, não havendo, portanto, a reutilização ou o reingresso dele no processo produtivo. Logo, a relação de consumo (consumidor final) não pode ser confundida com relação de insumo (consumidor intermediário)". **RD**

Gabarito "C".

**(Magistratura/BA – 2012 – CESPE)** A respeito dos integrantes e do objeto da relação de consumo, assinale a opção correta.

(A) As normas consumeristas são aplicáveis à relação decorrente do serviço de fornecimento de água e esgoto, aos contratos de previdência privada e à relação estabelecida entre condomínio e condôminos.

(B) Considera-se serviço qualquer atividade — salvo as decorrentes das relações de caráter trabalhista — fornecida no mercado de consumo, mediante remuneração, o que inclui as atividades de natureza bancária, financeira, de crédito e securitária.

(C) A corrente maximalista ou objetiva considera consumidor o "não profissional", ou seja, de acordo com essa corrente, consumidor é somente aquele que adquire ou utiliza um produto para uso próprio ou de sua família.

(D) Segundo a corrente finalista ou subjetiva, o destinatário final é o destinatário fático, não importando a destinação econômica dada ao bem nem se aquele que adquire o produto ou o serviço tem, ou não, finalidade de lucro.

(E) Conforme entendimento pacificado pela jurisprudência do STJ, deve-se sempre adotar, considerando-se o disposto

---

\* **Gabriela R. Pinheiro** comentou as questões de MP/PI/14 e Defensoria/DF/13; **RD Roberta Densa** comentou as questões de DPE/RN/16, Juiz/AM/16, Juiz/DF/16; **André de Carvalho Barros e Wander Garcia** comentaram as demais questões.

no CDC, a teoria finalista, independentemente de restar evidenciada a vulnerabilidade do adquirente do produto ou serviço.

**A:** incorreta, pois embora possa ser caracterizada a relação de consumo no serviço de fornecimento de água e esgoto (AgRg no REsp 1221844/RJ, Rel. Ministro ARNALDO ESTEVES LIMA, PRIMEIRA TURMA, julgado em 18/08/2011) e também nos contratos de previdência privada (Súmula 563 do STJ), o CDC não é aplicável às relações estabelecidas entre condomínios e condôminos (REsp 441.873/DF, Rel. Ministro CASTRO FILHO, TERCEIRA TURMA, julgado em 19/09/2006); **B:** correta, está de acordo com o art. 3°, § 2°, CDC; **C:** incorreta, pois pela teoria maximalista ou objetiva consumidor é toda pessoa que adquire ou utiliza produto ou serviço como destinatário final fático, não importando se para uso próprio ou profissional; **D:** incorreta, pois pela teoria finalista ou subjetiva apenas pode ser considerado como consumidor o destinatário final fático e econômico, considerado como aquele que põe fim ao ciclo econômico do produto ou do serviço; **E:** incorreta, pois o STJ tem adotado a teoria do finalismo aprofundado, também conhecida como teoria híbrida ou mista para aceitar como consumidor o destinatário final fático (REsp 1195642/RJ, Rel. Ministra NANCY ANDRIGHI, TERCEIRA TURMA, julgado em 13/11/2012).
Gabarito "B".

**(Ministério Público/RR – 2012 – CESPE)** Considerando as características do CDC, os princípios aplicáveis ao direito do consumidor bem como os integrantes da relação de consumo, assinale a opção correta.

**(A)** Segundo a corrente maximalista ou objetiva, consumidor é o não profissional, ou seja, aquele que adquire ou utiliza um produto para uso próprio ou de sua família.

**(B)** Consoante o que postula a corrente finalista ou subjetiva, o destinatário final é o destinatário fático, pouco importando a destinação econômica do bem ou a finalidade lucrativa daquele que adquire o produto ou o serviço.

**(C)** O STJ adota, em regra, a teoria finalista, mas, em casos em que reste evidente a vulnerabilidade do adquirente do produto ou serviço, adota a teoria maximalista, preferindo alguns autores denominá-la, nesses casos, de teoria finalista mitigada, atenuada ou aprofundada.

**(D)** Embora não previsto expressamente no CDC, o princípio da vulnerabilidade é considerado pela doutrina consumerista como um pilar do direito do consumidor.

**(E)** O direito do consumidor é sub-ramo do direito privado e, em razão da sua especificidade, todos os direitos e garantias dos consumidores estão exclusivamente previstos no CDC.

**A:** incorreta, segundo a corrente maximalista ou objetiva o destinatário final é aquele que retira o produto ou serviço do mercado de consumo, não importando a finalidade. Desta forma, admite como consumidor tanto não profissional como também o profissional (ex: a empresa que compra algodão para fazer toalhas); **B:** incorreta, para a corrente finalista ou subjetiva, o consumidor destinatário final é aquele que adquire produto ou serviço para consumo próprio ou de sua família. O consumidor profissional não é admitido pela teoria finalista (ex: o advogado que compra computador para fazer suas petições); **C:** correta, pois reflete a jurisprudência atualizada do Superior Tribunal de Justiça; **D:** incorreta, o princípio da vulnerabilidade está previsto expressamente no art. 4°, I, do CDC; **E:** incorreta, pois de acordo com a Teoria do Diálogo das Fontes as normas jurídicas não se excluem, podendo com isso ser aplicado outros direitos e garantias não previstos no CDC (ex: Lei de Planos de Saúde, Estatuto do Idoso, Código Civil etc.).
Gabarito "C".

**(Ministério Público/RR – 2012 – CESPE)** De acordo com a jurisprudência do STJ, aplicam-se as regras do CDC a:

**(A)** contrato de locação, perícia judicial e serviços notariais.

**(B)** serviço de fornecimento de água e esgoto, contrato de previdência privada e contrato de plano de saúde.

**(C)** crédito educativo custeado pelo Estado ao aluno, relação travada entre condomínio e condôminos e contrato de franquia.

**(D)** contrato de serviços advocatícios, contrato de trabalho e envio de produto gratuitamente como brinde.

**(E)** pagamento de contribuição de melhoria, contrato de cooperação técnica entre empresas de informática e contrato bancário.

**A:** incorreta, de acordo com a jurisprudência do STJ o CDC não é aplicável aos contratos de **locação de bens imóveis,** por haver estatuto jurídico próprio, a Lei 8.245/1991 (REsp. 605.295/MG, Quinta Turma, Rel. Min. Laurita Vaz, julgado em 20.10.2009), à **perícia judicial** (Resp 213.799/SP, Min. Sálvio de Figueiredo Teixeira, Quarta Turma, julgado em 24.06.2003) e também aos **serviços notariais,** por ter estatutos normativos próprios como a Lei 6.015/1973 e a Lei 8.935/1994 (Resp 625.144/SP, Terceira Turma, Rel. Min. Nancy Andrighi, julgado em 14.03.2006); **B:** correta, segundo o STJ o Código de Defesa do Consumidor é aplicável ao **serviço de fornecimento de água e esgoto** (AgRg no REsp 1.151.496/SP, Primeira Turma, Rel. Min. Arnaldo Esteves Lima, julgado em 23.11.2010), aos **contratos de previdência privada** (Súmula 563 do STJ: *"O Código de Defesa do Consumidor é aplicável às entidades abertas de previdência complementar, não incidindo nos contratos previdenciários celebrados com entidades fechadas"*), e aos **contratos de plano de saúde** (Resp 285.618/SP, Rel. Min. Luis Felipe Salomão, Quarta Turma, julgado em 18/12/2008); **C:** incorreta, o CDC não é aplicável ao **crédito educativo custeado pelo Estado** (REsp 1.256.227/RS, Rel. Min. Mauro Campbell Marques, Segunda Turma, julgado em 14.08.2012), à relação entre **condomínio e condôminos** (REsp 441.873/DF, Rel. Min. Castro Filho, julgado em 19.09.2006) e aos **contratos de franquia** (REsp 632.958/AL, Rel. Min. Aldir Passarinho Junior, Quarta Turma, julgado em 04.03.2010); **D:** incorreta, o CDC não é aplicável ao **contrato de serviços advocatícios,** por existir lei específica, o Estatuto da Advocacia (Lei 8.906/1994) (REsp 1.134.889/PE, Quarta Turma, Rel. Min. Aldir Passarinho Junior, julgado em 26.04.2005). Quanto ao **contrato de trabalho,** o próprio art. 3°, § 2°, do CDC excepciona as relações de caráter trabalhista da incidência do CDC. Quanto aos brindes, entendemos que o CDC deve ser aplicado (art. 39, III, CDC); **E:** incorreta, pois de acordo com a jurisprudência do STJ, o CDC não é aplicável ao **pagamento de contribuição de melhoria,** (REsp 124.201/SP, Rel. Ministro Demócrito Reinaldo, julgado em 07.11.1997), **aos contratos de cooperação técnica entre empresas de informática** e aos **contratos bancários** (REsp 445.854/MS, Terceira Turma, Rel. Min. Castro Filho, julgado em 02.12.2003).
Gabarito "B".

## 2. PRINCÍPIOS E DIREITOS BÁSICOS

**(Defensor Público/AL – 2017 – CESPE)** Os princípios consagrados no Código de Defesa do Consumidor (CDC) consistem no ponto de partida para a compreensão do sistema adotado pela lei consumerista e dos seus aspectos de proteção aos vulneráveis negociais. Considerando essas informações, assinale a opção correta, acerca dos princípios fundamentais do CDC e de suas consequências práticas.

**(A)** O princípio da equivalência negocial, embora seja um critério limitativo da liberdade contratual, não impede que o fornecedor redija condição geral contratual que determine a utilização compulsória de arbitragem.

**(B)** A falta de clareza na elaboração de uma condição geral contratual não enseja a sua invalidade, já que, nesse caso, deve ser aplicado o princípio da conservação dos pactos contratuais, a fim de tutelar as expectativas das partes.

**(C)** A caracterização da vulnerabilidade do consumidor admite prova em contrário, a qual pode ser demonstrada, em cada caso concreto, por meio das particularidades da situação fático-jurídica.

**(D)** A inversão do ônus da prova, considerada um direito básico do consumidor, exige dois critérios para a sua aplicação: alegação verossímil e hipossuficiência do consumidor.

**(E)** A hipossuficiência do consumidor – que não se relaciona, necessariamente, à condição financeira, política e social do destinatário final do produto – deve ser aferida em cada caso concreto, não podendo ser simplesmente presumida.

**A:** incorreta. É abusiva a cláusula contratual que determina a arbitragem compulsória (art. 51, VII, do CDC); **B:** incorreta. Nos termos do art. 46 do CDC, o contrato não obrigará o consumidor se os respectivos instrumentos forem redigidos de modo a dificultar a compreensão de

## 18. DIREITO DO CONSUMIDOR · 607

seu sentido e alcance, podendo ensejar a sua nulidade; **C**: incorreta. A vulnerabilidade do consumidor é princípio da lei consumerista, e está reconhecida no art. 4º, I, do CDC; **D**: incorreta. Para que haja a inversão do ônus da prova, basta que seja comprovada a verossimilhança ou a hipossuficiência do consumidor; **E**: correta. A vulnerabilidade do consumidor é sempre reconhecida e princípio basilar do CDC. A hipossuficiência, por outro lado, traduz a dificuldade de fazer a prova em juízo (art. 6º, VIII, do CDC). [RD]

Gabarito "E".

**(Magistratura/PA – 2012 – CESPE)** Com base nos princípios relacionados ao direito do consumidor, assinale a opção correta.

**(A)** A prevenção e a reparação dos danos dizem respeito apenas aos direitos dos consumidores individuais, conforme previsão legal.

**(B)** O CDC autoriza a intervenção direta do Estado no domínio econômico, para garantir a proteção efetiva do consumidor.

**(C)** Apesar de não estar expressamente previsto no CDC, o dever de informação é um princípio fundamental nas relações de consumo.

**(D)** Práticas abusivas que, adotadas pelo fornecedor, atinjam exclusivamente direitos subjetivos do consumidor não são consideradas ilícitas pela legislação que regula as relações de consumo.

**(E)** Em razão da natureza jurídica da relação de consumo, a desproporcionalidade entre as prestações enseja rescisão do contrato, não sendo possível a revisão de cláusulas contratuais.

**A**: incorreta, é direito básico do consumidor a efetiva prevenção e reparação de danos patrimoniais e morais, individuais, coletivos e difuso (art. 6º, VI CDC); **B**: correta, conforme o art. 4º, II, "c", CDC; **C**: incorreta, o dever de informação está previsto no art. 4º, IV, do CDC; **D**: incorreta, pois o art. 39, *caput*, do CDC considera como ilícitas as práticas abusivas descritas em seus incisos; **E**: incorreta, o direito à revisão contratual está expresso no art. 6º, V, do CDC.

Gabarito "B".

**(Magistratura/PA – 2012 – CESPE)** À luz do CDC, assinale a opção correta.

**(A)** As normas de direito material previstas no CDC refletem em todo o sistema jurídico, incidindo, inclusive, em relações jurídicas que não sejam de consumo.

**(B)** A defesa do consumidor é um princípio fundamental da ordem econômica.

**(C)** A vulnerabilidade do consumidor, prevista no CDC, não guarda relação com a aplicação do princípio da igualdade, expresso na CF.

**(D)** O CDC não possui autonomia como estatuto jurídico regulador das relações de consumo, funcionando apenas como uma lei principiológica.

**(E)** Embora constituído por um conjunto de normas jurídicas de ordem pública e de interesse social, o CDC não prevalece sobre lei especial, ainda que prejudicial ao consumidor.

**A**: incorreta, as normas de direito material previstas no CDC incidem apenas sobre as relações jurídicas de consumo, o que não ocorre com as normas de direito instrumental / processual; **B**: correta, a defesa do consumidor é um princípio fundamental da ordem econômica, previsto no art. 170, V, da Constituição Federal de 1988; **C**: incorreta, pois a vulnerabilidade do consumidor na relação jurídica de consumo legitima a aplicação de regras desiguais para pessoas que estão em situação de desigualdade, consagrando, assim, o princípio da igualdade material; **D**: incorreta, pois o CDC possui autonomia como estatuto jurídico regulador das relações de consumo; **E**: incorreta, o CDC prevalece sobre lei especial se a mesma for prejudicial ao consumidor. Como exemplo, podemos citar a possibilidade de conflito entre o CDC e a lei que trata dos planos de saúde (Lei 9.656/1998).

Gabarito "B".

**(Defensor Público/RO – 2012 – CESPE)** Entre os instrumentos com os quais o poder público conta para a execução da Política Nacional das Relações de Consumo inclui-se

**(A)** a instituição de promotorias de justiça de defesa do consumidor, no âmbito do MP.

**(B)** a assistência jurídica integral e gratuita a todos os consumidores.

**(C)** a criação do balcão de atendimento ao consumidor, no âmbito municipal.

**(D)** a instituição de associações de defesa do consumidor.

**(E)** o fomento pecuniário às fundações instituídas para a defesa do consumidor.

**A**: correta (art. 5º, II, do CDC); **B**: incorreta, pois a assistência jurídica integral e gratuita é apenas para o consumidor carente (art. 5º, I, do CDC); **C**: incorreta, pois não há tal previsão no art. 5º do CDC; **D**: incorreta, pois o instrumento consiste no estímulo à criação de associações consumeristas e não à própria criação dessas associações pelo Poder Público, art. 5º, V, do CDC; **E**: incorreta, pois a previsão legal é de "concessão de estímulos à criação e desenvolvimento das Associações de Defesa do Consumidor" (art. 5º, V, do CDC).

Gabarito "A".

**(Defensor Público/AL – 2017 – CESPE)** Devido ao fato de a expansão do mercado de consumo ter elevado a vulnerabilidade do consumidor, o CDC, para resguardar esses consumidores, estabeleceu como direito básico do destinatário final do produto e(ou) serviço a prevenção e a reparação de danos patrimoniais, morais, individuais, coletivos e difusos. Considerando esse assunto, assinale a opção correta, a respeito da responsabilidade do fornecedor pelo vício e fato do produto e do serviço.

**(A)** Em caso de vícios aparentes identificados em bens duráveis, o prazo decadencial para exercer o direito de reclamar é de cento e oitenta dias, a contar da ciência inequívoca do vício.

**(B)** Em caso de fato do produto, o prazo prescricional é de três anos, tendo por termo a quo o conhecimento do dano e de sua autoria.

**(C)** Em caso de vício do produto, os fornecedores não respondem solidariamente por divergência de qualidade e quantidade, devendo ser identificado, na cadeia produtiva, o fornecedor imediatamente responsável pelo vício alegado.

**(D)** A responsabilidade transubjetiva possibilita à vítima demandar a reparação de danos em face de quem não o tenha praticado diretamente.

**(E)** A responsabilidade do fornecedor pelo produto e(ou) serviço é valorada pelo critério objetivo, isto é, a configuração do dever de reparar prescinde da análise de culpa lato sensu, estando todos os fornecedores submetidos a esse critério.

**A**: incorreta. O direito de reclamar pelos vícios aparentes ou de fácil constatação caduca em noventa dias, tratando-se de fornecimento de serviço e de produtos duráveis (art. 26, II, do CDC); **B**: incorreta. Prescreve em cinco anos a pretensão à reparação pelos danos causados por fato do produto ou do serviço (art. 27 do CDC); **C**: incorreta. Havendo mais de um responsável pela causação do dano, todos responderão solidariamente pela reparação aos consumidores (art. 25, § 1º, do CDC); **D**: correta. Sendo a responsabilidade civil solidária (arts. 7º e 25 do CDC), o consumidor pode optar por qualquer dos fornecedores que participem da cadeia produtiva; **E**: incorreta. Os profissionais liberais têm responsabilidade civil subjetiva, devendo o consumidor fazer a prova da culpa daqueles na causação do dano (art. 14, § 4º, do CDC). [RD]

Gabarito "D".

**(Defensor Público/PE – 2018 – CESPE)** A respeito de prevenção e reparação de danos ao consumidor, julgue os seguintes itens, de acordo com o entendimento do Supremo Tribunal Federal (STF) e do Superior Tribunal de Justiça (STJ) e com as disposições do Código de Defesa do Consumidor (CDC).

I. De acordo com o STF, no caso de transporte aéreo internacional envolvendo consumidor, normas e tratados internacionais limitadores da responsabilidade do fornecedor têm prevalência em relação ao CDC.

II. Conforme a jurisprudência do STJ, a existência de corpo estranho no interior da embalagem lacrada de produto alimentício adquirido por consumidor é circunstância apta, por si só, a provocar dano moral indenizável ao consumidor, ainda que este não tenha ingerido o produto.

III. A sociedade empresária franqueadora é solidariamente responsável pelos vícios dos serviços prestados ao consumidor pela sociedade empresária franqueada, conforme a jurisprudência do STJ.

Assinale a opção correta.

(A) Apenas o item II está certo.

(B) Apenas o item III está certo.

(C) Apenas os itens I e II estão certos.

(D) Apenas os itens I e III estão certos.

(E) Todos os itens estão certos.

I: correta. Vide RE 636.331 e RE 766.618 (tese de repercussão geral 210 do Supremo Tribunal Federal: Limitação de indenizações por danos decorrentes de extravio de bagagem com fundamento na Convenção de Varsóvia); II: incorreta. A jurisprudência sobre o tema não é unânime. O posicionamento majoritário do Superior Tribunal de Justiça considera necessária a ingestão do alimento com o corpo estranho para que se configure o dano moral (vide AgInt no AREsp 1.018.168, REsp 1.395.647 e AgRg no REsp 1.537.730) (vide também REsp 1.424.304); III: correta. Vide informativo 569 do STJ "A franqueadora pode ser solidariamente responsabilizada por eventuais danos causados a consumidor por franqueada". **RD**

Gabarito "D".

## 3. RESPONSABILIDADE PELO FATO DO PRODUTO OU DO SERVIÇO E PRESCRIÇÃO

**(Juiz – TJ/CE – 2018 – CESPE)** Após embarcar em um veículo de transporte público coletivo e pagado a passagem, João se desequilibrou, em razão de uma frenagem brusca, e se acidentou no interior do veículo, o que lhe causou diversas fraturas pelo corpo.

Tendo como referência essa situação hipotética, assinale a opção correta, à luz do CDC e da jurisprudência do STJ.

(A) A relação estabelecida entre João e a empresa de transporte público coletivo proprietária do veículo não se submete ao regime da legislação consumerista.

(B) A ocorrência do acidente que lesionou o passageiro não configura defeito na prestação do serviço.

(C) O prazo para o ajuizamento da ação de reparação de danos é decadencial.

(D) A responsabilidade da empresa de transporte pelos danos causados no acidente deverá ser condicionada à demonstração da existência de culpa do prestador.

(E) O prazo para o ajuizamento da ação de reparação de danos é de cinco anos.

**A:** incorreta. Há relação de consumo com o Estado sempre que o cidadão pagar os serviços públicos por tarifa vou preço público. Isso porque, nessas hipóteses, há liberdade para a utilização do serviço por parte do consumidor, desde que pague a tarifa correspondente; **B:** incorreta. De acordo com entendimento jurisprudencial, o acidente ocorrido no interior de transporte público coletivo, que venha a causar danos aos usuários, caracteriza defeito do serviço, e a empresa responde independentemente da comprovação da culpa, em conformidade com os ditames do art. 14 do CDC (vide AgRg no AREsp 734217/RJ); **C:** incorreta. Vide justificativa da alternativa "E"; **D:** incorreta. Sendo relação jurídica de consumo, a responsabilidade civil do transportador é objetiva, nos termos do art. 14 do CDC; **E:** correta. O prazo para ajuizamento da ação de reparação prescreve em 5 anos, contados a partir do conhecimento do dano e autoria, de acordo com o disposto no art. 27 Código de Defesa do Consumidor. **RD**

Gabarito "E".

**(Defensor Público/PE – 2018 – CESPE)** Após ter sofrido grave acidente, Mariana contratou o fisioterapeuta Carlos para cuidar de sua reabilitação. Contudo, o tratamento foi malsucedido, e Mariana, por considerar que ficou inabilitada para o trabalho por tempo excessivo em razão da ineficiência e da má qualidade do serviço, deseja ajuizar demanda contra Carlos, para pleitear lucros cessantes.

Nessa situação hipotética, Mariana deve ajuizar ação de responsabilidade

(A) pelo vício do serviço, e a responsabilidade de Carlos é subjetiva.

(B) pelo fato do serviço, e a responsabilidade de Carlos é subjetiva.

(C) pelo vício do serviço, e a responsabilidade de Carlos é objetiva.

(D) pelo fato do serviço, e a responsabilidade de Carlos é objetiva.

(E) com base no Código Civil, porque não houve relação de consumo.

**A:** incorreta. Trata-se de defeito de serviço, na forma do art. 14 do CDC; **B:** correta. Uma vez que os danos causados ultrapassam a esfera econômica de Mariana e atingiram sua saúde física, estamos diante de uma hipótese de defeito de serviço (também chamado de fato do serviço), nos termos do art. 14 do CDC. A responsabilidade de Carlos é subjetiva, conforme orientação do art. 14, § 4º, que determina que a apuração da responsabilidade pessoal dos profissionais liberais seja feita mediante verificação de culpa; **C:** incorreta. Vide justificativa da alternativa "A"; **D:** incorreta. A responsabilidade pessoal do profissional liberal é subjetiva (art. 14, § 4º); **E:** incorreta. Trata-se relação jurídica de consumo entre Mariana e Carlos, posto que o fisioterapeuta é fornecedor de serviços no mercado de consumo e Mariana é destinatária final do serviço de fisioterapia. **RD**

Gabarito "B".

**(Magistratura/BA – 2012 – CESPE)** A respeito das relações de consumo, assinale a opção correta.

(A) A concessão do prazo de 30 dias para sanar o vício do produto é um direito assegurado ao fornecedor e que obriga o consumidor.

(B) A responsabilidade de uma fábrica pelos ferimentos sofridos por um empregado em decorrência da explosão de um produto nas suas dependências será dirimida pelas regras aplicáveis ao fornecedor de produtos.

(C) Para que determinada relação seja considerada de consumo, não é necessária a habitualidade quanto ao fornecedor do produto.

(D) Conforme entendimento do STJ, as entidades beneficentes não se enquadram no conceito de fornecimento, porquanto lhes falta a finalidade lucrativa.

(E) Por disposição legal, a responsabilidade do comerciante pelo fato do produto é solidária com a do fabricante.

**A:** correta, após a reclamação do consumidor o fornecedor tem 30 dias para sanar o vício (art. 26, I, CDC); **B:** incorreta, pois de acordo com o art. 3º, § 2º, o CDC não se aplica às relações de caráter trabalhista; **C:** incorreta, a habitualidade é um dos requisitos exigidos para caracterização do fornecedor de acordo com a doutrina (art. 3º, *caput*, CDC); **D:** incorreta, pois de acordo com a jurisprudência do STJ, as entidades beneficentes (ex: as associações educacionais) podem ser enquadras como fornecedoras desde que exijam remuneração pelo serviço prestado: "Para o fim de aplicação do Código de Defesa do Consumidor, o reconhecimento de uma pessoa física ou jurídica ou de um ente despersonalizado como fornecedor de serviços atende aos critérios puramente objetivos, sendo irrelevantes a sua natureza jurídica, a espécie dos serviços que prestam e até mesmo o fato de se tratar de uma sociedade civil, sem fins lucrativos, de caráter beneficente e filantrópico, bastando que desempenhem determinada atividade no mercado de consumo mediante remuneração" (REsp 519.310/SP, Rel. Ministra NANCY ANDRIGHI, TERCEIRA TURMA, julgado em 20/04/2004); **E:** incorreta, de acordo com o art. 13, CDC, o comerciante somente responde de forma subsidiária pelo fato do produto. **RD**

Gabarito "A".

**(Defensor Público/ES – 2012 – CESPE)** Com relação aos danos causados ao consumidor, julgue os próximos itens.

(1) A responsabilidade dos hospitais, no que tange a atuação técnico-profissional dos médicos que neles atuam sem vínculo de emprego ou subordinação, e subjetiva, ou seja, depende da comprovação de culpa dos prepostos, conforme a teoria de responsabilidade subjetiva dos profissionais liberais, abrigada pelo CDC.

(2) O fato de o consumidor não ser previamente informado da inscrição do seu nome em órgão de proteção ao cre-

## 18. DIREITO DO CONSUMIDOR    609

dito enseja a indenização por danos morais, ainda que a inadimplência tenha ocorrido ha mais de três meses e dela tenha ciência o consumidor.

**1:** incorreta, pois apenas o professional liberal tem a vantagem de responder subjetivamente (art. 14, § 4º, do CDC), sendo que o hospital (empresa) responde dentro da regra, ou seja, objetivamente (art. 14, *caput*, do CDC); **2:** correta, pois a Súmula STJ n. 359 impõe a prévia notificação do devedor para que se proceda à inscrição negativa no cadastro de proteção ao crédito.

*Gabarito 1E, 2C*

**(Defensor Público/AC – 2012 – CESPE)** Acerca da responsabilidade pelo fato do produto e do serviço, assinale a opção correta.

(A) A culpa concorrente da vítima consumidora não autoriza a redução de eventual condenação imposta ao fornecedor.

(B) O descumprimento, pelo fornecedor, do dever de informar o consumidor gera os chamados defeitos de concepção, inquinando o produto de vício de qualidade por insegurança.

(C) Conforme o CDC, fato e vício do produto ou serviço são conceitos sinônimos.

(D) O defeito gera a inadequação do produto ou serviço e dano ao consumidor; assim, há vício sem defeito, mas não defeito sem vício.

(E) Um produto é considerado obsoleto e defeituoso quando outro de melhor qualidade é colocado no mercado de consumo.

**A:** incorreta, pois a culpa concorrente é, sim, causa para a redução do *quantum* indenizatório, mesmo em relações de consumo (ex: STJ, REsp 1.349.894, DJ 11.04.13); **B:** incorreta, pois, no caso, tem-se defeito de informação; o defeito de concepção diz respeito à criação (à invenção) do produto; certa vez criou-se um extrato de tomate novo, numa embalagem diferente; porém, havia defeito de concepção, pois boa parte das vezes em que alguém abria a embalagem do molho, cortava o dedo; **C:** incorreta, pois o vício é um problema interno no produto (quantidade insuficiente ou impropriedade ou inadequação do produto; ex: uma TV que não funciona), ao passo que o defeito é um problema externo do produto, que acaba atingindo a saúde ou a segurança do consumidor (ex: a TV dá um choque no consumidor); o vício enseja o reparo (conserto) do produto, devendo o consumidor reclamar nos prazos previstos no art. 26 do CDC; o defeito enseja ação indenizatória no prazo do art. 26 do CDC; o vício no produto está regulamentado no art. 18 do CDC; o defeito no produto, no artigo 12 do CDC **D:** correta; de fato, se uma TV não funciona, tem-se só vício; se uma TV dá choque, tem-se defeito (afeta segurança da pessoa, ensejando indenização) e certamente um vício também, pois será necessário consertá-la; **E:** incorreta, pois o art. 12, § 2º, do CDC dispõe justamente o contrário.

*Gabarito "D".*

## 4. RESPONSABILIDADE POR VÍCIO DO PRODUTO OU DO SERVIÇO E DECADÊNCIA

**(Promotor de Justiça/RR – 2017 – CESPE)** Antônio adquiriu um televisor em um estabelecimento comercial e entrou em contato com a assistência técnica para instalação. Contudo, o técnico, ao concluir de modo correto o procedimento de instalação do aparelho, constatou que este não emitia som.

Nessa situação hipotética, a responsabilidade civil prevista no CDC está fundada no

(A) vício do serviço.

(B) fato do produto.

(C) fato do serviço.

(D) vício do produto.

**A:** incorreta. O serviço foi prestado adequadamente, o vício é do produto; **B:** incorreta. O defeito é o problema apesentado pelo produto ou pelo serviço que atinge a segurança do consumidor; **C:** incorreta. Vide justificativa anterior; **D:** correta. O vício de produto é o problema apresentado por esse que atinge a sua qualidade ou a quantidade, causando apenas prejuízo financeiro ao consumidor (art. 18 do CDC). **RD**

*Gabarito "D".*

**(Juiz de Direito/AM – 2016 – CESPE)** Xavier adquiriu, em 20/9/2012, na casa de materiais de construção Materc Ltda., piso em cerâmica fabricado pela empresa Ceramic Ltda. A Materc Ltda. comprometeu-se a instalar na cozinha da residência de Xavier o material comprado e assim o fez, prevendo contratualmente trinta dias de garantia. Posteriormente, em 19/3/2013, o piso passou a apresentar rachaduras. Diante de tal situação, Xavier contatou, em 20/3/2013, os técnicos das empresas envolvidas, que, no mesmo dia, compareceram ao local. O representante da Materc Ltda. não reconheceu a má prestação do serviço; contudo, o preposto da fabricante atestou que os produtos adquiridos apresentavam vícios. Não obstante, este informou que, como já havia transcorrido o prazo da garantia oferecido pelo serviço, bem como o prazo de trinta dias previsto em lei, nada poderia ser feito. Inconformado com os produtos adquiridos, Xavier ingressou com ação de cobrança contra os fornecedores e requereu que estes, solidariamente, restituíssem a quantia paga.

Nessa situação hipotética, conforme as disposições do CDC,

(A) o defeito descrito caracteriza a existência de fato do produto e, por isso, o prazo prescricional é de cinco anos.

(B) ao autor é assegurado o prazo prescricional de três anos previsto legalmente para a reparação civil, razão pela qual ainda não houve a perda da pretensão.

(C) a Ceramic Ltda. não pode ser responsabilizada civilmente, pois o autor se insurgiu tão somente contra os produtos adquiridos.

(D) a garantia contratual substituiu a garantia legal prevista para o caso em questão e, portanto, está prescrita a pretensão do autor.

(E) a relação jurídica estabelecida entre as partes é de consumo e, por se tratar de vício oculto, o direito do autor de reclamar ainda não caducou.

**A:** corrreta conforme o gabarito, mas o teste deveria ter sido anulado. A questão trata de um vício de produto e deve ser solucionada na forma do art. 18 do CDC. O prazo para reclamar, por se tratar de um vício inicia-se no momento em que este ficar evidenciado (art. 26, § 3º). Neste caso, o consumidor pode reclamar do vício e, caso não seja consertado no prazo legal, poderá optar por qualquer das soluções dadas pela lei: troca do produto, devolução dos valores ou abatimento proporcional do preço. Não se trata de um fato do produto como inserido na alternativa posto que, na forma do art. 12, *caput*, e parágrafo primeiro, " o produto será considerado defeituoso se não tiver segurança que o consumidor espera". Assim, o fato do produto, ou acidente de consumo, se caracteriza pela exposição da vida e da saúde do consumidor, o que não se apresenta no caso posto. **B:** incorreta, já que o prazo para reclamar é de 90 dias contados a partir do momento em que se descobre o vício (art. 26). O prazo mencionado na alternativa é o prazo de responsabilidade civil geral do Código Civil. Por se tratar de uma relação jurídica de consumo, deve-se aplicar os prazos do CDC. **C:** incorreta, tendo em vista que enunciado expõe um vício de produto, a responsabilidade civil entre o comerciante e o fabricante é solidária, ambos respondendo pelos prejuízos causados aos consumidores (art. 18). **D:** incorreta, a garantia contratual é sempre complementar (art. 50 do CDC). Por essa razão, a garantia legal sempre poderá ser exercida pelo consumidor e será de 90 dias para os produtos duráveis, contados a partir da entrega do produto (art. 26, § 1º) ou contados a partir do momento em que se descobre o vício (art. 26, § 3º). **E:** incorreta, mas deveria ter sido considerada a resposta correta. Trata-se, de fato, de relação jurídica de consumo e de um vício oculto. O prazo para reclamar é decadencial e inicia-se no momento em que ficar evidenciado o "defeito" (uso incorreto do termo pelo próprio CDC), tudo conforme o art. 26, § 3º da lei consumerista.

*Gabarito "A".*

**(Magistratura/BA – 2012 – CESPE)** Considerando que o aparelho celular novo adquirido por determinado consumidor, em um supermercado, pelo valor de R$ 800,00, pago à vista, tenha parado de funcionar após cinquenta dias de uso e que esse consumidor tenha, então, solicitado, nesse mesmo supermercado, a troca imediata do produto ou a devolução do valor pago, assinale a opção correta à luz das normas que regem as relações de consumo.

# 610 ANDRÉ DE CARVALHO BARROS, GABRIELA R. PINHEIRO, ROBERTA DENSA E WANDER GARCIA

**(A)** A troca do celular ou a devolução do valor pago pelo supermercado somente pode ser exigido no prazo legal de arrependimento, que é de sete dias, contado da venda.

**(B)** O direito do consumidor de reclamar do defeito no aparelho caducou, pois ele não o exerceu no prazo legal de trinta dias.

**(C)** O consumidor tem direito à substituição imediata do celular, uma vez que, em razão da extensão do vício, houve o comprometimento das características do aparelho.

**(D)** Na hipótese de não sanar o defeito e não ter, em estoque, outro aparelho da mesma marca e modelo, o supermercado poderá, mediante autorização do consumidor, substituir o celular defeituoso por outro de marca ou modelo diverso, com a complementação ou restituição de eventual diferença de preço.

**(E)** O consumidor não poderia acionar judicialmente o supermercado, porque, nesse caso, a responsabilidade é exclusiva do fabricante.

**A:** incorreta, pois o consumidor só pode exercer direito de arrependimento se a compra ocorreu fora do estabelecimento, que não foi o caso (art. 49, CDC) – na hipótese o consumidor pode reclamar de vício do produto no prazo de 90 dias após a constatação do defeito (art. 26, § 3º, CDC); **B:** incorreta, pois o consumidor tem o prazo de 90 dias para reclamar do vício do produto durável (art. 26, II, CDC); **C:** incorreta, pois o consumidor deve exigir o reparo do aparelho e somente se o vício não for sanado pelo fornecedor no prazo de 30 dias é que o consumidor pode exigir uma das soluções previstas no art. 18, § 1º, CDC; **D:** correta, conforme o art. 18, § 4º, CDC; **E:** incorreta, em caso de vício do produto existe responsabilidade solidária entre o comerciante e o fabricante (art. 18, *caput*, CDC).
Gabarito "D".

**(Defensor Público/AC – 2012 – CESPE)** Assinale a opção correta com relação ao que dispõe o CDC acerca do vício do produto bem como da prescrição e da decadência.

**(A)** O prazo prescricional determinado para reclamação contra vício oculto inicia-se no momento em que ficar evidenciado o defeito.

**(B)** O direito de o consumidor reclamar contra vícios aparentes ou de fácil constatação é decadencial e relacionado a direitos potestativos.

**(C)** Prescreve em sessenta dias o prazo para o consumidor reclamar contra vícios de produtos não duráveis.

**(D)** Obsta a prescrição a reclamação comprovadamente formulada pelo consumidor perante o fornecedor de produtos e serviços até a resposta negativa correspondente, que deve ser transmitida de forma inequívoca.

**A:** incorreta, pois o prazo, no caso, não é prescricional, mas decadencial (art. 26, § 3º, do CDC); **B:** correta, podendo se verificar a expressão "decadencial" (ou "decadência") nos §§, 1º, 2º, 3º, do art. 26 do CDC e, como se sabe, a decadência é justamente um direito potestativo (de influenciar na relação jurídica de outrem); **C:** incorreta, pois o prazo em questão é de decadência (e não de prescrição) e de 30 dias (e não de 60 dias), conforme o art. 26, I, do CDC; **D:** incorreta, pois fica obstada a decadência e não a prescrição (art. 26, § 2º, I, do CDC).
Gabarito "B".

**(Defensoria Pública da União – 2010 – CESPE)** Ricardo adquiriu um carro há cerca de um mês e, nesse período, por três vezes, não conseguiu trancar a porta do veículo. Com relação a essa situação hipotética, julgue os itens subsequentes.

**(1)** Ricardo, ainda que deseje a substituição imediata do produto comprado, deverá, antes disso, conceder prazo para o fornecedor sanar o defeito.

**(2)** O fato de o carro ter sido vendido com defeito assegura a Ricardo direito à indenização por perdas e danos.

**(3)** O fabricante e o comerciante responderão solidariamente pelo defeito do veículo.

**1:** correta (art. 18, *caput* e § 1º, do CDC), tendo o fornecedor 30 dias para sanar o defeito; **2:** incorreta, pois o dispositivo citado apenas autoriza o pedido de conserto do produto no prazo mencionado; caso outros danos sejam causados e comprovados, aí sim a indenização

é cabível; **3:** correta, pois o art. 18 do CDC inclui o comerciante (o vendedor do veículo, no caso) como responsável solidário pelo vício do produto, o mesmo não acontecendo quando se trata de acidente de consumo (art. 12 do CDC).
Gabarito 1C, 2E, 3C

**(Advogado da União/AGU – CESPE – 2012)** Julgue os itens a seguir, acerca da responsabilidade civil.

**(1)** A configuração do vício do produto independe de sua gravidade ou do momento de sua ocorrência — se antes, durante, ou depois da entrega do bem ao consumidor lesado —, ou ainda de o vício ter ocorrido em razão de contrato, respondendo pelo dano todos os fornecedores, solidariamente, e o comerciante, de forma subsidiária.

**(2)** O banco que terceirizar a entrega de talonário de cheque aos correntistas será responsável por eventual defeito na prestação do serviço, visto que se configura, nesse caso, a culpa *in re ipsa*, pressuposto da responsabilidade civil do banco pela reparação do dano.

**1:** incorreta, pois o comerciante é responsável solidário em caso de vício (art. 18 do CDC); **2:** correta, pois o serviço em questão é de responsabilidade do banco, que responde objetivamente tanto por vícios, como por defeitos na prestação de seu serviço (arts. 14, *caput*, e 20, *caput*, do CDC), pouco importando se houve ou não terceirização na entrega de talonário.
Gabarito 1E, 2C

## 5. DESCONSIDERAÇÃO DA PERSONALIDADE JURÍDICA. RESPONSABILIDADE EM CASO DE GRUPO DE EMPRESAS

**(Juiz de Direito/AM – 2016 – CESPE)** Acerca do tratamento dispensado pelo CDC à pessoa jurídica e à sua desconsideração e responsabilização penal, aos direitos básicos do consumidor e ao instituto do *recall*, assinale a opção correta à luz da legislação aplicável e da jurisprudência do STJ.

**(A)** Na desconsideração da personalidade jurídica, o CDC adotou a teoria maior, pois, para tal desconsideração, exige-se o desvio de finalidade e a confusão patrimonial.

**(B)** Ao abordar as infrações penais de consumo, relativamente ao concurso de pessoas, o CDC não tratou da responsabilidade do diretor, do administrador ou do gerente da pessoa jurídica.

**(C)** O CDC, ao tratar da possibilidade de modificação e revisão de cláusulas contratuais que estabeleçam prestações desproporcionais ou fatos supervenientes que as tornem excessivamente onerosas, adotou a teoria da imprevisão.

**(D)** O *recall* efetuado pelo fornecedor mediante anúncios publicitários não afasta a sua obrigação de reparar o consumidor na hipótese de fato do produto pretérito decorrente desse defeito.

**(E)** A pessoa jurídica tem a vulnerabilidade presumida no mercado de consumo na hipótese de relação jurídica estabelecida com empresa concessionária de serviço público essencial.

**A:** incorreta. Conforme entendimento doutrinário e jurisprudencial, o CDC adota a teoria menor da desconsideração da personalidade jurídica, que exige apenas o estado de insolvência do fornecedor com a má administração da empresa ou em casos em que a personalidade jurídica se torna um obstáculo ao ressarcimento dos prejuízos dos consumidores. Veja: REsp 1111153 / RJ. **B:** incorreta. A responsabilidade penal dos administradores, gerentes e diretores é trata75 do CDC, que incidirão nas mesmas penas na medida da sua culpabilidade. **C:** incorreta. O art. 6º, V, da lei consumerista não exige a imprevisão para a revisão judicial do contrato. Basta que haja um fato superveniente que torne a prestação excessivamente onerosa. **D:** correta. O recall, previsto no art. 9º e 10º do CDC, não isenta o fornecedor de indenizar na hipótese de acidente. Nesse sentido, o STJ já afirmou: "A circunstância de o adquirente não levar o veículo para conserto, em atenção ao *recall*, não isenta o fabricante da obrigação de indenizar (veja: REsp 1010392 / RJ). **E:** incorreta. A pessoa jurídica pode ser considerada consumidora na forma do art. 2º do CDC. No entanto, somente será consumidora se

## 18. DIREITO DO CONSUMIDOR · 611

for destinatária final do serviço ou produto se houver vulnerabilidade no caso concreto. Especificamente sobre serviços públicos "A contratação do serviço de telefonia não caracteriza relação de consumo tutelável pelo CDC, pois o referido serviço compõe a cadeia produtiva da empresa, sendo essencial à consecução do seu negócio. Também não se verifica nenhuma vulnerabilidade apta a equipar a empresa à condição de consumidora frente à prestadora do serviço de telefonia" (STJ, REsp 1195642/RJ, DJe 21/11/2012).

*Gabarito "D".*

**(Magistratura/CE – 2012 – CESPE)** Acerca da desconsideração da personalidade jurídica nas relações de consumo, assinale a opção correta.

(A) O CDC admite a responsabilização de sociedades que, embora associadas a outras, conservem a respectiva autonomia patrimonial e administrativa, independentemente da demonstração da ocorrência de culpa.

(B) Nos termos do CDC, o juiz deverá desconsiderar a personalidade jurídica da sociedade apenas quando estiver diante de hipóteses de fraude ou abuso de direito.

(C) De acordo com a jurisprudência do STJ, a teoria menor da desconsideração, acolhida no direito do consumidor, incide com a mera prova de insolvência da pessoa jurídica para o pagamento de suas obrigações, exigindo-se, para isso, apenas a simples demonstração de desvio de finalidade.

(D) Nas relações de consumo, as empresas consorciadas não se obrigam apenas em nome próprio, uma vez que possuem vínculo de solidariedade, expressamente previsto no CDC.

(E) Ainda que não seja comprovada a insuficiência dos bens que compõem o patrimônio de quaisquer das sociedades integrantes dos grupos societários, o consumidor lesado poderá prosseguir na cobrança contra as demais integrantes, em razão do vínculo de solidariedade expressamente previsto no CDC.

**A:** incorreta, de acordo com o art. 28, § 4º, CDC, as sociedades coligadas só responderão por culpa; **B:** incorreta, o art. 28, "*caput*", CDC, apresenta 11 hipóteses de desconsideração da personalidade jurídica: "O juiz poderá desconsiderar a personalidade jurídica da sociedade quando, em detrimento do consumidor, houver abuso de direito, excesso de poder, infração da lei, fato ou ato ilícito ou violação dos estatutos ou contrato social. A desconsideração também será efetivada quando houver falência, estado de insolvência, encerramento ou inatividade da pessoa jurídica provocados por má administração"; **C:** incorreta, pois pela teoria menor da desconsideração da personalidade jurídica basta a insuficiência patrimonial da pessoa jurídica para que a execução recaia sob o patrimônio dos sócios ou administradores (art. 28, § 5º, CDC). **D:** correta, conforme art. 28, § 3º, CDC, as sociedades consorciadas são solidariamente responsáveis pelas obrigações decorrentes do CDC; **E:** incorreta, o art. 28, § 2º, CDC, estabelece responsabilidade subsidiária e não solidária.

*Gabarito "D".*

**(Defensor Público/AC – 2012 – CESPE)** Com base no disposto no CDC sobre a desconsideração da personalidade jurídica e a responsabilização de sociedades, assinale a opção correta.

(A) As sociedades coligadas, sociedades que se agrupam para a execução de determinado empreendimento, respondem subsidiariamente por eventuais danos causados a consumidores.

(B) As sociedades consorciadas só respondem por danos causados aos consumidores mediante a comprovação da existência de culpa por sua atuação.

(C) É lícita a desconsideração da personalidade jurídica caso haja, em detrimento do consumidor, falência, estado de insolvência, encerramento ou inatividade da pessoa jurídica provocados por má administração.

(D) As sociedades integrantes dos grupos societários, formados pela sociedade controladora e suas controladas, respondem solidariamente pelas obrigações impostas pelo CDC.

(E) A sociedade controlada, que participa com 10% ou mais do capital de outra, sem relação de subordinação, responde de forma solidária.

**A:** incorreta, pois as sociedades coligadas só respondem por *culpa* (art. 28, § 4º, do CDC); **B:** incorreta, pois as sociedades consorciadas são *solidariamente* responsáveis na forma do CDC (art. 28, § 3º), ou seja, de forma *objetiva;* **C:** correta (art. 28, *caput*, do CDC); **D:** incorreta, pois a responsabilidade é *subsidiária* (art. 28, § 2º, do CDC); **E:** incorreta, pois a sociedade controlada responde apenas *subsidiariamente* (art. 28, § 2º, do CDC).

*Gabarito "C".*

## 6. PRESCRIÇÃO E DECADÊNCIA

**(Juiz de Direito/DF – 2016 – CESPE)** A respeito dos institutos jurídicos da prescrição e da decadência, no âmbito das relações de consumo, de acordo com o CDC e o entendimento atual e prevalente do STJ, assinale a opção correta.

(A) Pelo princípio da *actio nata*, o termo inicial do prazo prescricional para a propositura de ação indenizatória, fundada em inscrição indevida em cadastros restritivos de crédito, é a data em que ocorre, efetivamente, a negativação, em face do caráter público das informações lançadas nos bancos de dados.

(B) Para as ações de indenização por danos morais decorrentes de inscrição indevida em cadastro de inadimplentes, promovida por instituição financeira, aplica-se o prazo prescricional de cinco anos, previsto no CDC para as hipóteses de responsabilidade decorrente de fato do serviço.

(C) À luz do ordenamento jurídico em vigor, é de cinco anos o prazo para que o consumidor possa reclamar a remoção de vícios aparentes ou de fácil constatação, decorrentes da construção civil, que não estejam ligados à solidez e à segurança do imóvel.

(D) A simples reclamação do consumidor, comprovadamente formulada apenas perante o fornecedor de produtos e serviços, não obsta a fluência do prazo decadencial do direito de reclamar, quando se tratar de vício aparente ou de fácil constatação, que será de trinta dias, tratando-se de fornecimento de serviço e de produto não duráveis, e de noventa dias, caso se trate de serviço ou produto durável.

(E) O ajuizamento de ação de indenização, fundada em erro médico ocorrido após a entrada em vigor do CDC, deve observar o prazo de prescrição quinquenal, previsto no CDC para os casos de fato do produto ou do serviço, iniciando-se a contagem do prazo a partir do conhecimento do dano e de sua autoria.

**A:** incorreta. O termo inicial do prazo prescricional para a propositura da ação, justamente em razão do princípio do actio nata, é a data em que o consumidor toma ciência dos fatos. Veja: INDENIZATÓRIA. INSCRIÇÃO INDEVIDA EM CADASTROS RESTRITIVO DE CRÉDITO. PRESCRIÇÃO. CIÊNCIA DO PREJUDICADO. É assente a jurisprudência desta Corte no sentido de que o termo inicial do prazo prescricional para a propositura de ação indenizatória, em razão da inscrição indevida em cadastros restritivos de crédito é a data em que o consumidor toma ciência do registro desabonador, pois, pelo princípio da "actio nata" o direito de pleitear a indenização surge quando constatada a lesão e suas consequências. Precedentes. (STJ, AgRg no AREsp 696269/SP, Rel. Min. Luis Felipe Salomão, DJe 15/06/2015). **B:** incorreta. O prazo prescricional aplicável é de três anos, conforme regra geral de responsabilidade civil (art. 206, § 3º, V, do CC). Veja: AgRg no AREsp 731.525/RS. **C:** incorreta. Aplicando a mesma lógica do item anterior, aplica-se a regra do Código Civil para os casos de vício de construção. O prazo para reclamar do vícios caduca em 90 dias, na forma do art. 26 do CDC. No entanto, esse é o prazo que o consumidor tem para reclamar perante o fornecedor. Caso o vício não seja sanado, aplica-se as regras de prescrição do Código Civil em relação a solidez da construção. Veja: "O prazo prescricional da ação para obter, do construtor, indenização por defeito da obra na vigência do Código Civil de 2002 é de 10 anos". (AgRg no AREsp 661.548/RJ, Rel. Min. Marco Aurélio Bellizze, 3ª Turma, DJe 10/6/2015). **D:** incorreta. Na forma do art. 26, § 2º, obsta a decadência a reclamação do consumidor perante o fornecedor até resposta negativa. **E:** correta. Há relação de consumo entre o médico e o paciente, aplicando-se, no caso de fato do serviço (art. 14 do CDC), o prazo prescricional do art. 27 do CDC, ou seja, cinco anos contados a partir do conhecimento do dano e sua autoria.

*Gabarito "E".*

# 612 ANDRÉ DE CARVALHO BARROS, GABRIELA R. PINHEIRO, ROBERTA DENSA E WANDER GARCIA

**(Magistratura/PA – 2012 – CESPE)** No que concerne à disciplina aplicável à prescrição e à decadência nas relações de consumo, assinale a opção correta.

(A) As causas de interrupção da prescrição previstas no Código Civil não se aplicam às relações de consumo.

(B) A instauração de inquérito civil, em regra, não obsta o transcurso do prazo decadencial.

(C) Nem toda situação relacionada a dano causado ao consumidor por defeito do produto submete-se aos prazos prescricionais.

(D) Nas relações de consumo, a contagem do prazo prescricional inicia-se a partir do conhecimento do dano ou do conhecimento de sua autoria.

(E) A garantia contratual, que decorre da autonomia da vontade das partes, complementa a garantia legal, podendo, no contrato, ser estipulado prazo superior aos determinados por lei.

**A:** incorreta, as causas de interrupção da prescrição são aplicáveis às relações de consumo (AgRg no Ag 1385531/MS, Rel. Ministro LUIS FELIPE SALOMÃO, julgado em 10/05/2011); **B:** incorreta, a instauração de inquérito civil obsta o transcurso do prazo decadencial até o seu encerramento (art. 26, § 2º, III, CDC); **C:** incorreta, toda situação de reparação de danos submete-se a prazo prescricional, inclusive nas relações de consumo (art. 27, CDC); **D:** incorreta, pois a contagem do prazo prescricional inicia-se a partir do conhecimento do dano E do conhecimento de sua autoria (art. 27, CDC); **E:** correta, está conforme o art. 50 do CDC.
Gabarito "E".

## 7. PRÁTICAS COMERCIAIS

**(Defensor Público - DPE/DF - 2019 - CESPE/CEBRASPE)** A respeito da publicidade, das sanções criminais e das práticas contratuais abusivas em relações de consumo, julgue os itens a seguir, tendo como referência a legislação pertinente e o entendimento dos tribunais superiores.

(1) Segundo entendimento da 2ª Seção do STJ nos contratos bancários em geral, o consumidor não pode ser compelido a contratar seguro com a instituição financeira ou com seguradora por ela indicada, porque tal prática configura venda casada.

(2) **Situação hipotética**: A emissora de televisão X veiculou ao público informações inverídicas a respeito da audiência da emissora de televisão Y, sua concorrente, com base em dados adulterados de sociedade empresária oficial de pesquisa de opinião. Em razão disso, a emissora Y deu entrada em processo litigioso contra a emissora X. **Assertiva**: Segundo entendimento do STJ, é possível a aplicação da legislação consumerista no referido processo litigioso, para proteger o público de práticas abusivas e desleais do fornecedor de serviços.

(3) Segundo entendimento da 3.ª Turma e da 2.ª Seção do STJ, em consonância com o Código de Defesa do Consumidor, a venda casada às avessas, indireta ou dissimulada, consiste no condicionamento da aquisição de um produto ou serviço principal à concomitante aquisição de outro produto, secundário, quando o propósito do consumidor é unicamente obter o produto ou o serviço principal.

(4) Fazer ou promover publicidade que se saiba ou que se devesse saber ser enganosa ou abusiva é considerado crime, de perigo abstrato, contra as relações de consumo.

(5) A recusa do fornecedor em prestar informações ao consumidor enseja o crime de desobediência, além de sujeitar o fornecedor a uma das sanções administrativas previstas no Código de Defesa do Consumidor, que veda à autoridade administrativa aplicá-las cumulativamente.

**1.** Correta. Trata-se de venda casada prevista expressamente no art. 39, I, do CDC. Cumpre esclarecer que a sanção prevista para aquele que descumpre a regra está prevista no art. 36, IX e XVIII, da Lei 12.529/2011 também podendo ser aplicada sanção administrativa prevista no art. 56 do CDC. Vide REsp 1639259/SP, Segunda Seção, DJe 17/12/2018; **2.**

Correta. O art. 29 do CDC equipara a consumidores todas as pessoas expostas às práticas comerciais. Ademais, trata-se de concorrência desleal e o art. 4º, VI, do CDC traz como princípio a obrigação de o Estado coibir e reprimir de todos os abusos praticados no mercado de consumo, inclusive a concorrência desleal e utilização indevida de inventos e criações industriais das marcas e nomes comerciais e signos distintivos, que possam causar prejuízos aos consumidores. Vide STJ. Recurso Especial 1.552.550/SP, 3.ª Turma. Rel. Min. Moura Ribeiro. DJe 22/4/2016; **3.** Errada. Trata-se de venda casada conforme previsto expressamente no art. 39, I do CDC. A venda casada indireta se configura quando a conduta do fornecedor restringe a escolha do consumidor, não obrigando diretamente a compra, mas importando em restrição à liberdade de escolha do consumidor por falta de opção. São casos já julgados pelo STJ: compra de alimentos dentro do cinema, impedindo que o consumidor ingresse nas salas com alimentos adquiridos em outros locais (REsp 1331948/SP, Terceira Turma, DJe 05/09/2016) e, em contratos bancários que exigem seguros, exigir a contratação de determinada seguradora (REsp 1639259/SP, Segunda Seção, DJe 17/12/2018); **4.** Correta. Nos termos do art. 67 do CDC; **5.** Errada. A recusa do fornecedor em prestar informações pode ensejar os crimes previstos nos arts. 63, 66 ou 72, todos do CDC. Ademais, nos termos do parágrafo único do art. 56 do CDC, as sanções administrativas podem ser aplicadas cumulativamente, inclusive por medida cautelar, antecedente ou incidente de procedimento administrativo. **RD**
Gabarito 1C, 2C, 3E, 4C, 5E

A empresa Soluções Indústria de Eletrônicos Ltda. veiculou propaganda considerada enganosa relativa a determinado produto: as especificações eram distintas das indicadas no material publicitário. Em razão do anúncio, cerca de duzentos mil consumidores compraram o produto. Diante desse fato, uma associação de defesa do consumidor constituída havia dois anos ajuizou ação civil pública com vistas a obter indenização para todos os lesados.

**(Delegado - PC/SE - 2018 - CESPE/CEBRASPE)** Com referência a essa situação hipotética, julgue os itens seguintes.

(1) À luz do Código de Defesa do Consumidor na ação civil pública proposta, o juiz deverá determinar a inversão do ônus da prova.

(2) Haja vista que a ação civil pública foi proposta por uma associação de defesa do consumidor, é dispensável a atuação do Ministério Público nessa demanda judicial.

**1.** Incorreta. A inversão do ônus da prova prevista no art. 6º, inciso VIII, do CDC se dá *ope judice*, ou seja, depende de determinação judicial. O juiz, por sua vez, deve analisar a hipossuficiência da parte ou a verossimilhança das alegações e fundamentar a sua decisão nos termos do art. 373, § 2º, do CPC; **2.** Incorreta. Caso o Ministério Público não atue como parte, será sempre fiscal da lei em ações coletivas (art. 92 do CDC e art. 5º, § 1º da LACP). **RD**
Gabarito 1E, 2E

**(Defensor Público/PE – 2018 – CESPE)** De acordo com a jurisprudência do STJ, a utilização de escore de crédito para a avaliação do risco de concessão de crédito é prática

(A) vedada expressamente pelo CDC, mas tolerada apenas se houver consentimento prévio do consumidor.

(B) lícita independentemente do consentimento do consumidor, que terá o direito de solicitar esclarecimentos sobre as informações e dados pessoais valorados.

(C) permitida para a geração de informações exclusivas para fornecedores, não havendo direito do consumidor em ter acesso aos dados referentes ao escore.

(D) permitida apenas para a análise de crédito em situação de inexistência de relação de consumo.

(E) abusiva e o seu uso caracteriza dano moral ao consumidor.

De acordo com a Súmula 550 do STJ, "A utilização de escore de crédito, método estatístico de avaliação de risco que não constitui banco de dados, dispensa o consentimento do consumidor, que terá o direito de solicitar esclarecimentos sobre as informações pessoais valoradas e as fontes dos dados considerados no respectivo cálculo". **RD**
Gabarito "B".

## 18. DIREITO DO CONSUMIDOR    613

**(Juiz – TJ/CE – 2018 – CESPE)** A respeito dos bancos de dados e dos cadastros de consumidores, é correto afirmar que

(A) são considerados entidades de caráter público.

(B) não há distinção jurídica relevante entre eles, de acordo com a doutrina dominante.

(C) incumbe ao próprio devedor requerer a exclusão do seu registro regular em cadastro de órgão de proteção ao crédito após o pagamento da dívida.

(D) o direito a retificação ou correção de dados e cadastros do consumidor, embora admitido pela jurisprudência, não encontra previsão legal específica no CDC.

(E) é incabível habeas data para se obter informações constantes dessas entidades em caso de o fornecimento dessas informações ter sido negado ao consumidor.

**A:** correta, conforme art. 43, § 4º do CDC; **B:** incorreta. A finalidade do cadastro positivo é manter informações sobre o histórico de crédito do consumidor para, se o caso, se beneficiar da concessão de crédito com juros mais adequados. Já o cadastro negativo tem como finalidade a proteção do crédito e contém informações sobre dívidas vencidas e não pagas do consumidor; **C:** incorreta. De acordo com a Súmula 548 do STJ, "Incumbe ao credor a exclusão do registro da dívida em nome do devedor inadimplente no prazo de cinco dias úteis, a partir do integral e efetivo pagamento do débito"; **D:** incorreta. O direito de retificação ou correção de dados e cadastros do consumidor encontra previsão legal específica no CDC, no art. 43, § 3º do referido diploma, que dispõe: "O consumidor, sempre que encontrar inexatidão nos seus dados e cadastros, poderá exigir sua imediata correção, devendo o arquivista, no prazo de cinco dias úteis, comunicar a alteração aos eventuais destinatários das informações incorretas"; **E:** incorreta. Por se tratar de entidade de caráter público, é cabível *habeas data* para se obter informações constantes dos bancos de dados e cadastros de consumidores, caso o fornecimento dessas informações tenha sido negado ao consumidor. **RD**

Gabarito "A".

**(Juiz de Direito/AM – 2016 – CESPE)** Acerca das práticas comerciais previstas no CDC, assinale a opção correta à luz da jurisprudência do STJ.

(A) A cobrança de tarifa de água pela concessionária pode ocorrer por estimativa na hipótese comprovada de falta de hidrômetro ou de seu mau funcionamento.

(B) Haverá responsabilidade solidária entre a concessionária de veículos seminovos e a fabricante da marca no caso de oferta veiculada por aquela que ateste, com a anuência desta, a qualidade de veículo usado, caso esse bem venha a apresentar vício.

(C) A ciência do consumidor é necessária para que ocorra a reprodução objetiva e atualizada pelos órgãos de proteção ao crédito dos registros existentes nos cartórios de protesto.

(D) O denominado escore de crédito, que decorre do cadastro positivo, é uma espécie de banco de dados e necessita do consentimento do consumidor para utilização pelos fornecedores.

(E) Não caracteriza prática abusiva a distinção no pagamento em dinheiro, cheque ou cartão de crédito, pois esta última modalidade envolve, além do consumidor e do fornecedor, a administradora do cartão.

**A:** incorreta. O fornecedor somente pode fazer a cobrança pelo serviço efetivamente fornecido ao consumidor. Nesse sentido, já julgou o STJ: "a tarifa de água deve calculada com base no consumo efetivamente medido no hidrômetro, de modo que sua cobrança por estimativa é ilegal, por ensejar enriquecimento ilícito da concessionária". (AgInt no AREsp 554675/RJ, 1ª turma, DJe 16/11/2016). **B:** correta. Na forma do art. 18 do Código de Defesa do Consumidor, os fornecedores são responsáveis pelos vícios apresentados pelo produto. Para os fins da lei consumerista, a apresentação e oferta inadequada faz com que o produto tenha um vício. **C:** incorreta. Tese firmada em Recurso Repetitivo (REsp 1444469 / DF): "Diante da presunção legal de veracidade e publicidade inerente aos registros do cartório de protesto, a reprodução objetiva, fiel, atualizada e clara desses dados na base de órgão de proteção ao crédito – ainda que sem a ciência do consumidor – não tem o condão de ensejar obrigação de reparação de danos." 2. Recurso

especial provido. **D:** incorreta. Súmula 550 do STJ "A utilização de escore de crédito, método estatístico de avaliação de risco que não constitui banco de dados, dispensa o consentimento do consumidor, que terá o direito de solicitar esclarecimentos sobre as informações pessoais valoradas e as fontes dos dados considerados no respectivo cálculo". **E:** incorreta. O entendimento caminhava no sentido de considerar prática abusiva a cobrança diferenciada entre dinheiro e outras modalidades (REsp 1.133.410-RS, Rel. Min. Massami Uyeda, julgado em 16/3/2010). No entanto, a medida provisória nº 764/16, posterior ao referido julgado, autoriza expressamente a cobrança diferenciada de preço: "Fica autorizada a diferenciação de preços de bens e serviços oferecidos ao público, em função do prazo ou do instrumento de pagamento utilizado" (art. 1º). Esse portanto, deve ser o entendimento caso a medida provisória seja validada pelo congresso nacional.

Gabarito "B".

**(Juiz de Direito/DF – 2016 – CESPE)** De acordo com o entendimento adotado, de forma atual e prevalente, pelo STJ, assinale a opção correta.

(A) A utilização dos dados extraídos dos registros do cartório de protesto, por órgão cadastral de proteção ao crédito, desde que se trate de reprodução fiel, atualizada, objetiva e clara, não gera o dever de reparar os danos causados ao consumidor, ainda que não tenha este sido previamente cientificado da inclusão de tais informações na base de dados do órgão de proteção.

(B) Cabe ao órgão responsável pelo cadastro de proteção ao crédito, e não ao credor, a notificação do devedor, antes de proceder à inscrição desabonadora, exigindo-se, para o fiel atendimento da exigência legal, a prova de efetiva notificação do devedor, por meio de carta com aviso de recebimento.

(C) Para a lícita utilização de escore de crédito, método estatístico de avaliação de risco que não constitui banco de dados, exige-se o consentimento do consumidor, que terá o direito de solicitar esclarecimentos sobre as informações pessoais valoradas e as fontes dos dados considerados no respectivo cálculo.

(D) A inclusão do nome do consumidor em base de dados do órgão de proteção ao crédito, quando fundada em informação verdadeira, extraída do cartório de distribuição judicial, não tem o condão de ensejar a obrigação de reparar danos, desde que seja observado o dever de prévia notificação do devedor.

(E) Verificada, ao tempo em que fora realizada, a legítima inscrição do nome do devedor em cadastro de proteção ao crédito, e, uma vez operado, em momento ulterior, o integral pagamento da dívida, cabe ao devedor interessado postular a exclusão do registro desabonador, posto que a negativação teve origem em ato realizado no exercício regular de um direito do credor.

**A:** correta. Tese firmada em Recurso Repetitivo (REsp 1444469 / DF): "Diante da presunção legal de veracidade e publicidade inerente aos registros do cartório de protesto, a reprodução objetiva, fiel, atualizada e clara desses dados na base de órgão de proteção ao crédito – ainda que sem a ciência do consumidor – não tem o condão de ensejar obrigação de reparação de danos." **B:** incorreta. A súmula 359 dispõe que cabe ao órgão mantenedor do Cadastro de Proteção ao Crédito a notificação ao devedor antes de proceder a inscrição. No entanto, fica dispensado o Aviso de Recebimento (AR) para a comprovação da notificação (Súmula 404, STJ), bastando que o órgão administrador faça a comprovação do envio da correspondência ao devedor. **C:** incorreta. Súmula 550 do STJ assim dispõe: "A utilização de escore de crédito, método estatístico de avaliação de risco que não constitui banco de dados, dispensa o consentimento do consumidor, que terá o direito de solicitar esclarecimentos sobre as informações pessoais valoradas e as fontes dos dados considerados no respectivo cálculo". **D:** Incorreta. Tendo em vista a informação ser pública, não se faz necessária a prévia notificação do devedor. Em sede de recurso repetitivo, o STJ firmou as seguintes teses: "Diante da presunção legal de veracidade e publicidade inerente aos registros do cartório de distribuição judicial, a reprodução objetiva, fiel, atualizada e clara desses dados na base de órgão de proteção ao crédito – ainda que sem a ciência do consumidor – não tem o condão de ensejar obrigação de reparação de danos" (REsp 1344352/SP, DJe 16/12/2014). **E:** incorreta. A exclusão do registro da dívida é de responsabilidade do credor: "Incumbe ao credor a exclusão do registro da dívida em nome do devedor no cadastro de inadimplentes no prazo de cinco dias úteis, a partir do integral e efetivo pagamento do débito: (súmula 548 do STJ).

**(Magistratura/BA – 2012 – CESPE)** Assinale a opção correta a respeito de serviços de proteção ao crédito.

(A) É indispensável o aviso de recebimento na carta de comunicação enviada ao consumidor para informá-lo sobre a negativação de seu nome em bancos de dados e cadastros.

(B) A retirada do nome do consumidor de cadastro de inadimplentes, requerida em antecipação de tutela e(ou) medida cautelar, somente será deferida se, cumulativamente, a ação for fundada em questionamento integral ou parcial do débito, houver demonstração de que a cobrança indevida se funda na aparência do bom direito e em jurisprudência consolidada do STF ou do STJ e houver depósito da parcela incontroversa ou for prestada a caução fixada conforme o prudente arbítrio do juiz.

(C) O consumidor cujo nome é irregularmente anotado em cadastro de proteção ao crédito tem direito a pleitear tanto indenização por dano moral quanto o cancelamento da anotação, ainda que preexista legítima inscrição.

(D) Cabe ao credor da dívida providenciar a notificação do devedor antes de proceder à inscrição de seu nome em órgão de proteção ao crédito.

(E) O serviço de proteção ao crédito pode manter a inscrição do nome do devedor até o efetivo pagamento da dívida, desde que o credor ajuíze ação de execução.

**A:** incorreta, de acordo com a Súmula 404 do STJ, "é dispensável o aviso de recebimento (AR) na carta de comunicação ao consumidor sobre a negativação de seu nome em bancos de dados e cadastros"; **B:** correta, pois está de acordo com a jurisprudência do STJ (AgRg no REsp 1.185920 SP, Rel. Min. Nancy Andrighi, julgado em 15/02/2011); **C:** incorreta, de acordo com a Súmula 385 do STJ, "da anotação irregular em cadastro de proteção ao crédito, não cabe indenização por dano moral, quando preexistente legítima inscrição, ressalvado o direito ao cancelamento"; **D:** incorreta, a comunicação ao consumidor é realizada após a abertura de cadastro, ficha ou registro nos bancos de dados e cadastros de consumidores (art. 43, § 2º, CDC); **E:** incorreta, conforme o art. 43, § 1º, CDC, e a Súmula 323 do STJ: A inscrição do nome do devedor pode ser mantida nos serviços de proteção ao crédito até o prazo máximo de cinco anos, independentemente da prescrição da execução. _Gabarito "B"._

**(Magistratura/CE – 2012 – CESPE)** Assinale a opção correspondente à situação hipotética que retrata prática comercial aceitável, de acordo com as disposições do CDC.

(A) Em contrato de serviços de uma empresa de engenharia para a construção de imóvel residencial, embora o consumidor tivesse prazo certo para cumprir a sua prestação de pagar, a construtora fixou apenas o prazo total de seis meses para a conclusão da obra, contados a partir do término da fundação do imóvel, sem estabelecer expressamente prazo para o início ou término da execução dos serviços de fundação da referida obra.

(B) Em uma cidade acometida por uma grave enchente, o dono de um mercado local impôs, para a comercialização de água mineral, o limite quantitativo máximo de dois garrafões por consumidor, em razão da limitação de seu estoque e a fim de garantir que o maior número de consumidores pudesse ter acesso ao produto.

(C) Determinada instituição bancária enviou, sem prévia solicitação ou anuência dos clientes, cartão de crédito para a residência de determinados correntistas, escolhidos em razão de seu alto poder aquisitivo.

(D) O dono de uma loja de sapatos avisou aos outros comerciantes de sapatos do bairro que determinada consumidora, além de habitualmente reclamar da qualidade de produtos

e serviços, já propôs várias ações em face de outros fornecedores.

(E) Uma instituição particular de educação infantil reajustou a mensalidade para além dos índices de inflação e deixou de apresentar, para os responsáveis legais das crianças matriculadas, a justa causa do referido aumento.

**A:** incorreta, o art. 39, XII, CDC, considera prática abusiva deixar de estipular prazo para o cumprimento de sua obrigação ou deixar a fixação de seu termo inicial a seu exclusivo critério; **B:** correta, na hipótese o fornecimento do produto pode ser limitado em razão da justa causa presente (grave enchente) conforme autoriza o art. 39, I, CDC; **C:** incorreta, nos termos do art. 39, III, CDC, é prática abusiva enviar ou entregar ao consumidor, sem solicitação prévia, qualquer produto, ou fornecer qualquer serviço; **D:** incorreta, nos termos do art. 39, VII, CDC, é prática abusiva repassar informação depreciativa, referente a ato praticado pelo consumidor no exercício de seus direitos; **E:** incorreta, pois também é prática abusiva elevar sem justa causa o preço de produtos ou serviços (art. 39, X, CDC.). _Gabarito "B"._

**(Magistratura/PA – 2012 – CESPE)** Com relação às práticas abusivas e às cobranças de dívidas, assinale a opção correta.

(A) A execução de serviços independe de autorização expressa do consumidor ou de prévia elaboração de orçamento.

(B) Considere que o gerente de uma loja telefone a um devedor seu e lhe diga que tomará as medidas judiciais cabíveis caso ele não efetue o pagamento total da dívida. Nessa situação, a atitude do credor não constitui ameaça ou prática abusiva visto que a legislação vigente prevê a cobrança de dívida como direito do credor em relação ao devedor.

(C) Não configura conduta abusiva a ação de cobrador que, ao telefone, se apresente ao devedor como oficial de justiça sem o ser.

(D) Não se considera prática abusiva, à luz do CDC, enviar ou entregar ao consumidor, sem solicitação prévia, qualquer produto ou fornecer qualquer serviço.

(E) Atua de acordo com os parâmetros legais o banco que exija, para a concessão de empréstimo, que o cliente adquira apólice de seguro de vida, visto que a lei faculta ao fornecedor a imposição de aquisição conjunta de bens e serviços.

**A:** incorreta, o art. 39, VI, CDC veda ao fornecedor executar serviços sem a prévia elaboração de orçamento e autorização expressa do consumidor, ressalvadas as decorrentes de práticas anteriores entre as partes; **B:** correta, pois não caracteriza coação a ameaça de exercício regular de direito (art. 153/CC) e o CDC apenas proíbe que o consumidor seja exposto ao ridículo na cobrança de dívida (art. 42, _caput_, CDC); **C:** incorreta, pois tal situação caracteriza abuso de direito de cobrança (art. 42, _caput_, CDC); **D:** incorreta, caracteriza prática abusiva enviar ou entregar ao consumidor, sem solicitação prévia, qualquer produto ou fornecer qualquer serviço (art. 39, III, CDC); **E:** incorreta, o CDC veda ao fornecedor condicionar o fornecimento de produto ou de serviço ao fornecimento de outro produto ou serviço (art. 39, I, CDC). _Gabarito "B"._

**(Ministério Público/PI – 2012 – CESPE)** Conforme o CDC, é garantido ao consumidor o acesso às informações sobre ele existentes em cadastros, fichas, registros e dados pessoais e de consumo arquivados, bem como as referentes às suas respectivas fontes. Considerando essa informação, assinale a opção correta no que se refere aos bancos de dados e cadastros de consumidores.

(A) Impedir ou dificultar o acesso do consumidor às informações que sobre ele constem em cadastros, banco de dados, fichas e registros constitui infração penal.

(B) O mandado de segurança é o instrumento jurídico adequado para assegurar o conhecimento de informações relativas ao consumidor constantes de registro ou banco de dados de entidades governamentais ou de caráter público.

(C) Os bancos de dados e cadastros relativos a consumidores, os serviços de proteção ao crédito e congêneres devem ser instituídos e mantidos por entidades públicas.

(D) É imprescindível o aviso de recebimento na carta de comunicação enviada ao consumidor que o avise sobre a

## 18. DIREITO DO CONSUMIDOR

inclusão de seu nome em bancos de dados e cadastros de maus pagadores.

(E) Segundo a jurisprudência sumulada do STJ, compete ao fornecedor notificar o devedor antes de proceder à inscrição de seu nome no cadastro de proteção ao crédito.

**A:** correta, conforme o art. 72 do CDC; **B:** incorreta, o instrumento adequado é o *habeas data*, por se tratar de garantia de acesso à informação – art. 5°, LXXII, CF/88; **C:** incorreta, "os bancos de dados e cadastros relativos a consumidores, os serviços de proteção ao crédito e congêneres **são considerados** entidades de caráter público" (art. 43, § 4°, do CDC); **D:** incorreta, de acordo com a Súmula 404 do STJ: "É dispensável o aviso de recebimento (AR) na carta de comunicação ao consumidor sobre a negativação de seu nome em bancos de dados e cadastros"; **E:** incorreta, nos termos da Súmula 359 do STJ, "cabe ao órgão mantenedor do Cadastro de Proteção ao Crédito a notificação do devedor antes de proceder à inscrição".
*Gabarito "A".*

**(Ministério Público/PI – 2012 – CESPE)** Com base no que dispõe o CDC, assinale a opção correta com relação à disciplina normativa das práticas comerciais.

(A) Os fornecedores devem assegurar, durante um período mínimo de quinze anos, a oferta de componentes e peças de reposição quando cessadas a fabricação ou importação do produto.

(B) É vedada a publicidade de bens e serviços por telefone, quando a chamada telefônica for onerosa ao consumidor que a originar.

(C) A responsabilidade do fornecedor, por atos de seus representantes autônomos, é subsidiária e objetiva, sendo cabível ação regressiva contra o causador direto do dano.

(D) A informação ou comunicação de caráter publicitário inteira ou parcialmente falsa é considerada publicidade abusiva.

(E) Em regra, os exageros (*puffing*), em razão do princípio da vinculação contratual da oferta, obrigam os fornecedores, mesmo que não guardem a característica da precisão.

**A:** incorreta, a oferta deve ser mantida por período razoável de tempo e não por período mínimo de quinze anos (art. 32, parágrafo único, do CDC); **B:** correta, conforme o art. 33, parágrafo único, do CDC; **C:** incorreta, a responsabilidade é solidária e objetiva (art. 34 do CDC); **D:** incorreta, a informação ou comunicação de caráter publicitário inteira ou parcialmente falsa é considerada publicidade enganosa (art. 37, § 1°, do CDC); **E:** incorreta, o *puffing* consiste em simples exagero das qualidades de um produto e, em regra, não obriga o fornecedor.
*Gabarito "B".*

**(Ministério Público/RR – 2012 – CESPE)** A respeito dos bancos de dados e cadastros de consumidores, assinale a opção correta com base no entendimento do STJ.

(A) Cabe ao credor da dívida providenciar a notificação do devedor antes de proceder à inscrição em órgão de proteção ao crédito.

(B) É indispensável o aviso de recebimento em carta de comunicação ao consumidor sobre a negativação de seu nome em bancos de dados e cadastros.

(C) Para a abstenção da inscrição ou manutenção do nome do consumidor em cadastro de inadimplentes requerida em antecipação de tutela e(ou) em medida cautelar, basta que o consumidor demonstre que a cobrança indevida se funda em jurisprudência consolidada do STF ou do STJ e que ele não tem condições econômico-financeiras para pagar a dívida.

(D) O nome do devedor pode ser mantido nos serviços de proteção ao crédito até o prazo da prescrição da pretensão de cobrança ou, se ajuizada execução, até a satisfação do crédito.

(E) Não cabe indenização por dano moral em razão de anotação irregular em cadastro de proteção ao crédito, se preexistente legítima inscrição, ressalvado o direito ao cancelamento.

**A:** incorreta, conforme prescreve a Súmula 359 do STJ: "Cabe ao órgão que mantém o cadastro de proteção ao crédito a notificação do devedor antes de proceder à inscrição"; **B:** incorreta, de acordo com a Súmula 404 do STJ: "É dispensável o aviso de recebimento

(AR) na carta de comunicação ao consumidor sobre a negativação de seu nome em bancos de dados e cadastros"; **C:** incorreta, segundo a jurisprudência do STJ: "Orientação 4 – Inscrição/Manutenção em cadastro de inadimplentes: a) a abstenção da inscrição/manutenção em cadastro de inadimplentes, requerida em antecipação de tutela e/ou medida cautelar, somente será deferida se, cumulativamente: i) a ação for fundada em questionamento integral ou parcial do débito; ii) houver demonstração de que a cobrança indevida se funda na aparência do bom direito e em jurisprudência consolidada do STF ou STJ; iii) houver depósito da parcela incontroversa ou for prestada a caução fixada conforme o prudente arbítrio do juiz" (REsp 1.061.530/RS, Segunda Seção, Rel. Min. Nancy Andrighi, j. 22.10.2008); **D:** incorreta, o nome do devedor pode ser mantido nos serviços de proteção ao crédito até o prazo máximo de cinco anos, devendo ser retirado antes se ocorrer a prescrição da pretensão de cobrança (art. 43, §§ 1° e 5°, do CDC); **E:** correta, reproduz a Súmula 385 do STJ.
*Gabarito "E".*

**(Defensor Público/RO – 2012 – CESPE)** Com relação à veiculação de publicidade, o CDC veda, expressamente,

(A) a propaganda promocional.

(B) a propaganda subliminar.

(C) o *merchandising*.

(D) o *puffing*.

(E) o *teaser*.

**A:** incorreta, pois não há no CDC vedação às propagandas promocionais de um produto ou serviço; **B:** correta; o CDC é expresso no sentido de que "a publicidade deve ser veiculada de tal forma que o consumidor, fácil e imediatamente, a identifique como tal" (art. 36, *caput*, do CDC), ou seja, deve estar muito claro de que se trata de uma propaganda; por exemplo, é proibido fazer uma propaganda em forma de reportagem jornalística; **C:** incorreta, pois o CDC não veda expressamente o *merchandising*, que, por sinal, é muito comum em novelas e outros programas de TV; **D:** incorreta, pois o *puffing* é o exagero praticado em anúncios de publicidade (ex: "melhor pizza do mundo"); porém, o art. 30 do CDC estabelece que somente a informação ou publicidade suficientemente precisas vinculam o fornecedor; assim, o exagero, desde que feito de forma jocosa, lúdica, e sem precisão, não vincula o fornecedor, não havendo vedação expressa no CDC; **E:** incorreta, pois o *teaser* é uma técnica de marketing para chamar a atenção para uma campanha publicitária, despertando a curiosidade do consumidor, não havendo vedação expressa no CDC.
*Gabarito "B".*

**(Defensor Público/SE – 2012 – CESPE)** Conforme entendimento do STJ, constitui prática abusiva contra o consumidor

(A) a cobrança de preços diferenciados para a compra de produtos mediante pagamento em dinheiro, cheque ou cartão de crédito.

(B) a estipulação de juros remuneratórios superiores a 12% ao ano, com base na taxa média do mercado bancário.

(C) a retenção, pela construtora, de parte do valor pago, a título de indenização, no caso de resilição do compromisso de compra e venda de imóvel.

(D) o impedimento de cancelamento unilateral, pelo consumidor, de desconto, em folha de pagamento, referente a empréstimo consignado.

(E) a conferência indistinta de mercadorias pelos estabelecimentos comerciais, após a venda, mesmo quando a revista dos bens adquiridos é realizada em observância aos limites da urbanidade e civilidade.

**A:** correta (STJ, Inform. 427, REsp 1.133.410-RS, Rel. Min. Massami Uyeda, julgado em 16/03/2010); **B:** incorreta, pois as instituições financeiras podem cobrar juros remuneratórios superiores a 12% ao ano com base na taxa media de mercado (STJ, AgRg no REsp 1.097.450, DJ 19.06.13); **C:** incorreta, pois devem ser devolvidos os valores pagos, retendo-se apenas parcelas que fazer frente ao desgaste da unidade, corretagem, etc (STJ, AgRg no Ag 717.840, DJ 21.10.09); **D:** incorreta, pois o STJ entende que não é abusiva a impossibilidade de modificação unilateral da cláusula que impede o cancelamento (AgRg nos EDcl no REsp 1.223.838, DJ 11.05.11); **E:** incorreta, pois não constitui prática abusiva essa conduta (STJ, REsp 1.120.113, DJ 10.10.11).
*Gabarito "A".*

## 8. PROTEÇÃO CONTRATUAL

**(Juiz de Direito – TJ/SC – 2019 – CESPE/CEBRASPE)** No que se refere à relação entre seguradoras e consumidores, assinale a opção correta à luz do Código de Defesa do Consumidor e do entendimento do STJ.

(A) É abusiva a exclusão do seguro de acidentes pessoais em contrato de adesão para as hipóteses de intercorrências ou complicações consequentes da realização de exames, tratamentos clínicos ou cirúrgicos.

(B) A seguradora poderá se recusar a contratar seguro se a pessoa proponente tiver restrição financeira em órgãos de proteção ao crédito, mesmo que essa pessoa se disponha a pronto pagamento do prêmio.

(C) Inexiste relação de consumo entre pessoa jurídica e seguradora em contrato de seguro que vise à proteção do patrimônio dessa pessoa jurídica, em razão de tal contrato configurar consumo intermediário.

(D) O contrato de seguro de vida pode vedar a cobertura de sinistro decorrente de acidente de ato praticado pelo segurado em estado de embriaguez, mesmo quando ocorrido após os dois primeiros anos do contrato.

(E) As normas protetivas do Código de Defesa do Consumidor aplicam-se aos contratos de seguro facultativo e, subsidiariamente, ao seguro obrigatório DPVAT.

**A:** correta. Conforme entendimento do STJ, é abusiva a exclusão do seguro de acidentes pessoais em contrato de adesão para as hipóteses de: I) gravidez, parto ou aborto e suas consequências; II) perturbações e intoxicações alimentares de qualquer espécie; e III) todas as intercorrências ou complicações consequentes da realização de exames, tratamentos clínicos ou cirúrgicos. (REsp. 1635238/SP). **B:** incorreta. A seguradora não pode recusar a contratação de seguro a quem se disponha a pronto pagamento se a justificativa se basear unicamente na restrição financeira do consumidor junto a órgãos de proteção ao crédito. (STJ. 3ª Turma. REsp 1594024-SP, Rel. Min. Ricardo Villas Bôas Cueva, julgado em 27/11/2018 – Informativo 640). **C:** Conforme entendimento do STJ, há relação de consumo entre a seguradora e a concessionária de veículos que firmam seguro empresarial visando à proteção do patrimônio desta em razão da destinação pessoal, ainda que com o intuito de resguardar veículos utilizados em sua atividade comercial, desde que o seguro não integre os produtos ou serviços oferecidos por esta. (Veja REsp 733.560-RJ, e REsp 814.060-RJ). **D:** incorreta. Conforme a súmula 620 do STJ "A embriaguez do segurado não exime a seguradora do pagamento da indenização prevista em contrato de seguro de vida". **E:** incorreta. Conforme entendimento externado pelo STJ, as normas protetivas do Código de Defesa do Consumidor não se aplicam ao seguro obrigatório (DPVAT) (Veja REsp 1.635.398-PR).

*Gabarito "A".*

**(Juiz de Direito – TJ/SC – 2019 – CESPE/CEBRASPE)** Um cidadão ajuizou ação contra o Banco XY S.A. a respeito de contrato de arrendamento mercantil de veículo automotor firmado entre as partes em 2018.

Os itens a seguir apresentam as alegações feitas na referida ação.

I. Existência de abusividade da cláusula que prevê o ressarcimento pelo consumidor da despesa com o registro do pré-gravame.

II. Ocorrência de descaracterização da mora, em razão da abusividade de encargos acessórios do contrato.

III. Presença de abusividade da cláusula que prevê a obrigação do consumidor de contratar seguro com a instituição financeira ou com seguradora indicada pela instituição bancária.

Assinale a opção correta.

(A) Apenas o item I está certo.

(B) Apenas o item II está certo.

(C) Apenas os itens I e III estão certos.

(D) Apenas os itens II e III estão certos.

(E) Todos os itens estão certos.

Em sede de recurso repetitivo, o STJ fixou as seguintes teses (tema 972): "1. Abusividade da cláusula que prevê o ressarcimento pelo consumidor da despesa com o registro do pré-gravame, em contratos celebrados a partir de 25/02/2011, data de entrada em vigor da Res.-CMN 3.954/2011, sendo válida a cláusula pactuada no período anterior a essa resolução, ressalvado o controle da onerosidade excessiva. 2. Nos contratos bancários em geral, o consumidor não pode ser compelido a contratar seguro com a instituição financeira ou com seguradora por ela indicada. 3. A abusividade de encargos acessórios do contrato não descaracteriza a mora".

*Gabarito "C".*

Renê firmou contrato de seguro de assistência à saúde e, anos depois, quando ele completou sessenta anos de idade, a seguradora reajustou o valor do seu plano de assistência com base em uma cláusula abusiva. Por essa razão, Renê pretende ajuizar ação visando à declaração de nulidade da cláusula de reajuste e à condenação da contratada em repetição de indébito referente a valores pagos em excesso.

**(Juiz de Direito - TJ/BA - 2019 - CESPE/CEBRASPE)** De acordo com entendimento jurisprudencial do STJ, nessa situação hipotética, as parcelas vencidas e pagas em excesso estão sujeitas à

(A) prescrição de três anos, porque se trata de hipótese de enriquecimento sem causa da empresa contratada.

(B) prescrição de um ano, por se tratar de um contrato de seguro.

(C) prescrição de dois anos, porque, apesar de se tratar de um contrato de seguro, o requerente é idoso.

(D) prescrição de cinco anos, por envolver valores líquidos e certos.

(E) imprescritibilidade, por ser essa uma relação jurídica de trato sucessivo.

O entendimento do Superior Tribunal de Justiça segue no sentido de que a prescrição é de 3 (três) anos, nos termos do art. 206 do Código Civil, para o pedido de nulidade de cláusula e consequente repetição de indébito, posto de fundamento no enriquecimento sem causa (Veja: REsp 1.800.456/SP). **RD**

*Gabarito "A".*

**(Defensor Público/PE – 2018 – CESPE)** Em cada uma das opções a seguir é apresentada uma situação hipotética a respeito de práticas comerciais e contratos regidos pelo CDC, seguida de uma assertiva a ser julgada de acordo com a jurisprudência do STJ.

(A) Determinado consumidor deu causa ao desfazimento de contrato de compra e venda de imóvel realizado junto a determinada construtora. Nesse caso, o consumidor, promitente comprador, tem direito à restituição integral das parcelas pagas.

(B) Carlos deseja ajuizar ação de prestação de contas em face de instituição financeira para obter esclarecimentos sobre cobrança de tarifas e encargos bancários. Nesse caso, o ajuizamento da demanda deve observar o prazo decadencial previsto no CDC para a hipótese de vício do serviço.

(C) A administração pública aplicou multa administrativa a sociedade empresária em razão de envio reiterado de cartões de crédito sem a prévia e expressa solicitação do consumidor. Nesse caso, a multa é nula por ausência de fundamento legal, cabendo a cada consumidor lesado a busca pela reparação do dano na esfera judicial.

(D) O contrato de determinado plano de saúde possui cláusula contratual que limita o período de internação do segurado. Nessa situação, no caso de eventual internação, se o consumidor tiver sido previamente informado, a cláusula é considerada legítima.

(E) Para quitar despesas pessoais, Rafael realizou contrato de mútuo com o banco X no valor de R$ 30 mil. Nessa situação, a cobrança, pela instituição financeira, de juros capitalizados será válida apenas se houver disposição contratual expressa nesse sentido.

**18. DIREITO DO CONSUMIDOR** 617

**A:** incorreta. O art. 67-A, § 2º, da Lei 4.561/64 (incluído pela Lei 13.786/2018), prevê a possibilidade de descontos para os casos em que o consumidor dê causa ao desfazimento do contrato. Vide também a súmula 543 do STJ; **B:** incorreta. De acordo com a Súmula 477 do STJ, a decadência do art. 26 do CDC não é aplicável à prestação de contas para obter esclarecimentos sobre cobrança de taxas, tarifas e encargos bancários; **C:** incorreta. De acordo com a Súmula 532 do Superior Tribunal de Justiça, "constitui prática comercial abusiva o envio de cartão de crédito sem prévia e expressa solicitação do consumidor, configurando-se ato ilícito indenizável e sujeito à aplicação de multa administrativa". Dessa maneira, a multa é aplicável e desnecessária a busca de reparação do dano na esfera judicial; **D:** incorreta. A Súmula 302 do Superior Tribunal de Justiça considera abusiva a cláusula contratual de plano de saúde que limita o tempo de internação do consumidor/paciente; **E:** correta. Conforme tese 247 de IRDR do STJ: "A capitalização dos juros em periodicidade inferior à anual deve vir pactuada de forma expressa e clara. A previsão no contrato bancário de taxa de juros anual superior ao duodécuplo da mensal é suficiente para permitir a cobrança da taxa efetiva anual contratada". (REsp 973827/RS, DJ 08/08/2012). **RD**

*Gabarito "E".*

**(Juiz de Direito/DF – 2016 – CESPE)** De acordo com as normas que regulam a proteção contratual do consumidor no CDC e, ainda, conforme entendimento jurisprudencial atual e prevalente do STJ, assinale a opção correta.

**(A)** É considerada abusiva a cláusula contratual que preveja a cobrança de juros compensatórios ("juros no pé"), pela incorporadora (promitente vendedora), em contrato de promessa de compra e venda de imóvel em construção, antes da entrega das chaves.

**(B)** É válida a cláusula inserida em contrato de plano de saúde que limita o tempo de cobertura, quando se tratar, especificamente, de internação psiquiátrica prolongada.

**(C)** A diferenciação de preços praticada por lojista para as hipóteses de pagamento em dinheiro, cheque ou cartão de crédito caracteriza prática abusiva no mercado de consumo, por ser considerada nociva ao equilíbrio contratual.

**(D)** Não se mostra abusiva a cláusula contratual que determina a restituição dos valores devidos de forma parcelada, na hipótese de resolução de contrato de promessa de compra e venda de imóvel, quando o desfazimento tenha sido causado pela desistência do consumidor comprador.

**(E)** Aplicam-se, na relação entre o franqueador e o franqueado, os princípios e as normas protetivas do CDC, sendo, por força da presumida hipossuficiência do consumidor aderente (franqueado), nula a cláusula de eleição de foro, estipulada em favor do franqueador, em contrato de franchising firmado por adesão.

**A:** incorreta. O SJT tem entendido que não é abusiva a cobrança dos chamados *juros no pé*. Essa modalidade de cobrança de juros se configura com a cobrança dos juros compensatórios das parcelas relativas ao período anterior à entrega das chaves do imóvel (EREsp 670.117/PB – Rel. Min. Sidnei Beneti – DJ 13.06.2012). Vale notar que esse é um acórdão paradigma que mudou o entendimento do STJ sobre o tema. **B:** incorreta posto que o STJ tem entendido que é nula a cláusula que limita tempo de internação do paciente "nos termos da jurisprudência cristalizada na Súmula 302/STJ, é abusivo o preceito contratual que restringe, no tempo, a internação hospitalar indispensável ao tratamento do usuário do plano de saúde. Exegese aplicável à internação psiquiátrica. Incidência da Súmula 83/STJ" (STJ, Rel. Min. Marco Buzzi, AgRg no AREsp 473.625/RJ, DJe 05/06/2014). **C:** correta. Esse é, de fato, o entendimento do STJ para o tema (REsp 1.133.410-RS, Rel. Min. Massami Uyeda, julgado em 16/3/2010). No entanto, a medida provisória nº 764/16, posterior ao referido julgado, autoriza expressamente a cobrança diferenciada de preço: "Fica autorizada a diferenciação de preços de bens e serviços oferecidos ao público, em função do prazo ou do instrumento de pagamento utilizado" (art. 1º). Esse portanto, deve ser o entendimento caso a medida provisória seja validada pelo congresso nacional. **D:** incorreta. O entendimento do STJ segue a linha de que a devolução deve ser em parcela única. Veja a ementa em sede de Recurso Repetitivo: "Para efeitos do art. 543-C do CPC: em contratos submetidos ao Código de Defesa do Consumidor, é abusiva a cláusula contratual que determina a restituição dos valores devidos somente ao término da obra ou de forma parcelada, na hipótese de resolução de contrato de promessa de compra e venda de imóvel, por culpa de quaisquer contratantes. Em tais avenças, deve ocorrer a imediata restituição das parcelas pagas pelo promitente comprador – integralmente, em caso de culpa exclusiva do promitente vendedor/construtor, ou parcialmente, caso tenha sido o comprador quem deu causa ao desfazimento. 2. Recurso especial não provido. (REsp 1.300.418/SC, Rel. Min. Luis Felipe Salomão, 2ª Seção, Dje 10/12/2013)". **D:** incorreta, não há relação jurídica de consumo entre franqueado e franqueador (veja REsp 687.322/RJ).

*Gabarito "C".*

**(Magistratura/CE – 2012 – CESPE)** Assinale a opção correta acerca do direito do consumidor e da proteção contratual.

**(A)** O CDC determina explicitamente que a interpretação das cláusulas contratuais seja mais favorável ao consumidor, estando, por isso, em dissonância com o princípio constitucional da isonomia.

**(B)** A consequência direta para o inadimplemento da obrigação de fazer derivada do recibo de sinal, escritos particulares e pré-contratos é a resolução em perdas e danos, uma vez que o CDC deixou de conferir ao juiz poderes para tornar efetiva a tutela do consumidor por meio da execução específica da obrigação de fazer.

**(C)** O legislador, com o fim de proteger a vontade do consumidor das técnicas agressivas de vendas domiciliares, inovou o ordenamento jurídico nacional ao incluir, no CDC, um prazo de reflexão obrigatório e um direito de arrependimento, nos casos dos contratos concluídos fora do estabelecimento comercial, fazendo incidir tal norma, por exemplo, na compra e venda de imóvel celebrada no recinto do cartório de notas, na presença do oficial.

**(D)** Ao contrário da garantia legal, que é sempre obrigatória, a garantia contratual é mera faculdade que pode ser concedida por liberalidade do fornecedor, constituindo um anexo voluntário e podendo, por isso, ser concedida mesmo após a celebração do contrato; o CDC, entretanto, não permite que tal garantia seja dada verbalmente, sendo o termo escrito a substância do ato.

**(E)** De acordo com os adeptos da teoria finalista, a fim de que as normas do CDC sejam aplicadas a um número cada vez maior de relações de mercado, o estatuto consumerista deve ser aplicado a todas as pessoas jurídicas, não importando, pois, se têm ou não objetivo de lucro quando adquirem um produto ou utilizam um serviço.

**A:** incorreta, o art. 47, do CDC, determina que as cláusulas contratuais serão interpretadas de maneira mais favorável ao consumidor, consagrando o princípio constitucional da isonomia ao conferir tratamento desigual aos desiguais; **B:** incorreta, o CDC confere ao juiz poderes para tornar efetiva a tutela do consumidor por meio da execução específica da obrigação de fazer (art. 84, *caput*, CDC); **C:** incorreta, o direito de arrependimento, previsto no art. 49 do CDC, só é aplicável às vendas ocorridas fora do estabelecimento comercial, o que não é o caso da compra e venda de imóvel celebrada no recinto do cartório de notas, na presença do oficial; **D:** correta, está de acordo com o art. 50, *caput* e parágrafo único do CDC; **E:** incorreta, para a teoria finalista exige que o consumidor seja um destinatário final fático e econômico, isto é, que não utilize o bem como uma forma de insumo para o desenvolvimento de atividade lucrativa.

*Gabarito "D".*

**(Magistratura/CE – 2012 – CESPE)** Com o advento do CDC, passou-se a aceitar, no Brasil, a existência de valores jurídicos superiores ao dogma da vontade, como o equilíbrio e a boa-fé nas relações de consumo. Acerca das cláusulas abusivas nos contratos de consumo, assinale a opção correta.

**(A)** A sentença que reconhece a nulidade da cláusula abusiva é declaratória e tem efeito *ex nunc*.

**(B)** Nos termos do CDC, prescrevem em cinco anos os prazos referentes à pretensão do consumidor à reparação pelos danos causados por fato do produto ou serviço e os referentes à alegação de nulidade da cláusula abusiva.

**(C)** Com o objetivo de promover lealdade, transparência e equilíbrio nas relações de consumo, o CDC dedica especial atenção à proteção contratual do consumidor e, reconhecendo que a supremacia do fornecedor sobre o consumidor caracteriza-se, sobretudo, nas contratações em massa, restringe as cláusulas abusivas ao contrato de adesão.

**(D)** A abusividade e a consequente declaração de nulidade das cláusulas abusivas, conforme entendimento pacificado na doutrina, podem ser conhecidas por ato de ofício do juiz, independentemente de requerimento da parte ou do interessado.

**(E)** Nos termos da sistemática adotada pelo CDC, para a caracterização da abusividade da cláusula, é necessário que o fornecedor tenha agido de má-fé e que o consumidor não a tenha aceitado conscientemente.

**A:** incorreta, pois de acordo com a doutrina a sentença declaratória de nulidade de cláusula abusiva tem eficácia *ex tunc*, retroagindo à celebração do contrato; **B:** incorreta, pois de acordo com a doutrina não existe prazo para declaração de nulidade de cláusula abusiva. Assim como o negócio jurídico, a nulidade de cláusula abusiva não se convalida pelo decurso do tempo; **C:** incorreta, o reconhecimento de cláusulas abusivas (previstas no art. 51 do CDC) não é restrito aos contratos de consumo caracterizados como contratos de adesão; **D:** correta, pois nos termos do art. 51, *caput*, CDC, as cláusulas abusivas são nulas de pleno direito, não dependendo de alegação da parte interessada; **E:** incorreta, o art. 51, *caput*, CDC, não exige a má-fé do fornecedor e nem a inconsciência do consumidor para o reconhecimento da abusividade de cláusula.
Gabarito "D".

## 9. RESPONSABILIDADE ADMINISTRATIVA

**(Juiz – TJ/CE – 2018 – CESPE)** Com relação às sanções administrativas previstas no CDC, assinale a opção correta.

**(A)** A contrapropaganda é prática abusiva que sujeita o seu autor a sanção administrativa.

**(B)** A violação de obrigação contratual por concessionária de serviço público não pode fundamentar a aplicação da pena de cassação da concessão.

**(C)** Essas sanções devem ser aplicadas por autoridade administrativa, no âmbito de sua atribuição, sendo vedada a aplicação cumulativa.

**(D)** A pena de interdição será aplicada, após procedimento administrativo, quando o fornecedor reincidir na prática das infrações de maior gravidade previstas no CDC e na legislação de consumo.

**(E)** A existência de ação judicial pendente, ainda sem trânsito em julgado, em que se discuta a imposição de penalidade administrativa não impede o reconhecimento da reincidência.

**A:** incorreta. A imposição da contrapropaganda é sanção administrativa, que se impõe aos fornecedores se estes veicularam publicidade enganosa ou abusiva (art. 56, XII, CDC); **B:** incorreta. Dentre as sanções administrativas cabíveis aos concessionárias de serviços públicos está a de revogação de concessão ou permissão de uso (art. 56, VIII, CDC); **C:** incorreta. As sanções administrativas previstas no art. 56 do CDC podem ser aplicadas cumulativamente, inclusive por medida cautelar, antecedente ou incidente ao procedimento administrativo (art. 56, parágrafo único); **D:** correta, nos exatos termos do art. 59 do CDC; **E:** incorreta. Pendendo ação judicial na qual se discuta a imposição de penalidade administrativa, não haverá reincidência até o trânsito em julgado da sentença (art. 59, § 3º, do CDC). RD
Gabarito "D".

**(Defensor Público/SE – 2012 – CESPE)** Assinale a opção correta com relação às sanções administrativas previstas no CDC bem como aos critérios para sua aplicação.

**(A)** As sanções administrativas de apreensão e de inutilização de produtos podem ser aplicadas, em razão de seu caráter urgente, mediante auto de infração, dispensada a instauração de procedimento administrativo.

**(B)** É possível a aplicação cumulativa das sanções administrativas previstas no CDC, inclusive por medida cautelar, antecedente ou incidente ao procedimento administrativo.

**(C)** Considera-se reincidente, para os fins de aplicação das sanções administrativas previstas no CDC, o fornecedor que ostente registro de auto de infração lavrado anteriormente ao cometimento da nova infração, ainda que pendente ação judicial em que se discuta a imposição de penalidade.

**(D)** A imposição de contrapropaganda deve ser cominada ao fornecedor que incorra na prática de qualquer infração administrativa ou penal.

**(E)** Os critérios previstos no CDC para a aplicação da sanção administrativa de multa coincidem com os mencionados no CP.

**A:** incorreta, pois é necessário processo administrativo com ampla defesa (art. 58 do CDC); **B:** correta (art. 56, parágrafo único, do CDC); **C:** incorreta, pois no caso não haverá reincidência até o trânsito em julgado da sentença (art. 59, § 3º, do CDC); **D:** incorreta, pois será cominada quando o fornecedor incorrer na prática de publicidade enganosa ou abusiva, nos termos do art. 36 e seus parágrafos, sempre às expensas do infrator (art. 60, *caput*, do CDC); **E:** incorreta, pois há critério próprio para aplicação de multa, nos termos do art. 57, parágrafo único, do CDC.
Gabarito "B".

## 10. RESPONSABILIDADE CRIMINAL

**(Delegado - PC/SE - 2018 - CESPE/CEBRASPE)** Acerca das infrações penais previstas na legislação consumerista, julgue o item a seguir.

**(1)** A omissão de dizeres ou sinais ostensivos que atestem a nocividade de determinado produto em matéria publicitária configura crime previsto no Código de Defesa do Consumidor, delito esse que também poderá ser punido na modalidade culposa e independerá de resultado danoso para a sua consumação.

**1:** Correta. O crime previsto no art. 63 do CDC admite modalidade culposa (art. 63, § 2º) e corresponde a um crime de perigo. RD
Gabarito 1C

**(Defensor Público/AL – 2017 – CESPE)** A respeito das infrações penais previstas no CDC, assinale a opção correta.

**(A)** O fornecedor que, na reparação de produtos, emprega peça ou componentes de reposição usados, sem a autorização do consumidor, comete ilícito civil, e não crime contra as relações de consumo.

**(B)** A realização de publicidade enganosa configura crime contra as relações de consumo, com pena de detenção de três meses a um ano e multa.

**(C)** A exposição do consumidor, de forma injustificada, a ridículo ou a situação que prejudique seu trabalho, em razão de cobrança de dívida, embora configure dano moral indenizável, não configura crime contra as relações de consumo.

**(D)** Impedir ou dificultar o acesso do consumidor a informações que sobre ele constem de cadastros, banco de dados, fichas e registros configura ilícito civil, remediado mediante habeas data e sem repercussão na seara penal.

**(E)** Qualquer violação do dever de informação constitui crime contra as relações de consumo, por ofensa ao princípio da transparência.

**A:** incorreta. De acordo com o art. 70 do CDC, o fornecedor que empregar na reparação de produtos, peça ou componentes de reposição usados, sem autorização do consumidor, comete crime punível com detenção de três meses a um ano e multa; **B:** correta. Conforme art. 67 do CDC; **C:** incorreta. De acordo com o art. 71 do CDC, "Utilizar, na cobrança de dívidas, de ameaça, coação, constrangimento físico ou moral, afirmações falsas incorretas ou enganosas ou de qualquer outro procedimento que exponha o consumidor, injustificadamente, a ridículo ou interfira com seu trabalho, descanso ou lazer" configura crime punível com detenção de três meses a um ano e multa; **D:** incorreta. De acordo com o art. 72, configura crime impedir ou dificultar o acesso do consumidor às informações que sobre ele constem em cadastros, banco

## 18. DIREITO DO CONSUMIDOR — 619

de dados, fichas e registros, punível com detenção de seis meses a um ano ou multa. O *habeas data* pode ser utilizado, com a finalidade de obter e corrigir as informações contidas no cadastro; **E**: incorreta. Os crimes contra o consumidor foram elencados nos arts. 63 ao 74 do Código de Defesa do Consumidor. Não há tipicidade para a violação do dever de informação, que, portanto, configura ilícito civil, diante ofensa do princípio da transparência, mencionado nos art. 4º, 6º e 48 do CDC. **RD**

*Gabarito "B".*

**(Defensor Público/PE – 2018 – CESPE)** De acordo com o CDC, o fornecedor de serviços que utilizar peças de reposição ou produtos usados, sem a expressa autorização do consumidor, cometerá

- **(A)** crime cuja consumação independe de dano efetivo.
- **(B)** crime que admite modalidade culposa, conforme previsão legal.
- **(C)** prática costumeira admitida nas relações de consumo.
- **(D)** ilícito civil, irrelevante no direito penal.
- **(E)** contravenção penal.

Conforme os ditames do art. 70 do CDC, o fornecedor de serviços que empregar na reparação de produtos, peça ou componentes de reposição usados sem autorização do consumidor comete crime, cuja efetivação independe de dano efetivo (vide arts. 171 e 175 do Código Penal). **RD**

*Gabarito "A".*

**(Juiz – TJ/CE – 2018 – CESPE)** A respeito das infrações penais tipificadas no CDC, assinale a opção correta.

- **(A)** Enviar ou entregar ao consumidor, sem solicitação prévia, qualquer produto, constitui infração penal.
- **(B)** Praticar crime tipificado no CDC em detrimento de operário ou rurícola não constitui circunstância agravante.
- **(C)** Permitir o ingresso em estabelecimento comercial de clientes em quantidade superior à fixada pela autoridade administrativa como quantidade máxima constitui crime.
- **(D)** Deixar de entregar ao consumidor o termo de garantia adequadamente preenchido e com especificação clara de seu conteúdo caracteriza conduta atípica.
- **(E)** Empregar na reparação de produtos peça ou componente de reposição usado, ainda que se tenha a autorização prévia e expressa do consumidor, constitui crime.

**A**: incorreta. Trata-se de prática comercial abusiva, nos termos do art. 39, III, do CDC; **B**: incorreta. Constitui circunstância agravante, nos termos do art. 76, IV, *b*, do CDC; **C**: correta, nos termos do art. 65, § 2º, do CDC; **D**: incorreta. O art. 74 do CDC inclui como conduta típica deixar de entregar ao consumidor o termo de garantia adequadamente preenchido e com especificação clara de seu conteúdo; **E**: incorreta. Apenas incorre em crime quem utiliza peças ou componentes usados de reposição sem autorização expressa do consumidor (art. 70 do CDC). **RD**

*Gabarito "C".*

**(Defensor Público/AC – 2017 – CESPE)** No ano de 2014, Antônio, comerciante, cometeu crime previsto no CDC, tendo ocorrido a transação penal, prevista na Lei n.º 9.099/1995. Entretanto, em 2016, Antônio, ao vender, em seu estabelecimento comercial, um produto para uma pessoa de cinquenta e nove anos de idade, omitiu uma informação relevante a respeito da natureza, característica, qualidade ou segurança desse produto.

Nessa situação hipotética, de acordo com o CDC, Antônio responderá por crime

- **(A)** cuja pena poderá ser agravada se o crime houver sido cometido contra servidor público.
- **(B)** e poderá ser punido com detenção, desde que verificado que ele agiu dolosamente.
- **(C)** e poderá ser punido com detenção, multa e(ou) prestação de serviços à comunidade.
- **(D)** cuja pena poderá ser agravada em razão da idade do comprador.
- **(E)** e, caso esteja em situação econômica adversa, poderá ser dispensado de pagamento de fiança.

Trata-se do crime previsto no art. 63 do CDC: "omitir dizeres ou sinais ostensivos sobre a nocividade ou periculosidade de produtos, nas embalagens, nos invólucros, recipientes ou publicidade". As penas estabelecidas para o tipo penal são detenção de seis meses a dois anos

e multa. Nesse caso, não há que se falar em circunstância agravante do art. 76, posto que é circunstância agravante o cometimento do crime em detrimento de maior de sessenta anos. Por fim, o art. 78 do CDC diz que as além das penas privativas de liberdade e de multa, podem ser impostas, cumulativa ou alternadamente: a interdição temporária de direitos; a publicação em órgãos de comunicação de grande circulação ou audiência, às expensas do condenado, de notícia sobre os fatos e a condenação; a prestação de serviços à comunidade. **RD**

*Gabarito "C".*

**(Juiz de Direito/DF – 2016 – CESPE)** Sobre as condutas penalmente tipificadas no rol dos crimes contra as relações de consumo, conforme previsão do CDC, assinale a opção correta.

- **(A)** A conduta consistente em empregar, na reparação de produtos, peças ou componentes de reposição usados, sem autorização do consumidor, configura crime contra as relações de consumo, sancionado com pena de detenção.
- **(B)** Constitui circunstância agravante, prevista no CDC, o fato de haver sido o crime praticado por preposto ou administrador de pessoa jurídica em estado falimentar.
- **(C)** Não deve ser admitida, sob pena de se configurar bis in idem, além das penas privativas de liberdade e de multa, a aplicação cumulativa das penas de prestação de serviços à comunidade e de interdição temporária de direitos.
- **(D)** Não se admite, no processo dos crimes contra as relações de consumo, a propositura de ação penal subsidiária.
- **(E)** A conduta consistente em deixar de entregar ao consumidor o termo de garantia adequadamente preenchido e com especificação clara de seu conteúdo, a despeito de não se encontrar tipificada, de modo a configurar crime autônomo, pode ser considerada como circunstância legal agravante.

**A**: Correta, configura crime na forma do art. 70 do CDC. **B**: incorreta. Configuram circunstâncias agravantes dos crimes tipificados na lei consumerista (i) serem cometidos em época de grave crise econômica ou ocasião de calamidade; (ii) ocasionar grave dano individual ou coletivo; (iii) dissimular a natureza ilícita do procedimento; (iv) quando cometidos por servidor público ou por pessoa cuja condição econômico-social seja manifestamente maior que a vítima e quando cometido em detrimento de operário, rurícola, crianças e adolescentes, idosos e portadores de deficiência mental (art. 76 do CDC). **C**: incorreta. As penas privativas de liberdade e multa podem ser cumulativa ou alternadamente com (i) interdição temporária de direitos; (ii) publicação em órgãos de comunicação de grande circulação (pagos pelo condenado) e (iii) a prestação de serviços ao comunidade (art. 76 do CDC). **D**: incorreta. Art. 80 do CDC. **E**: incorreta. O art. 74 da lei consumerista descreve como crime a conduta de "deixar de entregar ao consumidor o termo de garantia adequadamente preenchido e com especificação clara do seu conteúdo". A pena é de detenção de um a seis meses e multa. Vale lembrar que a garantia contratual prevista no art. 50 do CDC, não é obrigatória. O fornecedor poderá, ao seu critério, oferecer garantia contratual. No entanto, se for oferecida ao consumidor, deverá ser entregue o termo por escrito, sobre pena de incorrer no crime em comento. **RD**

*Gabarito "A".*

**(Promotor de Justiça/PI – 2014 – CESPE)** No que tange às normas de direito penal e de direito processual penal previstas no CDC, assinale a opção correta.

- **(A)** A conduta de o fornecedor deixar de entregar ao consumidor o termo de garantia adequadamente preenchido e com especificação clara de seu conteúdo acarreta, tão somente, responsabilidade civil e administrativa, não havendo previsão de sanção penal.
- **(B)** Todos os delitos contra as relações de consumo estão tipificados no CDC.
- **(C)** No âmbito criminal, além das penas privativas de liberdade e de multa, podem ser impostas, cumulativa ou alternadamente, as penas de revogação de concessão ou permissão de uso e de cassação de licença de estabelecimento ou de atividade.
- **(D)** No processo penal atinente aos crimes e contravenções que envolvam relações de consumo, admite-se a intervenção, como assistente do MP, de associação legitimada para a defesa coletiva de interesse dos consumidores.

**(E)** O CDC veda qualquer hipótese de legitimidade para a propositura de ação penal subsidiária caso a denúncia não seja oferecida pelo MP no prazo legal.

**A:** incorreta, pois referida conduta acarreta também responsabilidade penal (art. 74 do CDC); **B:** incorreta, pois ainda existem delitos previstos no Código Penal e leis especiais (art. 61 do CDC); **C:** incorreta, pois referidas sanções são penalidades administrativas (art. 56, VIII e IX do CDC); **D:** correta (art. 80 do CDC); **E:** incorreta, pois se a denúncia não for oferecida pelo Ministério Público no prazo legal, é cabível ação penal subsidiária pelos legitimados do art. 82, III e IV, do CDC (art. 80 do CDC). Gabarito "D".

**(Magistratura/BA – 2012 – CESPE)** A respeito das normas de direito penal e processo penal previstas no CDC, assinale a opção correta.

**(A)** A pessoa jurídica pode ser responsabilizada criminalmente se os seus representantes legais ou até mesmo empregados cometerem crimes previstos no CDC.

**(B)** O sujeito passivo dos crimes contra as relações de consumo é o consumidor pessoa física, sendo considerado o crime fato atípico se cometido contra consumidor pessoa jurídica ou consumidor por equiparação, em observância ao princípio da vedação à responsabilidade objetiva.

**(C)** Observa-se a ocorrência de agravantes quando os crimes tipificados no CDC são cometidos em época de grave crise econômica ou por ocasião de calamidade ou quando causam grave dano individual ou coletivo.

**(D)** O CDC tipifica como crime a conduta de empregar peças ou componentes de reposição usados na reparação de produtos, mesmo com autorização do consumidor.

**(E)** Todos os legitimados para a defesa coletiva do consumidor podem prestar assistência ao MP e propor ação penal subsidiária.

**A:** incorreta, quem é responsabilizado criminalmente não é a pessoa jurídica, mas sim seus diretores, administradores e gerentes (art. 75, CDC); **B:** incorreta, pois não importa se a vítima do crime é pessoa física ou jurídica, pois ambas podem ser consumidoras (art. 2°, CDC); **C:** correta, está de acordo com o art. 76, I e II, CDC); **D:** incorreta, pois só estará tipificado o crime se não houver a autorização do consumidor (art. 70, CDC); **E:** incorreta, pois de acordo com o art. 80, CDC, nem todos os legitimados para a defesa coletiva do consumidor podem prestar assistência ao MP e propor ação penal subsidiária – apenas os indicados nos incisos III e IV do art. 82, CDC. Gabarito "C".

**(Ministério Público/RR – 2012 – CESPE)** Assinale a opção correta a respeito das normas de direito penal e de processo penal previstas no CDC.

**(A)** No processo penal atinente aos crimes cometidos contra as relações de consumo, é vedada ao MP a assistência, porém lhe é facultada a propositura de ação penal subsidiária, se a denúncia não for oferecida no prazo legal.

**(B)** Assim como ocorre no direito ambiental, a pessoa jurídica pode ser responsabilizada criminalmente se os seus representantes legais ou até mesmo empregados cometerem fatos tipicamente previstos como crimes no CDC.

**(C)** A conduta de impedir ou dificultar o acesso do consumidor às informações que sobre ele constem em cadastros, banco de dados, fichas e registros é expressamente prevista como crime no CDC.

**(D)** O sujeito passivo dos crimes contra as relações de consumo é o consumidor pessoa física, considerando-se fato atípico o crime cometido contra consumidor pessoa jurídica ou consumidor por equiparação, em observância ao princípio da vedação à responsabilidade objetiva.

**(E)** Considera-se circunstância agravante nos crimes tipificados no CDC o fato de o agente cometer o delito contra os consumidores de instituições financeiras, de saúde e de ensino privados.

**A:** incorreta, o art. 80 do CDC possibilita ao Ministério Público a intervenção como assistente; **B:** incorreta, a responsabilidade criminal incide sobre os administradores da pessoa jurídica; **C:** correta, a conduta está

tipificada no art. 72 do CDC; **D:** incorreta, o consumidor por equiparação também pode ser sujeito passivo dos crimes contra as relações de consumo; **E:** incorreta, estas situações não estão previstas como circunstâncias agravantes no art. 76 do CDC. Gabarito "C".

**(Ministério Público/TO – 2012 – CESPE)** A respeito da responsabilidade por vício do produto e do serviço, das implicações administrativas e penais associadas às relações de consumo e das ações coletivas para a defesa de interesses individuais homogêneos ligados às citadas relações, assinale a opção correta.

**(A)** Cometerá crime de consumo configurado no crime de *recall* o fornecedor que não comunicar à autoridade competente e aos consumidores a nocividade ou periculosidade de produtos cujo conhecimento seja posterior à sua colocação no mercado e não retirá-lo imediatamente de circulação, quando determinado pela autoridade competente. Nesse sentido, a ordem da autoridade competente para a retirada do citado bem do mercado de consumo deve ser pessoal ao fornecedor responsável, para fins de configuração do crime.

**(B)** A tipificação penal protetiva do consumidor, em regra e por conta da presunção de perigo que traz consigo, não exige, para a sua consumação, a realização de dano físico, mental ou econômico ao indivíduo-consumidor, sendo certo que o direito penal econômico protege primeiramente não o consumidor em si, mas a relação jurídica de consumo, pois esta é um bem jurídico autônomo, supraindividual e imaterial.

**(C)** A sentença civil não fará coisa julgada *erga omnes* nos limites da competência territorial do órgão prolator, exceto se o pedido for julgado improcedente por insuficiência de provas, hipótese em que apenas o MP poderá intentar outra ação com idêntico fundamento, valendo-se de nova prova.

**(D)** No direito do consumidor, vício e defeito dos bens possuem o mesmo sentido: relacionam-se com o fato de o bem gerar a responsabilidade civil do fornecedor por defeito ou por insegurança.

**(E)** A lei é a única forma de expressão juridicamente correta para se criar órgão de defesa do consumidor no âmbito do Poder Executivo.

**A:** incorreta, pois a ordem para retirada do bem não precisa ser pessoal para caracterização do crime previsto no art. 64, parágrafo único, do CDC; **B:** correta, em regra a caracterização do crime de consumo não depende da efetivação do dano; **C:** incorreta, na hipótese retratada a sentença civil fará coisa julgada, nos termos do art. 16 da Lei 7.347/1985; **D:** incorreta, pois o defeito do produto causa prejuízos extrínsecos, como danos materiais, morais e estéticos enquanto que o vício do produto pode existir, contudo o problema fica adstrito aos limites do bem, gerando prejuízos intrínsecos; **E:** incorreta, pois podem ser criadas entidades privadas (ex: associações) de defesa do consumidor. Gabarito "B".

**(Defensor Público/AC – 2012 – CESPE)** A respeito das infrações penais, assinale a opção correta.

**(A)** O fornecedor que deixa de organizar dados fáticos, técnicos e científicos que dão base à publicidade pratica crime contra as relações de consumo.

**(B)** O CDC, assim como o CP e as leis extravagantes, prevê circunstâncias agravantes e atenuantes para os crimes que tipifica.

**(C)** As condutas tipificadas no CDC constituem crime de dano, sendo imprescindível para a caracterização do delito a comprovação do efetivo dano ao consumidor.

**(D)** Os crimes contra as relações de consumo estão previstos no CDC de forma exclusiva e taxativa.

**(E)** O tipo penal consistente em fazer afirmação falsa ou enganosa, ou omitir informação relevante sobre a natureza de produto ou serviço inadmite a forma culposa.

## 18. DIREITO DO CONSUMIDOR    621

**A:** correta (art. 69 do CDC); **B:** incorreta, pois no CDC só há previsão de causas agravantes (art. 76); **C:** incorreta, pois os tipos penais previstos no CDC não requerem resultado danoso, bastando a configuração da conduta para a configuração do crime (vide arts. 63 a 74); **D:** incorreta, pois o art. 61 do CDC é claro ao dispor que os crimes contra as relações de consumo previstos no CDC não excluem outros previstos no Código Penal e nas leis especiais; **E:** incorreta, pois o art. 66, § 2º, do CDC admite sim a forma culposa.

Gabarito "A".

**(Defensor Público/SE – 2012 – CESPE)** Constitui conduta tipificada no CDC como crime contra as relações de consumo

(A) falsificar ou alterar substância ou produto alimentício destinado a consumo, tornando-o nocivo à saúde ou reduzindo-lhe o valor nutritivo.

(B) empregar, no fabrico de produto destinado a consumo, revestimento, gaseificação artificial, matéria corante, substância aromática, antisséptica, conservadora ou qualquer outra não expressamente permitida pela legislação sanitária.

(C) exigir cheque-caução, nota promissória ou qualquer garantia, bem como o preenchimento prévio de formulários administrativos, como condição para o atendimento médico-hospitalar emergencial.

(D) fazer afirmação falsa ou enganosa, ou omitir informação relevante sobre a natureza, característica, qualidade, quantidade, segurança, desempenho, durabilidade, preço ou garantia de produtos ou serviços.

(E) fabricar, sem licença da autoridade competente, substância ou engenho explosivo, gás tóxico ou asfixiante, ou material destinado à sua fabricação.

**A:** incorreta, pois esse crime está previsto no Código Penal (art. 272) e não no CDC; **B:** incorreta, pois esse crime está previsto no Código Penal e não no CDC (art. 274); **C:** incorreta, pois esse crime está previsto no Código Penal (art. 135-A) e não no CDC; **D:** correta (art. 66 do CDC); **E:** incorreta, pois esse crime está previsto no Código Penal (art. 253) e não no CDC.

Gabarito "D".

## 11. DEFESA DO CONSUMIDOR EM JUÍZO

**(Juiz de Direito – TJ/SC – 2019 – CESPE/CEBRASPE)** A respeito da defesa do consumidor em juízo, assinale a opção correta.

(A) O Ministério Público possui legitimidade para pleitear, em demandas de saúde contra os entes federativos, tratamentos médicos, exceto quando se tratar de feitos que contenham beneficiários individualizados.

(B) A Defensoria Pública tem legitimidade para ajuizar ação civil pública em defesa de direitos individuais homogêneos de consumidores idosos, independentemente da comprovação de hipossuficiência econômica dos beneficiários.

(C) Associação com fins específicos de proteção ao consumidor possui legitimidade para o ajuizamento de ação civil pública com a finalidade de tutelar interesses coletivos de beneficiários do seguro DPVAT.

(D) Em caso de ação que tenha por objeto o cumprimento da obrigação de fazer ou não fazer, o juiz deverá dar prioridade à conversão da obrigação em perdas e danos.

(E) O comerciante que indenize, em juízo, o consumidor lesado não poderá exercer o direito de regresso contra os demais responsáveis pelo evento danoso nos mesmos autos nem requerer a denunciação da lide.

**A:** incorreta. Entende o STJ que "O Ministério Público é parte legítima para pleitear tratamento médico ou entrega de medicamentos nas demandas de saúde propostas contra os entes federativos, mesmo quando se tratar de feitos contendo beneficiários individualizados, porque se refere a direitos individuais indisponíveis, na forma do art. 1º da Lei n. 8.625/1993 (Lei Orgânica Nacional do Ministério Público)" (Tema 766). **B:** correta. O tema é sensível e amplamente discutível na doutrina e jurisprudência. A legitimidade da defensoria está expressamente prevista no art. 5º da LACP e se justifica pela hipossuficiência econômica, jurídica e organizacional dos beneficiários da ação. Veja

o acórdão muito elucidativo: Embargos de divergência no recurso especial nos embargos infringentes. Processual civil. Legitimidade da defensoria pública para a propositura de ação civil pública em favor de idosos. Plano de saúde. Reajuste em razão da idade tido por abusivo. Tutela de interesses individuais homogêneos. Defesa de necessitados, não só os carentes de recursos econômicos, mas também os hipossuficientes jurídicos. Embargos de divergência acolhidos. (...) 2. A atuação primordial da Defensoria Pública, sem dúvida, é a assistência jurídica e a defesa dos necessitados econômicos, entretanto, também exerce suas atividades em auxílio a necessitados jurídicos, não necessariamente carentes de recursos econômicos, como é o caso, por exemplo, quando exerce a função do curador especial, previsto no art. 9º, inciso II, do Código de Processo Civil, e do defensor dativo no processo penal, conforme consta no art. 265 do Código de Processo Penal. 3. No caso, o direito fundamental tutelado está entre os mais importantes, qual seja, o direito à saúde. Ademais, o grupo de consumidores potencialmente lesado é formado por idosos, cuja condição de vulnerabilidade já é reconhecida na própria Constituição Federal, que dispõe no seu art. 230, sob o Capítulo VII do Título VIII ("Da Família, da Criança, do Adolescente, do Jovem e do Idoso"): "A família, a sociedade e o Estado têm o dever de amparar as pessoas idosas, assegurando sua participação na comunidade, defendendo sua dignidade e bem-estar e garantindo-lhes o direito à vida." 4. "A expressão 'necessitados' (art. 134, *caput*, da Constituição), que qualifica, orienta e enobrece a atuação da Defensoria Pública, deve ser entendida, no campo da Ação Civil Pública, em sentido amplo, de modo a incluir, ao lado dos estritamente carentes de recursos financeiros – os miseráveis e pobres –, os hipervulneráveis (isto é, os socialmente estigmatizados ou excluídos, as crianças, os idosos, as gerações futuras), enfim todos aqueles que, em condição individuo ou classe, por conta de sua real debilidade perante abusos ou arbítrio dos detentores de poder econômico ou político, 'necessitem' da mão benevolente e solidarista do Estado para sua proteção, mesmo que contra o próprio Estado. Vê-se, então, que a partir da ideia tradicional da instituição forma-se, no Welfare State, um novo e mais abrangente círculo de sujeitos salvaguardados processualmente, isto é, adota-se uma compreensão de *minus habentes* impregnada de significado social, organizacional e de dignificação da pessoa humana" (REsp 1.264.116/RS, Rel. Ministro Herman Benjamin, Segunda Turma, julgado em 18/10/2011, DJe 13/04/2012). 5. O Supremo Tribunal Federal, a propósito, recentemente, ao julgar a ADI 3943/DF, em acórdão ainda pendente de publicação, concluiu que a Defensoria Pública tem legitimidade para propor ação civil pública, na defesa de interesses difusos, coletivos ou individuais homogêneos, julgando improcedente o pedido de declaração de inconstitucionalidade formulado contra o art. 5º, inciso II, da Lei 7.347/1985, alterada pela Lei 11.448/2007 ("Art. 5º Têm legitimidade para propor a ação principal e a ação cautelar: ... II – a Defensoria Pública"). 6. Embargos de divergência acolhidos para, reformando o acórdão embargado, restabelecer o julgamento dos embargos infringentes prolatado pelo Terceiro Grupo Cível do Tribunal de Justiça do Estado do Rio Grande do Sul, que reconhecera a legitimidade da Defensoria Pública para ajuizar a ação civil pública em questão. (EREsp 1192577/RS, Rel. Ministra Laurita Vaz, Corte Especial, julgado em 21/10/2015, DJe 13/11/2015). **C:** incorreta. Entendeu o STJ que não está presente a relação de consumo entre a seguradora e o segurado do DPVAT. Por essa razão, a associação de defesa do consumidor não pode representar em juízo os segurados: "Ausente, sequer tangencialmente, relação de consumo, não se afigura correto atribuir a uma associação, com fins específicos de proteção ao consumidor, legitimidade para tutelar interesses diversos, como é o caso dos que se referem ao seguro DPVAT, sob pena de desvirtuar a exigência da representatividade adequada, própria das ações coletivas" (STJ, 1.091.756 – MG). **D:** incorreta. Na forma do art. 84 do CDC a "ação que tenha por objeto o cumprimento da obrigação de fazer ou não fazer, o juiz concederá a tutela específica da obrigação ou determinará providências que assegurem o resultado prático equivalente ao do adimplemento". Só será convertida em perdas e danos se por elas optar o autor ou se impossível a tutela específica ou a obtenção do resultado prático correspondente (§ 1º do art. 84 do CDC). **E:** incorreta. Na hipótese de ação de regresso prevista no art. 13 do CDC, poderá, por força do art. 88 do mesmo diploma legal, ser ajuizada em processo autônomo, sendo facultada a possibilidade de prosseguir-se nos mesmos autos, sendo expressamente vedada a denunciação da lide.

Gabarito "B".

# 622  ANDRÉ DE CARVALHO BARROS, GABRIELA R. PINHEIRO, ROBERTA DENSA E WANDER GARCIA

**(Defensor Público - DPE/DF - 2019 - CESPE/CEBRASPE)** Acerca do direito coletivo, julgue o item a seguir.

**(1)** Os interesses difusos, coletivos *strictu sensu* e individuais homogêneos possuem como característica comum a indivisibilidade do objeto.

**1. Errada.** A indivisibilidade é característica dos direitos difusos e coletivos (vide art. 81, parágrafo único, incisos I e II) daí Barbosa Moreira ter classificados tais interesses como essencialmente coletivos, donde resulta dizer que a sentença é indivisível. Uma vez que o juiz reconhece o direito de uma pessoa do grupo, todas tem o mesmo direito. O direito individual homogêneo é classificado pelo mesmo autor como sendo acidentalmente coletivo, justamente em razão da sua divisibilidade. Cada pessoa do grupo terá a sua reparação conforme a extensão dos danos apresentada em cumprimento de sentença (vide art. 81, parágrafo único, III e arts. e 98 do CDC). 🔲

Gabarito 1E

**(Defensor Público - DPE/DF - 2019 - CESPE/CEBRASPE)** Julgue os próximos itens, relativos à prevenção, conexão, continência e litispendência no processo coletivo.

**(1)** De acordo com o Código de Defesa do Consumidor, não se vislumbra a ocorrência de litispendência entre uma demanda coletiva que busque a tutela de um direito coletivo *strictu sensu* e uma demanda individual.

**(2)** Entende o STJ que, ajuizada ação coletiva atinente a uma macrolide geradora de processos multitudinários, é possível a suspensão, pelo magistrado, de ação individual existente sobre a mesma matéria discutida no feito coletivo, de ofício e independentemente do consentimento do autor da respectiva lide individual, a fim de aguardar o julgamento da ação coletiva.

**1: Correta.** Nos termos do art. 104 do CDC, as ações coletivas não induzem litispendência para as ações individuais; **2. Correta.** O STJ já decidiu, em sede de IRDR, que "Ajuizada ação coletiva atinente a macrolide geradora de processos multitudinários, suspendem-se as ações individuais, no aguardo do julgamento da ação coletiva. (Tema 60, REsp 1110549/RS, DJ 28/10/2009). 🔲

Gabarito 1C, 2C

**(Defensor Público - DPE/DF - 2019 - CESPE/CEBRASPE)** Julgue os próximos itens, acerca de direitos do consumidor e da defesa do consumidor em juízo, segundo a legislação pertinente e o entendimento dos tribunais superiores.

**(1)** Defensoria Pública estadual ou a distrital não têm legitimidade para ajuizar demanda que tutele direitos coletivos quando, apesar da existência de circunstâncias de fato comuns, os interesses e supostos prejuízos forem heterogêneos e disponíveis para os possíveis beneficiários da demanda coletiva.

**(2)** O PROCON tem legitimidade para propor ação civil pública em defesa de direitos individuais homogêneos, com clara repercussão social, em matéria de direito do consumidor, inclusive podendo postular reparação por dano moral coletivo.

**(3)** **Situação hipotética**: Associação de defesa dos consumidores em determinado estado da Federação promoveu demanda coletiva discutindo a ilegalidade da cobrança de taxa de conveniência por fornecedor que oferecia a venda pela Internet de ingressos para apresentação de renomado artista. **Assertiva**: Nesse caso, segundo entendimento do STJ, os efeitos e a eficácia da sentença coletiva restringem-se aos limites do território da competência do órgão judicante, considerando-se sempre a extensão do dano e a qualidade dos interesses metaindividuais postos em juízo.

**(4)** Conforme entendimento do STF, a legitimidade para propositura de ação civil pública que tutele direitos difusos restringe-se ao Ministério Público.

**(5)** Consoante entendimento do STJ, nas demandas coletivas de consumo, o dano moral coletivo não se caracteriza como categoria autônoma de dano, pois está relacionado à integridade psicofísica da coletividade e se identifica com

os atributos da pessoa humana (dor, sofrimento ou abalo psíquico).

**1: Correto.** Apesar de o STF, em sede de ação direta de inconstitucionalidade (ADI 3943), ter considerado constitucional a atribuição da Defensoria Pública para a propositura de ação civil pública, não é correto dizer que a Defensoria poderá atuar em toda as ações coletivas. Nesse sentido, o STJ, em ação proposta pela Defensoria Pública em favor de servidores públicos estaduais e municipais, contra instituições financeiras em razão de empréstimos consignados, decretou a carência de ação por ilegitimidade de parte, por entender que o direito dessas pessoas não poderia ser conceituado como coletivo ou individual homogêneo tratando-se, portanto, de direitos heterogêneos e disponíveis. (Veja, AgInt no REsp 197.916); **2. Correto.** A legitimidade está prevista no art. 5º da LACP e no art. 82 do CDC. Veja também caso julgado pelo STJ em ação proposta pela Fundação Procon de São Paulo no caso da "pílula de farinha". (REsp 866.636/SP); **3. Errado.** No caso mencionado, afirmou o STJ: "(...) os efeitos e a eficácia da sentença não estão circunscritos a lindes geográficos, mas aos limites objetivos e subjetivos do que foi decidido, levando-se em conta, para tanto, sempre a extensão do dano e a qualidade dos interesses metaindividuais postos em juízo". REsp 1.243.887/PR, Corte Especial, DJe 12/12/2011; **4. Errado.** Vide justificativa da afirmativa 1 (ADI 3943); **5. Errado.** Ao contrário, em sede de ação coletiva, o STJ já afirmou: "O dano moral coletivo é categoria autônoma de dano que, apesar de estar relacionada à integridade psicofísica da coletividade, não se identifica com aqueles tradicionais atributos da pessoa humana (dor, sofrimento ou abalo psíquico). Resulta, de fato, da "ampliação do conceito de dano moral [...], envolvendo não apenas a dor psíquica" (REsp 1.397.870/MG, Segunda Turma, DJe 10/12/2014). 🔲

Gabarito 1C, 2C, 3E, 4E, 5E

**(Defensor Público/PE – 2018 – CESPE)** A respeito do ajuizamento de ação civil pública pela Defensoria Pública para tutela de defesa de interesses individuais homogêneos de consumidores, assinale a opção correta de acordo com o entendimento jurisprudencial do STJ.

**(A)** Na hipótese de tutela de direitos individuais homogêneos, a Defensoria Pública somente pode atuar em nome dos indivíduos que expressa e previamente autorizaram propositura de ação coletiva.

**(B)** A Defensoria Pública tem legitimidade para instaurar inquérito civil para reunir elementos de fato e de direito necessários para o ajuizamento de ação civil pública.

**(C)** A Defensoria Pública apenas tem legitimidade para tomar medida individual, e não coletiva, para representar consumidores hipossuficientes ou carentes de recursos financeiros.

**(D)** A legitimidade da Defensoria Pública abrange diversas formas de vulnerabilidades sociais, não se limitando à atuação em nome de carente de recursos econômicos.

**(E)** É vedado à Defensoria Pública firmar compromisso de ajustamento de conduta com entidade responsável por aumento abusivo em mensalidades de plano de saúde em razão de mudança de faixa etária.

**A:** incorreta. A Defensoria Pública foi elencada no rol de legitimados ativos para propositura de ação civil pública, conforme disposto no art. 5º da Lei 7.347/82. Dessa forma, os legitimados postulam em nome próprio interesses dos grupos, classe ou categoria de pessoa, ainda que indetermináveis, a fim de resguardar direitos relativos à proteção ao meio ambiente, ao consumidor, à ordem econômica, à livre concorrência, ou ao patrimônio artístico, estético, histórico, turístico e paisagístico, sem a necessidade de autorização dos indivíduos envolvidos; **B:** incorreta. A instauração e presidência do inquérito civil é de competência exclusiva do Ministério Público, conforme os ditames do art. 8º, § 1º, da Lei de Ação Civil Pública; **C:** incorreta. De acordo com o art. 5º, II, da Lei 7.347/85, a Defensoria Pública tem legitimidade para promover a tutela jurisdicional de direitos difusos e coletivos, com a finalidade de representar consumidores hipossuficientes jurídicos, econômicos e organizacionais nas ações civis públicas; **D:** correta. É entendimento do STJ que a Defensoria Pública tem legitimidade para defender as diversas formas de vulnerabilidades sociais, não se limitando à atuação em nome de carente de recursos econômicos. Veja: "DIREITO CONSTITUCIONAL E PROCESSUAL CIVIL. LEGITIMIDADE DA DEFENSORIA PÚBLICA PARA PROPOR AÇÃO CIVIL PÚBLICA EM

## 18. DIREITO DO CONSUMIDOR — 623

DEFESA DE JURIDICAMENTE NECESSITADOS. A Defensoria Pública tem legitimidade para propor ação civil pública em defesa de interesses individuais homogêneos de consumidores idosos que tiveram plano de saúde reajustado em razão da mudança de faixa etária, ainda que os titulares não sejam carentes de recursos econômicos. (STJ, **EREsp 1.192.577-RS,** Rel. Min. Laurita Vaz, julgado em 21/10/2015, DJe 13/11/2015); **E:** incorreta. A Defensoria Pública pode firmar Termo de Ajustamento de Conduta em ACP. Vale notar que a Defensoria não tem legitimidade para a abertura de Inquérito Civil, mas pode fazer Termo de Ajustamento de Conduta. **RD**

Gabarito "D".

**(Defensor Público/AL – 2017 – CESPE)** No que se refere à defesa do consumidor, assinale a opção correta.

(A) A Defensoria Pública possui legitimidade ativa para ajuizar ação civil pública na defesa de interesses difusos, coletivos ou individuais homogêneos.

(B) Os legitimados ativos para o ajuizamento de ação coletiva poderão apenas representar os interesses das vítimas, não podendo propor a ação coletiva em nome próprio.

(C) Tratando-se de ações de danos de âmbito local que envolvam direitos difusos, a competência territorial para o ajuizamento da ação coletiva será a capital do estado onde tenha ocorrido o dano, ou o Distrito Federal.

(D) Os direitos individuais homogêneos caracterizam-se pela transindividualidade, indivisibilidade e indeterminação de titularidade.

(E) Nas ações coletivas previstas na Lei n.º 8.078/1990, a sentença fará coisa julgada erga omnes quando o pedido for julgado improcedente por insuficiência de provas.

**A:** correta, conforme art. 5º, II, da Lei 7.347/85; **B:** incorreta. Os legitimados ativos para ajuizamento da ação coletiva podem propor defesa de interesses das vítimas e em nome próprio. Trata-se de legitimação extraordinária, em que o legitimado propõe ação coletiva em nome próprio para a defesa dos direitos transindividuais; **C:** incorreta. De acordo com o art. 93, I, tratando-se de ações de danos de âmbito local, que envolvam direitos difusos, a competência territorial será o lugar onde ocorreu ou deva ocorrer o dano. Ademais, conforme o inciso II do referido artigo, o foro competente é o da capital do Estado ou do Distrito Federal nos casos de dano em âmbito nacional ou regional; **D:** incorreta. De acordo com o art. 81, III, do CDC, os direitos individuais homogêneos caracterizam-se pela *transindividualidade*, uma vez que resguardam direitos de uma categoria de grupo; *divisibilidade*, já que o reconhecimento em juízo do direito de uma das partes não vincula as demais; e *determinação* de titularidade, vez que é formado por sujeitos determinados ou determináveis; **E:** incorreta. De acordo com o art. 103, I, "a sentença fará coisa julgada *erga omnes*, exceto quando o pedido for julgado improcedente por insuficiência de prova, hipótese em que qualquer legitimado poderá intentar outra ação, com idêntico fundamento valendo-se de nova prova". **RD**

Gabarito "A".

**(Juiz de Direito/AM – 2016 – CESPE)** O PROCON do estado do Amazonas, por intermédio de seu advogado, ajuizou ação civil pública contra determinada empresa privada de saúde suplementar, pleiteando o reconhecimento judicial da abusividade da cláusula contratual que prevê aumento dos valores cobrados em todo o estado a partir do momento que a pessoa atinge a condição de idoso. Requereu, também, a restituição dos valores pagos por aqueles indivíduos que já haviam atingido a idade de sessenta anos.

Com referência a essa situação hipotética, assinale a opção correta de acordo com o tratamento dispensado pelo CDC à defesa do consumidor em juízo.

(A) O foro competente para a propositura da ação coletiva em questão é o da sede da empresa requerida.

(B) A hipótese retrata a existência de direitos individuais homogêneos, pois os titulares podem ser identificados e se encontram em uma mesma situação fática.

(C) Por se tratar de ação coletiva não proposta pelo MP, a atuação deste no processo é desnecessária.

(D) A sentença de mérito fará coisa julgada *erga omnes* no caso de procedência do pedido; caso contrário, o consumidor

poderá intentar ação individual, ainda que tenha integrado a demanda como litisconsorte.

(E) O juiz deverá extinguir o processo sem análise do mérito, pois o PROCON não possui legitimidade para o ajuizamento de ação coletiva.

**A:** incorreta, o foro competente para a ACP (art. 93 do CDC) é i) o lugar onde ocorreu ou onde deve ocorrer o dano, quando de âmbito local e, ii) no foro da Capital do Estado ou do DF, para os danos de âmbito nacional ou regional. **B:** correta, mas deveria ser anulada. Na realidade, o caso retrata um pedido relacionado aos Direitos Coletivos Strictu Sensu, posto que os usuários são identificados ou podem ser identificáveis, estão ligados entre si com a parte contrária por uma relação jurídica base (nesse caso, o contrato) é um direito indivisível (veja art. 81, II). Trata-se de direito indivisível uma vez que por juiz reconhece o direito para uma pessoa do grupo, deve reconhecer para todos. Não se deve admitir o enquadramento no art. 81, III do CDC – Direitos Individuais Homogêneos – já que os idosos estão ligados entre si não por uma situação fática, mas por uma relação jurídica base (contrato). Além disso, a divisibilidade é característica marcante dos Direitos Individuais Homogêneos, isso porque, diante da divisibilidade dos direitos, caso o juiz reconheça o direito de uma pessoa do grupo, não deve, necessariamente, reconhecer para todos, o que seria impossível no caso em tela. **C:** incorreta. O Ministério Público, se não for parte, atuará como fiscal da lei (art. 75 do Estatuto do Idoso). **D:** incorreta. Se considerarmos que o caso retrata situação que envolve Direitos Coletivos, a sentença faz coisa julgada ultra partes. Em Direitos Individuais Homogêneos, a sentença faz coisa julgada erga omnes (art. 103 do CDC). No entanto, em ambos os casos, se integrarem a demanda como litisconsortes, não poderão intentar ação individual. **B**

Gabarito "B".

**(Magistratura/BA – 2012 – CESPE)** A associação estadual de defesa do consumidor (AEDC) de determinado estado da Federação ajuizou ação civil pública contra a única distribuidora de combustíveis do estado, sob a alegação de que o fato de ela ser a única empresa do tipo no mercado constitui monopólio e cartel, o que causa lesão a vários direitos básicos dos consumidores. Na ação, requereu que a empresa fosse condenada a adequar os seus preços à média nacional e a pagar danos morais coletivos. O magistrado competente, ao analisar a inicial, constatou que a associação, cujo estatuto prevê, entre os seus fins institucionais, a defesa ampla dos consumidores, tinha sido legalmente constituída havia seis meses e que não tinha sido juntada autorização assemblear para a propositura da ação.

De acordo com as normas do CDC, o juiz, nessa situação, deve:

(A) extinguir o processo sem exame do mérito, por não ter sido a autorização assemblear juntada aos autos, sem condenar a autora ao pagamento das custas processuais.

(B) abrir prazo para que a autora emende a exordial, a fim de retirar o pedido de danos morais coletivos, visto que somente o MP tem legitimidade para fazer esse pedido.

(C) receber a inicial, intimar o MP para atuar como fiscal da lei e intimar a Defensoria Pública para ajuizar as ações individuais pertinentes.

(D) extinguir o processo sem resolução do mérito, já que a AEDC foi constituída há menos de um ano, e condenar a autora ao pagamento das custas processuais.

(E) fundamentar, ao receber a exordial, a legitimidade ativa da associação, tendo em vista que, embora constituída há menos de um ano, a extensão dos danos aos consumidores justifica sua atuação na ação coletiva.

**A:** incorreta, pois o art. 82, IV, CDC, confere legitimidade às associações legalmente constituídas há pelo menos um ano e que incluam entre seus fins institucionais a defesa dos interesses e direitos protegidos por este código, dispensada a autorização assemblear; **B:** incorreta, pois para a defesa dos direitos e interesses protegidos por este código são admissíveis todas as espécies de ações capazes de propiciar sua adequada e efetiva tutela (art. 83, CDC); **C:** incorreta, embora o juiz deva receber a inicial e intimar o MP (art. 92, CDC), não existe determinação no CDC para que seja procedida a intimação da Defensoria Pública para ajuizamento de ações individuais; **D:** incorreta, conforme dispõe o art. 82, § 1º, CDC, o requisito da pré-constituição pode ser dispensado pelo juiz, nas ações previstas nos arts. 91 e seguintes, quando haja manifesto interesse social evidenciado pela dimensão ou característica do dano, ou pela relevância do bem jurídico a ser protegido. O art. 87, CDC, impede a condenação da associação autora, salvo comprovada má-fé, em honorários de advogados, custas e despesas processuais; **E:** correta, está de acordo com o art. 82, § 1º, CDC.

*Gabarito "E".*

**(Magistratura/PA – 2012 – CESPE)** Assinale a opção correta com base no que dispõe o CDC acerca da legitimidade ativa para a propositura de ação coletiva.

(A) As associações civis estão excluídas do rol de entes legitimados a ajuizar ação coletiva em defesa dos interesses de seus associados.

(B) O autor deve determinar, de maneira discriminada e individualizada, os titulares dos direitos difusos demandados em juízo, a fim de que esses direitos possam ser tutelados.

(C) O fato de algumas entidades possuírem legitimidade subsidiária para propor ações coletivas para a proteção de interesses difusos e coletivos caracteriza o litisconsórcio necessário.

(D) Há entidades que, embora sem personalidade jurídica, possuem legitimidade ativa para o ajuizamento de ação coletiva.

(E) Não sendo o MP o autor da ação coletiva, a sua atuação no processo, de acordo com a sistemática adotada pelo CDC, é, em regra, dispensável.

**A:** incorreta, as associações civis estão incluídas no rol de entes legitimados a ajuizar ação coletiva em defesa dos interesses de seus associados (art. 82, IV, CDC); **B:** incorreta, o autor pode deixar de indicar na inicial os titulares dos direitos quando se tratar de direitos difusos (art. 81, parágrafo único, I, CDC); **C:** incorreta, essa legitimidade subsidiária para propor ações coletivas para a proteção de interesses difusos e coletivos não caracteriza litisconsórcio necessário, mas sim facultativo (art. 94, CDC); **D:** correta, nos termos do art. 82, III, do CDC; **E:** incorreta, se o MP não for o autor da ação será obrigatória sua participação como fiscal da lei (art. 92, CDC).

*Gabarito "D".*

**(Ministério Público/PI – 2012 – CESPE)** No que concerne à defesa, em juízo, dos interesses do consumidor, assinale a opção correta.

(A) Na hipótese de não ser possível identificar o fabricante do produto, o comerciante será responsável pelos prejuízos sofridos pelo consumidor, sendo-lhe facultado denunciar à lide o fabricante.

(B) Nas ações de defesa de interesses ou direitos individuais homogêneos, se o pedido for julgado procedente, a coisa julgada será *ultra partes*, mas limitada ao grupo, categoria ou classe.

(C) Na ação cujo objeto seja o cumprimento de obrigação de fazer, sendo relevante o fundamento da demanda, estando presente o *periculum in mora* e desde que haja expressa manifestação do autor pela aplicação de multa, o juiz poderá impor astreintes, se compatível com a obrigação.

(D) Sendo constatada a litigância de má-fé na propositura de ação coletiva por associação que, legalmente constituída há pelo menos um ano, inclua entre seus fins institucionais a defesa do consumidor, a referida entidade e seus diretores serão condenados solidariamente ao pagamento do décuplo das custas e dos honorários advocatícios, sem prejuízo de condenação em perdas e danos.

(E) Associação legalmente constituída há pelo menos um ano e que inclua entre seus fins institucionais a defesa do consumidor poderá propor as ações coletivas de que trata o CDC, ficando dispensada do adiantamento de custas, emolumentos e honorários periciais se comprovada a sua incapacidade econômica para arcar com tais despesas.

**A:** incorreta, nesta hipótese a ação de regresso poderá ser ajuizada em processo autônomo, facultada a possibilidade de prosseguir-se nos mesmos autos, vedada a denunciação da lide (art. 88 do CDC); **B:** incorreta, na defesa coletiva dos interesses ou direitos individuais homogêneos, tratado no art. 81, parágrafo único, III, do CDC, a coisa

julgada será *erga omnes* para beneficiar todas as vítimas e seus sucessores (art. 103, III, do CDC); **C:** incorreta, a imposição de *astreintes* não depende de pedido do autor (art. 84, § 4º, do CDC); **D:** correta, a alternativa está mal redigida, mas está de acordo com o que prescreve o art. 87, parágrafo único, do CDC; **E:** incorreta, de acordo com o art. 87, *caput*, do CDC, "nas ações coletivas de que trata este código não haverá adiantamento de custas, emolumentos, honorários periciais e quaisquer outras despesas, nem condenação da associação autora, salvo comprovada má-fé, em honorários de advogados, custas e despesas processuais".

*Gabarito "D".*

**(Defensor Público/ES – 2012 – CESPE)** Julgue os itens seguintes, acerca da defesa do consumidor em juízo.

(1) Nas ações coletivas para a defesa dos direitos e interesses dos consumidores, a lei dispensa a parte autora do adiantamento de custas judiciais e emolumentos, mas a obriga a arcar, em qualquer caso, com o pagamento de eventuais honorários periciais e advocatícios.

(2) Em se tratando de ações de responsabilidade civil de fornecedor de produtos e serviços de consumo, o réu que houver contratado seguro de responsabilidade não poderá chamar ao processo o segurador, uma vez que o CDC veda qualquer espécie de intervenção de terceiros nesse tipo de ação.

(3) Considere que vários taxistas tenham firmado, com vistas a aquisição de veículos automotores, contratos de arrendamento mercantil com cláusula de indexação monetária atrelada a variação cambial. Nessa situação, havendo violação dos direitos consumeristas, a DPE terá legitimidade ativa para propor ACP para a defesa dos interesses desses consumidores.

**1:** incorreta, pois não haverá adiantamento nem de custas, nem de honorários periciais, valendo salientar que associação autora também não pagará honorários advocatícios se vencida, salvo comprovada má-fé (art. 87, *caput*, do CDC); **2:** incorreta, pois cabe chamamento sim no caso (art. 101, II, do CDC); **3:** correta; em primeiro lugar, é bom lembrar que o STJ vem aplicando o finalismo aprofundado, aceitando a incidência do CDC aos meros destinatários fáticos de produtos, quando estes forem vulneráveis, que é o caso do taxista; em segundo lugar, vale lembrar que a Defensoria Pública é um órgão e os órgãos têm legitimidade para ingressar com ação civil pública nos termos do art. 82, III, do CDC; ademais, a Lei de Ação Civil Pública (Lei 7.347/1985) é, inclusive, clara, no sentido de que a Defensoria tem essa legitimidade (art. 5º, II).

*Gabarito 1E, 2E, 3C.*

## 12. SNDC E CONVENÇÃO COLETIVA

**(Ministério Público/PI – 2012 – CESPE)** Com referência às convenções coletivas de consumo, assinale a opção correta.

(A) As convenções coletivas de consumo tornar-se-ão obrigatórias a partir de sua homologação perante o Departamento Nacional de Defesa do Consumidor.

(B) As convenções coletivas de consumo obrigam todos os fornecedores que pertençam à mesma categoria econômica tratada no instrumento, independentemente de estarem, ou não, filiadas a qualquer entidade signatária.

(C) As convenções coletivas de consumo devem ser propostas pelo MP às associações de fornecedores e aos órgãos de defesa do consumidor.

(D) As convenções coletivas de consumo podem ser celebradas entre entidades civis de consumidores e sindicatos de categoria econômica, para estabelecer condições relativas ao preço de produtos e serviços.

(E) As convenções coletivas de consumo não poderão ter por objeto o estabelecimento de condições relativas à composição do conflito de consumo.

**A:** incorreta, a convenção coletiva de consumo tornar-se-á obrigatória a partir do registro do instrumento no cartório de títulos e documentos e não de sua homologação (art. 107, § 1º, do CDC); **B:** incorreta, a convenção somente obrigará os filiados às entidades signatárias (art. 107, § 2º do CDC); **C:** incorreta, as entidades civis de consumidores e

## 18. DIREITO DO CONSUMIDOR — 625

as associações de fornecedores ou sindicatos de categoria econômica podem celebrar convenção coletiva (art. 107, *caput*, do CDC); **D:** correta, está de acordo com o art. 107, *caput*, do CDC; **E:** incorreta, as convenções coletivas de consumo poderão ter por objeto o estabelecimento de condições relativas à composição do conflito de consumo (art. 107, *caput*, do CDC).

Gabarito "D".

**(Ministério Público/TO – 2012 – CESPE)** A respeito da defesa do consumidor, da convenção coletiva de consumo e da responsabilidade pelo fato do produto, assinale a opção correta.

(A) Caso a ofensa tenha mais de um autor, todos responderão solidariamente pela reparação dos danos previstos nas normas de consumo. Tal hipótese é exemplo de litisconsórcio alternativo em uma relação de consumo.

(B) Há, na doutrina brasileira, a análise de pelo menos cinco teorias do nexo causal – equivalência das condições ou do histórico dos antecedentes; causalidade adequada; dano direto e imediato ou teoria da interrupção do nexo causal; *causation as fact; proximate cause* – para fins de demonstração da vinculação entre o dano e o fato danoso, inclusive nos casos de responsabilização por perda de uma chance em uma relação jurídica civil e de consumo.

(C) A convenção coletiva de consumo é espécie de negócio jurídico em que entidades privadas de representação de consumidores e de fornecedores regulam relações de consumo, no que toca a condições relativas a preço, qualidade, quantidade, garantia e características de bens e serviços, assim como a reclamação e composição de conflitos de consumo. Dessa forma, por ser um ajuste entre particulares concebido sob a égide do princípio do consensualismo, tal convenção tornar-se-á obrigatória tão logo se estabeleça o consenso entre os convenentes.

(D) A facilitação da defesa dos direitos do consumidor, inclusive com a inversão do ônus da prova a seu favor, no processo civil, quando, a critério do juiz, for verossímil a alegação ou quando for hipossuficiente o consumidor, segundo as regras ordinárias de experiências, caracteriza um exemplo de inversão do ônus probatório legal ou *ope legis*, ou seja, a inversão vem expressa em lei e sua aplicação não torna necessária qualquer decisão judicial determinadora de tal inversão.

(E) Decorrido o prazo de dois anos sem habilitação de interessados em número compatível com a gravidade do dano, poderão os legitimados coletivos para a defesa do consumidor em juízo promover a liquidação e execução da indenização devida.

**A:** incorreta, o art. 7º, parágrafo único, do CDC consagra hipótese de litisconsórcio facultativo ao dispor que "tendo mais de um autor a ofensa, todos responderão solidariamente pela reparação dos danos previstos nas normas de consumo"; **B:** correta, pois são inúmeras as correntes sobre nexo causal; **C:** incorreta, está em desacordo com o art. 107, § 1º, do CDC; **D:** incorreta, trata-se de inversão *ope iudicis*, pois cabe ao juiz analisar o caso concreto para que o ônus da prova seja invertido; **E:** incorreta, em desacordo com o art. 100 do CDC, pois o prazo é de 01 sem habilitação e não 02 anos.

Gabarito "B".

**(Defensor Público/AC – 2012 – CESPE)** Com relação ao SNDC e à convenção coletiva de consumo, assinale a opção correta.

(A) O SNDC é constituído exclusivamente de entidades públicas de âmbito nacional.

(B) A convenção coletiva de consumo tornar-se-á obrigatória imediatamente após a sua assinatura e o conhecimento pelas partes interessadas.

(C) Compete, primordialmente, à delegacia do consumidor, órgão do Poder Judiciário, a apuração das infrações penais contra as relações de consumo.

(D) A principal atribuição do PROCON é aplicar, diretamente, em conformidade com o CDC, as sanções administrativas aos fornecedores que violem as normas de proteção ao consumidor.

**A:** incorreta, pois as entidades privadas de defesa do consumidor também integram o SNDC (Sistema Nacional de Defesa do Consumidor), nos termos do art. 105 do CDC; **B:** incorreta, pois ela só vai se tornar obrigatória com o registro do instrumento no cartório de títulos e documentos (art. 107, § 1º, do CDC); **C:** incorreta, pois a delegacia não pertence ao Poder Judiciário, tratando-se de órgão do Poder Executivo; **D:** correta, devendo os PROCONs aplicar as sanções previstas no art. 56 do CDC, na forma do Decreto 2.181/1997.

Gabarito "D".

**(Defensor Público/SE – 2012 – CESPE)** Considerando que vários clientes de determinado estado da Federação tenham encaminhado ao PROCON estadual reclamações contra diversas companhias de seguro, em razão de infrações praticadas em relação de consumo de comercialização de título de capitalização, assinale a opção correta de acordo com as normas do CDC e o entendimento do STJ a respeito do Sistema Nacional de Defesa do Consumidor.

(A) A imposição de multa administrativa às empresas de seguro é privativa da SUSEP.

(B) O PROCON estadual possui legitimidade para aplicar multas administrativas às companhias de seguro, sem prejuízo das atribuições legais da SUSEP.

(C) O PROCON estadual poderá aplicar às companhias de seguro sanção administrativa de suspensão temporária da atividade, caso constate que a lesão coloca em risco o sistema de resseguros, ainda que não haja reincidência.

(D) Caberá ao PROCON estadual apenas investigar os fatos, devendo remeter os autos às ouvidorias das respectivas empresas.

(E) A imposição de multa administrativa às referidas companhias é privativa do BACEN.

**A, D e E:** incorretas, pois o STJ também admite que o PROCON aplique sanções administrativas às seguradoras privadas (RMS 24.711, DJ 19.02.09); **B:** correta, nos termos do comentário à alternativa anterior; **C:** incorreta, pois essa sanção depende de reincidência na prática de infrações de maior gravidade (art. 59, *caput*, do CDC).

Gabarito "B".

## 13. TEMAS COMBINADOS E OUTROS TEMAS

**(Delegado/RJ – 2022 – CESPE/CEBRASPE)** Com base no Código de Defesa do Consumidor (Lei n.º 8.078/1990) e na Lei de Prevenção e Tratamento do Superendividamento (Lei n.º 14.181/2021), assinale a opção correta.

(A) Somente podem ser considerados consumidores as pessoas físicas ou naturais.

(B) A responsabilidade civil dos profissionais liberais independe de culpa.

(C) Superendividamento é a impossibilidade manifesta de o consumidor pessoa natural, de boa-fé, pagar a totalidade de suas dívidas de consumo, exigíveis e vincendas, sem comprometer seu mínimo existencial, nos termos da regulamentação.

(D) A pretensão à reparação pelos danos causados por fato do produto ou do serviço prescreve em três anos.

(E) O direito de reclamar pelos vícios aparentes ou de fácil constatação caduca em trinta dias, tratando-se de fornecimento de serviços ou produtos duráveis.

**A:** Incorreta. Nos termos do art. 2º do Código de Defesa do Consumidor, consumidor é toda pessoa física ou jurídica que adquire ou utiliza produto ou serviço como destinatário final. Vale lembrar que há, ainda, o conceito de consumidor por equiparação no parágrafo único do mesmo dispositivo. **B:** Incorreta. A responsabilidade civil dos profissionais liberais é subjetiva, devendo ficar comprovada a culpa, o nexo de causalidade e os danos causados ao consumidor (art. 14 do CDC). **C:** Correta. Nos exatos termos do art. 54-A, § 1º, do CDC. **D:** Incorreta. A pretensão à reparação pelos danos causados por fato do produto ou do serviço prescreve em 5 (cinco) anos (art. 27 do CDC). **E:** Incorreta. O direito de reclamar pelos vícios aparentes ou de fácil constatação caduca em trinta dias, tratando-se de produtos não-

-duráveis e noventa dias tratando-se de fornecimento de serviços ou produtos duráveis (art. 26 do CDC). **RD**

*Gabarito "C".*

**(Juiz de Direito – TJ/SC – 2019 – CESPE/CEBRASPE)** No que tange à relação jurídica entre consumidor e incorporadora imobiliária, à comissão de corretagem e à taxa de assessoria técnico-imobiliária, julgue os itens a seguir à luz das disposições do Código de Defesa do Consumidor e do entendimento do STJ.

I. A incorporadora, na condição de promitente-vendedora, é parte ilegítima para figurar no polo passivo da ação que vise à restituição ao consumidor dos valores pagos a título de comissão de corretagem e de taxa de assessoria técnico-imobiliária.

II. É válida a cláusula que transfira ao promitente-comprador a obrigação de pagar a comissão de corretagem nos contratos de promessa de compra e venda de unidade autônoma em regime de incorporação imobiliária, desde que previamente informado o preço total da aquisição da unidade autônoma, com o destaque do valor da comissão de corretagem.

III. É abusiva a cobrança pelo promitente-vendedor do serviço de assessoria técnico-imobiliária, ou atividade congênere, vinculada à celebração de promessa de compra e venda de imóvel.

Assinale a opção correta.

(A) Apenas o item I está certo.
(B) Apenas o item II está certo.
(C) Apenas os itens I e III estão certos.
(D) Apenas os itens II e III estão certos.
(E) Todos os itens estão certos.

**I:** Falsa. Em sede de Recurso Repetitivo, (tema 939), o STJ firmou a seguinte tese: "Legitimidade passiva 'ad causam' da incorporadora, na condição de promitente-vendedora, para responder pela restituição ao consumidor dos valores pagos a título de comissão de corretagem e de taxa de assessoria técnico-imobiliária, nas demandas em que se alega prática abusiva na transferência desses encargos ao consumidor'. **II:** Verdadeira. Em sede de Recurso Repetitivo (Tema 938), o STJ firmou as seguintes teses: (I) Incidência da prescrição trienal sobre a pretensão de restituição dos valores pagos a título de comissão de corretagem ou de serviço de assistência técnico-imobiliária (SATI), ou atividade congênere (artigo 206, § 3º, IV, CC). (vide REsp n. 1.551.956/SP). (I) Validade da cláusula contratual que transfere ao promitente-comprador a obrigação de pagar a comissão de corretagem nos contratos de promessa de compra e venda de unidade autônoma em regime de incorporação imobiliária, desde que previamente informado o preço total da aquisição da unidade autônoma, com o destaque do valor da comissão de corretagem; (vide REsp n. 1.599.511/SP). (II, parte final) Abusividade da cobrança pelo promitente-vendedor do serviço de assessoria técnico-imobiliária (SATI), ou atividade congênere, vinculado à celebração de promessa de compra e venda de imóvel. (vide REsp n. 1.599.511/SP). **III:** Verdadeira. Conforme justificativa acima.

*Gabarito "D".*

**(Juiz de Direito - TJ/BA - 2019 - CESPE/CEBRASPE)** A respeito de cláusulas abusivas, prescrição, proteção contratual e relação entre consumidor e planos de saúde, assinale a opção correta, de acordo com o entendimento jurisprudencial do STJ.

(A) A operadora de plano de saúde pode estabelecer, no contrato, as doenças que terão cobertura, mas não pode limitar o tipo de tratamento a ser utilizado pelo paciente, exceto se tal tratamento não constar na lista de procedimentos da ANS.

(B) Uma das condições para que o reajuste de mensalidade de plano de saúde individual fundado na mudança de faixa etária do beneficiário seja válido é que os percentuais aplicados sejam razoáveis, baseados em estudos atuariais idôneos, e não onerem excessivamente o consumidor nem discriminem o idoso.

(C) Na vigência dos contratos de seguro de assistência à saúde, a pretensão condenatória decorrente da declaração de nulidade de cláusula de reajuste neles prevista prescreve em um ano.

(D) É abusiva a cláusula contratual de coparticipação na hipótese de internação superior a trinta dias em razão de transtornos psiquiátricos, por restringir obrigação fundamental inerente à natureza do contrato.

(E) A operadora de plano de saúde, em razão da sua autonomia, será isenta de responsabilidade por falha na prestação de serviço de hospital conveniado.

**A:** incorreta. A jurisprudência do STJ segue no sentido que é possível que o plano de saúde estabeleça as doenças que terão cobertura, mas não o tipo de tratamento utilizado, sendo abusiva a negativa de cobertura do procedimento, tratamento, medicamento ou material considerado essencial a realização de acordo com o proposto pelo profissional médico. Ademais, fato de eventual tratamento não constar do rol de procedimentos da ANS não significa que a sua prestação não possa ser exigida pelo segurado, uma vez que referido rol é exemplificativo. Veja AgRg no AREsp 708.082/DF, Rel. Ministro João Otávio de Noronha e AREsp 1515875 / RJ. **B:** correta. Já entendeu o STJ em sede de IRDE "O reajuste de mensalidade de plano de saúde individual ou familiar fundado na mudança de faixa etária do beneficiário é válido desde que (i) haja previsão contratual, (ii) sejam observadas as normas expedidas pelos órgãos governamentais reguladores e (iii) não sejam aplicados percentuais desarrazoados ou aleatórios que, concretamente e sem base atuarial idônea, onerem excessivamente o consumidor ou discriminem o idoso." (Tema 952). **C:** incorreta. A prescrição, conforme entendimento do STJ, é de 3 (três) anos para o pedido de nulidade de cláusula e consequente repetição de indébito, posto de fundamentado no enriquecimento sem causa (Veja: REsp 1.800.456/SP). **D:** incorreta. O STJ tem entendido que não é abusiva a cláusula de coparticipação expressamente contratada e informada ao consumidor para a hipótese de internação superior a 30 (trinta) dias decorrentes de transtornos psiquiátricos (Veja EAREsp 793.323-TJ). Observe que o tema está afetado aguardando julgamento em IRDR (tema 1032). **E:** incorreta. O STJ tem entendido que a reponsabilidade civil é objetiva do hospital em razão da indicação do hospital (Veja, AgInt no AREsp 616058/RJ). **RD**

*Gabarito "B".*

**(Juiz de Direito - TJ/BA - 2019 - CESPE/CEBRASPE)** No que se refere aos direitos básicos do consumidor, à legitimidade ativa para a propositura de ações coletivas e aos bancos de dados e cadastros de consumidores, julgue os itens a seguir.

I. A responsabilidade subjetiva do médico não exclui a possibilidade de inversão do ônus da prova, se presentes os requisitos previstos no CDC, devendo o profissional demonstrar ter agido com respeito às orientações técnicas aplicáveis.

II. O MP terá legitimidade ativa para atuar na defesa de direitos difusos, coletivos e individuais homogêneos dos consumidores, exceto quando tais direitos decorrerem da prestação de serviço público.

III. A manutenção de inscrição negativa nos cadastros de proteção ao crédito deve respeitar a exigibilidade do débito inadimplido, tendo, para tanto, um limite de cinco anos, independentemente do prazo prescricional para a cobrança do crédito.

Assinale a opção correta.

(A) Apenas o item I está certo.
(B) Apenas o item II está certo.
(C) Apenas os itens I e III estão certos.
(D) Apenas os itens II e III estão certos.
(E) Todos os itens estão certos.

**I:** correta. A responsabilidade civil do médico é subjetiva, nos termos do art. 14, § 4º do CDC, devendo o consumidor, portanto, comprovar a culpa, nexo de causalidade e extensão de danos para requerer a sua indenização. No entanto, havendo hipossuficiência do consumidor ou se as alegações forem verossímeis, pode o consumidor pleitear a inversão do ônus da prova (art. 6º, VIII); **II:** incorreta. A legitimidade do MP para ação coletiva que envolva direitos difusos, coletivos, e individuais homogêneos está prevista nos arts. 82 e 91 do CDC, além do art. 5º da LACP, sem qualquer ressalva para os serviços públicos quando estes envolverem relação jurídica de consumo; **III:** incorreta. A manutenção dos dados negativos de consumidores em banco de dados deve obedecer a dois pressupostos: a dívida não pode estar prescrita (art. 43, § 5º) e o prazo máximo para manutenção de dados

## 18. DIREITO DO CONSUMIDOR — 627

de cinco anos (art. 43, § 1º). O termo inicial para a contagem do prazo de 5 (cinco) anos é a data de vencimento da dívida: **"O termo inicial do prazo de permanência de registro de nome de consumidor em cadastro de proteção ao crédito (art. 43, § 1º, do CDC) inicia-se no dia subsequente ao vencimento da obrigação não paga, independentemente da data da inscrição no cadastro"** (Veja: REsp 1.316.117-SC e REsp 1.630.889/DF). 🔲

Gabarito "A".

**(Juiz de Direito - TJ/BA - 2019 - CESPE/CEBRASPE)** A respeito de proteção contratual, responsabilidade por vício do serviço e legitimidade ativa para a propositura de ações coletivas, assinale a opção correta, com base no CDC e na jurisprudência do STJ.

**(A)** Admite-se a responsabilização de buscadores da Internet pelos resultados de busca apresentados para fazer cessar o vínculo criado, nos seus bancos de dados, entre dados pessoais e os resultados que não guardam relevância para o interesse público à informação, seja pelo conteúdo eminentemente privado, seja pelo decurso do tempo.

**(B)** Sob o argumento da reciprocidade, é válida a imposição, pelo juiz, de cláusula penal a fornecedor de bens móveis no caso de demora na restituição do valor pago quando do exercício do direito de arrependimento pelo consumidor, ante a premissa de que este é apenado com a obrigação de arcar com multa moratória quando atrasa o pagamento de suas faturas de cartão de crédito.

**(C)** Pela sua especificidade, as normas previstas no CDC têm prevalência em relação àquelas previstas nos tratados internacionais que limitam a responsabilidade das transportadoras aéreas de passageiros pelo desvio de bagagem, especialmente as Convenções de Varsóvia e de Montreal.

**(D)** O município não possui legitimidade ativa para ajuizar ação civil pública em defesa de servidores a ele vinculados, questionando a cobrança de tarifas bancárias de renovação de cadastro, uma vez que a proteção de direitos individuais homogêneos não está incluída em sua função constitucional.

**(E)** É válida a rescisão unilateral imotivada de plano de saúde coletivo empresarial pela operadora de plano de saúde em desfavor de microempresa com apenas dois beneficiários, em razão da inaplicabilidade das normas que regulam os contratos coletivos, justamente por faltar o elemento essencial de uma população de beneficiários.

**A: Correta.** Sobre o tema do direito ao esquecimento, já entendeu o STJ: "Quanto ao assunto, a jurisprudência desta Corte Superior tem entendimento reiterado no sentido de afastar a responsabilidade de buscadores da *internet* pelos resultados de busca apresentados, reconhecendo a impossibilidade de lhe atribuir a função de censor e impondo ao prejudicado o direcionamento de sua pretensão contra os provedores de conteúdo, responsáveis pela disponibilização do conteúdo indevido na *internet*. Há, todavia, circunstâncias excepcionalíssimas em que é necessária a intervenção pontual do Poder Judiciário para fazer cessar o vínculo criado, nos bancos de dados dos provedores de busca, entre dados pessoais e resultados da busca, **que não guardam relevância para interesse público à informação, seja pelo conteúdo eminentemente privado, seja pelo decurso do tempo.** Essa é a essência do direito ao esquecimento: não se trata de efetivamente apagar o passado, mas de permitir que a pessoa envolvida siga sua vida com razoável anonimato, não sendo o fato desabonador corriqueiramente rememorado e perenizado por sistemas automatizados de busca" (grifo nosso) (STJ, REsp 1.660.168-RJ). Em complemento, também já entendeu o tribunal superior que: **"O provedor de busca cientificado pelo consumidor sobre vínculo virtual equivocado entre o argumento de pesquisa (nome de consumidor) e o resultado de busca (sítio eletrônico) é obrigado a desfazer a referida indexação, ainda que esta não tenha nenhum potencial ofensivo".** (STJ, REsp 1.582.981-RJ). **B: Incorreta.** Nesse sentido, já se manifestou o STJ: "Em compras realizadas na internet, o fato de o consumidor ser penalizado com a obrigação de arcar com multa moratória, prevista no contrato com a financeira, quando atrasa o pagamento de suas faturas de cartão de crédito não autoriza a imposição, por sentença coletiva, de **cláusula penal** ao fornecedor de bens móveis, nos casos de atraso na entrega da mercadoria e na demora de restituição do valor pago quando do

exercício do direito do arrependimento". (STJ. 4ª Turma. REsp 1412993-SP, Rel. Min. Luis Felipe Salomão, Rel. Acd. Min. Maria Isabel Gallotti, julgado em 08/05/2018). **C:** incorreta. Sobre a prevalência dos tratados internacionais entendeu o STF em sede de repercussão geral: "Nos termos do art. 178 da Constituição da República, as normas e os tratados internacionais limitadores da responsabilidade das transportadoras aéreas de passageiros, especialmente as Convenções de **Varsóvia** e Montreal, têm prevalência em relação ao Código de Defesa do Consumidor". (STF, Plenário, RE 636331/RJ, Rel. Min. Gilmar Mendes e ARE 766618/SP, Rel. Min. Roberto Barroso, julgados em 25/05/2017). **D:** incorreta. Sobre a legitimidade do município para propositura de ACP, já entendeu o STJ: **"Município** tem legitimidade *ad causam* para ajuizar ação civil pública em defesa de direitos consumeristas questionando a cobrança de tarifas bancárias. Em relação ao Ministério Público e aos entes políticos, que têm como finalidades institucionais a proteção de valores fundamentais, como a defesa coletiva dos consumidores, não se exige pertinência temática e representatividade adequada. (STJ. 3ª Turma. REsp 1509586-SC, Rel. Min. Nancy Andrighi, julgado em 15/05/2018) **E:** incorreta. Não é válida a **rescisão unilateral imotivada** de plano de saúde coletivo empresarial por parte da operadora em face de microempresa com apenas dois beneficiários. No caso concreto, havia um contrato coletivo atípico e que, portanto, merecia receber tratamento como se fosse um contrato de plano de saúde individual. Isso porque a pessoa jurídica contratante é uma microempresa e são apenas dois os beneficiários do contrato, sendo eles hipossuficientes frente à operadora do plano de saúde. No contrato de plano de saúde individual é vedada a rescisão unilateral, salvo por fraude ou não pagamento da mensalidade. (STJ, 3ª Turma, REsp 1701600-SP, Rel. Min. Nancy Andrighi, julgado em 06/03/2018)". 🔲

Gabarito "A".

**(Juiz de Direito - TJ/BA - 2019 - CESPE/CEBRASPE)** No que se refere a responsabilidade por vício do serviço, legitimidade ativa para a propositura de ações coletivas, cláusulas abusivas, prescrição e decadência, assinale a opção correta, com base no CDC e na jurisprudência do STJ.

**(A)** Associação de defesa de interesses de consumidores possui legitimidade ativa para ajuizar ação civil pública contra seguradora operadora do seguro DPVAT, a fim de buscar a condenação de indenizar vítimas de danos pessoais ocorridos com veículos automotores.

**(B)** O furto de joias que sejam objetos de penhor constitui falha do serviço prestado pela instituição financeira, e não mero inadimplemento contratual, devendo incidir o prazo prescricional de cinco anos para o ajuizamento das competentes ações de indenização, conforme previsto no CDC.

**(C)** Desde que destacada, será válida cláusula contratual de prestação de serviços de cartão de crédito que autorize o banco contratante a compartilhar dados dos consumidores com outras entidades financeiras, ainda que não seja dada ao cliente opção de discordar desse compartilhamento.

**(D)** O saque indevido de numerário em conta-corrente mantida por correntista em determinado banco configura dano moral *in re ipsa* ao direito do correntista à segurança dos valores lá depositados ou aplicados.

**(E)** A reclamação obstativa da decadência feita verbalmente pelo consumidor para protestar vícios do produto não tem validade.

**A:** incorreta. Embora as associações de defesa do consumidor estejam no rol dos legitimados, é necessário que haja relação de consumo para justificar a presença em ação coletiva. Sendo assim, "uma associação que tenha fins específicos de proteção ao consumidor não possui legitimidade para o ajuizamento de ação civil pública com a finalidade de tutelar interesses coletivos dos beneficiários do seguro DPVAT. Isso porque o seguro DPVAT não tem natureza consumerista, faltando, portanto, pertinência temática. (STJ, 2ª Seção, REsp 1.091.756-MG, Rel. Min. Marco Buzzi, Rel. Acd. Min. Marco Aurélio Bellizze, julgado em 13/12/2017)". **B:** correta. Nos termos do art. 14 do CDC, o caso narrado constitui defeito de serviço: **"O furto das joias, objeto do penhor, constitui falha do serviço prestado pela instituição financeira e não inadimplemento contratual, devendo incidir o prazo prescricional de 5 (cinco) anos para as ações de indenização, previsto no art. 27 do Código de Defesa do Consumidor".** (REsp 1369579/PR, Rel. Min. Luis Felipe Salomão, 4ª Turma, DJe 23/11/2017). **C:** incorreta. O caso foi julgado em 2017, antes da LGPD, e assim entendeu o STJ: "É abusiva e ilegal cláusula prevista em contrato de prestação de serviços de cartão de crédito, que autoriza o banco contratante a compartilhar dados dos consumidores com outras entidades financeiras, assim como com entidades mantenedoras de cadastros positivos e negativos de consumidores, **sem que seja dada opção de discordar daquele compartilhamento.**" (REsp 1348532/SP, Min. Luis Felipe Salomão, 4ª Turma, DJe 30/11/2017). **D:** incorreta. "O saque indevido de numerário em conta corrente **não** configura dano moral *in re ipsa* (presumido), podendo, contudo, observadas as particularidades do caso, ficar caracterizado o respectivo dano se demonstrada a ocorrência de violação significativa a algum direito da personalidade do correntista." (REsp 1573859/SP, Rel. Ministro Marco Aurélio Bellizze, 3ª Turma, DJe 13/11/2017). **E:** incorreta. O CDC, em seu artigo 26, reza que obsta a decadência a reclamação comprovadamente formulada pelo consumidor perante o fornecedor de produtos e serviços até a resposta negativa correspondente, que deve ser transmitida de forma inequívoca. Já entendeu o STJ que a reclamação verbal ou por telefone tem o condão de obstar o prazo decadencial: "A reclamação obstativa da decadência, prevista no art. 26, § 2º, I, do CDC, pode ser feita documentalmente – por meio físico ou eletrônico – **ou mesmo verbalmente** – pessoalmente ou por telefone – e, consequentemente, a sua comprovação pode dar-se por todos os meios admitidos em direito." (REsp 1442597/DF, Rel. Ministra Nancy Andrighi, 3ª Turma, DJe 30/10/2017). RD

*Gabarito "B".*

**(Procurador do Município - Campo Grande/MS - 2019 - CESPE/CEBRASPE)** Julgue os itens seguintes, com base no Código de Defesa do Consumidor.

**(1)** Produtos remetidos ao consumidor sem sua prévia solicitação equiparam-se a amostras grátis, de modo que o consumidor não tem obrigação de pagar por eles.

**(2)** As sociedades integrantes de grupos societários e as sociedades controladas são solidariamente responsáveis pelas obrigações estipuladas no Código de Defesa do Consumidor.

**(3)** Caracteriza-se como abusiva a publicidade que induz a erro o consumidor a respeito da natureza, das características, da qualidade, da quantidade, das propriedades, da origem, do preço e de quaisquer outros dados sobre produtos e serviços.

**(4)** A contagem do prazo decadencial é, em regra, iniciada a partir da entrega efetiva do produto ou do término da execução dos serviços, mas, se houver vício oculto, o prazo decadencial inicia-se no momento em que ficar evidenciado o defeito.

**1.** Correta. Nos exatos termos do art. 39, III, parágrafo único do CDC. O envio de produto ou serviço sem solicitação do consumidor configura-se amostra grátis. **2.** Errada. Nos termos do art. 28, § 2º, do CDC, as sociedades integrantes de grupos societários e as sociedades controladas são *subsidiariamente* responsáveis pelas obrigações estipuladas no Código de Defesa do Consumidor. **3.** Errada. Caracteriza-se como *enganosa* a publicidade que induz a erro o consumidor a respeito da natureza, das características, da qualidade, da quantidade, das propriedades, da origem, do preço e de quaisquer outros dados sobre produtos e serviços (art. 37, § 1º, do CDC). **4.** Correta. Nos termos do art. 27 do CDC. RD

*Gabarito 1C, 2E, 3E, 4C*

**(Defensor Público/PE – 2018 – CESPE)** Acerca da responsabilidade do fornecedor de produtos e serviços, assinale a opção correta de acordo com as regras e os princípios previstos no CDC.

**(A)** O comerciante responde pelo vício do produto que comercializa, mesmo que não tenha conhecimento da existência de falha de adequação que tenha surgido no momento de sua fabricação.

**(B)** O CDC veda que o fornecedor provoque, nas ações propostas pelo consumidor, a intervenção de terceiro por intermédio da denunciação da lide ou do chamamento ao processo.

**(C)** O consumidor pode pleitear a nulidade do contrato quando, por fato superveniente, determinada cláusula contratual se tornar excessivamente onerosa.

**(D)** A informação ou a comunicação publicitária parcialmente falsa, apta a induzir o consumidor a erro, deve ser considerada publicidade abusiva e caracteriza ato ilícito do fornecedor.

**(E)** Independentemente de o consumidor ser pessoa física ou jurídica, será considerada nula de pleno direito a cláusula que atenue a responsabilidade do fornecedor, mesmo diante de situação justificável.

**A:** correta. De acordo com o art. 18 do CDC, os fornecedores respondem solidariamente pelos vícios dos produtos por eles comercializados. Nesse sentido, o comerciante é considerado fornecedor nos termos do art. 3º do CDC, e poderá responder judicialmente pelos vícios dos produtos que venderem; **B:** incorreta. Não há vedação expressa no CDC a respeito da intervenção de terceiros por intermédio do chamamento à lide ou da denunciação da lide por parte do fornecedor. Entretanto, existe posicionamento assentado pela jurisprudência, entendendo incabível a denunciação da lide nas ações indenizatórias decorrentes da relação de consumo; **C:** incorreta. O art. 6º, V, do CDC determina, como direito do consumidor, o direito à modificação das cláusulas contratuais que estabeleçam prestações desproporcionais ou sua revisão em razão de fatos supervenientes que as tornem excessivamente onerosas. Assim, o consumidor poderá pleitear a revisão judicial do contrato, restando a nulidade do contrato caso não seja possível, pelos esforços de integração, a sua manutenção; **D:** incorreta. A informação ou a comunicação publicitária parcialmente falsa, apta a induzir o consumidor a erro, deve ser considerada publicidade **enganosa**, nos termos do art. 37, § 1º do CDC; **E:** incorreta. De acordo com o art. 51, I, do CDC, são nulas as cláusulas contratuais que impossibilitem, exonerem ou atenuem a responsabilidade do fornecedor por vícios de qualquer natureza dos produtos e serviços ou impliquem renúncia ou disposição de direitos. Entretanto, nas relações de consumo entre o fornecedor e o consumidor pessoa jurídica, a indenização poderá ser limitada, em situações justificáveis. RD

*Gabarito "A".*

**(Defensor Público/PE – 2018 – CESPE)** Julgue os seguintes itens, referentes aos direitos do consumidor.

**I.** O Sistema Nacional de Defesa do Consumidor é composto apenas por entes públicos que tenham entre suas finalidades a defesa do consumidor.

**II.** Associação legalmente constituída há pelo menos um ano e que inclua entre seus fins institucionais a defesa dos interesses e direitos do consumidor pode intervir, como assistente do Ministério Público, em processo penal referente a crime previsto no CDC.

**III.** O consumidor cobrado de forma indevida pelo fornecedor fará jus à repetição em dobro, independentemente do efetivo pagamento do valor cobrado em excesso.

**IV.** A desconsideração inversa da personalidade é aplicável às relações de consumo.

Estão certos apenas os itens

**(A)** I e II.
**(B)** I e III.
**(C)** II e IV.
**(D)** I, III e IV.
**(E)** II, III e IV.

**I:** incorreta. De acordo com o art. 105 do CDC, integram o SDNC os órgãos públicos e as entidades privadas de defesa do consumidor; **II:** correta, nos termos dos arts. 80 e 82, III e IV, do CDC; **III:** incorreta. Para que o consumidor tenha direito à devolução em dobro dos valores, o art. 42, parágrafo único, do CDC, exige que o consumidor tenha efetivamente pagado o débito, não bastando ser apenas cobrado indevidamente. **IV:** correta. A desconsideração da personalidade jurídica está prevista no art. 28 do CDC. A desconsideração inversa da personalidade jurídica é construção doutrinária, fundamentada no mesmo dispositivo legal, que pode ser utilizada a favor do consumidor, todas as vezes que o fornecedor estiver protegendo o seu patrimônio na pessoa jurídica. RD

*Gabarito "C".*

**(Defensor Público/AC – 2017 – CESPE)** Em uma relação de consumo, foi estabelecido que o pagamento deveria ser realizado de determinada maneira. No entanto, após certo tempo, o pagamento passou a ser feito, reiteradamente, de outro modo, sem que o credor se opusesse à mudança.

## 18. DIREITO DO CONSUMIDOR — 629

Nessa situação, considerando-se a boa-fé objetiva, para o credor ocorreu o que se denomina

(A) *venire contra factum proprium.*
(B) *tu quoque.*
(C) *surrectio.*
(D) *supressio.*
(E) *exceptio doli.*

**A:** incorreta. A expressão *venire contra factum proprium* pode ser traduzida como "vir contra seus próprios atos". Sendo assim, tal expressão denota a vedação destinada ao fornecedor impedindo que esse adote dois comportamentos, surpreendendo o consumidor, por ser diferente daquilo que se esperava; **B:** incorreta. É usado para caracterizar atos abusivos que contrariem a boa-fé entre as partes. Parte-se do pressuposto de que aquele que desrespeita a norma convencionada não pode se beneficiar do ato, exigindo que a outra parte cumpra seus deveres; **C:** incorreta. A *surrectio* consiste na ampliação do conteúdo do negócio jurídico, diante de comportamento reiterado de uma das partes, que faz surgir na outra o sentimento da existência de um direito não avençado no início da relação jurídica; **D:** correta: A *supressio* (renúncia tácita) se configura na hipótese de supressão do direito de determinado sujeito, em virtude do não exercício de forma reiterada durante certo espaço de tempo; **E:** incorreta. A *exceptio doli* consiste na exceção que tem uma das partes do contrato para paralisar o comportamento de quem age dolosamente contra si. **RD**
*Gabarito "D".*

**(Defensor Público/AC – 2017 – CESPE)** Julgue os itens a seguir, acerca de práticas comerciais nas relações de consumo.

I.   As práticas abusivas vedadas ao fornecedor de produtos ou serviços são dispostas, no CDC, de modo exemplificativo.
II.  É vedado ao comerciante enviar ao consumidor qualquer produto sem que haja prévia solicitação.
III. A cobrança de tarifa básica pelo uso dos serviços de telefonia fixa caracteriza venda casada, sendo considerada ilegítima.
IV.  Conforme o CDC, rejeitar cheque como forma de pagamento pela compra de um produto é prática abusiva.

Estão certos apenas os itens

(A) I e II.
(B) I e III.
(C) II e III.
(D) II e IV.
(E) III e IV.

**I:** correta. O *caput* do art. 39 diz que são abusivas, dentre outras práticas, as exemplificadas nos seus incisos; **II:** correta. Trata-se de prática comercial abusiva nos termos do art. 39, III, do CDC; **III:** incorreta. Tese 77 firmada em sede de Recurso Repetitivo: É legítima a cobrança de tarifa básica pelo uso dos serviços de telefonia fixa. (REsp 1068944/PB, DJ 12/11/2008); **IV:** incorreta. O Código de Defesa do consumidor, em seu art. 39, IX, descreve como prática comercial abusiva "recusar a venda de bens ou a prestação de serviços, diretamente a quem se disponha a adquiri-los mediante pronto pagamento, ressalvados os casos de intermediação regulados em leis especiais". Sendo assim, o fornecedor não é obrigado a aceitar cheque ou conceder qualquer crédito ao fornecedor. **RD**
*Gabarito "A".*

**(Defensor Público/AC – 2017 – CESPE)** Em 18/1/2017, uma entidade civil de consumidores celebrou, por escrito, com uma associação de fornecedores de certo produto, convenção coletiva de consumo, com o objetivo de estabelecer condições relativas ao preço, à garantia e à composição de conflitos de consumo, entre outros aspectos. O instrumento pactuado foi registrado no cartório de títulos e documentos em 19/1/2017. Em fevereiro de 2017, um fornecedor se desligou da associação de fornecedores.

Considerando-se essa situação hipotética, a convenção celebrada

(A) tornou-se obrigatória a partir do dia 18/1/2017.
(B) é nula no que se refere à composição de conflitos de consumo.

(C) somente obrigará os filiados às entidades signatárias.
(D) deixou de ser obrigatória ao fornecedor que se desligou.
(E) é nula no que se refere à garantia de produto.

**A:** incorreta. A convenção coletiva de consumo está regrada no art. 107 do Código de Defesa do Consumidor. O § 1º do dispositivo afirma que a convenção tornar-se-á obrigatória a partir do registro do instrumento no cartório de títulos e documentos, ou seja, para o caso em análise, em 19/01/2017; **B:** incorreta. A convenção é absolutamente válida e regulada pela lei; **C:** correta, nos termos do art. 107, § 2º, do CDC; **D:** incorreta. O art. 107, § 3º, diz que não se exime de cumprir a convenção o fornecedor que se desligar da entidade em data posterior ao registro do instrumento; **E:** incorreta. O objeto da convenção coletiva pode ser condição relativa ao preço, qualidade, quantidade, características de produtos e serviços, bem como qualquer reclamação e composição de conflito de consumo. **RD**
*Gabarito "C".*

**(Defensor Público/PE – 2018 – CESPE)** Conforme previsão expressa no CDC, possuem legitimidade para firmar convenção coletiva de cnsumo apenas as

(A) associações de fornecedores ou sindicato de categoria econômica e as entidades e os órgãos da administração pública destinados à defesa dos direitos dos consumidores.
(B) entidades públicas ou privadas destinadas à defesa dos direitos dos consumidores, as associações de fornecedores e os sindicatos de categoria econômica.
(C) entidades civis de consumidores e seus respectivos filiados.
(D) entidades civis representativas de consumidores e as associações de fornecedores ou sindicatos de categoria econômica.
(E) associações de fornecedores ou sindicatos de categoria econômica, o Ministério Público e a Defensoria Pública.

Na forma do *caput* do art. 107 do CDC, são legitimados para firmar convenção coletiva as **entidades civis representativas de consumidores**, as **associações de fornecedores** ou **sindicatos de categoria econômica**. **RD**
*Gabarito "D".*

**(Defensor Público – DPE/RN – 2016 – CESPE)** Com base no Estatuto do Idoso, no CDC e no entendimento do STJ acerca dos tópicos abarcados por esses dois diplomas legais, assinale a opção correta.

(A) Uma operadora de plano de saúde não responde perante o consumidor por falha na prestação dos serviços médicos e hospitalares por ela credenciados.
(B) De acordo com o Estatuto do Idoso, na ação de execução de sentença individual e nas ações referentes a interesses individuais indisponíveis, o pagamento das custas processuais pelo idoso deve ocorrer somente ao final do processo.
(C) Na ação de indenização movida pelo DP em defesa de consumidor hipossuficiente cujo nome tenha sido inscrito indevidamente em cadastro de inadimplentes, é imprescindível a comprovação do efetivo prejuízo por ele sofrido em decorrência do ato.
(D) A comprovação da postagem de correspondência notificando o consumidor da inscrição de seu nome em cadastro de inadimplência é bastante para atender ao disposto no CDC no tocante ao direito de acesso a informação que lhe diga respeito, sendo desnecessário, nesses casos, o aviso de recebimento.
(E) O vício de qualidade do produto não confere ao consumidor o direito de substituição do bem, mas sim o de abatimento proporcional do preço, na forma prevista na legislação em vigor.

**A:** incorreta. A jurisprudência do STJ já admite a responsabilidade do plano de saúde por falha na prestação dos serviços médicos, com fundamento no art. 7º e no art. 25 do CDC. **B:** incorreta. O Estatuto do Idoso, em seu art. 88, não admite o pagamento de custas nas ações transindividuais. **C:** incorreta. O consumidor pessoa física não precisa fazer prova dos danos para pedir indenização. O dano moral se configura por lesão ao direito de personalidade. **D:** Correta. Súmula 404 do STJ: "É dispensável o aviso de recebimento (AR) na carta de comunicação

# 630 ANDRÉ DE CARVALHO BARROS, GABRIELA R. PINHEIRO, ROBERTA DENSA E WANDER GARCIA

ao consumidor sobre a negativação de seu nome em banco de dados e cadastros". **E**: incorreta. Na forma do art. 18 do CDC, caso o fornecedor não corrija o produto em até 30 dias, o consumidor poderá exigir (i) a devolução dos valores pagos; (ii) o abatimento proporcional do preço ou (iii) a substituição do produto. Em qualquer caso, a escolha cabe ao consumidor.

Gabarito "D".

**(Defensoria/DF – 2013 – CESPE)** A respeito da tutela coletiva do consumidor e de seus direitos no âmbito dos contratos bancários, dos contratos de compra e venda de imóveis e dos consórcios, julgue os itens subsequentes.

**(1)** De acordo com o STJ, como se aplica o CDC aos contratos de arrendamento mercantil, o aumento do valor do dólar norte-americano em relação ao real constitui fato superveniente capaz de ensejar a revisão do contrato de arrendamento mercantil atrelado ao dólar.

**(2)** Considera-se abusiva a cláusula contratual que determina, em caso de rescisão de promessa de compra e venda de imóvel, a restituição, ao término da obra, das parcelas pagas.

**(3)** Prevalece no STF o entendimento de que a DP só possui legitimidade extraordinária ativa para a defesa dos interesses coletivos e individuais coletivos se houver vinculação desses direitos a hipossuficiência econômica dos beneficiados.

**(4)** Em se tratando de contratos de abertura de credito em conta-corrente, não é necessária a prova do erro para que o consumidor obtenha judicialmente a repetição do indébito.

**1**: correta, pois o Superior Tribunal de Justiça tem entendimento sumulado de que o Código de Defesa do Consumidor é aplicável às instituições financeiras (Súmula 297/STJ), inclusive nas relações jurídicas oriundas de contrato de arrendamento mercantil. Neste sentido: Agravo regimental no recurso especial. Arrendamento mercantil. Juros remuneratórios. Onerosidade excessiva. Revisão. Divisão equitativa. 1. A jurisprudência desta Corte é de que os juros remuneratórios cobrados pelas instituições financeiras não sofrem a limitação imposta pelo Decreto 22.626/1933 (Lei de Usura), a teor do disposto na Súmula 596/STF. **2. Consoante jurisprudência desta Corte, a desvalorização súbita da moeda brasileira ocorrida em janeiro de 1999 configura onerosidade excessiva a afetar a capacidade de o consumidor adimplir suas obrigações contratuais, mas, diante da previsibilidade de modificação da política cambial, a significativa valorização do dólar norte-americano deve ser suportada por ambos os contratantes de forma equitativa.** Precedentes. 3. Agravo regimental não provido. (AgRg no REsp 716.702/RS, Rel. Ministro Ricardo Villas Bôas Cueva, Terceira Turma, julgado em 13.05.2014, *DJe* 02.06.2014); **2**: correta. Neste contexto: Recurso especial representativo de controvérsia. Art. 543-C do CPC. Direito do consumidor. Contrato de compra de imóvel. Desfazimento. Devolução de parte do valor pago. Momento. 1. Para efeitos do art. 543-C do CPC: em contratos submetidos ao Código de Defesa do Consumidor, **é abusiva a cláusula contratual que determina a restituição dos valores devidos somente ao término da obra ou de forma parcelada, na hipótese de resolução de contrato de promessa de compra e venda de imóvel, por culpa de quaisquer contratantes. Em tais avenças, deve ocorrer a imediata restituição das parcelas pagas pelo promitente comprador – integralmente, em caso de culpa exclusiva do promitente vendedor/construtor, ou parcialmente, caso tenha sido o comprador quem deu causa ao desfazimento.** 2. Recurso especial não provido. (REsp 1300418/SC, Rel. Ministro Luis Felipe Salomão, Segunda Seção, julgado em 13.11.2013, *DJe* 10.12.2013); **3**: anulada; **4**: correta. Nestes termos: Civil e consumidor – Contrato bancário – Taxa de juros – Limitação – Abusividade – Não ocorrência – Comissão de permanência – Cobrança – Inadimplemento – Admissibilidade – Súmulas 30, 294 e 296 do STJ – Valor – Pagamento indevido – Restituição – Discussão sobre erro – Prescindibilidade – Súmula 322/STJ – Honorários – Compensação – Falta de prequestionamento. I – Embora incidente o diploma consumerista nos contratos bancários, os juros pactuados à taxa superior a 12% ao ano não são considerados abusivos, exceto quando comprovado que discrepantes em relação à taxa de mercado, após vencida a obrigação, o que não se verifica. II – Vencido o prazo para pagamento da dívida, admite-se a cobrança de comissão de permanência. A taxa, porém, será a média do mercado, apurada pelo Banco Central do Brasil, desde que limitada ao percentual

do contrato, não se permitindo cumulação com juros remuneratórios ou moratórios, correção monetária ou multa contratual. **III – Conforme estabelece a Súmula 322/STJ: Para a repetição de indébito, nos contratos de abertura de crédito em conta-corrente, não se exige a prova do erro.** IV – Não há como enfrentar a alegação relativa à compensação da verba honorários por falta de prequestionamento, incidindo a Súmula 211/STJ. Agravo regimental improvido. (AgRg no Ag 877.081/RS, Rel. Ministro Sidnei Beneti, Terceira Turma, julgado em 16.09.2008, *DJe* 13.10.2008).

Gabarito 1C, 2C, 3 Anulada, 4C

**(Defensoria/DF – 2013 – CESPE)** No que se refere às normas do CDC e a Política Nacional das Relações de Consumo, julgue os itens seguintes.

**(1)** Por atender indiretamente as necessidades dos consumidores, a racionalização e melhoria dos serviços públicos não e um dos objetivos da Política Nacional das Relações de Consumo.

**(2)** Parte da doutrina considera o CDC norma de ordem pública e principiológica, o que significa que ele prevalece sobre as normas gerais e especiais anteriores.

**(3)** Não obstante a ampla aceitação da teoria do dialogo das fontes, o Código Civil vigente não pode ser utilizado para tutela contratual efetiva dos consumidores, por ausência de aproximação principiológica com o CDC.

**1**: incorreta, pois a racionalização e melhoria dos serviços públicos integra o rol de princípios da Política Nacional das Relações de Consumo (art. 4°, VII, do CDC); **2**: correta, pois o CDC é expresso em trazer que suas normas são de ordem pública e interesse social (art. 1°). Por tratar-se de legislação específica sobre uma determinada classe de pessoas, prevalece sobre as normas gerais anteriormente editadas. **3**: incorreta, pois o Código Civil pode ser utilizado para a tutela contratual efetiva dos consumidores, por semelhança de aproximação principiológica. Neste sentido cita-se o Enunciado 167 do CJF: "Com o advento do Código Civil de 2002, houve forte aproximação principiológica entre esse Código e o Código de Defesa do Consumidor, no que respeita à regulação contratual, uma vez que ambos são incorporadores de uma nova teoria geral dos contratos".

Gabarito 1E, 2C, 3E

**(Ministério Público/TO – 2012 – CESPE)** Assinale a opção correta a respeito das relações de consumo e dos integrantes dessas relações, da qualidade de produtos e serviços e da prevenção e reparação de danos deles advindos, bem como de aspectos diversos associados às práticas comerciais.

**(A)** É pacífico no âmbito do STJ que o CDC seja aplicável nas atividades notariais e registrais.

**(B)** Segundo o direito consumerista brasileiro, o consumidor cobrado em quantia indevida tem direito à repetição do indébito, por valor igual ao dobro do que lhe tiver sido cobrado em excesso, acrescido de correção monetária e juros legais, salvo hipótese de engano justificável.

**(C)** Não há uniformidade doutrinária quanto à existência de distinção de significado entre os termos publicidade e propaganda: há os que defendem essa existência e os que argumentam em favor da existência de sinonímia entre referidos termos.

**(D)** Para o STJ, as instituições financeiras respondem subjetivamente pelos danos gerados por fortuito relativo a fraudes e delitos praticados por terceiros no âmbito de operações bancárias.

**(E)** Para o CDC e para o STJ, somente há danos à saúde do consumidor a partir do momento em que este consome o bem viciado em sua qualidade.

**A**: incorreta, segundo a jurisprudência do STJ, o CDC não é aplicável aos serviços notariais e registrais por existirem leis específicas regulando os mesmos, como a Lei 6.015/1973 (Lei de Registros Públicos) e a Lei 8.935/1994 (Lei dos Serviços Notariais e de Registro) (REsp, 625.144/SP, Terceira Turma, Rel. Min. Nancy Andrighi, julgado em 14.03.2006); **B**: incorreta, pois o art. 42, parágrafo único, do CDC, determina a repetição em dobro do valor que foi pago e não do que foi cobrado em excesso; **C**: correta, há forte divergência doutrinária sobre a questão; **D**: incorreta, há julgado do STJ dispondo que "As instituições

## 18. DIREITO DO CONSUMIDOR

bancárias respondem objetivamente pelos danos causados por fraudes ou delitos praticados por terceiros – como, por exemplo, abertura de conta-corrente ou recebimento de empréstimos mediante fraude ou utilização de documentos falsos –, porquanto tal responsabilidade decorre do risco do empreendimento, caracterizando-se como fortuito interno" (REsp 1.199.782/PR, Segunda Turma, Rel. Min. Luis Felipe Salomão, j. 24.08.2011); **E:** correta, a banca gabaritou como incorreta a assertiva, mas entendemos que a mesma está de acordo com a jurisprudência do STJ: "Responsabilidade civil. Produto impróprio para o consumo. Objeto metálico cravado em bolacha do tipo "água e sal". Objeto não ingerido. Dano moral inexistente. 1. A simples aquisição de bolachas do tipo "água e sal", em pacote no qual uma delas se encontrava com objeto metálico que a tornava imprópria para o consumo, sem que houvesse ingestão do produto, não acarreta dano moral apto a ensejar reparação. Precedentes. 2. Verifica-se, pela moldura fática apresentada no acórdão, que houve inequivocamente vício do produto que o tornou impróprio para o consumo, nos termos do art. 18, *caput*, do CDC. Porém, não se verificou o acidente de consumo, ou, consoante o art. 12 do CDC, o fato do produto, por isso descabe a indenização pretendida. (REsp 1131139/SP, Rel. Ministro Luis Felipe Salomão, Quarta Turma, j. 16.11.2010)".

Gabarito Oficial "C." Nosso Gabarito "C e E".

**(Defensor Público/ES – 2012 – CESPE)** Julgue os itens a seguir, acerca dos direitos do consumidor.

**(1)** As vítimas de acidente aéreo com aeronave comercial, sejam elas passageiros ou pessoas que se encontrem em superfície, são designadas consumidores *stricto sensu* pela doutrina, devendo a elas ser estendidas as normas do CDC.

**(2)** A inversão do onus da prova não obriga a parte contrária a arcar com as custas da prova requerida pelo consumidor, mas o fornecedor fica sujeito as consequências processuais advindas de sua não produção.

**(3)** Consideram-se abusivas e nulas de pleno direito as cláusulas contratuais que coloquem o consumidor em desvantagem exagerada em relação ao fornecedor, cabendo ao juiz de direito competente conhecer, de ofício, da abusividade das cláusulas dos contratos, incluindo-se as dos contratos bancários.

**(4)** No direito brasileiro, o critério adotado para determinação da condição de consumidora da pessoa jurídica e o maximalista, de modo que, para caracterizar-se consumidora, a pessoa jurídica deve ser destinatária final econômica do bem ou serviço adquirido.

**(5)** Considere que Ana tenha celebrado contrato com a Alfa Maquinas Ltda. para a aquisição de uma máquina de bordar, visando utilizar o bem para trabalhar e auferir renda para a sua sobrevivência e a de sua família, e que, nesse contrato, haja clausula de eleição de foro que dificulte o livre acesso de Ana ao Poder Judiciário. Nessa situação hipotética, deve ser declarada a nulidade da referida cláusula, diante da hipossuficiência e vulnerabilidade econômica da consumidora.

**1:** incorreta, pois quem está na aeronave é consumidor-padrão (art. 2° do CDC) e quem está fora é consumidor *bystander*, consumidor equiparado por ser vítima de acidente de consumo (art. 17 do CDC); **2:** correta (STJ, REsp 1.063.639, DJ 04.11.09), (STJ, AgRg na MC 17695/PR, DJ 12/05/2011); **3:** incorreta, pois, segundo a Súmula STJ n. 381, "nos contratos bancários, é vedado ao julgador conhecer, de ofício, da abusividade das cláusulas"; **4:** incorreta, pois o STJ aplica a teoria finalista aprofundada, pela qual é necessário que o consumidor seja destinatário fático e econômico, mas, em caso de destinatário final fático vulnerável, aplica-se o CDC também (art. REsp 1.195.642, DJ 21.11.12); **5:** correta (STJ, REsp 1.010.834, DJ 13.10.10).

Gabarito 1E, 2C, 3E, 4E, 5C

**(Defensor Público/SE – 2012 – CESPE)** O CDC é aplicável a

**(A)** indenização do condômino pelo condomínio, em razão de furto de bem móvel ocorrido dentro da garagem de prédio de apartamentos.

**(B)** ressarcimento do valor pago ao advogado que, constituído em processo criminal, tenha deixado de recorrer de sentença de pronúncia.

**(C)** dívida de contrato de locação.

**(D)** cobrança indevida relativa a crédito educativo custeado pelo Estado em benefício de aluno.

**(E)** revisão de benefício de previdência privada.

**A:** incorreta, pois o STJ é pacifico no sentido de que o CDC não se aplica à relação entre condomínio e condômino (STJ, AgRg no Ag 1.122.191, DJ 01.07.10); **B:** incorreta, pois o STJ também decide que não se aplica o CDC na relação entre advogado e cliente (STJ, REsp 532.377/RJ); **C:** incorreta, pois o STJ entende que não se aplica o CDC às locações de imóveis urbanos (STJ, AgRg no Ag 1.089.413, DJ 28.06.11); **D:** incorreta, pois o STJ é no sentido de que não se aplica o CDC no caso (STJ, REsp 1.256.227, DJ 21/08/12); **E:** correta, pois a Súmula STJ n. 563 é no sentido de que se aplica o CDC aos contratos de previdência privada.

Gabarito "E".

**(Defensor Público/TO – 2013 – CESPE)** Em relação aos direitos do consumidor, aos crimes contra as relações de consumo, à defesa do consumidor em juízo e à convenção coletiva de consumo, assinale a opção correta.

**(A)** O princípio da confiança está expressamente previsto no CDC.

**(B)** A inversão do ônus da prova, fundada na desigualdade fática, econômica e jurídica existente na relação de consumo, constitui mecanismo processual de correção desse desequilíbrio entre as partes em litígio.

**(C)** O descumprimento de acordo em uma convenção coletiva de consumo gera título executivo extrajudicial, que pode sofrer execução direta.

**(D)** O direito penal do consumidor busca somente reprimir condutas indesejáveis e causadoras de danos.

**(E)** De acordo com o CDC, é proibida a circulação de produto perigoso, por ser a periculosidade elemento ligado ao defeito, que pode gerar tanto fato quanto vício do produto.

**A:** incorreta, pois não há previsão expressa, apesar de decorrer do sistema, que prega a transparência, a informação e a boa-fé; **B:** correta, pois havendo hipossuficiência (técnica, econômica ou jurídica) cabe inversão do ônus da prova (art. 6°, VIII, do CDC); **C:** incorreta, pois não previsão legal nesse sentido (art. 107 do CDC); **D:** incorreta, pois os tipos penais previstos nos arts. 63 a 74 não requerem resultado danoso para se configurarem, bastando que a conduta se realize; **E:** incorreta, pois, desde que haja adequada informação a respeito, produtos perigosos podem sim ser colocados no mercado de consumo (art. 9° do CDC); um carro, por exemplo, é perigoso, mas deve ser vendido com todas as informações a respeito; o que a lei proíbe é a venda de produtos com alto grau de nocividade ou periculosidade à saúde ou segurança (art. 10, *caput*, do CDC).

Gabarito "B".

**(Defensor Público/TO – 2013 – CESPE)** Com relação aos direitos do consumidor, às infrações penais e à defesa do consumidor em juízo, assinale a opção correta.

**(A)** De acordo com o CDC, interesses coletivos, em sentido restrito, correspondem aos interesses de natureza indivisível de uma coletiFvidade indeterminada e indeterminável de pessoas, ligadas por circunstâncias de fato.

**(B)** E *ex nunc* o efeito da sentença que reconhece a nulidade de cláusula abusiva.

**(C)** No processo penal atinente aos crimes previstos no CDC, poderão intervir como assistentes do MP apenas as associações legalmente constituídas há pelo menos um ano e que incluam entre seus fins institucionais a defesa dos interesses e direitos protegidos pelo CDC.

**(D)** Produtos e serviços são considerados elementos subjetivos da relação de consumo desde que tenham valor econômico.

**(E)** A defesa do consumidor é um direito constitucional fundamental e também um dos princípios da atividade econômica.

**A:** incorreta, pois a definição dada é de interesses difusos (art. 81, parágrafo único, I, do CDC); **B:** incorreta, pois as cláusulas abusivas são nulas de pleno direito, de modo que a sentença que pronuncia sua nulidade retroage, ou seja, tem efeito "ex tunc"; **C:** incorreta, pois as entidades e órgãos da Administração Pública, direta e indireta, ainda que sem personalidade jurídica, especificamente destinados à defesa

# 632 ANDRÉ DE CARVALHO BARROS, GABRIELA R. PINHEIRO, ROBERTA DENSA E WANDER GARCIA

dos interesses e direitos do consumidor (art. 80 c/c art. 82, III, do CDC); **D**: incorreta, pois são elementos *objetivos* da relação de consumo; **E**: correta (arts. 5°, XXXII, e 170, V, da CF).

Gabarito "E".

**(Defensor Público/TO – 2013 – CESPE)** Em relação aos direitos do consumidor e à defesa do consumidor em juízo, assinale a opção correta.

(A) É incompatível com o sistema de responsabilidade civil estabelecido no CDC cláusula contratual de não indenizar que impossibilite, exonere ou atenue o dever de indenização do fornecedor pessoa física.

(B) Prevalece na doutrina e na jurisprudência o entendimento de que não se aplica aos contratos celebrados via Internet o prazo de arrependimento.

(C) Caso fortuito e força maior excluem a responsabilidade do fornecedor de serviços ou de produtos.

(D) A doutrina é uníssona no sentido de que o momento de inversão do ônus da prova é o do julgamento da causa.

(E) No campo das ações consumeristas individuais, o ajuizamento da ação de responsabilidade civil do fornecedor de produtos e serviços poderá ser no foro do domicílio do consumidor autor, mesmo se o foro de eleição for outro, apenas quando se tratar de contrato de adesão.

**A**: correta (art. 51, I, do CDC); **B**: incorreta, pois não há posição jurisprudencial prevalecente nesse sentido; **C**: incorreta, pois isso só ocorre em caso de fortuitos externos, ou seja, se o caso se deu por motivo inevitável que tiver ocorrido depois que o fornecedor entregou o produto o serviço e desde que não haja relação alguma com o produto ou serviço entregues; assim, o fornecedor não responde se cair um raio na casa de alguém, queimando uma televisão fabricada por ele, por se tratar de fortuito externo; porém, o fornecedor responde se a televisão sai de fábrica com problema devido a um raio que caiu na fábrica no meio da produção da televisão e que gerou algum problema nos produtos fabricados naquela data, já que se tem, no caso, mero fortuito interno, que não afasta a responsabilidade do fornecedor; **D**: incorreta; o ideal é que o juiz deixe claro, logo no início da demanda, de quem é o ônus da prova, em função do princípio da boa-fé processual; **E**: incorreta, pois em qualquer caso (contrato de adesão ou não) o consumidor poderá propor ação em seu domicílio (art. 101, I, do CDC), valendo lembrar que as normas de defesa do consumidor são de ordem pública, não podendo ser afastadas por vontade das partes.

Gabarito "A".

# 19. DIREITO AMBIENTAL

Alice Satin, Arthur Trigueiros, Eduardo Dompieri, Fabiano Melo, Luiz Felipe Nobre Braga, Marcos Destefenni,
Rodrigo Bordalo e Wander Garcia*

## 1. HISTÓRICO E CONCEITOS BÁSICOS

**(Juiz de Direito – TJ/BA – 2019 – CESPE/CEBRASPE)** De acordo com a jurisprudência do STF, o conceito de meio ambiente inclui as noções de meio ambiente

(A) artificial, histórico, natural e do trabalho.
(B) cultural, artificial, natural e do trabalho.
(C) natural, histórico e biológico.
(D) natural, histórico, artificial e do trabalho.
(E) cultural, natural e biológico.

O meio ambiente constitui um gênero que apresenta diversas espécies (ou aspectos, como assinala José Afonso da Silva). São elas o meio ambiente natural (a ecologia), o artificial (espaço urbano), o cultural (patrimônio artístico, histórico, paisagístico etc.) e o meio ambiente do trabalho (relações laborais). Nesse sentido já decidiu o Supremo Tribunal Federal, para quem a "defesa do meio ambiente" (CF, art. 170, VI) "traduz conceito amplo e abrangente das noções de meio ambiente natural, de meio ambiente cultural, de meio ambiente artificial (espaço urbano) e de meio ambiente laboral." (ADI 3.540/MC, Pleno, Rel. Min. Celso de Mello, DJ 03/02/2006). Relevante considerar que os autores e a jurisprudência não elencam o meio ambiente histórico e biológico como espécies autônomas (alternativas **A**, **C**, **D** e **E** incorretas).
Gabarito "B".

**(Delegado/PE – 2016 – CESPE)** O Instituto Chico Mendes de Conservação da Biodiversidade (Instituto Chico Mendes) é uma

(A) sociedade de economia mista criada pela União.
(B) empresa pública federal.
(C) autarquia federal.
(D) fundação pública de direito público.
(E) instituição da administração direta do Poder Executivo federal.

Conforme determinado pelo art. 1º da Lei 11.516/2007: "Fica criado o Instituto Chico Mendes de Conservação da Biodiversidade – Instituto Chico Mendes, autarquia federal dotada de personalidade jurídica de direito público, autonomia administrativa e financeira, vinculada ao Ministério do Meio Ambiente, com a finalidade de (...)", somente a alternativa C é a correta.
Gabarito "C".

**(Magistratura/ES – 2011 – CESPE)** Com relação ao conceito de meio ambiente e dano ambiental, assinale a opção correta.

(A) Conforme o Protocolo de Cartagena, dano ambiental é o prejuízo causado ao ambiente, que é definido, segundo o referido acordo, como conjunto dinâmico e interativo que compreende a cultura, a natureza e as construções humanas

(B) Dano ambiental é todo impacto causado ao ambiente, que é caracterizado como o conjunto de elementos bióticos e abióticos que interagem e mutuamente influenciam a dinâmica dos sistemas autopoiéticos.

(C) Meio ambiente é definido como o conjunto de interações, condições, leis e influências físicas e bioquímicas que origina e mantém a vida em todas as suas formas, e dano ambiental, como o prejuízo transgeracional, de acordo com a PNMA.

(D) A definição legal de meio ambiente encontra-se no próprio texto constitucional, que se refere ao ambiente cultural,

natural, artificial e do trabalho; o conceito legal de dano ambiental, fundado na teoria do risco, materializa-se no conceito de ecocídio: sendo o direito ao ambiente ecologicamente equilibrado direito fundamental do ser humano, as condutas lesivas ao ambiente devem ser consideradas crimes contra a humanidade.

(E) Meio ambiente é definido como o conjunto de condições, leis, influências e interações de ordem física, química e biológica que permite, abriga e rege a vida em todas as suas formas; a definição de dano ambiental infere-se a partir dos conceitos legais de poluição e degradação.

**A:** incorreta; o Protocolo de Cartagena sobre Biossegurança da Convenção sobre Diversidade Biológica tem por objetivo "contribuir para assegurar um nível adequado de proteção no campo da transferência, da manipulação e do uso seguros dos organismos vivos modificados resultantes da biotecnologia moderna que possam ter efeitos adversos na conservação e no uso sustentável da diversidade biológica, levando em conta os riscos para a saúde humana, e enfocando especificamente os movimentos transfronteiriços" e não traz a definição mencionada na alternativa; **B:** incorreta, pois o dano ambiental não se caracteriza havendo mero impacto ao meio ambiente; para que se fale em dano ambiental ou degradação do meio ambiente há de ser um impacto que cause alteração adversa das características do meio ambiente (art. 3º, II, da Lei 6.938/1981); vale salientar, outrossim, que o impacto ambiental poder ser positivo ou negativo, ao passo que o dano ambiental é sempre negativo; **C:** incorreta, pois o conceito adequado de meio ambiente é o seguinte "conjunto de condições, leis, influências e interações de ordem física, química e biológica, que permite, abriga e rege a vida em todas as suas formas" (art. 3º, I, da Lei 6.938/1981); quanto ao dano ambiental, não é definido pela PNMA (Lei 6.938/1981), que se limita a tratar com mais detalhe de uma de suas espécies, no caso, a degradação ambiental por ato humano (poluição), conforme art. 3º, III; **D:** incorreta, pois a Constituição não traz a definição de meio ambiente, que, todavia, é trazida no art. 3º, I, da Lei 6.938/1981; **E:** correta (art. 3º, I, da Lei 6.938/1981).
Gabarito "E".

**(Magistratura Federal/1ª região – 2011 – CESPE)** Em defesa do meio ambiente, o STF assim se pronunciou: "O direito à integridade do meio ambiente – típico direito de terceira geração – constitui prerrogativa jurídica de titularidade coletiva, refletindo, dentro do processo de afirmação dos direitos humanos, a expressão significativa de um poder atribuído, não ao indivíduo identificado em sua singularidade, mas num sentido verdadeiramente mais abrangente, à própria coletividade social".

Tendo o texto acima como referência, assinale a opção correta com base nas disposições legais de defesa do meio ambiente.

(A) Em atendimento ao princípio do poluidor pagador, previsto no direito positivo brasileiro, a Política Nacional do Meio Ambiente determina a proteção de áreas ameaçadas de degradação.

(B) A defesa do direito ao meio ambiente equilibrado nasceu a partir da Declaração de Estocolmo, em 1972, cujas premissas são marcadamente biocêntricas.

(C) O objeto de proteção do direito ambiental concentra-se nos fatores bióticos e abióticos, que devem ser tratados isoladamente.

(D) Em razão do tratamento dispensado ao meio ambiente pelo texto constitucional, depreende-se que é exigido dos cidadãos, predominantemente, um *non facere* em relação ao meio ambiente.

(E) O direito fundamental ao meio ambiente ecologicamente equilibrado afasta eventual tentativa de desafetação ou destinação indireta.

---

\* **Fabiano Melo e Luiz Felipe Nobre Braga** comentaram as questões de 2017 e 2018. **Alice Satin** comentou as questões de Delegado/PE/16, MP/PI/14; **Fabiano Melo** comentou as questões de Procurador do Estado/16. **Arthur Trigueiros, Eduardo Dompieri, Marcos Destefenni, Rodrigo Bordalo e Wander Garcia** comentaram as demais questões.

**A:** incorreta, pois a proteção de áreas ameaçadas de degradação, que é determinada pela lei de Política Nacional do Meio Ambiente (Lei n. 6.938/1981), não decorre do princípio do poluidor pagador. Referido princípio está mais relacionado à recuperação de áreas degradadas. Como ensina Antonio Herman V. Benjamin ("O princípio poluidor-pagador e a reparação do dano ambiental". In: *Dano ambiental: prevenção, reparação e repressão*, Coord. Antonio H. V. Benjamin, São Paulo: Revista dos Tribunais, 1993, p. 229), "o objetivo maior do princípio poluidor-pagador é fazer com que os custos das medidas de proteção do meio ambiente – as externalidades ambientais – repercutam nos custos finais de produtos e serviços cuja produção esteja na origem da atividade poluidora. Em outras palavras, busca-se fazer com que os agentes que originaram as externalidades 'assumam os custos impostos a outros agentes, produtores e/ou consumidores'"; **B:** incorreta; **C:** incorreta, pois os fatores bióticos e abióticos não podem ser tratados isoladamente. Conforme o art. 3º, I, da Lei n. 6.938/1981, o meio ambiente é o conjunto de condições, leis, influências e interações de ordem física, química e biológica, que permite, abriga e rege a vida em todas as suas formas; **D:** incorreta, pois a proteção ao meio ambiente exige uma conduta (ação ou omissão) consciente da necessidade de preservação do meio ambiente ecologicamente equilibrado para as presentes e futuras gerações; **E:** correta. O enunciado refere-se ao julgamento proferido pelo STF na Medida Cautelar na Ação Direta de Inconstitucionalidade 3.540/DF, em que foi relator o Min. CELSO DE MELLO (Julgamento: 01.09.2005). E conforme consignou o Pretório Excelso, "a alteração e a supressão do regime jurídico pertinente aos espaços territoriais especialmente protegidos qualificam-se, por efeito da cláusula inscrita no art. 225, § 1º, III, da Constituição, como matérias sujeitas ao princípio da reserva legal".
Gabarito "E".

**(Magistratura Federal/2ª região – 2011 – CESPE)** Considerando a concessão de *status de direito* fundamental ao ambiente ecologicamente equilibrado no ordenamento jurídico nacional, assinale a opção correta.

**(A)** As normas de proteção ambiental brasileiras têm natureza reflexa.

**(B)** Para o ordenamento jurídico nacional, a natureza jurídica do meio ambiente é controversa.

**(C)** Aplica-se o princípio da subsidiariedade às ações praticadas contra o ambiente, ficando a critério do agente público a valoração do dano.

**(D)** O direito ambiental e o direito econômico são áreas do direito que se inter-relacionam, estando ambas voltadas para a melhoria do bem-estar das pessoas e para a estabilidade do processo produtivo.

**(E)** Com relação à competência ambiental executiva, dispõe a CF que a organização e o planejamento de aglomerações urbanas e microrregiões competem exclusivamente aos municípios.

**A:** incorreta, pois a proteção ambiental, no Brasil, decorre diretamente do Texto Maior (CF, art. 225). Reflexa era a proteção do meio ambiente ecologicamente equilibrado nas primeiras leis editadas no Brasil; **B:** incorreta, pois a natureza jurídica do meio ambiente é apontada pelo art. 225, *caput*, da CF: "bem de uso comum do povo e essencial à sadia qualidade de vida"; **C:** incorreta. O princípio da subsidiariedade é aplicável em matéria ambiental, tanto que a Constituição Federal reconhece, em matéria ambiental, competência do Município, tanto material quanto legislativa (CF, arts. 23 e 30). De recordar que o princípio da subsidiariedade recomenda que os entes mais próximos do problema devem ter competência material e legislativa, que deve prevalecer sobre a competência dos entes mais distantes. Por isso, está assegurado o princípio, em matéria ambiental, quando se reconhece ao município competência para legislar no interesse local. Trata-se de princípio fundamental quando se trata da repartição de competências entre os entes da Federação, inclusive em se tratando das questões ambientais. Todavia, isso não pode ditar que fica a critério do agente público a valoração do dano; **D:** correta, pois a assertiva se refere ao princípio do desenvolvimento sustentado. A interligação entre o direito ambiental e o econômico está expressa no art. 170 da Constituição Federal; **E:** incorreta, pois a competência executiva ambiental, prevista no art. 23 da CF, é comum entre a União, os Estados, o Distrito Federal e os Municípios. Aos mencionados entes federativos, por exemplo, é

atribuída a competência comum para *promover programas de construção de moradias e a melhoria das condições habitacionais e de saneamento básico* (CF, art. 23, IX).
Gabarito "D".

## 2. PATRIMÔNIO CULTURAL BRASILEIRO

**(Ministério Público/PI – 2012 – CESPE)** Conforme a CF, constituem patrimônio cultural brasileiro

**(A)** os bens de natureza material e imaterial, tomados individualmente ou em conjunto, portadores de referência à identidade, à ação e à memória dos diferentes grupos formadores da sociedade brasileira, entre os quais se incluem as formas de expressão e os modos de criar, fazer e viver.

**(B)** os bens de natureza material por meio dos quais as criações artísticas, científicas e tecnológicas dos povos tradicionais expressem o *ethos* nacionalista da sociedade brasileira.

**(C)** os conjuntos urbanos, as áreas de grilagem, os sítios de valor histórico, paisagístico, artístico e arqueológico, de natureza imaterial, portadores de referência à identidade, à memória e à ação das gerações passadas, formadores da sociedade brasileira, entre os quais se incluem as zonas de uso estritamente industrial, as áreas habitacionais, as áreas de proteção ambiental, as reservas da biosfera e os parques públicos.

**(D)** os bens de natureza material e imaterial que veiculem as formas de ação, criação e existência das diversas raças formadoras da sociedade brasileira, em suas dimensões antropológicas, etnográficas, deontológicas e sociointeracionistas, tais como a culinária, a música, o folclore, a indumentária e as prosódias.

**(E)** as manifestações artísticas e culturais de natureza exclusivamente material que expressem os posicionamentos políticos dos grupos formadores da sociedade brasileira, por meio dos quais os valores, crenças, ideologias e mitologias dos grupos minoritários que representam a identidade nacional interagem com a cultura hegemônica.

A alternativa "A" está correta, pois reflete o disposto no art. 216, *caput*, do CF, ficando as demais excluídas.
Gabarito "A".

**(Ministério Público/TO – 2012 – CESPE)** Integram o patrimônio cultural

**(A)** todas as formas de expressão, modos de criar, fazer e viver, bem como as criações científicas, artísticas e tecnológicas, desde que registrados no Ministério da Cultura e(ou) no Ministério da Ciência, Tecnologia e Inovação.

**(B)** os conjuntos urbanos e sítios de valor histórico, paisagístico, artístico, arqueológico, paleontológico, ecológico e científico, se reconhecidos e tombados pela UNESCO.

**(C)** as manifestações identitárias de natureza coletiva da nação brasileira e suas derivações históricas, antropológicas e etnográficas, bem como suas estruturas discursivas e sua semiótica.

**(D)** os bens de natureza material e imaterial, tomados individualmente ou em conjunto, referentes à identidade, à ação, à memória dos diferentes grupos formadores da sociedade brasileira.

**(E)** as obras, os objetos, os documentos, as edificações e demais espaços destinados às manifestações artístico-culturais, desde que tombados pelo Instituto do Patrimônio Histórico e Artístico Nacional.

De acordo com o art. 216, *caput*, da CF, "*constituem patrimônio cultural brasileiro os bens de natureza material e imaterial, tomados individualmente ou em conjunto, portadores de referência à identidade, à ação, à memória dos diversos grupos formadores da sociedade brasileira*". Incluem-se no conceito de patrimônio cultural: I – as formas de expressão; II – os modos de criar, fazer e viver; III – as criações científicas, artísticas e tecnológicas; IV – as obras, objetos, documentos, edificações e demais espaços destinados às manifestações artístico-culturais; V – os conjuntos urbanos e sítios de valor histórico, paisagístico,

# 19. DIREITO AMBIENTAL   635

artístico, arqueológico, paleontológico, ecológico e científico. Incorretas as alternativas A, B, C e E, visto que vinculam o reconhecimento do patrimônio cultural a formalidades, tais como, reconhecimento pela UNESCO, registro no IPHAN ou Ministério da Cultura. Gabarito "D".

**(Ministério Público/TO – 2012 – CESPE)** No que se refere ao tombamento, assinale a opção correta.

(A) O tombamento definitivo dos bens de propriedade particular deve ser, por iniciativa do órgão competente do Serviço do Patrimônio Histórico e Artístico Nacional, transcrito, para os devidos efeitos, em livro a cargo dos oficiais do registro de imóveis e averbado ao lado da transcrição do domínio. No caso de transferência de domínio desses bens, o adquirente deve, dentro do prazo de dois anos, contado a partir da data do depósito, fazê-la constar do registro, ainda que se trate de transmissão judicial ou *causa mortis*.

(B) As coisas tombadas poderão, se o proprietário ou possuidor efetuar a compensação patrimonial do bem atingido, ser destruídas, demolidas ou mutiladas sem prévia autorização do Serviço do Patrimônio Histórico e Artístico Nacional.

(C) As coisas tombadas pertencentes à União, aos estados ou aos municípios só podem ser alienadas por intermédio do Serviço do Patrimônio Histórico e Artístico Nacional.

(D) As obras históricas ou artísticas tombadas pertencentes a pessoas naturais ou jurídicas de direito privado não se sujeitam a nenhum tipo de restrição.

(E) A coisa tombada não pode ser levada para fora do país, senão por curto prazo, sem transferência de domínio e para fim de intercâmbio cultural, a juízo do Conselho Consultivo do Serviço do Patrimônio Histórico e Artístico Nacional.

**A:** incorreta, pois, nos termos do art. 13, *caput*, e § 1º, do Decreto-lei 25/1937, o tombamento definitivo dos bens de propriedade particular será, por iniciativa do órgão competente do Serviço do Patrimônio Histórico e Artístico Nacional, transcrito para os devidos efeitos em livro a cargo dos oficiais do registro de imóveis e averbado ao lado da transcrição do domínio. No caso de transferência de propriedade desses bens, deverá o adquirente, *dentro do prazo de trinta dias* (e não dois anos, como consta na assertiva!), sob pena de multa de dez por cento sobre o respectivo valor, fazê-la constar do registro, ainda que se trate de transmissão judicial ou *causa mortis*; **B:** incorreta, pois segundo o art. 17 do Decreto-lei 25/1937, as coisas tombadas *não poderão, em caso nenhum ser destruídas, demolidas ou mutiladas*, nem, sem prévia autorização especial do Serviço do Patrimônio Histórico e Artístico Nacional, ser reparadas, pintadas ou restauradas, sob pena de multa de cinquenta por cento do dano causado; **C:** incorreta. As coisas tombadas, que pertençam à União, aos Estados ou aos Municípios, são *inalienáveis por natureza*, só podendo ser transferidas de uma à outra das referidas entidades (art. 11 do Decreto-lei 25/1937); **D:** incorreta. Nos exatos termos do art. 12 do Decreto-lei 25/1937, a alienabilidade das obras históricas ou artísticas tombadas, de propriedade de pessoas naturais ou jurídicas de direito privado, *sofrerá as restrições constantes da referida lei*; **E:** correta, conforme dispõe o art. 14 do Decreto-lei 25/1937. Gabarito "E".

**(Ministério Público/PI – 2012 – CESPE)** São exemplos de monumentos arqueológicos ou pré-históricos

(A) os sítios identificados como locais de pouso prolongado de espécies exógenas nos quais se encontrem vestígios de grandes répteis e que apresentem resquícios de trilhas de evasão, tanques de contenção e(ou) sistemas de irrigação de plantações.

(B) as incrustações antrópicas das grutas, lapas e abrigos rochosos com ou sem tratamento de superfície dos metais ferruginosos e temperados, bem como o revestimentos de polímeros exsudados.

(C) as jazidas de metais nobres e pedras preciosas que representem testemunhos de cultura tolteca no Brasil.

(D) promontórios escavados, veredas remanescentes, diques, concheiros, sambaquis, edificações portuárias e trilhas de evasão.

(E) as inscrições rupestres ou locais como sulcos de polimentos de utensílios e outros vestígios de atividade de paleoamerín-dios, bem como os sítios nos quais se encontrem vestígios positivos de sua ocupação, tais como grutas, lapas e abrigos sob rocha.

A alternativa "E" está correta, pois reflete o disposto no art. 2º, alíneas "b" e "d", da Lei 3.924/1961, ficando excluídas as demais. Gabarito "E".

**(Ministério Público/PI – 2012 – CESPE)** O pedido de permissão para realização de escavações arqueológicas por particulares deve ser dirigido à

(A) Diretoria do Patrimônio Histórico e Artístico Nacional.

(B) Presidência do Conselho Nacional do Patrimônio Histórico e Artístico do Brasil.

(C) Diretoria-Geral de Jazidas Arqueológicas do Ministério de Minas e Energia.

(D) Secretaria Nacional de Cultura Paleoameríndia do Ministério da Cultura.

(E) Presidência do Conselho Nacional de Meio Ambiente.

A alternativa "A" está correta, pois reflete o disposto no art. 8º da Lei 3.924/1961, ficando excluídas as demais. Gabarito "A".

**(Ministério Público/TO – 2012 – CESPE)** Com relação aos bens de natureza arqueológica ou pré-histórica, assinale a opção correta.

(A) O proprietário ou ocupante do imóvel onde se tiver verificado o achado arqueológico ou pré-histórico será responsável pela conservação permanente e definitiva da coisa descoberta.

(B) É expressamente proibida a divulgação do local, do tipo e da designação da jazida de natureza arqueológica ou pré-histórica, bem como do nome do especialista encarregado pelas escavações e dos indícios que determinaram a escolha do local.

(C) Nenhum órgão da administração federal, estadual ou municipal pode realizar escavações arqueológicas ou pré-históricas, sem prévia comunicação à Diretoria do Patrimônio Histórico e Artístico Nacional, responsável por incluir no cadastro de jazidas arqueológicas o registro das escavações.

(D) A posse e a salvaguarda desses bens constituem direito público subjetivo da nação brasileira.

(E) A descoberta fortuita de quaisquer elementos de interesse arqueológico ou pré-histórico, histórico, artístico ou numismático deverá ser imediatamente comunicada ao Ministério da Cultura e à Diretoria do Patrimônio Histórico e Artístico Mundial da UNESCO.

**A:** incorreta. De acordo com o art. 18, parágrafo único, da Lei 3.924/1961, o proprietário ou ocupante do imóvel onde se tiver verificado o achado, *é responsável pela conservação provisória da coisa descoberta*, até pronunciamento e deliberação da Diretoria do Patrimônio Histórico e Artístico Nacional; **B:** incorreta (art. 16, parágrafo único, da Lei 3.924/1961), visto que deverá haver comunicação da Diretoria do Patrimônio Histórico e Artístico Nacional, constando, obrigatoriamente, o local, o tipo ou a designação da jazida, o nome do especialista encarregado das escavações, os indícios que determinaram a escolha do local e, posteriormente, uma súmula dos resultados obtidos e do destino do material coletado; **C:** correta, nos exatos termos do art. 16, *caput*, da Lei 3.924/1961; **D:** incorreta, pois, nos termos do art. 17 da Lei 3.924/1961, a posse e a salvaguarda dos bens de natureza arqueológica ou pré-histórica constituem, em princípio, direito imanente ao Estado, ou seja, integra a sua própria essência; **E:** incorreta. Nos termos do art. 18, *caput*, da Lei 3.924/1961, a descoberta fortuita de quaisquer elementos de interesse arqueológico ou pré-histórico, histórico, artístico ou numismático, deverá ser imediatamente comunicada à *Diretoria do Patrimônio Histórico e Artístico Nacional, ou aos órgãos oficiais autorizados*, pelo autor do achado ou pelo proprietário do local onde tiver ocorrido (e não à Unesco!). Gabarito "C".

## 3. DIREITO AMBIENTAL CONSTITUCIONAL

**(Procurador do Município – Campo Grande/MS – 2019 – CESPE/ CEBRASPE)** Considerando os aspectos constitucionais relacionados ao direito ambiental, a Lei n.º 6.938/1981, que dispõe sobre a Política Nacional do Meio Ambiente, a Lei n.º 12.651/2012, que estabelece prescrições acerca do Código Florestal e as resoluções do CONAMA, julgue os itens a seguir.

**(1)** À União compete legislar privativamente sobre águas, jazidas e outros recursos minerais; porém, é competência concorrente da União, dos estados e do Distrito Federal legislar acerca de florestas, caça, conservação da natureza e defesa dos recursos naturais.

**(2)** A proteção da integridade do patrimônio genético do país é uma incumbência do poder público e da coletividade.

**(3)** São instrumentos da Política Nacional do Meio Ambiente o licenciamento, o zoneamento, a instituição de relatório de qualidade do meio ambiente e a concessão florestal.

**(4)** O estudo de impacto ambiental e o relatório de impacto ambiental são documentos ambientais obrigatórios para a realização do procedimento administrativo de licenciamento ambiental.

**(5)** Poluição é a alteração adversa das características do meio ambiente mediante o lançamento de matérias ou energia em desacordo com padrões ambientais estabelecidos.

Item **1** correto (a competência legislativa privativa da União em relação aos aspectos referidos na questão está prevista no art. 22, IV e XII, CF; já a competência concorrente, no art. 24, VI, CF); item 2 errado (de acordo com o art. 225, §1º, II, CF, incumbe ao Poder Público preservar a diversidade e a integridade do patrimônio genético do País); item **3** correto (alguns dos instrumentos da Política Nacional do Meio Ambiente estão previstos na Lei 6.938/81, entre os quais o licenciamento e o zoneamento ambientais, a instituição de relatório de qualidade do meio ambiente, bem como a concessão florestal); item **4** errado (o estudo de impacto ambiental-EIA e o relatório de impacto ambiental-RIMA não são exigidos para todos os licenciamentos ambientais, mas somente para aqueles envolvendo a instalação de obra ou atividade potencialmente causadora de significativa degradação do meio ambiente, *ex vi* do art. 225, §1º, IV, CF); item **5** correto (conforme a definição de poluição prevista na Lei 6.938/81, em seu art. 3º, III). **RB**

Gabarito: 1C, 2E, 3C, 4E, 5C

**(Procurador do Município/Manaus – 2018 – CESPE)** Considerando o que dispõe a CF a respeito da proteção ao meio ambiente, julgue os itens subsequentes.

**(1)** Compete ao poder público definir espaços territoriais ambientalmente protegidos, sendo a sua supressão permitida somente através de lei.

**(2)** Qualquer pessoa é parte legítima para propor ação popular para anular ato lesivo ao meio ambiente.

**1:** Correta, com base no disposto no art. 225, § 1º, III, da CF/1988. **2:** Errada, qualquer pessoa que preencha os requisitos da Ação Popular, por exemplo, ser cidadão (Lei 4.717/1965).

Gabarito: 1C, 2E

**(Procurador Municipal – Prefeitura/BH – CESPE – 2017)** A respeito do direito ambiental, assinale a opção correta de acordo com o disposto na CF.

**(A)** A proteção jurídica fundamental do meio ambiente ecologicamente equilibrado é estritamente antropocêntrica, uma vez que se considera o bem ambiental um bem de uso comum do povo.

**(B)** Além de princípios e direitos, a CF prevê ao poder público e à coletividade deveres relacionados à preservação do meio ambiente.

**(C)** Será inválida a criação de espaços territoriais ambientalmente protegidos por ato diverso da lei em sentido estrito.

**(D)** O direito ao meio ambiente ecologicamente equilibrado consta expressamente na CF como direito fundamental, o que o caracteriza como direito absoluto.

**A:** incorreta. Conforme Fabiano Melo (Direito Ambiental. São Paulo: Método, 2017, p. 10): "Das concepções éticas das relações do homem com o meio ambiente duas merecem destaque: o antropocentrismo e o biocentrismo. O antropocentrismo concebe o homem em uma verdadeira relação de superioridade com os demais seres. O que importa é o bem-estar dos seres humanos e, para tanto, o homem se apropria dos bens ambientais para o seu interesse exclusivo, sem preocupação com os demais seres vivos, que são instrumentais. A "ética antropocêntrica" não reconhece valor intrínseco aos outros seres vivos ou à natureza. No biocentrismo, por outro lado, o homem não é superior aos outros seres vivos; mantém com eles uma relação de interdependência, de simbiose. Todos os seres vivos são igualmente importantes. O centro das relações não é, como no antropocentrismo, a humanidade, mas os seres vivos, humanos e não humanos. Conforme os documentos internacionais e a Constituição Federal, a proteção é de natureza antropocêntrica. Todavia, não se trata da concepção clássica de antropocentrismo, mas o que a doutrina denomina "antropocentrismo alargado", que conjuga a interação da espécie humana com os demais seres vivos como garantia de sobrevivência e dignidade do próprio ser humano, assim como o reconhecimento que a proteção da fauna e da flora é indeclinável para a equidade intergeracional, para salvaguarda das futuras gerações"; **B:** correta, pois a assertiva encontra-se de acordo com o que dispõe o art. 225, caput, da CF/1988: "Art. 225. Todos tem direito ao meio ambiente ecologicamente equilibrado, bem de uso comum do povo e essencial a sadia qualidade de vida, impondo-se ao Poder Público e a coletividade o dever de preservá-lo e defendê-lo para as presentes e futuras gerações"; **C:** incorreta, pois é perfeitamente possível a criação de espaços territoriais ambientalmente protegidos através de decreto do Poder Executivo, contudo a alteração e a supressão, somente serão possíveis mediante lei em sentido estrito (art. 225, § 1º, III, da CF/1988); **D:** incorreta, não existe direito fundamental absoluto, a título de exemplo o direito fundamental a vida pode ser mitigado em caso de guerra formalmente declarada, em que a pena de morte será admitida (art. 5º, XLVII, "a", da CF/1988). **FM/FCP**

Gabarito: "B".

**(Procurador Municipal – Prefeitura/BH – CESPE – 2017)** Acerca do conteúdo e da aplicação dos princípios do direito ambiental, assinale a opção correta.

**(A)** A participação ambiental da sociedade não substitui a atuação administrativa do poder público, mas deve ser considerada quando da tomada de decisões pelos agentes públicos.

**(B)** A legislação ambiental não promove exigência relacionada à aplicação do princípio do usuário-pagador, que impõe o pagamento pelo uso do recurso ambiental.

**(C)** Conforme a doutrina majoritária, os princípios da prevenção e da precaução são sinônimos, já que ambos visam inibir riscos de danos ao meio ambiente.

**(D)** A essência do princípio do poluidor-pagador está relacionada à compensação dos danos causados ao meio ambiente: no sentido de "poluiu pagou".

**A:** correta, posto que é dever do Poder Público em colaboração com a sociedade preservar e defender o meio ambiente (art. 225, caput, da CF/1988), assim, a participação ambiental da sociedade não substitui a atuação administrativa do poder público. Outrossim, a participação ambiental da sociedade deverá ser levada em conta quando da tomada de decisões pelos agentes públicos, neste sentido, destaca-se as audiências públicas exigidas ao Estudo Prévio de Impacto Ambiental e seu respectivo relatório (Resolução CONAMA 09/1987, disciplina a forma e o momento de participação dos cidadãos através de audiências públicas no processo de licenciamento ambiental) e a criação de Unidades de Conservação (art. 22, § 2º, da Lei 9.985/2000); **B:** incorreta, pois a legislação ambiental, mais especificamente o art. 4º, VII, da Lei 6.938/1981, promove exigência relacionada à aplicação do princípio do usuário-pagador, que impõe o pagamento pelo uso do recurso ambiental, com fins econômicos; **C:** incorreta, pois o entendimento majoritário é o de que os princípios da prevenção e da precaução não sinônimos, não obstante, ambos visam inibir riscos de danos ao meio ambiente. O princípio da prevenção refere-se ao dever que o Poder Público tem em colaboração com a sociedade de preservar o meio ambiente para que não ocorra um evento danoso e, sucessivamente, sua difícil recuperação. Em contrapartida o princípio da precaução remete a ausência de informações ou pesquisas científicas conclusivas sobre a potencialidade e os efeitos de uma intervenção no meio ambiente. Tem-se aqui a incerteza científica a respeito dos efeitos do dano potencial, que não podem ser utilizados de forma a autorizar determinadas intervenções no meio ambiente, assim, na dúvida decide-se em favor do meio ambiente; **D:** incorreta, pois a essência do princípio do poluidor pagador está em impor ao poluidor a obrigação de recuperar e/ou indenizar os dados causados ao meio ambiente, e não no sentido de poluiu pagou, conforme disposto na assertiva. FM/FCP

Gabarito "A".

**(Delegado/PE – 2016 – CESPE)** Conforme previsto na CF, é necessária a realização de estudo prévio de impacto ambiental antes da implantação de empreendimentos e de atividades consideradas efetiva ou potencialmente causadoras de degradação ambiental, que constitui exigência que atende ao princípio do(a)

(A) prevenção.
(B) poluidor-pagador.
(C) proibição do retrocesso ambiental.
(D) participação comunitária.
(E) usuário-pagador.

**A:** correta, já que o estudo prévio de impacto ambiental previsto no art. 225, § 1º, IV, da Constituição Federal, reflete o princípio da prevenção na medida que busca conhecer os possíveis impactos de determinada atividade poluidora para que se possa preveni-los, compensá-los ou mitigá-los; **B:** incorreta, pois o princípio do poluidor-pagador tem por fim internalizar os custos ambientais do processo produtivo, cuja cobrança somente poderá ser feita sobre o que tenha respaldo em lei. Nas palavras de Édis Milaré: "Trata-se do princípio poluidor-pagador (polui, paga os danos), e não pagador poluidor (pagou, então pode poluir)." (Direito do Ambiente. Revista dos Tribunais, 2013. p. 268); **C:** incorreta, já que o princípio do não retrocesso está ligado ao direito adquirido à proteção ambiental e tem por fim impedir que novas normas sejam mais tolerantes com a degradação do meio ambiente; **D:** incorreta, já que a participação comunitária não está diretamente ligada à realização de estudo prévio de impacto ambiental; **E:** incorreta, que o princípio do usuário-pagador tem por objetivo cobrar pelo uso de recursos ambientais, de modo a promover o uso racional dos recursos naturais.

Gabarito "A".

**(Delegado/PE – 2016 – CESPE)** Considere que, em 1999, a União tenha criado, por decreto presidencial, determinada unidade de conservação. Nessa situação, de acordo com a CF, a União

(A) poderá alterá-la por meio de decreto.
(B) poderá suprimi-la por meio de decreto.
(C) somente poderá alterá-la ou suprimi-la por meio de lei.
(D) poderá alterá-la por meio de portaria do Ministério do Meio Ambiente.
(E) terá cometido ato nulo, já que o ato de criação dessa unidade deveria ter sido a lei.

**A:** incorreta, pois o uso de decreto somente é possível para a ampliação de unidade de conservação, conforme autorizado pelo art. 22, § 6º da Lei 9.985/2000. Todavia a questão solicita solução de acordo com a Constituição Federal, que prevê a necessidade de lei para alteração da unidade de conservação; **B:** incorreta, pois o decreto não é instrumento capaz autoriza a supressão de unidade de conservação, conforme art. 225, 1º, III, da CF/1988; **C:** correta, já que " incumbe ao Poder Público: definir, em todas as unidades da Federação, espaços territoriais e seus componentes a serem especialmente protegidos, sendo a alteração e a supressão permitidas somente através de lei, vedada qualquer utilização que comprometa a integridade dos atributos que justifiquem sua proteção", conforme art. 225, 1º, III, da CF/1988; **D:** incorreta, já que não há previsão legal para uso de portaria do MMA como instrumento de alteração de unidade de conservação; **E:** incorreta, pois o Poder Público pode por meio de lei ou até decreto do poder executivo instituir áreas ambientalmente protegidas.

Gabarito "C".

**(Juiz de Direito/AM – 2016 – CESPE)** No que se refere à proteção conferida pela CF ao meio ambiente, assinale a opção correta.

(A) Sob o monopólio da União são permitidas atividades nucleares de qualquer natureza, mediante a aprovação do Congresso Nacional, o que gera a responsabilização objetiva por eventuais danos.

(B) É da competência concorrente da União, dos estados e do DF proteger o meio ambiente e combater a poluição em qualquer de suas formas.
(C) Compete aos municípios a promoção do adequado ordenamento territorial, mediante planejamento e controle do uso, do parcelamento e da ocupação do solo urbano.
(D) Com o objetivo de defender o meio ambiente, o poder público pode impor várias restrições e penas aos particulares, salvo a desapropriação de imóveis, pois o direito de propriedade é direito fundamental.
(E) No caso de atividade de extração de minério, advêm das conclusões do EPIA a necessidade, ou não, de impor-se ao explorador a obrigação de recuperar o meio ambiente degradado.

**A:** incorreta. Essa assertiva está disposta no art. 21, XXIII, da CF/88. O erro da assertiva é condicionar à aprovação do Congresso Nacional o que não é necessário; **B:** incorreta. Aqui o examinador tentou confundir competência administrativa (art. 23/CF) com a competência legislativa (art. 24/CF). O correto: é de competência comum da União, dos Estados e do DF proteger o meio ambiente e combater a poluição em qualquer de suas formas (art. 23, VI, CF/88); **C:** correta. Trata-se da transcrição do art. 30, VIII, da CF/88, a saber: "promover, no que couber, adequado ordenamento territorial, mediante planejamento e controle do uso, do parcelamento e da ocupação do solo urbano"; **D:** incorreta. É possível até mesmo a desapropriação de imóveis, no caso de não atender a sua função social. Isto é, no nosso ordenamento jurídico, a propriedade só se legitima se atender a sua função social. A não observância leva até mesmo à sua desapropriação (art. 182, § 4º, III, CF/88 e art. 186/CF); **E:** incorreta. A obrigação de recuperar o meio ambiente por atividade minerária é disposição constitucional, a teor do § 2º do art. 225/CF: "Aquele que explorar recursos minerais fica obrigado a recuperar o meio ambiente degradado, de acordo com solução técnica exigida pelo órgão público competente, na forma da lei". Em qualquer situação, é obrigatório recuperar o meio ambiente degradado.

Gabarito "C".

**(Analista – Ministério do Meio Ambiente – 2011 – CESPE)** Com relação às normas constitucionais que dispõem sobre meio ambiente, julgue o item a seguir.

(1) A Constituição Federal de 1988, ao consagrar a proteção à Floresta Amazônica brasileira, à Mata Atlântica, à Serra do Mar, ao Pantanal Mato-grossense e à Zona Costeira, definindo os como patrimônio nacional, converteu em bens públicos os imóveis particulares abrangidos pelas referidas florestas e matas.

**1:** incorreta, pois o art. 225, § 4º, da CF não faz essa conversão, mas apenas dispõe que a utilização dessas áreas far-se-á, na forma da lei, dentro de condições que assegurem a preservação do meio ambiente, inclusive quanto ao uso dos recursos naturais.

Gabarito 1E.

**(Magistratura/BA – 2012 – CESPE)** No que se refere à previsão constitucional da proteção ao meio ambiente, assinale a opção correta.

(A) A fim de minimizar os impactos provocados ao meio ambiente pela mineração, a CF impõe àqueles que exploram recursos minerais a elaboração e observância de plano de controle ambiental.
(B) Compete a todos os entes da Federação, concorrentemente, a execução das normas destinadas à tutela do patrimônio ambiental, ou seja, é concorrente a competência material.
(C) As terras devolutas necessárias à proteção de ecossistemas naturais deixam de ser indisponíveis após sua arrecadação e incorporação, mediante ação discriminatória, ao patrimônio público.
(D) Como a CF determina que a fiscalização da pesquisa e da manipulação de material genético deve ser realizada sob a perspectiva ambiental, aplica-se o princípio da precaução a esse tema.
(E) A constitucionalização da proteção ambiental, de forma específica e global, ocorreu sob a égide da Constituição de 1967, tendo a CF ampliado o tratamento dado ao tema.

**A:** incorreta, pois a Constituição não entra nesse nível de detalhe em relação à proteção do meio ambiente em face da exploração mineral, limitando-se a tratar da parte econômica deste último assunto; **B:** incorreta, pois a competência administrativa não é concorrente, mas comum (art. 23, *caput* e incisos VI e VII, da CF); **C:** incorreta, pois tanto as terras devolutas como as terras arrecadadas pelo Estado por ações discriminatórias, desde que necessárias à proteção dos ecossistemas naturais, são indisponíveis (art. 225, § 5º, da CF); **D:** correta (art. 225, § 1º, II, da CF); **E:** incorreta, pois a Constituição de 1988 é que iniciou o tratamento de maneira específica e global do meio ambiente; em 1967 ainda vivíamos a fase de fragmentação das normas ambientais, sendo que tais normas estavam na legislação infraconstitucional e o seu tratamento foi bem pontual.
Gabarito "D".

**(Ministério Público/RR – 2012 – CESPE)** Considerando o direito ambiental constitucional, assinale a opção correta.

(A) Ao estabelecer que todos têm direito ao meio ambiente ecologicamente equilibrado, a CF atribui ao direito ambiental o *status* de direito humano fundamental, sendo, portanto, equivalentes às emendas constitucionais os tratados e convenções internacionais, em matéria ambiental, aprovados em cada Casa do Congresso Nacional, em dois turnos, por três quintos dos votos dos respectivos membros.

(B) A função social da propriedade rural é alcançada quando ela atende, alternativamente, ao requisito de aproveitamento racional, ou à utilização adequada dos recursos naturais disponíveis, com preservação do meio ambiente, ou à exploração que favoreça o bem-estar dos proprietários e dos trabalhadores.

(C) A defesa do meio ambiente é dever do poder público e da coletividade, aos quais compete promover, respectivamente, a educação ambiental em todos os níveis de ensino e a conscientização pública para a preservação do meio ambiente.

(D) A competência legislativa para tratamento dos temas ambientais é privativa da União, como, por exemplo, a criação de normas de direito processual civil coletivo, a desapropriação de imóveis para criação de espaços protegidos, os usos múltiplos de água e a geração de energia e extração mineral.

(E) Constituem patrimônio nacional os sítios de valor ecológico, tais como a floresta amazônica, a mata atlântica, a serra do Mar, o pantanal mato-grossense e a zona costeira.

**A:** correta. É inegável a natureza de direito humano fundamental do direito ambiental. Afinal, sendo o meio ambiente ecologicamente equilibrado um bem de uso comum do povo, indispensável à sadia qualidade de vida (art. 225, *caput*, da CF), não restam dúvidas quanto à sua natureza jurídica. E assim sendo, os tratados e convenções internacionais em matéria ambiental, aprovados na forma disciplinada pelo art. 5º, § 3º, da CF, terão *status* de emenda constitucional; **B:** incorreta, pois a função social da propriedade rural, nos termos do art. 186 da CF, somente será alcançada quando atender, *simultaneamente*, segundo critérios e graus de exigência estabelecidos em lei, aos seguintes requisitos: I – aproveitamento racional e adequado; II – utilização adequada dos recursos naturais disponíveis e preservação do meio ambiente; III – observância das disposições que regulam as relações de trabalho; e IV – exploração que favoreça o bem-estar dos proprietários e dos trabalhadores; **C:** incorreta, pois é incumbência do Poder Público (e não da coletividade!), nos termos do art. 225, § 1º, VI, "*promover a educação ambiental em todos os níveis de ensino e a conscientização pública para a preservação do meio ambiente*". Frise-se, porém, que é dever do Poder Público e de toda a coletividade a preservação e a defesa da qualidade ambiental para as presentes e futuras gerações (art. 225, *caput*, parte final, da CF), mas, como visto, a educação ambiental, por óbvio, é dever daquele primeiro; **D:** incorreta, pois não é verdadeira a afirmação de que é competência privativa da União legislar sobre temas ambientais. Em verdade, a "proteção geral" do meio ambiente é, no plano legislativo, de competência concorrente da União, Estados e DF, conforme dispõe o art. 24, VI, VII e VIII, da CF; **E:** incorreta. Nos termos do art. 225, § 4º, da CF, são considerados patrimônio nacional a Floresta Amazônica brasileira, a Mata Atlântica, a Serra do Mar, o Pantanal Mato-Grossense e a Zona Costeira, não bastando que haja valor ecológico para que assim sejam considerados. Em outras palavras, a

CF, no dispositivo citado, elencou, exaustivamente, quais são os biomas brasileiros tidos como patrimônio nacional.
Gabarito "A".

**(Advogado da União/AGU – CESPE – 2012)** Com relação ao meio ambiente e aos interesses difusos e coletivos, julgue o item abaixo.

(1) Apesar de a floresta amazônica, a mata atlântica, a serra do Mar, o pantanal mato-grossense e a zona costeira serem, conforme dispõe a CF, patrimônio nacional, não há determinação constitucional que converta em bens públicos os imóveis particulares situados nessas áreas.

**1:** correta, pois, de fato, o art. 225, § 4º, CF, não prescreve, em momento algum, que referidos biomas imporão aos proprietários de imóveis particulares neles situados a sua expropriação, convertendo-os em bens públicos.
Gabarito 1C

## 4. PRINCÍPIOS DO DIREITO AMBIENTAL

Uma associação de moradores de um bairro de determinado município da Federação propôs uma ação civil pública (ACP) em desfavor da concessionária de energia local, para que seja determinada a redução do campo eletromagnético em linhas de transmissão de energia elétrica localizadas nas proximidades das residências dos moradores do bairro, alegando eventuais efeitos nocivos à saúde humana em decorrência desse campo eletromagnético. Apesar de estudos desenvolvidos pela Organização Mundial da Saúde afirmarem a inexistência de evidências científicas convincentes que confirmem a relação entre a exposição humana a valores de campos eletromagnéticos acima dos limites estabelecidos e efeitos adversos à saúde, a entidade defende que há incertezas científicas sobre a possibilidade de esse serviço desequilibrar o meio ambiente ou atingir a saúde humana, o que exige análise dos riscos.

**(Juiz de Direito – TJ/SC – 2019 – CESPE/CEBRASPE)** Nessa situação hipotética, o pedido da associação feito na referida ACP se pauta no princípio ambiental

(A) da precaução.
(B) da proporcionalidade.
(C) da equidade.
(D) do poluidor-pagador.
(E) do desenvolvimento sustentável.

A situação hipotética faz referência à "inexistência de evidências científicas" sobre os impactos do campo eletromagnético em linhas de transmissão de energia elétrica. Essa característica está associada ao princípio da precaução, pelo qual a incerteza em relação aos impactos de determinada medida não afasta a necessidade de medidas contra eventuais efeitos nocivos (aplicação do brocardo "in dubio pro ambiente"). O princípio encontra previsão na Declaração do Rio sobre Meio Ambiente e Desenvolvimento. De acordo com o seu "princípio 15", o princípio da precaução deverá ser amplamente observado pelos Estados, de modo que, quando houver ameaça de danos graves ou irreversíveis, a ausência de certeza científica absoluta não será utilizada como razão para o adiamento de medidas economicamente viáveis para prevenir a degradação ambiental.
Gabarito "A".

**(Procurador do Estado/SE – 2017 – CESPE)** Determinada indústria têxtil elimina seus componentes químicos no rio que abastece uma cidade, alterando as características do meio ambiente e prejudicando a segurança e o bem-estar da população.

Nesse caso, o princípio ambiental que determina o dever da indústria de arcar com as consequências econômicas da atividade descrita é o princípio

(A) da precaução.
(B) da equidade intergeracional.
(C) da prevenção.
(D) do poluidor-pagador.
(E) do usuário-pagador.

# 19. DIREITO AMBIENTAL    639

**A:** Errada, pois o princípio da precaução incide antes da prática danosa, para situação cuja ocorrência de dano é possível, mas é desconhecido se ocorrerá ou não (risco em abstrato). **B:** Errada, pois tal princípio diz respeito à utilização racional do meio ambiente para que as futuras gerações possam desfrutá-lo de maneira equilibrada. **C:** Errada, pois tal princípio tem o condão de incidir antes da prática danosa, para situação cuja ocorrência de dano é certa e conhecida; **D:** Correto, à medida que este princípio inspirou o § 1º do art. 14, da Lei 6.938/1981, que prevê que "é o poluidor obrigado, independentemente da existência de culpa, a indenizar ou reparar os danos causados ao meio ambiente e a terceiros, afetados por sua atividade". Quem causa degradação é obrigado a reparar os danos causados ao meio ambiente. **E:** Errado, pois o princípio do usuário-pagador determina que as pessoas que utilizam recursos naturais devem pagar pela sua utilização, **mesmo que não haja poluição**, a exemplo do uso racional da água.

Gabarito "D".

**(Promotor de Justiça/RR – 2017 – CESPE)** Para a realização de determinada atividade econômica, a pessoa física interessada solicitou ao órgão estadual ambiental competente a licença necessária. Entretanto, por ser a atividade econômica considerada potencialmente causadora de degradação ao meio ambiente, o referido ente público informou ao interessado da necessidade do prévio estudo de impacto ambiental.

Na situação apresentada, a realização do referido estudo consagra a aplicação do princípio ambiental

(A) do usuário-pagador.
(B) da precaução.
(C) da prevenção.
(D) do poluidor-pagador.

A letra "C" está correta, pois tal princípio aponta justamente para dano cuja ocorrência, malgrado possível como aposta a questão, é conhecida cientificamente, como aponta a questão (*atividade econômica considerada potencialmente causadora de degradação ao meio ambiente*). O princípio da prevenção é a essência do direito ambiental e aplica-se ao risco conhecido.

Gabarito "C".

**(Procurador do Município – Prefeitura Fortaleza/CE – CESPE – 2017)** De acordo com os princípios do direito ambiental, julgue os itens que se seguem.

(1) Por disciplinar situações que podem ocorrer antes do dano, o princípio da prevenção não inclui a restauração de recursos ambientais.
(2) De acordo com o entendimento do STJ, não se considera o novo proprietário de área degradada parte legítima para responder ação por dano ambiental, independentemente da existência ou na extinção de culpa.
(3) Ao usuário será imposta contribuição pelos custos advindos da utilização de recursos ambientais com fins econômicos.
(4) O conceito de meio ambiente que vem embutido na norma jurídica não abrange o conjunto de leis que rege a vida em todas as suas formas.

**1:** Errada. O princípio da prevenção é estruturante do Direito Ambiental. Com efeito, conforme Fabiano Melo (São Paulo: Método, 2017, p. 108) "Não é possível conceber o direito ambiental sob uma ótica meramente reparadora, pois esta o tornaria inócuo, já que os danos ambientais, em regra, são praticamente irreversíveis, como se vê no desmatamento de uma floresta centenária ou na extinção de uma espécie da fauna ou da flora. Sem uma atuação antecipativa não há como evitar a ocorrência de danos ambientais. Por essa razão o direito ambiental é eminentemente preventivo". Este princípio encontra-se previsto no artigo 225, *caput*, da Constituição Federal de 1988, quando assevera que incumbe ao Poder Público e à coletividade o dever de proteger e preservar o meio ambiente às presentes e futuras gerações. Não obstante de índole preventiva, é necessário pontuar que a ideia de proteção engloba tanto as medidas de prevenção quanto de reparação e restauração dos recursos naturais. **2:** Errada. A obrigação de reparação pelos danos ambientais é objetiva (art. 14, §1º, da Lei 6.938/1981) e *propter rem*, ou seja, segue a coisa, independentemente do atual titular do domínio/posse. Nesse sentido, dispõe o art. 2º, § 2º, da Lei 12.651/2012: "As obrigações previstas nesta Lei têm natureza real e são transmitidas ao sucessor, de qualquer natureza, no caso de transferência de domínio ou posse do imóvel rural".

**3:** Correta. O enunciado materializa o princípio do usuário-pagador, previsto no art. 4º, VII, 2ª parte da Lei 6.938/1981: "VII – à imposição, ao poluidor e ao predador, da obrigação de recuperar e/ou indenizar os danos causados e, ao usuário, da contribuição pelo uso/da utilização de recursos ambientais com fins econômicos". **4:** Errada. O conceito legal de meio ambiente encontra-se inserido no art. 3º, I, da Lei 6.938/1981, e engloba o conjunto de leis que rege a vida em todas as suas formas, confira-se: "Meio ambiente, o conjunto de condições, leis, influências e interações de ordem física, química e biológica, que permite, abriga e rege a vida em todas as suas formas". FM/FCP

Gabarito: 1E, 2E, 3C, 4E

**(Procurador do Estado – PGE/BA – CESPE – 2014)** No que se refere ao princípio do usuário-pagador no âmbito do direito ambiental, entre outras normas ambientais, julgue os itens que se seguem.

(1) Não é permitida a gestão das florestas públicas por meio de concessão florestal a pessoas que não se enquadrem no conceito de populações tradicionais.
(2) Todas as unidades de conservação devem dispor de plano de manejo que preveja as modalidades de utilização em conformidade com os seus objetivos.
(3) De acordo com o referido princípio, deve-se proceder à quantificação econômica dos recursos ambientais, de modo a garantir reparação por todo o dano ambiental causado.

**1:** Errada. Considera-se concessão florestal: "delegação onerosa, feita pelo poder concedente, do direito de praticar manejo florestal sustentável para exploração de produtos e serviços numa unidade de manejo, mediante licitação, à pessoa jurídica, em consórcio ou não, que atenda às exigências do respectivo edital de licitação e demonstre capacidade para seu desempenho, por sua conta e risco e por prazo determinado" (art. 3º, VII, da Lei 11.284/2006). Pelo conceito legal de concessão florestal, verifica-se que esta poderá ser feita à pessoa jurídica, em consórcio ou não, e não a populações tradicionais, conforme previsão da assertiva. **2:** Correta. Assertiva em consonância com o art. 2º, XVII e o art. 27 da Lei 9.985/2000. **3:** Errada. A assertiva trata da previsão do princípio do poluidor pagador – e não do usuário pagador –, que dispõe sobre contribuição pela utilização de recursos ambientais com fins econômicos (art. 4º, VII, da Lei 6.938/1981). FM/FCP

Gabarito 1E, 2C, 3E

**(Magistratura/CE – 2012 – CESPE)** Com relação aos princípios do direito ambiental, assinale a opção correta.

(A) Embora o princípio da prevenção esteja caindo em desuso com a emergência da chamada sociedade de risco, as medidas preventivas que com aquele não se confundem continuam sendo extremamente necessárias à proteção do meio ambiente.
(B) O princípio da participação, veiculado, pela primeira vez, em 1972, durante a Conferência de Estocolmo, dispõe sobre a necessidade de se estabelecerem parâmetros que permitam a participação equitativa das populações carentes nos lucros da exploração econômica da biodiversidade.
(C) O princípio da precaução é aplicado como garantia contra os potenciais riscos que, de acordo com o estado atual do conhecimento, não podem ser ainda identificados; consoante esse princípio, ausente a certeza científica formal, a existência de risco de um dano sério ou irreversível requer a implementação de medidas que possam prever esse dano.
(D) O princípio do poluidor-pagador foi desenvolvido pelo racionalismo alemão, no século XIX, em decorrência do acelerado processo de industrialização da recém-unificada Alemanha, tendo alcançado *status* constitucional em 1919.
(E) O princípio do usuário-pagador, desenvolvido por John Rawls na obra Uma Teoria da Justiça, fundamenta-se na ideia da maximização do mínimo, segundo a qual cabe àqueles que alcançam um maior nível de consumo a responsabilidade sobre os custos socioambientais da produção capitalista.

**A:** incorreta, pois esse instituto não está caindo em desuso; ao contrário, a existência de cada vez mais situações de risco leva ao aumento de sua aplicação, pois, havendo risco e dúvida sobre a existência de dano ambiental, o princípio da precaução no sentido de implementar medidas

que possam evitar o potencial dano; **B:** incorreta, pois esse princípio está direcionado a outro escopo, qual seja, o de que todos devem participar da proteção do meio ambiente; o princípio decorre do art. 225, *caput* e inciso VI, da CF; ele também está previsto expressamente no princípio 10 da Declaração do Rio sobre Meio Ambiente e Desenvolvimento Sustentável; **C:** correta, já que traz adequada definição do instituto; **D:** incorreta; como se sabe, a preocupação ambiental é bem recente e, até 1972, quando se deu a primeira conferência mundial do meio ambiente, em Estocolmo, sequer havia uma maior preocupação ambiental nas leis europeias, quanto mais a construção de um instituto como o do poluidor-pagador; aliás, esse princípio só foi devidamente consagrado, em nível internacional, por ocasião da ECO 92, estando expresso no Princípio 16 da *Declaração do Rio*; **E:** incorreta, pois o princípio em tela não foi desenvolvido por John Rawls na obra citada; apesar de a teoria rawlsiana tratar de questões muito caras à proteção do meio ambiente, como a formulação dos princípios de justiça, a necessidade de considerar as futuras gerações e proposta de distribuição dos bens primários, a questão ambiental não é abordada de forma expressa pelo pensador.
Gabarito "C".

**(Magistratura/PB – 2011 – CESPE)** Com relação aos princípios de direito ambiental, assinale a opção correta.

(A) A necessidade da educação ambiental é princípio consagrado pelas Nações Unidas e pelo ordenamento jurídico brasileiro, e, nesse sentido, a CF determina ao poder público a incumbência de promover a educação ambiental em todos os níveis de ensino.

(B) Na órbita repressiva do princípio do poluidor-pagador, incide a responsabilidade subjetiva caso a sanção resultante da poluição tenha caráter civil, penal ou administrativo.

(C) Em face do princípio da precaução, o licenciamento, por órgão ambiental, para a construção, instalação e funcionamento de estabelecimentos utilizadores de recursos ambientais é exação discricionária do poder público, cabendo a este, a seu critério, enumerar as atividades potencialmente poluidoras e capazes de causar degradação ao ambiente.

(D) Considerado o princípio do poluidor-pagador, o conceito do termo poluidor restringe-se ao autor direto do dano ambiental, e não, àqueles que, de forma indireta, tenham contribuído para a prática do dano.

(E) O princípio da prevenção é englobado pelo princípio da precaução, na medida em que ambos se aplicam a impactos ambientais já conhecidos e informam tanto o licenciamento ambiental como os próprios estudos de impacto ambiental.

**A:** correta (art. 225, § 1º, VI, da CF); **B:** incorreta, pois a responsabilidade civil ambiental é objetiva, e não subjetiva; **C:** incorreta, pois toda atividade capaz de degradar o meio ambiente deve ser objeto de licenciamento ambiental, estando ou não no rol de atividades sujeitas ao licenciamento previstas em atos do Poder Público; **D:** incorreta, pois, segundo o o art. 3º, IV, da Lei 6.938/1981, poluidor é "a pessoa física ou jurídica, de direito público ou privado, responsável, direta ou **indiretamente**, por atividade causadora de degradação ambiental" (g.n.); **E:** incorreta, pois o princípio da prevenção se aplica a impactos ambientais já conhecidos, ao passo que o princípio da precaução se aplica aos casos em que há incerteza científica quanto aos impactos ambientais.
Gabarito "A".

**(Magistratura/PI – 2011 – CESPE)** Considerando os princípios de direito ambiental, assinale a opção correta.

(A) Como forma de buscar a responsabilização pessoal do agente da degradação ambiental, considera-se poluidor, consoante o princípio do poluidor-pagador, apenas o autor direto e imediatamente identificável do dano ambiental.

(B) Em consonância com o princípio da participação e informação, a CF determina expressamente que o poder público promova a educação ambiental em todos os níveis de ensino.

(C) O princípio da precaução aplica-se a impactos ambientais já conhecidos, em face da constatação de evidências de perigo de dano ambiental efetivo que deva ser antecipadamente eliminado.

(D) Em decorrência do princípio do poluidor-pagador, segundo a lei que dispõe acerca da PNMA, aquele que agrida o ambiente deve ser responsabilizado pelo prejuízo causado a este e a terceiros, na medida de sua culpa e participação no dano.

(E) Sendo o ambiente classificado como bem de uso comum do povo, não se admite que sua utilização tenha caráter oneroso ou que haja necessidade de contraprestação pelo usuário.

**A:** incorreta, pois também é poluidor o responsável indireto por atividade causadora de degradação ambiental (art. 3º, IV, da Lei 6.938/1981); **B:** correta, em consonância com o disposto no art. 225, § 1º, VI, da CF; **C:** incorreta, pois o princípio da precaução é aplicado em caso de dúvida científica acerca de dano ambiental e não em caso de impactos já conhecidos; **D:** incorreta, pois não é necessário culpa para responsabilizar o poluidor (art. 14, § 1º, da Lei 6.938/1981); **E:** incorreta, pois nem mesmo quando um dado bem ambiental é público e do tipo bem de uso comum do povo há impossibilidade de se dar um caráter oneroso ao seu uso (art. 103 do CC).
Gabarito "B".

**(Ministério Público/RO – 2010 – CESPE)** Considerando que as políticas públicas são implementadas com o propósito de evitar danos ambientais e objetivam alcançar a aplicação de princípios ambientais, assinale a opção correta.

(A) Embora o princípio da prevenção ainda não esteja incorporado à ordem jurídica nacional, sua observância permite ao poder público antecipar-se à ocorrência de danos ambientais.

(B) O princípio da precaução pode ser invocado para inverter o ônus da prova em procedimento ambiental.

(C) O pagamento pecuniário e a indenização legitimam empreendimentos que venham provocar lesão ao meio ambiente.

(D) No processo industrial de fabricação de produtos, os resíduos descartados no ambiente devem ser tratados, sendo esta uma forma de aplicação do princípio do usuário-pagador.

(E) O envolvimento das comunidades na implementação de planos de manejo nas unidades de conservação é exemplo de aplicação do princípio da informação.

**A:** incorreta, pois o princípio da prevenção decorre de diversas normas jurídicas, como as que decorrem do art. 225, *caput* e § 1º, II a VII, da CF; **B:** correta, pois uma das consequências do princípio da precaução é a inversão do ônus da prova, fazendo com que o empreendedor tenha que demonstrar que suas atividades não causarão lesão ao meio ambiente ecologicamente equilibrado; **C:** incorreta, pois o princípio do poluidor-pagador não permite a poluição pelo fato de se ter pagado a indenização correspondente; quem polui tem que reparar o meio ambiente e, mesmo reparando, continua sujeito às demais sanções administrativas e penais incidentes; **D:** incorreta, pois esse fato não guarda relação com o princípio do usuário-pagador, já que esse princípio tem por objetivo cobrar pelo uso de recursos ambientais, de modo a promover o uso racional dos recursos naturais; **E:** incorreta, pois o caso revela aplicação do princípio da participação social, e no do princípio da informação.
Gabarito "B".

**(Procurador Federal – 2010 – CESPE)** Acerca dos princípios e da proteção constitucional que se aplicam ao direito ambiental, julgue os itens subsequentes.

(1) Por meio da ação civil pública pode-se buscar tanto a cessação do ato lesivo ao meio ambiente, a reparação do que for possível e, até mesmo, a indenização por danos irreparáveis caso tenham ocorrido.

(2) A proteção ao meio ambiente é um princípio da ordem econômica, o que limita as atividades da iniciativa privada.

(3) O princípio da precaução refere-se à ação preventiva e deve embasar medidas judiciais e administrativas tendentes a evitar o surgimento de atos atentatórios ao meio ambiente.

(4) O meio ambiente é um direito difuso, direito humano fundamental de terceira geração, mas não é classificado como patrimônio público.

**1:** correta, pois a ação civil pública pode veicular todas as pretensões acima mencionadas, segundo a doutrina e a jurisprudência; **2:** correta (art. 170, VI, da CF); **3:** correta, pois esse princípio, assim como o princípio da prevenção, atuam de modo preventivo, para evitar danos ao meio ambiente; **4:** incorreta, pois, apesar de o meio ambiente ser direito difuso e fundamental de terceira geração, ele é classificado como bem de "uso comum do povo" (art. 225, *caput*, da CF); na verdade, o *meio ambiente ecologicamente equilibrado* é que é bem de uso comum do povo, bem de natureza pública, o não significa que cada bem ambiental, isoladamente considerado (ex: o jardim de uma casa) seja do Poder Público.
Gabarito 1C, 2C, 3C, 4E

## 5. COMPETÊNCIA EM MATÉRIA AMBIENTAL

**(Juiz de Direito – TJ/BA – 2019 – CESPE/CEBRASPE)** Considerando que um cidadão brasileiro pretenda instalar um criadouro de pássaros silvestres típicos da região em que ele habita e que essas aves não correm o risco de extinção, assinale a opção correta, acerca da aprovação de funcionamento dessa atividade.

**(A)** A competência para aprovar o funcionamento dessa atividade é federal, pois se trata de criadouro de pássaros silvestres.

**(B)** A competência para aprovar o funcionamento dessa atividade é estadual, pois se trata de criadouro de pássaros pertencentes à fauna silvestre.

**(C)** A competência para aprovar o funcionamento dessa atividade é municipal, uma vez que a fauna em referência é típica da região do município em que o criadouro será instalado.

**(D)** A solicitação de autorização de funcionamento do criadouro pode ser feita a órgão federal ou estadual, pois se trata de competência concorrente.

**(E)** A aprovação para o exercício da atividade de criação de pássaros silvestres em território nacional, por cidadão brasileiro, é desnecessária.

As competências ambientais materiais estão disciplinadas na Lei Complementar 140/2011. As atribuições são distribuídas entre a União, os Estados, o Distrito Federal e os Municípios. Nos termos do art. 8°, inciso XIX, representa uma ação administrativa do Estado aprovar o funcionamento de criadouros da fauna silvestre. Observe-se que a União detém a competência para controlar a apanha de espécimes da fauna silvestre (art. 7°, inciso XX).
Gabarito "B".

**(Juiz – TJ/CE – 2018 – CESPE)** Considerando a disciplina constitucional sobre proteção e repartição de competências em matéria ambiental, assinale a opção correta.

**(A)** A competência para legislar sobre responsabilidade por dano ao meio ambiente pertence, privativamente, à União.

**(B)** A alteração e a supressão de espaços territoriais devem ser feitas por ato administrativo dos órgãos da administração pública responsáveis pela gestão e pelo controle das áreas de preservação permanente e de reserva legal.

**(C)** O combate a qualquer forma de poluição faz parte da competência administrativa comum da União, dos estados, do Distrito Federal e dos municípios.

**(D)** A localização de usina que irá operar com reator nuclear deve ser aprovada pelo Poder Executivo do estado onde será instalada, de acordo com os ditames estabelecidos por lei estadual.

**(E)** A defesa do meio ambiente é princípio que rege a ordem econômica, sendo vedado tratamento diferenciado quanto ao impacto ambiental de produtos e serviços e de seus processos de elaboração e prestação.

**A:** Errada, pois a competência é concorrente entre União, Estados, DF e Municípios, segundo o art. 24, VIII, da CF/88. **B:** Errada, pois o art. 225, § 1°, III, da CF preconiza que a alteração e a supressão somente ocorrerão por meio de lei. **C:** Correta, pois se trata de competência comum, instituída no art. 23, VI, da CF/1988. **D:** Errada, pois segundo o art. 225, § 6°, da CF/1988, as usinas que operem com reator nuclear

deverão ter sua localização definida em lei federal, sem o que não poderão ser instaladas. **E:** Errada, pois o art. 170, VI, da CF/1988, institui, justamente, tratamento diferenciado conforme o impacto ambiental dos produtos e serviços e de seus processos de elaboração e prestação.
Gabarito "C".

**(Juiz de Direito/DF – 2016 – CESPE)** Acerca da competência constitucional em matéria ambiental e da legalidade dos múltiplos aspectos do direito ambiental, assinale a opção correta.

**(A)** Apenas os funcionários dos órgãos ambientais integrantes do SISNAMA designados para as atividades de fiscalização são autoridades competentes para lavrar auto de infração ambiental e instaurar processo administrativo.

**(B)** A realização de pesquisa e lavra de recursos minerais é vedada nas terras, formalmente delimitadas, ocupadas pelas comunidades indígenas, devido ao alto grau de dano ambiental causado por essa atividade, que interfere no equilíbrio do meio ambiente, necessário à subsistência desses povos.

**(C)** A União detém competência privativa para legislar sobre jazidas, minas, caça, pesca e atividades nucleares de qualquer natureza, nos termos da carta constitucional.

**(D)** O uso comercial de tecnologia que envolva manipulação genética visando à desativação de genes relacionados à fertilidade das plantas por indutores químicos externos está sujeito a prévio licenciamento ambiental, nos termos da lei de biossegurança.

**(E)** A comprovação de que a pessoa jurídica foi constituída com a finalidade de viabilizar a prática de crime definido na lei de crimes ambientais possibilita a decretação de sua liquidação forçada e a consideração de seu patrimônio como instrumento de crime.

**A:** incorreta. Além deles, o art. 70, § 1°, da Lei 9.605/1998 relaciona igualmente os agentes da Capitania dos Portos da Marinha; **B:** incorreta. Assim dispõe o art. 231, § 3°: "o aproveitamento dos recursos hídricos, incluídos os potenciais energéticos, a pesquisa e a lavra das riquezas minerais em terras indígenas só podem ser efetivados com autorização do Congresso Nacional, ouvidas as comunidades afetadas, ficando-lhes assegurada participação nos resultados da lavra, na forma da lei". Nota-se, portanto, que não há vedação absoluta; **C:** incorreta. A União detém competência legislativa privativa para legislar sobre jazidas, minas (art. 22, XII) e atividades nucleares de qualquer natureza (art. 22, XXVI, CF). Contudo, para caça e pesca essa competência legislativa é concorrente (art. 24, VI, CF); **D:** incorreta. Essa atividade é proibida no Brasil. Segundo a Lei 11.105/2005, é proibida a utilização, a comercialização, o registro, o patenteamento e *o licenciamento de tecnologias genéticas de restrição do uso.* Por sua vez, entende-se por *tecnologias genéticas de restrição do uso* qualquer processo de intervenção humana para geração ou multiplicação de plantas geneticamente modificadas para produzir estruturas reprodutivas estéreis, bem como qualquer forma de *manipulação genética que vise à ativação ou desativação de genes relacionados à fertilidade das plantas por indutores químicos externos;* **E:** correta. Trata-se da transcrição do art. 24 da Lei 9.605/1998, a saber: "a pessoa jurídica constituída ou utilizada, preponderantemente, com o fim de permitir, facilitar ou ocultar a prática de crime definido nesta Lei terá decretada sua liquidação forçada, seu patrimônio será considerado instrumento do crime e como tal perdido em favor do Fundo Penitenciário Nacional".
Gabarito "E".

**(Procurador do Estado/AM – 2016 – CESPE)** Acerca de competências ambientais legislativas, ação popular e espaços territoriais especialmente protegidos, julgue os itens a seguir.

**(1)** Caso pretenda delimitar um espaço protegido em seu território, o estado do Amazonas poderá fazê-lo mediante decreto, mas somente por lei poderá reduzi-lo ou suprimi-lo.

**(2)** Segundo o SNUC, a reserva da biosfera é constituída por áreas de domínio público ou privado.

**(3)** **Situação hipotética:** No estado do Amazonas, há uma RPPN sobreposta a uma APA, e outra RPPN sobreposta a uma RDS. Sabe-se que todas essas unidades de conservação são estaduais. **Assertiva:** Nesse caso, todas as

## 642 VÁRIOS AUTORES

sobreposições mencionadas contrariam a Lei Complementar do Amazonas n.º 53/2007, que veda tais situações.

(4) Se o estado do Amazonas pretender abrigar, em seu território, instalações industriais para a produção de energia nuclear, a referida construção estará subordinada à autorização da Assembleia Legislativa do estado, por meio de lei, que poderá prever plebiscito para sua ratificação, haja vista atividade nuclear ser assunto da competência concorrente da União e dos estados da Federação.

(5) **Situação hipotética:** Determinado empreendimento obteve licença ambiental do estado X sem observância das exigências normativas previstas, o que resultou em lesão ao meio ambiente. **Assertiva:** Nessa situação, brasileiro naturalizado, residente e eleitor no estado Y, terá legitimidade para ajuizar ação popular no juízo competente contra o estado X com o objetivo de anular o ato concessório.

**1:** correta. A criação de uma unidade de conservação dá-se por meio de ato do Poder Público, que pode ser uma lei ou um decreto (art. 22, *caput*, Lei 9.985/2000). Por sua vez, a redução ou supressão só poderá ser feita por meio de lei específica, ainda que a unidade de conservação tenha sido criada por decreto (art. 22, § 7º, Lei 9.985/2000); **2:** correta. Assertiva em consonância com o art. 41, § 2º, da Lei 9.985/2000; **3:** errada. A sobreposição, nos termos delineados, é possível, consoante o art. 14, § 2º, II, Lei Complementar do Amazonas 53/2007, a saber: "a RPPN pode se sobrepor à APA e à RDS **4:** errada. Segundo o § 6º do art. 225 da Constituição Federal, "as usinas que operem com reator nuclear deverão ter sua localização definida em lei federal, sem o que não poderão ser instaladas". É necessário, portanto, lei federal. A competência é, por sua vez, privativa da União; **5:** correta. A legitimidade para o ajuizamento da ação popular por danos ao meio ambiente não faz diferenciação de brasileiros natos ou naturalizados. Para o ajuizamento basta o título de eleitor ou documento correspondente.

Gabarito 1C, 2C, 3E, 4E, 5C

**(Juiz de Direito/AM – 2016 – CESPE)** O fiscal de determinado órgão ambiental constatou que um madeireiro cortava árvores de espécies protegidas. O madeireiro apresentou autorização para cortar exemplares que apresentavam risco de queda, mas, dado o excesso de espécimes cortados, o fiscal considerou que a situação configurava tanto infração administrativa como crime ambiental. Considerou, ainda, após exame da autorização, que o documento estava em desacordo com as normas ambientais aplicáveis, inclusive por vício de competência.

Com base nessa situação hipotética, assinale a opção correta acerca de infrações ambientais e poder de polícia.

(A) É correto afirmar que o órgão de lotação do fiscal é o IBAMA.

(B) Cabem ao fiscal a lavratura do auto de infração ambiental e a instauração tanto do processo administrativo quanto do inquérito criminal contra o madeireiro.

(C) Para a lavratura do auto de infração, é desnecessária análise do elemento subjetivo do madeireiro, pois a responsabilidade civil por dano ambiental é objetiva.

(D) Se deixar de proceder à apuração mediante processo administrativo próprio, o fiscal poderá ser corresponsabilizado pelo corte ilegal das árvores.

(E) A concessão de autorização em desacordo com as normas ambientais só configura crime se tiver havido dolo do servidor que a concedeu.

**A:** incorreta. O exercício da competência administrativa é comum entre todos os entes federativos, consoante o art. 23 da CF. No caso, não há nenhum elemento para confirmar a assertiva; **B:** incorreta. A competência para lavrar auto de infração e instaurar o processo administrativo é dos órgãos do Sistema Nacional do Meio Ambiente (SISNAMA). Essa competência é distinta daquela da esfera penal, isto é, o fiscal não pode instaurar inquérito criminal (tal atribuição é dos órgãos policiais), que pode conduzir a uma denúncia pelo Ministério Público por crime ambiental, no âmbito de Poder Judiciário; **C:** incorreta. De fato, a responsabilidade civil por danos ambientais é objetiva, consoante o art. 14, § 1º, da Lei 6.938/1981. Contudo, no caso, a responsabilidade em discussão é a administrativa, que é, consoante os recentes entendimentos do STJ, subjetiva; **D:** correta. Consoante o § 3º do art. 70 da Lei 9.605/1998, a autoridade ambiental que tiver conhecimento de infração

ambiental é obrigada a promover a sua apuração imediata, mediante processo administrativo próprio, sob pena de corresponsabilidade; **E:** incorreta. A concessão de autorização em desacordo com as normas ambientais configura crime se tiver havido dolo quanto à omissão do servidor que a concedeu, a teor do art. 67 da Lei 9/605/98.

Gabarito "D".

**(Promotor de Justiça/PI – 2014 – CESPE)** Considerando a divisão de competências ambientais, a Política Nacional do Meio Ambiente e os instrumentos de proteção ambiental, assinale a opção correta.

(A) Para o cumprimento dos objetivos da Política Nacional do Meio Ambiente, o CONAMA deverá estabelecer normas, critérios e padrões relativos ao controle e à manutenção do meio ambiente, considerando a capacidade de autorregeneração dos corpos receptores e a necessidade do estabelecimento de parâmetros genéricos mensuráveis.

(B) Em se tratando de empreendimentos potencialmente causadores de poluição ambiental que já tenham sido implantados irregularmente, dispensa-se o procedimento de licenciamento ambiental normalmente exigido para o seu funcionamento, exigindo-se em contrapartida indenização civil ambiental pelos danos causados.

(C) A criação de espaços territoriais especialmente protegidos e a servidão ambiental poderão ser instituídas de forma onerosa ou gratuita, temporária ou perpétua, desde que mantido, no mínimo, o mesmo regime da reserva legal.

(D) Para a aprovação de projetos habilitados a financiamento e incentivo governamentais, é facultado ao poder público exigir o licenciamento ambiental e o cumprimento das normas, critérios e padrões ambientais determinados pelo CONAMA.

(E) No âmbito da cooperação entre os entes da Federação, o exercício das competências ambientais legislativas e materiais pelos estados, DF e municípios sujeita-se às normas gerais da União e às determinações do órgão ambiental federal.

**A:** correta, conforme disposto no art. 7º, XIX, § 3º do Decreto 99.274/1990: "§ 3º Na fixação de normas, critérios e padrões relativos ao controle e à manutenção da qualidade do meio ambiente, o CONAMA levará em consideração a capacidade de autorregeneração dos corpos receptores e a necessidade de estabelecer parâmetros genéricos mensuráveis"; **B:** incorreta, pois não há a dispensa do licenciamento. **C:** incorreta, pois a criação de espaços territoriais especialmente protegidos não segue o mesmo regime de criação da servidão ambiental (art. 9º-A e 9º-B da Lei 6.938/1981); **D:** incorreta, pois não se trata de uma faculdade do poder público e sim uma obrigação, conforme art. 12 da PNMA: "Art. 12 – As entidades e órgãos de financiamento e incentivos governamentais condicionarão a aprovação de projetos habilitados a esses benefícios ao licenciamento, na forma desta Lei, e ao cumprimento das normas, dos critérios e dos padrões expedidos pelo CONAMA. Parágrafo único. As entidades e órgãos referidos no *caput* deste artigo deverão fazer constar dos projetos a realização de obras e aquisição de equipamentos destinados ao controle de degradação ambiental e à melhoria da qualidade do meio ambiente"; **E:** incorreta, pois embora o art. 23, VI, VII e parágrafo único da CF determine como competência comum entre União, Estados e Municípios a proteção do meio ambiente, o combate a poluição e preservação das florestas, fauna e flora, no que diz respeito a competência legislativa sobre proteção ambiental, esta será concorrente somente entre União, aos Estados e ao Distrito Federal, (art. 24, VI, VII e VIII da CF).

Gabarito "A".

**(Advogado da União/AGU – CESPE – 2012)** Julgue o item seguinte.

(1) Compete privativamente à União legislar sobre florestas, conservação da natureza, defesa do solo e dos recursos naturais.

**1:** incorreta, pois se trata de competência concorrente da União, Estados e DF legislar sobre florestas, caça, pesca, fauna, conservação da natureza, defesa do solo e dos recursos naturais, proteção do meio ambiente e controle da poluição (art. 24, VI, CF).

Gabarito 1E

**(Magistratura/PI – 2011 – CESPE)** Acerca do conceito de ambiente, da competência em matéria ambiental e dos instrumentos jurisdicionais de defesa do ambiente, assinale a opção correta.

(A) A CF atribui competência legislativa concorrente à União, aos estados e ao DF para legislar acerca de proteção do ambiente, sendo vedado aos municípios editar leis desse teor.

(B) O patrimônio histórico, artístico e cultural insere-se no âmbito do ambiente cultural, e os conjuntos urbanos e os sítios de valor arqueológico e paisagístico, na esfera do ambiente natural.

(C) A proteção do ambiente e o combate à poluição em qualquer de suas formas, assim como a preservação das florestas, da fauna e da flora, são matérias da competência material comum da União, dos estados, do DF e dos municípios.

(D) O mandado de injunção tem por objeto a regulamentação das prerrogativas inerentes à nacionalidade, à soberania e à cidadania, não sendo, pois, instrumento aplicável a temas ambientais.

(E) É cabível o mandado de segurança individual em matéria ambiental, mas não o coletivo, pois o objeto deste deve guardar vínculo com os fins próprios da categoria que a entidade impetrante represente, ou seja, o direito nele defendido deve estar compreendido nas atividades exercidas pelos associados da impetrante.

**A:** incorreta, pois os Municípios podem legislar em matéria ambiental em caso de assuntos de interesse local, bem como para suplementar a legislação estadual e federal, no que couber (art. 30, I e II, da CF); **B:** incorreta, pois os conjuntos urbanos e os sítios de valor arqueológico também dizem respeito ao ambiente cultural; **C:** correta (art. 23, VI e VII, da CF); **D:** incorreta, pois não há essa limitação no art. 5º, LXXI, da CF, valendo salientar que o direito ao meio ambiente ecologicamente equilibrado é um direito constitucional (art. 225, *caput*, da CF); **E:** incorreta, pois também se admite a utilização de mandado de segurança coletivo em matéria ambiental, bastando que a questão envolva, também, à defesa dos membros ou associados das entidades mencionadas no art. 5º, LXX, da CF, como numa questão que envolver, por exemplo, o direito de associados de uma associação de pescadores, que têm interesse em impedir que uma licença ambiental seja concedida a uma indústria que polua o ambiente no qual eles exercem a sua atividade.
Gabarito "C".

**(Magistratura Federal/3ª região – 2011 – CESPE)** Acerca da mineração e dos produtos tóxicos em sua correlação com o ambiente, assinale a opção correta.

(A) A União, os estados e o DF têm competência concorrente para legislar sobre jazidas, minas e outros recursos minerais.

(B) Os agrotóxicos, seus componentes e afins só poderão ser produzidos, exportados, importados, comercializados e utilizados se previamente registrados no órgão federal competente.

(C) Constitui responsabilidade exclusiva do poder público estadual a instituição de programas educativos e de mecanismos de controle e estímulo à devolução das embalagens vazias pelos usuários.

(D) A concessão de lavras e a realização de trabalhos de pesquisa em áreas de conservação dependem de autorização do IBAMA.

(E) Compete à União, com exclusividade, registrar, acompanhar e fiscalizar as concessões de direitos de exploração de recursos minerais em todo o território nacional.

**A:** incorreta, pois a competência apara legislar sobre jazidas é privativa da União, nos termos do art. 22, XII, da CF; **B:** correta, pois o registro deve ser feito em órgão federal, nos termos do art. 3º da Lei n. 7.802/1989: "Os agrotóxicos, seus componentes e afins, de acordo com definição do art. 2º desta Lei, só poderão ser produzidos, exportados, importados, comercializados e utilizados, se previamente registrados em órgão federal, de acordo com as diretrizes e exigências dos órgãos federais responsáveis pelos setores da saúde, do meio ambiente e da agricultura"; **C:** incorreta, pois, nos termos do art. 19, parágrafo único, da Lei n. 7.802/1989, *as empresas produtoras e comercializadoras de*

*agrotóxicos, seus componentes e afins, implementarão, em colaboração com o Poder Público, programas educativos e mecanismos de controle e estímulo à devolução das embalagens vazias por parte dos usuários, no prazo de cento e oitenta dias contado da publicação desta Lei. (Incluído pela Lei n. 9.974, de 2000*; **D:** incorreta, pois, nos termos do art. 17, da Lei n. 7.805/1989, que cria o regime de permissão de lavra garimpeira, *a realização de trabalhos de pesquisa e lavra em áreas de conservação dependerá de prévia autorização do órgão ambiental que as administre*; **E:** incorreta, pois, nos termos do art. 23, XI, da CF, é competência comum da União, dos Estados, do Distrito Federal e dos Municípios registrar, acompanhar e fiscalizar as concessões de direitos de pesquisa e exploração de recursos hídricos e minerais em seus territórios.
Gabarito "B".

## 6. LEI DE POLÍTICA NACIONAL DO MEIO AMBIENTE

**(Juiz de Direito – TJ/SC – 2019 – CESPE/CEBRASPE)** O Instituto do Meio Ambiente de Santa Catarina (IMA/SC) é o órgão ambiental da esfera estadual catarinense responsável pela execução de programas e projetos de proteção ambiental, bem como pelo controle e pela fiscalização de atividades potencialmente causadoras de degradação ambiental. De acordo com a Lei 6.938/1981, o IMA/SC compõe o Sistema Nacional do Meio Ambiente (SISNAMA) na qualidade de

(A) órgão superior.
(B) órgão supervisor.
(C) órgão local.
(D) órgão seccional.
(E) órgão consultivo e deliberativo.

O Sistema Nacional do Meio Ambiente (SISNAMA) é o conjunto de órgãos e entidades que atuam na área ambiental. A sua estrutura está prevista no art. 6º da Lei 6.938/81 (Lei da Política Nacional do Meio Ambiente), composta da seguinte forma: I – órgãos superior: Conselho de Governo; II – órgão consultivo e deliberativo: CONAMA; III – órgão central: Ministério do Meio Ambiente; IV – órgãos executores (federais): IBAMA e Instituto Chico Mendes (ICMBIO); V – órgãos seccionais: órgãos estaduais responsáveis pela tutela ambiental (como é o caso do Instituto do Meio Ambiente de Santa Catarina); VI – órgãos locais: órgãos municipais com competência de proteção ao meio ambiente. Nesse sentido, a IMA/SC constitui um órgão seccional.
Gabarito "D".

**(Juiz de Direito – TJ/BA – 2019 – CESPE/CEBRASPE)**

• Víctor é doutor em fauna aquática e pretende trabalhar como consultor em estudos para licenciamentos ambientais.

• Uma empresa pretende extrair minérios e, para isso, solicitou o licenciamento ambiental ao órgão estadual competente.

Considerando essas situações hipotéticas, assinale a opção correta, acerca do CTF, previsto na Política Nacional de Meio Ambiente — Lei n.º 6.938/1981.

(A) Víctor e a empresa deverão ter CTFs das respectivas atividades para concretizarem suas pretensões.

(B) Apenas Víctor deverá ter CTF, pois não se exige esse instrumento de pessoa jurídica.

(C) Apenas a empresa deverá ter CTF, pois não se exige esse instrumento de pessoa física.

(D) Nem de Víctor nem da empresa é exigido CTF para concretizarem suas pretensões, mas ambos deverão estar inscritos no SINIMA.

(E) Apenas a empresa deverá ter CTF; para Víctor, o CTF poderá ser dispensado e substituído pela inscrição da atividade no SINIMA.

CTF é a abreviação de Cadastro Técnico Federal, instrumento da Política Nacional do Meio Ambiente previsto na Lei 6.938/81. Existem duas categorias de CTFs. O primeiro constitui o CTF de Atividades e Instrumentos de Defesa Ambiental (CTF/AIDA), para registro obrigatório de pessoas físicas ou jurídicas que se dedicam a consultoria técnica sobre problemas ecológicos e ambientais. Com base nisso, Vitor, que pretende trabalhar como consultor, deve ter esta CTF. O segundo representa o CTF de Atividades Potencialmente Poluidoras ou Utilizadoras de Recursos Ambientais (CTF/APP), para registro obrigatório de pessoas físicas ou jurídicas que se dedicam a atividades potencialmente poluidoras e/ou à extração, produção, transporte e comercialização de produtos potencialmente perigosos ao meio ambiente. Assim, a empresa referida na questão, que pretende extrair minério e obter a respectiva licença ambiental, deve ter esta CTF. 🔳

*Gabarito "A".*

**(Procurador do Município/Manaus – 2018 – CESPE)** Considerando as normas aplicáveis ao SISNAMA e as Resoluções CONAMA 237/1997 e 378/2006, julgue os itens seguintes.

**(1)** O IBAMA e o ICMBio são considerados órgãos superiores do SISNAMA.

**(2)** Concedida na fase preliminar do planejamento do empreendimento, a licença de instalação atesta a viabilidade ambiental e estabelece os requisitos básicos e condicionantes a serem atendidos nas próximas fases de implementação do projeto.

**(3)** Empreendimentos que envolvam o manejo florestal em área superior à definida como limite pelo CONAMA devem ser aprovados pelo IBAMA, mesmo que o empreendimento esteja situado em um único estado.

**1:** Errado, pois o IBAMA e o ICMBio são órgãos executores do SISNAMA. **2:** Errado, pois o conceito aqui exposto se refere à licença prévia. Os conceitos das licenças se encontram na Resolução CONAMA 237, art. 8º, I. **3:** Correto, pois a Resolução CONAMA 378, art. 1º, diz que compete ao IBAMA a aprovação respectiva.

*Gabarito 1E, 2E, 3C.*

**(Juiz – TRF5 – 2017 – CESPE)** O instrumento econômico da Política Nacional do Meio Ambiente que envolve a delegação onerosa de direito de praticar manejo sustentável em uma unidade de manejo, mediante licitação, por prazo determinado, é denominado

**(A)** seguro ambiental.

**(B)** servidão ambiental.

**(C)** concessão florestal.

**(D)** zoneamento ambiental.

**(E)** terceirização de manejo.

**A:** Errada, pois o seguro ambiental cuida do asseguramento para a reparação integral ou parcial (perdas e danos a terceiros) do dano ambiental, além das garantias de poluição súbita e acidental, para casos de poluição gradual. **B:** Errada, servidão ambiental, nos termos do art. 9º-A da Lei 6.938/1981, quando o proprietário ou possuidor de imóvel, pessoa natural ou jurídica, tem a possibilidade de, por instrumento público ou particular ou por termo administrativo firmado perante órgão integrante do Sisnama, limitar o uso de toda a sua propriedade ou de parte dela para preservar, conservar ou recuperar os recursos ambientais existentes, instituindo, assim, a chamada servidão ambiental. **C:** Correta, pois a concessão florestal trata de delegação onerosa, feita pelo poder concedente, do direito de praticar manejo florestal sustentável para exploração de produtos e serviços numa unidade de manejo, mediante licitação, à pessoa jurídica, em consórcio ou não, que atenda às exigências do respectivo edital de licitação e demonstre capacidade para seu desempenho, por sua conta e risco e por prazo determinado (art. 3º, VII, da Lei 11.284/2006). **D:** Errada, pois zoneamento ambiental, também conhecido como Zoneamento Ecológico-Econômico (ZEE), é o instrumento de organização do território a ser obrigatoriamente seguido na implantação de planos, obras e atividades públicas e privadas, que estabelece medidas e padrões de proteção ambiental destinados a assegurar a qualidade ambiental, dos recursos hídricos e do solo e a conservação da biodiversidade, garantindo o desenvolvimento sustentável e a melhoria das condições de vida da população (art. 2º do Decreto 4.297/02). **E:** Errada, pois terceirização de manejo não é instrumento da política nacional do meio ambiente, e sim a transferência da execução de serviços.

*Gabarito "C".*

**(Promotor de Justiça/RR – 2017 – CESPE)** O possuidor de um imóvel rural instituiu servidão ambiental perpétua, gratuitamente, por instrumento particular, limitando o uso de parte da propriedade, com o objetivo de conservar recursos ambientais existentes.

Na situação apresentada, a servidão instituída consiste em instrumento

**(A)** técnico da PNAMA, mas deveria ter sido instituída pelo prazo determinado de, no mínimo, quinze anos.

**(B)** econômico da PNAMA e não se aplica à área de preservação permanente nem à reserva legal mínima exigida.

**(C)** técnico da PNAMA, mas deveria ter sido instituída pelo proprietário do imóvel.

**(D)** econômico da PNAMA e não poderia ter sido instituída por instrumento particular.

**A:** Errada, pois de acordo com a Lei 6.938/1981, a servidão ambiental é instrumento econômico da PNMA e se admite a servidão perpétua, bem como a servidão temporária deve ter prazo mínimo de 15 anos. **B:** Correta, pois segundo o art. 9º-A, § 2º, da Lei 6.938/1981, a servidão ambiental não se aplica às Áreas de Preservação Permanente e à Reserva Legal mínima exigida. **C:** Errada, pois o proprietário também pode instituir a servidão ambiental, conforme art. 9º-A, *caput*, da Lei 6.938/81. **D:** Errada, pois a servidão pode ser instituída por instrumento público ou particular, conforme art. 9º-A, *caput*, da Lei 6.938/1981.

*Gabarito "B".*

**(Delegado/PE – 2016 – CESPE)** O órgão consultivo e deliberativo responsável pelo SISNAMA e pelo SNUC é o

**(A)** Ministério do Meio Ambiente.

**(B)** Conselho Nacional do Meio Ambiente.

**(C)** Instituto Chico Mendes.

**(D)** IBAMA.

**(E)** Conselho de Governo.

Conforme art. 6 º, II, da Política Nacional do Meio Ambiente, Lei 6.938/1981 o órgão consultivo e deliberativo responsável pelo Sistema Nacional do Meio Ambiente – SISNAMA será o Conselho Nacional do Meio Ambiente – CONAMA. Assim também, a lei que institui o Sistema Nacional de Unidades de Conservação da Natureza – SNUC, Lei 9.985/2000 em seu art. 6º I, indica o CONAMA como órgão consultivo e deliberativo, logo, a letra "B" é a alternativa correta.

*Gabarito "B".*

**(Juiz de Direito/DF – 2016 – CESPE)** Com relação à Política Nacional do Meio Ambiente, definida pela Lei n.º 6.938/1981, assinale a opção correta.

**(A)** O detentor que tenha recebido a servidão ambiental, de forma gratuita, em razão do caráter personalíssimo dessa, não poderá aliená-la a título oneroso e em caráter definitivo.

**(B)** O estabelecimento de normas e padrões nacionais de controle da poluição por veículos automotores, aeronaves e embarcações, mediante audiência dos ministérios competentes, é atribuição privativa do IBAMA.

**(C)** A competência para administrar o Cadastro Técnico Federal de Atividades e Instrumentos de Defesa Ambiental e o Cadastro Técnico Federal de Atividades Potencialmente Poluidoras ou Utilizadoras de Recursos Ambientais é do CONAMA.

**(D)** O órgão superior do SISNAMA é o CONAMA, que tem a função de assessorar o presidente da República na formulação da política nacional e nas diretrizes governamentais para o meio ambiente e os recursos ambientais.

**(E)** Como forma de recuperar os danos ambientais existentes, o proprietário ou possuidor de imóvel poderá instituir servidão ambiental por instrumento público, particular ou por termo administrativo, exceto em áreas de preservação permanente e exceto em relação à reserva legal mínima exigida.

**A:** incorreta. Segundo o art. 9º-B, § 2º, da Lei 6.938/1981, o detentor da servidão ambiental poderá aliená-la, cedê-la ou transferi-la, total ou parcialmente, por prazo determinado ou em caráter definitivo, em favor de outro proprietário ou de entidade pública ou privada que tenha a conservação ambiental como fim social; **B:** incorreta. O estabelecimento de normas e padrões nacionais de controle da poluição por veículos automotores, aeronaves e embarcações, mediante audiência dos ministérios competentes, é atribuição privativa do Conselho Nacional do Meio Ambiente (CONAMA), consoante o art. 8º, VI, da Lei 6.938/1981; **C:** incorreta. A competência para administrar o Cadastro Técnico Federal de Atividades e Instrumentos de Defesa Ambiental e

# 19. DIREITO AMBIENTAL 645

o Cadastro Técnico Federal de Atividades Potencialmente Poluidoras ou Utilizadoras de Recursos Ambientais é do IBAMA, conforme o art. 17, II, da Lei 6.938/1981, que instituiu a Política Nacional do Meio Ambiente; **D:** incorreta. O órgão superior do SISNAMA é o Conselho de Governo, que tem a função de assessorar o presidente da República na formulação da política nacional e nas diretrizes governamentais para o meio ambiente e os recursos ambientais, a teor do art. 6º, I, da Lei 6.938/1981, que instituiu a Política Nacional do Meio Ambiente; **E:** correta. A servidão ambiental é instrumento disciplinado no art. 9º-A e parágrafos, da Lei 6.938/1981.

*Gabarito "E".*

**(Magistratura/BA – 2012 – CESPE)** A Política Nacional do Meio Ambiente (PNMA) é o conjunto dos instrumentos legais, técnicos, científicos, políticos e econômicos destinados à promoção do desenvolvimento sustentável do país. A respeito da PNMA, assinale a opção correta.

**(A)** O Conselho Nacional do Meio Ambiente pode homologar acordos para converter penalidades pecuniárias em obrigação de executar medidas de interesse para proteção ambiental.

**(B)** Lei estadual pode dispensar a realização de estudo de impacto ambiental relativo a obras hidráulicas para aproveitamento de recursos de rio situado exclusivamente no território do respectivo estado.

**(C)** A licença prévia é o documento que autoriza a instalação do empreendimento que esteja de acordo com as especificações constantes dos programas e projetos aprovados, incluindo as medidas de controle ambiental.

**(D)** A servidão administrativa, um dos instrumentos da PNMA, pode ser instituída pelo proprietário sobre toda sua propriedade ou sobre parte dela – ainda que se trate de áreas de preservação permanente (APPs) –, a fim de preservar ou recuperar os recursos ali existentes.

**(E)** O Sistema Nacional do Meio Ambiente, considerado federal pela doutrina, é responsável pela proteção e melhoria da qualidade ambiental.

**A:** correta (art. 8º, IV, da Lei 6.938/1981); **B:** incorreta, pois o instituto do EIA/RIMA está previsto na própria Constituição Federal (art. 225, § 1º, IV), não sendo possível que uma lei infraconstitucional dispense a realização de instituto previsto na própria Constituição, em situação de nítida necessidade de se fazê-lo, dado o significativo impacto ambiental que uma obra dessa natureza tem o condão de causar; **C:** incorreta, pois a autorização da instalação do empreendimento é dada pela licença de instalação (art. 8º, II, da Resolução CONAMA 237/1997); **D:** incorreta, pois a servidão ambiental não se aplica às Áreas de Preservação Permanente e à Reserva Legal mínima exigida (art. 9º-A, § 2º, da Lei 6.938/1981); **E:** incorreta, pois o Sistema Nacional do Meio Ambiente (SISNAMA) não é federal no sentido de ser da União, mas federativo, no sentido de incluir entidades e órgãos de todos os entes político ou federativos (art. 6º, *caput*, da Lei 6.938/1981).

*Gabarito "A".*

**(Magistratura/PI – 2011 – CESPE)** Com relação à PNMA e à estrutura e funcionamento do SISNAMA, conforme a Lei n. 6.938/1981, assinale a opção correta.

**(A)** A fiscalização e o controle da aplicação de critérios, normas e padrões de qualidade ambiental devem ser exercidos prioritariamente pelo IBAMA e, em caráter supletivo, pelos órgãos estaduais e municipais competentes.

**(B)** Na estrutura do SISNAMA, o CONAMA é o órgão superior, e sua função é assistir o presidente da República na formulação de diretrizes da PNMA.

**(C)** Não se exige das pessoas físicas que se dediquem à consultoria técnica de problemas ambientais o registro no IBAMA, mas as pessoas físicas e jurídicas que se dediquem a atividades poluidoras ou à extração, produção, transporte e comercialização de produtos perigosos, assim como de produtos e subprodutos da fauna e flora, devem, obrigatoriamente, registrar-se em cadastro técnico federal administrado pelo IBAMA.

**(D)** Compete ao CONAMA, entre outras atribuições, determinar, mediante representação do IBAMA, a perda ou a restrição de benefícios fiscais concedidos pelo poder público e a perda ou a suspensão de participação em linhas de financiamento em estabelecimentos oficiais de crédito.

**(E)** A construção, instalação, ampliação e o funcionamento de estabelecimentos e de atividades que utilizem recursos ambientais considerados efetiva e potencialmente poluidores dependem de prévio licenciamento do IBAMA, se o impacto ambiental for de âmbito nacional, e do órgão estadual do ambiente, caso o impacto seja de âmbito regional.

**A:** incorreta, pois a competência para o poder de polícia é comum entre os entes políticos (art. 23, *caput* e VI e VII, da CF e art. 70, § 1º, da Lei 9.605/1998); **B:** incorreta, pois o órgão superior, que tem de fato a competência citada, é o Conselho de Governo (art. 6º, I, da Lei 6.938/1981) e não o CONAMA; **C:** incorreta, pois as pessoas físicas que se dediquem à consultoria técnica de problemas ambientais também devem estar registradas no Cadastro Técnico Federal de Atividades e Instrumentos de Defesa Ambiental, administrado pelo IBAMA (art. 17, I, da Lei 6.938/1981); **D:** correta (art. 8º, V, 6.938/1981); **E:** incorreta, pois impactos nacionais e regionais são de competência do IBAMA; os municípios com estrutura e conselho do meio ambiente ficam com os de impacto local, e os Estados com estrutura e conselho do meio ambiente, com o residual; *vide* tais competências, com mais detalhe, nos arts. 7º a 9º da Lei Complementar 140/2011.

*Gabarito "D".*

**(Ministério Público/PI – 2012 – CESPE)** Considerando os princípios e instrumentos da Política Nacional do Meio Ambiente, assinale a opção correta.

**(A)** Deliberar e normatizar as diretrizes de políticas governamentais para o meio ambiente é função do Conselho Nacional do Meio Ambiente, órgão superior do Sistema Nacional do Meio Ambiente.

**(B)** Impacto ambiental e dano ambiental são expressões do mesmo aspecto: a degradação do meio ambiente.

**(C)** O MP exerce sua função judicial, em relação a matéria ambiental, por meio do ajuizamento de ações de responsabilização por danos ambientais e por meio da celebração, com agentes degradadores do meio ambiente, de transações, termos de compromisso e ajustamentos de conduta.

**(D)** A audiência pública, que antecede o licenciamento ambiental, pode ser solicitada pelo MP, por entidade civil ou por um grupo de, no mínimo, cinquenta cidadãos, sendo possível a realização de mais de uma audiência pública relativa a um só projeto.

**(E)** A servidão florestal, que tem natureza de direito real sobre coisa alheia, não precisa ser registrada imobiliariamente, apesar de representar uma renúncia do particular quanto ao uso dos recursos naturais do prédio que lhe pertence.

**A:** incorreta, pois é função do Conselho Nacional do Meio Ambiente, que é órgão consultivo e deliberativo do SISNAMA, e não, órgão superior (art. 6º, II, da Lei 6.938/1981 – PNMA), a assessorar, estudar e propor ao Conselho de Governo, diretrizes de políticas governamentais para o meio ambiente e os recursos naturais e deliberar, no âmbito de sua competência, sobre normas e padrões compatíveis com o meio ambiente ecologicamente equilibrado e essencial à sadia qualidade de vida. Não se confunde o CONAMA com o Conselho de Governo, este sim órgão superior do SISNAMA, com a função de assessorar o Presidente da República na formulação da política nacional e nas diretrizes governamentais para o meio ambiente e os recursos ambientais (art. 6º, I, da Lei da PNMA); **B:** incorreta. De acordo com a Resolução CONAMA 01/1986, considera-se impacto ambiental qualquer alteração das propriedades físicas, químicas e biológicas do meio ambiente, causada por qualquer forma de matéria ou energia resultante das atividades humanas que, direta ou indiretamente, afetam: I – a saúde, a segurança e o bem-estar da população; II – as atividades sociais e econômicas; III – a biota; IV – as condições estéticas e sanitárias do meio ambiente; e V – a qualidade dos recursos ambientais. O art. 6º, II, da precitada Resolução, ainda menciona a existência de impactos positivos (portanto, benéficos!), fator suficiente a demonstrar que não se confunde com o dano ambiental, este, sempre, de qualidade negativa, causando, pois, prejuízo (de ordem material e até mesmo moral); **C:** incorreta, pois o Ministério Público não poderá transacionar pura e simplesmente com os degradadores da qualidade ambiental,

VÁRIOS AUTORES

visto que a transação implica mútuas concessões entre as partes, o que seria inadmissível. Afinal, o meio ambiental é bem de titularidade difusa, e, portanto, indisponível. O que se pode aventar é a transação da forma de cumprimento das normas de proteção ambiental, mas, jamais, o conteúdo. Frise-se, ainda, que seria impossível que em um termo de ajustamento de conduta o Ministério Público "renunciar" a busca da reparação ambiental, que deverá, como é sabido e ressabido, ser integral; **D:** correta (art. 2º da Resolução CONAMA 09/1987); **E:** incorreta. A servidão florestal (ou servidão ambiental), disciplinada no art. 9º-A da Lei 6.938/1981, com a redação que lhe foi dada pela Lei 12.651/2012 (Novo Código Florestal), consiste no fato de o proprietário ou possuidor de imóvel, pessoa natural ou jurídica, instituir, por instrumento público ou particular ou por termo administrativo firmado perante órgão integrante do SISNAMA, a limitação do uso de toda a sua propriedade ou de parte dela para preservar, conservar ou recuperar os recursos ambientais existentes. O termo que instituir a servidão ambiental deverá ser averbado na matrícula do imóvel, consoante determina o art. 9º-A, § 4º, da Lei da PNMA.
Gabarito "D".

**(Ministério Público/RR – 2012 – CESPE)** Com relação à Política Nacional do Meio Ambiente, assinale a opção correta.

(A) Compete ao Instituto Brasileiro do Meio Ambiente e dos Recursos Naturais Renováveis estabelecer normas, critérios e padrões relativos ao controle e à manutenção da qualidade do meio ambiente com vistas ao uso racional dos recursos ambientais.

(B) Devido ao princípio da segurança jurídica, é vedado ao poder público exigir que o empreendedor atenda, na elaboração do estudo de impacto ambiental, outras exigências além daquelas expressamente listadas na legislação de regência.

(C) A criação de estações ecológicas federais depende da edição de lei em sentido estrito, oriunda do Poder Legislativo.

(D) Um dos objetivos dessa política é a imposição ao poluidor da obrigação de recuperar ou indenizar os danos que ele causar, devendo arcar com os custos advindos da recomposição ambiental, conforme o princípio do usuário-pagador.

(E) A servidão ambiental é um exemplo de instrumento econômico dessa política.

**A:** incorreta (art. 6º, IV, da Lei 6.938/1981). Compete ao IBAMA, considerado órgão executor do SISNAMA, executar e fazer executar, como órgão federal, a política e diretrizes governamentais fixadas para o meio ambiente, não se confundindo com as competências do CONAMA, traçadas no art. 8º da sobredita lei, dentre elas, a de estabelecer normas, critérios e padrões relativos ao controle e à manutenção da qualidade do meio ambiente com vistas ao uso racional dos recursos ambientais, principalmente os hídricos (inciso VII); **B:** incorreta. Em atenção ao princípio da prevenção, poderá o órgão licenciador buscar do empreendedor outras exigências além daquelas previstas na legislação de regência (art. 10, § 2º, da Resolução CONAMA 237/1997); **C:** incorreta. As estações ecológicas, assim como as demais espécies de unidades de conservação, poderão ser criadas por ato do poder público (lei ou ato infralegal), nos termos do art. 22, *caput*, da Lei do SNUC. Assim, a criação de uma unidade de conservação não exige a edição de lei em sentido estrito, mas a sua extinção ou redução de limites a exigirá (art. 225, § 1º, III, da CF e art. 22, § 7º, da Lei 9.985/2000); **D:** incorreta, pois a busca pela recuperação dos danos ambientais provocados pelo poluidor, ou a indenização correspondente, não são facetas do princípio do usuário-pagador, mas, sim, do poluidor-pagador; **E:** correta (art. 9º, XIII, da Lei 6.938/1981).
Gabarito "E".

**(Ministério Público/SE – 2010 – CESPE)** A PNMA foi estabelecida em 1981 mediante a edição da Lei n. 6.938/1981, que criou o SISNAMA. O objetivo dessa lei é o estabelecimento de padrões que tornem possível o desenvolvimento sustentável, por meio de mecanismos e instrumentos para maior proteção do ambiente. A respeito desse assunto e considerando o disposto na lei, assinale a opção correta.

(A) O SISNAMA congrega os órgãos e as instituições ambientais da União, dos estados e dos municípios; o DF não compõe esse sistema.

(B) Poluição e poluidor são conceitos doutrinários não definidos na lei da PNMA.

(C) É objetivo da PNMA a compatibilização do desenvolvimento econômico-social com a preservação da qualidade do meio ambiente e do equilíbrio ecológico.

(D) O SISNAMA possui dois órgãos superiores e cinco órgãos locais.

(E) Órgãos municipais estão impedidos de elaborar normas ambientais.

**A:** incorreta (art. 6º, *caput*, da Lei 6.938/1981); **B:** incorreta (art. 3º, III e IV, da Lei 6.938/1981); **C:** correta (art. 4º, I, da Lei 6.938/1981); **D:** incorreta, pois há um órgão superior (Conselho de Governo – art. 6º, I, da Lei 6.938/1981) e diversos órgãos locais (art. 6º, VI, da Lei 6.938/1981), já que estes são os órgãos ou entidades dos municípios, responsáveis pela proteção do meio ambiente; **E:** incorreta, pois os Municípios, observadas as normas e os padrões federais e estaduais, também poderão elaborar normas ambientais (art. 6º, § 2º, da Lei 6.938/1981).
Gabarito "C".

**(Ministério Público/TO – 2012 – CESPE)** A respeito do SISNAMA, assinale a opção correta.

(A) Somente o governo federal possui direito a voto na plenária do CONAMA.

(B) Não compõem o SISNAMA as secretarias de meio ambiente dos municípios.

(C) O CONAMA, órgão colegiado do SISNAMA, possui funções consultivas e deliberativas.

(D) O IBAMA não é mais o órgão executor do SISNAMA desde a criação do ICMBio.

(E) A presidência do CONAMA é exercida pelo ministro chefe da Casa Civil.

**A:** incorreta, pois outros integrantes do Plenário do CONAMA também têm direito a voto, dentre eles, os governos estaduais e municipais (art. 5º do Decreto federal 99.274/1990); **B:** incorreta, pois as secretarias municipais de meio ambiente são órgãos locais integrantes do SISNAMA (art. 6º, VI, da Lei 6.938/1981); **C:** correta (art. 6º, II, da Lei 6.938/1981); **D:** incorreta. O IBAMA é, sim, órgão executor do SISNAMA (art. 6º, IV, da Lei 6.938/1981), ao lado do ICMBio, também órgão executor do SISNAMA, autarquia federal criada pela Lei 11.516/2007, a quem compete executar as ações da Política Nacional de Conservação da Natureza, bem como, entre outras atribuições, a de exercer o poder de polícia ambiental nas unidades de conservação da União; **E:** incorreta. O Presidente do CONAMA é o Ministro do Meio Ambiente (art. 5º do Decreto federal 99.274/1990).
Gabarito "C".

**(Ministério Público/TO – 2012 – CESPE)** Os instrumentos da Política Nacional do Meio Ambiente incluem o

(A) licenciamento ambiental, o zoneamento ecológico e o plano de manejo econômico das florestas.

(B) estudo de impacto ambiental e o manejo seletivo das espécies endêmicas.

(C) relatório de impacto ambiental e o desenvolvimento de pesquisas biotecnológicas.

(D) zoneamento ambiental e o projeto de desenvolvimento de pesquisa biomarinha.

(E) licenciamento ambiental e o zoneamento ambiental.

**A:** incorreta, pois não se incluem entre os instrumentos da Política Nacional do Meio Ambiente, indicados no art. 9º da Lei 6.938/1981, o plano de manejo econômico das florestas; **B:** incorreta, pois o manejo seletivo das espécies endêmicas não é instrumento da Política Nacional do Meio Ambiente (art. 9º da Lei 6.938/1981); **C:** incorreta, pois o relatório de impacto ambiental não é, propriamente, um instrumento da Política Nacional do Meio Ambiente, mas, sim, uma decorrência da avaliação dos impactos ambientais, estes sim, instrumentos (art. 9º, III, da Lei 6.938/1981). Também não se inclui como instrumento da PNMA o desenvolvimento de pesquisas biotecnológicas; **D:** incorreta. O zoneamento ambiental é instrumento da PNMA (art. 9º, II, da Lei 6.938/1981), mas o projeto de desenvolvimento de pesquisa biomarinha, não; **E:** correta. Licenciamento ambiental e zoneamento ambiental figuram, expressamente, como instrumentos da PNMA (art. 9º, II e IV, da Lei 6.938/1981).
Gabarito "E".

19. DIREITO AMBIENTAL **647**

**(Magistratura Federal/3ª região – 2011 – CESPE)** Considerando a Lei n. 6.938/1981, que dispõe sobre a Política Nacional do Meio Ambiente e o Sistema Nacional do Meio Ambiente, assinale a opção correta.

(A) O Sistema Nacional do Meio Ambiente é constituído pelos órgãos e entidades da União, dos estados, do DF e dos municípios, bem como pelas fundações instituídas pelo poder público, responsáveis pela proteção e melhoria da qualidade ambiental.

(B) O CONAMA é o órgão central da Política Nacional de Meio Ambiente, de natureza consultiva, ao qual cabe planejar, coordenar, supervisionar e controlar as diretrizes governamentais fixadas para o ambiente.

(C) Compete ao Instituto Chico Mendes de Conservação da Biodiversidade exercer, em caráter exclusivo, o poder de polícia ambiental para a proteção das unidades de conservação instituídas pela União.

(D) Como regra, cabe ao IBAMA conceder licenciamento prévio para construção, instalação e funcionamento de estabelecimentos e atividades que utilizem recursos ambientais e sejam considerados efetiva e potencialmente poluidores, restando aos órgãos estaduais o licenciamento em caráter supletivo.

(E) A fiscalização e o controle da aplicação de critérios, normas e padrões de qualidade ambiental serão exercidos prioritariamente pelo CONAMA, de forma conjunta com os órgãos estaduais e municipais competentes.

**A:** correta, pois é o que estabelece o art. 6º da Lei n. 6.938/1981: *Os órgãos e entidades da União, dos Estados, do Distrito Federal, dos Territórios e dos Municípios, bem como as fundações instituídas pelo Poder Público, responsáveis pela proteção e melhoria da qualidade ambiental, constituirão o Sistema Nacional do Meio Ambiente – SISNAMA*; **B:** incorreta, pois o órgão central é a Secretaria do Meio Ambiente da Presidência da República (art. 6º, III, da Lei n. 6.938/1981); **C:** incorreta, pois a Lei n 11.516/2007, que dispõe sobre a criação do Instituto Chico Mendes de Conservação da Biodiversidade – Instituto Chico Mendes, estabelece, em seu art. 1º, IV, ser sua finalidade exercer o poder de polícia ambiental para a proteção das unidades de conservação instituídas pela União. Todavia, o exercício não é exclusivo. Por exemplo, o poder de polícia também é conferido ao Instituto Brasileiro do Meio Ambiente e dos Recursos Naturais Renováveis – Ibama; **D:** incorreta, pois o licenciamento ambiental também é atribuição do Estado. Ou seja, a obrigação é compartilhada. O site do Ibama é bastante esclarecedor: "O licenciamento ambiental é uma obrigação legal prévia à instalação de qualquer empreendimento ou atividade potencialmente poluidora ou degradadora do meio ambiente e possui como uma de suas mais expressivas características a participação social na tomada de decisão, por meio da realização de Audiências Públicas como parte do processo. Essa obrigação é compartilhada pelos Órgãos Estaduais de Meio Ambiente e pelo Ibama, como partes integrantes do SISNAMA (Sistema Nacional de Meio Ambiente). O Ibama atua, principalmente, no licenciamento de grandes projetos de infraestrutura que envolvam impactos em mais de um estado e nas atividades do setor de petróleo e gás na plataforma continental. As principais diretrizes para a execução do licenciamento ambiental estão expressas na Lei 6.938/1981 e nas Resoluções CONAMA n. 1/1986 e n. 237/1997. Além dessas, recentemente foi publicado a Lei Complementar n. 140/2011, que discorre sobre a competência estadual e federal para o licenciamento, tendo como fundamento a localização do empreendimento. A Diretoria de Licenciamento Ambiental é o órgão do Ibama responsável pela execução do licenciamento em nível federal. A Diretoria vem realizando esforços na qualificação, organização e automação dos procedimentos de licenciamento ambiental, e para tanto, disponibiliza aos empreendedores módulos eletrônicos de trabalho e ao público em geral, inúmeras informações sobre as características dos empreendimentos, bem como a situação do andamento do processo" (http://www.ibama.gov.br/licenciamento); **E:** incorreta, pois o CONAMA não é um órgão fiscalizador, mas, conforme o art. 6º, II, da Lei n. 6.938/1981, um órgão consultivo e deliberativo, com a finalidade de assessorar, estudar e propor ao Conselho de Governo, diretrizes de políticas governamentais para o meio ambiente e os recursos naturais e deliberar, no âmbito de sua competência, sobre normas e padrões compatíveis com o meio ambiente ecologicamente equilibrado e essencial à sadia qualidade de vida.

Gabarito "A".

## 7. INSTRUMENTOS DE PROTEÇÃO DO MEIO AMBIENTE

### 7.1. LICENCIAMENTO AMBIENTAL E EIA/RIMA

**(Delegado – PC/SE – 2018 – CESPE/CEBRASPE)** Renato e Gabriel fundaram, em 2015, a empresa Camarões do Mangue Ltda., que visava a exploração da carcinicultura — criação de crustáceos — exclusivamente em área rural de manguezais de um estado federado. No referido ano, eles instalaram viveiros de grande porte e passaram a exercer atividade econômica muito lucrativa. Após três anos de atividade, os sócios perceberam que não detinham licença ambiental para o exercício da atividade.

Tendo como referência essa situação hipotética, julgue os itens que se seguem.

(1) A referida licença ambiental deveria ter sido requerida ao IBAMA antes do início das atividades da empresa, visto que se trata de atividade econômica de grande porte.

(2) A atividade econômica exercida pela referida empresa é ilegal, sendo vedada pelo Código Florestal a exploração econômica da área de manguezal que é uma área de reserva legal.

(3) Se a área de manguezal da atividade de carcinicultura da empresa fosse urbana em vez de rural, não haveria ilegalidade: nessa situação, a área seria tipificada como área de preservação permanente urbana e comportaria a referida atividade.

(4) A empresa Camarões do Mangue Ltda. e seus sócios responderão objetivamente pela reparação de eventuais danos causados à área de manguezal no exercício irregular da atividade durante três anos.

(5) Conforme a jurisprudência do STF, a empresa em questão não responderá na esfera penal pelo crime de funcionamento sem licença ambiental, caso seus sócios, pessoas físicas, sejam absolvidos do mesmo crime.

(6) Os sócios Renato e Gabriel responderão na esfera penal pelo crime de funcionamento sem licença ambiental, podendo ser condenados a até seis meses de detenção.

(7) A empresa Camarões do Mangue Ltda. não será responsabilizada penalmente pela atividade ilegal de carcinicultura em manguezais caso os sócios tenham desviado todos os lucros da empresa, não gerando, com isso, nenhum benefício à entidade.

Item **1** errado (a licença ambiental representa condição para o exercício de atividades ou empreendimentos utilizadores de recursos ambientais, efetiva ou potencialmente poluidores ou capazes, sob qualquer forma, de causar degradação ambiental); item **2** errado (a área de manguezal é uma área de preservação permanente, conforme art. 4º, inc. VII, da Lei 12.651/12, e não de reserva legal); item **3** errado (nos termos do Código Florestal, a área de preservação permanente localizada em zona urbana submete-se ao mesmo regime jurídico daquela inserida na zona rural); item **4** correto (a responsabilidade civil ambiental baseia-se na teoria objetiva, *ex vi* do art. 14, §1º, da Lei 6.938/81); item **5** errado (o STF entende que é possível a condenação de pessoa jurídica pela prática de crime ambiental, ainda que haja absolvição da pessoa física relativamente ao mesmo delito); item **6** correto (art. 60 da Lei 9.605/98); item **7** correto (um dos requisitos para a responsabilização penal de pessoa jurídica é o de que a infração seja cometida no interesse ou benefício da entidade). **RB**

Gabarito 1E, 2E, 3E, 4C, 5E, 6C, 7C

**(Juiz – TJ/CE – 2018 – CESPE)** Com relação ao estudo de impacto ambiental, à biodiversidade e ao licenciamento ambiental, assinale a opção correta.

(A) Apenas empreendimentos com área superior a cinquenta hectares estão obrigados a apresentar estudo prévio de impacto ambiental e relatório de impacto ambiental.

(B) No que se refere ao licenciamento ambiental, compete aos municípios aprovar o manejo e a supressão de vegetação e de florestas em imóveis rurais.

(C) Atividades que envolvam organismos geneticamente modificados e aquelas relacionadas à manipulação de organismos vivos só podem ser desenvolvidas por entidades de direito público.

(D) Depende de prévio licenciamento ambiental a ampliação de estabelecimentos que utilizam recursos ambientais efetiva ou potencialmente poluidores ou capazes de causar degradação ambiental.

(E) É permitido a pessoas físicas desenvolver, de forma autônoma e independente, atividade relacionada ao cultivo e à produção de organismo geneticamente modificado, desde que mantenham vínculo empregatício com pessoas jurídicas que manipulem tais organismos.

**A:** Errada, uma vez que toda obra e atividade efetiva ou potencialmente causadora de significa degradação do meio ambiente demanda a confecção do EIA/RIMA. Ademais, de acordo com o art. 11-A, § 3°, da Lei 12.651/2012, São sujeitos à apresentação de Estudo Prévio de Impacto Ambiental – EPIA e Relatório de Impacto Ambiental – RIMA os novos empreendimentos: I – com área superior a 50 (cinquenta) hectares, vedada a fragmentação do projeto para ocultar ou camuflar seu porte; II – com área de até 50 (cinquenta) hectares, se potencialmente causadores de significativa degradação do meio ambiente; ou III – localizados em região com adensamento de empreendimentos de carcinicultura ou salinas cujo impacto afete áreas comuns. **B:** Errada, porquanto, de acordo com a LC 140/2011, art. 8°, XVI, são ações administrativas dos Estados aprovar o manejo e a supressão de vegetação, de florestas e formações sucessoras em imóveis rurais, observadas as atribuições previstas no inciso XV do art. 7°. **C:** Errada, pois a Lei 11.105/2005, art. 2°, diz que as atividades e projetos que envolvam OGM (organismos geneticamente modificados) e seus derivados, relacionados ao ensino com manipulação de organismos vivos, à pesquisa científica, ao desenvolvimento tecnológico e à produção industrial ficam restritos ao âmbito de entidades de direito público ou privado, que serão responsáveis pela obediência aos preceitos desta Lei e de sua regulamentação, bem como pelas eventuais consequências ou efeitos advindos de seu descumprimento. **D:** Correta, de sorte que o art. 10 da Lei 6.938/1981 dispõe que a construção, instalação, ampliação e funcionamento de estabelecimentos e atividades utilizadores de recursos ambientais, efetiva ou potencialmente poluidores ou capazes, sob qualquer forma, de causar degradação ambiental dependerá de prévio licenciamento ambiental. **E:** Errada, pois a Lei 11.105/2005, no art. 2°, § 2°, diz que as atividades e projetos de que trata este artigo são vedados a pessoas físicas em atuação autônoma e independente, ainda que mantenham vínculo empregatício ou qualquer outro com pessoas jurídicas.

Gabarito "D".

**(Procurador Municipal – Prefeitura/BH – CESPE – 2017)** Um empreendedor pretende desenvolver atividade que utiliza recursos ambientais e é potencialmente poluidora. Nesse caso, o órgão de meio ambiente municipal detém a competência para o controle ambiental.

Nessa situação,

(A) cabem ao órgão ambiental municipal os estudos ambientais prévios necessários para a emissão de licença ambiental.

(B) poderá dispensar-se o procedimento de licenciamento ambiental se o responsável pelo empreendimento assinar termo comprometendo-se a atender a legislação ambiental, em especial as normas de qualidade ambiental.

(C) além da licença ambiental, exige-se que o empreendimento tenha registro no cadastro técnico federal de atividades potencialmente poluidoras ou utilizadoras de recursos ambientais.

(D) se a atividade for exercida em desacordo com a licença ambiental emitida, será necessária, para a aplicação de multa, a comprovação de que foram causados danos ambientais significativos.

**A:** incorreta, posto que os estudos ambientais prévios correm as expensas do empreendedor e não do órgão ambiental (art.11, da Resolução Conama 237/1997); **B:** incorreta, nos termos do art. 10, da Lei 6.938/1981: "Art. 10. A construção, instalação, ampliação e funcionamento de estabelecimentos e atividades utilizadores de recursos ambientais, efetiva ou potencialmente poluidores ou capazes,

sob qualquer forma, de causar degradação ambiental dependerão de prévio licenciamento ambiental", portanto, se a atividade ou o empreendimento tiver potencial para causar degradação ambiental, deverá ser submetido ao licenciamento ambiental; **C:** correta (art. 10 e art. 17, II, da Lei 6.938/1981); **D:** incorreta, pois para a aplicação de multa, basta a não cumprimento das medidas necessárias a prevenção de danos previstas na licença ambiental, ou seja, basta que a atividade seja exercida em desacordo com a licença emitida (art.14, *caput,* da Lei 6.938/1981). FM/FCP

Gabarito "C".

**(Delegado/PE – 2016 – CESPE)** Determinada sociedade empresária pretende realizar, no mar territorial que banha o município de Recife – PE, atividade potencialmente causadora de significativa degradação ambiental.

Nessa situação, de acordo com a Lei Complementar 140/2011, o licenciamento ambiental dessa atividade será promovido pelo(a)

(A) município de Recife ou, caso ele não possua órgão ambiental capacitado para promover esse licenciamento, pelo estado de Pernambuco.

(B) União.

(C) município de Recife.

(D) estado de Pernambuco.

(E) estado de Pernambuco ou, caso ele não possua conselho de meio ambiente, pela União.

**A:** incorreta, já que a competência para promover licenciamento ambiental no mar territorial é exclusiva da União; **B:** correta, conforme art. 7°, XIV, alínea 'b' da Lei Complementar 140/2011: "São ações administrativas da União: XIV – promover o licenciamento ambiental de empreendimentos e atividades: *b)* localizados ou desenvolvidos no mar territorial, na plataforma continental ou na zona econômica exclusiva"; **C:** incorreta, pois não compete ao município realizar licenciamento ambiental em mar territorial; **D:** incorreta, pois trata-se de área cuja competência para realização de licenciamento ambiental é exclusiva da união; **E:** incorreta, já que nem estado nem município são competentes para realizar licenciamento ambiental em mar territorial, que acrescente-se, é bem da União, conforme artigo 20, VI, da CF/1988.

Gabarito "B".

**(Advogado União – AGU – CESPE – 2015)** De acordo com o Código Florestal, julgue os próximos itens, referentes à proteção de florestas e às competências em matéria ambiental, previstas na Lei Complementar 140/2011.

(1) A regularidade da reserva legal envolve a conservação de sua vegetação nativa, de modo que a exploração econômica dessa área deve ser feita mediante plano de manejo sustentável previamente aprovado pelo órgão ambiental competente do SISNAMA, sem prejuízo da observância das demais normas ambientais pertinentes.

(2) A reserva legal de propriedade ou posse rural define-se como área protegida com a principal função ambiental de preservar os recursos hídricos, a paisagem e a estabilidade geológica no imóvel.

**1:** Correta. A assertiva encontra-se em consonância com o art. 17, § 1°, da Lei 12.651/2012: "Art. 17. A Reserva Legal deve ser conservada com cobertura vegetal nativa pelo proprietário do imóvel rural, possuidor ou ocupante a qualquer título, pessoa física ou jurídica, de direito público ou privado. § 1°. Admite-se a exploração econômica da Reserva Legal mediante manejo sustentável, previamente aprovado pelo órgão competente do Sisnama, de acordo com as modalidades previstas no art. 20". **2:** Errada. O enunciado fala em Reserva Legal, mas indica a função ambiental da Área de Preservação Permanente (art. 3°, II, da Lei 12.651/2012). A definição legal de reserva legal encontra-se inserida no art. 3°, III, da Lei 12.651/2012: "III – Reserva Legal: área localizada no interior de uma propriedade ou posse rural, delimitada nos termos do art. 12, com a função de assegurar o uso econômico de modo sustentável dos recursos naturais do imóvel rural, auxiliar a conservação e reabilitação dos processos ecológicos e promover a conservação da biodiversidade, bem como o abrigo e a proteção da fauna silvestre e da flora nativa". FM/FCP

Gabarito 1C, 2E

# 19. DIREITO AMBIENTAL · 649

**(Magistratura/ES – 2011 – CESPE)** A Resolução n. 237/1997 do Conselho Nacional do Meio Ambiente estabeleceu roteiro mínimo a ser observado nos processos de licenciamento ambiental, composto de oito etapas, entre as quais se inclui a

(A) apresentação da proposta de plano de monitoramento ambiental da emissão de efluentes.

(B) apresentação da proposta de plano de manejo da área vizinha ao empreendimento.

(C) emissão de parecer técnico conclusivo e, conforme o caso, de parecer jurídico.

(D) assinatura de termo de ajuste de conduta proposto em audiência pública.

(E) redação do termo de referência circunstanciado, acompanhado de laudo pericial, se for o caso.

Art. 10, VII, da Resolução 237/1997.

Gabarito "C".

**(Magistratura/PA – 2012 – CESPE)** As obras para a construção de uma usina hidrelétrica na região amazônica, financiadas por entidades governamentais brasileiras, afetarão mais três estados-membros da Federação, dado o alagamento de uma área superior a dois mil hectares na Amazônia Legal, onde se localizam imóveis rurais particulares.

Considerando a situação hipotética acima e o disposto na Política Nacional de Meio Ambiente e nas Resoluções n. 1, n. 237 e n. 378 do Conselho Nacional do Meio Ambiente (CONAMA), assinale a opção correta.

(A) Conforme determinação do Sistema Nacional de Meio Ambiente (SISNAMA) expressa na Lei da Política Nacional do Meio Ambiente, o licenciamento ambiental cabe aos órgãos ambientais competentes dos três estados afetados.

(B) O empreendimento não está sujeito a licenciamento ambiental, por serem as hidrelétricas fontes de energia renovável, não incluídas, portanto, entre as atividades utilizadoras de recursos naturais consideradas poluentes.

(C) Compete ao IBAMA o licenciamento ambiental do empreendimento, já que o impacto ambiental, nesse caso, é regional.

(D) O licenciamento ambiental deverá ser feito pelo órgão ambiental competente de apenas um dos estados-membros afetados pelo empreendimento.

(E) Poderá ser dispensado o estudo de impacto ambiental da obra se a energia a ser gerada pela usina for indispensável para a economia do país.

**A:** incorreta, pois, tratando-se de impacto regional a competência para o licenciamento ambiental é da União (art. 7º, XIV, "e", da Lei Complementar 140/2011), por meio do IBAMA (art. 1º da Resolução CONAMA 378/2006); **B:** incorreta, pois uma obra desse porte não só terá de se submeter a um licenciamento ambiental, como também terá de ser precedida de um EIA/RIMA, dada a significativa degradação ambiental que poderá causar; **C:** correta, nos termos do comentário à alternativa "a"; **D:** incorreta, pois, como se viu, o IBAMA é que será o responsável pelo licenciamento ambiental no caso; **E:** incorreta, pois uma coisa não exclui a outra; havendo possibilidade de se causar significativa degradação ambiental, de rigor a realização de EIA/RIMA (art. 225, § 1º, IV, da CF).

Gabarito "C".

**(Magistratura/PB – 2011 – CESPE)** Acerca do EIA, assinale a opção correta.

(A) O empreendedor e os profissionais que subscrevam os estudos necessários ao processo de licenciamento ambiental serão responsáveis pelas informações apresentadas, sujeitando-se às sanções administrativas, civis e penais em caso de estudos que apresentem dados falsos ou incorretos.

(B) Ao determinar a execução do EIA, o órgão estadual competente ou o IBAMA deverão obrigatoriamente convocar, de ofício, audiência pública para informação sobre o projeto e seus impactos ambientais.

(C) O EIA deve ser realizado por equipe multidisciplinar habilitada e não dependente direta ou indiretamente do

proponente do projeto, a qual assumirá a responsabilidade técnica pelos resultados apresentados.

(D) Como parte integrante do EIA, o RIMA deve ser amplamente divulgado e colocado à disposição da população, vedada qualquer imposição de sigilo ao documento.

(E) Os municípios não têm competência para exigir o EIA, que está na esfera de atribuição do órgão ambiental federal e dos estaduais.

**A:** correta (art. 11, parágrafo único, da Resolução CONAMA 237/1997); **B:** incorreta, pois a audiência pública será determinada pelo órgão responsável, *sempre que julgar necessário* (art. 11, § 2º, da Resolução CONAMA 01/1986); **C:** incorreta, pois o art. 7º da Resolução CONAMA 01/1986 foi revogado pela Resolução CONAMA 237/1997, que trata do assunto em seu art. 11; **D:** incorreta, pois cabe, excepcionalmente, o sigilo (art. 11 da Resolução CONAMA 01/1986); **E:** incorreta, pois o município terá essa competência quando for responsável pelo respectivo licenciamento ambiental; o Município tem competência para o licenciamento ambiental quando se estiver diante de impacto ambiental local, e desde que tenha Conselho Municipal do Meio Ambiente e estrutura para fazer licenciamentos (Lei Complementar 140/2011).

Gabarito "A".

**(Magistratura/PI – 2011 – CESPE)** Com base nas disposições do Decreto n. 99.274/1990 e da Resolução CONAMA n. 237, assinale a opção correta acerca do licenciamento ambiental.

(A) O relatório de impacto ambiental deve estar integralmente acessível ao público, sendo vedado nele incluir matéria sigilosa que impeça sua total ou parcial divulgação.

(B) A licença prévia, a ser concedida na fase preliminar do planejamento de atividade, deve conter os requisitos básicos a serem atendidos nas fases de localização, instalação e operação, observados os planos municipais, estaduais ou federais de uso do solo.

(C) O órgão ambiental competente deve estabelecer prazos análogos para cada modalidade de licença – prévia, de instalação e de operação –, assim como para a formulação de exigências complementares, observado o prazo improrrogável de seis meses, a contar do protocolo do requerimento, até seu deferimento ou indeferimento.

(D) O licenciamento dos estabelecimentos destinados a produzir materiais nucleares ou a utilizar energia nuclear compete ao IBAMA, mediante parecer da Comissão Nacional de Energia Nuclear.

(E) A concessão de licença ambiental é ato vinculado que não comporta suspensão ou cancelamento, salvo no caso de violação de quaisquer condicionantes ou normas legais.

**A:** incorreta, pois cabe o sigilo em caso de pedido de interessado, que caracterize expressamente a necessidade de respeitar sigilo industrial (art. 17, § 3º, do Decreto 99.274/1990); **B:** correta (art. 8º, I, da Resolução CONAMA 237/1997); **C:** incorreta, pois o órgão ambiental competente estabelecerá prazos diferenciados (e não análogos) para cada modalidade de licença (art. 14, *caput*, da Resolução CONAMA 237/1997); **D:** incorreta, pois o licenciamento não é do estabelecimento, mas do empreendimento ou atividade (art. 4º, *caput* e inciso IV, da Resolução CONAMA 237/1997); **E:** incorreta, pois "o órgão ambiental competente, mediante decisão motivada, poderá modificar os condicionantes e as medidas de controle e adequação, **suspender** ou **cancelar** uma licença expedida, quando ocorrer: i) violação ou inadequação de quaisquer condicionantes ou normas legais; ii) **omissão ou falsa** descrição de informações relevantes que subsidiaram a expedição da licença; iii) **superveniência** de graves riscos ambientais e de saúde" (art. 19 da Resolução CONAMA 237/1997).

Gabarito "B".

**(Procurador Federal – 2010 – CESPE)** A respeito dos estudos de impacto ambiental, julgue o item que se segue.

(1) Os estudos de impacto ambiental são exigidos, na forma da lei, nos casos de significativa degradação ambiental.

**1:** correta – Art. 225, § 1º, IV, da CF.

Gabarito 1C

# 650 VÁRIOS AUTORES

**(Advogado da União/AGU – CESPE – 2012)** A respeito do EIA, importante instrumento da Política Nacional do Meio Ambiente, julgue os próximos itens.

**(1)** A concessão de licenciamento para desenvolvimento de atividade potencialmente danosa ao meio ambiente constitui ato do poder de polícia, sendo a análise dos EIAs atividade própria do Poder Executivo.

**(2)** Lei estadual pode dispensar a realização de EIA se restar comprovado, por perícia, que determinada obra não apresenta potencial poluidor.

**(3)** Não poderá ser deferida licença ambiental se o EIA e seu respectivo relatório — EIA/RIMA — revelarem possibilidade de danos graves ao meio ambiente.

**1:** correta, pois, de fato, o licenciamento ambiental constitui, sem dúvida, instrumento que materializa o poder de polícia ambiental do Estado (*lato sensu*), a quem caberá analisar, se o caso, o Estudo de Impacto Ambiental (EIA) no caso de atividades ou empreendimentos com potencialidade de causar significativa degradação ambiental, podendo concluir, inclusive, pela inviabilidade da obra/empreendimento; **2:** incorreta, pois a exigência de EIA decorre de regra constitucional (art. 225, § 1º, IV, CF), não cabendo, casuisticamente aos Estados, dispensá-lo. Outrossim, é da essência do EIA preceder à concessão da licença prévia, sendo, portanto, incompatível que uma perícia, certamente posterior ao início das obras ou atividades potencialmente causadoras de significativa degradação ambiental (AC 2000390200001410, DJ 18.10.2007 – TRF 1ª Região); **3:** incorreta, pois, mesmo diante de possibilidade de danos ambientais revelada pelo EIA/RIMA, cujas conclusões, frise-se, não vinculam o órgão ambiental licenciador, poderão ser apresentadas medidas mitigadoras ou mesmo alternativas aos impactos ambientais (art. 6º, Resolução CONAMA 01/1986).
Gabarito 1C, 2E, 3E

**(Magistratura Federal/3ª região – 2011 – CESPE)** Acerca do licenciamento ambiental, assinale a opção correta.

**(A)** Compete ao CONAMA determinar, quando julgar necessário, a realização de estudos das alternativas e das possíveis consequências ambientais de projetos privados que possam causar significativa degradação ambiental, e ao IBAMA cabe apreciar os estudos de impacto ambiental de projetos desenvolvidos pelo poder público.

**(B)** Compete ao órgão ambiental municipal, ouvidos os órgãos competentes da União, dos estados e do DF, quando couber, o licenciamento ambiental de empreendimentos e atividades de impacto ambiental local, bem como o que lhe for delegado pelo estado-membro por instrumento legal ou convênio.

**(C)** Pertence ao IBAMA, em caráter exclusivo e indelegável, a competência para o licenciamento ambiental de empreendimentos e atividades com significativo impacto ambiental de âmbito regional.

**(D)** O licenciamento ambiental dos empreendimentos e atividades localizados ou desenvolvidos nas florestas e demais formas de vegetação natural de preservação permanente e de todas as que assim forem consideradas por normas federais é da competência do órgão ambiental federal.

**(E)** São idênticos os prazos de validade da licença prévia, da licença de instalação e da licença de operação, etapas inextinguíveis do licenciamento ambiental.

**A:** incorreta, pois a atribuição é do órgão ambiental competente para o licenciamento, que pode ser o IBAMA, no plano federal, art. 7º da Lei complementar n. 140/2011 o órgão ambiental estadual ou do Distrito Federal, art. 8º da Lei Complementar n.140/2011 ou, ainda, o órgão ambiental municipal, art. 9º da Lei complementar n. 140/2011; **B:** correta, pois é o que estabelece o art. 6º da Resolução CONAMA n. 237/1997: *Compete ao órgão ambiental municipal, ouvidos os órgãos competentes da União, dos Estados e do Distrito Federal, quando couber, o licenciamento ambiental de empreendimentos e atividades de impacto ambiental local e daquelas que lhe forem delegadas pelo Estado por instrumento legal ou convênio*; **C:** incorreta, pois o IBAMA poderá delegar a competência para o licenciamento ambiental, nos termos do art. 4º, § 2º, da Resolução CONAMA n. 237/1997: *O IBAMA, ressalvada sua competência supletiva, poderá delegar aos Estados o licenciamento*

de atividade com significativo impacto ambiental de âmbito regional, uniformizando, quando possível, as exigências; **D:** incorreta, pois o art. 5º, II, da Resolução CONAMA n. 237/1997 e art. 8º da Lei Complementar n. 140/2011, estabelecem que *compete ao órgão ambiental estadual ou do Distrito Federal o licenciamento ambiental dos empreendimentos e atividades localizados ou desenvolvidos nas florestas e demais formas de vegetação natural de preservação permanente relacionados no artigo 4º da Lei n. 12.651/2012 e em todas as que assim forem consideradas por normas federais, estaduais ou municipais*; **E:** incorreta, pois os prazos podem ser diferenciados, nos termos do art. 18 da Resolução CONAMA n. 237/1997.
Gabarito "B".

**(Magistratura Federal/2ª região – 2011 – CESPE)** A tutela do meio ambiente, devido à complexidade que engendra, envolve definição de políticas públicas, utilização adequada de instrumentos de prevenção e controle das atividades econômicas e atuação constante do poder público. Acerca desse tema, assinale a opção correta.

**(A)** O estudo de impacto ambiental exigido por órgão ambiental competente pode ser objeto de reforma judicial.

**(B)** Entre as atribuições do Conselho Nacional do Meio Ambiente, integrante do Sistema Nacional de Meio Ambiente, inclui-se o desenvolvimento de projetos para o uso racional e sustentável de recursos naturais e para melhorar a qualidade de vida da população.

**(C)** Comparado à avaliação de impacto ambiental, o estudo de impacto ambiental tem abrangência restrita.

**(D)** O estudo de impacto ambiental tem natureza jurídica de ato administrativo ambiental.

**(E)** A autorização para o funcionamento de atividade potencialmente degradadora do ambiente independe da localização do empreendimento ou de estudos preliminares de uso do solo.

**A:** incorreta, pois o EIA, instituído pela Resolução CONAMA n. 1/1986, é utilizado durante o processo administrativo de licenciamento ambiental. Nos termos do art. 7º da mencionada Resolução, o EIA é realizado por equipe multidisciplinar habilitada, não dependente direta ou indiretamente do proponente do projeto e que será responsável tecnicamente pelos resultados apresentados. Por força de alguma medida judicial, o EIA poderá ser analisado pelo Poder Judiciário. Todavia, o Judiciário o analisa não para reformá-lo. Poderá, por exemplo, entender que ele é incompleto. O EIA é utilizado para fundamentar a decisão da autoridade competente para o licenciamento ambiental. Todavia, o EIA não integra o mencionado ato administrativo decisório. É o ato decisório de concessão ou de denegação da licença que poderá ser objeto de controle judicial; **B:** incorreta, pois a mencionada atribuição é do Fundo Nacional de Meio Ambiente, instituído pela Lei n. 7.797/1989. Conforme o art. 1º do mencionado diploma normativo, o Fundo Nacional de Meio Ambiente foi instituído "com o objetivo de desenvolver os projetos que visem ao uso racional e sustentável de recursos naturais, incluindo a manutenção, melhoria ou recuperação da qualidade ambiental no sentido de elevar a qualidade de vida da população brasileira"; **C:** correta. A Avaliação de Impacto Ambiental (AIA) é definida, no art. 9º, III, da Lei n. 6.938/1981, como um instrumento da Política Nacional do Meio Ambiente. O Estudo de Impacto Ambiental (EIA) é uma espécie de avaliação de impacto ambiental, utilizado no processo de licenciamento ambiental. Por isso, o estudo tem abrangência restrita a determinado empreendimento que se pretende implantar; **D:** incorreta, pois ficou consignado nos comentários acima (assertiva "a"); **E:** incorreta, pois a assertiva afronta, além de outros diplomas normativos, o que estabelece o art. 225, § 1º, IV, da CF. Vale registrar que o art. 10 da Lei n. 6.938/1981, em conformidade com o estabelecido na Lei Maior, consigna que é necessário o licenciamento ambiental da atividade potencialmente degradadora do ambiente (Redação dada pela Lei Complementar n. 140/2011).
Gabarito "C".

**(Magistratura Federal/3ª região – 2011 – CESPE)** Assinale a opção correta a respeito do EIA.

**(A)** No EIA, deve ser desenvolvido diagnóstico ambiental da área de influência do projeto, considerados o meio físico, o biológico e os ecossistemas naturais, sendo de responsabilidade do RIMA a análise do meio socioeconômico e das relações de dependência entre a sociedade local, os

# 19. DIREITO AMBIENTAL 651

recursos ambientais e a potencial utilização futura desses recursos.

**(B)** O elenco de atividades que dependem do EIA e respectivo RIMA consta exemplificativamente da lei, podendo o órgão ambiental competente, a seu critério, exigir a apresentação do EIA/RIMA em outras hipóteses que julgar relevantes.

**(C)** No caso de empreendimentos e atividades sujeitos ao EIA, verificada a necessidade de complementação dos esclarecimentos prestados, o órgão ambiental competente poderá, de modo unilateral, independentemente da participação do empreendedor, exigir providências suplementares, cujo descumprimento implica o indeferimento sumário do pedido de licença.

**(D)** A audiência pública não é etapa que deva preceder obrigatoriamente a realização do EIA, sendo necessária apenas quando solicitada pelo órgão ambiental responsável pela concessão do licenciamento, o único que dispõe de legitimidade para requerê-la.

**(E)** Pertence ao empreendedor que pretenda a liberação ambiental de seus projetos o dever de pagar as custas do EIA, sujeitando-se, ele e os profissionais que subscrevam os estudos, à responsabilidade nas instâncias administrativa, civil e penal pelas informações apresentadas.

**A:** incorreta, pois também é de responsabilidade do EIA a análise do meio socioeconômico. Assim dispõe o art. 6º da Resolução CONAMA 01/1986: "Artigo 6º – O estudo de impacto ambiental desenvolverá, no mínimo, as seguintes atividades técnicas: I – Diagnóstico ambiental da área de influência do projeto completa descrição e análise dos recursos ambientais e suas interações, tal como existem, de modo a caracterizar a situação ambiental da área, antes da implantação do projeto, considerando: a) o meio físico – o subsolo, as águas, o ar e o clima, destacando os recursos minerais, a topografia, os tipos e aptidões do solo, os corpos d'água, o regime hidrológico, as correntes marinhas, as correntes atmosféricas; b) o meio biológico e os ecossistemas naturais – a fauna e a flora, destacando as espécies indicadoras da qualidade ambiental, de valor científico e econômico, raras e ameaçadas de extinção e as áreas de preservação permanente; c) o meio socioeconômico – o uso e ocupação do solo, os usos da água e a socioeconômico, destacando os sítios e monumentos arqueológicos, históricos e culturais da comunidade, as relações de dependência entre a sociedade local, os recursos ambientais e a potencial utilização futura desses recursos. II – Análise dos impactos ambientais do projeto e de suas alternativas, através de identificação, previsão da magnitude e interpretação da importância dos prováveis impactos relevantes, discriminando: os impactos positivos e negativos (benéficos e adversos), diretos e indiretos, imediatos e a médio e longo prazo, temporários e permanentes; seu grau de reversibilidade; suas propriedades cumulativas e sinérgicas; a distribuição dos ônus e benefícios sociais. III – Definição das medidas mitigadoras dos impactos negativos, entre elas os equipamentos de controle e sistemas de tratamento de despejos, avaliando a eficiência de cada uma delas. IV – Elaboração do programa de acompanhamento e monitoramento (os impactos positivos e negativos, indicando os fatores e parâmetros a serem considerados. Parágrafo único. Ao determinar a execução do estudo de impacto Ambiental o órgão estadual competente; ou o IBAMA ou quando couber, o Município fornecerá as instruções adicionais que se fizerem necessárias, pelas peculiaridades do projeto e características ambientais da área"; **B:** incorreta, pois os critérios para a exigibilidade do EIA/RIMA estão previstos no art. 2º da Resolução CONAMA n. 237/1997: "Art. 2º – A localização, construção, instalação, ampliação, modificação e operação de empreendimentos e atividades utilizadoras de recursos ambientais consideradas efetiva ou potencialmente poluidoras, bem como os empreendimentos capazes, sob qualquer forma, de causar degradação ambiental, dependerão de prévio licenciamento do órgão ambiental competente, sem prejuízo de outras licenças legalmente exigíveis. § 1º- Estão sujeitos ao licenciamento ambiental os empreendimentos e as atividades relacionadas no Anexo 1, parte integrante desta Resolução. § 2º – Caberá ao órgão ambiental competente definir os critérios de exigibilidade, o detalhamento e a complementação do Anexo 1, levando em consideração as especificidades, os riscos ambientais, o porte e outras características do empreendimento ou atividade; **C:** incorreta, pois o art. 10, § 2º, da Resolução n. 237/1997, garante a participação do empreendedor: "No caso de empreendimentos e atividades sujeitos ao estudo de impacto ambiental – EIA, se verificada a necessidade de nova complementação

em decorrência de esclarecimentos já prestados, conforme incisos IV e VI, o órgão ambiental competente, mediante decisão motivada e com a participação do empreendedor, poderá formular novo pedido de complementação"; **D:** incorreta, pois o art. 2º da Resolução CONAMA n. 9/1987 estabelece quem pode solicitar a audiência pública: "Sempre que julgar necessário, ou quando for solicitado por entidade civil, pelo Ministério Público, ou por 50 (cinquenta) ou mais cidadãos, o Órgão do Meio Ambiente promoverá a realização de Audiência Pública"; **E:** correta, pois é o que estabelece o art. 11 da Resolução CONAMA n. 237/1997: "Art. 11 – Os estudos necessários ao processo de licenciamento deverão ser realizados por profissionais legalmente habilitados, às expensas do empreendedor. Parágrafo único – O empreendedor e os profissionais que subscrevem os estudos previstos no *caput* deste artigo serão responsáveis pelas informações apresentadas, sujeitando-se às sanções administrativas, civis e penais".

Gabarito "E".

## 7.2. UNIDADES DE CONSERVAÇÃO

**Procurador do Município/Manaus – 2018 – CESPE)** Com base na legislação aplicável ao SNUC e aos espaços territoriais especialmente protegidos, julgue os seguintes itens.

**(1)** A reserva de desenvolvimento sustentável é um exemplo de unidade de conservação de proteção integral.

**(2)** A inclusão de uma APP no cômputo da área de reserva legal de um imóvel rural não altera o regime de proteção dessa APP.

**1:** Errado, pois de acordo com a Lei 9.985/2000, art. 14, VI, a reserva de desenvolvimento sustentável constitui o Grupo das Unidades de Uso Sustentável. **2.** Correto, pois de acordo com o art. 15 da Lei 12.651/2012, será admitido o cômputo das Áreas de Preservação Permanente no cálculo do percentual da Reserva Legal do imóvel, desde que: [...] § 1º O regime de proteção da Área de Preservação Permanente não se altera na hipótese prevista neste artigo.

Gabarito 1E, 2C.

**(Juiz – TJ/CE – 2018 – CESPE)** Com relação ao SNMA, ao Sistema Nacional de Unidades de Conservação da Natureza e ao zoneamento ambiental, assinale a opção correta.

**(A)** Uma vez que possuem representação no CONAMA, os estados, no âmbito do SNMA, não têm competência para legislar sobre normas relacionadas ao meio ambiente e devem se ater às estabelecidas pelo CONAMA.

**(B)** O IBAMA e o Instituto Chico Mendes de Conservação da Biodiversidade são órgãos que têm por finalidade executar e fazer executar a política e as diretrizes governamentais fixadas para o meio ambiente.

**(C)** As unidades de proteção integral visam à manutenção dos ecossistemas e dos hábitats naturais livres de alterações causadas por interferência humana, sendo vedado o uso direto ou indireto dos seus atributos naturais.

**(D)** O zoneamento ecológico-econômico é o instrumento de organização do espaço urbano, obrigatório na implantação de obras e atividades públicas, por meio do qual a cidade é dividida em áreas sobre as quais incidem diretrizes para uso e ocupação do solo.

**(E)** Um parque nacional pode ser constituído por áreas particulares, caso em que a utilização da terra pelos proprietários deve ser compatibilizada com os recursos naturais da unidade.

**A:** Errada, pois os Estados possuem sim tal competência, que é concorrente, conforme art. 24, VI, da CF/1988. **B:** Correta, pois de acordo com a Lei 9.985/2000, em seu artigo 6º, III, são órgãos executores: o Instituto Chico Mendes e o Ibama, em caráter supletivo, os órgãos estaduais e municipais, com a função de implementar o SNUC, subsidiar as propostas de criação e administrar as unidades de conservação federais, estaduais e municipais, nas respectivas esferas de atuação. (Redação dada pela Lei 11.516/2007). **C:** Errada, pois segundo o art. 7º, § 1º, da Lei 9.985/2000, o objetivo básico das Unidades de Proteção Integral é preservar a natureza, sendo admitido apenas o uso indireto dos seus recursos naturais, com exceção dos casos previstos nesta Lei. **D:** Errada, pois o Decreto Federal 4.297/2002, art. 2º, dispõe que o

ZEE, instrumento de organização do território a ser obrigatoriamente seguido na implantação de planos, obras e atividades públicas e privadas, estabelece medidas e padrões de proteção ambiental destinados a assegurar a qualidade ambiental, dos recursos hídricos e do solo e a conservação da biodiversidade, garantindo o desenvolvimento sustentável e a melhoria das condições de vida da população. **E:** Errada, pois o art. 11, § 1º, da Lei 9.985/2000 é expresso ao considerar que o Parque Nacional é de posse e domínio públicos, sendo que as áreas particulares incluídas em seus limites serão desapropriadas, de acordo com o que dispõe a lei.

Gabarito "B".

**(Promotor de Justiça/RR – 2017 – CESPE)** Em 2008, o governo de determinado estado da Federação criou, por lei, uma estação ecológica e, por decreto, uma reserva biológica. Em ambos os casos, os estudos técnicos foram previamente realizados, mas não houve consulta pública. Anos depois, por lei específica, o governo reduziu os limites das unidades criadas.

Considerando essa situação, assinale a opção correta.

**(A)** Tanto a criação quanto a redução dos limites da reserva biológica poderiam ter sido feitas por decreto.

**(B)** Para a criação de ambas as unidades, os estudos técnicos eram, de fato, necessários.

**(C)** Tanto a criação quanto a redução dos limites da estação ecológica poderiam ter sido feitas por decreto.

**(D)** Para a criação de ambas as unidades, a consulta pública era indispensável.

**A:** Errada, pois a criação ou ampliação de uma unidade de conservação pode ser feita por decreto, no entanto, a supressão e a redução das unidades de conservação somente podem ser feitas através de lei (art. 22, § 7º, da Lei 9.985/2000). **B:** Correta, porquanto, de acordo com o art. 22, § 2º, da Lei 9.985/2000, a criação de uma unidade de conservação deve ser precedida de estudos técnicos e de consulta pública que permitam identificar a localização, a dimensão e os limites mais adequados para a unidade, conforme se dispuser em regulamento. Mas no caso de criação de estação ecológica e reserva biológica não é necessário a realização de audiência pública. **C:** Errada, conforme explicitado acima (art. 22, § 7º, da Lei 9.985/2000). **D:** Errada, de modo que dispensa-se a consulta pública somente para a criação de Estação Ecológica e de Reserva Biológica (art. 22, § 4º, da Lei 9.985/2000).

Gabarito "B".

**(Juiz – TRF5 – 2017 – CESPE)** A Lei que instituiu o Sistema Nacional de Unidades de Conservação da Natureza (Lei 9.985/2000), em seu art. 36, estabelece a seguinte modalidade de compensação ambiental: nos casos de licenciamento ambiental de empreendimentos de significativo impacto ambiental, o empreendedor é obrigado a apoiar a implantação e a manutenção de unidade de conservação do grupo de proteção integral.

Considerando essa informação, assinale a opção que apresenta o princípio que embasa tal previsão legal, conforme a jurisprudência do Supremo Tribunal Federal (STF).

**(A)** função social da propriedade

**(B)** usuário-pagador

**(C)** preponderância do interesse público

**(D)** solidariedade intergeracional

**(E)** precaução

**A:** Errada, embora a função social da propriedade, também cognominada de função socioambiental para os fins do Direito Ambiental, à luz do art. 186, II, da CF/1988, determine que a propriedade deverá respeitar a legislação ambiental, não é este princípio que o enunciado aponta diretamente. **B:** Correta, pois segundo o STF "uma das vertentes do princípio usuário-pagador é a que impõe ao empreendedor o dever de também responder pelas medidas de prevenção de impactos ambientais que possam decorrer, significativamente, da implementação de sua empírica empreitada econômica" (ADI 3378/STF). **C:** Errada, de modo que, embora o interesse público preponde notadamente nas questões ambientais, de sorte a constituir direito difuso, não é especificamente este princípio que atende ao enunciado da questão, o qual dá a entender, com claridade, o aspecto da compensação. **D:** Errada, de sorte que o princípio da solidariedade intergeracional diz respeito às atitudes que as gerações atuais devem tomar, no sentido

de preservarem o meio ambiente e utilizá-lo de modo racional, sem que as futuras gerações sejam privadas do seu aproveitamento e, assim, do seu equilíbrio. **E:** Errada, pois, como cediço o princípio da precaução diz respeito a impacto ambiental cuja ocorrência é potencial, enquanto que a questão aponta justamente para o caráter de compensação da medida.

Gabarito "B".

**(Juiz – TRF5 – 2017 – CESPE)** Uma área em geral extensa, com certo grau de ocupação humana, dotada de atributos abióticos, bióticos, estéticos ou culturais especialmente importantes para a qualidade de vida e o bem-estar das populações humanas, e que tem como objetivos básicos proteger a diversidade biológica, disciplinar o processo de ocupação e assegurar a sustentabilidade do uso dos recursos naturais é considerada, pela legislação do Sistema Nacional de Unidades de Conservação da Natureza,

**(A)** unidade de uso sustentável da categoria área de relevante interesse ecológico.

**(B)** unidade de uso sustentável da categoria reserva de desenvolvimento sustentável.

**(C)** unidade de proteção integral da categoria área de relevante interesse ecológico.

**(D)** unidade de proteção integral da categoria área de proteção ambiental.

**(E)** unidade de uso sustentável da categoria área de proteção ambiental.

**A:** Errada, pois segundo o art. 16 da Lei 9.985/2000, a área de Relevante Interesse Ecológico é uma área em geral de PEQUENA extensão, com pouca ou nenhuma ocupação humana, com características naturais extraordinárias ou que abriga exemplares raros da biota regional, e tem como objetivo manter os ecossistemas naturais de importância regional ou local e regular o uso admissíveis dessas áreas, de modo compatibilizá-lo com os objetivos de conservação da natureza. **B:** Errada, pois segundo o art. 20 da Lei 9.985/2000, a Reserva de Desenvolvimento Sustentável é uma área natural que abriga populações tradicionais, cuja existência baseia-se em sistemas sustentáveis de exploração dos recursos naturais, desenvolvidos ao longo de gerações e adaptados às condições ecológicas locais e que desempenham um papel fundamental na proteção da natureza e na manutenção da diversidade biológica. **C:** Errada, pois a Área de Relevante Interesse Ecológico constitui unidade de conservação pertencente ao Grupo das Unidades de Uso Sustentável, consoante o art. 14, II, da Lei 9.985/2000. **D:** Errada, pois a Área de Proteção Ambiental constitui unidade de conservação pertencente ao Grupo das Unidades de Uso Sustentável, consoante o art. 14, I, da Lei 9.985/2000. **E:** Correta, pois reflete a literalidade do art. 15 da lei 9.985/2000, *in litteris*: "Lei 9985/2000 Art. 15. A Área de Proteção Ambiental é uma área em geral extensa, com um certo grau de ocupação humana, dotada de atributos abióticos, bióticos, estéticos ou culturais especialmente importantes para a qualidade de vida e o bem-estar das populações humanas, e tem como objetivos básicos proteger a diversidade biológica, disciplinar o processo de ocupação e assegurar a sustentabilidade do uso dos recursos naturais.

Gabarito "E".

**(Delegado/PE – 2016 – CESPE)** As unidades de conservação

**(A)** devem possuir um plano de manejo, com exceção das reservas particulares do patrimônio natural.

**(B)** são constituídas de espaços territoriais e seus recursos naturais, com exceção das águas jurisdicionais.

**(C)** de proteção integral devem ser de posse e de domínio públicos.

**(D)** de uso sustentável devem ser de posse e de domínio privados.

**(E)** devem possuir zonas de amortecimento, com exceção das áreas de proteção ambiental e das reservas particulares do patrimônio natural.

**A:** incorreta, já que as reservas particulares do patrimônio natural são áreas privadas gravadas com perpetuidade com o fim de conservar a diversidade biológica, cabendo ao SNUC sempre que possível e oportuno prestar orientação técnica e científica ao proprietário para a elaboração de um Plano de Manejo ou de Proteção e de Gestão da unidade, conforme determinado pelo art. 21, § 3º da Lei 9.985/2000; **B**: incorreta, já que o art. 2º, I, da Lei 9.985/2000 inclui as águas jurisdicionais como recursos naturais dos espaços territoriais; **C**: incorreta, já que dentre as categorias de proteção integral estão os refúgios de vida silvestre que podem ser constituídos inclusive por áreas particulares, conforme art. 8º, V, e art. 13, § 1º da Lei 9.985/2000; **D**: incorreta, já que a área de proteção ambiental pode ser constituída por terras públicas ou privadas e de todo modo são categorias do Grupo das Unidades de Uso Sustentável, conforme art. 14º, I e art. 15, § 1º, da Lei 9.985/2000; **E**: correta, conforme a literalidade do art. 25 da Lei 9.985/2000: "Art. 25.As unidades de conservação, exceto Área de Proteção Ambiental e Reserva Particular do Patrimônio Natural, devem possuir uma zona de amortecimento e, quando conveniente, corredores ecológicos"

Gabarito "E".

**(Juiz de Direito/DF – 2016 – CESPE)** De acordo com a Lei n.º 9.985/2000, que instituiu o Sistema Nacional de Unidades de Conservação (SNUC), assinale a opção correta.

**(A)** Pode haver área particular localizada em unidade de conservação designada como Monumento Natural; nessas áreas, no entanto, não pode haver criação de animais domésticos nem plantio de qualquer espécie, sendo vedada essa autorização, se houver, no plano de manejo.

**(B)** O parque nacional, a reserva de fauna, a estação ecológica e o refúgio de vida silvestre constituem exemplos, nos termos da lei, de unidades de proteção integral.

**(C)** A presença de habitantes é inadmissível na floresta nacional, área com cobertura florestal de espécies predominantemente nativas e de posse e domínio públicos.

**(D)** As pesquisas científicas, realizadas em estação ecológica, que gerem impacto superior à simples observação ou à coleta controlada de componentes dos ecossistemas devem ocorrer em área correspondente a, no máximo, 3% da extensão total da unidade e até o limite de 1.500 hectares.

**(E)** O subsolo e o espaço aéreo também integram os limites das unidades de conservação, e se consideram incluídos na proteção ambiental conferida à unidade, ainda que não constem no ato de criação ou no plano de manejo.

**A**: incorreta. O Monumento Natural pode ser constituído por áreas particulares, desde que seja possível compatibilizar os objetivos da unidade com a utilização da terra e dos recursos naturais do local pelos proprietários. Não há, por sua vez, qualquer vedação expressa para a criação de animais domésticos nem plantio de qualquer espécie. Somente se houver incompatibilidade entre os objetivos da área e as atividades privadas ou não houver aquiescência do proprietário às condições propostas pelo órgão responsável pela administração da unidade para a coexistência do Monumento Natural com o uso da propriedade, a área deve ser desapropriada; **B**: incorreta. Ao contrário das demais espécies elencadas, a reserva de fauna não é uma unidade de conservação de proteção integral, mas de uso sustentável; **C**: incorreta. Nas Florestas Nacionais é admitida a permanência de populações tradicionais que as habitam quando de sua criação, em conformidade com o disposto em regulamento e no Plano de Manejo da unidade (art. 17, § 2º, Lei 9.985/2000); **D**: correta. Trata-se da transcrição do art. 9º, § 4º, IV, da Lei 9.985/2000, que dispõe que na Estação Ecológica só serão permitidas alterações dos ecossistemas no caso de pesquisas científicas cujo impacto sobre o ambiente seja maior do que aquele causado pela simples observação ou pela coleta controlada de componentes dos ecossistemas, em uma área correspondente a no máximo três por cento da extensão total da unidade e até o limite de mil e quinhentos hectares; **E**: incorreta. Segundo o art. 24 da Lei 9.985/2000, "O subsolo e o espaço aéreo, sempre que influírem na estabilidade do ecossistema, integram os limites das unidades de conservação". Isto é, somente se influírem na estabilidade do ecossistema e desde que previstos no ato de criação e no plano de manejo, a depender da unidade. Além disso, o Decreto 4340/2002, um dos regulamentos da Lei 9.985/2000, dispõe que os limites da unidade de conservação, em relação ao subsolo, são estabelecidos: I - no ato de sua criação, no caso de Unidade de Conservação de Proteção Integral; e II - no ato de sua criação ou no Plano de Manejo, no caso de Unidade de Conservação de Uso Sustentável.

Gabarito "D".

**(Analista – Ministério do Meio Ambiente – 2011 – CESPE)** Com base na Lei n. 9.985/2000, que instituiu o Sistema Nacional de Unidades de Conservação da Natureza (SNUC) e estabeleceu critérios e normas para a criação, implantação e gestão de unidades de conservação, julgue os itens a seguir.

**(1)** Por ocuparem áreas privadas, as Reservas Particulares do Patrimônio Natural (RPPN) não integram o SNUC.

**(2)** É proibida a realização de pesquisas científicas em áreas de florestas nacionais.

**1**: incorreta, pois tais reservas são consideradas sim, unidades de conservação, classificadas pela Lei 9.985/2000 como unidades de uso sustentável (art. 14, VII, da lei citada); **2**: incorreta, pois a Floresta Nacional tem também, como objetivo, a pesquisa científica (art. 17, *caput*, da Lei 9.985/2000).

Gabarito 1E, 2E.

**(Magistratura/PB – 2011 – CESPE)** Considerando a disciplina legal das unidades de conservação, assinale a opção correta.

**(A)** As unidades de conservação de proteção integral, mas não as de uso sustentável, devem dispor de plano de manejo disponível para consulta do público na sede da unidade de conservação e no centro de documentação do órgão executor.

**(B)** Inseridas no grupo das unidades de conservação de uso sustentável, as áreas de proteção ambiental podem ser constituídas tanto por terras públicas quanto por terras privadas.

**(C)** As áreas particulares incluídas nos limites de floresta nacional podem permanecer nas mãos dos seus proprietários, somente sendo necessária a desapropriação se não houver aquiescência do dono às condições propostas pelo órgão público responsável pela administração da unidade.

**(D)** Sendo o objetivo básico das unidades de proteção integral manter os ecossistemas livres de alterações causadas por interferência humana, não se admite o uso, mesmo indireto, dos recursos naturais nelas situados.

**(E)** As unidades de conservação de uso sustentável são criadas por ato do poder público, e as de proteção integral, em razão dos limites que impõem ao direito de propriedade, somente podem ser criadas por lei específica.

**A**: incorreta, pois esse dever existe para os dois grandes grupos de unidades de conservação (art. 16 do Decreto 4.340/2002); **B**: correta, pois há unidades de conservação de uso sustentável constituídas por terras públicas ou privadas (ex: art. 15, § 1º, da Lei 9.985/2000); **C**: incorreta, pois, caso seja instituída uma Floresta Nacional em terras particulares, estas devem ser desapropriadas (art. 17, § 1º, da Lei 9.985/2000); **D**: incorreta, pois cabe algum tipo de uso nessa categoria de unidades de conservação; o que não se admite nessas unidades é o uso direto, mas, quanto ao uso indireto, este é admitido, nos limites previstos na lei (art. 2º, VI, da Lei 9.985/2000); **E**: incorreta, pois as unidades de proteção integral também são criadas por ato do poder público (art. 22 da Lei 9.985/2000).

Gabarito "B".

**(Procurador Federal – 2010 – CESPE)** Julgue os itens a seguir, no que se refere ao meio ambiente.

**(1)** A pesquisa científica a ser desenvolvida nas reservas biológicas não depende de autorização administrativa do órgão responsável pela unidade, mas apenas da observância das condições estabelecidas em regulamento.

**(2)** As áreas de relevante interesse ecológico podem ser constituídas por terras públicas e particulares, em uma área em geral de pequena extensão, com pouca ou nenhuma ocupação humana, com características naturais extraordinárias ou que abrigue exemplares raros da biota regional, e têm como objetivo manter os ecossistemas naturais de importância regional ou local, regulando o uso admissível dessas áreas, de modo a compatibilizá-lo com os objetivos de conservação da natureza.

**1**: incorreta (art. 10, § 3º, da Lei 9.985/2000); **2**: correta (art. 16 da Lei 9.985/2000)

Gabarito 1E, 2C.

# 654 VÁRIOS AUTORES

**(Ministério Público/ES – 2010 – CESPE)** O texto constitucional prevê a criação de espaços territoriais especialmente protegidos, denominados unidades de conservação (UCs), como um dos instrumentos de tutela da natureza. Acerca desse tema, assinale a opção correta.

(A) Para iniciar a exploração econômica de uma área de floresta, basta o proprietário rural averbar em cartório, na escritura pública, uma área mínima de reserva legal.

(B) A criação de uma UC não exige consulta pública, pois é competência dos órgãos executores integrantes do Sistema Nacional do Meio Ambiente em caráter exclusivo.

(C) Na demarcação de qualquer UC, deve-se considerar o estabelecimento de corredores ecológicos e zonas de amortecimento.

(D) Mosaico de UCs compreende uma justaposição ou superposição, reconhecida formalmente pelo Ministério do Meio Ambiente, de UCs de diversas categorias, seja públicas, seja privadas.

(E) Estação ecológica é uma UC de proteção integral com finalidade de preservar a biota e os demais atributos naturais, sendo vedada qualquer ingerência humana em seus limites.

**A:** incorreta, pois é necessário fazer licenciamento ambiental; **B:** incorreta, pois é necessário fazer consulta pública (art. 22, § 2º, da Lei 9.985/2000) e não são somente os órgãos executores que podem criar uma unidade de conservação; **C:** incorreta, pois as zonas de amortecimento não são obrigatórias para todas as unidades de conservação e os corredores ecológicos somente devem ser criados quando convenientes (art. 25 da Lei 9.985/2000); **D:** correta (art. 26 da Lei 9.985/2000); **E:** incorreta, pois o conceito trazido é de Reserva Biológica (art. 10 da Lei 9.985/2000); a Estação Ecológica tem por objetivo a preservação da natureza e a realização de pesquisas científicas, admitindo a pesquisa e a visitação para fins educacionais (art. 9 da Lei 9.985/2000).
Gabarito "D".

**(Ministério Público/TO – 2012 – CESPE)** No que se refere ao SNUC, assinale a opção correta.

(A) No SNUC, o regime jurídico mais restritivo é o que trata da unidade de conservação denominada reserva ecológica.

(B) A reserva da biosfera é uma unidade de proteção integral cuja instituição depende da edição de lei.

(C) A categoria unidades de uso sustentável inclui área de proteção ambiental e área de relevante interesse ecológico.

(D) O SNUC é formado por duas categorias de unidades de conservação definidas por seus atributos bióticos e abióticos. As unidades de proteção integral, considerando-se a diversidade de seus biomas, classificam-se em unidades de proteção integral megadiversas e unidades de proteção integral multimodais.

**A:** incorreta, pois sequer há unidade de conservação denominada "reserva ecológica". Há, sim, a reserva biológica (art. 8º, II, da Lei 9.985/2000) e a estação ecológica (art. 8º, I, da Lei 9.985/2000), ambas subespécies de unidades de conservação de proteção integral; **B:** incorreta. A Reserva da Biosfera não é uma subespécie de unidade de proteção integral (*vide* rol do art. 8º da Lei 9.985/2000). Constitui, em verdade, um modelo, adotado internacionalmente, de gestão integrada, participativa e sustentável dos recursos naturais, com os objetivos básicos de preservação da diversidade biológica, o desenvolvimento de atividades de pesquisa, o monitoramento ambiental, a educação ambiental, o desenvolvimento sustentável e a melhoria da qualidade de vida das populações (art. 41 da Lei 9.985/2000), podendo ser integrada por unidades de conservação já criadas pelo Poder Público (§ 3º, do mesmo dispositivo legal citado); **C:** correta (arts. 14, I e II, 15 e 16, todos da Lei 9.985/2000); **D:** incorreta. Não existe a classificação das unidades de conservação contida na assertiva em análise, bastando, para tanto, a leitura do art. 7º, §§ 1º e 2º, da Lei 9.985/2000, que nos traz os objetivos da criação de unidades de conservação de proteção integral e de uso sustentável.
Gabarito "C".

**(Advogado da União/AGU – CESPE – 2012)** Julgue os itens que se seguem.

(1) Unidade de conservação corresponde a um espaço territorial protegido — coberto ou não por vegetação nativa — cuja função é permitir a preservação dos recursos hídricos, da paisagem, da estabilidade geológica e da biodiversidade; facilitar o fluxo gênico de fauna e flora; garantir a proteção do solo; e assegurar o bem-estar das populações humanas.

(2) São matérias sujeitas ao princípio da reserva legal a alteração e a supressão do regime jurídico pertinente aos espaços territoriais especialmente protegidos, ainda que sua delimitação tenha sido determinada por decreto.

**1:** incorreta, pois considera-se unidade de conservação o espaço territorial e seus recursos ambientais, incluindo as águas jurisdicionais, com características naturais relevantes, legalmente instituído pelo Poder Público, com objetivos de conservação e limites definidos, sob regime especial de administração, ao qual se aplicam garantias adequadas de proteção (art. 2º, I, Lei 9.985/2000). O conceito de unidade de conservação não se confunde com o de área de preservação permanente, definida no art. 3º, II, da Lei 12.651/2012 (Código Florestal) como a área protegida, coberta ou não por vegetação nativa, com a função ambiental de preservar os recursos hídricos, a paisagem, a estabilidade geológica e a biodiversidade, facilitar o fluxo gênico de fauna e flora, proteger o solo e assegurar o bem-estar das populações humanas; **2:** incorreta, pois a alteração, por exemplo, de uma unidade de conservação, de molde a ampliá-la, não exigirá, necessariamente, lei, mas, sim, instrumento normativo do mesmo nível hierárquico que a criou (art. 22, § 6º, Lei 9.985/2000).
Gabarito 1E, 2E.

**(Magistratura Federal/1ª região – 2011 – CESPE)** O texto constitucional prevê a criação de espaços territoriais especialmente protegidos como forma de assegurar o exercício ao direito fundamental relacionado ao meio ambiente. Sobre espaços territoriais, unidades de conservação e o Sistema Nacional de Unidades de Conservação, assinale a opção correta.

(A) A unidade de conservação pode ser criada por meio de lei ou decreto, e, em caso de abranger área particular, não se aplica a desafetação, pois o domínio não se transmite ao poder público, em nenhuma circunstância.

(B) Os espaços territoriais previstos na CF dizem respeito apenas às porções do território nacional, isto é, pertencentes à União, não podendo atingir áreas estaduais ou municipais.

(C) A necessidade de manutenção de cobertura vegetal protetora de recursos hídricos e da estrutura do solo justifica a proteção de determinado espaço territorial.

(D) A legislação prevê, de forma taxativa, como espaços passíveis de proteção, áreas marginais a cursos de água, topos de morros e montanhas, escarpas e bordas de tabuleiros e chapadas, restingas.

(E) No regime jurídico das unidades de conservação, não há previsão de tratamento às populações tradicionais habitantes de área a ser protegida pelo poder público.

**A:** incorreta. A unidade de conservação pode ser criada por ato do poder público. Porém, conforme estabelece a CF, em seu art. 225, § 1º, III, a alteração e a supressão somente são permitidas através de lei; **B:** incorreta, pois os espaços territoriais previstos na CF não são pertencentes, exclusivamente, à União. Atingem áreas estaduais e municipais. Pode ser citado o exemplo da Mata Atlântica, que ocorre em áreas públicas ou privadas; **C:** correta, pois uma unidade de conservação abrange o espaço territorial e seus recursos ambientais, que devem ser preservados e submetidos a um regime especial de utilização. Por exemplo, uma área de preservação permanente (APP) tem a função ambiental de preservar os recursos hídricos e de proteger o solo, além e outras funções; **D:** incorreta, pois a enumeração não está completa e não é taxativa. Por exemplo, são protegidas as serras, as encostas, e os mangues; **E:** incorreta, pois, nos termos do art. 4º, XIII, da Lei do SNUC (do Sistema Nacional das Unidades de Conservação), Lei n. 9.985/2000, é objetivo do sistema proteger os recursos naturais necessários à subsistência de populações tradicionais, respeitando e valorizando seu conhecimento e sua cultura e promovendo-as social e economicamente.
Gabarito "C".

# 19. DIREITO AMBIENTAL    655

**(Magistratura Federal/3ª região – 2011 – CESPE)** Assinale a opção correta, no que diz respeito às áreas de preservação permanente e às unidades de conservação.

(A) As florestas nacionais, como áreas com coberturas florestais de espécies predominantemente nativas, são de posse e domínio públicos, devendo as áreas particulares nelas incluídas ser desapropriadas.

(B) As unidades de conservação de proteção integral visam à manutenção dos ecossistemas livres de alterações causadas por interferência humana, proibido o uso, ainda que indireto, dos seus atributos naturais.

(C) A legislação permite a supressão parcial – e nunca a total – de florestas de preservação permanente quando necessária à execução de obras, atividades ou projetos de utilidade pública ou interesse social.

(D) O acesso de pessoas e animais às áreas de preservação permanente é terminantemente vedado, como forma de não comprometer a regeneração e a manutenção, a longo prazo, da vegetação nativa.

(E) Considera-se área de preservação permanente a localizada no interior de propriedade ou posse rural, necessária ao uso sustentável dos recursos naturais, à conservação e reabilitação dos processos ecológicos, à conservação da biodiversidade e ao abrigo e proteção de fauna e flora nativas.

**A:** correta, pois é o que estabelece o art. 17 da Lei n. 9.985/2000; **B:** incorreta, pois é admitido o uso indireto dos seus recursos naturais (art. 7º, § 1º, da Lei n. 9.985/2000); **C:** incorreta, pois o Código Florestal já revogado (Lei n. 4.771/1965) permitia a supressão total no art. 3º, § 1º: "§ 1º A supressão total ou parcial de florestas de preservação permanente só será admitida com prévia autorização do Poder Executivo Federal, quando for necessária à execução de obras, planos, atividades ou projetos de utilidade pública ou interesse social", os arts. 7º e 8º da Lei 12.651/2012 (novo Código Florestal) dispõem sobre a forma de supressão das áreas de preservação permanente; **D:** incorreta, pois o revogado Código Florestal (Lei n. 4.771/1965) não vedava, de forma absoluta, o acesso de pessoas e animais às áreas de preservação permanente, como se depreende do art. 4º, § 7º: "É permitido o acesso de pessoas e animais às áreas de preservação permanente, para obtenção de água, desde que não exija a supressão e não comprometa a regeneração e a manutenção a longo prazo da vegetação nativa. art. 17 da Lei n. 9.985/2000" e dispõe art. 9º Lei 12.651/2012 (novo Código Florestal):" É permitido o acesso de pessoas e animais às Áreas de Preservação Permanente para obtenção de água e para realização de atividades de baixo impacto ambiental"; **E:** incorreta, pois a definição correspondia à de área de reserva legal, nos termos do art. 1º, § 2º, III, do então Código Florestal e assim dispõe o art. 3º da lei 12.651/2012 (novo Código Florestal) em seu inciso "II – Área de Preservação Permanente – APP: área protegida, coberta ou não por vegetação nativa, com a função ambiental de preservar os recursos hídricos, a paisagem, a estabilidade geológica e a biodiversidade, facilitar o fluxo gênico de fauna e flora, proteger o solo e assegurar o bem-estar das populações humanas".

Gabarito "A".

## 7.3. ZONEAMENTO AMBIENTAL

Determinada empresa pretende instalar uma indústria cloroquímica no estado de Santa Catarina e está ciente de que as atividades dessa indústria gerarão resíduos sólidos, líquidos e gasosos perigosos à saúde, ao bem-estar e à segurança da população local, ainda que sejam adotados todos os métodos adequados de controle e tratamento de efluentes.

**(Juiz de Direito – TJ/SC – 2019 – CESPE/CEBRASPE)** Para compatibilizar as atividades da referida indústria cloroquímica com a proteção ambiental, a empresa deverá instalar esse empreendimento em

(A) zona de uso estritamente industrial aprovada e delimitada pelo governo do estado de Santa Catarina.

(B) zona de uso predominantemente industrial aprovada e delimitada pelo governo do estado de Santa Catarina.

(C) zona de uso diversificado aprovada e delimitada pelo governo do estado de Santa Catarina.

(D) zona de uso ambiental-industrial aprovada e delimitada pela União e pelo município interessado.

(E) zona de uso estritamente industrial aprovada e delimitada pela União, ouvidos os governos interessados, tanto do estado de Santa Catarina quanto do município.

A Lei federal 6.803/1980 dispõe sobre as diretrizes básicas para o zoneamento industrial nas áreas críticas de poluição. Entre as modalidades de zoneamento que estão previstas, citem as zonas de uso estritamente industrial, que se destinam à localização de estabelecimentos industriais cujos resíduos sólidos, líquidos e gasosos, ruídos, vibrações, emanações e radiações possam causar perigo à saúde, ao bem-estar e à segurança das populações, mesmo depois da aplicação de métodos adequados de controle e tratamento de efluentes (art. 2º, "caput"). Caberá exclusivamente à União, ouvidos os Governos Estadual e Municipal interessados, aprovar a delimitação e autorizar a implantação de zonas de uso estritamente industrial que se destinem à localização de polos cloroquímicos, entre outros (petroquímicos, carboquímicos e instalações nucleares). É o que estabelece o art. 10, § 2º.

Gabarito "E".

**(Analista – Ministério do Meio Ambiente – 2011 – CESPE)** Com relação ao ordenamento territorial e ao ZEE, julgue os itens a seguir.

(1) O ordenamento territorial visa estabelecer o controle regulatório sobre todas as atividades antrópicas que utilizem ou degradem elementos da biosfera e que, por conseguinte, atentem contra o direito à vida. Por esse motivo, o zoneamento ambiental, instrumento da Política Nacional do Meio Ambiente, foi erigido como direito fundamental da pessoa humana e de toda a comunidade biótica.

(2) Na implantação de planos, obras e atividades, tanto públicas quanto privadas, o zoneamento ecológico e econômico (ZEE) é um instrumento de organização territorial que deve ser obrigatoriamente seguido.

(3) Na distribuição espacial das atividades econômicas, devem ser consideradas a importância ecológica, as limitações e as fragilidades dos ecossistemas e devem ser estabelecidas vedações, restrições e alternativas de exploração do território.

(4) O ZEE estabelece medidas e padrões de proteção ambiental para garantir o desenvolvimento sustentável e a melhoria das condições de vida da população.

(5) Os produtos resultantes do ZEE devem ser armazenados exclusivamente em formato eletrônico e, como são indispensáveis à segurança e à integridade do território nacional, não podem ser disponibilizados para o público em geral.

**1:** incorreta, pois o zoneamento ambiental, em que pese a sua importância, não é trazido pela Constituição como direito fundamental da pessoa humana; **2:** correta (art. 2º do Decreto 4.297/2002); **3:** correta (art. 3º, parágrafo único, do Decreto 4.297/2002); **4:** correta (art. 2º do Decreto 4.297/2002); **5:** incorreta, pois devem ser disponibilizados para o público em geral (art. 15, parágrafo único, do Decreto 4.297/2002).

Gabarito 1E, 2C, 3C, 4C, 5E

**(Analista – Ministério do Meio Ambiente – 2011 – CESPE)** Julgue os itens subsequentes, referentes a ordenamento territorial e ao zoneamento ecológico-econômico (ZEE).

(1) As diretrizes para a elaboração do ZEE prescindem da descrição de programas e projetos do governo municipal, bem como das suas respectivas fontes de recursos, visto que, por serem apenas diretrizes, não estabelecem diretivas específicas.

(2) Os pressupostos que devem ser observados na elaboração e na implementação de um ZEE incluem a apresentação de termo de referência detalhado e de equipe de coordenação composta por pessoal técnico habilitado.

(3) Entre os pressupostos institucionais que devem ser apresentados pelos executores do ZEE incluem-se a base de informações compartilhadas entre os diversos órgãos da administração pública e o compromisso de encaminhamento

## 656 VÁRIOS AUTORES

periódico dos resultados e dos produtos gerados à comissão coordenadora do ZEE.

(4) Orientado pelos princípios da utilidade e da simplicidade, o ZEE deve permitir a divisão do território em zonas que, individualmente, devem conter, no mínimo, cinco faixas de geoprocessamento, definidas por meio de diagnóstico ambiental multidisciplinar.

**1:** incorreta, pois, segundo o art. 14, *caput*, do Decreto 4.297/2002, há de se observar não só diretrizes gerais, como específicas também; **2:** correta (art. 8º, I e II, do Decreto 4.297/2002); **3:** correta (art. 9º, II e IV, do Decreto 4.297/2002); **4:** incorreta, pois o ZEE deve (e não "pode") dividir os territórios em zonas, não havendo, também, qualquer referência às cinco faixas de geoprocessamento (art. 11, *caput*, do Decreto 4.297/2002), fazendo-o segundo os critérios do art. 12 do Decreto citado.

*Gabarito 1E, 2C, 3C, 4E*

**(Magistratura/ES – 2011 – CESPE)** A respeito do zoneamento ambiental, instrumento da PNMA, assinale a opção correta.

**(A)** O citado instrumento foi instituído como consequência do processo de licenciamento ambiental, para o devido controle de instalação e(ou) operacionalização de atividade ou empreendimento que utilizem recursos ambientais ou que sejam potencialmente lesivos ao ambiente.

**(B)** No interior das zonas de uso predominantemente industrial, ao contrário do que ocorre com as zonas de uso estritamente industrial, prescinde-se de área de proteção ambiental destinada à redução dos efeitos da poluição, uma vez que, nelas, o controle e o tratamento de efluentes são meios suficientes para a manutenção da qualidade ambiental.

**(C)** Esse instrumento divide-se em duas categorias: zoneamento preventivo e zoneamento correcional; o primeiro objetiva regular o uso e a ocupação do solo, e o segundo, vetar, total ou parcialmente, a realização de atividades potencialmente lesivas ao meio ambiente.

**(D)** No referido zoneamento, são previstas as chamadas zonas de uso diversificado, destinadas à localização de estabelecimentos industriais cujo processo produtivo complemente atividades do meio urbano ou rural em que se encontrem situados e com elas se compatibilizem sem que seja necessário o uso de métodos especiais de controle de poluição.

**(E)** O referido zoneamento compreende as zonas de uso estritamente industrial, destinadas às atividades industriais de impacto reduzido, que podem ser compatibilizadas com as zonas residenciais em seu interior ou entorno, desde que sujeitas a monitoramento intensivo.

**A:** incorreta, pois o zoneamento ambiental consiste na delimitação geográfica de áreas territoriais com o objetivo de estabelecer regimes especiais de uso, gozo e fruição da propriedade; a ideia é planejar e organizar a utilização de espaços territoriais para que não haja conflitos entre as zonas de conservação do meio ambiente, as zonas de produção industrial, as zonas de habitação das pessoas, dentre outras; nesse sentido o objetivo é prévio à ideia de licenciamento ambiental (e não consequência deste), devendo-se observar, no licenciamento ambiental, se o local comportará o tipo de empreendimento pleiteado pelo empreendedor; **B:** incorreta, pois no interior das zonas de uso predominantemente industrial é necessário sim dispor, em seu interior, de áreas de proteção ambiental destinadas à redução dos efeitos da poluição (art. 3º, parágrafo único, II, da Lei 6.803/1980); **C:** incorreta, pois há três categorias de zoneamento industrial: i) zonas de uso estritamente residencial; ii) zonas de uso predominantemente industrial; iii) zonas de uso diversificado (art. 1º, § 1º, da Lei 6.803/1980); **D:** correta (art. 4º da Lei 6.803/1980); **E:** incorreta, pois as zonas de uso estritamente industrial destinam-se às atividades industriais que possam causar perigo à saúde, ao bem-estar e à segurança das populações (art. 2º, *caput*, da Lei 6.803/1980).

*Gabarito "D".*

**(Magistratura Federal/1ª região – 2011 – CESPE)** A tutela do meio ambiente envolve a institucionalização de normas, o estabelecimento de objetivos e princípios claros, a identificação de instrumentos efetivos de proteção bem como a organização de uma estrutura que possa realmente implementar a política ambiental. A respeito desse tema, assinale a opção correta.

**(A)** O relatório de qualidade do meio ambiente, instrumento da Política Nacional do Meio Ambiente, é entendido como aplicação do princípio da responsabilização.

**(B)** Os instrumentos ambientais relacionados ao exercício do poder de polícia não podem ensejar impactos no custo da produção, mesmo que em defesa do meio ambiente.

**(C)** O padrão de qualidade ambiental é instrumento abrangente que representa uma análise do impacto de certo empreendimento na ocasião de sua instalação.

**(D)** A criação de zonas estritamente industriais envolvendo a instalação de polos cloroquímicos é matéria que se encontra na esfera da competência concorrente entre a União e os estados.

**(E)** O zoneamento econômico ecológico constitui instrumento de organização territorial, de caráter obrigatório e vinculado.

**A:** incorreta, pois, nos termos do art. 9º, X, (Incluído pela Lei n. 7.804, de 1989) da Lei n. 6.938/1981, constitui instrumento da Política Nacional do Meio Ambiente, *a instituição do Relatório de Qualidade do Meio Ambiente, a ser divulgado anualmente pelo Instituto Brasileiro do Meio Ambiente e Recursos Naturais Renováveis – IBAMA*. O relatório não tem por objetivo apenas a responsabilização, mas também a prevenção. Conforme o IBAMA (http://www.ibama.gov.br/rqma/objetivos, acesso em 09.06.2013), os objetivos do RQMA são: "Objetivo geral: Compilar, descrever e publicar informações sobre a qualidade do meio ambiente no Brasil para subsidiar o processo de tomada de decisão dos atores envolvidos na gestão ambiental; Seus objetivos específicos são: Ser instrumento de divulgação do estado da qualidade do meio ambiente brasileiro para a sociedade; Facilitar o fluxo de informações e articulação entre as diferentes áreas e órgãos que tratam das questões ambientais para melhoria da gestão ambiental; Respaldar o estabelecimento e avaliação de ações voltadas para a preservação, conservação, melhoria e a recuperação da qualidade ambiental e do equilíbrio ecológico. Fortalecer o SINIMA e propiciar que órgãos do SISNAMA acessem e contribuam com as informações contidas no Relatório"; **B:** incorreta, pois a o impacto nos custos decorre, exatamente, da aplicação do princípio do poluidor-pagador, assim descrito por Antonio Herman V. Benjamin ("O princípio poluidor-pagador e a reparação do dano ambiental". In: *Dano ambiental: prevenção, reparação e repressão*, Coord. Antonio H. V. Benjamin, São Paulo: Revista dos Tribunais, 1993, p. 229), "o objetivo maior do princípio poluidor-pagador é fazer com que os custos das medidas de proteção do meio ambiente – as externalidades ambientais – repercutam nos custos finais de produtos e serviços cuja produção esteja na origem da atividade poluidora. Em outras palavras, busca-se fazer com que os agentes que originaram as externalidades 'assumam os custos impostos a outros agentes, produtores e/ou consumidores'"; **C:** incorreta, pois o padrão de qualidade ambiental não se obtém pela análise de um empreendimento específico, mas sim pela qualidade do meio ambiente como um todo; **D:** incorreta, pois Lei n. 6.803/1980, que dispõe sobre as diretrizes básicas para o zoneamento industrial nas áreas críticas de poluição, dispõe, no § 2º do art. 10 que caberá exclusivamente à União, ouvidos os Governos Estadual e Municipal interessados, aprovar a delimitação e autorizar a implantação de zonas de uso estritamente industrial que se destinem à localização de polos petroquímicos, cloroquímicos, carboquímicos, bem como a instalações nucleares e outras definidas em lei; **E:** correta, pois o zoneamento ecológico-econômico (ZEE) é um instrumento da Política Nacional do Meio Ambiente (art. 9º, II, da Lei n. 6.938/1981) voltado à organização territorial. O Decreto 4.297, de 10 de julho de 2002, que o regulamenta, estabelece em seu art. 3º o seu caráter obrigatório e vinculado: "O ZEE tem por objetivo geral organizar, de forma vinculada, as decisões dos agentes públicos e privados quanto a planos, programas, projetos e atividades que, direta ou indiretamente, utilizem recursos naturais, assegurando a plena manutenção do capital e dos serviços ambientais dos ecossistemas".

*Gabarito "E".*

## 8. PROTEÇÃO DA FLORA. CÓDIGO FLORESTAL

**(Juiz de Direito – TJ/BA – 2019 – CESPE/CEBRASPE)** Em 2006, um imóvel rural localizado no bioma caatinga e fora da Amazônia Legal foi completamente desmatado por seu proprietário, que, em decorrência disso, foi autuado, no mesmo ano, pelo órgão ambiental federal competente e penalizado com multa.

Nessa situação hipotética, para eximir-se do pagamento da multa, basta ao proprietário

(A) aderir ao Programa de Regularização Ambiental e assinar termo de compromisso de reparação integral do dano.

(B) inscrever o imóvel no Cadastro Ambiental Rural, aderir ao Programa de Regularização Ambiental e adquirir cotas de reserva ambiental para reparar 80% do dano.

(C) inscrever o imóvel no Cadastro Ambiental Rural, aderir ao Programa de Regularização Ambiental, assinar termo de compromisso e reparar 50% do dano.

(D) inscrever o imóvel no Cadastro Ambiental Rural, aderir ao Programa de Regularização Ambiental, assinar termo de compromisso e reparar integralmente o dano.

(E) inscrever o imóvel no Cadastro Ambiental Rural, adquirir cotas de reserva ambiental e se comprometer a recuperar 50% da área degradada.

A Lei 12.651/12 (Código Florestal) instituiu o Programa de Regularização Ambiental-PRA (art. 59), destinado a adequar os imóveis rurais ao sistema de proteção às áreas ambientais especiais. Relevante destacar que as infrações cometidas antes de 22 de julho de 2008 submetem-se a um regime peculiar, considerado constitucional pelo Supremo Tribunal Federal (ADC 42 e outros). Esta data constitui o "marco zero na gestão ambiental do país", ou seja, um marco para a incidência das regras de intervenção em Área de Preservação Permanente ou de Reserva Legal. Nesse sentido, as multas aplicadas por infrações envolvendo áreas ambientais especiais praticadas antes de julho de 2008 podem ser anistiadas, desde que cumpridas determinadas condições (art. 59, §§2° a 5°): (a) aderir ao PRA; (b) inscrição do imóvel no Cadastro Ambiental Rural (registro público eletrônico de âmbito nacional, obrigatório para todos os imóveis rurais); (c) assinatura de termo de compromisso ambiental; e (d) reparação integral do dano. RB

Gabarito "D".

(Juiz – TJ/CE – 2018 – CESPE) Com base no Código Florestal – Lei 12.651/2012 –, assinale a opção correta.

(A) Para que uma área protegida seja considerada área de preservação permanente é necessário que ela seja totalmente coberta de vegetação nativa e que esteja localizada no interior de uma propriedade ou de uma posse rural.

(B) A exploração econômica de recursos naturais em área de reserva legal é expressamente proibida.

(C) Os projetos de reforma agrária não estão contemplados no conceito de pequena propriedade rural familiar, caracterizada pela exploração da terra mediante o trabalho pessoal do agricultor familiar.

(D) Todo imóvel rural localizado na Amazônia Legal deve manter área correspondente a 80% da extensão total do imóvel, com cobertura de vegetação nativa, a título de reserva legal.

(E) Uma área coberta de florestas e que exerce a função de proteger várzeas pode ser considerada de preservação permanente se declarada de interesse social por ato do chefe do Poder Executivo.

A: Errada, pois de acordo com o art. 3°, II, da Lei 12.651/2012, Área de Preservação Permanente – APP é área protegida, coberta ou não por vegetação nativa, com a função ambiental de preservar os recursos hídricos, a paisagem, a estabilidade geológica e a biodiversidade, facilitar o fluxo gênico de fauna e flora, proteger o solo e assegurar o bem-estar das populações humanas; bem como segundo o art. 4°, considera-se Área de Preservação Permanente, em zonas rurais ou urbanas, para os efeitos desta Lei. B: Errada, pois de acordo com o art. 3°, III, da Lei 12.651/2012, Reserva Legal é área localizada no interior de uma propriedade ou posse rural, delimitada nos termos do art. 12, com a função de assegurar o uso econômico de modo sustentável dos recursos naturais do imóvel rural, auxiliar a conservação e a reabilitação dos processos ecológicos e promover a conservação da biodiversidade, bem como o abrigo e a proteção de fauna silvestre e da flora nativa. C: Errada, pois de acordo com o art. 3°, V, da Lei 12.651/2012, pequena propriedade ou posse rural familiar é aquela explorada mediante o trabalho pessoal do agricultor familiar e empreendedor familiar rural, incluindo os assentamentos e projetos de reforma agrária, e que atenda ao disposto no art. 3° da Lei 11.326, de 24 de julho de 2006. D: Errada, pois de acordo com o art. 12 da Lei 12.651/2012, todo imóvel rural deve manter área com cobertura de vegetação nativa, a título de Reserva Legal, sem prejuízo da aplicação

das normas sobre as Áreas de Preservação Permanente, observados os percentuais mínimos em relação à área do imóvel, excetuados os casos previstos no art. 68 desta Lei (Redação dada pela Lei 12.727/2012). E: Correta, pois de acordo com o art. 6°, III, da Lei 12.651/2012, consideram-se, ainda, de preservação permanente, quando declaradas de interesse social por ato do Chefe do Poder Executivo, as áreas cobertas com florestas ou outras formas de vegetação destinadas a uma ou mais das seguintes finalidades: [...] III – proteger várzeas;

Gabarito "E".

(Defensor Público/AC – 2017 – CESPE) Para preservar área de proteção ambiental permanente, uma lei municipal determinou recuo obrigatório de construção em propriedades situadas em localidade de certo município.

Nessa situação hipotética, ocorre restrição ao direito de propriedade denominada

(A) servidão administrativa.

(B) tombamento.

(C) apossamento administrativo.

(D) desapropriação por utilidade pública.

(E) limitação administrativa.

A: Errada, pois a servidão administrativa é um ônus real público incidente sobre uma propriedade alheia, autorizando ao poder público a usar da propriedade para permitir a execução de obras e serviços de interesse da coletividade. B: Errada, pois o tombamento é modalidade de intervenção na propriedade que tem por objetivo a proteção do patrimônio histórico, cultural, arqueológico, artístico, turístico ou paisagístico. C: Errado, pois se trata de modalidade de intervenção que ocorre quando o Poder Público, inexistindo acordo ou processo judicial adequado (como seria num procedimento de desapropriação regular), se apossa do bem particular, sem consentimento de seu proprietário, obrigando-o a ir a juízo para reclamar a indenização. D: Errada, pois é quando o objetivo do decreto do Poder Público é trazer comodidade e utilidade à coletividade por meio de intervenção da propriedade por meio de desapropriação. E: Correta, pois constitui medida de caráter geral, prevista em lei e com fundamento no poder de polícia do Estado, com limitações, no caso, em relação à propriedade, com a finalidade de possibilidade a melhor fruição do direito ao bem-estar social.

Gabarito "E".

(Procurador do Estado/SE – 2017 – CESPE) Murilo recebeu como herança um imóvel rural localizado no bioma cerrado. Sem ter como explorá-lo economicamente de forma direta, buscou uma alternativa temporária para auferir do imóvel alguma renda. Assim, por instrumento particular, delimitou temporariamente uma área de sua propriedade, sobre cujo uso fez incidirem limitações, com a finalidade de preservar, conservar e recuperar os recursos naturais ali existentes.

Com relação a essa situação hipotética e à política nacional de meio ambiente, assinale a opção correta.

(A) Após um período de dez anos, o poder público terá direito de preempção sobre o bem imóvel referido.

(B) A área à qual incidem as limitações de uso deve corresponder a, no máximo, 35% do total da propriedade.

(C) Foi instituído, na área delimitada por Murilo, um direito de superfície.

(D) Foi instituída, na área delimitada por Murilo, uma servidão ambiental.

(E) Na área delimitada por Murilo, foi instituída uma reserva particular do patrimônio natural.

A: Errada, pois segundo a Lei 6.938/1981, art. 9°-B, § 1°, o prazo mínimo da servidão ambiental temporária é de 15 (quinze) anos. B: Errada, pois a Lei 6.938/1981, art. 9°-A, § 3°, diz que a restrição ao uso ou à exploração da vegetação da área sob servidão ambiental deve ser, no mínimo, a mesma estabelecida para a Reserva Legal. C: Errada, pois não tem nada a ver com o direito de superfície, cuja essência é de uma concessão para fins de exploração. D: Correta, pois o art. 9°-A da Lei 6.938/1981 preconiza que mediante anuência do órgão ambiental competente, o proprietário rural pode instituir servidão ambiental, pela qual voluntariamente renuncia, em caráter permanente ou temporário, total ou parcialmente, a direito de uso, exploração ou supressão de recursos naturais existentes na propriedade. E: Errada, pois segundo o artigo 21 da Lei 9.985/2000, a Reserva Particular do Patrimônio Natural é uma área privada, gravada com perpetuidade, com o objetivo de conservar a diversidade biológica.

Gabarito "D".

**(Procurador do Estado/SE – 2017 – CESPE)** A área protegida possuidora ou não de vegetação nativa com o intuito de, além de garantir o bem-estar da população humana, preservar também a biodiversidade, a paisagem, os recursos hídricos e a estabilidade geológica, bem como assegurar a proteção do solo e facilitar o fluxo gênico da fauna e da flora, é denominada

(A) reserva biológica.

(B) reserva particular do patrimônio nacional.

(C) área de preservação permanente.

(D) reserva legal.

(E) área de proteção ambiental.

**A:** Errada, pois a Reserva Biológica tem como objetivo a preservação integral da biota e demais atributos naturais existentes em seus limites, sem interferência humana direta ou modificações ambientais, exceptuando-se as medidas de recuperação de seus ecossistemas alterados e as ações de manejo necessárias para recuperar e preservar o equilíbrio natural, a diversidade biológica e os processos ecológicos naturais. (art. 10, da Lei 9.985). **B:** Errada, pois a Reserva Particular do Patrimônio Natural é uma área privada, gravada com perpetuidade, com o objetivo de conservar a diversidade biológica.(art. 21 da Lei 9.985/2000) **C:** Correta, pois Área de Preservação Permanente – APP: área protegida, coberta ou não por vegetação nativa, com a função ambiental de preservar os recursos hídricos, a paisagem, a estabilidade geológica e a biodiversidade, facilitar o fluxo gênico de fauna e flora, proteger o solo e assegurar o bem-estar das populações humanas; (art. 3º, II, da Lei 12.651/2012). **D:** Errada, pois Reserva Legal: área localizada no interior de uma propriedade ou posse rural, delimitada nos termos do art. 12, com a função de assegurar o uso econômico de modo sustentável dos recursos naturais do imóvel rural, auxiliar a conservação e a reabilitação dos processos ecológicos e promover a conservação da biodiversidade, bem como o abrigo e a proteção de fauna silvestre e da flora nativa; (art. 3º, III, da Lei 12.651/2012). **E:** Errada, pois Área de Proteção Ambiental é uma área em geral extensa, com um certo grau de ocupação humana, dotada de atributos abióticos, bióticos, estéticos ou culturais especialmente importantes para a qualidade de vida e o bem-estar das populações humanas, e tem como objetivos básicos proteger a diversidade biológica, disciplinar o processo de ocupação e assegurar a sustentabilidade do uso dos recursos naturais. (art. 15 da Lei 9.985/2000).

Gabarito "C".

**(Promotor de Justiça/RR – 2017 – CESPE)** A prática da aquicultura em lagoa natural, bem como a instalação da infraestrutura física associada no entorno da lagoa e em faixa com largura mínima de cem metros, será admitida desde que

(A) seja a supressão de vegetação nativa autorizada pelo órgão ambiental competente, conforme os módulos fiscais do imóvel.

(B) esteja em conformidade com os planos de bacia ou planos de gestão de recursos hídricos, independentemente dos módulos fiscais do imóvel.

(C) seja realizado o licenciamento por órgão ambiental competente, conforme os módulos fiscais do imóvel.

(D) esteja o imóvel inscrito no cadastro ambiental rural, independentemente dos módulos fiscais do imóvel.

**A:** Errada, pois conforme o art. 4º, § 6º, V, da Lei 12.651/2012, desde que não implique novas supressões de vegetação nativa. **B:** Errada, pois é preciso verificar os módulos fiscais. **C:** Correta, pois de acordo com a Lei 12.651/2012 (Código Florestal), no art. 4º, II, *a*, considera-se Área de Preservação Permanente, em zonas rurais ou urbanas, as áreas no entorno dos lagos e lagoas naturais, em faixa com largura mínima de 100 (cem) metros, em zonas rurais, exceto para o corpo d'água com até 20 (vinte) hectares de superfície, cuja faixa marginal será de 50 (cinquenta) metros, logo, para a prática de aquicultura, é preciso observar alguns requisitos dependendo dos módulos fiscais do imóvel (art. 4º, § 6º, Lei 12.651/2012). **D:** Errada, pois como visto a questão demanda apreciação específica dos módulos fiscais respectivos.

Gabarito "C".

**(Juiz de Direito/AM – 2016 – CESPE)** Considerando que se confere especial proteção ambiental a áreas com características ambientais relevantes, assinale a opção correta.

(A) Pode haver, indistintamente, APPs e áreas de reserva legal em propriedades urbanas e rurais.

(B) A identificação física de determinadas APPs depende da edição de ato normativo, sendo outras APPs identificáveis por sua localização, a partir de mera aplicação do Código Florestal.

(C) Nas unidades de conservação situadas em áreas particulares, é de direito privado o regime jurídico especial de proteção que impõe restrições ao uso do solo.

(D) A criação de espaços territoriais especialmente protegidos constitui uma das metas da Política Nacional do Meio Ambiente.

(E) Segundo o Código Florestal, as APPs são áreas protegidas, cobertas por vegetação nativa, com a função de preservar os recursos hídricos e a biodiversidade.

**A:** incorreta. Enquanto as APPs podem incidir sobre imóveis urbanos e rurais, a reserva legal incide somente sobre imóveis rurais, ao teor do art. 12 da Lei 12.651/2012 (Código Florestal); **B:** correta. Há dois grupos de APP's: (i) por força de lei, isto é, pela sua simples localização, consoante as espécies do art. 4º do Código Florestal; e (ii) aquelas declaradas de interesse social por ato do Chefe do Poder Executivo, dispostas no art. 6º do Código Florestal; **C:** incorreta. As unidades de conservação, inclusive situadas em áreas particulares, estão sob regime especial de administração, ao qual se aplicam garantias adequadas de proteção; **D:** incorreta. A criação de espaços territoriais especialmente protegidos constitui um dos *instrumentos* – e não metas – da Política Nacional do Meio Ambiente (art. 9º, VI, Lei 6.938/81); **E:** incorreta. Segundo o Código Florestal, as APPs são áreas protegidas, cobertas ou não por vegetação nativa, com a função de preservar os recursos hídricos e a biodiversidade. Em outras palavras, áreas não cobertas por vegetação nativa também podem ser APP.

Gabarito "B".

**(Promotor de Justiça/PI – 2014 – CESPE)** Assinale a opção correta em relação ao Código Florestal (Lei 12.651/2012) e a seus dispositivos.

(A) Permite-se o acesso de pessoas às áreas de preservação permanente para a obtenção de água e para o exercício de atividades de exploração agroflorestal sustentável de baixo ou médio impacto ao meio ambiente.

(B) Na hipótese de posse do imóvel rural, a inscrição da reserva legal deverá ser feita mediante inscrição no cadastro ambiental rural do órgão ambiental competente apenas quando houver delimitação por lei do perímetro da zona rural, facultando-se, nos demais casos, a averbação gratuita da reserva legal no cartório de registro de imóveis.

(C) Objetivando o desenvolvimento sustentável, o legislador fez constar no Código Florestal o princípio da responsabilidade comum da União, estados, DF e municípios, em colaboração com a sociedade civil, na criação de políticas para a preservação e a restauração da vegetação nativa e de suas funções ecológicas e sociais, tanto em áreas urbanas quanto nas rurais.

(D) Todos os reservatórios artificiais e as acumulações naturais ou artificiais de água devem contar com áreas de entorno consideradas de preservação permanente, salvo na hipótese de dispensa expressa pelo órgão ambiental.

(E) Em se tratando de transmissão da propriedade rural ou urbana, admite-se a delimitação de novas faixas de áreas de preservação permanente junto ao órgão ambiental competente para fins de regularização de exploração econômica mediante manejo sustentável.

**A:** incorreta, conforme art. 9º do Código Florestal a permissão é concedida apenas para atividades de baixo impacto: "Art. 9º É permitido o acesso de pessoas e animais às Áreas de Preservação Permanente para obtenção de água e para a realização de atividades de baixo impacto ambiental."; **B:** incorreta, pois o cadastro não é facultativo nos termos dos art. 29 e 30 do Código Florestal; **C:** correta, por força do art. 1º, parágrafo único, IV do Código Florestal: "Parágrafo único. Tendo como

# 19. DIREITO AMBIENTAL 659

objetivo o desenvolvimento sustentável, esta Lei atenderá aos seguintes princípios: (...) IV – responsabilidade comum da União, Estados, Distrito Federal e Municípios, em colaboração com a sociedade civil, na criação de políticas para a preservação e restauração da vegetação nativa e de suas funções ecológicas e sociais nas áreas urbanas e rurais;"; **D:** incorreta, já que o art. 4º, § 1º, do Código Florestal dispensa as APP no entorno reservatórios artificiais de água que não decorram de barramento ou represamento de cursos d'água naturais; **E:** incorreta, por força do art. 18 do Código Florestal: "Art. 18. A área de Reserva Legal deverá ser registrada no órgão ambiental competente por meio de inscrição no CAR de que trata o art. 29, sendo vedada a alteração de sua destinação, nos casos de transmissão, a qualquer título, ou de desmembramento, com as exceções previstas nesta Lei.".
Gabarito "C".

**(Analista – Ministério do Meio Ambiente – 2011 – CESPE)** A constituição das áreas de preservação permanente possibilita a proteção dos recursos hídricos, do solo, da flora e da fauna, mantendo, dessa forma, a paisagem, a estabilidade geológica, a biodiversidade e o bem-estar das populações humanas. Acerca das áreas de preservação permanente e de reservas legais, julgue o item a seguir.

**(1)** Constitui reserva legal a área localizada no interior de uma propriedade ou posse rural, excetuada a de preservação permanente, necessária ao uso sustentável dos recursos naturais, à conservação e reabilitação dos processos ecológicos, à conservação da biodiversidade e ao abrigo e proteção de fauna e flora nativas.

**1:** assertiva correta levando em consideração a época em que a questão foi elaborada; em 2011, vigia o antigo Código Florestal que, de fato, trazia esse conceito de reserva legal (art. 1º, § 2º, III, da Lei 4.771/1965); atualmente, o conceito de reserva legal é o de "área localizada no interior de uma propriedade ou posse rural, delimitada nos termos do art. 12, com a função de assegurar o uso econômico de modo sustentável dos recursos naturais do imóvel rural, auxiliar a conservação e a reabilitação dos processos ecológicos e promover a conservação da biodiversidade, bem como o abrigo e a proteção de fauna silvestre e da flora nativa" (art. 3º, III, da Lei 12.651/2012); repare que, no novo conceito, foi abolida a expressão "excetuada a de preservação permanente"; isso porque hoje há uma regulamentação bem alargada das situações em que será admitido o cômputo das áreas de preservação permanente no cálculo da reserva legal do imóvel (art. 15 da Lei 12.651/2012), uma das maiores críticas ao novo Código Florestal.
Gabarito 1C

**(Analista – Ministério do Meio Ambiente – 2011 – CESPE)** O desflorestamento pode ser considerado um dos principais responsáveis pela degradação do meio ambiente amazônico. Entre as suas causas, destaca-se a exploração predatória de baixa eficiência, que deixa um rastro de destruição na floresta. A opção mais equilibrada para a exploração racional de madeira e outras riquezas não madeireiras da floresta, capaz de garantir a sustentabilidade do meio ambiente para as gerações futuras, é o manejo florestal sustentável.

Com relação ao manejo florestal na Amazônia, julgue os itens que se seguem.

**(1)** Para cada etapa do processo de licenciamento ambiental, é necessária uma licença específica; a licença de instalação, por exemplo, deve ser concedida a empreendimento cujas condições de instalação detalhadas no projeto o tornem compatível com a preservação do ambiente onde será construído.

**(2)** O método de exploração de impacto reduzido, exemplo de prática sustentável de exploração madeireira na Amazônia, fundamenta-se no sistema silvicultural policíclico, também denominado seletivo, que leva em conta a baixa incidência de espécies comerciais entre os milhares de espécies arbóreas encontrados.

**1:** incorreta, pois a licença que aprova o local onde o empreendimento será construído é a licença prévia (art. 8º, I, da Resolução CONAMA 237/1997) e não a licença de instalação; **2:** correta; em geral, as práticas sustentáveis de exploração madeireira na Amazônia se filiam ao sistema silvicultural policíclico (ou sistema seletivo), sistema esse que leva

em conta a pouca incidência de espécies comerciais e que opera com ciclos de corte e volumes menores; por conta disso, ou seja, dessa exploração da floresta de forma racional e com impacto reduzido, é possível voltar a cortar madeira em 30 anos, contra os 60 anos ou mais de uma exploração convencional.
Gabarito 1E, 2C

**(Analista – Ministério do Meio Ambiente – 2011 – CESPE)** As áreas úmidas englobam desde as áreas marinhas e costeiras até as continentais e as artificiais, como lagos, manguezais, pântanos e áreas irrigadas para agricultura e reservatórios de hidrelétricas. Ao todo, são classificados 42 diferentes tipos de zonas úmidas, que existem em todos os tipos de ecossistemas e são importantes para a manutenção da biodiversidade. Situadas em uma interface entre a água e o solo, as áreas úmidas são pressionadas não somente pela ação direta do homem, mas também pelos impactos sobre ecossistemas terrestres, marinhos e de água doce adjacentes.

Internet: < www.wwf.org.br> (com adaptações).

Tendo o texto acima como referência inicial, julgue o próximo item a respeito das áreas úmidas.

**(1)** A Resolução n. 417/2009 do CONAMA dispõe sobre os parâmetros básicos para a definição de vegetação primária e dos estágios sucessionais secundários da vegetação de restinga na Mata Atlântica; do ponto de vista geomorfológico, restingas são faixas arenosas que, depositadas paralelamente à praia, se alongam, tendo como ponto de apoio cabos e saliências no litoral.

**1:** correta, pois, de fato, a Resolução CONAMA 417/2009 regulamenta os parâmetros básicos para a definição de vegetação primária e dos estágios sucessionais secundários da vegetação de restinga na Mata Atlântica; quanto ao conceito de restingas, do ponto de vista geomorfológico, a afirmativa também traz a definição correta.
Gabarito 1C

**(Magistratura/CE – 2012 – CESPE)** Constitui área de preservação permanente

**(A)** o perímetro definido a partir de critérios técnicos, socioculturais, econômicos e ambientais, que, localizado em florestas públicas, pode conter áreas degradadas que serão recuperadas por meio de plantios florestais.

**(B)** a cobertura vegetal de espécies nativas demarcada em torno das estações ecológicas com vistas à proteção dos recursos faunísticos e ao desenvolvimento socioambiental das comunidades tradicionais.

**(C)** a área marginal ao redor do reservatório artificial e suas ilhas, com a função ambiental de preservar os recursos hídricos, a paisagem, a estabilidade geológica, a biodiversidade, o fluxo gênico de fauna e flora, proteger o solo e assegurar o bem-estar das populações humanas.

**(D)** a área florestal ocupada por populações autóctones e regularizada mediante o estabelecimento de normas especiais de uso e ocupação do solo e extração sustentável dos recursos edáficos, observadas a situação socioeconômica da população e as normas ambientais.

**(E)** o perímetro lateral escalonado em torno dos mananciais, destinado à conservação, à recuperação, ao uso e à ocupação do entorno do reservatório artificial, respeitadas as poligonais da unidade de conservação.

Art. 3º, II, da Lei 12.651/2012.
Gabarito "C".

**(Defensor Público/TO – 2013 – CESPE)** A respeito da proteção e uso das florestas e demais formas de vegetação nativa, assinale a opção correta.

**(A)** São áreas de preservação permanente, além das elencadas no Código Florestal, as áreas cobertas com florestas e demais formas de vegetação nativa consideradas de interesse social, devendo a declaração de interesse social ocorrer, necessariamente, por lei em sentido formal.

**(B)** Considera-se manejo sustentável a substituição de vegetação nativa e de formações sucessoras por outras coberturas do solo, como atividades agropecuárias, industriais, de geração e transmissão de energia, de mineração e de transporte, assentamentos urbanos ou outras formas de ocupação humana.

**(C)** A área de preservação permanente é a que se localiza no interior de uma propriedade ou posse rural, devendo ser mantida a sua cobertura vegetal nativa, por ser ela necessária ao abrigo e proteção da fauna e flora nativas, à conservação da biodiversidade e à reabilitação dos processos ecológicos.

**(D)** As florestas existentes no território nacional e as demais formas de vegetação nativa, reconhecidas de utilidade às terras que revestem, são bens de interesse comum a todos os habitantes do país, exercendo-se os direitos de propriedade com as limitações que a legislação em geral, e em especial o Código Florestal, estabelecem.

**(E)** Dada a competência da União para legislar privativamente sobre florestas, áreas de preservação permanente e de reserva legal, a legislação federal pertinente – Código Florestal – contém normas de aplicação obrigatória por todos os entes da Federação.

**A:** incorreta, pois são Áreas de Preservação Permanente por força de lei as previstas no art. 4.º da Lei 12.651/2012 e, por força de ato do Chefe do Executivo (por exemplo, por Decreto) as mencionadas pelo art. 6.º da Lei 12.651/2012, que contemplam a hipótese prevista na alternativa ora comentada; assim, não é necessário lei em sentido formal para a declaração de que tais áreas (as previstas no art. 6.º) são de interesse social e constituem Área de Preservação Permanente; **B:** incorreta, pois a alternativa definiu o instituto do "uso alternativo do solo" e não do "manejo sustentável", conforme art. 3.º, VI e VII, respectivamente, da Lei 12.651/2012; **C:** incorreta, pois a alternativa definiu o instituto da "reserva legal" e não da "área de preservação permanente" (art. 3.º, III e II, respectivamente, da Lei 12.651/2012); **D:** correta (art. 2.º, "*caput*", da Lei 12.651/2012); **E:** incorreta, pois a competência não é privativa da União, mas concorrente dela, dos Estados e do Distrito Federal, cabendo à União editar normas gerais, sem prejuízo de Estados e Distrito Federal legislar inexistindo lei geral federal ou para suplementar a legislação federal (art. 24, VI e §§. 1º a 4.º, da CF).

Gabarito "D".

## 9. PROTEÇÃO DA FAUNA

**(Analista – Ministério do Meio Ambiente – 2011 – CESPE)** As áreas úmidas englobam desde as áreas marinhas e costeiras até as continentais e as artificiais, como lagos, manguezais, pântanos e áreas irrigadas para agricultura e reservatórios de hidrelétricas. Ao todo, são classificados 42 diferentes tipos de zonas úmidas, que existem em todos os tipos de ecossistemas e são importantes para a manutenção da biodiversidade. Situadas em uma interface entre a água e o solo, as áreas úmidas são pressionadas não somente pela ação direta do homem, mas também pelos impactos sobre ecossistemas terrestres, marinhos e de água doce adjacentes.

Internet: < www.wwf.org.br> (com adaptações).

Tendo o texto acima como referência inicial, julgue o próximo item a respeito das áreas úmidas.

**(1)** O Brasil, juntamente com os Estados Unidos da América, a Argentina, o Japão e o México, recusou-se a assinar a convenção Ramsar, que dispõe sobre áreas úmidas de importância internacional, especialmente como habitat para aves aquáticas, por entender que esse acordo poderia restringir aspectos da soberania nacional relacionados a esses ambientes.

**1:** incorreta, pois o Brasil não só assinou a convenção, como esta foi aprovada pelo Decreto Legislativo 33/1992, sendo que o Decreto 1.905/1996 determinou a sua execução e cumprimento.

Gabarito 1E

Áreas úmidas constituem ecossistemas com elevada produtividade primária, que, associados à complexidade ambiental, contribuem para as atividades de alimentação, nidificação e descanso das aves aquáticas. O monitoramento das assembleias de aves, a longo prazo, disponibiliza informações fundamentais sobre as flutuações sazonais, cuja riqueza e abundância estão associadas às características ambientais locais.

Internet: <www.scielo.br> (com adaptações).

**(Analista – Ministério do Meio Ambiente – 2011 – CESPE)** A partir do texto acima apresentado, julgue os itens seguintes acerca de normas e procedimentos para a conservação das espécies aquáticas ameaçadas de extinção.

**(1)** No processo de monitoramento de aves aquáticas, a abundância e a composição das assembleias recebem influências espaciais e temporais em razão da heterogeneidade das áreas úmidas, consideradas mosaicos, uma vez que as aves, nessas áreas, raramente se encontram distribuídas uniformemente.

**(2)** Por meio do Decreto Legislativo n. 148/2010, o Brasil refuta o texto da Convenção Internacional para Controle e Gerenciamento da Água de Lastro e Sedimentos de Navios, que dispõe sobre a água de lastro, grave vetor da disseminação de espécies exóticas.

**1:** correta, pois traz informação verdadeira, que deverá ser levada em conta nos procedimentos de monitoramento de aves nesse tipo de local; **2:** incorreta, pois o Brasil, por meio do Decreto Legislativo 148/2010, aprovou o texto da Convenção Internacional para Controle e Gerenciamento da Água de Lastro e Sedimentos de Navios.

Gabarito 1C, 2E

**(Analista – Ministério do Meio Ambiente – 2011 – CESPE)** Com relação ao ordenamento pesqueiro, julgue os itens que se seguem.

**(1)** As normas de ordenamento devem considerar, em cada caso, regimes de acesso, captura total permissível, esforço de pesca máximo sustentável, períodos de defeso, temporadas de pesca, tamanhos mínimos de captura, áreas interditadas ou de reservas, artes, aparelhos, métodos e sistemas de pesca e cultivo, capacidade de suporte dos ambientes, assim como as necessárias ações de monitoramento, controle e fiscalização da atividade.

**(2)** Com o ordenamento pesqueiro, conjunto de normas que regulamenta a delimitação de zonas de pesca e a atribuição de usos e atividades compatíveis com as características de cada uma delas, o Estado objetiva garantir o uso múltiplo da bacia pesqueira.

**1:** correta (art. 3º da Lei 11.959/2009); **2:** correta (art. 2º, XII, da Lei 11.959/2009).

Gabarito 1C, 2C

## 10. RESPONSABILIDADE CIVIL AMBIENTAL E PROTEÇÃO JUDICIAL DO MEIO AMBIENTE

Uma associação de proteção ao patrimônio ambiental de Santa Catarina, constituída havia seis meses, ajuizou ACP requerendo a paralisação das obras de construção de um *resort* sobre dois sambaquis do estado — depósitos de conchas dos povos pré-históricos que habitaram as regiões litorâneas do estado. A entidade, cumprindo sua finalidade institucional de proteger o meio ambiente, pleiteou na ACP a condenação do proprietário do *resort* pelos danos até então causados ao patrimônio arqueológico.

**(Juiz de Direito – TJ/SC – 2019 – CESPE/CEBRASPE)** De acordo com a legislação que rege os meios processuais para a defesa ambiental, a referida associação

**(A)** não detém legitimidade para propor a ACP, em razão do seu tempo de pré-constituição, mas poderia propor ação popular com o mesmo fim.

**(B)** não detém legitimidade para propor a ACP, porque a defesa de patrimônio arqueológico extrapola as suas finalidades.

**(C)** detém legitimidade para propor a ACP, independentemente de ter sido constituída nos termos da lei civil, pois não se exige das associações o registro do seu estatuto em cartório.

**(D)** detém legitimidade para propor a ACP, pois o requisito de tempo de pré-constituição poderá ser dispensado pelo juiz, se verificado manifesto interesse social pela dimensão do dano.

**(E)** não detém legitimidade para propor a ACP, a menos que atue em litisconsórcio com o Ministério Público.

Existem diversos legitimados para o ajuizamento de ação civil pública (cf. art. 5º da Lei 7.347/85). Entre eles estão as associações, caso estejam constituídas há pelo menos um ano (requisito de pré-constituição) e incluam, entre suas finalidades institucionais, a proteção do interesse coletivo *lato sensu* objeto da ação. No entanto, esse requisito da pré-constituição poderá ser dispensado pelo juiz, quando haja manifesto interesse social evidenciado pela dimensão ou característica do dano, ou pela relevância do bem jurídico a ser protegido (cf. art. 5º, § 4º). Gabarito "D".

**(Juiz de Direito – TJ/BA – 2019 – CESPE/CEBRASPE)** Por equívoco de um de seus empregados, uma empresa alimentícia deixou vazar acidentalmente parte de seu insumo em um rio, o que causou a morte de 5 t de peixes.

Nessa situação hipotética, relativamente à responsabilidade civil ambiental, a empresa

**(A)** não responderá pelo dano ambiental, por ser uma pessoa jurídica.

**(B)** não responderá pelo dano, visto que não houve dolo na morte dos peixes.

**(C)** responderá pelo dano, uma vez que a responsabilidade civil ambiental é objetiva e pautada na teoria do risco administrativo, não sendo admitida a responsabilização do empregado para responder culposamente pelo dano.

**(D)** responderá pelo dano, porque a responsabilidade civil ambiental é objetiva e pautada na teoria do risco integral.

**(E)** responderá pelo dano, pois a responsabilidade civil ambiental é objetiva e pautada na teoria do risco administrativo, admitindo-se, ainda, a responsabilização do empregado para responder culposamente pelo dano.

A responsabilidade civil ambiental é objetiva (teoria do risco), o que dispensa a comprovação de dolo ou culpa do poluidor (alternativa B incorreta). É o que dispõe o art. 14, §1º, da Lei 6.938/81. A pessoa responsável (poluidor) pode ser pessoa física ou jurídica (alternativa A incorreta). Mais precisamente, aplicável a teoria do risco integral, e não a do risco administrativo (alternativas C e E incorretas). Pela teoria do risco integral, não se admitem excludentes de responsabilidade, de modo a reforçar a tutela ambiental. Trata-se de entendimento consagrado do Superior Tribunal de Justiça: "É firme a jurisprudência do STJ no sentido de que, nos danos ambientais, incide a teoria do risco integral, advindo daí o caráter objetivo da responsabilidade, com expressa previsão constitucional (art. 225, § 3º, da CF) e legal (art.14, § 1º, da Lei n. 6.938/1981), sendo, por conseguinte, descabida a alegação de excludentes de responsabilidade, bastando, para tanto, a ocorrência de resultado prejudicial ao homem e ao ambiente advinda de uma ação ou omissão do responsável." (REsp 1.374.342/MG, 4ª Turma, Relator Ministro Luis Felipe Salomão, DJe 25/09/2013). RB Gabarito "D".

**(Juiz de Direito – TJ/BA – 2019 – CESPE/CEBRASPE)** O MP de determinado estado da Federação propôs ação civil pública consistente em pedido liminar para obstar a construção de empreendimento às margens de um rio desse estado. No local escolhido, uma área de preservação permanente, a empresa empreendedora desmatou irregularmente 200 ha para instalar o empreendimento. A liminar incluiu, ainda, pedido para que a empresa fosse obrigada a iniciar imediatamente replantio na área desmatada.

Nessa situação hipotética, a ação civil pública proposta deverá discutir

**(A)** apenas a responsabilidade civil da empresa.

**(B)** as responsabilidades civil e criminal da empresa.

**(C)** as responsabilidades civil e administrativa da empresa.

**(D)** apenas a responsabilidade administrativa da empresa.

**(E)** as responsabilidades civil, administrativa e criminal da empresa.

A responsabilidade ambiental apresenta diversas formas de manifestação. O art. 225, § 3º, da CF, destaca a administrativa, a penal e a civil. Ocorre que existem instrumentos jurídicos próprios para a tutela de cada uma das espécies de responsabilização. A criminal está adstrita à respectiva ação penal, nos termos do regime previsto na Lei 9.605/98. A administrativa decorre do exercício do poder de polícia, que dispensa, como regra, o manuseio de ação judicial, em razão da autoexecutoriedade. Já a reponsabilidade civil encontra na ação civil pública o instrumental de efetivação. Nos termos da Lei 7.347/85 (lei da ação civil pública), o objeto da demanda abarca a condenação em dinheiro e/ou o cumprimento de obrigação de fazer ou não fazer. RB Gabarito "A".

**(Defensor Público – DPE/DF – 2019 – CESPE/CEBRASPE)** Acerca do direito coletivo, julgue o item a seguir.

**(1)** Conforme jurisprudência do STJ, é competência da justiça eleitoral julgar ação civil pública em que se busque cessar degradação ambiental causada por partido político em propaganda eleitoral consistente em pichações e pinturas em edificações urbanas.

O item está errado, pois o STJ fixou a competência da justiça estadual em relação a ação civil pública envolvendo degradação ambiental (pichações e pinturas em edificações urbanas) causada por partido político em propaganda eleitoral (CC 113.433/AL, 1ª Seção, Rel. Min. Arnaldo Esteves Lima, DJe 19/12/2011). De acordo com o Tribunal Superior, na hipótese objeto de julgamento, não está em discussão direitos políticos, inelegibilidade, sufrágio, partidos políticos, tampouco infração às normas eleitorais (em suma, matérias concernentes ao processo eleitoral). A pretensão ministerial na ação civil pública está voltada à tutela ao meio ambiente, motivo pelo qual resta afastada a atribuição da justiça eleitoral, com a respectiva competência da justiça comum estadual. RB Gabarito 1E.

**(Procurador do Município/Manaus – 2018 – CESPE)** Com base na jurisprudência dos tribunais superiores, julgue os itens a seguir, acerca da responsabilidade por dano ambiental e dos crimes ambientais.

**(1)** De acordo com o STJ, a responsabilidade por dano ambiental é objetiva e regida pela teoria do risco integral.

**(2)** Para o STF, o envio clandestino de animais silvestres ao exterior tem natureza de delito transnacional, razão por que seu processamento compete à justiça federal.

**1:** Correto, pois é firme a jurisprudência do STJ no sentido de que, nos danos ambientais, incide a teoria do risco integral, advindo daí o caráter objetivo da responsabilidade, com expressa previsão constitucional (art. 225, § 3º, da CF) e legal (art. 14, § 1º, da Lei 6.938/1981). **2:** Correto, pois O STF decidiu que compete à Justiça Federal processar e julgar o crime ambiental de caráter transnacional que envolva animais silvestres, ameaçados de extinção e espécies exóticas ou protegidas por compromissos internacionais assumidos pelo Brasil (STF. Plenário. RE 835558-SP, Rel. Min. Luiz Fux, julgado em 09.02.2017 [repercussão geral]). Gabarito 1C, 2C.

**(Juiz – TRF5 – 2017 – CESPE)** Em se tratando de ação civil pública por danos ambientais ajuizada

**(A)** por associação de vítimas, eventuais multas processuais serão revertidas em favor dos associados.

**(B)** pelo Ministério Público, a indenização arbitrada em sentença será destinada às vítimas diretas do prejuízo ambiental.

**(C)** por estado-membro, a indenização arbitrada em sentença será destinada ao erário estadual.

**(D)** por associação, a indenização arbitrada em sentença será destinada aos associados.

**(E)** pelo Ministério Público, eventuais multas processuais serão revertidas em favor do Fundo de Direitos Difusos.

**A:** Errada, pois eventuais multas processuais serão revertidas para o Fundo de Defesa dos Direitos Difusos, (FDD) com base no art. 13 da Lei 7.347/1985 e art. 2º, I, do Decreto 1.306/1994, até mesmo porque a questão fala em danos ambientais, cuja natureza é a de direito difuso, daí a destinação dos recursos ao FDD. Do contrário, danos coletivos, poder-se-ia falar em reversão para os prejudicados, porém não é o que a questão em apreço traz em seu enunciado. **B:** Errada, pois até pode haver destinação para as vítimas, com base no art. 2º, II, do Decreto 1.306/1994, mas independe de ser proposta a ação pelo Ministério Público ou outro legitimado. **C:** Errada, pois não há essa previsão, caindo na destinação do art. 13 da Lei 7.347/1985 c/c art. 2º, I, do Decreto 1.306/94. **D:** Errada, pois a destinação é para o FDD, com base no art. 13 da Lei 7.347/1985 c/c art. 2º, I, do Decreto 1.306/1994. **E:** Correta, com base no art. 13 da Lei 7.347/1985 c/c art. 2º, II, do Decreto 1.306/1994.

Gabarito "E".

**(Juiz – TRF5 – 2017 – ESPE)** O Ministério Público ajuizou ações na esfera cível e criminal contra empresa exploradora de petróleo, alegando prejuízos decorrentes de vazamento de óleo combustível em águas marinhas. O vazamento de óleo resultou na mortandade da fauna aquática e o Instituto Brasileiro do Meio Ambiente e dos Recursos Naturais Renováveis (IBAMA) determinou, então, a imediata proibição de pesca na região, por seis meses. Na fase de provas, foram provadas a regularidade das instalações da empresa, que contava com as melhores tecnologias disponíveis, e a idoneidade dos esforços para a reparação do problema, tendo o prejuízo ocorrido por motivo de força maior.

Determinado pescador profissional ajuizou ação indenizatória individual pelos mesmos fatos, requerendo danos materiais e morais.

A respeito dessa situação hipotética, assinale a opção correta.

**(A)** A pretensão indenizatória na ação civil pública pelo dano ambiental difuso é imprescritível.

**(B)** A pretensão do pescador é imprescritível.

**(C)** A responsabilidade da empresa pela poluição gerada é objetiva em todas as ações.

**(D)** Se reconhecida processualmente, a força maior afastará a obrigação de indenizar.

**(E)** O reconhecimento da força maior como determinante do dano não tem repercussão na ação criminal.

**A:** Correta, a prescrição indenizatória na ação civil pública pelo dano ambiental difuso é imprescritível, segundo se denota da posição do STJ, segundo a qual: "Esta Corte tem entendimento no mesmo sentido, de que, tratando-se de direito difuso – proteção ao meio ambiente –, a ação de reparação é imprescritível (AgRg no REsp 1150479/RS, DJe 14.10.2011)". **B:** Errada, pois segundo o STJ as ações coletivas que tutelam direitos difusos ambientais são imprescritíveis, não os pleitos individuais indenizatórios, à medida que estes possuem caráter eminentemente patrimonial. **C:** Errada, pois embora a responsabilidade seja objetiva no plano ambiental, não será no plano penal, porquanto é inadmitida, neste particular, responsabilização objetiva. **D:** Errada, pois "a jurisprudência do STJ primeiro reconhece a imprescritibilidade da pretensão reparatória de dano ao meio ambiente, e, segundo, atribui, sob o influxo da teoria do risco integral, natureza objetiva, solidária e *propter rem* à responsabilidade civil ambiental, considerando irrelevante, portanto, qualquer indagação acerca de caso fortuito ou força maior, assim como sobre a boa ou a má-fé do titular atual do bem imóvel ou móvel em que recaiu a degradação (REsp 1644195/SC, DJe 08.05.2017)". **E:** Errada, de sorte que a verificação de força maior possuirá sim repercussão no campo penal, quanto à culpabilidade.

Gabarito "A".

**(Delegado/PE – 2016 – CESPE)** A responsabilidade civil por grave acidente ambiental ocorrido em uma região de determinado estado da Federação será

**(A)** subjetiva, informada pela teoria do risco proveito.

**(B)** objetiva, informada pela teoria do risco criado.

**(C)** objetiva, informada pela teoria do risco integral.

**(D)** subjetiva, informada pela teoria do risco criado.

**(E)** subjetiva, informada pela teoria do risco integral.

No ordenamento jurídico brasileiro, responsabilidade ambiental será sempre objetiva por forma do § 3º do art. 225 da CF, bem como no § 1º do art. 14 da Lei 6.938/1981 e ainda no art. 3º da Lei 9.605/1998. Após divergências na jurisprudência, por fim o STJ firmou posicionamento REsp 1.114.398 – PR (2009/0067989-1): "**Inviabilidade de alegação de culpa exclusiva de terceiro, ante a responsabilidade objetiva.** – A alegação de culpa exclusiva de terceiro pelo acidente em causa, como excludente de responsabilidade, deve ser afastada, ante a incidência da teoria do risco integral e da responsabilidade objetiva ínsita ao dano ambiental (art. 225, 3º, da CF e do art. 14, 1º, da Lei 6.938/1981), responsabilizando o degradador em decorrência do princípio do poluidor-pagador". Portanto a única alternativa correta é a letra 'C'.

Gabarito "C".

**(Magistratura/BA – 2012 – CESPE)** No que se refere à tutela processual ao meio ambiente e à responsabilidade pelo dano ambiental, assinale a opção correta.

**(A)** O inquérito civil, procedimento administrativo de caráter inquisitorial cujo objetivo é realizar atividades investigativas preparatórias, está sujeito ao princípio da ampla defesa, consistindo o desrespeito a esse princípio vício capaz de eivar de nulidade a ação civil pública ambiental nele embasada.

**(B)** Sendo os interesses difusos e transindividuais marcados pela indisponibilidade, o MP não pode, de acordo com a moderna doutrina, celebrar acordos extrajudiciais em matéria ambiental.

**(C)** Ocorrendo desistência ou abandono da ação civil pública pela associação que a tiver promovido, deverá o MP, obrigatoriamente, assumir a titularidade ativa da demanda, já que tal prerrogativa é vedada aos demais legitimados.

**(D)** Independentemente de requerimento do autor, pode o juiz, em decisão relativa a ação civil pública, impor multa diária ao réu em substituição à execução específica da obrigação de fazer ou não fazer, se a multa for suficiente ou compatível.

**(E)** A pretensão da administração pública à promoção da execução da multa por infração ambiental prescreve em cinco anos, contados da data da prática do ato ou, no caso de infração permanente, de sua cessação.

**A:** incorreta, pois o inquérito civil é procedimento de apuração de elementos para possível ajuizamento de ação civil pública, não havendo que se falar contraditório e ampla defesa; **B:** incorreta, pois tais acordos não significam que o direito está sendo objeto de disposição, mas que está-se a conformar condutas com os objetivos de cessar a lesão ao meio ambiente e de reparar o dano ambiental pretérito; **C:** incorreta, pois outros legitimados também podem assumir a titularidade ativa (art. 5º, § 3º, da Lei 7.347/1985); **D:** correta (art. 11 da Lei 7.347/1985); **E:** incorreta, pois aplicada a multa, a ação referente a esse crédito prescreve em 5 anos da dada da constituição definitiva do crédito tributário, após o término regular do processo administrativo (art. 1º-A da Lei 9.873/1999, com redação dada pela Lei 11.941/2009); o STJ ainda não tem uma jurisprudência consolidada em relação a essa nova redação da Lei 9.873/1999, de maneira que os acórdãos desse tribunal geralmente estão ainda no sentido de que esse prazo de 5 anos para a cobrança se inicia com o vencimento do crédito sem pagamento, que, na prática pode até coincidir com a ideia de que só depois que se encerra o processo administrativo é que o prazo corre; *vide*, a respeito, a seguinte decisão: STJ, REsp 1.260.915, *DJ* 01.12.2011.

Gabarito "D".

**(Magistratura/PA – 2012 – CESPE)** Carlos, empresário da construção civil, iniciou, de forma dolosa, a construção de prédios em unidade de conservação de proteção integral, precisamente a dois metros de nascentes existentes no local, sem a devida licença urbanística e ambiental, tendo o município se omitido em relação à fiscalização da obra.

Nessa situação hipotética, para a proteção do meio ambiente, é cabível

**(A)** o ajuizamento de ação civil pública, mas não de ação penal.

**(B)** o ajuizamento de ação civil pública e de ação penal.

**(C)** o ajuizamento de mandado de segurança coletivo, mas não de ação penal.

## 19. DIREITO AMBIENTAL 663

(D) a impetração de mandado de segurança contra a unidade de conservação, além do ajuizamento de ação civil pública.

(E) a impetração de mandado de injunção ambiental.

O caso impõe o ajuizamento de ação civil pública, com o fito de reparar o dano causado ao meio ambiente, bem como de ação penal, por ser crime a conduta perpetrada (art. 40 da Lei 9.605/1998).

Gabarito "B".

**(Ministério Público/RR – 2012 – CESPE)** Acerca da proteção ao meio ambiente em juízo, assinale a opção correta.

(A) A perícia de constatação do dano ambiental produzida no inquérito civil não poderá ser aproveitada na ação penal, dada a inexistência de contraditório no inquérito.

(B) Conforme previsão constitucional, qualquer cidadão pode propor ação popular para a defesa do meio ambiente, sendo vedada a condenação nos ônus da sucumbência.

(C) A legitimação para propor ACP em defesa de interesses ambientais é concorrente e disjuntiva, ou seja, pode ser ajuizada conjunta ou isoladamente por qualquer dos colegitimados, que assim exercem representação processual.

(D) Por ser solidária a responsabilidade por danos ambientais, não se exige que o autor da ACP acione a todos os responsáveis, ainda que o possa fazer.

(E) Não cabe intervenção do MP em ação de usucapião especial urbana entre particulares.

**A:** incorreta. A prova pericial realizada durante o inquérito civil, caso não possa ser repetida, poderá ser "contestada" durante a ação penal, à semelhança do que ocorre no inquérito policial, adotando-se, aqui, um contraditório diferido; **B:** incorreta, pois o art. 5º, LXXIII, da CF, dispõe que "*qualquer cidadão é parte legítima para propor ação popular que vise a anular ato lesivo ao patrimônio público ou de entidade de que o Estado participe, à moralidade administrativa, ao **meio ambiente** e ao patrimônio histórico e cultural, ficando o autor, **salvo comprovada má-fé**, isento de custas judiciais e do **ônus da sucumbência**". Em outras palavras, não haverá condenação do autor popular em honorários sucumbenciais em caso de improcedência dos pedidos por ele deduzidos na inicial, desde que não se constate – e comprove – má-fé na promoção da demanda; **C:** incorreta. De fato, a legitimação para propor ação civil pública é concorrente e disjuntiva. O rol de legitimados ativos consta no art. 5º da Lei 7.347/1985. Diz-se que a legitimação é concorrente e disjuntiva, pois, cada um dos colegitimados poderá promover a ação coletiva sozinho, admitindo-se eventual litisconsórcio, de natureza facultativa. Frise-se que os entes legitimados exercerão um papel de "condutores do processo", não desempenhando mera função de substitutos processuais. Nas palavras de Celso Antonio Pacheco Fiorillo, "*... observamos uma superação da dicotomia legitimação ordinária/extraordinária, passando-se a conceituar o fenômeno como uma legitimação autônoma para a condução do processo*" (**Curso de Direito Ambiental Brasileiro**. 10. ed. Ed. Saraiva, p. 433); **D:** correta. Tratando-se de responsabilidade solidária, o autor da ação civil pública que objetive a reparação dos danos ambientais poderá incluir no polo passivo um, alguns ou todos os degradadores. Aqui, o bom registrar, o litisconsórcio é facultativo; **E:** incorreta, pois é obrigatória a intervenção do Ministério Público na ação de usucapião especial urbana (art. 12, § 1º, do Estatuto da Cidade – Lei 10.257/2001).

Gabarito "D".

**(Ministério Público/PI – 2012 – CESPE)** Acerca da proteção ao meio ambiente, assinale a opção correta.

(A) O pagamento, pelo poluidor, de indenização destinada a reparar dano ambiental condiciona-se à comprovação de dolo ou culpa em sentido estrito.

(B) Não é admitida a intervenção do MPF em demanda na qual se discuta a nulidade de auto de infração ambiental, já que a questão se limita ao interesse patrimonial no crédito gerado.

(C) É obrigatória a intervenção do MP nas ações de desapropriação de qualquer espécie.

(D) É de competência da justiça federal o julgamento da ACP ajuizada pelo MPF, ainda que o objeto da ação seja dano ambiental.

(E) Em matéria de meio ambiente, vigora o princípio da precaução, segundo o qual todo aquele que poluir tem o dever de reparar o dano causado.

**A:** incorreta, pois a responsabilidade civil ambiental, em regra, é objetiva, não havendo que se analisar a existência de ato ilícito (dolo/culpa), nos termos do art. 225, § 3º, da CF e do art. 14, § 1º, da Lei 6.938/1981; **B:** incorreta, pois nos casos de competência federal (art. 109 da CF), caberá ao Ministério Público Federal a tutela do meio ambiente; **C:** incorreta, pois é obrigatória a intervenção do Ministério Público nas ações de usucapião especial coletiva de imóvel urbano (art. 12, § 1º, do Estatuto da Cidade), cujo objetivo é a regularização fundiária, bem como a recuperação de áreas degradadas. Trata-se de direito coletivo urbanístico. Todavia, poderá haver atuação ministerial, nas ações de desapropriação, caso existente interesse público que assim justifique (art. 82, III, do CPC [corresponde ao art. 178, I e III, do NCPC]); **D:** correta (art. 109 da CF); **E:** incorreta, *pois o princípio transcrito na alternativa se refere ao princípio do poluidor-pagador, segundo o qual este deve suportar as despesas de prevenção, reparação e repressão dos danos ambientais. Neste sentido doutrina Romeu Thomé e Leonardo de Medeiros Garcia: "(...). Este princípio não se limita a tolerar a poluição mediante um preço, nem se limita a compensar os danos causados, mais sim e principalmente, evitar o dano ambiental. Desta forma, o princípio do poluidor-pagador não se reduz à finalidade de somente compensar o dano ao meio ambiente, deve também englobar os custos necessários para a precaução e prevenção dos danos, assim como sua adequada repressão".* Por sua vez, segundo o princípio da precaução, previsto no princípio 15 da Declaração do Rio ECO/1992, quando houver perigo de dano grave e irreversível, a falta de certeza científica absoluta não deverá ser utilizada como razão para postergar a adoção de medidas eficazes para impedir a degradação do meio ambiente, cabendo ao interessado o ônus de provar que as intervenções pretendidas não são perigosas e/ou poluentes.

Gabarito "D".

**(Ministério Público/PI – 2012 – CESPE)** Sabendo que, no Brasil, a responsabilidade por danos provocados ao meio ambiente recebe tratamento constitucional, assinale a opção correta.

(A) Com vistas à celeridade processual e à viabilidade da reparação, são vedados, nos processos de reparação por danos ambientais, a denunciação à lide ou o chamamento ao processo, havendo orientação de que seja ajuizada ação própria contra os codevedores ou responsáveis subsidiários.

(B) Em matéria ambiental, é pacífico o entendimento de que não se deve aplicar o princípio da insignificância aos crimes ambientais, por ser o meio ambiente patrimônio coletivo.

(C) A poluição, em qualquer de suas formas, encontra-se criminalizada na Lei de Crimes Ambientais, que prevê penas de reclusão e multa, seja o crime doloso ou culposo, ao agente que o tiver praticado.

(D) Uma empresa devidamente licenciada com outorga para lançar efluentes tratados em curso de água está isenta de responder civilmente caso seja constatado, em exame laboratorial, que a água contenha padrão de qualidade inferior ao desejado.

(E) Em caso de cometimento de infrações administrativas, as sanções cabíveis não abrangem a aplicação de penas restritivas em relação aos direitos do infrator.

**A:** correta. É remanso o entendimento (doutrinário e jurisprudencial) de que a responsabilidade por danos ambientais é solidária, e, portanto, a formação do polo passivo poderá compreender todos ou alguns dos poluidores. Frise-se, por oportuno, que há forte entendimento de que é vedada a intervenção de terceiros provocada por um ou mais réus de ação civil pública ambiental, cabendo a discussão de direito de regresso (em razão da natureza solidária da obrigação à reparação dos danos ambientais) em ação própria (REsp 232.187, de 23.03.2000; AgRg no Ag 1.213.458, j. 24.08.2010; REsp 880.160, de 04.05.2010); **B:** incorreta. Há precedentes do STF admitindo a aplicação do princípio da insignificância em crimes ambientais, muito embora não se trate de questão já pacificada. Exemplificando, a 2ª Turma daquela Corte concedeu, por maioria de votos, *Habeas Corpus* (HC 112563) e absolveu um pescador de Santa Catarina que havia sido condenado por crime contra o meio ambiente (contra a fauna) por pescar durante o período de defeso, utilizando-se de rede de pesca fora das especificações do Ibama. Ele foi flagrado com 12 camarões. O pescador, assistido pela Defensoria Pública da União (DPU), havia sido condenado a um ano e dois meses de detenção com base no artigo 34, parágrafo único, inciso II, da Lei 9.605/1998 (que dispõe sobre as sanções penais e administrativas impostas em caso de condutas e atividades lesivas ao meio ambiente). Porém, por maioria de votos, a Turma decidiu pela aplicação da insignificância penal; **C:** incorreta. O art. 54 da Lei 9.605/1998 (Lei dos Crimes Ambientais) prevê a seguinte conduta típica: *"Causar poluição de qualquer natureza em níveis tais que resultem ou possam resultar em danos à saúde humana, ou que provoquem a mortandade de animais ou a destruição significativa da flora"*. Como se vê da redação típica, apenas a poluição que seja capaz de resultar danos concretos é considerada criminosa. Demais disso, em caso de poluição culposamente provocada, a pena não será de reclusão, mas, sim, de detenção, de 6 (seis) meses a 1 (um) ano, e multa (art. 54, § 1º, da Lei 9.605/1998); **D:** incorreta, pois a responsabilidade civil permanecerá independentemente de a qualidade ambiental já estar degradada. Assim não fosse, não haveria, por exemplo, responsabilidade civil pelo agravamento dos danos em área já poluída, o que se afigura um contrassenso; **E:** incorreta. Dentre outras, as penas restritivas de direitos estão previstas para o caso de cometimento de infrações administrativas em matéria ambiental (art. 72, XI, da Lei 9.605/1998).

Gabarito "A".

**(Procurador Federal – 2010 – CESPE)** Acerca das regras afetas à responsabilidade civil por danos causados ao meio ambiente, julgue os próximos itens.

**(1)** De acordo com entendimento do STJ, a responsabilidade por danos ambientais é subsidiária entre o poluidor direto e o indireto.

**(2)** Em se tratando de reserva florestal, com limitação imposta por lei, quem adquire a área assume o ônus de manter a sua preservação, tornando-se responsável pela reposição dessa área, mesmo se não tiver contribuído para devastá-la.

**1:** incorreta, pois a responsabilidade, no caso, é solidária (REsp 604725, DJ 22/08/2005); um exemplo é o caso em que uma indústria causa danos ao meio ambiente (poluidor direto) e o Poder Público, ciente, nada faz para impedir (poluidor indireto); **2:** correta, pois, segundo o STJ, a obrigação, no caso, é *propter rem* (Súmula 623).

Gabarito 1E, 2C.

**(Advogado da União/AGU – CESPE – 2012)** Com base nos termos da legislação que trata da responsabilização por danos ambientais, julgue os itens seguintes.

**(1)** Tratando-se de matéria ambiental, admite-se a desconsideração da pessoa jurídica sempre que sua personalidade seja obstáculo ao ressarcimento de prejuízos causados à qualidade do meio ambiente.

**(2)** Se tiver ocorrido, antes da transferência de prioridade de imóvel rural, supressão parcial da vegetação situada em área de preservação permanente, o adquirente desse imóvel, comprovada sua boa-fé, não será parte legítima para responder a ação cível com pedido de restauração da área deteriorada.

**1:** correta (art. 4º, Lei 9.605/1998); **2:** incorreta, pois é remansosa a jurisprudência dos tribunais judiciais, inclusive dos superiores, no sentido de que a obrigação de reparar o dano ambiental é *propter rem*, cabendo ao adquirente de um imóvel que já apresente degradação ambiental repará-lo, ainda que não o tenha causado (Súmula 623 do STJ; REsp 120684/SP, Rel. Min. Humberto Martins, 2ª Turma, j. 17.03.2011, DJE 29.03.2011). Saliente-se que, nesse caso, sequer será exigida a prova do nexo de causalidade, visto que, como dito, a responsabilidade do adquirente é *propter rem*.

Gabarito 1C, 2E.

**(Magistratura Federal/1ª região – 2011 – CESPE)** Na defesa da matéria ambiental, o legislador constituinte abraçou a teoria da responsabilidade objetiva, considerando a possibilidade de ocorrência de dano ambiental. A esse respeito, assinale a opção correta.

**(A)** Ao impor a obrigação de reparação ao poluidor, o legislador sugere a demonstração da culpa em razão de as atividades poluidoras causarem danos ao meio ambiente ou a terceiros.

**(B)** No Brasil, vigora, nas situações peculiares de tragédias, a teoria da irresponsabilidade do Estado em matéria ambiental.

**(C)** Em matéria ambiental, a administração responde civilmente por ato de terceiros, por culpa *in omittendo* proveniente de medidas de polícia.

**(D)** A teoria da *faute du service public* não é aplicada em relação à administração pública envolvida na proteção ambiental por ausência de acolhimento da jurisprudência nacional.

**(E)** No que se refere ao reconhecimento da responsabilidade administrativa em caso de dano ambiental, adota-se, na legislação brasileira, a teoria do risco criado.

**A:** incorreta, pois a responsabilidade civil ambiental é objetiva, por força do que estabelece o art. 225, § 3º, da CF e o art. 14, § 1º da Lei n. 6.938/1981. Assim também o entendimento dos tribunais. Com efeito, assim decidiu a Segunda Turma do STJ (AgRg no REsp 1.286.142/SC, *DJe* 28.02.2013): "A jurisprudência deste Sodalício orienta no sentido de que, em se tratando de dano ambiental, a responsabilidade é objetiva. Dispensa-se portanto a comprovação de culpa, entretanto há de se constatar o nexo causal entre a ação ou omissão e o dano causado, para configurar a responsabilidade. (AgRg no AREsp 165.201/MT, Rel. Ministro Humberto Martins, Segunda Turma, julgado em 19.06.2012, *DJe* 22.06.2012). Assim, independentemente da existência de culpa, o poluidor, ainda que indireto é obrigado a indenizar e reparar o dano causado ao meio ambiente. Precedentes"; **B:** incorreta, pois não se pode falar, genericamente, em irresponsabilidade do Estado, mesmo no caso de tragédias. A Lei n. 6.938/1981, que estabelece a responsabilidade objetiva em matéria ambiental, conforme visto na afirmativa anterior, dispõe, em seu art. 3º, IV, que é poluidor, a pessoa física ou jurídica, de direito público ou privado, responsável, direta ou indiretamente, por atividade causadora de degradação ambiental. Portanto, o Estado pode ser responsabilizado por dano ambiental, objetivamente, ainda que seja *poluidor indireto* (pela quebra do dever de fiscalizar). *Vide* decisão citada no item anterior; **C:** incorreta, pois, como já disse, por quebra do dever de fiscalização, a responsabilidade por dano ambiental pode ser considerada objetiva; **D:** incorreta, pois a teoria da falta do serviço é acolhida pela jurisprudência nacional. Confira-se, a propósito, o consignado pelo STJ no julgamento do REsp 471.606/SP: "A responsabilidade do Estado por omissão é subjetiva. Jurisprudência predominantes do STF e do STJ. Desde a inicial, vieram os recorrentes discutindo a falta do serviço estatal por omissão, o que é bem diferente de se discutir o fato do serviço para aplicação da responsabilidade objetiva"; **E:** correta, pois, como ensina Sergio Cavalieri Filho (**Programa de responsabilidade civil**, 9ª ed., São Paula: Atlas, 2010, p. 243) "a teoria do risco administrativo importa atribuir ao Estado a responsabilidade pelo risco criado pela sua atividade administrativa".

Gabarito 'E'.

**(Magistratura Federal/2ª região – 2011 – CESPE)** A responsabilidade em caso de dano ao ambiente é reconhecida, no artigo 225 da CF, como princípio de proteção ambiental e deve ser repartida entre o poder público, a sociedade e o particular. Com relação a esse assunto, assinale a opção correta.

**(A)** Para se determinar a responsabilidade por risco em matéria ambiental, é suficiente a demonstração do estabelecimento de causalidade entre a ação e o dano.

**(B)** O poder público, como principal protetor do ambiente, não pode responder por danos ambientais.

**(C)** Em matéria ambiental, o dano só estará sujeito a reparação e indenização quando se referir à responsabilidade civil por dano ambiental.

**(D)** Na avaliação do dano ambiental, devem ser considerados o prejuízo causado pelo empreendimento a uma pluralidade de pessoas, a impossibilidade ou a dificuldade de sua reparação, a duração da sua repercussão em termos temporais e sua possibilidade de valoração.

**(E)** Na esfera ambiental, a responsabilidade objetiva pode ser proposta em caráter exclusivo pelo MP. Para a efetiva proteção do meio ambiente, a CF concede funções diferenciadas ao MP, ao Poder Judiciário e à administração pública. A esse respeito, assinale a opção correta.

**A:** incorreta, pois os pressupostos da responsabilidade objetiva são: a conduta (ação ou omissão), o resultado (o dano) e o nexo de causalidade entre a conduta e o dano. Portanto, não basta provar o nexo; **B:** incorreta, pois não se pode falar, genericamente, em irresponsabilidade do Estado, mesmo no caso de tragédias. A Lei n. 6.938/1981, que estabelece a

## 19. DIREITO AMBIENTAL  665

responsabilidade objetiva em matéria ambiental, dispõe, em seu art. 3º, IV, que é poluidor, a pessoa física ou jurídica, de direito público ou privado, responsável, direta ou indiretamente, por atividade causadora de degradação ambiental. Portanto, o Estado pode ser responsabilizado por dano ambiental, objetivamente, ainda que seja *poluidor indireto* (pela quebra do dever de fiscalizar); **C:** incorreta, pois, em matéria ambiental, o dano estará sujeito a reparação e indenização quando se referir à responsabilidade penal, civil ou administrativa; **D:** correta, pois a assertiva elenca fatores a serem considerados para a avaliação do dano ambiental. Por exemplo, a avaliação da possibilidade ou impossibilidade de reparação do dano determina se a reparação será em espécie ou pela adoção de medidas compensatórias; **E:** incorreta, pois a legitimidade do MP não é exclusiva, mas sim concorrente e disjuntiva, por força do art. 5º da Lei da Ação Civil Pública.
*Gabarito "D".*

### 11. RESPONSABILIDADE ADMINISTRATIVA AMBIENTAL

**(Juiz – TJ/CE – 2018 – CESPE)** Com relação às infrações ambientais e às sanções decorrentes de condutas e atividades lesivas ao meio ambiente, assinale a opção correta.

(A) Indivíduo que comete, simultaneamente, duas ou mais infrações administrativas ambientais se sujeita às sanções previstas para cada infração, de forma cumulativa.

(B) O abate de animal que exerce ação predatória sobre lavouras, pomares e rebanhos é considerado crime, mesmo que a finalidade do abate seja a proteção dessas propriedades.

(C) A responsabilidade concernente a infração ambiental cometida em razão de decisão de órgão colegiado de pessoa jurídica recairá sobre a própria pessoa jurídica, com consequente exclusão da responsabilidade de pessoas físicas coautoras ou partícipes do mesmo fato.

(D) O pagamento de multa aplicada por determinado estado ou município não exime o condenado da obrigação de pagamento de multa federal relativa à mesma hipótese de incidência.

(E) Na aplicação de penalidades, a autoridade competente deverá considerar que as penas privativas de liberdade são insubstituíveis e que as restritivas de direitos são autônomas.

**A:** Correta, pois consta da literalidade do art. 72, § 1º, da Lei 9.605/1998. **B:** Errada, porquanto de acordo com o art. 37, II, da Lei 9.605/1998, não é crime o abate de animal, quando realizado para proteger lavouras, pomares e rebanhos da ação predatória ou destruidora de animais, desde que legal e expressamente autorizado pela autoridade competente. **C** Errada, pois o art. 225, § 3º, da CF/1988 diz que as condutas e atividades consideradas lesivas ao meio ambiente sujeitarão os infratores, pessoas físicas ou jurídicas, a sanções penais e administrativas, independentemente da obrigação de reparar os danos causados. Atenção para o entendimento do STJ, segundo o qual é possível a responsabilização penal da pessoa jurídica por delitos ambientais independentemente da responsabilização concomitante da pessoa física que agia em seu nome. A jurisprudência não mais adota a chamada teoria da "dupla imputação" STJ. 6ª Turma. RMS 39.173-BA, Rel. Min. Reynaldo Soares da Fonseca, julgado em 06.08.2015 (Info 566). STF. 1ª Turma. RE 548181/PR, Rel. Min. Rosa Weber, julgado em 06.08.2013 (Info 714). **D:** Errada, pois o pagamento de multa imposta pelos Estados, Municípios, Distrito Federal ou Territórios substitui a multa federal na mesma hipótese de incidência, segundo o art. 76 da Lei 9.605/1998. **E:** Errada, pois, na verdade, as penas restritivas de direitos são autônomas e substituem as privativas de liberdade (art. 7º da Lei 9.605/1998).
*Gabarito "A".*

**(Juiz – TRF5 – 2017 – CESPE)** Em um processo administrativo sancionador no âmbito do IBAMA, foi proferida decisão – ainda sujeita a recurso – aplicando multa ao autor de infração administrativa ambiental.

A respeito dessa situação hipotética, é correto inferir que

(A) a infração administrativa sob análise está tipificada também como contravenção penal.

(B) a aplicação de multa foi antecedida pela aplicação da pena de advertência em processo anterior.

(C) a multa aplicada é prevista em portaria do IBAMA.

(D) a admissibilidade de recurso administrativo está condicionada ao prévio depósito do valor da multa.

(E) ainda não está em curso o prazo prescricional para a cobrança da multa.

**A:** Errada, pois não se sabe a natureza da infração ambiental. **B:** Errada, de modo que, configurada infração ambiental grave, é possível a aplicação da pena de multa sem a necessidade de prévia imposição da pena de advertência (art. 72 da Lei 9.605/1998). **C:** Errada, porque em respeito ao Princípio da Legalidade, não é cabível a aplicação de multa ambiental sem a expressa previsão em lei *strictu sensu*, de modo que não se admite a motivação exclusivamente em Decretos Regulamentares ou Portarias (STJ, AgRg no REsp 1290827/MG – Primeira Turma – 27.10.2016). **D:** Errada, pois de acordo com a Súmula Vinculante 21 é inconstitucional a exigência de depósito ou arrolamento prévios de dinheiro ou bens para admissibilidade de recurso administrativo. **E:** Correta, pois é justamente o teor da Súmula 467 do STJ, segundo a qual: "Prescreve em cinco anos, contados do término do processo administrativo, a pretensão da Administração Pública de promover a execução da multa por infração ambiental".
*Gabarito "E".*

**(Delegado/PE – 2016 – CESPE)** Determinada pessoa física foi autuada por, supostamente, ter comercializado produtos, instrumentos e objetos que implicam a caça de espécimes da fauna silvestre.

Considerando essa situação hipotética, assinale a opção correta com base no Decreto 6.514/2008 — que dispõe sobre as infrações e sanções administrativas ao meio ambiente, estabelece o processo administrativo federal para apuração destas infrações, e dá outras providências.

(A) A defesa do autuado deverá ser conhecida, ainda que seja apresentada fora do prazo.

(B) O autuado não poderá ser intimado da lavratura do auto de infração por meio de edital.

(C) O autuado não poderá ser intimado da lavratura do auto de infração por meio de carta registrada.

(D) Se o auto de infração apresentar erro no enquadramento legal, o vício será insanável.

(E) Se o auto de infração apresentar vício sanável, ele poderá ser convalidado a qualquer tempo.

**A:** incorreta, já que o art. 177, I, do Decreto 6.514/2008 veda o conhecimento da defesa fora do prazo; **B:** incorreta, já que uma vez constatada a ocorrência de infração administrativa ambiental, será lavrado auto de infração, do qual deverá ser dado ciência ao autuado, assegurando-se o contraditório e a ampla defesa, podendo o autuado ser intimado inclusive por edital, conforme previsto pelo art. 96, § 1º, IV, do Decreto 6.514/2008; **C:** incorreta, já que a carta registrada é meio previsto para citação do autuado conforme art. 96, § 1º, III, do Decreto 6.514/2008; **D:** incorreta, já que o referido decreto em seu art. 100, § 3º considera que o erro no enquadramento legal da infração não implica vício insanável, podendo ser alterado pela autoridade julgadora mediante decisão fundamentada que retifique o auto de infração; **E:** correta, por força do art. 99 do Decreto 6.514/2008.
*Gabarito "E".*

**(Magistratura/BA – 2012 – CESPE)** Acerca da responsabilidade ambiental, assinale a opção correta.

(A) As ações penais por crimes ambientais previstos na Lei n. 9.605/1998 são públicas incondicionadas ou condicionadas à representação.

(B) Em matéria ambiental, a responsabilidade por ilícitos é sempre objetiva, dispensando-se a comprovação de culpa em sentido amplo.

(C) A omissão da autoridade ambiental competente, sendo ela obrigada a agir, poderá configurar infração administrativa ambiental.

(D) Os valores arrecadados em decorrência do pagamento de multas por infração ambiental devem ser integralmente revertidos ao Fundo Nacional do Meio Ambiente.

**(E)** Entre os efeitos da condenação por crime ambiental inclui-se a apreensão de produtos dele decorrentes e de instrumentos utilizados para cometê-lo, salvo os instrumentos lícitos.

**A:** incorreta, pois a ação penal na Lei 9.605/1998 é pública incondicionada (art. 26 da Lei 9.605/1998); **B:** incorreta, pois em matéria ambiental a responsabilidade depende do elemento objetivo dolo, como regra, e do elemento objetivo culpa em sentido estrito, nos crimes culposos; a responsabilidade administrativa também requer elemento subjetivo para aplicação de determinadas sanções (art. 72, § 3º, da Lei 9.605/1998); e na responsabilidade civil, como regra não se fala em elemento subjetivo, já que a responsabilidade é objetiva, salvo quando se busca a responsabilidade do Poder Público por ausência de fiscalização, ocasião em que a responsabilidade é subjetiva, ficando dependente da demonstração de falta do serviço; **C:** correta (art. 70, § 3º, da Lei 9.605/1998); **D:** incorreta, pois tais valores serão revertidos, além do Fundo Nacional do Meio Ambiente, para o Fundo Naval e para os fundos estaduais ou municipais do meio ambiente, ou correlatos, conforme dispuser o órgão arrecadador (art. 73 da Lei 9.605/1998); **E:** incorreta, pois serão apreendidos seus produtos ou instrumentos, pouco importando se são lícitos ou ilícitos (art. 25 da Lei 9.605/1998).

Gabarito "C".

**(Magistratura Federal/2ª região – 2011 – CESPE)** Para a efetiva proteção do meio ambiente, a CF concede funções diferenciadas ao MP, ao Poder Judiciário e à administração pública. A esse respeito, assinale a opção correta.

**(A)** No exercício do poder de polícia em defesa do ambiente, a administração pública executa ações de natureza unicamente repressiva.

**(B)** Promover inspeções e diligências investigativas que envolvam autoridades administrativas constitui forma de atuação judicial do MP.

**(C)** A competência para julgar ação proposta por empresa particular com concessão de fornecimento de serviço público, mesmo sem o interesse da União, de suas autarquias ou empresas, será sempre da justiça federal.

**(D)** Ao MP é reconhecida legitimidade para atuar, como parte e como fiscal da lei, na defesa dos interesses individuais e coletivos, dentro dos limites constitucionais e institucionais, incluindo-se os que se refiram ao meio ambiente.

**(E)** O compromisso de ajustamento de conduta constitui instituto semelhante ao do direito civil denominado transação.

**A:** incorreta, pois a atuação preventiva da Administração Pública é fundamental para a defesa do meio ambiente ecologicamente equilibrado e imposta pelo art. 225 da CF; **B:** incorreta, pois, no caso, há atuação extrajudicial do MP (MP Resolutivo); **C:** incorreta, pois a competência da Justiça Federal, prevista no art. 109 da CF, é expressa e taxativa, não lhe cabendo conhecer de ações movidas por empresa particular; **D:** correta, pois a legitimidade do Ministério Público está expressa no art. 129, III, da CF, no art. 14, § 1º, segunda parte, da Lei n. 6.938/1981, no art. 5º, I, da Lei da Ação Civil Pública. E segundo o art. 5º, § 1º, da Lei n. 7.347/1985 (LACP), *o Ministério Público, se não intervier no processo como parte, atuará obrigatoriamente como fiscal da lei*; **E:** incorreta, pois a transação, no direito civil, importa em concessões recíprocas. No caso da tutela dos direitos transindividuais, não há disponibilidade quanto ao direito material objeto do compromisso de ajustamento de conduta. Os órgãos públicos legitimados à celebração do compromisso só podem transacionar quanto a aspectos secundários, como, por exemplo, para estabelecer o prazo em que se dará o *ajustamento da conduta*.

Gabarito "D".

**(Magistratura Federal/3ª região – 2011 – CESPE)** Relativamente à responsabilização por dano ambiental e ao poder de polícia ambiental, assinale a opção correta.

**(A)** O prejuízo do dano ambiental alcança o próprio ambiente e terceiros, e, nesse sentido, o poluidor é obrigado, independentemente da existência de culpa, a indenizar ou reparar os danos causados em razão de sua atividade.

**(B)** Na aplicação de penalidades como a advertência e a multa, a autoridade competente deverá observar tão somente a gravidade do fato e os antecedentes do infrator quanto ao cumprimento da legislação ambiental, sem considerações de ordem pessoal como, por exemplo, a situação econômica do infrator.

**(C)** São autoridades competentes para lavrar auto de infração ambiental os funcionários de órgãos ambientais integrantes do Sistema Nacional de Meio Ambiente, mas a atribuição para instaurar o processo administrativo pertence, privativamente, aos dirigentes dos órgãos ambientais, conforme definido em lei.

**(D)** A responsabilidade das pessoas jurídicas, na esfera administrativa, civil e penal, por infração cometida por seu representante legal ou contratual, ou por seu órgão colegiado, em benefício da entidade, afasta a responsabilidade das pessoas físicas coautoras ou partícipes do mesmo fato.

**(E)** A prestação de serviços à comunidade é pena restritiva de direitos aplicável às pessoas físicas, mas não às jurídicas, às quais somente se aplicam a pena de multa e as restritivas de direitos que impliquem suspensão parcial ou total de atividades, a interdição temporária de estabelecimento, obra ou atividade e a proibição de contratar com o poder público, bem como dele obter subsídios.

**A:** correta, pois é o exato sentido do estabelecido no art. 14, § 1º, primeira parte, da Lei n. 6.938/1981: "Sem obstar a aplicação das penalidades previstas neste artigo, é o poluidor obrigado, independentemente da existência de culpa, a indenizar ou reparar os danos causados ao meio ambiente e a terceiros, afetados por sua atividade"; **B:** incorreta, pois a situação econômica deve ser analisada, considerando o disposto no art. 6º, III, da Lei n. 9.605/1998; **C:** incorreta, pois, nos termos do art. 70, § 1º, da Lei n. 9.605/1998, as autoridades também têm competência para instaurar o processo administrativo; **D:** incorreta, pois a responsabilidade das pessoas jurídicas não afasta a responsabilidade das pessoas físicas (art. 3º, parágrafo único, da Lei n. 9.605/1998); **E:** incorreta, pois, de acordo com a Lei n. 9.605/1998, em seu art. 21, as penas são aplicáveis isolada, cumulativa ou alternativamente às pessoas jurídicas, de acordo com o disposto no art. 3º, são: I – multa; II – restritivas de direitos; III – prestação de serviços à comunidade.

Gabarito "A".

## 12. RESPONSABILIDADE PENAL AMBIENTAL

Joana, moradora de uma comunidade quilombola, tem baixo grau de instrução e trabalha na principal atividade de subsistência da sua comunidade, que é a pesca. Durante uma pescaria, feita sempre aos domingos, no período noturno, ela capturou dois filhotes de baleia-franca, espécie inserida na lista local de espécies ameaçadas de extinção. Depois desse dia, Joana passou a fazer da pesca dessa espécie animal uma atividade econômica, com a venda para o comércio da região. Somente após ter praticado reiteradamente a atividade criminosa, ela descobriu que essa espécie de baleia era ameaçada de extinção. Arrependida, Joana dirigiu-se a uma delegacia de polícia e informou, com antecedência, à autoridade policial todos os locais em que havia instalado armadilhas de pesca. Além disso, passou a trabalhar em um projeto social para reparar o dano causado e a colaborar com os agentes encarregados da vigilância e do controle ambiental.

**(Juiz de Direito – TJ/SC – 2019 – CESPE/CEBRASPE)** Conforme as disposições da Lei 9.605/1998, assinale a opção que indica circunstâncias atenuantes de eventual pena criminal que possa ser imputada a Joana.

**(A)** o baixo grau de instrução de Joana e o seu pertencimento a uma comunidade quilombola

**(B)** o arrependimento de Joana, sua pretensão de reparar o dano e a periodicidade das pescas (sempre aos domingos)

**(C)** a comunicação prévia de Joana do perigo iminente de degradação ambiental, em razão das armadilhas de pesca instaladas, e a periodicidade das pescas (sempre aos domingos)

**(D)** o baixo grau de instrução de Joana e sua colaboração com os agentes da vigilância e do controle ambiental

**(E)** o pertencimento de Joana a uma comunidade quilombola e a sua desistência voluntária

A Lei 9.605/98 disciplina a responsabilidade penal em matéria ambiental. O seu art. 14 elenca as circunstâncias que atenuam a pena, entre as quais o baixo grau de instrução ou escolaridade do agente (inciso I) e a colaboração com os agentes encarregados da vigilância e do controle ambiental (inciso IV). As demais circunstâncias são: o arrependimento do infrator, manifestado pela espontânea reparação do dano, ou limitação significativa da degradação ambiental causada (inciso II) e a comunicação prévia pelo agente do perigo iminente de degradação ambiental (inciso III).

Gabarito "D".

**(Procurador do Município – Campo Grande/MS – 2019 – CESPE/ CEBRASPE)** Acerca de tutela processual do meio ambiente, de crimes ambientais e de espaços territoriais especialmente protegidos, julgue os itens que se seguem.

**(1)** Nas ações civis públicas ajuizadas que visem à tutela do meio ambiente, são vedados o pedido de condenação da parte requerida em prestações pecuniárias e a concessão de medida liminar sem a oitiva prévia da parte ré.

**(2)** Os crimes ambientais não podem ser caracterizados por atos omissivos.

**(3)** Situação hipotética: Portando uma arma de fogo, mas sem licença de autoridade ambiental competente, João penetrou em uma unidade de conservação. Assertiva: Ainda que não abata nenhum animal nem mesmo tente fazê-lo na referida unidade de conservação, João cometeu um crime ambiental.

**(4)** As populações tradicionais residentes em unidades de conservação deverão ser, obrigatoriamente, realocadas pelo poder público e, por conseguinte, indenizadas ou compensadas pelas benfeitorias existentes no local onde habitavam.

**(5)** O ato de grafitar é considerado um crime ambiental e pode ser punido com multa e detenção de três meses a um ano.

Item **1** errado (no âmbito de ação civil pública ambiental, admite-se tanto a formulação de pedido indenizatório em face do réu, quanto a concessão de liminar sem a oitiva prévia da parte ré, ainda que seja do Poder Público); item **2** errado (nos termos da Lei 9.605/98, a configuração de crime ambiental pode-se dar "de qualquer forma", o que inclui condutas omissivas); item **3** correto (constitui crime ambiental penetrar em Unidades de Conservação conduzindo instrumentos próprios para caça, sem licença da autoridade competente, nos termos do art. 52 da Lei 9.605/98); item **4** errado (existem diversas unidades de conservação em que se permite a permanência das populações tradicionais, a exemplo da Floresta Nacional); item **5** errado (conforme o art. 65, §2º, da Lei 9.605/98, não constitui crime a prática de grafite realizada com o objetivo de valorizar o patrimônio público ou privado mediante manifestação artística). RB

Gabarito 1E, 2E, 3C, 4E, 5E

**(Procurador do Estado/SE – 2017 – CESPE)** Caio deseja iniciar uma criação de pacas (*Cuniculus paca*), com um plantel de quatro animais, para o fornecimento de carnes a um mercado consumidor desejoso de novidades. Para tanto, Caio apresentou ao órgão ambiental competente um pedido de licenciamento ambiental.

Nesse caso, Caio poderá iniciar a atividade

**(A)** automaticamente após apresentar aos órgãos responsáveis o estudo de impacto ambiental e o relatório de impacto ambiental.

**(B)** imediatamente após a concessão do licenciamento ambiental por ele requerido.

**(C)** imediatamente após protocolar o pedido de licenciamento ambiental no órgão competente.

**(D)** automaticamente, após o prazo de cento e vinte dias, caso o órgão ambiental se mantenha omisso na apreciação do pedido apresentado por ele.

**(E)** imediatamente após protocolar novo pedido, a outro órgão ambiental, caso ocorra demora na análise do pedido apresentado originalmente.

**A:** Errada, pois o estudo e o relatório são condições para o início da atividade. **B:** Correta, pois a Lei 6.938/1981, art. 10, preconiza que a construção, instalação, ampliação e funcionamento de estabelecimentos e atividades utilizadores de recursos ambientais, efetiva ou potencialmente poluidores ou capazes, sob qualquer forma, de causar degradação ambiental dependerão de prévio licenciamento ambiental, bem como a Lei Complementar 140/2011, art. 14, § 3º, diz que o decurso dos prazos de licenciamento, sem a emissão da licença ambiental, não implica emissão tácita nem autoriza a prática de ato que dela dependa ou decorra, mas instaura a competência supletiva referida no art. 15. **C:** Errada, pois depende da concessão da licença, como explicado. **D:** Errado, pois o prazo se refere à renovação da licença, consoante apresentado no art. 14, § 4º, da Lei Complementar 140/2011. **E:** Errada, embora possa protocolar novo pedido, conforme a competência supletiva, que surge no caso de demora (decurso dos prazos de licenciamento, isso não autoriza o início imediato da atividade por si só.

Gabarito "B".

**(Promotor de Justiça/RR – 2017 – CESPE)** Em um sábado, Pedro, maior e capaz, com baixo grau de instrução, pichou monumento urbano, sem autorização.

Nessa situação hipotética,

**(A)** a ação penal será pública condicionada se o monumento pichado for de propriedade particular.

**(B)** a pena a que Pedro está sujeito é de detenção inferior a dois anos, mesmo que o monumento pichado seja tombado pelo patrimônio histórico.

**(C)** o baixo grau de instrução de Pedro é irrelevante para a estipulação da pena.

**(D)** a pena a que Pedro está sujeito deverá ser agravada por ter sido o crime cometido em um sábado.

**A:** Errada, pois os crimes previstos na Lei 9.605/1998 são todos de ação penal pública incondicionada, consoante o respectivo art. 26. **B:** Correta, de sorte que Pedro praticou o crime tipificado no art. 65, com a causa de aumento de pena do § 1º, ambos, da Lei 9.605/1998, cuja pena máxima para a hipótese é de 1 (um ano) de detenção e multa. **C:** Errada, pois o baixo grau de instrução é circunstância que atenua a pena, segundo o art. 14, I, da Lei 9.605/1998. **D:** Errada, pois, na verdade, o que agrava a pena é o crime ter sido cometido em domingos ou feriados, conforme o art. 15, II, *h*, da Lei 9.605/1998.

Gabarito "B".

**(Procurador do Estado/AM – 2016 – CESPE)** Com relação aos crimes e às infrações administrativas ambientais, julgue os itens subsequentes.

**(1)** **Situação hipotética:** Durante festividade junina, um grupo de pessoas adultas e capazes soltou balões com potencial de provocar incêndio em floresta situada nas redondezas do local da festa. **Assertiva:** Nessa situação, para serem tipificadas como crime, tais condutas independerão de prova de que a probabilidade de lesão ao meio ambiente era efetiva, por constituírem infração de perigo abstrato.

**(2)** **Situação hipotética:** Cláudio, maior e capaz, caçou e matou espécime da fauna silvestre, sem a devida autorização da autoridade competente. **Assertiva:** Segundo o atual entendimento do STJ, a competência para julgar o referido crime será da justiça federal, independentemente de a ofensa ter atingido interesse direto e específico da União, de suas entidades autárquicas ou de empresas públicas federais, pois basta que os crimes sejam contra a fauna para atrair a competência do Poder Judiciário federal.

**1:** correta. A situação hipotética enquadra-se no art. 42 da Lei 9.605/1998, a saber: "fabricar, vender, transportar ou soltar balões que possam provocar incêndios nas florestas e demais formas de vegetação, em áreas urbanas ou qualquer tipo de assentamento humano (...)"; **2:** errada. É preciso relacionar que o entendimento jurisprudencial sobre a matéria foi alterado a partir do cancelamento pelo Superior Tribunal de Justiça da sua Súmula 91, que enunciava que compete à Justiça Federal processar e julgar os crimes praticados contra a fauna. Portanto, no caso em discussão, não há que se falar em competência da Justiça Federal.

Gabarito 1C, 2E

**(Analista – Ministério do Meio Ambiente – 2011 – CESPE)** Com relação à Política Nacional do Meio Ambiente, julgue os itens subsequentes.

**(1)** Praticar ato de abuso, maus-tratos, ferir ou mutilar animais, bem como realizar experiência dolorosa ou cruel em animal vivo, ainda que para fins didáticos ou científicos, são atos passíveis de detenção e multa, e, em caso de morte do animal, a pena é aumentada de um a seis meses.

**(2)** Perdas de bem-estar social podem ser geradas por externalidades ambientais negativas causadas por atividades econômicas, incluindo-se entre as formas de corrigir tais perdas a internalização dos custos da degradação nas estruturas de produção e consumo.

**1:** incorreta, pois, em caso de morte, a pena é aumentada de um sexto a um terço (art. 32, *caput* e §§ 1º e 2º, da Lei 9.605/1998); **2:** correta, pois reflete o aspecto preventivo do princípio do poluidor-pagador.
Gabarito 1E, 2C

**(Analista – Ministério do Meio Ambiente – 2011 – CESPE)** Em relação aos crimes ambientais, julgue o item abaixo.

**(1)** Constitui crime ambiental, sujeito à pena de detenção e multa, vender ou expor à venda, ter em depósito, transportar ou guardar madeira, lenha, carvão e outros produtos de origem vegetal, sem licença válida para todo o tempo da viagem ou do armazenamento, outorgada pela autoridade competente.

**1:** correta (art. 46, *caput* e parágrafo único, da Lei 9.605/1998).
Gabarito 1C

**(Magistratura/PB – 2011 – CESPE)** Considerando a disciplina legal dos crimes contra o meio ambiente, assinale a opção correta.

**(A)** Incidem nas penas previstas em lei, na medida de sua culpabilidade, as pessoas que, tendo conhecimento da conduta criminosa de alguém contra o ambiente e podendo agir para evitá-la, deixem de impedir sua prática.

**(B)** As sanções penais aplicáveis às pessoas físicas pela prática de crimes ambientais são as penas restritivas de direitos e multa, mas não, as privativas de liberdade.

**(C)** Por se tratar de ente fictício, a pessoa jurídica não pode ser sujeito ativo dos crimes ambientais.

**(D)** O ato de soltar balões somente se caracteriza como crime contra o meio ambiente se, em consequência da conduta, houver incêndio em floresta ou em outras formas de vegetação, em áreas urbanas ou em qualquer tipo de assentamento humano.

**(E)** A responsabilidade penal por crimes ambientais está integralmente amparada no princípio da culpabilidade; desse modo, os tipos penais previstos na lei que dispõe sobre os crimes ambientais (Lei n. 9.605/1998) só se consumam se os delitos forem praticados dolosamente.

**A:** esta assertiva, embora considerada correta, não está, a nosso ver, em consonância com o que estabelece o art. 2º da Lei 9.605/1998. Isso porque a omissão, neste caso, somente será relevante se se tratar das pessoas relacionadas no dispositivo em comento. Ocorre que não podemos atribuir responsabilidade criminal a quem, não sendo exercente dos cargos a que faz referência o art. 2º, segunda parte, da Lei 9.605/2008, ainda que ciente da conduta criminosa, deixa de impedir a sua prática. Trata-se, em verdade, de um desdobramento da regra contida no art. 13, § 2º, do CP, que estabelece as situações em que a omissão, no direito penal, tem relevância; **B:** assertiva incorreta, nos termos do art. 7º da Lei 9.605/1998; **C:** incorreta, nos termos do art. 3º da Lei 9.605/1998 e art. 225, § 3º, da CF; **D:** incorreta. Cuida-se de delito formal, em que o resultado naturalístico consistente na causação de incêndio não é indispensável à consumação do crime, conforme é possível se inferir da redação do art. 42 da Lei 9.605/1998. A assertiva, portanto, está incorreta; **E:** incorreta. Reza o princípio da culpabilidade que não se imporá responsabilidade criminal àquele que não houver praticado o crime ao menos culposamente. Até aí, a assertiva está correta, pois esse postulado é informador do Direito Penal. Ocorre que a Lei 9.605/1998 contempla algumas hipóteses de crime culposo. Ex.: art. 38, parágrafo único, da Lei 9.605/1998.
Gabarito Oficial "A". – Nosso gabarito "A", "sem opção correta".

**(Magistratura/PI – 2011 – CESPE)** Com base no que dispõe a lei que trata dos crimes ambientais, assinale a opção correta acerca da responsabilidade por dano ambiental.

**(A)** A lei em questão considera que o ato do representante legal ou contratual da pessoa jurídica que constitua crime ambiental é, por vinculação, também crime da pessoa jurídica, independentemente de resultar em benefício para a entidade.

**(B)** A extinção de uma pessoa jurídica, sua alteração contratual ou qualquer outra modificação que implique impedimento na pretensão reparatória de prejuízos causados ao ambiente pode acarretar a desconsideração da personalidade jurídica, de modo a responsabilizar seus sócios para os efeitos de determinadas obrigações.

**(C)** As pessoas jurídicas de direito público não podem ser responsabilizadas administrativamente por dano ambiental.

**(D)** Por iniciativa privativa do poder público, é possível a celebração de termo de compromisso entre os órgãos ambientais competentes e as pessoas físicas ou jurídicas responsáveis por estabelecimentos e atividades considerados efetiva ou potencialmente poluidores. Uma vez assinado, esse termo terá força de título executivo extrajudicial e impedirá a execução de quaisquer multas eventualmente aplicadas.

**(E)** Na persecução administrativa por dano ambiental, aplica-se o princípio da subsunção, segundo o qual a infração de menor gravidade é absorvida pela de maior gravidade quando ambas são praticadas concomitantemente.

**A:** incorreta, pois a responsabilização penal da pessoa jurídica depende, além de a infração ter sido cometida por decisão de uma das pessoas mencionadas na alternativa, que o fato tenha sido cometido no interesse ou benefício da entidade (art. 3º, *caput*, da Lei 9.605/1998); **B:** correta, pois, de acordo com o art. 4º da Lei 9.605/1998 poderá ser desconsiderada a personalidade da pessoa jurídica toda vez que a personalidade for obstáculo ao ressarcimento de prejuízos causados à qualidade do meio ambiente; **C:** incorreta, pois não há limitação legal nesse sentido; **D:** incorreta, pois tal termo de compromisso só impedirá a execução de multas aplicadas após o protocolo, pelo infrator, de requerimento pedindo a celebração do acordo (art. 79-A, *caput* e §§ 3º e 4º, da Lei 9.605/1998); **E:** incorreta, pois, de acordo com o art. 72, § 1º, da Lei 9.605/1998, se o infrator cometer, simultaneamente, duas ou mais infrações, ser-lhe-ão aplicadas, **cumulativamente**, as sanções a elas cominadas.
Gabarito "B".

**(Ministério Público/ES – 2010 – CESPE)** A Lei de Crimes Ambientais estabelece a responsabilização na esfera cível, penal e administrativa, em caso de infração cometida em face do meio ambiente. A respeito de crimes ambientais, assinale a opção correta.

**(A)** Em matéria ambiental, o julgamento pelo cometimento de crimes comuns é de competência da justiça estadual comum.

**(B)** A responsabilização do poluidor pela indenização ou reparação dos danos causados ao meio ambiente e a terceiros afetados por sua atividade exige comprovação de culpa.

**(C)** O poder de polícia exercido pela administração pública em matéria ambiental, desempenhado por profissionais e técnicos de formação civil, tem caráter unicamente repressivo.

**(D)** Processo em matéria ambiental, se administrativo, deve ser conduzido harmonicamente, considerando as garantias constitucionais; contudo, não deve prender-se à razoabilidade e proporcionalidade, pois estas são exigências dos processos judiciais.

**A:** correta, ressalvados os casos previstos no art. 109 da CF; **B:** incorreta, pois a responsabilidade civil ambiental é objetiva; **C:** incorreta, pois militares (das Capitanias dos Portos) também podem exercer a polícia administrativa ambiental (art. 70, § 1º, da Lei 9.605/1998); ademais, o poder de polícia também tem caráter preventivo; **D:** incorreta, pois a razoabilidade e a proporcionalidade são princípios expressos na Lei de Processo Administrativo Federal (art. 2º da Lei 9.784/1999).
Gabarito "A".

**(Ministério Público/TO – 2012 – CESPE)** De acordo com a Lei dos Crimes Ambientais, constituem penas restritivas de direito

**(A)** o recolhimento domiciliar e a prisão simples.

**(B)** a interdição definitiva de direitos e a prestação pecuniária.

**(C)** a suspensão parcial ou total de atividades e a interdição definitiva do direito de transitar em unidades de conservação.

**(D)** a prestação de serviços à comunidade e a interdição temporária de direitos.

**(E)** o recolhimento domiciliar e a obrigatoriedade de participar do curso de educação ambiental.

As penas restritivas de direitos definidas na Lei 9.605/1998 são: I – prestação de serviços à comunidade; II – interdição temporária de direitos; III – suspensão parcial ou total de atividades; IV – prestação pecuniária; e V – recolhimento domiciliar. Assim, apenas a alternativa "D" contêm espécies de penas restritivas de direitos, nas quais não se incluem a prisão simples (alternativa "A"), a interdição definitiva de direitos (alternativa "B"), interdição definitiva do direito de transitar em unidades de conservação (alternativa "C") e obrigatoriedade de participar de curso de educação ambiental (alternativa "E").
Gabarito "D".

**(Procurador Federal – 2010 – CESPE)** Em relação a crimes ambientais, julgue o item subsequente.

**(1)** A configuração do fato típico consistente em introduzir espécime animal no país, sem parecer técnico oficial favorável e licença expedida por autoridade competente, deve ser apurada e julgada pela justiça comum estadual, já que não há ofensa de bem, serviço ou interesse da União, de suas entidades autárquicas ou empresas públicas.

**1:** correta, pois somente quando há interesse direto da União, de suas entidades autárquicas ou de suas empresas públicas a competência é da Justiça Federal (art. 109, I, da CF).
Gabarito 1C

**(Advogado da União/AGU – CESPE – 2012)** Julgue o item seguinte.

**(1)** É circunstância agravante da pena o fato de o agente ter cometido crime ambiental no interior de espaço territorial especialmente protegido, salvo quando a referida localização constituir ou qualificar o crime.

**1:** correta (art. 15, II, I, Lei 9.605/1998). Ressalte-se que a agravante em tela somente incidirá se o crime não envolver, diretamente, um espaço territorial especialmente protegido, sob pena de caracterizar *bis in idem*.
Gabarito 1C

## 13. BIOSSEGURANÇA E PROTEÇÃO DA SAÚDE HUMANA

**(Juiz – TRF5 – 2017 – CESPE)** Por entender insuficiente a proibição de lei federal para o cultivo de organismos geneticamente modificados (OGMs) em determinadas áreas, determinado estado-membro editou lei mais rigorosa, ampliando o rol relativo aos tipos de áreas em que tal atividade é vedada no seu território. Além disso, o estado-membro criminalizou condutas relacionadas ao cultivo de OGMs, que, na esfera federal, são consideradas meras infrações administrativas.

Essa lei estadual é

**(A)** ilegal quanto à ampliação do rol de áreas de cultivo proibido e constitucional na parte criminal.

**(B)** ilegal em relação a ambos os aspectos, por violação a lei federal.

**(C)** constitucional em relação aos dois aspectos, em decorrência do exercício de competência legislativa suplementar.

**(D)** inconstitucional em relação a ambas as inovações, por vício de competência.

**(E)** constitucional quanto à ampliação do rol de áreas de cultivo proibido e inconstitucional na parte criminal.

**A:** Errada, pois é inconstitucional a parte criminal, à medida que usurpou competência federal e por ter entrado em conflito com o disposto naquela normatização. **B:** Errada, pois o Estado poderia legislar na

parte ambiental, devido à competência constitucional concorrente (art. 24 da CF/1988). **C:** Errada, pois o Estado extrapolou no âmbito penal, pelas razões já expostas. **D:** Errada, pois o Estado detém competência concorrente e a medida, ao menos na área ambiental, mostra-se constitucional. **E:** Correta, pois o Estado detém competência concorrente para legislar sobre direito ambiental, enquanto que extrapolou no âmbito penal, pelas razões já expostas.
Gabarito "E".

**(Juiz de Direito/AM – 2016 – CESPE)** Acerca de biodiversidade, patrimônio genético e conhecimento tradicional associado, assinale a opção correta.

**(A)** A gestão do patrimônio genético e o acesso ao conhecimento tradicional associado competem aos municípios, por se tratar de assunto de interesse local.

**(B)** As ações que visem ao acesso ao conhecimento tradicional associado à biodiversidade podem transcorrer mesmo sem o consentimento prévio dos povos indígenas e de outras comunidades locais.

**(C)** O conhecimento tradicional associado ao patrimônio genético decorrente de práticas das comunidades indígenas nacionais integra o patrimônio cultural brasileiro.

**(D)** A divisão dos benefícios decorrentes de exploração econômica de produto desenvolvido a partir de conhecimento tradicional associado ocorrerá sob formas que permitam quantificação de valores, vedadas as contribuições na forma de capacitação de recursos humanos.

**(E)** A diversidade biológica será legalmente protegida se tiver potencial para uso humano.

**A:** incorreta. O acesso ao patrimônio genético existente no País ou ao conhecimento tradicional associado para fins de pesquisa ou desenvolvimento tecnológico e a exploração econômica de produto acabado ou material reprodutivo oriundo desse acesso somente serão realizados mediante cadastro, autorização ou notificação, e serão submetidos a fiscalização, restrições e repartição de benefícios nos termos e nas condições estabelecidos na Lei 13.123/2015 e regulamento. Além disso, é de competência da União a gestão, o controle e a fiscalização das atividades ora descritas, nos termos do disposto no inciso XXIII do *caput* do art. 7º da Lei Complementar 140/2011 (art. 3º, Lei 13.123/2015). Por fim, foi criado no âmbito do Ministério do Meio Ambiente o Conselho de Gestão do Patrimônio Genético (CGen), órgão colegiado de caráter deliberativo, normativo, consultivo e recursal, responsável por coordenar a elaboração e a implementação de políticas para a gestão do acesso ao patrimônio genético e ao conhecimento tradicional associado e da repartição de benefício; **B:** incorreta. Segundo o art. 8º, § 2º, da Lei 13.123/2015, "O Estado reconhece o direito de populações indígenas, de comunidades tradicionais e de agricultores tradicionais de participar da tomada de decisões, no âmbito nacional, sobre assuntos relacionados à conservação e ao uso sustentável de seus conhecimentos tradicionais associados ao patrimônio genético do País (...)"; **C:** correta. Segundo o art. 2º, II, da Lei 13123/2015, o "conhecimento tradicional associado – informação ou prática de população indígena, comunidade tradicional ou agricultor tradicional sobre as propriedades ou usos diretos ou indiretos associada ao patrimônio genético". Além disso, o art. 8º, § 2º, diz: "O conhecimento tradicional associado ao patrimônio genético de que trata esta Lei integra o patrimônio cultural brasileiro e poderá ser depositado em banco de dados (...); **D:** incorreta. A repartição de benefícios decorrente da exploração econômica de produto acabado ou material reprodutivo oriundo de acesso ao patrimônio genético ou ao conhecimento tradicional associado poderá constituir-se na modalidade não econômica e, dentre elas, a capacitação de recursos humanos em temas relacionados à conservação e uso sustentável do patrimônio genético ou do conhecimento tradicional associado (art. 19, II, *e*, Lei 13123/2015). Ou seja, é possível a capacitação de recursos humanos; **E:** incorreta. A diversidade biológica possui valor intrínseco, isto é, independente do uso humano.
Gabarito "C".

**(Advogado da União/AGU – CESPE – 2012)** Com base nos termos da legislação que trata da responsabilização por danos ambientais, julgue o item seguinte.

**(1)** Será responsabilizado administrativamente aquele que utilizar em pesquisas científicas células-tronco embrionárias obtidas a partir de embriões humanos viáveis produzidos por fertilização in vitro.

**1:** correta (art. 5º, I, c.c. art. 21, ambos da Lei 11.105/2005).
Gabarito 1C

**(Magistratura Federal/3ª região – 2011 – CESPE)** No que diz respeito ao patrimônio genético e à proteção jurídica do conhecimento tradicional associado, assinale a opção correta.

(A) Compete à Comissão Técnica Nacional de Biossegurança decidir sobre a liberação no ambiente de produtos contendo OGM ou derivados.

(B) Cabe aos órgãos e entidades fiscalizadores da administração pública federal exercer diretamente, sem possibilidade de delegação, os serviços relacionados à atividade de fiscalização das atividades de pesquisa e de liberação comercial de OGM e seus derivados.

(C) Entre outros critérios, consideram-se terras tradicionalmente ocupadas pelos índios as que são necessárias à sua reprodução física e cultural segundo seus usos, costumes e tradições.

(D) A CF atribui aos estados-membros a tarefa de zelar pela organização social, costumes, línguas, crenças e tradições dos índios, e de proteger e fazer respeitar os seus bens, cabendo à União a demarcação e proteção das terras indígenas.

(E) As atividades e projetos que envolvam OGM e seus derivados, relacionados à manipulação de organismos vivos, à pesquisa científica e ao desenvolvimento tecnológico, somente são admitidos no âmbito de entidades de direito público ou privado e de pessoas físicas em atuação autônoma que mantenham vínculo empregatício com pessoas jurídicas.

**A:** incorreta, pois a CTNBio, nos termos da Lei n. 11.105/2005, "integrante do Ministério da Ciência e Tecnologia, é instância colegiada multidisciplinar de caráter consultivo e deliberativo, para prestar apoio técnico e de assessoramento ao Governo Federal na formulação, atualização e implementação da PNB de OGM e seus derivados, bem como no estabelecimento de normas técnicas de segurança e de pareceres técnicos referentes à autorização para atividades que envolvam pesquisa e uso comercial de OGM e seus derivados, com base na avaliação de seu risco zoofitossanitário, à saúde humana e ao meio ambiente". Ou seja, a CTNBio fornece parecer sobre a liberação, tanto que o art. 6º, VI, da mencionada Lei, estabelece que fica proibida a liberação no meio ambiente de OGM ou seus derivados, no âmbito de atividades de pesquisa, sem a decisão técnica favorável da CTNBio; **C:** correta, pois é o que estabelece o art. 231, § 1º, da Constituição Federal;
Gabarito "C"

## 14. BIODIVERSIDADE

**(Juiz – TRF5 – 2017 – CESPE)** Assinale a opção que apresenta o instrumento de cooperação internacional para a consecução dos princípios e objetivos da Convenção da Diversidade Biológica e que abrange o tema da repartição dos benefícios advindos da utilização dos conhecimentos tradicionais associados à biodiversidade.

(A) Protocolo de Cartagena
(B) Convenção da Basileia
(C) Convenção de Ramsar
(D) Protocolo de Quioto
(E) Protocolo de Nagoya

**A:** Errada, pois o Protocolo de Cartagena trata de Biossegurança. **B:** Errada, pois a Convenção da Basileia trata de Resíduos Perigosos e Substâncias Tóxicas. **C:** Errada, pois a Convenção de Ramsar, trata de Áreas Úmidas. **D:** Errada, pois o Protocolo de Quioto trata de Emissão de Gases e Efeito Estufa. **E:** Correta, pois o Protocolo de Nagoya trata da Biodiversidade e Recursos Genéticos.
Gabarito "E"

**(Analista – Ministério do Meio Ambiente – 2011 – CESPE)** As áreas úmidas englobam desde as áreas marinhas e costeiras até as continentais e as artificiais, como lagos, manguezais, pântanos

e áreas irrigadas para agricultura e reservatórios de hidrelétricas. Ao todo, são classificados 42 diferentes tipos de zonas úmidas, que existem em todos os tipos de ecossistemas e são importantes para a manutenção da biodiversidade. Situadas em uma interface entre a água e o solo, as áreas úmidas são pressionadas não somente pela ação direta do homem, mas também pelos impactos sobre ecossistemas terrestres, marinhos e de água doce adjacentes.

Internet: < www.wwf.org.br> (com adaptações).

Tendo o texto acima como referência inicial, julgue o próximo item a respeito das áreas úmidas.

(1) São objetivos específicos da Política Nacional da Biodiversidade e Conservação da Biodiversidade (PNBCB): estabelecer iniciativa nacional para a conservação e a recuperação da biodiversidade de águas interiores, da zona costeira e da zona marinha e incentivar e apoiar a criação de unidades de conservação marinhas com diversos graus de restrição e de exploração.

**1:** correta (itens 11.1.11 e 11.2.9 da PNBCB, aprovada pelo Decreto 4.339/2002).
Gabarito 1C

## 15. RECURSOS MINERAIS

**(Magistratura Federal/1ª região – 2011 – CESPE)** Assinale a opção correta com referência a impactos ao meio ambiente causados pela exploração de recursos naturais.

(A) Ao inserir entre os bens da União as reservas minerais, inclusive as de subsolo, o legislador constituinte reconheceu a condição monopolizadora conferida à União para atividades de exploração de petróleo, por exemplo, entendendo como fator fundamental vinculado à tutela dos bens ambientais o seu direito de propriedade.

(B) Os biocombustíveis, incluídos na Lei de Política Energética, são regulados pela Agência Nacional de Petróleo, que deve cumprir os objetivos relacionados à proteção do meio ambiente como os aplicados ao petróleo.

(C) A utilização de áreas naturais para a lavra de minerais pode ser realizada por decreto federal, estadual ou norma municipal, desde que não comprometa a integridade dos atributos que justifiquem a proteção das referidas áreas.

(D) A legislação federal vigente não permite a importação de agrotóxicos, sendo possível, contudo, importar seus componentes em separado, o que dificulta a ação fiscalizadora da administração pública.

(E) Florestas ou áreas tombadas podem ser modificadas pela exploração mineral, desde que mediante proposta viável de recuperação total da área, com assinatura de termo de compromisso para o seu cumprimento.

**A:** incorreta. Embora a primeira parte da assertiva corresponda aos arts. 20 e 177 da CF, não se pode afirmar que a condição monopolizadora conferida à União para atividades de exploração de petróleo é fator fundamental vinculado à tutela dos bens ambientais o seu direito de propriedade; **B:** correta, pois a Lei n. 9.478/1997, (Redação dada pela Lei n. 11.097, de 2005), que dispõe sobre a política energética nacional e, dentre outros, institui a Agência Nacional do Petróleo (ANP), estabelece, em seu art. 8º, IX, que a ANP terá como finalidade promover a regulação, a contratação e a fiscalização das atividades econômicas integrantes da indústria do petróleo, do gás natural e dos biocombustíveis, cabendo-lhe fazer cumprir as boas práticas de conservação e uso racional do petróleo, gás natural, seus derivados e biocombustíveis e de preservação do meio ambiente; **C:** incorreta, pois, nos termos do art. 176, § 1º, da CF, *a pesquisa e a lavra de recursos minerais e o aproveitamento dos potenciais a que se refere o "caput" deste artigo somente poderão ser efetuados mediante autorização ou concessão da União*; **D:** incorreta, pois a Lei n. 7.802/1989, que dispõe sobre a pesquisa, a experimentação, a produção, a embalagem e rotulagem, o transporte, o armazenamento, a comercialização, a propaganda comercial, a utilização, a importação, a exportação, o destino final dos resíduos e embalagens, o registro, a classificação, o controle, a inspeção e a fiscalização de agrotóxicos, seus componentes e afins, não proíbe a importação de agrotóxicos; **E:** incorreta, pois a Lei n. 11.284/2006, em seu art. 16, § 1º, IV, estabelece que a concessão florestal confere ao concessionário somente os direitos expressamente previstos no contrato de concessão. É vedada a outorga de qualquer dos seguintes direitos no âmbito da concessão florestal: (...) exploração dos recursos minerais.

*Gabarito "B".*

## 16. MUDANÇAS CLIMÁTICAS

**(Analista – Ministério do Meio Ambiente – 2011 – CESPE)** Em virtude das mudanças climáticas constituírem preocupações da humanidade, governos assinaram a Convenção-Quadro das Nações Unidas sobre a mudança do clima. Essa convenção

(1) estabelece a necessidade de se preservarem os reservatórios, que são os mecanismos responsáveis pela remoção de gás de efeito estufa, de aerossol ou de precursor de gás de efeito estufa por meio de quaisquer processos, atividades ou mecanismos.

(2) estabelece, entre seus princípios básicos, a responsabilidade prevalente dos países desenvolvidos sobre o ônus na luta contra a mudança do clima, uma vez que esses países são os responsáveis pela maior parte de emissões antrópicas.

(3) foi criada com o objetivo de desenvolver instrumentos e mecanismos para a promoção de uma gestão sustentável e de condições que possibilitem o alcance da estabilização das concentrações de gases de efeito estufa na atmosfera em nível que não interfira perigosamente no sistema climático.

**1:** incorreta, pois reservatórios são "componente ou componentes do sistema climático no qual fica armazenado um gás de efeito estufa ou um precursor de um gás de efeito estufa" (art. 1º, item 7, da Convenção-Quadro das Nações Unidas sobre Mudança do Clima – CQNUMC); em verdade, a definição dada na afirmativa é de sumidouro (art. 1º, item 8, da CQNUMC); **2:** correta (art. 3º, item 1, da CQNUMC); **3:** correta (art. 2º CQNUMC).

*Gabarito 1E, 2C, 3C.*

**(Analista – Ministério do Meio Ambiente – 2011 – CESPE)** Com base nas disposições constantes do Protocolo de Kyoto, julgue os próximos itens.

(1) O mecanismo de desenvolvimento limpo corresponde a um fundo de aporte financeiro dos grandes países emissores, caso estes não atinjam as metas de redução estabelecidas entre as partes, seguindo o princípio do poluidor-pagador.

(2) Nesse protocolo, são estabelecidos metas e prazos relativos à redução ou limitação das emissões futuras de dióxido de carbono e de outros gases responsáveis pelo efeito estufa.

(3) O mecanismo de flexibilização denominado execução conjunta, que só pode ser utilizado nos países industrializados listados nesse protocolo, objetiva a contabilização das reduções líquidas de emissões de gases, com execução em projetos de outros países.

**1:** incorreta, pois esse mecanismo (de desenvolvimento limpo) deve prestar assistência quanto à obtenção de fundos para atividades certificadas de projetos quando necessário (art.12, item 6, do Protocolo de Kyoto); **2:** correta (art. 3º, item 1, do Protocolo de Kyoto); **3:** correta (art. 12, item 3, "b", do Protocolo Kyoto).

*Gabarito 1E, 2C, 3C.*

## 17. GESTÃO DE FLORESTAS PÚBLICAS E CONCESSÃO FLORESTAL (LEI 11.284/2006)

**(Delegado/PE – 2016 – CESPE)** A concessão florestal, prevista na Lei 11.284/2006, é

(A) uma delegação, a pessoas físicas ou jurídicas, do direito de praticar manejo florestal sustentável.

(B) um instrumento da Política Nacional do Meio Ambiente.

(C) uma delegação onerosa que dispensa licitação.

(D) vedada a pessoas jurídicas de pequeno porte.

(E) uma delegação gratuita formalizada mediante contrato.

**A:** incorreta, pois a Lei 11.284/2006 prevê a concessão para manejo sustentável apenas para pessoa jurídica, conforme art. 3º: "VII – concessão florestal: delegação onerosa, feita pelo poder concedente, do direito de praticar manejo florestal sustentável para exploração de produtos e serviços numa unidade de manejo, mediante licitação, à pessoa jurídica, em consórcio ou não, que atenda às exigências do respectivo edital de licitação e demonstre capacidade para seu desempenho, por sua conta e risco e por prazo determinado"; **B:** correta, pois a Política Nacional do Meio Ambiente – Lei 6.938/1981 prevê em seu art. 9º quais os instrumentos de proteção ambiental, entre os quais: "XIII – instrumentos econômicos, como concessão florestal, servidão ambiental, seguro ambiental e outros"; **C:** incorreta, por força do art. 3º VII, da Lei 11.284/2006; **D:** incorreta já que a legislação não faz distinção entre o tamanho da pessoa jurídica; **E:** incorreta já que a delegação é necessariamente onerosa.

*Gabarito "B".*

**(Promotor de Justiça/PI – 2014 – CESPE)** Considerando o disposto na Lei 11.284/2006 acerca da gestão de florestas públicas para a produção sustentável, assinale a opção correta.

(A) Desde que previamente à publicação da concessão florestal em diário oficial, faculta-se a realização de audiência pública para a elaboração dos termos do edital de licitação de cada lote a ser concedido.

(B) A competência para legislar sobre gestão de florestas públicas é privativa da União.

(C) Recursos florestais são definidos como elementos ou características de uma floresta potencialmente ou efetivamente geradores de produtos ou serviços florestais; serviços florestais se definem como os serviços prestados através do beneficiamento e comércio de produtos madeireiros e não madeireiros gerados pelo manejo florestal sustentável.

(D) A gestão de florestas públicas para produção sustentável compreende três modalidades: a concessão florestal, a destinação de florestas públicas às comunidades locais e a criação e gestão direta de florestas públicas nacionais, estaduais e municipais definidas como unidades de conservação da natureza.

(E) A concessão florestal, em regra, destinada a pessoas jurídicas com fins econômicos, poderá ser formalizada de forma gratuita aos posseiros de comunidades locais quando estiverem em áreas já ocupadas e utilizadas no interior de reservas extrativistas ou de projetos de assentamentos florestais.

**A:** incorreta, por força do art. 8º da Lei 11.284/2006: "Art. 8º A publicação do edital de licitação de cada lote de concessão florestal deverá ser precedida de audiência pública, por região, realizada pelo órgão gestor, nos termos do regulamento, sem prejuízo de outras formas de consulta pública"; **B:** incorreta, já que o § 2º do art. 2º da Lei 11.284/2006 descreve que Estados, Distrito Federal e Municípios, nas esferas de suas respectivas competências e em relação de florestas públicas sob as respectivas jurisdições, poderão elaborar normas supletivas e complementares e estabelecer padrões relacionados à gestão florestal; **C:** incorreta, pois o conceito de serviço florestal é na verdade turismo e outras ações ou benefícios decorrentes do manejo e conservação da floresta, não caracterizadas como produtos florestais (art. 3º, IV, da Lei 11.284/2006); **D:** correta, conforme art. art. 4º Lei 11.284/2006; **E:** incorreta, pois a concessão florestal é onerosa, conforme art. 3º, VII, da Lei 11.284/2006.

*Gabarito "D".*

**(Magistratura/PI – 2011 – CESPE)** No tocante aos recursos florestais e à gestão e concessão de florestas públicas, assinale a opção correta com base no que dispõem o Código Florestal e a Lei n. 11.284/2006.

(A) Assim como ocorre com as florestas de domínio público, a exploração das de domínio privado depende de prévia aprovação, pelo IBAMA, de plano de manejo florestal sustentável, no qual devem constar as técnicas de condução, reposição florestal e manejo compatíveis com os variados ecossistemas formados pela cobertura arbórea.

**(B)** É facultado ao poder público firmar contratos de concessão florestal com terceiros cujos objetivos sejam a exploração de produtos e serviços florestais, o acesso ao patrimônio genético para fins de pesquisa e a comercialização de créditos decorrentes da emissão evitada de carbono nas florestas naturais.

**(C)** As licitações para concessão florestal serão realizadas na modalidade concorrência, e outorgadas a título oneroso ou gratuito, de acordo com as características da licença de operação concedida ao concessionário.

**(D)** Como as áreas de preservação permanente representam limitações que visam regular o uso da propriedade do solo, a instituição ou supressão dessas áreas enseja indenização do proprietário pelo poder público.

**(E)** Além de definir as florestas e formas de vegetação natural a serem consideradas áreas de preservação permanente, o Código Florestal permite que ato do poder público declare como tal outras áreas que reúnam as condições arroladas no próprio texto legal.

**A:** incorreta; o manejo é indispensável na exploração de florestas de domínio público (art. 14 da Lei 11.284/2006), assim como, em áreas privadas, em unidades de conservação (art. 27 da Lei 9.985/2000) e em áreas de reservas legais (art. 17, § 1º, da Lei 12.651/2012), quando cabível a exploração, assim como em outros casos específicos estabelecidos em lei; porém, nem sempre a lei o exige para exploração de áreas florestais; **B:** incorreta, pois são vedadas, na concessão florestal, a outorga de acesso ao patrimônio genético para fins de pesquisa e outros escopos, bem como a outorga de direito de comercialização de créditos decorrentes da emissão evitada de carbono em florestas naturais (art. 16, § 1º, II e IV, da Lei 11.284/2006); **C:** incorreta, pois as concessões são delegações onerosas (art. 3º, VII, da Lei 11.284/2006); **D:** incorreta, pois, em se tratando de mera limitação administrativa (imposição geral e gratuita que atinge pessoas indeterminadas) não há que se falar em indenização; esta só é cabível quando se esvazia o conteúdo da propriedade gerando efetivo prejuízo (v., por exemplo: STJ, REsp 1.233.257, *DJ* 22.10.2012); **E:** correta (art. 6º, *caput*, da Lei 12.651/2012).
Gabarito "E".

**(Magistratura Federal/1ª região – 2011 – CESPE)** Com base na legislação vigente a respeito da proteção às florestas, assinale a opção correta.

**(A)** Em matéria de proteção às florestas, a competência de legislar dos estados é suplementar.

**(B)** O Código Florestal proíbe que o poder público realize reflorestamento de preservação permanente em áreas de propriedade privada.

**(C)** A fiscalização ambiental das atividades florestais deve ser realizada pelo Instituto Brasileiro do Meio Ambiente e dos Recursos Naturais Renováveis (IBAMA), em caráter exclusivo, quando se tratar de florestas públicas.

**(D)** Na estrutura do Ministério do Meio Ambiente, o Serviço Florestal Brasileiro atua exclusivamente na gestão das florestas públicas, com competência para exercer a função de órgão gestor.

**(E)** A concessão florestal consiste em delegação onerosa do direito de realizar manejo florestal sustentável a pessoa física ou jurídica, mediante licitação.

**A:** incorreta, pois, nos termos do art. 24, VI, da CF, compete à União, aos Estados e ao Distrito Federal legislar concorrentemente sobre florestas; **B:** incorreta, pois o art. 18, da Lei n. 4.771/1965, já revogada pela Lei n. 12.651/2012, dispunha que, *nas terras de propriedade privada, onde seja necessário o florestamento ou o reflorestamento de preservação permanente, o Poder Público Federal poderá fazê-lo sem desapropriá--las, se não o fizer o proprietário*; **C:** incorreta, pois, conforme o art. 50, I, da Lei n. 11.284/2006, que dispõe sobre a gestão de florestas públicas, caberá aos órgãos do Sisnama responsáveis pelo controle e fiscalização ambiental das atividades florestais em suas respectivas jurisdições fiscalizar e garantir a proteção das florestas públicas; **D:** correta, pois é o que estabelece o art. 55 da Lei n. 11.284/2006, que, dentre outras coisas, dispõe sobre a gestão de florestas públicas para a produção sustentável; institui, na estrutura do Ministério do Meio Ambiente, o Serviço Florestal Brasileiro – SFB; cria o Fundo Nacional

de Desenvolvimento Florestal – FNDF; **E:** incorreta, pois o art. 3º, VII, da Lei n. 11.284/2006, a concessão florestal consiste em delegação onerosa, feita pelo poder concedente, do direito de praticar manejo florestal sustentável para exploração de produtos e serviços numa unidade de manejo, mediante licitação, à pessoa jurídica, em consórcio ou não, que atenda às exigências do respectivo edital de licitação e demonstre capacidade para seu desempenho, por sua conta e risco e por prazo determinado. Ou seja, a delegação é feita à pessoa jurídica.
Gabarito "D".

## 18. TEMAS COMBINADOS E OUTROS TEMAS

Na propriedade de Roberto, localizada em um município do estado de Santa Catarina, existe um conjunto de cavidades naturais subterrâneas, sobre o qual Roberto pretende construir um empreendimento.

**(Juiz de Direito – TJ/SC – 2019 – CESPE/CEBRASPE)** De acordo com a Constituição Federal de 1988, a pretensão de Roberto é juridicamente inviável, porque essas cavidades são bens de titularidade

**(A)** do estado de Santa Catarina.

**(B)** do município de localização da propriedade.

**(C)** da União.

**(D)** comum da União, do estado de Santa Catarina e do município de localização da propriedade.

**(E)** concorrente da União, do estado de Santa Catarina e do município de localização da propriedade.

Cavidades naturais subterrâneas representam "todo e qualquer espaço subterrâneo acessível pelo ser humano, com ou sem abertura identificada" (MILARÉ, Edis. "Dicionário de Direito Ambiental", p. 173). São popularmente conhecidas como cavernas ou grutas. De acordo com a CF, constituem bens da União (art. 20, X).
Gabarito "C".

**(Procurador do Município/Manaus – 2018 – CESPE)** Julgue os próximos itens, relativos a recursos hídricos e florestais.

**(1)** Valores arrecadados com a cobrança pelo uso de recursos hídricos podem ser aplicados em bacia hidrográfica distinta daquela em que forem gerados tais valores.

**(2)** É vedado qualquer tipo de queima de vegetação no interior de unidades de conservação.

**(3)** Os serviços florestais são considerados como um tipo de produto florestal.

**1:** Correto, pois de acordo com a Lei 9.433/1997, art. 22, os valores arrecadados com a cobrança pelo uso de recursos hídricos serão aplicados prioritariamente (e não exclusivamente) na bacia hidrográfica em que foram gerados. **2:** Errado, pois de acordo com a Lei 12.651/2012, art. 38, II, é proibido o uso de fogo na vegetação, exceto, dentre outras, na situação de emprego da queima controlada em Unidades de Conservação, em conformidade com o respectivo plano de manejo e mediante prévia aprovação do órgão gestor da Unidade de Conservação, visando ao manejo conservacionista da vegetação nativa, cujas características ecológicas estejam associadas evolutivamente à ocorrência do fogo. **3:** Errado, pois de acordo com a Lei 11.284/2006, art. 3º, IV, consideram-se serviços florestais: turismo e outras ações ou benefícios decorrentes do manejo e conservação da floresta, não caracterizados como produtos florestais.
Gabarito 1C, 2E, 3E.

**(Juiz – TRF5 – 2017 – CESPE)** Os comitês de bacias hidrográficas são

**(A)** competentes para implantar e gerir o Sistema Nacional de Informações sobre Segurança de Barragens.

**(B)** competentes para outorgar o direito de uso de recursos hídricos em corpos de água de domínio da União, mediante permissão.

**(C)** incompetentes para aprovar o Plano de Recursos Hídricos da bacia.

**(D)** incompetentes para arbitrar administrativamente conflitos relacionados a recursos hídricos.

**19. DIREITO AMBIENTAL** 673

(E) incompetentes para o exercício do poder de polícia.

**A:** Errada, pois o Sistema Nacional de Informações sobre Segurança de Barragens é de competência do Conselho Nacional de Recursos Hídricos, não do Comitê, segundo o art. 35, XII, da Lei 9.433/1997. **B:** Errada, pois a competência para outorgar o direito de uso de recursos hídricos em corpos de água de domínio da União é da Agência Nacional de Águas (ANA), de acordo com o art. 4º, IV, da Lei 9.984/2000, e por meio de autorização e não permissão. **C:** Errada, pois a competência para aprovar o Plano de Recursos Hídricos da bacia é sim do Comitê de Bacias Hidrográficas (art. 38, III, da Lei 9.433/1997). **D:** Errada, pois o Comitê de Bacias Hidrográficas é competente para arbitrar, em primeira instância administrativa, os conflitos relacionados aos recursos hídricos (art. 38, II, da Lei 9.433/97). **E:** Correta, pois o exercício do poder de polícia é exercido pela Agência Nacional de Água (rios de domínio federal), como agência reguladora, como se pode depreender, por exemplo, do art. 20, IX, da Lei 9.984/2000.

Gabarito "E".

**(Procurador do Estado/AM – 2016 – CESPE)** Com relação aos princípios de direito ambiental, à Lei n.º 9.985/2000, que instituiu o SNUC, e à PNMA, julgue os seguintes itens.

(1) A servidão ambiental, que pode ser onerosa ou gratuita, temporária ou perpétua, embora constitua um dos instrumentos econômicos da PNMA, não se aplica às áreas de preservação permanente nem à reserva legal mínima exigida.

(2) O Ministério do Meio Ambiente é o órgão do SISNAMA responsável por estabelecer normas e critérios para o licenciamento de atividades efetiva ou potencialmente poluidoras, a ser concedido pelos estados e supervisionado pelo IBAMA.

(3) O art. 36 da Lei n.º 9.985/2000 dispõe que "Nos casos de licenciamento ambiental de empreendimentos de significativo impacto ambiental, assim considerado pelo órgão ambiental competente, com fundamento em estudo de impacto ambiental e respectivo relatório — EIA/RIMA, o empreendedor é obrigado a apoiar a implantação e manutenção de unidade de conservação do Grupo de Proteção Integral, de acordo com o disposto neste artigo e no regulamento desta Lei." Segundo o STF, esse artigo materializa o princípio do usuário-pagador, instituindo um mecanismo de assunção partilhada da responsabilidade social pelos custos ambientais derivados da atividade econômica.

**1:** correta. A assertiva segue a redação do art. 9º-A, § 2º, da Lei 6.938/1981, isto é, não se aplica às Áreas de Preservação Permanente e à Reserva Legal mínima exigida; **2:** errada. O órgão que estabelece normas e critérios para o licenciamento ambiental é o Conselho Nacional do Meio Ambiente (CONAMA), e não o Ministério do Meio Ambiente. A previsão correta encontra-se no art. 8º, I, da Lei 6.938/1981; **3:** correta. A questão articula a redação do art. 36 da Lei 9.985/2000 com a Ação Direta de Inconstitucionalidade (ADI) 3358, julgada em 2008 pelo STF, que, de fato, consignou que esse dispositivo densifica o princípio do usuário-pagador.

Gabarito 1C, 2E, 3C

**(Juiz de Direito/AM – 2016 – CESPE)** Em ação popular ajuizada pretendendo-se a anulação de licença de instalação concedida a determinada empresa para construção de uma represa, foram requeridos, ainda, o desfazimento das obras iniciadas e o retorno da área à situação original. Na ação, apontou-se, entre outros danos, comprometimento de áreas utilizadas para reprodução de aves aquáticas. Na sua defesa, o ente público alegou ilegitimidade ativa, pois o autor era estrangeiro apenas residente no Brasil. Alegou também prescrição da pretensão de anular ato administrativo, pois a licença tinha sido concedida havia mais de seis anos. A empresa que obteve a licença, por sua vez, alegou ilegitimidade passiva e, no mérito, não ocorrência do dano alegado.

Com base nessa situação hipotética, assinale a opção correta.

(A) O objeto da ação relaciona-se à matéria tratada na Convenção de Ramsar.

(B) A defesa do ente público está correta ao alegar prescrição da pretensão de anular ato administrativo, por aplicação do prazo quinquenal para anular atos administrativos.

(C) Diante da incerteza científica, o juiz deverá inverter o ônus da prova e determinar que os réus arquem com os custos da perícia, aplicando o princípio do poluidor-pagador.

(D) A empresa é parte ilegítima, pois o objeto da ação popular é apenas a anulação de atos ilegais e lesivos ao patrimônio público.

(E) A defesa do ente público está correta ao alegar ilegitimidade ativa do estrangeiro, considerando-se o entendimento pacificado da doutrina.

**A:** correta. A situação enquadra-se na Convenção sobre Zonas Úmidas de Importância Internacional, mais conhecida como Convenção de Ramsar, aprovada na cidade iraniana do mesmo nome, em vigor desde 21 de dezembro de 1975 e incorporada pelo Brasil em 1996, pela promulgação do Decreto 1.905/1996. Segundo o site do Ministério do Meio Ambiente, "A Convenção é um tratado intergovernamental criado inicialmente no intuito de proteger os habitats aquáticos importantes para a conservação de aves migratórias, por isso foi denominada de "Convenção sobre Zonas Úmidas de Importância Internacional", especialmente como Habitat para Aves Aquáticas"; **B:** incorreta. A licença em matéria ambiental não está afeta à mesma dinâmica do direito administrativo. Com efeito, a licença ambiental está sujeita à retirada definitiva, inclusive por meio de anulação e cassação, a teor do art. 19 da Resolução CONAMA 237/1997. Além disso, é licença com prazo determinado. No caso, trata-se de licença de instalação que possui prazo máximo de seis anos e, como já se relacionou, poderá ser retirada nas hipóteses do art. 19 da Resolução CONAMA 237/1997. Ademais, no caso, não se trata de anulação de ato pela Administração Pública, mas ação popular ajuizada perante o Poder Judiciário. A título de complemento, é importante mencionar que eventual ação de reparação de danos ambientais é imprescritível, como já decidiu o STJ; **C:** incorreta. O princípio cabível nessa assertiva é o da precaução, e não o princípio do poluidor-pagador, como constou na assertiva. Isto é, a inversão do ônus da prova vincula-se ao princípio da precaução; **D:** incorreta. Segundo o art. 6º da Lei, a ação popular "será proposta contra as pessoas públicas ou privadas e as entidades referidas no art. 1º, contra as autoridades, funcionários ou administradores que houverem autorizado, aprovado, ratificado ou praticado o ato impugnado, ou que, por omissão, tiverem dado oportunidade à lesão, e contra os beneficiários diretos do mesmo". No caso, a empresa relacionada no caso hipotético é beneficiária e, portanto, poderá afigurar no polo passivo; **E:** incorreta. A doutrina defende um alargamento da legitimidade para o ajuizamento da ação popular, incluindo o estrangeiro residente no país.

Gabarito "A".

**(Procurador do Estado/AM – 2016 – CESPE)** No que diz respeito à PNRH, à proteção da vegetação nativa (Lei n.º 12.651/2012) e à gestão de florestas públicas (Lei n.º 11.284/2006), julgue os itens que se seguem.

(1) **Situação hipotética:** Determinada pessoa jurídica venceu processo licitatório de concessão florestal, com delegação do direito de praticar manejo florestal sustentável para exploração de certo produto em uma unidade de manejo. **Assertiva:** Nessa situação, à referida pessoa jurídica poderá ser outorgado o direito de comercialização de créditos decorrentes da emissão evitada de carbono em florestas naturais.

(2) Conforme os fundamentos da PNRH, a gestão de tais recursos deve sempre proporcionar o uso múltiplo das águas.

(3) A manutenção de área com cobertura vegetal nativa, a título de reserva legal, não é obrigatória para imóveis rurais desapropriados com a finalidade de exploração de potencial de energia hidráulica (geração de energia elétrica) e de ampliação de capacidade de rodovias.

**1:** errada. O fato de vencer o certame de concessão florestal não concede o direito de comercialização de créditos decorrentes da emissão evitada de carbono em florestas naturais, consoante vedação expressa no art. 16, § 1º, VI, da Lei 11.284/2006; **2:** correta. De fato, um dos fundamentos da Política Nacional de Recursos Hídricos é o uso múltiplo das águas, consoante o art. 1º, IV, da Lei 9.433/1997 (a gestão dos recursos hídricos deve sempre proporcionar o uso múltiplo das águas); **3:** correta. De fato, assim dispõe o § 7º do art. 12 do Código Florestal: "Não será exigido Reserva Legal relativa às áreas adquiridas ou desapropriadas por detentor de concessão, permissão ou autorização para exploração de potencial de energia hidráulica, nas quais funcionem empreendimentos de geração de energia elétrica, subestações ou sejam instaladas linhas de transmissão e de distribuição de energia elétrica". Gabarito 1E, 2C, 3C

A base conceitual da Agenda 21 indica, em síntese, a importância de se construir um programa de transição que contemple questões centrais – tais como a redução da degradação do meio ambiente e, simultaneamente, da pobreza e das desigualdades – e contribua para a sustentabilidade progressiva.

Internet: &lt;www.mma.gov.br&gt; (com adaptações).

**(Analista – Ministério do Meio Ambiente – 2011 – CESPE)** Tendo como referência o fragmento de texto acima, julgue os itens seguintes, relativos aos objetivos da Agenda 21 brasileira.

**(1)** Entre as recomendações prioritárias da Agenda 21, inclui-se o alinhamento, de modo prioritário, da vocação produtiva da cidade em harmonia com os eixos de desenvolvimento globalizados, inseridos em um contexto econômico global.

**(2)** Entre as questões centrais abordadas na Agenda 21, inclui-se a referente ao planejamento da infraestrutura, que deve ser realizado de forma integrada, dentro das diretrizes que compatibilizam a vocação exportadora com os interesses do mercado interno, com o objetivo de promover o desenvolvimento sustentável orientado à integração nacional.

**1:** incorreta, pois a máxima defendida na agenda não é a de "pensar globalmente, agir globalmente", mas em "pensar globalmente, agir localmente"; **2:** correta, pois o foco não pode ser apenas de construção de infraestrutura visando o mercado de exportações, sendo de rigor o olhar para os interesses do mercado interno e para a integração nacional, sempre com o objetivo de promover o desenvolvimento sustentável. Gabarito 1E, 2C

**(Analista – Ministério do Meio Ambiente – 2011 – CESPE)** Com relação à educação ambiental, julgue o item a seguir.

**(1)** A Constituição Federal de 1988, apesar de reconhecida por parte significativa da doutrina como avançada no campo dos direitos relacionados ao meio ambiente, não trata expressamente da educação ambiental.

**1:** incorreta, pois a Constituição trata da educação ambiental em seu art. 225, § 1º, VI. Gabarito 1E

**(Analista – Ministério do Meio Ambiente – 2011 – CESPE)** Julgue o item que se segue, relativo ao Tratado de Educação Ambiental para Sociedades Sustentáveis e Responsabilidade Global.

**(1)** Um dos princípios desse tratado é que a educação ambiental deve ser neutra, ou seja, não ideológica e baseada em consensos para a transformação social.

**1:** incorreta, pois o texto do tratado, na parte que trata dos princípios, define que a "A educação ambiental é individual e coletiva. Tem o propósito de formar cidadãos com consciência local e planetária, que respeitem a autodeterminação dos povos e a soberania das nações. A educação ambiental não é neutra, mas ideológica. É uma ato político". Gabarito 1E

**(Analista – Ministério do Meio Ambiente – 2011 – CESPE)** Considerando o disposto na Lei n. 9.795/1999, que instituiu a política nacional de educação ambiental, julgue o item subsequente.

**(1)** Entre as diretrizes que orientam o Programa Nacional de Educação Ambiental (PRONEA), destacam-se a transversalidade e a interdisciplinaridade.

**1:** correta (art. 4º, III, da Lei 9.795/1999). Gabarito 1C

**(Ministério Público/PI – 2012 – CESPE)** Em relação aos espaços territoriais e seus componentes, bem como à gestão de florestas públicas, assinale a opção correta.

**(A)** A concessão de floresta pública a particular deve ser precedida de processo licitatório e implica transferência de titularidade imobiliária para o uso de recursos hídricos ou minerais, mas não para a exploração de fauna e acesso aos recursos genéticos.

**(B)** Unidades de conservação somente podem ser criadas e extintas por ato do poder público.

**(C)** Há previsão legal de uso indireto dos atributos das unidades de uso sustentável, que abrangem as áreas de relevante interesse ecológico, as áreas de proteção ambiental, a floresta nacional e os parques nacionais.

**(D)** A reserva legal tem natureza jurídica de limitação ao uso da propriedade, não sendo, portanto, indenizável.

**(E)** O instrumento denominado concessão florestal engloba a floresta pública e as unidades de proteção integral, as reservas de desenvolvimento sustentável e as áreas de relevante interesse ecológico.

**A:** incorreta, pois a concessão florestal confere ao concessionário somente os direitos expressamente previstos no contrato de concessão, sendo vedada a outorga da titularidade imobiliária ou preferência em sua aquisição, bem como o uso de recursos hídricos ou minerais, exploração da fauna e acesso a recursos genéticos (art. 16, § 1º, da Lei 11.284/2006); **B:** incorreta, pois as Unidades de conservação, ainda que possam ser criadas por lei ou ato infralegal (ex.: decreto do Poder Executivo), somente poderão ser extintas por lei (art. 225, § 1º, III, da CF); **C:** incorreta. Primeiramente, importa registrar que as unidades de conservação de uso sustentável são as seguintes (art. 14 da Lei 9.985/2000 – Lei do SNUC): I – Área de Proteção Ambiental; II – Área de Relevante Interesse Ecológico; III – Floresta Nacional; IV – Reserva Extrativista; V – Reserva de Fauna; VI – Reserva de Desenvolvimento Sustentável; e VII – Reserva Particular do Patrimônio Natural. Nelas não se inserem, tal como consta na assertiva, os parques nacionais, considerados unidades de proteção integral (art. 8º, III, da Lei do SNUC). Ainda, nas unidades de uso sustentável, admite-se, sim, o uso dos recursos naturais nelas existentes (art. 7º, § 2º, da Lei do SNUC), diferentemente do que ocorre nas unidades de proteção integral, cujo uso dos recursos ambientais é apenas indireto (art. 7º, § 1º, da Lei do SNUC); **D:** correta. De fato, a reserva legal (arts. 12 a 24 do Novo Código Florestal – Lei 12.651/2012) constitui um espaço territorial especialmente protegido, constituindo, conforme dispõem a doutrina e jurisprudência, uma limitação administrativa ao uso da propriedade ou posse rural (art. 3º, III, do Novo Código Florestal), motivo pelo qual não gera o dever de indenizar; **E:** incorreta, pois não se incluem na possibilidade de realização de concessão florestal as unidades de conservação de proteção integral, as reservas de desenvolvimento sustentável, as reservas extrativistas, as reservas de fauna e as áreas de relevante interesse ecológico (art. 11, III, da Lei 11.284/2006). Gabarito "D".

**(Magistratura Federal/2ª região – 2011 – CESPE)** Considerando as substâncias que comportem risco à vida, à qualidade de vida e ao ambiente e os cuidados necessários para o seu manuseio, assinale a opção correta.

**(A)** Entidades públicas de ensino e pesquisa podem realizar experimentos com substâncias químicas, independentemente de registro.

**(B)** O transporte de substâncias químicas tóxicas pode ser feito a granel.

**(C)** Na responsabilização por dano causado a terceiro em decorrência de acidente com veículo cuja carga transportada não envolva substância perigosa, considera-se o risco da atividade e aplica-se a responsabilidade objetiva.

**(D)** É exclusiva da União a competência para legislar sobre a produção e o consumo de substâncias que comprometam a vida, a qualidade de vida e o meio ambiente.

**(E)** O registro de substância química que prejudique a vida, a qualidade de vida e o ambiente deve ser realizado por órgão federal.

**A:** incorreta, pois há necessidade de registro. Por exemplo, a Lei n. 7.802/1989, que dispõe sobre a pesquisa, a experimentação, a produção, a embalagem e rotulagem, o transporte, o armazenamento, a comercialização, a propaganda comercial, a utilização, a importação, a exportação, o destino final dos resíduos e embalagens, o registro,

# 19. DIREITO AMBIENTAL 675

a classificação, o controle, a inspeção e a fiscalização de agrotóxicos, seus componentes e afins, e dá outras providências, estabelece, em seu art. 3º, § 3º, que: "Art. 3º Os agrotóxicos, seus componentes e afins, de acordo com definição do art. 2º desta Lei, só poderão ser produzidos, exportados, importados, comercializados e utilizados, se previamente registrados em órgão federal, de acordo com as diretrizes e exigências dos órgãos federais responsáveis pelos setores da saúde, do meio ambiente e da agricultura. § 3º Entidades públicas e privadas de ensino, assistência técnica e pesquisa poderão realizar experimentação e pesquisas, e poderão fornecer laudos no campo da agronomia, toxicologia, resíduos, química e meio ambiente"; **E:** correta, conforme exposto nos comentários à alternativa "a".

Gabarito "E".

**(Analista – Ministério do Meio Ambiente – 2011 – CESPE)** Considerando que uma bacia hidrográfica esteja sujeita a escassez sazonal de recursos hídricos e que, após avaliações prospectivas das disponibilidades e demandas desses recursos, o comitê de bacias institua cobrança pelo uso da água dessa bacia, julgue o item que segue.

**(1)** Para se atender ao previsto em lei, os valores arrecadados com a cobrança pelo uso da água dessa bacia deverão ser aplicados na região geográfica inscrita em uma circunferência de raio equivalente ao comprimento do principal curso de água dessa bacia.

**1:** incorreta, pois os valores cobrados serão aplicados prioritariamente na bacia hidrográfica em que foram gerados (art. 22, *caput*, da Lei 9.433/1997)

Gabarito 1E

**(Analista – Ministério do Meio Ambiente – 2011 – CESPE)** Julgue o item subsequente.

**(1)** De acordo com a Política Nacional de Recursos Hídricos, o uso prioritário dos recursos hídricos é o consumo humano e a dessedentação de animais, devendo a gestão desses recursos ser descentralizada e contar com a participação do poder público, dos usuários e das comunidades.

**1:** correta (art. 1º, III e VI, da Lei 9.433/1997).

Gabarito 1C

# 20. DIREITO DA CRIANÇA E DO ADOLESCENTE

Ana Paula Dompieri, Eduardo Dompieri, Roberta Densa, Vanessa Trigueiros e Wander Garcia*

## 1. CONCEITOS BÁSICOS E PRINCÍPIOS

**(Ministério Público/TO – 2012 – CESPE)** No que se refere aos princípios gerais e orientadores do ECA e aos direitos fundamentais das crianças e dos adolescentes, assinale a opção correta.

(A) A aplicação do princípio da prioridade absoluta previsto no ECA deve ser integrada aos demais sistemas de defesa da sociedade, como, por exemplo, o Estatuto do Idoso. Assim, no caso, por exemplo, de o administrador ser obrigado a optar por construir uma creche ou um abrigo para idosos, deve ele dar prioridade à construção do abrigo.

(B) Em decorrência do princípio da centralização previsto no ECA, as normas gerais e específicas de atendimento às crianças e aos adolescentes editadas pela União são hierarquicamente superiores às normas editadas pelos estados-membros e pelos municípios.

(C) O reconhecimento do estado de filiação, direito personalíssimo e indisponível, pode ser exercido contra os pais ou seus herdeiros, sem qualquer restrição, observado o segredo de justiça e o prazo prescricional geral de dez anos, contado a partir da maioridade civil do postulante.

(D) Deve-se dar preferência à inclusão da criança ou do adolescente em programas de acolhimento familiar sobre o seu acolhimento institucional, observando-se, em qualquer caso, o caráter temporário e excepcional da medida.

(E) A aplicação do princípio do melhor interesse limita-se ao público infantojuvenil cujos direitos tiverem sido ameaçados ou violados por ação ou omissão da sociedade ou do Estado, ou por falta, omissão ou abuso dos pais ou responsável.

**A:** incorreta (art. 227, da CF; arts. 4º e 100, IV, do ECA). *"O caráter absoluto da prioridade, expressamente consignado no art. 227, da CF e no art. 4º do ECA, refere-se à impossibilidade de supressão de uma especial proteção às crianças e aos adolescentes em situações comuns. O fato de o dispositivo ponderar a respeito de outro interesse, também de especial relevo no caso concreto, não retira do metaprincípio da prioridade o seu caráter absoluto. Ao contrário, a inovação legislativa encontra-se na esteira da doutrina mais vanguardista de autores como Ronald Dworkin e Robert Alexy, que afirmam não existir hierarquia entre princípios ou direitos fundamentais, cabendo solucionar uma possível colisão de direitos, por meio da ponderação"* (Rossato; Lépore; Sanches. Estatuto da Criança e do Adolescente, editora RT); **B:** incorreta, pois, segundo o princípio da responsabilidade primária e solidária do poder público, a plena efetivação dos direitos assegurados a crianças e a adolescentes é de responsabilidade primária e solidária das 3 (três) esferas de governo, as quais devem respeitar os direitos previstos no ordenamento jurídico, em especial no ECA e na CF (art. 100, parágrafo único, III, do ECA), não havendo que falar em hierarquia de normas jurídicas; **C:** incorreta, pois o reconhecimento do estado de filiação é imprescritível (art. 27 do ECA); **D:** correta (art. 34, § 1º, do ECA); **E:** incorreta, pois, segundo o princípio do melhor interesse, a intervenção deve atender prioritariamente aos interesses e direitos da criança e do adolescente, sem prejuízo da consideração que for devida a outros interesses legítimos no âmbito da pluralidade dos interesses presentes no caso concreto (art. 100, parágrafo único, do ECA).
Gabarito "D".

---

* **RD Roberta Densa** comentou as questões de Juiz/DF/16, Juiz/AM/16, Defensoria/RN/16, Analis-ta/TRT/8/16; **Vanessa Tonolli Trigueiros** comentou as questões de MP/PI/14, Defensoria/13, Cartório/PI/13 e Cartório/ES/13; **Ana Paula Dompieri, Eduardo Dompieri, Vanessa Trigueiros e Wander Garcia** comentaram as demais questões.

## 2. DIREITOS FUNDAMENTAIS

### 2.1. DIREITO À VIDA E À SAÚDE

**(Defensor Público/RO – 2012 – CESPE)** No que tange aos direitos fundamentais da criança e do adolescente, assinale a opção correta.

(A) Na hipótese de família com muitos filhos menores e em estado de extrema miséria, cabe ao juiz determinar a suspensão ou a perda do poder familiar.

(B) É proibido trabalho noturno, perigoso ou insalubre a menores de dezoito anos de idade e qualquer trabalho a menores de quatorze anos, salvo na condição de aprendiz, a partir dos doze anos.

(C) Quando uma criança ou um adolescente é internado para tratamento de saúde, em hospital público ou privado, a instituição é obrigada a proporcionar condições para que um dos pais ou o responsável o acompanhe.

(D) As gestantes interessadas em entregar seus filhos para adoção poderão, antes do parto, escolher a família substituta, independentemente de comunicar o fato à justiça da infância e da juventude.

(E) É dever do Estado assegurar à criança e ao adolescente os ensinos fundamental e médio, obrigatórios e gratuitos, inclusive para os que a eles não tiveram acesso na idade própria.

**A:** incorreta, pois a falta ou a carência de recursos materiais não constitui motivo suficiente para a perda ou a suspensão do poder familiar (art. 23, do ECA); **B:** incorreta, pois há proibição de trabalho noturno, perigoso ou insalubre a menores de dezoito anos e de qualquer trabalho a *menores de dezesseis anos*, salvo na condição de aprendiz, *a partir de quatorze anos* (art. 7º, XXXIII, da CF/1988; arts. 60 e 67, I e II, ambos do ECA); **C:** correta (art. 12, do ECA); **D:** incorreta, pois, caso a gestante manifeste interesse em entregar seu filho para adoção, será obrigatoriamente encaminhada à Justiça da Infância e da Juventude (art. 13, parágrafo único, do ECA), sendo que incumbe ao poder público proporcionar-lhe assistência psicológica (art. 8º, § 4º, do ECA); **E:** incorreta, pois é dever do Estado assegurar à criança e ao adolescente o *ensino fundamental*, obrigatório e gratuito, inclusive para os que a ele não tiveram acesso na idade própria (art. 54, I, do ECA).
Gabarito "C".

### 2.2. DIREITO À LIBERDADE, AO RESPEITO E À DIGNIDADE

Maurício, com treze anos de idade, foi atendido em hospital público. Depois de realizados os exames clínicos e a entrevista pessoal com o adolescente, o médico que o atendeu comunicou ao conselho tutelar local a suspeita de que Maurício havia sido vítima de castigo físico praticado pelos próprios pais. O conselho tutelar averiguou o caso e concluiu que os pais de Maurício haviam lesionado os braços do garoto, mediante emprego de pedaço de madeira, em razão de ele ter se recusado a ir à escola. Com base nisso, o conselho tutelar aplicou aos pais uma advertência e os encaminhou para tratamento psicológico.

**(Defensor Público – DPE/DF – 2019 – CESPE/CEBRASPE)** Com referência a essa situação hipotética, julgue os itens que se seguem, de acordo com o Estatuto da Criança e do Adolescente (Lei 8.069/1990).

(1) O conselho tutelar extrapolou suas atribuições ao ter aplicado advertência diretamente aos pais de Maurício, uma vez que essa medida constitui verdadeira reserva jurisdicional.

## 678 ANA PAULA DOMPIERI, EDUARDO DOMPIERI, ROBERTA DENSA, VANESSA TRIGUEIROS E WANDER GARCIA

(2) O médico adotou providência obrigatória quando comunicou ao conselho tutelar a suspeita de que Maurício havia sofrido castigo físico.

(3) O Estatuto da Criança e do Adolescente faz distinção entre castigo físico e tratamento cruel ou degradante e, nos termos desse Estatuto, a lesão sofrida por Maurício não é considerada tratamento cruel ou degradante.

**1:** Errado. O conselho tutelar pode aplicar a advertência diretamente aos pais com fundamento no art. 18-B, V, do ECA; **2.** Correta. Os casos de suspeita ou confirmação de castigo físico, de tratamento cruel ou degradante e de maus-tratos contra criança ou adolescente serão obrigatoriamente comunicados ao Conselho Tutelar da respectiva localidade, sem prejuízo de outras providências legais (art. 13 do ECA). Ademais, a ausência de comunicação ao Conselho Tutelar poderia implicar sanção administrativa ao profissional da saúde: "Deixar o médico, professor ou responsável por estabelecimento de atenção à saúde e de ensino fundamental, pré-escola ou creche, de comunicar à autoridade competente os casos de que tenha conhecimento, envolvendo suspeita ou confirmação de maus-tratos contra criança ou adolescente: Pena: multa de três a vinte salários de referência, aplicando-se o dobro em caso de reincidência" (art. 245 do ECA); **3.** Correta. Considera-se *castigo físico* ação de natureza disciplinar ou punitiva aplicada com o uso da força física sobre a criança ou o adolescente que resulte em sofrimento físico ou lesão (art. 18-A, parágrafo único, inciso I, alíneas "a" e "b"). Considera-se, por outro lado, *tratamento cruel* ou *degradante*: conduta ou forma cruel de tratamento em relação à criança ou ao adolescente que: humilhe; ou ameace gravemente; ou ridicularize. (art. 18-A, parágrafo único, inciso II, alíneas "a", "b" e "c").

Gabarito 1E, 2C, 3C

**(Promotor de Justiça/RR – 2017 – CESPE)** Segundo o ECA, "A criança e o adolescente têm o direito de ser educados e cuidados sem o uso de castigo físico ou de tratamento cruel ou degradante, como formas de correção, disciplina, educação ou qualquer outro pretexto, pelos pais, pelos integrantes da família ampliada, pelos responsáveis, pelos agentes públicos executores de medidas socioeducativas ou por qualquer pessoa encarregada de cuidar deles, tratá-los, educá-los ou protegê-los." Nesse sentido, entende-se por

I. castigo físico a ação de natureza disciplinar ou punitiva aplicada com o uso da força física sobre a criança ou o adolescente e que lhes cause sofrimento físico ou lesão.

II. tratamento cruel ou degradante a conduta ou forma cruel de tratamento em relação à criança ou ao adolescente que lhes humilhe, ameace gravemente ou ridicularize.

III. tratamento cruel ou degradante a alienação parental praticada por um dos genitores, por ser uma forma de humilhar a criança ou o adolescente.

**Assinale a opção correta.**

(A) Nenhum item está certo.

(B) Apenas o item III está certo.

(C) Apenas os itens I e II estão certos.

(D) Todos os itens estão certos.

**I:** correto. Considera-se castigo físico a ação de natureza disciplinar ou punitiva aplicada com o uso da força física sobre a criança ou o adolescente que resulte em a) sofrimento físico; ou b) lesão (art. 18-A, inciso I, do ECA); **II:** correto. Considera-se tratamento cruel ou degradante: conduta ou forma cruel de tratamento em relação à criança ou ao adolescente que a) humilhe; ou b) ameace gravemente; ou c) ridicularize (art. 18-A, inciso II, do ECA); **III:** incorreta. Vide justificativa do item II. RD

Gabarito "C".

## 2.3. DIREITO À CONVIVÊNCIA FAMILIAR E COMUNITÁRIA

**(Juiz de Direito – TJ/SC – 2019 – CESPE/CEBRASPE)** A respeito de aspectos processuais da justiça da infância e da juventude, assinale a opção correta à luz das disposições do ECA e do entendimento do STJ.

(A) O juiz, caso entenda indispensável estudo psicossocial para a formação de sua convicção, poderá determinar a intervenção de equipe interprofissional no procedimento de habilitação de pretendentes à adoção.

(B) Decretar liminarmente o afastamento provisório de dirigente de entidade de atendimento de infantes sem a oitiva prévia é vedado ao juiz.

(C) Durante o curso da ação de destituição de poder familiar, é possível a modificação da competência em razão da alteração do domicílio dos menores, o que relativiza a regra da *perpetuatio jurisdictionis*, que impõe a estabilização da competência.

(D) No procedimento para aplicação de medida socioeducativa, havendo a confissão do adolescente, o juiz poderá homologar a desistência de produção de demais provas requeridas pelo MP ou pela defesa técnica.

(E) No caso de procedimentos previstos no ECA, o MP detém a prerrogativa processual de contagem em dobro dos prazos recursais.

**A:** incorreta. Nos termos do art. 197-C, *caput*, do ECA, a intervenção de equipe interdisciplinar é mandatório: "*Intervirá no feito, obrigatoriamente, equipe interprofissional a serviço da Justiça da Infância e da Juventude, que deverá elaborar estudo psicossocial, que conterá subsídios que permitam aferir a capacidade e o preparo dos postulantes para o exercício de uma paternidade ou maternidade responsável, à luz dos requisitos e princípios desta Lei*". **B:** incorreta. Nos termos do art. 191, parágrafo único, do ECA, "*Havendo motivo grave, poderá a autoridade judiciária, ouvido o Ministério Público, decretar liminarmente o afastamento provisório do dirigente da entidade, mediante decisão fundamentada*". **C:** correta. Conforme a súmula 383 do STJ "A competência para processar e julgar as ações conexas de interesse de menor é, em princípio, do foro do domicílio do detentor de sua guarda". A regra favorece a aplicação da proteção integral do menor que também justifica a relativização da regra da *perpetuatio jurisdictionis*. Sobre o assunto veja: STJ. CC 147.057/SP, rel. Min. Moura Ribeiro, j. 07.12.2016. **D:** incorreta. A desistência de outras provas diante da confissão do adolescente é considerada nula (Súmula 342 do STJ). **E)** incorreta. Os prazos estabelecidos nos ECA são contados em dias corridos, excluído o dia do começo e incluído o dia do vencimento, sendo vedado o prazo em dobro para a Fazenda Pública e para o Ministério Público. (art. 152, § 2°, do ECA).

Gabarito "C".

**(Juiz de Direito – TJ/BA – 2019 – CESPE/CEBRASPE)** A respeito da colocação de criança ou adolescente em família substituta, procedimento previsto no ECA, assinale a opção correta.

(A) Para decidir sobre a concessão de guarda provisória ou sobre o estágio de convivência, a autoridade judiciária deverá determinar a realização de estudo social ou, se possível, de perícia por equipe interprofissional.

(B) Nas hipóteses em que a perda ou a suspensão do poder familiar constituir pressuposto lógico da medida principal de colocação em família substituta, o interessado será cientificado do processo, porém não poderá apresentar defesa, devendo ajuizar demanda específica e adequada para buscar a sua pretensão.

(C) Na hipótese de os pais concordarem com o pedido de colocação da criança em família substituta, será dispensada a assistência por advogado ou defensor público nos procedimentos judiciais, desde que o aceite seja registrado em cartório.

(D) O consentimento dos titulares do poder familiar para a colocação da criança em família substituta é retratável até a data de publicação da sentença constitutiva da adoção.

(E) Em situações excepcionais nas quais se verifiquem reais benefícios à criança, é possível que o consentimento dos pais biológicos quanto à colocação da criança em família substituta seja dado antes do nascimento do infante.

**A:** correta. Dentre as regras sobre o procedimento para colocação em família substituta, reza o art. 167 do ECA: "a autoridade judiciária, de ofício ou a requerimento das partes ou do Ministério Público, determinará a realização de estudo social ou, se possível, perícia por equipe interprofissional, decidindo sobre a concessão de guarda provisória, bem como, no caso de adoção, sobre o estágio de convivência". **B:** incorreta. O procedimento para perda ou suspensão do poder familiar

## 20. DIREITO DA CRIANÇA E DO ADOLESCENTE

sempre obedecerá ao contraditório e ampla defesa. Nos termos do art. 158 do ECA, "o requerido será citado para, no prazo de dez dias, oferecer resposta escrita, indicando as provas a serem produzidas e oferecendo desde logo o rol de testemunhas e documentos". **C**: incorreta. Na hipótese de concordância dos pais, o juiz deverá, na presença do ministério público, ouvir as partes, devidamente assistida por advogado ou defensor público, para verificar sua concordância com a adoção (art. 166, § 1º, I, do ECA). **D**: incorreta. Nos termos do art. 166, § 5º, o consentimento dos titulares do poder familiar para colocação da criança em família substituta pode ocorrer até a data da realização da audiência que tem por finalidade colher a oitiva dos pais. Após a audiência, os pais podem exercer o arrependimento no prazo de 10 (dez) dias, contado da data de prolação da sentença de extinção do poder familiar. **E**: incorreta. Ainda que haja consentimento dos pais para entrega da criança (art. 166, § 1º, do ECA), este somente pode se dar após o nascimento (art. 19-A, § 5º do ECA).

Gabarito "A".

**(Juiz de Direito – TJ/BA – 2019 – CESPE/CEBRASPE)** Com referência a adoção, guarda, medidas pertinentes aos pais ou responsáveis e direitos fundamentais da criança e do adolescente, julgue os itens a seguir.

I.  A princípio, para a constatação da adoção à brasileira, o estudo psicossocial da criança, do pai registral e da mãe biológica não se mostra imprescindível.

II. A omissão na lei previdenciária impede que os infantes recebam pensão por morte do guardião, uma vez que, pelo critério da especialidade, não basta a norma prevista no ECA que declara a condição de dependente de crianças e adolescentes, porque ela se afigura como meramente programática.

III. O descumprimento da obrigação de prestação material do pai que dispõe de recursos ao filho gera a responsabilização do genitor e o seu dever de pagamento de indenização por danos morais.

IV. Diante da efetiva comprovação de hipossuficiência financeira do genitor, o juiz deverá deixar de aplicar multa por descumprimento dos deveres inerentes ao poder familiar, tendo em vista o seu caráter exclusivamente preventivo e pedagógico.

Estão certos apenas os itens

(A) I e III.
(B) I e IV.
(C) II e IV.
(D) I, II e III.
(E) II, III e IV.

**I**: correta. A adoção à brasileira é proibida pelo ordenamento jurídico brasileiro e se configura quando alguém declara como seu filho de outrem (art. 242 do Código Penal). Para a configuração da adoção à brasileira consequente perda do poder familiar, não se faz necessário estudo psicossocial da criança, bastando a comprovação biológica da paternidade. Nesse sentido, em caso que julgou ação de destituição de perda de poder familiar em razão de indícios da prática de adoção à brasileira, já julgou o STJ: (...) Para constatação da "adoção à brasileira", em princípio, o estudo psicossocial da criança, do pai registral e da mãe biológica não se mostra imprescindível. Contudo, como o reconhecimento de sua ocorrência ("adoção à brasileira") foi fator preponderante para a destituição do poder familiar, à época em que a entrega de forma irregular do filho para fins de adoção não era hipótese legal de destituição do poder familiar, a realização da perícia se mostra imprescindível para aferição da presença de causa para a excepcional medida de destituição e para constatação de existência de uma situação de risco para a infante, caracterizando cerceamento de defesa e o seu indeferimento na origem". (REsp 1674207/PR, Rel. Min. Moura Ribeiro, 3ª turma, DJe 24/04/2018); **II**: incorreta. Em sede de IRDR, o STJ fixou a seguinte tese: "o menor sob guarda tem direito à concessão do benefício de pensão por morte do seu mantenedor, comprovada sua dependência econômica, nos termos do art. 33, § 3º do Estatuto da Criança e do Adolescente, (...) Funda-se essa conclusão na qualidade de lei especial do Estatuto da Criança e do Adolescente (8.069/90), frente à legislação previdenciária". (Tema 732/STJ); **III**: correta. Nesse sentido, já entendeu o STJ: "**1**. O descumprimento da obrigação pelo pai que, apesar de dispor de recursos, deixa de prestar assistência material ao filho, não proporcionando a este condições dig-

nas de sobrevivência e causando danos à sua integridade física, moral, intelectual e psicológica, configura ilícito civil, nos termos do art. 186 do Código Civil de 2002. **2**. Estabelecida a correlação entre a omissão voluntária e injustificada do pai quanto ao amparo material e os danos morais ao filho dali decorrentes, é possível a condenação ao pagamento de reparação por danos morais, com fulcro também no princípio constitucional da dignidade da pessoa humana". (REsp 1087561/RS, Rel. Min. Raul Araújo, 4ª Turma, DJe 18/08/2017); **IV**: incorreta. A sanção pecuniária pelo descumprimento dos deveres relativos ao exercício do poder familiar (art. 129 do ECA) está expressamente prevista no art. 249 do ECA. Sobre o tema, já decidiu o STJ que "a hipossuficiência financeira ou a vulnerabilidade familiar não é suficiente para afastar a multa pecuniária prevista no art. 249 do ECA". (REsp 1.658.508-RJ, Rel. Min. Nancy Andrighi, DJe 26/10/2018).

Gabarito "A".

Joana, de vinte e cinco anos de idade, é mãe de Maria, de dois anos de idade, cujo pai falecera antes de ela ter nascido. Para que Joana fosse submetida a tratamento médico em outro estado da Federação, a guarda judicial de Maria foi concedida aos avós paternos, João e Clarissa. Na sentença que concedeu a guarda, o magistrado impôs a Joana o dever de prestar alimentos a Maria. Por todos serem hipossuficientes, Clarissa procurou a Defensoria Pública para orientação jurídica.

**(Defensor Público – DPE/DF – 2019 – CESPE/CEBRASPE)** Considerando a situação hipotética apresentada, julgue os itens seguintes, de acordo com a legislação pertinente e a jurisprudência dos tribunais superiores.

(1) Segundo jurisprudência pacificada do STJ, Maria é dependente previdenciária dos seus avós paternos.

(2) Agiu equivocadamente o magistrado ao impor a Joana o dever de prestar alimentos a Maria: os alimentos prestados pelos pais são incompatíveis com a guarda, modalidade de colocação de criança e adolescente em família substituta.

(3) A guarda dada aos avós paternos de Maria é irrevogável, porque foi concedida por sentença judicial e obriga a prestação de assistência material, moral e educacional.

**1**: Correta. Nos termos do art. 33, § 3º, do ECA, a guarda confere à criança ou adolescente a condição de dependente, para todos os fins e efeitos de direito, inclusive previdenciários. Ainda nesse sentido, já decidiu o STJ: "(...) O art. 33, § 3º da Lei 8.069/90 deve prevalecer sobre a modificação legislativa promovida na lei geral da previdência social porquanto, nos termos do art. 227 da Constituição, é norma fundamental o princípio da proteção integral e preferência da criança e do adolescente" (REsp 1.141.788/RS, Rel. Min. João Otávio de Noronha); **2**: Errada. A guarda é forma de colocação em família substituta, mas a guarda não altera a condição de filiação, razão pela qual o dever se alimentos dos pais para com os filhos permanece. Ademais, por disposição expressa do ECA (art. 33, § 4º), o deferimento da guarda não impede o exercício do direito de visita dos pais, bem como o dever de prestar alimentos, salvo quando aplicada em preparação para a adoção; **3**: Errada. A guarda é medida provisória que pode ser alterada e revogada a qualquer tempo pela autoridade judiciária (art. 35 do ECA).

Gabarito 1C, 2E, 3E

**(Promotor de Justiça/RR – 2017 – CESPE)** Com base na legislação relativa às crianças e aos adolescentes, julgue os itens que se seguem.

I.  A criança e o adolescente têm o direito de ser criados em suas famílias naturais, embora, em determinados momentos, possa ser necessária sua colocação em família substituta.

II. A guarda pressupõe a obrigação da prestação de assistência material, moral e educacional à criança ou ao adolescente, e o seu detentor poderá opor-se a terceiros, destes excetuados os pais da criança ou do adolescente.

III. A tutela pressupõe a prévia perda do poder familiar, mas nem sempre implicará o dever de guarda.

IV. Além de ser orientada pelo princípio do melhor interesse da criança ou do adolescente, a adoção deverá representar real vantagem para o adotando e fundar-se em motivos legítimos.

Estão certos apenas os itens

(A) I e II.
(B) I e IV.
(C) II e III.
(D) III e IV.

I: correta. É direito da criança e do adolescente ser criado e educado no seio de sua família e, excepcionalmente, em família substituta, assegurada a convivência familiar e comunitária, em ambiente que garanta seu desenvolvimento integral (art. 19 do ECA); II: incorreta. A guarda obriga a prestação de assistência material, moral e educacional à criança ou adolescente, conferindo a seu detentor o direito de opor-se a terceiros, inclusive aos pais (art. 33 do ECA); III: incorreta. O deferimento da tutela pressupõe a prévia decretação da perda ou suspensão do poder familiar e implica necessariamente o dever de guarda (art. 36, parágrafo único, do ECA). **RD**

Gabarito "B".

**(Juiz – TJ/CE – 2018 – CESPE)** Considerando o disposto no ECA e a jurisprudência do STJ acerca da adoção unilateral, assinale a opção correta.

(A) Nessa espécie de adoção, há ruptura total da relação entre o adotado e seus pais biológicos, substituindo-se a linha biológica originária do adotado para todos os efeitos, inclusive os civis.

(B) Caso o poder familiar de um dos genitores do adotando seja destituído, será necessária consulta ao grupo familiar estendido, a fim de a adoção unilateral ser concluída.

(C) Mesmo depois de transitada em julgado a sentença de adoção unilateral, é possível a sua revogação em razão de arrependimento do adotado, em favor do melhor interesse dele.

(D) O objeto da adoção unilateral é o menor completamente desassistido, cuja percepção de pertencimento familiar é impactada pelo próprio processo de adoção.

(E) O adotado unilateralmente por cônjuge pode, ao atingir a maioridade, requisitar a revogação da adoção por não mais ter interesse nela.

A: incorreta. Na adoção unilateral mantém-se o vínculo com um dos genitores para criar vínculo de filiação por meio da adoção com o outro. Nos termos do art. 41, § 1º, do ECA: "se um dos cônjuges ou concubinos adota o filho do outro, mantêm-se os vínculos de filiação entre o adotado e o cônjuge ou concubino do adotante e os respectivos parentes"; B: incorreta. Uma vez perdido o poder familiar, a criança ou adolescente podem ser adotados unilateralmente, independentemente do consentimento da família extensa; C: correta. Assim já entendeu o Superior Tribunal de Justiça: "no caso de adoção unilateral, a irrevogabilidade prevista no art. 39, § 1º, do Estatuto da Criança e do Adolescente pode ser flexibilizada no melhor interesse do adotando". (STJ, REsp 1.545.959-SC, Rel. Min. Ricardo Villas Bôas Cueva, Rel. para acórdão Min. Nancy Andrighi, por maioria, julgado em 6/6/2017, DJe 1/8/2017); D: incorreta. Veja justificativa da alternativa "A"; E: incorreta. O STJ não exige que a pessoa atinja a maioridade para flexibilizar a irrevogabilidade. Vide justificativa da alternativa "C". **RD**

Gabarito "C".

**(Defensor Público – DPE/RN – 2016 – CESPE)** Assinale a opção correta com referência a família substituta e adoção.

(A) De acordo com o ECA, a condenação do pai ou da mãe por crime constitui causa ensejadora da perda do poder familiar.

(B) Segundo o STJ, no tocante ao ambiente em que se deve desenvolver o convívio familiar, em regra, não há primazia da família natural estendida em relação à família substituta.

(C) O STJ, com base no princípio do interesse superior da criança e do adolescente, entende ser necessária a idade de doze anos para que o menor possa ser adotado por pessoa homoafetiva, pois é preciso que esse menor se manifeste previamente a respeito da pretensa adoção.

(D) Como a adoção rompe o vínculo de parentesco com a família biológica da criança e do adolescente, é imprescindível que os pais biológicos concordem com a adoção, o que torna necessária a propositura de ação de destituição do poder familiar caso os pais biológicos do adotante sejam desconhecidos.

(E) Apesar de a lei exigir o cadastro e a habilitação para a adoção, é possível que pessoas não cadastradas tenham preferência para a adoção de determinada criança ou adolescente, a exemplo do que ocorre no caso de adoção *intuitu personae*.

A: incorreta. Nos termos do art. 23, § 2º do ECA, "a condenação criminal do pai ou da mãe não implicará a destituição do poder familiar, exceto na hipótese de condenação por crime doloso sujeito à pena de reclusão contra outrem igualmente titular do mesmo poder familiar ou contra filho, filha ou outro descendente". B: incorreta. A jurisprudência do STJ, obedecendo ao comando legal (ECA), caminha no sentido de "respeitar a ordem hierárquica de presunção de maior bem-estar para a criança e o adolescente, em relação ao ambiente em que deve conviver, é dada pela sequência: família natural, família natural estendida e família substituta" (STJ, REsp 1523283/RS, DJe 25/06/2015). C: incorreta. Entende o STJ, que "não há disposição no ordenamento jurídico pátrio que estipule a idade de 12 (doze) anos para o menor ser adotado por pessoa homoafetiva" (Veja REsp 1.540.814/PR – Dje 25/08/2015). D: incorreta. A adoção requer o consentimento dos pais (art. 166 do ECA) ou, na falta de consentimento, o devido processo legal, nos termos do art. 155 do ECA, para a perda do poder familiar. E: correta. De fato, o art. 50, § 13, do ECA, permite a adoção de pessoas que não estão cadastradas no Cadastro Nacional de adoção (caso de adoção unilateral, adoção por família natural extensa ou de quem já tem guarda ou tutela do menor). Configurando-se, nesse caso, adoção "intuito personae" por estar baseada na qualidade da pessoa que adota. **E**

Gabarito "E".

**(Juiz de Direito/DF – 2016 – CESPE)** Considerando que a colocação em família substituta far-se-á mediante guarda, tutela ou adoção, assinale a opção correta.

(A) A ação de guarda proposta por um dos genitores pode ser decidida em favor do outro genitor, desde que formulado pedido reconvencional.

(B) A colocação em família substituta admite a transferência de criança ou adolescente a terceiro, desde que o fato seja comunicado ao Juízo da Infância no prazo de vinte e quatro horas, para a regularização respectiva.

(C) A adoção é ato personalíssimo. Admite-se, entretanto, a adoção por procuração quando o adotante estiver em local diverso.

(D) Em caso de adoção póstuma, nuncupativa ou *post mortem*, considera-se definitivamente materializado o parentesco civil desde o trânsito em julgado da sentença proferida, produzindo, a partir de então, todos os seus efeitos.

(E) Aquele que for nomeado tutor por ato de última vontade firmado pelos pais do pupilo deverá, no prazo de trinta dias contado da abertura da sucessão, ingressar com pedido destinado ao controle judicial do ato.

A: incorreta. Não se faz necessário o pedido reconvencional, em razão da natureza dúplice, basta que haja o pedido contraposto. "Em ação de guarda de filho menor, tanto o pai como a mãe podem perfeitamente exercer de maneira simultânea o direito de ação, sendo que a improcedência do pedido do autor conduz à procedência do pedido de guarda à mãe, restando evidenciada, assim, a natureza dúplice da ação. Por conseguinte, em demandas dessa natureza, é lícito ao réu formular pedido contraposto, independentemente de reconvenção". (STJ, REsp 1085664/DF Rel. Min. Luis Felipe Salomão, DJe 12/08/2010). B: incorreta. Art. 101, § 2º, 3º e 4º do ECA. C: incorreta. A adoção por procuração é expressamente vedada pelo ECA (art. 39, § 2º). D: incorreta. No caso de adoção *post mortem* o efeito da sentença retroage à data do óbito (art. 42, § 6º c/c art. 47, § 7º do ECA). E: correta. Art. 37 do ECA. **E**

Gabarito "E".

**(Juiz de Direito/DF – 2016 – CESPE)** A respeito dos direitos das crianças e dos adolescentes, assinale a opção correta.

(A) Os atos de alienação parental descritos na Lei n.º 12.318/2010 foram estabelecidos de forma taxativa, *numerus clausus*, não admitindo interpretação extensiva.

## 20. DIREITO DA CRIANÇA E DO ADOLESCENTE — 681

**(B)** Na mesma linha das diretrizes impostas pelo ECA quanto ao direito à saúde, a Convenção dos Direitos da Criança determina que a criança tem direito de gozar do melhor padrão possível de saúde e dos serviços destinados ao tratamento das doenças e à recuperação da saúde, mediante adoção pelos Estados-Partes dos esforços no sentido de assegurar que nenhuma criança se veja privada de seu direito de usufruir desses serviços sanitários.

**(C)** O ECA relaciona obrigações que devem ser cumpridas pelos hospitais e demais estabelecimentos públicos e particulares de atenção à saúde de gestantes, dentre elas a de manter registro das atividades desenvolvidas, até de prontuários individuais, pelo prazo de cinco anos, sob pena de cometimento de infração administrativa, punida com multa, além de outras sanções administrativas.

**(D)** O regime de capacidade civil gera reflexos no Estatuto, de forma que deve haver ponderação dos direitos positivados pelo ECA em caso de emancipação civil do adolescente.

**(E)** O programa de acolhimento institucional caracteriza-se pela permanência de criança ou de adolescente junto a uma entidade governamental ou não governamental, pelo prazo máximo de três anos, prorrogável por igual período, a critério da autoridade judiciária.

**A:** incorreta. O art. 2º da Lei 12.318/10 traz, em seu parágrafo único, apenas um rol exemplificativo do que pode ser considerado ato de alienação parental. **B:** correta. Artigo 24 do Decreto 99.710/90 (Promulga a Convenção sobre os Direitos da Criança). **C:** incorreta. O prazo previsto no art. 10, I, do ECA para a manutenção dos prontuários é de 18 anos além de configurar crime (não infração administrativa) a ausência dos registros no das atividades desenvolvidas e a guarda do prontuário pelo período imposto em lei (art. 228). **D:** incorreta. A emancipação do adolescente em nada influencia a aplicação do ECA, que é lei especial. **E:** incorreta. Art. 90, § 3º do ECA.
*Gabarito "B".*

**(Juiz de Direito/AM – 2016 – CESPE)** Com referência aos institutos da família natural e da família substituta, da guarda, da tutela e da adoção, assinale a opção correta.

**(A)** O conceito de família natural abrange o de família extensa, como aquela formada pelos pais ou qualquer deles e seus descendentes, inclusive parentes próximos e vizinhos com os quais a criança ou adolescente conviva e mantenha vínculos de afinidade e afetividade.

**(B)** A colocação em família substituta far-se-á mediante guarda, tutela ou adoção, após definida a situação jurídica da criança ou adolescente por meio de suspensão ou destituição do poder familiar, salvo quando ambos os genitores forem falecidos.

**(C)** Os grupos de irmãos colocados sob adoção, tutela ou guarda terão de permanecer com a mesma família substituta, ressalvada a suspeita da existência de risco de abuso ou outra situação que justifique razoavelmente o rompimento definitivo dos vínculos fraternais.

**(D)** O deferimento da guarda de criança ou adolescente em preparação para adoção não impede o exercício do direito de visitas pelos pais, assim como o dever de prestar alimentos, que serão objeto de regulamentação específica, a pedido do interessado ou do MP.

**(E)** Entre outras exigências legais, criança ou adolescente indígenas ou provenientes de comunidade remanescente de quilombo encaminhados para adoção, tutela ou guarda devem prioritariamente ser colocados em família substituta de sua comunidade ou junto a membros da mesma etnia.

**A:** incorreta. A família natural é composta pelos pais e seus filhos (art. 25). A família extensa é formada pelos parentes com os quais a criança conviva ou tenha afinidades (art. 25, § único). **B:** incorreta. A guarda não pressupõe a perda ou suspensão do poder familiar, é medida que se destina a regularizar a posse da criança e do adolescente e confere ao guardião o dever de cuidado material, moral e educacional. **C:** incorreta. Art. 28, § 4º, do ECA determina que o grupo de irmãos sejam colocados na mesma família substituta. No entanto, se houver justificativa, é plausível solução diversa, sempre evitando o rompimento

definitivo dos laços familiares. **D:** incorreta. Art. 33, § 4º, do ECA não prevê o direito de visita dos pais nos casos de guarda em preparação para adoção. **E:** correta. Art. 28, § 6º, do ECA.
*Gabarito "E".*

**(Promotor de Justiça/PI – 2014 – CESPE)** Em relação ao acolhimento institucional e familiar e à colocação de criança ou adolescente em família substituta, assinale a opção correta.

**(A)** Diferentemente do acolhimento familiar, que pode ter caráter definitivo, quando instituído em favor de parentes da criança, o acolhimento institucional é sempre provisório e excepcional.

**(B)** O prazo legal para que a criança e o adolescente possam permanecer sob acolhimento institucional é de dois anos, podendo, contudo, ser prorrogado, mediante decisão fundamentada da autoridade judiciária, que deve demonstrar que o excesso de prazo atende ao melhor interesse do infante.

**(C)** A colocação em família substituta estrangeira constitui medida excepcional, somente admissível quando ausente alternativa viável em território nacional, podendo ser concedida nas modalidades de tutela e adoção.

**(D)** A colocação de criança ou adolescente em família substituta pode ser aplicada como medida socioeducativa, no caso de cometimento de ato infracional leve ou como medida de proteção à criança e ao adolescente em situação de risco.

**(E)** O acolhimento familiar pode ser determinado pelo Conselho Tutelar e pelo MP, ao passo que o acolhimento institucional é da competência exclusiva da autoridade judiciária.

**A:** incorreta, pois tanto o acolhimento familiar como o institucional são medidas de caráter temporário e excepcional (art. 34, § 1º, do ECA); **B:** correta, pois a alternativa está de acordo com o disposto no art. 19, § 2º, do ECA. Vale a observação de que atualmente o prazo, com o advento da Lei 13.509/2017, passou a ser de 18 meses. Antes disso, o prazo era de 2 anos. Houve, portanto, um encurtamento do interregno durante o qual a criança ou adolescente poderá permanecer em programa de acolhimento institucional e familiar. Também houve encurtamento do prazo máximo para reavaliação da medida: antes era de 6 meses e agora, a partir do advento da Lei 13.509/2017, é de 3 meses; **C:** incorreta. De fato, a adoção internacional é medida excepcional e somente será deferida se, após consulta ao cadastro de pessoas ou casais habilitados à adoção, mantido pela Justiça da Infância e da Juventude na comarca, bem como aos cadastros estadual e nacional, não for encontrado interessado com residência permanente no Brasil, após esgotadas todas as possibilidades de colocação da criança ou adolescente em família substituta brasileira (art. 50, § 10, e art. 51, § 1º, I, ambos do ECA). Todavia, a colocação em família substituta estrangeira somente será admissível na modalidade de adoção (art. 31 do ECA); **D:** incorreta, pois a colocação em família substituta é uma medida específica de proteção – e não medida socioeducativa – aplicável quando se verificar que os direitos da criança ou adolescente estão sendo ameaçados ou violados, encontrando-se em situação de risco (art. 101, IX, do ECA); **E:** incorreta, pois o afastamento da criança ou adolescente do convívio familiar e consequente aplicação das medidas de acolhimento familiar, institucional ou colocação em família substituta é de competência exclusiva da autoridade judiciária (art. 101, VII a IX, e § 2º, do ECA). Oportuno registrar que ao Conselho Tutelar é cabível a aplicação das demais medidas protetivas (art. 136, I, e parágrafo único, do ECA). "Na redação anterior do Estatuto, o Conselho Tutelar poderia aplicar a medida de abrigamento e encaminhar a criança e o adolescente diretamente à entidade respectiva, comunicando o fato posteriormente à entidade judiciária. Contudo, de acordo com o atual regramento, a inserção de criança e adolescente em medida protetiva de acolhimento institucional e acolhimento familiar está condicionada à autorização judicial, de modo que não consta mais das atribuições do Conselho Tutelar. (...) O Conselho Tutelar deixa de atuar de forma ativa na inserção da criança e do adolescente em abrigamento, para apenas acompanhar a situação e fornecer subsídios ao magistrado, a quem competirá a palavra sobre a necessidade efetiva de manutenção da medida". (ROSSATO, LÉPORE E SANCHES. Estatuto da Criança e do Adolescente Comentado, 3ª edição, São Paulo, Ed RT, 2012, p. 302). Em contrapartida, as entidades que mantenham programa de acolhimento institucional poderão, em caráter excepcional e de urgência, acolher crianças e adolescentes sem prévia determinação da autoridade competente, fazendo comunicação do fato em até 24 (vinte e quatro) horas ao Juiz da Infância e da Juventude, em virtude do princípio da intervenção precoce (art. 93 do ECA).

Gabarito "B".

**(Cartório/PI – 2013 – CESPE)** Com base nas disposições do Estatuto da Criança e do Adolescente, assinale a opção correta.

(A) A adoção, para cuja consecução é admitida a utilização de procuração por instrumento público, e medida irrevogável.

(B) A competência para processar e julgar as ações conexas de interesse de menor é, em princípio, do foro do domicilio do réu.

(C) A colocação de criança ou adolescente em família substituta far-se-á mediante guarda, tutela ou adoção, independentemente da situação jurídica da criança ou do adolescente.

(D) A guarda obriga a prestação de assistência material, moral e educacional a criança ou ao adolescente, o que confere ao seu detentor o direito de opor-se a terceiros, salvo com relação aos pais.

(E) O deferimento da tutela pressupõe a previa destituição do poder familiar e não implica necessariamente o dever de guarda.

**A:** incorreta, pois é vedada a adoção por procuração (art. 39, § 2º, do ECA); **B:** incorreta, pois a competência será determinada pelo domicílio dos pais ou responsável ou pelo lugar onde se encontre a criança ou adolescente, à falta dos pais ou responsável (art. 147, I e II, do ECA); **C:** correta, pois a alternativa está de acordo com o disposto no art. 28, *caput*, do ECA; **D:** incorreta, pois o detentor da guarda tem o direito de opor-se a terceiros, inclusive aos pais (art. 33, *caput*, do ECA); **E:** incorreta, pois o deferimento da tutela pressupõe a prévia destituição ou suspensão do poder familiar, implicando necessariamente o dever de guarda (art. 36, parágrafo único, do ECA).

Gabarito "C".

**(Magistratura/PA – 2012 – CESPE)** Com o estabelecimento da doutrina de proteção integral como diretriz básica e única do atendimento de crianças e adolescentes, o legislador pátrio rompeu definitivamente com a doutrina da situação irregular — admitida pelo Código de Menores (Lei n.º 6.697/1979) —, agindo em consonância com a CF e documentos internacionais aprovados com amplo consenso na comunidade das nações. No que concerne aos direitos fundamentais das crianças e dos adolescentes, assinale a opção correta de acordo com o ECA.

(A) É vedado à autoridade judiciária autorizar a permanência da criança e do adolescente em programa de acolhimento institucional por mais de dois anos.

(B) A legislação considera extensa ou ampliada a família que se estende para além da unidade pais e filhos ou da unidade do casal, incluindo parentes consanguíneos, independentemente da convivência ou dos vínculos de afinidade e afetividade.

(C) A colocação em família substituta faz-se mediante guarda, tutela ou adoção, sendo obrigatório, no caso de criança ou adolescente indígena ou proveniente de comunidade remanescente de quilombo, que se considerem e respeitem a sua identidade social e cultural, os seus costumes e tradições e as suas instituições, desde que não sejam incompatíveis com os direitos fundamentais reconhecidos pela CF e pelo ECA.

(D) Ao completar dezoito anos de idade, o adotado tem direito de conhecer sua origem biológica e de ter, mediante prévio consentimento dos pais biológicos, acesso irrestrito ao processo que resultou na aplicação da medida de adoção e a seus eventuais incidentes.

(E) Incumbe ao poder público proporcionar assistência psicológica à gestante e à mãe, respectivamente, nos períodos pré e pós-natal, para, entre outros objetivos, prevenir ou minorar as consequências do estado puerperal, exceto se houver interesse da gestante ou mãe em entregar a criança para adoção.

**A:** incorreta, pois é possível se prolongar por mais de 2 (dois) anos, quando comprovada necessidade que atenda ao superior interesse da criança e do adolescente, devidamente fundamentada pela autoridade judiciária (art. 19, § 2º, do ECA). Vale a observação de que o prazo, com o advento da Lei 13.509/2017, passou a ser de 18 meses. Antes disso, o prazo era de 2 anos. Houve, portanto, um encurtamento do interregno durante o qual a criança ou adolescente poderá permanecer em programa de acolhimento institucional e familiar. Também houve encurtamento do prazo máximo para reavaliação da medida: antes era de 6 meses e agora, a partir do advento da Lei 13.509/2017, é de 3 meses; **B:** incorreta, pois depende da convivência ou dos vínculos de afinidade e afetividade entre a criança e os parentes consanguíneos (art. 25, parágrafo único, do ECA); **C:** correta (art. 28, § 6º, I, do ECA); **D:** incorreta, pois o adotado tem direito de conhecer sua origem biológica, independente de prévio consentimento dos pais biológicos (art. 48, *caput*, do ECA); **E:** incorreta (art. 8º, §§ 4º e 5º, do ECA).

Gabarito "C".

**(Ministério Público/RR – 2012 – CESPE)** Assinale a opção correta a respeito dos institutos da guarda, tutela e adoção.

(A) A tutela será deferida, nos termos da lei civil, a pessoa de até dezoito anos incompletos, na hipótese de falecimento dos pais, na de estes serem julgados ausentes ou na de os pais perderem o poder familiar.

(B) Admite-se que apenas um dos companheiros da união homoafetiva adote criança ou adolescente.

(C) Para adoção conjunta, é indispensável que os adotantes sejam casados civilmente ou mantenham união estável, comprovada a estabilidade da família, sendo vedada a adoção ao casal divorciado.

(D) A adoção internacional pode ser deferida, independentemente da existência de interessados com residência permanente no Brasil e inscritos nos cadastros local, estadual e nacional de pessoas ou casais habilitados à adoção, desde que o período de convivência com o adotando seja superior a três anos.

(E) Em regra, o deferimento da guarda de criança ou adolescente a terceiros impede o exercício do direito de visitas pelos pais, assim como o seu dever de prestar alimentos, que serão objeto de regulamentação específica, a pedido do interessado ou do MP.

**A:** correta (art. 36 do ECA); **B:** incorreta, pois não há vedação expressa no ECA. De acordo com o art. 42, § 2º, do ECA, para a adoção conjunta, é indispensável que os adotantes sejam casados civilmente ou mantenham união estável, comprovada a estabilidade da família. Assim, não há exigência de que as pessoas sejam de sexos distintos, mas também não há previsão legal de adoção por casal homoafetivo. *"Não obstante, já vem sendo reconhecida a possibilidade de adoção por casais formados por integrantes do mesmo sexo, desde que tal união possa ser reconhecida como entidade familiar, com suas características próprias (estabilidade, ostensibilidade e traços afetivos sólidos). (...) A possibilidade de adoção por casais homoafetivos agora está firmada, pois em 2011, tanto o STF quanto o STJ finalmente reconheceram a legalidade da união estável entre pessoas do mesmo sexo"* (Rossato, Lépore e Sanches, **Estatuto da Criança e do Adolescente**, editora RT); **C:** incorreta, pois os divorciados, os judicialmente separados e os ex-companheiros podem adotar conjuntamente, contanto que acordem sobre a guarda e o regime de visitas e desde que o estágio de convivência tenha sido iniciado na constância do período de convivência e que seja comprovada a existência de vínculos de afinidade e afetividade com aquele não detentor da guarda, que justifiquem a excepcionalidade da concessão (art. 42, § 4º, do ECA); **D:** incorreta, pois a adoção internacional somente será deferida se, após consulta ao cadastro de pessoas ou casais habilitados à adoção, não for encontrado interessado com residência permanente no Brasil (art. 50, § 10, do ECA); **E:** incorreta, pois, salvo expressa e fundamentada determinação em contrário da autoridade judiciária competente, ou quando a medida for aplicada em preparação para adoção, o deferimento da guarda de criança ou adolescente a terceiros não impede o exercício do direito de visitas pelos pais (art. 33, § 4º, do ECA).

Gabarito "A".

## 20. DIREITO DA CRIANÇA E DO ADOLESCENTE    683

**(Defensor Público/RO – 2012 – CESPE)** Em relação à guarda, tutela e adoção, previstas no ECA, assinale a opção correta.

(A) A pessoa ou o casal que recebe criança ou adolescente em programa de acolhimento familiar torna-se automaticamente tutor do infante.

(B) A tutela será deferida, nos termos da lei civil, quando a criança ou o adolescente, por enfermidade ou deficiência mental, não tiver o necessário discernimento para os atos da vida civil ou que, por outra causa duradoura, não puder exprimir a sua vontade.

(C) Os divorciados, os judicialmente separados e os ex--companheiros podem adotar conjuntamente, contanto que acordem sobre a guarda e o regime de visitas e desde que o estágio de convivência com o adotando tenha sido iniciado na constância do período de convivência do casal e que seja comprovada a existência de vínculos de afinidade e afetividade com o não detentor da guarda que justifiquem a excepcionalidade da concessão.

(D) A adoção de menores por casal homossexual, autorizada pelo STJ após julgado do STF que reconheceu a união estável formada por pessoas do mesmo sexo, condiciona-se à instrução do processo de adoção com cópia de sentença judicial transitada em julgado, reconhecendo a existência da união homoafetiva.

(E) Em regra, o deferimento da guarda de criança ou adolescente a terceiros impede o exercício do direito de visitas pelos pais, assim como os libera do dever de prestar alimentos, que serão objeto de regulamentação específica, a pedido do interessado ou do MP.

**A:** incorreta, pois a pessoa ou casal receberá a criança ou adolescente mediante guarda e não tutela (art. 34, § 2º, do ECA); **B:** incorreta, pois a tutela será deferida, nos termos da lei civil, à pessoa de até 18 (dezoito) anos incompletos (art. 36, do ECA). Oportuno registrar que é indiferente o fato de a criança ou o adolescente não ter o necessário discernimento para os atos da vida civil, em razão de deficiência mental, tendo em vista que a incapacidade do menor de 18 (dezoito) anos é presumida de forma absoluta. Todavia, caso a pessoa incapaz, em razão de deficiência mental, atinja a maioridade civil, será necessário o ajuizamento de ação de interdição, a fim de ser interditada, nomeando-se um curador a ela. Portanto, neste caso, o instituto será o da curatela (art. 1.767 e ss. do CC); **C:** correta (art. 42, § 4º, do ECA); **D:** incorreta, pois a adoção não está condicionada à instrução do processo de adoção com cópia de sentença com trânsito em julgado reconhecendo a união homoafetiva, bastando tão somente a comprovação da estabilidade familiar, bem como as reais vantagens ao adotando. Isso porque, de acordo com o art. 42, § 2º, do ECA, para a adoção conjunta, é indispensável que os adotantes sejam casados civilmente ou mantenham união estável, *comprovada a estabilidade da família*. Assim, também não há exigência de que as pessoas sejam de sexos distintos, mas também não há previsão legal de adoção por casal homoafetivo. "Não obstante, já vem sendo reconhecida a possibilidade de adoção por casais formados por integrantes do mesmo sexo, desde que tal união possa ser reconhecida como entidade familiar, com suas características próprias (estabilidade, ostensibilidade e traços afetivos sólidos). (...) A possibilidade de adoção por casais homoafetivos agora está firmada, pois em 2011, tanto o STF quanto o STJ finalmente reconheceram a legalidade da união estável entre pessoas do mesmo sexo" (ROSSATO, Luciano Alves; LÉPORE, Paulo Eduardo e CUNHA, Rogério Sanches. **Estatuto da Criança e do Adolescente comentado artigo por artigo**. 3. ed. São Paulo: RT, 2012). Neste sentido é o entendimento jurisprudencial: "A adoção unilateral prevista no art. 41, § 1º, do ECA pode ser concedida à companheira da mãe biológica da adotanda, para que ambas as companheiras passem a ostentar a condição de mães, na hipótese em que a menor tenha sido fruto de inseminação artificial heteróloga, com doador desconhecido, previamente planejada pelo casal no âmbito de união estável homoafetiva, presente, ademais, a anuência da mãe biológica, desde que inexista prejuízo para a adotanda. O STF decidiu ser plena a equiparação das uniões estáveis homoafetivas às uniões estáveis heteroafetivas, o que trouxe, como consequência, a extensão automática das prerrogativas já outorgadas aos companheiros da união estável tradicional àqueles que vivenciem uma união estável homoafetiva. Assim, se a adoção unilateral de

menor é possível ao extrato heterossexual da população, também o é à fração homossexual da sociedade. Deve-se advertir, contudo, que o pedido de adoção se submete à norma-princípio fixada no art. 43 do ECA, segundo a qual 'a adoção será deferida quando apresentar reais vantagens para o adotando'. Nesse contexto, estudos feitos no âmbito da Psicologia afirmam que pesquisas têm demonstrado que os filhos de pais ou mães homossexuais não apresentam comprometimento e problemas em seu desenvolvimento psicossocial quando comparados com filhos de pais e mães heterossexuais. Dessa forma, a referida adoção somente se mostra possível no caso de inexistir prejuízo para a adotanda. Além do mais, a possibilidade jurídica e a conveniência do deferimento do pedido de adoção unilateral devem considerar a evidente necessidade de aumentar, e não de restringir, a base daqueles que desejem adotar, em virtude da existência de milhares de crianças que, longe de quererem discutir a orientação sexual de seus pais, anseiam apenas por um lar". (o trecho do julgado citado está disponível no *site:* http://jurisprudenciaedireito.blogspot. com.br/search?updated-max=2013-03-07T17:09:00-08:00&max-results=10&reverse-paginate=true&start=20&by-date=false); **E:** incorreta, pois o deferimento da guarda de criança ou adolescente a terceiros não impede o exercício do direito de visitas pelos pais, assim como não os libera do dever de prestar alimentos (art. 33, § 4º, do ECA).

*Gabarito "C".*

**(Defensor Público/SE – 2012 – CESPE)** Com relação aos direitos fundamentais da criança e do adolescente, assinale a opção correta.

(A) O conceito de família extensa não abrange a figura da madrasta ou do padrasto.

(B) A doutrina da situação irregular vigorou no ordenamento pátrio até a promulgação do ECA.

(C) É assegurado à gestante, por meio do Sistema Único de Saúde, o atendimento pré-natal, devendo a parturiente ser obrigatoriamente atendida pelo médico que a tenha acompanhado durante o período pré-natal.

(D) O direito à liberdade conferido à criança e ao adolescente pelo ECA compreende o de buscar refúgio, sendo a eles garantido o acesso às diversões e espetáculos públicos classificados como adequados à sua faixa etária; crianças menores de dez anos somente poderão ingressar e permanecer nos locais de apresentação ou exibição de espetáculos quando acompanhadas dos pais ou responsáveis.

(E) Em face da aprovação do novo Código Civil, segundo o qual a maioridade civil é obtida aos dezoito anos de idade, não se aplica mais, no ordenamento brasileiro, a denominação jovem adulto, presente no ECA, sendo considerada criança a pessoa com até catorze anos de idade e adolescente, a que tenha entre quinze e dezoito anos de idade.

**A:** incorreta, pois se entende por família extensa ou ampliada aquela que se estende para além da unidade pais e filhos ou da unidade do casal, formada por parentes próximos com os quais a criança ou adolescente convive e mantém vínculos de afinidade e afetividade (art. 25, parágrafo único, do ECA). Assim, o padrasto e a madrasta podem ser considerados como família extensa; **B:** incorreta, pois, antes mesmo do advento do Estatuto da Criança e do Adolescente, com a promulgação da Constituição Federal de 1988, positivaram-se as normas internacionais de direitos humanos sobre as crianças e os adolescentes, consagrando-se a doutrina da proteção integral; **C:** incorreta, pois a parturiente será atendida *preferencialmente* pelo mesmo médico que a acompanhou na fase pré-natal (art. 8º, do ECA); **D:** correta (arts. 16, VII, e 75, *caput* e parágrafo único, ambos do ECA); **E:** incorreta, pois se considera criança, para os efeitos do ECA, a pessoa até doze anos de idade incompletos, e adolescente aquela entre doze e dezoito anos de idade (art. 2º, do ECA).

*Gabarito "D".*

**(Defensor Público/SE – 2012 – CESPE)** A respeito do direito à convivência familiar, bem como da perda e da suspensão do poder familiar, assinale a opção correta.

(A) A destituição da tutela exige o contraditório, que segue o rito próprio, não sendo suspenso em razão da superveniência das férias.

(B) Duas são as espécies de guarda previstas no ECA: a provisória e a permanente.

(C) Suponha que Maria deixe sua filha, menor de idade, com sua mãe e mude-se para outro estado, onde passe a residir. Nessa situação, Maria estará sujeita à perda do poder familiar, em decorrência da caracterização do abandono.

(D) Na família extensa, o poder familiar deve ser exercido em igualdade de condições entre o pai, a mãe e a avó que esteja com a tutela de menor.

(E) Em razão da menoridade civil, mãe adolescente não está sujeita à perda do poder familiar.

**A:** correta (art. 164, do ECA); **B:** incorreta, pois existem várias espécies de guarda, a saber: guarda como modalidade de colocação em família substituta; guarda como dever decorrente do exercício do poder familiar; guarda compartilhada e guarda para regularizar uma situação de fato; **C:** incorreta, pois a situação descrita na alternativa não induz, por si só, à conclusão de que houve abandono pela genitora capaz de destituí-la do poder familiar; **D:** incorreta, pois aos pais incumbe o exercício do poder familiar; **E:** incorreta, pois a lei não faz tal distinção.
Gabarito "A".

## 2.4. DIREITO À EDUCAÇÃO, À CULTURA, AO ESPORTE E AO LAZER

**(Juiz de Direito – TJ/SC – 2019 – CESPE/CEBRASPE)** Com relação ao direito fundamental das crianças à educação, julgue os itens a seguir à luz do Estatuto da Criança e do Adolescente (ECA) e do entendimento dos tribunais superiores.

I. Direito social fundamental, a educação infantil constitui norma de natureza constitucional programática que orienta os gestores públicos dos entes federativos.

II. Em se tratando de questões que envolvam a educação infantil, poderá o juiz, ao julgá-las, sensibilizar-se diante da limitação da reserva do possível do Estado, especialmente da previsão orçamentária e da disponibilidade financeira.

III. O Poder Judiciário não pode impor à administração pública o fornecimento de vaga em creche para menor, sob pena de contaminação da separação das funções do Estado moderno.

Assinale a opção correta.

(A) Nenhum item está certo.
(B) Apenas o item I está certo.
(C) Apenas o item II está certo.
(D) Apenas os itens I e III estão certos.
(E) Apenas os itens II e III estão certos.

**I:** incorreta. O direito fundamental à educação está expressamente previsto no art. 208 e seguintes da Constituição Federal e não tem natureza programática (aplicação imediata nos termos do art. 5º, § 1º, da CF). **II:** incorreta. Sendo norma de aplicação imediata, não há que se falar em reserva do possível, devendo o poder público oferecer educação desde o nascimento da criança até o ensino médio. Nesse sentido, já entendeu o STF: "(...) o papel do poder judiciário na implementação de políticas públicas previstas na constituição e não efetivadas pelo poder público a fórmula da reserva do possível na perspectiva da teoria dos custos dos direitos: impossibilidade de sua invocação para legitimar o injusto inadimplemento de deveres estatais de prestação constitucionalmente impostos ao poder público. (CPC, art. 85, § 11)". (RE 1.101.106). Veja também: Recurso Extraordinário. Criança de até cinco anos de idade. Atendimento em creche. Educação infantil. Direito assegurado pelo próprio texto constitucional (CF, art. 208, IV, na redação dada pela EC 53/2006). Compreensão global do direito constitucional à educação – dever jurídico cuja execução se impõe ao poder público (CF, art. 211, § 2º)". (RE 1101106). **III:** incorreta. Tendo em vista o direito à educação ser norma de eficácia imediata, pode o poder judiciário impor à administração pública o dever de matricular o infante na rede pública de ensino. Ademais, é possível a atuação do Poder Judiciário na garantia de direitos sociais, não havendo violação à separação dos poderes (ADPF 45). Vide também comentários anteriores.
Gabarito "A".

**(Magistratura/BA – 2012 – CESPE)** No que tange aos direitos fundamentais da criança e do adolescente, assinale a opção correta com base no que dispõem a CF e o ECA.

(A) O atendimento, em creche e pré-escola, às crianças de zero a seis anos de idade é obrigação constitucional do município, não podendo este invocar a cláusula da reserva do possível em face da ausência de recursos financeiros.

(B) Incumbe ao poder público proporcionar assistência psicológica à gestante e à mãe, no período pré e pós-natal, inclusive como forma de prevenir ou minorar as consequências do estado puerperal, exceto, no último caso, na hipótese de a mãe biológica manifestar interesse em entregar seu filho para adoção.

(C) O reconhecimento do estado de filiação é direito personalíssimo e indisponível, podendo ser exercitado contra os pais ou seus herdeiros, sem qualquer restrição, observados o segredo de justiça e o prazo prescricional de quatro anos, contado a partir da maioridade civil.

(D) É dever do Estado assegurar à criança e ao adolescente os ensinos fundamental e médio, obrigatórios e gratuitos, inclusive para os que a eles não tiveram acesso na idade própria.

(E) É proibido trabalho noturno, perigoso ou insalubre a menores de dezoito anos e de qualquer trabalho a menores de quatorze anos, salvo na condição de aprendiz, a partir dos doze anos.

**A:** correta, pois os *Municípios atuarão prioritariamente no ensino fundamental e na educação infantil*, enquanto que *os Estados e o Distrito Federal atuarão prioritariamente no ensino fundamental e médio* (art. 211, §§ 2º e 3º, da CF/88 e art. 54, IV, do ECA), não podendo invocar a cláusula da reserva do possível em face da ausência de recursos financeiros. Neste sentido é o entendimento jurisprudencial: "*Acesso à creche aos menores de zero a seis anos – Direito subjetivo – reserva do possível – teorização e cabimento – impossibilidade de arguição como tese abstrata de defesa – escassez de recursos como o resultado de uma decisão política – prioridade dos direitos fundamentais – conteúdo mínimo existencial – essencialidade do direito à educação. Precedentes STJ e STF"* (STJ, REsp n. 1.185.474 – SC); **B:** incorreta, pois a assistência psicológica deverá ser também prestada a gestantes ou mães que manifestem interesse em entregar seus filhos para adoção (art. 8º, § 5º, do ECA); **C:** incorreta, pois o reconhecimento ao estado de filiação é imprescritível (art. 27 do ECA); **D:** incorreta (art. 54, I e II, do ECA); **E:** incorreta, pois o adolescente deve contar com quatorze anos para trabalhar na condição de aprendiz (art. 60 do ECA e art. 7º, XXXIII, da CF/88).
Gabarito "A".

## 3. PREVENÇÃO

Determinada emissora de televisão veiculou programa de entretenimento no qual, em um dos quadros, o apresentador revelava o resultado de exames de DNA, para comprovar ou negar a paternidade de crianças, e fazia comentários depreciativos acerca da concepção dessas crianças. A emissora foi multada por transmitir esse programa em horário diverso do autorizado pelo poder público.

**(Defensor Público – DPE/DF – 2019 – CESPE/CEBRASPE)** Com referência a essa situação hipotética, julgue os itens seguintes, de acordo com a jurisprudência dos tribunais superiores.

(1) Segundo jurisprudência dominante no STJ, o dano moral é personalíssimo, sendo cabível afirmar que o referido programa televisivo provocou dano moral somente se ficar demonstrado prejuízo concreto ou abalo moral às crianças expostas à situação vexatória.

(2) Segundo jurisprudência do STF, a competência da União de classificar, para efeito indicativo, as diversões públicas e os programas de rádio e televisão não lhe confere o poder para determinar que a exibição da programação somente se dê em horários determinados. Assim, não está a referida emissora obrigada a veicular programa somente em horário

# 20. DIREITO DA CRIANÇA E DO ADOLESCENTE — 685

autorizado pelo poder público, motivo pelo qual a multa aplicada é indevida.

**1:** Errado. O tema foi objeto de Ação Civil Pública, tendo sido julgada no Superior Tribunal de Justiça, tendo sido admitido o dano moral coletivo: "a análise da configuração do dano moral coletivo, na espécie, não reside na identificação de seus telespectadores, mas sim nos prejuízos causados a toda sociedade, em virtude da vulnerabilização de crianças e adolescentes, notadamente daqueles que tiveram sua origem biológica devassada e tratada de forma jocosa, de modo a, potencialmente, torná-los alvos de humilhações e chacotas pontuais ou, ainda, da execrável violência conhecida por *bullying*". (REsp 1.517.973-PE, Rel. Min. Luis Felipe Salomão); **2:** Correta. Embora o art. 254 do ECA de fato preveja a possibilidade de aplicação de sanção administrativa em função da não observância do horário de exibição da programação televisiva, o STF, em análise da constitucionalidade do mencionado dispositivo legal (ADI 2.404), entendeu que a classificação indicativa não pode ser confundida com ato de licença "nem confere poder à União para determinar que a exibição da programação somente se dê nos horários determinados pelo Ministério da Justiça, de forma a caracterizar uma imposição, e não uma recomendação. Não há horário autorizado, mas horário recomendado".

*Gabarito 1E, 2C*

**(Defensor Público/ES – 2012 – CESPE)** Acerca do princípio da prevenção especial e das normas de proteção à criança e ao adolescente, julgue os próximos itens.

**(1)** Ha omissão no ECA em caso de exibição de filme classificado pelo órgão competente como inadequado para crianças ou adolescentes admitidos ao espetáculo.

**(2)** Agirá corretamente o representante de uma sociedade empresária que explore atividade de cinema, ao retirar de uma das suas salas de exibição um menor e seu pai, caso estes pretendam assistir a filme classificado como inadequado para menores de dezoito anos.

**1:** incorreta, pois o assunto é tratado no art. 74 e ss. do ECA; **2:** incorreta, pois caberá aos responsáveis pelas diversões e espetáculos públicos afixar, em lugar visível e de fácil acesso, à entrada do local de exibição, informação destacada sobre a natureza do espetáculo e a faixa etária especificada no certificado de classificação (art. 74, parágrafo único, do ECA). De acordo com a Portaria 368/2014 do Ministério da Justiça, autoridade competente para regulamentar esta matéria, a classificação é "indicativa" aos pais e responsáveis, por assim, dizer, tem caráter pedagógico, auxiliando a família na educação de seus filhos. Portanto, os pais podem autorizar o acesso de seus filhos à diversão ou espetáculo cuja classificação indicativa seja superior à faixa etária, desde que acompanhados por eles ou terceiros expressamente autorizados. Todavia, se a faixa indicada for de dezoito anos, estará proibido o ingresso de crianças e adolescentes, mesmo com autorização dos pais sob pena de caracterizar a infração administrativa prevista no art. 255, do ECA. Este entendimento foi recentemente adotado pelo STJ (REsp 1.209.792/RJ, 3ª T., j. 08.11.2011, rel. Min. Nancy Andrighi, *DJe* 28.03.2012).

*Gabarito 1E, 2E*

## 4. POLÍTICA E ENTIDADES DE ATENDIMENTO

**(Defensor Público/PE – 2018 – CESPE)** As linhas de ação da política de atendimento prevista no Estatuto da Criança e do Adolescente (ECA) incluem a

**(A)** elaboração de banco de dados nacional com as informações necessárias à localização de crianças desaparecidas em substituição ao boletim de ocorrência feito nas delegacias de polícia.

**(B)** proteção jurídica das entidades de defesa dos direitos da criança e do adolescente.

**(C)** realização de campanhas de estímulo ao acolhimento, sob forma de adoção, de crianças e adolescentes temporariamente afastados do convívio familiar.

**(D)** implementação de políticas sociais especiais que visem à satisfação das necessidades e dos anseios de crianças e adolescentes.

**(E)** criação de projetos e benefícios de assistência social que garantam proteção social, prevenção e redução de violações de direitos.

De acordo com o art. 87 do ECA, são linhas de ação da política de atendimento: I – políticas sociais básicas; II – serviços, programas, projetos e benefícios de assistência social de garantia de proteção social e de prevenção e redução de violações de direitos, seus agravamentos ou reincidências; III – serviços especiais de prevenção e atendimento médico e psicossocial às vítimas de negligência, maus-tratos, exploração, abuso, crueldade e opressão; IV – serviço de identificação e localização de pais, responsável, crianças e adolescentes desaparecidos; V – proteção jurídico-social por entidades de defesa dos direitos da criança e do adolescente; VI – políticas e programas destinados a prevenir ou abreviar o período de afastamento do convívio familiar e a garantir o efetivo exercício do direito à convivência familiar de crianças e adolescentes; VII – campanhas de estímulo ao acolhimento sob forma de guarda de crianças e adolescentes afastados do convívio familiar e à adoção, especificamente inter-racial, de crianças maiores ou de adolescentes, com necessidades específicas de saúde ou com deficiências e de grupos de irmãos.

*Gabarito "E".*

**(Defensoria/DF – 2013 – CESPE)** No que se refere a política de atendimento dos direitos da criança e do adolescente, julgue os itens a seguir.

**(1)** Em cada região administrativa do DF, deve haver, no mínimo, um conselho tutelar como órgão integrante da administração pública local, composto de cinco membros, escolhidos pela população local para mandato de quatro anos, permitida uma recondução, mediante novo processo de escolha.

**(2)** O ECA estabelece a criação de conselhos municipais, estaduais e nacional dos direitos da criança e do adolescente, órgãos executores das ações da política de atendimento da criança e do adolescente em todos os níveis, sendo assegurada nesses conselhos a participação popular paritária por meio de organizações representativas, segundo o disposto em leis municipais, estaduais e federais.

**(3)** O Poder Executivo deve gerir os fundos nacional, estaduais e municipais vinculados aos respectivos conselhos dos direitos da criança e do adolescente e alocar seus recursos nas diversas áreas da política de atendimento, de maneira que tais conselhos, instituídos em âmbito nacional, regional ou local, possam acompanhar e fiscalizar as prioridades de atendimento estabelecidas.

**(4)** As entidades governamentais e não governamentais devem inscrever seus programas de atendimento a crianças e adolescentes, especificando os regimes de atendimento, no conselho municipal dos direitos da criança e do adolescente. Não havendo na localidade conselho já devidamente instalado, os registros, inscrições e alterações deverão ser efetuados perante o MP da comarca a que pertencer a entidade.

**1:** correta, pois a alternativa está de acordo com o disposto no art. 132 do ECA; **2:** incorreta, pois os Conselhos Municipais, Estaduais e Nacional dos direitos da criança e do adolescente são órgãos deliberativos e controladores das ações em todos os níveis (art. 88, II, do ECA), cabendo a execução das políticas sociais básicas e de assistência social aos órgãos do Judiciário, Ministério Público, Defensoria Pública, Conselho Tutelar e entidades de atendimento (art. 88, VI, e art. 90, *caput*, ambos do ECA); **3:** incorreta, pois a gestão do fundo é feita pelo próprio Conselho dos Direitos da criança e do adolescente, o qual deve deliberar a respeito dos recursos nas diversas áreas da política de atendimento (art. 52-A, parágrafo único; art. 88, IV; e art. 214; todos do ECA); **4:** incorreta, pois, em não havendo na localidade Conselho Municipal dos Direitos da Criança e do Adolescente, os registros, inscrições e alterações das entidades governamentais e não governamentais serão efetuados perante a autoridade judiciária da comarca a que pertencer as entidades, as quais serão fiscalizadas pelo Ministério Público (art. 95 ECA).

*Gabarito 1C, 2E, 3E, 4E*

**(Magistratura/BA – 2012 – CESPE)** A respeito das entidades e programas de atendimento previstos no ECA, assinale a opção correta.

(A) As entidades não governamentais somente poderão funcionar depois de registradas no cadastro nacional do CNJ, órgão incumbido de comunicar o registro ao conselho tutelar e à autoridade judiciária da respectiva localidade.

(B) São medidas aplicáveis a todas as entidades de atendimento que descumprirem obrigações previstas no ECA: advertência, suspensão total ou parcial do repasse de verbas públicas, interdição de unidades ou suspensão de programa e cassação do registro.

(C) Sob pena de violação dos princípios da inércia, da imparcialidade e do devido processo legal, é vedado ao juiz fiscalizar de ofício as entidades governamentais e não governamentais de atendimento a crianças e adolescentes.

(D) O dirigente de entidade que desenvolve programa de acolhimento institucional é equiparado ao tutor, para todos os efeitos de direito, devendo remeter ao MP, no máximo a cada seis meses, relatório circunstanciado acerca da situação de cada criança ou adolescente acolhido e de sua família.

(E) As entidades que mantenham programa de acolhimento institucional poderão, em caráter excepcional e de urgência, acolher crianças e adolescentes sem prévia determinação da autoridade competente, devendo comunicar o fato ao juiz da infância e da juventude em até vinte e quatro horas, sob pena de responsabilidade.

**A:** incorreta, pois as entidades não governamentais somente poderão funcionar depois de registradas no Conselho Municipal dos Direitos da Criança e do Adolescente (art. 91 do ECA); **B:** incorreta (art. 97, I e II, do ECA); **C:** incorreta (art. 95 do ECA); **D:** incorreta, pois o dirigente de entidade é equiparado ao guardião (art. 92, § 1°, do ECA); **E:** correta (art. 93, *caput*, do ECA).

Gabarito "E".

**(Ministério Público/RR – 2012 – CESPE)** A respeito das entidades, dos programas e da política de atendimento a crianças e adolescentes, assinale a opção correta com base no que dispõe o ECA.

(A) Configura diretriz da política de atendimento a centralização do atendimento, mediante a criação de órgãos públicos federais responsáveis pela regulamentação das ações a serem tomadas nos níveis estaduais e municipais.

(B) Após a inserção da criança ou do adolescente em programa de acolhimento institucional, o dirigente do estabelecimento deve assumir a tutela dos infantes, para todos os efeitos de direito.

(C) É vedado, em qualquer hipótese, às entidades que mantenham programa de acolhimento institucional acolher crianças e adolescentes sem prévia determinação da autoridade competente, sob pena de responsabilidade.

(D) Os recursos públicos necessários à implementação e manutenção dos programas de proteção e socioeducativos destinados a crianças e adolescentes serão liberados pelo gestor municipal, de acordo com os critérios de conveniência e oportunidade.

(E) As entidades de atendimento são responsáveis por sua própria manutenção, assim como pelo planejamento e execução de programas de proteção e socioeducativos destinados a crianças e adolescentes, incluindo-se os que estejam em regime de internação.

**A:** incorreta, pois uma das diretrizes é a municipalização do atendimento (art. 88, I, do ECA); **B:** incorreta, pois o dirigente de entidade que desenvolve programa de acolhimento institucional é equiparado ao guardião, para todos os efeitos de direito (art. 92, § 2°, do ECA); **C:** incorreta, pois as entidades que mantenham programa de acolhimento institucional poderão, em caráter excepcional e de urgência, acolher crianças e adolescentes sem prévia determinação da autoridade competente, fazendo comunicação do fato em até 24 (vinte e quatro) horas ao Juiz da Infância e da Juventude, sob pena de responsabilidade (art. 93 do ECA); **D:** incorreta, pois não há discricionariedade quanto ao repasse

dos recursos públicos nas áreas relacionadas com a proteção à infância e à juventude (art. 4°, parágrafo único, "d", do ECA e arts. 3°, VIII; 4°, III e X; 5°, III e VI, da Lei 12.594/2012); **E:** correta (art. 90, VIII, do ECA).

Gabarito "E".

**(Defensor Público/AC – 2012 – CESPE)** Com relação às entidades de atendimento ao público infantojuvenil, assinale a opção correta.

(A) O texto atual do ECA veda taxativamente a realização de qualquer tipo de acolhimento institucional sem prévia autorização judicial.

(B) A guarda de criança ou adolescente inseridos em programa de acolhimento institucional cabe ao dirigente da entidade que os acolha, para todos os efeitos de direito.

(C) A essas entidades de atendimento é vedada a realização de programas socioeducativos em regime de internação.

(D) Os recursos públicos necessários à implementação e à manutenção dos programas de proteção e socioeducativos destinados a crianças e adolescentes devem ser liberados pelo gestor municipal de acordo com os critérios de conveniência e oportunidade.

(E) Dado o princípio da livre iniciativa, o funcionamento das entidades não governamentais criadas e mantidas com recursos exclusivamente privados independerá de qualquer registro ou autorização prévia em órgão público.

**A:** incorreta, pois as entidades que mantenham programa de acolhimento institucional poderão, em caráter excepcional e de urgência, acolher crianças e adolescentes sem prévia determinação da autoridade competente, fazendo comunicação do fato em até 24 (vinte e quatro) horas ao Juiz da Infância e da Juventude, sob pena de responsabilidade (art. 93, do ECA); **B:** correta, pois o dirigente da entidade é equiparado ao guardião (art. 92, § 1°, do ECA); **C:** incorreta, pois as entidades de atendimento também são responsáveis pelo planejamento e execução de programas de proteção e socioeducativos destinados a crianças e adolescentes em regime de internação (art. 90, VIII, do ECA); **D:** incorreta, pois os recursos destinados à implementação e manutenção dos programas serão previstos nas dotações orçamentárias dos órgãos públicos encarregados das áreas de Educação, Saúde e Assistência Social (art. 90, § 2°, do ECA); **E:** incorreta, pois as entidades não governamentais também devem ser registradas no Conselho Municipal dos Direitos da Criança e do Adolescente, o qual comunicará o registro ao Conselho Tutelar e à autoridade judiciária da respectiva localidade (art. 91, *caput*, do ECA).

Gabarito "B".

**(Defensor Público/ES – 2012 – CESPE)** Julgue os itens que se seguem, relativos à política de atendimento, à família substituta e ao acesso à justiça da criança e do adolescente.

(1) No caso da adoção, o adotado, após completar a maioridade civil, tem direito de conhecer sua origem biológica, bem como de obter acesso irrestrito ao processo no qual a medida foi aplicada.

(2) O ECA estabelece que, comprovada a impossibilidade de a família de origem acolher a criança inserida em programa de acolhimento familiar ou institucional, esta deverá ser colocada em família substituta, mediante guarda, tutela ou adoção, com integração operacional de órgãos do Poder Judiciário, MP, DP, conselho tutelar e encarregados da execução das políticas sociais básicas e de assistência social.

(3) Para que haja pleno acesso à justiça, a assistência judiciária gratuita será prestada aos que dela necessitarem, por meio de DP ou advogado nomeado. Nesse sentido, as ações judiciais da competência da justiça da infância e da juventude serão sempre isentas de custas e emolumentos.

**1:** correta, pois o item está de acordo com o disposto no art. 48, *caput*, do ECA; **2:** correta, pois o item está de acordo com o disposto no art. 88, VI, do ECA; **3:** incorreta, pois as ações judiciais da competência da Justiça da Infância e da Juventude são isentas de custas e emolumentos, ressalvada a hipótese de litigância de má-fé.

Gabarito 1C, 2C, 3E

**(Defensor Público/SE – 2012 – CESPE)** Assinale a opção correta acerca da política de atendimento a crianças e adolescentes.

(A) A função de membro do Conselho Nacional dos Direitos da Criança e do Adolescente, considerada múnus público, é remunerada.

(B) A entidade que desenvolver programa de internação tem a obrigação de fornecer comprovante de depósito dos pertences dos adolescentes.

(C) Tanto as entidades de atendimento governamentais quanto as não governamentais estão sujeitas à suspensão total ou parcial do repasse de verbas públicas, procedimento administrativo que é realizado no âmbito do MP.

(D) A política de atendimento dos direitos da criança e do adolescente deve ser estruturada nas três esferas governamentais, devendo a atuação em nível municipal ser feita por meio dos conselhos municipais dos direitos da criança e do adolescente, e não pelos conselhos tutelares.

(E) O serviço de identificação e localização de pais, responsável, crianças e adolescentes inclui-se entre as diretrizes estabelecidas para a referida política.

**A:** incorreta, pois a função não é remunerada (art. 89, do ECA); **B:** correta (art. 94, XVII, do ECA); **C:** incorreta, pois a suspensão total ou parcial do repasse de verbas públicas é uma das medidas aplicáveis às entidades de atendimento não governamentais que descumprirem obrigação legal (art. 97, II, *b*, do ECA), medida esta que não se aplica às entidades governamentais; **D:** incorreta, pois deve haver a integração operacional de órgãos do Judiciário, Ministério Público, Defensoria e Conselho Tutelar (art. 88, V e VII, do ECA); **E:** incorreta, pois o serviço é o de identificação e localização de pais, responsável, crianças e adolescentes *desaparecidos* (art. 87, IV, do ECA).

Gabarito "B".

## 5. MEDIDAS DE PROTEÇÃO

**(Defensor Público/AL – 2017 – CESPE)** Por volta das vinte horas de determinado dia, policiais militares encontraram uma criança indígena de nove anos de idade dormindo no banco da praça da cidade, sozinha e desacompanhada. Os policiais foram orientados pelo comando da guarnição a levar a criança a uma instituição de acolhimento da cidade.

Considerando essa situação hipotética, assinale a opção correta de acordo com as normas do Estatuto da Criança e do Adolescente.

(A) Mesmo diante da possibilidade de reintegração da criança à família de origem, a entidade acolhedora deverá enviar relatório fundamentado ao Ministério Público recomendando a destituição do poder familiar, como medida de punição pelo abandono da criança.

(B) Eventual acolhimento familiar ou institucional deverá ocorrer em local próximo à residência dos pais ou do responsável, como parte do processo de reintegração familiar, mas o contato familiar com a criança será facilitado e estimulado somente depois de a família de origem ter passado por programas obrigatórios oficiais de orientação, de apoio e de promoção social.

(C) Se a entidade para onde foi encaminhada a criança mantiver programa de acolhimento institucional, ela, em caráter excepcional e de urgência, poderá acolher a criança sem prévia determinação da autoridade competente, devendo a comunicação do fato ser feita em até vinte e quatro horas ao juiz da infância e da juventude, sob pena de responsabilidade.

(D) O fato de ter sido encontrada na rua e desacompanhada enseja o afastamento da criança do convívio familiar, que pode ser determinado pelo conselho tutelar, que detém competência exclusiva para tal, e importa também na deflagração, a pedido do Ministério Público, de procedimento administrativo no qual se garanta aos pais ou ao responsável legal o exercício do contraditório e da ampla defesa.

(E) A entidade que acolheu a criança deverá elaborar, imediatamente, um plano individual de atendimento com o objetivo de colocá-la em uma família substituta, a menos que haja ordem escrita e fundamentada em contrário de autoridade judiciária competente.

**A:** incorreta. A destituição de poder familiar é medida excepcional e pode ser tomada após a aplicação de medidas de proteção que visem ao fortalecimento dos laços familiares. Trata-se de princípio estampado no art. 100, X, do ECA: "Prevalência da família: na promoção de direitos e na proteção da criança e do adolescente deve ser dada prevalência às medidas que os mantenham ou reintegrem na sua família natural ou extensa ou, se isso não for possível, que promovam a sua integração em família adotiva"; **B:** incorreta. Nos termos do art. 101, § 7º, o acolhimento familiar ou institucional ocorrerá no local mais próximo à residência dos pais ou do responsável e, como parte do processo de reintegração familiar, sempre que identificada a necessidade, a família de origem será incluída em programas oficiais de orientação, de apoio e de promoção social, sendo facilitado e estimulado o contato com a criança ou com o adolescente acolhido; **C:** correta, nos exatos termos do art. 93 do ECA; **D:** incorreta. As medidas que importem no afastamento da criança e do adolescente do lar só podem ser tomadas pela autoridade judiciária (art. 101, *caput* e § 2º, do ECA); **E:** incorreta. Conforme art. 101, § 3º do ECA, o programa de acolhimento institucional deve ser elaborado para toda as crianças e adolescentes visando à reintegração familiar, ressalvada a existência de ordem escrita e fundamentada em contrário de autoridade judiciária competente, caso em que também deverá contemplar sua colocação em família substituta, observadas as regras e princípios desta Lei. **RD**

Gabarito "C".

**(Defensor Público/PE – 2018 – CESPE)** A respeito da aplicação de medidas ao pai, à mãe ou ao responsável conforme o ECA, assinale a opção correta.

(A) Medida mais gravosa, como a perda de guarda, não se aplica em caso de a criança ser reprovada na escola por excesso de faltas, mesmo que a reprovação decorra da falta de acompanhamento adequado de seu responsável.

(B) É facultativa a inclusão de pai alcoólatra que, por vezes, seja agressivo ou violento com a criança em programa oficial de tratamento desde que a criança seja encaminhada a programa especial de atendimento a vítimas de violência doméstica.

(C) Estando a submissão ou não a tratamento de saúde no âmbito da liberalidade familiar, não é possível a aplicação de medidas a mãe que, por mera desídia, não leva seu filho portador de HIV às consultas programadas.

(D) Na hipótese de um adolescente que tenha pais vivos, mas viva com os avós paternos, se encontrar em situação de risco por falta de cumprimento de obrigações a ele relativas, caberá a aplicação de advertência aos genitores, mas não aos avós.

(E) Se uma criança em idade escolar estiver fora da escola, o pai, a mãe ou o responsável deverá ser obrigado a matriculá-la, bem como a acompanhar a frequência e o aproveitamento escolar.

**A:** incorreta. As medidas de perda ou suspensão de poder familiar são as medidas mais gravosas. A perda da guarda pode ser aplicada pelo descumprimento das regras sobre o exercício do poder familiar, como forma de medida protetiva, caso as demais medidas não tenham sido eficazes; **B:** incorreta. A medida de inclusão em programa oficial ou comunitário de auxílio, orientação e tratamento a alcoólatras e toxicômanos (art. 129, II) deve ser aplicada ao pai alcoólatra. Caso não cumpra a medida e seja agressivo, é possível determinar, inclusive, o afastamento do agressor do lar; **C:** incorreta. Para proteção dos direitos fundamentais da criança e do adolescente e promover a sua proteção integral, cabe a aplicação das medidas protetivas previstas no art. 101, em especial a de tratamento médico em regime hospitalar ou ambulatorial, não havendo liberalidade dos pais nesse sentido, podendo, inclusive, aplicar a medida em relação aos pais prevista no art. 129, VI, do ECA; **D:** incorreta. Todas as medidas previstas no rol exemplificativo do art. 129 são medidas aplicáveis aos pais ou responsáveis; **E:** correta. Trata-se de medida de proteção prevista no art. 101, III, e de medida que pode ser tomada em relação aos pais, na forma do art. 129, V, todos do ECA. **RD**

Gabarito "E".

**(Defensor Público – DPE/RN – 2016 – CESPE)** No que se refere às medidas específicas de proteção da criança e do adolescente, assinale a opção correta.

(A) É improrrogável o prazo estabelecido pela legislação em vigor para a permanência da criança ou do adolescente em programa de acolhimento institucional.

(B) Em regra, é da competência exclusiva da autoridade judiciária a colocação de criança ou adolescente em programa de acolhimento familiar ou em família substituta mediante a concessão de guarda, tutela ou adoção.

(C) A medida de acolhimento institucional pode ser utilizada como punição aplicada a adolescente em conflito com a lei, hipótese em que se assemelha à medida socioeducativa de internação.

(D) Na hipótese de ameaça ou violação de direitos, o ECA estabeleceu, em rol taxativo, as medidas específicas de proteção que podem ser aplicadas pela autoridade competente.

(E) Ao contrário do acolhimento institucional, a provisoriedade não configura critério a ser observado no tocante à medida de acolhimento familiar.

**A:** incorreta. Nos termos do art. 19, § 2º, do ECA, é possível a prorrogação por mais de 18 meses em programa de acolhimento institucional se comprovada necessidade que atenda ao melhor interesse do menor, devidamente fundamentada pela autoridade judiciária. **B:** correta. A colocação em família substituta (guarda, tutela ou adoção) e a medida de acolhimento institucional ou familiar somente podem ser determinadas pela autoridade judiciária (art. 101 do ECA). Vale notar que as "entidades que mantenham programa de acolhimento institucional poderão, em caráter excepcional e de urgência, acolher crianças e adolescentes sem prévia determinação da autoridade competente, fazendo comunicação do fato em até 24 (vinte e quatro) horas ao Juiz da Infância e da Juventude, sob pena de responsabilidade" (art. 93 do ECA). **C:** incorreta. Na forma do § 1º do art. 101 do ECA, o "acolhimento institucional e o acolhimento familiar são medidas provisórias e excepcionais, utilizáveis como forma de transição para reintegração familiar ou, não sendo esta possível, para colocação em família substituta, não implicando privação de liberdade". **D)** incorreta. As medidas de proteção previstas no art. 101 do ECA são exemplificativas, podendo outras medidas serem todas fundamentadas na proteção integral e no superior interesse do menor. **E:** incorreta. Os mesmos prazos da medida de acolhimento institucional são aplicáveis ao acolhimento familiar.
Gabarito "B".

**(Magistratura/BA – 2012 – CESPE)** No que concerne às medidas de proteção e às medidas pertinentes aos pais ou responsável previstas no ECA, assinale a opção correta.

(A) Verificada a hipótese de maus-tratos, opressão ou abuso sexual cometidos pelos pais ou responsável da criança ou do adolescente, o juízo da infância e da juventude poderá determinar, como medida cautelar, a prisão preventiva dos agressores e a fixação provisória de alimentos aos seus dependentes, desde que constatada a insuficiência de outras medidas anteriormente aplicadas para reprimir os infratores.

(B) Verificada a ameaça ou a violação dos direitos da criança e do adolescente, a autoridade competente poderá determinar, entre outras medidas, o acolhimento institucional, a inclusão em programa de acolhimento familiar, a colocação em família substituta e a internação provisória.

(C) O acolhimento institucional e o acolhimento familiar, medidas provisórias e excepcionais, por implicarem privação de liberdade, são utilizáveis como forma de transição para a reintegração familiar ou, não sendo esta possível, para a colocação em família substituta.

(D) Sem prejuízo da tomada de medidas emergenciais para a proteção de vítimas de violência ou abuso sexual, o afastamento da criança ou adolescente do convívio familiar é de competência exclusiva da autoridade judiciária e importará na deflagração, a pedido do MP ou de quem tenha legítimo interesse, de procedimento judicial contencioso, por meio do qual se garanta aos pais ou ao responsável legal o exercício do contraditório e da ampla defesa.

(E) As únicas medidas aplicáveis aos pais ou responsável são: a perda da guarda, a destituição da tutela, a suspensão ou destituição do poder familiar, e a internação compulsória em clínica de tratamento a alcoólatras e toxicômanos.

**A:** incorreta, pois a autoridade judiciária poderá determinar, como medida cautelar, o afastamento do agressor da moradia comum (art. 130 do ECA); **B:** incorreta (art. 101 do ECA); **C:** incorreta, pois os acolhimentos institucional e familiar não implicam privação da liberdade (art. 34, § 1º, e 101, § 1º, ambos do ECA); **D:** correta (art. 101, § 2º, do ECA); **E:** incorreta, pois existem outras medidas aplicáveis aos pais ou responsáveis (art. 129 do ECA).
Gabarito "D".

**(Ministério Público/TO – 2012 – CESPE)** Considerando que o conselho tutelar de determinado município tenha recebido via telefone denúncia anônima consistente no relato de que três irmãs adolescentes estavam sendo obrigadas pelos pais a se prostituir, à beira de rodovia que passa pelo município, com os caminhoneiros que trafegam por essa estrada, assinale a opção que apresenta a medida a ser tomada pelos conselheiros tutelares nesse caso.

(A) Após constatar *in loco* a veracidade dos fatos denunciados, o conselho tutelar deve determinar o acolhimento institucional das adolescentes e o seu acompanhamento psicológico, além de advertir imediatamente os pais e enviar ao MP e à autoridade judiciária relatório circunstanciado do ocorrido e das providências tomadas.

(B) Cabe ao conselho tutelar, nesse caso, instaurar inquérito civil público para a apuração dos fatos, ouvir os pais e as adolescentes, e, após a conclusão das investigações, remeter os autos ao MP, para a tomada das providências cabíveis.

(C) Os conselheiros tutelares devem enviar ofícios à autoridade judiciária, ao MP e à DP, comunicando o recebimento da denúncia, para que tomem as medidas cabíveis ao caso, e aguardar ordens de atuação.

(D) O conselho tutelar deve propor, no juízo da infância e juventude local, ação de destituição do poder familiar, com pedido liminar de afastamento provisório das adolescentes do lar familiar e encaminhamento para instituição de acolhimento.

(E) Diante da gravidade do fato, os conselheiros devem determinar a apreensão provisória das adolescentes, que devem ser encaminhadas a instituição preparada para receber adolescente em conflito com a lei ou, na sua falta, à delegacia local, onde devem permanecer em cela especial.

A alternativa "A" está correta, ficando excluídas as demais. Em regra, as medidas protetivas de acolhimento institucional e familiar, bem como a colocação em família substituta são de aplicação exclusiva do juiz (art. 101, § 2º, do ECA), sendo que todas as demais podem ser aplicadas pelo Conselho Tutelar (art. 136, I, do ECA), ao qual também cabe atender e aconselhar os pais ou responsável, aplicando as medidas previstas no art. 129, I a VII (art. 136, II, do ECA). Sem prejuízo, em caso urgente e excepcional, o Conselho Tutelar poderá encaminhar a criança ou o adolescente à entidade de atendimento responsável pela execução de programa de acolhimento institucional, comunicando o fato ao juiz no prazo máximo de 24 horas (art. 93 do ECA) e ao Ministério Público, prestando-lhe informações sobre os motivos de tal entendimento e as providências tomadas para a orientação, o apoio e a promoção social da família (art. 136, parágrafo único, do ECA).
Gabarito "A".

**(Ministério Público/RR – 2012 – CESPE)** A respeito das medidas de proteção a crianças e adolescentes e das medidas pertinentes aos pais ou responsável, assinale a opção correta de acordo com o que dispõe o ECA.

(A) Os acolhimentos institucional e familiar somente podem ser determinados pela autoridade judiciária.

(B) Verificada a hipótese de maus-tratos, opressão ou abuso sexual impostos a criança ou adolescente pelos pais ou responsável, o juízo da infância e da juventude deverá

## 20. DIREITO DA CRIANÇA E DO ADOLESCENTE 689

determinar, como medida cautelar, a prisão preventiva dos agressores.

**(C)** Em situações excepcionais e gravíssimas, devidamente fundamentadas, a autoridade judiciária pode determinar a internação compulsória dos pais em clínica para tratamento de alcoólatras e toxicômanos.

**(D)** As medidas de proteção podem ser aplicadas isolada ou cumulativamente, bem como substituídas a qualquer tempo.

**(E)** O acolhimento institucional e o acolhimento familiar, em razão de acarretarem privação de liberdade, devem ser medidas provisórias e excepcionais.

**A:** incorreta, pois as medidas protetivas de acolhimento institucional e familiar, bem como a colocação em família substituta são de aplicação exclusiva do juiz (art. 101, § 2°, do ECA), sendo que todas as demais podem ser aplicadas pelo Conselho Tutelar (art. 136, I, do ECA). Sem prejuízo, em caso urgente e excepcional, o Conselho Tutelar poderá encaminhar a criança ou o adolescente à entidade de atendimento responsável pela execução de programa de acolhimento institucional, comunicando o fato ao juiz no prazo máximo de 24 horas (art. 93, do ECA); **B:** incorreta, pois, caso seja verificada a hipótese de maus-tratos, opressão ou abuso sexual impostos pelos pais ou responsável, a autoridade judiciária poderá determinar, como medida cautelar, o afastamento do agressor da moradia comum (art. 130, do ECA); **C:** incorreta, pois a hipótese contida na alternativa não traz uma das medidas que podem ser impostas aos pais ou responsáveis (art. 129, do ECA); **D:** correta (art. 99, do ECA); **E:** incorreta, pois o acolhimento institucional e familiar não acarretam a privação da liberdade (art. 101, § 1°, do ECA).

Gabarito "D".

**(Defensor Público/RO – 2012 – CESPE)** Acerca das medidas de proteção da criança e do adolescente e das medidas pertinentes aos pais ou responsável, assinale a opção correta com base no que dispõe o ECA.

**(A)** Diante de situações excepcionais e gravíssimas, devidamente fundamentadas, a autoridade judiciária pode aplicar aos pais a medida de internação compulsória em clínica de tratamento a alcoólatras e toxicômanos.

**(B)** Havendo provas da prática de atos graves contra os direitos da criança e do adolescente, é possível a aplicação – de competência exclusiva do juiz – de medidas de destituição de tutela e de perda ou suspensão do poder familiar.

**(C)** Verificada a ameaça ou a violação dos direitos previstos no ECA, a autoridade competente poderá determinar o acolhimento institucional da criança ou do adolescente em situação de risco, a sua inclusão em programa de acolhimento familiar, a sua colocação em família substituta ou em programa de liberdade assistida.

**(D)** O afastamento da criança ou do adolescente do convívio familiar é de competência concorrente da autoridade judiciária, do MP e do conselho tutelar.

**(E)** O acolhimento institucional, medida de privação de liberdade, é utilizado como forma de transição para a *reintegração* familiar do menor apreendido ou, não sendo esta possível, para a sua colocação em família substituta.

**A:** incorreta, pois a medida de internação compulsória não está elencada dentre as previstas no art. 129, do ECA, mas tão somente a medida de inclusão em programa oficial ou comunitário de auxílio, orientação e tratamento a alcoólatras e toxicômanos (art. 129, II, do ECA); **B:** correta (art. 24 e art. 129, IX e X, parágrafo único, do ECA); **C:** incorreta, pois o acolhimento institucional e o acolhimento familiar são medidas provisórias e excepcionais, utilizáveis como forma de transição para reintegração familiar (manutenção na família natural ou na família extensa) ou, não sendo esta possível, para colocação em família substituta (arts. 100, X, e 101, § 1°, do ECA); **D:** incorreta, pois o afastamento da criança ou adolescente do convívio familiar é de competência exclusiva da autoridade judiciária (art. 101, § 2°, do ECA); **E:** incorreta, pois o acolhimento institucional não importa em privação da liberdade (art. 101, § 1°, do ECA).

Gabarito "B".

**(Defensor Público/TO – 2013 – CESPE)** A propósito das medidas de proteção e das medidas pertinentes aos pais ou responsável, assinale a opção correta.

**(A)** Imediatamente após o acolhimento da criança ou do adolescente, a entidade responsável pelo programa de acolhimento institucional ou familiar deve elaborar um plano individual de atendimento, visando à reintegração familiar do menor, ressalvada a existência de ordem escrita e fundamentada em contrário exarada pela autoridade judiciária competente, caso em que está prevista a colocação da criança ou do adolescente em família substituta.

**(B)** Excepcionalmente, quando constatado perigo à sobrevivência da criança ou do adolescente em razão da falta ou da carência de recursos materiais, a autoridade judiciária poderá aplicar aos pais a medida de suspensão do poder familiar, até que a família seja incluída em programa social promovido pelo governo.

**(C)** Verificada a hipótese de dependência química grave dos pais, a autoridade judiciária, a fim de evitar qualquer violação a direito fundamental do infante, poderá determinar, como medida cautelar, a internação compulsória do pai ou responsável em clínica especializada para tratamento de dependentes químicos.

**(D)** O conselho de direitos de cada município deve manter, em cada comarca ou foro regional, cadastro com informações atualizadas sobre as crianças e adolescentes em regime de acolhimento familiar e institucional e informações pormenorizadas sobre a situação jurídica de cada um, bem como sobre as providências tomadas para sua reintegração familiar ou colocação em família substituta.

**(E)** Na impossibilidade de reintegração da criança ou do adolescente à família de origem, após seu encaminhamento a programas oficiais ou comunitários de orientação, apoio e promoção social, será enviado relatório fundamentado à DP, para o ajuizamento de ação de destituição do poder familiar, ou destituição de tutela ou guarda.

**A:** correta (art. 101, § 4°, do ECA); **B:** incorreta, pois a falta ou a carência de recursos materiais não constitui motivo suficiente para a perda ou a suspensão do poder familiar, devendo a família ser incluída em programas oficiais de auxílio (art. 23, do ECA); **C:** incorreta, pois, no caso de ser constatada a dependência química dos pais da criança/adolescente, a rede protetiva poderá aplicar a medida de inclusão em programa oficial ou comunitário de auxílio, orientação e tratamento a alcoólatras e toxicômanos (art. 101, VI, do ECA). Somente em caso excepcional, com recomendação médica de internação, por meio de laudo circunstanciado, é que o juiz poderá determinar a internação compulsória; **D:** incorreta, pois caberá à autoridade judiciária manter tal cadastro de informações (art. 101, § 11, do ECA); **E:** incorreta, pois o relatório fundamentado será enviado ao Ministério Público (art. 101, § 9°, do ECA).

Gabarito "A".

**(Defensor Público/SE – 2012 – CESPE)** Com relação às medidas de proteção da criança e(ou) do adolescente e às destinadas aos pais ou responsável, assinale a opção correta.

**(A)** Para a aplicação das medidas específicas de proteção, é necessário levar em consideração, de forma irrestrita, a prevalência da família natural ou extensa.

**(B)** No plano individual de atendimento instituído pelo ECA, deverão constar os resultados colhidos por equipe multidisciplinar, que somente poderá levar em consideração a opinião do adolescente, não o podendo fazer nos casos da oitiva da criança e de seus pais ou responsável.

**(C)** Em procedimento de apuração de ato infracional, é cabível aplicação de medidas aos pais.

**(D)** São medidas aplicáveis aos pais: advertência, perda da guarda, destituição da tutela e suspensão ou destituição do poder familiar.

**(E)** O fato de se expulsar de casa adolescente grávida caracteriza situação de violação de direitos, o que justifica a aplicação de medida de proteção à adolescente.

**A:** incorreta, pois a situação de risco pode ter sido provocada pela própria família natural ou extensa, hipótese em que a criança ou o adolescente poderá ser afastado do convívio familiar (arts. 98, II, e 101, § 2º, do ECA); **B:** incorreta, pois a equipe técnica levará em consideração a opinião da criança ou do adolescente e a oitiva dos pais ou do responsável (art. 101, § 5º, do ECA); **C:** incorreta, pois não são todas as medidas pertinentes aos pais que podem ser aplicadas em procedimento de apuração de ato infracional. Assim, cabível uma explicação mais aprofundada. Vejamos. O art. 129 do ECA traz um rol de medidas pertinentes aos pais ou responsáveis que descumprirem com seus deveres em relação à criança ou ao adolescente sobre o qual exerçam poder. "Por força do inciso II do art. 136 do Estatuto, a aplicação das medidas pertinentes contidas nos incisos I a VII do art. 129 (...) constitui atribuição do Conselho Tutelar, não obstante, subsidiariamente, também possa haver a determinação por parte da autoridade judiciária (...) já que não importam em alteração de situação familiar da criança ou do adolescente, mantendo-se a pessoa em desenvolvimento sob os poderes de seus guardiões, tutores ou pais (...). A seu turno, a competência para execução das medidas pertinentes dispostas nos incisos VIII a X (...) é exclusiva da autoridade judiciária, conforme diligência dos arts. 35, 164, 24, e 155 a 163, todos do Estatuto. Ainda, oportuno ressaltar que as medidas previstas nos incisos I a IV do art. 129 (...), por serem de cunho eminentemente protetivo, dispensam qualquer procedimento e *podem ser aplicadas incidentalmente mesmo em feitos destinados à apuração da responsabilidade por ato infracional*, em que os pais ou responsáveis não são partes processuais. Entretanto, o seu efetivo cumprimento depende da aquiescência dos destinatários (pais ou responsável), já que não há medida coercitiva a ser aplicada em caso de descumprimento (...). Por sua vez, as medidas dispostas nos incisos V a X do art. 129 (...) exigiriam procedimentos próprios, isso porque, imporiam deveres ou sanções relativos à liberdade, e integridade física e psíquica dos pais ou responsáveis. Sendo assim, exige-se que os interessados possam se manifestar ostentando a posição de titularidade de um dos polos de uma contenda, sendo, pois, credores de exercício do contraditório e da ampla defesa exarados em um processo próprio (ROSSATO, Luciano Alves; LÉPORE, Paulo Eduardo e CUNHA, Rogério Sanches. **Estatuto da Criança e do Adolescente comentado artigo por artigo**. 3. ed. São Paulo: RT, 2012); **D:** incorreta, pois aos pais pode ser aplicada a medida de destituição do poder familiar e não da tutela; **E:** correta, pois a conduta de expulsar a adolescente grávida de casa coloca tanto ela como o nascituro em situação de risco, ensejando a aplicação de medidas protetivas, a fim de afastar a lesão ou a ameaça de lesão aos seus direitos (art. 98, do ECA).

Gabarito "E".

## 6. MEDIDAS SOCIOEDUCATIVAS E ATO INFRACIONAL – DIREITO MATERIAL

**(Juiz de Direito – TJ/SC – 2019 – CESPE/CEBRASPE)** Considerando o entendimento do STJ, assinale a opção correta acerca da Lei 12.594/2012, que instituiu o Sistema Nacional de Atendimento Socioeducativo (SINASE).

**(A)** É direito absoluto do adolescente ser incluído em programa de meio aberto quando inexistir vaga para o cumprimento de medida de privação da liberdade no domicílio de sua residência familiar.

**(B)** O juiz deverá ouvir a defesa técnica antes de decidir a respeito do pedido de regressão da medida socioeducativa, sendo dispensável, no entanto, a oitiva do adolescente.

**(C)** É garantido aos adolescentes em cumprimento de medida socioeducativa de internação o direito de receber visita de filhos, desde que maiores de dois anos de idade.

**(D)** Cabe ao diretor da entidade de atendimento socioeducativo designar socioeducando com bom comportamento para desempenhar função de apuração e aplicação de sanção disciplinar.

**(E)** É vedado ao juiz aplicar nova medida de internação, por ato infracional praticado anteriormente, a adolescente que já tenha concluído o cumprimento de medida socioeducativa dessa natureza.

**A:** incorreta. De acordo com o art. 49 da Lei 12.594/12 "São direitos do adolescente submetido ao cumprimento de medida socioeducativa, sem prejuízo de outros previstos em lei: (...) II – ser incluído em pro-

grama de meio aberto quando inexistir vaga para o cumprimento de medida de privação da liberdade, exceto nos casos de ato infracional cometido mediante grave ameaça ou violência à pessoa, quando o adolescente deverá ser internado em Unidade mais próxima de seu local de residência". **B:** incorreta. Conforme a súmula 265 STJ: "É necessária a oitiva do menor infrator antes de decretar-se a regressão da medida socioeducativa". **C:** incorreta. De acordo com o art. 69 da Lei 12.594/12 "É garantido aos adolescentes em cumprimento de medida socioeducativa de internação o direito de receber visita dos filhos, independentemente da idade desses". **D:** incorreta. De acordo com o art. 73 da Lei 12.594/12: "Nenhum socioeducando poderá desempenhar função ou tarefa de apuração disciplinar ou aplicação de sanção nas entidades de atendimento socioeducativo". **E:** correta. Nos termos do art. 45, § 2º, da Lei 12.594/12: "É vedado à autoridade judiciária aplicar nova medida de internação, por atos infracionais praticados anteriormente, a adolescente que já tenha concluído cumprimento de medida socioeducativa dessa natureza, ou que tenha sido transferido para cumprimento de medida menos rigorosa, sendo tais atos absorvidos por aqueles aos quais se impôs a medida socioeducativa extrema".

Gabarito "E".

**(Juiz de Direito – TJ/BA – 2019 – CESPE/CEBRASPE)** No que tange a atos infracionais e medidas socioeducativas, assinale a opção correta, com base no ECA e na jurisprudência do STJ.

**(A)** A superveniência da maioridade penal interfere na apuração de ato infracional cometido antes dos dezoito anos completos e na aplicabilidade de medida socioeducativa em curso.

**(B)** É ilegal a determinação de cumprimento de medida socioeducativa de liberdade assistida antes do trânsito em julgado da sentença condenatória.

**(C)** O ato infracional análogo ao tráfico de drogas autoriza, por si só, a imposição de medida socioeducativa de internação do adolescente em razão da gravidade da conduta delitiva.

**(D)** Por ser uma consequência natural do processo de ressocialização, a progressão da medida socioeducativa prescinde do juízo de convencimento do magistrado, que fica vinculado ao relatório multidisciplinar individual do adolescente.

**(E)** É possível a aplicação de medida socioeducativa de liberdade assistida no caso de ato infracional análogo a furto qualificado, porém essa medida deve atender à atualidade, observando-se a necessidade e a adequação.

**A:** incorreta. A aplicação de medida socioeducativa se dá até os 21 (vinte e um) anos (art. 2º do ECA). Nesse sentido é a súmula 605 do STJ: **"A superveniência da maioridade penal não interfere na apuração de ato infracional nem na aplicabilidade de medida socioeducativa em curso, inclusive na liberdade assistida, enquanto não atingida a idade de 21 anos.".** **B:** incorreta. A liberdade assistida é medida que não restringe a liberdade do adolescente podendo, inclusive, ser aplicada em conjunto com a remissão. Por tal razão, já entendeu o STJ: "Para efeito de condenação, a confissão não exclui a colheita de outras provas para confrontação dos elementos de confirmação ou para contraditar. Cabível, pois, a nulidade da sentença para nova instrução, **concedendo-se ao menor a liberdade assistida até o deslecho do processo.** (STJ, HC 39.829-RJ, Rel. Min. Nilson Naves, j. 31/5/2005). Precedentes: HC 38.551-RJ, DJ 6/12/2004; HC 36.238-RJ, DJ 11/10/2004, e HC 38.994-SP, DJ 9/2/2005. **C:** incorreta. Súmula 492 do STJ: "O ato infracional análogo ao tráfico de drogas, por si só, não conduz obrigatoriamente à imposição de medida socioeducativa de internação do adolescente. **D:** incorreta. Conforme art. 43 da Lei do Sinase (Lei 12.594/2012), a reavaliação da manutenção, substituição ou suspensão da medida pode ser requerida a qualquer tempo, cabendo a autoridade judiciária a análise e decisão sobre o caso concreto. Assim já decidiu o STJ: "(...) Nos termos do art. 121, § 2º, do ECA, o período máximo da internação não pode exceder a três anos e sua manutenção deve ser avaliada, mediante decisão fundamentada, no máximo a cada seis meses. **O magistrado decidirá de acordo com seu livre convencimento e não está vinculado a relatório técnico, podendo adotar outros elementos de convicção para manter, extinguir ou progredir a medida (...)"** (REsp 1610719/ES, Rel. Ministro Rogerio Schietti Cruz, 6ª Turma, DJe 01/09/2016).

Gabarito "E".

## 20. DIREITO DA CRIANÇA E DO ADOLESCENTE — 691

Em 15 de abril de 2019, Ricardo, com 17 anos de idade, praticou ato infracional análogo ao crime de roubo. O Ministério Público ofereceu representação contra Ricardo quando ele já estava com 18 anos de idade. Ao final do procedimento judicial, o magistrado aplicou a Ricardo, então com 18 anos de idade, a medida socioeducativa de internação. Por ocasião de reavaliação da medida, foi concedida a Ricardo a progressão para o regime de semiliberdade. Durante o cumprimento da medida em regime de semiliberdade, foi prolatada nova sentença, aplicando a Ricardo, agora com 19 anos de idade, medida de internação em razão da prática, em 15 de março de 2019, de ato infracional análogo ao crime de homicídio.

**(Defensor Público – DPE/DF – 2019 – CESPE/CEBRASPE)** A partir dessa situação hipotética, julgue os itens subsecutivos, de acordo com a legislação pertinente e com a jurisprudência dos tribunais superiores.

**(1)** O magistrado não poderia ter aplicado a Ricardo a medida socioeducativa de internação pela prática do ato infracional análogo ao crime de roubo, porque, de acordo com jurisprudência do STJ, a superveniência da maioridade penal impede a apuração e a aplicação de medida socioeducativa.

**(2)** A nova sentença prolatada, que aplica a Ricardo novamente medida de internação, desta vez pela prática do ato infracional análogo ao delito de homicídio, contraria a legislação vigente.

**(3)** O cumprimento de medida socioeducativa de internação sempre dependerá de plano individual de atendimento (PIA), instrumento de previsão, registro e gestão das atividades a serem desenvolvidas com o adolescente; diferentemente, nos casos de cumprimento de medida socioeducativa em regime de prestação de serviços à comunidade, o PIA é dispensável.

**1: Errada.** A prática de ato infracional cometida mediante violência ou grave ameaça contra a pessoa justifica a aplicação de internação (art. 122, I, do ECA). Por outro lado, nos termos do art. 2º do ECA e da súmula 605 do STJ, a execução da medida socioeducativa pode se dar até os 21 anos: "a superveniência da maioridade penal não interfere na apuração de ato infracional nem na aplicabilidade de medida socioeducativa em curso, inclusive na liberdade assistida, enquanto não atingida a idade de 21 anos"; **2: Correta.** "É vedado à autoridade judiciária aplicar nova medida de internação, por atos infracionais praticados anteriormente, a adolescente que já tenha concluído cumprimento de medida socioeducativa dessa natureza, ou que tenha sido transferido para cumprimento de medida menos rigorosa, sendo tais atos absorvidos por aqueles aos quais se impôs a medida socioeducativa extrema." (art. 45, § 2º, da Lei 12.594/2012); **3: Errada.** O PIA (plano individual de atendimento) está previsto na Lei 12.594/2012 (SINASE) e tem por objetivo formular plano de ação para execução da medida socioeducativa. As medidas socioeducativas de prestação de serviços à comunidade e liberdade assistida (meio aberto) e as medidas de semiliberdade e internação (meio fechado) exigem o plano individual de atendimento (art. 52 da Lei do Sinase). Apenas advertência e a reparação de danos, por serem medidas de execução imediata, não exigem o PIA.

Gabarito 1E, 2C, 3E

**(Delegado – PC/SE – 2018 – CESPE/CEBRASPE)** Julgue os itens subsequentes, relativos à apuração de ato infracional praticado por adolescente e à aplicação de medidas socioeducativas.

**(1) Situação hipotética:** Um jovem foi abordado em flagrante delito ao cometer crime de furto mediante arrombamento; apresentado à autoridade policial, ele indicou ter menos de dezoito anos de idade. **Assertiva:** Nessa situação, havendo dúvidas fundadas quanto à idade do jovem, a autoridade policial competente poderá, entre outras providências, proceder ao registro dos fatos em boletim de ocorrência e determinar a identificação compulsória do detido.

**(2)** Ao ser comunicado da evasão, pela segunda vez, de adolescente que cumpre medida socioeducativa de semiliberdade, o juiz da vara da infância e da juventude competente deverá regredir a medida para a internação, independentemente da prévia oitiva do adolescente.

**1. Correta.** O art. 109 do ECA garante ao adolescente civilmente identificado o direito de não ser submetido a identificação compulsória pelos órgãos policiais, de proteção e judiciais. No entanto, se houver dúvida fundada, é possível a identificação compulsória para efeitos de confrontação; **2. Errada.** O art. 43 da Lei do SINASE trata da reavaliação, manutenção, substituição e suspensão das medidas socioeducativas. Em seu § 4º determina que "a substituição por medida mais gravosa somente ocorrerá em situações excepcionais, após o devido processo legal, inclusive na hipótese do inciso III do art. 122 da Lei 8.069, de 13 de julho de 1990 (Estatuto da Criança e do Adolescente), e deve ser: I – fundamentada em parecer técnico; II – precedida de prévia audiência, e nos termos do § 1º do art. 42 desta Lei". Vale lembrar também que a súmula 265 do STJ já obrigava a oitiva do adolescente: "**é necessária a oitiva do menor infrator antes de decretar-se a regressão da medida socioeducativa**".

Gabarito 1C, 2E

**(Defensor Público/PE – 2018 – CESPE)** Ao adolescente que pratica ato infracional, a autoridade competente poderá aplicar as medidas de

**(A)** reparação do dano com a prestação de serviços, liberdade condicional e acolhimento institucional.

**(B)** internação em estabelecimento educacional, obrigação de reparar o dano e advertência.

**(C)** advertência, obrigação de reparação do dano e prestação de serviços à vítima, se houver.

**(D)** liberdade assistida, inserção em regime prisional e internação em estabelecimento médico-psiquiátrico.

**(E)** obrigação de reparação pecuniária do dano, inserção em regime prisional e advertência.

As medidas socioeducativas aplicáveis aos adolescentes que praticam ato infracional estão elencadas no rol taxativo do art. 112: (i) advertência; (ii) obrigação de reparar o dano; (iii) prestação de serviços à comunidade; (iv) liberdade assistida; (v) inserção em regime de semiliberdade e (vi) internação em estabelecimento educacional.

Gabarito "B".

**(Juiz – TJ/CE – 2018 – CESPE)** Com relação ao instituto da remissão, assinale a opção correta, à luz do ECA e da jurisprudência do STJ.

**(A)** Diante da omissão do MP quanto ao oferecimento da remissão pré-processual, deverá o juiz concedê-la, desde que presentes os requisitos legais.

**(B)** Caso ocorra a concessão da remissão pelo magistrado na fase jurisdicional, após o oferecimento da representação, deve o parquet ser ouvido após esse ato, momento em que será aberto prazo para que o MP tome as medidas que entender pertinentes.

**(C)** Caso discorde do parquet quanto à remissão pré-processual cumulada com medida socioeducativa, o magistrado poderá homologar apenas a remissão se entender ser essa a medida mais benéfica ao menor infrator.

**(D)** Após a realização da audiência de apresentação, o magistrado poderá conceder a remissão judicial ao menor infrator, caso entenda ser essa a medida mais benéfica para o menor.

**(E)** Diante da discordância do magistrado quanto à concessão da remissão pelo MP ante a gravidade dos fatos, o juiz deverá remeter os autos à promotoria para que outro promotor apresente a representação.

**A:** incorreta. O representante do Ministério Público poderá sugerir a remissão como forma de exclusão do processo, que deverá ser apreciado pela autoridade judiciária (art. 126 do ECA). Caso o MP não faça a sugestão de remissão, poderá o juiz conceder remissão para suspensão ou extinção do processo (art. 126, parágrafo único, do ECA); **B:** incorreta. A medida aplicada por força da remissão poderá ser revista judicialmente, a qualquer tempo, mediante pedido expresso do adolescente ou de seu representante legal, ou do Ministério Público (art. 128 do ECA); **C:** incorreta. Discordando, a autoridade judiciária fará remessa dos autos ao Procurador-Geral de Justiça, mediante despacho fundamentado, e este oferecerá representação, designará outro membro do Ministério Público para apresentá-la, ou ratificará o arquivamento ou a remissão, que só então estará a autoridade judiciária obrigada a homologar (art. 181, § 2º, do ECA); **D:** correta, nos termos do art. 186 do ECA; **E:** incorreta. Vide justificativa da alternativa "C". 🔲

Gabarito "D".

**(Defensor Público – DPE/RN – 2016 – CESPE)** Com referência à execução de medidas socioeducativas impostas a crianças e adolescentes, assinale a opção correta.

(A) É vedada a aplicação do sistema recursal previsto no CPC nos procedimentos relativos à execução de medidas socioeducativas.

(B) Na fase de execução é vedada, segundo o entendimento do STJ, a substituição de medida socioeducativa aplicada ao adolescente.

(C) O encaminhamento a tratamento psiquiátrico não figura entre as medidas às quais se sujeitam os agentes públicos executores de medidas socioeducativas que utilizarem, como forma de disciplina, tratamento degradante à criança ou ao adolescente.

(D) O denominado plano individual de atendimento pode ser objeto de impugnação pelo DP ou pelo MP, porém sua execução não será suspensa, salvo determinação judicial em contrário.

(E) A execução de programas socioeducativos destinados às crianças e adolescentes em regime de orientação e apoio sociofamiliar não se insere entre as responsabilidades das entidades de atendimento.

**A:** incorreta. Na forma do art. 198 do ECA, nos procedimentos afetos à Justiça da Infância e da Juventude, inclusive os relativos à execução das medidas socioeducativas, adotar-se-á o sistema recursal do Código de Processo Civil. **B:** incorreta. As medidas socioeducativas podem ser alteradas na fase de execução, sempre tendo por fundamento a ressocialização e a educação do adolescente (Vide no STJ HC352907 /SP). **C:** incorreta. Determina o art. 18-B do ECA: "os pais, os integrantes da família ampliada, os responsáveis, os agentes públicos executores de medidas socioeducativas ou qualquer pessoa encarregada de cuidar de crianças e de adolescentes, tratá-los, educá-los ou protegê-los que utilizarem castigo físico ou tratamento cruel ou degradante como formas de correção, disciplina, educação ou qualquer outro pretexto estarão sujeitos, sem prejuízo de outras sanções cabíveis, às seguintes medidas, que serão aplicadas de acordo com a gravidade do caso: I – encaminhamento a programa oficial ou comunitário de proteção à família; II – encaminhamento a tratamento psicológico ou psiquiátrico; III – encaminhamento a cursos ou programas de orientação; IV – obrigação de encaminhar a criança a tratamento especializado; V – advertência; VI - garantia de tratamento de saúde especializado à vítima (incluído pela Lei nº 14.344, de 2022). Parágrafo único. As medidas previstas neste artigo serão aplicadas pelo Conselho Tutelar, sem prejuízo de outras providências legais". **D:** correta. Segundo o art. 41 da Lei do SINASE, o Defensor Público ou o Ministério Público podem impugnar ao PIA, mas a medida não ficará suspensa durante a reanálise. **E:** incorreta. As medidas socioeducativas somente podem ser aplicadas aos adolescentes. Além disso, são as entidades de atendimento que devem aplicar as medidas socioeducativas aos adolescentes.

Gabarito "D".

**(Analista Judiciário – TRT/8ª – 2016 – CESPE)** Assinale a opção correta acerca da interpretação da Lei n.º 8.069/1990 (Estatuto da Criança e do Adolescente), com fundamento na jurisprudência dos tribunais superiores.

(A) A confissão do menor admitindo a prática do ato infracional deve, necessariamente, reduzir o rigor da medida socioeducativa a ser imposta, pois a confissão sempre atenua a pena.

(B) A produção de outras provas pode ser dispensada caso o menor admita a prática do ato infracional que lhe foi imputado.

(C) O ato infracional análogo ao porte de entorpecente para fins de tráfico, não obstante sua ofensividade social, não implica, necessariamente, a medida socioeducativa de internação do menor.

(D) A corrupção de menor é crime material, que exige obrigatoriamente a produção do resultado danoso, razão pela qual esse delito não se configura quando o menor já tenha sido anteriormente corrompido.

(E) O parecer psicossocial elaborado por especialistas tem caráter vinculativo e é determinante para que o juiz imponha ao menor a medida socioeducativa mais adequada a ser aplicada no caso concreto.

**A:** incorreta. Não há que se falar em "dosimetria" para aplicação de medida socioeducativa, já que essa pretende ressocializar e educar o adolescente (não se trata de uma pena). Sobre o tema já decidiu o STJ "Em sede de aplicação de medida socioeducativa, inexiste dosimetria, tampouco previsão legal para atenuar a imposição da medida, unicamente, em face da confissão do adolescente. Logo, não há falar em aplicação de medida mais branda, por tal motivo. Ainda mais quando o contexto fático demonstra a adequação da medida aplicada". (HC 332176/DF, Rel. Min. Ribeiro Dantas, DJe 13/11/2015). **B:** incorreta. A súmula 342 do STJ assim dispõe: No procedimento para aplicação de medida socioeducativa, é nula a desistência de outras provas em face da confissão do adolescente". **C:** correta. Conforme entendimento do STJ "O ato infracional análogo ao tráfico de drogas, por si só, não conduz obrigatoriamente à imposição de medida socioeducativa de internação do adolescente" (Súmula 492). **D:** incorreta. "A configuração do crime do art. 244-B do ECA independe da prova da efetiva corrupção do menor, por se tratar de delito formal" (Súmula 500 do STJ). **E:** incorreta. Em homenagem ao princípio do livre convencimento, o juiz não fica vinculado ao parecer da avaliação psicossocial, podendo justificar seu entendimento e decidir de forma diversa do parecer (Vide: STJ, HC 344.719/RJ).

Gabarito "C".

**(Magistratura/CE – 2012 – CESPE)** A respeito de ato infracional, direitos individuais, garantias processuais e medidas socioeducativas, assinale a opção correta.

(A) Nenhum adolescente será privado de sua liberdade sem o devido processo legal, sendo-lhe asseguradas igualdade na relação processual, autodefesa e, na falta de advogado particular ou de defensor público, defesa técnica provida pelo conselho tutelar.

(B) A liberdade assistida será adotada sempre que se afigurar a medida mais adequada para o fim de acompanhar, auxiliar e orientar o adolescente e será fixada pelo prazo máximo de seis meses, podendo, a qualquer tempo, ser revogada ou substituída por outra medida menos gravosa, ouvido o orientador, o MP e o defensor.

(C) A imposição de medidas como obrigação de reparar o dano, prestação de serviços à comunidade, liberdade assistida, inserção em regime de semiliberdade e internação em estabelecimento educacional pressupõe a existência de provas suficientes da autoria e da materialidade da infração, ressalvada a hipótese de remissão, podendo a advertência ser aplicada sempre que houver prova da materialidade e indícios suficientes da autoria.

(D) A medida socioeducativa pode ser aplicada tanto a criança quanto a adolescente que tiver praticado ato infracional.

(E) Caso o adolescente porte a carteira de estudante como único documento civil de identificação, aos órgãos policiais de proteção e judiciais será vedado promover a sua identificação compulsória.

**A:** incorreta, pois é assegurado aos adolescentes o devido processual legal, inclusive, a defesa técnica por advogado (art. 110 e 111, III, ambos do ECA). Oportuno registrar que dentre os direitos do adolescente submetido ao cumprimento de medida socioeducativa está o de ser acompanhado por seus pais ou responsável e por seu defensor, em qualquer fase do procedimento administrativo ou judicial (art. 49, I, da Lei 12.594/2012); **B:** incorreta, pois a liberdade assistida tem o prazo mínimo de seis meses (art. 118, *caput* e § 2º, do ECA); **C:** correta (art. 114, *caput* e parágrafo único, do ECA); **D:** incorreta, pois a medida socioeducativa somente será aplicada ao adolescente, ao passo que a medida protetiva será aplicada à criança e ao adolescente que tiver praticado ato infracional (art. 105, do ECA); **E:** incorreta (art. 109, do ECA).

Gabarito "C".

## 20. DIREITO DA CRIANÇA E DO ADOLESCENTE 693

(Ministério Público/RR – 2012 – CESPE) No que tange aos direitos individuais, às garantias processuais e às medidas socioeducativas, assinale a opção correta com base no que prevê o ECA.

(A) O regime de semiliberdade, que não comporta prazo determinado, pode ser determinado desde o início, ou como forma de transição para o meio aberto, possibilitada a realização de atividades externas, independentemente de autorização judicial, sendo obrigatórias a escolarização e a profissionalização, e, sempre que possível, utilizados os recursos existentes na comunidade.

(B) Em razão dos princípios constitucionais da presunção de inocência, do devido processo legal, da ampla defesa e do contraditório, é vedado à autoridade judiciária aplicar qualquer medida socioeducativa sem provas contundentes da autoria e da materialidade do ato infracional praticado por criança ou adolescente.

(C) O MP poderá conceder a remissão, como forma de exclusão do processo, desde que o adolescente em conflito com a lei confesse a autoria infracional.

(D) Tratando-se de procedimento de apuração de ato infracional, a ausência de defensor na audiência de apresentação do adolescente acarreta nulidade do processo, desde que comprovado o prejuízo à defesa do menor.

(E) A medida de internação, decretada ou mantida pela autoridade judiciária, não pode ser cumprida em estabelecimento prisional, salvo se não houver, na comarca ou em todo o território do estado, entidade que preencha os requisitos previstos no ECA, não podendo a internação ultrapassar, nesse caso, o prazo máximo de quarenta e cinco dias, sob pena de responsabilidade.

**A:** correta (art. 120 do ECA); **B:** incorreta, pois para a aplicação da advertência basta a prova da materialidade e indícios suficientes da autoria (art. 114 do ECA); **C:** incorreta, pois para a concessão da remissão não se exige que o adolescente tenha confessado a prática do ato infracional, já que a remissão não implica necessariamente o reconhecimento ou comprovação da responsabilidade (art. 127 do ECA); **D:** incorreta, pois a ausência de defensor na audiência de apresentação do adolescente acarreta nulidade absoluta, independente da comprovação de prejuízo à defesa do menor (art. 184, § 1°, do ECA). Neste sentido: "*a presença de advogado é indispensável já na audiência de apresentação, como forma de assegurar a ampla defesa (defesa técnica e autodefesa)*" (Rossato; Lépore; Sanches. **Estatuto da Criança e do Adolescente Comentado**, ed. RT); **E:** incorreta, pois a internação, decretada ou mantida pela autoridade judiciária, não poderá ser cumprida em estabelecimento prisional. Todavia, inexistindo na comarca entidade com as características adequadas, o adolescente deverá ser imediatamente transferido para a localidade mais próxima, sendo que, na impossibilidade da pronta transferência, o adolescente aguardará sua remoção em repartição policial, desde que em seção isolada dos adultos e com instalações apropriadas, não podendo ultrapassar o prazo máximo de cinco dias, sob pena de responsabilidade. (art. 185, *caput* e §§ 1° e 2°, do ECA).

Gabarito "A".

(Defensor Público/ES – 2012 – CESPE) Com referência aos direitos da criança e do adolescente, ao processo de apuração da prática de ato infracional e a atuação do defensor e do MP nesse processo, julgue os itens a seguir.

(1) A liberdade assistida será fixada pelo prazo mínimo de seis meses, podendo, a qualquer tempo, ser prorrogada, revogada ou substituída por outra medida, com a oitiva do MP.

(2) Crianças e adolescentes podem ser considerados sujeito ativo de ato infracional, caso em que ambos poderão ser sujeito passivo de medida socioeducativa.

**1:** correta, pois o item está de acordo com o disposto no art. 118, § 2°, do ECA; **2:** incorreta, já que, no caso de a criança ser sujeito ativo de ato infracional, ser-lhe-á aplicada tão somente medida protetiva e não socioeducativa (art. 105, do ECA).

Gabarito 1C, 2E.

(Defensor Público/SE – 2012 – CESPE) Com relação a medidas socioeducativas, audiência, remissão e recurso, assinale a opção correta.

(A) A remissão judicial, que pode ser concedida antes de iniciado o procedimento de apuração do ato infracional, acarreta a suspensão ou extinção do processo.

(B) Em decorrência da aplicação subsidiária do CPC ao ECA, o prazo para apelação e apresentação de contrarrazões é de quinze dias.

(C) O juiz pode nomear promotor *ad hoc* ou defensor *ad hoc* para evitar o adiamento de audiência.

(D) Em decorrência da aplicação do princípio da excepcionalidade, a medida de internação deve ser aplicada, no máximo, por três anos.

(E) A audiência admonitória ocorre quando necessária a aplicação da medida de advertência.

**A:** incorreta. Antes de iniciado o procedimento judicial para apuração de ato infracional, o representante do Ministério Público poderá conceder a remissão, como forma de *exclusão do processo*, atendendo às circunstâncias e consequências do fato, ao contexto social, bem como à personalidade do adolescente e sua maior ou menor participação no ato infracional (art. 126, *caput*, do ECA). Por sua vez, *iniciado o procedimento*, a concessão da remissão pela autoridade judiciária importará na suspensão ou extinção do processo (art. 126, parágrafo único, do ECA); **B:** incorreta, pois o prazo é de 10 dias (art. 198, II, do ECA); **C:** incorreta, pois não se admite a nomeação de promotor *ad hoc*; **D:** incorreta. É certo que, em nenhuma hipótese, o período máximo de internação excederá a três anos. Todavia, a medida socioeducativa de internação não comporta prazo determinado, devendo sua manutenção ser reavaliada, mediante decisão fundamentada, no máximo a cada seis meses (art. 121, §§ 2° e 3°, do ECA); **E:** correta (art. 115, do ECA).

Gabarito "E".

(Defensor Público/TO – 2013 – CESPE) Com relação ao que dispõe a CF e ao entendimento do STJ, assinale a opção correta.

(A) De acordo com o STJ, é ilegal a aplicação da medida de internação a adolescente pela prática de ato infracional análogo ao crime de tráfico de drogas, quando da primeira passagem do menor pela Vara da Infância e Juventude, por constituir ato infracional cometido sem grave ameaça ou violência à pessoa.

(B) Considera-se criança, para os efeitos do ECA, a pessoa com até doze anos de idade completos, e adolescente, aquela com mais de doze anos de idade e menos de dezoito anos de idade.

(C) Em nenhuma hipótese, aplica-se o disposto no ECA às pessoas maiores de dezoito anos de idade.

(D) As medidas socioeducativas são aplicáveis sempre que os direitos reconhecidos no ECA forem ameaçados ou violados.

(E) Ainda que penalmente inimputáveis, os menores de dezoito anos podem ser responsabilizados, por meio de medida de proteção, pela prática de conduta descrita como crime ou contravenção penal.

**A:** correta. Nos termos do art. 122 do ECA, a medida de internação só poderá ser aplicada quando: I – tratar-se de ato infracional cometido mediante grave ameaça ou violência à pessoa; II – por reiteração no cometimento de outras infrações graves; III – por descumprimento reiterado e injustificável da medida anteriormente imposta. Assim, inicialmente, conclui-se pela inaplicabilidade da medida socioeducativa de internação ao adolescente que praticar o ato infracional equiparado ao crime de tráfico de drogas. Neste sentido é o entendimento jurisprudencial noticiado no Informativo n° 445 do STJ: "ECA – Tráfico – Internação. O ato infracional análogo ao tráfico de drogas, apesar de sua natureza eminentemente hedionda, não enseja, por si só, a aplicação da medida socioeducativa de internação, quando não revela violência ou grave ameaça à pessoa (art. 122 do ECA) (...)". Todavia, pode o magistrado determinar a internação, em razão da prática do ato infracional equiparado ao crime de tráfico, diante de sua reiteração. Para o STJ, reiteração é, no mínimo, três infrações graves (HC 39.458/SP, 5ª T., j. 12.04.2005, rel. Min. Laurita Vaz, DJ 09.05.2005). Diferente, portanto, de reincidência. Aliás, esta é uma das teses nacionais aprovadas no I Congresso Nacional de Defensores Públicos da Infância e Juventude; **B:** incorreta, pois se considera criança a pessoa até doze anos de idade incompletos, e adolescente aquela entre doze e dezoito anos de idade (art. 2º, do ECA); **C:** incorreta, pois, excepcionalmente, nos casos expressos em lei, aplica-se o ECA às pessoas entre dezoito e vinte e um anos de idade. Pode-se citar como exemplo a aplicação de medida socioeducativa de internação (art. 121, § 5º, do ECA); **D:** incorreta, pois as medidas socioeducativas são aplicadas aos adolescentes que praticarem ato infracional (art. 112, do ECA). Por sua vez, quando houver lesão ou ameaça de lesão a direitos da criança e do adolescente, serão aplicáveis as medidas protetivas (art. 98, do ECA); **E:** incorreta, pois, se o adolescente praticar ato infracional, ser-lhe-á aplicada medida protetiva e/ou socioeducativa; se a criança praticar ato infracional, ser-lhe-á aplicada tão somente medida protetiva (arts. 105 e 112, ambos do ECA).

Gabarito "A".

**(Defensor Público/TO – 2013 – CESPE)** A respeito das normas previstas no ECA acerca da prática de ato infracional, assinale a opção correta.

**(A)** A internação constitui medida privativa da liberdade, sujeita aos princípios de brevidade, excepcionalidade e respeito à condição peculiar de pessoa em desenvolvimento, sendo expressamente vedada pelo ECA qualquer atividade laboral ou educacional fora da entidade.

**(B)** À criança – pessoa até doze anos de idade incompletos – que cometa ato infracional somente podem ser aplicadas as medidas socioeducativas de advertência e obrigação de reparar o dano.

**(C)** É vedada expressamente no ECA a apreensão do adolescente em razão de flagrante de ato infracional, sendo permitida a restrição da liberdade do adolescente por ordem escrita e fundamentada da autoridade judiciária competente.

**(D)** Ao adolescente que responde por ato infracional é assegurada a garantia processual de, a qualquer momento, quando solicitar, ser ouvido pelo juiz, pelo promotor de justiça e pelo seu defensor, em audiência designada no prazo máximo de vinte e quatro horas.

**(E)** Para a imposição judicial, ao adolescente, da medida socioeducativa de advertência e da medida de proteção de matrícula e frequência obrigatórias em estabelecimento oficial de ensino, não se exige a existência de prova suficiente da autoria do ato infracional.

**A:** incorreta, pois não é vedada pelo ECA qualquer atividade laboral ou educacional fora da entidade em caso de internação. Muito pelo contrário. Será permitida a realização de atividades externas, a critério da equipe técnica da entidade, salvo expressa determinação judicial em contrário (art. 121, § 1º, do ECA); **B:** incorreta, pois, quando o ato infracional for praticado por criança, somente será aplicável a ela medida protetiva (art. 105, do ECA); **C:** incorreta, pois nenhum adolescente será privado de sua liberdade senão em flagrante de ato infracional ou por ordem escrita e fundamentada da autoridade judiciária competente (art. 106, do ECA); **D:** incorreta, pois são direitos do adolescente privado de liberdade, entre outros, entrevistar-se pessoalmente com o representante do Ministério Público e avistar-se reservadamente com seu defensor (arts. 111 e 124, I e III, ambos do ECA). Todavia, não há prazo legal fixado para a designação da audiência de apresentação e da audiência em continuação (arts. 184 e 186, § 2º, do ECA); **E:** correta, pois, para aplicar a medida socioeducativa de advertência, basta haver *indícios* suficientes de autoria e prova da materialidade do ato infracional (art. 114, parágrafo único, do ECA). Por sua vez, para a aplicação de medidas protetivas também não se exige prova suficiente da autoria do ato infracional, mas que a criança ou o adolescente esteja em situação de risco (art. 101, *caput*, do ECA).

Gabarito "E".

## 7. ATO INFRACIONAL – DIREITO PROCESSUAL

**(Juiz de Direito – TJ/SC – 2019 – CESPE/CEBRASPE)** A Defensoria Pública (DP) apresentou defesa em processo no qual foi proferida, pelo juiz, sentença homologatória de remissão cumulada com medida socioeducativa de liberdade assistida, concedida a adolescente pelo Ministério Público (MP), na ocasião de oitiva informal, alegando o que se afirma nos itens a seguir.

I. Nulidade da oitiva informal do MP por ausência da defesa técnica.

II. Nulidade da sentença homologatória dos termos determinados pelo MP em razão da ausência da defesa técnica.

III. Impossibilidade de o MP conceder remissão cumulada com medida socioeducativa de liberdade assistida.

Considerando essa situação hipotética, assinale a opção correta acerca das alegações da DP.

**(A)** Apenas o item I está certo.

**(B)** Apenas o item II está certo.

**(C)** Apenas os itens I e III estão certos.

**(D)** Apenas os itens II e III estão certos.

**(E)** Todos os itens estão certos.

**I:** incorreta. A oitiva informal, prevista no art. 179 do ECA, não exige defesa técnica, posto que o Ministério Público não tem a função acusatória prevista expressamente no Código de Processo Penal. Assim, entende também o Superior Tribunal de Justiça que a oitiva informal *não está submetida aos princípios do contraditório e da ampla defesa* (HC 109.242/SP). **II:** correta. Apesar de válida a audiência informal sem defesa técnica, é inválida a sentença homologatória que impõe medida socioeducativa sem a presença de defensor. Nesse sentido: **"Em que pese o Tribunal de origem não tenha debatido satisfatoriamente a questão, a liminar deve ser deferida, de ofício. Isto, porque, ainda que admita a jurisprudência a falta de defesa técnica na oitiva com o Ministério Público, a ausência do defensor na apresentação em Juízo e na sentença homologatória evidencia a ilegalidade, sendo violado o princípio da ampla defesa.** No mesmo sentido: *Habeas corpus*. ECA. Remissão concedida pelo Ministério Público ao paciente, como forma de exclusão dos procedimentos, cumulada com medida socioeducativa de prestação de serviços à comunidade. Cumprimento das medidas por precatória. Ausência de defesa técnica em juízo quando da homologação. Ilegalidade flagrante. Ofensa ao princípio da ampla defesa. Anulação do procedimento. Incompetência do tribunal a quo para revisar decisão proferida pelo juízo deprecante. Supressão de instância. Ordem concedida de ofício. (...)" HC 435.209/DF. **III:** incorreta. Nos termos do art. 126 do ECA, "Antes de iniciado o procedimento judicial para apuração de ato infracional, o representante do Ministério Público poderá conceder a remissão, como forma de exclusão do processo, atendendo às circunstâncias e consequências do fato, ao contexto social, bem como à personalidade do adolescente e sua maior ou menor participação no ato infracional". Assim, pode o Ministério Público conceder a remissão em conjunto com as medidas socioeducativas previstas no art. 112, incisos I a IV, desde que haja homologação a autoridade judicial (Súmula 108 do STJ: A aplicação de medidas socioeducativas ao adolescente, pela prática de ato infracional, é da competência exclusiva do juiz).

Gabarito "B".

André, com dezessete anos de idade, foi apreendido pela prática de ato infracional análogo ao crime de tráfico de drogas. Depois de ter sido conduzido à delegacia de polícia especializada, o adolescente foi apresentado ao Ministério Público. O promotor de justiça que o entrevistou ofereceu-lhe remissão cumulada com medida socioeducativa de semiliberdade. O magistrado indeferiu a remissão ministerial, sob o fundamento de que a aplicação de medida socioeducativa ao adolescente por ato infracional é de competência exclusiva do juiz, e abriu vista ao Ministério Público para que apresentasse representação contra André no prazo de 24 horas. Diante da negativa de homologação judicial e do retorno dos autos, o promotor ofereceu representação contra André e o magistrado manteve a internação provisória, designou audiência de apresentação e determinou a citação do adolescente. Na sentença, o magistrado determinou a internação, fundamentando que a conduta do adolescente era grave, embora não houvesse qualquer outra anotação em sua folha de passagem.

**(Defensor Público – DPE/DF – 2019 – CESPE/CEBRASPE)** Com relação a essa situação hipotética, julgue os seguintes itens, de acordo com a legislação pertinente e a jurisprudência dos tribunais superiores.

## 20. DIREITO DA CRIANÇA E DO ADOLESCENTE    695

**(1)** O magistrado agiu equivocadamente ao ter indeferido a remissão oferecida pelo Ministério Público: ele deveria ter remetido os autos ao procurador-geral de justiça, mediante despacho fundamentado.

**(2)** Embora não houvesse qualquer outra anotação na folha de passagem de André, a atitude do magistrado de determinar a internação do adolescente foi correta, pois a gravidade do fato praticado por ele basta para justificar a aplicação da medida socioeducativa de internação, conforme jurisprudência do STJ.

**(3)** Eventual recurso contra a sentença proferida pelo magistrado deverá adotar o sistema recursal do Código de Processo Civil, com as adaptações previstas no Estatuto da Criança e do Adolescente.

**1.** Correta. Nos exatos temos do art. 181, § 2º, do ECA. Cumpre notar que a remissão jamais poderia ter sido sugerida em conjunto com a medida de semiliberdade: "a remissão não implica necessariamente o reconhecimento ou comprovação da responsabilidade, nem prevalece para efeito de antecedentes, podendo incluir eventualmente a aplicação de qualquer das medidas previstas em lei, exceto a colocação em regime de semiliberdade e a internação (art. 127 do ECA); **2.** Errada. A medida socioeducativa de internação somente pode ser aplicada nos casos taxativos do art. 122: "A medida de internação só poderá ser aplicada quando: I – tratar-se de ato infracional cometido mediante grave ameaça ou violência a pessoa; II – por reiteração no cometimento de outras infrações graves; III – por descumprimento reiterado e injustificável da medida anteriormente imposta." O tráfico de drogas só poderia justificar a internação caso fosse, pelo menos, o segundo ato infracional praticado pelo adolescente. Nesse sentido é a súmula 492 do STJ: "O ato infracional análogo ao tráfico de drogas, por si só, não conduz obrigatoriamente à imposição de medida socioeducativa de internação do adolescente"; **3.** Correta. Nos termos do art. 198 do ECA.

Gabarito 1C, 2E, 3C

**(Defensor Público/PE – 2018 – CESPE)** Com base no que prevê o ECA a respeito da atuação do advogado, julgue os itens a seguir.

**I.** Adolescente a quem se atribui a prática de ato infracional poderá ser processado, desde que tenha advogado ou defensor nomeado pelo juiz, salvo nas hipóteses em que esteja ausente ou foragido.

**II.** O promotor de justiça não pode impedir a presença de advogado no momento da oitiva informal do adolescente a quem seja atribuída a autoria de ato infracional, embora tal ato seja privativo do Ministério Público e realizado antes do início da relação processual — portanto, antes de instaurado o contraditório.

**III.** A criança ou o adolescente, seus pais ou responsáveis, e qualquer pessoa que tenha legítimo interesse na solução da lide poderão intervir nos procedimentos de que trata o ECA por intermédio de advogado, o qual será intimado para todos os atos, pessoalmente ou por publicação oficial, respeitado o segredo de justiça.

**IV.** A outorga de mandato, quando se tratar de advogado constituído ou mesmo defensor nomeado, é indispensável, uma vez que o advogado não será admitido a postular em juízo sem procuração, salvo para evitar preclusão, decadência ou prescrição ou para praticar ato considerado urgente.

Estão certos apenas os itens

**(A)** I e IV.
**(B)** II e III.
**(C)** II e IV.
**(D)** I, II e III.
**(E)** I, III e IV.

**I:** incorreta. Nenhum adolescente a quem se atribui a prática de ato infracional, ainda que ausente ou foragido, será processado sem defensor (art. 207 do ECA); **II:** correta, nos termos do art. 179 do ECA; **III:** correta. A criança ou o adolescente, seus pais ou responsável, e qualquer pessoa que tenha legítimo interesse na solução da lide poderão intervir nos procedimentos de que trata esta Lei, por intermédio de advogado, o qual será intimado para todos os atos, pessoalmente ou por publicação oficial, respeitado o segredo de justiça (art. 206 do ECA); **IV:** incorreta. Será dispensada a outorga de mandato, quando se tratar de defensor nomeado ou, tendo sido constituído, tiver sido

indicado por ocasião de ato formal com a presença da autoridade judiciária (art. 207, § 3º). RD

Gabarito "B".

**(Juiz – TJ/CE – 2018 – CESPE)** A um jovem de dezesseis anos de idade, em situação de rua havia dois anos, com diversas passagens por abrigos em razão de mau comportamento, foi aplicada medida socioeducativa de semiliberdade pela prática de atos infracionais sem grave ameaça ou violência na cidade A, em determinado estado da Federação, onde começara a cumprir a sentença. Após o primeiro pernoite, o reeducando não retornou à unidade de custódia, por ter regressado à residência de sua genitora, localizada na cidade B, em outro estado da Federação, onde não há unidade de custódia de semiliberdade. Notificada do ocorrido, a genitora do menor comprometeu-se com a unidade de custódia da cidade A a apresentar o filho ao tribunal do estado da cidade B, onde ele se encontrava, para ser dado seguimento ao cumprimento da medida socioeducativa.

Com relação a essa situação hipotética, assinale a opção correta, à luz da legislação pertinente e da jurisprudência do STJ.

**(A)** A inexistência de unidade de custódia de semiliberdade na cidade B inviabiliza a execução da medida socioeducativa nessa localidade, devendo o menor ser conduzido à cidade A para cumpri-la.
**(B)** O fato de o menor não ter retornado, injustificadamente, à unidade de custódia logo após o primeiro pernoite impede a continuidade do cumprimento da medida na cidade B.
**(C)** É vedada a inclusão do menor em programa de meio aberto, devido ao seu histórico de situação de rua por dois anos.
**(D)** A persistência nas ilicitudes e o mau comportamento do menor nos diversos abrigos pelos quais passou impedem a inclusão dele em programa de meio aberto.
**(E)** O cumprimento da medida poderá ser continuado na cidade B, pela inclusão do menor em programa de meio aberto.

**A:** incorreta. Vide justificativa da alternativa "E"; **B:** incorreta. A ausência de retorno não justifica a ausência de continuidade da medida, em qualquer ocasião; **C:** incorreta. A inclusão em programa fechado é exceção ao sistema de medidas socioeducativas, sendo justificável somente nas hipóteses expressamente previstas no art. 122 do ECA; **D:** incorreta. Vide justificativa da alternativa "C"; **E:** correta. O entendimento do Superior Tribunal de Justiça é, em conformidade com o Estatuto da Criança e do Adolescente, de que o cumprimento da medida socioeducativa deve ocorrer no domicílio dos pais. Não havendo local para cumprimento da medida na cidade de residência dos pais, o adolescente pode ser incluído em programa de meio aberto. Vejamos: "Não há ilegalidade a ser reparada pelo fato de o paciente cumprir a medida socioeducativa em comarca diversa à residência de seus pais, haja vista que o entendimento desta Turma é que, apesar de a Lei n. 12.594/2012 dispor em seu art. 49, inciso II, que é direito do adolescente submetido ao cumprimento de medida socioeducativa ser incluído em programa de meio aberto, quando inexistir vaga para o cumprimento de medida de privação da liberdade no domicílio de sua residência familiar, referido direito não é absoluto, devendo ser analisado o caso concreto." (STJ, HC 469.356/SP, Rel. Min. Nefi Cordeiro, 6ª Turma, DJe 06/12/2018). RD

Gabarito "E".

**(Promotor de Justiça/RR – 2017 – CESPE)** De acordo com o ECA, antes de iniciado o procedimento judicial para apuração de ato infracional, a concessão da remissão como forma de exclusão do processo compete

**(A)** à autoridade policial.
**(B)** à autoridade judiciária.
**(C)** ao MP.
**(D)** ao conselho tutelar.

**A:** incorreta. A autoridade policial não tem poder para conceder remissão; **B:** incorreta. A remissão pode ser concedida pelo juiz após representação do Ministério Público; **C:** correta. A remissão sugerida pelo Ministério Público se dá antes de oferecida a representação, nos termos do art. 126 do ECA: "Antes de iniciado o procedimento judicial para apuração de ato infracional, o representante do Ministério Público poderá conceder a remissão, como forma de exclusão do processo, atendendo às circunstâncias e consequências do fato, ao contexto social, bem como à personalidade do adolescente e sua maior ou menor participação no ato infracional". Vale ressaltar que quem concede a remissão é sempre a autoridade judicial. Nesse caso, a remissão se dá por sugestão do Ministério Público; **D:** incorreta. O conselho tutelar não pode conceder remissão. **RD**

*Gabarito "C".*

**(Magistratura/PA – 2012 – CESPE)** Contra sentença que julgou procedente o pedido do MP de aplicar a determinado adolescente medida socioeducativa de internação, a Defensoria Pública, em defesa dos interesses do adolescente condenado, interpôs apelação, requerendo, preliminarmente, a intimação do adolescente, a isenção do recolhimento de preparo e a reconsideração da decisão. Quanto ao mérito, aduziu que, malgrado tivessem sido provadas a autoria e a materialidade da infração, a medida imposta seria inexequível, dada a inexistência, no estado, de estabelecimento adequado, conforme as exigências do ECA, para o cumprimento da medida, tendo requerido, então, que a internação fosse substituída por liberdade assistida.

Nessa situação, de acordo com o disposto no ECA, o magistrado deverá

**(A)** abrir prazo para contrarrazões e, após receber de volta os autos, remetê-los para a segunda instância.

**(B)** reformar a sentença, de plano e sem necessidade de ouvir o MP, determinando a substituição da internação por liberdade assistida, diante da constatação da inexistência de estabelecimento adequado no estado.

**(C)** rejeitar todas as preliminares, receber a apelação no efeito devolutivo e abrir prazo para contrarrazões.

**(D)** determinar a intimação pessoal do adolescente, abrir prazo para contrarrazões e, antes de determinar a remessa dos autos à instância superior, proferir despacho fundamentado, mantendo ou reformando a sentença, no prazo de cinco dias.

**(E)** julgar deserta a apelação, em razão da ausência de preparo.

Art. 190, I, e art. 198, VII, ambos do ECA.

*Gabarito "D".*

**(Magistratura/PA – 2012 – CESPE)** Apesar de o ECA conter, expressamente, as regras de apuração, processamento e julgamento de ato infracional atribuído a adolescente, o magistrado não pode trabalhar somente com a análise literal dos artigos do ECA, devendo estar atento, também, ao entendimento dominante dos tribunais superiores a respeito dessas regras. Com base na jurisprudência do STJ relativa a esse assunto, assinale a opção correta.

**(A)** É dispensável a oitiva do menor infrator antes de decretar-se a regressão da medida socioeducativa.

**(B)** A prescrição civil é aplicável às medidas socioeducativas.

**(C)** Compete ao juiz, ao promotor de justiça e ao defensor público a aplicação de medidas socioeducativas ao adolescente pela prática de ato infracional.

**(D)** No procedimento para aplicação de medida socioeducativa, é nula, em face da confissão do adolescente, a desistência de outras provas.

**(E)** A internação provisória de adolescente pode, excepcionalmente, extrapolar o prazo legal de quarenta e cinco dias.

**A:** incorreta, pois é necessária a oitiva do menor (Súmula 265, STJ); **B:** incorreta, pois se aplicam as regras da prescrição penal (Súmula 338, STJ); **C:** incorreta, pois somente o juiz poderá aplicar as medidas socioeducativas (arts. 112 e 146, ambos do ECA e Súmula 108, do STJ). Importante esclarecer que o Ministério Público poderá oferecer remissão cumulada com medida socioeducativa não restritiva de liberdade, a qual deve ser homologada pelo juiz (Súmula 108, do STJ), sendo dispensável a representação (arts. 126 e 127, ambos do ECA); **D:** correta (Súmula 342, STJ); **E:** incorreta (art. 108, *caput*, do ECA).

*Gabarito "D".*

**(Magistratura/BA – 2012 – CESPE)** Policiais militares flagraram José, adolescente com quinze anos de idade, cometendo infração equiparada a crime de roubo, em coautoria com três imputáveis, mediante o uso de arma de fogo carregada.

Considerando a situação hipotética apresentada e as normas previstas no ECA para o procedimento de apuração de ato infracional atribuído a adolescente, assinale a opção correta.

**(A)** Oferecida a representação, a autoridade judiciária deve designar audiência de apresentação do adolescente, oportunidade na qual, decidirá, após ouvi-lo, sobre a manutenção da internação provisória, que pode ser determinada pelo prazo máximo de cinco dias.

**(B)** Na audiência, ouvidas as testemunhas arroladas na representação e na defesa prévia, cumpridas as diligências e juntado o relatório da equipe interprofissional, deve ser dada a palavra ao representante do MP e ao defensor público, sucessivamente, pelo tempo de vinte minutos para cada um, prorrogável por mais dez, a critério da autoridade judiciária, que, em seguida, proferirá decisão.

**(C)** Os policiais militares devem encaminhar todos os agentes à delegacia especializada em defesa do patrimônio, ainda que no município exista repartição policial incumbida para o atendimento de adolescente em situação delituosa.

**(D)** Após o comparecimento dos pais de José à delegacia, a autoridade policial deve liberá-lo imediatamente, sob termo de compromisso e responsabilidade de sua apresentação ao representante do MP, no mesmo dia ou, sendo impossível, no primeiro dia útil seguinte, sendo vedada, em qualquer circunstância, a sua internação provisória sem ordem judicial.

**(E)** Após receber vistas do procedimento policial, com informação sobre os antecedentes de José, e ouvi-lo informalmente juntamente com seus pais, o promotor de justiça competente deve conceder remissão e arquivar os autos.

**A:** incorreta, pois, oferecida a representação, a autoridade judiciária designará audiência de apresentação do adolescente, decidindo, desde logo, sobre a decretação ou manutenção da internação, pelo prazo máximo de quarenta e cinco dias (art. 184, *caput*, e art. 108, *caput*, ambos do ECA); **B:** correta (art. 186, § 4º, do ECA); **C:** incorreta (art. 172, parágrafo único, do ECA); **D:** incorreta, pois não é vedada a internação provisória do adolescente (artigos 108; 121 e seguintes; 174; 184, *caput*, todos do ECA); **E:** incorreta, pois o representante do Ministério Público poderá: a) promover o arquivamento dos autos; b) conceder a remissão; c) representar a autoridade judiciária para aplicação de medida socioeducativa (art. 180 do ECA).

*Gabarito "B".*

**(Magistratura/BA – 2012 – CESPE)** O ECA define o ato infracional, delimita o seu alcance, prevê, para crianças e adolescentes infratores, direitos individuais, garantias processuais e medidas socioeducativas em rol taxativo. A respeito desse assunto, assinale a opção correta.

**(A)** A autoridade judiciária competente pode decretar a regressão da medida socioeducativa sem ouvir o adolescente, desde que os motivos sejam graves.

**(B)** Excepcionalmente, em razão de grave abalo da ordem pública, é permitida a internação provisória do menor infrator por prazo superior a quarenta e cinco dias, desde que a instrução do processo de apuração da infração esteja encerrada.

**(C)** Aplicam-se às medidas socioeducativas as normas gerais de prescrição constantes no Código Civil brasileiro, dada a ausência de previsão expressa no ECA a tal respeito.

**(D)** No procedimento para a aplicação de medida socioeducativa, é nula a desistência de outras provas em face da confissão do adolescente.

**(E)** Em procedimento de apuração de ato infracional praticado por adolescente, é dispensável a presença do defensor na audiência de apresentação.

**A:** incorreta (Súmula 265, do STJ); **B:** incorreta (art. 108, *caput*, do ECA); **C:** incorreta, pois aplicam-se às medidas socioeducativas as

## 20. DIREITO DA CRIANÇA E DO ADOLESCENTE — 697

normas gerais de prescrição constantes no Código Penal (Súmula 338, do STJ); **D:** correta (Súmula 342, do STJ); **E:** incorreta, pois nenhum adolescente a quem se atribua a prática de ato infracional, ainda que ausente ou foragido, será processado sem defensor, devendo estar acompanhado de advogado, inclusive, na audiência de apresentação (art. 184, § 1°, e art. 207, do ECA).

*Gabarito "D".*

**(Ministério Público/PI – 2012 – CESPE)** Com relação às regras de apuração, processamento e julgamento de ato infracional atribuído a adolescente previstas no ECA, assinale a opção correta.

(A) Em casos excepcionais, em razão de grave abalo da ordem pública ou de reiteração infracional, é permitido ao juiz manter o adolescente internado provisoriamente pelo prazo máximo de noventa dias.

(B) Compete concorrentemente ao juiz e ao promotor de justiça a aplicação de medidas socioeducativas ao adolescente representado que tenha praticado ato infracional.

(C) Ainda que o adolescente representado confesse a autoria da infração, o advogado de defesa não pode desistir da produção de outras provas, sob pena de nulidade desse ato.

(D) O juiz pode decretar a regressão da medida socioeducativa sem a oitiva prévia do adolescente e de seu defensor.

(E) O prazo prescricional para aplicação de medidas socioeducativas não corre para os que são absolutamente incapazes, em conformidade com as regras de prescrição previstas no Código Civil.

**A:** incorreta, pois o prazo máximo da internação provisória é de quarenta e cinco dias (art. 108 e 183 do ECA); **B:** incorreta, pois compete exclusivamente ao juiz a aplicação de medidas socioeducativas ao adolescente representado (art. 182 do ECA); **C:** correta (Súmula 342 do STJ); **D:** incorreta, pois é necessária a oitiva do menor infrator antes de decretar-se a regressão da medida socioeducativa (Súmula 265 do STJ); **E:** incorreta, pois, segundo o STJ, as medidas socioeducativas prescrevem de acordo com as regras previstas na Parte Geral do Código Penal (Súmula 338 do STJ).

*Gabarito "C".*

**(Defensor Público/AC – 2012 – CESPE)** De acordo com as regras de apuração, processamento e julgamento de ato infracional atribuído a adolescente, assinale a opção correta à luz do ECA e da jurisprudência do STJ.

(A) A fim de proteger a sociedade e assegurar a integridade física de adolescente infrator, o juiz pode determinar a internação provisória desse adolescente por período superior a quarenta e cinco dias.

(B) Compete exclusivamente ao juiz aplicar medidas socioeducativas a adolescente que tenha praticado ato infracional.

(C) Aplica-se às medidas socioeducativas a prescrição administrativa quinquenal.

(D) A regressão de medida socioeducativa pode ser decretada pelo juiz sem a oitiva prévia do adolescente e de seu defensor.

(E) Tratando-se de procedimento para aplicação de medida socioeducativa, caso o adolescente representado confesse a autoria do ato infracional, o DP poderá desistir da produção de outras provas.

**A:** incorreta, pois o prazo máximo da internação provisória é de quarenta e cinco dias (arts. 108 e 183, ambos do ECA); **B:** correta (arts. 180, III, e 182, ambos do ECA). Oportuno registrar que, mesmo no caso de concessão de remissão pré-processual (ou ministerial), que é aquela ofertada pelo Ministério Público como forma de exclusão do processo, quando cumulada com medida socioeducativa, deve haver a concordância do adolescente, do representante legal e do defensor, seguida de homologação judicial (Súmula 180 do STJ); **C:** incorreta, pois, segundo o STJ, as medidas socioeducativas prescrevem, de acordo com as regras previstas na Parte Geral do Código Penal (Súmula 338 do STJ). Inclusive, o próprio STJ, em vários precedentes, oferece parâmetros para esse cálculo (HC 120.875/SP, 5ª T., j. 16.06.2009, rel. Min. Arnaldo Esteves Lima, *DJe* 03.08.2009); **D:** incorreta, pois é necessária a oitiva do menor infrator antes de decretar-se a regressão da medida socioeducativa (Súmula 265 do STJ); **E:** incorreta, pois,

ainda que o adolescente representado confesse a autoria da infração, o advogado de defesa não pode desistir da produção de outras provas, sob pena de nulidade desse ato (Súmula 342 do STJ).

*Gabarito "B".*

**(Defensor Público/SE – 2012 – CESPE)** Com referência ao ato infracional e aos procedimentos a ele pertinentes, assinale a opção correta.

(A) A privação da liberdade de criança ou adolescente só é admitida em flagrante delito ou por ordem escrita e fundamentada da autoridade penal competente.

(B) A competência para a apuração de ato infracional é da autoridade do local do domicílio dos pais ou responsável ou do lugar onde o adolescente resida ou seja encontrado.

(C) A internação provisória da criança ou do adolescente que tenha praticado ato infracional pode ser decretada pelo prazo máximo de seis meses.

(D) Caso um menino de dez anos de idade abra, sorrateiramente, dentro da escola, a carteira de um colega e de lá subtraia a quantia de R$ 50,00, tal conduta caracterizará a prática de ato infracional, que deve ser investigado pela polícia judiciária.

(E) A audiência de apresentação de adolescente apreendido pela prática de ato infracional deve ser designada imediatamente após a denúncia oferecida pelo MP.

**A:** incorreta, pois nenhum adolescente será privado de sua liberdade senão em flagrante de ato infracional ou por ordem escrita e fundamentada da *autoridade judiciária competente* (art. 106, do ECA); **B:** incorreta, pois, nos casos de ato infracional, será competente a autoridade do *lugar da ação ou omissão* (art. 147, § 1°, do ECA); **C:** incorreta, pois o prazo máximo é de quarenta e cinco dias (arts. 108 e 183, ambos do ECA); **D:** correta, pois a hipótese descrita na alternativa configura ato infracional, praticado por criança, equiparado ao crime de furto. Oportuno frisar que, neste caso, será cabível a aplicação de medida protetiva e não socioeducativa (art. 105, do ECA); **E:** incorreta, pois a designação de audiência de apresentação pelo juiz deverá ser realizada logo após o oferecimento da representação, oportunidade na qual decidirá sobre a decretação ou manutenção da internação (art. 184, do ECA).

*Gabarito "D".*

## 8. CONSELHO TUTELAR

**(Juiz – TJ/CE – 2018 – CESPE)** De acordo com o ECA, é atribuição dos conselhos tutelares

(A) elaborar proposta orçamentária a fim de assegurar programas de atendimento aos direitos da criança e do adolescente.

(B) requisitar, diretamente, serviço público na área previdenciária, com o intuito de promover a execução de suas decisões.

(C) registrar ocorrência policial em defesa do interesse de menor em situação de risco por fato que constitua infração penal contra os direitos da criança e do adolescente.

(D) representar, judicialmente, o interesse de menores nas ações de perda do poder familiar depois de esgotadas as possibilidades de manutenção da criança junto à família natural.

(E) aplicar medida de destituição de tutela ao responsável legal dos tutelados que estejam em situação de abandono e de extremo risco.

**A:** incorreta. A função do Conselho Tutelar é assessorar o Poder Executivo local na elaboração da proposta orçamentária para planos e programas de atendimento dos direitos da criança e do adolescente (art. 136, IX, do ECA); **B:** correta. É atribuição do Conselho Tutelar promover a execução de suas decisões, podendo para tanto requisitar serviços públicos nas áreas de saúde, educação, serviço social, previdência, trabalho e segurança (art. 136, III, *a*); **C:** incorreta. Deve o Conselho Tutelar encaminhar ao Ministério Público notícia de fato que constitua infração administrativa ou penal contra os direitos da criança ou adolescente (art. 136, IV, do ECA); **D:** incorreta. Deve o Conselho Tutelar encaminhar à autoridade judiciária os casos de sua competência (art. 136, V, do ECA); **E:** incorreta. A destituição da tutela é medida que só pode ser determinada pela autoridade judiciária (art.

101 do ECA). A propósito desse tema, importante que se diga que a recente Lei 14.344/2022 inseriu, no art. 136 do ECA, outras atribuições ao Conselho Tutelar (incluiu os incisos XIII a XX), todas voltadas à prevenção e ao enfrentamento da violência doméstica e familiar contra a criança e o adolescente. **RD**

Gabarito "B".

**(Promotor de Justiça/RR – 2017 – CESPE)** Com relação ao conselho tutelar, julgue os itens a seguir.

I. O É órgão permanente e vinculado ao Poder Judiciário, encarregado pela sociedade de zelar pelo cumprimento dos direitos das crianças e dos adolescentes.

II. As suas atribuições incluem requisitar certidões de nascimento e de óbito de criança ou de adolescente quando necessário.

III. O processo de escolha dos membros que compõem o conselho ocorre a cada quatro anos; a posse dos novos conselheiros ocorrerá no dia primeiro de janeiro do ano subsequente ao do processo de escolha.

Assinale a opção correta.

(A) Apenas o item I está certo.

(B) Apenas o item II está certo.

(C) Apenas os itens I e II estão certos.

(D) Apenas os itens II e III estão certos.

**I:** incorreta. O Conselho Tutelar é órgão permanente, autônomo e não jurisdicional (art. 131 do ECA); **II:** correta, nos termos do art. 136, VIII, do ECA; **III:** incorreta. Nos termos do art. 139, § 1º, "o processo de escolha dos membros do Conselho Tutelar ocorrerá em data unificada em todo o território nacional a cada 4 (quatro) anos, no primeiro domingo do mês de outubro do ano subsequente ao da eleição presidencial". **RD**

Gabarito "B".

**(Defensor Público/PE – 2018 – CESPE)** A respeito do conselho tutelar, assinale a opção correta.

(A) O exercício efetivo da função de conselheiro tutelar constitui serviço público relevante e presume idoneidade moral.

(B) Em cada comarca haverá, no mínimo, um conselho tutelar como órgão integrante do Poder Judiciário estadual.

(C) O candidato a membro do conselho tutelar deve ser pessoa idônea, com idade mínima de dezoito anos completos, e residir na sede da comarca.

(D) Lei estadual disporá sobre o local, o dia e o horário de funcionamento do conselho tutelar.

(E) Ao tribunal de justiça local caberá encaminhar ao Poder Executivo proposta orçamentária anual com previsão dos recursos necessários ao funcionamento do conselho tutelar.

**A:** correta. Nos exatos termos do art. 135 do ECA; **B:** incorreta. O Conselho Tutelar é órgão permanente, autônomo e não jurisdicional (art. 131 do ECA); **C:** incorreta. Para a candidatura a membro do Conselho Tutelar, é exigida a reconhecida idoneidade moral, idade superior a 21 (vinte e um) anos e residência no município (art. 133 do ECA); **D:** incorreta. Lei municipal ou distrital disporá sobre o local, dia e horário de funcionamento do Conselho Tutelar, inclusive quanto à remuneração dos respectivos membros (art. 134 do ECA); **E:** incorreta. Constará da lei orçamentária municipal e da do Distrito Federal previsão dos recursos necessários ao funcionamento do Conselho Tutelar e à remuneração e formação continuada dos conselheiros tutelares (art. 134, parágrafo único). **RD**

Gabarito "A".

**(Defensor Público – DPE/RN – 2016 – CESPE)** Em relação a conselho tutelar, assinale a opção correta.

(A) Se constatar que um professor de pré-escola teve ciência de maus-tratos contra criança e não comunicou o fato à autoridade competente, o conselho tutelar poderá iniciar procedimento destinado a impor penalidade administrativa.

(B) O conselho tutelar não tem competência para aplicar medida de advertência a pais que, a pretexto de corrigir ou educar uma criança, utilizarem castigo físico.

(C) Segundo o ECA, cabe ao conselho tutelar encaminhar ao MP informação a respeito do descumprimento injustificado de suas deliberações para que este faça uma representação

à autoridade judiciária competente, para fins de execução das decisões do colegiado.

(D) Sob o ponto de vista administrativo, o conselho tutelar é subordinado hierarquicamente a uma das secretarias integrantes do Poder Executivo local.

(E) De acordo com o ECA, a escolha dos conselheiros tutelares deve ocorrer por eleição mediante voto indireto.

**A:** correta. Prevê o artigo 245 do ECA a seguinte infração administrativa com a respectiva sanção: "deixar o médico, professor ou responsável por estabelecimento de atenção à saúde e de ensino fundamental, pré-escola ou creche, de comunicar à autoridade competente os casos de que tenha conhecimento, envolvendo suspeita ou confirmação de maus-tratos contra criança ou adolescente: Pena – multa de três a vinte salários de referência, aplicando-se o dobro em caso de reincidência". O Conselho Tutelar, por sua vez, tem por função encaminhar ao Ministério Público a existência de crime ou infração administrativa, tudo na forma do art. 136, IV, do ECA. **B:** incorreta. A medida de advertência, perda da guarda, destituição da tutela, suspensão ou destituição de poder familiar, são medidas que só podem ser aplicadas pela autoridade judicial (vide art. 136, II). **C:** incorreta. Na forma do art. 136, III, o Conselho Tutelar deve "promover a execução de suas decisões, podendo para tanto: a) requisitar serviços públicos nas áreas de saúde, educação, serviço social, previdência, trabalho e segurança; e b) representar junto à autoridade judiciária nos casos de descumprimento injustificado de suas deliberações". **D:** incorreta. O Conselho Tutelar é órgão permanente e autônomo, não jurisdicional, não estando subordinado hierarquicamente às secretarias integrantes do Executivo. **E:** incorreta. A escolha dos conselheiros é feita mediante voto direto (vide art. 139 do ECA).

Gabarito "A".

**(Juiz de Direito/AM – 2016 – CESPE)** O conselho tutelar determinou à autoridade municipal competente a medida de proteção consistente em matrícula e frequência obrigatórias em estabelecimento oficial de ensino fundamental para criança com seis anos de idade.

Acerca dessa situação hipotética e de aspectos relativos à atuação e às competências do conselho tutelar, assinale a opção correta.

(A) Na situação em tela, uma vez documentada a violação de direitos da criança, a decisão do conselho tutelar prescindiria da oitiva da criança e dos pais.

(B) Caso, na hipótese dada, se tratasse de pais moradores de rua, a medida mais adequada para a criança seria a de internação em estabelecimento educacional.

(C) Na hipótese considerada, a autoridade municipal poderá deixar de cumprir a determinação, uma vez que não há previsão legal de garantia de oferta, pelo município, de educação formal para crianças com até seis anos de idade.

(D) Não há possibilidade legal de os pais da criança em questão se oporem à decisão do conselho tutelar sob o fundamento de liberdade de consciência.

(E) A decisão do conselho tutelar, na situação em apreço, somente poderá ser revista pela autoridade judiciária a pedido de quem tenha legítimo interesse.

**A:** incorreta. O Conselho Tutelar é órgão autônomo (art. 131), não sendo necessária a oitiva dos pais ou do menor para a tomada de suas decisões. No entanto, suas decisões podem ser revistas pela autoridade judiciária (art. 137). **B:** incorreta. Não há previsão de medida protetiva de internação em estabelecimento educacional. Se houver necessidade de colocar a criança em guarda ou tutela de terceiro, ou afastamento do lar, essa medida somente pode ser determinada pela autoridade judiciária, nunca pelo Conselho Tutelar (art. 101 e art. 136, parágrafo único, ambos do ECA). **C:** incorreta. Na forma do art. 208, § 2º, da CF, o não oferecimento de ensino obrigatório pelo Poder Público, ou sua oferta irregular, importa responsabilidade da autoridade competente. **D:** incorreta. Tendo em vista o exercício do poder familiar, os pais tem legitimidade para se oporem à decisão do conselho tutelar. Aliás, neste caso em específico, o homeschooling está sendo debatido no STF (RE 888.815), ainda sem julgamento até o fechamento dessa edição. **E:** correta. Conforme o art. 137 do ECA, as decisões do Conselho Tutelar somente podem ser revistas pela autoridade judiciária competente a pedido de quem tenha legítimo interesse.

Gabarito "E".

# 20. DIREITO DA CRIANÇA E DO ADOLESCENTE  699

**(Magistratura/PA – 2012 – CESPE)** Na madrugada de determinado sábado, um conselheiro tutelar plantonista recebeu denúncia anônima, por telefone, segundo a qual três crianças, respectivamente, com três, quatro e seis anos de idade, teriam sido trancadas, sozinhas, em casa pelos pais, que teriam viajado até uma cidade contígua à que habitam, para participar de uma festa noturna. O conselheiro foi, então, até o local indicado na denúncia e constatou a veracidade dos fatos narrados.

Nessa situação, de acordo com as atribuições do conselho tutelar previstas no ECA, o conselheiro tutelar deve

(A) comunicar a situação ao juiz plantonista na vara da infância e da juventude, para que ele adote as providências pertinentes ao caso.

(B) arrombar a porta da casa, retirar as crianças de lá, dirigir-se à delegacia mais próxima, registrar o ocorrido e aguardar, na própria delegacia, a chegada dos pais, sob pena de ter de responder por subtração de incapazes.

(C) requisitar força policial para arrombar a porta da casa, retirar as crianças de lá, encaminhá-las a instituição de acolhimento provisório e comunicar imediatamente o fato ao MP.

(D) acionar a polícia militar para tomar as providências que entender cabíveis.

(E) encaminhar ao MP notícia do fato para que este promova as ações que entender necessárias.

Art. 136, I, III, "a", e IV, do ECA. A propósito desse tema, importante que se diga que a recente Lei 14.344/2022 inseriu, no art. 136 do ECA, outras atribuições ao Conselho Tutelar (incluiu os incisos XIII a XX), todas voltadas à prevenção e ao enfrentamento da violência doméstica e familiar contra a criança e o adolescente.

Gabarito "C".

**(Magistratura/CE – 2012 – CESPE)** Márcio, conselheiro tutelar, recebeu denúncia anônima, por telefone, a respeito do funcionamento de uma boate, instalada em uma casa no centro da cidade, onde meninas adolescentes eram supostamente mantidas para a prática de prostituição.

Com base na situação hipotética apresentada, nas atribuições do conselho tutelar e nas medidas de proteção previstas no ECA, assinale a opção correta.

(A) Márcio, representando o conselho tutelar local, deverá ajuizar, imediatamente, ação cautelar, com pedido de liminar, com vistas à interdição temporária do estabelecimento.

(B) Confirmada a existência de adolescentes desacompanhadas de pais ou representantes legais na referida residência, Márcio deverá providenciar o encaminhamento das menores aos seus responsáveis legais ou, na falta destes, o acolhimento institucional, comunicando o MP, via relatório minucioso, dos fatos e providências.

(C) Márcio deverá, imediatamente, requisitar à polícia civil abertura de inquérito policial para investigação criminal do caso e, assim que forem tomadas as providências cabíveis, fiscalizar a atuação policial, a fim de evitar violação dos direitos fundamentais das adolescentes envolvidas.

(D) Confirmada a existência de adolescentes desacompanhadas de pais ou representantes legais na referida casa, o conselheiro tutelar deverá determinar a imediata internação provisória das menores em entidade exclusivamente destinada a adolescentes, distinta de abrigo, obedecida rigorosa separação por critérios de idade, compleição física e gravidade da infração, pelo prazo máximo de quarenta e cinco dias.

(E) O conselheiro deverá convocar, com urgência, reunião do conselho tutelar com o promotor de justiça, o defensor público, o juiz da infância e juventude e as polícias civil e militar, para definição de plano estratégico de combate à prostituição local de adolescentes.

A, C, D e E: incorretas, pois estão em desacordo com o ECA; **B:** correta, pois uma das atribuições do Conselho Tutelar é a aplicação das medidas protetivas em favor da criança e do adolescente, exceto inclusão em programa de acolhimento familiar e colocação em família

substituta, bem como representar ao Ministério Público, comunicando fatos e providências (art. 93, *caput;* art. 101, I e VII; e art. 136, I, IV e X, todos do ECA).

Gabarito "B".

**(Ministério Público/RR – 2012 – CESPE)** No que diz respeito aos conselhos dos direitos da criança e do adolescente e ao conselho tutelar, assinale a opção correta.

(A) Se, no exercício de suas atribuições, o conselho tutelar entender necessário o afastamento da criança ou do adolescente do convívio familiar, o referido órgão deve requerer autorização ao MP para adotar as providências cabíveis ao caso.

(B) O Conselho Nacional dos Direitos da Criança e do Adolescente bem como os respectivos conselhos municipais e estaduais devem fixar critérios de utilização das doações subsidiadas e demais receitas, por meio de planos de aplicação, destinando, necessariamente, percentual para incentivo ao acolhimento, sob a forma de guarda, de criança ou adolescente órfãos ou abandonados.

(C) Os recursos financeiros necessários para a manutenção do conselho tutelar dependem das doações da comunidade local e do repasse de recursos financeiros do estado e da União.

(D) Em cada município deve haver, no mínimo, um conselho tutelar composto de cinco membros, nomeados pela câmara municipal para mandato de três anos, permitida uma recondução.

(E) A atuação do conselho tutelar restringe-se às crianças e aos adolescentes cujos pais ou responsável legal não possuam condições econômico-financeiras de garantir o mínimo existencial ao infante.

**A:** incorreta, pois o Conselho Tutelar não precisa pedir autorização ao Ministério Público, mas deverá comunicá-lo (art. 136, parágrafo único, do ECA); **B:** correta (art. 260, § 2º, do ECA); **C:** incorreta, pois constará da lei orçamentária municipal e da do Distrito Federal previsão dos recursos necessários ao funcionamento do Conselho Tutelar e à remuneração e formação continuada dos conselheiros tutelares (art. 134, parágrafo único, do ECA); **D:** incorreta, pois em cada Município e em cada Região Administrativa do Distrito Federal haverá, no mínimo, 1 (um) Conselho Tutelar como órgão integrante da administração pública local, composto de 5 (cinco) membros, escolhidos pela população local, para mandato de 4 (quatro) anos, permitida recondução, mediante novo processo de escolha (art. 132 do ECA); **E:** incorreta, pois o Conselho Tutelar é encarregado de zelar pelo cumprimento dos direitos da criança e do adolescente, independentemente de sua situação econômica (art. 131 do ECA), pelo princípio da proteção integral.

Gabarito "B".

**(Ministério Público/PI – 2012 – CESPE)** O conselho tutelar de uma cidade do interior de determinado estado brasileiro recebeu denúncia anônima, por telefone, em que se relatava que o diretor da principal escola pública municipal teria praticado abusos sexuais contra várias crianças.

Nessa situação hipotética, dadas as atribuições do conselho tutelar previstas no ECA, os conselheiros tutelares devem:

(A) ajuizar contra o diretor, perante o juízo local da infância e da juventude, ação de exoneração do cargo, com pedido liminar de afastamento provisório.

(B) instaurar, com urgência, inquérito civil e criminal para ouvir o diretor, as crianças, seus pais, funcionários e professores da escola, para apuração dos fatos.

(C) comunicar, com urgência, o fato ao prefeito municipal, a quem cabe tomar as providências necessárias.

(D) ouvir reservadamente o diretor, as crianças e seus pais e, confirmados os indícios de abusos sexuais, enviar ao MP e à autoridade judiciária relatório circunstanciado do ocorrido e das providências tomadas.

(E) proceder à investigação do diretor, de forma sigilosa, e preparar um flagrante a fim de prendê-lo.

A alternativa "D" está correta, pois reflete o disposto no art. 136, I e IV, do ECA, ficando excluídas as demais.

Gabarito "D".

**(Defensor Público/RO – 2012 – CESPE)** Assinale a opção correta a respeito do conselho tutelar.

(A) Órgão público federal subordinado ao Ministério Público da União, o conselho tutelar integra o quadro das instituições públicas de defesa da criança e do adolescente.

(B) O conselho tutelar, órgão auxiliar da vara da infância e da juventude, recebe do Estado a função de zelar pelo cumprimento dos direitos da criança e do adolescente.

(C) O conselho tutelar, órgão público municipal permanente e autônomo, não jurisdicional, tem a função de zelar pelo cumprimento dos direitos da criança e do adolescente.

(D) Órgão colegiado com funções consultivas e deliberativas, o conselho tutelar foi criado pelo CONANDA, em conformidade com o que dispõe o ECA, para a defesa e salvaguarda dos direitos fundamentais das crianças e adolescentes em situação de risco.

(E) O conselho tutelar, órgão público estadual criado por lei específica, integra o Sistema Nacional da Criança e do Adolescente.

**A:** incorreta, pois é órgão integrante da administração pública local (art. 132, do ECA); **B:** incorreta, pois é órgão permanente e *autônomo (e não auxiliar), não jurisdicional*, encarregado *pela sociedade* (e não pelo Estado) de zelar pelo cumprimento dos direitos da criança e do adolescente (art. 131, do ECA); **C:** correta (arts. 131 e 132, ambos do ECA); **D:** incorreta, pois o Conselho Tutelar não é órgão deliberativo. Nos termos do art. 88, II do ECA, tal atribuição diz respeito ao Conselho de Direitos da Criança e do Adolescente. Cumpre ressaltar que o sistema de garantias se caracteriza pela política de atendimento dos direitos da criança e do adolescente, através de um conjunto articulado de ações governamentais e não governamentais, da União, dos Estados, do Distrito Federal e dos Municípios, bem como pela integração operacional de órgãos do Judiciário, Ministério Público, Defensoria e Conselho Tutelar (arts. 86 e 88, V, ambos do ECA); **E:** incorreta, pois o Conselho Tutelar é órgão integrante da administração pública local, sendo que a lei municipal disporá sobre o seu local, dia e horário de funcionamento, inclusive quanto à remuneração dos respectivos membros (arts. 132 e 134, ambos do ECA).
Gabarito "C".

## 9. CONSELHO MUNICIPAL DA CRIANÇA E DO ADOLESCENTE

**(Magistratura/BA – 2012 – CESPE)** Mauro, defensor público recém-empossado, ao iniciar seus trabalhos na defensoria pública de comarca carente do interior do estado da Bahia, constatou a inexistência, no município, de conselho tutelar e de conselho dos direitos da criança e do adolescente, em prejuízo ao público infantojuvenil.

Nessa situação hipotética, com base no que dispõe o ECA a respeito da proteção judicial dos interesses individuais, difusos e coletivos das crianças e dos adolescentes, Mauro deve

(A) ajuizar ação de indenização por danos materiais e morais em favor de cada criança ou adolescente prejudicado pela inércia do município.

(B) ajuizar ação civil pública, com pedido liminar, contra o município, pedindo a sua condenação na obrigação de criar o conselho dos direitos da criança e do adolescente.

(C) instaurar, imediatamente, o processo para a escolha dos membros do conselho tutelar, cuja fiscalização cabe ao promotor de justiça local.

(D) requisitar da autoridade policial a instauração de inquérito criminal, para apurar a responsabilidade penal do prefeito por omissão ao atendimento de direitos fundamentais das crianças e dos adolescentes.

(E) informar o MP a respeito dos fatos, para a adoção das medidas extrajudiciais e judiciais cabíveis, sob pena de crime de responsabilidade.

A Defensoria Pública possui legitimidade para a propositura de ação civil pública (art. 5º, II, da Lei 7.347/1985). Ademais, extrai-se do ECA a obrigatoriedade de o Município criar o Conselho Tutelar e o Conselho Municipal dos Direitos da Criança e do Adolescente (art. 88, I, II e IV; art.

132; art. 134 e art. 139, todos do ECA). Neste sentido é o entendimento jurisprudencial: *"AÇÃO CIVIL PÚBLICA – CONSELHO MUNICIPAL DOS DIREITOS DA CRIANÇA E DO ADOLESCENTE E O CONSELHO TUTELAR – ECA – CRIAÇÃO E FORMAÇÃO. A Ação Civil Pública é eficaz para compelir o Executivo municipal a criar e formar o Conselho Municipal dos Direitos da Criança e do Adolescente e o Conselho Tutelar, conforme determina o Estatuto da Criança e do Adolescente – ECA. Em reexame necessário, sentença confirmada"* (Processo nº 1.0297.05.000699-0/001 (1), Rel. Des. Nilson Reis, p. em 24/03/2006).
Gabarito "B".

**(Defensor Público/RO – 2012 – CESPE)** Cabe ao Conselho Municipal dos Direitos da Criança e do Adolescente

(A) dar ciência do registro dos programas das entidades de atendimento com a especificação dos regimes de atendimento ao conselho tutelar, por meio de ofício dirigido ao presidente do Conselho Federal dos Direitos da Criança e do Adolescente, e encaminhar parecer ao MP.

(B) publicar o registro dos programas das entidades de atendimento com a especificação dos regimes de atendimento no Diário Oficial local e remeter os autos ao juízo competente para a homologação do registro.

(C) homologar o registro dos programas das entidades de atendimento com a especificação dos regimes de atendimento no cartório da vara da infância e da juventude.

(D) homologar no CONANDA o registro dos programas das entidades de atendimento com a especificação dos regimes de atendimento.

(E) manter o registro dos programas das entidades de atendimento com a especificação dos regimes de atendimento e de suas eventuais alterações, encaminhando as informações pertinentes ao conselho tutelar e à autoridade judiciária local.

A alternativa "E" está correta, pois está de acordo com o disposto no art. 90, § 1º, do ECA, ficando excluídas as demais hipóteses.
Gabarito "E".

## 10. MINISTÉRIO PÚBLICO

**(Magistratura/PA – 2012 – CESPE)** Um delegado de polícia enviou ao promotor de justiça boletim circunstanciado de ocorrência, relatando lesão corporal leve supostamente praticada por uma adolescente de quinze anos de idade contra outra adolescente, também de quinze anos de idade, em briga ocorrida durante a aula de educação física, nas dependências da escola onde ambas estudavam. Após ouvir, informalmente, as jovens e seus respectivos pais e analisar os autos, o promotor de justiça constatou que a única lesão resultante da briga era um hematoma no braço da adolescente, causado por um soco desferido pela agressora, que confessou ter agredido a colega durante um jogo de vôlei.

Nessa situação, de acordo com o que dispõe o ECA acerca do MP e do procedimento de apuração de ato infracional, o promotor de justiça

(A) pode conceder remissão cumulada com medida socioeducativa de semiliberdade, como forma de suspensão do processo, independentemente de homologação do juiz.

(B) não pode conceder remissão, que é da competência exclusiva do juiz.

(C) pode promover o arquivamento dos autos, independentemente de homologação do juiz.

(D) deve, como forma de exclusão do processo, conceder remissão cumulada com medida socioeducativa de internação, submetendo sua decisão à homologação do juiz.

(E) pode conceder remissão cumulada com medida socioeducativa de advertência, como forma de exclusão do processo, devendo submeter a decisão à homologação do juiz.

Art. 126, *caput*; art. 180, II; e art. 201, I, todos do ECA e Súmula 108, do STJ.
Gabarito "E".

# 20. DIREITO DA CRIANÇA E DO ADOLESCENTE

**(Magistratura/CE – 2012 – CESPE)** À luz do ECA, assinale a opção correta a respeito da atuação do MP.

(A) Nos processos e procedimentos em que não seja parte, o MP deve atuar obrigatoriamente na defesa dos direitos e interesses de que cuida o referido estatuto, hipótese em que terá vista dos autos depois das partes, podendo juntar documentos e requerer diligências mediante a utilização dos recursos cabíveis.

(B) O MP possui legitimidade para promover e acompanhar os procedimentos de suspensão e destituição do poder familiar, nomeação e remoção de tutores, curadores e guardiães, tendo perdido, entretanto, após a promulgação da CF, a legitimidade para ajuizar ações de alimentos.

(C) Compete ao MP instaurar procedimentos no âmbito administrativo e, para instruí-los, requisitar das empresas telefônicas a quebra de sigilo telefônico dos investigados por crimes sexuais praticados contra crianças e adolescentes.

(D) Cabe ao MP impetrar mandado de segurança, de injunção e *habeas corpus*, em qualquer juízo, instância ou tribunal, na defesa dos interesses individuais disponíveis, indisponíveis, sociais e difusos afetos à criança e ao adolescente.

(E) Compete ao MP, entre outras atribuições, conceder a remissão como forma de exclusão ou de suspensão do processo e promover e acompanhar os procedimentos relativos às infrações atribuídas a adolescentes.

**A:** correta (art. 202 do ECA); **B:** incorreta, pois compete ao Ministério Público promover e acompanhar as ações de alimentos e os procedimentos de suspensão e destituição do poder familiar, nomeação e remoção de tutores, curadores e guardiães, bem como oficiar em todos os demais procedimentos da competência da Justiça da Infância e da Juventude (art. 201, III, do ECA); **C:** incorreta (art. 201, VI, "b" e "c", do ECA); **D:** incorreta (art. 201, IX, do ECA); **E:** incorreta, pois, antes de iniciado o procedimento judicial para apuração de ato infracional, o representante do Ministério Público poderá conceder a remissão, como forma de exclusão do processo. Por sua vez, iniciado o procedimento, a concessão da remissão pela autoridade judiciária importará na suspensão ou extinção do processo (art. 126, *caput* e parágrafo único, do ECA). Dentro do tema Ministério Público, é importante que se diga que a Lei 14.344/2022 inseriu no *caput* do art. 201 do ECA o inciso XIII, de forma a ampliar o rol de atribuições do órgão ministerial, *in verbis: intervir, quando não for parte, nas causas cíveis e criminais decorrentes de violência doméstica e familiar contra a criança e o adolescente.* Gabarito "A".

**(Ministério Público/PI – 2012 – CESPE)** A respeito da proteção judicial dos interesses individuais, difusos e coletivos das crianças e dos adolescentes prevista no ECA, assinale a opção correta.

(A) As demandas judiciais previstas no ECA deverão ser propostas no foro do local onde tenha ocorrido ou deva ocorrer a ação ou omissão, cujo juízo terá competência absoluta para processar a causa, sem exceções, em atenção ao princípio da proteção integral.

(B) Na hipótese de a associação autora não promover a execução da sentença condenatória no prazo de sessenta dias contados do trânsito em julgado, deverá fazê-lo o MP, facultada igual iniciativa à defensoria pública.

(C) No curso do inquérito civil, se o órgão do MP, esgotadas todas as diligências, se convencer da inexistência de fundamento para a propositura da ação cível, ele deverá requerer, em petição fundamentada dirigida ao juiz da infância e da juventude, o arquivamento do procedimento.

(D) O MP não possui legitimidade para propor ACP para obrigar plano de saúde a custear tratamento quimioterápico em centro urbano a uma única criança conveniada à empresa prestadora do serviço de assistência médica.

(E) A proteção judicial coletiva dos interesses individuais, difusos e coletivos das crianças e dos adolescentes restringe-se aos direitos taxativamente previstos no ECA.

**A:** incorreta, pois as ações serão propostas no foro do local onde ocorreu ou deva ocorrer a ação ou omissão, cujo juízo terá competência absoluta para processar a causa, ressalvadas a competência da Justiça Federal e a competência originária dos tribunais superiores (art. 209

do ECA); **B:** correta (art. 217 do ECA e art. 15 da Lei 7.347/1985); **C:** incorreta, pois os autos do inquérito civil ou as peças de informação arquivados serão remetidos, sob pena de se incorrer em falta grave, no prazo de três dias, ao Conselho Superior do Ministério Público e não ao juiz (art. 223, § 1° e 2°, do ECA); **D e E:** incorretas, pois estão em desacordo com o art. 201, V, do ECA. Gabarito "B".

**(Ministério Público/PI – 2012 – CESPE)** No que se refere à atuação do MP no âmbito do ECA, assinale a opção correta.

(A) Compete ao MP conceder a remissão como forma de exclusão ou de suspensão do processo e promover e acompanhar os procedimentos relativos às infrações atribuídas a adolescentes.

(B) Com a criação da defensoria pública pela CF, o MP perdeu a legitimidade para a propositura de ações de alimentos.

(C) Compete ao MP impetrar mandado de segurança, de injunção e *habeas corpus*, em qualquer juízo, instância ou tribunal, na defesa dos interesses individuais disponíveis, indisponíveis, sociais e difusos afetos à criança e ao adolescente.

(D) Cabe ao representante do MP que atua perante a vara da infância e da juventude conceder entrevista pessoal ao adolescente privado de liberdade.

(E) No âmbito administrativo, compete ao MP instaurar inquérito civil e, para instruí-lo, requisitar das instituições financeiras a quebra de sigilo bancário dos investigados por crimes de sequestro praticados contra crianças e adolescentes.

**A:** incorreta, pois, antes de iniciado o procedimento judicial para apuração de ato infracional, o representante do Ministério Público poderá conceder a remissão, como forma de exclusão do processo, atendendo às circunstâncias e consequências do fato, ao contexto social, bem como à personalidade do adolescente e sua maior ou menor participação no ato infracional (art. 126 do ECA); **B:** incorreta (art. 201, III, do ECA); **C:** incorreta, pois ao órgão ministerial cabe impetrar mandado de segurança, de injunção e *habeas corpus*, em qualquer juízo, instância ou tribunal, na defesa dos interesses sociais e individuais indisponíveis afetos à criança e ao adolescente (art. 201, IX, do ECA); **D:** correta (art. 124, I, do ECA); **E:** incorreta, pois a alternativa não traz uma das hipóteses de atuação do Ministério Público (art. 201, VI, do ECA). Gabarito "D".

## 11. ACESSO À JUSTIÇA

**(Juiz de Direito – TJ/BA – 2019 – CESPE/CEBRASPE)** À luz do ECA e da jurisprudência do STJ, assinale a opção correta, quanto à defesa dos interesses individuais, coletivos e difusos, às atribuições do MP, ao instituto da remissão e a garantias e aspectos processuais.

(A) Ao exibir quadro que possa criar situações humilhantes a crianças e adolescentes, uma emissora de televisão poderá sofrer penalidades administrativas, mas não será responsabilizada por dano moral coletivo, visto ser inviável a individualização das vítimas da conduta.

(D) A legitimidade ativa do MP para ajuizar ação de alimentos em prol de criança ou adolescente tem caráter subsidiário, ou seja, surge somente quando ausente a atuação da DP no local.

(C) A competência para processar e julgar ação civil pública ajuizada contra um estado federado na busca da defesa de crianças e adolescentes é, em regra, absoluta das varas da fazenda pública, por previsão constitucional.

(D) Na oitiva de apresentação, o representante do MP pode conceder, sem a presença do defesa técnica, a remissão ao ato infracional. Contudo, na audiência ou no procedimento de homologação por sentença da remissão, para evitar nulidade absoluta, é obrigatória a presença de defensor.

(E) Antes de iniciado o processo para apuração de ato infracional, o MP poderá conceder a remissão como forma de exclusão do processo, podendo incluir qualquer medida socioeducativa, sendo a única exceção a internação.

**A:** incorreta. O tema foi objeto de Ação Civil Pública, tendo sido julgada no Superior Tribunal de Justiça, tendo sido admitido o dano moral coletivo: "a análise da configuração do dano moral coletivo, na espécie, não reside na identificação de seus telespectadores, mas sim nos prejuízos causados a toda sociedade, em virtude da vulnerabilização de crianças e adolescentes, notadamente daqueles que tiveram sua origem biológica devassada e tratada de forma jocosa, de modo a, potencialmente, torná-los alvos de humilhações e chacotas pontuais ou, ainda, da execrável violência conhecida por *bullying*". (REsp 1.517.973-PE, Rel. Min. Luis Felipe Salomão). **B:** incorreta. O Ministério Público tem legitimidade para promover e acompanhas as ações de alimentos (art. 201, III, do ECA). Veja também a súmula **594 do STJ:** "O Ministério Público tem legitimidade ativa para ajuizar ação de alimentos em proveito de criança ou adolescente independentemente do exercício do poder familiar dos pais, ou do fato de o menor se encontrar nas situações de risco descritas no artigo 98 do Estatuto da Criança e do Adolescente, ou de quaisquer outros questionamentos acerca da existência ou eficiência da Defensoria Pública na comarca". **C:** incorreta. A justiça da infância e juventude é competente para conhecer as ações civis fundadas em interesses individuais, difusos ou coletivos afetos à criança e ao adolescente (Art. 148, IV, do ECA). **D:** correta. A remissão sugerida pelo Ministério Público ocorre antes do oferecimento da representação, razão pela qual não há a exigência da presença da defesa (art. 179 do ECA). No entanto, na audiência de apresentação (art. 186 do ECA) ou homologação da remissão pelo juiz, requer-se a presença do advogado. Veja entendimento do STJ a respeito: "No caso, o Ministério Público estadual ofereceu remissão ao menor, em ato realizado sem defesa técnica. 2. Assim, ainda que a jurisprudência admita a falta de defesa técnica na oitiva com o Ministério Público, a ausência do defensor na apresentação em Juízo e na sentença homologatória evidencia a ilegalidade, sendo violado o princípio da ampla defesa. Precedentes. 3. Ordem concedida, confirmando-se a liminar anteriormente deferida, para anular a audiência realizada sem a defesa técnica do menor, bem como os demais atos praticados *a posteriori*. (HC 415.295/DF, Rel. Ministro Sebastião Reis Júnior, Sexta Turma, julgado em 14/08/2018, DJe 03/09/2018). **E:** incorreta. Nos termos do art. 127 do ECA a remissão sugerida pelo Ministério Público pode vir acompanhada de aplicação de medida socioeducativa de advertência, reparação de danos, prestação de serviços à comunidade ou liberdade assistida, a ser aplicada pelo juiz (Súmula 108 do STJ). As medidas de semiliberdade e internação não podem ser aplicadas junto com a remissão.

Gabarito "D".

**(Defensor Público/AL – 2017 – CESPE)** A Defensoria Pública moveu ação civil pública, com base no Estatuto da Criança e do Adolescente, contra determinado município e em favor dos interesses de uma criança de quatro anos de idade, que não havia sido matriculada na educação infantil por falta de vagas. O réu alegou em contestação que a ação civil pública não pode ser utilizada para demandas individuais, que as vagas na educação infantil, em razão da demanda expressiva, não podem ser destinadas para casos específicos, devendo ser observada uma ordem de inscrição, sob pena de violação ao princípio da igualdade perante a lei.

Considerando essa situação hipotética, assinale a opção correta.

**(A)** A ação civil pública é inviável na medida em que no Estatuto da Criança e do Adolescente não há previsão expressa de ações de responsabilidade por ofensa aos direitos assegurados à criança e ao adolescente referentes ao não oferecimento ou oferta irregular do atendimento em creche e pré-escola às crianças de zero a cinco anos de idade.

**(B)** A ação civil pública seria viável se o autor fosse o Ministério Público, na medida em que a Defensoria Pública não é legitimada para ações previstas no Estatuto da Criança e do Adolescente para responsabilização por ofensa aos direitos assegurados à criança e ao adolescente referentes ao não oferecimento ou oferta irregular do ensino obrigatório e de atendimento em creche e pré-escola às crianças de zero a cinco anos de idade.

**(C)** A medida intentada pela Defensoria Pública é descabida: a ação civil pública destina-se a tutelar interesses difusos ou coletivos, não sendo instrumento jurídico-processual hábil

a tutelar interesses individuais indisponíveis de apenas uma criança, de modo que o processo deve ser extinto sem resolução de mérito.

**(D)** A ação civil pública é viável na medida em que no Estatuto da Criança e do Adolescente há previsão expressa de ações de responsabilidade por ofensa aos direitos assegurados à criança e ao adolescente referentes ao não oferecimento ou oferta irregular do ensino obrigatório e de atendimento em creche e pré-escola às crianças de zero a cinco anos de idade.

**(E)** A causa terá seguimento, visto que é cabível a ação civil pública na hipótese, mas, no julgamento do mérito, os argumentos do réu deverão ser acolhidos, já que conferir tratamento desigual à criança implica violação ao princípio da igualdade, o que não encontra amparo na norma especial do Estatuto da Criança e do Adolescente.

**A:** incorreta. Cabe tutela coletiva de direitos para proteção dos direitos individuais indisponíveis de crianças e adolescentes (art. 201, V, do ECA). Ademais, as ações de responsabilidade por não oferecimento de ensino obrigatório são regidas pelo ECA (art. 208, I); **B:** incorreta. A Defensoria Pública tem legitimidade para as ações coletivas voltados aos direitos das crianças e adolescentes (art. 5º da LACP); **C:** incorreta. Vide justificativa da alternativa "A"; **D:** correta, nos termos do art. 201, V, do ECA; **E:** incorreta. Conforme art. 208, I, do ECA. RD

Gabarito "D".

**(Juiz de Direito/DF – 2016 – CESPE)** A respeito do acesso à Justiça da Infância e da Juventude e da Competência da referida Justiça, assinale a opção correta.

**(A)** Em razão da competência absoluta da Justiça da Infância e da Juventude, o *habeas corpus* impetrado em face de ato praticado por delegado da Polícia Federal, que deixa de apresentar adolescente ao MP do DF, no prazo legal, é da competência da Vara da Infância e da Juventude do DF.

**(B)** De acordo com o STJ, o princípio do juízo imediato, previsto no ECA, sobrepõe-se às regras gerais previstas no CPC, tal como o princípio da *perpetuatio jurisdictionis*, privilegiando a celeridade e a eficácia em relação à criança. Assim, será legítima a modificação do foro em que tramita a ação, quando houver a mudança do domicílio da criança e de seus responsáveis, mesmo já iniciada a ação.

**(C)** As notícias que envolvam a prática de ato infracional poderão conter identificação da criança e do adolescente mediante mera indicação de iniciais do nome e do sobrenome, desde que não divulgadas fotografias ou imagens do rosto do menor.

**(D)** A propositura das ações judiciais da competência da Justiça da Infância e da Juventude depende do recolhimento de custas e emolumentos, salvo impossibilidade financeira comprovada ou ajuizamento da causa pelo MP ou pela DP.

**(E)** A autorização para o exercício de atividades artísticas por criança ou adolescente, como, por exemplo, contracenar em novelas televisivas, é da competência da Vara da Infância e da Juventude da Circunscrição Judiciária do domicílio do menor.

**A:** incorreta. Os crimes praticados contra a criança e o adolescente não são processados perante a Vara de Infância e Juventude (art. 147 e 148). No entanto, cumpre ressaltar que o STJ admite que a Lei de Organização Judiciária de cada Estado atribua competência às Varas de Infância e Juventude para julgar crimes praticados contra menores (AgRg no AgRg no AREsp 580350/RN, Rel. Min. Joel Ilan Paciornik, DJe 16/12/2016). **B:** correta. O entendimento do STJ segue no sentido de que o princípio do juiz imediato prevalece sobre o princípio da *perpetuatio jurisdictiones*. "Processo civil. Conflito negativo de competência. Ação de Destituição de poder familiar. Alteração de domicílio da criança e Daqueles que detém sua guarda. Estatuto da criança e do adolescente. Princípio da perpetuatio jurisdictiones x juiz imediato. Prevalência Deste último na hipótese concreta. (STJ, CC 119318/DF, Rel. Min. Nancy Andrighi, DJe 02/05/2012)". Veja também: CC 141374, DJe 03/12/2015. **C:** incorreta. O sigilo é garantido pelo art. 143 do ECA. **D:** incorreta. As ações de competência da

20. DIREITO DA CRIANÇA E DO ADOLESCENTE 703

Vara de Infância e Juventude são isentas de custas e emolumentos, ressalvada a hipótese de litigância de má-fé. E: A competência em Vara de Infância e Juventude é determinada (i) pelo domicílio dos pais ou responsável (ii) pelo lugar onde se encontre a criança ou adolescente à falta dos pais ou responsável. Lembrando, ainda, que a Súmula 383 do STJ assim dispõe: "A competência para processar e julgar as ações conexas de interesse de menor é, em princípio, do foro do domicílio do detentor de sua guarda".

Gabarito "B".

**(Magistratura/CE – 2012 – CESPE)** A respeito da proteção judicial dos interesses individuais, difusos e coletivos das crianças e dos adolescentes, assinale a opção correta conforme disposição do ECA e entendimento do STJ.

**(A)** Ao deferir liminar ou proferir sentença, o juiz poderá impor, independentemente de pedido do autor, multa diária ao réu, suficiente ou compatível com a obrigação. Nesse caso, o pagamento da multa será exigível somente após o trânsito em julgado da sentença favorável ao autor, mas o valor será devido desde o dia em que tiver sido configurado o descumprimento da obrigação.

**(B)** O juiz condenará associação responsável pela propositura da ação a pagar ao réu os honorários advocatícios arbitrados de acordo com o que dispõe o CPC, quando reconhecer que a pretensão é manifestamente infundada, e, em caso de litigância de má-fé, a associação será condenada ao décuplo das custas, e os seus diretores responderão subsidiariamente, sem prejuízo de responsabilidade por perdas e danos.

**(C)** As demandas judiciais previstas no ECA serão propostas no foro do local onde tenha ocorrido ou deva ocorrer a ação ou omissão, tendo o juízo competência absoluta para processar a causa, sem exceções, em atenção ao princípio da proteção integral.

**(D)** O MP carece de legitimidade para propor ação civil pública para obrigar plano de saúde a custear tratamento quimioterápico em qualquer centro urbano a criança dependente de titular conveniado a empresa prestadora do serviço de assistência médica.

**(E)** Não há previsão expressa no ECA a respeito da legitimidade da defensoria pública para a propositura de ação civil pública para a proteção dos direitos metaindividuais das crianças e dos adolescentes, sendo explícita no estatuto, tão somente, a legitimidade para o ajuizamento de ações individuais.

**A:** correta (art. 213, §§ 2º e 3º, do ECA); **B:** incorreta, pois a associação autora e os diretores responsáveis pela propositura da ação responderão solidariamente (art. 218, *caput* e parágrafo único, do ECA); **C:** incorreta, pois são ressalvadas a competência da Justiça Federal e a competência originária dos tribunais superiores (art. 209 do ECA); **D:** incorreta (art. 210, I, do ECA); **E:** incorreta, pois não há previsão expressa no ECA da legitimidade da Defensoria Pública para o ajuizamento de ações coletivas ou individuais. Importante ressaltar que, muito embora a Defensoria Pública não esteja como colegitimada no art. 210 do ECA, o fato é que ela possui legitimidade para a propositura de ação civil pública, em razão do disposto no art. 5º, II, da Lei 7.347/1985. Todavia, quando a tutela for de direitos coletivos ou individuais homogêneos, a legitimidade ficará restrita aos interesses dos necessitados. Por sua vez, se a tutela for de direitos difusos, não haverá restrição, já que os seus titulares são indeterminados. Neste sentido é o entendimento jurisprudencial: *Ementa PROCESSUAL CIVIL. AÇÃO COLETIVA. DEFENSORIA PÚBLICA. LEGITIMIDADE ATIVA. ART. 5º, II, DA LEI Nº 7.347/1985 (REDAÇÃO DA LEI Nº 11.448/2007). PRECEDENTE. 1. Recursos especiais contra acórdão que entendeu pela legitimidade ativa da Defensoria Pública para propor ação civil coletiva de interesse coletivo dos consumidores. 2. Esta Superior Tribunal de Justiça vem-se posicionando no sentido de que, nos termos do art. 5º, II, da Lei 7.347/1985 (com a redação dada pela Lei 11.448/2007), a Defensoria Pública tem legitimidade para propor a ação principal e a ação cautelar em ações civis coletivas que buscam auferir responsabilidade por danos causados ao meio ambiente, ao consumidor, a bens e direitos de valor artístico, estético, histórico, turístico e paisagístico e dá outras Providências. 3. Recursos*

*especiais não providos. Acórdão Origem: STJ – SUPERIOR TRIBUNAL DE JUSTIÇA Classe: RESP – RECURSO ESPECIAL – 912849 Processo: 200602794575 UF: RS Órgão Julgador: PRIMEIRA TURMA Data da decisão: 26/02/2008 Relator(a) JOSÉ DELGADO.*

Gabarito "A".

**(Magistratura/CE – 2012 – CESPE)** O ECA adotou o sistema recursal previsto no CPC para os procedimentos afetos à justiça da infância e da juventude, mas previu expressamente algumas adaptações que devem ser observadas. A respeito das regras específicas de recursos, assinale a opção correta.

**(A)** Contra as decisões proferidas com base nas portarias e alvarás editados pelo juízo da infância e juventude caberá agravo de instrumento.

**(B)** A apelação interposta contra a sentença que deferir a adoção será sempre recebida nos efeitos suspensivo e devolutivo, em atenção ao princípio da proteção integral.

**(C)** No caso de apelação ou agravo de instrumento, a autoridade judiciária proferirá despacho fundamentado de juízo de admissibilidade, no prazo de cinco dias, remetendo os autos imediatamente ao tribunal.

**(D)** Os recursos nos procedimentos de adoção e de destituição de poder familiar serão processados com prioridade absoluta e serão julgados após vista do revisor e parecer do MP, no prazo de dez dias.

**(E)** Em todos os recursos, salvo o de agravo de instrumento e de embargos de declaração, o prazo para interpor e para responder será sempre de dez dias.

**A:** incorreta, pois caberá apelação (art. 199 do ECA); **B:** incorreta, pois a sentença que deferir a adoção produz efeito desde logo, embora sujeita a apelação, que será recebida exclusivamente no efeito devolutivo, salvo se se tratar de adoção internacional ou se houver perigo de dano irreparável ou de difícil reparação ao adotando (art. 199-A, do ECA, incluído pela Lei 12.010/2009); **C:** incorreta, pois a autoridade judiciária proferirá despacho fundamentado, mantendo ou reformando a decisão. Trata-se, no caso, do juízo de retratação (art. 198, VII, do ECA); **D:** incorreta, pois os recursos nos procedimentos de adoção e de destituição de poder familiar, em face da relevância das questões, serão processados com prioridade absoluta, devendo ser imediatamente distribuídos, ficando vedado que aguardem, em qualquer situação, oportuna distribuição, e serão colocados em mesa para julgamento sem revisão e com parecer urgente do Ministério Público (art. 199-C, do ECA, incluído pela Lei 12.010/2009); **E:** correta, de acordo com a legislação anterior, pois com o advento da Lei 12.594/2012, em todos os recursos, salvo nos embargos de declaração, o prazo para o Ministério Público e para a defesa será sempre de 10 (dez) dias. Portanto, o agravo de instrumento não está mais excetuado da regra geral (art. 198, II, do ECA).

Gabarito "E".

**(Ministério Público/TO – 2012 – CESPE)** O ECA prevê que sejam adotados, na justiça da infância e da juventude, procedimentos recursais previstos no CPC, com algumas adaptações. A respeito das normas recursais específicas previstas no ECA, assinale a opção correta.

**(A)** No caso de apelação e de agravo de instrumento, cabe ao juiz, antes de determinar a remessa dos autos à instância superior, realizar o juízo de retratação, mediante decisão fundamentada.

**(B)** Cabe recurso de agravo de instrumento contra as decisões proferidas pelo juízo da infância e da juventude que disciplinar, por meio de portaria, ou autorizar, mediante alvará, a entrada e permanência de criança ou adolescente, sem a companhia dos pais ou do responsável, em boate ou congêneres.

**(C)** Contra a sentença que deferir a adoção nacional ou internacional cabe recurso de apelação, que será recebida exclusivamente no efeito devolutivo e produzirá efeito desde logo.

**(D)** A sentença que destituir um dos genitores ou ambos do poder familiar fica sujeita a apelação, que deverá ser recebida no duplo efeito.

**(E)** Em todos os recursos, o prazo para o MP e para a defesa será sempre de dez dias.

**A:** correta (art. 198, VII, do ECA); **B:** incorreta, pois em tais decisões o recurso cabível é o de Apelação (art. 199 do ECA); **C:** incorreta, pois, em regra, a sentença que deferir a adoção produz efeito desde logo, embora sujeita a apelação, que será recebida exclusivamente no efeito devolutivo. Todavia, se se tratar de adoção internacional ou se houver perigo de dano irreparável ou de difícil reparação ao adotando, o recurso será recebido no duplo efeito (art. 199-A do ECA); **D:** incorreta, pois a sentença que destituir ambos ou qualquer dos genitores do poder familiar fica sujeita a apelação, que deverá ser recebida apenas no efeito devolutivo (art. 199-B, do ECA); **E:** incorreta, pois em todos os recursos, salvo nos embargos de declaração, o prazo para o Ministério Público e para a defesa será sempre de 10 (dez) dias (art. 198, II, do ECA).

Gabarito "A".

**(Defensor Público/AC – 2012 – CESPE)** Ao ser atendido na DP de sua cidade, um cidadão economicamente hipossuficiente relatou que seu filho, uma criança de seis anos de idade, sofria maus-tratos da mãe, sua ex-companheira, que detinha a guarda judicial do garoto e que vivia em cidade de outro estado da Federação havia mais de um ano. O cidadão manifestou, ao final do atendimento, interesse na guarda do filho.

Nessa situação hipotética, de acordo com o disposto no ECA e com o entendimento do STJ, o DP deve

**(A)** ajuizar ação de modificação de guarda, com pedido de liminar, perante o juízo da comarca onde reside o pai do menor.

**(B)** ajuizar ação de modificação de guarda, com pedido de liminar, perante o juízo da capital do estado onde reside a mãe do menor.

**(C)** remeter os documentos para o MP local, órgão que deve tomar as providências cabíveis ao caso.

**(D)** remeter os documentos à DP da cidade de residência da mãe do menor, para as medidas cabíveis.

**(E)** ajuizar ação de modificação de guarda, com pedido de liminar, perante o juízo da comarca onde reside a mãe do menor.

A alternativa E está correta, já que está de acordo com o disposto no art. 147, I, do ECA e com a Súmula 383, do STJ, segundo a qual a "competência para processar e julgar as ações conexas de interesse de menor é, em princípio, do foro do domicílio do detentor de sua guarda". Portanto, as demais alternativas ficam excluídas. Outrossim, cumpre salientar que "de acordo com o Superior Tribunal de Justiça, o princípio do juízo imediato, previsto no art. 147, I, do ECA, sobrepõe-se às regras gerais previstas no Código de Processo Civil, tal como o princípio da *perpetuatio jurisdictionis* (art. 87, do CPC [corresponde ao art. 43 do NCPC]), privilegiando a celeridade e eficácia em relação à criança. Assim, será legítima a modificação do foro em que tramita a ação, quando houver a mudança de domicílio da criança e seus responsáveis, mesmo já iniciada a ação". (ROSSATO, Luciano Alves; LÉPORE, Paulo Eduardo e CUNHA, Rogério Sanches. **Estatuto da Criança e do Adolescente comentado** *artigo por artigo*. 3. ed. São Paulo: RT, 2012). Gabarito "E".

**(Defensor Público/AC – 2012 – CESPE)** Um DP lotado em comarca do estado X recebeu diversas reclamações de pais contra a falta de creches e pré-escolas para crianças de até cinco anos de idade. Após oficiar à secretaria municipal de educação, esse DP confirmou a veracidade das denúncias.

Com base na situação hipotética acima e nas normas do ECA acerca da proteção judicial dos interesses individuais, difusos e coletivos de crianças e adolescentes, assinale a opção correta.

**(A)** Em razão da discricionariedade da administração pública municipal e da reserva do possível, que impedem a análise judicial do caso, o DP deverá expedir recomendação à câmara municipal para que inclua, no próximo orçamento anual, a previsão de recursos públicos para a construção de creches e pré-escolas.

**(B)** O DP deverá remeter os documentos ao MP local, para a tomada de providências cabíveis.

**(C)** Antes de tomar qualquer providência judicial, o DP deverá arrecadar procurações e declarações de pobreza de todos os pais que fizeram as denúncias.

**(D)** A fim de evitar alegação de nulidade processual, o DP deverá ajuizar ações individuais contra o município, ou seja, uma ação para cada criança carente dos serviços de creche ou pré-escola.

**(E)** O DP deverá ajuizar ação civil pública contra o município, requerendo liminarmente que o réu seja obrigado a construir creches e pré-escolas em determinado prazo, sob pena de multa diária, e, no mérito, deverá requerer a confirmação da liminar.

**A:** incorreta, pois, no caso em questão, por haver violação a direitos difusos, coletivos ou individuais homogêneos de crianças, será cabível o ajuizamento de ação civil pública para condenar o Município na obrigação de fazer, consistente em construir creches e pré-escolas, sob pena de multa; **B:** incorreta, pois a Defensoria Pública tem legitimidade para ajuizar ação civil pública, podendo ela própria tomar as providências cabíveis; **C:** incorreta, pois não é necessário arrecadar procurações, já que a capacidade postulatória do defensor público decorre exclusivamente da sua nomeação e posse no cargo público (art. 4º, § 6º, da LC 132/2009, que alterou a LC 80/1994). De igual modo, é dispensável arrecadar declarações de pobreza de todos os que seriam beneficiados com a tutela coletiva. Isso porque, "quanto à noção de hipossuficiência que deve pautar a atuação do órgão, notadamente no campo da tutela coletiva, a vulnerabilidade não se restringe a limites estritamente econômicos, mas engloba todos aqueles que do ponto de vista organizacional 'são socialmente vulneráveis: os consumidores, os usuários de serviços públicos, os usuários de planos de saúde, os que queiram implementar ou contestar políticas públicas, como as atinentes à saúde, à moradia, ao saneamento básico, ao meio ambiente, etc.'. Em síntese, a assistência jurídica integral e gratuita que prestará a Defensoria Pública refere-se a hipossuficientes econômicos, sociais, culturais e organizacionais". Outrossim, oportuno registrar que, "embora deva haver pertinência temática que justifique a atuação da Defensoria Pública – a vulnerabilidade em sentido amplo – essa é facilmente alcançada, pois basta que o resultado da demanda atinja parcela, e não a integralidade, de sujeitos hipossuficientes. Exigir que a ação coletiva proposta pela Defensoria Pública tutele exclusivamente hipossuficientes é algo absolutamente impossível, que esvaziaria de sentido e função a atribuição de legitimidade ativa ao órgão" (ZUFELATO, Camilo. A participação da Defensoria Pública nos processos coletivos de hipossuficientes: da legitimidade ativa à intervenção *ad coadjuvandum*. In: RÉ, Aluisio Iunes Monti Ruggeri. (Org.). **Temas aprofundados:** Defensoria Pública. 1 ed. Salvador: JusPodivm, 2013. p. 310); **D:** incorreta, pois a Defensoria Pública tem legitimidade para ajuizar ação civil pública, por haver violação a direitos difusos, coletivos ou individuais homogêneos de crianças e adolescentes; **E:** correta (arts. 208, III e 213, § 2º, ambos do ECA). Muito embora a Defensoria Pública não esteja como colegitimada no art. 210, do ECA, o fato é que ela possui legitimidade para a propositura de ação civil pública, em razão do disposto no art. 5º, II, da Lei nº 7.347/1985. Todavia, quando a tutela for de direitos coletivos ou individuais homogêneos, a legitimidade ficará restrita aos interesses dos necessitados, exigindo-se a pertinência temática, como já explicitado acima. Por sua vez, se a tutela for de direitos difusos, não haverá restrição, já que os seus titulares são indeterminados. Neste sentido é o entendimento jurisprudencial: "Ementa PROCESSUAL CIVIL. AÇÃO COLETIVA. DEFENSORIA PÚBLICA. LEGITIMIDADE ATIVA. ART. 5º, II, DA LEI Nº 7.347/1985 (REDAÇÃO DA LEI Nº 11.448/2007). PRECEDENTE. 1. Recursos especiais contra acórdão que entendeu pela legitimidade ativa da Defensoria Pública para propor ação civil coletiva de interesse coletivo dos consumidores. 2. Este Superior Tribunal de Justiça vem-se posicionando no sentido de que, nos termos do art. 5º, II, da Lei nº 7.347/1985 (com a redação dada pela Lei nº 11.448/2007), a Defensoria Pública tem legitimidade para propor a ação principal e a ação cautelar em ações civis coletivas que buscam auferir responsabilidade por danos causados ao meio ambiente, ao consumidor, a bens e direitos de valor artístico, estético, histórico, turístico e paisagístico e dá outras Providências. 3. Recursos especiais não providos." (STJ, REsp 912849/RS (2006/0279457-5), 1ª T., j. 26.02.2008, rel. Min. José Delgado, *DJe* 28.04.2008). Gabarito "E".

# 20. DIREITO DA CRIANÇA E DO ADOLESCENTE

**(Defensor Público/RO – 2012 – CESPE)** A respeito das normas da justiça da infância e da juventude, assinale a opção correta consoante o que dispõe o ECA.

(A) Constatada a prática de ato infracional por adolescente, a competência para o recebimento da representação é determinada pelo local de residência do menor, independentemente do lugar da ação ou omissão, observadas as regras de conexão, continência e prevenção.

(B) Compete à autoridade judiciária da vara da infância e da juventude disciplinar, por meio de portaria, os casos de permissão de viagem ao exterior de criança ou adolescente em companhia de estrangeiro residente ou domiciliado no exterior.

(C) Compete à justiça da infância e da juventude conhecer, processar e julgar todas as ações de guarda e de tutela do menor, de destituição do poder familiar e de suprimento da capacidade do menor ou do consentimento para o seu casamento.

(D) É vedada a divulgação de atos judiciais, policiais e administrativos que digam respeito a adolescentes a que se atribua autoria de ato infracional; qualquer notícia a respeito do fato não poderá identificar o adolescente, sendo vedada fotografia, referência a nome, apelido, filiação, parentesco, residência, mas permitido o uso das iniciais do nome e sobrenome.

(E) O local da residência do menor é o foro competente para o processamento e julgamento de ação de modificação de guarda, visto que, na fixação da competência para as ações que tratem de guarda de menor, há de ser observada a prevalência dos interesses deste sobre os demais bens e interesses tutelados.

**A:** incorreta, pois, nos casos de ato infracional, será competente a autoridade do *lugar da ação ou omissão*, observadas as regras de conexão, continência e prevenção (art. 147, § 1º, do ECA); **B:** incorreta, pois a autoridade judiciária concederá autorização para viagem, por meio de alvará judicial e não por portaria (arts. 83 a 85, do ECA). Com efeito, a portaria é o ato por meio do qual o juiz disciplina situações concretas, ao passo que o alvará judicial é dirigido a determinada pessoa física ou jurídica. Assim, nos termos do art. 85, do ECA, é possível que a criança ou o adolescente nascido em território nacional saia do País em companhia de estrangeiro residente ou domiciliado no exterior, desde que com expressa autorização judicial, por meio de alvará, como já explicitado adrede; **C:** incorreta, pois compete à Justiça da Infância e da Juventude conhecer, processar e julgar as ações de guarda e de tutela do menor, de destituição do poder familiar e de suprimento da capacidade do menor ou do consentimento para o seu casamento, *quando houver situação de risco*, pois, caso contrário, a competência será da Vara Cível ou de Família (art. 148, parágrafo único, alíneas "a", "b" e "c", do ECA). Oportuno registrar que a competência será exclusiva da Vara da Infância e Juventude para conhecer de todas as ações de adoção (art. 148, III, do ECA); **D:** incorreta, pois qualquer notícia a respeito do fato não poderá identificar a criança ou o adolescente, vedando-se fotografia, referência a nome, apelido, filiação, parentesco, residência e, *inclusive, iniciais do nome e sobrenome* (art. 143, parágrafo único, do ECA); **E:** correta, já que a alternativa está de acordo com o disposto no art. 147, I, do ECA e com a Súmula 383, do STJ, segundo a qual a "competência para processar e julgar as ações conexas de interesse de menor é, em princípio, do foro do domicílio do detentor de sua guarda". Logo, aquele que não é o detentor da guarda deverá ajuizar a ação de modificação no local onde o menor está residindo. Outrossim, cumpre salientar que "de acordo com o Superior Tribunal de Justiça, o princípio do juízo imediato, previsto no art. 147, I, do ECA, sobrepõe-se às regras gerais previstas no Código de Processo Civil, tal como o princípio da *perpetuatio jurisdictionis* (art. 87, do CPC [corresponde ao art. 43 do NCPC]), privilegiando a celeridade e eficácia em relação à criança. Assim, será legítima a modificação do foro em que tramita a ação, quando houver a mudança de domicílio da criança e seus responsáveis, mesmo já iniciada a ação". (ROSSATO, Luciano Alves; LÉPORE, Paulo Eduardo e CUNHA, Rogério Sanches. **Estatuto da Criança e do Adolescente comentado artigo por artigo**. 3. ed. São Paulo: RT, 2012).

*Gabarito "E"*

**(Defensor Público/TO – 2013 – CESPE)** A respeito da proteção judicial dos interesses individuais, difusos e coletivos das crianças e dos adolescentes e das normas previstas no ECA a respeito do MP e do advogado, assinale a opção correta.

(A) O sistema de proteção judicial dos interesses e direitos das crianças e dos adolescentes abrange somente as hipóteses expressamente previstas no ECA, em razão de constituir microssistema fechado, com normas específicas e não extensíveis a outros direitos garantidos em leis esparsas.

(B) Com a publicação da CF, a capacidade postulatória para o ajuizamento de ações de alimentos para a defesa de interesses de crianças e de adolescentes passou a ser exclusiva da DP e da advocacia privada.

(C) Para a propositura de ACP para a defesa de interesses coletivos ou difusos das crianças e dos adolescentes, são legitimados concorrentemente o MP, a DP, a União, os Estados, os Municípios, o DF e os territórios, as associações legalmente constituídas há pelo menos um ano e que incluam entre seus fins institucionais a defesa desses direitos, dispensada a autorização da assembleia, se houver prévia autorização estatutária.

(D) Em razão de expressa previsão constitucional, o juízo estadual do local onde tenha ocorrido ou ocorra a ação ou omissão é absolutamente competente para conhecer, processar e julgar as ações civis públicas ajuizadas para a defesa de interesses coletivos ou difusos das crianças e dos adolescentes, quando a União, entidade autárquica ou empresa pública federal forem interessadas na condição de autoras, rés, assistentes ou oponentes.

(E) O promotor de justiça local não possui legitimidade para propor ACP para obrigar plano de saúde a custear tratamento quimioterápico em qualquer centro urbano a uma única criança conveniada à empresa prestadora do serviço de assistência médica, atribuição exclusiva da DP.

**A:** incorreta, pois o sistema é aberto, já que não excluem da proteção judicial outros interesses individuais, difusos ou coletivos, próprios da infância e da adolescência, protegidos pela Constituição (art. 208, § 1º, do ECA); **B:** incorreta, pois, além da Defensoria Pública, há outros colegitimados (art. 210, do ECA); **C:** correta (art. 210, do ECA); **D:** incorreta, pois, na hipótese descrita na alternativa, a competência é da Justiça Federal e não da Justiça Estadual (art. 109, I, CF/1988); **E:** incorreta, pois o Ministério Público possui legitimidade para ajuizar ação, ainda que em favor de uma única criança ou adolescente (art. 201, V, do ECA).

*Gabarito "C"*

## 12. INFRAÇÕES ADMINISTRATIVAS

**(Promotor de Justiça/RR – 2017 – CESPE)** De acordo com as disposições do ECA, cometerá infração administrativa

I. o médico que não comunicar à autoridade competente os casos de que tenha conhecimento, que envolvam suspeita ou confirmação de maus-tratos contra criança ou adolescente.

II. a autoridade competente que, sem justa causa, deixar de ordenar a imediata liberação da criança ou do adolescente, logo que tenha conhecimento da ilegalidade de sua apreensão.

III. aquele que, tendo o dever de autoridade, de guarda ou de vigilância sobre criança ou adolescente, o submeta a vexame ou constrangimento.

Assinale a opção correta.

(A) Nenhum item está certo.

(B) Apenas o item I está certo.

(C) Apenas os itens II e III estão certos.

(D) Todos os itens estão certos.

**I:** correta. Trata-se de infração administrativa prevista no art. 245 do ECA; **II:** incorreta. Trata-se de crime previsto no art. 234 do ECA; **III:** incorreta. Trata-se de crime previsto no art. 232 do ECA.

*Gabarito "B"*

# 706 ANA PAULA DOMPIERI, EDUARDO DOMPIERI, ROBERTA DENSA, VANESSA TRIGUEIROS E WANDER GARCIA

**(Defensor Público – DPE/RN – 2016 – CESPE)** No que se refere aos crimes e às infrações administrativas previstos no ECA, assinale a opção correta.

(A) De acordo com o STJ, o crime de corrupção de menores é de natureza formal, bastando a participação do menor de dezoito anos de idade na prática de infração penal para que haja a subsunção da conduta do agente imputável ao correspondente tipo descrito no ECA.

(B) O ECA prevê, na modalidade culposa, o crime de omissão na liberação de criança ou adolescente ilegalmente apreendido.

(C) Praticará crime material o agente que embaraçar a ação de autoridade judiciária, de membro de conselho tutelar ou de representante do MP no exercício de função prevista no ECA.

(D) O crime de descumprimento injustificado de prazo fixado no ECA em benefício de adolescente privado de liberdade é crime culposo e plurissubsistente.

(E) O crime de submissão da criança ou adolescente a vexame ou constrangimento, por ser unissubsistente, não admite a modalidade tentada.

**A:** correta. É o que prescreve a íntegra da Súmula 500 do ST: "A configuração do crime previsto no artigo 244-B do Estatuto da Criança e do Adolescente independe da prova da efetiva corrupção do menor, por se tratar de delito formal". **B:** incorreta. O crime previsto no art. 234 não admite modalidade culposa. **C:** incorreta. Trata-se de crime formal (art. 236 do ECA); **C:** incorreta. Trata-se de crime formal (art. 236 do ECA); **D:** incorreta. Trata-se de crime doloso (art. 235 do ECA). **E:** incorreta. O art. 232 não admite a modalidade tentada.
Gabarito "A".

**(Magistratura/BA – 2012 – CESPE)** A respeito das infrações administrativas e do respectivo procedimento de apuração, assinale a opção correta.

(A) O requerido terá prazo de quinze dias para apresentação de defesa, contado da data da intimação, que será feita, sob pena de nulidade, por mandado expedido pela autoridade judiciária competente, a ser cumprido por oficial de justiça.

(B) Apresentada ou não a defesa no prazo legal, a autoridade judiciária dará vista dos autos ao MP, por cinco dias, decidindo em igual prazo, sendo vedada a colheita de prova oral.

(C) Constitui infração administrativa exibir, total ou parcialmente, fotografia de criança ou adolescente envolvido em infração, ou qualquer ilustração que lhe diga respeito ou se refira a atos delituosos que lhe sejam atribuídos, ainda que tal imagem não permita a sua identificação direta ou indireta.

(D) Constitui infração administrativa deixar de apresentar à autoridade judiciária de determinado município, no prazo de cinco dias, com o fim de regularizar a guarda, adolescente trazido de outra comarca para a prestação de serviço doméstico, exceto se houver autorização escrita e com firma reconhecida dos pais ou responsável.

(E) O procedimento para imposição de penalidade administrativa por infração às normas de proteção à criança e ao adolescente inicia-se por representação do MP ou do conselho tutelar ou por auto de infração elaborado por servidor efetivo ou voluntário credenciado, e assinado por duas testemunhas, se possível.

**A:** incorreta, pois o prazo é de dez dias (art. 195 do ECA); **B:** incorreta (arts. 196 e 197, ambos do ECA); **C:** incorreta (art. 247, § 1º, do ECA); **D:** incorreta (art. 248 do ECA); **E:** correta (art. 194 do ECA).
Gabarito "E".

**(Ministério Público/RR – 2012 – CESPE)** A respeito das infrações administrativas e do respectivo procedimento de apuração, assinale a opção correta.

(A) O procedimento para imposição de penalidade administrativa por infração às normas de proteção à criança e ao adolescente terá início por representação do MP, ou do conselho tutelar, ou por auto de infração elaborado por

---

servidor efetivo ou voluntário credenciado, assim como de ofício pela autoridade judiciária competente.

(B) Constitui infração administrativa exibir, total ou parcialmente, fotografia ou vídeo de criança ou adolescente envolvido em ato infracional, ou qualquer ilustração que lhe diga respeito ou se refira a atos que lhe sejam atribuídos, ainda que as imagens não permitam a sua identificação direta ou indireta.

(C) O requerido terá prazo de dez dias para a apresentação de defesa, contado da data da intimação, que poderá ser feita por oficial de justiça ou funcionário legalmente habilitado, que lhe entregará cópia do auto ou da representação, ou a seu representante legal, lavrando certidão.

(D) Apresentada, ou não, a defesa no prazo legal, a autoridade judiciária dará vista dos autos ao MP, por cinco dias, decidindo em igual prazo, sendo vedada a colheita de prova oral, em atenção ao princípio da celeridade.

(E) Comete infração administrativa a pessoa que deixa de apresentar à autoridade judiciária de seu domicílio, no prazo de cinco dias, com o fim de regularizar a guarda, adolescente levado de outra comarca para a prestação de serviço doméstico, exceto se houver autorização escrita e com firma reconhecida dos pais ou responsável.

**A:** incorreta, pois não há previsão legal de o procedimento para imposição de penalidade administrativa ser iniciado de ofício pela autoridade judiciária competente (art. 194 do ECA); **B:** incorreta, pois, para a configuração da infração administrativa trazida na alternativa, é imprescindível que as imagens permitam a identificação direta ou indireta da criança ou do adolescente (art. 247, § 1º, do ECA); **C:** correta (art. 195, II, do ECA); **D:** incorreta, pois não há vedação de colheita de prova oral (art. 196 e 197, do ECA); **E:** incorreta, pois há infração administrativa, mesmo que haja autorização dos pais ou responsável (art. 248 do ECA).
Gabarito "C".

## 13. CRIMES

**(Juiz de Direito – TJ/BA – 2019 – CESPE/CEBRASPE)** Com relação aos crimes contra a criança e o adolescente previstos na legislação pertinente, julgue os próximos itens.

I. O crime de corrupção de menores previsto no ECA é um delito material, razão porque, para a sua caracterização, é necessária a efetiva comprovação de que o menor foi corrompido.

II. O processamento e julgamento do crime de publicação de material pedófilo-pornográfico em sítios da Internet será da competência da justiça federal, quando for possível a identificação do atributo da internacionalidade do resultado obtido ou que se pretendia obter.

III. A mera simulação da participação de criança ou adolescente em cena pornográfica por meio da adulteração de fotografia é uma conduta atípica, haja vista a ausência de perigo concreto ao bem jurídico que poderia ser tutelado.

IV. O armazenamento de fotografias ou vídeos que contenham cena de sexo explícito envolvendo criança ou adolescente configura conduta atípica se o possuidor desse conteúdo o tiver recebido de forma involuntária.

Assinale a opção correta.

(A) Apenas o item I está certo.

(B) Apenas o item II está certo.

(C) Apenas o item III está certo.

(D) Apenas os itens II e IV estão certos.

(E) Apenas os itens I, III e IV estão certos.

**I:** incorreta. Conforme súmula 500 do STJ, "a configuração do crime previsto no art. 244-B (corrupção de menores) do ECA independe da prova da efetiva corrupção do menor, por se tratar de delito formal; **II:** correta. Conforme entendimento do STF em sede Recurso Extraordinário com repercussão geral, "compete à Justiça Federal processar e julgar os crimes consistentes em disponibilizar ou adquirir material pornográfico envolvendo criança ou adolescente (arts. 241, 241-A e 241-B do ECA), quando praticados por meio da rede mundial de computadores (internet)". STF. Plenário. RE 628624/MG, Rel. Min. Marco Aurélio, j. 28 e 29/10/2015. Na mesma toada, STJ assim definiu:

"Deliberando sobre o tema, o Plenário do Supremo Tribunal Federal, no julgamento do Recurso Extraordinário n. 628.624/MG, em sede de repercussão geral, assentou que a fixação da **competência da Justiça Federal** para o julgamento do delito do art. 241-A do Estatuto da Criança e do Adolescente (**divulgação** e publicação de **conteúdo pedófilo-pornográfico**) **pressupõe** a possibilidade de identificação do atributo da **internacionalidade do resultado** obtido ou que se pretendia obter" (STJ, RHC 85.605/RJ, 5ª Turma, DJe 02/10/2017); **III:** incorreta. Configura crime descrito no art. 241-C do ECA: "Simular a participação de criança ou adolescente em cena de sexo explícito ou pornográfica por meio de adulteração, montagem ou modificação de fotografia, vídeo ou qualquer outra forma de representação visual: Pena – reclusão, de 1 (um) a 3 (três) anos, e multa"; **IV:** incorreta. Configura crime descrito no art. 241-B do ECA: "Adquirir, possuir ou armazenar, por qualquer meio, fotografia, vídeo ou outra forma de registro que contenha cena de sexo explícito ou pornográfica envolvendo criança ou adolescente: Pena – reclusão, de 1 (um) a 4 (quatro) anos, e multa".

Gabarito "B".

**(Magistratura/ES – 2011 – CESPE)** De acordo com o art. 228 do ECA, considera-se crime o fato de o encarregado de serviço ou o dirigente de estabelecimento de atenção à saúde de gestante deixar de manter registro das atividades desenvolvidas, na forma e prazo referidos no art. 10 do estatuto, bem como deixar de fornecer à parturiente ou a seu responsável, por ocasião da alta médica, declaração de nascimento, na qual constem as intercorrências do parto e o desenvolvimento do neonato. A ação penal adequada no caso de cometimento do crime descrito é a

**(A)** personalíssima.
**(B)** pública incondicionada.
**(C)** pública condicionada à representação da gestante.
**(D)** pública condicionada à requisição da autoridade administrativa competente.
**(E)** privada.

Art. 227 do ECA.

Gabarito "B".

## 14. DECLARAÇÕES E CONVENÇÕES

**(Magistratura/CE – 2012 – CESPE)** No que tange aos princípios gerais orientadores do ECA, assinale a opção correta.

**(A)** O princípio da prioridade absoluta não pode ser interpretado de forma isolada, devendo ser interpretado de forma integrada aos demais sistemas de defesa da sociedade. Dessa forma, a decisão do administrador público entre a construção de uma creche e a de um abrigo para idosos, ambos necessários, deverá recair sobre a segunda, dada a prevalência da lei mais recente, no caso, o Estatuto do Idoso.
**(B)** Buscando efetivar o princípio da prioridade absoluta, o legislador incluiu no ECA um rol taxativo de preceitos a serem seguidos.
**(C)** O princípio do melhor interesse tem aplicação limitada ao público infantojuvenil cujos direitos reconhecidos no ECA forem ameaçados ou violados por ação ou omissão da sociedade ou do Estado, ou por falta, omissão ou abuso dos pais ou responsável.
**(D)** De acordo com o princípio da centralização, inovação promovida pelo ECA, a União tem competência para criar normas gerais e específicas de atendimento a crianças e adolescentes para sanar omissão dos governos estaduais e municipais.
**(E)** Com importância reconhecida desde o século XIX, o princípio do melhor interesse foi adotado pela comunidade internacional, em 1959, na Declaração dos Direitos da Criança e, por esse motivo, malgrado a diferença de enfoque, foi incluído no Código de Menores de 1979, ainda que sob a égide da doutrina da situação irregular.

**A:** incorreta (art. 227 da CF; arts. 4º e 100, IV, do ECA). *"O caráter absoluto da prioridade, expressamente consignado no art. 227, da CF e no art. 4º do ECA, refere-se à impossibilidade de supressão de uma especial proteção às crianças e aos adolescentes em situações comuns. O fato de o dispositivo ponderar a respeito de outro interesse, também de especial relevo no caso concreto, não retira do metaprincípio da prioridade o seu caráter absoluto. Ao contrário, a inovação legislativa encontra-se na esteira da doutrina mais vanguardista de autores como Ronald Dworkin e Robert Alexy, que afirmam não existir hierarquia entre princípios ou direitos fundamentais, cabendo solucionar uma possível colisão de direitos, por meio de ponderação"* (Rossato; Lépore; Sanches. **Estatuto da Criança e do Adolescente**, editora RT); **B:** incorreta, pois o legislador previu um rol não exaustivo de princípios derivados dos metaprincípios da proteção integral e da prioridade absoluta (art. 100, parágrafo único, do ECA); **C:** incorreta, pois *a intervenção deve atender prioritariamente aos interesses e direitos da criança e do adolescente, sem prejuízo da consideração que for devida a outros interesses legítimos no âmbito da pluralidade dos interesses presentes no caso concreto* (art. 100, IV, do ECA); **D:** incorreta, pois pelo princípio da responsabilidade primária e solidária do poder público, a plena efetivação dos direitos assegurados a crianças e a adolescentes pelo ECA e pela Constituição Federal, salvo nos casos expressamente ressalvados, é de responsabilidade primária e solidária das 3 (três) esferas de governo, sem prejuízo da municipalização do atendimento e da possibilidade da execução de programas por entidades não governamentais (art. 100, III, do ECA); **E:** correta. Dentre os novos preceitos garantidos pelo art. 100 do ECA está o postulado normativo do interesse superior da criança e do adolescente (art. 100, IV, do ECA), o qual é valor recorrente, principalmente na ordem jurídica internacional, devendo servir de norte para a aplicação de todos os princípios e regras referentes ao direito da criança e do adolescente.

Gabarito "E".

**(Defensor Público/ES – 2012 – CESPE)** Julgue os itens subsequentes, relativos à evolução histórica dos direitos da criança e do adolescente no Brasil.

**(1)** O princípio da absoluta prioridade dos direitos das crianças e dos adolescentes foi instituído, pela primeira vez, pela CF.
**(2)** Foi a partir da Proclamação da República que os menores passaram a ser detentores dos direitos fundamentais de liberdade.
**(3)** O antigo Código de Menores estabelecia a distinção entre crianças e adolescentes.

**1:** correta. A garantia da prioridade absoluta está prevista no art. 227, da CF/1988 e inspirou o metaprincípio do direito da criança e do adolescente, previsto no art. 4º, parágrafo único, do ECA; **2:** incorreta. Com a Declaração dos Direitos da Criança de 1959 houve uma verdadeira alteração de paradigma, pois a criança deixou de ser considerada objeto de proteção (recipiente passivo), para ser erigida a sujeito de direito e, paralelamente, em sentido amplo, a infância passou a ser considerada um sujeito coletivo de direitos (ROSSATO, Luciano Alves; LÉPORE, Paulo Eduardo e CUNHA, Rogério Sanches. **Estatuto da Criança e do Adolescente comentado** *artigo por artigo*. 3. ed. São Paulo: RT, 2012); **3:** incorreta, pois no Código de Menores a criança e o adolescente ainda eram vistos como objeto de proteção – já que se destinava àqueles que estavam em situação de risco – e não como sujeito de direitos especiais, em razão da condição peculiar de pessoa em desenvolvimento.

Gabarito 1C, 2E, 3E

## 15. TEMAS COMBINADOS E OUTROS TEMAS

**(Juiz de Direito – TJ/SC – 2019 – CESPE/CEBRASPE)** Determinado sujeito, maior e imputável, adquiriu em sítio da Internet vídeos com cenas de pornografia que envolviam adolescentes e os armazenou em seu computador. Posteriormente, transmitiu esses vídeos, por meio de aplicativo de mensagem instantânea, a dois amigos adolescentes.

Considerando essa situação hipotética, é correto afirmar, de acordo com as disposições do ECA e com o entendimento do STJ, que o sujeito praticou

**(A)** condutas consideradas atípicas.

**(B)** duas condutas típicas, porém, em aplicação ao princípio da consunção, a primeira restou absorvida pela segunda.
**(C)** condutas que caracterizam dois crimes em continuidade delitiva.
**(D)** condutas que caracterizam dois crimes em concurso material.
**(E)** condutas que caracterizam dois crimes em concurso formal.

As condutas descritas são típicas conforme art. 241-B do ECA, tratando-se, portanto de crimes em concurso material:
Art. 241-B. Adquirir, possuir ou armazenar, por qualquer meio, fotografia, vídeo ou outra forma de registro que contenha cena de sexo explícito ou pornográfica envolvendo criança ou adolescente:
Pena – reclusão, de 1 (um) a 4 (quatro) anos, e multa.
§ 1º A pena é diminuída de 1 (um) a 2/3 (dois terços) se de pequena quantidade o material a que se refere o caput deste artigo.
§ 2º Não há crime se a posse ou o armazenamento tem a finalidade de comunicar às autoridades competentes a ocorrência das condutas descritas nos arts. 240, 241, 241-A e 241-C desta Lei, quando a comunicação for feita por:
I – agente público no exercício de suas funções;
II – membro de entidade, legalmente constituída, que inclua, entre suas finalidades institucionais, o recebimento, o processamento e o encaminhamento de notícia dos crimes referidos neste parágrafo;
III – representante legal e funcionários responsáveis de provedor de acesso ou serviço prestado por meio de rede de computadores, até o recebimento do material relativo à notícia feita à autoridade policial, ao Ministério Público ou ao Poder Judiciário.
§ 3º As pessoas referidas no § 2º deste artigo deverão manter sob sigilo o material ilícito referido.
Gabarito "D".

**(Defensor Público/AC – 2017 – CESPE)** Aos dezesseis anos de idade, Fernanda, que cursa o segundo ano do ensino médio, foi aprovada no vestibular de uma universidade pública.

Nessa situação hipotética, à luz da LDB, Fernanda poderá

**(A)** matricular-se em curso de jovens e adultos, na modalidade a distância, para fins de aceleramento da conclusão do nível médio.
**(B)** ajuizar ação contra a universidade, mesmo sem autorização de seu representante legal, devido ao caráter de urgência, pois a garantia de sua matrícula depende de decisão judicial.
**(C)** matricular-se na universidade, desde que assuma o compromisso de cumprimento concomitante do ensino médio.
**(D)** avançar no curso de ensino médio por meio de verificação do aprendizado a ser promovida pela própria escola.
**(E)** receber seu certificado de conclusão de curso de ensino médio caso o dirigente da escola, utilizando seu poder discricionário, assim o determine.

**Conforme art. 24 da Lei de Diretrizes e Bases da Educação, a** educação básica, nos níveis fundamental e médio, será organizada de acordo com a classificação em qualquer série ou etapa, que pode ser feita por promoção, para alunos que cursaram, com aproveitamento, a série ou fase anterior, na própria escola.
Gabarito "D".

**(Defensor Público/AL – 2017 – CESPE)** Paula, que é juíza na vara da infância e juventude de determinado município e atua em parceria com o conselho tutelar, é casada com o tio de Maria, que pretende exercer a função de conselheira tutelar no município.

Considerando essa situação hipotética, assinale a opção correta, de acordo com as normas do Estatuto da Criança e do Adolescente sobre impedimentos do conselheiro tutelar.

**(A)** O Estatuto da Criança e do Adolescente veda a nomeação para o mesmo conselho tutelar de parente colateral por afinidade até o terceiro grau, aplicando-se a regra, portanto, a Paula e a Maria.
**(B)** Prevalece o impedimento em relação a Maria, pois não há distinção entre parentes consanguíneos ou afins após o casamento civil, aplicando-se a regra, portanto, a Paula e a Maria.

**(C)** A situação apresentada não constitui impedimento para Maria assumir o conselho tutelar, não havendo justa causa para a negativa de posse, mas apenas para o exercício da função em um mesmo atendimento que envolva Paula como juíza.
**(D)** Há parentesco por afinidade entre Paula e Maria, o que configura impedimento legal previsto no Estatuto da Criança e do Adolescente.
**(E)** O Estatuto da Criança e do Adolescente veda, tão somente, a nomeação para o mesmo conselho tutelar de tio e sobrinho, não se aplicando a regra ao parentesco entre Paula e Maria.

Nos termos do art. 140 do ECA, são impedidos de servir no mesmo Conselho marido e mulher, ascendentes e descendentes, sogro e genro ou nora, irmãos, cunhados, durante o cunhadio, tio e sobrinho, padrasto ou madrasta e enteado. A vedação é estendida aos representantes do Ministério Público e Autoridade Judiciária com atuação na Justiça da Infância e da Juventude, em exercício na comarca, foro regional ou distrital.
Gabarito "E".

**(Defensor Público – DPE/RN – 2016 – CESPE)** Assinale a opção correta a respeito do papel da DP no contexto do sistema de garantia e proteção dos direitos individuais e coletivos da criança e do adolescente.

**(A)** A presença da DP entre os órgãos que compõem a integração operacional prevista no ECA justifica-se quando se tratar de atendimento inicial a adolescente a quem se atribua a autoria de ato infracional, mas não no atendimento de adolescentes inseridos em programa de acolhimento familiar.
**(B)** É exclusiva da DP a legitimidade para ajuizar ação de alimentos em proveito de criança ou adolescente nas situações de risco descritas no ECA.
**(C)** Segundo o STJ, não é cabível a nomeação de curador especial em processo de acolhimento institucional no âmbito do qual a criança figure como mera destinatária da decisão judicial e não como parte.
**(D)** Conforme entendimento do STJ, o prazo para interposição de recurso pela DP começa a fluir na data da audiência em que for proferida a sentença, caso presente o DP, e não da remessa dos autos com vista ou com a entrada destes na instituição.
**(E)** De acordo com o STJ, é da competência da vara da fazenda pública o julgamento de ação ajuizada pela DP visando à obtenção de medicamentos a menor, quando este estiver devidamente representado pelos pais.

A: incorreta. Na forma do art. 70-A, inciso II, e art. 88, inciso VI do ECA, além da Resolução Conanda 113/2006, a Defensoria Pública é parte integrante dos órgãos de proteção e defesa da criança e do adolescente, em especial quanto ao programa de colocação em acolhimento institucional. B: incorreta. Na forma do art. 141 do ECA, "é garantido o acesso de toda criança ou adolescente à Defensoria Pública, ao Ministério Público e ao Poder Judiciário, por qualquer dos órgãos". C: correta. Nesse sentido, já decidiu o STJ: "(...) Resguardados os interesses da criança e do adolescente, não se justifica a obrigatória e automática nomeação da Defensoria Pública como curadora especial em ação movida pelo Ministério Público, que já atua como substituto processual. A Defensoria Pública, no exercício da curadoria especial, desempenha apenas e tão somente uma função processual de representação em juízo do menor que não tiver representante legal ou se os seus interesses estiverem em conflito (arts. 9º do CPC e 142, parágrafo único, do ECA). Incabível a nomeação de curador especial em processo de acolhimento institucional no qual a criança nem é parte, mas mera destinatária da decisão judicial". (Vide REsp 1417782/RJ, DJe 07/10/2014). D: incorreta. Para o STJ, "a intimação da Defensoria Pública para interposição de recurso aperfeiçoa-se com a entrega dos autos com vista, independentemente do comparecimento do defensor à audiência". (STJ, HC 332772/SP, DJe 02/12/2015). E: incorreta. Estando em situação de risco, a competência é da Vara de Infância e Juventude.
Gabarito "C".

## 20. DIREITO DA CRIANÇA E DO ADOLESCENTE | 709

**(Defensor Público – DPE/RN – 2016 – CESPE)** À luz da Lei 10.216/2001, que dispõe sobre a proteção e os direitos das crianças e adolescentes portadores de transtornos mentais, assinale a opção correta.

(A) Para a realização de pesquisas científicas para fins diagnósticos ou terapêuticos com a participação de criança portadora de distúrbio psiquiátrico, exige-se o consentimento expresso do representante legal da criança, o qual torna dispensável a comunicação aos conselhos profissionais competentes.

(B) Para a internação compulsória de adolescente, basta a autorização por médico devidamente registrado no CRM competente.

(C) A exigência legal de que sejam esgotados os recursos extra-hospitalares antes da internação não se aplica quando se trata de internação na modalidade voluntária.

(D) O adolescente que apresenta distúrbio psiquiátrico não pode, segundo o STJ, ser submetido a medida socioeducativa, uma vez que é inapto para cumpri-la.

(E) Caso uma criança seja internada involuntariamente em estabelecimento de saúde mental em razão de distúrbio psiquiátrico, o responsável técnico pelo estabelecimento deve comunicar ao MP estadual do ocorrido, comunicação esta que é dispensada no momento da alta da criança.

**A:** incorreta. A pesquisa científica está regulamentada pelo art. 11 da referida Lei, que assim dispõe: "pesquisas científicas para fins diagnósticos ou terapêuticos não poderão ser realizadas sem o consentimento expresso do paciente, ou de seu representante legal, e sem a devida comunicação aos conselhos profissionais competentes e ao Conselho Nacional de Saúde". **B:** incorreta. A Lei 10.216/2001, em seu art. 9º, garante que a internação compulsória somente pode ser determinada pelo juiz competente, sempre levando em consideração as condições de segurança do estabelecimento, do paciente, dos demais internados e funcionários. **C:** incorreta. O art. 4º exige, em qualquer modalidade de internação, que os recursos extra-hospitalares sejam esgotados. **D:** correta. O art. 112, §, 3º, do ECA determina que "os adolescentes portadores de doença ou deficiência mental receberão tratamento individual e especializado, em local adequado às suas condições". Sendo assim, perfeitamente cabível a aplicação da medida socioeducativa. No entanto, já entendeu o STJ que a medida adequada para adolescente portador de distúrbio mental é a medida de proteção, uma vez que o adolescente não teria condições de assimilar a medida. Vejamos: "Adolescente. Condição especial. Liberdade assistida. O ato infracional cometido por adolescente equipara-se ao crime de homicídio qualificado (art. 121, § 2º, III e IV, do CP). A defesa, em *habeas corpus*, busca cessar definitivamente a medida socioeducativa de internação e a inclusão do paciente em medidas de proteção pertinentes porque, segundo o laudo técnico, ele é portador de distúrbios mentais. Ainda alega a defesa que o adolescente corre risco de morte diariamente por ser submetido a regime de ressocialização, o qual não tem capacidade de assimilar. Explica o Min. Relator que o § 1º do art. 12 do ECA, na imposição das medidas socioeducativas, leva em conta a capacidade de cumprimento do adolescente. Sendo assim, no caso concreto, como o adolescente apresenta distúrbios mentais, deve ser encaminhado a um atendimento individual e especializado compatível com sua limitação mental (§ 3º do mesmo artigo citado). Ante o exposto, a Turma concedeu a ordem para determinar que o paciente seja inserido na medida socioeducativa de liberdade assistida, associada ao acompanhamento ambulatorial psiquiátrico, psicopedagógico e familiar". Informativo 300. Precedentes citados: HC 54.961-SP, DJ 22/5/2006, e HC 45.564-SP, DJ 6/2/2006. HC 88.043-SP, Rel. Min. Og Fernandes, julgado em 14/4/2009. **E:** incorreta. A internação voluntária ou involuntária somente será autorizada por médico devidamente registrado no Conselho Regional de Medicina do Estado onde se localize o estabelecimento, e deverá ser comunicada ao Ministério Público no momento do procedimento e da respectiva alta (art. 8º da Lei 10.216/2001).

*Gabarito "D".*

**(Juiz de Direito/AM – 2016 – CESPE)** Assinale a opção correta acerca das medidas socioeducativas, da alienação parental e das medidas pertinentes aos pais ou responsáveis.

(A) A prática de ato de alienação parental fere direito fundamental da criança ou do adolescente de convivência comunitária saudável, além de constituir abuso moral contra a criança ou o adolescente e descumprimento dos deveres inerentes à autoridade parental ou decorrentes de tutela ou guarda.

(B) A autoridade judiciária pode aplicar nova medida de internação, por ato infracional praticado anteriormente, a adolescente que já tenha concluído cumprimento de medida socioeducativa dessa natureza, salvo se o adolescente já tiver sido transferido para cumprimento de medida menos rigorosa.

(C) Um dos princípios que regem a execução das medidas socioeducativas é a prioridade a práticas restaurativas e que, sempre que possível, atendam às necessidades das vítimas. Por essa razão, a legislação pertinente prevê a participação de socioeducando na composição da comissão de apuração de faltas disciplinares.

(D) Considera-se ato de alienação parental a interferência na formação psicológica da criança ou do adolescente promovida ou induzida por um dos genitores, pelos avós ou pelos vizinhos para que repudie genitor, assim como a interferência que cause prejuízo ao estabelecimento ou à manutenção de vínculos com o genitor.

(E) Declarado indício de ato de alienação parental, o juiz pode determinar de ofício medidas provisórias necessárias à preservação da integridade psicológica da criança ou do adolescente, inclusive para assegurar convivência com genitor ou viabilizar a efetiva reaproximação entre ambos.

**A:** incorreta. A alienação parental atinge o direito fundamental da criança e do adolescente de convivência familiar. **B:** incorreta. O art. 45 da Lei 12.594/12 (Lei do SINASE) veda expressamente a aplicação de nova medida de internação, por ato infracional praticado anteriormente, a adolescente que já tenha concluído cumprimento de medida socioeducativa dessa natureza, salvo se o adolescente já tiver sido transferido para cumprimento de medida menos rigorosa. **C:** incorreta. De fato, na forma do art.35, III, da Lei do SINASE, as medidas socioeducativas devem priorizar medidas que sejam restaurativas e, sempre que possível, que atendam às necessidades das vítimas. No entanto, o art. 73 da mesma lei veda a participação do socioeducando na função ou tarefa de apuração disciplinar. **D:** incorreta. A alienação parental é "promovida ou induzida por um dos genitores, pelos avós ou pelos que tenham a criança ou adolescente sob a sua autoridade, guarda ou vigilância" (art. 2º da Lei 12.318/10). **E:** correta. Conforme art. 4º da Lei de Alienação Parental.

*Gabarito "E".*

**(Juiz de Direito/AM – 2016 – CESPE)** No que se refere aos estatutos do idoso e da criança e do adolescente, assinale a opção correta.

(A) A obrigação de prestar alimentos ao idoso é recíproca e conjunta em relação a todos os coobrigados.

(B) O princípio da proteção integral e a aplicação de medidas de proteção à criança e ao adolescente, previstas no ECA, justificam a imperatividade na obediência à ordem cronológica do registro de pessoas interessadas na adoção.

(C) A prática de ato infracional análogo ao delito de tráfico de entorpecentes permite a aplicação de medida de internação do adolescente infrator.

(D) A superveniência da maioridade civil é causa de extinção da medida socioeducativa imposta ao adolescente infrator.

(E) No âmbito dos direitos fundamentais da pessoa idosa, o respeito abrange a preservação do direito às ideias e crenças.

**A:** incorreta. Conforme art. 12 do EI, a obrigação alimentar é solidária, podendo o idoso optar entre os prestadores. **B:** O § 12 do art. 50 do ECA prevê a convocação criteriosa dos postulantes à adoção conforme o Cadastro Nacional de Adoção, com a fiscalização do Ministério Público. No entanto, o § 13 do mesmo artigo prevê a possibilidade de candidatos domiciliados no Brasil adotarem sem estar previamente cadastrados quando (i) se tratar de adoção unilateral, (ii) se for formulada pela família extensa ou (iii) se oriundo o pedido de quem detém a tutela ou guarda legal de criança maior de 3 (três) anos ou adolescente, comprovada a afinidade e afetividade, e não seja constatada a ocorrência de má-fé ou qualquer dos crimes previstos nos arts. 237 ou 238 da lei. **C:** incorreta. Conforme entendimento do STJ "O ato infracional análogo ao tráfico de drogas, por si só, não conduz obrigatoriamente à imposição de medida socioeducativa de internação do adolescente" (Súmula 492). Sobre o mesmo tema, o STJ tem entendido que não se faz necessário o cometimento de três atos infracionais considerados graves para justificar a internação, portanto, mesmo em casos de tráfico de drogas, "não se exige, para a configuração da reiteração, um número mínimo de infrações, devendo apenas serem graves, respeitadas as circunstâncias do caso concreto" (STJ, HC 37 1148/SP, Re. Felix Fischer, DJe 01/12/2016). **D:** incorreta. O ECA também é aplicável às pessoas que tenham entre 18 (dezoito) anos completos e 21 (vinte e um) incompletos para os fins de cumprimento de medida socioeducativa: "Nos casos expressos em lei, aplica-se excepcionalmente este Estatuto às pessoas que tenham entre dezoito e vinte e um anos de idade" (art. 2°, parágrafo único). Nesse sentido já decidiu o STJ: "Para a aplicação das medidas socio-educativas previstas no Estatuto da Criança e do Adolescente – ECA, leva-se em consideração apenas a idade do menor ao tempo do fato (ECA, art. 104, parágrafo único), sendo irrelevante a circunstância de atingir o adolescente a maioridade civil ou penal durante seu cumprimento, tendo em vista que a execução da respectiva medida pode ocorrer até que o autor do ato infracional complete 21 (vinte e um) anos de idade (ECA, art. 2°, parágrafo único, c/c os arts. 120, § 2°, e 121, § 5°)". (STJ, Rel. Min. Arnaldo Esteves Lima, MS 95.896/RJ, DJe 21/09/2009). **E:** correta. É o que garante o Estatuto do Idoso em seu art. 10, § 1°.

Gabarito "E".

**(Promotor de Justiça/PI – 2014 – CESPE)** No que tange aos direitos fundamentais das crianças e dos adolescentes, conforme previsão do ECA e entendimento dos tribunais superiores, assinale a opção correta.

**(A)** Embora o ECA garanta, de diversas formas, os direitos fundamentais da criança e do adolescente mediante a proteção da gestante, não há previsão de garantia do aleitamento materno aos filhos de mães submetidas a penas privativas de liberdade.

**(B)** Como forma de impedimento à adoção comercial de bebês, o Estado é proibido de proporcionar assistência psicológica à gestante ou à mãe que manifestarem desejo de entregar seus filhos para adoção.

**(C)** Admite-se a veiculação de imagens com cenas de espancamento e tortura praticados por adulto contra criança, ainda que constrangedoras, em razão da prevalência do direito à informação prestada pela impressa à sociedade.

**(D)** É obrigação do Estado criar e manter centros específicos para adolescentes portadores de doença ou deficiência mental em cumprimento de medida socioeducativa, não sendo suficientes a existência de programa psiquiátrico ter-ceirizado e a utilização da rede pública para o atendimento de casos agudos.

**(E)** A CF e o ECA asseguram o ingresso e a permanência de crianças com até seis anos de idade em creches e pré-escolas, desde que comprovada a hipossuficiência dos pais.

**A:** incorreta, pois dentre os direitos fundamentas previstos no ECA está o dever de que o poder público, as instituições e os empregadores propiciarão condições adequadas ao aleitamento materno, inclusive aos filhos de mães submetidas a medida privativa de liberdade (art. 9° do ECA); **B:** incorreta, pois o ECA prevê que ao poder público incumbe proporcionar assistência psicológica à gestante e à mãe, no período pré e pós-natal, inclusive como forma de prevenir ou minorar as consequências do estado puerperal. Ainda, a assistência psicológica deverá ser prestada a gestantes ou mães que manifestem interesse em entregar seus filhos para adoção, com o fim de evitar o comércio ilegal de bebês, na medida em que, caso a mãe realmente não queira permanecer com o seu filho, a criança será imediatamente acolhida e entregue a um casal previamente habilitado no cadastro de pretendentes à adoção (art. 8°, §§ 4° e 5°, do ECA); **C:** incorreta, pois a divulgação de cenas de criança sendo espancada violaria o seu direito ao respeito à inviolabilidade da integridade física, psíquica e moral, que abrange a preservação da imagem (art. 17 do ECA), prevalecendo sobre o direito à informação; **D:** correta (art. 112, § 3°, do ECA); **E:**

incorreta, pois é dever do Estado garantir a educação infantil, em creche e pré-escola, às crianças com até 5 (cinco) anos de idade (art. 54, IV, do ECA; art. 208, IV, da CF/88). Ademais, como a Constituição Federal erigiu a eliminação das desigualdades regionais e o acesso universal à educação básica à categoria de garantias fundamentais, disso resulta que independe de comprovação da hipossuficiência dos pais para que a criança tenha assegurado o seu direito de ingresso e permanência à creche e pré-escola.

Gabarito "D".

**(Defensoria/DF – 2013 – CESPE)** Com base na jurisprudência do STJ e na Lei n° 8.069/1990, julgue os itens de abaixo.

**(1)** A competência territorial, nas ações que envolvam medidas protetivas destinadas a crianças e adolescentes e discussão sobre o poder familiar, será definida sempre pelo juízo do lugar onde se encontre a criança ou o adolescente.

**(2)** A ausência de laudo técnico realizado por equipe multidisciplinar, para fins de fixação de medida socioeducativa de internação pelo magistrado, não resulta em nulidade do processo.

**(3)** A autoridade judiciária pode disciplinar, por meio da expedição de portaria, a entrada e a permanência de criança ou adolescente desacompanhados dos pais ou responsáveis em locais e eventos discriminados na lei, devendo essas medidas ser fundamentadas, caso a caso, vedadas as determinações de caráter geral.

**(4)** No que se refere a descentralização político-administrativa das ações governamentais na área da assistência social, cabe a esfera federal coordenar a política de atendimento aos direitos da criança e do adolescente, assim como definir as respectivas normas gerais.

**(5)** O magistrado de vara da infância e juventude pode determinar, de ofício, a realização de matrícula em estabelecimento de ensino nos casos em que a criança ou o adolescente estejam em situação de risco, não importando tal determinação em violação do princípio dispositivo. Nesses casos, a ordem de ofício dada pelo magistrado tem caráter administrativo-judicial, submetendo-se a controle judicial quanto a sua juridicidade, especialmente no que se refere aos aspectos da necessidade e da proporcionalidade da medida.

**(6)** Deve a DP intervir como curadora especial do menor hipossuficiente em situação de vulnerabilidade nas ações de destituição do poder familiar ajuizadas pelo MP, devendo o *parquet* cumprir exclusivamente seu papel de fiscal da lei, observado o princípio do melhor interesse do menor.

**1:** incorreta, pois a competência para as ações cíveis, como no caso da ação de destituição do poder familiar, será determinada pelo domicílio dos pais ou responsável ou, subsidiariamente, pelo lugar onde se encontre a criança ou adolescente, à falta dos pais ou responsável (art. 147, I e II, do ECA). Por sua vez, a competência para a execução das medidas socioeducativas e protetivas é a do local onde se encontrar o adolescente, tendo em vista que a fiscalização deve ocorrer pelo juízo onde se ele encontra, em razão da proximidade e possibilidade de acompanhamento mais efetivo (art. 147, § 2°, do ECA); **2:** correta. Neste sentido é o entendimento jurisprudencial, in verbis: "Apelação cível. Eca. Ato infracional. Roubo. 1. Nulidade por ausência de laudo interdisciplinar. Descabimento. 2. Autoria e materialidade confirmadas. 3. Medida de internação. 1. A ausência de laudo técnico interdisciplinar não gera nulidade, pois sua produção constitui faculdade do juízo, que é destinatário das provas. Conclusão n. 43 do Centro de Estudos do TJRS. 2. A materialidade restou evidenciada, assim como a autoria. O jovem admitiu perante o Ministério Público, silenciando em juízo. O restante da prova, produzida em juízo, é cristalina e o aponta para o jovem. 3. A medida de internação mostra-se adequada, ante a violência com que foi praticado. Negaram provimento. Unânime. (Apelação Cível 70060000593, Oitava Câmara Cível, Tribunal de Justiça do RS, Relator: Luiz Felipe Brasil Santos, Julgado em 07/08/2014)". (TJ-RS, AC: 70060000593 RS, Relator: Luiz Felipe Brasil Santos, Data de Julgamento: 07.08.2014, Oitava Câmara Cível, Data de Publicação: Diário da Justiça do dia 12.08.2014); "Agravo regimental. Recurso especial. Lei 8.069/1990. Estatuto Da Criança E Do Adolescente. Medida socioeducativa de

# 20. DIREITO DA CRIANÇA E DO ADOLESCENTE 711

internação. Ato infracional equiparado ao crime de estupro. Violência e grave ameaça à pessoa. Decisão judicial fundamentada. Laudo técnico interdisciplinar. Art. 186, § 2º, do ECA. Prescindibilidade. 6. Agravo regimental improvido". (STJ, AgRg nos EDcl no REsp 1.319.704/RS, Relator o Ministro Sebastião Reis Júnior, DJ de 14.12.2012.); **3:** correta, pois a alternativa está de acordo com o art. 149, I e II, do ECA. Cumpre esclarecer que "as portarias judiciais são atos que disciplinam situações concretas, em particular, as diversões públicas da criança e do adolescente. Geralmente estabelecem condições para que crianças e adolescentes possam usufruir de determinados locais. Exemplo: condições para entrada de adolescentes desacompanhados de seus pais em determinado estádio de futebol. Diferem-se dos alvarás judiciais, que são dirigidos a determinada pessoa física ou jurídica, como ocorre, por exemplo, para a participação de determinada criança em certame de beleza. (...) (AgRg no REsp 621.244/RJ, DJ 30.04.2007)" (ROSSATO, LÉPORE e SANCHES. Estatuto da Criança e do Adolescente Comentado, Ed. RT, 2012, pag. 427). Por fim, insta ressaltar que não cabe ao juiz disciplinar, por meio de portaria, situações com caráter genérico e abstrato, pois extrapolaria os limites da atividade judiciária regulamentar com base no art. 149 do ECA, conforme já decidido pelo STJ quanto à portaria do "toque de recolher" (STJ, HC 207.720, 2ª T., rel. Min. Herman Benjamin); **4:** correta, pois, de fato, compete ao órgão da Administração Pública Federal responsável pela coordenação da Política Nacional de Assistência Social coordenar e articular as ações no campo da assistência social (art. 19, I, da Lei Orgânica da Assistência Social – Lei 8.742/1993); **5:** correta, pois a alternativa está de acordo com o artigo 101, III, do ECA; **6:** incorreta, pois no caso de ação de destituição do poder familiar formulada pelo Ministério Público, este atua no interesse dos menores, nos termos do art. 201, incisos III e VIII do ECA, sendo desnecessária a intervenção da Defensoria Pública atuando como Curadoria Especial. Neste sentido é o entendimento jurisprudencial: "Destituição de poder familiar promovida pelo Ministério Público. Nomeação de curador especial da Defensoria Pública aos menores. Desnecessidade. ECA. Art. 201, incisos III e VIII. Recurso especial a que se nega provimento. 1. Deve ser renovado o julgamento se da publicação da pauta não foi intimada a recorrente, Defensoria Pública do Estado do Rio de Janeiro. 2.Compete ao Ministério Público, a teor do art. 201, III e VIII da Lei 8.069/1990 (ECA), promover e acompanhar o processo de destituição do poder familiar, zelando pelo efetivo respeito aos direitos e garantias legais assegurados às crianças e adolescentes. 3. Resguardados os interesses da criança e do adolescente, não se justifica a nomeação de curador especial na ação de destituição do poder familiar. 4. Recurso especial a que se nega provimento". (STJ, Relator: Ministra Maria Isabel Gallotti, Data de Julgamento: 28.08.2012, T4 Quarta Turma).

Gabarito 1E, 2C, 3C, 4C, 5C, 6E

**(Defensoria/DF – 2013 – CESPE)** Com base no disposto na CF e no ECA, julgue os próximos itens.

(1) Deve constar do orçamento anual do fundo municipal dos direitos da criança previsto dos recursos necessários ao funcionamento do conselho tutelar.

(2) As decisões do conselho municipal dos direitos da criança e do adolescente, no âmbito de suas atribuições e competências, vinculam, por meio do controle, as ações governamentais e da sociedade civil organizada, em respeito aos princípios constitucionais da participação popular e da prioridade absoluta à criança e ao adolescente.

**1:** incorreta, pois deve constar da *lei orçamentária municipal* e da do Distrito Federal previsão dos recursos necessários ao funcionamento do Conselho Tutelar e à remuneração e formação continuada dos conselheiros tutelares, nos termos do art. 134, parágrafo único, do ECA; **2:** correta, pois o Fundo Municipal não tem personalidade jurídica, razão pela qual está vinculado ao CMDCA – Conselho Municipal dos Direitos da Criança e do Adolescente (art. 88, IV, do ECA), o qual possui a prerrogativa exclusiva de gerir e deliberar sobre a aplicação dos recursos do Fundo Municipal, por meio da elaboração do "Plano de Aplicação", vinculando as ações governamentais e da sociedade civil organizada(art. 214 e art. 260, § 2º, do ECA; art. 2º, X, da Lei 8.242/1991.

Gabarito 1E, 2C

**(Magistratura/PI – 2011 – CESPE)** Em relação à suspensão e à perda do poder familiar, assinale a opção correta.

(A) A norma segundo a qual a conduta dos genitores deve ser compatível com a moral e os bons costumes é meramente orientadora, dado o seu caráter subjetivo, razão por que seu descumprimento não acarreta sanção.

(B) O proferimento, pelo juízo criminal, de sentença absolutória de acusação de maus-tratos contra menor impede a proposição de ação cível.

(C) A destituição do poder familiar pode ocorrer quando os pais reincidirem nas faltas que conduzem à suspensão desse poder.

(D) Perdem o poder familiar os pais condenados, pela prática de crime, a pena superior a dois anos de reclusão.

(E) A perda do poder familiar implica a cessação da responsabilidade civil do genitor por ato ilícito praticado pelo filho.

**A:** incorreta, pois a conduta dos genitores incompatível com a moral e os bons costumes acarretará a perda do poder familiar (art. 1.635, V e art. 1.638, III, ambos do CC); **B:** incorreta. *A responsabilidade civil é independente da criminal, não se podendo questionar mais sobre a existência do fato, ou sobre quem seja o seu autor, quando estas questões se acharem decididas no juízo criminal.* Assim, nos casos em que o juiz criminal prolatar sentença absolutória reconhecendo a negativa de autoria ou a inexistência de materialidade, haverá coisa julgada na esfera cível, não cabendo mais discussão (art. 66 do CPP). Também faz coisa julgada no cível a sentença penal que reconhecer ter sido o ato praticado em estado de necessidade, em legítima defesa, em estrito cumprimento do dever legal ou no exercício regular de direito (art. 65 do CPP). Por sua vez, se a absolvição criminal se fundamentar em insuficiência de provas, não haverá óbice ao prosseguimento da ação de reparação civil; **C:** correta, pois a perda do poder familiar será decretada judicialmente, em procedimento contraditório, nos casos previstos na legislação civil (art. 1.638, do CC), bem como na hipótese de descumprimento injustificado dos deveres e obrigações a que alude o art. 22 (art. 24 do ECA); **D:** incorreta, pois não haverá perda, mas suspensão do exercício do poder familiar ao pai ou à mãe condenados por sentença irrecorrível, em virtude de crime cuja pena exceda a dois anos de prisão (art. 1.637, parágrafo único, do CC); **E:** incorreta, pois não implicará a cessação da responsabilidade civil do genitor por ato ilícito praticado pelo filho, caso o fato tenha ocorrido antes da destituição do poder familiar.

Gabarito "C".

**(Magistratura/BA – 2012 – CESPE)** Assinale a opção correta no que tange ao procedimento de jurisdição voluntária de habilitação de pretendentes à adoção.

(A) Contará a favor dos postulantes a sua participação, ainda que facultativa, em programa oferecido pela justiça da infância e da juventude, preferencialmente com apoio dos técnicos responsáveis pela execução da política municipal de garantia do direito à convivência familiar, que inclua preparação psicológica, orientação e estímulo à adoção inter-racial, de crianças maiores ou de adolescentes, de crianças ou de adolescentes com necessidades específicas de saúde ou com deficiências e de grupos de irmãos.

(B) O programa oferecido pela justiça da infância e juventude sempre incluirá o contato com crianças e adolescentes em regime de acolhimento familiar ou institucional em condições de serem adotados, a ser realizado sob a orientação, supervisão e avaliação da equipe técnica da justiça da infância e da juventude, com o apoio dos técnicos responsáveis pelo programa de acolhimento familiar ou institucional e pela execução da política municipal de garantia do direito à convivência familiar.

(C) Deferida a habilitação do postulante à adoção, este será inscrito no cadastro mantido pela autoridade judiciária, e a sua convocação para a adoção deve ser feita, obrigatoriamente, de acordo com a ordem cronológica de habilitação e conforme a disponibilidade de crianças ou adolescentes adotáveis, não acarretando qualquer tipo de sanção ao postulante a recusa sistemática à adoção das crianças ou adolescentes indicados.

(D) Após receber a petição inicial, deve a autoridade judiciária, no prazo de quarenta e oito horas, oferecer vista dos autos ao conselho tutelar, que, no prazo de cinco dias, deverá apresentar relatório minucioso a respeito das condições materiais e psicológicas dos postulantes.

(E) Deve, obrigatoriamente, intervir no feito equipe interprofissional a serviço da justiça da infância e da juventude, que deverá elaborar estudo psicossocial com subsídios que permitam aferir a capacidade e o preparo dos postulantes para o exercício de uma paternidade ou maternidade responsável, à luz dos requisitos e princípios do ECA.

**A:** incorreta, pois é obrigatória a participação em programa oferecido pela Justiça da Infância e Juventude (art. 197-C, § 1º, do ECA); **B:** incorreta, pois, sempre que possível e recomendável, a etapa obrigatória da preparação incluirá o contato com crianças e adolescentes em regime de acolhimento familiar ou institucional em condições de serem adotados (art. 197-C, parágrafo 2º, do ECA); **C:** incorreta, pois a ordem cronológica das habilitações somente poderá deixar de ser observada pela autoridade judiciária, quando comprovado ser essa a melhor solução no interesse do adotando. Ademais, a recusa sistemática na adoção das crianças ou adolescentes indicados importará na reavaliação da habilitação concedida (art. 197-E, §§ 1º e 2º, do ECA); **D:** incorreta, pois a autoridade judiciária deve oferecer vista dos autos ao Ministério Público (art. 197-B do ECA); **E:** correta (art. 197-C do ECA).
Gabarito "E".

**(Ministério Público/RR – 2012 – CESPE)** Em relação ao que estabelece o ECA, assinale a opção correta à luz do entendimento do STJ.

(A) O ECA não é aplicável à pessoa que já tenha completado dezoito anos de idade.

(B) Em ação judicial na qual se discuta a guarda de criança ou adolescente, o interesse do menor é irrelevante para fins de determinação da competência para a apreciação da causa.

(C) É possível o pedido de alimentos do adotado a seus pais biológicos, ainda que seja irrevogável o vínculo de adoção.

(D) Constitui dano moral a conduta de companhia aérea que impede a viagem de menor sem a devida autorização exigida no ECA.

(E) Em ACP ajuizada com o objetivo de assegurar o direito de crianças frequentarem creches, o MP não precisa demonstrar viabilidade orçamentária em relação ao pleito.

**A:** incorreta (art. 2º, parágrafo único, do ECA); **B:** incorreta (art. 147, II, do ECA); **C:** correta. Não obstante a destituição do poder familiar dos genitores em relação à sua prole, tal medida não importará em benefício e premiação a esses pais desidiosos e negligentes, a ponto de livrá-los do dever legal de alimentar os seus filhos. É direito público subjetivo dos infantes receberem os alimentos de seus pais, ainda que aqueles tenham sido destituídos do poder familiar, uma vez que nessa hipótese apenas os direitos/poderes são eliminados, extirpados, jamais os deveres dele decorrentes, notadamente, o dever alimentar. Essa é a lição da doutrina e jurisprudência mais atualizada e sensível, visando sempre ao melhor interesse da criança e do adolescente, com o fito de lhe conceder a proteção integral. Neste sentido também é o entendimento do STJ (REsp 813604 – SC, Terceira Turma, Superior Tribunal de Justiça, Rel. Nancy Andrighi, j. em 16.08.2007 e Informativo n. 405). Outrossim, de igual modo entende Cristiano Chaves: *"Importante registrar, por oportuno, que a suspensão ou destituição do poder familiar não libera o genitor sancionado do dever alimentício, permanecendo vinculado à satisfação das necessidades do filho. Nada mais lógico. Se assim não fosse, a desconstituição ou suspensão do poder familiar deixaria de ser sanção civil, passando a funcionar como verdadeiro prêmio obtido por genitores desidiosos e inescrupulosos, alcançando exatamente o fim pretendido, ainda que à custa da miséria do próprio filho. Até mesmo porque, em casos tais, se o genitor tivesse algum sentimento para com o filho, sequer haveria necessidade de discussão sobre o percentual alimentar, pois os prestaria como uma obrigação de consciência";* **D:** incorreta, segundo o entendimento jurisprudencial: *"ADMINISTRATIVO. VIAGEM DE MENOR AO EXTERIOR. NECESSIDADE DE AUTORIZAÇÃO ESCRITA DO PAI AUSENTE. PREJUÍZOS MATERIAIS. CULPA EXCLUSIVA DA VÍTIMA. AUSÊNCIA DE DANOS MORAIS"* (TRF, Apelação Cível nº 542.767-RN, processo nº 2009.84.00.009952-6, Relator: Desembargador Federal

Sérgio Murilo Wanderley Queiroga); **E:** incorreta, pois não se trata de entendimento do STJ, mas da aplicação das regras do ônus da prova previstas no CPC, já que cabe ao Poder Público demonstrar a insuficiência financeira (STJ: REsp 575.280-SP, DJ 25.10.2004, e REsp 510.598-SP, DJ 13/2/2008. REsp 474.361-SP, Rel. Min. Herman Benjamin, julgado em 04.06.2009).
Gabarito "C".

**(Ministério Público/PI – 2012 – CESPE)** A respeito dos direitos fundamentais das crianças e dos adolescentes, assinale a opção correta com base no estabelecido na CF e no ECA.

(A) É obrigação do Estado fornecer educação infantil, em creche e pré-escola, às crianças de até três anos de idade, e ensinos fundamental e médio gratuitos dos quatro aos dezessete anos de idade.

(B) O adotado, após completar dezoito anos de idade, tem direito de conhecer sua origem biológica, bem como de obter acesso irrestrito ao processo no qual a medida foi aplicada e seus eventuais incidentes.

(C) Os direitos fundamentais das crianças e dos adolescentes são enumerados, especificados e regulamentados de forma taxativa no ECA.

(D) Toda criança ou adolescente tem direito de ser criado e educado no seio da sua família e, por esse motivo, é vedada, sem exceções, a permanência da criança e do adolescente em programa de acolhimento institucional, por mais de dois anos.

(E) O reconhecimento do estado de filiação é direito personalíssimo e indisponível, que pode ser exercitado contra os pais ou seus herdeiros, no prazo decadencial de quatro anos, observado o segredo de justiça.

**A:** incorreta, pois é dever do Estado assegurar à criança e ao adolescente: a) ensino fundamental, obrigatório e gratuito, inclusive para os que a ele não tiveram acesso na idade própria; b) progressiva extensão da obrigatoriedade e gratuidade ao ensino médio; c) atendimento em creche e pré-escola às crianças de zero a seis anos de idade (art. 54, I, II e IV, do ECA); **B:** correta (art. 48 do ECA); **C:** incorreta, pois a criança e o adolescente gozam de todos os direitos fundamentais inerentes à pessoa humana (art. 3º do ECA e art. 5º, §2º, da CF) decorrentes do Ordenamento Jurídico de forma expressa ou implícita; **D:** incorreta, pois a permanência da criança e do adolescente em programa de acolhimento institucional não se prolongará por mais de 18 meses, salvo comprovada necessidade que atenda ao seu superior interesse, devidamente fundamentada pela autoridade judiciária (art. 19, § 2º, do ECA); **E:** incorreta, pois o direito ao reconhecimento do estado de filiação é imprescritível (art. 27 do ECA).
Gabarito "B".

**(Defensor Público/RO – 2012 – CESPE)** A respeito da prática de ato infracional, dos direitos individuais, das garantias processuais e das medidas socioeducativas, assinale a opção correta com base no que dispõe o ECA.

(A) Antes de decretar a regressão de medida socioeducativa, deve a autoridade judiciária ouvir o adolescente infrator.

(B) A internação provisória, ou seja, a que seja decretada antes da sentença, não pode exceder o prazo de quarenta e cinco dias, salvo quando o ato infracional for cometido mediante violência ou grave ameaça e quando a extrapolação do prazo for necessária para a segurança pessoal do adolescente.

(C) Considera-se ato infracional apenas o praticado por adolescente, ou seja, por pessoa entre doze anos de idade completos e dezoito anos de idade incompletos.

(D) No processo para apuração de ato infracional, é recomendável que o juiz encerre a instrução probatória quando houver confissão do adolescente, em atenção à celeridade que se deve empregar nesse tipo de procedimento.

(E) Tratando-se de procedimento de apuração de ato infracional, a ausência de defensor na audiência de apresentação do adolescente acarreta nulidade do processo, desde que comprovado o prejuízo.

**A:** correta, de acordo com o enunciado da Súmula 265 do STJ; **B:** incorreta, pois em nenhuma hipótese será permitida a internação provisória por mais de quarenta e cinco dias (arts. 108 e 183, ambos do ECA); **C:** incorreta, pois tanto a criança como o adolescente praticam ato infracional. Todavia, caso a criança seja o autor do ato infracional, ser-lhe-á aplicada tão somente medida protetiva e não socioeducativa (art. 105, do ECA); **D:** incorreta, pois é nula a desistência de outras provas em face da confissão do adolescente (Súmula 342 do STJ); **E:** incorreta, pois em caso de ausência de advogado em audiência de apresentação, a nulidade será absoluta, presumindo-se o prejuízo, diante da afronta ao princípio da ampla defesa. Assim, é indispensável a defesa técnica, sendo que nenhum adolescente a quem se atribua a prática de ato infracional, ainda que ausente ou foragido, será processado sem defensor, devendo estar acompanhado de advogado, inclusive, na audiência de apresentação. Se o adolescente não houver constituído, o juiz deverá nomear um defensor para a oportunidade (arts. 184, § 1º e 207, do ECA).

Gabarito "A".

# 21. Processo Coletivo

Marcos Destefenni, Roberta Densa, Vanessa Trigueiros e Wander Garcia*

## 1. INTERESSES DIFUSOS, COLETIVOS E INDIVIDUAIS HOMOGÊNEOS E PRINCÍPIOS

**(Defensor Público/AL – 2017 – CESPE)** São considerados direitos decorrentes de origem comum os direitos

(A) indivisíveis.

(B) coletivos.

(C) individuais homogêneos.

(D) difusos.

(E) transindividuais.

Nos termos do art. 81 do Código de Defesa do Consumidor, considera-se **direitos difusos** os transindividuais, de natureza indivisível, de que sejam titulares pessoas indeterminadas e ligadas por circunstâncias de fato; os **direitos coletivos** os transindividuais, de natureza indivisível de que seja titular grupo, categoria ou classe de pessoas ligadas entre si ou com a parte contrária por uma relação jurídica base e os **direitos individuais homogêneos**, assim entendidos os decorrentes de origem comum. **RD** Gabarito "C".

**(Ministério Público/PI – 2012 – CESPE)** Com base no direito processual civil, assinale a opção correta.

(A) Na ação coletiva, vigoram os princípios da disponibilidade motivada e da obrigatoriedade da execução, em relação a todos os colegitimados.

(B) Na ACP, o princípio da máxima efetividade confere ao juiz amplos poderes instrutórios, independentemente de iniciativa das partes, além de concessão de liminares, sem justificação prévia, antecipação de tutela e utilização de medidas de apoio, destinadas a assegurar resultado prático equivalente à tutela pretendida.

(C) O princípio da adstrição da sentença, corolário do princípio da demanda, aplica-se à tutela jurisdicional específica das obrigações de fazer, não fazer e entregar coisa.

(D) Na atividade jurisdicional desenvolvida pelo STF em sede de recurso extraordinário, admite-se a invocação do princípio *jura novit curia*, ou seja, do princípio de que o juiz conhece o direito.

(E) Em jurisdição constitucional, no âmbito do processo de controle abstrato de constitucionalidade, aplica-se o princípio da demanda ou da adstrição das sentenças ao pedido.

**A:** incorreta, pois não há disponibilidade motivada e obrigatoriedade da execução em relação a todos os legitimados. Por exemplo, em relação às associações não há qualquer obrigatoriedade; **B:** correta, pois se trata de uma ótima definição do princípio da máxima efetividade da perspectiva do Poder Judiciário. Deve-se lembrar, ainda, o cabimento de qualquer ação para a tutela dos direitos transindividuais (art. 83 do CDC); **C:** incorreta, pois o art. 84 do CDC (art. 461 do CPC/1973, correspondente ao art. 497 do Novo CPC) autoriza o juiz a conceder a tutela específica, bem como, se for o caso, adotar providências que assegurem um resultado prático equivalente ou, ainda, a conceder a tutela genérica se for impossível a tutela específica. Ou seja, o princípio da congruência ou da adstrição é mitigado no caso da tutela das obrigações de fazer, não fazer e entrega de coisa; **D:** incorreta, pois o STF tem afirmado a inaplicabilidade desse princípio no caso de recurso extraordinário: "O brocardo latino que diz *da mihi factum, dabo tibi jus* não pode ser aplicado ao recurso extraordinário" (AI 68283 AgR/RJ). No mesmo sentido: ARE 639337 AgR/SP; **E:** incorreta, pois no caso de ADI, o STF não está vinculado aos fundamentos invocados pelo autor: "O Tribunal não está adstrito aos fundamentos invocados pelo autor,

podendo declarar a inconstitucionalidade por fundamentos diversos dos expendidos na inicial" (ADI 2396 MC/MS). Gabarito "B".

**(Ministério Público/TO – 2012 – CESPE)** Com relação à teoria constitucional e à tutela dos direitos difusos e coletivos, assinale a opção correta.

(A) São considerados interesses coletivos os transindividuais, de natureza indivisível, de que sejam titulares pessoas indeterminadas e ligadas por circunstâncias de fato.

(B) Direitos ou interesses transindividuais não possuem titulares individuais determinados e pertencem a uma comunidade ou coletividade.

(C) O interesse público secundário é o interesse social, o da sociedade ou da coletividade, assim como a proteção ao meio ambiente.

(D) Os interesses relacionados a condôminos de um edifício excedem o âmbito estritamente individual, constituindo interesses públicos.

(E) Direitos difusos e direitos coletivos distinguem-se pela coesão como grupo, categoria ou classe anterior à lesão, própria dos direitos difusos, e não dos coletivos *stricto sensu*.

**A:** incorreta, pois a definição corresponde aos direitos difusos (art. 81, parágrafo único, I, do CDC); **B:** correta, pois os interesses ou direitos transindividuais genuínos (difusos e coletivos) pertencem a pessoas indetermináveis ou indeterminadas. No caso dos coletivos no sentido estrito, a titularidade é de um grupo, classe ou categoria de pessoas (art. 81, parágrafo único, II, do CDC); **C:** incorreta, pois, no caso, a definição é do interesse público primário. O interesse público secundário é o interesse patrimonial do Estado enquanto pessoa jurídica; **D:** incorreta, porque não se trata de interesse público, que é o interesse de toda a coletividade. Pode haver interesse coletivo ou social; **E:** incorreta, pois a coesão anterior à lesão é própria dos direitos coletivos no sentido estrito e não dos difusos. Gabarito "B".

**(Defensor Público/ES – 2012 – CESPE)** Em um Estado Democrático de Direito, cabe ao legislador a função de editar a lei; ao administrador público e ao magistrado, aplicarem-na de modo a atingir os interesses do grupo formador do Estado. E é a partir desses interesses que surgem os confrontos entre o que e de interesse do Estado e o que deve ser de interesse privado. Considerando tais aspectos, julguemos itens a seguir.

(1) Os interesses difusos e os interesses coletivos são indivisíveis e se assemelham aos interesses individuais homogêneos, por se dirigirem a grupos, categorias ou classes de pessoas determináveis.

(2) O interesse do Estado ou dos governantes deve coincidir necessariamente com o bem geral da coletividade, pois, ao tomarem suas decisões, os governantes devem atender ao real interesse da comunidade.

**1:** errada. É verdade que os interesses difusos e coletivos são indivisíveis. Porém, não se pode afirmar que os interesses difusos pertencem a pessoas determináveis. Os titulares dos direitos difusos são indetermináveis (art. 81, parágrafo único, I, do CDC). Os direitos que pertencem a um grupo, categoria ou classe de pessoas é o coletivo no sentido estrito (art. 81, parágrafo único, II, do CDC); **2:** errada. É importante observar que o interesse público pode ser dividido em primário ou secundário, conforme lição bem acolhida pelo direito nacional. O interesse público primário diz respeito aos interesses da coletividade, em sentido amplo, relacionado ao bem-comum. O interesse público secundário diz respeito aos interesses

---

\* **Marcos Destefenni** comentou as questões de MP/PI/14 e Defensoria/DF/13; **RD** **Roberta Densa** comentou as questões de Defensoria/RN/16; **Marcos Destefenni, Vanessa Trigueiros e Wander Garcia** comentaram as demais questões.

patrimoniais do Estado, enquanto pessoa jurídica. E como se sabe, nem sempre há coincidência entre o interesse público primário e o secundário, o que torna o Estado réu de ações coletivas em muitos casos.

Gabarito 1E, 2E

**(Defensor Público/ES – 2012 – CESPE)** Julgue os próximos itens, relativos à defesa dos interesses difusos em juízo.

(1) Em caso de lesão ao patrimônio público, a indenização obtida em ACP será destinada a recompor o patrimônio lesado.

(2) A coisa julgada será *erga omnes*, mas limitada ao grupo, classe ou categoria de pessoas, na ACP ou na ação coletiva que verse sobre interesses coletivos, se a improcedência se fundar em falta de provas.

**1:** correta, pois assim determina o art. 18 da Lei n. 8.429/1992: "Art. 18. A sentença que julgar procedente ação civil de reparação de dano ou decretar a perda dos bens havidos ilicitamente determinará o pagamento ou a reversão dos bens, conforme o caso, em favor da pessoa jurídica prejudicada pelo ilícito"; **2:** errada, pois, nos termos do art. 103, II, do CDC, a coisa julgada, no caso de tutela de direitos coletivos no sentido estrito, é *ultra partes*. Ademais, não há formação da coisa julgada no caso de improcedência por falta de provas.

Gabarito 1C, 2E

**(Defensor Público/AC – 2012 – CESPE)** No que concerne à ação civil pública e à coletiva, assinale a opção correta.

(A) A legislação vigente admite o ajuizamento de ação civil coletiva decorrente de fatos e direitos de origem diversa.

(B) Não é possível estabelecer, em ação civil coletiva, pedido sobre obrigação de dar, fazer ou não fazer relacionado a direitos individuais homogêneos.

(C) Para dar ensejo a uma ação civil coletiva, o direito deve ser indivisível, porém idêntico em uma coletividade.

(D) A ação civil pública foi instituída para evitar decisões contraditórias e não para desestimular ações individuais.

(E) A ação civil pública, também conhecida como ação de classe, é um instrumento de tutela de direitos difusos, coletivos e individuais indisponíveis.

**A:** incorreta, pois a ação civil coletiva (arts. 91 e seguintes do CDC) deve ser ajuizada no caso de lesão a direitos ou interesses de origem comum, os chamados interesses ou direitos individuais homogêneos (art. 81,

parágrafo único, III, do CDC); **B:** incorreta, pois a ação civil coletiva pode ser ajuizada para a defesa dos direitos e interesses protegidos pelo CDC, sendo admissíveis todas as espécies de ações capazes de propiciar sua adequada e efetiva tutela, ou seja, sendo admissíveis todos os pedidos (art. 83, CDC); **C:** incorreta, pois a ação civil coletiva é cabível para a defesa de direitos individuais homogêneos, ou seja, direitos divisíveis; **D:** incorreta, pois as ações coletivas evitam a multiplicação de demandas individuais e, em consequência, minimizam o risco de decisões contraditórias. Porém, o objetivo é exatamente desestimular o ajuizamento de ações individuais; **E:** correta, pois a ação civil pública pode ser ajuizada para a tutela dos mencionados direitos (coletivos lato sensu), definidos no art. 81 do CDC. A possibilidade de sua utilização para a defesa dos citados direitos decorre de norma expressa, qual seja, do art. 21 da Lei n. 7.347/1985.

Gabarito E.

**(Defensor Público/RO – 2012 – CESPE)** Com relação aos interesses coletivos, assinale a opção correta.

(A) Os titulares de interesses coletivos em sentido estrito agregam-se por circunstâncias de fato.

(B) Os titulares de interesses difusos são caracterizados pela indeterminabilidade relativa.

(C) Os titulares de interesses difusos ligam-se por relação jurídica base.

(D) Os interesses individuais homogêneos são caracterizados por uma transindividualidade artificial ou relativa.

(E) O objeto dos interesses individuais homogêneos é indivisível.

**A:** incorreta, pois a agregação, no caso, decorre de uma relação jurídica base (art. 81, parágrafo único, I, do CDC); **B:** incorreta, pois a indeterminabilidade, no caso, é absoluta. É impossível determinar todos os titulares do direito difuso lesado; **C:** incorreta, pois os titulares de direitos difusos estão dispersos, ligados por circunstâncias de fato (art. 81, parágrafo único, I, do CDC). Os titulares de direitos coletivos é que se ligam por relação jurídica base (art. 81, parágrafo único, II, do CDC); **D:** correta, pois, na verdade, os direitos são individuais. A transindividualidade, no caso, existe apenas para fins de tutela jurisdicional. Trata-se da hipótese de tutela coletiva de direitos individuais. Fala a doutrina em direitos acidentalmente (processualmente) coletivos; **E:** incorreta, pois o objeto, no caso, é divisível. Há necessidade de especificação da parte devida a cada um dos titulares de direitos individuais.

Gabarito D.

Confira quadro sobre a matéria em questão:

| Interesses | Grupo | Objeto | Origem | Disposição | Exemplos |
|---|---|---|---|---|---|
| Difusos | indeterminável | Indivisível | situação de fato | Indisponível | Interesse das pessoas na despoluição de um rio |
| Coletivos | determinável | Indivisível | relação jurídica | disponível apenas pelo grupo | Interesse dos condôminos de edifício na troca de um elevador com problema |
| Individ. homog. | determinável | divisível | origem comum | disponível individualmente | interesse de vítimas de acidente rodoviário em receber indenização |

## 2. COMPETÊNCIA, CONEXÃO, CONTINÊNCIA E LITISPENDÊNCIA

**(Ministério Público/PI – 2012 – CESPE)** Com relação à ACP para a defesa de direitos coletivos em sentido amplo, assinale a opção correta.

(A) De acordo com a concepção tripartite estabelecida legalmente para a caracterização dos interesses e direitos coletivos, os critérios identificadores desses interesses e direitos residem no pedido e na causa de pedir.

(B) O arquivamento de inquérito civil induz os efeitos da preclusão e de coisa julgada e impede a propositura de ACP.

(C) A legitimidade para a propositura da ACP é concorrente e disjuntiva, todavia, verificando-se pertinência temática do

objeto litigioso aos fins institucionais de mais de um ente legitimado, forma-se litisconsórcio ativo necessário.

(D) Na ACP, admite-se a dedução de pedido reconvencional pelo réu.

(E) A ACP segue procedimento especial definido na Lei de Ação Civil Pública. Entretanto, se existir, para o pedido, procedimento especial definido no CPC, prevalecem as disposições da legislação processual civil, por expressa previsão legal.

**A:** correta, pois esses são os critérios adotados no art. 81 do CDC, que define três espécies de direitos e interesses transindividuais (difusos, coletivos no sentido estrito e individuais homogêneos). Para a definição da natureza do direito material tutelado é imprescindível verificar o fundamento da demanda (causa de pedir) e o pedido (se

## 21. PROCESSO COLETIVO    717

a favor da coletividade ou de determinados indivíduos); **B:** incorreta, pois o arquivamento do IC não induz os efeitos da coisa julgada, considerando que qualquer colegitimado pode ingressar com ação, bem como o próprio MP pode desarquivar a investigação, havendo novas provas; **C:** incorreta, pois não já litisconsórcio ativo necessário entre os colegitimados. Ao contrário, a legitimidade, sendo disjuntiva, é dada a diversos entes sem que a atuação de um condicione a atuação do outro; **D:** incorreta, pois a reconvenção não é admitida quando o autor demanda a proteção de direito alheio (CPC/1973, art. 315, parágrafo único). Anote-se, porém, que à luz do Novo CPC, se o autor for substituto processual, o reconvinte deverá afirmar ser titular de direito em face do substituído, e a reconvenção deverá ser proposta em face do autor, também na qualidade de substituto processual (art. 343, § 5º). **E:** incorreta, pois a LACP não trata do aspecto procedimental da ação.

Gabarito "A".

**(Defensor Público/AC – 2012 – CESPE)** Acerca da competência referente aos direitos difusos e coletivos, assinale a opção correta.

**(A)** A justiça federal e a estadual de primeira instância têm competência funcional para julgar as demandas que envolvam direitos difusos e coletivos, conforme a pessoa e a matéria.

**(B)** A competência em razão da hierarquia poderá, ou não, ser da primeira instância jurisdicional, situada no lugar onde tenha ocorrido dano a direito difuso coletivo.

**(C)** O valor da causa influencia diretamente a determinação da competência para fins de ação civil pública.

**(D)** Conforme prevê o CDC, a ação civil coletiva para responsabilizar o fornecedor de produtos ou serviços não pode ser proposta no domicílio do autor.

**(E)** Se o lesado na ação coletiva for um trabalhador, o critério de fixação de competência será o funcional, ou seja, a ação deverá ser julgada na justiça comum estadual.

**A:** correta, conforme o art. 2º da Lei n. 7.347/1985, que estabelece ter o juízo do local do dano "competência funcional" para processar e julgar a causa. Assim, a ação civil pública será proposta na Justiça Federal ou Estadual, conforme a pessoa e a matéria envolvidas. Por isso, se uma ação civil pública foi proposta em face da União, a competência será da Justiça Federal (art. 109, I, da CF). Doutrinariamente há controvérsia se referida competência é funcional; **B:** incorreta, pois a competência funcional, no plano vertical (em razão da hierarquia), determina, por exemplo, que a ação seja proposta, originariamente, perante os tribunais. É o que ocorre, por exemplo, no caso de mandado de segurança, em que a competência é determinada em função da autoridade coatora apontada pelo impetrante; **C:** incorreta, pois o valor da causa não é critério para a determinação da competência para conhecer da ação coletiva. O grande critério, no caso, é a determinação do foro do local do dano; **D:** incorreta, pois a ação pode ser proposta no domicílio do autor, conforme se depreende do art. 101, I, do CDC; **E:** incorreta, pois a competência, no caso, será determinada pelo local do dano, bem como poderá ser influenciada pela pessoa demandada (União, por exemplo).

Gabarito "A".

## 3. LEGITIMAÇÃO, LEGITIMADOS, MINISTÉRIO PÚBLICO E LITISCONSÓRCIO

**(Promotor de Justiça/PI – 2014 – CESPE)** No que concerne à legitimidade para a proposição de ACP, assinale a opção correta de acordo com o entendimento do STJ.

**(A)** O MP é parte ilegítima para propor ACP com a finalidade de compelir município a efetivar matrícula de criança em creche municipal.

**(B)** O MP é parte ilegítima para propor ACP com o fim de compelir plano de saúde a voltar a fornecer medicamento específico a consumidor que sofra de esclerose múltipla.

**(C)** O MP é parte legítima para propor ACP com o fim de pleitear a defesa de interesses individuais, difusos ou coletivos, relativos à infância e à adolescência, apesar de não haver, a esse respeito, previsão expressa no ECA.

**(D)** Associação civil de defesa do consumidor é parte legítima para ajuizar ACP em defesa de interesses individuais homogêneos.

**(E)** O MP é parte ilegítima para propor ACP com o fim de obrigar o Estado a fornecer alimento especial indispensável à saúde de pessoa pobre, mormente quando sofra de doença grave que, em razão do não fornecimento do aludido alimento, possa causar prematuramente a sua morte.

**A:** incorreta, pois: "O Ministério Público é órgão responsável pela tutela dos interesses individuais homogêneos, coletivos e difusos relativos à infância e à adolescência, na forma do art. 201 do Estatuto da Criança e do Adolescente – ECA. Cabe ao *Parquet* ajuizar Ação Civil Pública com a finalidade de garantir o direito a creche e a pré-escola de crianças até seis anos de idade, conforme dispõe o art. 208 do ECA" (REsp 440502/SP); **B:** incorreta, pois: "Legitimidade ativa do Ministério Público para propor Ação Civil Pública em defesa de direito indisponível, como é o direito à saúde. Precedentes do STJ" (AgRg no Ag 1247323/SC); **C:** incorreta, pois, conforme exposto no item "A", há previsão expressa sobre a legitimidade do MP; **D:** correta, pois: "A jurisprudência do Superior Tribunal de Justiça firmou-se no sentido de que a associação civil de defesa do consumidor preenche os requisitos legais para ajuizar ação civil pública em defesa de interesses individuais homogêneos." (REsp 609329 / PR); **E:** incorreta, pois: "Constitui função institucional e nobre do Ministério Público buscar a entrega da prestação jurisdicional para obrigar o Estado a fornecer alimento especial indispensável à saúde de pessoa pobre mormente quando sofre de doença grave que, em razão do não fornecimento do aludido laticínio, poderá causar, prematuramente, a sua morte. Legitimidade ativa do Ministério Público para propor ação civil pública em defesa de direito indisponível, como é o direito à saúde, em benefício do hipossuficiente" (REsp 823079/RS).

Gabarito "D".

**(Ministério Público/PI – 2012 – CESPE)** Assinale a opção correta a respeito da tutela em juízo dos interesses individuais homogêneos, difusos e coletivos.

**(A)** A multa indenizatória decorrente da violação a direitos difusos e coletivos do trabalho deve ser revertida ao Fundo de Reparação dos Bens Lesados, enquanto a penalidade decorrente do efeito da violação a direitos individuais indisponíveis deve ser revertida em favor dos próprios lesados.

**(B)** A ACP que vise à proteção de direitos difusos e coletivos induz litispendência para as ações individuais.

**(C)** Se a associação autora da ACP formular pedido de desistência, o *parquet* poderá assumir a legitimidade ativa extraordinária da ação.

**(D)** Em ACP cujo objeto seja direito difuso, coletivo, individual homogêneo ou individual indisponível, os efeitos da coisa julgada material são *erga omnes e ultra partes*.

**(E)** Segundo entendimento do STJ, o interesse patrimonial da fazenda pública identifica-se, por si só, com o interesse público a que se refere a lei quando dispõe sobre a intervenção do MP.

**A:** incorreta, pois o Fundo do art. 13 da LACP prevê que sejam revertidos os valores referentes às condenações por danos causados ao meio ambiente, ao consumidor, a bens e direitos de valor artístico, estético, histórico, turístico, paisagístico, por infração à ordem econômica e a outros interesses difusos e coletivos, mas não há referência expressa à reparação de danos causados ao trabalhador. Por isso, tem sido determinado, no âmbito da Justiça do Trabalho, o recolhimento ao Fundo de Amparo ao Trabalhador; **B:** incorreta, pois contraria o disposto no art. 104 do CDC, no sentido de que a ação coletiva não induz litispendência para as ações individuais; **C:** correta, pois se a desistência for infundada, cabe ao MP ou a outro legitimado assumir a titularidade ativa (LACP, art. 5º, § 3º); **D:** incorreta, pois no caso de direito individual indisponível o efeito é *inter partes* (CPC/1973, art. 472, correspondente ao art. 506 do Novo CPC); **E:** incorreta, pois se trata de interesse público secundário, cabendo aos respectivos procuradores públicos defendê-los. Esse é o fundamento da Súmula 189 do STJ, segundo a qual *é desnecessária a intervenção do Ministério Público nas execuções fiscais.*

Gabarito "C".

**(Ministério Público/PI – 2012 – CESPE)** O estado do Piauí celebrou TARE com empresa privada, visando conferir regime especial de apuração do ICMS, para incentivar a instalação de empresas no estado. O MPE/PI, em sede de inquérito civil público aberto para investigar a celebração do contrato, constatou que o ajuste causara prejuízo aos cofres públicos, razão por que ajuizou ACP com o objetivo de anular acordos firmados com base nesse termo.

**A partir dessa situação hipotética, assinale a opção correta à luz da jurisprudência recente do STF.**

(A) O MPE/PI pode ajuizar ACP cujo objeto sejam as pretensões que envolvam tributos, desde que seja possível a identificação pessoal dos beneficiários do regime especial.

(B) Como o dano ao patrimônio público causado pela realização da avença repercute em toda a economia nacional, caberia ao MPF, e não ao MPE/PI, ajuizar a ACP.

(C) A defesa da integridade do erário público e da higidez do processo de arrecadação tributária consiste em direito metaindividual do contribuinte, o que legitima a atuação do MPE/PI nesse caso.

(D) Como a celebração do TARE pelo estado do Piauí é ato administrativo, a atuação do MPE/PI nesse caso ocorreu de forma contrária à legislação em vigor.

(E) O MPE/PI não tem legitimidade para ajuizar a ACP para anular o TARE, por simples ausência de previsão legal.

**A:** incorreta, pois de acordo com o parágrafo único do art. 1º da LACP (incluído pela Medida Provisória 2.180-35, de 2001), *não será cabível ação civil pública para veicular pretensões que envolvam tributos...*; **B:** incorreta, pois se trata de acordo entre o Estado do Piauí e empresa privada, de tal forma que não é o caso de competência da Justiça Federal; **C:** correta, pois o STF decidiu que "*o Parquet* tem legitimidade para propor ação civil pública com o objetivo de anular Termo de Acordo de Regime Especial – TARE, em face da legitimação *ad causam* que o texto constitucional lhe confere para defender o erário. Não se aplica à hipótese o parágrafo único do artigo 1º da Lei 7.347/1985" (RE 576.155/DF); **D:** incorreta, pois o MP pode impugnar atos administrativos por meio de ação civil pública e, até, por meio de ação de improbidade administrativa; **E:** incorreta, pois o MP tem legitimidade por força do art. 129, III, da CF, além da legislação ordinária.

Gabarito "C".

**(Defensor Público/ES – 2012 – CESPE)** Sabendo que, devido à sua destinação, o MP está legitimado a defesa de qualquer interesse difuso, julgue os itens seguintes.

(1) Conforme o princípio da obrigatoriedade, o dever de agir obriga o MP a propor ACP, mesmo nas situações em que, esgotadas todas as diligências, as evidências não produzam todo o fundamento necessário.

(2) Em caso de lesões a interesses de uma categoria de pessoas, a restauração da ordem jurídica violada só pode ser alcançada por meio de legitimação ordinária.

**1:** errada, pois o Ministério Público não é obrigado a ajuizar ação coletiva temerária. Deve o Ministério Público, no caso, arquivar o procedimento investigatório (art. 9º, *caput*, da Lei n. 7.347/1985); **2:** errada, pois o direito de uma categoria de pessoa pode ser pleiteado por meio de ações individuais (legitimação ordinária) ou por meio das ações coletivas, em que o titular do direito de ação não é o titular do direito material (legitimação extraordinária, se aplicada a classificação clássica, ou legitimação autônoma para a condução do processo, se aplicada uma terminologia específica para o processo coletivo, como defendem alguns autores).

Gabarito 1E, 2E.

**(Defensor Público/AC – 2012 – CESPE)** No que diz respeito ao interesse público e privado, assinale a opção correta.

(A) Ao MP cabe a fiscalização da formação do patrimônio financeiro inerente ao Estado.

(B) Mesmo em face da simples expectativa de direito, o interesse público é tutelado, protegido e garantido pelo ordenamento jurídico pátrio.

(C) O MP deve atuar sempre na defesa dos interesses da coletividade, sejam eles particulares ou públicos.

(D) O MP atua na defesa dos direitos difusos, coletivos, individuais homogêneos e individuais indisponíveis, ou seja, na defesa do chamado interesse público primário.

(E) A Procuradoria da União é o único órgão competente para proteger o patrimônio financeiro da administração pública, denominado interesse público secundário.

**A:** incorreta, pois o interesse público secundário, que diz respeito aos interesses patrimoniais do Estado, enquanto pessoa jurídica, não é objeto de tutela pelo Ministério Público; **B:** incorreta, pois a expectativa de direito é passível de tutela transformada em direito subjetivo; **C:** incorreta, pois ao Ministério Público cabe a tutela do interesse público primário diz respeito aos interesses da coletividade, em sentido amplo, relacionados ao bem-comum. Assim, o Parquet deve zelar pelos interesses públicos e não particulares; **D:** correta, pois o interesse público primário diz respeito aos interesses da coletividade, em sentido amplo, relacionados ao bem-comum. O interesse público secundário diz respeito aos interesses patrimoniais do Estado, enquanto pessoa jurídica. Ao Ministério Público cabe tutelar direitos difusos, coletivos, individuais homogêneos e individuais indisponíveis, que consistem no interesse público primário; **E:** incorreta, pois o interesse público secundário, que diz respeito aos interesses patrimoniais do Estado, enquanto pessoa jurídica, é tutelado, na esfera federal, pela Advocacia-Geral da União, que representa a União judicial e extrajudicialmente, integrada pela Procuradoria da União e pela Procuradoria da Fazenda Nacional.

Gabarito "D".

**(Defensor Público/ES – 2012 – CESPE)** Considerando que a CF fortaleceu a atuação do MP tanto na esfera civil como na penal, julgue os itens que se seguem.

(1) A intervenção do MP em ação coletiva em andamento na justiça estadual não e o suficiente para promover o deslocamento da competência para a justiça federal.

(2) Aos membros do MP cabe a defesa do patrimônio público e social, podendo eles atuar como representantes da Fazenda Pública nas ações em que esta seja ré, embora não tenham legitimidade para ser advogados nas ações em que a Fazenda Pública seja autora.

(3) Considere a seguinte situação hipotética. Uma empresa de construção civil foi devidamente licenciada para iniciar as obras de construção de uma vila nas proximidades de um parque e, durante a execução dessas obras, ocorreram danos ambientais à localidade. Nessa situação hipotética, a empresa, independentemente de culpa, responderá pelos referidos danos, para cuja reparação o MP estará apto a intentar ACP.

**1:** correta, pois só a intervenção da União ou das pessoas mencionadas no art. 109, I, da CF, é que pode determinar o deslocamento da competência para a justiça federal; **2:** errada, pois o Ministério Público tem legitimidade para defender o patrimônio público por meio de ações coletivas (Súmula n. 329 do STJ: "O Ministério Público tem legitimidade para propor ação civil pública em defesa do patrimônio público"). Todavia, o Ministério Público não mais atua (após a CF de 1988) como representante da Fazenda Pública. Tal missão é da Advocacia-Geral da União, criada pela Constituição Federal de 1988 (art. 131, *caput*); **3:** correta, pois, a natureza objetiva da responsabilidade e a legitimação do Ministério Público estão previstas no art. 14, § 1º, da Lei n. 6.938/1981, que dispõe sobre a Política Nacional do Meio Ambiente.

Gabarito 1C, 2E, 3C.

**(Defensor Público/RO – 2012 – CESPE)** Considere que a direção de tradicional colégio público de determinada capital do país tenha extinguido as turmas do ensino médio no período noturno e que o MP tenha ajuizado ação civil pública visando à manutenção das turmas noturnas da referida instituição de ensino.

**Considerando essa situação hipotética, assinale a opção correta.**

(A) Deve-se levar em conta, no caso, a ótica daqueles que ainda não ingressaram no colégio e que eventualmente podem ser atingidos pela ausência do curso noturno, sendo esse grupo indeterminável de futuros alunos titulares de direito difuso à manutenção do ensino noturno.

(B) O MP é parte ilegítima para ajuizar a referida ação, destinada à defesa de direitos individuais disponíveis.

(C) Verifica-se, em relação aos alunos já matriculados no período noturno, que não poderiam permanecer estudando

## 21. PROCESSO COLETIVO 719

naquele período em razão da decisão da direção, a presença de direito difuso a ser defendido pela DP.

**(D)** O MP é parte legítima para ajuizar a ação, que visa à defesa de interesses acidentalmente coletivos.

**(E)** Os dispositivos do ECA não se aplicam ao caso, visto que nele não se configura situação de perigo ou abandono de criança ou adolescente.

**A:** correta, pois, de fato, existem os usuários potenciais do sistema de ensino. Sendo assim, a extinção das turmas noturnas afeta interesses difusos desses potenciais usuários do serviço público; **B:** incorreta, pois, embora o Ministério Público seja legitimado ao ajuizamento da ação, os direitos tutelados não são individuais e também não são disponíveis. São difusos e indisponíveis (direito de acesso ao ensino público); **C:** incorreta, pois, no caso, os direitos são coletivos, uma vez que pertencentes a um grupo de pessoas, ligadas à mesma parte contrária por uma relação jurídica base; **D:** incorreta, pois, embora o Ministério Público seja legitimado, os direitos atingidos são difusos (dos potenciais usuários do serviço público de ensino) e coletivos no sentido estrito. Referidos direitos são genuinamente coletivos, uma vez que indivisíveis; **E:** incorreta, pois garante o ECA o acesso de crianças e adolescentes ao ensino. E mais especificamente, dispõe o art. 54, VI, do ECA que: "É dever do Estado assegurar à criança e ao adolescente: (...) oferta de ensino noturno regular, adequado às condições do adolescente trabalhador".

Gabarito "A".

**(Defensor Público/BA – 2010 – CESPE)** Julgue o item seguinte.

**(1)** De acordo com a jurisprudência do STF, o MP tem legitimidade para promover ACP fundada na ilegalidade de reajuste de mensalidade escolar.

**1:** correta (Súmula 643 do STF).

Gabarito 1C

## 4. COMPROMISSO DE AJUSTAMENTO

**(Ministério Público/RR – 2012 – CESPE)** Em relação ao inquérito civil, ao compromisso de ajustamento de conduta e ao dispõe a Lei Complementar n. 75/1993, assinale a opção correta.

**(A)** A assinatura do termo de ajustamento de conduta não obsta a instauração da ação penal, pois esse procedimento ocorre na esfera cível, que é independente da penal.

**(B)** O inquérito civil público, embora previsto como função institucional do MP, não pode ser utilizado como elemento probatório hábil para embasar a propositura de ação penal.

**(C)** É atribuição exclusiva do procurador-geral da República, como chefe do MPU, dirimir conflitos de atribuição entre integrantes de ramos diferentes do MPU.

**(D)** É conferido prazo em dobro ao MP para interpor recurso, inclusive na hipótese de recurso especial criminal.

**(E)** Em conformidade com o STJ, o MPE tem legitimidade para interpor agravo regimental perante os tribunais superiores, uma vez que a atuação perante essas Cortes não é restrita ao MPF.

**A:** correta, pois o STJ entende que "a assinatura de termo de ajustamento de conduta, com a reparação do dano ambiental são circunstâncias que possuem relevo para a seara penal, a serem consideradas na hipótese de eventual condenação, não se prestando para elidir a tipicidade penal" (HC 187.043/RS); **B:** incorreta, pois já decidiu o STJ: "Habeas corpus. Penal e processual penal. Crime praticado por prefeito. Inquérito penal. Inexistência. Inquérito civil público. Utilização para lastrear acusação penal. Possibilidade. Justa causa configurada" (HC 123.855/SP); **C:** incorreta, pois ao PGR cabe dirimir conflitos de atribuição entre integrantes de ramos diferentes do Ministério Público da União (Lei Complementar 75/1993, art. 26, VII). A atribuição, contudo, não é exclusiva, pois, nos termos do § 1º do art. 26 da Lei Complementar 75/1993, o Procurador-Geral da República poderá delegar aos Procuradores-Gerais as atribuições previstas nos incisos VII e VIII deste artigo; **D:** incorreta, pois, como decidiu a 5ª Turma do STJ (RMS 8021/MG), "na esfera criminal não se aplica ao MP o disposto no art. 188 do CPC [correspondente ao art. 180 do Novo CPC]"; **E:** incorreta, segundo o gabarito oficial. Esse entendimento, realmente, era o do STJ. Porém, o STJ, recentemente, decidiu que o Ministério Público Estadual

tem legitimidade recursal no âmbito do STJ (AgRg no AgRg no AREsp 194.892-RJ, Rel. Min. Mauro Campbell Marques, j. 24.10.2012)".

Gabarito "A".

## 5. AÇÃO, PROCEDIMENTO, TUTELA ANTECIPADA, MULTA, SENTENÇA, COISA JULGADA, RECURSOS, CUSTAS E QUESTÕES MISTAS

**(Defensor Público/AC – 2017 – CESPE)** Se a DPE/AC propuser ação coletiva em defesa de interesses individuais homogêneos, a sentença que deverá ser proferida fará coisa julgada

**(A)** ultra partes, se a ação for julgada improcedente por falta de provas, sendo vedada nova ação por outro legitimado.

**(B)** erga omnes, se a ação for julgada improcedente por falta de provas, sendo vedada nova ação por outro legitimado.

**(C)** erga omnes, somente se a ação for julgada procedente.

**(D)** erga omnes, se a ação for julgada improcedente por falta de provas, sendo vedada nova ação pelo mesmo legitimado.

**(E)** ultra partes, se a ação for julgada improcedente por falta de provas, podendo ser proposta nova ação por outro legitimado.

Em se tratando de **direitos difusos**, a sentença fará coisa julgada **erga omnes**, exceto se o pedido for julgado improcedente por insuficiência de provas, hipótese em que qualquer legitimado poderá intentar outra ação, com idêntico fundamento valendo-se de nova prova (art. 103, I, do CDC). Em se tratando de **direitos coletivos**, a sentença fará coisa julgada **ultra partes**, mas limitadamente ao grupo, categoria ou classe, salvo improcedência por insuficiência de provas (art. 103, II, do CDC). Em se tratando de **direitos individuais homogêneos**, a sentença fará coisa julgada **erga omnes**, apenas no caso de procedência do pedido, para beneficiar todas as vítimas e seus sucessores (art. 103, III, do CDC). RD

Gabarito "C".

**(Defensoria/DF – 2013 – CESPE)** A respeito do processo civil coletivo, julgue o item abaixo a luz da jurisprudência do STJ.

**(1)** Na ação de caráter coletivo ajuizada por entidade associativa em defesa dos interesses de seus associados, apenas os substituídos que, na data da propositura da ação, tenham domicílio no âmbito da competência territorial do órgão prolator da sentença civil serão abrangidos pelos efeitos da referida sentença.

A afirmativa está correta. O STJ, de fato, aplica o disposto no art. 2º-A da Lei 9.494/1997. Assim já consignou a Segunda Turma do STJ (AgRg no REsp 1387392/CE): "Não merece reparos o entendimento manifestado pelo acórdão do Tribunal de origem, eis que em consonância com a jurisprudência desta Corte no sentido de que a sentença civil prolatada em ação de caráter coletivo proposta por entidade associativa, na defesa dos interesses e direitos dos seus associados, abrangerá apenas os substituídos que tenham, na data da propositura da ação, domicílio no âmbito da competência territorial do órgão prolator, nos termos do art. 2º-A da Lei 9.494/1997".

Gabarito 1C

**(Ministério Público/PI – 2012 – CESPE)** No que concerne à ACP, assinale a opção correta.

**(A)** Se o MP atuar como parte na ACP, será dispensável a sua intimação para oficiar como fiscal da lei no processo.

**(B)** A antecipação de tutela, na ACP, não pode ser deferida sem a prévia justificação ou manifestação da outra parte.

**(C)** Constitui procedimento da ACP a realização de audiência de conciliação.

**(D)** Qualquer pessoa que causar dano ou impedir o exercício de direitos difusos, coletivos, individuais indisponíveis ou homogêneos poderá figurar no polo passivo da ACP.

**(E)** A ACP constitui instrumento adequado para deduzir pretensão de índole tributária.

**A:** incorreta, pois a atuação como parte não impede que o MP exerça sua atribuição de fiscal da lei. Ademais, não deve haver a intervenção de mais de um órgão do MP no mesmo processo; **B:** incorreta, pois o art. 12 da LAP é expresso no sentido de que as medidas de urgência podem ser concedidas com ou sem justificação prévia; **C:** incorreta, pois não é obrigatória a designação de audiência de conciliação (art. 331 do CPC/1973; art. 334 do Novo CPC.); **D:** correta, pois qualquer pessoa pode ocupar o polo passivo de ACP; **E:** incorreta, pois há vedação expressa no parágrafo único do art. 1º da LACP.

Gabarito "D".

**(Defensor Público/SE – 2012 – CESPE)** Em caso de ajuizamento de ação coletiva com a finalidade de se obter tutela jurisdicional que condene determinada instituição financeira a reparar o dano causado a determinada coletividade de poupadores,

**(A)** os efeitos da sentença de improcedência da ação coletiva se estenderão às ações individuais com o mesmo objeto.

**(B)** a sentença de procedência somente poderá beneficiar os poupadores, e não seus sucessores.

**(C)** as ações individuais que tenham por objeto a mesma questão não poderão ser liquidadas ou executadas com base na sentença coletiva que julgue procedente o pedido.

**(D)** os efeitos da sentença de procedência ou de improcedência se estenderão às vítimas e seus sucessores.

**(E)** admite-se o aproveitamento da coisa julgada coletiva benéfica para as pretensões individuais, que podem ser liquidadas e executadas com base na sentença coletiva.

**A:** incorreta, pois as pretensões individuais, no caso, não são prejudicadas pelo que for decidido na ação coletiva. Assim determina o art. 103, § 2º, do CDC; **B:** incorreta, pois a sentença proferida na ação coletiva beneficia as vítimas e seus sucessores, conforme determina, expressamente, o art. 103, III, do CDC; **C:** incorreta, pois a possibilidade de liquidação e execução decorre dos arts. 97 e 98 do CDC; **D:** incorreta, pois apenas os efeitos da sentença de procedência se estenderão às vítimas e seus sucessores (art. 103, III, do CDC); **E:** correta, pois assim estabelecem os arts. 97 e 98 do CDC.

Gabarito "E".

**(Defensor Público/SE – 2012 – CESPE)** Se determinada associação ajuizar ação coletiva e, sem justo motivo, deixar de dar andamento ao processo ou desistir da ação,

**(A)** poderão assumir a titularidade qualquer outra associação, o cidadão e o MP.

**(B)** o magistrado deverá proceder à intimação, por edital, de outros legitimados para assumirem o polo ativo da ação, vedada a intimação pessoal.

**(C)** o processo deverá ser extinto sem julgamento de mérito.

**(D)** competirá exclusivamente ao MP dar seguimento à ação, assumindo a titularidade.

**(E)** apenas outra associação poderá assumir a titularidade da ação.

**A:** correta, pois assim estabelece o art. 5º, § 3º, da Lei n. 7.347/1985: "Em caso de desistência infundada ou abandono da ação por associação legitimada, o Ministério Público ou outro legitimado assumirá a titularidade ativa". Sendo ação popular, qualquer outro cidadão pode assumir a titularidade ativa; **B:** incorreta, pois o Ministério Público, por exemplo, deverá ser pessoalmente intimado; **C:** incorreta, pois a extinção do processo, sem a possibilidade de que um colegitimado assuma a titularidade ativa afronta o princípio da indisponibilidade da ação coletiva; **D:** incorreta, pois a atribuição não é exclusiva do Ministério Público, como se depreende do acima citado art. 5º, § 3º, da Lei n. 7.347/1985; **E:** incorreta, pois, como já restou consignado, o Ministério Público ou outro legitimado pode assumir a titularidade ativa. Além disso, sendo ação popular, outro cidadão também poderá assumir o polo ativo.

Gabarito "A".

**(Defensor Público/SE – 2012 – CESPE)** Assinale a opção correta com relação à coisa julgada e à prescrição nas ações coletivas.

**(A)** Em regra, a execução de sentença coletiva prescreve em cinco anos a contar da prolação da sentença.

**(B)** Na hipótese de improcedência de ação coletiva por falta de provas, quando a demanda tiver sido proposta para tutela de interesses e direitos individuais homogêneos, a coisa julgada recairá sobre as pretensões coletivas, de modo que não será viável a repropositura da ação coletiva para tutelar direitos individuais e homogêneos com o mesmo objeto, ainda que mediante a indicação de prova nova.

**(C)** Na ação coletiva ajuizada para tutelar direitos e interesses coletivos *stricto sensu*, a eficácia da sentença de procedência não se limita a determinado grupo ou categoria, por ser *erga omnes*.

**(D)** De acordo com entendimento do STJ, o termo inicial do prazo de prescrição para o ajuizamento de ação coletiva com a finalidade de atacar contrato ilegal é a subscrição do contrato.

**(E)** A ação coletiva para a tutela do meio ambiente prescreve em cinco anos contados da ciência do dano.

**A:** incorreta, pois, em regra, não há prescrição no âmbito das ações coletivas, exceto no caso das pretensões individuais. Assim, no caso da tutela de direitos difusos, envolvendo, por exemplo, a proteção do meio ambiente ecologicamente equilibrado, não se pode falar em prescritibilidade. A prescrição ocorre no caso da tutela de direitos individuais. A 2ª Turma do STJ já consignou: "O Tribunal *a quo* entendeu que: 'Não se pode aplicar entendimento adotado em ação de direitos patrimoniais em ação que visa à proteção do meio ambiente, cujos efeitos danosos se perpetuam no tempo, atingindo às gerações presentes e futuras'. Esta Corte tem entendimento no mesmo sentido, de que, tratando-se de direito difuso – proteção ao meio ambiente –, a ação de reparação é imprescritível. Precedentes" (AgRg no REsp 1.150.479/RS, Rel. Min. Humberto Martins, DJe 14/10/2011). De lembrar que o prazo prescricional para a execução é o mesmo para o ajuizamento da ação de conhecimento. **B:** correta. O art. 103 do CDC, nos incisos I e II, estabelece que, nas ações coletivas, a sentença fará coisa julgada *erga omnes* (no caso de direitos difusos) ou *ultra partes* (no caso de direito coletivo no sentido estrito), mas, em relação aos colegitimados, não há coisa julgada material se a ação for julgada improcedente por falta de provas. Todavia, se o artigo 103, nos incisos I e II, faz ressalva quanto à possibilidade de nova demanda coletiva, fundada nos mesmos fatos, se houver improcedência por insuficiência de provas, ele não contém a mesma ressalva no caso do inciso III. E por não conter as mesmas ressalvas dos incisos anteriores, sugere que a sentença de improcedência por falta de provas, no caso da tutela de direitos individuais homogêneos, atinge os colegitimados. Registre-se, porém, que existem divergências doutrinárias sobre a questão; **C:** incorreta, pois a eficácia da sentença, no caso, restringe-se ao grupo, à classe ou à categoria de pessoas. Além disso, os efeitos da coisa julgada, no caso da tutela de direitos coletivos no sentido estrito, são *ultra partes* e não *erga omnes*; **D:** incorreta, pois o termo inicial é o do trânsito em julgado da sentença coletiva. Assim já decidiu o STJ: "Nas execuções individuais ou cumprimento de sentença, o prazo prescricional é o quinquenal, próprio das ações coletivas, contado a partir do trânsito em julgado da sentença proferida em ação civil pública" (AgRg no AREsp 280.711/MS, Rel. Min. Humberto Martins, Segunda Turma, DJe 25/04/2013); **E:** incorreta, conforme comentários à assertiva "A".

Gabarito "B".

## 6. EXECUÇÃO

**(Ministério Público/TO – 2012 – CESPE)** Assinale a opção correta acerca da ACP.

**(A)** A justiça estadual é competente para processar e julgar ACP por danos causados ao patrimônio público, nas comarcas que não sejam sede de vara da justiça federal, ainda que a União seja parte no processo, conforme vigente súmula do STJ.

**(B)** Os valores pagos pelo réu de ACP, como forma de indenização por danos, serão revertidos a um fundo gerido por um conselho federal ou por conselhos estaduais de que participarão necessariamente o MP e representantes da comunidade, e os recursos se destinarão à reconstituição dos bens lesados.

**(C)** Segundo o STJ, o inquérito civil, como peça informativa, não é suficiente para embasar a propositura de ACP contra deputado federal, sendo necessária, nesse caso, a abertura de procedimento administrativo prévio.

**(D)** Possuem legitimidade ativa para a ACP a DP, o MP, a União, os estados, o DF, os municípios, as entidades do terceiro setor, as autarquias, as empresas públicas, as fundações e as sociedades de economia mista.

## 21. PROCESSO COLETIVO — 721

**(E)** Compete ao MP pleitear, em ACP, indenização decorrente de seguro obrigatório de danos pessoais causados por veículos automotores de vias terrestres, em benefício do segurado.

**A:** incorreta, pois esse entendimento que embasou a Súmula 183 do STJ (cancelada) acabou superado por decisão do STF (Rext 228.955/RS); **B:** correta, pois é o que determina o artigo 13 da LACP; **C:** incorreta, pois o STJ entende que é desnecessário o procedimento administrativo prévio (REsp 1.028.248/SP); **D:** incorreta, pois, no caso das entidades do terceiro setor (associações, a LACP, no art. 5°, V, só legitima as associações que estejam, concomitantemente: a) constituídas há pelo menos 1 (um) ano nos termos da lei civil; b) incluam, entre suas finalidades institucionais, a proteção ao meio ambiente, ao consumidor, à ordem econômica, à livre concorrência ou ao patrimônio artístico, estético, histórico, turístico e paisagístico; **E:** incorreta, pois conforme o enunciado da Súmula 470 do STJ, "o Ministério Público não tem legitimidade para pleitear, em ação civil pública, a indenização decorrente do DPVAT em benefício do segurado".

Gabarito "B".

**(Ministério Público/TO – 2012 – CESPE)** Acerca da tutela em juízo dos interesses individuais homogêneos, difusos e coletivos, assinale a opção correta.

**(A)** O *fluid recovery* é um fundo de reparação de interesses difusos lesados destinado a reconstituir e reparar exatamente o mesmo bem lesado.

**(B)** Caso haja, pela associação legitimada, desistência infundada ou abandono da ACP ajuizada para a defesa de direitos coletivos, deverá o juiz extinguir o processo, sem o exame do mérito.

**(C)** É lícito à DP atuar como substituto processual de consumidores em demandas relacionadas a direitos individuais em sentido estrito, disponíveis ou indisponíveis.

**(D)** Na hipótese de tutela jurisdicional de direitos e interesses individuais homogêneos, o juízo que proferiu a sentença genérica terá competência absoluta para a liquidação e execução quando promovidas individualmente.

**(E)** Em sede de ACP, haverá a coisa julgada *secundum eventum litis*, por procedência ou improcedência do pedido, mesmo nos casos de exame perfunctório das provas.

**A:** incorreta, pois o valor pecuniário será recolhido ao fundo mencionado no artigo 13 da LACP, mas não fica vinculado à reparação específica, isto é, do exato bem lesado. **B:** incorreta, pois a assertiva afronta o artigo 5°, § 3°, da LACP segundo o qual o MP ou outro legitimado assumirá a titularidade ativa; **C:** correta, pois a Defensoria Pública pode atuar em prol do necessitado, como assistente judicial, isto é, sem ostentar a qualidade de parte, mas atuando na defesa da parte hipossuficiente; **D:** incorreta, pois, nos termos do artigo 98, § 2°, do CDC, é competente para a execução o juízo da liquidação da sentença ou da ação condenatória. A liquidação individual pode ser pleiteada no foro do domicílio do autor, mais benéfico à vítima; **E:** incorreta, pois a assertiva afronta o artigo 103 do CDC. Se o fundamento for a insuficiência de provas, é possível novo ajuizamento da ação.

Gabarito "C".

**(Defensor Público/SE – 2012 – CESPE)** A respeito da competência nas ações coletivas e da liquidação e execução da sentença, assinale a opção correta.

**(A)** Tratando-se de liquidação e cumprimento da sentença em ação coletiva que imponha obrigação de pagar, se a ação objetivar a reparação de outros valores, diversos do patrimônio público, tais como os direitos dos idosos e dos consumidores, os valores serão vertidos a um fundo de reparação de bens lesados.

**(B)** O juiz federal não dispõe de competência para processar e julgar a ACP e a ação popular quando o presidente da República figurar como autoridade demandada.

**(C)** De acordo com a legislação de regência, o juízo perante o qual seja proposta a primeira ACP é prevento para todas as ações coletivas que, posteriormente ajuizadas, possuam a mesma causa de pedir ou o mesmo pedido, exigindo-se ainda, para a incidência da prevenção, a identidade de partes.

**(D)** Compete à justiça federal processar e julgar todas as ações coletivas cujo objeto seja a proteção ao meio ambiente.

**(E)** Nas ações coletivas, o cumprimento de sentença que imponha a obrigação de fazer ou não fazer contra o poder público segue o rito previsto no CPC, devendo o poder público ser citado para opor embargos, com a posterior expedição de ofício requisitório.

**A:** correta, pois assim determina o art. 13 da Lei n. 7.347/1985. No caso da tutela do patrimônio público, em função de ato de improbidade administrativa, o pagamento ou a reversão dos bens, de fato, ocorrerá em favor da pessoa jurídica prejudicada pelo ilícito (art. 18 da Lei n. 8.429/1992); **B:** incorreta, pois a competência, no caso, é da Justiça Federal, por se tratar de autoridade federal. Afinal, em sede de ação popular a competência é determinada em função da origem do ato impugnado. Assim dispõe o art. 5° da Lei n. 4.717/1965; **C:** incorreta, pois não se exige a identidade de partes para que se configure a conexão. A regra da prevenção, mencionada na assertiva, decorre do art. 2°, parágrafo único, da Lei n. 7.347/1985; **D:** incorreta, pois a competência, em regra, é da justiça estadual. Será de competência da justiça federal quando ocorrer alguma hipótese do art. 109 da CF; **E:** incorreta, pois, no caso, não há citação para opor embargos. Referido procedimento, que é diferenciado, só se aplica no caso de sentença que imponha ao Poder Público o cumprimento de obrigação de pagar quantia, não incidindo no caso de obrigações de fazer e de não fazer.

Gabarito "A".

## 7. AÇÃO POPULAR E IMPROBIDADE ADMINISTRATIVA

**(Defensor Público – DPE/RN – 2016 – CESPE)** A respeito do mandado de segurança coletivo e individual, assinale a opção correta.

**(A)** Para impetrarem mandado de segurança coletivo, as entidades de classe e os sindicatos devem estar em funcionamento há pelo menos um ano.

**(B)** O termo inicial para impetração de mandado de segurança para impugnar critérios de aprovação e classificação de concurso público conta-se da publicação do edital de abertura do certame, segundo entendimento recente do STF.

**(C)** No mandado de segurança coletivo, a liminar só poderá ser concedida após a audiência do representante judicial da pessoa jurídica de direito público, que deverá se pronunciar no prazo de setenta e duas horas.

**(D)** O Poder Judiciário não pode controlar a legalidade dos atos administrativos discricionários por meio de mandado de segurança.

**(E)** Não é cabível a impetração de mandado de segurança contra lei em tese, mesmo quando esta for de efeitos concretos.

**A:** incorreta. Na forma do art. 21 da Lei 12.016/2009, "O mandado de segurança coletivo pode ser impetrado por partido político com representação no Congresso Nacional, na defesa de seus interesses legítimos relativos a seus integrantes ou à finalidade partidária, ou por organização sindical, entidade de classe ou associação legalmente constituída e em funcionamento há, pelo menos, 1 (um) ano, em defesa de direitos líquidos e certos da totalidade, ou de parte, dos seus membros ou associados, na forma dos seus estatutos e desde que pertinentes às suas finalidades, dispensada, para tanto, autorização especial". **B:** incorreta. "O termo inicial para impetração de mandado de segurança a fim de impugnar critérios de aprovação e de classificação de concurso público conta-se do momento em que a cláusula do edital causar prejuízo ao candidato". RMS 23586/DF, rel. Min. Gilmar Mendes, 25.10.2011. (RMS-23586). **C:** correta, nos exatos termos do art. 22, § 2°, da Lei 12.016/2009. **D:** incorreta. A judicialização das políticas públicas tem sido admitida pela doutrina e jurisprudência. **E:** incorreta. Admite-se mandado de segurança contra lei em tese se o efeito for concreto.

Gabarito "C".

**(Ministério Público/PI – 2012 – CESPE)** Com base na sistemática processual da ação popular, assinale a opção correta.

**(A)** No caso de decisão condenatória proferida em segundo grau de jurisdição, são partes legítimas, para a execução ou cumprimento de sentença, o autor popular, outro cidadão, o MP, após o transcurso do prazo legal para o vencedor da ação, bem como as pessoas jurídicas corrés na ação, no que as beneficiar.

(B) Para o acolhimento da ação popular, cujo objetivo se restringe ao combate da ilegalidade ou da lesão ao erário público, não basta o fundamento de afronta à moralidade administrativa como objeto autônomo do pedido.

(C) Na ordem jurídica vigente, por intermédio da ação popular, podem ser tutelados, além do patrimônio público, direitos difusos e coletivos, especialmente os relativos ao meio ambiente, ao patrimônio histórico e cultural e aos direitos do consumidor.

(D) A ação popular ajuizada pelo cidadão é excludente de ação de improbidade administrativa deduzida em data posterior com a mesma causa de pedir.

(E) Há, na ação popular, litisconsórcio passivo necessário entre o agente público e membros do tribunal de contas do estado, em hipótese de aprovação de contas objeto do pedido, sob pena de nulidade absoluta do processo.

**A:** correta, pois conforme o disposto nos arts. 16 e 17 da LAP; **B:** incorreta, pois a afronta à moralidade administrativa, que passou a ser passível de controle em sede de ação popular após a CF de 1988; pode ser o fundamento autônomo do pedido. De acordo com o STJ, "pode ser manejada ação popular assentada na contrariedade aos princípios da moralidade e da legalidade, independentemente de alegação e de comprovação de dano ao erário, com o propósito de anular contratações efetuadas sem concurso público por eventual descumprimento de lei. Precedentes" (REsp 1.127.483/SC); **C:** incorreta, pois a tutela do consumidor não é objeto de ação popular; **D:** incorreta, pois é possível, inclusive, a conexão entre as mencionadas ações, com fundamento por exemplo, no art. 5º, § 3º, da LAP; **E:** incorreta, pois, embora haja litisconsórcio passivo necessário em sede de ação popular, não há, no caso mencionado, conforme decidiu o STJ: "É cediço o entendimento de que os membros do Tribunal de Contas do Estado, que aprovaram o ato impugnado pelo *mandamus*, não são partes legítimas para figurar na demanda na qualidade de autoridades coatoras" (AgRg nos EREsp 14868/RJ).

Gabarito "A".

**(Ministério Público/TO – 2012 – CESPE)** Com referência a ação popular, mandado de segurança, ACP e ação por improbidade administrativa, assinale a opção correta.

(A) O litisconsórcio passivo necessário é incompatível com o mandado de segurança.

(B) Na ACP por improbidade administrativa, o juiz pode impor ao réu pena diversa da postulada pelo MP.

(C) O MP não tem legitimidade para propor ACP em defesa do patrimônio público.

(D) A ação popular pode ser ajuizada por pessoa jurídica.

(E) Para a impetração do mandado de segurança coletivo é imprescindível que a pretensão veiculada interesse a toda a categoria representada.

**A:** incorreta, pois em MS existem casos de litisconsórcio passivo necessário. Conforme o enunciado da Súmula 631 do STF, "extingue-se o processo de Mandado de Segurança se o impetrante não promove, no prazo assinado, a citação do litisconsorte passivo necessário"; **B:** correta, pois na ação de improbidade o juiz não está adstrito ao pedido feito na inicial. Ver Informativo 0441 do STJ e REsp 658.389-MG, *DJ* 03.08/2007; REsp 631.301-RS, *DJ* 25.09.2006; **C:** incorreta, pois afronta o enunciado da Súmula 329 do STJ, segundo o qual o Ministério Público tem legitimidade para propor ação civil pública em defesa do patrimônio público; **D:** incorreta, pois, consoante a Súmula 365 do STF, pessoa jurídica não tem legitimidade para propor ação popular; **E:** incorreta, pois afronta o artigo 21 da Lei 12.016/2009, que permite a impetração a favor da totalidade ou de parte dos membros ou associados.

Gabarito "B".

**(Defensor Público/ES – 2012 – CESPE)** Julgue os próximos itens, referentes a ACP e ação de improbidade administrativa.

(1) A petição inicial da ação de improbidade administrativa ajuizada pelo MP pode ser objeto de aditamento pelos demais

legitimados, em atuação supletiva, para suprir omissão objetiva ou subjetiva.

(2) A categoria ético-política dos sujeitos hipervulneráveis justifica a defesa de direito individual indisponível, ainda que não homogêneo, por meio de ACP.

**1:** correta, pois, sendo a legitimidade concorrente, a ação de improbidade pode ser proposta pelo Ministério Público ou pela pessoa jurídica interessada (Lei n. 8.429/1992, art. 17). Sendo assim, desde que constatada alguma omissão, o colegitimado pode aditar a inicial para incluir pedido (aditamento objetivo) ou para incluir litisconsorte (aditamento subjetivo); **2:** correta, pois esse tem sido o entendimento dos tribunais superiores. Trata-se da utilização da ação civil pública para a tutela de direito individual ou de direitos individuais. Alguns falam, no caso, em ação pseudocoletiva. Luiz Paulo da Silva Araújo Filho (**Ações coletivas**: a tutela jurisdicional dos direitos individuais homogêneos, Rio de Janeiro: Forense, 2000, p. 200) chama a atenção para o fenômeno das ações pseudocoletivas: "Nas ações pseudocoletivas, em realidade, conquanto tenha sido proposta a ação por um único legitimado extraordinário, na verdade estão sendo pleiteados, específica e concretamente, os direitos individuais de inúmeros substituídos, caracterizando-se uma pluralidade de pretensões que, em tudo e por tudo, é equiparável à do litisconsórcio multitudinário, na feliz e consagrada expressão de Cândido Rangel Dinamarco, devendo sua admissibilidade, portanto, submeter-se, em princípio, às mesmas condições, ou seja, somente poderiam ser consideradas admissíveis quando não prejudicassem o pleno desenvolvimento do contraditório ou o próprio exercício da função jurisdicional".

Gabarito 1C, 2C.

**(Defensor Público/AC – 2012 – CESPE)** A respeito da improbidade administrativa, assinale a opção correta.

(A) A responsabilidade civil decorrente do ato de improbidade administrativa é objetiva, ou seja, não se analisa dolo ou culpa, porque o prejuízo sempre será do poder público.

(B) Ação contrária aos princípios da administração pública não gera improbidade administrativa quando não causa prejuízo ao erário.

(C) Ato de improbidade é definido como o ato lesivo ao ordenamento jurídico praticado exclusivamente por servidor público, no exercício de sua função, contra a administração direta, indireta ou fundacional de qualquer dos poderes da União, dos Estados, do DF e dos Municípios.

(D) A probidade administrativa configura norma difusa, visto que os bens pertencentes ao Estado constituem *res publica*, devendo ser coibido qualquer desvio de destinação desses bens.

(E) As sanções legalmente previstas para atos de improbidade administrativa não incluem a proibição de contratar com o poder público.

**A:** incorreta, pois a responsabilidade, no caso, é subjetiva. Por isso, a responsabilidade pelo ato de improbidade que causa enriquecimento ilícito ou que atenta contra os princípios aplicáveis à Administração Pública pressupõe dolo. No caso de ato de improbidade que causa prejuízo ao erário a responsabilidade também é subjetiva e decorre de dolo ou culpa (art. 10, *caput*, da Lei n. 8.429/1992); **B:** incorreta, pois a responsabilidade, no caso de ato que atenta contra os princípios, independente de eventual prejuízo ao erário. Tanto que o art. 12, III, da Lei n. 8.429/1992, determina a aplicação da pena de ressarcimento integral do dano, "se houver" prejuízo ao erário; **C:** incorreta, pois o ato de improbidade é praticado por agentes públicos, bem como por colaboradores e beneficiários. Além disso, o conceito de agente público, para fins de incidência da Lei n. 8.429/1992, é muito amplo. Assim se depreende dos arts. 2º e 3º da Lei n. 8.429/1992; **D:** correta, pois o ato de improbidade administrativa atenta contra interesse difuso, qual seja, o direito difuso à probidade, à honestidade dos agentes públicos. Também é interesse difuso o relacionado à preservação do patrimônio público, composto por bens materiais e imateriais. Daí a legitimidade do Ministério Público reconhecida pela Súmula n. 329 do STJ ("O Ministério Público tem legitimidade para propor ação civil pública em defesa do patrimônio público"); **E:** incorreta, pois a sanção está prevista no art. 12 da Lei n. 8.429/1992.

Gabarito "D".

## 8. OUTROS TEMAS E TEMAS COMBINADOS

**(Promotor de Justiça/PI – 2014 – CESPE)** Assinale a opção correta acerca do CDC e do que dispõe a lei que trata da ACP e a Lei de Improbidade.

(A) O prazo para a aplicação das sanções previstas na Lei de Improbidade prescreve em cinco anos, inclusive no que se refere à reparação do dano ao erário.

(B) O CDC é aplicável às instituições financeiras, inclusive no que se refere às relações jurídicas oriundas de contrato de arrendamento mercantil.

(C) Segundo a lei que trata da ACP, é possível a condenação, em honorários, de advogado da associação autora, ainda que não tenha sido comprovada sua má-fe.

(D) Segundo a lei que dispõe sobre a ACP, deve haver adiantamento de custas e honorários periciais.

(E) Prescrita a ação civil de improbidade administrativa no que diz respeito à aplicação de penalidades, é vedado ao MP pleitear o ressarcimento do dano ao erário.

A: incorreta, pois a pretensão de ressarcimento ao erário é imprescritível (CF, art. 37, § 5º); **B**: correta, pois: "O Superior Tribunal de Justiça tem entendimento sumulado de que o Código de Defesa do Consumidor é aplicável às instituições financeiras (Súmula 297/STJ), inclusive nas relações jurídicas oriundas de contrato de arrendamento mercantil." (REsp 609329/PR); **C**: incorreta, pois a condenação, no caso, pressupõe a comprovação da má-fé (art. 18 da LACP); **D**: incorreta, pois, conforme o art. 19, da Lei 7.347/1985, "nas ações de que trata esta lei, não haverá adiantamento de custas, emolumentos, honorários periciais e quaisquer outras despesas"; **E**: incorreta, pois, como se disse, a pretensão de ressarcimento ao erário é imprescritível, de tal forma que pode ser a única subsistente no caso de ato de improbidade administrativa.

Gabarito "B".

# 22. DIREITO DA PESSOA COM DEFICIÊNCIA

Anna Carolina Bontempo e Leni M. Soares*

## 1. POLÍTICA NACIONAL PARA INTEGRAÇÃO DAS PESSOAS COM DEFICIÊNCIA (LEI 7.853/1989 E DEC. 3.298/1999)

**(Ministério Público/ES – 2010 – CESPE)** As diretrizes da Política Nacional de Integração da Pessoa Portadora de Deficiência incluem:

(A) a oportunização, ao portador de deficiência, de qualificação profissional e incorporação no mercado de trabalho, bem como a adoção de estratégias de articulação com órgãos públicos, entidades privadas e organismos internacionais para a implantação dessa política de integração;

(B) o estabelecimento de mecanismos que favoreçam o desenvolvimento das pessoas portadoras de deficiência e a sua inclusão parcial nos programas governamentais de saúde e seguridade social;

(C) a ampliação de alternativas de absorção econômica das pessoas portadoras de deficiência e seu efetivo atendimento dentro de um modelo de assistência protecionista;

(D) a propiciação, ao portador de deficiência, do acesso ao mercado de trabalho mediante uma política de incentivos fiscais e linhas de crédito;

(E) a viabilização da participação política das pessoas portadoras de deficiência mediante a representação sindical.

**A:** correta (art. 6º, II e V, Decreto 3.298/1999); **B:** incorreta, pois é assegurada a inclusão social sem restrições de programas (art. 6º, I, Decreto 3298/1999); **C:** incorreta, pois conflita com art. 6º, VI, Decreto 3.298/1999; **D:** incorreta, pois a lei não estabelece política de incentivos fiscais e linhas de crédito (art. 6º, V, Decreto 3.298/1999); **E:** incorreta, pois conflita com o art. 6º, IV, Decreto 3.298/1999, já que tal participação se dará por intermédio das entidades representativas da pessoa portadora de deficiência e não por intermédio de representação sindical.
*Gabarito "A".*

**(Ministério Público/ES – 2010 – CESPE)** Os instrumentos da Política Nacional de Integração da Pessoa Portadora de Deficiência incluem:

(A) a elaboração do Plano Nacional de Integração Estratégica do Portador de Deficiência, visando garantir a efetividade dos programas de prevenção, de atendimento especializado e de integração social;

(B) o fomento à formação de recursos humanos para adequado e eficiente atendimento das pessoas portadoras de deficiência, bem como a fiscalização do cumprimento da legislação pertinente a essas pessoas;

(C) a articulação de políticas governamentais e políticas de Estado em torno da elaboração de medidas protecionistas aptas a tutelar eficientemente os inválidos de toda ordem;

(D) a criação de dispositivos que facilitem a importação de equipamentos e o fomento aos acordos de cooperação técnica em biotecnologia de próteses enxertadas;

(E) o fomento à criação de núcleos interdisciplinares de pesquisa em transplante de órgãos e desenvolvimento de tecidos e cartilagens artificiais.

A alternativa B está correta, pois reflete o disposto no art. 8º, II e V, do Decreto 3.298/1999. As demais alternativas não são instrumentos da Política Nacional de Integração da Pessoa Portadora de Deficiência.
*Gabarito "B".*

---

\* **Anna Carolina Bontempo** comentou a questão do concurso para **Defensoria/DF – 2013. LM – Leni M. Soares; Anna Carolina Bontempo e Leni Mouzinho** comentaram as demais questões.

**(Ministério público/RO – 2010 – CESPE)** Os objetivos da Política Nacional para a Integração das Pessoas Portadoras de Deficiência incluem:

(A) o apoio à formação de recursos humanos para atendimento da pessoa portadora de deficiência e a criação do banco de fomento para a aquisição de órteses, próteses e equipamentos de transportes para portadores de mobilidade reduzida;

(B) o investimento na construção de condomínios fechados destinados ao uso exclusivo dos portadores de deficiência em todas as unidades da Federação, bem como a produção de veículos de transporte público adaptados às suas necessidades, de uso exclusivo e circulação obrigatória durante as vinte e quatro horas do dia;

(C) o acesso, o ingresso e a permanência da pessoa portadora de deficiência em todos os serviços oferecidos à comunidade, bem como o desenvolvimento de programas setoriais destinados ao atendimento das necessidades especiais das pessoas portadoras de deficiência.

(D) o apoio à formação de recursos humanos para atendimento da pessoa portadora de deficiência e, também, o cadastramento de voluntários para pesquisa com células-tronco embrionárias;

(E) a articulação de entidades governamentais e não governamentais, em nível federal, estadual, do DF e municipal com a Secretaria de Inclusão Social do Trabalhador da Organização Internacional do Trabalho, visando garantir efetividade aos programas de prevenção, de atendimento especializado e de integração social, bem como o estabelecimento de padrões diferenciados de qualidade de vida para os maiores de sessenta anos.

A alternativa C está correta, pois reflete o disposto no art. 7º, I e III, do Decreto 3.298/1999. As demais alternativas não são objetivos da Política Nacional de Integração da Pessoa Portadora de Deficiência.
*Gabarito "C".*

**(Ministério Público/RR – 2008 – CESPE)** A respeito dos direitos das pessoas com deficiência, julgue os itens subsequentes de acordo com o que prescreve a Lei n. 7.853/1989.

(1) É garantida a pessoas com deficiência capazes de se integrarem ao sistema regular de ensino a matrícula compulsória em cursos regulares de estabelecimentos públicos e particulares.

(2) O poder público está obrigado a adotar medidas efetivas que garantam a funcionalidade das edificações e vias públicas, removendo ou evitando óbices às pessoas com deficiência, para o acesso destas a edifícios, logradouros e meios de transporte.

(3) Ao Ministério Público é permitido avaliar a conveniência de intervir nas ações públicas, coletivas ou individuais, em que se discutam interesses relacionados à deficiência das pessoas.

(4) A Coordenadoria Nacional para a Pessoa Portadora de Deficiência (CORDE) constitui órgão federal autônomo, ao qual compete manter, com os estados, municípios, DF e Ministério Público, estreito relacionamento, objetivando a concorrência de ações destinadas à integração social das pessoas com deficiência. Cabe, também, à CORDE provocar a iniciativa do Ministério Público, fornecendo-lhe informações sobre fatos que constituam objeto de ações civis, mediante indicação de elementos de convicção.

**1:** correta (art. 2º, parágrafo único, I, *f*, da Lei 7.853/1989); **2:** correta (art. 2º, parágrafo único, V, *a*, da Lei 7.853/1989); **3:** incorreta, pois a intervenção do Ministério Público é obrigatória (art. 5º da Lei 7.853/1989); **4:** correta (art. 12, V e VI, da Lei 7.853/1989).

Gabarito 1C, 2C, 3E, 4C

**(Ministério Público/SE – 2010 – CESPE)** Os princípios que norteiam a Política Nacional para a Integração da Pessoa Portadora de Deficiência incluem:

(A) o desenvolvimento de ação conjunta do Estado e da sociedade civil, de modo a assegurar a plena integração da pessoa portadora de deficiência no contexto socioeconômico e cultural, bem como o estabelecimento de mecanismos e instrumentos legais e operacionais que assegurem às pessoas portadoras de deficiência o pleno exercício de seus direitos básicos que, decorrentes da CF e das leis, lhes propiciem bem-estar pessoal, social e econômico;

(B) o respeito às pessoas portadoras de deficiência, que devem receber igualdade de oportunidades na sociedade por reconhecimento dos direitos que lhes são assegurados, sem privilégios ou paternalismos, bem como o acesso garantido aos programas de eugenia, esterilização e seleção genética dos embriões sadios

(C) o acesso à reprodução assistida e ao aborto terapêutico realizado pelo SUS em caso de comprovada anomalia fetal;

(D) o estabelecimento de instrumentos e técnicas operacionais que assegurem às pessoas portadoras de deficiência a reabilitação neurológica por meio do acesso ao transplante de células-tronco embrionárias

(E) a implementação de zonas urbanas de uso residencial alternativo voltadas exclusivamente para as pessoas portadoras de deficiência.

A alternativa A está correta, pois reflete o disposto no art. 5º, I e II, do Decreto 3.298/1999. As demais alternativas não são princípios que norteiam a Política Nacional para a Integração da Pessoa Portadora de Deficiência.

Gabarito 'A'.

## 2. ACESSIBILIDADE (LEIS 13.146/2015, 10.048/2000, 10.098/2000 E DEC. 5.296/2004)

**(Auxiliar Judiciário - TJ/PA - 2020 - CESPE)** Assinale a opção que apresenta o princípio a ser atendido quando da concepção e da implantação de mostra de arte aberta ao público, a fim de promover a acessibilidade, salvo comprovada impossibilidade.

(A) elemento de urbanização
(B) desenho universal
(C) mobiliário urbano
(D) comunicação
(E) atendimento prioritário

De acordo com o disposto no art. 55 da Lei 13.146/2015, "A concepção e a implantação de projetos que tratem do meio físico, de transporte, de informação e comunicação, inclusive de sistemas e tecnologias da informação e comunicação, e de outros serviços, equipamentos e instalações abertos ao público, de uso público ou privado de uso coletivo, tanto na zona urbana como na rural, devem atender aos princípios do desenho universal, tendo como referência as normas de acessibilidade". Dessa forma, a alternativa B está correta. LM

Gabarito 'B'.

**(Analista Judiciário - TJ/PA - 2020 - CESPE)** O médico de hospital privado que suspeitar de violência praticada contra pessoa com deficiência deverá notificar

I. a autoridade policial.
II. o Ministério Público.
III. os conselhos dos direitos da pessoa com deficiência.
Assinale a opção correta.

(A) Apenas o item I está certo.
(B) Apenas o item II está certo.
(C) Apenas os itens I e III estão certos.
(D) Apenas os itens II e III estão certos.
(E) Todos os itens estão certos.

Prevê o art. 26 do Estatuto da Pessoa com Deficiência que "os casos de suspeita ou de confirmação de violência praticada contra a pessoa com deficiência serão objeto de notificação compulsória pelos serviços de saúde públicos e privados à autoridade policial e ao Ministério Público, além dos Conselhos dos Direitos da Pessoa com Deficiência". Portanto, as três assertivas são verdadeiras, devendo ser assinalada a alternativa E. LM

Gabarito 'E'.

**(Juiz de Direito - TJ/BA - 2019 - CESPE/CEBRASPE)** De acordo com a legislação que versa sobre a prioridade de atendimento a pessoa com deficiência, a concessionária que disponibilizar veículo de transporte coletivo sem assento reservado para pessoa com deficiência estará sujeita a

(A) multa única relativa ao veículo irregular.
(B) apreensão imediata do veículo e suspensão das atividades até a regularização do veículo.
(C) suspensão das atividades, até a regularização do veículo.
(D) apreensão imediata do veículo e multa.
(E) multa diária até a regularização do veículo.

A alternativa A está correta, porque, conforme dispõe o art. 6º, II, da Lei 10.048/2000, "no caso de empresas concessionárias de serviço público, a multa de R$ 500,00 (quinhentos reais) a R$ 2.500,00 (dois mil e quinhentos reais), por veículos sem as condições previstas nos arts. 3º e 5º.

Gabarito 'A'.

**(Juiz de Direito - TJ/BA - 2019 - CESPE/CEBRASPE)** Assinale a opção que indica o processo destinado a propiciar às pessoas com deficiência a aquisição de conhecimentos, habilidades e aptidões para o exercício de profissão ou de ocupação, permitindo-lhes nível suficiente de desenvolvimento profissional para ingresso no campo de trabalho.

(A) colocação competitiva no mercado de trabalho
(B) reabilitação profissional
(C) programa de estímulo ao empreendedorismo
(D) programa de estímulo ao trabalho autônomo
(E) habilitação profissional

**A:** Incorreta. A colocação competitiva da pessoa com deficiência pode ocorrer por meio de trabalho com apoio, observadas as diretrizes previstas no art. 37, parágrafo único, da Lei 13.146/2015; **B:** Incorreta. A reabilitação tem por objetivo possibilitar que a pessoa com deficiência restaure sua capacidade e habilidade profissional ou adquira novas capacidades e habilidades de trabalho (art. 36, § 1º, do Estatuto da Pessoa com Deficiência); **C e D:** Incorretas. Os programas de estímulo ao empreendedorismo e ao trabalho autônomo, incluídos o cooperativismo e o associativismo, devem prever a participação da pessoa com deficiência e a disponibilização de linhas de crédito, quando necessárias (art. 35, parágrafo único, do Estatuto da Pessoa com Deficiência); **E:** Correta. A habilitação profissional corresponde ao processo destinado a propiciar à pessoa com deficiência aquisição de conhecimentos, habilidades e aptidões para exercício de profissão ou de ocupação, permitindo nível suficiente de desenvolvimento profissional para ingresso no campo de trabalho. LM

Gabarito 'E'.

**(Juiz de Direito - TJ/BA - 2019 - CESPE/CEBRASPE)** A lei que estabelece normas gerais e critérios básicos para a promoção da acessibilidade das pessoas com deficiência ou com mobilidade reduzida conceitua componentes de obras de urbanização — como os referentes a pavimentação, saneamento, encanamento para esgotos etc. — como

(A) mobiliário urbano.
(B) tecnologia assistiva.
(C) elemento de urbanização.
(D) acessibilidade.
(E) desenho universal.

**A:** Incorreta – De acordo com o art. 3º, VIII, do Estatuto da Pessoa com Deficiência, mobiliário urbano é o "conjunto de objetos existentes nas vias e nos espaços públicos, superpostos ou adicionados aos elementos de urbanização ou de edificação, de forma que sua modificação ou seu traslado não provoque alterações substanciais nesses elementos, tais como semáforos, postes de sinalização e similares,

## 22. DIREITO DA PESSOA COM DEFICIÊNCIA    727

terminais e pontos de acesso coletivo às telecomunicações, fontes de água, lixeiras, toldos, marquises, bancos, quiosques e quaisquer outros de natureza análoga"; **B**: Incorreta – Tecnologia assistiva ou ajuda técnica engloba os "produtos, equipamentos, dispositivos, recursos, metodologias, estratégias, práticas e serviços que objetivem promover a funcionalidade, relacionada à atividade e à participação da pessoa com deficiência ou com mobilidade reduzida, visando à sua autonomia, independência, qualidade de vida e inclusão social" (art. 3°, III); **C**: Correta – Elemento de urbanização são "quaisquer componentes de obras de urbanização, tais como os referentes a pavimentação, saneamento, encanamento para esgotos, distribuição de energia elétrica e de gás, iluminação pública, serviços de comunicação, abastecimento e distribuição de água, paisagismo e os que materializam as indicações do planejamento urbanístico" (art. 3°, VII); **D**: Incorreta – Acessibilidade é a possibilidade e condição de alcance para utilização, com segurança e autonomia, de espaços, mobiliários, equipamentos urbanos, edificações, transportes, informação e comunicação, inclusive seus sistemas e tecnologias, bem como de outros serviços e instalações abertos ao público, de uso público ou privados de uso coletivo, tanto na zona urbana como na rural, por pessoa com deficiência ou com mobilidade reduzida (art. 3°, I); **E**: Incorreta – Desenho universal é a concepção de produtos, ambientes, programas e serviços a serem usados por todas as pessoas, sem necessidade de adaptação ou de projeto específico, incluindo os recursos de tecnologia assistiva (art. 3°, II, da Lei 13.146/2015).

Gabarito "C".

**(Defensor Público - DPE/DF - 2019 - CESPE/CEBRASPE)** Com base no Estatuto do Idoso e no Estatuto da Pessoa com Deficiência, julgue o item a seguir.

**(1)** A pessoa com deficiência tem plena capacidade civil para exercer o direito de guarda, curatela e adoção, em igualdade de oportunidades com pessoas sem deficiência.

**1**: Correta – De acordo com previsão constante do art. 6°, VI, da Lei 13.146/2015, "A deficiência não afeta a plena capacidade civil da pessoa, inclusive para exercer o direito à guarda, à tutela, à curatela e à adoção, como adotante ou adotando, em igualdade de oportunidades com as demais pessoas".

Gabarito 1C

**(Juiz – TJ/CE – 2018 – CESPE)** A curatela de pessoa com deficiência é medida protetiva extraordinária

**(A)** que impõe aos curadores o dever de representar os curatelados e de prestar semestralmente contas de sua atuação ao juiz.

**(B)** incompatível com a nomeação de curador provisório, haja vista a natureza definitiva da curatela.

**(C)** que afetará somente os atos relacionados aos direitos de natureza patrimonial e negocial indicados na sentença.

**(D)** que poderá ser instituída por iniciativa do próprio interditando, mediante escritura pública, conforme o CPC.

**(E)** proporcional às necessidades e às circunstâncias de cada caso, sendo um instituto igual ao da modalidade de decisão apoiada.

**A**: Incorreta – A prestação de contas pelos curadores deverá ser feita anualmente, nos termos do art. 84, § 4°, da Lei 13.146/2015; **B**: Incorreta – Como a curatela de pessoa com deficiência trata-se de medida protetiva extraordinária, ela durará o menor tempo possível (art. 84, § 3°, da Lei 13.146/2015 – Estatuto da Pessoa com Deficiência; **C**: Correta – Art. 85, *caput*, do Estatuto da Pessoa com Deficiência; **D**: Incorreta – A curatela constitui medida extraordinária, devendo constar da sentença as razões e motivações de sua definição, preservados os interesses do curatelado (art. 85, § 2°, da Lei 13.146/2015); **E**: Incorreta – De fato, a curatela será proporcional às necessidades e às circunstâncias de cada caso. Contudo, não é instituto igual ao da decisão apoiada, que é o processo pelo qual a pessoa com deficiência elege pelo menos 2 (duas) pessoas idôneas, com as quais mantenha vínculos e que gozem de sua confiança, para prestar-lhe apoio na tomada de decisão sobre atos da vida civil, fornecendo-lhes os elementos e informações necessários para que possa exercer sua capacidade (art. 116 do Estatuto da Pessoa com Deficiência e art. 1783-A do Código Civil).

Gabarito "C".

**(Juiz – TRF5 – 2017 – CESPE)** Lei determina que a acessibilidade deve ser garantida às pessoas com deficiência ou com mobilidade reduzida para que possam viver de forma independente e exercer seus direitos de cidadania e de participação social. A respeito desse assunto, julgue os itens a seguir.

I.  O poder público tem o dever de assegurar a adaptação e a produção de artigos científicos em formato acessível, inclusive em LIBRAS.

II. Durante a execução, as obras de engenharia em via pública constituem exceção à livre circulação e acessibilidade das pessoas.

III. Caso o desenho universal — regra de caráter geral de concepção e implantação de projetos de infraestrutura nas diversas áreas do cotidiano das pessoas — não possa ser empreendido em instalações abertas ao público, poderá ser adotada adaptação, desde que razoável.

IV. Nas edificações, a cobrança ao comprador, pela construtora, de valores adicionais para a aquisição de unidades internamente acessíveis e de uso privado é vedada: deve-se assegurar percentual mínimo de unidades internas com atendimento aos preceitos de acessibilidade.

Estão certos apenas os itens

**(A)** I e II.

**(B)** I e IV.

**(C)** III e IV.

**(D)** I, II e III.

**(E)** II, III e IV.

**I**: Errada – O poder público deve estimular e apoiar a adaptação e a produção de artigos científicos em formato acessível, inclusive em Libras, mas não assegurar (art. 68, § 3°, da Lei 13.146/2015); **II**: Errada – Em qualquer intervenção nas vias e nos espaços públicos, o poder público e as empresas concessionárias responsáveis pela execução das obras e dos serviços devem garantir, de forma segura, a fluidez do trânsito e a livre circulação e acessibilidade das pessoas, durante e após sua execução (art. 59 da Lei 13.146/2015); **III**: Correta – Nas hipóteses em que comprovadamente o desenho universal não possa ser empreendido, deve ser adotada adaptação razoável (art. 55, § 2°, do Estatuto da Pessoa com Deficiência); **IV**: Correta – É vedada a cobrança de valores adicionais para a aquisição de unidades internamente acessíveis a que se refere o § 1° deste artigo (art. 58, § 2°, do Estatuto da Pessoa com Deficiência). Assim, portanto, a alternativa a ser assinalada é a "C".

Gabarito "C".

**(Juiz – TRF5 – 2017 – CESPE)** Os postes de sinalização colocados em via pública para promover a acessibilidade das pessoas com mobilidade reduzida são considerados, de acordo com a lei,

**(A)** elementos de urbanização.

**(B)** tecnologia assistiva.

**(C)** tecnologia funcional.

**(D)** equipamentos urbanos.

**(E)** mobiliários urbanos.

**A**: Incorreta – Os elementos de urbanização são quaisquer componentes de obras de urbanização, tais como os referentes a pavimentação, saneamento, encanamento para esgotos, distribuição de energia elétrica e de gás, iluminação pública, serviços de comunicação, abastecimento e distribuição de água, paisagismo e os que materializam as indicações do planejamento urbanístico (art. 3°, VII, da Lei 13.146/2015); **B**: Incorreta – A tecnologia assistiva ou ajuda técnica é aquela composta pelos produtos, equipamentos, dispositivos, recursos, metodologias, estratégias, práticas e serviços que objetivem promover a funcionalidade, relacionada à atividade e à participação da pessoa com deficiência ou com mobilidade reduzida, visando à sua autonomia, independência, qualidade de vida e inclusão social (art. 3°, III, da Lei 13.146/2015); **C** e **D**: Incorretas – Ver comentário referente à alternativa B; **E**: Correta – Os postes de iluminação colocados em via pública para promover a acessibilidade das pessoas com mobilidade reduzidas, assim como os semáforos e similares, terminais e pontos de acesso coletivo às telecomunicações, fontes de água, lixeiras, toldos, marquises, bancos, quiosques e quaisquer outros de natureza análoga, constituem mobiliários urbanos, que são o conjunto de objetos existentes nas vias e nos espaços públicos, superpostos ou adicionados aos elementos de urbanização ou de edificação, de forma que sua modificação ou seu traslado não provoque alterações substanciais nesses elementos.

(Ministério público/RO – 2010 – CESPE) O atendimento prioritário dado às pessoas portadoras de deficiência compreende:

(A) a distribuição de brindes e descontos na aquisição de equipamentos de informática, bem como a disponibilização de pessoal capacitado para prestar atendimento às pessoas com deficiência visual, mental e múltipla;

(B) o tratamento diferenciado, que inclui, entre outros: assentos de uso preferencial sinalizados, espaços e instalações acessíveis, mobiliário de recepção e atendimento obrigatoriamente adaptado à altura e à condição física de cadeirantes, conforme estabelecido nas normas técnicas de acessibilidade da ABNT;

(C) serviço obrigatório de acompanhante para portadores de mobilidade reduzida nos espaços públicos destinados ao lazer, às compras e à alimentação;

(D) menu em braile, tradutor para língua brasileira de sinais, e canil para cães-guia em centros comerciais, teatros, cinemas e restaurantes.

(E) a criação de juizados especiais do portador de deficiência nos tribunais de justiça dos estados.

A alternativa B está correta, pois reflete o disposto no art. 6º, § 1º e incisos do Decreto n. 5.296/2004. As demais alternativas não são hipóteses de atendimento prioritário destinado às pessoas portadoras de deficiência. Com relação ao atendimento prioritário, o novo Estatuto da Pessoa com Deficiência (Lei 13.146/2015) estabelece no art. 9º que "a pessoa com deficiência tem direito a receber atendimento prioritário, sobretudo com a finalidade de: I – proteção e socorro em quaisquer circunstâncias; II – atendimento em todas as instituições e serviços de atendimento ao público; III – disponibilização de recursos, tanto humanos quanto tecnológicos, que garantam atendimento em igualdade de condições com as demais pessoas; IV – disponibilização de pontos de parada, estações e terminais acessíveis de transporte coletivo de passageiros e garantia de segurança no embarque e no desembarque; V – acesso a informações e disponibilização de recursos de comunicação acessíveis; VI – recebimento de restituição de imposto de renda; VII – tramitação processual e procedimentos judiciais e administrativos em que for parte ou interessada, em todos os atos e diligências".

Gabarito "B".

(Defensor Público/TO – 2013 – CESPE) Ainda com relação ao direito das pessoas com deficiência, assinale a opção correta de acordo com o Decreto nº 5.296/2004.

(A) Nos estacionamentos externos ou internos das edificações de uso público ou de uso coletivo, ou nos localizados nas vias públicas, serão reservados, pelo menos, 4% do total de vagas para veículos que transportem pessoa portadora de deficiência física ou visual, sendo assegurada, no mínimo, uma vaga, em locais próximos à entrada principal ou ao elevador, de fácil acesso à circulação de pedestres, com especificações técnicas de desenho e traçado conforme o estabelecido nas normas técnicas de acessibilidade.

(B) Para atender ao disposto na referida norma, o Poder Executivo determinou taxativamente a isenção de tributos para a importação de equipamentos que, destinados à adequação do sistema de transporte coletivo às necessidades dos portadores de deficiência, não sejam produzidos no país.

(C) Consoante a referida norma, classifica-se como deficiência mental o funcionamento intelectual significativamente inferior à média, manifestado antes dos dezoito anos e com limitações associadas a duas ou mais áreas de habilidades adaptativas.

(D) Considera-se deficiência auditiva, para os fins do referido decreto, a perda unilateral ou bilateral, parcial ou total, de quarenta decibéis ou mais, aferida por audiograma nas frequências de 500 Hz, 1.000 Hz e 2.000 Hz.

(E) Para os fins do referido decreto, as fontes públicas não são consideradas mobiliário urbano, conceituado como o conjunto de objetos existentes nas vias e espaços públicos, superpostos ou adicionados aos elementos da urbanização ou da edificação, de forma que sua modificação ou traslado não altere substancialmente tais elementos.

A: incorreta, pois serão reservados, pelo menos, 2% (dois por cento) do total de vagas (art. 25 do Decreto 5.296/2004). Nesse mesmo sentido, o novo Estatuto da Pessoa com Deficiência (Lei 13.146/2015), estabelece que as vagas devem equivaler a 2% (dois por cento) do total, garantida, no mínimo, 1 (uma) vaga devidamente sinalizada, conforme art. 47, § 1º da referida Lei; B: incorreta, pois compete ao Poder Executivo, com base em estudos e pesquisas, verificar a viabilidade de redução ou isenção de tributo (art. 45, I, do Decreto 5.296/2004); C: correta (art. 5º, § 1º, I, d, do Decreto 5.296/2004); D: incorreta, pois considera-se deficiência auditiva a "perda bilateral, parcial ou total, de quarenta e um decibéis (dB) ou mais, aferida por audiograma nas frequências de 500Hz, 1.000Hz, 2.000Hz e 3.000Hz" (art. 5º, § 1º, I, b, do Decreto 5.296/2004); E: incorreta, pois as fontes públicas são consideradas mobiliário urbano (art. 8º, IV, do Decreto 5.296/2004 e art. 3º, VIII, da Lei nº 13.146/2015).

Gabarito "C".

(Defensor Público/TO – 2013 – CESPE) Com base no disposto na Lei nº 10.048/2000 e no Decreto nº 5.296/2004, bem como no dispositivo constitucional sobre o direito das pessoas com deficiência, assinale a opção correta.

(A) O tratamento diferenciado previsto no Decreto nº 5.296/2004 inclui, entre outros, pessoal capacitado para prestar atendimento às pessoas com deficiência visual, mental e múltipla, bem como às pessoas idosas.

(B) Nos serviços de emergência dos estabelecimentos públicos e privados de atendimento à saúde, a prioridade deve sempre ser dada a pessoas com deficiência.

(C) É constitucionalmente prevista a criação de programas de prevenção e atendimento especializado para os portadores de deficiência física, sensorial ou mental, bem como a integração social exclusiva do adolescente portador de deficiência, mediante o treinamento para o trabalho.

(D) As empresas de ônibus estão obrigadas a reservar assentos às pessoas portadoras de deficiência, devendo o proprietário da empresa que descumprir a determinação legal responder criminalmente pela omissão.

(E) Os logradouros e sanitários públicos e particulares, assim como os edifícios públicos e particulares, devem obedecer a normas de construção, para efeito de licenciamento da respectiva edificação, específicas para o atendimento das necessidades das pessoas portadoras de deficiência.

A: correta (art. 6º, § 1º, IV, do Decreto 5.296/2004); B: incorreta, pois a prioridade fica condicionada à avaliação médica em face da gravidade dos casos a atender (art. 6º, § 3º, do Decreto 5.296/2004); C: incorreta, pois a integração social não é exclusiva, abrangendo adolescente e jovem com deficiência, mediante o treinamento para o trabalho e a convivência, e a facilitação do acesso aos bens e serviços coletivos, com a eliminação de obstáculos arquitetônicos e de todas as formas de discriminação (art. 227, § 1º, II, da CF/1988); D: incorreta, pois trata-se de infração administrativa, cuja pena é de multa de R$ 500,00 (quinhentos reais) a R$ 2.500,00 (dois mil e quinhentos reais) (art. 6º, II, da Lei 10.048/2000); E: incorreta, pois a lei não abrange os logradouros e sanitários particulares (art. 4º da Lei 10.048/2000).

Gabarito "A".

## 3. SAÚDE MENTAL

(Ministério Público/RN – 2009 – CESPE) Acerca da proteção e dos direitos das pessoas portadoras de transtornos mentais, assinale a opção correta com base na Lei n. 10.216/2001.

(A) A internação psiquiátrica involuntária de pessoa portadora de transtorno mental deve ser comunicada à autoridade judiciária local, no prazo de 48 horas a partir do momento em que tenha acontecido, pelo responsável técnico do estabelecimento onde tenha ocorrido, devendo esse procedimento ser adotado quando da respectiva alta.

(B) De acordo com a legislação vigente, a internação compulsória de pessoa portadora de transtorno mental é determinada pelo MP estadual, que considera, quanto à salvaguarda do

## 22. DIREITO DA PESSOA COM DEFICIÊNCIA · 729

paciente, as condições de segurança do estabelecimento, dos demais internados e dos funcionários.

(C) Internação involuntária é a determinada pela justiça.

(D) Internação compulsória é aquela que se dá sem o consentimento do usuário e a pedido de terceiro.

(E) É direito da pessoa portadora de transtorno mental ter a presença de médico, em qualquer tempo, para esclarecer a necessidade ou não de sua hospitalização involuntária.

**A:** incorreta, pois a internação involuntária deverá, no prazo de 72 horas, ser comunicada ao Ministério Público Estadual, conforme o disposto no art. 8º, § 1º, da Lei 10.216/2001; **B:** incorreta, pois a internação compulsória é determinada pelo juiz competente, de acordo com o art. 9º da Lei 10.216/2001; **C:** incorreta, pois internação involuntária é aquela que se dá sem o consentimento do usuário e a pedido de terceiro (art. 6º, II, da Lei 10.216/2001); **D:** incorreta, pois a internação compulsória é aquela determinada pela Justiça (art. 6º, III, da Lei 10.216/2001); **E:** correta (art. 2º, V, da Lei 10.216/2001).
Gabarito "E".

## 4. ACESSO À JUSTIÇA

**(Ministério Público/SE – 2010 – CESPE)** Além do MPU, podem propor ações civis públicas destinadas à proteção de interesses coletivos ou difusos das pessoas portadoras de deficiência:

(A) exclusivamente os estados, os municípios e o DF;

(B) somente as associações constituídas há mais de um ano, nos termos da lei civil;

(C) as autarquias, empresas públicas, fundações ou sociedades de economia mista cadastradas no Conselho Nacional dos Direitos da Pessoa Portadora de Deficiência;

(D) as associações constituídas há mais de um ano, nos termos da lei civil, os estados, os municípios e o DF, bem como autarquia, empresa pública, fundação ou sociedade de economia mista que inclua, entre suas finalidades institucionais, a proteção das pessoas portadoras de deficiência;

(E) os estados, as entidades de classe e as organizações da sociedade civil de interesse público reconhecidas e monitoradas pela Secretaria de Ações Afirmativas da Pessoa Portadora de Necessidades Especiais do Ministério da Justiça.

A alternativa D está correta, pois reflete o disposto no art. 3º, *caput*, da Lei 7.853/1989. As demais alternativas não trazem os legitimados para propor ações civis públicas destinadas à proteção de interesses coletivos ou difusos das pessoas portadoras de deficiência.
Gabarito "D".

## 5. TUTELA PENAL DA PESSOA COM DEFICIÊNCIA

**(Defensor Público/TO – 2013 – CESPE)** Acerca do direito das pessoas com deficiência, conforme a Lei nº 7.853/1989, assinale a opção correta.

(A) Recusar, retardar ou dificultar internação ou deixar de prestar assistência médico-hospitalar e ambulatorial, quando possível, a pessoa portadora de deficiência constitui crime punível com pena de reclusão e multa.

(B) Recusar, retardar ou omitir dados técnicos indispensáveis à propositura da ação civil constitui crime punível com pena de prisão simples.

(C) Obstar, sem justa causa, o acesso de alguém a qualquer cargo público, por motivos derivados de sua deficiência, constitui crime punível com pena de detenção.

(D) Recusar, suspender, procrastinar, cancelar ou fazer cessar, sem justa causa, a inscrição de aluno em estabelecimento de ensino de qualquer natureza, por motivos derivados da deficiência que porte, consiste em infração administrativa punível com multa.

(E) Negar a alguém, sem justa causa, emprego ou trabalho, por motivos derivados de sua deficiência, constitui infração penal punível apenas com pena de multa.

**A:** correta (art. 8º, IV, da Lei 7.853/1989); **B, C, D e E:** incorretas, pois são crimes apenados com reclusão de 1 (um) a 4 (quatro) anos, e multa

(art. 8º, I, II, III e VI, da Lei 7.853/1989). O novo Estatuto da Pessoa com Deficiência (Lei 13.146/2015) alterou toda redação do art. 8º da Lei 7.853/1989, passando a vigorar com o seguinte teor: "Constitui crime punível com reclusão de 2 (dois) a 5 (cinco) anos e multa: I – recusar, cobrar valores adicionais, suspender, procrastinar, cancelar ou fazer cessar inscrição de aluno em estabelecimento de ensino de qualquer curso ou grau, público ou privado, em razão de sua deficiência; II – obstar inscrição em concurso público ou acesso de alguém a qualquer cargo ou emprego público, em razão de sua deficiência; III – negar ou obstar emprego, trabalho ou promoção à pessoa em razão de sua deficiência; IV – recusar, retardar ou dificultar internação ou deixar de prestar assistência médico-hospitalar e ambulatorial à pessoa com deficiência; V – deixar de cumprir, retardar ou frustrar execução de ordem judicial expedida na ação civil a que alude esta Lei; VI – recusar, retardar ou omitir dados técnicos indispensáveis à propositura da ação civil pública objeto desta Lei, quando requisitados. § 1º Se o crime for praticado contra pessoa com deficiência menor de 18 (dezoito) anos, a pena é agravada em 1/3 (um terço). § 2º A pena pela adoção deliberada de critérios subjetivos para indeferimento de inscrição, de aprovação e de cumprimento de estágio probatório em concursos públicos não exclui a responsabilidade patrimonial pessoal do administrador público pelos danos causados. § 3º Incorre nas mesmas penas quem impede ou dificulta o ingresso de pessoa com deficiência em planos privados de assistência à saúde, inclusive com cobrança de valores diferenciados. § 4º Se o crime for praticado em atendimento de urgência e emergência, a pena é agravada em 1/3 (um terço)."
Gabarito "A".

## 6. TEMAS COMBINADOS E OUTROS TEMAS DE PESSOAS COM DEFICIÊNCIA

**(Defensoria/DF – 2013 – CESPE)** Julgue os itens que se seguem, relativos aos direitos das pessoas com necessidades especiais, dos idosos e das vítimas de violência doméstica familiar.

(1) Conforme o diploma legal que regulamenta os mecanismos para coibir a violência doméstica e familiar contra a mulher, a notificação da ofendida a respeito dos atos processuais relativos ao agressor, em especial daqueles referentes ao seu ingresso e saída da prisão, dispensa a intimação do DP em relação ao mesmo ato.

(2) Segundo o que dispõe o Estatuto do Idoso, as transações relativas a alimentos referendadas pela DP configuram título executivo extrajudicial.

(3) De acordo com a jurisprudência do STJ, não se reconhece a surdez meramente unilateral o caráter de necessidade especial, razão pela qual o seu portador deverá disputar as vagas de ampla concorrência em concurso público, e não as destinadas aos portadores de deficiência física.

**1:** incorreta, pois a ofendida deverá ser notificada dos atos processuais relativos ao agressor, especialmente dos pertinentes ao ingresso e à saída da prisão, *sem prejuízo* da intimação do advogado constituído ou do defensor público (art. 21 da Lei 11.340/2006); **2:** correta (art. 13 do Estatuto do Idoso); **3:** incorreta, pois a Corte Especial do STJ, no julgamento do MS 18.966/DF, em voto-vencedor de relatoria do Ministro Humberto Martins, decidiu que a **surdez unilateral** não possibilita a seu portador concorrer a vaga em concursos públicos naquelas destinadas aos portadores de deficiência, conforme decisão proferida nos autos do AgInt nos EDcl nos EDcl no REsp 1643068/DF: "ADMINISTRATIVO. AGRAVO INTERNO NOS EMBARGOS DE DECLARAÇÃO NOS EMBARGOS DE DECLARAÇÃO NO RECURSO ESPECIAL. CANDIDATO PORTADOR DE PERDA AUDITIVA UNILATERAL. INEXISTÊNCIA DE DIREITO DE CONCORRER ÀS VAGAS DESTINADAS AOS DEFICIENTES FÍSICOS. INTERPRETAÇÃO DO DECRETO 3.298/1999, ALTERADO PELO DECRETO 5.296/2004. PRECEDENTE DA CORTE ESPECIAL. 1. Nos moldes da jurisprudência recente e atual desta Corte Superior de Justiça firmado no bojo do MS n. 18.966/DF, a surdez unilateral não possibilita aos seus portadores concorrer a vagas de concursos públicos nas vagas destinadas aos portadores de deficiência. Precedentes: MS 18.966/DF, Rel. Min. Castro Meira, Rel. p/ Acórdão Min. Humberto Martins, Corte Especial, DJe 20/03/2014; AgInt no RMS 50.567/RS, Rel. Ministro Mauro Campbell Marques, Segunda Turma, DJe 19/12/2016; MS 18.851/DF, Rel. Ministro Napoleão Nunes Maia Filho, Corte Especial, DJe 26/08/2016. 2. Agravo interno não provido.

# 730 ANNA CAROLINA BONTEMPO E LENI M. SOARES

(Rel. Ministro BENEDITO GONÇALVES, PRIMEIRA TURMA, julgado em 17/05/2018, DJe 24/05/2018).

**(Ministério público/PI – 2012 – CESPE)** No que se refere à defesa das pessoas portadoras de deficiência, à proteção ao patrimônio cultural e à ordem urbanística, assinale a opção correta.

(A) O conceito de ordem urbanística, reconhecida como direito coletivo em sentido amplo, abrange o direito à terra urbana, a moradia e a saneamento ambiental, mas não a transporte e prestação de serviços públicos.

(B) Não podem ser objetos de ação judicial de natureza coletiva a reparação do dano nem a determinação do cumprimento da lei em caso de violação ao direito do portador de deficiência de ter assento preferencial em qualquer meio de transporte coletivo.

(C) O direito urbanístico é difuso, ainda que se trate de dano que atinja apenas alguns bairros.

(D) Segundo a jurisprudência, é obrigatória a intervenção do MP como *custos legis* na ação judicial que tenha por objeto a defesa do interesse de deficiente físico cuja nomeação em concurso público tenha sido negada.

(E) Como o valor cultural do bem é anterior ao seu tombamento, é cabível a proposição de ACP para responsabilizar o particular pela conservação do patrimônio, independentemente de qualquer ato do poder público que estabeleça a necessidade de sua proteção.

A: incorreta, pois conflita com o art. 2º, I, da Lei 10.257/2001, que dispõe que "transporte e prestação de serviços públicos" integram o conceito de ordem urbanística; **B:** incorreta, pois conflita com o art. 1º, IV, da Lei 7.347/1985 c/c. 3º da Lei 7.853/1989; **C:** incorreta. Nesse sentido, Carvalho Filho, diferencia os Direitos transindividuais e coletivos na defesa da ordem urbanística: "Dentro da categoria dos interesses transindividuais, os relativos a ordem urbanística podem qualificar-se quer como difusos, quer como coletivos. Serão difusos quando tiverem maior generalidade e abrangência no que toca aos componentes do grupo; além disso, não haverá qualquer relação jurídica entre eles, sendo meramente circunstancial o agrupamento. É o caso, por exemplo, de ação para impedir construção que provoque gravame urbanístico para todo o bairro. Podem, no entanto, configurar-se como coletivos; nesse caso, os indivíduos serão determináveis em tese e entre eles próprios, ou relativamente a terceiros haverá uma relação jurídica base. É a hipótese de ação que vise a tutela de interesses urbanísticos de um condomínio, ameaçados por algum tipo de ofensa oriunda de ações do setor público ou privado." (Carvalho Filho, José dos Santos. **Comentários ao Estatuto da Cidade**. Rio de Janeiro: Lumen Juris, 2006. p. 47.); **D:** correta. Vejamos julgado do Superior Tribunal de Justiça: "Agravo regimental. Recurso especial. Processo civil. **Concurso público. Negativa de nomeação. Deficiente físico. Direito individual indisponível. Intervenção obrigatória do Ministério Público, como custos legis.** Nulidade. Ocorrência. Retorno dos autos à origem. 1. A intervenção do Ministério Público fundamentada na qualidade de parte dotada de capacidade civil deve envolver direitos indisponíveis ou de tamanha relevância social que evidenciem a existência de interesse público no feito (art. 82, III, do CPC – art. 178, I e III, do NCPC). **2. Nas causas que tratam da negativa de nomeação de portador de deficiência física com fundamento na ausência de capacitação física indispensável ao desempenho das funções inerentes ao cargo pretendido, que envolvem exame de ofensa a direito individual indisponível de deficiente físico a ingressar no serviço público, é obrigatória a intervenção do Parquet.** 3. Agravo regimental provido, para dar provimento ao recurso especial e declarar a nulidade do processo pela ausência de intervenção ministerial em primeira instância, determinando-se o retorno dos autos ao Juízo de 1º grau para regular prosseguimento do feito. (AgRg no REsp 565084/DF, Rel. Ministra Maria Thereza de Assis Moura, Sexta Turma, julgado em 24.08.2009, *DJe* 14.09.2009)" (grifo nosso); **E:** incorreta, pois inexistindo qualquer ato do Poder Público formalizando a necessidade de proteger o bem tombado, é descabida a responsabilização do proprietário pela não conservação do patrimônio, sendo este o posicionamento do Superior Tribunal de Justiça: "Processo civil. Administrativo. Ação civil pública. Tombamento provisório. Equiparação ao definitivo. Eficácia. 1. O ato de tombamento, seja ele provisório ou definitivo, tem por finalidade preservar o bem identificado como de valor cultural, contrapondo-se, inclusive, aos

interesses da propriedade privada, não só limitando o exercício dos direitos inerentes ao bem, mas também obrigando o proprietário às medidas necessárias à sua conservação. O tombamento provisório, portanto, possui caráter preventivo e assemelha-se ao definitivo quanto às limitações incidentes sobre a utilização do bem tutelado, nos termos do parágrafo único do art. 10 do Decreto-Lei 25/1937. **2. O valor cultural pertencente ao bem é anterior ao próprio tombamento. A diferença é que, não existindo qualquer ato do Poder Público formalizando a necessidade de protegê-lo, descaberia responsabilizar o particular pela não conservação do patrimônio. O tombamento provisório, portanto, serve justamente como um reconhecimento público da valoração inerente ao bem.** 3. As coisas tombadas não poderão, nos termos do art. 17 do Decreto-Lei 25/1937, ser destruídas, demolidas ou mutiladas. O descumprimento do aludido preceito legal enseja, via de regra, o dever de restituir a coisa ao **status quo ante**. Excepcionalmente, sendo manifestamente inviável o restabelecimento do bem ao seu formato original, autoriza-se a conversão da obrigação em perdas e danos. 4. À reforma do aresto recorrido deve seguir-se à devolução dos autos ao Tribunal **a quo** para que, respeitados os parâmetros jurídicos ora estipulados, prossiga o exame da apelação do IPHAN e aplique o direito consoante o seu convencimento, com a análise das alegações das partes e das provas existentes. 5. Recurso especial provido em parte. (REsp 753534/MT, Rel. Ministro Castro Meira, Segunda Turma, julgado em 25.10.2011, *DJe* 10.11.2011)" (grifo nosso – ver **Informativo** 152).

**(Ministério Público/RR – 2012 – CESPE)** A respeito da proteção aos deficientes físicos e do direito urbanístico, assinale a opção correta.

(A) Verificado que determinado loteamento não esteja devidamente registrado, deverá o adquirente do lote, sem suspender o pagamento das prestações restantes diretamente ao vendedor, efetuar a notificação do loteador para suprir a falta.

(B) As ACPs destinadas à proteção de interesses difusos das pessoas portadoras de deficiência poderão ser propostas por sociedade de economia mista, independentemente da inclusão, entre as finalidades institucionais, da proteção das pessoas portadoras de deficiência, na medida em que essa modalidade de proteção é universal.

(C) Exceto em relação às demandas de natureza individual, o MP deve intervir obrigatoriamente nas ações públicas em que se discutam interesses relacionados à deficiência das pessoas.

(D) O funcionário público que obstar, por qualquer causa, o acesso de alguém a determinado cargo público, por motivos derivados de sua deficiência, responderá pelo delito de prevaricação previsto no CP.

(E) O município tem o poder-dever de agir para fiscalizar e regularizar loteamento irregular, pois é o responsável pelo parcelamento, uso e ocupação do solo urbano, atividade vinculada, e não discricionária.

A: incorreta, pois o adquirente deve suspender o pagamento das prestações restantes e notificar o loteador para suprir a falta, de acordo com disposição constante do art. 38 da Lei 6.766/1979; **B:** incorreta, pois a sociedade de economia mista **deve ter incluída**, entre suas finalidades institucionais, a proteção das pessoas portadoras de deficiência (art. 3º da Lei 7.853/1989); **C:** incorreta, pois também é obrigatória a intervenção do Ministério Público nas *ações individuais, em que se discutam interesses relacionados à deficiência das pessoas*, de acordo com o disposto no art. 5º da Lei 7.853/1989; **D:** incorreta, pois não se trata de crime de prevaricação (art. 319 do CP), mas sim de crime previsto no art. 8º, II, da Lei 7.853/1989, que é punível com reclusão de 2 (dois) a 5 (cinco) anos e multa; **E:** correta (art. 40 da Lei 6.766/1979). Nesse sentido, vejamos posicionamento do Superior Tribunal de Justiça: "Processual civil e administrativo. Recurso especial. Julgamento antecipado da lide. Não ocorrência de cerceamento ao direito de ampla defesa e ao contraditório. Alegação de violação aos artigos 302, III, 331, § 2º, 332, e 333, I e II, todos do Código de Processo Civil. Ausência de prequestionamento. Súmula 211 do STJ. Ação civil pública. Loteamento irregular. Município. Poder-dever. Art. 40 da Lei 6.766/1979. Precedentes do STJ. 1. Hipótese em que o Ministério Público do Estado de São Paulo ajuizou ação civil pública contra o Município, a Associação de Ocupantes e dois sócios, objetivando a

## 22. DIREITO DA PESSOA COM DEFICIÊNCIA 731

regularização do loteamento, que foi julgada procedente para condenar os requeridos à realização de obras necessárias à infraestrutura do loteamento irregular, dentre outras cominações. 2. A ausência de prequestionamento dos dispositivos legais tidos como violados (302, III, 331, § 2º, 332, 333, I e II do Código de Processo Civil) torna inadmissível o recurso especial. Incidência das Súmulas 282 do STF e 211/STJ. **3. É pacífico o entendimento desta Corte Superior de que o Município tem o poder-dever de agir para fiscalizar e regularizar loteamento irregular, pois é o responsável pelo parcelamento, uso e ocupação do solo urbano, atividade essa que é vinculada, e não discricionária. Precedentes: REsp 432.531/SP, 2ª Turma, Rel. Min. Franciulli Netto, DJ 25.04.2005; REsp 448.216/SP, 1ª Turma, Rel. Min. Luiz Fux, DJ 17.11.2003; REsp 131.697/SP, 2ª Turma, Rel. Min. João Otávio de Noronha, DJ 13.06.2005.** 4. Recurso especial parcialmente conhecido e, nessa extensão, não provido. (REsp 1170929/SP, Rel. Ministro Benedito Gonçalves, Primeira Turma, julgado em 20.05.2010, *DJe* 27.05.2010)" (grifo nosso).

Gabarito "E".

**(Defensor Público/ES – 2012 – CESPE)** No que se refere ao direito das pessoas portadoras de deficiência, julgue os próximos itens.

**(1)** O atendimento prioritário refere-se ao tratamento diferenciado às pessoas portadoras de deficiência, incluindo-se o serviço prestado por guia-interprete às pessoas surdo--cegas.

**(2)** O aconselhamento genético inclui-se entre os direitos básicos assegurados pelo poder público às pessoas portadoras de deficiência.

**(3)** Ao promover arquivamento de inquérito civil que verse sobre interesses relacionados às pessoas portadoras de deficiências, o MP deverá remeter, para reexame, os autos ou as respectivas peças ao Conselho Superior do Ministério Público.

**(4)** Nos termos da legislação pertinente, a paralisia cerebral e a ostomia são consideradas deficiências mentais.

**(5)** De acordo com determinação legal, a DP, de forma concorrente com os conselhos estaduais dos direitos da pessoa portadora de deficiência, tem legitimidade para acompanhar e sugerir medidas para o cumprimento das normas gerais e critérios básicos para a promoção da acessibilidade das pessoas portadoras de deficiência.

**1:** correta (art. 6º, § 1º, III, do Decreto 5.296/2004); **2:** correta (art. 2º, parágrafo único, II, *a*, da Lei 7.853/1989); **3:** correta (art. 6º, § 1º, da Lei 7.853/1989); **4:** incorreta, pois a paralisia cerebral e a ostomia são consideradas deficiências físicas (art. 5º, § 1º, I, *a*, do Decreto 5.296/2004); **5:** incorreta, pois a Defensoria Pública não está no rol de legitimados do art. 4º do Decreto 5.296/2004.

Gabarito 1C, 2C, 3C, 4E, 5E.

**(Defensor Público/RO – 2012 – CESPE)** Com base no que dispõe o Decreto nº 3.298/1999, que trata do direito das pessoas portadoras de necessidades especiais, assinale a opção correta.

**(A)** Para o preenchimento de cargos como pessoa portadora de deficiência, em empresa com cem ou mais empregados, não será considerada habilitada para o exercício do cargo pessoa portadora de deficiência que não tenha se submetido a processo de habilitação ou reabilitação, ainda que capacitada para o exercício da função.

**(B)** O período de capacitação para o trabalho vivenciado por pessoa portadora de deficiência em oficina protegida terapêutica, se superior a noventa dias, enseja vínculo empregatício.

**(C)** Para o processo de reabilitação do portador de deficiência, qualquer que seja a natureza, o agente causal ou o grau de severidade da deficiência, está previsto o provimento de órteses, próteses, bolsas coletoras e orientação psicológica, mas não o de medicamentos, que não contribuem para minimizar a deficiência.

**(D)** Os programas de educação superior devem incluir, em seus currículos, disciplinas relacionadas à pessoa portadora de deficiência.

**(E)** A colocação competitiva, processo de contratação regular, de acordo com a legislação trabalhista e previdenciária, requer a adoção de procedimentos especiais para a inserção laboral de pessoa portadora de deficiência.

**A:** incorreta, pois é considerada pessoa portadora de deficiência habilitada aquela que, não tendo se submetido a processo de habilitação ou reabilitação, esteja capacitada para o exercício da função (art. 36, § 3º, do Decreto 3.298/1999); **B:** incorreta, pois o período de adaptação e capacitação para o trabalho de adolescente e adulto portador de deficiência em oficina protegida terapêutica *não* caracteriza vínculo empregatício (art. 35, § 6º, do Decreto 3.298/1999); **C:** incorreta, pois é considerado parte integrante do processo de reabilitação *o provimento de medicamentos* (art. 20 do Decreto 3.298/1999); **D:** correta (art. 27, § 2º, do Decreto 3.298/1999); **E:** incorreta, pois o processo de contratação regular, nos termos da legislação trabalhista e previdenciária, *independe* da adoção de procedimentos especiais para sua concretização (art. 35, I, do Decreto 3.298/1999).

Gabarito "D".

# 23. Direito Agrário

Henrique Subi, Paula Morishita e Wander Garcia*

## 1. CONCEITOS E PRINCÍPIOS DO DIREITO AGRÁRIO[1]

**(Procurador do Estado – PGE/BA – CESPE – 2014)** No que se refere aos princípios do direito agrário e da formação histórica do domínio público e privado no Brasil, julgue os itens a seguir.

(1) A Lei nº 601/1850, conhecida como Lei de Terras, foi editada para que se combatesse a situação fundiária caótica existente à época e se permitisse o ordenamento do espaço territorial brasileiro.

(2) Consoante o princípio de acesso e distribuição da terra ao cultivador direto e pessoal, deve-se oferecer a possibilidade de acesso à terra a quem não tenha condições de tê-la a título oneroso.

**1**: Correta. Até a edição da Lei de Terras, vigorava no país, no campo da propriedade imobiliária, o período conhecido como **Império da Posse:** diante da ausência de legislação regulamentadora, *era a posse direta que determinava o domínio sobre a terra*, o que, naturalmente, ensejava inúmeras contestações sobre o exercício da condição de proprietário. **2**: Correta. É o princípio de Direito Agrário que fundamenta a política pública de reforma agrária. HS

Gabarito 1C, 2C

## 2. CONTRATOS AGRÁRIOS

**(Procurador/PA – CESPE – 2022)** No que tange aos contratos agrários, julgue os seguintes itens.

I. Nos contratos agrários, o regime jurídico das benfeitorias é idêntico ao dos contratos de locação de prédio urbano.

II. A alienação ou a imposição de ônus real ao imóvel rural não interrompe a vigência dos contratos de parceria rural ou de arrendamento rural.

III. Em um contrato de arrendamento rural com pluralidade de arrendatários, o direito de perempção pode ser exercido por qualquer um deles relativamente à sua fração ideal, independentemente do exercício desse direito pelos demais arrendatários.

IV. Consoante os termos da Lei n.º 4.947/1966, os contratos agrários são regulados por princípios próprios, diferentes, portanto, daqueles que disciplinam os contratos de direito comum.

V. O arrendamento rural e a parceria rural são contratos agrários típicos.

Estão errados os itens

(A) I, II e III.
(B) III, IV e V.
(C) I, IV e V.
(D) II, III e IV.
(E) I, III e IV.

Item **I** correto, os regimes jurídicos previstos no Código Civil são os mesmos do Estatuto da Terra e no Decreto 59.566/66. Item **II** incorreto, pois não observa o previsto no art. 92, § 5º do ET: § 5º A alienação ou a imposição de ônus real ao imóvel não interrompe a vigência dos contratos de arrendamento ou de parceria ficando o adquirente sub-rogado nos direitos e obrigações do alienante. Item **III** incorreta, se o imóvel rural estiver sendo explorado por mais de um arrendatário, o direito de preempção só poderá ser exercido para aquisição da área total. Item **IV** incorreto, de acordo com o art. 13, da Lei 4.947/66: Os contratos agrários regulam-se pelos princípios gerais que regem os contratos de Direito comum, no que concerne ao acordo de vontade e ao objeto (...). Item **V** correto, como são regulados pela Lei 4.504/64, são típicos. PM

Gabarito "D".

---

\* **Henrique Subi HS** comentou as questões de Cartório/PI/13. **Henrique Subi e Wander Garcia** comentaram as demais.

---

**(Ministério Público/RR – 2012 – CESPE)** Com relação a posse de imóvel rural, títulos de crédito rural e contratos agrários, assinale a opção correta.

(A) De acordo com entendimento do STJ, é permitida a capitalização de juros nos contratos de crédito rural, mesmo que não haja pacto expresso neste sentido.

(B) Havendo omissão do Conselho Monetário Nacional na fixação da taxa máxima admitida nos contratos de crédito rural, a título de juros remuneratórios, incide a limitação de 12% ao ano, prevista na Lei de Usura.

(C) Em caso de inadimplemento da cédula de crédito rural, é permitida a cobrança de sobretaxa de inadimplemento, de modo a elevar os juros em percentual superior a 1%.

(D) O estrangeiro não pode defender a posse de imóvel rural em caso de turbação ou esbulho.

(E) Pode ser licitamente cobrada a comissão de permanência em sede de crédito rural.

**A**: incorreta. O STJ reconhece como válida a capitalização mensal de juros em contratos de crédito rural, desde que expressamente convencionada. Veja a respeito o EREsp 1.134.955, DJ 24.10.2012; **B**: correta, nos termos da decisão exarada no AgRg no REsp 836.886, DJ 12.04.2011; **C**: incorreta. A jurisprudência do STJ está consolidada em sentido inverso. Veja, por exemplo, REsp 67.649, DJ 15.02.2000; **D**: incorreta. Tal direito é conferido ao estrangeiro, mesmo em caso de grandes áreas, apesar de não induzir a usucapião (STJ, REsp 171.347, DJ 14.03.2000); **E**: incorreta. Nos contratos de crédito rural é inexigível a comissão de permanência (STJ, AgRg no REsp 804.118, DJ 18.11.2008).

Gabarito "B".

## 3. USUCAPIÃO ESPECIAL RURAL

**(Procurador do Estado – PGE/BA – CESPE – 2014)** Julgue os itens a seguir, relativos à usucapião agrária.

(1) A usucapião especial rural poderá ocorrer nas áreas de interesse ecológico, desde que preenchidos os requisitos legais previstos.

(2) Segundo a jurisprudência do STJ, em ação de usucapião movida por particular em face de estado-membro, cabe a este a prova de que o imóvel usucapiendo é bem dominical insuscetível de ser usucapido.

**1**: Incorreta. A usucapião, nesse caso, é proibida pelo art. 3º da Lei 6.969/1981. **2**: Correta, conforme a decisão adotada no REsp 964.223. A inexistência de registro imobiliário do bem objeto de ação de usucapião não induz presunção de que o imóvel seja público (terras devolutas), cabendo ao Estado provar a titularidade do terreno como óbice ao reconhecimento da prescrição aquisitiva. HS

Gabarito 1E, 2C

## 4. AQUISIÇÃO E USO DA PROPRIEDADE E DA POSSE RURAL

**(Procurador/PA – CESPE – 2022)** João tem a posse e a propriedade de um imóvel rural devidamente titulado há 10 anos, demarcado e registrado no cartório de imóveis da comarca de Altamira – PA. Certo dia, seu vizinho, Silva, com a intenção de aumentar a própria propriedade, fazendo uso da força, destruiu as cercas que protegiam a propriedade de João e invadiu o imóvel deste, tomando posse de parte dessa propriedade. João, inconformado com atitude de Silva, ajuizou ação de interdito proibitório no juízo da Vara Agrária de Altamira – PA.

Tendo como referência essa situação hipotética, julgue os itens subsequentes.

I. A ação proposta por João está equivocada, pois, ao tempo do ajuizamento da demanda, havia ocorrido o esbulho possessório.

II. A escolha do juízo da Vara Agrária de Altamira para o ajuizamento da referida ação foi incorreta.

III. Silva usucapiu a área que invadiu e poderá alegar isso em sua contestação.

Assinale a opção correta.

(A) Nenhum item está certo.

(B) Apenas o item I está certo.

(C) Apenas o item II está certo.

(D) Apenas os itens I e III estão certos.

(E) Apenas os itens II e III estão certos.

Item **II** correto, como o caso não se trata de ação possessória coletiva ou de desapropriação para fins de reforma agrária, não é necessário que o ajuizamento seja feito em varas agrárias. **PM**

Gabarito "C".

**(Promotor de Justiça/RR – 2017 – CESPE)** A questão agrária é uma importante fonte de estudo das complexas relações socioeconômicas da sociedade brasileira. Nesse sentido, visando preservar a finalidade econômica e a destinação social da propriedade, o Estatuto da Terra – Lei 4.504/1964 – traz diversas exigências a respeito da propriedade rural. Acerca da questão da propriedade rural, assinale a opção correta.

(A) É vedado que o imóvel rural seja dividido em áreas de dimensão inferior à constitutiva do módulo de propriedade rural.

(B) Um dos herdeiros de terra herdada poderá decidir explorá-la, mas, nesse caso, o Instituto Brasileiro de Reforma Agrária não concederá financiamento para a indenização dos demais herdeiros.

(C) No caso de partilhas amigáveis, fica a critério das partes a definição das dimensões da propriedade rural, independentemente de vinculação ao módulo de propriedade rural.

(D) Nos casos de sucessão *causa mortis*, poderá haver, excepcionalmente, a divisão do imóvel rural em áreas inferiores às dimensões do módulo de propriedade rural.

**A:** correta, nos termos do art. 65, *caput*, do Estatuto da Terra; **B:** incorreta. O financiamento está previsto no art. 65, § 3º, do Estatuto da Terra; **C** e **D:** incorretas. Consta vedação expressa no art. 65, § 2º, do Estatuto da Terra. **HS**

Gabarito "A".

**(Promotor de Justiça/RR – 2017 – CESPE)** Segundo a CF, a propriedade rural deve cumprir a denominada função social. Para o cumprimento dessa função, a CF prevê o cumprimento de determinadas exigências, como a

(A) priorização da propriedade coletiva.

(B) limitação de dimensão equivalente ao módulo rural.

(C) exploração que favoreça o bem-estar do proprietário e dos trabalhadores.

(D) manutenção da propriedade sem nenhum controle estatal.

Segundo o art. 186 da CF, o imóvel rural cumpre sua função social atende simultaneamente os seguintes requisitos: I – aproveitamento racional e adequado; II – utilização adequada dos recursos naturais disponíveis e preservação do meio ambiente; III – observância das disposições que regulam as relações de trabalho; IV – exploração que favoreça o bem-estar dos proprietários e dos trabalhadores. Correta, portanto, a alternativa "C". **HS**

Gabarito "C".

**(Procurador do Estado – PGE/BA – CESPE – 2014)** A respeito da matrícula e do registro de imóveis rurais, julgue os próximos itens.

(1) Em se tratando de ações judiciais que envolvam a transferência de terras públicas rurais, o prazo para o ajuizamento de ação rescisória é de oito anos, contado do trânsito em julgado da decisão.

(2) Segundo a jurisprudência do STF, o registro paroquial confere direito de propriedade ao possuidor.

(3) Suponha que uma matrícula relativa a imóvel rural tenha sido aberta por oficial de registro com base em título nulo de pleno direito. Nesse caso, somente é possível cancelar a referida matrícula mediante ação judicial.

(4) Os títulos de posse ou quaisquer documentos de ocupação legitimamente outorgados por órgãos de terras de estado – membro são válidos e continuarão a produzir os efeitos atribuídos pela legislação vigente à época de suas expedições, configurando-se situação jurídica consolidada.

**1:** Correta, nos termos do art. 8º-C da Lei 6.739/1979. **2:** Incorreta. O STF não reconhece a propriedade com base no registro paroquial, apenas o aceita como prova da posse (STF, RE 79.828). **3:** Incorreta. O cancelamento da matrícula pode ser solicitado e deferido diretamente pelo Corregedor-Geral da Justiça – ou seja, no âmbito administrativo (art. 1º da Lei 6.739/1979). **4:** Correta, nos termos do art. 7º da Lei 6.739/1979. **HS**

Gabarito 1C, 2E, 3E, 4C.

**(Procurador do Estado – PGE/BA – CESPE – 2014)** Com relação à aquisição de imóveis rurais por pessoas físicas ou jurídicas estrangeiras, julgue os itens seguintes.

(1) A aquisição de imóvel rural por pessoas físicas ou jurídicas estrangeiras sem a observância dos requisitos legais enseja nulidade relativa do ato praticado.

(2) Com o propósito de defender o território nacional, o legislador constituinte fez constar expressamente na CF vedação à aquisição de imóveis rurais por pessoas físicas ou jurídicas estrangeiras em áreas situadas em faixa de fronteira.

(3) A soma das áreas dos imóveis rurais pertencentes a pessoas físicas ou jurídicas estrangeiras não poderá ultrapassar um quarto da superfície dos municípios em que se situem.

**1:** Incorreta. A aquisição de imóvel rural em desrespeito às normas vigentes é nula de pleno direito (art. 15 da Lei 5.709/1971). **2:** Incorreta. A Constituição não estabeleceu regras específicas sobre a aquisição de terras por estrangeiros, mas apenas determinou, em seu art. 190, que fosse editada lei que regulasse a matéria. O mencionado artigo constitucional recepcionou, portanto, a Lei 5.709/1971. **3:** Correta, nos termos do art. 12 da Lei 5.709/1971. **HS**

Gabarito 1E, 2E, 3C.

**(Ministério Público/RR – 2012 – CESPE)** No que diz respeito à desapropriação para fins de reforma agrária, à delimitação de área de reserva legal e ao ITR, assinale a opção correta.

(A) O julgamento de ação possessória anterior, com trânsito em julgado, impede o ajuizamento de ação demarcatória.

(B) De acordo com a doutrina majoritária e a jurisprudência do STJ, não cabe desapropriação por interesse social, promovida pelo INCRA, de imóvel rural localizado em área urbana.

(C) A responsabilidade pela delimitação da área de reserva legal é do proprietário rural, incumbindo ao órgão ambiental somente a aprovação da sua localização.

(D) A invasão de propriedade rural por integrantes de movimento de sem-terra não afasta a legitimidade passiva do proprietário no que se refere ao pagamento do ITR, ainda que haja privação total da posse.

(E) A invasão de propriedade rural por integrantes de movimento de sem-terra não obsta a vistoria, avaliação ou desapropriação, pelo INCRA, do imóvel para fins de reforma agrária.

**A:** incorreta, por contrariar o decidido no EDcl no REsp 1.221.675, DJ 05.06.2012, pelo STJ; **B:** incorreta. Para fins de desapropriação por interesse social, aplica-se o critério da destinação do imóvel (que caracteriza como rural a área destinada à extração agrícola, pecuária ou agroindustrial), pouco importando sua localização. Isso foi levado em conta pelo STJ ao conferir legitimidade ao INCRA para promover desapropriação por interesse social de imóvel que não estava cumprindo sua função social localizado em área urbana do município (AgRg na AR 3.971, DJ 11.06.2008); **C:** correta, conforme posição do STJ estampada no REsp 1.087.370, DJ 10.11.2009; **D:** incorreta. Havendo perda total da posse e dos demais direitos relativos à propriedade, para o STJ há um total esvaziamento do domínio, de forma que não se autoriza a cobrança do ITR (REsp 963.499, DJ 19.03.2009); **E:** incorreta. O STJ afasta essa possibilidade com fundamento no art. 2º, § 6º, da Lei 8.629/1993 (AgRg no AREsp 153.957, DJ 05.06.2012).

*Gabarito "C".*

## 5. DESAPROPRIAÇÃO PARA A REFORMA AGRÁRIA

**(Procurador/PA – CESPE – 2022)** No que tange à desapropriação de imóvel rural para fins de reforma agrária, assinale a opção correta.

**(A)** É prescindível instruir a petição inicial em que se requer a desapropriação com o ato normativo declaratório de interesse social para fins de reforma agrária publicado no Diário Oficial da União.

**(B)** As transferências de imóveis desapropriados para fins de reforma agrária por interesse social são isentas apenas dos impostos federais.

**(C)** De acordo com a legislação de regência, no processo seletivo de indivíduos e famílias para projeto de assentamento pelo Programa Nacional de Reforma Agrária, terão primazia, na ordem de preferência do lote em que se situe a sede do imóvel, aqueles que trabalham como assalariados no imóvel desapropriado.

**(D)** Em caso de desapropriação amigável, é possível a anulação da sentença homologatória da avença, por meio de ação popular, quando caracterizada afronta ao princípio da moralidade pública.

**(E)** Compete aos estados-membros desapropriar, por interesse social, para fins de reforma agrária, o imóvel rural que não esteja cumprindo sua função social, por meio de prévia e justa indenização materializada em títulos da dívida agrária.

Alternativa **A** incorreta de acordo com a LC 76/93 que dispõe sobre o processo de desapropriação de imóvel rural e prevê em seu art. 5º, I: A petição inicial, além dos requisitos previstos no Código de Processo Civil, conterá a oferta do preço e será instruída com os seguintes documentos: I – texto do decreto declaratório de interesse social para fins de reforma agrária, publicado no Diário Oficial da União. Alternativa **B** incorreta, a Lei 8.629/93, art. 26, prevê que: "São isentas de impostos federais, estaduais e municipais, inclusive do Distrito Federal, as operações de transferência de imóveis desapropriados para fins de reforma agrária, bem como a transferência ao beneficiário do programa". Alternativa **C** incorreta, pois o art. 19, I, da Lei 8.629/93 observa uma ordem de preferência, e em primeiro lugar encontra-se o desapropriado e não assalariados, conforme segue: "Art. 19. O processo de seleção de indivíduos e famílias candidatos a beneficiários do Programa Nacional de Reforma Agrária será realizado por projeto de assentamento, observada a seguinte ordem de preferência na distribuição de lotes: I – ao desapropriado, ficando-lhe assegurada a preferência para a parcela na qual se situe a sede do imóvel, hipótese em que esta será excluída da indenização devida pela desapropriação". Alternativa **D** correta, conforme REsp n. 906.400/SP, relator Ministro Castro Meira, Segunda Turma, julgado em 22/5/2007, DJ de 1/6/2007, p. 370. 1. A ação popular é via própria para obstar acordo judicial transitado em julgado em que o cidadão entende ter havido dano ao erário. Precedentes da Primeira e Segunda Turma. 2. Recurso especial provido. Alternativa **E** incorreta, pois compete à União e não aos estados-membros, é o que prevê o art. 184 da CF. *PM*

*Gabarito "D".*

**(Defensor Público/AC – 2017 – CESPE)** De acordo com a legislação pertinente, o processo de seleção de indivíduos e famílias para o Programa Nacional de Reforma Agrária deve ser realizado por projeto de assentamento, sendo o primeiro na preferência, para a parcela na qual se situe a sede do imóvel, o

**(A)** desapropriado.

**(B)** posseiro.

**(C)** trabalhador que atuava em condição análoga à de escravo.

**(D)** arrendatário.

**(E)** parceiro.

A preferência para a área onde se situa a sede do imóvel é do desapropriado, nos termos do art. 19, I, da Lei 8.629/1993. *FIS*

*Gabarito "A".*

**(Defensor Público/TO – 2013 – CESPE)** Em relação à desapropriação de imóvel rural para fins de reforma agrária, assinale a opção correta.

**(A)** Tratando-se de desapropriação parcial, o proprietário poderá requerer, na contestação, que a desapropriação atinja todo o imóvel quando a área remanescente ficar reduzida a superfície inferior à da média propriedade ou prejudicada substancialmente em suas condições de exploração econômica, caso seja o seu valor inferior ao da parte desapropriada.

**(B)** Não é necessário que se instrua a petição inicial, no processo de desapropriação para fins de reforma agrária, com o texto do decreto declaratório de interesse social para fins de reforma agrária publicado no Diário Oficial da União.

**(C)** No processo de desapropriação para fins de reforma agrária, a contestação deve ser oferecida no prazo de trinta dias.

**(D)** O decreto que declarar o imóvel como de interesse social para fins de reforma agrária autoriza a União a propor a ação de desapropriação.

**(E)** A ação de desapropriação deverá ser proposta no prazo de cinco anos, contado da publicação do decreto declaratório.

**A:** incorreta, pois, no primeiro caso, cabe requerimento de desapropriação de todo o imóvel, quando a área remanescente ficar reduzida à superfície inferior à da pequena propriedade rural (art. 4º, I, da LC 76/1993); **B:** incorreta, pois tal instrução é necessária sim (art. 5, I, da LC 76/1993); **C:** incorreta, pois a contestação deve ser oferecida em 15 dias (art. 9º, caput, da LC 76/1993); **D:** correta (art. 2º da LC 76/1993); **E:** incorreta, pois o prazo é de 2 anos, contado da publicação do decreto expropriatório (art. 3º da LC 76/1993).

*Gabarito "D".*

**(Procurador Federal – 2010 – CESPE)** No que concerne ao direito agrário, julgue os próximos itens.

**(1)** Ao assegurar que são insuscetíveis de desapropriação para fins de reforma agrária a pequena e a média propriedade rural, assim definida em lei, desde que seu proprietário não possua outra propriedade, a CF estabeleceu a presunção *juris tantum* de que as referidas propriedades cumprem sua função social.

**(2)** Haverá retrocessão, autorizando o expropriado a exercer o direito de pedir a devolução do imóvel ou eventual indenização, quando configurada a tredestinação ilícita.

**(3)** É cabível ação reivindicatória que verse sobre imóvel rural desapropriado para fins de reforma agrária e registrado em nome do expropriante.

**(4)** A função social da propriedade caracteriza-se pelo fato de o proprietário condicionar o uso e a exploração do imóvel não só aos seus interesses particulares, mas, também, à satisfação de objetivos para com a sociedade, como a obtenção de determinado grau de produtividade, o respeito ao meio ambiente e o pagamento de impostos.

**1:** incorreta, pois não há presunção nesse sentido, mas sim um benefício a quem se encontra nessa situação (art. 185, I, da CF); aliás, se houvesse tal presunção, esta seria absoluta, pois não admitiria prova em contrário; **2:** correta, pois quando se desapropria para um fim, mas acaba-se destinando a coisa desapropriada para outro fim, que não é de interesse público, tem-se a chamada tredestinação ilícita, que faz nascer o direito de retrocessão, que autoriza que o prejudicado peça a devolução da coisa ou eventual indenização; **3:** incorreta, pois a desapropriação é forma de aquisição originária da propriedade, não podendo o bem desapropriado ser reivindicado por terceiros; **4:** correta (art. 186 da CF).

*Gabarito 1E, 2C, 3E, 4C*

**(Procurador Federal – 2010 – CESPE)** Julgue os itens a seguir com base nas normas de direito agrário.

**(1)** A sentença homologatória de acordo firmado entre as partes, em sede de processo de desapropriação, não pode ser anulada por meio de ação popular, mesmo que caracterizado o desvio de finalidade.

(2) Os juros compensatórios, na desapropriação para fins de reforma agrária, fluem desde a imissão na posse.

(3) O desmembramento do imóvel rural, para caracterizar as frações desmembradas como média propriedade rural, tudo devidamente averbado no registro imobiliário, a atrair a vedação contida no art. 185, inciso I, da CF, poderá ser efetivado mesmo após a realização da vistoria para fins expropriatórios, mas antes do decreto presidencial.

**1:** incorreta, pois, havendo violação ao princípio da moralidade, cabe ação popular, não podendo ser subtraída da apreciação do Judiciário uma conduta dessa natureza; **2:** correta, pois tais juros sempre são computados da imissão na posse, quando o expropriado perde o direito de explorar a coisa expropriada, sem ter recebido ainda o total devido a título de indenização, daí incidir juros compensatórios sobre a diferença entre o valor final da indenização e a quantia que tiver sido levantada quando da imissão na posse; **3:** correta, desde que respeitado o disposto no art. 2º, § 4º, da Lei 8.629/1993.
Gabarito 1E; 2C; 3C

## 6. OUTROS TEMAS E TEMAS COMBINADOS

**(Procurador/PA – CESPE – 2022)** A respeito de terras indígenas, julgue os próximos itens.

I. A terra indígena não é apenas o espaço ocupado pelos índios, mas também todo o espaço necessário para a sobrevivência de sua cultura.

II. A Fundação Nacional do Índio é impedida de investigar e demarcar terras indígenas em área onde exista propriedade particular devidamente registrada no competente cartório de imóveis.

III. Conforme preceitua a Constituição Federal de 1988, aos estados-membros pertence a propriedade das terras indígenas não situadas em área de domínio da União.

IV. A demarcação de terras indígenas tem efeito constitutivo, por isso, somente a partir dela, é possível exigir da União o dever de proteger as terras indígenas da ação, por exemplo, de garimpeiros.

Assinale a opção correta.

(A) Apenas o item I está certo.
(B) Apenas o item II está certo.
(C) Apenas os itens I e III estão certos.
(D) Apenas os itens II e IV estão certos.
(E) Apenas os itens III e IV estão certos.

Item I correto, pois é o que prevê o art. 231, § 1º, CF. Item II errado, as terras indígenas são inalienáveis e indisponíveis, conforme art. 231, § 4º, CF. Item III errado, são bens da União de acordo com o art. 20, XI, CF. Item IV errado, a demarcação não é constitutiva, pois o reconhecimento do direito dos índios sobre as terras foi previsto pela Constituição Federal de acordo com a presença indígena nas terras. PM
Gabarito 'A'.

**(Procurador/PA – CESPE – 2022)** O art. 68 do Ato das Disposições Constitucionais Transitórias da Constituição Federal de 1988 assegura aos remanescentes das comunidades dos quilombos que estejam ocupando suas terras o reconhecimento à propriedade definitiva. Quanto aos direitos dos remanescentes das comunidades dos quilombos, julgue os itens subsecutivos.

I. O art. 68 do Ato das Disposições Constitucionais Transitórias introduziu, no plano político e jurídico nacional, um direito de propriedade a uma categoria coletiva.

II. A Constituição do Estado do Pará estabeleceu o prazo de um ano após sua promulgação para que o estado reconhecesse e emitisse o título de propriedade aos remanescentes das comunidades dos quilombos.

III. Em 2018, com o julgamento da Ação Direta de Inconstitucionalidade 3239/DF, o Supremo Tribunal Federal julgou constitucionalmente ilegítima a adoção da autoatribuição como critério de determinação da identidade quilombola.

Assinale a opção correta.

(A) Apenas o item I está certo.

(B) Apenas o item III está certo.
(C) Apenas os itens I e II estão certos.
(D) Apenas os itens II e III estão certos.
(E) Todos os itens estão certos.

Item I correto de acordo com o art. 68, ADCT. Item II correto: Art. 322, CE/PA: Aos remanescentes das comunidades dos quilombos que estejam ocupando suas terras, é reconhecida a propriedade definitiva, devendo o Estado emitir-lhes títulos respectivos no prazo de um ano, após promulgada esta Constituição. Item III incorreto: ADI 3239-DF 8. Constitucionalmente legítima, a adoção da autoatribuição como critério de determinação da identidade quilombola, além de consistir em método autorizado pela antropologia contemporânea, cumpre adequadamente a tarefa de trazer à luz os destinatários do art. 68 do ADCT, em absoluto se prestando a inventar novos destinatários ou ampliar indevidamente o universo daqueles a quem a norma é dirigida. O conceito vertido no art. 68 do ADCT não se aparta do fenômeno objetivo nele referido, a alcançar todas as comunidades historicamente vinculadas ao uso linguístico do vocábulo quilombo. Adequação do emprego do termo "quilombo" realizado pela Administração Pública às balizas linguísticas e hermenêuticas impostas pelo texto-norma do art. 68 do ADCT. Improcedência do pedido de declaração de inconstitucionalidade do art. 2º, § 1º, do Decreto 4.887/2003." PM
Gabarito 'C'.

**(Procurador/PA – CESPE – 2022)** Durante a colonização portuguesa no Brasil, teve início o processo histórico da legislação agrária brasileira. Inicialmente, por meio das capitanias hereditárias e das sesmarias, a coroa portuguesa, com maior preocupação em ocupar o território e assegurar a sua conquista, deixou de formular uma lei que melhor ordenasse a distribuição das terras, contribuindo, assim, decisivamente, para formação das grandes propriedades e, concomitantemente, para um sistema caótico de ordenamento espacial. Apenas em 1850 criou-se a Lei n.º 601, conhecida como Lei de Terras, que pretendia, entre outros objetivos, disciplinar o acesso à terra e apresentar critérios com relação aos direitos e deveres dos proprietários de terra. Essa lei

(A) vedou expressamente a reserva de terras devolutas para a colonização de povos indígenas, mesmo que estes, à época da promulgação da lei, ocupassem áreas assim definidas, fazendo ali sua morada habitual e cultivando lavouras.

(B) introduziu, no direito brasileiro, o princípio de acesso e distribuição de terra ao cultivador direto e pessoal que não tenha condições de adquiri-la onerosamente, princípio esse que, na Constituição Federal de 1988, é o vetor da política pública de reforma agrária nacional.

(C) classificou como terras devolutas, entre outras, aquelas dadas pelo governo ao particular, por sesmarias, e as que não se achassem sob domínio de particular por qualquer outro título legítimo.

(D) expressamente admitiu o leilão de terras devolutas situadas nos limites do Império Português com países estrangeiros em uma zona de dez léguas, com o fito de defender o território nacional.

(E) surgiu quando o tráfico negreiro passou a ser proibido em terras brasileiras. Assim, simultaneamente, ex-escravos e estrangeiros, diante das dificuldades para se tornarem senhores de terra, acabaram por formar uma mão de obra assalariada do campo, o que contribuiu para a manutenção da concentração fundiária.

Alternativa **A** incorreta, pois o Art. 12 da Lei de Terras prevê: "*O Governo reservará das terras devolutas as que julgar necessarias: 1º, para a colonisação dos indigenas; 2º, para a fundação de povoações, abertura de estradas, e quaesquer outras servidões, e assento de estabelecimentos publicos: 3º, para a construção naval.*" Alternativa **B** incorreta, com a Lei de Terras ficaram proibidas as aquisições de terras por outro título que não seja o de compra. Alternativa **C** incorreta, as terras dadas pelo governo ao particular por sesmarias não estão no conceito de terras devolutas de acordo com o que dispõe o art. 3º da Lei de Terras. Alternativa **D** incorreta, de acordo com o art. 1º da Lei de Terras, foi autorizada a concessão gratuita das terras devolutas nos limites do Império. Alternativa E correta, a Lei de Terras surgiu logo após o governo imperial criminalizar o tráfico negreiro no Brasil por meio da Lei Euzébio de Queiroz. Desta forma, com o fim da importação de escravos, incentivou-se a utilização da mão de obra assalariada dos imigrantes europeus, então, com a Lei de Terras, os lotes passaram a ser mercadoria de alto custo, não acessíveis aos ex-escravos, imigrantes ou trabalhadores livres. **PM**

Gabarito "E".

**(Procurador/PA – CESPE – 2022)** Quanto à regularização fundiária de imóveis rurais e não rurais em terras públicas no estado do Pará, regulamentada pela Lei estadual n.º 8.878/2019, julgue os itens a seguir.

I. Para ser considerada a existência de agricultura familiar ou empreendimento familiar, a área utilizada pelo detentor, a qualquer título, não poderá ter mais que 50 hectares de área útil.

II. As ocupações de terras públicas rurais no estado do Pará poderão ser regularizadas por pessoa física ou jurídica mediante compra, sempre precedida de licitação.

III. As ocupações de terras públicas rurais no estado do Pará poderão ser regularizadas mediante doação para agricultores familiares, desde que comprovada atividade agrária pelo prazo mínimo de um ano, além de atendidos os demais requisitos estabelecidos na Lei estadual n.º 8.878/2019.

Assinale a opção correta.

(A) Apenas o item I está certo.
(B) Apenas o item III está certo.
(C) Apenas os itens I e II estão certos.
(D) Apenas os itens I e III estão certos.
(E) Todos os itens estão certos.

Item I incorreto, Lei estadual 8.878/19, Art. 5º Para os efeitos desta Lei entende-se por: I – agricultor familiar ou empreendimento familiar rural: aquele que pratica atividades no meio rural, atendendo, simultaneamente, aos seguintes requisitos: a) não detenha, a qualquer título, área maior do que 100 (cem) hectares de área útil e ocupação consolidada. Item II incorreto, Lei estadual 8.878/19: Art. 10. As ocupações de terras públicas rurais poderão ser regularizadas por pessoa física ou jurídica mediante a compra direta, por dispensa de licitação. Item III correto, é o que prevê o art. 12 e seus incisos da Lei estadual n.º 8.878/2019. **PM**

Gabarito "B".

**(Promotor de Justiça/RR – 2017 – CESPE)** A Lei de Terras de 1850 – Lei 601/1850 – foi uma das primeiras leis a tratar da questão das terras devolutas no Brasil, isto é, das terras a que o poder público não deu nenhuma destinação especial. A respeito desse assunto, assinale a opção correta.

(A) São disponíveis as terras devolutas mesmo que necessárias à proteção de ecossistemas naturais.

(B) Para a alienação de terras públicas com área superior a 2.500 hectares, é suficiente a prévia aprovação do Senado Federal.

(C) A destinação de terras devolutas independe de compatibilidade com a política agrícola e com o Plano Nacional da Reforma Agrária.

(D) Para a alienação ou a concessão de terras públicas para fins de reforma agrária, é desnecessária a aprovação do Congresso Nacional.

**A:** incorreta. Tais terras devolutas são indisponíveis (art. 225, § 5º, da CF); **B:** incorreta. A aprovação cabe ao Congresso Nacional (art. 188, § 1º, da CF); **C:** incorreta. A destinação das terras devolutas deve ser compatibilizada com os programas de reforma agrária e de política agrícola (art. 188, *caput*, da CF); **D:** correta, nos termos do art. 188, § 2º, da CF). **HS**

Gabarito "D".

**(Promotor de Justiça/RR – 2017 – CESPE)** A tributação sobre a propriedade rural, fundamental para o desenvolvimento agrário, tem como espécie o ITR, tributo de competência da União. A respeito das características desse imposto, assinale a opção correta.

(A) É um imposto progressivo: quanto mais alto for o valor do objeto que recebe o gravame tributário, maior será a alíquota e, portanto, o ônus imputado ao contribuinte.

(B) O contribuinte do imposto é o real proprietário do imóvel rural; aquele que for apenas possuidor não será considerado contribuinte do imposto.

(C) É classificado como um imposto proporcional, ou seja, a alíquota é constante e o resultado aumenta à medida que aumenta o valor do bem sobre o qual ele incide.

(D) O município poderá optar por fiscalizá-lo e cobrá-lo e, até mesmo, reduzi-lo de forma discricionária, conforme a política agrária local.

**A:** correta, como se vê no Anexo da Lei 9.393/1996; **B:** incorreta. Nos termos do art. 4º da Lei 9.393/1996, contribuinte do ITR é o proprietário, o titular do domínio útil ou o possuidor a qualquer título; **C:** incorreta, conforme exposto no comentário à alternativa "A"; **D:** incorreta. O Município pode optar por fiscalizá-lo e arrecadá-lo, hipótese em que fará jus a toda a receita com ele arrecadada em seu território, porém a fixação das alíquotas e demais aspectos do fato gerador continuam sendo de competência da União. **HS**

Gabarito "A".

**(Procurador do Estado – PGE/BA – CESPE – 2014)** Acerca da regulação da política fundiária e agrícola segundo a Constituição do Estado da Bahia, julgue os itens que se seguem.

(1) As terras públicas destinadas à irrigação não podem ser objeto de concessão de direito real de uso.

(2) A dignidade da pessoa humana é um dos princípios fundamentais da política agrícola e fundiária.

(3) Lei ordinária estadual é o instrumento normativo utilizado para fixar, para as diversas regiões do estado da Bahia, até o limite de quinhentos hectares, a área máxima de terras devolutas que os particulares podem ocupar, visando a torná-las produtivas, sem permissão ou autorização do poder público.

**1:** Incorreta. O art. 179 da Constituição do Estado da Bahia determina que tais terras sejam sempre destinadas à concessão de direito real de uso. **2:** Correta, nos termos do art. 171, I, da Constituição do Estado da Bahia. **3:** Incorreta. O instrumento previsto para tal fim é o decreto (art. 174 da Constituição do Estado da Bahia). **HS**

Gabarito 1E, 2C, 3E

**(Procurador do Estado – PGE/BA – CESPE – 2014)** No que concerne às terras indígenas, julgue os itens a seguir.

(1) São nulos e extintos, não produzindo efeitos jurídicos, os atos que objetivem a ocupação, o domínio e a posse de terras indígenas, ou a exploração das riquezas naturais do solo, dos rios e dos lagos nelas existentes, ressalvado relevante interesse público da União, segundo o que dispuser lei complementar, não gerando a nulidade e a extinção direito a indenização ou a ações contra a União, salvo, na forma da lei, quanto às benfeitorias derivadas da ocupação de boa-fé.

(2) A CF assegura expressamente aos estados-membros a propriedade das terras indígenas não situadas em área de domínio da União.

(3) Pelo instituto jurídico do indigenato, título congênito conferido ao índio, o ordenamento jurídico brasileiro reconhece o direito dos índios de terem a sua organização social, costumes, línguas, crenças e tradições, bem como os direitos originários sobre as terras que tradicionalmente ocupam, competindo à União demarcá-las bem como proteger e fazer respeitar todos os seus bens.

**1:** Correta, nos termos do art. 231, § 6º, da CF. **2:** Incorreta. As terras ocupadas pelos índios são todas de propriedade da União, cabendo aos índios a proteção de sua posse permanente e da exploração dos recursos naturais disponíveis com vistas à sua sobrevivência e manutenção de sua cultura (art. 22 da Lei 6.001/1973). Para o STF, *"a Carta Política, com a outorga dominial atribuída à União, criou, para esta, uma propriedade vinculada ou reservada, que se destina a garantir aos índios o exercício dos direitos que lhes foram reconhecidos constitucionalmente"* (RE 183.188, DJ 14.02.1997, grifo nosso). **3:** Correta, nos termos do art. 231, "caput", da CF. **HS**

Gabarito 1C, 2E, 3C

**(Cartório/PI – 2013 – CESPE)** Assinale a opção correta com relação à política urbana, agrícola e fundiária e à reforma agrária.

(A) Cabe à lei ordinária estabelecer procedimento contraditório especial, de rito sumário, para o processo judicial de desapropriação.

(B) Compete aos municípios desapropriar por interesse social, para fins de reforma agrária, o imóvel rural que não esteja cumprindo sua função social, mediante prévia e justa indenização em títulos da dívida agrária.

(C) O plano diretor, aprovado pela câmara municipal, obrigatório para cidades com mais de dez mil habitantes, é o instrumento básico da política de desenvolvimento e de expansão urbana.

(D) São isentas de impostos municipais as operações de transferência de imóveis desapropriados para fins de reforma agrária.

(E) Aquele que possuir como sua área urbana de até quinhentos metros quadrados, por cinco anos, ininterruptamente e sem oposição, utilizando-a para sua moradia ou de sua família, adquirir-lhe-á o domínio, desde que não seja proprietário de outro imóvel urbano ou rural.

**A:** incorreta. O art. 184, § 3º, da Constituição Federal exige **lei complementar** nesse ponto; **B:** incorreta. A desapropriação por interesse social, para fins de reforma agrária, é de competência exclusiva da **União** (art. 184, *caput*, da CF). Os municípios receberam competência para desapropriar **imóveis urbanos** não utilizados ou subutilizados (art. 182, § 4º, da CF); **C:** incorreta. O plano diretor é obrigatório apenas para cidades com mais de **vinte mil** habitantes (art. 182, § 1º, da CF); **D:** correta, nos termos do art. 184, § 5º, da CF. Vale salientar que a imunidade abrange também impostos federais e estaduais; **E:** incorreta. A usucapião especial urbana é permitida somente para imóveis de até **250 metros quadrados** (art. 183 da CF).
*Gabarito "D".*

**(Ministério Público/PI – 2012 – CESPE)** Com base no que dispõe o Estatuto da Terra, assinale a opção correta.

(A) O poder público pode explorar imóvel rural de sua propriedade para qualquer finalidade lícita.

(B) A lei assegura às populações indígenas a posse e a propriedade das terras por elas ocupadas.

(C) O imóvel rural é definido como o prédio rústico, de área contínua ou não, cuja finalidade seja a exploração extrativa agrícola, pecuária ou agroindustrial.

(D) É vedado à União delegar aos estados, ao DF e aos municípios atribuições relativas à execução do Programa Nacional de Reforma Agrária, matéria inserida no âmbito de sua atuação exclusiva.

(E) Os bens desapropriados por sentença definitiva, incorporados ao patrimônio público, não podem ser objeto de reivindicação fundada em nulidade do processo de desapropriação.

**A:** incorreta. O art. 10 do Estatuto da Terra autoriza a exploração direta pelo Poder Público de suas propriedades rurais apenas para fins de pesquisa, experimentação, demonstração e fomento visando ao desenvolvimento agrícola; **B:** incorreta. O art. 2º, § 4º, do Estatuto da Terra, repetindo o disposto no art. 231, § 2º, da CF, estabelece que fica garantido aos índios apenas a posse permanente das terras que tradicionalmente ocupam; **C:** incorreta. O conceito de imóvel rural exige que sua área seja contínua (art. 4º, I, do Estatuto da Terra); **D:** incorreta. A delegação está autorizada pelo art. 6º, § 2º, do Estatuto da Terra; **E:** correta, nos termos do art. 23 do Estatuto da Terra. Isso significa que mesmo que o procedimento ofenda a legislação, o imóvel não mais sairá do patrimônio público, devendo qualquer prejuízo causado ser resolvido em perdas e danos.
*Gabarito "E".*

**(Ministério Público/RR – 2012 – CESPE)** No que se refere a terras devolutas, usucapião, parcelamento e ITR, assinale a opção correta.

(A) Para o reconhecimento do direito à isenção do ITR, é necessária, conforme o entendimento do STJ, a apresentação do ato declaratório ambiental.

(B) A presença da União ou de qualquer de seus entes na ação de usucapião especial afasta a competência do foro da situação do imóvel.

(C) São equivalentes os conceitos de módulo rural e módulo fiscal estabelecidos pelo Estatuto da Terra para fins da impenhorabilidade da pequena propriedade rural, segundo o entendimento do STJ.

(D) As concessões de terras devolutas situadas na faixa de fronteira, feitas pelos estados, autorizam, apenas, o uso, permanecendo o domínio com a União, ainda que se mantenha inerte ou tolerante em relação aos possuidores.

(E) A ação discriminatória pode ser utilizada para a individualização e demarcação de quaisquer bens públicos territoriais.

**A:** incorreta. O STJ entende que não se requer o reconhecimento prévio da área como de preservação ou reserva legal para fins de isenção do ITR (REsp 88.953-7); **B:** incorreta. A afirmação contrasta frontalmente com o texto da Súmula 11 do STJ; **C:** incorreta. O STJ, no julgamento do REsp 1.161.624, DJ 15.06.2010, sacramentou o entendimento de que o conceito de módulo fiscal não se confunde com o módulo rural. Aquele é definido apenas para fins tributários (incidência do ITR), devendo, por força do silêncio da Lei 8.629/1993, ser complementado pelo conceito de módulo rural contido no Estatuto da Terra; **D:** correta, nos termos da Súmula 477 do STF; **E:** incorreta. A ação discriminatória presta-se somente para a individualização e demarcação das terras devolutas.
*Gabarito "D".*

**(Ministério Público/RR – 2012 – CESPE)** A respeito de terras indígenas, desapropriação de terras para fins de reforma agrária, títulos da dívida agrária, trabalho rural e aquisição arrendamento de imóvel rural, assinale a opção correta.

(A) Não padece de vício cláusula que fixe o preço e o pagamento do arrendamento rural em sacas de soja.

(B) A existência de propriedade devidamente registrada inibe a FUNAI de investigar e demarcar terras indígenas.

(C) Segundo o entendimento sumular do STJ, no âmbito das desapropriações diretas os juros compensatórios são devidos a partir da imissão na posse.

(D) Para fins de recebimento de benefício previdenciário, a carteira de filiação a sindicato rural da qual conste a condição de trabalhador rural e a prova testemunhal do tempo de serviço trabalhado não demonstram a condição profissional, nos termos do entendimento consolidado no STJ.

(E) Não incide correção monetária nos títulos da dívida agrária.

**A:** incorreta. O art. 18 do Decreto 59.566/1966 veda a fixação do **preço** do arrendamento em frutos ou produtos rurais, a qual deve ser feita em dinheiro. Nada obsta, porém, que o **pagamento** seja realizado in natura, ou seja, pelo equivalente em frutos ou produtos da quantia fixada, desde que assim convencionado. Veja, a respeito, a posição do STJ no REsp 231.177, DJ 26.06.2008; **B:** incorreta. Conforme já decidiu o STJ, se assim fosse, restaria impossível a demarcação de novas terras indígenas, ao menos de maneira contínua, porquanto quase todo o território nacional já está nas mãos de particulares (MS 15.822, DJ 12.12.2012); **C:** correta, nos termos da Súmula 113 do STJ; **D:** incorreta. A assertiva estampa informação totalmente contrária ao entendimento consolidado do STJ. Veja, por exemplo, AgRg no REsp 652.192, DJ 03.02.2005; **E:** incorreta. A correção monetária é devida, sob pena de se desvirtuar completamente o conceito de justa indenização aplicável à desapropriação (STJ, REsp 931.933, DJ 20.11.2007).
*Gabarito "C".*

**(Defensor Público/SE – 2012 – CESPE)** Com fundamento nas disposições constantes no Estatuto da Terra, assinale a opção correta.

(A) Dada a competência da União para desapropriar imóveis para fins de reforma agrária, é indelegável a sua atribuição de proceder ao cadastramento, às vistorias e às avaliações de propriedades rurais, tanto para os estados quanto para os municípios.

(B) A União pode desapropriar, por interesse social, bens de domínio dos estados, independentemente de autorização legislativa.

## 23. DIREITO AGRÁRIO

(C) De acordo com a legislação pertinente, se, após sentença definitiva, determinado bem objeto de desapropriação for incorporado ao patrimônio público e o particular expropriado não se conformar com o ato, a questão se resolverá em perdas e danos, já que o particular não pode ajuizar ação de reivindicação, ainda que com fundamento em nulidade do processo de desapropriação.

(D) No desempenho de sua missão de incentivar o desenvolvimento rural, o poder público não pode utilizar-se da tributação progressiva da terra.

(E) De acordo com a legislação de regência, o imóvel rural pode destinar-se, ou não, à exploração agrícola, pecuária ou agroindustrial, bastando, para ser enquadrado no conceito legal, que sirva para garantir a subsistência de seu proprietário e de sua família.

---

**A:** incorreta, pois a União, mediante convênio, pode fazer tal delegação aos Estados, DF e Municípios (art. 6º, °§2°, da Lei 4.504/1964); **B:** incorreta, pois, neste caso, é necessário autorização legislativa (art. 22, § Único da Lei 4.504/1964); **C:** correta (art. 23 da Lei 4.504/1964); **D:** incorreta, pois, para incentivar a política de desenvolvimento rural, o Poder Público pode se valer da tributação progressiva da terra (art. 47 da Lei 4.504/1964); **E:** incorreta, pois o conceito de imóvel rural impõe que sua destinação seja a exploração extrativa agrícola, pecuária ou agro-industrial (art. 4º, I, da Lei 4.504/1964).

Gabarito "C".

# 24. MEDICINA LEGAL

Leni M. Soares

## 1. TANATOLOGIA

**(Delegado/RJ – 2022 – CESPE/CEBRASPE)** Entre os fenômenos cadavéricos, aquele que pode atingir o feto morto retido do quinto ao nono mês de gravidez no útero materno é chamado de

(A) mumificação.
(B) saponificação.
(C) corificação.
(D) litopédio.
(E) maceração.

**A:** Incorreta – A mumificação ocorre quando o corpo não sofre a ação das bactérias, passando por uma desidratação rápida; **B:** Incorreta – A saponificação, também chamada de adipocera, faz com que o corpo fique com um aspecto de cera ou sabão, em virtude de se encontrar em solos argilosos e úmidos, sem muita aeração; **C:** Incorreta – A corificação é verificada quando o corpo não sofre decomposição, por estar guardado em caixão metálico hermeticamente fechado. A pele apresentará um aspecto de couro curtido; **D:** Incorreta – Litopédio é o feto calcificado ou petrificado; **E:** Correta – A maceração é forma de destruição do cadáver ou feto com mais de cinco meses de gestação, em razão da submersão em meio líquido. **LM**

Gabarito "E".

**(Delegado/RJ – 2022 – CESPE/CEBRASPE)** No dia 2/1/2022, Juliana compareceu à delegacia de polícia em Paraty – RJ para registrar ocorrência de desaparecimento dos seus pais, Sebastião e Maria Eugênia, por eles terem extrapolado o horário previsto para retorno de um passeio que faziam sozinhos naquele mesmo dia, numa luxuosa embarcação com piscina de água potável. Poucas horas depois do registro, policiais civis daquela unidade receberam a notícia do encontro de um cadáver do sexo feminino às margens de uma das praias da cidade. Feita a perinecroscopia, o perito criminal relatou equimose periorbital, pele anserina, cogumelo de espuma na boca e narinas, assim como a presença de estigmas ungueais nos antebraços. No dia seguinte ao relato do desaparecimento, os policiais civis souberam que pescadores haviam encontrado um cadáver do sexo masculino em alto-mar. Comparecendo ao local, o perito criminal relatou que o cadáver estava em decúbito ventral, com ausência do cogumelo de espuma, sem sinais aparentes de violência e sem sinais de putrefação. Os dois cadáveres foram submetidos a exame necroscópico, necropapiloscópico e a testes laboratoriais específicos, confirmando-se que eram, respectivamente, de Maria Eugênia (cadáver C1) e Sebastião (cadáver C2). Em relação a C1, o perito legista confirmou as lesões descritas pelo perito criminal. Em relação a C2, foi relatada a presença do sinal de Niles, do sinal de Vargas-Alvarado, além de manchas de Paltauf. Quanto à prova das densidades comparadas e ao ponto crioscópico do sangue, foram destacadas alterações na diluição do sangue no hemicoração esquerdo dos dois cadáveres, sendo relatadas hemodiluição/hidremia em C1 e hemoconcentração em C2, com as respectivas características, tais como descritas por Mario Carrara.

A partir dessa situação hipotética, assinale a opção correta.

(A) O cogumelo de espuma é um sinal patognomônico de afogamento, de modo que a sua ausência em C2, relatada pelo perito criminal, é suficiente para que o delegado de polícia conclua a investigação excluindo a ocorrência dessa modalidade de asfixia no caso de C2.

(B) As lesões descritas pelo perito criminal nos antebraços de C1 não permitem que o delegado de polícia requisite ao perito legista a coleta de material subungueal de C2 para eventual confronto genético.

(C) A verificação da diferença na diluição do sangue nos hemicorações esquerdos dos cadáveres permite que o delegado de polícia considere que as duas mortes ocorreram por afogamento em água salgada, uma vez que a informação quanto ao ponto crioscópico do sangue seria irrelevante, pois tal achado seria idêntico tanto em água doce quanto em água salgada.

(D) Em relação a C2, enquanto o sinal de Niles faz referência ao encontro de água doce no átrio esquerdo do coração, o sinal de Vargas-Alvarado diz respeito à presença de plâncton na corrente sanguínea.

(E) Os achados periciais permitem que o delegado de polícia considere que as duas mortes foram provocadas por afogamento, tendo a de Sebastião ocorrido em água salgada e a de Maria Eugênia, em água doce, ainda que C1 tenha sido encontrado numa praia.

**A:** Incorreta – Inicialmente, cabe esclarecer que sinal patognomônico é aquele chamado de característico de uma doença, que estando presente há a certeza do diagnóstico positivo para determinada enfermidade, mas a sua ausência não a exclui. No caso mencionado, o cogumelo de espuma comprova a morte de C1 se deu por afogamento causado pela entrada de substância líquida nas vias aéreas do cadáver 1, tendo o indivíduo reagido energicamente antes de morrer e que foi retirado da água de forma precoce. No entanto, a inexistência de sua ocorrência em C2 não exclui a hipótese de morte por afogamento; **B:** Incorreta – Os estigmas ungueais são lesões que podem ser causadas por unhadas. Desse modo, a solicitação de coleta de material subungueal de C2 mostra-se perfeitamente adequada com base nas características das lesões constatadas em C1; **C:** Incorreta – A imersão do cadáver em água doce tem ponto de congelação do sangue abaixo do comum, ficando mais próximo de 0°, enquanto que o cadáver que é submerso em água salgada tem ponto de congelação do sangue mais distante de 0°; **D:** Incorreta – O sinal de Niles é causado por hemorragia temporal, enquanto que o de Vargas-Alvarado evidencia hemorragia etmoidal de cor azulada na parte anterior da base do crânio; **E:** Correta – O sinais encontrados em ambos os cadáveres são característicos de vítimas de afogamento, sendo que a hemodiluição verificada no sangue de C1 comprova que o afogamento ocorreu em água doce e, por seu turno, a hemoconcentração em C2 que seu afogamento ocorreu em água salgada. **LM**

Gabarito "E".

Um homem de cinquenta anos de idade assassinou a tiros a esposa de trinta e oito anos de idade, na manhã de uma quarta-feira. De acordo com a polícia, o homem chegou à casa do casal em uma motocicleta, chamou a mulher ao portão e, quando ela saiu de casa, atirou nela com uma arma de fogo, matando-a imediatamente. Em seguida, ele se matou no mesmo local, com um disparo da arma encostada na própria têmpora.

**(Delegado - PC/SE - 2018 - CESPE/CEBRASPE)** Considerando a situação hipotética apresentada e os diversos aspectos a ela relacionados, julgue os itens a seguir.

(1) O evento caracteriza um episódio de comoriência.

(2) O laudo cadavérico do homem citado no texto deve ser assinado por, no mínimo, dois peritos oficiais que tenham participado da necropsia.

(3) Ao realizar a necropsia no cadáver masculino, espera-se que sejam verificados sinal de Benassi, sinal do funil de Bonnet e câmara de mina de Hoffmann.

**1. ERRADA:** Comoriência é o fenômeno que se verifica quando duas pessoas morrem em decorrência de um mesmo fato, sem que seja possível estabelecer qual morte ocorreu primeiro, fazendo com que se conclua que as mortes ocorreram de forma simultânea; **2. ERRADA:**

Conforme previsão constante do art. 159 do CPP, "O exame de corpo de delito e outras perícias serão realizados por perito oficial, portador de diploma de curso superior"; **3.** CERTA: Como a arma estava encostada na têmpora do suicida quando disparada, o orifício de entrada será irregular e maior que o calibre do projétil, sendo que a câmara de mina de Hoffman, que consiste em um halo de tatuagem é verificada neste tipo de disparo (arma encostada ou apoiada no corpo). Enquanto que o sinal de Benassi pode ser observado nos tiros perpendiculares com arma apontada para o crânio, assumindo forma estrelada.
Gabarito 1E, 2E, 3C

Um homem de quarenta e cinco anos de idade morreu após se engasgar com um pedaço do sanduíche que comia em uma lanchonete. Ele estava na companhia do seu cunhado, que não conseguiu ajudá-lo a retomar o fôlego. Os empregados da lanchonete acionaram o socorro médico, mas não houve êxito na tentativa de evitar a morte do homem.

**(Delegado - PC/SE - 2018 - CESPE/CEBRASPE)** Considerando essa situação hipotética e os diversos aspectos a ela relacionados, julgue os itens a seguir.

**(1)** Se o socorro médico tivesse chegado uma hora após o óbito do homem, seria possível constatar a rigidez completa do cadáver e a presença de livores de hipóstases fixados.

**(2)** O evento morte descrito será classificado, quanto à causa jurídica, como morte natural.

**1.** ERRADA: Os livores e hipóstases surgem entre duas e três horas após a morte. Enquanto que a rigidez cadavérica entre a 8ª e 12ª horas; **2.** ERRADA: A natureza jurídica do óbito será de morte por asfixia.
Gabarito 1E, 2E

**(Delegado/PE – 2016 – CESPE)** Determinada delegacia de polícia, comunicada da existência de um cadáver em estado de putrefação jogado em um canavial de sua circunscrição, deve tomar providências para levantar informações – como, por exemplo, a certificação de tratar-se de pessoa, e não de animal, e o estabelecimento da causa da morte –, além de realizar diligências diversas.

Assinale a opção correta acerca das atividades médico-legais nesse caso.

**(A)** O método de identificação do cadáver de primeira escolha, para o caso, é a identificação por material genético, o DNA, que pode ser extraído mesmo de material putrefeito.

**(B)** Mesmo estando o cadáver em adiantado estado de putrefação, é possível, conforme a especificidade, estabelecer, pelo exame médico-legal, a causa jurídica da morte – suicídio, homicídio, acidente ou morte natural.

**(C)** A análise do aspecto macroscópico do fígado do cadáver em questão é suficiente para que o médico-legista determine se ocorreu morte súbita ou se morte com suspeita de ocorrência criminal.

**(D)** Deve-se proceder à exumação do cadáver, que deve ser realizada por equipe da delegacia de polícia acompanhada de médico-legista.

**(E)** Caso o cadáver encontrado seja de material humano, a identificação deverá ser feita por reconhecimento.

**A:** incorreta: Por mais que o exame de DNA tenha índices de acerto melhores que os demais, ele não é a primeira escolha em razão de seu alto valor de custo e da complexidade técnica para sua realização. A técnica de primeira escolha é a doexame necropapiloscópico; **B:** correta: Apesar de o cadáver não apresentar as melhores condições, ainda existem elementos passíveis de serem analisados. Assim, eventual esquartejamento pode vir a ser reconhecido mesmo que o corpo esteja em estado de putrefação; **C:** incorreta: Para a análise do aspecto do fígado faz-se necessária uma análise bioquímica e não somente macroscópica; **D:** incorreta: A verifica a tão somente nas hipóteses em que o cadáver já tiver sido sepultado; **E:** incorreta: A identificação pode ser feita por diversos modos, dentre eles o do reconhecimento.
Gabarito "B"

**(Delegado/PE – 2016 – CESPE)** No que se refere à perícia em ossada recolhida ao instituto médico-legal por determinação da autoridade policial, assinale a opção correta.

**(A)** Por meio da análise do esqueleto, é possível determinar o tipo de asfixia, que é o estado de privação de oxigênio, que eventualmente tenha causado a morte do indivíduo.

**(B)** A análise química de amostra da ossada determina a ocorrência de intoxicação alcoólica.

**(C)** A cronotanatognose determina o tempo de evolução da ossada; havendo ossadas de duas pessoas, é possível estabelecer a precedência da morte de uma em relação à outra verificando-se a comoriência.

**(D)** Para chegar à fase de esqueleto, o corpo deve ter passado por fases ou estados em que ocorrem fenômenos cadavéricos, entre eles: imobilidade, abolição do tônus, ocorrência de livores, rigidez e putrefação, nessa ordem.

**(E)** Tendo sido observado que a ossada sofreu queimadura, deve-se concluir que houve lesão e morte por ação térmica, assim como se deve concluir que houve lesão e morte por eletricidade no caso de a ossada estar envolta em fios elétricos.

**A:** incorreta: A análise da asfixia é realizada por meio do exame necroscópico, ou seja, antes do sepultamento do cadáver, especialmente no tocante às sequelas deixadas na região do pescoço da mesma. **B:** incorreta: O estudo de eventual intoxicação alcoólica é realizado nas vísceras do corpo humano. **C:** incorreta: Por meio da cronotanatognose é possíveler afastado o reconhecimento de comoriência, ou seja, ao se determinar que uma pessoa morreu em momento diverso da outra, acarretando uma eventual constatação de premoriência. **D:** incorreta: A rigidez cadavérica só se verifica necessariamente depois dos livores. **E:** incorreta: A ação da eletricidade também pode provocar queimaduras.
Gabarito: Anulada

**(Escrivão de Polícia/BA – 2013 – CESPE)** Considerando que, em determinada casa noturna, tenha ocorrido, durante a apresentação de espetáculo musical, incêndio acidental em decorrência do qual morreram centenas de pessoas e que a superlotação do local e a falta de saídas de emergência, entre outras irregularidades, tenham contribuído para esse resultado, julgue os itens seguintes.

**(1)** A causa jurídica das mortes, nesse caso, pode ser atribuída a acidente ou a suicídio, descartando-se a possibilidade de homicídio, visto que não se pode supor que promotores, realizadores e apresentadores de *shows* em casas noturnas tenham, deliberadamente, intenção de matar o público presente.

**(2)** No caso de fraturas decorrentes do pisoteio de pessoas caídas ao chão, a natureza do instrumento causador da lesão é contundente e a energia aplicada é mecânica. No caso de mortes por queimadura, a natureza do instrumento é o calor e a energia aplicada é física.

**1:** errada. O enunciado retrata típica hipótese de homicídio culposo. Isso porque, segundo consta, o incêndio do qual decorreram as mortes foi causado pela superlotação da casa de espetáculos e também em razão da falta de saídas de emergência. Não se pode, pois, descartar-se a possibilidade de homicídio, ao menos culposo, já que os responsáveis pelo estabelecimento, embora não tenham perseguido, de forma deliberada, o resultado (mortes), com ele concorreram a título de culpa. De outro lado, deve-se afastar a possibilidade de suicídio. É que o enunciado não traz qualquer informação que possa conduzir a tal conclusão; **2:** certa. Na morte por pisoteamento, o instrumento é contundente. Este tem sua atuação por meio de compressão, que causa lesões nas áreas corporais atingidas. A energia que é produzida contra o corpo da vítima é de ordem mecânica. Este tipo de energia traz alterações ao corpo quando em repouso ou em movimento. No que concerne à morte por queimaduras, é correto afirmar que a energia aplicada é, diferentemente, de ordem física, assim considerada aquela que modifica o estado do corpo. As energias físicas que podem provocar lesões corporais ou morte são: temperatura, pressão, eletricidade, radioatividade, luz e som. As queimaduras são provocadas pelo calor quente que atinge diretamente o corpo.
Gabarito 1E, 2C

**(Escrivão de Polícia/BA – 2013 – CESPE)** Considerando que determinada adolescente de dezessete anos de idade seja encontrada morta em uma praia, julgue os itens subsequentes.

**(1)** A constatação de ocorrência de dilatação do orifício anal do cadáver, especialmente se o tempo de morte for superior a quarenta e oito horas, não constitui, por si só, evidência de estupro com coito anal.

**(2)** Caso o corpo da jovem esteja rígido, ou seja, com a musculatura tensa e as articulações inflexíveis, é correto concluir que ela lutou intensamente antes de morrer.

**1:** certa. Durante o período gasoso da putrefação, pode ocorrer de o ânus se entreabrir e ser rebatido para o lado externo, em razão da força provocada pelos gases na parte interna do cadáver. Assim, portanto, não se pode afirmar, com base apenas na dilatação aparente da região anal, que houve estupro na modalidade coito anal; **2:** certa. O enrijecimento dos músculos do corpo, imediatamente após a morte, que precede a rigidez comum dos cadáveres, é chamado de espasmo cadavérico ou rigidez cataléptica. Trata-se de um sinal de que o indivíduo foi atacado de forma violenta e súbita.

Gabarito 1C, 2C

**(Investigador de Polícia/BA – 2013 – CESPE)** Acerca da perícia médico-legal, dos documentos legais relacionados a essa perícia e da imputabilidade penal, julgue o item a seguir.

**(1)** Quando solicitado por autoridade competente, o relatório do médico-legista acerca de exame feito em vestígio relacionado a ato delituoso recebe a denominação de atestado médico.

**1:** errada. Os relatórios médico-legais podem ser de duas espécies: a) auto, quando ditado pelo perito diretamente ao escrivão, escrevente ou escriturário na presença da autoridade competente; b) laudo, quando elaborado pelo próprio perito em fase posterior aos exames realizados. No laudo existe uma introdução, um histórico, a descrição dos exames realizados, a discussão sobre as características encontradas. Em seguida, são apresentadas as constatações e conclusões extraídas dos exames. E, por fim, as respostas aos quesitos formulados pela autoridade. Já o atestado traz informações escritas sobre achados de interesse médico e possíveis consequências que lhes deram causa.

Gabarito 1E

**(Polícia/AC – 2008 – CESPE)** Considere-se que uma adolescente, com 13 anos de idade, foi encontrada por vizinhos, em uma dependência no fundo de sua residência, suspensa por corda de nylon que envolvia seu pescoço com um nó e que estava presa, na outra extremidade, no caibro do telhado. A adolescente apresentava, além do mau cheiro, mancha verde abdominal e circulação póstuma. Com base nessa situação e em seus aspectos médico-legais, julgue o item a seguir.

**(1)** Nessa situação, é correto afirmar que ocorreu morte por estrangulamento, provavelmente há menos de doze horas, que pode ter como causa jurídica tanto o suicídio quanto o homicídio.

Em primeiro lugar, a morte causada por asfixia mecânica, em que o pescoço é constrito por um laçoe tem a outra extremidade fixada a uma base, utilizando como força o próprio corpo da vítima, dá-se por enforcamento. De outro lado, no caso de aparecimento de mancha verde abdominal no cadáver, pode-se dizer que a morte ocorreu entre 18 a 24 horas. Por fim, de fato, o enforcamento pode se dar por suicídio ou homicídio ou, ainda, de forma acidental.

Gabarito 1E

**(Polícia/PB – 2009 – CESPE)** Um médico legista, ao chegar à sala de necropsia, deparou-se com três cadáveres cuja causa da morte foi asfixia. O primeiro apresentava elementos sinaléticos que constavam de sulco único, com profundidade variável e direção oblíqua ao eixo do pescoço; no segundo, os sulcos eram duplos, com profundidade constante e transversais ao eixo do pescoço; no terceiro, em vez de sulcos, havia equimoses e escoriações nos dois lados do pescoço. Na situação acima descrita, os tipos de morte mais prováveis são, respectivamente,

**(A)** enforcamento, estrangulamento e esganadura.

**(B)** esganadura, enforcamento e estrangulamento.

**(C)** estrangulamento, esganadura e enforcamento.

**(D)** esganadura, estrangulamento e enforcamento.

**(E)** enforcamento, esganadura e estrangulamento.

O enforcamento é a morte causada por asfixia mecânica em que o pescoço é constrito por um laço que tem a outra extremidade fixada a uma base e tem como força o próprio corpo da vítima; o estrangulamento é a morte causada por asfixia mecânica em que o pescoço é entrelaçado por uma corda e tem como força de acionamento uma força estranha ao próprio corpo da vítima; esganadura é a constrição do pescoço da vítima pelas próprias mãos do homicida.

Gabarito "A".

## 2. EMBRIAGUEZ E ALCOOLISMO

**(Polícia/AC – 2008 – CESPE)** Considere-se que uma adolescente, com 13 anos de idade, foi encontrada por vizinhos, em uma dependência no fundo de sua residência, suspensa por corda de nylon que envolvia seu pescoço com um nó e que estava presa, na outra extremidade, no caibro do telhado. A adolescente apresentava, além do mau cheiro, mancha verde abdominal e circulação póstuma. Com base nessa situação e em seus aspectos médico-legais, julgue o item a seguir.

**(1)** Caso o exame de alcoolemia da adolescente evidencie níveis de 2 decigramas de álcool por litro de sangue, é correto concluir que ela estava embriagada no momento da morte.

Nos termos do art. 306 do CTB, a concentração de álcool por litro de sangue igual ou superior a 6 (seis) decigramas é que caracteriza a embriaguez.

Gabarito 1E

**(Polícia/PB – 2009 – CESPE)** Um jovem religioso, fervoroso e abstêmio, durante uma comemoração de casamento, ingeriu aguardente. Transtornado e embriagado, agrediu sua companheira com golpes de faca, completamente descontrolado. A situação acima descreve um exemplo de embriaguez

**(A)** por força maior.

**(B)** dolosa.

**(C)** preterdolosa.

**(D)** proveniente de caso fortuito.

**(E)** acidental.

**A:** a embriaguez por força maior é aquela que se dá de forma acidental, ou seja, o indivíduo é forçado a ingerir a bebida alcoólica. Se for completa, isenta o agente de pena (art. 28, § 1°, do CP); se incompleta, mas deixando o agente sem possuir, ao tempo da ação ou da omissão, a plena capacidade de entender o caráter ilícito do fato ou de determinar--se de acordo com esse entendimento, a pena poderá ser reduzida de 1/3 a 2/3. **B:** a embriaguez dolosa é a voluntária, em que o indivíduo se embriaga intencionalmente para se encorajar para cometer um crime; **D:** a embriaguez proveniente de caso fortuito é acidental, é aquela em que o indivíduo não faz ideia dos efeitos que serão causados pela bebida alcoólica, dessa maneira, poderá ser beneficiado com o previsto no art. 28, §§ 1° e 2°, do CP; E: acidental é a embriaguez que pode se dar por caso fortuito ou por força maior.

Gabarito "D".

## 3. SEXOLOGIA

**(Delegado/RJ – 2022 – CESPE/CEBRASPE)** No dia 4/2/2022, H. A. S., com 24 anos de idade, do sexo masculino, foi encontrado morto em quarto de hotel. Na perinecroscopia, o perito criminal descreveu que a vítima foi encontrada com um laço no pescoço, nua, apontando preliminarmente para a possibilidade de suicídio por estrangulamento, pois as câmeras do hotel não haviam registrado entrada ou saída de pessoas do apartamento da vítima, e a porta estava fechada por dentro. Posteriormente, conforme a investigação avançou, a família relatou dados específicos sobre o comportamento sexual da vítima, o que levou o delegado de polícia a considerar a hipótese de morte acidental.

Com base nas informações apresentadas nessa situação hipotética, é correto considerar a hipótese da parafilia denominada

(A) coprolalia.
(B) frotteurismo.
(C) dolismo.
(D) hipoxifilia.
(E) clismafilia.

**A:** Incorreta – A coprolalia, também conhecida como coprofemia, é uma espécie de parafilia em que a pessoa precisa para atingir o prazer sexual ouvir palavras de baixo calão, assim como expressões chulas durante o ato íntimo; **B:** Incorreta – O Frotteurismo consiste na necessidade de uma pessoa de se esfregar ou encostar seus órgãos genitais em outro indivíduo, sem que este tenha consentido; **C:** Incorreta – O dolismo é o tipo de parafilia em que a pessoa possui atração sexual por bonecas, assim como manequins; **D:** Correta – A hipoxifilia, também conhecida como asfixiofilia autoerótica, é a parafilia em que o prazer é obtido por meio da asfixia, pois a redução do fluxo sanguíneo no cérebro aumenta este sentimento; **E:** Incorreta – A clismafilia é um tipo de parafilia em que a obtenção do prazer se dá por meio da injeção de líquidos nos canais vaginal e/ou anal. [LM]

Gabarito "D".

**(Delegado/RJ – 2022 – CESPE/CEBRASPE)** Suponha que traficantes tenham submetido uma adolescente a violência sexual, em uma comunidade carente do Rio de Janeiro. Nesse contexto, na perícia de casos de conjunção carnal, para o exame objetivo, de natureza específica, deve ser fornecida a informação de

(A) peso e altura da vítima.
(B) estado geral da vítima.
(C) estado civil da vítima.
(D) aspecto e disposição dos elementos da genitália da vítima.
(E) lesões externas gerais na vítima (como equimoses, hematomas e escoriações).

No caso em espécie, a perícia deverá especificar o aspecto e disposição dos elementos da genitália da vítima, a fim de comprovar a cópula vagínica, relatando sobre eventual ruptura do hímen. Portanto, a alternativa a ser assinalada é a D. [LM]

Gabarito "D".

**(Delegado/RJ – 2022 – CESPE/CEBRASPE)** O chamado tumor do parto (*caput succedaneum*), encontrado em um nascituro, consiste em um dos mais importantes sinais de

(A) esgorjamento acidental no canal do parto.
(B) prova de vida durante o parto cefálico.
(C) feto natimorto.
(D) infecção pós-aborto.
(E) aborto retido (intrauterino).

O tumor do parto, também conhecido como *caput succedaneum*, é uma prova de que houve circulação sanguínea , que é uma prova de vida. Portanto, a alternativa B está correta. [LM]

Gabarito "B".

**(Delegado/RJ – 2022 – CESPE/CEBRASPE)** No dia 1º/1/2022, Bruna compareceu à delegacia de atendimento à mulher em Cabo Frio – RJ, pois estava sentindo dores na região da genitália. Em seu depoimento, relatou que, no dia anterior, estava na casa de amigos, celebrando o Ano Novo, ocasião na qual conheceu Juan, com quem se recordava de ter conversado. Ela afirmou que, em determinado momento, fora levada por Juan para um quarto, ficando os dois a sós, e, embora estivesse sonolenta naquela situação, não havia consentido com a prática de qualquer tipo de ato com conotação sexual. Ela ainda relatou à delegada que havia ingerido apenas bebida alcoólica, que não havia feito uso de medicamentos e que não se lembrava de como retornara para sua residência. Sem ter havido perícia no local dos fatos, a delegada de polícia imediatamente encaminhou Bruna para a realização de exame de corpo de delito. O perito legista relatou equimoses nos seios, na região lateral do quadril e na região cervical de Bruna, tendo recolhido uma amostra de sangue dela, em que foi constatada a presença de fenobarbital, e uma amostra de material da cavidade vaginal, em que ficou evidenciada a presença de antígeno prostático específico e de material genético no sêmen coletado, encaminhados para exame logo em seguida.

Nessa situação hipotética, conforme as disposições do Código de Processo Penal acerca do exame de corpo de delito e da cadeia de custódia, bem como consoante o regramento previsto pela Lei n.º 14.069/2021, pelo Decreto n.º 7.950/2013 e pela Lei n.º 12.037/2009, a delegada de polícia responsável pela investigação deverá

(A) recorrer ao Cadastro Nacional de Pessoas Condenadas por Crime de Estupro, como única forma de identificação do autor da violência sexual contra Bruna, a partir do material coletado no exame de corpo de delito.
(B) determinar a juntada, ao inquérito policial, da confirmação da identificação criminal eventualmente obtida a partir dos dados contidos no Banco Nacional de Perfis Genéticos, após fazer ampla e deliberada divulgação sobre estes na imprensa, uma vez que tais dados são públicos e não sigilosos.
(C) considerar a imprestabilidade dos vestígios, uma vez que não houve perícia no local do crime, único momento no qual os vestígios poderiam ter sido reconhecidos, fixados e coletados para possibilitar eventual exame de confronto genético.
(D) determinar a juntada, ao inquérito policial, do laudo pericial assinado por perito oficial devidamente habilitado, caso seja constatada a coincidência de perfis genéticos entre os dados da amostra coletada do material vaginal e os que constem no Banco Nacional de Perfis Genéticos.
(E) seguir a determinação do membro do Ministério Público quanto ao tratamento a ser dado ao vestígio coletado, feita em manifestação individual nos autos do inquérito policial, em detrimento das ordens técnicas exaradas pelo órgão central de perícia oficial de natureza criminal.

**A:** Incorreta – Dispõe o art. 6º, III, do CPP, que logo que tiver conhecimento da prática da infração penal, a autoridade policial deverá colher todas as provas que servirem para o esclarecimento do fato e suas circunstâncias. Sendo assim, havendo um suspeito deverá a autoridade tomar todas as providências a fim de confirmar ou excluí-lo do rol de possível ou possíveis autor(es); **B:** Incorreta – Conforme previsto no art. 7o-B da Lei 12.037/2009, a identificação do perfil genético será armazenada em banco de dados sigiloso; **C:** Incorreta – De acordo com o art. 158 do CPP, quando a infração deixar vestígios, será indispensável o exame de corpo de delito, direto ou indireto, não podendo supri-lo a confissão do acusado. Além disso, como se trata de hipótese de crime de estupro, muito mais viável utilizar o material colhido no corpo da vítima, assim como a conclusão sobre as lesões que sofreu para possibilitar a elucidação dos fatos e identificação do autor; **D:** Correta – Com base na previsão constante do art. 5º-A, § 3º, da Lei nº 12.037/2009, as informações obtidas a partir da coincidência de perfis genéticos deverão ser consignadas em laudo pericial firmado por perito oficial devidamente habilitado; **E:** Incorreta – Dispõe o art. 6º do CPP que, logo que tiver conhecimento da prática da infração penal, a autoridade policial deverá dirigir-se ao local, providenciando para que não se alterem o estado e conservação das coisas, até a chegada dos peritos criminais; apreender os objetos que tiverem relação com o fato, após liberados pelos peritos criminais; colher todas as provas que servirem para o esclarecimento do fato e suas circunstâncias; ouvir o ofendido; ouvir o indiciado, com observância, no que for aplicável, do disposto no Capítulo III do Título VII, deste Livro, devendo o respectivo termo ser assinado por duas testemunhas que lhe tenham ouvido a leitura; proceder a reconhecimento de pessoas e coisas e a acareações; determinar, se for caso, que se proceda a exame de corpo de delito e a quaisquer outras perícias; ordenar a identificação do indiciado pelo processo datiloscópico, se possível, e fazer juntar aos autos sua folha de antecedentes; a vida pregressa do indiciado, sob o ponto de vista individual, familiar e social, sua condição econômica, sua atitude e estado de ânimo antes e depois do crime e durante ele, e quaisquer outros elementos que contribuírem para a apreciação do seu temperamento e caráter; colher informações sobre a existência de filhos, respectivas idades e se possuem alguma deficiência e o nome e o contato de eventual responsável pelos cuidados dos filhos, indicado pela pessoa presa. [LM]

Gabarito "D".

**(Delegado/PE – 2016 – CESPE)** Sexologia forense é o ramo da medicina legal que trata dos exames referentes aos crimes contra a liberdade sexual, além de tratar de aspectos relacionados à reprodução. Acerca do exame médico-legal e dos crimes nessa área, assinale a opção correta.

(A) Para a configuração do infanticídio, são necessários dois aspectos: o estado puerperal e a mãe matar o próprio filho.

(B) O crime de aborto configura-se com a expulsão prematura do feto, independentemente de sua viabilidade e das causas da eliminação.

(C) O crime de abandono de recém-nascidos, que consiste na ausência de cuidados mínimos necessários à manutenção das condições de sobrevivência ou exposição à vulnerabilidade, só estará caracterizado se for cometido pela mãe.

(D) Para se determinar um estupro, é necessário que respostas aos quesitos sobre a ocorrência de conjunção carnal ou ato libidinoso sejam afirmativas: essas ocorrências sempre deixam vestígios.

(E) Para a resposta ao quesito sobre virgindade da paciente, a integridade do hímen pode não ser necessária, desde que outros elementos indiquem que a periciada nunca manteve relação sexual.

**A:** correta : O crime de infanticídio é especial, quando comparado ao crime de homicídio. Trata-se de delito especial por envolver a morte de uma pessoa, filha da agente.,Além disso, o ato é cometido em virtude da agente encontrar-se sob a influência do chamado estado puerperal, situação que provoca sobre a mãe alguns transtornos psicológicos. **B:** incorreta: O crime de aborto ocorrerá somente se a expulsão do feto se der por ato doloso da gestante ou por terceiro e, desde que tal ato não seja necessário à vida da futura mãe, ou seja, feto anencéfalo ou, ainda, a gravidez seja decorrente de estupro. **C:** incorreta: A conduta também pode ser praticada pelo pai adulterino ou incestuoso. **D:** incorreta: Para a ocorrência do crime de estupro não se exige a efetiva conjunção carnal, logo, trata-se de crime que não necessariamente deixa vestígios. **E:** incorreta: A análise do hímen, não se faz necessária para a verificação de eventual virgindade da paciente, embora seja feita. A referida análise não é precisa, em decorrência da existência de himens complacentes, que não se rompem com a conjunção carnal.

*Gabarito "A".*

**(Polícia/AC – 2008 – CESPE)** Considere-se que uma adolescente, com 13 anos de idade, foi encontrada por vizinhos, em uma dependência no fundo de sua residência, suspensa por corda de nylon que envolvia seu pescoço com um nó e que estava presa, na outra extremidade, no caibro do telhado. A adolescente apresentava, além do mau cheiro, mancha verde abdominal e circulação póstuma. Com base nessa situação e em seus aspectos médico-legais, julgue o item a seguir.

(1) Se, ao exame genital do cadáver, no hímen, for observada ruptura antiga e, no ânus, for observado rágade, é correto afirmar que não há elementos, nesses fatos, para se estabelecer ocorrência de conjunção carnal e, consequentemente, estupro, porém, existe elemento compatível com registro de ocorrência de ato libidinoso diverso de conjunção carnal, nos momentos que antecederam a morte.

A ruptura antiga é apta a demonstrar que a vítima já havia praticado conjunção carnal. No entanto, na ausência de outros sinais, torna-se inviabilizada a constatação de quem tenha sido obrigada à sua prática pouco antes da morte. Há que se esclarecer que, com as alterações trazidas pela Lei nº 12.015/2009, a prática mediante violência ou grave ameaça de atos libidinosos também se insere no estupro. Desse modo, diante da presença de rágade no ânus, que consiste na fissura no encontro da pele com a mucosa do orifício anal, é possível reconhecer a submissão da vítima a ato libidinoso, que, atualmente, configura o crime de estupro (art. 213 do CP).

*Gabarito 1C*

## 4. TRAUMATOLOGIA

**(Delegado/RJ – 2022 – CESPE/CEBRASPE)** No dia 13/6/2021, no município de Santo Antônio de Pádua – RJ, por ocasião dos festejos de seu padroeiro, houve uma explosão acidental de um artefato explosivo composto exclusivamente por pólvora,

que havia sido acionado pela vítima numa região descampada, o que culminou no despedaçamento de parte do seu membro superior direito, bem como em queimaduras extremas diversas, conforme descrição no laudo da necropsia.

Nessa situação hipotética, com base nas lesões descritas pelo perito legista, a autoridade policial deverá afirmar que se trata dos efeitos do *blast* de nível

(A) quaternário.

(B) primário.

(C) terciário.

(D) secundário.

(E) quinquenário.

Como a lesão sofrida pela vítima foi provocada diretamente pela pressão provocada pela explosão, pode-se afirmar que o *blast* é de nível primário. Dessa forma, a alternativa B deve ser assinalada. 🔲

*Gabarito "B".*

**(Delegado/RJ – 2022 – CESPE/CEBRASPE)** No dia 31/1/2022, Paulo compareceu à delegacia de polícia em Itaperuna – RJ para registrar o desaparecimento de Joaquina, sua irmã, ocorrido no dia anterior. Durante a oitiva dele, policiais civis daquela unidade foram informados por policiais militares sobre o encontro de um cadáver do sexo feminino no interior de uma residência, com as mesmas características de Joaquina. Durante a perinecroscopia, o perito criminal descreveu que a vítima estava manietada, com diversas equimoses, escoriações nos joelhos e amputação bilateral dos pés, correlacionadas ao evento morte. Foi descrita a presença, na região da nuca, de orla/zona excêntrica de grânulos incombustos de pólvora ao redor da lesão circular provocada por projétil de arma de fogo, na qual ficou evidenciada aréola equimótica. Tais fatos foram corroborados pelo laudo do perito legista, que, por sua vez, destacou a presença do sinal de Jellinek na região do tórax e da face.

Nessa situação hipotética, o delegado de polícia responsável pela investigação deve

(A) compreender que a lesão observada na nuca é oriunda da utilização de arma de fogo com cano de alma raiada, uma vez que a produção de orla/zona de tatuagem é exclusiva da utilização desse tipo de armamento.

(B) considerar que a orla/zona de tatuagem advém do emprego de um tipo especial de munição com balins e bucha plástica nas armas de fogo com cano de alma lisa, razão pela qual não será observada por ocasião da utilização de armas de fogo com cano de alma raiada.

(C) compreender que a ocorrência da orla/zona de tatuagem é um elemento que auxilia na definição da distância aproximada entre atirador e vítima, podendo ser observado no caso da utilização de arma de fogo com cano de alma lisa ou de alma raiada.

(D) instaurar inquérito policial para apurar homicídio simples e compreender que as lesões descritas pelos peritos foram produzidas por ação vulnerante perfurante e perfurocortante, além de ter sido utilizada eletricidade industrial.

(E) instaurar inquérito policial para apurar homicídio qualificado, haja vista a impossibilidade de defesa de Joaquina, considerando que a orla/zona de tatuagem excêntrica indica perpendicularidade da incidência do projétil de arma de fogo na vítima.

**A:** Incorreta – Arma de fogo com cano de alma lisa também pode produzir zona de tatuagem; **B:** Incorreta – A zona de tatuagem pode observada em disparos efetuados à curta distância do alvo. É provocada pelos grãos da pólvora e partículas de metal que são produzidos pela abrasão do projétil no caso da arma de fogo. Dessa forma, tanto nos disparos efetuados por armas de cano liso ou raiado pode ser observada a zona de tatuagem; **C:** Correta – Vide comentários anteriores; **D:** Incorreta – As lesões descritas foram provocadas por disparo de arma de fogo, instrumento perfurocontundente, sendo tais feridas classificadas como perfurocontusas. Enquanto que o sinal de Jellinek, assim como constou da alternativa, indica a porta de entrada de energia elétrica artificial ou industrial; **E:** Incorreta – A zona de tatuagem indica perpendicularidade, no entanto o enunciado aponta que é concêntrica. Nos casos de tiros oriundos de uma direção oblíqua, terão forma excêntrica ou elípticas. **LM**

Gabarito "C".

**(Delegado/RJ – 2022 – CESPE/CEBRASPE)** Policiais civis do Grupo Especial de Local de Crime da Delegacia de Homicídios de Niterói e São Gonçalo (DHNSG) foram acionados para proceder à perinecroscopia em função do encontro dos cadáveres de Beatriz e Rodrigo, recém-casados. No interior do apartamento do casal, localizado no décimo terceiro andar do imóvel A, tanto o delegado de polícia quanto o perito criminal perceberam o seguinte: sobre a cama da suíte principal, havia uma mala com diversas roupas femininas dentro e fora dela; a sala estava em desalinho; a distância máxima do parapeito da varanda em relação à parede oposta do interior do apartamento era de seis metros; na varanda deste imóvel, cujo chão não estava sujo de sangue, foi notada a presença de um estilete limpo e de um vaso de plantas quebrado, com terra derramada. Beatriz e Rodrigo foram encontrados além do muro limítrofe entre os imóveis A e B, já na área externa deste último, respectivamente e de modo perpendicular, a três e a sete metros de distância a partir da linha de projeção traçada com base nos parapeitos das varandas da mesma coluna que o apartamento do casal no imóvel A. Beatriz estava com múltiplas escoriações e equimoses, protusão do globo ocular esquerdo, diversas fraturas da calvária, laceração da massa encefálica, além de uma amputação na altura do terço médio do fêmur da perna direita, cujas bordas eram irregulares, com equimoses ao redor da lesão, tendo sido encontrada a peça anatômica amputada a quinze metros do local em que o cadáver de Beatriz estava. Rodrigo tinha múltiplas escoriações, midríase bilateral e fraturas expostas nos ossos da pelve, na fíbula e na tíbia, além de ter sido constatada, pelo perito legista, a presença da substância metilenodioximetanfetamina no sangue de Rodrigo. A partir de análises das filmagens do circuito fechado de monitoramento do imóvel A, ficou comprovado que o casal estava sozinho no apartamento.

Com base nas informações apresentadas nessa situação hipotética, assinale a opção correta.

**(A)** As fraturas expostas nos ossos da pelve de Rodrigo são incompatíveis com a dinâmica do evento de defenestração.

**(B)** Os elementos obtidos nas perícias e no exame do local dos fatos, em conjunto com a distância entre os cadáveres e a linha de projeção dos parapeitos das varandas do imóvel A, permitem distinguir as causas jurídicas das mortes de Beatriz e Rodrigo.

**(C)** A metilenodioximetanfetamina encontrada no cadáver de Rodrigo é uma substância entorpecente que provoca depressão do sistema nervoso central, sendo estudada e categorizada na classe dos barbitúricos.

**(D)** As lesões na perna direita de Beatriz, conforme descritas pelo perito criminal, permitem que o delegado de polícia conclua a investigação afirmando que a amputação foi provocada pela ação cortante do estilete encontrado na varanda do apartamento do casal.

**(E)** As lesões no cadáver de Rodrigo descritas pelo perito criminal não permitem indicar a provável região anatômica que primeiro tocou o solo após a defenestração.

**A:** Incorreta – A defenestração consiste no ato de atirar ou atirar-se pela janela. Dessa forma, levando-se em conta que Rodrigo residia no décimo terceiro andar, as lesões contusas encontradas em seu cadáver são totalmente compatíveis com a defenestração; **B:** Correta – Todas as características encontradas no local dos fatos, assim como as lesões provocadas em ambos os cadáveres evidenciam que Beatriz foi arremessada por Rodrigo, por isso seu corpo estar localizado a menor distância, enquanto que este último se suicidou na sequência, tendo tomado impulso para o salto da varanda, motivo pelo qual foi encontrado a uma distância maior que a de Beatriz; **C:** Incorreta – A metilenodioximetanfetamina (MDMA – ecstasy) faz parte do grupo das substâncias entorpecentes que provocam excitação do sistema nervoso central, integrante da classe das drogas psicanalépticas; **D:** Incorreta – O estilete é instrumento cortante, sendo que as lesões por ele causadas

possuirão bordas regulares, além de geralmente provocar hemorragia abundante na região, o que não condiz com o instrumento encontrado no local dos fatos, que estava limpo; **E:** Incorreta – Foram constatadas no cadáver de Rodrigo fraturas expostas nos ossos da pelve, na fíbula e na tíbia, indicando que ele provavelmente caiu de pé. **LM**

Gabarito "B".

**(Defensor Público/AL – 2017 – CESPE)** Um médico-legista foi chamado para avaliar um ferimento ocasionado pela entrada de um projétil de revólver na mão de uma vítima. O perito, informado de que não havia anteparos ou obstáculos próximos ao indivíduo atingido bem como não havia nenhuma peça de vestuário cobrindo a região corporal atingida, analisou e descreveu a lesão como compatível com disparo efetuado a longa distância.

Nessa situação hipotética, a característica cutânea que possibilitou ao perito identificar a distância do disparo do projétil denomina-se

**(A)** orla de esfumaçamento.

**(B)** halo de tatuagem.

**(C)** bordas evertidas.

**(D)** zona de queimadura.

**(E)** aréola equimótica.

**A e B:** Incorretas – A orla de esfumaçamento e o halo de tatuagem são encontrados nas lesões provocados por disparos de arma de fogo a curta distância; **C:** Incorreta – As bordas evertidas são observadas nos ferimentos de saída do projétil, úteis para a definição da trajetória seguida pelo projétil; **D:** Incorreta – A zona de queimadura, também conhecida como zona de chamuscamento, é observada em disparos efetuados a uma distância muito próxima ao corpo (em torno de até 5 centímetros), fazendo com que a pele seja queimada pela chama expelida pela boca do cano da arma de fogo; **E:** Correta – A aréola equimótica, apesar de nem sempre se mostrar presente, é uma característica de ferimento provocado por disparo de arma de fogo a longa distância. A aréola equimótica surge em decorrência da ruptura de microvasos sanguíneos.

Gabarito "E".

**(Polícia/AC – 2008 – CESPE)** Considere-se que uma senhora faça denúncia de que seu neto de um ano e meio vem sofrendo maus tratos por sua filha, mãe da criança, que tem problemas mentais e que o laudo de exame de corpo de delito do Instituto Médico Legal (IML) descreve as seguintes lesões apresentadas pela criança: hematomas de tonalidades avermelhadas, esverdeadas e amareladas; escoriações em diversas regiões e feridas contusas sangrantes, além de outras, cobertas por crostas e manchas hipocrômicas. Tendo em vista essa situação hipotética, os aspectos médico-legais das lesões corporais e os maus-tratos a menores bem como da imputabilidade penal, julgue o item subsequente.

**(1)** O legista tem elementos para responder positivamente ao quesito oficial que indaga sobre meio cruel, uma vez que o menor não possui condições de defesa, não tem completo entendimento da razão dos atos lesivos e que se verifica que as lesões ocorreram cronologicamente em diferentes momentos, com lapsos de tempo que permitiriam a reflexão pela agressora sobre os próprios atos.

A coloração da pele indica o tempo em que ocorreu a lesão, assim, tendo variações, pode-se dizer que se deram em datas diferentes e demonstra continuidade.

Gabarito 1C

**(Polícia/AC – 2008 – CESPE)** Suponha-se que um delegado receba laudo cadavérico em que constam as seguintes lesões: ferida circular com orifício de um centímetro, com orlas de enxugo e escoriação, circunscrita por zona de tatuagem e esfumaçamento na região infraclavicular direita; e ferida com bordas regulares e cauda de escoriação medindo cinco centímetros na região escapular esquerda. Considerando essa situação hipotética e os aspectos médico-legais desse laudo, é correto concluir que

## 24. MEDICINA LEGAL — 747

(1) uma arma de fogo foi disparada a curta distância do corpo do cadáver e que o trajeto do projétil dessa arma, no corpo do cadáver, foi de frente para trás.

(2) a ferida com zona de tatuagem e esfumaçamento deve ter sido provocada por barotrauma, possivelmente em consequência de explosão de bomba.

(3) a ferida com bordas regulares e cauda de escoriação é típica de instrumento cortante e não corresponde à saída de projétil de arma de fogo, que é instrumento perfurocontundente.

**1:** De início, é necessário esclarecer que a região escapular é aquela que se localiza na região póstero-anterior do tórax (ou seja, na parte das costas), sendo a escápula um dos ossos que compõem o ombro. A infraclavicular é aquela localizada na região do ombro e, se esse membro apresenta os sinais descritos, que são característicos de orifício de entrada do projétil de arma de fogo, pode-se afirmar que o tiro atingiu a vítima de frente para trás.
**2:** a zona de esfumaçamento pode ser observada nas hipóteses de disparos a curta distância, isto é, até uns 30 cm do alvo, o que faz com que a fumaça do disparo se desprenda e se deposite ao redor do orifício de entrada do projétil, enquanto que a zona de tatuagem pode ser observada nos casos de disparo com aproximadamente meio metro de distância, ocorrendo, n essa hipótese o depósito das partículas de pólvora na pele da pessoa atingida, como se fossem minúsculas manchas na pele.
**3:** os ferimentos de saída de projéteis de arma de fogo apresentam lesões irregulares e as bordas do ferimento ficam direcionadas para fora.
Gabarito 1C, 2E, 3C

**(Polícia/PB – 2009 – CESPE)** Considerando que o laudo de exame de corpo de delito descreva ferida com bordas regulares e cauda de escoriação medindo 5 cm na região escapular esquerda, assinale a opção correta.

(A) A lesão descrita foi produzida por instrumento perfurocontundente.

(B) A lesão em apreço pode ter sido causada por instrumento com duplo gume.

(C) De acordo com a descrição, trata-se de lesão causada por arma disparada a curta distância.

(D) Na situação considerada, o instrumento causador da lesão possui, necessariamente, menos que 5 cm de largura.

(E) No caso em questão, é correto concluir que se trata de lesão corporal de natureza leve.

As lesões causadas por instrumento perfurocontundente são aquelas que decorrem, em geral, de ferimentos provocados por disparos de arma de fogo, mas podem ser causadas por outro instrumentos que tenham formato cilíndrico e ponta em forma de arco. Delton Croce dá como exemplo a ponteira de um guarda-chuva (**Manual de Medicina legal**, 7ª edição, editora Saraiva, pág. 335).
Gabarito "B".

## 5. PSICOPATOLOGIA FORENSE

**(Delegado/PE – 2016 – CESPE)** Psiquiatria forense é o ramo da medicina legal que trata de questões relacionadas ao funcionamento da mente e sua interface com a área jurídica. O estabelecimento do estado psíquico no momento do cometimento do delito e a capacidade de entendimento desse ato são dependentes das condições de sanidade psíquica e desenvolvimento mental, que também influenciam na forma de percepção e no relato do evento, com importância direta para o operador do direito, na tomada a termo e na análise dos depoimentos. A respeito de psiquiatria forense e dos múltiplos aspectos ligados a essa área, assinale a opção correta.

(A) A surdo-mudez é motivo de desqualificação do testemunho, da confissão e da acareação, pois, sendo causa de desenvolvimento mental incompleto, impede a comunicação.

(B) Nos atos cometidos, pode haver variação na capacidade de entendimento, por doente mental ou por indivíduo sob efeito de substâncias psicotrópicas ou entorpecentes, do caráter ilícito do ato por ele cometido; cabe ao perito buscar

determinar, e assinalar no laudo pericial, o estado mental no momento do delito.

(C) A perturbação mental, por ser de grau leve quando comparada a doença mental, não reflete na capacidade cível nem na imputabilidade penal.

(D) Em indivíduos com intoxicação aguda pelo álcool, observam-se estados de automatismos e estados crepusculares.

(E) O desenvolvimento mental incompleto ou retardado, tecnicamente denominado oligofrenia, está diretamente relacionado à ocorrência de epilepsia.

**A:** incorreta: Admite-se o depoimento de pessoa surda-muda, desde que observadas as regras previstas no artigo 192 do Código de Processo Penal (art. 223, parágrafo único, CPP); **B:** correta: Com base nesta análise é que poderá ser constatada ou não a inimputabilidade ou a semiimputabilidade do examinando; **C:** incorreta: A constatação de perturbação mental, de acordo com o grau destas, poderá influenciar na culpabilidade do agente em relação ao ato praticado; **D:** incorreta: Esses sintomas são verificados em pessoas acometidas de epilepsia; **E:** incorreta: A oligofrenia está relacionada ao desenvolvimento mental da pessoa.
Gabarito "B".

**(Escrivão de Polícia/BA – 2013 – CESPE)** Acerca da perícia médico-legal, dos documentos legais relacionados a essa perícia e da imputabilidade penal, julgue os itens a seguir.

(1) No foro penal, solicitam-se ao médico perito relatórios a respeito de vítima, indiciado, testemunha e até mesmo de jurado. No caso do indiciado, o exame pode estar relacionado à verificação de imputabilidade.

(2) Denomina-se perito o técnico especializado na realização de exames em vestígios materiais relacionados à ocorrência de fato delituoso; no caso de exame a ser realizado em pessoas, o perito indicado é o médico-legista.

**1:** certa. No âmbito penal, tanto vítima, quanto indiciado, testemunha e até mesmo jurado podem ser submetidos a avaliações periciais. No caso da vítima, há várias hipóteses em que é necessária a sua submissão a exame pericial, como, por exemplo, a que sofre estupro para colheita de sêmen para identificação do autor do delito; a de homicídio, que é submetida a exame necroscópico etc. O indiciado também pode ser submetido a alguns exames médico-legais, como, por exemplo, o de corpo de delito, quando de sua prisão, exame para comparação com material colhido da vítima para confirmação de sua identidade e, um dos principais, quando existirem dúvidas quanto à higidez mental para constatação de sua imputabilidade penal. Por sua vez, o jurado poderá ser avaliado pericialmente para constatação de sua capacidade; **2:** certa. O art. 54 da Lei 11.370/2009, do Estado da Bahia, estabelece as atribuições dos peritos criminais, que são aquelas relacionadas a exames em objetos, enquanto que o art. 55 desta mesma lei elenca as atribuições dos médico-legistas, que são as que envolvem exames em pessoas.
Gabarito 1C, 2C

**(Polícia/AC – 2008 – CESPE)** Considere-se que uma senhora faça denúncia de que seu neto de um ano e meio vem sofrendo maus tratos de sua filha, mãe da criança, que tem problemas mentais e que o laudo de exame de corpo de delito do Instituto Médico Legal (IML) descreve as seguintes lesões apresentadas pela criança: hematomas de tonalidades avermelhadas, esverdeadas e amareladas; escoriações em diversas regiões e feridas contusas sangrantes, além de outras, cobertas por crostas e manchas hipocrômicas. Tendo em vista essa situação hipotética, os aspectos médico-legais das lesões corporais e os maus-tratos a menores bem como da imputabilidade penal, julgue o item subsequente.

(1) Nessa situação, a perturbação mental ou o desenvolvimento incompleto ou retardado da agressora não deve ser elemento de alteração de imputabilidade, uma vez que se trata de maus-tratos ao próprio filho.

O art. 26, parágrafo único, do Código Penal dispõe que "a pena pode ser reduzida de um a dois terços, se o agente, em virtude de perturbação de saúde mental ou por desenvolvimento mental incompleto ou retardado, não era inteiramente capaz de entender o caráter ilícito do fato ou de determinar-se de acordo com esse entendimento". Como se pode notar, não há qualquer causa que exclua tal redução. Desse modo, a redução deverá incidir sobre possível pena imposta.

Gabarito 1E

**(Polícia/PB – 2009 – CESPE)** Assinale a opção correta relacionada à imputabilidade penal, considerando um caso em que o laudo de exame médico-legal psiquiátrico não foi capaz de estabelecer o nexo causal entre o distúrbio mental apresentado pelo periciado e o comportamento delituoso.

(A) O diagnóstico de doença mental é suficiente para tornar o agente inimputável.

(B) A doença mental seria atenuante quando considerada a dosimetria da pena, devendo o incriminado cumprir de um sexto a um terço da pena.

(C) Trata-se de caso de aplicação de medidas de segurança.

(D) Deverá ser realizada nova perícia.

(E) O agente deve ser responsabilizado criminalmente.

Para que o agente seja submetido a uma medida de segurança, é necessário que seja atestado pelos peritos que o criminoso era, ao tempo da conduta, inimputável, ou seja, não possuía no momento do crime o discernimento necessário à compreensão de seus atos. No caso em comento, os peritos não identificaram o nexo causal existente entre o distúrbio mental e ato delitivo praticado pelo agente. Desse modo, deverá ser responsabilizado penalmente, ou seja, com a imposição de uma das penas elencadas no ordenamento jurídico.

Gabarito "E".

## 6. PERÍCIAS MÉDICO-LEGAIS E PROCEDIMENTO NO INQUÉRITO POLICIAL

**(Delegado/PE – 2016 – CESPE)** Com relação aos conhecimentos sobre corpo de delito, perito e perícia em medicina legal e aos documentos médico-legais, assinale a opção correta.

(A) Perícia é o exame determinado por autoridade policial ou judiciária com a finalidade de elucidar fato, estado ou situação no interesse da investigação e da justiça.

(B) O atestado médico equipara-se ao laudo pericial, para serventia nos autos de inquéritos e processos judiciais, devendo ambos ser emitidos por perito oficial.

(C) Perito oficial é todo indivíduo com expertise técnica na área de sua competência incumbido de realizar o exame.

(D) É inválido o laudo pericial que não foi assinado por dois peritos oficiais.

(E) Define-se corpo de delito como o conjunto de vestígios comprobatórios da prática de um crime evidenciado no corpo de uma pessoa.

**A:** correta - Artigos 6º, VII, e 149, ambos do Código de Processo Penal; **B:** incorreta: O laudo médico, como o próprio nome diz, é elaborado por médico, enquanto que o laudo pericial é produzido por perito; **C:** incorreta: Nem toda pessoa com expertise técnica em sua área é considerada um perito. Para tanto, faz-se necessário preencher outros requisitos legais, como prestar compromisso com a lei; **D:** incorreta: Os laudos periciais podem ser feitos, a depender do caso, por dois ou por somente um perito (artigo 159 do Código de Processo Penal); **E:** incorreta: O exame de corpo de delito é a análise de vestígios em algum objeto, podendo compreender uma pessoa ou coisa.

Gabarito "A".

## 7. TOXICOLOGIA

**(Delegado/RJ – 2022 – CESPE/CEBRASPE)** Um casal de jovens foi encontrado sem vida em cômodo doméstico (banheiro), confinado (com pouca ventilação). Na necropsia, evidenciaram-se, em ambos, a pele e face rosadas, vísceras de cor de cereja, livores carminados, sangue fluido e róseo.

A partir dos achados descritos nessa situação hipotética, é correto afirmar que o tipo de agente químico, a via de exposição e o biomarcador a ser investigado pelo exame complementar são, respectivamente,

(A) cocaína, via inalatória e benzoilecgonina e cocaetileno.

(B) parationa metílica, via dérmica e oxon análogo (metilparaoxon).

(C) monóxido de carbono, via inalatória e carboxi-hemoglobina (CO-Hb).

(D) chumbo, via oral e ácido delta amino levulínico (ALA-D).

(E) benzeno, via inalatória e ácido hipúrico ou fenilmercaptúrico.

Na necropsia de uma vítima de intoxicação por monóxido de carbono serão observados os seguintes sinais: rigor cadavérico intenso, áreas com grandes extensões de hipóstases na cor vermelho-cereja; pulmões, fígado e sangue com coloração intensamente avermelhada, bem como pequenas manchas ou pontos vermelhos na região subpleural, devendo ser assinalada a alternativa C. LM

Gabarito "C".